Seemacht

Eine Seekriegsgeschichte von der Antike bis zur Gegenwart

Von Elmar B. Potter und Flottenadmiral Chester W. Nimitz †

Deutsche Fassung herausgegeben im Auftrag des Arbeitskreises für Wehrforschung von Jürgen Rohwer

Mit 342 Kartenskizzen und Graphiken

Manfred Pawlak Verlagsgesellschaft mbH, Herrsching

Die Kartenskizzen und Graphiken wurden von Rolf Schindler, Johannes J. Schüren, Freiburg i. Br., Monika Fischer, Frankfurt, Renate Jungwirth-Sautermeister, Frankfurt, und Helmut Jahn, Frankfurt, gezeichnet.

1982 Lizenzausgabe für
Manfred Pawlak Verlagsgesellschaft mbH, Herrsching
ISBN: 3-88199-082-8

Titel der amerikanischen Originalausgabe:
„Sea Power. A Naval History“

Inhalt

Geleitwort von Flottenadmiral Chester W. Nimitz zur amerikanischen Ausgabe von 1960

Das Buch »Sea Power« birgt eine unermeßliche Fülle an Informationen über Marine- und Seekriegführung, dargestellt in einer dem Seemann geläufigen und für den Bürger verständlichen Sprache. Das Buch enthält eine fortlaufende Darstellung von den frühesten Zeiten bis zur Gegenwart. Schließlich unterstreicht es die Bedeutung einer Marine und der US-Navy insbesondere als einem Instrument der Außenpolitik.

Die historische Fragestellung, die für dieses Buch gewählt wurde, erlaubt dem Leser, die Flotten in Aktion zu beobachten, zunächst unter den einfachen Bedingungen der frühen Zeiten, dann unter den zunehmend komplexer werdenden Bedingungen des Zeitalters der Segelschiffe und des Zeitalters der Dampfschiffe und schließlich in der gegenwärtigen dreidimensionalen Phase, in der die Flotten nicht mehr länger Ansammlungen von Schiffen, sondern außerordentlich komplizierte Systeme zur Ausübung von Macht über große Entfernungen geworden sind. Durch die Beobachtung der Entwicklung der Marinen und der Seemacht können sowohl seemännische als zivile Leser zu einem besseren Verständnis gegenwärtiger maritimer Vorgänge, Techniken und Funktionen gelangen und damit den anhaltenden Wert einer Marine für eine Nation ermessen.

Eine Tatsache kann dem aufmerksamen Leser bei aller Wandlung der Bedingungen des Seekrieges, die den ständigen Wechsel der Waffen widerspiegeln, nicht entgehen, das sind die unveränderlichen Grundlagen jeder Seemacht, die sowohl für den Raketenkrieg als auch die Kriegführung von Ruderschiffen gelten. Der Leser wird erkennen, daß die Bedeutung der Seeherrschaft heute, wo sie von dem Luftraum über der Wasseroberfläche bis in die Tiefen des Meeres reicht, ebenso wichtig ist wie zu früheren Zeiten, als sie auf die Wasseroberfläche und die Binnenwasserwege beschränkt war. Er wird sehen, daß die Vereinigten Staaten der logische Erbe des Dreizacks der großen Seemächte der Vergangenheit sind. So wie Großbritannien für Jahrhunderte vor Westeuropa lag und das Gleichgewicht der Kräfte auf dem Kontinent vermittels seiner »Royal Navy« aufrecht erhielt, so stehen die Vereinigten Staaten heute als Weltseemacht im Mittelpunkt und halten das Machtgleichgewicht in der übrigen Welt aufrecht. Ein Blick auf die Karten in Kap. 48 macht deutlich, daß Gebilde internationaler Bündnisse, an denen die Vereinigten Staaten nun beteiligt sind – NATO, ANZUS, SEATO und weitere zweiseitige Bündnisse – tatsächlich eine Verbindung von Militärmächten darstellen, die durch die See verbunden sind. Solange die auf diese Weise verbündeten Nationen es für notwendig halten, gemeinsam über ihre Interessen und ihre Sicherheit zu wachen, solange wird es für sie notwendig sein, die See zu benutzen zum Transport von Truppen, Munition und Nachschubgütern zu den Plätzen, wo sie benötigt werden, um Truppen an Land zu setzen, wo sie von einem tatsächlichen oder potentiellen Gegner nicht erwartet werden, und dank der Beweglichkeit von Seestreitkräften Flugzeuge und Raketenstartplattformen in ständig wechselnden Positionen aufzustellen, so daß es schwierig ist, sie zu orten und zu zerstören, so daß es keine Verteidigung gegen sie gibt.

Es ist die Pflicht jeder an den Problemen der nationalen Verteidigung interessierten Person, ein solches Buch wie »Sea Power« zu lesen und zu verstehen.

Vorwort des Herausgebers zur amerikanischen Ausgabe von 1960

Der Begriff »Seemacht« enthält alle diejenigen Elemente, welche eine Nation in die Lage versetzen, ihre militärische Kraft in Richtung auf die See zu wenden, sie über die See hinaus an Land zu werfen und dort zu unterhalten. Die Elemente der Seemacht sind keineswegs auf Kriegsschiffe und Waffen sowie ausgebildetes Personal beschränkt, sie schließen vielmehr Landeinrichtungen und gutgelegene Basen, Handelsschiffahrt und günstige internationale Verbindungen ein. Die Fähigkeit einer Nation, Seemacht auszuüben, basiert außerdem auf dem Charakter und der Zahl ihrer Bevölkerung, der Form ihrer Regierung, der Gesundheit ihrer Wirtschaft, ihrer industriellen Leistungsfähigkeit, der Entwicklung ihrer inneren Verbindungen, der Zahl und Qualität ihrer Häfen, der Ausdehnung ihrer Küsten, der geographischen Lage des Mutterlandes, der Basen und Kolonien im Hinblick auf die Seeverbindungen. Eine vollständige historische Betrachtung aller dieser Elemente ist innerhalb eines einzelnen Buches wohl nicht möglich. Die Autoren von »Sea Power« haben deshalb das Hauptgewicht auf die Seekriegführung gelegt, ohne jedoch andere Elemente zu vernachlässigen.

»Sea Power« vereinigt in gewisser Weise vier Bücher in einem: eine Geschichte der US-Navy und der amerikanischen Seemacht, eine Geschichte der Marinen der Welt, eine Studie über die Entwicklung der Seekriegführung und eine Untersuchung über den Anteil, welchen die Seemacht bei der Ausübung nationaler Macht gespielt hat. Sie beginnt mit einer kurzen Untersuchung des Zeitalters der Ruderkriegführung, wobei nacheinander der Schwerpunkt auf dem antiken Griechenland, dem antiken Rom und dem Venedig der Renaissancezeit liegt. »Sea Power« widmet dann zehn Kapitel dem Zeitalter der Segelschiffe mit dem Hauptgewicht auf dem Aufstieg Großbritanniens und seiner jahrhundertelangen herausragenden Stellung als der Königin der Meere. Danach ist das Buch in zunehmendem Maße mit der Entwicklung der US-Navy und dem Aufstieg der amerikanischen maritimen Macht befaßt. Die Autoren haben somit das Gewicht ihrer Arbeit in eine Proportion zu den tatsächlichen Machtverhältnissen in den folgenden historischen Perioden zu bringen versucht.

»Sea Power« beschäftigt sich mit sechs Hauptthemen:

1. dem Einfluß der Seemacht auf die Geschichte,
2. den Gründen für strategische Entscheidungen,
3. den Eigenschaften erfolgreicher Führerschaft,
4. der Entwicklung der Seekriegswaffen,
5. der Entwicklung der Seetaktik,
6. der Entwicklung der amphibischen Doktrin.

Innerhalb dieser Kategorien ist besonderes Gewicht auf die in jeder historischen Periode durch neue Waffen und neue Bedingungen hervorgerufenen Probleme gelegt sowie auf die Lösungen, die dafür von verschiedenen Marinen in der Welt gefunden wurden. Moderne Seekriegstechniken und moderne Anwendungen der maritimen Macht werden so als Produkte einer langen Entwicklung erkennbar. Um diese Entwicklung möglichst deutlich zu zeigen, haben die Autoren nicht gezögert, in den weiter zurückliegenden Perioden ihren Bericht auf eine straffe Auswahl zu beschränken und mehr als die Hälfte des Buches den jüngsten Ereignissen zuzuwenden.

Jede Seite von »Sea Power« spiegelt den Einfluß von Flottenadmiral Chester W. Nimitz, USN (†), der von Anfang bis zu Ende mit dem Projekt auf das engste verbunden war. Er war es, welcher dem Werk seinen grundlegenden Tenor gab, und er war es vor allem, welcher die zivilen Autoren an den Klippen amateurhafter militärischer Analysen vorbeisteuerte. Geleitet von Admiral Nimitz' Erfahrung und in einem langen Berufsleben erworbener Einsicht, haben die Autoren bestimmte Konzepte entwickelt, die sie sonst vielleicht gezögert hätten, so klar auszusprechen.

Einen bedeutenden Einfluß auf das Buch übten auch die Schriften von Alfred Thayer Mahan aus. Die Autoren haben im ganzen weitgehend Mahans Analyse der Seekriegsgeschichte von den Anfängen des Segelschiffszeitalters bis zum Beginn des 20. Jahrhunderts übernommen und haben, soweit es möglich war, seine Konzeptionen auch auf die späteren Ereignisse angewandt.

Wenn auch »Sea Power« ein Werk vieler Autoren ist, so kann es doch in keiner Weise als ein Symposium betrachtet werden. Die Autoren glauben, daß sie weitgehend eine organische Einheit in der Behandlung des Stoffes und im Stil gewonnen haben. Das wurde vor allem möglich, weil die Autoren einen ähnlichen beruflichen Werdegang hatten. Alle nahmen am zweiten Weltkrieg meist in der Marinereserve teil. Seitdem waren sie eng verbunden als Lehrer der Marine- und Seekriegsgeschichte an der United States Naval Academy. Hier haben sie ihre Gedanken untereinander über viele Jahre hinweg in Diskussionen und gemeinsamen Arbeiten geprüft. Die meisten der Autoren waren schon an einem früheren Vorgänger dieses Buches »The United States and World Sea Power« (Prentice-Hall, 1955) beteiligt, von dem Teile in das vorliegende Buch übernommen worden sind. Darüber hinaus sind die Entwürfe jedes Autors einer intensiven Analyse und Kritik durch die Kollegen und Seeoffiziere unterzogen worden. Schließlich haben die Autoren unter weitgehendem Verzicht auf persönliche Autorschaft ihr Werk dem Herausgeber zur uneingeschränkten Bearbeitung überlassen, um die Geschlossenheit und Einheit des Stils und der Behandlung des Stoffes zu sichern.

Wenn es auch in zahlreichen Fällen schwierig sein wird, die Arbeit des einen Autors von der des anderen abzugrenzen oder die Bearbeitung des Herausgebers von dem ursprünglichen Entwurf zu trennen, tragen doch die Autoren die Hauptverantwortung für die folgenden Kapitel der amerikanischen Originalausgabe: Henry H. Adams, Kapitel 8, 27, 28, 44 und 45; James A. Arnold, 18; Ellery H. Clark, jr. 20 und 22; J. R. Fredland, 3, 13, 14, 21 und 26; Neville T. Kirk, 19 und 24; Winston B. Lewis, 4, 5, 35 und 36; Elmer B. Potter, 1, 2, 37–41 und 43; W. H. Russel 23; und H. O. Werner, 10, 11, 15 und 16. Kapitel 6 ist von Clark und Kirk; 7 von Adams, Clark und Potter; 9 von Adams und Kirk; 12 von Clark und Hall; 17 von Fredland und Werner; 33 von Adams und Potter; 34 von Adams, Potter und Russell; 42 von Adams und Hall und 46 von Adams und Fredland.[1]

Die Autoren tragen die volle Verantwortung für Fehler in Fakten und Interpretationen und sie sagen allen ihren Dank, die ihnen bei der Vollendung dieses Werkes halfen.

Die folgenden Offiziere lasen die Teile des Manuskriptes von »Sea Power«, welche ihre eigenen Erlebnisse und Erfahrungen betrafen, und lieferten den Autoren detaillierte Kommentare und Anmerkungen: Flottenadmiral William F. Halsey, USN (†), Admiral Raymond A. Spruance, USN (†), Admiral H. Kent Hewitt, USN (†), Admiral Thomas C. Kinkaid, USN (†), Admiral Robert B. Carney, USN (†), Lieutenant General Julian C. Smith, USMC (†), Vizeadmiral Charles A. Lockwood, USN (†), Vizeadmiral A. Stanton Merrill, USN (†) und Captain Ralph Weymouth, USN. Es ist insofern eine Besonderheit dieses Buches, daß es von so vielen führenden Teilnehmern der beschriebenen Operationen kritisch überprüft worden ist.

Die folgenden Persönlichkeiten haben Teile des Manuskriptes gelesen und wertvolle Hilfen für die angegebenen Abschnitte geleistet: Professor Richard S. West von der Fakultät der Naval Academy zum amerikanischen Bürgerkrieg; Commander F. Barley, RN (†), Commander M. G. Saunders (†) und Lieutenant Commander D. W. Waters, RN (†), alle von der Historical Section der Britischen Admiralität, für die Kapitel 25 und 30; Dr. Philip H. Crowl vom United States State Department für Kapitel 34; Vizeadmiral Eliot H. Bryant, USN (†) und Rear Admiral Walter C. Ansel, USN für den zweiten Weltkrieg; Vizeadmiral Bernard L. Austin, USN und Mr. William M. Franklin vom US State Department für die Kapitel 44 und 46.

Wertvolle herausgeberische Unterstützung stellten Commander Micajah R. Wyatt, USN, Mr. John Jeffries und Mr. David Vanderburgh vom Verlag Prentice-Hall zur Verfügung.

So viele Personen waren in der Bereitstellung zusätzlicher Informationen behilflich, daß es unmöglich ist, eine vollständige Liste aufzustellen. Doch sollen die Prominentesten von ihnen genannt werden: General of the Army Douglas MacArthur, USA (†), Großadmiral Dr. h.c. Erich Raeder (†), früher Oberbefehlshaber der deutschen Kriegsmarine, Admiral Arleigh A. Burke, früherer Chief of Naval Operations USN, General Thomas Holcomb, USMC (†), Vizeadmiral Friedrich Ruge, Inspekteur der Bundesmarine, Vizeadmiral Giuseppe Fioravanzo, Direktor des Ufficio Storico der italienischen Marine, Major General R. W. Keyser, USMC (†), Commodore Howard J. J. Benson, USN (†), Lieutenant Commander P. K. Kemp, RN (†), langjähriger Leiter der Historical Section der Britischen Admiralität, Commander G. A. Titterton, RN (†), Historical Section der Britischen Admiralität, M. Jacques Mordal (d. i. Hervè Cras) von der Historischen Abteilung der Französischen Marine, Oberbaurat a. D. Wilhelm Hadeler, Marineschule der Bundesmarine, Erich Gröner (†), Dr. Jürgen Rohwer, Mrs. Rubert Dunlap und Mr. Charles Fox jr.

Professor Vernon D. Tate, leitender Bibliothekar der United States Naval Academy, und sein Vorgänger, Professor Louis H. Bolander (†) und ihre Mitarbeiter waren außerordentlich hilfsbereit, ebenso Rear Admiral Ernest M. Eller, USN (†), der Director of Naval History, mit seinem Stab. Dank schulden wir außerdem der Historical Branch G-3 des Headquarters, US Marine Corps, die für Professor Russell einen Zugang zu den Archiven der Marine Corps Schule Quantico und zum Naval War College in Newport schufen.

Die Karten und Diagramme wurden nach Skizzen der Autoren von Mr. William M. Shannon und Mr. Arbert R. Jones von der Naval Academy gezeichnet.

Zwei Werke waren die grundlegende Quelle von Informationen über die Kapitel des zweiten Weltkrieges und wurden extensiv genutzt: die History of United States Naval Operations in World War II von Samuel Eliot Morison und The War at Sea von Captain S. W. Roskill, RN.

Die Autoren und Admiral Nimitz möchten betonen, daß die »Sea Power« in keiner Weise eine offizielle Geschichte ist. Sie wurde als ein rein privates Unternehmen konzipiert und geschrieben. Die zum Ausdruck gebrachten Auffassungen sind ausschließlich die der Autoren und Herausgeber.

Elmer B. Potter

[1]) Da sich die Numerierung der Kapitel in der deutschen Ausgabe durch Umstellungen und zusätzliche Kapitel verändert hat, sind die amerikanischen und deutschen Autoren für jedes Kapitel der deutschen Ausgabe zu Beginn des Kapitels mit ihren jeweiligen Anteilen aufgeführt. Vgl. dazu auch das Vorwort des deutschen Herausgebers.

Vorwort zur deutschen Ausgabe

Der Gedanke an eine deutsche Ausgabe des Buches »Sea Power« geht auf einen Wunsch des damaligen Inspekteurs der Bundesmarine, Vizeadmiral Friedrich Ruge, zurück. Er wollte dem Marineoffizier, aber auch dem Politiker, dem Soldaten allgemein und nicht zuletzt dem interessierten Laien ein auf dem heutigen Stand der Forschung stehendes Handbuch zu Fragen der Seemacht und Seekriegsgeschichte an die Hand geben.

Da es damals, um 1960, kaum möglich erschien, ein solches Werk in Deutschland völlig neu zu schreiben, lag es nahe, auf ein gerade in einer neuen Ausgabe herausgekommenes amerikanisches Handbuch zurückzugreifen, das sich für den amerikanischen Bereich ganz ähnliche Aufgaben gestellt hatte.

Eine sich streng an das für einen amerikanischen Leserkreis gedachte Original haltende Übersetzung erwies sich allerdings als für den deutschen Zweck nicht genügend. Eine deutsche Ausgabe mußte wichtige Fragen der deutschen und auch der außerenglischen europäischen Marinegeschichte ausführlicher als das amerikanische Original behandeln und konnte dafür auf manche für uns zu weitgehende Details der amerikanischen Marinegeschichte verzichten.

Der Arbeitskreis für Wehrforschung, dessen Vorsitz Vizeadmiral a. D. Professor Friedrich Ruge von 1961–1971 innehatte, übernahm die Aufgabe, in engem Einvernehmen mit den amerikanischen Herausgebern ein Konzept für die geänderte deutsche Ausgabe auszuarbeiten. Die folgenden Herren erklärten sich zu einer Mitarbeit an dem Projekt bereit: Konteradmiral a. D. Siegfried Engel, Buxtehude, als Übersetzer; Kapitän zur See Dr. Friedrich Forstmeier, Freiburg, Amtschef des Militärgeschichtlichen Forschungsamtes der Bundeswehr; Kapitän zur See Dr. Paul Heinsius, Hamburg, Dozent für Marinegeschichte an der Führungsakademie der Bundeswehr; Fregattenkapitän d. Res. Prof. Dr. Walther Hubatsch, Bonn, Ordinarius für Mittlere und Neuere Geschichte an der Universität Bonn; Prof. Dr. Klaus-Jürgen Müller, Hamburg, Ordinarius für Neuere Geschichte an der Pädagogischen Hochschule Ludwigsburg, Dozent der Universität Hamburg und der Stabsakademie der Bundeswehr; Prof. Dr. Jürgen Rohwer, Stuttgart, Direktor der Bibliothek für Zeitgeschichte, Präses des Arbeitskreises für Wehrforschung (seit 1971) und Schriftleiter der »Marine-Rundschau«; Vizeadmiral a. D. Prof. Friedrich Ruge, Tübingen, 1956–1961 Inspekteur der Bundesmarine, 1961–1971 Präses des Arbeitskreises für Wehrforschung und Lehrbeauftragter der Universität Tübingen. Für eine Reihe von speziellen Fragen der russischen und sowjetischen Marinegeschichte wurde die Mitarbeit von Herrn Jürg Meister, Zürich, gewonnen, später stieß zur Arbeitsgruppe hinzu Konteradmiral a. D. Edward Wegener, 1962–1965 Befehlshaber der NATO-Seestreitkräfte Ostsee-Zugänge (COMNAVBALTAP). Jürgen Rohwer übernahm als Herausgeber die Leitung des deutschen Projektes.

Der Stoff wurde in mehrere, zeitlich zusammengehörende Abschnitte eingeteilt und jeweils einem Bearbeiter übertragen. Den Teil *Antike und Mittelalter* übernahm Paul Heinsius. Das von der Zeit der Ruderkriegführung der klassischen Antike in einem großen Sprung zum Galeerenkrieg des Mittelalters überwechselnde Originalkapitel A 1 (A = amerikanische Ausgabe) wurde durch ein Kapitel über die Seefahrt in Nordeuropa von der germanischen Zeit bis zum Ende der Hansezeit D 2 (D = deutsche Ausgabe) und ein Kapitel über das Zeitalter der portugiesisch-spanischen Entdeckungen (D 3) erweitert.

Für den Teil *16.–18. Jahrhundert* standen die Kapitel A 2 bis A 5 zur Verfügung. Das Kapitel A 2 wurde in der Übersetzung von Paul Heinsius als Kapitel D 4 übernommen, der auch ein Zusatzkapitel D 5 über die Kurländische und Brandenburgpreußische Marine im 17. und 18. Jahrhundert neu beisteuerte. Das Kapitel A 3 wurde als D 6 in der Übersetzung von Siegfried Engel übernommen. Die Kapitel A 4 und A 5 wurden von E. B. Potter für die deutsche Ausgabe kondensiert und als Kapitel D 7 von Siegfried Engel übersetzt.

Für den Teil *Die napoleonischen Kriege* wurden die Originalkapitel A 6 bis A 9 in der Übersetzung von Siegfried Engel als Kapitel D 8–D 11 übernommen.

Im Teil *Die Zeit von 1812–1865* wurden die Kapitel A 10 und 11, A 13 und 14 und A 15, 16 und 17 von E. B. Potter zu den neuen Kapiteln D 12, D 14 und D 15 zusammengefaßt und von Siegfried Engel übersetzt. Das Kapitel A 12 wurde in der Übersetzung von Siegfried Engel als D 13 übernommen.

Im Teil *Die Zeit von 1860 bis 1914* erwiesen sich größere Ergänzungen und Umstellungen als nötig. Zunächst übersetzte Walther Hubatsch die Kapitel A 18–A 21 und steuerte einen ausführlicheren Beitrag über die deutsche Marinegeschichte und insbesondere die Tirpitzschen Flottengesetze bei. Doch erschien es notwendig, die technische Entwicklung nicht nur anhand einiger wesentlicher Beispiele aus der amerikanischen, britischen und französischen Entwicklung darzulegen, sondern ein umfassenderes Bild dieser Entwicklungen unter Einschluß der übrigen europäischen Staaten zu zeichnen, das die gegenseitigen Abhängigkeiten und Beeinflussungen zeigt. So wurden die Kapitel D 16 und D 19 unter Verwendung von Teilen der Originalkapitel in Bearbeitung von Jürgen Rohwer wesentlich erweitert, während die Kapitel D 17 und D 18 weitgehend den Kapiteln A 19 und A 20 entsprechen. Schließlich erforderte auch die Zeit des Imperialismus und Navalismus von der Jahrhundertwende bis zum Beginn des ersten Weltkrieges eine über die amerikanische Sicht hinausgehende Betrachtung, die in dem Kapitel D 20 »Politik und Flottenbau 1898–1914« von Jürgen Rohwer gegeben wurde.

Die Kapitel des Teils *Der erste Weltkrieg* halten sich sehr weitgehend an die Originalkapitel A 22–A 25, die als Kapitel D 21, 22, 23 und 25 in der Übersetzung von Klaus-Jürgen Müller übernommen wurden. Für den deutschen Leserkreis war darüber hinaus eine Darstellung der Operationen auf den östlichen Kriegsschauplätzen gegen Rußland notwendig, sie wurde im Kapitel D 24 von Jürgen Rohwer geliefert, für das Jürg Meister einen Beitrag über den russischen Bürgerkrieg beisteuerte.

Für den Teil *Die Zwischenkriegszeit* bildete das Kapitel A 26 in der Übersetzung von Klaus-Jürgen Müller die Grundlage. Auch hier schien es jedoch notwendig, über die amerikanische Sicht hinaus die Probleme der Flottenpolitik der europäischen Mächte und Japans sowie die Entwicklung des internationalen Kriegsschiffbaus von 1918–1939 in größerer Vollständigkeit zu behandeln. So wurde der übersetzte Text von Jürgen Rohwer zu den Kapiteln D 26 »Die Abrüstung 1918–1934« und D 27 »Die Wiederaufrüstung von 1935–1939« erweitert und durch einen Beitrag über den deutschen »Z-Plan« von Klaus-Jürgen Müller ergänzt.

Für den Teil *Der zweite Weltkrieg im Atlantik und Europa* wurden die Kapitel A 27–A 33 in der Übersetzung und Bearbeitung von Jürgen Rohwer übernommen, jedoch ergaben sich aus den notwendigen Ergänzungen einige Umstellungen. So wurden im Kapitel D 28 nur die Überwasseroperationen im Gebiet des Atlantik und der übrigen Ozeane aus den Kapiteln A 27 und A 28 zusammengefaßt, während die übrigen Abschnitte des Kapitels 28 zu anderen Kapiteln kamen. Das Kapitel A 30 wurde mit einigen Erweiterungen das Kapitel D 29, neu eingefügt wurde ein von Friedrich Ruge entworfenes und von Jürgen Rohwer ergänztes Kapitel D 30 über den Kampf im Küstenvorfeld 1939–1944, in das auch die Beiträge des Originals über den Kanaldurchbruch sowie die Raids gegen St. Nazaire und Dieppe eingefügt wurden. Das Kapitel A 29 wurde mit einigen Ergänzungen das Kapitel D 31. Neu hinzugefügt werden mußten die Kapitel über den Seekrieg auf den osteuropäischen Kriegsschauplätzen. Hier bearbeitete Jürgen Rohwer die Kapitel D 32 über den Seekrieg in der Ostsee, das Kapitel D 33 über den Seekrieg im Schwarzen Meer sowie das Kapitel D 34 über den Seekrieg im Nordmeer, in das auch Teile des Kapitels A 28 über die Murmansk-Konvois aufgenommen wurden. Die Kapitel A 31, A 32, A 33 schlossen sich dann als Kapitel D 35, D 36 und D 37 an.

Um etwas Raum einzusparen, wurde für die Bearbeitung des Teils *Der zweite Weltkrieg im Pazifik* statt der Kapitel A 34–A 43 des Originals die vom Verlag Prentice-Hall 1963 herausgebrachte kondensierte Taschenbuchausgabe »Times in the Pacific, The Navy's Struggle against Japan« zugrunde gelegt und von Friedrich Forstmeier aus dem Original übersetzt. Aus den Originalkapiteln 1–7 des Taschenbuches ergaben sich die Kapitel D 38–D 42 und D 44–D 45. Neu eingefügt wurde das von Jürgen Rohwer verfaßte Kapitel D 43 über den Seekrieg im Indischen Ozean 1941–1945.

Beim Teil *Die Nachkriegszeit* erforderten die von Klaus-Jürgen Müller übersetzten Kapitel A 44–A 46 aufgrund der seit 1960 erschienenen Literatur eine weitgehende Umarbeitung, die Jürgen Rohwer besorgte, der auch die das Werk bis zum Jahr 1972 fortsetzenden Kapitel D 48–51 beisteuerte. Schließlich erschien es zweckmäßig, diesem Werk »Seemacht« eine abschließende theoretische Studie über die Rolle der Seemacht in unserer Zeit beizugeben, in der zugleich auch die in diesem Zusammenhang heute vielfach verwendeten Begriffe in ein klares Schema gebracht werden. Edward Wegener stellte dafür seine auf den neuesten Stand gebrachte, vorher bereits in der »Marine-Rundschau« (1968, S. 237 bis S. 255) und englisch in der vom US-Naval Institut herausgegebenen »Naval Review 1972« veröffentlichte Untersuchung zur Verfügung.

Die Bibliographie des Originals, die sich dem gedachten amerikanischen Leserkreis entsprechend weitgehend auf englischsprachige Werke beschränkte, mußte für den deutschen Bedarf internationalisiert und darüber hinaus auf den Stand von 1972 gebracht werden. Die Auswahl der Titel besorgte Jürgen Rohwer, die bibliographische Bearbeitung Frau Anita Molnar von der Bibliothek für Zeitgeschichte in Stuttgart.

Die Skizzen wurden, soweit angängig, aus dem Original übernommen und von den Herren Johannes Schüren und Rolf Schindler vom Militärgeschichtlichen Forschungsamt, Freiburg, gezeichnet. Für die neuen Kapitel und die Ergänzungen wurden die Skizzen und Graphiken vom deutschen Herausgeber entworfen und von den genannten Herren sowie von Frau Monika Fischer, Frau Renate Jungwirth-Sautermeister und Herrn Helmut Jahn, alle Frankfurt am Main, gezeichnet. Bei der Herstellung der Register halfen Frau Evi Rohwer sowie Jochen und Jens Rohwer.

Wenn auch die Manuskripte der deutschen Ausgabe von den amerikanischen Herausgebern mitgeprüft wurden, liegt doch die Verantwortung für die deutsche Ausgabe ausschließlich bei den deutschen Herausgebern und Autoren.

Jürgen Rohwer

Vorwort zum Nachdruck 1982 der deutschen Ausgabe

Als der Bernard & Graefe Verlag im Jahre 1974 nach langer Vorbereitungszeit die gegenüber dem amerikanischen Original nicht unerheblich erweiterte deutsche Ausgabe der »Seemacht« herausbrachte, erwartete wohl niemand der Beteiligten, daß ein so voluminöses Werk nach kaum acht Jahren nahezu vergriffen sein würde und die weiterhin bestehende starke Nachfrage Anlaß zu einer Neuauflage geben könnte. Die daraufhin von Verlag und Herausgeber angestellten Überlegungen waren von zwei Vorstellungen geleitet.

Das Interesse der Öffentlichkeit an Fragen der Seemacht und der Geschichte ihrer Anwendung und Nutzung in den vergangenen 2000 Jahren, vor allem aber im letzten Jahrhundert, das bereits den Anstoß zur Vorbereitung der ersten deutschen Ausgabe gegeben hatte, schien sich in den letzten Jahren angesichts der Diskussionen um die Hintergründe und Zusammenhänge der gegenwärtigen sowjetischen Flottenrüstungen und ihrer Konsequenzen ständig zu verstärken. In einer solchen Situation, in der nicht genügend fundierte oder gar von Emotionen geleitete Argumentationen leicht zu gravierenden und möglicherweise folgenreichen Fehlbeurteilungen führen können, mag das Vorhandensein eines möglichst umfassend informierenden Handbuches zu einer Versachlichung der Diskussion beitragen. War also aus diesem Grunde eine möglichst schnelle Realisierung der Neuauflage anzustreben, so stand dem auf der anderen Seite der Wunsch der Herausgeber entgegen, eine solche Neuauflage vor der Drucklegung auf den neuesten Stand der wissenschaftlichen Forschung zu bringen. Besondere Umstände, auf die im folgenden noch eingegangen werden soll, würden jedoch für den Abschluß eines solchen Vorhabens einen erheblichen Zeitaufwand erfordern, so daß das Handbuch für einen längeren Zeitraum nicht zur Verfügung gestanden hätte.

In dieser Situation machte die Manfred Pawlak Verlagsgesellschaft den Vorschlag, die deutsche Ausgabe in einem unveränderten, aber besonders preiswerten Nachdruck einem breiteren Leserkreis zugänglich machen zu wollen. Herausgeber und Bernard & Graefe Verlag griffen diesen dankenswerten Vorschlag auf, der die Möglichkeit eröffnete, einerseits gerade in dieser Zeit das Handbuch jedermann zugänglich zu machen, und der andererseits die Herausgeber von dem Druck befreite, in zu kurzer Zeit eine dann nur unzulänglich überarbeitete Neuauflage vorlegen zu müssen.

Hätte es sich bei der Arbeit, das Handbuch wieder »up to date« zu bringen, nur darum gehandelt, in der Darstellung die Zeit vom damaligen Redaktionsschluß etwa zur Zeit des Waffenstillstandes im Vietnam-Krieg bis zur Gegenwart ergänzend zu berücksichtigen, so wäre das wohl in angemessener Zeit zu bewältigen gewesen. Auch hätte man die uns von Lesern und Benutzern gegebenen Hinweise auf Druck- und sonstige Fehler und manche Anregungen noch berücksichtigen können. Der hier angeführte Zeitbedarf für eine gründliche Überarbeitung ist jedoch nicht durch solche, an sich ja durchaus normalen Ergänzungen eines Handbuches bedingt, sondern durch besondere Umstände, die 1974 nicht voraussehbar waren und die es jetzt erforderlich machen, insbesondere die Geschichte des Zweiten Weltkrieges zur See weitgehend neu zu fassen, die ja einen ganz wesentlichen Teil des Gesamtwerkes umfaßt.

Fast gleichzeitig mit der deutschen Ausgabe der »Seemacht« erschien 1974 im Verlag Weidenfeld & Nicolson in London das aufsehenerregende Buch von Group Captain F. W. Winterbotham (RAF), »The Ultra Secret«, mit dem das bis dahin bestgehütete Geheimnis der alliierten Führung im Zweiten Weltkrieg gelüftet wurde. Zwar hatten schon vorher der polnische Oberst Dr. Wladyslaw Kozaczuk in seinem Buch »Bitwa o tamjemnice« (1967) und der französische General Gustave Bertrand in seinem Band »Enigma ou la plus grande énigme de la guerre 1939—1945« (1973) behauptet, daß die zur Chiffrierung des operativen Funkverkehrs der deutschen Wehrmacht benutzte Schlüsselmaschine »Enigma« bereits vor dem Zweiten Weltkrieg von polnischen Kryptologen mit Unterstützung des französischen »Deuxième Bureau« rekonstruiert und die Schlüsselverfahren gelöst worden seien, doch hatte man diesen Berichten wenig Glauben geschenkt, bis die mit einem Vorwort des Marshal of the RAF Sir John Slessor versehene Darstellung Winterbothams erschien. Sein mit Genehmigung der britischen Regierung, jedoch ohne Zugang zu den Akten aus seiner persönlichen Erinnerung als einer der verantwortlichen Männer der britischen Funkaufklärungsorganisation geschriebener Bericht über die aus seiner Sicht kriegsentscheidenden Leistungen der britischen Kryptologen und Intelligence-Offiziere im Entzifferungs-Zentrum Bletchley Park lösten einerseits eine wahre Flut von weiteren Veröffentlichungen aus, hatte er doch mancherlei Fehler enthalten, führte aber in der Folge andererseits auch zur Aufhebung der strengen Geheimhaltungsvorschriften und damit auch zur Freigabe der außerordentlich umfangreichen, bis dahin streng geheimgehaltenen Aktenbestände zu Fragen der Funkentzifferung durch die Alliierten im Kriege.

Seit 1975 haben sich nun an den damaligen Vorgängen beteiligte Kryptologen und Intelligence-Offiziere sowie Angehörige der militärischen Führungsstäbe zu Wort gemeldet, die Einblick in die oft weitgehend auf den Ergebnissen der Funkaufklärung basierende Entschlußfassung der politischen und militärischen Führer hatten. Historiker haben damit begonnen, das immense bereits freigegebene Quellenmaterial, das aber immer noch nur einen Teil des überhaupt erhaltenen Materials ausmacht, zu sichten, zu analysieren und in ihre Darstellungen einzubeziehen. Dabei hat sich inzwischen eine außerordentlich erfreuliche internationale Zusammenarbeit der Archivare, der Experten und der Historiker aus Großbritannien, den Vereinigten Staaten, Kanada, der Bundesrepublik Deutschland, Italien und Japan ergeben. Zahlreiche internationale Treffen und Konferenzen, die sich ausschließlich oder teilweise mit Problemen der Intelligence oder der Funkaufklärung befaßten, haben diese Kooperation erheblich gefördert. Solche Zusammenkünfte fanden 1975 in Washington, 1976 in Teheran und Washington, 1977 in London und Annapolis, 1978 in Ottawa sowie in Bonn-Bad Godesberg und Stuttgart, 1979 in Lund und Annapolis, 1980 in Zürich, Montréal, Victoria (B. C.) und Bukarest, 1981 in Kopenhagen, Stuttgart, Washington und Annapolis, 1982 schließlich in Brasilia sowie zu anderen Terminen an weiteren Orten statt.

Der damit verbundene Austausch von Gedanken und Informationen führte zu einer erheblichen Vertiefung der Kenntnisse auf allen Seiten, der seinen Niederschlag in zahlreichen hochqualifizierten Veröffentlichungen fand. Aus ihnen wird deutlich, daß die Entscheidungsprozesse auf den mittleren und oberen Führungsebenen der alliierten Seite sowohl auf dem europäisch-atlantischen als auch auf dem pazifischen Kriegsschauplatz in viel stärkerem Maß als bisher angenommen auf Feindlagebeurteilungen beruhten, deren wesentliche Quelle Erkenntnisse der verschiedenen Zweige der Funkaufklärung waren. Aber auch auf seiten der Achsenmächte haben diese Dinge eine bisher weitgehend unterschätzte Rolle gespielt. Für beide Seiten gilt das ganz besonders für den Seekrieg.

Aus dieser Erkenntnis ergibt sich die Notwendigkeit, die Seekriegs-Operationen im Atlantik und im Mittelmeer, aber auch im Pazifik einer neuen, die jetzt zugänglichen Quellen der Funkaufklärung einbeziehenden Analyse zu unterziehen. Mag sich auch an der Schilderung der eigentlichen Gefechts- und Schlachtabläufe wenig ändern, die historisch bedeutsamere Darstellung der strategischen und operativen Planungen und Zusammenhänge, die erst zu dem bekannten Ablauf der Geschehnisse führten, wird sich in weiten Bereichen grundlegend zu ändern haben.

Da die Aufarbeitung des umfangreichen Quellenmaterials auch in enger internationaler Zusammenarbeit noch längere Zeit erfordern wird, müßte eine auf den neuesten Stand gebrachte Neuauflage der »Seemacht« deshalb noch Jahre auf sich warten lassen.

So scheint die Lösung, jetzt zunächst einen unveränderten Nachdruck der deutschen Ausgabe vorzulegen und später eine überarbeitete Neuauflage folgen zu lassen, sinnvoll.

Der Bernard & Graefe Verlag plant, diese überarbeitete Neuauflage in einer Serie von handlichen Bänden herauszugeben, die in einem Zeitraum von 5 – 6 Jahren ab 1984 erscheinen sollen.

Jürgen Rohwer

Kapitel 1

Die Rolle der Seemacht in der Antike

Bearbeitet von Paul Heinsius nach dem von E. B. Potter verfaßten Kapitel 1 der US-Ausgabe

Als die Menschheit aufhörte, Ströme, Flüsse und Meere als Grenzen zu betrachten, und lernte, sie als Verbindungswege zu benutzen, tat sie einen bedeutsamen Schritt zur Zivilisation. Die Wasserstraßen verschafften nicht nur dem Menschen, sondern auch seinen Erzeugnissen, seinen Waren und nicht zuletzt auch seinen Ideen und seinem Geist neue Bewegungsmöglichkeiten.

Fluß- und seefahrende Leute konnten ihre Erzeugnisse mit anderen Menschen aus fern und nah tauschen. Sie konnten diejenigen Waren verhandeln, die sie selbst am günstigsten herstellten, um dagegen landwirtschaftliche und handwerkliche Spezialitäten anderer Länder heimzubringen. Sie konnten als Frachtfahrer oder Zwischenhändler auftreten und die Produkte der einen Landschaft gegen die einer anderen eintauschen. Sie erhielten die Möglichkeit, sich auf mannigfache Art gewinnbringende Handelsverbindungen zu schaffen. Das Aufblühen des Handels brachte den seefahrenden Nationen Wohlstand und Muße, um Kunst und Wissenschaften zu pflegen. In ihren Köpfen brachten die Seefahrer auch Ideen und Kenntnisse heim, mit denen sie unter Umständen ihren unmittelbaren Nachbarn überlegen wurden. Ihre Macht und ihren Einfluß konnten sie auch in entfernten Ländern geltend machen. Sie wurden Entdecker ferner Küsten, Gründer von Kolonialreichen sowie Träger des Fortschrittes. Seefahrende Phönizier verbreiteten das aus dem Orient stammende Alphabet und ihre Zivilisation im westlichen Mittelmeerraum, ja sie brachten diese sogar über die »Säulen des Herkules« hinaus. Seefahrende Griechen schenkten der Welt Gedanken und Ausdrucksformen, die zur Grundlage unserer abendländischen Kultur wurden. Seefahrende Römer verbreiteten im gesamten Mittelmeerraum dauerhafte Gesetzesbegriffe und entwickelten Ordnung und Gerechtigkeit. In ihrem Reich pflanzte sich das Christentum zuerst fort. Die Kreuzfahrer schufen das abendländische, christliche Ritterideal. Hansische Kaufleute verbanden Nord- und Westeuropa zusammen mit Osteuropa zu einer kulturellen Einheit. Das seefahrende Portugal vereinte zuerst Europa und den Orient. Spanien verband die neue mit der alten Welt. Das seefahrende England verbreitete die industrielle Revolution, die unser technisches Zeitalter einleitete.

Wurzeln unserer westlichen Kultur liegen in dem Gedankengut, welches Völker des Mittelmeerraumes in wenigen Jahrhunderten vor und nach der christlichen Zeitrechnung entwickelten. Das Aufwallen und die Ausbreitung dieser gewaltigen aufrüttelnden Ideen hing auf das engste mit den besonderen Verhältnissen dieses Raumes zusammen. Über das Mittelmeer gingen die Hauptverbindungsadern zwischen den großen Zivilisationen in Asien, Europa und Afrika.

Die ersten Kriegsflotten

Wachsender Wohlstand auf dem Meere in Form von immer wertvolleren, über See transportierten Handelsgütern reizte auch früh zum Seeraub. Die Zunahme des Überseehandels mußte somit zu Streitigkeiten zwischen den rivalisierenden Handelsinteressen einzelner Völker führen. Die ersten Seeschlachten, zu denen es in der Frühzeit der Menschheit kam, waren sicher nur unorganisierte Scharmützel zwischen Händlern und Piraten, die Beute machen wollten. Handelsschiffe, mit Waren beladen und nur mit der notwendigsten Besatzung bemannt, können sich schlecht verteidigen. So zweigte man früh gewisse Schiffe ab, die in größerer Zahl seegewohnte Krieger an Bord hatten, um Handelsschiffe auf See zu begleiten und zu beschützen.

Dies mußte zwangsläufig auch zur Spezialisierung der Schiffstypen führen. So finden wir bereits zu Beginn der geschichtlichen Überlieferung im Mittelmeerraum zwei Arten von Schiffen. Die breiten, plumpen Lastenträger, hauptsächlich Segelschiffe, und das lange, schmale Kriegsschiff nach Art der späteren Galeeren. Kriegsschiffe wurden der größeren Beweglichkeit wegen während der Schlacht und bei Windstille durch Ruder vorwärtsgetrieben. Sie waren aber zusätzlich mit Mast und Segel ausgerüstet, um bei gutem Winde schneller voranzukommen.

Die Geschichte der Seemächte ist zum großen Teil die Geschichte von Rivalitäten um Handelsinteressen zwischen den Völkern. Daher blieb es, auch wenn ein Krieg unter Seemächten aus anderen Gründen entbrannt war, die hauptsächliche Aufgabe der Kriegsschiffe, zum Schutze ihrer eigenen Schiffahrt zu patrouillieren, die eigenen Handelsflotten zu begleiten und die Schiffe des Feindes anzugreifen. Anders ausgedrückt, es war die erste Aufgabe der Kriegsflotten, die Sicherheit der eigenen Schiffahrt zu gewährleisten und den Gegner an der Benutzung der See zu hindern. Wenn eine Flotte dieses Ziel erreicht hat, so sagt man, daß sie die Seeherrschaft oder die Kontrolle über dieses Seegebiet ausübt.

Das ganze System der Seewege und des Transportwesens nennt man See-Verbindungen oder auch auf Englisch »communications«. Die erste Aufgabe der Kriegsflotten mußte die Kontrolle über die Seeverbindungen sein: sie hatten die eigenen Seeverbindungen zu verteidigen und die des Gegners zu zerstören. Gewöhnlich wurde dieses Ziel durch die Vernichtung der feindlichen Seestreitkräfte erreicht, oft schon durch eine einzelne entscheidende Seeschlacht, in der die Flotte des Gegners vernichtet wurde. Die Sicherung der Seeherrschaft brachte den Kriegsflotten aber auch die Möglichkeit, andere Funktionen zu übernehmen: Die Verteidigung der Küsten, die Isolierung des Gegners und die Möglichkeit, den Krieg über die See hinweg in das Land des Gegners zu tragen.

Vom 5. Jh. v. Chr. ab ist uns Genaueres über die Seegeschichte des Mittelmeerraumes überliefert. Der bloßen Piraterie waren damals die führenden Völker längst entwachsen. Vor allem die Griechen hatten Grundelemente der Kriegskunst und Erkenntnisse entwickelt, die wir heute noch anerkennen. Das Planen im großen Maßstab und die Entscheidung, welche Streitkräfte gebraucht werden und wo sie einzusetzen sind, nannten die alten Griechen Strategia oder Feldherrnkunst. Sie wußten, daß die Grundlage für eine erfolgreiche Kriegführung das war, was wir heute Versorgung oder Logistik nennen: die Fähigkeit, Vorräte für die kämpfende Truppe zum richtigen Zeitpunkt an den richtigen Ort zu transportieren und die Instandhaltung und Pflege aller für die Kriegführung benötigten Geräte und Waffen sicherzustellen. An Land und auf See hatten sich Systeme der Taktik, des organisierten Einsatzes von Streitkräften in der Schlacht entwickelt. Sicherlich waren jedoch die Flottenoperationen des 5. Jh. aus späterer Sicht recht unvollkommen. Dies lag zum Teil daran, daß das Hauptinteresse der Befehlhaber meist den Landoperationen galt. Sie sahen ihre Flotten nur als seefahrenden Teil der Armee an, der gewöhnlich in Verbindung mit der Infanterie an der Küste zu operieren hatte. Die normale Schlachtordnung des Fußvolks war die Phalanx, ein gewöhnlich acht Glieder tiefes Rechteck, das geschlossen vorrückte. Wie die Infanteristen auf dem Wege zum Schlachtfeld, so rückten auch die Galeeren in einer der Marschkolonne vergleichbaren Formation an. So wie sie Berührung mit dem Feind aufnahmen oder in Verteidigungsstellung gingen, entwickelten sie sich – wie die Infanterie – zu einer breiten Formation, in der gewöhnlich mehrere Dwarslinien hintereinander standen; gewissermaßen wie eine seefahrende Phalanx. Der Wert des Aufmarsches in mehreren Gliedern mag fragwürdig erscheinen. Er wurde früh aufgegeben, aber ohne Zweifel war die Dwarslinie die günstigste Kampfformation für Galeeren. Jede Galeere schützte so die verwundbarsten Teile ihres Nachbarn, die Ruderbänke, und präsentierte gleichzeitig dem Feind ihre Kampffront, den Bug mit dem Rammsporn und den im Vorschiff untergebrachten Enterhaken sowie den nach vorne gerichteten Wurfschleudermaschinen.

Die Schwäche dieser Flottentaktik lag in ihrer mangelnden Beweglichkeit. Diesen Nachteil besaß auch die Phalanx an Land. Da das Längsseitgehen und das Rammen von der Seite in der Seeschlacht nicht unbekannt waren, wurde zur gegenseitigen Unterstützung besonderer Wert darauf gelegt, eine ununterbrochene Frontlinie zu halten. Wenn feindliche Galeerenflotten sich einander näherten, stießen die Ruder vereint ins Wasser. Die Bogenschützen standen am Bug und schossen Salven von Pfeilen hinüber. Wenn die Fronten zusammenstiessen, rammten sich metallbeschlagene Rammsporne unter der Wasserlinie in hölzerne Schiffsleiber. Die Galeeren verhakten sich ineinander, und mit Schwertern und Speeren bewaffnete Seesoldaten schwärmten über die Decks und machten aus dem Seegefecht einen Infanteriekampf.

Um den Grad der Geschwindigkeit und die Kampfkraft zu erreichen, die für diese Art der Schlachtführung notwendig sind, entwickelten die alten Marinen Spezialgaleeren, ganz besonders die Triere, welche im 5. Jh. das Großkampfschiff des Mittelmeeres wurde. Verglichen mit späteren Trieren und ihren Nachfolgern, waren diese alten Schlachtschiffe klein (wahrscheinlich nicht länger als 22 m und ca. 4 m in der Wasserlinie breit). Gewöhnlich waren auf der Triere 4 Offiziere, 12 Matrosen, vielleicht 18 Seesoldaten und Ruderer, welche die Riemen in drei Ruderborden bedienten, sowie ein Flötenspieler oder Trommler, um den Ruderschlag anzugeben. Die Triere konnte eine Geschwindigkeit von 7 Knoten erreichen[1]. Wie alle Galeeren war sie ein zerbrechliches Fahrzeug, wenig seetüchtig und nicht geeignet Stürmen zu widerstehen. Tagsüber hielten sich die Trierenflotten in der Nähe der Küste auf, und bei Nacht oder schlechtem Wetter wurden sie gewöhnlich an Land geholt. Selbst wenn in der frühen Antike ein besseres Verständnis für die Möglichkeiten einer Seemacht bestanden hätte, wären diese zerbrechlichen Fahrzeuge wohl dafür kaum geeignet gewesen, sie zu verwirklichen. Ausgedehnter Blockadedienst oder Angriffe auf entfernte, bewaffnete Küsten lagen weit außerhalb ihrer Möglichkeiten; jedoch spielten diese ersten Kriegsflotten eine wichtige, in der Tat eine unerläßliche Rolle in der Geschichte unserer Welt. Es ist ein Wunder, wieviel sie geleistet haben.

Es ist kaum festzustellen, welches Volk zuerst eine ausgedehnte Seemacht einsetzte, aber es ist bekannt, daß Kreta (ca. 2500–1200 v. Chr.) eine der ersten und bedeutendsten Seemächte war. Die Gründe hierfür sind einleuchtend, denn wegen ihrer Bevölkerungsdichte und durch die gebirgige und unwirtliche Landschaft ihrer Insel gezwungen, mußten die Kreter schon frühzeitig ihren Lebensunterhalt auf dem Meere suchen. Kreta lag gerade quer zu den Hauptseewegen des östlichen Mittelmeeres. Seine strategische Lage war nicht nur günstig für den eigenen Handel, sondern auch zum Angriff und zur Unterbrechung der Operationen etwaiger Handelsrivalen.

Die Phönizier (ca. 2000–300 v. Chr.) waren die nächste her-

1 Später gebaute Trieren waren beachtlich größer, länger als 30 m mit ungefähr 160 Mann. Die Quatriremes, Penteremes, Octiremes, Deciremes usw., wie sie in der römischen Kriegsschiffahrt genannt wurden, hatten nicht, wie man früher glaubte, von 5 bis 10 Ruderreihen übereinander, sondern die Quinquereme hatte nach dem Etymologikar des Erzbischofs Isidor von Sevilla (560–639) wahrscheinlich 5 Ruderbänke hintereinander.

vorragende Seemacht. Sie zogen einen blühenden Seehandel auf, den ihre Schiffe in alle Seestraßen des ihnen bekannten Teiles der Welt trugen. Sie fuhren sogar weit über die »Säulen des Herkules« (Straße von Gibraltar) hinaus, um englisches Zinn und nordischen Bernstein zu suchen und um Elfenbein und Sklaven des westlichen Afrikas gegen Gewürze, Gold und Edelsteine Indiens einzutauschen. Dieser Ost-West-Handel ermöglichte ihnen, die Häfen von Sidon (heute Saida) und Tyros am Ende der Karawanenstaßen aus dem Orient anzulegen. Die Suche nach neuen Abnehmern und neuen Rohstoffquellen war Antrieb dazu, daß sie die ersten großen Kolonisatoren des Altertums wurden. Ihre Handelsstationen an den Küsten und auf den Inseln des Mittelmeeres wurden neue Zentren der Zivilisation, von denen einige den Einfluß des Mutterlandes überdauerten. Karthago ist ein bemerkenswertes Beispiel. Im Laufe der Zeit wurde diese phönizische Kolonie führend im westlichen Mittelmeerraum und gründete einen Staat, der Nordafrika, Sardinien, Korsika, halb Sizilien und einen Großteil von Spanien umfaßte.

war, der zur Sicherung der Kontrolle über den Hellespont (Dardanellen) und damit des Schwarzmeerhandels geführt wurde.

Die Griechen hatten um das 5. Jh. v. Chr. die Phönizier und die Karthager vom Schwarzen und Ägäischen Meer ausgeschlossen und ein Schiffahrtsmonopol im östlichen Mittelmeerraum errungen. Von ihrer gebirgigen, unfruchtbaren Halbinsel konnten sie außer Olivenöl und Wein nur wenig landwirtschaftliche Artikel exportieren. Aber diese waren wegen ihrer Qualität sehr gefragt. Ferner brachten ihnen die Arbeiten ihrer Handwerker (Töpferwaren, Teppiche, Schwerter, Kacheln und Metallarbeiten) und ihrer Künstler (Goldschmiedearbeiten, bemalte Vasen und Statuen) eine höchst günstige Handelsbilanz. Als ihre Handelsstationen sich zu Kolonien entwickelten, wurden die Küsten von Kleinasien im Osten, Kroatien im Norden sowie Sizilien und Süditalien im Westen höchst aktive Erweiterungen Griechenlands. Andere griechische Niederlassungen entstanden weit entfernt an den nördlichen Küsten des Schwarzen Meeres und an den Mittel-

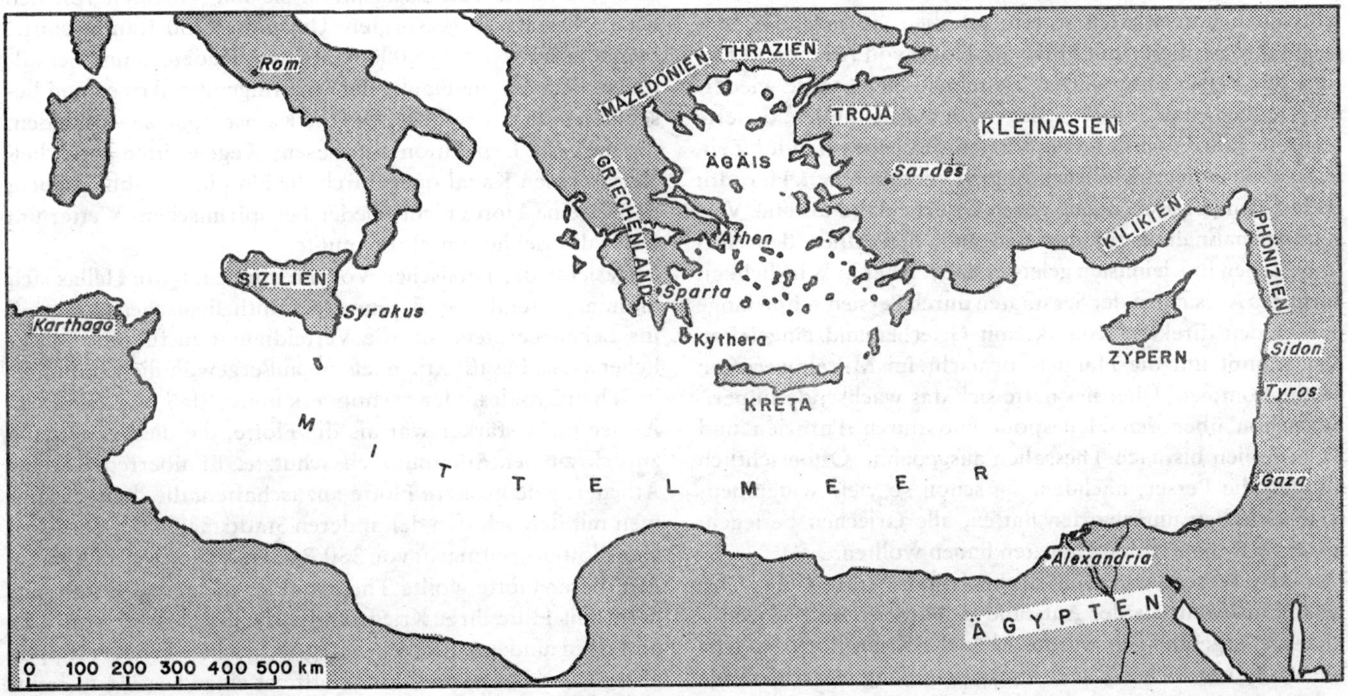

Ostmittelmeer

Dank Herodot und Thukydides, die ausgezeichnete zeitgenössische Berichte über den griechisch-persischen und peloponesischen Krieg schrieben, können wir über die antike griechische Seemacht ihrer Zeit das beste Bild gewinnen. Die griechische Seefahrttradition war uralt, und der griechische Seehandel war schon gut entwickelt, bevor die griechische Geschichtsschreibung begann. Es spricht viel dafür, daß Homers Ilias als eine poetische Beschreibung der vorgeschichtlichen griechischen Seemacht in ihrer Praxis anzusehen ist und daß der Kampf um Troja ein Wirtschaftskrieg

meerküsten von Spanien und Frankreich. Im Innern der hellenischen Halbinsel war das griechische Volk aber aufgespalten in kleine einzelne Stadtstaaten: Athen, Sparta, Korinth, Theben und weitere; oft, oder besser gesagt, fast immer, im Streit miteinander. Die überseeischen griechischen Niederlassungen waren zum größten Teil keine wirklichen Kolonien, sondern unabhängige Gemeinden, verknüpft mit den Mutterstädten Griechenlands durch Gefühl, Tradition und Handelsverbindungen. Diese Aufspaltung ihrer Macht kostete die Griechen letzten Endes ihre Freiheit.

Der griechisch-persische Krieg

Der Anfang der schriftlich überlieferten Seefahrtgeschichte fällt mit einer der größten Krisen der Menschheitsgeschichte zusammen. Dem rückschauenden Betrachter muß diese Krise als ein Angriff Asiens auf Europa erscheinen. Hätten damals die Massen aus dem Mittleren Osten die Halbinsel Hellas unterworfen, wäre die weitere Weltgeschichte anders verlaufen. Der Angriff wurde von Persien geführt, einem regelrechten Machtstaat, der straff gegliedert war und zentral geleitet wurde. Solche Staaten dominierten jahrhundertelang in Westasien. Die persische Macht dehnte sich vom iranischen Hochgebirge aus und erreichte im 6. Jh. v. Chr. das Mittelmeer an der Ägäis. Die phönizischen Stadtstaaten, die als Volk keinen Zusammenhalt zeigten und keine Aussicht auf Beistand besaßen, unterwarfen sich ebenso schnell, wie sie sich vorher Ägyptern, Assyrern und Babyloniern ergeben hatten. Nun stellten sie ihre Flotten für die überseeischen Eroberungen ihrer neuen Herren zur Verfügung. Aber die griechischen Städte in Kleinasien widerstanden, und als sie schließlich unterworfen waren, erhoben sie sich abermals gegen ihre Eroberer mit Hilfe der Flotte von Athen und Eritrea. Die Perser unterwarfen die rebellischen Städte wiederum; jedoch das Niederschlagen des Aufstandes dauerte mehrere Jahre und gab den Staaten des Mutterlandes Zeit, sich auf den unvermeidlichen Angriff vorzubereiten. Herodot erklärt den persischen Zug gegen Griechenland als eine Vergeltungsmaßnahme für den Beistand, den Athen den Aufständischen in Kleinasien geleistet habe. Aber in Wirklichkeit hatte das Aufsaugen der Seestaaten durch Persien schon lange vorher den direkten Konflikt mit Griechenland eingeleitet. Der Kampf um die Handelsvormacht im Mittelmeerraum mußte kommen. Überdies hatte sich das wachsende Imperium schon über den Hellespont und durch Thrazien und Mazedonien bis nach Thessalien ausgedehnt. Offensichtlich mußten die Perser, nachdem sie schon so viele widerspenstige Griechen unterworfen hatten, alle Griechen besiegen, wenn sie Ruhe in ihren Gebieten haben wollten.

Der erste Perserzug gegen Griechenland im Jahre 492 v. Chr. gelang insoweit, als der Aufstand in Thrazien und Mazedonien niedergeschlagen wurde. Aber die Kriegsflotte, welche die an der nördlichen Küste der Ägäis entlang marschierende Armee begleitete, wurde am Vorgebirge des Athos vom Sturm zerschlagen. Nach Ausfall der Kriegsflotte waren die Lastschiffe mit dem Nachschub für die Armee völlig ungeschützt, deshalb konnte nicht weiter vorgerückt werden. Die Armee war zu groß, um aus dem Lande zu leben oder sich aus Vorräten zu versorgen, die auf dem Landwege nur in kleinen Mengen nachgeführt werden konnten. Der Verlust der Seeverbindungen beendete den ersten Perserzug.

Der zweite Perserzug kam zwei Jahre später zu einem noch unrühmlicheren Ende. Es war eine amphibische Operation, ein Angriff direkt über die Ägäis. Aber es zeigte sich, daß die Schiffe und die technischen Voraussetzungen dieser Zeit einer solchen Aufgabe nicht gewachsen waren. Die damals gebräuchlichen kleinen Transportschiffe konnten während des Landungsmanövers nicht schnell genug die Truppen verstärken, um an Land die gesammelten Streitkräfte der Griechen frontal anzugreifen. Als der erste persische Verband mit einigen 15 000 Mann auf der Ebene von Marathon landete, marschierten 10 000 Athener die 20 Meilen zum Landeplatz vor und warfen die Perser zurück ins Meer, ohne auf das langsame Hilfskorps der verbündeten Spartaner zu warten.

Zehn Jahre lang griffen dann die Perser Griechenland nicht mehr an. Der neue persische Herrscher, König Xerxes, unternahm sorgfältige Vorbereitungen, um sicher zu gehen, daß der dritte Perserzug ein voller Erfolg würde. Als Xerxes 480 v. Chr. 180000 Mann bei Sardes in Kleinasien versammelte und sie mit Hilfe von zwei Pontonbrücken über den Hellespont marschieren ließ, wählte er den weniger verwundbaren der beiden Vormarschwege. Notgedrungen folgte die neue Expedition dem Beispiel des ersten Heerzuges und marschierte entlang der ägäischen Küste vorwärts, während Hunderte von Lastschiffen sie mit Vorräten von den asiatischen Basen versorgten. Ungefähr 1300 Kampfschiffe, bemannt mit etwa 175 000 Matrosen, Ruderern und Seesoldaten, deckten die Flanke der vordringenden Armee und beschützten die Lastschiffe. Um die Katastrophe zu vermeiden, die die erste Expedition auf diesem Wege erlitten hatte, ließ Xerxes einen Kanal quer durch die Halbinsel Athos graben, damit seine Flotte nicht wieder bei stürmischem Wetter um die Halbinsel herumfahren mußte.

Angesichts der persischen Vorbereitungen, hatte Hellas sich diesmal vereinigt und einen gesamthellenischen Kongreß ins Leben gerufen, um die Verteidigung zu führen. Glücklicherweise besaß Athen einen außergewöhnlichen Führer in Themistokles, der richtig erkannte, daß die persische Armee nicht stärker war als die Flotte, die die Verbindung zurück zu den Stützpunkten schützte. Er überredete seine Athener, eine größere Flotte anzuschaffen, die dann zusammen mit den Schiffen der anderen Stadtstaaten der Griechen eine Flottenstreitmacht von 380 Ruderschiffen bilden konnte. Mit dieser Flotte wollte Themistokles die Perser daran hindern, mit Hilfe ihrer Kriegsschiffe die griechische Armee zu umfassen und im Rücken der griechischen Front Truppen abzusetzen. Bei etwas Glück hoffte er einen Seesieg zu erringen, der die notwendigen persischen Versorgungslinien entblößen würde. Nicht alle griechischen Führer hatten so klar die entscheidende Rolle der Flotte erkannt, aber alle waren sich darin einig, daß ein Widerstand gegen die persischen Massen auf freiem Felde aussichtslos war. Ihre einzige Chance lag darin, die Perser in einem engen Pass zu treffen, wo die griechische Armee den Eindringlingen den Weg versperren konnte. Die Spartaner und andere Bewohner des Peloponnes hielten die Landenge von Korinth für geeignet, aber schließlich wählte der Kongress den Engpaß der Thermopylen. Hier sollte das Gebirge die griechische linke Flanke decken, während die griechische Flotte in der schmalen Meer-

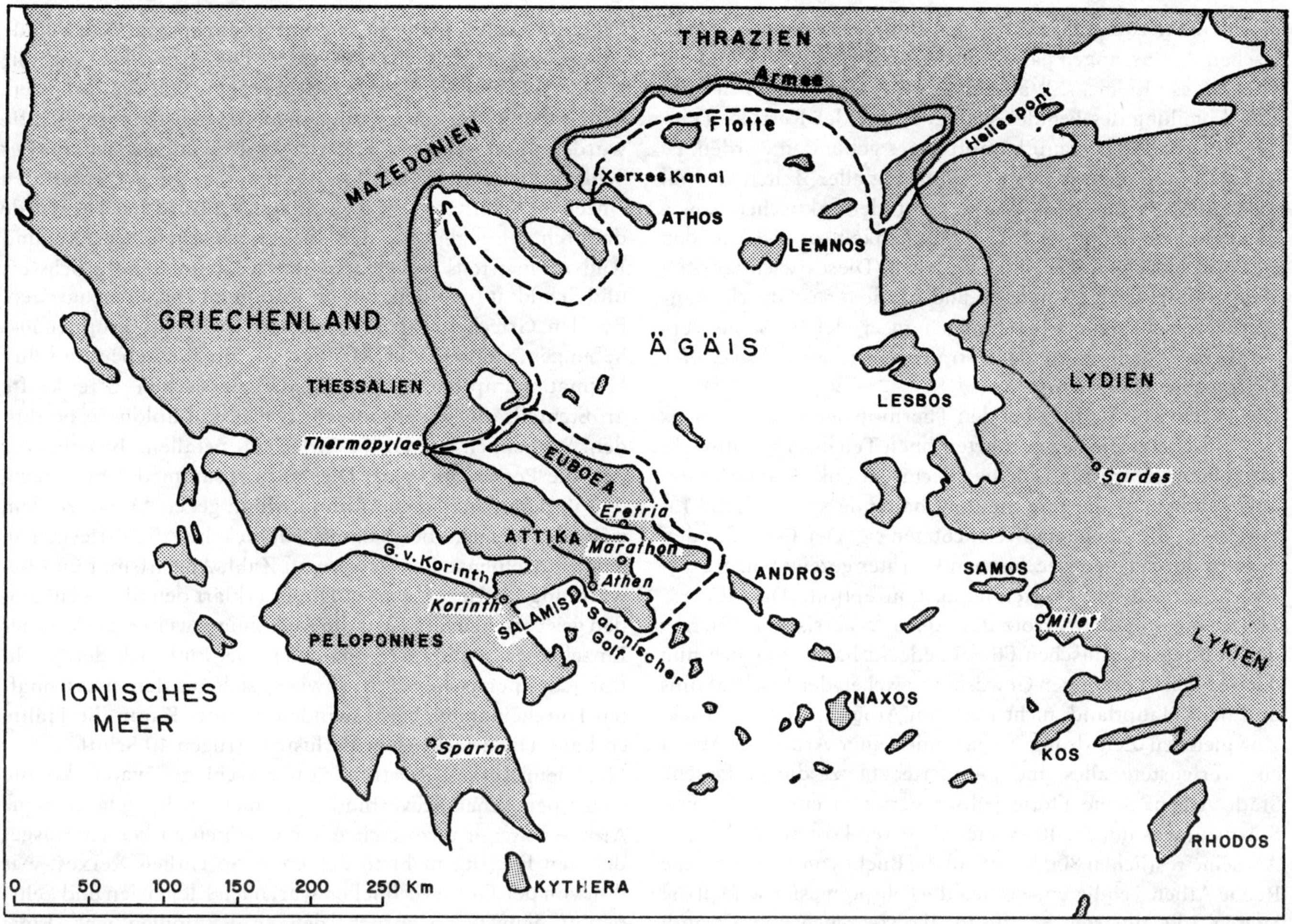

Xerxes Anmarsch zu Lande und zur See, 480 v. Chr.

enge zwischen Euböa und dem Hauptland ihre rechte sichern konnte.

Xerxes' strategische Planung war so großzügig wie seine logistischen Maßnahmen. Er zweifelte nicht daran, daß er die Griechen der Halbinsel Hellas unterwerfen könne, wenn sie sich nicht etwa zusätzlich Griechen zur Hilfe aus Sizilien und Süditalien heranzögen. Es ist möglich, daß Xerxes wußte, daß der gesamthellenische Kongreß mit Syrakus gerade wegen eines solchen Beistandes verhandelte. Jedenfalls veranlaßte er die Karthager (wahrscheinlich durch ihre phönizischen Verwandten) gleichzeitig mit seinem Zug nach Griechenland einen Angriff auf die Griechen in Sizilien zu unternehmen. Den Karthagern kam eine solche Gelegenheit, ihre Konkurrenten zu vernichten, sehr gelegen. Als die Perser in Thessalien einströmten, landete zugleich ein Söldnerheer aus Nordafrika in Sizilien und stieß im Westen gegen die griechischen Städte vor. Xerxes nutzte so die strategischen Möglichkeiten der *»äußeren Linie«* [2], die, wie wir sehen werden, noch öfter – besonders im zweiten Weltkriege – angewandt wurden. Auf den ersten Blick scheint es, daß die Griechen und Perser ganz verschiedene strategische Auffassungen hatten. Grundsätzlich jedoch war beider Absicht dieselbe: den Feind in einzelnen Abteilungen zu bekämpfen, indem immer jeweilig überlegene Kräfte gegen einen Teil der feindlichen Streitkräfte eingesetzt wurden, während man den Rest der feindlichen Kräfte hinhalten konnte. Xerxes hielt den Vormarsch in Griechenland für den Hauptstoß. Diese Truppen waren der zuschlagende Arm seines strategischen Planes. Für ihn war der Vormarsch der Karthager ein Diversionsmanöver mit dem Ziel, die sizilianischen Griechen festzuhalten, während er die hellenischen Griechen auf der Halbinsel besiegte. Themistokles und seine Griechen hatten den Paß und die Meerenge für den Kampf auserwählt, um den Feind zu zwingen, mit kleiner Front zu kämpfen, damit er seine Über-

2 Die »äußere Linie« wird durch teilweise oder ganze Einkreisung des Feindes gebildet. Die eingeschlossene Streitmacht operiert dann auf der »inneren Linie«. Jede dieser Positionen kann die günstigere sein, das hängt von den Umständen ab. Die schwächere Macht wird das Operieren auf der »inneren Linie« vorziehen, weil sie dann die kürzeren inneren Verbindungswege benutzen kann, um mit ihrer vollen Stärke in schnellerem Wechsel auf einzelne Abschnitte des umgebenden Feindes einzuschlagen, ehe der Feind über seine langen Außenlinien Verstärkungen heranführen kann.

macht nicht zum Einsatz bringen konnte. In beiden strategischen Auffassungen gab es also ein *»schlagendes«* und ein *»haltendes«* Element. Während ein Element einen Teil oder eine Abteilung des Feindes schlug, mußte der Rest des Feindes außerhalb des Hauptkampfplatzes gebunden werden. Es ist eine Haupttechnik der Kriegführung aller Zeiten sowohl zu Lande als auf dem Wasser, auf der taktischen sowie strategischen Ebene, sich die Möglichkeit zu sichern, den Feind in einzelnen Teilen zu besiegen. Dieses wichtige Ziel aller militärischen Planungen und Manöver ist durch mancherlei verschiedene Überlegungen zu erreichen. Seine Verwirklichung gehört zu dem strategischen Grundsatz *»der Konzentration der Kräfte«*.

Die griechische Stellung bei den Thermopylen erwies sich als ein Fehlschlag. Die Perser führten einen Teil ihrer Streitmacht über einen Gebirgspfad um die griechische linke Flanke herum und nahmen so die ihre Stellung haltende spartanische Infanterie in die Zange und vernichteten sie. Der Pfad, der den Persern durch einen griechischen Verräter gezeigt wurde, zerriß die griechische Verteidigungskonzeption. Die alliierte Flotte, die standhaft, trotz der Angriffe persischer Trieren, den rechten griechischen Flügel gedeckt hatte, zog sich nun nach Süden in die engen Gewässer zwischen der Insel Salamis und dem Hauptland, nicht weit von Athen entfernt, zurück. Zur gleichen Zeit drang Xerxes mit seiner Armee in Attika ein, verwüstete alles und plünderte zuletzt die verlassene Stadt Athen. Seine Flotte jedoch geriet in eine Reihe von Stürmen, was ihn ca. 400 seiner Galeeren kostete.

Als seine restlichen 800 Schiffe in die Bucht von Phaleron, die Reede Athens, einliefen, wollten die Peloponnesier schnell die letzten 300 alliierten Schiffe in die Meerenge von Korinth bringen, wo die griechische Armee eine neue Stellung bezogen hatte. Aber Themistokles brachte sie kraft seines Geistes und seiner machtvollen Überredungskunst dazu, daß sie dort blieben, wo sie waren, anstatt sich einer Übermacht auf offenem Meere auszusetzen. Xerxes war bestrebt, eine Schlacht zu schlagen, bevor ihm wieder schlechtes Wetter einen Erfolg auf See vereiteln konnte. Er entsandte 200 Schiffe südwärts um Salamis herum, die jeden Fluchtversuch der Griechen verhinderten. Die griechischen Flottenführer hatten nun keine andere Wahl, als zu kämpfen, wo sie waren, denn die anderen 600 persischen Schiffe drangen schon am östlichen Eingang in die Meerenge ein.

Von den Hügeln von Salamis aus sah die evakuierte Bevölkerung Athens, wie unter den Augen des an der gegenüberliegenden Küste thronenden König Xerxes sich die persischen Galeeren nach Norden bewegten und (wie wir vermuten können in mehreren Kiellinien) die Insel Psyttalea passierten. Dann müssen sie hinter den Führerschiffen ausgeschoren sein und sich zu Dwarslinien formiert haben. Schließlich rückten sie, sechs bis acht Glieder tief, gegen die Griechen vor, die, wie wir annehmen dürfen, in Dwarslinien drei oder vier Glieder tief formiert waren und ihre Flanken durch die Küsten deckten. Die Perser konnten auf diese Weise in ihrer Frontlinie kaum mehr Steven und Rammsporne dem Feinde entgegenstellen als die Griechen. Die Tatsache, daß die Perser zweimal so viele Schiffe besaßen wie die Griechen, kam daher kaum zur Geltung, denn die meisten ihrer Schiffe wurden durch das enge Fahrwasser gezwungen, sich aus der Schlacht herauszuhalten. Der Vorteil, daß die Perser auf den einzelnen Schiffen mehr Seesoldaten an Bord hatten, wurde dadurch ausgeglichen, daß die griechischen Seeleute und Ruderer meistens Freie waren und, wenn notwendig, Schwert und Schild aufnahmen, um im Kampf an Deck einzugreifen. Bei den Griechen gab es keine unfreiwilligen Truppenaushebungen, sondern nur Männer, die für ihr Leben und ihre Heimat kämpften, während die persischen Streitkräfte größtenteils aus Zwansausgehobenen und Söldnern bestanden. Schließlich trugen die Griechen metallene Brustpanzer und die Perser oft keine. Dies alles zusammen führte dazu, daß in dem ganztägigen Kampf Mann gegen Mann, zu dem sich die Schlacht bei Salamis entwickelte, die Griechen in jeder Einzelphase den Persern an Zahl, Angriffsmut und Bewaffnung überlegen waren. Dieses erklärt den überwältigenden griechischen Sieg. Auf die Aufzählung weiterer taktischer Einzelheiten wollen wir verzichten. Bei Einbruch der Nacht floh jedes persische Schiff, sowie es sich aus dem massenhaften Durcheinander herauswinden konnte. Kaum die Hälfte entkam. Die griechischen Verluste betrugen 40 Schiffe.

Nachdem Xerxes' Seestreitkräfte zerschlagen waren, konnte er die persischen Seeverbindungen nicht mehr sichern. Seine Armee war mit unzureichenden Vorräten zu keinem ausgedehnten Feldzug mehr in der Lage. So entließ Xerxes, was ihm von der Flotte verblieben war, nach Kleinasien und kehrte auf dem Wege zurück, den er gekommen war. Etwa 50 000 Mann seiner Truppe ließ er noch in Thessalien überwintern; die dortigen Getreidevorräte reichten eben dazu aus, eine Truppe dieser Stärke zu ernähren. Im folgenden Sommer griffen die Landstreitkräfte des gesamthellenischen Bundes gemeinsam diese 50 000 Mann des Xerxes bei Plataea (40 Meilen nordwestlich von Athen) an und vernichteten sie. Auch die Griechen in Sizilien unter Gelos von Syrakus hatten in der Zwischenzeit das karthagische Expeditionsheer entscheidend geschlagen. Die Karthager wiederholten den Angriff nicht. Wahrscheinlich nahmen ihnen die Nachrichten von Salamis den Mut zu neuen Operationen, für welche Reserven und Vorräte über verwundbare Seewege herangeholt werden mußten.

Die Kriege zwischen Griechenland und Persien illustrieren, ebenso deutlich wie andere im Mittelalter und in der Neuzeit, die Wahrheit von Mahans Grundsatz: »Nachschubverbindungen beherrschen den Krieg.[3)]«. Themistokles hatte richtig erkannt, daß eine Armee, die nicht aus dem Lande leben kann, nicht stärker ist als ihre Nachschublinien und daß, wenn der Nachschub über See erfolgen muß, ein Sieg auf See auch den Sieg auf dem Lande garantiert.

3 »Communications dominate war«, Capt. Alfred Thayer Mahan: Naval Strategy, Boston 1891, S. 166.

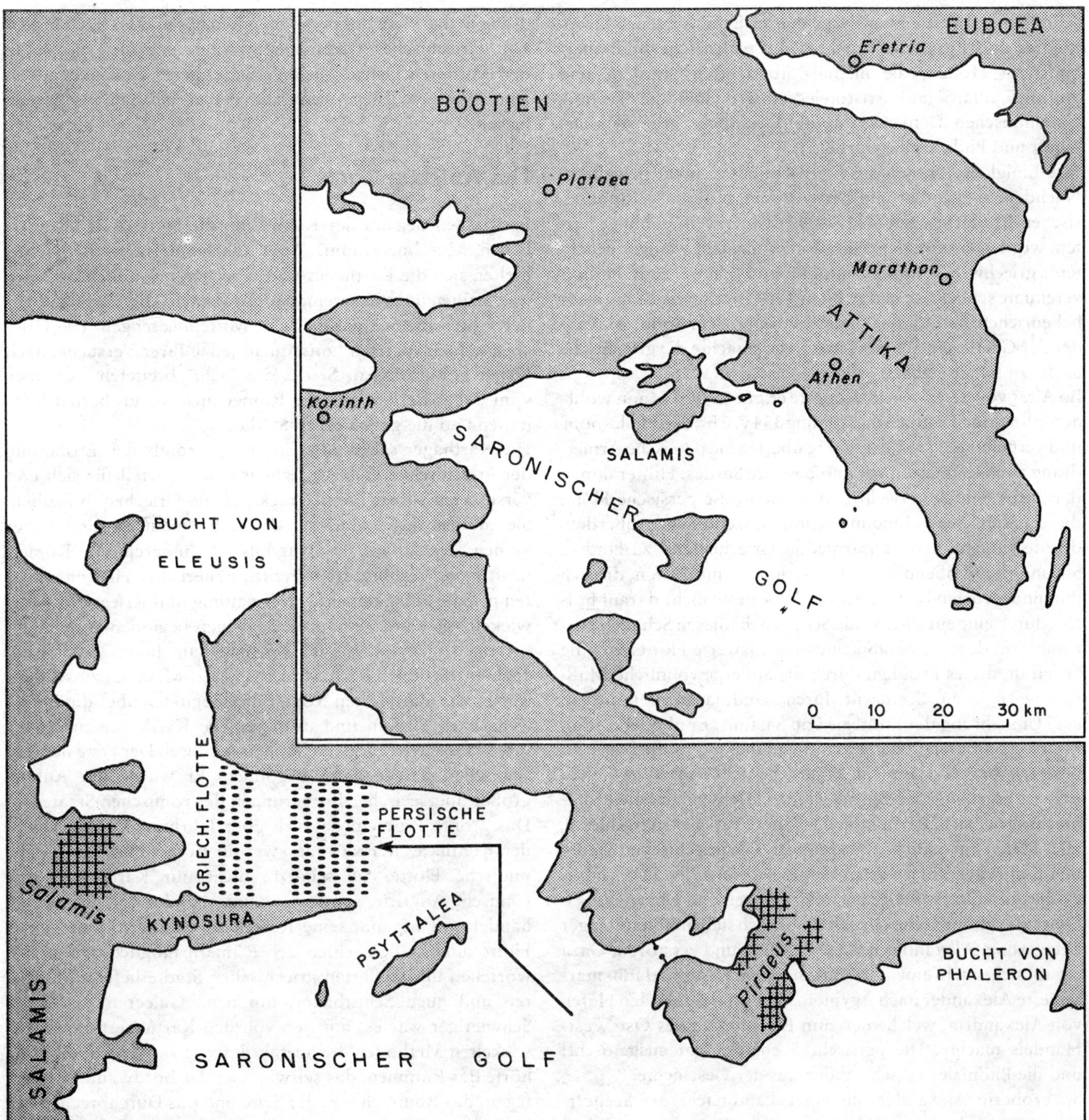

Schlacht von Salamis, 480 v. Chr.

Die Geschichte Griechenlands während des auf die Schlacht bei Salamis folgenden Jahrhunderts zeigt, daß ein erfolgreich durchgestandener Krieg auch für die kulturelle Entwicklung anregende Einflüsse bringen kann.

Kaum jemals steigerte sich ein Volk zu größerer schöpferischer Kraft als die Griechen nach ihrem Triumph über das mächtige Persien. Aus den Ruinen bauten die Athener eine neue und größere Stadt. Athen wurde unter Führung des Perikles »der Lehrmeister von Hellas«. Während dieses goldenen Zeitalters der Griechen gestalteten Aeschylos, Sophokles und Euripides die Kunstform der Tragödie; Herodot, Thukydides und Xenophon erhoben die Geschichtsschreibung über die Ebene sagenhafter Erzählungen; Myron, Phidias und Praxiteles brachten die realistische Bildhauerkunst zu Höhen, die niemals übertroffen wurden; und Sokrates, Plato und Aristoteles entwickelten die Technik systematischen Denkens, das die Grundlage aller Wissenschaft und Philosophie wurde.

Ihre Einigkeit konnten die Griechen jedoch nicht bewahren. Nachdem sich Jonier und Dorer in den bitteren peloponnesischen Bruderkriegen (431–404 v. Chr.) weiß geblutet hatten, wurden sie von den Mazedoniern, einem weniger geachteten griechischen Stamm, unter Philipp II. überrannt. Philipp vereinigte schließlich den größten Teil Griechenlands in einem hellenischen Bund unter seiner Führung. Sein Sohn, Alexander der Große, ein Schüler Aristoteles, machte die griechische Sache zu seiner eigenen.

Im Alter von 22 Jahren überquerte er mit 35 000 Mann wohldisziplinierter Truppen im Frühling 334 v. Chr. den Hellespont und vernichtete die zahlenmäßig überlegene persische Armee, drang nach Kleinasien vor und besetzte Sardes. Hinter ihm in der Ägäis jedoch verwehrte ihm eine große persische Flotte die direkten Seeverbindungen mit Mazedonien. Außerdem drohte sie eine Invasionsarmee in Griechenland zu landen. Sie unterband obendrein jeden Seehandel mit Häfen, die sich ihm unterworfen hatten. Alexander konnte nicht darauf hoffen, durch eine entscheidende Seeschlacht diesen Schaden auszumerzen, denn er besaß keine nennenswerte Flotte. So ging er daran, dieses Problem durch die außergewöhnliche Maßnahme zu lösen, Seemacht durch Landmacht zu besiegen, eine Umkehrung der Strategie von Salamis. Er überlegte, daß Flotten von Basen abhängig sind und daß er nur die Basen zu besetzen brauche, um die feindlichen Flotten zu zwingen, sich zu ergeben oder umzukommen. Dementsprechend bemächtigte er sich, bevor er in das Innere Persiens marschierte, aller Häfen am östlichen Mittelmeer. Die griechischen Städte von Kleinasien unterwarfen sich meist freiwillig. Das phönizische Sidon kapitulierte nach Drohungen und Überredungskunst, das phönizische Tyros fiel erst nach siebenmonatelanger Belagerung. Alexander ließ es plündern und zerstören. Gaza ergab sich nach einem zweimonatigen Kampf; dann marschierte Alexander nach Ägypten. Hier gründete er den Hafen von Alexandria, welchen er zum Haupthafen des Ost-West-Handels machte. Die persische Seemacht war ausgelöscht, und die Phönizier verschwanden aus der Geschichte.

So eroberte Alexander mit einer Landmacht die Seeherrschaft. Mazedonien wurde zur größten Seemacht der alten Welt.

Das Paradoxe der Situation ist, daß Alexander, nachdem er eine mächtige Flotte durch die »Hintertür« erbeutet hatte, nur wenig Nutzen daraus zog. Nach einem Ausdruck von Sir Halford J. Mackinder, einem Befürworter der Landmacht-Theorie, wurde das östliche Mittelmeer nun ein »geschlossenes Meer«, weil alle Küsten in einer Gewalt waren. Im Hinterland gedeckt und seiner militärischen Verbindungslinien sicher, wandte sich Alexander nun nach Osten und drang in das Herz des persischen Reiches und bis nach Indien vor. Griechisches Gedankengut folgte seinen Truppen in den Mittleren Osten. Niemals wäre dieses Gedankengut so fruchtbar geworden, wenn die Perser bei Salamis gesiegt hätten.

Der Aufstieg Roms

Inzwischen begann der Kampf um die Herrschaft im westlichen Mittelmeerraum. Zwei Jahrhunderte nach Salamis hielten sich die Karthager und Griechen im südlichen Italien und Sizilien noch untereinander in Schach. Die Karthager beherrschten die See westlich der Mittelmeerengen. Die Griechen jedoch sperrten konsequent jeden ihrer Versuche, nach Osten vorzudringen. Seit 275 v. Chr. breiteten sich aber vom Tiber-Becken her die Römer aus. Sie eroberten Süditalien und die griechischen Städte.

Die Karthager sahen zunächst in der römischen Eroberung der griechischen Gebiete Italiens einen Vorteil für sich und verstärkten sofort ihren Druck auf die Griechen in Sizilien. Sie ahnten nicht, daß sie dadurch einem Rivalen näher kamen, der furchtbarer war, als alle anderen. Die Römer, kräftig und resolut, ursprünglich bäuerlicher Herkunft, hatten geniale Fähigkeiten für Verwaltung und Kriegskunst entwickelt. Sie kämpften mit beweglichen Legionen anstelle der sperrigen Phalanx. Als die Karthager im Jahre 264 v. Chr. drohten, Truppen nach Messana (jetzt: Messina) zu senden, warfen die alarmierten Römer ihre Legionen über die Meerwege nach Sizilien und drängten die Karthager zurück in ihre befestigten Städte im Westen der Insel. Der erste der drei Punischen Kriege hatte begonnen. Er wurde der Anfang großer überseeischer Eroberungen des römischen Staates.

Das größte Problem des sich über Jahrhunderte hinziehenden Konfliktes mit Karthago war für Rom von Anfang an die punische Flotte. Sie schützte nicht nur Karthago gegen römische Angriffe, sondern sie unterband sofort Roms Seehandel und begann, seine Küsten zu plündern. Eine eigene Flotte aufzustellen schien den Römern möglich. Die unterworfenen und alliierten griechischen Städte lieferten Galeeren und auch Schiffbauer, um neue Galeeren zu bauen. Schwieriger war es, mit den von den Karthagern hoch entwickelten Methoden der Seetaktik fertig zu werden; dazu gehörte das Rammen, das seitwärts an der Bordwand Entlangfegen, das Rammen von der Seite und das Durchbrechen der Linie. Diese Flottentaktiken waren vornehmlich dazu bestimmt, Schiffe gegen Schiffe kämpfen zu lassen. Roms einzige Hoffnung bestand darin, eine Rückkehr zu der »alten Kampfweise« zu erzwingen, bei der Mann gegen Mann focht. Dann konnte Rom den punischen Söldnern seine Spezialtruppen, die gutdisziplinierten Legionäre, entgegenstellen. Der Kern des Problems war hierbei, wie man dicht genug an den flinken Feind herankommen konnte, um die Legionäre zum Gefecht an Bord seiner Schiffe zu werfen.

Die geniale römische Lösung war der »Corvus« (Krähe) oder

die »Enterbrücke«, eine 5,5 m lange Laufplanke mit einem zugespitzten eisernen Haken unter dem Außenbordsende. Hochgezogen und durch eine Zapfwelle am Mast schwenkbar, konnte der Corvus nach vorne oder nach den Seiten ausgeworfen werden, um in jedes unbedachte feindliche Schiff einzuhaken, das dicht genug herankam, weil es rammen oder seitwärts an der Bordwand entlang fegen wollte. Über die Laufplanke wogten dann die Legionäre hinüber, um die Seeschlacht in ein Infanteriegefecht an Deck zu verwandeln. Der »Corvus« bestand zuerst bei Mylae im Jahre 260 seine Probe, als die Karthager, ihren tölpelhaften Feind verachtend, langsam dahinfuhren, ohne sich die Mühe zu machen, eine Formation zu bilden. Mit Hilfe des niedersausenden »Corvus« eroberten die ausgebildeten Legionäre schnell fast die Hälfte der feindlichen Schiffe und jagten den Rest in überstürzte Flucht. In einer späteren Schlacht am Berg Egnomus machten die Römer nicht nur flinken Gebrauch von ihren »Corvi«, sondern zogen durch beispielhafte Zusammenarbeit und Befehlsführung aus der punischen Einkreisungstaktik ihren Vorteil, indem sie die Innere Linie für sich nutzten. Sie vernichteten zuerst den einen Teil des Feindes und dann den anderen, ehe sich die einzelnen Abteilungen des Gegners wieder vereinigen konnten. Aus einer Niederlage und aus dem Verlust mehrerer, in Stürmen falsch gehandhabter Flotten zogen die Römer ihre Lehren, und schließlich wurden die römischen Militärs durch verbissene Beharrlichkeit zu so geübten Seeleuten, daß sie am Ende des ersten Punischen Krieges in einer Seeschlacht den Feind allein durch seemännische Geschicklichkeit besiegten.

Die Überlegenheit der Römer auf See wirkte sich derart aus, daß der karthagische Heerführer Hannibal im zweiten Punischen Krieg es für das ratsamste hielt, Rom anstatt von See aus auf dem Lande – von Spanien her über die Alpen – anzugreifen. Er brachte es fertig, sich fünfzehn Jahre lang in Italien zu halten. Seine Armee zu ernähren, gelang ihm jedoch nur durch Zerstörung und Ausbeutung des Ackerlandes. Dadurch forderte er den Haß der von den Römern unterworfenen und unzufriedenen Völker heraus, auf deren Hilfe er gerechnet hatte. Als schließlich Rom kraft seiner Seeherrschaft den Krieg nach Afrika trug, eilte Hannibal zur Verteidigung heim und wurde in der Schlacht bei Zama besiegt. Der dritte Punische Krieg begann mit einer römischen Landung in Afrika und endete schließlich mit der Zerstörung Karthagos. Die Punischen Kriege begründeten zwar den Aufstieg des

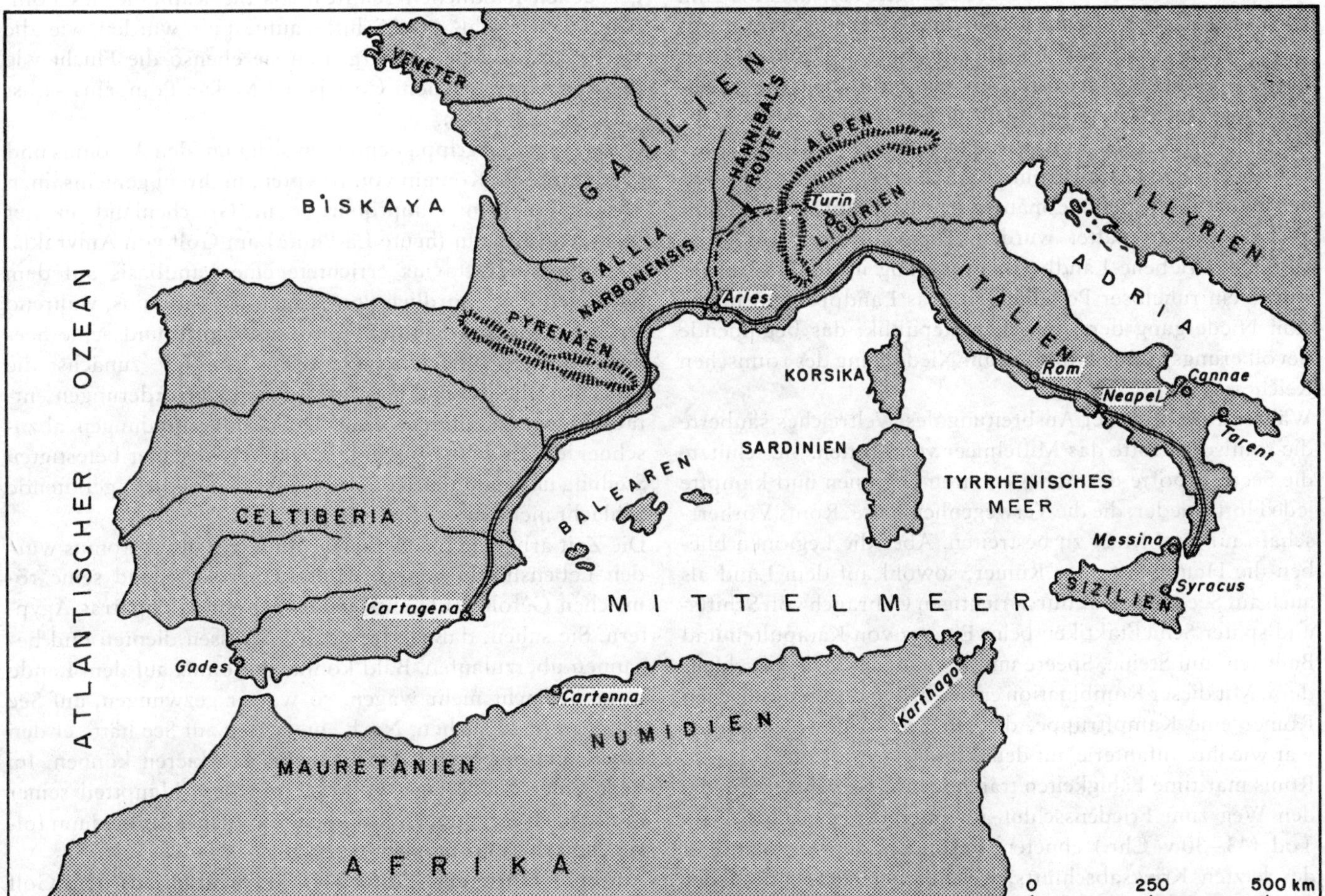

West-Mittelmeer, 3. Jh. v. Chr.

Römischen Reiches, aber sie legten gleichzeitig die Wurzeln zu seinem Niedergang. Roms erster Krieg mit Karthago brachte ihm die Provinz Sizilien ein, der zweite Spanien und der dritte Nordafrika.

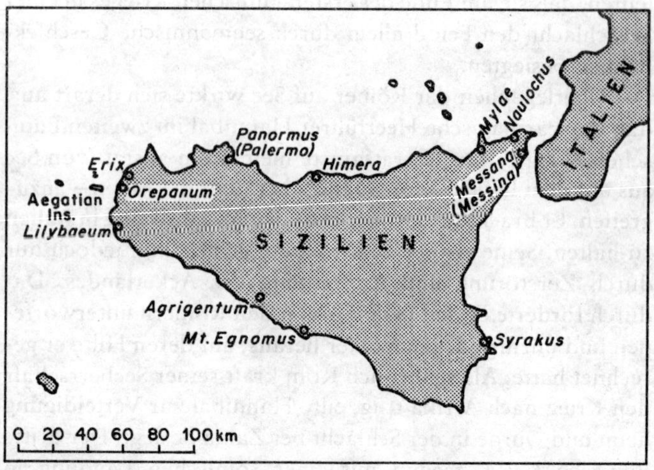

Sizilien, 3. Jh. v. Chr.

Der Kampf und der endgültige Sieg brachten große Kriegserfahrung. Die römischen Heere drangen ostwärts bis zum Persischen Golf und zum Kaspischen Meer vor, und nordwärts gelangten sie durch Gallien bis nach Britannien. Aber durch Hannibals Verwüstungen war in Italien die Kleinbauernwirtschaft zerstört. Auf dieser basierte jedoch die Kraft der römischen Republik. Nach den römischen Eroberungen erfolgte ein Zustrom von Sklaven. Anstelle der kleinen Bauernhöfe richtete man riesige Pachthöfe ein, die mit Sklaven bewirtschaftet wurden. Die verarmte, von ihren Höfen vertriebene Landbevölkerung zog in die Städte und wurde ein ruheloser Pöbelhaufen. Das Landproblem führte zum Niedergang der römischen Republik; das beginnende Bevölkerungsproblem führte zum Niedergang des römischen Reiches.

Während der Zeit der Ausbreitung des Weltreiches säuberte die römische Flotte das Mittelmeer von Piraten. Sie schützte die Seetransporte der unbesiegbaren Legionen und kämpfte jede Flotte nieder, die die Verwegenheit hatte, Roms Vorherrschaft auf dem Meer zu bestreiten. Aber die Legionen blieben die Hauptwaffe der Römer, sowohl auf dem Land als auch auf See, und zwar durch richtigen Gebrauch von Schiffs- und später Schießtaktiken beim Einsatz von Katapulten und Ballisten, um Steine, Speere und brennende Pfeile zu schleudern. Mit dieser Kombination entwickelten die methodischen Römer eine Kampftruppe, die auf See so unwiderstehlich war wie ihre Infanterie auf dem Lande.

Roms maritime Fähigkeiten traten in zwei Seeschlachten, die den Weg zum Friedensschluß im Bürgerkrieg nach Cäsars Tod (43–30 v. Chr.) ebneten, besonders zutage. Während des letzten Kriegsabschnitts, welcher der Vernichtung der Mörder Cäsars in Philippi folgte, wurde Cäsars Großneffe Octavian von zwei mächtigen Gegnern bekämpft. Sextus Pompeius hatte sich von seinem Standort in Sizilien aus die Kontrolle über das westliche Mittelmeer gesichert und schnitt Roms überseeische Lebensmittelzufuhren ab. Markus Antonius, gestützt auf Ägypten, drohte Rom zu unterwerfen und Alexandria zur Hauptstadt des Reiches zu machen.

Um Pompeius' leichten, schnellen Schiffen, die für beinahe piratische Zwecke gebaut waren, einen Schlag zu versetzen, baute Octavius' Seebefehlshaber Agrippa eine Flotte von verhältnismäßig schweren Schiffen. Pompeius' Flotte hatte somit den taktischen Vorteil der Schnelligkeit und Manövrierfähigkeit, aber in der entscheidenden Schlacht bei Naulochos (36 v. Chr.) enthüllte Agrippa eine Geheimwaffe, die ihn wieder befähigte, Infanterietaktiken anzuwenden. Diese Geheimwaffe war der ›Harpago‹, der ebenso ein Fortschritt gegenüber dem Corvus war wie der Corvus damals gegenüber dem einfachen Enterhaken. Er bestand aus einem schweren Pfahl mit einem Eisenhaken an der Spitze und einem langen Tau, das am anderen Ende angebracht war. Das Tau wurde an Bord belegt, während der ›Harpago‹ aus einem Katapult abgeschossen wurde. Sowie er sich an einem feindlichen Schiff festgehakt hatte, holte man das Tau mit einer Winde ein. Dann stürzten sich die Legionäre an Bord des so herangezogenen feindlichen Schiffes. Als die Kapitäne des Pompeius sahen, daß ihre Schiffe aufgespult wurden wie die Fische am Angelhaken, ergriffen sie ebenso die Flucht wie die Karthager vor dem Corvus bei Mylae. Pompeius selbst entkam nach Asien.

Octavian und Agrippa bemühten sich nun, den Antonius und Cleopatra, die Königin von Ägypten, in ihrem gemeinsamen vorgeschobenem Hauptquartier in Griechenland in der Nähe von Actium (heute La Punta) am Golf von Amvrakia, zu isolieren. Octavius errichtete eine Landbasis auf dem günstigen Platz nördlich vom Lager des Antonius, während Agrippa mit den Schiffen Antonius' Flotte und seine Seeverbindungen blockierte. Octavian ermutigte zunächst die Griechen, die durch Antonius' hohe Steuerforderungen enttäuscht waren, diesem seine Überlandverbindungen abzuschneiden. Er selbst blieb dann einfach in seiner befestigten Stellung und nahm die von Antonius wiederholt angebotende Schlacht nicht an.

Die Zeit arbeitete für Octavian. Im Lager des Antonius wurden Lebensmittel knapp, Malaria herrschte und seine römischen Gefolgsleute entzweiten sich mit Cleopatras Ägyptern. Sie sahen, daß sie fremden Interessen dienten und begannen überzulaufen. Bald konnte Antonius auf dem Lande keine Schlacht mehr wagen, so war er gezwungen, auf See den Kampf zu suchen. Nach einem Sieg auf See hätte er den Spieß umdrehen und den Octavius blockieren können. Im Falle einer Niederlage wollte er mit dem Hauptteil seiner Flotte nach Ägypten entkommen, die Armee sollte dann folgen, sofern es ihr möglich war.

Antonius führte eine Flotte von 200 Schiffen aus dem Golf heraus den 260 Schiffen des Agrippa entgegen. Er hatte den Sieg bei Naulochos den größeren Schiffen des Agrippa zugeschrieben und daher noch größere Schiffe bauen lassen, um Agrippa zu begegnen. Die Schiffe, mit denen Agrippa jetzt antrat, wirkten daher wie Zwerge gegenüber ihren neuen Gegnern. Antonius' Schiffe waren mit Vorräten und Truppen beladen und mit Segeln für die Flucht ausgerüstet. Agrippa wußte, daß der Feind Legionen an Bord hatte, die genau so gut waren wie die seinen, deswegen verzichtete er auf den ›Harpago‹ und beabsichtigte, die Infanterie und die Schleudergeschosse des Antonius seetaktisch auszumanövrieren.

Die zwei Flotten lagen sich am Morgen unbeweglich gegenüber; die Blockadeflotte des Agrippa war in drei Geschwadern nebeneinander aufmarschiert. Antonius trat in gleicher Ordnung an und hielt außerdem 60 Schiffe unter dem Befehl der Cleopatra in Reserve. Am Mittag brachte der Wind Antonius linke Flanke in Bewegung und bald waren die Flotten auf der ganzen Linie in Tätigkeit. Des Agrippa Schiffe vermieden dichte Formationen des Feindes, griffen jedoch einzelne Einheiten an, schleuderten Wurfgeschosse hinüber und bemühten sich, Riemen und Ruderer wegzufegen. Ohne zu verweilen und einen Enterkampf zu ermöglichen, zogen sie sich flink zurück und schlugen schnell wieder zu. Mit lodernden Pfeilen und Holzkohletöpfen, die eine größere Reichweite hatten als die katapultierten Steine des Gegners, eröffnete Agrippa im Höhepunkt der Schlacht das Feuer. Als Cleopatra sah, daß sich die Schlacht gegen Antonius wandte, ging sie mit dem Reservegeschwader unter Segel und durchbrach vor dem Winde beide Linien. Die wendigen römischen Schiffe schlossen sich nach dem Durchbruch sofort wieder zusammen und trennten sie von der Hauptmacht unter Antonius. Da Cleopatra nicht gegen den Wind ankreuzen konnte, ging sie auf Südkurs nach Ägypten. Antonius brachte es fertig, mit einem kleineren Fahrzeug zu ihr zu stoßen. Der Rest der Flotte konnte sich nicht freimachen, um ihm zu folgen, und focht weiter. Bei Beginn der Nacht zogen sich schließlich die letzten Schiffe der Flotte des Antonius in den Golf zurück. Sie wurden dort wieder blockiert. Eine Woche später ergaben sie sich zusammen mit der Armee dem Octavian. Seine Siege bei Naulochos und Aktium gaben Octavian die Herrschaft über den ganzen Mittelmeerraum. Sie war die unentbehrliche Voraussetzung für seine spätere Eroberung Ägyptens und die Übernahme der Reichsgewalt als Cäsar Augustus.

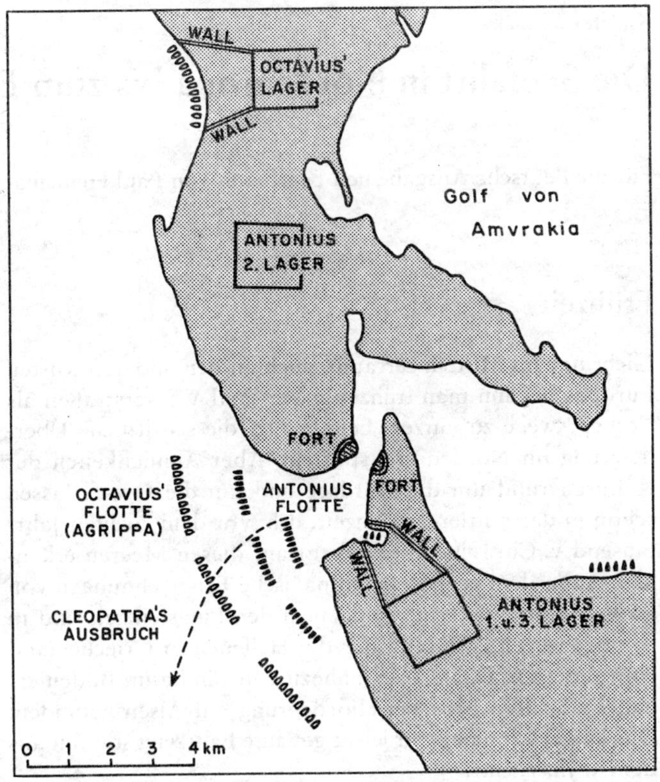

Schlacht von Actium, 2. Sept. 31 v. Chr.

Wir sind es gewöhnt, das kaiserliche Rom für eine Landmacht zu halten, deren Gebiete durch das beste Fernstraßensystem des Altertums miteinander verbunden waren. Diese Auslegung ist nur teilweise zutreffend. Weit wichtiger als jede Überlandverbindung war das Mittelmeer mit seinen angrenzenden Seegebieten; seine Wasserstraßen hielten das Kaiserreich zusammen. Die Geschichte der See und ihr Anteil an der kaiserlichen Geschichte ist wenig dramatisch und kaum dynamisch. Daher entgeht sie leicht unserer Aufmerksamkeit. Jedoch die einfachen Handelsschiffe, die aus jedem Teil des Kaiserreiches Waren in alle Himmelsrichtungen verteilten und Prokonsuln sowie Legionen in die überseeischen Gebiete transportierten, hatten am Aufbau und an der Erhaltung des größten Reiches der Antike entscheidenden Anteil. Auf Land wie auf See herrschte die »Pax Romana«. Fast drei Jahrhunderte lang genügten kleine Polizeiflotten, um Handelsschiffe vom Schwarzen Meer bis zur Atlantikküste vor Piraten zu schützen. Das ganze Mittelmeer mit seinen Nebengewässern war zu einem »geschlossenen Meer« geworden, dessen Küsten Rom beherrschte.

Kapitel 2

Die Seefahrt in Nordeuropa bis zum Ende der Hansezeit

Für die deutsche Ausgabe neu bearbeitet von Paul Heinsius

Frühzeit

Nicht nur im Mittelmeerraum, auch an den anderen Küsten Europas begann man frühzeitig See- und Wasserstraßen als Verkehrswege zu nutzen. Leider setzt die schriftliche Überlieferung im Norden erst spät ein. Aber Ähnlichkeiten der Kulturen rund um die Nordsee und um die Ostsee lassen schon in der mittleren Steinzeit, d.h. vor dem zweiten Jahrtausend v. Chr., einen Seeverkehr auf diesen Meeren erkennen. Außerdem zeugen skandinavische Felszeichnungen von großen Flottenunternehmungen in der Jungsteinzeit und in der Bronzezeit, während der die Hellenen in Griechenland einwanderten. Das älteste, nahezu vollständig im Boden erhaltene Schiff wurde bei Hjordsprung auf Alsen gefunden. Das lange, schmale, sehr leicht gebaute Fahrzeug stammt aus dem 4. Jh. v. Chr.

Schließlich berichtet Tacitus von den Suiones, daß sie mitten im nördlichen Ozean mächtig durch ihre Männer, ihre Waffen und Kriegsflotten seien.

An der atlantischen Küste waren es vor allem frühkeltische Stämme, die der Seefahrt nachgingen. Große Goldschätze im Dubliner Museum zeigen uns, welchen Reichtum die keltischen Iren durch ihren Seehandel in vor- und frühgeschichtlicher Zeit erwarben. Mit reinen Segelschiffen, wie sie sie für Handelsfahrten benutzten, stellten sich keltische Veneter an der Südküste der Bretagne Cäsar zur Schlacht. Aber seine Ruderfahrzeuge waren wendiger und zeigten sich den reinen Segelschiffen daher militärisch überlegen. Die Römer zerschnitten mit Sichellanzen das Tauwerk der gegnerischen Takelage und machten die Veneter bewegungsunfähig.

Trotz des regen Seeverkehrs, der geschlossene Kulturräume um Nord- und Ostsee herum entstehen ließ, scheinen weder keltische noch germanische Stämme damals eine ausgesprochene Seemacht geschaffen zu haben. Für eine regelrechte Machtpolitik waren sie sicher zu sehr in kleine und kleinste Gruppen und Staaten zersplittert. Der Handel mit Luxusgütern und nur bestimmten Gebrauchsgütern vermochte es noch nicht, eine in bäuerlichen Gemeinschaften lebende Bevölkerung in seine Abhängigkeit zu bringen. Dazu kam, daß der unbedingte Freiheitswille des Einzelnen diese Menschen daran hinderte, andere Bindungen über die Sippen und Stämme hinaus anzuerkennen. Dieser Freiheitswille ermöglichte es insbesondere den germanischen Völkern, ihre Selbständigkeit durch die Jahrhunderte zu bewahren. Machtpolitisch blieb er aber wie bei den verwandten Griechen auch immer die größte Schwäche dieser Völker. Wenn wir von der Staatsbildung der ersten Könige zu Upsala am Mälarsee absehen, so zwang erst die Ausbreitung des römischen und später des fränkischen Reiches die Völker des Nordens dazu, größere Machtblöcke zu bilden. Zunächst aber zerbrachen die Heere des Varus in Germanien. Auch den Vorstößen römischer Flotten war wegen der seemännischen Schwierigkeiten der Nordseeküste und der Angriffe der wendigen kleinen Boote der Seegermanen kein dauernder Erfolg beschieden.

In den Jahren 69–71 n. Chr. erhoben sich die schon unterworfenen Bataver. Sie machten den ersten Versuch, ein germanisches Seereich zu schaffen. Ihnen schlossen sich die germanischen Söldner bis hin zum Oberrhein an. Ihr Führer Julius Civiles verstand es, unter dem Vorwand, gegen Vitellius für den Kaiser Vespasian zu kämpfen, die Wirren im römischen Reiche auszunutzen. Sein unabhängiges germanisch-gallisches Reich sollte die atlantischen Küstenländer nördlich der Pyrenäen einschließlich des Rheingebietes umfassen. Dieses Ziel mußte dem römischen Imperium gefährlich werden. Der Aufstand wurde mit Aufbietung aller Kräfte blutig niedergeschlagen. Erst viele Jahrhunderte später fegten Germanen die römische Herrschaft aus diesem Raume hinweg, nachdem das römische Reich längst in zwei Hälften Ost und West zerfallen war. Anderthalb Jahrtausende später nannten die Bewohner vom Niederrhein ihre neue Kolonie in Ostindien voll Stolz »Batavia«.

Germanische Seefahrer in der Völkerwanderung und in der Wikingerzeit

Aus dem Raume des Oslofjordes, des Skagerraks und Kattegats waren schon vor Tacitus die Goten, Gepiden, Vandaler und Burgunder über die Ostsee gesetzt. Flußaufwärts drangen sie in das Innere des späteren Polens und Rußlands vor. Rugier und Heruler von der Südküste der Ostsee folgten ihren Wegen. Nach Überquerung des Landrückens beherrschten die Goten von 256 bis 375 mit ihrem Reich nicht nur die Verbindung von der Ostsee zum Schwarzen Meer, sondern ihre Flotten kreuzten auch im östlichen Mittelmeer. 267 bedrohten sie gemeinsam mit den Herulern Griechenland. Im 4. Jh. zerschnitt aber der Einbruch asiatischer Reitervölker die Flußverbindungen und zwang die Ostgermanen zur Westwanderung. Als Krimgoten hielten sich jedoch germanische Reste noch jahrhundertelang. Beigaben in den

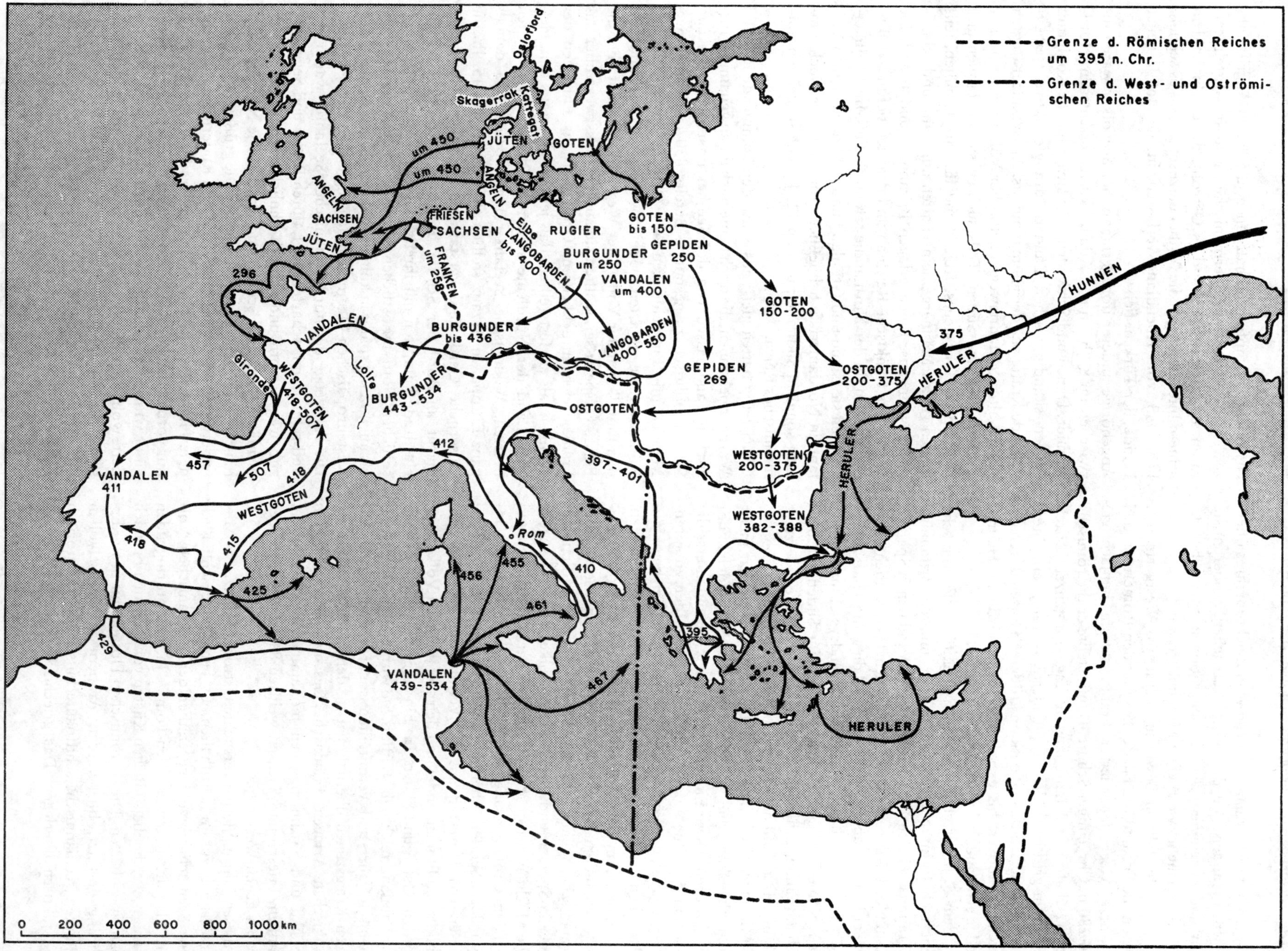

Bewegung der germanischen Stämme im 3., 4. und 5. Jh. n. Chr.

Gräbern der Ostgermanen zeugen vom Reichtum ihres überseeischen Handels. Aus dem Osten vertrieben, eroberten sie Rom und errichteten wenige Generationen später bedeutende Seereiche im westlichen Mittelmeerraum.

Auch die ebenfalls in Bewegung geratenen Westgermanen nutzten die See und die Flüsse. Ein von den Römern an das Schwarze Meer deportierter Frankenstamm bemächtigte sich 280 n. Chr. einiger Schiffe. Damit stellte er die römische Seeherrschaft über 2 Jahre lang in Frage. Im ganzen Mittelmeerraum griff er Städte an, plünderte Vorräte, vernichtete oder eroberte Schiffe und entkam größeren Flotten durch geschickte Manöver, bis er schließlich die nördliche Heimat wieder erreichte.

Seit dem 3. Jh. erschütterten Sachseneinfälle die römische Seeherrschaft im Norden, die Römer mußten Britannien 407 räumen. Gleichzeitig errichteten die Vandalen in Spanien und in Nordafrika ein mächtiges Seereich. Das westliche Mittelmeer hieß fortan die Wendelsee, und die Landschaft Andalusien trägt noch heute wie die Insel Vendsyssel im Norden ihren Namen. Während die Vandalen im Süden ihr Seereich aufbauten, schlossen Angeln und Sachsen die Besetzung Britanniens ab und heerten an Loire und Gironde.

Im Mittelmeerreich haben Vandalen und Goten den meist durch kleinasiatische Völker getriebenen Seehandel kaum unterbrochen. Diese Einheit des Handels begannen erst die einst von der Elbe aufgebrochenen Langobarden zu sprengen. Sie gaben der Lombardei mit ihren später reichen Handelsstädten den Namen. In Westeuropa schufen die Franken, die »Freien«, im einstigen Gallien ein neues, längerbestehendes Reich, indem sie sich über Gallier und Römer sowie über germanische Völker erhoben. Sie wehrten die Mohammedaner in Spanien und östliche Reitervölker ab, als die weltliche Macht Westroms dahingesunken war. Karl Martell und Karl dem Großen gelang es auch, die Friesen in ihr Reich einzugliedern. Seitdem übernahmen die christlich gewordenen Friesen von Dorestad aus die Vermittlung zwischen dem fränkischen Binnenhandel und den seefahrenden Völkern im Norden, Osten und Süden. Bis hin zum Mälarsee und nach dem Samland reichte ihr Einfluß. Sie wurden Beherrscher der Rheinschiffahrt und vermittelten sogar Orientwaren. Auf vielen Kriegszügen übernahmen sie den Nachschub für die fränkischen Armeen. Fränkische Geschwader verteidigten Korsika und Sardinien gegen mohammedanische Flotten. Franken, Friesen und Sachsen wehrten 846 den Angriff der Araber gegen Westrom ab.

In diesen Jahrhunderten versuchte Ostrom, Byzanz, das Mittelmeerreich zusammenzuhalten. Es behauptete schließlich seine Seemacht sowohl gegenüber den germanischen Völkern als auch gegenüber den vom 7. Jh. ab vordringenden Arabern, welche die südlichen Küsten von Palästina bis nach Spanien eroberten. Die oströmischen Flotten, auf uralte Erfahrung gestützt, blieben den Arabern in wechselvollen Kämpfen seemännisch, schiffbautechnisch, organisatorisch und taktisch überlegen. Das griechische Feuer, ein neues chemisches Kampfmittel, half ihnen, die ersten Angriffe abzuwehren. Als neue nordgermanische Kräfte im Mittelmeerraum auftauchten, verstand es Ostrom, diese sehr bald in seinem Interesse gegen die Araber einzusetzen, bis es schließlich 1453, vom Abendland verlassen, in die Hände neuer Feinde, der Türken, fiel.

Angehörige anderer nordgermanischer Seevölker waren inzwischen im 8. Jh. an den Atlantikküsten erschienen, Nordmänner, Dänen und Schweden. Das sich bildende Königtum in den skandinavischen Ländern drängte aktive freiheitliebende Kräfte aus der Heimat hinaus. Als Wikinger folgten sie den alten Seefahrtswegen keltischer Völker immer weiter nach Westen und Süden. Teils suchten sie mit Frauen und Kindern an Bord neues, freies Land für ihre Familien, teils gingen sie als Männergemeinschaften auf Raub und schnellen Gewinn aus. Ihnen erlagen Britannien und Irland. Sie griffen das fränkische Reich an und drangen tief in das Binnenland ein. In der Normandie faßten sie Fuß. Im 10. Jh. erreichten sie Island und Grönland und bald danach auch Vinland in Nordamerika. Schließlich gründeten ihre Nachkommen sogar in Süditalien und im 11. Jh. auf Sizilien ein normannisches Reich.

Gleichzeitig hatten meist aus Schweden kommende Rus und Waräger begonnen, die noch heute nach ihnen genannten russischen Landmassen von der See her über die Flüsse und Ströme politisch zu gestalten. Bereits 830 erschienen zwei Männer mit Empfehlungen aus Ostrom am fränkischen Königshof. Sie erklärten, sie seien »Rus«, und da ihnen durch den Einfall fremder Völker der Weg in die Heimat über die Flüsse versperrt sei, wollten sie auf dem Westwege über das Frankenreich zurückkehren. Groß war das Entsetzen der Franken, als sie feststellten, daß jene Männer aus dem gleichen Land der Nordleute stammten, die an ihren Küsten heerten. Wikingische Seefahrer umschlossen also damals ganz Europa. In Byzanz stellten sie vom 10. bis 15. Jh. die kaiserliche Garde und verstärkten die kaiserliche Kriegsmacht an Bord der Schiffe. Einzelne Führer wie Harald Hardrade kämpften mit ihren Männern sowohl in der kaiserlichen Flotte im östlichen Mittelmeer gegen die Moslems als auch wenig später in kühnen Wikingerzügen auf den nordwesteuropäischen Meeren um den englischen Königsthron.

Die Fahrzeuge der nordgermanischen Seefahrer waren lang und schmal, mit scharfem Kiel, durch Ruder und Segel fortzubewegen, vorn und achtern ähnlich gebaut und verhältnismäßig flach, aber schnell und wendig. Die Nordleute hatten eine Reihe von Typen entwickelt. Die größeren Boote hatten etwa 30 Mann Besatzung, die zum Rudern benötigt wurden. Handelsschiffe hatten den Laderaum in der Mitte und nur vorn und achtern je zwei oder drei Paar Riemen. Massengüter wurden auf diesen Booten normalerweise nicht befördert, wohl aber Pferde und Vieh, in erster Linie jedoch Menschen. So war der wikingische Handel vor allem ein Handel mit Luxusgütern. Durch die Wendigkeit und die Zahl der Fahrzeuge waren schon in den früheren Jahrhunderten ger-

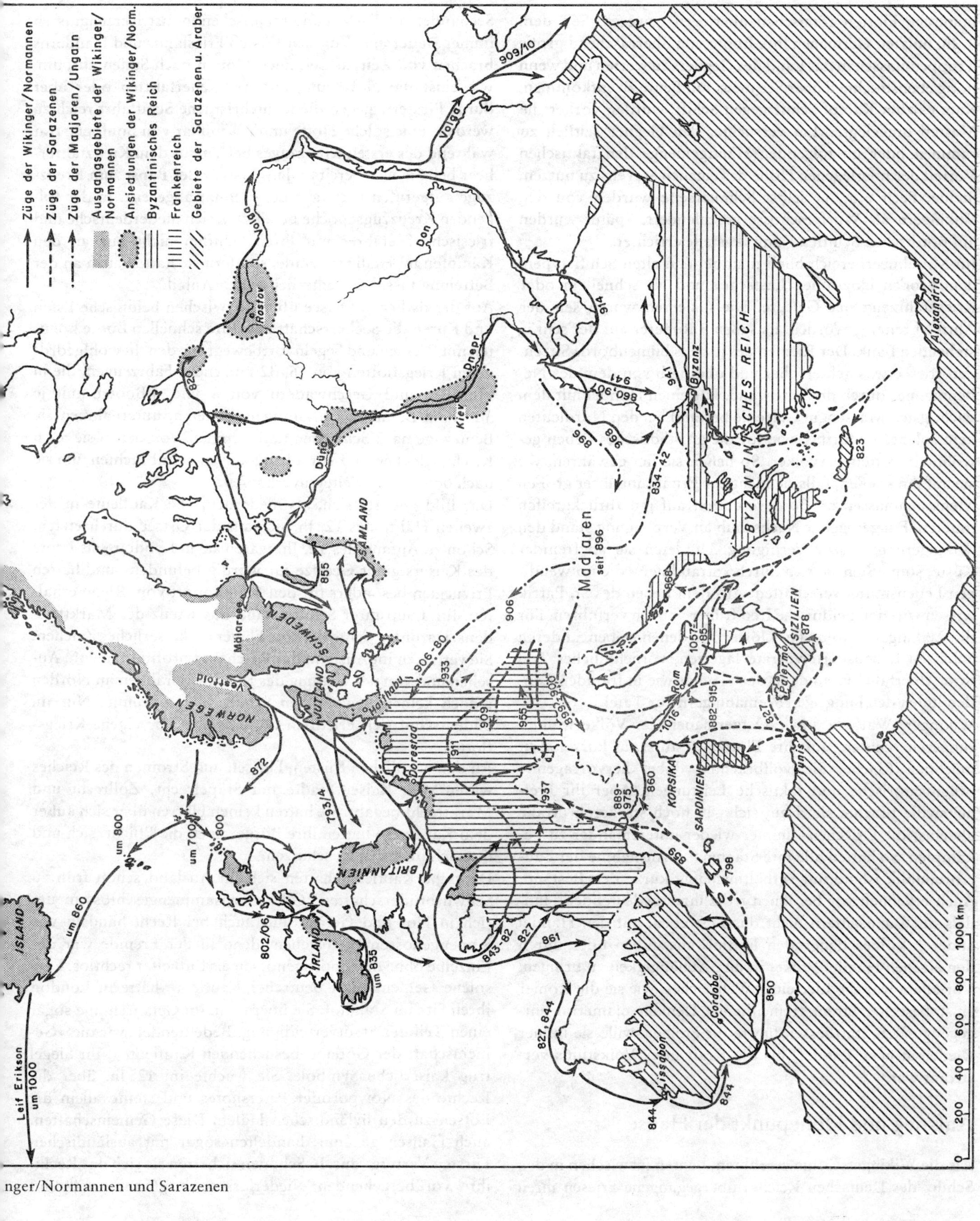

nger/Normannen und Sarazenen

manische Flotten römischen überlegen gewesen. Seit dem 3. Jh. nutzten Germanen ihre Boote, um überraschend große Truppenmassen in das Land des Gegners zu werfen und wenn nötig ebenso schnell über See meist mit Beute zu entkommen. Kam es zum Kampf Schiff gegen Schiff, wurden vorher die Masten umgelegt. Man versuchte, den Gegner seitlich zu rammen oder im folgenden Handgemenge den taktischen Vorteil der überlegenen Höhe des eigenen Stevens zu nutzen. Steine, Pech u.a., ja selbst Schmierseife wurden von den Wikingern als Wurfgeschosse geschleudert. Später wurden auf nordischen Schiffen Kampfkastelle errichtet.

Im Mittelmeerbereich blieb man bei den alten Schiffstypen, dem großen langsamen Lastschiff und als schnellem oder Kriegsfahrzeug der Galeere. Die Galeeren waren seit der Antike breiter geworden. Es saßen 3 Ruderer auf der schräg stehenden Bank. Der Riemen des jeweils binnenbords Sitzenden stieß etwas achterlicher und oberhalb von dem des Nebenmannes durch die Bordwand. Für einen Handel mit dem wichtigsten Massengut Getreide bestand bei den Nordleuten kein solches Bedürfnis, wie für die an städtisches Leben gewöhnten Mittelmeervölker. So ließen sie ihn gewähren, wo sie auf ihn stießen, falls sie nicht zur Ernährung ihrer großen Menschenmassen an Bord vereinzelt auf ihn zurückgreifen mußten. Ein geregelter Nachschub an Verpflegung stand den Wikingern nicht zur Verfügung. Landeten sie an fremder Küste, so mußten sie sich durch »Strandhieb« die notwendigen Lebensmittel verschaffen. Aus dem Leben des St. Patrik wissen wir, daß heidnische Iren früher ähnlich verfuhren. Für die Wikinger waren die Klöster, in denen neben anderen Schätzen Lebensmittelvorräte lagerten, vornehmliches Ziel ihrer Überfälle. Freunde in der Heimat wie in fremden Landen luden den hungrigen Seemann gern zur Tafel.

Wikinger, Waräger sowie Ostgermanen der Völkerwanderungszeit schufen, auf ihre Flotten gestützt, in kurzer Zeit mächtige Reiche. Sie vollbrachten dabei hervorragende organisatorische und taktische Leistungen. Aber ihr Freiheitswille brachte sie dazu, sich –in noch stärkerem Maße als einst die Griechen– immer wieder untereinander zu bekämpfen. So hatten alle ihre Staaten mit Ausnahme der Bauernrepublik Island nur verhältnismäßig kurze Zeit Bestand. Auch erkennen wir bei ihnen trotz ihres bedeutenden Handels mit Luxusgütern nicht das Bestreben, auf den Handel anderer Völker dauernden Einfluß auszuüben oder durch den eigenen Handel Völker in ihre Abhängigkeit zu bringen. Vor allem war die Idee eines Weltreiches, wie sie die Römer einst beseelte, ihrem freiheitlichen Denken diametral entgegengesetzt. Stattdessen führte ihr Freiheitswille sie immer wieder in neue Länder, bis die Kraft ihres Volkstums verströmt war.

Aufstieg und Höhepunkt der Hanse

Als die Wikingerstürme verebbten, bauten inzwischen in den Schutz des Deutschen Reiches übergegangene Friesen ihren Seehandel mit Tuchen und rheinischen Industrieerzeugnissen immer weiter aus. Von den Küsten Frieslands und Flanderns brachen von Zeit zu Zeit auch Flotten nach Süden auf, um, wie einst die Nordleute, auf Abenteuerfahrten oder aber durch Piraterie gegen die nichtchristliche Schiffahrt reich zu werden. Eine solche Flotte unter Winimar von Boulogne trat während des ersten Kreuzzuges bei Tarsus dem Kreuzfahrerheer bei. Sie war bereits 5 Jahre bevor der Papst zum Kreuzzuge aufgerufen hatte aus der Heimat abgereist. In der folgenden Kreuzzugsepoche beteiligten sich niederdeutsche und friesische Seefahrer mit ihren Schiffen nicht nur an den Kämpfen im Heiligen Lande, sondern sie hatten auch an der Befreiung Lissabons entscheidenden Anteil.

Auf der östlichen Ostsee übten inzwischen heidnische Esten und Kuren die Seeherrschaft aus. Ihre schnellen Boote konnten mit Riemen und Segeln fortbewegt werden. In wohlgeordneten Kriegsflotten von 16, 32 und mehr Fahrzeugen, die in Flottillen und Geschwadern von 8 und 4 Booten mit je 30 Mann Besatzung zusammenarbeiteten, unternahmen sie Beutezüge nach Schweden und Schonen, von denen sie auch Kirchenglocken und vor allem Sklaven heimbrachten, um sie nach dem Osten weiterzuverkaufen.

Das Bild änderte sich, als niederdeutsche Kaufleute in der zweiten Hälfte des 12. Jh. sich auf der Ostsee durchsetzten. Schon zu Anfang des 12. Jh. waren sie in London »als Leute des Kaisers guter Gesetze für würdig befunden« und hatten Privilegien besonders für den Weinimport vom Rhein erhalten. Im Topp ihrer Schiffe stand das Kreuz des Marktfriedens. Darunter wehte der rote Flüger als kaiserliches Zeichen. Sie vertraten im Ausland das Reich und profitierten vom Ansehen und von der Geltung des Kaisers, der ihnen im Norden jedoch keinen bewaffneten Schutz bieten konnte. Nur im Süden schuf sich Friedrich II. zeitweilig eine eigene Kriegsflotte.

An den nördlichen Küsten, Flüssen und Strömen des Reiches waren vom Kaiser Städte mit Stapelrecht, Zollrecht und Marktrecht begabt. Sie hatten keinen Herren über sich außer dem Kaiser. So hatten ihre Bürger auch die Pflicht, sich und ihre Schiffe selbst zu schützen.

Deutsche Kaufleute hatten sich im Ausland schon früh zu Schwurbrüderschaften (Gilden) zusammengeschlossen, um sich in Not und Gefahr und auch bei Rechtshändeln wie Sippengenossen beizustehen, denn in der Fremde war der Einzelne ohne die Sippengenossen als Eidhelfer rechtlos. Eine solche Gemeinschaft deutscher Kaufleute hatte in London ihren Sitz im Stahlhof. Sie übernahm im Gefahrenfalle sogar einen Teil der Stadtverteidigung. Bedeutender war die »Gemeinschaft der Gotland besuchenden Kaufleute«. Ihr Siegel trug kaiserliche Symbole. Sie wachte im 12. Jh. über die Rechte des Nowgoroder Petershofes und stellte allein die Lotsen zu den livländischen Häfen. Diese Gemeinschaften, auch Hansen genannt, handelten sogar mit ausländischen Fürsten Verträge aus. In Schonen sicherten sie sich das Recht, ihre vorübergehenden Niederlassungen »Fitten« während

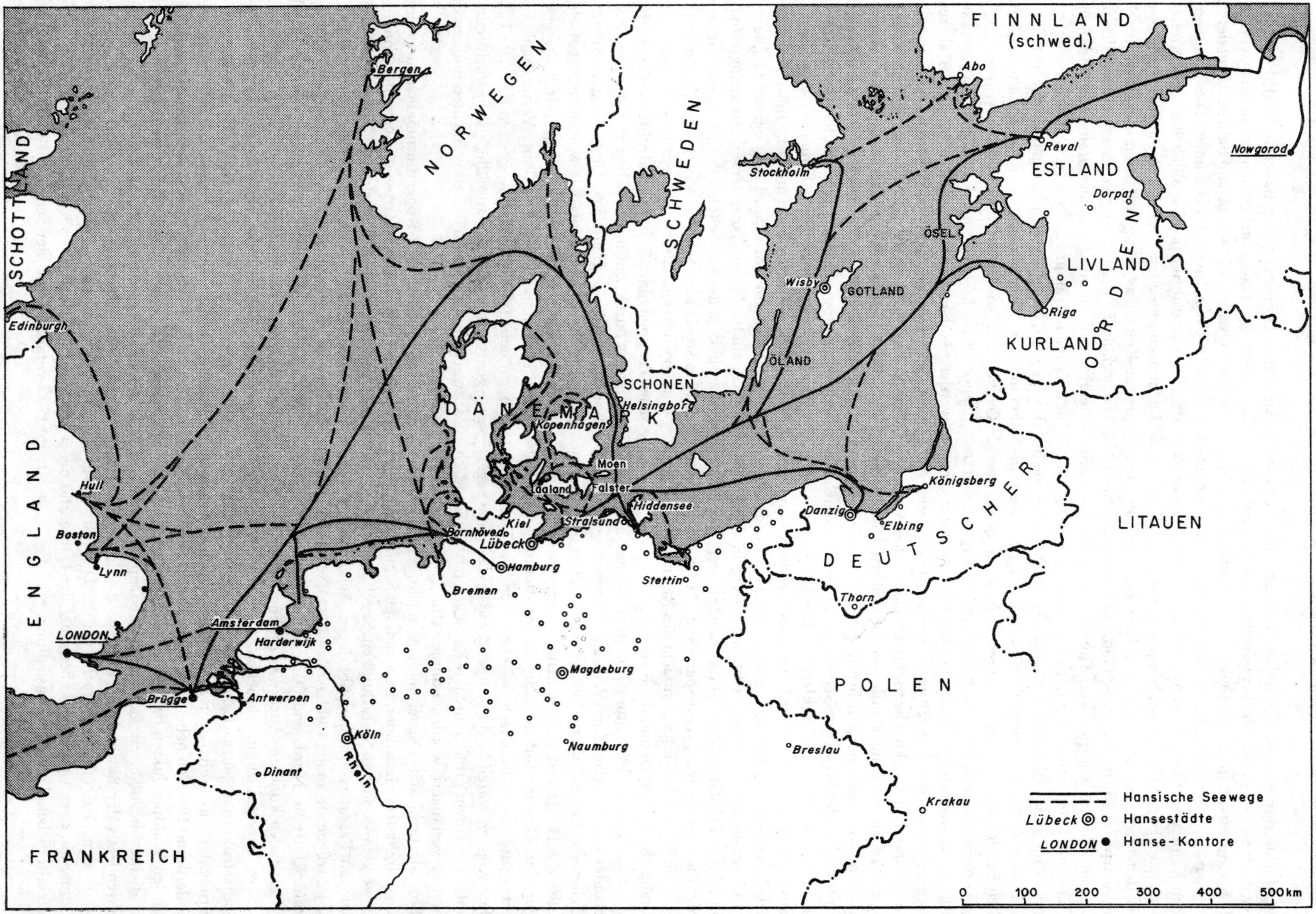

Hansische Seewege

der Märkte durch einen hansischen Vogt als Gerichtsherrn verwalten zu lassen. Alljährlich kamen hunderte von hansischen Fahrzeugen in der Saisonzeit nach Schonen zum Heringsmarkt. Schonischer Hering, an Ort und Stelle von deutschen Kaufleuten eingesalzen und in Fässer verpackt, wurde durch ganz Europa nach Ost, West und Süd gehandelt.

Aus den Gemeinschaften der einzelnen Kaufleute im Ausland wuchs im 13. Jh. die große Hanse der Heimatstädte zusammen. Zu ihr gehörten von Dinant und Köln bis nach Reval und Dorpat und bis nach Naumburg, Breslau und Krakau im Süden über hundert deutsche Städte. Aber auch die Einwohner von Dörfern und Flecken aus dem westfälischen Bereich hatten im Ausland teil an hansischen Rechten. Die Hansekontore in London, Bergen und Nowgorod waren umhegte, gewissermaßen exterritoriale Gebiete mit eigenen Kirchen, hansischer Verwaltung und Gerichtsbarkeit. Auf den schonischen Märkten herrschte ein hansischer Vogt. Im 13. und 14. Jh. entstanden außerdem an der britischen Westküste, in Norwegen am Oslofjord, an der Nordküste Dänemarks und an der Westküste Schwedens bis hin nach Livland, Rußland und Finnland zahlreiche Niederlassungen. Die Hanse beherrschte den Nord- und Ostseehandel und den Verkehr von Nowgorod am Ilmensee bis nach Bordeaux an der Garonne und im Norden bis nach Bergen, Stockholm und Åbo in Finnland. Obwohl das Bündnis stets nur außerordentlich locker war, verkörperte die Hanse für Jahrhunderte die See- und Wirtschaftsmacht des Reiches im Norden. Ständige Kriegsflotten unterhielt sie nicht.

Neben der Größe, der Geltung und dem Ansehen ihres Hinterlandes des für damalige Verhältnisse wohlorganisierten Reiches war die technische Überlegenheit der in der zweiten Hälfte des 12. Jh. neu aufkommenden hansischen »Koggen« einer der Gründe für die schnelle Ausbreitung und die überragende Stellung des hansischen Handels. Die hansischen Koggen waren hochbordige, geradstevige reine Segelschiffe mit einem großen, breiten Rahsegel, das unten durch Bonnets verlängert werden konnte. Um 1200 führten sie schon als technische Neuerung ein mächtiges, in Fingerlingen drehbares Heckruder. Den anderen Schiffstypen ihrer Zeit zeigten sie sich an Seetüchtigkeit, Segelfähigkeit und vor allem an Fassungsvermögen überlegen. Schon Anfang des 13. Jh. trugen sie an die 100 Last (= 200 t), während andere große Schiffe im Nord- und Ostseeraum nur an die 10 bis 15 Last laden konnten. Auch war es ihnen möglich, immer größere Strecken zu überbrücken. Sie veränderten Wirtschaftsstrukturen ganzer Länder. So wurde nach der Einführung des schwereren deutschen Pfluges aus den baltischen Ländern und Preußen neben dem Hanf für Schiffbauzwecke und den Waldprodukten bald in großer Menge Getreide in die dichter bevölkerten Gebiete Westeuropas exportiert, während aus der Bai und von Brouage das lebenswichtige Salz in den Ostseeraum gebracht wurde. Die Ostwestverbindung über See wurde zur Lebensader der Hanse und der mittelalterlichen deutschen Ostsiedlung.

Am fernen Dünastrand wuchs schon 1201 die deutsche Stadt Riga empor. Dabei arbeiteten niederdeutsche Kaufleute auf das engste mit der Kirche und bald auch mit dem Schwertbrüderorden in Livland zusammen. Die Kaufleute stellten die Transportmittel für die alljährlich zum Kreuzzug nach Livland kommenden Pilgerheere. Sie ermöglichten mit ihren großen Koggen auch zugleich den notwendigen regelmäßigen Nachschub für diese Truppen. Es konnte folglich nicht ausbleiben, daß sie mit den kriegserfahrenen heidnischen Esten und Kuren in Kämpfe auf See verwickelt wurden.

Die großen, hochbordigen Koggen waren in Fahrt von den heidnischen Ruderbooten kaum aufzuhalten. Griffen diese Gegner an, so konnten sie durch Armbruster, die den gegnerischen Bogenschützen überlegen waren, abgewehrt werden. Näherte sich ein feindliches Ruderfahrzeug trotzdem, so zogen die hansischen Seeleute es mit Ankern und Haken ganz dicht an die eigene Bordwand heran und nützten im sich jetzt entspinnenden Nahkampf den taktischen Vorteil der eigenen Höhe. Mit den schwerfälligen Koggen war es aber nicht möglich, einen ablaufenden Gegner zu verfolgen oder ihn anzugreifen. Dazu bedienten sich die Deutschen ihrer mit Bewaffneten bemannten Beiboote. Stießen die Beiboote jedoch auf einen ihnen überlegenen Gegner, so zogen sie sich auf die Hauptmacht der nahezu unangreifbaren Koggen zurück. In der Schlacht bei Portus Novus vor Ösel gelang es 1215 sogar dem Schiffer Albert Sluck, seine von widrigen Winden zurückgehaltene, eingeschlossene und durch estnische Truppen und Brander bedrohte Transportflotte von 9 Koggen durch Zusammenarbeit mit den eigenen leichten Booten aus der gegnerischen Umfassung während des Angriffs durch ein seemännisches Manöver zu befreien. Dazu mußten die Beiboote sich mehrfach durch die gegnerische Flotte hindurchkämpfen und dabei Verwarpanker ausbringen, an denen die schweren Koggen in das tiefe Fahrwasser gezogen wurden. Bei der anschließenden Verfolgung gelang es, zwei estnische Fahrzeuge zu vernichten und ein drittes zu erobern.

Die großen hansischen Koggen ermöglichten es den christlichen Heerführern, Hunderte von Seemeilen von ihrem Einschiffungshafen Lübeck entfernt, Truppen an die gegnerischen Küsten zu werfen, sie dort zu versorgen und ständig zu verstärken. So wurde das ganze Land schließlich erobert und damit der estnische und kurische Seeraub unterbunden. Die Zusammenarbeit der Städte mit dem livländischen Orden war so eng, daß man später davon sprach, daß die beiden zusammengehörten wie die beiden Arme des Kreuzes Christi. Ebenso eng war auch die Verbindung der hansischen Kaufleute mit dem von Bremer Bürgern und adeligen Kreuzrittern unter einem Koggensegel im Lager vor Akkon gegründeten »Deutschen Ritterorden«. Als ihn der polnische Herzog von Masovien zur Unterstützung seines Kampfes gegen die heidnischen Pruzzen in das Land rief, konnte er mit der Hilfe der hansischen Kaufleute rechnen.

1237 vereinigte sich der Schwertbrüderorden mit dem deutschen Orden. Keine 20 Jahre später gründete König Ottokar von Böhmen während eines Kreuzzuges im Pruzzenland die Stadt Königsberg. Noch im 13. Jh. war dann die gesamte Küstenlandschaft südlich der Ostsee von der alten Reichsgrenze bis nach Livland hin mit Ausnahme Litauens vom Deutschen Orden staatlich organisiert und verwaltet. Wie im alten Reichsgebiet sprossen auch hier überall freie Hansestädte empor. Das Ostseegebiet wurde zur Kornkammer Europas. Trotz der immer wieder aufkommenden Streitereien mit dem Orden arbeiteten die Städte gegen äußere Feinde mit ihm so eng zusammen, daß zeitweilig Außenstehende glauben mochten, der Hochmeister des Deutschen Ordens sei der militärische Schirmherr der Hanse.

Einen Oberherren oder Schirmherren der Hanse hat es außer dem Kaiser, der nur moralischen Schutz bot, jedoch niemals gegeben. Zwar wurden nacheinander zeitweilig Köln, Wisby und am längsten Lübeck als ein gewisses Oberhaupt der Hanse angesehen, aber bei allem Glanz und Auftreten nach außen galt die führende Stadt doch innerhalb der Hanse immer nur als der gewählte Vertreter einer gleichberechtigten Gemeinschaft aller Städte. Weder im Krieg noch im Frieden, weder in politischen noch in militärischen Dingen konnte dieses Haupt der Hanse den Gliedern Weisungen oder gar Befehle erteilen. Was immer über den privaten Rahmen eines einzelnen hinaus unternommen wurde, war oft nach harten Verhandlungen in langen »Tagfahrten« gemeinsam beschlossen worden. Im Verhandeln, im hartnäckigen Bewahren und Verteidigen einmal erworbener Rechte sowie in der Fähigkeit, wirtschaftliche Kräfte als politische Machtmittel einzusetzen, beruhte Stellung und Stärke der Hanse, die sich stets bemühte, kriegerische Auseinandersetzungen zu vermeiden bzw. auf See nach Ausbruch eines Krieges so schnell wie möglich wieder friedliche, dem Handel günstige Verhältnisse zu schaffen.

Der Mangel an rein militärischen Machtmitteln wurde durch eine meisterhafte Handhabung aller übrigen Mittel der Politik ausgeglichen.

Dies spürte z. B. zu Beginn des 13. Jh. der dänische König Waldemar II., der Sieger. Teils durch geschickte Verhandlungen mit dem fern im Süden weilenden deutschen Kaiser, teils durch militärische Eroberungen versuchte er, die Ostsee zu einem dänischen Meer zu machen. Fast die gesamte südliche Ostseeküste bis hin zum Lande der noch unbesiegten Pruzzen hatte er in seine Hand gebracht. Als er aber auch in die östliche Ostsee nach Livland hinübergreifen wollte, versagten ihm die deutschen Kaufleute auf Gotland die Lotsen und jede Unterstützung zur Weiterfahrt. Dieser erste erfolgreiche Widerstand zwang ihn mit seinem eingeschifften Heere zum Rückzug und wurde zum Auftakt der Befreiung des nordöstlichen niederdeutschen Raumes von der dänischen Herrschaft, die mit der Schlacht von Bornhöved ihr Ende fand. Kam es wirklich einmal zum Kriege, so führten die Hansestädte auch ihre Kriege nach kaufmännischen Grundsätzen oder wie wir heute sagen, nach wirtschaftspolitischen Gesichtspunkten. Als 1284 die hansischen Ostsee-Städte in einen Krieg gegen Norwegen verwickelt wurden, da stellten sie ihren Schiffen zwei Aufgaben. Einige Schiffe sollten im Lande des Gegners durch bewaffnete Einfälle Schaden tun. Andere, besonders große Koggen aber wurden ausgerüstet, um dem Gegner die Zufuhr an Korn, Bier oder anderem Gut zu sperren. Für das Mittelalter war diese Form des Wirtschaftskrieges etwas Neues und Außergewöhnliches. Sie unterschied sich von dem häufig geübten, gewissermaßen zufälligen Wegnehmen gegnerischer Handelsschiffe im Hafen als Repressalie und von dem ebenfalls vom Zufall abhängigen, seit Jahrhunderten geführten Kaperkrieg durch die Folgerichtigkeit in der Konzeption und Durchführung einer schließlich mit Waffengewalt durchgesetzten großzügigen absoluten Handelssperre. Der Gegner mußte, wie die Lübecker Chronik sagt, schnell »zur Sühne gehen«.

Das Mittel der Handelssperre wurde von den Hansestädten auch in anderen Fällen als politisches Druckmittel benutzt, um alte Rechte oder Privilegien aufrechtzuerhalten, ohne daß es deswegen zum Kriege kommen mußte. Die Hansen scheuten notfalls nicht davor zurück, dieses Mittel auch gegen Mitglieder ihres eigenen Bundes anzuwenden, wenn diese sich nicht den Beschlüssen der Gemeinschaft fügten. Wie bei jedem Seebündnis kam es bei der Hanse oft genug vor, daß in hochwichtigen außenpolitischen Dingen die Interessen einzelner Glieder sich widersprachen. So geriet Köln in Gegensatz zur Gemeinschaft, als es im 15. Jh. meinte, seine eigenen älteren Rechte in London für sich allein wieder erlangen zu können, indem es ohne Einverständnis der preußischen Städte einen Sonderfrieden mit England schloß. Die anderen Städte erklärten es daraufhin aller hansischen Rechte für verlustig und verhängten eine absolute Handelssperre gegen die Stadt. Ähnlich war es schon 1285 Bremen ergangen, weil es die Partei des norwegischen Königs ergriffen hatte und während des Krieges seinen Bergenhandel fortsetzen wollte. Es wurde erst 1318 wieder in den Bund aufgenommen. Als Lübeck sich 1412 von der zwei Jahre zuvor durch König Ruprecht ausgesprochene Reichsacht nicht gelöst hatte, vollstreckten die hansischen Städte gegen das angesehenste Mitglied das Urteil des Reichsoberhauptes ebenfalls durch eine Handelssperre. Die Wiederaufnahme in die Hanse war mit der Zahlung beachtlicher Sühnegelder und Entschädigungen verbunden, denn die Handelssperren brachten auch den Städten, die sie durchführten, große Verluste.

Die schwerste Krise der hansischen Geschichte und den Gip-Gipfel hansischer Macht brachten die Kriege gegen Waldemar IV. Atterdag von Dänemark (1362–1365 und 1367–1370). Bei der großen Bedeutung des Ost-West-Handels und der schonischen Märkte sahen alle Hansestädte Unruhen am Sund als eine Bedrohung ihrer Existenz an. In der ersten Hälfte des 14. Jh. brachte jütländischer und holsteinischer Adel königliche Rechte an sich und respektierte die vom dänischen König den Hansen gegebenen Privilegien nicht mehr. Dies brachte die Städte dazu, auf einem Fürstentage zu

Lübeck dem Beschluß zuzustimmen, daß der in Brandenburg lebende König Waldemar von ihnen in sein Reich zurückgeführt werden solle. Hamburg, Lübeck und die wendischen Städte fochten nun für König Waldemar gegen die holsteinischen Herren und den König von Schweden. Sobald aber Waldemar wieder im Besitz seiner Macht war, weigerte er sich, die uralten Privilegien zu bestätigen. Er besetzte sogar die Insel Gotland, schlug die gotische Landbevölkerung vor den Toren Wisbys und plünderte die einst reichste Stadt des Nordens. Wisby erholte sich von diesem Schlage nie wieder. 4 Tage nach dem Überfall beschlossen die gerade in Greifswald versammelten Ratssendeboten der preußischen und wendischen Städte ein Verkehrsverbot gegen Dänemark. Die wendischen Städte nebst Stettin, Kolberg und Anklam verbündeten sich mit Schweden und Norwegen nun gegen Waldemar. Die holsteinischen Grafen und der schleswiger Herzog schlossen sich jetzt dem hansisch-schwedischen Bündnis an. 2400 Mann wollten die Könige von Schweden und Norwegen für den Kampf stellen, und die gleiche Zahl verpflichteten sich die hansischen Städte auf die Beine zu bringen. Als Kiel, Hamburg und Bremen ebenfalls dem Bündnis beitraten, verstärkten die Hansen ihre Kriegsmacht sogar auf 2740 Mann und 52 Schiffe. 4 Flottillen mit je 6 Koggen, 6 Schniggen und 600 Bewaffneten, ein Geschwader mit 3 Koggen und 300 Mann sowie ein einzelnes Schiff mit 30 Bewaffneten und 10 Armbrustern gingen in See. Die wohlgeordnete Flotte führte 7 Schleudermaschinen und 5 Belagerungsmaschinen mit. Auch wurden in diesem Aufgebot städtische Feuerschützen genannt. Die Koggen hatten inzwischen feste Vor- und Achterkastelle sowie ein herabfierbares Toppkastell. Die Verbände waren so gegliedert, daß wie 150 Jahre früher je 6 Koggen jeweils mit 6 leichten Fahrzeugen zusammenarbeiten konnten. Aber es fehlte der Generation an jeder Kriegserfahrung. Obwohl die schwedischen und norwegischen Truppen ausblieben, begann man auf Wunsch der Bundesgenossen mit der Belagerung der Feste Helsingborg. Dazu mußten die Koggen als Transportmittel und als Magazine für die Belagerungsarmee dienen. Von Truppen entblößt, waren sie aber gegen die mit gleichgroßen Schiffen ausgerüsteten dänischen Kriegsflotten schutzlos. Die Dänen nutzten die Lage und führten 12 Hauptkoggen mit Waffen und Proviant davon, viele der hansischen Schiffe wurden verbrannt. Der 1365 folgende Friede von Wordingborg war nur von kurzer Dauer, denn Waldemar fiel erneut in Schweden ein. Schweden rief Mecklenburg und Holstein zu Hilfe. Ratssendeboten hansischer Städte von Harderwjik und Amsterdam bis hin nach Thorn und Elbing beschlossen in der Kölner Konföderation im November 1367, trotz der gerade in diesen Jahren schwer wütenden Pest, 19 Koggen, 2 Rheinschiffe und 20 kleinere Fahrzeuge mit 1950 Bewaffneten, darunter wenigstens 380 Armbruster, aufzubieten, um die Sicherheit des Seeverkehrs im Norden wiederherzustellen. Zur Deckung der Unkosten wurde, wie schon 1361, ein Pfundzoll beschlossen. Allein das Aufstellen der Flotte hatte schon seine politische Wirkung. Waldemar verließ sein Reich zwei Tage bevor die hansische Flotte bei Hiddensee auslaufklar versammelt sein sollte. Die Inseln Möen, Laaland und Falster wurden nun genommen. Am längsten hielt sich das von deutschen Adligen unter Führung des Rügenschen Ritters Viko v. Moltke verteidigte Helsingborg. Am 24. Mai 1370 schloß der dänische Reichsrat in Stralsund Frieden. Er bestätigte dabei nicht nur die hansischen Rechte, sondern er stellte auch Bürgschaften und verpfändete feste Plätze. Die Hansen sicherten sich die Mitsprache bei der dänischen Königswahl. 1388/89 wurden die Städte jedoch wieder in den Krieg der Königin Margaretha von Dänemark gegen Albrecht von Schweden, den sein Heimatland Mecklenburg unterstützte, hineingezogen. Zu Albrecht hielt die deutsche Bürgerschaft Stockholms und anderer Städte in Schweden. Die Mecklenburger stellten Albrecht Schiffe und warben Freiwillige an. Da Gelder fehlten, sollten insbesondere der Kaperkrieg und die Plünderung gegnerischer Küsten die Truppen ernähren. Die angeworbenen Truppen schlossen sich zu Bruderschaften zusammen. Beute, Lebensmittel (Vitalien) und anderes teilten sie zu gleichen Teilen untereinander. Deshalb nannte man sie »Likedeeler« oder »Vitalienbrüder«. Diese Kriegführung brachte den Kaufmann anderer Hansestädte in Gefahr. Sie zwangen Albrecht und Margaretha zum Frieden. Um ihren Sold betrogene Vitalienbrüder setzten nun zum Broterwerb ihre Lebensweise weiter fort. Als sie sich auf Gotland eine Basis schufen, ging der deutsche Orden gegen sie mit einer Kriegsflotte vor und besetze die Insel. Ein Teil der Likedeeler, unter den berühmten Störtebecker, Gödeke Michel und Magister Wigbold, traten in friesische Dienste. Bald fühlten sie sich als »des Lieben Gottes Freund und aller Welt Feind«. Pardon wurde auf beiden Seiten nicht mehr gegeben, zumal sich zu den Vitalienbrüdern und Likedeelern allerlei dunkle Elemente gesellten. Es dauerte fast 30 Jahre, bis es gelang, die letzten dieser Gruppen auszuschalten. Dies gelang erst, nachdem ein hansisches Heer sie ihrer Basis, des Landes der friesischen Häuptlinge, beraubt hatte. In der Folgezeit traten auch hansische (Danziger) Schiffe als Kaperfahrer in die Dienste des dänischen Königs. Dies gab 1469 den Anlaß zum Hansekrieg gegen den aufstrebenden Territorialstaat England, der darauf den Stahlhof schloß und sich überall im Lande an hansischem Gut schadlos hielt. In diesem Krieg tat sich Paul Beneke als Kapitän des Dreimasters *Peter von Danzig* hervor. Unter Ausnutzung der überlegenen Segelfähigkeit seines Schiffes griff er den Gegner überall an. Bald war der Kanal von englischen Schiffen leergefegt. Als britische Händler schließlich versuchten, auf neutralen Schiffen ihre Waren einzuführen, scheute er die angekündigten diplomatischen Verwicklungen nicht, sondern kaperte auch diese Neutralen. Es gelang ihm sogar, Eduard IV. zu fangen. Als Eduard nach seiner Rückführung auf hansischen Kriegsschiffen (wie einst Waldemar) seine Zusagen nicht hielt, brandschatzten hansische Schiffe die englische Küste. Danach waren die Engländer bereit, außer der Wiederherstellung der alten Rechte auch noch neue Zugeständnisse zu machen und einen Schadensersatz von 10 000 engl. Pfund Silbers zu garantieren.

Niedergang der Hanse

Die Kämpfe des 15. Jh. zeigten das Erstarken von Staaten außerhalb des Reiches in Nord- und Westeuropa, die bestrebt waren, statt des hansischen lieber den eigenen Handel zu fördern. Gleichzeitig begann im Osten Iwan III. mit dem »Sammeln der russischen Erde«. Dabei ging er gegen das Großfürstentum Nowgorod und gegen das dortige Hansekontor vor. Nicht nur außerhalb, auch innerhalb des Reiches bildeten die Fürsten eigene Territorialstaaten. Selbst der Kaiser trieb als Habsburger in erster Linie eigene Territorialpolitik. Jeder Herr war bestrebt, die politischen Rechte der Städte innerhalb seines Territoriums einzuschränken. Bei der schnellen Entwicklung der Feuerwaffen im 15. Jh. konnten nur noch wenige Städte sich die notwendige moderne Bewaffnung zum wirksamen Widerstand schaffen. Nur selten waren sie in der Lage, sich gegenseitig im Kampf gegen die innerdeutschen Territorialherren politisch zu unterstützen. In mehreren »Tohopesaten« wurde solche Hilfe von Fall zu Fall in der engeren Nachbarschaft beschlossen. Keinesfalls sahen alle Städte einen Grund zur Zusammenarbeit auf diesem Gebiet. Mit der Aufgabe der Freiheit aber war nicht immer ein wirtschaftlicher Abstieg verbunden.

Bei der zunehmenden Auflösung des Reiches in selbständige Territorialstaaten war kein Raum mehr für im kaiserlichen Namen von freien Städten an den Mündungen der Ströme wahrgenommene Zoll- und Stapelrechte. So gewährte Maximilian I. 1517 an Brandenburg das Recht der freien Durchfahrt auf der Elbe durch Hamburg in die Nordsee. Karl V. verlieh seinem Schwager Christian II. 1521 alle Rechte, die je ein dänischer König im Reiche geübt hatte. Damit war der Bestand der Ostseestädte entscheidend gefährdet. Lübeck betonte deswegen, daß es seine Pflicht sei, »an des Reiches Enden sich dem Reiche zu erhalten«. Dieser Auffassung schlossen sich Danzig und andere Städte an. Kaiserliche Politik handelte in dieser Zeit nicht mehr im Interesse des Reiches, sondern aus der Sicht ihrer niederländischen Erblande, die im Konkurrenzkampf vor allem mit Lübeck lagen.

Neben den politischen Gründen für den Niedergang der hansischen Stellung, ja vielleicht sogar als Voraussetzungen für die politische Entwicklung traten wirtschaftliche Gründe in Erscheinung. Der in der Frühzeit entscheidende schiffbautechnische Vorsprung konnte naturgemäß nur solange Bedeutung haben, bis die großen Koggen auch von anderen Nationen genutzt wurden. Natürlich waren die Koggen inzwischen weiterentwickelt. Einzelne hansische Kaufleute sahen nicht nur im Verkauf von Schiffbauholz, sondern auch von ganzen Schiffen mit Recht einen Vorteil. Daran konnten Exportverbote nichts Wesentliches ändern. Andererseits gelangte es den Hansen auch zum Vorteil, daß ihre Werften am Wandel und an der Weiterentwicklung des Schiffbaus zu neuen, größeren, besseren Typen mit stärker unterteilter und damit beweglicherer Takelage mitwirkten.

Da aber im 15. Jh. der Hering in der Ostsee aus biologischen Gründen abnahm und schließlich ganz wegblieb, verloren die schonischen Märkte an Bedeutung, damit entfiel ein wesentlicher Grund für gemeinsames politisches Handeln. In der Frage der Abwehr der holländischen Konkurrenz im Ostseeraum widersprachen die Interessen der livländischen Städte denen Lübecks und der wendischen Städte. Mit der Entwicklung des Binnenverkehrs war eine weitere Konkurrenz durch die oberdeutschen Städte heraufgekommen. Bereits im 14. Jh. hatten sie angefangen, den Osthandel in neue, südliche Bahnen zu ziehen.

All zu sehr wurde jede einzelne Hansestadt zur Verteidigung jeweils ihres bestehenden Handelssystems gegen vielseitige Konkurrenz gedrängt. Als sich 1525 die Gelegenheit bot, durch ein Darlehen an König Ludwig von Ungarn den Oberdeutschen ein Einflußgebiet abzujagen und damit in den nicht zuletzt wegen der Bronzegeschütze immer mehr an Bedeutung gewinnenden slowakischen Kupferhandel einzusteigen, griff keine hansische Stadt zu. Das inzwischen nicht mehr hansische Dinant wurde zum Zentrum der Geschützgießerei, und der Handel mit den Geschützen ging an die Niederländer über. Hansische Städte beteiligten sich auch nicht an dem nun beginnenden Handel mit der neuen Welt, zumal 1512 der deutsche Reichstag, sicher um Schwierigkeiten mit der spanischen Krone zu vermeiden, beschlossen hatte, daß sich kein Deutscher am Handel mit den neuentdeckten Erdteilen beteiligen dürfe. Die gleichzeitig einsetzende Reformation führte zusammen mit einem sozialen Umbruch zum gewaltsamen Aufbegehren, um unter Führung Lübecks die hansischen Rechte entgegen den früheren Gewohnheiten jetzt mit Waffengewalt durchzusetzen. Der Versuch schlug fehl und beschleunigte den Niedergang, der auch mit den militärischen Erfolgen Lübecks in der zweiten Hälfte des 16. Jh. nicht aufzuhalten war. Als der Höhepunkt der hansischen Stellung überschritten war, mehrten sich die gewaltsamen Auseinandersetzungen. Sie brachten neue Taktiken mit sich.

Die immer mehr aufkommende Schiffsartillerie zwang zu einem Wandel im Schiffbau. Danzig, Elbing sowie in der ersten Hälfte des 16. Jh. auch Lübeck gingen dazu über, große Schiffe eigens als Kriegsschiffe mit Breitseitbatterien zu bauen. Auch für fremde Auftraggeber wurden auf hansischen Werften jetzt Kriegsschiffe gebaut. Trotzdem unterhielt die sparsame Kaufmannschaft keine eigenen ständigen Kriegsflotten, sondern verkaufte städtische Kriegsschiffe jeweils nach Beendigung der Feindseligkeiten möglichst schnell. So ging 1514, als die Kämpfe mit den Dänen eben abgeschlossen waren, der *Salvator* von Lübeck, ein Schiff von angeblich 900 t, in den Besitz Heinrichs VIII. über. Die Lübecker *Matheus* (600 t) und die Hamburger kleine und große Galley (400 t und 500 t) gingen 1539 den gleichen Weg. 1544 finden sich in der englischen Flottenliste die *Mary Hambro*, ein Hamburger Schiff von 400 t, die gleichgroße *Struse von Danzig* und die *Jesus von Lübeck*. 1545 kommen die *Morjan von Danzig* und die *Christopher von Bremen* hinzu. Die *Jesus* tat noch über 20 Jahre, zuletzt als Flaggschiff Hawkins, in der englischen Flotte Dienst.

Im zweiten nordischen Kriege brachte das schwedische Großschiff *Stora Krafveen* mit seinen leichten, weiterreichenden Jagdgeschützen die Lübecker Schiffe in arge Bedrängnis. Jedoch die auf Initiative des lübischen Bürgermeisters und Admirals Bartholomäus Tinnappel geschaffene Flotte schlug unter seiner Führung in den Seeschlachten bei Öland und Bornholm mit überlegener Artillerie den Gegner. Lübecker nahmen 1564 sogar das schwedische Admiralsschiff *Makelös*. Der siegreiche Admiral Tinnappel fand auf den Klippen bei Wisby im Sturm sein Ende. 1565 wurde darauf zusammen mit dem dänischen Admiralsschiff *Fortuna* der *Adler* als gewaltigstes Kriegsschiff der Zeit in Lübeck gebaut. Das Schiff hatte zwei durchgehende Batteriedecks mit Geschützpforten. Die 100 Geschütze waren etwa zur Hälfte bronzene Vorderlader und zur Hälfte geschmiedete eiserne Hinterlader. Sie schossen etwa 180 Schritt weit. Dazu kamen 8 dreipfündige Steinbüchsen in den Aufbauten und 4 zehnpfündige Hagelgeschütze in den Frontschotten. Außerdem wurden an Oberdeck und in den Aufbauten noch Barsen mit Gabeln in die Reling gesteckt. Ins Gefecht kam der *Adler* nicht mehr. Die lübischen Admirale Tidemann und Lindhorst versuchten vergeblich, durch Überfälle an der Küste die Schweden aus den Häfen zu locken. Allein das Vorhandensein der überlegenen lübischen Schiffe hielt den Gegner vom Auslaufen ab.

Der darauf 1570 in Stettin geschlossene günstige Frieden nützte den Hansen wenig. Schweden zahlte die vereinbarten 75 000 Taler Schadensersatz nie. Die vertraglich der Hanse zugestandenen Rechte beachtete es nicht. Lübeck hatte in diesem Kriege allein gestanden. Vergeblich hatte Kurfürst Friedrich der Weise von Sachsen gewarnt, daß es den Binnendeutschen nicht gleichgültig sein könne, ob die See für den Verkehr frei sei oder nicht. Im Reich fanden die Städte keine Stütze. Als sich der Reichstag damit befaßte, einen Fürsten als Oberherrn und Beschützer der Städte einzusetzen, befürchteten die Städte eine Einschränkung ihrer Freiheit. Auch die späteren Versuche Wallensteins im Dreißigjährigen Kriege, eine Reichskriegsflotte für die Nord- und Ostsee zu schaffen, stießen trotz anfänglicher Erfolge vor Wismar bei den letzten Hansestädten auf wenig Gegenliebe. Zu tief hatte schließlich der sich zusätzlich entwickelnde religiöse Zwiespalt den ganzen niederdeutschen Raum und damit die Hansestädte in Gegensatz zum Kaiser und damit zum Reich gebracht. Der Hanse als Vertreterin kaiserlicher Macht und des Reiches war damit der Boden entzogen. Nur die selbständige Stellung von Hamburg, Lübeck, Bremen und zeitweilig noch Danzigs blieb als Rest hansischer Macht bis in das 19. und 20. Jh. erhalten. Es blieben außerdem als Leistung der Hanse die Einheit des nordosteuropäischen Kulturraums und seine engen Beziehungen zu Westeuropa bestehen. Die feste Bindungen der baltischen Völker, Esten, Letten, Kuren und Litauer, an den germanischen Raum und die Kulturarbeit in Preußen hielten bis zur Mitte des 20. Jh. Schließlich war die schnelle Ausbreitung des Lutherischen Protestantismus im Norden eine Folge hansischer Schiffahrt.

Zusammenfassung

Nach einer Übersicht über mehr als tausend Jahre der Schiffahrt und der Kriegsflotten bei sehr verschiedenen Völkern Nord- und Südeuropas erkennen wir Gemeinsamkeiten und Unterschiede. Im Norden wie im Süden nutzte man die See und die Flußläufe seit urdenklichen Zeiten als Transportweg. Während im Süden schon früh der Transport von Massengütern, vor allem von Getreide, politische und militärische Bedeutung gewann, scheinen nordische Seefahrer zunächst diesen Zweig der Schiffahrt wenig beachtet zu haben. Die nordischen Schiffe waren bis in das 12. Jh. bedeutend leichter gebaut, aber auch seetüchtiger als Segelschiffe und Galeeren des Mittelmeeres. Ihre Seeleute waren zugleich Ruderer und Kämpfer an Land. Zum Kampf Schiff gegen Schiff rüsteten sie ihre Flotten seltener aus. Meist dienten ihre Schiffe dazu, sich mit großen Truppenmassen in das Land des Gegners zu werfen und wenn notwendig ebenso schnell wieder zu verschwinden. Über die Methoden nordischer Seekriegführung sowie über die den Seezügen zugrundeliegenden strategischen und taktischen Überlegungen sind die Quellenaussagen recht spärlich. Wenn auch germanische Seevölker die Römer oft besiegten, so steht doch fest, daß sie der Logistik und dem dauerhaften Nachschub bis in die Wikingerzeit hinein meist viel zu wenig Bedeutung beimaßen. So blieben ihre Erfolge meist nur vorübergehend. Auch dachten sie kaum daran, um Nachschublinien zu kämpfen. Von Wandalen und Goten wissen wir sogar, daß sie den friedlichen Kaufmann normalerweise ungeschoren seines Weges ziehen ließen. Dies kann zwei Gründe haben. Erstens war der Zweck ihrer langandauernden Wanderzüge lediglich der, eigenen Grund und Boden für ihre Bevölkerung zu gewinnen; so führten sie ihre Kriege zur See auch nur, um diesen Besitz zu sichern oder zu erwerben. Zum zweiten hatten die Kaufleute im freien Germanien auf dem Lande seit den ältesten Zeiten überall freies Geleit. Später sagte man, der reisende Kaufmann stünde unter Königsfrieden. Wahrscheinlich haben sich die sehr rechtlich denkenden Goten und die später als Plünderer Roms verschrieenen Wandalen auch auf See im allgemeinen an das heimische Recht gehalten. Die Wikinger hatten später weniger Skrupel und meist andere Ziele, vor allem strebten sie nach schnellem Gewinn. So ist es auch kein Wunder, daß aus der Wikingerzeit mehr Einzelheiten über den Kampf Schiff gegen Schiff bekannt sind.

Von diesem Bild unterscheiden sich die Franken, die in Westeuropa das Erbe der Römer antraten. Karl der Große pflegte seine Feldzüge sehr sorgfältig auch logistisch vorzubereiten. An wichtigen Stationen seiner Nachschubstraßen, vor allem an Pässen, setzte er besonders vertrauenswürdige Lehnsleute ein. Den Nachschub selbst ließ er soweit wie möglich durch friesische Kaufleute auf dem Wasserwege leiten. So finden wir, wo auch immer Karl in Europa Krieg führte, friesische Kaufleute an den Nachschubstraßen. Auch ließ Karl (gegen die Wikinger zwar vergeblich) Kriegsflotten bauen. Im Mittelmeer bekämpften fränkische Kriegsflotten mit Erfolg die Sarazenen auf See.

In der Wikingerzeit trat neben dem Gewinnstreben und der Abenteuerlust ein bis dahin seltener genanntes Motiv für große Seefahrten auf, der Freiheitswille. Menschen, die sich in der Heimat nicht mehr unterordnen konnten oder wollten, drängten in geschlossenen, wohldisziplinierten Gruppen auf See hinaus. In späteren Jahrhunderten wurde dieser Freiheitswille ebenfalls ein wesentlicher Antrieb für große seemännische und koloniale Unternehmungen der Nordwesteuropäer. Schon vor den Kreuzzügen trat dazu der Gedanke des Kampfes gegen die Ungläubigen. Auch später finden wir bei Engländern, Niederländern und Franzosen neben der Abenteuerlust und dem rücksichtslosen Gewinnstreben das Motiv des Kampfes gegen die andersgläubigen katholischen Spanier und Portugiesen als Antrieb für außerordentliche militärische und seemännische Leistungen.

Von Völkern des östlichen Baltikums, den Esten und den Kuren, wissen wir, daß sie im 13. Jh. über eine eigene Seetaktik mit ihren den Wikingerfahrzeugen ähnlichen Booten verfügten. Sie teilten ihre Verbände in Geschwader und Rotten von je 2 Fahrzeugen und operierten in Dwarslinien und halbmondartigen Formationen.

Zu Beginn des 13. Jh. traten uns mit den großen hansischen Koggen völlig andere Elemente der Seekriegführung entgegen. Der Nachschub, die Logistik und die regelmäßige Ablösung der Truppen gewannen in Livland bei einer fast dreißigjährigen Kriegführung in Gebieten, die mehrere hundert Meilen vom Einschiffungshafen Lübeck entfernt waren, entscheidendes Gewicht. Hansische Kaufleute führten nicht nur ihre Kriege nach seemännischen und kaufmännischen Gesichtspunkten. Sie benutzten ihre wirtschaftliche und politische Macht vor allem, um es gar nicht erst zum Kriege kommen zu lassen. Kam es aber zum heißen Gefecht, so zwangen die neuen Großsegler zu völlig neuem taktischen Verhalten. Schon im Kampf gegen die Esten wurde eine neue Taktik des Zusammenarbeitens der häufig in Verbänden von 3, 6 oder 9 Koggen fahrenden großen Segelschiffe mit je einem jeder Kogge zugeteilten kleineren Ruderfahrzeug angewendet. Da jedoch die niederdeutschen Städte keine ständigen Kriegsflotten unterhielten und nach Möglichkeit jeden Krieg vermieden, fehlten ihnen in der Not wirklich kriegserfahrene Seeleute. So konnten sie ihre Taktik kaum weiterentwickeln. Eigentliche Kriegsflotten von Segelschiffen entstanden erst, als sich im 15. Jh. Pulvergeschütze durchgesetzt hatten. Sie wurden jedoch nicht von den Kaufleuten der Städte, sondern von den nun mächtiger werdenden Territorialherren unterhalten.

Kapitel 3

Das Zeitalter der Entdeckungen

Bearbeitet von Paul Heinsius unter Verwendung von Teilen der von E. B. Potter verfaßten Kapitel 1 und 2 der US-Ausgabe

Die oberitalienischen Seestädte im hohen Mittelalter

Im Kampf zwischen Ost- und Westrom und zwischen Islam und Christentum blühte an der Adria inzwischen die Stadtrepublik Venedig empor. Die von Land schwer angreifbare, stets zur See offene Stadt bewahrte ihre Selbständigkeit. Eine starke Handelsflotte sicherte ihre wirtschaftliche Existenz. Als Erbe der Antike war das venetianische Schiffbauwesen ähnlich dem byzantinischen organisiert. Ein Doge leitete das große Arsenal mit Hunderten von verschiedenen Handwerkern. Er ließ auch die Eichenwälder überwachen, in denen das Schiffbauholz geschlagen wurde.

Eine vom Senat beauftragte Organisation vermittelte die zu einer Gemeinschaft zusammengeschlossenen freien Galeerenruderer. Wer lange genug auf den staatlichen Galeeren gedient hatte, erwarb ein Anrecht auf einen Arbeitsplatz im Arsenal. Der Einsatz der von Rudern und Segeln getriebenen Galeeren, welche die schwer zu verteidigenden Lastensegler begleiteten oder besonders wertvolle Waren selbst transportierten, wurde ebenfalls von den städtischen Behörden jährlich geplant und gesteuert.

Im Gegensatz zu den Hansestädten konnte Venedig so seinen Handel stets militärisch schützen, und die Stadt war in jedem Jahre in der Lage, eine Streitmacht auf ihr wichtig erscheinenden Routen einzusetzen. Die Republik behauptete ihre Selbständigkeit dadurch, daß sie sich einerseits auf ihre Kriegsflotte stützte, andererseits aber alle Kräfte des Staates auf diese Flotte konzentrierte. So wurde sie bald zum umworbenen Bundesgenossen. Sie verstand es, durch ein geschicktes diplomatisches Spiel und durch ihren zwischen allen Parteien lavierenden Handel nicht nur die Geldgeschäfte der verschiedenen christlichen Mächte im Mittelmeerraum sowie der Pilger ins Heilige Land abzuwickeln, sondern sogar die Geschäfte von islamischen Großen mit dem Abendland. Insbesondere zu den im 15. Jh. neu auftretenden Türken schuf Venedig sich zeitweilig ein günstiges Verhältnis. Ähnlich verstanden auch die lombardischen Städte Genua, Pisa und später Florenz, sich emporzuarbeiten. Diese Städte nutzten zunächst die Kämpfe zwischen Ghibellinen und Guelfen, um zu freien, selbständigen Seemächten aufzusteigen. Venedig und Genua schufen sich sogar eigenen Kolonialbesitz im östlichen Mittelmeerraum und am Schwarzen Meer. Natürlich hatten in Venedig auch deutsche Kaufleute ihre Niederlassung. Aber es waren oberdeutsche, nichthansische, die den Handel über Land weiterbesorgten. Ihre Rechte waren von der Staatsgewalt sehr eingeengt. Die oberitalienischen Städte wurden zum Mittler der Orientwaren für ganz Europa, und im Gewürzhandel hatten sie eine gewisse Monopolstellung inne.

Schiffe der oberitalienischen Städte, sogar Galeeren, erschienen in Brügge, dem Bindeglied zwischen dem nordosteuropäischen und dem südeuropäischen Handelsnetz.

Das Aufkommen der südwesteuropäischen Seemächte

Der auf der Pyrenäenhalbinsel einsetzende politische Wandel brachte es mit sich, daß inzwischen noch weitere neue, völlig andersgeartete Seemächte emporwuchsen, die bald eine neue Epoche der Schiffahrt einleiten sollten. Aus der nach den Grenzkastellen und Burgen benannten Landschaft Kastilien ging im 10. Jh. die Befreiung der Iberischen Halbinsel von den Mauren hervor. Im 11. Jh. beanspruchten die christlichen Könige von Asturien das Erbe ihrer gotischen Vorgänger und nahmen zeitweilig den spanischen Kaisertitel an. Portugal wuchs im Kampf mit den Mauren vom Herzogtum zum Königtum heran. Als 1147 Alfons I. niederdeutsche, friesische und englische Kreuzfahrer beredete, anstatt sich an dem allgemeinen Kreuzzuge weiter zu beteiligen, hier in seinem Lande die Heiden zu bekämpfen und ihm bei der Belagerung Lissabons zu helfen, deutete sich zum ersten Male eine neue Staatsauffassung der iberischen Staaten an, die sich von dem mittelalterlichen Bewußtsein des einen Reiches entfernte. Mit wiederholter Unterstützung durch derartige Kreuzfahrerflotten schritt die Befreiung Portugals schnell voran. Die Könige zogen zum Bau einer eigenen Flotte auch seebefahrene Venetianer und Genuesen heran. Durch einen neuen Ritterorden schuf sich König Diniz 1319 eine ständige Militärmacht. Dieser »Christusorden« war frei von der alten Kreuzfahreraufgabe und ausdrücklich »ad exaltionem fidei orthodoxae et regni nostri Algarbii« gegründet. Die Portugiesische Krone verstand es, sich zum Großmeister der anderen Ritterorden des Landes aufzuschwingen und damit Religion und Rittertum in den Dienst des Staates zu stellen. Ähnlich entwickelten sich in wechselvollen Kämpfen die anderen iberischen Königreiche. Der Kampf gegen die Mauren ging zu Lande und zur See vor sich. Nach wechselvollen Kämpfen schlug 1248 die kastilische Flotte die Muselmanen am Guadalquivir, damit fielen Sevilla und 14 Jahre später auch

Cadiz wieder in christliche Hand. Gleichzeitig griffen die Katalanen 1229–1235 zu den Balearen hinüber und eroberten 1238 Valencia. Nur in Granada hielt sich noch die maurische Macht, die nach einem Vorstoß der Kastilier auf Murcia und Cartagena zu Lande von der übrigen iberischen Halbinsel abgeschnitten war. Während dieser Kämpfe trat zu Beginn des 14. Jh. ein technischer Wandel im mittelmeerischen Schiffbau ein, der für die folgende Epoche bedeutungsvoll werden sollte. 1304 erschienen bayonesische Seeräuber auf Seglern des im Norden seit Beginn des 13. Jh. eingebürgerten Koggentyps, mit hohen Borden, geraden Steven und daranhängendem Ruder. Da sich diese Koggen den anderen mittelmeerischen Schiffstypen überlegen zeigten, fingen die Genuesen, Venetianer und Katalanen an, diese Schiffe nachzubauen. Damit begann ein großer Wandel der mittelmeerischen und iberischen Schiffsformen.

Der Vorstoß auf die Ozeane

Es scheint, daß die dadurch neu entstehenden südeuropäischen Schiffstypen besonders stabil und vor allem für die Atlantikfahrt besser geeignet waren.

Genuesische Seefahrer stießen nun 1312 zu den Kanarischen Inseln vor, Madeira mit seinen Nachbarinseln wurde vor 1325 entdeckt. Die Azoren vermerkte der Zeichner 1351 auf dem Mediceischen Seeatlas. An der afrikanischen Küste wurde im Laufe des 14. Jh. das Kap Bojador erreicht. Von Bedeutung sollten jedoch diese Erkenntnisse erst werden, als die schnell erstarkenden iberischen Mächte die Kraft ihrer Staaten zur Ausnutzung der neuen Seewege und der Weiterführung der Entdeckungen einsetzten. Bei ihren vorwärtsstrebenden Unternehmungen lockten sie aktive Kräfte aus allen Ländern an. Nicht nur italienische Kapitäne, sondern auch französische Adelige traten in die Dienste der iberischen Staaten. So begann der Normanne Béthencourt mit flämischen Siedlern um 1400 als kastilischer Lehnsmann mit der Kolonisation der Kanaren, die schon seit Generationen Streitpunkt zwischen Portugal und Kastilien waren. Auf dem Lande gelang es den Portugiesen, sich mit Unterstützung englischer Truppen in der Schlacht bei Aljubarrota 1385 vom Druck der kastilischen Nachbarn zu befreien. Nun erhob sich das Königtum, nachdem es die anderen Kräfte im Innern beiseitegedrängt hatte, zur absoluten Monarchie. Die Grenzen des jungen Staates waren zu Lande durch die Nachbarschaft Kastiliens festgelegt. So richtete sich sein Blick zum Kampf gegen die Ungläubigen und zur Erschließung neuer wirtschaftlicher Möglichkeiten auf die See. Kreuzzugsgeist, ritterliche Abenteuerlust und Gewinnstreben sind die Triebfedern zum Seezug gegen das dem noch von Mauren besetzten Gibraltar gegenüberliegende Ceuta, an dem sich neben anderen Fremden auch der Tiroler Dichter Oswald von Wolkenstein beteiligte. Der Zug nach Ceuta wurde kein vorübergehender Raubzug oder Überfall, wie sie schon öfter von christlichen Flotten gegen nordafrikanische Städte geführt worden waren, sondern Portugal wollte mit Ceuta den Schlüssel zum Mittelmeer fest in die Hand bekommen. Nach der Einnahme der überaus reichen Stadt 1415 faßte der einundzwanzigjährige, soeben zum Ritter geschlagene dritte Sohn des Königs, Prinz Heinrich, den Entschluß, auch die Ursprungsländer der in der Stadt gefundenen Goldschätze zu suchen und dem portugiesischen Königshaus zu erschließen. Im Zeitalter der beginnenden Geldwirtschaft bedeutete der Besitz von Gold einen Zuwachs an Macht, der jeden Einsatz lohnte. Ein Vormarsch über Land durch das Atlasgebirge und die Sahara, um in das sagenhafte Goldland im oberen Sudan vorzustoßen, überstieg die Kräfte des Königtums. So bemühte Prinz Heinrich sich, einen sicheren Seeweg zum Goldland zu finden. Dazu galt es zunächst einmal, das vorhandene Wissen über diese Seewege zu sichten. Auf einer Klippe am südwestlichen Ausläufer Europas, dem Kap S. Vincente, begann er ab 1419, mit einem Kreis von Kosmographen, Geographen und Nautikern Seekarten und Reiseberichte auszuwerten und die gewonnenen Erkenntnisse sofort durch erfahrene Kapitäne in die Praxis umsetzen zu lassen. 1440–1450 gelang es in den Karavellen, einen zum Einlaufen in Flußmündungen und für Fahrten an klippenreichen Küsten geeigneten, nicht zu tief gehenden, aber gut segelnden Schiffstyp zu schaffen. Die vom Prinzen gründlich vorbereiteten und geplanten portugiesischen Entdeckungsreisen erhoben sich durch ihre Systematik über alles Frühere. Zunächst erforschte man die Meeresströmungen um die Kanarischen Inseln. Dann wurde Madeira besiedelt, um dort eine Station zu haben und einen Ertrag an Zuckerrohr zu erzielen. Auch die Azoren wurden in das portugiesische Leben eingegliedert. 1434 gelang es an der afrikanischen Küste, das Kap Bojador zu umsegeln. Im folgenden Jahr entdeckte man südlich davon Spuren von Menschen, und man glaubte auch, in der Bucht von Rio de Oro die Mündung des Goldflusses entdeckt zu haben. Da befahl der König, um Kastilien zuvorzukommen, einen Feldzug gegen Tanger. Der Feldzug verlief unglücklich. Den Abzug des Heeres erkaufte sich Heinrich durch das Versprechen, Ceuta auszuliefern, wofür er seinen Bruder Ferdinand als Geisel verpfändete. Im Interesse der Staatsraison blieb Ferdinand in Gefangenschaft, bis er nach 11 Jahren Sklavenarbeit starb. Ceuta blieb portugiesisch. 1441 konnten die Entdeckungsfahrten wieder aufgenommen werden. Kap Blanco wurde umschifft. 1448 wurde bei Arguin von einer portugiesischen Handelsgesellschaft ein Fort errichtet. Damit hatte man die afrikanische Salzstraße erreicht, ohne aber mit dem Handel im Innern in Verbindung zu kommen. Der Gewinn war gering. Bei dem Kap Verde traf man nun auf eine üppige Vegetation und auf Menschen mit wirklich schwarzer Haut. Der Jahrtausende alte Glaube, daß die Tropen wegen der zu großen Hitze unfruchtbar seien, war widerlegt. Nach der Entdeckung der Neger machte der Sklavenhandel die Reisen rentabel. Denn im Gegensatz zum Nord- und Ostseebereich, wo hansische Kaufleute und Kreuzfahrer den Menschenhandel seit dem

13. Jh. gänzlich unterbunden hatten, waren im Süden Menschen noch immer wichtige Handelsware. Als Heinrich, genannt der Seefahrer, starb, war die afrikanische Küste bis zum heutigen Portugiesisch-Guinea entdeckt. Im folgenden Jahre glaubte man, in die Nähe der auf alten Karten verzeichneten Goldreiche gekommen zu sein. Schließlich ließ sich ein Portugiese, der zuvor von Gefangenen die Sprache des Landes gelernt hatte, 1447 am Rio de Oro aussetzen, um den Weg zum Goldland zu erfahren. Er brachte wichtige ethnologische Beobachtungen, jedoch kein Gold zurück. Der Prinz selbst mußte noch als 82jähriger zwei Jahre vor seinem Tode am Feldzug gegen Marokko teilnehmen. Der Feldzug beanspruchte alle Kräfte des Staates bis 1471. Inzwischen war aber der Guineahandel an Ferão Gomez verpachtet. Er hatte die Auflage erhalten, jedes Jahr 100 Leguas weiter vorzustoßen. So kamen die Portugiesen in das Pfeffergebiet an der heute liberianischen Küste und an die Elfenbeinküste. Afrikanischer Pfeffer erschien auf den flandrischen Märkten. 1471 war die Goldküste erreicht. 11 Jahre später wurde dort das Fort S. Jorge da Mina gebaut, um hier Gold von den Eingeborenen einzuhandeln. Jährlich wurden jetzt für 170 000 Dobras reines Gold nach Portugal verschifft. Reichtum floß in das arme Land. Aber bald machten sich auch andere Seefahrer in dieses reiche Gebiet auf. So erbeutete eine portugiesische Karavelle ein französisches Schiff mit 20 000 Dobras Gold. Als die Verbindung zu den Benin im heutigen Nigeria hergestellt war, kam auch der Sklavenhandel mit den einheimischen Händlern in Fluß. Die Sklaven wurden nun in andere Gebiete Afrikas weiterverkauft. Im steten Vordringen war 1474 der Äquator überschritten. Als Johann II. den Thron bestieg, leitete er persönlich die planmäßigen Fahrten mit ständig verbesserten nautischen Geräten neu ein. Wie einst unter dem Prinzen Heinrich standen sie wieder unter staatlicher Leitung. Ausländische Gelehrte wie der Nürnberger Martin Behaim wurden zur Hilfe gerufen. Trotzdem wurde alles, was mit den überseeischen Fahrten zusammenhing, vor allem die nautischen Erkenntnisse, im staatlichen Interesse einer strengen Geheimhaltung unterworfen. Auch der westliche Ozean wurde planmäßig nach weiteren Inseln abgesucht. 1474 hatte der Florentiner Paolo Toscanelli auf eine Anfrage des Königs von Portugal in einem Brief dargelegt, daß das reiche Cathay und die Gewürzländer auch auf dem Westwege zu erreichen seien. 1486 plante Ferdinand von Ulm mit Behaim eine Expedition nach Westen. 1481 nahm ein seit 1477 in Portugal lebender Genuese Christoforo Colon (Kolumbus) an einer Fahrt an die Goldküste teil. Er war auch nach Irland und vielleicht nach Island gereist. Von dort hatte 1473 der Statthalter Diedrick Pining aus Hildesheim unter dänischer Flagge einen Vorstoß nach Neufundland unternommen. Jobst van Hurter, ein Verwandter Behaims, begleitete ihn.

(Siehe Karte »Entdeckungen« zwischen den Seiten 32/33)

Kolumbus arbeitete an dem Projekt, die Insel Zipango auf einer Westfahrt zu finden. Jedoch sein Plan wurde vom König, der anderen mehrere Patente für Westfahrten erteilte, 1484 abgelehnt, denn die Junta dos Mathemáticos hatte richtig erkannt, daß die Entfernung von der Westküste Europas nach Ostasien wesentlich weiter war, als Kolumbus annahm. Auch war Kolumbus nicht in der Lage, das Unternehmen wie andere »auf eigene Kosten und Gefahr« zu wagen. Dazu kam, daß sich die Kraft des Staates in diesen Jahren wieder auf die Afrikafahrt konzentrierte, auf der neue greifbare Erfolge winkten. Am Kongo war Diego Cao in den achtziger Jahren indirekt mit dem Negerfürsten Manicongo in Verbindung getreten. Manicongo ließ sich später taufen und gab seinem Reich ein äußerlich europäisiertes Gepräge. 1485 war das Kap Cross nördlich der Walfisch-Bai erreicht. Immer stärker wurde jetzt der Wunsch, nicht nur das afrikanische Goldland, sondern außerdem das eigentliche Indien über den Weg von der afrikanischen Küste zu erreichen. Andere Forscher schickte der König von Portugal nach Ägypten, um den Weg nach Osten von dort schneller zu suchen. Zugleich aber war auch Bartholomeo Diaz zu einer neuen Südfahrt ausgelaufen. Ihm gelang es 1488 als erstem, das Kap der guten Hoffnung zu runden. 10 Jahre später erreichte dann Vasco da Gama auf diesem Wege tatsächlich Kalikut. Weniger bekannt wurde, daß bereits 1488 der Portugiese Covilhão auf dem Weg über das Rote Meer nach Indien und Ostafrika, 1491 in den Persischen Golf nach Ormuz gelangt war. Durch generationenlange harte Arbeit hatten die Portugiesen einen gewaltigen Vorsprung vor den übrigen europäischen Nationen gewonnen, viele kleine Stützpunkte angelegt und sich neue, großen Gewinn bringende Handelswege erschlossen. Vergeblich unterstützte Venedig Muselmanen, die sich den Portugiesen entgegenstellen wollten, mit einer Kriegsflotte.

Spaniens Aufstieg zur Seemacht

Das ständige Vordringen der Portugiesen war im Wettkampf mit den benachbarten, zu Lande weit mächtigeren Kastiliern erfolgt. Auch diese hatten früh auf den Atlantik hinausgedrängt, während die Katalanen sich immer mehr in die Mittelmeerschiffahrt einschoben. Unter den Völkern Kastiliens trieben die Basken ihre Schiffahrt in der Biskaya. Die Andalusier, die auch unter maurischer Herrschaft im 10. und 11. Jh. Flottenmannschaften gestellt hatten, begannen sich bis hin nach Brügge und England in den Wollhandel einzuschalten. In Galway auf Irland wuchs ein spanischer Stadtteil empor. In der Afrikafahrt versuchten die Kastilier von den Entdeckungen der Portugiesen zu profitieren. Im Ringen um die Kanaren gerieten die beiden Staaten mehrfach aneinander. Auch gegen die Besetzung von Ceuta hatte Kastilien beim Papst und auf dem Baseler Konzil zu protestieren versucht. Jedoch in festländische Rivalitäten und innere Kämpfe verwickelt, konnten sie die Portugiesen in Übersee weder wesentlich hindern noch durch eigene dauerhafte Unternehmungen überflügeln, zumal sie selbst an ihrer Südgrenze noch das maurische Reich von Granada als unmittelbaren Gegner hatten. Diese Lage änderte sich, nachdem Ferdinand von Aragonien und Isabella von Kastilien 1469 geheiratet hatten. Die Reiche wurden zwar noch selbständig regiert, aber das Herrscherpaar festigte die Macht seines Königtums. Indem Ferdinand sich zum Großmeister der drei Ritterorden seines Landes, der Orden von Calatrava, Santiago und Alcántara aufschwang, gewann er ein vom Adel des Landes unabhängiges, stehendes Heer, welches sich nicht nur aus Rittern, sondern, wie bei den anderen Orden, auch aus »dienenden Brüdern« als Fußvolk zusammensetzte. Dieses, den strengen Regeln und der Disziplin der Orden unterworfene Heer war ein zuverlässigeres Instrument in der Hand des Königs als jene Söldner, welche andere Herrscher sich von Fall zu Fall anwerben mußten.

Die Entdeckung Amerikas und die spanische Weltmacht

Der Zusammenschluß beider selbständig regierten Königreiche ermöglichte es, die Kraft beider Staaten zur gänzlichen Vertreibung der Mauren aus Spanien einzusetzen und 1481 den Krieg gegen Granada zu eröffnen. Auch überseeischen Unternehmungen war man aufgeschlossen. So wandte sich Kolumbus nach seinem Scheitern in Portugal 1486 mit seinen Plänen an den spanischen Hof. Dieser war jedoch mit dem Krieg gegen Granada voll befaßt, hielt Kolumbus hin und wies ihn schließlich 1490 ab. In einem Kloster suchte Kolumbus Erholung und widmete sich weiter wissenschaftlichen geographischen Studien. Inzwischen hatte das kastilische Heer die Hauptstadt Granada durch ein festes Lager eingeschlossen. Kolumbus überlegte schon, sich an eine andere ausländische Macht zu wenden. Da vermittelte der Guardian des Klosters eine Audienz bei der Königin im Lager vor Granada. Auch dieser Versuch zeigte sich erfolglos. Die Kassen des Staates öffneten sich ihm nicht für sein großes Unternehmen. Als Kolumbus schon auf der Abreise war, schaltete sich der Schatzmeister ein. Er erklärte, die Krone müsse sich später Vorwürfe machen, wenn die enormen Gewinne, die aus der Erschließung des Westweges dem Lande zufließen könnten, einer anderen Macht in die Hände fielen. Das Geld wurde daraufhin aus im voraus erhobenen Steuern, die ein genuesischer Freund des Kolumbus einzog, aufgebracht. Das Zusammenbringen der Besatzungen bereitete erhebliche Schwierigkeiten. Sie setzten sich aus Andalusiern, Basken und Genuesen zusammen. Am 3. August liefen die 3 Schiffe vom Hafen Palos aus. Am 6. September segelten sie von Gomera, dem äußersten Hafen der Kanaren, gen Westen. Nach langen Wochen kam am 12. Oktober Land in Sicht, am 13. betrat Kolumbus feierlich mit seinen Kapitänen das neue Land. Er nannte die Insel San Salvador und glaubte, daß sie bereits zu Indien gehöre. Bei der Weiterfahrt strandete sein größtes Schiff, die *Santa Maria*. Auf Haiti (Espanola) ließ er 38 Mann dort im Fort »Navidad«. Nach seiner Rückkehr 1493 wurde Kolumbus zum Vizekönig für die neu entdeckten Gebiete ernannt. Sofort wurden die nächste Reise und die regelrechte Kolonisation vorbereitet. Saatgut und Haustiere wurden eingeschifft. Kolumbus war bestrebt, weiter nach Westen vorzudringen, er erreichte Jamaika und auf der dritten Reise 1498–1500 das amerikanische Festland. Im gleichen Jahre kehrte aber auch der Portugiese Vasco da Gama, der tatsächlich Indien erreicht hatte, nach Lissabon zurück, und Cabral war unter portugiesischer Flagge nach Brasilien gelangt. Um die Reibereien in den überseeischen Gebieten zu verringern, hatten sich Portugal und die vereinigten Königreiche Spaniens 1494 im Vertrag von Tordesillas auf eine Linie 370 Meilen westlich der letzten Azoreninsel als Abgrenzung der Interessengebiete geeinigt. Beide Staaten stießen nun immer weiter in unbekannte Welten vor, die ihnen zugleich ständig neue Reichtümer erschlossen. Eine Beschreibung der neuen Gebiete verbreitete zu Beginn des 16. Jh. Amerigo Vespucci, der um die Jahrhundertwende den Erdteil aufgesucht hatte. So benannte dann der Elsässische Gymnasialprofessor und Kartograph Waldseemüller den ganzen Erdteil: »Amerika«.

Während nun die Portugiesen ihren Asien- und Afrikahandel weiter ausbauten und die Araber aus dem Gewürzhandel nach und nach ausschalteten, glaubten die Spanier, auch auf dem Westwege das Goldland zu finden. Sie brachen zu immer neuen Expeditionen auf, die auch zu Lande in den neuen Kontinent hineindrangen. 1513 hatte Vasco Nuñez de Balboa zum ersten Male die Landbrücke überquert. Jedoch keine 10% seiner 990 Mann starken Expedition erreichten die Westküste Amerikas. Gleichzeitig eröffneten die Portugiesen einen ertragreichen Handel mit Brasilholz. Die Spanier zogen aus ihren neuen Kolonien gewaltige Silbermengen.

Selbstverständlich beteiligten sich auch andere Völker an den Westfahrten. So segelte ein venetianischer Bürger, Giovanni Cabotto (= Cabot) auf eigene Kosten und Gefahr unter englischer Flagge, von Bristol den Kursen der Nordleute folgend, nach Neufundland. Ein englischer Kaufmann berichtete bereits 1497 über diese Entdeckung an Kolumbus. Offensichtlich waren allerorten die Kaufleute an den neuen Möglichkeiten interessiert. Meist aber arbeiteten englische Händler mit den Portugiesen zusammen. Neufundland geriet wieder in Vergessenheit. Die Franzosen versuchten sich auch in die portugiesischen Interessengebiete in Brasilien einzuschieben. So erschien Paulamier de Conneville 1504 an der brasilianischen Küste. 1516 gelang es jedoch portugiesischen Kriegsschiffen, die Franzosen von hier zu vertreiben. Bei Zügen in das Innere sah 1526 der erste Portugiese das Inkareich.

Als 1516 Karl, der Enkel Kaiser Maximilians und mütterlicherseits der Enkel Isabellas, das Erbe seiner kastilischen Mutter antrat, übernahm er mit der spanischen Krone ein Reich, welches aus großen überseeischen Gebieten die größten Gewinne einbrachte und in dem er wirklich Souverän war. So ist es kein Wunder, daß er auch ab 1519 als Kaiser Karl V. sich mehr seinen spanischen als seinen deutschen

Ländern verbunden fühlte. Die Entdeckungsfahrten wurden unter seiner Regierung weitergetrieben. Unter Habsburger Flagge erschloß Magelhães 1520 die südliche Durchfahrt in den Stillen Ozean. Reste seiner Besatzungen umsegelten danach als erste die Welt. Auch Spanien faßte jetzt an den indischen Pfefferinseln Fuß. Inzwischen war Cortez von Kuba nach Mexiko hinübergegangen. Spanier begannen an der Westküste Amerikas Schiffe zu bauen und kamen von hier aus 1527, mehr als 30 Jahre nach der ersten Reise des Kolumbus, zu den dem asiatischen Kontinent vorgelagerten Philippinen. 1528 belehnte Karl V. das Haus Welser zum Dank für ihm geleistete Dienste mit einem großen Gebiet im heutigen Venezuela. 25 Jahre kämpften hier deutsche Landsknechte für den Kaiser und das Kaufmannshaus Welser. Sie drangen unter Ehinger, Federmann und Philipp von Hutten schließlich bis zum heutigen Kolumbien vor. Jedoch blieb dies nur Episode, ebenso wie die Züge der Franzosen unter Cartier nach Kanada 1534–1542 und wie der spätere Versuch des Admirals Coligny, reformierten Franzosen in Brasilien eine neue Heimat zu schaffen. Auch an dem Zuge Mendozas, der 1536 zur Gründung von Buenos Aires führte, beteiligten sich die Welser mit einem Schiff. Etwa 10 % der Besatzungen der gesamten Flotte kamen, wie uns der mitreisende Ulrich Schmidt berichtet, aus Deutschland.

Der Reichtum, der durch die iberische Halbinsel floß, lockte tatkräftige Männer aus ganz Europa herbei. Spanien und Portugal erblühten zu den reichsten und mächtigsten Staaten Europas. Karl V. konnte das stolze Wort sprechen, daß in seinem Reiche die Sonne nicht sänke. Sein Stammland, das Römische Reich Deutscher Nation, wurde jedoch gerade in dieser Zeit schwer von dem ersten Aufkommen der Reformation erschüttert, während in seinen spanischen Landen durch die seit Isabellas Zeiten eingeführte grausame Inquisition die Einheit der Religion durch Gewalt gesichert war.

Erneuter Kampf um das Mittelmeer

Von außen bedrohten ebenfalls neue Gegner das deutsche Reich, das in sich geeinigte Spanien sowie die italienischen Besitzungen des Kaisers. 1453 halfen christliche Kanoniere den Türken bei der Belagerung von Byzanz. Noch ahnte niemand, welche furchtbare Gefahr die nun beginnenden Türkenkriege für ganz Europa bis in das 17. Jh. hinein bringen sollten. Auch als die Türken auf dem Balkan bis nach Serbien und Bosnien vordrangen und im Süden Ägypten unterwarfen, spürten nur wenige das Alarmsignal. Beim Untergang Ungarns glaubten Protestanten dies als Strafe Gottes für den papistischen Irrglauben ansehen zu können. 1527 war die Kaiserstadt Wien bedroht; endlich mußte ganz Europa die Gefahr erkennen. Jedoch es dauerte lange, bis sich Völker außerhalb des Reiches zu gemeinsamer Abwehr zusammenfanden. Inzwischen hatten die Türken mit ihrem straff organisierten Staatswesen das Mittelmeer von der Ostküste der Adria über die Levante bis hin nach Tunis umfaßt. Sie griffen auf das Meer. Ihre Korsaren erschwerten die christliche Schiffahrt. Mit seinem Gegenangriff im Seezug gegen Tunis 1535 konnte Karl V. nur vorübergehend die Muselmanen zurückweisen. Unter vom Christentum abgefallenen Führern, wie Chaireddin Barbarossa († 1546) und Uluch Ali, jagten sie die Schiffe aller christlichen Nationen. Der Orienthandel kam vollends zum Erliegen, kaum ein Volk in Europa, das davon nichts spürte. Rhodos war gefallen. Als türkische Truppen 1570 auch Zypern besetzten, schlossen sich auf Initiative des Papstes die italienischen Staaten, die Malteser und Spanien zur »heiligen Liga« zusammen. Auch protestantische Freiwillige strömten hinzu. Bei Messina sammelte die Liga eine Flotte von ca. 200 Galeeren mit 44 000 Seeleuten und Ruderern und 28 000 eingeschifften Soldaten. Große Segler begleiteten die Flotte, sie sorgten für den Nachschub. Die stärkste Kampfkraft besaßen 6 große venetianische Galeassen. Diese neuen, aus den Galeeren entwickelten Schiffe hatten über dem Ruderdeck ein mit an die 50 Kanonen verschiedener Kaliber bestücktes Kampfdeck, von dem aus Breitseiten gefeuert wurden, wie dies im Norden bei den reinen Segelschiffen seit Generationen üblich war. Die Galeeren waren meist an der Stirnfront mit Geschützen von 4½ bis 36 Pfund bestückt. Vielfach waren neben den Armbrustern auch Schützen mit Arkebusen an Bord. Zwei Drittel der Streitmacht kamen aus Spanien. Juan d'Austria, Sohn Karls V., wurde Führer der Flotte. Äußerste Anstrengungen waren notwendig, denn ihr standen 250 Galeeren mit 50 000 Seeleuten und Ruderern sowie 25 000 Soldaten unter Führung Ali Paschas gegenüber. Unter dem Renegaten Uluch Ali war eine Flotte plündernd und raubend in die Adria eingedrungen, um die Christen vorzeitig hervorzulocken. Die Liga lief aber erst aus, als sich die Türken wieder in den Golf von Korinth zurückgezogen hatten. Die schwer beweglichen Galeassen wurden von Galeeren geschleppt. 10 Tage dauerte die Fahrt bis Korfu. Vorgeschickte Aufklärer meldeten, daß die Türkische Flotte auch etwa 200 Galeeren stark, aber durch die Pest geschwächt sei. So eilte man dem Kampf entgegen. Auch Ali Pascha hatte man eine weitaus geringere Zahl der christlichen Flotte gemeldet, so lief er aus, um den, wie er meinte, schwächeren Gegner zu vernichten.

Am Morgen des 7. Oktober rundete die christliche Flotte Cap Schropha, um in den Golf von Patras einzulaufen. Da kam die heransegelnde türkische Flotte in Sicht. Man zählte 250 türkische Schiffe. Während sich seine Flotte zur befohlenen Schlachtreihe ordnete, fuhr Don Juan, ein Kruzifix haltend, in einem Boot an den Galeeren entlang und begeisterte die Besatzungen, für die christliche Sache zu kämpfen. Die Galeassen ließ er an die Spitze der im offenen Halbmond angeordneten Formation von 150 Galeeren manövrieren. 50 Galeeren blieben unter dem Marquis de Santa Cruz in Reserve. Noch war die Schlachtreihe nicht eingenommen, schon segelten die Gegner mit gutem Wind heran. Doch plötzlich schlief der Wind ein. Die Türken ließen ihre Segel fallen, und nun ruderten zum ersten Male seit Actium wieder reine Ga-

leerenflotten in breiter Front aufeinander zu. Es sollte die letzte Galeerenschlacht im Mittelmeerraum werden.
Ziel der Galeerentaktik war es noch immer, mit dem mächtigen Sporn den Gegner durch Rammstoß zu vernichten. Aber das rechtzeitig eröffnete, überlegene Feuer aus allen Rohren brachte den Türken erste Verluste. Sie gerieten in Verwirrung. Jedoch trotz des anhaltenden Feuers näherten sie sich bald zum Enterkampf. Ägyptischen Schiffen gelang es, dicht unter Land am linken Flügel der Christen durchzubrechen und den Führer dieses Flügels im Rücken zu packen. Der Enterkampf wogte hin und her, bis es gelang, das ägyptische Führerschiff zu nehmen, die hier beteiligten islamischen Schiffe gegen Land zu drängen und die Lage zu festigen. Die islamischen Kapitäne wurden unsicher, einige setzten ihre Galeeren auf Strand. Die an Deck der oft ineinander verkeilten Schiffe gegen die Janitscharen kämpfende spanische und italienische Infanterie wurde jetzt durch die nun untätigen Rudermannschaften verstärkt. Als die ersten türkischen Galeeren genommen waren, griffen auch die nun befreiten christlichen Rudersklaven in den Kampf gegen ihre Bedrücker ein. In der Mitte der Front rannten die Galeeren Ali Paschas und Don Juans gegeneinander. Die Steven splitterten, und die Soldaten stürmten beim Krachen der Schüsse unter Trommelwirbel und Hörnerschmettern zum Nahkampf. Die Galeere Don Juans schien fast verloren, da griff Colonna mit seiner Galeere das türkische Admiralsschiff mit heftigem Arkebusenfeuer an und enterte es von achtern. In hartem Nahkampf wurde Ali Pascha mit seiner Besatzung niedergemacht. Den rechten Flügel der Christen zog Uluch Ali, der ihn zu überflügeln suchte, immer weiter nach Süden ab, dann wandte sich Uluch Ali plötzlich dem christlichen Gros zu und griff dort die Malteser mit überlegenen Kräften an. Noch ehe Andrea Doria die Lage erfaßte, war das Malteserbanner erbeutet. Jedoch Santa Cruz konnte noch rechtzeitig eingreifen, um auch hier den Kampf zugunsten der Liga zu entscheiden. Das Ende der türkischen Flotte war furchtbar. 30000 Muselmanen sollen gefallen sein. 10 Galeeren wurden erbeutet, die meisten waren vernichtet. Nur wenige entkamen unter der Führung Uluch Alis. 12000 christliche Galeerensklaven waren befreit.
Lepanto war der Höhepunkt spanischer Seemacht, aber der Sieg wurde schlecht genutzt. Wie meist nach Bündniskriegen, zerfiel die Einheit der Sieger, nachdem die Bedrohung geschwunden schien. Dies beschleunigte der wirtschaftliche Konkurrenzkampf untereinander und gegen die im Kampfe neutral gebliebenen Franzosen. Mit den Franzosen drohten süddeutsche Kaufleute von Marseille aus, sich in den Levantehandel einzuschieben. So schloß Venedig sehr bald einen Sonderfrieden unter Aufgabe Zyperns. Andere Kriegführende handelten ähnlich. Das militärische Vordringen der Türken auf See war gestoppt, aber ihre Herrschaft im Osten und Süden bestand weiter. Vor allem die Basis der zahlreichen Korsaren in Afrika war nicht angegriffen.
Spanien, der Hauptträger des Kampfes, stand unter Karls

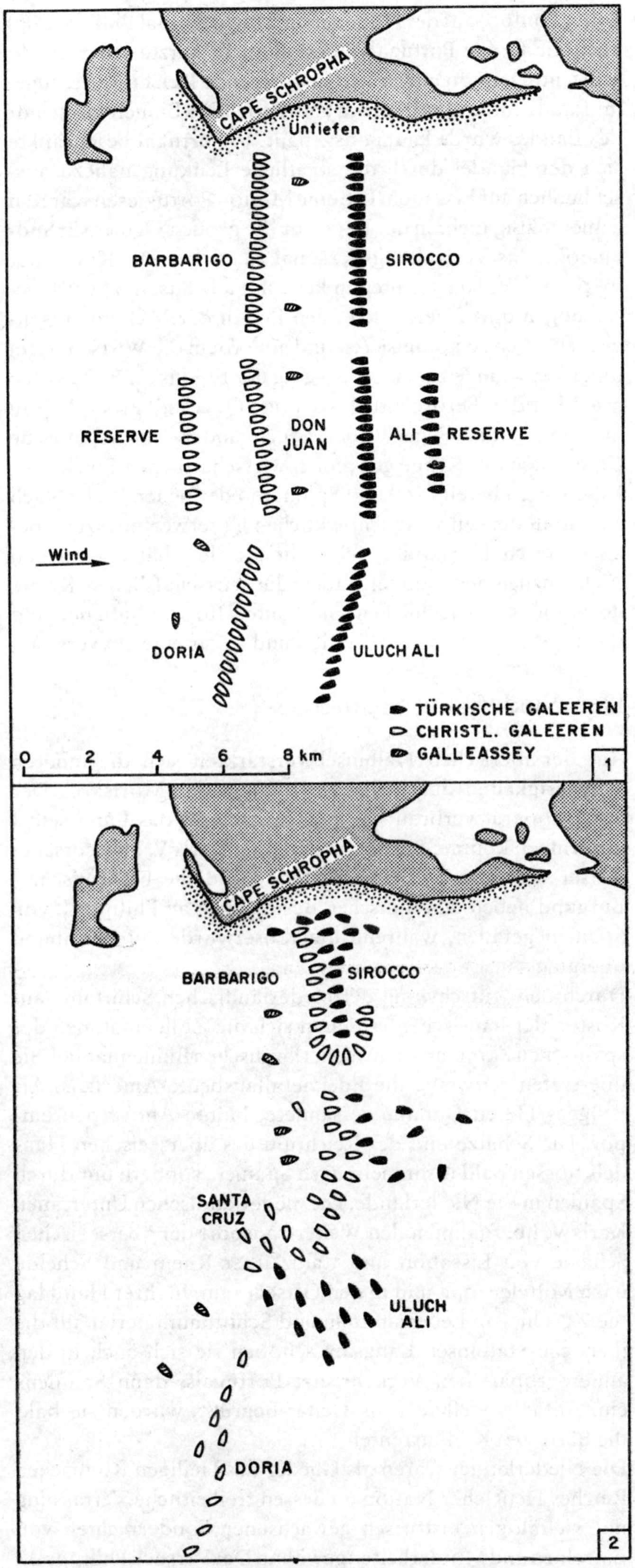

Schlacht von Lepanto, 7. Oktober 1571

Sohn, Philipp, auf der Höhe seiner Macht, zumal Philipp 1580 auch die Krone Portugals übernahm. Er nutzte seine Macht schlecht. Der von außen hereinströmende Reichtum erzeugte im Lande inflationsähnliche Zustände. Die Binnenwirtschaft des Landes wurde kaum ausgebaut. In Portugal beschränkte sich der Handel durch die staatliche Lenkung nahezu ausschließlich auf Lissabon. Die eine Million Portugiesen war rein zahlenmäßig nicht in der Lage, für die großen Gebiete in Südamerika das Verwaltungspersonal zu stellen. Die Kräfte der iberischen Völker reichten in keinem Falle aus, um Schiffsbesatzungen und Heere nach allen Enden der Welt zu entsenden, zugleich zu kolonisieren und außerdem die Wirtschaft im Innern im Gange zu halten. So ging der für das an Rohstoffen arme Land außerordentlich wichtige Quecksilberbergbau in die Hände der Fugger über. Auch andere nichtspanische Untertanen der Krone gewannen wirtschaftlichen Einfluß.
1580 lebten bereits 160 000 Spanier in der neuen Welt. Nach Abschluß der teilweise schrecklichen Unterwerfungszüge bemühten sich die Spanier, sich nicht nur die Schätze der neuen Welt anzueignen, sondern auch die wirtschaftlichen Kräfte des Landes zu erschließen. Sie bauten für die Indianer und für die Weißen Kirchen, Schulen und sogar eine Universität.

Der Niedergang Spaniens

Auf der iberischen Halbinsel verstärkten sich die inneren Schwierigkeiten durch die Vertreibung der Moriskos. Der Staatsapparat verbrauchte mehr Mittel, als das Land selbst aufbringen konnte. Bei der Abdankung Karls V. als deutscher Kaiser waren u. a. die Niederlande und die Freigrafschaft Burgund neben den italischen Besitzungen an Philipp II. von Spanien gefallen, während die Kaiserwürde auf Ferdinand überging.
Durch den Aufschwung der niederländischen Schiffahrt auf Kosten der hansischen erhöhten sich die Zolleinnahmen der spanischen Krone aus dem niederländischen Binnenhandel. Sie übertrafen zeitweilig die Edelmetallausbeute Amerikas. Als Brügges Hafen Damme versandete, blühte Antwerpen empor. Die Schätze und der Reichtum des überseeischen Handels flossen bald nicht mehr nach Spanien, sondern nur durch Spanien in die Niederlande. Die niederländischen Untertanen Karls V. übernahmen den Weitertransport der überseeischen Schätze von Lissabon und Cadiz über Rhein und Schelde nach Mitteleuropa und in den Ostseeraum. In ihrer Hand lag die Zufuhr von Lebensmitteln und Schiffbaumaterial auf die iberische Halbinsel. Langsam schoben sie sich auch in den außereuropäischen Verkehr erst Portugals, dann Spaniens ein. Anfangs vielleicht als Helfer begrüßt, wurden sie bald die härtesten Konkurrenten.
Die Niederländer waren als Glieder des Heiligen Römischen Reiches Deutscher Nation an dessen freiheitliche Verfassung mit vielfältigen, historisch gewachsenen Sonderrechten von Einzelnen und Minderheiten gewöhnt. Der Versuch Philipps II., die Niederlande in die straffe Organisation des spanischen Staates einzugliedern und ihnen ihre Rechte zu nehmen, führte 1566 zum Aufstand. Die religiöse Kluft vergrößerte die moralischen Kräfte des kleinen Volkes und führte ihm Bundesgenossen zu.
Während die Wassergeusen den Spaniern jede Landung in den nördlichen Niederlanden unmöglich machten, blieb die iberische Halbinsel von den Niederländern, den »Frachtfuhrleuten Europas«, abhängig. Als die Spanier unter Farnese 1585 Antwerpen nahmen, blühte Amsterdam als europäisches Handelszentrum empor. Ab 1595 fuhren die Niederländer auf eigenen Schiffen bis nach Indien. Am Ende des 80 Jahre währenden Freiheitskampfes war Kastilien ausgeblutet, die Kräfte der iberischen Halbinsel waren erschöpft, die spanische und portugiesische Seemachtstellung war dahingeschwunden. Neue Seemächte arbeiteten sich empor.

Zusammenfassung der bisherigen Beobachtungen über Seemacht, Seeherrschaft und Seegeltung

Mit der Entdeckung der neuen Welt und mit der Reformation war die Grenze des Mittelalters überschritten. Wir sahen, daß bis dahin eine Reihe von sehr verschiedenen Völkern die See nicht nur als Weg für Waren, Kulturgüter und Menschen nutze, sondern auf ihr auch in vielfältiger Weise ihre Macht einsetzte und die See und ihre Wege beherrschte. Es ist daher an der Zeit zu fragen, was eigentlich Seemacht, Seeherrschaft und Seegeltung waren und wie sie in den jetzt von uns überblickten Jahrhunderten in Erscheinung traten. Da das Wort Seemacht vielseitig gebraucht wird und oft mißverstanden wurde, müssen wir dazu zuerst die Bedeutung der Wortzusammensetzung im Deutschen klären.
Das Wort Macht ist von einem älteren Verbum abgeleitet, das soviel wie »können«, »vermögen« bedeutete. Es kann im Deutschen in drei miteinander verbundenen Bedeutungen verwendet werden. Wir verstehen darunter im ursprünglichen Sinne die Fähigkeit, das Vermögen, anderen den eigenen Willen aufzuzwingen. Wir bezeichnen damit aber auch das Mittel, welches dazu eingesetzt wird, z. B.: die Kriegsmacht = Heer oder Wirtschaftsmacht = Schlüsselstellung im Handel. Andererseits nennen wir aber auch einen *Staat,* der fähig ist, solche Mittel zu gebrauchen, eine Macht z. B.: Militärmacht, Handelsmacht oder Industriemacht und Großmacht.
In der Wortverbindung Seemacht handelt es sich um die Fähigkeit, Macht auf und über See einzusetzen, bzw. um das Mittel, mit dem diese Macht ausgeübt wird. Es kann außerdem mit dem Wort auch der Staat oder die Organisation bezeichnet werden, die fähig sind, auf See Interessen durchzusetzen. An die Bedeutungen des Wortes Seemacht grenzen die Begriffe »Seeherrschaft« und »Seegeltung«. Seeherrschaft wurde oft durch Seemacht errungen und aufrechterhalten. Wer über Seemacht verfügt, besitzt außerdem auch Ansehen auf See und gilt etwas auf See, er hat somit Geltung auf See oder Seegeltung.

Seemacht, Seeherrschaft und Seegeltung begegneten uns in verschiedenen Formen.

An den Perserzügen wurde deutlich, wie sehr militärische Unternehmungen, die über See hinweg mit Nachschub versorgt werden mußten, vom Besitz der Seeherrschaft an diesen Nachschubwegen abhängig waren. Als die Athener den Persern mit ihrer Kriegsflotte entgegentraten, gelang es ihnen, die allein auf die Kriegsflotte gestützte persische Seemacht und Seeherrschaft zu zerschlagen. Von Tacitus hörten wir, daß die Suionen im Norden durch ihre Flotten mächtig waren.

Nachdem die Römer den gesamten Mittelmeerraum unterworfen hatten, übten sie auf diesem Meer die Seeherrschaft aus, weil sie nun alle Seewege kontrollieren konnten, wie man es mit Wegen in einem besetzten Lande tun kann. Ihre Seeherrschaft beruhte einerseits auf dem Besitz der Endpunkte der Seewege, d. h. der Küstenstädte, andererseits auf Kriegsschiffen, welche die Seewege überwachen konnten. Gesichert blieb ihre Seeherrschaft allerdings immer nur dort, wo allen anderen überlegene Seestreitkräfte an den Seewegen standen. Natürlich war auch das mächtige Rom niemals in der Lage, genügend Kriegsschiffe zu unterhalten, um alle Seeverbindungen zugleich zu überwachen. So gelang es der kleinen, entschlossenen Gruppe der Schwarzmeerfranken, im 3. Jh. mit wenigen Schiffen die römische Seeherrschaft in Frage zu stellen. Als im 4. und 5. Jh. germanische Völker im Küstenbereich des Mittelmeeres festen Fuß gefaßt hatten, konnten sie sich von diesen Basen aus Kriegsflotten und damit eigene Seemacht schaffen, mit der sie schließlich die weströmische Seeherrschaft auflösten.

In den Kriegsflotten erkennen wir somit einen wichtigen Bestandteil der Seemacht, mit ihnen wurde Seeherrschaft ausgeübt oder angegriffen. Das Schicksal der Flotten der Völkerwanderungszeit und der wikingischen Flotten zeigte jedoch, daß Seemacht, die allein auf Kriegsflotten, d. h. militärischer Gewalt gegründet war, sich nur kurze Zeit halten konnte. Später begegnete uns in Venedig ein Staat, der außer durch Kriegsschiffe durch Handel und geschickte Politik Macht sowohl auf wie jenseits der See ausübte und in den unbestrittenen Besitz der Seeherrschaft in der inneren Adria gelangte. Ansehen, d. h. Seegeltung besaß er bei allen Mittelmeerstaaten und weit über die Reichweiten seiner Galeeren-Flotten hinaus. Seine Seegeltung sicherte ihm sogar Einfluß an mohammedanischen und nordeuropäischen Höfen. Die venetianische *Seemacht* beruhte auf drei *Faktoren: Kriegsmacht, Wirtschaftsmacht* und *politischen Fähigkeiten.* Solange diese drei Faktoren stark genug waren, um zu verhindern, daß sich an der dalmatinischen Küste eine neue Seemacht bildete, war die venetianische Seeherrschaft in der Adria gesichert.

Auf der Ostsee gelangte nach der Christianisierung der Esten und Kuren die Hanse zur Seeherrschaft. Sie bediente sich dabei anstelle von Kriegsschiffen meist völlig anderer Machtmittel, vor allem wirtschaftlicher Art. Der Handel blieb 400 Jahre lang der bedeutendste Faktor ihrer Seemacht. Im 15. Jh. stellte jedoch Paul Beneke die hansische Seeherrschaft im Kanal mit Waffengewalt wieder her. Während des zweiten nordischen Krieges errangen dann die Lübecker unter Bartholomäus Tinnappel die Seeherrschaft von den Schweden allein durch Waffengewalt. Entsprechend verloren sie Seeherrschaft und Seegeltung gegenüber den Schweden sofort wieder, als sie ihre Kriegsschiffe nach Friedensschluß abrüsteten.

Zu Beginn des 13. Jh. setzten deutsche Kaufleute auf Gotland als Mittel der Seemacht ihre nautischen Kenntnisse ein, indem sie den König von Dänemark mit seinem Heere durch Verweigerung der Lotsen zur Heimfahrt zwangen. Später bemühten sich Portugiesen und Spanier ebenfalls, ihre Herrschaft über neuentdeckte Seewege zunächst dadurch zu sichern, daß sie ihre nautischen Kenntnisse zu Staatsgeheimnissen erklärten, die nicht an Ausländer weitergegeben werden durften. Solange ihnen die Geheimhaltung gelang, übten sie hier ihre Seeherrschaft ungestört aus. Später mußten sie fremde Eindringlinge auf ihren Schiffahrtsrouten militärisch bekämpfen. Bald waren sie jedoch auch dazu nicht mehr in der Lage. Wir erkennen daraus, daß überlegene *nautische Kenntnisse* eine *Voraussetzung* der Seemacht und der Seeherrschaft sein konnten.

Seemännische und Schiffbaukenntisse waren eine weitere Voraussetzung jeder Seemacht; denn die Schiffe waren das Mittel, ohne das keine militärische oder wirtschaftliche Macht auf See auszuüben war. Sie mußten geführt werden und für das jeweilige Seegebiet geeignet sein, um mit denen anderer Völker im gleichen Seegebiet konkurrieren zu können. Im Wattenmeer der Nordseeküsten endete die römische Seemacht mit der hier mangelnden Seetüchtigkeit der in anderen Gewässern so starken Trieren. Den hansischen Kaufleuten des 13. Jh. verschafften ihre alle anderen damaligen Schiffstypen überragenden »Koggen« eine Überlegenheit im Seehandel, daher versuchten sie auch den Verkauf neuer großer Schiffe an Ausländer immer wieder zu verhindern. *Mittel der militärischen Seemacht* waren außerdem *Waffen.* Neue Waffen, wie zum Beispiel der »Corvus«, der »Harpargo« und später das »griechische Feuer« konnten die Überlegenheit gegenüber feindlichen Seemächten sichern.

Eine andere *Voraussetzung* für den militärischen und wirtschaftlichen Faktor der Seemacht waren *Basen,* in denen Schiffe gebaut oder repariert wurden und in denen Material und Personal ergänzt werden konnten. Der Untergang der Vitalienbrüder im Ostseebereich und später im Nordseebereich zeigte uns das Schicksal einer Kriegsflotte ohne ausreichende Basen. Die wirtschaftliche Basis verbesserte vor allem bei der Hanse und bei den Niederländern ein vorzüglich erschlossenes *Hinterland* der Häfen. Dieses fehlte z. B. den Spaniern.

Wir haben somit neben 3 Faktoren auch 3 Voraussetzungen, die zur Seemacht gehörten, erkannt. Die Voraussetzungen konnten bei den einzelnen Völkern verschieden günstig sein. Die Faktoren hatten im Laufe der Zeiten bei verschiedenen

Völkern sehr unterschiedliche Größen. Erst ihr Produkt bestimmte die Größe und Stärke der Seemacht; sank einer der Faktoren auf den Wert 0 herab, so wurden auch die anderen bald wertlos. Jeder der genannten Faktoren konnte jedoch auf vielfältige Weise verstärkt werden. Als die Athener bei Salamis und als die freien Germanen zum Kampf gegen die Römer antraten und dabei den militärischen Faktor der Seemacht voll einsetzten, wuchs ihnen aus dem Freiheitswillen ein überlegener Kampfgeist als weiterer Faktor zu. Er vervielfältigte die militärische Kraft. Der gleiche Faktor wurde später bei Lepanto und beim Freiheitskampf der Niederländer gegen die Spanier wesentlich. Er spornte Wikinger zu kühnen Seezügen an und stärkte reformierte Franzosen bei ihren Unternehmungen in der neuen Welt.

Von entscheidender Bedeutung war zu allen Zeiten jedoch *der politische Faktor,* er umschloß die Fähigkeit eines Volkes oder seiner Regierung, den militärischen und den wirtschaftlichen Faktor beim Gegner und auf der eigenen Seite jeweils in der richtigen Größe zu erkennen und einzusetzen. Er entschied darüber, ob die eigenen Seestreitkräfte zum Kampf gegen die gegnerische Kriegsflotte (wie bei Salamis), zum Schutz der eigenen Schiffahrt (wie in den livländischen Kriegen), zum planmäßigen Angriff auf die gegnerischen Zufuhren (wie im Kampf gegen Norwegen im 13. Jh.), zum Kaperkrieg (wie der *Peter von Danzig* unter Paul Beneke) oder zur Vernichtung der gegnerischen Basen (wie beim Kampf gegen die Vitaler) verwendet wurden oder ob die eigenen Kräfte nahezu ausschließlich zur Diversion des Gegners genutzt werden sollten (wie dies die Schwarzmeerfranken mit Erfolg taten). Vor allem aber entschied er darüber, ob anstatt der Anwendung militärischer Mittel nicht die politische Isolierung des Gegners genügte oder aber ob es nicht richtiger war, in unter Ausnutzung der Macht des eigenen Handels zu bezwingen.

Die aufgewendeten Mittel und die materiellen und geistigen Fähigkeiten mußten beim Einsatz der Faktoren der Seemacht in einem gesunden Verhältnis zueinander stehen. 1362 nützte den Hansen ihre aufgestellte Kriegsflotte wenig, weil sie es nicht verstanden, sie richtig einzusetzen. Einige Generationen früher und später hatten sie mit weit geringeren Seestreitkräften größere Erfolge.

Auch das Ziel des Einsatzes, vor allem des militärischen Faktors der Seemacht, wechselte bei einzelnen Völkern. Während in der Antike mit Kriegsflotten um Nachschubwege der Armeen gekämpft wurde, schenkten Germanen der Völkerwanderungszeit diesem Kampf weniger Beachtung. Wikinger scheinen ihn nahezu völlig außer acht gelassen zu haben. Hansische Kaufleute, Venetianer, Genuesen und die iberischen Völker setzten ihre Seemacht ein, um den eigenen Handel zu schützen und den gegnerischen zurückzudrängen.

Von Kaufleuten regierte Stadtrepubliken Nord- und Südeuropas bevorzugten den Einsatz des wirtschaftlichen Faktors als Machtmittel. Außerdem nutzten sie die eigenartige Wirkung der *Seegeltung,* die *als moralische Größe* nicht mit Seemacht verwechselt werden darf. Die Seegeltung von Persern, Griechen und Römern beruhte in starkem Maße auf mit Kriegsflotten errungenem Waffenruhm. Die Seegeltung der Hanse wie der Spanier und Portugiesen beruhte in der Blütezeit auf ihrer Stellung im Seehandel. Sie erwuchs wie die Seeherrschaft aus dem richtigen Einsatz aller Faktoren der Seemacht. Im 12. Jh. besaß aber das Reich im Norden weder eine Kriegsflotte noch verfügte es über eine wirtschaftliche Macht. Trotzdem genossen bereits damals die zu einer Hanse zusammengeschlossenen deutschen Kaufleute in London als »Leute des Kaisers«, wie es ausdrücklich heißt, soviel Ansehen, daß man sie »guter Gesetze für würdig« befand. Wenn außerdem auf Gotland deutsche Kaufleute mit kaiserlichen Symbolen siegelten, so beweist dies, daß das Ansehen des Reiches so groß war, daß seine Symbole auch jenseits der See Geltung besaßen. Aus dem gleichen Grunde führten auch friesische und später hansische Kauffahrteifahrer im Topp ihrer Schiffe das Kreuz des Marktfriedens und später den Flüger mit den Farben des Reiches oder der Heimatstadt. Die politische Stellung des Reiches verschaffte im Ausland und auf See der Flagge, den Symbolen und den Bürgern des Reiches Geltung. Hansische Kaufleute nutzten diese moralische Größe der Seegeltung geschickt zum Aufbau ihrer wirtschaftlichen Macht.

Das schnelle Dahinsinken der römischen Seegeltung beim Ansturm der Germanen zeigte uns, ebenso wie das Vergehen der Seegeltung des mittelalterlichen Reiches beim Aufkommen der Territorialstaaten, daß Seegeltung als moralische Größe nur solange Bestand haben konnte, wie andere Mächte bereit oder gezwungen waren, dieser Achtung zu erweisen. Auch die in hartem Einsatz errungene spanische Seegeltung schwand dahin, als die Niederländer und andere Völker stark genug waren, eigene Seemacht gegen Spanien einzusetzen, um die spanische Seeherrschaft anzugreifen.

Kapitel 4

Der Aufstieg Englands zur Seemacht

Von Paul Heinsius teilweise ergänzte Übersetzung des von E. B. Potter verfaßten Kapitels 2 der US-Ausgabe

Die englische Kriegsflotte

Nach dem hundertjährigen Krieg mit Frankreich und dem Krieg zwischen der roten und weißen Rose blühte England unter den Tudors auf. Die erste Eisenindustrie begann sich zu entwickeln. Heinrich VII. gab daher den Anstoß, nach dem Vorbild anderer Geschützgießer, auch die Produktion von Eisengeschützen aufnehmen zu lassen. Französische Artilleristen, wahrscheinlich Wallonen, arbeiteten in den Gießereien von Ashdown Forest. England wandelte sich vom agrarischen, meist Wolle erzeugenden Staat zur Handelsmacht. Seit dem 15. Jh. begannen sich die Kriegsschiffe von Handelsschiffen zu unterscheiden. Auf den Vor- und Achterkastellen wurde immer mehr Raum für Geschütze benötigt. So wuchsen die Kriegsschiffskastelle immer mehr in die Länge und in die Höhe. Heinrichs VIII. prunkvolle Schiffe, wie die *Henry Grâce à Dieu* oder *Great Harry* mit schier übermäßig kühnen Kastellen waren allerdings wahrscheinlich schon veraltet, während sie im Bau waren. Die schwereren eisernen Vorderlader stellte man besser in Breitseiten an Deck auf, wie die Lübecker dies 1540 beim *Jesus* taten, der für Heinrichs Flotte angekauft wurde. 1545, nach dem Gefecht bei New Shoreham gegen die Franzosen, erkannte man in England den Wert dieser Aufstellung voll. Unter Heinrichs Nachfolgern ließ der Aufbau der Kriegsflotte nach und kam zu Beginn der Regierung Elisabeths sogar ganz zum Erliegen, obwohl sich inzwischen mit dem Verlust von Calais unter der katholischen Mary, der Gattin Philipps II. von Spanien, Englands Wendung vom Kontinent zum ozeanischen Interesse vollzog. Das ozeanische Interesse führte zwangsläufig unter der protestantischen Nachfolgerin zu Auseinandersetzungen mit Spanien. So sah sich Elisabeth gezwungen, den Flottenbau wieder aufzunehmen.

Kriegsschiff des 13. Jh. (Siegel v. Winchelsea)

Karavelle des späten 15. Jh.

Von ihren neuen Kriegsschiffen verschwanden bald die stolzen Vor- und Achterkastelle. Nur ein erhöhtes Achterdeck, welches für die Schiffsführung nötig war und sich seit Jahrhunderten bewährt hatte, blieb.

Das glattgedeckte oder beinahe glattgedeckte Schiff mit niedrigem Freibord und einem Längen-Breiten-Verhältnis von 3 : 1 oder mehr wurde der Standardtyp in der Marine der Königin. Große Schiffe, die für einen Nahkampf günstig waren, wurden nur noch in begrenzter Zahl gebaut, um den Gegner einzuschüchtern. Die Bestückung der Schiffe sprach für die taktischen Auffassungen. Große »Kanonen«, die eine 32 Pfund schwere Kugel eine Meile weit schießen konnten, sowie von hinten geladene Kammerstücke »Periers«, die eine 24 Pfund schwere Kugel für den Nahkampf bis zu einer Dreiviertelmeile weit schießen konnten, wurden seltener. Immer mehr kamen »Culveriers« in Gebrauch, dies waren den deutschen Feldschlangen vergleichbare Vorderlader. Sie schossen eine 17 Pfund schwere Kugel 1¼ Meile weit. Die englischen Kriegsschiffneubauten spiegelten den Einfluß der Freibeuter wider, an welche die Königin die Schiffe auch vermietete und denen sie immer wieder freie Hand gegen spanische Schiffe und Kolonien gegeben hatte. Unter diesen

Freibeutern taten sich John Hawkins und sein Vetter und Schützling Francis Drake hervor.
Hawkins wurde Oberbefehlshaber zur See, und seine Stellung verschaffte seinen Auffassungen bereits Respekt, bevor er 1577 Schatzmeister wurde und zugleich die Leitung der Marine übernahm. Als erfolgreicher Schiffseigner in Plymouth hatte er friedliches Geschäft mit Freibeuterei und Sklavenfahrt in spanisch-amerikanischen Gewässern verbunden. Manche seiner Fahrten unternahm er mit königlichem Einverständnis und königlicher Gewinnbeteiligung. Verfügte Spanien über die beste Infanterie der Welt, so standen Elisabeth die besten Seeleute zur Verfügung.

Die Herausforderung Spaniens

Immer häufigere Überfälle englischer Freibeuter auf spanische Stützpunkte und Schiffe in der neuen Welt mußten Philipp II. reizen. Die berühmteste Expedition dieser Art war die Fahrt Drakes mit der *Golden Hind.* Nach anderen Unternehmungen fuhr er 1578 durch die Magellanstraße in den Pazifik, um dort spanische Städte und Schiffe entlang der ganzen südamerikanischen Westküste zu überfallen und auszurauben. Mit Gold, Silber und Juwelen im Werte einer halben Million Pfund Sterling kehrte er um das Kap der Guten Hoffnung herum 1581 nach England zurück. Königin Elisabeth billigte dieses Unternehmen öffentlich, indem sie den Hauptteil des Schatzes entgegennahm und Drake auf dem Achterdeck seines erfolgreichen Schiffes zum Ritter schlug. In Nordamerika gründete 1584 Sir Walter Raleigh die erste englische Kolonie Virginia. Philipp war nicht genügend gerüstet, um einen offenen Krieg zu riskieren. Er begann, zuerst heimlich, Verbindung mit der katholischen Partei in England aufzunehmen, um Elisabeth zu beseitigen. Auf Grund von zwei Ereignissen wandelte sich jedoch 1584 der unterirdische Krieg zu einem offenen. Frankreich stürzte durch das Auftreten eines protestantischen Thronanwärters in den Bürgerkrieg. Damit war der Druck von Spaniens Nordfront genommen. Der Mord an Wilhelm von Oranien, dem Statthalter der Niederlande, bot Spanien die Möglichkeit, die Niederlande endgültig zu unterwerfen. Philipp beschlagnahmte nun, da er glaubte, freie Hand zu haben, als Gegenmaßnahme für die Überfälle englischer Freibeuter in den Kolonien englische Waren und Schiffe in seinen Häfen. Zur Vergeltung ließ Elisabeth wiederum Drake mit 19 Schiffen Spanisch-Westindien überfallen, um die spanischen Silberschätze zu plündern. Sie verbündete sich außerdem mit den aufständischen Niederländern und sandte ihnen eine Armee zur Unterstützung, nicht ohne sich dabei Briel und Vlissingen durch eine feste Besatzung zu sichern. Da in England die Gefahr bestand, daß die katholische, zu Spanien haltende Partei Maria Stuart auf den Thron bringen könnte, ließ Elisabeth ihre Cousine hinrichten. Jetzt beanspruchte aber Philipp selbst für sich direkt die Krone Englands als rechtmäßiger Erbe seiner verstorbenen Gemahlin Mary, der Halbschwester Elisabeths, sowie seines Vorfahren Eduard III. Er beabsichtigte, eine Armee von spanischen Häfen aus nach England überzusetzen. Dazu mußte er allerdings aus Flandern Truppen vom Kampf gegen die Niederländer abziehen. Während Philipp nun die Flotte dafür sammelte, segelte Drake im April 1587 mit 23 Schiffen in den Hafen von Cadiz ein. Die ruhmreichen Galeeren von Lepanto zeigten sich den englischen Seglern mit ihren Breitseitbatterien nicht gewachsen. So verbrannte Drake im Hafen 33 Handelsschiffe.
Philipp zog nun bewaffnete Handelsschiffe zusammen und ließ auf portugiesischen Werften eine neue Kriegsflotte bauen. Sollte es zum Kampf auf See kommen, so erhofften sich die Spanier, wie bei Lepanto, den Sieg von der Infanterie an Bord. Um den Soldaten für den Nahkampf den taktischen Vorteil des höheren Standortes zu verschaffen, brauchten ihre Schiffe deshalb erhöhte Vor- und Achterkastelle. Daß diese die Segeleigenschaften behinderten, nahm Philipp in Kauf. Um sich den Gegner möglichst vom Leibe zu halten, wurden die Schiffe mit den größten nur erreichbaren Schiffsgeschützen ausgerüstet. Die größte Kanone an Bord konnte eine 50 Pfund schwere Kugel abfeuern. Die 1588 zusammengestellte »Armada« zählte 124 Schiffe der verschiedensten Typen mit 1100 Geschützen und 27 000 Mann Besatzung. Die Hälfte des eingeschifften Personals bestand aus Landtruppen. Den Oberbefehl erhielt der Herzog von Medina Sidonia. Der König wählte ihn wegen seines Adelsranges und seiner Frömmigkeit. Vergeblich bat Sidonia, ihn von einer solchen ihm neuen Aufgabe zu befreien. Nur weil Philipp darauf bestand, übernahm Medina schließlich schweren Herzens den Oberbefehl. Er erhielt den Auftrag, mit der Flotte durch den Kanal nach Flandern zu gehen, dort den 17 000 Mann des Herzogs von Parma weitere 6000 zuzuführen und sodann Parmas Invasionsstreitkräfte bei der Überfahrt zu decken. Parma sollte mit kleinen Fahrzeugen von Dünkirchen aus nach Margate an der Themsemündung übersetzen. Die englische Flotte war inzwischen durch bewaffnete Kauffahrteischiffe und Artilleristen aus ganz England verstärkt. Sie zählte jetzt 197 Schiffe mit 16 000 Mann Besatzung und 2000 Geschützen. Die Zahl allein sagt aber noch wenig über ihre tatsächliche Überlegenheit aus. Die englischen Schiffe waren schneller und besser zu manövrieren als die spanischen. Auch führten sie keine Infanteristen an Bord, sondern nur Seeleute und Kanoniere. Die Armada war, mit weniger Rohren, im Gewicht der gesamten Breitseiten den Engländern überlegen. Ihre Geschütze schossen durchschnittlich 17 Pfund schwere Kugeln, die englischen 7 Pfund schwere. Aber die schweren spanischen Stücke hatten nur mittlere Reichweite. Sonst verfügten die Spanier vor allem über leichte Enterabwehrgeschütze mit kurzer Reichweite. 95 % der englischen Geschütze waren demgegenüber mittlere des Culverintyps. Die Spanier hatten somit größere Feuerkraft, die Engländer jedoch größere Beweglichkeit der Schiffe und größere Reichweiten der Geschütze. Philipp wußte, daß die zahlenmäßig überlegene englische Flotte vor allem mit den Geschützen

kämpfen wollte. Er befahl seinen Spaniern ausdrücklich, falls es zum Kampfe käme, an den Gegner nahe heranzugehen, zu entern und sich dann Mann gegen Mann zu schlagen.

Die Flotte der Königin wurde ebenfalls von einem Aristokraten geführt. Charles Howard of Effingham, Lord Admiral von England, war ein erfahrener Verwaltungsfachmann. Ihm unterstanden die alten Seevögel Drake, Hawkins und Frobisher. Das Gros der englischen Flotte lag in Plymouth, um Irland und die Südwestküste zu decken, während ein Teil unter Lord Henry Seymour von Dover aus den Herzog von Parma beobachten sollte.

Der Südwestwind brachte die spanische Armada in den Kanal und hinderte zugleich Howard, aus Plymouth auszulaufen. Hätte Medina Sidonia ihn jetzt dort angegriffen, das Ergebnis für England wäre verheerend gewesen. Er segelte jedoch an Plymouth vorbei, um seinen ersten Auftrag zu erfüllen. So gewann Howard die Luvseite und verlegte den Spaniern den Rückweg. Während sich die Armada eine Woche lang langsam den Kanal hinaufbewegte, segelten ihre Schiffe in drei Geschwadern ungefähr nebeneinander, jedes in Dwarslinie. Sie bildeten so eine Formation, die der von Lepanto ähnelte. Die Engländer eröffneten von der Luvseite das Feuer und erzwangen drei Gefechte. Im Verlauf der Kämpfe zogen sich die Spanier zusammen, zuerst zum Halbkreis und dann zu einem nahezu kreisförmigen Pulk.

Die Engländer operierten, um mehr Bewegungsfreiheit zu gewinnen, in vier Geschwadern unter Howard, Drake, Hawkins und Frobisher. Innerhalb der Geschwader waren die Fahrzeugtypen zusammengewürfelt. Die Geschwaderkommandanten griffen einzeln die jeweils am meisten in Luv stehenden Einheiten der Spanier an. Die Schiffe der Geschwader folgten ihren Kommandanten der Reihe nach. Sowie jedes englische Schiff auf die befohlene Reichweite herangekommen war, feuerte es seine Breitseite und drehte dann ab. Wenn das ganze Geschwader geschossen hatte, schlug es nach der Methode »dem Führerschiff folgen« einen Kreis und feuerte dann die andere Breitseite ab. Danach zog es sich schnell zurück, um nachzuladen. Sicherlich fuhren die Geschwader noch keine regelmäßige Kiellinie; auch fehlte der Vorteil des massierten Feuers.

Jede der beiden Flotten verschoß in den Gefechten über 100 000 Salven. Trotzdem konnte keine der anderen wesentlichen Schaden zufügen. Howards Flotte hatte Befehl, nur innerhalb einer Sicherheitszone zu operieren, in welcher die schweren Kanonen des Feindes nicht treffen konnten, in der aber die leichten englischen Culverins den Feind erreichten. Da die Engländer stets in Luv blieben, konnten sie so von den Spaniern nie getroffen werden. Aber auch das englische Feuer blieb wegen der großen Schußentfernung und mangelhaften Ausbildung ziemlich wirkungslos.

Sidonia hatte sein erstes Operationsziel erreicht, als er mit der so gut wie unversehrten Armada am 7. August im neutralen Hafen von Calais die Anker fallen ließ. Aber Howard konnte in England mit neuer Munition versorgt werden, während Medina Sidonia, der sich ebenfalls völlig verschossen hatte, sich in Calais vergeblich darum bemühte. Er hoffte nun, daß die bloße Anwesenheit der Armada die Engländer zunächst in Schach halten könnte. Deshalb sandte er einen Eilboten zum Herzog von Parma und bat ihn, jetzt sofort mit der Invasion zu beginnen. Aber Parma konnte nicht auslaufen, er war von der niederländischen Flotte blockiert. Während Medina noch Munition zu beschaffen suchte, trieb Howard ihn mit 8 Brandern mitten in der Nacht aus Calais heraus und griff ihn am nächsten Tage bei Gravelines an. Da die Spanier nur noch mit kleinen Enterabwehrgeschützen und Musketen antworteten, kamen jetzt die Engländer dichter heran. Aber auch Howard erhielt keinen Nachschub mehr. Nachdem er 2 spanische Schiffe versenkt und 3 auf Untiefen gejagt hatte, ging ihm die Munition aus. Infolge seiner Angriffe waren die spanischen Decks voll von Verwundeten. Die Engländer im Rücken, glaubten die Spanier, daß sie keine andere Wahl hätten, als sich in die Nordsee zurückzuziehen. Howard folgte ihnen wenige Tage später. Seine Angriffe hatten die Spanier veranlaßt, auf Nordkurs zu gehen, um den längeren Rückweg nördlich der britischen Inseln über den Atlantik nach Spanien einzuschlagen. Hunger und Durst demoralisierten die spanischen Besatzungen auf dem Atlantik. Stürme und ungenaue Navigation verstreuten die Schiffe. Etwa 30 bis 40 sanken auf offener See, an die 20 zerschellten an der felsigen Küste Schottlands und Irlands. 66 Schiffe, nicht die Hälfte der spanischen Streitkräfte, führe Medina Sidonia im Oktober zurück.

»Gott blies und verstreute sie«, lautete die Umschrift einer Siegesmedaille. Die englischen Seeleute konnten aber für sich in Anspruch nehmen, daß sie mit ihren unablässigen Angriffen die Spanier dazu gebracht hatten, mit höchst mangelhaften Verpflegungsbeständen, den langen Rückweg zu wählen, der vielen zum Verderben wurde. Die Engländer hatten außerdem beim Angriff auf die Armada ihren ersten Schritt getan, um taktische Lehren für Segelschiffe zu finden, indem sie die Entscheidung nicht mehr im Kampfe Mann gegen Mann, sondern durch das Feuer der Geschütze anstrebten.

Daß die Katastrophe der spanischen Armada den Beginn von Spaniens Niedergang anzeigte, erkannten die Zeitgenossen weder in England noch im übrigen Europa. Aber durch den Erfolg erhielten Englands überseeischer Handel sowie seine Freibeuter- und Kolonialunternehmungen Auftrieb. Sie bestimmten zusammen mit den erblühenden Künsten das elisabethanische Zeitalter. Aber vorerst waren weder Engländer noch Niederländer oder andere Feinde Spaniens stark genug, Spaniens Schwäche voll auszunutzen. So wurde der Krieg nur durch mutige, aber kaum gesteuerte Überfälle und Brandschatzungen in Übersee weitergeführt. Keine der beiden Parteien wagte es, entscheidende Schritte gegen die andere zu tun. 1603 endete der Krieg schließlich mit dem Tod der Königin. Ihr katholischer Nachfolger, Jakob I., der die drei Kronen Englands, Schottlands und Irlands vereinigte, schloß

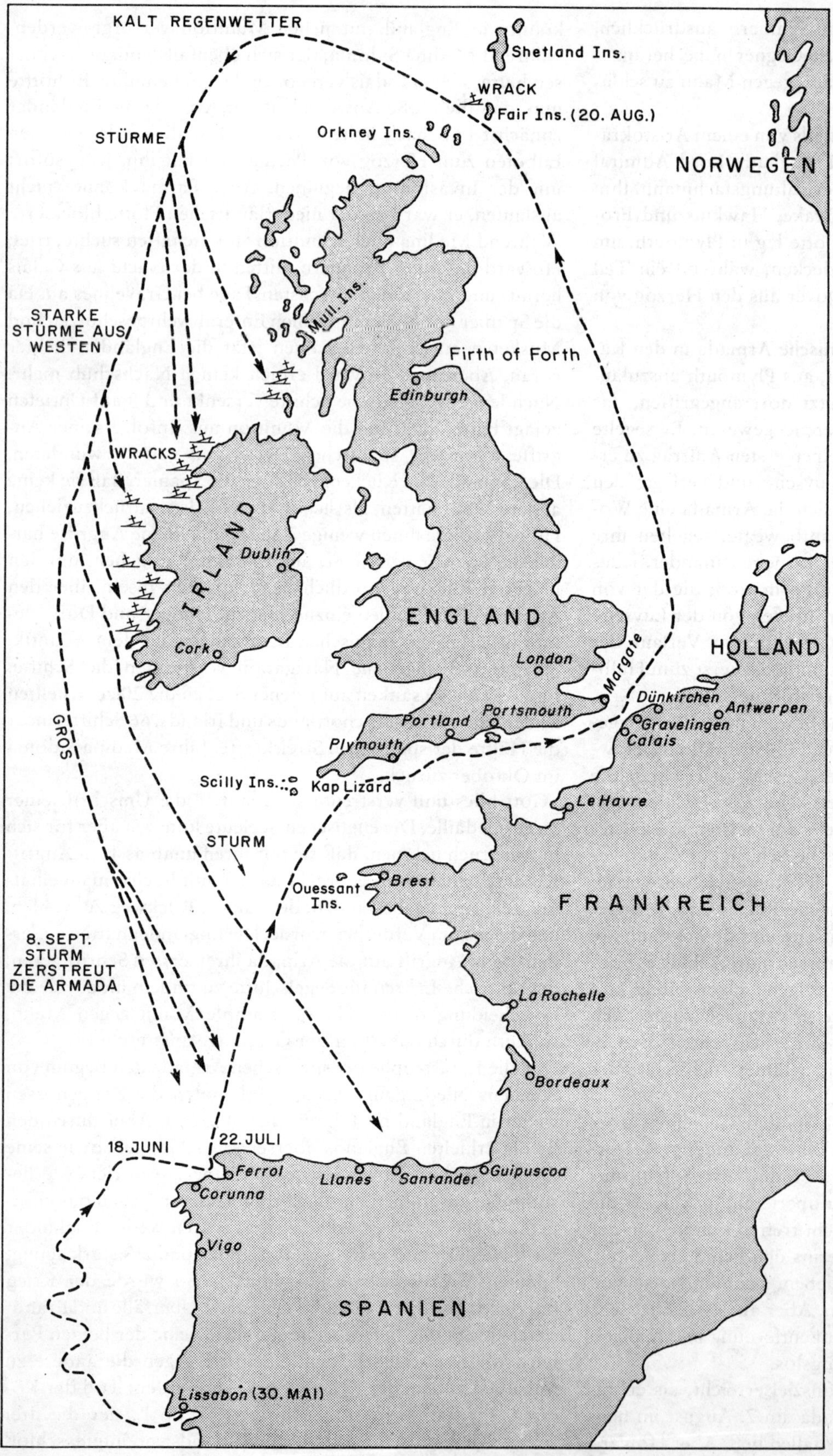

Der Kurs
der spanischen Armada 1588

sogar bald ein Bündnis mit Spanien und zog sich aus dem niederländischen Unabhängigkeitskrieg heraus. Er legte damit den Keim zukünftiger Kriege mit den Niederlanden.

Die Auseinandersetzung mit den Niederlanden

Spaniens Anspruch auf die gesamte neue Welt sowie auf Indien und Afrika nahm auch König Jakob trotz des Bündnisses nicht ernst. Schon vor der Vernichtung der Armada mißachteten nichtspanische Seefahrer den Herrschaftsanspruch Spaniens in Übersee, indem sie dorthin Freibeuterfahrten unternahmen, sogar quasi militärische Unternehmungen gegen die spanische Schiffahrt und gegen Niederlassungen durchführten oder nach Nordost- und Nordwestpassagen suchten, um mit Spaniens südlichen Wegen zu konkurrieren. Nach dem Sieg über die Armada machten Engländer, Franzosen und Niederländer den Spaniern immer offener die Rechte auf Land und Handel in Übersee streitig.

England gründete blühende Kolonien. Viele englische Kolonisten verließen die Heimat aus wirtschaftlicher Notlage. Andere suchten, wie früher die Franzosen, wegen politischer und religiöser Intoleranz der Regierung eine neue Existenz. Die Londoner Regierung wendete ihnen gegenüber die Praxis des »salutary neglect« an, d. h., sie kümmerte sich nicht um sie. Sie waren völlig auf sich selbst gestellt. Im 17. Jh. besiedelten Engländer so die atlantische Küste Nordamerikas von Neuschottland und dem St.-Lorenz-Stromgebiet, an dem bereits Franzosen saßen, bis hin zum spanisch besetzten Florida. Seit der Mitte des Jahrhunderts beanspruchten die Niederländer das Hudson-Tal. Peter Minnewitt aus Wesel erwarb 1626 von Indianern die Halbinsel Manhattan. Es entstand darauf die niederländische Kolonie Neu-Amsterdam. In Westindien besetzten englische, französische und niederländische Abenteurer (Flibustier und Bukaniere) Plätze und Inseln, die die Spanier nicht fest in der Hand hatten. Franzosen und Niederländer faßten obendrein in Südamerika Fuß. Im Seehandel überflügelten die Niederlande, auf Westfalen und das Rheinland als Hinterland gestützt, bald alles. Sie hatten sich den Ostseehandel gesichert, und in ihrem Freiheitskrieg gegen Spanien war der niederländische Handel immer weiter gediehen. Riesige Kriegsflotten waren entstanden. Junge Burschen von der ganzen südlichen Nord- und Ostseeküste rechneten es sich zur Ehre an, einmal für einige Jahre auf einem niederländischen Orlogschiff zu großer Reise nach Batavia angemustert zu haben. Friesische Schiffe unter niederländischer Flagge hatten bald die Führung im neu aufkommenden arktischen Walfang. Die niederländische Regierung unterstützte ständig die Handelsunternehmungen der Kompanien in Übersee. Überall auf den Weltmeeren stießen Engländer und Franzosen auf die unternehmenden Niederländer. Als Engländer den Gewürzhandel mit den ostindischen Inseln aufnehmen wollten, zwang die niederländisch-ostindische Kompanie die neuen Eindringlinge, ihre Interessen nach Indien zu verlegen. Unbarmherzig sicherten die Niederländer ihre Monopolstellung durch militärische Stützpunkte und Kriegsschiffe, die rücksichtslos gegen jede Konkurrenz vorgingen.

Elisabeths Flotte verfiel indessen unter Jakob I. Als Karl I. 1634 eine Steuer einführte, um die Schiffe wieder instandzusetzen, machten ihm seine Gegner dies zum Vorwurf. Immerhin gelang es ihm, den ersten Dreidecker für die Flotte bauen zu lassen. Nach der Enthauptung Karls I. reorganisierte Oliver Cromwell die im Bürgerkrieg vernachlässigte Flotte. Das Geld wurde in der Republik durch Verkauf des den Aristokraten abgenommenen Landbesitzes beschafft. Die Republik erhöhte Löhne und Verpflegung für die Mannschaften. Ein anreizendes Verteilungssystem der Prisengelder für das Kapern und Versenken feindlicher Schiffe sicherte ihnen auch für die Zukunft weiteren Gewinn. Gestützt auf eine starke und disziplinierte Flotte antwortete das Parlament 1651 auf den niederländischen Monopolanspruch mit der »Navigations Act«. Waren von und nach England und den englischen Besitzungen sollten in Zukunft nur noch auf englischen Schiffen oder auf Schiffen der Länder befördert werden, aus denen die Waren stammten. Dieses Gesetz war gegen die niederländische Frachtfahrt gerichtet und führte zum ersten niederländisch-englischen Seekrieg (1652–1654). Der Krieg zeigte bald die fatalen Schwächen der seit 1648 vom Reich gelösten Niederlande. Sie waren zum Bestreiten ihres Lebensunterhaltes von der See abhängig. Sie hatten aber nicht nur eine lange Seefront, sondern immer zugleich eine lange Landfront zu schützen. Daher waren sie gezwungen, ihre Mittel aufzuteilen. Einerseits mußten sie Festungen bauen und eine Armee unterhalten, andererseits benötigten sie ebenso dringend Kriegshäfen und eine Flotte. Die niederländische Flotte bestand aus zahlreichen Schiffen. Es waren aber meist kleine, flachbodige, für die niederländische Küste zweckmäßige Fahrzeuge, die im allgemeinen erst im Krieg besetzt wurden. England war der niederländischen Küste direkt vorgelagert. Seine Flotte zeigte sich der niederländischen taktisch überlegen. Cromwell hatte den einst monarchistischen Marineoffizieren nicht getraut und die Führung der Flotte bewährten Armeeoffizieren übergeben, die Generale zur See genannt wurden. Zwei von ihnen, Robert Blake und George Monk, gehörten bald zu den besten Flottenführern der Welt.

Das erste Kriegsjahr brachte nur ein Hin und Her der Kämpfe und Schlachten. Im zweiten Jahr schlug jedoch die neue englische Flotte unter ihren Seegeneralen die Niederländer zweimal hintereinander und blockierte dann die Niederlande, bis sie sich unterwarfen und sich verpflichteten, eine Entschädigung zu zahlen und die Engländer am Ostindienhandel teilnehmen zu lassen.

Auf Cromwells Flotte warteten bereits andere Aufgaben. Korsaren der Moslemstaaten Nordafrikas drangen inzwischen, unterstützt durch europäische Renegaten, in immer kühneren Kaperfahrten bis unter die englische Küste vor. Sie überfielen englische Schiffe und versklavten englische Untertanen. Das erstarkende Spanien sperrte jetzt auch wieder englische Kaufleute vom Handel mit den westindischen Kolonien aus. Cromwell sandte General Blake gegen die Barbareskenstaaten ins Mittelmeer und Vizeadmiral William Penn und General Robert Venables mit einer Flotte und einer Armee nach Westindien. Dort unterwarfen sie Jamaika.

Blake, ein ehemaliger Kaufmann, der mit 43 Jahren Soldat und mit 50 Seemann wurde, setzte die Welt in Erstaunen. Er lief mit seiner Flotte in den für uneinnehmbar gehaltenen tunesischen Hafen Porto Farina ein, dort brachte er die Forts zum Schweigen, verbrannte die Schiffe der Moslems und entkam nahezu unversehrt mit seiner Flotte. Zwei Jahre später segelte er mit seiner Cadiz blockierenden Flotte in den engmündigen Hafen von Santa Cruz auf den Kanarischen Inseln ein. Dort vernichtete er in einem ähnlichen Handstreich eine Flotte von 6 spanischen Silberschiffen und 10 begleitenden Kriegsschiffen. Unter den Anstrengungen der winterlichen Blockade von Cadiz hatte jedoch seine Gesundheit so sehr gelitten, daß er auf dem Heimweg in Sicht der englischen Küste starb.

Im Kampf gegen Spanien erwarb Cromwell als Bundesgenosse Frankreichs Dünkirchen. Karl II. brachte durch seine Heirat Tanger und Bombay ein, gab aber wegen seiner ständigen Geldsorgen Dünkirchen wieder auf. Die Flotte erhielt unter ihm den Namen »Royal Navy«. Bei der Thronbesteigung setzte er seinen Bruder Jakob, den Herzog von York, zum »Lord High Admiral« ein. Mit Beistand von Samuel Pepy, dem erfolgreichsten aller Marinesekretäre, sowie Monk und dessen altem royalistischen Gegner, dem Prinzen Ruprecht von der Pfalz, reorganisierte und überholte er die Flotte. Er führte den neuen Rang des »Volunteer-per-Order« ein. Diese jungen Edelleute wuchsen in der Flotte auf, um auf einen Kommandoposten vorbereitet zu werden. Damit war der erste Schritt zu einem ständigen Seeoffizierkorps getan.

Wegen rivalisierender Handels- und Kolonialinteressen brach der zweite niederländisch-englische Seekrieg 5 Jahre, nachdem Karl II. den Thron bestiegen hatte, aus (1665–1667). Unter anderem besetzten die Engländer Neu-Amsterdam. In Europa wurde der Krieg mit der Schlacht bei Lowestoft eröffnet. Der Herzog von York errang einen Sieg, von dem sich die Niederländer aber allzuschnell erholten. Es gelang den Engländern nicht, eine enge Blockade herzustellen, die Niederländer brachten vor allem einen bedeutenden Geleitzug aus Bergen herein. Bald wurde das Gros der englischen Flotte unter Monk in der außerordentlich erbitterten Vier-Tage-Schlacht durch De Ruyters überlegene Flotte geschlagen. Es nutzte wenig, daß am vierten Tag der zum Kanal detachierte Prinz Ruprecht mit dem Rest der Flotte eintraf. Wenig später aber schlugen die »Joint Admirals« Monk und Prinz Ruprecht in der »St. James Fight« De Ruyter und blockierten und brandschatzten dann die niederländischen Küsten.

Die Niederländer wünschten Frieden. Aber Karl II. schleppte die Verhandlungen in Breda hin und legte zur gleichen Zeit bereits entgegen Monks Protest den größten Teil seiner Schiffe still und entließ die Besatzungen. Diesen Fehler nutzte De Ruyter. Im Juni 1667 segelte er mit einer mächtigen niederländischen Flotte ungehindert in die Themsemündung ein. Er bemächtigte sich großer Vorräte der Marine in Sheerness, fuhr weiter den Medway hinauf, bombardierte Chatham, verbrannte sieben große Kriegsschiffe und kaperte die *Royal Charles*, ein Flaggschiff der Royal Navy. So schnell wie sie gekommen, verschwand die niederländische Flotte wieder. Sie blockierte dann die Themse so fest, daß die englische Regierung nach wenigen Wochen bereit war, über Friedensbedingungen zu verhandeln. England verzichtete auf alle Ansprüche in den ostindischen Inseln und schränkte die »Navigations Act« ein. Die Niederländer erkannten jedoch nun Westindien als englisches Einflußgebiet an und traten das Hudson-Gebiet und die Kolonie Neu-Amsterdam ab. Neu-Amsterdam hieß fortan nach dem Herzog von York »New York«. Die Niederländer wurden inzwischen durch einen neuen Gegner bedroht. Frankreich drang zu Lande gegen die spanischen Niederlande vor.

Der dritte niederländisch-englische Seekrieg wurde durch Ludwig XIV. veranlaßt. Ludwig nutzte den konfessionellen Gegensatz und schloß mit Karl II. sowie den souveränen Bischöfen von Köln und Münster einen Vertrag zur Teilung der Niederlande. Er marschierte in das Land ein, während gleichzeitig die Royal Navy plötzlich den niederländischen Seehandel attackierte. Der eben zur Macht gekommene junge Statthalter Wilhelm III. von Oranien hielt den französischen Vormarsch durch Öffnen der Deiche und durch große Überflutungen im südlichen Holland auf. Der 65jährige Admiral De Ruyter vereinigte jetzt die Flotten der 7 Provinzen. Er schlug sich bei Solebay und Lowestoft gegen die zusammengefaßten französischen und englischen Flotten. In die Defensive gedrängt, nutzte er, auf seine Häfen gestützt, mit seiner zahlenmäßig unterlegenen Flotte kleinerer Fahrzeuge im Schutz der Sände die Vorteile der inneren Linie. Bei Schoneveld und Kamperduin gelang es ihm im Juli und August 1673, die beiden Gegner und die schon eingeschiffte Invasionsarmee von der Küste abzuweisen. Als damit die Gefahr einer gegnerischen Landung gebannt war, konnte er sich sogar vor die Themse legen und das Einlaufen eines großen Geleitzuges aus Ostindien sicherstellen. Bei Kamperduin zeigte sich mitten in der Schlacht der innere Gegensatz zwischen Franzosen und Engländern. Den Franzosen warfen die Engländer vor, daß sie, um ihre Schiffe nicht zu riskieren, sich zu sehr zurückhielten. Tatsächlich hatten die Engländer unter Prinz Ruprecht die Hauptlast des Kampfes zu tragen. Das wenig erfolgreiche Auftreten der englischen Flotte und die anscheinend geringe Einsatzbereitschaft der französischen führte zur offenen Ablehnung des vom weichlichen König geführten Krieges im englischen Volke. Karl II. sah sich gezwungen, aus dem Bündnis auszuscheiden. Auch die von Frankreich zu Lande schwer bedrohten Niederländer waren verhandlungsbereit. Sie verzichteten erneut auf Neu-Amsterdam und auf Handelsvorrechte in Ostindien und erkannten das von England beanspruchte Recht an, daß seine Kriegsflagge auf See stets zuerst gegrüßt wurde. Karl verband sich danach mit seinem Neffen, dem Oranier, indem er ihm die Tochter seines Bruders, des Herzogs von York, vermählte.

Furcht vor den immer weiter um sich greifenden Annektionen Frankreichs brachte Spanien und mehrere deutsche Staaten dazu, sich auf die Seite der Niederlande zu stellen. Nachdem diese zur See Luft hatten, brandschatzten sie die französischen Küstenplätze und trugen außerdem den Krieg nach Französisch-Westindien und auf Wunsch der Spanier in das Mittelmeer. Hier fiel, 70jährig, der bedeutendste niederländische Admiral, De Ruyter.

Als einziger Nutznießer ging England aus diesen Kriegen hervor. Die Franzosen hatten von Calais und Dünkirchen aus einen sehr erfolgreichen Kaperkrieg gegen die niederländische Schiffahrt eröffnet. Unter kühnen Führern wie Jean Bart streiften sie in der Biskaya und in der Nordsee, ohne daß die Niederländer in der Lage waren, diese so dicht vor ihrer Küste operierenden Gegner auszuschalten. So ging der gewinnreiche Transporthandel der Niederländer immer mehr auf englische Schiffe über.

Die Schlachten der englisch-niederländischen Seekriege waren so grimmig, wie kaum sonst irgendwelche in der Geschichte. Die Engländer selbst, als angriffslustige Kämpfer bewährt, fanden keine entschlosseneren und härteren Gegner als die

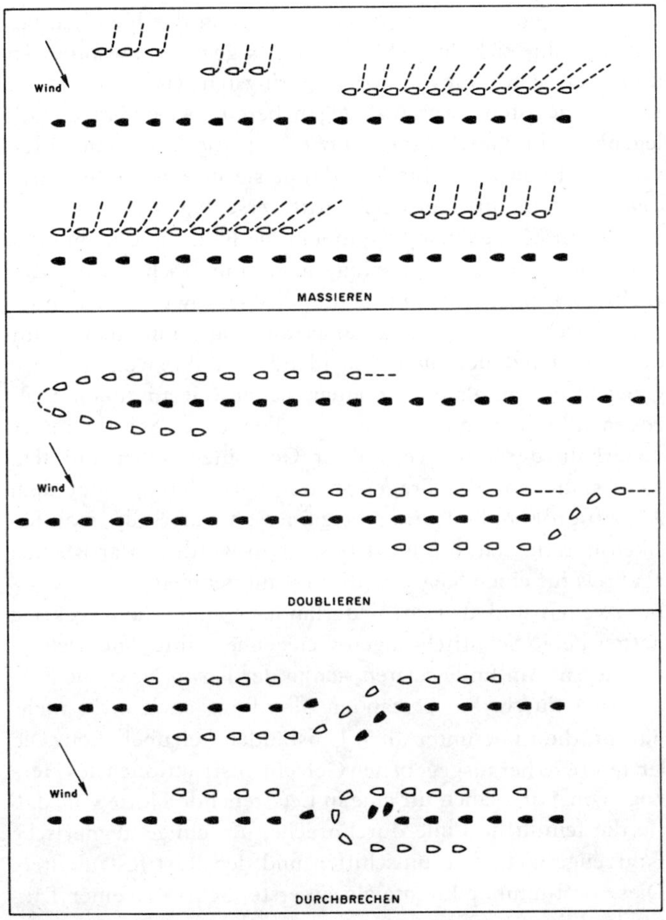

Mêlée Taktik

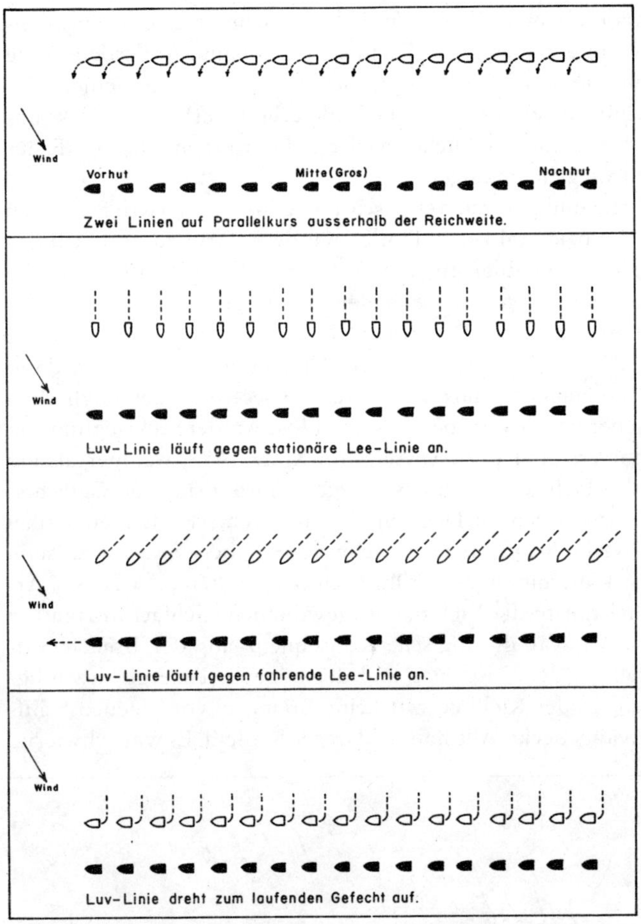

Formal Taktik

Der gegen die verbündeten englisch-französischen Flotten so erfolgreiche Admiral konnte sich im Mittelmeer mit den Spaniern im Bunde nur mühsam behaupten. De Ruyter bevorzugte eine gezahnte Gefechtstaktik, bei der die Mitte seiner Flotte nach Feuerlee herausgestaffelt war, um dann beim Mêlée an der bedrohtesten Stelle eingreifen zu können. In Duquesne fand er einen ebenbürtigen Gegner.

Ludwig XIV., der sich isoliert einer wachsenden Koalition gegenübersah, schloß 1678 mit den Niederländern Frieden.

Seeleute auf niederländischen Schiffen. Etwa hundert Schiffe fochten auf jeder Seite. In beiden Flotten war alles enthalten, vom großen Kriegsschiff mit hundert Geschützen bis hin zum nur mit 6 Rohren bestückten Kauffahrteischiff, das von einem Handelsschiffskapitän befehligt wurde. Ohne Rücksicht auf eine homogene Zusammensetzung wurden die Flotten in den Kampf geschickt. Auch wurden keinesfalls immer gleichwertige Schiffe im Gefecht gegeneinander eingesetzt. Beide Flotten kämpften in Geschwadern. In den ersten Kämpfen sammelten sich die Geschwader dichtgeschlossen um ihre Flaggschiffe. Es blieb der seemännischen Geschicklichkeit überlassen, die Schiffe gegenseitig aus der Schußlinie herauszuhalten. Die englische Flotte teilte sich in das nach der Farbe der Unterscheidungsflagge bezeichnete weiße, rote und blaue Geschwader (Vorhut, Mitte, Nachhut), die von einem General oder Admiral, einem Vizeadmiral und Konteradmiral befehligt wurden. Sehr große Geschwader unterteilte man in die erste, zweite und dritte Division, die ebenfalls von einem General oder Admiral oder Vizeadmiral oder Konteradmiral befehligt wurden. Im Gefecht gerieten die Flotten viel dichter aneinander als seinerzeit bei dem Kampf gegen die Armada. Die Niederländer unter Tromp und De Ruyter gingen bis auf Pistolenschußweite an den Gegner heran, und die Engländer lernten, daß man nicht in sicherer Entfernung bleiben und zugleich den Feind schlagen kann. Außerdem hatte man inzwischen die Mannschaften an den einzelnen Geschützen verstärkt und die Ladetechnik verbessert. So konnten die Stücke schneller nachgeladen werden, und das Feuer wurde gleichmäßiger.

Zu Beginn des ersten englisch-niederländischen Krieges schien das einzige taktische Flottenmanöver darin zu bestehen,das Spiel damit zu eröffnen, vor den Wind zu gehen und auf die am meisten in Luv stehenden Schiffe des Gegners ein möglichst massiertes Feuer zu eröffnen. Das wichtigste taktische Ziel war, den Gegner in Verwirrung zu bringen, um dann seine Fehler zu nutzen. Die auf die See versetzten englischen Generale müssen über diese formlose Art der Seekriegführung sehr erstaunt gewesen sein. Im März 1653, weniger als ein Jahr nach Ausbruch des Krieges, führten sie neue Gefechtsinstruktionen ein. Diese enthielten den entscheidenden Artikel 3: »Alle Schiffe jedes Geschwaders haben bestrebt zu sein, die Linie hinter dem Führerschiff zu halten ...« Dieser Artikel führte die Kiellinie als gewöhnliche Schlachtformation ein. Er war die logische Konsequenz aus der Breitseitaufstellung der Geschütze und der höheren Feuergeschwindigkeit. In der Kiellinie war keine Breitseite von eigenen Schiffen abgedeckt. Alle hatten klares Schußfeld. Es war schwierig,

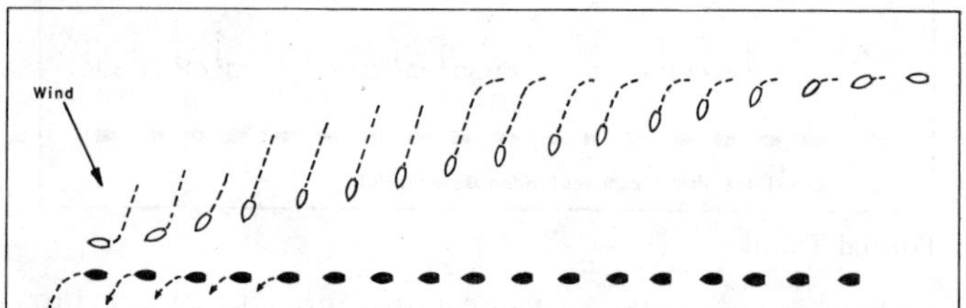

Tendenz der Luv-Schiffe, einzeln ins Gefecht zu kommen

die Schiffe einzeln zu entern oder niederzukämpfen, denn sie unterstützten sich gegenseitig. Kein Gegner konnte den Bug oder das Heck eines Schiffes kreuzen und aus dem toten Winkel der Breitseitbatterien heraus ein verheerendes Feuer auf die ganze Länge des Decks der Schiffe eröffnen. Der Artikel 3 markierte den Bruch mit der Galeerentaktik und beendete die Nachahmung von Infanterietaktiken. Galeeren und Infanteristen feuerten in die Richtung ihres Vormarsches. Mit Breitseitbatterien bestückte Schiffe feuerten jedoch im rechten Winkel zu ihrer Marschrichtung. So lag ihre am besten gesicherte Front dort, wo marschierende Armeen ihre schwer zu schützende Flanke hatten. Die Spitze und das Ende einer Linie waren so offen wie die Flanken einer Armee. Es erhob sich nun eine scharfe Meinungsverschiedenheit über die Anwendung der Kiellinie. Darüber, was nach dem Zusammentreffen mit dem Feinde zu tun wäre, entstanden zwei Schulmeinungen. In der englischen Flotte bestanden die »Formalisten« unter dem Herzog von York darauf, daß die Kiellinie während der ganzen Schlacht beizubehalten sei, nur so könnte der Admiral hoffen, trotz dunkler Pulverwolken einigermaßen die Führung seiner Flotte in der Hand zu behalten. Sollte sich das Schlachtenglück gegen ihn wenden, so könne er seine Flotte mit dem geringsten Risiko abziehen. Die »Mêléeisten« waren dagegen bereit, bei günstiger Gelegenheit ihr Geschwader aufzulösen, die Kommandanten von der Linie zu entbinden, damit sie in eigener Initiative den Feind im massierten Angriff zerschlagen könnten. So würde ein Mêlée entstehen, indem die Führung ohnehin der Hand des Admirals entgleiten müsse. Ein geschlossenes Zurückziehen einer Flotte aus dem Mêlée sei sowieso nicht möglich. Durch die Auflösung der Formation könne man dafür dem Geschützfeuer am entscheidenden Punkte weit größeres Gewicht geben, als dies in einer meilenweit auseinandergezogenen Linie möglich sei, bei der die meisten Schiffe immer außerhalb der Reichweite ihrer Geschütze stehen müßten. Man stand vor der Frage, ob der Verteidigung oder dem Angriff größere Bedeutung beizumessen war. Sollte man Risiken unterlassen, um nicht besiegt zu werden oder Risiken als Preis für einen Sieg bewußt in Kauf nehmen?

Im zweiten und dritten niederländisch-englischen Seekrieg hatten beide Schulrichtungen Gelegenheit, ihre Theorien zu probieren. Am Ende setzten sich in der Royal Navy die Formalisten durch. Sie bestanden allerdings auch nicht mehr darauf, die Linie unter allen Umständen beizubehalten. Die letzten 1673 herausgegebenen Gefechtsinstruktionen des Herzogs von York sahen für eine in Lee stehende Flotte vor, daß sie die feindliche Linie durchbreche, um einige gegnerische Fahrzeuge in Luv zu umschiffen und den Rest festzuhalten. Diese Bestimmung könnte als ein erster Schritt zu einer Taktik der Konzentration der Linie angesehen werden.

Die Auseinandersetzung mit Frankreich

Die Annektionskriege Ludwigs XIV. alarmierten seine Nachbarn auf dem Kontinent. Österreich, Spanien, Schweden und mehrere deutsche Staaten schlossen sich zu einem anti-französischen Verteidigungsbündnis, der Liga von Augsburg, zusammen. England und die Niederlande wurden bald als die nächsten Verbündeten in die Liga aufgenommen. Inzwischen hatte 1685 der katholische Herzog von York als Jakob II.

die Nachfolge seines Bruders auf dem englischen Thron angetreten. Beim Versuch, England wieder der katholischen Kirche zurückzugewinnen, ging er so gewalttätig gegen Führer des Parlaments vor, daß diese seinen Schwiegersohn Wilhelm III. von Oranien, den Statthalter der Niederlande, aufforderten, mit seiner Frau, der Tochter Jakobs II., gemeinsam die Regierung auch in England zu übernehmen. Ein niederländisches Geschwader brachte Wilhelm 1688 nach England, und Jakob II. floh nach Frankreich. Er hinterließ in England eine Flotte, die stark genug war, um seine Rückkehr zu verhindern. Mit Schrecken hatte er nämlich seinerzeit als Herzog von York erkennen müssen, wie seine Mühen vergeblich waren und die Flotte wegen der Mißwirtschaft seines Bruders immer mehr herunterkam. Als nach dem dritten niederländisch-englischen Seekriege ein neu aufstrebendes Parlament die Flotte in die eigene Hand nahm, wäre beinahe noch der Rest durch eine Reihe parlamentarischer Ausschüsse, durch Politiker, durch Mißstände in der Verwaltung und durch reines Unverständnis vernichtet worden. So hatte Jakob, als er auf den Thron kam, mit Unterstützung des unermüdlichen Pepy begonnen, den Schaden wieder zu reparieren. In den vier Jahren seiner Regierung erreichte die Flotte wenn auch nicht ihre frühere Stärke, so doch ihre frühere Tüchtigkeit. Glücklicherweise brachte die Regentschaft von Wilhelm III. die niederländische und die englische Flotte zusammen, denn in Frankreich war inzwischen die mächtigste Flotte der Welt entstanden.

Schöpfer der französischen Seemacht war Jean Colbert, Ludwigs XIV. merkantilistischer Finanzminister. Gestützt auf das volle Vertrauen seines Herrschers hatte Colbert weiten Spielraum. Er setzte alles daran, den Wohlstand seines Landes zu heben. Er pflegte Landwirtschaft, Industrie und Handel und förderte den Fortschritt der Kolonien in Kanada, Indien und Westindien. Um Frankreichs wachsendes Handels- und Kolonialreich weiter zu entwickeln und zu schützen, vergrößerte er sowohl die Handelsmarine als auch die Kriegsflotte. Er errichtete Schiffswerften und Stützpunkte in den Haupthäfen und gründete Schulen für Seeoffiziere. Unter seiner Schirmherrschaft wurde die französische Schiffbaukunst eine Wissenschaft, die den mehr zufälligen, rein handwerklichen Methoden der Engländer weit überlegen war. Bei Colberts Tod im Jahre 1689 war die französische Flotte auf hoher See jeder anderen gewachsen. Zahlenmäßig besaß sie fast die gleiche Stärke wie die Flotten Englands und der Niederlande zusammen.

Versuche Ludwigs XIV., den gestürzten Jakob II. wieder auf seinen Thron zu bringen, führten zum englischen Thronfolgekrieg, der im pfälzischen Erbfolgekrieg aufging. Dies war der erste von sieben aufeinanderfolgenden Kriegen, in denen nun England und Frankreich miteinander rangen. Während des englischen und pfälzischen Erbfolgekrieges (1689–1697) und des spanischen Erbfolgekrieges (1703–1713) zeigte sich England auf dem Kontinent hauptsächlich daran interessiert, das Gleichgewicht der Kräfte dadurch zu erhalten, daß es Frankreich in Schach hielt. Im österreichischen Erbfolgekrieg (1740–1748), im Siebenjährigen Krieg (1756–1763) und im amerikanischen Unabhängigkeitskrieg (1775–1783) konzentrierte England sich hauptsächlich darauf, seine überseeischen Kolonien und seine Handelsherrschaft auszudehnen und zu verteidigen. In den Kriegen der französischen Revolution (1793–1802) und in den napoleonischen Kriegen (1803–1815) war es wieder bestrebt, den französischen Angriff abzuwehren. Während dieses langen, zeitweilig unterbrochenen Kampfes spielte die Seemacht die Hauptrolle. Die französische Flottenüberlegenheit wurde zu einem großen Teil durch zwei ernste Belastungen wieder ausgeglichen. Da Frankreich eine Kontinentalmacht war, mußte dort die Marine immer mit der Armee um die Mittel streiten. Bei einem langen Kriege konnte sie mit keinem entsprechenden Ersatz an Menschen und Material rechnen. Wegen des Vorhandenseins zweier Küsten in Frankreich neigte die Pariser Regierung außerdem dazu, die Seestreitkräfte zwischen dem Atlantik und dem Mittelmeer auf die Basen Brest und Toulon aufzuteilen. Die englische Strategie ging nun immer darauf aus, Frankreich in kostspielige Kampfhandlungen in Europa zu verwickeln und außerdem zu verhindern, daß die beiden Teile der französischen Flotte sich vereinigten (Diversion des Gegners). Während der meisten englisch-französischen Kriege verfolgte England diese beiden Absichten zugleich, indem es einerseits europäische Verbündete ermutigte, ja sogar subventionierte, und andererseits eine Flotte vor Toulon oder an der Straße von Gibraltar unterhielt. Zu Beginn des englischen und des pfälzischen Erbfolgekrieges (1688–1697) entwich die Toulon-Flotte jedoch der englischen Wachsamkeit und vereinigte sich mit der Brest-Flotte. Als Folge davon griff im Juni 1690 der Herzog von Tourville mit 74 französischen Schiffen 57 der englisch-niederländischen Kanalflotte unter Lord Herbert von Torrington an. Dieser vermied geschickt jede Kampfhandlung und begründete dies damit, daß er unter diesen Umständen seine Streitkräfte nach dem damals von ihm geprägten Begriff als »fleet in being« bereithalten müsse, bis die zugehörigen Geschwader sich wieder vereinigen könnten. Als Torrington jedoch auf bestimmten Befehl der Krone widerstrebend eine Schlacht annehmen mußte, wurde er bei Beachy Head geschlagen. Zwei Jahre später in der Schlacht bei Barfleur war die Situation beinahe genau umgekehrt. Diesmal besiegte eine vereinigte englisch-niederländische Flotte die französische Brestflotte unter Tourville, während die französische Mittelmeerflotte in Toulon lag.

Für die französische Flotte bedeutete Barfleur das Ende aller Offensivoperationen gegen geschlossene Flottenverbände. Als Ludwig XIV. erkennen mußte, daß er nicht zugleich eine mächtige Armee und eine starke Flotte unterhalten konnte, opferte er die Flotte seinen kontinentalen Interessen. Verbrauchte Schiffe wurden nicht mehr ausgewechselt, andere wurden stillgelegt. Wieder andere wurden an Privatleute als Kaperschiffe vermietet. Unter Draufgängern, wie Jean Bart,

Duguay-Trouin und Forbin schädigte der »guerre de course«, der Kreuzerkrieg, den feindlichen Seehandel, jedoch entscheidende Bedeutung gewann diese Kriegsart nicht mehr. Frankreich, am Rande des finanziellen Ruins, mußte den Kampf aufgeben. Durch die Friedensbedingungen wurde Ludwig XIV. gezwungen, alle seine kontinentalen Eroberungen herauszugeben und Wilhelm von Oranien als König von England anzuerkennen. Im 6 Jahre später ausbrechenden spanischen Erbfolgekrieg (1701–1714) begannen sich die Engländer auf Kosten Frankreichs und seiner Bundesgenossen Gebiete anzueignen.

Englands große strategische Errungenschaft wurde Gibraltar. Der habsburgische Kronprätendent Karl III., der spätere deutsche Kaiser Karl VI., hatte sich 1704 mit seinem Heere auf einer alliierten Flotte eingeschifft, um sein spanisches Erbe zu erkämpfen. Admiral Sir George Rooke wollte mit der englischen Mittelmeerflotte zu ihm stoßen. Auf Betreiben des bei Rooke an Bord befindlichen Prinzen Georg von Hessen-Darmstadt wurde Gibraltar unterwegs von englischen und niederländischen Seeleuten im Handstreich genommen und anschließend vom Prinzen verteidigt. Der Besitz Gibraltars hinderte von jetzt ab in Kriegszeiten eine Vereinigung der französischen Flotten aus Toulon und Brest. Ludwig XIV. erkannte den außerordentlichen Ernst dieser Lage und sandte deswegen die Toulonflotte aus, um die Eindringlinge zu vertreiben. Aber Rookes Streitkräfte versperrten den Weg. Mit dem Winde steuerte Rooke auf die Franzosen zu und streckte seine Linie entsprechend der ihrigen. Die folgende Schlacht bei Malaga blieb taktisch unentschieden, weil weder eine Linie gesprengt noch ein ernsthafter Vorteil errungen werden konnte. Trotzdem blieben die Engländer strategisch Sieger, denn die Franzosen wichen dem Bombardement aus und glitten unter dem Schutz der Dunkelheit zurück in den Hafen. Rooke behielt die Herrschaft über den Felsen. Vier Jahre später stärkte die Royal Navy Gibraltar, indem sie sich auch Minorkas bemächtigte. Dessen ausgezeichneter Hafen wurde ein vortrefflicher Stützpunkt zur Blockade Toulons. Der lange Krieg brachte Frankreich nichts als finanzielle Erschöpfung. England löste sich aus dem Krieg, indem es in der Thronfolgefrage nachgab, dafür aber Neuschottland, Neufundland und das Hudsongebiet von Frankreich erwarb und von Spanien Gibraltar, Minorka sowie einen Teil des spanisch-amerikanischen Handels gewann. Trotz des fortgesetzten französischen Kaperkrieges errang es darüber hinaus noch einen kräftigen Vorsprung im Seehandel. Es verdiente sich den selbst verliehenen Titel »Mistress of the Seas«.

Während des pfälzischen und des spanischen Erbfolgekrieges erneuerten englische Taktiker die Kontroverse der Formalisten und Mêléeisten. Die neue Mêlée-Schule interessierte sich hauptsächlich für das Problem, wie kann man die Feuerkraft mehrerer Schiffe gegen wenige feindliche Geschütze an einem bestimmten Punkt der feindlichen Linie vereinigen? — kurz gesagt: wie kann man das Feuer auf den Feind massieren? Offenbar war der Weg dazu folgender: Angenommen man segelte mit dem Wind, so mußte man die Abstände zwischen einzelnen Schiffen vergrößern, um die Kraft gegenüber einem Teil der feindlichen Linie zu massieren (s. Abb. S. 39). Einzuwenden gegen diese einfache Form des Massierens war, daß der Feind dem jederzeit ausweichen oder entgegenwirken konnte. Wenn man sich irgendwo anders als gegenüber der Nachhut massierte, so brauchte der Gegner nur die Schiffe der Nachhut auf ihrem ursprünglichen Kurs vorwärtszubringen, um die Überlegenheit auszugleichen. Wenn man auf die Nachhut massierte, hatte der Gegner drei Möglichkeiten: er konnte einzelschiffsweise auf Gegenkurs gehen und seine neue Nachhut nach vorn ziehen, er konnte sich teilen und des Angreifers Spitze zwischen zwei Feuer nehmen, oder er konnte allein durch Herumwerfen des Ruders vor den Wind drehen und entfliehen.

Um zu verhindern, daß der Feind seinen Kurs wendete oder den Kampfplatz verließ, mußte man einige eigene Schiffe auf die andere Seite der gegnerischen Linie manövrieren. Dies konnte durch spezielle Formen des Massierens erreicht werden, die »doublieren« und »aufbrechen« genannt wurden. Das Doublieren geschah, indem man mit seinen Schiffen zu beiden Seiten der feindlichen Vor- oder Nachhut aufmarschierte. Beim Aufbrechen oder »die Linie aufbrechen« erreichte man die gleiche Wirkung, indem man einen Teil seiner Linie durch die feindliche Linie vorstoßen ließ. Beide Manöver brachten den Feind zwischen zwei Feuer. Beim Doublieren wie beim Aufbrechen der Linie mußte man allerdings das Risiko in Kauf nehmen, seine eigenen Schiffe jenseits der feindlichen Linie zu beschießen. An dem Teil, an dem das Doublieren oder das Aufbrechen gelang, waren des Feindes Geschütze im Nachteil wie zwei zu eins. Die Geschütze an seiner vorher unbenutzten Seite waren wahrscheinlich noch gesichert und seine Geschützpforten noch verschlossen. Selbst wenn er es fertig brachte, diese Geschütze noch in Aktion zu bringen, so konnte er doch nicht genügend Kanoniere an Bord haben, um mit allen Geschützen beider Breitseiten ein auch nur annähernd gleichmäßiges Feuer gleichzeitig zu unterhalten. Eine Flotte, die das Aufbrechen einer feindlichen Linie plante, konnte dagegen mit allen Geschützen geladen, ausgerannt und feuerbereit in die Schlacht eintreten, um dann wohl vorbereitet während des Durchstoßens eine doppelte Breitseite nach jeder Seite abzufeuern.

Die Schlachten bei Beachy Head und Barfleur brachten die Neuerungen der Mêléeisten in Verruf. Bei Beachy Head versammelten sich die zahlenmäßig überlegenen Alliierten bei der französischen Nachhut, woraufhin die französische Vorhut die Vorhut der Alliierten nach rückwärts doublierte und zerschlug. Bei Barfleur hatten die Franzosen versucht, sich bei der alliierten Nachhut zu massieren, aber ihre Linie war durch große Abstände zwischen den einzelnen Schiffen so weit auseinandergezogen, daß die Alliierten die französische Mitte durchbrechen konnten. Es war klar, wenn man nicht eine überwältigende Mehrzahl an Schiffen besaß, so mußte jeder Versuch zu massieren, zu doublieren oder die gegnerische Linie aufzubrechen, die eigene Linie so sehr verkürzen oder soweit auseinanderziehen, daß der Feind sie leicht aufbrechen oder um ihre Enden herum doublieren konnte. Jeder Zug schien einen Gegenzug hervorzurufen.

Die Mêléeisten hatten den zuschlagenden Aspekt der taktischen Konzentration geklärt, aber nicht den haltenden Aspekt. Sie wußten den Hauptangriff gegen einen Teil der feindlichen Kräfte anzubringen, aber sie hatten keinen Weg gefunden, wie der Rest der feindlichen Streitkräfte während ihres Hauptangriffes inzwischen in Schach zu halten sei. Man stellte das Problem in der englischen und ab 1707 in der britischen Flotte zurück. Noch fehlte ein schnelles und bewegliches Signalsystem zur Erleichterung der Kommandogewalt. Mit den vorhandenen Signalen konnte man lediglich die Übereinstimmung mit dem einen oder anderen Artikel der Gefechtsinstruktion herstellen.

Das Vorbild der neuen Formalistenschule war die Schlacht von Malaga. So vermied man das Massieren gänzlich. Malaga war zwar ein taktisches Patt, aber es hatte Gibraltar gerettet. In der Vorstellung der Formalisten mußte die ideale Schlacht fast ebenso verlaufen. Die britische Kiellinie würde die Luvseite gewinnen, sich außerhalb der gegnerischen Schußweite aufstellen und die Abstände von Schiff zu Schiff so einrichten, daß die beiden Linien übereinstimmten (»konterminierten«), d. h. die Vorhut sollte gegenüber der Vorhut stehen, die Mitte gegenüber der Mitte und die Nachhut gegenüber der Nachhut. Dann würde auf ein Signal die ganze britische Linie das Ruder herumwerfen und in Dwarslinie – oder wenn der Gegner im Winkel anlief auf der Linie einer befohlenen Peilung – auf den Gegner hin abfallen. Sowie die Briten in Schußweite kämen, würden sie wieder zugleich andrehen und sich parallel zum Feind in Kiellinie formieren, um das Feuer zu eröffnen (s. Abb. S. 39). Bei solch einer Schlacht konnte die Führung fest in der Hand des Admirals bleiben, aber sie konnte nur durch Überlegenheit an Geschützen und Standkraft gewonnen werden. Beim Bemühen, dem Feind auf der ganzen Linie gleich zu sein, büßten die Formalisten alle Möglichkeiten ein, mit überlegener Kraft gegen irgendeinen Abschnitt der gegnerischen Linie vorzugehen. Selbst der Besitz der Luvseite wurde durch den Preis ausgeglichen, den die Briten zu zahlen hatten, während sie in Dwarslinie an den Gegner heranschlossen und sein Feuer ihre Decks bestrich. Malaga hatte aber eigentlich gerade gezeigt, daß die vollkommene, nach der Regel der Formalisten verlaufende Schlacht ein unerreichbares Ideal bleiben mußte. Vor allem stießen die angreifenden Schiffe niemals zugleich auf den Feind. Beim Wechsel von der Kiellinie zur Dwarslinie und umgekehrt konnte der Rudergänger im zweiten Schiff der Linie sein Ruder erst herumlegen, wenn er sah, daß das erste Schiff andrehte. Das dritte Schiff drehte wiederum erst nach dem zweiten an und so fort, die ganze Linie hindurch. Daraus ergab sich, daß die in Luv segelnde Flotte im allgemeinen zuerst mit der Vorhut in die Schußweite des Gegners kam. Der Rest der Linie folgte dann Schiff auf Schiff (Abb. S. 40). Wie die Erfahrung zeigte, wurde diese fatale Lage von den Franzosen sogar besonders herbeigeführt. In der Leestellung holten sie ihre Segel back, um Fahrt zu verlieren und die britischen Angreifer dazu zu zwingen, im rechten Winkel heranzulaufen, damit die Briten ihre Breitseiten nicht benutzen konnten. Die Franzosen bestrichen dann beim Herankommen des Gegners mit massiertem Feuer dessen Vorhut und jedes weitere Schiff einzeln, sowie es ins Gefecht kam. Die Franzosen feuerten ihre Geschütze ab, während das Deck beim Schlingern nach oben rollte. Sie zielten hoch nach des Feindes Masten, Rahen und Takelage, um seine Manövrierfähigkeit zu vermindern. Dann gingen sie gewöhnlich hintereinander mit der Vorhut beginnend vor den Wind aus der Schußweite. Dieses einzelne Abfallen versprach Erfolg, weil die britischen Kriegsschiffe, selbst wenn sie ihre Segel noch gebrauchen konnten, gemäß Artikel 21 ihrer 1703 herausgegebenen Gefechtsinstruktionen von einer Verfolgung absehen mußten. Der Artikel lautete: »Keines der Schiffe einer Flotte soll eine kleine Anzahl feindlicher Schiffe verfolgen, bevor die feindliche Hauptmacht kampfunfähig ist oder flieht.« Die englischen Formalisten erlaubten somit, daß die Flotte massierte, während sie verhinderten, daß sie massiert wurde.

Bei den Franzosen beschäftigte man sich in diesem, mathematischen Problemen aufgeschlossenem Zeitalter nicht minder intensiv mit seetaktischen Problemen. Nach dem pfälzischen Erbfolgekrieg gab Paul Hoste, Jesuitenpater und Schiffskaplan auf Tourvilles Flaggschiff, ein grundlegendes Werk über die Seetaktik heraus, »L'art des Armées Navales, ou Traité des Evolutions Navales«. In ihm wurden eine Fülle denkbarer Lagen erörtert. Das Werk bestimmte für Generationen das taktische Denken aller Nationen. Als Folge davon kam es zu einer ganzen Reihe von ähnlich wie Malaga unentschiedenen Begegnungen auf See. Aber es gab auch Unterschiede im Verhalten der Flotten.

Britische Seefahrtpolitik und Tradition verlangten seit Cromwell von den Admiralen der Royal Navy vor allem als taktisches Operationsziel, das Zerstören der feindlichen Flotte im Auge zu behalten. In der an Zahl meist unterlegenen französischen Marine hatten die Admirale streng darauf zu achten, ihre Schiffe zu erhalten. So benutzten sie ihre Flotten nur als Unterstützungsstreitkräfte, um jeweils strategische Operationsziele zu erreichen. Wie offensiv ihre strategischen Ziele auch sein mochten, sie blieben unentwegt in der taktischen Defensive. Daher suchten die französischen Flottenführer, wie wir sahen, bewußt die Leestellung, aus der heraus eine Flucht möglich war. Die Engländer richteten es gewöhnlich so ein, daß sie nach einigen überstandenen Salven dicht herangerückt waren. Dann feuerten sie beim nach unten Rollen des Decks und zielten nach den Schiffsrümpfen. Sie wollten den Gegner nehmen oder zerstören und nicht nur beschädigen. Manchmal entmastete jedoch das französische Feuer die britische Vorhut, dann mußten die Briten zur Reparatur in den Stützpunkt zurücklaufen. In ihrer Abwesenheit nutzten dann die Franzosen ihre augenblickliche Seeherrschaft, um auf britischem Gebiet Fuß zu fassen oder einen Teil der britischen Armee, die auf überseeische Verbindungen angewiesen war, zu isolieren. Dieses Nachstoßen der Franzosen entwickelte sich aus der Kriegserfahrung. Sicherlich war es von den britischen Flottentheoretikern zu Anfang des 18. Jh., die aus der vergangenen Geschichte nur Beachy Head, Barfleur und Malaga vor Augen hatten, nicht vorauszusehen. Als sie diese Entwicklung erkannten, meinten sie, es müsse eben das Mêlée vermieden werden, denn die Linientaktik hatte doch den Gegner zurückgeworfen. Rookes bei Malaga benutzte Gefechtsinstruktionen von 1703, die eine konterminierte, der Länge der gegnerischen entsprechende Kiellinie forderten, wurden von der Admiralität als ständige Gefechtsinstruktionen eingeführt. Sie besaßen nun die Kraft eines ständigen Befehls. Als während der langen Friedenszeit von 1713–1740 bedeutende Seeoffiziere alt und konservativ wurden, erhielt der Formalismus noch eine zusätzliche Stärkung durch die Tradition. Die Lehre des Formalismus wurde zum Dogma. Die Taktik des Mêlées war vergessen. Wenn jemand daran zweifelte, daß die konterminierte Kiellinie unangetastet blieb, so wurde er durch die offizielle Reaktion auf das erste Seegefecht im österreichischen Erbfolgekrieg (1740–1748) eines Besseren belehrt.

Bei der Verfolgung einer französisch-spanischen Flotte vor Toulon konnte Admiral Thomas Mathews im Februar 1744 mit seiner gleichstarken Flotte, deren Schiffsböden im langen Blockadedienst bewachsen waren, den Gegner mit seiner Vorhut nicht einholen. Er drehte deswegen, wie er war, auf den Feind zu, um ihn nicht entkommen zu lassen. So geriet er ins Gefecht, während noch das Signal »Kiellinie bilden« wehte. Seine Vorhut stieß auf die Mitte des Feindes und seine Mitte auf die gegnerische Nachhut. Mathews hatte angenommen, daß der Befehlshaber seiner Nachhut, Vizeadmiral Richard Lestock, das einzig Vernünftige tun würde, mit vollen Segeln in die Schlacht vorrücken und auf die britische Mitte zuhalten, um die gegnerische Nachhut massiert anzugreifen. Aber Lestock führte in buchstäblicher Befolgung des letzten Signals »Linie bilden« sein Nachhutgeschwader in die offene See, um fern der Schlacht die Linie zu formieren. Nach dem Kampf, in dem Schiffe der britischen Vorhut und Mitte ernsthaft zerschossen waren, nahm Mathews Lestock unter Arrest. Im darauffolgenden Kriegsgericht wurde jedoch Lestock freigesprochen und Mathews zur Entlassung verurteilt, weil er die ständigen Gefechtsinstruktionen nicht befolgt hatte. Noch viele Jahre nach dieser Kriegsgerichtsverhandlung hätte es nur ein außergewöhnlich kühner Offizier riskiert, die konterminierte Kiellinie vor dem Gefecht nicht herzustellen und dafür in Ungnade zu fallen. Der jede taktische Initiative unterdrückende Formalismus war fest in der britischen Flotte verankert. Einige Befehlshaber waren bestrebt, die extreme Starrheit der ständigen Gefechtsinstruktionen auszugleichen. Sie gaben daher zusätzliche Instruktionen für ihre Flotten heraus. Aber dies half wenig, die Lage zu verbessern. Zwischen der Schlacht bei Toulon und der Schlacht bei Saints 1782 fochten britische Admirale 13 Seeschlachten mit der konterminierten Kiellinie, jede war ein taktisches Manövrieren. Auf keiner Seite wurde dabei ein Schiff gekapert oder zerstört. In der gleichen Zeit gewannen britische Flotten jedoch 6 Siege. Alle sechs wurden von Admiralen gewonnen, die den Mut und den taktischen Scharfsinn besaßen, sich von der konterminierten Kiellinie zu lösen. Artikel 25 der ständigen Instruktionen erlaubte nämlich die Verfolgung einer feindlichen Flotte, wenn deren Gesamtheit zur Flucht getrieben war. Es war Sache des Admirals, festzustellen, ob 1. der Feind tatsächlich auf der Flucht war und ob 2. die Erfolgsaussichten das Risiko des Auflösens der eigenen Formation aufwogen. Signalisierte der Admiral »allgemeine Jagd« und gewann den Sieg, dann untersuchte hinterher niemand, in welchem Zustand sich der Feind befand, als das Signal gesetzt wurde; verlor er aber die Schlacht, dann hatte er ein skeptisches Kriegsgericht davon zu überzeugen, daß sich der Feind in der Tat auf der Flucht befand. Die Admirale George Anson und Edward Hawke besaßen genügend Festigkeit und taktisches Geschick, um mit den sich ergebenden Risiken fertig zu werden. Jeder von ihnen besiegte 1747 französische Flotten durch Setzen des Jagdsignals. Die beiden Schlachten bei Finisterre brachten die Erfahrung, daß die Verfolgung von der freien Jagd für alle in eine festere Ordnung abgewandelt werden konnte. Nach der zweiten Schlacht bei Finisterre kamen neue zusätzliche Instruktionen mit Artikeln für die Befehlsgebung während der Verfolgung heraus. Diese Artikel vermieden sorgfältig die Starrheit der bisherigen Instruktionen. Sie sorgten im Siebenjährigen Krieg (1756–1763) für jene taktische Beweglichkeit, welche die Royal Navy befähigte, größere französische Flotten von der See zu verbannen und den Grundstein für das britische Weltreich zu legen.

Schiffe und Geschütze des 18. Jahrhunderts

Als sich die Flotten von der Taktik der zusammengeballten Haufen freimachten, um in der Kiellinie zu kämpfen, fanden sich oft kleine leichtbewaffnete Kriegsschiffe und bewaffnete Kauffahrteischiffe weit mächtigeren Kriegsschiffen gegenüber. Die Stärke der Linie lag aber in ihrem Zusammenhalt. Wie eine Kette war sie nur so stark wie ihr schwächstes Glied. Deswegen mußten die schwächeren Schiffe von der Linie entbunden werden. Man stellte sie vor Ende des 17. Jh. zum Aufklärungs- und Patrouillendienst als Kreuzer ab. Sie entwickelten sich zu Aufklärungskreuzern der Flotte. Handelsschiffe wurden wieder zum Transport und für den Nachschub eingesetzt. Man bevorzugte nun kürzere homogenere Gefechtslinien, die nur schwerbewaffnete Kriegsschiffe enthielten. Schiffe, die fähig waren, in der Linie zu stehen, wurden Linienschiffe genannt.

Zu Beginn des 18. Jh. war die Grenze zwischen Linienschiffen und Kreuzern auf 50 Kanonen festgelegt. Diese willkürliche Grenze war unbefriedigend. Es zeigte sich, daß Schiffe

74-Kanonen-Linienschiff

mit 50 Kanonen nicht gemeinsam mit Schiffen von 100 Kanonen die Linie halten konnten. Erst Admiral Anson, seit 1754 erster Lord der Admiralität, legte klare Kategorien mit einem Standard an Größe, Bewaffnung und Tonnage fest. Gleichzeitig führte er eine einheitliche Uniformierung der Seeoffiziere ein und reorganisierte die wieder verfallene Royal Navy. Ansons Typisierung der Schiffe wurde mit einigen Änderungen von den meisten Ländern übernommen. Er teilte alle Schiffe in 6 Klassen mit gleichmäßiger Geschützzahl ein. Die ersten drei Klassen bezeichnete er als Linienschiffe und den Rest als Kreuzer. Das System bewährte sich bis zum Ende der Segelschiffszeit und darüber hinaus. Wir lesen von einem 74-Kanonen-Schiff und von einer 36-Kanonen-Fregatte, auch wenn die Zahl der tatsächlich an Bord befindlichen Kanonen etwas höher oder geringer als die Typzahl war. Wir finden auch Kriegsschiffe mit ihrem Namen und der Geschützzahl des Typs bezeichnet, z. B.: »*Victory*, 100«, »*Constitution*, 44« oder »*Wasp*, 18«. Die Ziffern besagen, daß das erste ein Linienschiff, das zweite eine Fregatte und das dritte eine Kriegssloop war.
Flaggschiffe in der Linie trugen 80 bis 100 Kanonen. In späterer Zeit wurden einige Riesenschiffe mit bis zu 140 Kanonen gebaut. Ansons Schiffe erster und zweiter Klasse trugen 80 Kanonen und mehr. Es waren Dreidecker, die ihre Batterien in drei durchgehenden Decks führten und außerdem noch Batterien auf dem Vor- und Achterdeck hatten. Ein typisches 100-Kanonen-Schiff hatte folgende Abmessungen:

Tragfähigkeit	2200 tons
(Verdrängung ca.	3500 tons)
Länge des Geschützdecks	190 Fuß
Breite	53 Fuß
Raumtiefe	22 Fuß
Tiefgang	21 Fuß
Volle Besatzung	900 Mann.

Auf dem unteren Geschützdeck trug es 32 Pfünder (Stücke, die eine 32 Pfund schwere Kugel schossen). Auf dem Mitteldeck trug es 24 Pfünder, auf dem Oberdeck 18 Pfünder und auf dem Vor- und Achterdeck 12 Pfünder oder bei Ende des Jahrhunderts kurze, schwere Kugeln feuernde Karronaden. Zum Vergleich sei darauf hingewiesen, daß ein Schlachtschiff des zweiten Weltkrieges eine mehr als 10mal so große Wasserverdrängung hatte und daß ein Flugzeugträger der Nachkriegszeit die 16fache Verdrängung besaß. Eine US-Nachkriegsfregatte hatte die gleiche Verdrängung, Breite und Raumtiefe wie ein 100-Kanonen-Linienschiff, aber sie war zweimal so lang und hatte weniger als die Hälfte der Besatzung. Die meisten gemeinen Linienschiffe waren Zweidecker (3. Klasse). Sie trugen 74 Geschütze und hatten eine volle Besatzung von 650 Mann. Gewöhnlich waren sie mit 24 Pfündern bestückt. Der viel gebaute Typ der 64-Kanonen-Schiffe blieb bis in das 19. Jh. hinein im Gebrauch. Er war sehr ökonomisch bemessen, aber für den Dienst in der Linie ungeeignet.

Sloop

Ein verhältnismäßig seltener Zwischentyp war das 50-Kanonen-Schiff (4. Klasse). Es diente hauptsächlich als Flaggschiff in Kreuzergeschwadern. Die 5. und 6. Klasse waren Kreuzer. Der bekannteste und zahlreichste Kreuzertyp waren die Fregatten. Sie trugen in Ansons Zeit 28–30 Geschütze. Später wurden sie auf 36 und 44 Geschütze festgelegt. Es waren vollgetakelte Rahsegler mit drei Masten; sie hatten ein Deck und trugen 12 oder 18 Pfünder mit einer zweiten Batterie von 6 Pfündern auf dem Achterdeck. Dieser vielsei-

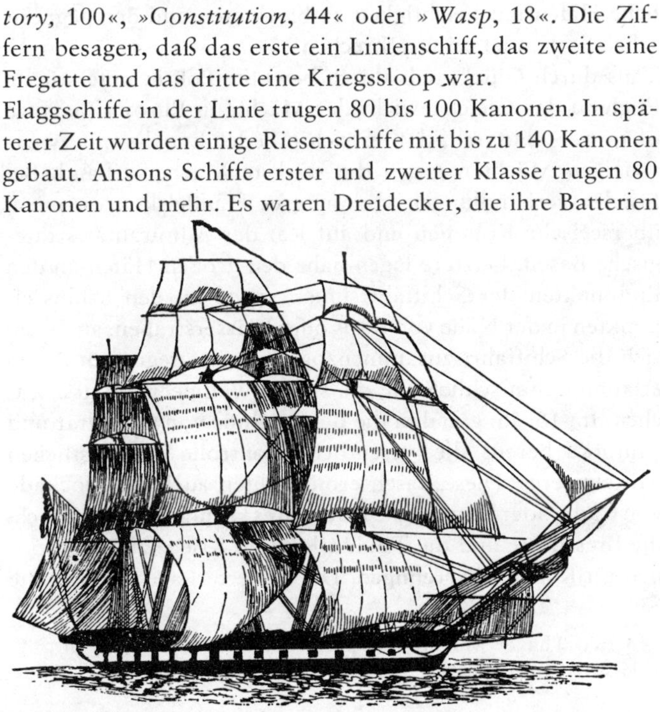

Fregatte

tige Kriegsschiffstyp übernahm sowohl die Funktionen des Handelskrieges als auch den Aufklärungsdienst für die Flotte. Im Gefecht standen die Fregatten normalerweise in Feuerlee als Signalwiederholer und notfalls bereit, beschädigte Schiffe abzuschleppen. Noch kleinere Typen waren die Kriegssloops, vollgetakelte Eindecker ohne zweite Batterie. Briggs waren zweimastige Rahschiffe. Schooner hatten Gaffeltakelage und zwei Masten.

Seine große Besatzung benötigte ein Kriegsschiff sowohl um die Fülle von Segeln zu handhaben, als auch um die Geschütze zu bedienen. Bei normaler Windstärke konnte ein Linienschiff vor dem Winde 5 bis 6 Knoten laufen und eine Fregatte 8 bis 10. Um eine lange 32-Pfünder-Kanone zu säubern, zu laden, auszufahren und abzufeuern, war ein Dutzend Leute notwendig. Gut geübte Besatzungen der Royal Navy konnten alle zwei bis drei Minuten eine Breitseite feuern. Nach drei bis fünf Breitseiten waren sie jedoch erschöpft. Einige wenige Kapitäne drillten ihre Besatzungen zu Ende des 17. Jh. so, daß sie fünf Breitseiten in fünf Minuten feuern konnten. Französische und spanische Artilleristen erreichten eine Breitseite in fünf Minuten. Der Unterschied der Feuergeschwindigkeit war einerseits das Ergebnis eines härteren Trainings, andererseits jedoch war er in den anderen Schießverfahren der Marinen begründet. Da die Briten ihr Feuer gewöhnlich zum Gefecht auf kurze Entfernung aufsparten (unter 600 yards) und auf die Bordwände zielten, quälten sie sich dabei nicht viel um Genauigkeit und Akkuratesse. Franzosen und Spanier dagegen zielten sorgfältig, um die Masten und Rahen auf große Entfernung zu treffen. Als die Formaltaktik an Bedeutung verlor und die Briten wieder das Mêlée suchten, ging Feuergeschwindigkeit vor Zielgenauigkeit. Wichtiger als das Zielverfahren war es, daß der Gegner überhaupt getroffen wurde. Deswegen zögerten die britischen Mêléeisten in den letzten Tagen der Segelschiffe selten, überlegene gegnerische Flotten anzugreifen. Obwohl die britische Flotte in der Mitte des 18. Jh. alle anderen in Organisation, Seemannschaft und Geschützwesen übertraf, machte der Schiffbau in England kaum Fortschritte. Französische und spanische Schiffe waren besser zu manövrieren und schneller als die britischen, denn sie waren bereits nach wissenschaftlichen Verfahren konstruiert. Britische Admirale waren stets sehr erfreut, wenn es ihnen gelang, ein solches Schiff intakt zu erobern und in ihre eigene Flotte als Flaggschiff einzureihen.

Kauffahrteischiffe waren damals ähnlich konstruiert wie Kriegsschiffe. Sie benötigten ebenso die Geschwindigkeit, dazu verhalf die klare Linienführung. Sie trugen auch noch immer Kanonen, um sich selbst vor Kaperfahrern und Piraten zu schützen. Mit Piraten mußten sie in überseeischen Gewässern stets rechnen. Handelsschiffe dienten auch noch immer gelegentlich als Kriegsschiffe, allerdings nicht wie früher in der Linie, sondern als selbständige Kaperfahrer mit einem Kaperbrief der Regierung ausgestattet, um gegnerische Handelsschiffe zu nehmen. Solche bewaffneten Handelsschiffe überwogen manchmal an Zahl die im Kreuzerkrieg eingesetzten Kriegsschiffe.

Zusammenfassung

Die Entdeckungsreisen im späten 15. und frühen 16. Jh. hatten die Interessen Westeuropas auf die Ozeane gelenkt. Sie verwickelten die am Ozean liegenden Staaten in lange und harte Rivalitätskämpfe um den Handel und um die Kolonien. Nachdem England sich hintereinander mit Spanien, den Niederlanden und Frankreich auseinandergesetzt hatte, wurde es Anfang des 18. Jh. zur größten Seehandelsmacht der Welt. Es besaß die größte Kriegsflotte und hatte den Grundstein für ein großes überseeisches Imperium gelegt. Die Wurzel seines Erfolges lag im alleinigen Vertrauen auf seine Flotte. Seine vergleichsweise geringen Hilfsmittel zusammen mit seiner überquellenden Bevölkerung bescherten ihm die Menschen zur Entwicklung überseeischen Handels und zum Aufbau der Kolonien. Engländer zeigten sich zur Kolonisation, zum Handel und für die Industrie begabt. Stärker als spanische und französische begünstigten englische Regierungen den industriellen und wirtschaftlichen Fortschritt und das Seewesen. Im Gegensatz zu Frankreich hatte England eine ununterbrochene eigene Küste. Sie gestattete ihm, seine Seestreitkräfte zusammenzuhalten. Im Gegensatz zu seinen Rivalen hatte es keine Landgrenzen, die es dazu zwangen, ständig eine Defensivarmee zu unterhalten. Es konnte daher seinen Reichtum ausschließlich der Flotte zukommen lassen, um seinen Handel auszudehnen und zu schützen, um neue Kolonien zu erobern und zu verteidigen sowie um gegnerische Flotten zu blockieren und zu vernichten. Schließlich befähigte England seine Lage vor den Küsten Westeuropas, feindliche Häfen mit Leichtigkeit zu blockieren und den gegnerischen Seehandel zu unterbrechen[1].

Teils durch Glück, teils durch bewußte Politik unterstützte England das Gleichgewicht der Mächte in Europa (balance of power) dadurch, daß es sich in jeder Epoche mit zweitrangigen Mächten gegen die stärkste Macht verband. Bei Friedensverhandlungen verlangte es Handelskonzessionen, überseeische Kolonien und auf Rat der Admiralität strategische Basen. Letztere lagen nahe den großen Häfen an den Endpunkten der Schiffahrtslinien sowie an den Schlüsselpunkten in der Nähe von Kaps oder Wasserstraßen, an denen sich die Schiffahrt zusammenzog. Seine strategischen Basen erlaubten ihm schließlich, die sieben Weltmeere zu überwachen. Im 18. Jh. gab ihm die Besitznahme von Gibraltar und Minorka bereits die wesentliche Kontrolle des westlichen Mittelmeeres. Diese Basen ermöglichten auch die Blockade von Cadiz oder Toulon. Sie machten es Frankreich unmöglich, die Brestflotte und die Toulonflotte im Kriege zu Operationen im Kanal zu vereinigen. Die isolierte Lage ermöglichte

1 Alfred Thayer Mahan: The Influence of Sea Power upon History, Boston 1890. S. 25–89 u. S. 341 f.

es England, sich aus allen kontinentalen Streitereien herauszuhalten oder sich, wenn es ihm paßte, seine Bundesgenossen zu suchen. Dieser Zustand wurde zweimal unterbrochen, einmal 1689–1701, als Wilhelm III. von Oranien zugleich Statthalter der Niederlande und König von England war, und 1714, als der Kurfürst von Hannover den englischen Thron bestieg. Die Hannoveraner mußten bis in das 19. Jh. als Könige von England auf ihr Kurfürstentum in ihrer Politik und Strategie Rücksicht nehmen.

In Seemannschaft und Geschützwesen waren die Engländer ihren Rivalen meist überlegen. Lange Zeit waren sie auch im Schiffbau und in der taktischen Lehre führend. Sie waren früh zu den Breitseiten übergegangen und hatten die Manövrierfähigkeit ihrer Kriegsschiffe gesteigert. Sie lösten sich als erste vom Nahkampf und Entern und begannen die Taktik der zusammengeballten Haufen zu überprüfen. Gegen Ende des 17. Jh. machten sich jedoch Traditionalismus im Schiffbau und Formalismus in der Taktik in der Royal Navy breit. Die Franzosen gingen als erste im Schiffbau zu wissenschaftlichen Methoden über und entwickelten zweckmäßige taktische Gegenmaßnahmen.

Nach der Einführung des mit Kanonen bestückten Kriegsschiffes waren in der Seetaktik fünf Grundfragen zu beantworten:

1. Welche Waffen wurden am besten in der hauptsächlichen Schlachtformation benutzt?
2. Welche Schlachtformation gab die beste Aussicht, die Waffen zur Wirkung zu bringen?
3. Wie konnte man die eigene Flotte gegenüber der feindlichen massieren?
4. Wie konnte die gegnerische Flotte gehindert werden, sich gegenüber der eigenen zu massieren?
5. Wie konnte der Gegner am Entkommen gehindert werden?

Die beiden ersten Fragen mußten beantwortet werden, bevor eine taktische Lehre ausgearbeitet war. Von einer taktischen Lehre erwartete man für die Fragen 3, 4 und 5 eine jeweils gleichgute Lösung. Im Kampf gegen die Armada beantwortete England die Frage 1 für sich dahin, daß das *Geschütz* die Hauptwaffe war. In den niederländisch-englischen Seekriegen wurde für die Frage 2 die Lösung gefunden, daß die *Kiellinie* den Geschützen die größten Wirkungsmöglichkeiten bot. In der Mitte des 18. Jh. hatten weder die Mêléeisten noch die Schule der Formaltaktiker in England völlig zufriedenstellende Antworten für die restlichen drei Fragen gefunden. Die Mêléeisten schlugen die Kunstgriffe des Massierens, Doublierens und Aufbrechens der Linie als Antwort für die Frage 3 vor und Doublieren und Aufbrechen der Linie für Frage 5, aber auf Frage 4 fanden sie keine Antwort. Die Formalisten schlugen die konterminierte Kiellinie als Antwort für die Frage 4 vor, aber sie fanden keine Antwort für die Fragen 3 und 5. Wenn aber gleichstarke oder annähernd gleichstarke Flotten aufeinanderstießen, so konnte jedoch die Lösung der Fragen 3 und 5 der Schlüssel zum Sieg sein. Aber eine Lösung der Frage 4 konnte die Niederlage verhindern. So hing die Wahl zwischen Mêlée- oder Formaltaktik davon ab, ob man die Offensive oder die Defensive ergreifen wollte. Zu Beginn des 18. Jh. erhob ein Flottendienst, der in einer langen Friedensperiode alt und konservativ geworden war, die defensive Formallehre zum unumstößlichen Dogma. Die Formalisten gewannen weder entscheidende Siege noch erlitten sie entscheidende Niederlagen.

Klar sehende Admirale, wie Anson und Hawke, waren damit nicht zufrieden. Sie waren bereit, wenn notwendig, die Linie und die ganze dogmatische Taktik über Bord zu werfen, um auf das Glück in der Jagd zu vertrauen. Bei einem solchen freien Manöver wurde einiges verloren und viel riskiert, aber dafür konnte der einzelne Kommandant seine Initiative, seine Geschicklichkeit und seinen Geist zum Nutzen des Ganzen entfalten. Die Jagdtaktik gewann klare Siege, mit denen England nicht mehr gerechnet hatte, aber sie bot noch nicht die letzte Lösung. Diese fand sich erst später, als Lehre und Initiative wieder durch ein wirkungsvolles Signalsystem ins Gleichgewicht gebracht wurden. Schließlich brachte die Kombination in der goldenen Zeit der Segelschiffahrt die Siege von Howe, Jervis, Duncan und Nelson hervor.

Kapitel 5

Deutsche Flotten im 17. und 18. Jahrhundert

Für die deutsche Ausgabe neu bearbeitet von Paul Heinsius

Im Ostseeraum hatte das Emporkommen der Territorialstaaten Dänemark, Schweden, Rußland und Polen die politischen Verhältnisse geändert. Der letzte Hochmeister des Deutschen Ordens, Albrecht von Brandenburg, sah sich 1525 gezwungen, als protestantischer, weltlicher Herzog dem König von Polen für Preußen den Lehenseid zu schwören. Der Livländische Landmeister von Plettenberg wurde 1530 noch Reichsfürst, er und die Hansestadt Danzig wahrten ihre Selbständigkeit. Als aber 1558 die Russen in Livland einfielen, konnte das Reich nicht helfen. Reval und Estland rissen die Schweden an sich. Der Bischof von Riga und der letzte livländische Ordensmeister, Gotthard Kettler, konnten sich nach der Vernichtung des Ordensheeres 1560 nur noch von Polen Hilfe erhoffen. So wurde auch Kettler als Herzog von Kurland polnischer Lehensmann.
Mit den Schiffen der preußischen und kurländischen Herzöge konnte Polen eigene Seepolitik treiben.
Der Herzog von Preußen mußte 1577 den Polen Kriegsschiffe mit Besatzung stellen, um den Handel der zu Habsburg haltenden Stadt Danzig zu unterbinden und die Dänen abzuwehren, bis die Stadt dem König von Polen huldigte.
Auch in den Kämpfen der protestantischen Wasas in Schweden gegen die katholische Linie in Polen mußte der protestantische Herzog von Preußen zu Beginn des 17. Jh. bis in den Dreißigjährigen Krieg hinein des öfteren in Polens Interesse Schiffe armieren. Trotz dieser Kämpfe blieben Preußen wie Livland nicht nur Kornkammer Europas, sondern zugleich auch Hanf- und Schiffbauholzlieferanten für Westeuropas Flotten.
An den niederländischen Universitäten hatte sich inzwischen die merkantilistische Staatslehre entwickelt. Nach dieser Lehre sollte es vornehmste Aufgabe der Regierungen sein, den Wohlstand ihres Landes durch Förderung von Handel und Wirtschaft zu heben. Dazu gehörte die Gründung von Manufakturen und Industrien, vor allem aber Unterstützung und Schutz der Schiffahrt sowie das Gewinnen überseeischer Handelsniederlassungen. Nicht nur die dänischen Kolonialerwerbungen, auch der Kampf um die Ostseeherrschaft sowie Schwedens Ringen um den Besitz Kareliens und der baltischen Küste z. Z. Gustav Adolfs und Karls XII. sind vor diesem Hintergrund zu sehen. Noch mitten im Dreißigjährigen Krieg versuchte Schweden unter Beteiligung von Lübeck, Stettin, Stralsund und Danzig eine amerikanische Kolonialisationsgesellschaft zu bilden. Gleichzeitig dienten Westfalen und Friesen bei der niederländischen Ostindischen Companie, während sich Oberdeutsche schon früher an spanischen und portugiesischen Überseefahrten beteiligten. Nord- und Ostfriesen erschlossen sich unter niederländischer oder dänischer Flagge einen völlig neuen Schiffahrtszweig, den Walfang, der Reichtum auf die kargen Inseln und Küstengebiete brachte.
Wallensteins Versuch, an der Nord- und Ostsee eine militärische Seemacht des Reiches zu schaffen, scheiterte. Er zwang die Ostseemacht Schweden, in den deutschen Krieg einzugreifen, und nach Ende des Dreißigjährigen Krieges sicherten sich fremde Staaten die Küsten des Reiches. In den südlichen Niederlanden saßen die Spanier. Die nördlichen Niederlande schieden aus dem Reich aus. In Oldenburg und Schleswig-Holstein setzten die Dänen sich fest und im ehemaligen Erzbistum Bremen die Schweden, die in der Karlsburg, im heutigen Bremerhaven, eine Zwingburg für die Weser errichteten. Durch den Stader Zoll schröpften sie die Hamburger Schiffahrt, während die Dänen im holsteinischen Glückstadt eine Konkurrenz zu Hamburg aufbauten. An der Ostsee hielten die Schweden die mecklenburgische Gegenküste mit Wismar sowie Pommern fest in der Hand, während Pommerellen, Preußen und Livland unter polnischer Lehnshoheit standen. Nur in Hinterpommern besaß der Kurfürst von Brandenburg den kleinen Hafen Kolberg. So war das Reich im Norden von der See abgeschnitten, im Süden verfügten nur die Habsburger bei Triest seit dem 14. Jh. über ein kleines Stück Küste an der Adria, die von Venedig beherrscht war. Die Hansestädte Hamburg, Lübeck, Bremen und Danzig sicherten ihr Stadtgebiet durch Festungsanlagen und schützten ihre Schiffahrt so gut wie möglich durch Konvoischiffe. Zwei deutsche Fürsten, der Herzog Jakob von Kurland und nach seinem Vorbild sein Neffe und späterer Schwager, der Kurfürst Friedrich Wilhelm von Brandenburg, machten merkantilistische Seehandelsideen ihrem Lande nutzbar.
Jakob Kettler setzte 1632 als Patensohn des Königs Jakob von England mit dessen Unterstützung seine Nachfolge als Herzog von Kurland gegen Polen durch. Auf Reisen im Westen hatte er in den Niederlanden das merkantilistische Wirtschaftssystem studiert, bevor er 1639 in Mitau die Regentschaft antrat. Sein Staat hatte das Hinterland weitgehend verloren. Persönlich verfügte Jakob als Erbe über weite Ländereien und Güter, aber über wenig bares Geld. Politisch war er abhängig vom Adel im eigenen Lande, der allzuoft mit Polen paktierte. Die Hafenstadt Riga lag im Erzbistum außerhalb seines Territoriums. Er mußte sich neue, eigene Einnahmequellen und Macht schaffen, wenn er nicht im Kampf

der größeren Mächte Rußland, Schweden und Polen zerrieben werden wollte. So wurde er bei sparsamer Verwaltung und Lebensweise zum großen Kaufmann, Unternehmer und Reeder auf dem Herzogthron. Sowie er 1642 die Herzogswürde übernahm, ließ er sofort in Holland und England anfragen, ob er sich an den großen überseeischen Handelsgesellschaften beteiligen könnte. Windau wurde nun Überseehafen. Im englischen Bürgerkrieg unterstützte Herzog Jakob vergeblich seinen Patenbruder Karl I. durch große Getreidelieferungen für dessen Heer. Mit Frankreich schloß er einen Handelsvertrag. Überall rührig, dehnte er den kurländischen Handel bis nach Portugal aus. Jedoch als er sein erstes Handelsschiff nach Guinea ausschickte, wurde das Schiff 1646 in Holland arretiert. 1650 vermietete er kurländische Schiffe mit Besatzungen an die portugiesisch-brasilianische Compagnie für die Amerika-Fahrt. Gleichzeitig erwarb er Flekkeroe in Norwegen, um für seine Atlantikschiffahrt eine Basis außerhalb des Ostseegebietes zu schaffen. 1651 glückten die Fahrt nach Gambia und die Errichtung einer befestigten Handelsniederlassung daselbst. Schon im nächsten Jahr war ohne Wissen des Herzogs das Fort für die Fregatten des Royalisten Prinz Ruprecht von der Pfalz eine willkommene Stütze beim Kampf gegen die Schiffahrt der Anhänger Cromwells. Der kurländische Schiffer Schulte leistete dem Prinzen wichtige Lotsendienste. Unablässig suchte der Herzog einen zweiten Stützpunkt in Westindien zu erwerben, um sich in den ertragreichen Handel zur neuen Welt einschalten zu können. Nachdem Verhandlungen mit Spanien und den Jesuiten zu keinem Ziel führten, griff Jakob schnell zu, als ihm Lord Warwick 1653 die Insel Tobago zum Kauf anbot. Im Wettrennen mit der holländischen Konkurrenz erreichte sein Schiff als erstes die Insel. Die später landenden Holländer konnten in den Süden zurückgedrängt werden. Im gleichen Jahre schloß Jakob mit den Generalstaaten einen Neutralitätsvertrag und ebenso mit Cromwell, um sich aus dem Kriege beider Seemächte herauszuhalten. Außerdem konnte er jetzt sein politisches Ansehen dadurch stärken, daß er, von Polen befreit, in den Reichfürstenstand erhoben wurde. Seinen Handel konnte er nun auch auf Hamburg abstützen. Als aber der Krieg zwischen Schweden und Polen von neuem ausbrach, mißlang der Versuch, im Ostseekrieg neutral zu bleiben. Im September 1658 besetzten die Schweden Kurland. Sie schleppten Jakob als Gefangenen nach Ingermanland. Die Holländer nutzten die Gelegenheit und nahmen die kurländischen Kolonien, denen Nachschub und jede Verbindung mit dem Mutterlande fehlten. Otto Stiel, der Gouverneur von Gambia, leistete jedoch Widerstand. Als Gefangener nach Holland geschleppt, erreichte er es, auf einem kurländischen Schiff wieder nach Afrika zurückzukehren und die inzwischen von einem französischen Kaper im schwedischen Dienste zerstörte Niederlassung mit 5 Mann zu besetzen. Mit Hilfe der zu Kurland haltenden Neger konnte er die Niederländer wieder aus der Kolonie vertreiben und die Kolonie vier Monate lang verteidigen.

Als Herzog Jakob nach dem Frieden von Oliva 1660 aus der Gefangenschaft nach Livland zurückkehrte, war sein Land verwüstet. Es dauerte lange, bis wieder das erste Schiff nach Afrika gehen konnte. Inzwischen hatte aber der britische Admiral Holms einen Zwischenfall genutzt, Stiel niedergekämpft und die Festungen erobert. Für Jakob war alles verloren. Er mußte von vorn beginnen. Durch diplomatische Verhandlungen und Prozesse versuchte er mühsam, seine Kolonien, Schiffe und Handelsgüter wieder zu erlangen. Geschickt lavierte er während der Seekriege zwischen den britischen und niederländischen Rivalen. 1664 kam es zu einer Einigung mit England. Kurland verzichtete auf seine Hoheitsrechte in Gambia gegen die Zusicherung der freien Handelsfahrt und des Besitzes von Tobago.

Als 1665 Tobago in englische Hand fiel, ordnete Karl II. die Rückgabe an Kurland an. Jedoch war die Insel vor Friedensschluß schon wieder von den Franzosen erobert. Nach dem Frieden von Breda räumten die Franzosen Tobago. Jedoch nun stritten sich um diese Kolonie fremde Mächte, bis 1680 wieder Kurländer die Insel besetzten. Jakob hatte inzwischen in Norwegen das Erzbergwerk Etzwold erworben. Er ließ es von deutschen Bergleuten betreiben, damit es ihm Erz zum Export lieferte.

Im Reich, in Dänemark, in den Niederlanden und selbst in England fand Jakob immer wieder Freiwillige für seine Schiffahrt und für seine Truppen. Seinen Handel dehnte er mit diesen Kräften auf immer neue Gebiete aus. Vom Sultan erwarb er einen Freibrief für die kurländische Schiffahrt, und von Dänemark sicherte er sich Rechte für die Islandfahrt. Kurländische Walfänger gingen ins Nordmeer. Sein Hauptanliegen aber blieb das Bemühen um die Kolonie in Westindien.

Kurz vor seinem Tode griff er noch einmal einen großzügigen Plan für die Besiedlung Tobagos auf. Es sollte in der Art der späteren Kronkolonien eine herzogliche Kolonie mit freien Siedlern, die in einer demokratisch-republikanischen Verfassung ihr Gebiet selbst verwalteten, entstehen. Toleranz in Glaubensfragen sicherte Jakob jeder Konfession zu. Der Plan kam nicht mehr zur Ausführung. Sein Nachfolger, Herzog Friedrich Kasimir, war ein Verschwender. Von den überseeischen Besitzungen erwartete er nur, daß sie ihm Geld einbrachten. Die Männer in Tobago blieben immer wieder in den Kämpfen gegen die Kariben sich selbst überlassen. Obwohl die letzte Besatzung jahrelang auf der Insel in Magazinen Waren für die Rückfracht sammelte, wurde die Verbindung von der Heimat aus nicht wieder hergestellt. Die Soldaten blieben auf verlorenem Posten. Kurland selbst wurde ab 1701 erneut von feindlichen Truppen, Schweden, Polen und Russen durchzogen und verwüstet. Erst in der nächsten Generation versuchten Prinz Moritz von Sachsen (1727) und Ernst Johann von Biron als Herzöge von Kurland vergeblich die Überseepläne wieder aufzunehmen. Kurz darauf war die Selbständigkeit des kurländischen Staates für immer dahin, er ging in Rußland auf.

Der Kurfürst Friedrich Wilhelm von Brandenburg war an Privatbesitz weniger reich als sein kurländischer Onkel. Sein Land war in zahlreiche Stücke zerrissen und durch den Dreißigjährigen Krieg völlig verarmt. Er konnte sich nicht selbst als großer Kaufmann betätigen, trotzdem ließ er 1647 Gijsel van Lier die Gründung einer kurbrandenburgisch-ostindischen Kolonie vorbereiten und hoffte auf Zusammenarbeit mit Kurland und den Niederlanden. Von Dänemark erwarb er Rechte für die Sunddurchfahrt. Friedrich Wilhelm besaß durch seine Stellung als Kurfürst politisches Ansehen, aber er war von Feinden umgeben. Deswegen schuf er sich ein stehendes Heer. Sogar über ein kleines, wenn auch heruntergekommenes Schiffsarmement verfügte er in Pillau. 1637 hatten kurbrandenburgische Schiffe den Übergriff eines polnischen 20-Kanonen-Kriegsschiffes vor Pillau abgewehrt. Nach dem Einfall der Schweden 1655 mußte Friedrich Wilhelm für Preußen die schwedische Lehnshoheit anerkennen. Als schwedischer Lehnsmann besiegte er im nächsten Jahr den König von Polen bei Warschau. Aber Schweden ließ ihn nach der Schlacht bei Warschau in diesem Kriege schnell allein. So verständigte er sich mit Polen und trat nun als Bundesgenosse des Kaisers und der Niederländer mit seiner Armee zum Schutze Dänemarks in Schleswig gegen Schweden an. Er setzte mit seinem Heer nach Alsen über, während die Niederländer den Sund forcierten und kurbrandenburgische Schiffe unter dem Obristen v. Hille gemeinsam mit der Armee der schwedischen Festungen an der Weichsel- und Nogatmündung bekämpften. Der Frieden von Oliva 1660 befreite nicht nur seinen kurländischen Schwager, er bestätigte Friedrich Wilhelm die Souveränität in Preußen. So konnte er im nächsten Jahre seine Kriegsflotte verkleinern und einen Handels- und Schifffahrtsvertrag mit England schließen.

In dem kurz darauf 1672 durch Ludwig XIV. im Bündnis mit Karl II. von England vom Zaune gebrochenen Annektionskrieg stand der Kurfürst bald mit 20 000 Mann zum Schutze des Reiches am Rhein. Ludwig XIV. veranlaßte darauf die Schweden, zur Entlastung Frankreichs in Brandenburg einzubrechen. Als nun nach dem Ausscheiden Englands aus dem Krieg niederländische Reeder gegen Gewinnbeteiligung dem Kurfürsten gegen Schweden ihre Kriegsschiffe anboten, eröffnete er einen erfolgreichen Kaperkrieg. Sein Reiterheer und die Bauernaufgebote schlugen 1675 das schwedische Heer bei Bernau und Fehrbellin. Den Sieg nutzte Friedrich Wilhelm, um Pommern zu befreien und Stettin zu gewinnen. Dazu vermietete ihm der Reeder Benjamin Raule eine Flotte mit Besatzungen. Ihr Angriff auf die schwedische Karlsburg an der Weser (1675) mißglückte. Dagegen setzte sie sich bei der Befreiung von Wollin, Wolgast und Greifenhagen erfolgreich ein. Bei Jasmund nahm sie zwei schwedische Kriegsschiffe. Brandenburgische Schiffe kreuzten 1677 zwischen Öland und Gotland, während andere Stettin blokkierten und wiederum andere auf der Elbe mit Gewalt von der Stadt Hamburg 100 000 Taler Schulden eintrieben. Niederländische Schiffe deckten am 22. September 1678 die dänische Landung bei Arkona auf Rügen, während der große Kurfürst am folgenden Tage mit brandenburgischen Truppen bei Neukamp landete, um die Schweden von der Insel zu vertreiben. Der niederländische Admiral Cornelius Tromp führte dabei die brandenburgische Flotte und leitete anschließend die erfolgreiche Beschießung Stralsunds.

Jedoch das unter schweren Opfern befreite Pommern ging im Frieden von St. Germain-en-Laye 1679 wieder verloren. Nun schickte der Kurfürst ein brandenburgisches Geschwader nach Spanien, um durch Bedrohung der Silberflotte dort wenigstens die 2 Millionen Taler versprochener Subsidiengelder einzutreiben. Die Welt horchte auf, als einige Schiffe des Geschwaders das 28-Kanonen-Schiff *Karolus Secundus* als Prise nach Pillau zurückbrachten, während bald andere vier Monate vor Westindien kreuzten. Vor dem Auslaufen des nächsten Geschwaders schalteten sich England, Frankreich und der Kaiser Leopold als Vermittler ein. Nach Scheitern der Verhandlungen schickte aber Friedrich Wilhelm trotz diplomatischer Schwierigkeiten im Oktober 1681 Admiral Alders mit 3 Schiffen gegen die Silberflotte aus. Der große Schlag mißglückte. Den Spaniern gelang es nämlich, durch ein Geschwader von 12 Kriegsschiffen den sofort angreifenden Alders von der Silberflotte abzuziehen. Dem großen Kurfürsten sowie seinem Reeder und Marinedirektor Raule ging es jedoch bei ihren maritimen Bemühungen nicht allein um militärische Ziele oder um Repressalien gegen säumige Zahler, wenn sie auch zu diesem Zweck in den folgenden Jahren erneut Schiffe ausrüsteten. Es ging Friedrich Wilhelm vielmehr um die Stärkung des Handels zur Hebung des Wohlstandes in seinem Lande. Seinem preußischen Hafen Königsberg fehlte jedoch das Hinterland. Deswegen fand er dort wenig aufgeschlossene Kaufleute. Schließlich rüstete Raule 1680 auf eigene Kosten eine Expedition nach Afrika unter brandenburgischer Flagge aus. Der Kurfürst stellte dazu zwei Unteroffiziere und 20 Musketiere. Sofort zeigte sich der Widerstand der Niederländisch-Westindischen Companie, mit der ein über 30jähriges Ringen begann. Die Companie hielt sich nicht an Abmachungen und Zusagen der Generalstaaten, sondern begann einen rücksichtslosen Kampf auf eigene Faust. Doch konnte sie den brandenburgischen Kapitän Blonk 1681 nicht hindern, mit Negerhäuptlingen Handelsverträge abzuschließen, worauf der Kurfürst 1682 die Brandenburgisch-Afrikanische Companie ins Leben rief. Eine von dieser Companie ausgerüstete Expedition unter von der Gröben erneuerte die Verträge mit den Negerhäuptlingen und legte am 1. Januar 1683 den Grundstein für die Festung »Groß-Friedrichsburg« am Kap der drei Spitzen. Brandenburg schaltete sich von dieser Niederlassung aus in den Westindienhandel ein. Weitere Häuptlinge baten in den nächsten Jahren um Schutzverträge. So entstanden neue befestigte Handelsniederlassungen bei Accada, bei Taccarary, bei Taccrama und schließlich im Dezember 1687 auf der Insel Arguin. Eine Negerdelegation reiste sogar zum Kurfürsten nach Brandenburg und wurde hier fürstlich empfangen. Auf der

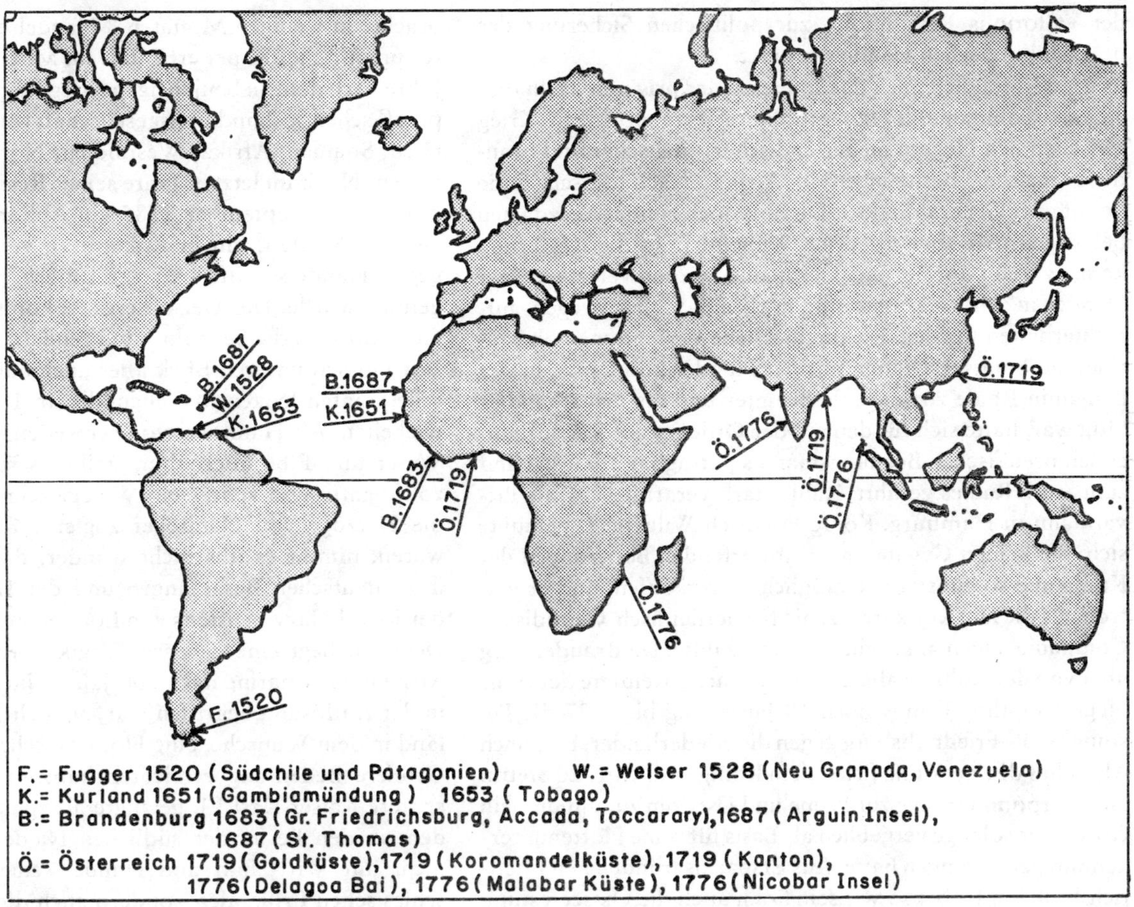

Staatliche und private deutsche Handelsniederlassungen in Übersee vom 16. bis 18. Jahrhundert

Suche nach einem Platz für eine westindische Gegenstation verhandelte Friedrich Wilhelm erst mit Frankreich, dann mietete er von den Dänen einen Stützpunkt auf St. Thomas, um dort Land bebauen zu lassen, Fischerei zu betreiben sowie Wohn- und Packhäuser zu errichten. Der Versuch, von den Dänen ähnlich wie sein kurländischer Onkel auch Rechte für die Islandfahrt zu erwerben, scheiterte ebenso wie die Gründung einer Brandenburgisch-Ostindischen Companie und der Erwerb der Insel Tobago von Kurland.

Dem in wenigen Jahren große Gewinne abwerfenden afrikanischen Projekt kam eine unvorhergesehene Erweiterung der brandenburgischen Küstenbasis zugute. Auf kaiserliche Anordnung griff 1682 der Kurfürst im Interesse der friesischen Stände in deren Kampf mit ihrer Fürstin ein, dazu landete er in Greetsiel Truppen. Bald darauf konnte er die friesische Schiffahrt in seinen besonderen Schutz nehmen. In Emden durfte der Kurfürst dafür ein Magazin und eine Truppe, die »1. Kompanie de Marine«, aufstellen. Sie bildete den Stammtruppenteil für die militärischen Besatzungen der Schiffe und der überseeischen Festungen. 1687 kam ein großer Rückschlag. Der niederländische General de Sweers überfiel im Oktober Accada und Taccarary, nahm die Besatzungen gefangen, raubte die Waren und die Munition und blockierte Groß-Friedrichsburg. Der große Kurfürst war entschlossen, von den Generalstaaten volle Genugtuung zu fordern. Der Überfall mußte ihm um so heimtückischer erscheinen, weil er gerade seinem Schwager, Wilhelm von Oranien, zugesagt hatte, während der Landung in England ihm Truppen zur Sicherung der Niederlande zu stellen. Als Friedrich Wilhelm starb, glaubte sein Nachfolger, der Kurfürst Friedrich III., zwischen den Taten der Niederländisch-Westindischen Companie und dem Willen des prinzlichen Statthalters unterscheiden zu müssen. So deckten seine Truppen die Landung des Oraniers in England, ohne daß er vorher Genugtuung für die Übergriffe in Afrika erhalten hatte.

In der Mitte der 90er Jahre nahm der brandenburgische Afrika- und Amerikahandel trotz der Schwierigkeiten weiteren Aufschwung. Aber auf St. Thomas bereiteten nun die Dänen zunehmende Schwierigkeiten. Vergeblich versuchte Brandenburg als Ersatz 1695 in Westindien die Insel Tertholen zu erwerben; die Besetzung der von den Franzosen geräumten Insel St. Croix blieb nutzlos. Der Friede von Ryswik hatte der Afrikanischen Companie inzwischen erheblichen Aufschwung gegeben. In Afrika bekämpfte Kapitän van Beek noch erfolgreich die Seeräuber, aber der zum König in Preußen aufgestiegene Kurfürst hatte weder seine Beteiligung am spanischen Erbfolgekrieg auf der Seite der Seemächte noch seine Unterstützung des Oraniers während der »Glorious Revolution« zur politischen Sicherung des brandenburgischen Handels genutzt.

Es erlosch folglich auch das Interesse der privaten Teilhaber an der Companie. 1712 entbrannte dazu noch ein Krieg zwischen den Negern niederländischer, englischer und brandenburgischer Besitzungen in Afrika. Nach dessen Ende konnte der Generaldirektor Du Bois noch einmal Accada neu befestigen. Als aber Friedrich Wilhelm I. an die Regierung kam, waren Marine und Companie wieder verfallen. Der Handel in Afrika konnte nur noch auf Schleichwegen aufrechterhalten werden. Die unglückliche Verbindung von Marine und Staatsgeschäften mit der Handelskompanie, in der Benjamin Raule zugleich als Beamter und als Privathändler tätig war, hatte sich für den auf der Ordenstradition aufbauenden preußischen Beamtenstaat als untragbar erwiesen und zum Sturz Raules geführt. Raule starb verarmt 1707 als Privatmann in Hamburg. König Friedrich Wilhelm I. bemühte sich, die keinen Gewinn mehr abwerfenden Besitzungen der Kompanie so günstig wie möglich zu verkaufen, und er war froh, als die alte Konkurrenz, die Niederländisch-Ostindische Companie, einen ansehnlichen Preis zahlte. Da Brandenburg aber von der Kolonie abgeschnitten war, verteidigte der treue Negerhäuptling Cunny noch 10 Jahre lang bis 1727 die Festung Groß-Friedrichsburg gegen die Niederländer. Erst nach Abschluß des Verkaufs fielen dem König endlich 1720 Stettin und Vorpommern bis zur Peene und Usedom zu, um die sein Großvater solange vergeblich als Basis für seine Flottenunternehmungen gerungen hatte. Aus Ersparnisgründen ließ Friedrich Wilhelm I. ebenso wie sein Sohn auch die Ostseefestung Pillau nicht mehr instand halten. Friedrich der Große erbte 1744 ganz Ostfriesland. Er setzte Handelsinteressen auf See ausschließlich auf friedlichem Wege durch. Die Emdener Mariniers wandelte er in eine Garnisontruppe um. Emden wurde 1751 zum Freihafen, von dort lief 1752 das erste preußische Handelsschiff *Der König von Preußen* nach China aus. Friedrichs Briefwechsel mit William Pitt zeigt, daß er ein sicheres Gefühl für Fragen der Seemacht besaß, die er in sein militärisches und politisches Kalkül richtig einbezog. Sein Bündnis mit England entband ihn vor allem im Siebenjährigen Kriege davon, gegen Frankreich auf den Weltmeeren Seekrieg führen zu müssen. Es entlastete seine Westfront und sicherte die Zufahrten über Hamburg. Im küstennahen Bereich der Ostsee ließ Friedrich jedoch ein preußisches Schiffsarmement zur Verteidigung Stettins improvisieren. Das kleine Geschwader schlug sich selbst aufopfernd im Haff gegen die angreifenden Schweden. Gefange preußische Seeleute bemächtigten sich nach dem Kampf des schwedischen Kriegsschiffes *Schildpadde* auf See und liefen damit in Kolberg ein. In kühnem Handstreich nahmen andere 70 preußische Matrosen später unter der Führung von zwei Kapitänen eine schwedische Galeere und mehrere Ruderkanonenboote auf dem Haff.

Daneben ließ Friedrich Kaperschiffe gegen den österreichischen und schwedischen Handel auslaufen. Die *Emden* brachte in wenigen Monaten 8 Handelschiffe auf. Ein anderer preußischer Kaper erbeutete im Mittelmeer 14 Schiffe. 10 Jahre nach dem Siebenjährigen Krieg fuhren Schiffe der neuen preußischen Seehandlungsgesellschaft von Stettin nach Frankreich, Spanien, Afrika, Westindien, Nordamerika und Ostindien. Noch im letzten Jahre seiner Regierung schloß Friedrich am 10. September 1785 ein Abkommen mit den Vereinigten Staaten, um in Zukunft zu verhindern, daß Krieg gegen Handelsschiffe und zur Unterbrechung des Handels geführt würde. Der Geist dieses Abkommens bestimmte für Generationen die Seepolitik in Preußen.

Wir müssen unseren Blick aber auch auf zwei weitere deutsche Staaten lenken, die ebenfalls im 18. Jh. Seemacht entwickelten. Als Hannover von Schweden das Gebiet zwischen Weser und Elbe übernahm, stellte es auch die Stader Elbzollfregatte und später ein Weserwachtschiff in Dienst. Da die Herzöge von Hannover zugleich Könige von England waren, nimmt es uns nicht wunder, daß die Schiffe, trotz ihrer deutschen Besatzungen und der Unabhängigkeit von der Royal Navy meistens von London aus verwaltet wurden. Dennoch liegt eine gewisse Tragik darin, daß diese kleine Küstenschutzmarine nach 200 Jahren ihres Bestehens gerade in der Auflösung begriffen war, als sich 1848 ganz Deutschland in dem Wunsche, eine Flotte zu schaffen, einig war.

Größere Bedeutung erreichten habsburgische Flotten. Der spätere Kaiser Karl VI. gelangte als spanischer Kronprätendent in den Besitz der südlichen Niederlande. Er förderte nicht nur Wirtschaft und Handel seiner böhmischen und schlesischen Erbländer, sondern auch die flandrische Schiffahrt. Auf Anregung des Prinzen Eugen wurde 1719 an der Koromandelküste in Ostindien die habsburgische Flagge gehißt und mit dem Bau einer Festung begonnen. An der Guineaküste, in Kanton und in Indien entstanden habsburgische Faktoreien. Die Kaiserlich-Königlich-Indische Gesellschaft (Ostender Companie) warf beachtliche Gewinne ab. Aber auf Druck der Seemächte mußte sie 1732 aufgelöst werden. Gleichzeitig hatte Karl VI., unter starker Anteilnahme des Prinzen Eugen, Triest zum habsburgischen Seehafen ausbauen und durch die Semmering-Straße mit Wien verbinden lassen. 6 Linienschiffe, 1 Fregatte und mehrere kleine Schiffe sollten für den Schutz der kaiserlichen Schiffahrt sorgen.

Nach dem Siebenjährigen Krieg nahm Maria Theresia überseeische Pläne wieder auf. 1774 gründete sie in Triest die Österreichische-Ostindische Handelscompanie. In Südostafrika, an der Delagoa Bay, an der indischen Malabarküste und auf den Nikobaren entstanden weitere österreichische Niederlassungen. Jedoch Habsburg konnte abermals dem Druck der älteren Seemächte nicht standhalten. 1789 besetzten Briten diese Kolonien. Die zum Schutz des Handels 1786 in Dienst gestellten Kriegsschiffe bildeten den Grundstock der österreichischen Marine, die nach dem Ausscheiden aus dem Reichsverband bis 1918 weiterbestand.

Das Reich als Ganzes hatte nach dem Dreißigjährigen Kriege weder Seemacht noch Seegeltung entwickeln können. Kurland, Brandenburg und Preußen fehlten zunächst die Häfen und das Hinterland, außerdem mußten ihre Schiffe, bevor sie das Weltmeer erreichten, den von Dänemark beherrschten Sund passieren. Hamburg, Lübeck, Bremen und zeitweilig auch Danzig konnten sich durch starke Festungen ihre politische Selbständigkeit und ihre Verbindung zum Hinterland erhalten. Mit einer Hafenstadt, die durch Festungsanlagen gesichert war und stets Zufuhr erhielt, bemühte sich jeder Kriegführende, gute Beziehungen herzustellen. Als Preußen endlich mit Friesland, Pommern und Ost- und Westpreußen eine sichere Basis für seine Schiffahrt gewonnen hatte, stützte es sich auf sein traditionelles Bündnis mit England ab. Nach dem Siebenjährigen Kriege hatte Preußen Ansehen, Geltung und zu Lande Macht erworben. Durch sein gutes Verhältnis zu Hannover und Braunschweig sicherte es der gesamten deutschen Nord- und Ostseeküste die Ordnung und Ruhe im Hinterland. So nahm die Bedeutung des friedlichen Überseehandels der alten freien Hansestädte Hamburg, Bremen, Lübeck und Danzig sowie der preußischen Seehäfen in Friesland und im Ostseeraum bis zu den napoleonischen Kriegen ständig zu.

Kapitel 6

Der Siebenjährige Krieg

Von J. R. Fredland verfaßtes Kapitel 3 der US-Ausgabe, in Übersetzung von Siegfried Engel

Der Siebenjährige Krieg (1756–1763) ist für das Studium der Seekriegsgeschichte interessanter als irgendeiner der vorangegangenen Kriege im langen Kampf zwischen England und Frankreich. Zu wichtigen militärischen Operationen kam es in deutschen Landen, im Mittelmeer, in Kanada, Westindien, Indien, Afrika und auf den Philippinen. Es handelte sich also wirklich um einen Weltkrieg. Er liefert Schulbeispiele für Flottentaktik und amphibische Operationen. Er ist eine Fundgrube für Beispiele falscher und hervorragender strategischer Planung und Durchführung. Er brachte in den Kriegsministern Englands und Frankreichs, Pitt und Choiseul, in Friedrich dem Großen und seinem Schwager, Herzog Ferdinand von Braunschweig, in Boscawen und Hawke, im amphibischen Zweigespann Wolfe und Saunders einige der besten Führer in der Geschichte ihrer Länder hervor.

Vor allem aber ist dieser Krieg der Prototyp von Kriegen zwischen starken Land- und Seemächten. Großbritanniens überwältigende Siege und der anschließend von ihm diktierte karthagische Friede sicherten erstmals seine Stellung als überragende Weltmacht. Pitts strategische Einsicht und besonders seine sichere Hand beim Einsatz der britischen Flotte ließen das weltweite britische Imperium zur Wirklichkeit werden. Nie hat es ein besseres Beispiel für den »Einfluß der Seemacht auf die Geschichte« gegeben.

Der Friede von Aachen (1748), der den österreichischen Erbfolgekrieg beendete, befriedigte niemanden. Ein Wiederaufleben der Feindseligkeiten war unvermeidlich. Es ging um zwei Brennpunkte: In Amerika stritten sich britische Kolonisten und Franzosen um das Land jenseits der Appalachen, besonders das Tal des Ohio und die Gegend südlich der Großen Seen. In Mitteleuropa litt Österreich unter dem Verlust Schlesiens und plante seine Rückgewinnung. Für Großbritannien bestand die Möglichkeit, in alle Streitfälle in Deutschland verwickelt zu werden, da Georg II. von England auch Kurfürst von Hannover, seinem angestammten Erbe, war.

Die Feindseligkeiten brachen in Amerika aus. Was die Kolonisten den französischen und indianischen Krieg nannten, war lediglich die amerikanische Phase des Siebenjährigen Krieges. Im Frühjahr 1754 wurde ein knochiger junger Oberst der Virginia-Miliz, George Washington, mit einem Bataillon auf einen Vorposten am Zusammenfluß der Allegheny und Monongahela Flüsse im heutigen westlichen Pennsylvanien entsandt. Washington mußte sich nach einer Niederlage durch überlegene französische und indianische Kräfte bei Fort Necessity ergeben. Im folgenden Jahr schickten die Briten eine Abteilung Regulärer unter Generalmajor Braddock. Sie sollte, ergänzt durch Washingtons Miliz, Fort Duquesne, den französischen Vorposten beim heutigen Pittsburgh, erobern. Bei Great Meadows geriet sie in einen Hinterhalt und wurde ebenfalls besiegt. General Braddock fiel.

So wie die Dinge im 18. Jh. lagen, hätte sich vielleicht der Konflikt räumlich begrenzen lassen; es wäre auch ein Krieg mit begrenzten Zielen ausschließlich in den Kolonien denkbar gewesen. Aber in Europa trugen sich dramatische Dinge zu.

Die diplomatische Revolution

Fast ein ganzes Jahrhundert hindurch hatten widerstreitende dynastische und territoriale Interessen die Feindschaft zwischen dem Haus Bourbon in Frankreich und dem Haus Habsburg in Österreich genährt. Seit der Zeit Ludwig XIV. hatte französischer Expansionsdrang die rheinischen Fürstentümer und die österreichischen Niederlande bedroht. Nicht nur England und Frankreich führten unablässig Krieg, auch Frankreich und Österreich waren im Lauf der Zeit »traditionelle Feinde« geworden.

Jetzt aber änderten die Ansprüche des armen Königreiches Preußen, eine Militärmacht ersten Ranges zu sein, das »Gleichgewicht der Kräfte« auf dem Kontinent. Friedrichs kühner Raub Schlesiens schmerzte immer noch. Also ging Österreich ins andere Lager über. Der bisherige Feind Frankreichs und Verbündete Englands wurde jetzt Frankreichs Verbündeter. Dadurch mußte es unweigerlich Englands und Preußens Feind werden.

Es war ein Grundsatz der britischen Außenpolitik, daß sich die stärkste Kontinentalmacht nicht in den Niederlanden festsetzen dürfe. London lag nur eine Tagesreise unter Segel von der Scheldemündung entfernt. Diese wurde zu einer auf Englands Herz gerichteten Pistole, wenn Antwerpen französische Garnison wurde. Und dann war da noch Hannover. Mit England nur durch die gemeinsame Krone verbunden, wurde es nun, wo sich seine beiden mächtigen Nachbarn verbündet hatten, zu einem Unterpfand des Glücks. Also mußte England einen kontinentalen Alliierten haben, und er konnte nur Preußen heißen.

Frankreich und Österreich nahmen die damals beachtliche Militärmacht Schweden, späterhin auch Rußland in ihr Bündnis auf. Nur dank seines militärischen Genies konnte Friedrich der Große mit Hilfe einiger kleiner deutscher Staaten

und britischer Subsidien in sieben Jahren Krieg den Bestand seines Staates unversehrt erhalten.
In einem vorwiegend maritimen Bericht können die komplizierten Landfeldzüge unmöglich dargestellt werden. Man darf aber nicht vergessen, daß sie Englands Gesamtstrategie und Kräfteverteilung sehr stark beeinflußt haben. Konnte man bei der Mitwirkung Großbritanniens auch nur selten von einem »Schulter an Schulter Stehen« reden, so stellte die preußisch-britische Allianz doch ein wirksames Bündnis gegen den gemeinsamen Feind Frankreich dar.

Belle-Isles Plan

Erst 1756 wurde der Krieg offiziell erklärt. Aber Raubzüge englischer Freibeuter und Kriegsschiffe und die öffentliche Bekanntgabe des Geheimvertrages zwischen England und Preußen hatten die amtliche Kriegserklärung und eine Ausbreitung der Feindseligkeiten unvermeidlich gemacht. Früher, als England mit Österreich verbündet war, hatte sich Frankreich durch einen Angriff auf die österreichischen Niederlande (das heutige Belgien) ein »quid pro quo« als Austauschobjekt gegen Kolonien sichern können, die sonst vielleicht durch die überlegene britische Seemacht verlorengegangen wären. Das war bei dem neuen Bündnissystem nicht möglich. Gewiß konnte Frankreich Hannover angreifen, aber durch das Bündnis England–Friedrich blieb ein Erfolg recht unsicher. Als einzige Alternative bot sich eine Invasion in England an. Dieser Streich mußte geführt werden, bevor England alle maritimen Mittel beisammen oder eine ausreichende Landesverteidigung aufgebaut hatte.
An die Ausarbeitung eines solchen Plans machte sich der begabte, ja geniale Marschall Fouquet Duc de Belle-Isle. Er sah drei gleichzeitige Invasionen vor: in Irland, Schottland und England. War ein Brückenkopf – vermutlich in England – geschaffen, so sollte eine »zweite Welle« den Hauptangriff verstärken. Gleichzeitig sollte ein amphibischer Diversionsangriff auf Minorca, Englands einzige Marinebasis im Mittelmeer, erfolgen. Für die Invasion in England wurden viele flachgehende Boote zum Truppentransport gebaut; Soldaten wurden in die Häfen am Kanal und an der Biskaya verlegt. In Großbritannien waren Kabinett und Bevölkerung über die Vorbereitungen und die Invasion durch diplomatische Kanäle und den Geheimdienst im Bilde. In London brach fast eine Panik aus, da die winzige Armee weit verstreut und ein großer Teil der Flotte im Ausland stationiert war. Der Premierminister, der Herzog von Newcastle, und seine Ratgeber wollten natürlich keine Anstrengungen scheuen, um die militärische Verteidigung, besonders aber die Kanalflotte auf Kosten aller anderen Schauplätze zu verstärken. Im Licht der neueren Geschichte scheint der Plan absurd, eine Invasion ohne maritime Überlegenheit zu unternehmen, für die in Frankreich weder eine Aussicht bestand noch ein Plan vorlag. Aber 1755 hielt man noch eine Invasion für möglich, wenn man nur der britischen Flotte auswich . Vor diesem Hintergrund muß die Unternehmung Minorca beurteilt werden.

Die Franzosen erobern Minorca

Bald wurde es klar, daß die französische Regierung und Marine weder den Offensivgeist Belle-Isles, noch die materiellen Mittel besaßen. War England nicht auf die Abwehr einer Invasion vorbereitet, so Frankreich nicht auf ihre Durchführung. Als die französischen Führer so weit waren, den kühnen Plan in einen durchführbaren Operationsentwurf umzusetzen, scheuten sie zurück. Dadurch aber, daß die Franzosen immerhin die Defensivstrategie Englands durcheinander gebracht hatten, bot sich ihnen der unschätzbare Vorteil einer Überraschung auf dem Mittelmeer-Schauplatz. 150 Transporter mit 15 000 Mann unter dem Herzog von Richelieu und 12 Linienschiffe unter dem Marquis de la Galissonnière waren in Toulon versammelt. Die Diversion gegen Minorca war zur Hauptaktion geworden.
Mitte April 1756 landeten die Franzosen auf Minorca und warfen rasch die Garnison von 3000 Mann in die Festung St. Philip zurück, die die Hauptstadt Port Mahon schützte. Die Flotte hielt sich unter wenig Segeln bereit, blockierte die Insel und lag klar, um britische Verstärkungen abzufangen.
Die Briten hatten damals im Mittelmeer ein sehr kleines Beobachtungsgeschwader unter Kommodore Edgecumbe: 1 Schiff mit 60, 2 mit 50 Kanonen und 4 Fregatten. Gestützt auf sich widersprechende Nachrichten, entsandte die Admiralität schließlich Admiral Sir John Byng mit 10 Linienschiffen ins Mittelmeer. Seine verzwickten Anweisungen stellten viele Möglichkeiten in Rechnung, darunter eine Teilung seiner Kräfte in Gibraltar, falls die Entsendung französischer Verstärkungen nach Nordamerika hinreichend erwiesen schien. Sonst sollte er mit dem ganzen Geschwader nach Minorca laufen. Hatten es die Franzosen schon angegriffen, so sollte er »alle in seiner Macht stehenden Mittel zum Entsatz anwenden«. Andernfalls sollte er Toulon blokkieren. Und unter allen Umständen war Gibraltar zu schützen.
Als Byng am 2. Mai in Gibraltar ankam, erfuhr er von Edgecumbe, dessen Schiffe eine willkommene Verstärkung waren, die wahre Lage. Nach einer Woche versegelte er mit einem aus England mitgebrachten Füselierregiment an Bord und mit 13 Linienschiffen, um eine Aufhebung der Belagerung zu versuchen.
Am 19. Mai sichtete er Minorca und schickte Fregatten zur Aufklärung bei Port Mahon und womöglich zur Verbin-

1 Schon 1745 hatte eine solche Invasion einen Teilerfolg gehabt. Wir werden sehen, daß die Furcht vor einer französischen Invasion gelegentlich das britische strategische Denken beherrschte, besonders während der Kriege der französischen Revolution und des Imperiums (1793–1815).

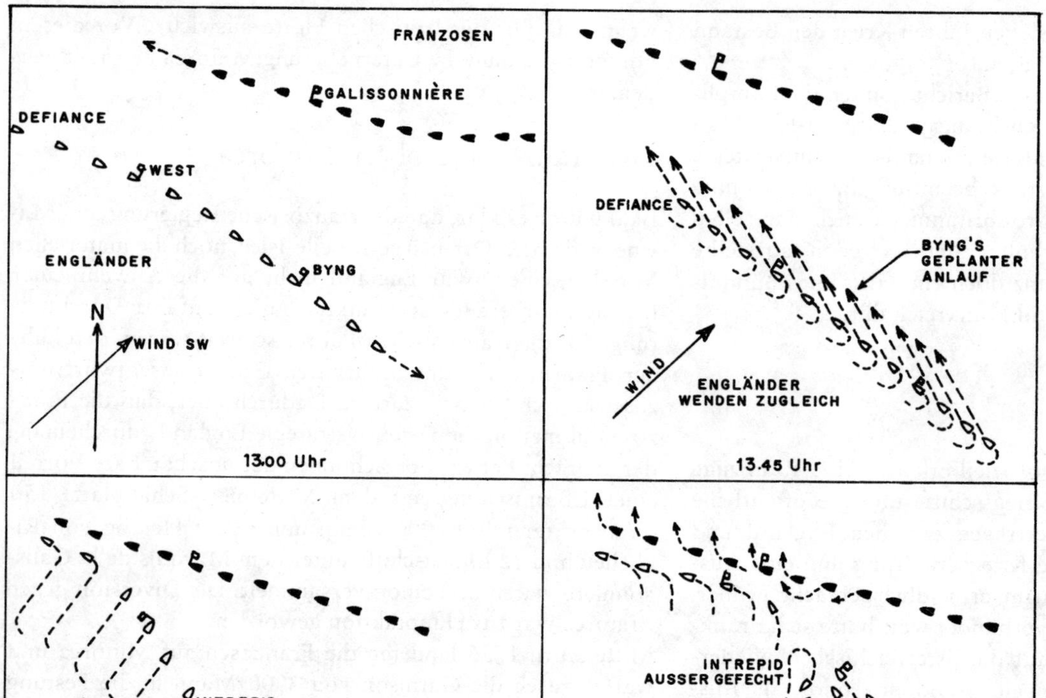

Die Schlacht vor Minorca, 18. Mai 1756

dungsaufnahme mit der britischen Garnison. Das Auftauchen des französischen Gros vereitelte beides. Bald sichteten sich die auf konvergierenden Kursen laufenden Linien, aber der Wind schlief ein, und die Nacht kam, ehe der Kampf beginnen konnte.

Als sich der Morgennebel hob, wurden die Franzosen im Süden und Osten in 12 sm Entfernung gemeldet. Es stand mäßiger SSW-Wind. Byng rief seine Fregatten zurück, wendete auf SO, auf Galissonnière zu, und befahl Schlachtlinie mit 2 Kabellängen Abstand. Bei dem in 2 Divisionen aufgeteilten Geschwader befehligte Byng die Vorhut von 7 Schiffen, sein Stellvertreter, Konteradmiral West, die 6 Schiffe der Nachhut. Die Franzosen kamen sehr bald unter allen Segeln auf WNW-Kurs heran. Byng setzte mehr Leinwand und beeilte sich, den Feindkurs zu kreuzen, um sich die Luvstellung zu sichern. Etwa eine Stunde lang liefen die Gegner fast auf Kollisionskursen. Kurz nach 12 Uhr sprang der Wind auf SW um, wodurch Byngs Manöver begünstigt wurde. Als Galissonnière erkannte, daß ihm die Luvposition versagt blieb, reffte er und fiel nach Steuerbord ab, womit er die Leestellung hinnahm. Byng lief etwas langsamer, und die Flotten kamen in nicht ganz parallelen Linien auf fast entgegengesetzten Kursen querab voneinander, die Franzosen mit Backbord-, die Briten mit Steuerbord-Halsen.

Das Byng durch die »Dauernden Kampfanweisungen« vorgeschriebene orthodoxe Verfahren hätte so lange Kurshalten verlangt, bis sein Spitzenschiff dem feindlichen Schlußschiff gegenüber stand; dann mußte er die ganze Linie wenden lassen und den Feind Schiff gegen Schiff angreifen. Wir sahen, daß die Schwäche dieser Angriffsart darin lag, daß die Angreifer sich den Breitseiten des Gegners fast senkrecht näherten, dadurch also längere Zeit einer Längsbestreichung ausgesetzt waren, die sie nicht wirksam erwidern konnten. Deshalb hatte Byng eine kleine, aber bezeichnende Neuerung geplant: er wollte Kurs halten, bis seine Vorhut die Nachhut der Franzosen gut achteraus hatte, dann erst wenden und sich in Linienpeilung und im spitzen Winkel dem Feind von achterlicher als dwars nähern, was den Einsatz der eigenen Kanonen gestatten würde[2].

2 War dieses Manöver damals auch nicht üblich, so war es doch nicht Byngs eigene Erfindung. Schon 1688 hatte es Lord Dartmouth als Ergänzung zu den Anweisungen des Herzogs von York befohlen. Vgl. Sir Julian S. Corbett: England im Siebenjährigen Krieg, I, London, 1907. S. 118–119.

In dem seiner Meinung nach richtigen Augenblick ließ Byng die Marssegel back brassen, um Fahrt zu verringern. Galissonnière parierte mit dem gleichen Manöver. Byng setzte das Signal zum Wenden, damit, wenn sich die Linie auf NW-Kurs neu formierte, die *Defiance,* dann Spitzenschiff, sofort nach Steuerbord abfallen sollte, um das führende französische Schiff anzugreifen und damit den Kampf zu eröffnen. Das aber tat die *Defiance* nicht, sondern blieb auf nahezu parallelem Kurs mit dem Feind, und Wests ganze Division folgte ihr. Infolge unzureichender Signalmittel dauerte es zu lange, bis sich Byng verständlich machen konnte. Dadurch verpaßte er den entscheidenden Augenblick, für den seine bisherige Taktik eine kluge Vorbereitung gewesen war. Verzweifelt signalisierte Byng schließlich »Feuer eröffnen«. Endlich ein unmißverständlicher Befehl. Die 6 Schiffe von West, jetzt die britische Vorhut, fielen sofort, senkrecht auf die Franzosen zustürmend, ab und erhielten drei Breitseiten im Längsbeschuß. Bald sahen sie sich in eine wilde Kanonade auf kurze Entfernungen verwickelt. Byng stand mit der achteren Division viel weiter vom Feind, so daß Wests Schiffe bereits eine halbe Stunde kämpften, bevor die Nachhut Feuer eröffnen konnte.

Alle Schiffe von West litten schwer, besonders Spieren und Takelage. Der *Intrepid*, dem Schlußschiff, wurde die Vormarsstenge fortgeschossen, so daß sie bewegungsunfähig quer vor Byngs Linie liegen blieb. Dadurch staute sich die Nachhut in einem Knäuel, ohne Fahrt in den Schiffen.

Die nun von Byng getroffene Entscheidung zeigte, wie fundamental sich die Anhänger des Mêlées und die Formaltaktiker unterschieden. Hätte er nicht in der Tradition von Blake und Monk jede Vorsicht außer acht lassen und seine Division, so schnell wie jedes Schiff laufen konnte, zur Unterstützung der zerschossenen Vorhut heranführen sollen? Man wird sich aber erinnern, daß Byng über Admiral Mathews zu Gericht gesessen hatte, und ihm schien die augenblickliche Situation eine fatale Ähnlichkeit mit dem Gefecht bei Toulon zu haben. Obwohl ihn sein Flaggkapitän zu kühnerem Handeln drängte, wandte der Admiral ein:

> Sie sehen doch, Kapitän Gardiner, daß das Signal zur Formierung der Linie weht und daß ich vor *Louisa* und *Trident* stehe . . . (die eigentlich vor *ihm* hätten stehen sollen). Sie wollen doch wohl nicht, daß ich als Flottenchef loslaufe, als wolle ich ein einzelnes Schiff angreifen. Mr. Mathew sah sich zu seinem Unglück dem Vorwurf ausgesetzt, seinen Verband nicht geschlossen herangeführt zu haben, was ich gerade vermeiden möchte[3].

Und wirklich wartete Byng, um erst einmal eine Art von Ordnung in seine Linie zu bringen, nur um festzustellen, daß die Franzosen das Gefecht abbrachen. Byngs eigene Schiffe kamen überhaupt nicht in den Kampf. Niemand kann mit Sicherheit sagen, ob Byng wirklich das starre Festhalten an der geschlossenen Linie Ruf und Leben gekostet hat, weil ihm dadurch ein Sieg entgangen war. Galissonnière war ein viel zu tüchtiger Offizier, als daß auch unter den günstigsten Umständen ein britischer Sieg todsicher gewesen wäre. Hätte Byng jedoch sehr rasch ein allgemeines Mêlée herbeigeführt und wäre es dadurch zu einem entscheidenderen Gefecht gekommen, so wäre wenigstens der Vorwurf, er habe nicht sein Äußerstes getan, weit weniger stichhaltig gewesen.

Galissonnière hätte unbedingt die breite Lücke zwischen britischer Vor- und Nachhut und damit die Möglichkeit erkennen müssen, die britische Linie auseinanderzureißen. Er mag gehofft haben, seine eigene Linie mit dichtgeholten Schoten hinter Wests Division passieren zu lassen, dann zu halsen und sie von zwei Seiten zu fassen. Aber wenn er das tat, so konnte Byng noch rechtzeitig mit seinen Schlußschiffen die Lücke schließen und ein solches Manöver der Franzosen verhindern.

Diese fielen jedenfalls nach Lee ab, um ihre Schiffe außer Schußweite neu zu formieren. Es war spät geworden, und mehrere britische Schiffe waren kaum mehr als Krüppel. Die Franzosen zeigten keine Neigung weiterzukämpfen. Galissonnière betrachtete in Übereinstimmung mit seinen Befehlen und der französischen Flottendoktrin jener Zeit die Sicherung des Brückenkopfes als seine Hauptaufgabe. Machte ihre Erfüllung ein Gefecht nötig, so würde er es annehmen, nicht aber seine Schiffe und seinen Auftrag bei einem unnötigen Kampf aufs Spiel setzen. Da die französischen Schiffe saubere Böden hatten und schneller liefen, und da ihre Schäden in der Takelage leichter als die der britischen Nachhut waren, lag die Entscheidung, ob und wann es zu neuem Kampf käme, ausschließlich bei dem französischen Admiral. Byng brachte gegenüber seinem Flaggkapitän sein Bedauern zum Ausdruck, daß er nicht über ausreichende Streitkräfte verfüge, um das Signal »Jagd frei« zu rechtfertigen. Aber nach den »Dauernden Kampfanweisungen« war das Manöver nur zulässig, wenn der Feind erheblich unterlegen oder ». . . das Gros niedergekämpft war oder davonlief«[4]. Aber keine dieser Voraussetzungen traf für Galissonnières gut geführten Verband zu. So kreuzte Byng unter kleinen Segeln im Kampfgebiet, während Wests Besatzungen die beschädigten Takelagen reparierten.

Byng war nun in großer Verlegenheit. Er konnte Galissonnière nicht angreifen, weil ihm dieser nicht den Gefallen tat, seinerseits anzugreifen. Schon in Gibraltar war er über die Aufgabe, die Belagerung von Fort St. Philip aufzuheben, verzweifelt gewesen. Die armseligen Verstärkungen, die er brachte, konnten doch Blakeneys Garnison, die einer fünffachen Übermacht gegenüberstand, kaum retten. Die britische Flotte war immer noch über die ganze Erde verteilt, und der Verlust der vielen zerschossenen Schiffe würde Großbritanniens Stellung im Mittelmeer ernstlich beeinträchtigen. Seine

3 Zitiert in: Kapitän Alfred Thayer Mahan: The Influence of Seapower in History, 1660–1783, Boston, 1890. S. 287.

4 Dauernde Kampfanweisungen, Art. 21. Sir Julian Corbett, ed.: Fighting Instructions, 1530–1816, London, Navy Records Society, 1905.

Befehle sprachen zudem von Hilfe für Gibraltar. Das waren die Gedankengänge des Admirals.

Aber bei seiner Abneigung dagegen, die Hoffnung auf Hilfe für die Streitmacht auf der Insel ganz aufzugeben, holte sich Byng etwa 4 Tage später Rat bei einem formellen, aus Konteradmiral West und den höheren Armee- und Marineoffizieren des Geschwaders bestehenden Kriegsrat. Dieser teilte seine defaitistischen Ansichten, und Byng zog seine Flotte nach Gibraltar zurück. General Blakeney hielt noch länger als einen Monat stand, aber als Admiral Hawke eintraf, um Byng als Oberbefehlshaber im Mittelmeer abzulösen, hatte sich die tapfere Garnison schließlich ergeben. Minorca blieb für den Rest des Krieges in französischer Hand.

Byngs Schicksal

Die Nachricht vom Verlust Minorcas unmittelbar nach Braddocks Niederlage wurde in England sehr übel vermerkt und bedrohte die Regierung des Herzogs von Newcastle und seine politische Gefolgschaft. Man brauchte einen Sündenbock, und der arme Byng war für diese Rolle wie geschaffen.

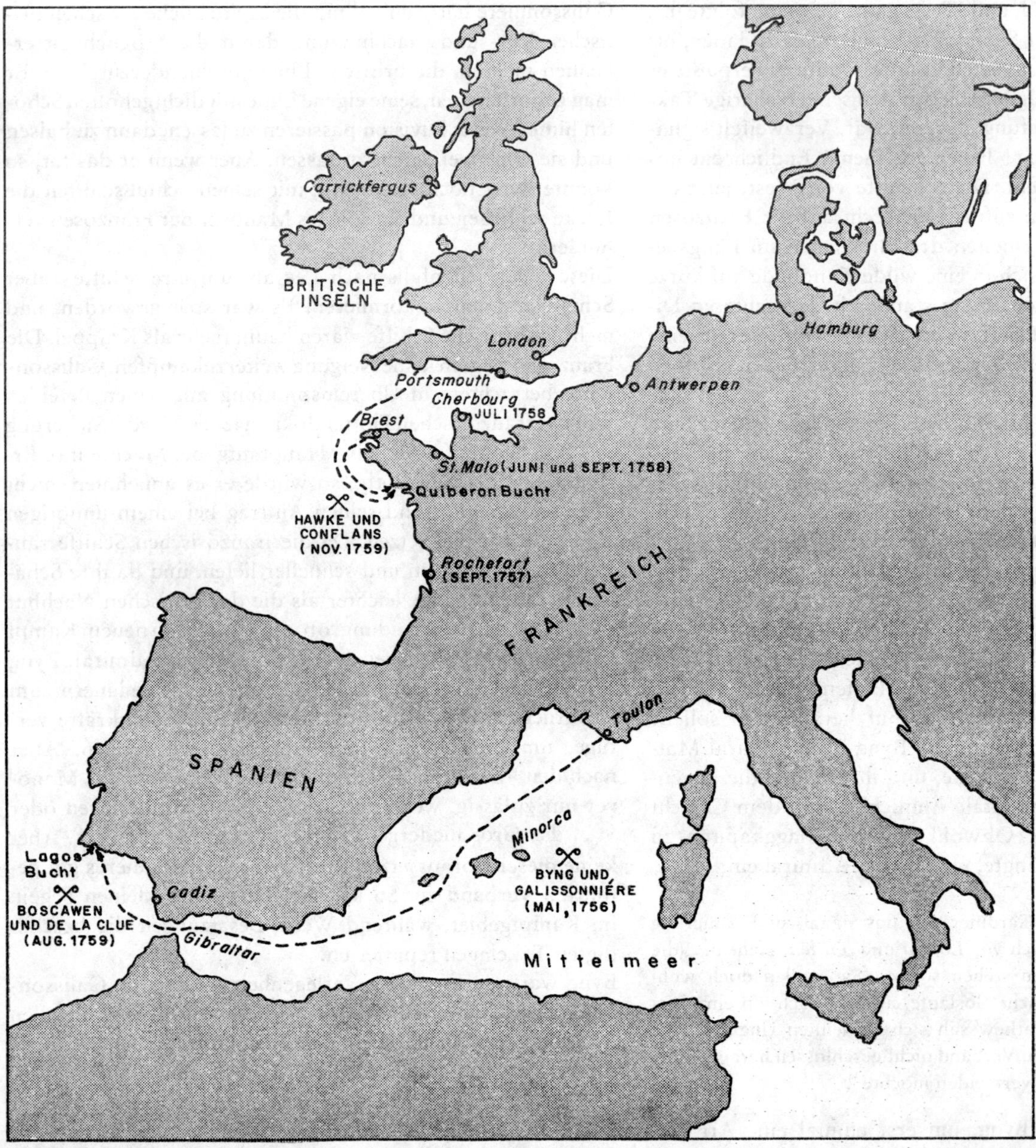

Der siebenjährige Krieg in europäischen Gewässern

Sanft und liebenswürdig, voller Minderwertigkeitskomplexe und von übergroßer Gewissenhaftigkeit, fehlte ihm die harte Entschlossenheit eines Anson oder Hawke. Taktisch gesehen, hatte er keine Schlacht verloren, aber Schlimmeres getan: er hatte verabsäumt zu gewinnen, wo ein Sieg psychologisch notwendig gewesen wäre.

Man beorderte ihn vor ein Kriegsgericht. Nach ausgiebiger Vernehmung wurde er von der Anklage der Feigheit vor dem Feind förmlich freigesprochen, aber schuldig befunden, für den Sieg nicht »sein Äußerstes getan« zu haben – entweder die französische Flotte zu vernichten oder die Garnison auf Minorca zu befreien. Für dies Vergehen war nach einer kürzlichen Neufassung der Kriegsartikel die Todesstrafe zu verhängen. König Georg II. lehnte ein Gnadengesuch des Gerichts und mehrerer Minister ab. Byng wurde also erschossen. Die Verhandlung gegen Byng und seine Hinrichtung waren eine »cause célèbre« und lieferten der Marine Gesprächsstoff für viele Monate. Obwohl er nicht wegen eines rein taktischen Fehlers bestraft wurde, sondern weil er sein Bemühen, der Garnison von Minorca Hilfe zu bringen, nicht fortgesetzt hatte, war es unbestreitbar, daß er mit dem Versuch, in einem kritischen Zeitpunkt der Schlacht seine Linie neu zu formieren, die Chance für Sieg und Ehre vertan hatte. Der Gerichtshof hatte die Einzelheiten des Gefechts vor Minorca mühsam rekonstruiert und damit das Interesse an der Taktik als solcher in den Blickpunkt gerückt sowie die starren Vorschriften der »Dauernden Kampfanweisungen« in Frage gestellt. Von allem anderen abgesehen, kann man deshalb wohl sagen, daß Byng durch seinen Tod mehr für seine Waffe erreicht hat als durch Taten in seiner Lebenszeit.

Pitts Plan

Die unaufhörlichen britischen Fehlschläge des Jahres 1756 waren in historischer Perspektive ein verkappter Segen, erzwangen sie doch eine Umbildung des Kabinetts des unfähigen Newcastle und seiner »Regierung alter Kumpane«. Man mußte William Pitt den Älteren – Schoßkind des Unterhauses, Schreckgespenst für König Georg[5] und Rivale Newcastles – zum Eintritt in die Regierung auffordern. Newcastle und seine Partei hatten in ihrer Verzweiflung Pitts harte Bedingungen anzunehmen: er beanspruchte den Posten als Erster Staatssekretär für den Krieg mit nahezu diktatorischen Vollmachten über Truppen- und Schiffsbewegungen. So groß war seine Energie und sein strategisches Genie, daß er tatsächlich die größte Reihe von Siegen in der ganzen britischen Geschichte ermöglichte.

Da England mit Friedrich dem Großen verbündet und deshalb der Schutz Hannovers ein wichtiges Kriegsziel war, konnte sich natürlich jede britische Regierung sehr schnell in der Lage sehen, den Hauptteil der militärischen Kräfte für den Krieg auf dem Festland einsetzen zu müssen. Es gab auch wirklich innerhalb der Regierung das, was man eine »kontinentale Schule« der Strategie unter Führung des Königs nennen könnte.

Pitt war ganz anderer Meinung. Hilfe für Friedrich in Gestalt einer Subvention; Unterstützung der Hannoveraner durch Rahmenstreitkräfte und die Anwesenheit eines Prinzen des Königlichen Hauses; eine Entlastung Friedrichs dadurch, daß kurze Überfälle französische Kräfte an die Küsten lokken würden – damit war Pitt einverstanden, weil das alles seinen Hauptplan förderte. Aber die höchsten Preise winkten in Übersee – Nordamerika, die »Zucker Inseln« im Karibischen Meer, Indien. Ihre dauernde und unwiderrufliche Sicherstellung war für Pitt das große Kriegsziel. Er war eben seinem Temperament nach von Anfang bis Ende der Erbauer eines Imperiums.

Seine Logik war einfach. England gedieh durch Handel. Das Imperium förderte den Handel. Handel schuf Reichtum. Reichtum erhöhte die militärische Stärke. Gerade jetzt schlug Friedrich Englands Schlachten dank der Kisten voll Geld, die England ihm als Sold für seine Truppen schicken konnte.

Hinzu kam, daß Englands numerisch unterlegene Armee kaum hoffen durfte, auf dem Schachbrett Europa mehr als die Rolle des Bauern zu spielen. In Übersee konnte die maritime Vormachtstellung am besten ausgenutzt werden. In Begriffen der Landstrategie ausgedrückt, mußte Englands Flotte zunächst die französischen Häfen abriegeln und die französische Flotte zersplittert halten. Dann konnte jedes Übergewicht auf See dazu verwandt werden, Expeditionen nach Übersee zu geleiten und amphibische Operationen an den vier Enden der Erde zu unterstützen. Und gewiß würde die britische Flotte Frankreich jede Hilfe für seine Kolonien abschneiden.

5 Im politischen Nahkampf gegen Lord John Carteret – späteren Earl of Granville – hatte Pitt Lord Johns hannoversche Sympathien angeprangert und dadurch den deutschen Patriotismus Georgs II. tödlich verwundet.

Operationen an europäischen Küsten

Die militärischen Erfolge Preußens zu Kriegsbeginn riefen Frankreich und Österreich nur zu größeren Anstrengungen auf. Gemeinsam stellten sie eine überwältigende Übermacht ins Feld. Verständlicherweise forderte Friedrich vom britischen Verbündeten mehr materielle Hilfe als die Subsidien und die fragwürdige Unterstützung durch eine kleine Streitmacht unter dem Herzog von Cumberland. Ein Teil der englischen Antwort bestand in »Verbundenen Operationen« – amphibischen Überfällen auf französische Häfen. Nebenbei sollten sie Nester unliebsamer Freibeuter säubern, die der englischen Küstenschiffahrt auflauerten, in erster Linie aber französische Truppenansammlungen von der Ostfront abziehen, um in Mitteleuropa den Druck auf Friedrich zu mildern.

Die erste derartige Operation richtete sich im Herbst 1757 gegen Rochefort. Trotz der Blockierung und nachfolgenden Eroberung der Insel Aix, eben vor der Küste, betrachtete man die Expedition mit Recht als Fehlschlag. Mangels ausreichender Planung kam die Führung zu dem Schluß, eine Landung sei unmöglich. Immerhin war die Unternehmung, wenn auch in negativem Sinn, eine gute Lehre für den Stabschef, Oberstleutnant Wolfe. In seinem berühmten Brief schrieb er über die mißglückte Rochefort-Expedition:

Ich habe festgestellt, daß ein Admiral möglichst sofort in den feindlichen Hafen einlaufen sollte . . .; daß rechtzeitige Anweisungen für die Truppenlandungen gegeben und die Boote richtig verteilt werden müssen . . .; daß ein forscher Vormarsch den Weg zum Erfolg bedeutet . . .; daß man nichts als Hindernis ansehen darf, bevor nicht ein Versuch bewiesen hat, daß es das wirklich ist; daß man im Kriege etwas auch dem Zufall und Glück überlassen muß, weil der Krieg selbst naturnotwendig ein Glücksspiel ist und einen vor die Wahl zwischen Schwierigkeiten stellt; daß man die Größe des Ziels und die auf dem Wege zu ihm liegenden Hindernisse gegeneinander abwägen muß; daß man der Ehre des Vaterlandes Gewicht beimessen muß und daß unter besonderen Umständen und zu besonderen Zeiten der Verlust von 1000 Mann für eine Nation sogar von Vorteil sein kann, weil ein kühner Versuch ihr Renommee und die ihr gezollte Achtung mehrt . .[6]

Bei Louisburg und Quebec bewies Wolfe später, daß er diese Lehren beherzigt hatte.

Etwas größeren Erfolg hatten die Briten bei St. Malo zwischen der Bretagne und der Normandie. St. Malo war Heimathafen vieler kleiner Fahrzeuge, deren Besitzer in Kriegszeiten Fischerei und Küstenhandel gegen Seeräuberei vertauschten. Hier landeten im Juni 1758 etwa 13 000 Briten, blieben eine Woche und verbrannten mehr als hundert Kaperboote. Im August besetzten die Briten vorübergehend Cherbourg, wo sie Befestigungen und Schiffe zerstörten. Ein neuer Angriff auf das Gebiet um St. Malo hatte begrenzten Erfolg, aber eine schnelle französische Truppenkonzentration trieb die Briten wieder auf die Schiffe und vernichtete ihre Nachhut.

Bei alledem handelte es sich um kleinere Überfälle, bei denen man das feindliche Gebiet nicht besetzt halten wollte. Obwohl sie zur Erreichung der erwähnten strategischen Ziele beitrugen, waren sie in erster Linie von psychologischem Wert, insofern als sie Friedrich an tatkräftige britische Hilfe glauben ließen. Ihre Wirkung auf den Landkrieg aber war so wenig entscheidend wie der Handelskrieg auf See.

Flottenaktionen auf dem europäischen Kriegsschauplatz

Nachdem Pitt seine strategischen Dispositionen abgeschlossen und die Blockade-Geschwader vor Brest und Toulon verstärkt hatte, konnte er seine überseeischen Pläne für den Ausbau des Imperiums vorantreiben. Er hielt es für unnötig, damit bis zur totalen Vernichtung der geteilten und eingeschlossenen französischen Flotte zu warten. So wurden 1757, 1758 und 1759 wichtige britische Expeditionen unternommen, deren Ablauf gleich geschildert werden wird. Der geographischen Einheit halber sollen aber erst einmal zwei Flottenaktionen in europäischen Gewässern beschrieben werden, welche 1759 Frankreichs letzte maritime Hoffnungen vernichteten.

6 Robert Wright: The Life of Major General James Wolfe, London, 1864. S. 396–397.

Fraglos trug die Verärgerung über britische »Verbundene Operationen« dazu bei, daß sich die französische Regierung erneut dem unglückseligen Plan einer Invasion Englands zuwandte. Der kühne und tüchtige Duc de Choiseul war Kriegsminister Ludwigs XV. geworden. Ganz offen plante er den Transport einer französischen Armee über den Kanal. Wie schon 1756 war Vorbedingung eines Erfolges eine zum mindesten vorübergehende maritime Suprematie in den »Engen Gewässern«, wo man die gesamte französische Flotte konzentrieren mußte. Also war das Toulon-Geschwader nach Brest zu verlegen.

Als Admiral Boscawen im Spätsommer 1759 zeitweilig die enge Blockade der französischen Mittelmeerhäfen aufhob, um in Gibraltar die Schiffe in Stand zu setzen, versuchte der französische Admiral de la Clue mit 10 Linienschiffen einen Ausbruch in den Atlantik. Zwar konnte er die Straße von Gibraltar passieren, aber Boscawen, durch seine Fregatten alarmiert, jagte ihn mit seinen schwerer bestückten 13 Linienschiffen und vielen Fregatten. De la Clue, der die Vermeidung eines Gefechts für richtig hielt, floh überstürzt. Boscawen setzte alle Segel und stellte, von Wind und Wetter begünstigt, den Feind vor der portugiesischen Küste.

Da die Franzosen nicht kämpfen wollten, kam hier die formale Linientaktik gar nicht in Frage. Es konnte nur »Jagd frei« und »den Letzten beißen die Hunde« heißen. Nur durch harten Kampf besiegten die Briten das französische Geschwader und jagten die übrig gebliebenen Schiffe in die Lagos-Bucht, die der Schlacht den Namen gab. Dort setzte de la Clue sein Flaggschiff absichtlich auf Strand, und Boscawen kaperte in Verletzung der portugiesischen Hoheitsgewässer 3 Zweidecker und verbrannte ein Schiff mit 74 Kanonen. Das Auslaufen der Toulon-Flotte hatte mit einem völligen Desaster geendet.

Im Herbst 1759 entschlüpfte der Admiral Comte de Conflans, Befehlshaber in Brest, Sir Edward Hawkes Dauerblockade. Als bei einem NW-Sturm die Küste der Bretagne keinen Schutz bot, zog sich das britische Blockadegeschwader in die eigenen Kanalhäfen zurück. Conflans ließ alle Schiffe sich zum Ankerlichten bei Abflauen des Windes klarhalten. Er hoffte, zunächst ein kleines, in der Nähe von Belle Ile operierendes Feindgeschwader zu besiegen, um dann der Kanalflotte zu entschlüpfen und wenn möglich eine Landung in Schottland zu unterstützen.

Aber Hawke war zu gewitzt, um sich täuschen zu lassen. Als er bei Westwind mit dichtgeholten Schoten von Torquay und Plymouth her kam, meldeten seine Fregatten das Auslaufen der französischen Flotte aus Brest. Hawke erriet, daß Conflans in die Biskaya gelaufen sein müsse. Vor der Halbinsel Quiberon sichtete er den Feind und stürzte sich auf ihn wie ein Falke auf seine Beute.

Wie de la Clue, wollte auch Conflans nicht kämpfen, nicht einmal gegen eine leichte britische Übermacht. Im Vertrauen auf einen aufkommenden Sturm und die nahende Finsternis befahl er den Rückzug in die Quiberon-Bucht. Da es sich um einen schwierigen, mit Riffen besäten Ankerplatz handelte, glaubte er, die Briten würden nicht wagen, ihm zu folgen. Als er seine Beute in voller Flucht sah, feuerte Hawke, wie Boscawen vor der Lagos-Bucht, das Signal »Jagd frei«. Unter so viel Segeln, wie das schwere Wetter zuließ, setzte jeder Kommandant seine Ehre darein, als erster ins Gefecht zu kommen. Als sich die Verfolgung in die Länge zog, ergab

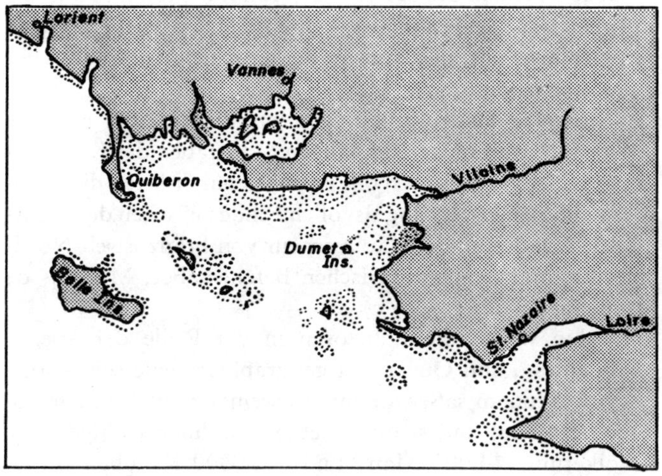

Quiberon Bucht

sich als Formation eine aufgelöste Linie, in der die Reihenfolge von den jeweiligen Segeleigenschaften abhing. Die Briten folgten im Kielwasser der Franzosen, und ihre Vorhut beschoß die feindliche Nachhut. Beide Flotten liefen dicht an Brechern über den Felsen vorbei, die die Einfahrt zur Bucht säumten und schossen, sobald sich ein Ziel bot. Die Stückpforten der unteren Decks gerieten bei den schweren Seen unter Wasser, und ein französisches Schiff ging dadurch unter. Hawke ankerte, als die Nacht eine weitere Verfolgung zum Selbstmord werden ließ. Zwei britische Schiffe gingen durch Brandung verloren, ein zweites französisches durch Geschützfeuer. In der Nacht warfen sieben französische Schiffe die Kanonen über Bord und flüchteten, derart geleichtert, über die Barre in den flachen Vilaine-Fluß. Sieben weitere schlippten die Trossen und entkamen im Schutz der Dunkelheit nach Rochefort. Am Morgen ließ Conflans sein Flaggschiff auf Land setzen, um es vor einer Enterung zu bewahren.

So wurden die letzten französischen Seestreitkräfte, die ins Gewicht fielen, vernichtet oder auseinander gejagt. Mit einer nennenswerten Bedrohung der britischen Vormachtstellung zur See war es vorbei, wie auch für diesen Krieg mit jeder Invasionsgefahr. Lagos und Quiberon kann man »Zwillingsaktionen« nennen, insofern beide entschieden britische Siege waren und beide durch die Taktik des Mêlées gewonnen wurden, eingeleitet durch das Signal »Jagd frei« des britischen Befehlshabers. Da sie keinen Einfluß auf Pitts große Strategie hatten, besaßen beide keine große strategische Bedeutung. Wohl aber erleichterten sie der britischen Flotte erheblich die Last der Blockaden von Brest und Toulon, und unbestritten ist ihre Bedeutung für die Entwicklung der Taktik.

Die Briten erobern Louisburg

Mittlerweile hatte Pitt in Amerika seine Pläne bereits anlaufen lassen. 1757 war von Halifax aus eine erfolglose Expedition gegen Louisburg unternommen worden, die französiche Bastion auf der Kap-Breton-Insel, welche die Einfahrt in den St.-Lorenz-Strom flankiert. Im Jahre 1758 wollte eine größere und unter besserer Führung stehende amphibische Streitmacht dasselbe Ziel erreichen. Sie stand dem Namen nach unter der Leitung des überalterten Generalmajors Abercromby, in Wirklichkeit aber unter der von Lord Jeffrey Amherst. Marinebefehlshaber war diesmal Admiral Boscawen, und der gefürchtete Wolfe führte eine der Brigaden. In wohlüberlegtem amphibischen Angriff brachten Beiboote die Truppen im Feindfeuer zur felsigen Küste westlich der Stadt. Viele schlugen in schwerer Brandung um, aber einer Gruppe von Wolfes Rotröcken gelang am linken Flügel die Errichtung eines notdürftigen Brückenkopfes. Kaum gelandet, schwenkten die hervorragenden britischen Soldaten in eine mit Bajonetten gespickte Linie ein, griffen an und säuberten die Küstenbatterien vom Feind. Mit Hilfe dauernd eintreffender Verstärkungen warfen die Briten sehr rasch die nun unterlegenen Franzosen in die Befestigungen der Stadt.

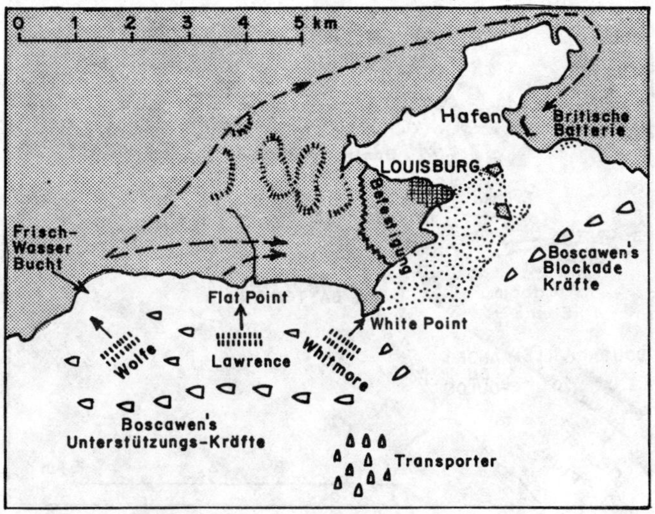

Der Angriff gegen Louisburg, 1758

In der Gewißheit, daß überlegene britische Seestreitkräfte Verstärkungen und Nachschub des Feindes abschneiden würden, sah Amherst von einem Angriff ab und begann eine Belagerung. Boscawens Schiffe kreuzten am Horizont, so daß für die Belagerten kaum Hoffnung auf Entsatz bestand. Ende Juli ergab sich schließlich die Garnison nach sechswöchiger Belagerung.

Der Quebec-Feldzug

War Louisburg der Schlüssel zum St. Lorenz, dann konnte man Quebec denjenigen zu Nordamerika nennen. Fast 1000 Meilen im Herzen des Kontinents liegt Quebec dort, wo sich der St.-Lorenz-Strom zum großen, den Gezeiten unterworfenen Mündungsgebiet zu verbreitern beginnt. Im 18. Jh. konnten die Küstenbatterien den Strom wohl oberhalb, nicht aber unterhalb Quebecs beherrschen. Im Osten durch den reißenden Montmorency-Fluß, im Westen durch ein klippenartiges Ufer geschützt, hielt man die Felsbastionen der »Oberen Stadt« für so gut wie uneinnehmbar. Im Besitz von Quebec beherrschte man den Oberlauf des St. Lorenz, die natürliche Wasserstraße zu den Großen Seen und ins Landesinnere. Pitts wachsames Auge erspähte hier einen Gewinn, für den kein Preis zu hoch war. Daher wurde im Jahre 1759 ein Drei-Zangen-Angriff auf Quebec zum Hauptziel der Briten in Übersee.

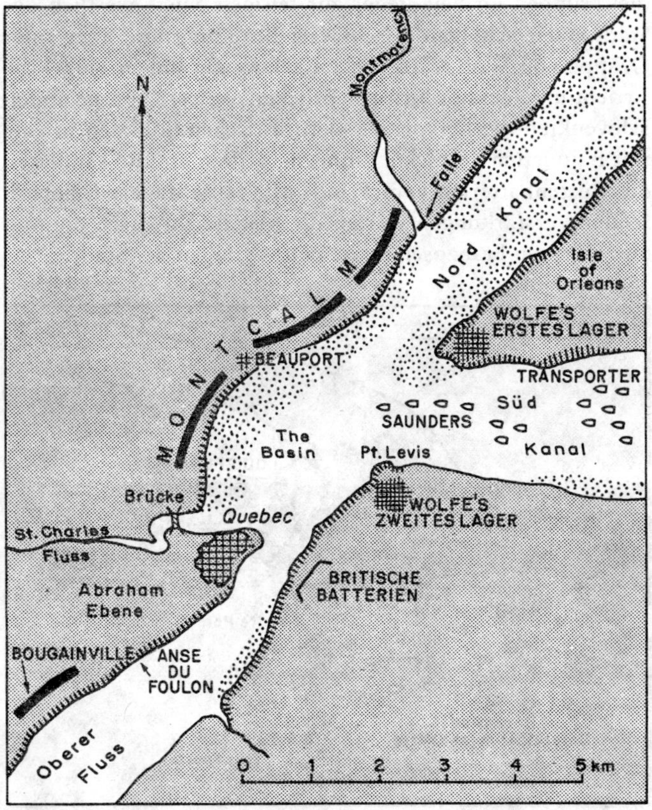

Die Belagerung von Quebec, 1759

Lord Amherst sollte mit 12 000 Mann von Süden angreifen, wobei er die Wasserstraße des Champlain-Sees und Richelieu-Flusses benutzte, die später im amerikanischen Revolutionskrieg und in dem von 1812 so wichtig wurde. Das bedingte die Eroberung französischer Vorposten bei Fort Ticonderoga und Crown Point. Eine kleinere Streitmacht sollte Fort Niagara nehmen und sich Quebec vom Westen durch das St.-Lorenz-Tal nähern.

Amphibische Kräfte, die von See her den Strom hinauf kamen, sollten mittlerweile direkt gegen Quebec operieren und die Stadt von Verstärkungen und Nachschub auf dem Wasserweg abschneiden. Hierbei handelte es sich um ein erhebliches Kontingent von 26 Kampffahrzeugen, dazu Hilfsschiffen und Transportern. An Bord waren 9200 Reguläre, damals vielleicht die besten Soldaten der Welt. Das wichtigste aber war, daß die Schiffe von Admiral Saunders und die Truppen von Generalmajor Wolfe befehligt wurden, die zu den größten Führungsteams in der Geschichte amphibischer Operationen gehören.

Der britische Feldzugsplan war gut durchdacht, und die Streitkräfte waren nach damaligen Maßstäben des Kolonialkrieges höchst eindrucksvoll. Demgegenüber litten die Franzosen unter einer verhängnisvollen Fehde zwischen dem Marquis de Vaudreuil, dem Gouverneur von Französisch-Nordamerika, und dem militärischen Befehlshaber, Marquis de Montcalm.

Immerhin waren die Franzosen in der Rolle der »beati possidentes«, und Quebec ist geographisch eine sehr starke Position. Zudem saßen sie inmitten einer französischen Kolonie; stromauf und stromab lebte eine ihnen wohlgesinnte Bevölkerung. 14 000 Mann und über 300 Kanonen verteidigten ihr Bollwerk, und Montcalm war ein talentierter und erfahrener Befehlshaber, der sich gewiß nicht durch primitive Kniffe täuschen lassen würde. Den Franzosen war es auch gelungen, sich die Ergebenheit der meisten Indianer zu sichern. Naturgegebene Schwierigkeiten beim Vormarsch durch weglose Wildnis hätten auf jeden Fall die aus dem Süden und Westen nach Kanada einrückenden Kolonnen aufgehalten, aber lästige Guerillakämpfe kleiner französischer Gruppen, verstärkt durch indianische Krieger, trugen dazu bei, daß keine dieser britischen Abteilungen rechtzeitig genug eintreffen sollte, um Wolfe und Saunders helfen zu können.

Der Admiral brachte inzwischen Wolfes Armee vor die Wälle der Stadt Quebec. Infolge bereits früher vorgenommener Erkundung durch das britische Geschwader und mit widerwilliger Hilfe gefangener französisch-kanadischer Lotsen führte er die ganze Armada von mehr als 100 Segeln verlustlos das schwierige Fahrwasser hinauf. Eben außer Reichweite der Kanonen von Quebec ankerte er im Südkanal zwischen der Insel Orléans und Point Lévis. Nach Landung der Truppen von den überladenen Transportern besetzte Wolfe zunächst die unverteidigte, niedrige Insel und lagerte an deren äußerster Westspitze. Dann schickte er eine Abteilung zur Einnahme der schwach verteidigten Höhen von Point Lévis und brachte dort schwere Geschütze zur Beschießung der »Unteren Stadt« in Stellung. Die Belagerung Quebecs hatte begonnen.

Mehrmals versuchten die Franzosen, mit der Ebbe Brander stromab treiben zu lassen, um die verankerten britischen Fahrzeuge zu vernichten, aber der immer wache Saunders ließ nachts die Schiffsboote flußauf patrouillieren, die ohne Mühe die brennenden Kähne mit Haken an Land ziehen konnten. In der Regel begnügte Montcalm sich mit taktischer Defensive und verließ sich darauf, daß seine eingegrabenen Soldaten am ganzen Nordufer standhalten würden.

Durch Überfälle und persönliche Erkundung suchte Wolfe eine schwache Stelle in Montcalms Truppenverteilung zu finden; es schien keine zu geben. Der französische Befehlshaber hatte in der durch starke Wälle geschützten Stadt nur eine kleine Garnison gelassen, dafür sein Gros in Erdwerken postiert, die sich auf den etwas vom Ufer entfernten Höhen vom St.-Charles-Fluß bis zum Montmorency hinzogen. Der Unterlauf des St. Charles war durch zwei, quer zum Fluß versenkte, armierte Prähme gesichert. So war jedes zum Angriff geeignet scheinende Ufer geschützt. Westlich der Stadt war das Flußufer eigentlich nur eine einzige Klippe. Wo wirklich ein einzelnes Boot hätte landen können, stand ein Posten, um sofort Alarm zu geben. Eine bewegliche Truppe unter Montcalms tüchtigem Stellvertreter de Bougainville operierte ebenfalls stromauf und konnte jede bedrohte Feldwache verstärken.

Das schmale Fahrwasser oberhalb von Quebec verwehrte es Saunders, seine schweren Schiffe weiter stromauf zu bringen, aber Flachboote, Schaluppen, ja sogar Fregatten passierten nachts unter den Kanonen der Stadt. Von ihnen aus wurden verschiedene Sondierungsvorstöße gegen Stellungen auf dem Nordufer unternommen, die einwandfrei bewiesen, daß die Franzosen aufpaßten und auf alles vorbereitet waren.

Nach reiflicher Abwägung aller Schwierigkeiten entschloß Wolfe sich zum Hauptangriff auf den linken Feindflügel, dort wo er sich an den Montmorency-Fluß lehnte. Demzufolge landete er 2 Brigaden auf dem Ostufer, wobei er die Flußüberquerung durch einen gleichzeitigen Frontalangriff aus Booten unterstützen wollte. Und der Admiral half, den Plan zu vervollkommnen. Die vorgelagerten Untiefen und Riffe konnten zwar im allgemeinen Fregatten daran hindern, zur wirksamen Feuerunterstützung dicht genug ans Ufer zu laufen, wenn auch vielleicht ein gutgeführtes Schiff das Fahrwasser hinauflaufen mochte, das die Stromschnellen des Montmorency gebahnt hatten. Um aber dem linken und mittleren Geschwader wenigstens ein Minimum an Artillerie zur Unterstützung zu geben, improvisierte Saunders Kanonenboote – sogenannte »Katzen« – aus flachgehenden Transportkähnen, die sich breitseits so dicht wie möglich am Ufer aufsetzen sollten.

Am 31. Juli setzte Wolfe seinen Plan in die Tat um. Es war ein gefährliches, fast verzweifeltes Glücksspiel, bei dem alles ohne den kleinsten Versager ablaufen mußte, sollte es ein Erfolg werden. So etwas aber kommt bei amphibischen Unternehmungen nur sehr selten vor.

Tatsächlich wurde der Angriff ein Fehlschlag. Zwar liefen die Boote tapfer und gut ausgerichtet an, setzten sich aber fast alle weit vom Ufer entfernt auf Untiefen oder mußten sich den Weg durch wirre Kanäle in den Schlammbänken suchen. Bei den mit als erste an Land gesetzten Grenadierkompanien brach im verheerenden Feuer von den Höhen die Disziplin zusammen, so daß sie die Feindlinie nur in kleinen Gruppen angriffen, bevor sie aus den Booten oder von der Furt her unterstützt werden konnten. Erst gegen Abend waren sie wieder abgeholt und neu formiert. Ein schon lange drohender, nun aber losbrechender schwerer Sturm hemmte jeden Schwung und durchnäßte die Zündblättchen.

Kurz entschlossen entschied sich Wolfe für den Abbruch, bevor aus einer Niederlage die Vernichtung wurde. Er evakuierte seine Truppen im Feuerschutz von Saunders' gestrandeten ›Katzen‹ und der Fregatte *Centurion*. Unter Kriegsgeschrei stürzten die wilden Verbündeten der Franzosen von den Höhen herab, um die Verwundeten zu töten und die Toten zu skalpieren. Nicht zu ersetzende 500 Mann hatte Wolfe am Ufer zurücklassen müssen.

Von ihrer Rathausweisheit profitierend, verurteilten Militärwissenschaftler den Montmorency-Angriff als eine Fehlplanung. Er sei der falsche Einsatz einer schnell beweglichen Seemacht gewesen, da er einen Frontalangriff auf eine sorgfältig ausgebaute, feste Stellung bedingte. Mochten die Briten auch hoffen, die französische Flanke angreifen zu können, so habe es sich doch nicht um eine exponierte Flanke gehandelt, da sie vom reißenden Montmorency gesichert war, der nur an einer Stelle durchwatet werden konnte. Daß die großen Schiffe keine wirksame Feuerunterstützung geben konnten, sei ein ganz entscheidender Faktor gewesen; denn nur wenn Artillerie vom Wasser her eben vor die landende Infanterie eine vernichtende Sperre legen kann, werde der Frontalangriff auf einen verteidigten Strand einige Aussicht auf Erfolg haben. Außerdem habe Montcalm dank seiner inneren Linie sehr leicht Verstärkungen an jeden bedrohten Punkt werfen können. Nur eine unter den Verteidigern ausbrechende Panik oder ein schwerer Fehler Montcalms hätte den Briten die Erreichung ihrer Ziele ermöglicht. Bei Abwägung des Risikos gegen die Erfolgsaussichten habe alles gegen ein Unternehmen an dieser Stelle gesprochen.

Wolfe aber sah damals keine Alternative. Von dem Gedanken an das Rochefort-Fiasko gequält, zog er Tapferkeit und etwaigen Fehlschlag der Tatenlosigkeit vor. Wie er an Pitt schrieb:

»... der Wunsch, in Übereinstimmung mit den Absichten des Königs zu handeln, bewog mich zu diesem Versuch, in der Überzeugung, daß eine siegreiche Armee keine Schwierigkeiten kennt[7].«

Bald darauf erkrankte Wolfe ernstlich am Fieber. Es sah ganz so aus, als werde Saunders seine Schiffe aus dem Fluß zurückziehen müssen, bevor der entscheidende Schlag geführt werden konnte. Jetzt wurden die Führereigenschaften Wolfes auf die Probe gestellt. Er hatte einen kühnen Streich erfolglos gewagt. Obwohl er doch nach Lage der Dinge der Angreifer war, hatte er sich einem weit überlegenen Feind gegenüber gesehen. Amherst hatte ihm nicht die Verstärkungen

7 Zitiert bei R. Beatson in: Memoirs of Great Britain, London, 1804, II, 290.

und den Ersatz geschickt, die er glaubte erwarten zu dürfen. Sein kranker Leib versagte sich den Forderungen eines hochfliegenden Geistes. Er hätte sehr wohl in der Gewißheit, sich den Ruhm ehrenvollen Einsatzes errungen zu haben, nach Halifax versegeln können.

Wir wissen aber, daß Wolfe, Saunders oder einer ihrer maßgeblichen Untergebenen nie an Aufgabe gedacht haben, solange sich ihnen noch irgendwelche Möglichkeiten boten. Noch während Wolfe in Fieberdelierien tobte, ließen seine Brigadeführer Boote stromauf vorstoßen, um irgendwo eine schwache Stelle zu finden. Leicht beunruhigt über eine etwaige Bedrohung seiner rechten Flanke, schickte Montcalm 3000 Mann der Garnison und von der Verteidigung des Montmorency-Flusses zur Verstärkung von Bougainvilles Einsatzgruppe. Sie sollte bekanntlich Kräfte an jeden bedrohten Punkt werfen und dadurch das ganze nördliche Flußufer schützen. Jetzt verfügte Bougainville über fast 4000 Mann.

Wolfe war soweit gesundet, daß er Anfang September wieder den Oberbefehl übernehmen konnte. Er brannte darauf, eine neue Angriffstaktik auszuprobieren. Saunders sollte eine Landung beim alten Brückenkopf vortäuschen, Wolfe aber würde überraschend bei der Anse du Foulon, einem kleinen Bootslandeplatz kaum 1½ Meilen stromauf von den Stadtwällen, einen Angriff versuchen. Die Unternehmung war für den Abend des 12. September angesetzt. Saunders spielte seine Rolle vollendet gut, bombardierte die in Trümmern liegende untere Stadt und das Beauport-Ufer aus allen Rohren und ließ ostentativ Marineinfanterie und Matrosen in die Boote gehen, als stehe eine neue Landung bevor. Mittlerweile lief in flachen Booten eine starke Infanteriegruppe, unterstützt von Fregatten und Schaluppen, mit der Flut stromauf, als solle weit oberhalb der Stadt Fuß gefaßt werden. In heller Mondnacht ließ Bougainville sein Gros am Ufer entlang marschieren, um dieser klugerweise deutlich erkennbaren Bewegung zu begegnen.

Aber im Augenblick des Gezeitenwechsels rederten plötzlich die britischen Boote mit aller Kraft stromab. Dank der Ebbe liefen sie Bougainvilles erschöpfter Infanterie schnell davon. Das vorderste Boot schrammte kurz vor Morgengrauen das Ufer am Fuß des schmalen Felspfades, der bei Anse du Foulon einen steilen Abhang hinauf führte. Die leichte Infanterie schwärmte hinauf und machte die Wachtposten nieder, ehe sie Alarm geben konnten. Im Wettlauf mit der Zeit wurde die Truppe schnell an Land gesetzt und die Boote losgejagt, um Verstärkungen von Point Lévis, dem britischen Vorposten am anderen Ufer, zu holen. Als es heller Tag war, hatte Wolfe 4500 Mann auf das Abraham-Plateau hinaufgezaubert und in Sicht der Wälle Quebecs in Schlachtordnung aufmarschieren lassen.

Als Wolfe plötzlich fast unmittelbar vor den Stadttoren auftauchte und als Montcalm entsetzt feststellte, daß seine für nahezu vollkommen gehaltene Verteidigung so leicht durchbrochen worden war, verließ ihn erstmals seine sonstige Urteilsfähigkeit. Schließlich hätte er bequem die sofort verfügbaren Truppen hinter die starken, einer Belagerung gewachsenen Wälle zurückziehen können, und irgendwo im Westen stand Bougainville mit fast 4000 zähen Männern. Bei ein wenig Geduld konnte man dann einen Ausfall gleichzeitig mit einem Angriff Bougainvilles auf die britische Nachhut unternehmen. Die Erfolgschancen hätten wohl kaum auf seiten der unterlegenen und in einer starken Zange gepackten Briten gelegen.

Montcalm aber wartete nicht. Bunt durcheinander ließ er seine Truppen ausrücken, bildete im Vormarschieren eine Kampflinie und ließ das Vorfeld durch Plänkler und Scharfschützen sichern. Die Briten warteten unerschüttert, während sich die französischen Regulären unter Trommelschlag näherten. Ein Sechspfünder, den ein paar Matrosen den Hügel hinaufgewuchtet hatten, begann ein Schnellfeuer und mähte Schwaden aus der weißgekleideten Marschsäule. Auf Reichweite der Handwaffen herangekommen, eröffneten die wieder geschlossenen Reihen Einzel- und Kompaniefeuer. Die Briten erwiderten es nicht.

Als die Franzosen nur noch knapp 30 Meter entfernt waren, zuckten die Säbel der britischen Offiziere in die Höhe und senkten sich: »Feuer!« Man kann getrost sagen, daß diese überwältigende Vollsalve Kanada für Großbritannien gewonnen hat. Sie mähte ganze Reihen französischer Soldaten nieder. In großartiger Feuerdisziplin lud die britische Infanterie blitzschnell und feuerte eine neue Salve, bevor sich der Feind von der ersten erholt hatte. Von nun an gab es nur noch ein wildes Mêlée, das sehr schnell zu wilder Flucht wurde. Während die Dudelsäcke der Hochländer wie toll schrien, flohen die demoralisierten Franzosen vor britischen Bajonetten und schottischen Breitschwertern.

Montcalm war tödlich verwundet, seine beiden Stellvertreter waren sofort gefallen. Die Briten verloren ihren Generalquartiermeister und 2 Brigadiere. Auch Wolfe wurde tödlich getroffen, als er einen Angriff der Louisburg-Grenadiere anführte. Die Stunde des Sieges erlebte er nicht mehr.

Der Befehl ging an Brigadier Townshend über, der die Truppen schleunigst neu formierte. Unmittelbar darauf erschien im Rücken der Briten Bougainvilles Streitmacht. Der Franzose aber hielt einen kampflosen Rückzug für klüger. So rasch wie möglich legte Townshend einen Belagerungsring um die Stadt und begann die mühsame Arbeit, Redouten zu bauen und Kanonen in Stellung zu bringen. Sie war noch nicht weit gediehen, als die Garnison die Hoffnungslosigkeit der Lage einsah und kapitulierte.

Dieser bleibende Triumph der britischen Waffen setzt der hervorragenden Zusammenarbeit zweier Wehrmachtteile ein Denkmal, wie es bis zum zweiten Weltkrieg in den Militär- und Marineannalen sehr selten ist. Die Einheit von Plan und Erfolg spiegelt sich in Townshends Bericht an Pitt, in dem es heißt:

Ich würde den Admiralen und der Marine nicht gerecht, würde ich bei dieser Gelegenheit nicht anerkennen, wieviel von unserem Erfolg ihrer ständigen Hilfe und Unterstützung sowie der vorbildlichen

Übereinstimmung bei allen Operationen zu danken ist, und das unter den ungewöhnlichen Schwierigkeiten, welche besonders die Natur dieses Landes großen militärischen Operationen bietet, die keine Armee allein bewältigen kann. Die ungeheure Arbeit im Interesse von Artillerie, Vorräten und Proviant; die langen Wachen in den Booten; das Bergaufziehen der Geschütze durch Matrosen, sogar in der Hitze des Gefechts. So kurz meine Kommandodauer war, halte ich es doch für meine Pflicht, für diese Zeit den großen Anteil der Marine an dem erfolgreichen Feldzug anzuerkennen[8].

Ereignisse in Indien

Wie Indien für den britischen »Raj« erobert wurde, das ist Legende geworden, und ihr entscheidendes Kapitel wurde im Siebenjährigen Krieg geschrieben. Die Hauptstreiter auf diesem Kriegsschauplatz waren die großen Handelsgesellschaften – die französische und britische Ostindien-Gesellschaft, beide nahezu souveräne Körperschaften mit eigenen Flotten und Heeren. Aber was bei einem Erfolg als Preis winkte, war so offenkundig und bedeutend, daß sich jede Gesellschaft die Hilfe königlicher Streitkräfte sichern konnte. Der schließliche Erfolg der Briten war teils einer leichten Überlegenheit in indischen Gewässern, teils dem genialen Robert Clive, dem Befehlshaber der Armee der Ostindischen Gesellschaft, teils der Tüchtigkeit der Admirale der Royal Navy zuzuschreiben, anfangs der von Charles Watson, nach dessen Tod 1757 der von Sir George Pocock.

Der französische Seebefehlshaber, Comte d'Aché, war ein fähiger Taktiker, den Pocock in mehreren Gefechten nicht entscheidend schlagen konnte. Aber nach dem Fall von Chandernagor war d'Aché benachteiligt, weil er nur in Mauritius, etwa 2000 sm jenseits des Indischen Ozeans, neu ausrüsten konnte, während Pocock dies in Bombay tat, wo er auch in der Zeit der Monsune lag. D'Aché bekam außerdem keine dringend benötigten Verstärkungen und keinen Nachschub aus Frankreich.

Die Hauptphase des Seekriegs in Indien lag zwischen April 1758 und Oktober 1759, als d'Aché mit seiner zerschossenen Flotte Indien endgültig verließ.

Zum ersten größeren Seegefecht kam es am 29. April 1758, als Pocock mit seinem Geschwader zum Entsatz von Fort St. David, einem britischen Stützpunkt an der Coromandel-Küste im südöstlichen Indien, versegelte. Mit sieben Schiffen gelangte Pocock in Luv von d'Achés acht Schiffen und versuchte den üblichen Angriff in Kiellinie. Seine drei letzten Schiffe hinkten ohne Formation hinterher. Die Spitze litt unter dem konzentrischen Feuer der Franzosen, als d'Aché halste und am britischen Flaggschiff vorbeilief. Die Franzosen zogen sich zurück, als endlich die britische Nachhut ihre Vorhut unterstützte. Aber was von dieser im Kampf gewesen war, wies viel zu schwere Schäden in der Takelage auf, um eine Verfolgung zu versuchen. Fort St. David mußte sich französischen Landstreitkräften ergeben.

Ein zweites Gefecht folgte unter ganz ähnlichen Bedingungen und mit ähnlichem Ergebnis im August. Pocock suchte kühn den Kampf, fühlte sich aber zu einem Gefecht in gleichlanger Linie unbedingt verpflichtet. D'Aché nahm den Kampf nur zögernd an, der Tatsache eingedenk, daß sein Gegner bessere logistische Hilfen besaß und Schäden schneller reparieren konnte. Im übrigen führte er sein Geschwader geschickt und parierte Pococks Angriffe.

Ein letztes größeres Gefecht fand im September 1759 nach dem Ende der Monsune statt, als Pocock die Franzosen vor Pondicherry stellte. Nach recht langem Manövrieren nahmen d'Achés elf Schiffe den Kampf gegen Pococks neun erneut auf. Wieder wurde es ein konventioneller Kampf der Linien, aber auf kurze Entfernung und von beiden Seiten ungewöhnlich heftig geführt. Die Briten verloren diesmal 569 Mann, die Franzosen etwa 1500 an Toten und Verwundeten. Auch diesmal zogen sich die Franzosen zurück, und wiederum waren die britischen Takelagen zu schwer beschädigt, als daß die Engländer die Schiffe verfolgen konnten.

Jedes dieser Gefechte war taktisch unentschieden geblieben, und nur in einem ging ein einziges französisches Schiff verloren, das anschließend zur Rettung der Besatzung auf Land gesetzt werden mußte. Es waren Schulbeispiele für einen unentschiedenen Ausgang von Kämpfen nach den Regeln der Formaltaktik. Und doch besaßen sie große strategische Bedeutung; unter britischem Gesichtspunkt, weil Clive den Krieg an Land gewann und weil Verstärkungen und Nachschub aus Großbritannien unbegrenzt, aus Frankreich aber nur unter großen Schwierigkeiten ankamen. Pocock brauchte nur weiterhin die Seegebiete rund um den Subkontinent zu behaupten, um schließlich den britischen Sieg sicherzustellen. Und wirklich überließ d'Aché sofort dies ganze Gebiet den Briten, vielleicht auch deshalb, weil ihm eine Verstärkung des Feindgeschwaders um 4 Schiffe gemeldet war. Auf der Halbinsel nutzte Clive diese Überlegenheit zur See aus und vernichtete die restlichen französischen Kräfte. Wenn auch Pondicherry und ein paar kleinere Enklaven bei Friedensschluß zurückgegeben wurden, sollte Indien doch im wesentlichen von nun an bis nach dem zweiten Weltkrieg britisch bleiben.

Operationen in Westindien

In der Mitte des 18. Jh. erfreuten sich die Inseln im Karibischen Meer einer heute kaum noch verständlichen wirtschaftlichen Bedeutung. Die Besitzer der Zuckerplantagen gewannen enorme Vermögen. Abgesehen von Tee und Gewürzen des Fernen Ostens lieferte Westindien tatsächlich dem europäischen Markt fast alle tropischen Produkte. Auch als Käufer waren die Inseln beim grausamen, aber einträglichen Sklavenhandel Afrikas von Wert. Die folgenden Kapitel machen es klar, daß ihre Handelsbeziehungen mit den 13 englischen Kolonien an der nordamerikanischen Küste eben-

8 Beatson: Memoirs of Great Britain, II, 306.

falls bedeutend, wenn auch weitgehend ungesetzlich waren. Wir sahen schon, daß viele der Antillen in früheren Kriegen von Zeit zu Zeit ihre Herren gewechselt hatten. Zur Zeit des Siebenjährigen Krieges hatte jedoch die Tradition folgende Besitzansprüche geheiligt: Spaniens auf Kuba und Puerto Rico; Englands auf Jamaica, Antigua und Barbados; Frankreichs auf Martinique und Guadeloupe. Auch die Niederlande hatten ein paar kleinere Besitzungen: Curaçao, Aruba und die winzige Insel St. Eustatius, während Santo Domingo zwischen Frankreich und Spanien geteilt war.

trotz tapferen Verhaltens der Soldaten ergebnislos, teils wegen starker Abwehr, teils aber wegen eines Hin und Her, eines Mangels an gründlicher Vorbereitung und schlechter Zusammenarbeit zwischen den Stäben von Heer und Marine. Die Expedition wurde dann auf das schwächer verteidigte Guadeloupe abgedreht.

Obwohl sein Hauptberater in technischen Fragen Moore davon abriet, bombardierte er die Befestigungen der Hauptstadt Basse-Terre und brachte sie zum Schweigen. Ohne Widerstand konnten Stadt und Forts besetzt werden. Im Inneren

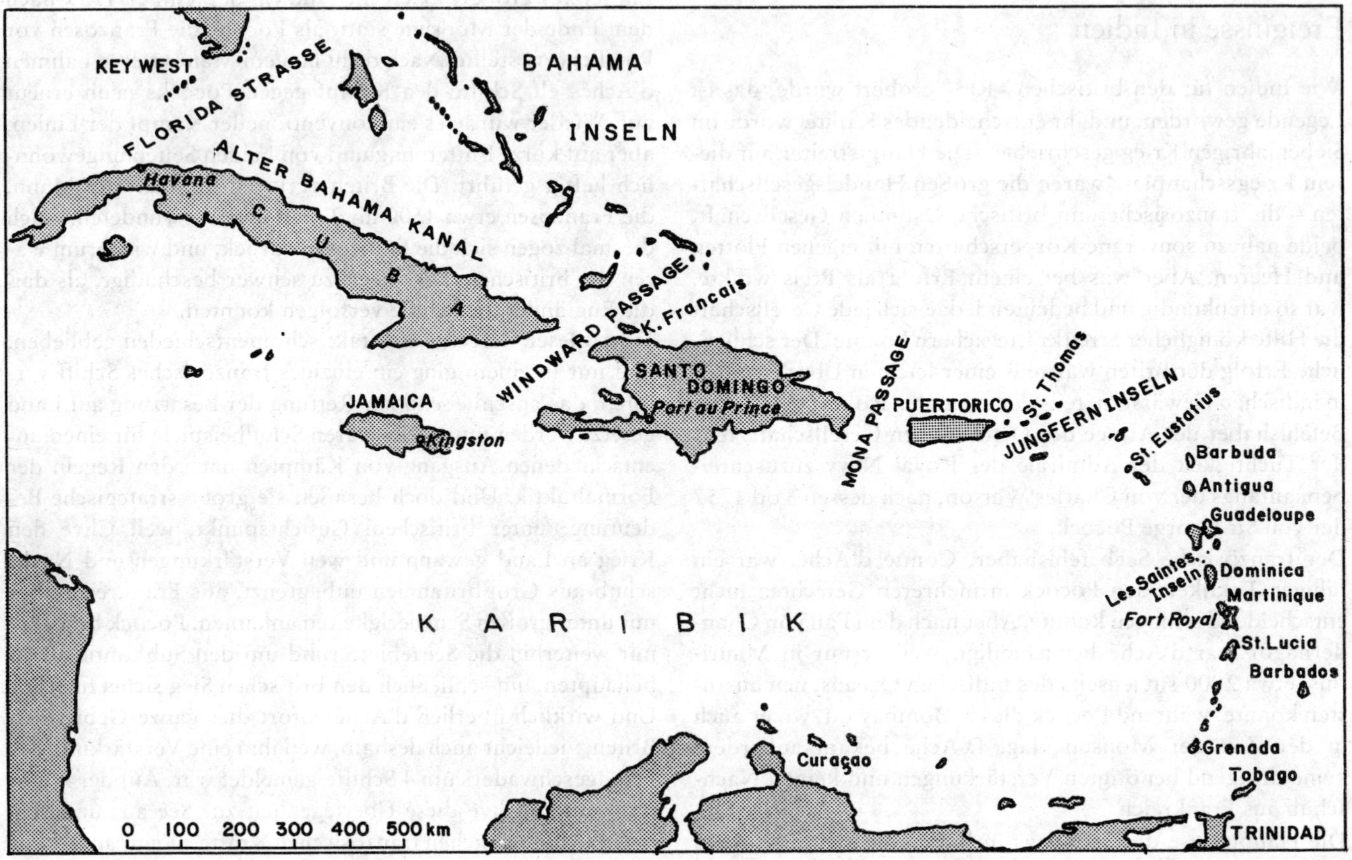

Westindien

Weil »Raub von Zuckerinseln« im Seekrieg zur Gewohnheit geworden war, ging Pitt bei erster Gelegenheit daran, Frankreich aus seinen wertvollen karibischen Besitzungen zu vertreiben. Dazu bewogen ihn, abgesehen von seiner Generallinie, ein Imperium zu bauen, die Raubzüge der Freibeuter von Martinique und Guadeloupe aus. Seit Kriegsbeginn hatten diese unter der britischen Schiffahrt in jener Gegend gewütet, besonders dort, wo die Handelswege zu Durchfahrten zwischen den Kleinen Antillen zusammenliefen.

Anfang 1759 geleitete der Kommodore Moore mit 9 Linienschiffen und einer Fregatte einen Truppentransport unter Generalmajor Hopson, einem mutigen, aber ältlichen und kranken Veteranen, zum Angriff auf Martinique. Operationen gegen Fort Royal und später gegen St. Pierre blieben

der Insel aber kämpften die Franzosen weiter, und erst nach 3 Monaten war ganz Guadeloupe in britischer Hand. Generalmajor Barrington übernahm nach Hopsons Tod im Februar den Befehl und bewies mehr Energie und Phantasie als sein bisheriger Vorgesetzter. Obwohl er in der Minderzahl war, unternahm er planmäßig kleine Angriffe, für die er Boote und kleine Fahrzeuge benutzte, um von See her in den Rükken des Feindes zu kommen. Endlich ergaben sich die Franzosen, leider einen Tag zu früh; denn am nächsten Tat kam Entsatz unter Kommodore de Bompart, aber zu spät, um Barringtons Erfolg noch zunichte zu machen.

Im Jahre 1760 erstürmten Kommodore Douglas und Lord Rollo Dominica; 1762 nahm ein sehr starker Verband unter Admiral Rodney und General Moncton nach 3 Wochen Kampf

Martinique. Gleichzeitig fiel Grenada, und Kapitän Hervey wurde sofort nach St. Lucia entsandt, das genau wie St. Vincent sehr rasch in britischer Hand war; ein großes Aufräumen also mit allen französischen Besitzungen auf den Kleinen Antillen.

Spanien trat im Januar 1762 in den Krieg ein. Früher hätten die vereinigten spanisch-französischen Flotten für England eine tödliche Gefahr bedeuten können, mittlerweile aber war die französische Flotte zerstreut, und Spaniens Eingreifen bedeutete zu dieser Zeit für England nur einen Glücksfall. Spaniens mit Schätzen beladene Konvois stellten für die Schiffe der Royal Navy eine offene Einladung zur Plünderung dar, und Spanien besaß in Westindien und im Fernen Osten enorm reiche Kolonien.

Da England in Westindien bereits über Geschwader und Truppen verfügte, wurde sofort eine Unternehmung gegen Havana in Gang gesetzt. Man hoffte, mit Verstärkungen aus England und Amerika werde es möglich sein, daß der Earl of Albemarle mindestens 15 000 kampffähige Leute gegen Spaniens Bastion im Karibischen Meer führte. Admiral Sir George Pocock konnte über etwa 50 Kriegsschiffe, darunter 22 mit 60 und mehr Kanonen, verfügen. Mit den Transportern und Hilfsschiffen würde sich die Armada auf etwa 200 Segel belaufen.

Pocock und Albemarle liefen mit einem kleinen Verband von England nach Martinique, wo man die Expedition zusammenstellen wollte. Aber die weiteren Schiffe waren nicht eingetroffen, und der Admiral sah sich einer schweren Entscheidung gegenüber. Sollte er sich mit Douglas bei Jamaika treffen und den sicheren Handelsweg westlich von Kuba wählen oder die Möglichkeit zu einer Überraschung dadurch gewinnen, daß er seine Flotte in der Windward-Passage konzentrierte – zwischen Kuba und Santo Domingo –, um von dort im gewundenen und schlecht vermessenen Old-Bahama-Kanal an der Nordküste Kubas entlangzulaufen? Diese Route barg erhebliche Gefahren. Er vermutete, ein ihm überlegenes französisches Geschwader liege bei Kap Français an der Nordküste von Santo Domingo. Im 600 sm langen, mit Riffen besäten Bahama-Kanal konnte ein Sturm Vernichtung bedeuten. Kam er andererseits glücklich durch die wenig benutzte Passage, so hatte er nicht nur das Überraschungsmoment für sich, sondern auch Zeit gewonnen. Dann stand er auch zwischen den Franzosen bei Kap Français und der spanischen Flotte in Havana, und eine Vereinigung beider war unwahrscheinlicher. Zudem traf er in diesem Fall früher mit den aus Amerika erwarteten Transportern zusammen.

Pocock kam zu der Ansicht, die Vorteile eines Sammelns bei Kap St. Nicholas überwögen die Gefahren. Er sandte Nachricht an Hervey und Konteradmiral Sir James Douglas, den Befehlshaber des Jamaica-Geschwaders. Dann lief er mit seinem Konvoi nach Norden, durch die Mona-Passage zwischen Santo Domingo und Puerto Rico und an der Küste von Santo Domingo entlang nach Westen. Als er den Punkt erreicht hatte, an dem ihm ein Auslaufen der Franzosen von Kap Français her bedrohlich werden konnte, beruhigte ihn die Tatsache, daß Hervey mit 7 Linienschiffen bereits die Reede blockierte.

Pocock schickte eine Fregatte zum Ausloten voraus und wartete bei Kap St. Nicholas eine Woche auf Douglas. Als dessen 9 Schiffe auftauchten, begannen die Briten sogleich die schwierige Fahrt durch den Old-Bahama-Kanal. Die eingeborenen Lotsen taugten nicht viel, aber eine alte spanische Seekarte, die Lord Anson Pocock gegeben hatte, und die Lotungen von Kapitän Elphinstone mit der Fregatte *Richmond* genügten. Die gefährlichsten Engen passierte man bei Nacht, wobei Leuchtbaken am Strand den Weg zeigten. Nach einer Woche hatte die ganze Armada die Durchfahrt hinter sich und stand querab von Mantanzas, noch eine Tagesreise von Havanna entfernt. Pocock hatte sein Spiel gewonnen, und die Überraschung der spanischen Garnison war vollkommen. Die falsche Sicherheit, in der sich Don Juan de Prado Porto Carrero, der Generalkapitän, gewiegt hatte, war verständlich. In 150 Jahren war Havanna nie erobert worden. Der vom Land eingeschlossene Hafen war durch mächtige Befestigungen geschützt, so daß man die Stadt »das karibische Gibraltar« nannte. Die Stadt liegt genau im Westen der Havanna-Bucht, deren Einfahrt vom Castillo de la Punta auf der Stadtseite und vom Castillo del Morro im Osten an der Spitze des Vorgebirges flankiert wird, so daß die Bucht ganz von Land eingeschlossen ist. Wie das knochige Rückgrat eines Ebers läuft der Felsgrat der La Cabaña von Osten nach Westen am Kap entlang.

Am 6. Juni 1762 kamen die Briten vor dem Coximar-Fluß, 15 sm östlich der Stadt, an, wo die sandige Bucht einen geeigneten Landungsplatz bot. Pocock schoß hier die Blockhäuser zusammen und setzte Truppen an Land. Dann bedrohte er die Stadt durch eine vorgetäuschte Landung westlich davon.

Hätte Albemarle den Vorteil taktischer Überraschung voll ausgenutzt, so hätte er Havanna ohne kostspielige Belagerung des Morro im Handstreich erobern können. Aber er war in der formalistischen Schule groß geworden und zur Belagerung und notfalls Erstürmung des Morro entschlossen.

So litten die Mannschaften fast zwei Monate lang unter den Qualen eines tropischen Sommers. Schiffsgeschütze wurden mühsam in ihre Stellungen gewunden. Auf Felsrücken mußten oberirdische Verschanzungen angelegt werden. Im Feindfeuer begannen die Faschinen zu brennen. Auf der ganzen Halbinsel gab es kein Wasser. Es mußte in Booten von der Flotte hergebracht werden und reichte niemals aus. Die Spanier leisteten zähen, nie erlahmenden Widerstand.

Pococks Blockade machten die Spanier selbst nahezu überflüssig. Trotz der sehr starken Befestigungen beiderseits der eine halbe Meile breiten Hafeneinfahrt versenkten sie drei ihrer Linienschiffe zur Sperrung des Fahrwassers, wodurch sie die neun übrigen einschlossen und zugleich Pocock die Verantwortung abnahmen, gegen ihr Auslaufen gewappnet zu sein.

Wie bei allen Unternehmungen in Westindien forderten Krankheiten, besonders Gelbes Fieber, den höchsten Zoll. Dadurch fielen weit mehr Leute aus als durch Kampfhandlungen. Verstärkungen von Lord Amherst trafen nur nach und nach ein, und im Juli sah es eine Zeitlang ganz nach einem Fehlschlag der Expedition aus.

Doch Albemarle, zwar kein überragender Taktiker, besaß Zähigkeit. Schließlich stellten Pioniere einen Tunnel unter den zur Küste gelegenen Wällen des Morro fertig, eine Mine explodierte, und die Rotröcke schwärmten durch die schmale Bresche. Schon nach Minuten hatten sie die Verteidiger in den Felsgängen der Festung niedergemacht. Als der Morro in britischer Hand war, mußte sich auch die Stadt ergeben.

Nur wenige Eroberungen in irgendeinem Krieg haben sich so umgehend ausgezahlt wie die Einnahme von Havana. Spanien verlor ein Fünftel seiner Flotte – fast unbeschädigt. Mehr als 100 Stück Artillerie und große Mengen sonstigen Kriegsmaterials und materieller Werte, darunter Kisten mit Bargeld, fielen in britische Hand. Der befehligende General und Admiral erhielten 122 000 Pfund Prisengeld[9].

Für die Havanna-Operation war die Flotte im Kampf und für logistische Zwecke unentbehrlich. Wie Saunders bei Quebeck, gab Pocock bei Havanna kommenden Seebefehlshabern ein Beispiel selbstloser Zusammenarbeit. Albemarle schrieb darüber:

> ... Sir George Pocock und Kommodore Keppel haben sich in ganz besonderer Weise hervorgetan. Ich darf die Behauptung wagen, daß noch nie eine gemeinsame Unternehmung harmonischer und mit größerem Eifer beider Teile durchgeführt worden ist ..[10]

Andere Operationen

Weil die Beherrschung der Meere den Briten die fast uneingeschränkte Wahl ließ, wo und wann sie kämpfen wollten, konnte Großbritannien nicht nur jene großen Operationen durchführen, die den Kriegsausgang wesentlich beeinflußten. Von Zeit zu Zeit konnte es auch einen Teil seiner Macht für Nebenunternehmungen einsetzen, die nur unter kommerziellem Gesichtspunkt wichtig waren oder vielleicht bei Friedensverhandlungen seine Position ein wenig verbessern konnten. Ein Beispiel hierfür liefert die Einnahme von Goree und Senegal, Niederlassungen des französischen Sklavenhandels am Golf von Guinea. Und 1760 nahm Pitt erneut »Verbundene Operationen« gegen die französische Küste auf, indem er eine beträchtliche Streitmacht Belle Ile erobern ließ.

Im Jahre 1762 improvisierte eine Gruppe englischer Abenteurer eine Expedition gegen Buenos Aires. Mit zwei von der britischen Regierung gekauften Fregatten, zwei kleinen portugiesischen Kriegsschiffen und 500 portugiesischen Soldaten lief sie von Rio de Janeiro aus, um das, was Clive mit seiner kleinen Schar bei Plassey und Windewash erreicht hatte, in Spaniens riesiger Festlandskolonie zu versuchen. Schlechte Navigation im Mündungsgebiet des La Plata und kriegerische Fehlschläge wurden der Unternehmung zum Verhängnis.

Den Schlußstein der britischen überseeischen Kriegführung bildete die Manila-Expedition durch Truppen der Ostindischen Gesellschaft unter Brigadier Draper und ein Geschwader von 8 Schiffen unter Vizeadmiral Cornish. Nach Beschießung und Belagerung fiel Manila nach kaum 2 Wochen. Der Gouverneur übergab alle Philippinen-Inseln und kaufte Manila mit 4 Millionen spanischer Dollar frei. Da das Geschwader außerdem die Acapulco-Galeone mit 3 Millionen Dollar in Münzen und Barren kaperte, kam das Prisengeld demjenigen bei der Eroberung Havannas gleich.

Das Ende des Krieges

Das verwickelte Gefüge europäischer Machtpolitik wandelte sich im Endstadium des Siebejährigen Krieges mit bestürzender Geschwindigkeit. Als der siegreiche Friede fast schon in Sicht war, trat Pitt zurück, weil das Kabinett seine Forderung nach sofortiger Kriegserklärung an Spanien ablehnte[11]. Spanien versuchte eine Invasion Portugals, das Englands alter Verbündeter war. Sie wurde durch eine britische Flotte und ein Expeditionskorps vereitelt. Lord Bute, Pitts engstirniger Nachfolger, entfremdete sich Friedrich den Großen und zerriß das Bündnis mit Preußen. Die russische Zarin starb. Ihr Nachfolger wurde der halbidiotische, prussophile Peter III., der sehr bald ermordet wurde. Die ihm folgende Katharina II. wollte den Krieg nicht wieder beginnen. Schweden trat aus der Großen Koalition aus. Frankreich und Österreich, ohne Verbündete, fast erschöpft und ohne eine andere Wahl, suchten um Frieden nach.

Der Friede von Paris (1763) stellte den Höhepunkt von Großbritanniens »Old Empire« dar. Die überall siegreichen Briten hätten sehr wohl mehr verlangen können, als sie bekamen. Dabei fiel ihnen ohnehin der Löwenanteil zu. Sie erhielten Kanada und erreichten die Abtretung französischer Ansprüche auf das ganze Territorium östlich des Mississippi. Damit legte Großbritannien, ohne es zu ahnen, die Grenzen der Vereinigten Staaten fest, die 13 Jahre später ins Leben traten, von denen damals aber noch niemand träumte. Ferner erhielt Großbritannien: von Frankreich Senegal; von Spanien Florida im Austausch gegen Kuba. Es bekam Minorca zurück; Frankreich Belle Ile, Guadeloupe, Martinique, St. Lucia, Goree, die französischen Handelsniederlassungen in Indien – Frankreich versprach, sie nicht zu befestigen – und

9 Ein bezeichnendes Licht auf die soziale Hierarchie des 18. Jh. wirft die Tatsache, daß der Anteil eines Soldaten 4 £ 1 s. 8 d., der eines Vollmatrosen 4 £. 14 s. 9 d. betrug.

10 Brief an Lord Egremont, zitiert in: Beatson: Memoirs of Great Britain, II, 566.

11 Pitts Rücktritt ist eine Ironie, insofern sehr bald darauf die Ereignisse eine Kriegserklärung ohnehin unvermeidlich machten.

die kleinen Inseln Miquelon und St. Pierre; Spanien schließlich Kuba und die Philippinen. Frankreich machte Spanien den Vertrag dadurch annehmbarer, daß es ihm New Orleans und das Gebiet von Louisiana abtrat, ein Imperium westlich des Mississippi, im Urzustand und in seiner Ausdehnung noch gar nicht vermessen.

Zusammenfassung

Der Siebenjährige Krieg war der erste »Weltkrieg«, Urbild eines Krieges zwischen einer starken Land- und einer starken Seemacht. Großbritannien ging dabei so vor, wie es das bereits gegen Spanien, Holland und Frankreich getan hatte: es verbündete sich mit anderen Kontinentalmächten gegen eine große Kontinentalmacht. Das für diesen Krieg charakteristische strategische Merkmal aus britischer Sicht war »Pitts Plan«, eine Strategie, an die Großbritannien sich seit den anglo-holländischen Kriegen herangetastet hatte.

In weltweitem Ausmaß bestand Pitts Strategie, wie jede, die eine wirkliche Konzentration erreicht, aus »Zuschlagen« und »Festhalten«. Ersteres, also die wichtigsten britischen Offensivhandlungen, geschah in Übersee, wo Englands maritimes Übergewicht zur Unterstützung von Angriffen auf französische und spanische Kolonien ausgenutzt wurde. Ihre Eroberung vergrößerte das britische Imperium, förderte den Handel und brachte dadurch Reichtum; dieser wiederum wurde zur Unterstützung der Verbündeten auf dem europäischen Festland verwandt. Das »Festhalten« bestand 1. in der Blockade und anschließenden Vernichtung der französischen Flotte durch die Royal Navy und 2. in dem Bemühen der Verbündeten, besonders Friedrichs des Großen, Frankreichs Reichtum zu absorbieren und seine Kräfte zu binden, die andernfalls zum Aufbau der französischen Flotte, zum Durchbruch durch die britische Blockade und zur Hilfeleistung für die überseeischen Besitzungen hätten dienen können. Die beiden Bestandteile von Pitts Plan galten auch für den europäischen Kriegsschauplatz. Hier stellte Friedrichs Heer den Hauptfaktor des »Zuschlagens« dar, während britische »Verbundene Operationen« an der Küste Frankreichs nicht zuletzt den Franzosen so viel Angst vor einer Invasion einjagen sollten, daß Truppen, die sonst gegen Friedrich eingesetzt worden waren, zurückgehalten wurden.

Frankreichs Gegenstrategie bestand 1. in Überfällen auf den britischen Handel, 2. in dem Versuch einer Verteidigung der französischen Kolonien und 3. in dem Versuch einer Invasion Englands. Großbritanniens maritime Übermacht vereitelte alles. Belle-Isles Gedanke einer Invasion der britischen Inseln, wobei man der Kanalflotte entschlüpfen wollte, blieb im Planungsstadium stecken, aber seine Diversion im Mittelmeer führte zur Abwehr von Byngs Flotte und zur Eroberung von Minorca (1756). Spätere Invasionspläne, die eine Vereinigung der Flotte von Toulon mit der von Brest im Kanal verlangten, wurden zunichte, als erstere in der Schlacht in der Lagos-Bucht durch Boscawen (1759), letztere in der Schlacht von Quiberon durch Hawke (1759) vernichtet wurde.

Während Frankreich Kraft und Geld an einen nutzlosen Krieg in Europa verschwendete, eroberten verhältnismäßig kleine britische Streitkräfte überall in der Welt französische Besitzungen. Im Jahre 1758 öffneten Amherst und Boscawen durch die Eroberung von Louisburg den St.-Lorenz-Strom. 1759 stellten Wolfe und Saunders durch die Einnahme von Quebec die Eroberung Kanadas sicher. Gleichzeitig errang Clive mit maritimer Hilfe Watsons und Pococks die Kontrolle über Indien, und Zweigespanne aus Heer und Marine wie Barrington und Moore, Rollo und Douglas, Moncton und Rodney nahmen französische Besitzungen in Westindien. Als Spanien sich 1762 mit Frankreich verbündete, verlor es prompt Havanna durch Albemarle und Pocock, Manila durch Draper und Cornish. Diese Eroberungen wurden infolge der französischen Inanspruchnahme durch den Krieg in Europa und dank der Seebeherrschung der Royal Navy ermöglicht, die die Kolonien abschnürte und ihnen Hilfe aus dem Mutterland verwehrte.

Alle Kriege bieten demjenigen Lehren, der sie aufmerksam studiert, und der Siebenjährige Krieg bietet mehr Lehren und Beispiele als die meisten anderen. Folgende gehören zu den einleuchtendsten: Das starre Festhalten an der linearen Taktik, wie es die »Dauernden Kampfanweisungen« befahlen, verhinderte einen entscheidenden Sieg, da es eine taktische Konzentration nahezu unmöglich machte. Das Gefecht bei Minorca und die verschiedenen Kämpfe zwischen Pocock und d'Aché in indischen Gewässern bieten hierfür Beispiele. Andererseits errang die Taktik des Mêlées, durch »Jagd frei« eingeleitet, bei Lagos und Quiberon durchschlagende Siege.

Im amphibischen Krieg sind sorgfältige Planung, rückhaltlose Zusammenarbeit der Wehrmachtteile, kühne Führung und Zähigkeit sehr wichtige Faktoren. Diese fehlten bei Rochefort und dem ersten Angriff auf Martinique. Beide Expeditionen schlugen fehl. Wolfe und Saunders bei Quebec, Moore und Barrington bei Guadeloupe und Albemarle und Pocock bei Havanna bewiesen die Fähigkeiten, die für die Lösung dieser schwierigsten militärischen Aufgabe–Angriff auf Landstellungen von See her–erforderlich sind.

Pitt war das Ideal eines Oberbefehlshabers, dessen charakteristisches Merkmal die Einheit von Ziel, Konsequenz und Entschlossenheit war. Beim Schachspiel des Krieges überblickte er stets das gesamte Brett und zog seine Figuren so, daß jede jeder anderen eine Hilfe war. Die Torheit der britischen Kriegführung, ehe er zur Macht kam, und ihr geringerer Erfolg nach seinem Fortgang bewiesen seine Unentbehrlichkeit. Weil Pitt seiner Veranlagung nach in den Begriffen der großen Strategie dachte, konnte er nicht nur den Sieg sicherstellen, sondern auch England die Erringung aller seiner Kriegsziele ermöglichen.

Vor allem aber liegt die große Lehre des Siebenjährigen Krieges im Beweis der durchschlagenden und unerbittlichen Kraft, die ein maritimes Übergewicht in einem Weltkrieg bedeutet. Die britische Flotte sicherte das enge, kleine Inselreich gegen eine Invasion und ermöglichte den Gewinn der halben Welt als Imperium. Pitts Vision, die den kontinentalen Krieg auf den zweiten Rang verwies, beruhte auf seiner Auffassung vom Potential der Seemacht. Es ist nur natürlich, daß sich der große amerikanische Marinehistoriker Alfred Thayer Mahan der Geschichte Englands in den Jahren zwischen 1660 und 1783 zuwandte, um Schulbeispiele zur Stützung seiner These von der Seemacht zu finden. Im Kapitel über den Siebenjährigen Krieg kommt er zu folgendem Schluß:

(Seemacht) . . . ließ (England) reich werden und schützte andererseits den Handel, dem es seinen Reichtum verdankte. Mit seinem Geld half es den wenigen Hilfsvölkern, im wesentlichen Preußen und Hannover, bei ihrem verzweifelten Kampf. Seine Macht reichte bis dorthin, wohin seine Schiffe kamen, und niemand konnte ihm das Meer streitig machen. Wohin es wollte, kam es und mit ihm seine Kanonen und Truppen. Durch diese Beweglichkeit vervielfältigten sich seine Kräfte, während die der Feinde verringert wurden. Als Herrscherin der Meere sperrte es deren Fahrstraßen. Die Feindflotten konnten sich nicht vereinigen; keine große Flotte konnte auslaufen. Tat sie es aber doch, so stand sie sofort mit unerfahrenen Offizieren und Mannschaften denen gegenüber, die Veteranen der Stürme und der Kriege waren. Abgesehen vom Fall Minorcas, behauptete es geflissentlich die eigenen Seestützpunkte und eroberte nur zu gern diejenigen des Feindes. Was für ein lauernder Löwe war doch Gibraltar auf dem Wege der französischen Geschwader von Brest und Toulon! Was für Hoffnung bestand für Kanada auf französische Hilfe, wo doch die englische Flotte Louisburg in Lee hatte?

Die einzige Nation, die in diesem Krieg gewann, war diejenige, die im Frieden das Meer dazu benutzte, Reichtümer zu sammeln, und die es im Kriege beherrschte – durch die Größe ihrer Flotte, die Zahl ihrer Untertanen, die auf dem Meer und vom Meer lebten, und die zahlreichen, über den Erdball verteilten Operationsbasen[12]

12 Mahan: Influence of Sea Power upon History, S. 328/329.

Kapitel 7

Der amerikanische Revolutionskrieg

Von E. B. Potter für die deutsche Ausgabe kondensierte Fassung der in der US-Originalausgabe von W. B. Lewis verfaßten Kapitel 4 und 5 in Übersetzung von Siegfried Engel

Beim Ende des Siebenjährigen Krieges hatte Frankreichs Außenminister, der Duc de Choiseul, endlich verstanden, was Pitt von Anfang an wußte: Seemacht bedeutete den Schlüssel zu kolonialer Eroberung. Gleich nach Friedensschluß übernahm er auch noch das Marineministerium und begann den Neubau der französischen Flotte. Er bewog Städte und Provinzen, Geld für 18 neue Schiffe aufzubringen, reorganisierte die Marineleitung, modernisierte Werften und Arsenale, schuf ein Ingenieurkorps und förderte die Produktion von Artillerie, an der ein verhängnisvoller Mangel bestanden hatte.

Die Briten aber ließen in dieser Zeit Stärke und Schlagkraft ihrer Flotte verfallen. Große Summen verschlang die Instandhaltung von Schiffen, die hastig aus schnell verrottender, importierter Eiche gebaut worden waren. Schlimmer war noch, daß die in politischen Kreisen grassierende Korruption vor der Admiralität nicht haltgemacht hatte. Der Earl of Sandwich, ein tüchtiger, weltkluger Mann, seit 1771 Erster Lord der Admiralität, scheint sie nicht nur geduldet, sondern sogar gefördert zu haben. Für Reparaturen und Ausrüstung bestimmtes Geld verschwand, während die Schiffe verrotteten. Verpflegungsgeld wurde stets für mehr Leute zugewiesen, als an Bord waren. Daher spiegelten die amtlichen Listen nie die wirkliche Stärke der Marine wider. Als der Krieg in Amerika ausbrach, war nicht einmal die bescheidene Schiffszahl für die Besetzung der amerikanischen Station verfügbar.

Der schlaue Choiseul erkannte rechtzeitig die wahrscheinlich günstigste Möglichkeit zu einem Einsatz seiner neu geschaffenen Marine. England würde die Amerikaner auffordern müssen, die Kosten zur Verteidigung des neuen, weltweiten Imperiums mitzutragen. Hierüber erbittert, würden diese um ihre Unabhängigkeit kämpfen. Tatsächlich schlossen die britischen Zollgesetze von 1764, 1765 und 1767 die an ein hohes Maß von Selbständigkeit gewöhnten Kolonien zum Widerstand zusammen. Pitt warnte 1770, kurz nachdem Lord North Premierminister geworden war: »Vorsicht! Ein Krieg in Übersee hängt am seidenen Faden über euch. Frankreich und Spanien lauern auf jeden eurer Fehler und blicken gespannt nach Amerika.«

Das Parlament hob schließlich alle Einfuhrzölle mit Ausnahme der Abgaben für Tee auf, die als »Prüfstein der Autorität« bestehen blieben. Die meisten Amerikaner tranken daraufhin einfach keinen Tee mehr. Als im Dezember 1773 mehrere Schiffe in Boston ankamen, enterte sie eine Gruppe als Indianer verkleideter Amerikaner und warf den Tee über Bord, ohne daß die Behörden eingriffen. Als Vergeltung nahm das Parlament »Zwangsgesetze« an. Der Hafen Boston wurde geschlossen, und Massachusetts durfte nicht mehr seinen Rat wählen. Britische Versuche, die Beachtung der Gesetze zu erzwingen, führten im April 1775 zu Schießereien in Lexington und Concord. Von nun an schwand die Aussicht auf Einlenken oder Versöhnung.

Der Krieg stellte Großbritannien vor besondere Schwierigkeiten. Im 18. Jahrhundert lag es mit der Logistik, gelinde gesagt, im Argen. Viele überseeische Expeditionen schlugen in erster Linie fehl, weil der Angreifer eine angemessene Streitmacht weder organisieren noch transportieren und versorgen konnte. Truppen und Nachschub über den Atlantik zu bringen, was gut und gern zwei Monate dauern konnte, stellte eine gewaltige Aufgabe dar.

Lord Barrington, der britische Kriegsminister, sah diese Schwierigkeit und schlug eine Blockade vor, um die Kolonien zum Einlenken zu bewegen. Aber der Kolonialminister, Lord Germain, der den Krieg leiten sollte, scheint hiervon nichts gehalten zu haben. Zu der Versuchung, die Kolonien durch die übliche Besetzung zu bestrafen, kam der Wunsch, die dortigen Getreuen, die »Tories«, zu schützen, von denen man Hilfe erhoffte. So mußte Großbritannien einen verhängnisvollen Weg beschreiten.

Die amerikanische Offensive 1775

Obwohl die Tumulte in Lexington und Concord zu Kämpfen geführt hatten, erklärten die Kolonien erst nach mehr als einem Jahr ihre Unabhängigkeit. Sie benutzten die Zeit, während der die Briten noch ihre Streitmacht sammelten, zu einer Reihe von Operationen, die man getrost eine amerikanische Offensive nennen darf.

Noch keinen Monat nach Concord eroberte Ethan Allen das Fort Ticonderoga am Champlain-See, den Schlüssel zur Verbindung zwischen den rebellierenden Kolonien und Kanada. Im Herbst 1775 fielen Truppen in Kanada ein, in der Hoffnung, die Kanadier würden sich ihnen anschließen. General Montgomery führte im November 1000 Mann auf der Hudson-Champlain-See-Route zur Eroberung von Montreal. Zu ihm stieß Benedict Arnold mit 600 Mann aus dem nördlichen Maine, und am 31. Dezember griffen sie Quebec an. Montgomery fiel, Arnold wurde verwundet, der Angriff schlug fehl, doch belagerte Arnold die Stadt bis zum Frühjahr, als die Briten dank Tauwetter auf dem St.-Lorenz-Strom Verstärkungen heranbringen konnten.

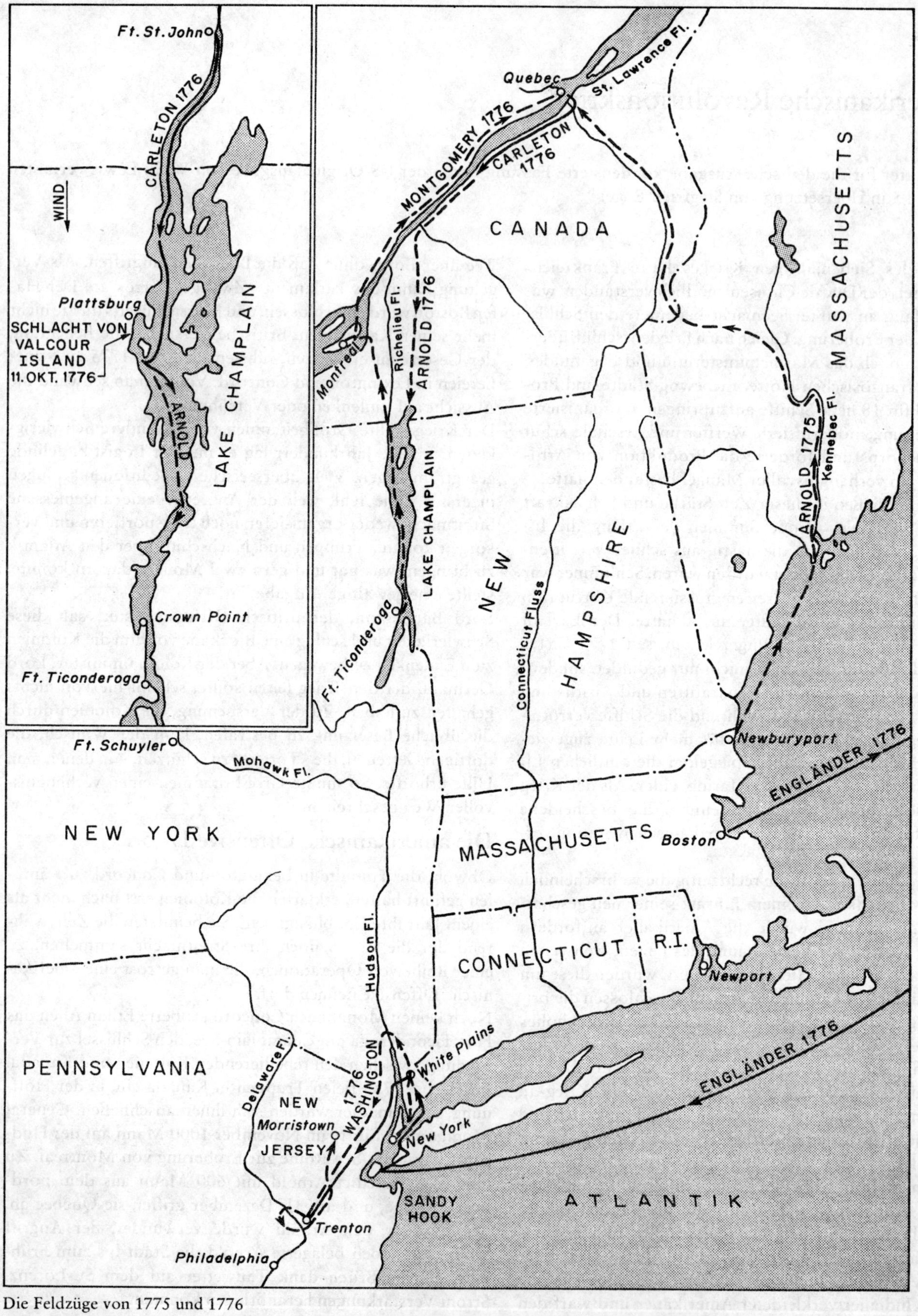

Die Feldzüge von 1775 und 1776

In Boston, dem Brennpunkt der Kämpfe, sahen sich die Briten von 16 000 Mann Miliz aus den angrenzenden Kolonien belagert. Erst im Mai 1775 brachte Generalmajor Sir William Howe mit den Generälen Clinton und Burgoyne sowie 10 000 Mann Hilfe. Im Juli übernahm General George Washington den Oberbefehl über die amerikanischen Truppen und bildete aus ungeschulter Miliz ein Heer. Aus Mangel an Schießpulver aber konnten die Soldaten das britische Feuer kaum erwidern. Anfang März 1776 brachte er von Fort Ticonderoga Artillerie auf die Dorchester-Höhen, die Boston von Süden her überschauten. Damit war Howes Stellung unhaltbar. Er räumte Boston über See und wartete in Halifax, Nova Scotia, bis Anfang Juni auf Verstärkungen.

Hätte Washington einer Lehre über den Wert der Seemacht bedurft, der ungefährdete Rückzug der Briten von Boston hätte sie ihm erteilt. Solange die Briten ungehindert die See befuhren, konnten die Amerikaner weder den Abtransport einer geschlagenen Armee noch Handstreiche von See her verhindern.

Die Amerikaner in der Defensive 1776

Im Jahre 1776 ergriffen die Briten nach Versammlung neuer Kräfte die Initiative. Sir Guy Carleton, Generalgouverneur von Kanada, durch britische Reguläre unter General Burgoyne verstärkt, schickte sich an, auf der Champlain-Hudson-Route in die Kolonien vorzustoßen. Arnold fiel auf den Champlain-See zurück, wo er schleunigst die dort stationierte winzige Flotte verstärkte. Dadurch mußten die Briten haltmachen, um zunächst eine überlegene Streitmacht zu bauen; denn mit unbesiegten Feindschiffen im Rücken konnte Carleton gewiß nicht mit ungestörtem Nachschub rechnen.

Die britischen Fahrzeuge, aus Material gebaut, das vom St. Lorenz herangeschafft wurde, waren Arnolds buntscheckiger Ansammlung kleinerer Einheiten mühelos überlegen. Mitte Oktober segelte das britische Geschwader vor einem Nordwind den See hinauf. Arnold ließ den Feind, hinter der Insel Valcour versteckt, vorbeifahren, so daß die Briten zum Angriff wieder aufkreuzen mußten. Trotz dieses Vorteils erlitten aber die Amerikaner so schwere Verluste, daß sie von Glück sagen konnten, als sie nachts am britischen Geschwader vorbei nach Crown Point entschlüpfen konnten. Bei der Verfolgung kam es zu einer zweitägigen Schlacht, in der die meisten amerikanischen Schiffe gekapert, auf Strand gesetzt und verbrannt wurden. Die Überlebenden flohen in die Wälder.

Trotz einer taktischen Niederlage hatte Arnold, strategisch gesehen, gesiegt. Schon die Anwesenheit seiner »fleet in being« hatte den britischen Vormarsch so lange verzögert, bis es mit dem günstigen Wetter vorbei war. Carleton mußte sich zum Überwintern nach Kanada zurückziehen. Wir werden sehen, daß der Verlust dieses einen Jahres zur Erringung der amerikanischen Unabhängigkeit wesentlich beitrug.

Eine britische Diversion nach Süden schlug fehl. Ein Geschwader wollte bei Charleston, Süd-Karolina, Truppen landen, wurde aber durch das Feuer von Fort Moultrie, einer Behelfsbefestigung aus holzgestützten Sandwällen, zurückgeschlagen, wobei die den Feuerschutz gebenden Schiffe schwere Verluste erlitten.

Die dritte Unternehmung des Jahres, gegen New York, brachte den Briten den einzigen Erfolg. Washington hatte den Angriff vorausgesehen, lag doch der Hafen von New York zentral, und die Stadt sicherte das Südende der Hudson-Champlain Route, die in britischer Hand Neu England von den Südstaaten trennen würde. So hatte er sofort Truppen von Boston nach Long Island geworfen.

General Howe, eskortiert von einer Flotte unter seinem Bruder Admiral Lord Howe, kam Ende Juni in New York an und bezog auf dem nahen Staten Island Stellung. Als er Ende August nach Eintreffen hessischer Söldner und der Rückkehr der ruhmlosen Charleston-Expedition über 30 000 gegen die 10 000 Mann Washingtons verfügte, setzte er nach Long Island über und rückte gemächlich vor. Washington wich langsam zurück, wobei ihm der Wind half, der keine Unterstützung von Howes linker Flanke durch Fregatten zuließ, und ein Nebel, der ein nächtliches Entschlüpfen nach Manhatten ermöglichte. Nach 2 Monaten war er nordwärts bis White Plains abgedrängt, von wo aus er den Hudson nach New Jersey und einen Monat später den Delaware nach Pennsylvania überschreiten mußte.

Washingtons Heer war jetzt auf 3000 Mann zusammengeschmolzen, und nur die vorgeschrittene Jahreszeit hinderte Howe an der Einnahme von Philadelphia, wo der Sitz des Kontinentalen Kongresses war. Nun, wo die Sache der Kolonien verloren schien, bewies Washington durch den dramatischen Übergang über den Delaware am 25. und die Eroberung von Trenton am 26. Dezember, was für ein großer General er war. Nach Angriffen auf britische Außenposten bezog er bei Morristown Stellung und konnte nun jedes britische Vorrücken auf Philadelphia und den Hudson hinauf bedrohen.

Saratoga, der Wendepunkt

1777 wollten die Briten die wegen des Winters aufgeschobenen Vorhaben zu Ende führen. Howe schlug die Eroberung Philadelphias vor, Burgoyne plante die Fortsetzung des im Vorjahr von Carleton begonnenen Marsches nach Süden auf der Champlain-Hudson-Route. Kaum glaublich, aber ein gemeinsames Operieren war nicht vorgesehen. Dieser Gedanke scheint damals weder Lord Germain noch den beiden Generalen gekommen zu sein. Als dann im Sommer ein entsprechender Befehl nach Amerika kam, war Howe schon auf dem Seewege nach Philadelphia und konnte General Clinton in New York nur noch jede ihm mögliche Diversion als Hilfe für Burgoyne befehlen.

Die Briten rückten auf Philadelphia vor, und zwar auf dem Umweg über den Chesapeake, statt auf dem näherliegenden

Die britischen Invasionen von Norden und Süden

über den Delaware, weil übertriebene Berichte von dortigen amerikanischen Verteidigungsanlagen sprachen. Washingtons Armee war durch Dauermärsche erschöpft und konnte den Feind allenfalls beunruhigen. Ende September ergab sich die Stadt. Um aber den britischen Nachschub möglichst kostspielig und verwundbar zu machen, verteidigten die Amerikaner hartnäckig die Forts am Delaware. Sie fielen erst Mitte November.
Burgoyne, seit dem letzten Herbst im Besitz des Champlain-Sees, hatte inzwischen Ticonderoga erobert. Aber der durch Arnolds Kanonenboote so lange verzögerte britische Vormarsch hatte den Amerikanern Zeit zur Umgruppierung gelassen, so daß sie eine starke Streitmacht nach dem nördlichen New York bringen konnten. Burgoyne stand Ende Juli trotz der ihm von General Schuyler in den Weg gelegten Widerstände am Hudson, aber der britische General St. Leger, der vom Ontario-See her zu ihm stoßen wollte, zog sich nach einer blutigen Schlacht bei Oriskany nach Kanada zurück, als er erfuhr, daß sich neue Kräfte unter Arnold näherten. Burgoyne stellte fest, daß die lange, durch eine Wildnis führende Nachschublinie für die Versorgung seiner Armee nicht ausreichte. Eine ins Connecticut-Tal entsandte Abteilung von 700 Mann, die Proviant requirieren sollte, wurde schon bei Bennington von den Amerikanern vernichtet oder gefangen genommen. Trotz wachsenden Widerstands stieß Burgoyne aber bis Saratoga vor, wo er von Miliz, unterstützt durch General Gates' Reguläre, eingekesselt wurde. Am 17. Oktober mußte er sich mit seiner Armee von 5000 Mann ergeben.
Dieser Sieg hatte bewiesen, daß die Kolonien Aussicht auf Erfolg hatten. Nunmehr trat Frankreich in den Krieg ein, und seine Hilfe sollte die Entscheidung bringen, was sich aber 1777 noch nicht voraussehen ließ. Howes Armee richtete sich erst einmal in Philadelphia zu gemütlichem Überwintern ein, während Washingtons verzweifelndes Heer, besser gesagt, dessen Reste, in Valley Forge unter Hunger und Kälte litten.

Frankreichs Kriegseintritt

Schon lange hatten die Franzosen insgeheim und indirekt den Amerikanern geholfen. Da sie nach Saratoga fürchteten, englische Zugeständnisse könnten zum Frieden führen, schlossen sie am 6. Februar 1778 mit Benjamin Franklin Handels- und Bündnisverträge. Was bislang eine Art Bürgerkrieg gewesen war, über den die britische Öffentlichkeit unterschiedlich dachte, wurde nun zu einem internationalen Konflikt, in dem alle Engländer zur Verteidigung ihres Landes gegen den Erbfeind zusammenstanden.
In Amerika verlagerte sich der Schwerpunkt der militärischen Operationen nach Westindien und in die südlichen Kolonien. Ohne im Besitz gesicherter Seeherrschaft zu sein, mußte Großbritannien nun in Übersee kämpfen, Washington aber konnte endlich auf die Hilfe einer erstklassigen Flotte rechnen. Frankreich, ohne Feinde an seinen Landesgrenzen, plante nichts Geringeres als eine Landung auf den britischen Inseln. Bei deren Erfolg würden gleichzeitig alte Schulden beglichen, die verlorenen Besitzungen in Westindien zurückerobert und Amerika befreit werden.
Die Mittel dazu besaß Frankreich offensichtlich; denn 1778 war seine Marine vermutlich die beste der Welt, der Royal Navy an Zahl und Wert der Schiffe, an Artillerie und taktischem Können überlegen. Französische Marineartilleristen waren für exaktes Schießen berühmt und den Briten auf weite Entfernungen klar überlegen. Bigot de Morogues »Tactique Navale« aus dem Jahre 1763 hatte der Marine eine undoktrinäre Taktik an die Hand gegeben, zugleich aber auch die Entwicklung eines praktischen Signalverfahrens beschleunigt. Beides wurde in der Anweisung »Evolutionierende Geschwader« in die Praxis umgesetzt. Die meisten französischen Seebefehlshaber dieses Krieges waren darin ausgebildet.
Aber die Royal Navy hatte auch ihre Vorteile: Vor allem eine in Jahrhunderte währenden Kriegen erworbene aggressive Tradition, die sich »La Marine« in dieser Vollendung nie erwarb. Französische Seeoffiziere verloren nie eine defensive Grundeinstellung und sahen stets ihr Hauptziel in der Erhaltung des eigenen Schiffes, nie aber in Kaperung oder Vernichtung des Gegners.
Obwohl die unter wissenschaftlichen Aspekten entworfenen französischen Schiffe einfachere Linien hatten und in jeder Klasse schwerer als die britischen waren, folgte man in Frankreich nur zögernd der neuen Gepflogenheit, die Unterwasserrümpfe mit Kupfer zu beschlagen. So gewannen die Briten bei langen Einsätzen dank fehlender Bewachsung einen ständig zunehmenden Geschwindigkeitsüberschuß. Überlegene französische Treffsicherheit glichen die Briten durch artilleristische Reformen und die Einführung der schweren Karronaden aus, die auf kurze Entfernung tödliche Wirkung hatten. Und schließlich warf die Royal Navy die Fesseln des Formalismus ab. Zwar blieben die »Dauernden Kampfanweisungen« bis 1793 die einzigen autorisierten Befehle für britische Flotten, aber die Admirale umgingen diese Einengung durch zusätzliche Anordnungen und durch Signale, die sich nicht an die Kampfanweisungen hielten. Ein solches britisches Signalverfahren, in enger Anlehnung an das französische, entwickelten vor allem die Admirale Kempenfelt und Lord Howe. Dieser ersetzte im eigenen Befehlsbereich die »Dauernden Anweisungen« durch »Zusätzliche«, denen er ein von ihm selbst zusammengestelltes vollständiges Signalbuch beifügte.

Die Schlacht von Ushant, 27. Juli 1778

Nach dem Bündnis mit den amerikanischen Kolonien sandten die Franzosen 12 Schiffe unter Vizeadmiral Comte d'Estaing von Toulon in amerikanische Gewässer. Anfang Juni 1778 versegelten 13 durch Admiral Keppels Kanalflotte

ausgerüstete und bemannte Schiffe unter Vizeadmiral Byron nach Amerika, um Lord Howes Geschwader zu verstärken. Hierdurch verzögerten sich größere britische Operationen im Kanal, aber am 9. Juli ging Keppel endlich mit 30 Schiffen in See. Zufällig war Admiral Comte d'Orvilliers am Vortage mit 29 Schiffen aus Brest ausgelaufen. Am 23. Juli nachmittags sichteten sich die beiden Flotten 100 sm westlich von Ushant. Keppel lag mehr an einem Kampf; denn wenn er die Brest-Flotte vernichten konnte, war die Invasionsgefahr beseitigt und ein Verlust der amerikanischen Kolonien weit unwahrscheinlicher. D'Orvilliers kam es mehr darauf an, die Flotte sicher nach Brest zurückzuführen. Er wich also drei Tage allen Angriffsversuchen aus. Dabei hängten 2 Schiffe ab, so daß er nur noch 27 gegenüber Keppels 30 besaß.
Am 27. Juli kam endlich Keppels Chance. Er befahl »Jagd frei«, um möglichst viele Schiffe auf d'Orvilliers' Nachhut anzusetzen. Dieser aber ließ plötzlich alle Schiffe gleichzeitig halsen und lief zu einem Passiergefecht auf entgegengesetzten Kursen auf die Briten zu. Solche Aktionen führen selten zu Entscheidungen, d'Orvilliers aber hoffte, das Feuer durch die Unordnung bei den Briten auf wenige Feinde massieren zu können, ohne in das Feuer der übrigen zu geraten. Keppel, der diese Absicht erkannte, konnte abfallen und wieder eine Kiellinie bilden. Dies aber hätte jeden Kampf verhindern oder gar den Franzosen ein Entkommen erlauben können. So setzte er prompt das Angriffssignal, ohne daß ihm Zeit zum Formieren der Linie blieb. Das Ergebnis hatte d'Orvilliers vorausgesehen. Durch Ausnutzung des Schlingerns entmastete er mehrere Schiffe der feindlichen Vorhut und Mitte, ehe die anderen Hilfe bringen konnten. Pallisers Nachhut aber, die in leidlicher Ordnung fuhr, geriet ins Feuer der ganzen französischen Linie und erlitt schwere Schäden in der Takelage.
Dieses ergebnislose Treffen beendete die Schlacht. D'Orvilliers wollte nochmals zwischen Keppels Gros und ein paar beschädigten britischen Schiffen hindurchlaufen, aber sein Befehlshaber der Vorhut verstand ihn falsch oder kümmerte sich nicht um diese Absicht. Keppel versuchte mit neuformierter Linie seine Krüppel zu decken, aber Palliser blieb in Luv und hielt keinen Anschluß. Als ihn weder Signale noch Befehle, von einer Fregatte überbracht, zum Handeln bewogen, überging ihn Keppel und befahl jedem einzelnen Schiff der Nachhut, in die Linie einzuscheren. Es war Nacht geworden, so daß er widerwillig den weiteren Kampf auf den Morgen verschob. D'Orvilliers aber hatte nach seiner Meinung gut genug abgeschnitten, nutzte die Finsternis und lief nach Brest. Trotz höherer Verluste hatten die Franzosen die Briten klar ausmanövriert, zudem war es für sie eine ganz ungewohnte Genugtuung, aus einem Kampf gegen die Briten alle Schiffe heimzubringen. Kein geringer Sieg für sie, die Stiefkinder des Siebenjährigen Krieges.
Beim anschließenden Kriegsgericht kristallisierten sich zwei einander widersprechende Anklagen gegen Keppel heraus: 1. Er habe ohne vorherigen Befehl zur Formierung der Kiellinie angegriffen. 2. Infolge der durch Neuformierung der Linie eingetretenen Verzögerung habe er den Kampf nicht wieder begonnen und dadurch den »äußersten Einsatz« versäumt. Bekanntlich war 1744 der Admiral Mathews nach der Schlacht von Toulon für ersteres Versagen kassiert worden. Weil Admiral Byng durch Formieren der Linie Zeit versäumte, hatten England Minorca und Byng durch die Kugeln des Exekutionskommandos sein Leben verloren. Und nun wurde Keppel wegen der Vergehen beider Männer angeklagt. Er war beim Kriegsgericht gegen Byng Beisitzer gewesen und wußte, daß er um sein Leben kämpfte. Nur waren die Begriffe »Kampfanweisungen« und »Linie« nicht länger sakrosankt, und gesunder Menschenverstand saß zu Gericht. Unter gewaltigem Beifall wurde Keppel freigesprochen. Die Folgerungen lagen auf der Hand: Ein Admiral der Royal Navy konnte von nun an eine Schlacht nach bestem Wissen und Gewissen leiten.

Die erste Flotte Frankreichs: D'Estaing

Seit Frankreichs Kriegseintritt bot das leicht zu blockierende Philadelphia keinen geeigneten Stützpunkt mehr. Der neue britische Oberbefehlshaber, General Clinton, erhielt Befehl zur Räumung und Rückkehr nach New York. Er ließ Vorräte und Artillerie durch Lord Howe über See abtransportieren, während er mit dem Heer über Land marschierte. Howe kam am 29. Juni in New York an und klärte sofort mit Fregatten gegen das erwartete Auftauchen französischer Streitkräfte auf.
»Schnelligkeit ist die höchste soldatische Tugend. Überraschung ist fast schon der Sieg!« Das hatte d'Estaing gelehrt, selbst aber diese Lehre nicht befolgt. Bei rascher Atlantiküberquerung hätte er Howes Flotte auf dem Delaware abfangen und, wie auch Clintons Artillerie, vernichten können. Statt dessen brauchte er 85 Tage von Toulon zu den Delaware-Kaps, wo er am 6. Juli eintraf. Ein Glück, daß es ihm »Schlechtwetter Jack« Byrons Verstärkungen infolge eines Sturms gleichtaten. So sah sich Howe einer doppelt so stark armierten Flotte gegenüber. Er bereitete sich auf einen fast aussichtslosen Kampf vor und verankerte die Schiffe quer zu dem nach New York hineinführenden Hauptfahrwasser, während Clinton auf Sandy Hook eine Batterie in Stellung brachte. Am 11. Juli ankerte D'Estaing 4 sm entfernt. Washington bot ihm volle Unterstützung für einen Angriff auf New York an, aber amerikanische Lotsen lehnten es ab, die von 6,9 bis 7,5 Meter tiefgehenden französischen Schiffe über die Barre zu bringen, auf der nur 6,6 Meter Wasser waren. Vergebens bot d'Estaing jedem Lotsen 50 000 Kronen, so daß er das Vorhaben aufgeben mußte. Am 22. sahen die Briten zu ihrem bassen Erstaunen die Feindflotte nach See zu verschwinden. Washington zog zwar New York als Ziel eines kombinierten See-Land-Angriffs vor, stimmte aber d'Estaings Entschluß, nunmehr Newport, Rhode Island, anzugreifen, rückhaltlos zu.

Newport war seit 1776 in britischer Hand und wurde durch stark überlegene amerikanische Kräfte belagert. D'Estaings Flotte ankerte in der Narragansett-Bucht, womit der Hafen nun auch von See her abgeriegelt war. Daß die Lage der Briten hoffnungslos schien, wollte Lord Howe nicht wahrhaben. Als 4 von Byrons Schiffen sein Geschwader auf 8 gebracht hatten, versegelte er kühn nach Newport zum Angriff auf d'Estaings 12 Schiffe. Wären diese in der Bucht geblieben, wäre Newports Schicksal besiegelt gewesen. Aber d'Estaing schnappte nach dem Köder, nahm die bereits gelandeten Truppen wieder an Bord und stellte sich bei zunehmendem Sturm zum Kampf. Howe vermied klugerweise eine Entscheidung und lockte nur den Gegner 2 Tage lang nach See hinaus. Dann jagte ein von Westindien kommender Orkan beide Flotten auseinander. Kein Mensch dachte mehr an Kampf, sondern nur noch an Rettung und Überleben.

dorthin, und Anfang Januar 1779 folgte das Gros der britischen Flotte von Newport aus. Solche Kräfteverlagerung war normal. In der Zeit der gefährlichen Hurrikane – Juli bis Oktober – liefen stärkere Kräfte meist vom Karibischen Meer in die Heimat oder nach Nordamerika. Im November erschienen dann französische und britische Flotten aufs neue in Westindien, wo das alte Spiel begann: Abfangen von Konvois und Fortnahme feindlicher Inseln, auf denen beiderseits ein großer Teil des Handels beruhte.

Bei Ankunft in Westindien stellte d'Estaing fest, daß französische Streitkräfte von Martinique aus den Briten Dominika entrissen hatten und britische aus den Vereinigten Staaten St. Lucia angriffen. Mit überlegener Flotte eilte er zur Hilfe herbei, aber ein Landungsversuch wurde von der vor Anker liegenden britischen Flotte abgeschlagen. Bei dem somit eingetretenen Besitzwechsel blieb es dann für die Kriegsdauer.

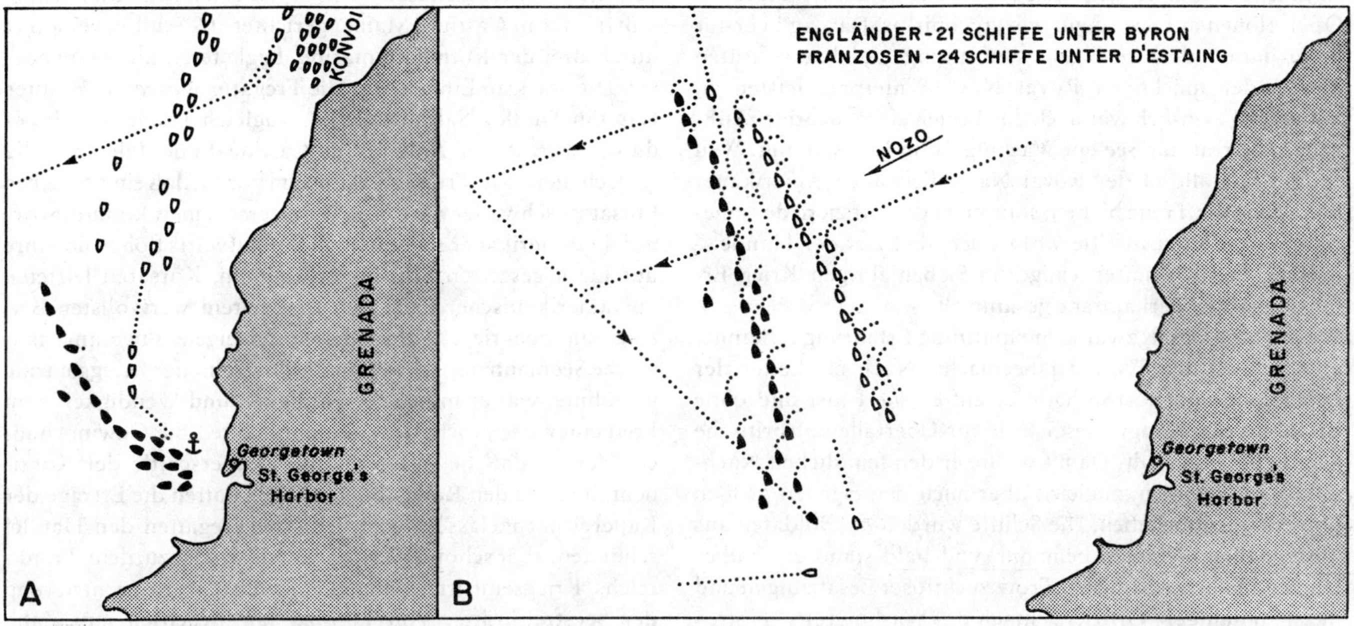

Die Schlacht von Grenada, 6. Juli 1779

Die Briten liefen sturmzerschlagen nach New York, d'Estaing nach Newport, wobei er von seinem entmasteten Flaggschiff aus dasjenige Byrons sichtete, der gerade eine stürmische Atlantiküberfahrt hinter sich hatte. Darauf gab d'Estaing die Newport-Unternehmung auf, um nicht seinerseits von der sichtlich wachsenden britischen Flotte blockiert zu werden. So lief er zu Reparaturen nach Boston. Dafür erschien der unermüdliche Howe mit 13 Linienschiffen und 5000 Mann unter Clinton vor Newport. Hastig gaben die Amerikaner die Belagerung auf. Howe legte in New York empört den Befehl über sein Geschwader nieder und erklärte, »er werde solange keinen Dienst tun, wie die jetzigen Minister im Amt blieben«.

Anfang November versegelte d'Estaing nach Westindien. Gleichzeitig schickten die Briten 5000 Mann von New York

In den ersten Monaten des Jahres 1779 trafen in Westindien für beide Parteien erhebliche Verstärkungen ein. Byron übernahm den Befehl über die britische Flotte. Am 4. Juli eroberte d'Estaing mit 24 Linienschiffen mühelos Grenada. Am nächsten Nachmittag wurde Byrons Flotte aus 21 Schiffen und mehreren Transportern im Anmarsch zum Entsatz von Grenada gemeldet. Die darauf beginnende Schlacht zeigte, wie Ushant es getan hatte, wie gefährlich das in Verfolg des Befehls »Jagd frei« eintretende Mêlée gegen einen gut geführten und kampfwilligen Gegner sein konnte. Als Byron am Morgen des 6. d'Estaings Flotte bei leichtem Wind Schiff nach Schiff aus dem Hafen von St. George auslaufen sah, gab er den Befehl »Jagd frei«. Die schnelleren Schiffe zogen davon, stürzten sich auf die Franzosen und erlitten schwere Schäden im Feuer der Küstenbatterien und der französischen Vorhut, die noch rechtzeitig Kiellinie formiert hatte. Auffrischender Wind erlaubte den übrigen Franzosen, ein Gleiches zu tun, so daß Byron befehlen mußte, auf Parallelkurs zur Linie abzudrehen. Als sich der Kampf nach Westen zog, behielt d'Estaing sein strategisches Ziel, den Schutz Grenadas, im Auge, wendete und lief auf die Insel und die zerschossenen Briten zu. Byron, dichtauf, rettete diese, die d'Estaing nur im Passiergefecht beschießen konnte. In der Nacht schlüpften die Franzosen nach St. George hinein, während sich die angeschlagenen Briten nach St. Kitts zurückzogen. Die Franzosen hatten trotz der üblichen höheren Verluste sechs Briten kampfunfähig geschossen und Grenada behauptet.

Maritime Leistungen Amerikas

Abgesehen vom Handelskrieg blieben die amerikanischen Operationen auf See so gut wie ergebnislos. Das lag in erster Linie daran, daß man ganz neu anfing und kaum hoffen durfte, der mächtigen Royal Navy Widerpart leisten zu können. Wesentlich war auch das Fehlen einer tüchtigen Führung. Nie trat auf See ein Washington in Erscheinung. Weil zudem fast alle in der Royal Navy dienenden Amerikaner der Krone die Treue hielten, stammten die Offiziere der amerikanischen Kriegsschiffe wohl oder übel aus der Handelsmarine. Freilich hatten einige im Siebenjährigen Krieg Erfahrung als Kaperkapitäne gesammelt.
Washington besaß zwar keine maritime Erfahrung, erkannte aber schnell den Wert der Seemacht. Noch als Leiter der Belagerung von Boston hatte er auf eigene Faust und ohne Erlaubnis des Kongresses Schiffe für Überfalle auf britische Schiffe bereitgestellt. Damit wollte er den feindlichen Nachschub abschneiden, zugleich aber auch den eigenen großen Pulvermangel beheben. Die Schiffe wurden mit Soldaten aus küstennahen Gebieten bemannt, und bald stand ein halbes Dutzend Fahrzeuge in See. Trotz zuchtloser Besatzungen und meist unfähiger Offiziere machte »Washingtons Flotte« während ihres kurzen Bestehens 35 Prisen, was das Nachschubproblem merkbar erleichterte. Im Oktober 1775 hatte der Kongreß eine Marinekommission zur Beschaffung und Ausrüstung von Kriegsschiffen gebildet, ein erster Schritt zum Aufbau einer Kontinentalflotte. Es wurden 2 Schiffe, 2 Briggs, 2 Sloops und 2 Schoner gekauft und mit 2 Bataillonen Seesoldaten ein Marinekorps geschaffen. Zum Befehlshaber wurde vom Kongreß Ezek Hopkins ernannt, ein früherer Kaperkapitän und dann begüterter Kommodore einer Flotte von Handelsschiffen.
Statt, wie ihm befohlen, die Küste Virginias und Carolinas vom Feind zu säubern, segelte Hopkins mit 5 Schiffen zu den Bahamas, wo es angeblich Waffen und Pulver gab. Anfang März 1776 landete er auf New Providence, nahm nach nur angedeutetem Widerstand zwei Forts und verlud zwei Wochen lang erbeutete Munition. Der Ruhm dieser Tat wurde aber auf der Heimfahrt arg verdunkelt, als das amerikanische Geschwader in heißem mitternächtlichen Gefecht von der kleinen britischen Korvette *Glasgow* (20 Kanonen), die unbeschädigt blieb, schwer zerschlagen wurde.
Dies blieb die einzige Fahrt des Geschwaders. Teils wegen der schlechten Schiffe, teils weil man keine tüchtigen Besatzungen fand, konnte Hopkins den Befehl nicht befolgen, die Neufundland-Fischerei anzugreifen. Hierfür wurde er vom Kongreß gerügt. Im Januar 1777 beendete er dann seine Laufbahn. Statt eine einzelne britische Fregatte, die gestrandet war, kapern oder ernstlich beschädigen zu können, geriet er selbst, wenn auch nicht sein Schiff, auf eine Sandbarre. Das war zu viel, und der Kongreß entließ den ersten Seebefehlshaber Amerikas.
Außer dem Überfall auf New Providence nahm die Kontinentalflotte nur noch an der ruhmlosen Penobscot-Expedition des Jahres 1779 teil. In erster Linie war sie eine Angelegenheit von Massachusetts und gegen einen britischen Tory-Stützpunkt in Castine, Maine, gerichtet. 16 Schiffe, verstärkt durch drei der Kotinentalmarine, begleiteten die Transporter. Die stärkste Einheit war die Fregatte *Warren* (32) unter Kapitän Dudley Saltonstall, der zugleich Leiter der Expedition war. Nach Ankunft in Castine Ende Juli kam die schlecht geführte Truppe so langsam voran, daß ein britisches Entsatzgeschwader von New York erscheinen konnte, worauf die Amerikaner schmachvoll flußaufwärts flohen und ihre auf Land gesetzten Schiffe verbrannten. Korsaren leisteten auf amerikanischer Seite den bei weitem wertvollsten Beitrag zum Seekrieg. Während sich der eigenwillige amerikanische Seemann nur schwer an die Disziplin der Kriegsmarine gewöhnte, war er mit seiner Findigkeit und Wendigkeit zum Freibeuter wie geschaffen. Zudem lockten die Gewinnchancen derart, daß bei Anwerbungen Kaperschiffe der Kontinentalmarine den Rang abliefen. 1777 hatten die Erträge der Kaperei nachgelassen, weil britische Fregatten den Handel schützten, aber schon 1778 nahmen sie wieder zu, denn Frankreichs Kriegseintritt zwang die Briten zur Konzentrierung der Seestreitkräfte. Von Jahr zu Jahr wuchsen nun Zahl, Wert und Kampfkraft der Kaperschiffe. Fast 800 betätigten sich während der Revolution. Sie fingen etwa 600 britische Kauffahrer ab.
Erntete auch die Kontinentalmarine beim Operieren im Verband nur wenig Ruhm, so erzielten doch Einzelfahrer schöne Erfolge, wenn sie im Wettstreit mit den Korsaren den feindlichen Handel angriffen. Der erfolgreichste Kapitän war John Paul Jones, der mit der Sloop *Providence* vor Nova Scotia 16 Handelsschiffe kaperte. Mit der *Alfred* enterte er weitere, darunter ein armiertes Fahrzeug mit der Winterbekleidung für Burgoynes Heer an Bord.
Ende 1775 bewilligte der Kongreß 13 Fregatten, vom Kiel zum Flaggenknopf echte Kriegsschiffe, keine umgebauten Kauffahrer. Und doch wurde nie eine schlagkräftige Flotte dieser Art zur Wirklichkeit. 6 Fregatten gingen aus verschiedenen Gründen nie in See, und vier hatten nur ein kurzes Dasein. Die *Hancock* (32) kaperte ein Brite (64). Die *Raleigh*

wurde 1778 von einer Übermacht auf Land gejagt und ging verloren. Die *Warren* wurde bei der Penobscot-Expedition vernichtet. Nur *Randolph* (32) ging glorreich unter. Im März 1778 traf sie bei Barbados die *Yarmouth* (64), die Kapitän Biddle kühn und so erfolgreich angriff, daß er schon Enterer hinüber schicken wollte, als das Pulvermagazin der *Randolph* in die Luft flog. Ein Mann überlebte; Biddle blieb vermißt.
So schwammen 1780 nur noch 3 Fregatten. *Boston* und *Providence* liefen in Charleston ein, halfen die Stadt verteidigen und gingen bei deren Übergabe an die Briten verloren. Die *Trumbull* erlebte das Jahr 1781 wohl nur deshalb, weil sie nicht vor 1780 die Connecticut-Barre nach See zu passieren konnte.
Den erstaunlichsten Erfolg errang die Kontinentalmarine durch ihren Vorstoß in britische Gewässer. Wohl führte die Benutzung französischer Häfen bisweilen zu Schwierigkeiten; denn ab und an mußten die Franzosen britische Proteste berücksichtigen. Im Endeffekt gerieten dadurch Frankreich und England aneinander. Die Brigg *Reprisal* unter Lambert Wickes, die Ende 1776 Franklin nach Frankreich brachte, erschien als erstes Kontinental-Schiff in europäischen Gewässern. Im Januar 1777 machte Wickes 5 Prisen. Als er sie in französische Häfen einbrachte, protestierte England heftig. Die Ausrüstung des Kutters *Dolphin* und die Ankunft der Brigg *Lexington* gestatteten die Bildung eines kleinen Geschwaders, das Wickes um Irland führte, wobei er 18 Prisen machte. Im Herbst nahm ein Sturm auf der Heimfahrt nach Amerika die *Reprisal* mit ihrem Kapitän in die Tiefe.
Inzwischen hatten amerikanische Agenten den Lugger *Surprise* gekauft, dessen Kommandant Gustavus Conyngham wurde. Von Dünkirchen versegelnd, brachte er im Mai 1777 2 Prisen ein. Britische Proteste führten zur Freigabe der Schiffe. Die Franzosen übernahmen die *Surprise* und steckten Conyngham und die Besatzung ins Gefängnis. Franklin aber erreichte die Freilassung, so daß der Kapitän rechtzeitig den Kutter *Revenge* übernehmen konnte. Mit ihm operierte er von französischen, später von spanischen Häfen aus und trug erheblich zur Verschärfung der Spannung zwischen den Bourbonen-Staaten und England bei.
Im Herbst 1777 lief der wackere Jones mit seiner *Ranger* (18) in Frankreich ein. Er durfte eine Woche nach Unterzeichnung des franko-amerikanischen Bündnisvertrages in der Bucht von Quiberon mit einem französischen Geschwader Salut wechseln. Im nächsten Frühjahr führte er die *Ranger* rund um England, Schottland und Irland. In Whitehaven verbrannte er ein paar Schiffe und vernagelte Kanonen; auf der Insel St. Mary marodierte er, und vor Carrickfergut kaperte er H. M. S. *Drake* (20).
Nach dieser bemerkenswerten Fahrt blieb Jones ein Jahr lang in Frankreich, wurde aber wiederholt in der Erwartung eines neuen Kommandos enttäuscht. Endlich bekam er einen halb verrotteten Ostindienfahrer, den er mit 42 9-, 12- und 18-Pfündern bestückte und zu Ehren von Franklin *Bonhomme Richard* taufte. Mitte August 1779 lief er mit einem buntscheckigen Geschwader aus, zu dem noch die neue amerikanische Fregatte *Alliance* (32) unter dem Franzosen Pierre Landais und 3 französische Fahrzeuge gehörten: *Pallas* (32), *Cerf* (18) und *Vengeance* (12). Er lief im Sinne des Uhrzeigers um die britischen Inseln, machte mehrere Prisen und schlug am 24. September vor Flamborough Head seine berühmteste Schlacht.
Sein Verband, durch Detachierung der *Cerf* nur noch aus 4 Schiffen bestehend, pirschte sich gerade an einen britischen Konvoi heran, als in der Dämmerung zwei Geleitschiffe auftauchten, die Fregatte *Serapis* (50) unter Kapitän Pearson und die *Countess of Scarborough* (22). Während *Pallas* die *Countess* angriff, lief Jones auf die *Serapis* zu, die ihm an Manövrierfähigkeit und Artillerie überlegen war. Den ersten Vorteil machte er zunichte, als es ihm persönlich gelang, die Schiffe längsseits voneinander festzumachen. Dafür konnte er seine 18-Pfünder nicht mehr gebrauchen, nachdem bei der ersten Salve zwei geborsten waren. Bald war die *Bonhomme Richard* völlig durchsiebt, und nur drei amerikanische 9-Pfünder schossen noch. Offenbar stand das Schiff vor dem Sinken und hätte sich ehrenvoll ergeben können. Der Wachtmeister ließ schon die Gefangenen frei, und ein Artillerist bot auf eigene Faust die Übergabe an. Auf Pearsons Frage, ob der Amerikaner wirklich die Flagge gestrichen habe, kam Jones' berühmte Antwort: »Ich habe den Kampf ja noch gar nicht begonnen.«
Die französischen Seesoldaten und einige Amerikaner hatten mittlerweile die Marsen beider Schiffe besetzt und das Oberdeck der *Serapis* von dort aus reingefegt. Gegen 21 Uhr 30 fiel eine aus der Takelage geworfene Granate durch ein Luk des Briten, entzündete Pulver auf dem Hauptdeck und löste eine Explosion aus, die viele britische Artilleristen tötete oder verwundete.
In der ganzen Zeit war keins der anderen Schiffe der *Bonhomme Richard* zu Hilfe gekommen, aber nun lief Landais mit der *Alliance* heran und feuerte wahllos einige Breitseiten auf die Kämpfenden, von denen sichtlich der Freund mehr abbekam als der Feind. Immerhin mag Landais' Erscheinen dazu beigetragen haben, daß sich Pearson zur Übergabe entschloß. *Bonhomme Richard* sank am nächsten Tag, und Jones setzte seine Flagge auf der *Serapis*.

Spaniens Kriegseintritt

Jones' Sieg bei Flamborough Head war für die Engländer deshalb besonders verbitternd, weil sie im Sommer jeden Augenblick eine Invasion erwartet hatten. Seit Juni 1779 war Spanien im Kriege, und seine Flotte hatte sich mit derjenigen d'Orvilliers vereinigt. Insgesamt 67 Schiffe standen im August im Kanal, um bei der Insel Wight und bei Portsmouth einen Angriff auf England zu unterstützen.
Zur Abwehr verfügte Großbritannien nur über die Kanalflotte von 35 Linienschiffen unter dem alternden und energielosen Sir Charles Hardy, nachdem Howe und Keppel em-

pört den Abschied genommen hatten. Dabei war die Gefahr geringer als es schien; denn die alliierte Flotte war ein »Papiertiger«. Auf ihren Schiffen wurden Wasser und Proviant knapp, und Krankheiten wurden zu Epidemien. Man mußte rasch handeln oder die Operation aufgeben. Die Regierung in Paris tat letzteres zugunsten des zögernd gefaßten Plans einer Landung an der Felsenküste von Cornwall. Damit aber war das ganze Vorhaben zum Mißerfolg verurteilt. Während die Regierung noch zauderte, kam es zu einer kurzen Verfolgung Hardys durch d'Orvilliers. Als dessen Vorräte erschöpft waren, kehrte er Mitte September verbittert nach Brest zurück und nahm nicht mehr am Kriege teil.

Durch dieses Fiasko ermutigt, ging die Royal Navy zur Offensive über. Ende 1779 versegelte Admiral Rodney mit 22 Linienschiffen zum Entsatz des von den Spaniern belagerten Gibraltar. Rodney, Veteran des Siebenjährigen Krieges und der Spielleidenschaft verfallen, war zu Kriegsbeginn vor seinen Gläubigern nach Paris geflohen. Er war 60 Jahre und kränklich, aber er gehörte zur richtigen Partei und wurde deshalb zurückgeholt.

Am 16. Januar sichtete Rodney vor Kap St. Vincent 11 spanische Schiffe und gab die Jagd frei. Langsam überholten die neu mit Kupfer beschlagenen britischen Schiffe den Feind und eröffneten abends, als sich der Wind fast zum Sturm auswuchs, das Feuer auf das Ende der Linie. Diese sogenannte »Mondscheinschlacht« währte die ganze Nacht. Ein Spanier flog in die Luft, sechs, darunter das Flaggschiff, wurden geentert. Dank nunmehr freigekämpfter Meerenge konnte Rodney Gibraltar mühelos entsetzen. Besonders ruhmreich war dieser Sieg über eine halb so starke und schlecht geführte Flotte gewiß nicht, aber als erster Erfolg der Royal Navy wurde die Schlacht in ganz England begeistert gefeiert. Mitte Februar lief Rodney nach Westindien, um den Befehl über die dortige Flotte zu übernehmen.

Der amerikanische Kriegsschauplatz 1780—1781

Fast gleichzeitig mit Rodney traf eine französische Flotte unter dem tüchtigen Comte de Guichen in Westindien ein. Sie zählte 23 Linienschiffe gegenüber Rodneys 20. Trotzdem konnte dieser im Karibischen Meer wenigstens den status quo aufrechterhalten. Im Frühjahr 1780 kam es zu drei Treffen der beiden Flotten. Jedesmal manövrierte Guichen den britischen Admiral klar aus, aber die Franzosen konnten infolge ihrer defensiven Grundhaltung nie eine Entscheidung erzwingen.

Mittlerweile hatte Clinton beschlossen, sich in erster Linie gegen die südlichen Kolonien zu wenden, in der Überzeugung, Washington sei für eine Bedrohung der Stadt New York zu schwach. Mit General Lord Cornwallis und 8000 Mann versegelte er nach Charleston, das im Mai 1780 fiel. Im September waren die siegreichen Briten bis Nord-Karolina vorgedrungen. Im Norden aber schien sich die Lage der Amerikaner erheblich verbessert zu haben; denn Mitte Juli war in Newport eine französische Division unter General Rochambeau im Geleit von 7 Linienschiffen eingetroffen. Washington schlug sofort eine Zusammenarbeit mit Guichens Westindien-Flotte bei einem gemeinsamen Angriff auf New York vor. Aber Guichen hatte Befehl zur Heimfahrt, ehe die Hurrikane einsetzten, und versegelte nach Frankreich. Andererseits bewirkte Rochambeaus Abfahrt von Brest, die britische Fregatten beobachtet hatten, ein schnelles Handeln der Engländer. Die Kanalflotte blockierte Brest so eng, daß Rochambeaus 2. Division nie in See gehen sollte. Clinton überließ Cornwallis den Befehl im Süden und eilte mit einem Teil des Heeres nach New York. Zur Verstärkung der dortigen 4 britischen Schiffe kam Admiral Graves von England mit 6 Linienschiffen und Rodney aus Westindien mit 10 weiteren. Diese Machtkonzentration machte jede Hoffnung auf eine amerikanische Offensive zunichte. Und doch erwiesen sich mehrere Fakten als günstig für die Sache der Amerikaner:

1. Großbritanniens Handelskrieg rief weitere Feinde auf den Plan. Die Fortnahme neutraler Schiffe hatte Rußland, Dänemark und Schweden erstmals zur »Liga der Bewaffneten Neutralität der Nordens« geeint. Diese Mächte wollten das Recht neutraler Schiffe sichern, alle Waren, abgesehen von Konterbande, in alle Häfen zu bringen, die nicht effektiv blockiert waren – also »Freie Schiffe, Freie Waren« –, und Beschlagnahmen auf Konterbande zu begrenzen. Da die Liga über 84 Linienschiffe verfügte und Großbritannien wegen des Materials für den Schiffbau vom Ostseehandel abhing, mußte es sich zunächst fügen. Als sich aber die Holländischen Generalstaaten zum Beitritt zur Liga entschlossen, benutzte England die Aufdeckung von Handelsbeziehungen zwischen einem Beamten in Amsterdam und den amerikanischen Kolonien als Vorwand, Holland im Dezember 1780 den Krieg zu erklären.
2. England kamen seine Erfolge im Süden zu teuer zu stehen. Abteilungen von Cornwallis' Heer waren bei King's Mountain und Cowpens vernichtet worden. Im März 1781 griff Cornwallis das Gros der amerikanischen Südarmee unter General Greene bei Guilford Courthouse, Nord-Karolina, an. Es kam zu einem blutigen, aber unentschiedenen Kampf, in dem fast ein Drittel der Briten getötet oder verwundet wurde. Cornwallis marschierte in Virginia ein, um Verstärkungen zu bekommen, während Greene begann, den Süden mit Hilfe von Guerillas zurückzuerobern.
3. und am entscheidensten: Endlich schickte Frankreich wirksame maritime Hilfe nach Amerika. Konteradmiral Comte de Grasse lief mit 20 Linienschiffen nach Westindien, und diese Flotte schuf die Voraussetzung für die Erringung der amerikanischen Unabhängigkeit. Der energische und tapfere de Grasse vereinte Fachwissen mit Offensivgeist, an dem es bekanntlich den meisten französischen Seeoffizieren fehlte. Er sollte die britischen Inseln in Westindien angreifen, womöglich den Amerikanern helfen und schließlich mit den

Spaniern in Jamaika, der bedeutendsten britischen Besitzung, einfallen.

De Grasse stellte fest, daß die Royal Navy in Amerika auffallend verwundbar war. Rodney hatte bei Rückkehr nach Westindien die Inseln durch einen Oktober-Hurrikan verwüstet und seine Schiffe schwer beschädigt vorgefunden. Im Januar 1781 traf Konteradmiral Hood, Rodneys künftiger 2. Admiral, mit 8 Linienschiffen von England ein, eine willkommene Verstärkung, die Rodneys Flotte auf 21 Schiffe brachte. Leider aber waren die beiden Admirale sich so spinnefeind, daß eine Zusammenarbeit schwierig wurde. Der tüchtige und energische Hood war von Natur aus streitsüchtig und erwies sich auch späterhin als recht unloyaler Untergebener.

Die Hood erteilten Befehle enthüllten einen wichtigen Grund für Englands scheinbar tollkühne Kriegserklärung an Holland. Rodney sollte sich nämlich der holländischen Inseln in Westindien bemächtigen, von denen St. Eustatius als wohlhabendste galt. Es war als neutraler Stapelplatz und als Lieferant für Munition nach Amerika und Französisch-Westindien reich geworden. Zudem gingen von der Insel Produkte beider Gebiete auf neutralen Schiffen nach Europa. Rodney, bekannt für seine Habgier, war die Gelegenheit zum Plündern willkommen. Prompt besetzte er St. Eustatius, wo er gewaltige Lager und 120 Schiffe vorfand. Die Beute machte ihn zwar reicher als erträumt, aber sie schaltete ihn zugleich als brauchbaren Offizier aus; denn er war von nun an viel zu sehr mit seinen Schätzen beschäftigt, um gegen weitere holländische Besitzungen vorzugehen.

Auch daß die Grasse im Anmarsch gemeldet wurde, konnte ihn nicht aufschrecken. Er schickte lediglich Hood zur Überwachung von Fort Royal auf Martinique und zur Sicherung des riesigen, mit Schätzen beladenen Konvois von St. Eustatius. Nach einer Überfahrt von nur 36 Tagen traf de Grasse vor Martinique ein, schlug Hoods Versuch ab, seinen Konvoi abzufangen, beschädigte 6 Briten und schlug alle in die Flucht. Sein Versuch, St. Lucia zu überraschen, mißglückte, aber Tobago fiel am 1. Juni.

Anfang Juli versegelte de Grasse mit einem Konvoi und 23 Linienschiffen nach Kap Français, St. Domingo, das Stützpunkt für den Angriff auf Jamaika werden sollte. Dort stießen 4 weitere Schiffe zu ihm, auch fand er Briefe von Rochambeau und dem französischen Gesandten in Philadelphia vor, der um seine Hilfe in Amerika bat. Da die Zeit der Hurrikane ohnehin jeden Seekrieg in Westindien verhindern würde, waren de Grasse vorübergehende Kampfhandlungen im Norden willkommen.

Ereignisse, die zu Yorktown führten

Rochambeau hatte de Grasse mit 8 Linienschiffen in Newport gelassen und war mit 3500 Mann zu Washingtons 5000 in der Nähe von White Plains gestoßen, um Clinton bei New York anzugreifen. Für diese Operation hatte Washington den

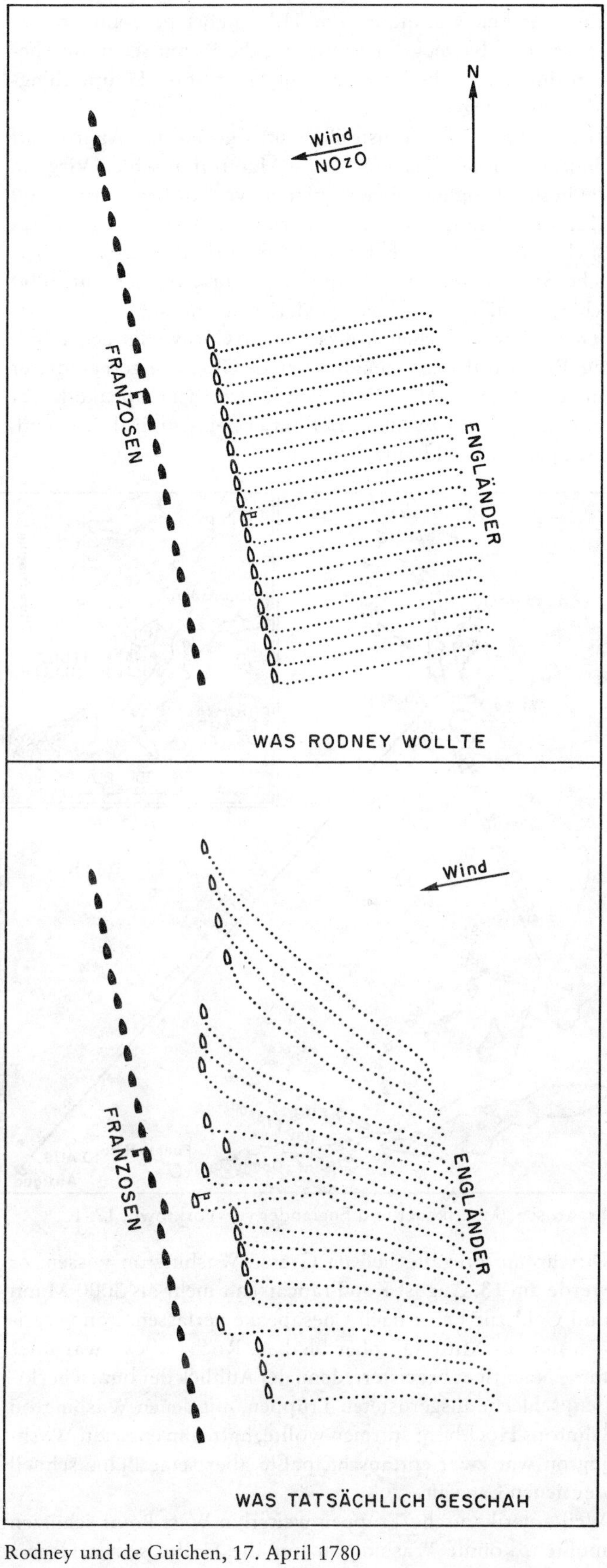

Rodney und de Guichen, 17. April 1780

französischen Gesandten um Hilfe gebeten; denn er war bei seiner Überzeugung geblieben, die Briten seien am ehesten durch ein Abschneiden vom Meer, ihrer Hauptschlagader, zu besiegen.

Rochambeau hatte ernste Bedenken gegen den Angriff auf Clintons gut verschanzte 13 000 Mann. Ihm schien Virginia die besten Möglichkeiten zu bieten, wo Cornwallis mit 7600 Mann sein Hauptquartier in Yorktown an der Chesapeake-Bucht aufgeschlagen hatte. Außerdem machte er sich ernstliche Sorgen um den Marquis de Lafayette, der mit 5000 schlechtgenährten, schlechtgekleideten und schlechtbewaffneten amerikanischen Milizsoldaten Cornwallis gegenüber lag. Er hatte also in einem Brief an de Grasse angeregt, dieser möge nicht nach New York, sondern zur Chesapeake-Bucht laufen. In einem zweiten Brief bat er den Admiral dringend, Truppen und Geld mitzubringen.

nach Virginia mitnehmen, aber Rochambeau kam in voller Stärke. 4 Tage nach Erhalt des Briefes von de Grasse war Washingtons Armee auf dem Marsch. Um Clinton bei New York festzuhalten, erweckte er mit allen Mitteln den Eindruck eines Angriffs auf Staten Island, eine überflüssige Kriegslist, da der ursprüngliche Plan zum Angriff auf New York in Clintons Hand gefallen war. Dieser deutete also die Bewegungen der franko-amerikanischen Truppen als Marsch um New York herum nach Sandy Hook, um sich mit der französischen Flotte zu vereinigen. Als ihm klar wurde, daß Washington und Rochambeau durch New Jersey auf Philadelphia marschierten, war es zu spät.

Wunder bei Land- und Seeoperationen geschehen selten. Der Yorktown-Feldzug aber war ein Wunder. Als die Sache Amerikas verloren schien, brachte er den Sieg. Während es den Briten nicht gelang, zwei Armeen erfolgreich zu koordinie-

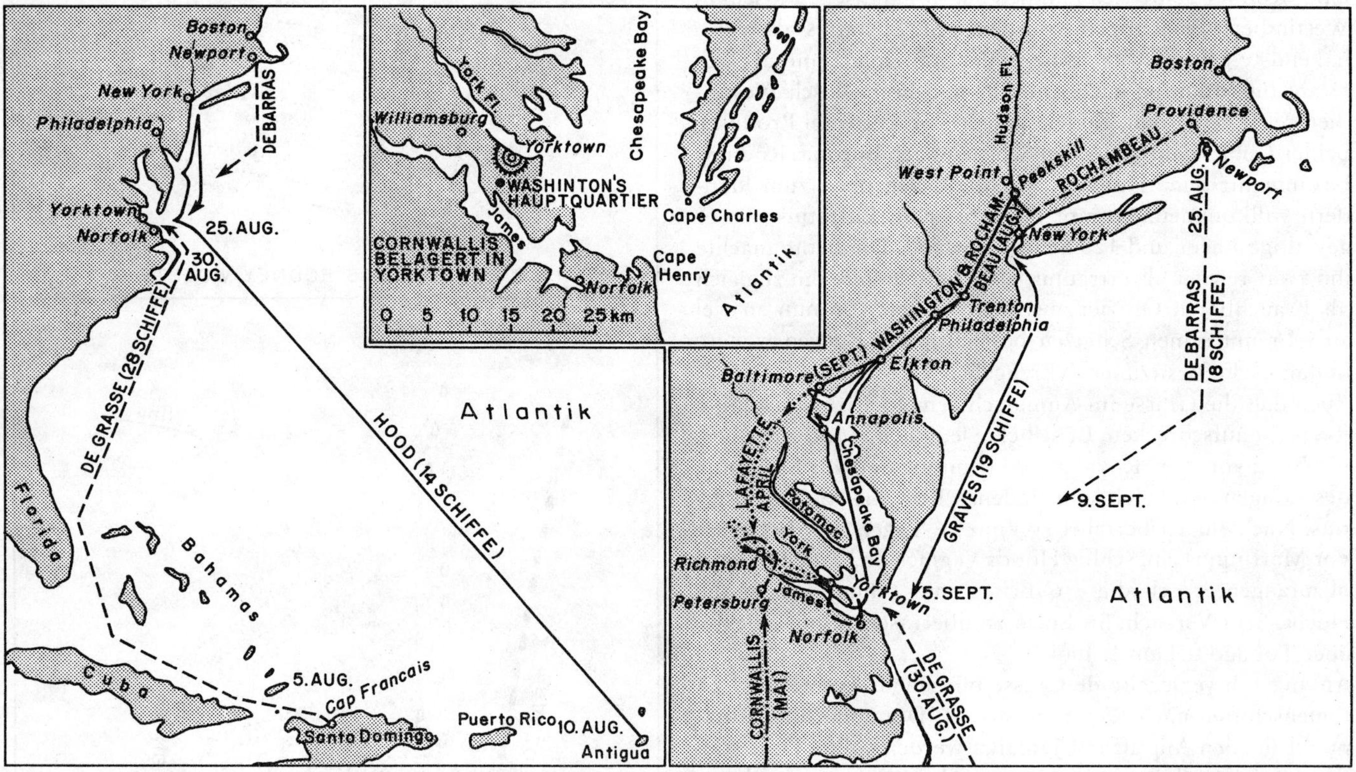

Franzosen, Amerikaner und Engländer vor Yorktown, 1781

Durch eine Fregatte ließ de Grasse Washington wissen, er werde am 13. August Kap Français mit mehr als 3000 Mann und Geld zur Fahrt nach Chesapeake verlassen, könne freilich nur bis Mitte Oktober bleiben. Rochambeau war über diese Nachricht begeistert; denn der Anblick der buntscheckigen, schlecht ausgerüsteten Truppen, mit denen Washington Clintons Hochburg stürmen wollte, hatte ihn entsetzt. Washington war zwar enttäuscht, paßte aber seine Pläne schnell der neuen Lage an.

Weil amerikanische Truppen weiterhin West Point schützen mußten, konnte Washington nur die Hälfte seines Heeres

ren, bot Yorktown ein Beispiel hervorragenden Zusammenspiels einer Flotte mit den Heeren zweier Nationen. Obwohl die Nachrichtenverbindungen langsam und unzuverlässig waren, stimmten sich Streitkräfte, die 1500 Meilen voneinander entfernt waren, zeitlich minutiös aufeinander ab. Bedenkt man ferner, daß es sich im Grunde um ein improvisiertes Vorhaben handelte, so grenzt eine so vollendete Zusammenarbeit wirklich ans Wunderbare. Von einer solchen Operation hatte Washington seit Frankreichs Kriegseintritt geträumt. Für ihn brachte der Marsch nach Süden schwerste Sorgen. Als er am 31. August in Philadelphia ankam, erfuhr er, vor

Sandy Hook liege eine Flotte. Es war der aus Westindien gekommene Hood. Es drohte die ernste Gefahr, Hood könne Barras abfangen, der gerade aus Newport ausgelaufen war, oder vor de Grasse, von dem man nichts wußte, in die Chesapeake-Bucht einlaufen.

Am 5. September hatten Amerikaner und Franzosen Philadelphia hinter sich, und Washington folgte im gewohnten Eiltempo. Unterwegs erfuhr er von de Grasses Ankunft in der Chesapeake-Bucht. Sofort brachte er diese Nachricht Rochambeau, der auf dem Wasserweg die berühmten Forts am Delaware inspiziert hatte. Als sich sein Boot dem Lande näherte, sah Rochambeau staunend, wie der sonst so beherrschte Washington stürmisch mit Hut und Taschentuch winkte und ihn dann kräftig umarmte. Am Abend des 14. September näherten sich Washington und Rochambeau nach wildem Ritt Williamsburg, um Lafayette zu begrüßen. Früh am Morgen kam die Nachricht, de Grasse sei nach erfolgreichem, aber unentschiedenem Gefecht zur Chesapeake-Bucht zurückgekehrt und Barras mit Artillerie und Proviant von Newport eingetroffen.

Die Schlacht bei den Kaps von Virginia, 5. September 1781

Daß de Grasse Anfang Juli von Fort Royal nach Kap Français versegelt sei, war Rodney gemeldet worden. Er hatte New York und Jamaika durch Sloops alarmiert und Hood befohlen, sich zum Auslaufen nach New York klarzuhalten. Am 1. August ging er selbst, da er kränkelte, mit 4 Linienschiffen nach England in See. Hood hinterließ er den Befehl zum Weitermarsch nach Nordamerika. Am nächsten Tag segelte dieser nach Antigua, wo er von Clinton und Graves die Nachricht vorfand, man erwarte, de Grasse werde nach Rhode Island kommen, um mit Barras New York anzugreifen. So verließ Hood am 10. August Antigua mit 14 Schiffen und jagte auf dem schnellsten Weg nach Norden. Daß diese Zahl unzureichend sein könnte, scheint den britischen Admiralen nicht in den Sinn gekommen zu sein.

Am 25. überblickte Hood die Chesapeake-Bucht – kein Franzose war zu sehen. Das gleiche auf dem Delaware, von dem aus er nach New York eilte. Hier veranlaßten seine ernsten Vorstellungen und die Nachricht, Barras sei von Newport ausgelaufen, Graves zum Passieren der Barre mit fünf verfügbaren Schiffen. Die doppelte Zahl hätte es sein können, wäre sein Verband beisammen und kampfbereit gewesen. Als Rangältester übernahm Admiral Graves den Befehl über die 19 Linienschiffe und lief zur Chesapeake-Bucht.

Dort lag schon de Grasse, der am 5. August mit 28 Schiffen Kap Français verlassen hatte, fünf Tage bevor Hood von Antigua auslief. Um unbemerkt zu bleiben, fuhr er durch den wenig benutzten Old Bahama Kanal zwischen der Nordküste Kubas und den Bahama-Bänken. Durch diesen Umweg kam er in die Chesapeake-Bucht erst fünf Tage nachdem Hood sie eingesehen hatte. Nach Landung seiner Truppen brachte er Soldaten von Lafayettes Armee in eine Stellung unterhalb des James-Flusses, um Cornwallis den Rückzug in die beiden Carolinas abzuschneiden. Auf Bitte Washingtons wollte er gerade seine leichten Fahrzeuge die Chesapeake-Bucht hinaufschicken, als gegen 10 Uhr morgens am 5. September seine Fregatten vor der Bucht Segel in Sicht meldeten. Es handelte sich um die Flotte von New York.

Weil de Grasse soeben 4 Schiffe zur Blockade der Flüsse James und York detachiert hatte, blieben ihm nur 24. Die Beiboote waren gerade zur Landung von Truppen fortgeschickt, so daß fast 1900 Offiziere und Mannschaften an Bord fehlten. Unter diesen Umständen hätte de Grasse sich sehr wohl defensiv quer vor die Bucht legen können. Dann aber hätte Barras so gut wie sicher die Gefangennahme und damit der Verlust aller Belagerungsgeschütze und Munition gedroht. So beschloß de Grasse auszulaufen.

Da das tiefe Fahrwasser zwischen Kap Henry und Kap Charles nur 3 sm breit ist, war dieses Manöver gegen starken NO-Wind nicht leicht, gegen die Flut sogar unmöglich. Daher ließ der Admiral erst beim Gezeitenwechsel Anker lichten. Ohne Rücksicht auf taktische Nummern sollte Kiellinie gebildet werden, je nachdem die Schiffe Fahrt aufnahmen. Trotz der fehlenden Leute gelang das Manöver beachtlich gut, wenn sich auch Lücken nicht vermeiden ließen.

Nicht einen Augenblick zu früh kamen die Franzosen heraus. Ein wenig später, und Graves konnte die Vorhut niederkämpfen, bevor die übrigen Schiffe die Bucht verlassen hatten. Aber als de Grasse seinen Befehl gab, stand die britische Flotte noch 15 sm NO von Kap Henry. Angesichts der großen Überlegenheit des Feindes drehte Graves nach und nach auf Westkurs, bis beide Flotten nahezu parallel auf Gegenkurs lagen. Er konnte nicht wissen, daß der Feind nur scheinbar überlegen war, blieben doch fast 400 französische Kanonen ohne Bedienung.

Jedenfalls erstrebte Graves, ein ungewöhnlich phantasieloser und orthodoxer Admiral, den traditionellen Kampf in Kiellinie. Als um 2 Uhr 15 seine Vorhut sich den Untiefen vor der Einfahrt in die Bucht näherte, ließ er den Verband gleichzeitig halsen. Dadurch kam Hoods Division ans Ende der britischen Kiellinie. Die über den gleichen Bug segelnden Flotten lagen keineswegs auf parallelen Kursen. Die Briten wollten dadurch heranschließen, daß die Vorhut auf den Feind zulag, während die Nachhut in Luv blieb. Bei den Franzosen war diese in Lee von der Vorhut gesackt. Die Linien waren auch nicht gleich lang; denn die Franzosen hatten nicht nur mehr Schiffe, sie liefen auch längst nicht so geschlossen.

Um Ordnung in seine Linie zu bringen, befahl de Grasse gegen 3 Uhr der Vorhut, abzufallen und voll und bei zu segeln, während das Gros ständig ganz dicht am Wind lief, um die führenden Schiffe zu unterstützen. Graves ließ seine Vorhut mehr nach Steuerbord, also auf die Franzosen zu, halten. Um 3 Uhr 46 befahl er den Angriff.

Wir sahen, daß solch ein Befehl in der Regel zu diagonaler Annäherung führte, so daß die Vorhut zuerst ins Gefecht

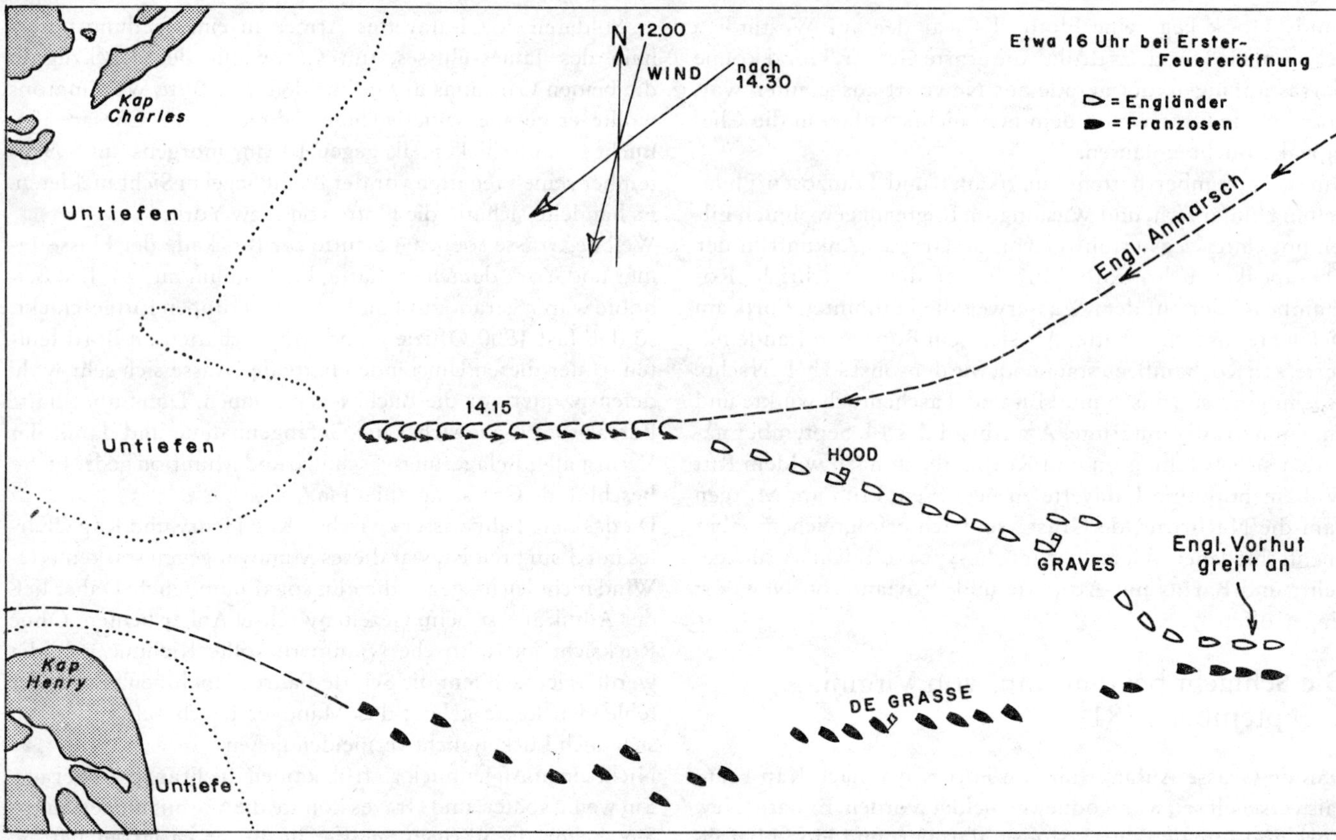

Die Schlacht vor den Virginia-Kaps, 5. September 1781

kam. Diesmal verstärkte sich diese Tendenz, weil die beiden Linien ein V bildeten. Als sich daher gegen 4 Uhr beide Vorhuten auf Pistolenschußweite genähert hatten und in schweren Kampf gerieten, konnten ihnen Gros und Nachhut keinerlei Hilfe bringen. Die britischen Spitzenschiffe hatten schon während des Anmarsches durch Längsbeschuß schwer gelitten. Die vier führenden Franzosen gerieten mit 7 bis 8 Schiffen der massierten britischen Vorhut ins Gefecht und in große Gefahr, bis andere zu Hilfe eilen konnten. Allmählich kamen auch die beiden Gros und die dahinter stehenden Schiffe in den Kampf, darunter die große *Ville de Paris* von de Grasse. Die Nachhuten aber blieben außer Schußweite, die französische infolge Gegenwindes, die britische infolge der Auslegung, die Hood Graves' Signalen gab. Bei Kampfbeginn hatte letzterer »Kiellinie« und »Angreifen« gesetzt. Nach Hoods Meinung hatte das erste Signal Vorrang, verlangte zudem eine geometrisch gerade Linie von der Spitze über das Flaggschiff bis zur Nachhut. So blieben seine Schiffe Zuschauer, während sich die Franzosen auf die Vorhut konzentrierten und sie zerschlugen.

Um 4 Uhr 11 holte Graves das Formationssignal nieder, »damit es nicht das Signal »Angreifen« störe«. Aber Hood merkte es nicht. Eine halbe Stunde später setzte Graves nochmals für fünf Minuten »Kiellinie«, um ein paar Schiffe auf Vordermann zu bringen, die querab von ihm dicht beisammen lagen. Und wiederum sah Hood das Signal nicht.

Graves tobte, weil er seine Flotte nicht zu gemeinsamer Aktion bringen konnte, doch fehlten ihm die Signale, um sich verständlich zu machen. Erst um 5 Uhr 30 merkte Hood das Fehlen des Formationssignals und begann, auf den Feind zuzuhalten. Aber es war zu spät. Er fürchtete, daß er beim Anlauf gegen die weit entfernte französische Nachhut in der Dunkelheit von der eigenen Flotte getrennt sein würde.

Obwohl die Vorhuten ganz nahe beieinander blieben, hörte das Schießen gegen 5 Uhr 30 wegen völliger Erschöpfung der Besatzungen auf. In der Mitte ging die Kanonade eine halbe Stunde weiter. Um 6 Uhr 15 schickte Graves Fregatten zur Vorhut und zum Gros mit dem Befehl »Während der Nacht parallel zum Feind und querab von ihm laufen«. Da aber die Briten dicht am Wind segelten, kamen die Flotten nach und nach auseinander.

Obwohl es zu dem offenbar von beiden Befehlshabern erstrebten Großkampf nicht gekommen war, handelte es sich bei der Schlacht vor den Virginia-Kaps keineswegs um ein bloßes Scharmützel. Zum mindesten zwischen den Vorhuten war es ein verheerendes Gefecht auf kurze Entfernung gewesen. Ein britisches Schiff war so durchsiebt, daß es versenkt werden mußte, und wenigstens fünf weitere trugen, meist in den Rümpfen, schwere Schäden davon. Diesmal hatten also die Franzosen nicht nur in die Takelage geschossen. Die Briten hatten 336, die Franzosen 230 Mann Verluste.

Den 6. über behielten sich die Flotten bei ruhigem Wetter in

Sicht, reparierten, versuchten aber keinen Angriff, den Graves im übrigen seinen Schiffen nicht mehr zutraute. Am 7. bei Tagesanbruch wendete de Grasse zum Angriff auf die britische Vorhut, aber Graves ließ halsen und wich aus. Darauf trieben Böen die beiden Flotten auseinander. Am 8. herrschte stürmischer Nordwind. Da de Grasse Barras von Norden her erwartete, kämpfte er zu dessen Schutz hartnäckig um die Luvstellung. Kurz vor Sonnenuntergang hatte er sie erreicht, gerade noch rechtzeitig; denn am Morgen des 9. tauchten die Segel eines Geschwaders am Horizont auf. De Grasse kam ihnen nicht nahe genug, um die Flagge auszumachen, aber es war, wie vermutet, Barras, der am 10. sicher in der Chesapeake-Bucht ankerte. Eingedenk seines strategischen Auftrags, nahm auch De Grasse Kurs dorthin, so daß er nun mit den Schiffen von Barras über 36 Linienschiffe verfügte.

Als Graves de Grasse aus Sicht verloren hatte, eilte auch er zur Chesapeake-Bucht, in der verzweifelten Hoffnung, Cornwallis entsetzen zu können. Aber als er am 13. vor den Kaps eintraf, sah er die Franzosen in der Bucht vor Anker liegen. Es blieb ihm nur die Rückkehr nach New York, um zu reparieren, mehr Schiffe zusammenzuholen und mit Clinton und 6000 Mann an Bord zurückzulaufen. Ein, gelinde gesagt, absurder Plan. Bei Frankreichs Überlegenheit zur See hätte Graves sehr wohl das Schicksal von Cornwallis teilen können. Dann wäre Westindien der französischen Eroberung preisgegeben gewesen. Jedenfalls lief Graves am 19. September mit 23 Linienschiffen zur Chesapeake-Bucht aus. Zu spät! Am selben Tage ergab sich Cornwallis mit seiner ganzen Armee, nachdem er zwei Außenwerke verloren hatte und der Versuch, über den York-Fluß zu entkommen, fehlgeschlagen war. Als die britischen Rotröcke zwischen den französischen und amerikanischen Soldaten in die Gefangenschaft marschierten, spielte die Musik: »Die Welt steht Kopf«. Die Schlacht bei den Kaps war, taktisch gesehen, unentschieden geblieben, und doch ganz gewiß eine der entscheidenden Schlachten der Geschichte gewesen. Durch die Zernierung von Cornwallis konnten Franzosen und Amerikaner alle Kräfte gegen einen Großteil der britischen Kräfte bei Yorktown einsetzen, ohne daß das britische Gros, das bei New York stand, helfen konnte. Man findet nur wenige bessere Beispiele einer strategischen Konzentration.

Nebenher aber wurde durch die Schlacht die amerikanische Unabhängigkeit erzwungen. Der Verlust einer zweiten britischen Armee führte zum Rücktritt der North-Regierung. Georg III. erwog ernstlich seine Abdankung. Der Marquis of Rockingham bildete eine neue, Amerika freundlich gesinnte Regierung und ließ sofort in Paris mit Franklin Friedensbedingungen diskutieren.

Die Schlacht bei den Saints, 12. April 1782

Washington wollte dem Sieg bei Yorktown einen Angriff auf Charleston folgen lassen, aber de Grasse versegelte, im Blick auf die Jamaika-Expedition, Anfang November nach Westindien. Dort hatten die französischen Streitkräfte Hoods Abwesenheit benutzt, St. Eustatius mit einem Teil von Rodneys Beute zurückzuerobern. Als Hood Ende Januar 1782 aus Amerika eintraf, besaßen die Briten in Westindien nur noch St. Lucia, Antigua, Barbados, Jamaika und St. Kitts, vor dessen Eroberung de Grasse stand. Hood konnte zwar die Insel nicht retten, aber durch hervorragendes seemännisches Können lockte er de Grasse vom Ankerplatz, nahm selbst diesen ein und wehrte, vom überlandigen Passat begünstigt, die französischen Angriffe ab, bis die Insel Mitte Februar fiel. Hood entschlüpfte und hielt den Feind in Atem, bis Rodney mit 12 Schiffen aus England eintraf. Das brachte die britische Flotte auf 36 Linienschiffe, gab ihr also wieder die Überlegenheit, und zwar nicht nur an Zahl.

Alle Schiffe hatten Kupferbeschlag, Rodneys Verstärkungen waren kaum im Einsatz gewesen. Für ihre kurzen Karronaden, deren Geschosse im Nahgefecht die Rümpfe unter tödlicher Splitterwirkung zerfetzten, genügten kleine Bedienungen. Die Franzosen besaßen diese Armierung nicht. Zudem führte Rodneys Flaggkapitän, Sir Charles Douglas, Neuerungen ein, welche die Wirkung der Langrohrgeschütze sehr erhöhten. So ließ er Taljen anbringen, mit denen die Kanonen 4 Strich voraus oder achteraus von querab gerichtet wurden; schiefe Ebenen mit Federn und Gewichten fingen den Rückstoß ab und beschleunigten den Vorlauf in Schußstellung; Kartuschen bekamen Stoffböden, und nasse Pfropfen erübrigten ein Durchwischen der Rohre zur Löschung von Funken; pulvergefüllte Röhrchen konnten rasch durchs Zündloch in die Kartusche eingeführt und durch ein Steinschloß entzündet werden. Das alles steigerte die Feuergeschwindigkeit der Briten bald aufs dreifache. Die französische Artillerie dagegen war dadurch ernstlich beeinträchtigt, daß Heeresartilleristen an Bord kommandiert waren.

Rodney kam gerade noch rechtzeitig; denn die Eroberung der kleinen Inseln war nur eine Nebenoperation, um die Zeit bis zur Sammlung der für die Landung auf Jamaika bestimmten Kräfte auszunutzen. Im April stand alles bereit, und bei Sonnenaufgang am 8. hatten 150 Transporter im Geleit von de Grasses Flotte Martinique verlassen, um sich bei Kap Français mit spanischen Schiffen zu treffen. Durch seine Fregatten gewarnt, machte sich Rodney sofort an die Verfolgung. Dank der kupfernen Böden kam er de Grasse so schnell näher, daß bei Sonnenuntergang französische Mastspitzen am Horizont auftauchten.

Nachts lag die französische Flotte bekalmt in Lee von Dominika. Früh am 9. befahl de Grasse dem Konvoi, nach Guadeloupe zu laufen, während er zur Deckung des Rückzugs Schlachtlinie formierte. Die britische Vorhut unter Hood fing die ganz leichte NNO-Brise an der Nordspitze von Dominika ein und kam bis auf Höhe der französischen Nachhut heran. De Grasse ging auf Gegenkurs und griff Hood beherzt an. Die britische Mitte und Nachhut lagen bekalmt und konnten nicht helfen. In kurzem Gefecht wurde Hoods Division so beschädigt, daß Rodney sie zu einer Atempause ans Ende

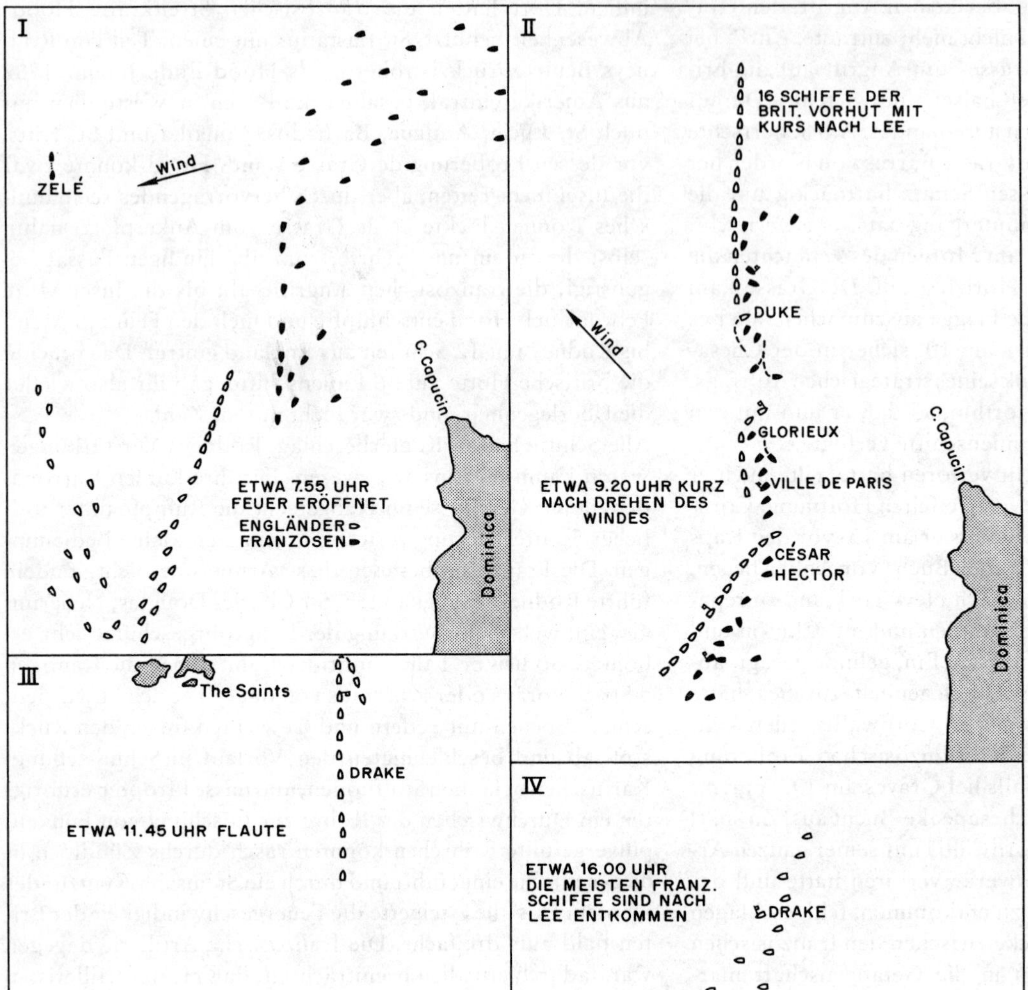

Die Schlacht von The Saints, 12. April 1782

der Linie schickte. Mittlerweile hatte de Grasse dem Konvoi erneut Kurs auf Kap Français befohlen. Er selbst blieb vor Dominika. In den folgenden zwei Tagen lagen die Briten zu Reparaturen beigedreht. De Grasses Flotte aber verringerte sich durch Kollisionen auf 30 Schiffe gegenüber den 36 von Rodney.

Frühmorgens am 12. April erzwang Rodney endlich den Kampf, als er ein beschädigtes französisches Schiff nach Lee abdrängte. Nun befahl de Grasse seiner weitverstreuten Flotte Kampfformation über Backbordbug und lief auf SSW-Kurs an. Rodney bildete Kiellinie über Steuerbordbug, so daß die Flotten aufeinander zuliefen. Kurz vor 8 Uhr segelte die französische Vorhut vor den Briten vorbei, so daß die Franzosen erstmals die vorteilhafte Luvstellung gewannen.

Die Vorhuten eröffneten das Feuer. Im allgemeinen brachte ein Passiergefecht auf Gegenkursen kaum Ergebnisse. Diesmal aber litten die Franzosen schwer, weil man sich langsam passierte und deshalb lange im Feindfeuer lag, weil die Briten ganz dicht am Wind segelten, um möglichst nahe heranzukommen, und weil die Franzosen wegen ihrer Luvstellung nicht so weit abfallen konnten, wie sie es sonst getan hätten.

Um 9.15 Uhr drehte der Wind 4 Strich nach Süden. Die Briten bekamen ihn nun von achtern, die ohnehin mit dichtgeholten Schoten segelnden Franzosen aber mußten auf die Feindlinie zuhalten. Einige, deren Segel schlugen, wendeten sogar. Dadurch löste sich die ohnehin schlecht formierte Linie völlig auf. Steuerbord voraus vom britischen Flaggschiff *Formidable* entstand eine Lücke, durch die *Formidable* hindurchstieß.

Ob dieses Manöver beabsichtigt war oder nur eine Kollision vermeiden sollte, ist umstritten. Jedenfalls folgten Rodney die nächsten 5 Schiffe. Das sechste lief kurz entschlossen zwischen einigen Schiffen vor de Grasses *Ville de Paris* hindurch. Hoods ganze Division folgte. Auch die *Duke,* Vordermann der *Formidable,* stieß durch, wobei sie nach beiden Seiten feuerte. Die 16 Schiffe vor ihr aber blieben auf Kurs und waren bald außer Schußweite.

Infolge Rodneys Durchbruch löste sich die Formation beider Flotten auf, die zudem die Luv- und Leestellung vertauscht hatten. Eine Luvstellung, jetzt die der Briten, bot in erster Linie den Vorteil, eine Schlacht erzwingen zu können. De Grasse aber hatte den Kampf angenommen, um seinen Invaliden zu retten, und diesmal hatte die Leestellung den Briten erlaubt, die Franzosen zur Fortsetzung des Gefechtes zu zwingen. Diesen Vorteil hatte Rodney verloren oder verschenkt; denn nun stand den Franzosen die Flucht vor dem Winde frei. Im Augenblick war freilich von Flucht, Verfolgung oder Neuformierung keine Rede mehr, da Totenflaute herrschte, in der beide Flotten in drei ungleichen Gruppen stillagen. Nur Teile der britischen Nachhut und der französischen Vorhut kämpften noch eine Stunde weiter.

Am frühen Nachmittag sprang eine leichte Brise auf; der Kampf ging weiter. Da de Grasse beim schlechten Zustand seiner Schiffe keine Linie mehr formieren konnte, versuchte er wenigstens einen geordneten Rückzug. Schnell aber schwand jede Formation, da viele französische Schiffe nur noch an Flucht dachten. Rodney holte erst seine Vorhut heran und kam dann gemächlich näher. Nur einige Schiffe stürzten sich auf französische Krüppel. Gegen 18 Uhr hatten die Briten 4 Schiffe genommen und die *Ville de Paris* umzingelt, die kaum noch Munition hatte. Auf der Hütte sah man de Grasses hohe Gestalt; er war fast als einziger noch unverwundet. Da die Lage hoffnungslos war, entließ er die wenigen Schiffe, die ihm helfen wollten, und strich die Flagge. Rodney, vermutlich erschöpft, aber auch zufriedengestellt, brach die Verfolgung ab. Die restlichen französischen Schiffe erreichten Kap Français, so wie sie mit anderen und spanischen eine Flotte von etwa 40 Linienschiffen als Geleit für 8000 Spanier zum Angriff auf Jamaika bildeten. Aber der Verlust von de Grasse hatte die Franzosen entmutigt. Die Spanier wollten sich wie stets nicht schlagen, wurden außerdem durch Krankheiten dezimiert. Jamaika war nicht länger bedroht, der Krieg in Westindien vorüber.

Hood kritisierte Rodney in vielen Briefen wegen der unterlassenen Verfolgung, und auch den meisten britischen Offizieren schien eine glorreiche Chance vertan. Rodney verteidigte sein Verhalten eingehend, wenn auch recht unzulänglich; im übrigen wartete er in quälender Unruhe auf die Reaktion in London. Die Sorge war unnötig, da man in England keine Einzelheiten kannte. Siegesnachrichten waren damals eine Seltenheit, und die Enterung von 5 Schiffen wurde als großer Erfolg begrüßt. Rodney sah sich als Retter Jamaikas gefeiert. Ohne den wahren Sachverhalt zu kennen, meinte sogar ein gewisser Clerk of Elden, ein Laie und Verfasser eines Buches über Taktik, in dem er die »Kampfanweisungen« verwarf und »Konzentrierung« befürwortete, er habe letzten Endes Rodney zu jenem siegbringenden Durchbruch bewogen. Diese Ansicht haben sich seither die meisten Historiker zu eigen gemacht und die Schlacht als eine Revolution in der maritimen Taktik angesprochen.

Europa 1782

Durch den Wechsel in der britischen Regierung kam Howe zur Kanalflotte, wo ihm Kempenfelt ein tüchtiger Gehilfe wurde. Diese gute Zusammenarbeit brachte weitere taktische Fortschritte; denn Howe ließ seine Untergebenen Signale für die Flotte nach Gutdünken ausarbeiten. Das erste Signalbuch Kempenfelts enthielt neben allerlei Neuerungen alle Signale von Morogue. Noch aber hing die Bedeutung der Flaggen davon ab, wo sie gesetzt waren. Im Sommer 1782 verfaßte er ein neues Buch, in dem die Signale nach einem Zahlensystem in logischer Reihenfolge aufgeführt waren. Von Howe für die ganze Kanalflotte eingeführt, bedeutete es weit eher das Ende der »Kampfanweisungen« als Rodneys »Durchbruch«.

Im Sommer 1782 hatten Frankreich und Spanien wieder eine

große Flotte beisammen, aber nach ergebnisloser Kreuzfahrt im Kanal kehrte sie zur Unterstützung der Belagerung Gibraltars nach Spanien zurück. Hier war eine gewaltige Streitmacht mit stark geschützten schwimmenden Batterien versammelt, doch die Briten beschossen sie mit Brandgeschossen und schlugen schließlich den Angriff ab.
Howe erschien Anfang Oktober mit einem Konvoi und 34 Linienschiffen zum Entsatz Gibraltars vor Kap. St. Vincent. Trotz der 46 alliierten Schiffe lieferte er ohne ernstliche Behelligung den Nachschub ab. Als er schon wieder im Atlantik stand, griffen aus großer Entfernung die Franzosen seine Vorhut, die Spanier seine Nachhut an, aber ohne rechten Schwung. Offenbar lag den Alliierten nichts am Kampf. Moralisch kam die Gibraltar gebrachte Hilfe einem Sieg gleich.

Der Krieg im Fernen Osten: Suffren

Das schönste Kapitel des Seekrieges aber schrieb sich die französische Marine im Fernen Osten, freilich zu weit vom Hauptschauplatz entfernt, um die Friedensbedingungen zu beeinflussen. Dort bewies jedenfalls Frankreich, daß es in der Person des Bailli de Suffren einen genialen Admiral besaß[1].
Seit dem Siebenjährigen Krieg waren die Briten im Grunde die Herren von Bengalen. Beim Kriegseintritt Frankreichs im Jahre 1778 besetzten sie Pondicherry, bei demjenigen Hollands den indischen Hafen Negapatam und Trincomalee auf Ceylon. Im Frühjahr 1781 wurde Suffren nach Indien geschickt und schlug fünf größere Schlachten gegen Sir Hughes, den tüchtigen Befehlshaber der britischen Indienflotte. Suffrens Kampftaktik lief in der Regel auf ein Umfassen der feindlichen Nachhut hinaus und bewies volles Verständnis für Konzentration. Bittere Erfahrung aber lehrte ihn, daß seine Kapitäne diese Taktik nicht in die Tat umsetzen konnten oder wollten. Das Instrument war einfach seinem Zweck nicht gewachsen. So blieben alle fünf Schlachten taktisch unentschieden; kein einziges Schiff der beiden Flotten wurde geentert. Und doch gehörten sie zu den erbittertsten des Krieges; denn Suffren wußte genau, daß Seemacht der entscheidende Faktor in Indien war, und er hatte kein geringeres Ziel im Auge als die Vernichtung der britischen Seestreitkräfte.
Erreichte er dies auch nicht, so erkämpfte er doch durch ein gesundes Gefühl für Strategie, durch Energie und richtige zeitliche Dispositionen ein paar Vorteile der Seeherrschaft. Nach der ersten Schlacht gegen Hughes trat er mit dem Herrscher von Mysore, Frankreichs Hauptverbündeten, in Verbindung. Nach der zweiten sollte er zur Reparatur und Ausrüstung nach Mauritius. In der Erkenntnis, daß Frankreichs Stellung in Indien ohne seine Flotte zusammenbrechen werde, setzte er aber gegen seinen Befehl den Kampf fort. Nach vernichtender dritter Schlacht reparierte er eilig, eroberte Trincomalee und schlug eine unentschiedene vierte um dessen Besitz. Auch die fünfte blieb taktisch ergebnislos und war doch ein strategischer Sieg, da Suffren in der Folge die Belagerung von Cuddalore aufheben konnte. Bald darauf beendete der Friedensschluß in Europa die Feindseligkeiten in Indien.

Der Vertrag von Paris

Kostete auch die Niederlage in den Kolonien Großbritannien alle Besitzungen in Nordamerika außer Kanada, so kam es in anderer Beziehung bei der Konferenz nicht schlecht weg, weil die Gegner erschöpft und uneinig waren und weil es rechtzeitig zum Erfolg in der Schlacht bei den Saints und bei Gibraltar kam. Tatsächlich erschwerte der unveränderte Besitz Gibraltars den Friedensschluß; denn eine Geheimklausel im franko-spanischen Vertrag verpflichtete Frankreich zur Fortsetzung des Krieges bis zur Eroberung dieser Festung. Der französische Außenminister Vergennes schlug den Spaniern als Ersatz amerikanisches Gebiet zwischen den Appalachen und dem Mississippi vor. Darin sahen die Amerikaner einen Verrat an ihren Interessen und verhandelten nun nur noch mit den Briten. Der am 30. November 1782 unterzeichnete Vorvertrag zwischen diesen beiden Mächten gab den Kolonien volle Unabhängigkeit und das von Vergennes Spanien angebotene Gebiet.
Erst im Januar 1783 wurden die Feindseligkeiten Englands mit Frankreich und Spanien beendet. Spanien behielt Minorka und bekam statt Gibraltar Florida. Frankreich erhielt St. Lucia zurück und behielt Tobago und die früheren Besitzungen in Indien. Der endgültige Vertrag, der zweite von Paris, wurde im September unterzeichnet.
Den Zeitgenossen schien Großbritanniens Verlust der amerikanischen Kolonien, seines bei weitem wertvollsten Besitzes, das Ende seiner Größe als Weltmacht zu bedeuten.

Zusammenfassung

Der 1775 in den amerikanischen Kolonien beginnende Revolutionskrieg wurde schließlich auf vier Schauplätzen durchgekämpft: Nordamerika, europäische Gewässer, Westindien und Indischer Ozean.
In Nordamerika muß man zwei Abschnitte unterscheiden, einen vor und einen nach Frankreichs Kriegseintritt. Während des ersten standen Großbritannien auf See nur amerikanische Kaperschiffe, Staaten-Marinen[2], »Washingtons Marine« und die Kontinentalmarine gegenüber. Alle waren sie zu schwach, um den Kriegsausgang ernstlich zu beeinflussen. Am ehesten ließ sich das noch von Arnolds kleinen Kanonenbooten auf dem Champlain-See sagen, die schon durch ihr

1 Pierre André de Suffren Saint Tropez, bekannter unter dem Namen »der Bailli de Suffren«, ein ihm von den Malteser-Rittern verliehener Titel.

2 Alle 13 Kolonien, außer New Jersey und Delaware, legten sich in diesem Krieg »Staaten-Marinen« zu, im wesentlichen kleine Fahrzeuge, die nur unbedeutende Operationen durchführten.

Vorhandensein den britischen Eindringlingen Halt geboten, bis deren eigene Seen-Flotte gebaut war. Diese vernichtete zwar im Herbst 1776 Arnolds Boote mühelos, aber wegen des nahen Winters konnten die Briten nicht mehr vorrücken. Dadurch war den Amerikanern eine Neugruppierung möglich, und sie besiegten 1777 die unter Burgoyne aufs neue vorrückenden Briten bei Saratoga.

Dieser Sieg führte 1778 zum Kriegseintritt Frankreichs und zwang Großbritannien in die Defensive. Von nun an erstrebte Washington dauernd ein Zusammenspiel der Kräfte, damit die französische Flotte, die damals beste der Welt war, einen Großteil der britischen Armee absprengen konnte, den dann amerikanische Heere vernichten sollten. Dazu aber kam es nur langsam, nicht zuletzt, weil die französischen Seeoffiziere trotz guter Schiffe und neuer Taktik bei ihrer defensiven Haltung blieben. 1781 war endlich die Voraussetzung für eine britische Niederlage geschaffen. Washington war durch Rochambeaus Truppen verstärkt, Clinton hatte das britische Gros bei New York geschwächt, um, diesmal von Charleston im Süden, erneut in die Kolonien vorzustoßen. Die Südarmee von Cornwallis, durch Guerillas beunruhigt, durch Scharfschützen geschwächt und durch Greenes Südarmee dezimiert, blieb schließlich in Yorktown an der Chesapeake-Bucht. Hier wurde sie von de Grasses Flotte aus Westindien zerniert, die im September 1871 in der Schlacht vor den Virginia-Kaps ein Eingreifen von Graves' Flotte vereitelte. Wenige Tage später stießen die Armeen Washingtons und Rochambeaus, die Clintons Gros bei New York umgangen hatten, zu Lafayettes Heer bei Yorktown. Gemeinsam besiegten sie Cornwallis, was den Krieg in den Kolonien endgültig beendete.

In Europa hatten die Franzosen eine Invasion Englands vor. Es begann mit der unentschiedenen Schlacht bei Ushant (1778) zwischen der Kanalflotte und der aus Brest. 1779 trat Spanien in den Krieg ein, aber der Versuch beider Flotten, die Herrschaft im Kanal zu erringen und in England zu landen, schlug wegen Krankheiten, logistischer Schwächen und schwankender Regierungen fehl. Zwar kreuzten mehrere Sommer hindurch große franko-spanische Flotten im Kanal, aber es kam nie zu einem ernstlichen Invasionsversuch, weil die Alliierten wegen überseeischer Operationen ihre Flotten zersplitterten, zum anderen, weil Spanien, dem vor allem an einer Rückgewinnung von Minorca und Gibraltar lag, an einer Unterstützung der Landung nicht ernstlich interessiert war. Minorca wurde schnell genug erobert, aber alle franko-spanischen Versuche zur Eroberung Gibraltars mißlangen. Alliierte Flotten wurden von der Kanalflotte, 1779 unter Rodney und 1782 unter Howe, prompt verjagt.

Der Krieg in Westindien bestand im wesentlichen darin, daß Inseln ihren Besitzer wechselten, was auch für die holländischen galt, als dieses Land 1780 in den Krieg eintrat. Als 1781 die Flotte von de Grasse eintraf, wandte sich das Blatt endgültig gegen England, das bis auf vier alle Inseln verlor. Eine franko-spanische Unternehmung sollte Jamaika erobern, aber die Schlacht bei den Saints (1782) rettete diese größte Insel und setzte den alliierten Erfolgen in Westindien ein Ende, nicht weil es ein großer britischer Sieg war, sondern wegen der dabei erfolgten Gefangennahme von de Grasse.

Der Indische Ozean sah einige der heißesten Kämpfe des Krieges in den fünf Schlachten zwischen Suffren und Hughes. Aber obwohl Suffren ein genialer Seebefehlshaber war, blieb ihm eine Entscheidung versagt, weil seine Kapitäne unfähig waren, seine Pläne in die Tat umzusetzen.

Die Royal Navy war bei Kriegsbeginn taktisch und materiell in schlechter Verfassung. Nur durch ihren Offensivgeist entging sie entscheidenden Niederlagen. Bei Kriegsende aber war sie reif für taktische Triumphe im Krieg gegen das republikanische und napoleonische Frankreich. Britische Schiffe besaßen durch Kupferbeschlag der Böden eine höhere Geschwindigkeit. Überlegenheit der französischen Artillerie glichen die Briten durch Einführung der Karronaden und Reformen von Sir Charles Douglas aus. Zugleich warf die Royal Navy die Fesseln der Formaltaktik und der »Dauernden Kampfanweisungen« ab. Das Kriegsgerichtsurteil nach der Schlacht vor Ushant (1778) gestand britischen Befehlshabern wieder das Recht zur taktischen Initiative zu. Die Schlachten von Ushant und Grenada (1779) bewiesen, daß »Jagd frei« nicht immer das beste Mittel zur Umgehung des Formalismus war. Erst als Howe und Kempenfelt ein funktionierendes Signalsystem entwickelten, hatte man den besten Weg gefunden. Nun erst führte die Taktik des Mêlées zu praktischen Ergebnissen; nun erst trat Großbritannien ins goldene Zeitalter der Kriegführung unter Segeln. Nun endlich konnten sich die Befehlshaber ihren Flotten direkt, statt durch die überholten Artikel der »Dauernden Kampfanweisungen« verständlich machen.

Kapitel 8

Die französischen Revolutionskriege

Von Ellery H. Clark und Neville T. Kirk verfaßtes Kapitel 6 der US-Originalausgabe in Übersetzung von Siegfried Engel

Weil Frankreich im Vertrag von Paris, also nach dem Abschluß des amerikanischen Revolutionskrieges, gemessen an seinem großzügigen Einsatz von Menschen und Geldern verhältnismäßig schlecht abgeschnitten hatte, sahen einige Politiker, darunter der Marineminister Castries, in der Beendigung der Feindseligkeiten wenig mehr als einen Waffenstillstand. In den folgenden Jahren stellte Castries daher Mißstände ab, die in der französichen Marineverwaltung eingerissen waren. Abgesehen von anderen Reformen vereinfachte er das Aushebungsverfahren, rekrutierte Freiwillige für die Laufbahn der Marineartilleristen und straffte die Offizierausbildung, um die Neigung zur Insubordination bei jüngeren Dienstgraden auszurotten, unter der jeder hervorragende Führer von Tourville bis Suffren gelitten hatte.

Auf strategischem Gebiet versuchte er den Ausbau eines Stützpunktes am Kanal, dessen Fehlen in den beiden letzten Kriegen alle Versuche einer Invasion Englands vereitelt hatte. Energisch ging er an den Aufbau eines Arsenals und eines geschützten Ankerplatzes in Cherbourg. Der erste Senkkasten für eine 3 Meilen lange Mole wurde 1784 versenkt. Dünkirchen gegenüber der Themsemündung, ein idealer Platz für Überfälle auf die britische Schiffahrt, begann man zu befestigen. Aber schon 1786 kamen alle diese Projekte aus Mangel an Mitteln zum Stillstand. Castries trat aus Protest zurück, aber es handelte sich ja keineswegs um eine personelle Krise. Frankreich stand vor dem Bankrott, und eine Revolution drohte. Die britische Regierung leitete damals der jüngere Pitt. Sein kurz nach der amerikanischen Revolution gebildetes Koalitionskabinett – Pitt war noch keine 25 Jahre alt – sollte mit kurzen Unterbrechungen mehr als 20 Jahre im Amt sein. Es zeigte wenig Neigung, viel Geld in die Royal Navy zu stecken, hatten doch die hohen Kriegskosten das Parlament vor allem bewogen, Lord North' Tories durch die auf Frieden bedachten Whigs zu ersetzen. Teilmobilisierungen aus Anlaß von Kriegsbefürchtungen in den Jahren 1785, 1790 und 1791 sorgten zwar für die Aufrechterhaltung des materiellen Flottenbestandes, sicherten aber nicht die laufende Ausbildung des Personals. Die meisten britischen Seeoffiziere verbrachten die Friedensjahre in erzwungener Untätigkeit bei Halbsold. Und doch entwickelte sich das europäische Gleichgewicht der Mächte nach 1786 stetig zugunsten Großbritanniens; denn die militärische Stärke Frankreichs wurde zunächst durch den Bankrott und 1789 durch Revolution und Bürgerkrieg untergraben.

Zwar beeinflußte der politische Umsturz die französische Marine nicht sofort, aber Ende 1789 hatte die von Paris ausgehende Unzufriedenheit die Flotten in Brest und Toulon erfaßt. Unruhen endeten mit Meuterei, und 2 Jahre lang konnte man nicht mehr von einer französischen Seemacht sprechen. Da zahlreiche Aristokraten unter den Offizieren ins Ausland flohen, verhinderte die Regierung 1791 eine völlige Auflösung durch ein Reorganisationsdekret. Die Neuerungen standen im Einklang mit dem Zeitgeist unter dem Motto »Egalité«. Jüngere, mit der Revolution sympathisierende Offiziere wurden befördert; zahlreiche Unteroffiziere und Offiziere der Handelsmarine erhielten Patente. Die Marineartilleristen, in denen man nachgerade eine privilegierte Klasse des Mannschaftsstandes zu sehen gewohnt war, wurden im Namen der Demokratie in Acht und Bann getan. 1793 erhielt schließlich der Marineminister die Vollmacht, jeden Mann zu jedem Dienstgrad zu befördern. Von nun an hing eine Kommandierung in erster Linie von der politischen Verläßlichkeit ab.

Dies für die Marine verderbliche Verfahren tat der Armee wenig Abbruch, weil die Artillerieoffiziere meist aus den Mittelklassen stammten und die Revolution sofort unterstützten, so daß die Reformen sie nicht berührten. Eine improvisierte Infanterie, beseelt von revolutionärem Schwung und mit der besten Artillerie Europas als Stütze, sollte bald Wunder verrichten. In der Flotte aber erwies sich Begeisterung als mangelhafter Ersatz für Ausbildung. Kämpften auch die französischen Flotten sehr tapfer und fuhren auch einzelne Kapitäne ihre Schiffe hervorragend, so hatten doch die neuen Flaggoffiziere keine Zeit gehabt, sich die Kunst der Führung anzueignen. Sie mißverstanden Befehle, führten Manöver falsch aus, erreichten keine wechselseitige Unterstützung der einzelnen Divisionen und litten in kritischen Augenblicken unter Unentschlossenheit.

Der Kriegsausbruch: Die rivalisierenden Strategien

Die Herrscher Österreichs und Preußens sahen in den politischen Ereignissen in Frankreich einen beunruhigenden Anreiz zu Revolten im eigenen Land und stimmten die militärischen Gegenmaßnahmen miteinander ab. Demgegenüber waren die Briten zunächst nicht abgeneigt, die Revolution zu begrüßen, da sie Frankreich zu einer der eigenen ähnlichen konstitutionellen Monarchie zu führen schien. In seiner Budgetrede im Februar 1792 erklärt Pitt: »Fraglos hat es nie in der Geschichte des Landes eine Zeit gegeben, wo wir mit größerer

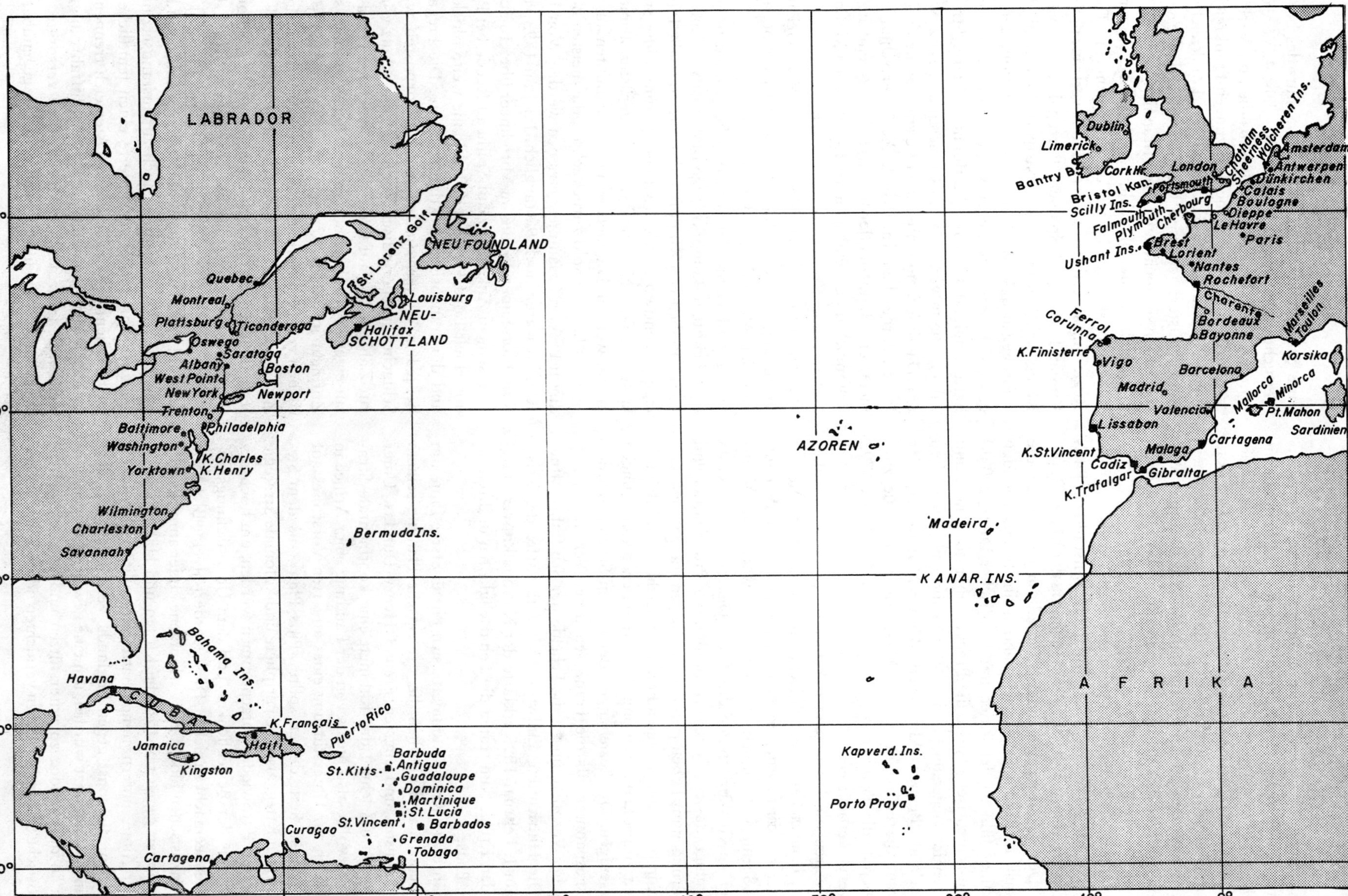

Stützpunkte am Nordatlantik, 1700—1815

Berechtigung 15 Friedensjahre erwarten durften als jetzt.« Darauf schlug er weitere Kürzungen von Heer und Marine vor. Kaum 6 Wochen später erklärte die französische Regierung Österreich, Preußen und Sardinien den Krieg. Der Konflikt mußte unweigerlich auch Großbritannien einbeziehen. In den folgenden 20 Jahren und in seinen weltweiten Ausmaßen sollte er den britischen Streitkräften das Höchste im Verlauf ihrer bisherigen Geschichte abfordern.

Anfängliche Niederlagen im Felde erwiesen sich als zu große Belastung für die französische Monarchie. Aufstände in Paris führten im August 1792 zur Proklamierung der Ersten Republik. Der verfassunggebende Nationalkonvent wurde die wirkliche Regierung Frankreichs, und die ihn beherrschenden Jakobiner führten den Krieg mit fanatischer Energie. Bald warfen französische Heere die Preußen über den Rhein und öffneten im Gegenangriff den Weg in die österreichischen Niederlande (Belgien). Mit allen denkbaren Mitteln stellte der Konvent die ersten modernen Massenheere auf, die zum Teil bereits die Truppen verstärkten, die im Dezember 1792 Antwerpen eroberten.

Jetzt waren die herrschenden Schichten in England voller Angst; denn der älteste politische Grundsatz Westminsters lautete, nie dürfe Antwerpen in den Besitz einer dynamischen Seemacht kommen. Darüber hinaus wurde die Öffentlichkeit in Großbritannien durch ein Dekret des Konvents beunruhigt, das ein System revolutionärer Propaganda und Eroberungen ins Leben rief. Danach hatten französische Generale in besetzten Gebieten Freiheit, Gleichheit und Brüderlichkeit zu proklamieren und die vorhandenen Regierungen zu beseitigen. Die Beziehungen der beiden Staaten wurden noch gespannter, als die Franzosen unter Verletzung vertraglicher Verpflichtungen die Schelde der Schiffahrt öffneten. Die Hinrichtung Ludwigs XVI. verschärfte die Krise, und am 1. Februar 1893 erklärte der Nationalkonvent England den Krieg. Nun traten die Feindseligkeiten in ihre maritime Phase.

Als Führer im Kriege kümmerte sich Pitt in erster Linie um die Finanzen und überließ die strategische Planung seinem Kriegsminister und engsten Freund Henry Dundas. Unter seinem Einfluß lehnte das Kabinett eine kontinentale Strategie ab, wollte also nichts von der Landung einer Armee in Frankreich zur Unterstützung eines alliierten Vorstoßes auf Paris wissen. Statt dessen sollte »Pitts Plan« aus dem Siebenjährigen Krieg, also die periphere und koloniale Strategie des älteren Pitt, wieder aufgenommen werden, um höchsten Nutzen aus der Beweglichkeit und dem Überraschungsmoment der Seemacht zu ziehen. Dies erforderte 1. eine Blockade der französischen Flotte. 2. »Verbundene« oder amphibische Operationen gegen französische Küsten und Häfen, wie sie Pitt der Ältere unternommen hatte, um militärische Kräfte zu binden, die sonst gegen Englands Verbündete auf dem Kontinent eingesetzt wurden, um eine gewaltige Gegenrevolution in der Vendée zu unterstützen und, wenn möglich, französische Seestreitkräfte zu vernichten oder sie wenigstens ihrer Stützpunkte zu berauben. 3. Schutz des britischen und Vernichtung des feindlichen Seehandels. 4. Verwendung der erhöhten Handelsgewinne als Subsidien für Verbündete und 5. Angriff auf überseeische Besitzungen Frankreichs.

Wenn Pitt und Dundas auch glaubten, Frankreich könne dem Angriff Österreichs und Preußens nicht lange widerstehen, so wußten sie doch, daß Großbritannien Verbündete auf dem Festland brauchte. Die schlimmen Lehren des amerikanischen Revolutionskrieges hatten das klar gemacht. Die britische Regierung schloß also sofort Bündnisverträge mit Österreich, Rußland, Preußen, Spanien, Portugal, Hannover und dem Königreich beider Sizilien (Neapel). Es war die Erste Koalition gegen das Frankreich der Revolution, der weitere gegen das Kaiserreich folgen sollten. Auf Grund der Verträge hatte England für ganz bestimmte alliierte Streitkräfte zu zahlen, die in vereinbarten Gebieten eingesetzt werden sollten. Da außerdem britische Hilfe zur See für Österreich und Italien vorgesehen war, wurde die Beherrschung des Mittelmeers ein Hauptziel der Briten. Bei Kriegseintritt ließ Großbritannien umgehend seine wirtschaftlichen Maßnahmen anlaufen. Seine Kreuzer verjagten sehr bald die französische Handelsflotte von den Meeren. Als später Geleitkräfte zur Verfügung standen, bildete man selbst Konvois nach Nordamerika, Westindien und der Levante.

Für eine Blockade der französischen Häfen mußten aufgelegte Schiffe in kampfkräftige Einheiten verwandelt werden. Lange Reihen von Rümpfen, darunter fast alle Linienschiffe, lagen irgendwo in Werftwinkeln herum, ohne Stengen und laufendes Gut. Nun mußten sie ausgerüstet, armiert und bemannt werden. Die meisten Offiziere mußten aus ihrem Dasein mit halbem Sold zurückgeholt, die meisten Besatzungen durch Pressen zusammengetrieben werden. Von 113 Linienschiffen waren noch 90 tauglich. Im Juni 1793 verfügte die Kanalflotte über 26, die im Mittelmeer über 16 Schiffe.

Von seinem Ankerplatz auf Spithead Reede bei Portsmouth unterhielt Lord Howe sehr bald eine weite Blockade Brests und der französischen Atlantik-Flotte. Die Fregatten lagen bei jedem Wetter vor Ouessant auf Vorposten, während die Schlachtflotte periodisch Vorstöße zum Schutz von Konvois, zur Zählung der auf Brest-Reede liegenden Feindschiffe und zur eigenen Schulung unternahm. Bei Weststurm suchte man Zuflucht in Tor Bay, einem geschützten Ankerplatz 20 sm östlich von Plymouth, da der gleiche Wind die französischen Zweidecker innerhalb des riffbesäten Fahrwassers von Brest festhalten würde. Im Mittelmeer hielt Lord Hood strenge Wacht vor Toulon, um bei Nordsturm Schutz hinter den Hyères-Inseln 20 sm östlich zu suchen. Proviant und Wasser fand er in Häfen des befreundeten Italien, und Gibraltar bot Ankerplätze, wenn es auch zur Instandsetzung schlecht geeignet war. Hood verhinderte einen feindlichen Vorstoß nach Italien, der England von Österreich trennen sollte, indem er leichte Einheiten die Küstenschiffahrt angreifen ließ, welche die französische »Alpenarmee« versorgte.

Die französische Führung wußte, daß sie gegenüber britischen

Flottenbewegungen hilflos war, und beschloß, alle verfügbaren Kräfte für Landoperationen gegen Mitteleuropa einzusetzen. Man bezweckte nichts Geringeres, als den ganzen Kontinent und seine Hilfsquellen in das republikanische System zu überführen. Dann würden die in ihrer Inselfestung isolierten Briten schließlich vor dem drohenden wirtschaftlichen Ruin kapitulieren müssen. So wurde der Krieg zwischen Frankreich und England, in einer Metapher jener Zeit, zum Kampf zwischen Elephant und Walfisch, in dem jeder vergeblich nach einem Mittel suchte, dem anderen beizukommen.

Einleitende Operationen gegen den Kontinent 1793

Im Glauben an eine kurze Kriegsdauer brachte Pitt die britische Armee nur auf knapp 29 000 Mann, und auch diese kleine Streitmacht wurde noch für ein Dutzend Operationen aufgesplittert, wollte man doch gleichzeitig Österreich in Belgien verstärken, die französischen Küsten heimsuchen und Feindkolonien in Ost- und Westindien erobern. Im Endergebnis reichten die Truppen nirgendwo aus, um Möglichkeiten auszunutzen oder Entscheidungen von Dauer zu erreichen.

Im August 1793 landete der 29jährige Duke of York mit 10 000 Briten in Ostende, um in den Niederlanden mit den Österreichern zusammenzuarbeiten. Mit seinem Heer und ebenso vielen Österreichern und Hannoveranern stieß er schnell gegen den Freibeuterhafen Dünkirchen vor. Aber die von der Admiralität versprochene Belagerungsartillerie wartete nicht auf Reede. Statt dessen drohte die Einschließung durch einen überlegenen Feind; denn auf diesen Stoß gegen die verwundbare Kanalküste hatte Kriegsminister Carnot in Paris schnell reagiert. Der Herzog zog sich hart bedrängt in die österreichischen Niederlande zurück und ließ seine Feldartillerie und den Troß im Stich.

Dieses Fiasko bewies eine mangelnde Koordinierung zwischen Heer und Flotte, aber auch das fast verhängnisvolle Fehlen jeder Zusammenarbeit bei den Verbündeten. Das war auch einer der Hauptgründe, weshalb die Alliierten die zahlreichen Möglichkeiten verpaßten, welche die um sich greifende Konterrevolution bot. Sie breitete sich in Frankreich vom Westen nach dem Süden aus und drohte die Regierung zu verschlingen. Großbritannien hatte seine größte Chance im August, als vorübergehend die gesamte französische Mittelmeer-Flotte in seine Hand gegeben war. Bei erfolgreicher Ausnutzung dieser Möglichkeit wäre die französische Seemacht ein für allemal aus dem Mittelmeer verschwunden.

Der französische Befehlshaber in Toulon hatte als Exponent der royalistischen Einstellung seiner Offiziere Lord Hood das Arsenal und 31 Linienschiffe, darunter 19 seeklare, übergeben. Wie ein Hüter des Erbes Ludwigs XVI. nahm Hood Hafen und Schiffe in Obhut, wobei er sich zu ihrer Verteidigung verpflichtete. Dann ging er in aller Ruhe daran, alle seeklar zu machen. Bald erschien eine spanische Flotte von 16 Schiffen, gleich stark also wie diejenige Hoods. Aber ihr Befehlshaber, Don Juan de Langara, blieb verdrossen und zur Zusammenarbeit nicht bereit auf Außenreede, als Hood seinen Anspruch auf eine Teilung der Autorität ablehnte.

Durch den unerwarteten Erwerb von Toulon bot sich dem britischen Kabinett die Aussicht auf einen Einfall in Südfrankreich. Woher aber dafür die Truppen nehmen? Zwar brachte man 12 000 spanische, sardinische und neapolitanische Soldaten – »feiges Gesindel« nannte sie der reizbare Hood – schnell zusammen, und Pitt schmälerte die geringe Garnison um 2000 britische Reguläre. Das aber reichte nicht einmal für die Verteidigung des Hafens; denn Toulon liegt in einer Niederung, welche die Geschütze auf den umgebenden, zerklüfteten Höhen mühelos beherrschen. Pitts Berater schätzten, daß 50 000 Mann benötigt würden, um die Hohlwege zu verteidigen.

Wut und Bestürzung über Toulons Übergabe an Hood herrschten im ganzen republikanischen Frankreich. Das Komitee für Öffentliche Sicherheit, das den Nationalkonvent als Exekutive abgelöst hatte, schickte schleunigst Truppen, und ehe Hood die Seinen richtig gruppiert hatte, stürmten die Republikaner bereits die Pässe und nahmen die Stadt unter schweres Feuer.

Um die verzweifelt benötigten Verstärkungen zu holen, schickte Hood seine Schiffe zur italienischen Küste. Sie sollten jede verfügbare Hilfe von den Österreichern und den örtlichen Machthabern erbitten. Nur Kapitän Horatio Nelson hatte einen geringen Erfolg. Dank großer Unterstützung des britischen Gesandten Hamilton gab ihm der König beider Sizilien 8000 Mann. Die österreichische Regierung, für die im Blick auf die italienischen Besitzungen bei einem Verlust Toulons am meisten auf dem Spiel stand, verurteilte durch Verweigerung jeder Hilfe die Verteidigung Toulons zum Scheitern.

Wohl hielten die Verteidiger mehrere Monate lang zäh dem ununterbrochenen Feuer von den Höhen stand, dann aber fand der Artilleriekommandeur, Oberstleutnant Napoleon Bonaparte, die schwache Stelle. Es handelte sich um die Eguilette-Halbinsel, die den inneren Hafen von der Reede trennt. Mitte Dezember stürmte republikanische Infanterie die Eguilette im Nachtangriff. Bonapartes Artillerie rückte nach und bestrich die Bucht. Toulon war für die Alliierten unhaltbar geworden.

Sofort begann die Räumung, erschwert durch die moralische Verpflichtung, Tausende von Royalisten vor der Rache der Republikaner zu retten. Hood, der damit länger wartete, als er eigentlich verantworten konnte, gelang es gerade noch, vier französische Schiffe aus dem Hafen zu bringen und zehn weitere zu verbrennen. Die verbleibenden retteten die das Arsenal und die Werft stürmenden Republikaner für Frankreich. Hierzu trug die Apathie der Spanier beträchtlich bei. Unzufrieden, wie sie waren, wollten sie nur, daß französische Schiffe als Gegengewicht gegen die britischen übrigblieben.

Österreichs Weigerung und Hoods ungeschickte Behandlung der Alliierten während dieses Kampfabschnitts haben den Kriegsverlauf zuungunsten der Verbündeten beeinflußt. Wäre Toulon gehalten worden, es hätte keinen italienischen Feldzug gegeben, und Bonaparte wäre nicht in die vorderste Reihe der französischen Generale aufgerückt. Wären Toulon und die dortige Flotte vernichtet worden, es wäre zu keiner französischen Expedition nach Ägypten gekommen. Nach Toulons Verlust verschwand Hood sehr bald aus der Seekriegsgeschichte, um sich einer erzwungenen Muße zu erfreuen. Österreich aber wappnete sich gegen den unvermeidlichen Angriff.

Operationen im Karibischen Meer 1794

Britische Truppen, die Toulon vielleicht gehalten hätten, waren auf anderen Schauplätzen. Einige hatten in Indien Chandernagore und Pondicherry erobert, andere standen unter dem Duke of York in Flandern, und wieder andere gehörten zu dem für westindische Operationen vorgesehenen amphibischen Kommando des Generalmajors Grey und Konteradmirals Sir John Jervis. Hierbei handelte es sich um ein Lieblingsprojekt von Dundas, der an eine starke Abhängigkeit Frankreichs vom Handel mit seinen reichen Zuckerinseln in Westindien glaubte.

Die Ankunft von Jervis und Grey mit 6500 Mann auf Barbados im Januar 1794 leitete eine Reihe amphibischer Operationen ein, die 5 Jahre dauern und Großbritannien 50 000 Tote und ebenso viele dauernd Kampfunfähige kosten sollte. Unter dem Sammelbegriff »Dundas' Zuckerinsel-Strategie« bekannt, schienen diese Unternehmungen einen wichtigen Bestandteil von »Pitts Plan« aufzugreifen. Eine Kriegführung im Karibischen Meer war immer schwierig. 1794 stellte sie aber noch besondere Probleme. Gewiß, das Gelbe Fieber drohte stets und forderte im ersten Sommer meistens die Hälfte einer neu eingetroffenen Armee als Opfer. Dieses Risiko ließ sich einkalkulieren, nicht dagegen die Gewalt des revolutionären Schwunges auf den französischen Inseln, wo Vertreter des Konvents die Eingeborenen mit Schlagworten von Gleichheit und Versprechungen der Unabhängigkeit aufgeputscht hatten.

Jervis und Grey hatten Befehl, Martinique zu erobern, und liefen mit 3 Linienschiffen, 8 Fregatten und mehreren Kanonenbooten dorthin, auf denen die Truppen eingeschifft waren. Am 5. Februar machten sie ihren Landfall. Grey stellte fest, daß die örtlichen Befehlshaber den bei den republikanischen Heeren beliebten »cordon defense« gebildet und die Küste überall mit isolierten Batterien armiert hatten, wobei die Häfen nur schwach verteidigt wurden. Das war für eine amphibische Unternehmung äußerst günstig, da es die Eroberung der Häfen erheblich erleichterte; und sie gerade brauchte man wegen des Nachschubs.

Die nun folgenden Landungen verwerteten amphibische Lehren, welche die Briten nach einem Jahrhundert kostspieliger Erfahrungen beherzigt hatten. Jervis und Grey wählten fünf Stellen nahe beim nördlichen Hafen St. Pierre und schickten Fregatten und Sloops zur Feuerunterstützung der gleichzeitigen Landungen unter Land. Jede Landestelle konnte die Küstenbatterien flankieren, ohne aber in deren Reichweite zu liegen. Um ein rasches Fußfassen zu gewährleisten, feuerte die Truppe während der Landung nicht, sondern nahm die Stellungen der Verteidiger mit dem Bajonett und im Laufschritt. In schützenden Wäldern schwärmten die Angreifer aus und vereinigten sich im Rücken der Batterien. Auch diese eroberten sie nacheinander, ohne die Gewehre zu benutzen; denn Grey war ein großer Freund des Bajonetts. In 2 Wochen hatten die Briten St. Pierre erobert und damit die Nordhälfte der Insel in Besitz. Mittlerweile war Jervis mit den schweren Schiffen etwa 10 sm an der Küste entlang in die Nähe des Haupthafens Fort de France, des früheren Fort Royal, gelaufen und hatte Truppen und Matrosen gelandet, um die Hafenbefestigungen einzuschließen. Grey kam auf der Küstenstraße mit den Seinen zu Hilfe. In einem kombinierten Schlußangriff nahmen die Briten am 20. März die zwei Forts von Fort de France. Am nächsten Tag ergab sich Martinique. Grey und Jervis eroberten St. Lucia in 3 Tagen; Guadeloupe in einem Monat nach der gleichen Methode. Der Admiral legte seine Schiffe, wie er sagte, »in guter, altmodischer Gewohnheit auf Pistolenschußweite«, und der General sann auf Mittel, die Zeit für Landung und Überschreitung des exponierten Strandes abzukürzen. Dank ihres Geschicks und der Operationen des kleinen, aber außerordentlich gut geführten Expeditionskorps ging das ganze französische Westindien mit Ausnahme von Haiti in weniger als 3 Monaten in britische Hände über.

In diesem Stadium des britischen Siegeszuges begannen berechenbare und unberechenbare Faktoren eine entscheidende Rolle zu spielen. Das Gelbe Fieber forderte nun von den Invasoren schweren Tribut; republikanische Truppen aus Frankreich vereinigten sich mit eingeborener und kolonialer Miliz zu einem Gegenangriff auf Guadeloupe. Unter Führung des fähigen und rücksichtslosen Mulatten Hugues umzingelten die franko-westindischen Kräfte sehr schnell die britische Garnison. Jervis litt, wie viele seiner Matrosen und die Mehrzahl der Landtruppen, am Fieber. Deshalb konnte er nicht mit einem Feind fertig werden, dessen Nachschublinien man nicht kannte und der sich auf ein Einsickern von Kräften an weit voneinander entfernten Stellen verließ. Jervis und Grey mußten Guadeloupe aufgeben und die britischen Truppen evakuieren. Im November kehrten beide, ausgezehrt durch Überanstrengung und Krankheit, nach England zurück.

Hugues' Anhänger schürten bei ihrem Vormarsch überall Unruhen und verjagten die Briten von allen Antillen, ausgenommen Jamaika und Barbados. Die Franzosen trieben Truppen und Nachschub an Ort und Stelle auf. Sie sprangen von Insel zu Insel und wurden von der Versorgung aus Europa immer unabhängiger, wodurch sie die britische Seemacht in

Westindien entwerteten. Eine Reihe kostspieliger Feldzüge im Jahre 1796 überzeugte Dundas davon, daß er klimagewohnte Bataillone aus Eingeborenen und Kolonisten einsetzen müsse. 1799 gab es deren zwölf, und die Rückeroberung begann. Aber Guadeloupe, Zuflucht der Freibeuter, störte die Briten bis zu seiner Eroberung im Jahre 1810 empfindlich.

Der 'Glorious First of June' - Der ruhmreiche 1. Juni 1794

Der Verlust von Guadeloupe und Martinique brachte dem Nationalkonvent das Potential einer Seemacht deutlich zum Bewußtsein. Schon hatte er mit dem Aufbau der französischen Kriegsmarine begonnen. Auf der Suche nach einem verläßlichen Offizier, der die neuerstandene maritime Waffe der Nation führen könne, ernannte der Konvent im Januar 1794 Konteradmiral Villaret-Joyeuse zum Befehlshaber der Atlantik-Flotte. Er war erst kürzlich zum Flaggoffizier befördert worden und hatte sich als Kommandant eines Linienschiffes schon voll bewährt. Seine Loyalität gegenüber der Republik stand außer Frage, was für den Konvent noch wichtiger war. Um ihm einen Rückhalt gegenüber unbotmäßigen Matrosen und Werftarbeitern zu geben, schickte das Komitee für Öffentliche Sicherheit eins seiner Mitglieder, den Marineminister Jean Bon St. André, nach Brest. Er durfte nach seinem Belieben alle Waffen des revolutionären Terrors einsetzen, um die Flotte zum Auslaufen zu bringen. Er brachte in den Werftbetrieb eine gewisse Ordnung, füllte Besatzungen und Magazine der Schiffe auf und drang ständig in den bedächtigen Villaret, die Übungen auf Reede abzubrechen und die Flotte zu einer Entscheidungsschlacht gegen die Briten zu führen.

Infolge schlechten Wetters und überstürzter Einberufung von Bauern herrschte in Südfrankreich Knappheit an Lebensmitteln, die zum Bürgerkrieg zu führen drohte. Zu dessen Abwendung kaufte die französische Regierung große Mengen Getreide in den Vereinigten Staaten. Sie wurden in Norfolk und Baltimore auf amerikanische Schiffe verladen, aber der Transport nach Frankreich stellte ein Problem dar; denn die Briten hatten Getreide zur Konterbande erklärt. Nun lagen in der Gegend der Chesapeake-Bucht auch viele französiche Westindien-Fahrer, die Zoll bringenden Zucker und Kaffee an Bord hatten. Für den gewagten Versuch, alle diese Fahrzeuge gleichzeitig und sicher über den Atlantik zu bringen, hatte sie die französische Regierung in einem großen Konvoi von 130 Segeln zusammengefaßt und als Geleit 2 Schiffe und 2 Fregatten entsandt. In der Sorge, diese könnten nicht rechtzeitig in Amerika eintreffen, befahl die Regierung dem Konteradmiral Nielly, mit 5 Schiffen und 5 Fregatten 300 sm westlich von Belle Isle zu kreuzen, um dort den Konvoi aufzunehmen. Am 15. Mai erfuhr man, daß Lord Howes Kanalflotte in See sei, und befahl Villaret kategorisch, mit seiner ganzen Flotte zur Hilfe für Nielly und zum Schutz des Konvois aus Brest auszulaufen.

Die Briten waren über den großen franko-amerikanischen Konvoi unterrichtet, und Howe hatte am 2. Mai den Hafen verlassen, um ihm das Einlaufen in einen französischen Hafen zu verwehren. Zunächst aber mußte er das Auslaufen von 100 britischen Handelsschiffen sichern. Vor Kap Lizard detachierte er 8 Schiffe, die die Kauffahrer über die Biskaya geleiten sollten. Später sollten sechs von ihnen zwischen Finisterre und Belle Isle den franko-amerikanischen Konvoi suchen, während das Gros der Kanalflotte eine Nord-Süd-Linie 300 sm westlich von Ouessant absuchte. Howe selbst stellte am 19. fest, daß die Reede vor Brest leer war.

Am selben Abend traf er eine von Montagu entsandte Fregatte, die um Hilfe gegen eine durchaus denkbare vereinigte Streitmacht von Nielly und der Konvoi-Eskorte bat. Darauf steuerte Howe Südwestkurs auf seinen Untergebenen zu. Nachdem er aber von Kauffahrern Villarets Position und Kurs erfahren hatte, drehte er nach Westen ab, um ihn abzufangen.

Nach Villarets Ansicht ließ sich der Konvoi am besten dadurch sichern, daß man Howe aus seiner Nähe fortlockte. Seine Befehle waren klar: »Im Augenblick brauchen wir keine Seeschlacht, sondern unseren Konvoi. Wir haben es nicht nötig zu kämpfen, sondern müssen eine stolze, imponierende Haltung zeigen, die dem Feind Halt gebietet und ihn zum Abwarten veranlaßt.« Zunächst einmal wollte Villaret zu Nielly stoßen, dessen Auftauchen er jeden Augenblick erwartete. Am Morgen des 28. Mai aber tauchte nicht Nielly, sondern Howe im Nordwesten, 12 sm in Lee, auf. Jede Flotte, beide nicht in voller Stärke, zählte 26 Linienschiffe und ein Dutzend Fregatten.

Sofort ging Villaret an den Wind und lief weiter nach Westen. Regenböen aus Südwest verschlechterten die Sicht oft auf weniger als eine Meile, und der Seegang erschwerte die Bedienung der Batterien in den unteren Decks. Howe bemühte sich, an die Franzosen heranzukommen und Luv zu gewinnen, indem er dauernd wendete und alle Segel führte. Nach ein paar Stunden aber befahl er »Jagd frei«, wobei die Schiffe »Positionen zur gegenseitigen Unterstützung einnehmen und den Feind nacheinander angreifen sollten, je nachdem wie sie in Gefechtsberührung kämen«. Die französische Flotte geriet um diese Zeit in Unordnung, und Villaret verlor etwas an Boden, als er seine Nachzügler durch Wendemanöver decken wollte.

Am späten Nachmittag gelangten die britischen Spitzenschiffe in Schußweite der *Révolutionnaire* (120), des Schlußschiffes der französischen Formation. Durch Gieren, um Breitseiten zu feuern, kamen sie zwar diesem Ziel nicht näher, verwandelten es aber nach und nach in ein Wrack. Schon hatte der Dritte Leutnant als ältester überlebender Offizier das Kommando übernommen. Bei einbrechender Dunkelheit rief Howe seine Vorhut zurück und formierte die Flotte für die Nacht. Weil die Signalbücher nur taktische Meldungen ermöglichten, konnten ihn seine Kapitäne nicht davon unterrichten, daß ein schöner französischer Dreidecker förmlich darauf wartete, geentert zu werden. Auch konnte die britische *Audacious* den Admiral nicht wissen lassen, daß sie bis zur Hilflosigkeit zerschossen war. *Révolutionnaire* und *Audacious* mußten versuchen, so gut es ging nach Hause zu kommen[1].

Am nächsten Tag – 29. Mai – versuchte Howe erneut, in Luv der Franzosen zu gelangen, und setzte diesmal das Signal 34: »Zwischen der Feindlinie hindurchlaufen, um nach Luv zu kommen«[2].

Der erste Schlag führte nicht zum Ziel, sondern nur zu einem Austausch von Breitseiten im Passiergefecht. Auch ein ähnliches Manöver am Nachmittag brachte keinen Druchbruch. Immerhin mußte Villaret, weil die französische Nachhut bedroht war, nacheinander halsen und dadurch Howe doch die Luvposition überlassen. Nur die schwere See und die Auflösung jeder Formation bei beiden Flotten verhinderten schon jetzt eine entscheidende Schlacht. Im Mêlée wurde ein französischer 74er derart beschädigt, daß er im Schlepp einer Fregatte und unter Geleit eines anderen 74ers nach Brest geschickt werden mußte. Ein dritter 74er verlor alle Stengen, ließ sich ebenfalls schleppen, belastete also Villaret mit einem Krüppel. Howe hatte die bemerkenswerte Tat vollbracht, aus einer Leeposition fast die Entscheidung zu erzwingen. Nun, wo er in Luv stand, wollte er bei erster Gelegenheit angreifen. In den nächsten zwei Tagen aber bot diese sich nicht. Wohl wurden die Linien formiert, und alles war auf Gefechtsstation, aber dickes Wetter und unaufhörlicher Sturm behinderten die Manöver und hielten die Flotten in großer Entfernung voneinander. Am Abend des 30. stieß Nielly mit 3 Schiffen zu Villaret, und bald darauf kam ein viertes aus Frankreich. Trotz höherer Verluste verfügten die Franzosen jetzt über 26 Schiffe gegenüber 25 britischen. Zudem waren viele ihrer Schiffe größer, schwerer armiert und bessere Segler. Jean Bon St. André, der auf dem 120er Flaggschiff mitfuhr, schrieb jedoch in seinem Bericht an den Konvent, im Seekrieg gebe es keinen Ersatz für Schulung und Erfahrung.

Der 1. Juni, der 5. Tag, seit Gefechtsberührung bestand, dämmerte wolkenverhangen, mit steifem Wind, aber guter Sicht. Die Flotten lagen etwa 4 sm voneinander entfernt, die Franzosen in Lee, etwas vorlich auf NW-Kurs. Kurz nach 7 Uhr ließ Howe Schlachtlinie formieren und gab 10 Minuten darauf durch erneutes Heißen von Signal 34 seine taktische Absicht kund: Durchbruch durch die Feindlinie, diesmal nach Lee.

Einige Seekriegshistoriker hat dieses Manöver am 1. Juni verblüfft, schien doch der Admiral bereit, den Vorteil der Luvstellung preiszugeben, um die er zwei Tage gekämpft hatte. Man hat vermutet, Howe habe seine Schiffe durch Lücken in der Feindlinie stoßen lassen wollen, um dann in Lee eine Linie zu formieren, der sich der Gegner, zum mindesten dessen Krüppel, nur schwer entziehen konnte. Aber ein Durchbruch durch die feindliche Kolonne, Schiff nach Schiff, war bei einem entschlossenen Gegner eine unmögliche seemännische Leistung, und sie wurde durch die Zusatzklausel hinter der Erläuterung des Signals 34 noch prekärer: ». . . so sind sie in beiden Fällen befugt, je nach der Lage zu handeln«. Howe hat seine taktischen Erwägungen niemals, weder mündlich noch schriftlich, der Nachwelt dargelegt. Aber alles spricht dafür, daß er nach viertägiger, ergebnisloser Feindberührung die Entscheidung durch ein Mêlée herbeiführen wollte, bei dem er dank der auf kurze Entfernung überlegenen britischen Artillerie im Vorteil war. Sein Manöver, eine hervorragende Schocktaktik, sollte seinen Schiffen dreierlei ermöglichen: 1. Beim Durchbruch Längsbeschuß der Gegner auf beiden Seiten. 2. Ein Auseinanderreißen der französischen Formation und damit eine Gefährdung von Villarets taktischer Führung. 3. Den Vorteil taktischer Überraschung; denn man durfte erwarten, daß die französischen Geschützpforten und Kanonen in Lee festgemacht sein würden, was auch tatsächlich der Fall war.

Als Howe seine Linie so nahe herangeführt hatte, wie es seine Absicht gewesen war, heißte er kurz nach 8 Uhr das Signal »Angreifen«. 10 Minuten darauf ein Signalschuß, das Niederholen der Ankündigungsflagge, und jeder Kapitän fiel ab und lief auf sein Gegenüber zu. Der 68jährige Admiral, 4 Tage ohne Schlaf, abgesehen von gelegentlichem Dämmern in einem Lehnstuhl, war zwar infolge der Abspannung hohlwangig, aber immer noch voll Tatkraft. Er schloß sein Taschen-Signalbuch und wandte sich an seinen Stab: »Und nun meine Herren, genug der Bücher und Signale. Ich erwarte von Ihnen, daß Sie gegenüber der *Queen Charlotte* Ihre Pflicht tun. Ich verlange nicht, daß die Schiffe Rumpf an Rumpf liegen, kommen aber die Rahen voneinander unklar – um so besser. Dann wird die Schlacht schneller entschieden.« Nur 10 von Howes 25 Schiffen stießen in die französische Linie hinein, die anderen drehten auf und griffen wie üblich von Luv an. Die Zusatzklausel des Signals 34 hatte den Befehl nahezu entwertet.

Als Villarets Schiffe, die ohnehin dichtauf fuhren, das britische Manöver durchschauten, suchten sie es zu verhindern oder zu parieren. Sie bemühten sich, die Lücken zu schließen. Gelang ihnen das nicht, so wollten sie ihren angegriffe-

1 Die Besatzung der *Audacious* brachte in der Nacht eine Nottakelage auf und setzte Kurs auf England. Die *Révolutionnaire,* deren Besan zerschossen war, verlor beim Rollen auch die anderen Masten. Im Morgengrauen fand sie eins von Niellys Schiffen und schleppte sie nach Brest. Dort wurden die am Leben gebliebenen Offiziere ins Gefängnis geworfen, »weil sie die Flotte ohne Befehl verlassen hätten«.

2 Signal 34 lautete in Howes Signalbuch folgendermaßen: »Der Admiral will aus Luvstellung durch die Feindlinie stoßen und sie von Lee angreifen, oder aber aus Leestellung durch die Feindlinie stoßen und sie von Luv angreifen. Anmerkung: Können die verschiedenen Kapitäne und Befehlshaber die entsprechende Absicht nicht in die Tat umsetzen, so sind sie in beiden Fällen befugt, je nach der Lage zu handeln.« Sir Julian S. Corbett: Signals and Instructions, 1776–1794, Navy Records Society, 1908, 70/71.

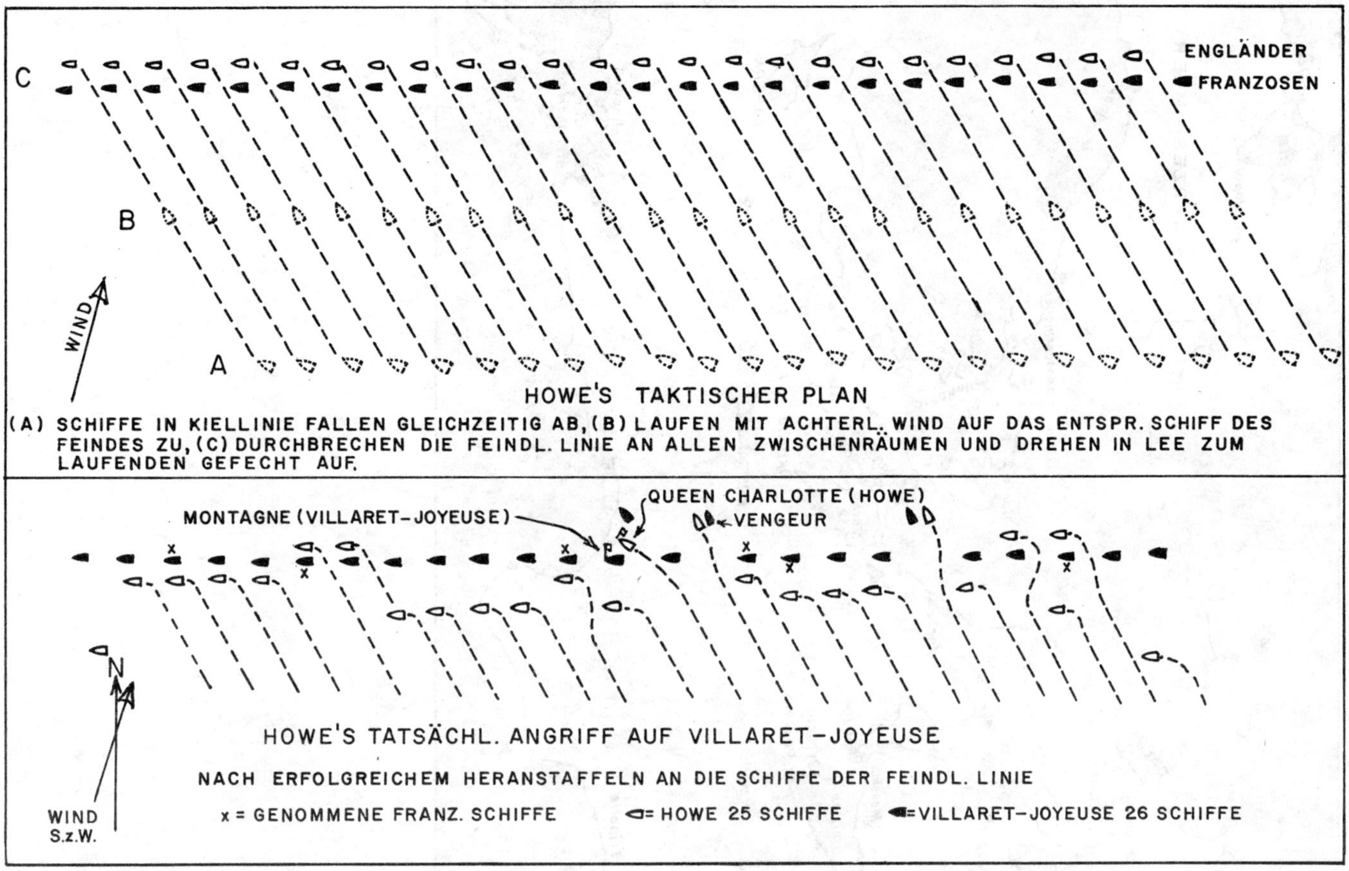

Die Schlacht vom 1. Juni 1794

nen Kameraden zu Hilfe eilen, indem sie in Lee der durchgebrochenen Briten aufkamen und sie zwischen zwei Feuer brachten. So kam Howes *Queen Charlotte,* durch den Hintermann *Jacobin* bedrängt, Villarets *Montagne* so nahe, daß die Flagge der *Montagne* beim Passieren vom Bug bis zum Heck über dem britischen Schiff wehte. Auf diese kurze Entfernung feuerte die *Queen Charlotte* eine Breitseite, die 200 Mann der *Montagne* niederstreckte. Durch eine weitere nach der anderen Seite zerschmetterte sie der *Jacobin* den Bug und zwang sie dadurch zum Abfallen nach Lee. Die beiden Hinterleute des Franzosen schüttelten ihre Gegner ab und näherten sich der *Queen Charlotte,* die bereits beim Entlangschlieren an Villarets Schiff die Vormarsstenge verloren hatte.

Um 10 Uhr war der Kampf überall im Gange. Die Briten behämmerten die französische Linie von beiden Seiten. Villaret sah, daß ein paar Schiffe seiner Vorhut weit in Luv nicht kämpften, stieß zu ihnen und führte sie sofort zur Unterstützung der hart bedrängten Mitte heran. Um diesem neuen Angriff zu begegnen, befahl Howe die Neuformierung seiner Linie. Aber der französische Admiral, eingedenk des Befehls, »eine stolze und imponierende Haltung einzunehmen«, wollte in erster Linie den Kampf abbrechen und seine lahmgeschossenen Schiffe decken.

Daher brachte er seine Linie in Lee auf Vordermann und schleppte drei entmastete Schiffe in Sicherheit. Die übrigen sieben ließ er im Kampf, weil er der falschen Meldung Glauben schenkte, sie hätten bereits die Flagge gestrichen. Immer im Gedanken an seinen Konvoi hielt er kurz darauf ab und verließ sehr bald das Schlachtfeld. Von den 7 Schiffen, die in britischer Hand blieben, focht die zerschossene *Vengeur du Peuple* ein vierstündiges Duell mit der *Brunswick,* das zu einem klassischen Beispiel geworden ist. Als sich die beiden Schiffe mit Enterhaken faßten, bestrich die *Vengeur* das Oberdeck der *Brunswick,* aber die Briten durchsiebten den Gegner, bis er mit 300 Mann unterging. Die anderen sechs im Stich gelassenen Schiffe wurden als Prisen nach England gebracht.

Die Briten verloren etwa 1100 Mann, darunter waren fast 300 Tote, während die französischen Verluste mehr als viermal so hoch waren. Nur Howes physische Erschöpfung rettete Villarets Flotte vor der völligen Vernichtung. Immerhin wurde der Sieg für die britische Nation zum »Glorious First of June«. 18 Monate hatte sie auf den ersten Erfolg gegen die französische Flotte gewartet. Die Sieger erhielten Medaillen und Prisengelder. Großzügig wurden Adelsprädikate verliehen. Howe selbst wurde Earl.

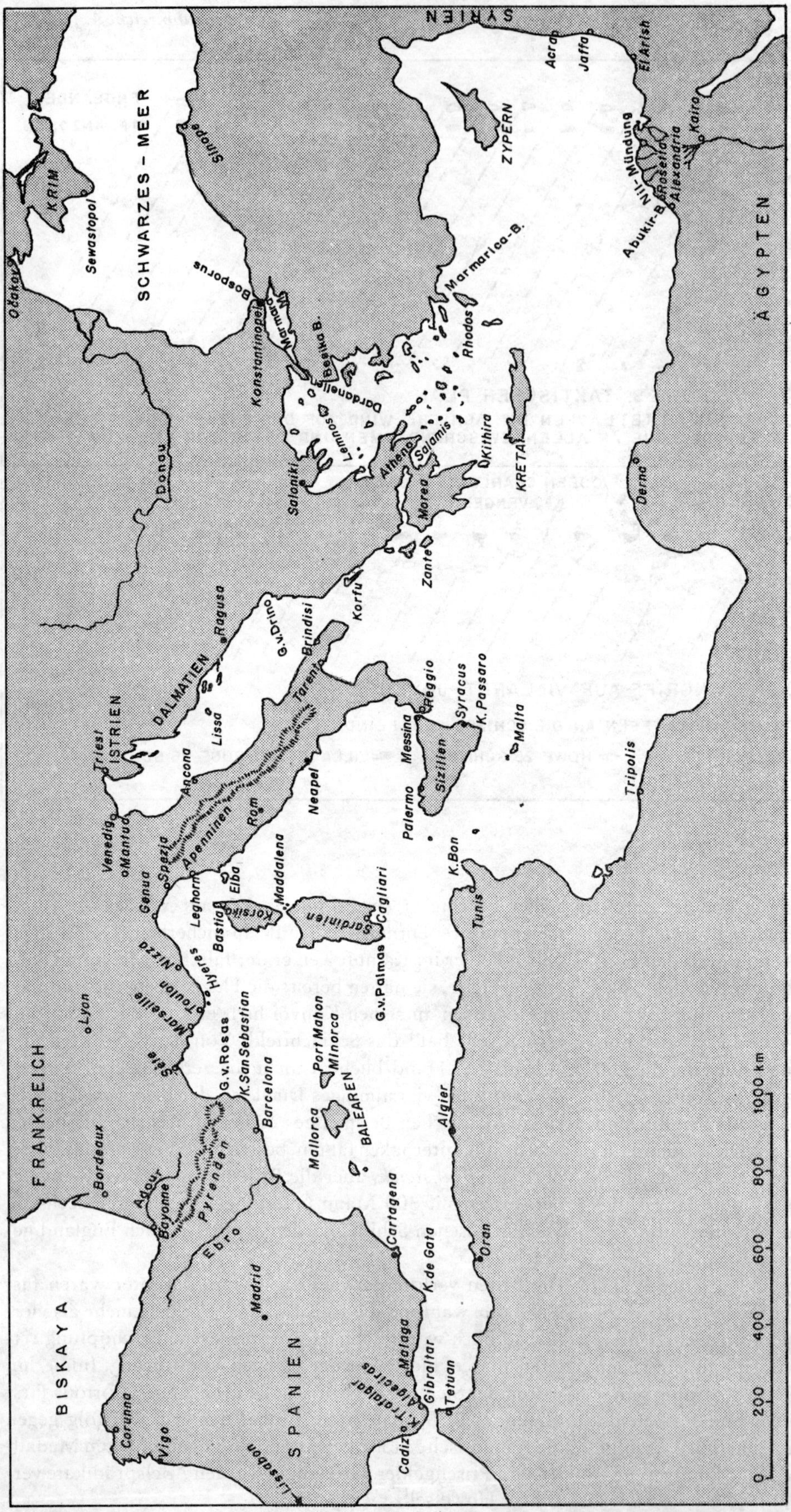

Das Mittelmeer

Auch der Nationalkonvent verkündete einen Sieg; denn der Konvoi passierte am 3. Juni das Schlachtfeld ohne ein Segel zu sichten und lief bis zu der Stelle, wo er sich auflöste. Wie stets hatten die Franzosen im Blick auf ein Fernziel gekämpft, das in diesem Fall in der Versorgung des Schatzamtes mit Gold und der Bevölkerung mit Lebensmitteln bestand. Die Briten hatten sich wie stets für das Nahziel einer Vernichtung der feindlichen Streitmacht geschlagen, weil sie dies für das beste Mittel zur Erreichung des Endsieges hielten.

Hatte Howe auch auf dem Schlachtfeld die ihm gebotenen Möglichkeiten nicht voll ausgeschöpft, so war doch mehr erreicht worden, als ihm bewußt war. Er hatte nämlich den französischen Seeleuten klar gemacht, daß sie besser ausgebildeten und erfahreneren Gegnern nicht gewachsen waren. Nunmehr sah sich Villarets Flotte auf die Reede von Brest beschränkt. Außerdem hatte die Moral der Besatzungen gelitten. Knappheit an Nachschub und auch der täglichen Rationen erschwerte weiterhin die Lage. In Fragen der Logistik waren die französischen Armeeführer zum Improvisieren gezwungen gewesen und ausgezeichnet damit fertig geworden. Das Komitee der Öffentlichen Sicherheit sah nicht ein, daß ähnliche Behelfsmaßnahmen bei der Seekriegführung undurchführbar waren, daß die Ausbildung einer Flotte von Quantität und Güte des Materials abhing und daß die Geschichte des Seekrieges nur wenige Beispiele von Siegen materiell unterlegener Streitkräfte kennt. Die Brest-Flotte lief zwar ab und an zu Geleitaufgaben aus, zog sich aber stets beim Nahen der Kanalflotte prompt zurück. Allmählich hörte sie auf, ein wirklicher Kampffaktor zu sein.

Patt im Mittelmeer 1794—1796

Der Brennpunkt maritimer Tätigkeit hatte sich nun ins Mittelmeer verlagert. Nach der Besetzung Belgiens und des linken Rheinufers durch französische Heere sah Paris die Nordfront als gesichert an. Brest wurde vernachlässigt, während die Regierung weiterhin die Toulon-Flotte ausbaute. Dorthin schickte dann auch das Komitee den unermüdlichen St. André, um aufs neue die französische Seemacht innerhalb der Straße von Gibraltar zur Geltung zu bringen.

Die britische Mittelmeer-Flotte, nun ohne den Stützpunkt Toulon, blockierte diesen Hafen und suchte nach anderen geeigneten Stützpunkten. Durch Spaniens zunehmend abweisende Haltung entfiel Minorca, und Gibraltar konnte wegen der großen Entfernung keine Hilfe bedeuten. Lord Hood wollte im letzten Feldzug vor seiner Verabschiedung die Lage durch die Eroberung Korsikas erleichtern, wo sich patriotische Partisanen gegen die Franzosen aufgelehnt hatten. Da es an Truppen fehlte, kämpften vorwiegend Matrosen an Land, wobei Kapitän Nelson verwundet wurde und die Sehkraft des rechten Auges verlor. Im Juni 1794 war Korsika in britischer Hand, ein wichtiger Stützpunkt, während die Franzosen in Toulon gleichzeitig den Hauptlieferanten von Holz für den Schiffbau verloren hatten.

Trotz sorgfältiger Vorbereitungen konnten aber weder Frankreich noch England Entscheidendes erreichen. Konteradmiral Martin, Befehlshaber der Toulon-Flotte, wagte nichts, weil er sich der Unerfahrenheit seiner Besatzungen nur zu bewußt war. Konteradmiral Hotham, Hoods Nachfolger, ließ sich von der rapiden französischen Aufrüstung derart beeindrukken, daß er genauso vorsichtig wie sein Gegner wurde. Beim ersten Zusammentreffen mit der Toulon-Flotte kaperten Hothams unter Hood geschulte, angriffslustige Kapitäne ein 80er und ein 74er Schiff, sprengten zwei weitere von Martins Flotte ab, wurden dann jedoch, getreu Hothams Motto »Kein Risiko«, zum Gros zurückbeordert. Nelson ging aufs Flaggschiff und drängte auf Verfolgung, nur um zu hören, die Flotte habe ihre Sache sehr gut gemacht. Einem Freund gegenüber bemerkte er bitter: »Und hätten wir 10 Schiffe genommen, das elfte aber entkommen lassen, obwohl ein Entern möglich gewesen wäre, so würde ich das niemals ›gut gemacht‹ nennen.«

Die Österreicher hatten inzwischen den Apennin überschritten und standen in Savona nicht weit von Genua. Ihr weiterer Vormarsch hing davon ab, ob die britische Flotte den Küstenverkehr von Toulon her abschneiden konnte. Diese Aufgabe vertraute man Nelson an, dem zu seiner *Agamemnon* (64) noch ein Küstengeschwader von 5 Fregatten unterstellt wurde. Bald aber war es klar, daß nur Linienschiffe mit den zahlreichen befestigten Häfen fertig werden konnten, die der Küstenschiffahrt bequeme Zuflucht boten. Hotham behielt jedoch die schweren Schiffe für sich und schickte sie zwischen Toulon und Korsika hin und her. Nelsons dringende Bitten fanden kein Gehör, und die Nachschublinien der französischen Italien-Armee blieben intakt. Im November warf ein französischer Gegenangriff die Österreicher über den Apennin zurück. Nelson sah hilflos zu, brauchte aber nicht mehr lange die Qual der Untätigkeit zu erdulden. Noch im selben Monat hießte Vizeadmiral Sir John Jervis seine Flagge auf der *Victory*. Einer der tüchtigsten Offiziere der Royal Navy und ihr strengster Exerziermeister war ins Mittelmeer gekommen.

Das Auseinanderbrechen der Ersten Koalition 1795—1797

Jervis hätte kaum zu einer Zeit erscheinen können, wo die Lage der Alliierten noch ungünstiger war. Preußen hatte seinen erfolglosen Feldzug am Rhein aufgegeben und im Laufe des Mai Frieden geschlossen. Das besetzte Holland war formell Frankreichs Verbündeter geworden, und Spanien zog sich im Juli aus dem Kriege zurück. Die Briten reagierten durch die Besetzung des Kaps der Guten Hoffnung, Ceylons und anderer holländischer Besitzungen in Indien und Westindien. Sie legten auch eine Flotte unter Vizeadmiral Duncan vor Texel, welche die holländische Flotte bewachen und den Transport von Holz und Hanf aus der Ostsee nach Frankreich verhindern sollte. Wägt man sorgsam ab, so hatte sich die französische Lage Ende 1795 unendlich verbessert. Der Ersten Koalition gehörten nur noch 2 Großmächte an – Großbritannien und Österreich. In Frankreich hatte der hervorragende junge General Hoche, Bonapartes größter Rivale, einen gefährlichen Bürgerkrieg in der Vendée niedergeschlagen.

Das Frankreich der Revolution hatte bewiesen, daß es seine hinausgeschobenen Grenzen verteidigen konnte. Nun hätte es zu diesem Zeitpunkt den Krieg mit Vorteil beenden können. Aber das Direktorium der Fünf, das kürzlich die Exekutive übernommen hatte, meinte, neue Siege seien zur Stabilisierung seiner Macht erforderlich. Außerdem konnten im Stadium eines nationalen Bankrotts die französischen Heere ihre Versorgung nur durch einen Vormarsch sicherstellen und dadurch, daß sie vom Ertrag anderer Länder lebten.

Anfang 1796 übernahm Bonaparte den Befehl über die Italien-Armee und begann seinen klassischen sechswöchigen Feldzug, der seine hungrigen Soldaten in die reiche Lombardei führte, nachdem sie die Österreicher besiegt und vertrieben hatten. Darauf schwenkte er nach Süden und eroberte Livorno, wodurch er die Royal Navy eines wichtigen Verpflegungshafens östlich von Gibraltar beraubte. Bald darauf konnten die Briten auch Palermo und Neapel nicht mehr benutzen, als der König beider Sizilien, auf französischen Druck hin, seine Häfen den Kriegführenden verschließen mußte. Nicht einmal Korsika blieb ein sicherer Besitz, da sich infolge der französischen Erfolge die Korsen gegen die Briten wandten, und Bonaparte in Livorno eine amphibische Streitmacht aufstellte, um über die 60 sm breite Meeresfläche hinweg auf der Insel einzusickern.

Die erwartete Kriegserklärung Spaniens an Großbritannien erfolgte im August. Die spanischen Schiffe waren nach Bauart und Segeleigenschaften unübertroffen, aber die ausgehobenen Besatzungen wurden von Offizieren geführt, die im Vertrauen auf rohe Kraft und physischen Mut eine berufliche Schulung und Ausbildung verachteten. Das britische Kabinett, das mehr nach der Zahl als nach dem wirklichen Wert urteilte, befahl die Räumung von Korsika und Elba. Jervis, mit 15 Schiffen gegenüber 36 spanischen und französischen, verlegte seine Flotte nach Gibraltar und später nach Lissabon, wo sie im Dezember 1796 nach Verlust von 4 Schiffen durch Sturm und Strandung eintraf. Das Mittelmeer war zur franko-spanischen See geworden.

Die Admiralität konnte Jervis' verringerter Flotte keine Verstärkung schicken, weil jedes verfügbare Schiff zur Abwehr einer drohenden Invasion benötigt wurde. General Hoche, der im Vorjahr eine von der Royal Navy herangebrachte und unterstützte Invasion der Vendée zurückgeschlagen hatte, drängte seit längerer Zeit auf einen Angriff gegen die britischen Inseln. Das Direktorium stimmte dem Vorhaben zu, bestand aber darauf, daß jeder Angriff über dan Kanal bis zur Niederlage Österreichs warten müsse. Inzwischen hatte es den tüchtigen Vizeadmiral Truguet zum Marineminister ernannt und ihm freie Hand gelassen. Dieser, ein Veteran der vorrevolutionären Marine, stellte vor allem die Autorität aller Frontoffiziere wieder her, wobei er den Einfluß der politischen Kommissare ausschaltete, die zur Zeit der Jakobiner allmächtig gewesen waren. Dann verstärkte er die Brest-Flotte und machte sie fahrbereit. Gleichzeitig teilte er die Toulon-Flotte auf. Sie sollte den britischen Handel auf allen Meeren angreifen, um die Royal Navy abzulenken.

Ende 1796 stimmte das Direktorium zu. Hoche sollte die Stellung Großbritanniens durch eine Landung in Irland schwächen, da die Voraussetzung für die beabsichtigte Invasion über den Kanal noch nicht gegeben sei. Dort, so vermutete man, würden sich die mißvergnügten Einwohner um seine Fahne scharen. Mitte Dezember lief Hoche mit 13 000 Soldaten, die auf mehr als 50 Schiffe verteilt waren, nach der Bantry-Bucht aus. Aber drei Wochen hindurch folgte ein Sturm dem anderen. Die Invasionsarmada mußte sich weit verstreut in französische Häfen zurückkämpfen. Nicht ein einziger Soldat war gelandet. Und doch konnte Hoche von Glück sagen; denn der seine Pläne vereitelnde Sturm hatte ihn auch vor der britischen Kanalflotte gerettet.

Mittlerweile hatte die spanische Flotte in keiner Weise ihren Auftrag, die britischen Seestreitkräfte vom Kanal abzuziehen, erfüllt. Daher verlangte Paris, sie möge sofort nach Cadiz laufen. Dies bedeutete die erste Etappe des Weges nach Brest, um Hoches Invasionsversuch zu wiederholen, diesmal von den vereinigten Flotten Hollands, Frankreichs und Spaniens unterstützt. Am 1. Februar 1797 verließ Admiral Don José de Cordoba Cartagena und lief mit 24 Schiffen und einem nach Cadiz bestimmten Geleitzug in den Atlantik.

Die Schlacht vor Kap Vincent, 14. Februar 1797

Als Jervis vom Auslaufen Cordobas erfuhr, ging er sofort von Lissabon in See, Kurs auf Kap St. Vincent, um die Straße von Gibraltar zu bewachen. Hier stieß am 6. Februar eine willkommene Verstärkung von 5 Linienschiffen zu ihm. Oststürme trieben ihn nach See zu ab. Eine Woche danach meldete eine Fregatte mit dem von der Räumung Elbas kommenden Nelson an Bord, Cordoba habe das Mittelmeer verlassen. Eine andere meldete nachmittags Feindberührung im Südwesten. Hierbei handelte es sich um die spanische Flotte und ihren Konvoi, die auch auf den Atlantik hinaus vertrieben waren und nun den Westwind zur Fahrt nach Cadiz ausnutzten.

Cordoba glaubte, Jervis habe nach wie vor nur 10 Schiffe zur Verfügung, und war überzeugt, die Briten würden ein Gefecht vermeiden. Einige seiner eigenen Schiffe waren bei der Kaperung von ein paar Kauffahrern weit auseinander gekommen. Am Morgen des 14. Februar versuchte er auf die Meldung eines verdächtigen Segels hin zu spät, Flotte und Konvoi zu sammeln, und befahl den Kriegsschiffen, Geleitformation einzunehmen. Da die Fregatten und viele Schiffe des Konvois im Südwesten standen, schickte er 2 Linienschiffe zu ihrem Schutz. Um 9 Uhr meldeten Schiffe auf seinem lin-

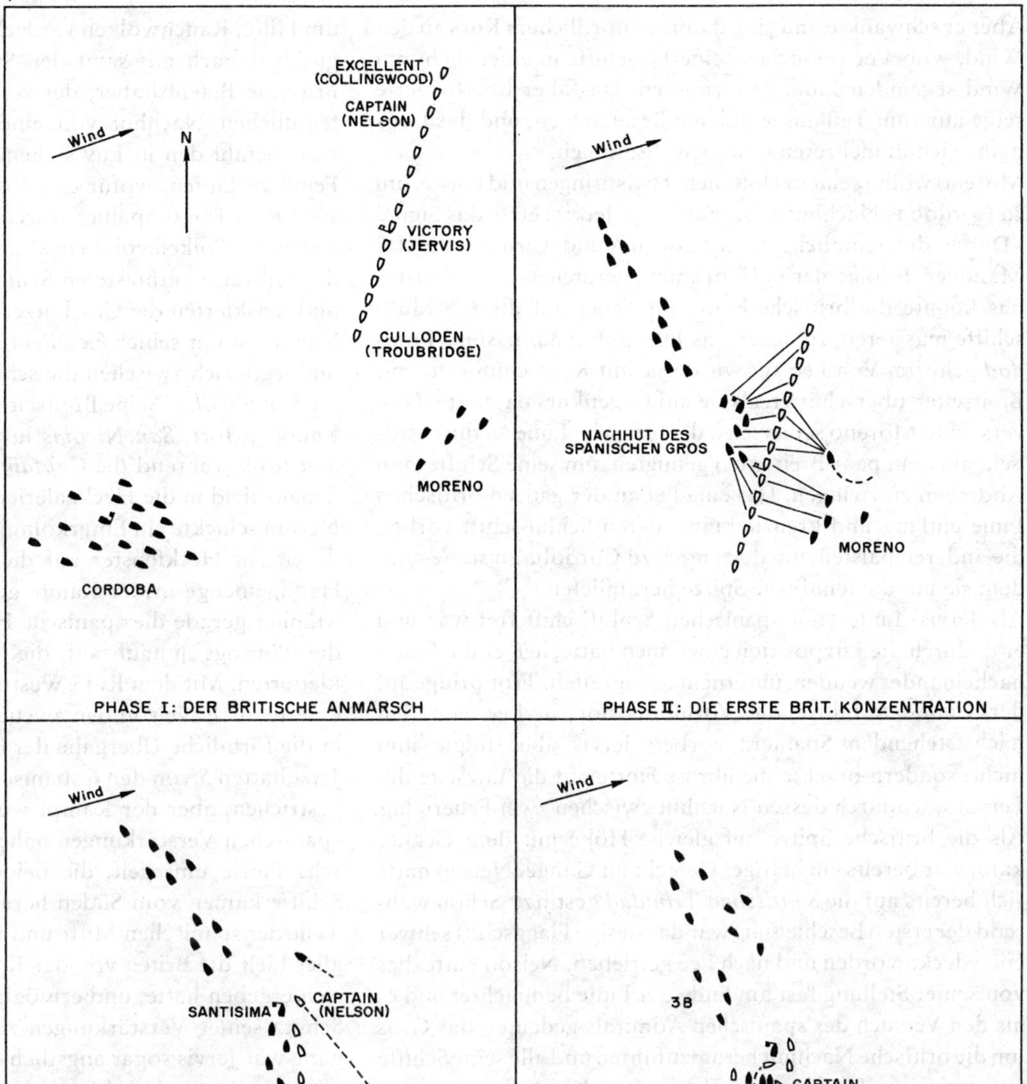

Die Schlacht
vor Cap St. Vincent,
14. Februar 1797

ken Flügel Feindberührung im Nordosten, worauf er Konteradmiral Moreno mit 5 schweren Schiffen zur Erkundung wegschickte. Als sich dann der Nebel hob, sah Cordoba zu seinem Erstaunen, daß sich Jervis' 15 gefechtsklare Schiffe von Norden her näherten. Die spanische Flotte hatte sich geteilt überraschen lassen; denn Morenos Schiffe standen nun isoliert im Nordosten und in Lee.

Die Briten liefen dicht am Wind und bildeten um 11 Uhr Schlachtformation; Jervis auf der *Victory* in der Mitte, Kommodore Nelson auf der *Captain* befehligte die Nachhut. Jervis widerstand der Versuchung, Morenos detachiertes Geschwader anzugreifen, und lief weiter auf das Gros zu. Cordoba hätte, um sich mit dem zurückbeorderten Moreno zu vereinigen, vor der britischen Spitze vorbeilaufen können.

Aber er schwankte und ging dann auf nördlichem Kurs an den Wind, wobei er versuchte, seine 17 Schiffe in einer dicht am Wind segelnden Linie zu formieren. Das aber überforderte seine nur zum Teil ausgebildeten Besatzungen, und das Gros ballte sich in mehreren Gruppen zusammen.

Moreno wollte seinem Flottenchef beispringen und halste, um zu Cordobas Nachhut zu stoßen, aber Jervis setzte das Signal »Durch die feindliche Linie stoßen« und verhinderte das Manöver. Infolge der in Unordnung geratenen Linie Cordobas konnte die britische Flotte ihr Feuer auf die 6 Schlußschiffe massieren, zu denen das Flaggschiff *Santissima Trinidad* gehörte. Von Lee aus wurde sie auf Kernschußweite mit Breitseiten überschüttet, als sie auf Gegenkurs passierte. Nun versuchte Moreno seinerseits, die britische Linie zu durchstoßen, aber ein paar Breitseiten genügten, um seine Schiffe zum Abdrehen zu zwingen. Das eine lief an der ganzen britischen Linie entlang und kreuzte hinter deren Schlußschiff vorbei; die anderen halsten, um doch noch zu Cordoba zu stoßen, indem sie um die feindliche Spitze herumliefen.

Als Jervis' Linie vom spanischen Schlußschiff frei war und er dadurch die Luvposition gewonnen hatte, ließ er die Flotte nacheinander wenden, um erneut anzugreifen. Troubridge auf der *Culloden* führte die Vorhutdivision in Lee von den nächststehenden Spaniern vorbei; Jervis aber folgte ihm nicht, sondern brachte die übrige Flotte auf die Luvseite des Feindes, wodurch dessen Nachhut zwischen zwei Feuern lag. Als die britische Spitze auf gleiche Höhe mit dem Gegner kam, war bereits ein heftiges Gefecht im Gange. Nelson hatte sich bereits auf die *Santissima Trinidad* gestürzt. Schon während der ersten Beschießung war das riesige Flaggschiff schwer eingedeckt worden und nach Lee getrieben. Nelson hatte dies von seiner Stellung fast am Ende der Linie beobachtet und es als den Versuch des spanischen Admirals gedeutet, das Gros um die britische Nachhut herumzuführen und alle seine Schiffe zu vereinigen. Um das zu verhindern, schor Nelson mit seiner *Captain* (75) sofort aus der Linie aus und stieß zwischen seinen beiden Hintermännern hindurch. Dann griff er den Vierdecker (130) an und zwang ihn, in den Wind zu schießen. Die übrigen Schiffe der spanischen Nachhut lagen sehr bald rings um die *Captain* herum, und der Brite wurde das Ziel von *San José* (112), *Salvador del Mundo* (112) und *San Isidro* (74). Nelsons Mut, die ganze spanische Nachhut herauszufordern, wurde noch durch die Kühnheit übertroffen, mit der er Signale mißachtete und gegen die strengste Vorschrift der Royal Navy verstieß, die es unter der Androhung eines Kriegsgerichts und des Vorwurfes unehrenhaften Verhaltens Befehlshabern und Kommandanten verbot, ohne ausdrücklichen Befehl während einer Schlacht die Linie zu verlassen. Tatsächlich hatte Nelson eine Verantwortung übernommen, die allein dem Flottenchef zukam.

Nun, wo Troubridge und Jervis mit der übrigen Flotte herangekommen waren, sah sich die spanische Nachhut einem mehr als doppelt so starken Verband gegenüber. Vergeblich bat der tiefbestürzte Cordoba Gros und Vorhut durch Signal um Hilfe. Rauchwolken verdeckten teilweise die Flaggen, die gleich danach mit samt den Stengen herunterstürzten. Der britische Befehlshaber, der zerschlagen wollte, was bei der feindlichen Nachhut von einer Formation übriggeblieben war, befahl den in Luv stehenden Schiffen, quer durch den Feind zu laufen, wofür er selbst mit seiner *Victory* das Beispiel gab. Die 6 Spanier waren diesem Angriff hilflos preisgegeben. Wolken von Leinwand hingen vor den Bordwänden der teilweise entmasteten Schiffe *San José* und *San Nicolas* und maskierten die Geschütze. Collingwood kam auf Jervis' Signal hin mit seiner *Excellent* auf Pistolenschußweite heran und legte sich zwischen die schwer beschädigte *Captain* und die *San Nicolas*. Seine Breitseiten trieben die Spanier von den Kanonen fort. *San Nicolas* luvte an und rammte dabei die *San José*, während die *Captain* von achtern aufkam und ihr Schanzkleid in die Heckgalerien bohrte.

Nelson schickte ein Enterkommando hinüber und stieg selbst durch ein Heckfenster auf die *San Nicolas*. Nach kurzem Handgemenge in der Kajüte gelangte er an Deck, wo seine Männer gerade die spanische Flagge niederholten, bevor sie die Püttings hinauf auf die daneben liegende *San José* kletterten. Mit dem Ruf »Westminster Abbey oder der Sieg!« enterte auch Nelson den zweiten Gegner. Um 16 Uhr nahm er die förmliche Übergabe der beiden Schiffe entgegen.

Jetzt hatten 5 von den 6 spanischen Schlußschiffen die Flagge gestrichen, aber der Kampf wurde noch härter, als sich die spanischen Verstärkungen näherten. Moreno hatte die britische Flotte umsegelt, die beiden am Morgen detachierten Schiffe kamen vom Süden heran, und endlich nahmen auch Teile der spanischen Mitte und Nachhut den Kampf auf. Dies alles hielt die Briten von der Kaperung der *Trinidad* ab, die sich ergeben hatte, und ermöglichte es Cordoba, sich in den Schutz seiner Verstärkungen zu flüchten. Bei Sonnenuntergang war Jervis sogar ängstlich darum besorgt, die verbliebenen vier Prisen zu schützen. Um 17 Uhr 45 ließ er *Victory* halsen und signalisierte »Geschlossene Schlachtordnung«. Auf diese Anweisung hin mußten die Briten den Kampf abbrechen, und Cordoba konnte nach Norden ablaufen.

In der Nacht steuerte Jervis Kap St. Vincent an. Er hatte den Sieg in der Tasche und neun Krüppel im Schlepp. Für die Lage typische Eintragungen in britischen Logbüchern lauteten: »Die ganze Nacht mit Splissen und Knoten in der Takelage zugebracht«, oder »Extraausgabe von Grog an die Besatzung«. Fast den ganzen nächsten Tag behielten sich die Flotten in Sicht. Obwohl Cordoba noch über 20 Schiffe verfügte, von denen mindestens die Hälfte bisher gar nicht im Kampf gewesen war, versuchte er nicht näherzukommen. In aller Ruhe segelte er nach Cadiz zurück, das Jervis sehr bald blokkierte, eingedenk der Anweisung des Ersten Lords: »Lassen Sie möglichst nie das Gros der spanischen Flotte zwischen sich und uns.«

Für seinen Sieg, der den Mut aller Engländer in einer Zeit tiefer Depression und drohenden Bankrotts gewaltig hob, wurde Jervis »Earl of St. Vincent« und erhielt eine Jahrespen-

sion von 3000 Pfund. Nelson wurde Konteradmiral, und jeder Kommandant erhielt eine Medaille.
Unter taktischem Gesichtspunkt liegt die Hauptbedeutung der Schlacht von St. Vincent in der Art, wie Nelsons Schiff, Troubridges Nachhut und das von Jervis geführte Gros unabhängig voneinander einen Teil der spanischen Flotte angriffen, ihn einkreisten und vernichteten, bevor die restlichen Schiffe des Feindes ihm zu Hilfe kommen konnten. Während diese Konzentration der Kräfte nur eine Fortführung der »Jagd« darstellte, bewies sie, daß nunmehr die britische Flotte zur taktischen Beweglichkeit zurückgefunden hatte. die seit den anglo-holländischen Kriegen verlorengegangen war. Sie brachte in die Seekriegführung auch einen neuen Grundsatz: die eigenen Streitkräfte aufteilen, um jeden Teil mühelos dorthin zu dirigieren, wo er am nötigsten gebraucht wurde. Nelson hat in den siegreichen Schlachten von Abukir und Trafalgar, die späteren Generationen von Seeoffizieren zum Studium dienten, diesen Grundsatz fortentwickelt. So basieren auch die aufgesplitterten japanischen Streitkräfte, denen die Amerikaner und ihre Verbündeten im zweiten Weltkrieg immer wieder gegenüberstanden, auf den spontanen taktischen Neuerungen von Kap Vincent.
Durch diese Schlacht wurde Nelson berühmt. Die Briten waren von seinem Wagemut begeistert, hatte er doch persönlich die Enterer von der schwer armierten *San Nicolas* auf die noch stärkere *San José* geführt — »Nelsons Patentbrücke zum Entern großer Schiffe«. In den Reihen der Royal Navy aber fand Nelson Kritiker. Hatte er nicht ohne Befehl die Linie verlassen? Jervis dagegen lobte seine Initiative, die, falls sie erfolglos blieb, Insubordination gewesen wäre. Als Jervis' Flaggkapitän Calder darauf hinwies, daß Nelson Signale mißachtet habe, erwiderte der Admiral grob: »Gewiß hat er das getan. Sind Sie aber einmal in gleicher Weise ungehorsam, so werde ich auch Ihnen verzeihen.«
Cordoba kostete seine Niederlage die Stellung, die spanische Flotte ihre Moral. An spanische Unterstützung französischer Invasionspläne war – zum mindesten auf Jahre hinaus – nicht mehr zu denken. Aber diese unter britischem Gesichtspunkt günstige Folgeerscheinung machten bald die Siege Bonapartes wett. Am 2. Februar besetzte er Mantua und führte am 23. März seine triumphierenden Truppen nach Triest hinein. Am 18. April zwang er Österreich zum Waffenstillstand von Leoben als Vorspiel zum Vertrag von Campo Formio. Nun stand England so gut wie ganz allein gegen die atlantische Allianz von Frankreich, Holland und Spanien. Nur Portugal blieb sein Verbündeter, steuerte aber lediglich die Erlaubnis bei, Lissabon als Basis für die Blockade von Cadiz benutzen zu dürfen.
Eine weise Politik hätte verlangt, daß das Direktorium nach Erreichung der militärischen Ziele auf dem Festland mit England Frieden schloß, um für den Aufbau der vernachlässigten Flotte eine Atempause zu erhalten. Nur durch Beherrschung der See konnte Frankreich dem britischen Einfluß Halt gebieten und die neu erworbenen Dominien in Westeuropa verteidigen. Behutsamkeit aber war nichts für Männer, deren Politik einer rücksichtslosen Offensive in jedem Winkel des Kontinents ausnahmslos zum Erfolg geführt hatte. Für Seemacht zeigten sie wenig Verständnis, völliges Unverständnis aber für deren Einfluß auf die europäische Politik. Im Augenblick schien freilich die Kampfkraft der Royal Navy im Schwinden. Vier Tage nach dem Vertrag von Leoben hatte sich die Kanalflotte geweigert, in See zu gehen. Im nächsten Monat breitete sich die Meuterei von Spithead bis zum Nore und auf die Flotten vor Texel und Cadiz aus.

Die britischen Flottenmeutereien 1797

Schon lange schwelende Unzufriedenheit unter den Matrosen der Royal Navy machte sich Anfang 1797 in ehrerbietig vorgebrachten Forderungen Luft. Da die amtlichen Stellen unmißverständliche Gefahrensignale unbeachtet ließen, konnte sich die Lage zu einer weitgreifenden Meuterei verschärfen, welche die britischen Heimatflotten angesichts einer drohenden Feindinvasion lahmlegte. Im März schickte die Kanalflotte eine Petition um Beseitigung von Mißständen an Lord Howe, ihren kränklichen Oberbefehlshaber, der in Bath eine Kur machte. Howe, weithin als »Freund der Matrosen« bekannt, antwortete nicht. Einer ähnlichen, gleichzeitig an die Admiralität gesandten Petition folgten scharfe Befehle an Lord Bridport, Howes Stellvertreter, die Schiffe in See zu führen. Die Besatzungen weigerten sich rundweg und wählten Abgeordnete für ein Komitee, das kurz danach den Befehl über die Flotte übernahm.
Unzureichender Sold stand bei den Beschwerden der Seeleute obenan. Seit der Regierung Karl XII. betrug er für den Vollmatrosen 22 sh 6 d im Monat, ein Bruchteil der Entlohnung in der Handelsmarine. Die Leute wurden nur in Heimathäfen und nur alle 6 Monate entlohnt, und auch dann nur in Gestalt eines Gutscheins, der bei einer Marinedienststelle nach dem jeweiligen Geldwert eingelöst werden mußte. Besonders verbitternd war es, daß jede Soldzahlung ruhte, solange der Mann dienstunfähig war, auch wenn das auf Kriegsverletzungen zurückzuführen war. Prisengelder erwiesen sich als eine sehr unregelmäßige Einnahmequelle, und der auf die Matrosen entfallende Anteil war unverhältnismäßig gering.
Die Verpflegung an Bord der Kriegsschiffe war kärglich und schlecht. Die Rationen wurden nach »purser's pounds« – das Pfund nur zu 14 Unzen, also 434 g, gerechnet – zugeteilt, um einen geheimnisvollen »Schwund« auszugleichen. Für die im allgemeinen schlechte Verpflegung bedeutete es kaum einen Ausgleich, daß an jeden Angehörigen der Besatzung am Tage 4½ l Bier und ¼ l Rum verausgabt wurden, der, mit Wasser verdünnt, »Grog« genannt wurde. Trotz Versuchen mit Frischgemüse, das die Geschwader in Westindien gesunderhalten hatte, verabfolgte die Admiralität nur Mehl, getrocknete Erbsen und Bohnen sowie Salzfleisch. Daher litten sogar Duncans Leute, die dicht beim Mutterland operierten, unter Skorbut.

Eine Hauptklage richtete sich gegen unzureichenden Landurlaub. Während eines Krieges wurde er in der Heimat und im Ausland beschnitten, und im Ausland durften die Matrosen die Hafenanlagen nicht verlassen. Wohl war es in Heimathäfen Frauen und Kindern in der Regel erlaubt, in den Wohndecks zu leben, doch dauerte es bisweilen Jahre, bevor die Männer einen Fuß an Land setzten. In Wirklichkeit lief das System auf ein Leben im Gefängnis hinaus.

Es ist bezeichnend, daß die Matrosen nicht die Milderung der Prügel- oder anderer brutaler Strafen forderten. Die Drohung der neunschwänzigen Katze schreckte schließlich nicht mehr als die grausamen, an Land gültigen Gesetze. Unter den britischen Seeoffizieren gab es einige Rohlinge und Sadisten, deren Untaten das Wirken eines Nelson, Collingwood, Howe, St. Vincent und vieler anderer verdunkelt haben. Diese Admirale taten ohne Lockerung der Disziplin alles Menschenmögliche, um ihren Leuten gerechte Behandlung und anständiges Essen zu sichern.

Als der Krieg sich ausweitete und der Bedarf an Besatzungen so groß wurde, daß er nicht mehr durch Pressen gedeckt werden konnte, verabschiedete das Parlament 1795 das Quota-Gesetz, nach dem alle Grafschaften Großbritanniens Rekruten zu stellen hatten. Die örtlichen Behörden nutzten dies zur Abschiebung unerwünschter Elemente an die Marine aus. Zusammen mit Schuldnern und kleinen Missetätern, denen der Richter die Wahl zwischen Seefahrt und Gefängnis gelassen hatte, mochten das durchschnittlich kaum mehr als 15 % einer Besatzung sein, nur war ihr Einfluß größer. Oft handelte es sich um Männer mit einer gewissen Erziehung, um tüchtige Leute, die nur nicht fähig waren, sich unterzuordnen. Sie stellten in den Mannschaftsdecks die Führer, die den lange schwelenden Groll zum Ausbruch brachten.

Nach dreiwöchigen Unterhandlungen gaben die Bevollmächtigten der Admiralität in allen wichtigen Punkten nach und willigten in eine Solderhöhung von 5 s 6 d. Dann aber ließen sie es zu, daß durch bürokratische Starrheit die Verhandlungen an den belangloseren Forderungen von Frischgemüse und einer Straffreiheit der Mannschaftsdelegierten scheiterten. Es trat zudem eine Verzögerung bei der gesetzlichen Festlegung der Zugeständnisse durch das Parlament ein. Dies führte dazu, daß sich die stets argwöhnischen Matrosen erneut weigerten, in See zu gehen. Es kam zu kleineren Gewalttätigkeiten; Bridport wurde in seiner Kajüte eingeschlossen, und unbeliebte Offiziere wurden an Land gesetzt.

Diesmal aber handelte das Parlament rasch. Howe übernahm persönlich den Befehl in Spithead und erläuterte auf jedem Schiff der Besatzung das nunmehr ratifizierte Gesetz. Er bemühte sich auch, das Einverständnis der Admiralität zur Entfernung der ausgeschifften Offiziere zu erlangen. Damit fand er in Marinekreisen Kritik, obwohl er vermutlich klug gehandelt hatte; denn diese Maßnahme war notwendig, um das Vertrauen der Matrosen in die Aufrichtigkeit der Regierung wieder zu wecken.

Die Meuterei von Spithead war am 15. Mai beendet, und am folgenden Tag lichtete Bridport Anker. Die Zugeständnisse der Admiralität galten für die ganze Flotte und waren kaum zur Anwendung gekommen, als im Nore an der Themsemündung eine weit ernstere Meuterei ausbrach. Von dort aus griff sie auf Duncans Nordsee-Flotte über. Im Nore herrschte eine ganz andere Stimmung als in Spithead. Diesmal setzten die Meuterer die rote Flagge und nahmen Verbindung mit profranzösischen republikanischen Kreisen in London auf.

Als Führer und Sprecher wählten die Meuterer im Nore Richard Parker, einen früheren Seeoffizier und geborenen Rebellen. Er war wegen Ungehorsams kassiert und wegen Schulden ins Gefängnis geworfen worden, aus dem er als Matrose zur Marine ausgehoben wurde. Parker und seine Anhänger erhoben einige vernünftige, aber auch viel unvernünftige Forderungen. Außerdem verscherzten sie sich die allgemeine Sympathie durch eine Blockade der Themse. In Spithead hatten die Anführer verkündet, sie würden bei einem Auslaufen des Feindes sofort ihren Dienst aufnehmen. Parkers Gefolgsleute dagegen drohten, die Flotte nach Frankreich zu überführen.

In der Nordsee brachte Duncans persönlicher Einfluß die Besatzung des Flaggschiffs *Venerable* zur Vernunft. Mit ihr, der *Adamant* und einer Fregatte hielt er, so gut wie ganz auf sich gestellt, die Blockade der holländischen Geschwader aufrecht.[3] Signale an seine Fregatte, die am Horizont stand, wurden an gar nicht vorhandene Schiffe weitergegeben. Offenbar war diese List erfolgreich; denn die Holländer blieben volle drei Wochen vor Anker. Diese Zeit brauchte die britische Regierung, um die Meuterei zu unterdrücken und Parker mit 13 seiner Spießgesellen aufzuhängen.

St. Vincent unterdrückte vor Cadiz mit eiserner Hand den Anfang einer Meuterei. Berühmt wurde der Fall, wo er die Matrosen eines meuternden Schiffes zwang, ihren Anführer aufzuhängen, andernfalls werde das Schiff mit allen und allem an Bord durch Geschützfeuer versenkt. Aber trotzdem wog er immer Strenge durch Menschlichkeit auf und sorgte wachsam dafür, daß seine Leute gut ernährt, gerecht behandelt und stets beschäftigt wurden. Im unruhigen Sommer 1797 beschoß er zur Ablenkung zweimal Cadiz, stimmte aber in einem Augenblick verminderter Urteilsfähigkeit einem Plan Nelsons und Troubridges zur Kaperung eines Transportes von Manila-Silber zu, der in Santa Cruz auf den Kanarischen Inseln liegen sollte. Die Expedition führte zu einem völligen Fiasko. 200 Engländer wurden getötet, und Nelson verlor den rechten Arm.

3 Duncan, ein Hüne und mit 66 Jahren noch in der Vollkraft des Lebens, zerschlug die Meuterei auf der *Adamant*, indem er den Anführer mit einem Arm über Bord hing. Auf der Fregatte gaben Kommandant und Erster Offizier mit geladenen Gewehren in der Hand ihre Befehle.

Die Schlacht von Camperdown, 11. Oktober 1797

Während Duncans Flotte wegen der Meuterei hilflos im Heimathafen festlag, genügten Scheinstreitkräfte vor Texel; denn die holländischen Geschwader waren noch nicht kampfbereit. Außerdem half Duncan gelegentlich ein halbes Dutzend russischer Kriegsschiffe aus. Als aber auf der Zuider-See 15 000 französische Soldaten eingeschifft waren, hatte die Meuterei schon ihren Höhepunkt überschritten, und Duncan blockierte wieder mit allen Schiffen. Schwerwiegender war es für die Franzosen, daß sich die Vorbereitungen bei der Brest-Flotte weiterhin verzögerten. Das führte zur Aufschiebung, Abänderung und schließlich zur Aufgabe der Invasion Englands. Die holländische Regierung aber befahl Admiral de Winter, wenigstens die heimische Küste vom Feind zu säubern. Im Oktober bot sich die Gelegenheit dazu; denn Duncan füllte gerade mit seinem Gros auf Yarmouth Reede die knapp gewordenen Vorräte auf.

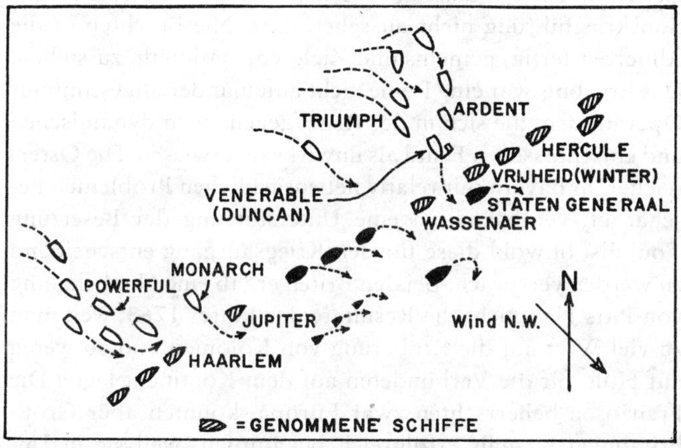

Schlacht von Camperdown, 11. Okt. 1797

De Winter führte am 8. Oktober seine Geschwader durch das Texel-Fahrwasser und setzte Südkurs auf die Maasmündung, wo ein weiteres Schiff zu ihm stoßen sollte. Er traf es nicht, wurde aber selbst von britischen Aufklärern gesichtet und nach Yarmouth gemeldet. Dies erfuhr Duncan am nächsten Morgen und steuerte mittags die holländische Küste an. Numerisch gleich stark, bestand jede Linie aus 16 Schiffen, dazu kamen Fregatten und kleinere Fahrzeuge. Die Briten waren an Kanonen und Tonnage überlegen; denn 7 74ern, 7 64ern und 2 50ern standen 4, 7 bzw. 5 Schiffe der gleichen Klassen gegenüber, wobei der kleinste Holländer 54 Kanonen an Bord hatte. Andererseits bot der geringe Tiefgang von de Winters Schiffen, so nachteilig er auf offener See war, klare Vorteile in flachem Wasser und bei den sehr nahen Untiefen. Da der Wind aus NW kam, konnte der holländische Admiral nur durch Abfallen eine Schlacht vermeiden oder auch annehmen, um sich dann unter starkem Druck jederzeit zurückzuziehen. Am 11. Oktober um 9 Uhr signalisierten britische Aufklärer »Feind in Lee«, worauf Duncan den Befehl »Jagd frei« gab, weil er unter keinen Umständen die Holländer in die Sicherheit der Untiefen entschlüpfen lassen wollte. Seine Flotte lief in 2 Divisionen von NW her an. Unter vollen Segeln schoben sich die schnelleren Schiffe sehr bald an die Spitze. Nach 2 Stunden sichtete Duncan den Gegner etwa 6 sm vor der Stadt Camperdown. Als er sah, daß de Winters Marssegel back standen und er demnach kämpfen wollte, ließ Duncan reffen und aufs neue Linie formieren. Damit es zu einem orthodoxen Kampf käme, befahl er jedem Schiff, sein Gegenüber anzugreifen. Bevor aber die Briten wieder Kolonnen gebildet hatten, begannen die Holländer auf die Sände abzuhalten. Darauf ließ Duncan Formaltaktik Formaltaktik sein und befahl allen Schiffen abzufallen, um Gros und Nachhut des Feindes anzugreifen. Dies erwies sich als der entscheidende Entschluß. Später hat de Winter zu Duncan gesagt: »Mein Verhängnis war es, daß Sie nicht warteten, bis die Linie formiert war. Wäre ich weiter unter Land gelangt, und hätten Sie dann erst angegriffen, so hätte ich wahrscheinlich beide Flotten nach Land zu gezogen. Dann wäre ich Sieger geblieben, weil ich vor der eigenen Küste stand[4].«

Duncan hißte, um den Feind wirksam zu fassen und sein Entkommen auf flaches Wasser zu verhindern, das Signal zum Durchbrechen der Feindlinie, also Howes Signal Nr. 34. In der Sorge, es könne nicht verstanden sein oder seine ungeordneten Geschwader seien nicht in der Lage, es auszuführen, setzte er auch noch das Signal »Nahgefecht«. Hatte auch die Vielzahl der Flaggen die meisten Kommandanten verwirrt, so waren doch alle fest entschlossen, den Feind aus nächster Nähe anzugreifen. Typisch war die Reaktion eines Landsmannes von Duncan, eines Schotten, der mit einem Fluch das Signalbuch an Deck schleuderte und den Steuermann anbrüllte: »Hart das Ruder und halt genau in die Mitte[5]!«

In gleichem Angriffsgeist hielten die meisten britischen Schiffe unter vernichtendem Feuer durch und suchten sich den Gegner dort, wo das Kampfgewühl am dichtesten war. Aber Vizeadmiral Onslow, Befehlshaber der Nachhut, führte Signal 34 getreulich aus, brach mit der *Monarch* durch die Feindlinie und luvte in Lee der *Jupiter*, des Flaggschiffs der holländischen Nachhut, an. Ein paar Minuten später steuerte Duncan selbst die *Venerable* hinter de Winters *Vrijheid* vorbei und beschoß auch sie von Lee her. Dieser Durchbruch vorn und achtern wirkte sich auf die ganze Flotte aus; denn es war Ehrensache, daß die Holländer ihre Flaggschiffe nicht im Stich ließen.

Während Einheiten beider Parteien ihre Admirale unterstützten, entwickelte sich die Schlacht zu zwei Mêlées. Im Gegensatz zu Franzosen und Spaniern feuerten die Holländer,

4 James R. Thursfeld: Nelson and Other Naval Studies. New York 1920, S. 158.

5 Ebenda.

wie die Engländer, auf die Rümpfe. Kaum ein Mast oder eine Spiere der Nordsee-Flotte wurde beschädigt, aber die Verluste an Menschen und Kanonen stiegen auf beiden Seiten sehr rasch an. Ein englisches Schiff wurde 98mal im Rumpf getroffen, und die meisten Holländer an den beiden Brennpunkten der Schlacht waren anschließend nicht mehr zu verwenden.
So zähe Gegner hatten die Engländer seit den anglo-holländischen Kriegen nicht mehr getroffen. Aber es war nur eine Frage der Zeit, wann sich das Übergewicht der britischen Salven und der größeren Rümpfe bemerkbar machen würde. Während die beiden holländischen Flaggschiffe die Flagge strichen, entkamen sieben andere Schiffe, meist vom mittleren Geschwader, auf flaches Wasser, wo die Briten sie nicht mehr erreichen konnten. Die übrigen neun und zwei Fregatten wurden Prisen. Die Nordsee-Flotte beklagte etwa 200 Tote und mehr als 600 Verwundete, etwa 10 % der Besatzungen. Die kleinere holländische Flotte verlor ebenso viele Verwundete, hatte aber doppelt so viele Tote. »Es bleibt ein Wunder«, sagte de Winter, der ebenso groß war wie sein Gegner, »daß zwei solche Riesenkerle wie Duncan und ich dem Blutbad dieses Tages entgangen sind[6].«
Dieser Sieg weckte beim Volk neues Vertrauen in die Royal Navy, folgte er doch unmittelbar auf die Meutereien. Es gab Freudenfeuer und Ansprachen von Schottland bis Devon; unter allgemeiner Begeisterung wurde der Flottenchef zum Viscount Duncan of Camperdown ernannt. Der nüchtern denkende St. Vincent aber war weniger beeindruckt und meinte, die Schlacht sei »in wildem Durcheinander, ohne Plan oder System« geschlagen worden. Diese Bemerkung war nicht ganz fair; denn Duncan hatte in seinem offiziellen Bericht ganz klar die gebieterische Notwendigkeit herausgestellt, die Holländer dort festzuhalten, wo man sie angreifen konnte. Dann hatte er hinzugefügt: ». . . da ich den Angriff sofort beginnen mußte, setzte ich das Signal zum Abfallen, zum Durchbruch und Angriff von Lee aus, jedes Schiff auf sein Gegenüber. Hierdurch kam ich zwischen sie und das Land, dem sie sich schnell näherten[7]«.
Die Schlacht hatte fraglos bewiesen, daß die Briten auch bei derart entschlossenen Gegnern wie den Holländern aus einem Mêlée Nutzen zu ziehen wußten. Ständige Verbesserungen der Artillerie führten bei ihnen nicht nur zu höherer Feuergeschwindigkeit, sie konnten auch dank zahlenmäßig geringerer Bedienungen an den Kanonen gleichzeitig nach Backbord und Steuerbord Breitseiten feuern. Lange hatte man die Beschießung von beiden Seiten für einen erheblichen Nachteil der Mêléetaktik gehalten, während sie nun den Briten einen unbestreitbaren Vorteil einbrachte. Zudem kam das Mêlée jedem Nahgefecht und einer gegenseitigen Unterstützung zugute, und in beiden waren britische Kommandanten besonders geschult. Wie jener schottische Kommandant wußten alle britischen Kommandanten, daß sie ins dichteste Kampfgewühl mit der Gewißheit laufen konnten, bis zum Letzten unterstützt zu werden.
Auch nach seinem eindeutigen Sieg über die Holländer setzte Duncan die Blockade von Texel fort, genauso wie es St. Vincent vor Cadiz nach seinem Sieg über die Spanier getan hatte. Doch sollte es zu keinem weiteren Versuch einer Vereinigung der französischen, spanischen und holländischen Flotten kommen. Zum mindesten fürs erste würde auch kein weiterer Versuch einer Invasion Englands unternommen werden. Napoleon überprüfte vier Monate nach Camperdown die strategische Lage und meldete dem Direktorium: »Wir müssen wirklich die Expedition gegen England aufgeben.«

Zusammenfassung

Die französischen Revolutionskriege sind auf höchster strategischer Ebene ein klassisches Beispiel dafür, wie eine Koalitionskriegführung nicht aussehen darf. Nie brachten es die Alliierten fertig, gemeinsame Ziele vor nationale zu stellen. Das Ergebnis war eine Reihe nicht aufeinander abgestimmter Operationen, die sich in der Regel gegen einen dynamischen und entschlossenen Feind als unwirksam erwiesen. Die Österreicher, in Bayern mit relativ nebensächlichen Problemen beschäftigt, verabsäumten eine Unterstützung der Besetzung Toulons, obwohl diese für den Kriegsausgang entscheidend zu werden versprach. Bei den Briten ergab eine Neubelebung von Pitts Plan nicht die Resultate des Jahres 1763, weil man zu viel Wert auf die Eroberung von Kolonien und zu wenig auf Hilfe für die Verbündeten auf dem Kontinent legte. Die Franzosen beherrschten zwar Europa, konnten aber Großbritannien niemals erfolgreich bekämpfen, weil sie in Unkenntnis des Wertes der Seemacht ihre Flotte vernachlässigten. Solange die kommerzielle und maritime Vormachtstellung Englands unangefochten blieb, konnte dieses Land eine Koalition nach der anderen zustande bringen, um das Gleichgewicht der Kräfte auf dem Kontinent wieder herzustellen.
Das strategische Bild spiegelt ein großes strategisches Patt wider. Während Frankreich seine Hauptmacht auf dem Kontinent einsetzte, konzentrierten sich die Briten auf folgende Ziele: 1. Entsendung von Expeditionen zu kolonialen Eroberungen in fernen Meeren. 2. Beherrschung der atlantischen Küsten Europas als Schutz des Mutterlandes gegen Invasionen. 3. Offenhaltung des Mittelmeeres für den Handel und die Verbindung mit den Alliierten. Der britische Sieg in der Schlacht vom 1. Juni führte nach und nach zum Verfall der Brest-Flotte, die nicht mehr als Kern maritimer Streitkräfte zur Unterstützung einer Invasion Englands angesehen werden konnte. 1796 vertrieben Bonapartes Siege in Italien zusammen mit der spanischen Kriegserklärung an England die Briten aus dem Mittelmeer. 1797 gewann Großbritannien trotz einer Reihe von Flottenmeutereien seine maritime Über-

6 Michael Lewis: The Navy of Britain, London 1948. S. 556.

7 T. Sturges Jackson: ed., Logs of the Great Sea Fights, 1794–1805, I, Navy Records Society, 1899, S. 200.

legenheit zurück, als es im Februar die spanische Flotte vor Kap St. Vincent und im Oktober die holländische vor Camperdown besiegte. Das aber wurde durch französische Siege zu Lande mehr als wettgemacht; denn Bonaparte hatte seine atemberaubende Eroberung Norditaliens derart ausgeweitet, daß er Österreich erst den Waffenstillstand von Leoben und dann den Frieden von Campo Formio aufzwang. Nur mit England hatte Frankreich noch keinen Frieden geschlossen. England konnte jedoch dank seiner ungeschmälerten Seemacht einen Streich führen, der das ganze Bild auf den Kopf stellte. Die Gelegenheit dazu bot sich 1798.

Während sich der Krieg zwischen England und Frankreich, strategisch gesprochen, von einem Patt zum anderen hinschleppte, machten die Briten große Fortschritte auf dem Gebiet maritimer Taktik, die für den Feind Böses ahnen ließen. In den Schlachten des 1. Juni, bei St. Vincent und Camperdown durchbrachen die britischen Kommandanten die Feindlinien, um sie auseinanderzureißen und, bei Camperdown, ihnen den Rückzug abzuschneiden. Diese Taktik führte unvermeidlich zum Mêlée, und dieses wiederum nutzten die Briten durch vervollkommnetes Schießen auf kurze Entfernungen und durch verläßliche gegenseitige Unterstützung in jeder Lage zu ihrem Vorteil aus. In Westindien bedienten sich die Streitkräfte unter Jervis und Grey erfolgreich des Feuerschutzes durch Schiffsartillerie, verbunden mit gleichzeitigen Landungen zur Ablenkung des Feindes, der schnellen Eroberung von Brückenköpfen, der raschen Einschließung von Verteidigungsanlagen und der blitzschnellen Ausnutzung von Anfangserfolgen. Solche Fortschritte führten schließlich zum Sieg bei Trafalgar, der die napoleonische Flotte vom Meere fegte, und zum Feldzug auf der iberischen Halbinsel, der die Grundfesten des französischen Kaiserreichs verhängnisvoll erschütterte.

Kapitel 9

Nelson und Bonaparte

Von Henry H. Adams, Ellery H. Clark und E. B. Potter bearbeitetes Kapitel 7 der US-Ausgabe in der Übersetzung von Siegfried Engel

Weder die Niederlage der spanischen Flotte im Februar 1797 vor Kap St. Vincent noch die der holländischen im Oktober bei Camperdown schreckte das französische Direktorium vom Plan einer Invasion Englands ab. Die durch das Ende der Feindseligkeiten auf dem Kontinent verfügbar gewordenen Truppen wurden zu einer neuen, noch mächtigeren »Englischen Armee« umgruppiert. Zwar war General Hoche, der Schöpfer des Invasionsplanes, gestorben, aber nach dem Frieden von Campo Formio stand General Bonaparte zur Verfügung. Seinen Händen vertraute das Direktorium dieses Lieblingsprojekt an, mit dem Befehl, einen Großangriff über den Kanal mit allen Mitteln vorzubereiten.

Bald nach seiner Ankunft in Paris – Anfang Dezember 1797 – stürzte sich Bonaparte in sein neues Aufgabengebiet und inspizierte gründlich die Kanalküste. Je mehr er aber das Problem einer Eroberung Englands durch einen Frontalangriff studierte, um so weniger wollte es ihm gefallen. Außerdem war er mit anderen Plänen beschäftigt. Nachdem er den Cäsar in Italien gespielt hatte, wollte er nun gern den Alexander im Osten spielen. Während er Routinevorbereitungen für eine Invasion Englands traf, plante er insgeheim die Invasion Ägyptens. Seine Beweggründe waren im wesentlichen romantisch und egoistisch – in erster Linie der Wunsch, zur Krönung seines Ruhmes Siege mit exotischen Namen zu erringen und damit gleichzeitig seine spätere Machtergreifung voranzutreiben. Dem Direktorium aber legte er andere Gründe dar, die es dann auch widerwillig billigte.

Bonaparte sprach von kommerziellen Vorteilen, von der Möglichkeit, einen Stützpunkt zu gewinnen, der die Lebensader des britischen Imperiums unterbrach, von einer möglichen Expedition nach Indien. Andererseits versicherte er den Direktoren, eine Invasion Englands sei vor dem Herbst ohnehin unmöglich, bis dahin habe er aber Ägypten erobert und sei wieder in Frankreich. Die Expedition gen Osten sei also eine gigantische Diversion, welche die britischen Kriegsschiffe zur Verteidigung Indiens fortlocken und die Probleme des Angriffs über den Kanal erleichtern werde. Dieser könne bei einer Konzentrierung britischer Flottenstreitkräfte in Europa sogar unmöglich sein. Als die Direktoren die Befürchtung äußerten, durch die Invasion könne man sich die Türkei zum Feind machen, wies er darauf hin, daß nicht der Sultan, sondern die Militärkaste der Mameluken Ägypten beherrsche. Sicherlich werde es der Sultan vorziehen, seine Herrschaft mit Frankreich zu teilen, als weiterhin durch die arroganten Mameluken jeder Autorität in Ägypten beraubt zu sein.

Der Feldzug und die Schlacht von Abukir

Zögernd billigte das Direktorium schließlich Bonapartes Vorschlag. Blieben auch die gewaltigen, nun beginnenden Vorbereitungen nicht verborgen, so war doch ihr Ziel ein wohlgehütetes Geheimnis. Bald wußte ganz Europa, daß eine große Expedition über See bevorstand, aber nur wenige außer Napoleon und den 5 Direktoren wußten, daß sie nach Ägypten führen sollte. Bonaparte schien unermüdlich, sein Eifer grenzenlos. In Tag- und Nachtarbeit wurde Vizeadmiral Brueys' Toulon-Flotte in Bereitschaft gesetzt, wurden französische und italienische Handelsschiffe als Transporter gechartert, Artillerie und Kavallerie versammelt. Aus der italienischen Armee bildete Napoleon eine Armee des Ostens, die er zur Täuschung vorübergehend den linken Flügel der Englischen Armee nannte.

Im Geleit von Brueys' Flotte verließ das Gros am 19. Mai 1798 Toulon. Schon in der folgenden Nacht drohte ein Sturm die Unternehmung zum Scheitern zu bringen, aber Napoleons sprichwörtliches Glück blieb ihm treu. Kein Schiff ging verloren. An den folgenden Tagen stießen Kontingente aus italienischen Häfen zur Armada, bis sie aus 280 Transportern im Geleit von 13 Linienschiffen, 7 Fregatten und 35 kleineren Fahrzeugen bestand. An Bord waren unter Bonapartes Führung mehr als 50 000 Mann, darunter die Elite der französischen Armee. Am 9. Juni wurde Malta angelaufen, das nach kurzem Scheinwiderstand kapitulierte. Bonaparte ließ 4000 Franzosen als Insel-Besatzung zurück und ging am 19. Juni nach Alexandria in See.

In der Rückschau will einem Napoleons ägyptische Expedition noch wirklichkeitsfremder vorkommen als Medina-Sidonias spanische Armada 200 Jahre zuvor. Ein nicht so abgrundtief von seiner Unbesiegbarkeit überzeugter Mann wäre über das Risiko entsetzt gewesen. Er wollte ein Heer über ein Meer bringen, das er nicht beherrschte, und an eine feindliche Küste, wo er keinen Stützpunkt besaß. Seine Geleit-Flotte von Kriegsschiffen war viel zu schwach, die Landung zu unterstützen und gleichzeitig Schutz gegen den Angriff einer Feindflotte zu gewährleisten. Durch Geheimhaltung und Umwege hoffte er das allein erfolgversprechende Überraschungsmoment zu sichern. Es gelang, aber wirklich nur mit knapper Not; denn unmittelbar hinter dem Horizont segelte eine britische Flotte unter Konteradmiral Sir Horatio Nelson, ein Name, den Bonaparte späterhin achten und fürchten lernen sollte.

Nelson hatte nach dem Verlust seines Armes Monate zur Genesung an Land zugebracht. Nun hatte ihm Lord St. Vincent befohlen, mit 3 74ern und 3 Fregatten vor Toulon aufzuklären und Näheres über die dort versammelte riesige Expedition in Erfahrung zu bringen. Der schwere Sturm vom 20. Mai, der Bonapartes Vorhaben gefährdet hatte, traf Nelsons kleines Beobachtungs-Geschwader mit voller Gewalt. Das Flaggschiff *Vanguard* wurde teilweise entmastet, und die Fregatten wurden so weit vertrieben, daß sie nach Gibraltar zurücklaufen mußten. In Lee von Sardinien gelang es mit unsäglicher Mühe, das Flaggschiff in 4 Tagen zu reparieren. Am 28. Mai erfuhr Nelson von einem Kauffahrer, die französische Armada sei versegelt, worauf er eiligst zu dem mit den Fregatten vereinbarten Treffpunkt vor der französischen Küste lief. Statt ihrer aber traf er 10 Linienschiffe, einen 50er und eine Brigg, alle unter dem Befehl von Konteradmiral Troubridge, den St. Vincent geschickt hatte, um Nelson ausreichende Streitkräfte gegen die Franzosen zur Verfügung zu stellen, wo immer diese sein mochten. Leider hatte auch dieser Verband keine Fregatten bei sich.

Nelson lief nun mit 13 Linienschiffen östlich an Korsika vorbei zur italienischen Küste, wobei er das Fehlen von Fregatten beklagte, das ihm Such- und Aufklärungsoperationen nahezu unmöglich machte. Am 17. Juni hörte er in Neapel von Bonapartes Angriff auf Malta. Dorthin lief er auf dem kürzesten Wege durch die Straße von Messina.

Am 22. Juni unterrichtete ihn vor Kap Pessaro auf Sizilien eine passierende Brigg vom Fall Maltas und vom Versegeln der Armada am 16. Juni. Dies erwies sich als eine verhängnisvoll falsche Information. An jenem Tage lag bekanntlich Bonaparte noch in Malta, das er erst am 19. verließ. Der aus NW durchstehende Wind brachte Nelson zu der Überzeugung, daß die Franzosen nur Alexandria zum Ziel haben konnten. Sofort setzte er Kurs dorthin. Da er nicht durch schlingernde Transporter behindert war und mit baldigem Kampf rechnete, formierte er seine Schiffe in 3 Kolonnen, nach dem später im berühmten Memorandum von Trafalgar niedergelegten Grundsatz, die Marschordnung solle zugleich die Schlachtordnung sein. Zwei seiner Kolonnen sollten die feindlichen Kriegsschiffe angreifen, die dritte die Transporter verfolgen.

Es ist reizvoll, Überlegungen darüber anzustellen, wie damals ein Zusammentreffen der beiden Flotten ausgegangen wäre. Höchstwahrscheinlich hätte einer der beiden, entweder Nelson oder Bonaparte, überragende Meister des See- bzw. des Landkrieges, die geschichtliche Bühne mit weitreichenden Folgen für immer verlassen. Aber Nelson konnte ohne Fregatten keine weite Aufklärung durchführen, und Bonaparte lief fast genau Ostkurs auf die Südküste Kretas zu, von wo er dann über die Mittelmeerenge zur afrikanischen Küste und an ihr entlang nach Alexandria segeln wollte. Während Nelsons geschlossene Formation und Bonapartes dicht beieinander segelnder Konvoi konvergierende Kurse steuerten, kam entgegen jeder jahreszeitlich bedingten Erwartung immer dichterer Nebel auf. Am Abend des 22. Juni kreuzten sich tatsächlich die beiden Flotten in einer Entfernung, auf die sie sich bei klarem Wetter gesichtet hätten. In dieser Nacht beunruhigte Brueys der Schall ferner britischer Signalkanonen.

Nelson erreichte am 28. Juni Alexandria auf direktem Wege als erster. Als er im Hafen keine französischen Schiffe vorfand, schloß er bitter, seine Vermutung sei falsch gewesen. Immer noch ging er von der falschen Annahme aus, Bonaparte habe Malta am 16. verlassen, und konnte es einfach nicht glauben, daß er den Franzosen um 6 Tage zuvorgekommen sei. Seine Ungeduld und ruhelose Energie verleiteten ihn zu einem falschen Entschluß; denn gleich darauf setzte er wieder zu neuer Suche nach dem Feind – »wo er auch sei« – Segel. Wenige Stunden später sah der Ausguck auf der Leuchtturm-Ruine der Insel Pharos vor dem Hafen das letzte Segel der Nelson-Flotte nordwärts hinter dem Horizont verschwinden, bald darauf aber auch die französischen Schiffe von Westen näherkommen.

Als Bonaparte am 1. Juli Alexandria erreichte, brachte ihm der französische Konsul die aufregende Nachricht, Nelson sei erst vor 3 Tagen dort gewesen. Jeder andere hätte sich unter solchen Umständen vielleicht, mindestens zeitweilig, zurückgezogen, bezeichnenderweise aber wählte Bonaparte den kühnen Weg einer sofortigen Landung, obwohl es spät am Tage war und schwerer Seegang stand. Ein paar Meilen weiter westwärts setzten die Transporter ihre Boote aus, wobei ihnen Brueys Deckung gab. Trotz Kollisionsgefahr und überbrandeter Riffe kamen am selben Abend noch 4000 Mann an Land, und an ihrer Spitze marschierte Bonaparte durch die Nacht auf Alexandria, das am Tag darauf fiel. Nun liefen die Transporter in den Hafen, während Brueys seine 13 Linienschiffe und 4 Fregatten im tieferen Wasser der Abukir-Bucht ankern ließ, etwa 12 sm nordöstlich der Stadt.

Bonaparte ließ 3000 Mann als Garnison in Alexandria zurück und zog mit 30 000 am Westufer des Nils stromauf, wobei ihm eine Flottille Nachschub und Artillerie zuführte. Nach 3 Wochen stand er Kairo gegenüber, fast im Schatten der Pyramiden. Hier waren 10 000 berittene Mameluken, unterstützt von 24 000 Mann Infanterie, in Glanz und Gloria aufmarschiert, um ihm den weiteren Vormarsch zu verwehren. Die Franzosen schossen zunächst nicht, trotz des stürmischen Angriffs der ägyptischen Kavallerie. Auf Kernschußweite aber eröffneten sie mit Musketen und Kartätschen das Feuer. Diese Vollsalve brach die Kraft der Mameluken und machte Bonaparte zum Herrn des unteren Ägyptens. Am 23. Juli zog er in Kairo ein.

Inzwischen hatte Nelson in tiefster Enttäuschung und Besorgnis das Mittelmeer abgesucht. Von Alexandria steuerte er die Küste Kleinasiens an. Als er dort nichts in Erfahrung bringen konnte, kreuzte er nach Sizilien zurück und lief am 19. Juli in Syrakus ein. Die fast unerträgliche Spannung löste sich etwas bei der Nachricht, weder Sizilien, noch Neapel seien angegriffen worden. Sonst erfuhr er nichts. »Ich werde

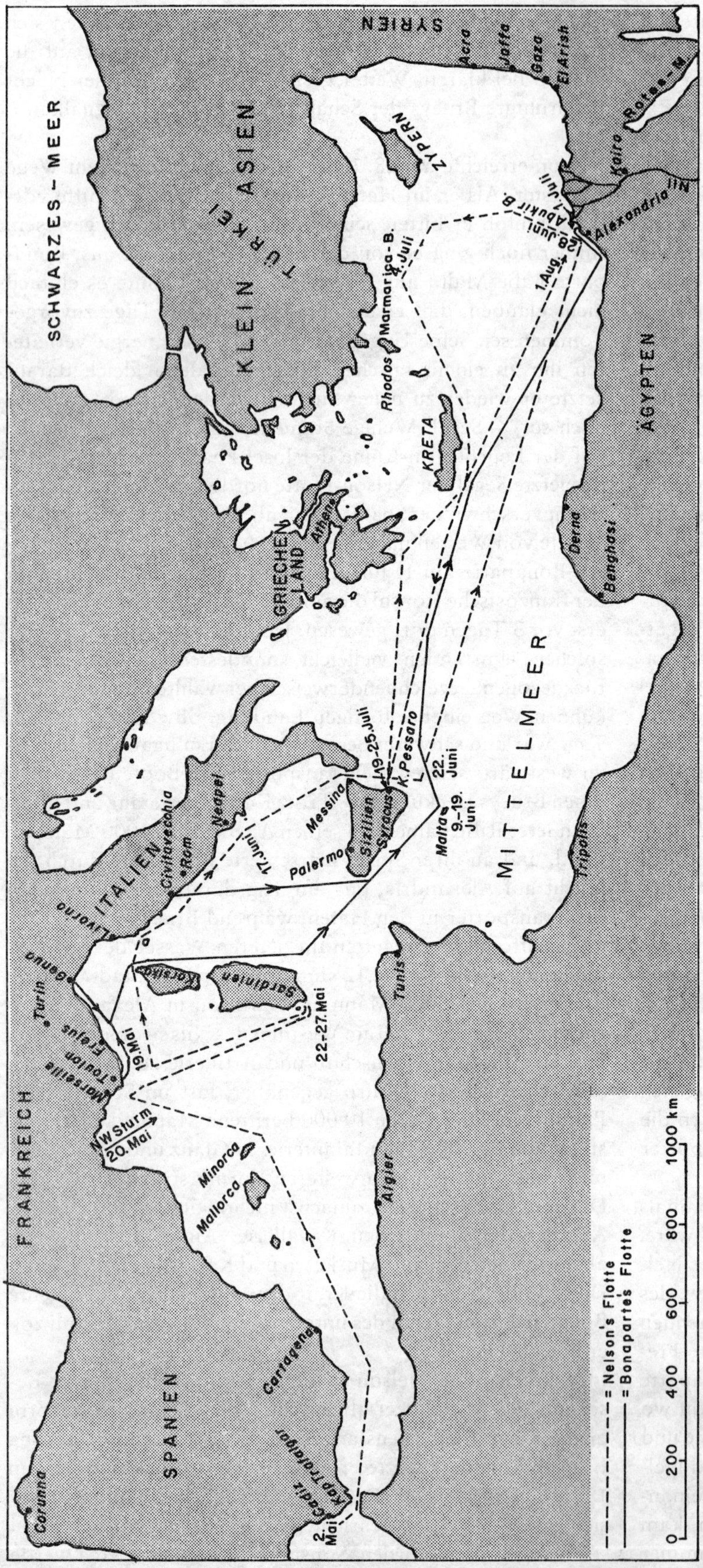

Die Verfolgung Bonapartes durch Nelson, 1798

sie finden, wenn sie noch schwimmen«, sagte er grimmig, »und wenn möglich zur Schlacht stellen.« Er ließ nur Proviant übernehmen und stand schon am 25. wieder mit Ostkurs in See. Endlich erfuhr er vor Griechenland etwas Nützliches. Die französische Armada war vor 4 Wochen bei Kreta auf Südostkurs gesichtet worden. Mit dieser Nachricht setzte Nelson sofort erneut Kurs auf Alexandria.

Die monatelange Suche hatte zwar Nelsons Nerven aufs äußerste beansprucht, war aber keineswegs verlorene Zeit gewesen. Im Gegensatz zu vielen Seebefehlshabern dachte er nicht daran, sich abzuschließen. Fast an jedem ruhigen Tage lud er einen oder mehrere Kommandanten ein, an seinen Mahlzeiten teilzunehmen und, was wichtiger war, seine Ansichten kennenzulernen. Jedes denkbare Geschehen wurde durchgesprochen – Kämpfe auf See und vor Anker, bei Tage und in der Nacht. Nelson gab nie einen Deut seiner Befehlsgewalt oder seiner Verantwortung ab, aber dank seines Führertums und seines Urteilsvermögens erreichte er mit seinen Kapitänen einen Grad von Übereinstimmung, daß ihr Urteil sich von dem seinigen ableitete und seine Entscheidungen auch von den ihren abhingen. Später schrieb Nelson: »Ich hatte das große Glück, eine Schar von Kameraden – a band of brothers – zu befehligen.«

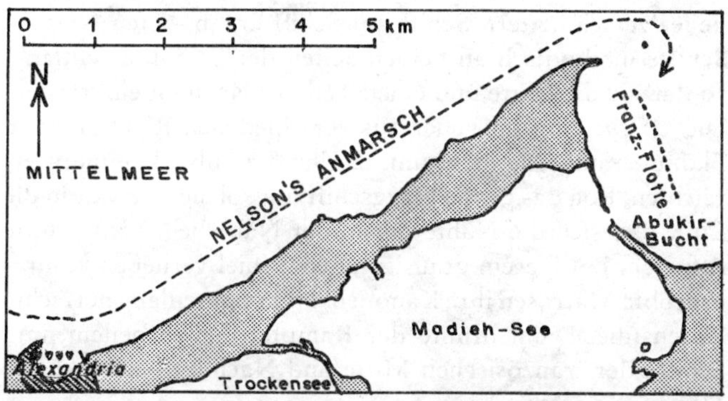

Die Schlacht von Abukir (Anmarsch)

Die verflossene Zeit war von dem französischen Admiral in ganz anderer Beziehung genutzt worden. Als die Tage vergingen und kein Brite auftauchte, ließ er allmählich in seinen Vorsichtsmaßnahmen nach. Obwohl er auf offener Reede zu Anker lag, ließ er seine Leute an Land fouragieren, seine Fregatten im Wachdienst lasch werden, ja er gab sogar eine regelmäßige Ausbildung auf, die für die Kampfbereitschaft seiner Artilleristen so dringend nötig war. Wohl entwarf er einen Schlachtplan, aber er war nicht richtig durchdacht. Er tat es weniger im Blick auf einen hier zu erwartenden Angriff, als weil es nun einmal so üblich war. Brueys lebte in der Gedankenwelt eines Festungskommandanten und wollte in den trügerischen Gewässern der Bucht von Abukir dem britischen Angriff zu Anker begegnen, so daß sich bei einem statischen Kampf die überlegene britische Seemannschaft nicht würde auswirken können. So legte er seine Flotte in eine von NNW nach SSO verlaufende Linie. Im Westen war sie an eine Untiefe angelehnt. Im Glauben, die winzige Batterie auf der Insel Abukir, 1½ sm im Nordosten, werde seine Vorhut schützen, postierte er seine stärksten Schiffe in der Mitte und am Ende, weil er an die britische Gewohnheit dachte, sich massiert auf diese Divisionen zu stürzen. Dabei vergaß er freilich, daß dies nur für Seegefechte galt, weil in diesen die Vorhut nur sehr schwer der Nachhut zu Hilfe kommen konnte; denn dazu mußte sie ja gegen den Wind aufkreuzen. Zu Anker aber sah es ganz anders aus. Seine Lage war in mancherlei Beziehung äußerst gefährdet. Die Schiffe lagen nur vor Buganker, noch dazu mit ungewöhnlich großem Abstand. Das wollte er im Fall eines drohenden Angriffs dadurch ausgleichen, daß er Heckanker, Springs[1] und zwischen den Schiffen Trossen ausbringen ließ. Der schwächste Punkt bei Brueys' Dispositionen war fraglos der Umstand, daß seine Verteidigung ganz wesentlich von einem überlandigen, dem Feind in die Zähne wehenden Wind abhing. Nun lassen sich im Mittelmeer die Winde nicht ohne weiteres vorhersagen. Tatsächlich stand dann auch bei Nelsons Ankunft eine steife Brise, die über die ganze französische Linie von vorn bis achtern strich, so daß die Briten nach Belieben angreifen konnten, während kein Franzose seinem Vordermann Hilfe zu bringen vermochte. Kurz gesagt: Brueys hatte durch Nachlässigkeit, falsche Lagebeurteilung und mangelndes taktisches Verständnis seine Flotte gefährlich verwundbar gemacht, und das gegenüber Seeleuten, die ihr Geschäft verstanden, was ganz gewiß für Nelson und seine Kommandanten galt.

Am frühen Nachmittag des 1. August passierte die britische Flotte den mit Transportern gefüllten Hafen von Alexandria und steuerte die französichen Kriegsschiffe an, deren Masten hinter den der Küste vorgelagerten Untiefen zu sehen waren. Trotz des mächtigen Flaggschiffs *Orient* (120) und dreier 80er beim Gegner, trotz der Gefahr des Anlaufens einer unbekannten Reede, ohne verläßliche Karten und trotz der späten Stunde entschloß sich Nelson zum sofortigen Angriff. Auf der französischen Flotte herrschte völlige Verwirrung. Brueys schwankte, ob er zu Anker bleiben oder fliehen solle. Er machte zwar klar zum Gefecht, aber nur zur offenen See hin, und verabsäumte, noch ehe der Feind heran war, Heckanker, Springs und Trossen auszubringen.

Nelsons Plan, mit dem seine Kapitäne völlig vertraut waren, sah vor, daß jedes britische Schiff mit dem Heckanker ankern sollte, sobald es querab von der französischen Linie war. Es kam darauf an, jedes britische Schiff nur einmal der »ersten« Breitseite eines feindlichen Schiffes auszusetzen, die stets am gefährlichsten war, weil alle Kanonen voll geladen und die Kanoniere noch frisch waren. Der Hintermann sollte

1 Mit dem Ausdruck »Spring« ist hier eine Trosse gemeint, die vom Buganker durch eine am Heck oder achtern angebrachte Klüse zum Spill läuft. Durch Einhieven oder Fieren dieser Trosse konnte man das Schiff so drehen, daß Breitseiten in jeder gewünschten Richtung abgefeuert werden konnten.

dann an der dem Feind abgewandten Seite des Vordermanns vorbeilaufen und vor diesem ankern, so daß jeder ersten französischen Breitseite eine erste britische antworten würde. Ein Brite sollte querab vom Bug, der nächste querab vom Heck jedes der vorderen französischen Schiffe zu liegen kommen, wodurch die Briten im Angriffssektor eine Überlegenheit von 2 : 1 hätten. In diesen Positionen würden die englischen Kriegsschiffe kaum durch Breitseiten der unkontrolliert hin und her gierenden Feinde bedroht sein, während sie dank eigener Springs ihre Breitseiten nach Belieben abfeuern konnten.

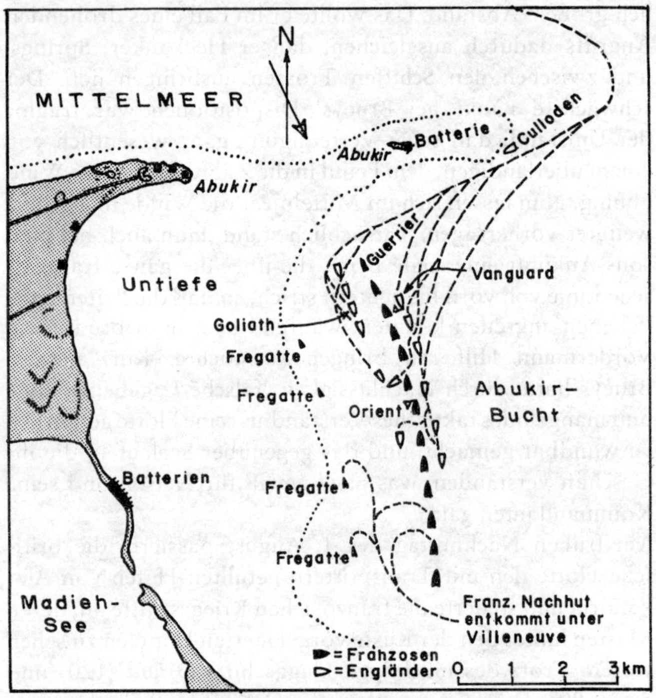

Die Schlacht von Abukir, 1. August 1798

Nelson hat vermutlich erwartet, alle Kommandanten würden an der Seeseite der feindlichen Vorhut und Mitte ankern, da er annehmen mußte, Brueys werde vorsichtshalber so dicht an den Untiefen geankert haben, daß kein Schiff zwischen ihm und dem Land passieren könne. Kapitän Foley auf der führenden *Goliath* erkannte jedoch die Möglichkeit einer noch besseren Angriffsart. Als er sah, daß die Franzosen vor den Bugankern frei schwojten, lief er sofort am Bug des exponierten französischen Spitzenschiffes *Guerrier* vorbei. Nachdem er es mit mörderischem Feuer bestrichen hatte, ankerte er auf der Landseite der französischen Linie. Vier britische Schiffe folgten seinem Beispiel. Foleys rasche Reaktion erfolgte wohl in Gedanken an eine Bemerkung Nelsons: »Wo ein Feindschiff schwojen kann, kann eins der unseren genau so gut ankern.« Jedenfalls zollte Nelson dieser Initiative dadurch Beifall, daß er selbst den taktischen Gegenzug tat. Mit seiner *Vanguard,* dem sechsten Schiff, ankerte er wie auch seine Hintermänner vor der Feindlinie, also auf deren Seeseite. So nahmen also die Briten die schwache Vorhut und einen Teil der Mitte zwischen zwei Feuer, während die übrigen, vom Wind festgenagelten Franzosen hilflos zusehen mußten. Bald darauf wurde Nelson von dem Splitter einer Traubenkartätsche an der Stirn getroffen und fiel für ein paar Stunden aus. Aber seine Aufgabe war gelöst, die Flotte im Kampf. Seine »band of brothers« konnte ihn fortsetzen.

Als die Nacht einfiel, nahm die Verwirrung bei den vergeblich Anstrengungen machenden Franzosen zu, während die Dunkelheit die Engländer nicht sehr beeinträchtigte, da sie auf Nelsons Befehl in den Toppen Erkennungslichter gesetzt hatten. Endlich liefen auch drei britische Nachzügler unter Führung von Troubridges *Culloden* in die Bucht. In seinem Kampfeifer aber kam Troubridge dem Riff zu nahe und setzte das Schiff hart auf. Er und die Besatzung tobten vor Enttäuschung, immerhin aber diente nun die *Culloden* den beiden letzten Schiffen als Ansteuerungsboje. Diese kamen übrigens rechtzeitig zwei britischen 74ern auf Höhe der französischen Mitte zu Hilfe, die im schweren Feuer der riesigen *Orient* und von deren Hintermann, einem 80er, lagen.

Während sich die französische Vorhut, von überwältigendem Feuer zerschmettert, Schiff auf Schiff ergab, liefen Nelsons Schiffe methodisch an beiden Seiten der Feindlinie entlang, so daß sie die Mitte und einen Teil der Nachhut einkreisten. Die *Orient* ging im Feuer aus verschiedenen Richtungen in Flammen auf. Als diese um 22 Uhr die Pulverkammern erreichten, flog das große Flaggschiff mit solcher Gewalt in die Luft, daß sich die Nähte der in der Nähe liegenden Schiffe öffneten. Bei diesem grausigen Schauspiel verließen kampferprobte Matrosen ihre Kanonen, und minutenlang herrschte Totenstille. Dann brüllte der Kampflärm von neuem, und Schiffe der französischen Mitte und Nachhut begannen die Flagge zu streichen.

Das Morgengrauen des 2. August 1798 enthüllte ein unvorstellbares Bild des Triumphes auf der einen, der Vernichtung auf der anderen Seite. Die Briten hatten kein einziges Schiff verloren. Ihre Verluste betrugen nicht ganz 900 Mann, die der Franzosen waren fast sechsmal so hoch. Alle ihre Schiffe mit Ausnahme der drei am Ende der Linie waren geentert oder vernichtet. Von den dreien wurde eins von der Besatzung auf Grund gesetzt und verbrannt. Mit den anderen beiden und den zwei verbliebenen Fregatten konnte Konteradmiral Villeneuve nach Malta entkommen.

Von der Hütte der *Vanguard* überschaute Nelson zufrieden seine neun Prisen. »Sieg«, meinte er, »ist nicht der richtige Ausdruck für ein solches Bild.« Die Arbeit der Nacht hatte die französische Toulon-Flotte vernichtet und Großbritannien die unbestrittene Herrschaft im Mittelmeer eingebracht. Bonaparte und seine Armee waren im feindlichen Ägypten isoliert. Auch die Männer auf den geflohenen Schiffen waren moralisch besiegt. Das »Entsetzen vom Nil« sollte ihr Urteil trüben und sie mit düsteren Vorahnungen künftiger Niederlagen durch die Briten erfüllen. Bonaparte selbst war bei seinem ersten Kontakt mit der triumphierenden Seemacht eines Besseren belehrt. Wenn er auch niemals ganz die Bedeutung maritimer Operationen begreifen lernte, so hatten doch die hochmastigen Schiffe Englands seine dauernde Achtung errungen und sollten alle seine künftigen Feldzüge irgendwie beeinflussen.

Taktisch gesehen war Nelsons Sieg insofern einmalig, als er endlich jenes Problem löste, das die Theoretiker seit Beginn der Kontroverse zwischen den Anhängern der Formaltaktik und des Mêlées beunruhigt hatte: wie man Kräfte gegen Teile des Feindes massieren und gleichzeitig den Rest binden könne; kurz gesagt: Wie war taktische Konzentration zu erreichen? Während Brueys' falsche Dispositionen den Briten die Gelegenheit gegeben hatten, Vorhut und Mitte massiert anzugreifen, und ein ungünstiger Wind die französische Nachhut am Eingreifen gehindert hatte, kommt Nelson das Verdienst zu, die dadurch gegebenen Möglichkeiten sofort erkannt und ausgenutzt zu haben. Bei Trafalgar sollte er dann beweisen, daß er auch ohne für ihn günstigen Wind und ohne Untiefen das gleiche zu erreichen verstand.

Bedeutsamer noch als die taktischen Folgerungen der Schlacht waren deren strategische Ergebnisse. Wie alle entscheidenden Seesiege übte auch dieser einen gewaltigen und weitreichenden Einfluß aus. Er wurde gleichzeitig auf drei großen Kriegsschauplätzen spürbar.

Die Zweite Koalition

Nelsons Sieg ließ den Krieg in Europa aufs neue aufflammen. Durch die Isolierung Bonapartes und seiner Armee ermutigt, waren Frankreichs Feinde sehr bald wieder auf dem Marsch. Nun endlich konnte Pitt der Jüngere seine Zweite Koalition zusammenbringen. Aber trotz hoffnungsvollen Beginns fiel sie durch Torheit und Eifersüchteleien der Mitglieder wieder auseinander, bis England erneut allein dastand.

Der Verlust der Flotte bei Abukir traf ein hoffnungslos überfordertes Frankreich: eine Armee stand tief in Italien, eine in Mitteleuropa und eine, von der Heimat abgeschnitten, in Ägypten. Ohne Zeit zu verlieren, nutzten die Briten und ihre Verbündeten die neuerrungene Herrschaft im Mittelmeer aus. Vereinigte russisch-türkische Seestreitkräfte operierten nahe dem Ausgang der Adria, wo sie die kürzlich von Frankreich eroberten Jonischen Inseln angriffen. Die meisten fielen sehr bald, aber der Hauptstützpunkt Korfu hielt sich bis zum folgenden März. Das Gros der britischen Mittelmeerflotte blieb notgedrungen im Atlantik und blokkierte Cadiz, aber Lord St. Vincent schickte ein Geschwader unter Konteradmiral Duckworth gegen Minorca, das sich Mitte 1798 ergab.

Nach Neapel zurückgekehrt, machte Nelson, beglückt über die ihm überall dargebrachten Lobhudeleien und vielleicht infolge der Kopfwunde in seiner Urteilsfähigkeit beeinträchtigt, zwei grobe Fehler. Er nahm die Gastfreundschaft des Botschafters Sir William Hamilton an und erlag bald den Reizen von Lady Hamilton. Diese leidenschaftliche Liaison währte bis zu Nelsons Tod; seine Freunde empfanden sie als Skandal, seine Ehe ging darüber in die Brüche und um ein Haar auch seine Karriere.

Emma Hamilton, eine enge Freundin der Königin Maria Karolina, gewann Nelson sehr bald für die Sache dieser Königin; denn sie, eine bemerkenswerte Frau, war die wahre Regentin des Königreiches beider Sizilien. Ihr Gatte, Ferdinand IV., war nicht viel mehr als eine dekorative Figur. Als Schwester der unglücklichen Marie Antoinette haßte Maria Karolina aus tiefster Seele alles, was sich republikanisch nannte, und hätte, nun da Frankreich nach ihrer Meinung am Boden lag, am liebsten mit allen Mitteln zugeschlagen. Ihr zu Gefallen drängte Nelson auf einen Angriff auf den Kirchenstaat, den er von See aus unterstützen wollte. Der Oberbefehl bei dieser Expedition fiel dem österreichischen General Mack zu, dessen Unfähigkeit nur noch von seinem Eifer übertroffen wurde. Im November 1798 drang sein Heer in den Kirchenstaat ein, während Nelson bei Livorno im Rücken des Feindes Truppen an Land setzte. Aber zu Lande lag Frankreich keineswegs am Boden und schlug sofort zurück. Macks Heer floh. »Die Neapolitaner haben weiß Gott nicht viel von ihrer Ehre verloren«, schrieb ein reuiger Nelson, »denn sie hatten davon nicht viel zu verlieren, aber das wenige verloren sie auch restlos.« Als die Franzosen sich Neapel näherten, brachte Nelson die königliche Familie heimlich auf die *Vanguard,* mit der er sie und die Hamiltons nach Palermo führte.

Im Januar 1799 hatten Rußland, die Türkei, Portugal, Österreich, das Königreich der beiden Sizilien und der Kirchenstaat mit England die Zweite Koalition gebildet. Sofort bot sich ihr in Norditalien, wo die Franzosen durch den Gegenangriff auf die Armeen Neapels geschwächt waren, eine Gelegenheit. Um die Jahresmitte hatte eine österreichisch-russische Armee unter dem hart zupackenden russischen Marschall Suvorov die Franzosen aus ganz Italien mit Ausnahme der Gegend um Genua vertrieben. Schon drohte Frankreich selbst, das ohnehin in Mitteleuropa in Gefahr stand, eine Invasion. Dort waren die österreichischen Heere unter Erzherzog Karl den Franzosen überlegen. In der Heimat kündigte sich der Bürgerkrieg an. Das Prestige des Direktoriums war auf den Tiefpunkt gesunken.

Bei dem verzweifelten Versuch, das Blatt zu wenden, befahl es dem jungen Marineminister, Admiral Bruix, aus Brest auszulaufen, sich alle spanischen Schiffe, die durch die Blokkade schlüpfen konnten, zu unterstellen, die britische Mittelmeer-Flotte zu zerschlagen und die Herrschaft in diesen Gewässern zurückzugewinnen. Schließlich sollte Bruix Bonaparte und sein Heer aus Ägypten heimbringen. In einer so kritischen Lage vergaßen die Direktoren ihre Eifersüchteleien und hielten Bonaparte für den einzigen Mann, der Frankreich retten könne.

Und Bruix bot sich wirklich eine Gelegenheit, weil Lord Bridport, Befehlshaber der Kanalflotte, den Sinn einer Blockade nicht richtig verstand. Er schonte Schiffe und Besatzungen in Erwartung des Kommenden und ließ die Flotte oft zu Überholungen im Hafen. Während der Blockade aber blieb er weit in See und mied die gefährliche Küste Frankreichs. Am 25. April vertrieb ein NO-Wind ihn bis einige Seemeilen westlich von Ouessant, Bruix' 25 Linienschiffe und 10 Fregatten aber zum Mittelmeer. Bridport versuchte den sprichwörtlichen Brunnen zuzudecken und holte jedes verfügbare Schiff zur Verteidigung Irlands heran; denn nach seiner Meinung lief die französische Flotte dorthin.

Bruix war also dem völlig konfusen Bridport entkommen, entging auch vor Cadiz Lord Keith und lief am 5. Mai bei Sturm durch die Straße von Gibraltar. Nun hätte er sich zum Herrn des Mittelmeeres machen können; denn die eine Hälfte der britischen Flotte bewachte Cadiz, während die andere weit verstreut war – in Menorca, Neapel, Sizilien, Malta und der Levante. Aber das »Entsetzen vom Nil« trübte sein Urteil. In der Zwangsvorstellung, er stehe bereits britischen Kanonen gegenüber, brach er die Ausführung seines Auftrages ab und lief eiligst nach Toulon. Lord St. Vincent, der nicht wissen konnte, daß Bruix eine einmalige Gelegenheit verschenkt hatte, rief Keith' vor Cadiz kreuzende Schiffe nach Gibraltar. Diese Zusammenziehung der britischen Kräfte ermöglichte es der spanischen Cadiz-Flotte von 17 Schiffen unter Admiral Mazzaredo, sofort den Hafen zu verlassen und an Gibraltar vorbei nach Cartagena zu laufen. St. Vincent gab Schiffe seiner Flotte an Nelson ab, der mit 16 Linienschiffen jedem Feindvorstoß auf Malta oder Ägypten entgegentreten sollte, während St. Vincent selbst mit 21 Schiffen zwischen Cartagena und Toulon auf und ab stand, um eine Vereinigung der feindlichen Flotten zu verhindern. Die Admirale riskierten eine Niederlage, aber jeder rechnete dabei auf so schwere Verluste des Feindes, daß ihn die andere britische Flotte leicht einholen und vernichten würde.

In Toulon erwarteten Bruix neue Befehle. Suvorov bedrohte Frankreich selbst. Das Direktorium gab daher den Plan einer Rettung Bonapartes auf und schickte die Flotte mit Nachschub und Verstärkungen zu der in Genua belagerten französischen Armee. Sehr bald lief St. Vincent in Bruix' Kielwasser, aber seine schlechter werdende Gesundheit zwang ihn, das Kommando an Keith abzugeben. Als Bruix am 6. Juni nach Erfüllung seiner Aufgabe Genua verließ, stand Keith, vom Wind festgehalten, nur 80 sm entfernt. Beunruhigt über die Absichten des Gegners, warnte er Nelson und lief selbst zur Verteidigung Minorcas ab. Diese Entscheidung, obwohl ihm St. Vincent beim Abschied eingeschärft hatte, sich unter allen Umständen zwischen Mazzaredo und Bruix zu halten, erlaubte der französischen Flotte, an der französischen und spanischen Küste entlang an ihm vorbei zu segeln. Bei Cartagena traf Bruix die spanische Flotte und nahm mit der vereinigten Streitmacht Kurs auf den Atlantik. Keith' Flotte, die durch Verstärkungen aus England auf 32 Schiffe angewachsen war, passierte am 29. Juli Gibraltar und blieb Bruix hartnäckig auf den Fersen. Am 13. August lief die franko-spanische Flotte in Brest ein. Sie war der britischen nur um einen Tag voraus.

Bruix' lange Kreuzfahrt war nicht ganz umsonst gewesen; denn die spanischen Schiffe blieben als Unterpfand in Brest und dienten zur Stützung der schwankenden Loyalität Spaniens. Zudem hatte Bruix der britischen Mittelmeerflotte bitter nötige Schiffe entzogen, weil Keith bis Ende 1799 in England bleiben mußte, um die britische Sorge zu beschwichtigen, daß die Ankunft so vieler Feindschiffe im Kanal auf eine neue Invasion hindeute.

Noch während Bruix im Mittelmeer weilte, schien Frankreich auf allen Seiten von Unheil bedroht. Ende Mai eroberte Suvorov Turin, wobei viele Geschütze und Munition in seine Hand fielen. Wenige Tage später stand er auf den nach Frankreich führenden Alpenpässen. Im Norden besiegte Erzherzog Karl General Masséna bei Zürich. Mittlerweile hatten Patrioten mit Hilfe britischer Schiffe Neapel zurückerobert, dem der König mit prunkvollem Zeremoniell einen Staatsbesuch abstattete, um dann nach Sizilien zurückzukehren. Da Nelson von nun an seine Zeit zwischen Neapel und Palermo teilte, wollte es seinen Kameraden scheinen, er sei mehr an Emma Hamilton als an seiner Pflicht interessiert. Nelson aber wußte sehr wohl, daß die Mittelmeerflotte nur vom Königreich der beiden Sizilien Hilfe erwarten durfte. Als ihm daher Keith nach Aufgabe der Verfolgung von Bruix den kategorischen Befehl zum Verlassen der italienischen Gewässer und zum Schutz Minorcas erteilte, verweigerte er einfach den Gehorsam, was ihm einen Verweis der Admiralität eintrug. Nelson aber sagte nur: »Ich halte es ohne alle Gewissensbisse für besser, das Königreich Neapel zu retten und Minorca zu riskieren, als das Gegenteil zu tun.«

Während der Monate, die Keith in England blieb, fungierte Nelson als Oberbefehlshaber im Mittelmeer, ein enttäuschendes Kommando. Nie verfügte er über genügend Schiffe oder Truppen, um mit der österreichisch-russischen Armee in Italien zusammenzuarbeiten und zugleich Gibraltar und Minorca zu schützen, Malta weiter zu blockieren und Bonaparte und seine Armee in Ägypten festzuhalten. Im September 1799 halfen ein paar Schiffe unter Troubridge bei der Eroberung von Civitavecchia und Rom. Keith' Ankunft im Januar 1800 erleichterte zwar die Probleme britischer Seeherrschaft erheblich, erhöhte aber Nelsons Unmut insofern, als nach seiner Meinung er selbst, nicht aber Keith hätte Oberbefehlshaber werden sollen. Besonders erbitterte es Nelson, daß Keith bei der Blockade Maltas von ihm verlangte, er solle sein Geschwader nach Syracus oder einem anderen Hafen an der Ostküste Siziliens verlegen. Nelson vermutete, dies geschehe nicht zuletzt, um ihn dem Einfluß der Hamiltons und der Königin fernzuhalten.

Keith' gutgemeinter Plan schlug fehl, weil Nelson, der in sich den empfindsamen Künstler mit dem furchtlosen Kämpfer vereinigte, an Enttäuschung und Verdruß schier zugrunde ging. Seine Gesundheit verschlechterte sich so, daß ihm die erbetene Rückkehr nach England genehmigt wurde. Er und die Hamiltons fuhren in einer Art Triumphzug quer durch Deutschland nach Hause, wo sie im November 1800 in Yarmouth landeten. Das englische Volk empfing den Helden vom Nil mit Beifallsstürmen, aber in der Gesellschaft wurde er kühl aufgenommen, weil er sich weiter mit Lady Hamilton in der Öffentlichkeit zeigte.

Nelsons Auftrag im Mittelmeer wurde von anderen zu Ende geführt. Kaum hatte er Malta verlassen, als die Blockadeflotte die *Guillaume Tell,* das letzte überlebende Schiff von Abukir, abfing, als sie nachts von La Valetta zu entkommen versuchte. Endlich, im September 1800, kapitulierte die ausgehungerte französische Garnison von Malta.

Um auch an Landoperationen in Europa teilzunehmen, der einzigen Art von militärischer Unternehmung, von der seine Verbündeten etwas zu verstehen schienen, entschloß sich England zu einer Invasion der Niederlande mit dreifachem strategischen Ziel: 1. Ausschaltung der holländischen Flotte ohne Rücksicht auf den sonstigen Ausgang des Feldzuges. 2. Erneute Inthronisierung des Hauses Oranien und 3. Einsatz einer erfolgreichen Armee auf dem Kontinent als Gegengewicht gegen Österreichs Forderungen bei Aufteilung Europas nach der scheinbar bevorstehenden Niederlage Frankreichs. Großbritannien verfügte für den Einsatz im Ausland nur über 10 000 Reguläre. Der von Vertretern des Kabinetts angegangene Zar Paul willigte in die Gestellung von 18 000 Russen, vorausgesetzt, daß Großbritannien alle Kosten trage. Die britische Regierung füllte das Expeditionskorps mit 20 000 unausgebildeten Milizsoldaten aus den Grafschaften auf. Von einem solchen Sammelsurium konnte man kaum die Niederringung eines starken Widerstandes erwarten, aber die Briten gaben sich der trügerischen Hoffnung hin, die Holländer würden sie als Befreier von den Franzosen begrüßen und zu den Fahnen des entthronten Prinzen von Oranien strömen, der das Heer begleitete.

Der eigentliche Angriff, ein ausschließlich britisches Unternehmen, lag in den festen Händen eines wackeren Veteranen, des Generalleutnants Abercromby. Lord Duncans Nordsee-Blockadeflotte sollte die Invasion sichern, während 11 Schiffe, darunter 2 russische, und mehrere Fregatten unter Vizeadmiral Mitchell nahe Unterstützung leisteten. Abercromby hielt nichts von dieser Expedition, tat aber nach den ihm erteilten, recht vagen Befehlen das Menschenmögliche. Er sollte nämlich irgendwo landen und irgend etwas veranlassen. Für den Angriff wählte er die Halbinsel Helder in Nordholland, wo er am Morgen des 27. August 1799, von Mitchells Geschwader unterstützt, in ziemlichem Durcheinander landete. Einmal an Land kamen die Truppen sehr schnell voran; dann aber beging Abercromby einen verhängnisvollen Fehler – er machte halt. Weil er die Schwierigkeiten des Feindes zu gering, die eigenen aber zu hoch einschätzte, grub er sich ein und wartete auf Verstärkungen. Die Franzosen konnten mit herangeführten Reserven einen Gegenangriff unternehmen. Nach Eintreffen des russischen Kontingents ging der Oberbefehl auf den Herzog von York über, der zwar dem Rang nach, nicht aber nach Können und Entschlossenheit für die Führung eines internationalen Heeres qualifiziert war. Von nun an blieb dem Unternehmen jeder Erfolg versagt. Als sich Mitte Oktober ein Nachschub über den offenen Strand als undurchführbar erwies, mußte sich die Armee vor dem Einsetzen des Winterwetters aus Holland zurückziehen.

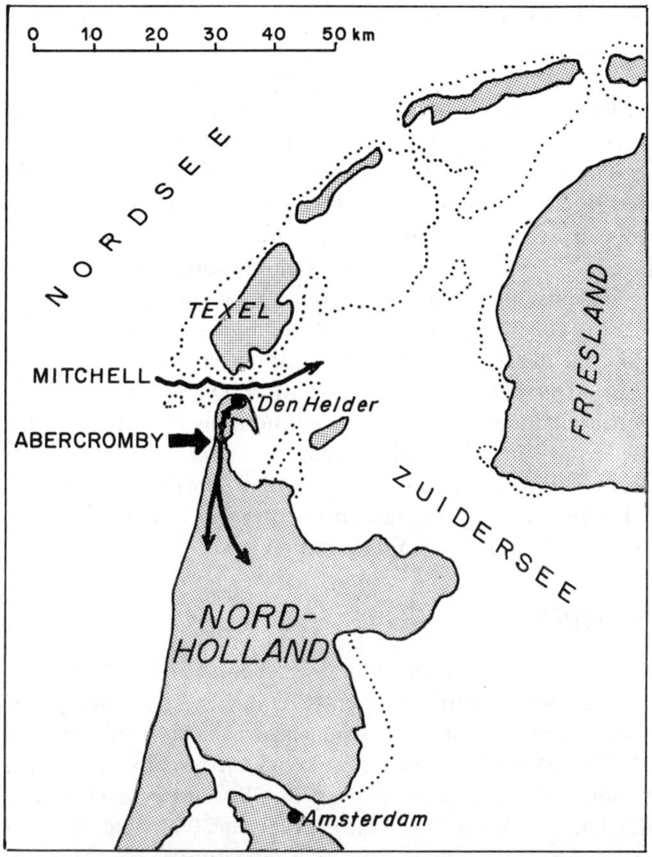

Die Den Helder Expedition, 1799

Trotzdem war die Expedition kein völliger Fehlschlag; denn ihr militärisches Ziel hatten die Briten erreicht, und das wog letztlich alles andere auf. Die Eroberung der Helder-Batterien hatte Admiral Mitchell einen kühnen Vorstoß in die Zuider See gestattet, wo er die holländische Flotte überraschte und zwang, sich zu ergeben. Diese Ausschaltung der holländischen Seemacht erlaubte England die Aufhebung der langwierigen Blockade Hollands, so daß die eigenen und die erbeuteten holländischen Schiffe für andere Aufgaben zur Verfügung standen.

Im Sommer 1799 schien der Sieg greifbar nahe. Plötzlich aber schwanden alle schönen Aussichten, weil Eifersucht zu Argwohn, Argwohn zu Fehlern und Fehler ins Verderben führten. Der halb wahnsinnige Zar Paul rief die Christenheit zur Liquidierung der Revolution und zur Rückgabe aller

Eroberungen an diejenigen auf, die die betreffenden Gebiete 1798 besessen hatten. Das entsprach keineswegs Österreichs Wünschen, das in den letzten Monaten seine Grenzen beträchtlich ausgeweitet hatte. Auf Großbritanniens Vorschlag, die Spannungen in Italien zu mildern, befahl der Zar dem General Suvorov, seine Truppen über die Alpen zu führen und mit der russischen Armee des Generals Korsakov zu vereinen, die gemeinsam mit den Österreichern in der Schweiz operierte. Das erwies sich als verhängnisvoll; denn kaum hatten sich Suvorovs Russen in Italien von den Österreichern getrennt, als Erzherzog Karl seine Österreicher in der Schweiz von Korsakovs Russen absetzte. Wo also bislang an Frankreichs Ostgrenze zwei sehr starke österreichisch-russische Heere gestanden hatten, blieben jetzt zwei schwache österreichische an den Flügeln und zwei schwache russische, die im Zentrum Kontakt zu finden versuchten. Noch ehe das gelungen war, schlug die französische Armee in der Schweiz Korsakov in die Flucht und zwang dann Suvorov zum Rückzug nach Deutschland. Am 23. Oktober, 5 Tage nachdem sich der Herzog von York zur Räumung Hollands entschlossen hatte, kündigte der Zar dem Kaiser die Allianz auf und rief Korsakov und Suvorov nach Rußland zurück. Die Zweite Koalition fiel auseinander, und überall, ausgenommen in Italien, hatten die Franzosen den Feind geschlagen.

Wie gerufen kam nun der Mann zurück, der Frankreich seine verlorene Größe wiedergeben konnte. Am 9. Oktober 1799 landete Napoleon Bonaparte in Fréjus.

Bonapartes Rückkehr

Die vernichtende Niederlage von Abukir hatte Bonaparte tief getroffen. Statt selbst eine gefährliche Bedrohung des britischen Imperiums darzustellen, war er nun ein von aller Hoffnung auf Hilfe aus Frankreich abgeschlossener Verbannter. Den einzigen Ausweg für ihn und sein Heer bot der lange Marsch durch die Türkei und dann ums Mittelmeer. Aber der Sultan hatte sich von Bonapartes Zusicherungen nicht überzeugen lassen, im Gegenteil. Ermutigt durch das Versprechen militärischer Hilfe von Rußland und Großbritannien, schickte sich die Türkei an, Bonapartes gestrandete Armee in einer gigantischen Zange zu zermalmen. Eine türkische Armee sollte durch Syrien gegen Ägypten vorrücken, die andere von Rhodos aus über See angreifen.

Bonaparte erfuhr von diesem Plan und beschloß charakteristischerweise, unter Ausnutzung der inneren Linie zuerst zuzuschlagen. Dabei wollte er über Land angreifen und dann, nach Ägypten zurückgekehrt, den Angriff von See aus abwehren. Er rechnete damit, daß schlechtes Wetter diesen verzögern werde, marschierte im Februar 1799 mit 13 000 Mann gegen Syrien, nahm mühelos den türkischen Vorposten El Arish und zog nach Eroberung von Gaza und Jaffa an der syrischen Küste nach Norden. Wie Alexander der Große mußte er unterwegs jeden Hafen besetzen, um eine Feindlandung in seinem Rücken zu verhindern. Diese Tatsache und ein bescheidenes Anzeichen britischer Seemacht gebot seinem Vormarsch bei Acra ein ruhmloses Halt.

Kommodore Smith, Befehlshaber der Blockade von Alexandria, hatte mit Recht Acra als den Punkt angesehen, an dem die französische Armee am besten aufgehalten werden könne, weil die Stadt, annähernd in einem Viereck gebaut, auf einer Landzunge stand und an zwei Seiten zur See hinblickte. Die Zugänge zu den beiden anderen Seiten waren für Schiffsgeschütze erreichbar. Hier konnte die Seemacht die Landstreitkräfte unmittelbar anpacken. Also lief Smith mit 2 Linienschiffen und ein paar kleineren Fahrzeugen nach Acra.

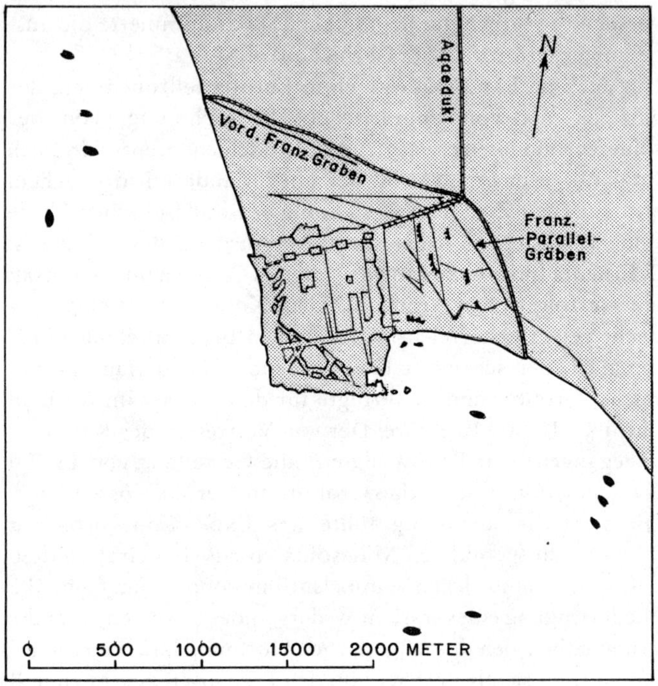

Die Belagerung von Acra, März-Mai 1799

Nicht lange, dann kaperte er eine Nilflottille mit Bonapartes Belagerungsgeschützen an Bord, die Smith sofort zur Verteidigung der Stadt einsetzte. Daraufhin postierte er seine beiden Schiffe derart, daß sie die Zugänge zu den nach Land zeigenden Wällen bestreichen konnten. Dank dieser Hilfe hielten die 3000 türkischen Verteidiger, durch 500 Matrosen und Seesoldaten von Smith' Geschwader verstärkt, so lange aus, bis über See Verstärkungen aus Rhodos herangebracht worden waren. Nach 63 Tagen Belagerung gaben sich die Franzosen nach vergeblichen Anstrengungen endlich geschlagen und zogen sich eiligst nach Ägypten zurück, wobei sie 5000 Mann an Verlusten zurückließen. »Wäret ihr Engländer nicht gewesen, ich wäre der Kaiser des Ostens geworden«, erklärte Bonaparte später zornig einem britischen Kapitän, »aber wo nur soviel Wasser ist, daß ein Schiff schwimmen kann, da seid ihr mir todsicher im Wege.«

Im Juli 1799 erfolgte endlich der lange verzögerte türkische Angriff über See. Mit der Unterstützung von 13 74ern und zahlreichen kleinen Schiffen gingen 12 000 Infanteristen in der Bucht von Abukir an Land und gruben sich in vergeblicher Erwartung von Verstärkungen aus Syrien ein. Kavallerie der Mameluken aus dem Süden unterstützte die Erhebung der Eingeborenen in ganz Ägypten. Ehe aber noch andere Hilfe kommen konnte, stand Bonaparte mit Kavallerie, Artillerie und 8000 Mann bei Abukir. Unter stetigem Kartätschenfeuer gab die türkische Linie nach und wurde beiderseits überflügelt, während französische Kavallerie sie vom Rücken her angriff. In wilder Panik stürzten sich Hunderte von Türken ins Meer. Die letzten 3000 ergaben sich in der Burg von Abukir am 1. August 1799, am Jahrestag des Nelsonschen Sieges. Die Franzosen hatten 200 Tote und 750 Verwundete.

Als Ausgleich für Brueys Niederlage und den eigenen Rückschlag bei Acra schickte sich der sieggekrönte Bonaparte an, seine langgehegte Absicht einer Rückkehr nach Frankreich in die Tat umzusetzen, um dort die Macht an sich zu reißen. Er übergab seine Armee des Ostens dem General Kléber und verließ am 23. August Alexandria mit 2 schnellen Fregatten und 2 kleineren Fahrzeugen, als Smith seine Station vorübergehend verlassen hatte. Das kleine Geschwader schlüpfte an der afrikanischen Küste durch Nelsons unzulänglichen Schirm von Fregatten und gelangte ungefährdet nach Frankreich. Empört darüber, daß ihn Bonaparte im Stich gelassen hatte, schloß Kléber Anfang 1800 ein Abkommen mit den Türken, nach dem seine Armee Ägypten räumen und nach Frankreich zurückkehren mußte. Während Smith in Überschreitung seiner Befugnisse dem Übereinkommen zustimmte, befahl London, kein einziger französischer Soldat dürfe Ägypten verlassen, es sei denn als Kriegsgefangener. Großbritannien konnte damals kaum anders handeln; denn Bonaparte sammelte gerade unter großen Schwierigkeiten Truppen für einen Feldzug gegen die Österreicher in Italien. Hätten die Briten die Überführung von Bonapartes Veteranen nach Frankreich zugelassen, sie hätten einen Verbündeten verraten.

Bei seiner Rückkehr nach Frankreich war Bonaparte der Mann der Stunde. Sein unglaubliches Glück hatte ihn im günstigsten Augenblick zur Erreichung seiner Ziele heimgeführt. Frankreich war nicht mehr in ernster Gefahr; denn schon zerfiel die Koalition seiner Feinde. Nur war es den meisten Franzosen noch nicht klar geworden, daß die Krise überstanden war. Sie sahen nur, daß das Direktorium Bonapartes glänzende, von Frieden gekrönte Siege des Jahres 1797 vertan und das Land in einen verheerenden Krieg gestürzt hatte. Keiner schien sich darüber klar zu sein, daß doch Bonapartes ägyptische Expedition diesen neuen Krieg erst herbeigeführt hatte. Durch Propaganda aus Ägypten geblendet, sahen alle in Bonaparte den einzigen immer siegreichen General Frankreichs, und nun war dieser Sieger zur Rettung Frankreichs heimgekehrt. Natürlich war dies alles nichts als Illusion, aber die Politiker in Paris waren nur allzu bereit, diese Illusion für ihre eigenen, ehrgeizigen Zwecke auszunutzen. Bonaparte setzte mit Hilfe seines Bruders Lucien eine Reihe von Dekreten durch, die den Weg zum Staatsstreich ebneten. Er spürte, daß Frankreich nach 10 Jahren inneren Kampfes eine starke Exekutive freudig begrüßen würde und entwarf eine neue Verfassung, die dem Staatsoberhaupt eine außerordentliche Machtfülle verlieh. Am 15. Dezember 1799 wurde sie durch eine Volksabstimmung mit überwältigender Mehrheit angenommen und der dreißigjährige Bonaparte zum Ersten Konsul proklamiert. Als solcher war er im Grunde Diktator Frankreichs.

Um seinem kriegsmüden Volk als Mann des Friedens zu erscheinen, bot er England und Österreich Bedingungen an, die beide unmöglich annehmen konnten. Während die ihm hörigen Zeitungen dies zur Propaganda ausnutzten, machte er sich mit erheblichem Erfolg daran, die Staatsfinanzen zu stützen. Gleichzeitig unterstellte er sich Heer und Marine unmittelbar. Im Frühjahr fühlte er sich stark genug, mit den Überresten der Zweiten Koalition militärisch abzurechnen. Als den am leichtesten erreichbaren Gegner wählte er Österreich. Im Mai 1800 führte er ein Heer über die Alpen, ließ die Kanonen in tiefem Schnee mit Schlitten über den schwierigen Großen St. Bernhard schleppen und fiel in Italien ein. Die Hauptarmee der Österreicher, vom Nachschub abgeschnitten, gab ihre starke Stellung an der französischen Grenze auf und marschierte eilig nach Osten, nur um Mitte Juni in der Schlacht von Marengo von Bonaparte geschlagen zu werden. 6 Monate darauf besiegte General Moreau die Österreicher entscheidend bei Hohenlinden in Deutschland, womit der Krieg der Zweiten Koalition sein Ende fand. Österreich schloß den Frieden von Lunéville.

Großbritannien schlägt im Süden zurück– Abukir

Wiederum stand Großbritannien so gut wie ohne Verbündeten allein, und wiederum sah es sich auf Ausnutzung seiner Seemacht angewiesen. Bonaparte lieferte Beweise dafür, daß er gewillt war, britischen Streitkräften und britischem Handel den Kontinent zu verschließen. Weil Spanien das schwächste Glied in der Verteidigung Europas zu sein schien, beschloß das britische Kabinett, die Eroberung von Cadiz zu versuchen. Anfang Oktober, als die wildesten Stürme tobten, versegelte ein Heer von 22 000 Mann unter Abercromby, von Keith eskortiert, aus Gibraltar, um einen der am stärksten verteidigten Häfen Europas anzugreifen. Als ihm aber Keith eine logistische Hilfe unter allen denkbaren Wetter- und sonstigen Verhältnissen nicht bindend versprechen konnte, brach Abercromby kurz entschlossen die Unternehmung ab. Etwas beschämt kehrten er und Keith nach Gibraltar zurück, wo sie neue Befehle aus England vorfanden.

Nun wo Österreich wiederum zum Frieden gezwungen war, schien auch der Friedensschluß zwischen Frankreich und Großbritannien bevorzustehen. Die Anwesenheit französischer Soldaten in Ägypten konnte aber dort unter Umständen französische Ansprüche begründen oder auch anderweitige

französische Forderungen untermauern. Um jeden Preis mußte zunächst die Armee des Ostens vertrieben werden, und diese Aufgabe sollten Abercromby und Keith lösen. Eingedenk des kürzlichen Fehlschlages bei Cadiz und Abercrombys Mißgeschick bei Den Helder waren die beiden Befehlshaber entschlossen, diesmal keinen Fehler zu machen. Sie verwandten jede denkbare Mühe auf die Planung und erarbeiteten dabei viel von der Technik moderner amphibischer Kriegführung.
In Unterschätzung der noch in Ägypten stationierten französischen Truppen stellte das Kriegsministerium Abercromby nur 16 000 Mann zur Verfügung. Wie üblich waren sie schlecht ausgerüstet, und wie üblich waren die Abercromby erteilten Befehle äußerst vage. Die kleine Armee lief auf 28 Transportern und im Geleit von 7 Linienschiffen und 12 kleineren Schiffen nach der Marmorice-Bucht, 40 sm nördlich von Rhodos, wo sie im Dezember ankam. Hier hofften die Briten, das Vorhaben mit den Türken absprechen zu können, die großzügige Versprechungen gemacht hatten. Aber sehr bald stellte es sich heraus, daß man, abgesehen von meist armseligen Pferden und Schiffen für ihre Beförderung, kaum etwas von der Türkei erhalten würde.

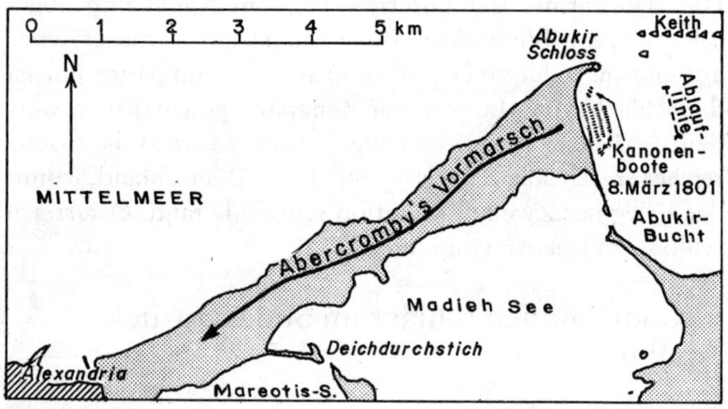

Der brit. Landungsangriff bei Abukir, 8. März 1801

Sechs Wochen mußte man auf die Transporter warten, aber diese Zeit wurde zur nützlichsten des ganzen Feldzuges; denn sie war mit gründlichen und wirklichkeitsnahen Vorübungen der Matrosen und Soldaten ausgefüllt, und so etwas hatte bei allen vorangegangenen amphibischen Angriffen gefehlt. Ob Landung oder Landkampf geübt wurde, stets versuchte man den in der Abukir-Bucht zu erwartenden Verhältnissen so nahe wie möglich zu kommen; denn diese Bucht war in der Nähe von Alexandria die einzige Stelle, wo eine Invasion mit Flottenhilfe möglich schien. Jeder einzelne Mann wurde für die beabsichtigte Operation gedrillt, bis sie ihm zur Gewohnheit geworden war. Am besten erklärt man diese Probemanöver mit Nelsons Wort: Die Landungsordnung soll zugleich die Schlachtordnung sein[2].

2 Auszüge aus den Landungsbefehlen finden sich in: Sir Henry Bunbury, Der Große Krieg gegen Frankreich, London 1927, S. 103–106.

Als die Briten am 1. März 1801 in Ägypten eintrafen, stand der nunmehrige französische Oberkommandierende, General Menou, mit dem Gros des Heeres in Kairo. Voll Verachtung unternahm er in der Woche, in der Keith' Schiffe in der Bucht von Abukir auf günstiges Wetter warteten, nichts zur Verteidigung des Strandes. Als am 8. März der Angriff erfolgte, standen noch keine 2000 Mann zu seiner Abwehr bereit.
Um 2 Uhr früh gab eine Rakete von Keith' Flaggschiff das Signal zum Beginn der britischen Operationen. Von den 7 sm vom Ufer auf tiefem Wasser verankerten Transportern wurden die Soldaten der ersten Division zur Ausgangslinie gerudert, die durch zwei flache, 2 sm vor der Küste verankerte Boote markiert worden war. Um 9 Uhr stand das Landungskorps, Kanonenboote an den Flügeln und im Rücken, in 3 Wellen aufgereiht vor dem eine Meile breiten Strand. Auf Signal eröffneten die Kanonenboote das Feuer gegen die Küste, während die Landungsboote anruderten. Die erste Welle bestand aus 58 flachen Fahrzeugen mit 3000 Infanteristen an Bord, die zweite folgte in 15 Meter Abstand auf 84 Kuttern der Schiffe mit 2700 Mann, die dritte bestand aus 37 Prähmen. Von Matrosen gerudert, schleppten sie 14 weitere Prähme mit Feldgeschützen und ihren Bedienungen. Zunächst gerieten die 3 Wellen in das Kreuzfeuer von Vollkugeln, das wenig Schaden anrichtete, dann in ein solches von Kartätschen und Traubengeschossen, wodurch schwere Verluste eintraten, schließlich in Musketenfeuer.
Als die erste Welle auf Strand lief, schoben sich die beiden anderen in die Zwischenräume, und 6000 Mann sprangen, bereits in Bataillone und Kompanien eingeteilt, an Land. Angriffe von Infanterie und Dragonern zu Pferde wiesen die Briten ab und stürmten dann hinter Generalmajor Moore die Sanddünen hinauf. Bei Einbruch der Nacht waren sie 2 Meilen in Richtung auf Alexandria vorangekommen; der Rest von Abercrombys Heer war an Land. Bis dahin hatte man 700 Mann Verluste gehabt, davon 100 Matrosen, die Franzosen etwas über 400 Mann.
Ein Gefecht am 13. warf die Franzosen auf Alexandria zurück. Der nunmehr doch beunruhigte Menou brachte am 19. Verstärkungen nach Alexandria, die durch den ausgetrockneten See Mareotis nach Norden marschierten. Nun standen 10 000 Verteidiger bereit, und doch hatte Menou unerklärlicherweise die halbe Armee in Kairo gelassen. In einem schweren Gefecht am 21. fiel Abercromby; Generalmajor Hely-Hutchison übernahm den Befehl. Er durchstach den Deich, wodurch sich der Mareotis-See füllte und Alexandria zerniert wurde. Dann ließ er 6000 Mann zur Belagerung der Stadt zurück und marschierte mit 5000 gegen Kairo. Unterwegs erfuhr er zu seinem Kummer, französische Verstärkungen träfen über See ein.
Da aber Keith' Flotte vor der ägyptischen Küste Wacht hielt, hätte er sich keine Sorgen zu machen brauchen. Konteradmiral Ganteaume war auf Bonapartes Befehl im Januar bei einem Sturm aus Brest entkommen. Es handelte sich um

7 Linienschiffe und 2 Fregatten mit 5000 Mann an Bord. Wie damals Bruix, war er ungehindert durch die Straße von Gibraltar gesegelt. Im Mittelmeer aber packte ihn die Besorgnis, und er lief nach Toulon. Zweimal befahl ihm der verärgerte Bonaparte, den Hafen zu verlassen, und im Mai lief er endlich nach Ägypten aus. Am 7. Juni stand er etwa 200 sm westlich von Alexandria und schickte eine Korvette zur Aufklärung voraus. Als diese von den Briten in einen Hafen gejagt worden war, zog Ganteaume sich nach Bengasi zurück, in der unsinnigen Vorstellung, er könne seine Truppen 600 Meilen weit durch Wüstensand auf Alexandria marschieren lassen. Mittlerweise war Keith zur Aufklärung nach Westen vorgestoßen. Kaum sichtete Ganteaume die ersten britischen Segel, als er wiederum nach Toulon floh. Er hatte ein bemerkenswertes Talent bewiesen, dem Feind zu entschlüpfen, viel mehr aber auch nicht. Und doch war Bonaparte überzeugt, trotz britischer Wachsamkeit könnten französische Flotten ungehindert durch die Straße von Gibraltar laufen, eine Annahme, die 4 Jahre später zu Trafalgar führen sollte.

Hely-Hutchison rückte weiter auf Kairo vor und wurde nun endlich durch die schon lange versprochenen 4000 Türken und 1200 Mameluken verstärkt. Gleichzeitig waren noch 6000 Briten auf dem Weg über das Rote Meer in Ägypten eingetroffen und näherten sich Kairo von Südosten. Die Massierung derartiger Streitkräfte erwies sich als unnötig; denn 13 000 heimwehkranke Franzosen in Kairo ergaben sich sehr schnell, nachdem ihnen die Evakuierung nach Frankreich zugesichert worden war. Alexandria kapitulierte am 2. September.

Nach 8 Jahren recht bescheidener Leistungen im Kampf gegen die Franzosen hatte die britische Armee endlich gegen eine Übermacht einen glänzenden Sieg errungen. Gewiß spielte dabei der Wunsch der französischen Soldaten, nach Hause zu kommen, eine Rolle, aber Bonapartes Veteranen kämpften so zäh wie je, bis General Menous Unfähigkeit klar zutage getreten war. Sie hatte sich erstmals gezeigt, als er nur unzulängliche Verteidigungskräfte zum Brückenkopf von Abukir entsandte, und steigerte sich ins Groteske, als er ohne jeden ersichtlichen Grund sein Heer teilte, so daß die Briten es nacheinander schlagen konnten.

Das ganze ägyptische Abenteuer zeigt Bonapartes Spielernatur in denkbar ungünstigem Licht. Es beraubte Frankreich seiner Toulon-Flotte und band eine wertvolle Armee, während die Feinde das Land an den Rand des Unterganges brachten, vor dem es in erster Linie durch die Torheit der Gegner bewahrt blieb.

Großbritannien schlägt im Norden zurück – Kopenhagen

Im Herbst 1800 wollte Bonaparte, dem der Sieg von Marengo in den Kopf gestiegen war, die bittere Erinnerung an Abukir durch einen neuen Vorstoß in den Orient auszulöschen. Dazu würde er wiederum das Meer befahren müssen, aber dort durfte er sich nicht zeigen, solange nicht Englands Macht ausgeschaltet war. Lord Bridports sorglose Bewachung der Kanalhäfen war von der unerbittlichen Wachsamkeit eines St. Vincent abgelöst worden. Dieser eisenharte alte Admiral schonte weder sich noch seine Schiffe und Kapitäne. Er blokkierte die Häfen das ganze Jahr hindurch, was sogar die stärksten Charaktere unter seinen Kommandanten zu Klagen veranlaßte. Die großen Strapazen der Kanal-Blockade ruinierten jedenfalls den französischen Seehandel und führten zum physischen und moralischen Verfall der französischen Flotte.

Um Großbritanniens Seemacht zu schwächen, begann Bonaparte mit List und Tücke, in der Ostsee Unruhe zu stiften. Indem er sich die Eitelkeit des Zaren Paul und die wirtschaftlichen Interessen Schwedens und Dänemarks zunutze machte, brachte er schließlich diese Mächte und Preußen dazu, eine neue »Bewaffnete Neutralität des Nordens« zu bilden. Sie sollte die Ostsee für den britischen Handel schließen und die Royal Navy dadurch schwächen, daß Großbritannien Masten, Spieren und anderes wichtiges Schiffbaumaterial vorenthalten wurden. Um dieser untragbaren Lage zuvorzukommen, zog die britische Regierung schleunigst in Yarmouth eine Flotte zum Einsatz in der Ostsee zusammen.

Den Befehl übernahm im Februar 1801 Admiral Sir Hyde Parker. Er war 62 Jahre alt, reich an Dienstalter, aber arm an Erfahrung. Man hatte ihn ausgesucht, weil das Kabinett glaubte, man könne die Dänen zum Austritt aus der Liga überreden, ohne kämpfen zu müssen. Als seinen Stellvertreter ernannte die Admiralität Baron Nelson vom Nil, gewiß in der Absicht, auf alle Fälle auch einen kampflustigen Admiral an Ort und Stelle zu haben. Niemand überlegte sich, was für Schwierigkeiten diese Regelung für beide Admirale mit sich bringen mußte; niemand berücksichtigte Nelsons notorisch schlechte Zusammenarbeit mit weniger talentierten Vorgesetzten. Er, der von vielen als St. Vincents verzogener Liebling abgelehnt wurde, mußte doch im Fall von Feindseligkeiten Parker unvermeidlich dazu bringen, sich einem 20 Jahre jüngeren Offizier unterzuordnen. Und es kam wirklich so.

Von Anfang an war das Befehlsproblem sehr schwierig. Während sich Nelson über jede Verzögerung ärgerte, lag Parker friedlich zu Anker und nahm von seinem Stellvertreter überhaupt keine Notiz. Dabei durfte doch keine Zeit verschwendet werden; denn der nahe Frühling würde die Ostseehäfen sehr schnell vom Eis befreien und den Verbündeten im Norden eine Vereinigung ihrer Flotten ermöglichen. Schließlich scheint Nelson, der den Wert der Zeit besser einschätzte als die meisten anderen, seinem alten Freund St. Vincent, der gerade Erster Lord der Admiralität geworden war, einen Wink gegeben zu haben. Jedenfalls versegelte der Verband am 12. März, als das Verhältnis der beiden Admirale alles andere als herzlich war.

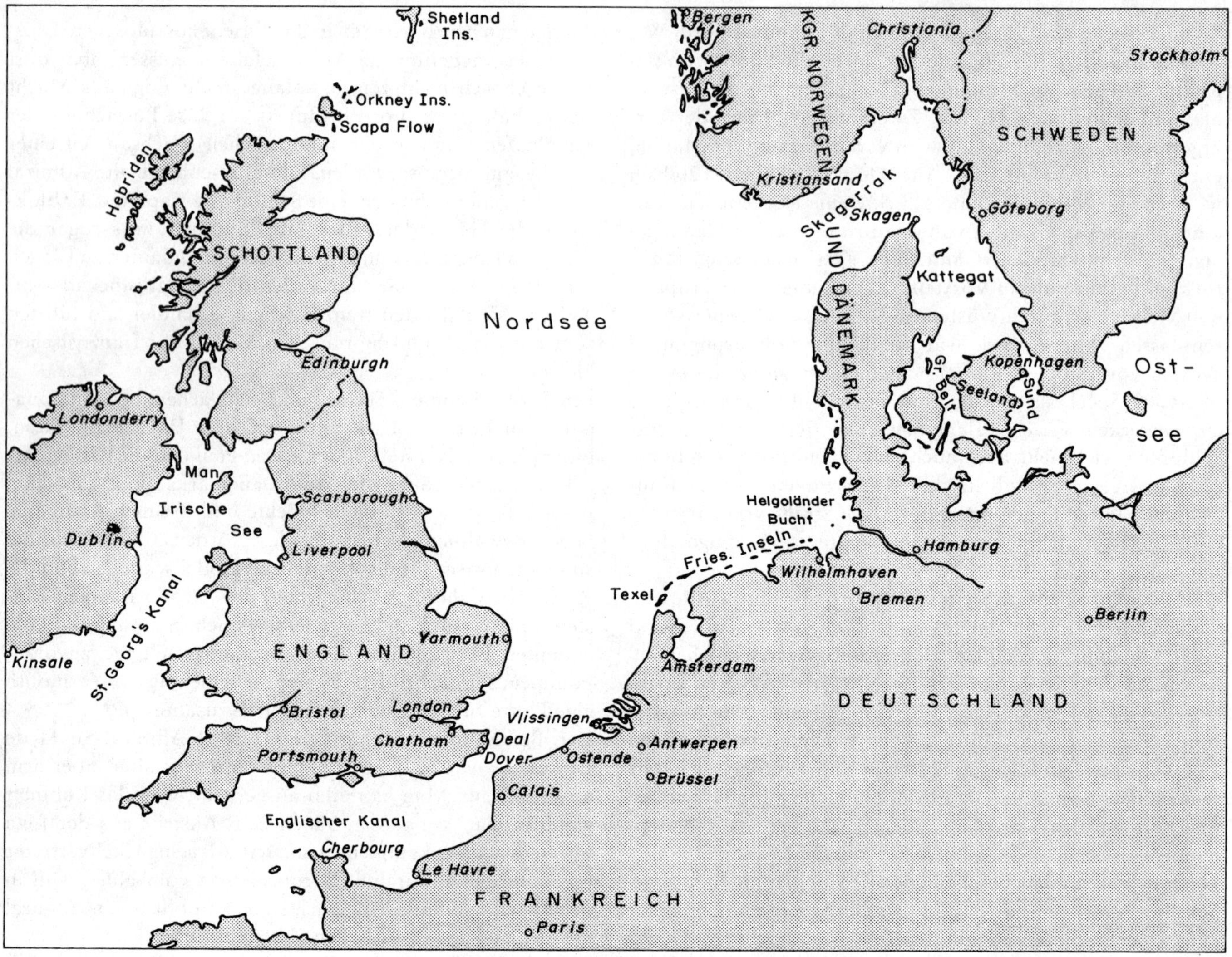

Die Nordsee und die Ostseezugänge

Die am 19. März vor Skagen eintreffende Flotte umfaßte 23 Linienschiffe. Parkers Flagge wehte auf der *London* (98), diejenige Nelsons auf der *St. George* (98). Außer diesen Dreideckern gehörten noch 14 74er, 5 64er und 1 50er zum Verband, dazu 11 Fregatten und 23 kleinere Fahrzeuge. Parker schickte eine Fregatte mit dem britischen Gesandten Nicholas Vansittard voraus, der von den Dänen in ultimativer Form den sofortigen Austritt aus der Liga verlangte. Die Flotte folgte langsam, sehr zu Nelsons Ärger, der dieses Ultimatum durch Linienschiffe unterstreichen wollte, die er »die besten Verhandlungsführer in Europa« nannte, noch ehe die Dänen ihre Verteidigung verstärken konnten. Aber Parker war anderer Meinung, und am 20. März ankerte die Flotte nördlich von Seeland, um Vansittards Rückkehr abzuwarten. Als er am 23. März eine negative Antwort brachte, ließ Parker endlich Nelson kommen. »Jetzt kommt es sicher zum Kampf«, schrieb dieser an Lady Hamilton. »Man hat nach mir geschickt.«

An Bord der *London* traf Nelson einen tief deprimierten Kriegsrat. Die dänischen Verteidigungsanlagen, so hatte Vansittard berichtet, waren weit stärker, als man angenommen hatte. Die meisten Anwesenden waren für ein Abwarten, bis die vereinigten Ostseegeschwader sich zum Kampf stellten. Nelson sah darin eine grenzenlose Torheit; denn dann blieb die Ostsee dem britischen Handel verschlossen, während man zugleich den Alliierten die Angriffsinitiative überließ. In dem Wunsch, gegen Rußland, das Haupt der Koalition, vorzugehen, schlug Nelson sogar vor, südlich von Seeland durch den Großen Belt zu laufen und die russische Flotte in Reval zu überraschen, bevor ihr die Eisschmelze den Rückzug unter Kronstadts starke Verteidigungsanlagen gestattete. Dies Vorgehen war typisch für Nelson: dort zuschlagen, wo es der Feind am wenigsten erwartet. Es würde den Briten erlauben, die alliierten Flotten nacheinander zu vernichten.
Da dieser Plan dem phantasielosen Parker zu kühn schien, schlug Nelson einen Angriff auf Kopenhagen vor. Nach Van-

sittards Angaben war die Verteidigung der Stadt nach Norden orientiert, wo die gewaltige Tre-Kroner Batterie die Hafeneinfahrt schützte. Deshalb empfahl Nelson einen Angriff von Süden. Seine Begeisterung begann auf den Kriegsrat ansteckend zu wirken, der schließlich den Plan grundsätzlich annahm.

Zunächst beabsichtigte Parker, westlich an Seeland vorbeisegelnd, Kopenhagen von Süden zu erreichen. Als ihm aber die Schwierigkeiten des Anmarsches durch den Großen Belt klarer wurden, beschloß er, die enge Durchfahrt zwischen Seeland und Schweden zu wagen. Er tat es am 30. März, wobei er sich dicht an der Ostküste hielt, um dem Feuer der dänischen Batterien zu entgehen. 5 sm nordöstlich von Kopenhagen ankerte er in dem als »Sund« bekannten Gewässer. Von dort aus führte Nelson persönlich eine Bootsgruppe zur Erkundung der dänischen Verteidigungsanlagen.

Östlich der Tre-Kroner Batterie wird der Sund durch den Mittelgrund in zwei etwa Nord–Süd verlaufende Fahrwasser geteilt. Im westlichen, dem Königskanal, hatten die Dänen eine Reihe von Blockschiffen verankert, um die Südzufahrt zur Stadt zu sperren. Sie bestanden aus 10 mastenlosen Schiffen und 10 leichteren schwimmenden Batterien, alle mit starken Geschützen armiert. Noch schwerer armierte Fahrzeuge waren in fast gleichen Zwischenräumen über die ganze Linie verteilt. An der weiter entfernten Küste standen auch noch Batterien. Nelson bestärkte seine Überprüfung in der Überzeugung, die Stadt müsse von Süden her, nicht aber ausgerechnet unter den Kanonen von Tre-Kroner angegriffen werden. Das hieße, nach seinen Worten, den Stier dann doch zu sehr bei den Hörnern packen. Der richtige Weg sei, durch den Königskanal auf die Blockschiffe zuzulaufen. Diese Ansicht legte er am selben Abend an Bord der *London* einem zweiten Kriegsrat dar.

In seiner Abwesenheit hatte erneut der Pessimismus die Oberhand gewonnen, aber wieder siegte seine Begeisterung. Er drängte darauf, der Angriff von Süden aus solle durch 10 Schiffe mit dem geringsten Tiefgang erfolgen, und bot sich zu ihrer Führung an. Inzwischen sollte Parker mit dem übrigen Geschwader nördlich von Kopenhagen demonstrieren, um die Dänen von einer Verstärkung des Südflügels der Verteidigungsanlagen abzuhalten. Waren die Blockschiffe vernichtet, so konnte die Stadt durch kleinere Fahrzeuge bombardiert werden. Parker ließ sich zu diesem Vorgehen überreden und gab sogar Nelson in einer Anwandlung von Großmut statt der erbetenen 10 Schiffe 12. Sein Logbuch stellt hierzu nüchtern fest: »Befahl Vizeadmiral Nelson, sich die hier erwähnten Schiffe, Fregatten, Bombenfahrzeuge, Brander und Kanonenboote für den Angriff auf die Feindlinie zu unterstellen usw.«[3)]

Zunächst setzte Nelson seine Flagge auf der weniger tief gehenden *Elephant* (74). Dann traf er für diesen Kampf sehr sorgfältige und detaillierte Vorbereitungen, während er bei Abukir seinen Kommandanten nur generelle Anweisungen gegeben hatte. Er verlegte seine Schiffe in eine Position südöstlich vom unteren Ende der Blockschifflinie und prüfte die Lage aufs genaueste. In seinen Befehlen führte er alle 20 Feindschiffe mit der geschätzten Zahl ihrer Kanonen auf. Jedem seiner Schiffe wies er ein Ziel oder auch mehrere zu. Weil der Feind Rückhalt an Küstenbatterien hatte und vor Bug- und Heckankern genau an der Kante einer Untiefe lag, sah er von einer Einkreisung wie bei Abukir ab. Er beabsichtigte auch keinerlei Massierung auf dem Südflügel der Feindlinie; denn dann konnten die darauf vorbereiteten dänischen Schiffe mit Hilfe ihrer Springs drehen und die Briten unter Längsbeschuß nehmen. Dem wollte er durch fast gleichzeitig einsetzenden Kampf auf der ganzen Linie begegnen, wobei er sich zur Vernichtung des Gegners ganz auf seine Artillerie verließ. Die eigene Linie ordnete er so, daß er gegen fast jedes dänische Schiff eine überlegene Feuerkraft zum Einsatz brachte. Die einzige Ausnahme hiervon betraf H.M.S. *Isis,* die der etwas stärkeren Nummer 2 der Feindlinie gegenüberliegen würde. Diese aber sollte zuvor durch das Feuer eines anderen Briten angeschlagen werden, der sie zu passieren hatte, bevor die *Isis* auf Position kam. Die 369 Feindgeschütze sollten mit 443 eigenen bezwungen werden, was eine Überlegenheit von 6 : 5 ergab. Zusätzlich beauftragte er 6 Kanonenboote mit der Beschießung der dänischen Nummer 1 am Südende der Linie. Strich sie die Flagge, so ging das Feuer der Kanonenboote auf die Nummer 2 über, während *Isis* und ihr Hintermann *Agamemnon* weiterlaufen und die vorderen Schiffe unterstützen sollten. Die Fregatten unter Kapitän Riou hatten nördlich der Linie zu demonstrieren, und Parkers Schiffe mußten auf Kopenhagen zulaufen, um als bewegliche Reserve verfügbar zu sein.

In der Nacht vom 1. zum 2. April drehte der Wind, wie von Nelson erwartet, auf SSO. Alles war zum Angriff bereit. Um 7 Uhr 30 hielt er eine Schlußbesprechung ab. Zwischen 9 Uhr 45 und 10 Uhr 15 waren alle Schiffe in Fahrt und formierten die Schlachtlinie mit 270 Meter Abstand. Beim Anmarsch brach unter den Ostseelotsen eine Panik aus. Bei der Aussicht, ins Feuer zu kommen, weigerten sie sich, die Schiffe zu steuern. Ein Segelmeister erbot sich, die Linie zu führen, aber bei dem herrschenden Durcheinander liefen 2 britische Schiffe auf Grund, und ein drittes kam nicht am Mittelgrund vorbei. So war Nelsons Verband bereits von Anbeginn um ein Viertel geschwächt. Die Überlegenheit an Feuerkraft hatte sich in eine Unterlegenheit von 5 : 5½ verwandelt. Aber unverzagt und, wie bei ihnen üblich, schweigend liefen die Briten weiter in die Schlacht. Im Norden kam Parkers Streitmacht gegen den Wind nur langsam voran, aber Riou brachte seine Fregatten nordöstlich von Tre-Kroner auf Position, wo er das nördlichste dänische Schiff schwer beschädigte.

Durch den Verlust von 3 Schiffen mußte Nelson seinen Plan in letzter Minute ändern. Nun führte die *Edgar* die Linie, und dann lief jedes Schiff außen an seinem Vorder-

3 The Journal of Sir Hyde Parker, Logs of the Great Sea Fights, 1794–1805, II, Navy Records Society, 1900, S. 88.

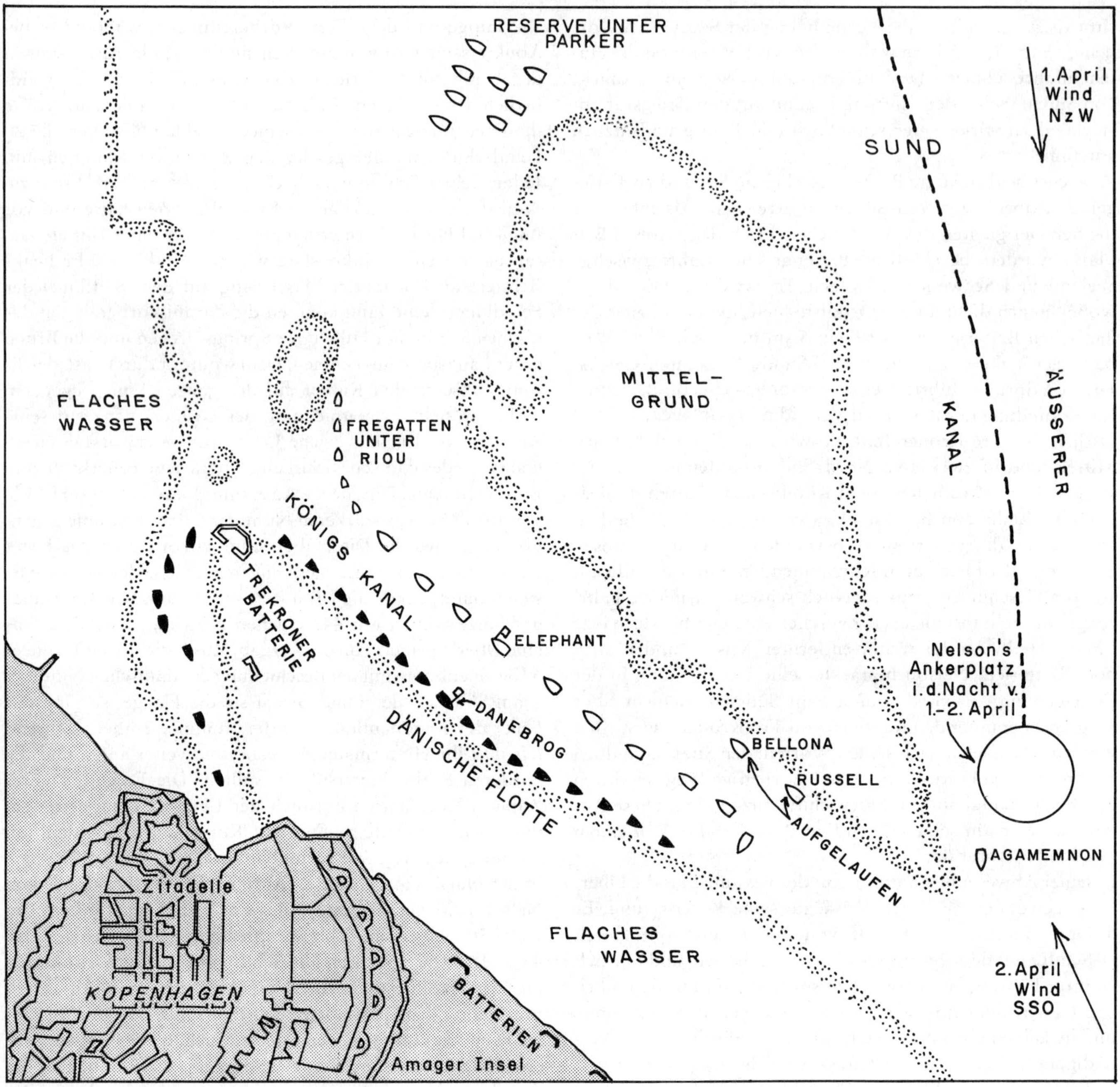

Die Schlacht von Kopenhagen, 2. April 1801

mann vorbei und ankerte vor ihm, so daß die Schiffe in umgekehrter Reihenfolge standen. Auf diese Weise lag kein Schiff unter dem Feuer der ganzen Feindlinie und, wie bei Abukir, erwiderte die erste Salve jedes Feindschiffes die erste Salve jedes britischen. Die Dänen schossen zuerst, und um 11 Uhr 30 erreichte das Feuer ein blutiges Crescendo, das ohne größere Abschwächung bis 14 Uhr währte. Nelson schrieb: »Hier war von Manövrieren keine Rede. Nichts als Kampf.«

Parker beobachtete das gegenseitige Gemetzel von der *London* aus. Seine Unruhe wuchs, und er erörterte mit seinem Flaggkapitän Otway einen etwaigen Abbruch des Gefechts. Otway widerriet heftig und erbot sich, mit einem Boot Nelsons Ansicht einzuholen, bevor eine Entscheidung getroffen wurde. Parker willigte ein. Ehe aber Otway die *Elephant* erreicht hatte, heißte Parker um 13 Uhr 30 das Signal »Kampf abbrechen«. Zunächst schien Nelson davon keine Notiz zu nehmen, dann aber befahl er, das Signal lediglich

zu bestätigen, wobei er zugleich fragte, ob sein eigenes Signal – »Nahgefecht« – noch wehe. Als dies bejaht wurde, hielt er den Kieker vor sein blindes Auge und sagte zum Kommandanten der *Elephant*: »Sie wissen ja, Foley, daß ich nur ein Auge habe. Dann habe ich wohl auch das Recht, gelegentlich blind zu sein. Ich sehe das Signal wirklich nicht.«
Keins von Nelsons Schiffen wiederholte oder befolgte Parkers signalisierten Befehl. Im Norden fühlte sich Riou, der halb und halb selbständig handeln mußte, zum Gehorsam verpflichtet. Er begann sich unwillig zurückzuziehen, bemerkte aber: »Was wird nur Nelson von uns denken?« Im nächsten Augenblick zerschmetterte ihn eine Kugel.
So wie die Dinge lagen, hatte Nelson volle Berechtigung, sich blind zu stellen. Seine Schiffe hätten unmöglich den Weg zurück laufen können, auf dem sie angesegelt waren; denn genau aus dieser Richtung stand der Wind. Der einzige Ausweg führte an der ganzen Linie der Blockschiffe und an der Tre-Kroner Batterie vorbei. Letztere aber war nach Ansicht aller für einen Angriff zu gefährlich. Nur ein Sieg konnte Nelsons Geschwader aus seiner Lage befreien[4].
Gegen 14 Uhr ließ das dänische Feuer nach, und bald darauf schickte Nelson ein Ultimatum an Land: »An die Brüder der Engländer, die Dänen. Lord Nelson hat Anweisung, Dänemark zu schonen, wenn es nicht länger Widerstand leistet. Geht aber das Feuer weiter, so ist Lord Nelson gezwungen, alle bereits eroberten schwimmenden Batterien in Brand zu setzen, ohne daß es in seiner Macht steht, die tapferen Dänen, die sie verteidigt haben, zu retten.«[5] Diese Note hatte sich Nelson sehr gründlich überlegt, hatte sie sogar mit seinem eigenen Siegel, statt mit einer Oblate verschlossen, was auf große Eile hätte schließen lassen. Obwohl der Gegner sich keineswegs in einer hoffnungslosen Lage befand, wie die Note andeutete, hatte Nelsons Bluff Erfolg, vielleicht weil die Dänen gerade die Nachricht von der Ermordung des Zaren Paul bekommen hatten und einsahen, daß Rußland sich ohnehin bald aus der bewaffneten Neutralität zurückziehen werde. Die Dänen willigten ein, die britische Flotte 14 Wochen lang zu versorgen und in dieser Zeit kein Schiff fahrbereit zu machen; zudem versprachen sie, die bewaffnete Neutralität aufzugeben.
Nelson drang in Parker, sofort gegen die russischen Schiffe in Reval vorzugehen. Er erbot sich sogar, mit einem kleinen Geschwader die schwedische und russische Flotte zu suchen. Auf den Einwand, die beiden könnten sich gegen ihn vereinigen, entgegnete er: »Ich wünschte nur, sie wären doppelt so stark. Je zahlreicher, um so leichter der Sieg.« Hiermit meinte er offenbar, eine große Flotte von zwei verschiedenen Nationen, die noch dazu an gemeinsames Operieren nicht gewöhnt war, sei nicht zu führen und werde den disziplinierten, gut ausgebildeten Briten leicht zur Beute fallen. Aber es nützte alles nichts. Jeder Tatendrang schien Parker verlassen zu haben. Er bestand darauf, er müsse weitere Instruktionen aus England abwarten.
Schließlich bat der enttäuschte Nelson um Heimaturlaub. Parker bewilligte ihn mit Freuden, wurde er auf die Weise doch den unbequemen, stets fordernden Untergebenen los. Am 5. Mai, einen Monat nach der Schlacht kamen die neuen Instruktionen. Beide Admirale waren wie vom Donner gerührt. Parker wurde nach England zurückberufen; Nelson behielt den Befehl in der Ostsee.

Der Friede von Amiens

Es schadete nicht viel, daß Nelsons Vorgehen gegen die Russen für eine Vernichtung der russischen Flotte zu spät kam. Mit dem neuen Zaren Alexander I. wechselten Rußlands Sympathien. Die bewaffnete Neutralität gehörte der Vergangenheit an. Als Nelson in Reval an Land ging, wurde er als »der junge Suvorov« willkommen geheißen, und bei der Rückkehr nach England war er aufs neue der Held des Tages und wurde in den Rang eines Viscount Nelson erhoben.
Durch den Zusammenbruch der bewaffneten Neutralität und Abercrombys Siege in Ägypten hatte England Bonaparte aufs neue den Weg versperrt. Er hatte die Initiative verloren, und Großbritanniens Seemacht war nur noch stärker geworden. Bei Kriegsbeginn hatte die Royal Navy 15 000 Mann Personal, Ende 1801 fuhren 133 000 Mann auf ihren Schiffen. Die Zahl der Schiffe hatte sich von 135 auf 202 Linienschiffe und von 133 Fregatten auf 277 erhöht. Gleichzeitig war die französische Marine um mehr als 50 % verkleinert worden, und nur wenige Schiffe waren seetüchtig. Die Auswirkung des Krieges aber hatte im Wirtschaftsleben beider Länder zu tiefgreifenden Wandlungen geführt. Vielerorts litten die Menschen in England Not, und fast jeder hatte den Krieg satt. Addingtons neues Kabinett wollte nur zu gern Frieden, da es keinerlei Ahnung hatte, wie eine Fortsetzung der Kriege von einem Sieg gekrönt werden könnte.
Auch Bonaparte war, wenn auch aus ganz anderen Gründen, sehr für den Frieden, hoffte er doch am Konferenztisch das zu gewinnen, was er mit Waffengewalt nicht errungen hatte. Als ihm Englands Friedensfühler zur Kenntnis kamen, ging er darauf ein. Als guter Unterhändler erkundete er jedoch

4 Diejenigen, die Parker entschuldigen, haben sein Signal für berechtigt gehalten. Otway habe ja mündlich auch den Kampfabbruch übermitteln sollen. Dann aber darf man fragen, weshalb Parker nicht mit seinem Signal gewartet hat, bis Otway auf die *Elephant* kam, oder weshalb unter diesen Umständen überhaupt ein Signal erforderlich war. Im übrigen untermauert nichts diesen um Verständnis bemühten Standpunkt. Wahrscheinlich hat Parker sich nur beeilt, seine Hände in Unschuld zu waschen. Sollte Nelsons Verband ins Verderben rennen, was Parker zu diesem Zeitpunkt für wahrscheinlich hielt, so würde der Bericht zeigen, daß der Kampf entgegen seinen Befehlen geführt worden war. Nelson hat den Befehl für unzulässig gehalten; denn einige Stunden nach der Schlacht sagte er: »Also gut, ich habe den Befehlen zuwider gekämpft und werde vielleicht aufgehängt. Tut nichts. Sollen sie es machen.«

5 Zitiert in: Carola Oman, Nelson. London 1947, S. 391.

zuvor die Schwächen des Feindes und verbarg die eigenen. Der Erste Konsul bewies jetzt, daß er ein ebenso geschickter Diplomat wie ein großer Heerführer war. Nachdem am 1. Oktober 1801 ein vorläufiges Übereinkommen unterzeichnet war, begannen die Briten schleunigst mit der Demobilisierung. Bei späteren Verhandlungen aber stellte Bonaparte mündliche, in den vorangegangenen Verhandlungen getroffene Vereinbarungen höflich in Abrede. Da Großbritannien durch übereilte Abrüstung seine Trümpfe verspielt hatte, mußte es viele der schwer errungenen überseeischen Eroberungen herausgeben. Witzbolde mochten über »den Frieden, der höher sei als alle Vernunft« spotten, die allgemeine Freude aber übertönte alle Jeremiaden. Die Engländer, die zu den Annehmlichkeiten friedlichen Lebens zurückkehrten, wollten »Stimmen der Ahnen, die den Krieg verkünden«, nicht hören.

Zusammenfassung

Der Vertrag von Campo Formio und die darauf folgende Isolierung Englands im Herbst 1797 rückten das alte Problem vom Elefanten und Walfisch in den Blickpunkt: wie konnte die größte Landmacht der größten Seemacht beikommen? Napoleon Bonaparte, der sich wenig Erfolg von einem Frontalangriff gegen England über den Kanal versprach, unternahm statt dessen eine Expedition nach Ägypten. Das war ein verhängnisvoller Fehler; denn dadurch, daß er über See fuhr, setzte er sich einem Angriff der britischen Seemacht aus. In der Schlacht von Abukir (1. August 1798) vernichtete Nelson nicht nur Frankreichs Mittelmeerflotte und isolierte Bonaparte und sein Heer fern vom strategischen Zentrum, er bereitete auch den Krieg der Zweiten Koalition gegen Frankreich vor. Bruix' über See gemachter Versuch einer Rettung der französischen Armee in Ägypten, wie auch der 2 Jahre später von Ganteaume unternommene bewiesen nur, daß französische Flotten zwar britischer Wachsamkeit entgehen und die Straße von Gibraltar passieren konnten, aber in einem von der Royal Navy beherrschten Seegebiet kaum etwas zu erreichen vermochten.

Im Krieg der Zweiten Koalition führte England mit geringer Abwandlung die vom älteren Pitt übernommene Strategie fort. Es zahlte Subsidien an Verbündete, um eine kontinentale Strategie zu verwirklichen, die auf das Herz des Gegners zielte. Es setzte die eigenen Land- und Seestreitkräfte dafür ein, die Seeherrschaft zu behaupten und Feindhäfen zu blokkieren. In Verfolg einer peripheren Strategie schlug es am Rand der feindlichen Kontinentalstellung und in den überseeischen Besitzungen des Gegners zu. Während Österreich um Entsendung einer britischen Armee nach Italien bat, zog Großbritannien es vor, seine militärischen Mittel für amphibische Nadelstiche an der Atlantikküste einzusetzen – in Nordholland, Cadiz und anderswo. Aber jeder Versuch wurde zum Fehlschlag und zog nicht einmal französische Kräfte von den österreichisch-russischen Heeren an Frankreichs Ostgrenze ab. Beim Versuch, an Land zu steigen, war der Walfisch ganz offensichtlich seinem Element allzu sehr entfremdet. Im Mittelmeer eroberten die Briten Minorca und Malta, aber ihre Hilfe in Italien und im Mittleren Osten beschränkte sich weitgehend auf rein maritime Operationen wie Blockaden und Überwachung der Seeverbindungen. Eine glänzende Ausnahme bedeutete Sir Sydney Smith' Teilnahme an der Verteidigung von Acra, die Bonapartes Vormarsch gegen die Türkei beendete. Erst nach Österreichs Niederlage fanden sich Heer und Marine Großbritanniens zu einer wirksamen Zusammenarbeit. Im ägyptischen Feldzug des Jahres 1801 entwickelten Keith und Abercromby endlich eine amphibische Doktrin und jene Einmütigkeit der Wehrmachtteile, die nötig war, wenn Englands Macht auch an Land zur Geltung kommen sollte. Gleichzeitig begann die britische Armee Prestige und Vertrauen zurückzugewinnen, die seit dem Siebenjährigen Krieg ständig im Schwinden waren. Der Feldzug auf der Iberischen Halbinsel, der schließlich zu Napoleons Sturz führte, war in den Bereich der Möglichkeit gerückt.

Auf dem Kontinent konnte Frankreich alle Feinde zurückschlagen, teilweise gewiß wegen Unfähigkeit und unterschiedlicher Ziele der anti-französischen Koalition. Bonaparte glückte es, als Erster Konsul die Lage von 1797 wiederherzustellen. Großbritannien aber schnürte den französischen Überseehandel ab und nahm sich von Frankreichs überseeischen Besitzungen, was es wollte, blieb selbst jedoch so unerreichbar wie je. Die Franzosen konnten nichts Wirksames gegen das britische Imperium unternehmen, weder durch einen direkten Angriff auf England noch auf dem Weg durch die Hintertür, also über Ägypten, noch durch einen Angriff auf den Seehandel. Bonapartes Versuch, mit Hilfe der bewaffneten Neutralität einen Streich gegen die Grundpfeiler der britischen Seemacht zu führen, hatte nur eine Züchtigung Dänemarks durch Nelsons Schlacht von Kopenhagen (2. April 1801) im Gefolge – eine Lehre, welche die Ostseestaaten nie vergaßen. Der Elefant erwies sich als ebenso ungeschickt bei dem Versuch, seine Kräfte auf See einzusetzen, wie der Walfisch bei Landoperationen.

Endlich stellten Großbritannien und Frankreich fest, das Problem sei unlösbar, zum mindesten im Augenblick. Im Oktober 1801 unterzeichneten sie Friedenspräliminarien und im März 1802 den Friedensvertrag von Amiens.

Kapital 10

Trafalgar

Von Henry H. Adams bearbeitetes Kapitel 8 der US-Ausgabe in der Übersetzung von Siegfried Engel

Die Engländer freuten sich über den im Frühjahr 1802 in Amiens abgeschlossenen Vertrag, der den neunjährigen Krieg mit Frankreich beendete. Premierminister Addington wurde als Friedensbringer gefeiert. Die Seeleute gingen wieder ihrem Gewerbe nach, ohne Furcht vor französischen Korsaren und ohne Furcht, gepreßt zu werden. Zum erstenmal seit mehr als einem Jahrzehnt freuten sich die Engländer wieder an den »divertissements« von Paris. Natürlich hatte dieser Friede England etwas gekostet, aber der Preis schien erträglich. Um ihren guten Willen und ihren Wunsch nach einem dauerhaften Frieden zu beweisen, hatten Addingtons Unterhändler alle überseeischen Eroberungen außer Ceylon und Trinidad herausgegeben. Spanien hatte Minorca zurückerhalten, Holland die Kap-Kolonie, die Gewürzinseln, Malakka, Demerera und Berbice. Ägypten sollte der Türkei zurückgegeben werden und Malta den Malteser Rittern. Frankreich gab der Vertrag seine westindischen, afrikanischen und indischen Kolonien wieder. Als Entgelt für all dies versprach der Erste Konsul den »status quo« in Europa.

Im Vertrauen darauf, daß Napoleon zufriedengestellt sei, hatten die Engländer schleunigst abgerüstet. Als erstes wurde das Einkommensteuer-Gesetz abgeschafft. Die Flotte wurde von mehr als 100 Linienschiffen auf weniger als 40 reduziert. Mehr als 40 000 erfahrene Seeleute wurden entlassen, und Hunderte von Offizieren auf Halbsold bewarben sich um die wenigen freien Stellen in der Friedensflotte. Die Reduzierungen im Heer waren genauso einschneidend.

Besucher Frankreichs rühmten den Charme des feinen, gutaussehenden und staatsmännischen Ersten Konsuls. Die Karikaturen von »Boney« verschwanden. Statt dessen erschienen Bilder des Konsuls Bonaparte, eines gewinnenden, an Byron erinnernden, in Gedanken versunkenen, gutgelaunten und intelligenten Mannes. In voller Absicht bemühte er sich, die ihn aufsuchenden Engländer durch einen Wirbel von Bällen, Paraden und manchem Te Deum für sich zu gewinnen. Mehr als eine Andeutung ließ erkennen, was dem allen folgen würde, Vorahnungen kaiserlicher Größe: Levées und der zur Gewohnheit werdende Gebrauch des Vornamens – Napoleon.

Bruch des Friedens von Amiens

Aber nur kurze Zeit ließen sich die Engländer täuschen. Sie hatten abgerüstet, Napoleon nicht. Seine Werften hallten von Arbeitslärm wider. 25 Linienschiffe wollte er im Jahr bauen. In ein paar Jahren hätte er 200, und dann konnte er Englands Seeherrschaft verlachen. Er hatte den Vertrag unterzeichnet, um im Frieden zu erreichen, was ihm im Krieg verwehrt geblieben war; denn er hatte den Würgegriff der Briten gegen seinen Überseehandel nicht lösen können. Im Besitz der neuen Schiffe brauchte er die vernichtende Blokkade der Royal Navy nicht länger zu fürchten. Hätte Napoleon abgewartet, vielleicht hätte sich England wirklich an ein Leben im Frieden so gewöhnt, daß es der weit schwereren Bedrohung, die Napoleon vorbereitete, kaum noch gewachsen gewesen wäre. Aber Napoleon war eitel. Aus verschiedenem Anlaß erschienen in britischen Zeitungen verletzende Geschichten und Karikaturen. Dies erboste Napoleon, noch mehr aber verletzte ihn die Tatsache, daß die britische Regierung daran nichts ändern konnte. Es schien ihm eher ein »nicht wollen« zu sein; denn eine freie Presse war für ihn unvorstellbar.

Weit bedeutsamer war es für die Briten, daß Napoleon sofort die Bedingungen des Vertrages von Amiens zu verletzen begann. Als einziges Zugeständnis hatte er versprochen, die territorialen Grenzen in Europa und Übersee zu respektieren. Doch noch vor Unterzeichnung des Vertrages hatte er Truppen nach Westindien entsandt, scheinbar um einen Aufstand der Neger auf Haiti – Santo Domingo – niederzuschlagen. In Wirklichkeit wollte er auf Grund eines Geheimvertrages mit Spanien Louisiana für sich beanspruchen. In Europa ergriff er eine unblutige Offensive und wurde Präsident der sogenannten »Republik Italien«. Um die Unabhängigkeit Italiens sicherzustellen, hatte Großbritannien Porto Ferraro und Minorca abgetreten und sich mit der Räumung Ägyptens und Maltas einverstanden erklärt. Im Herbst wurden Piemont, Parma und der Kanton Valois in den Herrschaftsbereich des Korsen einbezogen. Entgegen seinem Versprechen blieben französische Truppen in Holland, wo seine Agenten zur Auflehnung gegen die Briten aufreizten.

Großbritannien protestierte zunächst nicht. Hierdurch ermutigt, richtete Napoleon sein Augenmerk auf die Schweiz. Unter dem Vorwand begangener Gewalttaten, die in Wirklichkeit auf seine Agenten in den Kantonen zurückgingen, erklärte er, daß er die territoriale Unverletzlichkeit der Schweiz nicht länger zu respektieren brauche. Er befahl General Ney einzumarschieren und forderte die helvetische Republik zur Unterwerfung auf. Sofort wandten sich die Schweizer mit der Bitte um Hilfe an England. Gutwillig, aber ohne ernstere Absichten legte die Addington-Regierung in Paris Protest ein: die Schweiz habe das Recht, »ihre Angelegenheiten ohne Intervention fremder Mächte zu regeln«. Hierdurch fühlte sich Napoleon lediglich veranlaßt, weitere Maßnahmen zur Eroberung der Schweiz zu ergreifen. Sie ergab sich schließlich, da ihr die Royal Navy wirklich nicht helfen konnte und auch die Kontinentalmächte nicht zu Hilfe kamen.

Daß sich England erfolglos der Sache der Schweiz angenommen hatte, weckte starke Zweifel an Addingtons Politik von »Frieden und Überfluß«. Leute, die ein paar Monate zuvor die »verdammten Genies« von Pitts Partei satt gehabt und Addingtons Kabinett ganz unbedeutender Männer freudig begrüßt hatten, zweifelten jetzt ernstlich, daß Addington den mit »unnötigen und unwürdigen Zugeständnissen erkauften Frieden« bewahren könne. Während Napoleon einen Übergriff nach dem anderen beging, wandten sich die Engländer wieder Pitt zu, der sich fast ganz aus der Politik zurückgezogen hatte. »Ob Pitt uns retten will«, schrieb George Canning, »weiß ich nicht. Ganz gewiß ist er aber der einzige, der es kann.« Pitt hatte Loyalität gegenüber Addingtons Kabinett versprochen und wollte dieses Versprechen auch halten. Er lehnte eine Koalitionsverschwörung zum Sturz des Premiers ab. Immerhin hörte Addington das unterirdische Grollen laut genug, um angesichts der unheilkündenden Neuigkeiten von Napoleons Treiben notgedrungen eine unnachgiebigere Haltung einzunehmen. Lord Whitworth, Botschafter in Paris, erhielt Anweisung, Frankreich wissen zu lassen, Großbritannien werde von nun an auf seinem Recht bestehen, in kontinentalen Fragen zu intervenieren. Gleichzeitig stellte Whitworth Repressalien für die von Frankreich bereits begangenen Verletzungen des »status quo« in Aussicht.

Diese Vorstellungen können Napoleon kaum überrascht haben; denn er hatte längst gewußt, daß ihm die britische Regierung eines Tages Halt gebieten werde. Aber der Zeitpunkt kam ihm ungelegen. Die Zeit hatte nicht ausgereicht, die durch jahrelange Blockaden geleerten Lagerhäuser aufzufüllen, außerdem war sein großzügiges Schiffbauprogramm eben erst angelaufen. Die fahrbereiten Schiffe weilten meist zur Niederschlagung der Revolte in Haiti im Karibischen Meer, und eine sehr hohe Zahl der auf ihnen eingeschifften Soldaten war dem Gelben Fieber erlegen.

Um Zeit zu gewinnen, ging Napoleon zum Gegenstoß über und verlangte, die Briten sollten Ägypten und Malta nach den Bedingungen von Amiens räumen. Gegen die Räumung Ägyptens wurde kein Einwand erhoben, aber bei Malta stieß Napoleon auf die traditionelle britische Zähigkeit. Unmöglich konnte man Malta evakuieren, da doch die Franzosen jede Abmachung verletzt hatten, um derenwillen die Briten in eine Herausgabe der Insel gewilligt hatten. Solange Großbritannien nicht die Unabhängigkeit Maltas von anderen Kontinentalmächten garantiert wurde, blieb dort eine britische Garnison stationiert.

Die ungastliche Insel hatte für Napoleon allenfalls Wert, wenn ihre Ausnutzung als Stützpunkt der Briten verhindert werden konnte. Als solcher war er freilich für die Briten unschätzbar. Solange England eine Flotte im Mittelmeer belassen mußte, brauchte es eine näher gelegene Basis als Gibraltar. Minorca, eine denkbare Alternative, war schon aufgegeben. Nun, da sich Kriegswolken ballten, konnte keine Regierung eine Insel räumen, deren Besitz die Beherrschung des Mittelmeers bedeutete. In einer stürmischen Unterhaltung mit Whitworth drohte Napoleon mit Krieg und verhöhnte die Uneinigkeit der britischen Politiker. Nichts war mehr dazu angetan, sie zu einigen. Während Whitworth das Spiel bis zum Äußersten fortsetzte, begannen die Briten aufzurüsten und erklärten am 16. Mai 1803 den Krieg.

Das Ministerium Addington besaß keinerlei strategische Konzeption. Es war zum Zweck eines Friedensschlusses an die Macht gekommen, und als ihm die Ereignisse wiederum einen Krieg aufzwangen, fiel sein ganzes Programm zusammen. Eins aber, was wohl jedes britische Kabinett fast automatisch getan haben würde, tat auch dieses: es befahl sofort der Flotte, die Blockade der französischen Häfen wieder aufzunehmen. Nach der Kriegserklärung versegelten 5 Linienschiffe unter dem alten Vizeadmiral Cornwallis von Tor Bay, um 3 Tage darauf ihre wohlbekannten Stationen vor Ouessant wieder einzunehmen. Ebenfalls am 16. Mai setzte Keith seine Flagge im Nore, und am selben Abend ging Nelson in Portsmouth an Bord der *Victory* und sofort in See, um den Oberbefehl im Mittelmeer zu übernehmen.

Napoleons Strategie

Bei Kriegsbeginn sah sich Napoleon in einer schwierigen Lage. An Land war er zwar so furchterregend wie je, aber zur See waren seine Kräfte infolge der Umgehungen des Vertrages weit überfordert. Abgesehen von seiner durch Fieber dezimierten Armee in Haiti weilten mehr als 50 französische Schiffe im Karibischen Meer, andere waren über alle Weltmeere verteilt. Nur wenige lagen verrottet und mit undisziplinierten und unausgebildeten Besatzungen im Hafen. Als die Briten am 18. auf hoher See zwei französische Schiffe kaperten, befahl Napoleon die Einkerkerung aller britischen Zivilisten, die durch den plötzlichen Ausbruch der Feindseligkeiten überrascht worden waren. Er verschloß britischen Schiffen alle kontinentalen Häfen, auch Hamburg und Bremen, die kürzlich von seinen Truppen überrannt worden waren. Aber nur eine Invasion konnte den Ersten Konsul zufriedenstellen. Ein Stoß mitten ins Herz Großbritanniens war die richtige Antwort an das »perfide Albion«, und er konnte nur geführt werden, wenn man den Kanal überschritt. »Sie möchten, daß wir über die Pfütze springen, und wir werden es tun«, rief er aus.

Napoleon, dieses militärische Genie, war kein Seestratege. Seine Annahme, mit Seestreitkräften könne man wie mit Armeen operieren und auf See Stellungen erobern und verteidigen, war ein fundamentaler Fehler. Er glaubte ernstlich, er könne Großbritannien zwingen, nach seinen Plänen zu handeln, anstatt auf Grund eigener Strategie und nationaler Politik. Admirale der Royal Navy verstanden ihr Handwerk so gut und übten es so lange aus, ihr Denken verlief in so gewohnten Bahnen, daß sie Routinemaßnahmen wie den Schutz der Seestraßen, des Mutterlandes und der überseeischen Besitzungen fast automatisch ausführten. Und das war ein Glück; denn Addingtons Kabinett war nicht in der Lage, die britischen Kriegsziele klar zu umreißen. Von Furcht vor Napoleon förmlich besessen, entwarf die Regierung keinerlei Pläne für eine Offensive, sondern verwandte alle Energie nur darauf, die französischen Legionen in Kent und Sussex zurückzuschlagen. Ungeduldige, leichtfertige und nicht durchdachte Direktiven bestürmten die männliche Bevölkerung, sich als Freiwillige einschreiben zu lassen, wodurch aber nur das Reservoir der Armee erschöpft wurde, die doch allein außerhalb des Landes eingesetzt werden konnte. Die wieder ins Leben gerufene »Seewehr«, eine Küstenmiliz, verbrauchte Reserven, mit denen man die Schiffe der Flotte hätte bemannen können. Die Freiwilligen zählten einige der berühmtesten Männer des Landes zu den ihren: Sir Walter Scott, Pitt, Fox und der Duke of Clarence. Addington selbst erschien im Unterhaus in Uniform. Jenseits des Kanals spottete Napoleon mitleidig über derartige Vorbereitungen. Keinen Augenblick würden diese begeisterten Amateure den Siegern von Marengo Widerstand leisten können. Man brauchte ja nur »über die Pfütze« springen. Doch die Pfütze wurde die ganze Zeit über durch die Schiffe der Royal Navy bewacht, was Angreifer und Verteidiger fast vergessen hatten. Diese Schiffe waren so sehr Herren der Lage, daß alle Vorbereitungen beider Parteien müßig waren.

In Boulogne und Calais, Dünkirchen und Le Havre, in jedem Hafen am Kanal und an jedem Fluß schufteten französische Arbeiter, um die Invasionsflotte von etwa 2000 Fahrzeugen fertigzustellen. Es handelte sich um merkwürdige Fahrzeuge verschiedener Typen, fast alle flachgehend, so daß sie in strömenden Gewässern kaum zu handhaben waren. Nun laufen aber in der Straße von Dover berüchtigte Strömungen. Diese Prähme waren so entworfen, daß sie ein Höchstmaß von Ladung transportieren konnten, nur an ihre Seetüchtigkeit hatte man nicht gedacht. So überstürzt wurde alles vorbereitet, daß jeder annahm, Bonaparte werde jede Stunde mit dem Invasionsversuch beginnen. Die Blockadeflotte vor Brest wartete auf einen Nahkampf mit den Prähmen. Aber Sommer, Herbst und Winter gingen ins Land, und Napoleon kam immer noch nicht. Mehrere Hindernisse waren daran schuld: der Bau der eigenen Flotte kam nicht rasch genug voran, und überall stand ihm die britische Flotte im Wege. Wachsame Fregatten wußten genau, was in den Häfen vor sich ging, und fingen die Fahrzeuge ab, wenn sie von den Slips in die Gegend von Boulogne gebracht wurden, wo die Flottille versammelt und klargemacht wurde. Der Hafen von Boulogne mußte gründlich ausgebaggert und ausgebaut werden. Nachdem dies endlich unter gewaltigem Aufwand an Zeit und Mühen gelungen war, stellte man fest, die ganze Flottille könne unmöglich während einer Tide in See gehen. Mehr als 12 Stunden später konnte erst der zweite Teil folgen. Diese Verzögerung würde den britischen Kräften gestatten, sich zu sammeln, um die mit den seekranken Siegern von Marengo vollgepackten Prähme zu vernichten. So unsinnig war das Vorhaben, daß kluge Seeoffiziere wie Pellew und St. Vincent sich fragten, ob es sich nicht um eine

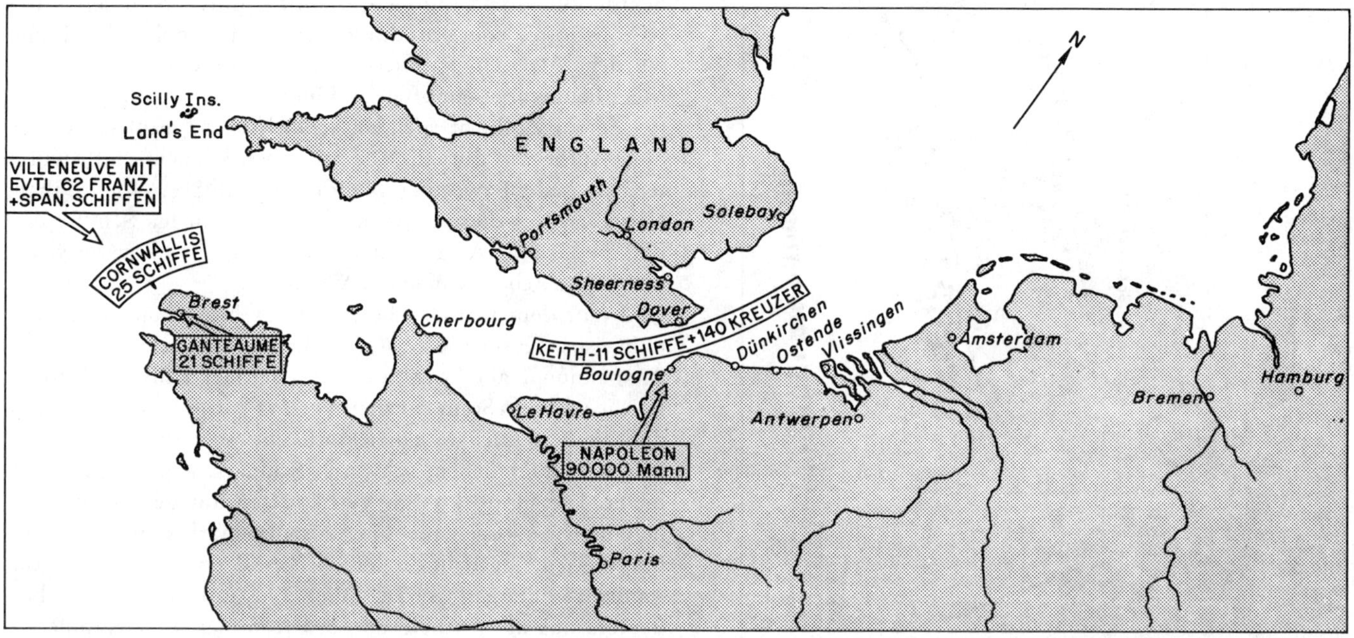

Die Invasionsfront, 1805

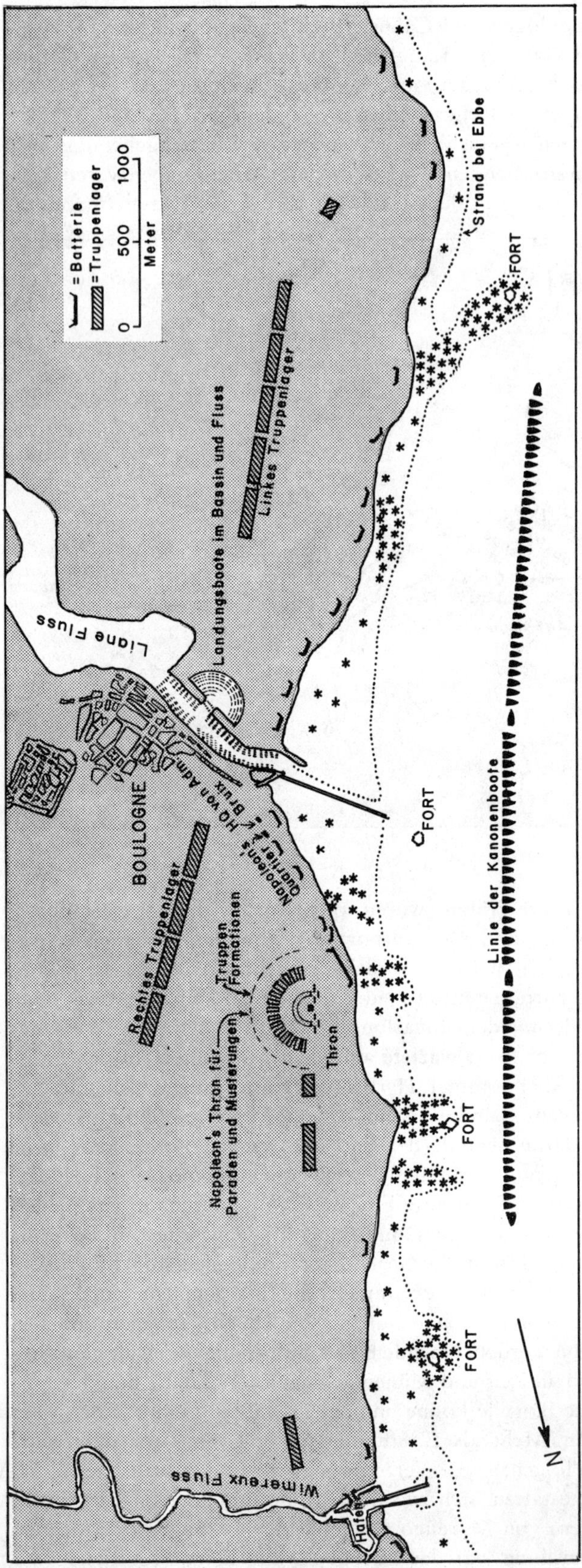

Das Lager von Boulogne, 1803-1805

gigantische Finte handele, die von einer wirklichen Bedrohung an anderer Stelle ablenken solle.

Aber Napoleon dachte nicht an Finten; ihm war es ernst. Er wollte mit diesen Prähmen wirklich eine Invasion unternehmen. Und doch starrte er hilflos über den Kanal auf die Kreideklippen von Dover, solange die britischen Geschwader ihn blockierten. Und sommers und winters blieben deren Schiffe auf ihren Stationen, die nicht durch Napoleons Invasionsflotte, sondern durch seine Stützpunkte bestimmt wurden. Als sich Napoleons Schiffe aus dem Karibischen Meer heimwärts kämpften und im neutralen spanischen Hafen Ferrol Zuflucht suchten, schloß sie Admiral Cochrane ohne Aufhebens dort ein. Die britischen Schlachtschiffe wußten um jede Bewegung Napoleons auf See. Wie Mahan schrieb: »Nur diese einsamen, sturmzerzausten Schiffe, denen die Grande Armée keine Beachtung schenkte, verwehrten ihr die Beherrschung der Welt.«

Und trotzdem war das Potential der britischen Flotte nur teilweise eingesetzt. Gewiß, die Blockade erforderte äußerste Anspannung, aber der ältere Pitt hatte im Siebenjährigen Kriege und sein Sohn vor dem Vertrag von Amiens bewiesen, daß die Beweglichkeit einer Flotte unübertreffliche Gelegenheiten zu plötzlichen, schweren Schlägen gegen den Feind bietet. Die Flotte konnte Verbündeten auf dem Kontinent helfen, sie versorgen, mit ihnen zusammenarbeiten; sie konnte überseeische Besitzungen einem Feind entreißen, der von Landverbindungen abhing. Blieb England defensiv, so bedeutete das die Auslieferung des Kontinents an Napoleon, vielleicht sogar die Aufgabe der Position im Orient. In diesem Augenblick höchster Gefahr war eine Offensive das Klügste, was England tun konnte.

Pitt wird wieder Premierminister

Um das Blümlein »Sicherheit« aus den Nesseln »Gefahr« zu pflücken, ergriff Pitt erneut die Zügel der Regierung. In dem seit der Kriegserklärung verflossenen Jahr hatte er seinen Freund Addington loyal unterstützt. Als er aber einsah, daß dessen Politik nicht zum Siege führen könne, griff Pitt am 26. April, am St. Georgstag, wenn auch ungern, den Drachen »Verzweiflung« an. Addington trat zurück, und am 7. Mai ließ der König Pitt kommen. So wurden die Briten aufs neue von einem Mann geführt, der den Offensivgeist verkörperte.

Am Tage des Amtsantritts von Pitt machte sich Napoleon zum Kaiser der Franzosen. Sofort benutzte er seine neuen Machtbefugnisse dazu, den jungen Duc d'Enghien auf Grund erdichteter Beschuldigungen des Verrats hinrichten zu lassen. Dieser Mord öffnete den europäischen Monarchen die Augen darüber, daß sie es mit einem Jakobiner im Hermelin, mit in Purpur gehülltem Terror zu tun hatten. Nun hörten sie auf Pitts Botschafter, die eine Allianz gegen den blutbefleckten Korsen vorschlugen. So entstand die Dritte Koalition. War sie auch niemals ein voller Erfolg, so entriß sie immerhin Napoleon die Initiative. Als erstes eröffnete Pitt Verhandlungen mit Rußland, von denen er sich ein gemeinsames anglo-russisches Vorgehen im Mittelmeer versprach. Mit Österreichs Hilfe wollte er das Gebiet angreifen, das Churchill später als »weichen Unterleib Europas« bezeichnet hat.

Mittlerweile war es Napoleon klargeworden, daß er mit Prähmen allein den Kanal nicht bewältigen konnte. Daher faßte er den Plan, Schiffe im Englischen Kanal zu massieren, um die Blockadeflotten zu vertreiben oder zu vernichten. Im Sommer 1804 versuchte er, die hierfür benötigten Schiffe bereitzustellen. Seinem tüchtigsten Admiral Latouche-Tréville befahl er den Ausbruch aus Toulon sowie die Befreiung der Schiffe in Ferrol und Rochefort. Unter Umgehung von Cornwallis bei Brest sollte er im September mit der vereinigten Flotte vor Boulogne erscheinen. Sie würde bis dahin aus 16 Linienschiffen und 11 Fregatten bestehen. Dieses Vorhaben erschien ihm so einleuchtend, daß er eine Siegesmünze mit der Inschrift prägen ließ: »Descente en Angleterre, frappé à Londres en 1804«.

Die schwache Stelle in Napoleons Plan ist leicht erkennbar. Zunächst einmal mußte Latouche-Tréville Nelson entkommen, was vielleicht noch seine leichteste Aufgabe war, da Nelson eine weite Blockade bevorzugte, um möglichst den Feind herauszulocken und zu vernichten. Danach sollte der französische Admiral blockierte Schiffe in Ferrol und Rochefort befreien, was vermutlich eine Schlacht mit den blockierenden Schiffen bedeutete. Hinzu kam, daß ein für ihn günstiger Wind für die blockierten Schiffe beim Auslaufen ungünstig sein mußte. Schließlich mußte er bei Brest Cornwallis aus dem Wege gehen, der den Vorteil der inneren Linie hatte. Gelang das aber wirklich, so stand dem Franzosen die fast sichere Vernichtung durch einen weit überlegenen, unbesiegten Feind bevor, der ihm den Rückweg versperrte. Dann würde er in derselben Lage sein, in der sich 216 Jahre zuvor Medina Sidonia befunden hatte, also viel zu sehr mit dem Kampf ums eigene Leben beschäftigt, als daß er gleichzeitig die Invasionsflotte schützen konnte. Napoleon hat niemals verstanden, daß die Hauptaufgabe von Cornwallis und der übrigen Admirale nicht Blockade, sondern Schutz des Kanals gewesen ist. Drohte Gefahr, dann stürmten alle dorthin, als ziehe sie ein Magnet an.

Ein einziges Mal im Sommer verließ Latouche-Tréville Toulon. Sobald er aber erkannte, daß er in eine Falle lief, kehrte er eiligst um. Ein weiteres Ergebnis hatte jener erste maritime Plan Napoleons nicht. Im September sah der Kaiser ein, daß er den Versuch auf das nächste Jahr verschieben müsse.

Die Dritte Koalition

Den ganzen Sommer über hatte Pitt am Zustandekommen der neuen Koalition gegen Napoleon gearbeitet. Im November waren die Russen in Übereinstimmung mit Österreich zur Unterzeichnung eines Vertrages über eine Bewaffnete Liga bereit, die von Rußland angeführt, von Großbritannien aber finanziert werden sollte. Diese Liga sollte auf der Räumung Italiens, Deutschlands und Hollands bestehen. Als Entgelt für diese Unterstützung auf dem Festland hatte Großbritannien im Mittelmeer zu demonstrieren, und zwar in einer Weise, wie sie den kontinental denkenden Herrschern Europas einleuchtete. Daher stellte Pitt ein in jenes Gebiet zu entsendendes Heer bereit.

Bevor er aber dessen Einsatz so fern vom Mutterland wagen konnte, mußte er die Seeverbindungen zwischen England und den Stützpunkten in Gibraltar und Malta sichern. Spaniens Haltung war zwielichtig. Nur wenige Spanier wünschten sich einen neuen Krieg gegen England. Andererseits war Manuel de Godoy, der den Titel »Fürst des Friedens« führte, in Wirklichkeit aber spanischer Diktator war, wenig mehr als eine Marionette Napoleons. Als das britische Kabinett erfuhr, der Korse habe eine aktive Unterstützung durch die spanische Flotte verlangt, wußte man, daß sie gewährt werden würde. Im September marschierten mit Godoys Einverständnis 1500 Franzosen von Bayonne nach Spanien, um die französischen Schiffe in Ferrol zu bemannen.

Sofort entschloß sich Pitt zum Handeln. Er wies seinen Botschafter in Madrid an, Rechenschaft und die Demobilisierung der spanischen Flotte zu fordern. Gleichzeitig befahl er Cornwallis, vier Fregatten loszuschicken, um die aus Mexiko heimkehrende Silberflotte abzufangen. Beide Maßnahmen verletzten den Stolz der Spanier. Godoy wies die britischen Vorstellungen zurück, und die geringe Größe der angreifenden Fregatten brachte den Admiral der Silberflotte zu der Überzeugung, die Ehre verbiete ihm, sich ihnen zu ergeben. In dem darauf beginnenden Gefecht flog das spanische Flaggschiff in die Luft. 300 Mann fielen. Am 12. Dezember 1804 erklärte Spanien den Krieg, worauf die Blockade sofort auf Cadiz und Cartageña ausgedehnt wurde.

Nun wandte Napoleon seine Aufmerksamkeit den britischen Kolonien zu. Admiral Comte de Missiessy, Befehlshaber der Rochefort-Flotte, und Admiral Villeneuve, der nach dem Tode von Latouche-Tréville den Befehl über die Toulon-Flotte übernommen hatte, erhielten Befehl, Kolonien und Handel der Briten in Westindien anzugreifen. Am 11. Januar 1805 versegelte Missiessy bei vorübergehender Abwesenheit des Blockadegeschwaders unter Graves mit 5 Linienschiffen und 5 Fregatten nach Martinique. 6 Tage danach versuchte Villeneuve, Toulon zu verlassen, wurde aber durch das Wetter daran gehindert.

Während sich Missiessy Westindien näherte, heckte Napoleons produktives Gehirn einen neuen Invasionsplan aus. Dabei kam das zustande, was er selbst seinen »Großen Plan« nannte. Durch Österreichs zunehmende Unterwürfigkeit hatte nach seiner Meinung Pitts Koalition Schiffbruch erlitten. Ihm schien es möglich, das Jahr 1805 zum Jahr der großen Vernichtung Englands werden zu lassen. Endgültig und mit Ernst widmete er sich dieser Aufgabe.

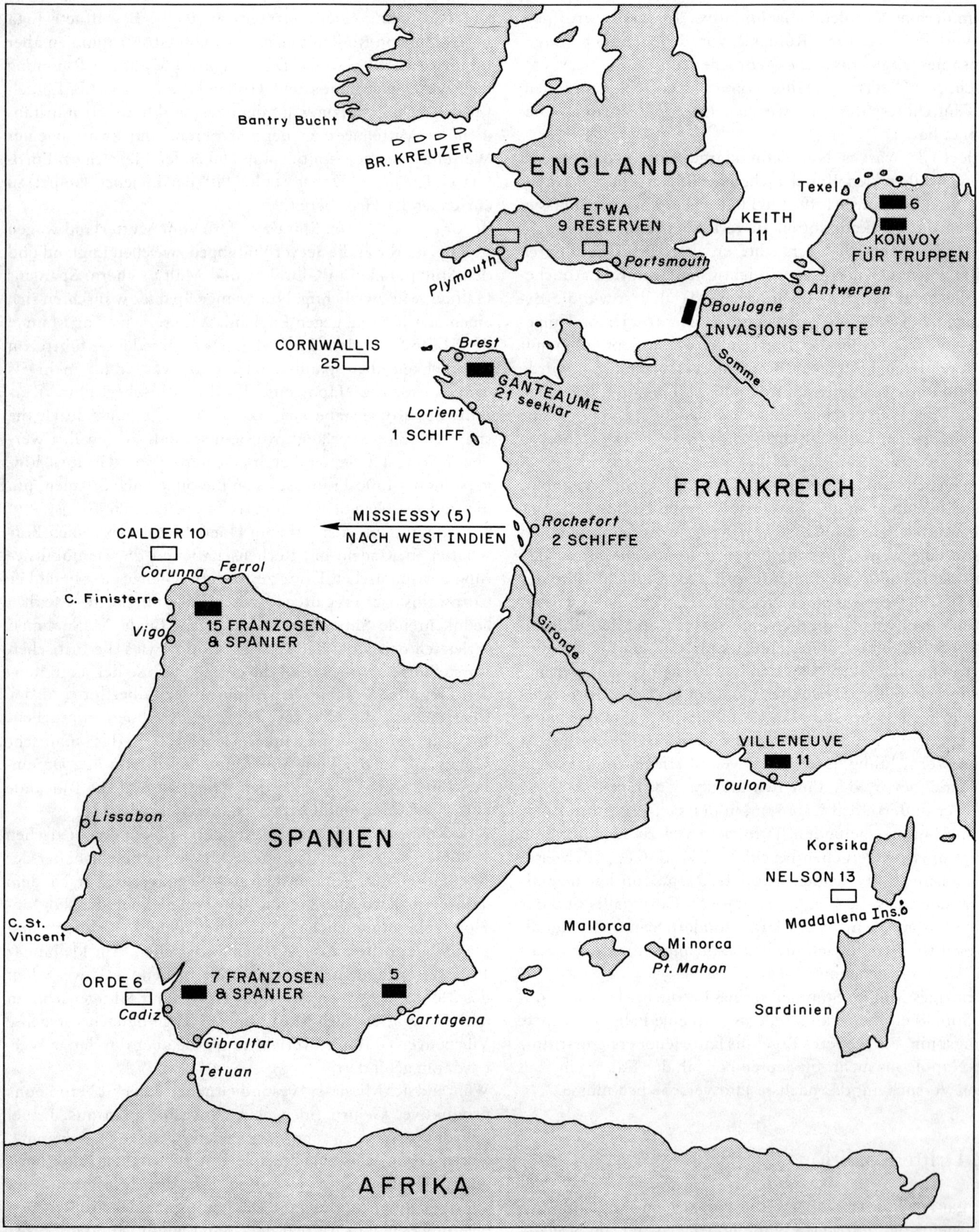

Position der britischen und alliierten Schiffe, März 1805

Napoleons Großer Plan

1803 und 1804 waren alle Invasionspläne fehlgeschlagen, weil die britische Seemacht den Kanal beherrschte. Napoleon hatte sich dadurch in den Augen der Welt lächerlich gemacht. Englische Witzbolde hatten über den »Don Quixote de la Manche« gespottet. Diesmal sollte es anders werden. Da die Seeherrschaft im Kanal seine Pläne vereitelte, mußte sie eben beseitigt werden. Dies konnte nach seiner Ansicht auf zweierlei Art oder auch durch eine Kombination beider Möglichkeiten geschehen. Seine Flotte konnte die britische besiegen, oder die britischen Seebären konnten dazu verleitet werden, ihre Flotten an die falsche Stelle zu dirigieren.
In groben Umrissen handelte es sich um folgenden Plan: Villeneuve sollte aus Toulon ausbrechen und, nach Westen segelnd, die spanischen Schiffe in Cartageña befreien. Nach dem Passieren von Gibraltar hatte er ein Gleiches mit Gravinas Geschwader in Cadiz zu tun. Dann sollte er als Befehlshaber der vereinigten Flotten nach Westindien segeln und mit Missiessy zusammentreffen, worauf Ganteaume zu ihm stoßen würde, der mittlerweile die Blockade von Brest gebrochen hätte. Eine riesige Armada würde darauf zum Kanal segeln und Napoleons Flottille bei der Überquerung sichern. Kam Ganteaume nicht, so sollte Villeneuve 40 Tage warten, dann den Atlantik überqueren, Ganteaume befreien und die Invasion decken.
Das also war der »Große Plan«. Er schlug aus mancherlei Gründen fehl, aber seine naturnotwendige Schwäche lag darin, daß er einer Tatsache keine Rechnung trug, die den Briten selbstverständlich war: Der Kanal war Großbritanniens strategischer Schwerpunkt. Welche Dispositionen die Briten auch treffen mochten, nie würden sie verabsäumen, die Beherrschung dieses Seegebiets sicherzustellen. Dort, wo sie den Vorteil der inneren Linie besaßen, konnten sie blitzschnell jeder Bedrohung ihres strategischen Zentrums entgegentreten.

Villeneuve entkommt aus Toulon

Befehle zur Ausführung des Großen Plans ergingen von Paris an alle Befehlshaber. Missiessy sollte in Westindien bleiben und die Verstärkung durch Villeneuve abwarten. Ende März erhielt Villeneuve seine Anweisungen, nutzte Nelsons weite Blockade aus und versegelte am 30. März 1805 nach Gibraltar. Da es Nelson an Aufklärungsfregatten fehlte, blieb er über die Feindbewegungen im Dunklen. Er war sich nicht sicher, ob Villeneuve nach Osten oder Westen wollte. Die ganze Situation zeigt deutlich, wie Nelson die britische Strategie beurteilte. Sein Auftrag verlangte den Schutz der Mittelmeer-Station, und er wußte genau, daß deren verwundbarste Punkte im Osten lagen: Neapel, Malta und Ägypten. Er wußte aber auch, daß Pitt Operationen im mittleren Mittelmeer plante. Verleumder haben Nelson beschuldigt, Lady Hamilton habe ihn ausschließlich an Neapel denken lassen. Lady Hamilton weilte jedoch in England, während der König von Neapel Englands einziger Verbündeter in jener Gegend war. Weiterhin lag es auf der Hand, daß, falls Villeneuve zum Kanal wollte, Nelsons Entschluß, seinen Bereich zu sichern, keine schlimmen Folgen haben konnte; denn die vereinigten Flotten mußten vor Erreichung ihres Ziels nacheinander Sir John Orde vor Kap St. Vincent, Calder vor Ferrol, Graves vor Rochefort und Gardner vor Brest passieren[1].
Der einzige andere Gefahrenpunkt lag in Westindien, und dahin wollte Nelson, sobald er sicher war, daß er seiner Hauptverantwortung gerecht geworden war. So postierte er sich vor der Insel Ustica, so daß er die Anfahrtswege zur Straße von Messina und zum Kanal von Sizilien bewachen konnte.
Mittlerweile lief Villeneuve nach Westen. Am 7. April lag er bekalmt vor Cartageña. Durch Signale forderte er die im Hafen liegenden spanischen Schiffe auf, zu ihm zu stoßen, aber sie waren nicht fahrbereit, und der Alpdruck Nelson erlaubte ihm nicht zu warten. Am nächsten Tage passierte er die Straße von Gibraltar und rundete unter Ausnutzung einer Ostbrise Kap Trafalgar mit Kurs auf Cadiz. Dort stießen 8 spanische Schiffe unter Admiral Gravina zu ihm. Gemeinsam segelten sie zu den Kanarischen Inseln, um mit Hilfe des Ostpassats die Fahrt ins Karibische Meer schnell hinter sich zu bringen.
Sein Passieren von Gibraltar war von Sir John Orde, der erheblich unterlegen war, beobachtet worden. Anschließend lief dieser nach Ouessant, um Gardner und die Admiralität zu warnen. Unterwegs überprüfte er Cadiz, dessen Hafen aber leer war. Villeneuve war entkommen und im Atlantik verschwunden.

Großbritannien ergreift die Offensive

In England hatten zwei Ereignisse die Lage kompliziert. Das erste war ein Ergebnis von Pitts Versuch, zur Offensive überzugehen. Am 19. April versegelte eine als »Geheimexpedition« bekannte Streitmacht von England nach Malta. Sie stand unter dem Befehl von Generalleutnant Craig. Mit Truppen an Bord von 45 Transportern im Geleit von 2 Linienschiffen sollte sie die dortige Garnison für gemeinsame Expeditionen im Mittelmeer freimachen. Da Villeneuve in See und sein Verbleib unbekannt war, stand der Verband in ernster Gefahr; denn es war sehr wohl möglich, daß Villeneuve mit der Absicht in See gegangen war, Großbritanniens einzige für überseeische Kämpfe zur Verfügung stehende Armee abzufangen und zu vernichten.
Die infolge dieser neuen Gefahr zu treffenden Entscheidungen fielen einem Mann zu, der soeben erst die Admiralität übernommen hatte. Skandale hatten zu einer Kabinettskrise geführt, und Melville war als Erster Lord zurückgetreten.

1 Gardner hatte vorübergehend Cornwallis im Befehl über die Kanalflotte abgelöst.

Auch Pitts Rücktritt war stündlich zu erwarten. Aber der Premier hielt aller Opposition stand, entschlossen, die Früchte seiner Pläne gegen Napoleon zu ernten. Zwei Wochen lang war die Admiralität führerlos, dann berief Pitt ohne Rücksicht auf die Wünsche des Königs und fast des ganzen Kabinetts den 78jährigen Admiral Charles Middleton, den Lord Barham, auf diesen verantwortungsvollsten aller Posten.
Als Barham, so energisch und weitblickend wie je, am 25. April sein Amt übernahm, gelangte die Nachricht von Villeneuves Entkommen nach London. In aller Ruhe erteilte Barham die erforderlichen Befehle. Da niemand wußte, wohin sich Nelson gewandt hatte, traf Barham Maßnahmen zur Verstärkung der westindischen Station und zur Sicherung von Craigs »Geheimexpedition«. Gardner erhielt Befehl, Vizeadmiral Collingwood 5 Schiffe als Fliegendes Geschwader abzugeben, das die in Jamaika stationierten Streitkräfte auf 18 Linienschiffe bringen sollte. Gleichzeitig traf Barham auf Grund der von Orde überbrachten Nachrichten Vorsorge für eine Verstärkung von Calder und Graves. Er ordnete an, daß der Verband vor Ouessant unter keinen Umständen weniger als 18 Schiffe umfassen dürfe. Jede sonstige Anweisung, die Gardner erhielt, sollte dies Erfordernis zur Voraussetzung haben. Die Lage wurde durch die Rückkehr Missiessys nach Rochefort nur wenig erleichtert. Sie war in der falschen Annahme erfolgt, Villeneuve habe die westindische Unternehmung aufgegeben. Schon begann das Räderwerk des Großen Plans zu knarren.

Nelson verfolgt Villeneuve

Inzwischen verzehrte Nelson sich vor Ustica in ohnmächtiger Wut. Mit jedem Tag wurde es deutlicher, daß Villeneuve im Westen, nicht aber im Osten etwas vorhatte. Am 10. April erfuhr Nelson zufällig, daß die Geheimexpedition tatsächlich segelklar war. Er erkannte sofort, daß ihr größte Gefahr drohte, und kreuzte gegen widrige Winde nach Westen. In 9 Tagen schaffte er nur 200 sm. Am 18. meldete ihm ein neutrales Schiff Villeneuves Zusammentreffen mit Gravina vor Cadiz. Kein Zweifel, Wichtiges stand bevor. So beschloß er, sich mit Gardner zu treffen, falls er keine weiteren Nachrichten erhielt. Als er endlich am 8. Mai in Gibraltar eintraf, informierten ihn Meldungen der Admiralität über Einzelheiten der Geheimexpedition, die in Lissabon Zuflucht gesucht hatte. Das nahm ihm eine Last von der Seele. Und wieder wurde er in der Ansicht bestärkt, Villeneuves Ziel sei Westindien. Letztmals waren die alliierten Flotten auf Westkurs gesichtet worden. Das war zwar ein Hinweis, aber kein Beweis; denn auch zur Umseglung von Kap St. Vincent mußten sie erheblich nach Westen Raum gewinnen. Immer noch im Zweifel, führte Nelson seine 11 Schiffe nach Lagos, um sich für eine lange Fahrt zu verproviantieren. Hier erfuhr er durch eine aus England eingetroffene Fregatte, daß Villeneuve im Norden nicht gemeldet sei. Jetzt war er seiner Sache sicher, und am 9. Mai traf er seine berühmte Entscheidung, den Atlantik zur Verfolgung zu überqueren. Er trat die Fahrt am 11. an, nachdem er alle Maßnahmen zur Sicherung seiner Station und der Geheimexpedition getroffen hatte. Der Feind hatte mehr als einen Monat Vorsprung.

Operationen in Westindien

Am 14. Mai traf Villeneuve in Martinique ein. Dort schlug er sich mit dem Problem eines sinnvollen Einsatzes während der 40 Tage herum, die er vor Rückkehr nach Europa warten sollte. Französische Heeresdienststellen drängten auf ein Vorgehen gegen britische Kolonien, aber nachgerade war Villeneuve das Dilemma klargeworden, in das ihn seine Befehle gestürzt hatten. Ließ er sich in Westindien auf Kämpfe ein, so riskierte er Verluste, die ihn für seine Hauptaufgabe, die Brechung der Blockade von Brest, schwächen mußten, falls Ganteaume dort der Ausbruch mißglückt war. Veranlaßte er andererseits gar nichts, dann sah sich auch die britische Flotte nicht zur Verstärkung der westindischen Position veranlaßt, dann durfte man auch keine Schwächung der Kanalflotte erhoffen. Es war wirklich ein verzwicktes Problem. Zu allem Unglück hörte er ferner, eine mächtige britische Flotte operiere in der Nähe von Santo Domingo und Puerto Rico. Bei ihr handelte es sich um Cochranes 6 Linienschiffe, die also Villeneuves 19 weit unterlegen waren. Als erstes nahm Villeneuve eine kleine, Diamond Rock genannte Insel, die von der Royal Navy besetzt war. Dafür brauchte er 15 Tage. Dann erfuhr er, daß er zusammen mit Admiral Magon gegen britische Kolonien operieren solle. Dieser war mit 800 Mann aus Rochefort entkommen. War nach 35 Tagen Ganteaume immer noch nicht zu ihm gestoßen, so sollte Villeneuve nach Ferrol zurücksegeln. Nach Magons Ankunft beschloß Villeneuve, Martinique zum Angriff auf Antigua und Barbuda zu verlassen. Das war sein Glück; denn am Tage, als Magon in Martinique Anker warf, kam Nelson in Barbados an. Fast kommt einem der Gedanke, damals hätten die Schiffe den Tatendrang ihres Führers zu ihrem eigenen gemacht; denn sie hatten die Überfahrt, bei einem Etmal von 135 sm, in 24 Tagen bewältigt, was fast ein Rekord war. Unverzüglich schiffte Nelson Truppen ein und unterstellte sich zwei von Cochranes Schiffen, die in Barbados gelegen hatten. Schon am folgenden Tag versegelte er, wie sich herausstellte, auf falscher Fährte. Irrtümlich war ihm berichtet worden, Villeneuve liege bei Trinidad. In Wirklichkeit war aber Antigua dessen Ziel gewesen. Also setzte Nelson Kurs dorthin.
Villeneuve hatte zufällig einen britischen Zuckerkonvoi getroffen und gekapert. Zu seinem Schrecken hörte er jetzt, Nelson sei ihm auf den Fersen. Sofort war sein Entschluß gefaßt. Kein Gedanke mehr, auf eine Machtkonzentration in Westindien zu warten; vorbei die Absicht, in Übereinstimmung mit dem Großen Plan zu handeln. Nur noch an den furchtbaren Verfolger konnte Villeneuve denken. Er war ja

der einzige Flaggoffizier, welcher der Schlacht von Abukir entkommen war, und nie hatte er jenes Gemetzel vergessen. Nun saß ihm der Sieger von damals wieder im Nacken. Er hielt es einfach nicht mehr aus, schiffte seine Soldaten in Fregatten ein und versegelte nach Ferrol.

immer noch auf Nordkurs. Sie beschattete diese lange genug, um Gewißheit über den Kurs zu erhalten, und jagte dann nach Plymouth. Dort angekommen, wurde der Kommandant mit Eilpost nach London gebracht, nur um zu hören, niemand wage den schlafenden Lord Barham zu wecken. Dieser

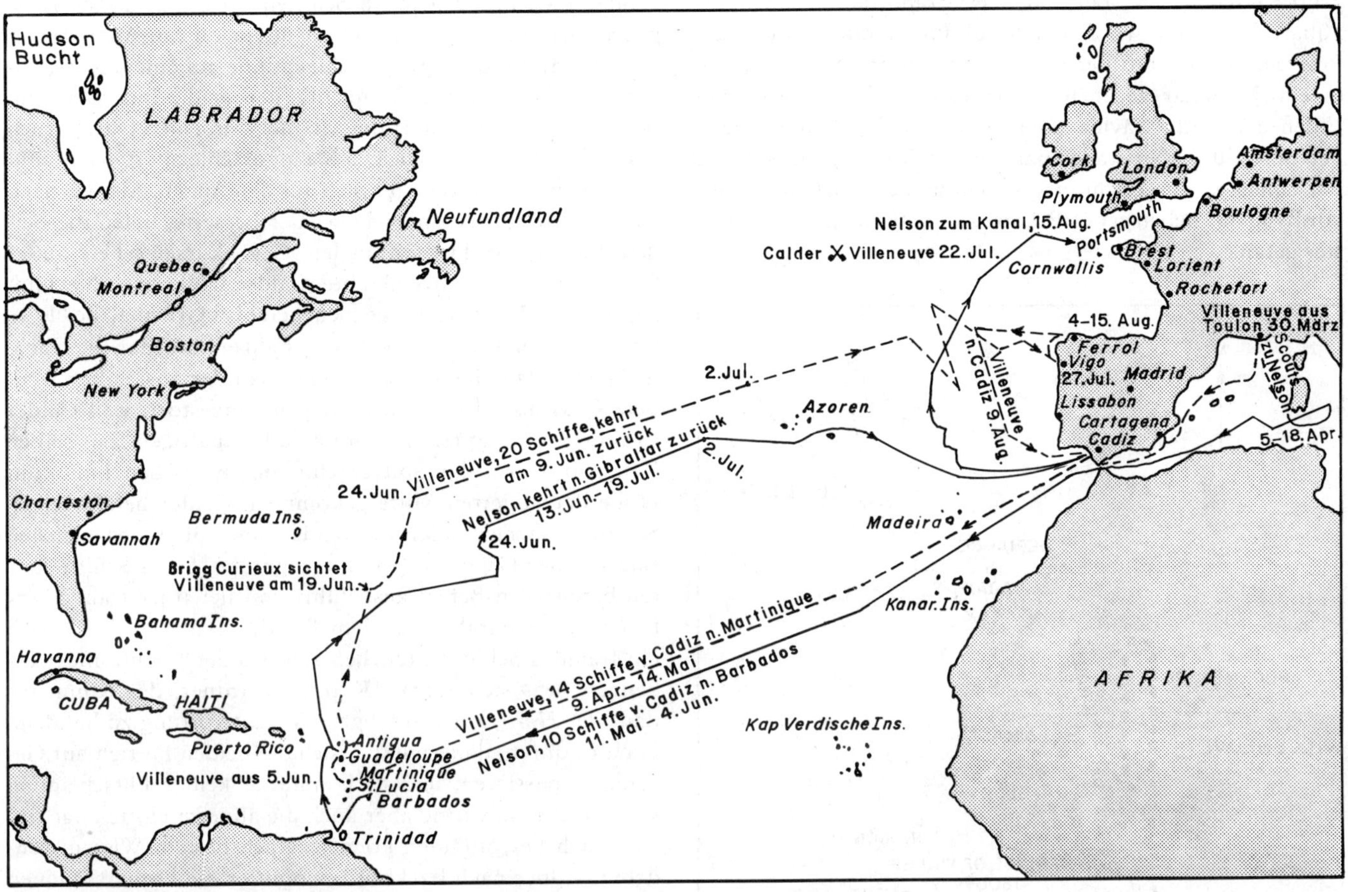

Nelsons Verfolgung von Villeneuve

In Antigua fand Nelson keine Spur von Villeneuve. Er war 4 Tage zu spät gekommen. Und wieder quälte ihn Ungewißheit, bis der Schooner *Netley* jeden Zweifel behob. Er hatte zum Geleit des gekaperten Konvois gehört und die Vereinigte Flotte von 23 Schiffen beim Auslaufen nach Europa beschattet. Nun endlich konnte Nelson handeln. Ob Villeneuve nach dem Kanal oder nach Cadiz wollte, immer behielt Nelson die Verantwortung für seine Station. In der Nacht vor dem Versegeln schrieb er: »Ich laufe hinter Gravina und Villeneuve zum Mittelmeer und hoffe, sie zu erwischen.« Schon hatte er die Brigg *Curieux* mit der Warnung nach England geschickt, die Vereinigte Flotte habe Kurs auf Europa. Wenig mehr als eine Woche hatte Nelson in Westindien zugebracht, als er am Mittag des 13. Juli seine Flotte aus dem Hafen führte und Kurs auf Gibraltar setzte. *Curieux* machte auf der Überfahrt ihrem Namen Ehre. Am 19. Juni sichtete sie auf 33°12′ N und 58°W Villeneuves Flotte,

wachte am 8. Juli frühmorgens auf und tobte, wie man sich erzählt, weil man ihn nicht sofort unterrichtet habe. Was die Meldung der *Curieux* bedeutete, war nur zu klar: Villeneuve konnte nicht Cadiz zum Ziel haben. Es mußte entweder der Kanal oder Ferrol sein. Das wiederum verlangte gebieterisch, Calder bei Ferrol zu verstärken; denn dort lag der schwächste Punkt. Deshalb befahl Barham Cornwallis, der am Tage zuvor wieder den Befehl über die Kanalflotte übernommen hatte, Stirling solle mit 8 Schiffen der Rochefort-Blockade Calder vor Kap Finisterre verstärken. Am 15. Juli war das geschehen, und keinen Augenblick zu früh. Eine Woche später sichteten Calders Ausguckposten bei dichtem Nebel und leichter Dünung aus Westen fremde Schiffe im Verband. Es war wirklich die nach Ferrol laufende Vereinigte Flotte, und Calders und Stirlings Aufgabe war es, ihr den Weg zu verlegen. Damit bot sich Calder die Möglichkeit, die Nelson zur zweimaligen Überquerung des Atlantik veranlaßt hatte.

Calders Kampf gegen Villeneuve

Sir Robert Calder hatte jetzt die Chance, die Nelson später bei Trafalgar nutzte. Hätte er Erfolg gehabt, vielleicht wäre er als einer von Englands wahrhaft großen Admiralen in die Geschichte eingegangen; vielleicht wäre in London die Gegend zwischen der Mall und dem Strand dann »Finisterre Square« genannt worden, und in Portsmouth würde die *Prince of Wales* statt der *Victory* konserviert. Niemals hätte es ein Trafalgar gegeben. Statt dessen aber entschlüpften Villeneuve und Gravina ungeschoren und gelangten nach Ferrol. Calder aber stand später unter der gleichen Anklage vor einem Kriegsgericht, wie sie ein halbes Jahrhundert zuvor Byng das Leben gekostet hatte – er habe nicht sein Äußerstes getan.

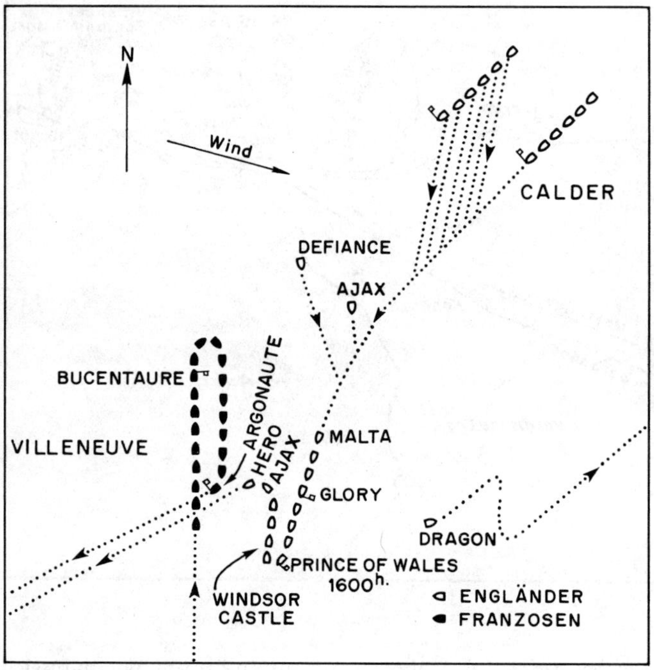

Gefecht vor Ferrol, 22. Juli 1805
Calder gegen Villeneuve

Dabei war an Calders Mut nicht zu zweifeln. Ohne Zögern suchte er den Kampf gegen die Vereinigte Flotte, die er im Nebel sehen konnte. Seine Schwäche war Mangel an Phantasie und an der Fähigkeit, dem Feind seinen Willen aufzuzwingen. Er war ein unermüdlicher Mann, aber sein Begriffsvermögen hielt mit seiner Energie nicht Schritt. Mit Unerwartetem wurde er nicht fertig. Calders Kampfplan war einfach. Er segelte in zwei Divisionen über Steuerbordbug dicht am Wind auf SW-Kurs. Villeneuve lag mit drei in Dwarslinie laufenden Divisionen auf Gegenkurs. Obwohl sich die Flotten gegen Mittag sichteten, konnten sie zwei Stunden lang nicht viel voneinander ausmachen. Dann formierte Villeneuve eine einzige Kiellinie. Calder manövrierte mittlerweile so, daß er zwischen Ferrol und dem Gegner zu stehen kam, um ihm den Rückweg abzuschneiden. Wie späterhin Nelson bei Trafalgar, wollte er seine Flotte auf Mitte und Nachhut des Feindes massieren, die spanische Vorhut aber aus dem Gefecht heraushalten. Im Gegensatz zu Nelson sah er hierfür jedoch keine Maßnahmen vor. Wohl stellte Calder fest, daß seinen 18 Schiffen 20 bis 22 gegnerische gegenüber standen, trotzdem dachte er nur an Angriff. Gegen 15 Uhr 30 formierte er Schlachtlinie auf einem Kurs, der ihn nach Lee brachte. Damit überließ er die Initiative dem Feind, behielt aber dafür die Möglichkeit, einen Durchbruch nach Ferrol abzufangen. Die Sicht verschlechterte sich, und die beiden Flotten verloren sich aus den Augen. Als sich nach einer Viertelstunde die Sicht wieder besserte, liefen die beiden Linien auf fast parallelen Gegenkursen eben außer Schußweite. Villeneuve glaubte, Calder wolle seine Nachhut einkreisen. Um dem zu begegnen, befahl er Gravina, die Flotte nacheinander wenden zu lassen, sobald er höre, daß die Nachhut feuert. Durch ein Mißverständnis oder absichtlich wendete Gravina sofort, und zwar ganz ungestört, weil Calder es verabsäumt hatte, die Vorhut zu beschäftigen. Zur selben Zeit war *Hero*, das Spitzenschiff der britischen Linie, auf Höhe der alliierten Mitte gekommen. Calder befahl seinen Schiffen, nacheinander zu wenden und, über den gleichen Bug wie der Gegner liegend, anzugreifen. Sechs Schiffe hatten bereits den Befehl ausgeführt und liefen jetzt auf nördlichem Kurs parallel mit dem Feind, als die *Hero* vor sich ein fremdes Schiff auftauchen sah. Calder konnte nicht erkennen, was sich zutrug. Kapitän Gardner, der Kommandant der *Hero,* hatte auf eigene Verantwortung zu handeln. Hielt er durch, dann mußten sich die beiden Flotten auf Gegenkurs passieren, und es konnte zu keiner Entscheidung kommen, dann würde aber auch die alliierte Flotte ungehindert nach Ferrol laufen können. Nach bestem Wissen wendete Gardner nach Backbord, womit er die Flotte auf einen südwestlichen Kurs führte und Gravina auf den gleichen zwang (vgl. Skizze). Als Calder die Lage überblicken konnte, waren schon 6 Schiffe der *Hero* gefolgt, und Calder blieb nichts übrig, als die Massierung auf Vorhut und Mitte des Gegners hinzunehmen, zu der ihn Gravinas frühe Wende genötigt hatte. Bevor es noch zu entscheidenden Ergebnissen gekommen war, kam wieder Nebel auf, so daß die Geschützführer auf Mündungsfeuer und Kanonendonner abkamen. Dies Blindekuh-Spiel währte bis zum Einbruch der Nacht. Gegen 21 Uhr war der Kampf zu Ende, und die Briten stellten fest, daß sie 2 Spanier geentert hatten, während ein eigenes Schiff die Stenge des Vormastes verloren hatte.

An Calders Verhalten gibt es nicht viel zu kritisieren. So wie die Dinge lagen, hatte er alles Menschenmögliche getan. Ein Mêlée zu erzwingen, lag ihm nicht. Die Skizze, die die Stellung der Schiffe bei Kampfbeginn zeigt, ähnelt überraschend derjenigen von Trafalgar, wenn man diese auf den Kopf stellt. Aber Calder wählte den Kampf in Kiellinie, und dieser Entschluß ermöglichte es Gravina, der Nachhut zu

Hilfe zu kommen. Als der Spanier gewendet hatte, blieb Calder kaum noch eine Wahl, selbst wenn er besser hätte sehen und seine Flotte wirklich führen können. Um der Schlacht willen wurde Calder dann auch gar nicht vor ein Kriegsgericht gestellt, sondern wegen seines Handelns, besser gesagt, wegen seines Nichthandelns am nächsten Tag. Zweitrangige Überlegungen, wie Rettung der Prisen, Reparaturen und Neugruppierung der eigenen Flotte, gingen bei ihm der Wiederaufnahme des Kampfes vor. Zu seiner Verteidigung hat Calder angeführt, Villeneuves Luvstellung habe der britischen Flotte ein Näherkommen unmöglich gemacht. Aber am folgenden Tag, am 24., drehte der Wind. Calder stand nun in Luv und versuchte doch nicht, den Gegner zu packen. Später hat er vorgebracht, er habe befürchtet, die 16 in Ferrol liegenden Schiffe könnten Villeneuve zu Hilfe kommen. Aber wenn das auch geschehen wäre, dann war es doch ganz gewiß für Calder günstiger, die beiden Flotten zu bekämpfen, ehe sie sich vereinigt hatten.

Villeneuve war mit dem Erreichten vollauf zufrieden. Bei erster Gelegenheit gab er den Versuch auf, Ferrol zu erreichen, und nahm Kurs auf Cadiz. Bei Wetterverschlechterung beschloß er dann auf Gravinas Rat, Vigo anzulaufen, wo er am 28. Juli eintraf. Hier stellte er fest, daß die Ferrol-Flotte noch im Stützpunkt lag. Darauf entschloß er sich, zu ihr zu stoßen.

Die Krise

Inzwischen hatte Nelson am 17. Juli bei Kap St. Vincent Land gesichtet und war 2 Tage danach in Gibraltar eingelaufen. Hier ging er nach mehr als 2 Jahren zum erstenmal wieder an Land, um Neues über Villeneuve zu erfahren. Er erfuhr nichts und kam nachgerade zu dem Schluß, Villeneuve habe sich nach Norden, nach Irland oder zum Kanal gewandt. Während Barham noch Befehle aufsetzte, die Nelson anwiesen, nach England heimzukehren, entschloß sich dieser, seine Schiffe Cornwallis zur Verfügung zu stellen.

Die Krise stand bevor. Napoleon hielt die Zeit für die Überquerung des Kanals für gekommen; seine Streitkräfte waren beisammen, die Prähme lagen bereit. So beorderte er die Kaiserliche Garde nach Boulogne. Er selbst ging auch dorthin. Jetzt war, wenn jemals, der richtige Zeitpunkt. Aber schon am folgenden Tag widerrief er den Befehl; denn er hatte Nelsons Rückkehr nach Europa erfahren. Am selben Tage, am 8. August, meldete Villeneuve einen Sieg über Calder und das eigene Einlaufen in Vigo. Sofort gab Napoleon den Sieg bekannt, befahl aber Villeneuve gebieterisch, nach Norden zu gehen, Ferrol nicht anzulaufen, sondern schnellstens zum Kanal zu segeln, um dort das Schicksal des Kaiserreiches zu entscheiden.

Villeneuve hatte aber Vigo bereits verlassen, freilich nicht mit dem hochgesteckten Ziel seines Kaisers. Er war ganz einfach entmutigt. Die Vorräte an Bord gingen auf die Neige, und die Besatzungen waren durch Dysenterie und Skorbut geschwächt. Er lief also nicht zum Kampf aus, sondern um nach Ferrol hineinzuschlüpfen, wo sich ihm größere Hilfen boten als in Vigo. Die Hälfte der Flotte lag bereits im Hafen, als ihn das Verbot Napoleons erreichte. Mit den übrigen Schiffen ankerte er vor La Coruña und wartete auf eine günstige Gelegenheit. Am 10. August verließ Villeneuve Ferrol mit 14 weiteren Schiffen, um den Schaden gutzumachen, den er, ohne es zu ahnen, durch seinen Ungehorsam angerichtet hatte. Er war tief bedrückt und entmutigt. Sein Verband zählte nunmehr 29 Linienschiffe. »Ich segle«, schrieb er an Marineminister Decrès, »und werde je nach den Umständen in Brest oder Cadiz einlaufen. Der Feind beobachtet uns zu scharf, als daß ich hoffen könnte, daß meine Bewegungen ihm verborgen bleiben.«

Während sich Villeneuve noch aus Ferrol herausquälte, sammelte die Royal Navy, getreu einer Jahrhunderte alten Tradition, ihre Kräfte am Eingang des Kanals. Calder hob die zwecklos gewordene Blockade auf und lief nach Ouessant, wo er mit 10 Schiffen zu Cornwallis stieß, nachdem wenige Stunden zuvor Stirling mit 7 Schiffen ein Gleiches getan hatte. Zu der nun auf 27 Schiffe angewachsenen Flotte gesellte Nelson am nächsten Tage seine 12, so daß es jetzt insgesamt 39 waren. Das also war aus Napoleons Plan geworden, der bekanntlich eine Aufsplitterung der britischen Flotte vorgesehen hatte.

Nach Verlassen Ferrols blieb Villenneuve einige Tage auf NW-Kurs, als wolle er nach Westen ausholen, um dann zum Kanal zu laufen. Seine Briefe aber beweisen, daß er sich bereits am 13. August entschlossen hatte, nach Cadiz zu laufen. Nach zweitägigen unentschlossenen Manövern, wobei er vor jedem in Sicht kommenden Segel zurückschreckte, verlor Villeneuve vollends den Mut. Am Abend des 15. August ließ er die Flotte Kurs auf Cadiz nehmen.

An der Kanaleinfahrt löste sich bereits die ungewöhnlich starke Kräftekonzentration, die ihn hatte in Empfang nehmen sollen, wieder auf. Da keine unmittelbare Gefahr drohte, mußte es möglich sein, auf der inneren Linie operierend, das Übel an der Wurzel zu packen. Auf eigene Initiative und gerade, als ihm Barham den Befehl dazu gab, schickte Cornwallis Calder mit 18 Linienschiffen nach Ferrol zurück. Sie stellten das Rückgrat jenes Verbandes dar, der Villeneuve in Cadiz blockieren und den Nelson später bei Trafalgar einsetzen sollte. Gleichzeitig detachierte Cornwallis Nelson mit der *Victory* nach Portsmouth. Er traf dort am 18. August 1805 ein und holte seine Flagge nieder. Er hatte sich über seinen Empfang nach der über 14 000 sm führenden, erfolglosen Verfolgungsjagd auf Villeneuve einige Sorgen gemacht. Aber die Begeisterung der Menge beruhigte ihn. Das Drama jener erbarmungslosen Jagd hatte die Phantasie der Öffentlichkeit beflügelt, so daß sie »unseren Helden vom Nil« herzlich feierte. Nur in London begegnete er einer gewissen Kälte. Barham, der diesem hitzigen jungen Admiral offenbar nicht recht traute – Nelson war 47 Jahre –, hatte, was kaum jemals geschehen war, sein Logbuch eingefordert. Was Barham auch darin gelesen haben mag, es muß ihn eines Besseren belehrt haben. Eine freundlichere Begrüßung durch den Ersten Lord hätte sich Nelson nicht wünschen können. Zufällig begegnete er bei dieser Gelegenheit einem Offizier, der damals noch fast unbekannt war und doch für alle Zeiten mit Nelsons Namen verbunden bleiben sollte. Der künftige Sieger von Trafalgar tauschte seine Gedanken über den Krieg mit dem künftigen Sieger in Spanien und bei Waterloo aus – mit Arthur Wellesley, dem späteren Herzog von Wellington.

Am 20. August lief Villeneuve in Cadiz ein. Damit war Napoleons Großer Plan ein für allemal gescheitert. Anfangs konnte man von einer Blockade des Hafens nicht gut sprechen; denn Collingwood hatte nur 4 gegen Villeneuves 27 Schiffe. Als aber Calder Ferrol leer fand, lief er weiter und schloß am 29. August Cadiz ganz ein. Villeneuves Zaghaftigkeit hatte zwar den Großen Plan zuschanden gemacht, ihn selbst aber vor der Vernichtung bewahrt. Alles war wieder wie zuvor. Die Briten blockierten unverdrossen Napoleons Seestreitkräfte. Eine Konzentration der »Marine Impériale« im Kanal würde nie mehr Wirklichkeit werden.

Zum erstenmal seit seiner Amtsübernahme konnte Pitt Ende August mit einiger Zufriedenheit Umschau halten. Die maritime Bedrohung hatte sich verringert, die Invasionsgefahr war beseitigt, und – am allerschönsten – seine Pläne auf dem Kontinent trugen Früchte. Was Napoleon für unmöglich gehalten hatte, war gelungen, teils dank Pitts Bemühungen, teils aber auch deshalb, weil Napoleons Taten die Befürchtungen auf dem Kontinent derart gesteigert hatten, daß nun endlich einige Regierungen der Mut der Verzweiflung gepackt hatte, so daß sie dem Kaiser trotzen wollten. Rußland, das bei Verhandlungen mit Großbritannien Schwierigkeiten gemacht hatte, schwenkte auf die Nachricht hin ein, Napoleon habe sich der Krone Italiens bemächtigt und Genua annektiert. Österreich und Preußen schickten sich zum Widerstand an, und Craigs Geheimexpedition war sicher in Valetta auf Malta eingelaufen. Nun besaß England im Mittelmeer eine Streitmacht, die die Beweglichkeit der Seemacht ausnutzen und im Verein mit Rußland, Österreich und Preußen auf der italienischen Halbinsel gegen die Franzosen losschlagen konnte.

Unerbittlich zwangen nun Napoleon die Umstände, dem Englischen Kanal den Rücken zu kehren und nach Mitteleuropa zu blicken. Immer noch klammerte er sich an die Hoffnung auf einen schnellen Sieg über England, aber er wußte, daß er bald kommen mußte. Schon am 13. August hatte der Kaiser Talleyrand davon unterrichtet, im November wolle er in Wien sein, um sich dann, falls nötig, gegen Rußland zu wenden. In dem Glauben, Villeneuve sei auf dem Weg nach Brest, um die dortige Blockade zu sprengen, schickte er Ganteaume den optimistischen Befehl, sich zum Ausbruch bereitzuhalten. »Niemals«, schrieb er, »werden meine Soldaten auf Land und zur See ihr Leben für ein größeres Ziel wagen.« Und an Villeneuve: »Ich hoffe, Sie sind jetzt in Brest. Laufen Sie unverzüglich aus und mit meinen vereinten Geschwadern in den Kanal. England gehört uns! Wir sind erzbereit. Alles ist an Bord. Kommen Sie für nur 24 Stunden, und alles ist vorbei.«

Zu diesem Zeitpunkt, als alles von der französischen Flotte abhing, erhielt Napoleon Villeneuves Brief aus Ferrol, in dem stand, er wolle nach Brest oder Cadiz. Das war schnödester Verrat. Napoleon tobte, weil Villeneuve Cadiz überhaupt in Erwägung zog. Und doch hing von Villeneuves Entscheidung seine eigene ab. Erschien sein Admiral vor Ouessant, so würde Napoleon die Invasion durchführen und England zerschmettern. War er nach Südspanien gegangen, dann führte Napoleon 200 000 Mann gegen Österreich.

Neue Entschlüsse

Zwei Tage lang blickte Napoleon sehnsüchtig auf die Wasser des Kanals. Ein Brief von Decrès meldete, Villeneuve sei tatsächlich nach Cadiz gegangen. Napoleon ließ seinen Sekretär kommen. 5 Minuten schimpfte er und gab seiner Empörung über die Marinen im allgemeinen und über Villeneuve im besonderen Ausdruck. Dann rief er plötzlich: »Hinsetzen! Schreiben!« und nun diktierte er mehrere Stunden pausenlos, mit allen Einzelheiten und größter Genauigkeit den ganzen Feldzugsplan gegen Österreich, jenen Plan, der zu den Siegen von Austerlitz und Ulm führen sollte. Ein paar Tage blieb er noch in Boulogne, in erster Linie, um während der Vorbereitungen die Briten zu täuschen. Am 1. September erhielt er die endgültige Nachricht von Villeneuve, daß er in Cadiz liege.

Im Blick auf seine neuen Pläne hatte Napoleon eine anderweitige Verwendung für die Seestreitkräfte. Villeneuve erhielt neue Befehle: er solle Cadiz verlassen und ins Mittelmeer gehen, um durch einen Angriff auf Neapel den Kampf gegen die Österreicher zu unterstützen. Gleichzeitig schickte er insgeheim den Admiral Rosily zur Ablösung von Villeneuve, dessen Entschlußlosigkeit er nachgerade satt hatte.

Während sich Napoleon dem Feldzug von Austerlitz zuwandte, verabschiedete sich Nelson von seinen Freunden in London vor Übernahme des alten Kommandos. Verschwunden war Barhams Mißtrauen. Nelson hatte den alten Mann ganz für sich gewonnen. Er verbrachte viel Zeit in der Admiralität, wo man für den Krieg im Mittelmeer plante. Am 13. September fuhr Nelson nach dem Abschied von seiner geliebten Emma nach Spithead, wo ihn die Menschen jubelnd begrüßten. Viele weinten, und einige knieten sogar und flehten Gottes Segen auf ihn herab. Am Nachmittag setzte er wieder seine Flagge auf der *Victory,* die am nächsten Morgen zusammen mit einer Fregatte versegelte. Am 25. September stand sie vor Lissabon. Er drang in den dortigen britischen Konsul und in Collingwood, nichts von seiner Ankunft verlauten zu lassen, und schrieb: »Ich hoffe, den Feind auf See zu treffen.« Deshalb wurden am 28., als die *Victory* zu Collingwoods Flotte stieß, kein Schuß Salut gefeuert und keine Flagge ausgerissen. Wurde also rein äußerlich keinerlei Notiz von Nelsons Ankunft genommen, so durchdrang doch sein Geist sehr schnell die ganze Flotte. Noch nie hatte sich seine Führerpersönlichkeit in hellerem Licht gezeigt. Obgleich es sich nicht um Schiffe seines alten Verbandes handelte und nur wenige Offiziere schon früher unter ihm gedient hatten, weckte er bei allen sofort größte Dienstfreudigkeit. Ob Offizier oder Matrose, bald war es ihnen klar-daß dieser Admiral kein Autokrat war, der blinden Gehorsam forderte, vielmehr ein Führer, der seine Untergebenen dazu anspornte, mit vollem Einsatz, Verstand und eigener Initiative für ein gemeinsames Ziel zu wirken. Er erwartete von seinen Untergebenen, daß sie ihr berufliches Können zur Durchführung eines Plans einsetzten. In diesem Geist schrieb er sein berühmtes Memorandum; in diesem Geist erlaubte er Calder, an Bord des eigenen Flaggschiffs, der *Prince of Wales* (98), nach England zu fahren, um vor das Kriegsgericht zu treten, was Nelson am Vorabend der Schlacht eines Dreideckers beraubte.

Nelsons Memorandum

Als Nelson das Kommando vor Cadiz übernahm, war es sein wichtigstes Ziel, Villeneuve auf See hinauszulocken und zu vernichten. Daher beließ er es wieder, wie vor Toulon, bei einer weiten Blockade. Fregatten behielten Cadiz aufmerksam im Auge, während das Gros einige Seemeilen westlich davon kreuzte. Da Nelson wußte, daß Villeneuve unter Umständen über 30 bis 35 Linienschiffe verfügen konnte, und da es ihm klar war, daß er möglicherweise lange auf das Auslaufen des Feindes warten müsse, mußte er umschichtig die Schiffe der Flotte verproviantieren und doch immer kampfbereit bleiben. Zu diesem Zweck schickte er Admiral Louis mit 5 Schiffen nach Tetuan zur Neuversorgung. Hier im Atlantik gab es keine Möglichkeit zu zwanglosen Besprechungen mit seinen Kapitänen wie damals vor der Schlacht von Abukir. Also brachte Nelson seine Gedanken als Anhalt für seine Offiziere zu Papier. Dies Memorandum ist es wert, teilweise wiedergegeben zu werden, als Beispiel für Nelsons taktische Überlegungen und für sein rückhaltloses Vertrauen in seine Untergebenen.

»Da ich es für fast unmöglich halte, eine Flotte von 40 Linienschiffen bei wechselnden Winden, unsichtigem Wetter und anderen unvermeidlichen Vorfällen ohne so hohen Zeitverlust in Schlachtlinie zu formieren, daß vermutlich die Möglichkeit verpaßt wird, den Feind zu einer Entscheidungsschlacht zu zwingen . . .

. . . habe ich mich entschlossen, . . . daß die Anmarschformation gleichzeitig die Gefechtsformation sein soll . . .

Mein Stellvertreter im Kommando soll, sobald ihm meine Absichten bekannt sind, die alleinige Führung seiner Kolonne beim Angriff auf den Feind und bei den anschließenden Kämpfen haben, bis die Schiffe des Gegners genommen oder vernichtet sind.

Die britische Flotte muß von der Absicht durchdrungen sein, die feindliche Linie niederzukämpfen, angefangen bei den 2 oder 3 Vorderleuten des Flaggschiffs, das wahrscheinlich in der Mitte stehen wird, bis zum Schlußschiff . . . Etwas wird man dem Zufall überlassen müssen; denn bei einem Kampf auf See ist nichts todsicher. Kugeln können Masten und Rahen bei Freund und Feind fortschießen, aber ich erwarte zuversichtlich einen Sieg, bevor die feindliche Vorhut der Nachhut zu Hilfe kommen kann . . . Mein Stellvertreter soll in jeder denkbaren Lage die Bewegungen seiner Kolonne derart leiten, daß er sie so geschlossen beisammen hält, wie es die Umstände zulassen. Die Kommandanten haben in der eigenen Linie ihren Sammelpunkt zu sehen. Sollten aber Signale nicht zu erkennen oder ihre Bedeutung nicht völlig klar sein, so kann kein Kommandant ganz falsch handeln, wenn er sein Schiff längsseit von einem feindlichen legt.«

Dieses Memorandum ist besonders wegen der darin zum Ausdruck kommenden Angriffsfreudigkeit, des Vertrauens in Untergebene, der Einfachheit und der Siegeszuversicht bemerkenswert. Während es in keiner Weise die Kontrolle des Admirals über seine Schiffe preisgab, ließ es doch Collingwood, dem Stellvertreter, volle Initiative, »nachdem ihm meine Absichten bekannt sind«. Der Plan sorgte für Beweglichkeit und denkbar große Handlungsfreiheit für jeden Kapitän. Kurzgefaßt, sah er eine Aufteilung der Flotte in drei Divisionen vor: Collingwood in Lee sollte den Hauptstoß gegen die feindliche Nachhut führen; Nelson selbst in Luv die Vorhut binden, dann die Mitte angreifen und eine Entscheidung erzwingen, ehe die Feindvorhut umwenden und in die Schlacht eingreifen konnte. Eine Reserve-Division von 8 Schiffen hatte je nach Bedarf Hilfe zu leisten.

Die Schlacht von Trafalgar

Am Morgen des 19. Oktober 1805 hißte eine unter der Küste stehende Fregatte das Signal 370: »Die feindlichen Schiffe kommen aus dem Hafen oder setzen Segel.« Um 9 Uhr 30 hatte Nelson diese Nachricht bekommen. Der Augenblick, auf den er so lange hingearbeitet hatte, war gekommen.

Was hatte Villeneuve veranlaßt, dem unversöhnlichen Feind entgegen zu laufen, der ihn so lange blockiert hatte und ihm zweimal über den Atlantik gefolgt war? Napoleons Befehl, nach Neapel zu laufen, war äußerst kategorisch gewesen. Am 17. Oktober hatte Villeneuve erfahren, Rosily sei in Madrid und beauftragt, das Oberkommando über die alliierte Flotte zu übernehmen. Statt die Schande einer Ablösung zu erleben, die, so wie die Dinge lagen, den Vorwurf der Feigheit nahelegte, wollte Villeneuve versuchen, die Straße von Gibraltar zu durchlaufen, bevor er abgefangen wurde. Gelang es nicht, nun gut. Ein ehrenvoller Tod war der Alternative immer noch vorzuziehen. Am folgenden Tag lichtete er Anker, aber erst am 20. konnte er seine Schiffe aus dem Hafen bringen und formieren. Dann hielt er auf die Meerenge zu.

Als Nelson von Villeneuves Auslaufen erfuhr, erriet er sofort das Ziel und steuerte einen Kurs, der ihn abfangen mußte. Keinesfalls sollte Villeneuve ihn so frühzeitig sichten, daß er wieder nach Cadiz zurücklaufen konnte. Am 20. Oktober stand die britische Flotte in der Nähe von Gibraltar, aber von den Alliierten war nichts zu sehen, ebenso wenig von Louis und seinen 4 Schiffen, die Nelson dort vorzufinden hoffte. Auf dem Rückmarsch nach Cadiz meldete eine Aufklärungsfregatte, erst jetzt habe Villeneuve mit allen Schiffen den Hafen verlassen. Nelson triumphierte. Am selben Abend lud er mehrere Fähnriche zum Abendessen ein, wobei er ihnen versprach, der nächste Tag werde Ereignisse bringen, von denen sie ihr Leben lang sprechen könnten.

Am Mittag des 20. Oktober lief Villeneuve nach Formierung der Linie auf die Straße von Gibraltar zu. Im Grunde erwartete er gar nicht, daß es ohne Kampf abgehen werde, aber er war entschlossen durchzuhalten. Nelson, mittlerweile bis auf 25 sm an Cadiz herangekommen, war wieder nach Südwesten abgelaufen, um den Alliierten Gelegenheit zu geben, nach See zu Raum zu gewinnen, besonders jedoch, um sie an einer Rückkehr nach Cadiz zu hindern, bevor er sie zum Kampf stellen konnte. Villeneuve scheint Nelsons Taktik vorausgesehen zu haben, zum mindesten die Massierung gegen seine Mitte und Nachhut. Die Nacht hindurch lief er weiter auf die Meerenge zu, jeden Augenblick der vernichtenden Breitseiten des »Fougueux amiral« – des ungestümen Admirals – gewärtig, wie die Franzosen Nelson nannten. Aus dem Dunkel der Nacht hatten sie am Nil zugeschlagen; sie mochten es wieder tun. Aber die Nacht verging, ohne daß etwas geschah.

Als der Morgen des 21. Oktober heraufdämmerte, war die See glatt. Es stand eine schwache Brise aus WNW. Kap Trafalgar lag etwa 20 sm im Osten. Und nun bot sich den aufmerksamen Ausguckposten auf den britischen Schiffen das willkommene Bild weißer Leinwandflecke am östlichen Horizont. Kurz nach 6 Uhr begann Nelson sein Memorandum in die Tat umzusetzen. Da ihm Louis' Schiffe fehlten, gab er den Gedanken an eine Reserve-Division auf und signalisierte seinen 27 Schiffen, auf Ostkurs zwei Kolonnen zu formieren. Er selbst führte mit der *Victory* die nördliche in Luv, während Collingwood auf der *Royal Sovereign* an der Spitze der südlichen Lee-Kolonne stand.

Etwa um diese Zeit muß es Villeneuve klar geworden sein, daß er die Meerenge nicht ohne Kampf erreichen konnte. So gab er Befehl zum gleichzeitigen Halsen und zum Formieren der Linie in umgekehrter Reihenfolge. Dumanoir führte nun mit dem 3. Geschwader die Flotte auf nördlichem Kurs. Aber der Befehl kam zu spät, als daß die Alliierten noch nach Cadiz hätten zurücklaufen können. Der Kampf war unvermeidlich geworden. Als einer der spanischen Kommandanten die Lage überblickte, schob er seinen Kieker zusammen und rief: »Perdidos!«

Villeneuves Schiffe liefen infolge des Manövers auf einem vom Feind aus gesehen konkaven Bogen. Die schneller manövrierenden Schiffe mußten die Segel backbrassen, um auf die langsameren zu warten. Auf diese Weise kam die alliierte Flotte fast 2 Stunden lang überhaupt nicht aus der Stelle, während die Briten, deren beide Kolonnen in schiefem Winkel zur franko-spanischen Linie liefen, unter vollen Segeln herankamen. Sogar Leesegel hatten sie gesetzt. In beiden Kolonnen drohten die Schlußschiffe abzuhängen. Collingwood manövrierte in Übereinstimmung mit dem Memorandum so, daß er die feindliche Linie beim zwölftletzten Schiff durchstoßen mußte, während Nelsons Kurs auf einen Punkt 2 sm vor der gegnerischen Spitze führte. Da die Alliierten nach Norden liefen, bedeutete dies für die *Victory* Kollisionskurs mit der *Neptuno*, Villeneuves Spitzenschiff. Die psychologische Belastung für die wartenden Franzosen und Spanier war ungeheuer. Niemand wußte, wo eigentlich der Schlag erfolgen werde. Solange Nelson auf Kurs blieb, mußte die Vorhut auf den Angriff von Nelsons 12 Ungetümen gefaßt sein. Andererseits brauchte der britische Admiral nur Ruder zu legen, dann zielte sein Stoß auf Villeneuves Mitte, während die Vorhut wegen des Windes und der nötigen Wendemanöver dem Kampf zusehen mußte. Auf diese Weise wurde bei Trafalgar eine Massierung erreicht; denn Nelsons Geschwader band die alliierte Mitte und Vorhut unter gleichzeitiger Unterstützung von Collingwoods Angriff auf die Nachhut, während Nelsons Verhalten die feindliche Vorhut daran hinderte, seinen Stoß gegen die Mitte abzufangen. Diese für Nelsons Geschwader vorgesehene Doppelrolle war schlechthin genial. Während Calder verabsäumt hatte, die alliierte Vorhut zu binden, bis die Entscheidung erzwungen werden konnte, stellte Nelson, weil er seinen Gegner kannte und die Vorhut bedrohte, deren Nichteingreifen sicher, während er selbst und Collingwood mit Mitte und Nachhut abrechneten.

Im Lauf des Vormittags rückten die Briten den Alliierten unerbittlich näher. Die beiden britischen Kolonnen mit den düster wirkenden schwarz-gelben Rümpfen unter Leinwandwolken, ausgerannten und mit doppelten Ladungen beladenen Kanonen wirkten wahrhaft unheilkündend. Nelson hatte der Reihenfolge der Schiffe in den Kolonnen besondere Aufmerksamkeit geschenkt. In der Erwartung, daß die Spitzen bereits im Kampf stehen würden, bevor die achtern stehenden herankommen konnten, hatte er die schwersten Schiffe nach vorn genommen. Seine eigene Kolonne wurde von drei Dreideckern angeführt: *Victory* (100), *Téméraire* und *Neptune* (je 98); Collingwoods Kolonne von *Royal Sovereign* (100) und *Prince* (98). Während die Flotten einander näherkamen, baten die Offiziere Nelson, er möge ein anderes Schiff die Spitze nehmen lassen, damit der Admiral nicht unnötigerweise getötet würde oder ausfiele. Nelson schien auch nachzugeben, und Signale beorderten *Téméraire* nach vorn. Aber kaum begann dieses etwas handlichere Schiff, den Befehl auszuführen, als Nelson es schon wieder auf den zweiten Platz zurückschickte.

Gegen 11 Uhr sah es ganz so aus, als werde die Schlacht in

einer Stunde beginnen. Nelson ging in seine Kajüte, machte ein Kodizill zu seinem Testament und schrieb als Vermächtnis an sein Land ein Gebet auf:

Der große Gott, den ich anrufe, schenke meinem Land und dem ganzen Europa einen großen und glorreichen Sieg. Möge kein Versagen irgendeines Menschen diesen Sieg verdunkeln, und möge nach dem Siege Menschlichkeit das hervorstechende Kennzeichen der britischen Flotte sein. Ich persönlich lege mein Leben in die Hand meines Schöpfers. Möge sein Segen auf meinem Bemühen ruhen, meinem Lande treu zu dienen. Ihm vertraue ich mich und die gerechte Sache an, deren Verteidigung mir aufgetragen ist.

An Deck zurückgekehrt, wurde Nelson gemeldet, Kap Trafalgar sei in Sicht. Dann meinte er, er wolle der Flotte mit einem Signal Freude machen. Um 11 Uhr 35 stieg es zur Rah der *Victory* empor: »England expects that every man will do his duty.« Ihm folgte noch ein zweites Signal – Nr. 16 –, das wehen blieb, bis es abgeschossen wurde: »Näher heran an den Feind.«

Der Augenblick war gekommen. Als gegen Mittag die *Victory* noch nicht auf Schußweite heran war, aber unerbittlich auf die alliierte Vorhut zuhielt, begann Collingwoods Division bereits den Kampf. Statt in Übereinstimmung mit dem Memorandum die letzten 12 Schiffe der Feindlinie abzuschneiden, entschloß sich Collingwood, dies mit den letzten sechzehn zu tun, so daß er mit seinen 15 Schiffen gegen eine Übermacht kämpfen mußte. Aber er verließ sich auf das bessere seemännische Können der eigenen Besatzungen und die überlegene Artillerie. Er wurde darin nicht enttäuscht. Auch Nelson war offenbar einverstanden; denn als Collingwood auf die *Santa Ana* zuhielt, rief er: »Seht nur, wie dieser prachtvolle Collingwood sein Schiff ins Gefecht führt.«

Zu dieser Zeit lief Collingwoods Kolonne nicht mehr in Kiellinie, sondern nach Südwesten gestaffelt. Da die Linie der feindlichen Nachhut nach Südwesten ausgebuchtet war, liefen die beiden Verbände jetzt nahezu parallel. Dadurch kamen Collingwoods Schiffe sehr viel schneller ins Gefecht als diejenigen Nelsons, die noch in Kiellinie standen. Innerhalb einer Viertelstunde hatten acht von Collingwoods Schiffen die alliierte Nachhut durchstoßen, und bald waren alle im heftigen Kampf mit dem Feind.

Inzwischen hatten die französischen und spanischen Admirale ihre Flaggen ausgerissen. Befriedigt darüber, daß sein Scheinangriff auf die Vorhut Villeneuve an einem Vorgehen gegen Collingwood gehindert hatte und daß es für Dumanoir jetzt zu spät war, gegen Nelsons Angriff etwas zu unternehmen, ließ dieser Hardy, den Kommandanten der *Victory,* nach Steuerbord abhalten und die *Bucentaure,* Villeneuves Flaggschiff, ansteuern. Gegen 12 Uhr 30 legte *Victory* Ruder und griff an. Als Hardy sah, daß die *Redoutable* ganz dicht hinter der *Bucentaure* stand, fragte er Nelson, auf welches Schiff er zuhalten solle. Er erhielt zur Antwort: »Suchen Sie sich's aus, Hardy. Es ist im Grunde gleichgültig.« Während *Victory* hinter der *Bucentaure* durchlief, feuerte sie ihre Backbord-Breitseite, die mehr als 100 Mann Verluste verursachte. Villeneuve verlor den Mut. Unmittelbar auf *Victory* folgten *Téméraire, Leviathan, Conqueror, Britannia, Ajax* und Nelsons alte *Agamemnon.* Nun, da Nelson seine Aufgabe, die Flotte erfolgreich in den Kampf zu führen, als erfüllt ansah, schlenderte er mit seinem Freund Hardy über das Achterdeck der *Victory.* Wie stets in der Schlacht trug er seine Orden, was ihn zu einem leicht erkennbaren Ziel machte. Ringsum sah er Szenen des Grauens und

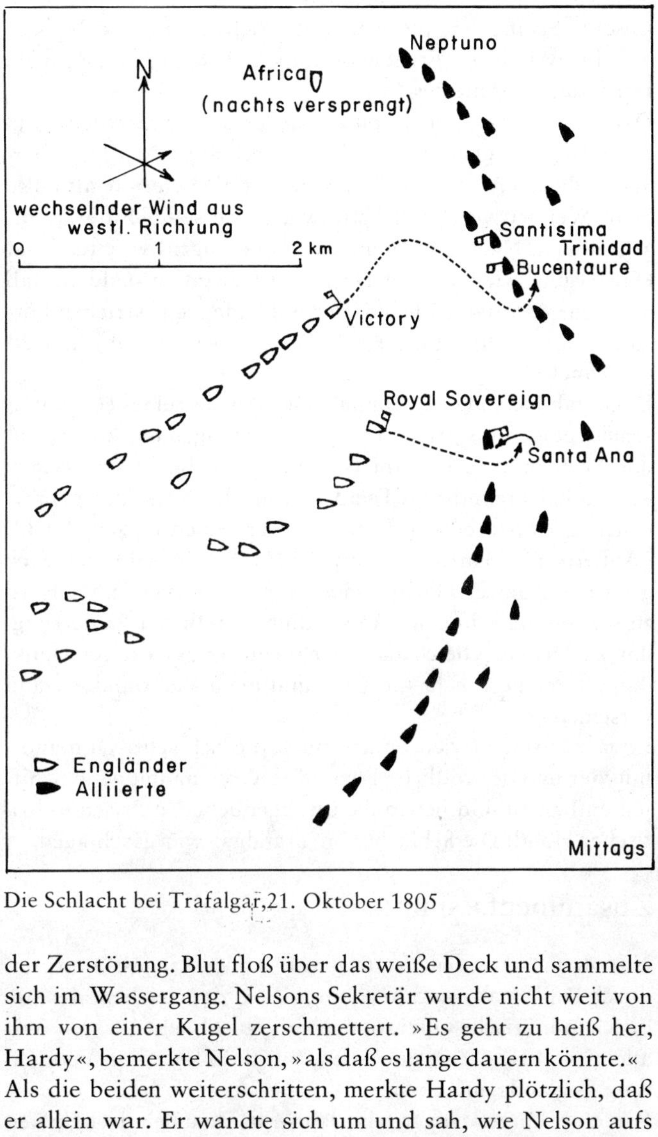

Die Schlacht bei Trafalgar, 21. Oktober 1805

der Zerstörung. Blut floß über das weiße Deck und sammelte sich im Wassergang. Nelsons Sekretär wurde nicht weit von ihm von einer Kugel zerschmettert. »Es geht zu heiß her, Hardy«, bemerkte Nelson, »als daß es lange dauern könnte.« Als die beiden weiterschritten, merkte Hardy plötzlich, daß er allein war. Er wandte sich um und sah, wie Nelson aufs Deck stürzte. »Endlich haben sie mich erwischt, Hardy«, murmelte der Admiral. Als man ihn auf den Verbandplatz trug, bedeckte er seine Orden mit dem Taschentuch, damit ihn die Leute nicht erkennen und den Mut verlieren sollten. Der Arzt konnte Nelsons eigene Diagnose nur bestätigen. Ein Scharfschütze in der Takelage der *Redoutable* hatte ihn getroffen. Die Kugel hatte Schulter, Lunge und Rückgrat durchschlagen und war in der Hüfte steckengeblieben. Fünf Minuten darauf übergab Villeneuve die *Bucentaure.* So gering war die Zeitspanne, die Nelson um den Triumph brachte, die Unterwerfung des Rivalen entgegenzunehmen. Während der Kampf weiterging, wurde Nelson auf dem Verbandplatz über den Fortgang der Schlacht unterrichtet. Kurz nach 14 Uhr war das Gefecht in der Mitte so gut wie beendet. Acht französische und spanische Schiffe hatten sich ergeben. Eine Stunde später stand auch Collingwoods Sieg über die Nachhut fest, und Hardy eilte unter Deck, um mit seinem sterbenden Führer zu sprechen. »Ich hoffe, Hardy, keins unserer Schiffe hat die Flagge gestrichen«, meinte Nelson, als Hardy ihm die Ergebnisse mitgeteilt hatte. »Nein, mein Lord, das wird nie geschehen.«

Dann holte man den Kapitän wieder aufs Achterdeck, um einen Gegenangriff Dumanoirs abzuschlagen. Mit fast übermenschlichen Anstrengungen, wobei er die Beiboote als Hilfe beim Wenden verwandt hatte, waren dessen Schiffe herangekommen. Nach 20 Minuten war der Angriff vereitelt, und Hardy ging wieder unter Deck, um Nelson zu melden, daß nunmehr 14 oder 15 Feindschiffe die Flagge gestrichen hätten. »Das ist gut«, flüsterte Nelson, »aber ich hatte auf 20 gerechnet.«

Dann gab Nelson noch einmal einen Beweis seines seemännischen Feingefühls. An den Schiffsbewegungen merkte er, daß der Wind auffrischte. Im Gedanken an die zerschossenen Schiffe bei Freund und Feind und an die Nähe der gefährlichen Leeküste bei Trafalgar, gab er seinen letzten Befehl: »Ankern Sie, Hardy, ankern Sie[2]!« Schon sehr schwach geworden, bat er Hardy, seinen Leichnam nicht über Bord zu werfen, und, in einer Anwandlung kindlicher Zuneigung, ihn zu küssen. Gleich darauf hauchte er: »Gott sei Dank, daß ich meine Pflicht tat. Gott und mein Vaterland.« Dann verschied er.

Etwa zur selben Zeit endete auch die Schlacht. Dumanoir mit vier und der tödlich verwundete Gravina mit zehn Schiffen entkamen und ließen die übriggebliebenen Prisen in britischer Hand. Die Schlacht von Trafalgar war geschlagen.

Zusammenfassung

Napoleon hatte dem Vertrag von Amiens zugestimmt, um durch Diplomatie und Verräterei Ziele zu erreichen, die ihm durch militärische Operationen versagt geblieben waren. Vor allem wollte er Zeit gewinnen, um die Flotte zur Vernichtung Englands aufzubauen.

Für eine kurze, trügerische Pause in den Feindseligkeiten mußte der Premierminister Henry Addington, der »Friedensbringer«, teuer bezahlen. Er gab fast alle Eroberungen heraus, die in zehnjährigen Kämpfen gemacht worden waren. Dadurch, daß Napoleon alle Versprechungen verächtlich brach, trieb er England durch wiederholte und flagrante Verletzung seiner Verpflichtungen sehr bald zur Wiederaufnahme der Waffen. Als Addington gar keinen Ausweg mehr sah, griff Großbritannien am 16. Mai 1803 widerstrebend, müde, aber verbissen erneut zum Schwert. Wie stets bildete die Seemacht dessen scharfe Schneide. Entschlossen wurden Toulon, Rochefort und Brest wiederum blockiert. Länger als ein Jahr überließ Addington Napoleon die Initiative; denn die mittelmäßigen Begabungen im Kabinett dachten an nichts anderes als an die drohende Invasion. Länger als ein Jahr arbeitete der Erste Konsul fieberhaft an der Bereitstellung seiner Truppen und der Auffüllung der Flottille für die Überquerung des Kanals. England aber, von seiner Flotte bewacht, blieb uneinnehmbar, »dies Kleinod, in die Silbersee gefaßt, die ihm den Dienst von einer Mauer leistet«. Im Verlauf der Jahre 1803 und 1804 steigerte sich Napoleons ohnmächtige Wut. Zornig arbeitete er Pläne aus, mit deren Hilfe die Diversion eines Teils der britischen Flotte erreicht werden sollte, um den Rest zu vernichten, so daß seine Legionen den Triumphen von Marengo und Hohenlinden auch noch den von London anreihen könnten.

Mittlerweile hatte England die Offensive ergriffen. Addington machte Pitt Platz, dessen scharfer Verstand die Notwendigkeit eines Angriffs erkannt hatte. An der diplomatischen Front versetzte Pitt durch Bildung der Dritten Koalition Napoleon einen Schlag; an der militärischen Front setzte er die einzige verfügbare Armee Englands bei amphibischen Operationen im Mittelmeer ein. Die Unternehmungen Napoleons und Pitts erreichten im Sommer und Herbst des Jahres 1805 ihren Höhepunkt.

Als ersten Schritt zur Eroberung Großbritanniens befahl Napoleon den franko-spanischen Flotten, sich im Karibischen Meer zu treffen und dann unter dem Befehl Villeneuves zum Kanal zurückzukehren, um die Überquerung dieses Meeresarms zu sichern. Die konträre Wesensart zweier Männer vereitelte die geringe Chance, die dieser Plan überhaupt gehabt hatte. Die Entschlossenheit Nelsons und das Schwanken Villeneuves führten zu einem völligen Fehlschlag des Großen Plans. Über den Atlantik und wieder zurück verfolgte Nelson erbarmungslos Villeneuve, der auf der Flucht vor seinem unversöhnlichen Feind zum Kampf mit Calder gezwungen wurde. Blieb das Gefecht auch unentschieden, so entmutigte es doch Villeneuve, der zunächst nach Vigo, dann nach Ferrol und schließlich nach Cadiz hineinschlich, während Napoleon am Kanal besorgt nach seinen Segeln Ausschau hielt. Als er von Villeneuves Rückzug erfuhr, war er ein zu großer Realist, um nicht die Hoffnung auf eine Zerschmetterung Englands aufzugeben. Er schickte sich an, der von Österreich und der Dritten Koalition in seinem Rücken drohenden Gefahr zu begegnen. Zur Unterstützung dieses neuen Feldzuges sollte Villeneuve seine 33 Schiffe zum Angriff auf Neapel führen. Statt dessen traf ihn am 21. Oktober 1805 die Nemesis in Gestalt von Nelsons 27 Linienschiffen vor Kap Trafalgar. Als die Nacht einfiel, hatte Napoleons Flotte aufgehört, ein Kampffaktor zu sein.

2 Collingwood hielt eine Ausführung dieses Befehls nicht für zweckmäßig. Infolgedessen gingen bis auf fünf alle Prisen in dem nach der Schlacht aufkommenden Sturm verloren.

Die Schlacht hatte eine tiefgreifende Wirkung. Ein für allemal war Napoleons Invasionsdrohung beseitigt. Von nun an blieb ihm die Ausnutzung der See verwehrt. Von nun an würden sich alle seine Feldzüge auf dem Lande abspielen. Von nun an kam jeder französische Überseehandel zum Erliegen, der britische aber blieb unbedroht. Von nun an konnte Großbritannien nach Belieben an den Küsten Europas überall, wo Napoleon verwundbar zu sein schien, zuschlagen. Trafalgar ermöglichte den Feldzug auf der Iberischen Halbinsel, mit dem Napoleons Abstieg begann. Trafalgar trug in hohem Maße zum Scheitern des russischen Feldzuges bei, der Napoleons Untergang besiegelte.

Kapitel 11

Frankreichs Niedergang

Von Henry H. Adams und Neville T. Kirk bearbeitetes Kapitel 9 der US-Ausgabe in der Übersetzung von Siegfried Engel

Das ganze Ausmaß des Sieges, den Nelson bei Trafalgar mit seinem Leben erkauft hatte, wurde zunächst weder London noch Paris klar. Am 20. Oktober 1805 zerschmetterten Napoleons Truppen bei Ulm die österreichische Armee unter dem unfähigen General Mack. Das war für die Dritte Koalition ein tödlicher Schlag.

Als diese Nachricht nach London gelangte, wollte man sie kaum glauben. Während Pitt noch über den Zusammenbruch all seiner Hoffnungen nachsann, trafen Collingwoods Berichte über Trafalgar ein. Aber dieser größte Seesieg in der Zeit der Segelschiffe wurde nicht gefeiert, sondern nur betrauert. »Die Vereinigte Flotte ist besiegt, aber Nelson ist tot!« Schmerz über den Verlust des größten Seemanns, den England besessen hatte, verdunkelte jeden Triumph.

Pitt aber dachte nicht daran, mit nutzlosem Jammern Zeit zu verschwenden. Hatten auch die Österreicher die Initiative aus der Hand gegeben, die sein Genie sichergestellt hatte, so erkannte er doch ganz klar, daß Nelsons Sieg schlechthin überwältigend genannt werden mußte. Nun waren die langwierigen, Menschen und Schiffe abnutzenden Blockaden überflüssig; denn die französische Flotte war kein Kampffaktor mehr. Mit den schwachen noch vorhandenen Einheiten konnten fliegende Geschwader leicht fertig werden und alle Schiffe verfolgen und vernichten, die töricht genug waren, die Häfen zu verlassen. Nun war es leichter, Geleit zum Schutz gegen Freibeuter für die vielen Konvois zu stellen, die Waren, Großbritanniens Herzblut, übers Meer brachten. Schließlich konnte nun die Royal Navy zuschlagen, wo es wünschenswert war, sei es als Hilfe für die Alliierten oder zur Erreichung eigener strategischer Ziele.

Eine Gelegenheit hierzu schien sich im Norden zu bieten. So gut wie man Craigs Expedition zur Zusammenarbeit mit den Österreichern ins Mittelmeer geschickt hatte, konnte auch ein Geschwader zur Hilfe für Russen, Schweden und hoffentlich auch für Preußen nach Norden entsandt werden. Von der preußischen Bereitwilligkeit zur Zusammenarbeit hing ja der Erfolg des neuen Plans ab. Während aber der preußische König noch schwankte, schlug Napoleon am 2. Dezember 1805 erneut bei Austerlitz zu, und noch am selben Abend hatte Österreich die Dritte Koalition verlassen. Dieser französische Triumph und der folgende Friede von Pressburg brachen Pitt das Herz. Als am 9. Januar 1806 Nelsons Leichnam durch London zu seiner letzten Ruhestätte in der St. Pauls Kathedrale gebracht wurde, fuhr Pitt, ein kranker und gebrochener Mann, zum letzten Mal nach London. Seine letzte Entscheidung, die Rückberufung jener Expedition nach Norden, bedeutete zugleich das Ersterben jeder Hoffnung, das Ende einer Vision. Mit Pitt schwand, soweit man sah, jede Aussicht auf Sieg.

Und doch übte Nelsons Vermächtnis an sein Land bereits eine erste Wirkung. Trotz der überwältigenden Siege zu Lande war es dem Kaiser klar, daß Großbritannien ihn dank seiner Seemacht aushungern konnte. Er benötigte unbedingt überseeischen Handel, und Nelson hatte ihn jeder Möglichkeit beraubt, diesen mit Gewalt zu erkämpfen. Aber hatte sich England nicht schon einmal zu einem Frieden verlocken lassen, der nur für Frankreich vorteilhaft gewesen war? Vielleicht konnte wiederum Arglist dort gewinnen, wo seine Schiffe versagt hatten.

Nach Pitts Tod war die neue Regierung auch wirklich zum Frieden bereit. An ihrer Spitze stand de facto, wenn auch nicht de jure, der undurchsichtige Charles Fox. Verzweifelt über die Eroberungen des Kaisers und den Verlust des größten See- und Staatsmanns, sah Großbritannien die einzige Möglichkeit, ihn an der Erringung weiterer Siege zu hindern, in einer Politik, die Napoleon keine Gelegenheit zu weiterem Kampf bot. Fox, der oft französischer Sympathien beschuldigt wurde, wollte gern Frieden schließen und konnte auch durchaus hoffnungsvolle Verhandlungen eröffnen. Aber trotz der Meinung seiner politischen Gegner war er in allererster Linie Engländer. Im Verlauf des Sommers trat klar zutage, daß Napoleon ein doppeltes Spiel trieb, denn er spielte England gegen Rußland aus. Daraufhin brach Fox die Verhandlungen ab. Nicht lange überlebte er seine Enttäuschung. Immerhin bedeutete die Tatsache, daß er die Unmöglichkeit eingesehen hatte, mit Napoleon zu verhandeln, eine Lehre für alle Engländer. Konnte nicht einmal Fox an die Ehrlichkeit des Kaisers glauben, wer sollte es dann tun? Kurz entschlossen faßten die Briten einen unbegrenzten Krieg ins Auge. Von nun an bis zum endgültigen Sieg zog Großbritannien kein anderes Ziel mehr in Betracht als den Untergang Napoleons und alles dessen, was er verkörperte.

Noch während der Friedensverhandlungen machte Großbritannien zaghafte Versuche, seine Seeherrschaft auszunutzen. Viele Möglichkeiten boten sich, Kolonien Frankreichs und seiner Verbündeten zu erobern und schwache Punkte an den Küsten Europas anzugreifen. So nahm Kommodore Popham im Januar 1806 erneut die Kapkolonie in Besitz, die der Friede von Amiens den Holländern zurückgegeben hatte. Diesem Erfolg ließ Popham im Juni eine allerdings schlecht vorbereitete Eroberung von Buenos Aires folgen, das er bald wieder räumen mußte. Im Mittelmeer verließ Generalmajor Stuart Ende Juni auf eigene Initiative Sizilien und landete am 1. Juli mit etwa 5000 Mann nahe dem Südzipfel Italiens. Obwohl die Briten in der Schlacht von Maida einen großen Sieg errangen, mußte Stuart sich sehr bald wieder zurückziehen.

Diese und ähnliche Vorstöße konnten natürlich nie Entscheidendes erreichen. Man hätte sie für eine Fortsetzung von Pitts Plan aus dem Siebenjährigen Krieg halten können, aber dessen Erfolg hing vom Vorhandensein einer starken alliierten Armee ab. Land- und Seemacht hatten sich damals gegenseitig unterstützt und die Feindkräfte abwechselnd gebunden und geschlagen. Jetzt fehlte die Komponente an Land, und Napoleon stand keine gut ausgebildete und gut geführte Armee gegenüber. Immer wieder hatte England auf dem Kontinent Koalitionen zustande gebracht, um jedesmal wegen unterschiedlicher Ziele und französischer Siege deren Zerfall zu erleben. Großbritannien mußte entweder eine stabile Koalition schaffen oder aber seine Heere solange aufsparen, bis sie mit nachhaltiger Wirkung eingesetzt werden konnten. Der Idealfall wäre es natürlich gewesen, wenn die britische See- und Landmacht mit verbündeten Heeren gemeinsam gegen den Feind hätte kämpfen können. Er trat erst 1813 mit der Vierten Koalition ein. Die Jahre bis dahin berichten vom Schmieden der entscheidenden Waffen.

Die Kontinentalsperre

Napoleon war über den Abbruch der Friedensverhandlungen und die britischen Unternehmungen gegen die Kolonien aufgebracht. Er antwortete mit dem Versuch, England vom Handel mit dem Kontinent auszuschließen. Das Königreich Neapel und die Küste Portugals boten ganz offensichtlich dem britischen Handel Einlaß. Napoleon wandte sich zunächst gegen Neapel, fiel in Süditalien ein und schloß diesen Stapelplatz für britische Waren. Der König und sein Hof entkamen nach Sizilien, wo sich die Regierung in Messina unter dem Schutz von Craigs Armee und Collingwoods Flotte niederließ. Darauf drohte Napoleon im August 1806 mit einer Invasion Portugals. Aber diesmal kam ihm die britische Seemacht zuvor; denn während noch der Kaiser und sein Stab zum erstenmal das unvorstellbar schwierige Terrain auf der Iberischen Halbinsel kennenlernten, schlüpfte Lord St. Vincent mit der ganzen Kanalflotte nach Lissabon hinein. Der Anblick der mächtigen britischen Linienschiffe beruhigte den Prinzregenten, der nun nicht mehr ängstlich nach Norden blickte, sondern energisch Großbritannien seiner Loyalität versicherte. Gleichzeitig ließ er wissen, falls nötig werde er seine Flotte und den Hof nach Brasilien verlegen. St. Vincents Erscheinen lieferte einen dramatischen Beweis, wie eine Seemacht leicht mit Schwierigkeiten von Entfernungen und Terrain fertig werden kann.

Doch war das nicht der einzige Ärger, den Napoleon auf der Halbinsel erlebte. Der anmaßende kleine Korse war bei den Spaniern ganz entschieden unbeliebt. Sie hatten den Krieg, der ihr Land ruinierte, herzlich satt, brachte er doch nur Steuern und Armut. Godoy, der spanische Diktator, war von den britischen Erfolgen auf See, besonders von Trafalgar, tief beeindruckt. Er verstand sehr wohl, was St. Vincents Einlaufen in Lissabon zu bedeuten hatte. So warf er die Fesseln ab, die ihn an Napoleon banden, und rief im Oktober 1806 die Spanier zur Verteidigung ihres Landes zu den Waffen.

Als Napoleon die Proklamation Godoys zornentbrannt las, war er gerade im Norden in Anspruch genommen und konnte sich nicht sofort mit Spanien befassen. Preußen hatte der Kaiser dadurch zur Schließung der Häfen für die britische Schiffahrt bewogen, daß er ihm die Überlassung von Hannover vorgaukelte. Sehr bald aber stellte es sich heraus, daß auch dieses Land, wie alle, die mit Napoleon unterhandelten, betrogen worden war; denn während der fehlgeschlagenen Friedensverhandlungen hatte er England die Rückgabe Hannovers angeboten. Daraufhin wandte sich Friedrich Wilhelm III. an den Zaren, der ihm russische Hilfe versprach. So schickte Preußen im September 1806 Frankreich ein Ultimatum.

Als Beweis dafür, daß er immer noch Herr im Hause sei, stieß der Kaiser weit nach Deutschland hinein vor und vernichtete Mitte Oktober die preußischen Heere bei Jena und Auerstädt an einem Tage und zwang den König zu schmachvoller Ergebung. Einmal mehr hatte Napoleon bewiesen, daß er auf dem Kontinent zuschlagen konnte, wo er wollte, genauso wie die Royal Navy dank ihrer Beweglichkeit auf See nach Belieben an den Küsten Europas. Ehe nicht die Briten Mittel und Wege fanden, zugleich auch an Land wirksame Schläge gegen den Feind zu führen, schienen ihre Aussichten trübe.

Napoleon krönte die Demütigung Preußens dadurch, daß er die Quintessenz der Kontinentalsperre im November 1806 in seinem Berliner Dekret niederlegte. Auf diese Weise sollte seine Seeherrschaft mit Hilfe der Beherrschung des Kontinents sichergestellt werden; denn der Kaiser erklärte die Blockade der Britischen Inseln, schloß alle von ihm kontrollierten Häfen für britische Schiffe und ließ alle Waren britischen Ursprungs beschlagnahmen. Da er keine Flotte auf die hohe See schicken konnte, verletzte Napoleon insofern das Völkerrecht, als eine Blockade effektiv sein muß, soll sie gesetzlich sein. Diese neue Form des Wirtschaftskrieges beantwortete Großbritannien im Januar 1807 mit einer Kabinettsorder, die neutralen Schiffen verbot, Häfen anzulaufen, die für britische Schiffe geschlossen waren. Zunächst wurde diese Order noch großzügig gehandhabt und den Neutralen erlaubt, Waren aus dem eigenen Lande, die nicht Konterbande darstellten, in Häfen unter französischer Kontrolle zu löschen. Dagegen war der Transport von Waren aus einem französisch kontrollierten Hafen in einen gleichen verboten. Im November verschärften die Briten ihr Vorgehen dadurch, daß sie alle von Frankreich kontrollierten Häfen automatisch als blockiert erklärten. Neutrale Schiffe durften dort erst einlaufen, nachdem sie zuvor in einem englischen Hafen gewesen waren, um Zoll zu entrichten und Lizenzen zu erwerben. Dadurch wollten die praktischen Briten den Wirtschaftskrieg mit Frankreich gewinnbringend gestalten, so daß er den »heißen« Krieg finanzieren half.

Napoleons Hoffnung, durch das Berliner Dekret die Britischen Inseln auszuhungern, erwies sich als Fehlschlag. Die britischen Fabrikate waren zu hochwertig, als daß das Festland ohne sie hätte auskommen können. Erreicht wurde im wesentlichen nur, daß Schmuggeln fast als ehrbares Handwerk galt. Der Kaiser selbst sah sich sogar genötigt, seine Armeen mit englischen Mänteln und Stiefeln auszurüsten. Weit entfernt aber, die Blockade aufzuheben, erließ er im Dezember das Dekret von Mailand. Dadurch wurde jedes neutrale Schiff für vogelfrei erklärt, das sich britischer Durchsuchung fügte oder gemäß jener Kabinettsorder Zoll an England entrichtete. Solche Schiffe galten als gesetzmäßige Prisen, wenn sie von seinen immer zahlreicher umherschwärmenden Freibeutern gekapert wurden. Stiegen auch die Versicherungen für amerikanische Schiffe, die auf England fuhren, von 2½ auf 3¾ %, so sorgte doch Englands Seemacht dafür, daß wichtige Schiffe ans Ziel gelangten. Als Ergebnis einer Reihe von Dekreten und Kabinettsorders stapelten sich britische Produkte in Lagerhäusern. Kamen auch viele Geschäfte zum Erliegen, so verhinderte doch die Erschließung neuer Märkte völligen Ruin. Im Lauf der Zeit glichen sie sogar reichlich alle Verluste aus, die die Knebelung des Kontinentalhandels verursachte. Wohl konnte der Kaiser, wenn auch mit größter Schwierigkeit, den Hauptteil des britischen Handels vom Festland fernhalten, doch war es ihm unmöglich, überseeische Kolonien, sogar französische, an Geschäften mit Briten zu hindern. Im Jahre 1810 war das Karibische Meer eine britische See geworden, und im Indischen Ozean, im Gebiet von Malaya, in Australien und Neuseeland entstand für Großbritannien ein neues Imperium, von dessen Handel das Mutterland lebte. Im selben Jahr exportierte es Waren im Wert von fast 70 Millionen Pfund verglichen mit 50 Millionen jährlichen Exports vor Einführung der Kontinentalsperre.

Mittlerweile brachten Napoleons Dekrete für Frankreich und alle Länder, die sich danach richteten, nichts als Entbehrung, wenn nicht gar Ruin. Die Wirtschaft Europas einschließlich Frankreichs war nun einmal vom britischen Handel abhängig. Das Ausbleiben britischer Waren bedeutete, daß die Kosten für den Unterhalt von Napoleons riesiger Kriegsmaschinerie nicht mehr aus dem Nationaleinkommen bestritten werden konnten. Trotz ständig steigender Steuern wuchs das Defizit der Staatsfinanzen. Natürlich verstand der Mann auf der Straße nichts von Nationalökonomie. Er sah nur, daß der Starrsinn eines Mannes ihm das vorenthielt, was er dringend brauchte. Während französische Soldaten konfiszierte Schnuggelwaren verbrannten, sah die Menge finster zu, wie in Rauch aufging, wonach sie sich sehnte. Es schien ganz so, als arbeite Großbritannien, die Hochburg von Rang und Privilegien, für den Bedarf des einfachen Mannes, während Frankreich, der Theorie nach Wächter der Menschenrechte, ihm das Lebensnotwendige vorenthielt. So war, auf lange Sicht gesehen, Napoleons Kontinentalsperre ein Fehlschlag; denn sie stärkte Englands Wirtschaft durch die notgedrungene Schaffung neuer Märkte, während sie dem Kontinent Inflation, Elend, Verzweiflung und schließlich Zusammenbruch brachte.

Die Dardanellen-Operation

Um Rußland für die Unterstützung Preußens zu bestrafen, setzte Napoleon neue Unternehmungen gegen das Zarenreich in Gang. Auf russisches Drängen willigten die Briten ein, bei einer Operation gegen die Türkei zu helfen, die Rußlands Erbfeind war. Nach vorangegangener Erkundung trafen 8 Linienschiffe, 2 Fregatten und 2 Bombenschiffe Anfang Februar 1807 vor der Einfahrt in die Dardanellen ein. Der Befehlshaber, Vizeadmiral Duckworth, sollte die Übergabe der türkischen Flotte und aller maritimen Vorräte fordern. Bei einer Weigerung hatte er Konstantinopel zu beschießen. Das Einlaufen in die Dardanellen bot kaum Schwierigkeiten, aber weiter erreichte Duckworth gar nichts. Wohl kaperte er ein paar Schiffe, ließ sich jedoch zu langwierigen Verhandlungen verleiten, während die Türken die Dardanellen-Befestigungen verstärkten, um ihn im Marmara-Meer einzuschließen. Nach 10 Tagen lief Duckworth aus, wobei seine Schiffe bei der Durchfahrt schwer beschädigt wurden. Im Mittelmeer stießen 8 russische Linienschiffe unter Admiral Senjavin, der auf einen erneuten Angriff gegen Konstantinopel drängte, zu ihm. Admiral Duckworth aber lehnte ab und lief weiter nach Westen. Senjavin kreuzte vor den Dardanellen und besiegte die im Juni auslaufende türkische Flotte. Auf die Nachricht vom Tilsiter Frieden schloß der russische Admiral einen Waffenstillstand mit der Türkei ab und lief nach Lissabon, um weitere Befehle abzuwarten.

Der Vertrag von Tilsit

Napoleons Angriff auf Rußland ließ erstmals ahnen, was sich 5 Jahre später ereignen sollte. Der Kaiser litt schwer unter unzureichendem Nachschub in einem öden Lande, aus dem sich seine Truppen nicht ernähren konnten. Als er im Februar 1807 bei Eylau die russische Armee angriff, waren seine Verluste fast so groß wie die des Gegners. Nachdem er im Winter Verstärkungen herangebracht hatte, ergriff er wieder die Offensive und schlug im Juni bei Friedland die Russen in wilde Flucht, wobei er ein Drittel vernichtete.

Wenige Tage später trafen sich die Kaiser von Frankreich und Rußland auf einem Floß im Njemen, während der König von Preußen im Regen am Ufer wartete. »Ich hasse die Engländer genauso sehr wie Sie«, sagte der Zar. »Dann«, entgegnete Napoleon, »ist der Friede beschlossene Sache.« Im Juli wurde in Tilsit der Vertrag unterzeichnet. Darin kamen Frankreich und Rußland überein, die Welt zwischen sich aufzuteilen. Als Entgelt für territoriale Gewinne auf Kosten Preußens, Schwedens und Finnlands willigte Rußland in die Anerkennung aller Eroberungen Napoleons. Auch Westeuropa billigte der Zar Frankreich als Einflußsphäre zu. Dänemark, Portugal und Österreich sollten aufgefordert werden, sich der gemeinsamen Sache anzuschließen, und eine gewaltige alliierte Flotte hatte die Seeherrschaft in der Ostsee zurückzuerobern. Als besonderes Zugeständnis durfte Preußen bestehen bleiben, mußte jedoch seine Häfen für britische Schiffe schließen. Hatten die Engländer nicht bis zum November in Erkenntnis der unvermeidlichen Niederlage Frieden geschlossen, so würde Rußland ihnen den Krieg erklären.

Die Briten gegen die Dänen

Hatte Großbritannien nun auch keinen wirklichen Bundesgenossen mehr, so reagierte die Regierung in London doch sofort auf den Tilsiter Vertrag. In der Gewißheit, daß die Dänen einem Druck Frankreichs und Rußlands unmöglich widerstehen könnten, entschloß man sich zu einer Expedition, um ja nicht die dänische Flotte in Napoleons Hand fallen zu lassen. Kaum einen Monat nach Abschluß des Vertrages erschien Admiral Gambier mit mehr als 50 Linienschiffen und zahlreichen kleineren Fahrzeugen vor Seeland. Die Flotte geleitete eine Armee von 50 000 Mann unter dem Earl of Cathcart. Seeland wurde von jedem Nachschub abgeschnitten. Ende August landete Sir Arthur Wellesley mit starken Kräften und schloß Kopenhagen ein. Am 1. September forderten die Briten die Dänen auf, mit Großbritannien eine Allianz zu bilden und gegen eine Jahreszahlung von 100 000 Pfund die Flotte auszuliefern. Der Befehlshaber der dänischen Verteidigung bat um Bedenkzeit, die ihm verweigert wurde. In der Abenddämmerung des nächsten Tages eröffneten sämtliche britische Batterien das Feuer aus Mörsern, mit Raketen und Brandkugeln. Die Dänen kämpften in ihrer lichterloh brennenden Stadt tapfer bis zum 7. September. Dann sahen sie die Nutzlosigkeit weiteren Widerstandes ein und kapitulierten. Die Briten nahmen 18 Linienschiffe, 10 Fregatten und viele kleine Fahrzeuge mit. Da nur vier davon eine Instandsetzung lohnten, war die Erbeutung gewaltiger Mengen von Material – Masten, Rundhölzer, Segel, Tauwerk und dergleichen – noch wertvoller. Obwohl diese Expedition zum Kriegseintritt Dänemarks gegen England führte, fehlte dem kleinen Land nun jede Möglichkeit, wirksam mit einer neuen Koalition des Nordens zusammenzuarbeiten.

Der Beginn des Feldzuges auf der Iberischen Halbinsel

Wütend mußte Napoleon feststellen, daß ihm die verhaßten Inselbewohner wieder einmal zuvorgekommen waren. Und wiederum drohte er mit der Zusammenziehung von 100 000 Mann in Boulogne, aber der Hafen war mittlerweile verschlammt. So beschloß er, die Erfüllung des Tilsiter Vertrages dadurch zu erzwingen, daß er das unglückliche Portugal unterwarf. Hier allein in ganz Europa konnten englische Kaufleute noch ihre Waren loswerden. »Die Engländer erklären«, so gab er kund, »daß sie Neutrale auf See nicht mehr respektieren. Nun gut. Dann kenne ich eben an Land keine Neutralen mehr.« Besorgt erklärte der Prinzregent von Portugal, er müsse »der Sache des Kontinents treu bleiben«, aber es war zu spät, Napoleon hatte bereits gehandelt und General Junot mit 30 000 Mann entsandt, um im Gewaltmarsch Lissabon zu erobern und die portugiesischen Schiffe fortzunehmen, ehe die Briten kamen.

Und wiederum vereitelte die überlegene Geschwindigkeit der Verbindungen über See Napoleons Absichten. Junots Armee hatte in 2 Wochen 300 Meilen zurückgelegt, wobei 28 000 Mann völlig erschöpft am Wegrand zurückgeblieben waren. Der Rest schlich am 30. November 1807 nach Lissabon hinein. Der portugiesische Hof war 2 Tage zuvor nach Rio de Janeiro geflohen, wobei ihm Konteradmiral Smith das Geleit gestellt hatte. Anschließend kehrte er zum Tejo zurück und blockierte die russischen Schiffe des Admirals Senjavin.

Die Unterwerfung Portugals war nur einer der Gründe Napoleons für seine Operationen auf der Iberischen Halbinsel. Gleichzeitig beabsichtigte er, den spanischen Diktator Godoy dafür zu bestrafen, daß er vor Jena den Wunsch nach Unabhängigkeit bekundet hatte. Das Wichtigste aber: Der Kaiser hatte seinen Traum von Eroberungen im Orient wieder aufleben lassen. Begeistert schlug er dem Zaren einen Angriff durch die Türkei vor, der anschließend durch Persien nach Indien führen sollte. Sollte dieser Plan aber Erfolg haben, so mußte er zuvor die Briten aus dem Mittelmeer vertreiben, das heißt Gibraltar erobern. Eine ganze Reihe von Gründen veranlaßte also Napoleon zur Überschreitung der Pyrenäen. Im Februar 1808 waren die Pässe in seiner Hand, und nun strömten 100 000 Mann unter seinem Schwager Murat nach Spanien hinein. Madrid wurde im April erobert. Napoleon erzwang die Abdankung Karls IV. und seines Sohnes Ferdinand. Statt ihrer setzte er seinen Bruder Joseph Bonaparte auf den Thron. Der Kaiser meinte, mit einem Federstrich habe er den ehemaligen Verbündeten unterworfen, sei Beherrscher der Halbinsel und aller spanischen Kolonien in Übersee geworden und habe seine Unternehmung gegen Portugal abgesichert.

Aber das so spielend eroberte Spanien und die so lohnend erscheinenden Begleitumstände sollten sich als eine schwärende Wunde für Napoleons Imperium erweisen. In den nächsten 5 Jahren wurden Menschen und Material Frank-

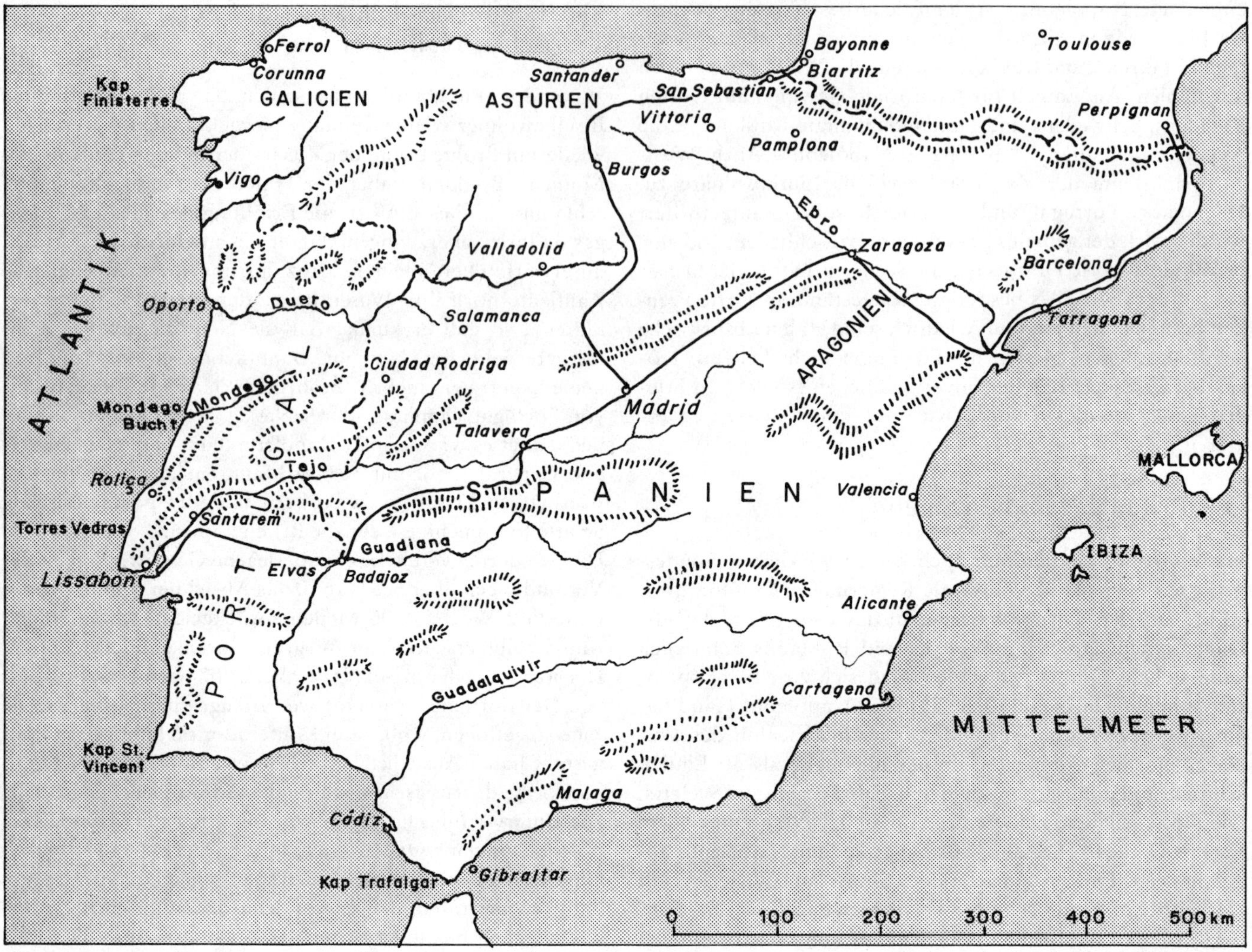

Der Krieg auf der spanischen Halbinsel 1808-1814

reichs an einen nutzlosen Feldzug verschwendet, mit dem mühelos erworbenes Territorium verteidigt werden mußte. Die Iberische Halbinsel untergrub Frankreichs Kräfte nicht in so dramatischer Form wie der russische Winter, aber ihr Schwund war ebenso nachhaltig. Das spanische Volk, schlecht regiert, stolz und ohne Kenntnis der Umwelt, erhob sich auf die erzwungene Abdankung des Königs hin spontan gegen die Eindringlinge. Im Mai 1808 metzelte der Mob die französische Garnison in Madrid nieder. Ähnliche Blutbäder ereigneten sich in den folgenden Wochen in drei anderen Städten. Wohl ein halbes Dutzend örtlicher Kampfverbände formierte sich. In der letzten Maiwoche erbat Madrid vom britischen Gouverneur in Gibraltar, Sir Dalrymple, Geld und Waffen. Die Bitte wurde nach England weitergeleitet.

Die erste iberische Expedition Großbritanniens

Der spanische Hilferuf fand offene Ohren. Während noch die Regierung das beste Vorgehen erwog, handelten die Seebefehlshaber bereits. Collingwood besetzte in Cadiz fünf der Schlacht von Trafalgar entkommene Schiffe. Im Mittelmeer machte Cochrane die Verbindungswege von Gibraltar zur französischen Grenze unsicher. Als sich die Aufstände auf Portugal ausdehnten, beschloß England zu handeln. Statt die Kräfte bei Überfällen auf Kolonien zu verzetteln, wollte man einen Hauptangriff auf der Iberischen Halbinsel durchführen, um so den Gegner unmittelbar zu fassen. Dieser Beschluß bedeutete einen Wendepunkt im Kriege.

Die Expedition wurde Generalleutnant Sir Arthur Wellesley anvertraut, der im Juli 1808 mit dem vagen Befehl versegelte, er solle den spanischen Patrioten helfen. Die Spanier aber wollten wohl ebenso wenig britische wie französische Truppen im Lande dulden. Geld und Verpflegung waren willkommen – Truppen nicht. Als Wellesley in La Coruña eintraf und versuchte, mit der dortigen Junta zusammenzuarbeiten, begegnete man ihm mit zeremonieller Höflichkeit und dem energischen Vorschlag, seine Soldaten anderswohin, möglichst nach Portugal zu bringen. Endlich führte Wellesley, der sich mit Entschuldigungen und Versprechungen abgespeist sah, seine Truppen über See nach der Mondego-Bucht, 100 Meilen nördlich von Lissabon, das er befreien wollte. Am 8. August stieß er mit seiner gesamten Streitmacht nach Süden vor. Bei der kleinen Stadt Roliça traf er auf Junot, der mit 13 000 Mann von Lissabon heranmarschiert war. Nach harten Kämpfen blieb Wellesley Sieger. Als er aber seinen Erfolg mit einem schnellen Vorstoß auf Lissabon ausnutzen wollte, sah er sich seines Postens enthoben. Jeder Vormarsch wurde untersagt.

Die britische Regierung hatte beschlossen, alle verfügbaren Truppen einzusetzen. Ehe aber noch die weiteren Kontingente kamen, erschienen zwei sehr betagte Generalleutnante, Sir Dalrymple als Oberbefehlshaber und Sir Burrard als sein Vertreter. Beide hatten sich eher auf dem Exerzierplatz und an der Tafel einen Namen gemacht als auf dem Gebiet der Truppenführung. Beide betrachteten Wellesleys Pläne geringschätzig. Während sich Junot auf einen britischen Flankenangriff zur Befreiung Lissabons gefaßt machte, dem er nicht hätte begegnen können, entschied sich der weise Dalrymple für eine Belagerung. Wellesley unterstützte seine neuen Vorgesetzten loyal, war aber bitter enttäuscht über die vertane Gelegenheit. Als die Franzosen eine Übereinkunft mit dem Ziel einer Evakuierung Portugals vorschlugen, griff Dalrymple zu, und auch Wellesley mußte eingestehen, daß durch die Verschlechterung der Lage keine andere Wahl blieb. So wurde die Konvention von Cintra unterzeichnet, die den Briten weit weniger zugestand, als sie mit Waffengewalt hätten erreichen können. Britische Transportschiffe brachten Junots Armee nach Frankreich, ohne ehrenwörtliche Verpflichtung, nicht erneut zu kämpfen. Ferner war vorgesehen, daß Senjavins Flotte unter britischem Geleit in die Ostsee fahren sollte. Das aber war für Sir Cotton, den Befehlshaber der Blockade des Tejo, zu viel des Guten. Er bestand darauf, daß die russischen Schiffe bis Kriegsende in England interniert würden.

Die Abmachungen, die in England nach der Nachricht von Wellesleys Sieg bei Rolica bekannt wurden, wirkten wie ein Schock. Obwohl die Hauptschuld seine Vorgesetzten traf, wurde auch Wellesley weit über Gebühr verurteilt. Alle drei Generale wurden abberufen. Dalrymple kam vor ein Kriegsgericht.

So blieb Sir John Moore als ältester britischer Offizier auf der Iberischen Halbinsel. Er sollte mit seinen 30 000 Mann den Spaniern bei der Befreiung ihres Landes von den Franzosen helfen, in erster Linie aber die Schlüsselposition Burgos besetzen, die die französische Verbindung nach Madrid beherrschte. Diese Aufgaben schienen den britischen Ministern durchaus vernünftig. Die spanischen Aufständischen hatten die Franzosen aus fast ganz Spanien vertrieben, nur nicht aus den Provinzen Navarra und Barcelona. Und doch war der Feldzug von Anfang an zum Scheitern verurteilt, weil die Minister gewisse Faktoren übersehen hatten. Zunächst hatten sie irrtümlich Spanien als Nation eingeschätzt. Aber die spanische Regierung bestand aus einzelnen, aufeinander eifersüchtigen Juntas und einer übergeordneten Junta, die Feldzüge plante, die sie nicht koordinieren und deren Führung sie örtlichen Juntas übertrug, die sie nicht kontrollieren konnte. Außerdem waren die Streitkräfte nicht dazu zu bringen, sich der Disziplin einer regulären Armee zu fügen. Drang jemand in ihre engere Heimat ein, dann kämpften die spanischen Bauern wie die Teufel. Waren aber die Franzosen in der Nachbarprovinz oder im nächsten Tal, dachten sie nur an ihren eigenen Hof. Feldzüge hängen von Armeen ab und diese von Disziplin. Die Spanier besaßen beides nicht.

Der zweite, unberücksichtigt gebliebene Faktor war die Reaktion Napoleons. Männer, die weniger in Hoffnungen befangen waren, dafür aber die Denkungsart des Kaisers besser verstanden, hätten voraussehen können, daß er die spanische Revolte nicht ungestraft lassen werde. Er hatte den eigenen Bruder zum König der Spanier gemacht, und ihn hatten sie zur Flucht gezwungen. Für diese Beleidigung der Bonapartes würde das undankbare Volk mit seinem Blut zahlen. Das Land mußte unterworfen werden, oder Napoleons Ruf als Eroberer litt Schaden, und sein Glanz wurde verdunkelt. Schließlich hatten die verhaßten Engländer gewagt, ihm zu Lande entgegenzutreten. Nun mußte er ihnen eine Lehre erteilen.

Während also Moore in Spanien befehlsgemäß handelte, zog der Kaiser zur Züchtigung Spaniens, zur Rückeroberung Lissabons und zur Vertreibung der Briten ins Meer über die Pyrenäen. Moore wußte, welche Schwierigkeiten ihn erwarteten. Unter peitschenden Regengüssen zog er durch ein Gebiet ohne jede Versorgungsmöglichkeit von Portugal nach Spanien hinein, wobei er im wesentlichen das Tal des Tejo benutzte. Während sein Heer gegen Terrainschwierigkeiten kämpfte und sie bezwang, vernichtete Napoleon die Spanier bei Burgos und besetzte Valladolid. Als Moore am 13. November in Ciudad Rodrigo eintraf, erhielt er die bestürzende Nachricht, daß die weit überlegene Armee Napoleons zwischen ihm und Burgos, seinem Ziel, stand. Schlimmer war es noch, daß die Franzosen einen kürzeren Weg als er selbst vor sich hatten, um La Coruña zu erreichen, den einzig möglichen Einschiffungshafen der Briten. Blieb Moore aber, wo er war, so drohte ihm so gut wie sicher völlige Vernichtung. Trotzdem gab er sich länger als einen Monat redliche Mühe, mit den Spaniern zusammenzuarbeiten, die ihm so gut wie nichts sagten und noch weniger leisteten. Letztlich löste ihre Torheit sein Dilemma. Sie griffen nämlich Napoleons östliche Flanke an, um ihn von Frankreich abzuschneiden. Wurden sie auch gründlich geschlagen, so lenkten sie doch des Kaisers Aufmerksamkeit lange genug ab, um für Moore den Weg nach La Coruña zu öffnen. Er nutzte diese Gelegenheit sofort aus, so daß die Feinde zu spät kamen, als sie sich gegen ihn wandten.

Durch ungastliches Land legte Moores Heer in etwas mehr als

drei Wochen etwa 300 Meilen zurück. Dabei verlor es an Toten und Nachzüglern fast 5000 Mann. Am 11. Januar 1809 waren die erschöpften, aber immer noch kampffähigen Truppen am Ziel, wo jedoch keine Transporter auf sie warteten. Nur Nachschub- und Lazarettschiffe lagen im Hafen vor Anker. Widrige Winde hatten die Transporter in Vigo festgehalten. Moore war es klar, daß er unter Umständen einer Belagerung ohne Unterstützung durch Schiffsartillerie standhalten müsse, bis die Schiffe kamen. Kleinmütige Offiziere rieten zu Verhandlungen mit Marschall Soult, der sich mit 50 000 Mann näherte, um eine Räumung ohne Kampf zu erreichen. Moore aber wußte, daß er nichts zu bieten hatte, und lehnte den Vorschlag, der einer Übergabe gleichgekommen wäre, ab. Am 14. Januar trafen endlich die Transporter ein, von 12 Linienschiffen eskortiert. Moore schiffte sofort seine restlichen Kranken und Verwundeten ein und besiegte am 16. Soults Vorhut in Stärke von 20 000 Mann. Moore fiel in der Schlacht, aber die Armee entkam dank eines glänzenden Nachhutgefechts. Feldzug und Rückzug, scheinbar so verhängnisvoll, erwiesen sich als Vorteile für England. Napoleon blieb schließlich doch der Verlierer. Statt seine Adler in Lissabon aufzupflanzen, kehrte der Kaiser nach Frankreich zurück, da er einsah, daß er durch die zwecklose Verfolgung Moores den richtigen Augenblick verpaßt hatte. England war in Lissabon geblieben, und seine Armee stand für weitere Kämpfe zur Verfügung. Wiederum hatte es die Seeherrschaft ermöglicht, Truppen auf einen Kampfplatz zu bringen und sie abzutransportieren, als sie ihn räumen mußten.

Die Reede von Aix, 11. April 1809

Während sich Moores Veteranen in England von den Strapazen in Spanien erholten, erfuhr die Admiralität, daß Napoleons Flotte wieder wuchs. 10 Schiffe lagen schon fahrbereit auf der Schelde, während etwa ein Dutzend in Antwerpen und Vlissingen gebaut wurde. Dazu kam wie stets die Flotte in Brest. Zwar drohte keine direkte Landung mehr, aber Irland blieb ein mögliches Ziel. Als die Brest-Flotte im Februar 1809 unter Konteradmiral Willaumez aus dem Hafen schlüpfte, bekam man in London Beklemmungen, bis man endlich die zehn Schiffe auf der Reede von Aix in der Nähe von Rochefort entdeckte. Sofort erschien eine Blockadeflotte unter Lord Gambier. Diesmal war die Admiralität fest entschlossen, der Bedrohung durch die Brest-Flotte ein für allemal ein Ende zu bereiten. Sie schickte einen phantasiebegabten jungen schottischen Seeoffizier, den Konteradmiral Lord Cochrane, mit dem ausdrücklichen Befehl, die französische Flotte mit Hilfe von Brandern zu vernichten oder ihr Auslaufen zu erzwingen. Obwohl Gambier mit Cochrane und seinen Methoden nicht einverstanden war, mußte er den Angriff zulassen.

Admiral Allemand, der Willaumez abgelöst hatte, wußte, daß er einen Angriff durch Brander zu erwarten hatte, und traf Vorbereitungen für eine Abwehr zu Anker. In erster Linie wollte er die Feuersgefahr dadurch verringern, daß er Bram- und Marsstengen streichen und alle unnötigen Segel und Leinen unter Deck bringen ließ. Außerdem machte er alles für sein sofortiges Auslaufen klar, falls sich dafür eine Gelegenheit bot.

In der Nacht zum 11. April lief Cochranes Verband bei dunklem und stürmischem Wetter ein. Der Admiral selbst befand sich auf dem Führerschiff, das mit 1500 Fässern Schießpulver vollgepackt war. Dahinter fuhren 19 Brander und 2 mit Sprengkörpern beladene Schiffe. Obwohl viele Brander wegen einer nicht vermuteten Balkensperre stoppen mußten und vorzeitig die Ladung in Brand setzten, war die Wirkung auf die Franzosen gewaltig. Am Morgen lagen sämtliche französischen Schiffe auf Strand. Zwar hatte der Angriff die Flotte nicht zerstört, sie aber hilflos einem Angriff durch Linienschiffe ausgeliefert, den Cochrane vorschlug. Gambier lehnte ab. Wiederholte Signale änderten nichts daran. Mittlerweile stellte Cochrane fest, daß die französischen Schiffe wieder flott gemacht wurden. Dem wollte er mit seiner Fregatte *Impérieuse* Einhalt gebieten. Er griff die *Calcutta* an, die sehr bald die Flagge strich. Dieses Ergebnis wurmte Gambier offenbar, der schließlich drei seiner Schiffe schickte. Diese Verstärkung und Cochranes Fregatten setzten drei weitere französische Linienschiffe außer Gefecht. Der Rest entkam nach Charente.

Bei der Rückkehr nach England verlangte Cochrane zornig ein kriegsgerichtliches Verfahren gegen Gambier. Nichts kam dabei heraus als ein ehrenvoller Freispruch für Gambier und eine gescheiterte Karriere für Cochrane, wodurch die Marine die Dienste eines hervorragenden, wenn auch schwierigen Offiziers verlor.

Die Walcheren-Expedition 1809

Anfang April 1809 entstieg Österreich dem ihm bei Tilsit bereiteten Grab. Es erklärte den Vertrag von Preßburg für null und nichtig und Frankreich den Krieg. Daraufhin trafen die Briten zwei wichtige Entscheidungen. Die eine erwies sich als Fehlschlag, aber die andere führte zum triumphalen Ende. Mit der zweiten – Portugal besetzt zu halten, um gegen die Franzosen in Spanien zu kämpfen – werden wir uns gleich befassen. Zunächst aber müssen wir die andere Entscheidung betrachten, die Österreich dadurch zu Hilfe kommen wollte, daß man Napoleon in den Rücken fiel. Bei Walcheren glaubten die Briten dafür die Möglichkeit zu haben. Diese Insel beherrscht die Einfahrt in die Schelde. Durch ihre Eroberung durfte man hoffen, die kleine französische Flotte auf dem Strom vernichten und Napoleon veranlassen zu können, Antwerpen zu Hilfe zu eilen.

In Erinnerung an das Schicksal anderer Expeditionen mit unzureichenden Kräften stellte die britische Regierung für den Angriff 40 000 Mann bereit, dazu fast 400 Transporter, die von 37 Linienschiffen und mehr als 160 kleineren Fahrzeugen geleitet werden sollten. Der Seebefehlshaber, Konteradmiral Sir Strachan, hatte seine Flagge auf der *Venerable* (74) gesetzt. Der Truppenbefehlshaber, Generalleutnant Earl of Chatham, war zur Führung der Expedition bestimmt worden, weil er für einen Ministerposten geschult werden sollte. Er war wegen seiner Bequemlichkeit bekannt, und das in einer Zeit, die diese Eigenschaft förmlich kultivierte. Leider aber verlangte die Expedition das Gegenteil, nämlich Schnelligkeit.

Die Walcheren Expedition 1809

Die Operationsbefehle brachten den Zweck der Unternehmung nicht klar zum Ausdruck. Sie sahen folgendes vor: Kaperung oder Vernichtung der Feindschiffe, die in Antwerpen und Vlissingen im Bau waren oder auf der Schelde lagen, Zerstörung der Werften und Hafenanlagen in Antwerpen, Terneuse und Vlissingen, Besetzung der Insel Walcheren und, falls möglich, Sperrung der Schelde für die Befahrung durch Kriegsschiffe. Wollte man jedoch Napoleon von seinem Angriff auf Österreich ablenken, so ließ sich das nur durch die Eroberung Antwerpens erreichen; diese Stadt verhinderte jeden Vormarsch nach Frankreich oder in die Niederlande hinein. Auch das maritime Ziel der Expedition ließ sich ohne Einnahme von Antwerpen kaum erreichen; die Schiffe auf der Schelde konnten dort Zuflucht suchen. Im übrigen machte der Gang der Ereignisse ohnehin jede Diversionswirkung illusorisch; denn während Lord Chatham die Zeit nutzlos vertat, besiegte Napoleon die Österreicher am 10. Juli 1810 erneut bei Wagram.

Ohne etwas von diesem Unheil zu ahnen, schifften sich die Briten am 20. Juli ein. Als sie davon erfuhren, wollten sie die eben begonnene Expedition nicht aufgeben. Die gewaltige Armada versegelte am 28. Juli und war bereits am selben Abend in ihrem Zielgebiet. Dort legte Chatham eine dreitägige Pause ein, um sich über seine Strategie klarzuwerden, während Strachan über die Verzögerung wütend war. Prompt brachte Admiral Missiessy seine 10 Schiffe flußauf hinter einer Balkensperre in Sicherheit. Endlich entschloß sich Chatham zum Angriff auf Walcheren und das benachbarte Süd-Beverland von Norden her. Am 30. Juli landeten 12 000 Mann unter Sir Eyre Coote im Nordwesten von Walcheren. Darauf gingen sie zum Angriff auf Veere vor, ein starkes Fort, das die Durchfahrt zwischen Nord-Beverland und Walcheren beherrschte. Während die Truppe von der Landseite angriff, leistete eine Flottille von Kanonenbooten und Bombenfahrzeugen von See her wirksame Unterstützung. Zwei Tage später kapitulierte Veere. Dann wandte sich die Armee nach Süden, um Vlissingen vom Rücken her anzugreifen. Auch dieser Angriff wurde von den Schiffen unterstützt. Am 14. August erreichte der Kampf seinen Höhepunkt, als Strachan auf eigene Initiative das Walcheren-Fahrwasser mit 7 74ern forcierte und die Stadt bombardierte. Dieser kombinierte Angriff von Heer und Marine führte am folgenden Tag zur Eroberung der Stadt. Mittlerweile hatte sich ein anderer gemischter Verband Süd-Beverlands bemächtigt.

Nach diesen Siegen machte Chatham keine weiteren Pläne. Dabei verfügte er außer den Garnisonen über etwa 28 000 Mann für Operationen gegen Antwerpen. Aber sein Zögern hatte den Franzosen für eine Verstärkung der Verteidiger auf 35 000 Mann reichlich Zeit gelassen. Missiessys zehn Schiffe lagen hinter der Sperre wohlgeborgen, während ihre kahlen Masten und Rahen gleichsam dazu verlockten, die fehlgeschlagene Expedition doch noch zu ihrem eigentlichen Ziel zu führen. Zu allem Unglück befiel die britischen Truppen auch noch eine Art Malaria, so daß bald nur noch die Hälfte dienstfähig war. Chatham, mit der Zerstörung der Hafenanlagen von Vlissingen zufrieden, entschloß sich zur Räumung. Eine Zeitlang versuchte er noch, Walcheren zu halten, aber bald ließ sich infolge von Krankheiten nicht einmal mehr diese begrenzte Aufgabe lösen. Ende 1809 befand sich kein britischer Soldat mehr im Scheldegebiet. Zaudern, Fehlen eines klaren Planes und Fieber hatten ihre Arbeit getan.

Wellesley kehrt auf die Iberische Halbinsel zurück

Auf Grund der britischen Entscheidung, die Operationen auf der Iberischen Halbinsel fortzusetzen, kehrte Wellesley nach Portugal zurück. Diesmal war er unbestrittener Oberbefehlshaber aller britischen Streitkräfte südlich der Pyrenäen. Ihm unterstanden etwa 20 000 Briten, 3000 Hannoveraner und 16 000 portugiesische Reguläre. Infolge ihres Ausbildungsstandes stellten diese freilich eher eine Belastung als einen

Gewinn dar. Auch der größte Optimist hätte das Endergebnis von Wellesleys Feldzug nicht voraussehen können: Vertreibung der Franzosen aus Portugal und Spanien, dazu eine Invasion Frankreichs. Dabei standen ihm mehr als 250 000 Franzosen, über die ganze Halbinsel verteilt, gegenüber.

Als Wellesley die Lage überprüfte, wurde ihm klar, daß die Halbinsel eine Strategie begünstigte, die sich die Beherrschung der See zunutze machte. Seine Armee konnte über See leichter versorgt werden als die Franzosen über die zerklüfteten spanischen Berge. Nur zwei Straßen verbanden Frankreich mit dem französischen Hauptquartier in Madrid. Die eine führte an der Küste des Mittelmeers entlang von Perpignan über Barcelona, Tarragona und Saragossa. Sie war durch Seestreitkräfte und die katalanischen Heere mühelos zu sperren. Als Hauptnachschublinie blieb dann die von Bayonne über Burgos nach Madrid. Auch von Madrid nach Lissabon führte nur eine sichere Straße über die Merida-Heerstraße südlich vom Tejo. Freilich verlief sie nicht direkt nach Lissabon, sondern endete am Südufer der Tejo-Mündung. Jeden Angriff aus dieser Richtung konnte die Marine verhindern. Die einzige Möglichkeit zum Übersetzen lag 50 Meilen stromauf. Auf diese Weise konnte man Lissabon vom Süden her unangreifbar machen, während sich der naturgegebene Verteidigungscharakter des Gebirgszuges der Torres Vedras sehr gut zu einer unüberwindlichen Sperre von der Tejo-Mündung bis zum Meer ausbauen ließ.

Drei Flüsse – Guadiana, Tejo und Douro – schienen einen Zugang von Portugal ins Innere Südspaniens zu bieten. Aber ihre Täler waren fast so unpassierbar wie die Berge, durch die sie sich wanden. Nur eine gut ausgebildete und disziplinierte Truppe, wie etwa diejenige Moores oder der besten Marschälle Napoleons, konnte diese schwierigen Anmarschwege bezwingen. Die wenigen, an ihnen gelegenen Grenzforts stellten die Schlüssel zur Iberischen Halbinsel dar. Ehe Wellesley unbesorgt nach Spanien einmarschieren konnte, mußte er Elvas und Badajoz besitzen, welche die Merida-Heerstraße beherrschten, und weiter im Norden Ciudad Rodrigo, durch das eine Nebenstraße von Madrid ins Tal des Douro führte. Geriet auch nur eine Stadt in französische Hand, dann konnte ein französischer Truppenverband in seinen Rücken gelangen und Lissabon bedrohen, bevor er zum Schutz dieses lebenswichtigen Stützpunktes umzukehren vermochte. Wellesley landete Ende April 1809 in Lissabon und sah sich zwei Armeen gegenüber. Marschall Soult bei Oporto im Norden befehligte 23 000 Veteranen; Marschall Victor bedrohte mit 25 000 Mann Portugal vom Osten. Trotzdem war die Lage der Briten nicht hoffnungslos; denn zwischen den beiden Marschällen bestand keine Verbindung. Wellesley konnte also sehr wohl den Vorteil der inneren Linie ausnutzen, indem er sich erst gegen den einen und dann gegen den anderen wandte. Er entschied sich, mit Soult zu beginnen. Am 10. Mai abends erreichte er das Südufer des Douro. Nun wurde es Soult zum erstenmal klar, in welcher Gefahr er schwebte. Er verließ sich aber auf den Schutz des hochgehenden und reißenden Flusses. Sein Gegner wußte jedoch dank großer Erfahrung in Indien mit Flußübergängen Bescheid und erzwang das Übersetzen etwa vier Meilen oberhalb von Oporto. Im Nachstoß nötigte er Soult zum Rückzug nach Galicien, wobei die Franzosen sehr unter den Angriffen portugiesischer und spanischer Patrioten litten. Mittags am 11. Mai war der Kampf vorüber, und Wellesley setzte sich zu Tisch, um das für Soult bereitete Mittagessen zu verzehren.

Am Tage, als die Nachricht England erreichte, erlitt Napoleon durch Erzherzog Karl von Österreich einen schweren Rückschlag bei Aspern und Eßling. Auf diese Weise konnte der Kaiser den Ereignissen in Spanien nur wenig Aufmerksamkeit schenken. Diese Tatsache wiederum ermöglichte es Wellesley, an einen Vorstoß ins Herz Spaniens zu denken und doch noch, wie es seine Befehle vorsahen, mit den Spaniern gemeinsam zu operieren. Zuvor aber mußte er für die Sicherheit Lissabons sorgen. Deshalb beschloß er, die portugiesische Armee schlagkräftig zu machen. Er stellte also britische Offiziere und Unteroffiziere zur Disziplinierung und Ausbildung seiner Verbündeten ab, die beides nicht kannten. Am 27. Juni 1809 begann er seinen Vormarsch nach Spanien hinein, wo es galt, sein Vorgehen mit dem 70jährigen Generalkapitän Don Gregoria de la Cuesta abzustimmen. Cuesta wollte Victors 25 000 Mann einschließen und dann auf Madrid marschieren. Zunächst hatte er damit auch Erfolg, aber am 28. Juli gingen die Franzosen nahe Talavera, 65 Meilen südwestlich von Madrid, zum Gegenangriff über. Ohne bei Cuestas geschlagenen Truppen Hilfe zu finden, mußte sich Wellesley aus eigener Kraft aus der Schlinge ziehen. In einem glänzenden Gefecht räumte er den Gegner aus dem Wege, hörte nicht auf unsinnige Vorschläge des quecksilbrigen Cuesta, sondern kehrte kurz entschlossen nach Portugal zurück. Zum zweitenmal wäre ein englisches Heer fast ins Verderben gestürzt worden, weil es mit den Spaniern gemeinsam operieren sollte. Von nun an mußte Wellesley allein handeln. Er zog sich in die Berge und für Winterquartiere nach Bajadoz zurück. Wegen seines Sieges bei Talavera war er zum Viscount Wellington erhoben, wegen seines Rückzuges geschmäht worden. Er wußte, daß die Franzosen sich alle Mühe geben würden, ihn ins Meer zu jagen.

Die Stellungen von Torres Vedras

Da Wellingtons Heer noch zu schwach war, um in Spanien eine Entscheidung zu erzwingen, galt es zunächst einmal, Lissabon gegen jeden französischen Angriff zu sichern. Wir sahen schon, daß die Stadt von Süden her uneinnehmbar war, solange Seestreitkräfte zur Verteidigung zur Verfügung standen. Ein Gleiches wollte Wellington gegen Angriffe von Osten und Norden erreichen. Deshalb befahl er im Oktober 1809 die Anlage von drei Hauptstellungen in der Torres-

Vedras-Gebirgskette. Das bedeutete die ungeheuerliche Arbeit, auf einer Länge von etwa 50 Meilen Gräben, Brustwehren und Redouten zu bauen, wofür viele tausend portugiesische Arbeiter eingesetzt wurden. Das Ergebnis waren die berühmten »Linien von Torres Vedras«, die wirklich von keinem Heer der damaligen Zeit durchstoßen werden konnten.

Wie Wellington es vorausgesehen hatte, entwickelte sich im Jahre 1810 der französische Gegenangriff. Napoleon zögerte, Paris angesichts der Erhebung in Österreich und der wachsenden Gefahr im Norden zu verlassen. Er überließ also die Führung des Feldzuges gegen Lissabon seinem erfahrensten Feldherrn, dem Marschall Masséna. Dieser zog im August gegen Wellington ins Feld, der seine Bergstellungen aufgab und sich nach Westen absetzte. Dabei stellte er der Bevölkerung sehr harte Bedingungen. In seinem Rücken sollten die Portugiesen Getreide, Vieh, Häuser und alles vernichten, was den Franzosen zu ihrem Unterhalt dienlich sein konnte. Andererseits erwartete er vom britischen Kabinett Unterstützung seines Rückzuges, mit dem er alles Gewonnene aufzugeben schien, ohne das Geringste zu gewinnen. Tatsächlich gab er alles, einschließlich des Lebensunterhaltes Tausender portugiesischer Patrioten, preis, um Masséna in eine Todesfalle zu locken. Ende September 1810 kam es zu einem kurzen Gefecht. Darauf ging Wellington in die vorbereiteten Stellungen hinter die Linien der Torres Vedras. Die Franzosen folgten siegesgewiß; denn sie waren überzeugt, gewonnen zu haben. Dann aber erblickte Masséna die Verteidigungsanlagen und stellte nach einem abtastenden Angriff fest, daß ein ernsthafter Versuch, diese Tausende von Gräben, Palisaden, Brustwehren und Redouten zu durchstoßen, nur zur Niedermetzelung seiner Truppen führen könne. Deshalb begann er eine Belagerung.

Aber die Torres-Vedras-Stellung war nur ein Arm der tödlichen Zange, in die Wellington die Franzosen nahm. Während Masséna auf eine günstige Gelegenheit wartete, schloß sich bereits der andere. Wellingtons Politik der verbrannten Erde hatte die Franzosen ihrer Versorgung beraubt. Ihre Heere, sonst wirklich Meister in der Kunst, sich aus einem fremden Land und auf Kosten widerspenstiger Wirtsleute zu verpflegen, fanden kaum genug zum Leben. Während also Massénas Leute ihre Tragtiere verzehrten, wurden diejenigen Wellingtons mit reichlichem Nachschub aus der Heimat satt. Dank Beherrschung der See wurde die eine Armee immer stärker, während die andere, fast in Sichtweite, bis zur Entkräftung hungern mußte.

Im November zog sich Masséna nach Santarem, im März nach Ciudad Rodrigo zurück. In 7 Monaten hatte er 27 000 Mann verloren. Die moralische Auswirkung dieser Niederlage machte sich in ganz Europa bemerkbar. Napoleon hatte geschworen, er werde den Leopard ins Meer jagen, und war kläglich gescheitert. Als die Franzosen von den Torres Vedras abzogen, begann der lange Weg durch Spanien bis nach Frankreich hinein.

Weiter nach Frankreich

Die nächsten beiden Jahre vergingen mit Versuchen Wellingtons, die Türen nach Spanien aufzustoßen. Eine einzige falsche Bewegung, und die auf der ganzen Iberischen Halbinsel verstreuten französischen Heere konnten ihn vernichten. Unter sorgsamer Schonung seiner Kräfte versuchte er es 1811 bei Ciudad Rodrigo und Bajadoz, wobei er die Flüsse für den Nachschub ausnutzte. Er erreichte nichts. Trotz logistischer Schwächen waren die Franzosen zu stark. Wellington zog sich zurück, um die über See kommenden Verstärkungen zu sammeln, während amphibische Überfälle der Briten und Angriffe spanischer Guerillas die Franzosen schwächten. 1812 versuchte Wellington es aufs neue. Schon in den ersten Monaten des Jahres nahm er Ciudad Rodrigo und Badajoz, im August Madrid, wodurch Südspanien für den Gegner unhaltbar wurde. Dann aber beging er einen ernsten Fehler. Bei dem Versuch, Burgos, den Schlüsselpunkt der französischen Landverbindungen in Nordspanien, zu erobern, versäumte er es, für ausreichenden Nachschub zu sorgen. Während drei französische Heere näher kamen, gab er Madrid und die Belagerung von Burgos auf und zog sich auf Ciudad Rodrigo zurück, um das nächste Jahr abzuwarten.

Im Jahr 1813 begann Wellington seine entscheidende Offensive in Spanien. Er ließ Burgos links liegen und überflügelte die französischen Heere. So erreichte er die Pyrenäen. Das gelang, weil er unter Ausnutzung der See seine ganze Versorgung neu organisierte. So verlegte er den Nachschubhafen von Lissabon nach Santander an der Biskaya, also im Grunde auf das Schlachtfeld. Im Juni wurden genau genommen die Franzosen durch die Schlacht von Vittoria bereits aus Spanien vertrieben. Wellington folgte erst, nachdem er seine Flügel durch die Einnahme von San Sebastian und Pamplona gesichert hatte. Das kostete ihn vier Monate, aber dann konnte er zuversichtlich in Frankreich einmarschieren. Marschall Soult, wiederum sein Gegenspieler, zog sich langsam auf Toulouse zurück, das am 11. April 1814 in britische Hand fiel.

Am selben Tage sah sich der von feindlichen Heeren eingekreiste Napoleon zur Abdankung gezwungen.

So endete der größte amphibische Krieg vor der Jetztzeit. Durch langsame Unterminierung seiner Kräfte – er selbst sprach von einer »blutenden Wunde« – war Napoleon verwundbar geworden. Fast eine Viertelmillion altgedienter Soldaten hatte ein numerisch unterlegener Feind auf der Iberischen Halbinsel gebunden, weil er die Beherrschung der See hatte ausnutzen können. Im entscheidenden Feldzug des Jahres 1813 gegen Deutschland mußte der Kaiser mit unausgebildeten Gezogenen auskommen. Die kampferprobten Legionen Soults hätten es ihm vielleicht ermöglicht, Frieden auf Grund eines »Unentschieden« zu erreichen.

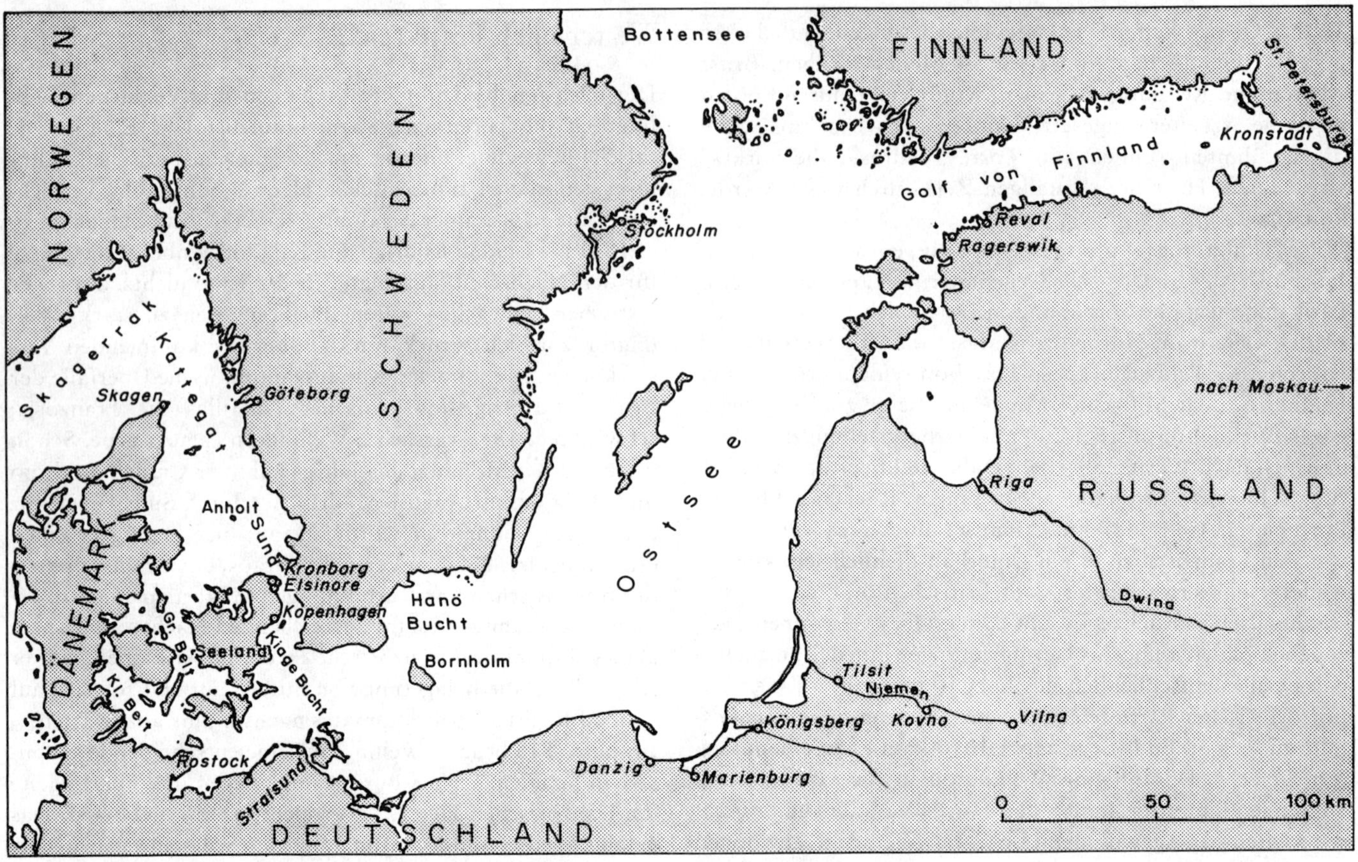

Die Ostsee und ihre Zugänge

Der Feldzug in der Ostsee und der Einfall in Rußland 1809–1812

Wir haben bereits festgestellt, daß die Lissaboner Lücke in der Kontinentalsperre zu den eben geschilderten Operationen geführt hatte. Jetzt müssen wir unsere Aufmerksamkeit den Ereignissen im Norden zuwenden und zeitlich auf den Abschnitt nach der Bombardierung Kopenhagens durch die Briten im Jahre 1807 zurückgreifen. Dänemark trat in das Lager Napoleons über, aber das neutrale Schweden bot dem britischen Handel eine Tür im Norden des Kontinents und britischen Schiffen die Möglichkeit, in die Ostsee zu gelangen. Dieses Loch in seiner Sperre wollte der Kaiser unbedingt schließen.

Für die Briten war die Befahrung der Ostsee deshalb so wichtig, weil von dort ihr Hauptbedarf an Holz, Hanf und Teer kam. Deshalb versuchten die britischen Staatsmänner, einen möglichst ungehinderten Handel mit Schweden aufrechtzuerhalten, zum mindesten aber sich die wohlwollende Neutralität dieses Landes zu bewahren. Da ein Einfall nur von See her Erfolg versprach, wurde die Verteidigung Schwedens zu einer Hauptaufgabe der Royal Navy. Schwedens Politik aber hatte nicht nur die Sicherheit des Mutterlandes zu gewährleisten; es hatte ja auch jenseits der Ostsee in Pommern Besitzungen, die Napoleon bedrohen konnte. Auch lag auf der anderen Seite des Bottnischen Meerbusens die schwedische Provinz Finnland dem russischen Zugriff offen. Gleichzeitig drohte eine französische Armee unter Marschall Bernadotte, Schweden völlig in Napoleons Gewalt zu bringen.

Die Briten entsandten sofort 10 000 Mann unter Moore zur Zusammenarbeit mit den Schweden. Sehr schnell sicherte sich die Royal Navy eine maritime Vormachtstellung in der Ostsee. Die Schweden aber wollten einen offenen Bruch mit Frankreich vermeiden und verweigerten Moore die Landung. Nach dreimonatiger Isolierung auf ihren vor Göteborg liegenden Schiffen segelten Moore und seine Leute nach Hause – und zur Iberischen Halbinsel.

Mit seltenem diplomatischen Geschick verstand es der Befehlshaber der Ostseeflotte, Vizeadmiral Saumarez, nach außen den Eindruck zu erwecken, als sei Schweden der Verbündete Napoleons, während das Land gleichzeitig den Briten seine Häfen offenhielt. Seine Hauptaufgabe war es, den Ostseehandel in Gang zu halten, bis er durch Eis zum Stillstand kam. Eine Division Linienschiffe blockierte das russische Geschwader in Kronstadt. Das Gros sperrte die Sundpassage gegen eine Durchfahrt oder ein Übersetzen Bernadottes und schützte Handelsschiffe gegen Freibeuter und

Kanonenboote der rachedurstigen Dänen. Während Saumarez tat, als respektiere er Schwedens Neutralität, legte er seine Flotte in die internationalen Gewässer der Hanö-Bucht und erhielt Nachschub von Bornholm. Auf einer Insel im Kattegat errichteten die Briten eine Festung und einen weiteren Flottenstützpunkt, von dem aus sie Seeland und das dänische Festland genau im Auge behalten konnten. Im Jahre 1810 liefen etwa 2000 Handelsschiffe in die Ostsee ein – die britischen ungehindert, neutrale mit britischer Genehmigung.

Mittlerweile hatte Napoleon Spanien seinen Generalen überlassen und sich selbst dem Norden Europas zugewandt. Er zwang Schweden zur Kriegserklärung an England, aber Großbritannien und nicht der Kaiser kontrollierte die Seewege der Ostsee. Schwedens neuer König, der ehemalige Marschall Bernadotte, sah es als seine Pflicht an, die Sache seines jetzigen Landes, nicht aber die seines früheren Herrn und Meisters zu vertreten. Saumarez vergaß nicht, daß der eigentliche Feind Frankreich war, und zeigte Schweden einen Ausweg. Er und Bernadotte kamen zu einer Übereinkunft, wonach Saumarez den schwedischen Handel respektierte, während die Schweden den britischen Handel nur in befestigten Häfen verhinderten.

Napoleons Sorgen wegen des Ostseehandels beschränkten sich aber nicht auf Schweden. Der Zar sah, wie sich in seinen Häfen Rohmaterialien stapelten, die er gemäß seinem Versprechen nicht den Briten verkaufen durfte. Da ihm Frankreich nicht die benötigten Fertigwaren liefern konnte, mußte er sich woanders nach ihnen umsehen. Damit nicht das russische Gold die französischen Tresore füllte, legte er Zölle auf alle möglichen französischen Waren. Gleichzeitig liebäugelte er mit dem Schmuggeln britischer Waren und erlaubte großzügig neutralen Schiffen, britische Kolonialprodukte nach Rußland zu bringen. Napoleon drohte mit Krieg, um die Mißachtung seiner Blockade zu verhindern. Im Jahre 1811 blieb es bei einem scheinbaren, sehr labilen Frieden, wobei keine Partei zurückstecken wollte. Zar Alexander, ermutigt durch Wellingtons begrenzte Erfolge auf der Iberischen Halbinsel, besonders durch seine Taktik des Zauderns beim Rückzug auf Torres Vedras, verharrte in seinem Trotz. Napoleon dagegen glaubte, das spanische Problem gut unter Kontrolle zu haben, nun da Wellington hinter Badajoz und Ciudad Rodrigo festgehalten wurde. Deshalb beschloß er, die ganze Macht seiner sieben Königreiche und dreißig Fürstentümer gegen Rußland einzusetzen. In Ostpreußen und im Herzogtum Warschau sammelte er 427 000 Mann aus Frankreich, dem Rheinbund und Italien. 60 000 Mann aus Polen scharten sich unter seinem Banner, um ihr Vaterland wieder zu vereinigen. Ein großer Teil der napoleonischen Kavallerie bestand aus Polen. Eine österreichische Armee von 30 000 Mann deckte die Südflanke. Am 23. Juni 1812 überschritt die Vorhut der Großen Armee den Njemen, Rußlands Grenze gegen Polen. Insgesamt strömten 560 000 Mann in die riesige Weite der russischen Ebenen.

Napoleons Strategie war für ihn sehr charakteristisch. Seine Operationen bezweckten, der russischen Armee eine Entscheidungsschlacht aufzuzwingen, die den Krieg mit einem einzigen Schlag beenden sollte. So hatte er es das letzte Mal, als er den Russen gegenüberstand, bei Friedland gemacht. 1812 aber vermieden es die russischen Generale lange Zeit, mit den Eindringlingen handgemein zu werden, zumal sie weit unterlegen waren. Statt dessen zogen sie sich unentwegt zurück und lockten Napoleon 700 Meilen bei sommerlicher Dürre über russische Steppen. Dadurch wurde die Armee geschwächt und das Versorgungsproblem ungeheuer erschwert. Mitte August ernannte der Zar, der es mißbilligte, daß seine Generale nicht standhielten, den alternden, aber immer noch kriegerischen Veteranen Kutusov zum Führer seiner Heere. Anfang September sperrte Kutusov 70 Meilen vor der Hauptstadt den Weg nach Moskau, so daß es zur blutigen Schlacht von Borodino kam. Napoleon verlor 28 000, die Russen verloren 45 000 Mann. Darauf zog sich die russische Armee bis hinter Moskau zurück, das Napoleon am 14. September besetzte. Während der folgenden Tage brachen in der Stadt Brände aus, vermutlich infolge Nachlässigkeit der Besatzungstruppen. Das Feuer wütete, bis Dreiviertel von Moskau in Schutt und Asche lag. Napoleon sah seine Erwartungen bitter enttäuscht. Moskau war nicht das Herz Rußlands. Der Schlag war nicht tödlich gewesen. Fünf Wochen wartete er noch auf eine Übergabe, die niemals erfolgte. Als Guerrillas ihm seine Nachschublinien völlig zerstört hatten und eine Katastrophe drohte, gab der Kaiser am 18. Oktober den Befehl zum Rückzug.

Bald darauf wurde die Große Armee niedergerungen, teils durch den Winter, teils durch den Gegner, der sich selten auf Kämpfe einließ, aber niemals die Fühlung verlor, mehr noch durch die Auflösung der Disziplin seiner Soldaten, vor allem aber durch den völligen Zusammenbruch der Versorgung. Napoleon hatte Nordeuropa von allen Lebensmitteln entblößt, konnte aber nicht das für seine Tragtiere benötigte Futter mitführen. Das wenige, was die Russen hinter sich zurückgelassen hatten, war auf dem Marsch nach Moskau verbraucht worden und für den Rückzug nichts mehr vorhanden. Menschen und Tiere standen vor dem Verhungern. Die Verluste wurden entsetzlich hoch. Unzählige Nachzügler und die Parole »Rette sich, wer kann« lösten jede Ordnung auf, während die Armee versuchte, auf Kosten des ausgeplünderten Landes zu leben.

Der Rußlandfeldzug endete Mitte Dezember 1812. Von den 560 000 Mann, die im Juni die russische Grenze überschritten hatten, taumelten nur 150 000 halberfrorene Vogelscheuchen über den Njemen. Alexander blieb ihnen dicht auf den Fersen und rief die Verbündeten herbei, um Napoleon über die Elbe zu verfolgen. Preußen warf die Fesseln ab, die es an den Kaiser gebunden hatten. Auch Bernadotte wandte sich gegen seinen früheren Herrn und landete im Mai mit einer Armee in Stralsund. Im Juli trat Österreich der neuen Allianz bei. Es wurde die festeste, die Europa bislang gekannt hatte. Jedes Mitglied verpflichtete sich tatsächlich zum Kampf bis zum Tode gegen Napoleon, wo immer er stehen mochte. Wie stets untermauerten britische Subsidien diese Vierte Koalition. Die Mittel dafür stammten aus dem durch den Seehandel erworbenen Reichtum. Nun endlich ergriffen die Alliierten auch die Initiative und behielten sie bis zum Ende.

Der Triumph des Koalitionskrieges

Nicht einmal das Genie Napoleons brachte ihm in dem nun beginnenden Zweifrontenkrieg den Sieg. Wellingtons Vormarsch in Spanien im Jahre 1813 brachte die Franzosen im Süden in eine kritische Lage. Soult, ohne viel zu erreichen, hielt in den Pyrenäen 150 000 Franzosen fest, die besser im entscheidenden sächsischen Kampfgebiet am Platz gewesen wären. Napoleon hatte zum zweitenmal ein Heer im Osten verlassen und war nach Paris zurückgekehrt, wo er bei der Lösung des Problems neuer Aushebungen wahre Wunder verrichtete. Im August wandte er sich gegen seine Gegner und errang bei Dresden seinen letzten großen Sieg. Im Oktober folgte die Niederlage bei Leipzig, nach der er sich mit dem geschlagenen Heer nach Frankreich zurückzog. Nun, in einer Minderzahl von 2 : 1 konnte er seine Verluste nicht mehr ersetzen. Im Frühjahr 1814 näherten sich die Armeen Rußlands, Preußens und Österreichs Paris, während Wellington Toulouse besetzt hielt. Seelisch und körperlich erschöpft und ohne jeden Ausweg dankte Napoleon am 11. April 1814 ab und wurde auf die Insel Elba verbannt.

Während sich die Vertreter der Siegermächte zum Wiener Kongreß versammelten, während die heimgekehrten Bourbonen das »ancien régime« zu neuem Leben erwecken wollten, während die Rivalitäten des Friedens an Stelle der Einmütigkeit des Vorjahres traten, sah sich Europa durch die Flucht des Kaisers von Elba und seine Landung in Frankreich am 1. März 1815 in seinen Grundfesten erschüttert.

Schnell vergaßen die Delegierten in Wien alle Streitigkeiten, ächteten Napoleon und verpflichteten sich, mit dem korsischen Ungeheuer ein für allemal abzurechnen. Ein Heer aus britischen, holländischen, belgischen und hannoverschen Soldaten unter dem Herzog von Wellington und eine preußische Armee unter Feldmarschall Blücher bezogen Stellungen quer durch Belgien, während die stärkeren Kräfte Rußlands und Österreichs langsam durch das Elsaß und Lothringen nach Westen vorrückten.

Napoleon, der eine Armee von 128 000 Mann zusammengebracht hatte, wollte nacheinander gegen die getrennt operierenden Alliierten kämpfen. Mit gewohnter Schnelligkeit griff er zunächst in Belgien an, wo er Blücher besiegte, während er gleichzeitig Wellingtons weit auseinandergezogene Truppen in Schach hielt. Darauf wandte er sich, ohne zuvor alle eigenen Streitkräfte wieder versammelt zu haben, gegen Wellington, der ihn in einer klug gewählten Verteidigungsstellung bei Waterloo erwartete. Während des ganzen Nachmittags wies Wellingtons dünne Linie am 18. Juni massierte französische Angriffe ab und brachte dem Gegner schwere Verluste bei. Vor Sonnenuntergang kamen Teile von Blüchers Armee, die zwar besiegt, aber keineswegs vernichtet war, und verwandelten das Abwehren der Franzosen in deren wilde Flucht. Die Schlacht von Waterloo bewahrte Europa vor weiterem Blutvergießen. Am Ende der 100 Tage war der Kaiser erneut ein geschlagener Mann.

Einen Monat später ergab sich Napoleon bezeichnenderweise einer Einheit desjenigen Landes, das seine Niederlage herbeigeführt hatte. Europa hatte diesem Mann zu Füßen gelegen, der doch niemals einsehen lernte, was Seemacht bedeutet. Als er bei der Insel Aix an Bord von H.M.S. *Bellerophon* ging, wurde er ohne jedes Zeremoniell empfangen. Der »General Bonaparte« lieferte sich ausgerechnet derjenigen Macht aus, die immer sein Gegner gewesen war. Diesmal gab es keine Rückkehr. Er wurde nach St. Helena im Südatlatnik verbannt, wo er am 5. Mai 1821 starb. Bis zum letzten Atemzug konnte er es nicht verstehen, daß er, der größte militärische Führer, den Europa jemals hervorgebracht hatte, der die größten Heere führte, welche die Welt je gesehen hatte, durch ein Volk von Krämern hatte besiegt werden können. Aber dessen Stärke lag eben in der Fähigkeit, sich das Meer nutzbar zu machen.

Zusammenfassung

In ihrem 22 Jahre währenden Kampf gegen Frankreich und seine Verbündeten kamen den Briten zwei Vorteile zugute, deren sie sich im amerikanischen Unabhängigkeitskrieg nicht hatten erfreuen können: 1. Die französische Marine war durch den Staatsbankrott, die Gleichmacherei und den Verlust des royalistischen Offizierkorps unterminiert. 2. Großbritannien besaß auf dem Kontinent starke Alliierte. So glich die strategische Lage im Jahre 1793 eher derjenigen von 1756 als der von 1778. Der jüngere Pitt und sein Kabinett griffen dann auch auf die Strategie des älteren Pitt zurück und nutzten die Seeherrschaft zur Eroberung feindlicher Kolonien und zur Lahmlegung des feindlichen Handels aus. Die hierdurch einkommenden Gelder wurden zur Unterstützung der europäischen Verbündeten verwandt. Und doch brachte Pitts Plan England nicht die gleichen entscheidenden Ergebnisse wie damals im Siebenjährigen Kriege. Zwei Gründe unter vielen anderen waren dafür maßgebend: Zunächst einmal die Uneinigkeit der Verbündeten. In den Kriegen der französischen Revolution und des Imperiums, also in den napoleonischen Kriegen, verabsäumten Frankreichs Feinde immer wieder zusammenzuarbeiten und gaben oft nationalen Zielen Vorrang vor den gemeinsamen. Nacheinander zerfielen drei Koalitionen, so daß jedesmal Großbritannien dem Feind allein gegenüberstand. Nur die Vierte Koalition erreichte die für den Sieg erforderliche Einheit und Gemeinsamkeit. Ein zweiter Grund lag in mangelhafter Führung. Während sich die Admirale der Royal Navy als äußerst fähig erwiesen, trat bei den Verbündeten kein Heerführer in

Erscheinung, der Friedrich dem Großen gleichgekommen wäre. Frankreich dagegen verfügte über eine glanzvolle Reihe hervorragender Generale und militärischer Organisatoren, deren strahlendster der unvergleichliche Napoleon Bonaparte war. Nach 1799 nahm er, zunächst als Erster Konsul, später als Kaiser, die Kriegführung gegen die Koalitionen in die Hand und demütigte einen Feind nach dem anderen – ausgenommen England.

Frankreichs Strategie gegenüber Großbritannien ging darauf aus, den Kampfwillen des Gegners zu brechen. Kontrollierte Frankreich ganz Europa, so mußte England nach französischen Bedingungen Handel treiben oder auf jeden Handel verzichten. So konnte, wie der Kaiser glaubte, Großbritannien ohne Kampf niedergezwungen werden. Aber während der britische Seehandel wuchs, der französische dagegen abnahm, während sich die britische Seemacht überall an der Peripherie Europas auswirkte und während britisches Gold in immer stärkerem Maße den Heeren der Feinde Frankreichs half, schickten sich die Franzosen zur Eroberung Großbritanniens an. Die Royal Navy vereitelte jedoch alle diese Versuche. Auch als Frankreich auf dem Gipfel der Macht stand und die vereinigten Flotten ganz Europas in seiner Hand hielt, blieb England unangreifbar. Napoleon, ein Meister der Landkriegführung, verstand die See zu wenig, um Möglichkeiten für den sicheren Transport seiner Legionen über den Kanal zu schaffen. Endlich gab er alle Versuche auf und begann einen uneingeschränkten Wirtschaftskrieg, der ihn ins Verderben führte. Wie es eine Metapher jener Tage ausdrückte: »Der Elefant konnte nie mit dem Walfisch kämpfen.«

Im Krieg der Ersten Koalition (1793–1797) bewies die Royal Navy sehr bald ihre Überlegenheit. Sie verteidigte die Küsten Großbritanniens, schützte den britischen Handel, blockierte die französischen Häfen und besiegte die Brest-Flotte in der Schlacht vom 1. Juni (1794). Die britische Armee dagegen erreichte sehr wenig. Pitt hatte sie in Unterschätzung des Gegners nur auf knapp 29 000 Mann verstärkt. Diese verzettelte er noch dazu bei mehreren gleichzeitigen Operationen. Kein Wunder, daß die Briten aus Stützpunkten in den Niederlanden und Toulon vertrieben wurden und auch in Französisch Westindien nur geringe Fortschritte machten, wo sich zudem die Eingeborenen gegen sie erhoben. Anfang 1797 schien sich Großbritannien ganz offensichtlich einem Tiefpunkt zu nähern, hatte doch Spaniens neues Bündnis mit Frankreich und Bonapartes Vorstoß nach Italien hinein die Briten aus dem Mittelmeer vertrieben. Das französische Direktorium plante mit Hilfe der Flotten Hollands, Frankreichs und Spaniens eine Invasion Englands. Bonaparte zerbrach die Erste Koalition, als er Österreich zum Frieden zwang. Großbritannien aber rettete seine Royal Navy. Der französische Invasionsplan scheiterte an Jervis' Sieg über die spanische Flotte in der Schlacht bei Kap St. Vincent (Februar 1797) und Duncans Sieg über die holländische Flotte in der Schlacht von Camperdown (Oktober 1797).

Zum Krieg der Zweiten Koalition (1798–1802) kam es durch den Fehlschlag eines neuen französischen Versuchs, mit Großbritannien die Waffen zu kreuzen. Der mit diesem Vorhaben beauftragte Bonaparte wollte das britische Imperium dadurch treffen, daß er ein Heer über Ägypten nach Indien führte. Dieser Versuch, der ihn auf den Seeweg verwies, endete verhängnisvoll; denn Nelson zerschmetterte die Toulon-Flotte in der Schlacht von Abukir (August 1798), wodurch er Bonaparte und sein Heer in Ägypten isolierte. Dieser französische Rückschlag ermutigte Rußland, Österreich und andere Mächte, sich mit Großbritannien zur Zweiten Koalition zusammenzufinden. Wie bisher bestand Englands Beitrag in Subsidien für die Alliierten, Kontrolle der Meere, Blockade feindlicher Häfen und Angriffen auf die feindlichen Küsten in Europa und die überseeischen Besitzungen. Bei einem Einfall nach Den Helder (1799) verbesserte Großbritannien seine maritime Lage durch Fortnahme der restlichen holländischen Flotte. Aber weder diese Operation, noch andere Vorstöße gegen die Atlantikküste Europas führten zur Errichtung dauernder Stützpunkte oder konnten namhafte französische Kräfte von der Berührung mit österreichisch-russischen Armeen abhalten, die gegen Frankreichs Ostgrenzen vorrückten. Und wiederum fehlte es bei den Alliierten an wirksamer Zusammenarbeit. Im Streit über die Ziele trennten sich die Heere Österreichs und Rußlands, und im Oktober 1799 schied Rußland ganz aus dem Krieg aus. Im selben Monat kehrte Bonaparte verstohlen nach Frankreich zurück, wo er sehr bald die Macht als Erster Konsul übernahm. Im Jahre 1800 schlugen seine Armeen die Österreicher entscheidend bei Marengo und Hohenlinden, zwangen Österreich zum Frieden und zerschlugen dadurch die Zweite Koalition.

Wieder stand England allein Frankreich und seinen Verbündeten gegenüber. Und wieder blieb es für Frankreich unerreichbar und konnte dank seiner Flotte wirksame Schläge austeilen. Um Großbritannien eine günstigere Verhandlungsbasis zu verschaffen, fielen Keith und Abercromby 1801 von See her in Ägypten ein. Die britische Armee, unterstützt von Türken und Mamelucken, besiegte und vertrieb Bonapartes gestrandete Besatzungstruppen. Gleichzeitig vernichtete Nelson die dänische Flotte in Kopenhagen, womit er scharf auf Bonapartes Versuch reagierte, die britische Seeherrschaft durch eine bewaffnete Neutralität der Ostseeanlieger zu untergraben. Alles dieses aber war ebenso wenig entscheidend wie die französischen Versuche einer Beherrschung Großbritanniens. Da offensichtlich das Problem des Elefanten und des Walfischs, zum mindesten für den Augenblick, unlösbar war, unterzeichneten Großbritannien und Frankreich Ende 1801 Friedenspräliminarien und schlossen im folgenden März den kurzlebigen Frieden von Amiens.

Sobald es klar war, daß sich Bonaparte an seine Bedingungen nicht zu halten gedachte, erklärte Großbritannien 1803 Frankreich erneut den Krieg. Bonaparte reagierte mit umfassenden Vorbereitungen für eine Invasion Englands. Die Tatsache, daß Bruix und Ganteaume im Krieg der Zweiten Koalition zweimal erfolgreich der britischen Bewachung entgangen und ins Mittelmeer gelangt waren, brachte ihn zu der Überzeugung, er könne mit ein paar Kunstgriffen entscheidende Seestreitkräfte in den Kanal bringen. Als Teil seines »Großen Planes« befahl er den französisch-spanischen Flotten, durch die britische Blockade zu schlüpfen und sich im Karibischen Meer zu treffen, um britische Geschwader von Europa fortzulocken. Darauf sollte die Vereinigte Flotte zum Kanal zurücklaufen, um die Überfahrt der in Boulogne zusammengezogenen Truppen zu sichern. Im Frühjahr 1805 durchbrach die Toulon-Flotte unter Villeneuve tatsächlich Nelsons Blokkade, vereinigte sich bei Cadiz mit spanischen Schiffen und lief nach Westindien. Als sich aber Nelson auf der Verfolgung näherte, fühlte Villeneuve sich veranlaßt, Kurs auf Europa zu nehmen. Vor Finisterre ließ sich der Admiral durch ein unentschiedenes Gefecht mit einer britischen Flotte unter Calder entmutigen. Statt in den Kanal einzulaufen, suchte Villeneuve im Hafen Zuflucht. Als ihn Napoleon wieder auf See beorderte, vernichtete Nelson am 21. Oktober 1805 die Vereinigte Flotte vor Cadiz in der Schlacht von Trafalgar.

Inzwischen hatte Pitt auf dem Kontinent eine neue Koalition zustande gebracht. Noch vor Trafalgar war Bonaparte, jetzt Kaiser Napoleon, zu dem Schluß gekommen, daß sich seine Flotten doch nie zu einer Invasion Englands vereinigen könnten. Er wandte sich deshalb gegen die neue Bedrohung in seinem Rücken. Dadurch kam es zum Krieg der Dritten Koalition (1805–1807). Mit der für die Eroberung Englands ausgebildeten Armee zwang der Kaiser Österreich zum drittenmal durch Siege bei Ulm und Austerlitz zum Frieden. Im Jahre 1806 besiegte er die preußischen Armeen bei Jena und Auerstädt. Mitte 1807 veranlaßte sein Sieg über die Russen bei Friedland den Zaren zur Unterzeichnung des Friedens von Tilsit, in dem Frankreich und Rußland übereinkamen, die Erde unter sich aufzuteilen. So endete auch die Dritte Koalition. Großbritannien stand wieder ohne Verbündete da.

Während sich Napoleon nach Trafalgar den Kontinent unterwarf, nutzten die Briten die Seeherrschaft dazu aus, Expeditionen gegen die Kapkolonie, Buenos Aires, Süditalien und Konstantinopel auszurüsten. Der Tilsiter Friede aber trieb sie zu energischerem Handeln näher beim Mutterland. Um Napoleon am Aufbau einer neuen Flotte zu hindern, bombardierten die Briten 1807 Kopenhagen und nahmen die dänische Flotte fort. 1809 griffen sie auf der Reede von Aix mit Brandern an, trieben 13 französische Schiffe auf Strand und kaperten vier. Später im selben Jahr eroberte ein britisches Expeditionskorps Walcheren in der Scheldemündung, das es mehrere Monate besetzt hielt. Solche Unternehmungen reizten zwar Napoleon, konnten aber in Europa keine Entscheidung herbeiführen, denn es gab keine Armeen, die den französischen Legionen gewachsen waren. Für kurze Zeit trat Österreich 1809 nochmals in den Kampf ein, nur um ein viertes Mal durch die Niederlage bei Wagram auszuscheiden.

Da Napoleon Großbritannien mit militärischen Mitteln nicht wirkungsvoll beikommen konnte, begann er größeren Wert auf den Wirtschaftskrieg zu legen. Durch eine Kontinentalsperre wollte er England vom Handel ausschließen. Durch das Berliner Dekret erklärte er ganz unrealistisch die britischen Inseln für blockiert, worauf Großbritannien durch Kabinettsorder ein Gleiches mit allen Häfen tat, die unter französischer Kontrolle standen. Daraufhin erließ Napoleon das Mailänder Dekret, das neutrale Schiffe, die sich den britischen Kabinettsordern fügten, als vogelfrei erklärte. Zur Befolgung seiner Dekrete konnte der Kaiser freilich nur eine große Zahl Freibeuter einsetzen, die zwar lästig fielen, aber Englands ständig wachsenden Handel nicht weiter schädigen konnten. Immerhin nötigte Napoleons Wirtschaftskrieg Großbritannien zu immer schärferen Zwangsmaßnahmen gegen die neutrale Schiffahrt, was 1812 die Vereinigten Staaten notgedrungen zur Kriegserklärung an England veranlaßte. Dabei konnten es sich zu diesem Zeitpunkt die Briten kaum leisten, Kräfte gegen ein weiteres feindliches Land abzuzweigen.

Andererseits ruinierte die Kontinentalsperre Napoleon. Die Länder Europas waren auf die britische Wirtschaft angewiesen und verarmten ohne den britischen Handel. Die Zuneigung, die Napoleon als Verteidiger der Menschenrechte von eigenen Gnaden entgegengebracht worden war, schwand in dem Maße, wie seine Dekrete den Europäern das Lebensnotwendige vorenthielten. Versuche zur Erzwingung der Sperre führten zu Kriegen auf der Iberischen Halbinsel und in den russischen Steppen, die seine Heere verschlangen. Ebenso verschafften sie aber dem britischen Walfisch die Möglichkeit, endlich im Gewande des Löwen an Land zu steigen. Vor Schließung der portugiesischen Häfen, die eine Lücke in der Kontinentalsperre darstellten, bemächtigte sich der Korse Spaniens. Dadurch löste er dort einen Aufstand aus, dessen er nie ganz Herr wurde. Großbritannien schickte 1808 auf Bitten der Portugiesen und Spanier ein Heer auf die Halbinsel. Unter Moore wurde es geschlagen, kehrte aber unter Wellington zurück. Dieser General besaß die Fähigkeit, auch einen Napoleon zu besiegen. Der Krieg auf der Iberischen Halbinsel dauerte bis 1814, und endlich fand die Royal Navy in den Kämpfen nach Trafalgar zu ihrer eigentlichen Aufgabe: Versorgung und Verstärkung britischer und alliierter Truppen über See, und zwar in höherem Maße, als es den Franzosen in dem von Guerillas beherrschten Spanien möglich war.

Großbritannien und seine iberischen Verbündeten nutzten die Vorteile der Seebeherrschung dazu aus, fast eine Viertelmillion von Napoleons Veteranen zu binden. Rußland aber mißachtete die Kontinantalsperre mehr und mehr. Napoleon drohte mit Krieg, aber der Zar, durch Wellingtons Erfolge ermutigt, blieb widerspenstig. Im Juni 1812 marschierte der Kaiser mit 560 000 Mann in Rußland ein, erreichte und besetzte Moskau, sah sich dann jedoch von jedem Nachschub abgeschnitten, von verbrannter Erde und einer Armee umgeben, die Überfälle ausführte, eine offene Feldschlacht aber vermied. So mußte er sich im Winter durch das völlig ausgeplünderte Rußland zurückziehen. Nur 150 000 Mann überlebten die Katastrophe.

Napoleons Rückschläge in Spanien und Rußland ermutigten Preußen, Schweden und Österreich, sich mit Rußland und Großbritannien zum Krieg der Vierten Koalition zu verbünden (1813–1815). Diese brachte es endlich zu der Übereinstimmung und gemeinsamen Zielsetzung, die so offensichtlich bei den früheren Allianzen gefehlt hatten. Trotz Rückschlägen und Niederlagen drangen die verbündeten Heere unaufhaltsam nach Frankreich hinein. Im April 1814 wurde der Kaiser zur Abdankung gezwungen. Seine Rückkehr im nächsten Jahr fand die Koalition immer noch intakt. Im Juni 1815 wurde Napoleon durch die britisehen und preußischen Heere bei Waterloo endgültig besiegt.

Die napoleonischen Kriege erteilten der Royal Navy nochmals die Lehre, die sie in kleineren kolonialen Operationen schon lange verwertet hatte: eine Flotte ist nicht nur dazu da, den Handel zu schützen, Invasionsversuche abzuweisen, feindliche Häfen zu blockieren sowie Schiffe und Handel des Gegners zu vernichten, sondern auch dazu, die erforderlichen militärischen Kräfte über See zu befördern und zu versorgen. Hierfür muß sie ihre Operationen so genau mit denen der Armee abstimmen, daß beide wie eine Einheit handeln. Die Alliierten aber lernten, daß die Quintessenz jeder Koalitionskriegführung Zusammenarbeit ist. Besteht angesichts eines starken und geschickten Feindes nicht engste Koordinierung, so werden nur Niederlagen bei Einzelaktionen herausgefordert. Erst als die europäischen Mächte zu ebenso unverbrüchlicher Einmütigkeit in der Zielsetzung fanden, wie sie bei gemeinsamen Operationen der britischen Armee und Flotte erreicht worden war, konnten sie den Korsen entthronen.

Kapitel 12

Der Krieg von 1812

Von E. B. Potter kondensierte Fassung der in der US-Ausgabe von H. O. Werner bearbeiteten Kapitel 10 und 11 in der Übersetzung von Siegfried Engel

Beim Ende des amerikanischen Revolutionskrieges mußte die schwache Zentralregierung der Vereinigten Staaten mit Verschuldung und wirtschaftlicher Depression fertig werden, ohne Steuern erheben zu können. Daher hielt der Kongreß die Kontinental-Marine für aufwendigen Luxus und befahl ihre Auflösung. 1785 waren alle Kriegsschiffe verkauft.
Offiziere und Mannschaften kehrten in die Handelsmarine zurück, stellten aber bald fest, daß die erkämpfte Unabhängigkeit sie Vorrechte gekostet hatte, die sie als britische Untertanen besaßen. Die Freiheit forderte ihren Preis. Amerikanische Frachtschiffe waren vom britischen Seehandel ausgeschlossen; die Londoner Regierung wandte die Navigationsakte auf die Vereinigten Staaten an und schloß Amerikaner vom Westindienhandel aus.
Das wirkte sich vernichtend auf den amerikanischen Seehandel aus. Ein paar kühne Yankee-Skipper fanden jedoch bald den Weg nach China, andere suchten in Europa neue Märkte. Auf hoher See stellten sie sehr schnell fest, was es hieß, nicht mehr durch die britische Flagge geschützt zu sein. Der China-Handel war zwar finanziell ein Wagnis, aber nicht annähernd so gefährlich wie der mit Südeuropa. Im Mittelmeer und vor der Straße von Gibraltar wurde Seeräuberei wie nirgendwo sonst betrieben. Schiffe der Vereinigten Staaten waren den Piraten der Berber vor der nordafrikanischen Küste willkommene Beute.
Die Kaperung von Handelsschiffen gehörte seit dem Mittelalter zum berüchtigten Gewerbe der Barbaresken-Staaten. Im 18. Jahrhundert wurden sie – Marokko, Algier, Tunis und Tripolis – von kleinen Despoten regiert und standen zum Ottomanischen Reich in einer Art loser, feudaler Lehnspflicht. Für sie bedeuteten Piraterie, Lösegelder und Tribute wichtige Einnahmen. Durch Geldzahlungen konnten seefahrende Nationen für ihre Schiffe Immunität erkaufen. Das taten sogar England, Frankreich und Holland, die mit ihren starken Flotten die Piratennester hätten zerstören können, weil es immer noch billiger und bequemer als ein Krieg war und weil Piraterie ihre Rivalen schädigte. Zum Zahlen zu arme und zur Vergeltung zu schwache Staaten waren in den durch Korsaren patrouillierten Gewässern stets von Kaperung bedroht. 1784 nahmen die Marokkaner ein amerikanisches Schiff fort, im nächsten Jahr die Algerier zwei, deren Besatzungen in die Sklaverei kamen. 1786 erkauften sich die Vereinigten Staaten einen Immunitätsvertrag für den günstigen Preis von 10 000 Dollar. Algier aber ließ sich nicht so billig kaufen.

Maritime Wiedergeburt und eine neue Flotte

Im Jahre 1789 erwiesen sich zwei Faktoren als kräftiger Antrieb für den amerikanischen Seehandel und beeinflußten entscheidend die Entwicklung der Marine der Vereinigten Staaten: 1. Die Annahme der Verfassung und damit die Bildung einer Bundesregierung, 2. der Ausbruch der französischen Revolution.
Nach der Verfassung war der Kongreß nicht nur ermächtigt, »eine Marine zu beschaffen und zu unterhalten«, er konnte diese Unterhaltung auch durch Steuern sicherstellen. Vorerst mußte freilich der Marineetat auf die Lösung dringenderer Probleme, besonders desjenigen der nationalen Schulden, warten. Unter politischem Gesichtspunkt war eine Flotte nicht mehr so dringend nötig, weil ein Krieg zwischen Portugal und Algier die Piraten im Mittelmeer eingeschlossen hielt, wo amerikanische Schiffe stets zu einem portugiesischen oder spanischen Konvoi stoßen konnten.
Das erste Gesetz der neuen Regierung sah einen Vorzugstarif für amerikanische Händler vor und schloß europäische Schiffe vom Teehandel der Amerikaner aus. Weitere Gesetze legten fest, daß Bürger der Vereinigten Staaten 20 % Tonnageabgaben weniger zu bezahlen hatten als Ausländer. Gleichzeitig begrüßten westindische Pflanzer, denen Tausende ihrer Sklaven gestorben waren, als amerikanische Lebensmittel ausblieben, Kauffahrer aus den Vereinigten Staaten, die den britischen Gesetzen zum Trotz Handel treiben wollten. Sogar die Londoner Regierung drückte notgedrungen gegenüber dem einträglichen Schmuggelgeschäft ein Auge zu. Hierdurch ermutigt, blühten Schiffahrt und Schiffbau in Amerika. In den ersten 5 Jahren stieg die Handelsschifftonnage von 124 000 auf 439 000 Tonnen.
In der neuen Regierung leitete der Kriegsminister, General Knox, die maritimen Angelegenheiten. Schon 1790 verlangte er unter Hinweis auf die andauernde Versklavung von Amerikanern durch Algier die ersten Mittel für eine Hochseeflotte. Aber die Opposition im Kongreß erzwang einen Aufschub der Baupläne bis 1793. In diesem Jahr jedoch brachten zwei Ereignisse eine ganz neue Beurteilung der Lage: Durch den Waffenstillstand zwischen Portugal und Algier gelangte eine Korsarenflotte in den Atlantik, wo sie sofort 10 amerikanische Schiffe kaperte. Die Kriegserklärung Frankreichs an England, Holland und Spanien legte dem neutralen Handel immer härtere Beschränkungen auf. Neue britische Erlasse ermächtigten zum Anhalten aller neutralen Schiffe mit

Lebensmitteln für Frankreich und derjenigen, die mit Französisch-Westindien Handel trieben, das seit kurzem dem amerikanischen Handel offenstand. Vergeltungsmaßnahmen der Franzosen und die Kaperung amerikanischer Kauffahrer durch französische Korsaren verschärften die Lage. Nun endlich erwog der Kongreß ernstlich den Bau einer Kriegsmarine.

Ihre Befürworter waren die Föderalisten unter Präsident Washingtons Schatzsekretär, Alexander Hamilton. Sie vertraten vor allem die Handels- und Schiffahrtsinteressen des Nordostens. Weil 90 % des Überseehandels nach England gingen, sahen die Föderalisten in der vorgeschlagenen maritimen Rüstung vor allem ein Mittel, der französischen Einmischung Einhalt zu gebieten. Vor der Öffentlichkeit aber sprachen sie meist von den algerischen Beleidigungen, die das amerikanische Volk verärgerten.

Oppositionspartei waren die Republikaner[1], Vertreter der Handwerker und Grundbesitzer des Südens und der binnenländischen Gebiete unter Außenminister Thomas Jefferson. Sie waren erbittert über indianische Überfälle, hinter denen die Briten standen, sympathisierten mit den Franzosen und waren durch und durch isolationistisch. Ihnen war eine Marine etwas Aristokratisches, Imperialistisches und so Kostspieliges, daß dadurch die Wirtschaft des Landes gefährdet wurde.

Bei so grundverschiedenen Auffassungen und heftigen Debatten innerhalb und außerhalb des Kongresses konnten die Föderalisten 1794 nur ein Bauprogramm für 6 Fregatten durchsetzen. Eine Klausel sah zudem die Aufhebung des Gesetzes bei einem Friedensschluß mit Algier vor.

Knox holte sich Rat bei Seeoffizieren und Schiffbauern und entschied sich für eine großzügige Auslegung des Begriffs »Fregatte«. In Gedanken an die Algerier wollte er die Schiffe mit mehr als 44 Kanonen armieren, so daß sie jeder Fregatte der Berber überlegen waren. Tatsächlich schwebte ihm ein ganz neuer Typ vor, etwas kleiner, aber schneller als ein 64er Schiff und schwerer bestückt als die normale Fregatte, um dem einen davonlaufen, die andere aber niederkämpfen zu können. Der Kongreß jedoch genehmigte nur drei dieser Superfregatten. Die übrigen drei sollten 36er sein.

Als 1796 die Arbeit in vollem Gang war, gelang es, mit dem Bey in Algier einen Vertrag zu schließen: 525 000 Dollar Lösegeld, 1 Fregatte mit 36 Kanonen und 21 000 Dollar Jahrestribut in Form von Schiffsmaterial. Nach dem Gesetz mußte nun der Kriegsschiffbau aufhören, aber Washington bewog den Kongreß, die Fertigstellung von 3 Fregatten zu gestatten: *United States* (44), *Constitution* (44) und *Constellation* (36), alle mit mehr Kanonen als vorgesehen an Bord.

Mittlerweile nahm die britische Regierung gegenüber den Vereinigten Staaten eine versöhnlichere Haltung ein, erlaubte ihnen den Handel mit Britisch Westindien und entschädigte die Eigner beschlagnahmter Ladungen. Ende 1794 wurde Jays Freundschafts-, Handels- und Schiffahrtsvertrag unterzeichnet, der in den nächsten 10 Jahren für die anglo-amerikanischen Beziehungen wenigstens einen »modus vivendi« zuwege brachte, insofern als Schiedsgerichte zur Schlichtung von Mißhelligkeiten eingerichtet wurden. Je länger, desto mehr wurde nämlich Großbritannien von amerikanischen Lebensmitteln und von amerikanischen Schiffen zur Ernährung der Kolonien abhängig. Premierminister William Pitt – ein Meister dessen, was man heute Volkswirtschaft nennt – war es ganz klar, daß die Fortnahme amerikanischer Handelsschiffe letzten Endes England abträglich werden könne. So vermieden die Briten die direkte Kaperung neutraler Schiffe, ja sie ließen die Verschiffung durch Neutrale zwischen Frankreichs Besitzungen und Häfen zu, vorausgesetzt, daß dieser Handel vor dem Krieg üblich gewesen war (»die Regel des Jahres 1756«) und daß die ihn betreibenden Schiffe einen neutralen Hafen anliefen und Zoll bezahlten (»Unterbrochene Reise«). Hierdurch kontrollierten und verzögerten die Briten die Versorgung des Feindes, ohne zu versuchen, sie ganz zum Erliegen zu bringen.

Die Franzosen, obwohl noch abhängiger vom amerikanischen Handel, bewiesen weniger Weitblick und Rücksicht. Jays Vertrag lehnten sie ab, weil er die Klausel »Freie Schiffe, Freie Ware« des franko-amerikanischen Handels- und Bündnisvertrages aus dem Jahre 1778 verletze. Besonders aber brachte sie die Deklarierung von Lebensmitteln als Konterbande auf, noch dazu, wo eine Reihe schlechter Ernten Frankreichs Bedarf an amerikanischem Getreide stark vermehrt hatte[2]. Zur Vergeltung erließ das Direktorium immer schärfere Bestimmungen bis zum Erlaß vom 18. Januar 1798, in dem es hieß: »Jedes auf See angetroffene Schiff, das ganz oder teilweise mit Waren aus England oder seinen Besitzungen beladen ist, wird zur guten Prise erklärt.« Ein französischer Politiker bemerkte hierzu: »Ein an Bord eines Neutralen gefundenes Taschentuch britischer Herkunft berechtigt zur Kondemnierung von Ladung und Schiff.«

Da französische Kaperungen in die Hunderte gingen, schickte Präsident Adams zur Vermeidung eines Krieges Unterhändler nach Paris, die eine französische Version des Jay-Vertrages aushandeln sollten. Ein paar Millionen Dollar aber verlangte man von ihnen, bevor es zu Verhandlungen kommen könne. Diese Frechheit raubte allen in den Staaten jede Illusion, ausgenommen den glühendsten Frankophilen. Der allgemeine Unwille fand seinen Ausdruck in dem Wort: »Millionen für die Verteidigung, nicht einen Cent für Tribute.« Patriotische Begeisterung riß Land und Kongreß mit sich.

Die Vereinigten Staaten waren zum Handeln bereit. Anfang 1798 beschloß der Kongreß die Ausrüstung der drei bereits

1 Nicht zu verwechseln mit der jetzigen Republikanischen Partei der Vereinigten Staaten, die ein direkter Nachkomme von Hamiltons Föderalisten ist.

2 Bekanntlich war es zur Schlacht vom 1. Juni 1794 gekommen, weil die Franzosen einen großen Getreidekonvoi aus der Chesapeake-Bucht sichern wollten.

vorhandenen Fregatten und die Fertigstellung der *President* (44), *Congress* (36) und *Chesapeake* (36). Am 30. April rief der Kongreß ein Marine-Departement ins Leben, im Mai genehmigte er die Fortnahme von »Bewaffneten Fahrzeugen, die in Vollmacht oder vorgeblicher Vollmacht der Republik Frankreich fahren«, in amerikanischen Küstengewässern. Im Juli wurde amerikanischen Kriegs- und Kaperschiffen die weitergehende Erlaubnis erteilt, »jedes armierte französische Fahrzeug, wo immer auf hoher See, zu überwältigen, zu beschlagnahmen und fortzunehmen«. So sahen sich die Vereinigten Staaten in einem begrenzten, nie erklärten Krieg – dem Scheinkrieg mit Frankreich.

Der Scheinkrieg

Der erste amerikanische Marineminister war Benjamin Stoddert, der während der ganzen Kriegsdauer seine Aufgabe ausgezeichnet löste. Vom Kriegsdepartement übernahm er das, was General Knox begonnen hatte. Seine erste Aufgabe war die Kriegsbereitschaft der Marine, die zweite der Ausbau der Flotte. Mit höchster Energie und Weitblick begabt, kaufte er Holzvorräte und Gelände für neue Trockendocks. Er förderte die Leinwandproduktion und die Herstellung von Kupferplatten. Vor allem aber verschaffte er sich Schiffe zum Kämpfen und Männer als Besatzungen. In erster Linie griff er für beides auf die Handelsmarine zurück. Bei Kriegsende verfügte er über 50 Schiffe, 154 Offiziere, mehr als 300 Fähnriche und etwa 6000 Mann. Das 1798 neu geschaffene Marinekorps zählte fast 1100 Mann.

Wie es das Gesetz vom Mai vorsah, säuberten die amerikanischen Kriegsschiffe die Küsten des Atlantiks von französischen Freibeutern. Die erste Prise war der Schoner *Croyable* (12), den die *Delaware* (20) im Juli vor New Jersey aufbrachte. Die Geschichte der *Croyable* gibt ein Bild von den meist unbedeutenden, aber vielseitigen Operationen des Krieges. Als *Retaliation* in die US-Kriegsmarine eingereiht, wurde das Schiff im November vom Geschwader getrennt und von den französischen Fregatten *Insurgente* (36) und *Volontaire* (44) gekapert. In *Magicienne* umgetauft, kaperten es im Juni 1799 die Amerikaner aufs neue. Nach dem Gesetz vom Juli 1798 operierten die amerikanischen Geschwader vorwiegend in Westindien. Hier wirkte es sich äußerst vorteilhaft aus, daß die britischen Siege bei Kap St. Vincent, Camperdown und Abukir Frankreich und seine Verbündeten von ihren Kolonien in der Neuen Welt abgeschnitten hatten. Nur wenige größere französische Kriegsschiffe konnten der britischen Wachsamkeit entgehen und so fern der Heimat operieren.

Anderersetis konnte die amerikanische Marine nach Belieben britische Häfen und Stützpunkte anlaufen und fand volle Unterstützung und Mitarbeit der Royal Navy. Unter dem Schutz britischer Schiffe kamen die amerikanischen Geschwader unbehelligt ans Ziel, abgesehen von dem unschätzbaren Vorteil für eine eben erst flügge gewordene Marine, mit der besten und auf der Höhe der Bereitschaft stehenden Flotte zusammenzuarbeiten. Aus dieser Zeit freundschaftlichen Kontaktes datieren die Grundlagen des Signalisierens und Manövrierens im Verbande und die Anfänge eines Standesbewußtseins in der Marine der Vereinigten Staaten.

Auch ohne einen starken Gegner hatte diese Marine alle Hände voll zu tun. Von Französisch Westindien her kamen Scharen von Freibeutern, kleine, flachgehende Fahrzeuge mit selten mehr als 12 Kanonen an Bord, die schnell in flaches Wasser entkommen konnten. Einige führten legitimen Handelskrieg nach Anweisung der französischen Regierung, andere, nur in ganz loser Verbindung mit dem fernen, blokkierten Frankreich, trieben Piraterie oder was dieser recht nahe kam. Nur gelegentlich tauchten in amerikanischen Gewässern schnelle Fregatten auf, die eine fragwürdige Verbindung zwischen Frankreich und den westindischen Kolonien aufrechterhielten. Kampf gegen Kaperschiffe stellte der Flotte die wichtigsten Aufgaben: Jagd, Geleitdienst und erneute Kaperung gekaperter amerikanischer Schiffe.

Die beiden berühmtesten Gefechte in diesem Scheinkrieg führte die *Constellation* unter Kommodore Truxtun[3]. Als ein hervorragender Navigator und Seemann bemühte Truxtun sich ständig um Erweiterung seiner beruflichen Kenntnisse. Er drang darauf, daß seine Untergebenen die Haltung von Berufsoffizieren an den Tag legten. Er wollte seine Flotte nach britischem Vorbild schulen, das ihm als Ideal galt. Autokratisch, hart und begeistert, kannte man ihn als einen strengen Zuchtmeister, aber er erzwang sich Ehrerbietung und Gehorsam durch Rechtlichkeit und Charakterstärke, selten nur durch die damals üblichen harten Strafen.

Im Februar 1799 patrouillierte er allein vor Nevis und sichtete 15 sm in Lee bei starkem NO ein Segel. Er lief darauf zu und setzte erst das britische, dann das amerikanische Erkennungssignal. Beide wurden von dem mittlerweile als etwa gleich große Fregatte ausgemachten Schiff falsch beantwortet. Endlich heißte es die Trikolore und fiel nach NW ab. Es handelte sich um die *Insurgente,* wohl die schnellste französische Fregatte. Sie wäre vermutlich entkommen, wären nicht plötzlich beide Schiffe von Sturmböen gepackt worden. Die *Constellation* reffte noch rechtzeitig, aber die *Insurgente* verlor die Großstenge, wodurch die amerikanische Fregatte sehr schnell herankam. In fünfviertelstündiger Schlacht entging die *Constellation* einem Enterversuch und deckte zweimal den Gegner im Längsbeschuß ein. Beim dritten Anlauf am Heck des Franzosen vorbei strich dessen Kommandant die Flagge.

Fast genau ein Jahr später kreuzte Truxtun mit der *Constellation* vor Guadaloupe, als er ein großes Fahrzeug sichtete. Er nahm die Verfolgung auf. Diesmal war es die Fregatte *Vengeance* (50) auf dem Weg nach Frankreich, die sich keinesfalls entern lassen wollte. Bis in die Nacht dauerte die Verfolgung. Die Heckgeschütze des Gegners hinderten Truxtun

3 Truxtun war Kapitän, der bis zum Bürgerkrieg höchste Dienstgrad in der Marine der Vereinigten Staaten, aber als Geschwaderchef führte er den Titel eines Kommodore.

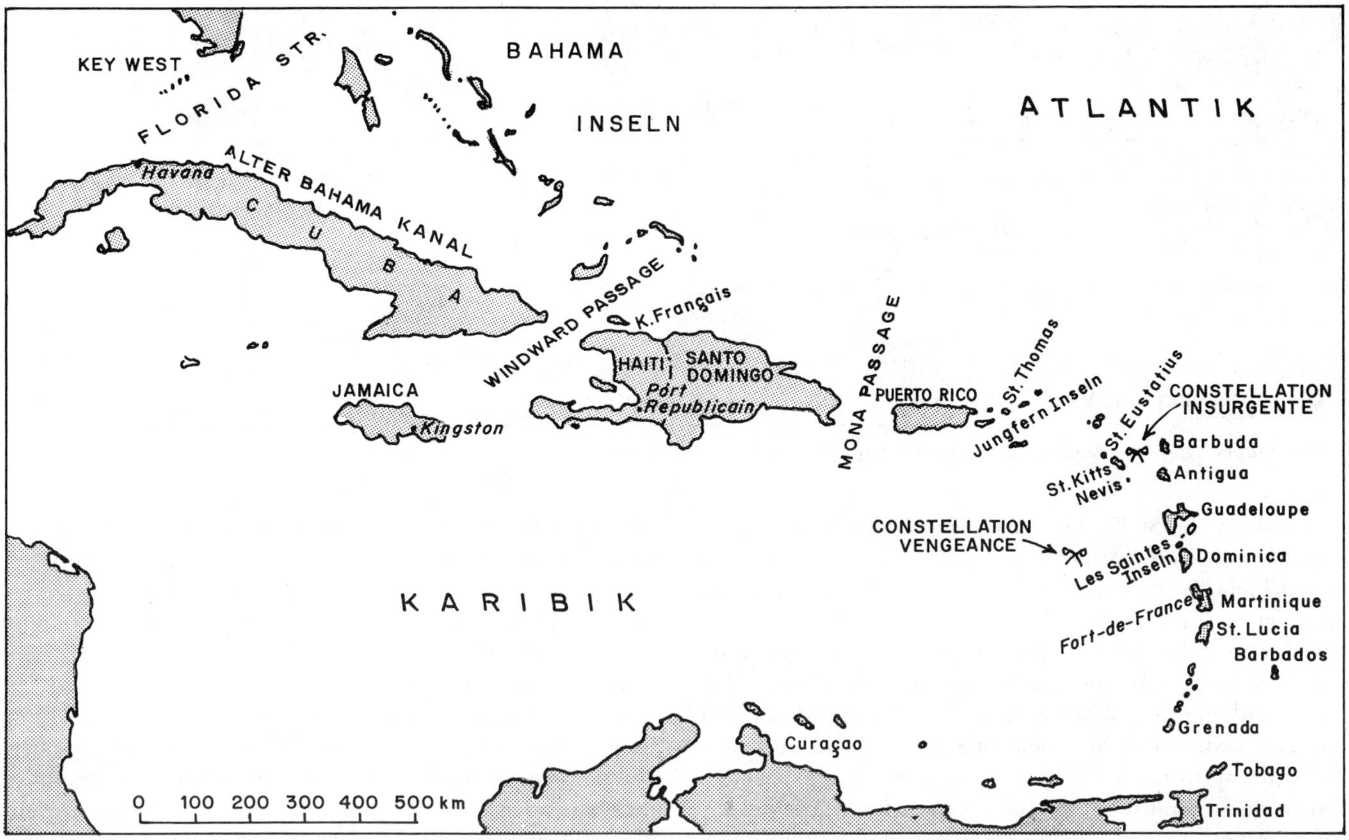

Der Schauplatz der Auseinandersetzung mit Frankreich

nicht, in Luv auf Höhe des Achterschiffes aufzukommen und auf kurze Entfernung eine fünfstündige Beschießung zu beginnen.

Wie stets zielten die Franzosen hoch, die Amerikaner nach britischer Gewohnheit tief, und in den Rumpf der *Vengeance* schlugen mehr als 200 Treffer. 100 Mann wurden getötet oder verwundet, und das Schiff begann vollzulaufen. Zweimal strich der Kommandant die Flagge, aber infolge Dunkelheit, Qualm und Lärm merkte es keiner, und niemand hörte seine Rufe. Als das französische Feuer schwieg, war die *Constellation* so gut wie abgetakelt, und 40 Mann waren gefallen. Als der Großmast, alle Wanten und Stage gekappt und die Trümmer klariert waren, konnte man den Franzosen nirgendwo entdecken. Truxtun nahm an, er sei gesunken. In Wirklichkeit war er nur abgetrieben, während die Besatzung verzweifelt pumpte und lenzte. Fünf Tage danach erreichte die *Vengeance,* nur noch mit Stümpfen von Besan- und Fockmast, Curaçao, wo der Kapitän berichtete, er sei mit einem Linienschiff im Gefecht gewesen.

Obwohl die Amerikaner mehr als 80 französische Schiffe kaperten, die meisten in Westindien, gab die Regierung in Paris diesen Scheinkrieg niemals amtlich zu. Das erübrigte sich auch. Nach den strengen Dekreten des Direktoriums kaperten französische Freibeuter und andere armierte Schiffe mehr als 800 amerikanische Kauffahrer, meist in europäischen Gewässern. Konnten die Besatzungen die amerikanische Staatsangehörigkeit nachweisen, so wurden sie freigelassen. Ihr Unterhalt und die Repatriierung bereiteten den amerikanischen Konsuln viel Kopfzerbrechen. Einfach aus Not musterten viele amerikanische Seeleute auf französischen Freibeutern an und beteiligten sich an der Kaperung amerikanischer Schiffe.

Während des ganzen Scheinkrieges hatte Präsident Adams seine hitzigeren Anhänger dadurch enttäuscht, daß er unablässig ein Übereinkommen mit Frankreich anstrebte, an welchem dem Direktorium gleicherweise gelegen war, weil es die Vereinigten Staaten nicht tiefer in Englands Arme treiben wollte. Ein blockiertes Frankreich benötigte zudem ganz dringend die amerikanische Schiffahrt, um die Wirtschaft der westindischen Besitzungen in Gang zu halten. Die Opposition in den Staaten verzögerte die Entsendung einer Kommission, während Bonaparte noch in Ägypten festsaß und Frankreich vor dem Zusammenbruch stand. Als sie dann im März 1800 in Paris eintraf, war Bonaparte Erster Konsul und versetzte wenig später der Zweiten Koalition den Todesstoß durch den Sieg von Marengo über die Österreicher. Nunmehr konnte die Kommission in einer für 8 Jahre abgeschlossenen Friedenskonvention nur noch Bedingungen durchsetzen, die für die meisten Amerikaner, gelinde gesagt, unbefriedigend waren. Im Juli 1801 wurde die Konvention endlich ratifiziert

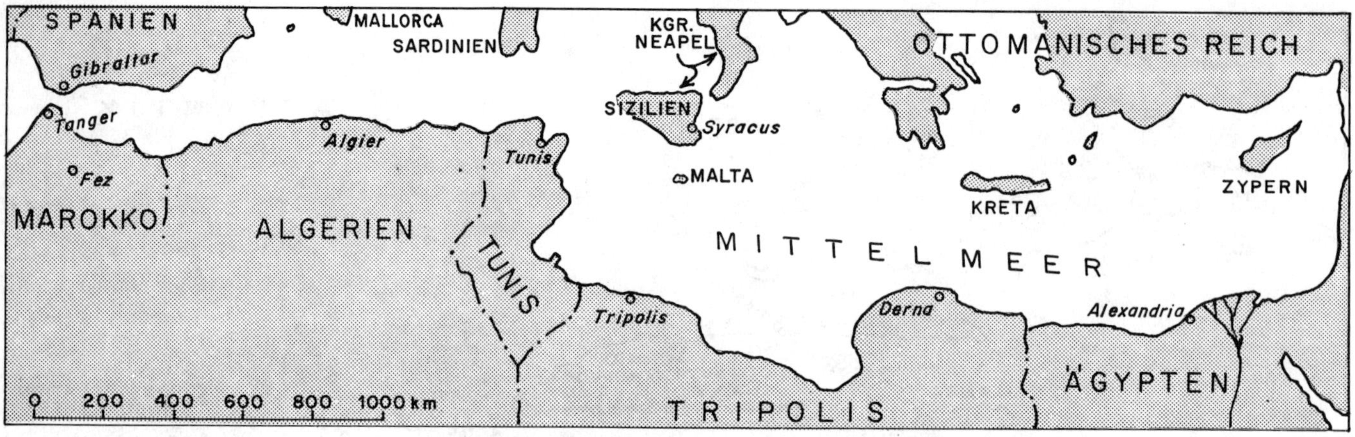

Der Schauplatz der US-Operationen in den Barbaresken-Kriegen

und trat an die Stelle der verwickelten franko-amerikanischen Bündnisverträge des Jahres 1778 – freilich um einen hohen Preis: Fortfall aller Ansprüche an Frankreich wegen Schädigung des amerikanischen Handels.

Die Bekanntgabe der Bedingungen am Vorabend der Wahl von 1800 kostete Adams seine Präsidentschaft. Thomas Jefferson und seine Republikaner gewannen die Präsidentschaft und eine bedeutende Mehrheit im Kongreß. Und doch war viel erreicht worden. Die Feindseligkeiten waren beendet. Der verhaßte französische Erlaß von 1798 wurde widerrufen. Amerikanische Kriegsschiffe hatten der Welt überzeugend bewiesen, daß mit der Marine zu rechnen war. Und 1803 konnte man Frankreich Louisiana abkaufen, was das Gebiet der Vereinigten Staaten verdoppelte und das Haupthindernis einer Expansion bis an den Pazifik beseitigte.

Der Krieg mit Tripolis

Jeffersons Regierung hatte bei Amtsantritt die Verpflichtung zur Reduzierung der Staatsausgaben übernommen. Das Ende des Scheinkrieges und die Anzeichen eines bald bevorstehenden Friedens zwischen Großbritannien und Frankreich ließen eine Seemacht nicht mehr als so vordringlich erscheinen. So wurde die Marine Hauptziel republikanischer Einsparungen. Schiffe wurden verkauft, Neubauten eingestellt und Offiziere mit Viermonatssold entlassen.

Die Wunden schienen zu heilen, nur eine schmerzte weiter. Bis zum Jahre 1800 hatten die Vereinigten Staaten mehr als eine Million Dollar in Geld und Geschenken an die Barbaresken-Staaten gezahlt. Im selben Jahr erreichte der Mittelmeerhandel auf amerikanischen Schiffen die neue Höhe von fast zwölf Millionen Dollar – ein erhöhter Anreiz für die Korsaren und ein Vorwand für die geldgierigen nordafrikanischen Herrscher, mehr Tribute zu verlangen. Hierzu dienten Drohungen, Beleidigungen und die Marterung von Geiseln.

Dieses scheußliche Verhalten brachte Jefferson in Verlegenheit. Während er noch zögernd Gewaltanwendung erwog, führte der Bey von Tripolis die Entscheidung herbei. Nach seiner Meinung brachte Handelskrieg gegen die reichen Vereinigten Staaten mehr Gewinn als die Forderung höherer Tribute. Im Mai 1801 ließ er den Flaggenmast des amerikanischen Konsuls umhauen, was in Nordafrika soviel wie eine Kriegserklärung bedeutete.

Jefferson schickte als Antwort in den Jahren 1801 und 1802 je ein kleines Geschwader ins Mittelmeer. Jedes kaperte einen Korsaren und blockierte kurze Zeit den Hafen von Tripolis, ohne aber den Bey einzuschüchtern, der als Friedenspreis 200 000 Dollar und Ersatz aller Kriegskosten verlangte. Eine enge Blockade war undurchführbar, weil kleine Fahrzeuge in flachen Küstengewässern von Fregatten im allgemeinen nicht gestellt werden konnten. Der über diese Lage unterrichtete Kongreß genehmigte den Bau weiterer Briggs und Schooner für die Jagd dicht unter Land. Vorerst aber konnten die Geschwader nichts Entscheidendes erreichen. Es waren zu wenige Kriegsschiffe, um gleichzeitig eine Blockade durchführen, Geleit fahren und die eigenen Vorräte ergänzen zu können. Weitere Schwierigkeiten kamen hinzu: Nachschubschiffe weigerten sich, über Gibraltar hinauszulaufen, weil es dort keinen Stützpunkt für sie gab, und kurzfristige Dienstverpflichtungen verlangten die häufige Rückkehr der amerikanischen Schiffe nach Amerika. Und doch bewiesen die Ereignisse, daß ein tüchtiger, energischer und entschlossener Kommodore mit den verfügbaren Schiffen und Hilfsmitteln viel erreichen konnte.

Ein solcher Mann war Edward Preble, 42 Jahre alt und einer der jüngsten Kapitäne, als Marineminister Samuel Smith seine Betrauung mit der Führung des 3. Geschwaders durchsetzte. In seinem Befehl vom 13. Juli 1803 ordnete Smith eine wirksame Blockade von Tripolis an. Zu den vorangegangenen Operationen meinte er grob: »Das bisherige Verhalten unserer Geschwader im Mittelmeer war leider nicht dazu angetan, das Ziel der Regierung zu erreichen oder dem Feind einen wahren Eindruck unseres Volkscharakters zu vermitteln. Deshalb haben wir Ihnen das dortige Kommando übertragen, voll Vertrauen, daß Sie die Würde Ihrer Stellung wahren und

unsere Flagge in Ihrer Hand nicht entehrt werden wird[4].«
Seine Offiziere kannten Preble, einen ebenso strengen Zuchtmeister wie Truxtun, nur wenig, weil er im Scheinkrieg nur nach Fernost und zurück gefahren war, was seiner Gesundheit geschadet, sein Temperament aber nicht gemildert hatte. Die meisten Untergebenen haßten Preble wegen seiner scharfen Zunge, während dieser entsetzt feststellte, daß seine Kommandanten sämtlich noch keine 30 Jahre alt waren. »Eine Bande von Jungens hat man mir gegeben«, soll er gesagt haben.

Zu dem neuen Geschwader gehörten nur 2 Fregatten, *Constitution* und *Philadelphia,* als Rückhalt für 5 flachgehende Briggs und Schooner, das war weniger als seine Vorgänger befehligt hatten. Und doch verlangte man von Preble unter immer schwierigeren Umständen Erfolge. Während des Friedens von Amiens war der amerikanische Handel zurückgegangen, so daß im Mittelmeer weniger Schiffahrt zu schützen war. Aber nach Neubeginn des britisch-französischen Krieges im Mai 1803 kamen immer mehr amerikanische Schiffe. Im Juni begann Lord Nelson die Blockade Toulons, und die Schiffe der Royal Navy entblößten das Mittelmeer von allem Proviant und Material. Britische Kommandanten fahndeten nach Deserteuren und Matrosen englischer Nationalität für ihre zu schwach bemannten Kriegsschiffe.

Mitte August 1803 segelte Preble an Bord der *Constitution* zum Mittelmeer, wo sich bereits der Großteil seines Geschwaders befand. In Gibraltar traf er die *Philadelphia* unter Kapitän Bainbridge mit einem gekaperten maurischen Korsaren, der seinerseits wieder ein amerikanisches Schiff gekapert hatte. Unter Verletzung der Verträge lauerte Marokko offenbar schon wieder amerikanischen Schiffen auf. Preble handelte sofort. Die *Philadelphia* und den Schooner *Vixen* schickte er zur Blockade von Tripolis voraus; er selbst lief mit der *Constitution,* 2 Fregatten des abgelösten Geschwaders und einem Schooner an Gibraltar vorbei nach Tanger. Dort ankerte er demonstrativ und machte Klar Schiff zum Gefecht. Der gerade eingetroffene Sultan von Marokko war derart beeindruckt, daß er sofort alle Angriffe auf den amerikanischen Handel ableugnete und den Vertrag von 1786 unter Streichung der Zahlungen bestätigte.

Damit hatte Preble seinen Nachschub aus den Staaten hinreichend gesichert und setzte seine Kreuzfahrt fort. Ende November brachte ihm vor Sardinien eine britische Fregatte alarmierende Nachrichten. Die *Philadelphia* hatte sich von *Vixen* getrennt und sich vor Tripolis mit solcher Schlagseite auf Grund gesetzt, daß sie nach keiner Seite die sie umschwärmenden tripolitanischen Kanonenboote beschießen konnte. Nach vergeblichem Versuch eines Widerstandes strich Bainbridge die Flagge. Er und die Besatzung wurden im Triumph zu langer Gefangenschaft in die Stadt gebracht. Bei Sturmflut konnten die Tripolitaner zwei Tage später die *Philadelphia* freischleppen. Fast ein halbes Geschwader war verloren – ein niederschmetternder Schlag für Preble. Dafür konnten ihm nun die Tripolitaner im Besitz der *Philadelphia* und einer Flotte kleiner Korsarenschiffe vermutlich Trotz bieten. Zudem würden die 306 Gefangenen dem Bey harte Friedensbedingungen ermöglichen.

Ein schwächerer Charakter wäre vielleicht in Panik nach Gibraltar abgelaufen, um Rat zu holen und Verstärkung zu erwarten. Preble aber lief schnellstmöglich nach Malta, wo er erfuhr, daß die voll kampffähige *Philadelphia* im inneren Hafen von Tripolis vor Anker lag, direkt unter den Kanonen auf der Burg des Beys. Preble lief nach Syrakus auf Sizilien, wo die Amerikaner als Verbündete galten, weil auch Neapel gegen Tripolis Krieg führte.

Im Winter 1803 auf 1804 patrouillierte er weiter im Mittelmeer und schmiedete Pläne zur Vernichtung der *Philadelphia* – ein wichtiges Vorspiel zu einer engen Blockade vonTripolis. Für diesen gefährlichen Auftrag wählte er den 25jährigen Kommandanten des Schooners *Enterprise,* Oberleutnant Stephen Decatur, der sich als tüchtiger und kühner Seemann einen Namen gemacht hatte. Zwischen ihm und seinem brummigen Kommodore bestand eine Art widerwilliger Wertschätzung, ähnlich wie zwischen Nelson und St. Vincent. Decatur erbat sich die gekaperte tripolitanische Ketsch *Mastico,* jetzt *Intrepid,* weil ihre Mittelmeer-Takelung ein unverdächtiges Einlaufen in den Hafen von Tripolis ermöglichen würde. Dann wählte er Freiwillige der *Enterprise* und *Constitution* und den sizilianischen Lotsen Catalano, der den Hafen Tripolis kannte und Arabisch sprach.

Am 16. Februar nachts lief die *Intrepid* nach Abwetterung eines schweren Sturms bei einschlafendem Wind in den Hafen ein. Catalano stand am Ruder, Decatur im Gewand eines Maltesers neben ihm. Nur ein halbes Dutzend von der Besatzung zeigte sich an Deck. Als die Umrisse der *Philadelphia* auftauchten, wurde die Ketsch angerufen und aufgefordert, nicht näher heran zu kommen. Catalano rief, sein Schiff habe die Anker verloren, und bat, für die Nacht längsseit kommen zu dürfen. Die Fregatte warf eine Leine, die von der *Intrepid* eingeholt wurde, vielleicht etwas zu energisch; denn als sie längsseit lag, hörte man »Americanos!«

»Entern!« brüllte Decatur, und 60 Mann sprangen an Bord der *Philadelphia.* Blitzschnell hatten die Amerikaner mit Säbeln und Tomahawks etwa 20 Tripolitaner niedergemacht und den Rest über Bord gejagt. Inzwischen brachten Zerstörungstrupps Brandmaterial an Bord, verteilten es und zündeten es an. Die von der Sonne ausgetrocknete *Philadelphia* brannte wie Zunder, so daß einige Männer der Trupps gerade noch an Deck gelangten. Decatur, als Letzter auf der lodernden Fregatte, sprang in die Wanten der ablegenden Ketsch.

Im Schlepp von Booten und mit Hilfe von langen Riemen gelang das Auslaufen, obwohl die Segel in der leichten überlandigen Brise kaum zogen. Die Riesenfackel der *Philadelphia* beleuchtete den Weg. Die Hafenbatterien eröffneten ein wildes, erratisches Feuer, zu dessen Donner sich das Krachen der

4 Naval Documents Related to the United States Wars with the Barbary Powers, II (Washington 1940), 475–476.

Kanonen auf der Fregatte gesellte, die losgingen, sobald der Brand sie erreichte. Auf der *Intrepid* war nur ein Schuß durch das Bramsegel gegangen, kein Amerikaner war gefallen, nur einer leicht verwundet. Die *Philadelphia* brannte bis zur Wasserlinie aus, trieb ab und sank. Für seine Großtat wurde Decatur zum Kapitän befördert und darüber hinaus daheim und im Ausland berühmt, Sogar Nelsons freigiebiges Lob erntete er: »die keckste und kühnste Tat unserer Zeit.«

Die Männer des Geschwaders, das jetzt Tripolis in enger Blockade abschnürte, bildeten eine so tapfere und verschworene Gemeinschaft, wie sie je ihrem Vaterland gedient hatte. Das lag teils daran, daß Decaturs Erfolg die Bedrohung durch die *Philadelphia* ausgeschaltet hatte, die tiefere Ursache aber war Preble. Nach und nach war es seinen Untergebenen klargeworden, daß diesen kranken Mann ein fast übermenschlicher Wille zur Ausführung der ihm erteilten Befehle trieb. In rauher Schale schlug ein warmes, verständnisvolles Herz. Wichtiger noch: er hatte die Anlage, Entschlußkraft und Energie, Erfolge zu erringen, wo andere versagt hatten. Seine jungen Offiziere ließen sich jetzt stolz die »Preble-Jungen« nennen und hießen so noch im Krieg von 1812 zwischen England und Amerika, wo sich fast jeder von ihnen einen großen Namen machte.

Im Sommer 1804 sah man ein, daß Tripolis durch eine Blokkade nicht zu besiegen war, handelte es sich doch in diesem Land um bedürfnislose Leute, die von den Erträgnissen des Landes und von dem leben konnten, was von Tunis hereinkam. Der Bey besaß insgesamt weit mehr Kanonen als Preble, 25 000 Mann für die Forts, über 300 Geiseln zum Schachern, sah seine Vorteile und dachte nicht daran, seine Forderungen herabzusetzen. Was also konnte Preble anderes tun, als den Bey so zu schädigen, daß er auf vernünftige Bedingungen einging? Preble, ohne ein Landungskorps, erkannte, daß er den Feind im Frontalangriff angreifen müsse. Zur Verstärkung borgte er vom König von Neapel 6 Boote mit Kanonen und 2 mit Mörsern, dazu Kanoniere, Artilleristen und Matrosen zur Bedienung.

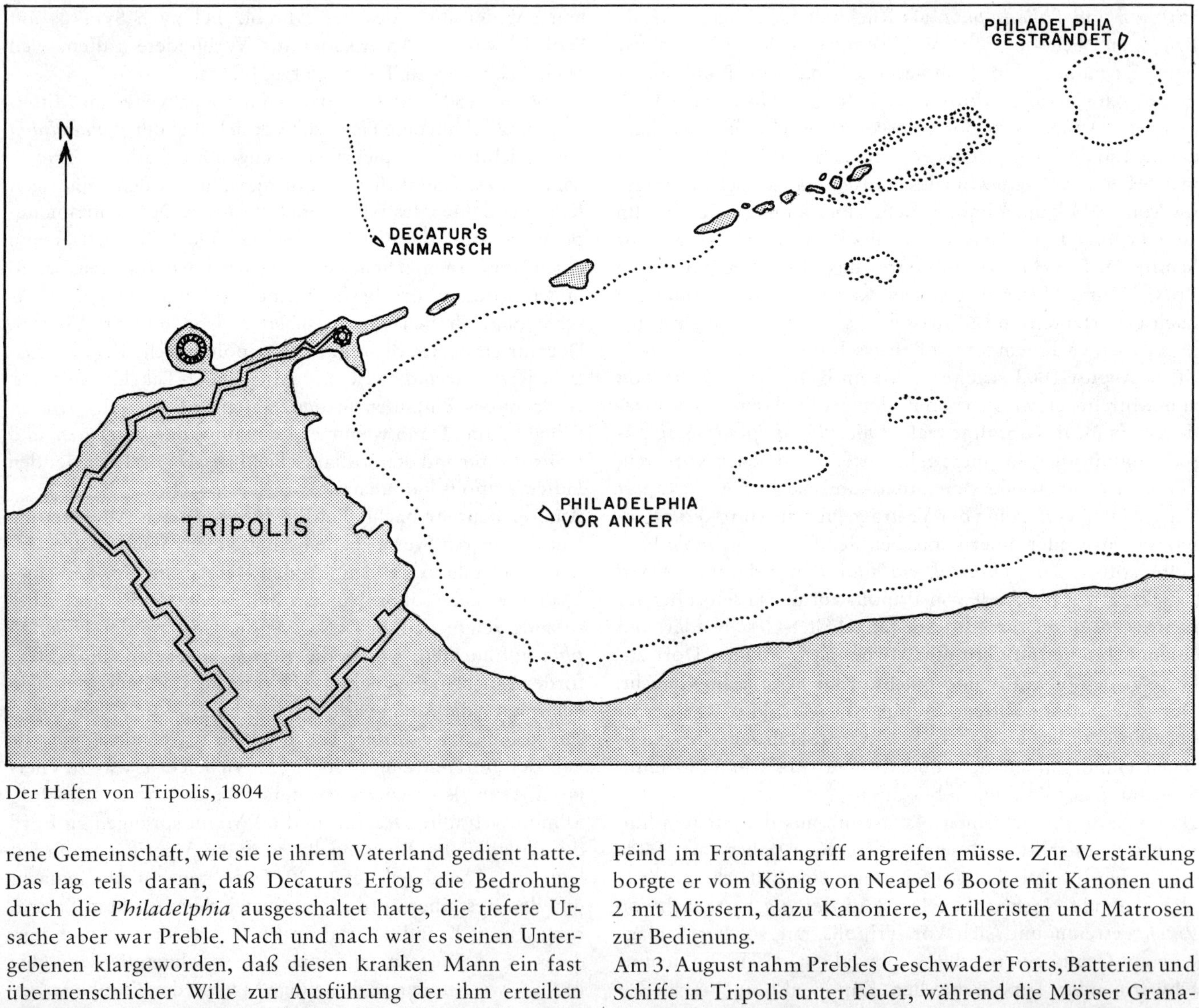

Der Hafen von Tripolis, 1804

Am 3. August nahm Prebles Geschwader Forts, Batterien und Schiffe in Tripolis unter Feuer, während die Mörser Granaten in die umwallte Stadt schossen. Gleichzeitig passierten die entliehenen Kanonenboote, von Neapolitanern bemannt und mit amerikanischen Enterern an Bord, die Hafenbarre und liefen auf die feindlichen Kanonenboote zu. Nur drei der Angreifer gelangten an ihr Ziel, aber, von Decatur befehligt, attackierten sie neun Gegner. Die Piraten Nordafrikas waren seit Jahrhunderten als wildeste und geschickteste

Nahkämpfer gefürchtet. Aber diesmal übertrafen die Amerikaner eindeutig die Tripolitaner auf ihrem ureigensten Gebiet. Mit Säbeln, Äxten und Tomahawks kämpften sie an Deck des Feindes gegen eine Übermacht, machten drei Prisen und brachten die eignen Boote heil aus dem Hafen.
Bestürzt forderte der Bey nur noch 150 000 Dollar Lösegeld für die Gefangenen der *Philadelphia,* aber keinen sonstigen Tribut oder anderweitige Bezahlung. Damit war Preble nicht zufrieden, der bei geeigneter Wetterlage immer wieder angriff. Als letztes Mittel schickte er, bevor die Zeit der Stürme das Geschwader zum Abzug zwang, die *Intrepid* nachts mit Pulver beladen in den Hafen, um die verbliebenen Schiffe des Beys und die Stadtmauer zu zerstören. Trotz Dunkelheit wurde die Ketsch zu früh gesichtet und unter Feuer genommen. Ein Blitz und ein Krachen: die *Intrepid* war vorzeitig in die Luft geflogen, die Besatzung aus Freiwilligen war tot, beim Feind aber gab es nur geringen Schaden.
Dank Prebles energischer Kampfführung begann sich die Öffentlichkeit in Amerika für den Krieg zu interessieren. Nur noch ein harter Schlag, dann konnte der Sieg errungen, konnten die Tributzahlungen beendet werden. So stießen Ende des Sommers 1804 zu Prebles einziger Fregatte drei weitere, denen noch andere folgen sollten. Gleichzeitig erschien Kapitän Barron, weit dienstälter als Preble. Dieser wurde in die Staaten zurückbeordert, wo ihn Jefferson herzlich und ehrenvoll empfing. Im August 1807 starb er im Alter von 46 Jahren.
Nach Prebles Abfahrt verlor der Krieg gegen Tripolis an Schwung. Wohl wurde, ausgenommen während der Zeit der Herbststürme, eine leichte Blockade aufrechterhalten, aber Frontalangriffe erfolgten nicht mehr. Obwohl es noch keine so starke amerikanische Flotte gegeben hatte, unternahm sie wenig, um Prebles vielversprechenden Anfang zu Ende zu führen. Die meisten Schiffe blieben in Malta oder Syrakus vor Anker, zum Teil, weil Barron ein kranker Mann war, aber Krankheit hatte Preble nicht am äußersten Einsatz gehindert.
Mit Barron war ein gewisser Eaton als Bevollmächtigter der Marine für die Barbaresken-Staaten gekommen. Er plante, einen fügsameren Tyrannen auf den Thron von Tripolis zu setzen. Auf der Brigg *Argus* fuhr er nach Ägypten, wo er Hamet, den abgesetzten Bruder des Beys, traf. Mühelos bewog er ihn und seine Anhänger zu einem Einfall in Tripolitanien. Anfang März 1805 marschierte ein wilder Haufen von 400 Mann unter »General« Eaton durch die lybische Wüste, voran ein Fähnrich und 8 Seesoldaten der *Argus.* Wüstenbeduinen stießen zu Hamets »Armee«, die auf mehr als 700 Kämpfer und 500 Menschen beim Troß anwuchs, darunter Weiber und Kinder. Im April erreichte diese Horde Derna, das im Zusammenwirken mit 2 Briggs und einem Schooner von Barrons Flotte erobert wurde. Mehrere Wochen hindurch schlug man dort Gegenangriffe ab, bis die Nachricht vom Kriegsende kam. Der Bey war mit einem Vertrag einverstanden, der keine weiteren Tribute oder »Geschenke« verlangte und die Freilassung der *Philadelphia*-Gefangenen gegen 60 000 Dollar zusicherte.

Ereignisse, die zum anglo-amerikanischen Krieg von 1812 führten

Nach Trafalgar verschärfte sich der Handelskrieg zwischen England und Frankreich. Die Vereinigten Staaten blieben die einzige größere neutrale Handelsnation auf hoher See. Ihre Schiffe erfreuten sich eines ungeahnten Aufschwungs der allgemeinen Schiffahrt. Auch als Exporteure für Weizen, Tabak und Baumwolle waren sie geschätzt. Gleichzeitig freilich sahen sich amerikanische Kauffahrer, ja sogar Kriegsschiffe durch britische Regierungsmaßnahmen und durch Napoleons Vergeltungserlasse ständig zunehmenden, schließlich unerträglichen Eingriffen gegenüber. Aber trotz dauernder Beschränkungen und Demütigungen hielten die Vereinigten Staaten nach Trafalgar 7 Jahre hindurch eine technische Neutralität aufrecht. Als sie 1812 erneut zu den Waffen griffen, wählten sie Großbritannien zum Gegner, weil französische Schiffe so gut wie ganz vom Meer vertrieben worden waren.
Am provozierendsten war es, daß britische Kriegsschiffe Matrosen amerikanischer Kauffahrer in ihren Dienst preßten. Die Royal Navy mit zu geringen und durch Deserteure noch weiter geschwächten Besatzungen bestand auf Durchsuchung neutraler Schiffe nach britischen Untertanen. So groß war der Menschenmangel, daß sie jeden, der Englisch auch nur verstand, zum Engländer erklärte. Vermutlich wurden 10 000 amerikanische Seeleute in die Royal Navy gepreßt. Dazu kamen viele tausend fragliche Fälle; denn falsche Papiere konnte ein Deserteur leicht erlangen.
Der ärgerlichste Fall dieser Art trug sich im Juni 1807 vor Kap Henry zu. Die neue amerikanische Fregatte *Chesapeake* (36) wurde von H.M.S. *Leopard* (50) aufgebracht. Als sich der amerikanische Kommandant weigerte beizudrehen, feuerte *Leopard* mehrere Breitseiten, die Verluste forderten. Dann nahmen die Briten vier Mann der *Chesapeake* mit.
Präsident Jefferson protestierte, hatte aber weder die Absicht, noch die Macht zur Verteidigung der amerikanischen Rechte. Seine pazifistische Einstellung war allgemein bekannt. Es waren nur 2 Fregatten und 4 kleinere Kriegsschiffe im Dienst, dazu viele kleine Kanonenboote zur Küstenverteidigung. Jeffersons Antwort auf die Provokationen und die extremen Einschränkungen durch die britischen Kabinettsorders von 1807 bewogen den Kongreß zur Annahme eines Embargo-Gesetzes. Es sollte als wirtschaftliche Vergeltung – short of war – dienen, brachte aber in den folgenden 15 Monaten mehr Schwierigkeiten für das eigene Land als für das Ausland mit sich. Nur Frankreich zog aus dem Verfall des amerikanischen Handels Nutzen. Napoleon befahl unter dem Vorwand, die 134 amerikanischen Schiffe, die unerlaubt französische Häfen anliefen, müßten Briten sein, ihre Beschlagnahme mit Ladungen.

Stand auch die Frage neutraler Rechte auf See stets im Hintergrund, so führte sie an sich nicht zum anglo-amerikanischen Krieg. Die Nordoststaaten mit den größten maritimen Interessen waren sogar entschieden gegen ihn. Trotz Verlusten und Demütigungen ging es ihnen gut; sie forderten wohl eine größere Flotte zum Handelsschutz, waren aber gegen Vergeltungsmaßnahmen, die zum bewaffneten Konflikt führen und den amerikanischen Seehandel ganz zum Stillstand bringen konnten. Der letzte Anstoß zum Kriege kam nicht von der Ostküste, sondern vom Süden und Westen, wo Grundbesitzer und Pioniere wohnten.

Madison löste 1809 Thomas Jefferson als Präsident ab, auch er war Republikaner. Die Kongreßwahl des nächsten Jahres brachte eine jüngere Generation republikanischer »Kriegsfalken« ans Ruder, forsche junge Politiker, denen der unersättliche Landhunger der Pioniere im Blut saß. Ihnen schien die Besitzergreifung des spanischen Floridas und britischen Kanadas nationales Gebot. Aus Florida überfielen von Zeit zu Zeit Indianer den tiefen Süden. Im Nordwesten hatten sich diese unter dem Häuptling Tecumseh vereinigt, teils um den Vormarsch der amerikanischen Pioniere nach Westen aufzuhalten. Viele glaubten, die Indianer beider Gebiete seien von den Briten bewaffnet und aufgestachelt worden. Die Ultranationalisten verstanden wenig von maritimen Dingen und kümmerten sich noch weniger um sie. Immerhin verurteilten sie das Pressen und ganz besonders alle Handelsbeschränkungen. Trotzdem stimmten sie gegen jede Verstärkung der Marine für einen Krieg gegen Großbritannien. Hartnäckig meinten sie, am besten könne man Großbritannien und seinem schwachen Verbündeten Spanien in ihren amerikanischen Besitzungen beikommen. »Auf nach Kanada!« wurde ihr monotoner Kampfruf.

Englands Schwierigkeiten und Napoleons unablässige Erfolge ermutigten die Kriegsfalken, Madison zum Handeln zu bringen. Am 1. Juni 1812 legte dieser seine Kriegsbotschaft vor, wobei er ganz besonders auf das Pressen, die Rechte der Neutralen und die Frage der Indianer hinwies. Im Kongreß überstimmten die Ultras die Opposition der Abgeordneten aus dem Nordosten. Am 18. Juni erklärten die Vereinigten Staaten der Herrin der Meere förmlich den Krieg. Sie verfügten nur über ein Heer von 6700 Mann, insgesamt über 17 Hochsee-Kriegsschiffe (Fregatten, Sloops) und eine Anzahl von Kanonenbooten, die meist außer Dienst gestellt waren.

Der Krieg auf hoher See

Im Sommer 1812 wünschten sich die Briten am allerwenigsten einen Krieg mit den Vereinigten Staaten. Ihr Kampf gegen Napoleon näherte sich einer Krise. Die Kosten des Krieges auf der Iberischen Halbinsel und amerikanische Handelsbeschränkungen hatten Großbritanniens Finanzen gefährlich geschwächt. In England herrschte große Arbeitslosigkeit und Inflation. Britische Truppen in Spanien benötigten amerikanisches Getreide, und auch der Wohlstand in Britisch Westindien hing vom Handel mit Amerika ab.

Kein Wunder, daß die britische Haltung gegenüber den Vereinigten Staaten immer versöhnlicher geworden war. Ende Juni, ehe noch die amerikanische Kriegserklärung in London eintraf, widerrief die Regierung die Kabinettsorders. Als nun die Kriegserklärung erfolgte, beschloß die Regierung, die amerikanische Reaktion auf jenen Widerruf abzuwarten und solange defensiv zu bleiben. Admiral Sir John Warren, Oberbefehlshaber der Halifax- und westindischen Station, sollte erneuten Frieden vorschlagen, schlug das aber fehl, in Neu-England den Friedenswillen stärken, unter Vermeidung offensiver Kampfhandlungen vor der amerikanischen Küste.

Als die Friedensbemühungen – an der Frage des Pressens, das die Briten als eine rein innerenglische Angelegenheit betrachteten – scheiterten, verstärkte die Royal Navy Warrens Geschwader. Im Dezember 1812 erfuhr London von der fast völligen Vernichtung der napoleonischen Heere in Rußland. Jetzt schien es nicht mehr so dringend nötig, mit den Vereinigten Staaten zur Einigung zu kommen. Ein paar Tage später verkündete die britische Regierung eine Handelsblokkade der Delaware- und Chesapeake-Buchten, womit man durch Säen von Unzufriedenheit die Stellung der amerikanischen Regierung schwächen, die New Yorker und Neu-England-Kaufleute aber schonen wollte.

Demgegenüber warf sich die amerikanische Marine energisch in den Krieg und erzielte bald erstaunliche Erfolge. Große Aktivposten waren die 3 Superfregatten und erfahrene junge Offiziere, meistens »Preble-Jungen«, deren Tüchtigkeit bald allgemeine Anerkennung finden sollte. Wenige Stunden, nachdem er von der Kriegserklärung erfuhr, verließ Kommodore Rodgers New York mit einem Geschwader von 3 Fregatten, 1 Sloop und 1 Brigg. Die ergebnislose Suche nach einem britischen Konvoi brachte Rodgers fast bis zum Englischen Kanal, aber das Geschwader erzielte keinen Erfolg. Daran war weit mehr Pech als schlechte Führung schuld. Immerhin stützte das Ergebnis die bald auch offizielle Ansicht, amerikanische Kriegsschiffe müßten einzeln oder paarweise als Handelszerstörer operieren.

In den ersten sechs Kriegsmonaten kaperten amerikanische Kriegs- und Kaperschiffe nicht weniger als 300 britische Handelsfahrzeuge, so daß der Feind mehr und mehr in Konvois fahren mußte. Die Erfolge konnten nicht überraschen, hatten doch die Amerikaner schon in früheren Kriegen ihre Eignung für den Handelskrieg bewiesen. Erstaunt aber war man über das Ergebnis, als amerikanische und britische Kriegsschiffe auf See aneinandergerieten.

Mitte August 1812 traf die Fregatte *Constitution* (44) unter dem Preble-Schüler Kapitän Hull die *Guerrière* (38), die sie sehr schnell entmastete und durch Längsbeschuß zur Übergabe zwang[5]. So tödlich war das amerikanische Feuer ge-

5 Es darf nicht vergessen werden, daß die Schiffe jener Zeit stets mehr Kanonen an Bord hatten als ihrer Klasse zukamen. In diesem Fall hatte die *Constitution* 55, die *Guerrière* 49.

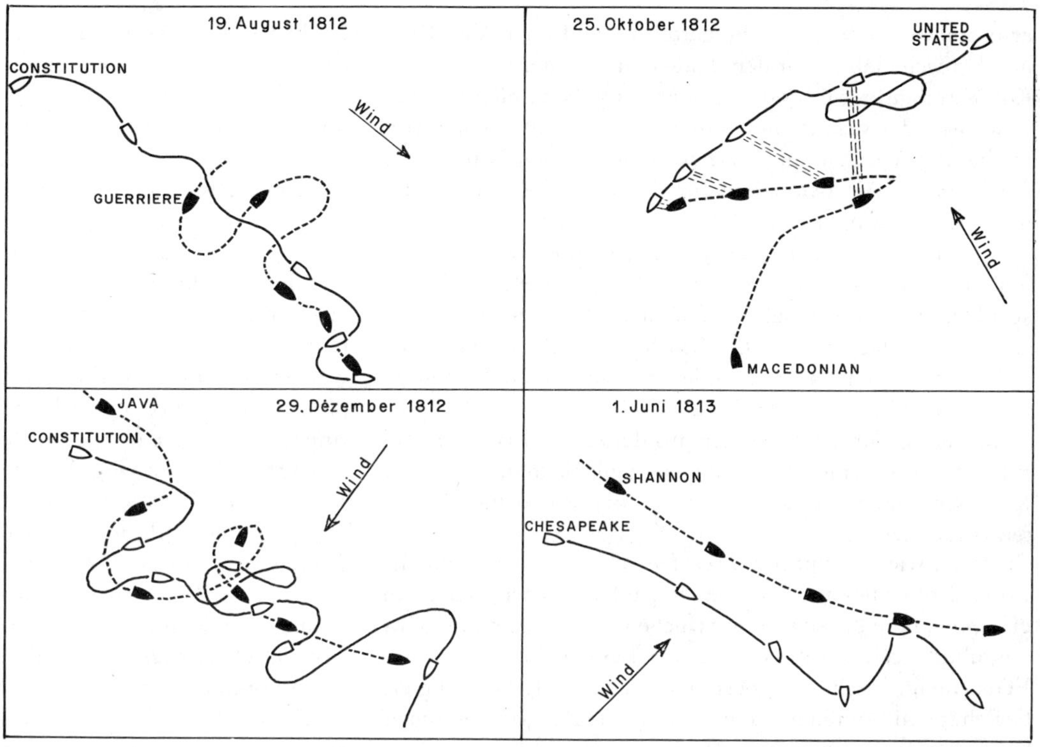

Fregatten-Gefechte im Krieg von 1812

wesen, daß man den zertrümmerten Rumpf der *Guerrière* nur noch verbrennen konnte. Im folgenden Oktober griff Kapitän Decatur mit der *United States* (44) die *Macedonian* (38) an. Er blieb auf Distanz und nutzte seine weitertragenden Kanonen, seine schwerere Breitseite und sein genaueres Schießen zur Niederringung des Gegners aus. Im Dezember trat Kapitän Bainbridge, der glücklose Kommandant der *Philadelphia,* die Decatur dann verbrannte, in die Reihe der Sieger. Mit der *Constitution* griff er den Briten *Java* (38) an. Die beiden Fregatten manövrierten lange, wobei jeder Längsbestreichung erstrebte, ohne sich selbst ihr auszusetzen. Unerbittlich verwandelte das schwerere und besser gezielte Feuer des Amerikaners die *Java* in ein wertloses Wrack.

Die bestürzten Briten, bei denen sich keine Fregatte von gleicher Kampfkraft ergeben hatte, seit die *Serapis* vor John Paul Jones die Flagge strich, schrieben diese Niederlagen nicht unberechtigt der überlegenen Armierung und den dikkeren Bordwänden der Amerikaner zu. Das seien ja überhaupt keine Fregatten, sondern es handle sich um einen Zwischentyp. Ganz so leicht aber ließen sich die Kampfergebnisse bei den kleineren Sloops und Briggs nicht erklären. Der Preble-Junge Jacob Jones hatte mit der Sloop *Wasp* die schwerer armierte Brigg *Frolic* besiegt und geentert. Der Preble-Schüler James Lawrence, Kommandant der Sloop *Hornet,* versenkte die britische Sloop *Peacock.* Noch hatte kein Schiff der Royal Navy ein amerikanisches Schiff seiner Größe besiegt. 3 britische Fregatten und 1 Linienschiff hatten je eine amerikanische Sloop gekapert, aber dabei hatte es sich um eine gewaltige Übermacht gehandelt. Jedesmal hatten die Sieger eine drei- bis sechsfach schwerere Breitseite als die von ihnen gemachten Prisen gehabt.

In Wirklichkeit waren die Briten ganz einfach überrascht worden. In tiefer Verachtung der winzigen Marine der Vereinigten Staaten hatte die Admiralität seit langem die besten Schiffe und Kapitäne dem Kriegsschauplatz auf der Iberischen Halbinsel zugeteilt. Da zudem die Royal Navy seit Trafalgar und der dort erfolgten Vernichtung der napoleonischen Flotte keinen ernstlichen Gegner gehabt hatte, waren Schießübungen vernachlässigt worden. Die Amerikaner dagegen hatten von den Pionieren die stolze Tradition großer Treffsicherheit übernommen, gepflegt und für die Kämpfe auf See nutzbar gemacht.

Doch nicht alle britischen Schiffe und Kommandanten auf der amerikanischen Station waren zweitrangig. Die *Shannon* (38) blockierte im Frühjahr 1813 Boston. Sie galt in vieler Hinsicht als *die* Fregatte der Royal Navy. Seit 7 Jahren war Kapitän Broke ihr Kommandant. Er hatte die Reformen von Sir Charles Douglas verbessert und neue Verfahren für Schußkontrolle und -genauigkeit eingeführt. Anders als die übrigen britischen Seeoffiziere ließ er seine Leute zweimal am Tage an den Kanonen exerzieren, und das an fünf Tagen der Woche.

Broke brannte darauf, einer der amerikanischen 44er Fregatten zu begegnen, die er nach seiner Meinung besiegen konnte. Anfang Mai 1813 stellt er enttäuscht fest, daß die *President* (44) und die *Congress* (36) bei einem Sturm aus dem Hafen von Boston geschlüpft waren. Als er später beobachtete, daß die *Chesapeake* (36) ihre Ausrüstung beendet hatte, schickte

er ostentativ seine zweite Fregatte fort und reizte den Gegner dadurch, daß er vor dem Hafen hin und her kreuzte.
Kommandant der *Chesapeake* war der volkstümliche James Lawrence, der sich schon frühzeitig als Decaturs Stellvertreter bei der Vernichtung der *Philadelphia* einen Namen gemacht hatte. Als Belohnung für die kürzliche Versenkung der *Peacock* war er mit 32 Jahren zum Kapitän befördert und Kommandant der *Chesapeake* geworden. Er hatte Befehl zum Durchbruch, um Schiffe zu überfallen, die Nachschub und Verstärkungen auf dem St.-Lorenz-Strom zum Kriegsschauplatz an den Großen Seen brachten. Zunächst aber mußte er eine ausreichende Besatzung finden. Da amerikanische Matrosen auf Kriegsschiffen nur für eine Fahrt anmusterten, fuhren die besten aus der Gegend von Boston, gelockt von sagenhaften Verdienstmöglichkeiten, längst auf Kaperschiffen. So mußte Lawrence vorwiegend mit Rekruten vorliebnehmen.
Er hätte, wie vor ihm die *President* und *Congress,* auf die Möglichkeit eines unbemerkten Auslaufens warten sollen, um erst einmal die Besatzung im Schießen und in Seemannschaft auszubilden, ehe sie ins Gefecht kam. Lawrence aber erlag der Versuchung, frischen Lorbeer zu ernten. Am 1. Juni ging er, begleitet von Booten mit Zuschauern, die Zeuge eines neuen Sieges werden wollten, in See[6].

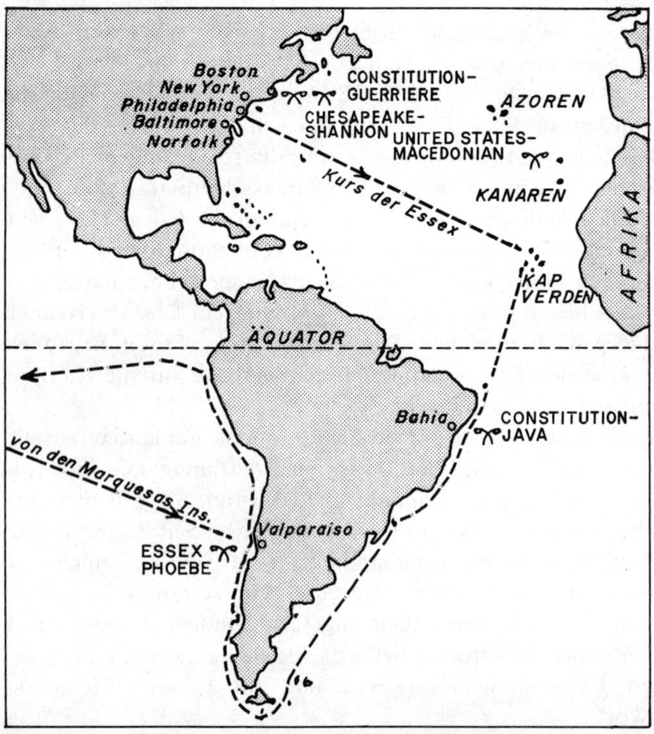

Fregatten Gefechte und die Fahrt der *Essex*

6 *Chesapeake* und *Shannon* hatten die gleiche Hauptarmierung: 28 18-Pfünder-Langrohrgeschütze und 16 32-Pfünder-Karronaden. Insgesamt auf der *Chesapeake:* 50 Geschütze, auf der *Shannon:* 52. Die *Chesapeake* war in jeder Beziehung etwas größer und hatte mehr Besatzung: 381 gegenüber 330.

Broke lief nach See zu voraus und drehte um 17 Uhr bei, um die *Chesapeake* zu erwarten. Zu großen Manövern sollte es nicht kommen. Etwa 1 Stunde später begann das Gefecht unter gerefften Segeln und auf nur 45 Meter Entfernung. Die *Chesapeake* kam in Luv der *Shannon* auf; ihre Marssegel wurden zerfetzt, und der Rudergänger fiel. Steuerlos drehte sie in den Wind, die Segel schlugen back, und über den Achtersteven trieb das Schiff in Brokes vernichtende Breitseiten. Geführt von ihrem Kommandanten, schwärmten die Briten an Bord der amerikanischen Fregatte. Deren Offiziere waren fast alle schon gefallen. Der tödlich verwundete Lawrence war unter Deck gebracht und starb als Gefangener auf dem Weg nach Halifax. Im Delirium hatte er immer wieder gerufen: »Don't give up the ship!«
Lawrence' Niederlage kündigte böse Zeiten für die Amerikaner an. Endlich war die Royal Navy aufgewacht und verengte die Blockade immer mehr. Als die *United States* und *Macedonian* aus New York auszulaufen versuchten, wurden sie von einer Übermacht gejagt und mußten in einem Fluß in Connecticut Zuflucht suchen, wo sie für die Kriegsdauer blieben. Die *Constellation* fand nie eine Möglichkeit, aus Norfolk zu entkommen.
Noch aber blieb zum Ärger der Briten die kleinste amerikanische Fregatte *Essex* (32) auf hoher See. Um Kap Horn gelangte sie Anfang 1813 in den Pazifik, nachdem sie im Herbst 1812 unter Kapitän David Porter den Delaware verlassen hatte. Im Pazifik kaperte sie im Lauf des Jahres ein Dutzend britische Walfänger und verjagte die übrigen. Schließlich überraschten im Februar 1814 zwei britische Kriegsschiffe – *Phoebe* (38) und *Cherub* (18) – die *Essex* im neutralen Valparaiso und blockierten sie. Die Briten waren an Feuerkraft und an Reichweite überlegen; denn Porter besaß nur 40 32-Pfünder-Karronaden. Endlich gelang ihm bei schlechtem Wetter das Auslaufen, und er wäre fast entkommen, als in einer Bö die Großstenge brach. Hierdurch in seiner Geschwindigkeit und Manövrierfähigkeit beeinträchtigt, konnte Porter den britischen Schiffen weder davonlaufen noch bis auf Reichweite seiner Karronaden herankommen. *Phoebe* und *Cherub* hielten sich in gehörigem Abstand in Luv und beschossen ganz gemächlich die *Essex*. Als etwa die Hälfte der Besatzung getötet oder verwundet worden war, strich Porter widerstrebend die Flagge.
Napoleons Niederlage bei Leipzig im Oktober 1813 und seine Abdankung im nächsten Frühjahr machte immer mehr britische Kräfte zum Kampf gegen Amerika frei. Ende Mai 1814 war die Blockade lückenlos. Der Seehandel der Vereinigten Staaten betrug nur noch 11 % der Zahlen von 1811, und das nahezu gänzliche Erliegen des Küstenhandels beeinträchtigte die Wirtschaftslage Amerikas ernstlich. Größere Getreidemengen fanden an Ort und Stelle keinen Absatz, während sie nur wenige hundert Kilometer davon entfernt weit überhöhte Preise erzielt hätten.
Bei der auf diese Weise zunehmenden Lähmung des Handels entlang der Küste bestand Amerikas beliebteste und wir-

kungsvollste Vergeltung auf See in der Kaperei. Die Skipper schneller Schooner, die ihre Gewässer genauestens kannten, schlüpften aus flachen Fahrrinnen und versuchten, den britischen Wachhunden davonzulaufen. Etwa 200 Kaperschiffe machten 1344 Prisen. Das waren Nadelstiche; da sie aber die politisch einflußreichen Kaufherren erbosten, trugen sie mindestens dazu bei, den Krieg in England unpopulär werden zu lassen, und führten letzten Endes zu Friedensverhandlungen. Gegen Ende des Krieges gelang es hin und wieder sogar einem Kriegsschiff neben den Kaperschiffen, den britischen Handel zu schädigen. Kam es zum Gefecht mit einem Feind gleicher Klasse, so blieben mit einer Ausnahme die Amerikaner Sieger.

Der Krieg auf Binnengewässern

Vom Frühjahr 1813 an verschärften die Briten ihre Blockade und versorgten die dafür eingesetzten Schiffe durch Handstreiche an der ganzen Küste. In diesem Jahr drangen zweimal Linienschiffe und kleinere Fahrzeuge in die Chesapeake-Bucht ein und sandten Überfall-Kommandos an Land. Die vorhandenen amerikanischen Kanonenboote, die gerade so etwas verhindern sollten, zogen sich eiligst die flachen Flüsse hinauf zurück. Als 1814 2500 Veteranen von Wellingtons Armee unter Generalmajor Robert Ross aus Frankreich ankamen, verfügten die Briten über eine Streitmacht von 4000 Mann und 20 Kriegsschiffen für eine bedeutendere Unternehmung. Ihr erstes Ziel war die Hauptstadt der Vereinigten Staaten.

Ohne bei der Landung Widerstand zu finden, schlugen diese hochwertigen Berufssoldaten schnell und wirkungsvoll zu. Ross marschierte mit seinen Veteranen kühn auf Washington, jagte 6000 unausgebildete Milizsoldaten in die Flucht und rückte in die Stadt ein, wo seine Truppen das Kapitol und das Weiße Haus verbrannten, während Madison und die Regierung flohen.

Darauf brachte die britische Flotte die Armee zum Angriff auf Baltimore nach Norden, wo seit zwei Wochen die Bürger eiligst Verteidigungsanlagen vorbereitet hatten. Der Tod von Ross, die Erdwerke um die Stadt und der Umstand, daß die Flotte die Einfahrt in den Hafen nicht forcieren konnte, zwangen die Angreifer zum Abbruch der Unternehmung. Ein amerikanischer Zivilist, Francis Scott Kay, war an Bord eines britischen Schiffes Zeuge der erfolglosen Beschießung, worauf er begeistert die Hymne »Das Sternenbanner« – »The Star-Spangled Banner« – schrieb. An der kanadischen Grenze war mittlerweile der Krieg ganz anders verlaufen, als es die Vereinigten Staaten erwartet hatten. Statt eines schnellen, unblutigen Sieges, wie ihn die »Kriegsfalken« erwartet hatten, kam die Armee der Vereinigten Staaten überhaupt nicht voran. Bei Ausbruch des Krieges waren die überalterten Generale, meist Veteranen der amerikanischen Revolution, nicht im Stande, eine wirkungsvolle Offensive einzuleiten. Unter ihrer unentschlossenen Führung weigerten sich viele Angehörige der amerikanischen Miliz ganz einfach, die Grenze nach Kanada zu überschreiten, wobei sie auf ein legales Vorrecht pochten. Die Vereinigten Staaten hatten die Stärke Kanadas nicht unterschätzt. Nur 4000 Mann britischer regulärer Truppen verteidigten die tausend Meilen Grenze, an der die einzige Nachschublinie verlief – die Wasserstraße St.-Lorenz-Strom – Große Seen. Eroberten die Amerikaner nur einen einzigen Stützpunkt an diesem Weg, so waren alle Streitkräfte stromauf abgeschnitten; denn Kanada besaß keine andere Straße, die in der Lage gewesen wäre, den Verkehr für einen Kriegsbedarf zu bewältigen. In Friedenszeiten reichten die vorhandenen Wasserstraßen völlig aus, so daß sich das dünn besiedelte Land den Luxus stets benutzbarer Wege nicht zu leisten brauchte. Daß die Beherrschung und Benutzung der Großen Seen und des St.-Lorenz-Stromes den Schlüssel für die Nordfront darstellten, hatten die Amerikaner zunächst nicht erkannt. Sie versuchten Einzelvorstöße über schmale Landbrücken an der Grenze, die von den Briten mühelos abgewiesen wurden. Im Gegenstoß wurde sogar Detroit erobert. Als es schließlich klar wurde, daß sich der Sieg nur durch die Kontrolle der Wasserstraßen erreichen ließ, schickten beide Parteien Flotten auf den Ontario- und Erie-See. Das bedeutete Schiffbau mit den an Ort und Stelle vorhandenen Holzvorräten; denn der St.-Lorenz-Strom war oberhalb von Montreal nur von kleinen Fahrzeugen befahrbar, und die Niagara-Fälle trennten den Ontario-See von den übrigen Seen. Am Ontario-See konzentrierten also beide Befehlshaber ihre ganze Energie auf einen Wettlauf im Schiffbau. Denn die Beherrschung des Ontario-Sees bedeutete zugleich die der oberen Seen. Da gelegentliche Scharmützel am Kräfteverhältnis nichts änderten, lief es an dieser Front auf einen Wettstreit mit Axt, Hammer und Meißel hinaus. Das Ergebnis waren schließlich große Schiffe mit 100 Kanonen, die keinen einzigen Schuß in einem Gefecht abfeuern sollten. Dieser Feldzug führte zu einem Patt verpaßter Gelegenheiten und verschwendeten Holzes.

Demgegenüber gelang es auf dem Erie-See dem Kommandanten – »Master Commandant« – Oliver Perry, einem 27jährigen Mann von Rhode Island, besser zu bauen als sein Gegner, Kapitän Robert Barclay. Während dessen kleines Geschwader Perrys Stützpunkt bei Erie blockierte, stellte er 2 Briggs fertig, die *Lawrence*, nach dem unglücklichen Kommandanten der *Chesapeake* benannt, und die *Niagara*. Im Juli 1813 paßte er einen Augenblick ab, wo die Blockadeschiffe vorübergehend ihre Station verlassen hatten, schaffte die neuen Briggs ohne Amierung mit Hilfe von Pontons über die Barre und setzte geschwind die Kanonen an Bord. Barclay zog sich auf seinen Stützpunkt bei Malden zurück, um die Fertigstellung seines neuen Flaggschiffs *Detroit* abzuwarten. Perry war damit Herr über den See und schnitt den britischen Nachschub ab.

Als der Sommer zu Ende ging, litten die britische Garnison und ihre 14 000 indianischen Verbündeten ernstlich Not.

Entweder mußte die Herrschaft über den See zurückgewonnen werden, oder man mußte sich über Land zurückziehen, wodurch das Detroit-Gebiet einer Rückeroberung preisgegeben wurde. Daher suchte Barclay nach beendeter Ausrüstung seines Flaggschiffs Perry. Er verfügte über die *Detroit, Queen Charlotte* und vier kleinere Schiffe. Früh am Morgen des 10. September wurde das britische Geschwader von Perrys Ankerplatz in der Put-in-Bucht gesichtet. Perry lichtete sofort mit *Lawrence, Niagara* und 7 kleineren Fahrzeugen Anker und lief Barclay entgegen.

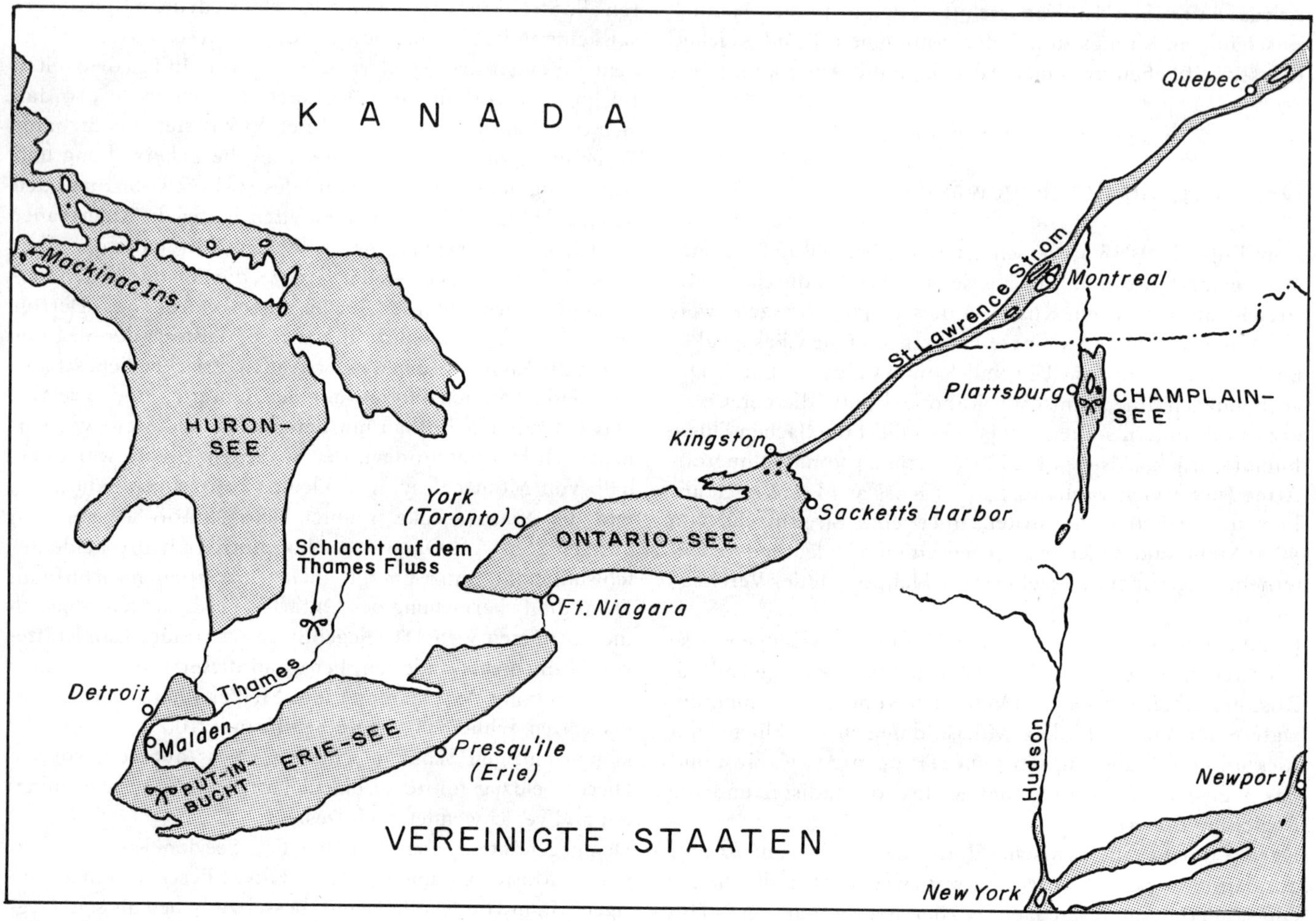

Die Kämpfe um die Großen Seen im Krieg von 1812

Das es Perry klar war, daß die nun beginnende Schlacht auf dem Erie-See in erster Linie von den 4 größten und bestarmierten Schiffen entschieden werden würde, ordnete er seine Linie so, daß sein eigenes Flaggschiff, die *Lawrence,* gegen Barclays *Detroit* und die *Niagara* gegen die *Queen Charlotte* kämpfen mußten. Drei dieser Schiffe trugen als Hauptarmierung Karronaden, weil diese leichter über primitive Wege transportiert oder an den Niagara-Fällen vorbeigeschleppt werden konnten als die schwereren Langrohrgeschütze. *Lawrence* und *Niagara* hatten jede 18 Karronaden und 2 12-Pfünder-Langrohrkanonen, *Queen Charlotte* 14 Karronaden und 3 12-Pfünder an Bord. Die *Detroit* dagegen war, abgesehen von 2 Karronaden, mit 17 Langrohrgeschützen verschiedenen Kalibers aus Fort Malden bestückt. Verfügten also die Amerikaner über eine doppelt so schwere Breitseite, so hatte Barclays Flaggschiff den Vorteil größerer Reichweite.

Um seine Karronaden einsetzen zu können, plante Perry ein Nahgefecht. Das machte er seinen Kapitänen klar, wobei er Lord Nelsons Mahnung vor der Schlacht von Trafalgar zitierte: »Kein Kommandant kann ganz falsch handeln, wenn er sein Schiff längsseit von einem feindlichen legt.« Als der Kampf kurz vor Mittag begann, lag daher Perry, der in Luv stand, trotz schweren Feuers aus Barclays Langrohrgeschützen, auf den Gegner zu, bis die *Lawrence* auf Musketenschußweite an die *Detroit* herangekommen war. Die *Niagara* blieb jedoch aus nie zufriedenstellend geklärten Gründen weitab, leider aber in Reichweite der langen Rohre des Feindes. Die *Queen Charlotte* konnte sie mit ihren Karronaden nicht beschießen, übernahm die Führung und feuerte zusammen mit der *Detroit* auf die *Lawrence,* die zwei Stunden lang fast das einzige Ziel der beiden Briten blieb. Als alle Kanonen der *Lawrence* in Feuerluv zum Schweigen gebracht und 60 % der Besatzung gefallen waren, setzte Perry mit einem Beiboot auf die kaum beschädigte *Niagara* über. Während die Nationalflagge gesetzt blieb, nahm er seinen Kommodorestander und die im Gefecht wehende blaue Flagge mit sich, auf der die Worte des James Lawrence standen: »Don't give up the ship!«[7]

Mit seinem neuen Flaggschiff lief Perry vor dem Bug der schwer mitgenommenen *Detroit* vorbei, die halste, um nicht unter Längsbeschuß zu geraten und die noch nicht im Gefecht gewesene Artillerie ins Feuer zu bringen. In der Drehung kollidierte die *Detroit* mit der *Queen Charlotte,* von der sie nicht wieder freikam. Nun bestrich die *Niagara* der Länge nach die Decks beider Schiffe, die sich bald ergeben mußten. Perry konnte seinem Kameraden von der Armee, dem General William Harrison, melden: »Wir haben den Feind getroffen, und er ist unser.« Schleunigst reparierte Perry seine Schiffe und setzte Harrisons Armee über den See. Prompt räumten die Briten und ihre indianischen Verbündeten Detroit und Malden und zogen sich das Tal des Themse-Flusses hinauf zurück. Dort holte Harrison sie ein. In der folgenden Schlacht an der Thames wurde der indianische Führer Tecumseh getötet, worauf der Widerstand der Indianer zusammenbrach. Der »Nordwesten« blieb in amerikanischer Hand, und notgedrungen gaben die Briten ihre Pläne auf, einen indianischen Pufferstaat zwischen den Vereinigten Staaten und Kanada zu schaffen.

Sehr bald nach der Schlacht vom Erie-See schlug der britische Premierminister Friedensverhandlungen vor, und im folgenden Jahr trafen sich britische und amerikanische Delegierte in Ghent. In der Erkenntnis, daß erkämpfte Siege ihre Stellung am Konferenztisch stärken würden, halfen die Briten schnell noch den Indianern bei einem Feldzug an der Grenze von Florida, begannen eine Unternehmung zur Eroberung von Louisiana und trafen Vorbereitungen für einen Vormarsch südlich von Montreal zur Besitzergreifung des Champlain-Sees.

Für diese Expedition standen Sir George Prevost, dem Generalgouverneur von Kanada und Oberbefehlshaber, 15 000 Mann zur Verfügung, darunter 4 Brigaden von Wellingtons Veteranen. Ihm standen in Plattsburg am westlichen Ufer des Champlain-Sees nur 1500 amerikanische Soldaten unter General Alexander Macomb im Wege. Auf dem See jedoch kreuzte ein kleines amerikanisches Geschwader, das der »Master Commandant« Thomas Macdonough gebaut hatte und befehligte, auch er ein »Preble-Junge«. Das Kernstück bildete das Flaggschiff *Saratoga,* mit 8 24-Pfünder-Langrohrgeschützen und 18 schweren Karronaden armiert. Da die Briten kein gleichwertiges Schiff besaßen, mußte die Armee auf dessen Bau warten, auf die *Confiance,* die 27 Langrohrkanonen und 10 Karronaden tragen sollte. Sie wurde am 25. August 1814 von Stapel gelassen, und am 2. September übernahm Kapitän George Downie den Befehl über das britische Geschwader. Am 6. rückte Prevosts Armee in Plattsburg ein, während sich Macomb über den die Stadt durchfließenden Saranac-Fluß in eine vorbereitete Stellung am Seeufer zurückzog.

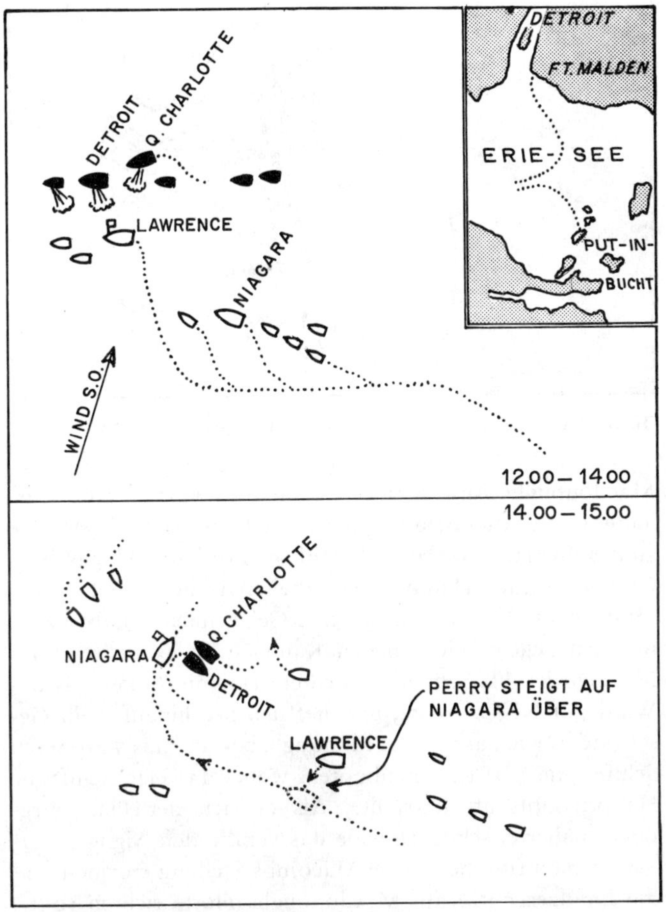

Schlacht auf dem Erie-See, 10. Sept. 1813

Um Macombs Flanke gegen einen Angriff durch Downie zu decken, hatte Macdonough sein Geschwader in die Plattsburg-Bucht geführt, wo er seine vier großen Schiffe in etwas über eine Meile Abstand vor Plattsburg in Linie verankerte. Es war ein günstiger Platz für eine vor Anker liegende Flotte, da auf dem Champlain-See meist Nord- oder Südwind stand und flachgehende Fahrzeuge nur bei nördlichen Winden anlaufen konnten. Beim Abdrehen in die Bucht sahen sie sich dann in Lee der hügeligen Cumberland-Landzunge bekalmt. Da Macdonoughs verankertes Geschwader keine Segelmanöver nötig hatte, stellte jedes seiner Schiffe eine stationäre Geschützplattform dar, zugleich stand ihm eine Höchstzahl

7 Diese Flagge wird in der Marine-Akademie der Vereinigten Staaten aufbewahrt.

an Bedienungen zur Verfügung. Untiefen würden den Feind daran hindern, seine achtern liegenden Schlußschiffe zwischen zwei Feuer zu nehmen. Mit Hilfe von Springleinen konnte man die Schiffe drehen, um neu ins Gefecht gebrachten Breitseiten des Gegners zu entgehen[8].

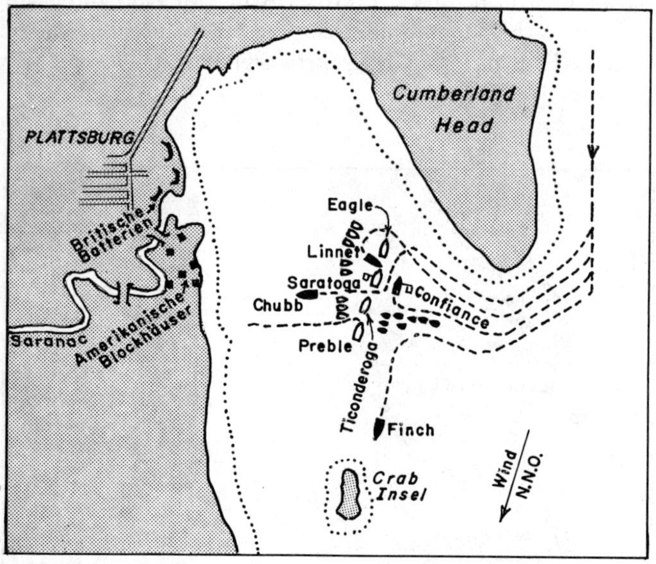

Die Schlacht auf dem Champlain See, 11. September 1814

Macdonoughs Anwesenheit verleitete Prevost zu einer verhängnisvoll falschen Beurteilung der Lage. Er trieb Downie zum sofortigen Angriff, obwohl an Bord des Flaggschiffs *Confiance* noch Handwerker arbeiteten und die eiligst zusammengestellte Besatzung keine Gelegenheit gehabt hatte, mit den Segeln oder an den Kanonen zu exerzieren. Am Morgen des 11. September lichtete Downie Anker, als der Wind auf NNO drehte, und lief den See hinauf. Sein Geschwader, wie das von Macdonough, bestand aus 4 größeren Schiffen und 10 Kanonenbooten, wobei das Flaggschiff die Hauptkampfkraft darstellte. Als er sich der Plattsburg-Bucht näherte, schoß Downie das verabredete Signal, woraufhin die britische Armee Macombs Stellung stürmen und die Landgeschütze auf Macdonoughs Flotte richten sollte. Dann mußte diese durch das Kreuzfeuer von Heer und Flotte ganz gewiß vernichtet werden. Aber Prevost hatte seine Pläne geändert, ließ seine Männer erst einmal frühstücken und Downie die Schlacht allein durchkämpfen.

Als dessen Geschwader die Cumberland-Landzunge in Dwarslinie rundete, scheiterte der britische Plan, das Feuer auf Teile der amerikanischen Linie zu konzentrieren, infolge amerikanischer Beschießung und leichter Winde. Downie fiel in der ersten Viertelstunde. Eins seiner Schiffe verabsäumte es, die Schoten dicht zu holen, verfehlte das amerikanische Geschwader und trieb nach Süden ab. Ein anderes, mit vielen Treffern in Segeln und Takelage, trieb durch die beiden Linien und ergab sich. Das schwächste amerikanische Schiff wurde von der Linie abgedrängt und flüchtete sich in den Schutz von Macombs Batterien. Tatsächlich entwickelte sich die Schlacht sehr bald zu wenig mehr als einem Duell der Flaggschiffe, die fast genau querab voneinander geankert hatten. Als beider Breitseiten in Feuerluv fast ganz ausgefallen waren, drehte Macdonough sein Schiff um 180 Grad, so daß die andere Breitseite feuern konnte. Bei einem gleichen Versuch blieb die *Confiance* nach einer halben Drehung liegen und geriet in vernichtenden Längsbeschuß der *Saratoga*. Da das im Raum steigende Wasser die Verwundeten zu ertränken drohte, ergab sich das britische Flaggschiff. 2 Stunden und 20 Minuten dieses Nahgefechts hatten die Amerikaner 200, die Briten 300 Tote gekostet. Abgesehen von ein paar Kanonenbooten, die fliehen konnten, wurde das ganze britische Geschwader gekapert. Prevost blieb kein anderer Ausweg als der Rückzug nach Kanada.

Der ausgehandelte Friede und seine Folgen

Nach diesem Fehlschlag von Prevost überprüfte die britische Regierung die Lage und wies ihre Vertreter in Ghent an, eine Rückkehr zum »status quo ante bellum« zu akzeptieren. Die Amerikaner ließen ihre Forderung nach einer Aufgabe des Pressens fallen, da diese Frage nach Freistellung britischer Seeleute vom Dienst in europäischen Gewässern nur noch akademische Bedeutung hatte. Der Vertrag von Ghent wurde am 24. Dezember 1814 unterzeichnet und bereitwillig und schnell im folgenden Februar von den Vereinigten Staaten ratifiziert.

Ehe aber der Befehl zur Feuereinstellung zu den weitverstreuten Heeres- und Marineeinheiten gelangte, kam es noch zu mehreren blutigen Schlachten. Beim Vorstoß aus dem Golf von Mexiko in den Borgne-See verjagten etwa 40 britische Barkassen und Gigs fünf gegnerische Kanonenboote und richteten einen Brückenkopf ein. Von ihm aus marschierten 9000 Veteranen vom Kriege auf der Iberischen Halbinsel unter Generalmajor Sir Edward Pakenham bis ans linke Ufer des Mississippi, 8 Meilen unterhalb von New Orleans. Zur Verteidigung der Stadt massierte Generalmajor Jackson 4000 Mann, meist Scharfschützen von der Grenze, hinter gut geschützten Brustwehren. Am 8. Januar setzte Pakenham törichterweise seine Veteranen zu einem Frontalangriff an. Als sich der Pulverdampf der Musketen verzog, waren Pakenham und mehr als 2000 seiner Männer gefallen, die übrigen auf der Flucht. Für den Kriegsausgang kam dieser amerikanische Sieg zu spät, aber mit ihm begann Jacksons Weg ins Weiße Haus.

Die schwere Fregatte *President* unter dem Befehl des Kapitäns Stephen Decatur wurde Mitte Januar geentert, als sie dem britischen Blockadegeschwader vor New York zu entkommen versuchte. Dagegen war die glücklichere *Constitu-*

8 Wegen der oberflächlichen, wenn auch trügerischen Ähnlichkeit zwischen Macdonoughs Lage und derjenigen von Brueys's in der Schlacht von Abukir wird die Schlacht vom Champlain bisweilen »Das falsche Abukir« genannt.

tion aus Boston ausgelaufen und kaperte Ende Februar auf einen Streich die kleine Fregatte *Cyane* und die Sloop *Levant.* Die letzten Schüsse des Krieges feuerte die amerikanische Sloop *Peacock,* als sie im April auf Kreuzfahrt in Ostindien die ehemals amerikanische Brigg *Nautilus* traf.

Der Krieg von 1812 war zwar in Neu-England und in vielen der Oststaaten nie populär, trug aber doch viel dazu bei, daß sich die Bewohner der verschiedenen Staaten in einem neuen Nationalgefühl zusammenfanden. Über dem Stolz auf die Erfolge der Marine vergaß man Fehlschläge zu Lande und zur See und dachte nicht mehr an den verheerenden Druck, den die stille Blockade bedeutet hatte. Tatsächlich kamen die Amerikaner zu der Ansicht, sie hätten in einem »Zweiten Unabhängigkeitskrieg« über die Briten gesiegt. Am Ende des Jahrhunderts beschäftigten sich die Historiker erneut mit jenen Ereignissen und rückten sie ins richtige Licht. Aber die Siege auf den Seen und dem Meer bildeten weiterhin einen Teil stolzer amerikanischer Tradition. Und ein nobler Friede führte zum mindesten zu einer neuen Freundschaft zwischen den beiden großen englischsprechenden Völkern und zur längsten unverteidigten Grenze der Erde, derjenigen zwischen den Vereinigten Staaten und Kanada.

Zusammenfassung

Nach dem Krieg der amerikanischen Revolution mußte die schwer verschuldete Regierung der Vereinigten Staaten die Kontinental-Marine auflösen und ihre Kriegsschiffe verkaufen. Amerikanische Seefahrer aber erkannten sehr bald und deutlich, wie nötig ihnen der Schutz einer Kriegsmarine war. Erst nahmen die Barbaresken-Staaten Nordafrikas, dann die sich bekriegenden Mächte Frankreich und Großbritannien amerikanische Schiffe und Ladungen weg und schädigten auf andere Weise den amerikanischen Seehandel. Nach Annahme der Verfassung der Vereinigten Staaten im Jahre 1789 wurde eine Bundesregierung gebildet, die Steuern erheben und eine Kriegsmarine unterhalten konnte. Gleichzeitig gab der Krieg in Europa dem Handel und Wohlstand in Amerika Auftrieb. Wegen innerer Zwistigkeiten genehmigte jedoch der Kongreß erst 1794 den Bau von 6 Fregat-

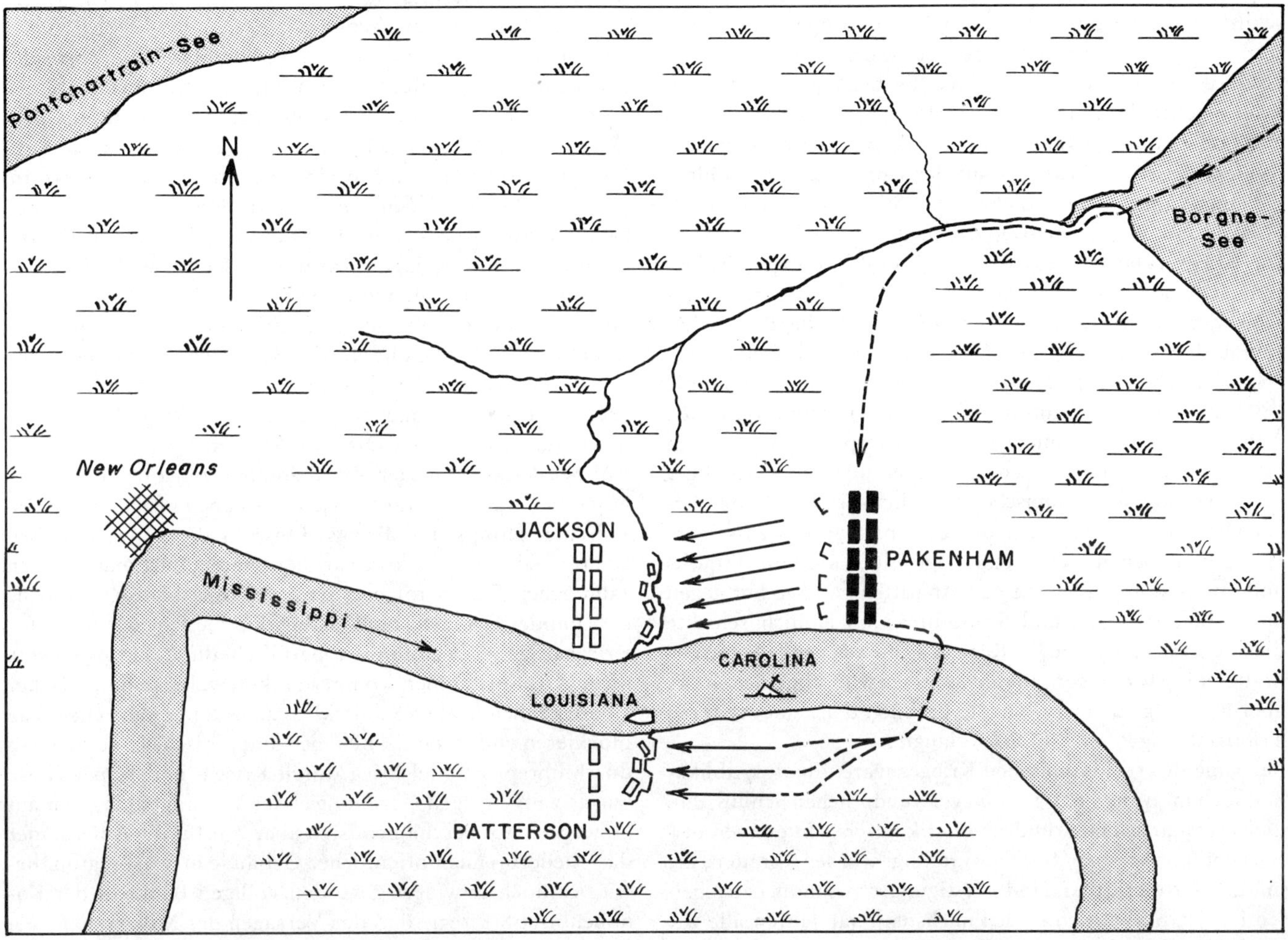

Pakenham's Angriff in der Schlacht bei New Orleans

ten. Schließlich waren alle fertiggestellt, drei davon sogar Superfregatten mit 44 Kanonen, die Linienschiffen davonlaufen, normale Fregatten aber vernichten konnten.

In Jays Vertrag vom Jahre 1794 einigten sich die Vereinigten Staaten mit Großbritannien, was aber nur die französische Regierung verärgerte. Sie beleidigte die amerikanischen Vertreter und begann, amerikanische Schiffe, die Waren britischen Ursprungs an Bord hatten, zu beschlagnahmen. Infolgedessen nahm der Kongreß im Jahre 1798 den Kriegsschiffbau wieder auf, bildete ein Marine-Departement und setzte die Flotte in einem Kriege, der nie erklärt wurde, gegen armierte französische Schiffe ein. Es begann der »Scheinkrieg« gegen Frankreich (1798–1801), der vorwiegend in Westindien durchgekämpft wurde. Amerikanische Siege, besonders derjenige Truxtuns auf der *Constellation*, erfüllten die amerikanische Öffentlichkeit mit Stolz und sicherten den Fortbestand des Marine-Departements.

Die Kriegserklärung des Beys von Tripolis zwang Präsident Jefferson, der es ungern tat, zur Entsendung mehrerer Geschwader ins Mittelmeer. Dort zogen sich die Feindseligkeiten über 4 Jahre (1801–1805) hin, zum Teil, weil es den ersten Geschwaderchefs an Offensivgeist fehlte. Als Preble 1803 im Mittelmeer eintraf, bekam die Kriegführung neuen Auftrieb. Die Verbrennung der durch Kaperung verlorenen *Philadelphia* vor den Augen der tripolitanischen Verteidiger begeisterte die amerikanische Öffentlichkeit. Mit Hilfe kühner Offiziere wie Decatur machte Preble Syrakus zu seinem Stützpunkt, begann 1804 eine enge Blockade von Tripolis und unternahm eine Reihe von Angriffen von See her gegen Stadt, Befestigungen und Schiffahrt. Nun endlich schickte die doch noch aufgewachte Regierung ausreichende Seestreitkräfte ins Mittelmeer. Preble wurde zwar abgelöst, hatte aber den Weg zu einem Vertrag geebnet, der keine weiteren Tributzahlungen an Tripolis verlangte.

Bei Ende des tripolitanischen Krieges waren die Republikaner noch im Amt. Sie zogen den verwunderlichen Schluß, daß die Vereinigten Staaten und die amerikanischen Interessen ausreichend mit Kanonenbooten verteidigt werden könnten, die mit Landartillerie und Landbefestigungen zusammenzuarbeiten hätten. So wurden in den nächsten paar Jahren alle zur Verfügung gestellten Gelder für den Bau immer neuer Kanonenboote verwandt. Gleichzeitig erließ Napoleon weitere Dekrete, und die neuen britischen Kabinettsorders legten der neutralen Schiffahrt derartige Einschränkungen auf, daß sich die Kriegsmarine der Vereinigten Staaten bald in einen Krieg verwickelt sah, auf den sie materiell nicht vorbereitet war. Und doch besaß sie trotz des Hemmschuhs der republikanischen Politik zwei Vorteile, die ihre Operationen im Kriege 1812 zu einigen der denkwürdigsten in der Geschichte der Nation machen sollten. Erstens besaß die Kriegsmarine der Vereinigten Staaten die besten Schiffe ihrer Art, die es damals gab, vor allem die Fregatten der *Constitution*-Klasse; zum anderen ein tüchtiges Offizierkorps, das von den Idealen und dem Ethos einer Berufswehrmacht tief durchdrungen war.

Vom Blickpunkt der Briten hatte es sich bei dem angloamerikanischen Krieg von 1812 um einen begrenzten gehandelt, der durch einen Verhandlungsfrieden abgeschlossen wurde. England war nur widerwillig hineingezogen worden, als es in Ausübung seiner Seeherrschaft zur Besiegung Napoleons beitragen wollte. Die Amerikaner aber sahen in ihm einen Kampf zur Beendigung der von den Briten geschürten indianischen Einfälle, einen Kampf um den Erwerb Kanadas und um die Verteidigung der Rechte einer neutralen Macht gegen britische Einmischung.

Auf dem Atlantik nahm der Krieg die klassische Form der Blockade und der Repressalien an, während an der Nordfront der Sieg von der Kontrolle der Transporte auf dem Wasserweg und von der Heranbringung des Nachschubs abhing. Die Ereignisse in Europa bestimmten das Tempo. Im Jahre 1812 fehlte es den Briten an Mitteln, und sie verhielten sich defensiv, weil sie auf dem nordamerikanischen Kriegsschauplatz nur geringere Kräfte einsetzen wollten. Auch 1813 blieben die Briten in Kanada in der Defensive, dehnten aber die Blockade aus und führten an der Atlantikküste gelegentliche Überfälle durch. Als 1814 Wellingtons Veteranen zur Verfügung standen, bestimmten in Großbritannien weit eher politische Erwägungen als die amerikanische Militärmacht das Ausmaß der Offensivaktionen.

Auf See kam es zu vier Zweikämpfen von Fregatten. Drei gewannen die Amerikaner, wie auch sieben von acht Duellen zwischen Sloops und Briggs. Obwohl die amerikanischen Schiffe in der Regel stärker armiert waren, darf man aus den zahlreichen Siegen folgern, daß die amerikanische Marine sich mindestens ebensogut schlug wie die Royal Navy. Den Kriegsausgang beeinflußten natürlich diese Einzelgefechte nicht. Großbritannien konnte dank gewaltiger numerischer Überlegenheit in allen Schiffsklassen die amerikanische Küste blockieren und fast nach Belieben amphibische Unternehmen durchführen. Handelskrieg durch Kriegs- und Kaperschiffe wurde zum einzigen Gegenmittel der Vereinigten Staaten auf hoher See. Am beschämendsten aber war für die Amerikaner das Niederbrennen öffentlicher Gebäude in Washington, bewies es doch unwiderleglich den völligen Bankrott der Kanonenboot-Strategie und das Versagen des Milizsystems bei der nationalen Verteidigung.

Die Unfähigkeit der Vereinigten Staaten, an der kanadischen Grenze die ursprünglichen Ziele zu erreichen, war auf unklare Planung, unzulängliche Führung und, wiederum, auf das Milizsystem zurückzuführen. Versagen hätte sehr wohl zur Katastrophe führen können, wäre es nicht zu den zwei entscheidenden Siegen der amerikanischen Seen-Geschwader gekommen. Perrys Sieg auf dem Erie-See und der Sieg in der Thames-Schlacht, den Perrys Sieg erst ermöglichte, rettete die Grenze der Vereinigten Staaten an den Großen Seen. Macdonoughs Sieg auf dem Champlain-See sicherte dort die Grenze und trug unmittelbar zum erfolgreichen Kompromiß bei den Friedensverhandlungen bei.

Kapitel 13

Marinen in der Wandlung, 1815–1860

Von Ellery H. Clark und M. Hall bearbeitetes Kapitel 12 der US-Ausgabe. Übersetzung Siegfried Engel.

Die Jahre von 1815 bis 1860 bedeuteten für die Vereinigten Staaten und Westeuropa eine Zeit rapiden Wachstums von Bevölkerungszahl, Reichtum und Industrialisierung. Erfindungen, die alle Formen der Zivilisation von Grund auf ändern sollten, folgten einander in bestürzender Schnelligkeit: Nähmaschine, verbesserte landwirtschaftliche Maschinen, chemische Düngemittel, Telegraph und Eisenbahn; bedeutsamere Änderungen der Lebensweise des Menschen traten in jenen 45 Jahren ein als in den vorangegangenen 2000.

Es war auch für den Seehandel eine Zeit der Wandlung. Das hochmastige Segelschiff wurde durch den häßlichen Dampfer ersetzt. Wohl erlebten die alle Meere durchstreifenden Walfischfänger von Nantucket und die herrlichen Klipper von Donald Mackay noch bis 1860 eine Blütezeit, aber dabei handelte es sich um den berühmten »letzten Frühling« der Segelfahrzeuge. Verbesserte Maschinen und Kessel, Schiffsschrauben und eiserne Rümpfe ließen das Aussterben der handeltreibenden Segelschiffe zur Gewißheit werden.

Auch die maritime Entwicklung spiegelte die gewaltige Revolution auf industriellem und wissenschaftlichem Gebiet. Die großen Marinen gingen vom Segel zum Dampf, vom Holz zum Eisen, vom Vollgeschoß zur Granate über. Der erste und eindrucksvollste Abschnitt dieser Entwicklung maritimer Waffen endete wohl mit dem im Jahre 1860 erfolgten Stapellauf der dampf- und schraubengetriebenen britischen *Warrior.* Dieser Vorläufer der Schlachtschiffe des 20. Jahrhunderts war gepanzert und hatte einen eisernen Rumpf. Es war ein ganz anderes Kampfinstrument als Nelsons *Victory.*

Zugleich aber verlief der Zeitabschnitt von 1815 bis 1860 verhältnismäßig friedlich. Kämpfe auf See fanden nur in kleinem Umfang und selten statt. Es kam nicht zu großen Flottenschlachten, und daher gab es auch nur wenige Möglichkeiten, eine geeignete Taktik zu entwickeln, die sich auf Erfahrung gründete. Maritime Operationen beschränkten sich im wesentlichen auf gelegentliche Beschießungen, Nachschub für Landtruppen, Forschungs- und Vermessungsarbeiten, nicht zu vergessen natürlich auf den Handelsschutz.

Die maritimen Operationen der Vereinigten Staaten nach 1815

Der Krieg von 1812 begünstigte in den Vereinigten Staaten die Entwicklung des Nationalismus und brachte eine neue Wertschätzung der Flotte mit sich. Obwohl die Republikaner weiterhin die Regierung bildeten, gab es keinen Rückfall in engstirniges Sektierertum und keine einschneidende Kürzung der Seestreitkräfte, wie sie bislang nach jedem Krieg erfolgt war. Im Gegenteil, es kam sogar, zum mindesten eine Zeitlang, zur allgemeinen Befürwortung einer maritimen Expansion. Der Krieg hatte deutlich bewiesen, daß die Marine schlecht geleitet und für den Schutz amerikanischer Interessen zu schwach gewesen war. Diese beiden Mängel mußten abgestellt werden.

Die Hauptschwäche der Leitung lag darin, daß keine klare Trennung zwischen Logistik und operativer Führung bestand. Beide waren noch dazu Aufgabe eines geplagten und unerfahrenen Staatssekretärs, der Zivilist war. Für keine Sparte aber standen ihm Berufsoffiziere mit Rat und Tat zur Seite. Im Jahre 1815 bewog daher Staatssekretär Crowninshield den Kongreß ohne Schwierigkeit, ein »Board of Naval Commissioners«, einen Ausschuß ins Leben zu rufen, der aus drei älteren Kapitänen bestand. Er hatte die Logistik zu leiten und ihn bei operativen und politischen Problemen zu beraten. Zur Verstärkung der Flotte hatte der Kongreß im Kriege den Bau von 4 Linienschiffen, 6 Fregatten und 6 Sloops genehmigt. Nach dem Frieden von Ghent wurden neun weitere Linienschiffe bewilligt. Obwohl dieses hochgesteckte Bauprogramm anschließend gekürzt wurde, bauten die Vereinigten Staaten in der Nachkriegszeit eine beachtliche Flotte. In Übereinstimmung mit der amerikanischen Politik, in jeder Klasse ungewöhnlich große Typen zu bauen, bestand die normale Armierung der nach 1820 fertiggestellten schweren Schiffe aus 86 Kanonen. Die gigantische *Pennsylvania,* die 1837 von Stapel lief, besaß allerdings 120. Sie war das größte aller damals schwimmenden Kriegsschiffe.

Die Hauptaufgabe der US-Flotte zwischen 1815 und 1860 bestand in der Förderung und im Schutz des wachsenden Überseehandels, der sich in dieser Zeit fast auf das Fünffache vergrößerte. Amerikanische Kaufleute betätigten sich auf dem ganzen Erdball, viele dort, wo politische Unruhen an der Tagesordnung waren und Seeräuberei blühte. Daher verlegte die Marine sehr bald vorübergehend Geschwader ins Mittelmeer, in den Pazifik, in die Gewässer vor Brasilien und nach West- und Ostindien. Das zur selben Zeit gebildete Afrikanische Geschwader sollte vor allem den Sklavenhandel kontrollieren.

Das Mittelmeer-Geschwader lebte bald nach dem Ghenter Frieden wieder auf. Es sollte der nicht endenden Beunruhigung durch die Korsaren der Berberei Herr werden. Der im Jahre 1796 mit Algier abgeschlossene Vertrag sah eine jährliche Tributzahlung vor, um amerikanische Schiffe gegen Kaperung zu schützen. Keine der beiden Parteien hatte ihn seit 1807 voll erfüllt, 1812 brach sogar die Regierung der Vereinigten Staaten die diplomatischen Beziehungen ab. Im Jahre 1815, bald nach dem Friedensschluß mit England, erklärte der Kongreß Algerien den Krieg.

Im Mai 1815 setzte Kommodore Decatur mit 3 Fregatten und mehreren kleineren Fahrzeugen Kurs aufs Mittelmeer. Nachdem er auf hoher See das algerische Flaggschiff und eine Brigg gekapert hatte, lief er in den Hafen von Algier ein. Decatur eröffnete Verhandlungen, die auch zu einem Vertrag führten. Den amerikanischen Schiffen wurde Sicherheit gegen Belästigungen ohne Tributzahlung garantiert. Dann lief der Kommodore nach Tunis und Tripolis, wo er Schadenersatz für unfreundliche Akte während des Krieges von 1812 forderte und erhielt. Um der Warnung Nachdruck zu verleihen, erschienen im nächsten Jahr nacheinander drei amerikanische Geschwader vor der Berberküste. Von nun an blieb das amerikanische Mittelmeer-Geschwader bis zum Bürgerkrieg dauernd auf seiner Station. Es nutzte als gepachteten Stützpunkt Port Mahon auf Menorca. In den zwanziger Jahren hatte das Geschwader im östlichen Mittelmeer alle Hände voll zu tun, das Piratenunwesen zu bekämpfen, das sich aus dem zehnjährigen Unabhängigkeitskrieg der Griechen entwickelte.

Der Aufstand der mittel- und südamerikanischen Staaten gegen die spanische Herrschaft bot der amerikanischen Marine Möglichkeiten, stellte ihr aber auch Probleme. Einerseits bildete die Royal Navy infolge des Entschlusses der britischen Regierung, die Monroe-Doktrin zu unterstützen und ganz Amerika gegen weitere Kolonisierung zu schützen, nunmehr einen Schutzschild zwischen Amerika und dem nach Kolonien gierenden Westeuropa. Andererseits führten die Revolutionen in Latein-Amerika zu Kriegen zwischen den Siegern und brachten ins Karibische Meer und die angrenzenden Gewässer Schwärme von Freibeutern, die sehr bald zur Seeräuberei übergingen. Das wurde für die Vereinigten Staaten deshalb zu einem ernsten Problem, weil New Orleans, Hauptausfuhrplatz für das Tal des Mississippi, dank starker Zuwanderung aus dem Westen bald zum zweitgrößten Hafen der Vereinigten Staaten wurde, nur noch von New York übertroffen. Um mit der Seeräuberei fertig zu werden und sich doch die Freundschaft der neuen Republiken in Latein-Amerika zu erhalten, bedurfte es eines raffinierten Zusammenspiels von Festigkeit und Diplomatie. Diese Aufgabe fiel in erster Linie der Marine zu, die tatsächlich hier und anderswo die Funktionen des Außenministeriums übernahm. Im Jahre 1819 erreichte Kommodore Perry von Venezuela eine Garantie gegen Angriffe auf amerikanische Handelsschiffe, aber das Westindien-Geschwader mußte doch zu härteren Maßnahmen greifen. Mehrere Jahre hindurch tat es nichts als Seeräuber aufzubringen und viele hundert Piratennester auszuräuchern, die das Karibische Meer und sogar die Golfküste der Vereinigten Staaten verheerten.

Kommodore Biddle, der erste Befehlshaber des Geschwaders, sah sich durch einen Mangel an kleinen Fahrzeugen daran gehindert, die Schlupfwinkel der Seeräuber auszuräumen. Fing er aber einmal eine Bande, dann ließen die amerikanischen Gerichte sie womöglich wegen Mangel an Beweisen frei. Sein Nachfolger, Kommodore Porter, hatte mehr Erfolg, weil er auf seine Anforderung ausreichend flachgehende Fahrzeuge bekam. Faßte er einen Piraten, so fand sich im allgemeinen ein gesetzlicher Grund, ihn britischen Piratenjägern auszuliefern, die ihn prompt aufhingen, ohne sich erst an ein Zivilgericht zu wenden. Aber der kriegerische David Porter tat bei Foxardo auf Puerto Rico zu viel des Guten. Als einer seiner Offiziere von den örtlichen spanischen Behörden gefangengenommen wurde, erzwang er durch Entsendung von Landungstrupps und Androhung einer Zerstörung der Stadt eine Entschuldigung. Die Spanier beschwerten sich, und ein Kriegsgericht stellte fest, Porter habe seine Befehlsbefugnisse überschritten. Darauf nahm er den Abschied und wurde Oberbefehlshaber der mexikanischen Flotte[1]. Als das Westindien-Geschwader 1841 seine Mission erfolgreich beendet hatte, ging es in einem neuen Heimatgeschwader auf.

In den dreißiger Jahren forderte der wachsende amerikanische Handel mit dem Orient stärkeren Schutz, als ihn ein gelegentlicher Kriegsschiffbesuch bieten konnte. Das erwies sich deutlich, als 1831 die Einwohner von Quallah Battoo auf Sumatra ein amerikanisches Handelsschiff ausplünderten und einige Mann der Besatzung erschlugen. Im nächsten Jahre schickte eine amerikanische Fregatte ein Landungskorps, das die Befestigungen eroberte und die Stadt niederbrannte. Das amerikanische Ostindien-Geschwader, das im Jahre 1835 aufgestellt worden war, schützte nicht nur die amerikanischen Handelsinteressen von China bis Arabien, sondern trieb auch in einigen Fällen die erfolgreichste Diplomatie des Jahrhunderts. Beim Ende des ersten chinesisch-britischen Opiumkrieges im Jahre 1842 versuchte Kommodore Kearny für die Vereinigten Staaten ähnliche Vorrechte für den Handel zu erhalten wie die siegreichen Briten. Durch Höflichkeit, Takt und gelegentliche Demonstration von Macht erhielt Kearny von China nicht nur die gewünschten Zugeständnisse, sondern man bot ihm sogar einen Vertrag an, der den Vereinigten ten Staaten den Status einer meistbegünstigten Macht einräumen sollte. Kearny lehnte ab, weil dies nach seiner Ansicht seine Befugnisse überschritt. Immerhin hatte er für spätere erfolgreiche Verhandlungen eine feste Basis geschaffen. Im nächsten Jahrzehnt wandte Kommodore Perry ähnliche Mittel an und öffnete die japanischen Häfen für die amerikanische Schiffahrt[2].

1 Daher begann sein Sohn, der nachmalige Admiral David Dixon Porter, seine Marinelaufbahn unter mexikanischer Flagge.

2 Die Geschichte dieser Verhandlungen mit Japan findet sich in Kapitel 18.

In enger Verbindung mit der Aufgabe des Handelsschutzes standen wichtige Beiträge auf dem Gebiet von Forschung, Vermessung und Wissenschaft, die von amerikanischen Seeleuten geleistet wurden. Keine Reise hat in der ersten Hälfte des 19. Jahrhunderts größeres Interesse erweckt als die Forschungsexpedition der Vereinigten Staaten von 1838 bis 1842, keine hat aber auch derart die Kenntnisse der Menschheit vom Pazifik erweitert. Das Geschwader von 6 Schiffen unter Leutnant Charles Wilkes, das Wissenschaftler mit sorgfältig zusammengestellter Ausrüstung an Bord hatte, lief an der Grenze der Antarktis entlang, berührte die Tuamotu-, Gesellschafts- und Fiji-Inseln und vermaß die heutige Westküste der Vereinigten Staaten. Wilkes Buch über diese Expedition wurde zum Bestseller und machte gute Propaganda für die Marine.

Die ozeanographischen Beiträge des Leutnants Maury erwiesen sich als einmalig und trugen ihm mit Recht den Namen »Pfadfinder der Meere« ein. Als Maury das Depot für Karten und Instrumente leitete, studierte er alte Logbücher. Darin fand er erste Hinweise auf das Verhalten von Wind, Wetter, Strömungen, Temperatur und Luftdruck für alle Jahreszeiten und für jedes Gebiet der Ozeane. Mit Hilfe von Auskünften der Seeleute vieler Nationen stellte er dann Seekarten her, die die besten Walfanggründe, aber auch die vorherrschenden Temperaturen, Winde, Strömungen und Wetterverhältnisse zu jeder Jahreszeit zeigten. Seine »Sailing Directions« – Segelanweisungen – erschienen 1848 als eine 10 Seiten starke Schrift, wuchsen aber bei folgenden Auflagen bis auf mehr als 1000 Seiten an. Nun wiesen sie schon die besten Seewege zum Erreichen von Höchstgeschwindigkeiten und zum Antreffen günstigster Voraussetzungen nach. Dank dieser Anweisungen konnte zum Beispiel die Reise von New York nach Kalifornien um 47 Tage verkürzt werden, womit 2 Millionen Dollar im Jahr eingespart wurden.

Trotz dieser substantiellen Beiträge stand in der Marine nach dem Krieg von 1812 nicht alles zum besten. Ein schwerwiegender Kummer war die nach Kriegen stets eintretende Verlangsamung der Beförderungen. In diesem Fall wirkte sie sich noch schwerer aus, weil die junge Marine der Vereinigten Staaten meist von jungen Offizieren geführt worden war. Sie blieben im Dienst und nahmen in einer langen Friedenszeit die hohen Stellungen für sich in Anspruch. Ein Stagnieren war die Folge, vom Kongreß noch dadurch verschärft, daß er keinen höheren Rang als den des Kapitän zur See bewilligte. Nur Geschwaderchefs durften als solche den Titel eines Kommodore führen. Fähnriche von 30 Jahren waren keine Ausnahme, und mindestens einer war es noch mit 50. Die maritime Hierarchie teilte sich in sehr viele sehr junge Offiziere und eine verhältnismäßig kleine Gruppe von Leutnants, Korvettenkapitänen und Kapitänen zur See. Die alternden Fähnriche konnte man in Wirklichkeit kaum als Offiziere ansehen. Sie aßen mit der Besatzung und hatten kaum Verbindung mit den Vorgesetzten. Ihre meist auf See durchgeführte Erziehung blieb Geistlichen und Lehrern überlassen, die unter politischen Gesichtspunkten bestallt wurden. Am anderen Ende der Stufenleiter klebten die altgewordenen Helden der Jahre 1812 bis 1815 in ihren Dienstgraden. Sie wurden abwechselnd Mitglieder der Marinekommission, die 20 Jahre lang Kommodore John Rodgers leitete. In falscher Deutung der amerikanischen Revolution und des Krieges von 1812 übernahmen sie die in politischen und militärischen Kreisen weit verbreitete Ansicht, nationale Sicherheit müsse auf einer Strategie der Küstenverteidigung und des Handelskrieges basieren. Die Küstenverteidigung mit Hilfe ausgeklügelter Befestigungen sollte Sache des Heeres sein. Nur wenige dachten noch daran, daß in den zwei Kriegen gegen England der Handelskrieg der Marine zwar zu einigen glänzenden Taten geführt, jedoch keine nachhaltige Wirkung auf den Kriegsausgang gehabt hatte und daß Angriffe auf Handelsschiffe in stark gesicherten Konvois völlig unwirksam geblieben waren.

Blieb die Marine auch, strategisch gesprochen, ganz unproduktiv, so wurde sie doch gegenüber den technischen Neuerungen immer aufgeschlossener. Das war in erster Linie der Energie weniger Männer zu danken, die genug geistige Regsamkeit besaßen, um zu erkennen, daß die maritimen Waffen mit der im Gange befindlichen wissenschaftlichen Revolution Schritt halten mußten. Die führenden Köpfe waren Matthew Perry[3] und der Politiker Stockton, beide Veteranen von 1812, der Artillerieexperte John Dahlgren, der dank eigener Verdienste die Beförderungssperre durchbrach, und das schwedische Erfindergenie John Ericsson, dessen Dienste die Marine sich auf Fürsprache von Stockton sicherte.

So befähigten Männern war es klar, daß die Seeoffiziere, wenn sie endlich zu höheren Dienststellungen aufrückten, nur allzu oft auf die damit verbundene Verantwortung nicht vorbereitet waren. Seefahrende Lehrer schienen offensichtlich nicht auszureichen. Maury, Perry und dessen Schwager Mackenzie befürworteten mit anderen eine Schule an Land, die den Fähnrichen eine abgeschlossene, ununterbrochene Erziehung zuteil werden lassen sollte. Sie hatte in jeder Weise der Militärakademie der Armee zu gleichen, die seit 1802 in Westpoint arbeitete. Der Kongreß wollte nicht gleich so weit gehen und genehmigte zunächst nur Schulen in Norfolk und Philadelphia, welche die Fähnriche zwischen zwei Reisen besuchen sollten. Dem Historiker Bancroft, der 1845 Staatssekretär für die Marine wurde, blieb es vorbehalten, die Initiative zu ergreifen. Er erhielt von der Prüfungskommission der Marine einen Bericht, in dem die Errichtung einer Marineakademie in Annapolis, Maryland, empfohlen wurde. Während Bancroft vorübergehend Sekretär für beide Wehrmachtteile war, teilte er der Marine das alte Institut des Heeres in Fort Severn zu. Als der Kongreß im Herbst 1845 aus den Ferien zurückkehrte, hatte die Marineakademie der Vereinigten Staaten bereits die Arbeit aufgenommen. Da ein Krieg gegen England und Mexiko zu drohen schien, war

3 Der jüngere Bruder des Siegers vom Erie-See, der 1819 starb.

der Kongreß nicht geneigt, um Militärausgaben zu feilschen, und bewilligte Mittel für die Akademie.

Maritime Operationen in Europa nach 1815

Nach dem Sturz Napoleons wandten auch die europäischen Mächte ihre Aufmerksamkeit dem gesetzwidrigen Treiben der Korsaren in der Berberei zu. Eine internationale Kommission des Wiener Kongresses beschloß, es sei nun an der Zeit, mit dieser Plage ein für allemal Schluß zu machen. Großbritannien, das den größten Nutzen aus den Überfällen auf Schiffe seiner Rivalen gezogen hatte, verlangte 1816 von Algerien die Abschaffung der Versklavung von Christen. Als dies abgelehnt wurde, wurde Admiral Viscount Exmouth mit Seestreitkräften, darunter 5 Linienschiffen, ins Mittelmeer geschickt. Er griff den Hafen von Algier an, wobei er sein Gros gegen den schwächsten Punkt der Befestigungen ansetzte. Der Bey von Algier nahm die britischen Bedingungen an, nachdem seine Schiffe verbrannt, seine Hauptstadt bombardiert und seine Küstenbefestigungen kampfunfähig geschossen waren. Mit diesem Angriff endete formell das System der Lösegelder. Aber die Erträge aus der Seeräuberei stellten eine zu große Versuchung für die Herrscher der Berberstaaten dar, als daß sie ihr lange hätten widerstehen können. Europäische und amerikanische Geschwader mußten nach wie vor von Zeit zu Zeit vor der Küste erscheinen, bis schließlich Frankreich 1830 Algerien eroberte, was mit der Notwendigkeit einer Abschaffung der Seeräuberei begründet wurde. Tatsächlich aber kam ihr Ende erst im 20. Jahrhundert, als der Dampfantrieb den Handelsschiffen ermöglichte, allen Korsarenschiffen zu entkommen, welche die technisch rückständigen Berberstaaten in See senden konnten.

Kaum hatte Exmouth mit Algerien abgerechnet, als der geheime Widerstand der Griechen gegen ihre türkischen Herren endlich zu offener Revolte wurde. Bald verwandelten zahlreiche griechische Freibeuter das östliche Mittelmeer in eine Brutstätte der Seeräuberei. Als der ägyptische Vizekönig ein Heer und eine Flotte nach Griechenland sandte, um seinem Lehnsherrn, dem Sultan, beizuspringen, schickten auch Großbritannien, Frankreich und Rußland eine internationale Flotte, darunter 10 Linienschiffe, unter dem britischen Vizeadmiral Codrington, um die griechische Seeräuberei zu unterdrücken und »eine Ausdehnung der Feindseligkeiten zu verhindern«. In der irrigen Annahme, die Türken würden keinen Angriff auf seine Flotte wagen, ließ Codrington seine Schiffe in den griechischen Hafen Navarino einlaufen, wo sie neben dem türkischen Verband ankerten, zu dem auch ein paar ägyptische Kriegsschiffe gehörten.

Bei der gespannten Situation wurde aus einem Feuerwechsel mit Handwaffen sehr schnell ein allgemeines Gefecht, in dem die türkisch-ägyptische Flotte durch überlegene Feuerkraft und seemännisches Können der Gegner so gut wie ganz vernichtet wurde. Darauf zogen die Ägypter mit ihrer Armee ab, und der Zar sah sich ermutigt, offen als »Verteidiger des Glaubens« einzugreifen. Im Jahre 1830 mußte der Sultan die griechische Unabhängigkeit anerkennen. Wieder einmal hatte es sich erwiesen, daß eine Landmacht, die nicht durch ausreichende Seemacht unterstützt wurde, in einem feindlichen Land keinen Krieg führen konnte.

Im nun folgenden Vierteljahrhundert nahmen die europäischen Flotten an keinen bedeutenden Kämpfen teil. Die Budgets wurden verringert, und es bestand noch keine Klarheit, ob die Zukunft des Seekrieges dem Segel oder Dampf, dem Vollgeschoß oder der Granate gehören werde. Trotzdem waren die Flotten vielbeschäftigt. Sie schützten den Handel, nahmen die Interessen der Staaten wahr, führten wissenschaftliche und Forschungsreisen aus und »zeigten die Flagge und züchtigten unbotmäßige Eingeborene«, wie man damals sagte.

Den größten und weitreichendsten Einfluß hatte die wissenschaftliche Expedition des winzigen Vermessungsschiffs H.M.S. *Beagle* Anfang der dreißiger Jahre. Sie erforschte die Küste von Patagonien, die Falkland- und Galapagos-Inseln und die Westküste Südamerikas. Währenddessen sammelte Charles Darwin, ein der Expedition beigegebener Naturforscher, viele Unterlagen und Daten, auf denen er später seine Theorie von der biologischen Evolution aufbaute.

Gegen 1840 nahmen die französische und britische Marine an militärischen Expeditionen teil, die aber nur geringe Bedeutung hatten. Als Vergeltung für die aufrührerische Plünderung einer französischen Bäckerei in Vera Cruz beschossen französische Kriegsschiffe mit ihren modernen Granaten das Hafenfort, das sich bald ergab. Einheiten der Royal Navy bombardierten, wie schon 1799, Akkra als Hilfe für die gegen Franzosen und Ägypter kämpfenden Türken. An den Opiumkriegen gegen China nahmen Kriegsschiffe der Royal Navy und der britischen Ostindien-Kompanie teil. Die wichtigste Fernwirkung solcher Operationen bestand darin, daß sie ein paar Seeoffiziere vom Wert der Granaten, der Eisenrümpfe und des Dampfantriebs überzeugten.

Der Krieg gegen Mexiko, 1846-1848

Bereits 1836 hatte Texas seine De-facto-Unabhängigkeit erlangt, als es die mexikanische Armee bei San Jacinto schlug und den Generalpräsidenten Antonio Lopez de Santa Anna gefangennahm. Obwohl Mexiko den von diesem abgeschlossenen Vertrag abgelehnt und die texanische Unabhängigkeit offiziell nie anerkannt hatte, machte die Armee keinen ernsthaften Versuch einer Rückeroberung. Sogar die winzige texanische Flotte behauptete sich gegenüber den mexikanischen Streitkräften. Als Mexiko die Blockade der texanischen Küste bekanntgab, blockierte statt dessen die texanische Flotte Mexiko, schloß den Hafen von Vera Cruz, eroberte die Stadt Tabasco und besiegte mexikanische Verbände.

Kalifornien wurde fast ebenso frei von mexikanischer Kontrolle. Ein bewaffneter Aufstand hatte die Vertreter der

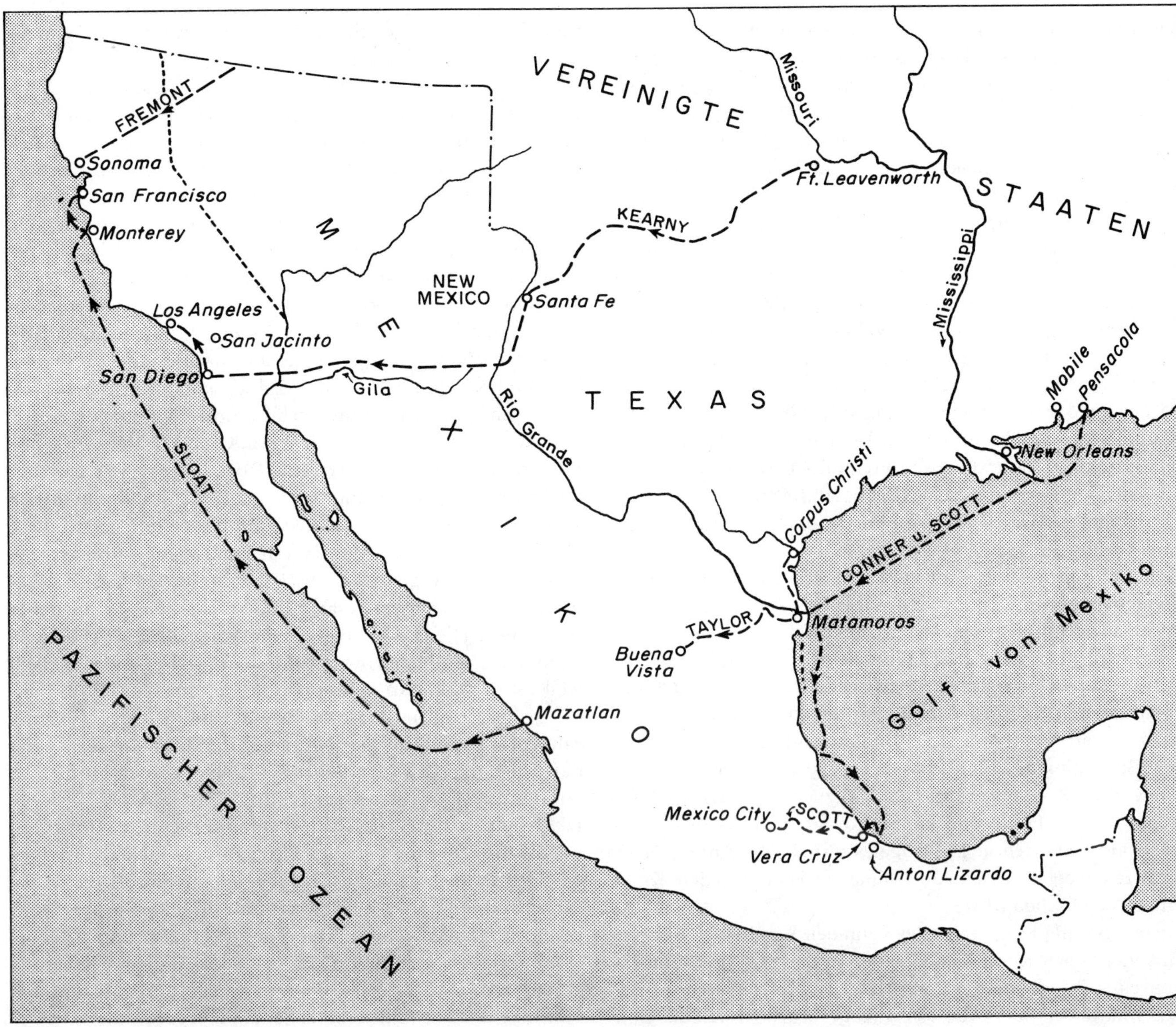

Feldzüge im Mexikanischen Krieg 1846-1848

Zentralregierung vertrieben. 1845 waren die beiden leitenden Beamten Kalifornier. Sie hatten sich im Grunde selbst dazu ernannt. Der Militärkommandant machte Monterey zu seiner Hauptstadt, während der Zivilgouverneur Kaliforniens von Los Angeles aus regierte. Gegensätze zwischen diesen beiden und Zänkereien zwischen Eingeborenen und amerikanischen Siedlern erschwerten das Regieren derart, daß die Intervention der Vereinigten Staaten vermutlich einen Bürgerkrieg verhinderte.

In den letzten Tagen von Präsident Tylers Amtszeit stimmte der Kongreß im März 1845 auf Bitte der Texaner für die Annektierung von Texas. Die erste Aufgabe des neuen Präsidenten Polk bestand darin, die Streitkräfte der Vereinigten Staaten auf höchste Schlagkraft zu bringen, da der Krieg vor der Tür stand. Die meisten entscheidenden Befehle erließ jedoch George Bancroft. Als Marinesekretär befahl er dem Pazifik-Geschwader des Kommodore Sloat, sich zur Eroberung San Franciscos und möglichst vieler anderer kalifornischer Häfen bereitzuhalten. Als stellvertretender Kriegsminister befahl er General Taylor, nach Texas einzumarschieren und Stellungen nahe dem Rio Grande zu beziehen. Als Marinesekretär befahl er dem Heimatgeschwader unter Kommodore Conner, Taylor durch Truppentransporte, Geleit für den Nachschub und Schutz der Stützpunkte zu helfen. Unter der Hand stellte er eine kleine »Forschungsexpedition« zusammen. Sie bestand aus Grenzern und Pfadfindern unter dem charakterisierten Kapitän Frémont, der über die Rockies nach Nordkalifornien einmarschieren sollte. Später verließ noch eine Kolonne unter Brigadegeneral Kearny Fort Leavenworth in Kansas in Richtung Neu-Mexiko.

Taylors Vormarsch zum Rio Grande stieß auf den Widerstand mexikanischer Truppen. Im Frühjahr 1846 erklärten Mexiko und bald darauf die Vereinigten Staaten den Krieg. Darauf verlegte Kommodore Sloat sein Geschwader von 4 Segelschiffen, darunter eine Fregatte, von Mazatlan in Mexiko an die kalifornische Küste. Im Juli heißte er, ohne Widerstand zu finden, in Monterey und San Francisco die ame-xiko an die kalifornische Küste. Im Juli heißte er, ohne Wi-erreicht, wo er unter den amerikanischen Siedlern nördlich von San Francisco einen Aufstand anzettelte. Unter seiner Führung nahmen sie die Stadt Sonoma, erklärten Kalifornien zur unabhängigen Republik, wählten Frémont zum Gouverneur und als Flagge einen Bären. Als Frémont von der Einnahme Montereys durch Sloat erfuhr, marschierte die Armee mit der Bärenflagge – ganze 160 Mann stark – zu ihm. Kommodore Stockton, der den kränkelnden Solat abgelöst hatte, nahm freudig die Hilfe Frémonts und seiner Männer an. Aus der Besatzung seines Flaggschiffs formierte er eine eigene kleine Armee und zog ohne Widerstand zu finden in Los Angeles ein.

General Kearny, der Santa Fé erobert und Neu-Mexiko annektiert hatte, wandte sich nun nach Südkalifornien. Als er die allzu optimistische Nachricht erhielt, ganz Kalifornien sei fest in amerikanischer Hand, schickte er alle Leute bis auf hundert Mann zurück. Inzwischen aber hatten sich die eingeborenen Kalifornier erhoben, die Amerikaner aus Los Angeles vertrieben und Stockton bei San Diego eingeschlossen. Beim Einmarsch in Kalifornien wurde Kearny angegriffen, verlor 18 Mann und sah sich plötzlich belagert. Stockton siegte bei San Diego und konnte Kearny bald befreien. Gemeinsam eroberten sie Los Angeles zurück. Der Anfang 1847 unterzeichnete Vertrag von Cahuenga beendete den Krieg an der pazifischen Küste.

Die Eroberung Kaliforniens gewann den Vereinigten Staaten eins ihrer reichsten Gebiete. Dabei hatte sie nur den Einsatz von ein paar hundert Mann erfordert. Der ein wenig operettenhafte Charakter dieses Feldzuges wurde durch das ihm folgende Durcheinander noch unterstrichen. Da die Eroberung durch drei Gruppen ohne inneren Zusammenhalt erfolgt war, hatte es keine klaren Befehlsverhältnisse gegeben, und da die Marine keine Admirale besaß, ließ sich nur schwer feststellen, in welchem Range ein älterer Kapitän zur See verglichen mit einem jungen General der Armee stand, noch dazu, wenn dieser Kapitän den Charakter als Kommodore hatte, während der General in Wirklichkeit ein charakterisierter Brigadier war. Kein Wunder, daß sich jeder, Stockton wie Kearny, als »Dienstältester Offizier« in Kalifornien betrachtete. Stockton ernannte Frémont zum Gouverneur, aber Kearny nahm davon keine Notiz und gab Frémont Befehle, die dieser nicht ausführte. Als die Lage noch verworrener wurde, weil Kommodore Stockton abgelöst werden sollte, ging dieser empört nach Hause. Darauf gelang es Kearny, Frémont als Gouverneur auszuschalten und fast wie einen Arrestanten nach Washington zu schicken. Hier fand ihn ein Kriegsgericht der Insubordination schuldig, worauf auch er den Abschied nahm.

General Taylor war mittlerweile tief in Mexiko eingedrungen, stand aber noch zu weit im Norden, um die Hauptstadt zu bedrohen. Deshalb entsandte Präsident Polk, um den Krieg zu einem raschen Ende zu bringen, eine Armee von etwa 12000 Mann unter Generalleutnant Scott. Er sollte in Vera Cruz landen und direkt auf Mexico City marschieren. Eine derart gewagte Unternehmung wäre natürlich ganz unmöglich gewesen, hätte nicht Conners Heimatgeschwader im Golf von Mexiko gekreuzt. Conner, der von Pensacola aus operierte, fehlte zunächst eine Kohlenstation in mexikanischen Gewässern; denn sein Geschwader bestand aus Dampfern und Segelschiffen. Sehr bald aber hatte er dieses Problem genial gelöst. Hinter schützenden Riffen vor Anton Lizardo, 13 sm südlich von Vera Cruz, richtete er einen schwimmenden Stützpunkt ein. Dort lag ein Vorratsschiff zu Anker, und seine dampfgetriebenen Schiffe konnten sich von Zeit zu Zeit mit den Kohlendampfern treffen. Auf diese Weise nahm Conner um ein Jahrhundert die mobilen Geschwader vorweg, die im zweiten Weltkrieg der Pazifik-Flotte der Vereinigten Staaten in den Lagunen verschiedener Atolle gute Dienste leisteten. Seine Versuche zur Schließung mexikanischer Häfen waren durchweg erfolglos geblieben, weil es an Okkupationstruppen fehlte, um seine Eroberungen sicherzustellen. Immerhin war seine Blockade, als General Scotts Expedition auslief, nahezu undurchdringlich, und das Heimatgeschwader beherrschte unangefochten die See vor der mexikanischen Ostküste.

Die Männer, die Scotts Unternehmung planten, hatten zunächst die Landung bei Vera Cruz vornehmlich als Aufgabe des Heeres angesehen. Sie dachten an eine Flotte von Transportern, die das Landungskorps unmittelbar vor den Brükkenkopf bringen würde. Dann sollten die Truppen in besonders konstruierten Booten an Land pullen. Die Flotte konnte sich nach ihrer Meinung auf Feuerunterstützung beschränken. Zum Glück hatte jemand – vermutlich war es Conner – Scott überzeugt, daß die Landung eine sorgfältig vorbereitete amphibische Operation sein müsse und daß Planung und Durchführung der Landung am besten von Seeleuten durchgeführt würden.

Scott, Connor und ihre Stäbe erkundeten mit Hilfe eines kleinen Dampfers die mexikanische Küste und entschieden sich für einen drei Meilen langen Strand südlich von Vera Cruz. Auf der Reede von Anton Lizardo stieg das Landungskorps am 9. März 1847 in der Frühe von den Transportern auf die Schiffe des Heimatgeschwaders über. Dann lief dieses an der Küste hinauf, wobei 65 Brandungsboote, die zur Landung dienen sollten, geschleppt wurden.

Querab von dem gewählten Brückenkopf stieg die erste Welle in die für sie bestimmten Boote, in jedes eine halbe Kompanie. Die Operation befehligte ein Kapitän der Marine, jede Bootsdivision ein Oberleutnant, jedes Boot ein Unterleutnant oder Unteroffizier. Matrosen pullten. Die vollen Landungsboote bewegten sich divisionsweise zu einer Startlinie, die ein dicht vor der Küste verankerter Dampfer markierte. Hier gingen sie in Doppellinie parallel zur Küste auf Position. Die Kompanien waren so auf die Boote verteilt, wie sie beim Landkampf zum Einsatz kommen sollten. Zwischen den Startlinien und dem Strand lagen sieben flachgehende Kanonenboote, meist mit 32-Pfünder-Granatgeschützen armiert. Wie die LCI (*L*anding *C*raft *I*nfantry) bei den Kämpfen im Pazifik während des zweiten Weltkrieges sollten diese Fahrzeuge der Landung Feuerschutz aus nächster Nähe geben.

Auf ein Signal fuhren die Boote auf den Strand zu, und die gesamte Schiffsartillerie war bereit, jeden Widerstand zu brechen. Die Invasion begegnete jedoch keinerlei Abwehr. Ein Aufstand gegen die Regierung hatte die dort vorhandenen Truppen nach Mexico City abgezogen. Die erste Welle landete fast gleichzeitig, nicht unter feindlichem Feuer, sondern unter Hochrufen und zur Begleitung von Militärmusik. Nach Entleerung eilten die Boote zur Einschiffung der zweiten Welle zu den Schiffen zurück. Um 22 Uhr waren bereits 10 000 Amerikaner an Land gesetzt. Die übrigen folgten in aller Ruhe am nächsten Morgen.

Conner und sein Stab hatten ein leider unbeachtet gebliebenes oder bald in Vergessenheit geratenes Musterbeispiel für künftige amphibische Operationen der Amerikaner gegeben. Ganz gewiß ähnelte es in vieler Hinsicht jener Invasion, die Keith und Abercromby im Jahre 1801 bei Abukir durchgeführt hatten. In einem Punkt aber war die Operation Conners einmalig: Bei Vera Cruz war erstmals in der Geschichte der amphibischen Kriegführung eine Landung ausschließlich von der Marine geplant und geleitet worden. Dieses Verfahren sollte erst im zweiten Weltkrieg die Regel werden.

Bei dem nun folgenden Angriff auf Vera Cruz half die Marine von See her und am Lande. Zwei Dampfer und fünf Kanonenboote beschossen die nach See zu gelegene Stadtmauer und das Fort. Gleichzeitig legten Marineartilleristen unter dem Kommando des Hauptmanns Lee von der Armee mit einer Batterie von 6 schweren Schiffsgeschützen Breschen in die Landfront der Mauern. Als sich Vera Cruz ergab, nahm ein Vertreter des Kommodore Perry an den Verhandlungen teil, der Conner als Befehlshaber des Heimatgeschwaders abgelöst hatte; denn es hatte sich um einen von Heer und Marine gemeinsam errungenen Sieg gehandelt.

Scott marschierte nun gegen Mexico City. Bei der Armee befanden sich auch 300 Marineinfanteristen, die bei Chapultepec, erstmals in der Geschichte des Marinekorps, an einer Landschlacht teilnahmen. Nach dem Fall von Mexico City wollte Scott die Einwohner der Stadt beeindrucken und wählte die Marineinfanterie in ihren bunten Uniformen als Posten in den Hallen Montezumas.

Der Krimkrieg, 1854–1856

Die Gründe, weshalb es zum Krimkrieg kam, sind verwickelt und recht unklar. Ein Streit darüber, wessen Schutz die christlichen Stätten im Heiligen Land anvertraut werden sollten, führte zu gespannten Beziehungen zwischen dem römisch-katholischen Frankreich und dem orthodoxen Rußland. Napoleon III. benötigte einen Schimmer militärischen Ruhms, um seine Dynastie zu konsolidieren. Großbritannien wurde unruhig, als Zar Nikolaus I. begehrliche Blicke auf Bosporus und Dardanellen warf. 1853 verletzten die Russen türkisches Gebiet und provozierten Feindseligkeiten, als sie in das heutige Rumänien einmarschierten. Um einen plötzlichen Angriff auf Konstantinopel zu verhindern, schickten Großbritannien und Frankreich starke Geschwader ins Marmara-Meer, weil sie glaubten, ihre bloße Anwesenheit werde russische Seeoperationen im Schwarzen Meer verhindern.

Aber der russische Vizeadmiral Nachimov, der sich dadurch keineswegs zur Untätigkeit zwingen ließ, kreuzte weiterhin ungehemmt auf der Suche nach türkischen Schiffen. Im November 1853 entdeckte er Osman Paschas Wintergeschwader von 7 Fregatten und mehreren kleineren Fahrzeugen vor dem nur wenig befestigten türkischen Hafen Sinope, in den es sich vor einem Sturm geflüchtet hatte. Nachimov besaß 3 Linienschiffe, aber um ganz sicher zu gehen, ließ er von Sevastopol noch drei der stärksten russischen Kriegsschiffe nachkommen. Es handelte sich um Dreidecker (120), deren Hauptbatterie aus 68-Pfünder-Granatgeschützen bestand. Darauf legte er von Sinope bis Konstantinopel Hilfsschiffe aus, die ihn rechtzeitig warnen sollten, falls die britische und französische Flotte durch den Bosporus führen. Am Morgen des 20. November brachte er bei Regen und Nebel seine 6 Linienschiffe auf die Reede von Sinope. Nach mehrstündiger Beschießung versenkte er alle sieben türkischen Fregatten, kämpfte die Küstenbatterien nieder und setzte die Stadt in Brand. Die eigenen Verluste betrugen nicht einmal 40 Mann; fast 3000 Türken waren gefallen.

Westeuropa war über die Grausamkeit der Russen empört, die sich nicht nur über die Tradition hinwegsetzten, als sie Fregatten mit Linienschiffen angriffen, sondern auch rücksichtslos Schiffe, die sich ergeben wollten, beschossen hatten, dazu wahllos Boote und Männer, die im Wasser schwammen. Die Admiralitäten in London und Paris, die bislang immer noch hölzerne den eisernen Rümpfen vorgezogen hatten, zeigten sich so erschüttert, daß sie ihre maritimen Waffen überprüften. Offenbar hatten nämlich die Sprenggranaten hölzerne Schiffe entwertet, deren Rümpfe sie nicht nur zerschmetterten, sondern auch in Brand setzten. Da Großbritannien und Frankreich, wenn auch nicht formell, den Schutz der Türkei übernommen hatten, sahen sie sich durch die Schlacht von Sinope moralisch zur Kriegserklärung verpflichtet. Genauso wie der japanische Angriff auf Pearl Harbor im Jahre 1941 ein taktischer Triumph, aber ein strategischer Fehler war, brachte Sinope zwar den Russen einen kurzlebigen Vorteil, führte aber letztlich Kräfte ins Feld, die ihre Niederlage unvermeidlich machten. Freilich war diese keineswegs eine so leichte Sache, wie es sich die in ungewohntem Bündnis vereinten Engländer und Franzosen vorgestellt hatten. Ihre Armeen und Flotten, wie diejenigen der Vereinigten Staaten, wurden von Veteranen aus der Zeit Napoleons geführt. Diese Männer standen jeder Neuerung ablehnend gegenüber, waren der Bürokratie verschworen und infolge hohen Alters Zauderer. Die britische Armee litt zudem unter einem System, das Kauf und Verkauf von Offizierspatenten ermöglichte. In den fünfziger Jahre waren ganze Regimenter zum Spielzeug für verzogene Söhne der Aristokratie geworden[4].

schen Meerbusen zu zerstören. Als sich diese aber als uneinnehmbar erwiesen, nahm die vereinigte Flotte mit 10 000 aus Frankreich geschickten Soldaten durch amphibische Operationen die den Bottnischen Meerbusen bewachenden Aaland-Inseln. Beim Nahen des Winters und der damit gegebenen Möglichkeit einer Rückeroberung durch Russen, die über das Eis marschierten, zog sich die alliierte Flotte aus der Ostsee zurück. Obwohl diese ergebnislos gebliebene Unternehmung

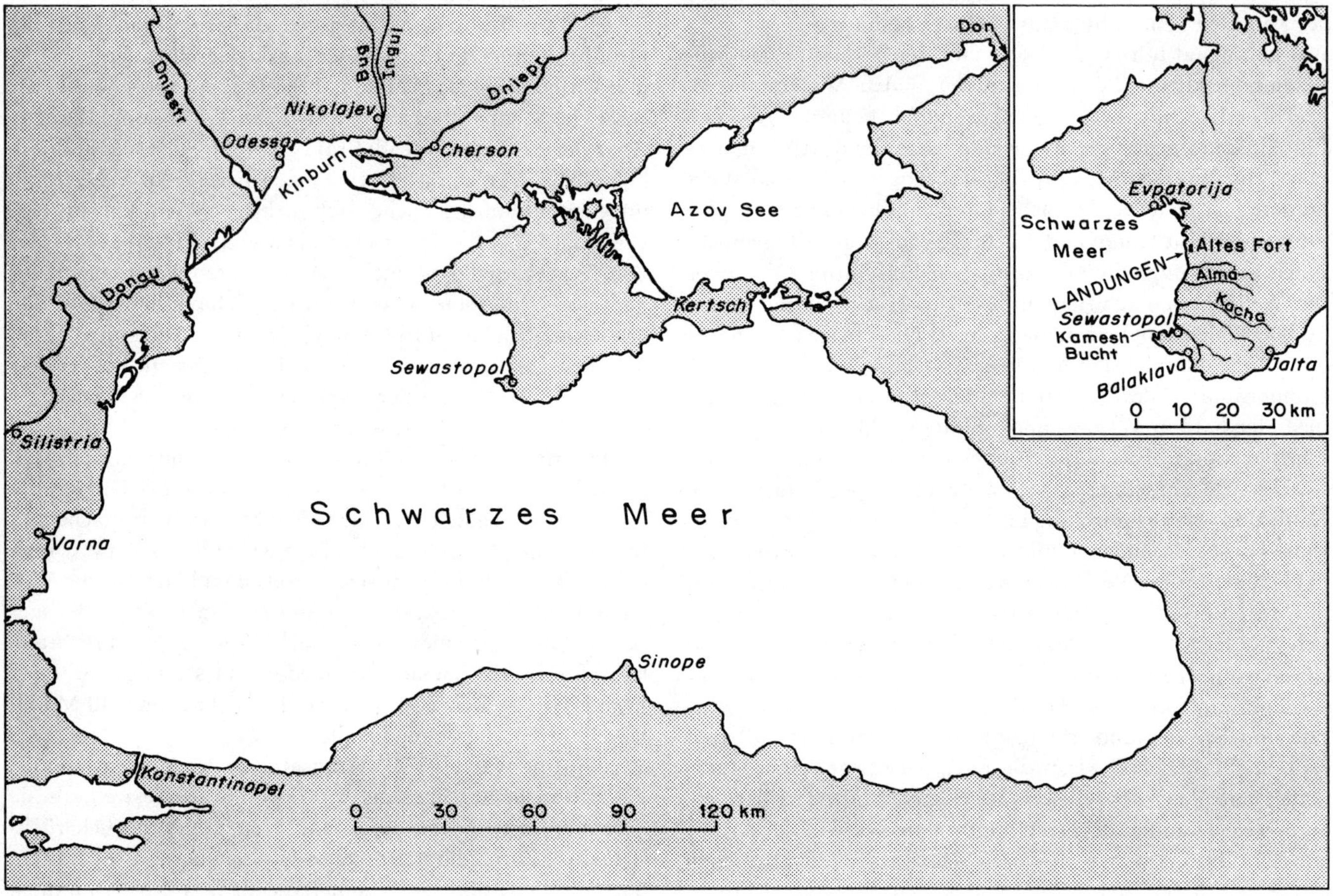

Hauptkriegsschauplatz des Krim-Krieges, 1854-1856

Der Name »Krimkrieg« verschleiert die Tatsache, daß ursprünglich Großbritannien und Frankreich den Hauptstoß gegen Rußland über die Ostsee führen wollten. Dort traf sich im Sommer 1854 eine große britische Flotte unter Vizeadmiral Napier mit einer mächtigen französischen unter Vizeadmiral Deschênes. Angesichts derart überlegener Kräfte blieb die russische Ostseeflotte vernünftigerweise im Hafen. Napier und Deschênes hatten für solchen Fall keine Befehle und erwogen, Küstenanlagen in den Haupthäfen am Finni-

4 Dieses System hatte sich nach dem englischen Bürgerkrieg (1642–1660) entwickelt, wo man sicherstellen wollte, daß die Armee nie wieder in die Hand von Männern geraten könne, die Feinde der wohlhabenden Aristokratie waren, die ihrerseits die Krone stützte.

in Großbritannien und Frankreich Empörung auslöste, hatte sie doch zum mindesten russische Truppen dem entscheidenden Kriegsschauplatz auf der Krim ferngehalten. Im Jahre 1855 lief eine alliierte Flotte von dampfgetriebenen Schiffen in die Ostsee und errang durch Beschießung der Forts von Helsingfors eine Art Propagandaerfolg. Da aber kein Landungskorps zur Verfügung stand, konnte man ihn nicht ausnutzen und kam ebenfalls mit leeren Händen heim.

Mittlerweile hatte im späten Frühjahr des Jahres 1854 eine andere alliierte Flotte 60 000 Mann in Varna am Schwarzen Meer gelandet, die türkische Armee entlastet und die Russen zum Rückzug über die Donau veranlaßt. Die britischen und französischen Befehlshaber überlegten, was nun zu unternehmen sei, und kamen zu dem Schluß, sie könnten sich mit einer Überführung ihrer Truppen auf die Halbinsel Krim und mit der Einnahme des großen russischen Flottenstützpunktes Sevastopol, der von 45 000 Mann verteidigt wurde, für Sinope rächen, Rußland demütigen und den Krieg noch vor dem Winter beenden. Aber der Sommer verging, ehe die Befehlshaber ihre Pläne abstimmen und von Paris und London Einverständnis mit der Operation erhalten konnten.

Die Überfahrt von Varna zur Krim fand keinen Widerstand, da es die weit unterlegene russische Schwarzmeerflotte vorzog, in Sevastopol zu bleiben. Das war ein Glück für die Alliierten; denn die französischen Kriegsschiffe waren so mit Truppen überladen, daß sie kaum hätten feuern können. Schon unterwegs stellte es sich heraus, daß die alliierten Befehlshaber keineswegs Übereinstimmung erzielt hatten. Vizeadmiral Dundas von der Royal Navy hatte als Oberbefehlshaber des maritimen Teils der Expedition empfohlen, eben nördlich von Sevastopol zu landen. Aber als die französischen Führer vor der Krim ankamen, mußten sie feststellen, eine Landung so nahe beim feindlichen Stützpunkt sei tollkühn. Während die Flotten müßig vor Anker lagen, kreuzten die Admirale vor der Küste und diskutierten aufs neue. Endlich einigten sie sich nach langwierigen Untersuchungen der Küstenformation und dem Studium recht ungenauer Karten auf einen Strand 27 Meilen nördlich von Sevastopol. Obwohl das anschließende Gelände flach, also für eine Landung günstig war, erwies sich der Brückenkopf unter logistischem Gesichtspunkt als katastrophal. Es gab in der ganzen Gegend nichts zum Fouragieren, und außer einer einzigen Quelle nur Salz- oder Brackwasser. Weil keinerlei Hafen in der Nähe dieses Strandes lag, konnte er beim besten Willen nicht als Ausgangspunkt für weitere Operationen dienen.

Die eigentliche Landung verlief glatt. Um einem übrigens nie in Erscheinung tretenden Widerstand zu begegnen, legten die Franzosen Raketen schießende Boote in einer Linie aus. Zur Landung der Artillerie benutzten sie besonders konstruierte Landungsfahrzeuge, und die Briten hatten fast ebenso viel Erfolg mit kleinen, dampfgetriebenen Barkassen, die Schaufelräder besaßen, und mit balkenüberdeckten Zwillingsbooten. Aber Oberflächlichkeit und Unentschlossenheit, die der Expedition von Anfang an hinderlich gewesen waren, traten nirgends so deutlich zutage wie im Brückenkopf selbst. Gerade in einem solchen aber muß planvoll, schnell und entschlossen gehandelt werden. Allein die Ausschiffung von Menschen und Material dauerte vom 14. bis zum 18. September. Die britischen Soldaten mußten in Regen und sengender Sonne fast drei Tage auf ihre Zelte warten. Da es an ausreichender ärztlicher Versorgung fehlte, starben Hunderte an Cholera und Dysenterie. Und wieder war es weit mehr Schuld der Planung als der Ausführung. Material wurde an Land und wieder an Bord gebracht, während die Führung noch festzustellen versuchte, was denn die Truppe wirklich benötigte.

Als endlich am 19. September der Vormarsch auf Sevastopol angetreten wurde, hatten sich ihm die Russen am Alma-Fluß in den Weg gestellt. Die alliierte Infanterie aber erstürmte für uneinnehmbar gehaltene Höhen mit einem Elan und Schwung, wie ihn ihre unfähigen Führer kaum verdient hatten. Die Russen wurden in die Stadt zurückgeworfen. Und wiederum, wie nicht anders zu erwarten, beriet das Oberkommando allzu lange, was nun geschehen solle. Dieses Zaudern nutzte der Verteidiger von Sevastopol, Fürst Menšikov. Er ließ Kriegsschiffe, darunter 5 Linienschiffe, quer über die Einfahrt in den langen, schmalen Hafen nördlich der Stadt versenken. Dann zog er mit seiner Armee nach Nordosten ab, während als Garnison die Besatzungen der versenkten Schiffe in Sevastopol zurückblieben. Auf diese Weise wollte Menšikov die Angreifer vom Rücken her fassen.

Nun, da der Hafen von Sevastopol für britische und französische Kriegsschiffe gesperrt war, schien ein alliierter Angriff von Norden her viel zu riskant. Deshalb führten Lord Raglan, der britische Truppenbefehlshaber, und General Canrobert, der französische, ihre Streitkräfte auf die Südseite der Stadt, ein schon lange geplantes Manöver. Tatsächlich wollten die Verbündeten zunächst südlich von Sevastopol landen, wäre dort nicht der Uferstreifen zu schmal gewesen. Außerdem erhoben sich hinter ihm steile Hügel. In dieser Gegend gab es andererseits Häfen, die zwar nicht gerade gut genannt werden konnten, aber im Notfall als Nachschubbasen geeignet waren. Die Briten errichteten eine solche an einer schmalen Bucht bei Balaklava; die Franzosen zwei an der Westküste.

Während die alliierten Führer wiederum untätig blieben, führte Menšikov sein Heer zurück und nagelte die Invasoren dadurch in ihren Stellungen fest, daß er die Höhen östlich von ihnen, am britischen rechten Flügel, besetzte. In Sevastopol reparierten Ingenieure, Matrosen und Zivilisten, darunter sogar Frauen, in höchster Eile verfallene Befestigungsanlagen im Süden der Stadt.

Mitte Oktober begannen die Verbündeten endlich ihre Offensive mit einer Beschießung durch Schiffs- und Landartillerie. Es war Munitionsverschwendung. Zwar wurden die südlichen Verteidigungsanlagen von Sevastopol zerstört, ein Angriff aber blieb aus. Andererseits hatte das Bombardement einen spürbaren Einfluß auf die Seekriegsgeschichte, führte es doch überzeugend die Vorzüge des Dampfantriebs vor Augen. Die Linienschiffe unter Segel lagen so gut wie ganz bekalmt und mußten auf Position gebracht oder geschleppt werden. Aber auch dann lagen sie für einen wirkungsvollen Einsatz noch zu weit draußen und bildeten, da sie manövrierunfähig waren, nur festliegende Ziele für die russischen Küstenbatterien. Während sie schwere Schäden erlitten, konnten zwei Schraubenschiffe dicht unter die Küste gelangen, vernichteten ein paar Batterien und liefen dann geschickt aus der Gefahrenzone.

Das Versäumnis der Alliierten, anzugreifen, solange der Angriff noch verhältnismäßig leicht war, verwandelte die Operation gegen Sevastopol in eine Belagerung und zwang Briten und Franzosen, den Winter auf der Krim zu verbringen.

Noch vor Einbruch der Kälte schlugen die erheblich verstärkten Russen unter Menšikov zunächst bei Balaklava zu, wobei es zur glänzenden, aber nutzlosen Attacke der britischen Leichten Kavalleriebrigade kam. Darauf folgte ein Angriff weiter im Norden, wo die Russen aber durch die Verbündeten in der Schlacht von Inkerman zurückgeschlagen wurden. Ein schwerer Novembersturm komplizierte das Nachschubproblem erheblich. 21 Vorratsschiffe wurden wrack, von denen eins Winterkleidung an Bord gehabt hatte. Das Ergebnis dieses Sturms und die mangelhafte logistische Planung brachten im Winter 1854 auf 1855 für die Angreifer nichts als namenloses Elend.[5)]

Endlich fiel Sevastopol am 9. September 1855, fast auf den Tag ein Jahr nach den ersten Landungen auf der Krim. Während die Ingenieure Werften und Befestigungsanlagen zu demolieren begannen, ging ein Expeditionskorps, darunter etwa 9000 Mann Infanterie, über See nach Kinburn. Dort bewachten am Ende einer langgestreckten Landzunge drei Forts die Einfahrt in das Mündungsgebiet von Bug, Ingul und Dnjepr. Die Eroberung der Forts sollte den Verbündeten die Blockierung dieser drei Flüsse erlauben und dadurch den Flottenstützpunkt und die Werft Nikolaev und die wohlhabende Handelsstadt Cherson vom Schwarzen Meer abschneiden. Mitte Oktober hatte das Expeditionskorps durch Landung von Truppen auf einer nördlich gelegenen Landzunge die Forts isoliert. Zwei Tage darauf ergab sich die russische Garnison nach einer Beschießung von Land und See.

Das Hauptverdienst an diesem raschen Sieg hatten drei kleine, plumpe schwimmende Batterien – die *Tonnante, Dévastation* und *Lavé*. Sie waren nach der Schlacht von Sinope eiligst von den Franzosen gebaut worden; die ersten gepanzerten Fahrzeuge der Welt, die ins Gefecht kamen. Mit ausreichendem Dampfantrieb zum Manövrieren, wenn auch nicht für längere Fahrt, besaßen sie hölzerne Rümpfe von 42 cm Stärke, die über der Wasserlinie mit 11,4 cm dicken Eisenplatten belegt waren. Als sie aus weniger als 900 m Entfernung die Forts zerschlugen, sprangen Vollgeschosse von ihren Platten ab, während Granaten beim Aufschlag barsten und überhaupt keinen Schaden anrichteten. Auf das Kriegsende hatte die Eroberung von Kinburn wenig Einfluß, aber die Bombardierung der Forts in Anwesenheit von Offizieren mehrerer Nationen führte das Zeitalter der Panzerschiffe herauf.

Der Krimkrieg ist die Geschichte tragischer Unzulänglichkeit. Als die Russen endlich zur Kapitulation gezwungen wurden, mußte Sevastopol zwar desarmiert bleiben, aber die Verteidiger fanden verdiente Anerkennung. Die Verbündeten gewannen den Krieg, verloren aber ihren guten Ruf auf militärischem Gebiet. Dabei konnten sie noch von Glück sagen, daß Zaudern, mangelhafte Planung und fehlende Koordinierung, die sich in diesem Fall für die Armee fast immer nachteilig auswirkten, bei der britischen und französischen Flotte weniger zutage traten. Ohne Seeherrschaft im Schwarzen Meer hätten die alliierten Heere die Russen niemals aus dem Balkan vertreiben, zur Krim übersetzen und die Belagerung Sevastopols durchführen können.

5 Ein wenig wurde es dadurch gelindert, daß Florence Nightingale mit ihren Krankenschwestern noch rechtzeitig in der Türkei eintraf, um die Verwundeten von Balaklava und Inkerman zu versorgen. Wenige Monate später war die Prozentzahl an Todesfällen in den Hospitälern von 42 auf 2 zurückgegangen. Im Sommer 1855 übernahm Miss Nightingale die Aufsicht über die Lazarette der Verbündeten auf der Krim und in der Türkei.

Unterwasserkrieg

Wir haben bereits die technischen Neuerungen erwähnt, die im 19. Jahrhundert die Flotten der Erde revolutionierten. Ein Sektor dieser Entwicklung blieb bislang unerwähnt, weil er den hier zur Rede stehenden Zeitabschnitt von 1815 bis 1860 nur wenig beeinflußt hat: der Unterwasserkrieg. Und doch hatte schon während der amerikanischen Revolution David Bushnell, ein Yankee aus Connecticut, eine brauchbare Unterwassermine und ein verwendbares U-Boot erfunden.

Bushnells Mine brachte Pulver mit Hilfe eines durch ein Uhrwerk betätigten Zünders zur Explosion. Das beeindruckte den Gouverneur von Connecticut derart, daß er den jungen Erfinder beim Bau seines U-Bootes unterstützte. Es hieß *Turtle* – die *Schildkröte* – und sah einer solchen auch ähnlich. Es bewegte sich seitwärts, mit dem Heck nach unten, durchs Wasser. Den Bug bildete ein Kommandoturm aus Messing. Das Fahrzeug war aus Eichenholz gebaut, mit Eisenbändern verstärkt, und wurde von einem einzigen Mann gefahren, der sehr viel zu tun hatte. Zum Tauchen ließ er Wasser in die Ballasttanks, zum Auftauchen pumpte er es aus. Er drehte Propeller zur Fortbewegung in der Horizontalen und Vertikalen; er steuerte mit einem Ruder und sollte eine von Bushnells Minen mit Hilfe eines Bohrers am Unterwasserrumpf des feindlichen Schiffes anbringen. Im September 1776 wurde die *Turtle* erstmals eingesetzt, als die Briten Washingtons Armee von Long Island verjagt hatten und nach Manhattan übersetzen wollten. Ziel war das Flaggschiff keines Geringeren als Lord Howe, aber bei diesem Angriff und bei späteren fand das Boot im Kupferbeschlag der britischen Rümpfe seinen Meister. Ihn konnte der Bohrer nicht durchdringen.

Im Kriege der französischen Revolution erfreute sich der amerikanische Marineingenieur Robert Fulton der Unterstützung Napoleons, der damals Erster Konsul war. Für ihn baute Fulton 1801 die *Nautilus*, ein Vier-Mann-U-Boot, das die Form eines Fisches hatte. Es besaß Horizontalruder zum Tauchen und ein Segel für die Überwasserfahrt. Die *Nautilus* schleppte ihre Mine, die Fulton »Torpedo« nannte, am Ende einer langen Leine. Diese lief durch das Auge in einer Spiere und von dort auf das U-Boot. Hatte die *Nautilus* die Spiere in den Unterwasserrumpf eines Fahrzeuges getrieben, so lief sie weiter und brachte den »Torpedo« an die Spiere. Kam die Leine steif, so wurde ein Abzug betätigt und die Explosion ausgelöst. Bei einem Probeangriff auf der Reede von Brest jagte die *Nautilus* eine Hulk in die Luft. Als sie später jedoch keines der britischen Blockadeschiffe vor dem Hafen einholen konnte, verloren die Franzosen jedes Interesse an ihr. Für die Regierung Pitts, an die sich Fulton nunmehr wandte, erfand er ein Verfahren, bei dem kleine Überwasserfahrzeuge Uhrwerkminen an den Ankertrossen zu Anker liegender Schiffe anbrachten. Im Oktober 1805 griffen fünf davon die französische Invasionsflottille in Boulogne an und versenkten eine Pinasse. Aber der wenige Tage später bei Trafalgar errungene Seesieg veranlaßte die Admiralität, weitere Experimente im Unterwasserkrieg zu unterlassen, von dem man ohnehin nichts hielt. »Pitt war der größte Narr, den es ja gab«, grollte Lord St. Vincent, »eine Kriegführung zu fördern, welche diejenigen, die das Meer beherrschten, nicht wünschten und die sie eben dieser Herrschaft berauben mußte, falls sie sich als erfolgreich erwies[6].«

Nach 1805 hielten Briten und Franzosen nur wenig von einer Kriegführung unter Wasser. Sie nannten sie barbarisch und erkannten, daß sie ihren Interessen zuwiderlief. Demgegenüber machten die Amerikaner im Krieg von 1812 geniale, wenn auch nicht besonders erfolgreiche Experimente mit Minen. Auch die Russen verwendeten sie im Krimkrieg, ohne rechten Erfolg, zur Verteidigung ihrer Ostseehäfen. Im ganzen aber wurden bis zum amerikanischen Bürgerkrieg nur geringe wirkliche Fortschritte erzielt. Die Entwicklung eines U-Bootes für Fernfahrten mußte bis zum Vorabend des ersten Weltkrieges warten.

Dampfantrieb

Die Seeoffiziere standen im allgemeinen dem Dampfantrieb für Flotten aufgeschlossen gegenüber. Lord Nelson, neben vielen anderen, befürwortete nach unliebsamen Erfahrungen mit Kalmen und Gegenwinden Versuche in dieser Richtung. Und doch vergingen noch fast 40 Jahre zwischen dem ersten Auftreten des wirtschaftlich erfolgreichen Dampfers *Clermont* von Fulton auf dem Hudson im Jahre 1807 und der allgemeinen Einführung des Dampfes durch die größeren Marinen[7].

Gründe für die lange Verzögerung gab es viele, nicht zuletzt die gewaltigen Beträge, die man in den napoleonischen Kriegen in Segelschiffen investiert hatte. Noch stichhaltiger aber war das Argument, daß zu Anfang des 19. Jahrhunderts der Dampfantrieb noch mangelhafter war als derjenige durch Segel. Die ersten Maschinen erwiesen sich als anfällig für Störungen, die im Gefecht verhängnisvoll werden konnten. Die Verwendung des Dampfes verminderte den Aktionsradius eines Schiffes ganz einschneidend. Während ein einmal beladenes Segelschiff viele tausend Meilen zurücklegen konnte, ohne einen Hafen anzulaufen, hatten die ersten Dampfer ihren Brennstoffvorrat nach kaum hundert aufgebraucht. Außerdem maskierten die Schaufelräder mehr als ein Drittel der Breitseite. Sicherlich war die überlegene Manövrierfähigkeit des Dampfers in der Schlacht ein Vorteil, aber wenn ein einziger glücklicher Treffer die Schaufeln oder die Maschine zerstörte, so konnte das Schiff eingeholt und niedergekämpft werden. Daher zogen es die Marineoffiziere vor, die ersten kostspieligen Erprobungen und Fehlschläge Handelsschiffen zu überlassen. So gelangte man schließlich zu verläßlichen Maschinen, hohen Geschwindigkeiten und sparsamem Brennstoffverbrauch.

Freilich hatte es schon sehr früh ein Experiment auf dem Gebiet des Dampfantriebs gegeben. Die Marine der Vereinigten Staaten war verzweifelt über die britische Blockade und hatte Fulton 1812 einen dampfgetriebenen Blockadebrecher bauen lassen. Es handelte sich um die *Demologos*, später in *Fulton* umgetauft, den ersten Dampfer für Kriegszwecke. Seine Bordwände hatten eine Stärke von 1½ m, die Maschinenanlage war tief in Doppelrümpfen untergebracht, das einzige Schaufelrad dazwischen, so daß das Schiff so gut wie unverwundbar war. Aber ehe die *Demologos* einsatzbereit wurde, endete der Krieg, und sie diente nur noch als Hulk. Zwei Jahrzehnte hindurch bauten nun die großen Marinen kein einziges Kriegsschiff mit Dampfantrieb, sondern beschränkten sich auf kleine hölzerne Raddampfer, die meist umgebaute Handelsfahrzeuge waren und als Hilfsschiffe benutzt wurden.

Mittlerweile wurden wirtschaftlicher arbeitende und leistungsfähigere Maschinen mit immer höherem Dampfdruck entwickelt. Dies bedeutete, daß man die Wärme nutzbringend vom Brennstoff an das Kesselwasser heranführen mußte. Kessel wurden gebaut, die dem unter hohem Druck stehenden Dampf gewachsen waren, und Möglichkeiten gefunden, den Dampf außerhalb der Zylinder zu kondensieren. Hinzu kam das Problem, Frischwasser in ausreichender Menge zu destillieren, um die dauernde Kesselsteinbildung und Verschmutzung durch Seewasser zu vermeiden. Die Überwindung aller dieser Schwierigkeiten wurde nur dadurch ermöglicht, daß man von Holz- zu Kohlefeuerung überging. Erhebliche Verbesserungen konstruktiver Art, auf dem Gebiet der Metallurgie und des Maschinenzubehörs trugen auch ihr Teil dazu bei.

Endlich ließ die amerikanische Marine im Jahre 1837 ihr zweites dampfgetriebenes Kriegsschiff, die *Fulton II*, von Stapel, einen kleineren und konventionelleren Raddampfer der als erster für damalige Verhältnisse recht schnell war. Seinen wichtigsten Dienst sollte dieses Schiff dadurch leisten, daß es das Interesse des Kommandanten Matthew Perry auf das dampfgetriebene Kriegsschiff lenkte. Nicht zuletzt infolge seines Einflusses übernahm die amerikanische Marine

6 Zitiert in: Farnham Bishops, The Story of the Submarine, New York 1916, S. 33.

7 Fultons wichtigster Beitrag zur Entwicklung des Dampfschiffes, abgesehen von dem Beweis, daß es für die Geldgeber Gewinn abwerfen konnte, war die Einführung des seitlichen Schaufelrades.

1842 vorübergehend eine unbestreitbare Führung vor den übrigen Flotten, als sie die *Mississippi* und *Missouri* – je 3200 t – mit seitlichen Schaufelrädern von Stapel ließ.

Die Schiffsschraube

Die weitverbreitete Zurückhaltung bei Einführung des Dampfes für Kriegsschiffe wurde schließlich durch die Entwicklung einer wirklich brauchbaren Schraube beseitigt. John Ericsson und Francis Smith, ein Landwirt ohne technische Vorkenntnisse, kamen in England, unabhängig voneinander, zum Ziel. Die Schraube besaß keine der nachteiligen Eigenschaften des Schaufelrades, aber die britische Admiralität ließ sich zunächst nicht davon überzeugen, daß ein Schiff mit Schraubenantrieb zu steuern sei. Als Ericsson in England kein Gehör fand, überredete ihn Kapitän Stockton von der amerikanischen Marine sehr schnell, in die Vereinigten Staaten zu kommen. Stockton brachte durch Zähigkeit und politischen Einfluß 1842 die Marine dazu, den Bau eines Schraubenschiffes nach Ericssons Angaben zu genehmigen. Es handelte sich um die Kriegssloop *Princeton,* den ersten schraubengetriebenen Dampfer für Kriegszwecke. Sie war auch das erste Kriegsschiff, bei dem die gesamte Maschinenanlage unter der Wasserlinie, also für Feindbeschuß unerreichbar, lag. Endlich ließ sich auch die Royal Navy vom Wert der Schiffsschraube überzeugen und brachte die Schraubensloop *Rattler* bald nach der *Princeton* zu Wasser. Als *Rattler* den Wettstreit mit einem Raddampfer gleicher Pferdestärke gewann und sich bei Geschwindigkeitserprobungen bewährte, wurde der Schraubenantrieb endgültig akzeptiert. In den nächsten Jahren baute Großbritannien einige Veteranen aus den napoleonischen Kriegen auf Dampf und Schraube um. 1850 lief in Frankreich das erste Kriegsschiff mit Schraube, die *Napoleon,* von Stapel. Zwei Jahre darauf folgte die britische *Agamemnon.* Mitte der fünfziger Jahre ließen die Vereinigten Staaten schnelle Fregatten der *Merrimack*-Klasse zu Wasser, die im amerikanischen Bürgerkrieg eine wichtige Rolle spielen sollten.

Um 1860 war es soweit, daß, vorwiegend auf Grund der Lehren des Krimkrieges und des stetigen Fortschritts der Dampfkunde, die britische, französische und amerikanische Marine Kriegsschiffe ohne Dampfantrieb bereits für veraltet hielten. Während aber schwimmende Batterien, Fahrzeuge für Küstenverteidigung und Flußkanonenboote oft nur noch diesen besaßen, blieb der Dampf viele Jahre auf seegehenden Schiffen lediglich eine Aushilfe neben dem Segel. Erst zu Beginn des 20. Jahrhunderts verschwanden überall die Segel auf Kriegsschiffen.

Der eiserne Rumpf

Im ersten Opiumkrieg verwandte die Britische Ostindische Kompanie ein Paar dampfgetriebener Kanonenboote mit Eisenrümpfen, welche die bekannte englische Werft William Laird and Sons gebaut hatte. Als Anfang der vierziger Jahre die Beziehungen zwischen den Vereinigten Staaten und Mexiko gespannt wurden, gab die mexikanische Regierung bei Laird 2 Fregatten mit eisernen Rümpfen in Auftrag. Gleichzeitig bestellten die Vereinigten Staaten bei der Firma Stevens Brothers in Hoboken ein schnelles gepanzertes Schiff mit Eisenrumpf – die *Stevens Battery* –, die aber nie fertiggestellt wurde. 1844 besaßen Großbritannien und die Vereinigten Staaten je einen kleinen eisernen Dampfer auf den Großen Seen, und die Royal Navy war bereits zur Bestellung eiserner Fregatten übergegangen. Als es aber ganz so aussah, als werde das Eisen ausschließlich für Schiffsrümpfe eingeführt werden, brachte eine Reihe von Erprobungen die britische Admiralität zu der Überzeugung, daß Eisen beim derzeitigen Stand der Metallurgie noch verwundbarer sei als Eichenholz. So baute die Royal Navy die eisernen Fregatten zu Truppentransportern um. Mehrere Jahre ruhte der Bau eiserner Kriegsschiffe vollständig. Im Krimkrieg waren keine eisernen Schiffe im Kampf.

Großbritannien sah sich zur Wiederaufnahme des Baus eiserner Kriegsschiffe veranlaßt, als 1859 die französische 5600-t-Fregatte *Gloire* auftauchte, ein mit 114 mm dicken Eisenplatten gepanzertes Holzschiff. Darauf gab die Royal Navy ein Panzerschiff, H.M.S. *Warrior,* in Auftrag. Dieses im Jahre 1860 von Stapel gelaufene Fahrzeug war 114 m lang, verdrängte 9300 t und hatte einen 114 mm starken Gürtelpanzer auf 45 cm starkem Teakholz. Kein hölzerner Rumpf hätte bei einer solchen Länge die Beanspruchung aushalten und das Gewicht des Panzers, der notgedrungen sehr starken Maschinen und der 40 Kanonen tragen können, ein unendlich viel höheres Gewicht, als es im Zeitalter des Segels jemals auf See zu finden war. In Erkenntnis dieser Tatsache hatten die Erbauer einen nur aus Eisen bestehenden Rumpf gewählt. Mit dem Stapellauf der *Warrior* endete die Ära der hölzernen Kriegsschiffe. Natürlich blieben immer noch viele Veteranen, die gelegentlich eingesetzt wurden. Hölzerne Dampfsloops und Fregatten sollten zum Beispiel noch in dem sich ankündigenden amerikanischen Bürgerkrieg eine größere Rolle spielen. Aber nach 1860 baute Großbritannien nur noch eiserne Kriegsschiffe. Später wurde Stahl verwendet. Andere Marinen folgten schließlich diesem Beispiel, wenn man auch gelegentlich zum alten Brauch zurückkehrte.

Der Panzer

Der Gedanke, Decks und Wände der Schiffe derart zu verstärken, daß sie gegen Feindbeschuß unverwundbar wurden, ist fast so alt wie das Schiffsgeschütz. Im Jahre 1592 besiegten die Koreaner unter Admiral Yi Sun Sin eine japanische Flotte durch den Einsatz einer Galeere mit eisenbelegtem Walfischdeck. 1782 benutzten die Franzosen bei der Belagerung von Gibraltar schwimmende Batterien, die durch schrägwandige Kasematten aus Balken von 1½ m Dicke geschützt wurden. Fultons *Demologos* mit seinen starken Bordwänden

war in gewisser Weise das erste dampfgetriebene Panzerschiff.
Der Ausdruck »Panzerschiff« bezeichnete im 19. Jahrhundert ein Kriegsschiff, dessen hölzerner oder eiserner Rumpf mit dicken Eisenplatten gepanzert war. Das erste derartige Schiff war jene *Stevens Battery* aus dem Jahre 1843. Bei ersten Versuchen hatte der 10 bis 15 cm starke Panzer dem Beschuß durch schwerste Schiffsartillerie widerstanden. Ehe aber das Schiff vollendet war, hatte der erfindungsreiche Ericsson ein Geschütz geliefert, das mühelos einen so dicken Panzer durchschlug. Man plante noch stärkere Panzerung, aber schneller standen mächtigere Geschütze zur Verfügung, und die Fertigstellung der *Stevens Battery* wurde auf unbestimmte Zeit verschoben.
Diese Erfahrung leitete einen durch mehrere Jahrzehnte andauernden Wettlauf zwischen Abwehr und Angriff ein. Jede Vervollkommnung des Panzers hatte schwerere Geschütze im Gefolge, die ihn durchschlugen. In der Mitte des Jahrhunderts führten die Geschütze, während Panzer und Eisenrümpfe in Ungnade gefallen waren. Offensichtlich war es unmöglich, daß hölzerne Rümpfe – im übrigen auch eiserne, die ungepanzert waren – sich noch den neuesten Granatgeschützen gewachsen zeigten. Die französische Marine gab daher 5 Panzerbatterien in Auftrag, die ersten, die fertiggestellt wurden. Großbritannien baute vier weitere, die noch an den abschließenden Kämpfen des Krimkrieges teilnehmen konnten. Das Vorgehen der drei neuen französischen Panzerbatterien – *Dévastation, Tonnante* und *Lavé* – gegen die Kinburn-Forts imponierte den Briten derart, daß sie vier weitere Panzerbatterien in Auftrag gaben, davon drei mit Eisenrümpfen.
Nach Kriegsende bauten die Franzosen die *Gloire,* das erste seetüchtige Panzerschiff. Die Briten folgten mit der *Warrior.* Aber trotz ihrer großen Defensivkraft waren die beiden Schiffe bereits am Tage des Stapellaufs verwundbar; denn es gab Artillerie, die ihre Panzerung durchschlagen konnte. Wieder ein neuer Abschnitt im langen Wettkampf zwischen Offensive und Defensive begann. In dem Maße wie die Geschütze immer gewaltiger wurden, wuchs auch die Panzerstärke auf 20, 30, 35, ja auf 60 cm an. Als die Metallurgie entsprechende Fortschritte gemacht hatte, wurden diese allzu dicken Platten durch Stahl von immer wachsender Härte ersetzt.

Schwere Artillerie

Am Ende der napoleonischen Kriege unterschieden sich die Schiffsgeschütze nach Konstruktion und Leistung noch sehr wenig von denjenigen zur Zeit der Armada. Wohl hatte man das Laden, Zielen und die Lafetten verbessert, aber die Kanone selbst wurde immer noch aus Gußeisen hergestellt, besaß keine Züge und war ein Vorderlader, der Vollgeschosse feuerte. Auch die Reichweiten waren fast unverändert, im allgemeinen 270 m Kernschußweite und etwas über 2 km höchste Reichweite. Versuche zur Erhöhung der Treffsicherheit wurden weitgehend dadurch zunichte gemacht, daß das Vollgeschoß nur annähernd kugelrund war. Das bedingte einen erheblichen Spielraum – Unterschied zwischen Kugel- und Rohrdurchmesser –, um Klemmungen zu vermeiden. Die Folge war, daß das Geschoß im Rohr hin und her schleuderte und in unberechenbaren Winkeln herausflog. Gegen Ende des 18. und zu Anfang des 19. Jahrhunderts wurde weitgehend die Karronade verwendet, die noch geringere Reichweiten erzielte und ungenauer schoß als das Langrohrgeschütz. Der Krieg von 1812 brachte sie in Mißkredit, als Engländer und Amerikaner gelernt hatten, sich außerhalb ihrer Reichweite zu halten und die Gegner mit langen Rohren zu zerschmettern. Kurz gesagt: 1815 trugen die Kriegsschiffe fast die gleiche Armierung wie in den vergangenen zwei Jahrhunderten.
Die Einführung des Schaufelrades und die dadurch bedingte Verringerung der Geschützzahl veranlaßten das Bemühen um ein wirkungsvolleres Schießen mit weniger Kanonen. Die Versuche führten zu Entwicklungen, die eng miteinander in Verbindung standen: 1. Größere und stärkere Geschütze; 2. Bessere Granaten und Granatkanonen; 3. Rohre mit Zügen; 4. Hinterlader und 5. Drehtürme. Obwohl die Marinen 1860 noch nicht alle diese Verbesserungen eingeführt hatten, waren sie doch alle bereits verwendungsbereit.
Im Krieg von 1812 hatte Major Bomford von der amerikanischen Armee das Problem der Fertigung schwererer Geschütze angepackt und die Columbiad erfunden. Sie war nach Gewicht, Länge und Kaliber ein Mittelding zwischen der Karronade und dem Langrohrgeschütz. Die nach 1815 unternommenen Versuche zur Lösung desselben Problems bezweckten vor allem eine Verstärkung der Geschützrohre, um schwerere Geschosse mit schwereren Ladungen feuern zu können, ohne daß das Rohr barst.
Anfang der vierziger Jahre entwickelte Ericsson ein stärkeres Rohr, indem er vom spröden Gußeisen zum Schmiedeeisen überging. Seine 30-cm-Kanone »Oregon« wurde auf der *Princeton* montiert und ist offenbar ein voller Erfolg gewesen. Aber Kapitän Stockton beendete diese Versuche, als er mit einem Bruchteil der metallurgischen Kenntnisse, die Ericsson besaß, eine täuschend ähnliche Kanone entwarf, den »Peacemaker«, der ebenfalls auf *Princeton* eingebaut wurde. Bei einer Vorführung zerbarst der »Peacemaker«, wobei mehrere Mitglieder des Kongresses, der Marinesekretär und der Außenminister getötet wurden. Die Marine verbot die weitere Verwendung schmiedeeiserner Geschütze, die nun alle Fachleute mit Argwohn betrachteten.
Hauptmann Rodman von der amerikanischen Armee griff das Problem unter anderem Aspekt an. Er benutzte Bomfords Columbiad als Typ, goß ein hohles Rohr um einen Sandkern und ließ das Innere zuerst abkühlen, so daß die Außenschicht sich allmählich auf das gehärtete Kernrohr preßte. Um die Beanspruchung des Rohres zu verringern, entwickelte er ein langsam verbrennendes Pulver. Es wurde zu festen

Stücken gepreßt, die Öffnungen besaßen, um die Brenngeschwindigkeit zu regulieren. Dadurch erreichte er einen weit niedrigeren Druck, als er beim meist verwendeten feinkörnigen, schnell verbrennenden Pulver auftrat.
Anfang der fünfziger Jahre verbesserte Korvettenkapitän John Dahlgren von der amerikanischen Kriegsmarine Rodmans Arbeiten, indem er nicht mehr die Columbiad als Grundtyp benutzte, sondern ein glattwandiges Geschütz von neuartiger Form entwickelte. Zuvor hatte er gründlich den beim Abschuß im Rohr entstehenden Druck untersucht. Dahlgrens Geschütze sollten genau der von ihm erarbeiteten »Druckkurve« entsprechen, waren demzufolge am Bodenstück sehr dick, um sich zur Mündung hin beträchtlich zu verjüngen. Da es sich hier um eine deutliche Verbesserung gegenüber der bislang gebräuchlichen Artillerie handelte, wurde das Geschütz sehr bald in der US-Marine eingeführt. Es entbehrt nicht der Ironie, daß diese Kanone, ein Vierteljahrhundert hindurch weithin im Gebrauch, schließlich durch ein Prinzip verdrängt wurde, das Kapitän de Thiery von der französischen Armee bereits in den dreißiger Jahren empfohlen hatte. Er hatte nämlich vorgeschlagen, die Rohre aus zwei konzentrischen Röhren herzustellen, von denen die innere aus Gußeisen, die äußere aus Schmiedeeisen hergestellt war. Das äußere Rohr sollte in glühend heißem Zustand über das innere gezogen und durch den Schrumpfungsprozeß beim Abkühlen in seiner Lage festgehalten werden. Dieses Schrumpfen eines äußeren Ringes oder Mantels auf einen inneren – ob nun aus Gußeisen, Schmiedeeisen oder Stahl – bildete später das Prinzip aller Mantelgeschütze, die sich letztlich als endgültige Lösung des Problems einer Verstärkung der Geschützrohre erwiesen. Die amerikanische Marine gab einige Kanonen nach Thierys Ideen in Auftrag, lehnte aber ihre Verwendung ab, als die Explosion auf der *Princeton* vorübergehend schmiedeeiserne Artillerie als unerwünscht erscheinen ließ. 15 Jahre lang wurde dieser Geschütztyp vernachlässigt, bis die über den Bau der *Gloire* beunruhigte Royal Navy die vorhandene Artillerie nochmals überprüfte und zahlreiche Mantelrohre bestellte. Dabei fiel die Wahl der Admiralität auf das britische Armstrong-Geschütz. Sein inneres Rohr bestand aus einem schmiedeeisernen Stab, der in Form einer Röhre gewickelt und geschweißt wurde. Auf diese Weise wirkte sich die Rohrbeanspruchung beim Schuß in der Längs- statt in der Querrichtung aus. Aber auch dieses Armstrong-Geschütz war bereits auf dem besten Wege zu veralten; denn Krupp in Preußen war zur Fertigung von stählernen Geschützen übergegangen.

Granaten, Granatgeschütze und die Anbringung von Zügen

Explosivgeschosse sind fast so alt wie die Kanonen selbst. Im Lauf der Jahrhunderte wurden sie vorwiegend zum Angriff auf Befestigungen verwendet, in die sie mit Hilfe von Mörsern geschleudert wurden. Flotten, die gegen Festungen operierten, benutzten kleine Mörserboote oder Bombardiergaleoten. Um 1700 begannen die Armeen Haubitzen zu verwenden. Sie feuerten mit Zündern versehene Granaten, die in flacherer Flugbahn direkt zum Ziel flogen. Seeoffiziere erkannten sehr bald die Vorteile des Granatfeuers, hielten es aber lange Zeit für zu gefährlich, um Granaten auf der eigentlichen Flotte einzusetzen. Andererseits waren die von den üblichen 24- und 32-Pfündern zu feuernden Geschosse zu klein, um viel Wirkung zu haben. Weit geeigneter für sie war die Karronade mit ihrer leichten Ladung und großen Rohrweite. Aber die Kanoniere fanden ihre Vollgeschosse so geeignet zur Zersplitterung hölzerner Rümpfe, daß sie die Möglichkeiten der Sprenggranaten zunächst verkannten.
Nach den napoleonischen Kriegen befaßte sich ein weitblikkender französischer Artillerieoffizier, Paixhans mit Namen, mit den Problemen einer Verwendung von Granaten auf See. Er erblickte im Einsatz von Granatgeschütz und Schaufelrad eine Möglichkeit, der Royal Navy die Seeherrschaft zu entreißen. So entwarf er eine kürzere und leichtere Kanone, die kleinere Ladungen benötigte als eine gleichkalibrige, aus der Vollgeschosse gefeuert wurden. 1824 demonstrierte er ihre Wirkung, indem er einen alten Zweidecker zusammenschoß. Ende der dreißiger Jahre führten die französische und die britische Marine das Paixhans-Geschütz ein; beide aber betrachteten es als eine Spezialwaffe, die der Artillerie für Vollgeschosse unterlegen war. Erst die Vernichtung der türkischen Flotte bei Sinope im Jahre 1853 überzeugte alle Marinekreise davon, daß es nun bei der Granate als Offensivwaffe, bei eisernen Rümpfen und Panzer für die Abwehr bleiben werde.
Bis in die Mitte des 19. Jahrhunderts hatten noch Granaten und Vollgeschosse eine Kugelform. Der Zünder war ein mit gepreßtem Pulver gefüllter Hohlzylinder. Der Inhalt war so bemessen, daß er während der Flugzeit bis zum Ziel annähernd verbrannte, und die Hülse wurde in eine Öffnung der Granate gestoßen oder geschraubt, bis ihr Bodenstück planeben mit der Oberfläche war. Darauf führte man die Granate von der Mündung her ins Rohr ein, wo sie mit nach außen zeigendem Zünder durch einen Ring aus Weichmetall festgehalten wurde, der »Holzschuh« hieß. Beim Abfeuern züngelten die Flammen um die Granate und setzten den Zünder in Brand, während das Geschoß durch das Rohr jagte. Verständlicherweise neigten diese mit Zeitzündern versehenen Granaten zu vorzeitigem oder zu spätem Detonieren. Die Alternative bestand im Aufschlagzünder, der die Explosion im Augenblick des Aufschlags auslöste. Dann aber mußte das Projektil mit dem Zünder zuerst auftreffen, was bei kugelförmigen Geschossen nie gewährleistet werden konnte. Eine längliche Granate neigte zum Überschlagen, solange sie nicht um die Längsachse rotierte. Das ließ sich, wie Büchsenmacher längst bewiesen hatte, durch Züge in den Geschützrohren erreichen. Sollten aber die Züge wirken, mußte die Granate genau ins Rohr passen, wobei wiederum ein Druck entstand, bei dem die damaligen Rohre platzten.

Vor Entwicklung des starken Mantelrohres versuchten britische Artillerieexperten, die Wirkung der Züge unter Beibehaltung eines Spielraums zu erreichen. Das Ergebnis war das Lancaster-Geschütz, das eine elliptische Granate aus einem elliptischen gezogenen Rohr, und das Whitworth-Geschütz, das eine sechseckige Granate aus einem sechseckigen gezogenen Rohr feuerte. Aber solche Notbehelfe erwiesen sich als unzureichend. Im Krimkrieg zeigten sich gezogene Handwaffen den aus glatten Rohren feuernden Feldgeschützen nach Reichweite und Treffsicherheit weit überlegen. Um ihre Überlegenheit über die Infanterie zurückzugewinnen, ließen französische Artilleristen jede Vorsicht außer acht und feuerten mit gezogenen Geschützrohren bei unzureichender Stärke der Rohrwandung. Häufig waren die Ergebnisse vernichtend.

Das Mantelgeschütz von Armstrong war die erste allgemein benutzte Kanone, die dem bei gezogenen Rohren auftretenden Druck gewachsen war. Es feuerte längliche Projektile mit einem Bleimantel, der sich in die Züge preßte. Das Zündloch befand sich in einem auswechselbaren Futter. Das Geschütz wurde am Bodenstück geladen, und eine endlose Schraube diente als Verschluß. Im Jahre 1859 wurden die britischen Streitkräfte mit der Armstrong-Kanone ausgerüstet, welche die Artilleriekunde völlig revolutionierte.

Die amerikanische Marine teilte lange Zeit die Vorliebe für gezogene Rohre nicht. Während des Bürgerkrieges und in den folgenden 20 Jahren blieb das glattwandige Dahlgren-Geschütz die Standardwaffe amerikanischer Kriegsschiffe. Dafür gab es gute Gründe. Die Dahlgren-Kanonen mit ihren Rundgeschossen und schweren Ladungen durchschlugen Panzer besser als damalige Geschütze von kleinerem Kaliber mit länglichen Geschossen. Zudem hielt man die durch die Züge erzielte größere Reichweite für einen ständigen Anreiz, die Munition zu verbrauchen, ehe man dem Gegner nahe genug war. Amerikanische Seeoffiziere fühlten sich in ihren Vorurteilen auch durch die Erfahrung mit dem Parrot-Geschütz bestärkt. Bei ihm handelte es sich um eine mit Zügen versehene Rodman-Kanone, um deren Bodenstück durch Schrumpfen ein schweres schmiedeeisernes Band gelegt war. Da dem übrigen Rohr aber jede Verstärkung fehlte, neigte die Parrot dazu, die eigene Mündung abzusprengen.

Der Turm

Das erste Schiff mit einem Geschützturm, das fertiggestellt wurde, war Ericssons *Monitor,* die 1862 in der Schlacht von Hampton Roads gegen die *Virginia* kämpfte. Der Gedanke an einen Drehturm aber war keineswegs neu. Schon lange zuvor war er an Land erprobt worden, und man hatte auch vorgeschlagen, ihn auf Schiffen zu verwenden. Sein Vorläufer war die pivotierte Kanone, die an Oberdeck stehend nach jeder Richtung geschwenkt werden konnte. Im Jahre 1843 meldete der Amerikaner Timby beim Patentamt der Vereinigten Staaten ein Patent für ein »metallisches, drehbares Fort« zur Verwendung am Lande und auf See an. Obwohl Timby, soweit bekannt, keinen Einfluß auf Entwurf und Einführung von Kriegsschiffen mit schwenkbaren Türmen gehabt hat, mußte ihm Ericssons Firma Tantiemen zahlen. Im Jahre 1859 erhielt ein britischer Seeoffizier, Kapitän Coles, ein Patent auf Zeichnungen und Beschreibungen eines Turmes mit schwenkbarem, halbkreisförmigem Schutzschild. Es gelang ihm, die britische Admiralität für diesen Entwurf zu interessieren. Versuchsmodelle wurden gebaut und mit so durchschlagendem Erfolg erprobt, daß die Admiralität den Bau eines mastlosen Panzerschiffes, H.M.S. *Prince Albert,* anordnete. Es trug 4 Geschütze in 4 Panzertürmen von Coles. Aber noch bevor mit dem Bau begonnen worden war, traf in England die Nachricht von der Schlacht auf Hampton Roads ein. Dadurch bekam Ericsson die Genugtuung, als erster einen Panzerturm ins Gefecht gebracht zu haben. Coles aber teilt mit ihm den Ruhm, diese Erfindung in den Seekrieg eingeführt zu haben. Die *Prince Albert* wurde mit den Türmen von Coles fertiggestellt, und dieser erhielt, bis sein Patent erlosch, Tantiemen von jedem für die britische Marine gebauten Turm.

Taktische Theorien

Die Einführung des Dampfantriebes regte die Seestrategen zu kühnen und bisweilen irrealen Spekulationen darüber an, wieweit dadurch die Taktik beeinflußt werden könne. Nachdem man bereits in den letzten Tagen der Segelschiffahrt von der Taktik gleichlanger Kiellinien weitgehend abgekommen war, befürworteten Taktiker aus den ersten Tagen der Dampfschiffahrt ihre völlige Aufgabe. Die einfache Kiellinie war eine Folge der Schwierigkeiten gewesen, unter Segel Position zu halten. Nun, wo es den Dampfantrieb gab, waren nach Meinung der Theoretiker unbegrenzte Manövriermöglichkeiten gegeben; nun konnte man jede denkbare Formation einnehmen. Für diese Leute mußte die ideale Formation folgende Vorteile bieten: Verteidigung aus der Tiefe; die Möglichkeit massierten Feuers zwecks gegenseitiger Unterstützung auf geringe Entfernung; freier Bug und freies Heck für ungehindertes Schießen vor- und achteraus und für Verwendung des Rammsporns, gleichzeitig aber auch Vermeidung der Gefahr, daß die Schrauben durch Leinen, Spieren und Segel eines vorausfahrenden Schiffes unklar kamen. Eine anfängliche Lösung, die die Probleme aber nur teilweise löste, stellte die »verzahnte« Linie dar. Bei ihr handelte es sich um eine Doppelkolonne, wobei die Schiffe derart gestaffelt fuhren, daß die beiden Linien auf Lücke standen. Beliebter aber war die Staffelformation und am beliebtesten die Doppelstaffel oder das auf dem Kopf stehende »V«. Bei ihr führte das Flaggschiff zwei in gleicher Peilung nach Backbord bzw. Steuerbord gestaffelte Linien. Diese Formation wurde auch in der Schlacht erprobt, bevor schließlich doch die Flotten in der Rückkehr zur einfachen Kiellinie die günstigste Lösung sahen.

Organisatorische Wandlungen als Folge der neuen Technologie

Sehr bald wurde es klar, daß eine in der Zeit der Segelschiffe funktionierende Organisation nicht den Problemen gewachsen war, welche die neue Technologie mit sich brachte. Demzufolge nahmen die führenden Marinen größere Veränderungen in der Organisation und der Kommandostruktur vor. Da es sich um einen relativ friedlichen Zeitabschnitt handelte, lag der Schwerpunkt überall auf dem Gebiet der Logistik. Dagegen geschah wenig, um die operative Führung zu verbessern. Veränderungen in der britischen und amerikanischen Marine zeigen deutlich, wohin die Entwicklung ging.

Die britische Admiralität wurde 1832 völlig reorganisiert, als der damalige Erste Lord, Sir James Graham, die obersten Kommandostellen auflöste und neu einteilte. Bei der neuen Organisation trugen ihm die im »Board of Admiralty« zusammengefaßten fünf Seelords – alles Seeoffiziere – unmittelbar vor. Jeder dieser Seelords überwachte die Arbeit eines der fünf zivilen Ämter der Admiralität. Jedes Amt unterstand einem aktiven Offizier, der seinerseits dem zuständigen Seelord vortrug. Diese Offiziere hatten folgende Titel und Aufgaben: Gutachter der Marine, ihm unterstanden Material und Planung; Hauptrechnungsführer oder Schatzmeister; Generalverwalter; Inspekteur der Verpflegung; Generalarzt.

Zehn Jahre später ersetzte die amerikanische Marine das »Board of Navy Commissioners« durch eine ähnliche Organisation von Ämtern, die einer Flotte aus Eisen und unter Dampf noch besser angepaßt war. Diese im Jahre 1842 geschaffene Organisation sah fünf Ämter vor, jedes Amt unter einem Offizier: Werften und Docks; Artillerie und Hydrographie; Bauten, Ausrüstung und Reparaturen; Verpflegung und Bekleidung; Ärztliche Versorgung und Chirurgie. In der Royal Navy koordinierte allein der Erste Lord der Admiralität die Arbeit der neuen Ämter. In der Marine der Vereinigten Staaten tat es der Staatssekretär der Marine, also der Marineminister. Bei beiden handelte es sich um politische Persönlichkeiten und Kabinettsmitglieder. In den Vereinigten Staaten war der Marinesekretär von jeher ein Zivilist gewesen. Seit der Amtsführung von Lord Barham zur Zeit von Trafalgar galt dies auch für den Ersten Lord, wenn auch seither einige verabschiedete Offiziere den Posten innegehabt haben. Keine der beiden Marinen besaß einen für die Seekriegführung verantwortlichen Offizier. Andererseits waren die britischen Seelords und die amerikanischen Amtschefs zu sehr mit logistischen Aufgaben belastet, um den zivilen Führer der Marine in Fragen der Kriegführung beraten zu können. Abgesehen von gelegentlichen Behelfsmaßnahmen blieb es so bis in das neue Jahrhundert hinein.

Auch an Bord erwiesen sich Änderungen als nötig, wollte man den neuen Gegebenheiten Rechnung tragen. So tauchten seit 1837 in der Royal Navy und der US-Marine Ingenieuroffiziere auf, freilich mit einem Unterschied: in der amerikanischen waren sie von Anfang an Offiziere mit Patent. Die aristokratische Tradition der Royal Navy aber, die den »Krieger« höher stellte als den »Seemann« oder gar den »Techniker«, gab zehn Jahre lang dem Ingenieur nur den Rang eines Deckoffiziers. Als die älteren von diesen 1847 Patente erhielten, bekamen sie den merkwürdigen Titel »Inspektoren schwimmender Maschinen«.

Zusammenfassung

In den Jahren 1815 bis 1860 kam es nur zu kleineren militärischen Operationen. Gewiß, die amerikanische und britische Flotte demütigten Algier, britische und französische Einheiten nahmen am Krieg gegen China teil, das amerikanische Pazifik- und Heimatgeschwader am Mexikanischen Krieg (1846–1848). Die Royal Navy und die französische Marine operierten im Krimkrieg (1854–1856) in der Ostsee und im Schwarzen Meer. Das alles aber waren keine großen Kriege, und es kam nie zu einer Seeschlacht. Nur in Navarino und Sinope errangen verbündete oder russische Geschwader Siege über türkische Flotten, die aber im Hafen lagen. Und doch war dieser Zeitabschnitt für die Seekriegsgeschichte von großer Bedeutung. Nach 2000 Jahren des Antriebs durch Riemen und nach 300 Jahren eines solchen durch Segel trat bei den Flotten der Erde der dritte große Wechsel ein: es kam zum Dampfantrieb und gleichzeitig zur Einführung des Panzers, des eisernen Rumpfes, der mit Zügen versehenen Mantelrohre, nicht zu vergessen der mit Aufschlagzünder versehenen Granate. Die Heere wurden zwar nicht ganz so durchgreifend revolutioniert, aber auch sie sahen sich dank der neuen Technologie im Besitz eines Arsenals neuer Waffen.

Niemand bezweifelte, daß die technologischen Wandlungen auf die Kriegführung großen Einfluß haben würden. Schreibtischstrategen füllten die Zeitschriften mit ihren Theorien. Als aber 1860 H.M.S. *Warrior* von Stapel lief, waren erst wenige der neuen Waffen und wenige der neuen Theorien im Kampf auf die Probe gestellt worden. Daher zog der im nächsten Jahr beginnende Bürgerkrieg in den Vereinigten Staaten prompt die Aufmerksamkeit aller Militärstrategen der Welt auf sich. Als sich dieser Krieg zu einem größeren Konflikt auswuchs, schickten verschiedene Regierungen Beobachter, die berichten sollten, wie sich die neuen Waffen im Kampf bewährten. So wurde der amerikanische Bürgerkrieg auch zu einem Erprobungsfeld der neuen militärischen Technologie.

Kapitel 14

Der amerikanische Bürgerkrieg I

Von E. B. Potter für die deutsche Ausgabe kondensierte Neufassung der in der US-Ausgabe von J. R. Fredland bearbeiteten Kap. 13 und 14. Übersetzung Siegfried Engel.

In den Vereinigten Staaten begannen in den fünfziger Jahren des 19. Jahrhunderts diejenigen Kompromisse in die Brüche zu gehen, die der Nation bislang ermöglicht hatten, daß Staaten mit freien Bürgern neben solchen mit Sklaverei existierten. Im Februar 1861, einen Monat bevor Abraham Lincoln in das Amt des Präsidenten der Vereinigten Staaten eingeführt wurde, proklamierten sich die Konföderierten Staaten Amerikas als neue Nation. Damit standen beide Parteien zur bewaffneten Auseinandersetzung bereit.

Dem amerikanischen Bürgerkrieg lagen unter anderem folgende Ursachen zu Grunde: kulturelle Antipathie, wirtschaftliche Konflikte, die Sklavenfrage sowie der Streit um politische Vorherrschaft und das Recht zur Sezession. Aber als die Kanonen zu sprechen begannen, handelte es sich um eine drängendere und praktische Frage: Wer hat Anspruch auf das Bundesvermögen in denjenigen Staaten, die die Trennung von der Union wählen?

Fast überall in den Sezessionsstaaten gaben die Treuhänder widerstandslos die betreffenden Vermögen heraus. Eine Ausnahme jedoch bildete Major Robert Anderson, Befehlshaber der Garnison von Fort Sumter im Hafen von Charleston, Süd Carolina. Am 11. April 1861, als Verhandlungen gescheitert waren, verlangte der konföderierte General Pierre Beauregard die Übergabe des Forts. Anderson lehnte sie ab. Vorschläge und Gegenvorschläge verzögerten den Kampfbeginn bis zum frühen Morgen des 12. April.

In der Morgendämmerung dieses Tages waren viele Bewohner Charlestons hinausgeeilt, um Zeugen des Schauspiels zu werden. Sie sahen, wie die erste Mörsergranate im Bogen durch die Luft sauste und auf dem Exerzierplatz von Fort Sumter einschlug. Nacheinander folgten die verschiedenen Batterien der Konföderierten diesem Signal, und Minuten später lag das Fort unter schwerem Beschuß. Zweieinhalb Tage dauerte die Kanonade. Während dieser Zeit ließ Anderson seine Leute nicht in den exponierten Batteriestellungen und auf dem Exerzierplatz, so daß keine Verluste eintraten.

Am 13. April lagen die Verwaltungsgebäude in Sumter unter dem Feuer von Brandgeschossen. Da hierdurch die Munitionskammern bedroht wurden, mußten die meisten Pulvervorräte ins Wasser geworfen werden. Abraham Lincoln hatte Anderson zur Übergabe ermächtigt, wenn nach dessen Urteil weiterer Widerstand sinnlos schien. Da auf Entsatz keine Aussicht bestand, die Vorräte knapp wurden und keine wirksamen Abwehrwaffen vorhanden waren, schickte sich der Major ins Unvermeidliche und kapitulierte. Die Ereignisse in Charleston machten einen Krieg unausweichlich. Lincoln reagierte schnell und energisch. In einer Proklamation vom 15. April rief er 75 000 Mann Miliz zu den Waffen. Das Versprechen gemeinsamen Handelns von Seiten der Bundesregierung veranlaßte die übrigen vier Südstaaten, sich der Konföderation anzuschließen. Als Virginia, Arkansas, Nord Carolina und Tennessee erkannten, daß nun kein Mittelweg zwischen Sezession und Föderalismus blieb, erließen sie Sezessionsverfügungen. Starke sezessionistische Neigungen herrschten auch in den die Sklaverei duldenden Grenzstaaten Missouri, Kentucky und Maryland, aber geographische Gegebenheiten und loyale Mehrheiten ließen sie in der Union verbleiben.

Verlust der Marinewerft in Norfolk

Die Übergabe von Fort Sumter war gewiß ein schwerer Schlag für das Selbstgefühl des Nordens, im Grunde aber kein so folgenschwerer Verlust wie die fast gleichzeitige Aufgabe der Werft in Norfolk. Bei ihr handelte es sich um die größte des Landes, besaß sie doch zwei große Trockendocks der Kriegsmarine und war das Arsenal für die Reservebestände an Schiffsartillerie. Dort lagerten mehr als 300 moderne Dahlgren-Geschütze, darunter etwa 50–22,5 cm neuester Fertigung. Darüber hinaus lag eine Anzahl reparaturbedürftiger Fahrzeuge, darunter die Schraubenfregatte *Merrimack* (50), in diesem Hafen. Während in Charleston die Dinge auf die Spitze trieben, zeigten sich in der Stadt Norfolk überall leidenschaftliche sezessionistische Tendenzen. Obwohl sich Virginia der Konföderation noch nicht angeschlossen hatte, wurde die Rekrutierung für eine Virginia-Miliz tatkräftig betrieben. Viele zur Werft abkommandierte Offiziere nahmen den Abschied. Desertieren und leichte Fälle von Meuterei waren nachgerade an der Tagesordnung. Der ältliche Kommandant verfiel infolge der betrüblichen Entwicklung der Dinge in eine an Panik grenzende Unentschlossenheit und vermied jedes energische Handeln, um es nicht zu bewaffneten Zusammenstößen kommen zu lassen. Als Virginia seine Sezession erklärte, verlor Marineminister Gideon Welles keine Zeit, sondern entsandte Kommodore Hiram Paulding als Direktor der Werft. Außerdem sollte er alles Inventar und alle Schiffe aus Norfolk fortschaffen oder zerstören. Mit Brennmaterialien machte sich Paulding an Bord einer Schraubensloop auf den Weg und traf am Abend des 20. April ein. Er fand die *Merrimack* und drei

weitere Schiffe in sinkendem Zustand auf Reede vor. Die Versenkungen hatte sein Vorgänger befohlen.
Da der Kommodore nicht über ausreichende Kräfte zur Verteidigung des ausgedehnten Werftgeländes verfügte, schickte er sich an, möglichst viel zu vernichten. Seesoldaten und Matrosen der Sloop wurden in kleine Arbeitsgruppen aufgeteilt, legten Minen an den Trockendocks, verteilten mit Terpentin getränktes Werg und Pulver auf die hölzernen Gebäude und die Takelage der sinkenden Schiffe und versuchten vergeblich, die Schildzapfen der großen Geschütze in den Hallen abzuschlagen. Nach ein paar Stunden waren alle Vorbereitungen so vollständig getroffen, wie es die Umstände erlaubten. Kurz vor der Morgendämmerung wurden die Zündschnüre in Brand gesetzt. Noch während die Gruppen von Land fortruderten, verwandelte sich die ganze Werft in ein Flammenmeer.
Und doch erwies sich das Zerstörungswerk als keineswegs vollkommen. Nachdem die Brände erloschen waren, fanden die Konföderierten in den Ruinen den größten Bestand an moderner Artillerie, den es damals auf der westlichen Hemisphäre gab. Da zu jener Zeit der Süden keine Möglichkeit zur Fabrikation derartiger Waffen besaß, bedeutete dies ein unvorstellbares Glück, hatte man doch auf einmal Kanonen, um die neuen Forts zur Verteidigung der Südhäfen zu armieren. Außerdem war ein wagemutiges Kommando der Virginia-Miliz noch rechtzeitig in die Werft gestürmt, um das Trockendock durch Fluten vor der Vernichtung zu bewahren.

Hilfsquellen und Strategie

Union und Konföderation waren sich, abgesehen von der Größe der Territorien, in keiner Weise ebenbürtig. Die Bevölkerung der Union übertraf diejenige des abgefallenen Gebietes im Verhältnis von 5:2. Auf dem Gebiet der Schwerindustrie, die für eine moderne Kriegführung so ungemein wichtig ist, war die Überlegenheit des Nordens überwältigend. Obwohl es sich beim Süden um landwirtschaftliche Gegenden handelte, bestand doch kein Überfluß an Nahrungsmitteln, weil sich weite Gebiete ausschließlich dem Anbau von Baumwolle widmeten. Die Marine der Vereinigten Staaten begann den Krieg in betrüblich unvorbereiteter Verfassung, aber die Konföderation besaß überhaupt keine Marine.
Wie durfte es der Süden bei so ungleicher Machtverteilung wagen, einen Krieg zu provozieren? Tatsache ist, daß kein Mensch den Bürgerkrieg eingeplant hatte. Wohl war eine Sezession ins Auge gefaßt, aber sogar von den Führern des Südens hatten nur sehr wenige geglaubt, daß dazu Gewaltanwendung erforderlich sein werde. Noch nach dem Ausbruch der Feindseligkeiten hielten viele Südstaatler einen Sieg der Konföderation für gewiß. Weithin war man im Süden davon überzeugt, daß durch ein Abschneiden der britischen und französischen Spinnereien von der Baumwolle diese Industrie ruiniert würde, so daß sich Großbritannien und Frankreich zum Eingreifen gezwungen sähen, zum mindesten aber eine von der Union erklärte Blockade brechen müßten. Außerdem konnte der Süden auf unbestreitbare Vorteile hinweisen: Er besaß eine stolze und tapfere Landbevölkerung, die an den Gebrauch von Feuerwaffen gewöhnt und nie vor der Anwendung von Gewalt zurückgeschreckt war. So gehörte zum Beispiel immer noch das Duell zum Ehrenkodex eines Gentlemans der Südstaaten. Die Konföderation verfügte weiterhin über ein kampfbereites Offizierkorps in Gestalt der vielen Armeeoffiziere, die im Heer der Union ihren Abschied genommen hatten und in dem der Konföderation sofort wieder angestellt worden waren. Schließlich kämpften für den Süden einige der fähigsten Soldaten jener Tage, wie Robert Lee, Thomas (»Stonewall«) Jackson, Joseph Johnston, Pierre Beauregard und andere.
Logischerweise mußte die Strategie der Föderierten darin bestehen, das Herzstück der Konföderation durch eine Blockade der Küsten zu isolieren, wodurch dem Süden ein Import von Nahrungsmitteln und Munition aus Europa unmöglich gemacht wurde. Ebenfalls forderte die Logik eine Fortnahme des Mississippi-Tales. Damit wurden die landwirtschaftlichen Staaten Texas, Arkansas und Louisiana abgeschnitten, und gleichzeitig hatte man den ganz geringen Nachschub unterbunden, der von Europa auf dem Weg über Mexiko in die Konföderation gelangte. Die Blockade und ihre unvermeidlichen Folgeerscheinungen nannte man zutreffend eine »Anakonda-Politik«. So wie der Leib dieser Schlange das Opfer erst leicht, dann immer fester umschlingt, bis es zu Tode gequetscht ist, erwartete man von der Anakonda-Politik eine allmähliche Aushungerung der Konföderation. Bei der Durchführung dieser Politik sollte die Marine der Vereinigten Staaten eine bedeutende Rolle spielen.
Eine merkwürdige Eigentümlichkeit des amerikanischen Bürgerkrieges liegt darin, daß die Hauptstädte der beiden Parteien, Washington und Richmond, nahe der Grenze ihrer Territorien lagen, 100 Meilen voneinander getrennt. Demzufolge mußten beide Seiten in Virginia große Armeen zum Schutz dieser Städte belassen. Da diese Armeen so denkwürdige Schlachten wie die bei Antietam, Chancellorsville und Gettysburg schlugen und da sie unter dem Befehl so bedeutender Soldaten wie Lee, Jackson und Ulysses S. Grant standen, befaßt sich die Geschichtsschreibung vorwiegend mit diesen Kampfhandlungen. Und doch waren die föderierte Armee am Potomac und die konföderierte in Nord Virginia im Grunde nur defensive Streitkräfte. Lee hat niemals die Armee am Potomac mit ihren gewaltigen Menschenreserven besiegen können. Andererseits konnte auch diese Armee Lee niemals entscheidend schlagen, solange sein Nachschub funktionierte. Das Problem der Union bestand also darin, Lee Verpflegung und Munition abzuschneiden, indem man Schritt für Schritt die Quelle dieses Nachschubs zum Versiegen brachte. Und das tat die Anakonda, ergänzt durch Streifzüge föderierter Armeen durch die Südstaaten. Die

Strategie der Union läßt sich in den Worten zusammenfassen: »Lee's logistische Basis langsam abbauen«.
Norden und Süden rechneten mit kurzer Kriegsdauer. Als es nach monatelangem Schwanken und Verhandeln zum Kampf kam, beherrschte alle das fast pathologische Drängen auf eine Schlacht. Von Mitte April an liefen die Kriegsvorbereitungen beider Parteien auf hohen Touren.

St. Philip und Pulaski 10 000 Mann bereit; 16 000 seien auf dem Marsch nach Virginia«. Er stellte auch den sofortigen Aufbau einer Armee von 100 000 Mann in Aussicht.
Entsprechende Vorbereitungen traf der Norden. Lincolns Aufruf von Freiwilligen am 15. April fand in allen freien Staaten ein begeistertes Echo, ebenfalls bei fast jedem prominenten Bürger des Nordens. Die Regierungen der einzelnen

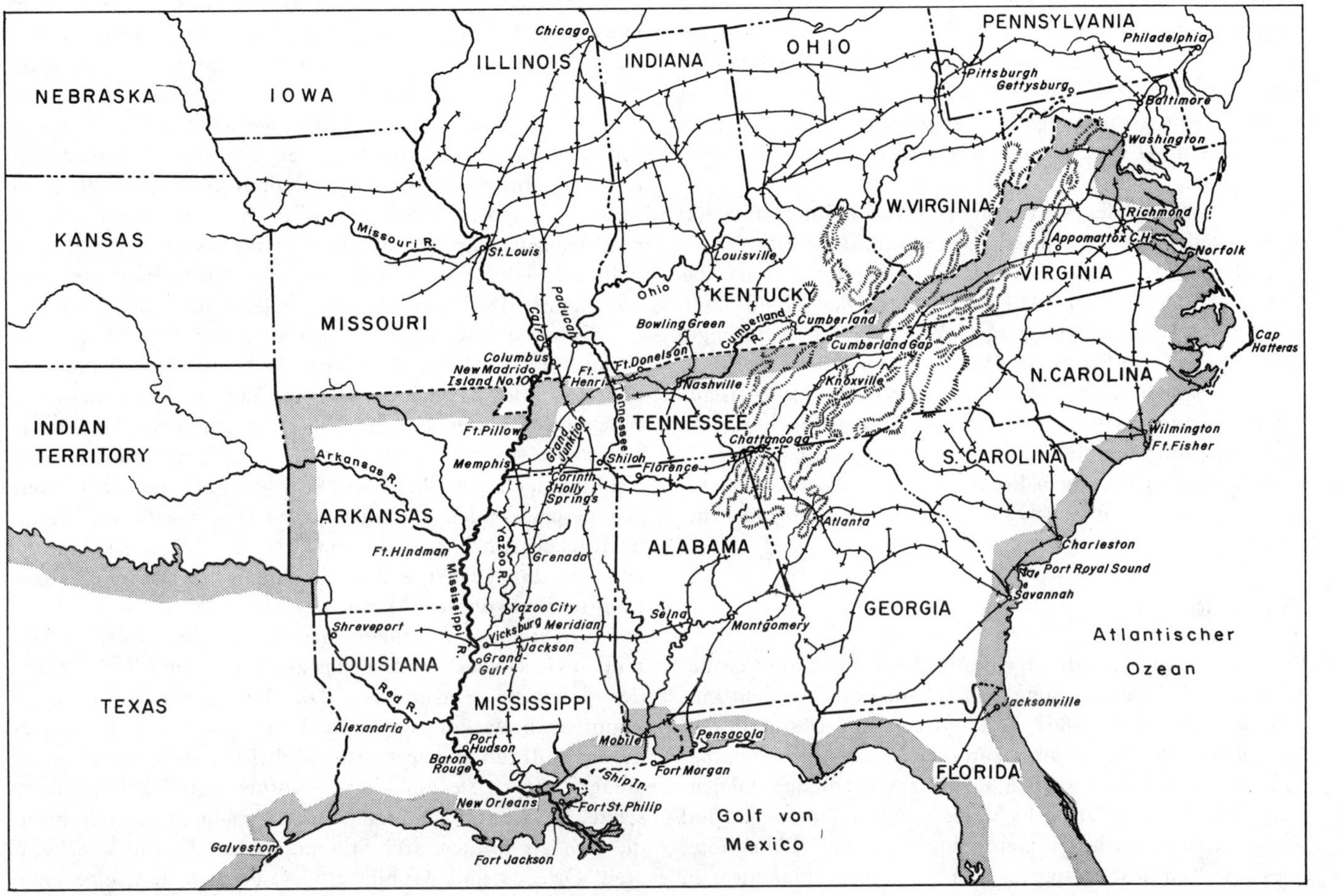

Die Konföderation

Die konföderierte Regierung, die bereits etwa 11 000 Bewaffnete in Charleston und Pensacola bereitstehen hatte, rief am 8. April ein Kontingent von 20 000 Mann aus den Sezessionsstaaten auf, am 16. April weitere 34 000 Freiwillige. In den eroberten Arsenalen fand der Süden viel militärische Ausrüstung, darunter 100 000 Handwaffen mit allem Zubehör. Er schickte Agenten nach Europa, die eine diplomatische Anerkennung und Kredite erlangen sollten. Außerdem hatten sie militärisches Material und Schiffe für eine Kriegsflotte zu beschaffen. Neue Befestigungen an den Küsten der Südstaaten wurden angelegt, Pläne zur Blockierung des Mississippi bis nach Columbus im Norden von Kentucky entworfen. Bei einer Sondersitzung des konföderierten Kongresses gab Präsident Jefferson Davis bekannt, »es standen bei Charleston, Pensacola, den Forts Morgan, Jackson,

Staaten gingen sogleich an die Rekrutierung und bemühten sich, ihre Quoten zu übertreffen. Fast die doppelte Zahl der benötigten 75 000 Freiwilligen meldete sich zum Einsatz. Nach drei Monaten hatten beide Parteien Bürgerheere ausgerüstet und abtransportiert.
So stark war das Drängen des Volkes und so groß die Unerfahrenheit der Generalität – befehligte sie doch zum erstenmal in einem Kriege verhältnismäßig starke Kräfte –, daß die unausgebildeten und ahnungslosen Männer bei erster Gelegenheit aufeinander losgelassen wurden. Es kam zur ersten Schlacht von Bull Run am 31. Juli 1861, einer beschämenden Angelegenheit. Da die Unordnung bei den Unionstruppen noch größer war und viele in panischem Schrecken flohen, erklärte der Süden, er habe gesiegt. Entsprechend niedergeschlagen war der Norden. Aber auch den

Offizieren des Südens waren ihre Truppen auf dem Schlachtfeld aus den Händen gelaufen, und schließlich durften beide Seiten froh sein, daß sie aus ihren Haufen erst einmal Armeen von wirklichen Soldaten machen konnten.

Im November löste der talentierte, aber unberechenbare McClellan den ältlichen und kränklichen Winfield Scott als Oberbefehlshaber der Bundesheere ab. Als überragender Exerziermeister brachte »Little Mac« seine Soldaten in den Lagern rund um Washington auf den höchsten Ausbildungsstand. Lincoln drängte auf einen Vormarsch nach Süden gegen unterlegene Kräfte des Südens, aber McClellan war mehr für eine großräumige Flankenbewegung über die von den Flüssen York und James gebildete Halbinsel gegen Richmond.

Dieser Plan hatte den Vorteil sicherer Verbindungslinien auf Wasserwegen, die durch überlegene Seestreitkräfte der Union verteidigt werden konnten. Da der Norden bereits das äußerste Südende der Halbinsel fest in der Hand hielt, konnte die Truppenbewegung ohne jede Störung durchgeführt werden. Ein Erfolg im Anfangsstadium der Operation mußte nebenher zu einer Verjagung der Konföderierten aus Norfolk führen, wollten sich diese nicht überflügeln lassen. McClellan hoffte natürlich, die Schnelligkeit seines Vormarsches werde zu wichtigen Ergebnissen führen, ehe General Johnston seine Truppen diesem unerwarteten Vorstoß entgegen werfen konnte.

Die Blockade

Eine dringende Aufgabe der Flotte der Unions-Staaten bestand in der Durchführung der Blockade, die Präsident Lincoln am 19. April 1861 verkündet hatte. Dadurch daß Marinesekretär Welles amerikanische Kriegsschiffe heimbeorderte, standen ihm bald 76 Schiffe zur Verfügung. Gleichzeitig kaufte die Marine mehr als hundert Fahrzeuge und baute sie um, darunter Getreideprähme und Fährboote; alles was standfest genug war, um als Geschützplattform zu dienen. Aber trotz derartiger Improvisationen reichten die Kriegsschiffe der Unions-Staaten doch nicht zur Blockierung von 3500 Meilen konföderierter Küste aus. Das Problem wurde noch dadurch kompliziert, daß die Patrouillen unter Land notgedrungen von dampfgetriebenen Fahrzeugen durchgeführt werden mußten. Aber Hampton Roads war die nächste Kohlenstation, und die nächsten Reparaturwerften lagen in Washington und Philadelphia. Da Norfolk an der Hampton Roads lag, bot seine Blockierung keine Schwierigkeit, aber es stand außer Frage, daß man auch Stützpunkte näher bei jenen Häfen benötigte, welche die Marine abzuschließen versuchte.

In Anbetracht der im Jahre 1861 verfügbaren Schiffe und Truppen war es aussichtslos, befestigte Häfen wie Charleston, Savannah oder Wilmington in Nord Carolina zu erobern. Andererseits mußte das zu besetzende Gebiet über gute und tiefe Ankerplätze verfügen und die Möglichkeit bieten, Dockeinrichtungen zu schaffen. Außerdem mußte es nahe genug bei den größeren Häfen der Konföderation liegen und gleichzeitig nach Land zu leicht zu verteidigen sein. Zum Glück erleichterte die Länge und Vielgestaltigkeit der Küste des Südens, so sehr sie eine Blockade erschwerte, eine Eroberung von Stützpunkten, wie die Flotte sie brauchte. An einer Küste von mehreren tausend Meilen mit fast 200 Häfen konnte die Konföderation wohl kaum rechtzeitig jeden Platz befestigen, an dem die Flotte zuschlagen konnte.

Als ersten zu erobernden Punkt bestimmte das Marinedepartement das Hatteras Inlet, einen Durchlaß in der der Küste von Nord Carolina vorgelagerten Sandbarre. Diese Einbuchtung mit den niedrigen Sanddünen auf beiden Seiten schien für einen Blockadestützpunkt sehr geeignet; denn sie war leicht zu verteidigen und doch in erreichbarer Nähe von Beaufort und Wilmington. Beide Städte besaßen gute Häfen und waren Endstationen von Eisenbahnlinien. Am 26. August 1861 versegelten Flaggoffizier Stringham mit 7 Schiffen und Generalmajor Butler mit 860 Mann von Hampton Roads nach den Forts Clark und Hatteras, die das Hatteras Inlet bewachten. Die auf Sandbänken errichteten Blockhäuser waren stark mit 32-Pfündern armiert, aber nur schwach besetzt und unzureichend versorgt. Nach einem Artillerieduell zwischen den Schiffen und den nicht weit genug schießenden Küstenbatterien landeten Butlers Leute im Rücken von Fort Clark, das die Verteidiger bald räumten. Am 29. August endete der ungleiche Kampf mit der Kapitulation von Fort Hatteras.

Mitte September eröffneten Schiffe des den Golf blockierenden Geschwaders das Feuer auf Ship Island in der Nähe der Mississippi Mündung. Die konföderierte Garnison konnte nicht wirkungsvoll zurückschießen, setzte ihre Unterkünfte in Brand und zerstörte möglichst viele Verteidigungsanlagen, bevor sie mit kleinen Booten aufs Festland übersetzte. Bald darauf landeten Bundessoldaten auf der Insel, die sich als brauchbarer Stützpunkt für die Blockade von New Orleans und Mobile erwies. Freilich kam eine enge Blockade von New Orleans nicht in Frage, weil die Stadt zu viele Zugänge zum Meer besaß.

Von größerer strategischer und taktischer Bedeutung war die Operation gegen Port Royal, die Bundestruppen Anfang November durchführten. Außer Norfolk, Beaufort und Wilmington besaßen nur noch Charleston und Savannah als einzige Atlantikhäfen Eisenbahnverbindungen mit den übrigen Gebieten der Konföderation. Diese beiden Städte wurden durch Forts aus Steinen und Mauerwerk verteidigt, die mit vielen schweren Kanonen bestückt waren. Dagegen bot der Port Royal Sound, zwischen beiden an der Küste von Süd Carolina gelegen, ein geeignetes Angriffsziel, obwohl er weit stärker befestigt war als Hatteras Inlet oder Ship Island. Port Royal würde einen idealen Stützpunkt für die Blockade abgeben; denn der Sund hatte ausreichend tiefes Wasser, und ein Gegenangriff würde sehr schwierig sein, weil sumpfiges, fast unpassierbares Terrain die Stadt vom Landes-

inneren trennte. Andererseits waren die die Einfahrt in den Sund flankierenden Forts Walker und Beauregard so stark, daß die Eroberung keineswegs eine todsichere Sache zu sein schien.
Am 4. November traf von Hampton Roads her das für Port Royal bestimmte Expeditionskorps unter dem Befehl von Kommodore Samuel Du Pont am Ziel ein. Zum Verband gehörten 11 große Kriegsschiffe und eine Anzahl Kanonenboote, die 35 Transporter mit 13000 Mann an Bord geleiteten. Das Unternehmen war als amphibische Operation geplant gewesen, aber da unterwegs durch Stürme viele Landungsboote verlorengegangen waren, mußte Du Pont eine rein maritime Offensive daraus machen.
Die Einfahrt in den Sund von Port Royal liegt zwischen Hilton Head und Bay Point, die 2,5 Meilen voneinander entfernt sind. Weil Fort Walker, auf Hilton Head, stärker armiert war, beschloß Du Pont, zunächst alle Kräfte gegen dieses Fort einzusetzen. Erkundungen deuteten darauf hin, daß die Befestigungen nach der Seeseite stark, während diejenigen zum Sund hin nur mit zwei veralteten Kanonen bestückt waren. Daher entschloß sich der Kommodore, in den Sund einzulaufen und diesen Flügel der Stellung zu bombardieren.
Am Morgen des 7. November führte Du Pont 14 der stärksten Fahrzeuge in zwei Kolonnen in der Mitte des Fahrwassers heran und beschoß im Passieren beide Forts. Eine Flottille der konföderierten Verteidiger, bestehend aus einem Flußdampfer und zwei kleinen Kanonenbooten, leistete scheinbar Widerstand, brachte sich aber bald in einer nahen Bucht in Sicherheit, als die Unionschiffe begannen, sie zu beschießen.
Nach Du Ponts Plan sollte die Steuerbord fahrende Division aus 5 Kanonenbooten im Sund bleiben und gutgezieltes Feuer gegen die schwache Nordflanke von Fort Walker unterhalten, während er sein Gros aus 9 Schiffen auf elliptischen Kurs in den Sund hinein und wieder heraus führte, immer wieder auf Kernschußweite an der Hauptfront des Forts vorbei. Aber als das Flaggschiff, die Dampffregatte *Wabash* (46), nach Backbord abdrehte, um die Linie dicht am Fort vorbei zurückzuführen, folgten ihm nur 2 Fahrzeuge. Die übrigen blieben ziemlich weit innen im Sund bei der Division der Kanonenboote, deren enfilierendes Feuer sie unterstützten.
Du Ponts drei Schiffe hatten bereits zwei Ellipsen gefahren und eine dritte begonnen, wobei es übrigens nicht ernstlich ins Gewicht fiel, daß sie allein operierten; denn diese drei hatten nahezu die Hälfte aller Geschütze des Angriffsverbandes an Bord.
Dieser war ohnehin in seiner Gesamtstärke beiden Forts um das Fünffache an Feuerkraft überlegen. Die Forts erwiderten das Feuer nach besten Kräften, trafen auch und verursachten Verluste. Aber nach und nach gerieten sie ins Hintertreffen. Um 13 Uhr verließen die Verteidiger von Fort Walker ihre Stellungen, während Fort Beauregard etwas später geräumt wurde. Darauf wurden die Truppen an Land gesetzt und nahmen beide in Besitz.
An den Verlustzahlen gemessen, hatte es sich bei der Port Royal-Operation nur um ein kleines Gefecht gehandelt. Die schwimmenden Einheiten beklagten 8 Tote und 28 Verwundete, die Forts 11 bzw. 48. Zehn der dreizehn Kanonen, die den Sund bestrichen, waren in Fort Walker unbrauchbar geworden, doch wurde es erst aufgegeben, als das Pulver zu Ende ging. Unter strategischem Aspekt war die Aktion

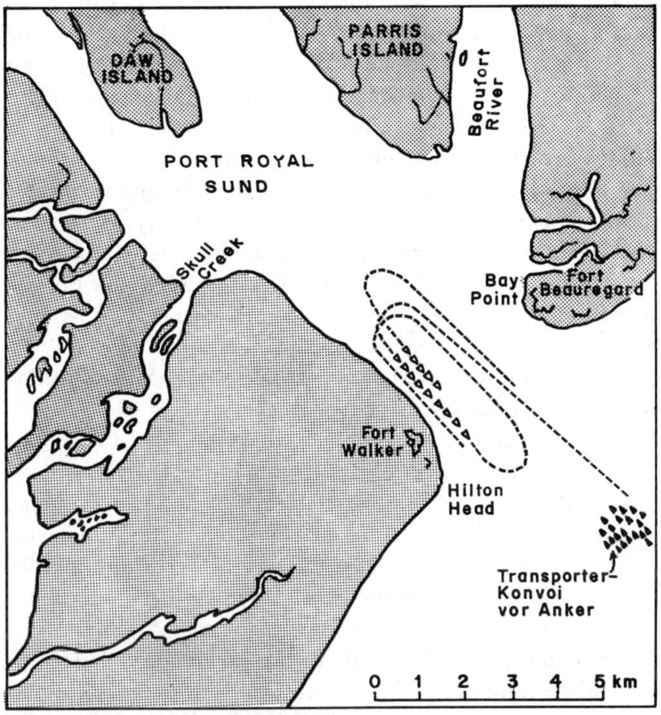

Plan für den Angriff auf Port Royal

ein beachtlicher Sieg, der die Moral des Nordens gewaltig hob und der Flotte der Union einen starken Stützpunkt und ein Nachschublager einbrachte. Taktisch hatte die Unternehmung bewiesen, daß dampfgetriebene Schiffe, auch wenn es sich um hölzerne Fahrzeuge handelte, Befestigungsanlagen gewachsen waren, wenn sie nur in Fahrt blieben und dadurch der Küstenartillerie immer neue Probleme hinsichtlich der Schußweite und des Festhaltens der Ziele stellten.
Als Basis für Blockadeschiffe erwies sich Hatteras Inlet als eine Enttäuschung. Flaches Wasser und ein sich ständig änderndes Fahrwasser boten sogar einer Ausnutzung als Ankerplatz Schwierigkeiten. Andererseits besaßen nunmehr die Streitkräfte der Union ein Tor zu den Sunden Carolinas. Mitte Januar 1862 trafen in Hatteras Inlet 120 föderierte Schiffe ein, darunter 17 Kanonenboote unter Flaggoffizier Goldsborough mit einer Heeresdivision unter Brigadegeneral Burnside an Bord. In den folgenden drei Wochen hatte die Flotte mit Stürmen zu kämpfen, wobei die Schiffe auch noch leichtern mußten, um die gefährliche und flache Bucht durchfahren zu können.

Bei schwerem Wolkenbruch erreichten die Unionsschiffe am 6. Februar die Roanoke Insel, wo sich Pamlico und Albemarle Sund treffen. Sofort nahmen sie die dortigen Forts unter Feuer. Als die Kampfkraft der Verteidiger nahezu erlahmt war, liefen Dampfer, die mit Soldaten besetzte Boote schleppten, auf den Strand zu. Dicht unter Land drehten die Dampfer ab und warfen die Boote los, die mit eigenem Fahrmoment das Land erreichten. Um Mitternacht waren 10000 Mann föderierter Truppen ungestört ausgebootet und begannen am nächsten Morgen den Vormarsch, wobei die Kanonenboote sie unterstützten. Am Nachmittag war die Insel überrannt: 40 Kanonen wurden erbeutet und auf Kosten von 50 eigenen Gefallenen 3000 Gefangene gemacht. Nun, da Roanoke als Stützpunkt gewonnen war, gingen Goldsboroughs Kanonenboote daran, den Albemarle Sund von konföderierten Kriegsschiffen zu säubern und Burnsides Truppen bei der Eroberung von Elizabeth City, New Bern und Beaufort zu unterstützen. Als Ergebnis der Gefechte in den Sunden und auf ihren Nebenflüssen erfolgte der Einsatz der Streitkräfte Nord Carolinas vorwiegend an Ort und Stelle, und den Transport der reichlich vorhandenen Vorräte des Staates Carolina zur Armee Virginias mußte das unzulängliche Schienennetz bewältigen.

Gleichzeitig eroberten Truppen, die von Port Royal aus operierten, unterstützt durch Kommodore Du Ponts Seestreitkräfte, wichtige Punkte an den Küsten Süd Carolinas, Georgias und Floridas. Im April zerschmetterten und nahmen die Föderierten das Fort Pulaski an der Mündung des Savannah Flusses durch ein dreißigstündiges Bombardement aus Kanonen, die man auf einer nahe gelegenen Insel in Stellung gebracht hatte. Damit war Savannah von der See ganz abgeschnitten, und nur noch Charleston und Wilmington standen an der Atlantikküste den Blockadebrechern der Konföderation offen.

Während auf diese Weise die Blockade erbarmungslos vervollständigt wurde, traten zwei Ereignisse ein, die sie wertlos zu machen drohten.

Der Fall der Trent

Die Konföderation war enttäuscht, daß sie in Europa keine volle Anerkennung fand. So verweigerte man ihr das Recht, Gesandtschaften einzurichten, über eine Staatsanleihe zu verhandeln und anderes. Daraufhin wurden zwei ihrer bedeutendsten Politiker als Bevollmächtigte entsandt. Es handelte sich um die früheren Senatoren der Vereinigten Staaten James Mason und John Slidell. Sie waren bevollmächtigt, die Sache der Konföderation in Europa voranzutreiben, und man machte gar keinen Hehl aus dieser Absicht, die sogar überall durch die Presse bekannt wurde. Bezeichnenderweise wußte der Norden darüber genauso gut Bescheid wie der Süden. Die Sendboten mitsamt ihren Familien und Sekretären kamen glücklich durch die Blockade nach Havanna, wo sie sich auf dem britischen Paket- und Postschiff *Trent* nach England einschifften. Ohne dazu Befehl zu haben, bemühte sich der Kommandant der Schraubensloop *San Jacinto*, Kapitän zur See Charles Wilkes, die *Trent* abzufangen. Am 8. November 1861 zwang er das Paketschiff durch zwei Schüsse vor den Bug zum Beidrehen und schickte ein Prisenkommando hinüber. Nach pro forma geleistetem Widerstand wurden Mason und Slidell auf die *San Jacinto* gebracht.

Diese simple, aber offenbar wirkungsvolle Vereitlung eines Wunsches der Konföderation machte Wilkes zum Nationalhelden einer Öffentlichkeit, welche die Fehlschläge und Enttäuschungen jenes gewitterdunklen Jahres satt hatte. Im Krieg von 1812 hatten die Vereinigten Staaten gegen Großbritannien für den Grundsatz gekämpft, daß die von einem Schiff geführte Flagge dem betreffenden Schiff die von jener Flagge repräsentierte Nationalität verleihe. Mit anderen Worten: das Deck eines Schiffes sei schwimmender Teil desjenigen Landes, in dem das Schiff registriert war. Nun aber hatte Wilkes gerade diesem Grundsatz zuwider gehandelt. Die britische Öffentlichkeit sah keine Ruhmestat darin, daß er die britische Flagge mißachtet hatte. Im Gegenteil: sie erwartete und wünschte nun den Krieg. Die schönste Hoffnung der Konföderierten schien Wirklichkeit werden zu wollen. Viele Leute im Süden glaubten, Großbritannien werde zum mindesten Seestreitkräfte schicken und mit ihnen die Blokkade aufheben.

Aus den verschiedensten Gründen aber wurde ein solcher Glücksfall vereitelt: mit gesundem Menschenverstand wies Lincoln darauf hin, daß die Regierung Wilkes' Vorgehen nicht gebilligt habe; der britische Prinzgemahl griff rechtzeitig ein, und die Langsamkeit transatlantischer Verbindungen ließ genügend Zeit verrinnen, um die Hitzköpfe beiderseits des Ozeans zur ruhigen Überlegung kommen zu lassen. Nach bitterbösen Debatten im Kabinett der Vereinigten Staaten verfaßte Staatssekretär Seward eine versöhnliche Note, schickte sie an den britischen Botschafter in Washington, Lord Lyons, und Mason und Slidell wurden aus dem Gefängnis in Boston entlassen.

Die Schlacht von Hampton Roads

Anfang März 1862 schienen die Geschicke des Nordens und Südens in einer Art prekären Gleichgewichts zu schweben. General McClellan war überzeugt, in der Armee vom Potomac besäße er jetzt endlich ein gut funktionierendes Kampfinstrument, um den Krieg durch einen einzigen, den Feind vernichtenden Feldzug zu gewinnen. Sein sorgfältig ausgearbeiteter Plan eines Vormarsches durch die Yorktown Halbinsel schien fast narrensicher. Die unterlegenen Armeen der Konföderierten würden durch die Notwendigkeit, Richmond gegen mögliche Angriffe aus anderen Richtungen zu verteidigen, in ihren Stellungen festgehalten werden.

Eine ernste Bedrohung aber trübte die hoffnungsvollen Erwartungen des Befehlshabers der Union. Den Bundesbehörden war es nämlich zur Kenntnis gekommen, daß die Konföderierten die in der Marinewerft von Norfolk versenkte Dampffregatte *Merrimack* gehoben, den Rumpf und die Maschinen repariert und die ausgebrannten Aufbauten durch eine gepanzerte Kasematte ersetzt hatten. Ließ man es zu, daß dieses improvisierte Panzerschiff Hampton Roads erreichte, so konnte es vermutlich die hölzernen Blockadeschiffe wie Streichholzschachteln zerfetzen. Dann würde der unterbrochene transatlantische Handel erneut nach Norfolk fließen, die Stellung der Unionstruppen in Newport News und Fort Monroe unhaltbar werden. Die Transportschiffe der Union konnten sich nicht mehr nach Hampton Roads wagen, und McClellands gesamte Strategie mußte geändert oder gar aufgegeben werden.

Sobald Marinesekretär Welles vom Plan der Konföderierten erfuhr, berief er einen Panzerschiff-Ausschuß, der Gegenmaßnahmen erwägen sollte. Auf Empfehlung dieses Gremiums vergab er Bauaufträge für drei gepanzerte Schiffe: die *New Ironsides,* einen konventionellen Typ; die *Galena,* ein leicht gepanzertes Kanonenboot, und die *Monitor,* ein Panzerschiff mit einem Geschützturm. Sehr bald stellte es sich heraus, daß nur die *Monitor* allenfalls eher als das konföderierte Fahrzeug mit seinem Rammsporn fertig werden konnte.

Die *Monitor* wurde unter Aufsicht des berühmten, in Schweden geborenen Erfinders und Ingenieurs John Ericsson entworfen und gebaut. Sie war vielleicht der originellste Bau in der Geschichte des Schiffbaus. Die Fertigstellung des Schiffes stellte eine beachtliche Leistung dar, erreichte man sie doch in nur 101 Arbeitstagen. Ein Gesamtentwurf oder auch nur ein maßstabsgerechtes Modell existierten nicht, wohl aber stellte Ericsson weit über hundert Einzelzeichnungen als Anleitung für die Arbeiter her. Auf einen Rumpf von 37,5 m Länge hatte man ein Deck von 51,6 m Länge und 12,5 m Breite genietet, das wie ein Floß aussah. Es war auf der horizontalen Oberfläche durch einen 50 mm dicken Panzer geschützt, während die vertikalen Seiten ein 114 mm starker Panzer auf Eichenholz bedeckte. Auf dem Deck stand ein Drehturm von 2,7 m Höhe und 6 m Durchmesser, in dem sich nebeneinander 2 28 cm Dahlgren-Geschütze mit glattwandigen Rohren befanden.

Spionage und ungeschickte Enthüllungen in der Presse des Nordens unterrichteten die Konföderierten über McClellans Invasionsplan und über den Bau der *Monitor.* Von nun an standen die maßgebenden Männer beider Parteien unter dem qualvollen Gefühl höchster Dringlichkeit. Hier wie dort wurde Tag und Nacht gearbeitet, um das erste Panzerschiff auf Hampton Roads zu bringen. Die Konföderation, die der Union weit voraus war, gewann das Rennen. Am 8. März 1862 wurde die fertiggestellte »Ramme« des Südens als C.S.S. *Virginia* in Dienst gestellt und verließ die Marinewerft von Norfolk unter dem Befehl von Flaggoffizier Franklin Buchanan. Offiziere und Besatzung kannten sich noch gar nicht; Arbeiter legten noch die letzte Hand an. Das Schiff sah einem schwimmenden Scheunendach nicht unähnlich, als es durch zwei armierte Schlepper den Elizabeth Fluß hinunter bugsiert wurde. Keinerlei Werfterprobungen, keine Artillerieschießübungen hatten stattgefunden, und als dieser Zwitter in tieferes Wasser kam, zeigten sich seine Mängel. Die Maschinen brachten es auf die Schneckengeschwindigkeit von 5 Knoten. Dem Ruder gehorchte das Schiff so zögernd, daß es mehr als eine halbe Stunde brauchte, um auf Gegenkurs zu kommen.

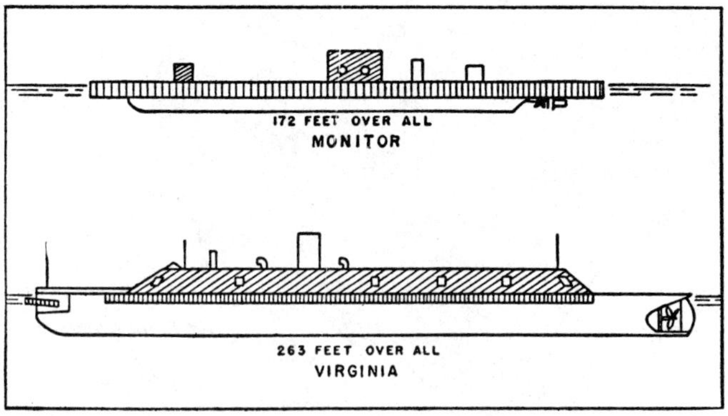

U. S. S. Monitor and C. S. S. Virginia

Überraschte Beobachter der Armee in Newport News und aufgeschreckte Ausguckposten auf den Blockadeschiffen sichteten die *Virginia* kurz nach 13 Uhr, als sie Craney Island rundete, wo die Arbeiter an Land gesetzt worden waren. Querab von Fort Monroe lagen die Schraubenfregatten *Minnesota* und *Roanoke,* Schwesterschiffe der *Merrimack,* unter Dampf. Begleitet von der Segelfregatte *St. Lawrence* liefen sie planmäßig zum Kampf mit dem Panzerschiff aus. Diese Schiffe aber beachtete Buchanan gar nicht, sondern steuerte Newport News an, wo die Segelschiffe *Cumberland* und *Congress* vor Anker lagen und die konföderierten Kanonenboote auf dem James Fluß blockierten. Als die *Virginia* die *Congress* passierte, wurden Breitseiten gewechselt, und die schweren Granaten des Panzerschiffs durchschlugen die Eichenplanken der *Congress,* aber deren Vollkugeln prallten harmlos von den mit Talg beschmierten, schrägen Bordwänden der *Virginia* ab. Diese setzte ihren Weg auf die *Cumberland* zu fort, ohne von deren schnellem und gezieltem Feuer irgendwelche Notiz zu nehmen. Mit Höchstfahrt bohrte sich der Rammsporn in den Steuerbordbug des Unionschiffes, dessen Holzrumpf wie eine Eierschale zerquetscht wurde. Im Augenblick des Zusammenpralls feuerte die *Virginia* mit dem pivotierten Buggeschütz in das schwer getroffene Fahrzeug und tötete 10 Mann. Die *Cumberland* setzte sich so schnell auf Grund, daß die *Virginia* um Haaresbreite von ihrem Opfer mit in die Tiefe gerissen worden wäre. Zum Glück brach der Rammsporn ab, als das Panzerschiff über das Heck freikam. Nun umfuhr die *Virginia* langsam das Heck der *Cumberland* und durchpflügte das Wrack mit einer Breitseite, die überall

Tote und Verstümmelte zurückließ. Die Überlebenden feuerten weiter, bis die Kanonen unter Wasser waren.
Die *Cumberland* legte sich wie trunken nach Backbord weg und setzte sich endgültig auf Grund. Die Mastspitzen ragten über die Wasseroberfläche, und die Flagge wehte immer noch im Topp.

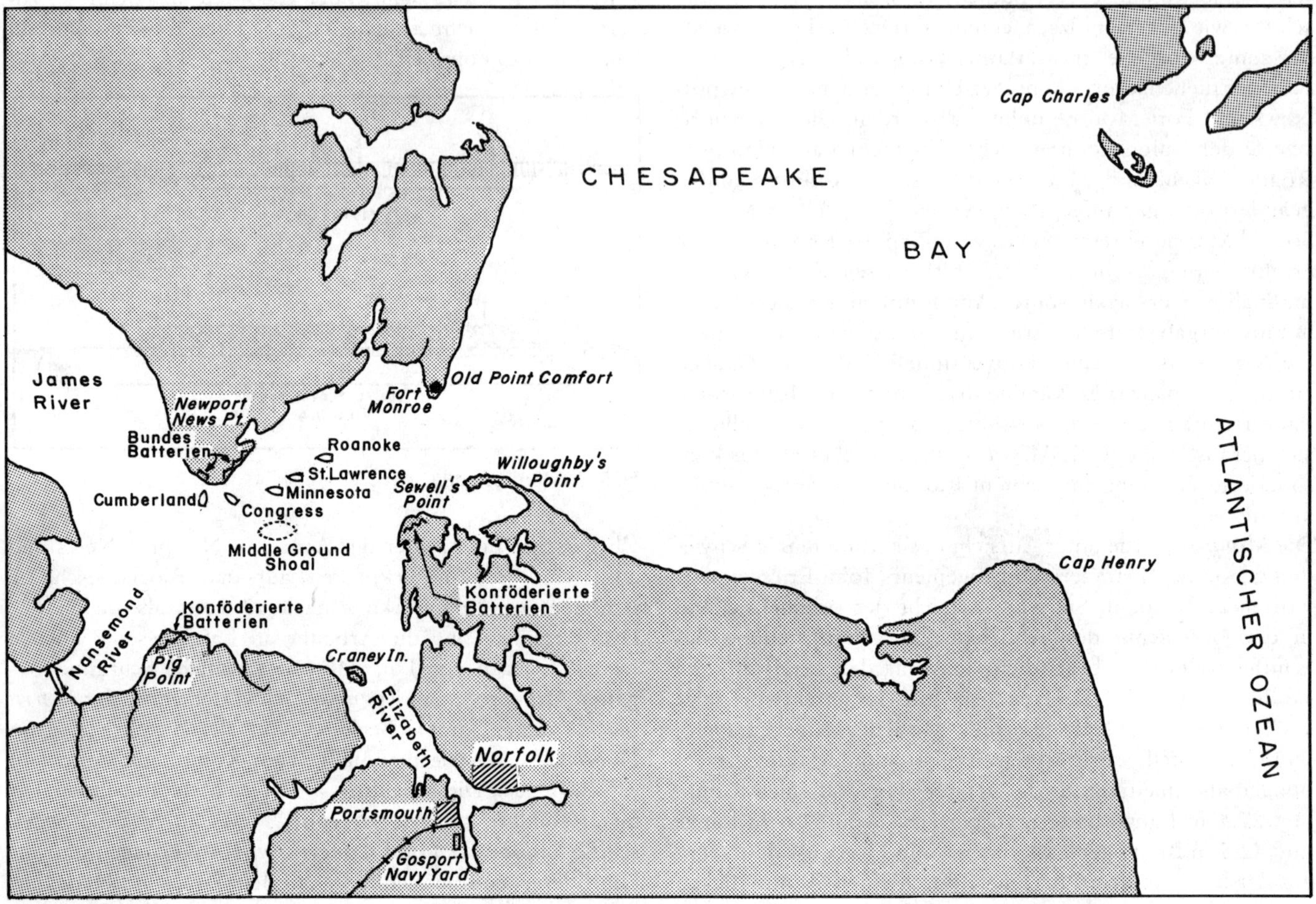

Das Gebiet von Norfolk, 8. März 1862

Die konföderierten Kanonenboote auf dem James Fluß, nun nicht mehr blockiert, stießen zur *Virginia* und griffen mit ihr die *Congress* an, die sich unter den Landbatterien der Union auf Strand setzte. Die *Virginia* legte sich in etwa 100 Meter Abstand hinter ihr Heck und jagte Salve auf Salve in sie hinein. Als die *Congress* zur lodernden Fackel geworden und ihr Kommandant gefallen, als keine einzige Kanone mehr zu richten war, befahl der Erste Offizier das Streichen der Flagge.
Die Konföderierten versuchten, die Übergabe entgegenzunehmen und die Gefangenen von Bord zu bringen, aber Soldaten eines Regiments an Land waren ins flache Wasser gewatet und unterhielten ein lästiges, von Artillerie unterstütztes Feuer, das mehrere Männer der konföderierten Bootsgruppe tötete. Buchanan sah hierin eine Art Verräterei und ließ die *Congress* mit Brandkugeln und -granaten beschießen. Als er in die Wanten kletterte, um den Erfolg zu beobachten, traf ihn eine Kugel ins Bein, und Leutnant Catesby Jones übernahm das Kommando der *Virginia*. Das Panzerschiff und die Kanonenboote wandten nun ihre Aufmerksamkeit den drei anderen Schiffen der Union zu, die alle festgekommen waren, als die der *Congress* und *Cumberland* zu Hilfe kommen wollten. Aber wegen des flachen und noch dazu ablaufenden Wassers konnte sich die *Virginia* diesmal nur mit dem Flaggschiff *Minnesota* wirkungslos herumschießen. Daher ließ Jones die *Virginia* einen Ankerplatz nahe Sewell's Point ansteuern, weil er der Unionflotte am nächsten Tage bei Hochwasser den Rest geben wollte. Bislang waren 2 Blockadeschiffe vernichtet und 250 Matrosen der Union getötet worden. Verwundete des Enterkommandos einbegriffen, hatten die Konföderierten 21 Tote und Verwundete verloren. Abgesehen vom Verlust des Rammsporns, der zu einem bösen Leck im Vorschiff geführt hatte, gab es auf der *Virginia* nur geringfügige Schäden.
Wohl hatten die Konföderierten das Rennen um die Fertigstellung eines Panzerschiffes gewonnen, aber nur um einen einzigen Tag. Während noch die *Virginia* Schüsse mit der *Minnesota* wechselte, rundete die *Monitor* Kap Charles und

lief in die Chesapeake Bucht. Wie die *Virginia* hatte sie keine eigentliche Probefahrt und kein Einschießen der Geschütze hinter sich. Nach oberflächlichen Versuchen hatte sie New York am 6. März in Schlepp und im Geleit von zwei hölzernen Dampfern verlassen. Ericsson hatte auf große Seetüchtigkeit zugunsten eines sehr niedrigen Freibords verzichtet, um ein möglichst geringes Ziel zu bieten. Als das Schiff am 7. März in grobe Seen lief, stürzten Wasserfluten über das Deck, strömten durch die schlecht abgedichteten Klüsen und durch Schornstein und Abdampfrohr ins Schiffsinnere. Die fast verlöschten Feuer drohten die Heizer zu ersticken, und der Dampf reichte nicht mehr zum Betrieb der Pumpen. Nur mühseliges Ausösen mit Hilfe von Eimern, die von Hand zu Hand gereicht wurden, hielt die *Monitor* schwimmend.

Als sie gegen 21 Uhr Hampton Roads erreichte, meldete sich der Kommandant, Leutnant Worden, auf der *Roanoke*. Er erhielt Befehl, zu der auf Grund sitzenden *Minnesota* zu laufen. Die in Flammen stehende *Congress* wies ihm dabei den Weg. Ihre Pulverkammern flogen kurz nach Mitternacht in die Luft. Die *Monitor* ankerte westlich der *Minnesota,* und ihre erschöpfte Besatzung versuchte etwas Schlaf zu finden.

Gegen 6 Uhr 30 am 9. März hatte sich der Morgennebel so weit gehoben, daß die Matrosen auf den Schiffen der Union den Rauch der *Virginia* ausmachen konnten, die von ihrem Ankerplatz herandampfte. Eine Stunde später brach die Sonne durch. Mittlerweile stand die riesige schwarze »Ramme« südlich der Untiefe Mittelgrund und schoß eine Granate durch die Takelage der immer noch festsitzenden *Minnesota*. Darauf lichtete Worden Anker und lief zum Angriff. Zunächst hielten die Konföderierten die *Monitor* für eine Art schwimmenden Wassertank oder »Käsekasten auf einem Floß«, aber bald erkannten Jones und seine Offiziere in ihr das nach revolutionierenden Entwürfen gebaute Panzerschiff der Union, über das sie in den Zeitungen Norfolks gelesen hatten.

Die *Virginia* eröffnete das Feuer mit einem gezogenen Geschütz und traf nicht. Die *Monitor* wartete mit dem Schießen bis auf Kernschußweite, schwenkte ihren Turm aufs Ziel, während sie längsseit kam, und brachte die Spanten des Gegners mit zwei 28 cm Geschossen zum Erzittern. Die schräge Kasematte wurde getroffen, aber nicht durchschlagen. Die *Virginia* feuerte wiederum und traf diesmal den Turm der *Monitor*. Aber die Artilleristen sahen voll Kummer, wie ihre schwere Granate auf den Panzerplatten wie eine reife Melone zerplatzte. Sie hinterließ nur eine leichte Einbuchtung.

Ein zweistündiges Artillerieduell folgte auf kurze Entfernung, bei dem aber keins der Panzerschiffe schwerere Schäden davontrug. Die *Monitor,* die nur 3,6 m Tiefgang hatte, erwies sich als weit wendiger als die *Virginia,* deren Tiefgang von fast 7 Meter auf der flachen Reede äußerst nachteilig war. Wie ein Terrier, der einen Stier hetzt, hielt sich das Schiff des Nordens so dicht am größeren Gegner, daß die *Virginia* bisweilen kaum ein Geschütz zum Tragen bringen konnte. In ständig wachsender Erbitterung versuchte Jones zu rammen. Aber als sich die *Virginia* auf den Gegner zuwälzte, drehte dieser flink ab und entging jeder Beschädigung. Stattdessen brachte eine nur ganz leichte Berührung dem ohnehin geschwächten Bug der *Virginia* ein weiteres Leck bei.

Jones, der auf alle Fälle die *Minnesota* vernichten wollte, drehte plötzlich vom *Monitor* ab und griff die Fregatte mit dem gezogenen Buggeschütz an. Die *Minnesota* erwiderte das Feuer, richtete beim Feind keinen erkennbaren Schaden an, wurde aber selbst in Brand gesetzt. So schnell wie möglich schob Worden nun die *Monitor* zwischen die Fregatte und ihren Angreifer. Beim Versuch, in eine günstige Position zu kommen, geriet die *Virginia* auf Grund und in schweres Feuer beider Gegner. In diesem Augenblick schien die baldige Vernichtung der Ramme so gut wie sicher. Aber als sich die *Monitor* zum Gnadenstoß näherte, verlegte die *Virginia* ihr Feuer vom offensichtlich unverwundbaren Geschützturm auf das winzige Steuerhaus auf der Back. In ihm standen Navigateur, Rudergänger und Leutnant Worden, der gerade durch den schmalen Schlitz blickte, um sein Schiff zu manövrieren. Ein glücklicher Treffer detonierte ausgerechnet vor diesem Schlitz, so daß Worden eine Zeitlang fast blind war. Er ließ seinen Ersten Offizier Samuel Greene kommen, der im Geschützturm war, aber dieser übernahm erst nach etwa 20 Minuten das Kommando. Währenddessen führte der Rudergänger, der keine weiteren Anweisungen erhielt, Wordens letzten Befehl zum Abscheren aus. Infolgedessen entfernte sich die *Monitor* nach Osten.

Die *Virginia* benutzte diese Tatsache zum Aussetzen von Booten mit Warpankern, mit deren Hilfe sie freikam. Der Kommandant der *Minnesota* glaubte die *Monitor* auf dem Rückzug und schickte sich voll grimmiger Entschlossenheit an, sein Schiff lieber zu sprengen als es entern zu lassen. Aber die Ramme war zu sehr mitgenommen, um weiter zu kämpfen. Ihre Platten waren geborsten, und die Holzunterlage schien hier und da nachzugeben. Außerdem besaß sie keinerlei Takelage mehr und das Leck im Vorschiff war durch das Auflaufen größer geworden. Als die Lotsen Jones darauf aufmerksam machten, daß Ebbe eingesetzt habe, standen nach seiner Meinung die bei einem Verbleiben drohenden Gefahren in keinem Verhältnis mehr zu dem Gewinn, den die vollständige Vernichtung der zerschossenen *Minnesota* bot. Während also die *Virginia* auf Norfolk zuhielt, feuerte die *Monitor* noch eine Zeitlang auf weite Entfernung.

Nach umfangreichen Reparaturen erschien die *Virginia* noch mehrmals auf Hampton Roads, aber da ihr neuer Kommandant Josiah Tattnall immer die offenbar gefechtsklare *Monitor* antraf, wagte er sich nie aus dem Schutz der auf Sewell's Point stehenden Kanonen. Andererseits konnte die *Monitor* die stillschweigende Herausforderung nicht annehmen, weil ihr Kommandant von Marinesekretär Welles Befehl hatte, sich auf keinen Kampf einzulassen, solange die *Virginia*

nicht Schiffe der Union angriffe, und unter keinen Umständen die *Monitor* dem Feuer der Küstenbatterien auszusetzen. Als dann weitere Panzerschiffe der Union auf Hampton Roads eintrafen, wurden alle Hoffnungen der Konföderierten, die Blockade brechen zu können, endgültig zunichte.
Mittlerweile war McClellans Armee vom Potomac in Stärke von 120000 Mann bei Fort Monroe gelandet und marschierte die Halbinsel hinauf nach Richmond. Die Konföderierten zogen sich vor ihr zurück. Norfolk lag nun zwischen der Armee vom Potomac und derjenigen Burnside's, die von Nord Carolina aus nach Norden vorrückte. Am 10. Mai

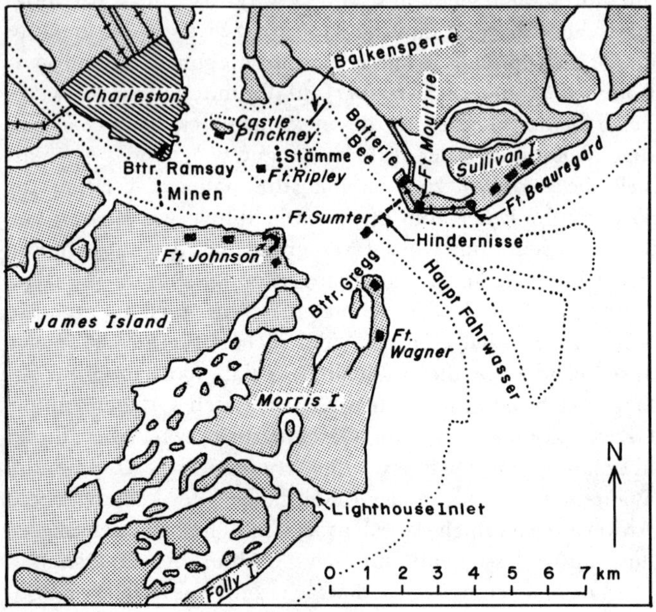

Hafenbefestigungen von Charleston, 1863

sahen die konföderierten Kräfte bei Norfolk ein, daß ihre Stellung unhaltbar geworden war, und gaben das ganze Gebiet mit der höchst wertvollen Marinewerft preis. Kapitän Tattnall wollte die *Virginia* keinesfalls in die Hand der Union fallen lassen und befahl ihre Sprengung. Die Besatzung half nun bei den konföderierten Batterien am James Fluß aus, acht Meilen stromab von Richmond. Am 15. Mai schlugen diese Batterien die *Monitor* und mehrere Kanonenboote zurück, die stromauf laufen wollten, um die konföderierte Hauptstadt durch Beschießung zur Übergabe zu veranlassen. Inzwischen hatte auch die Armee vom Potomac, die dem Gegner im Verhältnis 5:3 überlegen war, die Umgebung von Richmond erreicht. Dort verwickelte sie die Konföderierten in die »Schlacht der sieben Tage«, eine Reihe schwerer Gefechte, die für beide Parteien verlustreich verliefen. Schließlich verlor McClellan in der gänzlich unbegründeten Vorstellung, er sei dem Feind weit unterlegen, die Nerven und befahl plötzlich den Rückzug. Er, der ein ausgezeichneter Exerziermeister war, bewies hierdurch, daß ihm Zähigkeit, Moral und Mut fehlten, Eigenschaften, deren seine Armee würdig gewesen wäre. Bis Harrison's Landing, einer Halbinsel im James Fluß, wich er zurück, wo Panzerschiffe und Kanonenboote seine Armee unterstützten. Da er sich nicht zu einem neuen Angriff auf Richmond entschließen konnte, zog er Mitte August von der Halbinsel ab und führte seine Armee in die Gegend von Washington. Die Besetzung Norfolks blieb das einzige dauerhafte Ergebnis des Feldzuges.

Der Feldzug gegen Charleston

Der Erfolg der *Monitor* beim Schutz der Blockade Norfolks veranlaßte den Kongreß zur Hergabe reichlicher Mittel für den Bau weiterer Panzerschiffe, wobei der Schwerpunkt auf dem *Monitor*-Typ lag. Sehr bald bestimmte Welles die meisten von ihnen für das südatlantische Blockadegeschwader des Konteradmirals Du Pont, das immer noch Port Royal als Stützpunkt benutzte. Es war Welles' Lieblingswunsch, Charleston, die »Wiege der Rebellion«, zu erobern, und zwar ausschließlich durch Seestreitkräfte. Ende 1863 befahl er der ersten *Monitor*, südlich von Hampton Roads zu Du Pont zu stoßen. Vor Kap Hatteras aber geriet sie in einen schweren Sturm und ging unter, wobei 16 Mann der Besatzung ihr Leben verloren. Doch andere Panzerschiffe standen vor der Fertigstellung. Im Frühjahr verfügte Du Pont über neun, darunter die *New Ironsides*, und Welles drängte ihn zum Angriff.
Natürlich besaß Charleston für die Konföderierten einen hohen ideellen Wert, und sie scheuten keine Mühe, seine Verteidigung zu stärken. Rings um Charlestons beengten Hafen wurden immer neue Verteidigungsanlagen geschaffen, bis die Zufahrt von See her durch 149 schwere Geschütze und eine weit höhere Zahl kleinerer verteidigt wurde. Fast die ganze Artillerie war hochmodern; die meisten Kanonen besaßen gezogene Rohre und feuerten konische Geschosse von großer Durchschlagskraft. Der kommandierende General plante einander überlagernde Schußfelder oder -kreise. Stangen markierten die Schußweiten. Fehler bei der Schußweite und der seitlichen Abweichung wurden durch Probeschießen jedes einzelnen Geschützes festgestellt. Unter Berücksichtigung aller dieser Vorbereitungen mußte der Anmarsch eines Angriffsverbandes mitten durch das vernichtendste Feuer schwerer Artillerie führen, das zu jener Zeit irgendwo konzentriert werden konnte.
Verschiedene Arten von Fahrwassersperren, über und unter Wasser, waren angelegt: starke Pfähle, die in den Meeresboden getrieben waren; eine Balken- und Kettensperre; Barrieren aus starken Tauen, die in die Schrauben kommen sollten; schließlich jede Art der damals verwendeten Minen, sogar elektrisch gezündete. Die wirkungsvollste Sperrlinie sollte die Angreifer dort aufhalten, wo die stärksten Batterien konzentriert waren. Abgesehen von der Verteidigung durch Forts, Küstenartillerie und Über- und Unterwassersperren lagen auch noch die Panzerschiffe *Chicora* und *Palmetto State* der Konföderierten im Hafen.

In dieses Hornissennest führte Du Pont am 7. April 1863 seine 9 Panzerschiffe. An der Spitze fuhr ein Monitor, der am Bug die V-förmige Kombination eines Minenräumgeräts und Sperrbrechers besaß. Die Spitze des Unionverbandes erreichte am Nachmittag die äußere Sperre. Die bereits auf die Ziele gerichteten Landgeschütze eröffneten das Feuer aus allen Rohren. 50 Minuten lang lag die ganze Angriffsflotte unter einem Feuerteppich, wie es ihn, was Gewicht und Zielgenauigkeit anbetrifft, noch nie gegeben hatte. Viele hundert schwere und gut gezielte Geschosse wurden auf die Panzerschiffe des Nordens abgefeuert, während die langsam schießende Flotte insgesamt nur 139 Granaten aus den Rohren jagte, fast alle auf Fort Sumter. Sie zertrümmerten zwar das Mauerwerk und demolierten die Offizierunterkünfte, beeinträchtigten aber Sumters Kampfkraft nur unerheblich. Um vor Anbruch der Dunkelheit über die Barre ablaufen zu können, signalisierte Du Pont um 16 Uhr 30 den Rückzugsbefehl und führte seine angeschlagene Linie wieder auf tiefes Wasser. Das Panzerschiff *Keokuk* befand sich in sinkendem Zustand, ein anderes bedurfte sofortiger Reparatur. Die übrigen aber waren nicht ernstlich beschädigt, und nur ein Mann war gefallen. Eindeutig war bewiesen: der neue Schiffspanzer bedeutete eine völlig ausreichende Abwehr gegen die Artillerie jener Zeit.

Andererseits war es aber auch klar, daß die Forts durch ein solches Duell nicht zum Schweigen gebracht werden konnten. In ihren Berichten sprachen sich die Kommandanten einmütig gegen die Wiederholung des Angriffs aus. Er sei von vielen Gefahren bedroht und verspreche keinen angemessenen Gewinn. Du Pont war derselben Meinung und ließ Washington wissen, er beabsichtige, seine Panzerschiffe nicht vor Charleston zu belassen. Welles war sehr ungehalten und enthob Du Pont sofort seines Kommandos. Er wurde durch den Artillerieexperten, Konteradmiral John Dahlgren, ersetzt.

Die übrigen Minister in Washington aber stützten Du Ponts Ansicht dadurch, daß sie übereinstimmend entschieden, der Angriff auf Charleston habe in Gestalt einer amphibischen Operation zu erfolgen. Im Juli landeten Bundestruppen am Südzipfel von Morris Island, durch das Feuer von 4 Panzerschiffen unterstützt. Anschließend hielten sich diese Schiffe auf der Höhe des am Strand entlang erfolgenden Vormarsches der Armee, wobei sie jeweils Sperrfeuer legten. So ging es auf die äußeren Verteidigungsanlagen von Fort Wagner zu. Nach zwei blutig abgeschlagenen Angriffen begann die Belagerung. Mitte August hatte die Armee 60 schwere Geschütze auf Morris Island in Stellung gebracht, und von nun an beteiligte sich die Flotte von Zeit zu Zeit an der ununterbrochenen Beschießung der Forts Wagner und Sumter sowie der Batterie Gregg. Als das Bombardement in Vorbereitung des dritten, für den 7. September geplanten Angriffs seinen Höhepunkt erreicht hatte, räumten die Verteidiger die Forts Wagner und Gregg und setzten sich nachts aufs Festland ab. Nun konnte das Heer zu seiner großen Genugtuung etwa 20 Geschütze der Konföderierten auf die verbliebene Hafenverteidigung von Charleston und auf alle Fahrzeuge richten, welche die Blockade zu brechen versuchten.

Mittlerweile hatten die Geschütze von Heer und Flotte Fort Sumter in Ruinen verwandelt, aber auf Dahlgrens Aufforderung zur Übergabe entgegnete General Beauregard, der Admiral müsse es schon erobern und dann seinerseits verteidigen, falls er das könne. Über diesen Starrsinn der Konföderierten waren Heer und Flotte der Union gleicherweise erbost. Sie entwarfen hastig und leider unabhängig von einander wenig durchdachte Pläne für die Erstürmung des Forts in der Nacht vom 8. zum 9. September. Ein Marinedetachement erreichte das Fort zuerst. 500 Matrosen und Seesoldaten waren in Booten an Land geschleppt worden. Aber die Verteidiger befanden sich in Alarmbereitschaft und warteten, bis sie die dunklen Schatten der Boote tief unter sich auf dem Wasser erkennen konnten. Dann erst begannen sie ein Trommelfeuer mit Gewehren, Granaten, Brandgeschossen, ja sogar Ziegelsteinen. Nach wenigen Minuten fielen alle Forts in der Nähe und die im Hafen liegende *Palmetto State* mit schweren, auf den Fuß von Fort Sumter gerichteten Geschützen ein. Die meisten der noch nicht auf Land gelaufenen Boote drehten um und flohen zur Flotte. Der Sturmtrupp des Heeres, der auch schon in den Booten war, kehrte nach Morris Island zurück. Mehr als 100 Matrosen und Seesoldaten aber gelangten an Land. Als sie die Hoffnungslosigkeit ihrer Lage erkannten, ergaben sie sich schleunigst und wurden als Gefangene in das zerstörte Fort gebracht.

Nach diesem Fehlschlag kam es eine Zeitlang zu keinen weiteren wesentlichen Offensiven bei Charleston. Die Armee hämmerte weiter mit den schweren, an Land gebrachten Batterien, und die Panzerschiffe fielen gelegentlich ein. Ein gemeinsamer Versuch im Oktober, die Räumung von Sumter nur durch schwerste Beschießung zu erzwingen, schlug wiederum fehl. Über dem Fort wehte weiter die Flagge der Konföderierten am Stumpf eines Flaggenmastes.

Inzwischen hatte der Süden eine neue Waffe gegen die Blockadeflotte eingesetzt. Es handelte sich um den sogenannten *David*, ein dampfgetriebenes, zigarrenförmiges Fahrzeug von 15 m Länge mit 4 Mann Besatzung. Es fuhr ganz untergetaucht; nur ein Luk und der Schornstein ragten über die Wasseroberfläche. Zum Angriff besaß es einen Spierentorpedo, den beim Rammen eines Schiffsrumpfes ein Aufschlagzünder zur Detonation brachte. Den größten Erfolg erzielte dieser merkwürdige Zwitter am Abend des 5. Oktober, als ein *David* durch die Blockadeflotte brach. Es gelang dem Kommandanten, seinen Torpedo unterhalb der Wasserlinie in den Rumpf der *New Ironsides* zu rammen. Die Ladung von 60 Pfund erwies sich zwar als zu schwach, um das dickwandige Panzerschiff zu versenken, aber durch die Erschütterung traten zahlreiche Lecks und Beschädigungen auf, so daß das Schiff zu umfangreichen Reparaturen ins Dock mußte.

Dieser Erfolg veranlaßte die Konföderation, Mittel für die Entwicklung eines wirklichen Tauchbootes zur Verfügung zu stellen. Es hieß C.S.S. *Hunley,* hatte 9 Mann Besatzung, von denen 8 die Kurbeln zum Drehen der Schraube bedienten, war 7,5 m lang und besaß vorn und achtern zu flutende Abteilungen, um die Stabilität zu gewährleisten. Nachdem bei einer Reihe von Unterwassererprobungen mehrere Besatzungen ertrunken waren, verbot General Beauregard weitere Fahrten in getauchtem Zustand. Im Februar 1864 griff das halbgetauchte Boot mit einem Spierentorpedo am Bug die neue Schrauben-Sloop *Housatonic* an. Es wurde entdeckt, aber bevor die Sloop das Feuer eröffnen oder Fahrt aufnehmen konnte, hatte das U-Boot seinen Torpedo bereits in ihren Rumpf gerammt. *Hunley* und *Housatonic* sanken beide.

Trotz solcher Angriffe blieben die Blockadeschiffe vor Charleston auf Position. Sie schickten überall Aufklärungstrupps an Land und unternahmen in den Flüssen Absperrungsoperationen. Weitere Versuche, die Hafenverteidigung niederzukämpfen, unterblieben. »Das tapfere Charleston« wurde im Süden zum geflügelten Wort. Neuigkeiten über die Zähigkeit der Garnison wurden täglich in der ganzen Konföderation verbreitet.

Blockadebrecher

Im ersten Jahr des Bürgerkrieges war Blockadebrechen kein sehr gefährliches Unternehmen. Fahrzeuge aller Typen wurden für die Fahrten nach Havanna, Nassau, Bermuda oder St. Thomas mit Baumwollballen beladen. Als die Blockadeschiffe nach Zahl und Leistung zunahmen, wurde ein Durchbruch mit kleinen Segelbooten unmöglich. Nur schnelle Dampfer schafften es noch. Aber auch für sie wuchs die Gefahr der Kaperung. Bis zum Sommer 1863 hatte die Flotte der Union etwa 850 Blockadebrecher aufgebracht, und schon wurden besonders für diesen Zweck gebaute Fahrzeuge eingesetzt.

Je wirksamer die Blockade wurde, umso höher stiegen die Einkünfte erfolgreicher Blockadebrecher. In England wurden Aktiengesellschaften gegründet. Auf dem Clyde gebaute, für den Blockadebruch spezialisierte Schiffe wurden unter britischen Offizieren nach Nassau und Bermuda geschickt. Es handelte sich dabei um hölzerne, schnelle und flache Fahrzeuge von etwa 450 Tonnen. Zum größten Teil waren es Raddampfer, die Anthrazit heizten, um möglichst rauchlos fahren zu können. Bei sehr schönen Linien betrug das Verhältnis von Länge zu Breite im allgemeinen 8 oder 9 zu 1. Ihr Hauptmerkmal war daher Schnelligkeit, liefen einige doch 17 kn und mehr. Viele besaßen ausfahrbare Schornsteine, die fast ungetakelten Masten waren nichts als lange Stangen. Da die Schiffe grau gemalt waren, tief im Wasser lagen und nachts abgeblendet fuhren, blieben sie so gut wie unsichtbar.

Für eine typische Reise pflegte der Blockadebrecher in St. George auf Bermuda zu laden, wurde bei Einbruch der Nacht durch das schwierige Fahrwasser gelotst und schlich sich an den vor den Riffen auf Lauer liegenden Unionschiffen vorbei. Während der Nacht lief er in der Regel etwas weniger als Höchstfahrt und hielt scharf nach Feindkreuzern Ausguck. Bei sehr gewissenhafter Navigation machte er meist am zweiten Tag gegen Abend, sagen wir bei Savannah, seinen Landfall. In der Dunkelheit näherte er sich dann, dicht unter Land laufend, der Küste und tauschte mit Küstenwachen und Forts Erkennungssignale mit Hilfe von Lampen. Es folgte mit Höchstgeschwindigkeit der letze »Sprung« durch die »Innenblockade«. An der Pier wurden Munitionskisten und Luxusartikel, wie Liköre, Pariser Toiletten, Leinen, Spitzen, Korsetts, Tee und Kaffee, schnell gelöscht, und der Agent sorgte dafür, daß alles schleunigst in Lagerhäuser kam.

Dann wanderten unverzüglich Baumwollballen in den Laderaum oder wurden an Deck gestapelt. Obenauf kamen wohl ein paar Extraballen auf eigene Rechnung des Kapitäns. Darauf wurde das Schiff ausgeschwefelt, um etwaige blinde Passagiere auszuräuchern. Beim Dunkelwerden peilten die Offiziere alle in Sicht befindlichen Blockadeschiffe und trugen die Standorte in die Karte ein. Da diese Fahrzeuge nachts meistens vor Anker lagen, war es bisweilen nicht allzu schwer, in der Dunkelheit verstohlen zwischen ihnen hindurchzuschlüpfen. Völlige Stille herrschte natürlich stets an Bord der Blockadebrecher, und häufig blieb der Durchbruch ganz unbemerkt. Aber auch im Fall der Entdeckung konnten die Schiffe sich immer noch auf ihre höhere Geschwindigkeit verlassen.

Freilich bestand auch nach dem Durchstoßen der inneren Blockadelinie weiterhin die Gefahr, von einem schnelleren Schiff der Union auf hoher See gesichtet zu werden. Und doch blieb bei jeder Reise der Vorteil auf Seiten der Blockadebrecher, solange sie noch in einen Hafen flüchten konnten, der in der Hand der Konföderierten war. Bis zum Januar 1865 waren 84 für diese Aufgabe gebaute Dampfer als Blockadebrecher regelmäßig im Einsatz gewesen. 37 von ihnen wurden gekapert, während 25 durch Strandung, Kollision und Seeunfälle verlorengingen. 22 überdauerten den Krieg.

In den Jahren 1863 bis 1864 war Blockadebrechen ein so einträgliches Geschäft, daß zwei oder drei erfolgreiche Fahrten in beiden Richtungen, die in ebensovielen Wochen durchzuführen waren, mehr als die Kosten des Schiffes einbrachten. Kaffee zum Beispiel stieg auf der Fahrt von Nassau in die Konföderation um das Dreiundzwanzigfache im Wert. Der Eigner eines einzigen Schiffes konnte im Jahr mühelos über eine Million Dollar verdienen. Als sich das Risiko vervielfachte, durften sich auch Offiziere und Mannschaften eines Einkommens rühmen, das in damaliger Zeit als unvorstellbar galt.

Falsch jedoch wäre die Annahme, die Blockadebrecher hätten die Blockade als solche in irgendeiner Weise ad absurdum geführt. Im Gegenteil. Dadurch daß der ohnehin bescheidene

Bestand an ausgebildeten Seeleuten der Konföderierten ständig verringert wurde, daß Kapital zu investieren war, das andernfalls einer weiteren Entwicklung der Kriegsindustrie zugute gekommen wäre, daß ein Anreiz zum Goldabfluß und damit zur Verschlechterung der Währung geschaffen wurde, schwächten letztlich die Blockadebrecher die Konföderation. Im übrigen reichte ihre gesamte Tonnage nur zum Transport eines kleinen Teils der Baumwollernte, und die höheren Gewinne bei Verschiffung kostspieliger Luxuswaren standen in keinem Verhältnis zu der Tatsache, daß wertloses Zeug, ohne jeden Nutzen für die Kriegführung, einen unverhältnismäßig hohen Teil der Importe ausmachte. Bei sogenannten »Blockade-Auktionen« wurden Seidenbeutel, Juwelen und französischer Cognac angeboten, während die Industrie Chemikalien und Kesseleisen bitter nötig hatte und in den Krankenhäusern Opiate und andere Medikamente völlig fehlten.

Die Kreuzer der Konföderierten

Im Seekrieg verbuchten die Kaperfahrten konföderierter Kreuzer die wertvollsten Ergebnisse. Diese Schiffe waren fast alle im Ausland gebaut und von Ausländern – allerdings unter Offizieren der Südstaaten – bemannt. Sie fügten der Handelsschiffahrt des Nordens gewaltigen Schaden zu. Versicherungsprämien stiegen in astronomische Höhen. Amerikanische Reedereien verkauften viele Schiffe, einige gaben sogar ihr Geschäft ganz auf.

Noch wichtiger aber für die Sache des Südens war die große Zahl von Kriegsschiffen der Union, die aus der Blockade abgezogen werden mußten, um über alle Meere verteilt nach umherschweifenden Handelszerstörern wie nach Stecknadeln in einem Heuschober zu suchen. Es ist keine Übertreibung, wenn man feststellt, daß die konföderierten Kreuzer, so wenige es waren, das Zehnfache der eigenen Tonnage seiner eigentlichen Aufgabe entzogen. Und darauf kam es der konföderierten Regierung weit mehr an als auf die Vernichtung des Gegners.

Das erste für Zwecke des Handelskrieges in Dienst gestellte Kriegsschiff war die *Sumter*, ein Schraubendampfer von 500 t, ein umgebautes Paketboot. Die Regierung hatte es von einer Reederei in New Orleans gekauft, für Kriegsaufgaben ausgerüstet und mit einem 20 cm Pivotgeschütz und vier kurzrohrigen 24-Pfündern als Breitseite armiert.

Kapitän Raphael Semmes brachte die *Sumter* im Juni 1861 den Mississippi hinunter, wo sie mit dem Blockadeschiff *Brooklyn* Versteck spielte, das wegen zu großen Tiefgangs nicht über die Barre kommen konnte. Endlich fand sich eine günstige Gelegenheit, nach See zu entschlüpfen, als die *Brooklyn* gerade ein anderes Schiff jagte. Die *Sumter* preschte los und lief der *Brooklyn* davon, als diese ihren Fehler gutzumachen versuchte. Bei Kreuzfahrten im Karibischen Meer und vor den Küsten Spaniens und Portugals machte die *Sumter* 17 Prisen. Sie verbrannte sechs, zwei eroberte der Feind zurück und zwei wurden gegen Lösegeld freigegeben. Sieben, die Semmes in kubanische Häfen geschickt hatte, wurden von den spanischen Behörden beschlagnahmt und später an die Eigner in den Nordstaaten zurückgegeben.

Als die *Sumter* der *Brooklyn* entkommen war, detachierte die Union 6 Kriegsschiffe zu einer erfolglosen Streife durch das Karibische Meer. Aber im Januar 1862 wurde die *Sumter* von drei anderen Unionschiffen in Gibraltar eingeschlossen. Kapitän Semmes drohte ganz offenbar Vernichtung, sobald er sich aus einem neutralen Zufluchtsort herauswagte. Aber noch andere Probleme machten ihm schwer zu schaffen. Er konnte in Gibraltar keine Kohle bekommen, die Kessel waren durchgerostet und die Maschinen reparaturbedürftig. So verkaufte er sein Schiff, das aber weiterhin für die Konföderierten fuhr; denn die britischen Eigner bauten es zum Blockadebrecher um.

Die kurze Laufbahn der *Sumter* als Kaperschiff kann als typisch für andere Kreuzer dieser Art gelten. Ihre Hauptbedeutung liegt darin, daß auf ihr der Meister aller Kaperkapitäne, der gefürchtete Raphael Semmes, seine Lehrzeit absolvierte. Auf seinen Kreuzfahrten lernte dieser Semmes so vielbefahrene Reeden wie Gibraltar zu meiden, Prisen lieber zu versenken, statt Gefahr zu laufen, durch diplomatische Tricks in neutralen Häfen das wieder zu verlieren, was ihm seine Kanonen erobert hatten. So vollendet war schließlich die Durchführung seiner Operationen, daß er jede Bewegung der Verfolger vorauszuahnen schien.

Die *Sumter* war insofern eine Ausnahme, als es sich bei ihr um einen den Südstaaten gehörenden Dampfer handelte, der zu einem Kriegsschiff umgebaut worden war. Da der Konföderation Möglichkeiten zum Schiffbau fehlten, mußte sie sich weitgehend darauf verlassen, daß ihre Vertretungen im Ausland Schiffe kauften oder bauen ließen. Der erfolgreichste der konföderierten Agenten war ein gewisser Bulloch, ein früherer amerikanischer Seeoffizier, der im Juni 1861 nach England kam. Dort galten die britischen Neutralitätsgesetze, dort gaben sich aber auch der amerikanische Gesandte Adams und die amerikanischen Konsuln in britischen Seehäfen verzweifelte Mühe, Bullochs Absichten zu vereiteln. Und doch gelang es ihm, 5 Schiffe zu beschaffen und unter der Vorgabe, es handle sich um Neutrale, die nicht beschlagnahmt werden könnten, in See zu bringen. An einem vereinbarten Treffpunkt wurden sie dann armiert und setzten ihre Fahrt als Kaperfahrzeuge fort.

Das berühmteste von ihnen, ja von allen konföderierten Handelskreuzern, war die *Alabama*. Um einer Beschlagnahme durch britische Behörden zu entgehen, kehrte das Schiff von der ersten Probefahrt nicht mehr zurück, sondern lief zu einem Treffpunkt bei den Azoren, wohin Bulloch Waffen, Kohlen und Offiziere geschickt hatte.

Während der portugiesischen Hafenbehörde vorgetäuscht wurde, die *Enrica* nehme lediglich Kohlen aus der gecharterten *Agrippina* über, wurden 6 langrohrige 32-Pfünder als Breitseite, ein gezogener 100-Pfünder und ein 20 cm Granatgeschütz mit Hilfe einer Winsch auf dem Kreuzer montiert. 83 Seeleute, die das Schiff von England überführt hatten, meistens englische und irische Abenteurer aus dem Hafenviertel von Liverpool, blieben freiwillig als Rahmenbesatzung an Bord. Später sollten Freiwillige von den gemachten Prisen die freien Stellen besetzen. Semmes, der zum Kapitän bestimmt worden war, brachte das Schiff aus den Territorialgewässern heraus, um es feierlich in Dienst zu stellen. Dabei wurden die Besatzung gemustert, die Befehle verlesen und die Flagge der Konföderation gesetzt. Damit hatte die *Alabama* die Maske abgeworfen, war zum Kriegsschiff geworden und bereit, ihren Auftrag zu erfüllen.

Semmes war ein strenger und tüchtiger Zuchtmeister. Ein anderer wäre auch niemals mit dieser Besatzung aus Liverpooler Rowdies fertig geworden. Während der ersten zwei Monate kaperte er im Nordatlantik 20 Schiffe. Auf Grund der mit der *Sumter* gesammelten Erfahrungen, übernahm er von den Prisen, was er brauchte, und verbrannte sie dann. Als die große Zahl Gefangener an Bord der *Alabama* zum unlösbaren Problem wurde, machte Semmes aus einem der erbeuteten Schiffe, nachdem es ausgeschlachtet worden war, ein Begleitschiff, mit dessen Hilfe die überflüssigen Passagiere an Land gebracht werden konnten.

Nachdem die *Alabama* auf der Kreuzfahrt bis zu den Großen Bänken ihren Kohlenvorrat fast verbraucht hatte, setzte Semmes Kurs auf Fort de France auf Martinique, wo ein Treffen zur Brennstoffergänzung vereinbart worden war. Hier wartete die *Agrippina*. Bevor jedoch die Kohlenübernahme beendet war, tauchte die nordamerikanische *San Jacinto* auf und patrouillierte eben außerhalb der 3-Meilen-Grenze. Semmes schickte sein Begleitschiff voraus und schlüpfte nachts an der *San Jacinto* vorbei. Dann beendete er die Kohlenübernahme in einem versteckten kleinen Hafen Venezuelas.

Darauf kreuzte Semmes im Karibischen Meer, wo er einen jener »Silberdampfer« abzufangen hoffte, die von Colon mit kalifornischem Gold an Bord nach New York liefen. Mit dem erbeuteten Gold sollte dann die längst fällige Löhnung der Besatzung bezahlt werden, die bereits einen Meutereiversuch unternommen hatte. Aber das Glück war ihm nicht hold. Seine wertvollste Prise in diesem Seegebiet war ein großer Passagierdampfer, der aus New York kam. Er hatte nicht ganz 10000 Dollar in Silbermünzen und Schatzwechseln an Bord.

Dann lief Semmes zum Golf von Mexiko, um gegen eine erwartete amphibische Unternehmung an der Küste von Texas einzugreifen. Vor Galveston, das von einem Geschwader der Union beschossen wurde, dampfte die *Alabama* langsam auf und ab und lenkte die Aufmerksamkeit eines Kriegsschiffs der Union auf sich. Sofort kam der zu einem Kanonenboot umgebaute Dampfer *Hatteras* heran, um näheres festzustellen. Er stand 20 sm vom übrigen Geschwader entfernt, als er die *Alabama* anrief, die sich zunächst als britisches Schiff ausgab. Als aber die *Hatteras* ein Enterkommando schickte, um die Schiffspapiere zu kontrollieren, brüllte Semmes: »Dies ist der konföderierte Dampfer *Alabama!*« und ließ unmittelbar darauf eine Breitseite feuern. Seine überlegene Armierung machte mit dem Kanonenboot kurzen Prozeß. Bereits im Sinken feuerte die *Hatteras* einen Schuß nach Lee als Zeichen der Übergabe. Schnell brachte Semmes die überlebende Besatzung auf sein Schiff. Wenige Minuten danach sank die *Hatteras.* Rasch dampfte die *Alabama* nach Kingston auf Jamaica, um ihre Gefangenen an Land zu setzen, ehe überall Alarm gegeben wurde. Noch weitere 18 Monate spielte Semmes mit den Unionkreuzern Katz und Maus, die auf ergebnisloser Verfolgung die Seestraßen der Erde durchfurchten. Mit Erfolg operierte er im Karibischen Meer und Indischen Ozean, in der Sunda Straße, der Südchina-See und der Bucht von Bengalen, bis die *Alabama* nach und nach ein Opfer der eigenen Erfolge wurde. Immer weniger Handelsschiffe des Nordens traf Semmes. Auf der Rückfahrt in den Südatlantik machte die *Alabama* ihre zwei letzten Prisen, um dann zu neuer Ausrüstung nach Europa zu laufen. Am 11. Juni 1864 brachte Semmes sein Schiff in den Hafen von Cherbourg und bat die französische Regierung um Erlaubnis zum Docken.

Bei seinen Operationen auf weitem Meer hatte Semmes der Verfolgung entgehen können, indem er seine Fahrten so einrichtete, daß er den gegen ihn ausgesandten Schiffen der Union stets zuvorkam. Da es noch keine transatlantischen Kabel gab, hatte er in der Regel mehrere Tage, wenn nicht gar Wochen Vorsprung. Als aber die *Alabama* in Cherbourg ankerte, konnte der amerikanische Konsul dem Kommandanten der Schraubensloop *Kearsarge,* die vor Vlissingen zu Anker lag, ein Telegramm schicken. Drei Tage darauf erschien das Schiff unter Kapitän Winslow vor Cherbourg. Ohne zu ankern patrouillierte es dicht vor der Hafeneinfahrt. Semmes hatte sein Schiff docken und die Besatzung auf einen wohlverdienten Urlaub schicken wollen. Sehr bald aber sah er ein, daß er die erbetene Dockerlaubnis nicht erhalten werde. So blieb ihm nur die Wahl zwischen Internierung in Cherbourg oder Auslaufen zum Kampf. Da die *Alabama* und *Kearsarge* gleich kampfstark zu sein schienen, ließ sich Semmes, was übrigens auch seinem Temperament entsprach, zum kühnen Vorgehen verleiten. Durch den amerikanischen Konsul forderte er Winslow zu einem Duell der beiden Schiffe heraus, sobald die *Alabama* Brennstoff ergänzt habe. Am Morgen des 19. Juni lief sie aus. Die *Kearsarge* dampfte voraus, um die Territorialgewässer hinter sich zu bringen. Das neue französische Panzerschiff *Couronne* folgte und ankerte an der Hoheitsgrenze. Eine Privatyacht, die *Deerhound,* die in England beheimatet war, trieb sich als Zuschauerin in der Nähe herum. Viele tausend Neugierige standen an Land.

Als die *Kearsarge* etwa 7 sm von der Küste entfernt stand, ging sie auf Gegenkurs und lief auf die *Alabama* zu, die nach Backbord abdrehte, um ihre Steuerbordbatterie zum Tragen zu bringen. Auf etwa 1800 m feuerte sie die erste Breitseite,

die vorwiegend kurz lag. Ein oder zwei Geschosse schlugen in die Takelage der *Kearsarge*. Winslow wartete mit dem Feuern. Nach schnellem Laden schoß das konföderierte Schiff auf 900 m eine weitere Salve. Jetzt erst drehte auch die *Kearsarge* nach Backbord ab und schoß mit der Steuerbordbatterie.
Bei dem nun folgenden Gefecht drehten sich die beiden Schiffe in konzentrischen Kreisen im Sinne des Uhrzeigers. Der Durchmesser der Kreise betrug eine halbe Seemeile. Zu diesem Manöver kam es, weil beide auf Gegenkursen mit den Steuerbordgeschützen feuerten und jedes Schiff versuchte, in eine Position zu kommen, aus der es den Gegner unter Längsbeschuß nehmen konnte. Eine Strömung von 3 sm versetzte nach und nach die kreisenden Fahrzeuge auf die Küste westlich von Cherbourg zu. Sehr bald wurde es klar, daß sich die Gegner keineswegs ebenbürtig waren. Die verbrauchten Maschinen der *Alabama* konnten die Geschwindigkeit des Gegners nicht mithalten. Zur Munitionsersparnis war die Schießausbildung der konföderierten Artilleristen vernachlässigt worden. Pulver und Granaten hatten an Wirkung verloren. Demgegenüber war die *Kearsarge* ganz neu ausgerüstet und voll kampfbereit. Zudem hatte Winslow die Maschinen und Kesselräume dadurch geschützt, daß er Ketten über die Bordwände hängen und sie mit Planken abdecken ließ, um sie zu haltern und der Sicht des Gegners zu entziehen. Nach einer Stunde und sieben Kreisen befand sich die *Alabama* in sinkendem Zustand, während die *Kearsarge* nur leicht beschädigt war. Semmes versuchte sein Schiff auf Strand zu setzen, aber Wasser strömte in den durchsiebten Rumpf, löschte die Feuer unter den Kesseln und machte das Schiff zu einem hilflosen Wrack. Während die *Kearsarge* es unter Längsbeschuß nahm, strich Semmes die Flagge.
Als die schwer getroffene *Alabama* zu sinken begann, setzten Sieger und Besiegte schleunigst Boote aus, und die *Deerhound* näherte sich zur Hilfeleistung. Semmes schleuderte seinen Säbel ins Meer und sprang über Bord. 20 Minuten nach der Übergabe hob sich der Bug des Wracks senkrecht in die Luft; dann sank es übers Heck. Semmes wurde mit 40 Mann seiner Besatzung von der *Deerhound* aufgefischt und nach England gebracht. Daß er der Gefangenschaft entgangen war, wurde in der Union als einzig unbefriedigendes Ergebnis empfunden. Winslow erhielt eine Dankadresse vom Kongreß und wurde zum Kommodore befördert.
Zwischen dem 5. September 1862 und dem 27. April 1864 hatte die *Alabama* 71 Fahrzeuge der Union gekapert und die meisten auf See vernichtet. Unter jedem Gesichtspunkt bleibt Semmes' historische Kreuzfahrt die erfolgreichste in der Geschichte der Handelskriege auf See. Abgesehen von dem unmittelbar angerichteten Schaden hatte die *Alabama* den Reedern der Union gewaltige indirekte Verluste verursacht: hohe Versicherungsprämien, Verzögerung der Verseglungen oder Verzicht auf sie und verdorbene Ladungen.
Als Ersatz für die *Alabama* kaufte Bulloch die *Shenandoah*. Sie wurde in Madeira armiert und versegelte sofort zum Pazifik, wo sie im Oktober 1864 ihre Raubzüge begann. Vorwiegend operierte sie bei den Aleuten, kaperte 36 Fahrzeuge, meistens Walfangboote, und versetzte der amerikanischen Walfischindustrie einen Schlag, von dem sie sich nie ganz erholt hat. Weil die Nachricht von der Kapitulation der Konföderierten Kapitän Waddell von der *Shenandoah* erst am 2. August 1865 erreichte, fielen zwei Drittel seiner Kaperungen in die Zeit nach Kriegsende. An Versenkungs-Erfolgen gemessen, stand die Kaperfahrt der *Shenandoah* nur derjenigen der *Alabama* nach.

Zusammenfassung

Unter maritimem Gesichtspunkt waren der amerikanische Bürgerkrieg wie der amerikanische Revolutionskrieg, die napoleonischen Kriege und der Krieg von 1812 in erster Linie Kämpfe um Blockade und Gegenblockade. Von Anfang an basierte die Seestrategie der Union auf der Absicht, die Konföderation vom Import von Kriegsmaterial abzuschneiden und sie durch Vernichtung ihres Exports auszuhungern. Daher bestand die maritime Aktivität an den amerikanischen Küsten aus dem Abfangen von Blockadebrechern. Daneben galt sie der Unterstützung amphibischer Unternehmungen, um Stützpunkte für die Blockade in die Hand zu bekommen, wie etwa Ship Island und Port Royal, sowie Häfen des Südens zu erobern, wie Elizabeth City, New Bern und Beaufort. Der stärkste zu diesem Zweck unternommene Angriff der Union richtete sich, wenn auch erfolglos, gegen Charleston, wo die Stadt und Fort Sumter in der Hand der Konföderierten blieben, was auch Bundesheer und -marine dagegen ins Feld schicken mochten.
Durch Diplomatie und Seeoperationen versuchte der Süden, die erstickende Umschlingung durch die Anakonda zu lockern. Einem diplomatischen Erfolg kam er am nächsten, als die Union die beiden Politiker des Südens, Mason und Slidell, von dem britischen Paketschiff *Trent* heruntergeholt und gefangengesetzt hatte. Hierbei handelte es sich tatsächlich um einen illegalen Akt, der Großbritannien fast an der Seite der Konföderation in den Krieg verstrickt hätte. Einer Aufhebung der Blockade durch maritime Unternehmungen aber kam die Konföderation am nächsten, als am 8. März 1862 das Panzerschiff *Virginia* ohne nachhaltigen Widerstand die hölzernen Blockadeschiffe auf Hampton Roads angriff. Handelszerstörer wie *Alabama* und *Shenandoah* waren durch ihre Überfälle auf Schiffe der Union in fernen Gewässern dem Süden insofern von Nutzen, als sie den Feind zu erheblichem Schiffseinsatz in Meeren zwangen, die von den eigentlichen Kriegsschauplätzen weit entfernt lagen (Diversionswirkung). Der Wert von Kaperschiffen im Gesamtrahmen eines Krieges wird immer umstritten bleiben. Gewiß handelte es sich im vorliegenden Fall um eine zu geringe Zahl, als daß sie zu einer Gegenblockade in der Lage gewesen wäre, wie sie den Deutschen in den Weltkriegen des 20. Jahrhun-

derts fast gelungen ist. Trotzdem blieb der Erfolg des Handelskrieges im amerikanischen Bürgerkrieg keineswegs belanglos. Es scheint durchaus denkbar, daß ein Dutzend *Alabamas*, die gleichzeitig operierten, den Seehandel der Union völlig hätten vernichten und damit die Kriegführung des Nordens lahmlegen können.

Kapitel 15

Der amerikanische Bürgerkrieg II

Von E. B. Potter für die deutsche Ausgabe kondensierte Neufassung der in der US-Ausgabe von H. O. Werner und J. R. Fredland bearbeiteten Kap. 15, 16 und 17. Übersetzung Siegfried Engel.

Im Frühjahr 1861 entwässerten der Mississippi und seine Nebenflüsse ein aufgestörtes und zerrissenes Land. Die Staaten am Oberlauf standen ebenso unerschütterlich zur Union wie die am Unterlauf zur Konföderation. Beide Gebiete stellten für die betreffende Partei das größte Reservoir an Menschen und Nahrungsmitteln dar. Zwischen ihnen lagen die vier Grenzstaaten Missouri, Arkansas, Kentucky und Tennessee, und jener Westteil Virginias, der unter wirtschaftlichem Gesichtspunkt auf das Tal des Ohio angewiesen war. Unterschiedliche Treuegefühle und Interessen, dazu schwerer politischer Druck von Norden und Süden sprengten schließlich diese Grenzgebiete auseinander. Arkansas und Tennessee lösten sich los und gingen ins Lager der Konföderation. Missouri wurde länger als ein Jahr vom Bürgerkrieg hin und her gerissen, ehe der Staat ganz unter die Herrschaft der Union geriet. Die gesetzgebenden Körperschaften in Kentucky erklärten sich als »neutral«. Virginias fünfzig westliche Bezirke bildeten als Teil der Union den neuen Staat West Virginia.

Genauso wie im Osten war keine der beiden Parteien auf einen Krieg vorbereitet. Jede Regierung mußte erst aus dem Nichts eine gut ausgebildete Truppe schaffen. Jede Regierung litt unter dilettantischen militärischen Führern und dem irrigen Glauben an einen schnellen und billigen Sieg. Zudem stellte dieser erste »moderne« Krieg ganz neue Probleme auf dem Gebiet des Transports, des Nachschubs und der Logistik. Amphibische Unternehmungen erschwerten diese Probleme weiterhin.

Schon der Verlauf der verschiedenen Flüsse war von unerhörter Bedeutung; denn immer noch bildeten in jenen Gegenden Dampfschiffe das wichtigste Transportmittel. Der wichtigste Fluß war der Mississippi. Über eine Strecke von 1000 Meilen schlängelte er sich, um die 500 Meilen von Cairo bis New Orleans zurückzulegen. Dazu kamen seine schiffbaren Nebenflüsse Ohio, Tennessee, Cumberland und Red. Wer Herr dieser Wasserstraßen war, hatte vier bedeutende Vorteile in der Hand: 1. Die verläßlichste Nachschublinie. 2. die Kontrolle über die Wirtschaft des von dem betreffenden Fluß berührten Gebietes. 3. Die Tatsache, daß dem Feind diese Vorteile vorenthalten blieben. 4. Die Blockierung der die Flüsse überquerenden Eisenbahnen und Straßen.

Die Union begann ihre Operationen im Tal des Mississippi nicht zuletzt, um sich aller dieser Vorteile rühmen zu können. Der wichtigste Beweggrund aber war die Möglichkeit, den Mississippi zur Verschiffung der Produkte aller am Oberlauf gelegenen Farmen zu benutzen und die Konföderation aufzuspalten, wodurch die Produkte des Südwestens dem Südosten vorenthalten blieben. Niemand sah 1861 voraus, daß der Krieg schließlich zu einer gewaltigen Überflügelung von General Lees Armee in Nord Virginia führen werde. Streitkräfte der Union, die aus dem Mississippi-Tal vorstießen, sollten schließlich zusammen mit der Armee vom Potomac die konföderierten Heere in eine riesige Zange nehmen.

Durchbruch durch die Nordwest-Sperre der Konföderierten

Wäre Kentucky zum Süden gestoßen, so hätte die Konföderation dank des Ohio eine leicht zu verteidigende natürliche Barriere gegen eine Invasion des Nordens besessen. Daher versuchten beide Parteien mit allen Mitteln, Kentucky für sich zu gewinnen. Mittlerweile baute die Bundesarmee eine imponierende Flotte von Flußkanonenbooten, der die Konföderation nichts Gleichwertiges entgegen stellen konnte. Im Herbst 1861 sahen sich endlich die konföderierten Führer gezwungen, Kentucky's Neutralität zu verletzen. General Polk, ein früherer Bischof aus Louisiana, überschritt mit 10000 Mann die Grenze und besetzte Columbus. Dies war nördlich von Vicksburg der günstigste Punkt für die Beherrschung des Mississippi mit Hilfe von Landartillerie. Darauf erklärten sich die Behörden von Kentucky für die Union, und Bundestruppen überschritten den Ohio.

Hierdurch wurden die Konföderierten einer natürlichen Verteidigungslinie beraubt. Als Ersatz errichteten sie eine Reihe von Stützpunkten, von Columbus am Mississippi bis nach Mill Springs, wo eine ihrer Armeen die Zugänge zur Cumberland-Lücke, den Hauptübergang durch die Allegheny Berge, bewachte. Zwischen diesen Stellungen waren drei Anmarschwege denkbar: die Louisville Eisenbahn und die Flüsse Tennessee und Cumberland. Um eine Invasion mit Hilfe der Eisenbahn zu verhindern, besetzte eine weitere konföderierte Armee den Kreuzungspunkt bei Bowling Green. Um die Flüsse zu blockieren, errichteten die Konföderierten die Forts Henry und Donelson am Tennessee und Cumberland an einer Stelle, wo diese Flüsse südlich der Grenze von Kentucky nur 12 Meilen voneinander entfernt waren.

Flaggoffizier Foote, dem Befehlshaber der Flußkanonenboote, und Brigadegeneral Ulysses Grant, dem Armeebe-

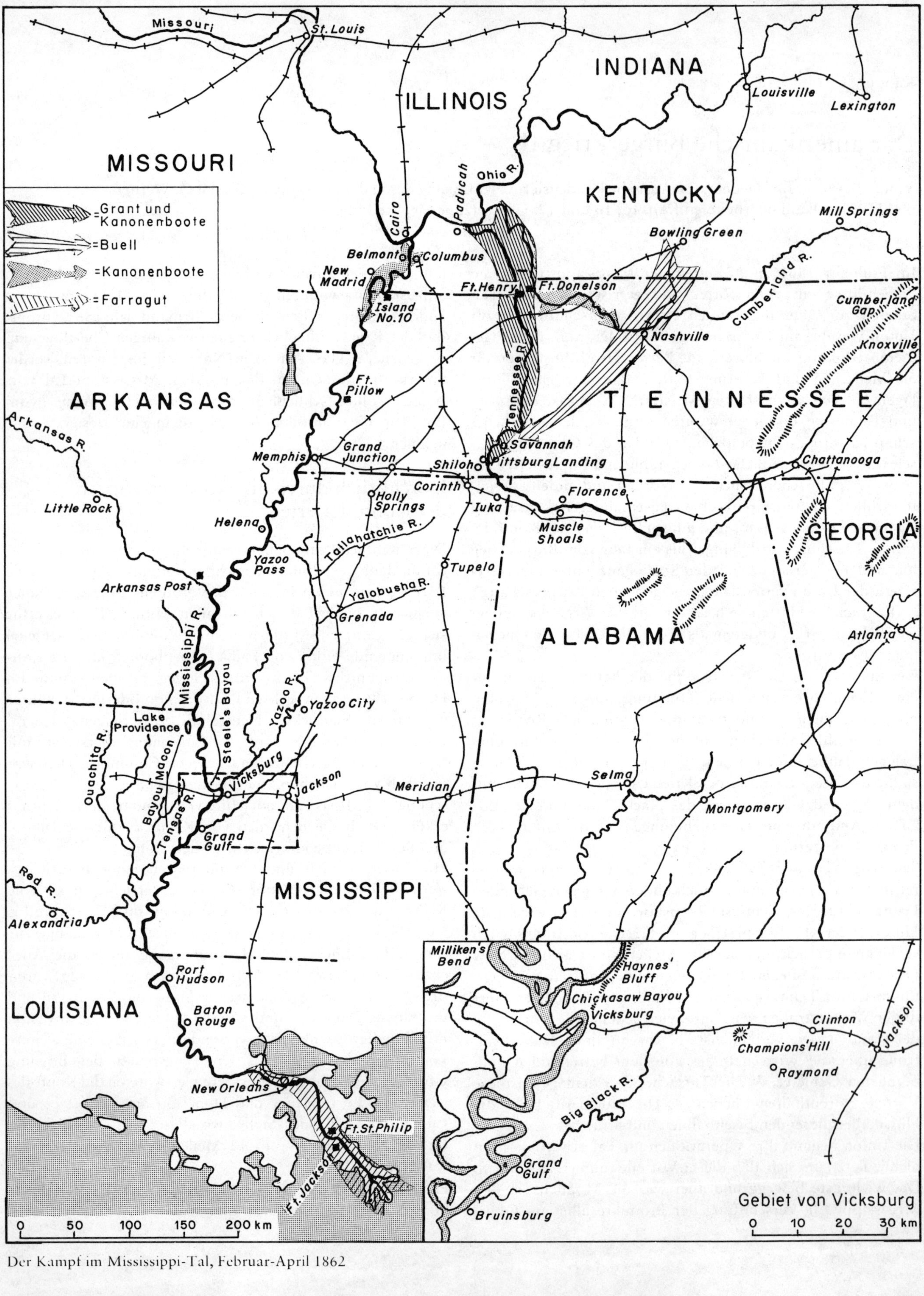

Der Kampf im Mississippi-Tal, Februar-April 1862

fehlshaber in diesem Abschnitt, war es klar, daß diese »Nordwestbarriere« der Konföderierten unter strategischen Gesichtspunkten nur schwach war. Ein Vorstoß den Tennessee hinauf würde das konföderierte Fort bei Columbus ausflankieren. Kanonenboote, die den Cumberland hinauffuhren, konnten beide Eisenbahnlinien durchschneiden, welche die bei Bowling Green stehenden Konföderierten zur Versorgung benötigten. Demnach mußten Vorstöße den Tennessee und Cumberland hinauf die Verteidigungslinie des Gegners unhaltbar machen. Anfang 1862 bekamen Foote und Grant die Genehmigung für eine gemeinsame Operation von Kanonenbooten und 17000 Mann gegen die Forts Henry und Donelson.

Obwohl die Boote anfangs der Armee unterstanden, waren ihre Kommandanten aktive Seeoffiziere. Die meisten Fahrzeuge waren gepanzert und von einem Heer von Arbeitern in Rekordzeit gebaut worden. Sie sahen wie eine kleinere, flachgehende Spielart der *Virginia* aus, waren 53 m lang, 15,5 m breit und besaßen eine schräge, mit Eisenplatten von 6,5 cm Dicke verstärkte Kasematte. Aus ihr ragten 3 Buggeschütze, 4 als Breitseite und 2 Heckgeschütze hervor. Die achtere Kasematte schützte gleichzeitig ein Schaufelrad am Heck von fast 7 m Durchmesser. 4 gepanzerte und 3 hölzerne Kanonenboote wurden Foote zum Angriff auf die Forts zur Verfügung gestellt.

Fort Henry, das überstürzt auf tiefliegendem, zum Teil überflutetem Gelände am Ostufer des Tennessee gebaut worden war, griffen die Unionstruppen zunächst an. Seine paar Kanonen und die kleine Besatzung konnten nur einen Scheinwiderstand gegen die 7 Kanonenboote leisten, die am 6. Februar 1862 nach viertägiger Fahrt von Cairo her vor dem Fort auftauchten. Ein kurzes, entscheidendes Gefecht folgte. Foote wartete nicht auf Grants Armee, die durch schlammige Wege und Hochwasser aufgehalten wurde. Sie hätte vom Rücken her angreifen sollen. Sobald die Boote in Schußweite waren, eröffneten sie das Feuer, kamen auf 550 m heran und erzwangen nach 2 Stunden die Übergabe des Forts. Die Verluste beider Seiten blieben gering. Den größten Schaden erlitt ein gepanzertes Boot, auf dem ein Geschoß den mittleren Kessel durchschlug, so daß 32 Mann fielen; die meisten waren verbrüht.

Die Eroberung von Fort Henry bewies, daß im Mississippi-Tal schwere Artillerie, also die der Kanonenboote, schneller auf dem Wasser operieren konnte als Infanterie auf dem Lande. Außerdem bahnten und sicherten schwimmende Streitkräfte den Weg für ausreichenden Nachschub. Schließlich erlaubten diese eine schnelle Auswertung des Sieges, weil sie den Feind nicht zur Ruhe kommen ließen. So liefen auch diesmal die Boote sofort den Tennessee weiter hinauf und stießen bis zu den Muscle Shoals ins Herz der Konföderation vor. Weiter war der Fluß nicht schiffbar. Dabei zwangen sie die Konföderierten, mehrere Schiffsladungen von militärischen Vorräten zu vernichten und kaperten einen großen Dampfer, den sie zu einem Kanonenboot umbauten. Landungstrupps rissen die Schienen auf und zerstörten die einzige Eisenbahnbrücke, die Columbus mit Bowling Green verband. Dadurch daß die Boote die feindlichen Verbindungen unterbrachen und Grant in Gestalt von Fort Henry einen sofort verfügbaren, vorgeschobenen Stützpunkt zur Verfügung stellten, ermöglichten sie es den Kräften der Union, sich unverzüglich der nächsten Aufgabe zuzuwenden.

Fort Donelson war zum Schutz des Wasserweges nach Nashville erbaut worden und stand an einer weiten Biegung des Cumberland hoch auf dem Westufer. Der konföderierte Brigadegeneral Pillow wollte dort mit etwa 15000 Mann dem Angriff der Union standhalten. Im Rücken hatte er den Cumberland; seine rechte Flanke schützte ein über die Ufer getretener Bach. Frontal stützte er sich auf einige stark befestigte Höhenzüge, die parallel zum Fluß verliefen. Auf dem linken Flügel war eine Straße nach Nashville die einzige Rückzugslinie.

Während Footes Kanonenboote den Tennessee hinunterliefen und dann den Cumberland hinauf, marschierten die Unionstruppen durch ödes, winterliches Land, ohne Widerstand zu finden. Am 13. Februar bildeten Grants Linien einen Bogen, der von südlich des Baches ostwärts bis zum Cumberland führte. Dem zuerst eintreffenden Kanonenboot befahl Grant, den Gegner durch Beschuß des Forts abzulenken, damit die Truppen den nach Nashville führenden Weg abschneiden könnten. Die übrigen Boote eskortierten 5000 Mann frischer Truppen mit dem erforderlichen Nachschub. Diese Verstärkung traf am 14. ein und kam sehr erwünscht, weil in der Nacht zuvor Soldaten in einem Schneesturm erfroren waren. Dann liefen die Boote unter Führung der gepanzerten Fahrzeuge stromauf zum Angriff auf die zum Wasser gelegenen Batterien von Fort Donelson. Ein heftiges Artillerieduell folgte. Nur zwei Geschütze des Forts besaßen die Reichweite der schweren Schiffsartillerie. Aber statt aus sicherer Entfernung zu feuern, lief Foote bis auf 350 m heran. Er konzentrierte seine Artillerie auf die Batterie am Fluß, in der Hoffnung, an ihr vorbei zu kommen und dann das Fort auf der Steilküste durch enfilierendes Feuer zu vernichten. Aber sehr schnell hatten die Forts zwei der besten Boote außer Gefecht gesetzt, eine eigene krepierende Granate ein drittes. Foote, selbst verwundet, befahl den Rückzug. 500 Mann Verluste und schwere Schäden an den Fahrzeugen waren das Ergebnis.

Trotz dieses Rückschlags wurden die Konföderierten von Grants Armee eingeschlossen, und allein die Anwesenheit der Kanonenboote verhinderte eine Massenflucht über den Cumberland. Bei einer Lagebesprechung in der Nacht vom 14. zum 15. Februar beschlossen die konföderierten Führer, am nächsten Tage mit allen Mitteln die Straße nach Nashville zurückzuerobern, um einen Rückzug zu ermöglichen. Während sich Grant am Morgen des 15. mit Foote an Bord von dessen Flaggschiff besprach, gelang 8000 Konföderierten die Vertreibung der Unionstruppen von jenem Ausfallweg so mühelos, daß General Pillow nun nicht mehr an einen Abzug dachte, sondern eine Aufrollung der feindlichen Linie versuchte. Aber Grant sammelte seine numerisch überlegenen Kräfte, fügte mit leichter Unterstützung durch ein Kanonenboot dem Gegner 2000 Mann Verluste zu und zwang Pillows Heer in seine Ausgangsstellung zurück. Der General selbst entkam mit schwachen Kräften in der Nacht stromauf, während die Kavallerie des Oberst Forrest durch das überfrorene Marschenland abzog. Am folgenden Tag nahmen die überlebenden Verteidiger von Fort Donelson in Stärke von 10000 Mann Grants Forderung nach »Bedingungsloser Übergabe« an.[1]

Der Norden jubilierte, und Grant wurde zum Helden ... der »bedingungslosen Übergabe«. Nun kontrollierten Kanonenboote der Union den Cumberland und die über ihn hinweg führenden Verbindungen. Die bereits von Bowling Green nach Nashville abgezogenen Konföderierten rückten auch aus dieser Stadt ab, ehe die Boote die dortige Eisenbahnbrücke zerstören konnten. Bei Columbus hatte der konföderierte General Polk alle Mühe, einer Einschließung zu entgehen. Den Hauptteil der Artillerie schickte er auf »Insel 10«, den nächstgelegenen befestigten Platz stromab, und zog sich mit fast der ganzen Armee bis Corinth in Mississippi zurück, einem Knotenpunkt, an dem sich wichtige Ost-West und Nord-Süd verlaufende Eisenbahnlinien kreuzten. Es sollte zur Schlüsselstellung in der zweiten Verteidigungslinie der Konföderierten werden. Mit verfügbaren Verstärkungen hätten Grant und Foote alle konföderierten Stellungen am Mississippi oberhalb und einschließlich von Memphis überrennen können. Setzten sie die Operationen fort, so hätten sie vermutlich eine Neugruppierung des Feindes zum Gegenangriff verhindert. Stattdessen blieb Grants siegreiche Armee mehrere Wochen tatenlos, während Generalmajor Halleck, Grants unmittelbarer Vorgesetzter, einige belanglose Ziele zu erreichen versuchte.

Ende März 1862 waren dessen Kräfte in drei Gruppen aufgespalten. 25000 Mann unter Generalmajor Pope standen in New Madrid (Missouri) am Mississippi. Grants Heer von 35000 Mann hatte Pittsburg Landing am Tennessee erreicht. Brigadegeneral Buell rückte mit 50000 Mann gemächlich von Nashville her auf Grants Truppen zu. War es zur Vereinigung gekommen, so wollte Halleck den Befehl über beide Armeen übernehmen und das konföderierte Hauptquartier in Corinth angreifen, knapp 20 Meilen von Pittsburg Landing entfernt. Grant aber nahm an, die Konföderierten würden sich weiterhin defensiv verhalten, und hatte nur die unbedingt notwendigen Abwehrmaßnahmen getroffen. Seine nicht richtig entfalteten Divisionen lagen in waldigem Gelände zwischen dem Fluß und Shiloh Church, einem einfachen Blockhaus, von dem die Schlacht später ihren Namen erhielt.

In New Madrid hatte General Pope versucht, mit den 7000 Konföderierten ins Gefecht zu kommen, die ihm am Ufer des Mississippi auf der nahen Insel 10 gegenüberstanden. Nur wenn es gelang, die feindliche Artillerie zu vertreiben, konnte der Strom für den weiteren Vormarsch der Union freigekämpft werden. Aber auch wenn Pope's Truppen anschließend stromauf übersetzten, lagen immer noch der Reelfoot See, Sümpfe und überflutetes Gelände zwischen ihnen und den Konföderierten. Versuchten sie den Übergang stromab, so würden konföderierte Kanonenboote kurzen Prozeß mit den Flößen und Bötchen machen, auf die er angewiesen war. Anfang April löste Footes Flußflottille dieses Problem. Nachts und im Gewitter fegten zwei Panzerboote unversehrt an den Geschützen vorbei, die am Ufer standen. Die ungepanzerten Feindboote waren machtlos und flohen eiligst stromab. Von nun an fanden das Übersetzen von Pope unterhalb der Küstenbatterien und die Eroberung der einzigen Rückzugslinie keinen ernsten Widerstand mehr. Die Streitkräfte des Südens sahen sich in hoffnungsloser Minderzahl völlig abgeschnitten und ergaben sich bald. Darauf entwarfen Pope und Foote Pläne für einen gemeinsamen Vormarsch den Mississippi abwärts.

Grants berühmte Eingebungen ließen ihn bei Pittsburg Landing im Stich. Er hatte die Vorbereitungen und Absichten des Feindes ganz falsch gedeutet. Die Konföderierten, entsetzt über den Vorstoß der Union nach Süden, schafften sogar von Florida und Texas Truppen heran. Sie entblößten dadurch zwar andere Stellungen, konnten dafür aber 40000 Mann gegen Grant bei Corinth aufmarschieren lassen. General Johnston wollte Grant angreifen, bevor er durch Buell verstärkt werden konnte. So verließ er Corinth am Nachmittag des 3. April und rückte stetig auf Pittsburg Landing vor. Im Morgengrauen des 6. griffen die Konföderierten die nahezu völlig überraschten Unionskräfte an. Es entwickelte sich die blutige Drei-Tage-Schlacht von Shiloh.

Gegen Ende des ersten Tages hatten die Konföderierten den linken Flügel des Feindes zerschlagen und fast Pittsburg Landing erreicht, um dort Grants Nachschub auf dem Strom abzuschneiden. Jetzt aber leisteten zwei hölzerne Kanonenboote der Föderierten einen entscheidenden Beitrag zur Schlacht. Zwar erzielten sie nur wenige Treffer, aber ihre Kanonen entmutigten die abgekämpften Feinde und hoben den Mut der weichenden Unionstruppen. Die Kommandanten der Boote konzentrierten ihr Feuer auf die Batterien, und ihre Granaten heulten durch die von den Angreifern zu passierenden Schluchten. Nach Abschlagung des Angriffs schossen die Boote sporadisch die Nacht hindurch Sprenggranaten, so daß der Feind gezwungen war, sich auf die Ausgangsstellung zurückzuziehen. »Bei dieser Abwehr«, so steht in Grants Bericht, »spielte die Anwesenheit der Kanonenboote eine große Rolle.«

1 Im Jahre 1964 beschäftigte sich General Eisenhower mit der im Januar 1943 getroffenen Entscheidung der Anglo-Amerikaner, nicht mit den Achsenmächten über einen Frieden zu verhandeln, und sagte: »Natürlich bewog General Grants Forderung an Fort Donelson den Präsidenten Roosevelt dazu, die Worte »Bedingungslose Übergabe« zu wählen.«
The Washington Post, 20. XII.64

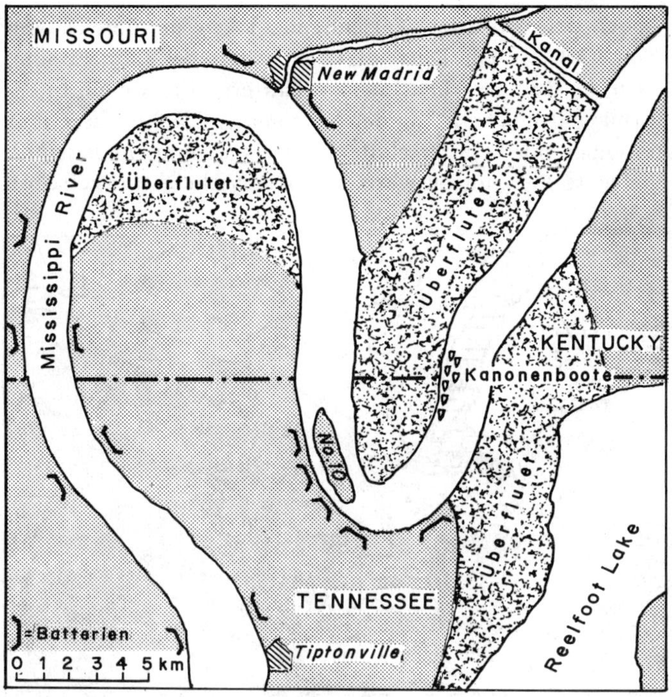

Island No. 10

In jener Nacht wurden auf dem Wasserweg Artillerie und 20000 Mann von Buells Armee herangebracht. Am zweiten Tage gewannen Gegenangriffe der Union allen verlorenen Boden zurück. Am Morgen des dritten Tages zogen die Streitkräfte der Konföderierten ab. Von insgesamt fast 100000 Kombattanten waren mehr als 20000 kampfunfähig. Strategisch gesehen, war Shiloh ein Sieg der Union; denn dem Süden war es nicht gelungen, die Eindringlinge zurückzuschlagen. In anderer Hinsicht muß man es ein »Unentschieden« nennen, bei dem die Föderierten zwar das Feld behaupteten, aber zu tief beeindruckt vom Gemetzel und zu kampfmüde waren, um den Konföderierten bis zu ihren befestigten Stellungen bei Corinth nachzustoßen.
Nun war fast der ganze Westen von Tennessee fest in der Hand der Union. Die Nordwestbarriere der Konföderation war verloren, der stärkste Gegenangriff des Südens abgeschlagen, und Halleck konnte eine weit überlegene Armee versammeln, um die zweite konföderierte Verteidigungslinie zu durchstoßen. Für die Niederlage bei Shiloh sollte die Konföderation auch noch in der Zukunft bezahlen. Johnstons dringende Forderung nach Verstärkungen hatte die Stellungen anderwärts gefährlich geschwächt. Dadurch trug Shiloh unmittelbar zum Ausgang der Hauptkämpfe, besonders zu Wasser, bei, die in naher Zukunft New Orleans, die »Königsstadt des Südens«, kosten sollten.

Die Eroberung von New Orleans

Kaufmännischer Wagemut und 170000 Einwohner machten New Orleans zur reichsten und größten Stadt der Konföderation. Sie lebte vom Handel, und er war ihr dank einmaliger geographischer Lage in überreichem Maße gesichert. Sie lag an einer Biegung des Mississippi etwa 100 Meilen oberhalb des Head of the Passes, wo sich der Strom teilt, um in drei Armen in den Golf von Mexiko zu münden. New Orleans beherrschte das ganze untere Mississippi Tal. Von den Decks der Fluß- und Ozeandampfer konnten die Passagiere in Straßen voll geschäftigen Lebens und auf blühende Geschäftshäuser hinter dem Deich blicken.
Der Ausbruch der Kämpfe und das Auftauchen von Blokkadeschiffen im Golf setzten jäh allen Hoffnungen auf einen freien Mississippi und einen offenen Hafen ein Ende, welche die Bürger bei der Sezession Louisianas gehegt hatten. Eine Zeitlang schien ihnen der Krieg etwas Herrliches, die optimistischeren glaubten, das Schicksal des Nordwestens liege in ihren Händen. Die jungen Männer meldeten sich begeistert zu den Waffen, freuten sich an exotischen Uniformen und marschierten zur Militärmusik. Von einer Blockade sprachen sie mit Verachtung. Das weitverzweigte Mississippi Delta und die angrenzenden Gewässer sicherten nach ihrer Ansicht Blockadebrechern einen Vorteil gegenüber jedem Blockadegeschwader der Union. Dank ihrer Kaperschiffe würde der Krieg den Handelsfahrzeugen der Yankees teuer zu stehen kommen. Kaum merkten sie es, daß die Geschäfte der Stadt eins nach dem anderen schlossen, als handle es sich um eine Urlaubszeit.
Anfang 1862 aber war die Stimmung in New Orleans ins Gegenteil umgeschlagen. Die Behörden waren ernstlich um Sicherheit und Wohlstand der Stadt besorgt. Die auf Verschiffung wartende Baumwolle türmte sich, und verrottende Uferanlagen verschwanden im Strom. Bargeld wurde gehortet. Am schlimmsten aber war es, daß von New Orleans unentwegt Menschen, Materialien und Versorgung abgezogen wurden, weil die Regierung der Konföderation der Verteidigung des Tennessee-Tals absoluten Vorrang gab.
Diese Politik gründete sich teils auf die Überzeugung, daß im Mississippi-Tal die allergrößte Gefahr vom Vormarsch der Unionstruppen von Norden her drohe. New Orleans dagegen hielten fast alle für uneinnehmbar. Rund um die Stadt waren Befestigungen angelegt, aber darin sah man nur eine zusätzliche Vorsichtsmaßnahme. Ein Angriff über Land durch die Sümpfe wurde für unwahrscheinlich, wenn nicht für unmöglich gehalten. Man war überzeugt, die Stadt sei nur von der Flußseite gefährdet. So zielte die Hauptverteidigung auf eine Sperrung des Mississippi. Etwa 90 Meilen stromab, an der letzten Biegung vor dem Einmünden in den Golf, lagen zwei Forts. Fort Jackson am rechten Ufer war mit 90 Kanonen bestückt, davon 16 in Kasematten. Etwas weiter stromauf stand auf dem linken Ufer Fort St. Philip, nicht ganz so furchterregend, da es nur 52 Kanonen und keine Kasematte besaß.
Unterhalb der Forts, aber noch im Schutz der Kanonen, lag eine große Balkensperre über den etwa 650 m breiten

Strom. Sie bestand aus Zypressenbäumen von 12 m Länge und 1,5 m Dicke. Die freien Enden schwerer Ketten waren am Ufer belegt. Dicke, kreuzweise ausgebrachte Balken hielten die einzelnen Teile der Sperre ein paar Fuß auseinander und parallel zum Strom. Mehr als 20 Anker von 3000 Pfund Gewicht waren über die ganze Breite verteilt, um das

Außer der ortsfesten Verteidigung lagen im Bereich von New Orleans ein Dutzend ungepanzerter Kanonenboote, dazu die Ramme *Manassas,* ein Panzerschiff, wie ein Ei geformt, mit einer 32 Pfünder Karronade. Zwei größere und imponierende Panzerschiffe, *Louisiana* und *Mississippi,* mit je 16 Geschützen waren im Bau. Vielleicht hätte schon

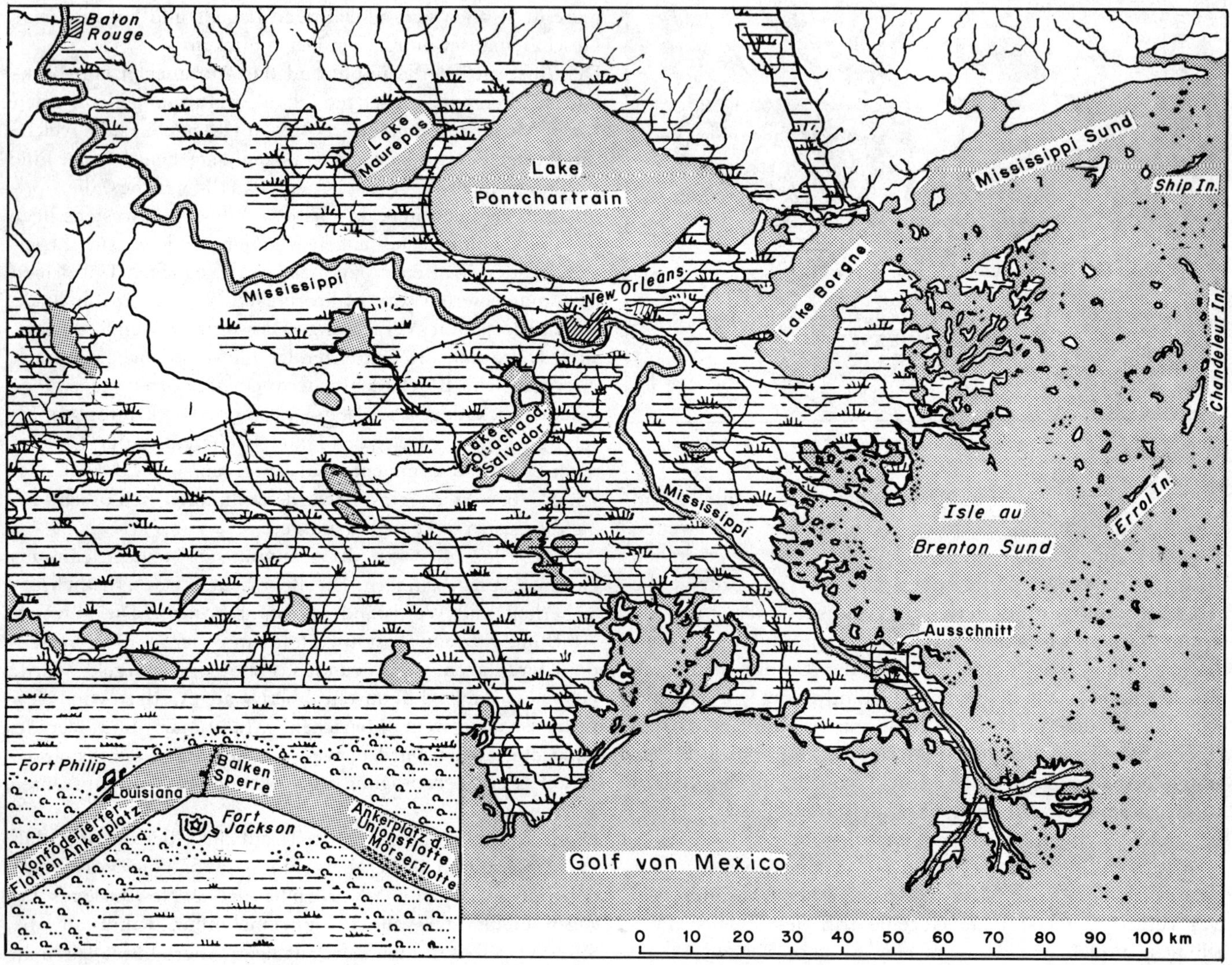

Der Kampf um New Orleans, 1862

Hindernis gegen die Stömung auf Position zu halten. Man glaubte, nur Urgewalt könne eine solche Barriere durchbrechen, keinesfalls aber ein feindliches Schiff bei 4 sm Strom und noch dazu im Feuer der Forts und der Bootspatrouillen. Winterstürme, die viele tausend Tonnen Treibholz stromab brachten, schafften jedoch das scheinbar Unmögliche, obwohl die Konföderierten mit allen Mitteln versuchten, das Schwemmgut noch rechtzeitig an Land zu schleppen. Die Sperre brach, und die entstandene Lücke wurde, so gut es ging, mit mastenlosen Schonern gefüllt, die, Bug stromauf, durch Ketten verbunden waren.

eins von ihnen New Orleans retten können, wäre es nur rechtzeitig fertig geworden. Aber Schwierigkeiten mit den Arbeitern, sogar Streiks, Materialmangel, zu später Beginn und endloser Kampf mit minderwertigen Maschinen brachten es dahin, daß die Schiffe nicht einsatzbereit waren, als sie benötigt wurden.

Die Konföderierten waren überzeugt, wirkliche Gefahr drohe New Orleans, wenn überhaupt, vom Norden. Ketten, mit denen man besser die Lücke in der Sperre hätte flicken sollen, wurden oberhalb der Stadt als Schutz gegen Footes gepanzerte Boote quer über den Strom gespannt. Die herrschende Zuversicht spiegeln am besten zwei Sätze: »Nichts, was schwimmt, kann an den Forts vorbei, und nichts, was marschiert, kann durch die Sümpfe«.[2]

Das Vertrauen der Konföderation in die Stärke der Befestigungen unterhalb von New Orleans fand die volle Unterstützung der orthodoxen Militärs. Und doch bestand Gustavus Fox, der stellvertretende Marineminister, auf der Ansicht, eine Flotte allein könne die Forts vernichten und die Stadt zur Übergabe zwingen. Er wurde hierin begeistert von seinem guten Freund, Kapitän David Dixon Porter, unterstützt. Er hatte die Gegend von New Orleans als Dampferkapitän genau kennengelernt. Im November war er nach einer Dienstzeit bei dem den Golf blockierenden Geschwader nach Washington zurückgekehrt. Sein Vater, Kommodore Porter, hatte sich 1812 beim *Essex*-Fall einen Namen gemacht. der Sohn, jetzt 48 Jahre alt, besaß die Energie und den Schwung eines weit Jüngeren. Viele junge Offiziere hielten ihn für den befähigtsten Offizier der Union, wofür er sich vermutlich auch hielt. »Man gebe mir eine Flottille von Schonern, mit Mörsern armiert«, meinte er, »dann bringe ich die Forts zum Schweigen«. Darauf könnten die schweren Schiffe unter Dampf die Sperre durchbrechen und New Orleans beschießen.

Marineminister Welles akzeptierte den Fox-Porter-Plan und betraute Porter mit der Führung der Schoner. Als Oberbefehlshaber der Unternehmung aber brauchte er einen älteren Offizier, tatkräftig, charaktervoll, mit gesundem, ausgereiftem Urteil, von Offizier und Mann gleich hochgeachtet. Nach Welles' Ansicht fand sich unter den ältesten 36 Offizieren keiner, der verfügbar und qualifiziert gewesen wäre. So wählte er den 37., den 66 Jahre alten David Farragut, Porters Pflegebruder. Er stammte aus Tennessee und hatte vor dem Krieg in Virginia gelebt. In dem Glauben, in erster Linie schulde er der Union Treue, hatte er sich bei der Sezession Virginias mit seiner Familie nach New York eingeschifft.

Im Winter 1861 wurde das für New Orleans bestimmte Expeditionskorps mit ungewöhnlicher Eile ausgerüstet. Im Januar wurde Farragut zum Befehlshaber des Blockadegeschwaders im Westgolf ernannt, die Schraubensloop *Hartford* zu seinem Flaggschiff bestimmt. Ende Januar versegelte er von der Chesapeake Bucht zum Golf. Die Mörser-Flottille lief unmittelbar danach aus. Porter hatte den Ankauf von 21 Schonern in der Gegend von New York bis Philadelphia überwacht und die Schiffe durch schwere Balken für die Mörser verstärkt. Es gelang ihm, für jedes Boot aus Pittsburg einen 32,5 cm Mörser zu bekommen, dazu 30000 Schuß Munition. Ende Februar hielt die Flottille unter Porters Leitung Schießübungen bei Key West ab, und Farragut richtete auf Ship Island seine Operationsbasis ein.

Die 18 seegehenden Schiffe der Angriffsflotte waren aus Holz und ungepanzert, galten aber für damalige Verhältnisse als schnell und stark armiert. Die *Hartford* verdrängte 2900 t, war 67,5 m lang und brachte es unter Dampf auf 8 sm. Unter dem Befehl von Farragut war sie mit 22–23,4 cm Dahlgren-Geschützen und zwei gezogenen 30-Pfündern vorn und achtern armiert. Zur Flotte gehörten außerdem 5 erstklassige Dampfsloops, die alte *Mississippi*, ein alter Raddampfer, und 12 kleinere Dampfsloops, die meistens als Kanonenboote bezeichnet wurden.

Farragut beabsichtigte, unmittelbar nach Ankunft Porters und seiner Flottille mit Höchstfahrt stromauf vorzustoßen und die Forts zu überraschen. Aber der Schlick des Mississippi vereitelte dieses Vorhaben. Im letzten Jahr war das Fahrwasser nicht mehr ausgebaggert worden und an der Mündung hatten sich Barren gebildet, welche die Flotte einen Monat aufhielten, während sich die stärkeren Sloops und die *Mississippi* tapfer den Weg durch Sand und Schlick erkämpften. Nach 10 Tagen waren die *Hartford* und zwei weitere große Sloops auf tieferes Wasser verholt. Die *Mississippi* und ein viertes Schiff hatten auf Ship Island alles entbehrliche Gewicht von Bord gegeben und sich am 8. April durch den Schlick gearbeitet. Farraguts größtem Schiff gelang das Einlaufen in den Strom überhaupt nie.

Die meisten Kapitäne der Flotte waren so fest von der Verwundbarkeit hölzerner Schiffe durch Landartillerie überzeugt, daß sie einen Erfolg des Angriffs nur von der Mörser-Flottille erwarteten. Viele glaubten auch, ein Passieren der in Feindeshand befindlichen Forts bedeute nichts anderes, als in eine Falle zu laufen. Flaggoffizier Farragut war anderer Ansicht. Er hatte nie sehr viel von den Mörsern gehalten, war aber gewillt, ihre Wirkung auszuprobieren. Mochten sie den Feind ablenken, während er den Hauptangriff vorbereitete. Er erwartete die baldige Kapitulation der Forts, wenn man sie erst einmal passiert hatte, da sie ja auf Nachschub auf dem Wasserwege angewiesen waren.

In der Nacht des 17. April gingen Porters 14 Boote auf Position. Die Masten waren mit Buschwerk getarnt. Unterhalb von Fort Jackson ankerten sie hinter einer Biegung, wo Wald sie verdeckte. Sechs weitere ankerten an einer Stelle im Strom, von der aus sie Fort St. Philip beschießen konnten. Als am 18. das Feuer eröffnet wurde, schleuderten die Mörser ihre Sprenggranaten genau in die Forts. An diesem Tage brannten Zitadelle und Unterkünfte in Fort Jackson aus. Aber auch die Konföderierten unterhielten ein gut gezieltes Feuer, trafen die auf dem Strom liegenden Boote und zwangen sie zum Rückzug hinter die Flußbiegung. Ein Boot sank durch Volltreffer, aber trotz Tag und Nacht fortgesetzten Schießens ging kein weiteres verloren. Das stetige Feuer der Mörser beeinträchtigte andererseits den militärischen Wert der Forts auch nicht wesentlich. Dagegen entmutigte es die Garnison von Fort Jackson, welche die Kasematten überhaupt nicht mehr verlassen konnte. In der Nacht zum 20. April begannen zwei von Farraguts Kanonenbooten, in die Stromsperre eine Bresche zu schlagen. Trotz starker Strömung und feindlichen Feuers gelang es ihnen, die Ketten eines verankerten Scho-

2 Battles and Leaders of the Civil War, II. New York, 1887. S. 19.

ners zu kappen. Dann preschte eins der Boote stromauf, machte kehrt und dampfte mit Höchstfahrt wieder auf die Sperre zu. Es hatte auf die Lücke zwischen 2 Hulks zugehalten. Hoch hob sich der Bug aus dem Wasser, und unter dem Gewicht des Bootes barsten die Ketten. Die nun geschaffene Öffnung genügte für die Durchfahrt der großen Sloops. In derselben Nacht wurde das noch nicht fertige Panzerschiff *Louisiana* in die Nähe von Fort St. Philip geschleppt, um mit seinem Feuer die Verteidigung der Konföderierten zu verstärken.

Mittlerweile traf die Angriffsflotte bis ins Einzelne gehende, sorgfältige Vorbereitungen, wie sie für Farraguts Operationen charakteristisch waren. Die meisten Schiffe tarnten sich mit Schlick auf den Aufbauten, schützten die Bordwände mit Ankerketten mittschiffs, türmten Sandsäcke um die Maschinenräume, brachten Haubitzen in die Toppen und Splitternetze aus, malten sogar hier und da die Decks weiß, um nachts die Geschützbedienung zu erleichtern. Alle Schiffe wurden vorlastig getrimmt, damit sie bei etwaigem Auflaufen dank der Strömung wieder freikommen konnten. Die letzten 48 Stunden hatten die Mörser so wenig Wirkung gehabt, daß Porter den Mut verlor. Aber der unerschütterliche Farragut besichtigte nochmals die Flotte, versicherte sich, daß jeder Kommandant seinen Plan verstanden hatte, und überprüfte die volle Bereitschaft. Am 24. April 2 Uhr wurden am Besan der *Hartford* zwei rote Laternen als Befehl zum Ankerlichten geheißt.

Voraus fuhr ein Kanonenboot, dichtauf gefolgt von der Sloop *Pensacola,* der *Mississippi* und 5 weiteren Kanonenbooten der 1. Division. Die Konföderierten wurden nicht überrascht, sie hatten das Auslegen verschiedener Markierungen beobachtet und erwarteten den Angriff. Am Ufer gestapeltes Gestrüpp sollte in Brand gesetzt werden, um die Silhouetten der Unionschiffe erkennen zu können, und Brander lagen bereit, um sie noch kopfloser zu machen, wenn die Forts sie beschossen.

Die große Schlacht begann, als die *Pensacola* die Sperre passierte. Die Granaten der Mörser stiegen wie Raketen vor dem dunklen Himmel empor. Beide Forts eröffneten das Feuer, und die Breitseiten der Schiffe antworteten, sobald sie ein Ziel erreichen konnten. In wohlberechnetem Manöver stoppte *Pensacola* fast auf Höhe von Fort St. Philip und schoß zwei Breitseiten so dicht unter dem Ufer, daß Matrosen und Soldaten sich Schimpfworte zurufen konnten. Die *Mississippi,* deren Schaufeln sich ganz langsam drehten, hielt im Pulverqualm Position hinter der *Pensacola,* als sie ein wuchtiger Stoß der Ramme *Manassas* traf, während sie sich mit dem Fort herumschoß. Das Schiff trieb quer über den Strom, wo es noch eine Breitseite gegen Fort Jackson feuerte, um dann stromauf außer Schußweite zu laufen.

Mittlerweile zwängte sich die 2. Division, *Hartford, Brooklyn* und *Richmond,* durch die Sperrlücke. Querab von Fort St. Philip brach vorübergehend auf der *Hartford* ein Brand aus, weil ein Schlepper einen Brander gegen das Schiff bugsiert hatte. Nicht weit davon rammte die *Manassas* die *Brooklyn,* die trotz eines Lecks manövrierfähig blieb. Ein Kanonenboot der Union kollidierte mit der stilliegenden *Louisiana,* verlor 8 Tote und 24 Verwundete, setzte aber die Fahrt fort. Dies war das letzte Schiff, das an den Forts vorbeikam. 3 Kanonenboote mußten umkehren, eins mit zerschossenem Kessel, während zwei von der Sperre nicht klar gekommen waren.

Im Morgengrauen kam es zu Einzelkämpfen oberhalb der Forts. Die *Manassas* schlich sich wie ein U-Boot zu einem vernichtenden Streich heran, wurde aber von der *Mississippi* entdeckt und lief auf Land, als sie dem Raddampfer ausweichen wollte, dessen Kanonen sie bereits durchsiebt hatten. Farraguts Boote stießen vor und wurden rasch mit den Gegnern fertig. Eins wurde freilich von einem konföderierten Fahrzeug gerammt, das darauf den tiefer im Wasser liegenden Gegner durch den eigenen Bug hindurch beschoß und ihn zum Sinken brachte. Alle Unionschiffe hatten Treffer, aber nach dem Passieren der Sperre ging nur dieses eine verloren. Alle Feindschiffe wurden in Brand gesetzt oder aufs Ufer gejagt, abgesehen von zweien, die vorübergehend unter die Kanonen der Forts geflüchtet waren.

Am Nachmittag ankerte die Unions Flotte und bestattete ihre Toten. Die Verluste beider Seiten waren gering: Die Union hatte 39 Tote und 179 Verwundete, die Konföderation 84 bzw. 110. Das aber war für letztere ein bescheidener Trost; denn die Verteidigung hatte versagt. Die hin und her eilenden Kanonenboote hatten sich stromauf eins nach dem anderen abschießen lassen, während doch der einzige sinnvolle Einsatz an der Sperre hätte erfolgen müssen, als der Gegner den Durchbruch versuchte. Die Artillerie der Forts hatte meist zu hoch geschossen, weil die Bedienungen unerfahren und denen der Unions Flotte nicht gewachsen waren.

Diese ankerte am nächsten Nachmittag vor New Orleans, nachdem sie die Batterie der Stadt mit ein paar Salven der großen Schiffe zum Schweigen gebracht hatte. Farragut war über das sich ihm bietende Bild entsetzt. Überall, wo man Wertvolles hätte finden können, wüteten Brände. 13000 Ballen Baumwolle waren vernichtet. Auf dem Strom trieben Reste brennender Schiffe und Waren, mitten dazwischen das Wrack der unfertigen *Mississippi.*

Farraguts Abgesandte bahnten sich an Land einen Weg durch hysterische Massen, um die Übergabe der Stadt zu fordern. Als der Militärbefehlshaber seine paar Soldaten abgezogen hatte, um die Stadt vor der Beschießung zu bewahren, kam es zu Verhandlungen mit der Zivilregierung. Sie zogen sich in die Länge, weil der Bürgermeister darauf bestand, als Zivilist sei er zur Kapitulation nicht berechtigt. Am 29. April erklärte er sich dann zu dem Kompromiß bereit, es werde kein Widerstand geleistet werden. Darauf heißten Unionsoffiziere die Flagge der Vereinigten Staaten auf dem Rathaus. Am Vortage hatten sich schon die beiden Forts Porter ergeben. Am 1. Mai kamen Transportschiffe stromauf, die als Garnison der Stadt Truppen unter Generalmajor Butler brachten.

Treffpunkt Vicksburg

Mittlerweile rückten 400 Meilen weiter nördlich Footes Kanonenboote und General Popes 20000 Mann flußabwärts auf und an dem Mississippi vor. Ihr Ziel war Memphis. Zuvor aber mußte Fort Pillow bezwungen werden, das 35 Meilen nördlich der Stadt auf dem hohen Ostufer lag. Mitte April landete Pope sein Heer oberhalb des Forts. Sehr weit war er noch nicht gekommen, als er zu General Halleck in Pittsburg Landing gerufen wurde, der nicht weniger als 100000 Mann beisammen haben wollte, ehe er gegen das Hauptquartier der Konföderierten in Corinth vorrückte.

Da nun keine starke Unterstützung durch das Heer zur Verfügung stand, setzten die Flußboote der Union Mörser zur Beschießung der konföderierten Stellungen ein; denn nur mit Steilfeuer konnte man das Fort vom Strom aus treffen. Bald zeigte es sich, daß es damit so wenig erobert werden konnte wie zuvor die Forts Jackson und St. Philip. Mangels besserer Angriffswaffen wurde aber die Beschießung fortgesetzt. Am 9. Mai übergab Foote, der durch die bei Fort Donelson erlittene Verwundung kampfunfähig war, das Kommando an Flaggoffizier Davis. Schon am folgenden Morgen gingen 8 konföderierte Rammen gegen die verstreute und überraschte Unionsflotte vor und versenkten 2 gepanzerte Boote, um dann in den Schutz des Forts zurückzulaufen.

Anfang Juni räumten die Verteidiger Fort Pillow und zogen nach Süden ab, nicht wegen des Beschusses durch die Mörser, sondern weil Halleck Corinth erobert und dadurch die Stellung umgangen hatte. Die Flußflottille der Union, durch vier neue, schnelle und glänzend manövrierende Rammschiffe verstärkt, traf am 6. Juni vor Memphis ein. Tausende von Einwohnern standen auf den hohen Ufern, um Zeuge zu werden, wenn die vor der Stadt in Doppelreihe liegenden Rammen gewiß die schwerfälligen Panzerschiffe bezwingen würden. Als Davis' 5 Panzerfahrzeuge in Schußweite kamen, stießen plötzlich zwei der neuen Rammschiffe der Union vor und richteten unter den überraschten Fahrzeugen der Konföderierten heillose Verwirrung an. Nachdem eins versenkt war und zwei sich gerammt hatten, griffen die großen Panzerschiffe der Union ein. In einstündigem Mêlée sanken 3 weitere Boote der Konföderierten, 3 wurden geentert und eins entkam stromab. Kein einziges Schiff des Nordens ging verloren. Davis nahm die Kapitulation von Memphis entgegen und meldete zudem 4 große Flußdampfer als Prisen. Um 11 Uhr ließ er die Stadt von einer Heeresabteilung besetzen. Dann schickte er sich zur Weiterfahrt den Mississippi abwärts an, um sich mit Farraguts seetüchtigen Schiffen zu treffen, die von New Orleans stromauf kamen.

Farragut und seine Kapitäne fühlten sich bei ihrer schwierigen Fahrt den Strom hinauf alles andere als glücklich. Wäre die *Hartford* ein großer Walfisch aus dem Pazifik gewesen, sie hätte sich nicht verlorener vorkommen können, so schwer mußte sie mit Schlick, Baumstämmen, Treibholz und den endlosen, engen Windungen des Stromes kämpfen. Kein Tag verging, an dem sie nicht festkam oder irgendetwas rammte. Aber in Washington bestand man auf folgendem Plan: Während die Konföderierten im Valley damit zu tun hatten, Halleck bei Corinth aufzuhalten, und es die Aufgabe ihrer Schiffe war, mit Davis vor Memphis ein Gleiches zu tun, sollte Farragut mit Teilen von Butlers Heer die Verteidigung des Südens vom Rücken her packen.

Zunächst schien der Plan Erfolg zu haben. Am 8. Mai wurde Baton Rouge, eine Stadt von 7000 Einwohnern, durch ausgeschiffte Truppen besetzt. Darauf liefen die Schiffe weiter. Am 12. Mai nahm ein Kanonenboot die nominelle Kapitulation von Natchez entgegen. Als aber Teile von Farraguts Flotte vor Vicksburg eintrafen, um die Übergabe zu fordern, antwortete ihnen Hohngelächter. Tatsächlich konnte die Stadt der Flotte Trotz bieten. Sie lag hoch über einer Haarnadelbiegung des Flusses, und ihre Kanonen konnten schwimmende Streitkräfte unter vernichtendes Feuer nehmen, aus welcher Richtung sie auch kommen mochten. Zudem lagen die Batterien zu hoch, als daß Schiffsgeschütze sie treffen konnten. Da Farragut für einen Landangriff zu wenig Truppen besaß, beschloß er, zunächst an der Festung vorbei zu stoßen, wobei er seine vor den Forts unterhalb von New Orleans angewandte Taktik abwandelte. Porters Mörserboote ankerten diesmal unterhalb der Stadt und beschossen die oben auf dem Berg und auf mittlerer Höhe liegenden Batterien. Am 18. Juni liefen vor Morgengrauen die Sloops *Richmond, Hartford* und *Brooklyn* sowie 8 Kanonenboote zum Durchbruch an. Die Spitzenschiffe deckten alle erreichbaren Stellungen ein und dampften zielbewußt durch die Flußbiegung. Aber am Ende der Linie verloren *Brooklyn* und 2 Boote infolge des Qualms die Fühlung und machten kehrt. Die übrige Flotte passierte Vicksburg ohne größeren Schaden. Am 1. Juli trafen auch Davis' Kanonen- und Mörserboote oberhalb Vicksburgs ein. Damit waren zwar Binnen- und Hochseeflotte vereinigt, aber was nützte das? Um Generalmajor Van Dorn und seine Männer, die an der Befestigung Vicksburgs arbeiteten, zu beunruhigen, beschossen Davis' Mörser von oberhalb und Porters von unterhalb der Stadt die konföderierten Stellungen. Ausguckposten in der Takelage der *Hartford* meldeten gelegentliche Treffer, aber kein Anzeichen für einen Abzug der Verteidiger. Unterhalb der Stadt, vom Gros durch eine schmale Halbinsel getrennt, standen 3000 Mann von Butlers Armee auf Transportern bereit, aber Van Dorn hatte in und um Vicksburg 15000 Mann. Hätte General Halleck angreifen können, so wäre Vicksburg mit Hilfe der Schiffe vom Rücken her zu erobern gewesen, ehe die Befestigungen fertiggestellt waren. Doch nichts dergleichen geschah; denn Halleck hatte sein großes Heer für belanglose Zwecke aufgeteilt. Wohl versprach er Farragut Verstärkungen, aber sie kamen nie. Statt dessen trafen Befehle von Minister Welles ein, durch die Porter und 12 Mörserboote McClellan in Virginia, 2000 Meilen entfernt, zu Hilfe geschickt wurden. Um Farraguts Verzweiflung auf den Gipfel zu treiben, fiel das Wasser des Mississippi rapide.

Die zur Blockade im Golf benötigten großen Schiffe drohten durch Niedrigwasser im Strom festgehalten zu werden.
Mitte Juli löste sich Farraguts Dilemma durch ein unerwartetes Ereignis sehr abrupt. In den kritischen Juniwochen und den ersten Julitagen hatte eins der vielen Verteidigungsvorhaben der Konföderierten in der Fertigstellung des gepanzerten Kanonenbootes *Arkansas* bestanden. Damit es der Feind nicht in Memphis erbeutete, war es zu einer großen Werft am Yazoo, nördlich von Vicksburg geschleppt worden. Nach Größe, Aussehen und Armierung ähnelte das Schiff sehr den Panzerbooten der Union. Statt Panzerplatten aber schützten Eisenbahnschienen die Kasematte. Die Maschinen trieben 2 Schrauben, waren aber unzulänglich und blieben unzuverlässig. Nach Fertigstellung faßten die Konföderierten den kühnen Plan, das Boot den Yazoo hinunter durch die Unionflotte nach Vicksburg fahren zu lassen, bei dessen Befreiung es helfen sollte, um schließlich zu den Verteidigern von Mobile zu stoßen.
Als die *Arkansas* am 15. Juli den Yazoo hinunterlief, gingen auch das Unions-Panzerschiff *Carondelet*, das hölzerne Kanonenboot *Tyler* und die Ramme *Queen of the West* zu einer Patrouille auf den Strom. Als diese Schiffe die *Arkansas* trafen, machten sie kehrt und gaben Fersengeld. Was dann folgte, hat Welles »das beschämendste maritime Ereignis des Krieges« genannt[3]. Nachdem die *Arkansas* die *Carondolet* auf Land gejagt hatte, verfolgte sie die anderen Fahrzeuge quer durch die vereinigte Flotte, wobei sie viele Treffer erhielt. Darauf dampfte sie mit imponierenden 2 Knoten Geschwindigkeit – mehr gaben die beschädigten Maschinen nicht her – an den völlig überraschten Unionschiffen vorbei in den vorläufigen Schutz der Kanonen von Vicksburg. Obwohl sie schwer zerschossen war, bedrohte die *Arkansas* nun die Mörserboote und Transporter unterhalb der Stadt. Während Davis nachts zur Ablenkung die Batterien von Vicksburg beschoß, führte Farragut erneut die Flotte an der Stadt vorbei, konnte aber die *Arkansas* nicht versenken. Anfang August wurde sie endlich vor Baton Rouge durch Kanonenboote vernichtet.
Inzwischen hatte Farragut doch noch die Erlaubnis erhalten, seine Hochseeschiffe stromab laufen zu lassen, was er sofort tat. Bald danach führte Davis die Flußflottille 300 Meilen stromauf zum Stützpunkt Helena in Arkansas. Damit waren leichtfertig 500 Meilen des Mississippi dem Feind überlassen.

Fehlschlag des ersten amphibischen Angriffs auf Vicksburg

Vicksburg konnte nur von dem Terrain östlich, besser gesagt, hinter der Stadt angegriffen werden. Im zweiten Halbjahr 1862 machten die Konföderierten Vicksburg und den Höhenzug nördlich und südlich der Stadt zum Teil einer zusammenhängenden Verteidigungsanlage, zugleich zur nördlichen Verankerung ihrer gesamten Fortifikationen. Port Hudson, 150 Meilen südlich davon, beherrschte eine ähnliche Flußbiegung von einem ähnlich gestalteten Höhenzug aus. Da es aber nie durch so starke Kräfte bedroht wurde, wie sie gegen Vicksburgh anrannten, war die Verteidigung weit primitiver. Der Wert Port Hudsons als südliche Verankerung bestand weniger darin, daß es der Unionregierung die Benutzung des Mississippi verwehrte, als daß es der Konföderation ihre letzte Ost-West verlaufende Nachschublinie über den Red River sicherte. Dieser Fluß mündete oberhalb von Port Hudson in den Mississippi und kam aus dem äußersten Südwesten der Konföderation. Auf ihm wurden große Mengen Fleisch und Getreide und aus Europa über Mexiko verschiffte Waren transportiert. Solange diese Verbindung mit der Außenwelt bestand, blieb auch die Hoffnung auf eine Fortsetzung des Krieges, bis fremde Mächte intervenierten oder Kriegsmüdigkeit des Nordens die Feindseligkeiten beendete. Fielen aber Vicksburg oder Port Hudson, so war der Red River blockiert, und der Fall der noch verbliebenen Stützpunkte wurde unvermeidlich.
Im Oktober 1862 wurden die 15 in Helena stationierten Kanonenboote der Unions-Marine zugeteilt und unter dem Namen »Mississippi-Geschwader« dem Befehl Porters unterstellt, der von Virginia zurückgekehrt und zum Konteradmiral befördert worden war. Er reorganisierte seinen Verband sogleich unter maritimen Gesichtspunkten, ließ die alten Boote überholen und stärker armieren und beschaffte neue gepanzerte, leicht armierte Patrouillenfahrzeuge, bis er mehr als 60 Boote aller Art beisammen hatte.
Halleck war mittlerweile als Oberbefehlshaber nach Washington berufen worden und gab die Tennessee Armee an Grant ab. Dieser konzentrierte sofort die Streitkräfte des Bundes erneut am oberen Mississippi und erhielt schließlich von Halleck die Erlaubnis zu einer Offensive. Grant beabsichtigte, die konföderierte Armee am Mississippi durch einen Doppelangriff einzuschließen, wobei er sich den Vorteil der äußeren Linie zunutze machte. Eine amphibische Operation von etwa 32000 Mann unter General Sherman, unterstützt durch Porters Mississippi-Geschwader, sollte Memphis auf dem Wasserweg zu einem Frontalangriff auf Vicksburg verlassen. Mittlerweile wollte Grant Grenada angreifen und hinhaltend kämpfen, um so viele Feindkräfte zu binden, daß Sherman leichtes Spiel haben würde. Zogen sich die Konföderierten bei Grenada nach Vicksburg zurück, so wollte Grant sie verfolgen und dort einschließen. Wichen sie aber nur bis Jackson aus, wollte er sie ebenfalls verfolgen, und Shermans Truppen von Vicksburg mußten dann zu ihm stoßen. Grants unbestreitbar logischer Plan scheiterte daran, daß er auf unzureichenden Nachschublinien basierte. Die Eisenbahn, an der entlang er vorrückte, war zugleich seine Hauptversorgungslinie.
Die Generale des Südens machten sich die innere Linie und ihre Ortskenntnisse vorzüglich zunutze und erteilten Grant

3 Charles L. Lewis: David Glasgow Farragut, Our First Admiral. Annapolis 1943.

eine bittere Lehre. Zunächst wurde bei einem Vorstoß der Kavallerie des Brigadiers Forrest die Telegraphenlinie durchschnitten und im Rücken von Grant die Eisenbahn zerstört. Vom 19. bis zum 30. Dezember hatte dieser keinerlei Verbindung zur Außenwelt, während Sherman sein Heer stromab zum Angriff auf Vicksburg heranbrachte. Den verhängnisvollen Schlag führte Van Dorn mit 2500 Mann bei einer Kavallerieattacke gegen Grants Flanke. Er überraschte die 1500 Mann starke Sicherung bei Holly Springs und vernichtete das Hauptnachschublager der Union. Jeder Versorgung beraubt, mußte sich Grants Armee schmählich 80 Meilen bis Grand Junction zurückziehen und aus dem Lande leben. Dabei verlor Grant nicht nur die Möglichkeit zu hinhaltenden Kämpfen, sondern die konföderierten Regimenter, die ihm bei Grenada gegenüber standen, wurden mit der Eisenbahn so rechtzeitig nach Vicksburg gebracht, daß sie den zweiten Schlag der Union parieren konnten.

Sherman und Porter hatten mittlerweile auf dem Mississippi die Gegend von Vicksburg erreicht, und das Geschwader räumte den unteren Yazoo von der Mündung bis Hayne's Bluff von Minen. Dort beherrschten konföderierte Batterien den Fluß. Am Tage nach Weihnachten landeten Shermans Truppen, ohne nennenswerten Widerstand zu finden, auf flachem Gelände zwischen dem Fluß und den Höhen im Osten. In strömendem Dezemberregen entwickelten sie sich zum Angriff auf fünf Pfaden, die durch Sümpfe zu den Befestigungen auf dem Steilufer führten. Obgleich Sherman über dreimal so viele Soldaten wie der Gegner verfügte, bedeuteten für diesen die stark befestigten Gräben auf den Höhen einen gewaltigen Vorteil, denn die Angriffskeile der Union sahen sich auf schmale Wege beschränkt, so daß sie ihre Überlegenheit nicht auf breiter Front zur Geltung bringen konnten. In der Schlacht von Chickasaw Bluffs am 29. brachen alle Angriffe auf die geschickt angelegte Abwehrstellung unter massiertem Artillerie- und Gewehrfeuer zusammen. Am Abend hatte Sherman 2000, die Konföderation aber nur 187 Mann verloren.

Sehr bald sahen Sherman und Porter ein, daß Grants Plan fehlgeschlagen war. In Anbetracht des steigenden Wassers und ununterbrochenen Regens blieb nur der Rückzug.

Winterkämpfe am Mississippi

Als die Wege infolge schwerer Regengüsse zu Sümpfen geworden waren, gab Grant für den Augenblick alle Pläne eines Angriffs über Land auf. Ende Januar 1862 übernahm er das Kommando am Mississippi und versammelte die Armee bei Milliken's Bend eben oberhalb von Vicksburg. Da die Stadt ganz offensichtlich für einen Frontalangriff zu stark verteidigt war, kam er zu dem Schluß, Entscheidendes könne erst unternommen werden, wenn das Gelände so trocken sei, daß seine Leute am Westufer des Stromes hinuntermarschieren konnten, um unterhalb Vicksburg überzusetzen. Bis dahin wollte er alles unternehmen, um seine Truppen zu beschäftigen und seine ungeduldigen Vorgesetzten zufriedenzustellen. So wurden im Winter 1862/63 mancherlei kühne Unternehmungen in Szene gesetzt, die man unter dem Begriff »Zweiter Feldzug gegen Vicksburg« zusammenfaßt.

Eins der verblüffendsten Vorhaben sah einen Kanal quer durch die Halbinsel gegenüber der konföderierten Festung vor, was die Wiederaufnahme eines alten Planes bedeutete. Er sollte etwas länger als 1 Meile, 18 Meter breit und fast 3 Meter tief sein. Im März war das Ziel nahezu erreicht, und die Fluten des Mississippi schienen die letzte Trennwand hinwegfegen zu wollen. Statt dessen aber überfluteten tosende Wasser die ganze Halbinsel und verstopften den Kanal mit Schlamm und Trümmern.

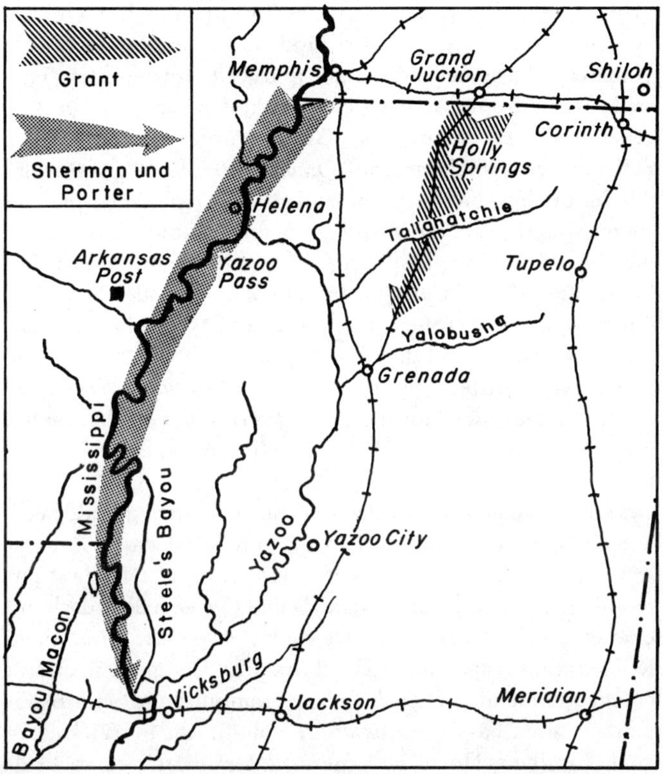

Erster Angriff der Union auf Vicksburg Dezember 1862

Gleichzeitig kämpften sich Arbeitstrupps meilenweit durch überflutete, mit Zypressen bestandene Sümpfe auf dem Westufer, um über den Providence See und Tensas Fluß einen Weg zum Red River zu bahnen –, so daß die Troßschiffe und Porters Kanonenboote den Mississippi südlich von Vicksburg erreichen konnten. Monatelang hatte die Truppe an diesem grausamen Vorhaben geschuftet, als Grant sie für seine Frühjahrsoffensive zurückrief.

Andere Kommandos versuchten, den Yazoo nördlich von Hayne's Bluff zu erreichen. Am Mississippi brach in der Nähe von Helena der Damm und das Wasser ergoß sich durch die Bresche. 10 Kanonenboote durchfuhren sie als erste, unterstützt von 4500 Mann auf 13 Transportern. Die wachsamen Konföderierten hatten riesige Baumstämme von 1,20 m Durchmesser über den Kanal gelegt. Einen Monat hindurch bezwang

die Flotte derartige Hindernisse, wurde dann jedoch durch eine Befestigung aus Erdaufwürfen und Baumwollballen an der Weiterfahrt gehindert.
Inzwischen versuchte Porter, sich weiter südlich über Steele's Bayou einen Weg zum Yazoo zu bahnen. Das aber erwies sich als noch schwieriger als der frühere Versuch und kostete ihn fast seine kleine Flotte, da Sklaven des Südens gezwungen wurden, nach Passieren der Boote Bäume zu fällen. Nur das prompte Erscheinen der Armee rettete die Schiffe. Sherman war selbst bei der größten Entsatzgruppe, die beim Schein von Fackeln in gespenstischem Nachtmarsch zu Hilfe kam.
Noch während die kleineren Boote ins Yazoo-Becken einzudringen versuchten, hielt Porter es für seine Pflicht, den Fluß zwischen Vicksburg und Port Hudson zu bewachen und die Nachschubbasis des Südens am Red River anzugreifen. Farragut war dazu im Augenblick nicht in der Lage, weil er Breschen in der Blockierung des Golfes stopfen mußte. Anfang Februar lief das Rammschiff *Queen of the West* auf Porters Befehl an Vicksburg vorbei. In den nächsten Tagen machte sie mehrere Prisen, die Verpflegung für die konföderierte Armee bei Port Hudson an Bord hatten. Mitte Februar schickte Porter das neue Panzerschiff *Indianola* auf den gleichen Weg, um zur *Queen* zu stoßen, aber diese lief ausgerechnet an diesem Tage auf Grund und wurde gekapert. Nun drehten die Konföderierten den Spieß um. Sie ließen die *Queen of the West* an der Spitze einer Flottille fahren, verfolgten die *Indianola*, erreichten sie dicht unterhalb von Vicksburg, jagten sie auf Land und enterten sie.
Und doch lachte Porter zuletzt, wenn auch nicht gerade herzlich. Solange seine anderen Panzerboote Weiden und Zypressen des Yazoo-Beckens beiseite räumten oder stromauf patrouillierten, stellten die *Indianola* und *Queen* in Feindeshand eine ernstliche Gefahr dar. Deshalb ließ der Admiral einen Kohlenprahm mit einem Geschützturm aus alten Brettern, einem qualmenden Ofen, hölzernen Kanonen und Schornsteinen aus alten Fässern ausstaffieren und nachts bei Vicksburg vorbei treiben. Noch nie hatten die Landbatterien so brüllend laut ihr Feuer eröffnet, aber das angebliche Panzerschiff setzte in würdevollem Schweigen die Fahrt fort. Die Nachricht von seinem Kommen veranlaßte das besorgte Prisenkommando auf der *Indianola* zur Sprengung des gestrandeten Schiffes, und die *Queen* zog sich in die Gewässer von Louisiana zurück, wo sie später von Farraguts Booten versenkt wurde.
Die Ereignisse bei Vicksburg schienen Farragut nur Narrenpossen zu sein. Wenn Porter seine Panzerboote für derart zeitverschwendende Operationen wie die Steele's Bayou-Unternehmung einsetzte, so mußte wohl er, Farragut, den Mississippi wieder in seine Gewalt bekommen. Als er von der Kaperung der beiden Schiffe erfuhr, riß ihm die Geduld und er beschloß, an Port Hudson vorbei stromauf zu laufen.
Mitte März stand er mit 3 Sloops, 3 Kanonenbooten und dem Raddampfer *Mississippi* querab von Port Hudson. Eine Flottille von Mörserbooten sollte die konföderierten Batterien auf den Höhen beschießen. Jede der Sloops *Hartford*, *Richmond* und *Monongahela* nahm an Backbordseite ein Kanonenboot längsseit, zum Schutz der kleinen Fahrzeuge und zur Hilfe beim Durchlaufen der 150-Grad-Kurve unter den Batterien. In Farraguts Tagesbefehl hieß es: »Ich erwarte, daß alle vorbeilaufen, die dazu in der Lage sind, und halte für den besten Schutz gegen Feindfeuer unser eigenes.«[4]
Am 14. März um 22 Uhr ging Farragut Anker auf. Beim Durchlaufen der scharfen Biegung wurde die *Hartford* gegen das Ufer geworfen, kam aber mit Hilfe des längsseit festgemachten Bootes wieder ins Fahrwasser und lief weiter. Aber kein anderes Schiff tat es ihr nach, *Richmond* verlor Fahrt, als sich bei einem unglücklichen Treffer die Sicherheitsventile öffneten, und *Monongahela* kam vom Kurs ab und saß 25 Minuten im Feindfeuer fest. Beide Sloops konnten jedoch mit Hilfe der Begleitboote stromab entkommen. Die ehrwürdige *Mississippi* dagegen lief am Westufer genau gegenüber den Feindbatterien auf Grund. Als sie durch die Beschießung in Brand geriet, wurde sie von der Besatzung verlassen. Am nächsten Morgen kam das Schiff frei, flog in die Luft und sank.
Obwohl nur 2 Fahrzeuge die Enge erfolgreich bezwungen hatten, begann Farragut eine energische Überwachung des Stromes zwischen Vicksburg und Port Hudson, um diesen beiden Stützpunkten den Nachschub zu verwehren. Er selbst bekam Kohlen und anderes Material mit Hilfe von Prähmen, die man an Vicksburg vorbeitreiben ließ. Mittlerweile beendete Grant die Vorbereitungen für seine Frühjahrsoffensive.

Die Eroberung von Vicksburg und Port Hudson

Anfang April 1863 ermöglichte endlich das Fallen des Wassers den Unionstruppen ein Vordringen am Westufer entlang. Grant begann seinen Marsch nach Süden. Er erwartete, daß Porters Panzerboote an Vicksburg vorbeilaufen würden, um mit ihren schweren Geschützen sein Übersetzen zu unterstützen. In der Nacht zum 16. April trat das Heer der Union den Marsch an. Fackeln und brennende Reisighaufen beleuchteten den konföderierten Artilleristen die Schiffe des Nordens. Die Tücken der Strömung zwangen jedes der großen Schiffe beim Passieren der Stadt mindestens einmal auf Gegenkurs. Erstaunlicherweise fiel kein einziger Matrose, und kein Panzerschiff wurde ernstlich beschädigt. Einer der mit Nachschub beladenen Transporter wurde versenkt. Ein paar Nächte darauf liefen weitere Transporter an Vicksburg vorbei.
Als auch eine längere Beschießung Grand Gulf nicht außer Gefecht setzen konnte, wo Grant übersetzen wollte, verlegten er und Porter die Streitkräfte 6 Meilen südlicher und führten bei Bruinsberg eine Landung durch, die so gut wie keinen Widerstand fand. Gleichzeitig lenkte Sherman die feindliche

4 Offizielle Berichte der Marinen der Union und der Konföderation im Sezessionskrieg, Reihe I, IXI, 669.

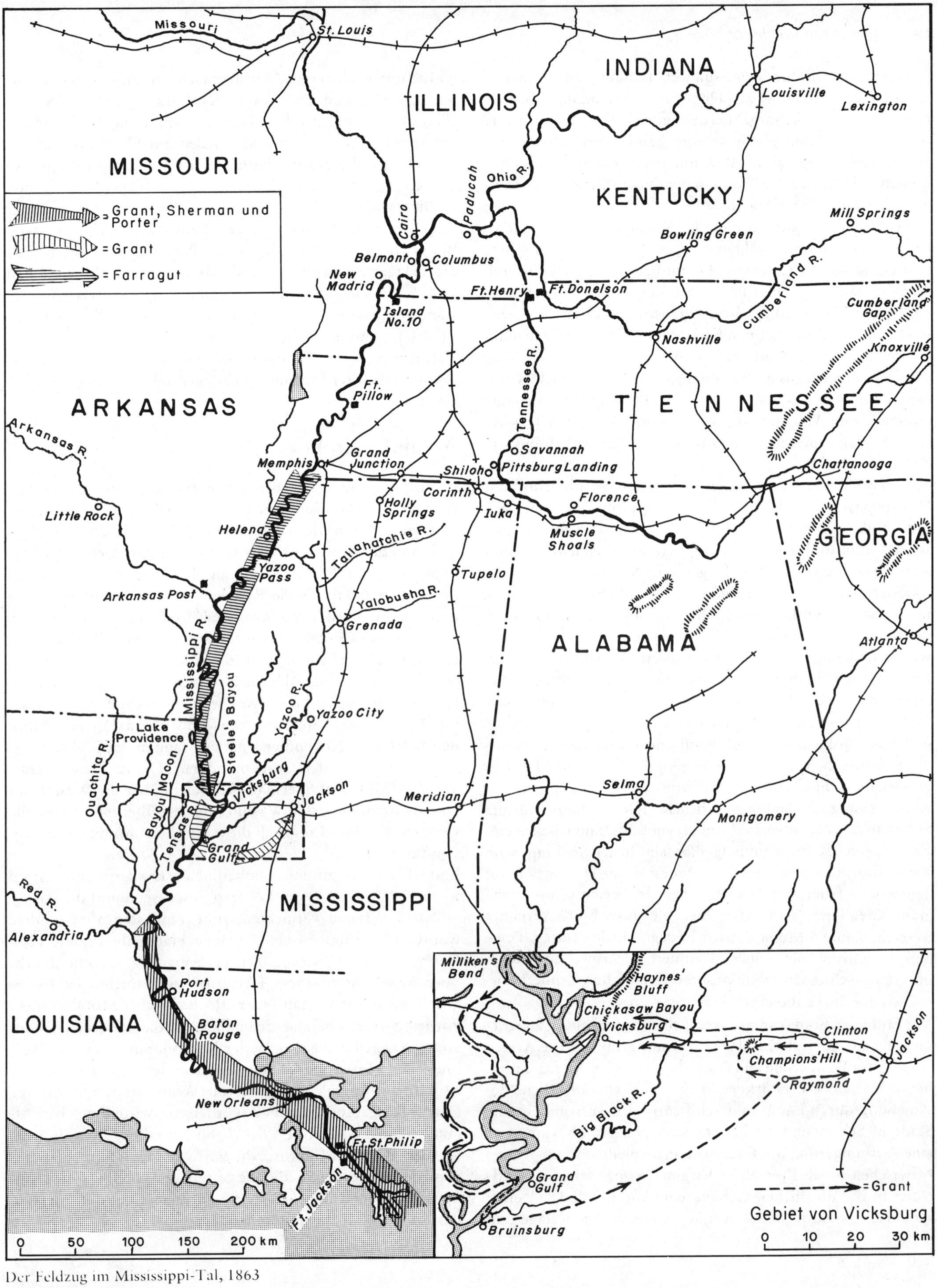

Der Feldzug im Mississippi-Tal, 1863

Aufmerksamkeit durch eine fingierte Landung nahe Hayne's Bluff am entgegengesetzten Flügel der Verteidigung ab, eben oberhalb von Vicksburg. Sherman gestaltete sie so echt, daß die Konföderierten glaubten, hier handele es sich um den Hauptstoß, Grant aber führe nur eine Diversion aus. Anschließend marschierte Sherman mit seinem Gros zur Vereinigung mit Grant nach Süden.

Obwohl in Mississippi den 45000 Mann der Union mehr als 65000 konföderierte Soldaten gegenüberstanden, entschied sich Grant für die Offensive. Damit begann er die glänzendsten Operationen seiner Laufbahn. Kernpunkt seiner Strategie bestand in jeweiliger Konzentrierung aller Kräfte gegen feindliche Teilkräfte. Er mißachtete die zur Vorsicht mahnenden Ratschläge seiner bedeutendsten Untergebenen, löste sich von seiner Basis am Strom und marschierte nach Nordosten, wobei er aus dem Lande lebte. Bei Raymond verjagte er eine kleine Abteilung des Feindes und führte bei Jackson einen Schlag gegen die 20000 Mann des Generals Johnston, die er vertrieb.

Mittlerweile vergeudete Generalleutnant Pemberton, auf Vicksburg gestützt, die Kraft seiner Truppe in dem grimmigen Entschluß, die gar nicht vorhandene Nachschublinie zwischen Grant und dem Mississippi zu durchschneiden. Johnston versuchte vergeblich, die geteilten Streitkräfte der Konföderierten zu vereinigen, und befahl Pemberton, bei Cinton, nordwestlich von Jackson, zu ihm zu stoßen. Er kam zu spät. Grant hatte sich bereits nach Wesen gegen Vicksburg gewandt und fing am 16. Mai Pembertons 18000 Mann bei Champions Hill ab. Sie wurden in die Flucht geschlagen. Bei energischer Verfolgung stellte Grant am nächsten Tage 500 Mann zum Kampf, zerschlug sie und nahm ein Drittel gefangen. Johnston befahl Pemberton verzweifelt, Vicksburg aufzugeben, aber dieser zögerte so lange, bis Sherman an Grants rechtem Flügel sein Korps quer über den einzigen Rückzugsweg in Stellung gebracht hatte. Dann stürmte Sherman nach Nordwesten, um Hayne's Bluff im Rücken einzuschließen und die Räumung aller feindlichen Stellungen am Yazoo nördlich von Vicksburg zu erzwingen. Von den auf dem Strom feuernden Booten sahen die Seeleute, wie Shermans Kavallerie den Gegner aus Chickasaw Bluffs verjagte, wo seine Leute 5 Monate zuvor besiegt worden waren. Pemberton wurde mit seiner dezimierten Armee in Vicksburg eingeschlossen. Nun konnten Grants hungernde Männer wieder durch die Flotte versorgt werden.

Mit Hilfe der Bootskanonen versuchte er, Vicksburg zu stürmen, wurde aber abgeschlagen. Darauf grub sich die Armee zu längerer Belagerung ein. Doch die Zeit arbeitete für Grant, bei dem ständig Verstärkungen eintrafen. Unaufhörliche Beschießung durch Land- und Schiffsartillerie verwandelte die Stadt in Schutt und Asche. Da kein Nachschub kam, war eine Aushungerung der Garnison unausbleiblich.

Inzwischen brach Lees Nord-Virginia-Armee fern im Nordosten in die nördlichen Gebiete ein. Am 3. Juli 1863 erlitt sie bei Gettysburg (Pennsylvania) ihre erste Niederlage und wurde unter schweren Verlusten nach Virginia zurückgeworfen. Am nächsten Tage kam Vicksburgs Ende nach 6 Wochen Belagerung. Pemberton ergab sich, seine 37000 Mann lieferten die Waffen ab und wurden auf Ehrenwort entlassen. Die Konföderation hatte ihren bislang dunkelsten Tag erlebt.

Südlich von Vicksburg unterstützte Farraguts Geschwader auf kürzeste Entfernung General Banks, den Nachfolger von Butler, bei einer Offensive gegen Port Hudson. Noch hielt die belagerte Garnison stand, als die Nachricht vom Fall Vicksburgs eintraf. In der Erkenntnis, daß weiterer Widerstand nutzlos sei, ergab sie sich am 8. Juli. Endlich war der Mississippi für die Befahrung vom Nordosten und vom Ohio-Tal her frei. Die Konföderation war aufgespalten, und die »Anakonda« reichte nun genau genommen vom Golf bis Cairo.

Atlanta bedroht

In Virginia und am Mississippi herrschte so gut wie völlige Kampfruhe. Das Zentrum von Tennessee wurde eine Zeitlang zum Hauptkriegschauplatz des Bürgerkrieges. Als Brigadegeneral Rosecrans den konföderierten General Bragg unterhalb von Chattanooga an die Grenze von Georgia drängte, schickten beide Parteien von der Potomac Armee und der von Nord Virginia mit der Eisenbahn Verstärkungen. Diejenigen des Südens trafen zuerst ein, und die Konföderierten errangen im September 1863 in der Schlacht von Chickamauga einen Teilsieg, der die Nordarmee nach Chickamauga hinein zurückwarf. Grant war jetzt Oberkommandierender im Westen, entsetzte Rosecrans und übernahm persönlich den Befehl. Im November jagte er Bragg in der Schlacht von Chattanooga aus den Gräben und nach Georgia hinein. Darauf überließ Grant Sherman den Befehl über die Westarmee und übernahm selbst in Washington den Oberbefehl über alle Unions-Heere und zugleich die taktische Führung der Armee von Potomac.

Endlich kam es zu einer einheitlichen Landstrategie. Grant wollte in Virginia gegen Lee hart zuschlagen und die Armee in Nord Virginia vernichten, zum mindesten aber binden, während Sherman in einer großen Flankenbewegung nach Georgia hinein vordrang. Das erste große Ziel sollte die Eroberung von Atlanta sein. Der Vormarsch dorthin ließ Farraguts langgehegten Plan einer Blockade von Mobile erneut vordringlich erscheinen, denn Sherman meinte, eine Demonstration gegen den einzigen, der Konföderation am Golf verbliebenen Hafen müsse zur Verstärkung der Garnison von Mobile durch Teile von Johnstons Armee führen, der Bragg ersetzt hatte. Auf jeden Fall würden die Verteidiger von Atlanta dann keine Hilfe aus Mobile erhalten. Im Juli 1864 wurden also die Monitore, die Farragut zuvor vergebens angefordert hatte, zur Verfügung gestellt und ebenfalls ein Truppenkontingent zur Belagerung und Eroberung der Forts an der Einfahrt zur Bucht von Mobile.

Die Schlacht in der Mobile Bucht

Mobile wurde wie New Orleans durch Forts an den Zufahrtsstraßen bewacht. Fort Powell sicherte ein Nebenfahrwasser nördlich von Dauphin Island, das nur flache Boote befahren konnten. Fort Gaines und das größere und stärkere Fort Morgan flankierten das Hauptfahrwasser, das Pfähle unter Wasser sperrten, an die sich 3 Reihen verankerter Minen anschlossen. Das Ostende dieses Feldes war durch eine Boje markiert. Zwischen ihr und Fort Morgan war für Blokkadebrecher eine etwa 130 m breite Lücke gelassen worden. Durch sie wollte Farragut seine Flotte in die Bucht führen. Monitore brauchte er teils zur Ablenkung und Neutralisierung von Fort Morgan, hauptsächlich aber zum Kampf gegen die *Tennessee,* ein gepanzertes Rammschiff, das in der Bucht patrouillierte und sich jeden Augenblick auf seine hölzernen Schiffe stürzen konnte, um ihnen das Schicksal der *Cumberland* und *Congress* zu bereiten. Das Schiff war unter der Aufsicht von Konteradmiral Buchanan, des ersten Kommandanten der *Virginia,* mit der es viel Ähnlichkeit hatte, völlig neu erbaut. Seine schräge Kasematte reichte bis unter die Wasserlinie und führte dort wieder an den Rumpf, so daß sie einen Wulst bildete, durch den das Schiff gegen Rammen gefeit war. Rund um den Bug war dieser Wulst zu einem ungewöhnlich starken Rammsporn ausgestaltet, weit wirkungsvoller als derjenige der *Virginia.* Außer der *Tennessee* besaß die Konföderation noch 3 leichte, hölzerne Kanonenboote. Nur diese 4 Schiffe mit 16 Geschützen konnte sie gegen Farraguts Flotte von 18 Schiffen mit 159 Geschützen in den Kampf führen. Farraguts Monitore trafen im Juli 1864 ein. *Tecumseh* und *Manhattan* mit einem Turm verdrängten 2100 t und waren mit 2 38 cm-Geschützen armiert, aus denen als panzerbrechendes Geschoß eine 440pfündige Granate mit Stahlkopf gefeuert wurde. Der drehbare Turm war durch 279 mm starken Panzer geschützt. Auf ihm befand sich der Kommandostand, in den man nur durch den Turm gelangte. Die *Winnebago* und *Chickasaw* waren flache Flußkanonenboote mit 2 Doppeltürmen, durch einen 203 mm starken Panzer geschützt und mit je 4 28 cm-Geschützen armiert. Sie waren nicht schneller als die langsame *Tennessee,* besaßen aber dickeren Panzer und größere Geschütze.

Am Nachmittag des 3. August landeten 2400 Mann unter Generalmajor Granger, unterstützt durch die Kanonenboote, auf Dauphin Island und rückten zur Eroberung von Fort Gaines vor. Um 05.30 Uhr am 5. begann die Flotte, in das Fahrwasser einzulaufen. Jede Vorsichtsmaßnahme, die sich bei New Orleans oder Port Hudson bewährt hatte, wurde womöglich verbessert angewandt. Wie bei Port Hudson und zum gleichen Zweck waren die Kanonenboote an der Backbordseite der großen Schiffe festgemacht. Die Monitore standen Steuerbord voraus von den hölzernen Schiffen, um das Feuer von Fort Morgan auf sich zu lenken.

Der erste Salvenwechsel erfolgte kurz nach 7 Uhr, als *Tecumseh* Fort Morgan beschoß. Darauf sparte der Monitor sein Feuer für die *Tennessee* auf, die langsam in das Fahrwasser jenseits des Minenfeldes einlief. Während es achteraus zu einer lebhaften Kanonade kam, wandte Kapitän Craven auf der *Tecumseh* seine Aufmerksamkeit ausschließlich dem Rammschiff zu. Er drehte nach Backbord ab, als ihm die *Tennessee* vor dem Bug vorbei und dann mit Kollisionskurs auf ihn zulief. Ein Aufstöhnen des Entsetzens ging durch die ganze Flotte, als Craven vor der Kolonne der herankommenden

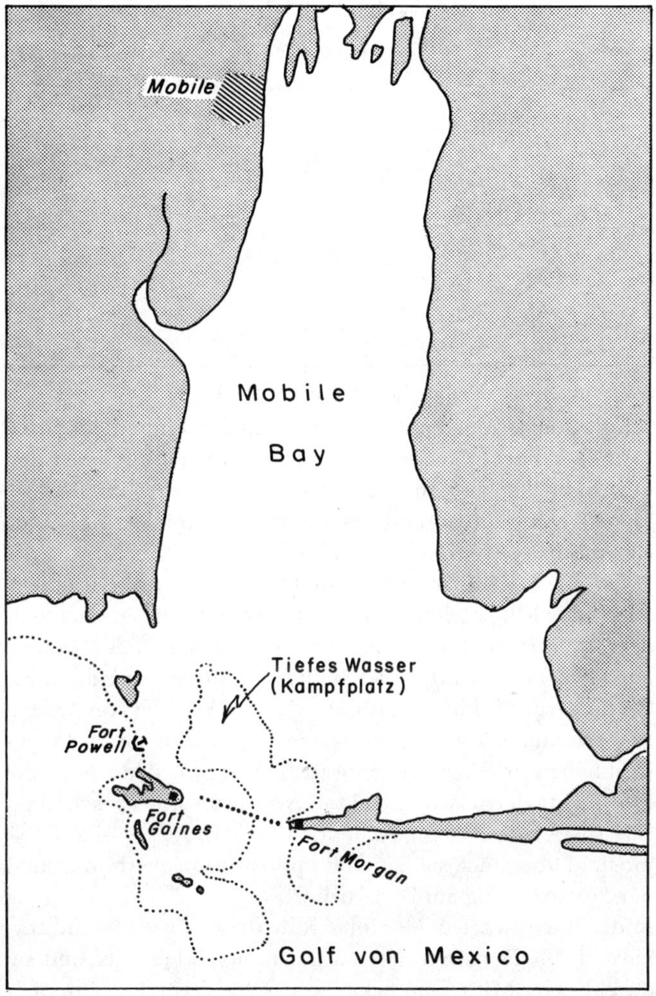

Mobile Bay, 1864

hölzernen Schiffe vorbeilief und Farraguts Warnung an alle Kommandanten völlig mißachtete, »östlich von der östlichsten Boje zu passieren«. Als habe ihn die *Tennessee* hypnotisiert, stieß die *Tecumseh* in das Minenfeld. Eine gewaltige Explosion erfolgte; dann sank sie über den Bug. Das Heck hob sich aus dem Wasser, und die Schrauben drehten sich noch, als sie auf Tiefe ging.

Dem Kommandanten der *Brooklyn,* Spitzenschiff der Kolonne, wurden Gegenstände gemeldet, die voraus im Wasser schwammen. Sofort ging er mit den Maschinen zurück. Minuten später lagen *Brooklyn* und ihr Begleiter quer im Fahrwasser, Bug an Bug, querab von Fort Morgan, während die übrigen

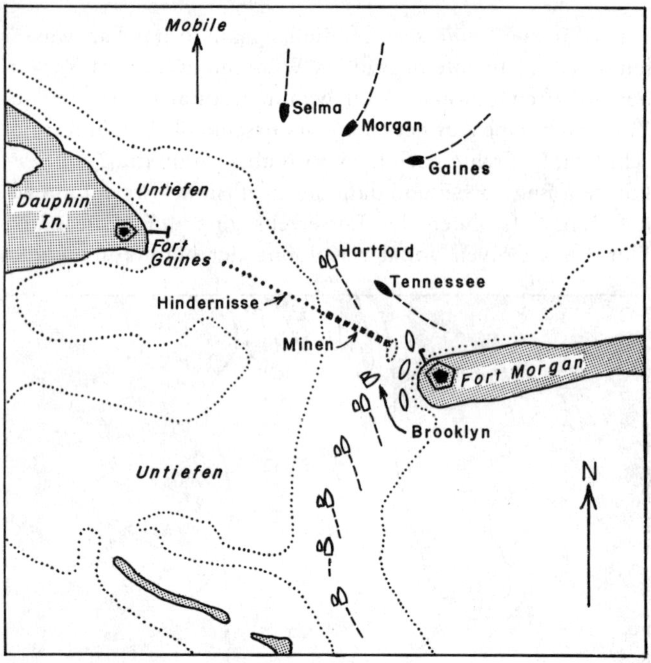

Schlacht vor der Mobile Bay, 5. August 1864

Schiffe auf sie zuliefen. Farragut war in die Wanten der *Hartford,* des nachfolgenden Schiffes, geklettert, um über den Qualm blicken zu können, und erkannte sofort, daß die Kolonne Gefahr lief, unter den Kanonen des Forts ins Gedränge zu kommen. In schnellem, kühnen Entschluß befahl er der *Hartford,* mit Höchstfahrt am Heck der *Brooklyn* vorbei durch das Minenfeld zu laufen[5] Obwohl die Besatzung meldete, sie höre den Aufschlag der Zündbolzen an den Minen, kam das Flaggschiff unbeschädigt hindurch, und der Rest der hölzernen Schiffe folgte ihm. Wie der Admiral von Anfang an vermutet hatte, waren die meisten Minen durch langes Verbleiben im Wasser unbrauchbar geworden. Nur die *Oneida,* das letzte Schiff der Linie, wurde ernstlich beschädigt. Ein Treffer des Forts brachte den Steuerbordkessel zur Explosion, aber auch sie kam mit Hilfe ihres Begleitbootes und der Flutströmung am Fort vorbei.

In der Bucht warfen die Holzschiffe die Eskorte los und trafen auf die *Tennessee,* die an der Linie entlang lief und sie durchbrach. Mit jedem Schiff wechselte sie Breitseiten, aber keine Partei erlitt nennenswerte Schäden. Eins der konföderierten Kanonenboote wurde geentert, ein zweites von der Besatzung auf Land gesetzt, und das dritte suchte Schutz unter den Kanonen des Forts und entkam nach Mobile. 4. Meilen innerhalb der Bucht ankerte die Flotte. Die Besatzungen frühstückten, und Farragut erwog, wie er mit der *Tennessee* ins Gefecht kommen könne, als er die erstaunliche Meldung erhielt, Admiral Buchanan nähere sich zu neuem Kampf.

5 14 Jahre später hieß es, Farragut habe damals gerufen: »Zum Teufel mit den Minen! Volldampf voraus!« Das ist aber vermutlich von einem Journalisten erfunden. Farragut selbst berichtet, er habe im Gebet um göttliche Erleuchtung gefleht, worauf ihm eine innere Stimme gesagt habe, er solle durchhalten.

Es folgte ein wildes Mêlée. Die Sloops *Monongahela* und *Lackawanna* rammten nacheinander das konföderierte Schiff, trugen aber weit schwerere Schäden davon, als sie ihm zufügten. Die beiden Flaggschiffe gerieten in spitzem Winkel zusammen. Bug stieß an Bug, und dann glitten die Schiffe knirschend aneinander vorbei. Die Salven der *Hartford,* aus 3 m Entfernung gefeuert, prallten von der Kasematte der *Tennessee* ab, während diese, die unter schlechten Zündern litt, nur eine, ihre letzte Salve auf den Feind feuern konnte. Dann dampfte die *Lackawanna* mit Höchstfahrt auf die *Tennessee* zu, aber rammte stattdessen die Kreise schlagende *Hartford.* Diese erhielt ein Leck, das von der Reeling bis etwa 1/2 m über die Wasseroberfläche reichte.

Jetzt stürzten sich die Monitore auf die *Tennessee. Chickasaw* folgte der Ramme dichtauf. Ihre Treffer verursachten ein Klemmen der Backbordpforten, zerfetzten die freiliegenden Ketten zum Ruder und verwundeten Admiral Buchanan durch die achterne Pforte. Den 12,5 cm dicken Panzer der Ramme aber durchschlug nur ein Stahlbolzen der *Manhattan. Tennessee* lag nahezu ohne Fahrt und war nicht mehr zu steuern; ihr Schornstein war weggeschossen, so daß das Batteriedeck heiß und voller Rauch war . . . ein hilfloses Wrack. Als die ganze Unions-Flotte herankam, um ihr den Gnadensoß zu geben, kletterte Kapitän Johnston mit Billigung Buchanans auf die Kasematte und zeigte die weiße Flagge. Es war 10 Uhr morgens.

Die konföderierten Kriegsschiffe hatten in der Schlacht 12 Tote und 20 Verwundete verloren. Auf der *Tennessee* gab es nur 2 Tote und 9 Verwundete. Rechnete man die 93 mit der *Tecumseh* Ertrunkenen hinzu, so beliefen sich die Verluste der Union auf 145 Tote und 170 Verwundete, davon allein auf der *Hartford* 25 Tote und 28 Verwundete.

In der folgenden Nacht wurde Fort Powell nach erfolgter Zerstörung von der Garnison geräumt. Am nächsten Tag ergab sich Fort Gaines der Armee und den Schiffsgeschützen. General Grangers Truppen wurden nach Mobile Point gebracht, und Fort Morgan kapitulierte vor Monatsende. Durch diese Siege kam Mobiles Handel mit der Außenwelt zum Erliegen.

Shermans Marsch

Sherman hatte mittlerweile Johnston auf Atlanta zurückgeworfen. Infolge Johnstons hinhaltender Taktik benötigte Sherman für einen Vormarsch von 100 Meilen 74 Tage. Aber Präsident Davis wollte Kämpfe sehen und ersetzte Johnston durch General Hood, der zur Offensive überging, aber dreimal abgeschlagen wurde. Sherman löste sich von seiner Nachschublinie und kreiste Atlanta ein, durchschnitt Eisenbahnlinien und zwang Hood zur Räumung der Stadt, wollte er nicht eingeschlossen und gefangen werden. Die fast gleichzeitige Schlacht in der Mobile-Bucht und der Fall von Atlanta am 2. September 1864 bedeuteten für die Konföderation den Anfang vom Ende.

Sherman beließ Generalmajor Thomas ausreichende Kräfte

zur Besiegung Hoods und trat selbst mit 60000 Mann seinen berühmten Marsch zum Meer an. Seine Armee, die aus dem Lande lebte, verwüstete einen 60 Meilen breiten Streifen quer durch die letzte dem Süden verbliebene Kornkammer. Ende Dezember 1864 erschien er vor Savannah, nahm die Stadt ein und marschierte in die beiden Carolinas, wo ein kleines Heer der Konföderierten unter Johnston kaum Widerstand leisten konnte. Die Garnison von Charleston räumte die Stadt und alle Forts, um nicht überflügelt zu werden. Endlich durchwanderten also die Matrosen von Dahlgrens Flotte die fast menschenleeren Straßen der Stadt, die so lange ihren Kanonen getrotzt hatte.

Ohne von Johnstons kleiner, selbständig operierender Streitmacht Notiz zu nehmen, faßte Grants abschließender strategischer Plan eine riesige Zangenbewegung gegen Lees Armee ins Auge, die in Richmond festsaß, weil die konföderierte Regierung die Hauptstadt um jeden Preis halten wollte. Während Shermans Streitmacht unaufhaltsam nach Norden vordrang, verstärkte Grant plötzlich mit dem Gros seiner Kräfte die Armee vom James Fluß, die südlich und östlich von Richmond operierte. Petersburg wurde belagert, und das Gebiet von Petersburg bis Richmond glich einer gewaltigen Festung. Es war mit Gräben von mehr als 40 Meilen Länge durchzogen und von Eisenbahnen nach Süden und Westen abhängig, die Nachschub und Verstärkungen heranbrachten.

Die Eisenbahn von Richmond nach Wilmington in Nord Carolina, 225 Meilen weiter südlich, war für die Konföderation besonders wichtig; denn Wilmington war nun der Haupteinfuhrhafen für Güter, die von Blockadebrechern gebracht wurden. Im Sommer und Herbst 1864 erzielten verschiedene Operationen der Union Teilerfolge gegen diese und andere nach Richmond und Petersburg führende Linien. Aber dadurch, daß die Verteidiger der letzten konföderierten Bastion unterhalb Petersburgs das Material von den Schiffen auf die Bahn umluden, brachten sie weiterhin Kriegsmaterial in geringer Menge aus Übersee heran.

Seit 2 Jahren hatte Sekretär Welles das Kriegsministerium vergeblich um Truppen für eine amphibische Operation gebeten, durch die er Wilmington von See her abschließen wollte. Insbesondere plante er dabei einen amphibischen Angriff auf Fort Fisher, eine weitgestreckte Reihe von Batterien an der Mündung des Kap Fear Flusses, die durch Palisaden hinter Sandsäcken geschützt waren. Als Welles im September seinen Vorschlag wiederholte, interessierte Grant sich für diese Operation, war sie doch ein Mittel, Lee von allem Nachschub abzuschneiden. Für den 1. Oktober versprach er ausreichende Kräfte. Als Admiral Porter das neue Kommando angeboten wurde, ergriff er die Gelegenheit mit der ihm eigenen Begeisterung.

Der Kampf um Fort Fisher

Das Marinedepartement schwächte an der ganzen Küste die Blockade bis aufs Äußerste, konnte dafür aber bald einen heterogenen Verband von fast 100 Fahrzeugen aufstellen, der alle Typen von umgebauten Fähren bis zu den modernsten Schraubenfregatten umfaßte, die größte Flotte, die im 19. Jahrhundert unter der Flagge der Vereinigten Staaten beisammen war. Die Ausbildung dieser ungefüge großen und verschiedenartigen Streitmacht in einfachen Manövern und im Schießen warf ungewöhnliche Kommandoprobleme auf, die Porter mit Schwung anpackte. Dann folgte eine ermüdende Wartezeit auf das Heer.

Ende November erschien endlich General Butler, aus dessen Armee von James Fluß die Angriffstruppen genommen werden sollten, auf Porters auf Hampton Roads liegendem Flaggschiff. Wohl wollte er die Männer zum Angriff zur Verfügung stellen, aber nur, wenn zuvor eine Schiffsladung Pulver nahe beim Fort zur Explosion gebracht wurde. Porter, der geborene Improvisator, hielt Butlers Plan eines Versuches für wert. Wenigstens würde damit das Unternehmen in Gang kommen, und darauf kam es ihm an.

Durch Beschaffung von 215 Tonnen Schwarzpulver aus den Arsenalen, durch Einschiffung der Truppen und schwere Stürme trat eine weitere Verzögerung ein, so daß die Armada erst Mitte Dezember Hampton Roads verließ. Doch ein weiterer Sturm führte zu nochmaligem Aufschub.

In der Nacht zum 23. Dezember wurde endlich das Pulverschiff, ein altes eisernes Kanonenboot, 270 m vor dem Strand von Fort Fisher verankert. Freiwillige stellten den Uhrwerkmechanismus ein und entzündeten die Kerzen für die Zündschnur. Um bei etwaigem Versagen das Pulver nicht in die Hand der Konföderierten fallen zu lassen, setzten sie auch noch eine achtere Kammer in Brand. An der Reeling des zum Untergang bestimmten Fahrzeuges wurden darauf die Männer abgezählt und sprangen in ein wartendes Boot.

Nach der nervösen Spannung der gefahrvollen Vorbereitungen erwies sich das Unternehmen als enttäuschender Fehlschlag. Offenbar hatte erst der Brand achtern das Pulver zur Explosion gebracht, 20 Minuten nach der eingestellten Zeit. Eine hohe Flammensäule schoß empor, und vier Explosionen waren zu unterscheiden. Aber in der Flotte war der Schock kaum spürbar, und die in voller Deckung liegenden Konföderierten störte er gar nicht.

Als es am 24. hell wurde, nahmen die Schiffe ihre Positionen ein und eröffneten ein furchtbares Feuer. Auf und hinter den Wällen des Forts zählte man in der Minute etwa 115 Einschläge. So schnell wurden die Verteidiger in ihre Unterstände getrieben, daß sie auf der Flotte keinen einzigen Mann auch nur verwundeten. Am nächsten Morgen, am Weihnachtstag, schickte Porter 17 Kanonenboote zum Schutz der Landung und stellte 100 Schiffsboote für die Truppen zur Verfügung. Wiederum näherte sich die Flotte der Küste und nahm das Fort diesmal unter langsames, wohlgezieltes Feuer, während die Soldaten 5 sm nördlich landeten. Nach Einbruch der Dunkelheit kam eine für Porter bestürzende Meldung. Nur ein paar tausend der insgesamt 6500 Mann waren an Land, und Butler hatte ihre Wiedereinschiffung befohlen. Erkundungen hatten nämlich ergeben, Fort Fisher sei für ei-

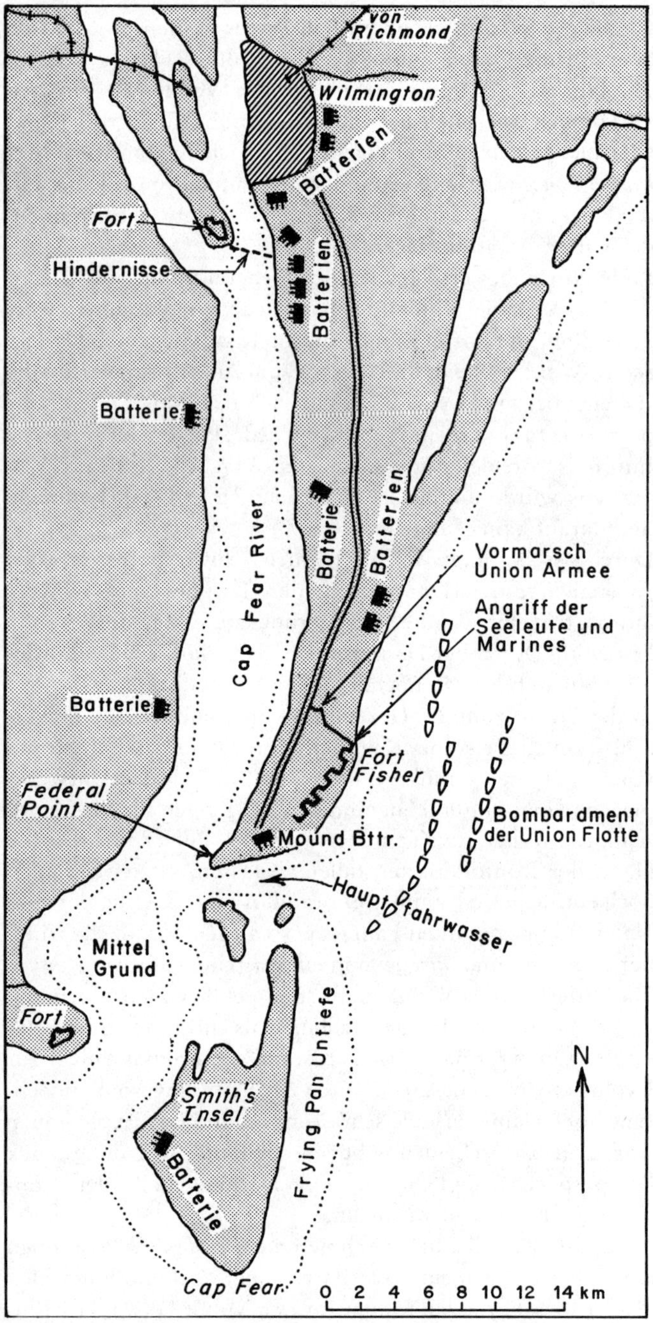

Zweiter Angriff auf Fort Fisher 13.-15. Januar 1865

nen Sturm nicht ausreichend zerstört und nach Butlers Meinung nur durch Belagerung zu nehmen. Dazu aber hätte er keinen Befehl. Er werde also mit seinen Truppen nach Hampton Roads zurückkehren.

Grant war hierüber genauso empört wie Porter. Er löste Butler sofort ab und versprach Porter, das Expeditionskorps werde nach ein paar Tagen unter einem kühneren Befehlshaber zurückkehren. Und das geschah. Es kamen sogar 1500 Mann mehr. Den Befehl führte nun Brigadegeneral Terry.

Wiederum verzögerten Stürme den Angriff, aber am 13. Januar 1864 strömten endlich Terrys Leute so schnell an Land, wie es ein Pendelverkehr von 120 Booten zuließ. Nach einer Stunde hatten sie sich bereits quer über die Halbinsel eingegraben, und diese Arbeit ging die Nacht hindurch und den ganzen nächsten Tag weiter, bis die Vorposten nur noch etwa 500 m vom Fort entfernt waren. Damit waren die 2500 Verteidiger abgeschnitten und in engem Ring belagert. Außerdem behämmerte sie die Artillerie aller Schiffe erbarmungslos; denn diesmal hatte Porter seine Kräfte wohlüberlegt verteilt, um ein Höchstmaß an Wirkung bei der Beschießung zu erreichen.

Die ganze Nacht hindurch schleuderten die *New Ironsides* und die Monitore ununterbrochen ihre Granaten, und am Morgen des 15. erneuerte die ganze Flotte das Sperrfeuer. Im Lauf des Vormittags gingen 1600 Matrosen und 400 Seesoldaten an Land und gruben sich ihren Weg bis auf 200 m an die Seefront des Forts heran, die sie stürmen wollten, während die Infanterie von Flanke und Rücken her angriff.

Um 15 Uhr begannen sämtliche Dampfpfeifen der Schiffe ununterbrochen zu heulen – das Angriffssignal. Darauf verlegten die Schiffe ihr Feuer auf die höher gelegenen Batterien. Der Sturm auf die Brustwehren begann. Unter Führung ihrer Divisionsoffiziere stürzten die mit Revolvern und Entermessern bewaffneten Matrosen tapfer vor. Die Seesoldaten sollten sie aus vorgeschobenen Schützenlöchern mit Gewehrfeuer unterstützen, das den Feind von den Brustwehren fern hielt. Dieses Vorhaben war jedoch nicht einexerziert worden, und bei dem unvermeidlichen Durcheinander wurden die Soldaten falsch postiert. Deshalb konnten die Verteidiger ruhig auf den Brustwehren stehen und die heranstürmende Linie mit vernichtendem Gewehrfeuer eindecken. Dreimal sammelten die überlebenden Offiziere ihre Leute zu neuem Angriff. Ein paar Matrosen kamen auch auf die Wälle, nur um von den Verteidigern mit Kolben und Bajonetten niedergemacht zu werden. Minuten nur dauerte es, dann war der schneidige Versuch zu einem eklatanten Fehlschlag geworden. Die Überlebenden rannten in ihre Schützenlöcher zurück, aber fast 300 Tote blieben auf dem blutgetränkten Sand zurück.

Dem Heer war es besser ergangen. Unter Ausnutzung der durch die Matrosen veranlaßten Ablenkung stürmten Terrys Männer zwei Traversen. Als die konföderierten Verteidiger auf den Brustwehren sahen, daß der Angriff der Seeleute gescheitert war, schrieen sie Hurra. Doch unmittelbar darauf trafen sie Gewehrsalven im Rücken, von wo her die Infanterie der Union heranstürmte. Jede Traverse wurde zum kleinen Fort, aber eins nach dem anderen wurde von der Infanterie erobert, während die Flotte ihren Feuerriegel jeweils entsprechend vorverlegte. Endlich war die Mound-Batterie erreicht und genommen. Die überlebenden Konföderierten flohen zum Strand am äußersten Ende von Federal Point. Als sie die Hoffnungslosigkeit ihrer Lage erkannten, ergaben sie sich . . . 1800 Mann.

Mehr als 700 Konföderierte waren getötet oder verwundet.

Die Verluste des Heeres der Union betrugen 691, die der Marine 309. Gemessen an der Zahl der Kämpfer war dies eine der blutigsten Schlachten des Krieges.
Die Eroberung von Fort Fisher und die anschließende Blokkierung des Hafens von Wilmington krönten das Werk der »Anakonda«. Man darf sagen, daß damit zugleich die Hauptrolle der Marine zu Ende war.

Das Finale

Dank unerschöpflicher Verstärkungen und laufenden Nachschubs konnte Grant schließlich die Bastion Richmond — Petersburg im Norden und Süden überflügeln. Er schlug erst im einen, dann im anderen Abschnitt zu und hielt die erschöpften Konföderierten ständig in Atem. Am 2. April 1865 mußte Lee zur Vermeidung einer Einschließung Richmond räumen. Als die Armee von Nord Virginia nach Westen marschierte, um sich in den Bergen mit Johnston zu vereinigen, tat Grant seinen letzten Zug, der den Feind mattsetzte. Er führte nämlich sein Gros in eine Stellung, die parallel mit Lees und südlich von dieser verlief. Dadurch war er in der Lage, den Feind abzuschneiden. Als die Kavallerie der Union quer vor Lees Rückzugslinie stand, ergab sich dieser am 9. April bei Appomattox. Eine Woche später kapitulierte Johnston vor Sherman. Der Krieg war zu Ende. Auf Kosten von nahezu einer Million an Verlusten war die Union gerettet, die Sklaverei beendet worden.

Zusammenfassung

Anfang 1862 durchstießen Grants Armee und Footes Kanonenboote durch die Eroberung der Forts Henry und Donelson am Tennessee und Cumberland Fluß die nördliche Verteidigungsstellung der Konföderierten im Mississippi-Tal. Um nicht umgangen oder abgeschnitten zu werden, zogen sich diese auf Corinth in Mississippi zurück und erbaten Verstärkungen. Als Grant den Tennessee hinauf in Richtung auf Corinth marschierte, schlugen die Konföderierten zu, ehe Grants Heer durch die von Nashville anrückende Armee Buells verstärkt werden konnte. Es kam zur Schlacht von Shiloh vom 6.–8. April 1862. Grant wurde dadurch gerettet, daß die Boote Buells Truppen und Artillerie den Fluß hinunterbrachten, so daß er nun eine erdrückende Überlegenheit besaß.
Als die Konföderierten Grant und Foote im Norden zum Stehen bringen wollten, hatten sie ihre Stellungen im Süden entblößt. So konnte kaum 3 Wochen nach Shiloh Farraguts Flotte, vom Golf von Mexiko kommend, an den Forts Jackson und St. Philip am unteren Mississippi vorbeilaufen, die kleine Flußflottille verjagen und nur mit Schiffen die Stadt New Orleans erobern. Dann lief Farragut den Mississippi hinauf, nahm Baton Rouge und Natchez, während die stromauf operierenden Kanonenboote unter Foote bzw. seinem Nachfolger Davis den Fluß hinabkamen, wobei sie unterwegs Fort Pillow und Memphis eroberten.
Der Mississippi Feldzug von 1862 ist das klassische Beispiel einer Strategie der *äußeren* im Gegensatz zur Strategie der *inneren Linie*. Bundestruppen durchstießen die konföderierte Verteidigung im Mississippi-Tal vom Norden und Süden. Offenbar konnten die dazwischen stehenden Konföderierten je nach Bedarf Verstärkungen auf dem Fluß oder mit der Bahn weit rascher nach Norden oder Süden werfen, als die Union zu einer Kräfteverlagerung auf dem weiten Umweg über die Ostküste in der Lage war. Hätten die Konföderierten irgendwo im Tal des Mississippi Streitkräfte besessen, die denen des Gegners annähernd gewachsen waren, so wäre für sie die innere Linie von unendlichem Vorteil gewesen. Aber das Übergewicht des Nordens war so groß, daß seinen Streitkräften auch die äußere Linie Nutzen brachte. Die Konföderierten erwarteten, ihre Forts unterhalb von New Orleans würden Farragut aufhalten oder wenigstens binden, während ihre Armee Grant bei Shiloh schlug. In Wirklichkeit hielt Grant das Gros der Konföderierten auf, während Farragut bei New Orleans gegen ganz geringen Widerstand zuschlug.
Bald war es klar, daß den vereinigten Seestreitkräften von Farragut und Davis Stärke und Mittel fehlten, um die Konföderierten bei Vicksburg aus einer hochgelegenen Stellung an einer Haarnadelbiegung des Mississippi zu vertreiben. Auch starke Heeresverbände der Union wurden benötigt, waren aber erst im Dezember 1862 verfügbar. Die erste amphibische Unternehmung gegen Vicksburg sollte durch eine *zweifache Einschließung* oder *Zangenbewegung* eine Konzentration ermöglichen. Grant hatte zunächst mit 40000 Mann Kräfte zu binden. Er sollte von der Hochebene östlich vom Yazoo Fluß herunter kommen und die konföderierte Armee bei Grenada angreifen. War dadurch das Gros des Feindes gebunden, so sollte Sherman einen Frontalangriff auf Vicksburgh mit 32000 Mann führen, die von Porters Kanonenbooten den Mississippi hinuntergeleitet und von diesen auch beim Angriff unterstützt wurden.
Grants durchaus vernünftiger Plan hing von einer ganz engen Zusammenarbeit der beiden Zangenarme ab. Aber die Konföderierten vereitelten diese dadurch, daß sie in Grants Rükken zuschlugen. Dort zerschnitten sie Telegraphenleitungen, zerstörten die Eisenbahn, seine Hauptnachschublinie und sein Hauptnachschublager. Ohne Verpflegung mußte Grants Heer sich zurückziehen und aus dem Lande leben. Ohne telegraphische Verbindungen konnte Grant auch Sherman nicht warnen. Auf diese Weise hatten die Konföderierten die eine potentielle Bedrohung durch die Union ausgeschaltet und die andere zum Scheitern verurteilt. Nun, wo ein Zangenarm zurückgebogen war, wurde die konföderierte Armee in Grenada so rechtzeitig zur Verstärkung von Vicksburg herangebracht, daß bei Chickasaw Bluffs der andere Arm der Zange das gleiche Schicksal erleiden mußte.
Im April 1863 konnte Grant dank fallenden Wassers am Westufer des Mississippi bis zu einem Punkt südlich von Vicksburgh marschieren. Porter lief mit seinem Geschwader und einigen Transportschiffen an den Batterien von Vicks-

burg vorbei und setzte die Truppen über. Diesmal beherzigte Grant die ihm durch den Fehlschlag im Dezember erteilte Lehre. Er löste sich von seinen rückwärtigen Verbindungen, lebte aus dem Lande und rückte in Eilmärschen vor, um seine Armee zwischen Johnston und Pemberton zu schieben. Unter Ausnutzung der ihm dadurch zugefallenen inneren Linie besiegte er Johnston bei Jackson und drängte dann Pemberton nach Vicksburg hinein. Nach sechswöchiger Belagerung, während der Porters Flußflottille die Armee der Union versorgte und verstärkte, außerdem auch noch Vicksburg beschoß, ergab sich Pemberton am 4. Juli 1863. Vier Tage später taten die Konföderierten bei Port Hudson ein Gleiches und überließen dadurch der Union die Herrschaft über den Mississippi. Der Nachschub für den Südwesten der Konföderation war damit abgeschnitten.

Die Niederlage der konföderierten Streitkräfte bei Chattanooga im folgenden November erlaubte es dem Gros der Föderierten, im Tal des Mississippi gegen konföderierte Truppen im Osten vorzugehen. Sherman, der die hierdurch freigewordene Armee befehligte, rückte auf Atlanta vor, während Grant nach Virginia ging, um den Befehl über die Armee vom Potomac zu übernehmen. Als Diversionsbewegung zur Erleichterung von Shermans Angriff führte Farragut sein Golfgeschwader in die Mobile Bucht, wo er das Panzerschiff *Tennessee* und dessen hölzerne Begleiter besiegte und den Unionstruppen bei der Einnahme der Forts half, welche die Einfahrt in die Bucht beherrschten. Diese Operation blockierte Mobile, den letzten konföderierten Hafen am Golf von Mexiko. Nach dem Fall Atlantas marschierte Sherman durch Georgia, wobei er einen 60 Meilen breiten Landstreifen verwüstete. Er gelangte nach Savannah, das er eroberte, und zog weiter nach Norden in die beiden Carolinas hinein. Dadurch verlor Lees Armee von Nord Virginia auch den letzten, ohnehin kümmerlichen Nachschub aus dem Süden. Grant und die Armee vom Potomac drangen gleichzeitig vom Norden gegen Lee vor, der in die Backen einer riesigen Zange geriet. Um seinen letzten Nachschub aus dem Ausland abzuschneiden, half eine Flotte unter Porter den Truppen bei der Eroberung von Fort Fisher und blockierte dadurch Wilmington, den einzigen für Blockadebrecher noch zugänglichen Hafen. Lees Armee und die kleinere von Johnston kapitulierten im April 1865, da sie keinen Nachschub mehr bekamen und ohne jede Versorgung waren.

Kapitel 16

Die Entwicklung der Marinen im späten 19. Jahrhundert

Von J. Rohwer und W. Hubatsch (preußisch-deutsche Marine) bearbeitete Neufassung des in der US-Ausgabe von James A. Arnold verfaßten Kap. 18.

Mit der Einführung des Dampfantriebes, des Eisenschiffbaus und der Panzerung begann um die Jahrhundertmitte die industrielle Revolution in den Flotten. Der Übergang konnte sich bei der großen Zahl der in allen Flotten vorhandenen breitseit-bestückten hölzernen Schiffe nicht von heute auf morgen vollziehen. Die Führer der Marinen waren auf diesen Schiffen groß geworden, und es war nur natürlich, daß sie nicht in langen Jahrzehnten Bewährtes gegen zwar vielversprechende, aber technisch noch nicht ausgereifte und mit manchen Kinderkrankheiten behaftete Neuerungen aufgeben konnten. Doch neben den sachlichen Argumenten spielten auch Gefühlsmomente eine wesentliche Rolle. Ließen nicht die Segelschiffe des 19. Jahrhunderts mit ihren wundervoll ausgewogenen Linien und ihren hochaufragenden weißen Leinwandtürmen das Herz jedes Seemannes höher schlagen, während er nur mit recht gemischten Gefühlen auf die schwarz qualmenden Schlote mit ihrem Ruß blickte, die sein schönes Schiff verunzierten? In diesen Gefühlen mögen die Wurzeln für die in vielen Marinen noch lange spürbaren Spannungen zwischen dem seemännischen und dem technischen Personal der Schiffe begründet liegen, die zum Teil weitreichende Folgen haben sollten. Aber der technische Fortschritt ließ sich nicht aufhalten, und in den meisten Marinen waren es weitblickende Offiziere und Ingenieure, welche den neuen Gedanken zum Durchbruch verhalfen. Der Beginn des Panzerschiffbaus um das Jahr 1860 bezeichnet zweifellos den tiefgreifendsten Einschnitt in der Geschichte des Kriegsschiffbaus. Entwerteten doch die neuen Panzerschiffe sehr schnell die großen Flotten hölzerner Segelschiffe der Seemächte. So sah das aufstrebende Frankreich Napoleons III. eine günstige Gelegenheit gekommen, durch einen forcierten Panzerschiffbau die Überlegenheit des seemächtigen England zu neutralisieren. 1858 wurden in Frankreich nach den Plänen des berühmten Schiffskonstrukteurs Dupuy de Lôme die 3 hölzernen Panzerfregatten der *Gloire*-Klasse sowie eine eiserne Panzerfregatte *Couronne* (Plan Audenet) in Bau gegeben. Ihnen folgten im nächsten Jahr ebenfalls nach den Plänen Dupuy de Lômes die beiden hölzernen Panzerfregatten der *Magenta*-Klasse, die als einzige Panzerschiffe 2 übereinanderliegende Batteriedecks erhielten. Nach der erfolgreichen Erprobung der *Gloire* wurden noch 1862 10 Schiffe eines etwas verbesserten Typs *Flandre* begonnen, so daß Frankreich nach Fertigstellung dieser Schiffe 1867 bereits über eine Panzerflotte von 16 Hochseeschiffen verfügte, von denen 13 fast die gleichen Eigenschaften besaßen.

England folgte dem französischen Beispiel zwar im Jahre 1859 mit der Inbaugabe der von Isaac Watts konstruierten eisernen Panzerfregatte *Warrior* und ihres Schwesterschiffes, doch sollte der Bau der britischen Panzerschiffsflotte bei weitem nicht das einheitliche Bild der französischen Schiffe zeigen. Während man einerseits 1861 drei auf mehr als 10000 Tonnen vergrößerte Ausgaben der *Warrior* (Typ *Minotaur*) in Bau gab, legte man andererseits 1859 und 1861 gleichzeitig je 2, etwa der Größe der *Gloire* entsprechende eiserne Panzerfregatten vom Typ *Defence* auf Stapel. Um den zahlenmäßigen Unterschied zur französischen Flotte schnell ausgleichen zu können, ging man außerdem 1861 daran, 8 im Bau befindliche hölzerne Linienschiffe in Panzerfregatten umzubauen. Diese eisernen oder hölzernen Panzerfregatten, die zwischen 7000 und 10000 Tonnen groß waren und über eine, sich über den größten Teil der Schiffslänge erstreckende, hinter Panzerschutz von 114 mm aufgestellte Breitseitbatterie von 20, 30 oder gar 40 Kanonen verfügten, bildeten den Kern der neuen Panzerschiffsflotten. Daneben wurden auch einige kleinere Schiffe für Aufgaben in den Kolonien gebaut, bei denen teilweise neuartige Konstruktionsideen erprobt wurden. Es ist deshalb nicht verwunderlich, daß auch die anderen Marinen bald darangingen, solche Batterie-Panzerschiffe zu erwerben oder zu bauen. Bereits 1860 gaben die Österreicher in Triest die von dem Chefkonstrukteur Ramako entworfenen 2 kleinen Panzerschiffe vom Typ *Drache* in Bau, denen 1862 3 weitere folgten, während man 1864 2 größere Panzerfregatten auf Stapel legte. Mit besonderem Nachdruck ging Italien an den Aufbau einer Panzerschiffsflotte. Schon 1860 gab man in Frankreich 2 Panzerkorvetten, die in der Größe etwa den österreichischen Schiffen entsprachen, in Bau. Ihnen folgten 1861 2 nach den Plänen de Lucas auf eigenen Werften begonnene Schiffe, deren Bau jedoch sehr langsam fortschritt, sowie 2 größere hölzerne Panzerfregatten, die man bei der Firma Webb in New York in Auftrag gab (Typ *Re d'Italia*). 1862 wurden nochmals 4, 1864 2 weitere Panzerschiffe in Frankreich in Auftrag gegeben. Auch in den Vereinigten Staaten begann man 1861, neben dem Bau der noch zu erwähnenden Monitore, mit der Konstruktion erster Hochseepanzerschiffe. Von den aus 16 Entwürfen ausgewählten 3 Schiffen waren 2 solche Batterie-Panzerschiffe, von denen die *New Ironsides* in ihrem Typ etwa der *Gloire* entsprach, während sich die *Galena* als eine Fehlkonstruktion erwies.

In Rußland ging man 1861 daran, ähnlich wie in England, zwei in Bau befindliche Segelfregatten zu Panzerschiffen umzubauen, und bestellte in England ein kleineres Batterie-Panzerschiff, nach dessen Vorbild dann in St. Petersburg 2 weitere Schiffe gebaut wurden. 1862 nahmen weitere Länder den Panzerschiffbau auf. Spanien ließ in Frankreich und England je ein Batterie-Panzerschiff bauen und ging auf eigenen Werften daran, in den folgenden Jahren 4 Schiffe neu bzw. umzubauen. Die Türkei gab in England 4 Batterie-Panzerfregatten in Auftrag, Dänemark eine, während es gleichzeitig 2 in Bau befindliche Segelfregatten umbauen ließ. Selbst ein kleines Land wie Peru ließ sich 1864 eine Panzerkorvette bauen. Als letztes Land folgte 1866 Preußen, das in England und Frankreich die beiden Schiffe *Kronprinz* und *Friedrich Carl* in Auftrag gab.

Den Abschluß und den Höhepunkt der Entwicklung dieser Batterie-Panzerschiffe stellte die 1865 in London in Bau gegebene türkische Panzerfregatte *Fatikh* dar, die, von dem neuen britischen Chefkonstrukteur Sir Edward Reed entworfen, bei Panzerstärken von 127–305 mm eine Batterie von jeseits 9 24-cm-Kanonen sowie 5 21-cm-Kanonen in Bug- und Heckreduits erhielt und als s. Z. stärkstes Schiff galt. 1867 wurde sie an Preußen verkauft und erhielt den Namen *König Wilhelm.*

Für einen Einsatz im Küstenvorfeld waren diese Hochsee-Panzerschiffe wegen ihrer Größe und ihres Tiefganges wenig geeignet. Deshalb setzten sich hier bald andere Konstruktionsideen durch. Da die kleineren Schiffe nur wenige schwere Kanonen tragen konnten, und sie auch in navigatorisch beengten Gewässern möglichst nach allen Seiten zum Tragen gebracht werden sollten, begann man, die Geschütze einzeln oder zu zweit in drehbaren, gepanzerten Türmen aufzustellen. Etwa gleichzeitig hatten in England Captain Coles und in den USA der schwedische Erfinder John Ericsson solche Drehtürme konstruiert, deren Unterschied darin bestand, daß Coles seinen Turm auf ein zugleich auch seefähiges Schiff stellen wollte, das deshalb ein größeres Freibord benötigte. So war Coles gezwungen, seinen Turm zur Einsparung von unnötigem Topgewicht durch das Oberdeck hindurch zu führen und den Drehmechanismus auf einem Zwischendeck anzuordnen. Ericsson dagegen wollte seine Türme auf einen möglichst wenig aus dem Wasser ragenden, gepanzerten Rumpf aufsetzen, so daß praktisch nur der schwer gepanzerte Turm als Ziel für das feindliche Schiff übrig blieb. Während Coles bei seinen auch für den Einsatz auf See gedachten Schiffen nicht auf Segel verzichten zu können glaubte und einen Dreibeinmast konstruierte, um den Bestreichungswinkel der Türme durch Wanten und Stagen möglichst wenig zu behindern, verzichtete Ericsson von vornherein auf jede Takelung, da die Schiffe bei ihrem Einsatz im Küsten-Vorfeld nur über einen begrenzten Aktionsradius zu verfügen brauchten. Captain Coles konnte die britische Admiralität zunächst nicht gleich von seinen Ideen überzeugen und mußte so 1861 beginnen, seine ersten Schiffe als Spekulationsbauten auf englischen Werften in Bau zu geben. Das erste, 1340 Tonnen große und mit 2 Drehtürmen ausgerüstete Schiff lief 1863 von Stapel und wurde als *Rolf Krake* in die dänische Marine übernommen. Zwei weitere, für die Konföderierten gebaute Schiffe wurden 1864 von England beschlagnahmt, und ein viertes Schiff, *Arminius*, kaufte die preußische Marine. Inzwischen hatte sich auch die englische Admiralität entschlossen, mit dem Coles-System zu experimentieren und nach den Plänen von Watts ein eisernes Schiff von 3900 Tonnen mit 4 in der Kiellinie liegenden Türmen, die *Prince Albert,* in Bau gegeben und mit dem Umbau eines hölzernen Linienschiffes, der *Royal Sovereign,* nach dem gleichen Prinzip, aber mit sogar 5 Türmen begonnen.

1863/64 nahm man in Rußland den Bau 2-türmiger (*Smerč*) und drei-türmiger (*Admiral Lazarev*) Panzerschiffe nach dem Coles-System auf. Italien (*Affondatore*), die Niederlande (*Prins Hendrik*) und Peru (*Huascar*) ließen sich in England Coles-Turmschiffe bauen.

Der Erfolg des ersten Schiffes von John Ericsson, der *Monitor* der Nordstaaten, im Gefecht von Hampton Roads veranlaßte die Nordstaaten noch während des Bürgerkrieges 1862/63, nicht weniger als 39 Einturm-Monitore (10 *Passaic-*, 9 *Canonicus-* und 20 *Casco*-Klassen, 2 große seegehende Einturm-Monitore *Dictator* und *Puritan*) sowie einen kleineren 2-Turm-Monitor *Onondaga* und 8 große 2-Turm-Monitore (*Miantonomoh-* und *Kalamazoo*-Klassen) in Bau zu geben, die freilich nicht alle während des Krieges fertiggestellt wurden.

Unmittelbar nach dem Kriege machten zwei der großen Monitore für Schiffe ihres Typs bemerkenswerte Ozeanfahrten. Die *Monadnock* dampfte von Hampton Roads durch die Magelhan-Straße nach San Francisco, und die *Miantonomoh* von New York nach England und durch die Ostsee bis nach Rußland. Doch noch ehe sie in St. Petersburg eintraf, hatten die dortigen Werften schon mit dem Bau von 10 Monitoren vom Typ *Bronenosec* begonnen, und auch Schweden und Norwegen legten in den folgenden Jahren je 3 eintürmige Monitore auf Stapel, während sich Brasilien für seine Auseinandersetzung mit Paraguay 6 Flußmonitore baute, für die es auch bereits im amerikanischen Bürgerkrieg Vorbilder gegeben hatte.

Die Schlacht von Lissa am 20. Juli 1866

Wenn die Schiffe der italienischen Marine im Jahre 1866 tüchtig gebaut, zweckentsprechend ausgerüstet, ausreichend bemannt und befehligt worden wären, hätte Italien neben Frankreich die stärkste Marine der Welt gehabt. Seine Flotte umfaßte 12 Panzerschiffe, von denen 7 große Panzer-Fregatten waren. Die neuesten von ihnen, die *Re d'Italia* und die *Re di Portugallo,* waren durch 120 mm Panzer geschützt und mit 36 bzw. 28 Geschützen vortrefflich bestückt, überwiegend mit Geschützen von 16 cm Kaliber. Das Turm-Rammschiff *Affondatore,* soeben aus England eingetroffen, war mit zwei gezogenen 25,4 cm Armstrong-Rohren in Einzeltürmen und einer 8 m langen eisernen Ramme ausgerüstet. Die wichtigsten hölzernen Schiffe der italienischen Marine waren sieben Fregatten von 32 bis zu 54 Kanonen und vier Korvetten von 6 bis zu 20 Kanonen mit Kalibern bis 17 cm. Alle italienischen Schiffe waren dampfgetrieben, die meisten mit Schrauben, und keines der Panzerschiffe war älter als 5 Jahre.

Dennoch litt diese Marine unter bedenklichen Schwächen. Die neuen Panzerschiffe waren hastig gebaut und unzulänglich ausgerüstet. Die italienischen Mannschaften waren kampfwillig, aber ungeübt. Die Flaggoffiziere, die die Flotte und ihre Geschwader befehligten, ließen Angriffsgeist vermissen. Besonders der Oberbefehlshaber, Admiral Graf Carlo di Persano, zeigte wenig Begeisterung für den Krieg oder die Seeschlacht, in der er eingesetzt werden sollte.

Der Krieg begann am 15. Juni 1866 zwischen Preußen einerseits, Österreich und einigen deutschen Bundesländern andererseits. Italien hatte einen Bündnisvertrag mit Preußen und erklärte am 20. Juni den Krieg an Österreich in der Hoffnung auf Wiedererlangung von Venetien. Die preußische Armee war zu Lande rasch erfolgreich und hatte am 3. Juli einen entscheidenden Sieg bei Königgrätz errungen. Währenddessen hatten die Österreicher eine italienische Armee bei Custozza schwer geschlagen (24. Juni). Um ihre Niederlage auf dem Lande auszugleichen und um ihre Bedeutung als Handelsmacht auf der Friedenskonferenz zur Geltung zu bringen, wünschte die italienische Regierung irgendeinen Erfolg auf See.

Der österreichische Gegner der italienischen Marine war eine viel schwächere Flotte unter dem Befehl des Konteradmirals Wilhelm von Tegetthoff, der nur über sieben Panzerschiffe verfügte, um sie den zwölf des Admiral Persano entgegenzustellen. Es waren alles Fregatten, geschützt durch 119–128 mm starken Panzer. Sie führten 12 bis 30 Geschütze, aber die meisten hatten ein kleineres Kaliber als die italienischen Kanonen. Ungefähr die Hälfte waren Vorderlader. Zu Tegetthoffs Hauptkampfmacht kamen der *Kaiser,* ein hölzernes 92-Kanonen-Linienschiff, fünf Fregatten von 31 bis 51 Kanonen und eine 22-Kanonen-Korvette. Nur wenige der Kanonen auf jedem der hölzernen Schiffe waren gezogene Hinterlader.

An dem Tage, als Italien den Krieg erklärte, befahl das Marine-Ministerium dem Admiral Persano, seine Flotte von Tarent vom Absatz des italienischen Stiefels nach Ancona zu verlegen, ungefähr halbwegs die italienische Adriaküste hinauf, wo sie eine zentralere Stellung für offensive Operationen gegen die österreichische Flotte in Pola einnehmen konnte, das etwa 90 Meilen nordwärts lag. Zwölf Tage vorher war Persano befohlen worden, »den Feind von der Adria hinwegzufegen und ihn anzugreifen und zu blockieren, wo immer er ihn fand«. Da die österreichische Flotte der italienischen unterlegen war, waren Tegetthoffs Befehle natürlich weniger aggressiv. Als Tegetthoff beim Erzherzog Albrecht um die Erlaubnis nachsuchte, die Offensive zu ergreifen, wurde er angewiesen, seine Operationen nicht über Lissa hinaus auszudehnen und die Mündung des Po und die Küste von Venedig zu decken.

Während der ersten wenigen Wochen des Krieges vermied Persano, anstatt seine Angriffsbefehle auszuführen, eine Gelegenheit für ein Gefecht unweit seiner eigenen Flottenbasis gegen ein unterlegenes Geschwader unter Tegetthoff. Stattdessen beschäftigte er sich mit nutzlosen Manövern in der inneren Adria, während deren er nicht einmal seine ungeübten Geschütz-Bedienungen einexerzierte. Endlich kamen bestimmte Befehle vom König selbst, »gegen die feindlichen Streitkräfte oder die Flotte solche Operationen zu versuchen, mit denen man erwarten könnte, einen Erfolg zu erlangen«. Der auf diese Weise angespornte Persano ging nun daran, sich der kleinen österreichischen Insel Lissa, die 130 Meilen von Ancona über die Adria hinüber in südöstlicher Richtung lag, zu bemächtigen. Am 17. Juli stand seine Flotte unweit der Insel. Zwei Tage lang bombardierten die 600 Kanonen von Persanos Schiffen die Inselforts, ohne imstande zu sein, ihre 88 Kanonen kleineren Kalibers zum Schweigen zu bringen. Eine von Persanos Vizeadmiral versuchte Landung war ein Fehlschlag. Während dieser Operationen erlitt die Flotte zahlreiche personelle Verluste, eine gepanzerte Fregatte war außer Gefecht gesetzt, nutzlos war ein großer Teil der Munition verschossen und der Brennstoff bis auf einen Zweitagevorrat verbraucht. Dennoch nahm Persano am Morgen des 20. Juli seinen amphibischen Angriff wieder auf. Seine hölzernen Schiffe waren im Begriff, nördlich der Stadt Lissa Truppen zu landen, und seine Panzerschiffe, mit der Beschießung der Forts rund um die Stadt zu beginnen, als die österreichische Flotte gesichtet wurde, von Nordwesten herandampfend in ihrer vollen Geschwindigkeit von acht bis zehn Knoten.

Die Schiffe Tegetthoffs waren in drei keilförmigen Abteilungen (Doppelstaffel) mit den Abteilungen in Kolonne gegliedert. Zu dem ersten Keil gehörten seine sieben Panzerschiffe, angeführt von dem Flaggschiff *Ferdinand Max.* Der zweite Keil umfaßte seine hölzernen Fregatten und eine Korvette, angeführt von dem hölzernen Linienschiff *Kaiser.* Seine verbleibenden kleineren Schiffe formierten den dritten Keil. Die so aufgestellte Formation sollte das Rammen und Durchbrechen der feindlichen Linie ermöglichen.

Persano befahl zunächst seinen Schiffen, eine Linie nebeneinander zu formieren. Anscheinend plante er auch, von dem Rammsporn seiner Schiffe Gebrauch zu machen. Als sich die österreichische Flotte jedoch rasch näherte, formierte er seine sofort verfügbaren Panzerschiffe in einer Marschkolonne und lief quer vor die Spitze der feindlichen Formation, wahrscheinlich mit der Absicht, ihre linke Flanke anzugreifen.

In diesem kritischen Augenblick vertauschte er sein Flaggschiff *Re d'Italia* mit der *Affondatore* in der Meinung, daß der Flottenbefehlshaber unabhängig von der Schlachtlinie bleiben sollte, um die Bewegungen seiner Schiffe zu überwachen. Das hatte zur Folge, daß sich eine breite Lücke zwischen den ersten drei italienischen Schiffen und der übrigen Streitmacht öffnete. Tegetthoff, der seiner Flotte signalisiert hatte: »Gepanzerte Schiffe stürmen voran und versenken den Feind«, führte seine Vorhut-Division von Panzerschiffen durch die Lücke.

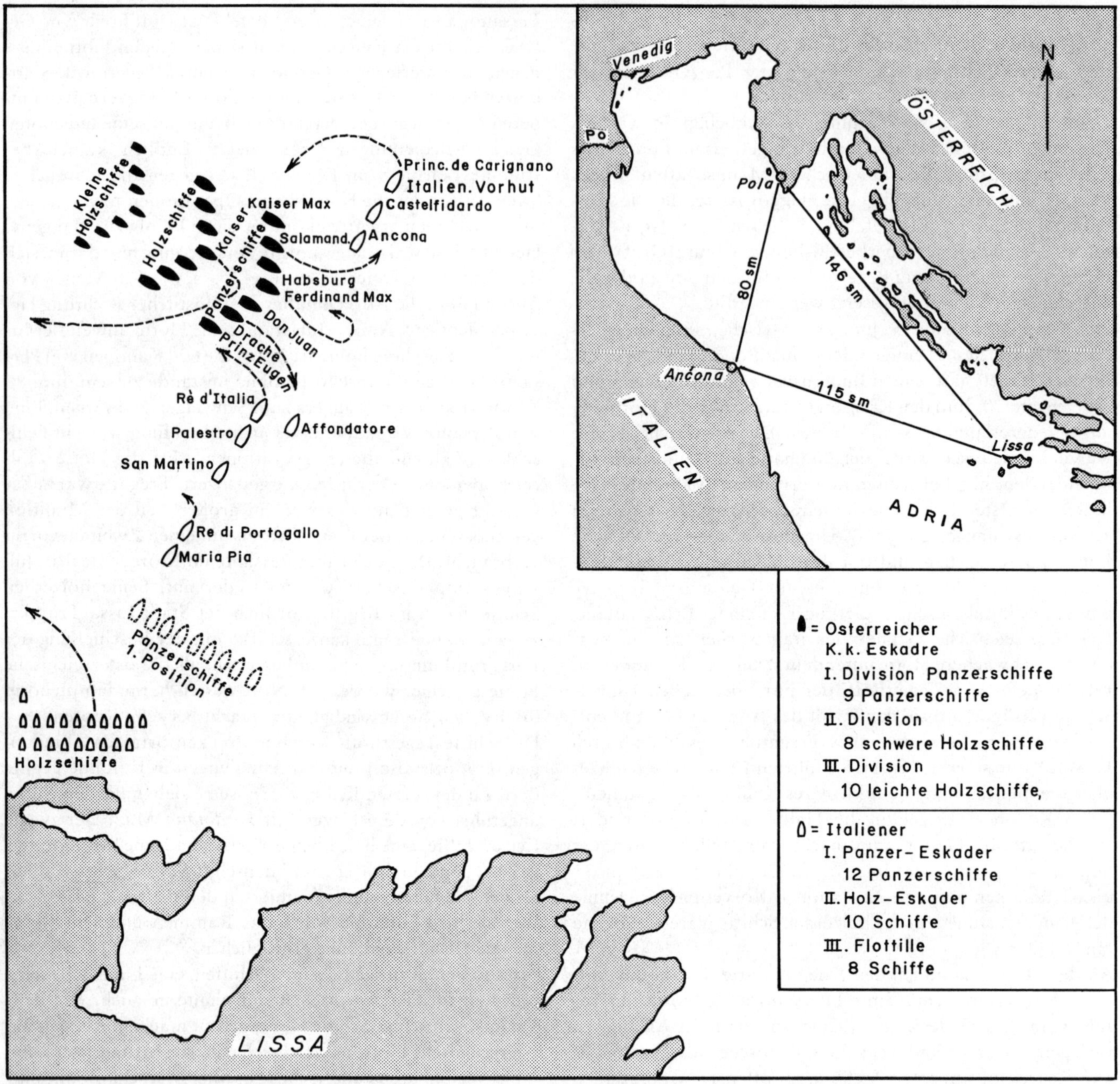

Schlacht von Lissa, 20. Juli 1866

Die vorderen italienischen Schiffe hatten mittlerweile das Feuer auf die Backbordgruppe der österreichischen ersten Division eröffnet, die sich als Antwort darauf nach Backbord, auf die italienische Vorhut zu, wandte. Zur gleichen Zeit drehte die österreichische Steuerbordgruppe rechts herum, um die italienische Mitte anzugreifen, die nach Backbord abdrehte und in Kiellinie auf die zweite österreichische Division großer hölzerner Schiffe zulief. Der Kommandant der zweiten österreichischen Division vermied jedoch diesen Angriff durch eine Wendung nach Steuerbord, und nach einem kurzen Geplänkel mit der italienischen Nachhut, die nach Backbord gedreht hatte, um ihm den Weg abzuschneiden, wendete er weiter nach Steuerbord und formierte eine massierte Kolonne, um die italienischen hölzernen Schiffe anzugreifen. Diese hatten mittlerweile nach Süden abgedreht, trotz der Befehle von Persano, sich an der Schlacht zu beteiligen.

Die Schlacht entwickelte sich nun zu einem Mêlée, in welchem die Bewegungen der Schiffe größtenteils durch Nebel und Rauch verborgen blieben. Zweimal versuchte die *Affondatore* ohne Erfolg, die hölzerne *Kaiser* zu rammen. Mit mehr

Glück traf die *Kaiser* die *Re di Portugallo* mit einem wirkungsvollen Stoß, wurde aber durch ihr Geschützfeuer in Brand gesetzt. Nach einem weiteren Angriff durch die *Affondatore* wurde die *Kaiser* gezwungen, sich in Richtung Lissa zurückzuziehen, die meisten der anderen großen hölzernen Schiffe der österreichischen Flotte folgten in ihrem Kielwasser. In der Zwischenzeit war das italienische gepanzerte Kanonenboot *Palestro* durch eine Granate in Flammen gesetzt worden, kurz nach der Schlacht flog sie unter Verlust fast der gesamten Mannschaft in die Luft. Die eindrucksvollste Kampfhandlung war das Rammen der *Re d'Italia* durch Tegetthoffs Flaggschiff *Ferdinand Max.* Als die *Ferdinand Max* in der Undurchsichtigkeit des Schlachtqualms umhertappte, lief sie auf die Breitseite der *Re d'Italia* zu. Auf dem italienischen Schiff hatte man die Kontrolle über das Steuerruder verloren, und es wurde von einem anderen österreichischen Schiff an der Vorwärtsfahrt gehindert. Während die Maschine auf Rückwärtsfahrt umgesteuert wurde, lag die *Re d'Italia* gerade still im Wasser, als die *Ferdinand* mit voller Geschwindigkeit den Rammsporn in ihre Seite stieß, so daß sie sich schwer nach Steuerbord überlegte. Während die *Ferdinand* langsam zurückging, richtete sich die *Re d'Italia* einen Augenblick auf, legte sich dann infolge ihres eigenen Gewichts und der Wassermassen, die durch das große Leck an ihrer aufgerissenen Bordwand hereinströmten, auf die Seite. Als sie kenterte und sank, brachte die ungeübte, aber mutige Mannschaft ein Hoch auf ihren König aus.

Kurz nach Mittag befahl Tegetthoff seiner Flotte, sich in der Nähe von Lissa neu zu formieren, und Persano dampfte nach mehreren erfolglosen Bemühungen, die Schlacht zu erneuern, nach Westen ab. Weil die österreichische Flotte mehrere beschädigte Schiffe hatte und noch schwächer war als der Gegner, verfolgte Tegetthoff die Italiener nicht. In jedem Fall war seine Aufgabe durchgeführt, denn er hatte die italienische Flotte vertrieben und die Eroberung von Lissa verhindert. Trotz ihrer Schäden waren alle seine Schiffe außer der *Kaiser* noch gefechtsklar, und auch diese war nach 24 Stunden einigermaßen wiederhergestellt. Tegetthoffs Verluste betrugen nur 38 Tote und 138 Verwundete. Auf italienischer Seite waren außer den Verlusten während der amphibischen Operation 667 Mann gefallen und 39 verwundet worden, die neue *Re d'Italia* und die *Palestro* waren gesunken und die *San Martino* schwer beschädigt. Mit nur noch geringen Brennstoffvorräten zog sich Persano auf seine Basis nach Ancona zurück, wo die *Affondatore* später in einem Sturm sank, offenbar als Folge der Beschädigung in der Schlacht.

Die strategische Lehre aus diesem Gefecht liegt klar zutage. Persano hätte alles daran setzen müssen, um die österreichische Flotte zu zerstören und die Kontrolle über die Adria zu gewinnen, bevor er sich in diesen Gewässern in eine amphibische Operation einließ. Wenn er andererseits den Eindruck gewann, daß ein Gefecht mit Tegetthoff hier oder in der Nähe des österreichischen Stützpunktes sich nachteilig auf die eigene Machtüberlegenheit auswirken würde, hätte er jederzeit Maßnahmen treffen müssen, um seine Operation gegen eine Störung durch den Feind zu decken. Stattdessen wurde er gezwungen, sich ohne taktischen Plan mit seinen verstreuten und ungeordneten Streitkräften in das Gefecht zu stürzen. Auf österreichischer Seite zeigte Tegetthoff, was auch mit einer unterlegenen Streitmacht erreicht werden kann, wenn ein angriffsfreudiger Führer sein Ziel kennt und es mit den verfügbaren Mitteln beharrlich anstrebt.

Die taktischen Lehren waren nicht ganz so einwandfrei deutlich und sind deshalb von den Zeitgenossen viel erörtert worden. Weil die Artillerie kein Schlachtschiff zum Sinken brachte, während doch die große *Re d'Italia* durch Rammen in wenigen Augenblicken vernichtet worden war, schien der Rammsporn die entscheidende Waffe zu sein. Traf das zu, so schien die Dwars-Formation der Kiellinie überlegen zu sein, weil sie sich besser für die Taktik des Rammens eignete. Es war aber auffällig, daß nur die *Re d'Italia* auf diese Art gesunken war, obwohl wiederholte Versuche zum Rammen von beiden Seiten gemacht worden waren; zudem befand sie sich zu diesem Zeitpunkt nicht in Fahrt. Hinsichtlich der Wirksamkeit des Panzerschutzes hatten die Panzerschiffe sich nur geringfügig standfester gezeigt als die hölzerne *Kaiser,* die eine schwere Beschießung überlebte. Überdies bot das Gefecht keine wirkliche Gelegenheit zur Erprobung der Geschützleistungen. Obgleich Persanos augenscheinlicher Versuch, eine Kiellinie zu formieren und vor der feindlichen Formation aufzukreuzen, daran denken ließ, daß er den Vorteil seiner überlegenen Artillerie wahrzunehmen verstand, so hatte doch die Verzögerung, die durch das Wechseln seines Flaggschiffs verursacht war, sein Manöver verdorben und in ein Mêlée verwandelt, in welchem ein gezieltes Schießen sehr wenig Sinn hatte. Ohnehin war die italienische Schießerei während des Gefechtes kläglich. So wurde keines der während der Schlacht aufgeworfenen Probleme über Waffen und Taktik wirklich gelöst. Bis zum Ende des Jahrhunderts fand man keine allgemein verbindliche Lösung.

Probleme der Artillerie-Aufstellung

Die frühesten Hochsee-Panzerschiffe, die in ihrem Entwurf dem Riß von Segelfregatten glichen, trugen ihre Kanonen über beinahe die ganze Breitseite. Da es die hauptsächliche Funktion des Panzers war, die Kanonen und ihre Mannschaften zu schützen, mußte der Panzer sich auch über die ganze Breitseite ausdehnen. Nun konnte jedoch kein Schiffsrumpf genügend Panzer tragen, um einem Schiff über seine ganze Länge hinweg vollkommenen Schutz zu geben. Seit den frühesten Tagen des Panzerschiffbaues hatten die Konstrukteure immer wieder einen Kompromiß zwischen unzulänglichem Schutz überall und absolutem Schutz an den wesentlichsten Flächen schließen müssen. Da nun die Geschütze an Größe und Leistung und infolgedessen auch die Panzerstärken zunahmen und als die von einigen Marinetheoretikern bereits früher verfochtene Taktik des Rammens, durch die Erfahrungen der Schlacht von Lissa bestärkt, den Wert des Bugfeuers zu erhöhen schien, begann man, die Zahl der Breitseitkanonen notgedrungen zu reduzieren und statt dessen nach Möglichkeiten für die Aufstellung von direkt nach voraus und achteraus feuernden Kanonen zu suchen. Teilweise brachte man solche Geschütze, wie bei der *König Wilhelm,* in gepanzerten Bug- oder Heck-Reduits unter, einer für die Längsfestigkeit der Schiffe nicht sehr günstigen Lösung. Zukunftsweisender war der Weg, den bereits 1861 die Konföderierten beim Umbau der hölzernen Fregatte *Merrimack* zum Panzerschiff *Virginia* beschritten, indem sie auf einem fast bis zur Wasseroberfläche rasierten Rumpf im zentralen Teil des Schiffes einen gepanzerten, gehäuseähnlichen Bau mit schräggestellten Wänden errichteten, in dem sowohl nach den Seiten als auch nach vorn und achteraus Stückpforten für die Geschütze eingeschnitten wurden. Während die Konföderierten eine größere Anzahl von Panzerschiffen nach diesem Muster in Bau gaben, von denen die *Albemarle* und *Tennessee* die bekanntesten waren, ließen die Nordstaaten nur ein derartiges, allerdings sehr viel größeres, für die Hochseeverwendung gedachtes Schiff, die *Dunderberg,* 1862 bei Webb in New York bauen, das jedoch nach Ende des Bürgerkrieges an Frankreich verkauft wurde und den Namen *Rochambeau* erhielt. Bei allen diesen Schiffen war die Kasematte auf das Deck so aufgesetzt, daß die Geschütze freies Schußfeld auch nach direkt vor- und achteraus hatten. Schornsteine, Kommandoturm und eventuelle Masten standen innerhalb dieser Kasematte. Wegen ihres sehr geringen Freibordes erwiesen sich diese Schiffe als für die Hochseeverwendung wenig geeignet. Großes Interesse an diesem Typ zeigte jedoch Brasilien, das seit der Jahreswende 1864/65 in einen vom Diktator Paraguays, Francisco Solano Lopez, vom Zaun gebrochenen Krieg verwickelt war, der bei den mangelhaften sonstigen Wegeverhältnissen vorwiegend auf und beiderseits des Rio Parana und des Rio Paraguay ausgefochten wurde. Am 10. Juni 1865 kam es bei Riachuelo zu einem harten Gefecht eines paraguayischen Geschwaders, das die brasilianischen Schiffe – 1 Radfregatte, 4 Schraubenkorvetten und 4 Schraubenkanonenboote unter Konteradmiral Barroso – anzugreifen und zu vernichten suchte. Dabei gelang es Barroso, mit seiner Fregatte *Amazonas* vier feindliche Schiffe durch Rammstoß zu versenken. Mit den Holzschiffen war jedoch ein Vorstoß den Rio Paraguay aufwärts wegen der paraguayischen Uferbatterien nicht möglich. Daher bemühte sich Brasilien, für den Flußkampf geeignete Panzerschiffe zu erwerben, so sechs in England gebaute kleine Kasemattschiffe, zwei weitere Schiffe kamen aus Frankreich, darunter als größtes die 1518 t schwere *Brasil* und ein von Paraguay bestelltes, aber nicht bezahltes Turmschiff *Silvado.* In Rio de Janeiro baute man selbst drei kleinere Kasemattschiffe und sechs kleine Monitore. Diese Schiffe waren das von der paraguayischen Artillerie praktisch unverwundbare Rückgrat der brasilianischen Geschwader, die ab Sommer 1866 eine Sperre des Gegners am Rio Paraguay nach der anderen forcierten, wobei am 2. September 1866 das Kasemattschiff *Rio de Janeiro* durch einen Minentreffer verlorenging. Den Gedanken, die Bewaffnung in einer zentral gelegenen, viereckigen und an allen Seiten gepanzerten Kasematte eines hochseefähigen Schiffes unterzubringen, hatte der britische Konstrukteur E. Reed bereits 1861 beim Umbau einer hölzernen Sloop in das Panzerschiff *Research* aufgegriffen. Um aus der zentralen Kasematte ohne Vermehrung der Geschütze auch ein Bug- und Heckfeuer zu erreichen, ließ Reed die Bordwände vor und hinter der Kasematte einziehen und in die so frei werdenden, nach vorn und achtern weisenden Panzerwände der Kasematten Stückpforten einschneiden, so daß die jeweils in der Ecke stehenden Kanonen sowohl nach der Breitseite als auch fast nach voraus und achteraus feuern konnten. Dieses von Reed auch bei einigen weiteren Panzersloops und -korvetten angewandte Verfahren der Artillerieaufstellung fand mit der 1866 begonnenen *Hercules* Eingang in den Schlachtschiffbau, nachdem bereits die 1863 begonnene *Bellerophon* den Übergang von Batterie- und Kasemattschiff, allerdings noch ohne Bug- und Heckfeuer aus der Kasematte, kennzeichnete. Nach dem gleichen System wurde 1864 in St. Petersburg die *Knjaz Požarskij* in Bau gegeben.

Einen anderen Weg zur Erreichung eines Bug- und Heckfeuers beschritt der französische Konstrukteur Dupuy de Lôme. Nachdem er 1863 für den Überseedienst die kleinere *Belliqueuse* mit einer reinen Zentralbatterie gebaut hatte, ließ er ihr 1865 die 7 Panzerkorvetten der *Alma*-Klasse folgen, in deren zentraler Kasematte 4 19-cm-Geschütze untergebracht waren, während 2 weitere in auf den vorderen Ecken der Kasematte stehenden, gepanzerten Barbette-Türmen installiert waren, die etwas über die Bordwand ragten, so daß die Kanonen nach vor- und achteraus schießen konnten. Fast gleichzeitig wurden die großen Kasematt-Schiffe der *Océan*-Klasse in Bau gegeben, die neben 6 Geschützen in der Kasematte über 4 Barbette-Türme auf jeder Ecke der Kasematte verfügten. Den 3 Schiffen dieses Typs ließ man 1868 nochmals 4 vergrößerte Versionen der *Richelieu*-Klasse folgen, während die *Alma* noch 1870 3 ebenfalls vergrößerte Nachfolger fand. Die zahlreichen französischen Neubauten zwangen auch England zu vermehrten Anstrengungen; so wurden 1867/68 die 6 Schiffe der *Audacious*-Klasse in Bau gegeben, deren Pläne sich dadurch auszeichneten, daß die Bug- und Heckgeschütze in einem zweiten Kasematt-Deck über die Breitseit-Kasematte gesetzt wurden, so daß ihre höher liegenden Stückpforten auch eine Verwendung bei schwererem Seegang gestatteten. Auf verschiedene Weise versuchte man ab Mitte der 60er Jahre, das Bug- und Heckfeuer der Schlachtschiffe zu verstärken. So wurden beim Umbau des italienischen Batterieschiffes *Venezia* (1867) nicht nur die Eckgeschütze der Kasematte zum Bug- und Heckfeuer eingerichtet, sondern auch am Bug hinter einem Panzerquerschott ein Geschütz aufgestellt. Die 1872 für das Deutsche Reich in England begonnenen Schiffe der *Kaiser*-Klasse wiesen eine entsprechende Anordnung am Heck auf, während die im Jahr darauf gleichfalls in England begonnenen Schiffe *Messudije* und *Hamidije* für die Türkei je ein Bug- und Heckgeschütz besaßen. Eine andere Lösung fand der österreichische Schiffskonstrukteur von Ramako bei der Ausrüstung des Panzerschiffes *Lissa* (1867) und dem Umbau des hölzernen Linienschiffes *Kaiser* in ein Kasemattschiff, als er auf die Kasematte ein an den Seiten abgerundetes Reduit setzte, dessen Geschütze durch entsprechende Stückpforten jeweils nach voraus, nach der Breitseite oder achteraus feuern konnten. Das 1868 in Bau gegebene britische Panzerschiff *Sultan* vereinigte diese Lösung mit einer Bugbatterie von 2 Geschützen hinter einem Panzerschild. Ein weiterer Weg war die von Ramako entworfene zweistöckige Kasematte des österreichischen Panzerschiffes *Custozza* (1869), von deren insgesamt 8 Geschützen jeweils 4 in Bug-, Breitseit- oder Heckrichtung feuern konnten. Einen ähnlichen Weg bot das nach den Plänen des neuen britischen Chefkonstrukteurs Barnaby gebaute stärkste Kasematt-Panzerschiff der Zeit, die *Alexandra* von 1873. Barnabys neuer französischer Kollege de Bussy löste das Problem bei seinem neuen Schlachtschiffentwurf *Redoutable* (1872) dadurch, daß er die Bordwände vor und hinter der Kasematte stark nach innen wölbte und gleichzeitig die Kasematte mit dem daraufsitzenden Barbette-Turm wie einen Erker über die Bordwand vorspringen ließ, so daß die Geschütze nicht nur nahezu in Kielrichtung wie bei den bisherigen Schiffen, sondern sogar darüber hinaus geschwenkt werden konnten. Einen letzten Schritt in der Entwicklung des Kasematt-Panzerschiffes stellte die österreichische *Tegetthoff* (1875) dar, bei der man durch eine Einziehung der Kasemattwände nach innen im Bereich der Stückpforten den Geschützen einen besonders großen Bestreichungswinkel gab.

Doch nicht nur die größeren Seemächte sahen in dem Kasematt-Panzerschiff für ihre Zwecke geeignete Fahrzeuge, auch die mittleren und kleinen Marinen wandten sich dem Bau in kleinerer Kasematt-Panzerschiffe zu. So ließ die Türkei Ende der 60er Jahre in Frankreich 3 Kasematt-Panzerschiffe nach der Art der *Alma* und in England außer den zwei bereits erwähnten Panzerschiffen 6 kleinere Kasematt-Panzerschiffe in Bau geben. Je ein weiteres Schiff wurde in Österreich und in der Türkei selbst gebaut. Griechenland ließ in England und Österreich je ein kleines Kasemattschiff bauen, und in den Jahren von 1868 – 1880 entstanden in England für Japan 4, für Chile 2, für Portugal und Argentinien je ein kleines Kasematt-Panzerschiff. In Preußen-Deutschland gab man 1869 die *Hansa* und sogar noch 1883 die *Oldenburg* in Bau.

Neben der Entwicklung des Kasematt-Panzerschiffes, die in dem Jahrzehnt von 1865–1875 im Vordergrund stand, trat die Entwicklung des Turm-Panzerschiffes zunächst etwas zurück. Der Monitor-Typ hatte sich wegen seines geringen Freibords als für die Hochseeverwendung untauglich erwiesen und fand daher nur bei Marinen mit besonderen Defensivaufgaben in flachen Küstengewässern Interesse. So gaben die Niederlande ab 1868 5 Monitore in England in Bau und ließen ihnen bis 1877 auf eigenen Werften weitere Fahrzeuge folgen. Norwegen und Schweden bauten je einen weiteren Monitor, und in Frankreich entstanden 1874/75 die bis dahin besten Schiffe dieses Typs, die zweitürmigen *Solimoes* und *Javary* für Brasilien.

Inzwischen drängte in England Capt. Coles darauf, nach seinem System nicht nur Schiffe für die Küstenverteidigung, sondern auch Hochsee-Panzerschiffe zu bauen. 1866 wurde die nach Plänen der Admiralität konstruierte und mit 2 Coles-Drehtürmen ausgerüstete *Monarch* in Bau gegeben. Ein halbes Jahr später erhielt Capt. Coles die Genehmigung, ein nach seinen eigenen Plänen konstruiertes Turmschiff *Captain* zu bauen. Beide unterschieden sich vor allem dadurch, daß die *Captain* ihre Türme ein Deck niedriger stehen hatte und vor, zwischen und hinter den Türmen verhältnismäßig hohe Aufbauten angeordnet waren. Schon bald nach der Indienststellung zeigte sich die ungenügende Stabilität der *Captain*, und am 6. 12. 1871 kenterte das Schiff mit Capt. Coles an Bord in einem Sturm in der Biskaya. Capt. Coles, der Kommandant und 471 Offiziere und Mannschaften fanden den Tod. Es ist verständlich, daß nach dieser Katastrophe außer den nun bereits im Bau befindlichen 3 preußisch-deutschen Schiffen des Typs *Großer Kurfürst* nur noch ein Hochsee-Turmschiff mit Vollschifftakelung in Bau gegeben wurde, die brasilianische *Independencia,* die 1878 von England gekauft und als *Neptune* in Dienst gestellt wurde. Die Notwendigkeiten des Segelbetriebes machten die Vorteile des in alle Richtungen schwenkbaren Turmes wieder zunichte.

Ein besserer Weg schien zunächst der von französischen Konstrukteuren beim Bau von kleineren Panzer-Rammschiffen oder Panzerwiddern eingeschlagene Weg zu sein. Sie erhielten auf dem Vorschiff einen fest eingebauten Panzerturm, in dem sich auf einer Drehscheibe ein Geschütz in die gewünschte Stückpforte drehen ließ, in der es dann nach entsprechender Arretierung wie ein Kasemattgeschütz auf Schienen geschwenkt werden konnte. Die beiden ersten derartigen Panzerwidder waren in Frankreich für die Konföderierten in Bau gegeben worden und mußten 1864 an die preußische und japanische Marine verkauft werden (*Prinz Adalbert* und *Azuma*). Einen anderen Weg schlug man bei dem ersten von Dupuy de Lôme konstruierten französischen Panzerwidder *Taureau* (1863) ein. Dieses 2700 Tonnen große, mit einem mächtigen Rammsporn versehene Schiff erhielt auf dem Vordeck statt des ursprünglich vorgesehenen festen Turmes einen Vorläufer des späteren Barbette-Turmes, eines niedrigen, nicht gedeckten kreisförmigen Turmes, in dem sich das Geschütz auf einer Plattform drehte. Die Barbette sorgte für einen gewissen Schutz und gab viel bessere Sicht für die Geschützmannschaft. Dadurch wurde die Genauigkeit des Feuers gefördert. Sie bot auch für feindliche Granaten eine kleinere Fläche. 1867 wurden 4 verbesserte Panzerwidder des Typs *Cerbère* in Bau gegeben, bei denen zwei 24-cm-Kanonen in einem Drehturm untergebracht wurden. Nach dem Muster dieser Schiffe ließen die Holländer gleichzeitig in Frankreich einen und in England

zwei Panzerwidder bauen, während die Türkei zwei kleine Schiffe mit 2 Türmen in Frankreich bestellte.
Wenngleich man auch in England mit der 1868 begonnenen *Hotspur* nochmals zu einem Panzerwidder mit einem festen Turm, in dem sich das Geschütz auf einer Drehscheibe in die gewünschte Stückpforte schwenken ließ, zurückkehrte, war bereits 1867 ein Plan für ein Küstenverteidigungsschiff entstanden, der sich von allen in den ersten 15–20 Jahren des Panzerschiffbaus entstandenen Plänen als der zukunftweisendste herausstellen sollte. Die Regierung der Kolonie Victoria wünschte für die Verteidigung des Hafens von Melbourne einen preiswerten Monitor mit einem Turm nach dem System von Capt. Coles. Dem britischen Chefkonstrukteur Reed schien eine solche Konstruktion für einen Monitor mit seinem geringen Freibord zu gefährlich, da die durch das Oberdeck bis auf das darunter liegende Deck durchzuführenden Türme auch bei geringem Seegang in den Durchführungen nicht sicher abzudichten waren. So setzte Reed auf den flachen Rumpf des Monitors in Höhe eines Decks eine gepanzerte Brustwehr, in der vorn und achtern zwei Türme mit je zwei 25,4-cm-Kanonen aufgestellt wurden und innerhalb derer auch die Ventilationszuführungen und der Schornstein angeordnet waren. Oberhalb der Türme befand sich ein auf einem schmalen Aufbau in der Mitte des Schiffes ruhendes Wetterdeck, auf dem die Boote verstaut werden konnten. Diesem ersten erfolgreichen Brustwehrmonitor *Cerberus* folgten von 1868–1870 zunächst zwei weitere Schiffe für die Küsten-Verteidigung von Bombay und 4 weitere Schiffe für Küstenverteidigungsaufgaben in England sowie 2 größere Schiffe mit einem Turm vom Typ *Glatton*, die 1872 in den 4 Schiffen der französischen *Tonnerre*-Klasse ihre Fortsetzung fanden. Entscheidend für die weitere Entwicklung sollte jedoch sein, daß die britische Admiralität 1869 nach den von Reed entworfenen und von seinem Nachfolger Barnaby verbesserten Plänen einen Brustwehrmonitor für Hochseeverwendung, die *Devastation*, auf Stapel legte. Es war das erste Hochseeschlachtschiff, bei dem man auf eine Takelung verzichtete, was die auf Segelschiffen groß gewordenen Offiziere dieser neuen Kriegsmaschine mit großer Skepsis begegnen ließ, die durch die *Captain*-Katastrophe noch verstärkt wurde. Das Schiff bewährte sich bei seinen Probefahrten jedoch sehr gut, so daß man den zunächst unterbrochenen Bau des Schwesterschiffes *Thunderer* zu Ende führte und ein weiters, verbessertes Schiff dieses Typs, die *Dreadnought*, bestellte. Gleichzeitig mit der *Devastation* hatte man in Rußland nach den gleichen Konstruktionsideen ein ähnliches Schiff, die *Petr Velikij*, gebaut. Ihr Konstrukteur war Vizeadmiral Popov, der in den 70er Jahren durch seine für das Schwarze Meer gebauten kreisförmigen Panzerbatterien vom Typ *Novgorod* bekannt werden sollte.
Daß man mit dem System der *Cerberus* die für die Aufstellung der schweren Artillerie – wie sich zeigen sollte – beste Lösung gefunden hatte, war Anfang der 70er Jahre noch nicht klar. Die Konstrukteure suchten in diesen Jahren nach Lösungen, die der gesamten schweren Artillerie ein Feuer in möglichst alle Richtungen, nach beiden Seiten, nach voraus und nach achteraus, ermöglichen würde. Bei den mit nur einem Turm versehenen französischen Küstenpanzerschiffen der *Tonnerre*-Klasse versuchte man das dadurch zu erreichen, daß man den Decksaufbau mit dem Schornstein und dem oberhalb angeordneten Bootsdeck so schmal hielt, daß die 2 Geschütze des vorn aufgestellten Turmes an beiden Seiten an diesem Aufbau vorbei feuern konnten. Eine wesentlich besser erscheinende Lösung fand jedoch der italienische Konstrukteur Benedetto Brin mit seinen alles bisher Dagewesene übertreffenden Schiffen *Dandolo* und *Duilio*, rund 12000 Tonnen großen Schiffen, bei denen man die stärkste Panzerung nur auf die lebenswichtigen Teile in der Mitte des Schiffes konzentriert hatte und auf diese Zitadelle die beiden Geschütztürme mit den damals schwersten vorhandenen Geschützen (45 cm) diagonal versetzte, so daß sie nach den Seiten aneinander vorbei und nach voraus und achteraus seitlich an der Back bzw. an der Poop vorbeifeuern konnten. Diesen 1872 begonnenen Schiffen ließ der englische Chefkonstrukteur Barnaby 1874 die in ihren Konstruktionsideen dem italienischen Entwurf nachempfundene *Inflexible* folgen, die bei noch stärkerem Panzer 4 40,6-cm-Vorderladekanonen erhielt. In beiden Ländern fand die Idee des Diagonalturmes ihre Fortsetzung: In England durch die etwas kleineren Typen *Agamemnon* (1876) und *Colossus* (1879), in Italien 1867 mit den nochmals vergrößerten *Italia* und *Lepanto*, bei denen Brin auf einen Seitenpanzer ganz verzichtete und sich nur auf einen starken Deckpanzer zum Schutz der Maschinenanlagen sowie einen starken Panzer zum Schutz der in offenen Barbetten aufgestellten 43,1-cm-Kanonen beschränkte, andererseits aber das eingesparte Gewicht zur Verstärkung der Maschinenanlage benutzte, so daß diese Schiffe bereits 17 Knoten liefen und damit die Geschwindigkeit der übrigen Schlachtschiffe um 2–3 Knoten übertrafen. Mit der *Ruggiero di Lauria* von 1881 kehrte man in Italien nochmals zum Prinzip der *Dandolo* zurück, während gleichzeitig in Stettin für chinesische Rechnung zwei kleinere Panzerschiffe mit Diagonaltürmen vom Typ *Ting Yuen* gebaut wurden. Zwei ähnliche Schiffe ließ Anfang der 80er Jahre Brasilien auf englischen Werften bauen, und von 1890–1895 entstanden in den Vereinigten Staaten die später berühmt gewordene *Maine* und die *Texas*.
Ein anderer Versuch, ein starkes Bug- und Heckfeuer zu erreichen, war die Kombination zwischen einem Kasemattschiff und einem Barbetteturmschiff, wie sie mit wenig Erfolg bei der britischen *Téméraire* (1873), einem betakelten Kasemattschiff mit 2 in der Mittschiffslinie aufgestellten Barbettetürmen vorn und achtern, und besser gelungen in den deutschen Ausfallkorvetten der *Sachsen*-Klasse (1875) zu finden waren, die neben einem Zwillingsbarbetteturm im Vorschiff eine offene Zitadelle besaßen, an deren 4 Ecken über Bank feuernd je ein schweres Geschütz aufgestellt war. Ganz ähnlich war das dänische Panzerschiff *Helgoland* konzipiert, wenngleich es auch einen geschlossenen Turm und eine gedeckte Kase-

matte besaß. 1888 nahm Rußland die Idee mit seiner *Gangut* nochmals auf.

In Frankreich bevorzugte man die Einzelaufstellung der schweren Artillerie in zunächst offenen Barbettetürmen mit nur leichten Schutzschilden für die Kanonen. Um den Geschützen einen möglichst großen Bestreichungswinkel zu sichern, wurden sie wie bei der 1876 von Sabattier in Toulon gebauten, noch voll getakelten *Amiral Duperré* in seitlich weit über die Bordwand hinausragenden schwalbennestartigen Aufbauten aufgestellt. Die *Amiral Duperré* zeichnete sich darüber hinaus dadurch aus, daß sie neben ihrer aus 4 34-cm-Geschützen bestehenden schweren Artillerie erstmals eine wieder in einem geschlossenen Batteriedeck aufgestellte Mittelartillerie von je Seite 7 14-cm-Kanonen erhielt, während man bisher nur einzelne leichtere Kanonen auf dem Oberdeck oder auf dem Bootsdeck oder in einzelnen ungeschützten Kasematten untergebracht hatte. Diese durch die Entwicklung der Torpedoboote bedingte Ausrüstung der Schlachtschiffe mit einer Mittelartillerie sollte in den folgenden Jahrzehnten immer größere Bedeutung erlangen. Nachdem die französische Marine mit den 1879 begonnenen beiden Schiffen der *Amiral Baudin*-Klasse vorübergehend zur Aufstellung von 3 schweren Geschützen in der Mittschiffslinie übergegangen war, fand sie mit der 1880 begonnenen *Neptune* zu der für die nächsten 20 Jahre charakteristischen Form des französischen Linienschiffbaus, bei der zwei in der Mittschiffslinie vorn und achtern angeordnete, mit einer schweren Panzerhaube versehene Barbettetürme je ein Geschütz des schwersten Kalibers trugen, während 2 weitere, an den Seiten auf Schwalbennester gesetzte ähnliche Geschütze eines etwas leichteren Kalibers Bestreichungswinkel von 180 Grad boten, so daß in jede denkbare Gefechtsrichtung 3 schwere Geschütze zum Tragen gebracht werden konnten. Nicht nur die französische Marine behielt dieses Aufstellungsprinzip der Artillerie bis zu den 1892 in Bau gegebenen Schiffen *Masséna* und *Bouvet* bei; auch die spanische und chilenische Marine ließen sich verkleinerte Ausgaben der französischen Typen, die *Pelayo* (1884) und *Capitan Prat* (1889), bauen.

Ein anderer Weg, ein besonders starkes Bugfeuer zu erzielen, war die Aufstellung der schweren Türme in Form eines Dreiecks, bei dem 2 Türme auf dem Vorschiff und einer auf dem Achterschiff lag, wie bei der russischen *Ekaterina II.* von 1883 mit 2 30,5-cm-Barbette-Doppeltürmen auf dem Vorschiff und einem achtern oder bei der österreich-ungarischen *Kronprinz Erzherzog Rudolf* mit je einem schweren Geschütz an den 3 Ecken. Das gleiche Prinzip wiesen auch die 1887 in Frankreich für die griechische Marine gebauten Küstenpanzerschiffe der *Hydra*-Klasse und die ab 1888 in Deutschland begonnenen 8 Küstenpanzerschiffe der *Siegfried*-Klasse auf.

Gegenüber diesen Konstruktionen und dem von den Panzerwiddern her weitergeführten Versuch, die gesamte schwere Artillerei in ein oder zwei schwersten Rohren in einem Turm auf dem Vorschiff unterzubringen, wie bei der britischen *Conqueror* und *Sans Pareil* von 1881 bzw. 1885 sowie der russischen *Imperator Aleksandr II.* von 1885, setzte sich im Laufe der 80er Jahre jedoch zunehmend die bereits auf den ersten britischen Brustwehr-Monitoren eingeführte Aufstellung der schweren Artillerie in je einem Doppelturm auf dem Vor- und Achterschiff durch. Von dem britischen Barbetteturmschiff *Collingwood* über die *Admiral*-Klasse (1882), die Turmschiffe der *Nile*-Klasse (1886) zur *Royal Sovereign*-Klasse (1889) und den Linienschiffen der 90er Jahre war es ein gerader Weg, der auch von den anderen Marinen in zunehmendem Maße übernommen wurde: so zunächst bei den französischen Küstenpanzerschiffen von der *Terrible* (1877) bis zu der *Amiral Tréhouart* (1889); für die italienische Marine mit der *Re Umberto* (1884), und für die russische Marine mit der *Dvenacat Apostolov* (1888). Sieht man von der deutschen *Brandenburg*-Klasse (1890) ab, die mit ihrer zukunftsweisenden Aufstellung in 3 schweren Doppeltürmen in der Kiellinie jedoch Einzelgänger blieb, so hatte sich ab 1890 für den internationalen Schlachtschiffbau die Aufstellung der schweren Artillerie in 2 Zwillingstürmen von meist 30,5 cm-Kaliber durchgesetzt. Mit der von Sir William White aus der *Royal Sovereign* über die etwas leichteren Zwischentypen *Barfleur* und *Renown* 1893 entworfenen *Majestic*-Klasse, von der gleich 9 Einheiten gebaut wurden, erreichte der Entwicklungsgang der Linienschiffe seine endgültige Form, die erst mit dem Entwurf der *Dreadnought* 12 Jahre später überholt werden sollte. Ihr wesentliches Kennzeichen war die Aufstellung der meist aus 4 30,5-cm-Geschützen bestehenden schweren Artillerie in 2 mit einer schwer gepanzerten Haube versehenen Barbettetürmen auf dem Vor- und Achterschiff. Wesentliche Unterschiede zeigten sich vor allem in der Aufstellung der Mittelartillerie; während man in England die Aufstellung der 15,2-cm-Mittelartillerie in gepanzerten Einzelkasematten bevorzugte, eine Aufstellungsart, die überwiegend auch in Deutschland, Italien, zum Teil in Rußland, in Japan, das seine Linienschiffe noch in England bauen ließ, sowie in Österreich-Ungarn befolgt wurde, ging man in Frankreich zunächst mit der *Brennus* 1889 und dann mit der von Lagané 1891 entworfenen *Jauréguiberry* zur Aufstellung der Mittelartillerie in Einzel- bzw. Doppeltürmen über. Gleichzeitig wurde dieses Prinzip auch bei den neuen russischen Linienschiffen der *Petropavlovsk*-Klasse und den im gleichen Jahr 1891 in Bau gegebenen ersten amerikanischen Hochseeschlachtschiffen der *Indiana*-Klasse angewandt. Bei diesen letztgenannten Schiffen wurde erstmalig das Kaliber der Mittelartillerie bis auf 20,3 cm gesteigert, ein Weg, auf dem andere Marinen der US Navy erst zu Beginn des 20. Jahrhunders folgen sollten.

Der Wettstreit zwischen Kanonen und Panzer

Im Jahre 1865 hatte die britische Marine die Hinterlader-Geschütze wegen zahlreicher Unfälle mit den Geschütz-Verschlüssen zugunsten von Vorderladern aufgegeben. Aber sogar die gezogenen Vorderlader-Kanonen des in jenem Jahr

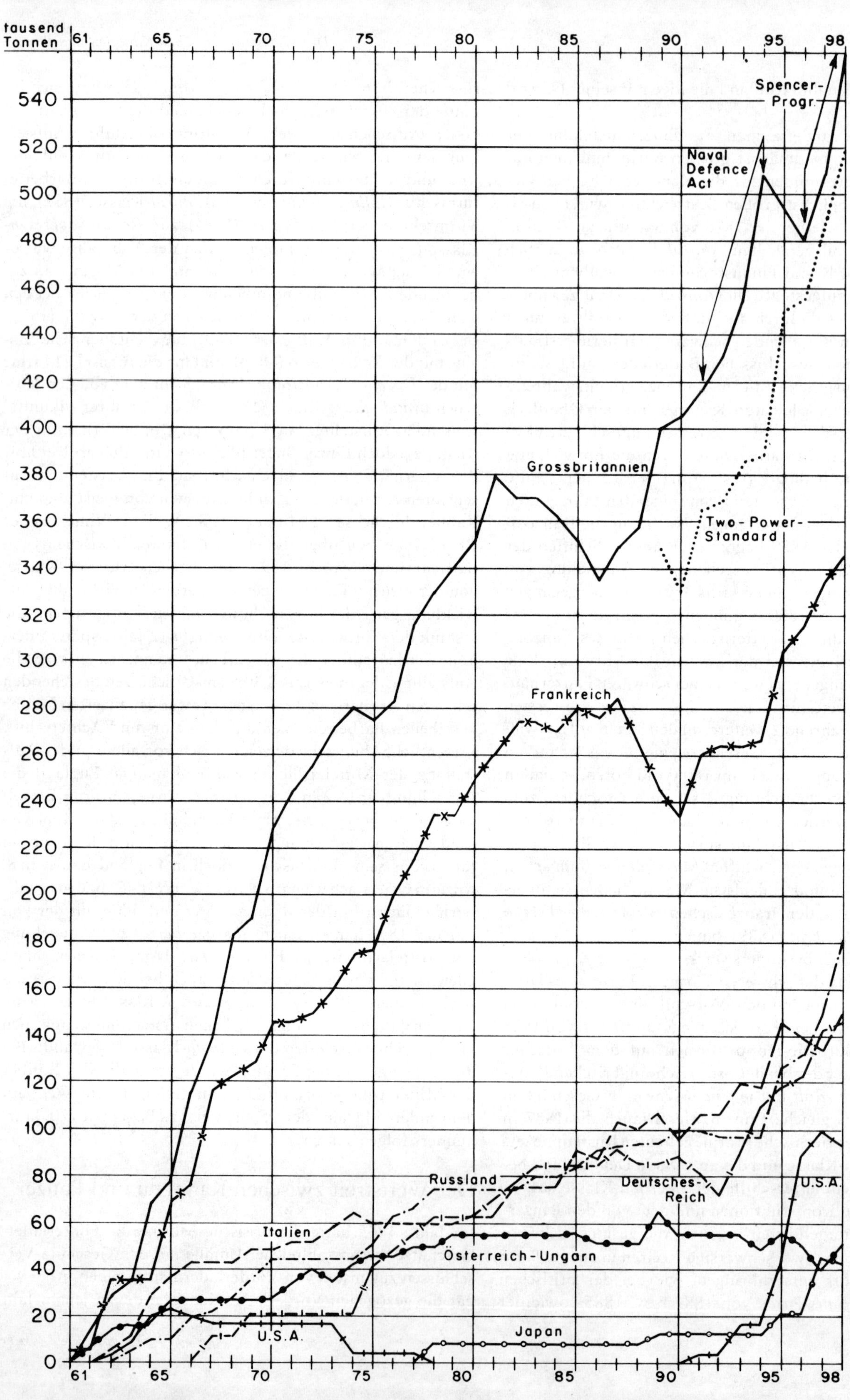

Tonnage der Panzerschiffs-Flotten der Grossmächte 1861 – 1898
(Panzerschiffe und Panzerkreuzer über 2000 t, nicht älter als 25 Jahre seit dem Stapellauf)

vom Stapel gelaufenen Panzerschiffs *Bellerophon* konnten 280 mm Schmiedeeisen durchdringen – 130 mm mehr als ihr eigener stärkster Panzer. Der größte, jemals in der königlichen Marine benutzte Vorderlader, ein 80-Tonnen-Monstrum von 40,6-cm-Kaliber, das an Bord der *Inflexible* im Jahre 1881 aufgestellt wurde, konnte 610 mm Gußeisen durchschlagen. Um diese Zeit kehrte die königliche Marine jedoch zum Hinterlader zurück. Weil die großen Vorderlader Geschützrohre hatten, die zu lang waren, um sie in ihre Panzertürme zurückzudrehen, mußten sie mit hydraulischen Aufladern in besonderen Decksaufbauten geladen werden, nachdem die Geschützrohre niedergedrückt und ausgerichtet waren. Überdies hatte die Entwicklung von unterbrochenen Schrauben für den Mechanismus des Rohrverschlusses in der französischen Marine weitgehend die Explosionsanfälligkeit der Hinterlader überwunden. Eine schreckliche Explosion eines Vorderladers auf der *Thunderer* im Jahre 1879 überzeugte endlich die britische Admiralität, daß diese Art von Kanonen ihrer Konstruktion nach nicht sicher sein konnte, und führte zu der allmählichen Einführung von Hinterladern in die Royal Navy. Die schwerste Kanone des Jahrhunderts, ein Hinterlader-Geschütz von 41,3-cm-Kaliber mit einem Gewicht von 110 Tonnen, die zuerst auf der *Victoria* im Jahre 1889 montiert wurde, konnte 950 mm Gußeisen durchdringen. Selbst die Durchschlagskraft dieser Kanone wurde noch übertroffen durch die 46 Tonnen schweren 30,5-cm-Kanonen der *Majestic*, fertiggestellt im Jahre 1896, die 970 mm durchschlagen konnten.

Diese große Zunahme der Durchschlagskraft von Geschossen wurde durch die Entwicklung in der Metallurgie, Chemie und Mechanik ermöglicht. Schmiedeeisen trat an die Stelle von Gußeisen bei den Geschützrohren, und der Stahl verdrängte das Schmiedeeisen, um die Muffen zu verstärken.

Um das Jahr 1881 wurden die Schiffsgeschütze ausnahmslos aus Stahl hergestellt. Zur gleichen Zeit erlaubte das langsam brennende braune Pulver, wobei leicht verkohltes Stroh als Holzkohle verwendet und der Gehalt an Schwefel vermindert wurde, die Verlängerung der Geschützrohre, um höhere Mündungsgeschwindigkeiten und größere Schußweiten zu sichern. Im Jahre 1887 führte Frankreich rauchloses Pulver (Schießbaumwolle) ein, hergestellt aus Nitro-Zellulose, ein von der übrigen Welt schnell nachgeahmter Fortschritt. Die Durchschlagskraft von panzerbrechenden Granaten wurde durch die Fortschritte in der Treffgenauigkeit vergrößert. Aber die großen Kanonen würden der eigenen Mannschaft Schaden zugefügt haben, hätte man nicht gleichlaufend den hydraulischen Mechanismus entwickeln können, der die Gewalt ihrer Rückstöße auffing, die sich auf die Arbeitsleistung von 30 000 Metertonnen beliefen, und sie in die Normallage zurückbrachte. Als Ergebnis aller dieser technischen Fortschritte konnten die Schiffsgeschütze gegen Ende des Jahrhunderts große Schußweiten erreichen, die Treffsicherheit verbürgten, und es galt als Faustregel, daß ein Schiffsgeschütz innerhalb der Gefechtsreichweite so viele Millimeter des besten Panzer durchschlagen konnte wie das eigene Kaliber stark war. Dieser Stand der Panzerfestigkeit wurde nur durch einen langen und komplizierten Prozeß der Fortschritte in der Metallurgie erreicht. Der Ausdruck Panzergürtel wies genau auf die Anordnung hin, mit der anfangs gepanzerte Schiffe geschützt wurden. Er wurde zu einer falschen Bezeichnung, wenn ein zusammengesetzter Panzer aus Eisenplatten mit einer Stahloberfläche auf den Panzertürmen der 1874 konstruierten *Inflexible* angebracht wurde. Ihr Wasserlinien-Panzergürtel aus 610 mm starkem Schmiedeeisen äußerster Dicke konnte gerade im Nahbereich noch von 40,6-cm-Vorderlader-Kanonen wie ihren eigenen durchschlagen werden. Die durchgängige Anwendung von zusammengesetztem Panzer auf H.M.S. *Colossus* (entworfen 1879) erlaubte die Reduzierung des Wasserlinien-Panzers auf 450 mm. Danach machte die Einführung von Nickelstahl-Panzer eine weitere allmähliche Herabsetzung der Panzerdicke möglich, bis das Harvey-Verfahren für durch Hitze und Wasserbehandlung oberflächlich gehärteten Stahl und das sogar noch bessere Krupp-Verfahren von 1895 den Wasserlinienpanzer der Großkampfschiffe auf seine geringste Dicke von 150 mm auf der *Canopus* der britischen Marine im Jahre 1897 reduzierten.

Entwicklungen in der Rumpfkonstruktion

Gleichzeitig mit der Verbesserung der Panzerung erfolgte eine parallele Entwicklung der die Panzer tragenden Schiffsrümpfe. Im Wettlauf mit dem französischen Panzerschiffbau hatten die Briten einige Schiffe mit Holzrümpfen gepanzert, aber das Ziel der Neukonstruktionen war, Eisen für den Schiffsrumpf zu verwenden, wie sie es schon bei ihrem ersten Panzerschiff, der *Warrior*, getan hatten. Die Franzosen, deren Nutzholzreserven größer, aber deren Eisenindustrie schwächer als die Englands waren, fuhren bis zum Jahre 1872 fort, Panzerschiffe mit hölzernen Rümpfen zu bauen. Dann taten sie einen großen Schritt den Engländern voraus, indem sie Stahl mit Eisen kombiniert für die Rumpfkonstruktion der *Redoutable* benutzten. Die englische Antwort auf diese Herausforderung war das Verfahren von Sir William Siemens, das eine genaue Kontrolle des Legierungsgehaltes von Stahl erlaubte, so daß die Engländer seit dem Jahre 1886 ausschließlich Kriegsschiffe mit stählernen Rümpfen vom Stapel laufen lassen konnten. Die Franzosen vermochten dieser Entwicklung vor dem Jahre 1891 nicht zu folgen.

Nachdem die steigende Größe der Geschütze höheren Kalibers die Konstrukteure gezwungen hatte, den schwersten Panzer nur an den wichtigsten Stellen des Schiffes zu konzentrieren, stellte die rasch wachsende Rohrzahl des kleineren Geschützkalibers ein neues Problem dar. Um 1899 hatte die Armstrong-Gesellschaft Schnellfeuergeschütze bis zum Kaliber von 15,2-cm entwickelt, und ihre 12-cm-Kanonen konnten 10 gezielte Schüsse in 48 Sekunden abfeuern. Bald lieferten auch die Firmen Krupp in Deutschland und Canet in Frankreich ähnliche Schnellfeuerkanonen. Es war nutzlos, die großen Granaten von den lebenswichtigen Teilen des Schiffes fernzuhalten, wenn die schnellfeuernden Geschütze seinen Oberbau in wenigen Minuten in Schrott verwandelten und es der Mannschaft unmöglich machten, die Geschütze zu bedienen. Um mit diesem Problem fertig zu werden, waren die Konstrukteure gezwungen, wenigstens einen leichten Panzerschutz für das ganze Schiff bereitzustellen. Um das Gewicht der zusätzlichen Panzerfläche einzusparen, mußten sie die Dicke des Panzergürtels und der Panzertürme reduzieren. Obgleich diese Verminderung durch die Vervollkommnung der Qualität des Panzers ziemlich ausgeglichen wurde, konnten die Konstrukteure gegen Ende des Jahrhunderts keinen absoluten Schutz für alle Teile des Schiffes mehr sicherstellen. Das Beste, was erreicht werden konnte, war ein angemessener Grad von Schutz in allen für die Kampffähigkeit des Schiffes wesentlichen Bereichen, so den Geschützen, den Munitionsräumen, der Wasserlinie, den Maschinenräumen und den für die Führung des Schiffes wichtigen Positionen.

Ein entscheidender Schutz gegen das feindliche Feuer war die Unterteilung, die ein Schiff vor dem Sinken bewahren konnte, wenn es getroffen war. Schon die *Warrior,* das erste Panzerschiff mit eisernem Rumpf, war teilweise untergliedert, und dieses System wurde frühzeitig als ein wichtiges Merkmal der Sicherheit auf Handelsschiffen erkannt. Eine weitere Verbesserung im Kriegsschiffbau war die Anordnung der Bunker in Außenbordabteilungen, wo die Kohle die Explosionskraft der Granaten, die durch sie einschlugen, auffangen sollte. Ein der Unterteilung verwandtes Prinzip war das Panzerschutzdeck. Seine Hauptfunktion war es, die lebenswichtigen Teile des Schiffes gegen einschlagende Granaten zu schützen. An der Wasserlinie oder etwas darüber angebracht, umschloß das Panzerdeck, das ausreichend stark sein mußte, um einschlagende Granaten wirkungslos zu machen, den Raum jener Wasserverdrängung, die ausreichte, das Schiff schwimmfähig zu halten, wobei es nichts zu sagen hatte, wieviele Löcher durch die Seiten darüber geschossen wurden. Zwar kannte man gepanzerte Oberdecks bereits bei den Monitoren und den Brustwehrmonitoren. Erstmalig wurde diese neue Form des Schutzes im Rumpf jedoch auf dem 1873 von Barnaby konstruierten gepanzerten Kreuzer *Shannon* angewandt. Die Panzerdecks sollten danach ein wesentlicher Schutz aller Panzerkreuzer und einziger Schutz der in vielen Formen während des letzten Viertels des 19. Jahrhunderts gebauten Geschützten Kreuzer sein.

Der Kreuzerbau

Nachdem man in England und Frankreich bereits in den 60er Jahren mit kleineren Panzerschiffstypen – Panzerkorvetten und Panzersloops – für Kreuzer- und Kolonialaufgaben experimentiert hatte, und während gleichzeitig in allen größeren Marinen weiterhin hölzerne oder auch eiserne Schrauben-Fregatten und -Korvetten gebaut wurden, war es der russische Vizeadmiral Popov, der mit seiner 1870 begonnenen *General-Admiral* die Eigenschaften eines Panzerschiffes mit denen eines Kreuzers zu kombinieren versuchte. Die größere Geschwindigkeit des Kreuzers ließ sich nur erhalten, indem man den Panzerschutz auf den schmalen Wasserliniengürtel beschränkte und die auf 6 reduzierten Geschütze in einer offenen viereckigen, gepanzerten Brustwehr konzentrierte, die so weit über die Bordwände herausragte, daß die in den Ecken stehenden Geschütze nach rechts voraus und achteraus feuern konnten.

Barnaby verzichtete bei der britischen Antwort auf diesen ersten Panzerkreuzer, der erwähnten *Shannon,* auf einen vollen Gürtelpanzer und ersetzte ihn im vorderen Drittel des Schiffes mit einem in dieser Form erstmals angewandten Panzerdeck, das vom vorderen Querschott bis in die Spitze des Rammstevens verlief und im achteren Teil des Schiffes in Höhe der Oberkante des Gürtelpanzers lag. Von den Geschützen standen nur die beiden vorderen Jagdgeschütze hinter einer gepanzerten Kasematte, während die übrige Artillerie offen an Deck aufgestellt war. Bei der im folgenden Jahr begonnenen *Northampton* erhielten sowohl die Bug- als auch die Heckgeschütze Panzerschutz, während die übrigen Geschütze in einer gedeckten, aber ungepanzerten Batterie aufgestellt wurden.

Am konsequentesten wurde die Entwicklung der Panzerkreuzer zunächst in Rußland vorangetrieben. Von der 1875 ursprünglich als Coles-Turmschiff geplanten *Minin* mit ihren 5850 Tonnen, die während des Baues zum Panzerkreuzer umkonstruiert wurde, führt ein gerader Weg über die wenig größeren *Vladimir Monomach* und *Dmitrij Donskoj* zu der 1890 in Bau gegebenen 10950 Tonnen großen *Rjurik*, der *Rossija* (1893) und der 1898 begonnenen *Gromoboj* von 13430 Tonnen. Alle diese Schiffe besaßen einen über die ganze Schiffslänge reichenden Gürtelpanzer, ein Panzerdeck sowie 4 20,3-cm-Geschütze, die zunächst in schwalbennestartig über die Bordwand ragenden offenen Barbettetürmen, später in ähnlich herausragenden Kasematten mit großen Bestreichungswinkeln untergebracht waren, während die 12-16 15-cm-Geschütze in einer geschlossenen, zunächst ungeschützten, später gepanzerten Batterie standen, deren vordere und achtere Geschütze jeweils auch für den Bug- oder Heckschuß eingeschnittene Stückpforten besaßen. Noch bis zur *Rjurik* behielt man zunächst die Takelung bei.

Die französische Marine legte 1876 2 Schiffe vom Typ *Duguesclin* auf Stapel, gewissermaßen Panzerkreuzer-Ausführungen des Schlachtschiffes *Admiral Duperré.* Als der britischen Marine 1881 die Aufgabe gestellt wurde, einen Panzerkreuzertyp zu entwerfen, der im Schiff: Schiff-Duell in Übersee zweitklassige Panzerschiffe niederkämpfen und alle Kreuzer einholen könnte, griff man für die Aufstellung der 4 schweren 23,4-cm-Geschütze auf eine Anordnung zurück, die die Franzosen mit ihrer *Magenta* kurz vorher gewählt hatten. Wie bei diesem Schiff, erhielt die *Imperieuse* 2 Geschütze in Schutzschilden in der Mittschiffslinie vorn und achtern und 2 weitere in weit über die Bordwand ragenden Schwalbennestern an jeder Seite, so daß in jeder Richtung 3 Geschütze zum Tragen gebracht werden konnten. Dieses Prinzip fand seine Nachahmung in der aus der übrigen Reihe der russischen Panzerkreuzer herausfallenden *Admiral Nachimov* von 1883, bei dem in der gleichen Aufstellung 4 20,3-cm-Zwillingstürme angeordnet wurden. Auf diese Form der Artillerieaufstellung kam man mit der amerikanischen *Brooklyn* von 1893 und der französischen *Dupleix* von 1899 nochmals zurück.

Die Entwicklung moderner schneller Kreuzer setzte während des amerikanischen Bürgerkrieges ein. Zur Bekämpfung der Konföderierten Kaperschiffe wurden zunächst die Schraubenfregatte *Idaho* und nach diesem mißglückten Versuch 1864/65 die sieben Fregatten der *Wampanoag*-Klasse von 4000 Tonnen gebaut, die ihre vorgeschriebene Geschwindigkeit von 17 Knoten jedoch nicht erreichten. Da diese Schiffe über Eigenschaften verfügten, die sie selbst auch als Handelsstörkreuzer in einer Auseinandersetzung mit England geeignet erscheinen ließen, sah man sich in England veranlaßt, seinerseits Fregatten zu bauen, die diesen amerikanischen Schiffen überlegen waren. 1866 begann man, die 5780 Tonnen große eiserne Schraubenfregatte *Inconstant* nach den Plänen von Reed zu bauen, der im Jahre 1870 die über 6000 Tonnen große *Shah* und die etwas kleinere *Raleigh* folgten. Die Geschütze dieser schnellen Schiffe waren in gedeckten Batterien und offen an Oberdeck aufgestellt. Sie fanden in dieser Form jedoch nur in den beiden französischen Fregatten *Duquesne* und *Tourville* von 5600 Tonnen Nachfolger, die von 1873–76 gebaut wurden. Während die großen Schraubenfregatten einerseits ihre Fortsetzung in den Panzerkreuzern fanden, gingen aus den verschiedenen Formen der Korvetten in den 70er Jahren die parallel verlaufenden Entwicklungslinien der Geschützten Kreuzer hervor. Aus den gedeckten Korvetten, wie der britischen *Boadicea* von 1873 oder der deutschen *Leipzig* von 1874 mit ihren rund 4000 Tonnen, wurden die Großen Geschützten Kreuzer entwickelt, deren Geschütze in geschlossenen Kasematten untergebracht waren, wie z. B. bei den französichen Schiffen *Sfax* (1882), *Tagé* und *Cécille* (1885) oder der äußerlich ähnlichen, gleichfalls noch voll getakelten russischen *Pamjat Azova* und den ihr folgenden russischen Panzerkreuzern.

Von den Glattdeckkorvetten mit ihrer offen aufgestellten Batterie verlief die Entwicklung in 2 deutlich sich voneinander absetzenden Linien. Von Schiffen, wie der 1869 von Reed entworfenen *Active,* einer verkleinerten Ausgabe der *Inconstant,* oder der französischen *Duguay-Trouin* (1873) und der mit mehr als 18 Knoten damals schnellsten britischen *Mercury* (1877), führte der Weg zu einem mittleren Typ von 4000-5000 Tonnen, dessen mittlere Artillerie, meist hinter Schutzschilden an Oberdeck stehend, teilweise in Schwalbennestern untergebracht war. Von der britischen *Opal* (1875) oder der deutschen *Carola* (1879) kam man zu einem kleineren, bis etwa 3000 Tonnen großen Typ, der sich im übrigen von dem erwähnten mittleren Typ besonders durch die Anzahl der aufgestellten Geschütze unterschied.

Der bei der britischen *Shannon* 1873 erstmals verwendete Deckpanzer fand 1877 mit der aus dem *Opal*-Typ hervorgegangenen *Comus* und der 1880 aus dem *Mercury*-Typ hervorgegangenen *Amphion* Eingang in den Bau der Kreuzer, die von nun ab die Bezeichnung »Geschützte Kreuzer« erhielten und bei denen das Panzerdeck in erster Linie dazu dienen sollte, die lebenswichtigen Kessel- und Maschinenräume zu schützen.

Entscheidende Impulse im Bau der Geschützten Kreuzer sollten von Sir William Armstrong ausgehen. Nachem man immer wieder versucht hatte, ein möglichst schweres Geschütz auf einem möglichst kleinen Kanonenboot unterzubringen, schlug er vor, kleine schnelle, durch ein Panzerdeck geschützte Schiffe zu bauen und sie mit 2 schweren Kanonen in der Mittschiffslinie vorn und achtern zu bewaffnen.

Auf seiner Werft in Newcastle wurde dieser Gedanke zuerst in den für China 1880–1882 gebauten, nur 1350 Tonnen großen und 16 Knoten schnellen Kreuzern *Yang Wei* und *Chao Yung* und ihrem chilenischen Schwesterschiff *Arturo Prat* verwirklicht, die mit 2 der damals leistungsfähigsten Armstrong-Geschütze von 25,4-cm in einem festen Turm vorn und achtern sowie 4 leichten Geschützen bewaffnet waren. Zur gleichen Zeit gaben chinesische Provinzgouverneure bei der Vulcan-Werft in Stettin die *Tsi Yuen* und 2 Jahre später bei Howaldt in Kiel 2 Schiffe vom Typ *Nan Shui* in Auftrag, die bei 2350 bzw. 2200 Tonnen sich dadurch auszeichneten, daß ihre schwere Artillerie, 2 21-cm-Krupp-Kanonen, in einem Zwillingsturm auf dem Vorschiff aufgestellt waren. Diese chinesischen Schiffe sollten jedoch bald gegenüber der 1882 von Armstrong für die chilenische Regierung begonnenen *Esmeralda* in Vergessenheit geraten. Mit ihren 3000 Tonnen trug sie gleichfalls 2 25,4-cm-Armstrong-Geschütze sowie 6 15,2-cm-Kanonen und erreichte mit einer Maschinenleistung von 6000 PS 18,25 Knoten. Dieses später an Japan als *Idzumi* verkaufte Schiff wurde zum Stammvater einer ganzen Generation für die verschiedensten Marinen gebauter Armstrong-Kreuzer, die bald auch in der britischen und in anderen Marinen nachgeahmt wurden. Armstrong selbst baute von diesem Typ, dessen Größe nach und nach auf 4400 Tonnen bei 24 Knoten Geschwindigkeit stieg und der eine Bewaffnung von 2 20,3-cm- und 10, 12 oder 14 15,2-cm-Schnelladekanonen erhielt, bis 1897 für Italien einen, für Japan, Argentinien, Chile und China je 2 Kreuzer; dazu für Chile 1895 noch eine weitere auf 7000 Tonnen vergrößerte, mit einem Wasserlinienpanzer versehene Version, die zweite *Esmeralda.* Italien baute darüber hinaus auf eigenen Werften nach diesem Vorbild die 4 Schiffe der *Etna*-Klasse von 1883–1889.

Nachdem die amerikanische Marine dieser Konstruktionsidee mit dem großen Kreuzer *Chicago* und dem mittleren Typ *Atlanta* 1883 gefolgt war, nahm 1884 auch England mit der der Armstrong-Bauweise entsprechenden *Mersey*-Klasse den Bau solcher, auf Takelung verzichtender Schiffe auf. Auf diesen mittleren Typ folgte im Jahre 1885 ein auf 5600 Tonnen vergrößerter, in der Wasserlinie gepanzerter Typ mit der

Orlando, doch verzichtete man mit den folgenden Kreuzern der *Blake*- und *Edgar*-Klassen (1888/89) wieder auf diesen Seitenpanzer. Auch die spanische Marine legte Wert auf diesen Typ des schwer bewaffneten Kreuzers. Bei den 1885 begonnenen 3 Schiffen der *Reina Regente*-Klasse stellte man sogar 4 24-cm-Geschütze paarweise auf dem Vor- und Achterschiff in Einzellafetten auf. Die mit 2 28-cm-Kanonen bewaffneten 6 Schiffe der *Infanta Maria Teresa*-Klasse von 1889 ähnelten im übrigen der 4 Jahre älteren britischen *Orlando* und besaßen ebenfalls einen Wasserlinienpanzer, auf den man jedoch bei der über 9000 Tonnen großen *Emperador Carlos V.* von 1892 wieder verzichtete. Auch Dänemark, Japan und die Niederlande bauten in der zweiten Hälfte der 80er Jahre kleinere Schiffe dieses Typs, während Österreich-Ungarn den beiden Kreuzern der *Kaiser Franz Joseph*-Klasse 1891 die gepanzerte *Kaiserin und Königin Maria Theresia* folgen ließ. Einzelgänger blieben dagegen die amerikanische *Olympia* mit 2 20,3-cm-Zwillingstürmen von 1891 und die französische *D'Entrecasteaux* mit 2 24-cm-Kanonen.

In Frankreich hatte man sich zu diesem Zeitpunkt bereits stärker dem Bau von Panzerkreuzern zugewandt, deren erster Vertreter die 1888 von de Bussy entworfene *Dupuy de Lôme* war. Bei diesem Schiff war der Panzerschutz über die ganze Bordwand ausgedehnt und bis an das Oberdeck gezogen worden. Die 4 19,4-cm-Geschütze waren in Einzeltürmen vorn und achtern und an beiden Seiten aufgestellt, darüber hinaus hatte auch die Mittelartillerie von 4 16,5-cm-Geschützen ihre Aufstellung in seitlichen Türmen vorn und achtern gefunden, wie auf den gleichzeitigen französischen Linienschiffen. Das Schiff war auch eines der ersten mit Dreischraubenantrieb ausgerüsteten Fahrzeuge. Im Jahre 1889 wurden 4 verkleinerte Ausgaben dieses Panzerkreuzers mit der *Amiral Charner*-Klasse gebaut, der 1893 nochmals ein kleineres Schiff *Pothuau* folgte, ehe man 1896 mit der 11270 t großen *Jeanne d'Arc* zu dem von Rußland mit der *Rjurik* begonnenen Bau übergroßer Kreuzer mit nur wenigen schweren, aber zahlreichen mittleren Schnelladekanonen überging. England hatte diesen Weg gleichfalls 1894 mit den beiden 14400 Tonnen großen Schiffen der *Powerful*-Klasse eingeschlagen, bei denen die gesamte Mittelartillerie in gepanzerten zweistöckigen Kasematten untergebracht war, während man auf einen Panzerschutz in der Wasserlinie zu Gunsten eines starken Panzerdecks verzichtete. Die im folgenden Jahr begonnenen, etwas kleineren 8 Schiffe der *Andromeda*-Klasse wiesen bei Verzicht auf die beiden 23,4-cm-Geschütze fast gleiche Eigenschaften auf, doch kehrte man 1898 mit den 6 *Cressy's* wieder zu diesem Geschütz und einer Wasserlinienpanzerung zurück, wie auch bei den 4 folgenden Schiffen der *Drake*-Klasse.

Mit diesen Schiffen hatte der Panzerkreuzer seine in fast allen Marinen akzeptierte Form gefunden, wenngleich auch Schiffe dieser Größe, zu denen auch der erste deutsche Panzerkreuzer *Fürst Bismarck* (1896) gerechnet werden muß, Ausnahmen blieben. Sowohl in Deutschland ging man mit der *Prinz Heinrich* und den folgenden Schiffen als auch in England mit der *Monmouth* im letzten Teil des 19. Jahrhunderts unter die 10000-t-Grenze zurück. Japan blieb mit seinen gegen Ende des Jahrhunderts in England, Deutschland und Frankreich bestellten 6 Panzerkreuzern unter dieser Marke, ebenso die Franzosen mit der *de Gueydon* von 1897.

Als ein besonders erfolgreicher Typ stellte sich der von der italienischen Ansaldo-Werft in Genua entwickelte 7350 t große Typ *Giuseppe Garibaldi* heraus. Diese mit 25,4-cm-Einzel- oder 20,3-cm-Zwillingstürmen vorn und achtern sowie 10-12 15,2-cm- und 6 12-cm-Schnelladekanonen bewaffneten Schiffe gingen zunächst in 4 Exemplaren an die argentinische Marine, während ein 5. Schiff als *Cristobal Cólon* die spanische Flagge setzte, ehe 3 weitere Schiffe für die italienische Marine fertiggestellt wurden. 2 für die argentinische Marine begonnene Nachbauten wurden zu Beginn des russisch-japanischen Krieges an Japan verkauft.

Neben der Entwicklung von Geschützten Kreuzern und Panzerkreuzern mit schweren und mittleren Geschützen war in den 80er Jahren in mehreren Marinen auch die Entwicklung von Geschützten Kreuzern mittlerer Größe weitergegangen, bei denen man auf die schweren Geschütze zu Gunsten einer höheren Geschwindigkeit verzichtet hatte. Auch hier wurde die Entwicklung durch einen Entwurf der Armstrong-Werft für die italienische Marine, die *Dogali* von 1884, stark beeinflußt. Bei 2090 Tonnen erreichte dieses Schiff bereits eine Geschwindigkeit von fast 20 Knoten und hatte eine Bewaffnung von 6 15,2-cm-Geschützen. Die Größe der Schiffe wuchs mit der Geschwindigkeit auf mehr als 3000–4000 t an, die Bewaffnung blieb jedoch auf 6–8 15,2-cm-und 4–8 12-cm-Geschütze beschränkt. Bis 1896 baute die Werft ein weiteres Schiff, die *Piemonte*, für Italien, die *Yoshino* (1890) für Japan, die als erstes Schiff mehr als 23 Knoten lief, sowie je ein Schiff für Argentinien, Chile und Portugal sowie 3 für Brasilien, von denen allerdings 2 vor der Fertigstellung an die Vereinigten Staaten verkauft wurden. Während man in der zweiten Hälfte der 80er Jahre in Deutschland – *Irene* (1886) – in Frankreich – *Jean Bart* (1886), *Suchet* (1887) – in den USA – *Baltimore* (1887), *Raleigh* (1889) und in Japan – *Akitsushima* (1890) – sowie nochmals Frankreich – *Friant* (1891) – und ihren Nachfolgern in geringeren Stückzahlen experimentierte, begann England diese Mittleren Geschützten Kreuzer mit ausschließlich mittleren Schnellfeuergeschützen in großer Zahl zu bauen. Von 1889 bis 1900 wurden 11 Schiffe der *Andromache*-, 10 der *Sirius*-, 8 der *Astraea*-, 9 der *Eclipse*-, 4 der *Arrogant*-, 3 der *Hermes*-, und 2 der *Challenger*-Klasse in Bau gegeben. 1896 nahmen auch die Niederlande mit 6 Schiffen der *Holland*-Klasse den Bau solcher Kreuzer auf, während Rußland, das sich im Bau Geschützter Kreuzer bisher zurückgehalten hatte, 1896 ein Programm in Gang setzte, in dessen Rahmen zunächst in Petersburg die 3 Schiffe der *Pallada*-Klasse gebaut wurden, deren berühmtester Vertreter die *Avrora* werden sollte, denen dann ab 1898 die für die russische Marine bei Cramp in Philadelphia gebaute

Varjag, die mit ihren 5 hohen Schornsteinen einmalige *Askold* der Germaniawerft in Kiel sowie die nach dem in Stettin fertiggestellten Typschiff *Bogatyr* in Rußland gebauten 3 weiteren Schiffe dieser Klasse folgten.
Eine Sonderrolle spielten die in den Vereinigten Staaten 1890 gebauten Handelsstörkreuzer der *Columbia*-Klasse, denen man den deutschen Großen Geschützten Kreuzer *Kaiserin Augusta* sowie die 1895 folgende französische *Guichen* an die Seite stellen kann. Die Bewaffnung dieser sich in der Größe von weniger als 4000 Tonnen bis auf 7000 und 8000 Tonnen steigernden Schiffe wuchs von anfänglich 2 15- und 6 12-cm-Geschützen bis auf 10–12 15-cm-Kanonen an.
Neben diesen Großen und Mittleren Geschützten Kreuzern benötigte die Royal Navy für ihre vielfältigen Aufgaben in Übersee auch kleinere, als Stationsfahrzeuge dienende Kreuzer, deren Eigenschaften sie jedoch auch instand setzen sollten, als Aufklärungsschiffe für Flottenverbände zu dienen. Ähnliche Bedürfnisse bestanden auch in Frankreich. So begann man in beiden Ländern 1887 mit dem Bau der 5 Schiffe der *Medea*-Klasse von 3000 bezw. den 6 Schiffen der *Coetlogon* von 2000 Tonnen. Bei einer Geschwindigkeit von 19–20 Kn waren sie mit 4–6 mittleren Geschützen bewaffnet. Während die französische Marine in der ersten Hälfte der 90er Jahre nur noch einzelne Schiffe dieses Typs wie die *Lavoisier* (1893) in Auftrag gab, bauten französische Werften zunächst für Chile 2 und für Brasilien einen, Ende der 90er Jahre nochmals für Spanien einen und für Portugal 2 Kreuzer dieser Kategorie. Mit größerem Nachdruck wurden solche Kreuzer in England gebaut. Der *Pandora*-Klasse von 1888 mit 9 Schiffen, von denen ein Teil sogleich nach der Indienststellung an die australische Marine abgegeben wurde, folgten die 11 Schiffe der *Pelorus*-Klasse von 1895. Auch Italien baute mit der *Lombardia* 1888 beginnend 7 solcher Schiffe, von denen eines, die *Calabria,* als Stationär ausgelegt wurde. Während die Vereinigten Staaten mit ihren Schiffen der *Detroit*-Klasse (1890) und der 1900 begonnenen *Denver*-Klasse das Gewicht mehr auf die Stationäreigenschaft legten, bauten Japan mit der *Suma* (1894), Österreich mit der *Zenta* (1896) sowie China mit den in Deutschland gebauten 3 Schiffen der *Hai Chou*-Klasse von 1896 mehr für Flottenaufgaben ausgelegte Einheiten. Am ausgeprägtesten waren diese Eigenschaften bei der mit der *Hela*- (1893) und der *Gazelle*-Klasse (1897) beginnenden Reihe der Kleinen Kreuzer der deutschen Marine. Diese Schiffe waren im allgemeinen zwischen 2 und 3000 Tonnen groß, hatten Geschwindigkeiten um 20 Knoten und eine Bewaffnung von 6–10 Geschützen vom Kaliber 10,2–12-cm, gelegentlich auch einzelne 15,2-cm-Kanonen.

Der Torpedo und die Torpedoträger

Obgleich die Unterteilung in die Kriegsschiffskonstruktion als ein Zusatz oder Ersatz für die Panzerung eingeführt worden war, wurde ein starker Anstoß zu der Vervollkommnung des Unterwasserschutzes durch die Entwicklung der selbstlaufenden Torpedos gegeben. Der erste dieser Art wurde im Jahr 1860 durch den Engländer Robert Whitehead auf der Forschungsgrundlage des österreichischen Kapitäns Luppis konstruiert. Im Jahre 1867 führten die Österreicher in Triest Versuche mit dem Whitehead-Torpedo durch, dem inzwischen sein wichtigstes Merkmal, ein hydrostatischer Tiefenregler, hinzugefügt worden war. Dieser frühe preßluftgetriebene Whitehead-Torpedo war noch schwach und unberechenbar in seiner Leistung. Im Jahre 1870 betrug seine Geschwindigkeit nur 8 Knoten, die Gesamtlaufstrecke nur 365 m. Der effektive Wirkungsbereich war zunächst nur ein Bruchteil dieser Entfernung, aber die in Triest gegründete Firma Whitehead entwickelte diesen Torpedo während der restlichen Jahre des 19. Jahrhunderts ständig weiter. Das Problem der horizontalen Steuerung wurde durch 2 Neuerungen wesentlich verbessert. 1879 erhielt der Whitehead-Torpedo eine gegenläufige Doppelschraube, die die Steuereigenschaften verbesserte, und um 1895 wurde eine gyroskopische Steuerkontrolle – eine amerikanische Erfindung – eingeführt, so daß der Torpedo nun einen eingestellten Kurs beibehalten konnte. Bis 1898 wuchs seine Geschwindigkeit auf 30 Knoten und sein Wirkungsbereich auf fast 460 m. Bis zu diesem Zeitpunkt hatten der Whitehead-Torpedo und seine in Deutschland entwickelten Vettern, die Schwartzkopff-Torpedos oder die englischen Woolwich-Torpedos, die anderen Lösungsformen in ihrer Leistungsfähigkeit weit übertroffen und bedeutungslos gemacht. Doch war es offensichtlich, daß der Torpedo seine technischen Grenzen noch keineswegs erreicht hatte.
Ehe sich der Whitehead-Torpedo durchsetzte, standen zu Beginn der 70er Jahre noch die Spieren-Torpedos im Vordergrund, die von einem Torpedoboot oder einem Torpedodampfer mit dem Ziel in Berührung gebracht werden mußten. Erste Versuche dieser Art waren bereits im amerikanischen Bürgerkrieg unternommen worden, und besonders die deutsche Marine begann 1871 in Danzig und Bremen je 3 kleine Spierentorpedoboote und in Stettin größere Torpedodampfer zu bauen. Auch in Rußland wurden solche Fahrzeuge gebaut. Ihre Geschwindigkeit war jedoch zu gering und das Angriffsverfahren zu umständlich. In Schußweite des Feindes sollte die Besatzung auf ein Rettungsfloß steigen, nachdem das Ruder auf den Angriffskurs festgelegt war. Nach einem fehlgeschlagenen Angriff konnte die Besatzung sich eventuell an einer lang ausgesteckten Schleppleine wieder an Bord verholen. Diese Fahrzeuge waren jedoch mit ihren kaum über 10 Knoten reichenden Geschwindigkeiten für einen erfolgversprechenden Angriff zu langsam; doch wurden auch in Frankreich, Italien, Norwegen und Österreich-Ungarn Versuche mit diesen Spierentorpedos gemacht.
Eine andere Möglichkeit war der britische Harvey-Schlepptorpedo, der von einem kleinen, schnellen Boot im Kielwasser geschleppt und mittels Scherbrettern so zum Ausscheren gebracht werden sollte, daß das Zielschiff getroffen wurde. 1869 wurden in Rußland Experimente mit diesem Torpedo erstmalig durchgeführt, und später folgten England, Frank-

reich und Deutschland, doch blieben die Ergebnisse auch dieser Torpedos unbefriedigend, ebenso wie die von dem Amerikaner Lay vorgeschlagenen drahtgelenkten Torpedos, mit denen man ebenfalls in Rußland um die Wende der 70er Jahre experimentierte.
Nachdem der Whitehead-Torpedo im Anschluß an die erfolgreichen Versuche in Triest 1868 von der österreichischen Regierung angekauft worden war, erwarben 1871 England, 1873 Frankreich, Italien und Deutschland und in den darauf folgenden Jahren zahlreiche andere Marinen die Whitehead-Torpedoboote zu bauen, bei denen noch im Laufe der 70er Jahre die Bewaffnung immer ausschließlicher auf die Whitehead-Torpedos abgestellt wurde, die zumeist aus einem im Bug untergebrachten Lanzierrohr ausgestoßen wurden. Mit dem Größerwerden der Boote erhielten sie teilweise auf dem Oberdeck ein schwenkbares Torpedorohr, später, nach dem Ansteigen der Größe auf 100 Tonnen und mehr, sogar Zwillings-Lanzierrohre.
Am 29. Mai 1877 kam es vor der peruanischen Küste zum ersten Einsatz von Whitehead-Torpedos, als die britische Fre-

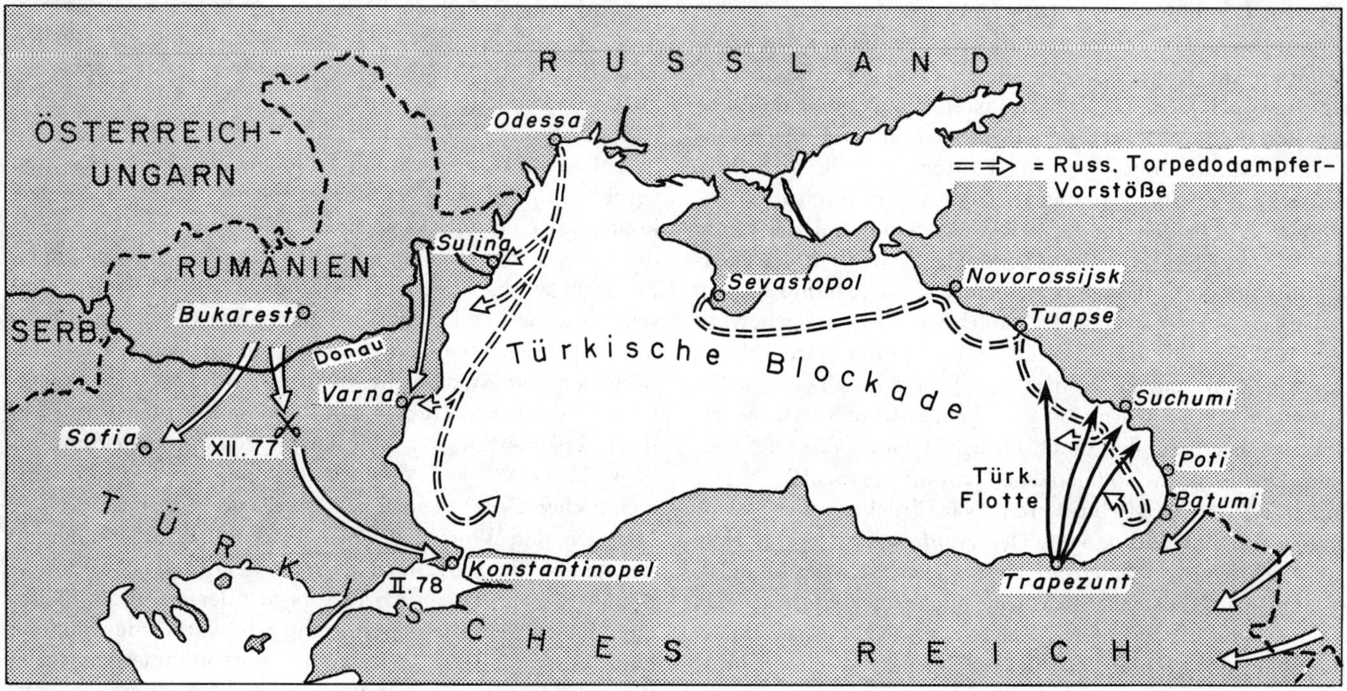

Der Russisch-Türkische Krieg 1877/78

Patente. Auf den verschiedenartigsten Schiffen wurden Lanzierapparate für die Whitehead-Torpedos installiert. Neben der Ausrüstung von zahlreichen Panzerschiffen und Kreuzern ging man jedoch auch daran, spezielle Torpedoschiffe zu entwickeln, so in Italien die 535 Tonnen große *Pietro Micca* (1875), in Schweden die *Ran* (1876) von 638 t, während man in Rußland einen kleineren Torpedoträger von 160 t, die *Vrzyv* (1877), baute. Bei der zunächst noch geringen Reichweite der Whitehead-Torpedos waren diese Schiffe jedoch für Angriffe gegen Schiffsziele zu groß und das Gewicht zum Bau von Torpedoträgern verlagerte sich auf kleine Fahrzeuge von 15–50 t Größe, nachdem 1873 die britische Werft Thornycroft für Norwegen das 16 t große und 18 Knoten schnelle Torpedoboot *Rasp* gebaut hatte, das zunächst für Spieren-, später für Schlepptorpedos ausgelegt war. Mit zunehmender Intensität gingen insbesondere die beiden britischen Bootswerften Thornycroft und Yarrow und die deutsche Schichau-Werft in Elbing daran, für die meisten Marinen solche gatte *Shah* versuchte, das aufständische peruanische Panzerschiff *Huascar* anzugreifen. Der Torpedo wurde jedoch aus zu großer Entfernung losgemacht und ging fehl. Der *Shah* gelang es trotz ihrer überlegenen Artilleriebewaffnung nicht, das peruanische Turmpanzerschiff niederzukämpfen.
Während des russisch-türkischen Krieges von 1877/78 wurden alle Torpedoarten von der russischen Schwarzmeerflotte verwendet. Nach einem vergeblichen Angriff am 30. April 1877 griff in der Nacht vom 11./12. Mai der Torpedodampfer *Konstantin* unter Leutnant Makarov mit 4 kleinen Torpedobooten türkische Wachschiffe vor dem Kaukasushafen Batumi mit Schlepptorpedos an. Ein türkisches Schiff wurde zwar getroffen, jedoch detonierte der Torpedo nicht. Nachdem am 25. Mai in der Donaumündung die türkische Panzerkorvette *Lütf-i-Dschelil* auf eine russische Mine gelaufen und gesunken war, griff in der folgenden Nacht Leutnant Dubasov mit 4 Spierentorpedobooten 3 türkische Donaumonitore an und versenkte die *Duba-Seifi*. Am 9. Juni versuchte Leut-

nant Puščin, mit 6 Spierentorpedobooten 3 türkische Panzerschiffe vor der Reede von Sulina anzugreifen. Der Angriff schlug jedoch fehl, da die Schiffe durch Torpedonetze geschützt waren. Im Abwehrfeuer der türkischen Schiffe sank ein russisches Torpedoboot, und Leutnant Puščin geriet mit seiner Besatzung in Gefangenschaft. 3 weitere Versuche am 20. und 23. Juni sowie am 22. August, türkische Panzerschiffe und Monitore mit Spierentorpedos vor der Donaumündung anzugreifen, schlugen infolge der aufmerksamen Abwehr der türkischen Schiffe fehl. Am 27. Dezember griffen 4 russische Torpedoboote, davon 2 mit Whitehead-Torpedos, türkische Schiffe vor Batumi an. Der eine der Whitehead-Torpedos schnitt jedoch unter und lief auf einen Felsen, während der zweite beim Aufschlag versagte und von den Türken aufgefischt wurde. Am 25. Januar 1878 gelang es den russischen Torpedobooten *Česma* und *Sinop* vor Batumi, mit Whitehead-Torpedos das türkische Wachschiff *Intibach* zu versenken. Es war der erste Erfolg der Fisch-Torpedos.

In dem chilenisch-peruanischen Krieg von 1880/81 versuchten wiederholt 3 chilenische Spierentorpedoboote, peruanische Kriegs- und Transportschiffe anzugreifen. Ende Juli 1880 gelang es dem von der britischen Werft Yarrow gebauten Torpedoboot *Ianequeo*, vor Callao ein peruanisches Wachschiff zu versenken, doch ging auch das Torpedoboot bei der Detonation der Ladung verloren. Am 3. und 4. Januar 1881 kam es vor Ancona nach einem vergeblichen Versuch eines peruanischen Torpedobootes, mit einem Lay-Schlepptorpedo chilenische Panzerschiffe anzugreifen, zur Vernichtung des peruanischen Torpedobootes durch eine chilenische Korvette. Während des französisch-chinesischen Krieges von 1884/85 gelang es 2 französischen Spierentorpedobooten, je eine chinesische Korvette bzw. Fregatte zu versenken.

Vor allem die Erfahrungen des russisch-türkischen Krieges waren es, die dem Torpedobootbau für die verschiedenen Marinen den entscheidenden Antrieb gaben. Führend im Bau der Torpedoboote blieben die britischen Bootswerften Thornycroft, die nach dem ersten Boot für Norwegen hunderte von Torpedobooten in kleineren oder größeren Serien für Schweden ab 1875, Österreich-Ungarn 1875, Frankreich 1876, England 1877, die Niederlande 1878, Italien 1878, Dänemark 1878, Argentinien 1880, Rußland 1880, Brasilien 1883, Deutschland 1884 und Spanien 1885 baute, sowie Yarrow, das für England ab 1878, Griechenland 1878, Italien 1879, Spanien 1879, Japan 1879, Österreich-Ungarn 1880, Argentinien 1880, Rußland 1880, Chile 1880, Portugal 1881, Brasilien 1882, Niederlande 1882, Deutschland 1884, China 1884, Boote lieferte, wie auch die deutsche Werft Schichau, die außer zahlreichen Booten für die deutsche Marine für Rußland ab 1877, Österreich-Ungarn 1879, China 1885, Spanien 1885, Brasilien 1886, Türkei 1886, Portugal 1890 und Japan 1891 Boote baute. In geringerem Umfang bauten auch die französischen Werften Normand und La Seyne für Rechnung Rußlands, Spaniens, Griechenlands, Japans und der Türkei Torpedoboote. Daneben wurden sowohl in England, Frankreich, Rußland, Deutschland und Italien von verschiedenen anderen Werften Torpedoboote gebaut. Waren die Boote in der zweiten Hälfte der 70er Jahre meist weniger als 30 Tonnen groß, so stieg ihre Verdrängung in der ersten Hälfte der 80er Jahre auf rund 60 und in der zweiten Hälfte auf 100–130 Tonnen an. Mit der wachsenden Größe stieg naturgemäß auch die Seefähigkeit der Boote, die Geschwindigkeit wuchs auf 23 Knoten, während die Bewaffnung teilweise auf 3 oder gar 5 Lanzierapparate verstärkt wurde.

Da die Seefähigkeit der Torpedoboote ihre Verwendung zunächst nur zur Hafenverteidigung, später im Küstenvorfeld erlaubte, gingen manche Marinen daran, größere Torpedoavisos und Torpedokreuzer für den Einsatz dieser neuen Waffe auch auf hoher See zu entwickeln. Das erste derartige Schiff war die in England 1875 für die deutsche Marine gebaute *Zieten* von 1000 Tonnen. 1879 folgte Österreich mit der 810 Tonnen großen *Spalato,* deren Nachfolger bis zur *Tiger* von 1886 auf 1680 t Größe anwuchsen. 1883 nahm Frankreich mit der *Epervier,* im folgenden Jahre England mit der *Scout* den Bau solcher Schiffe auf. Auch für die spanische, die chinesische, rumänische, dänische, portugiesische und argentinische Marine wurden einzelne solche Schiffe gebaut. Die letzten Vertreter dieser Kategorie waren die 1895 in Deutschland für Brasilien gebauten Schiffe der *Tymbira*-Klasse, die bei etwa 1000 Tonnen Größe 22 Knoten liefen und neben mehreren Schnellfeuergeschützen 3 Torpedorohre besaßen.

Bei der schnell zunehmenden Zahl der Torpedoboote wurde bald der Wunsch wach, wirksamere Mittel für die Abwehr der Torpedoboote zu schaffen. 1885/86 begann man in Frankreich, Italien und England, für diesen Zweck Torpedokanonenboote zu bauen, die bei einer Größe von 300–700 Tonnen neben ihrer Torpedobewaffnung mit einer Anzahl leichter Schnellfeuergeschütze zur Bekämpfung feindlicher Torpedoboote ausgerüstet wurden. Diesen ersten Typen *Bombe, Folgore* und *Rattlesnake* folgten 1887 die in Deutschland für Österreich gebaute *Meteor,* die russische *Lt. Iljin* und die spanische *Destructor,* die als erstes Schiff Dreifach-Verbund-Maschinen erhielt und damit 22,5 Knoten erreichte. Bis zur ersten Hälfte der 90er Jahre wurden für England, Frankreich und Italien in größerer Zahl solche Torpedokanonenboote gebaut, in geringerem Umfang auch für Rußland. Einzelne Schiffe dieses Typs erhielten Österreich, Chile, Argentinien, Brasilien, Spanien, die Türkei, Schweden und Japan.

Während der südamerikanischen Bürgerkriege der 90er Jahre konnten diese Fahrzeuge erstmals eingesetzt werden. Im chilenischen Bürgerkrieg von 1891, in dem die chilenische Panzerflotte den Kongreß gegen die Streitkräfte des Präsidenten unterstützte, feuerte zunächst am 27. Januar eine Dampfbarkasse des Kongreß-Panzerschiffes *Blanco Encalada* einen Whitehead-Torpedo gegen den bewaffneten Dampfer der Präsidentenpartei *Imperial,* der ihn jedoch verfehlte. Nachdem am 22. April ein Geschwader der Kongreßpartei den Hafen von Caldera besetzt hatte, griff in der darauffolgenden Nacht Kapitän Moraga mit den beiden neuen, in England gebauten Torpedokanonenbooten *Almirante Condell* und *Almirante Lynch* das auf der Reede vor Anker liegende Panzerschiff *Blanco Encalada* an. Nachdem die 3 Torpedos der *Condell* fehlgegangen waren, traf die *Lynch* mit ihrem zweiten Torpedo das Panzerschiff mittschiffs, so daß es innerhalb von 3 Minuten sank. Der Angriff wurde dadurch erleichtert, daß man auf dem Panzerschiff alle notwendigen Vorsichtsmaßnahmen außer acht gelassen hatte; die Torpedoschutznetze hatten in dem in der Hand des Gegners befindlichen Arsenal zurückbleiben müssen, und obwohl Scheinwerfer zum Gebrauch gegen Torpedoboote entwickelt worden waren, wurden sie nicht mehr eingeschaltet, ehe der elektrische Strom ausfiel. Auch der Einsatz der an Bord befindlichen Schnellfeuergeschütze kam zu spät. So konnte die *Lynch* ihre Torpedos aus einer Entfernung von nur etwa 50 m feuern. Ein ähnlicher Vorgang ereignete sich während der brasilianischen Revolution von 1893/94. Nachdem die Masse der revolutionären Flotte nach langen, glücklosen Gefechten mit den Forts von Rio de Janeiro sich ergeben hatte, entsandte die Regierungspartei das neue Torpedokanonenboot *Gustavo Sampaio* mit einigen Torpedobooten in die Catarina-Bucht, wo das stärkste Schiff der Aufständischen, das Panzerschiff *Aquidaban,* abgeblendet, aber ohne Schutznetze vor Anker lag. Ein Torpedotreffer aus 120 m Entfernung brachte das Panzerschiff zum Sinken.

Mochten diese Erfolge der Torpedokanonenboote auch dazu beigetragen haben, daß bis zum Ende des Jahrhunderts weitere solche Fahrzeuge gebaut wurden, so konnten sie bei den aufmerksamen Beobachtern in den großen Marinen nicht darüber hinwegtäuschen, daß die Torpedokreuzer oder Torpedokanonenboote, die auch als Torpedojäger bezeichnet wurden, ihrer eigentlichen Aufgabe, kleinere Torpedoboote zu bekämpfen, kaum gerecht werden konnten, wie das insbesondere die Manöver der britischen Kanalflotte im Jahre 1889 und 1890 zeigten. Sie stellten sich als zu groß, nicht manövrierfähig genug und zu langsam heraus. Gebraucht wurde ein Schiff, daß groß genug war, um sich in schwerem Wetter auf See zu halten und eine starke Bestückung zu tragen, und zu gleicher Zeit auch klein genug, um eine hohe Geschwindigkeit und Manövrierfähigkeit zu entwickeln. Die Konstruktion eines solchen Schiffstyps, für den die seit 1886 in Deutschland von Schichau gebauten Divisions-Torpedoboote *D 1* bis *D 8* Vorbilder waren, wurde in England insbesondere durch das schnelle Anwachsen der Zahl der Hochseetorpedoboote auf der anderen Seite des Kanals bei der französischen Marine, aber auch in Rußland, Deutschland und Italien in Gang gebracht. Die folgende Tabelle zeigt die Stärke der Torpedobootflottillen im Jahre 1892:

Land	Torpedoboote über 30 m	Torpedoboote unter 30 m	Gesamt
Frankreich	185	44	229
England	73	93	166
Rußland	58	108	166
Deutschland	137	16	153
Italien	103	29	132
Österreich-Ungarn	29	34	
Spanien	38	9	47
China	28	15	43
Niederlande	18	25	43
Japan	21	20	41
Türkei	24	7	31
Griechenland	6	24	30
Argentinien	8	18	26
Schweden	11	14	25
Dänemark	10	13	23
Brasilien	8	12	20
Brit. Commonwealth	9	11	20
Chile	1	12	13
Portugal	8	3	11
Norwegen	5	5	10
Rumänien	6	2	8
Mexiko	5	-	5
U.S.A.	2	1	3
Costa Rica	-	1	1
	793	516	1309

Gegen diese Torpedoboote, deren beste Typen bereits Geschwindigkeiten zwischen 24 und 27 Knoten erreichten, benötigte die britische Marine dringend einen geeigneteren Gegner als die Torpedokanonenboote. Der im Februar 1892 zum 3. Seelord ernannte Konteradmiral John A. Fisher ließ deshalb sogleich einen Torpedobootzerstörer ausschreiben, der bei einer Mindestgeschwindigkeit von 27 Knoten eine normale Torpedobewaffnung und vor allem eine ausreichend starke Bewaffnung mit Schnellfeuerkanonen tragen sollte. Noch im gleichen Jahr 1892 legten die Firmen Thornycroft, Yarrow und Laird in Birkenhead ihre Entwürfe vor, nach denen sie bis 1894 je 2 Zerstörer bauen wollten. Als erste wurden die beiden Yarrow-Boote *Havock* und *Hornet* fertig, die bei 240 t Verdrängung 26–27,6 Knoten erreichten und außer 3 Torpedorohren 1 7,6 und 3 4,6-cm-Geschütze trugen. Nach dem Erfolg der ersten Probefahrten vergab die britische Admiralität in den Jahren 1893/94 an zahlreiche britische Werften 36 weitere Aufträge für derartige Torpedobootzerstörer, die alle bis 1895 fertiggestellt wurden. Mit diesen Booten gewann England schlagartig seine Überlegenheit auf dem Gebiet der Torpedoboote zurück und hielt sie auch in den folgenden Jahren durch die regelmäßige Inbaugabe weiterer Torpedobootzerstörer, nach der genannten *A*-Klasse 21 Booten der *B*-Klasse, 37 der *C*-Klasse und 10 der *D*-Klasse, von denen einige bereits eine Größe von rund 400 Tonnen erreichten, während die Geschwindigkeit durchweg knapp über 30 Knoten lag. Doch auch die anderen Mächte gingen bald zum Bau solcher Torpedobootzerstörer über. Bei Yarrow ließen Rußland, Argentinien und Japan ab 1895 Zerstörer bauen. Thornycroft baute gleichfalls ein Boot

für Deutschland und weitere für Japan. Andere britische Werften bauten für Spanien, Chile und Rußland, deutsche Werften außer für den eigenen Bedarf auch für die Türkei, Norwegen, Rußland und Italien. 1897 begannen französische Werften mit dem Bau eigener Zerstörer, und die Werft Normand lieferte auch an Rußland solche Schiffe. Die Vereinigten Staaten, die den Bau von Torpedobooten bisher fast völlig vernachlässigt hatten, legten 1898 die ersten Torpedobootzerstörer auf Stapel. Bis zur Jahrhundertwende hatten diese Fahrzeuge ihre Brauchbarkeit und Vielseitigkeit allgemein unter Beweis gestellt. Mit den bisher verwendeten Dreifach-Expansions-Maschinen ließen sich die Geschwindigkeiten jedoch nicht mehr weiter steigern, wie 3 Versuchszerstörer der britischen Marine gegen Ende des Jahrhunderts zeigten. So ging man nach den erfolgreichen Versuchen mit einem Versuchsboot *Turbinia* zunächst in England Ende des Jahrhunderts zur Verwendung der neuen Turbinen für den Antrieb der schnellen Schiffe über.
Die als erste von 3 Booten fertiggestellte *Viper* erreichte damit die Geschwindigkeit von 36 Knoten.

Verbesserungen im Antrieb

Die überraschend hohe Geschwindigkeit des ersten Zerstörers wurde durch die Entwicklung von Kesseln und Maschinen seit der Jahrhundertmitte ermöglicht. Die ersten Kessel waren einfache eiserne Gehäuse, von innen verstärkt durch eiserne Kesselanker-Gestänge. Als es der Fortschritt in der Metallurgie möglich machte, stärkere Kesselgehäuse zu bauen, stieg der Dampfdruck von 9 auf 18 kg an. Zur gleichen Zeit vermehrte die Entwicklung von zylindrischen Kesseln, in welchen zahlreiche Rohre die heißen Verbrennungsgase durch das Wasser beförderten, die Leistungsfähigkeit, indem sie eine größere Fläche zur Austrahlung der Hitze lieferten, wodurch ein Anstieg des Dampfdruckes bis zu 27 kg erreicht wurde. Der Wasserrohrkessel, von Julien Belleville im Jahre 1855 erfunden und vor allem in Frankreich entwickelt, ließ die Leistungsabgabe der Wärme weiter ansteigen. Dieser Typ erreichte eine viel größere Heizfläche als der Feuerrohrkessel, da er das Wasser in Stahlrohren faßte, um welche die Verbrennungsgase herumzogen. Zu Beginn der 80er Jahre entwickelten die Engländer einen Wasserrohrkessel für den Gebrauch auf Torpedofahrzeugen. Wenig später bauten die Franzosen Wasserrohrkessel auf Schlachtschiffen und Panzerkreuzern ein. Am Ende des Jahrhunderts benutzten die neuesten Schiffe sowohl der britischen als auch der amerikanischen und deutschen Marine Wasserrohrkessel, die bei einem Druck bis zu 114 kg zu arbeiten imstande waren. Um diesen höheren Dampfdruck voll auszunutzen, waren mittlerweile Verbundmaschinen oder doppelt wirkende Expansionsmaschinen und später Dreifach-Expansionsmaschinen entwickelt worden. In diesen dehnte sich der Dampf in aufeinander folgenden größeren Zylindern aus anstatt nur in einem Zylinder, die größere Leistung wurde durch die Kolbenstangen auf die Antriebswelle übertragen.
Als ein Ergebnis aller dieser Fortschritte bei Maschinen und Kesseln stiegen die Pferdestärken der britischen Schlachtschiffe von 5,200 im Jahre 1861 auf 14,000 im Jahre 1892; daraus ergab sich ein Anwachsen der Geschwindigkeit von 14 auf 18 Knoten trotz des Anwachsens der Wasserverdrängung von 9000 Tonnen auf 14000 Tonnen. Jedoch der Schiffstyp, der am meisten von diesen mechanischen Fortschritten profitierte, war der Kreuzer. Der Kreuzer, der oft beinahe eine so große Wasserverdrängung hatte wie das gleichzeitige Schlachtschiff, aber kleinere Geschütze und einen leichteren Panzer trug, konnte genügend Maschinenanlagen und Brennstoff sowohl für die hohe Geschwindigkeit als auch für große Reichweite unterbringen. Die Geschwindigkeit der britischen Kreuzer stieg von 16,2 Knoten im Jahre 1868 auf 24,0 Knoten im Jahre 1895, während zur gleichen Zeit ihre Fahrstrecke von 2,800 Meilen auf 15,000 Meilen zunahm.
In den späten neunziger Jahren waren die grundlegenden Kriegsschifftypen für das nächste halbe Jahrhundert entwikkelt, und ihre Eigenschaften waren beinahe jenen Typen aus dem ersten Weltkrieg gleich, in dem noch viele Schiffe aus dem späten 19. Jahrhundert mitkämpften. Die Schlachtschiffe hatten eine Wasserverdrängung bis zu 15000 Tonnen; sie trugen Panzer von außen gehärtetem Nickelstahl bis zu 355 mm, starke Hinterladerkanonen von meist 30,5-cm-Kaliber in schwer gepanzerten Türmen und erreichten eine Geschwindigkeit bis zu 18,5 Knoten. Die Panzerkreuzer waren oft beinahe so groß wie Schlachtschiffe; sie trugen einen Panzer bis zu 152 mm, Geschütze bis zu 24 cm und konnten bis zu 24 Knoten Fahrt laufen. Die Geschützten Kreuzer hatten eine Wasserverdrängung bis zu 5600 Tonnen, gepanzerte Decks bis zu 60 mm, starke Schnellfeuerkanonen von 15,2 cm und konnten etwa 20–24 Knoten Fahrt laufen. Die Zerstörer waren klein, die größten nicht viel über 400 Tonnen, aber sie hatten Probefahrtsgeschwindigkeiten bis zu 35,5 Kn erreicht.

Die ersten U-Boote

Nach den früheren Versuchen von Bushnell mit der *Turtle* um 1776 und Fulton mit der *Nautilus* (1800) hatte man zu Beginn der zweiten Hälfte des 19. Jahrhunderts erneut in Deutschland (Bauer: *Brandtaucher* (1850), Rußland (Bauer: *Morskoj Čort* 1856), in den Südstaaten der USA (Hunley: *Davids* 1863/64), England (Garrett: 877) und Rußland (*Dževeckij:* 1877/79) mit Unterwasserfahrzeugen experimentiert, die durch Menschenkraft angetrieben wurden und als Waffe zuletzt die für sie selbst gefährlichen Spierentorpedos trugen. Zahlreiche weitere Projekte blieben im Planungs- oder Baustadium stecken. Nur von dem 1879 auf dem Gačina-See bei Petersburg in Anwesenheit des späteren Zaren Aleksandr III. erprobten zweiten Bootes des russischen Ingenieurs Dževeckij–eines kleinen mit 2 Mann besetzten spindelförmigen

Bootes–ließ man bis 1881 nach einer etwas verbesserten dritten Version 50 Boote bauen, von denen 34 ins Schwarze Meer und 16 nach Kronstadt gingen.

Um diese Unterwasserfahrzeuge jedoch zu wirklich leistungsfähigen Kriegsfahrzeugen werden zu lassen, mußten sie einen eigenen maschinellen Antrieb und eine selbständige Waffe, wie sie z. B. der Whitehead'sche Fischtorpedo darstelle, erhalten.

Die ersten Versuche mit einem eigenen Antrieb hatte 1862/63 der französische Kapitän zur See Borgeois mit seiner 453 Tonnen großen, durch Preßluftmotor angetriebenen *Le Plongeur* gemacht, deren Tiefensteuereigenschaften jedoch noch unbefriedigend waren, ein Mangel, der fast allen damaligen Konstruktionen anhing. Nach einem ganz ähnlichen Konzept baute von 1863–1866 der russische Konstrukteur Aleksandrovskij ein 355 Tonnen großes, mit einem Preßluftmotor angetriebenes U-Boot.

Der Engländer Garrett suchte das Antriebsproblem bei seiner *Resurgam* von 1879 durch einen Antrieb nach dem Prinzip der feuerlosen Dampflokomotive zu lösen, bei dem in einem teilweise mit Wasser gefüllten Kessel aus einer an Land stehenden Quelle Heißdampf eingeführt wurde, der das Kesselwasser stark überhitzte. Bei der Abnahme des Dampfdruckes begann dann das Wasser zu sieden, und der entstehende Dampf wurde unter Wasser für den Antrieb benutzt. Er sollte dem Boot für 4–5 Stunden eine Geschwindigkeit von 2–3 Knoten verleihen. Doch sank dieses Boot bei Tauchversuchen, ehe es voll erprobt war. Die Idee wurde von dem schwedischen Industriellen Nordenfelt aufgenommen, der in Verbindung mit Garrett von 1881–1883 bei Stockholm ein 60 Tonnen großes Boot baute. Dieses Boot wurde durch eine Compound-Maschine von 100 PS mit Oberflächenkondensator angetrieben, für die der Dampf in einem kohlegefeuerten Kessel erzeugt wurde, während das Fahrzeug an der Wasseroberfläche fuhr. Der Dampf wurde in zwei weitere Wasserbehälter geleitet, deren Wasser damit überhitzt wurde und bei der Unterwasserfahrt den nötigen Dampf lieferte. Beim Tauchen wurde der Auftrieb durch wassergefüllte Tauchzellen bis auf einen geringen Rest aufgehoben und das Tauchmanöver auf ebenem Kiel dann durch zwei seitlich angebrachte Vertikalschrauben unterstützt. Das Boot war erstmalig mit einem Whitehead-Torpedo im Bug bewaffnet. Es sollte über Wasser 9 Knoten laufen und 150 Seemeilen zurücklegen können. Nachdem es 1885 im Öresund Vertretern zahlreicher Marinen in Anwesenheit des schwedischen Königs, des Prince of Wales und der russischen Kaiserin sowie der dänischen Königsfamilie vorgeführt worden war und nach anfänglichen Schwierigkeiten einiges Aufsehen erregt hatte, wurde das Boot von der griechischen Marine gekauft und 1886 in der Bucht von Salamis erneut erprobt, wobei es 8,5 Knoten erreicht haben soll. Nach diesem Erfolg ließ die türkische Marine nach neuen Plänen durch Garrett und Nordenfelt 1887 in England zwei verbesserte Boote von 160 Tonnen bauen, die über Wasser 12 Knoten laufen und 900 Seemeilen zurücklegen konnten. Bei den Vorführungen 1887 in Konstantinopel in Anwesenheit des türkischen Sultans Abdul Hamid erreichte das Boot über Wasser 8 und unter Wasser 4–5 Knoten. Das zweite Boot *Abdul Medjid* kam nie voll in Dienst. Beide Boote sind zwar bis zu Beginn des ersten Weltkrieges vorhanden gewesen, jedoch kaum praktisch benutzt worden.

Weniger Glück hatte Nordenfelt mit dem vierten Boot, das 160 Tonnen verdrängte und mit seiner Compound-Dampfmaschine bei einer Leistung von 1300 PS bis 14 Knoten erreichen sollte. Das Boot konnte normal 8 Tonnen Kohlen mitnehmen, nach Lenzen des Ballastwassers im Doppelboden für längere Fahrten sogar 28 Tonnen, mit denen eine Strecke von etwa 1000 Seemeilen zurückgelegt werden sollte. Das Boot hatte vorn und achtern je einen Turm mit einer Kuppel sowie mittschiffs 2 Schornsteine. Vorn und achtern waren Tiefenruder angebracht. Die Bewaffnung bestand aus 2 übereinander angeordneten Bugtorpedorohren und 2 Reserve-Whitehead-Torpedos. Nach erfolgreicher Vorführung 1887 vor Southampton ging das Boot im September 1888 bei der Überführung nach Rußland vor Horns Riff auf Grund und wurde zum Totalverlust.

Die deutsche Marine begann 1890/91 in Kiel und Danzig nach den Nordenfelt-Plänen auch U-Boote bauen zu lassen, doch sind die Ergebnisse mit diesen Booten offenbar unbefriedigend geblieben, insbesondere scheint die Tiefensteuerung der relativ langen Boote nach wie vor große Schwierigkeiten bereitet zu haben, und die Abgase der Kohlenfeuerung behinderten die Besatzungen stark. So wurden diese Boote nie in Dienst gestellt und fanden keine Nachfolger.

Größere Betriebssicherheit bei der Unterwasserfahrt versprach der batteriegespeiste Elektromotor. Bereits 1854 hatte der französische Forscher Marié-Davy mit einem magnetelektrischen U-Bootantrieb experimentiert, doch erst die Entdekkung des dynamoelektrischen Prinzips von Werner von Siemens 1866 ergab für Antriebsmaschinen verwertbare Leistungen. Nachdem er 1881 die erste elektrische Straßenbahn gebaut und in Betrieb genommen hatte, wurde sein Antriebsprinzip in den nächsten Jahren in verschiedenen Ländern auch für den U-Bootbau ausprobiert. 1884–86 bauten die Engländer Campbell und Ash ihre 52 Tonnen große *Nautilus* für 6 Mann Besatzung. 2 Edison-Hopkinson-Elektromotoren von je 45 PS, die Energie aus Akkumulatoren bezogen, verliehen dem Boot eine Unterwassergeschwindigkeit von 8 Knoten für 10 Stunden.

Im gleichen Jahr 1884 ging der russische Ingenieur Dževeckij daran, 2 weitere 2-Mann-U-Boote seines vierten Typs zu bauen, die mit einem kleinen Elektromotor angetrieben wurden. Das spindelförmige Boot besaß in seinem kuppelförmigen kleinen, mit Glasfenstern versehenen Turm auch ein kleines Sehrohr. Die Vor- und Achterlastigkeit konnte durch ein an Ketten bewegtes Gewicht ausgeglichen werden.

1885/86 baute der Franzose Goubet ein äußerlich ähnliches 2-Mann-U-Boot, das durch einen kleinen batteriegespeisten

Elektromotor angetrieben wurde. Das Boot besaß keine Ruder, sondern wurde mittels einer schwenkbaren Steuerschraube bewegt und konnte seine Lastigkeit durch eine pendelgesteuerte Trimmpumpe ausgleichen. Es sollte zur Hafenverteidigung verwendet werden und Haft- und Grundminen unter feindlichen Schiffen anbringen. Da dieses nur 1,5 Tonnen große Boot sich bei den ersten Versuchen 1886 nicht bewährte, wurde 1889 ein zweites größeres Boot von 5 Tonnen gebaut, das seitlich 2 außenbords befestigte Whitehead-Torpedos mitführen konnte und unter Wasser zwischen 5 und 6 Knoten erreichte. Wenngleich auch dieses Boot nicht von der französischen Marine übernommen wurde, so ließ doch die brasilianische Marine 1894/95 zwei Boote dieses Typs bauen.

Im Prinzip ähnlich, jedoch etwas größer, war das 1885/86 von dem Engländer Waddington erbaute Boot *Porpoise,* dessen Tiefensteuerung durch 4 Vertikalschrauben, die von besonderen Elektromotoren angetrieben wurden, beeinflußt werden konnten. Auch dieses Boot hatte 2 außen angebrachte Whitehead-Torpedos als Bewaffnung. Da sich die britische Admiralität jedoch nicht für den Bau von Unterseebooten interessierte, blieb es ohne Nachfolger.

In New York ließ zur gleichen Zeit der Professor Tuck ein 20 Tonnen großes, mit einem Elektromotor angetriebenes U-Boot bauen, das mit 2 Torpedos bewaffnet wurde.

Diesem Boot folgte 2 Jahre später 1886 ein weiteres Tauchboot, *Peacemaker,* das den ersten Versuch eines Einheitsantriebes für Über- und Unterwasserfahrt darstellte. Das Boot wurde durch eine 14 PS Westinghouse-Dampfmaschine angetrieben, die aus einem Natronkessel mit Dampf gespeist wurde.

Das gelungenste dieser kleinen Elektro-U-Boote war das 1887/88 von dem französischen Ingenieur Zédé in Toulon gebaute 30 Tonnen-U-Boot *Gymnote,* das, von einem 52 PS Elektromotor angetrieben, unter Wasser 5 Knoten erreichte und eine Fahrstrecke von etwa 120 Seemeilen besaß. Mit 4–5 Mann Besatzung hat dieses Boot während seiner Dienstzeit rund 2000 Tauchmanöver ohne ernstliche Unfälle durchgeführt. Es war bereits mit einem kleinen Sehrohr und einem Kreiselkompaß ausgerüstet.

Erfolgreich war auch der erste Versuch mit einem größeren Elektro-U-Boot, den der spanische Seeoffizier Peral 1887 unternahm. Sein 77 Tonnen großes und nach ihm *Isaac Peral* benanntes U-Boot wurde von zwei 30 PS Elektromotoren über zwei Wellen angetrieben. Das Boot hat zahlreiche Erprobungsfahrten unternommen und soll dabei u. a. in 8 Stunden 45 Seemeilen zurückgelegt haben und auch 20 Minuten völlig getaucht gefahren sein. Am 28.6.1890 fuhr die *Peral* einen blinden Anlauf gegen den kleinen Kreuzer *Colon,* bei dem sie erst 10 m vor der Bordwand entdeckt wurde.

Um die bei fast allen bisher erwähnten Booten auftretenden Tiefensteuerschwierigkeiten und die unzulängliche Reichweite der Boote zu verbessern, entwarf Zédé 1890 ein wesentlich vergrößertes Elektroboot von 266 Tonnen, *La Sirène,* das nach seinem Tode von seinem Mitarbeiter Romazotti fertiggebaut und 1893 unter dem Namen *Gustave Zédé* in Dienst gestellt wurde. Nach manchen Verbesserungen hat dieses Boot bei einer Überwassergeschwindigkeit von 12 und einer Unterwassergeschwindigkeit von 9,5 Knoten insgesamt mehr als 2500 Tauchmanöver ohne größere Unfälle durchgeführt. Das Boot besaß ein Bugtorpedorohr mit 2 weiteren Reservetorpedos und fuhr 1898 den ersten Scheinangriff mit einem Übungstorpedo gegen das Linienschiff *Magenta,* dem noch manche weiteren Übungsangriffe folgen sollten, so im Januar 1901 erstmals gegen das mit 6 Knoten in Fahrt befindliche Linienschiff *Jauréguiberry.*

Mit diesen erfolgreichen Erprobungen war der Weg für die weitere Entwicklung der U-Boote bereitet, der durch verschiedene offene Ausschreibungen einzelner Marinen einen erheblichen Auftrieb erhielt.

Auf eine Ausschreibung des US Navy Departments von 1893 hin wurden 3 Versuchsboote gebaut. Während ein kleines 2-Mann-Boot von Baker ein Mißerfolg war, stellte der Ingenieur Lake ein 57 Tonnen großes Unterwasserfahrzeug vor, das durch einen 30 PS Benzinmotor für Über- und Unterwasserfahrt angetrieben wurde. Die Frischluftzufuhr für den Motor und die Abgasabführung wurde durch 2 an Masten aufgerichtete Rohre bewirkt, gewissermaßen Vorläufer der Schnorchel. Eine Besonderheit dieses Bootes, das bei der Unterwasserfahrt zunächst durch Schrauben angetrieben werden konnte, war seine Ausrüstung mit einem Paar gußeiserner Räder vorn sowie einem Steuerrad achtern, die es dem Boot ermöglichen sollten, auf dem Grund zu fahren. Das Ziel war vor allem, dieses Boot für die Untersuchung gesunkener Wracks einzusetzen, die von Tauchern durch eine druckfeste Kammer aus dem U-Boot *Argonaut II* erreicht werden konnten. Trotz erfolgreicher Versuche und einer fast 2000 Meilen langen Reise an der atlantischen Küste entlang im Jahr 1898 fand das Boot bei der US Navy kein Interesse, die sich den Konzeptionen des Konstrukteurs Holland, der bereits seit 1875 mit U-Bootentwürfen experimentierte, zuwandte.

Auf Grund der Einwirkung des Navy Departments mußte Holland seinen ursprünglichen Plan, in sein U-Boot einen Otto-Petrol-Motor zum Antrieb für die Überwasserfahrt einzubauen, fallenlassen und statt dessen zwei Dreifach-Expansions-Maschinen von je 600 PS für die beiden äußeren Wellen sowie eine weitere von 300 PS für eine dritte mittlere Welle einbauen. Ein 70 PS Elektromotor konnte beliebig auf die mittlere oder die beiden äußeren Wellen gekuppelt werden. Zum Tauchmanöver konnten der Schornstein und der Zuluftmast schnell geschlossen werden.

Holland, der von diesem Entwurf *Plunger* selbst nicht überzeugt war, ließ auf eigene Rechnung parallel zu diesem Boot 1896/97 sein Boot *Holland VII* bauen. Bei 64 t Verdrängung besaß es einen 50 PS Ottomotor, der ihm eine Geschwindigkeit von 8 Knoten gab, sowie einen Elektromotor für eine Unterwasserfahrt von 5,5 Knoten. Zum Tauchen wurde das Boot mit Tauchtanks vorn und achtern geflutet, zum Auftauchen wurden diese Tanks mit Preßluft ausgeblasen. Mit Trimmtanks, die ebenfalls mit Preßluft geleert werden konnten, war die Lastigkeit des Bootes leicht unter Kontrolle zu halten. Vergleichserprobungen dieser Boote ergaben eine deutliche Überlegenheit für das Boot *Holland*, das mit einem Bugtorpedorohr und 2 Reservetorpedos ausgerüstet war und außerdem je ein Kanonenrohr vorn und achtern besaß, das etwa 90 kg schwere Geschosse über 1200 m Entfernung abfeuern konnte. Auf Grund der günstigen Erprobungsergebnisse wurde das Boot 1899 angekauft und zugleich eine vergrößerte Version von 107 Tonnen als *Holland IX* in Auftrag gegeben. Später erhielt dieses Boot den Namen *Plunger* und die Bezeichnung *A 1*. 1900 wurden weitere 6 Boote dieses Typs für die US Navy begonnen, und zahlreiche andere Marinen folgten dem zukunftweisenden Entwurf.

Auf eine Ausschreibung der französischen Marine von 1896 gingen insgesamt nicht weniger als 29 Entwürfe ein. Von ihnen wurde derjenige des Konstrukteurs Laubeuf preisgekrönt. Bei seinem Boot *Narval* handelte es sich erstmalig nicht um ein ausschließlich für die Unterwasserfahrt ausgelegtes Unterseeboot, sondern um ein Tauchboot, das normal wie ein Torpedoboot über Wasser fahren und nur zum eigentlichen ungesehenen Angriff tauchen konnte. Zu diesem Zweck mußte das 200-t-Boot eine verbesserte Seefähigkeit erhalten. Sie wurde dadurch erreicht, daß man um den druckfesten, spindelförmigen Rumpf eine zweite Hülle legte, die vom Wasser frei durchflutet wurde, jedoch im aufgetauchten Zustand durch eine entsprechende Formgebung dem Boot günstigere Überwasser-Seeeigenschaften gab. Dadurch erhielt dieses einen Reserveauftrieb von 42% gegenüber den etwa 2–5% der bisher gebauten Einhüllenboote. Angetrieben wurde das Boot von einer 250 PS Dreifach-Expansionsmaschine, die aus einem ölgefeuerten Wasserohrkessel gespeist wurde. Diese Maschine konnte über den als Dynamo verwendbaren Elektromotor die Batterie aufladen und gab dem Boot damit eine Reichweite von 500 Seemeilen. Das Boot besaß einen festen Kommandoturm und ein Sehrohr. Der Schornstein konnte zum Tauchen verschlossen und niedergelegt werden. Die erforderliche Tauchzeit betrug jedoch durch die Notwendigkeit, den Kessel vor dem Tauchen zu löschen und zu kühlen sowie den Dampf abzublasen, noch 21 Minuten. Die Bewaffnung bestand aus 4 Torpedos, die in der von dem russischen Ingenieur Dževeckij erfundenen Aufhängevorrichtung außenbords angebracht waren.

Außer der *Narval* erhielten in dieser Ausschreibung 2 weitere Boote Preise: die bereits 1892 entworfene und in Bau befindliche *Morse* von Romazzotti, eine verkleinerte Version (143 t) der *Gustave Zédé*, von der 1900 noch 2 weitere Exemplare gebaut wurden, sowie ein elektrisch angetriebenes Einhüllenboot von Maugas, das 1899 in 4 Exemplaren (*Farfadet*-Klasse) in Bau gegeben wurde. Im gleichen Jahr erteilte die französische Marine Bauaufträge für 4 weitere, auf 157 Tonnen vergrößerte Laubeuf-Boote der *Sirène*-Klasse.

Außer in Frankreich und den USA kam es in diesen Jahren nur in Italien zum Bau eines U-Bootes. Der Marine-Ingenieur Pullion entwarf 1895 ein 98 Tonnen großes Elektroboot *Delfino*, das sich sehr gut bewährte und Anfang des 20. Jahrhunderts zusätzlich einen Benzinmotor für den Überwasserantrieb erhielt.

See-Taktik in Theorie und Praxis

Der schnelle und umwälzende Wandel bei allen Marinewaffen in der zweiten Hälfte des 19. Jahrhunderts steigerte noch die Verwirrung, die durch das Aufkommen des Dampfantriebs eingetreten war. Die Vorstellungen von der See-Taktik begannen sich erst langsam zu klären. Die Taktiklehrer hatten nun zu entscheiden, welches jetzt die wirkungsvollsten Waffen für die Seekriegführung waren, welches der beste Schiffstyp sein müßte, diese Waffe zu tragen und welches die wirkungsvollste Schiffsformation in der Schlacht war. Die zu erwartende Vielfalt von Gefechtsformationen und der Verlust der Sicht, den Schornsteinrauch und Pulverqualm bewirkten, rief ein weiteres Problem hervor, die Frage nach dem besten Platz für den taktischen Befehlshaber, um seine Streitkräfte möglichst wirkungsvoll anzusetzen.

Zunächst war zwischen Kanone und Rammsporn zu wählen. Später entstand der Torpedo als ein scharfer Konkurrent für beide, und die Wahl der Geschützart wurde durch die Entscheidung zwischen der langsam feuernden schweren Kanone und dem leichteren Schnellfeuergeschütz kompliziert. Auch wenn die große Kanone als die entscheidende Waffe angesehen wurde, so gab es noch das Problem des Schiffstyps, um ihr die beste Plattform zu geben. Sollten große Kanonen in großer Zahl auf den größten und am schwersten gepanzerten Schiffen aufgestellt werden? Oder, wenn der Panzer gegen Geschützfeuer doch unwirksam war, sollten die Kanonen besser auf kleinen, schnellen, sehr wendigen Kanonenbooten montiert werden? Wenn die großen Geschütze, wie einige meinten, kaum etwas treffen konnten, warum sollte man sich nicht auf geschützlose Rammsporne verlassen? Als der Torpedo begann, Erfolgsaussichten zu zeigen, befürworteten seine Verfechter das Torpedoboot als Vernichtungsinstrument der sogenannten Großkampfschiffe. Da die Wahl der Waffen die anzuwendende Taktik bestimmt, verwundert es nicht, daß ein führender britischer Seeoffizier am Jahrhundertende die Marine-Taktik als chaotisch bezeichnete.

Die Auswahl von Waffen und Schiffstypen bestimmt natürlich auch die zu benutzende Formation. Der Rammsporn schien in einer Dwarslinien-Formation am wirkungsvollsten zu sein. Abänderungen der Dwarslinie wie die gezackte Linie (Sägezahn) oder die doppelte Staffel (der Keil) waren, wie wir gesehen haben, von taktischen Theoretikern bald nach dem Aufkommen des Dampfantriebes befürwortet worden. In beiden der vorgeschlagenen Abänderungen der Dwarslinie würden Schiffe in der Nachhut in einer Position sein, um einen Feind zu rammen, der versuchen sollte, die eigenen Schiffe voraus zu rammen. Einige Rammspornenthusiasten, besonders in Frankreich, befürworteten den Gebrauch von »Pelotons«, Gruppen von zwei bis zu vier Schiffen in verschiedenen dreieckigen Staffelanordnungen. Das Geschütz konnte jedoch nicht völlig unbeachtet gelassen werden. Sogar die eifrigsten Verfechter des Rammsporns und der Rammformationen hatten die Tatsache in Betracht zu ziehen, daß große Schiffe, die Türme auf der Mittschiffslinie oder Geschütze auf der Breitseite trugen, ein Maximum an Feuerkraft nur durch den Gebrauch der traditionellen Kiellinie erzielen konnten. Eine Kompromißlösung wurde in der Anordnung der Türme, gewöhnlich auf einer Diagonalen, gefunden, um ein Maximum an Feuerkraft sowohl voraus als auch querab zu erlauben. Das würde den Schiffen gestatten, alle Kanonen größeren Kalibers von der Annäherung im Buggefecht bis zu dem letzten entscheidenden Augenblick des Rammens einzusetzen. Obgleich in der Beurteilung der meisten Marinetheoretiker die Kanone allmählich ihre Stellung als die entscheidende Schiffswaffe zurückgewann, spiegelt sich die geteilte Meinung des späten 19. Jahrhunderts in der Tatsache wider, daß für viele Jahre – bis in die ersten Jahre nach 1900 hinein – alle Großkampfschiffe sowohl mit Rammsporn als auch mit Geschützen versehen waren.

Welche Art von Waffe, Schiff und Formation man schließlich auch wählen mochte: es herrschte doch allgemeine Übereinstimmung darüber, daß Flottenmanöver unter Dampf nicht nur viel schneller, sondern auch unendlich vielfältiger vor sich gingen, als man je zur Segelschiffszeit erfahren hatte. Um diesem neuen Problem zu begegnen, wurden fortgesetzte Übungen auf See für erforderlich gehalten. Von jetzt an wurden Geschwader zu Verbänden formiert, mit denen die Befehlshaber jene taktischen Manöver häufig üben konnten, die in der Schlacht voraussichtlich erforderlich sein würden – sogenannte angewandte Taktik. Um die Offiziere in der Handhabung von Geschwadern und einzelnen Schiffen zu vervollkommnen, wurden darüber hinaus höchst komplizierte und gekünstelte Evolutionsmanöver geübt, auch wenn sie keinen anwendbaren Nutzen für die Schlacht hatten. Eine solche rein taktische Übung führte im Jahre 1893 zum Untergang des britischen Schlachtschiffes *Victoria* durch einen Rammstoß der *Camperdown.* Vizeadmiral Sir George Tryon, kommandierender Chef der britischen Mittelmeerflotte, signalisierte den beiden parallelen Marschkolonnen, daß diese auf Gegenkurs gehen sollten, indem sie sich gegeneinander einwärts drehten. Unglücklicherweise waren die Marschkolonnen nur 1000 Meter voneinander getrennt, während der taktische Drehkreis der Schlachtschiffe 730 Meter betrug.

Viele Seeoffiziere forderten, der Seebefehlshaber solle seinen Standort außerhalb der Schlachtlinie auf einem schnellen, gut manövrierfähigen und gut geschützten Schiff nehmen, von dem aus er besser die Bewegungen seiner Streitmacht beobachten konnte. Solch eine Position, so begründeten sie, würde ihm den Vorteil geben, verbesserte Anweisungen nach Schlachtbeginn zu geben. Andere Offiziere behaupteten, daß die gewonnenen Vorteile durch eine solche Abwendung von der Segelschifftradition mehr als ausgeglichen würden durch den Verlust der persönlich einwirkenden Anwesenheit des Befehlshabers in der Schlachtlinie. Weiterhin erhob sich die Frage, wenn die Schlachtlinie eine Kiellinie sein mußte, ob der Befehlshaber sie von vorn führen oder ob er, wie in der Segelschiffszeit, seinen Platz in der Mitte der Kiellinie einnehmen sollte, um die Signalverbindung zu erleichtern.

Das Chaos im taktischen Denken wurde durch die Tatsache hervorgerufen, daß die Mitte und das späte 19. Jahrhundert wenig Gelegenheit boten, um die taktische Theorie in der Schlacht zu erproben. Die Versenkung der *Cumberland* und der *Congress* durch die *Virginia* in der Schlacht von Hampton Roads und die Versenkung der *Re d Italia* durch die *Ferdinand Max* in der Schlacht von Lissa schienen die Rammsporn-Theorie zu stützen. Aber die Opfer waren in jedem Fall zur Zeit des Rammens stilliegend gewesen. In der Schlacht von Lissa hatte ein Bugangriff eine Kiellinie besiegt, aber in dem nächsten Flottentreffen, der Schlacht am Yalu im Jahre 1894, besiegte eine Kiellinie eine Dwarslinie. Offensichtlich gab es reichlich Beweismaterial, um eine Vielzahl von Anschauungen zu stützen.

Während sich die Theoretiker zu einer geeigneten Doktrin für Flottengefechte unter Dampf vortasteten, trat in Frankreich eine Gruppe von Seeoffizieren unter Führung des Admirals Aube zu der Aufmersamkeit erregenden sogenannten »Jeune Ecole« zusammen. Die »Jeune Ecole« entwickelte die Theorie, daß die Angriffs- und Verteidigungswaffen der Marine sich gegenseitig aufgehoben hätten und daß es hinfort keine großen Seeschlachten mehr geben würde. Die Anhänger dieser Ansicht befürworteten eine Seestrategie der Handelskriegführung und Küstenverteidigung analog der der Vereinigten Staaten während beinahe des ganzen Jahrhunderts und stützten sie mit ähnlichen volkswirtschaftlichen Gründen. Sowohl die offensive als auch die defensive Phase dieser Strategie würde durch leichte Seestreitkräfte ausgetragen werden – die Handelskriegführung durch schnelle Kreuzer oder sogar Torpedoboote, die von einigen sogar für Operationen auf hoher See als geeignet angesehen wurden. Die Küstenverteidigung sollte durch Kanonenboote, Rammsporn und Torpedoboote durchgeführt werden. Die »Jeune Ecole« und andere Anhänger der leichten Seestreitkräfte gewannen trotz ihres großen Stimmaufwandes nur vorübergehend Einfluß auf dem Kontinent und fanden nur sehr wenige Befürworter unter den Offizieren der Royal Navy. Frankreich, Italien, Rußland und Deutschland ebenso wie Großbritannien fuhren fort, ihre Anstrengungen bei Neubauten auf große Schiffe mit schweren Geschützen zu konzentrieren.

Schließlich entschieden die Entwicklungen auf dem Gebiet der Technik und Armierung die Seetaktik. Die Vervollkommnung des Torpedos, wodurch er zu einer wirkungsvollen Nahschuß-Waffe wurde, brachte ebenso den Rammsporn zu Fall wie die Dwarslinie. Jedes Rammschiff würde sicher durch Torpedos zum Sinken gebracht werden, bevor es nahe genug herankam, um angreifen zu können. Obwohl der Torpedo gegen Ende des Jahrhunderts große Beachtung gewonnen hatte, wurde er doch wegen der Unwirksamkeit auf große Entfernung und wegen der Verwundbarkeit der Torpedoboote durch die neuen Schnellfeuerwaffen auf eine Nebenrolle verwiesen. So gab die nachweisliche Unzulänglichkeit anderer Waffen der Kanone ihre unanfechtbare Stellung als vorherrschender Kriegsschiffswaffe, und der Sieg der Kanone über ihre Konkurrenten stellte die Kiellinie als Grundformation für Flottengefechte wieder her. Dies war die Ansicht der Mehrzahl der Marineoffiziere.

Die untergeordnete Frage der großen Kanone gegenüber dem Schnellfeuergeschütz war bis ins frühe 20. Jahrhundert nicht gelöst, als die Fortschritte in der Feuerleitung und Treffsicherheit die kämpfenden Linien immer weiter trennten und sie zwangen, sich außerhalb des Feuerbereiches zu begeben. Schwere weittragende Geschütze auf großen Schiffen der Spitzen-Geschwader, das war das Muster einer Schlachtlinie vor dem Ausbruch des ersten Weltkrieges. Zur gleichen Zeit wurde wieder allgemein anerkannt, daß leichte Streitkräfte, Kreuzer und Zerstörer nötig waren, um die Schlachtschiffe gegen einen Angriff durch leichte Streitkräfte abzuschirmen.

Die bessere Sichtverbindung und damit Flottenleitung durch den Gebrauch von rauchlosem Pulver machte es unnötig, dem Flottenchef außerhalb der Linie seinen Platz zu geben. In kleineren Flotten und in Teilen größerer Flotten nahm das Flaggschiff die führende Stellung an der Spitze der Marschkolonne ein. Aber in ausgedehnten Schlachtlinien wie denen der englischen und deutschen Flotte in der Skagerak-Schlacht hat der Seebefehlshaber von der Mitte aus befehligt.

Die Hauptprobleme der Seetaktik von dampfgetriebenen Schiffen war gegen Ende des 19. Jahrhunderts auf diese Weise gelöst oder doch auf dem Wege zu einer Lösung begriffen. Jedoch hatten die dampfgetriebenen Überwassermarinen niemals ausreichende Erfahrung für den Ernstfall gehabt, um derart ausgereifte Seekriegslehren zu besitzen, wie sie die Ausgangsjahre des Segelzeitalters kennzeichnen. Bevor die Lehren über dampfgetriebene Schiffe voll entwickelt waren, erschienen das Flugzeug und der Flugzeugträger und boten eine neue Folge von Problemen, die einer Lösung bedurften.

Der Niedergang der Marine der USA

Am Ende des amerikanischen Bürgerkrieges hatte die amerikanische Marine 700 Schiffe mit einer Wasserverdrängung von 500000 Tonnen und 5000 Geschützen in Dienst. Bis zum Dezember 1870 war diese Flotte auf 200 Schiffe mit einer Wasserverdrängung von 200000 Tonnen und nur 1300 Geschützen abgesunken. Von diesen waren nur 52 Schiffe mit 500 Geschützen in voller Bereitschaft. Sie alle waren im Vergleich mit den Schiffen der europäischen Marinen veraltet.

Vielleicht war der Hauptgrund für diese Verschlechterung die Konzentration des amerikanischen Denkens und seiner Energie auf die nationalen Probleme, den Wiederaufbau nach dem Bürgerkrieg und die Entwicklung des Westens. Während diese Vertiefung in einheimische Angelegenheiten verstärkt wurde, war es ein weitverbreitetes Gefühl, daß die amerikanische Sicherheit gegen eine europäische Aggression ausreichend durch den 3000 Meilen breiten Atlantischen Ozean garantiert war, welcher die mit Kohlen beheizten Schiffe der europäischen Marinen, die in den amerikanischen Gewässern ohne angemessene Versorgungsstützpunkte operierten, erheblich behindern würde. Mit diesem Sicherheitsfaktor als Rückhalt erwarteten die amerikanischen Politiker und auch die meisten Marineoffiziere, daß die Marine die traditionelle amerikanische Seestrategie im Kriegsfall anwenden sollte: Schutz der Seehäfen, vereint mit offensiver Kriegführung gegen den feindlichen Handelsverkehr.

Um diese Strategie der Hafenverteidigung zu verwirklichen, hatte die Marine aus dem Krieg gegen die Konföderierten viele Monitore und wenige große seegängige Monitore übriggelassen. Für die Kriegführung gegen den feindlichen Handelsverkehr wurde eine neue Klasse von schnellen Dampfschiffen erforderlich. Aber das Navy-Department der Vereinigten Staaten hielt aus Sparsamkeitsgründen an der Segelschiffs-Takelung fest, und auch im Geschützmaterial waren bis in die 80er Jahre kaum Fortschritte erzielt, so daß die US-Marine damals klein und veraltet war. Der Anstoß zur Erneuerung kam aus dem geistigen Bereich.

Geistige Weiterentwicklung

Die Quelle dieser neu belebenden Ideen war das Naval War College, das im Jahre 1884 in Newport, Rhode Island, unter Konteradmiral Stephen Bleeker Luce, Befehlshaber des Übungs-Geschwaders für Flottenrekruten, begründet worden war. Luce war schon seit langem für eine bessere Ausbildung von Mannschaften und Offizieren eingetreten. Von seiner Gründung an war die Funktion des Naval War College, wie Luce es plante, das systematische Studium von militärischen Operationen zu Lande und auf See, um die Anwendung der Erfahrungen der Geschichte für zeitgemäße Verhältnisse zu betreiben. Der hauptsächliche Förderer dieses Studienplanes war Kapitän Alfred Thayer Mahan, der auf Antrag von Luce im Oktober 1885 als Lehrer an das College kam.

Mahan war zu der Zeit, als Konteradmiral Luce ihn aufforderte, an das War College zu kommen, der Ansicht, daß die Vereinigten Staaten es vermeiden sollten, territoriale Besitzungen in Übersee zu erwerben, nicht nur, um die Ausgaben für eine große Marine einzusparen, die nötig wäre, sie zu schützen, sondern auch, um die Herrschaft einer mächtigen militärischen Kaste über die demokratischen Fortschritte der Regierung zu vermeiden. In Übereinstimmung mit diesen Ansichten übernahm er die Marine-Maximen seiner Zeit und seines Landes, daß die Vernichtung des Handels und die Küstenverteidigung die einzigen Aufgaben der US-Marine für den Kriegsfall wären.

Als aber Mahan mit dem Studium der Geschichte als Vorbereitung für seine Vorlesungen an der Kriegsschule begann, entdeckte er, daß »die Beherrschung der See ein historischer

Faktor war, der niemals systematisch gewürdigt und erklärt worden war«. Jetzt hatte Mahan seine Lebensaufgabe gefunden. Er prüfte die geographische Lage und die Eigenschaften der großen Seemächte, besonders Englands, und erkannte gewisse Faktoren, von denen er annahm, daß sie die Entfaltung einer Seemacht ermöglichten: 1. die geographische Lage, 2. die physikalische Beschaffenheit, 3. die Ausdehnung des Machtbereichs, 4. die Bevölkerungszahl, 5. der Nationalcharakter und 6. der Charakter der Regierung.

Der wichtigste Faktor für den Aufstieg der englischen Seemacht war die Insellage Großbritanniens vor der Küste Westeuropas gewesen. Als eine Inselnation erfreute sich England einer günstigen Verteidigungsmöglichkeit gegen rivalisierende Landmächte. Folglich konnte es auch mit einer kleinen Armee auskommen und die Masse seiner militärischen Ausgaben für den Unterhalt einer großen und mächtigen Marine verwenden. Noch wichtiger war es, daß England, da es die nordatlantischen Seewege flankierte, die Seeverkehrslinien zwischen den Ländern Westeuropas und den an Naturprodukten reichen Gebieten von Amerika, Afrika und Asien beherrschte, die durch die Entdeckungen des 15. und 16. Jahrhunderts erschlossen worden waren. In Kriegszeiten konnte England daher den Handel seiner Feinde mit diesen überseeischen Gebieten unterbrechen und gleichzeitig Kolonien und Handel für sich selbst erlangen. Die Ergebnisse dieser vorteilhaften Lage, die geschickt ausgenutzt wurde, waren das Britische Empire des 19. Jahrhunderts und die von der Royal Navy ausgeübte Seeherrschaft.

Alle die Seemacht-Faktoren, die Großbritannien zur Herrscherin über die See gemacht hatten, sah Mahan auch potentiell in der Lage der Vereinigten Staaten vorhanden. Die Weite des Atlantischen und Pazifischen Ozeans und das Fehlen von starken und rivalisierenden Mächten im Norden und Süden machten das Land aus der Sicht der Verteidigung strategisch zu einer Insel. Nach dem Bau eines Kanals durch die Landenge von Panama und nach Erschließung der riesigen pazifischen Seite würden die Vereinigten Staaten eine beherrschende Stellung auf wichtigen Handelsstraßen erlangen. Das Land hatte viele gute Häfen, und die weite Ausdehnung seines Territoriums bedeutete keine Beeinträchtigung für die Verteidigung, weil es auch eine große und schnell wachsende Bevölkerung hatte, von der ein beachtlicher Teil aus seefahrenden Kreisen kam und die See für den Lebensunterhalt benötigte. Die Bevölkerung des Binnenlandes ging geschäftlichen Interessen nach und hatte eine folgerichtige Neigung, auch über See Handel zu treiben. Wenn auch der auswärtige Handel der Vereinigten Staaten seit der ersten Hälfte des 19. Jahrhunderts abgenommen hatte, als die amerikanischen Klipperschiffe auf den Handelsrouten der Welt überlegen waren, konnte das Land die Stahl-Schiffbau-Kapazität erweitern, um die Stellung, die es an Großbritannien in der zweiten Hälfte des Jahrhunderts verloren hatte, zurückzugewinnen. Um alle diese Faktoren in Übereinstimmung zu bringen und eine große amerikanische Seemacht zu entwickeln, die mit der von England wetteifern oder sie übertreffen konnte, war es nötig, eine Regierung zu haben, die den Wert der Seemacht und die Wichtigkeit der Seeherrschaft für die Sicherheit und den Wohlstand der Nation verstand. Dieser letzte wesentliche Faktor konnte durch Überzeugung wirksam gemacht werden.

Jedoch es würde nicht genügen, die Bevölkerung und ihre Regierung von den Vorteilen von Seemacht zu überzeugen und ihnen zu zeigen, wie sie entwickelt werden konnte; es war ebenso wichtig, ihnen zu zeigen, wie sie angewandt werden sollte. Nach Mahan war es die Hauptaufgabe einer Marine im Kriege, die Kontrolle der Seeverbindungen zur Sicherung der eigenen Schiffsladungen und Transporte auszuüben, während die Benutzung der Seestraßen durch den Feind zu verhindern war. Im Konflikt mit einer anderen Seemacht, die eine starke Flotte von Großkampfschiffen besaß, konnte solche Kontrolle nur durch Zerstörung oder Neutralisierung der feindlichen Flotte durch eine mächtigere eigene Flotte erreicht werden. Handelskriegführung durch schnelle Kreuzer konnte zwar teilweise die Benutzung der See durch die feindliche Handelsflotte verwehren, aber sie vermochte sie nicht für die eigene sichern; sie war nur ein Zusatz zu dem hauptsächlichen Operationsziel, der Vernichtung der stärksten feindlichen Kampfkraft.

Aber moderne Kriegsschiffe konnten nicht genügend Kohle mit sich tragen, um einen Ozean zu überqueren und zugleich gegen eine feindliche Flotte zu kämpfen. Daher konnte die Notwendigkeit, überseeische Stützpunkte zu haben, um die Reichweite der Flotte in jeden Bereich der eigenen Seeverbindungen auszudehnen, zwingend werden. Weil ein Stützpunkt die Flotte unterstützen sollte und nicht die Flotte den Stützpunkt, mußte ein Stützpunkt idealerweise Selbstversorger sein. Deshalb waren Stützpunkte am günstigsten in Kolonien anzulegen, die Hilfsquellen bereitstellen konnten und unter eigener Herrschaft waren. Kolonien beförderten dann wieder den Handel und nährten auf diese Weise die Handelsmarine, welche die wichtigste Grundlage der Seemacht war. Auf diese Weise führte die Linie seiner Beweisführung Mahan von seiner ursprünglichen isolationistischen Politik und seiner Verteidigungsstrategie für die Marine zu einem Standpunkt, der politisch imperialistisch und strategisch offensiv war.

Das konkrete Ergebnis von Mahans Studien und Reflexionen war sein 1890 veröffentlichtes Werk »Der Einfluß der Seemacht auf die Geschichte, 1660–1783«, in welchem er zeigte, wie die Erfolgschancen des britischen Reiches stiegen, wenn seine Staatsmänner die Seemacht verstanden und ausnutzten, während die Bestrebungen Frankreichs wegen Mißverständnisses und Vernachlässigung der See fehlschlugen. Zwei Jahre später setzte »Der Einfluß der Seemacht auf die Französische Revolution und das Empire« die Geschichte bis zum Ende der napoleonischen Kriege fort. Im Jahre 1905 publizierte Mahan eine Analyse der Seemacht im Kriege von 1812. Mittlerweile hatte er auch zahlreiche Zeitungsartikel geschrieben, in welchen er die Aufmerksamkeit der amerikanischen Öffentlichkeit darauf richtete, von welcher Bedeutung für ihre Sicherheit solche Maßnahmen wie die amerikanischen Besitzrechte an einem Landengen-Kanal und die Erwerbung von Marinestützpunkten in Kuba und Hawaii sein könnten. Obwohl Mahans Vorlesungen am Naval War College eine Anzahl von Marineoffizieren an seinen Ideen interessiert hatten, fand sein »Einfluß der Seemacht« in den Vereinigten Staaten nicht den Beifall, der ihm in Europa gezollt wurde, wo seine durchdachte Darstellung von solchen Prinzipien, die viele englische Staatsmänner instinktiv verfolgt hatten, den Engländern schmeichelte. Der deutsche Kaiser war so beeindruckt, daß auf seine Anordnung in der Offiziersmesse eines jeden Schiffes seiner neuen Marine dieses Buch vorhanden sein mußte. Überdies war es vielleicht bezeichnend für den zukünftigen Lauf der Geschichte, daß Mahans Arbeiten mehr im Japanischen als in irgend einer anderen Sprache verbreitet wurden. In den Vereinigten Staaten wurde eine entgegengesetzte Meinung von dem leitenden Chef der Marine-Personal-Abteilung vertreten, wenn er sagte: »Es ist nicht die Aufgabe eines Seeoffiziers, Bücher zu schreiben«. Jedoch gewannen Mahans Ideen allmählich einflußreiche Freunde; so wurde er von seinen Bordverpflichtungen befreit, um sein zweites Buch über die Seemacht zu vollenden. Noch wichtiger für den zukünftigen Einfluß seiner Ideen waren das Interesse von Theodore Roosevelt, der im Jahre 1897 Unterstaatssekretär der Marine wurde, und von Henry Cabot Lodge, des Vorsitzenden der Senatskommission für Marineangelegenheiten. Unterdessen war Kommodore Mahan von einer Europafahrt mit den Ehrendoktorwürden von Oxford und Cambridge zurückgekehrt, und damit mußte man wohl zugeben, daß doch etwas über Seeoffiziere, die Bücher schrieben, gesagt werden konnte.

Die neue Marine der Vereinigten Staaten

So einflußreich auch die Ideen von Mahan in den 90er Jahren des 19. Jahrhunderts waren, so kann doch nicht gesagt werden, daß sie die Wiedergeburt der Marine der Vereinigten Staaten bewirkten. Dieser Prozeß hatte viel früher begonnen. Einige Anstrengungen zur Verbesserung waren 15 Jahre bevor Mahan über Seemacht nachgedacht hatte, gemacht worden, als der Marinesekretär George M. Robeson es auf sich nahm, für den Unterhalt und für Reparaturen bewilligte Gelder für den Wiederaufbau alter und den Bau neuer Schiffe zu verwenden.

Mehrere internationale Zwischenfälle, in die Amerikaner verwickelt waren, kamen dem Wiederaufbau-Programm zugute, da sie die Schwäche der Marine bewiesen. Fortgesetzte Zusammenstöße mit Spanien wegen Kuba halfen in den nächsten zehn Jahren die Sorge des Landes über die Schwäche seiner Marine wachzuhalten. Im Jahre 1889 veranlaßte das Gerücht eines Zusammenstoßes zwischen amerikanischen und deutschen Schiffen wegen Samoa eine weitere Selbstbesinnung. Als Feindseligkeiten mit Chile drohten, war die amerikanische Öffentlichkeit von der Tatsache überrascht, daß ihre Marine noch keinen modern bewaffneten Kreuzer oder gar ein Schlachtschiff in Dienst hatte.

Doch der Wiederaufbau der amerikanischen Marine war in Gang gekommen, als James A. Garfield im Jahre 1881 Präsident wurde. Die Lage zu jener Zeit war für die Bewilligung eines Flottenbauprogramms durch den Kongreß besonders günstig. Der Krieg im Pazifik (1879–84), in dem Chile Bolivien und Peru besiegte, hatte gezeigt, daß einige kleine südamerikanische Staaten eine stärkere und modernere Marine besaßen als die Vereinigten Staaten. Unternehmungen der französischen de Lesseps-Gesellschaft drohten den Landengen-Kanal unter europäische Kontrolle zu bringen. Die Vereinigten Staaten hatten bereits einige territoriale Interessen im Pazifik erworben. Am wichtigsten aber war es, daß die gute Finanzlage des Landes die Kosten für ein Marinebauprogramm verhältnismäßig schmerzlos tragbar erscheinen ließ. Entschlossen, die Lage der Marine zu verbessern, berief William H. Hunt, Marine-Sekretär unter Garfield, einen Ausschuß von Offizieren, um zu beraten, welche Typen und welche Anzahl von Schiffen dem Kongreß empfohlen werden sollten.

Nun begann sich bei der Regierung langsam ein besseres Verständnis für die Strategie und Taktik einer modernen Marine zu entwickeln. Während der Kongreß Kreuzer bewilligte, empfahl das Komitee für einheimische Marineangelegenheiten seegehende Schlachtschiffe, welche für die Verteidigung der gesamten Küste geeignet waren. 1889 stellte das Marineamt ein Übungs-Geschwader aus allen neuen Schiffen in einfacher taktischer Formation zusammen. Im folgenden Jahr wurden drei seegehende Küsten-Schlachtschiffe, *Indiana, Massachusetts* und *Oregon,* bewilligt.

Obgleich diese Schiffe und die spätere *Iowa* vom Kongreß als »Küstenlinienschiffe« bezeichnet waren, um anzudeuten, daß sie für die Verteidigung der amerikanischen Gewässer und nicht für offensive Aktionen in fremden Gewässern bestimmt waren, hatten einige Marineoffiziere und Politiker aus der Anhängerschaft Mahans andere Vorstellungen von dem strategischen Wert einer Schlachtflotte. In seinem Jahresbericht für 1889 betonte der Marinesekretär die Notwendigkeit, »den Feind zurückzuschlagen und seine Küste zu bedrohen«, und im Jahre 1890 befürwortete ein politischer Ausschuß zusätzlich zu einer Küstenverteidigungsflotte von Schlachtschiffen mit begrenzter Kohlenkapazität eine Flotte von weitreichenden Schlachtschiffen für offensive Operationen gegen den Feind. Schließlich bedeutete die Zusammenfassung von drei erst- und zwei zweitklassigen Schlachtschiffen und zwei Panzerkreuzern zu einem starken Nordatlantik-Geschwader im Jahre 1897 wenigstens teilweise die Verwirklichung von Mahans Konzept einer offensiven Flotte.

Somit hatten die Vereinigten Staaten am Vorabend des spanisch-amerikanischen Krieges eine Marine, die, wenn sie auch weit davon entfernt war, die stärkste der Welt zu sein, dennoch eine beachtliche Anzahl von modernen Schiffen besaß. Die drei Schlachtschiffe der *Indiana*-Klasse mit einer Wasserverdrängung von mehr als 10000 Tonnen trugen Panzer bis zu 455 mm Dicke, führten als Hauptbewaffnung 33cm-Geschütze und konnten fast 17 Knoten laufen. Die größere *Iowa,* das letzte noch vor dem Spanienkrieg fertiggestellte Schlachtschiff, trug gehärtete Panzer von 380 cm Stärke und war etwas schneller. Diese Schiffe ließen sich mit der gleichzeitigen englischen *Majestic*-Klasse durchaus vergleichen, die zwar mehrere tausend Tonnen größer und deshalb auch von größerer Dampfstrecke und ein wenig schneller waren, aber einen leichteren Panzer trugen und kleinere Kaliber der schweren und Mittelartillerie führten. Alles in allem hatte die Marine vier Schlachtschiffe erster und zwei zweiter Klasse, zwei Panzerkreuzer, zehn geschützte Kreuzer und eine beträchtliche Zahl von Kanonenbooten, Monitoren und Torpedobooten in Dienst. Die Vereinigten Staaten hatten diese große moderne Flotte ohne die riesigen Kosten der Versuche und Veraltung erworben, die England und Frankreich hineingesteckt hatten. Außerdem besaß die amerikanische Marine durch Mahan zahlreiche strategische und taktische Lehren, die eine Anweisung zum wirkungsvollen Gebrauch ihrer neuen Macht darstellten.

Die Entwicklung der preußisch-deutschen Marine

Der gegen Ende des Jahrhunderts zunehmende Bedeutung erlangende Aufbau der Flotte des Deutschen Reiches kann nicht losgelöst von der Entwicklung der preußischen Marine betrachtet werden, ging sie doch aus dieser hervor. Sieht man von den meist Theorie gebliebenen Frühstufen ab, so begann die eigentliche Geschichte einer preußischen Marine erst im zweiten Drittel des 19. Jahrhunderts als die charakteristischen Merkmale einer Flottengründung wirksam wurden: Politische Großräumigkeit, technischer Vorwärtsdrang und operative Überlegungen. Es ist deshalb auf den ersten preußisch-deutschen Admiral Prinz Adalbert hinzuweisen, weil bei ihm gedanklich alle Grundlagen einer deutschen Seemachtbildung schon vorhanden waren, so wie sie auch heute noch Gültigkeit haben. Die politische Großräumigkeit in seinem Denken zeigte sich, als der Prinz, an die Spitze einer preußischen Kommission gestellt, die über die notwendigen Maßnahmen zur Verteidigung der Ostsee ein Gutachten abgeben sollte, berichtete: es handle sich nicht mehr lediglich um maritime Anordnungen zur Verteidigung der preußischen Küsten und Häfen, sie müsse auch auf Norddeutschlands Küsten ausgedehnt werden. Eine deutsche Kriegsmarine habe auf offenem Meer dem deutschen Seehandel Schutz zu gewähren und der deutschen Flagge Achtung zu verschaffen. Es sei Preußens Aufgabe, sich auch in dieser Hinsicht von vornherein an die Spitze Deutschlands zu stellen. Erst nahezu 20 Jahre später sah Bismarck in der preußischen Marine ein Mittel zur Reichspolitik. Auch die Marine hat, worauf aufmerksam zu machen ist, ihren Beitrag zur deutschen Einigungsbewegung geleistet. Doch nicht nur auf politischem, sondern auch auf dem Felde der operativen Überlegungen, bevor noch eine Flotte gebaut wurde, war Prinz Adalbert führend. Er unterschied drei Hauptmöglichkeiten für die Bildung einer deutschen Flotte: Erstens eine reine Küstenverteidigung, zweitens eine offensiv geführte Verteidigung, verbunden mit dem Schutz des Handels, drittens eine selbständige Seemacht. Die erste Möglichkeit schien Deutschlands sonstigen Seeinteressen nicht zu entsprechen, die letzte Möglichkeit beanspruchte eine Großmachtstellung zur See, der Deutschland politisch und technisch noch nicht gewachsen war und die zudem, wie die Zukunft zeigte, mannigfache Gefahren in sich bergen sollte. Es blieb also der mittlere Weg des Flottenaufbaus, von dem nicht ganz ein Viertel des Schiffsbestandes in der Reichsflotte von 1849 zusammengebracht wurde. Doch wurde diese bedeutungslos, als die politische Institution zusammenbrach, die sie tragen sollte.

Der Plan des Prinzen Adalbert ist mit mancherlei Varianten in die Schiffbauplanung Preußens und des Norddeutschen Bundes eingegangen und hat rund zwanzig Jahre später mit einigen Veränderungen seine Vollendung erfahren. Aber auch auf technischem Gebiet eilte der Prinz seiner Zeit voraus. Viele Jahre, bevor der Krimkrieg die Überlegenheit des dampfgetriebenen, gepanzerten Schiffes gegenüber den hölzernen Segelfregatten demonstrierte, hatte der Prinz die offensive Verteidigung der deutschen Küsten durch ein Dampfschiffgeschwader gefordert. Mit einer solchen,auf dem technischen Höchststand der Zeit stehenden Macht glaubte er zugleich, die deutsche Marine bündnisfähig zu machen. Bezeichnenderweise fehlte bei dem preußischen Prinzen auch nicht ein Hinweis auf Österreich: »Es sei uns im Vorbeigehen nur die eine Bemerkung gestattet, daß es für das einige Deutschland von großer Wichtigkeit sein dürfte, wenn ihm der treffliche österreichische Kriegshafen von Pola an der Südspitze Istriens zufiele.«

In Preußen war auf die ersten Erwägungen von 1855 der Bauplan des Jahres 1865 gefolgt, und dieser war, nur unmerklich geändert, in das Bauprogramm des Norddeutschen Bundes von 1867 eingegangen. Dieser Plan war in den ersten Jahren nach der Reichsgründung noch in Kraft. Daß Preußen ernsthaft bemüht war, auch die Seeinteressen Deutschlands gebührend zu vertreten, zeigt die Tatsache an, daß sich das damals größte Schlachtschiff der Welt, *König Wilhelm,* in seinem Besitz befand. Der deutsch-französische Krieg war mit den Mitteln des Landkrieges geschlagen und gewonnen worden; die Marine trat demgegenüber zurück. Die Lehren dieses Krieges zur See wurden lange Zeit nicht beachtet, die Tätigkeit der Marine eher als peinlich empfunden, obwohl alle charakteristischen Merkmale eines Flotteneinsatzes auftraten, wie er den Gegebenheiten der deutschen Küste entsprach: Küstenvorfeldsicherung, Vorstöße gegen die feindliche Blockade, Kreuzerkriegführung zur Störung des feindlichen Handels und Bindung feindlicher Streitkräfte durch Auslandsschiffe. Aber ein maritimer Ehrgeiz eignete dem neuen Reich nicht. Selbst als Deutschland mit dem Aufbau eines Kolonialreiches begann, fiel der Marine weiterhin eine unter rein kontinentale Gesichtspunkte gestellte Verteidigungsaufgabe zu. Der gegen Deutschland möglichen Koalition von Frankreich und Rußland konnte die Armee auf dem Festland entgegentreten, und gegenüber England sollte die allgemeine Politik so gehandhabt werden, daß man auch in fremden Weltteilen unbehelligt bleiben konnte.

So sehr die organisatorische Begabung und der politische Weitblick des Generals von Stosch, der 1872-1883 Chef der Admiralität war, der Weiterentwicklung der Marine zugute kamen, so war er doch auf taktischem Gebiet in Vorstellungen des Landkrieges befangen. Die Flotte stellte sich für ihn nicht anders dar als ein verlängerter Arm des Heeres. Die Marine sollte dort wirken, »wo wir die eigentliche Macht unseres Staates, die Landmacht, nicht anders hinbringen können«. Auch der Handelsschutz könne nur indirekt durch Landmacht erfolgen. Bemerkenswert war der Bau von »Ausfallkorvetten«, was die Übertragung von Landkriegsbegriffen auf die Marine in jener Zeit beleuchtet. Unter General v. Caprivi, der Stosch als Chef der Admiralität im Jahre 1883 folgte, fiel die deutsche Marine ganz auf jene erste Küstenverteidigungsaufgabe zurück, die Prinz Adalbert schon als überwunden glaubte. Die taktischen Vorstellungen bewegten sich im Rahmen einer sogenannten »lebendigen Küstenverteidigung«, die aus Küstenpanzerschiffen, flachgehenden Panzerkanonenbooten und einer großen Anzahl kleiner Torpedoboote zusammengesetzt war. Die technische Erfindung des Torpedos schien den Wert der Panzerschiffe von heute auf morgen fragwürdig zu machen. Man hat in der maritimen Literatur jener Zeit oft das Bild von David und Goliath gebraucht und war der Meinung, daß die kostspieligen Panzerschiffe sich überlebt hätten – ein treffendes Beispiel für die Fehleinschätzung technischer Möglichkeiten, denn die Zeit der Panzerschiffe sollte 20 Jahre danach überhaupt erst kommen! Der Unsicherheit in den operativen Anschauungen entsprach die Unsicherheit in der Typenwahl der zu beschaffenden Fahrzeuge. »Eine Marine wie die unsre«, sagte Caprivi, »kann sich den Luxus fehlgeschlagener Experimente nicht gestatten, sie darf konstruktiv wenig wagen.« Auch für ihn stand es fest, daß die Entscheidung jedes Krieges für Deutschland in seinem Landheere liegen mußte. Die Zusammenarbeit zwischen Heer und Marine war ihm ein besonderes Anliegen, und in der unmittelbaren Küstenverteidigung, wo beide Wehrmachtzweige ihre Aufgaben hatten, schien ihm der Marine der Vorrang zu gebühren. So bemerkenswert dieses Bestreben nach einer einheitlichen, aufeinander abgestimmten Kriegführung von Heer und Marine war, so verkannte diese einseitige Festlegung doch die zahlreichen darüber hinaus gehenden Anforderungen, die an die Marine im Ernstfall herantreten mußten und die der neuen weltpolitischen Lage des Reiches Rechnung tragen sollten.

Demgegenüber wurde durch den ersten Seeoffizier an der Spitze der Admiralität, den Grafen Monts, im Jahre 1888 der Begriff der »Hochseeflotte« geprägt. Sie konnte, auf die zahlreich vorhandenen Küstenvorfeldsicherungen gestützt, nunmehr einen Schritt weiter wagen und brachte die begrenzte Offensivkraft stärker, als es die Ausfallflotte vermochte, wieder zur Geltung. In Übersee versahen die »Schiffe für den politischen Dienst«, wie Caprivi sie genannt hatte, ihre halbpolizeilichen Aufgaben, ohne daß es geplant war, diese Schiffe im Kriegsfall zu Kampfaufgaben einzusetzen. In technischer Hinsicht stellte die Konstruktion der 4 Hochseelinienschiffe der *Brandenburg*-Klasse einen erheblichen Fortschritt dar. In der Kreuzer-Klasse folgten *Gefion* und *Hela* als beachtliche neue Typen, die sich als sehr entwicklungsfähig herausstellten. Den Schritt, auch die Torpedowaffe auf die Hochsee hinauszuziehen, hat allerdings erst Tirpitz getan.

Zusammenfassung

In den letzten Jahrzehnten des 19. Jahrhunderts war die Entwicklung der Flotten von dem schnellen technischen Fortschritt bestimmt. Hatte zunächst die Einführung des Dampfantriebes und des Panzerschutzes die großen Flotten der Segel-Linienschiffe und -Fregatten in kurzer Zeit entwertet, so hatten andererseits der Wettlauf zwischen Verbesserung der Panzerung und Verbesserung der Durchschlagsleistung der schweren Artillerie, vor allem aber die Entwicklung der Unterwasser-Waffen – der Mine und des Torpedos – große Unsicherheit in die technische Entwicklung der Schiffstypen gebracht. Anfangs schienen die Panzerschiffe durch die Wirkung der Artillerie kaum noch verwundbar, wie die Erfahrungen mit den Panzerbatterien im Krim-Krieg und mit den Monitoren des amerikanischen Bürgerkrieges zeigten, aber in der Schlacht von Lissa wurde die außerordentliche Verwundbarkeit dieser Panzerschiffe gegen Unterwasser-Treffer, sei es durch Minen oder Torpedos, sei es durch Rammstoß, deutlich: eine Erfahrung, die sich auch bei zahlreichen Unfällen und Kollisionen in diesen Jahren herausstellte.

Obgleich die Verbesserungen des Panzers und vor allem die Steigerung der Durchschlagsleistung der schweren Artillerie und ihrer Reichweiten die Rammtaktik inzwischen illusorisch gemacht hatten, wirkte die Erfahrung von Lissa teilweise bis in den ersten Weltkrieg hinein nach, indem man fast allen Panzerschiff- und Kreuzer-Neubauten noch einen mehr oder weniger mächtigen Rammsporn gab, während man auf der anderen Seite versuchte, den Schiffen durch einen Doppelboden und die Einteilung in wasserdichte Abteilungen größere Sinksicherheit und Standfestigkeit zu geben. Immer neue Ideen und Verbesserungen trieben die Größe der Hauptkampfschiffe und auch ihre Baukosten in die Höhe. Die einander immer schneller folgenden neuen Konstruktionsideen ließen die Schlachtgeschwader der Seemächte zu einem bunten Sammelsurium verschiedenartigster Typen werden, in dem kaum zwei oder drei Schiffe einander glichen. In dieser Zeit lag es nahe, daß insbesondere die kleineren Marinen, die mit dem Bau- und Rüstungstempo Englands nicht Schritt halten konnten, nach Wegen suchten, die Überlegenheit Englands mit einem geringeren Kostenaufwand zu unterlaufen. Besondere Aufmerksamkeit fanden hier die ersten klaren Erfolge der jungen Torpedo-Waffe im russich-türkischen Krieg von 1877, im chilenisch-peruanischen Krieg von 1879 und in dem darauf folgenden chilenischen Bürgerkrieg. Hier hatten kleine Torpedo-Fahrzeuge mehrfach weit stärkere Panzerschiffe vernichtet. Insbesondere in Frankreich kam es zur Ausbildung einer »jungen Schule« unter Admiral Aube, die in besonders extremer Form die These vertrat, daß die Zeit des großen Linienschiffes vorbei sei, da es in seiner Rolle angesichts der Gefährdung durch die Unterwasser-Waffen nicht mehr voll bestehen könne. Deshalb habe es für Frankreich keinen Sinn, das Wettrüsten mit England in Schlachtschiffen fortzusetzen. Es sei viel sinnvoller, sich statt dessen auf eine starke Küstenverteidigung aus Schwärmen von Torpedobooten und später auch Unterseebooten, gestützt auf einige flachgehende Küstenpanzerschiffe, zu verlegen und zur gleichen Zeit den für England wichtigen Seehandel durch einen großzügigen Handelskrieg mit dafür besonders geeigneten Kreuzern anzupacken. In abgewandelter Form fanden diese Ideen auch bei anderen Marinen immer wieder Eingang und brachten weitere Unsicherheit in die langfristigen Planungen.

In der zweiten Hälfte der 80er Jahre ergab sich für die großen Seemächte in zunehmendem Maße das Problem des Ersatzes der vor 20–25 Jahren gebauten ersten Panzerschiffe, die das Ende ihrer Einsatzfähigkeit erreicht hatten. Während man jedoch bei fast allen Seemächten zunächst noch keinen eindeutigen Weg für den Aufbau einer homogenen Flotte sah und mit den verschiedensten Ideen und Entwürfen experimentierte, fand man in England zuerst wieder zu einer konsequenten Linie, nachdem die jährlich abgehaltenen Manöver zu klaren Vorstellungen über die zweckmäßigen und erfolgversprechenden Typen geführt hatten. So wurde am 7. März 1889 vom ersten Lord der Admiralität, George Hamilton, die »Naval Defence Act« eingebracht, die für die Zeit von 1889 bis 1894 den Bau von homogenen Gruppen mit 8 Schlachtschiffen erster Klasse, 2 Schlachtschiffen zweiter Klasse, 9 Großen Geschützten Kreuzern, 29 Mittleren Geschützten Kreuzern, 4 Kleinen Geschützten Kreuzern und 18 Torpedokanonenbooten vorsah. Mit diesem Bauprogramm, das pünktlich durchgeführt wurde, und den ihm folgenden Programmen kam wieder eine klare Linie in die englische Seerüstung, die England in kurzer Zeit über ganze Geschwader gleichartiger Schiffe verfügen ließ.

Ganz anders sah das Bild in Frankreich aus, wo von 1870 bis 1900 fast vierzig Wechsel im Amt des Marineministers zu verzeichnen waren, wobei dessen Inhaber in ihren Auffassungen von der Lehre der konservativen »alten Schule« über alle Schattierungen bis zu Admiral Aube selbst, dem Begründer der »jungen Schule«, in ständigem und schnellem Wechsel einander ablösten. Unter diesen Umständen konnte es zu keiner einheitlichen, langfristigen Planung kommen. Das im Jahr 1891 aufgestellte Zehnjahresprogramm, das für Europa den Bau von 24 Schlachtschiffen, 12 Kreuzern erster und 24 Kreuzern zweiter und dritter Klasse sowie von 12 Torpedoboot-Jägern, 40 Hochsee-Torpedobooten, 4 Torpedo-Transportkreuzern und 6 Versorgungsschiffen vorsah, darüber hinaus für die Küstenverteidigung 25 Küstenpanzerschiffe, 10 Torpedoavisos und 220 Lokal-Torpedoboote, außerdem eine Auslandsflotte von 10 Führerkreuzern, 24 Kreuzern zweiter und dritter Klasse, 12 Avisos, 12 Kanonenbooten und 11 Transportschiffen, konnte weder finanziell durchgehalten werden, noch fand es bei einem großen Teil der schnell aufeinander folgenden Minister Unterstützung. 1894 mußte es um 4 Jahre verschoben werden, und schließlich betrug der Rückstand in der Erfüllung des Solls sogar 8 Jahre. Ehe es jedoch durchgeführt werden konnte, wurde im Jahr 1900 ein neues Flottengesetz ausgearbeitet.

Den dritten Rang unter den Marinen nahm in dieser Zeit Italien ein, das insbesondere durch den Bau seiner alle anderen in der Größe übertreffenden Schlachtschiffe Frankreich zum Weiterbau eines Teils seiner Schlachtschiffe und ihrer Stationierung im Mittelmeer zwang. Das war umso eher möglich, als die darüber hinaus als Gegner infrage kommende deutsche Marine über keine schlagkräftigen Hochsee-Panzerschiffe verfügte, da man für längere Zeit sich auf den Ausbau flachgehender Küstenverteidigungsschiffe konzentriert hatte. Auch die auf der Rangliste folgenden Marinen Rußlands und Österreich-Ungarns boten in ihrem Bestand an Schlachtschiffen ein buntes Bild und ließen klare Konzeptionen vermissen. Erst gegen die Jahrhundertwende begannen durch die Aufstellung und Durchführung neuer Flottenbau-Programme die bisherigen Stärkeverhältnisse sich zu wandeln.

Kapitel 17

Der Aufstieg der japanischen Seemacht

Von W. Hubatsch übersetztes und bearbeitetes, von J. Rohwer ergänztes Kap. 19 der US-Ausgabe, das von Neville T. Kirk verfaßt war.

Wir hatten ausgeführt, wie die von Westeuropa ausgehenden Entdeckungsfahrten am Ausgang des Mittelalters Ost und West über See verbanden. Die Portugiesen und nach ihnen die Holländer, Engländer und Franzosen, umrundeten Afrika, um eine umfangreiche Handelsherrschaft in Vorder- und Hinter-Indien zu begründen. Die Spanier, die von ihren Stützpunkten in der Neuen Welt aus weiter vorstießen, nahmen sich die Philippinen. Die Europäer waren teils erfolgreich, weil sie hauptsächlich als Händler kamen, nicht als Eroberer, teils weil es an einem organisierten Widerstand fehlte. Indien war in einige Hunderte von Fürstentümern geteilt, die sich oft gegenseitig befehdeten. Japan litt jahrhundertelang unter Stammeskämpfen. China, das in mancher Hinsicht hochzivilisiert war, konnte kaum die Kraft aufbringen, um sein eigenes weites Reich zu überwachen.

Doch Kriegsflotten und Seekriegführung waren dem Fernen Osten nicht unbekannt, als die ersten Europäer kamen. Wie das insulare England, so war auch das insulare Japan früh das Ziel von Kontinentalmächten, die sich über See auszubreiten suchten. Im Jahre 1273 und wieder 1279 hatte Kublai Khan von Korea und China aus versucht, nach Japan einzufallen. Dieses waren bedeutende Operationen, an denen von 50000 bis zu 150000 Mann Truppen beteiligt waren. Die zweite Unternehmung erforderte zur Truppenbeförderung das Aufgebot aller verfügbaren Flotten im chinesischen Reich. Während der mongolischen Bedrohung gaben die Japaner zeitweise ihren inneren Streit auf und vereinigten sich, um die feindlichen Brückenköpfe zu umfassen. Dabei waren sie sehr erfolgreich, zum Teil dank der schicksalhaften Taifune, die bei beiden Anlässen über die Landeköpfe hinwegrasten und viele Schiffe der Invasionsflotte zum Sinken brachten. Seitdem wurde der »Kamikaze«, der Götterwind, ein Teil der japanischen vaterländischen Tradition.

Als die Japaner unter der strengen Herrschaft des Shogun Hideyoshi vereint waren, unternahmen sie im Jahre 1592 und danach 1597 Landungen auf dem Kontinent. Wie vorher und später ging der Weg der beabsichtigten Eroberung über Korea, das man das Flandern von Asien genannt hat. Bei beiden Angriffen überrannten die Japaner Teile der koreanischen Halbinsel, wurden aber schließlich durch eine Vereinigung der chinesischen Armee mit der koreanischen Flotte zurückgeworfen. Die fernöstlichen Flotten bestanden ebenso wie die christlich-arabischen Flotten in der gleichzeitigen Schlacht von Lepanto meistens aus Galeeren, die mit leichten Kanonen bestückt waren. Der Seesieg wurde im Fernen Osten wie im Mittelmeer in den meisten Fällen durch Entern errungen. Aber im Jahre 1592 rammten sich die Koreaner, geführt von Yi Sun Sin, dem östlichen Nelson, ihren Weg durch die japanische Linie mit einem eisengepanzerten Schildkrötenrücken, der Kanonenluken nach vorn hatte. Die durch diese neue Waffe entstandene Verwirrung ermöglichte es den herkömmlichen koreanischen Galeeren, sich von den japanischen Entermanövern freizuhalten, während sich Kanonen- und Musketenfeuer und Flammenpfeile auf die Japaner ergossen.

Noch unrühmlicher für die Japaner war das Ende ihrer Invasion im Jahre 1597. Yi Sun Sin griff in einem asiatischen Trafalgar, das ihm das Leben kostete, wütend die zahlenmäßig überlegenen Eindringlinge auf See an und zerstörte ihre Flotte bis zur Kampfunfähigkeit. Drei Jahrhunderte mußten verstreichen, bevor sich eine japanische Flotte wieder in koreanische Gewässer wagte.

Nach dem Tode Hideyoshis wandte sich der leidenschaftliche Nationalismus der vereinigten japanischen Inselgruppen nach innen. Japan hätte als große Handelsnation mit geographischen Vorteilen ähnlich denen von England das Großbritannien des Fernen Ostens werden können. Stattdessen zog es das Shogunat vor, den Handel abzuschrecken und fremden Einfluß jeder Art auszuschließen. Für 250 Jahre umgab ein Bambusvorhang Japan. Die Westmächte brachen schließlich durch den japanischen Bambusvorhang und zeigten den Japanern, die diesmal weit besser für diese Rolle ausgerüstet waren, wieder den Weg der Eroberung.

Die Westmächte im Fernen Osten

Bis zum Ende des 18. Jahrhunderts hatte die europäische Herrschaft im Fernen Osten ein friedliches Gleichgewicht unter den asiatischen Mächten hergestellt. Zuerst waren die Portugiesen und später die Franzosen aus dem Fernen Osten vertrieben worden, aber die Engländer hatten sich in Indien fest niedergelassen, die Holländer besaßen eine unangefochtene Herrschaft in den ostindischen Gebieten, und die Spanier regierten ungestört auf den Philippinen.

In der ersten Hälfte des 19. Jahrhunderts wurde dieses Gleichgewicht durch ein neues militärisches Übergewicht umgeworfen, das dem Westen als Ergebnis der technischen Fortschritte der industriellen Revolution zuwuchs, augenfällig durch die dampfgetriebenen Schiffe mit ihren leistungsfähigen schweren Geschützen. Ferner beeinflußte die wachsende

Produktivität im Westen den bisherigen gleichmäßigen Handels-Austausch mit dem Fernen Osten. Der steigenden Nachfrage der neuen europäischen Mittelstandsklassen nach Tee und Seide konnten die fernöstlichen Märkte keine entsprechende Aufnahmekapazität für westliche Fabrikate an die Seite stellen. Die sich selbst versorgenden Chinesen verlangten im allgemeinen Silber als Bezahlung, bis ausländische Händler stattdessen indisches Opium und Rohbaumwolle anboten. Um 1830 betrug die Opium-Einfuhr mehr als die Hälfte der chinesischen Importe und erschöpfte die Devisenbestände des Landes. Als die Regierung das Rauschgift verbot, um die Geldknappheit zu beseitigen, brach die erste Krise zwischen China und den modernen industriellen Seemächten aus.

Was die Westmächte durch Diplomatie nicht hatten erreichen können, versuchten sie mit Gewalt zu nehmen. Die Engländer führten von 1839 bis 1842 Krieg in China und England und Frankreich vereint von 1856 bis 1858. Diese Feldzüge zwangen die Chinesen, ihre größeren Häfen für den Handel zu öffnen, freie Schiffahrt auf dem Yangtse zu erlauben, diplomatische Missionen in Peking anzuerkennen, ihre Exterritorialität hinzunehmen und Hongkong völlig an Großbritannien zu überlassen. Die Vereinigten Staaten, die nach den militärischen Erfolgen der Europäer mit diplomatischen Missionen folgten, erhielten ähnliche Handelskonzessionen wie die Engländer und Franzosen. Diese Verträge bestimmten weitgehend die Beziehungen Chinas zu den westlichen Nationen bis zum Jahre 1945. Sie schwächten aber gleichzeitig die chinesische Souveränität, und die politische Ohnmacht forderte zu weiteren Übergriffen heraus, besonders durch Rußland und Japan.

Obwohl Japan seine selbstgewählte Abschließung dem Westen gegenüber beibehielt, blieb der drastische Anschauungsunterricht, den die jüngste Geschichte Chinas bot, nicht unbeachtet. Die schroffsten Artikel des japanischen Ausschließungsediktes wurden im Jahre 1842 abgeändert, danach war es nunmehr erlaubt, Schiffbrüchigen Beistand zu leisten und Hilfe für Schiffe in Seenot zu gewähren. Den Vereinigten Staaten genügte diese Konzession nicht. Nachdem die amerikanischen Walfangflotten seit 1830 ihr Tätigkeitsfeld aus der Äquator-Region nach den nordpazifischen Fanggebieten von Hokkaido verlegt hatten, war das amerikanische Auswärtige Amt zunehmend an der Haltung der Japaner interessiert. Der Erwerb von Kalifornien und die Entwicklung im Staate Oregon ließen jetzt die Vereinigten Staaten zu einer Macht am Stillen Ozean werden. Die Vorbereitungen für einen fahrplanmäßigen transpazifischen Dampferverkehr hingen von der Gewährung von Dockmöglichkeiten in Japan ab, weil dieses Inselkaiserreich quer vor der kürzesten Verbindung nach Shanghai lag. Erfolglose amerikanische Versuche, mit den Japanern diplomatische Beziehungen anzuknüpfen, überzeugten schließlich den Präsidenten Fillmore, daß hier die Macht der USA demonstriert werden müsse.

Der Admiral Matthew Calbraith Perry, der das ostindische Geschwader der USA befehligte, erhielt einen persönlichen Brief des Präsidenten, um ihn dem Kaiser von Japan zu überreichen. Perry wurde angewiesen, einen Vertrag zum Schutz amerikanischen Lebens und Eigentums in Japan und über den freien Zugang zu einem oder mehreren Häfen zur Bevorratung und für den Handel abzuschließen. Er sollte, wenn nötig, Gewalt anwenden. Anfang des Jahres 1853 lief die Expedition mit amerikanischen Maschinen und anderen industriellen Produkten als Geschenken an Bord nach Japan aus. Das Geschwader, das Perry in die Bucht von Tokyo führte, bestand aus je 2 Radfregatten und Segelkorvetten. Bei der Ankunft des Vertreters des Kaisers, des Prinzen von Idzu, ging Perry mit Gefolge an Land und übergab zeremoniell den Brief des Präsidenten. Er kündigte an, daß er im folgenden Frühling zum Empfang der kaiserlichen Erwiderung zurückkommen werde, ließ die Proteste der Behörden unbeachtet, demonstrierte vor Tokyo seine Seemacht und dampfte nach China ab.

Während das Geschwader in China überwinterte, wurde es noch durch eine Radfregatte und zwei Segelschaluppen verstärkt. Das Erscheinen eines russischen Geschwaders bei Shanghai trieb Perry dazu, seinen zweiten Besuch vor Tokyo früher durchzuführen, um die Russen davon abzuhalten, dort zu ernten, wo er gesät hatte. Perry überzeugte schließlich die Japaner, daß der Staatsrat nur zwischen einem Vertrag und dem offenen Krieg zu wählen hätte. Widerstrebend fügten sich die Japaner in das Unvermeidliche, denn sie kannten ihre militärische Schwäche. Der am 31. März 1854 abgeschlossene Vertrag von Kanagawa garantierte den amerikanischen Bürgern Schutz und sorgte für die Öffnung der Häfen von Shimoda und Hakodate für die amerikanische Schiffahrt, aber er gab keine Handelskonzessionen.

Perrys festes, aber kluges Auftreten hatte das den Umständen nach Mögliche erreicht. Townsend Harris erhielt zwei Jahre später großzügigere Bedingungen, aber damals hatte sich bereits in Japan die Erkenntnis durchgesetzt, daß der auswärtige Handel ein Mittel zur Beschleunigung der technischen und industriellen Revolution war, der sich Japan zur Sicherung seines Schutzes und seiner Unabhängigkeit unterziehen mußte.

Gegen beide Verträge wandten sich die japanischen Großfamilien, die alten Feinde des Tenno. Mori, der Herr des Gebietes von Chosu, ließ auf eigene Faust auf fremde Schiffe feuern, die die Straße von Shimonoseki zwischen den Inseln Honshu und Kyushu befuhren. Die Öffnung dieser Durchfahrt konnte nur von drei Nationen in vier Unternehmungen mit wachsender Stärke in den Jahren 1863 und 1864 erzwungen werden. Zuerst griffen die amerikanische Schraubenschaluppe *Wyoming*, dann zwei französische Kriegsschiffe, danach sechs englische Kriegsschiffe und schließlich eine internationale Streitmacht von 17 Schiffen die Schiffe und Festungswerke von Mori an, bevor der hartnäckige Daimyo sich zu Verhandlungen bequemte.

Das öffnete den Familienhäuptlingen die Augen und flößte

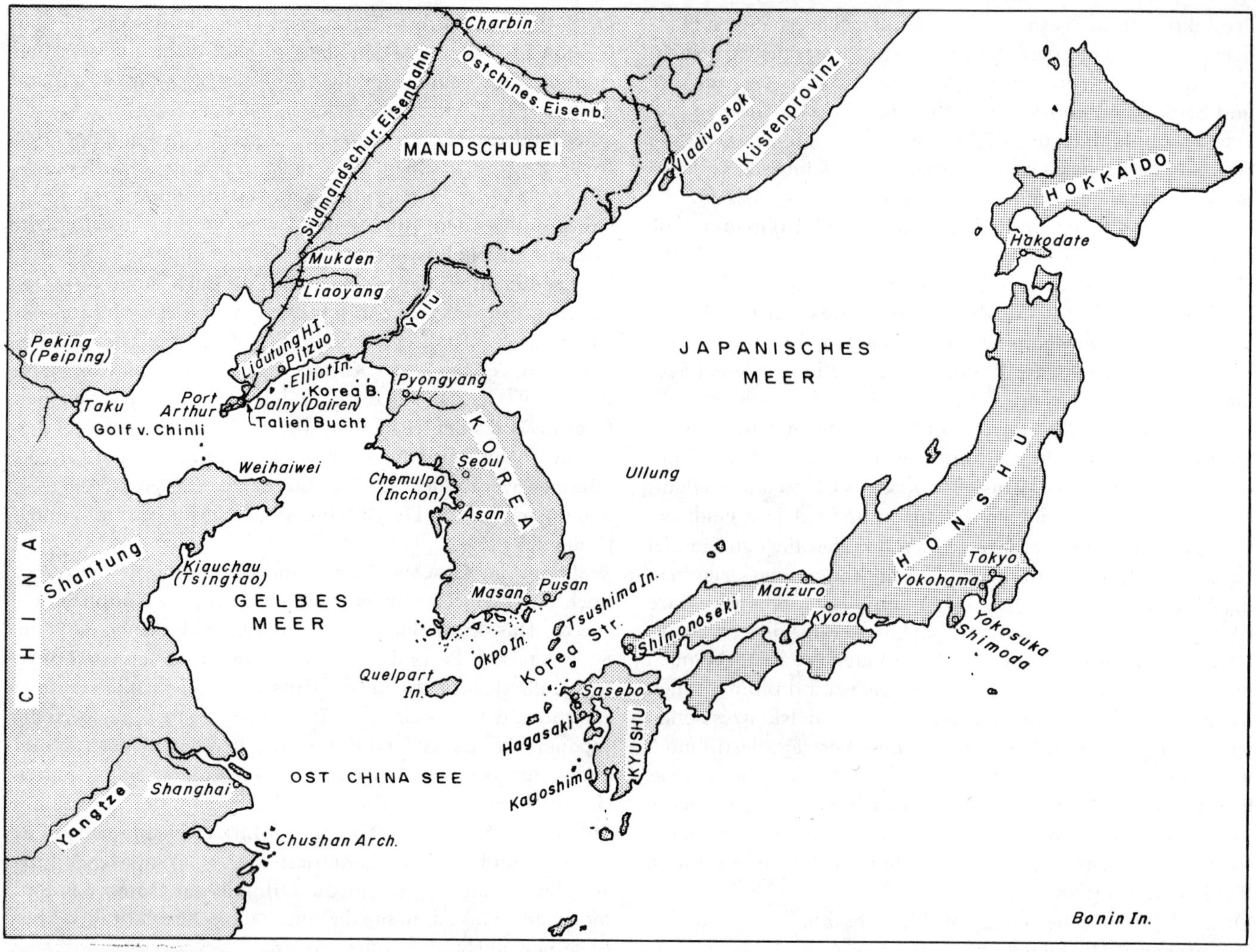

Ostasien, 1894 – 1905

ihnen große Achtung vor der Seemacht ein. Sie überwanden ihren Fremdenhaß und begrüßten nun den Verkehr mit anderen Nationen wenigstens so weit, um sich dadurch die westliche militärische Technik anzueignen. Sie besiegten den Shogun in einem zweijährigen Bürgerkrieg und setzten den Kaiser wieder ein. Seitdem erfuhr die Nation in solcher Schnelligkeit eine westliche Prägung, daß es die Ausländer in Erstaunen versetzte. Zuerst wurden Heer und Marine reforformiert. Die Modernisierung der Flotte war schon vor dem Sturz des Shogunats in Angriff genommen, und die ersten Werften und Hellinge der Marineanlagen in Yokosuka waren im Jahre 1865 eingerichtet worden. Offiziere und Offiziersanwärter wurden in ausländische Marineschulen, vor allem nach England und den USA geschickt. Seit 1874 beauftragten die Japaner fremde Werften mit dem Bau von Kriegsschiffen neuester Konstruktion und bemühten sich, diese nachzubauen und zu verbessern. In den achtziger Jahren waren es zunächst Kanonenboote, ab 1890 ließen sie Kreuzer vom Stapel laufen, die ebenso gut waren wie ihre in Europa gebauten Vorbilder.

Die strategischen Probleme, die Japan nach 1870 vor sich sah, waren in vieler Hinsicht denen ähnlich, denen sich Großbritannien gegenübersah. Beide Nationen besaßen Inselpositionen, den Kontinenten vorgelagert. Es war wenig strategische Einsicht für die Erkenntnis nötig, daß Japan gegenüber Rußland und China in einer gefährlichen Lage war, und was Japan am meisten zu fürchten hatte, war Chinas Aufstieg zu einer Seemacht und das Vordringen Rußlands nach eisfreien Häfen. Strategisch war Japan durch seine geographische Lage in einer stärkeren Position als seine Rivalen. Während es zahlenmäßig schwächer als jeder seiner mutmaßlichen Gegner war, konnte keiner von ihnen seine volle Stärke gegen Japan gebrauchen, solange es zur See unbesiegt blieb.
Aber die japanischen Pitts sehnten sich bald nach napoleonischen Rollen. Sie ließen die imperialistischen Ambitionen aus der Zeit von Hideyoshi wieder aufleben und verfolgten stetig eine Politik, zuerst eine defensive Sperre vor der Ostküste Asiens zu errichten und danach die politische Kontrolle über die Brückenköpfe auszuüben. Der neue imperialistische Weg zur Herrschaft kündigte sich mit der Annexion der

Bonin-Inseln im Jahre 1876 und der Ryukyu-Inseln drei Jahre später an. Formosa und die Pescadoren gehörten China, und die Landbrücke Korea war nominell von ihm abhängig. Sachalin, die nördliche Flanke, war russisch. Um den beabsichtigten Sperr-Riegel zu vervollständigen, hätte Japan alle diese Gebiete mit Beschlag belegen müssen. Ihre Erwerbung bedeutete jedoch Krieg mit beiden Mächten, mit China und Rußland. Die japanischen Politiker nahmen dies als Notwendigkeit hin. Im Jahre 1894 griffen sie zuerst China, das schwächere der beiden Länder an.

Der chinesisch-japanische Krieg 1894–1895

Der Vorwand für den Krieg wurde durch einen von Japan geschürten Aufstand in Seoul, der Hauptstadt von Korea, gegeben. China ließ Truppen zur Wiederherstellung der Ordnung einrücken, worauf Japan sich auf eine Vertragsklausel berief, um Truppen in Inchon (auch Chemulpo genannt) zu landen. Als die Japaner auf Seoul vorrückten, setzten sie den koreanischen König mit einer Marionettenregierung wieder ein und forderten, daß sich die Chinesen von der Halbinsel zurückzögen. Als China, statt sich dieser Forderung zu unterwerfen, über See Truppen nach Korea brachte, liefen die schnellen Kreuzer *Akitsushima, Yoshino* und *Naniwa* vom japanischen Marinestützpunkt Sasebo aus und griffen ohne formale Kriegserklärung den chinesischen Truppenkonvoi an, beschädigten den Kreuzer *Tsi Yuen,* zerstörten das beschädigt auf Strand gesetzte Kanonenboot *Kuang Ki,* brachten ein anderes, *Tsao Kiang,* auf, und die *Naniwa* versenkte das beladene Transportschiff *Kowshing.* Japan hatte die Praxis eingeführt, folgenreiche Kriegshandlungen anzuzetteln und den Krieg erst hinterher zu erklären. Beide Seiten erklärten den Krieg am 1. August 1894.

Während der nächsten Wochen war die japanische Flotte hauptsächlich damit beschäftigt, die Truppen- und Nachschubtransporte nach Korea über Pusan und Inchon zu dekken. Eine kurze Flottendemonstration vor Weihaiwei, dem Hauptstützpunkt der chinesischen Nord-Flotte, genügte, um Peking zu schrecken, so daß die chinesische Flotte in der Nähe des Hafens blieb und alle Truppen über den langsamen, umständlichen Landweg nach Korea gebracht wurden. Aber schnelle japanische Vormärsche zwangen China Mitte September, wieder Seetransporte durchzuführen. Die Überfahrt des ersten Truppenkonvois, von chinesischen Seestreitkräften begleitet, entging der Aufmerksamkeit der japanischen Flotte nicht und führte zur Schlacht im Yalu-Fluß.

Das Geleit des Transportes unter Führung von Admiral Ting bestand aus einem der vier chinesischen Provinzgeschwader, dem einzigen, das die chinesische dezentralisierte Regierung für den koreanischen Krieg bereitgestellt hatte. Die Hauptstärke des Geschwaders bestand aus zwei langsamen, in Deutschland gebauten 7,400 Tonnen großen Schlachtschiffen, der *Ting Yuen* und der *Chen Yuen,* deren Kommandant, Philo McGiffen, ein früherer Schüler der US-Marine-Akademie war. Jedes hatte vier 30,5-cm-Geschütze, die in Barbettetürmen an den Seiten des Schiffes diagonal aufgestellt waren. Theoretisch konnten diese Schiffe gleichzeitig mit allen Geschützen nach vorne, achtern oder querab feuern, aber praktisch stellte sich heraus, daß sie gemeinsam nur nach vorn schießen konnten, ohne Sprengschäden an den Aufbauten zu verursachen.

Bei der Ankunft an der Mündung des Yalu-Flusses kommandierte Ting das Küstenpanzerschiff *Ping Yuen* und zwei Torpedoboote ab, um die Transportgruppe den Yalu hinauf zu begleiten und die Ausschiffung zu decken. Die zehn Schiffe seiner Gefechtslinie lagen vor Anker in der Flußmündung.

Am folgenden Vormittag des 17. September um 10 Uhr übten die chinesischen Mannschaften »Klar Schiff zum Gefecht«, als der Ausguck dicke Rauchwolken über See im Südwesten entdeckte. Anscheinend näherte sich die japanische Flotte. Um Platz zum Manövrieren zu haben, befahl Ting seinen Schiffen, Dampf aufzumachen und sich auf den Vormarsch gegen den Feind vorzubereiten. Gegen 11 Uhr vormittags war die Schlachtlinie in Fahrt. Sie entwickelte sich von der Kiellinie in die Dwarslinie, die normale Formation für die Annäherung. Die 4 Schiffe, die die Truppen den Yalu hinaufbegleitet hatten, folgten in einiger Entfernung achteraus, kamen jedoch nicht mehr heran.

In der Literatur wird viel darüber gerätselt, warum der chinesische Admiral Ting anscheinend beabsichtigte, in Dwarslinie oder Keilformation zu kämpfen. Vielfach wird ihm dabei vorgeworfen, er habe sich zu sehr von dem Vorbild Tegetthoffs bei Lissa leiten lassen, einer Taktik, die inzwischen durch die Entwicklung der Artillerie überholt gewesen sei. Die Taktik des Bugangriffes wurde Admiral Ting jedoch in erster Linie durch die Konstruktionsmerkmale seiner Schiffe aufgezwungen, die ihre artilleristische Schlagkraft am wirkungsvollsten nach direkt voraus einsetzen konnten. Nicht nur die beiden Schlachtschiffe konnten ihre beiden schweren Türme gleichzeitig nur nach voraus feuern lassen, auch die an beiden Flanken der Panzerschiffe gestaffelt marschierenden, von 1885-87 in Stettin gebauten, gepanzerten Kreuzer *King Yuen* und *Lai Yuen* sowie die gleichzeitig in England gebauten Panzerdeckkreuzer *Chih Yuen* und *Ching Yuen* sowie der ältere, ebenfalls in Stettin gebaute Kreuzer *Tsi Yuen* hatten ihre jeweils 2 21-cm-Kruppgeschütze in einer Zwillingslafette oder einem Doppelturm auf dem Vorschiff installiert und konnten auch ihre in seitlichen Schwalbennestern untergebrachten je 2 15-cm-Geschütze nach voraus zur Wirkung bringen. An der rechten Flanke des chinesischen Keils marschierten die beiden von Armstrong gebauten, schwach geschützten Kreuzer *Yang Wei* und *Chao Yang* mit ihren 25,4-Geschützen, auf dem linken Flügel außer der bereits erwähnten *Tsi Yuen* der Torpedokreuzer *Kuang Kai.*

Insgesamt verfügte die chinesische Flotte über 22 ältere schwere Geschütze vom Kaliber 30,5–21 cm sowie 20 mittlere ältere Geschütze vom Kaliber 15 und 12 cm. Schnellfeuergeschütze besaßen die chinesischen Schiffe nicht, es

waren nur eine Reihe leichter Schnellfeuer- und Maschinenkanonen an Bord.
Die japanische Flotte, geführt von Admiral Ito, verfügte demgegenüber neben 12 älteren schweren und 24 mittleren Geschützen als schlagkräftigste Bestückung über nicht weniger als 66 Schnellfeuergeschütze vom Kaliber 15,2 und 12 cm. Sie waren der wirkungsvollste Typ der Marinegeschütze jener Zeit, ehe die verbesserte Feuerleittechnik auch ein wirkungsvolles weitreichendes Feuer aus schwereren Geschützen erlaubte. Die japanische Flotte war in 2 Divisionen geteilt. Kreuzer *Chiyoda.* An die Division angehängt waren die beiden veralteten Panzerschiffe *Fuso* und *Hiyei,* die nur dadurch die Verbindung halten konnten, daß sie bei Fahrmanövern die Winkel schnitten. Nach der Leeseite zu abgesetzt, gehörten noch das Kanonenboot *Akagi* und ein bewaffneter Dampfer, *Saikyo Maru,* zu dem Verband. Keines der japanischen Schiffe war stärker gepanzert, die Geschwindigkeit war jedoch der der chinesischen Schiffe erheblich überlegen.
Die Schlachtlinien, je 10 Schiffe, hatten um 11.40 Uhr Sichtverbindung. Die japanischen Schiffe liefen in einem Winkel

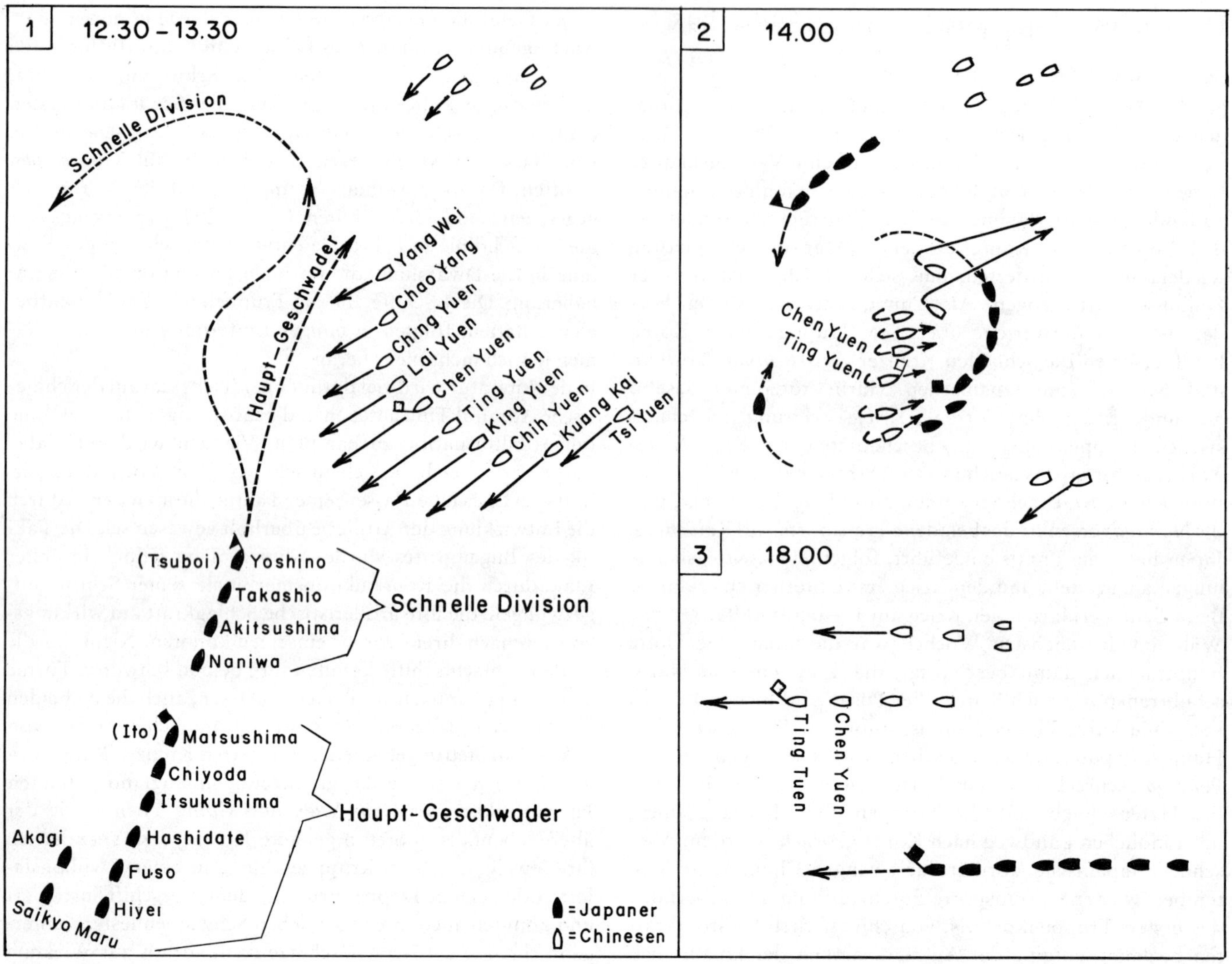

Die Schlacht vor dem Yalu, 17. September 1894

Die 1. fliegende Division unter Konteradmiral Tsuboi bestand aus 4 modernen schnellen Kreuzern *Yoshino, Takashio, Akitsushima* und *Naniwa* mit mehr als 18 Knoten Geschwindigkeit und der Hauptmacht oder 2. Division unter Admiral Ito mit den nach französischen Plänen gebauten Kreuzern *Matsushima, Itsukushima* und *Hashidate,* die über je ein 32-cm-Canet-Geschütz verfügten, sowie dem gepanzerten in Kiellinie zunächst auf die Spitze des chinesischen Keils zu, dessen Flanken noch in unregelmäßigen Positionen fuhren. Ito, der sich von links her Ting mit doppelter Geschwindigkeit näherte, hatte einen Kurs diagonal zur chinesischen Front. Seine Absicht war, zuerst auf Tings schwache rechte Flanke zu treffen – sogar mit dem Risiko, seine Nachzügler dem herankommenden Gegner zu überlassen. Um diese Absicht zu verbergen, signalisierte er der voranlaufenden Division unter Tsuboi, zuerst Kurs auf die feindliche Mitte zu nehmen. Als diese nicht übliche Annäherung die verwirrten Chinesen auf eine Position festgelegt hatte, schwenkte Tsuboi leicht nach Backbord und führte die japanische Flotte in Richtung auf Tings rechten Flügel. Tsuboi beachtete das wirkungslose chinesische Feuer nicht, welches auf 5400 Meter eröffnet wurde, und hielt sein eigenes Feuer zurück, bis er nahe genug war, um von seinen Schnellfeuergeschützen wirkungsvollen Gebrauch zu machen. Diese richtete er mit tödlicher Wirkung gegen die beiden kleinen Kreuzer auf der rechten Seite von Ting, während er quer über ihren Bug dampfte und um die chinesische Flotte herumholte.

Es war Itos Absicht gewesen, nach Einkreisung der Flanke gegen die chinesische Nachhut zu dampfen. Dies tat sein Gros, das zur Linken der Chinesen aufkam. Aber die Division von Tsuboi wandte sich zuerst nach Norden, um die vier Verstärkungen von Ting zu jagen, die vom Yalu kamen und dann nach Süden um die schwache japanische Nachhut zu unterstützen, die unter chinesisches Feuer gekommen war. Daraus ergab sich, daß die Formation von Ting von zwei Seiten unter Feuer genommen wurde und sich schnell auflöste. Der chinesische Kreuzer *Chao Yang* auf der rechten Seite kollidierte bereits brennend mit der vom linken Flügel abdrehenden *Tsi Yuen* und sank, die *Yang Wei* geriet an einer nahen Insel auf Grund. Die schwer beschädigte *Tsi Yuen* und die *Kuang Kai* liefen nach Port Arthur. Die chinesischen Kreuzer *King Yuen* und *Chin Yuen* wurden von den Schlachtschiffen getrennt und von Tsubois Geschwader versenkt, die weit über das Schlachtfeld fuhren und nach Nachzüglern und kampfunfähig geschossenen Schiffen suchten.

Währenddessen konzentrierte sich Ito auf die *Ting Yuen* und die *Chen Yuen* und die beiden Kreuzer *Lai Yuen* und *Ching Yuen*–die letzten von Tings Flotte, die nicht versenkt oder geflüchtet waren. Indem er sic auf 2300 Meter umkreiste, hielt er ein starkes, stetiges Feuer durch und nahm besonders die beiden Schlachtschiffe aufs Korn. Seine schweren Granaten durchlöcherten ihre Aufbauten, seine Schnellfeuergeschütze töteten die Geschützbedienungen auf ihren ungeschützten Plätzen. Aber die Schwimmfähigkeit der großen Schiffe, die durch 355 mm starken Panzer geschützt waren, blieb ungeschwächt. Indem sie ihren Bug gegen ihre Angreifer wandten, fuhren sie fort, langsam zu feuern. Obwohl eine korrupte Regierung sie mit mangelhafter Munition ausgestattet hatte–die Granaten waren zum Teil mit Sägespänen oder Sand gefüllt–bewährten sie sich gut. Gegen 03.30 Uhr detonierte ein 30,5-cm-Geschoß zwischen der Bereitschaftsmunition auf Itos Flaggschiff, verursachte den Ausfall von mehr als hundert Mann und setzte das Schiff außer Gefecht.

Ito mußte schließlich einsehen, daß die Schlachtschiffe mit der ihm zur Verfügung stehenden unzureichenden Bestückung nicht niedergekämpft werden konnten. Um 5.30 Uhr brach er das Gefecht ab, um sich nicht einem Nachtangriff von Torpedobooten aus Port Arthur auszusetzen. Zu dieser Zeit hatte die *Chen Yuen* nur drei 30,5-cm-Granaten übrig gehabt; diese waren in den Geschützen für eine Schlußsalve geladen. Die *Ting Yuen* war in einer beinahe ebenso schlechten Lage.

Die Gegner behielten sich bis zur Dunkelheit in Sicht und verloren dann die Fühlung. Ito, der den Bestimmungsort von Ting falsch eingeschätzt hatte, nahm Kurs auf Weihaiwei. Am nächsten Morgen früh erreichten die vier überlebenden Schiffe der chinesischen Schlachtflotte Port Arthur. Der Mangel an Angriffsgeist bei Ito im letzten Stadium der Schlacht hatte die Japaner den entscheidenden Sieg gekostet. Obgleich die Chinesen mehrere Schiffe verloren hatten und ihre Moral verheerend geschwächt war, kehrten ihre stärksten Einheiten sicher zu ihrem Stützpunkt Port Arthur zurück.

Weil die Japaner nichtsdestoweniger einen ordinären Sieg errungen und die Chinesen einwandfrei geschlagen hatten, untersuchten Marinetheoretiker ihre Taktik, um daraus Lehren zu ziehen. Dabei erlebte man eine Überraschung. Die Schlacht am Yalu stellte eine ähnliche Situation dar wie die der Schlacht von Lissa – ein Angriff der Breitseite in Kiellinie stand einem Bugangriff in Keilformation gegenüber. Diesmal hatte jedoch die Kiellinie die Bug-Angriffsweise zu Fall gebracht. Auf diese Weise schienen die taktischen Lehren einander aufzuheben, mit Ausnahme einer bemerkenswerten Tatsache: bei Lissa und wieder am Yalu wie auch lange Zeit vorher bei Trafalgar hatte die siegreiche Flotte in getrennten Divisionen gekämpft. Die taktische Beweglichkeit und die Möglichkeiten zur Erlangung von gewinnbringenden Vereinigungen durch Teilung seiner Kräfte wurden überall von Marineoffizieren aufmerksam untersucht. Die US-Marine verwandte vier Jahre später im spanisch-amerikanischen Krieg ein eigenes Aufklärungsgeschwader. Wie wir sehen werden, verwandten die Japaner erneut geteilte Streitkräfte in ihrer Entscheidungsschlacht gegen die Russen im Jahre 1905, und im zweiten Weltkrieg operierten ihre Seestreitkräfte beinahe beständig in getrennten Kampfgruppen.

Vom Standpunkt der Marinetechnik waren die Lehren der Schlacht am Yalu ziemlich unergiebig. Die damals ausgetragene Kontroverse über den Vorrang der schweren Artillerie oder des Panzers wurde mehr neu entfacht als entschieden. Der Panzer schien seine Eignungsprüfung mit vollem Erfolg bestanden zu haben. Tatsächlich haben auch die schwereren japanischen Geschütze den chinesischen Panzer nicht ernstlich verletzen können. Schäden an mehreren schweren Barbette-Geschützen wiesen auf die Notwendigkeit hin, Geschütztürme aufzustellen, trotz des damit verbundenen wachsenden Gewichtes. Jedoch der entscheidende Faktor war die Feuerkraft. Die Japaner hatten zwar weniger schwere Geschütze als die Chinesen, aber eine überwältigende Überlegenheit an Schnellfeuergeschützen. Mit einem solchen Vorsprung konnten die Japaner kaum ohne große Siegesaussichten in das Treffen gehen.

Im weiteren Verlauf des Krieges arbeiteten die japanische

Armee und Marine eng zusammen. Als die in Korea siegreichen japanischen Truppen den Yalu überquerten und in die Mandschurei einfielen, überführte Itos Flotte eine starke Landtruppenmacht von Japan nach der Halbinsel Liaotung mit dem Ziel, Port Arthur einzuschließen und zu belagern. Ito konzentrierte sich ganz auf diese Geleitaufgabe, denn während er damit beschäftigt war, lief Tings Streitmacht aus Port Arthur aus und entkam nach Weihaiwei, wo sie später durch Schiffe der anderen chinesischen Provinzgeschwader verstärkt wurde. Mitte November deckte Ito die Ausladung von Belagerungskanonen bei der Talien-Bucht, bis wohin die kürzlich gelandete japanische Armee vorgerückt war. Drei Tage später stürmte die Armee die Verteidigungsanlagen von Port Arthur; zum Erstaunen der Welt wurden die Forts in sechs Stunden überrannt. Die japanische Flotte besaß jetzt alle Vorteile eines geräumigen Stützpunktes im Operationsgebiet.

Das chinesische Geschwader in Weihaiwei mußte vernichtet werden, denn es bedrohte die Flanke des geplanten japanischen Vormarsches auf Peking. Die Schiffe auszuschalten, erforderte mitten in einem besonders strengen Winter mehrere kombinierte Unternehmungen. Solange eine große chinesische Armee die Halbinsel Shantung besetzt hielt, gab es keine Möglichkeit, die Strategie von Port Arthur zu wiederholen. Weihaiwei an der Spitze der Halbinsel konnte nicht eingeschlossen werden. Es mußte frontal oder durch Überrumpelung genommen werden. Das erforderte einen schnellen, genau aufeinander abgestimmten Feldzug.

Mitte Januar 1895 landete Tsuboi eine Diversions-Streitmacht 70 Meilen westlich von Weihaiwei. Zwei Tage später begann die Hauptinvasions-Armee der Japaner in Stärke von 32 000 Mann und 6000 Pferden mit einer Landung 24 Meilen östlich des Operationszieles. In fünf Tagen war die gesamte Armee mit Verpflegung für 6 Wochen an Land und in raschem Vorgehen auf den chinesischen Stützpunkt. Nach weiteren fünf Tagen, bevor die Shantung-Armee eingreifen konnte, waren die Japaner über den zugefrorenen Fluß Weihaiwei marschiert, nahmen die östlichen Forts und die Zündstelle der Hafen-Minen und entschärften die Sperre, die den östlichen Eingang zum Hafen verschloß. Nach zwei weiteren Kampftagen hatten die Angreifer das gesamte Hafengebiet gesichert. Die Seestreitkräfte von Ito, die draußen die Blockade durchführten, übernahmen jetzt den Angriff. Bei solch starker Kälte, daß Männer auf den Wachstationen zu Tode froren, führte er eine Reihe von Torpedoboot-Angriffen bei Nacht durch, die das Schlachtschiff *Ting Yuen* und einen Kreuzer zum Sinken brachten. Admiral Ting befahl den übriggebliebenen Schiffen, einen Ausbruchsversuch zu machen. Nur zweien gelang es, sich in Sicherheit zu bringen, die anderen 13 Einheiten wurden genommen oder auf die Felsen getrieben.

In dieser hoffnungslosen Lage vereinbarte Ting am 12. Februar die Übergabe und für seine Besatzungen persönliche Sicherheit, um dann selbst eine tödliche Dosis Opium zu nehmen. Zwei Wochen später war die chinesische Mandschurei-Armee bei Liaoyang entscheidend geschlagen, woraufhin der Vizekönig Li Hung Chang Friedensverhandlungen eröffnete. Der Vertrag von Shimonoseki (17. April 1895) wurde von den Siegern diktiert. Neben der Bezahlung aller Kriegskosten trat China Formosa, die Pescadoren (zwischen Formosa und dem Festland) und Port Arthur an Japan ab.

Die Vorgeschichte des russisch-japanischen Krieges

Die Ergebnisse des chinesisch-japanischen Krieges brachten Japan sogleich in einen diplomatischen Konflikt mit Rußland, obgleich der eigentliche Krieg erst neun Jahre später ausbrach. Nachdem Rußland im Krim-Krieg in seinem Streben nach einem eisfreien Hafen im Süden aufgehalten worden war, hatte es sich nach Ostasien ausgedehnt und im Jahre 1860 den pazifischen Marinestützpunkt Vladivostok erworben. Weil der neue Hafen drei Monate lang im Jahr wegen Vereisung nicht benutzbar war, wurden die Mandschurei und ihr eisfreier Hafen Port Arthur das lockende Ziel für eine erneute russische Ausdehnung. Aber der Vertrag von Shimonoseki überließ, wie wir sahen, Port Arthur den Japanern. Die russische Reaktion erfolgte schnell und scharf; St. Petersburg sicherte sich die Mitwirkung der französischen und deutschen Regierung für einen diplomatischen Schritt in Tokio mit der Warnung, daß die japanische Aneignung irgendeines Teiles des chinesischen Festlandes »ein dauerndes Hindernis für den Frieden im Fernen Osten« schaffen würde. Die Japaner fügten sich diesem »Gebot der Humanität«, fuhren aber sogleich fort, ihre Armee zu verdoppeln und die Marine zu verdreifachen.

Während Japan gezwungen war, seine Truppen aus Korea zurückzuziehen und Port Arthur aufzugeben, schob Rußland seine Transsibirische Eisenbahn nach Nordasien vor. Im Jahre 1896 räumte China als Gegenleistung für an Japan gegebene Vorteile den Russen das Recht ein, ihre Eisenbahnlinie nach Vladivostok direkt durch die Mandschurei zu bauen. Im nächsten Jahr pachteten die Russen Port Arthur und schlossen es an die mandschurische Eisenbahn an. Zwei Jahre später nahmen die Russen Port Arthur gänzlich in ihr Eigentum und dehnten ihre Herrschaft über die ganze Mandschurei aus. Auch begannen sie auf Korea Einfluß zu nehmen. Japan, das gezwungen war zuzusehen, wie Rußland die Früchte seiner Eroberungen an sich riß, bereitete sich insgeheim auf einen Krieg vor. Während sechs Schlachtschiffe und sechs Panzerkreuzer für Japan in Europa gebaut wurden, erreichte die Diplomatie politische Sicherungen für den Kriegsfall im Fernen Osten. Im Jahre 1902 wurde das englisch-japanische Bündnis geschlossen, das wechselseitige Unterstützung gegen jede Veränderung des Gebietsstandes in China und Korea garantierte. Nun forderte die japanische Regierung die Zurückziehung russischer Truppen aus der Mandschurei, doch wurde das hinausgezögert und die Verhandlungen bis

zum Februar 1904 hingeschleppt. Am 6. Februar brach Japan die diplomatischen Beziehungen zu Rußland ab.
Die Japaner gingen mit offensichtlichen Nachteilen in den Krieg. Sie mußten das vom Feind besetzte Gebiet durch See- und Land-Angriff nehmen. Sie verfügten über nicht halb so viel Truppen wie Rußland. Ihre Flotte war zahlenmäßig schwächer, sechs moderne Schlachtschiffe standen gegen fünfzehn russische, 21 Zerstörer gegen 38 russische, dazu kamen allerdings noch japanische Hochsee-Torpedoboote und 25 Kreuzer gegen 19 russische. Rußland war wirtschaftlich unabhängig und mit Frankreich verbündet, der führenden Finanzkraft des festländischen Europa. Aber Rußlands Vorteile an Zahl und Finanzkraft wurden durch die militärische Konzentration Japans auf den strategischen Schwerpunkt mehr als ausgeglichen. Die meisten russischen Truppen standen in Garnisonen westlich der Transsibirischen Eisenbahn. Seine Seestreitkräfte waren in drei Flotten von fast gleicher Stärke auf die Ostsee, das Schwarze Meer und Ostasien verteilt. Die unklare Haltung Großbritanniens hielt die Ostsee-Flotte bis nach Ausbruch des Krieges in Europa fest. Die zweite Flotte war durch den Londoner Vertrag von 1870, der die Dardanellen für fremde Kriegsschiffe verschloß, im Schwarzen Meer eingesperrt. Der größte Teil des fernöstlichen Geschwaders lag in Port Arthur, aber 4 Kreuzer befanden sich in Vladivostok, und ein Kreuzer und ein Kanonenboot waren in Inchon in Korea. Die Russen besaßen keinen erstrangigen Marinestützpunkt im Fernen Osten, und die günstige Dockmöglichkeiten gab es nur in dem unbefestigten Handelshafen Dalny, 20 Meilen von Port Arthur entfernt. Andererseits verfügten die Japaner über 4 größere Marinestützpunkte und 11 große Dockanlagen und Reparatureinrichtungen in ihrem Inselreich. So mußte die japanische Strategie auf schnelle und starke Schläge bedacht sein, die russische dagegen auf Verzögerung, um eine Entscheidung zu Lande und zu Wasser zu vermeiden und Zeit für die Verstärkung seiner militärischen Macht im Fernen Osten zu gewinnen.

Der Beginn der Kampfhandlungen

Wie im Krieg mit China eröffnete Japan die Feindseligkeiten mit einem Angriff auf die feindliche Flotte, bevor der Krieg formell erklärt war. Auf der Reede vor Port Arthur lag das russische Geschwader unter Vizeadmiral Stark mit den Linienschiffen *Petropavlovsk, Poltava, Sevastopol, Peresvet, Pobeda, Retvizan* und *Cesarevic* sowie dem Panzerkreuzer *Bajan*, den Großen Kreuzern *Askold, Diana, Pallada* und dem Kleinen Kreuzer *Novik* vor Anker. Am Abend des 8. Februar 1904 erschien der japanische Admiral Heihachiro Togo mit der Hauptmacht der japanischen Vereinigten Flotte vor Port Arthur. Sie bestand aus der 1. Division mit den Linienschiffen *Mikasa, Hatsuse, Asahi, Shikishima, Fuji* und *Yashima*, der 2. Division mit den Panzerkreuzern *Iwate, Izumo, Yakumo, Azuma, Asama* und *Tokiwa* sowie der 3. und 4. Division mit je 4 Kleinen Kreuzern und 4 Zerstörerdivisionen.
Togo schickte seine Zerstörer unter Kapitän Asahi zu einem Nachttorpedoangriff auf die nichtsahnenden, hell erleuchteten russichen Schlachtschiffe und Kreuzer vor. Von den Zerstörern *Shirakumo, Kasumi, Akatsuki* und *Asashio,* die zuerst dazu kamen, ihre Torpedos loszumachen, wurden Treffer auf den Linienschiffen *Cesarevič, Retvizan* und dem Kreuzer *Pallada* erzielt. Obwohl die Schotten hielten und die beschädigten Schiffe Fahrt aufnehmen konnten, gerieten die Linienschiffe wegen ihres vermehrten Tiefganges auf Grund und blockierten die Einfahrt für das restliche Geschwader. Am Mittag des 9. Februar standen die 1. und 2. Division Togos wieder vor der Reede und eröffneten das Feuer auf die russischen Schiffe außerhalb des Hafens. Während die russischen Schiffe versuchten, in Fahrt zu kommen und das Feuer zu erwidern, eröffneten auch die russischen Landbatterien das Feuer auf die Japaner, so daß auf beiden Seiten keine ernsten Schäden entstanden.
Noch auf dem Anmarsch hatte Togo die 4. Division mit den Kreuzern *Naniwa, Niitaka, Akashi* und *Takashio* nach Inchon detachiert, um den hier zur Beobachtung liegenden Kreuzer *Chiyoda* bei der Landung von 4 Bataillonen Heerestruppen, die für die Besetzung von Seoul vorgesehen waren, zu unterstützen. Die in diesem koreanischen Hafen angetroffenen Schiffe, der Kreuzer *Varjag* und das Kanonenboot *Koreec,* wurden zum Auslaufen aus dem »neutralen« Hafen aufgefordert und dabei in der schlauchartigen Zufahrt von den japanischen Schiffen, die durch den Panzerkreuzer *Asama* verstärkt worden waren, schwer getroffen, so daß sie sich auf Strand setzen und sprengen mußten.
Eine Woche später, nachdem der Krieg offiziell erklärt worden war, ging die japanische 1. Armee unter dem Schutz der japanischen schweren Schiffe bei Inchon an Land. In der Schlammperiode des Frühlingstauwetters erreichten die Landungstruppen den Yalu aber nicht vor Ende April. Dann erkämpften sie sich die Flußübergänge und zwangen die Russen zum Rückzug nach Liaoyang. Inzwischen versuchte Admiral Togo mehrfach, die russische Fernostflotte in Port Arthur anzugreifen. Am 13. Februar mißlang ein Versuch mit 18 Torpedobooten und Zerstörern, da die russische Flotte in den Innenhafen gegangen war. Ein am 24./25. Februar mit 5 alten Dampfern unternommener Sperrversuch hatte keinen Erfolg, da nur ein Schiff bis in die Hafeneinfahrt gelangte und diese nicht nachhaltig sperren konnte. Inzwischen hatte das russische Minenschiff *Enissej* begonnen, Minensperren zur Sicherung der Zufahrt nach Port Arthur zu legen. Da das Minenmaterial technisch nicht einwandfrei war und man es versäumte, genaue Karten der geworfenen Sperren anzulegen, gingen in diesen Sperren sowohl das Minenschiff *Enissej* als auch der zur Unterstützung heranbeorderte Kleine Kreuzer *Bojarin* auf den eigenen Minen verloren. Die Vorstöße der japanischen Flotte waren regelmäßig am folgenden Morgen durch Versuche der japanischen Linienschiffe begleitet, unter dem Schutz der unbefestigten Spitze der Halbinsel Liaotung die Festung Port Arthur und den Hafen zu

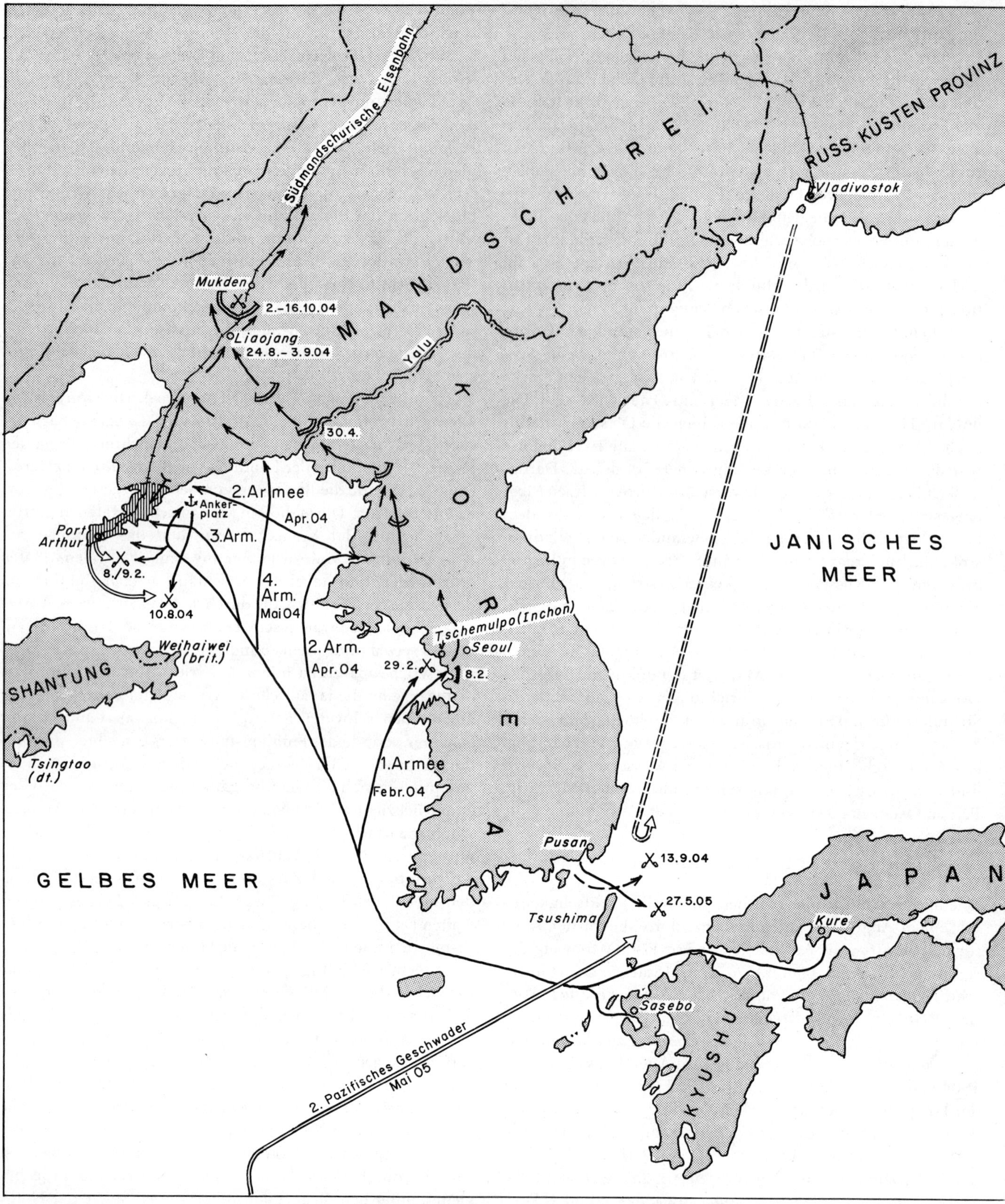

Der Russisch-Japanische Krieg 1904/05

beschießen. Auch von japanischer Seite wurde wiederholt versucht, Minensperren in die Einfahrten zu legen.
Das russische Geschwader blieb 2 Monate hindurch völlig defensiv, eine vor Anker liegende »Festungsflotte«, die ihre Beweglichkeit opferte, um die Funktion einer stationären Festung zu erfüllen.
Jedoch Anfang März hörte diese Tatenlosigkeit mit der Ankunft des temperamentvollen, neu ernannten Befehlshabers des russischen Fernostgeschwaders, des Vizeadmirals Stepan Osipovič Makarov, in Port Arthur schlagartig auf. Makarov war der fähigste Seeoffizier in der russischen Marine. Er war ausgebildeter Seemann und Fachmann für Seetaktik und Hydrographie. Seine starke Führerpersönlichkeit, die er bereits im russisch-türkischen Krieg von 1877 als junger Leutnant unter Beweis gestellt hatte, brachte die in Port Arthur am meisten benötigte Eigenschaft mit: er begann sofort, die Kampfmoral wiederherzustellen, Angriffsgeist zu entwickeln und hohe Maßstäbe an Material und Leistung anzulegen. Einen Tag nach seiner Ankunft am 9. März griffen erneut japanische Torpedobootzerstörer die auf der Reede befindlichen Vorpostenschiffe an. Makarov lief sofort selbst mit dem fahrbereiten Kreuzer *Novik* zur Verfolgung der japanischen Schiffe aus. Er konnte jedoch die Linienschiffe nicht schnell genug fahrbereit machen lassen, um eine neue wirkungslose Beschießung durch die japanischen Linienschiffe zu verhindern, bei der nur unbedeutende Treffer erzielt wurden. Ein ähnlicher 5. Angriff der Japaner vom 21./22.3. mit Torpedobootzerstörern schlug dank der aufmerksamen russischen Bewacher ebenfalls fehl, und erneut nahm Makarov auf dem Kreuzer *Askold* die Verfolgung der ablaufenden Torpedoboote auf, mußte jedoch dann vor dem herannahenden Gros der Japaner wieder umkehren. Es gelang den Russen, auch den 2. Blockierungsversuch der Japaner, der mit 4 Blockschiffen unternommen wurde, in der Nacht zum 27. März wirkungslos verpuffen zu lassen, und als am folgenden Morgen die japanische Flotte vor Port Arthur auftauchte, lief Makarov mit der russischen Flotte aus, ohne daß es jedoch zu einem Gefecht kam.
Unglücklicherweise war der neue Besen nicht lange genug am Werk, um allen Defaitismus und alle Unfähigkeit wegzufegen, die wie ein Leichentuch über Port Arthur lagen. Am 11./12. April trat die japanische Flotte erneut in voller Stärke mit 6 Linienschiffen, 8 Panzerkreuzern, 6 Kleinen Kreuzern und zahlreichen Zerstörern und Torpedobooten vor Port Arthur auf. Nächtliche Angriffsversuche der japanischen Zerstörer wurden von russischen Zerstörern und Torpedobooten aufgefangen, und am Morgen ging zunächst der Kreuzer *Bajan,* gefolgt von den anderen Kreuzern der Flotte, in See. Die Japaner waren jedoch inzwischen wieder abgelaufen, nachdem das mitgeführte Streuminenschiff *Koryu Maru* eine Sperre gelegt hatte. Auf dem Rückmarsch lief Makarovs Flaggschiff *Petropavlovsk* auf eine der Minen und sank nach einer großen Detonation mit mehr als 600 Mann der Besatzung und dem neuen Befehlshaber. Das Linienschiff *Pobeda* wurde durch einen Minentreffer beschädigt, kam aber in den Hafen. Makarovs Tod war ein nicht wieder gut zu machender Verlust für Rußland. »Mit ihm« schrieb ein russischer Torpedobootkommandant, »wurde alle Hoffnung, das Geschwader wieder leistungsfähig zu machen, begraben«.
In Vertretung übernahm zunächst der Statthalter im Fernen Osten, Admiral Alekseev, das Kommando über die Flotte. Ein neuer Vorstoß der Japaner am 15. April führte nur zur ergebnislosen Beschießung der Festung durch die neu zur Flotte getretenen Panzerkreuzer *Kasuga* und *Nisshin.* Der als Nachfolger für den gefallenen Makarov ernannte Vizeadmiral Skrydlov gelangte jedoch nicht nach Port Arthur, und so übernahm der dort befindliche Konteradmiral Wilhelm Karl Witthöft die Führung der Flotte, die sich jedoch auf die reine Defensive beschränkte. Der Oberbefehlshaber der russichen Marine, Großfürst Aleksis, kündigte bald danach an, daß die Streitkräfte in Port Arthur nunmehr »Erstes Pazifisches Geschwader« genannt würden und daß ein »Zweites Pazifisches Geschwader« Ende Juli die Ostsee verlassen und 4–5 Monate später im Gelben Meer ankommen würde. Diese Ankündigung bestärkte Witthöft nur in seinem Entschluß zum Abwarten, um seine Streitmacht zu erhalten, bis das Geschwader aus der Ostsee mit Verstärkungen angekommen sein würde.

Die Vernichtung der russischen Seemacht im Fernen Osten

Die Japaner begannen nun, ihre Anstrengungen zu verdoppeln. Anfang Mai überschritt die 1. Armee den Yalu und dehnte ihre linke Flanke in Richtung auf Port Arthur aus. Die 2. Armee landete, gedeckt von Togos Flotte, bei Pitsuo auf der Halbinsel Liaotung und stürmte den engen Hals, der zum russischen Stützpunkt führte. Voraussetzung für diese Unternehmung war ein in der Nacht vom 2. zum 3. Mai durchgeführter erneuter Blockierungsversuch des Hafens von Port Arthur mit 12 entsprechend ausgerüsteten Blockschiffen. Dieser Versuch gelang wesentlich besser als die beiden ersten, so daß nur noch 2 schmale Durchfahrten für die russischen Schiffe frei blieben. Allerdings überschätzten die Japaner ihren Erfolg. Doch Witthöft lag vor Anker und ließ seine Möglichkeiten für ein Überraschendes Eingreifen der Schiffsartillerie gegen die Flanken der japanischen Sturmkolonnen unbeachtet. Mitte Mai bot ihm das Kriegsglück noch eine andere Möglichkeit. Der Kommandant des Minenschiffes *Amur,* Kapitän 1. Ranges Ivanov, hatte dem Flottenchef vorgeschlagen, auf den mehrfach genau vermessenen Anmarschkursen der Japaner Minensperren zu legen, was ihm schließlich auch gestattet wurde. Nach der Auslegung der Sperre in der Nacht zum 14. Mai traf in der folgenden Nacht erneut eine japanische Gruppe mit den Linienschiffen *Hatsuse, Shikishima* und *Yashima* sowie 2 Kreuzern vor Port Arthur ein, wo man die russische Flotte im Innenhafen blockiert glaubte.

Der Verband geriet in die Sperre. Die *Hatsuse* sank nach 2 Minentreffern, und auch die *Yashima* mußte nach einem schweren Minentreffer schließlich im Schlepp aufgegeben werden. Obgleich Wittgeft nur einen Teil des Erfolges erkannt hatte, nutzte er seine jetzt entstandene Überlegenheit von 6 einsatzbereiten Linienschiffen gegen die nur noch 4 von Togo nicht. sischen Schiffe den ersten Versuch, in den sich Port Arthur nähernden Landkampf mit einem Linienschiff und mehreren Kreuzern einzugreifen. Sie mußten jedoch die Operation beim Herannahen der japanischen Blockadestreitkräfte wiederum abbrechen. Ähnlich erging es ihnen Ende Juli bei mehreren Versuchen, ostwärts von Port Arthur in die Landkämpfe einzugreifen.

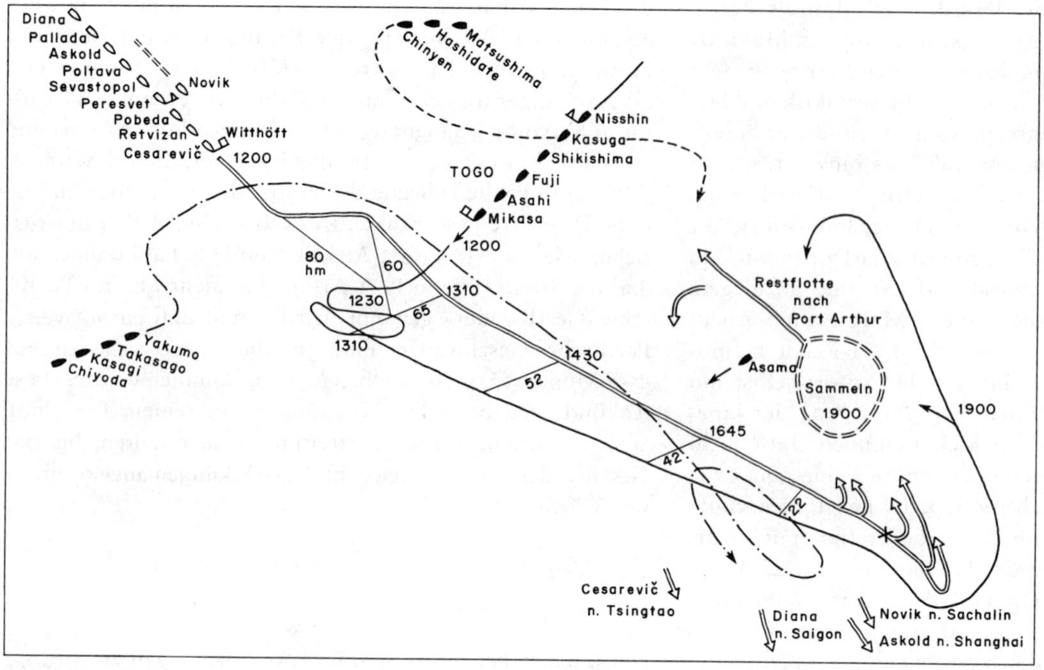

Die Schlacht im Gelben Meer
10. 8. 1904

Solange sich die Festung Port Arthur hielt, war die Tatenlosigkeit von Witthöft nicht ganz ohne Sinn. Wenn jetzt das Ostseegeschwader herannahte, standen die Japaner einer Seemacht gegenüber, die sie im Verhältnis von 2:1 übertreffen mußte. Aber die japanischen Angriffsspitzen fraßen sich immer näher an die Festung heran. Die von der Armee bereits spöttisch die »neutrale russische Flotte« genannte Marine mußte etwas unternehmen. Die in Vladivostok stationierten Panzerkreuzer *Gromoboj, Rossija, Rjurik* und der Große Kreuzer *Bogatyr* unter Konteradmiral Essen unternahmen ab Ende April, im Mai und im Juni wiederholt Vorstöße von Vladivstok aus, um die japanischen Transporte nach Korea zu stören und japanische Streitkräfte zur Bewachung zu binden. Die Japaner waren gezwungen, Konteradmiral Kamimura mit 4 Panzerkreuzern gegen diese Bedrohung abzuzweigen. Die russische Flotte versuchte nach längerer Pause erstmalig am 23. Juni in voller Stärke von 6 Linienschiffen, 5 Kreuzern, 2 Kanonenbooten und mehreren Torpedobooten, die japanischen Bewachungsstreitkräfte anzugreifen. Der Verstoß wurde jedoch nach einem erfolglosen japanischen Torpedobootangriff wiederum abgebrochen, und beim Rückmarsch lief das Linienschiff *Sevastopol* auf eine Mine und wurde beschädigt. Am 9. Juli unternahmen die rus-

Vom 7. August ab geriet der Hafen von Port Arthur in die Reichweite der japanischen Landartillerie, und der Fall der Festung schien unmittelbar bevorzustehen. Nun war eine russische Flottenaktion, gleich welcher Art, unbedingt erforderlich. Witthöft hätte zweifellos sein Geschwader gegen die japanische Blockadestreitkräfte voll einsetzen müssen, um ihnen jeden nur möglichen Schaden zu tun. Sogar wenn er geschlagen worden wäre, hätte er eine Gelegenheit gehabt, die japanische Flotte zu schwächen, damit sie umso leichter von der herannahenden Ostseeflotte besiegt werden konnte. Statt dessen zwangen ihn Befehle von oben zum Rückzug. Vom Zaren Nikolaus II. persönlich kam der Befehl: »Gehen Sie mit allen Ihren Streitkräften nach Vladivostok«.
72 Stunden später, in der Morgendämmerung des 10. August 1904, versuchte das Port Arthur Geschwader mit den Linienschiffen *Cesarevič, Retvizan, Pobeda, Peresvet, Sevastopol* und *Poltava* sowie den Kreuzern *Askold, Pallada, Diana* und 8 Torpedobooten den Durchbruch. Wachsame japanische Aufklärungsfahrzeuge bemerkten aber das russische Geschwader und hielten bis zur Ankunft von Togo Fühlung. Der japanische Befehlshaber zog alle in erreichbarer Nähe stehenden Schiffe an sich heran. Kern seines Verbandes war die 1. Division mit den Linienschiffen *Mikasa, Asahi, Fuji, Shiki-*

shima und den beiden Panzerkreuzern *Kasuga* und *Nisshin*. Dazu kamen 2 Kreuzerdivisionen mit 2 weiteren Panzerkreuzern und 6 Kleinen Kreuzern, aber auch die Veteranen der Schlacht am Yalu, die 3 Kreuzer der *Hashidate*-Klasse sowie das in die japanische Flotte übernommene alte Linienschiff *Chin Yen*.

Trotz einer Überlegenheit von beinahe zwei zu eins bei der schweren Artillerie und trotz des Vorteils von einem Knoten Geschwindigkeitsüberschuß hielt sich Togo in großer Reichweite. Als er das Feuer eröffnete, kreuzte er mehrfach die Spitze der russischen Kiellinie, um den feindlichen Verband in Unordnung zu bringen. Beim dritten Kreuzen holte er zu weit aus und verlor beim Eindrehen in die Linie Zeit, um sein Flaggschiff wieder an die Spitze der Formation zu bringen. Witthöft ergriff diese Gelegenheit, lief vorbei und ging mit Höchstgeschwindigkeit in die Meerenge von Korea.

Nach Beendigung der Manöver vermied es Togo, in Witthöfts Fahrwasser einzuschwenken. Das hätte seine Schlachtschiffe in den Feuerbereich der russischen Nachhutkreuzer gebracht, während die russischen Schlachtschiffe an der Spitze außerhalb der Reichweite der japanischen Geschütze waren. Stattdessen machte er einen Umweg nach Süden, um erst dann heranzuschließen und das Feuer wieder aufzunehmen, wenn sein Geschwindigkeitsüberschuß ihn querab zu den Russen gebracht haben würde. Daraus ergab sich einen Nachmittag lang ein Kampf der Maschinen und Dampfkessel, der zugleich ein Wettrennen mit der Sonne war. Gegen Sonnenuntergang standen die Japaner endlich querab von Witthöfts dahineilender Schlachtlinie und eröffneten das Feuer. Die Flotten standen in der Nähe von Kap Schantung. Wenn jemals, dann war es jetzt Zeit für Togo, auf die entscheidende Schußentfernung heranzuschließen, aber immer auf Schonung seiner Schiffe bedacht, konnte er sich nicht dazu entschließen. Um 6.30 Uhr waren durch den Artillerie-Fernkampf zwei russische Geschütztürme ausgefallen, auch waren fünf japanische 30,5-cm-Geschütze beschädigt worden. Es hatte den Anschein, als würde Wittgeft in der hereinbrechenden Dunkelheit entkommen.

Wenige Minuten später hatte sich die ganze Lage dramatisch zugespitzt. Zwei 30,5-cm-Granaten trafen das russische Flaggschiff *Cesarevič* beinahe gleichzeitig. Die erste fegte die Brücke hinweg. Alle Offiziere des Stabes wurden getötet, darunter auch Admiral Witthöft. Die zweite Granate traf den Kommandoturm, tötete oder betäubte jeden,der sich darin befand und verklemmte das Steuerruder. Das manövrierunfähige Flaggschiff drehte hart Backbord vom Feind weg und drehte weiter, als ob es die eigene Linie rammen wollte. Die führerlose Flotte, irregeführt durch die seltsamen Manöver des Flaggschiffs, geriet in Verwirrung.

Für Togo war es offensichtlich, daß plötzlich bei dem Gegner eine üble Lage entstanden war. Er ergriff die Gelegenheit und schloß bis auf 3600 m zur Vernichtung heran. Seine Kreuzer machten eine Kreisbewegung, um einen Ring um ihren durcheinanderlaufenden Gegner zu schließen. Bald darauf sichtete Togo jedoch herannahende russische Zerstörer, und da er einen Torpedoangriff in der rasch zunehmenden Dunkelheit fürchtete, brach er das Gefecht ab.

Während der Nacht zerstreuten sich die Russen. Fünf Schlachtschiffe, ein Kreuzer und drei Zerstörer liefen nach Port Arthur zurück. Der Zerstörer *Rešitelnyj* wurde von 2 japanischen Zerstörern in der Nähe von Weihaiwei auf Strand gejagt. Der Kreuzer *Askold* und der Zerstörer *Grozovoj* erreichten Shanghai, wo sie interniert wurden. Der Kreuzer *Diana* wurde in Saigon in Indochina interniert. Der Kreuzer *Novik* und drei Zerstörer erreichten Kiautschou, wo sie sich mit der beschädigten *Cesarevič* vereinigten. Die deutschen Behörden in Kiautschou entwaffneten alle Schiffe außer dem Kreuzer, der Kohlen nahm und innerhalb von 24 Stunden abfuhr. Dieses Schiff, die schnelle *Novik*, eilte die Ostküste von Japan entlang und passierte die Meerenge zwischen Hokkaido und Sachalin. Aber sie wurde von einer Signalstation gesichtet, und die japanischen Kreuzer *Tsushima* und *Chitose* fingen sie auf ihrer letzten Strecke vor Vladivostok ab. Nachdem sie sich zu einem entschlossenen, aber hoffnungslosen Kampf gestellt hatte, wurde sie von ihrer Besatzung versenkt, um ihre Aufbringung zu verhüten.

Die übertriebene Vorsicht von Togo, besonders auffällig während des entscheidenden Augenblickes der Gefechtshandlung, als er es versäumte, der in Verwirrung geratenen Masse der Russen zu folgen und sie zu zerstören, beraubte die Japaner eines wichtigen strategischen Vorteils. Weil die Belagerung von Port Arthur hauptsächlich deshalb unternommen worden war, um die Flotte von Wittgeft wegzunehmen, hätte die Vernichtung der Flotte durch Admiral Togo die Einnahme dieser Festung weniger dringlich, vielleicht unnötig gemacht. Die dadurch freigewordenen Truppen hätten wohl die fehlenden Kräfte ersetzt, die die Japaner einen Monat später zu einem entscheidenden Sieg bei Liaoyang so dringend brauchten.

Die drei russischen Panzerkreuzer in Vladivostok waren seeklar, die *Bogatyr* war aufgelaufen und beschädigt. Aber sie liefen zu spät aus, um bei dem Durchbruch des Port-Arthur-Geschwaders zu helfen. Noch ohne Kenntnis der Niederlage von Wittgeft kamen sie am 14. August auf der Höhe der Insel Tsushima an. Hier liefen sie den japanischen Panzerkreuzern *Iwate, Izumo, Tokiwa, Azuma* und 5 kleinen Kreuzern unter Vizeadmiral Kamimura in die Arme, der sofort Jagd auf sie machte. Die überlegene japanische Artillerie zwang bald den langsamsten der russischen Kreuzer *Rjurik*, wrack geschossen die Reihe zu verlassen, so daß er von seiner Besatzung versenkt werden mußte. Die beiden anderen, *Gromoboj* und *Rossija*, liefen ziemlich unbehelligt zurück nach Vladivostok. Hier bildeten sie zusammen mit dem nicht ausgelaufenen Kreuzer ein noch beachtliches Geschwader. Aber die Nachrichten von dem Verhängnis der Port-Arthur-Flotte erschütterten die Moral in Vladivostok derartig, daß es von geringem Wert für den weiteren Kriegsverlauf war.

Der Mißerfolg der japanischen Landtruppen beim Einkreisen der russischen Hauptarmee in Liaoyang und die Nachricht von sich nähernden Flottenverstärkungen aus der Ostsee spornten Japan zu höchster Anstrengung gegen Port Arthur an. Statt der üblichen Belagerungstaktik machten die japanischen Truppen einen Generalangriff, indem sie den »Banzai«-Sturm einführten, den Gebrauch von Menschen als Sprengkörper, um sich einen Weg durch die Drahtverhaue zu bahnen. Aber der russische Widerstand war ähnlich verzweifelt. Das Vordringen der Japaner zu dem hochgelegenen Plateau, von wo aus die Festung einzusehen war, kostete sie 60000 Mann.

Um diese Zeit hatte das Geschwader von Port Arthur schon lange aufgehört, eine »fleet in being« zu sein. Ihre Nebenbatterien und ein großer Teil ihrer Besatzungen waren in die Landverteidigung einbezogen worden. Nun erlitt das Geschwader die für eine Seemacht schlimmste Erniedrigung, als Landartillerie es in Stücke zu schießen begann. Port Arthur ergab sich am 2. Januar 1905, allerdings erst nachdem das letzte der dortigen russischen Schiffe gesunken oder selbstversenkt war. Rußland mußte nun mit seinem Ostseegeschwader allein versuchen, was es zu Anfang des Krieges mit der ganzen Flotte unternommen haben sollte.

Die Fahrt des Ostseegeschwaders

Die Niedergeschlagenheit, die den Eifer der russischen Streitkräfte im Fernen Osten gedämpft hatte, reichte zunächst nicht bis nach St. Petersburg. Hier betrachteten hohe Offiziere wie auch die Öffentlichkeit während der ersten Kriegsmonate Japans Streitmacht mit Verachtung. Russische Niederlagen wurden als vorläufige Rückschläge erklärt. Sogar die Zerstreuung des Port-Arthur-Geschwaders durch Togo im August brachte die Admiralität immer noch nicht dazu, mit Nachdruck die Ausrüstung zur Verstärkung der Flotte zu betreiben, die in der Ostsee gerade zusammengezogen wurde. Zum Befehlshaber dieses »Zweiten Pazifischen Geschwaders« war Vizeadmiral Zinovi Petrovič Rožestvenskij ernannt worden. Wenn ihm freie Hand gegeben wurde, so bekam mit Rožestvenskij einer der fähigsten Offiziere der russischen Marine das Geschwader. Aber trotz seines unermüdlichen Eifers, seiner genialen Art, den Amtsschimmel zu umgehen und trotz seines feurigen Temperamentes konnte er die Flotte nicht rasch in Bereitschaft bringen. Er wußte, daß Eile entscheidend war, wenn Rußlands Lage zur See im Fernen Osten wiederhergestellt werden sollte, aber die stupide Unfähigkeit in den Landdienststellen machte seine Bemühungen zunichte. Schwierigkeiten an allen Ecken und Enden gab es durch Bestechung, Geldmangel, die ersten Anzeichen der politischen Revolution, und durch die Hofschranzen in Schlüsselpositionen. So ging der Sommer 1904 vorüber, ohne daß das Geschwader einsatzbereit gemacht werden konnte.

Die Männer hinter den Waffen bildeten für den Befehlshaber ein noch schwereres Problem. Sie waren zum großen Teil junge Dienstpflichtige mit nur geringer nautischer Kenntnis. Es war wenig Zeit zu systematischen Übungen vor der Abreise des Geschwaders; danach aber war weder Brennstoff noch Munition dafür vorhanden. Rožestvenskij hatte so wenig Vertrauen in die Leistungsfähigkeit seiner Schiffsbesatzungen, daß er seine fähigsten Offiziere über die ganze Flotte verteilen mußte. Folglich waren er und der kleine beibehaltene Stab mit den Einzelheiten des Flotten-Etats überlastet und fanden keine Gelegenheit zur Analyse des viel größeren Problems der Kriegsoperationen. Seine taktischen Vorstellungen behielt Rožestvenskij für sich selbst; sogar seine Flaggoffiziere gingen mit einer nur unvollständigen Kenntnis dessen, was er beabsichtigte, in die Schlacht.

Als er schließlich seeklar war, setzte sich das »II. Pazifische Geschwader« wie folgt zusammen: Vier neu in Dienst gestellte Linienschiffe *Knjaz Suvorov, Imperator Aleksandr III., Borodino* und *Orel* als I. Division, als II. Dvision unter K. Adm. v. Fölkersam das neuere Linienschiff *Osljabja* und die beiden älteren *Sissoj Velikij* und *Navarin* sowie der alte Panzerkreuzer *Admiral Nachimov;* die Kreuzerdivision unter K. Adm. Enkvist mit dem alten Panzerkreuzer *Dmitrij Donskoj* und den neuen Geschützten Kreuzern *Avrora, Svetlana, Žemčug, Almaz* sowie 7 Torpedobootzerstörern, 2 Werkstattschiffen und 7 Hilfsschiffen.

Die Schlachtschiffe Rožestvenkijs waren artilleristisch denen von Togo etwas überlegen, aber seine Großen Kreuzer waren den 8 neuen japanischen Panzerkreuzern nicht gewachsen, von denen jeder in der Linie fechten konnte. Das russische Übergewicht an schweren Geschützen wurde durch die japanische Überlegenheit an Geschwindigkeit und Mittelartillerie mehr als ausgeglichen.

Immer neue Schwierigkeiten bedrängten das Geschwader von der Stunde der Abfahrt aus Reval am 14. Oktober 1904. Maschinenstörungen plagten jede Division, und jede Havarie wuchs sich zur Krisis aus, weil Rußland keine Werften oder Kohlestationen zwischen der Ostsee und Vladivostok, einer Entfernung von 18000 Meilen, besaß. Das Anlaufen neutraler Häfen hing von der Auslegung des Völkerrechtes ab, das jeder Neutrale im Lichte seiner eigenen Interessen auszulegen pflegte. Es war zu hoffen, daß die 70 von einer deutschen Reederei gecharterten und vorausgeschickten Kohlenschiffe das Geschwader von Stützpunkten unabhängig machen würden.

Die Fahrt hatte kaum begonnen, als die nervösen und ungeübten Russen in einen internationalen Zwischenfall verwikkelt wurden, der beinahe Großbritannien in den Krieg gegen sie hineingezogen hätte. In der Nacht zum 21. Oktober, während das Geschwader durch die Nordsee dampfte, eröffneten einige Schiffe das Feuer auf britische Fischdampfer in der Annahme, daß es zum Angriff anlaufende Torpedoboote wären. In einem kurzen aber heftigen Geschützfeuer, bei dem einige russische Schiffe aufeinander feuerten, wurde einer der Fischdampfer versenkt. Das Geschwader setzte seinen Weg fort, ohne den Versuch zu machen, Überlebende zu retten, aber englische Kreuzer hielten den ganzen Weg bis nach

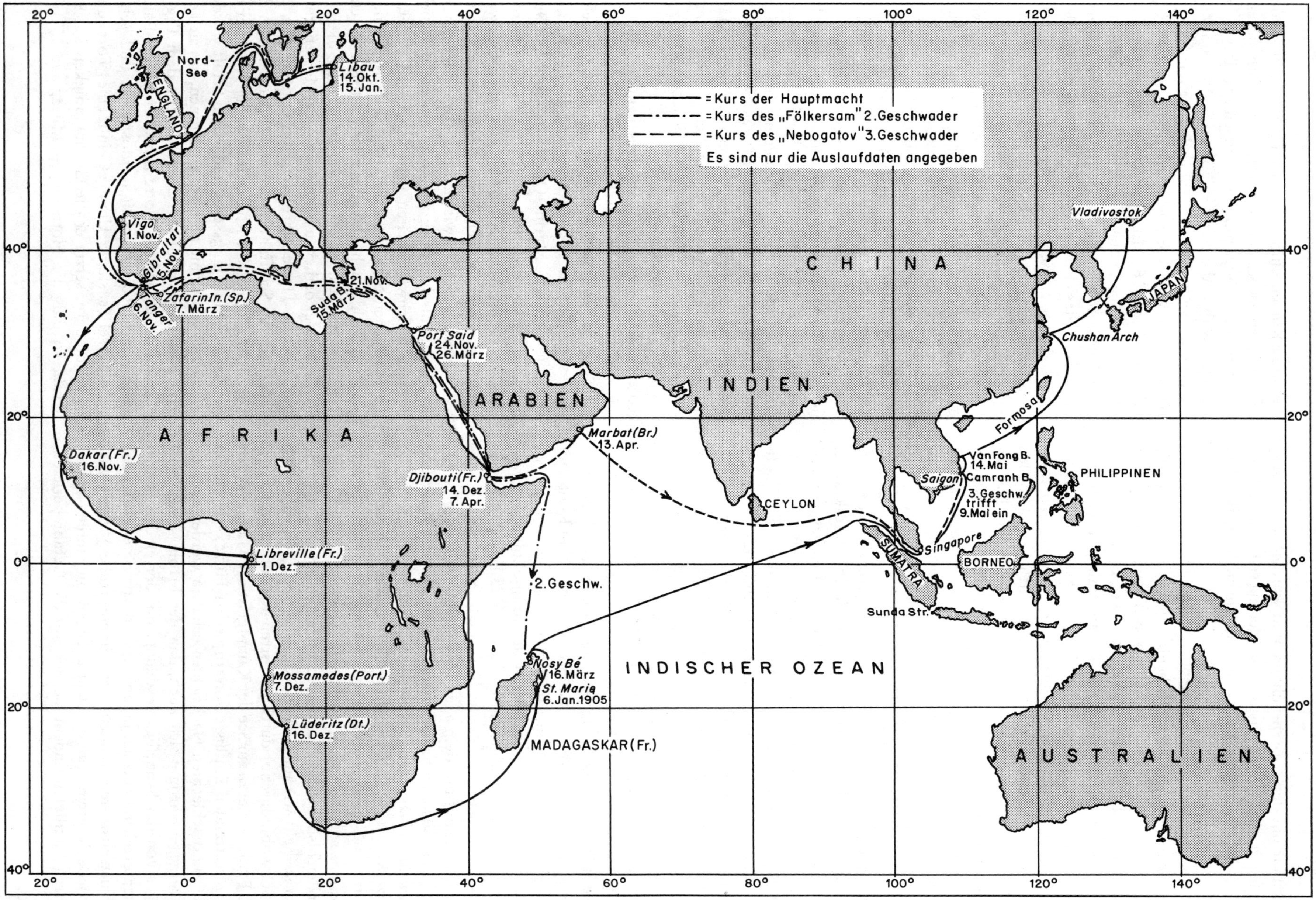

Die Routen der Baltischen Geschwader

Gibraltar mit den Russen Fühlung und wurden erst zurückgerufen, nachdem die zaristische Regierung sich bereiterklärt hatte, den Doggerbank-Zwischenfall einem Schiedsgericht zu unterbreiten.

Als Roženstvenskij am 4. November 1904 in Tanger ankam, teilte er sein Geschwader. Die beiden alten Linienschiffe, die 3 Kleinen Kreuzer und die kleineren Fahrzeuge sollten unter Konteradmiral Fölkersam den kurzen Weg durch den Suezkanal nehmen. Mit den größeren Schiffen fuhr er nach Süden um Afrika herum. Auf dem Marsch traf die Hauptstreitmacht der Russen die deutschen Kohlenschiffe in mehreren französischen und deutschen Häfen, wo die örtlichen Behörden reichlich Zeit für die Kohlenübernahme bewilligten. Die Divisionen vereinigten sich wieder am 9. Januar 1905 bei der Insel Nossi Bé vor Madagaskar. Sie sollten noch durch die Kreuzer *Oleg* und *Izumrud* und 5 Zerstörer von Rußland verstärkt werden. Hier erfuhr auch das Geschwader, daß Port Arthur soeben kapituliert hatte.

Die Regierung hätte jetzt eigentlich Roženstvenskij zurückrufen müssen in die Ostsee, um eine wirklich kampfkräftige Flotte daraus zu machen. Mit den Streitkräften bei Nossi Bé konnte er nichts ausrichten, und es war unwahrscheinlich, daß die Japaner ihm ein ungehindertes Einlaufen nach Vladivostok, dem einzig verbliebenen Hafen Rußlands im Fernen Osten erlauben würden. Aber es war nicht mehr so dringend wie vorher, daß er sein Geschwader nach Vladivostok oder an einen anderen Küstenabschnitt brachte, denn die Transsibirische Eisenbahn hatte sich als ganz ungeeignet erwiesen, einen ausreichenden Nachschub von Menschen und Material in die Mandschurei zu befördern. Wenn die russischen Seestreitkräfte es nicht fertig brachten, die Verstärkung und Vorräte, die sich jetzt ungehindert von Japan zum Kontinent bewegten, abzuschneiden, sah sich die russische Armee einer Katastrophe gegenüber. So befahl die Admiralität Roženstvenskij weiterzulaufen, und teilte ihm mit, daß K. Adm. Nebogatov mit einem »III. Pazifischen Geschwader« zu ihm stoßen würde, das aus dem alten Linienschiff *Imperator Nikolaj I.*, den Küstenpanzerschiffen *General Admiral Apraksin*, *Admiral Senjavin* und *Admiral Ušakov* sowie dem alten Panzerkreuzer *Vladimir Monomach* und mehreren Hilfsschiffen bestehen würde. Doch waren das »überflüssige Hemmnisse«, die Roženstvenskij nur belasten.

Der Befehlshaber des Zweiten Pazifischen Geschwaders würde gern so bald wie möglich Madagaskar verlassen haben. Er wußte wohl, daß nur durch eine strenge Routine im Fahren und Evolutionieren zur See der Kampfgeist der Männer gegen die zersetzenden Einflüsse von tropischer Hitze, schlechtem Essen und schlechten Nachrichten erhalten werden konnte. Er vergegenwärtigte sich auch, daß der Erfolg seines Auftrages von der Schnelligkeit abhing, mit der er den Fernen Osten erreichte und die Japaner traf, bevor sie docken oder sich neu ausrüsten konnten. Pläne für eine frühe Abfahrt wurden jedoch vereitelt, als die Deutschen plötzlich ihren Kohlenvertrag kündigten, indem sie sich auf die Gefahr beriefen, die ihren Kohlenschiffen bei der Fahrt nördlich von Madagaskar zustoßen könnte. Zweimonatige Verhandlungen waren in Europa nötig, um eine Erneuerung des Vertrages zu erhalten. Während dieser Zeit büßten Schiffe und Männer des Ostseegeschwaders in der brütenden Tropenhitze an Kraft ein. An Gesundheit und Mut erschöpft, lichtete Roženstvenskij endlich am 16. März die Anker und nahm Kurs in das Chinesische Meer, von 4 deutschen Kohlenschiffen begleitet. Der nächste Abschnitt der sich über 5300 Meilen erstreckenden Reise stellt sich in der Epoche der kohlenfeuernden Kriegsschiffe als eine große Bewährung an Ausdauer dar. Drei Wochen lang verbarg der Indische Ozean Roženstvenkij, er wurde weder beobachtet noch hörte er etwas. Nachdem er das Chinesische Meer durch die gewundenen und verhältnismäßig wenig benutzten Meerengen von Malakka betreten hatte, ankerte das Ostsee-Geschwader am 14. April 1905 in der Camranh-Bucht in Indochina.

Proteste aus Tokio veranlaßten die französische Regierung, die Russen zum Verlassen des Ankerplatzes aufzufordern, aber Roženstvenskij bewegte sich nur 60 Meilen weiter nördlich nach Vang Fong, wo er bis zum 9. Mai in der Bucht auf und ab stand, als Nebogatov sich mit ihm vereinigte. Die nächsten 4 Tage wurden vor Anker zugebracht, während alle leicht brennbaren Stoffe über Bord geworfen wurden und man die Flotte für die Schlacht vorbereitete. Am 14. Mai dampften die vereinigten russischen Kräfte, 53 Schiffe im ganzen, aus der Bucht von Vang Fong auf die letzte Strecke des Weges nach Vladivostok.

Roženstvenskij hatte die Wahl zwischen drei Wegen durch das Chinesische Meer: durch die koreanischen Meerengen, die Tsugaru- oder die Soya-Meerengen. Die erste war der geeignetste Punkt für Togos Aufstellung, und hier lag auch Sasebo, die wichtigste Marine-Operationsbasis. Die Durchfahrt bei Tsugaru und die entferntere Soya-Passage würden mehr Seeraum für die Annäherung bieten, würden aber wenigstens 1000 zusätzliche Meilen Fahrt beanspruchen. Der japanischen Flotte würde inzwischen der Vorteil der inneren Lage in dem Japanischen Meer zugute kommen. Zusätzlich zu den bekannten Schwierigkeiten von Nebel und Felsen wurden die nördlichen Straßen als vermint angenommen, und sie waren es auch. Nach Abwägen aller Faktoren entschloß sich Roženstvenskij, den kürzesten Weg zu nehmen: die Tsushima-Straße auf der östlichen Seite der Korea-Meerengen.

Die russische Flotte umrundete die Ostseite von Formosa außerhalb der Schiffahrtswege und entkam der Entdeckung. Am 23. Mai kamen die Kohleschiffe in der Nähe der Ryukyus zum letzten Male längsseits, und jedem Schiff wurde befohlen, nur so viel Kohle an Bord zu nehmen, um sich einen guten Gefechtstrimm für den 27. zu sichern, dem Tag, an dem man auf die japanische Flotte zu treffen hoffte. Bald darauf wandte sich Roženstvenskij nordostwärts und setzte Kurs auf die Insel Tsushima. Um die Gefahr eines Torpedoangriffs zu vermindern, setzte er die Geschwindigkeit auf 8 Knoten herab, so daß die Flotte gegen Mittag am 27. die Insel

und die Zone der größten japanischen Konzentration bei Tageslicht passieren würde. Bei der Annäherung an die Meerengen starb Admiral Fölkersam an einem Herzanfall, aber sein Tod wurde der Flotte nicht bekanntgegeben, lediglich an Nebogatov, der dadurch der zweite Admiral des Geschwaders wurde. Die Flagge von Fölkersam wehte weiterhin auf der *Osljabja,* und ihr Kommandant erhielt das Kommando über die Division.
Hier muß noch eingefügt werden, daß Rożestvenskij einem beinahe unlösbaren Problem gegenüberstand. Eine der Grundregeln der Kriegführung erfordert, daß ein Befehlshaber immer nur eine größere Aufgabe zur selben Zeit in Angriff nehmen soll. Rożestvenskij hatte drei zu lösen: 1. er mußte der japanischen Flotte eine Schlacht liefern, 2. mußte er seine eigene Flotte nach Vladivostok bringen, 3. weil die unzureichende Leistungsfähigkeit der transsibirischen Bahn Knappheit in Vladivostok hervorgerufen hatte, mußte er seine Versorgungsschiffe mit sich führen. Er hatte auf diese Weise zur gleichen Zeit die Probleme des Kampfes, des Geleitschutzes und der Versorgung zu lösen. Ganz im Gegensatz dazu hatte sein Gegner sich nur mit der Niederringung der russischen Flotte zu befassen.
Die Haupttätigkeit von Rożestvenskij, seine schlechten Schiffe und Waffen einsatzbereit zu halten, hatte ihm wenig Zeit zur Ausarbeitung eines taktischen Planes gelassen, der für seine verwickelte Aufgabe geeignet war. Seine Schlachtschiffe mußten in Kiellinie kämpfen. Seine Kreuzer, ebenfalls in Kiellinie, würden die Schlachtlinie unterstützen oder das Geleit decken, je nach Anordnung. Eine rein defensive Rolle wurde den Torpedobooten in der Tagschlacht und den schwereren Schiffen bei Nacht zugewiesen.

Die Schlacht von Tsushima am 27./28. Mai 1905

In der richtigen Annahme, die Russen würden versuchen, die Korea-Meerengen zu passieren, hatte Togo sein Gros, die I. Division mit den Linienschiffen *Mikasa, Shikishima, Fuji, Asahi* sowie den Panzerkreuzern *Kasuga* und *Nisshin* und die II. Division mit den Panzerkreuzern *Izumo, Azuma, Tokiwa, Yakumo, Asama, Iwate,* an einem geheimen Ankerplatz bei Masan in Korea versammelt. Seine Leichten Kreuzer und älteren Schiffe operierten von der Insel Tsushima aus, indem sie eine ständige Kontrolle unterhielten. Fünfzig Meilen in südwestlicher Richtung deckte eine Gruppe von Hilfskreuzern die äußeren Zugänge. Einer von diesen, die *Shinano Maru,* erhielt um 4.45 Uhr am 27. Mai Fühlung mit der Flotte von Rożestvenskij und meldete sie durch Funk. Kurz nach der Morgendämmerung beschatteten die Divisionen der Leichten japanischen Kreuzer, zuerst die alte *Izumi,* die Russen.
Um 6.30 Uhr verließ die japanische Schlachtflotte den Ankerplatz Masan. Togo, der die erste Division auf der *Mikasa* führte, dichtauf gefolgt von dem Führer der zweiten Division Kamimura, lief nach Osten, um das Ostseegeschwader auf der Höhe von Tsushima abzuschneiden. Wie in der Schlacht vom 10. August sollten Togos Schlachtschiffe sich hin und her vor der russischen Spitze bewegen, um sie zurückzudrükken. Leichte Kreuzerdivisionen sollten mit den russischen Kreuzern und Hilfsschiffen ins Gefecht kommen. Bei Einbruch der Nacht würde man den Feind den Torpedobootflottillen überlassen und sich nach Norden zurückziehen, um ihnen ein freies Feld zu geben. In der Dämmerung des nächsten Tages würden die Haupteinheiten wieder nach Süden drehen, um erneut einzugreifen. Das sollte wiederholt werden, bis die russische Flotte vernichtet war.
Während der Annäherung an Tsushima war die Schlachtflotte von Rożestvenskij in drei Divisionen von je vier Schiffen in einer einfachen Kiellinie marschiert, Backbord voraus von seinem Troß und dessen Kreuzer-Zerstörer-Geleitschutz begleitet. Das ganze Geschwader wurde durch die Hilfsschiffe und die veralteten Kriegsschiffe von Nebogatov in der Schluß-Division der Schlachtlinie auf 10 Knoten Geschwindigkeit herabgesetzt. Um 13 Uhr führte Rożestvenskij, der zu einer Dwarslinie als Annäherungsformation übergehen wollte, seine erste Division mit den Schlachtschiffen *Suvorov* (Flottenflaggschiff) *Borodino, Aleksandr III* und *Orel* in Kiellinie rechts neben die zweite Division. Aber als er bemerkte, daß dieses Manöver von japanischen Kreuzern beobachtet wurde, die im Nordwesten erschienen, hob er den Befehl für die Dwarslinie auf und signalisierte an *Borodino, Aleksandr III* und *Orel,* hinter *Suvorov* zu bleiben, um so eine erste Division in Kiellinie neu zu bilden, aber vorerst noch an der Steuerbordseite der anderen Divisionen.
Mittlerweile hatte Togo seine Schlachtlinie aus 12 Schiffen von Westen nach Osten über die russische Vormarschlinie geführt und stieß dann nach Südwesten vor, um sie von Osten her anzugreifen. Auf diesem Kurs machte er zuletzt seine eigenen Kreuzer aus, die die russischen Marschkolonnen beschatteten, welche bald in 8 Meilen Entfernung in Sicht kamen. Nachdem sie Tsushima gerundet hatten, standen sie nun auf einem nördlichen Kurs nach Vladivostok, wie Togo zuletzt gemeldet worden war. Dieser neue Kurs bot eine Angriffsgelegenheit gegen die russische Flanke, um sie zum Abdrehen zu bringen. Rożestvenskij erleichterte dies, indem er sich beeilte, seine erste Division wieder an die Spitze seiner Schlachtlinie zu bringen. Nachdem er dies erkannt hatte, nahm Togo gegen 13.30 Uhr nachmittags den Kurs Nordwest und führte seine Linie über die Spitze der herankommenden feindlichen Divisionen noch auf eine Entfernung von 13 700 Metern. Dann wendete er seine Linie nach links und kam an den Backbord-Bug der Russen auf entgegengesetztem Kurs. In diesem Augenblick wurde von der Brücke der *Mikasa* das Signal gehißt: »Das Schicksal des Reiches hängt von dem Ausgang dieser Schlacht ab; jeder Mann soll sein Äußerstes tun.«
Ein wechselseitiger Austausch von Breitseiten würde jetzt nicht entscheidend gewesen sein. Denn Togo würde, wenn er weiter einen südwestlichen Kurs fortsetzte, riskiert haben, daß

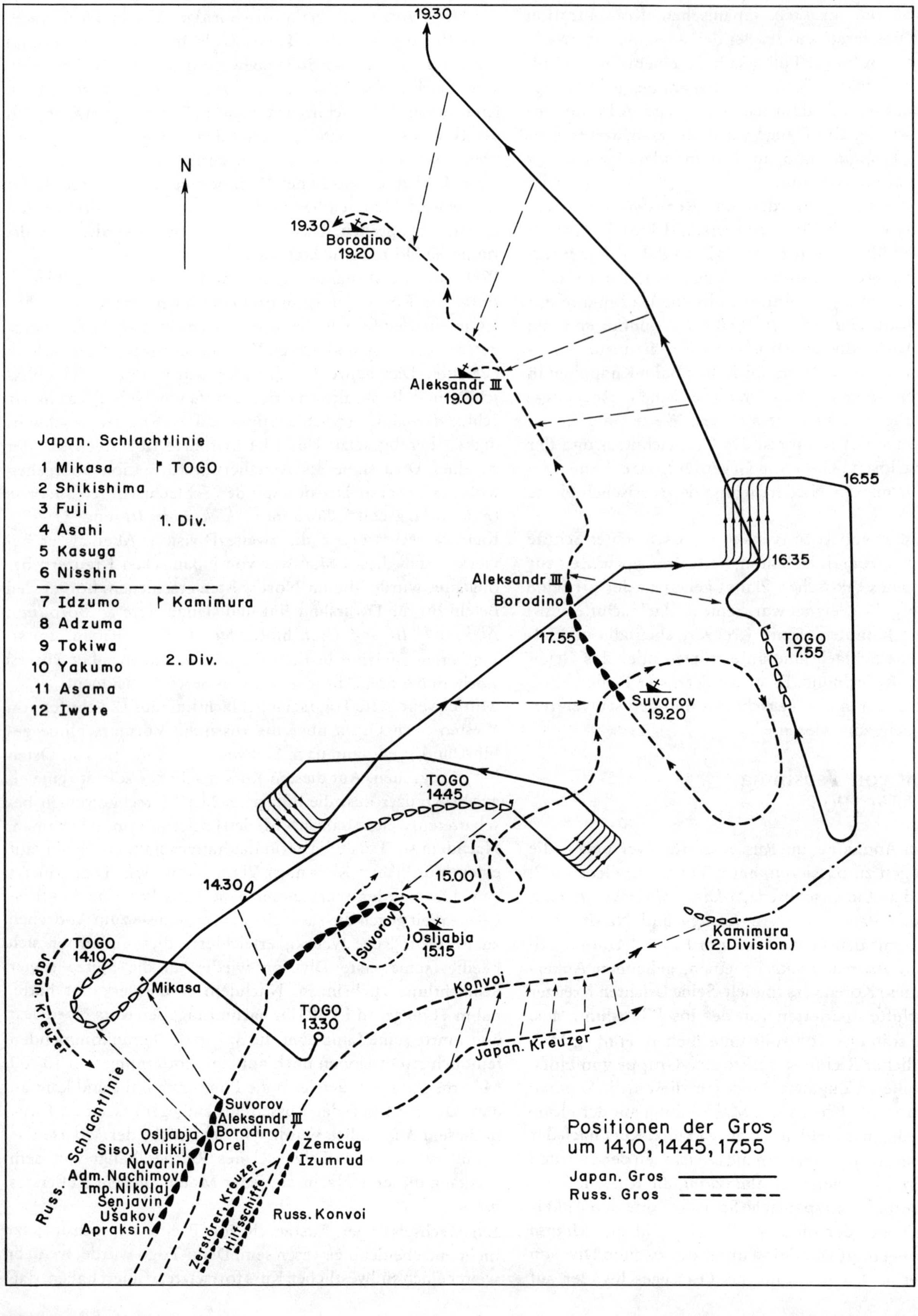

Die Schlacht von Tsushima, 27. Mai 1905

Rožestvenskij an ihm vorbeilief – so wie Wittgeft im vorangegangenen August vorbeigelaufen war – und die Schlacht einen anderen Verlauf nahm. Togo, der entschlossen war, daß nichts Derartiges sich wieder ereignen sollte, und der die Entfernung zu vermindern wünschte, machte eine so kühne Bewegung, daß die Besatzungen beider Flotten erstaunten. Mit dem Signal »Mir folgen« schwenkte er gegen den Feind und lief weiter herum auf entgegengesetzten Kurs. Dadurch formte er seine Kiellinie zu einem »U«, indem er mit den führenden Schiffen das Feuer der diesen folgenden verdeckte und alle Schiffe im gleichen Wasser drehen ließ, wobei er den Russen eine feststehende Zielscheibe lieferte.

Die Russen, die noch damit beschäftigt waren, in eine einzige Marschkolonne zu gelangen, waren nicht darauf vorbereitet, den ganzen Vorteil dieser großen Gelegenheit wahrzunehmen. Die *Orel* am Ende der ersten Division wurde von der *Osljabja* an der Spitze der zweiten Division verdeckt. Um eine Kollision mit der *Orel* zu vermeiden, war die *Osljabja* zurückgegangen und brachte dadurch die folgenden Schiffe in Unordnung. Dennoch befahl Rožestvenskij, als die *Mikasa* und ein weiteres japanisches Schiff ihre Wendungen gemacht hatten, »Feuer eröffnen«, und diejenigen russischen Schiffe, die Schußfeld hatten, schossen auf das japanische Flaggschiff und den japanischen Drehpunkt. Togo hatte hoch gespielt mit der Annahme, daß die russischen Kanoniere nicht gewandt genug sein würden, um sein Manöver zu gewagt zu machen, und das Ergebnis gab ihm recht. Die japanische Linie beendete ihre 16 Minuten währende gefährliche Schwenkung mit nur geringem Schaden. Die Chance für Rožestvenskij, zu entrinnen oder zu siegen, war nun vorüber.

Die Japaner drückten auf die russische Vorhut und waren schnell eingeschossen. Mit 14 Knoten gewann Togo einen Vorsprung und kam genau in die Lage, das T seines Gegners zu kreuzen. Als Gegenmaßnahme gab Rožestvenskij seinen nördlicheren Kurs auf und wich nach rechts aus. Aber obwohl diese Bewegung die Japaner auf den äußeren Bogen der konzentrischen Kreise führte, konnten sie doch die Fühlung behalten und massierten ihr Feuer auf die russische Vorhut, die *Osljabja* mit eingeschlossen, die aus der Linie nach Backbord gedrängt worden war und die *Orel* überlappte![1]

Das Feuer der Russen war zwar langsam und ungenau, aber doch gefährlich. Ihre Granaten, die mit Verzögerungszündern versehen waren, drangen tief ein, bevor sie explodierten. Aber der angerichtete Schaden war nicht sofort augenfällig wie der der hochexplosiven japanischen Granaten mit Aufschlagzünder. Sie zerrütteten die Moral der russischen Kanoniere und entzündeten farbige Feuer mit Rauchwolken, die sie von ihren Geschützen forttrieben. Sogar die Japaner verloren gelegentlich ihre Ziele, obwohl die gelben russischen Schornsteine wie Leuchtfeuer aus den Einschlägen herausragten.

Um 14.30 Uhr wurde der Kreuzer *Nisshin,* der der Nachhut am nächsten war, über dem Ruderstand von einer 30,5-cm-Granate getroffen und mußte die Linie verlassen. 20 Minuten später scherte die *Suvorov,* das Flaggschiff von Rozestvenskij, nach rechts manövrierunfähig aus, ein Schornstein und ein Mast waren weggeschossen und ihre Aufbauten zertrümmert. Sie drehte sich einmal und dampfte mit Schlagseite nach Nordosten ab und trug den verwundeten Rožestvenskij aus der Schlacht. Kurz vorher hatten explodierende Granaten riesige Löcher auf der *Osljabja* gerissen, gerade über der Wasserlinie am Vorschiff. Hereinbrechendes Wasser zog sie über den Bug, bis ihre Seitengeschütze im Wasser lagen. Durch diese wurde sie schnell überflutet, sie krängte nach Backbord, lag für wenige Minuten auf der Seite und kenterte endlich mit 600 von den 800 Mann Besatzung. So endete die halbe Stunde, die den Ausgang der Schlacht entschied. Das Folgende war hauptsächlich eine Aufräum-Operation.

Während dieser Phase der Schlacht liefen die russische Kreuzerdivision unter KAdm. Enkvist mit *Oleg, Avrora, Dmitrij Donskoj* und *Vladimir Monomach,* die Aufklärungsabteilung mit den Kleinen Kreuzern *Svetlana, Almaz, Žemčug, Izumrud* und dem Hilfskreuzer *Ural* sowie die 8 Hilfsschiffe und die 9 Torpedobootzerstörer in Feuerlee der Schlachtlinie nach Nordosten und später nach Osten. Sie wurden bald durch die hinter den kämpfenden Schlachtlinien herumholenden japanischen Kreuzerdivisionen – 3. Division (KAdm. Dewa) mit *Kasagi, Chitose, Niitaka, Otowa* und dem Aviso *Tatsuta,* 4. Division (KAdm. Uriu) mit *Naniwa, Takashio, Tsushima, Akashi* und dem Aviso *Chihaya* – von der Steuerbordseite her angegriffen, wobei zunächst die langsamen Hilfsschiffe besonders litten. Als die russischen Schiffe durch die um die Spitze der russischen Schlachtlinie herumholende japanische Schlachtlinie ihren Weg verlegt fanden, kamen von achtern auch noch die langsameren japanischen Divisionen mit ihren älteren Schiffen heran – die 5. Division (KAdm. Taketomi) mit den Kreuzern *Itsukushima, Matsushima, Hashidate* und dem alten Linienschiff *Chin Yen* und die 6. Division (KAdm. Togo d. J.) mit den Kreuzern *Suma, Akitsushima, Chiyoda, Izumi* und dem Aviso *Yaeyama.* Während die russischen Linienschiffe nach dem Ausfall der *Suvorov* hinter der japanischen Linie nach Norden drehten, brachte KAdm. Nebogatov mit seinen vier alten Schiffen den schwer bedrängten russischen Kreuzern kurzfristig Entlastung.

In der zweiten Phase der Schlacht, die um 15 Uhr nachmittags begann, wiederholte die russische Linie den Versuch, den Kurs auf Vladivostok wieder aufzunehmen. Das wurde jedesmal von den Japanern verhindert, die ihre überlegene Ge-

1 Den Feind abzuschneiden oder sein T kreuzen, ist ein taktisches Manöver, wodurch Schiffe in Kiellinie eine größtmögliche Konzentration des Feuers gegen den Gegner erzielen können, der ebenfalls in Kiellinie marschiert. Der Angreifer, der um etwa 90 Grad gegen die feindliche Vormarschlinie voraus kreuzt, kann seine vollen Breitseiten zum Tragen bringen und sein Feuer auf die Spitze der feindlichen Marschkolonne massieren, während der Gegner seine eigenen achteren Geschütze entweder ausgeschaltet findet oder nur imstande ist auf die äußersten Glieder der Kiellinie des Angreifers bei einer relativ großen Schußweite zu feuern.

schwindigkeit ausnutzten, um zurück und voran über die Vormarschlinie vorzustoßen und durch zwei Kreise im Uhrzeigersinne die Russen nach Steuerbord zu zwingen und damit das Breitseiten-Feuer auf die Spitze zu vermeiden. Um 16.35 Uhr, nach einer halben Stunde Schußwechsel auf 6500 Meter, löste sich Togo und befahl seinen Zerstörern einen Torpedoangriff.

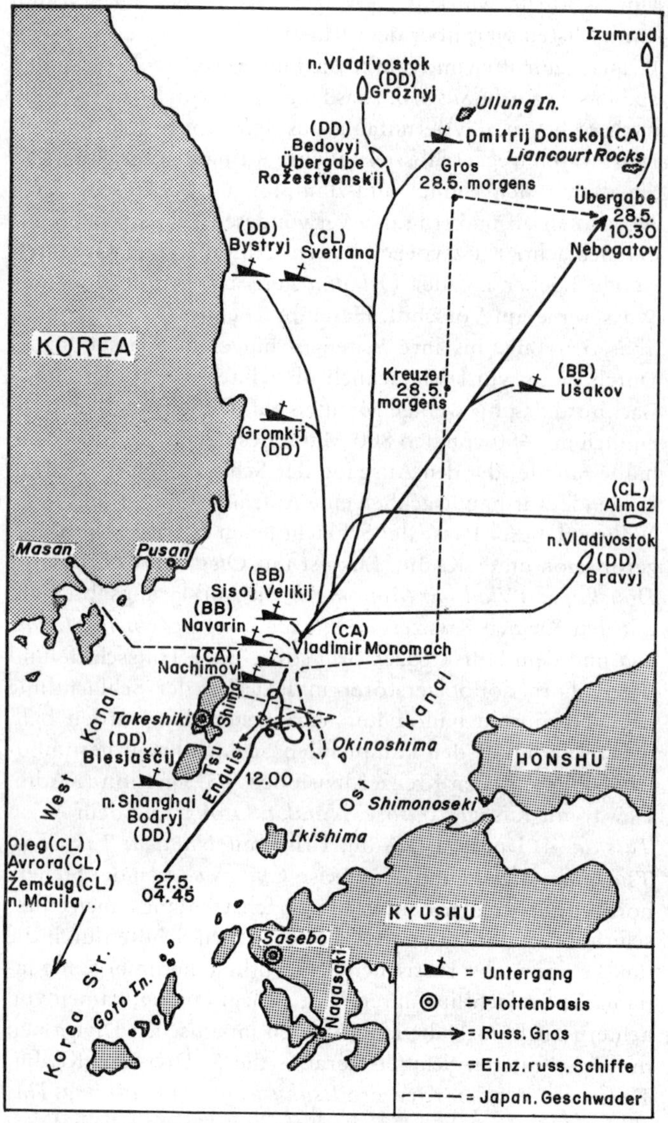

Verfolgung und Übergabe

Zwanzig Minuten später, als sie merkten, daß die Zerstörer nicht imstande waren, diesen Auftrag auszuführen, eilten Togo und Kamimura nach Süden in Richtung auf das Geschützfeuer am Horizont. Die japanische Flotte stieß an der russischen Hauptstreitmacht nach Westen vorbei, geriet aber bald in das Gefecht der Leichten Kreuzer hinein, das seit Mittag ohne Entscheidung geblieben war. Kamimura blieb zur Unterstützung in diesem Gebiet, während Togo nach Nordwesten größeren Zielen zueilte.

Die dritte Phase der Schlacht begann um 17.55 Uhr, als die nach Norden dampfende erste japanische Division erneut 6 russische Schlachtschiffe sichtete, die auf nordwestlichem Kurs nach Backbord dampften. Togo drehte etwas,um noch vor Dunkelheit auf Schußweite heranzuschließen. Aber die Russen waren noch kampffähig, und er lief selbst in schweres Feuer hinein mit allen Vorteilen für die andere Seite, weil die untergehende Sonne die Richtkanoniere blendete und gegen seine 6 Schiffe schließlich 10 Gegner standen. Eine schnelle Wendung nach rechts vergrößerte den Abstand um weitere 1800 Meter, und Togo gelangte auf einen parallelen Kurs. Als die Beleuchtung sich allmählich zugunsten der Japaner änderte und die Russen sich gegen den hellen Abendhimmel als Silhouetten abhoben, konzentrierten Togos Schiffe ein tödlich genaues Feuer auf *Alexandr III* an der Spitze der Linie. 15 Minuten später, als sie heftig brannte und ihr Bug schon beinahe weggesprengt war, schor sie links aus der Linie, kenterte und ging unter. Die Japaner hatten das Feuer schon auf das neue Spitzenschiff *Borodino* verlegt. Als die Dunkelheit kam, fing sie Feuer und gab so eine leichte Zielscheibe für die japanischen Entfernungsmeßgeräte ab. Um 7.20 Uhr explodierten zwei Munitionskammern, worauf sie kenterte; dann streckte sie den Schiffsboden für wenige Minuten nach oben und sank.

Der Untergang der *Borodino* zerriß die russische Kiellinie. Mit dem Signal »Mir folgen« suchte Nebogatov auf *Nikolaj I.* eine durcheinandergeratene Masse von Schiffen nach Südwesten zu führen. Die japanischen Schlachtschiffe und Kreuzer verließen jetzt planmäßig den Schauplatz und dampften mit 14 Knoten nördlich zum morgendlichen Treffpunkt bei der Insel Ullung. Mit ihrer Abfahrt trat die Schlacht in eine vierte Phase ein: einer Serie von unzusammenhängenden und heiß umstrittenen Torpedo-Nachtangriffen der japanischen 21 Torpedobootzerstörer und 37 Torpedoboote, die sich vor allem gegen die versprengten Gruppen mehr oder weniger beschädigter Schiffe richteten, die sich zwischen dem mit seinem Flaggschiff *Nikolaj I.*, dem Linienschiff *Orel*, den Küstenpanzerschiffen *Senjavin* und *Apraksin* und dem Kreuzer *Izumrud* nach Norden laufenden Nebogatov und den unter KAdm. Enkvist mit *Oleg*, *Avrora* und *Žemčug* nach Süden abdrehenden Kreuzern befanden. Gegen Abend hatten bereits japanische Zerstörer das Wrack der *Suvorov* versenkt, aber erst nachdem der schwer verwundete und bewußtlose Admiral Roževstvenskij mit seinem Stab von dem Zerstörer *Buinyj* übernommen worden war. In der Dunkelheit wurden die zurückgebliebenen Linienschiffe *Navarin* und *Sissoj Velikij* und die Panzerkreuzer *Vladimir Monomach* und *Admiral Nachimov* von Torpedos getroffen und sanken oder mußten am Morgen auf Strand gesetzt und gesprengt werden.

In der Morgendämmerung des 28. Mai, 140 Meilen nördlich vom Schlachtfeld des vorhergehenden Tages, ließ Togos Stab die Augen über einen leeren Horizont schweifen, als eine leichte Kreuzerdivision in 60 Meilen Entfernung im Süden russische Schiffe meldete. Die japanischen Divisionen 1 und 2 steuerten den Fühlunghaltern entgegen und sichteten um 9.30 Uhr die Schlachtschiffe *Orel* und *Nikolaj I.* die beiden Küstenpanzerschiffe *Senjavin* und *Apraksin* und den Kreuzer *Izumrud.* Schüsse, die über die russische Reichweite hinaus gefeuert wurden, brachten keine Antwort außer dem Hissen eines Tischtuches statt einer weißen Fahne auf der *Nikolaj I.* Der russische Kreuzer machte sich mit hoher Geschwindigkeit davon und entkam.

Die Übergabe war auf Befehl Admiral Nebogatovs erfolgt, dem das russische Kommando übertragen worden war. Als er das Deck seines Flaggschiffes verließ, um seinen Degen an Togo zu übergeben, wandte er sich an seine Besatzung und sagte: »Ich bin ein alter Mann, über 60 Jahre alt, und mir ist es gleich, ob ich lebe oder sterbe. Ich werde für diese Tat erschossen werden, aber das macht mir nichts. Ihr dagegen seid jung, und ihr werdet eines Tages aufgerufen werden, den Ruhm und die verlorene Ehre der russischen Marine wiederherzustellen. Auf diesen Schiffen sind 2400 Mann, deren Leben wichtiger als das meine ist.«

Von den restlichen versprengten russischen Einheiten wurde das Küstenpanzerschiff *Ušakov* von den Panzerkreuzern *Iwate* und *Yakumo* schwer getroffen und wurde selbst versenkt, der Kreuzer *Dmitrij Donskoj* wurde auf Strand getrieben, vier Zerstörer und vier Hilfsschiffe wurden versenkt, zwei Zerstörer einschließlich der *Bedovyj* mit Roẓestvenskij an Bord wurden aufgebracht. Die drei Kreuzer Enkvists, drei Hilfsschiffe und ein Zerstörer erreichten neutrale Häfen, wo sie interniert wurden. Im Laufe der Schlacht waren 8 von 12 Schiffen der Schlachtlinie, einschließlich 5 Linienschiffen, versenkt worden.

Von den 53 Schiffen, die die Ostsee verlassen hatten, entkamen nur drei Kleine Kreuzer und 3 Zerstörer nach Norden. Von ihnen erreichten nur der Kreuzer *Almaz* und die Zerstörer *Bravyj* und *Groznyj,* letzterer nachdem er dem japanischen Zerstörer *Kagero* beschädigt entkommen war, buchstäblich mit dem letzten Rest ihrer Kohlenbestände Vladivostok. Die *Izumrud* lief in der Nähe von Vladivostok auf Grund und wurde gesprengt. Die *Svetlana* mit dem Zerstörer *Bystryj* wurde von den japanischen Kreuzern *Niitaka* und *Otowa* gestellt und nach tapferem Kampf überwältigt, während der japanische Zerstörer *Murakomo* die *Bystryj* auf Strand trieb.

Die Schlacht von Tsushima war in jeder Hinsicht entscheidend. Rußland konnte nicht länger auf einen Sieg zu Lande hoffen, weil die Revolution es daran hinderte, seine fernöstlichen Armeen weiter zu verstärken. Als die Niederlage zur See seine letzten Hoffnungen vernichtete, bediente es sich der Vermittlung des Präsidenten der Vereinigten Staaten, Theodore Roosevelt. Auf der Friedenskonferenz von Portsmouth in New Hampshire machte seine Delegation keine schlechten Geschäfte. Die Russen erhielten den dringend nötigen Friedensvertrag auf Kosten von Port Arthur und dem südlichen Sachalin, die beide an Japan abgetreten wurden. Die Vermittler wiesen eine japanische Forderung auf eine Kriegsentschädigung ab, weil die russische Armee zwar besiegt war, sich aber intakt zurückzog und noch im Felde stand. Wenn Togo die Schlacht verloren hätte, würde seine Nation eine der größten Katastrophen seiner Geschichte erfahren haben. Die japanische Armee wäre in der Mandschurei isoliert und ihre Nachschublinien zerrissen gewesen. Rußland würde unzweifelhaft schwerwiegende Bedingungen auferlegt haben, die es selbst zur größten Macht im Fernen Osten, wenn nicht möglicherweise zur größten der Welt gemacht hätten.

Vom Standpunkt der Marine war die Schlacht höchst bedeutsam. Der Wert von schwerer Panzerung und die Notwendigkeit schwerer Geschütze wurden schlagend bewiesen. Die Japaner waren dadurch in großem Vorteil, daß sie in ihrer Schlachtlinie nur schnelle Schiffe gleichen Typs mit gleichartigen taktischen Eigenschaften hatten. Der Torpedo hatte enttäuscht. Die im allgemeinen geschickten taktischen Maßnahmen von Togo erwiesen sich als erfolgreich, weil die Russen zum größten Teil ohne Führung kämpften und die Japaner die Initiative behielten. Kamimura, ebenso wie Collingwood bei Trafalgar, wurde ein großes Maß an Initiative gegeben, das er wirkungsvoll nutzte. Dieses bestärkte ferner viele Offiziere, besonders in der japanischen Marine, in ihrer Meinung, daß viel zu gewinnen war, wenn man in selbständigen Divisionen operierte.

Die strategischen Lehren aus dem Kriege sind nirgends schärfer zusammengefaßt als in einem Brief vom 3. März 1909, den Präsident Roosevelt an seinen Nachfolger William Howard Taft auf ein dringendes Gesuch von Mahan schrieb: »Es gab verschiedenartige Faktoren für die Niederlage Rußlands. Aber der wichtigste bei aller Ungleichheit war die Teilung der Flotte zwischen Ostsee und Pazifik und ferner noch die Aufsplitterung der pazifischen Flotte in drei äußerst ungleiche Divisionen.«

Zusammenfassung

Unter den bestehenden und aufsteigenden Seemächten des frühen 20. Jahrhunderts war Japan insofern eine Anomalie, als es das Segelschiffzeitalter vollständig übersprungen hatte. Die besiegten Flotten von Hideyoshi im späten 16. Jahrhundert setzten sich meist aus Galeeren zusammen. Die siegreichen Flotten von Ito in der Schlacht am Yalu im Jahre 1894 und die von Togo in der Schlacht von Tsushima im Jahre 1905 bestanden aus Dampfschiffen modernster Konstruktion. Zwischen diesen beiden Perioden waren die Japaner, die sich vorsätzlich selbst isolierten, ohne eine nationale Marine, bis der westliche Imperialismus sie wieder zwang, auf ihre seewärts gerichtete Verteidigung zu sehen. Mit bemerkenswertem Scharfsinn eigneten sich die führenden Köpfe in der japanischen Marine nicht nur die Lehren von drei Jahrhunderten Seekriegführung im Westen an, sondern überflügelten tatsächlich viele westliche Denker in der Entwicklung von Marinewaffen und strategischen und taktischen Konzepten. In der Strategie zeigten sich die Japaner als Meister der Kon-

zentration, besonders in der Niederkämpfung feindlicher Teilstreitkräfte. Im chinesisch-japanischen Krieg vereinigten sie ihre Hauptmacht gegen eines der chinesischen Provinzgeschwader und besiegten es, bevor die anderen in den Kampf getreten waren. Im russisch-japanischen Krieg nutzten sie ihre innere Lage, um die drei Teile der russischen Fernost-Flotte nacheinander in Port Arthur, in Inchon und in Vladivostok auszuschalten. Dann hielten sie ihre Schiffe zusammen und exerzierten fortgesetzt in Evolutionen und Schießübungen und waren mit dieser ihrer Seemacht darauf vorbereitet, das russische Ostseegeschwader zu besiegen, als es ankam.
Im taktischen Bereich erkannten die Japaner früh den größeren Wert der Kiellinie und des Breitseitenfeuers. Indem sie Geschwindigkeit und Beweglichkeit ausnutzten, hatten sie im allgemeinen Erfolg damit, die feindlichen Formationen aufzubrechen und eine überlegene Feuerkraft gegen die aufeinanderfolgenden Teile der feindlichen Flotte zu erzielen. In Übereinstimmung mit dem von Nelson bei Trafalgar siegreich demonstrierten Prinzip, operierten sie in halb selbständigen Divisionen, um große Beweglichkeit in der Schlacht zu erlangen und um einem Teil der Flotte zu erlauben, zu jeder Zeit auf dem kürzesten Wege vorzugehen zu dem Punkt, wo er am meisten gebraucht wurde.
Als Ergebnis seiner Siege über China und Rußland stand Japan am Beginn des 20 Jahrhunderts als eine Seemacht erster Klasse da, eine Macht, mit der die anerkannte Herrin über die See nicht verschmähte, ein Bündnis zu schließen. Aber Japan, das sich vom Westen um die Früchte seines Sieges beraubt sah, fuhr fort, seine Flotte für den Tag stark zu machen, an dem sich ihm die Gelegenheit bot, seine Vorherrschaft im Fernen Osten durchzusetzen.

Kapitel 18

Die Vereinigten Staaten werden eine Seemacht

Von W. Hubatsch übersetztes und bearbeitete Kapitel 20 und 21 der US-Ausgabe, die von Ellery H. Clark bzw. J. R. Fredland verfaßt waren.

Im Lichte der späteren Weltereignisse ist es offenbar, daß der Aufstieg der Marine der Vereinigten Staaten für die Flottenentwicklung des frühen 20. Jahrhunderts von allgemeiner Bedeutung gewesen ist. Das amerikanische Volk, im Kongreß durch seine gewählten Vertreter versammelt, entschloß sich endlich, eine Amerikas Wohlstand und Handelsbedeutung entsprechende Flotte zu unterhalten. Unter dem Einfluß von A. Th. Mahan und Th. Roosevelt begann in der Marine eine Politik auf lange Sicht. In dieser Zeit entstand die moderne amerikanische Marine, die im zweiten Weltkrieg Japan besiegen und die Invasion nach Europa möglich machen sollte. Noch um 1900 oder 1914 schien der Aufstieg der Vereinigten Staaten zu einer Seemacht ersten Ranges außerhalb der westlichen Hemisphäre keine große Bedeutung zu haben. Obwohl Amerikas Marine-Budget größer war als das Deutschlands, war die kaiserliche Marine im Jahre 1914 gewiß schlagkräftiger. In der Tat war die US-Marine dabei, auf den vierten Platz zu sinken, als das französische Bauprogramm fortschritt. Während der Vorweltkriegszeit behielt England erfolgreich seinen »Zwei-Mächte-Standard« bei und ließ seine Flotte an Tonnage und Zahl der Großkampfschiffe niemals unter die aller Flotten der zweiten und drittstärksten Macht absinken.

Der spanisch-amerikanische Krieg

Wenn irgendein geschichtliches Ereignis den Aufstieg der Vereinigten Staaten zur Weltmacht zeigt, dann der spanisch-amerikanische Krieg von 1898. Er dauerte etwas über 100 Tage und kostete etwa 3000 Amerikanern das Leben. Dieser kurze Konflikt verwickelte die Vereinigten Staaten in die komplizierten Probleme des Fernen Ostens, zeigte aber auch den europäischen Mächten, daß man hinfort mit der militärischen Stärke Amerikas zu rechnen hatte.

Obgleich die erste größere Seeschlacht des spanisch-amerikanischen Krieges eine halbe Welt entfernt bei den Philippinen ausgefochten wurde, entstand der Konflikt aus der Anarchie in Kuba. Aus einem chronischen Zustand von Rebellionen gegen die spanische Regierung entstand im Jahre 1895 eine offene Revolution. Die »Insurrectos«, die an Grausamkeit mit ihren spanischen Herren wetteiferten, betrieben systematische Plünderungen, wobei das Eigentum amerikanischer Bürger nicht geschont wurde, wenn nicht Schutzgeld gezahlt wurde. Dieses wurde wieder ausgegeben, um die Revolte zu finanzieren oder Propaganda dafür zu machen. Tatsächlich war der Schutz der großen, Amerika gehörenden Rohrzuckerplantagen und Zuckermühlen ein wichtiger Grund für die Intervention der Vereinigten Staaten. Diese Interessen beliefen sich auf 50 Millionen Dollar Geldanlagen und 100 Millionen Dollar jährlichen Handelsvolumens. Die spanische Regierung war entschlossen, den unerträglichen Zuständen in Kuba ein Ende zu setzen und sandte Anfang 1896 den General Valeriano Weyler nach Havanna mit dem Befehl, strenge Maßregeln zu ergreifen. Weyler ließ die Zivilpersonen in bestimmte Gebiete verbringen, wo sie die Rebellen nicht unterstützen konnten. Die dortigen unhygenischen Verhältnisse bedeuteten den Tod für Tausende, hauptsächlich Frauen und Kinder. Die amerikanische Öffentlichkeit reagierte scharf auf die unmenschlichen Methoden des »Schlächters« Weyler, und viele drangen darauf, die Rebellenregierung sogleich anzuerkennen.

Als ein neues liberales spanisches Ministerium im Jahre 1897 Weyler zurückrief, das Konzentrationssystem abänderte und Kubanern eine bestimmte Art von Autonomie garantierte, begannen die Amerikaner das Interesse an der Kuba-Angelegenheit zu verlieren. Dann ereigneten sich im Februar 1898 zwei Vorfälle, die einen Sturm öffentlicher Entrüstung in den Vereinigten Staaten hervorriefen. Der eine betraf die Veröffentlichung eines indiskreten privaten Briefes im New Yorker Journal, der von Dupuy de Lôme, dem spanischen Gesandten in Washington geschrieben und in den Besitz der kubanischen Junta gelangt war. In seinem Brief spielte der Gesandte auf die spanische Doppelzüngigkeit in Diskussionen über schwebende Handelsabmachungen an und beurteilte den Präsidenten McKinley als einen Staatsmann unbedeutenden Formates. Eine Woche später wurde das Panzerschiff *Maine*, das nach Kuba zum Schutz amerikanischen Lebens und Eigentums beordert war, durch eine Explosion auseinandergerissen, die 260 Leute ihrer Besatzung tötete. Die amerikanische Öffentlichkeit glaubte, daß die Explosion durch eine von Spaniern angebrachte Mine hervorgerufen worden sei. Obgleich spätere Studien gezeigt haben, daß die Explosion wohl durch Selbstentzündung entstanden war, wurden die Vereinigten Staaten an den Rand des Krieges gebracht.

Weil im Falle eines bewaffneten Konfliktes mit Spanien das hauptsächliche militärische Operationsziel Kuba und Puerto Rico waren und die Philippinen nur ein untergeordnetes sein konnten, wurde die Masse der US-Flotte im Atlantik konzentriert. Um die Streitkräfte dort zu verstärken, machte das Linienschiff *Oregon* seine berühmte Reise von Puget Sound um Südamerika zur Karibischen See, eine Fahrt von 15000 Meilen, in 66 Tagen mit einer Durschschnittsgeschwindigkeit von beinahe 12 Knoten. Ihre Ankunft erhöhte die Stärke des Nordatlantischen Geschwaders auf 5 Schlachtschiffe und Panzerkreuzer neben kleineren Typen. Inzwischen behielt das Marinekabinett nur ein kleines asiatisches Geschwader von Leichten Kreuzern im Pazifik bei, der im allgemeinen als ein Gebiet von geringerer Bedeutung für die Marine angesehen wurde.

Die Auswirkung des Unglücksfalles auf der *Maine* war an den Spaniern nicht vorübergegangen, die die Erregung der Amerikaner zu beschwichtigen suchten, aber zur gleichen Zeit sich zum Krieg vorbereiteten. Der spanische Marineminister setzte die Flotte in Alarmbereitschaft und riet dem Befehlshaber der spanischen Heimatflotte, Admiral Pasquale Cervera, sich bereit zu halten, um den amerikanischen Stützpunkt in Key West zu zerstören und dann die amerikanische Küste zu blockieren.

Dem von Natur aus pessimistischen Cervera schien eine solche Anweisung im höchsten Maße phantastisch zu sein, denn seine Kampfkraft bestand nur aus 4 Panzerkreuzern und 2 Zerstörern, die alle in dürftigem Zustand waren. Er wies auf seine Schwäche im Vergleich mit den Amerikanern hin, auf den Mangel an spanischen Stützpunkten an der atlantischen Westküste und auf den zu erwartenden Mangel an ausreichendem Nachschub für seine Flotte in Kuba und Puerto Rico. Er meinte dagegen, Streitkräfte für die Verteidigung des Heimatlandes zurückhalten zu müssen und erklärte, daß seine Flotte nur dann an der amerikanischen Küste erfolgreich operieren könne, wenn Spanien einen mächtigen Bundesgenossen zur See besäße. Das Ministerium änderte nun seine Weisung, bestand aber darauf, daß die Seestreitkräfte wenigstens Puerto Rico verteidigen sollten. Am 8. April 1898 dampfte Cervera, der seine Aufgabe weiterhin als hoffnungslos ansah, von Cadiz nach den Cap-Verde-Inseln ab, um dort die weitere politische Entwicklung abzuwarten.

Die Nachricht von dem Auslaufen der spanischen Heimatflotte verursachte eine Kriegspanik entlang der amerikanischen Ostküste. An Heer und Marine wurden unsinnige Forderungen zur Küstenverteidigung gestellt. Theodore Roosevelt erinnerte sich später an nervöse Finanzmänner, die um die Sicherheit ihrer Wertpapiere bangten und sie 50 Meilen landeinwärts brachten.

Zur Beruhigung trug eine allgemeine Verteilung veralteter Geschütze aus dem Bürgerkrieg auf einige Punkte entlang der Küste bei, von wo sie nutzlos auf den leeren Atlantik zielten. Aber das Verlangen nach Flottenschutz an allen Teilen der Ostküste war etwas anderes, denn eine Flotte ist durch ihre Beweglichkeit eine Angriffswaffe.

Das Navy-Department war sich wohl bewußt, daß das Nordatlantik-Geschwader unter diesen Umständen als eine Einheit operieren sollte. Auch wenn Cervera irgendwo anders als in der Karibischen See losschlagen sollte, wo er erwartet wurde, konnte eine intakte Flotte noch einen Vergeltungsschlag führen. Die Seestreitkräfte überall entlang der Küste zu verteilen, war militärisch nutzlos; dennoch mußte der Schrei der Küstenbevölkerung nach Flottenschutz befriedigt werden. So wurde das Nordatlantik-Geschwader geteilt. Ein Geschwader unter Konteradmiral William T. Sampson wurde in Key West stationiert, wo es gleichermaßen für offensive Operationen gegen Kuba und Puerto Rico bereit stand. Der andere Teil, das »Fliegende Geschwader«, stand in Norfolk unter dem Befehl des Kommodore Winfield Scott Schley als eine bewegliche Ausfall-Flotte für den Streifendienst an der ganzen atlantischen Seeküste. Ein kleineres nördlicheres Patrouillen-Geschwader aus veralteten Fahrzeugen geringen Gefechtswertes bewachte die Küste vom Delaware Kap an nach Norden.

Die spanische Regierung schwankte zwischen der Furcht vor einer Revolution, falls sie die amerikanischen Forderungen auf Anerkennung der Rebellen annähme, und der Furcht vor dem Krieg mit den Vereinigten Staaten, wenn sie es nicht täte. Am 9. April hatte die spanische Regierung nachgegeben. Es war jedoch zu spät, denn Präsident McKinley hatte jetzt erkannt, daß die Demokraten ihn mit der Parole »Freies Kuba« bei den nächsten Wahlen stürzen würden, wenn er nicht mit den spanischen Kolonien ein Ende machte. Deshalb ersuchte er am 11. April den Kongreß um Vollmacht für den Einsatz von Heer und Marine. Der Kongreß erklärte Kuba für frei und unabhängig, forderte den Rückzug der spanischen Streitkräfte und wies den Präsidenten an, Gewalt anzuwenden. Eine Klausel besagte, daß die Vereinigten Staaten Kuba nicht annektieren würden.

Am 22. April 1898 wies das Navy-Department Admiral Sampson an, die Blockade der kubanischen Gewässer von Havanna rund um die westliche Spitze der Insel bis nach Cienfuegos an der Südküste durchzuführen. Am 25. April erklärte der Kongreß, daß der Kriegszustand seit dem 21. April bestehe. Am 29. April verließ Cerveras Flotte die Cap Verden und dampfte zur Verteidigung von Puerto Rico. Cervera wurde volle Handlungsfreiheit in Bezug auf Weg, Häfen, Rechtsgründe und Umstände gegeben, unter denen eine Schlacht gesucht oder vermieden werden sollte.

Der Feldzug auf den Philippinen

Kein Ruf nach Küstenverteidigung zersplitterte die kleine amerikanische Marinestreitmacht im Pazifik. Tatsächlich hatten viele Amerikaner kaum bemerkt, daß Spanien in diesem Gebiet Besitzungen hatte. Als sich der Streit mit Spanien abzeichnete, kam der Staatssekretär der Marine Roosevelt zu dem Schluß, daß die Vereinigten Staaten auf einen Kampf ebenso im Pazifik wie im Atlantik vorbereitet sein müßten. Bei der Suche nach einem geeigneten Mann, der einen schnellen und wirkungsvollen Schlag gegen die Marinestreitkräfte auf den Philippinen führen könnte, wählte er Kommodore George Dewey aus und ernannte ihn zum Kommandanten des asiatischen Geschwaders der USA.

Dewey hatte sich im Bürgerkrieg bewährt und stand im Ruf, angriffsfreudig zu sein. Bevor er Washington verließ, las er alles, was er über die Philippinen finden konnte, ersuchte dringend das Marinekabinett, Munition nachzusenden und reiste Anfang Dezember 1897 nach Japan ab. Einen Monat später ging er an Bord des Flaggschiffes *Olympia* in Nagasaki und trat sein neues Kommando an.

Dewey lief mit seinem Geschwader nach Hongkong, um näher an Manila zu sein. Hier erhielt er ein Kabeltelegramm von Roosevelt: »Nehmen Sie reichlich Kohle. Im Kriegsfall wird es Ihre Pflicht sein, dafür zu sorgen, daß das spanische Geschwader die asiatische Küste nicht verläßt, und dann operieren Sie offensiv bei den Philippinen.« Dewey brauchte solche Aufforderung nicht, denn er war schon kräftig am Werk. Er charterte ein Kohlenschiff und einen Nachschubdampfer für den Flottentroß. Seine Kriegsschiffe hatte er dokken, die Maschinen überholen, den Unterwasserrumpf kratzen und die weißen Seiten gefechtsgrau streichen lassen. Persönlich besichtigte der Kommodore alle Einzelheiten, achtete darauf, daß die Mannschaft tägliche Ausbildung hatte und daß alles auf ein Stichwort hin einsatzbereit war. Da ihm genaue Nachrichten über die spanische Flotte und die Befestigungen auf den Philippinen fehlten, sandte er einen Spion nach Manila und verkleidete seinen Adjutanten als Reisenden, um Unterlagen von in Hongkong ankommenden Reisenden einzuholen. Um die englischen Neutralitätsregeln zu umgehen, sobald der Krieg erklärt war, befahl er, die Mirs-Bucht in den chinesischen Gewässern in einiger Entfernung von der Küste als vorläufigen Ankerplatz zu verwenden.

Am 25. April kabelte der Marinesekretär: »Krieg zwischen den Vereinigten Staaten und Spanien. Gehen Sie sofort zu den Philippinen. Eröffnen Sie sofort Operationen mit Schwerpunkt gegen die spanische Flotte.« Dewey wartete 36 Stunden bis der amerikanische Konsul von Manila mit den letzten Nachrichten über die spanischen Vorbereitungen eintraf, dann dampfte er am 27. ab, um die Philippinen zu erobern.

Das amerikanische Geschwader zählte 4 Kreuzer einschließlich des Flaggschiffes: *Olympia* (5870 Tonnen), *Baltimore, Raleigh* und *Boston*; 2 Kanonenboote *Petrel* und *Concord* und das Zollschiff *McCulloch*. Diese Fahrzeuge von zusammen etwa 20 000 Tonnen trugen etwa 100 Geschütze, von denen aber nur die Hälfte über 10-cm-Kaliber hatte. 600 Meilen entfernt bei den Philippinen wartete die Flotte des Konteradmirals Don Patricio Montojo. Montojos einziges modernes Schiff war die *Reina Christina*, 3500 Tonnen mit 6 17-cm-Geschützen. Ein anderer von seinen Kreuzern, die alte hölzerne *Castilla*, konnte sich nicht unter ihrer eigenen Kraft bewegen. Außerdem hatte er 5 Schiffe von 500 bis 1100 Tonnen. In der Einsicht, daß er keine Chance haben würde, das amerikanische Geschwader in einer Seeschlacht zu besiegen, plante Montojo, vor Anker zu kämpfen, wobei er seine Schiffe als Festungsflotte zur Ergänzung der Strandbatterien benutzte.

Auf dem Wege zu den Philippinen traf das amerikanische Geschwader die letzten Vorbereitungen für die Unternehmung durch Tag- und Nacht-Gefechtsübungen, Rollen-Exerzieren und Vonbordgabe brennender Gegenstände. Am Nachmittag des 30. April, nachdem die Subic-Bucht erkundet und die spanische Flotte dort nicht angetroffen wurde, bemerkte Dewey: »Nun haben wir sie« und steuerte auf die Durchfahrt südlich Corregidor zu, die in die landumschlossene Bucht von Manila führte.

Trotz seiner äußeren Zuversicht hatte der Kommodore Bedenken. Manila galt im ganzen Fernen Osten als uneinnehmbar. Die Einfahrten in die Bucht waren vermint worden. Dewey nahm an, daß die tiefen Gewässer vor Corregidor nicht vermint werden könnten, und entschloß sich, sein Geschwader unter dem Schutz der Dunkelheit einlaufen zu lassen.

Am 1. Mai 1898, kurz nach Mitternacht, als das amerikanische Geschwader fast schon in der Bucht stand, ohne auf Minen zu stoßen, eröffneten einige Strandbatterien das Feuer. Aber die amerikanischen Schiffe brachten die Geschütze schnell zum Schweigen, und die ganze Linie passierte unversehrt die Meerengen. In der Morgendämmerung befand sich Deweys Geschwader vor Manila und schaute nach der spanischen Flotte aus. Die Batterien der Stadt eröffneten das Feuer, erzielten aber keine Treffer.

Um der Stadt das Bombardement von amerikanischen Geschützen zu ersparen, hatte Motojo sein Geschwader vor Cavite gelegt. Hier fand ihn Dewey und schloß auf 4500 Meter heran, um Munition zu sparen, denn es gab in der Nähe keine Ergänzungsmöglichkeit. Um 5.40 Uhr früh erhielt der Kommandant der *Olympia* Feuererlaubnis. Die Amerikaner feuerten stetig und passierten dabei die spanischen Schiffe wiederholt nach Kehrtwendungen in Erinnerung an die Taktik Du Ponts im Port Royal Sund. Einzelne spanische Schiffe, darunter die *Reina Chistina*, versuchten, den aussichtslosen Kampf aufzunehmen, aber sie wurden versenkt oder zurückgejagt. Als sich Dewey wegen einer irrtümlichen Nachricht über Munitionsknappheit vorübergehend zurückzog, waren die *Christina* und die *Castilla* schon verlassen worden. Um 11 Uhr nahm Dewey das Gefecht wieder auf, und nach einer weiteren Stunde war das spanische Geschwader zusammengeschossen. Als das Feuer eingestellt wurde, waren alle Schiffe von Montojo verbrannt, gesunken oder entwichen.

Die spanischen Verluste bei der Flotte und am Strand von Cavite betrugen 381 Tote und Verwundete. Das Geschwader von Dewey hatte keine Gefallenen, nur 7 Verwundete. Die gut einexerzierten amerikanischen Artilleristen hatten mindestens 170 Treffer erzielt. Die Spanier, die überhaupt keine Übung hatten, erzielten nur 15. Der amerikanische Sieg war ebenso ein Ergebnis überlegener Vorbereitung wie überlegener Macht. »Die Schlacht von Manila«, sagte Dewey, »wurde im Hafen von Hongkong gewonnen.« Er hätte hinzufügen können, daß es ein Wettlauf mit der Zeit gewesen war, denn wenn er nicht sogleich Montojos Streitmacht gefunden und besiegt hätte, wäre seine Versorgungslage sehr schwierig geworden.

Da es keine spanische Seemacht in diesem Gebiet mehr gab,

ankerte Dewey vor Manila, um die Philippinen gegen auswärtige Einmischung zu sichern. Seine Lage wurde durch die Ankunft von 5 deutschen Kriegsschiffen schwierig, von denen er annahm, sie würden die Philippinen für Deutschland mit Beschlag belegen, falls die Vereinigten Staaten nicht interessiert wären.[1] Diese waren jedoch sehr daran interessiert.

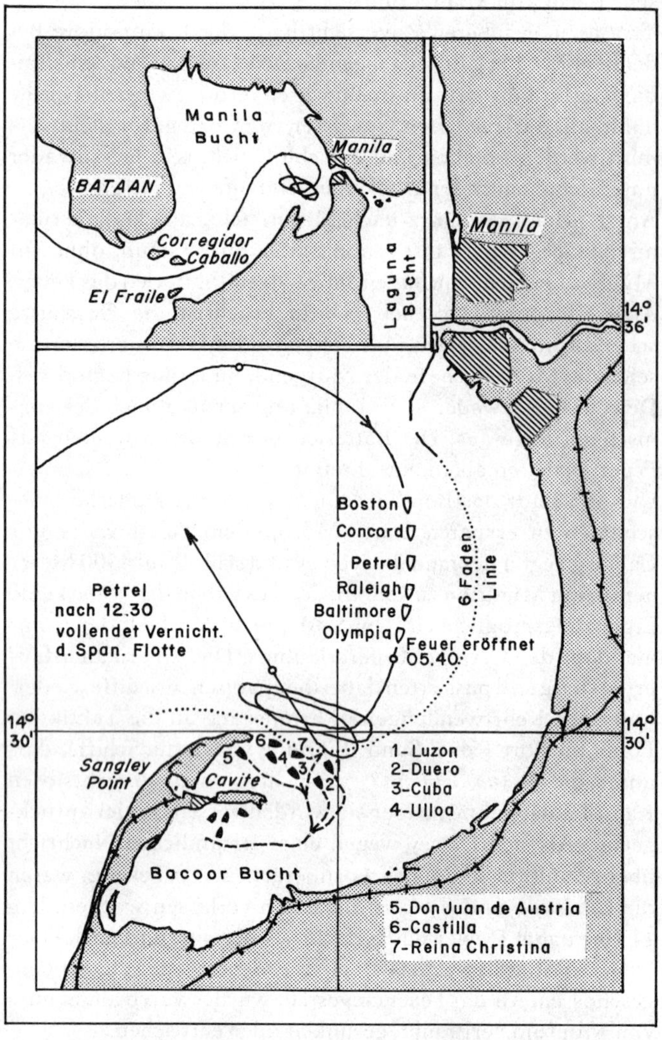

Die Schlacht in der Manila Bucht, 1. Mai 1898

Schon befanden sich etwa 11000 Mann Heerestruppen auf dem Seewege von San Francisco, um Manila und die Inseln zu besetzen. Unterwegs nahm der Kreuzer *Charleston,* der den Truppentransport begleitete, Spanisch Guam, wo der Gouverneur noch nichts vom Krieg gehört hatte, ohne Schwertstreich weg. Einen knappen Monat später annektierten die Vereinigten Staaten im Selbstgefühl des wachsenden Imperiums die unabhängigen Inseln von Hawaii.

1) Vgl. V. Adm. v. Diederichs: Darstellung der Vorgänge vor Manila von Mai bis August 1898. Eine persönliche Bemerkung zur Autobiography of George Dewey, Admiral of the Navy. In: Marine-Rundschau 25 (1914), S. 253-279.

Am 13. August 1898 kapitulierte Manila nach gemeinsamer Beschießung durch Heer und Flotte nach einem kurzen Widerstand. Danach hatten Heer und Marine drei Jahre lang zu kämpfen, um die Erhebung der Philippinos niederzuschlagen, die auf Unabhängigkeit und nicht nur auf einen Wechsel ihrer Kolonialherren gehofft hatten. Beinahe ein halbes Jahrhundert sollte vergehen, bevor die Vereinigten Staaten den Philippinos die Selbstregierung zugestanden. Unterdessen waren die USA mit der Annektion dauernd in die Angelegenheiten des Fernen Ostens hineingezogen worden.

Der Karibische Feldzug

Der begabte, zurückhaltende Admiral Sampson, der es aber keineswegs an Angriffsgeist fehlen ließ, wollte die Feindseligkeiten gegen Spanien mit einem amphibischen Angriff auf Havanna eröffnen. Er hoffte, nach Einnahme der Hauptstadt und Festung den Konflikt bald zu Ende bringen zu können. Der Marinesekretär Long lehnte jedoch die Pläne von Sampson ab, weil die Armee noch lange nicht fertig war und weil er es auch für unklug hielt, die amerikanische Flotte den Geschützen von Havanna auszusetzen, während eine feindliche Flotte noch vorhanden war. Die bisherige Erfahrung der Kriegführung besagte, daß man, bevor man seine Schiffe den Gefahren eines Angriffs gegen Küstenbefestigungen aussetzte, die Seeherrschaft errungen haben mußte. Oder man mußte zwei Flotten haben, eine Unterstützungsflotte, um die Küste anzugreifen und den Invasionstruppen Feuerschutz zu geben, und eine Deckungsstreitmacht, die als Schutzschild für den Brückenkopf und die Unterstützungsflotte diente, um jede sich nähernde feindliche Flotte abzuwehren. Long glaubte nicht, daß das zwischen Norfolk und der Karibischen See geteilte Nordatlantische Geschwader Sampsons für amphibische Operationen stark genug sei, solange die Flotte von Cervera intakt blieb. Darin wurde er von dem neuen Kriegsmarine-Ausschuß unterstützt. Dieser Ausschuß, der sich aus Admiral Siccard, dem verabschiedeten Befehlshaber des Nordatlantischen Geschwaders, Admiral Crowninshield, dem Chef der Navigationsabteilung, und Kapitän Mahan, dem Marinehistoriker, zusammensetzte, war ursprünglich als eine bloße Nachrichten-Dienststelle gedacht, wurde aber mit der Zeit zu einem zentralen strategischen Ausschuß. Als solcher diente er dazu, die Maßnahmen in der Marine zu koordinieren, obwohl er manchmal örtliche Dienststellen in Verwirrung brachte, wenn er sich an taktische Direktiven wagte. Der Ausschuß war ein großer Schritt vorwärts gegenüber früheren Kriegen, in denen die zentrale Leitung gefehlt hatte, aber es war noch keine Institution wie die der Vereinigten Stabs-Chefs im zweiten Weltkrieg, die Land- und Seeoperationen in Einklang bringen konnten.

Als Cervera auf Befehl von Madrid am 29. April 1898 von den Cap-Verdischen-Inseln auslief, war er so pessimistisch wie je. Er wußte, daß er hoffnungslos unterlegen war. Darüberhinaus fehlten seinem besten Kreuzer, der *Cristóbal*

Colón, die zwei 25,4-cm-Geschütze und ein anderer, die *Vizcaya*, war durch starke Bewachsung des Schiffsbodens in seiner Geschwindigkeit herabgesetzt.

Sampson hörte bald von dem Auslaufen Cerveras und entwarf sofort den Plan, in See zu gehen und ihn bei San Juan in Puerto Rico zu treffen, wohin sich seiner Ansicht nach die spanische Flotte zur Kohlenübernahme begeben mußte. Mahan hatte gleichfalls vermutet, daß die Spanier zuerst nach San Juan gehen würden, und hatte angeregt, Aufklärungskreuzer in diesem Seegebiet aufzustellen, die Cervera entdecken und Sampson benachrichtigen sollten. Die amerikanische Flotte konnte dann bis San Juan vordringen und die

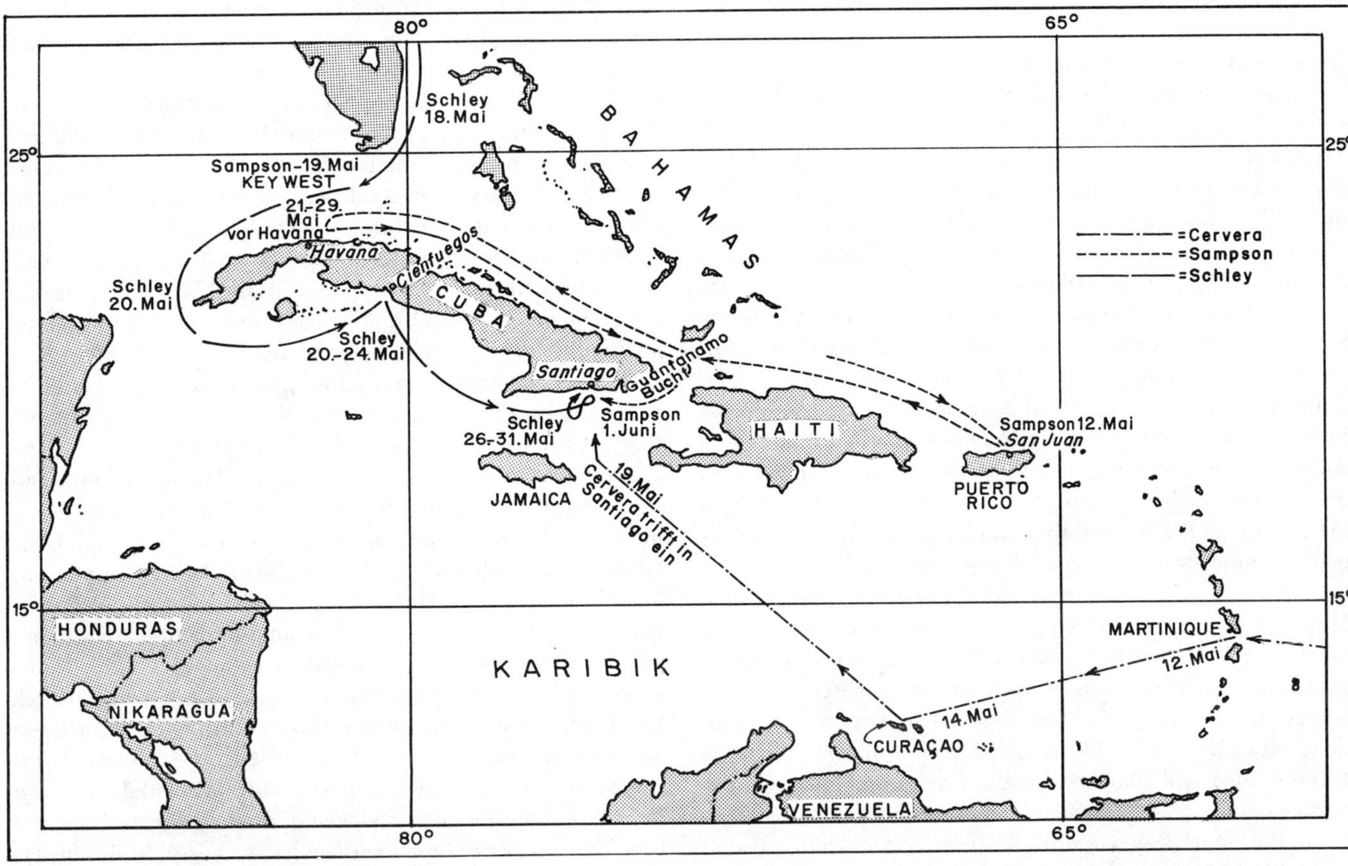

Der Karibische Kriegsschauplatz, 1898

Entscheidung zur See suchen. Sampson hob am 3. Mai die Blockade von Kuba teilweise auf und brach mit den Linienschiffen *Iowa* und *Indiana*, dem Panzerkreuzer *New York*, zwei Monitoren und einem Torpedoboot nach Puerto Rico auf. Seine Fahrt verlangsamte sich durch die beiden Monitore, die geschleppt werden mußten, sodaß er San Juan nicht vor dem 12. erreichte. Als er von Cervera nichts entdeckte, beschoß er den Hafen eine Stunde lang, verursachte nur geringen Schaden und hatte selber 8 Personalausfälle durch die Küstenartillerie.

Mahan verurteilte Sampsons Vorrücken nach Puerto Rico. Das Hauptziel der amerikanischen Operationen in der Karibischen See war die Wegnahme von Kuba durch eine Invasion; danach erst konnte die Niederkämpfung oder Einschließung der spanischen Flotte erfolgen. Deshalb war Kuba, bevor Cervera auftrat, der strategische Mittelpunkt des Feldzuges. Unter den obwaltenden Umständen opferte Sampson, wenn er Kuba aufgab, nach Ansicht von Mahan seine strategische Zentralstellung für eine Nebenoperation von zweifelhaftem Wert.

Tatsächlich hatte Cervera Sampson falsch eingeschätzt, wenn er meinte, Sampson würde genau das tun, was er tat. Während das Nordatlantische Geschwader verstreut war, Schley in Norfolk, Sampson in San Juan, einige Fahrzeuge in Key West, andere bei der Blockade vor Kuba und die *Oregon* auf der Anreise vom Pazifik, wichen die Spanier allen amerikanischen Streitkräften erfolgreich aus und schlüpften in Kubas Hintertür. Nachdem Cervera den Atlantik mit weniger als 7 Knoten überquert hatte, begab er sich zur Kohlenübernahme nach Martinique. Nachdem ihm dort die Franzosen Unterstützung verweigert hatten, fuhr er nach Curaçao weiter, wo sich die holländischen Behörden entgegenkommender erwiesen. Von dort marschierte er geradewegs nach Kuba.

Sampson war schon auf dem Rückweg von seinem erfolglosen Vorstoß gegen San Juan, als er von Cerveras Ankunft in der Karibischen See hörte. Daraufhin ließ er seine Monitore zurück und lief mit Höchstgeschwindigkeit nach Key West, wo er am 18. Mai, wenige Stunden nach der Ankunft von Schleys Aufklärungsgeschwader aus Norfolk, eintraf. In der Annahme, daß die spanische Flotte Munition zur Verteidigung der Hauptstadt bringen würde, verstärkte Sampson seine Blockade von Havanna und schickte das Aufklärungsgeschwader, verstärkt durch die *Iowa,* um die Südküste von Kuba zur Blockade von Cienfuegos, das mit Havanna durch eine Eisenbahn verbunden war. In der Zwischenzeit, während er noch einmal Sampson fehleinschätzte, hatte Cervera südöstlich vor dem verlassenen Hafen von Santiago geankert. Hier wurde er am Morgen des 19. jubelnd empfangen, als er durch den engen Kanal in den Hafen dampfte. Schon das sichere Erreichen von Santiago war eine wirkliche Leistung. Aber nun fiel ihm nichts besseres ein, als im Hafen vor Anker liegenzubleiben, bis sich die amerikanische Blockade neun Tage später um ihn schloß.

Mittlerweile hatte Schley sich eilig nach Cienfuegos begeben. Er konnte in den Hafen nicht einsehen, sah aber Rauch und nahm deswegen an, daß die Spanier anwesend seien. Doch sicher, daß Cervera anderswo war, sandte Sampson an Schley mit einem schnellen Depeschenboot die Nachricht: »Spanisches Geschwader wahrscheinlich in Santiago ... Wenn Sie festgestellt haben, daß sie nicht in Cienfuegos sind, laufen Sie in aller Eile und gebotenen Vorsicht nach Santiago auf Kuba, und wenn der Feind dort ist, blockieren Sie ihn im Hafen.« Am 24. erhielt Schley Nachrichten von kubanischen Aufständischen an Land, und da er endlich eingesehen hatte, daß Cervera nicht in Cienfuegos war, eilte er nach Santiago. Da er für eine Weile auf 6 Knoten Geschwindigkeit heruntergehen mußte, weil eins seiner Kanonenboote bei der hohen See Maschinenstörung hatte, beendete er die 315 Meilen lange Fahrt erst am 26. Mai. Etwa 20 Meilen vor Santiago nahm er mit 3 amerikanischen Aufklärungskreuzern Signalaustausch vor, von denen keiner Cervera gesichtet hatte.

Schley machte sich nun über seinen Kohlenvorrat Sorgen, denn obwohl er ein Kohlenschiff mitführte, machte die hohe Dünung eine Kohlenübernahme auf See unmöglich. So befahl er seinem Geschwader an jenem Abend zwecks Kohlenübernahme nach Key West zurückzufahren. Aufgehalten durch einen Maschinenschaden seines Kohlenschiffes, wurde er am nächsten Morgen von einem Aufklärungskreuzer mit dem strikten Befehl aus Washington überrascht: »Alle Informationen der Regierung deuten darauf hin, daß das spanische Geschwader noch in Santiago ist. Die Regierung erwartet von Ihnen die Feststellung des Sachverhaltes und daß der Feind, wenn er dort ist, den Hafen nicht verläßt, ohne zum Kampf gezwungen zu werden.« Schley erwiderte: »Zu meinem großen Bedauern kann ich den Befehlen der Regierung nicht Folge leisten, weil ich gezwungen bin, wegen Kohlenübernahme durch die Yucatan-Passage nach Key West zu gehen. Über den Verbleib des Gegners kann ich nichts feststellen.« Glücklicherweise beruhigte sich die See bald, sodaß das Aufklärungsgeschwader doch noch imstande war, Kohlen überzunehmen. Schley kehrte deshalb nach Santiago zurück und ankerte am Abend des 28. vor dem Hafen. Am folgenden Morgen war die *Cristóbal Colón* vor Anker an der Hafeneinfahrt deutlich sichtbar, wo sie während der vergangenen vier Tage gelegen hatte. Am 1. Juni kam auch Sampson vor Santiago an, sein Geschwader war noch durch die neu angekommene *Oregon* verstärkt; er übernahm den Befehl über alle Streitkräfte. Endlich waren die verschiedenen Teile des Nordatlantik-Geschwaders zusammengebracht.

Die amerikanischen Schiffe nahmen nun Blockadestellungen ein. Die 5 Schiffe, *Iowa, Oregon, Massachusetts, Indiana* und die alte *Texas,* patrouillierten in einem Halbkreis 5 bis 6 Meilen vor der Einfahrt und kleinere Fahrzeuge näher unter Land. Bei Nacht schlossen die Schiffe etwas heran, und ein Linienschiff leuchtete mit dem Scheinwerfer auf die Hafeneinfahrt. Während der einen Monat langen Blockade beschoß die Flotte häufig Morro und andere Strandbatterien, die den Hafen von Santiago schützten. Bei Nacht nahm das Versuchsschiff *Vesuvius* zwar eindrucksvoll, aber nicht sehr wirkungsvoll daran teil und feuerte 680 kg Dynamit-Granaten mit Preßluft aus drei feststehenden 38-cm-Rohren. Um sich einen vorgeschobenen Stützpunkt in der Nähe von Santiago für Kohlen, Nachschub und allgemeine Versorgung für die Blockadeschiffe zu sichern, besetzten am 10. Juni 650 Seesoldaten Guantanamo auf Kuba und erreichten nach einer Woche Kampf ihre Angriffsziele. Dies waren die ersten Amerikaner, die auf spanischem Boden kämpften.

Cervera war in dem landumschlossenen Hafen von Santiago tatenlos genug, doch stellte sein Geschwader noch eine Fleet-in-beeing dar, die einen Einfluß auf die amerikanischen Operationen an anderen Abschnitten ausübte, weil immer die Möglichkeit ihres Ausbruchs von dort bestand. Die Vereinigten Staaten konnten über die See rund um Kuba nicht unangefochten die Herrschaft ausüben, solange es eine Wahrscheinlichkeit dafür gab, daß spanische Kriegsschiffe durch Landungen oder andere Operationen störten. Die Flotte von Sampson konnte jedoch nicht in die enge, gewundene Fahrrinne zum Hafen eindringen, weil dort Minenfelder gelegt waren, und diese konnten wegen der nahe gelegenen Strandbatterien nicht geräumt werden. Jeder Versuch, durch das Minenfeld zu laufen, hätte ein Schiff der angreifenden Kolonne zum Sinken bringen und die Flotte so zersplittern können, daß die schon eingedrungenen Schiffe von den noch draußen liegenden abgesperrt waren. Es gab nur die Alternative, einzubrechen und das Geschwader von Cervera zu vernichten oder die Hafeneinfahrt mit einem versenkten Schiffsrumpf so zu schließen, daß es bei Nacht nicht umgangen oder von Sturm und Strömung nicht fortbewegt werden konnte. Ein kleines Kohlenschiff wurde mit 6 Mann Besatzung zur Versenkung an der engsten Stelle des Fahrwassers vorbereitet. Aber das Sperrschiff wurde von den Strandbatterien unter Feuer genommen, sodaß es an den Engen vorbeitrieb und an einer Stelle sank, wo es nur ein kleineres Hindernis bildete. Nach dem Fehlschlag des Sperrversuches wurde es klar, daß das spanische Geschwader veranlaßt werden mußte, herauszukommen, oder die Flotte von Sampson hätte in den Hafen eindringen müssen. Sampson forderte deshalb von Washington Armeetruppen an, um die Strandbatterien wegzunehmen, sodaß er die Minen räumen lassen konnte.

Die Armee, die darauf brannte, an dem Krieg teilzunehmen, den bis dahin nur die Marine und einige wenige Seesoldaten geführt hatten, zog 16000 Soldaten unter dem Befehl von Generalmajor William R. Shafton in Tampa zusammen. Am 31. Mai gab das Kriegsministerium Shafter den Angriffsbefehl, der auszugsweise lautete: »Gehen Sie unter dem Schutz der Marine in die Nähe von Santiago auf Kuba, landen Sie Ihre Truppen an einem Punkt östlich oder westlich eines Ihnen geeignet erscheinenden Platzes unter dem Schutz der Schiffsgeschütze und gehen Sie bis zu dem Hochplateau und den Steilufern vor, um den Hafen und sein Inneres einsehen zu können und die dortige Garnison gefangen zu nehmen oder zu vernichten. Geben Sie der Marine, die in kleinen Booten Minen räumt, Feuerschutz oder nehmen Sie selbst oder zerstören Sie mit Unterstützung der Marine die spanische Flotte, die nach den letzten Berichten im Hafen von Santiago liegt.«

So war Shafter beträchtlicher Spielraum gegeben, der sich ein eigenes Urteil bilden und entweder die Stadt Santiago belagern oder die Hauptmacht der spanischen Armee bekämpfen konnte. Die Tatsache, daß ihm eine Auswahl von Operationen geboten wurden, während die Marine um eine einzige spezielle Aufgabe gebeten hatte, zeigt die mangelhafte Abstimmung zwischen dem Kriegs- und dem Marineministerium. Darüber hinaus hatten Sampson und Shafter, die auf Zusammenarbeit angewiesen waren, keinen gemeinsamen Vorgesetzten unterhalb der Ebene des Präsidenten der Vereinigten Staaten.

Das Expeditionskorps fuhr Mitte Juni auf Handelsschiffen, die von Marinefahrzeugen geleitet wurden, von Tampa ab und erreichte Santiago am 20. Juni. Vier Tage ließ man sich Zeit, um Landungsoperationen bei Daiquiri, 18 Meilen östlich von Santiago, mit der Marine vorzubereiten, die Boote für die Anlandung von Truppen bereitstellte.

Am 20. Juni hielt Admiral Sampson zusammen mit General Garcia und anderen kubanischen Offizieren seine einzige Lagebesprechung mit General Shafter. Es scheint, daß keine klare Entscheidung fiel, aber Sampson war befriedigt, daß Shafter die Hafenbatterien als sein Operationsziel akzeptiert hatte. Shafter war ebenso überzeugt, daß der Admiral dem eigentlichen Operationsziel der Armee, der Einnahme der Stadt Santiago, zugestimmt hatte. Der General erklärte später, daß er seine Entscheidung, Santiago anzugreifen, einem Mitglied vom Stabe Sampsons diktiert habe. Als Shafter unmittelbar danach mit seinen Truppen in das Innere der Insel eindrang, scheint Sampson diese Bewegung als eine Finte angesehen zu haben, der ein Angriff auf die Batterien unmittelbar folgen sollte. Er war deshalb einige Tage später nicht wenig überrascht, als ihm der General meldete, daß die Stadt das eigentliche Ziel seines Marsches sei.

Mittlerweile waren die Soldaten, behindert durch behelfsmäßige »Spanische Reiter« und Stacheldraht, nur langsam unter der Tropensonne vorangekommen; viele von ihnen fielen wegen Hitzschlag oder Typhus aus. Bei San Juan Hill und El Caney bezogen die Spanier Stellungen und fügten den Angreifern nahezu 10% Verluste zu. Beunruhigt und mit Rückzugserwägungen sandte Shafter, der 63 Jahre alt war, mehr als 140 kg wog und mit Fieber in seinem Zelt lag, eine dringende Nachricht an Sampson, sofort die Einfahrt zu erzwingen, um weitere Verluste der Truppe zu vermeiden. So mußte nun die Armee, die an den Außenrändern der Stadt festlag, die Marine bitten, in Minenfelder einzulaufen, um der Landmacht bei einem Unternehmen beizustehen, das der Admiral für ein Mißverständnis hielt. Erbittert über die Unmöglichkeit, ein Übereinkommen mit Shafter zu erzielen, dampfte Sampson mit seinem Flaggschiff, dem Panzerkreuzer *New York*, am 3. Juli längs der Küste ostwärts, um den General persönlich zu sprechen.

Bevor Sampson den Fuß an Land setzen konnte, wurden seine Meinungsverschiedenheiten mit Shafter durch Cervera selbst gelöst. Obwohl die Lage für die Amerikaner schwierig genug aussah, erschien sie für die Spanier noch schwieriger, weil diese überzeugt waren, daß Santiago in Kürze kapitulieren müßte und die Flotte mit ihm. Deshalb telegrafierte der Gouverneur, General Blanco, in Havanna in Cervera, um jeden Preis aus dem Hafen herauszukommen, und Cervera ergriff die Gelegenheit, seinen Ausfall zu machen, während Sampson auf der *New York* die Bockadestation verlassen hatte und die *Massachusetts* zur Kohlenübernahme in Guantanamo lag. Mit dem spanischen Flaggschiff, dem Panzerkreuzer *Infanta Maria Teresa*, an der Spitze lief er am 3. Juli 1898, 9.35 Uhr vormittags aus, gefolgt von den Kreuzern *Vizcaya*, *Christóbal Colón* und *Oquendo* sowie zwei Zerstörern. Als sie den Rauch der *Teresa* in der Hafenausfahrt sichtete, lief die *New York* unverzüglich zurück, hißte das Gefechtssignal und eilte nach Westen, um zu versuchen, in das laufende Gefecht, das von Schley in Sampsons Abwesenheit bereits geführt wurde, einzugreifen.

Auf der Reede von Santiago schlossen die Blockadeschiffe auf und feuerten auf die *Teresa*, als sie in Sicht kam. Der Panzerkreuzer *Brooklyn*, das Flaggschiff von Schley, näherte sich der *Teresa*, als ob er sie rammen wollte und drehte nach Steuerbord vor den Bug der nahen *Texas*, die äußerste Kraft zurückgehen mußte, um eine Kollision zu vermeiden. Nachdem die *Brooklyn* beinahe einen vollständigen Kreis geschlagen hatte, wandte sie sich schließlich wie die restlichen Schiffe nach Westen. Diese verfolgten schon die Spanier, die die Blokkade bereits durchbrochen hatten. Warum die *Brooklyn* sich zuerst nach Osten wandte anstatt nach Westen, ob sie vermeiden wollte, gerammt zu werden, um den anderen amerikanischen Schiffen das Schußfeld freizumachen oder den Abstand zu vergrößern, wurde niemals befriedigend geklärt, auch nicht von Schley, der nur feststellte, daß »es unter den Um-

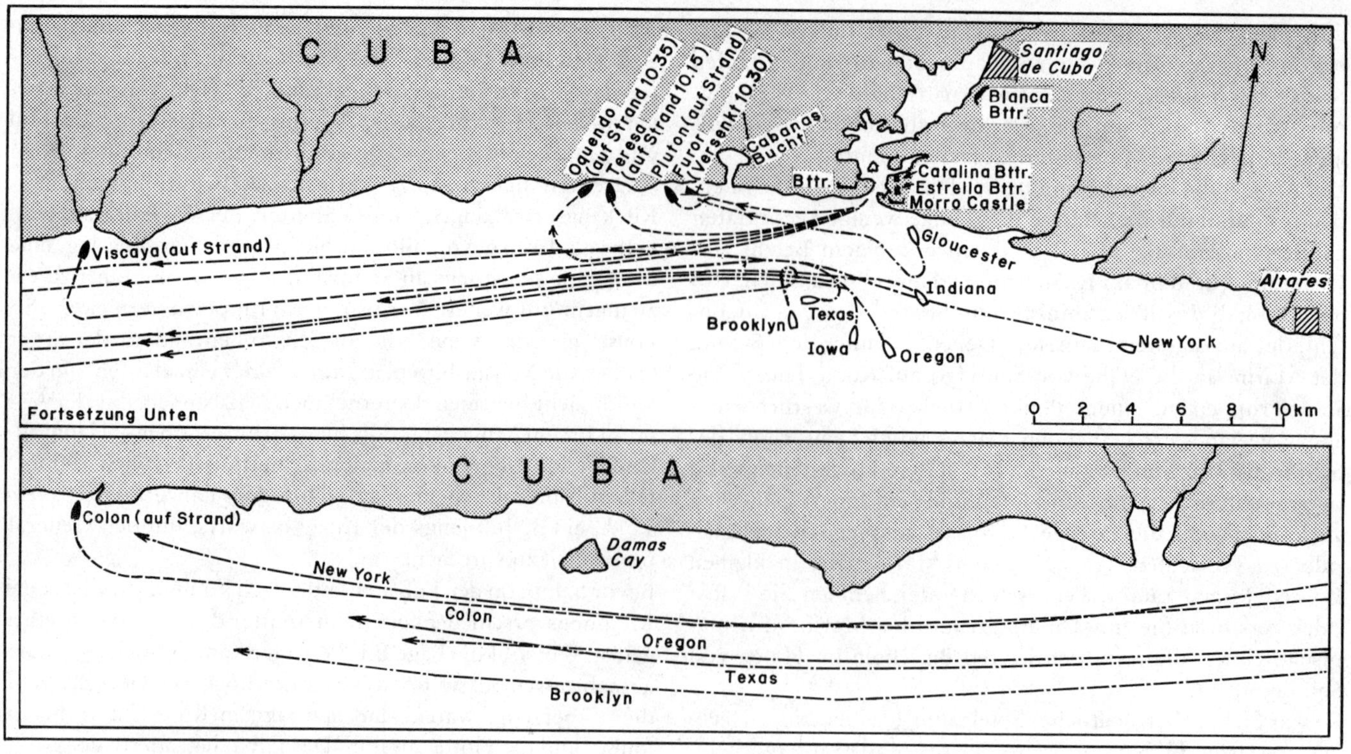

Die Schlacht von Santiago, 3. Juli 1898

ständen das geeignete militärische Manöver war« und »daß es den Tag ohne jeden Zweifel rettete«.

Bald holte die schnelle *Brooklyn* ihren Abstand wieder auf und übernahm die Führung unter den Verfolgern, zusammen mit der *Oregon, Iowa, Texas* und *Indiana.* Zur gleichen Zeit schloß die kleine umgebaute Yacht *Gloucester* an die beiden spanischen Zerstörer heran. Die *Teresa* kam unter konzentriertes Feuer der amerikanischen Schlachtlinie, wurde über 30 Mal getroffen, ihre Dampfrohre zerrissen, ihre hölzernen Decks brannten, sie lief auf die Küste zu und setzte sich sechs Meilen westlich der Hafeneinfahrt auf Strand.

Als nächstes kamen die *Oquendo* und *Vizcaya* unter schweres Feuer, standen bald in Flammen und gerieten ebenfalls auf Grund. Nur die *Colón,* der letzte und schnellste Kreuzer von Cervera, lief aus der Reichweite der amerikanischen Granaten und machte einen tapferen Versuch zu entkommen. Ihre Heizer steigerten sich mit Hilfe von Kognak zu außerordentlichen Leistungen, sie dampfte westwärts mit 14 Knoten. Nach einer Jagd von 55 Meilen, als sich der alkoholische Antrieb ihrer schwarzen Mannschaft in Schläfrigkeit verwandelt hatte, holten die *Brooklyn* und die *Oregon* sie endlich ein und erzielten Treffer. Daraufhin strich die nur leicht beschädigte *Colón* ihre Flagge, steuerte zum Strand und ergab sich. Mittlerweile waren die beiden spanischen Zerstörer *Furor* und *Pluton,* die von der kleinen *Gloucester* in ein heftiges Gefecht verwickelt waren, unter das Feuer der *Indiana* gekommen. Die *Furor* wurde durch eine 33-cm-Granate beinahe in zwei Hälften geschnitten, die *Pluton,* die von einer kleineren Granate schwer beschädigt war, sank, nachdem sie die Flagge vor der *Gloucester* strich.

Ebenso wie in der Schlacht vor Manila war eine unterlegene Flotte durch eine überlegene und besser geleitete Flotte vernichtet worden. Die spanischen Verluste in der Schlacht bei Santiago betrugen 160 Tote und 1800 Gefangene, darunter auch Cervera selbst. Die amerikanischen Verluste beliefen sich auf einen toten und einen verwundeten Mann.

Die Niederlage von Cervera hatte weitreichende Folgen. Nach 14 Tagen konnte Santiago unter der Schiffs-Beschießung und wegen der Verknappung der Nahrungsmittelvorräte nicht mehr gehalten werden, woraufhin General Toral die Stadt und seine 22000 Soldaten förmlich an General Shafter übergab. Die wenigen Spanien verbliebenen Kriegsschiffe, die zum Angriff auf Dewey in der Manila-Bucht unterwegs waren, drehten im Roten Meer um und gingen wieder zurück, um spanische Gestade vor einem möglichen Angriff des siegreichen Nordatlantik-Geschwaders zu verteidigen. Jetzt, da die Vereinigten Staaten die unbestrittene Herrschaft über die Karibische See besaßen, landeten amerikanische Expeditionstruppen in Puerto Rico und drangen gegen die Hauptstadt vor. Gegen Ende Juli, als die amerikanischen Streikräfte überall siegreich waren, legte die Marine Pläne für eine Kreuzfahrt gegen das spanische Mutterland vor, woraufhin die Spanier unverzüglich um Frieden ersuchten. In dem endgültigen Vertrag, der am 10. Dezember 1898 in Paris unterzeichnet wurde, gab Spanien alle Ansprüche auf Kuba auf und überließ Puerto Rico, Guam und die Philippinen den Vereinigten Staaten.

Lehren und Folgen des Krieges

Der Krieg zeigte der amerikanischen Öffentlichkeit und der ganzen Welt das erregende Schauspiel, wie die Vereinigten Staaten zu einer bedeutenden Seemacht wurden. Vorher waren die Augen der Amerikaner auf ihren Westen, auf die Grenzerprobleme und den Ausbau des Kontinents gerichtet gewesen. Genährt von den »Minute-Man«-und »Gunboat«-Theorien der Landmacht und der Marinepolitik waren die Amerikaner länger als ein Jahrhundert abgeneigt gewesen, die Ausgaben für einen größeren Verteidigungsbeitrag im Staatshaushalt zu tragen. Aber die überwältigenden und offenbar leichten Siege von Dewey und Sampson und die vielbewunderte 15 000-Meilenreise der *Oregon* hatten eine populäre, gefühlvolle Welle zugunsten des Baus einer großen Marine in der amerikanischen Öffentlichkeit ausgelöst.

Inzwischen prüften die amerikanischen Offiziere mit charakteristischem Pragmatismus die Erfahrungen ihres ersten Krieges zur See hinsichtlich der technischen, taktischen und strategischen Lehren. Von ihren Erkenntnissen folgen die wichtigsten:

1. Die amerikanische Feuerleittechnik bedurfte der Verbesserung; so hatte das Nordatlantische Geschwader bei Santiago nur 42 Treffer großer Kaliber bei 1300 gefeuerten Salven auf mittlere Gefechtsentfernung erzielt.
2. Auf Kriegsschiffen sollten Holz und andere leicht brennbare Stoffe auf ein absolutes Minimum reduziert werden. Die mit Pech verfugten Decks der spanischen Schiffe hatten sich nach Beschuß sogleich in Feuerflächen verwandelt.
3. Besonders benötigt wurde eine gründliche amphibische Ausbildung bei der US-Wehrmacht. Die dilettantischen Daiquiri-Landungen würden an einer gut verteidigten Küste gescheitert sein.
4. Vorgeschobene Kohlen- und Reparatur-Stützpunkte waren zur Vergrößerung des Aktionsradius der amerikanischen Flotte unerläßlich.
5. Die Notwendigkeit einer wirkungsvolleren Zusammenarbeit zwischen Heer und Marine war klar bewiesen.
6. Der politische Druck, der auf die Marine ausgeübt wurde, um bewegliche Streitkräfte zur stationären Hafenverteidigung heranzuziehen, zeigte die Notwendigkeit eines besseren Verständnisses der Öffentlichkeit für die Rolle der Marine. Die aus solchen Forderungen sich ergebende Teilung der Kräfte wurde durch die Tendenz der Marine, ihre Flotteneinheiten für strategisch exzentrische Operationen zu zerstreuen, bestärkt. Jetzt war für Staatsmänner und Offiziere in den Vereinigten Staaten der Zeitpunkt gekommen, sich ein besseres Verständnis für die Prinzipien der Seekriegführung zu erwerben. Glücklicherweise waren Mahans »Einfluß von Seemacht auf die Geschichte« und spätere Werke schon zur Hand, um diesem Mangel abzuhelfen.

Der nachdenkliche Betrachter des spanisch-amerikanischen Krieges wurde zu der Schlußfolgerung gezwungen, daß die US-Marine zwar Ehrenvolles geleistet hatte, aber noch viel Möglichkeiten für Verbesserungen bot. Es war nicht wahrscheinlich, die entscheidenden Siege von Manila und Santiago ohne besseres Material, bessere Technik und besseres Verständnis der Prinzipien wiederholen zu können. Mahan warnte: »Wir können nicht immer wieder erwarten, einen so vollständig untauglichen Feind zu haben, wie Spanien sich uns zeigte.« Die wichtigste langfristige Folge des Krieges bestand darin, daß die Vereinigten Staaten ein überseeisches Reich erworben hatten. Der Besitz von Puerto Rico und Guantanamo konnte der Marine tatsächlich bei ihrer Aufgabe der Verteidigung der kontinentalen Vereinigten Staaten helfen. Aber die neuen pazifischen Besitzungen warfen weit mehr Probleme auf, als sie zu lösen vermochten.

Versuche, für diese Probleme Lösungen zu finden, beherrschten das Denken und Planen der Marine für die nächsten 40 Jahre, wie wir sehen werden. Überaus bedrückend war die Frage, wie die große philippinische Inselgruppe verteidigt werden sollte, die 7000 Meilen von den USA, aber nur 1000 Meilen von Japan und weniger als 300 Meilen von dem japanisch besetzten Formosa entfernt lag. Gegen ein militärisch aktives und expansives Japan konnten die Philippinen nur verteidigt werden, wenn eine hinreichende Überlegenheit zur See in den fernöstlichen Gewässern aufrecht erhalten wurde. Gingen sie an Japan oder eine andere östliche Großmacht verloren, so konnten sie wieder erobert werden, wenn man sich eine wirkungsvolle Kontrolle über den größten Teil des Stillen Ozeans sicherte. Das würde aber die Einrichtung befestigter Stützpunkte notwendig machen, was im Jahre 1898 nicht im Leistungsvermögen der USA lag. In der Kette der Ereignisse, die zum Eintritt Amerikas in den zweiten Weltkrieg führten, bildete die Erwerbung der Philippinen ein wichtiges Glied.

Die neue Marinepolitik der Vereinigten Staaten

Der spanisch-amerikanische Krieg hatte die Aufmerksamkeit der Welt auf eine Marine gelenkt, die sich gerade anschickte, aus einer längeren Periode der völligen Vernachlässigung in eine Periode planmäßigen und kraftvollen Ausbaues überzuwechseln. Im Jahre 1898 hatte sie ein erstes Versuchsstadium noch nicht überschritten. Die Flotte war noch ein gutes Stück Weges von dem Rang der großen europäischen Marinen entfernt.

Marinepolitik wurde damals in den Vereinigten Staaten wie zufällig, kurzfristig und unter dem Zwang der politischen Zweckmäßigkeit betrieben. Obwohl Mahan einen weltweiten Ruf erlangt hatte, so war es doch der Ruf eines Gelehrten unter anderen. In den Jahren nach dem spanisch-amerikanischen Krieg schien es, daß nur wenige Mitglieder des Kongresses, von der Wählerschaft insgesamt ganz abgesehen, wirklich die Werke von Mahan gelesen hatten. Seine Gedanken, die für die Marinepolitik der Vereinigten Staaten im 20. Jahrhundert grundlegend wurden, mußten mit der Bered-

samkeit von Männern wie Theodore Roosevelt und Henry Cabot Lodge in die öffentliche Diskussion gebracht werden, um politisch wirksam zu werden.
Obgleich die Marinedebatten von 1898 bis 1914 im Kongreß oft lang und scharf waren, so kam es doch in diesem Zeitabschnitt zum Aufbau einer Marine, die zunächst neben Großbritannien den zweiten Platz einnahm. Zunehmend wurden die nahen Beziehungen zwischen Marinepolitik und wirkungsvoller Außenpolitik erkannt und praktiziert. Wenn auch die Abgeordneten des Kongresses oft nicht mit den Folgerungen aus der überseeischen politischen Zielsetzung übereinstimmten, so waren sie doch schließlich im allgemeinen von der grundlegenden Marinestrategie überzeugt, deren Kernsatz lautete: Die US-Marine sollte imstande sein, die Hauptmacht jeden Feindes auf offener See zu besiegen, und nicht nur Handelskrieg führen und die passive Küstenverteidigung unterstützen können. Die konstruktive Politik der Vereinigten Staaten mußte sich zunehmend mit den fremden Marinen beschäftigen, besonders mit denen von Deutschland und Japan. Nach 1898 führte Amerika eine echte Marinepolitik, die Vereinigten Staaten waren eine Seemacht geworden.

Der Einfluß von Theodore Roosevelt

Der persönliche Einfluß von Theodore Roosevelt sowohl als energischer Staatssekretär der Marine (1897–98) wie als Präsident (1901–09) war enorm wichtig, da er der Marinepolitik Amerikas Bestimmung und Richtung gab. In einem Zeitalter, in dem Gelehrsamkeit ein ungewöhnliches Attribut für eine politische Figur war, stellte Roosevelt ein Phänomen dar. Sein Lesehunger erstreckte sich besonders auf geschichtliche Werke und Monographien über internationale Beziehungen. Er war in gleicher Weise ein Nationalist, ein Imperialist und wohl auch Militarist. Für die Marine war es am Wichtigsten, daß er ein gutes Verständnis für Strategie besaß und einen anhaltenden Ehrgeiz, eine Flotte zu bauen. Im Jahre 1897 brach Roosevelt als Staatssekretär in die ruhige bürokratische Routine des Marineministeriums mit aller begeisterungsfähigen Energie eines Mannes mit innerer Berufung ein. Er verbarg seine Ansichten nicht, obwohl sie damals in Widerspruch zu der friedlichen Einstellung seiner Vorgesetzten standen. Er verteidigte die Idee der Hochseeflotte, die beständig in kriegsbereitem Zustand gehalten werden sollte, und entwickelte eine kompromißlose, expansionistische Außenpolitik.
Im Herbst 1901 wurde Roosevelt zu dem bis dahin jüngsten Präsidenten der amerikanischen Geschichte gewählt. War er als Staatssekretär gezwungen gewesen, seine Sache zu vertreten und für sie zu werben, konnte er nun bis zu einem gewissen Grade selbst entscheiden. Während seiner eigenen Amtszeit und der seines sorgfältig ausgewählten Nachfolgers Taft, war das Ansehen und die persönliche Bedeutung von Roosevelt so gewachsen, daß sein Konzept der Außen- und Marinepolitik annähernd zu dem des Staates selbst geworden war.

Der Schritt zur Weltmacht

Zu den Folgen des spanisch-amerikanischen Krieges gehörte die Erwerbung je eines karibischen und pazifischen Inselreiches durch Nordamerika. Kuba war zeitweise unter einem Protektorat, obwohl theoretisch seine Unabhängigkeit garantiert war. Puerto Rico wurde ständiger Besitz. Das Problem, was mit den Philippinen geschehen sollte, wurde schließlich durch Besetzung der gesamten Inselgruppe gelöst. Guam, zu den Marianen gehörig, wurde annektiert. Indirekt war der spanisch-amerikanische Krieg der Anlaß für die Annexion von Hawaii (1898) und Amerikanisch-Samoa (1899).
Das neue amerikanische Weltreich vergrößerte die Verantwortlichkeiten der Marine ungeheuer. Ihr möglicher Operationsbereich war über den gesamten Pazifischen Ozean ausgedehnt. Überseeische Kohlenstationen und Stützpunkte sowie ein Kanal durch die Landenge von Panama oder Nikaragua wurden nunmehr zwingende Notwendigkeiten. Die Verteidigung dieses Weltreiches wurde ein hauptsächliches Argument der Befürworter einer großen Marine.
Unmittelbar nach dem Kriege gab es nicht sofort eine neue Konzeption der Marinepolitik unter Berücksichtigung dieser modernen Probleme. Die Besetzung von Kuba und Puerto Rico, der philippinische Aufruhr und der Boxeraufstand unterstrichen lediglich die »fortdauernde Notwendigkeit« an Bedürfnissen von Heer und Marine. Aber die Hilfskreuzer, die von der Handelsmarine gechartert waren, wurden verkauft oder kehrten zu ihren Eignern zurück. Die »Kreuzerstationen« der Friedenszeit wurden wieder eingerichtet und die Flottenorganisation der Kriegszeit aufgegeben. Das Marine-Amt wurde im Jahre 1900 begründet, um eine hohe Körperschaft zur Beratung des Ministers zu schaffen. Der durch den Krieg erfolgte Aufschwung im Schiffbau hatte bis 1900 bestanden, aber im Jahre 1901 weigerte sich der Kongreß, überhaupt neue Schiffe zu bewilligen. Die Wiederwahl von McKinley und das andauernde Sekretariat von Long ließen eine fortgesetzte Politik des Treibenlassens und des Kompromisses erwarten. Erst die unerwartete Wahl von Roosevelt zum Präsidenten änderte Charakter und Richtung der amerikanischen Marineentwicklung.
Roosevelt sah die Außen- und die Marinepolitik als Kette und Einschlag eines saumlosen Kleidungsstückes an. Aus seinen Schriften und veröffentlichen Reden ist es augenscheinlich, daß er von Anfang an klar umrissene diplomatische Ziele im Sinn hatte und daß er sich bemühte, seine Waffen entsprechend diesen außenpolitischen Zielen zu schaffen. Er glaubte an die Kontinuität in der Politik und zögerte nicht, bestehende Beziehungen und Richtungen auf die Zukunft auszuweiten. Er verstand das Präsidentenamt als die dynamische Leitung und politische Gestaltung und die Rolle des Kongresses als die der Kritik und Ratifizierung der Politik des Präsidenten. Roosevelt war ein typischer Vertreter der amerikanischen Tradition jener Zeit, die am diplomatischen Ideal einer »Isolation« festhielt, um nicht in unübersehbare Bündnisbezie-

hungen verstrickt zu werden. Aber er hatte ein besseres Gespür als die meisten dafür, daß eine Macht ersten Ranges wie die Vereinigten Staaten die Angelegenheiten anderer Großmächte nicht übersehen durfte.

Englisch-amerikanische Beziehungen

Als Imperialist und Bewunderer von England begrüßte Roosevelt das sich entwickelnde gegenseitige vertrauensvolle Verhältnis zwischen Großbritannien und den Vereinigten Staaten. Während des 19. Jahrhunderts noch der traditionelle Feind bei allen Reden zum amerikanischen Nationalfeiertag (4. Juli), war England im letzten Viertel des Jahrhunderts ganz offenbar zum neuen Freund geworden. Nach den gespannten Beziehungen, die vor der Beilegung des *Alabama*-Konflikts (1872) herrschten, hatte es keinen Streit mehr zwischen den beiden Nationen gegeben. Während des spanisch-amerikanischen Krieges hatte allein England unter den größeren Mächten den USA seine Sympathie gezeigt. England hatte es übernommen, amerikanische Interessen in Spanien während des Krieges zu schützen. Es hatte dem amerikanichen Erwerb von zwei auf englischen Werften ursprünglich für Brasilien gebauten Kreuzern kein Hindernis in den Weg gelegt. Es veranlaßte Kanada, den Transfer von Zollschiffen von den Großen Seen zum Atlantik über den St. Lorenz-Strom zu erlauben. Der Befehlshaber des englischen Geschwaders in der Manila-Bucht gab während der schwierigen Periode zwischen der Seeschlacht und der Besetzung der Philippinen dem amerikanischen Geschwaderchef Dewey moralische Unterstützung und stillschweigende Ermunterung.

Der Alaska-Grenzstreit schleppte sich auch in Roosevelts Amtszeit hinein. Eine gemeinsame Kommission löste dieses Problem im Jahre 1903 mit einem für die USA sehr günstigen Urteil. Das britische Zugeständnis der ausschließlichen Kontrolle des projektierten Kanals von Panama durch die Vereinigten Staaten war auch ein diplomatischer Sieg der USA, der überall zutreffend als Beweis dafür beurteilt wurde, daß Großbritannien beabsichtigte, den Vereinigten Staaten mehr als auf halbem Wege bei jedem Widerstreit der Interessen entgegenzukommen. Die endgültige Zurückziehung des britischen westindischen Geschwaders von Jamaika (1904-05) lief, obwohl dies der Flottenkonzentration in den heimischen Gewässern diente, um gegenüber der wachsenden deutschen Stärke in der Nordsee das Übergewicht zu halten, doch auf eine unausgesprochene Anerkennung des amerikanischen Vorrangs in der Karibischen See hinaus. Verantwortliche Engländer und Amerikaner begannen einen Krieg zwischen den beiden Ländern als eine »Unmöglichkeit« hinzustellen.

Dieses Verhältnis zu Großbritannien hatte bedeutende Folgen für die Flottenbaupolitik. Da nur England durch seine vorzüglichen amerikanischen Stützpunkte (Halifax, Bermudas, Kingston) und durch eine entsprechend große Flotte imstande war, einen Seekrieg in der westlichen Hemisphäre zu führen, verschaffte die Gewißheit seiner fortgesetzten Freundschaft den Amerikanern eine beinahe absolute kontinentale Sicherheit.

Deutsch-amerikanische Beziehungen

Es war die deutsche Marine, die als Maßstab für die amerikanischen Flottenforderungen bei den Kongreßdebatten im ersten Jahrzehnt des 20. Jahrhunderts hingestellt wurde. Deutschland, das als letztes unter den größeren Nationen Europas eine imperialistische Politik aufgenommen hatte, erregte den Argwohn und das Mißtrauen der Amerikaner bei einer Reihe von Zwischenfällen (Samoa 1889, Manila-Bucht 1898, Venezuela-Krise 1902). Sowohl in Deutschland als auch in den USA kam es in diesen Jahren zur Ausarbeitung von Operationsplänen der Flotten für den Fall eines Krieges zwischen beiden Staaten. Die Entwicklungsleistungen in den neuen deutschen Kolonien in Afrika und Tsingtau und die als anmaßend aufgefaßten öffentlichen Äußerungen des Kaisers bewogen die amerikanische Öffentlichkeit zu einer spürbar unfreundlichen Haltung gegenüber dem Hohenzollernreich.

Darüber hinaus entstand die Frage, ob Deutschland oder die Vereinigten Staaten die zweitgrößte Flotte nach der englischen haben würden. Mit der Zahl der Schlachtschiffe und Panzerkreuzer rückten die Vereinigten Staaten von der fünften Stelle im Jahre 1904 auf die zweite im Jahre 1907. Aber Deutschlands Hochseeflotte war nach Aufbau und Ausbildung der Marine der Vereinigten Staaten während der Vorweltkriegszeit überlegen, insbesondere da Deutschland ab 1910 eine beträchtlich größere Zahl Großkampfschiffe in Dienst hatte. Bei jedem Ereignis schätzten sowohl der amerikanische Kongreß als auch die Öffentlichkeit den jeweiligen Rang der US-Marine sorgfältig ab und maßen diesem große Bedeutung bei.

Die Beziehungen zwischen Japan und Amerika

Die Beziehungen der Vereinigten Staaten zu Japan waren bis zum 20. Jahrhundert im allgemeinen gut. Es war eine amerikanische Marine-Einheit, die Japan in der Mitte des 19. Jahrhunderts »erschlossen« hatte. Viele führende Offiziere der japanischen Marine, die im chinesisch-japanischen Krieg (1894) und im russich-japanischen Krieg (1904–05) kämpften, hatten ihre Ausbildung an der US-Marine-Akademie erhalten. Was die Amerikaner über das japanische Volk wußten oder zu wissen glaubten, stammte zum größten Teil von Gilbert und Sullivans »Mikado«, Puccinis »Madame Butterfly« und den romantischen Schriften von Lafcadio Hearn. Die Japaner wurden als kindliches, kunstliebendes Volk beurteilt, was viel Wert auf künstlerischen Blumenschmuck und Wasserfarben-Malerei legte; sie erfreuten sich der amerikanischen Sympathie, weil sie in gewissem Maße Schützlinge der Vereinigten Staaten gewesen waren. Darüber hinaus wurde Japan, als Beamte und Marineoffiziere die fachliche Leistungsfähigkeit der japanischen Streitkräfte im chinesischen Krieg achten lernten, für einen nützlichen Hemmschuh gegen russische Absichten auf Nordchina und Korea angesehen.

Der russisch-japanische Krieg bedeutete für die japanische Geschichte dasselbe wie der spanisch-amerikanische Krieg in der Geschichte der Vereinigten Staaten: beide zeigten der Welt, daß eine neue Großmacht aufgetaucht war. Zu Beginn dieses Krieges wurde Japan als der Unterlegene angesehen. Die amerikanische Verwaltung und die amerikanische Öffentlichkeit wünschten Japan Glück, aber mit geringem Vertrauen in seine Erfolgsaussichten. Die folgenreichen japanischen Siege, die im Fall von Port Arthur und der Schlacht von Tsushima ihre Höhepunkte hatten, zwangen zu einer neuen und nüchternen Einschätzung der japanischen Stärke. Zum erstenmal hatte in der modernen Geschichte eine östliche Nation eine größere westliche Macht im Kriege entscheidend besiegt. Und diese hoch disziplinierte, nationalistische und zwangsläufig imperialistische Nation lag den neuen amerikanischen Besitzungen auf den Philippinen benachbart. Die Zeit konnte kommen, da Japan eine aktive Bedrohung der amerikanischen Interessen im Fernen Osten darstellen würde.

Darüber hinaus war der japanischen Forderung nach einer Kriegsentschädigung nicht entsprochen worden, obwohl Roosevelts gute Dienste den Japanern geholfen hatten, sich günstige Friedensbedingungen im Vertrag von Portsmouth (1905) zu sichern. Die japanische Presse und die japanische Öffentlichkeit neigten zu der Ansicht, daß Roosevelt dazu beigetragen hatte, sie um die Frucht ihrer Siege zu betrügen. Im Jahre 1906 und den folgenden Jahren bezogen sich die Marinedebatten im amerikanischen Kongreß ebenso auf die japanischen wie auf die deutschen Marinebauprogramme.

Andererseits wurde das englisch-japanische Bündnis von 1902 von der Regierung der Vereinigten Staaten nicht als gegen die Vereinigten Staaten gerichtet angesehen. Das kann selbst unter Berücksichtigung der sehr freundschaftlichen Beziehungen zu England seltsam erscheinen. Es gibt jedoch Grund zur Annahme, daß Roosevelt im Jahre 1905 ein geheimes Übereinkommen mit dem japanischen Premierminister traf, wodurch die Vereinigten Staaten ein geheimer dritter Partner an diesem Vertrag wurden. Dieses Übereinkommen schloß eine formale Anerkennung der amerikanischen Souveränität auf den Philippinen durch Japan und eine Anerkennung der japanischen Souveränität über Korea durch Amerika ein. Es sorgte für »gemeinsame« Maßnahmen im Falle von unbestimmt definierten Möglichkeiten, vermutlich, wenn englische, japanische oder amerikanische Besitzungen von mehr als einer Macht angegriffen wurden. Dieses Übereinkommen wurde dem Senat niemals vorgelegt, wo es zweifellos nur sehr kurzlebig gewesen wäre. Andererseits blieb es moralisch bindend, wenigstens so lange, wie Roosevelt Präsident war.

Die Marine der Vereinigten Staaten wächst

In dem Zeitabschnitt unmittelbar vor dem ersten Weltkrieg wetteiferten die wachsenden Marinemächte von Deutschland, USA und Japan mit der von Großbritannien, jede in ihrem geographischen Bereich. Gewiß spornte die Größe der deutschen und japanischen Seemacht das Wachstum der amerikanischen Flotte an. Eine Anzahl privater Industrie-Unternehmer hatte jetzt ein Interesse an einer beständigen Rüstungssteigerung zur See. Reeder und Exporteure und besonders die Schiffbauer und Stahlgesellschaften befürworteten natürlich eine starke Marine. Im Jahre 1903 vereinigten sich verabschiedete Offiziere und begeisterte Bürger in dem neugegründeten Flotten-Verein der Vereinigten Staaten. Als eine angesehene Organisation mit einem begrenzten und bestimmten Ziel war sie unverzüglich wirksam. Als eine Organisation von Interessenvertretern, von denen einige Mitglieder ein finanzielles Interesse an der Schaffung einer größeren Marine hatten, war der Verein Angriffen einer Kongreßminderheit von Marinegegnern ausgesetzt. Aber mit seinem standhaften Eintreten für eine folgerichtige, langfristige Marine-Bau-Politik war der Einfluß des Vereins durchaus gesund. Seit dem Jahre 1903 legte das Marineministerium jedes Jahr zwei Großkampfschiffe auf Stapel. Obwohl es Ausnahmen im folgenden Jahrzehnt gab, wurde dies doch die Norm des Marinebauplans. Im allgemeinen setzte die Baupolitik der Taft-Regierung die Ziele Roosevelts fort.

Eine Vorstellung von der wachsenden Bedeutung der Marine kann aus der folgenden Tabelle gewonnen werden:

Der größte Teil der Kosten des Marinehaushaltes entfiel auf die wachsende Größe und technische Vervollkommnung der Kriegsschiffe. Im Jahre 1903 kostete ein Schlachtschiff ersten Ranges 5. 382. 000 Dollar, die *Delaware* und *North Dakota* vom Programm des Jahres 1907 mit der Wasserverdrängung von 20000 Tonnen 8.225.000 Dollar. Um die Zeit des ersten Weltkrieges stiegen die Kosten in den Vereinigten Staaten auf 15 bis 20 Millionen Dollar. Das typische Linienschiff um die Jahrhundertwende war weniger als 120 m lang und verdrängte vielleicht 10- oder 11000 Tonnen. Um 1914 wurden Schiffe von über 30000 Tonnen gebaut.

Eine deutliche Schwäche in der Baupolitik der Vereinigten Staaten war die einseitige Bevorzugung der Großkampfschiffe. Die Regierungen von Roosevelt und Taft und ihre berufenen Ratgeber waren sich dessen wohl bewußt. Als Begründung wurde angeführt, daß die Bauzeit der Schlachtschiffe bis zu vier Jahren betrug und daß kleinere Einheiten im Notfall in viel kürzerer Zeit gebaut werden konnten. Oft konnte die Opposition des Kongresses gegen die wachsenden Ausgaben durch die Streichung von Plänen für kleinere Schiffe als Kompromiß beruhigt werden. Andererseits war die so entstandene Flotte unorganisch und nicht sogleich in der Lage, ihr ganzes Potential zu entwickeln. Als sie im Kriege 1917/18 in den Kampf treten mußte, erwies sich diese Einseitigkeit in der Baupolitik als besonders unglücklich.

Der Panama-Kanal

Von 1898 bis 1914 wurde die Marine immer wieder zur Ausführung oder zur Mitwirkung bei der Beförderung von vier bedeutenden außenpolitischen Grundsätzen der Vereinigten Staaten herangezogen:

1. Die Erwerbung der Kanalzone.
2. Die Behauptung der Monroe-Doktrin und Ausdehnung ihrer Reichweite, besonders im Karibischen Bereich.
3. Die Aufrechterhaltung der »Offenen Tür« in China und Unterstützung der fernöstlichen amerikanischen Interessen.
4. Hilfe bei der Erhaltung des Gleichgewichts der Mächte in Europa.

Alles in allem entledigte sich die Marine jeder dieser Aufgaben recht gut.

Der Gedanke eines Landengen-Kanals, um die Karibische See und den Pazifik zu verbinden, ist mindestens so alt wie Balboa, der als erster den Isthmus im frühen 16. Jahrhundert überquerte. Im letzten Viertel des 19. Jahrhunderts unternahm die v. Lesseps-Gesellschaft, die schon den Suez-Kanal erfolgreich fertiggestellt hatte, diese Mammut-Aufgabe der Ingenieurkunst, einen Wasserweg über den engen Hals des Isthmus von Panama zu bauen. Die verwickelte Geschichte des französischen Versagens und die folgenden Intrigen wegen der Souveränität über das Kanal-Wegerecht ist allzu kompliziert, als daß sie hier erzählt werden könnte. Es genügt die Bemerkung, daß ein Jahrzehnt vor dem spanisch-amerikanischen Krieg die Fachwelt Mahans Ansicht zustimmte, daß ein solcher Kanal nötig sei, um die amerikanische Marine zu ihrem Auftrag zu befähigen. Offenbar mußte ein solcher Kanal unzweideutig unter amerikanischer Souveränität stehen. Es gab dafür zwei Hindernisse: der kolumbianische Besitz des Isthmus von Panama und der Vertrag von Clayton-Bulwer (1850) mit Großbritannien, in dem England und die Vereinigten Staaten übereingekommen waren, beim Bau des Kanals zusammenzuarbeiten, und sich verpflichtet hatten, ihn nicht zu befestigen.

Die Fahrt der *Oregon* durch die Magellan-Straße während des spanisch-amerikanischen Krieges gab der amerikanischen Öffentlichkeit ein praktisches Beispiel für die Notwendigkeit eines solchen Kanals. Die Erwerbung der Philippinen und von Hawaii, so wurde argumentiert, bedeutete, daß die Vereinigten Staaten eine große Pazifikflotte unterhalten mußten, wenn nicht der Kanal den Übergang von einem Ozean in den anderen erleichterte.

Der Staatssekretär John Hay schloß im Jahre 1900 mit dem englischen Gesandten den ersten Hay-Pauncefote-Vertrag, der den amerikanischen Bau und das amerikanische Eigentumsrecht des Kanals zugestand. Als dieser vom amerikanischen Senat abgelehnt wurde, mußte ein zweiter Hay-Pauncefote-Vertrag im Jahre 1901 ausgehandelt werden. Dieses Übereinkommen, daß die ausschließliche amerikanische Kontrolle über den Kanal gestattete, Befestigung und Verteidigung eingeschlossen, wurde vom Senat rasch gebilligt.

Es blieb nun noch das Problem, die Vertragsrechte von Kolumbien zu sichern. Hay unterzeichnete einen Präliminarvertrag mit dem kolumbianischen Geschäftsträger in Washington (Hay-Herran-Vertrag 1903), in dem die USA für einen sechs Meilen breiten Transitweg 10 Millionen Dollar und eine Jahresabfindung von 250000 Dollar zusichern mußten, aber der kolumbianische Staat verweigerte die Ratifikation des Vertrages.

Die Wünsche der kolumbianischen Regierung zielten offenbar auf eine höhere Geldleistung. Die französische neue Panama-Gesellschaft sollte von den Vereinigten Staaten für ihre Arbeit und das Material 40 Millionen Dollar erhalten. Ihre Konzession lief aber im Oktober 1904 ab, und zu diesem Zeitpunkt fiel der gesamte materielle Besitz an Kolumbien zurück. Vom kolumbianischen Standpunkt aus schien es daher sehr einträglich zu sein, ein Jahr Geduld zu üben und den Vertragsabschluß hinauszuziehen.

Das war ein schwerer Fehler, denn es wurde dabei die Geschäftstüchtigkeit von Philippe Burnau-Varilla nicht in Rechnung gestellt. Dieser Leiter der neuen Panama-Gesellschaft setzte von seinem Hauptquartier in dem alten Waldorf-Astoria-Hotel in New York eine Revolution in Panama ins Werk. Auch die Ungeduld von Präsident Roosevelt wurde nicht in Rechnung gestellt, der darauf brannte, »den Dreck fliegen zu lassen«.

Eine Revolution in Panama war nichts Neues. Nach Roosevelts Rechnung hatte es in 53 Jahren 53 Revolutionen gegeben. Aber diese Revolution war etwas Besonderes, denn die »Patriotenarmee« von 500 Mann hatte 200 Dollar pro Kopf gekostet und hatte als Reserve nur 441 Mann der Panama-Feuerwehr. Aber Burnau-Varilla war ganz sicher, daß er für seine »patriotischen« Bemühungen amerikanische Unterstützung finden würde. Nach dem Vertrag von 1846 mit Neu Granada (Kolumbien) waren die Vereinigten Staaten verpflichtet, »vollkommene Neutralität« zu halten und »freien Durchgangsverkehr« auf dem Isthmus zu gewähren. Am 2. November 1903 kam das amerikanische Kanonenboot *Nashville* in Colón an. Am 3. November wurde die Revolution angezettelt und am 4. November die Republik Panama offiziell ausgerufen. Es gab keinen Landweg von Bogotá. Den über See herankommenden kolumbianischen Truppen wurde höflich mitgeteilt, daß sie nicht landen könnten, weil Amerika Vertragsverpflichtungen einhalten müßte, und jedes Vorrücken würde eine kriegerische Handlung bedeuten. Die Geschütze der *Nashville* waren dabei eine stumme Drohung. Alsbald erschien der Transporter *Dixie* mit einem Bataillon amerikanischer Seesoldaten für etwaige notwendige Ordnungsdienste an Land. Die Vereinigten Staaten erkannten das flügge gewordene Mitglied in der Familie souveräner Staaten am 6. November 1903 an.

Burnau-Varilla, der niemals seine französische Staatsbürgerschaft aufgab, erschien jetzt in Washington als bevollmächtigter Unterhändler für die Republik Panama. Am 18. November, etwa zwei Wochen nach der Revolution, übertrug der

Hay/Burnau-Varilla-Vertrag den Vereinigten Staaten für alle Zeiten eine zehn Meilen breite Zone für 10 Millionen Dollar und eine Jahresentschädigung von 250000 Dollar. Der Vertrag wurde am 23. November vom Senat ratifiziert. Im Jahre 1921 zahlte die Regierung der USA als eine Art verspäteter Sühne an Kolumbien 25 Millionen Dollar »Gewissensgeld«. Gleichgültig, ob diese Episode als »internationale Piraterie« bezeichnet wird, wie es einige liberale Zeitungen taten, oder einfach als eine indirekte Ausübung einer Art von »staatlichem Hoheitsrecht«, in jedem Falle war sie nicht geeignet, die Popularität der Vereinigten Staaten in Lateinamerika, besonders in Kolumbien, steigen zu lassen. Aber das organisatorische Talent und die technische Fertigkeit des US-Ingenieur-Korps der Armee und eine zehnjährige ungeheure Anstrengung durch ein Heer von Arbeitern brachten das gewünschte Ergebnis zustande. Der Kanal wurde im August 1914 eröffnet, als der Weltkrieg ausbrach. Die US-Marine besaß jetzt ihren unschätzbaren Durchgangsweg zwischen den weit getrennten Küsten des Kontinents.

Intervention in Lateinamerika

Die Aussicht auf Fertigstellung des Kanals gab der Karibischen See eine neue Bedeutung. Seitdem der Zuckerhandel nach dem 18. Jahrhundert zurückgegangen war, lag das gebiet weit entfernt von den wichtigen Handelsstraßen. Jetzt würde es zu einem lebensvollen Verkehrsstrom in Frieden und Krieg werden. Unter strategischem Vorzeichen stieg der gesamte Grundbesitz im karibischen Bereich im Wert. Der Kanal war aber nur dann ein unschätzbarer Besitz, wenn er verteidigt werden konnte, was nicht nur Küstenartillerie, sondern Marinestützpunkte erforderlich machte. Darüber hinaus mußte es in weiter Entfernung vom Kanal Stützpunkte geben, um die Anmarschwege in die Karibische See zu schützen. Ferner war es wichtig, daß fremden Mächten keine neuen Niederlassungen gestattet werden durften, da diese für den Kanal bedrohlich werden konnten. Die Zerstörung der Kanalschleusen konnte strategisch die Hälfte der US-Flotte ausschalten.

Die Einmischung fremder Mächte hätte nur im Widerspruch zur Monroedoktrin vollzogen werden können, und jede US-Regierung konnte für ihre Anwendung auf eine überwältigende öffentliche Unterstützung rechnen. Aber Roosevelt meinte, daß die europäischen Westmächte und die Vereinigten Staaten eine zivilisatorische Sendung hätten, um den »unterentwickelten Ländern« moralisch zu helfen; daher war er abgeneigt, die Monroedoktrin zu einem Schutzschild zu machen, hinter dem weniger fortschrittliche anarchistische lateinamerikanische Nationen sich die Mißachtung von Rechten erlauben konnten, die nach internationalem Brauch den Ausländern garantiert waren. Daher sah der sogenannte »Roosevelt-Zusatz« zur Monroedoktrin im Jahre 1904 vor, daß die Vereinigten Staaten sich gezwungen fühlen könnten, »in schwerwiegenden Fällen eine internationale Polizeikontrolle auszuüben«. Wenn eine Intervention erforderlich war, um Menschenleben zu schützen oder vertragliche Rechte zu erzwingen, würde die US-Marine diese Intervention ausführen. Diese Politik wurde noch bis 1930 verfolgt.

Obwohl die Vereinigten Staaten gesetzlich gebunden waren, die Unabhängigkeit Kubas zu achten, erregte die geographische Nähe der Insel zum nordamerikanischen Festland und zur Kanalzone in den Vereinigten Staaten ein mehr als nur gelegentliches Interesse. Für private Firmen stand in Kuba viel auf dem Spiel, besonders in der Zuckerindustrie. Darüber hinaus hatten die Kubaner, obwohl sie ein begabtes und tüchtiges Volk waren, eine Tradition in Revolutionen. So war es verständlich, daß man gelegentlich Gewaltsamkeit und Uneinigkeit auf der Insel erwarten mußte. Daher setzte ein Zusatz zur kubanischen Verfassung das Recht auf Intervention durch die Vereinigten Staaten fest » . . . für die Erhaltung der kubanischen Unabhängigkeit, für die Sicherung einer angemessenen Regierung zum Schutz von Leben, Eigentum und persönlicher Freiheit . . . « Auch sollten die Vereinigten Staaten das Recht haben, Marinebasen für Kohlenstationen und Reparaturen zu pachten oder zu kaufen.

Während einer anarchistischen Periode im Jahre 1906 intervenierte Roosevelt auf Empfehlung des amerikanischen Generalkonsuls und sandte Marinesoldaten nach Havanna. Diese Besetzung dauerte von 1906 bis 1909, während ein amerikanischer ziviler Gouverneur als Exekutivorgan fungierte. Im Jahre 1912 forderte Präsident Taft hierfür nochmals Marinesoldaten an. Im Jahre 1917 weigerte sich Wilson, die Revolution in Kuba gutzuheißen, woraufhin amerikanische Marinetruppen Santiago besetzten, und Marineoffiziere hatten eine »freie« kubanische Wahl zu beaufsichtigen. Kubas Kriegseintritt auf der Seite der Alliierten im ersten Weltkrieg rechtfertigte es, eine US-Marineeinheit bis zum Jahre 1922 auf der Insel zu belassen.

Im ersten Viertel des 20 Jahrhunderts waren Interventionen begrenzten Umfanges in verschiedenen revolutionären Ländern des karibischen Bereiches durchaus üblich. Seestreitkräfte und Marine-Einheiten wurden sowohl für die Kampfführung als auch für die Regierungsverwaltung in Nikaragua, Haiti und der Dominikanischen Republik eingesetzt. Gewöhnlich brachte die militärische Besetzung durch die USA Gesetzlichkeit und Ordnung unverzüglich in Gang; wo die Besetzung länger dauerte, wurden auch Verbesserungen im öffentlichen Gesundheitswesen und beim Straßenbau durchgeführt. Die Übernahme von zivilen Regierungsfunktionen durch das Militär zielte darauf ab, streng, aber gerecht zu sein, was von den benachbarten Ländern machmal mehr als von den besetzten mißverstanden wurde. Für die stärkeren Länder Lateinamerikas war diese gelegentliche Ausübung der Seemacht durch die Vereinigten Staaten jedoch ein Beweis für den »Yankee-Imperialismus«.

Die ernsthafteste lateinamerikanische Krise, in die die Vereinigten Staaten während des 20. Jahrhunderts hineingezogen wurden, ereignete sich zu Beginn der Regierungszeit Wilsons. In Mexiko hatte der Idealist Madero die Diktatur von Diaz abgeschafft, aber war nicht fähig gewesen, eine stabile Regierung einzusetzen. Nach zwei Jahren fortgesetzter, verworrener Revolution wurde Madero ermordet, anscheinend auf Betreiben von Victoriano Huerta, der sich selbst zum provisorischen Präsidenten proklamierte. Wilson weigerte sich, diese Regierung anzuerkennen, riet auch anderen amerikanischen Nationen von der Anerkennung ab und verfügte eine Handelssperre gegen die Verschiffung von Munition an private Personen in Mexiko. Beträchtliche US-Marine-Einheiten waren vor beiden mexikanischen Küsten stationiert.

Am 9. April beschlagnahmten die mexikanischen Behörden aus nicht ersichtlichem Grund eine US-Marine-Bootsabteilung, die an der Pier von Tampico Öl übernahm. Die Gefangenen wurden unverzüglich entlassen, aber Konteradmiral H. T. Mayo, der das US-Geschwader befehligte, forderte eine formale Entschuldigung und einen 21-Schuß-Flaggensalut, was die Mexikaner verweigerten. Präsident Wilson befahl daraufhin eine Blockade der mexikanischen Häfen und ließ kurz danach das Zollamt in Vera Cruz beschlagnahmen. Es sah so aus, als ob der zweite mexikanische Krieg ausbrechen würde.

Unterstützt durch Schiffsgeschütze der *Prairie, Chester* und *San Francisco* erkämpfte sich eine gemischte Streitmacht von Seesoldaten und Blaujacken am 22. April ihren Weg in die Stadt, besetzte Zoll- und Telegrafenamt und andere Gebäude im Hafenbezirk. Um diese Zeit war der Befehlshaber der US-Flotte, Konteradmiral Charles J. Badger, mit 5 Schlachtschiffen eingetroffen. Der Verband auf dem Festland wurde verstärkt und die Besetzung der gesamten Stadt gegen Mittag des 22. vollzogen.

Bevor sich die Feindseligkeiten ausbreiten konnten, wurde ein gemeinsamer Schiedsgerichtsvorschlag von Argentinien, Brasilien und Chile angenommen. Huerta ging im Juli in sein freiwilliges Exil. Amerikanische Kriegsschiffe verblieben bis November auf Stationen nicht weit von der mexikanischen Küste.

Die Marine der Vereinigten Staaten im Fernen Osten

Auf den Philippinen hatte sich ein Teil der Eingeborenenbevölkerung unter der Führung von Emilio Aguinaldo gegen die spanischen Garnisonen nach der Schlacht in der Manilabucht erhoben, bevor die amerikanischen Besatzungstruppen eintrafen. Ohne vertragliche Beziehungen oder wirkliche formale Anerkennung durch die Vereinigten Staaten betrachteten sie sich selbst als Verbündete der Amerikaner. Sie konnten den größten Teil von Luzon einnehmen, bevor General Merrit ankam, um die Inselgruppe formell zu besetzen. Da sie ihre Lage mit der der Kubaner verglichen, denen Unabhängigkeit versprochen worden war, begrüßten Aguinaldo und seine Leute die Amerikaner zunächst als Befreier. Ihr Vertrauen wurde erschüttert, als General Merrit sich weigerte, den philippinischen Verbänden eine Teilnahme an der Besetzung von Manila zu erlauben. Als die Philippinos merkten, daß sie nur die Herren gewechselt hatten, bereiteten sie den Krieg von neuem vor. Die Feindseligkeiten brachen im Februar 1899 aus. Während der nächsten drei Jahre mußte die US-Armee (zuletzt mit einer Stärke von ungefähr 60 000 Mann) einen kolonialen Dschungelkrieg führen. Das asiatische Geschwader, das seit Deweys Sieg beträchtlich verstärkt worden war, nahm aktiven Anteil an der Unterdrückung des philippinischen Aufstandes, gab den amerikanischen Streitkräften auf dem Festland Artillerieunterstützung, beförderte Truppen und Nachschub, führte Landungsunternehmen und Blockaden durch. Die Lage der schlecht ausgestatteten und unterstützten philippinischen Aufständischen war auf die Dauer hoffnungslos. Aber wenn sie in regelrechten Feldschlachten besiegt waren, lösten sie sich in kleinste Einheiten auf und führten einen Kleinkrieg mit geheimer Unterstützung des größten Teils der Bevölkerung. Erst am 25. März 1901 wurde Aguinaldo gefangengenommen, doch der planlose Buschkrieg dauerte noch mehr als ein Jahr länger. Um die Befriedung der Inseln zu erreichen, wurden die Heeres-Kommandeure zur Übernahme General Weylers auf Kuba getrieben. Der philippinische Aufstand kostete die Vereinigten Staaten mehr als 175 Millionen Dollar und das Leben von 4300 Mann. Er band einen wesentlichen Teil des regulären Heeres und einen großen Teil der Flotte.

Der Boxeraufstand, in welchem japanische Truppen mit Tapferkeit und Geschicklichkeit neben den Soldaten der westlichen Nationen gekämpft hatten, trug wahrscheinlich dazu bei, Japan zur Herausforderung des ausdehnungslüsternen Rußland im Jahre 1904 zu ermutigen. Der japanische Sieg im russisch-japanischen Krieg gab diesem stolzen Volk weitere Zuversicht. Deshalb wurde die Verfügung der Schulbehörde von San Francisco im Jahre 1906, die Absonderung der orientalischen Schulkinder durchzuführen, von den Japanern als eine anmaßende und unverdiente Herabsetzung angesehen. Da die Sensationspresse sowohl in Japan als auch in den USA diese Angelegenheit verzerrte, wurde sie zu einer diplomatischen Krise. Schon früher, als es eine ähnliche Spannung wegen der Streitfrage der japanischen Robbenjagd in amerikanischen Gewässern bei den Aleuten gegeben hatte, hatte Roosevelt allen Schlachtschiffen des Asiatischen Geschwaders befohlen, sich klar zum Auslaufen nach pazifischen Häfen zu halten. Jetzt befahl er dem in Dienst im Fernen Osten befindlichen Kreuzergeschwader, daß es durch leichtere Einheiten ersetzt und in heimischen Gewässern zusammengezogen werden sollte. Diese operativen Anfangsvorbereitungen für den Krieg erwiesen sich glücklicherweise als unnötig. In dem sogenannten »Gentlemen's Agreement« versprach Japan die Eindämmung der Auswanderung nach den USA.

Die Weltumsegelung der US-Flotte von 1907/08

Roosevelt wollte den Japanern durch eine dramatische Geste die Macht zeigen, die hinter der amerikanischen Diplomatie stand, und befahl eine Weltreise, die von 16 Schlachtschiffen erster Klasse der US-Flotten unternommen werden sollte. Yokohama war als Besuchshafen eingeschlossen. Im Dezember 1907 dampfte das Linienschiffsgeschwader unter Konteradmiral Robley D. Evans südwärts von Hampton Roads zu seiner 46 000 Meilen weiten, 14-monatigen Reise. In den Häfen auf den Antipoden, im Mittleren Osten und in Europa wurde die Flotte als greifbarer Beweis nicht nur der Macht, sondern auch des guten Willens der Vereinigten Staaten begrüßt. Das Material bewährte sich gut; die Voraussagen der Pessimisten blieben unbegründet. Das ununterbrochene Fahren sorgte für ungewöhnliches Training. Die Leistungsfähigkeit der Flotte war für das amerikanische Volk eine stolze Demonstration seiner gemeinsamen Macht.

Vom technischen und fachlichen Standpunkt aus war die Kreuzfahrt eine beredte Mahnung für die Notwendigkeit eines verbesserten Kohlen- und Nachschubdienstes. Denn im Kriegsfall konnten die freundlichen Dienste der fremden Mächte nicht verfügbar sein. Weiterhin war die Notwendigkeit von ausgebauten Stützpunkten und Kohlestationen im Pazifik deutlicher offenbar gemacht worden. Der bloße Besitz der Inseln war nicht genug. Teure Einrichtungen wurden benötigt, wenn eine von ihnen als ein brauchbarer Stützpunkt im strategischen Sinn angesehen werden sollte.

Das Problem der Werften und Stützpunkte, eigentlich nur ein strategisches, war in diesem Zeitabschnitt tatsächlich auch ein politisches. Zig-Millionen Dollar der zugemessenen Gelder wurden in nutzlose und überflüssige Anlagen an den heimischen Küsten gesteckt, und die wirklich notwendigen überseeischen Einrichtungen ließ man verkommen. Trotz der nachdrücklichen Bemühungen Roosevelts und verantwortlicher Marineoffiziere wurde erst im Jahre 1911 eine Anlage für Guantanamo (Kuba) bewilligt, und nur die bevorstehende Eröffnung des Panamakanals war ein ausreichendes Argument dafür. Das Problem eines vorgeschobenen pazifischen Stützpunktes wurde von Jahr zu Jahr verzögert, und erst im Jahre 1909 wurde die Arbeit bei Pearl Harbor begonnen. Kleinere Einrichtungen in Olongapo und Cavite (Philippinen) wurden niemals zu größeren Anlagen entwickelt.

Kapitel 19

Die technische Entwicklung in den Marinen der Welt 1898–1914

Von J. Rohwer für die deutsche Ausgabe neu bearbeitet

Die Fortschritte in der Schiffbautechnik, der Rumpfkonstruktion, im Maschinenbau, der Panzerung und der Entwicklung der Artillerie sowie der Unterwasserwaffen waren während der zweiten Hälfte des 19. Jahrhunderts so rasch erfolgt, daß ein Schiff bei der Indienststellung oft schon veraltet war. Die ständige Beschleunigung des materiellen Fortschritts setzte sich auch während der beiden ersten Dekaden des 20. Jahrhunderts pausenlos fort.

Nach wie vor war das mit schweren Geschützen bestückte Linienschiff oder Schlachtschiff das Rückgrat der Flotte. Nach einer wechselvollen Entwicklung hatte es in der Mitte der 90er Jahre eine bei fast allen Marinen verwendete, international gültige Form gefunden. Bei einer Größe zwischen 12–15000 tons und einer Geschwindigkeit von etwa 18 Knoten bestand die Bewaffnung der Schiffe aus 4 30,5-cm-Kanonen in 2 Zwillingstürmen vorn und achtern; nur Deutschland und Österreich blieben durchweg unter diesem Hauptkaliber, beide Marinen verwendeten zunächst das wegen seiner hohen Feuergeschwindigkeit bevorzugte 24-cm-Geschütz, ehe Deutschland ab 1901 zum 28-cm-Geschütz überging. Die Vereinigten Staaten benutzten vorübergehend ein Hauptkaliber von 33 cm, und gelegentlich verwendete man für einige leichtere Linienschiffe auch das Kaliber von 25,4 cm, so in England, Italien und Rußland.

Die Mittelartillerie bestand durchweg aus 10–12 Geschützen von 15–17 cm Kaliber. Bei den meisten Marinen war sie in Kasematten einzeln angeordnet, nur Frankreich und teilweise Rußland sowie die Vereinigten Staaten bevorzugten die Aufstellung in Einzel- oder Zwillingstürmen auf den Seitendecks. Eine mehr oder weniger große Zahl von leichten Schnellfeuergeschützen zur Torpedobootabwehr vervollständigten die Artilleriebewaffnung, und die überwiegende Mehrzahl der Linienschiffe verfügte über 2 bis 5 Unterwassertorpedorohre.

Den Typ des mit einer Kasematt-Mittelartillerie ausgerüsteten Linienschiffes verkörperten am klarsten die 29 von 1894–1904 gebauten britischen Linienschiffe der *Majestic-*, *Canopus-*, *Formidable-* und *Duncan*-Klassen, sowie die nach britischen Plänen entworfenen 6 japanischen Linienschiffe der *Fuji-* und *Hatuse*-Klassen. Auch bei den deutschen Schiffen war die Mittelartillerie durchweg in Kasematten aufgestellt, so auf den 10 von 1892–1904 gebauten Schiffen der *Kaiser-* und *Wittelsbach*-Klassen, bei denen man sich in der Hauptartillerie auf die 24-cm-Schnellfeuerkanone beschränkt hatte, während die von 1901–1908 folgenden weiteren 10 Linienschiffe der *Braunschweig-* und *Deutschland*-Klassen zum 28-cm-Kaliber übergingen und das Kaliber der Mittelartillerie auf 17 cm gesteigert wurde. Bei den Schiffen der erstgenannten 3 Typen wurden einzelne Kanonen der Mittelartillerie jedoch in kleinen Türmen aufgestellt. Die österreichische Marine beschränkte sich bei ihren kleinen Linienschiffen der *Monarch-*, *Habsburg-* und den etwas größeren Schiffen der *Erzherzog Karl*-Klassen auf das 24-cm-Geschütz als Hauptkaliber und brachte die Mittelartillerie in Kasematten unter, deren Kaliber allerdings bei dem letzten Typ schon auf 19 cm gesteigert wurde und teilweise ebenfalls in Türmen Aufstellung fand. In Frankreich ging man bei den ab 1894 gebauten Schiffen der *Charlemagne*-Klasse von der bis dahin geübten Praxis der Teilung der schweren Artillerie 2 Kaliber ab und stellte die Geschütze wie bei den anderen Marinen in je einem Zwillingsturm vorn und achtern auf. Die Mittelartillerie wurde nach einem vorübergehenden Experiment mit Kasematten von den folgenden *Jéna* und *Suffren* (1898–1902) an wieder in seitlichen Einzeltürmen aufgestellt und steigerte sich im Kaliber auf 16,5 cm.

Weniger einheitlich war das Bild der russischen Marine. Nachdem man Anfang der 90er Jahre in der Ostsee nach französischem Vorbild die 3 Linienschiffe der *Petropavlovsk*-Klasse mit der Mittelartillerie in Zwillingstürmen, und im Schwarzen Meer die *Tri Svjatitelja* mit Kasematt-Mittelartillerie gebaut hatte, experimentierte man in den folgenden Jahren mit den verschiedensten Typen, Küstenpanzerschiffen der *Admiral Senjavin*-Klasse in der Ostsee, dem kleinen Linienschiff *Rostislav* im Schwarzen Meer und der größeren und schnelleren, aber nur mit 25,4-cm-Geschützen bewaffneten *Peresvet*-Klasse, ehe man für das Schwarze Meer mit der *Potemkin* von 1897 wieder zum Kasemattgeschütz und für die Ostseeflotte mit der in Frankreich gebauten *Cesarevič* und der *Suvorov*-Klasse zu der Turmaufstellung der Mittelartillerie zurückfand.

In den Vereinigten Staaten zeugte ein häufiger Wechsel der Bewaffnungssysteme von einer gewissen Unsicherheit. Nachdem man bereits auf den ersten Hochseelinienschiffen der *Indiana*-Klasse zwischen die Hauptartillerie von 33-cm – und die Mittelartillerie von 15-cm – noch eine mittelschwere Artillerie von 8 20,3-cm-Geschützen in 4 seitlichen Zwillingstürmen eingeschoben hatte, bei denen diese Kanonen allerdings durch den Gasdruck des Mündungsfeuers der schweren Artillerie behindert wurden, versuchte man dieser Schwie-

Die Panzerschiffe, Linienschiffe und Schlachtschiffe der großen Seemächte 1860 – 1914

Die Liste enthält jeweils zum 31. 12. des angegebenen Jahres die in Dienst befindlichen Panzerschiffe (ohne Panzerkanonenboote unter 2000 t), Linienschiffe und Schlachtschiffe, sofern sie nicht älter als 25 Jahre seit dem Stapellauf waren.

Jahr	England	Frankreich	Rußland	Italien	Deutschland	U.S.A.	Japan	Österreich
1860	–/ –	1/ 5.618 *1*	–/ –	–/ –	–/ –	–/ –	–/ –	–/ –
1861	2/ 15.280 *1*	1/ 5.618 *2*	–/ – –	–/ –	–/ –	–/ –	–/ –	2/ 6.114 *2*
1862	4/ 30.560 *2*	6/ 36.806 *1*	–/ –	2/ 5.385 *4*	–/ –	1/ 3.486 *5*	–/ –	4/ 13.233 *3*
1863	5/ 36.920 *3*	6/ 36.806 *2*	1/ 3.277 *6*	3/ 10.985 *4*	–/ –	2/ 8.786 *5*	–/ –	5/ 16.791 *3*
1864	9/ 65.360 *1*	6/ 36.806 *2*	2/ 9.552 *6*	7/ 29.183 *3*	–/ –	5/ 19.216 *4*	–/ –	5/ 16.791 *5*
1865	12/ 77.690 *1*	12/ 68.240 *2*	2/ 9.552 *6*	9/ 37.528 *3*	–/ –	7/ 24.116 *5*	–/ –	7/ 27.073 *4*
1866	19/ 116.824 *1*	14/ 77.387 *2*	4/ 19.391 *6*	11/ 42.660 *3*	–/ –	6/ 20.630 *5*	–/ –	7/ 27.073 *4*
1867	22/ 141.254 *1*	22/ 117.809 *2*	5/ 22.885 *5*	11/ 42.660 *3*	2/ 11.728 *7*	5/ 18.038 *6*	–/ –	7/ 27.073 *4*
1868	27/ 182.584 *1*	24/ 124.639 *2*	6/ 27.934 *4*	11/ 42.660 *3*	2/ 11.728 *7*	5/ 18.038 *6*	–/ –	7/ 27.073 *5*
1869	28/ 190.884 *1*	26/ 131.469 *2*	8/ 35.135 *4*	12/ 48.474 *3*	3/ 21.482 *6*	5/ 18.038 *7*	–/ –	7/ 27.073 *5*
1870	35/ 224.684 *1*	29/ 146.018 *2*	10/ 42.386 *4*	12/ 48.474 *3*	3/ 21.482 *6*	5/ 18.038 *7*	–/ –	7/ 27.073 *5*
1871	38/ 243.994 *1*	29/ 146.018 *2*	10/ 42.386 *4*	13/ 52.406 *3*	3/ 21.482 *6*	5/ 18.038 *7*	–/ –	8/ 33.655 *5*
1872	40/ 255.814 *1*	30/ 149.408 *2*	10/ 42.386 *4*	13/ 52.406 *3*	3/ 21.482 *6*	5/ 18.038 *7*	–/ –	9/ 39.371 *5*
1873	42/ 272.054 *1*	32/ 160.051 *2*	10/ 42.386 *4*	14/ 58.196 *3*	3/ 21.482 *6*	5/ 18.038 *7*	–/ –	7/ 35.754 *5*
1874	44/ 280.974 *1*	35/ 175.057 *2*	10/ 42.386 *4*	15/ 63.976 *3*	3/ 21.482 *6*	1/ 4.438 *7*	–/ –	8/ 41.698 *5*
1875	43/ 274.964 *1*	35/ 176.489 *2*	11/ 45.092 *5*	14/ 60.609 *3*	6/ 40.722 *6*	1/ 4.438 *7*	–/ –	9/ 45.841 *4*
1876	44/ 278.444 *1*	38/ 199.060 *2*	13/ 58.347 *4*	14/ 60.609 *3*	7/ 47.543 *5*	1/ 4.438 *7*	–/ –	9/ 45.841 *6*
1877	49/ 312.764 *1*	40/ 216.374 *2*	13/ 58.347 *4*	14/ 60.609 *3*	8/ 54.364 *5*	1/ 4.438 *7*	–/ –	10/ 49.441 *6*
1878	50/ 317.634 *1*	44/ 234.805 *2*	13/ 58.347 *5*	14/ 60.609 *4*	9/ 61.775 *3*	–/ –	3/ 8.288 *7*	10/ 49.441 *6*
1879	51/ 328.520 *1*	44/ 234.805 *2*	13/ 58.347 *5*	14/ 60.609 *4*	9/ 61.775 *3*	–/ –	3/ 8.288 *7*	11/ 56.831 *6*
1880	52/ 338.230 *1*	46/ 249.815 *2*	13/ 58.347 *5*	13/ 63.847 *3*	9/ 61.775 *4*	–/ –	3/ 8.288 *7*	11/ 56.831 *6*
1881	54/ 359.420 *1*	47/ 259.454 *2*	13/ 58.347 *5*	13/ 63.847 *4*	10/ 69.186 *3*	–/ –	3/ 8.288 *7*	11/ 56.831 *6*
1882	53/ 350.630 *1*	48/ 264.161 *2*	13/ 58.347 *5*	14/ 76.112 *4*	11/ 76.597 *3*	–/ –	3/ 8.288 *7*	11/ 56.831 *6*
1883	53/ 350.630 *1*	48/ 264.161 *2*	13/ 58.347 *5*	14/ 76.112 *4*	12/ 84.008 *3*	–/ –	3/ 8.288 *7*	11/ 56.831 *6*
1884	52/ 342.880 *1*	47/ 258.543 *2*	13/ 58.347 *5*	14/ 76.112 *4*	12/ 84.008 *3*	–/ –	3/ 8.288 *7*	11/ 56.831 *6*
1885	50/ 332.550 *1*	48/ 264.103 *2*	13/ 58.347 *5*	15/ 91.766 *3*	12/ 84.008 *4*	–/ –	3/ 8.288 *7*	11/ 56.831 *6*
1886	45/ 306.506 *1*	45/ 253.771 *2*	13/ 58.347 *5*	13/ 86.381 *4*	13/ 89.257 *3*	–/ –	3/ 8.288 *7*	10/ 53.774 *6*
1887	46/ 318.536 *1*	44/ 259.812 *2*	13/ 58.347 *5*	14/ 102.281 *3*	13/ 89.257 *4*	–/ –	3/ 8.288 *7*	10/ 53.774 *6*
1888	43/ 308.586 *1*	40/ 242.205 *2*	12/ 59.095 *5*	12/ 100.666 *3*	12/ 85.307 *4*	–/ –	3/ 8.288 *7*	10/ 53.774 *6*
1889	43/ 322.976 *1*	34/ 220.201 *2*	13/ 59.456 *5*	12/ 107.540 *3*	12/ 85.307 *4*	–/ –	3/ 8.288 *7*	12/ 65.744 *6*
1890	43/ 327.796 *1*	30/ 210.417 *2*	12/ 58.227 *5*	9/ 95.444 *3*	13/ 88.807 *4*	–/ –	3/ 8.288 *7*	10/ 55.462 *6*
1891	44/ 340.076 *1*	33/ 236.868 *2*	12/ 58.227 *5*	10/ 106.648 *3*	12/ 81.162 *4*	1/ 3.990 *8*	3/ 8.288 *7*	10/ 55.462 *6*
1892	45/ 354.226 *1*	33/ 239.947 *2*	11/ 57.648 *5*	10/ 106.648 *3*	11/ 72.934 *4*	1/ 3.990 *8*	3/ 8.288 *7*	10/ 55.462 *6*
1893	45/ 380.036 *1*	31/ 229.198 *2*	10/ 61.834 *5*	11/ 120.541 *3*	14/ 90.206 *4*	2/ 8.074 *8*	3/ 8.288 *7*	10/ 55.462 *6*
1894	48/ 431.466 *1*	31/ 232.870 *2*	10/ 61.834 *5*	10/ 114.751 *3*	17/ 109.587 *4*	2/ 8.074 *8*	3/ 8.288 *7*	9/ 48.880 *6*
1895	43/ 421.832 *1*	34/ 260.439 *2*	13/ 79.562 *5*	12/ 141.909 *3*	17/ 109.587 *4*	6/ 35.349 *7*	5/ 17.773 *8*	9/ 48.880 *6*
1896	39/ 423.472 *1*	34/ 268.856 *2*	14/ 89.842 *5*	11/ 135.490 *3*	19/ 116.687 *4*	11/ 69.965 *6*	5/ 17.773 *8*	8/ 43.164 *7*
1897	40/ 451.052 *1*	34/ 281.197 *2*	14/ 94.945 *5*	10/ 129.710 *3*	19/ 116.687 *4*	12/ 81.375 *6*	7/ 42.939 *8*	7/ 35.622 *7*
1898	43/ 495.752 *1*	34/ 288.374 *2*	17/ 127.165 *4*	10/ 129.710 *3*	19/ 120.963 *5*	11/ 74.693 *6*	6/ 40.654 *8*	9/ 46.546 *7*
1899	43/ 499.392 *1*	35/ 299.649 *2*	18/ 138.125 *3*	10/ 129.710 *4*	18/ 114.142 *5*	11/ 74.693 *6*	5/ 38.369 *8*	9/ 46.546 *7*
1900	42/ 503.286 *1*	34/ 299.712 *2*	17/ 134.535 *3*	10/ 129.710 *4*	19/ 125.239 *5*	14/ 109.338 *6*	7/ 68.857 *7*	9/ 46.546 *8*
1901	43/ 525.816 *1*	31/ 290.030 *2*	19/ 159.883 *3*	11/ 138.176 *5*	21/ 147.433 *4*	15/ 128.478 *6*	8/ 84.097 *7*	9/ 46.546 *8*
1902	47/ 593.896 *1*	30/ 284.475 *2*	20/ 172.759 *4*	11/ 138.176 *6*	24/ 186.441 *3*	18/ 147.428 *5*	9/ 99.459 *7*	9/ 47.364 *8*
1903	51/ 655.386 *1*	31/ 301.628 *2*	23/ 211.559 *3*	10/ 125.911 *6*	23/ 183.393 *4*	21/ 166.378 *5*	8/ 95.741 *7*	10/ 55.572 *8*
1904	55/ 714.476 *1*	29/ 281.502 *2*	21/ 191.987 *4*	11/ 139.561 *6*	26/ 221.583 *3*	22/ 178.878 *5*	5/ 65.834 *7*	11/ 63.780 *8*
1905	60/ 796.226 *1*	28/ 276.795 *2*	11/ 102.047 *7*	11/ 137.550 *6*	27/ 240.588 *3*	22/ 178.878 *4*	13/ 147.355 *5*	12/ 74.213 *8*
1906	60/ 808.726 *1*	28/ 276.795 *2*	11/ 102.047 *7*	11/ 137.550 *6*	29/ 266.987 *4*	28/ 270.670 *3*	15/ 180.261 *5*	12/ 77.776 *8*
1907	57/ 798.266 *1*	28/ 287.916 *4*	9/ 81.685 *8*	12/ 150.357 *6*	31/ 293.369 *3*	31/ 227.558 *2*	15/ 180.261 *5*	12/ 83.109 *7*
1908	58/ 820.666 *1*	26/ 279.860 *4*	9/ 81.685 *8*	14/ 173.357 *6*	33/ 319.751 *3*	31/ 357.588 *2*	15/ 180.261 *5*	12/ 83.109 *7*
1909	58/ 845.066 *1*	19/ 221.815 *4*	9/ 81.685 *8*	12/ 150.859 *6*	34/ 352.248 *3*	31/ 357.588 *2*	15/ 180.261 *5*	12/ 83.109 *7*
1910	58/ 871.516 *1*	16/ 203.130 *4*	12/ 131.335 *7*	11/ 139.655 *6*	34/ 369.968 *3*	35/ 429.968 *2*	15/ 192.626 *5*	13/ 97.335 *8*
1911	59/ 904.316 *1*	21/ 296.663 *4*	13/ 144.385 *6*	11/ 139.655 *7*	37/ 438.392 *3*	36/ 467.303 *2*	16/ 212.726 *5*	15/ 125.787 *8*
1912	62/ 982.226 *1*	21/ 296.663 *4*	11/ 125.645 *8*	10/ 125.762 *7*	40/ 510.648 *3*	38/ 519.503 *2*	18/ 256.326 *5*	16/ 147.157 *6*
1913	63/ 1.031.276 *1*	23/ 343.230 *4*	11/ 125.645 *8*	11/ 145.262 *7*	43/ 584.820 *2*	38/ 519.503 *3*	18/ 256.326 *5*	17/ 168.527 *6*
1914 (1. 8.)	62/ 1.040.626 *1*	24/ 366.330 *4*	13/ 172.445 *7*	12/ 167.081 *8*	42/ 581.320 *2*	38/ 547.503 *3*	17/ 246.656 *5*	18/ 189.897 *6*

rigkeit bei der *Kentucky* von 1896 dadurch zu begegnen, daß man die Mittelartillerie von 12,7 cm in Kasematten aufstellte und die 20,3-cm-Zwillingstürme auf 2 reduzierte und sie auf den Turmdecken der 33-cm-Türme installierte. Jedoch auch diese Lösung befriedigte nicht, denn bei der folgenden *Alabama*-Klasse verzichtete man ebenso wie bei der *Maine*-Klasse auf eine 20,3-cm-Bewaffnung und ging bei dem letzteren Typ sogar mit dem Hauptkaliber auf das bewährte 30,5-cm-Geschütz über.

Ebenso zeigte die italienische Marine kein ganz einheitliches Bild. Während man einerseits mit der *Emanuele Filiberto* die Linienschiffsausgabe der *Garibaldi*-Klasse mit 25,4-cm-Geschützen baute, folgte die *Regina Margherita*-Klasse mit der üblichen schweren Bewaffnung und zusätzlich zu der in der Kasematte aufgestellten 15-cm-Batterie einigen in einer Kasematte untergebrachten 20,3-cm-Kanonen. Dieser Trend zu einer Verstärkung der schweren Artillerie durch ein Zwischenkaliber bzw. eine Steigerung des Kalibers der Mittelartillerie wurde in den ersten Jahren nach der Jahrhundertwende immer deutlicher. In England rüstete man die von 1902 bis 1907 gebauten Linienschiffe der *King Edward VII*-Klasse zusätzlich zu ihrer Hauptarmierung und der 15,2-cm-Batterie mit 4 23,4-cm-Kanonen in Türmen auf dem seitlichen Oberdeck aus.

Den gleichen Weg schlug Japan mit seiner 1904 in England in Bau gegebenen *Katori*-Klasse ein, bei der das Kaliber der Zwischenartillerie auf 4 25,4-cm-Kanonen gesteigert wurde. In den Vereinigten Staaten kehrte man mit der *Virginia*-Klasse von 1902 wieder zu dem 20,3-cm-Zwischenkaliber zurück und steigerte das Breitseitfeuer der Schiffe durch die erneute Anordnung von je einem Zwillingsturm auf der Decke des Turmes der Hauptartillerie, während je ein weiterer Turm auf dem seitlichen Oberdeck eingebaut wurde. Jedoch auch diese Anordnung schien sich nicht zu bewähren, denn bei den beiden folgenden Klassen, der *Connecticut*- und einer verkleinerten Ausgabe dieses Typs, der *Idaho*-Klasse, wurde die 20,3-cm-Mittelartillerie in je 2 Zwillingstürmen auf dem seitlichen Oberdeck aufgestellt.

Das gleiche Verfahren wandten auch die Russen bei ihren Neukonstruktionen von 1903, der *Andrej Pervozvannyj*-Klasse, an, wobei sie außer den 8 20,3-cm-Turmgeschützen noch 4 weitere 20,3-cm-Kanonen in Kasematten anordneten und darüber eine Batterie von jeseits 6 12-cm-Geschützen stellten.

In Frankreich steigerte man das Kaliber der Mittelartillerie von auf jeder Seite 3 16,4-cm-Zwillingstürmen bei der *République*-Klasse auf 3 19-cm-Einzeltürme auf jeder Seite und zusätzlich 2 weiteren Geschützen gleichen Kalibers in Kasematten bei der *Démocratie*-Klasse.

Eine besonders interessante Konstruktion stellten die von dem italienischen Konstrukteur Cuniberti entworfenen italienischen Linienschiffe der *Regina Elena*-Klasse dar, bei denen man die Hauptartillerie auf 2 30,5-cm-Kanonen reduzierte, dafür aber insgesamt 6 Zwillingstürme von 20,3 cm unterbrachte und dem Schiff eine die der anderen Linienschiffe übertreffende Geschwindigkeit von 21,5 Knoten gab. Cuniberti sollte durch einen in dem bekannten britischen Flottenhandbuch »Jane's All the World's Fighting Ships« im Jahrgang 1903 veröffentlichten Artikel über den künftigen Linienschiffbau einen besonderen Einfluß auf die weitere Entwicklung ausüben. Auf Grund seiner Überlegungen, die durch den russisch-japanischen Krieg und seine Erfahrungen bestätigt wurden, forderte Cuniberti in seinem Artikel eine höhere Geschwindigkeit als die anderer Linienschiffe und unter Verzicht auf jegliche Mittelartillerie ein einheitliches Hauptkaliber von 12 30,5-cm-Kanonen, die in 4 Zwillingstürmen vorn und achtern und jeweils mittschiffs auf jeder Seite sowie in 4 Einzeltürmen vor und hinter dem mittleren Zwillingsturm aufgestellt werden sollten. Dieser Entwurf Cunibertis fand weltweites Interesse, und bereits im Jahre 1905 ging man in Japan und den Vereinigten Staaten, einige Monate später auch in Großbritannien, daran, solche Schiffe zu entwerfen.

Der Übergang zum Dreadnought-Bau

Der japanische Entwurf der *Satsuma* und *Aki* sah dem Cuniberti-Plan sehr ähnlich. Da es jedoch nicht möglich war, zeitgerecht die nötigen 30,5-cm-Türme zu bauen, mußte man die Schiffe schließlich im endgültigen Entwurf mit 2 30,5-cm-Zwillingstürmen vorn und achtern und je 3 25,4-cm-Zwillingstürmen auf den seitlichen Decks ausrüsten. Der Bau wurde darüber hinaus durch verspätete Anlieferung der aus den Vereinigten Staaten kommenden Maschinen verzögert, und die Schiffe kamen erst 1909 und 1910 in Dienst.

Die ersten Entwürfe der amerikanischen *Michigan*-Klasse von Anfang 1905 waren durch die eigenen und in verschiedenen Marinen gemachten Erfahrungen beeinflußt, daß die Aufsplitterung der Artillerie in viele verschiedene Kaliber die Feuerleitung außerordentlich erschwerte. Die amerikanischen Schlachtschiffe der *Connecticut*-Klasse verfügten über 3 schwere und mittlere Kaliber: 30,5 cm, 20,3 cm und 17,7 cm sowie über 4 leichte Schnellfeuer- und Maschinenkanonen Kaliber: 7,6 cm, 5,8 cm, 4,7 cm und 3,7 cm. Der für viele Verbesserungen der amerikanischen Artillerie verantwortliche Lt. Cdr. William S. Sims hatte deshalb, ebenso wie sein britischer Kollege Captain Percy Scott, der die britische Feuerleittechnik grundlegend verbesserte, schon wiederholt eine Vereinheitlichung der schweren Geschützkaliber gefordert. Bei der *Michigan* wurde daraufhin zugunsten einer schweren Artillerie von 8 30,5-cm-Geschützen auf die Zwischenkaliber und die Mittelartillerie verzichtet und außerdem nur eine Torpedoabwehrbatterie von 22 7,6-cm-Schnellfeuerkanonen eingeplant. Der erste Entwurf sah eine Aufstellung der schweren Geschütze in 2 Zwillingstürmen vorn und achtern und 4 Einzeltürmen auf den Seitendecks vor. Da die Steigerung der Gefechtsentfernungen und die Erfahrungen darauf hindeuteten, daß zukünftige Ge-

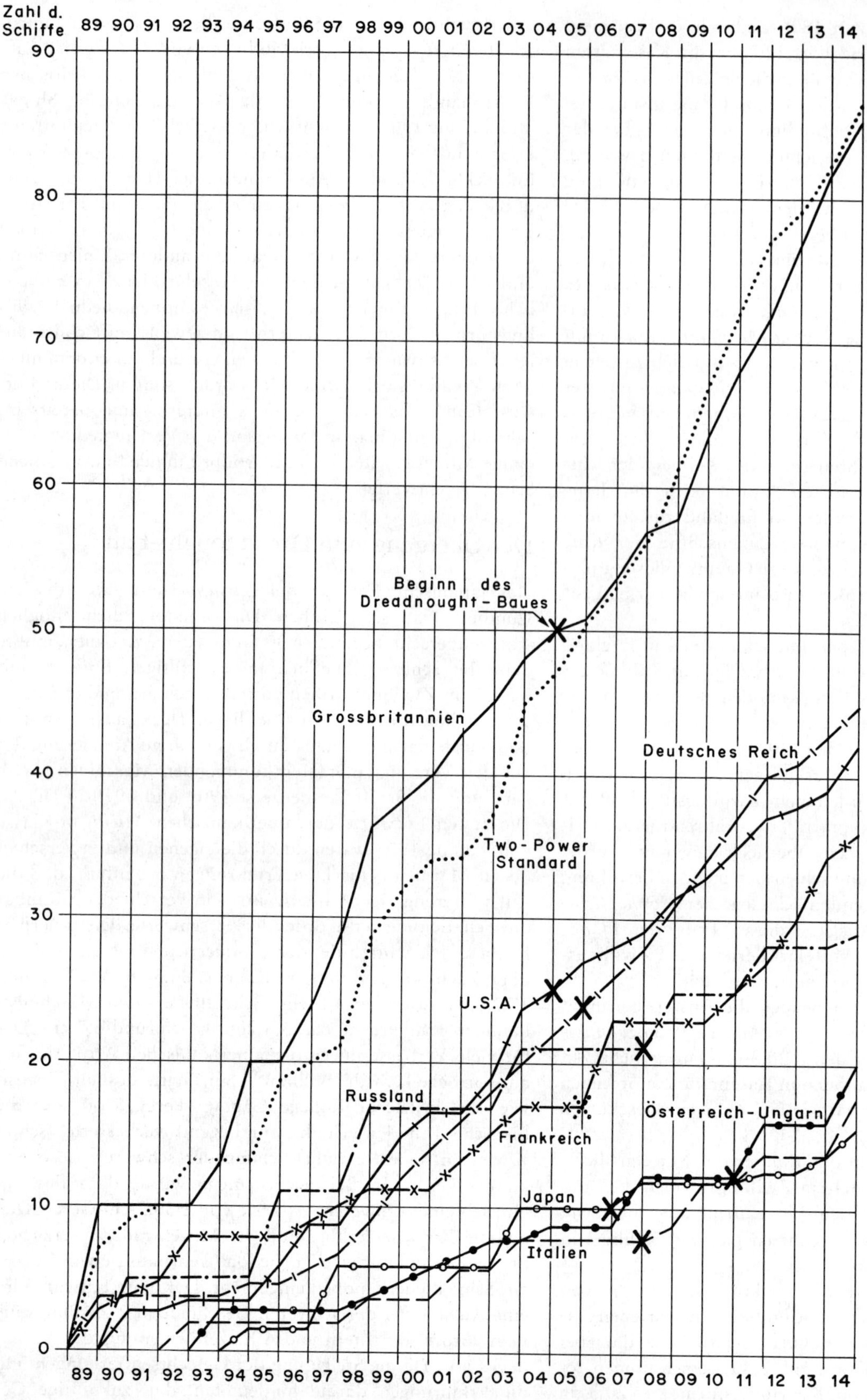

Schlachtschiffbau der Großmächte 1889 – 1914 (Etats)

fechte zwischen Schlachtschiffen in der Breitseite geführt würden, erschien jedoch die Vermehrung der schweren Artillerie in keinem Verhältnis zu dem erzielten Effekt zu stehen, und so entschloß man sich in einem frühen Stadium der Planung, zur überhöhten Endaufstellung der Geschütze überzugehen, gegen die in den meisten Marinen große Vorbehalte wegen der gefürchteten Gasdruckeffekte auf die überschossenen Türme bestand. Die ersten Versuche in dieser Richtung hatte die französische Marine mit ihrem kleinen Linienschiff *Henri IV* von 1897 gemacht, bei dem der achtere 27,4-cm-Turm, durch einen 16,5-cm-Turm überschossen wurde. Die anderen Marinen gingen nur zögernd und erst nach manchen Umwegen zur überhöhten Endaufstellung der schweren Türme über.

In England hatte sich der im Oktober 1904 zum ersten Seelord berufene J. A. Fisher bereits seit 1900 als Befehlshaber der Mittelmeerflotte gemeinsam mit dem damaligen Chefkonstrukteur in Malta, Mr. W. H. Gard, mit dem Entwurf eines »All Big Gun-Schlachtschiffes« beschäftigt. Zu dieser Zeit herrschte in England eine heftige Diskussion um das zweckmäßige Kaliber der schweren Artillerie, das insbesondere durch 2 Linienschiffsbauten angefacht worden war, die Chile in England als Antwort auf die argentinischen Panzerkreuzererwerbungen aus Italien in Bau gegeben hatte. Als Argentinien seine beiden in Italien in Bau befindlichen Panzerkreuzer der *Moreno*-Klasse an Japan verkaufte, stellte auch Chile seine beiden Schiffe der *Libertad*-Klasse zum Verkauf, und die britische Marine übernahm im Dezember 1903 die Schiffe, um ihren Ankauf durch eine andere Seemacht zu verhindern. Diese Schiffe waren zu ihrer Zeit die schnellsten britischen Linienschiffe und trugen eine Bewaffnung von 4 25,4-cm-Kanonen und 14 19-cm-Kanonen in Kasematten. Wegen ihrer Feuergeschwindigkeit und ihrer guten ballistischen Leistungen bewährten sich die 25,4-cm-Geschütze sehr. Das führte zum Entwurf eines Schlachtschiffes von etwa 17000 tons mit insgesamt 8 25,4-cm-Zwillingstürmen und dem von Fisher geforderten völligen Verzicht auf die Mittelartillerie. Die 8 Türme sollten ähnlich wie bei dem Konzept Cunibertis aufgestellt werden. Es erhob sich jedoch gegen dieses Projekt, das vielfach unter dem Namen HMS *Untakeable* lief, mancher Widerspruch, der vor allem davon ausging, daß die Durchschlagskraft und Zerstörungswucht des 25,4-cm-Geschosses für die Bekämpfung moderner Schlachtschiffe nicht ausreiche. Deshalb müsse dem 30,5-cm-Geschütz der Vorzug gegeben werden. So entstand ein zweites Projekt B, bei dem gefordert wurde, daß statt der 10 in jede Richtung feuerbereiten schweren Geschütze nunmehr jeweils 6 Geschütze in jede Richtung feuern sollten. Im Dezember 1904 berief Fisher ein Komitee aus 7 Seeoffizieren und 9 zivilen Experten, das über die zur Diskussion stehenden modernen Schlachtschiffentwürfe zu befinden hatte. Die Forderung an die Konstruktion belief sich darauf, daß jeweils 6 30,5-cm-Geschütze in jede Richtung feuerbereit sein sollten und das Schiff eine möglichst große Anzahl schwerer Geschütze tragen sollte. Auf eine Mittelartillerie wurde völlig verzichtet; das Schiff sollte eine Geschwindigkeit von 21 Knoten laufen, und die vorhandenen Dock- und Reparaturmöglichkeiten mußten bei der Konstruktion in ihren Abmessungen berücksichtigt werden. Es wurden verschiedene Entwürfe vorgelegt. Zunächst die Entwürfe E und F, bei denen die schwere Artillerie in der Mittschiffslinie angeordnet war. Bei dem Entwurf E standen auf dem Vor- und Achterschiff jeweils 3 einander überhöhende Türme hintereinander. Bei Entwurf F waren vorn 2 und achtern 3 überhöhende Türme angeordnet. Man konnte sich jedoch zu einer solchen Aufstellung wegen der befürchteten Gasdruckeffekte nicht entschließen. So wurde ein Projekt G erörtert, bei dem die Türme jeweils zu dritt auf dem Vor- und Achterschiff angeordnet waren. Zwei standen auf dem Oberdeck nebeneinander, während der dritte auf dem Aufbaudeck etwas oberhalb dahinter angeordnet war. Da die Türme in einer gemeinsamen Barbette untergebracht werden sollten, befürchtete man jedoch, daß bei einem unglücklichen Treffer die Hälfte der schweren Artillerie zum Ausfall gebracht werden könnte, und verwarf auch diesen Vorschlag. Mehrere Versionen eines Entwurfs D sahen eine Aufstellung vor, bei der jeweils vorn und achtern ein Zwillingsturm in der Mittschiffslinie und auf den Seitendecks je 2 Zwillingstürme angeordnet waren; das ergab für die Durchkonstruktion dieser Schiffe bei einer ausreichenden Seitenhöhe für die geforderte Fahrt von 21 Knoten ein Gewicht von 21 000 Tonnen, was man wegen der Abmessungen der Docks nicht verantworten zu können glaubte. Die abgewandelten Entwürfe, bei denen die mittleren und das achtere Geschütz etwas tiefer standen, schienen für die geforderte Fahrt eine nicht ausreichende Seitenhöhe zu gewährleisten. So entschloß man sich schließlich, auf die beiden achteren Seitentürme zu verzichten und statt dessen auf dem Achterschiff hintereinander 2 Türme anzuordnen, so daß trotz der Reduzierung der Geschützzahl auf 10 30,5 cm in jeder Richtung weiterhin 6 Geschütze feuern konnten. Dieser Entwurf H wurde die Grundlage für die *Dreadnought*.

Da es nicht mehr möglich war, die bereits in Bau gegebenen Schlachtschiffe der *Lord Nelson*-Klasse noch auf ein einheitliches Hauptkaliber von 30,5 cm umzurüsten, entschloß man sich, sie wie geplant mit einer Mittelartillerie, aber mit 4 30,5-cm-Geschützen und einer starken 23,4-cm-Batterie von je 5 Geschützen an beiden Seiten fertigzustellen, jedoch keine weiteren Schlachtschiffe mehr zu beginnen, bis die Erfahrungen mit der nach dem Entwurf H in Auftrag gegebenen *Dreadnought* vorlagen. Das am 2. Oktober 1905 unter größter Geheimhaltung begonnene Schiff wurde nach nur 130 Tagen Bauzeit am 2. Februar 1906 von Stapel gelassen und am 1. Sept. 1906 für die Erprobungen in Dienst gestellt. Mit dieser schnellen Fertigstellung des ersten Großkampfschiffes gewann England einen Vorsprung gegenüber den anderen Seemächten, in deren Konstruktionsbüros und

Werften zum Teil die Entwicklung zu diesem »All-Big-Gun-Ship« zwar schon deutlich erkennbar war, die Verwirklichung der Entwürfe jedoch sich meist bis 1909 oder gar 1911 hinzog.

Der Sprung zum Schlachtkreuzer

Sehr viel größer als bei den Linienschiffen, bei denen die Entwicklung in den meisten Marinen ohnehin zum Großkampfschiff mit einem Hauptkaliber tendierte, war der Sprung von den Panzerkreuzern zu den Schlachtkreuzern, der ebenfalls durch Lord Fisher eingeleitet wurde. Um die Jahrhundertwende waren es vor allem England, Frankreich und Deutschland, die Panzerkreuzer bauten, während frühere Programme anderer Marinen meist ausgelaufen waren oder nur noch einzelne Schiffe wie die österreichische *Sankt Georg* gebaut wurden. Die Panzerkreuzer hatten zu dieser Zeit etwa eine Größe von 9–10000 Tonnen erreicht und besaßen eine Geschwindigkeit von 21–22 Knoten und 10–16 Geschütze meist mittlerer Kaliber. In England verlief die Entwicklung von der *Monmouth*-Klasse, die für den Dienst in Übersee gebaut war und nur über 15-cm-Geschütze verfügte, von denen je 2 in den Vor- und Achterschiff-Türmen untergebracht waren, über die *Devonshire* (1902), bei der die Hauptartillerie auf 4 19-cm-Einzeltürme gesteigert war, zur *Black Prince* von 1903, mit 6 Einzeltürmen 23,4 cm auf dem Vor- und Achterschiff und an den Seitendecks, zur *Warrior,* bei der man unter Verzicht auf die 15-cm-Mittelartillerie zwischen die seitlichen 23,4-cm-Seitentürme noch 2 weitere 19-cm-Türme setzte, bis zur *Defence* von 1905, die auf dem Vor- und Achterschiff je einen Zwillingsturm 23,4-cm und an den Seiten je 5 Einzeltürme mit 19-cm-Geschützen erhielt.

In Deutschland folgte der *Prinz Adalbert* und *Roon*, mit je einem 21-cm-Zwillingsturm auf dem Vor- und Achterschiff und 15-cm-Geschützen als Mittelartillerie in seitlichen Batteriedecks, die *Gneisenau*-Klasse, bei der auf jeder Seite 2 15-cm-Geschütze durch 21-cm-Kasematt-Geschütze ersetzt wurden. In Frankreich verlief die Linie von der *Marseillaise* (1900), mit je einem Einzelturm 19,4 cm vorn und achtern sowie 8 16,5-cm-Geschützen in 4 Einzeltürmen und 4 Kasematten sowie 6 10-cm-Kanonen, zur *Léon Gambetta* von 1901, bei der man außer 2 Zwillingstürmen 19,4 cm auf dem Vor- und Achterschiff an jeder Seite 3 weitere Zwillingstürme 16,5 cm und zusätzlich noch insgesamt 4 Kasematten dieses Kalibers einbauen konnte. Diese Bewaffnung wurde bei den folgenden *Jules Michelet* und *Ernest Rénan* auf je 4 Einzeltürme 16,5 cm auf jeder Seite und 2 Kasematt-Geschütze reduziert, ehe man bei dem letzten Panzerkreuzertyp, der *Edgar Quinet* von 1905, für die gesamte Artillerie zum Kaliber 19,4 cm überging und sie in zwei Zwillingstürmen vorn und achtern sowie je 3 Einzeltürmen auf den Seitendecks und zusätzlich je 2 weiteren Kasematten aufstellte, so daß insgesamt 14 Geschütze vorhanden waren.

1901 begannen auch die Vereinigten Staaten für eine kurze Zeit in größerer Zahl Panzerkreuzer zu bauen. Nach einem für die Handelskriegführung gedachten leichteren Typ, der *St. Louis,* mit 14 15,2-cm-Kanonen in ungeschützter Einzelaufstellung und Batterie-Kasematten kam man zur *Pennsylvania*-Klasse, bei der zusätzlich zu den 14 15,2-cm-Kanonen in Kasematten vorn und achtern je ein 20,3-cm-Zwillingsturm installiert wurde, und zu der *Tennessee*-Klasse von 1902, bei der man die 15-cm-Batterie auf jeder Seite um ein weiteres Geschütz vermehrte und das Kaliber der Hauptartillerie auf 25,4 cm steigerte. Die Größe dieser Schiffe wuchs in England auf 14800, in Deutschland auf 11600, in Frankreich auf 14100 und in den USA auf 16200 Tonnen an. Die Geschwindigkeit steigerte sich auf Werte zwischen 22 und 24 Knoten. Einen Rückgriff auf ein überholtes Konzept stellten die 1905 von Rußland in Bau gegebenen 3 Schiffe der *Bajan*-Klasse dar.

Nachdem bereits der italienische Konstrukteur Vittorio Cuniberti mit seinem Linienschiff *Regina Elena* einen Schritt auf die Vereinigung des Linienschiffes mit dem Panzerkreuzer getan hatte, begann ab 1904 auch von der Seite der Panzerkreuzer her die Entwicklung in Richtung auf das schnelle Linienschiff. In Japan wurden in diesem Jahre 2 Panzerkreuzer der *Ikoma*-Klasse in Auftrag gegeben, die die Bewaffnung eines Linienschiffes mit 4 30,5- und 12 15,2-cm-Kanonen mit dem Schutz und den Fahreigenschaften eines Panzerkreuzers vereinigten. Sie fanden im folgenden Jahr in den beiden Schiffen der *Kurama*-Klasse ihre Fortsetzung, bei der die Mittelartillerie auf 8 20,3 cm- in 4 Zwillingstürmen und 14 12-cm-Kanonen zur Torpedobootabwehr gesteigert wurde. Waren diese Schiffe mit Geschwindigkeiten bis zu 21,5 Knoten relativ langsam, so erzielte die in England für Rußland gebaute *Rjurik* mit 15400 Tonnen eine etwas höhere Geschwindigkeit und verfügte mit einer Bewaffnung von 4 25,4-cm-Geschützen in Zwillingstürmen vorn und achtern und 8 20,3-cm in seitlichen Flügeltürmen sowie 20 12-cm-Kanonen über eine beachtliche Kampfkraft. Der Verzicht auf eine Mittelartillerie erlaubte es den Italienern, nach dem Konzept Cunibertis die Panzerkreuzer der *Pisa*-Klasse (1905) zu bauen, die bei einer Größe von nur wenig mehr als 10000 t 4 25,4- und 8 19-cm-Kanonen in Zwillingstürmen trugen und fast 24 Knoten Geschwindigkeit erreichten. Der letzte Schritt in dieser Entwicklung war der deutsche Panzerkreuzer *Blücher* von 1906, der mit 15800 t eine Geschwindigkeit von fast 26 Knoten erreichte und seine Hauptarmierung von 12 21-cm-Geschützen in 6 Zwllingstürmen vorn und achtern und an den Seiten in der gleichen Aufstellung trug, wie sie auch für die Großkampfschiffe dieser Zeit gebaut bzw. erwogen wurde.

Seit 1902 hatte sich in England Admiral J. A. Fisher auch mit der Entwicklung von modernen, allen anderen über-

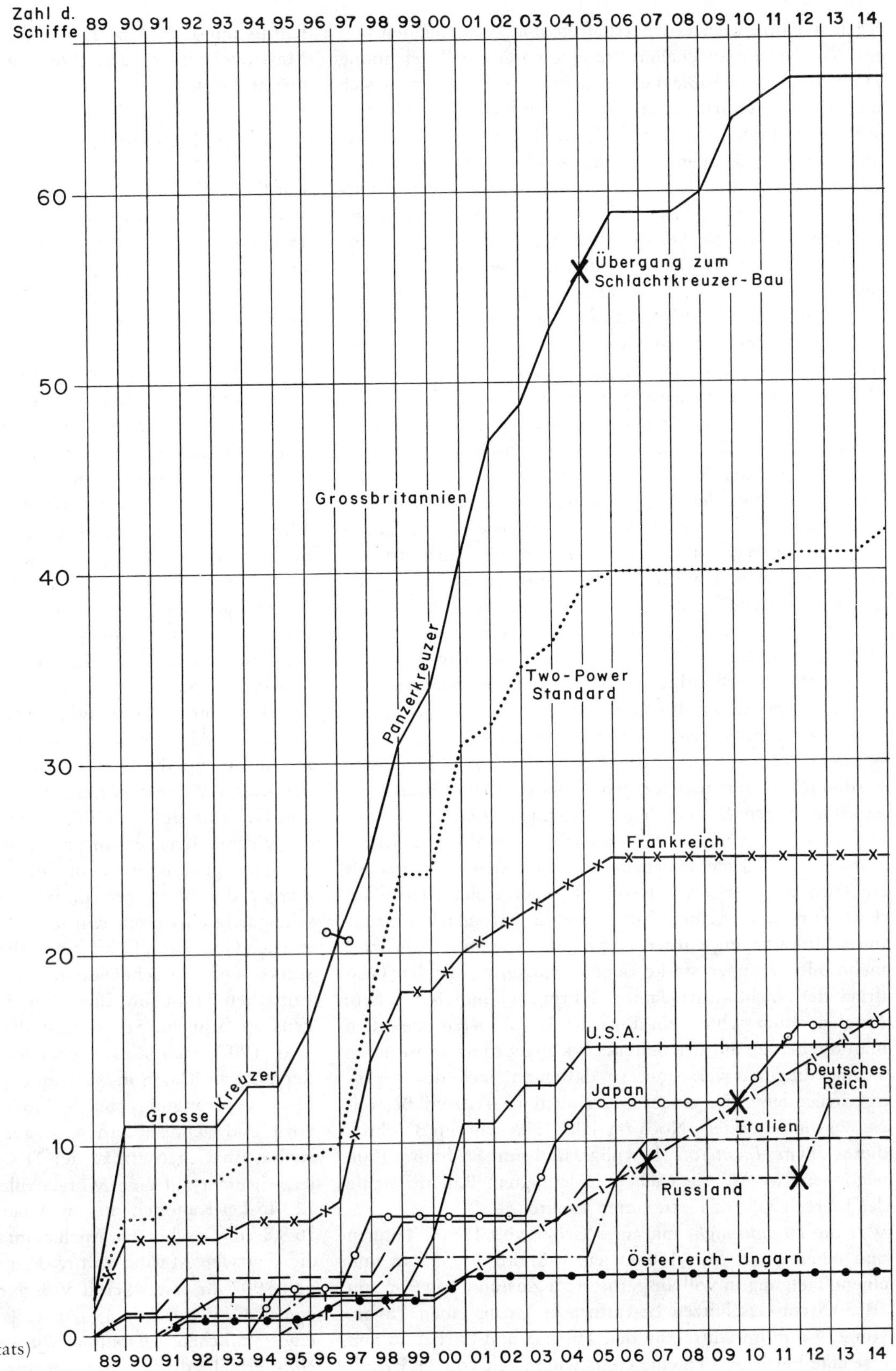

Panzerkreuzer-Bau der Großmächte 1889–1914 (Etats)

legenen Panzerkreuzern beschäftigt und diese, gemeinsam mit Mr. Gard entwickelten Projekte unter der Bezeichnung HMS *Unapproachable* laufen lassen. Doch bewegten sich die ersten Entwürfe noch durchaus auf der bisher eingeschlagenen Linie mit einem 23,4-cm-Hauptkaliber in 2 Türmen vorn und achtern sowie 6 Zwillingstürmen von 19-cm-Kaliber, bei denen die vorderen und achteren seitlichen Türme jedoch vor und hinter die schwere Artillerie gezogen wurden, so daß sie, ähnlich wie bei dem Schlachtschiff G, in einem Dreieck aufgestellt waren. Die japanische *Ikoma*-Klasse, aber auch die italienischen Linienschiffe der *Regina Elena*-Klasse regten neue Überlegungen an, nachdem man zu der Überzeugung gekommen war, daß die Panzerkreuzer der bisherigen Bauart für ihre Aufgaben der gewaltsamen Aufklärung und der Unterstützung leichterer Kreuzerverbände gegenüber Großkampfschiffen, der Niederkämpfung feindlicher Handelsstörer sowie der Verfolgung einer geschlagenen feindlichen Flotte und der Verlängerung der eigenen Schlachtlinie durch Bildung einer schnellen Division nicht geeignet waren. So begann man auch für die Panzerkreuzer ein einheitliches Hauptkaliber in Stärke der Armierung der Schlachtschiffe anzustreben. Die zu erreichende Geschwindigkeit mußte über 25 Knoten liegen. So kam man nicht umhin, die Zahl der schweren Geschütze auf 8 zu reduzieren, jedoch sollte nach jeder Gefechtsrichtung eine möglichst große Zahl von Geschützen zur Wirkung gebracht werden. Die ersten 1905 vorgelegten Entwürfe, A – bei dem die beiden achteren Türme überhöht, die beiden vorderen auf der hochgezogenen Back nebeneinander angeordnet waren, B – bei dem die Türme in 2 Gruppen vorn und achtern nebeneinander standen, C – bei dem auf dem Vorschiff 2 Türme nebeneinander, auf dem Achterschiff ein Turm aufgestellt waren sowie D – der je einen Turm auf dem Vor- und Achterschiff sowie 2 auf gleicher Höhe mittschiffs vorsah, wurden abgelehnt, da sie für die Türme mehr oder weniger starke Behinderungen durch den Gasdruck der Nachbartürme mit sich bringen konnten. Größere Möglichkeiten schien ein Entwurf E zu bieten, bei dem man die beiden auf den Seitendecks angeordneten mittleren Türme diagonal verschob, so daß man nach der gegenüberliegenden Seite einen, wenn auch begrenzten Bestreichungswinkel erhielt. Noch im Jahr 1905 wurden 3 Schiffe dieses Typs *Invincible* bewilligt und im Frühjahr 1906 begonnen, so daß sie nach beschleunigtem Bau im Laufe des Jahres 1908 zur Flotte treten konnten.

War die *Dreadnought* mit einer Größe von 17900 Tonnen und einer Länge von 160 m, einer Breite von 25 m und einem Tiefgang in voll ausgerüstetem Zustand von 9 m mit 10 30,5-cm-Geschützen bewaffnet und trug einen Panzer von 279 mm im Gürtel, an den Türmen und Barbetten und erreichte bei 27500 PS eine Geschwindigkeit von 21,5 Knoten, so waren die Schlachtkreuzer mit 17150 t nur wenig kleiner, hatten jedoch ein günstigeres Längen-Breiten-Verhältnis mit 170:24 m. Durch ihre auf 41000 PS gesteigerte Maschinenleistung erreichten sie eine Geschwindigkeit von fast 26 Knoten.

Der Wettlauf im Dreadnought-Bau

Lord Fisher wollte den durch den Bau dieser Großkampfschiffe für England gewonnenen Vorsprung sichern und ließ 1906 und 1907 je 3 weitere Schlachtschiffe der *Bellerophon* und *St. Vincent*-Klassen in Bau geben, die in ihren Haupteigenschaften der *Dreadnought* entsprachen. Er hoffte, daß die anderen Marinen eine längere Anlaufzeit brauchen würden, bis sie in der Lage seien, gleichfalls solche Schiffe zu bauen. Insbesondere erwartete er, daß Deutschland nicht sofort mit dem Bau von Großkampfschiffen beginnen konnte, da es auf die Abmessungen des Kaiser-Wilhelm-Kanals Rücksicht nehmen mußte, die ein Passieren von Schiffen der Dimensionen der *Dreadnought* nicht zuließen. So hatte man in Deutschland für die im Haushaltsplan 1906 neben dem Panzerkreuzer *Blücher* vorgesehenen beiden Schlachtschiffe eine Größe von 16000 t und eine Bewaffnung mit 8 28-cm-Geschützen in 2 Zwillingstürmen vorn und achtern sowie 4 Einzeltürmen auf den Seitendecks vorn und achtern vorgesehen, dazu eine Mittelartillerie von 12 17-cm-Kanonen und eine Geschwindigkeit von 19,5 Knoten.

Der Bau der *Dreadnought* zwang Deutschland nun, zwischen den Alternativen zu wählen, ebenfalls solche Schiffe zu bauen und dazu die enormen Kosten der Erweiterung des Kaiser-Wilhelm-Kanals auf sich zu nehmen, oder aber das Gewicht auf den für einen weltweiten Handelskrieg ausgelegten Kreuzerbau zu legen. Bei den weiteren Überlegungen ging man davon aus, daß der Bau der *Dreadnought* die bisherigen Linienschiffsflotten der Seemächte schlagartig entwerten würde, und sah in der Aufnahme des eigenen Großkampfschiffbaues die Möglichkeit, die Flottenstärke sehr viel schneller in ein günstigeres Verhältnis zur britischen Flotte im Sinne des Tirpitz'schen Risikogedankens zu bringen. So wurden die Pläne geändert und im Jahr 1907 nach diesen geänderten Plänen die 4 Schiffe der *Nassau*-Klasse in Auftrag gegeben, bei denen man bei einer Verdrängung von 18800 t 2 28-cm-Zwillingstürme vorn und achtern und je 2 auf beiden Seitendecks aufstellte; im Gegensatz zu der *Dreadnought* verzichtete man jedoch nicht auf eine Mittelartillerie und gab den Schiffen 12 15-cm-Kanonen neben einer weiteren Batterie von 16 8,8-cm-Geschützen. Auch beim Schlachtkreuzerbau folgte die deutsche Marine sofort dem britischen Vorgehen und gab 1907 ihr erstes Schiff *Von der Tann* in Auftrag, das bei einer Größe von 19370 t 4 28-cm-Zwillingstürme in einer ähnlichen Aufstellung wie das britische Vorbild *Invincible* erhielt, doch waren die mittleren Türme weiter diagonal versetzt und erhielten so günstigere Bestreichungswinkel nach beiden Seiten.

Auch bei diesem Schlachtkreuzer verzichtete man nicht auf eine Mittelartillerie von 10 15-cm- und 16 8,8-cm-Geschützen. Die Kontraktgeschwindigkeit des Schiffes wurde bei den Probefahrten mit 27,7 Knoten um mehr als 3 Knoten übertroffen. Vor allem aber waren der Schutz des Schiffes und seine Panzerung wesentlich besser durchgebildet und stärker als die des britischen Schiffes, so daß die *Von der Tann* ebenso wie ihre Nachfolger die gleichzeitigen britischen Schlachtkreuzer in ihrer Standkraft weit übertraf, wie die Skagerrak-Schlacht zeigen sollte. Mit diesen Schiffen konnte Deutschland den bis zum Sommer 1910 fertiggestellten 10 britischen Großkampfschiffen bereits 5 entgegenstellen.

Die USA hatten nach der Ablieferung der beiden Schiffe der *Michigan*-Klasse 1909 im darauffolgenden Jahre nur 2 weitere Schiffe der *North Dakota*-Klasse fertigstellen können, die praktisch durch die Einschiebung eines fünften 30,5-cm-Zwillingsturms in der Mittschiffslinie achtern vergrößerte Ausgaben ihrer Vorgänger waren und als erste Schiffe 10 schwere Geschütze in der Breitseite zur Wirkung bringen konnten. Als erste der kleineren Seemächte ließ Brasilien 1907 in England 2 Schlachtschiffe in Bau geben, die sogar die bis dahin gebauten britischen Schlachtschiffe in ihrer Größe und vor allem der Konzeption der Artillerieaufstellung übertrafen: Die *Minas Geraes,* die 1910 fertiggestellt wurden, hatten 12 30,5-cm-Geschütze in je 2 Zwillingstürmen, die auf dem Vor- und Achterschiff überhöht aufgestellt wurden, sowie 2 weitere auf den Seitendecks, so daß sie gleichfalls 10 Geschütze in der Breitseite einsetzen konnten. Von den übrigen Marinen waren bis zu diesem Zeitpunkt nur die zumeist schon vor diesen Großkampfschiffen in Bau gegebenen »Halb-Dreadnoughts« fertiggestellt worden, so die japanischen *Aki* und *Satsuma.* Österreich stellte das letzte seiner 3 Schiffe der *Erzherzog Franz Ferdinand*-Klasse mit 4 30,5- und 8 24-cm-Geschützen in Dienst, während die 6 französischen Schiffe der *Danton*-Klasse mit je 6 24-cm-Zwillingstürmen auf den Seitendecks erst im Jahre 1911 in Dienst kamen, ebenso wie die beiden in ihrem Bau lange verzögerten russischen der *Andrej Pervozvannyj*-Klasse, deren mittelschwere Artillerie noch aus 20,3-cm-Geschützen bestand.

Die Haushaltspläne des Jahres 1908 drohten das bisherige Verhältnis der Großkampfschiff-Flotten entscheidend zu verändern. Während Großbritannien nur ein Schlachtschiff, die *Neptune,* und einen Schlachtkreuzer, die *Indefatigable,* in Bau gab, steigerte die Auswirkung der letzten Novelle 1908 zum Flottengesetz in Deutschland das Bautempo für die nächsten 4 Jahre auf 4 Großkampfschiffe. Die Größe der Schlachtschiffe der *Ostfriesland*-Klasse wuchs auf 22000 Tonnen mit einer Erhöhung des Kalibers auf 30,5 cm in gleicher Aufstellung der 12 Geschütze wie bei der *Nassau.* Sie glichen insofern den etwas zur gleichen Zeit bewilligten japanischen Schiffen der *Settsu-Klasse.* Dagegen wies der Schlachtkreuzer *Moltke* ebenso wie die britische *Neptune* eine Neuerung auf. Nachdem die amerikanische *North-Dakota*-Klasse und ihre 1908 in Auftrag gegebenen Nachfolger der *Utah*-Klasse über 5 30,5-cm-Zwillingstürme verfügten, die nach beiden Breitseiten eingesetzt werden konnten, versuchte man auf den beiden deutschen und britischen Schiffen unter Beibehaltung eines verstärkten Bug- und Heckfeuers ähnliches zu erreichen, indem man die seitlichen Türme diagonal versetzte wie bei der *Von der Tann* und die beiden achteren Türme überhöhend anordnete, womit man erstmalig dem amerikanischen Beispiel folgte. Wenngleich man bei der *Moltke* und den in den beiden folgenden Jahren in Auftrag gegebenen deutschen Schlachtkreuzern auch noch beim 28-cm-Kaliber blieb, so waren sie doch den in der gleichen Zeit vergebenen 3 *Indefatigable's,* die vergrößerte Ausgaben der *Invincible* ohne eine Verstärkung der Artillerie waren, eindeutig überlegen, insbesondere was ihre Geschwindigkeit und ihre Standfestigkeit anbelangte. Die gleiche Form der Artillerieaufstellung, wenn auch mit 30,5-cm-Türmen, wurde im Jahr 1909/10 bei den 5 Schlachtschiffen der *Kaiser*-Klasse und in England bei den 1909 in Auftrag gegebenen beiden Schiffen der *Colossus*-Klasse zur Anwendung gebracht. Eine gewisse Ähnlichkeit wiesen die 1909 für Argentinien in den Vereinigten Staaten in Bau gegebenen Schlachtschiffe der *Rivadavia*-Klasse auf, bei denen die Größe mit 28000 t über das bisher erreichte Maximum weit hinausging, während die Kampfkraft gleichzeitig durch einen zusätzlichen überhöhenden 30,5-cm-Turm auf dem Vorschiff auf 12 30,5-cm-Geschütze gebracht wurde, die sämtlich nach einer Breitseite eingesetzt werden konnten. Die Vereinigten Staaten gaben 1909 2 Schiffe der *Arkansas*-Klasse in Bau, bei denen man einen 6. 30,5-cm-Zwillingsturm auf der Mittschiffslinie installierte, so daß auf der Schanz 2 überhöhende Turmgruppen und auf der Back eine angeordnet waren.

Auch Spanien entschloß sich um diese Zeit, den Großkampfschiffbau aufzunehmen, doch stellten ihre von 1914–1920 fertiggestellten 3 Schiffe der *España*-Klasse die kleinstmöglichen Lösungen für ein solches Schiff mit 15700 Tonnen und 4 30,5-cm-Zwillingstürmen vorn und achtern und mittschiffs diagonal versetzt dar. Sie konnten jedoch die gleiche Feuerkraft wie die originale *Dreadnought* zum Tragen bringen.

Einen ganz anderen Weg beschritt die italienische Marine mit ihrem 1908 auf Grund eines Entwurfes von Cuniberti in Auftrag gegebenen, auf 23 Knoten Geschwindigkeit ausgelegten Schlachtschiff *Dante Alighieri.* Erstmalig wurden bei diesem Schiff für die schwere Artillerie Drillingstürme verwirklicht, von denen das Schiff nicht weniger als 4 in der Mittschiffslinie erhielt, je einen vorn und achtern und 2 in der Mitte des Schiffes zwischen den Kesselgruppen angeordnet. Ein ähnlicher Plan Cunibertis, der nach russischen Bedürfnissen modifiziert wurde (z. B. Eisbrecher Bug), lag auch den 1909 für die Ostsee und 1911 für das Schwarze Meer in Bau gegebenen russischen Schlachtschiffen der *Gangut-* und *Imperatrica-Marija*-Klassen zugrunde. Österreich-Ungarn, das sich ebenfalls zur Verwendung des 30,5-cm-Drillingsturmes entschloß, wandte jedoch für seine 1910/11 in Bau gegebenen Schiffe der *Viribus-Unitis*-Klasse von etwas über 20000 t die überhöhte Endaufstellung an, so daß die Schiffe in alle Richtungen über eine optimale Feuerkraft verfügten, was bei der Größe der Schiffe naturgemäß auf Kosten der Standkraft ging.

Frankreich entschloß sich nach seinen Halb-»Dreadnoughts« der *Danton*-Klasse 1910/11 zum Bau echter Großkampfschiffe mit den 4 Einheiten der *Jean-Bart*-Klasse, die in der Aufstellung der schweren und mittleren Artillerie sowie der Geschwindigkeit den um 3 Jahre älteren brasilianischen Schlachtschiffen der *Minas-Geraes*-Klasse ähnelten, jedoch bei einer 4000 Tonnen höheren Verdrängung einen wesentlich besseren Panzerschutz aufwiesen.

Während diese Schiffe wie viele ihrer Vorgänger in anderen Marinen, nur 10 30,5-cm-Geschütze in der Breitseite zur Wirkung bringen konnten, gelang es den Italienern mit ihren im gleichen Jahr 1910 bewilligten Schiffen der *Conte di Cavour*-Klasse, das Breitseitfeuer auf 13 Rohre schweren Kalibers zu steigern, indem sie auf den einen der mittleren Drillingstürme der *Dante Alighieri* verzichteten und dafür je einen Zwillingsturm überhöhend hinter dem vorderen und achteren Drillingsturm aufstellten.

Die Super-Dreadnoughts

Man hatte mit diesen Schiffen die Grenze der auf einem Schlachtschiff dieser Größe sinnvoll unterzubringenden schweren Türme erreicht, und auch die ballistischen Leistungen des 30-cm-Geschützes ließen sich kaum noch verbessern. So war der einzige Weg zu einer Steigerung der Kampfkraft die Wahl eines schwereren Geschützkalibers.

Der deutsche Übergang zum Vierertempo im Großkampfschiffbau 1908 hatte England, das mit nur 2 Schiffen begonnen hatte, in eine ungünstige Situation gebracht. Als England, wie geplant, im Jahre 1909 ebenfalls 4 Schiffe in Bau gab, war zu erwarten, daß Ende 1912 16 britischen 13 deutsche Schiffe gegenüberstehen würden. Für den Ersten Seelord Fisher sah die Situation umso bedrohlicher aus, als 1914 mit der Fertigstellung des erweiterten Kaiser-Wilhelm-Kanals zu rechnen war, zu einem Zeitpunkt, als das beschleunigte deutsche Bauprogramm von 1908–1911 zum Abschluß gekommen war. Fisher ging so weit, daß er in einem Gespräch mit dem britischen König diesem vorschlug, »The German Fleet should be copenhagened«, unter Anspielung auf die Wegnahme der dänischen Flotte im Jahre 1807. Der König antwortete nur, »Fisher, Sie sind verrückt«. Doch immerhin gelang es Fisher, im Kabinett und schließlich im Parlament die Erhöhung des Bauprogramms auf 8 Schiffe durchzusetzen. In dieser Situation fielen für die neu zu bewilligenden Schiffe die bisherigen Restriktionen weg, so daß der Chefkonstrukteur Sir Philip Watts freie Hand für den Entwurf der Schiffe bekam. Man ging deshalb bei einer Vergrößerung der Schiffe gegenüber ihren Vorgängern um 2500 t zum Kaliber 34,3 cm über und stellte die Türme in Anlehnung an das amerikanische Vorbild in der Mittschiffslinie auf. Wollte man die Torpedobootabwehrartillerie, bei der man beim Kaliber 10,2 cm blieb, in den Aufbauten unterbringen, war es notwendig, zwischen der achteren überhöhten Turmgruppe und dem an Oberdeck stehenden 5. Turm einen weiteren Aufbau einzuschieben. Diesem Vorbild der *Orion*-Klasse folgte die Mehrzahl der in den folgenden 3 Jahren in Auftrag gegebenen Schlachtschiffe verschiedener Marinen. Die britische *King George* V-Klasse von 1910 war eine nur geringfügig verbesserte Ausgabe der *Orion*. Man änderte vor allem die ungünstige Anordnung des vorderen Schornsteins vor dem Dreibeinmast, da die Rauchabgase den Artillerieleitstand behinderten.

Mit der im nächsten Jahr folgenden *Iron Duke* führte man auch in England die Mittelartillerie von 15,2 cm Kaliber wieder ein, die aus Gewichtsgründen, wie bei den meisten Marinen, nicht mehr in den Aufbauten, sondern in Kasematten im Oberdeck untergebracht werden mußte. Nach dem Vorbild dieser britischen Schiffe gaben 1911 die Türkei 2 Schiffe der *Reschadije*-Klasse mit der gleichen Bewaffnung und Chile 2 weitere Schiffe mit einem auf 35,6 cm verstärkten Kaliber in Auftrag (*Almirante Latorre*).

Die deutschen Schiffe des Haushaltsjahres 1911 der *König*-Klasse, die zwar beim Kaliber 30,5 cm blieben, glichen dem britischen Vorbild in der Artillerieaufstellung in der Mittschiffslinie. Auch Frankreich folgte im Jahre 1912 dem Beispiel mit den Schiffen der *Bretagne*-Klasse, die gleichfalls über 34-cm-Geschütze verfügte. Eine Sonderstellung unter den Schlachtschiffen des Jahres 1911 nahm die *Rio de Janeiro* ein, mit der Brasilien die argentinische *Rivadavia* zu übertrumpfen suchte. Ursprünglich in Anlehnung an die gleichaltrigen britischen Schiffe geplant, gelang es dem deutschen Kaiser, den brasilianischen Marineminister anläßlich eines Besuches davon zu überzeugen, daß die Beibehaltung des 30,5-cm-Geschützes die Versorgungs- und Ausbildungsprobleme wesentlich erleichtern würde. So entstand ein Entwurf, bei dem nicht weniger als 7 30,5-cm-Zwillingstürme in der Mittschiffslinie angeordnet wurden. 1914 wurde dieser überzüchtete und den Vergleich mit den inzwischen in Bau befindlichen Super-Dreadnoughts nicht mehr aushaltende Schiffsriese an die Türkei verkauft, und an seiner Stelle ein neues Schiff in Auftrag gegeben. Doch auch die Türkei sollte dieses in *Sultan Osman I* umgetaufte Schiff nicht mehr erhalten; nach Kriegsbeginn wurde es ebenso wie das erwähnte türkische Linienschiff *Reschadije* von der britischen Marine beschlagnahmt und übernommen. Beide Schiffe dienten während des Krieges in der Grand Fleet als *Agincourt* und *Erin*, während die *Almirante Latorre* im September 1915 als *Canada* in Dienst gestellt und das

2. Schiff vor der Fertigstellung als Schlachtschiff zum Flugzeugträger *Eagle* umgebaut wurde.

Auch die Vereinigten Staaten gingen mit ihrer *Texas*-Klasse von 1910, ebenso wie Japan mit den Schiffen der *Fuso*-Klasse von 1911, zum 35,6-cm-Kaliber über. Während die Amerikaner zunächst im Vergleich zur *Arkansas* nur auf den mittleren überhöhten Turm verzichteten, folgten sie 1911 mit der *Oklahoma*-Klasse bei gleichbleibender Geschützzahl Österreich mit der überhöhten Endaufstellung, wobei die jeweils unteren Türme Drillings-, die oberen Zwillingstürme waren. Mit der *Pennsylvania* 1912 steigerte die US-Navy die Zahl der Geschütze auf 12 35,6-cm in 4 Drillingstürmen, blieb jedoch wie bisher bei einer Mittelartillerie von 12,7-cm-Geschützen.

Die Japaner entschlossen sich dagegen 1911 sogleich, 12 35,6-cm-Rohre in 6 Zwillingstürmen unterzubringen. Damit wurden die japanischen Schiffe der *Fuso*-Klasse die ersten, welche die 30000-t-Grenze überschritten. Die beiden mittleren schweren Türme wurden vor und hinter der mittleren Kesselgruppe aufgestellt. Bei der folgenden *Ise*-Klasse vereinigte man die mittleren Türme zu einer dritten überhöhenden Turmgruppe zwischen den achteren Kesselgruppen und einem kleinen Inselaufbau mit einem schweren Dreibeinmast. Die kleinste Lösung eines solchen Super-Dreadnought-Schlachtschiffes war die 1911 für Griechenland in Hamburg in Bau gegebene *Vasilefs Georgios* von 19500 t und 22 Knoten Geschwindigkeit, die über 4 35,6-cm-Zwillingstürme amerikanischer Fertigung in überhöhter Endaufstellung verfügen sollte, jedoch nicht fertiggestellt werden konnte, weil das aus den USA bestellte Geschütz- und Panzermaterial wegen des ausbrechenden Krieges nicht mehr nach Deutschland kam.

Mit dem Übergang zu den Super-Dreadnoughts ab 1909 begannen die Schlachtkreuzer, deren Größe sich bisher meist 1 – 2000 Tonnen unter den gleichaltrigen Schlachtschiffen gehalten hatte, diese in ihrer Größe erheblich zu übertreffen. So war die 1909 begonnene britische *Lion* fast 4000 Tonnen größer als die *Orion*, deren »Schlachtkreuzerausgabe« sie darstellte. Diese Größensteigerung war in erster Linie durch den Wunsch bestimmt, den Schiffen gegenüber der auf 25 Knoten Geschwindigkeit ausgelegten deutschen *Moltke* (sie erreichte später mehr als 28 Knoten) eine um 2 Knoten höhere Geschwindigkeit zu geben. Das bedingte jedoch eine Steigerung der Antriebsleistung von der *Indefatiable* mit 44 000 auf 70 000 PS bei der *Lion*. Trotz ihrer imponierenden Größe hatten diese Schiffe schwerwiegende Mängel. Bei der Artillerieaufstellung hatte man den 3. Turm nicht achtern in einer überhöhten Endaufstellung, sondern mittschiffs zwischen die Kesselraumgruppen gestellt, wo er einen Bestreichungswinkel von nur 120 Grad nach jeder Seite besaß, statt der wesentlich günstigeren Bedingungen auf dem achteren Oberdeck. Als schwerwiegender Fehler stellte sich auch die Anordnung der Schornsteine und Masten wie bei der *Orion* heraus. Da der vordere Schornstein vor dem Mast wesentlich größer und für mehr Kessel bestimmt war, machte er den Aufenthalt auf dem Vormarsch praktisch unmöglich, so daß die *Lion* noch vor ihrer endgültigen Indienststellung umgebaut werden mußte und äußerlich nun der *King-George*-Klasse angeglichen wurde. Der entscheidendste Mangel sollte sich jedoch erst in der Skagerrak-Schlacht herausstellen, als das Schwesterschiff *Queen Mary* wegen des unzulänglichen Panzerschutzes der Munitionsräume nach schweren Treffern in die Luft flog, während die *Lion* selbst in der Schlacht an der Doggerbank und der Skagerrak-Schlacht zweimal durch glückliche Umstände einem gleichen Schicksal entging.

Einen wesentlichen Fortschritt stellte demgegenüber die 1910 bewilligte und im Januar 1911 bei Vickers in England in Bau gegebene japanische *Kongo* dar, nach deren Vorbild in Japan drei weitere Schlachtkreuzer gebaut wurden. Bei ihr war der Fehler der Artillerieaufstellung der *Lion* vermieden, indem man den dritten 35,6-cm-Turm auf das weit nach achtern gezogene Oberdeck setzte, so daß er den vierten Turm auf der Schanz überschießen konnte. Darüber hinaus verfügte dieser Schlachtkreuzer auch über eine volle Batterie von 16 15,2-cm-Geschützen. Seine auf eine Geschwindigkeit von 27,5 Knoten ausgelegten Kessel- und Maschinenanlagen waren in der Mitte des Schiffes angeordnet, wo die 3 Schornsteine, insbesondere nach der Erhöhung des vorderen, mit ihren Abgasen die Schiffsführung und Artillerieleitung nicht so stark behinderten. Die Schutzeinrichtungen des Schiffes und die Panzerung waren durchweg stärker und günstiger angeordnet als bei der *Lion*. Nach diesem einen neuen Maßstab im Schlachtkreuzerbau setzenden Schiff wurde auch das 4. Schiff der *Lion*-Klasse, die *Tiger*, umkonstruiert und von 1912–14 gebaut. Sie wurde der erste britische Schlachtkreuzer mit einer echten Mittelartillerie.

In Deutschland ging man um 1911 im Schlachtkreuzerbau hinsichtlich der Artillerieaufstellung ähnliche Wege. Die 30,5-cm-Zwillingstürme der *Derfflinger* waren ebenso wie bei der *Kongo* angeordnet, während die 12 15-cm-Mittelartillerie-Geschütze im Aufbaudeck untergebracht waren, so daß auch sie bei schwererem Seegang einsatzbereit blieben. Der Hauptvorteil der deutschen Schiffe im Vergleich zu ihren britischen oder japanischen Gegenstücken war jedoch die fast an die Stärke der Schlachtschiffe herankommende Panzerung und die geschickte Unterteilung des Schiffes, die ihnen eine ihre Konkurrenten weit übertreffende Standkraft verlieh, wie die Skagerrak-Schlacht zeigen sollte.

Die 1912 begonnenen 4 russischen Schlachtkreuzer der *Borodino*-Klasse waren dagegen Schlachtkreuzerausgaben der Schlachtschiffe, bei denen man die Geschwindigkeit auf 25 Knoten und das Kaliber der 4 Drillingstürme auf 35,6 cm steigerte, so daß man Schiffe von 32 500 Tonnen und 222 m Länge bekam.

In dieser Zeit kam es auch in Frankreich zur Projektierung von Schlachtkreuzern von rund 28000 t mit 34-cm-Vierlingstürmen und 26–28 Kn., die aber nicht zur Ausführung kamen.

Der Weg zum Schnellen Großkampfschiff

Das Jahr 1912 sollte mit der britischen *Queen-Elizabeth*-Klasse einen neuen Abschnitt im Schlachtschiffbau einleiten. Die britischen Konstrukteure standen vor einem schwierigen Problem. Fast alle Marinen waren dem Übergang auf das schwerere Kaliber von 34,3 cm gefolgt und hatten es teilweise mit den 35,6-cm-Geschützen übertroffen. Auch bei der am 30,5-cm-Geschütz festhaltenden Kaiserlichen Marine war es nur eine Frage der Zeit, wann ein schwereres Geschütz auftreten würde. Tatsächlich entwickelte die Firma Krupp, was in England noch nicht bekannt war, in dieser Zeit ein 38-cm-Geschütz. Nur durch den Übergang auf dieses Kaliber von 38 cm glaubte man auch in England zu Schiffen kommen zu können, welche die entsprechenden Einheiten der fremden Marinen wieder übertrumpfen könnten. Man dachte zunächst an eine vergrößerte Ausgabe der *Iron Duke* mit 5 38-cm-Zwillingstürmen. Die Berechnung und Erprobung der in Auftrag gegebenen Geschütze ergab jedoch, daß schon 8 Rohre dieses Kalibers ein Breitseitgewicht von 7080 kg gegenüber 5670 kg bei 10 34,3-cm- bzw. 6350 kg bei 10 35,6-cm-Geschützen ergeben würden. Der Verzicht auf einen mittleren Turm würde jedoch erheblichen Raum für die Unterbringung zusätzlicher Kessel- und Maschinenräume und die Erzielung einer wesentlich höheren Geschwindigkeit erbringen. Wie die Prüfung ergab, war bei einer Steigerung der Antriebsleistung auf 75 000 PS eine Geschwindigkeit von etwa 25 Knoten möglich, ohne daß man auf einen für ein Schlachtschiff dieser Art notwendigen Panzerschutz verzichten mußte. Die Front begrüßte eine solche Division schneller Schlachtschiffe außerordentlich, so daß man sich entschloß, alle 4 Schiffe des Programmes von 1912 nach diesem Typ *Queen Elizabeth* zu bauen und auf Schlachtkreuzer-Bauten zu verzichten. Ein 5. Schiff der Klasse wurde als Geschenk der Kolonie Malaya hinzugefügt. Diese Schiffe sollten sich als die in der Konstruktion gelungensten, in die Zukunft weisenden Großkampfschiffe der Zeit vor dem ersten Weltkrieg herausstellen und haben auch noch während des zweiten Weltkrieges in der Royal Navy hervorragende Dienste geleistet. Die Unsicherheit der überseeischen Ölversorgung ließ die britische Admiralität für die Schlachtschiffe des Jahres 1913 wieder Kohlefeuerung vorsehen, so daß man gezwungen war, die Geschwindigkeit auf die der übrigen Schlachtschiffdivisionen von 21 Knoten zu reduzieren. Im übrigen wurden die Schiffe der *Royal-Sovereign*-Klasse jedoch nach dem Vorbild der *Queen Elizabeth*-Klasse ausgelegt, wobei man einen Mangel dieser Schiffe und der vorhergehenden *Iron Duke* – die Behinderung der Mittelartillerie durch überkommende Seen und die Bugwelle – dadurch behob, daß man die Batterie weiter nach achtern versetzte, so daß sie auch bei grober See nicht mehr von der Bugwelle erreicht werden konnte. Nach Kriegsbeginn wurden die Pläne dieser Schiffe auf Betreiben des wieder in das Amt des Ersten Seelords berufenen Lord Fisher auf Ölfeuerung umgestellt, was einen Geschwindigkeitsgewinn von 2 Knoten brachte.

Mit den gleichfalls 1913 begonnenen Schlachtschiffen der *Baden*-Klasse erreichte der deutsche Großkampfschiffbau, der unter Geheimrat Bürkner in einer konsequenten Entwicklungslinie vorangetrieben worden war, seinen Höhepunkt. Das besondere Gewicht lag bei den deutschen Schiffen unter einer gewissen Hintanstellung der Offensivkraft auf einer optimalen Standfestigkeit und einem besonders ausgebildeten Unterwasser- und Panzerschutz, der während des ersten Weltkrieges bei zahlreichen schweren Beschädigungen der Schiffe die Bewährungsprobe bestand. Mit der *Baden* ging Deutschland gleichfalls zum 38-cm-Kaliber über und übernahm die überhöhte Endaufstellung in 4 Zwillingstürmen.

Da man in Frankreich noch kein schwereres Geschütz entwickelt hatte, und hinsichtlich des 38-cm-Kalibers noch Ungewißheit über die tatsächliche Leistungsmöglichkeit zu bestehen schien, entschloß man sich dort, die 4 Schiffe des Jahres 1913 mit dem Einbau von 3 Vierlingstürmen 34 cm mit einer überlegenen Schlagkraft auszustatten. Eine starke Mittelartillerie von 24 14-cm-Kanonen vervollständigte die Bewaffnung, während man bei der Geschwindigkeit von 21 Knoten blieb. Diese Schiffe der *Normandie*-Klasse, zu denen im Jahre 1914 ein 5. Schiff hinzutrat, wurden zwar noch begonnen, kamen während des ersten Weltkrieges jedoch nicht mehr in Dienst. Nur das letzte, die *Béarn*, wurde nach dem Kriege als Flugzeugträger fertiggestellt.

Während man 1914 bei den großen Seemächten England, Deutschland, USA und Frankreich mit dem Bau von bereits aus den Vorjahren stammenden Schiffstypen fortzufahren beabsichtigte, die bei der amerikanischen *New Mexico* nur geringfügig verbessert waren, und nur der deutsche Schlachtkreuzerentwurf *Mackensen* von 1914 mit dem Übergang auf ein Kaliber von 35 cm eine verstärkte und vergrößerte Ausgabe der *Derfflinger*-Klasse darstellte, übertraf die vom italienischen Konstrukteur Edgaro Ferrati entworfene *Caracciolo*-Klasse die bisherigen Entwürfe und stellte einen weiteren Schritt auf dem Wege zur Vereinigung des Schlachtschiffes mit dem Schlachtkreuzer dar. Bei einer Verdrängung von 34000 Tonnen, einer Länge von 212 m sollten diese Schiffe mit 105000 PS Maschinenleistung 28 Knoten erreichen und eine Bewaffnung von 8 38,1-cm-Geschützen und 12 15,2-cm-Kanonen tragen. Auch die Artillerieaufstellung wies manche Vorzüge auf, da die schweren Türme überhöht, jedoch in erheblichem Abstand voneinander in der Mittschiffslinie aufgestellt waren, so daß auch unglückliche Treffer nicht eine ganze Turmgruppe auf einmal ausschalten konnten. Die Mittelartillerie war nach den wenig günstigen Erfahrungen auf der *Caio-Duilio*-Klasse, bei der die Geschütze im Seegang kaum brauchbar waren, in dem Oberdecksaufbau in Kasematten untergebracht, so daß sie durch Seegang nicht behindert werden konnten. Die Geschwindigkeit mußte naturgemäß durch einen gewissen Verzicht auf Panzerschutz erkauft werden, wobei man allerdings bestrebt war, die Artillerie und die Leitstände maximal zu panzern. Doch wurden auch diese 4 Schiffe infolge des Krieges nicht mehr fertig, ebenso wie die 1914 vorgesehenen Bauprojekte Österreich-Ungarns, vier Schiffe von 24500 Tonnen mit 10 35,5-cm-Geschützen, Brasiliens *Riachuelo* (30000 Tonnen, 8 38,1-cm-Geschütze), Griechenlands *Vasilefs Konstantinos* (verbesserter Typ *Bretagne*) in Frankreich und für die Türkei *Sultan Mahmed Fatikh*.

Der Leichte Kreuzer

Während die Marinen zunehmend das Gewicht auf den Schlachtschiff- und Schlachtkreuzerbau verlegten, lief der Bau der durch ein Panzerdeck geschützten Kreuzer in den ersten Jahren des 20. Jahrhunderts bei fast allen Marinen aus. In England verzichtete man nach der *Challenger* ab 1900 auf den Bau Mittlerer Geschützter Kreuzer von annähernd 6000 Tonnen und 2 Jahre später mit den 4 Schiffen der *Topaze*-Klasse von 3050 t auf weitere Geschützte Kreuzer. In Japan wurden von 1900–1903 3 Schiffe der *Niitaka*-Klasse von etwas über 3000 Tonnen gebaut, und das durch den russisch-japanischen Krieg in der Fertigstellung verzögerte 4200 Tonnen große Schiff *Tone* schloß sich 1907 an. Im gleichen Jahr kamen auch 2 sehr kleine, eigentlich als Kanonenboote zu bezeichnende Schiffe der *Yodo*-Klasse von Stapel. Ansonsten ließ die Türkei 1901 in England und den USA je ein etwa 3800 t großes Schiff, *Hamidije*, und *Medjidije*, in Bau geben, denen sogar noch 1911 ein 3. ähnliches Schiff auf italienischen Werften folgte, das jedoch infolge des italienisch-türkischen Krieges beschlagnahmt und als *Libia* in die italienische Marine übernommen wurde. Einen interessanten Entwurf stellte der schwedische Kreuzer *Fylgia* von 1903 dar, der bei 4800 Tonnen Größe über einen leichten Wasserlinienpanzerschutz zusätzlich zum Panzerdeck verfügte und dessen Artillerie in 4 15-cm-Zwillingstürmen vorn, achtern und an beiden Seiten aufgestellt war.

Nur in Deutschland läßt sich eine kontinuierliche Entwicklungslinie Kleiner Geschützter Kreuzer feststellen, die von der *Gazelle* mit ihren 2600 t und fast 20 Knoten Geschwindigkeit bei einer Bewaffnung von 10 10,5-cm-Kanonen, nach mehreren Verbesserungen bei den 10 Schiffen dieses Typs schließlich zur *Bremen*-Klasse von 3800 Tonnen und 22 Knoten (1902) zur *Stuttgart*-Klasse von 4000 t und 23 Knoten von 1905 und *Emden*-Klasse von 4280 t und 24 Knoten vom Jahr 1906 führte, ohne daß die Bewaffnung der Schiffe verändert wurde. Auch die folgenden deutschen Kreuzer schlossen sich an diese konsequente Entwicklungsreihe an.

Inzwischen war jedoch ein neuer Schiffstyp entstanden, der mit dem Kleinen Kreuzer schließlich zum Leichten Kreuzer des ersten Weltkrieges und der Folgezeit verschmelzen sollte. Bereits 1898 hatte die russische Marine bei der Schichau-Werft in Elbing einen schnellen Kleinen Kreuzer *Novik* von 3000 Tonnen in Bau gegeben, der bei einer Geschwindigkeit von mehr als 25 Knoten nur 6 12-cm-Kanonen und eine starke Torpedobewaffnung trug und vor allem für Aufklärungszwecke vorgesehen war. Ihm folgten 1902 noch 2 auf russischen Werften gebaute Schiffe dieses Typs. Waren bei diesem Schiff noch gewisse Anklänge an den bisherigen Kleinen Kreuzer zu erkennen, so ging die Royal Navy mit ihren von 1902–1904 in Auftrag gegebenen 8 »Scouts« konsequent den Weg zum reinen Aufklärer, der bei einer Größe von 2750 – 3000 Tonnen mehr als 25 Knoten lief und eine relativ leichte Bewaffnung von 9 10,2-cm-Kanonen trug. 4 Werften erhielten den Auftrag, je 2 Schiffe dieser Art, die *Forward-*, *Patrol-*, *Sentinel-* und *Adventure*-Klassen, die sich in ihrem Aussehen und auch in ihren Eigenschaften teilweise etwas unterschieden, zu bauen. Dieser Typ setzte sich über die *Boadicea* von 1907 und über die *Amphion* von 1910 zur *Aurora* von 1912 und den aus ihr abgeleiteten ersten Vertretern der C-Klasse, der *Calliope* von 1913 und der *Constance* von 1914, fort, wobei die Größe auf 3800 t und die Geschwindigkeit auf 27–28 Knoten stieg. Die Bewaffnung wurde zunächst ab 1912 aus 2 15-cm- und 6 10,2-cm-Geschützen gemischt, ehe man dann ab 1914 zum 15-cm-Kaliber überging. Die Kriegsbauten der C- und D-Klasse waren Fortsetzungen dieses Typs.

Daneben leitete man in England aus diesen Scout-Kreuzern die Kreuzer der Städte-Klasse ab. Der erste Typ, die *Bristol* von 1908, hatte bei 4900 t Größe eine Geschwindigkeit von 25 Knoten und eine Bewaffnung von 2 15-cm- und 10 10,2-cm-Kanonen. Bei der folgenden *Dartmouth* und der australischen *Sydney* von 1909, deren Größe bereits auf 5300 und 5700 Tonnen stieg, ging man einheitlich zum 15-cm-Kaliber über und stellte 8 Geschütze auf, ebenso wie auch bei der *Chatham*-Klasse von 1910, während die letzte Gruppe dieses Typs, die *Birmingham*, mit einer zusätzlichen 15,2-cm-Kanone bewaffnet wurde. Nach der Fertigstellung von 18 dieser Städtekreuzer wurde ihr Bau jedoch zugunsten der Aufklärer eingestellt, von denen man bis 1911 7 weitere gebaut hatte, während 1912 und 1913 je 8 Schiffe, 1914 4 weitere in Bau gegeben wurden. Nach dem britischen Vorbild gaben 1905 Peru 2 Kreuzer der *Coronel-Bolognesi-*, 1907 Brasilien 2 Schiffe der *Bahia-* und 1910 China 3 Schiffe der *Chao-Ho*-Klasse vom Typ der Aufklärer und Griechenland 1914 2 Städtekreuzer in Bau, die allerdings nach Kriegsbeginn als *Chester*-Klasse von der Royal Navy übernommen wurden, während Griechenland dafür einen in den USA für China in Bau befindlichen Aufklärungskreuzer *Helli* erhielt.

Ein wesentliches Merkmal dieses Überganges zum Leichten Kreuzer war der mit den beiden deutschen und britischen Kreuzern *Lübeck* und *Amethyst* von 1903 eingeleitete Übergang zum Turbinenantrieb. Im weiteren Verlauf läßt sich eine ähnlich kontinuierliche Entwicklungsreihe nur in Deutschland feststellen. Nach der *Emden* folgten die aus ihr entwickelten 4 Schiffe der *Kolberg*-Klasse von 1908, die

6 Schiffe der *Magdeburg*- und *Karlsruhe*-Klassen von 1910/11, die einzigen deutschen Leichten Kreuzer mit 4 Schornsteinen, sowie die ab 1912 mit regelmäßigen Verbesserungen im Zweiertempo in Bau gegebenen Typen *Graudenz, Wiesbaden* und *Königsberg,* deren Größe sich schließlich auf 5440 Tonnen und 27,5 Knoten Geschwindigkeit steigerte. Bei der Artillerie blieb man jedoch zunächst bei 12 10,5-cm-Kanonen, die erst im Kriege teilweise durch 15-cm-Kanonen ersetzt wurden. Auch die während des Krieges in Bau gegebenen 12 weiteren Kreuzer schlossen sich an diese Typen an.

Im Rahmen des russischen Bauprogramms von 1912 wurden bei der Schichau-Werft 2 Kreuzer nach dem verbesserten Vorbild der *Kolberg* in Bau gegeben, die jedoch nach Kriegsbeginn von Deutschland beschlagnahmt wurden und als *Elbing*-Klasse in Dienst kamen. Ihre Eigenschaften entsprachen etwa denen der deutschen Kreuzer, jedoch hatten sie keinen leichten Wasserlinienpanzer, sondern nur ein Panzerdeck.

Die übrigen Marinen folgten dem britisch-deutschen Beispiel nur zögernd und mit erheblichen Unterbrechungen. Die Vereinigten Staaten gaben 1904 3 Kreuzer der *Birmingham*-Klasse in Bau, die bei 4760 Tonnen 25 Knoten liefen, jedoch sehr leicht bewaffnet waren. Ähnliche Abmessungen, jedoch eine etwas höhere Geschwindigkeit und eine wesentlich stärkere Bewaffnung, die den britischen Kreuzern der Städte-Klasse entsprach, wiesen die 3 japanischen Kreuzer der *Chikuma*-Klasse auf, die 1907 entworfen wurden, deren Fertigstellung sich aber wegen finanzieller Schwierigkeiten erheblich hinauszögerte. Österreich-Ungarn legte 1907 einen leichten Späh-Kreuzer, *Admiral Spaun,* auf Stapel, der bei 3500 Tonnen 27 Knoten lief und eine leichte Bewaffnung von 7 10-cm-Kanonen hatte. Bei den 1910 in Bau gegebenen verbesserten 3 Schiffen der *Helgoland*-Klasse wurde die Bewaffnung auf 9 Geschütze vom gleichen Kaliber verstärkt.

Italien begann im Jahre 1909 mit der *Quarto* einen ersten Leichten Kreuzer von 3300 Tonnen und 28 Knoten Geschwindigkeit zu bauen, der 2 Jahre später die beiden Schiffe der *Nino Bixio*-Klasse folgten. China gab in Triest 1913 3 Leichte Kreuzer in Auftrag, die bei 10 10-cm-Geschützen 32 Knoten erreichen sollten. Die Aufträge kamen jedoch nicht über ein erstes Baustadium hinaus. Demgegenüber wies das russische Bauprogramm von 1911 für die Ostsee 4 und für das Schwarze Meer 2 Kreuzer der *Svetlana*-Klasse auf, die die bisher gebauten Leichten Kreuzer in jeder Hinsicht übertreffen sollten. Bei einer Größe von 7200 tons sollten sie eine Geschwindigkeit von 32 Knoten erreichen und neben einer überlegenen Artillerie von 16 15,2-cm-Kanonen auch eine starke Torpedobewaffnung tragen. Frankreich entschloß sich erst im Jahr 1914, den lange vernachlässigten Bau von Kreuzern wieder aufzunehmen und 6 Schiffe der *Lamotte-Piquet*-Klasse von 6500 Tonnen und 28 Knoten bei 10 14-cm-Kanonen in Auftrag zu geben. Doch mußten die Aufträge nach Kriegsbeginn annulliert werden.

In den Jahren vor dem ersten Weltkrieg hatte sich für die Leichten Kreuzer eine Größe zwischen 4- und 6000 Tonnen und eine Geschwindigkeit bis und über 28 Knoten sowie eine Bewaffnung von 8–12 mittleren Geschützen durchgesetzt. Darüber hinaus wiesen die Schiffe durchweg neben einem Deckpanzer von 20–70 cm Stärke einen Panzerschutz in der Wasserlinie zwischen 50 und 100 mm auf. Um die geforderte Geschwindigkeit zu erreichen, waren die Leistungen der durchgehend eingeführten Turbinen bei den deutschen Schiffen auf 31 000 PS, bei den britischen Aufklärungskreuzern auf 40 000 PS, bei den russischen Kreuzern sogar auf 50 000 PS gesteigert worden.

Die Torpedobootzerstörer

Während die meisten Marinen noch bis zur Mitte des ersten Jahrzehnts des 20. Jahrhunderts mit dem Bau von Hochseetorpedobooten von 90–150 t fortfuhren und vor allem auch die kleineren Marinen Serien solcher Fahrzeuge bauen ließen, wurden die Torpedobootflottillen der großen Mächte durch die Entwicklung des Torpedobootzerstörers weitgehend entwertet. Nachdem England im Jahre 1893 mit dem Bau der ersten 20 Zerstörer begonnen hatte, waren bis zum Jahre 1900 bereits insgesamt 66 Fahrzeuge der *A-, B-, C-* und *D*-Klassen gebaut worden, die bei 220–440 Tonnen Größe Geschwindigkeiten zwischen 27 und 30 Knoten erreichten. Sie waren meist mit 3 – 6 leichten Schnellfeuergeschützen und 2 Einzeltorpedorohren bewaffnet. Zum Bau dieser Fahrzeuge wurden neben den bekannten Werften Yarrow und Thornycroft in zunehmendem Maße auch alle anderen geeigneten britischen Bootswerften herangezogen. In England waren bereits 1896/97 3 Spezialversuchsboote für Geschwindigkeiten über 30 Knoten und 1898 die beiden ersten Turbinenzerstörer *Viper* und *Cobra* gebaut worden, die bei 344 t Größe bereits Geschwindigkeiten bis zu 36 Knoten erreichen konnten.

Auch die anderen Marinen folgten der britischen auf diesem Wege, wobei sie sich zunächst sehr stark an die englischen Konstruktionen anlehnten. So gab Rußland 1895 bei der Werft Yarrow einen ersten Torpedobootzerstörer *Sokol* in Auftrag, der bei 220 t eine Geschwindigkeit von 27 Knoten erreichte und 2 Torpedorohre trug. Er entsprach damit den beiden ersten britischen Zerstörern *Havock* und *Hornet.* Nach diesem Vorbild wurden auf russischen Werften von 1898 –1903 25 und von 1904 –1907 nochmals 5 etwas vergrößerte Boote gebaut. 1896 lieferte Yarrow an Argentinien 4 *Entre Rios* und 1901 an Chile 2 Boote.

Inzwischen waren jedoch die Maschinenleistungen von 3800–000 PS auf etwa 6000 PS gesteigert worden, um Geschwindigkeiten von 30 Knoten und mehr erreichen zu können. Von dem vergrößerten Yarrow-Typ gab Japan 1897 6 Boote *Ikazuchi* und 1901 2 weitere *Akatsuki* in

Bau. Es folgte 1902 Schweden mit einem Boot *Mode.* 1902 und 1905 ließ Rußland nach diesen Plänen für das Schwarze Meer 9 (*Zavidnyj*) und für die Ostsee 8 (*Storoževoj*) Boote bauen, von denen die ersteren ausnahmsweise bereits 3 Torpedorohre besaßen. Es folgte 1904 das Musterboot *Huszar* für Österreich-Ungarn, nach dem 11 weitere Boote in Österreich nachgebaut wurden, und 1906 nochmals 4 Boote für Griechenland (*Thyella*).

Die zweite britische Werft, Thornycroft, hatte mit ihrem Typ vor allem in Japan Erfolg. Nachdem 1897 zunächst 6 Boote des kleineren 27-Knoten-Typs *Murakumo* bestellt worden waren, ließ man 1901 2 Boote des auf 342 t vergrößerten Typs mit einer Maschinenleistung von 7000 PS und 31 Knoten Geschwindigkeit bauen (*Shirakumo*) und gab im folgenden Jahr in japanischen Werften 7 Nachbauten in Auftrag, denen während des russisch-japanischen Krieges 32 weitere folgten, deren letzte bis 1909 fertig wurden. Italien, das bereits 1897 nach eigenen Entwürfen einen einzelnen Versuchs-Zerstörer *Fulmine* auf der Werft Odero hatte bauen lassen, der als erster Zerstörer überhaupt 3 Torpedorohre besaß, ging danach auch zunächst zum Nachbau über und ließ ab 1899 6 Thornycroft-Boote (*Nembo*) in Italien bauen, denen die nach italienischen Plänen ab 1905 gebauten 11 Einheiten der *Bersagliere*-Klasse sehr stark nachempfunden waren. Auch Schweden ließ nach einem Musterboot, *Magne,* von 1905 an auf eigenen Werften 6 Boote nachbauen.

Die dritte britische Werft, Laird, konnte von ihrem 300-t-30-kn-Typ 1896 4 Boote nach Chile (*Capitán Orella*) verkaufen sowie ein größeres Musterboot (*Terror*) an Spanien, das dreimal nachgebaut wurde, während das 1899 gelieferte russische *Som* 13 Lizenzbauten nach sich zog.

Frankreich begann 1896 sein umfangreiches Programm an Hochsee-Torpedobooten durch die ersten »Contre-torpilleurs« von 300 t zu ergänzen. Sie waren von der französischen Torpedoboot-Werft Normand in Le Havre entworfen, von deren Prototyp *Durandal* und einer etwas verbesserten Version, *Framée,* verschiedene französische Werften bis 1899 zunächst 12 Boote bauten. Vom gleichen Typ wurden für Rußland 5 Boote (*Forel*) in Frankreich gebaut. 1900/01 folgten je 10 etwa gleich große Boote (*Arquebuse*), bei denen man die Maschinenleistung jedoch von 4800 auf 6300 PS und die Geschwindigkeit von 26 auf 28 Knoten gesteigert hatte. Dieser Typ wurde das Vorbild für 4 in Frankreich gebaute Boote für die Türkei (*Taschos*). 1903–1905 kamen nochmals 13 bzw. 10 Boote der *Claymore-* und *Branlebas*-Klasse von französischen Werften zur Ablieferung, von denen die russische Marine in Frankreich nach dem russisch-japanischen Krieg 11 Boote in Frankreich nachbauen ließ (*Letučij*).

Die Kaiserliche Marine, die bereits in den 80er Jahren mit ihren »Divisionsbooten« Vorläufer der Entwicklung zum Torpedoboot-Zerstörer geliefert hatte, gab 1898 ihre ersten »Großen Torpedoboote« bei der Schichau-Werft in Elbing in Bau (*S 90–101*). Bei 310 t hatten diese Boote bereits 3 Torpedorohre und erreichten mit 5900 PS 26,5 Knoten. Nach diesem Vorbild gaben 1898 Rußland zunächst 4 Boote (*Kit*), China gleichfalls 4 Boote (*Hai-Lung*) sowie Italien 6 Boote (*Lampo*) in Auftrag. Dieser Typ wurde von der Schichau-Werft in den folgenden Jahren kontinuierlich weiterentwickelt, und seine Größe stieg bis 1904 (*S 126–131*) auf 371 t an. Die Boote waren zuletzt mit Dreifach-Expansionsmaschinen von 6400 PS ausgerüstet und erreichten eine Geschwindigkeit von 28 Knoten. Dieser Typ wurde von 1902 bis 1906 auch nochmals in 10 Exemplaren für Rußland gebaut (*Bditel'nyj.*). 1903 gab man erstmalig mit *S 125* auch ein mit Parsons-Turbinen ausgerüstetes Boot in Bau, das sich als Versuchsboot bewährte, jedoch noch keine besonders hohen Geschwindigkeiten erreichte. Ab 1900 hatte sich auch die Germania-Werft in Kiel am Bau dieser Torpedoboote beteiligt, und 1906/07 ließ Griechenland bei der Vulkan-Werft in Stettin 4 Torpedoboote dieses deutschen Typs (*Niki*) bauen.

Die Vereinigten Staaten begannen gleichfalls 1898 mit dem Bau von Torpedoboot-Zerstörern, indem sie auf verschiedenen Werften nach etwas voneinander abweichenden eigenen Konstruktionsplänen 16 Fahrzeuge der *Bainbridge*-Klasse von 400–433 t in Bau gaben, die bei 28 Knoten Geschwindigkeit trotz ihrer Größe auch nur 2 Torpedorohre besaßen.

Ebenso wie der Bau von Hochsee-Torpedobooten und auch kleinen Torpedobooten bei einzelnen Großmächten, so England, fortgesetzt oder später erneut aufgenommen wurde (Österreich-Ungarn, Italien, Deutschland), ließen auch kleine Marinen verschiedentlich Serien solcher Boote bauen. Daneben nahm der Bau einzelner Serien von Torpedobootzerstörern in der Größe zwischen 300–400 t für einzelne Marinen, so Norwegen, die Niederlande, Dänemark und China, von 1908 bis 1913 seinen Fortgang.

Inzwischen war man jedoch in England zu einem den Torpedobootzerstörern dieser Größe überlegenen Typ übergegangen, indem man schon 1901 die ersten 10 Boote der *E-* oder *River*-Klasse mit 540–550 t in Bau gegeben hatte, die vor allem über wesentlich bessere Seeigenschaften verfügten, während ihre Bewaffnung und ihre Maschinenleistung über das bisherige Maß noch nicht gesteigert war. In den folgenden Jahren wurden nochmals 8 bzw. 18 Boote in Bau gegeben, dazu das Turbinen-Versuchsboot *Velox.* Außer bei einem bereits 1901 in Bau gegebenen Schwesterboot *Tejo* für Portugal fand dieser britische Schritt mehrere Jahre lang noch keine Nachahmung, während andererseits England selbst die Größe seiner Zerstörer nach dem Amtsantritt von Admiral John Fisher als Erstem See-Lord noch weiter steigerte.

1904/05 wurden die ersten 5 Zerstörer der *Tribal* (F-Klasse) in Bau gegeben, die bei 850 t Größe und Turbinenantrieb 33 Knoten erreichten und 5 7,6-cm-Kanonen und 2 Torpedorohre besaßen. Die in den beiden nächsten Jahren folgenden 7 weiteren Boote dieser Klasse steigerten die Größe auf fast 1000 t und wurden erstmalig mit 2 10,2-cm-Kanonen bewaffnet. 1904 wurde der Flottillenführer *Swift* in Bau gegeben, ein Fahrzeug, das aus dem bisherigen Rahmen völlig herausfiel, hatte es doch eine Größe von 2170 t und war bei einer durch Turbinen erzielten Geschwindigkeit von 36 Knoten mit einer 15,2-cm- und 2 10,2-cm-Kanonen, aber auch nur 2 Torpedorohren bewaffnet.

Als erste Marine folgte 1904/05 die russische Marine der Größensteigerung. Neben je 4 nach Plänen der Germania- bzw. Schichau-Werft gebauten 570-t-Booten *Gajdamak* und *Dobrovolec* sowie 8 nach eigenen Entwürfen in Reval gebauten Booten (*Amurec*) folgten 1905/06 nochmals je 4 aus dem Germania-Typ weiterentwickelte Boote für die Ostsee und das Schwarze Meer (*General Kondratenko*). Wenngleich man bei diesen Booten auch zu einer stärkeren Artilleriebewaffnung mit 2 10-cm-Kanonen überging, so blieb doch die Geschwindigkeit bei gleichbleibender Maschinenleistung von 6000 bis 7000 PS mit 25 Knoten zu niedrig.

Demgegenüber legte die deutsche Marine mit ihren ab 1906 kontinuierlich weitergeführten jährlichen Zwölfer-Serien unter Verzicht auf eine Verstärkung der Bewaffnung Wert auf eine gesteigerte Geschwindigkeit. Von den ersten Booten, *S 138 – S 149* von 1906 mit 533 t, 11 000 PS und 30 Knoten, steigerte sich die Größe der Boote bis 1910 auf 660 t mit 18 000 PS und 32 Knoten Geschwindigkeit. Am Bau dieser Boote waren in gleicher Weise die Schichau-, Germania- und die Vulkan-Werften beteiligt, und sowohl die Germania- als auch die Vulkan-Werft lieferten 4 bzw. 2 Boote an die Türkei und Griechenland. Nach dem Fehlschlag mit dem 1911/12 gebauten kleineren Typ *V 1* bis *S 24*, der wegen seiner schlechteren Seeeigenschaften nach dem Inspekteur des Torpedowesens, Admiral Lans, »Lans-Krüppel« genannt wurde, ging man in Deutschland ab 1913 mit *V 25* wieder zu einem größeren, kampfkräftigeren und seefähigeren Typ über, dessen Größe von 800 t bis in den Krieg hinein auf fast 1000 t wuchs und der bei einer Maschinenleistung von rund 24 000 PS 3 8,8-cm-Kanonen und 6 Torpedorohre, davon 2 in Doppelrohren, trug.

Frankreich, das 1906/07 nochmals 13 kleinere Boote der *Spahi*-Klasse von gut 400 t baute, zögerte bis 1908/09, ehe es mit der *Bouclier*-Klasse auf eine Größe von 800 t überging, ein Typ, der bis zum Beginn des Krieges weitergebaut wurde und mit einer Geschwindigkeit von 30 – 31 Knoten und 2 10-cm- und 4 6,5-cm-Kanonen sowie 2 Doppeltorpedorohren recht kampfkräftig war.

Auch Italien und Japan ließen ab 1910 Zerstörer in dieser Größenordnung bauen (*Indomito, Sakura)*, die in verbesserten Versionen bis in den ersten Weltkrieg hinein auf Stapel gelegt wurden. Österreich-Ungarn, das lange an den kleineren Torpedobooten festhielt, begann erstmals 1911 mit dem Bau von größeren Zerstörern der *Tatra*-Klasse von 870 t.

Doch außer England und Deutschland waren es nur die Vereinigten Staaten, die von 1906 ab mit regelmäßigen Serien von Torpedobootzerstörern eine kontinuierliche Entwicklung betrieben, die von der *Smith*-Klasse mit 915 t auf 1050 t bei der *Aylwin* 1911 und 1200 t bei der *Conyngham* von 1913 anstiegen, einem Typ, der einen geraden Vorläufer der während des ersten Weltkrieges in großer Zahl gebauten »Flush Deck«-Zerstörer bildete.

Auch England ging nach seiner *Tribal*- und der 1908 folgenden *Beagle (G)*-Klasse 1909 mit der *Acorn (H)*-Klasse und der folgenden *I*-Klasse zunächst wieder auf einen etwas kleineren Typ zurück, ehe 1911 mit der *K*- und 1912 mit der *L*-Klasse der Typ erreicht wurde, der dann während des ersten Weltkrieges mit den Großserien der *M*-Klasse das Rückgrat der britischen Zerstörer-Flottillen bilden sollte. Diese Schiffe hatten eine Größe zwischen 900 und 1000 t und erreichten bei schließlich 21 000 PS 31 bis 33 Knoten. Sie waren mit 3 10,2-cm-Kanonen stark bewaffnet und hatten 2 Torpedodoppelrohre.

Eine diese Serien-Zerstörer übertreffende Entwicklung sollte von Südamerika und Rußland ausgehen. Nachdem Brasilien 1907 10 Zerstörer nach Plänen der Yarrow-Werft bauen ließ, wollte Argentinien diese 650 t großen Schiffe durch 12 Zerstörer von rund 1000 t übertreffen, von denen je 4 Boote in England, Deutschland und Frankreich gebaut werden sollten.

Von diesen Booten erfüllten jedoch nur die in Deutschland gebauten Serien (*Catamarca* und *Cordoba*) die gestellten Bedingungen und wurden abgenommen, während die in England gebaute Serie *Santa Luis* an Griechenland (*Aetos*) verkauft und die nach manchen Verzögerungen bei Kriegsbeginn fertig gewordene Serie *Mendoza* in die französische Marine (*Aventurier*) übernommen wurde. Zum Ersatz wurden in Kiel bei der Germania-Werft vier weitere Boote in Auftrag gegeben, die jedoch nach dem Kriegsausbruch von Deutschland beschlagnahmt wurden. Chile suchte diese argentinischen Bauten durch sechs 1911/12 in England bei White in Bau gegebene 1610 t große Zerstörer (*Almirante Lynch*) zu übertrumpfen, doch wurden auch von diesen nur die beiden ersten fertig, während die restlichen vier nach Kriegsausbruch in die Royal Navy als Flottillenführer (*Faulknor*) übernommen wurden. Aus diesem Typ entwickelte die Royal Navy einen eigenen Flottillenführer (*Lightfoot)*, der ab 1913 in steter Folge gebaut wurde, um als Führerschiff für die stark angewachsenen Zerstörerflottillen zu dienen, deren Geschwindigkeit von 36 kn die bisher als Führerschiffe verwendeten Leichten Kreuzer nicht mithalten konnten.

Als Flottillenführer waren auch die ab 1909 in Japan gebauten zwei Zerstörer der *Umikaze*-Klasse von 1170 t gedacht, doch ging man in Japan schließlich den Weg, für die Aufgabe als Flottillenführer spezielle größere Leichte Kreuzer mit besonders hoher Geschwindigkeit zu bauen. Der am besten gelungene Typ aus dieser Zeit war zweifellos der

1910 nach Plänen der deutschen Vulkan-Werft in St. Petersburg für die russische Marine gebaute große Zerstörer *Novik* von 1280 t, der mit einer Maschinenleistung von 36500 PS 37 kn erreichte und mit 4 10-cm-Geschützen und drei Doppeltorpedorohren auch stärker bewaffnet war als alle bisherigen Zerstörer. Nach seinem etwas abgewandelten Vorbild gab man 1911 für das Schwarze Meer neun Zerstörer der *Gnevnyj*-Klasse in Bau, denen 1912 für die Ostsee sogar 36 verbesserte Einheiten (*Avtrojl*) und für das Schwarze Meer 1914 nochmals acht Boote folgen sollten. Mit dieser Zerstörerflotte, von der jedoch nur noch ein Teil während des ersten Weltkrieges fertig wurde, hätte sich Rußland ein sehr schlagkräftiges Instrument geschaffen, das kein entsprechendes Gegenstück in Deutschland besaß. Doch war die russische Industrie allein nicht in der Lage, diese Schiffe fertigzustellen, und mußte dabei auf technische Hilfe Deutschlands, insbesondere für den Bau der Kessel- und Turbinenanlagen, zurückgreifen. Als die teilweise in Deutschland bei Kriegsbeginn fertiggestellten Maschinenanlagen nicht mehr geliefert werden konnten, ließ die kaiserliche Marine nach den vorliegenden russischen Plänen eine Serie gleichartiger Zerstörer bauen (*B 97*).

Eine etwas andere Aufgabenstellung hatten die ab 1912 in Italien in Bau gegebenen über 1000 t großen »Aufklärer« der *Poerio*-Klasse, denen in dem darauffolgenden Jahr drei auf 1570 t angewachsene Schiffe der *Mirabello*-Klasse folgten, die auch Aufgaben der Leichten Kreuzer, an denen es der italienischen Marine besonders mangelte, übernehmen sollten. Um im Schwarzen Meer ein wenigstens gewisses Gegengewicht gegen die russischen Zerstörerbauten zu besitzen, ließ Rumänien 1913 in Italien vier den russischen Schiffen ähnelnde Einheiten der *Vifor*-Klasse (1330 t) in Bau geben, die nach Kriegsbeginn zunächst von Italien übernommen wurden (*Aquila*).

Die Entwicklung der Torpedobootzerstörer und Zerstörer hatte damit bei Beginn des ersten Weltkrieges zu drei deutlich voneinander zu unterscheidenden Gruppen geführt: einmal waren es große Zerstörer, die in erster Linie für bisher vielfach Kreuzern überlassene Aufklärungsaufgaben und als Flottillenführer konzipiert waren. Ihre Größe war auf 1200–1600 t angewachsen, und sie hatten bei einer Geschwindigkeit von meist 36 kn eine starke Artillerie- und Torpedobewaffnung. Daneben stand die Masse der Zerstörerflottillen der Seemächte mit einer Größe von 600–1000 t, die in der Geschwindigkeit den Flottillenführern kaum nachstanden, jedoch in ihrer Artillerie leichter bewaffnet waren und meist auch weniger Torpedorohre besaßen. Daneben hatten die kleineren Marinen den Bau von Torpedobooten zwischen 200 und 400 t fortgesetzt, und einzelne Marinen, so Italien und Österreich-Ungarn und während des Krieges Deutschland, gingen auch zum Bau von kleineren Torpedobooten für die Küstenverwendung über, die vor allem als leichte Torpedoträger gedacht waren.

Die wichtigsten Fortschritte beim Bau der Torpedoboote und Zerstörer waren neben der Größensteigerung, die die Fahrzeuge nunmehr zu echten Hochseebooten machte, welche die Flotte bei fast jedem Wetter begleiten konnten, die Einführung des Turbinenantriebes, die Geschwindigkeiten zwischen 34 und 36 kn erlaubte, sowie die Aufstellung der Torpedorohre nicht nur in schwenkbaren Einzelrohren, sondern auch in doppelt und später dreifach angeordneten Rohrsätzen, die das Schießen von Torpedofächern gestatteten.

Der Unterseeboot-Bau

Im U-Boot-Bau waren um die Jahrhundertwende Frankreich und die Vereinigten Staaten führend. Als brauchbare Typen hatten sich kleine Boote mit einem zigarrenförmigen, druckfesten Rumpf erwiesen, der gleichzeitig die Außenhaut bildete. In diesem Druckkörper waren alle für die Fortbewegung, die Navigation und den Lebensunterhalt der Besatzung notwendigen Einrichtungen untergebracht, und auch die Tauch- und Regelzellen für die Unterwasserfahrt mußten darin ihren Platz finden. Der Antrieb erfolgte meist mit einem aus Akkumulatorenbatterien gespeisten Elektromotor. Die geringe Kapazität der Batterien ließ eine Verwendung der Boote nur in geringer Entfernung vom Hafen zu, in dem die Batterien aufgeladen werden konnten. Bei dem geringen Reservedeplacement von nur 2–3 % war die Überwasserfahrt mit solchen Booten nur bei glatter See möglich.

Kurz vor der Jahrhundertwende hatte in Frankreich der Konstrukteur Laubeuf ein zukunftweisendes neues Boot *Narval* gebaut. Laubeuf führte für den Antrieb des über Wasser fahrenden Bootes eine Dreifachexpansionsmaschine von 250 PS ein, die aus einem ölbrennenden Wasserrohrkessel gespeist wurde und die über einen Dynamo die Batterie während der Überwasserfahrt aufladen konnte. Damit erhielt das U-Boot eine wesentlich größere Reichweite als bisher. Den Brennstoff und den Wasserballast für die Tauchmanöver brachte Laubeuf in einer außerhalb des Druckkörpers angeordneten zweiten, dünnwandigen Hülle an, die es einerseits erlaubte, die gefährlichen Brennstoffe aus dem Druckkörper zu verbannen, und den Konstrukteur auch der Notwendigkeit enthob, diese Behälter und Tanks druckfest auszuführen. Die wesentlichste Verbesserung war jedoch die Möglichkeit, diesen zweiten Rumpf so zu gestalten, daß er für die Überwasserfahrt wesentlich bessere Eigenschaften des Bootskörpers mit sich brachte. Diese Zweihüllenboote fuhren normal über Wasser und tauchten nur zum Angriff. Sie wurden deshalb auch Tauchboote genannt. Die Bewaffnung brachte Laubeuf auch in von dem russischen Ingenieur Drževeckij entwickelten Drahtablaufrohren außerhalb des Druckkörpers unter, so daß selbst kleine Boote wie die *Narval* von 117 t vier Torpedos mitnehmen konnten. Von diesem Typ wurden in einer verbesserten Form 1899 die vier Boote der *Sirène*-Klasse in Bau gegeben, während gleichzeitig jedoch auch noch der Bau von

vollelektrisch betriebenen Einhüllenbooten vom Typ *Farfadet* von Maugas weiterlief.
Der Hauptnachteil des Dampfantriebes war die Notwendigkeit, die Kessel vor dem Tauchen abkühlen und den Dampf ablassen zu müssen, so daß die Tauchzeiten noch recht lang waren, bei der *Narval* 21 Minuten.
Eine bessere Möglichkeit schien hier einerseits der mit Gasolin oder Benzol betriebene Otto-Verbrennungsmotor zu bieten, der über einen Generator die Batterie aufladen, bzw. den Elektromotor antreiben konnte. Dieses zuerst von dem französischen Konstrukteur Romazotti bei seinen Einhüllenbooten der Typen *Français* und *Naiade* von 1900 und 1901 angewandte Verfahren fand zunächst bei zahlreichen anderen Entwürfen Nachahmung. Eine andere Möglichkeit bot der 1895 von Rudolf Diesel erfundene Schweröl-Verbrennungsmotor.
Um die Eigenschaften dieser Antriebsarten mit den Dampfbooten von Laubeuf vergleichen zu können, erhielten 1901 die übrigen führenden französischen U-Bootkonstrukteure den Auftrag, Versuchstauchboote zu bauen. Romazotti's Boot X wurde von zwei Benzol-Explosionsmotoren angetrieben. Bertin machte den interessanten Versuch, sein Boot Y mit einem für Über- und Unterwasserfahrt verwendeten Dieselmotor anzutreiben, bei dem der für den Betrieb benötigte Luftsauerstoff in Druckflaschen mitgeführt und nach dem Gebrauch in Abgasbehältern gesammelt wurde. Maugas' Boot Z erhielt einen normalen Dieselmotor, der über einen Generator den E-Motor antrieb. Doch befriedigten diese Lösungen alle noch nicht ganz. Auf den Benzolmotor verzichtete man wegen der Explosions- und Brandgefahr gern. Bertin experimentierte in den folgenden Jahren zunächst noch mit seinem Einheitsmotor weiter; doch sein nächstes Boot *Argonaute,* das 1903 in Bau gegeben wurde, kam nach langwierigen Versuchen erst 1911 zur Ablieferung und befriedigte nicht. Auch zwei kleine Versuchsboote *Guêpe,* bei denen der Sauerstoff in gebundener Form in Oxygenbehältern mitgeführt wurde, blieben unzulänglich.
Am aussichtsreichsten schien der Dieselmotor zu sein, und so gab man 1903 nach Plänen von Maugas sechs Boote des Typs *Émeraude* in einer auf fast 400 t vergrößerten Version in Auftrag, die 1906 ihre Fortsetzung in den 530 t großen Booten von Radiguer *Mariotte* fanden. Gegenüber diesem Einhüllen-U-Boottyp hatten aber die Laubeuf'schen Zweihüllentauchboote bessere See-Eigenschaften, und so gab man von 1904–1906 je 18 Boote von 350–400 t Größe in Bau, von denen die Serien *Circé* und *Brumaire* mit Dieselmotoren, die Serie *Pluviôse* mit Dampfantrieb versehen waren. Beide Typen bewährten sich recht gut, insbesondere nachdem die Leistungsfähigkeit der Dieselmotoren, die man aus Deutschland von der Firma M.A.N einführte, sich verbesserte. Beim Dampfantrieb hatte man inzwischen die zur Vorbereitung des Tauchens notwendige Zeit auf 12 Minuten herabgedrückt und entschloß sich deshalb 1906 neben dem Einhüllen-Dieselboot *Mariotte* nach der Konzeption Laubeufs von dem jüngeren Konstrukteur Hutter ein Hochseedampftauchboot *Archimède* zu bauen, das fast 600 t Verdrängung hatte. Der Vergleich dieser Boote zeigte, daß bei den noch nicht zuverlässig genug arbeitenden Dieselmotoren der Dampfantrieb für Hochsee-U-Boote, die mit hoher Überwassergeschwindigkeit mit der Flotte zusammen arbeiten sollten, offenbar noch größere Möglichkeiten bot. Deshalb wurden von 1909–1914 in Frankreich verschiedene große U-Boote von 850–920 t mit diesem Dampfantrieb gebaut, so insbesondere die Entwürfe von Simonot und Hutter *Gustave Zédé* und *Dupuy de Lôme.* Nachdem jedoch ein etwas verkleinerter Entwurf der *Gustave Zédé,* die *Diane,* mit 633 t bei Dieselmotorenantrieb sehr gute Leistungen erbrachte, entschloß man sich kurz vor Beginn des ersten Weltkrieges, auch die weiteren vorgesehenen turbinengetriebenen Dampftauchboote der *Lagrange-* und *Joessel-*Klasse auf Dieselmotoren umzurüsten.
Als besonders erfolgreich erwiesen sich die nach der Konzeption Laubeufs von Hutter entwickelten mittleren U-Boote der *Clorinde-*Klasse und ihrer Nachfolger, die bei Größen zwischen 300 und 400 t mit zwei Dieselmotoren von meist etwa 400 PS angetrieben wurden und gute Fahr- und See-Eigenschaften aufwiesen, so daß sie auch von zunehmendem Interesse für andere Marinen wurden. Von diesem 1910 gebauten Typ, von dem die französische Marine zunächst 13 Boote in Auftrag gab, wurden an Griechenland zwei (*Delfin*) und an Peru zwei (*Ferré*) geliefert sowie weitere zwei Boote für Japan, zwei für Griechenland, vier in Lizenz in England und drei für Rumänien gebaut, während Verhandlungen mit der Türkei 1914 nicht mehr zum Abschluß kamen.
Frankreich hatte damit alle auch bei den anderen Marinen teilweise beschrittenen Wege in umfangreichen Versuchen erprobt und war schließlich zu der am stärksten von Laubeuf beeinflußten Bauweise des Zweihüllentauchbootes gekommen, für dessen Antrieb sich der nunmehr betriebssichere und leistungsstarke Dieselmotor durchgesetzt hatte.
Einen anderen Weg beschritt in den Vereinigten Staaten der berühmte U-Bootkonstrukteur Holland, der wie bei seinen früheren Entwürfen am Einhüllen-U-Boot festhielt und 1897 sein achtes Versuchsboot außer mit einem Elektromotor auch mit einem 50-PS-Petrolmotor ausrüstete. Dieses kleine Boot, das bereits zwei Torpedorohre und eine Dynamitkanone besaß, erwies sich als Erfolg, so daß man 1901 von einer vergrößerten Version zunächst für die US-Navy 7 Boote vom Typ *Adder* mit 107 t in Auftrag gab. Außer der US-Navy interessierte sich auch England für diesen Typ und ließ nach Entwürfen Hollands in England bei der Firma Vickers fünf sehr ähnliche Boote mit Otto-Gasolin-Motoren von 450 PS bauen. Nach den erfolgreichen Erprobungen dieser Boote gaben 1904 Japan (*Nr. 1–5*), Rußland (*Ščuka*), Schweden (*Hajen*) und die Niederlande (*O–1*) Boote dieses Typs in Auftrag. Nach einem verbesserten Typ *B-Cuttlefish,* gab man in den Vereinigten Staa-

ten 1906 auch einen in der Größe fast verdoppelten Typ, *C-Octopus,* in Bau, dessen Typ-Boot 1907 bei Vergleichen mit dem zweiten amerikanischen Konstrukteur Lake dessen Versuchsboot in den Schatten stellte, so daß die amerikanische Marine zunächst diesen Hollandtyp ausschließlich über die *Narwhal* von 1909 zur *Skipjack* von 1911 weiterentwickelte, bei der man zum Dieselantrieb überging. Bis zum Beginn des Krieges steigerte sich die Größe der Holland-Boote von 287 t bei der *Skipjack* auf 330 bei der *Carp* von 1912; 358 t bei der *Seawolf* von 1913 und 392 t bei der *Haddock* von 1914. Dieser Typ wurde der Ausgangspunkt für die zahlreichen, während des ersten Weltkrieges auf der kanadischen General-Electric-Werft in Montreal gebauten Holland-Boote für die britische, italienische und russische Marine, die teilweise auch in Lizenz in den genannten Ländern hergestellt wurden und deren Vertreter teilweise noch mit guten Ergebnissen im zweiten Weltkrieg dienten.

Der erfolgreiche Holland-U-Boot-Typ war jedoch auch der Ausgangspunkt für die Entwicklung von U-Boot-Typen in anderen Marinen, so insbesondere in der Royal Navy, wo die Werft Vickers unter Leitung von Captain Bacon aus den ursprünglichen Holland-Booten die verbesserte Version der *A*-Klasse von 1902 mit 180 t und die auf 280 t vergrößerte *B*-Klasse von 1904 entwickelte, die noch sehr stark an den ursprünglichen Hollandentwurf erinnerten. Als erstes Boot wurde 1905 in England das Boot *A 13* mit einem Versuchs-Dieselmotor ausgerüstet, kam jedoch nach manchen Schwierigkeiten erst 1908 in Dienst. Inzwischen hatte Vickers mit der *C*-Klasse von 290 t, die noch mit Gasolin-Otto-Motoren betrieben wurde, ein sehr leistungsfähiges Boot für die Verwendung im erweiterten Küstenvorfeld entwickelt, das in nicht weniger als 38 Exemplaren für die Royal Navy gebaut wurde und auch im Ausland, insbesondere in Japan,nachgebaut wurde.

Doch auch in England war man bestrebt, neben den Booten für die Küstenverwendung zu größeren und leistungsfähigeren Booten für die Hochseeverwendung zu gelangen. So kam man auf den Gedanken, die See-Eigenschaften bei Überwasserfahrt für die bisherigen Einhüllenboote dadurch zu verbessern, daß man einen Teil der Tauchzellen und Brennstoffbunker außerhalb des Druckkörpers im Vorschiff anordnete und damit einen für die Überwasserfahrt besser geeigneten Rumpf schuf. Die ersten dieser 1½ Hüllen- oder Satteltankboote waren die britische *D*-Klasse, bei der man nach den Erprobungen mit *A 13* auch allgemein zum Dieselmotorenantrieb überging. Nach der erfolgreichen Erprobung der ersten drei 1906, 1907 und 1908 in Bau gegebenen Boote ließ man 1909 eine Serie von weiteren fünf Booten folgen, ehe man dann 1910 zum Bau der 652 t großen *E*-Klasse überging, die sich als das erfolgreichste englische U-Boot in der ersten Phase des Krieges herausstellen sollte.

Um das U-Bootbau-Monopol der Vickers-Werft zu brechen, von dem manche Stellen annahmen, es sei zu eng und einseitig, wurden ab 1912 die zu dieser Zeit erfolgversprechendsten U-Boottypen in Lizenzbauten zu Vergleichszwekken in Auftrag gegeben. So ließ der zum Inspekteur des U-Bootwesens berufene Captain Keyes 1912 nach Plänen des italienischen Konstrukteurs Laurenti die Boote *S 1 – 3* und im folgenden Jahr sogar ein von Dampfturbinen getriebenes Flotten-U-Boot *Swordfish* von 904 t bauen, das sich jedoch nicht bewährte. Außer diesem Zweihüllentyp wurde auch das Laubeuf'sche Prinzip in den Versuchsbooten *W 1 – 4* erprobt, und die Firma Vickers erhielt selbst den Auftrag, Zweihüllenboote *V 1–4* mit Dieselantrieb sowie ebenfalls ein großes Flotten-U-Boot von 1270 t mit Dieselantrieb, die *Nautilus,* zu bauen. Schließlich wurden nach Admiralitätsentwürfen 1913 die kleinen 350-t-Boote *F 1–3* und die größeren 693-t-Boote *G 1–13* nach dem Zweihüllensystem gebaut. Jedoch erwiesen sich während des Krieges alle diese Typen dem Boot der *E*-Klasse deutlich unterlegen, das deshalb zusammen mit den Holland-Lizenzbauten der *H*-Klasse das Rückgrat der britischen U-Bootwaffe bildete.

Auch die russische Marine stützte sich bei ihren eigenen Entwicklungen zunächst sehr stark auf den Holland-Typ. So war das von Bubnov 1901 gebaute kleine Boot *Delfin* dem Hollandentwurf sehr ähnlich, hatte allerdings im Gegensatz zu diesen Booten für die Torpedos die von Drževeckij entwickelten Abgangsrohre. Auch die folgenden sechs Boote der *Kasatka*-Klasse schlossen sich an diesen Entwurf an, besaßen jedoch, für die Boote dieser Größe bemerkenswert, bereits vier Torpedoabgangsrohre. Mit der etwa gleichgroßen, 1905 folgenden *Minoga* ging man jedoch auch zum im Boot angeordneten Torpedorohr über, welches eine Regelung und Wartung des Torpedos während der Fahrt ermöglichte. Im folgenden Jahr wurde dieser Bubnov-Entwurf mit der *Akula* auf 370 t vergrößert. Da ein Boot dieser Größe mit den zur Verfügung stehenden Dieselmotoren der *Minoga* nicht auf die nötige Geschwindigkeit gebracht werden konnte, erhielt das Boot drei derartige Diesel. Ähnlich wie in Frankreich experimentierte man auch in Rußland 1906 mit einem Einheitsantrieb für Über- und Unterwasserfahrt, doch schlug der Versuch von Del Poposto mit seinem Boot *Poctovyij* fehl. Erfolgreicher war der Konstrukteur Naletov, der 1908 mit seinem Boot *Krab* das erste speziell für das Auslegen von Minen eingerichtete U-Boot schuf, dem es während des ersten Weltkrieges, nachdem manche Kinderkrankheiten überwunden worden waren, mehrfach gelang, vor der Bosporus-Mündung Minensperren zu werfen. 1911 ging auch die russische Marine zum Bau von hochseefähigen U-Booten über, wobei zunächst im Schwarzen Meer der sich stärker an den Holland-Entwurf anlehnende Satteltank-Typ *Narval* dem von Bubnov weiter entwickelten Zweihüllen-Typ *Morž* gegenübergestellt war, der sich besser bewährte und deshalb seine Fortsetzung in der ab 1912 in 18 Exemplaren gebauten *Bars*-Klasse fand, die jedoch erst während des ersten Weltkrieges fertig wurde. Sie verfügte neben vier im Bootsinneren untergebrachten Torpedorohren über acht in den Aufbauten angeordnete Drževeckij-Torpedoabgangsrohre und hatte somit eine außerordentlich starke Torpedobewaffnung.

Während bei den meisten Marinen, deren U-Boot-Entwicklung vom Holland-Typ ausgegangen war, ein deutlicher Trend zur Entwicklung größerer Hochsee-Boote vom Satteltank-Tauchboot-Typ oder gar zum Zwei-Hüllen-Boot zu verzeichnen war, entstand bei der Firma Whitehead in Fiume in Österreich-Ungarn nochmals ein reiner Ein-Hüllen-Typ geringer Tonnage, der besonders für eine Verwendung in engeren Gewässern geeignet zu sein schien. Für diesen Typ interessierte sich zunächst vor allem Dänemark, das 1910 als erstes Typ-Boot die *Havmanden* von 164 t bauen ließ, der 2 weitere Boote in Fiume sowie zunächst 6 und später weitere 5 etwas größere Boote in Kopenhagen folgten. Auch Österreich ließ sich 1910 zunächst 1 und zu Beginn des Krieges 4 weitere Boote von dieser Serie bauen, die sich jedoch nicht voll bewährten.

Als erfolgreicher erwies sich der Versuch des italienischen Konstrukteurs Laurenti, Konstruktionselemente des Holland-Typs mit denen des Zwei-Hüllen-Bootes von Laubeuf zu verbinden. Nach einem kleinen Ein-Hüllen-Boot mit Benzin- und Elektromotor vom Typ *Glauco* (1903), von dem in einer weiterentwickelten Form auch Einheiten für Italien (*Foca*), Schweden (*Hvalen*) und Dänemark (*Dykkeren*) (1907/09) gebaut wurden, kam Laurenti 1910 zu dem Eineinhalb-Hüllen-Boot *Medusa,* das bei 250 t Größe zunächst noch Benzol-Motoren besaß. Von den 8 Booten wurde jedoch die *Velella* als erstes mit M.A.N-Dieselmotoren ausgerüstet. Dieser Typ erwies sich auch für den Export als sehr erfolgreich, und es wurden ab 1911 für England (*S 1 – 3*), für Rußland (*Svjatoj Georgij*), für Brasilien (*F 1, 3, 5*) und für Portugal (*Espadarte*) sowie für die Vereinigten Staaten (*Thrasher*) eine etwas vergrößerte Version gebaut. Ausgehend von den guten Erfahrungen mit diesen Booten, entwickelte Laurenti auch einen Hochsee-Typ, der erstmalig in dem für Deutschland in Bau gegebenen Boot *U 42* verwirklicht wurde, das jedoch nicht abgeliefert und nach Kriegsbeginn als *Balilla* in die italienische Marine übernommen wurde. Parallel dazu waren in Italien ab 1912/13 von Cavallini weitere Hochsee-Typen (*Pacinotti* und *Micca*) entwickelt und an England die Pläne für ein großes Hochseeboot mit Dampfturbinen, die *Swordfish,* geliefert worden. In Italien selbst begann man nach Kriegsausbruch den erfolgreichen kleineren Typ in größeren Serien zu bauen, und auch Japan interessierte sich für Laurenti-Boote. Demgegenüber konnte sich der von Bernardis entwickelte kleine Ein-Hüllen-Typ *Nautilo*(225 t) nicht durchsetzen.

In Deutschland interessierte man sich erst verhältnismäßig spät für den U-Boot-Bau. Tirpitz sah zu Beginn des Jahrhunderts in dem Unterseeboot ein unzuverlässiges, nur für Küstenverteidigungsaufgaben geeignetes Hilfsmittel. Erst nach Erreichung einer größeren Betriebssicherheit und einer Verbesserung der Seefähigkeit entschloß man sich, dem Vorgehen der anderen Marinen zu folgen. Die Initiative ging dabei in Deutschland von der Germania-Werft aus. Sie hatte nach Plänen des aus Frankreich verpflichteten Konstrukteurs d'Équevilley zunächst 1902 ein kleines Versuchs-U-Boot entwickelt, das nach eingehender Erprobung für die deutsche Marine als ungeeignet befunden und als *Forel* an Rußland verkauft wurde. Aufgrund der in Rußland gemachten günstigen Erfahrungen mit diesem Boot bestellte die russische Marine 1904 3 größere U-Boote von 205 t bei der Germania-Werft (Typ *Karp*). Die Boote waren mit von der Firma Koerting entwickelten Schweröl-Motoren für die Überwasserfahrt und Elektromotoren ausgerüstet und zeigten bei ihren Veruchsfahrten gute Eigenschaften, so daß man sich 1905 entschloß, nach diesem Muster auch für die deutsche Marine ein U-Boot, *U 1*, in Auftrag zu geben. Sehr schnell versuchte man in Deutschland, die Größe und damit die Hochseefähigkeit der U-Boote zu steigern. Bereits die von dem U-Boot-Konstrukteur Dr. Techel der Germania-Werft entwickelten Boote *U 3* und *U 4* für die deutsche Marine von 1907 hatten 421 t, die im folgenden Jahre begonnenen Boote, *U 5* bis *U 8*, über 500 t. Daneben wurden auch weiterhin kleinere Boote für ausländische Rechnung gebaut, so für Österreich-Ungarn *U 3* und *U 4*, für Norwegen *Kobben* und für Italien *Atropo,* das, ähnlich wie die im gleichen Jahr 1909 in Auftrag gegebenen deutschen U-Boote vom Typ *U 19* (650 t), mit Dieselmotoren ausgerüstet wurde. 1912 gab auch Österreich bei der Germania-Werft eine Serie von etwa 800 t großen Hochsee-Booten in Bau, die nach Kriegsausbruch für die deutsche Marine (*U 66* bis *70*) fertiggestellt wurden. In der gleichen Zeit entwickelten die Germania-Werft und die Kaiserliche Werft Danzig die deutschen U-Boot-Typen in kontinuierlicher Weise weiter, so daß bei Beginn des Krieges mit den Booten vom Typ *U 45* und *U 51* konstruktiv Typen geschaffen waren, die voll hochseefähig waren, eine bedeutende See-Ausdauer besaßen und, wie der spätere Verlauf des Krieges zeigen sollte, anderen U-Boot-Typen durchaus ebenbürtig oder überlegen waren. Von diesem Typ, der in weiterentwickelten Serien zum Mobilmachungs-Typ überleitete, wurden dann während des Krieges die großen Serien der U-Boote gebaut, während daneben mittlere und kleinere Typen von Torpedo- bzw. Minen-U-Booten (Typen *UB I–III, UC I–III*) entwickelt wurden.

Allgemein hatte sich bei Beginn des ersten Weltkrieges in fast allen Marinen das Zwei-Hüllen-Tauchboot mit dem Dieselmotor-Antrieb für die Überwasserfahrt durchgesetzt, wenngleich auch die Größen der Boote je nach der Aufgabenstellung der einzelnen Marinen schwankten. Deutlich war die Tendenz zu erkennen, zu größeren U-Booten mit möglichst guten Hochsee-Eigenschaften zu gelangen. In Rußland waren bereits Überlegungen zur Entwicklung eines Untersee-Kreuzers von 4500 t Größe im Gange, die jedoch nicht realisiert werden sollten.

Zusammenfassung

In den letzten 20 Jahren vor dem ersten Weltkrieg war die durch die schnelle technische Entwicklung im 19. Jahrhundert bedingte Unsicherheit im Kriegsschiff-Bau überwunden worden. In fast allen Marinen hatten sich bestimmte Typen durchgesetzt, deren Eigenschaften einander sehr verwandt waren. Den Kern aller Flotten bildeten die Großkampfschiffe, bei denen die beiden Entwicklungsreihen der Schlachtschiffe oder *Dreadnoughts* und der Schlachtkreuzer deutlich die Tendenz zur Vereinigung erkennen ließen. Bei den Geschützten Kreuzern hatten sich neben dem mit einem leichten Seitenpanzer versehenen Leichten Kreuzer für Flotten- und Übersee-Aufgaben ein leichter und sehr schneller Typ entwickelt, der vor allem als Führer-Kreuzer für Zerstörer- und Torpedoboot-Flottillen sowie als Aufklärer gedacht war. Bei den Torpedoträgern waren aus den Torpedobooten über die Torpedobootzerstörer schließlich die Zerstörer von rund 1000 t Wasserverdrängung entstanden, die bei einigen Marinen sogar auf Größen von 1300 und 1600 t gesteigert wurden und in ihrer Kampfkraft bereits den Aufklärern nahekamen. Neben diesen recht großen und für Hochsee-Aufgaben verwendbaren Zerstörern entstanden bei verschiedenen Marinen, insbesondere denen mit beengten und navigatorisch schwierigen Gewässern, wiederum kleinere Torpedo-Träger für Aufgaben im Küstenvorfeld. Beim U-Boot-Bau hatte sich das hochseefähige Tauchboot mit Dieselantrieb durchgesetzt. Die Entwicklung der Ankertau-Mine hatte bei den meisten Marinen zum Bau einiger spezieller Minenleger und der ersten Minensuchfahrzeuge mit Schlepp-Minensuchgeräten geführt.
Allen Marinen der großen Staaten, aber auch einigen der kleineren Staaten war die Tendenz gemeinsam, den Bau der Flotten in langfristigen Bauprogrammen festzulegen, um damit von den Wechselfällen der Haushaltsbewilligung in den gesetzgebenden Körperschaften unabhängiger zu werden.

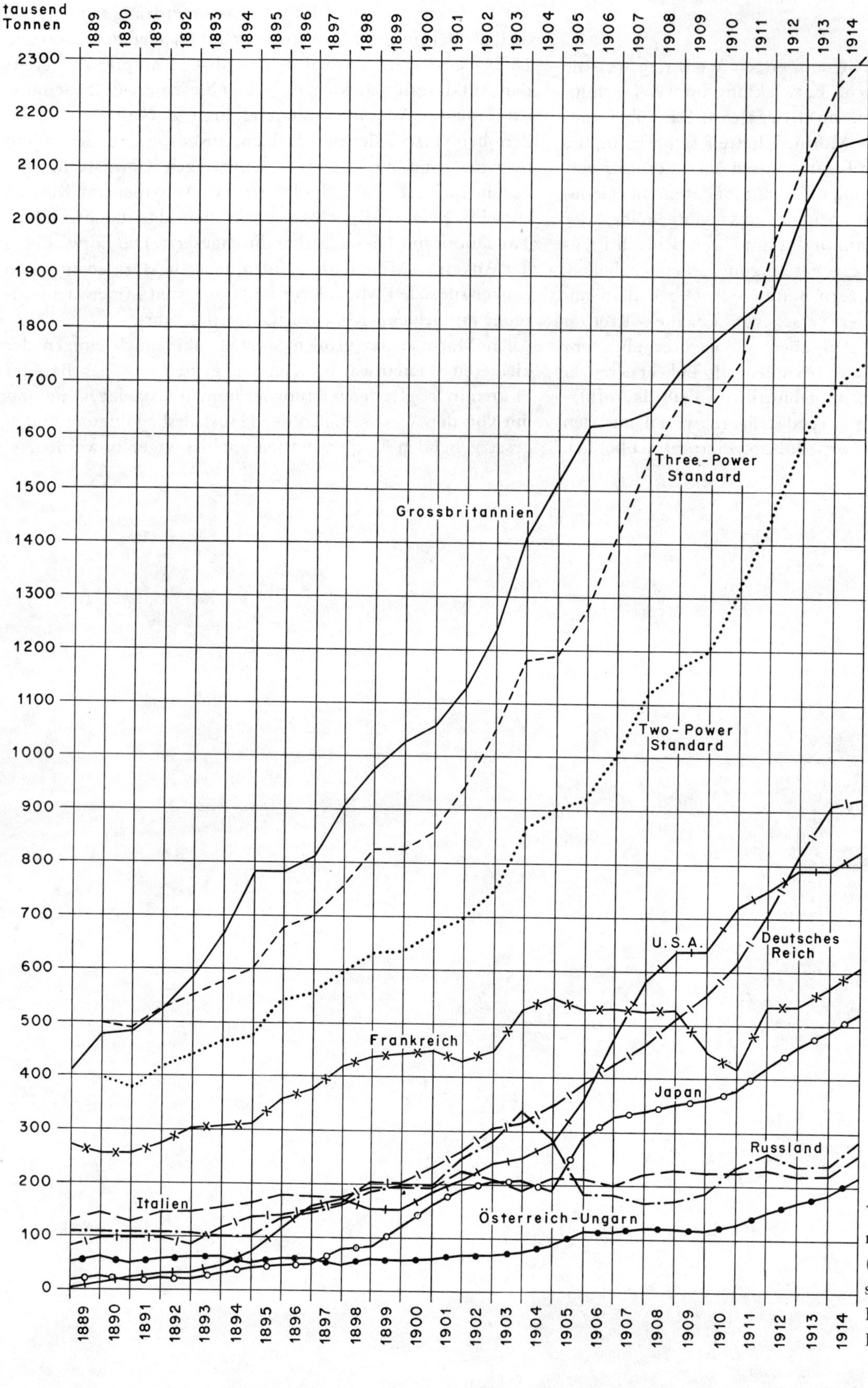

Tonnage der Flotten der Großmächte 1.1.1889 – 1.8.1914 (Schlachtschiffe und Panzerschiffe jünger als 25 Jahre, Panzerkreuzer und geschützte Kreuzer jünger als 20 Jahre).

Kapitel 20

Politik und Flottenbau

Von J. Rohwer für die deutsche Ausgabe neu bearbeitetes und von W. Hubatsch (Die Tirpitz'schen Flottengesetze) ergänztes Kapitel.

Die schnelle technische Entwicklung in den letzten Jahrzehnten des 19. Jahrhunderts mit ihren immer neuen Erfindungen und deren laufender Verbesserung einerseits sowie das Entstehen neuer taktischer Ideen und strategischer Konzeptionen andererseits hatten zu einer großen Unsicherheit in der Entwicklung der großen Flotten geführt. Sie fand ihren Ausdruck in der Tatsache, daß sich die Panzerschiff- und Kreuzer-Geschwader der großen Mächte aus einem bunten Sammelsurium verschiedenartigster Schiffe zusammensetzten, in dem kaum eine Einheit der anderen in ihren Eigenschaften glich.

Nach verschiedenen Denkschriften und Untersuchungen sowie zuletzt einem großangelegten Manöver im Sommer 1888 hatte als erste Seemacht England mit der »Naval Defence Act« von 1889 den Grundstein für den Aufbau einer aus homogenen Geschwadern zusammengesetzten Schlachtschiff- und Kreuzer-Flotte gelegt. Die Einbringung dieses Gesetzes im Parlament hatte der Erste Lord der Admiralität, Lord Hamilton, mit der These begründet: »Ich bin der Ansicht, daß unsere Rüstung zur See so zu bemessen ist, daß wir wenigstens zwei anderen Seemächten gewachsen sind«. Die beiden Seemächte, gegen die sich die Rüstungen im Rahmen des Two-Power-Standards im letzten Jahrzehnt des 19. Jahrhunderts richteten, waren Frankreich und Rußland. Mit Frankreich hatten sich vor allem aus der Frage der Vorherrschaft in Ägypten und damit der Kontrolle über den Suez-Kanal Konflikte ergeben. Dieser von einer französischen Gesellschaft gebaute und im Jahr 1869 eröffnete Kanal war durch die geschickte Politik Englands in zunehmendem Maße unter britische Kontrolle gelangt, was naturgemäß erhebliche Antipathien in Frankreich auslöste. Sie fanden ihren Höhepunkt im Jahre 1898, als der britische General Lord Kitchener bei Faschoda im ägyptischen Sudan eine französische Expedition zur Umkehr zwang. Mit Rußland hatten sich seit dem Krimkrieg im Zusammenhang mit dem russischen Expansionsstreben in Richtung auf die Türkei, Persien und Indien immer wieder Konflikte ergeben, und die 1892 abgeschlossene französisch-russische Militärkonvention ließ im Falle eines Konfliktes mit Frankreich auch Rußland als potentiellen Gegner für England erscheinen. Die Überlegenheit über die Flotten dieser beiden Gegner sollte England seine bisherige Politik der »splendid isolation« weiter ermöglichen und seine Rolle als entscheidender Faktor im politischen Kräftespiel gewährleisten.

Die Entwicklung der französischen Marine, die mit großem Abstand den zweiten Rang nach England einnahm, war durch die innenpolitischen Verhältnisse in Frankreich einerseits und die Auseinandersetzungen um die strategische Konzeption der »Jeune École« andererseits in ihrem Ausbau stark behindert. Der häufige Wechsel der Kabinette der Dritten Republik und damit der Marine-Minister, die in buntem Wechsel teils der »Jeune École« angehörten oder nahestanden, teils die Thesen der konservativen Richtung vertraten, führte zu einem ständigen Schwanken in der Schwerpunktbildung der Seerüstung – von den Schlachtschiffen bis hin zu den kleinen Torpedobooten der Küstenverteidigung. Das hatte gerade in den 90er Jahren eine außerordentliche Verzögerung in der Fertigstellung der in Bau gegebenen Schlachtschiffe und ein starkes Absinken der relativen Flottenstärke gegenüber England zur Folge. So konnte man für einen Konflikt mit England nur in einer starken Küstenverteidigung und zugleich einem weiträumig geführten Kreuzerkrieg einige Aussichten sehen. Doch war für Frankreich nicht nur England der potentielle Gegner. Daneben stand der Drei-Bund Deutschland, Österreich-Ungarn und Italien als weiterer Gegner. Da die deutsche Marine in dieser Zeit kaum für eine Offensive befähigte Streitkräfte besaß, glaubte Frankreich, sich im Bereich der Nordsee und des Kanals auf eine starke Küstenverteidigung – wie sie auch gegen England notwendig war – beschränken zu können, und verlegte das Schwergewicht seiner Schlachtflotte in das Mittelmeer, wo der von Italien betriebene Bau starker Schlachtschiffe ein entsprechendes Gegengewicht notwendig machte. Das schien umso eher möglich, als seit dem Abschluß der russisch-französischen Militärkonvention von 1892 die deutsche Marine zu einem Teil durch die russische Ostsee-Flotte gebunden schien.

Die russische Marine hatte eine längere Entwicklungspause zu überwinden und begann erst in den 90er Jahren in größerem Umfange wieder Kriegsschiffe zu bauen. Sie konnte ihrer Aufgabe gegenüber der deutschen Marine kaum nachkommen, da aus der Ostsee in zunehmendem Maße während der 90er Jahre die modernen Schiffe bald nach ihrer Indienststellung nach dem Fernen Osten entsandt wurden. Die in der gleichen Zeit im Schwarzen Meer gebauten Schiffe, die der türkischen Marine weit überlegen waren, blieben in diesem Meer eingeschlossen.

Italien, das sich in den 80er und Anfang der 90er Jahre durch den Bau der damals größten und kampfkräftigsten Schlachtschiffe der Welt auf den dritten Rang unter den

Seemächten vorgeschoben hatte, mußte nach dem unglücklich verlaufenen Versuch, sich in Ostafrika in Kriegen mit Abessinien ein großräumiges Kolonialreich zu schaffen, seine ehrgeizigen Pläne zurückstecken und sank nach Rußland und Deutschland auf den fünften Rang der Seemächte ab. Während Österreich sich darauf beschränkte, sein überaltertes Flottenmaterial durch kleine aber stark bewaffnete Neubauten zu ersetzen, begannen in Deutschland, den Vereinigten Staaten und Japan weitgreifendere Flottenpläne Gestalt anzunehmen, die die bisherige Rangordnung unter den Seemächten gründlich verändern sollten.

Der Boxeraufstand in China 1900

Ehe es zu den grundlegenden Verschiebungen der Kräfteverhältnisse und den Wandlungen in den Bündniskonstellationen kam, brachte das Jahr 1900 noch einmal ein Zusammenwirken aller 8 großen Seemächte in China.

Der Ausgang des chinesisch-japanischen Krieges von 1894/5 hatte der Welt die innere Schwäche Chinas deutlich werden lassen. Rußland, Frankreich und Deutschland hatten durch ihre Intervention bei den Friedensverhandlungen China zwar bis zu einem gewissen Grade »die Wahrung des Gesichtes« ermöglicht, traten jedoch nun mit eigenen Forderungen an China heran, die sich vor allem auf die Gewährung von Eisenbahn- und Bergbaukonzessionen in bestimmten Interessengebieten konzentrierten. Die Russen waren darauf aus, ihre Eisenbahnverbindung durch Sibirien nach Vladivostok über chinesisches Territorium in der Mandschurei zu leiten. Frankreich suchte entsprechende Rechte in den an seine Kolonie Indochina angrenzenden chinesischen Provinzen. Deutschland war vor allem an einer Kohlenstation in Ostasien interessiert, und bereits 1896 hatte der damals als Chef des Ostasiatischen Kreuzergeschwaders im Fernen Osten befindliche Konteradmiral von Tirpitz den Hafen von Tsingtao in der Provinz Shantung als besonders geeignet bezeichnet. Als die Erwerbung dieses Hafens auf dem Wege diplomatischer Verhandlungen nicht zu erreichen war, nahm Deutschland die Ermordung von zwei Missionaren zum Anlaß, um von dem Kreuzergeschwader unter Vizeadmiral von Diederichs ein Landungskorps in Tsingtao an Land zu setzen und damit China zum Abschluß eines Vertrages zu bringen, der dem Reich das Gebiet von Kiautschou auf 99 Jahre als Pachtgebiet überließ. Dieses deutsche Vorgehen veranlaßte sofort auch Rußland, entsprechende Forderungen zu stellen, und am 3. März 1898 mußte China Rußland die Halbinsel Talienwan mit dem Kriegshafen von Port Arthur auf 99 Jahre überlassen, während England gleichzeitig den Hafen Wei-hai-wei an der Nordküste Shantungs und Frankreich Kwang-chou-wan in Südchina auf 99 Jahre pachteten. Zugleich begannen die Großmächte, China in Interessensphären aufzuteilen. England beanspruchte das Gebiet des Yangtse-Flusses, Rußland die Mandschurei, Frankreich die südwestlichen Provinzen, Japan die Formosa gegenüber gelegene Provinz Fukien und Deutschland Shantung.

Dieses Vorgehen der Großmächte führte in China zu einem Aufleben fremdenfeindlicher Bewegungen, die schnell fanatisiert wurden. Geheimbünde, von denen die sogenannten Boxer die bekanntesten wurden, setzten sich die Austreibung aller »fremden Teufel« vom chinesischen Boden zum Ziel. Die schwache und korrupte Regierung der Kaiserinmutter mußte den Boxern stillschweigend ihre Unterstützung leihen. Im späten Frühjahr des Jahres 1900 begann die Situation der fremden Gesandtschaften in Peking immer schwieriger zu werden, so daß sich die Missionschefs Ende Mai gezwungen sahen, von ihren Regierungen militärischen Schutz zu erbitten. Von den im Golf von Petschili versammelten Kriegsschiffen wurde deshalb eine aus russischen, englischen, französischen, amerikanischen, deutschen, italienischen, japanischen und österreichischen Seeleuten gebildete Landungsabteilung zusammengestellt und traf vom 1.–3. Juni 1900 in Peking ein, um dort den Schutz der Gesandtschaften zu übernehmen. Die Übergriffe der Boxer sowohl gegen das Gesandtschaftsviertel in Peking als auch die Häuser und Besitzungen Fremder und christlicher Chinesen in Peking und Tientsin nahmen von Tag zu Tag zu, so daß sich am 9. Juni der britische Gesandte gezwungen sah, in einem Telegramm den dienstältesten Befehlshaber der vor der Peiho-Mündung versammelten internationalen Flotte, den britischen Vizeadmiral Seymour, zu bitten, weitere Truppen zum Schutz des Gesandtschaftsviertels nach Peking zu entsenden.

Vor der Peiho-Mündung hatten sich inzwischen die folgenden Schiffe eingefunden:

England: (V. Adm. Seymour, K. Adm. Bruce)
Linienschiffe *Centurion, Barfleur*
Panzerkreuzer *Aurora, Orlando*
Große Kreuzer *Terrible, Endymion*
Kanonenboot *Alacrity.*

Japan: (K. Adm. Nagamine)
Panzerkreuzer *Tokiwa, Asama*
Kleine Kreuzer *Kasagi, Suma, Yoshino.*

Deutschland: (V. Adm. Bendemann)
Große Kreuzer *Kaiserin Augusta, Hertha, Hansa*
Kleine Kreuzer *Irene, Gefion.*

Frankreich: (K. Adm. Corréjolles)
Großer Kreuzer *D'Entrecasteaux*
Kleine Kreuzer *Jean Bart, Descartes, Pascal.*

USA: (K. Adm. Kempf)
Kleiner Kreuzer *Newark*
Kanonenboot *Princeton.*

Rußland: (V. Adm. Hiltebrandt)
Linienschiffe *Petropavlovsk, Navarin, Sisoj Velikij*
Panzerkreuzer *Rjurik, Dmitrij Donskoj, Rossija*
Großer Kreuzer *Admiral Kornilov*
Panzerkanonenboot *Gremjaščij*
Torpedokanonenboote *Posadnik, Gajdamak.*

Italien: Kleine Kreuzer *Elba, Calabria.*
Österreich-Ungarn: Kleiner Kreuzer *Zenta.*
Am 10. Juni wurden von diesen Schiffen 915 Engländer, 510 Deutsche, 300 Russen, 158 Franzosen, 104 Amerikaner, 52 Japaner, 40 Italiener und 25 Österreicher ausgeschifft und traten unter persönlicher Führung von Admiral Seymour in 5 Eisenbahnzügen die Fahrt zunächst nach Tientsin an. Am 11. Juni setzten die 5 Züge von Tientsin aus die Fahrt nach dem etwa 120 km entfernten Peking fort. Am 12. Juni mußten sie jedoch bei Langfang auf etwa halbem Wege wegen zahlreicher Zerstörungen der Bahnstrecke die Weiterfahrt einstellen und gerieten erstmalig in Gefechte mit kleineren Gruppen von Boxern. Bei der Sicherung der rückwärtigen Verbindungsroute kam es am 14. 6. auch bei Lofa zu Gefechten mit Boxern und am 18. Juni bei Langfang zum ersten Zusammenstoß mit regulären chinesischen Truppen unter dem General Nieh-Shih-Cheng. Obwohl die chinesischen Einheiten schließlich geworfen wurden, mußte sich Admiral Seymour entschließen, den Vormarsch nach Peking aufzugeben und nach Tientsin zurückzukehren. Am 19. Juni erreichte man mit den Eisenbahnzügen Yang-tsun am Peiho und entschloß sich, von hier beiderseits des Flusses marschierend, den Rückmarsch nach Tientsin fortzusetzen. Am 20. und 21. Juni führte man dabei auf beiden Seiten des Flusses zahlreiche Gefechte mit stärkeren und schwächeren Gruppen von Boxern, die den Truppen den Rückweg zu verlegen suchten. Am 22. Juni morgens erreichten die Spitzen das Fort und Arsenal von Hsi-ku, das von stärkeren chinesischen Kräften verteidigt wurde. Um seine schwache Spitze zu verstärken, gab Admiral Seymour hier dem Führer des deutschen Landungskorps, Kapitän zur See von Usedom, den später durch ein Bild berühmt gewordenen und propagandistisch ausgeschlachteten Befehl: »The Germans to the front!« Nach der Einnahme des Forts verschanzte sich Admiral Seymour mit seinen Truppen in den Wällen, um hier das Herankommen einer Ersatztruppe abzuwarten. Insgesamt hatte das Korps 62 Tote und 228 Verwundete zu beklagen.
Inzwischen war die bedrohliche Lage für das Seymour-Korps von dem nunmehr dienstältesten Befehlshaber der Schiffe vor der Peiho-Mündung, dem russischen Vizeadmiral Hiltebrandt, erkannt worden, und er rief die übrigen Befehlshaber und Kommandanten zu einer Konferenz auf seinem Flaggschiff zusammen, um weitere Schritte zu beraten. Es wurde beschlossen, den chinesischen Befehlshaber der die Peiho-Mündung sperrenden Taku-Forts zur Übergabe der Forts aufzufordern. Für den Fall der Ablehnung des Ultimatums sollten die auf dem Peiho oberhalb der Forts vor Anker gegangenen Kanonenboote *Algerine* (britisch, Cdr. Stewart), *Iltis* (deutsch, K. Kpt. Lans), *Bobr* (russisch, F. Kpt. Dobrovolskij), *Giljak* (russisch, Oblt. Saryčev), *Koreec* (russisch, F. Kpt. Sillmann) und *Lion* (französisch, Kptlt. Frot) die Forts mit ihrer Artillerie niederkämpfen, während gleichzeitig ein Landungskorps von den Schiffen in Stärke von 120 Deutschen, 20 Österreichern, je 150 Russen und Japanern unter Führung des deutschen Kapitäns zur See Pohl sowie 360 Engländern und 20 Italienern unter dem Kapitän zur See Craddock die Forts im Norden und Süden der Flußmündung besetzen sollten. Ehe jedoch das Ultimatum ablief, eröffneten die chinesischen Batterien kurz nach Mitternacht am 17. Juni das Feuer auf die Kanonenboote, das diese sogleich erwiderten. In einem mehrstündigen Artillerieduell gelang es den Kanonenbooten, die fast alle getroffen wurden und insgesamt 28 Tote und 95 Verwundete zu beklagen hatten, darunter Korvettenkapitän Lans, die Forts zum Schweigen zu bringen und damit den Angriff der Landungstruppen zu ermöglichen. Während die beiden britischen Zerstörer *Fame* und *Whiting* die vor dem Ort Taku festgemachten 4 neuen chinesischen Schichau-Torpedoboote in einem Überraschungsangriff besetzten – sie wurden später Rußland, Deutschland, Frankreich und England als Beute zugesprochen – und das japanische Kanonenboot *Atago* den Bahnhof sicherte, hielt sich das amerikanische Rad-Kanonenboot *Monocacy* zunächst aus dem Gefecht heraus, bis es selbst Treffer erhielt.

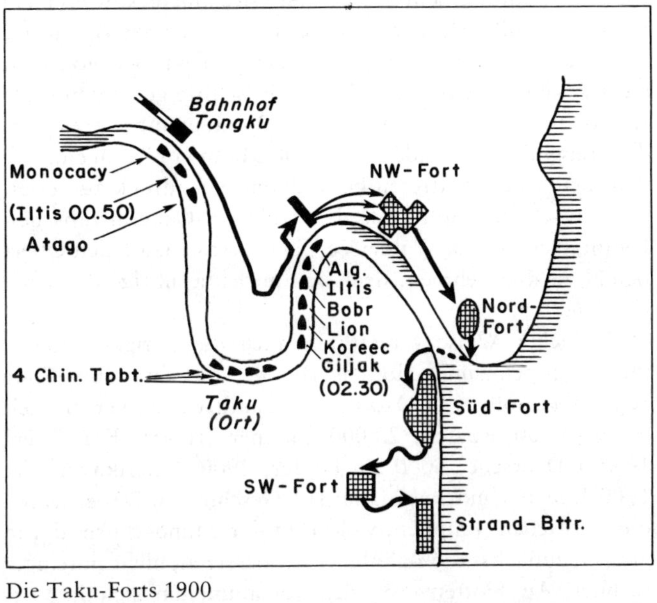

Die Taku-Forts 1900

Nachdem damit die Peiho-Mündung geöffnet war, konnten am 20. und 21. Juni von Taku aus 2 Kolonnen mit 5120 Mann aus inzwischen eingetroffenen russischen Truppen, deutschen Seesoldaten sowie deutschen und britischen Matrosen unter Führung des russischen Generals Stoessel – des späteren Verteidigers von Port Arthur – den Marsch nach Tientsin antreten, wo sie am 23. eintrafen und zunächst das seit Mitte des Monats von Boxern arg bedrängte Détachement zur Sicherung des Fremdenviertels aufnahmen und am 25. Juni das Seymour'sche Korps in Hsi-ku entsetzten. Am 27. Juni wurde das Arsenal ostwärts von Tientsin genommen und nach dem Eintreffen weiterer Verstärkungen, insbesondere weiterer russischer und japanischer Truppen, am 4. August mit 160 000 Mann russischer, japanischer, englischer, amerikanischer, französischer, deutscher und österreichischer Truppen unter dem russischen General Lenevič der Vormarsch nach Peking angetreten, das am 14. erreicht wurde. Am 15. gelang es, die seit dem 13. Juni schwer bedrängten Gesandtschaftsviertel zu besetzen.

In Peking war inzwischen am 18. Juni bei einem Vermittlungsversuch der deutsche Gesandte von Ketteler ermordet worden, was nach dem Bekanntwerden in Europa am 2. Juli heftige Reaktionen auslöste. Kaiser Wilhelm ordnete noch am gleichen Tage die Verschiffung der zwei mobilen See-Bataillone in der Heimat nach Ostasien an, die bereits am 3. Juli von Wilhelmshaven abgingen. Am folgenden Tage erfolgte die Anordnung, die Erste Linienschiffs-Division mit den 4 Linienschiffen der *Brandenburg*-Klasse unter Konteradmiral Geißler mit dem Aviso *Hela* nach Ostasien zu entsenden sowie 4 Stationskreuzer gleichfalls nach Ostasien zu beordern. Ferner wurde die Aufstellung einer Freiwilligen-Brigade angeordnet, die aus 4 Infanterie-, einem Kavallerie- und einem Feldartillerie-Regiment sowie einem Pionier-Bataillon bestehen sollte. Die beiden See-Bataillone trafen am 15. August vor Taku ein und wurden von dort nach Peking transportiert. Die Linienschiffe gelangten Ende August nach China, und vom 6. – 26. September traf auch die Freiwilligen-Brigade mit 17 000 Mann vor Taku ein. Um dem deutschen Auftreten besonderen Nachdruck zu verleihen, entsandte der Kaiser den früheren Generalstabschef, Feldmarschall Graf Waldersee, nach Ostasien, um den Oberbefehl zu übernehmen, dem sich auch die übrigen Mächte unterstellten.

In ähnlicher Weise verstärkten auch die übrigen Mächte ihre Truppen- und Flottenverbände in China. Bis Ende September sollten in Ostasien an Landtruppen versammelt sein: 44 000 Russen, 23 000 Japaner, 16 480 Franzosen, 14 100 Deutsche, 6000 Engländer, 2900 Amerikaner und 1900 Italiener mit insgesamt 312 Geschützen. Dabei waren die russischen Truppen, welche in der Mandschurei daran gingen, zunächst die Bahnlinien zu besetzen, nicht miteingerechnet. An Flottenverbänden versammelten sich in Ostasien von Rußland 5 Linienschiffe, 6 Panzerkreuzer, 3 Geschützte Kreuzer, 5 Kanonenboote, 2 Panzerkanonenboote und 3 Kanonenboote. Von Japan: 4 Linienschiffe, 3 Panzerkreuzer, 27 Kreuzer und Kanonenboote sowie 11 Torpedobootzerstörer. Von Frankreich: 1 Linienschiff, 4 Große Kreuzer, 7 Kleine Kreuzer sowie 11 Kanonenboote und 1 Panzerkanonenboot sowie 1 Torpedobootzerstörer. Von Deutschland: 4 Linienschiffe, 1 Panzerkreuzer und 3 Große Kreuzer, 7 Kleine Kreuzer, 4 Kanonenboote und 3 Zerstörer. Von Großbritannien: 3 Linienschiffe, 8 Panzerkreuzer und Große Kreuzer, 13 Kleine Kreuzer, 19 Kanonenboote und 6 Zerstörer. Von den Vereinigten Staaten: 1 Linienschiff, 2 Monitore, 1 Panzerkreuzer, 11 Geschützte-Kreuzer und 3 Kanonenboote. Ferner von Italien: 1 Panzerkreuzer, 5 Kleine Kreuzer. Von Österreich: 1 Panzerkreuzer, 4 Kleine Kreuzer. Von den Niederlanden: 1 Küstenpanzerschiff und 2 Kreuzer. Von Portugal: 1 Kreuzer und 1 Kanonenboot. Diese Verbände wurden über die ganze chinesische Küste verteilt und verhinderten eine Ausbreitung des Boxeraufstandes nach Zentral- und Südchina. Ehe es jedoch zur Konzentration dieser starken militärischen Verbände kam, willigte die chinesische Regierung Ende September 1901 in ein Protokoll ein, das sie zur Zahlung einer Entschädigung von 333 Mio. £ in 39 Jahresraten und zur Entschuldigung für die erfolgten Übergriffe verpflichtete.

Der Boxeraufstand hätte sehr wohl der Anlaß für eine endgültige Teilung Chinas in europäische Abhängigkeits- und Einflußsphären sein können. Die amerikanische Beteiligung am Kampf gab den Vereinigten Staaten jedoch ein Stimmrecht bei den Beratungen der daran beteiligten Nationen. Staatssekretär Hay benutzte diese Gelegenheit, um eine Politik der »offenen Tür« in China durchzusetzen, indem er die Mächte erfolgreich aufrief, Chinas territoriale Unabhängigkeit zu erhalten und »das Prinzip des gleichen und unparteiischen Handels mit allen Teilen des chinesischen Reiches für alle Welt zu sichern«.

Die Tirpitz'schen Flottengesetze

Als in Deutschland Admiral Tirpitz 1897 an die Spitze des Reichsmarineamtes berufen wurde, begann ein planmäßiges Arbeiten auf lange Sicht. Tirpitz kam aus der Operationsabteilung des Oberkommandos und brachte die dort erarbeiteten modernen taktischen Anschauungen mit, nach denen er seine Flottengesetze aufbaute. Es ist aber bezeichnend für die Verlagerung der Verantwortung, daß Tirpitz nicht von den militärischen oder politischen Erfordernissen, sondern vom technischen Rüstungsstand her die Flotte aufbaute, was schließlich zur Folge hatte, daß der Admiralstab als operativ verantwortliche Behörde zurückgedrängt und die Gesamtpolitik des Reiches in einem unerwünschten Maße von dem Gesetz der technischen Flottenentwicklung abhängig wurde.

Prinz Adalbert hatte 1848 gewarnt: »Solange Deutschland sich begnügt, eine bescheidene Stelle unter den kleineren Marinen einzunehmen, solange jedermann einsieht, daß es weder nach großer Geltung zur See strebt noch daran denkt, Schlachten zu liefern, wird niemand es einer Halbheit in seinen Maßregeln zeihen. Sobald es aber durch den Bau von Linienschiffen, von Schlachtschiffen aus diesem anspruchslosen Kreise heraustritt, werden aller Augen sich darauf richten, eine scharfe Kritik anheben, und wehe dem Vaterlande, wenn es sich bei diesem entscheidenden Schritt einer halben Maßregel schuldig machen sollte.«

Diese Gefahr hat man in der Tirpitz-Zeit gering eingeschätzt oder sie in Kauf nehmen wollen. In der Begründung der Novelle zum Flottengesetz vom Jahre 1900 hieß es:

»Um unter den bestehenden Verhältnissen Deutschlands Seehandel und Kolonien zu schützen, gibt es nur ein Mittel: Deutschland muß eine so starke Schlachtflotte besitzen, daß ein Krieg auch für den seemächtigsten Gegner mit derartigen Gefahren verbunden ist, daß seine eigene Machtstellung infrage gestellt wird. Zu diesem Zweck ist es nicht unbedingt erforderlich, daß die deutsche Schlachtflotte ebenso stark ist wie die der größten Seemacht, denn eine große Seemacht wird im allgemeinen nicht in der Lage sein, ihre sämtlichen Streitkräfte gegen uns zu konzentrieren. Selbst wenn es ihr aber auch gelingt, uns mit größerer Übermacht entgegenzutreten, würde die Niederkämpfung einer starken deutschen Flotte den Gegner doch so erheblich schwächen, daß dann trotz des etwa errungenen Sieges die eigene Machtstellung zunächst nicht mehr durch eine ausreichende Flotte gesichert wäre.« Ziel des Flottenbaus war danach der Schutz des deutschen Seehandels und der Kolonien durch Sicherung eines »Friedens in Ehren«.

Als dann die Blockbildungen der Großmächte sich gegen Deutschland zu richten begannen, glaubte man, in der Flotte ein letztes verzweifeltes Druckmittel auf England zu besitzen und die weltpolitisch entscheidende Großmacht damit an den Verhandlungstisch mit Deutschland zu zwingen. Nicht die Seeschlacht gegen England, sondern der politische Druckansatz ist danach das eigentliche Ziel der Flottengründung von Tirpitz gewesen.

Seine Flottengesetze waren klar, folgerichtig und zeugten von einer bedeutenden organisatorisch-technischen Begabung. Das erste Flottengesetz von 1898 umfaßte 2 Geschwader zu je 8 Linienschiffen und ein Küstenpanzergeschwader von 8 Schiffen sowie 6 Große und 16 Kleine Kreuzer für den Dienst in der Hochseeflotte, schließlich 3 Große und 10 Kleine Kreuzer für die Auslandsstationen. Als Materialreserve waren 2 Linienschiffe, 3 Große und 4 Kleine Kreuzer vorgesehen.

Das zweite Flottengesetz von 1900 vermehrte die Linienschiffs-Flotte um ein weiteres Geschwader und ein Flottenflaggschiff und verwies die Küstenpanzer aus der Schlacht-Flotte, für die allmählich im Zuge der Ersatzbauten vollwertige Linienschiffe eintreten sollten. Die Aufklärungs-Streitkräfte wurden um 2 Große und 8 Kleine Kreuzer vermehrt, die Materialreserve um 2 Linienschiffe.

Die Flotten-Novelle von 1906 vermehrte die Auslands-Kreuzer um 5 Große Kreuzer, dazu 1 Großen Kreuzer als Materialreserve. Die Novelle von 1908 beschleunigte die Ersatzbauten, was vornehmlich dem Ersatz der veralteten Küstenpanzerschiffe zugute kam.

Die Novelle von 1912 schließlich brachte nach mancherlei Abstrichen lediglich 3 Linienschiffe und 2 Kleine Kreuzer als Vermehrung ein. Sie wurde aber organisatorisch höchst wirkungsvoll ausgebaut; denn zu den 3 neu bewilligten Linienschiffen, die den Grund eines neuen Geschwaders bilden, sollten nunmehr die 4 Linienschiffe der Materialreserve und das zweite Flottenflaggschiff treten, so daß damit ein neues vollzähliges Geschwader formiert war. Zu den insgesamt 5 Linienschiffs-Geschwadern und dem sechsten, dem Küstenpanzer-Geschwader, die sämtlich in einem hohen Bereitschaftsgrad gehalten wurden, konnten 8 Schlachtkreuzer treten, die die Eigenschaften von Großkampfschiffen besaßen. Außerdem war es möglich, in absehbarer Zeit die Großen Auslands-Kreuzer durch Schlachtkreuzer zu ersetzen, wobei Tirpitz vorschwebte, diese nicht auf Auslandsstationen zu halten, sondern als sogenanntes Dislokations-Geschwader in Wilhelmshaven zu stationieren und von Fall zu Fall in den Atlantischen Ozean oder nach Übersee zu entsenden. Die Atlantik-Erprobungsfahrten von Großlinienschiffen und Schlachtkreuzern kurz vor Weltkriegs-Ausbruch liefen in dieser Richtung.

Dieser Druckansatz von 8 Geschwadern in der Nordsee wäre von England allerdings nicht zu ignorieren gewesen. Bis zum Kriegsausbruch 1914 ist dieses Programm freilich nur zahlenmäßig, nicht aber nach der Qualität erreicht worden. Der Aufbau dieser Flotte als eines homogenen Schlachtkörpers wurde dadurch erleichtert, daß die technische Entwicklung einen gewissen Abschluß erreicht hatte und sich ½ wie auch in den anderen Marinen ½ bestimmte Schiffstypen als brauchbar und entwicklungsfähig herauskristallisiert hatten. Selbst der Übergang zum Großkampfschiff schloß nicht aus, daß auch die älteren Geschwader im Verbande mitfahren und kämpfen konnten, wie die Skagerrak-Schlacht bewiesen hat. Trotz militärischer und politischer Veränderungen blieb die Struktur der Flotte, so wie sie 1897 begründet war, im wesentlichen gleich. Prinz Adalbert hat die Aufgaben der Seerüstung in dem Bau einer mittelgroßen Flotte gesehen, die zwar unter Umständen erweitert werden könnte, in erster Linie jedoch abwehrenden Charakter im Sinne des Risikogedankens besitzen sollte. Von hier aus führt ein gerader Weg über die Anschauungen Stoschs zu Tirpitz, der erstmalig klar erkannte, daß eine Flotte nicht eine Anzahl von nebeneinander bestehenden Angriffs- und Verteidigungsmitteln, sondern ein Organismus ist. Auch hat die Flotte keine selbständige politische Funktion, sondern gewinnt ihre Bedeutung erst im Rahmen der Gesamtstaatspolitik.

Tirpitz hielt bis in den Vorabend des Weltkrieges hinein an der in den 80er Jahren erprobten Geschwader-Taktik fest, obwohl die Seekampfmittel sich inzwischen vervielfältigt hatten. Die allgemeine Leistungssteigerung der Artillerie hatte das Kriegsschiff hauptsächlich zum Artillerieträger gemacht. Hinsichtlich Kalibergröße und Entfernungen, Schußfolge und Zielgeräten war eine rasche Entwicklung vollzogen, die den Fernkampf zur See von schnellen und gepanzerten und entsprechend großen Schiffen aus ermöglichte. Längst waren das Durchschlagen der Schlacht auf kurze Entfernung, das Mêlée, der Rammsporn überlebt. Aber auch die enge Blockade, die Hafenverteidigung hatte nur noch in den begrenzten Seeräumen und auch nur dort einen Sinn, wo diese von besonderer strategischer Bedeutung wa-

ren – wie bei den Dardanellen und den Ostsee-Zugängen. Die Torpedobewaffnung trat zurück und hatte in ihren Leistungen enttäuscht. Dagegen wurde die Mine, nachdem sie auch auf tieferem Wasser geworfen werden konnte, auf schnellen Schiffen, Kreuzern und später großen Torpedobooten wirkungsvoll eingesetzt.
Um den modernen operativen Zielsetzungen zu entsprechen, war die Steigerung der Leistungsfähigkeit der Antriebsmittel unerläßlich. Die Kolbendampfmaschinen hatten die Geschwindigkeiten bei Schlachtschiffen nicht wesentlich über 18, bei Kreuzern über 24 sm hinaus dringen lassen. Da gelang es mit der Erfindung der Turbine, eine intensive Ausnutzung des Dampfes für rationellen Betrieb und Geschwindigkeitssteigerung zu erreichen. Am Vorabend des Weltkrieges waren Versuche im Gange, den Schlachtschiffen einen Dieselmotor zur Steigerung ihrer Reichweiten beizugeben. Der Übergang zur gemischten Feuerung mit Ölkesseln vermochte die Geschwindigkeit weiter zu steigern und den Bereitschaftszustand zu verbessern. Das wurde vornehmlich von den deutschen Kreuzern der *Breslau*-Klasse ab erreicht. Auf militärpolitischem Gebiet war trotz mancherlei Reibungen und Ressortegoismus im großen doch eine Übereinstimmung in der Zielsetzung von Heer und Flotte erkennbar.

Der Wandel in den Bündnissystemen

In der »Royal Navy« war der Gegenspieler von Tirpitz der ziemlich selbstherrliche Erste Seelord, Sir John Fisher. Wie Tirpitz von der Weiterentwicklung des schwimmenden Materials durchdrungen, machte Fisher seine Amtsperiode zu einer jener seltenen Zeiten, in denen die königlich-britische Marine durch Erfindungsgabe und Neuerungen hervorragte. Fisher, dessen schöpferische Einsichten bemerkenswert waren, vermochte Neuerungen bereits in den ersten Anfangsstadien zu begreifen und sah besser als die meisten seiner Zeitgenossen die Entwicklungsmöglichkeiten von noch im Erprobungszustand befindlichen Waffen. Er förderte und sicherte die Verwendung von umstürzenden Schiffbauplänen, von Marineflugzeugen, Luftschiffen und von einer Unterwasserflotte, während die meisten Admirale in diesen Waffen noch kaum mehr als ein Spielzeug sahen. Mit einem Marine-Budget, das meistens das von Deutschland und den USA zusammen überstieg, konnte Fisher das mächtigste Seemachtinstrument schaffen, das die Welt je gesehen hatte.
In den letzten Jahren vor der Jahrhundertwende ließen in England die Sorge über das Vordringen der Russen in Ostasien, der Konflikt mit Frankreich in Afrika, der in der Faschoda-Krise seinen Höhepunkt fand, und schließlich die Probleme der Auseinandersetzung mit den Buren in Südafrika einerseits, und die schnelle Verstärkung der Flotten in Europa und Übersee andererseits, bei manchen Politikern der britischen Regierung die Frage aufkommen, ob England auf die Dauer in der Lage sein würde, gestützt auf die überlegene Seemacht, seine Politik der »splendid isolation« fortzusetzen oder ob man sich nach geeigneten Bundesgenossen umsehen müsse.
So trat im März 1898 der englische Kolonialminister, Joseph Chamberlain, an den deutschen Botschafter heran und schlug ihm ein englisch-deutsches Bündnis vor. Der Staatssekretär des Auswärtigen in Berlin, von Bülow, befürchtete, daß ein solcher Vertrag bei der anti-deutschen Stimmung in England kaum eine Mehrheit im Parlament finden würde und bei seinem Bekanntwerden vor einer Ratifizierung die Gefahr eines Präventivkrieges Rußlands und Frankreichs heraufbeschwören könnte. Als in Berlin schließlich bekannt wurde, daß das Angebot nur der Initiative Chamberlains entsprang und bei Premierminister Salisbury keine nachhaltige Unterstützung fand, wuchs das auf beiden Seiten vorhandene Mißtrauen weiter. Daher kam es in der folgenden Zeit nur zu Abkommen auf kolonialpolitischen Randgebieten, nicht jedoch zu einer grundlegenden Übereinkunft, auch nicht als 1901 der deutsche Botschafter in London von sich aus versuchte, die Bündnisgespräche wieder zu beleben. Inzwischen war die öffentliche Meinung auf beiden Seiten durch die Vorgänge während des Burenkrieges noch feindseliger geworden. In Deutschland glaubte man in dieser Zeit aufgrund der für unüberbrückbar gehaltenen Gegensätze zwischen England einerseits und Frankreich und Rußland andererseits, daß England eines Tages zu günstigeren Bedingungen zu einem Zusammengehen mit Deutschland bereit sein würde. Tatsächlich stellte sich jedoch heraus, daß die Gegensätze nicht unüberbrückbar waren und nicht, wie man in Berlin annahm, Deutschland die Wahlmöglichkeit besaß, sondern England.
So schloß England am 30. Januar 1902 zunächst ein Bündnis mit Japan, in dem sich beide Partner zur Neutralität im Falle eines Konfliktes mit einer einzelnen dritten Macht und der Bündnishilfe für den Fall eines Konfliktes mit mehreren Mächten verpflichteten. Beide hatten damit eine Eindämmung der russischen Ausdehnung im Fernen Osten im Auge. Als Rußland als Reaktion auf dieses Bündnis versuchte, zu einem engeren Zusammengehen zwischen Rußland, Frankreich und Deutschland, das sich in Ostasien bereits bewährt hatte, zu gelangen, wurde auch diese Anregung von Bülow abgelehnt, um Rußland damit nicht zu weiteren Aktionen im Fernen Osten zu ermuntern und das Reich nicht in eventuelle Konflikte mit England, Japan und den Vereinigten Staaten zu verwickeln.
Während Deutschland noch glaubte, zwischen den beiden Blöcken wählen zu können, begann sein eigenes Bündnis-System brüchig zu werden. Italien hatte 1900 zu einem Ausgleich mit den französischen Ambitionen in Nordafrika den Weg gefunden, indem es Frankreich freie Hand in Marokko gab, während umgekehrt Frankreich Italien freie Hand in Tripolis zusicherte, das nominell noch zur Türkei gehörte, deren Erhaltung eines der Ziele des Drei-Bundes war.

Kurz darauf gelang es jedoch auch, die Gegensätze zwischen England und Frankreich weitgehend zu überwinden, indem der französische Außenminister Delcassé und der britische Kolonialminister Chamberlain sich darüber verständigten, daß Marokko französisches, Ägypten dagegen englisches Interessengebiet sei. Ohne daß es zum Abschluß eines echten Bündnisvertrages kam, bezeichnet der April 1904 mit der Beseitigung der kolonialen Differenzen das Entstehen der »Entente Cordiale«. Damit glaubte Frankreich, freie Bahn für eine schrittweise Gewinnung Marokkos zu haben. Deutschland war damit nicht einverstanden und sah in der Tatsache, daß Frankreichs Bundesgenosse Rußland durch schwere Niederlagen im Fernen Osten und durch innere Unruhen ausgeschaltet war, eine günstige Gelegenheit, um Frankreich eine diplomatische Niederlage zufügen zu können, indem es durch den Besuch Kaiser Wilhelms II. in Tanger die Souveränität Marokkos als Staat zu unterstreichen suchte und auf einer allgemeinen Konferenz bestand. Zugleich versuchte Kaiser Wilhelm durch sein Zusammentreffen mit dem Zaren Nikolaus in Björkö am 25. Juli 1905, zu einem erneuten Zusammengehen mit Rußland zu kommen, das durch die deutsche Unterstützung Rußlands während des russisch-japanischen Krieges vorbereitet war, jedoch bei der russischen Regierung keine Gegenliebe fand. Auf der 1906 folgenden Marokko-Konferenz in Algeciras sah sich Deutschland mit seinem Bundesgenossen Österreich allein den übrigen Mächten gegenüber und mußte seinerseits eine diplomatische Niederlage hinnehmen.
Im Jahre 1907 gelang es der englisch-russischen Diplomatie, nach dem Vorbild der »Entente Cordiale« auch die zwischen England und Rußland bestehenden Streitpunkte in einem Abkommen zu regeln. Persien wurde in eine nördliche russische und eine südliche englische Interessenzone aufgeteilt, die durch eine neutrale Zone voneinander getrennt waren. Rußland erkannte Afghanistan als englisches Interessengebiet an, während England auf eine Einmischung in Tibet verzichtete. Durch diese Verträge stand Deutschland gegenüber den anderen Großmächten isoliert da. In dieser Situation gewann das Stärkeverhältnis der deutschen zur englischen Flotte eine erhöhte Bedeutung.

Das deutsch-englische Wettrennen zur See

Die deutschen Flottengesetze von 1898 und 1900 hatten zunächst in England keine besondere Besorgnis ausgelöst; denn zu dieser Zeit waren die Rüstungen Frankreichs und Rußlands für England noch bedrohlicher. Die Fassung der Flottenbaupläne in langfristige Programme und Gesetze war um die Jahrhundertwende durchaus keine spezifisch deutsche Errungenschaft.
Gerade in Frankreich hatte sich durch die häufigen Kabinettswechsel eine große Unsicherheit hinsichtlich des Flottenbaus ausgebreitet, die noch durch die scharfen Meinungsverschiedenheiten in den strategischen Konzeptionen der »alten« und der »jungen Schule« vertieft wurde. So war bei den führenden Admiralen der französischen Marine immer stärker der Wunsch wach geworden, die Flottenbauprogramme von den beständig wechselnden Mehrheitsverhältnissen und Anschauungen des Parlaments zu lösen und in eine langfristige Planung überzuführen. 1891 und 1896 hatte man solche Bauprogramme entwickelt, die jedoch in ihrer praktischen Durchführung immer wieder verzögert wurden. 1899 brachte der neue französische Marineminister Lanessan unter dem Eindruck der Faschoda-Krise in der Kammer einen vom »Conseil Supérieur« vorbereiteten Entwurf für ein Flottengesetz ein, der nach heftigen Diskussionen zwischen Vertretern der »alten« und der »jungen Schule« am 30. Juni 1900 angenommen wurde. Das Flottengesetz sah eine Schlachtflotte von 28 Schlachtschiffen in 4 Divisionen zu je 6 Schiffen und 4 Schiffen Materialreserve, 24 Panzerkreuzern in 8 Divisionen zu je 3 Schiffen, 52 Torpedobootzerstörern, 263 Torpedobooten und 38 U-Booten vor. Nach diesem Gesetz sollten bis 1907 neu gebaut werden: 6 Linienschiffe von 14 900 t, 5 Panzerkreuzer von 12 600 sowie 28 Torpedobootzerstörer und entsprechende kleinere Schiffe.
In Rußland, das bereits in den 90er Jahren seinen Flottenbau stark forciert hatte, legte gleichfalls im Jahr 1898 ein Ukas des Zaren einen neuen Flottenbauplan bis zum Jahr 1903 fest, der den Bau von 8 Linienschiffen, 6 Großen und 10 Kleinen Kreuzern sowie 30 Torpedobootzerstörern vorsah, wobei zum Bau der Schiffe auch ausländische Werften herangezogen werden sollten. Neben Frankreich, Rußland und Deutschland hatten in diesen Jahren auch die anderen Seemächte, so die Vereinigten Staaten und Japan, große Bauprogramme anlaufen lassen. Japan sah in seinem Postbellum-Programm 1896/97 die Fertigstellung von 4 der größten Linienschiffe der Zeit, 6 Panzerkreuzern und 7 Geschützten Kreuzern vor.
1906/7 hatte sich die Situation grundlegend geändert. Durch die »Entente Cordiale« war Frankreich als Gegner ausgeschieden. Die russische Marine hatte durch den russisch-japanischen Krieg schwerste Verluste hinnehmen müssen und stand durch das Abkommen von 1907 nunmehr auch auf Seiten Englands. Die außerordentlich gewachsene Marine der Vereinigten Staaten war nach dem 1901 erfolgten Ausgleich über verschiedene Interessenkonflikte gleichfalls kein möglicher Gegner für England mehr. Die japanische Flotte war durch das Bündnis von 1902 mit England verbunden. Die italienische Flotte konnte als einzelner Gegner kaum infrage kommen, da die Ausdehnung der italienischen Küsten und die zahlenmäßige Unterlegenheit für Italien eine Konfrontation mit England ausschloß. Und die österreichische Flotte war zahlenmäßig zu schwach, um als ins Gewicht fallender Einzelgegner in Betracht zu kommen. So blieb als möglicher maritimer Gegner um diese Zeit nur noch die deutsche Flotte übrig, die damit in den Mittelpunkt aller britischen Flottenrüstungs-Überlegungen

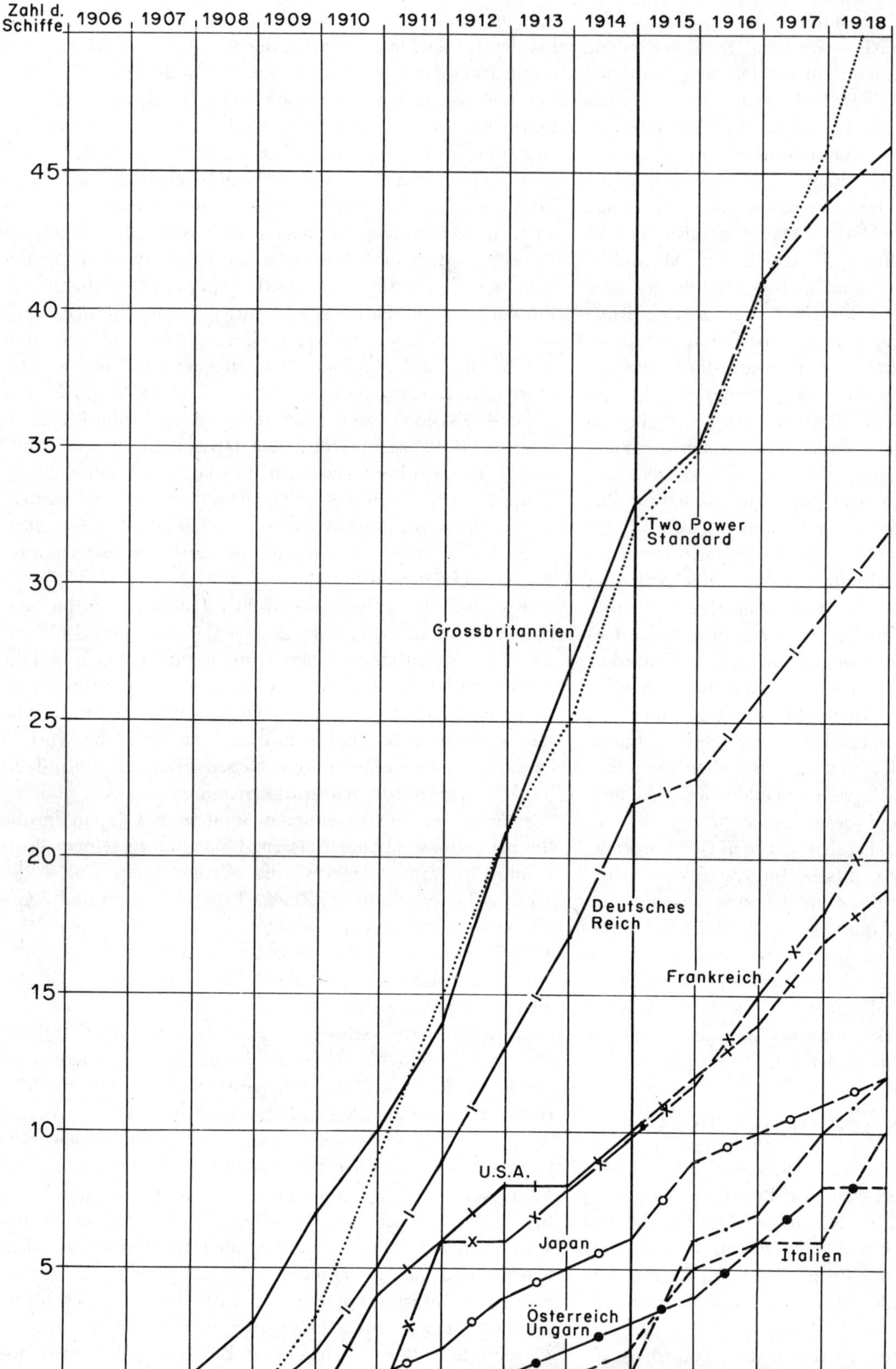

Der Dreadnought-Bestand der Grossmächte

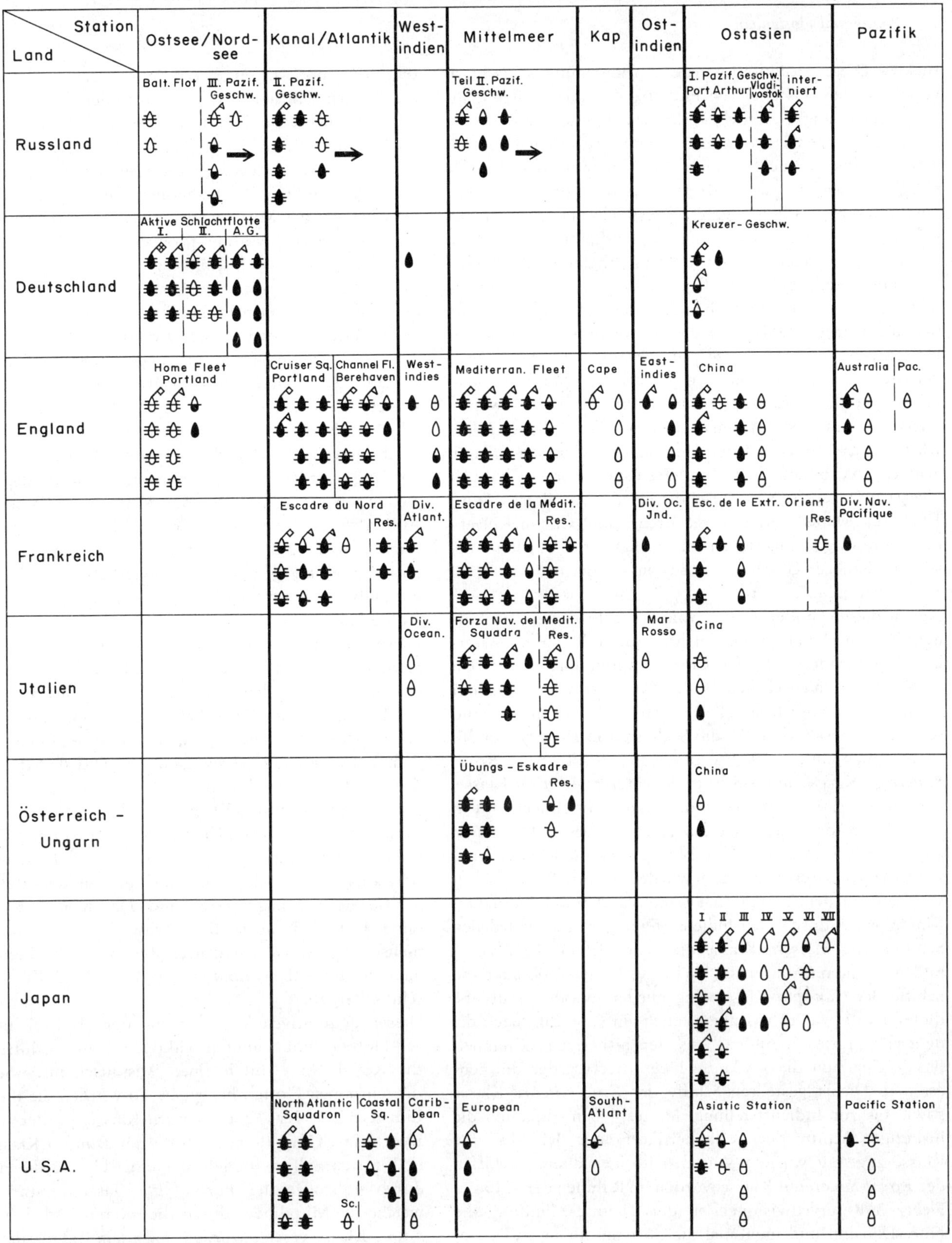

Dislokation der aktiven Flotten Herbst/Ende 1904

rückte. Diese Situation wurde darüber hinaus dadurch verstärkt, daß das deutsche Flottengesetz mit großer Plan- und Regelmäßigkeit durchgeführt wurde und die deutsche Flotte in wenigen Jahren neben der amerikanischen auf den dritten Rang vorrückte. Nach der Aufnahme des Dreadnought -Baues, bei dem Tirpitz trotz der höheren Kosten am Bautempo des Flottengesetzes festhielt, ließ Deutschland bald alle anderen Marinen außer England hinter sich.

In den Jahren von 1905 –1907 trug England dieser Entwicklung durch eine grundlegende Umdisposition seiner schlagkräftigsten Flottenverbände Rechnung.

Bis zum Herbst 1904 zeigte die Disposition der britischen Flotten eine deutliche Spitze gegen Frankreich. Die 12 modernsten Linienschiffe bildeten jeweils die »Mediterranean Fleet« mit dem Hauptstützpunkt Malta und der zweiten Basis Gibraltar. 1904 waren es die 8 Schiffe der *Formidable*-Klasse und 4 Einheiten der *Duncan*-Klasse. Einen zweiten Schwerpunkt bildete die in Berehaven stationierte »Channel-Fleet«, zu der meist 8 Linienschiffe eines etwas älteren Typs, 1904 der *Majestic*-Klasse, gehörten. Die »Channel-Fleet« fand ihre Ergänzung in einem starken, auf Portland gestützten Kreuzer-Geschwader, das aus 10 der neuesten Panzerkreuzer gebildet war.

Neben diesen modernsten Verbänden erforderten die Verhältnisse im Fernen Osten gleichfalls die Bildung eines starken Geschwaders bei der China-Station, das im Herbst 1904 aus 5 Linienschiffen (4 der *Canopus*-Klasse und der älteren *Centurion*) bestand. Die »Home-Fleet« in Portland schließlich besaß als Kern die 8 ältesten in Dienst befindlichen Linienschiffe; 1904 waren es 5 Schiffe der *Royal Sovereign*-Klasse und 3 Schiffe der älteren *Admiral*-Klasse. Im Februar 1905 erschien es möglich, die Mittelmeerflotte in ihrer Stärke drastisch zu reduzieren. Sie bestand von nun an aus den 8 Linienschiffen der *Formidable*-Klasse, während die *Duncans* abgezogen wurden, um in Portland zusammen mit den 2 gekauften Linienschiffen der *Swiftsure*-Klasse und 5 durch Neu-Indienststellungen freigewordenen Schiffen der *Majestic*-Klasse die neue »Channel-Fleet« zu bilden, in die nach ihrer Rückkehr aus China 1906 auch die Schiffe der *Canopus*-Klasse eingegliedert wurden. Aufgabe dieser Flotte war es vor allem, auch ein Gewicht gegen die deutsche Flotte zu bilden. Aus der bisherigen »Channel-Fleet« ging nun die »Atlantic Fleet« hervor, der die neuesten in Dienst gestellten Schiffe der *King-Edward*-Klasse sowie bis zur Indienststellung der restlichen Einheiten die bisherigen Schiffe der »Channel-Fleet« aus der *Majestic*-Klasse zugeteilt wurden. Aus den übrigen älteren Schiffen der *Royal-Sovereign*-Klasse wurden im Rahmen der »Home-Fleet« 3 Reservedivisionen, in der Themse-Mündung die Nore-Division und im Kanal die Portsmouth- und die Devonport-Divisionen, gebildet, die im allgemeinen aus 3 – 4 alten Linienschiffen bestanden.

Ende 1906 waren im Vergleich zur Aufstellung von 1904 die Linienschiffe in den Altersgruppierungen wie folgt verteilt: die modernsten 8 Schiffe bei der »Atlantic Fleet«, die danach jüngsten 8 Linienschiffe der *Formidable*-Klasse im Mittelmeer, die dann folgenden nächst schlagkräftigsten 16 Linienschiffe in der »Channel-Fleet« und die restlichen etwa 16 Schiffe in den Reservedivisionen der »Home Fleet«. Diese gegenüber der bisherigen Dislokation auffallende Schwächung des Mittelmeeres wurde dadurch möglich, daß die französische Marine ihrerseits eine Verlagerung des Schwergewichtes ins Mittelmeer vornahm. Waren bisher die modernsten 6 französischen Linienschiffe in einem Geschwader von 2 Divisionen in Toulon stationiert, während die 3 nächst ältesten Schiffe eine Division in Brest bildeten, die durch eine zweite Division der neuesten Küstenpanzerschiffe auf ein Geschwader verstärkt wurde, und 3 ältere Schiffe eine weitere Reservedivision für das Mittelmeer ergaben, so wurden ab 1906 die 12 modernsten französischen Linienschiffe jeweils in 2 Geschwadern im Mittelmeer stationiert. 1907/08 trat für diese Geschwader durch die Indienststellung der Linienschiffe der *République*-Klasse und die Außerdienststellung der älteren Einheiten eine wesentliche qualitative Verbesserung ein, so daß die englische und französische Flotte gemeinsam eine erhebliche Überlegenheit gegenüber den vereinigten italienisch-österreichischen Flotten besaßen.

Diese Änderungen der Dislokation hatten in den englischen Heimatgewässern wieder eine deutliche Überlegenheit über die anwachsende deutsche Flotte hergestellt. Bis zum Jahre 1904 konnte die Kaiserliche Marine in ihrer »aktiven Schlachtflotte« zunächst nur 8 moderne Linienschiffe in dem I. Geschwader vereinigen, während das II. Geschwader aus den alten Schiffen der *Bayern*-Klasse sowie Küstenpanzerschiffen bestand, solange die 4 Linienschiffe der *Brandenburg*-Klasse im Umbau waren. Erstmalig Ende 1904 konnte man daran gehen, ein zweites Linienschiff-Geschwader aufzustellen, das mit der Indienststellung der Schiffe der *Braunschweig*- und *Deutschland*-Klassen bis Ende 1907 2 Linienschiff-Geschwader mit modernen Linienschiffen sowie ein drittes Reservegeschwader mit den alten Schiffen der *Brandenburg*-Klasse und Küstenpanzerschiffen ergab.

Dieser qualitativen Verbesserung der ab 1907 in »Hochsee-Flotte« umbenannten »aktiven Schlachtflotte« mußte die Royal Navy durch einen Austausch ihrer Schiffe bei den einzelnen Flotten begegnen. So wurden die modernsten Linienschiffe der *King Edward*-Klasse in der »Atlantic-Fleet« durch die älteren Schiffe der *Duncan*-Klasse ersetzt und traten selbst zu der »Channel-Fleet«, die außerdem durch 4 Schiffe der *Formidable*-Klasse verstärkt wurde, welche im Mittelmeer durch die älteren Einheiten der *Canopus*-Klasse ersetzt wurden, nachdem die qualitative Verbesserung des französischen I. Geschwaders nach der Indienststellung aller *République's* möglich geworden war. So verfügte die im Schwerpunkt eingesetzte »Channel-Fleet« Ende 1908 über 14 der modernsten englischen

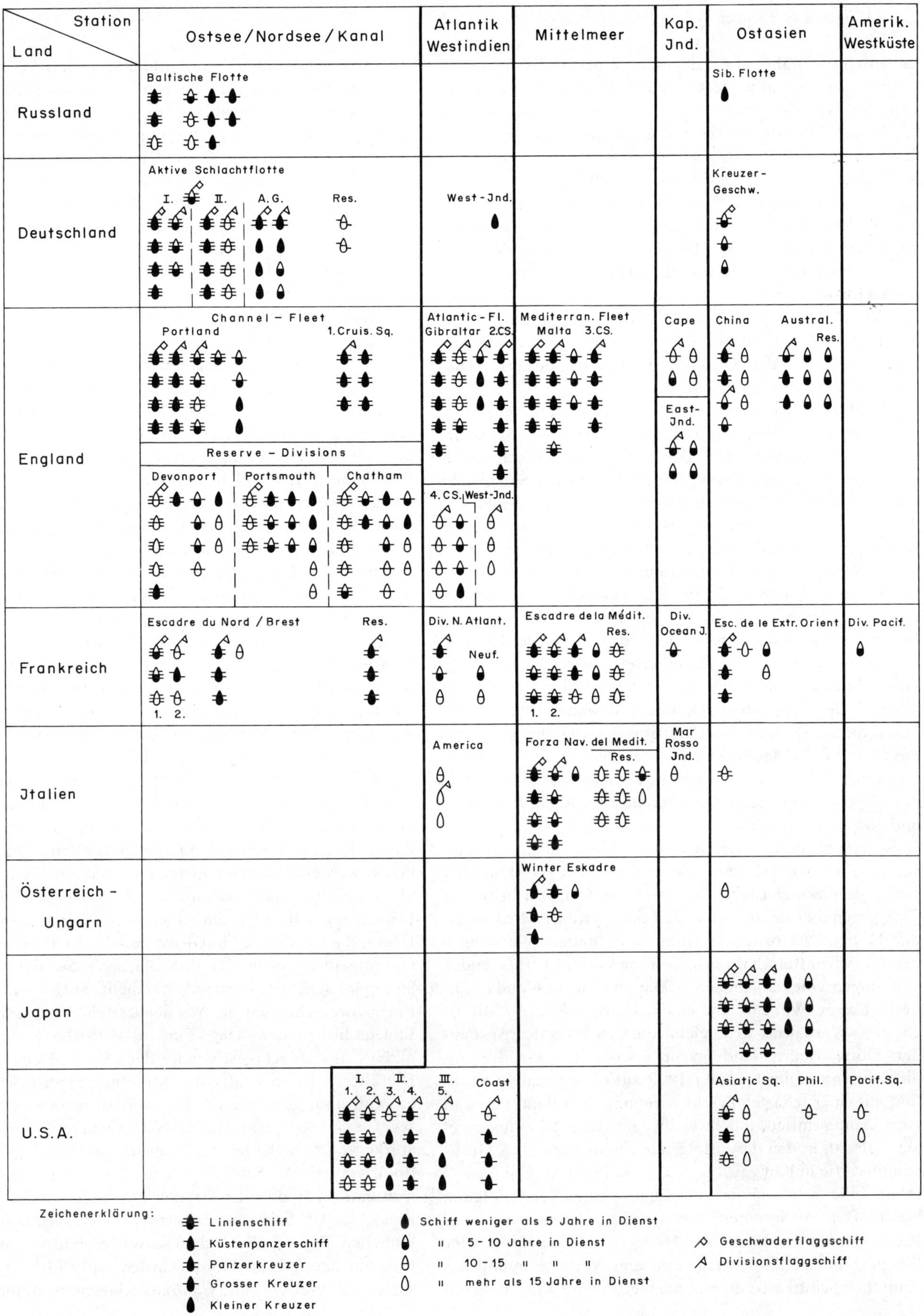

Dislokation der aktiven Flotten Anfang 1906

Linienschiffe, während 6 Linienschiffe der nächsten Altersgruppe die »Atlantic-Fleet« und 8 Schiffe der drittältesten Gruppe die »Mediterranean Fleet« bildeten. Alle Schiffe der *Majestic*-Klasse und ältere Jahrgänge traten zu den Reservedivisionen der »Home-Fleet«.

Nachdem 1908 in Deutschland alle Schiffe der *Braunschweig*- und *Deutschland*-Klassen in Dienst gestellt waren und für 1909 das Frontreifwerden der ersten *Dreadnought's* zu erwarten stand, so daß bald mit dem Ausscheiden aller mit 24-cm-Kanonen bewaffneten Linienschiffe aus der aktiven Hochsee-Flotte zu rechnen war und darüber hinaus mit der Flotten-Novelle von 1908 der Übergang zu einem Bautempo von 4 Großkampfschiffen pro Jahr ins Auge gefaßt war, schien der Royal Navy auch die bisherige Dislokation nicht mehr ausreichend.

Im April 1909 wurde die bisher aus Reserveeinheiten bestehende »Home-Fleet« zum Kern der britischen Schlachtflotte, die in Zukunft aus 4 Divisionen bestehen sollte, von denen die Erste und Zweite – mit dem neuen Stützpunkt Firth of Forth zusätzlich zu Portland – die aktive Flotte, die Dritte und Vierte Divisionen – mit den Stützpunkten Nore, Portsmouth und Devonport – die Verbände der zweiten Linie mit verringerten Besatzungsstämmen an Bord bilden sollten. Die I. Division setzte sich aus den inzwischen fertiggestellten ersten *Dreadnought's*, 2 *Lord Nelson* und 2 älteren Linienschiffen zusammen, die nach dem Fertigwerden weiterer *Dreadnought's* von diesen ersetzt wurden. Die II. Division bildeten die bisher zur »Channel-Fleet« gehörigen 8 Schiffe der *King-Edward*-Klasse, während je 6 Schiffe der *Formidable-, Duncan*- und *Swiftsure*-Klassen die »Atlantic-Fleet« und die »Mediterranean-Fleet« als aktive Flottenteile bildeten. Die III. und IV. Divisionen wurden aus den Schiffen der *Majestic*- bzw. den älteren Schiffen der *Royal Sovereign*- und *Nile*-Klassen gebildet.

Diese Neugliederung der britischen Flotte mit ihrer Verstärkung in den Heimatgewässern war auch von negativ verlaufenen Sondierungen beeinflußt, welche von britischer Seite gegenüber deutschen Stellen durchgeführt wurden, um das Flotten-Wettrüsten in Grenzen zu halten. Warnungen des deutschen Botschafters in London vor den verheerenden Wirkungen einer ablehnenden Haltung Deutschlands quittierte Kaiser Wilhelm mit einer scharfen Rüge: »Mir ist ein gutes Verhältnis zu England um den Preis des Ausbaus der Flotte Deutschlands nicht erwünscht«. Großbritannien antwortete im Frühjahr 1909 auf diese negative Reaktion mit einer scharfen Beschleunigung seines Bautempos an Großkampfschiffen, indem es im laufenden Jahr nicht weniger als 10, in den darauffolgenden Jahren jeweils 5 Großkampfschiffe in Bau gab.

Doch sollte sich nochmals die Chance einer Verständigung bieten. Der im Sommer 1909 ins Amt gekommene neue Reichskanzler v. Bethmann-Hollweg hoffte, über eine Einigung in der Flottenfrage und eine Verlangsamung des deutschen Schiffbau-Tempos zu einer Einigung mit England zu kommen. Die durch Vermittlung des HAPAG-Direktors Albert Ballin im August 1909 begonnenen Gespräche gingen zunächst nur schleppend voran. Erst als 1912 eine neue deutsche Flotten-Novelle bekannt wurde, kamen die Verhandlungen ernsthaft in Gang. Die deutschen Flottengesetze hatten von 1908–1911 jährlich den Bau von 4 Großkampfschiffen vorgesehen. Von 1912–1917 waren danach je 2 Ersatzschiffe notwendig. Um die damit entstehende Lücke in der Beschäftigung der Werften auszugleichen und zu einem weiteren aktiven Geschwader zu kommen, hatte der Staatssekretär des Reichsmarineamtes von Tirpitz je einen Vermehrungsbau für 1913, 1915 und 1917 vorgesehen, um mit diesen 3 Schiffen, den 4 Schiffen der Materialreserve und dem zweiten Flottenflaggschiff das V. Geschwader aufstellen zu können. Bei seinem Besuch in Berlin im Februar 1912 versuchte der britische Kriegsminister Haldane, den Kaiser zu einem Verzicht auf diese zusätzlichen Schiffe oder einer Verzögerung des Bauprogramms zu bewegen. Da jedoch auch England nicht bereit war, das als Gegenleistung erwartete Neutralitätsabkommen anzubieten, kam es nicht zu der vorgesehenen Einigung, und die zunehmende Konfrontation nahm ihren Lauf.

Auf britischer Seite glaubte man, der Verstärkung der deutschen Hochsee-Flotte durch die Bildung zunächst einer weiteren aktiven 5. Division, die nach dem Gesetz auf ein volles Geschwader erweitert werden sollte, nur durch eine weitere Konzentration der britischen Seestreitkräfte in den heimischen Gewässern begegnen zu können. In seiner Etat-Rede am 18. März 1912 kündigte der neue britische Erste Lord der Admiralität Winston Churchill eine neue Einteilung der britischen Flotte an. Danach sollten die Linienschiffe der Flotte in eine vollbemannte und verwendungsbereite Erste Flotte, in eine in wenigen Tagen mobilisierbare Zweite Flotte sowie eine mit verminderten Stammbesatzungen und durch Reserve-Personal aufzufüllende Dritte Flotte eingeteilt werden. Danach bildeten die bisherige I. Division der »Home-Fleet« mit den älteren Großkampfschiffen das I. Schlachtgeschwader, die bisherige II. Division der »Home-Fleet«, die mit den neu in Dienst gestellten Großkampfschiffen aufgefüllt wurde, das II. Schlachtgeschwader, als deren Stützpunkt neben Portland nunmehr auch der Firth of Forth vorgesehen wurde. Aus den letzten Vor-Dreadnought-Linienschiffen der *King Edward VII*-Klasse wurde ein aktives III. Schlachtgeschwader der »Home-Fleet« gebildet. Die älteren Linienschiffe der Mittelmeer-Flotte sollten das auf Gibraltar gestützte IV. Schlachtgeschwader bilden. Dieses Geschwader war durch Neubauten auf die geplante Stärke von 8 Einheiten zu bringen. Die bisherige Atlantikflotte trat als V. Schlachtgeschwader zur Zweiten Flotte, während nach dem Ersatz der Linienschiffe der *Duncan*-Klasse im IV. Schlachtgeschwader durch Neubauten diese Einheiten das VI. Schlachtgeschwader bilden sollten. Im Rahmen der Dritten Flotte wurden schließlich die älteren Schiffe der *Majestic*- und *Canopus*-Klassen zusammengefaßt.

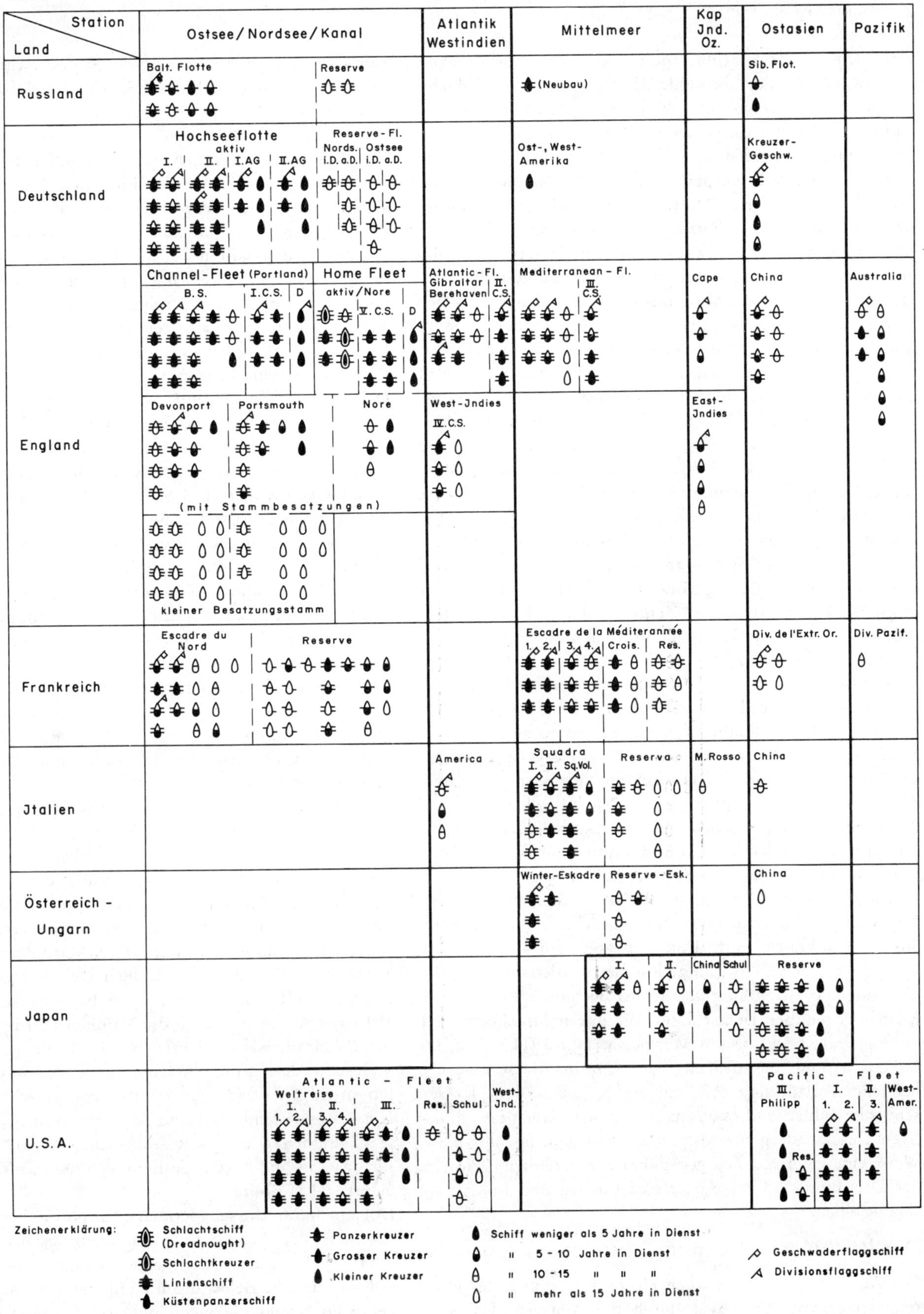

Dislokation der aktiven Flotten Ende 1908

Zu jedem dieser 8 Schlachtgeschwader trat ein Kreuzer-Geschwader, bei dem die modernen fertiggestellten Schlachtkreuzer das I. Geschwader bildeten, während die älteren Panzerkreuzer und Geschützten Kreuzer, nach ihrer Kriegsbrauchbarkeit gestaffelt, den übrigen Geschwadern zugeteilt wurden. Zusätzlich wurden noch ein IX., X. und XI. Geschwader für die Dritte Flotte gebildet und aus dem bisherigen VI. Kreuzergeschwader mit 3 Panzerkreuzern ein Mittelmeer-Kreuzergeschwader mit dem Stützpunkt Malta und ein weiteres Schul-Kreuzergeschwader aufgestellt.

Die Entblößung des Mittelmeeres von einem britischen Schlachtgeschwader war durch ein entsprechendes Übereinkommen mit der französischen Regierung möglich geworden, das seinerseits durch die zweite Marokko-Krise 1911 ausgelöst wurde. Nachdem Deutschland 1909 die Vorrangstellung Frankreichs in Marokko anerkannt hatte, während Frankreich als Gegenleistung die wirtschaftliche Gleichberechtigung der übrigen Nationen zugestehen mußte, war es zu häufigen Behinderungen der deutschen Interessen gekommen. 1911 nahmen die Franzosen Unruhen zum Anlaß, die wichtigsten Städte Marokkos militärisch zu besetzen. Auf deutscher Seite war man zwar bereit, Marokko Frankreich zu überlassen, wollte dafür aber erhebliche französische Zugeständnisse in Zentralafrika einhandeln. Um die Kriegsbereitschaft Deutschlands zu demonstrieren, wurde das Kanonenboot *Panther* nach Agadir entsandt (1. 7. 1911). Da Deutschland jedoch bei den übrigen europäischen Mächten – außer Österreich-Ungarn – keine Unterstützung erhielt und England sich deutlich für die französischen Interessen einsetzte, mußte Deutschland sich mit sehr viel geringeren Zugeständnissen im Gebiet von Kamerun zufrieden geben und damit erneut eine diplomatische Niederlage einstecken. Während sich die britischen und französischen Generalstäbe für den Fall eines Krieges auf gemeinsame militärische Operationen einigten, kam es auch zwischen den zuständigen Marinestellen zu Übereinkünften, die vorsahen, daß die Aufgaben gegenüber den Drei-Bund-Mächten im Mittelmeer durch Frankreich mit Unterstützung eines britischen Schnellen Geschwaders wahrgenommen werden sollten, während England gleichzeitig den Schutz der nordfranzösischen Küsten gegenüber Deutschland mit übernahm. Daraufhin konnte Frankreich, dessen Marine im Jahr 1911 durch die Indienststellung der 6 Schiffe der *Danton*-Klasse eine erhebliche Verstärkung erfahren hatte, neben dem I. Geschwader bilden und es zusätzlich zu den beiden ersten aktiven Geschwadern ins Mittelmeer verlegen, um auf diese Weise eine Überlegenheit gegenüber den vereinigten Flotten der Drei-Bund-Mächte, Österreich-Ungarn und Italien, sicherzustellen.

Der Rüstungswettlauf im Mittelmeer

Der Ausbau der französischen Flotte im Rahmen des Flottengesetzes von 1900 war durch die Amtszeit des weitgehend der »Jeune Ecole« angehörenden Ministers Pelletan, eines engagierten Gegners des Schlachtschiffbaus, so sehr verzögert worden, daß die 6 Schiffe der *République*-Klasse erst im Jahr 1907/08 zur Flotte traten. Sein sprunghaftes Wesen, das sich technischen Neuerungen schnell zuwandte, führte jedoch auch in den anderen Schiffskategorien zu großer Unsicherheit. Es wurden Einheiten der unterschiedlichsten Typen bei den Torpedobooten und Unterseebooten gebaut, so daß hier sich nun vielfach das Bild wiederholte, welches in den Jahren vor 1900 die französische Schlachtflotte geboten hatte: ein buntes Typen-Sammelsurium. Erst unter dem Eindruck der Schlacht von Tsushima begannen sich unter seinem Nachfolger Thomson die bei den übrigen Marinen anerkannten Gedankengänge einer ausgewogenen Flotte wieder durchzusetzen.

Der von Thomson 1905 aufgestellte Flottenbauplan sah für 1919 einen Bestand von 34 Linienschiffen in 5 Geschwadern zu 6 Schiffen sowie 4 Reserve-Einheiten, je 18 Panzerkreuzern erster und zweiter Klasse, von denen die ersten 5 Geschwader zu 3 Schiffen plus 3 Reserve-Einheiten bilden sollten, während die übrigen Schiffe für den Auslandsdienst bestimmt waren, 6 Spähkreuzern, 109 Torpedoboot-Zerstörern, 170 Torpedobooten, 82 Angriffs-U-Booten und 49 Verteidigungs-U-Booten vor. Auf Veranlassung des »Conseil Supérieur«, der aus erfahrenen Admiralen bestand, wurde dieser Plan im Jahr 1906 auf 38 Linienschiffe, 20 Panzerkreuzer und 6 Spähschiffe sowie die kleineren Einheiten 1/2 unter Weglassung der Torpedoboote 1/2 abgeändert. Jedoch auch dieser Plan sowie ein im Jahre 1909 von dem Marineminister vorgelegtes Programm, das einen Ausbau auf 45 Linienschiffe, 12 Aufklärungsschiffe, 60 Torpedoboot-Zerstörer, 84 Hochsee-Torpedoboote und 64 Angriffs-U-Boote vorsah, kamen nicht zur Ausführung. In diesem Jahre wurde von dem amtierenden Minister Picard eine Kommission eingesetzt, welche die in der Marine herrschenden Zustände scharf kritisierte und im Juli den Sturz des Kabinetts Clémenceau herbeiführte. In dem neuen Kabinett wurde nach längerer Zeit wieder ein erfahrener Fachman, der Vizeadmiral de Lepeyrère, Marineminister, dem es zusammen mit seinem Nachfolger Delcassé gelang, das im Februar 1910 eingebrachte neue Flottengesetz am 30. 3. 1912 zur Annahme durch die Kammern zu bringen. Es sah für die französische Flotte bis 1919 einen Bestand von 4 Geschwadern zu 6 Schlachtschiffen plus 4 Reserveeinheiten sowie 2 Aufklärungs-Schiffen pro Geschwader, zuzüglich 4 Reserveeinheiten und 52 Zerstörern in 4 Flotillen zu je 12 Einheiten und 4 Reserve-Schiffen vor. Dazu kamen für das Ausland 10 Große Einheiten und als Verteidigungs-Schiffe 94 U-Boote.

Doch nicht nur die schwierigen innenpolitischen Verhältnisse machten der Schlagkraft der französischen Marine zu schaffen. Sie hatte durch eine Anzahl verlustreicher Unfälle zusätzliche Belastungen zu überstehen. Am schwerwiegendsten waren die unzulänglichen Eigenschaften der für die Geschosse der Artillerie verwendeten Pulversorten, die

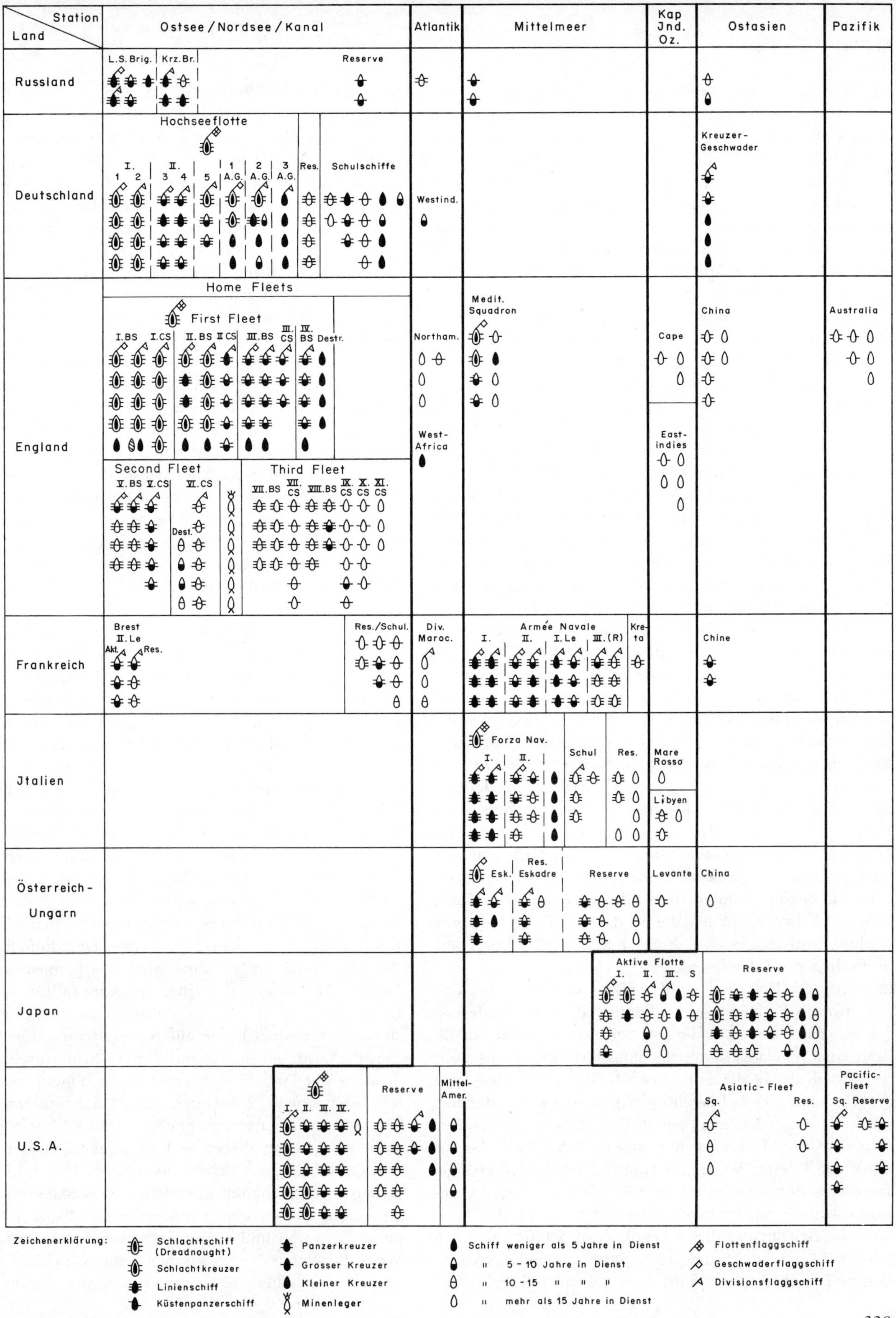

Dislokation der aktiven Flotten Ende 1912

im März 1907 zur Explosion des Schlachtschiffes *Iéna* führten und im September 1911 das Schlachtschiff *Liberté* in die Luft fliegen ließen. Zahlreiche weitere Unfälle unterstrichen dieses Problem, das unter anderem dazu führte, daß im Jahre 1912 anläßlich der Balkankrise französische Panzerkreuzer in das Ost-Mittelmeer mit völlig unzulänglichen Munitionsbeständen auslaufen mußten. Erst in den letzten Jahren vor dem ersten Weltkrieg gelang es der zielbewußt durchgeführten Reorganisation unter dem Minister Delcassé und dem zum Flottenchef ernannten Admiral de Lapeyrère, die Schlagkraft der Flotte zu erhöhen.

Das erschien ab 1912 in besonderem Maße notwendig, nachdem einerseits Frankreich sich mit England auf eine weitgehende Aufteilung der Operationsgebiete geeinigt hatte, die Frankreich die gemeinsamen Aufgaben im Mittelmeer übertrug, andererseits aber in der materiellen Stärke gegenüber den anscheinend wieder enger zusammengerückten Mächten des Dreier-Bundes, Österreich und Italien, eine zahlenmäßige Unterlegenheit bei den modernsten Schlachtschiff-Typen einzutreten drohte. Während Frankreich in den Jahren 1910 und 1911 die 4 ersten echten Dreadnoughts der *Jean-Bart*-Klasse in Auftrag gegeben hatte, von denen je 2 im Sommer 1913 und Sommer 1914 zur Flotte treten sollten, hatten in diesen Jahren Italien und Österreich ihrerseits je 4 solche Dreadnoughts in Bau gegeben, von denen die ersten bereits Ende 1912, die letzten um die Wende 1914/15 frontreif werden sollten. Frankreich entschloß sich daher, die Durchführung seines Flottengesetzes von 1912 zu beschleunigen und im laufenden Jahr statt 2 3 Schiffe in Bau zu geben sowie den Bau der für 1913/14 vorgesehenen 5 Schlachtschiffe um 9 Monate vorzuziehen. Ferner wurde erwogen, die im Flottengesetz vorgesehenen und nicht näher definierten Aufklärungs-Schiffe als Schlachtkreuzer zu bauen und entsprechende Entwürfe für Schiffe von 28 000 t und 27 Knoten-Geschwindigkeit ausarbeiten zu lassen, um damit die zahlenmäßige Überlegenheit der französischen Streitkräfte über die kombinierten österreichisch-italienischen Flotten wiederherzustellen, die bis dahin nur durch die Entsendung britischer Schlachtkreuzer in das Mittelmeer aufrechterhalten werden konnte.

In Österreich-Ungarn fand die Flotte vor allem bei dem Thronfolger, Erzherzog Franz-Ferdinand, große Förderung, der sich dafür einsetzte, die österreichische Marine aus der Rolle einer reinen Küstenverteidigungs-Marine herauszuführen. Mit dem Bau der Schlachtschiffe der *Radetzky*-Klasse, die schon Halb-Dreadnoughts gleichkamen, wurde der erste Schritt in dieser Richtung getan. Der Marinekommandant, Admiral Graf Montecuccoli, nutzte im Jahre 1910 das Angebot der Triester Werft, auf zwei frei werdenden Helligen schon zunächst auf eigene Kosten mit dem Bau von 2 Großkampfschiffen zu beginnen, und setzte dann die nachträgliche Bewilligung dieser begonnenen Schiffe durch. Im Jahre 1911 brachte Montecuccoli gleichfalls ein langfristiges Marine-Bauprogramm vor die gesetzgebenden Körperschaften, das bis 1920 die Stärke von 16 Schlachtschiffen, 12 Kreuzern, 24 Zerstörern, 72 Torpedobooten und 12 U-Booten vorsah, wobei die Altersgrenzen, wie zu dieser Zeit allgemein üblich, auf 20 Jahre für Schlachtschiffe, 15 für Kreuzer und Zerstörer und 12 für Torpedo- und U-Boote festgesetzt wurden. Den Widerstand der ungarischen Delegation konnte Montecuccoli durch die Beteiligung der ungarischen Danubius-Werft in Fiume beschwichtigen, wenngleich für die dort gebauten Schiffe erhebliche Bauverzögerungen in Kauf genommen werden mußten. Für das Jahr 1913 sah der Nachfolger Montecuccolis, Admiral Haus, den Ersatz der 3 kleinen alten Panzerschiffe der *Monarch*-Klasse und des Linienschiffes *Habsburg* durch 4 neue Großkampfschiffe vor. Obgleich Österreich-Ungarn und Italien formell Bundesgenossen waren, hatte sich über die Jahre hinweg die Rivalität zwischen beiden Mächten erhalten, und in Österreich betrachtete man weiterhin die italienische Marine als den wahrscheinlichsten potentiellen Gegner. Durch die Verbesserungen des österreichischen Schiffbaus und die Beschleunigung der Fertigstellung der ersten Großkampfschiffe gewann die österreichisch-ungarische Marine Ende 1913 eine gewisse Überlegenheit über die italienische Marine, deren Großkampfschiff-Bauten sich in der Fertigstellung verzögerten.

Rückgrat der italienischen Marine bildeten zunächst die 1907/08 fertiggestellten Linienschiffe der *Regina-Elena*-Klasse, der von Vittorio Cuniberti entworfenen Schiffe, die seinerzeit durch ihre Eigenschaft »schneller als jedes stärkere und stärker als jedes schnellere« Aufsehen erregt hatten. Diese Schiffe fanden ihre Ergänzung durch die von dem Marineminister, Vizeadmiral Carlo Mirabello (1903–1909), im Rahmen des Flottengesetzes vom 2. Juli 1905 in Bau gegebenen 4 Panzerkreuzer der *Pisa*-Klasse, die 1909/10 fertig wurden, ebenso wie die im Rahmen dieses Programmes gebauten 10 Zerstörer, 15 Hochsee-Torpedoboote und 7 U-Boote. Eine Novelle zu diesem Gesetz vom 27. Juni 1909 sah den Bau von 4 Dreadnoughts, 3 Aufklärungs-Kreuzern, 12 Zerstörern, 34 Torpedobooten und 12 U-Booten vor, von denen der erste Dreadnought, *Dante Alighieri,* noch im gleichen Monat begonnen wurde. Im Jahre 1912 forderte der Chef des Admiralstabes, Admiral Rocca Rey, um die Überlegenheit gegenüber der österreichisch-ungarischen Flotte aufrechtzuerhalten, für die italienische Marine einen Bestand von 16 Schlachtschiffen, von denen 6 Vor-Dreadnoughts und 10 Dreadnoughts sein sollten. Nachdem 1912 2 weitere Schiffe der bisherigen Bauart begonnen worden waren, blieben somit 4 Schiffe übrig, die 1914 nach neuen Plänen in Bau gegeben wurden und auf die Vereinigung der bereits bisher in Italien besonders beachteten Eigenschaften der offensiven Schlagkraft und Geschwindigkeit mit einem ausreichenden Panzerschutz ausgerichtet waren und somit einen weiteren Schritt auf dem Wege zur Vereinigung zwischen Linienschiff und Schlachtkreuzer darstellten. In diesem Programm waren darüber-

hinaus 8 Aufklärungs-Kreuzer und 24 Zerstörer, 72 Küsten-Torpedoboote und 46 U-Boote gefordert worden.
In den letzten Jahren vor dem ersten Weltkrieg wurden jedoch nicht nur die großen Mächte, sondern auch kleinere Staaten, wie Griechenland und die Türkei, in den Sog des Flotten-Wettrüstens hineingerissen. Die griechische Marine sah für lange Zeit ihr Rückgrat in 3 alten Küstenpanzerschiffen, die durch 11 ebenso aus den 80er-Jahren stammenden kleinen Torpedobooten ihre Ergänzung fanden. Die türkische Marine verfügte in dieser Zeit über ein altes Linienschiff sowie 4 gleichfalls sehr alte Küstenpanzerschiffe, die jedoch ab 1900 nacheinander grundlegend modernisiert und vor allem mit neuer Artillerie versehen worden waren. Dazu kamen 2 1903 gebaute moderne Kreuzer und 14 kleine Torpedoboote.
Von 1907–1908 ließ Griechenland in Deutschland und England je 4 Torpedobootzerstörer bauen, während die Türkei gleichzeitig in Deutschland 2 Torpedo-Kanonenboote und in Frankreich 4 Torpedobootzerstörer in Auftrag gab. Im November 1909 kaufte die griechische Regierung mit den ihr von dem Millionär Georgios Averoff vermachten und zweckgebundenen Mitteln in Italien einen modernen Panzerkreuzer vom Typ *Pisa,* der den Namen des Stifters erhielt. Als Antwort auf diesen Erwerb eines modernen, kampfkräftigen Schiffes suchte die Türkei, im Ausland fertige Schiffe zu kaufen. Mit der Hilfe des seit Dezember 1908 als Berater in der Türkei tätigen britischen Konteradmirals Gamble trat sie zunächst an die britische Regierung heran und versuchte, die 2 von Chile an England verkauften Linienschiffe der *Triumph*-Klasse zu erwerben. Als sich die britische Regierung jedoch nur bereit zeigte, 2 alte Schiffe der *Royal Sovereign*-Klasse zu verkaufen, wandte sich die Türkei an Deutschland und erhielt von dort die 2 ebenso alten Linienschiffe *Kurfürst Friedrich Wilhelm* und *Weissenburg,* die im August 1910 zusammen mit 4 gerade fertigen neuen, großen Schichau-Zerstörern geliefert wurden. Versuche der griechischen Regierung, zum Ausgleich 2 alte französische Linienschiffe zu kaufen, scheiterten, da die Franzosen auf diese Schiffe nicht glaubten verzichten zu können. In der Türkei sah man in den beiden alten deutschen Schiffen jedoch nur eine Übergangslösung und gab im August 1911 in England 2 moderne Super-Dreadnoughts in Auftrag, dazu in Italien einen Kreuzer.
Die 1911 zwischen Italien und der Türkei und im darauffolgenden Jahre zwischen den Balkan-Mächten ausbrechenden Kriege ließen die Ambitionen der griechischen und türkischen Flotten weiter anwachsen. Überall hielt man Ausschau nach schnell zu erwerbenden fertigen Schiffen. Ein besonders erfolgversprechendes Feld schien sich hier bei den für die südamerikanischen ABC-Staaten begonnenen Schiffen zu bieten, nachdem das Ende der Stillhalte-Abkommen zwischen Argentinien und Chile im September 1907 sowie die brasilianischen Baupläne auch dort ein Flotten-Wettrüsten in Gang gesetzt hatten. 1907 waren von Brasilien in England 2 Großkampfschiffe, 2 Kreuzer und 10 Zerstörer in Bau gegeben worden, die nach relativ kurzen Bauzeiten 1910 geliefert wurden. Ein weiteres Großkampfschiff sollte nach verbesserten Plänen 1910 in England begonnen werden. Als Antwort auf diese brasilianischen Pläne hatte Argentinien im November 1909 nach Einholung zahlreicher Angebote 2 Schlachtschiffe in den Vereinigten Staaten sowie je 4 Zerstörer in Deutschland, England und Frankreich in Bau gegeben. Chile hatte die Inbaugabe seiner Schiffe zunächst hinausgezögert und vergab im August 1911 und Juli 1912 in England 2 die anderen Schiffe übertreffende Großkampfschiffe zusammen mit 6 gleichfalls übergroßen Zerstörern.
Auf diese Einheiten richtete sich vor allem das Interesse der in die Kriege im Mittelmeer verwickelten Staaten. Griechenland, das 1911 gleichfalls eine britische Marine-Mission unter dem pensionierten Konteradmiral Tufnell erhalten hatte, forderte 1912 Angebote für den Bau eines Panzerkreuzers, von Zerstörern und Torpedobooten bei britischen, französischen und deutschen Werften an und gab daraufhin im Sommer 1912 bei der deutschen Vulcan-Werft den Panzerkreuzer, 2 Zerstörer und 6 Torpedoboote in Bau, von denen die beiden Zerstörer noch im gleichen Jahr, kurz vor Beginn des Balkankrieges, geliefert wurden. Gleichzeitig konnte Griechenland im Oktober 1912 4 der von Argentinien in England bestellten, jedoch wegen unzureichender Leistungen nicht abgenommenen Zerstörer kaufen. Der Versuch, die argentinischen Schlachtschiff-Bauten in den USA zu erwerben, wurde jedoch nach 1913 aufgegeben, als sich bei der Fertigstellung dieser Schiffe manche technischen Schwierigkeiten ergaben. Gleichzeitig versuchten sowohl die Türkei als auch Rußland, die in England für Chile in Bau gegebenen Schiffe zu erwerben, jedoch ohne Erfolg.
Erst Anfang 1914 gelang es der Türkei nach einem scharfen Wettkampf mit Griechenland, das dritte der für Brasilien in Bau befindlichen Schlachtschiffe, die *Rio de Janeiro,* zu kaufen, als sich die brasilianische Regierung entschlossen hatte, anstelle dieses Schiffes ein größeres und mit 38-cm-Kanonen bewaffnetes Schiff in Auftrag zu geben. Nachdem nur eines der 1911 in Bau gegebenen Schlachtschiffe weitergebaut worden war, konnte die Türkei nunmehr für den Sommer und Herbst 1914 mit der Lieferung der beiden ersten Großkampfschiffe rechnen. Zusätzlich wurde im April 1914 bei der Vickers-Werft ein weiteres Schlachtschiff nach dem Typ der damals modernsten britischen Pläne in Auftrag gegeben; außerdem 2 schnelle Leichte Kreuzer, 6 Zerstörer in England und weitere 12 Zerstörer in Frankreich sowie 4 Torpedoboote in Italien. Dazu kamen je 2 U-Boote in Frankreich und England. Jedoch sollten all diese Schiffe nicht mehr die türkische Marine erreichen.
Als Antwort auf diese bedrohliche Kräfteentwicklung bemühte sich die griechische Regierung mit Nachdruck darum, gleichfalls moderne Schiffe zu erhalten. Im April 1914

gab man in Frankreich ein Schlachtschiff nach den modernsten Plänen Frankreichs in Auftrag, nachdem man den in Hamburg in Bau gegebenen Panzerkreuzer gleichfalls zum schnellen Schlachtschiff umkonstruiert hatte. Ferner wurden im Juni 1914 der in den USA für China in Bau gegebene Kreuzer *Fei Hung* erworben sowie in England 2 moderne Leichte Kreuzer und 4 Zerstörer in Bau gegeben. Im gleichen Monat gelang es der griechischen Regierung, die von der US-Regierung zum Kauf freigegebenen moderneren, aber für die US-Flotte unorganischen Linienschiffe *Mississippi* und *Idaho* zu erwerben, nachdem sich die amerikanische Regierung davon überzeugt hatte, daß diese Schiffe zu einer Stabilisierung des Kräfteverhältnisses im östlichen Mittelmeer beitragen könnten.

Der Wiederaufbau der russischen Marine

Durch den Ausgang des russisch-japanischen Krieges und die im Juni 1905 im Schwarzen Meer ausgebrochenen Meutereien, von denen die auf dem Linienschiff *Potemkin* am bekanntesten wurde, war die russische Marine sowohl in der Ostsee als auch im Schwarzen Meer praktisch außer Kampfbereitschaft gesetzt. Es sollte Jahre dauern, bis sie sich von diesen schweren Rückschlägen und inneren Schwierigkeiten erholen konnte. Die Bauten, die bereits vor dem Krieg mit Japan begonnen worden waren, zogen sich in der Fertigstellung endlos hin, so daß die Einheiten, sofern sie nicht aus dem Ausland kamen, erst 1909, 1910 und 1911 in Dienst stellten. Doch begann man sich ab 1907 wieder Gedanken über die Aufgaben einer reorganisierten Flotte zu machen. Danach sollte die Baltische Flotte in der Ostsee sowohl die eigene Küste verteidigen als auch darüber hinaus jede feindliche Landung verhindern können. Im Schwarzen Meer war der Flotte die Aufgabe der Besetzung der türkischen Meerengen und der aktiven Unterstützung einer Heeresoffensive an der Kaukasus-Front gestellt. Mochten die im Schwarzen Meer verfügbaren Schiffe zunächst auch für diese Aufgaben gegenüber der noch nicht wieder erneuerten türkischen Flotte ausreichend erscheinen, so war in der Ostsee eine kräftige Verstärkung der Flotte notwendig, um gegenüber der weit überlegenen deutschen Flotte wenigstens eine kraftvolle Defensive führen zu können.

Im Frühjahr 1908 gelang es dem Marineminister Dikov, im Parlament, der Duma, den Bau von 4 Großkampfschiffen, 3 U-Booten und einem Mutterschiff in der Ostsee sowie von 9 Zerstörern und 3 U-Booten im Schwarzen Meer durchzusetzen. Nach weiteren Überlegungen kam es dann im Sommer 1909 zur Vorlage eines 10-Jahres-Bauprogrammes bis 1920, demzufolge für die Ostsee 8 Schlachtschiffe, 4 Schlachtkreuzer, 9 Leichte Kreuzer, 36 Zerstörer, 36 Torpedoboote und 20 U-Boote, für das Schwarze Meer 3 Schlachtschiffe, 3 Leichte Kreuzer, 18 Zerstörer und 6 U-Boote, für den Pazifik 18 Zerstörer, 9 Torpedoboote, 12 U-Boote, 6 Minenleger und 4 Kanonenboote gebaut werden sollten. Doch wurde dieses Programm vor der Bewilligung gekürzt, und dieses gekürzte Programm fand in der Duma keine Zustimmung. Erst 1911 konnte man für das Schwarze Meer den Bau von 3 Schlachtschiffen, 9 Zerstörern und 3 U-Booten aufnehmen, um damit gegenüber den bekannt gewordenen Bauplänen der Türkei ein Übergewicht zu sichern. Der im April 1911 neu berufene Marineminister, Admiral Grigorovič, konnte dann in der gesetzgebenden Körperschaft eine auf lange Fristen angesetzte Marinepolitik durchsetzen. Es gelang ihm am 6. Juli 1912, ein neues Flottengesetz zur Annahme zu bringen, das ingesamt für die Ostsee einen Bestand von 24 Schlachtschiffen, 12 Panzerkreuzern, 24 Geschützten Kreuzern, 108 Zerstörern und 36 U-Booten vorsah. Diese Einheiten sollten in 3 Geschwader von je 8 Linienschiffen, 4 Panzerkreuzern, 8 geschützten Kreuzern und 36 Zerstörern sowie 12 U-Booten gegliedert werden. Das erste Geschwader sollte bis zum Jahr 1918, das zweite bis zum Jahr 1924 gebildet werden, das dritte aus den vorhandenen älteren Schiffen bestehen, die bis 1930 zu ersetzen waren. Für das Schwarze Meer war vorgesehen, die Stärke der Flotte auf das Eineinhalbfache der übrigen Flotten der Schwarzmeer-Anrainerstaaten festzusetzen. Die Sibirische Flotte sollte aus 2 Kreuzern, 18 Torpedobooten und 12 U-Booten sowie 3 Minenlegern bestehen. Von diesen Schiffen wurden im Jahre 1912 für die Ostsee 4 Schlachtkreuzer, 8 Leichte Kreuzer, 36 Zerstörer und 18 U-Boote in Bau gegeben. Nachdem im Jahr 1914 Versuche, Schlachtschiffe von Brasilien und Argentinien zu kaufen, mißlungen waren, wurde beschlossen, für das Schwarze Meer beschleunigt ein weiteres Schlachtschiff, 2 Kreuzer, 8 Zerstörer und 6 U-Boote in Bau zu geben.

Die Durchführung dieser großen Bauprogramme war nur möglich mit einer gründlichen Modernisierung und Verbesserung der industriellen Anlagen für den Schiffbau. Dazu mußte in großem Umfange ausländisches Kapital als Hilfe eingesetzt werden. Auch technische und industrielle Hilfeleistung aus dem Ausland wurde in Anspruch genommen. So gab man in Deutschland 2 Leichte Kreuzer in Bau und ließ Pläne für einen neuen großen Zerstörer *Novik* liefern. Ferner wurden in Deutschland Maschinen und Kesselanlagen für Schlachtkreuzer und Zerstörer sowie Dieselmotoren für die U-Boote bestellt. Besondere Aufmerksamkeit wandte Admiral Grigorovič auch dem Ausbau der Stützpunkte zu. Der vorgesehene Hauptkriegshafen Reval mußte erheblich erweitert werden, um die Flotte aufnehmen zu können. Auch Befestigungen mit schweren Batterien, die zusammen mit im Kriegsfall auszulegenden Minensperren die Einfahrt in den Finnischen Meerbusen decken sollten, wurden errichtet. Der Hauptmangel des Stützpunktes Reval war jedoch das Fehlen von Reparatur- und Dock-Anlagen. Unter den neuen Flottenchefs in der Ostsee und im Schwarzen Meer, von Essen und Eberhardt, machte auch die Ausbildung der Flotten erhebliche Fortschritte, insbesondere wurden die Leistungen der Artillerie wesentlich verbessert, so daß die Flotten 1914 in einem relativ guten Zustand, wenn auch noch ohne die Neubauten, in den Krieg gingen.

Der italienisch-türkische Krieg 1911–12

Italien hatte sich durch seine Haltung in den beiden Marokko-Krisen, in denen es die französische Politik unterstützte, die Zustimmung Frankreichs zu seinen Ambitionen in Tripolitanien eingehandelt und brauchte auch von Frankreichs Verbündeten, England und Rußland, nicht mit Gegenmaßnahmen zu rechnen. Andererseits konnte es aufgrund seiner früheren Abkommen mit seinen Verbündeten im Drei-Bund, Deutschland und Österreich, auch mit deren Stillhalten rechnen. Im Sommer 1911 kam es in Tripolitanien zu zahlreichen Zwischenfällen italienischer Siedler und Kaufleute mit türkischen Behörden und arabischen Einwohnern. Italien benutzte diese Vorfälle als Vorwand zum Handeln. Als deshalb ein italienisches Ultimatum, das praktisch die Abtretung Tripolitaniens forderte, von der Türkei nicht beantwortet wurde, erklärte Italien am 29. September 1911 der Türkei den Krieg.

Obgleich italienische Schiffe bereits seit dem 24. September nach den Gewässern von Tripolis ausgelaufen waren und seit dem 25. 9. vor Tripolis kreuzten, kam der Ausbruch des Krieges für die Türkei überraschend. Das türkische Übungsgeschwader unter Führung des englischen Konteradmirals Williams, mit den beiden ehemals deutschen Linienschiffen *Haireddin Barbarossa* und *Torgut Reiss*, den beiden neueren Kreuzern *Hamidije* und *Medjidije* sowie 7 Torpedobootzerstörern, war am 28. September zu einer Übungsfahrt von Beirut ausgelaufen und erhielt erst am übernächsten Tage vor Zypern die Nachricht vom Kriegsausbruch und den Befehl, auf schnellstem Wege nach den Dardanellen zurückzukehren, wo die Schiffe am 1. Oktober, die Zerstörer am 3. Oktober eintrafen, ohne daß es den in die Ägäis entsandten italienischen Einheiten gelang, sie abzufangen.

Zu den ersten Gefechten kam es an der albanischen Küste. Hier waren 6 neuere türkische Küsten-Torpedoboote in Preveza stationiert, um gegen den Waffenschmuggel eingesetzt zu werden. Um eine Gefährdung der italienischen Truppentransporte zu verhindern und die italienische Handelsschiffahrt in der Adria und im Ionischen Meer zu schützen, hatte man von italienischer Seite eine Division unter dem K. Adm. Luigi Duca degli Abruzzi gebildet mit dem älteren Linienschiff *Ammiraglio di St. Bon*, den alten Panzerkreuzern *Vettor Pisani, Marco Polo*, dem Kleinen Kreuzer *Liguria*, 5 Zerstörern sowie 6 Hochsee-Torpedobooten. Eine halbe Stunde nach der Kriegserklärung am 29. 9. sichteten die 5 italienischen Torpedobootzerstörer *Artigliere, Corazziere, Alpino, Fuciliere, Zeffiro* bei Preveza die türkischen Torpedoboote *Takat* und *Antalia*. 3 der Zerstörer verfolgten erst die *Takat*, die nach 15 Treffern auf Strand gesetzt wurde, während die *Antalia* den beiden anderen Schiffen nach Preveza entkam. Am Vormittag des nächsten Tages versenkten die *Artigliere* und *Corazziere* die im Hafen von Preveza liegenden Torpedoboote *Hamid Abad* und *Alpagot*. An den darauffolgenden Tagen blockierten die Schiffe der Division die albanische Küste und brachten eine Reihe von türkischen und neutralen Handelsschiffen auf.

Der Schwerpunkt der Operationen lag jedoch vor der nordafrikanischen Küste. Nachdem am 29. September die Blockade der Küste von Tripolis und der Cyrenaika erklärt worden war, traf am 1. Oktober das italienische II. Geschwader unter V. Adm. Faravelli vor der Hauptstadt Tripolis ein. Es bestand aus der 3. Division mit den Linienschiffen *Benedetto Brin, Emanuele Filiberto*, der 4. Division mit den Panzerkreuzern *Giuseppe Garibaldi, Varese* und *Francesco Ferruccio* sowie dem Kleinen Kreuzer *Coatit* und dem Minenfahrzeug *Minerva*, der Schuldivision mit den älteren Linienschiffen *Sicilia, Sardegna, Re Umberto*, dem Panzerkreuzer *Carlo Alberto* sowie 5 Torpedobootzerstörern und ca. 10 Torpedobooten. Als am 2. und nach einer Verlängerung am 3. Oktober die italienische Aufforderung zur Übergabe des festen Platzes Tripolis von der türkischen Seite unbeantwortet blieb, ließ Admiral Faravelli am 3. Oktober nachmittags das Feuer gegen die Küstenwerke eröffnen. Die 3 Linienschiffe der Schuldivision beschossen das westlich der Stadt gelegene Fort Sultanije, die 3. Division mit der *Carlo Alberto* die alten Forts an der Seeseite der Stadt, die 4. Division das im Osten gelegene Fort Hamidije, während die leichten Einheiten das Geschwader nach See zu gegen Überraschungen sicherten. Am Morgen des 4. Oktober wurde die Beschießung fortgesetzt, wobei die italienischen Schiffe jedoch nur ihre leichte und mittlere Artillerie einsetzten, um die schweren Geschütze zu schonen. Um Mittag begannen die türkischen Truppen, die Forts zu räumen. Am Morgen des 5. Oktober wurde von dem italienischen Geschwader ein Landungskorps von 1200 Mann unter Kapitän zur See Cagni an Land gesetzt, das die Stadt und die Forts besetzte.

Das I. Geschwader unter dem Flottenchef, V. Adm. Aubry, das zunächst nach dem türkischen Geschwader gesucht hatte, traf am 4. Oktober vor Tobruk, dem östlichsten Hafen der Cyrenaika, ein. Es bestand aus der 1. Division mit den Linienschiffen *Vittorio Emanuele, Roma* und *Napoli*, der 2. Division mit den Panzerkreuzern *Pisa* und *Amalfi*, dem Kleinen Kreuzer *Agordat*, dem Minenfahrzeug *Partenope* und 8 Torpedobootzerstörern. Die Schiffe beschossen am Morgen die schwach verteidigten Hafenanlagen und setzten ein Landungskorps von 400 Mann an Land, das den Widerstand der wenigen türkischen Verteidiger bald überwand und die Stadt besetzte. Die Verteidigung dieser wegen ihres guten Naturhafens wichtigen Basis übernahm am 10. Oktober ein aus Neapel herangebrachtes Infanterie-Bataillon von 1000 Mann.

Inzwischen waren am 9. Oktober die ersten Konvois mit den eingeschifften Heerestruppen des Expeditionskorps ausgelaufen. Am 11. und 12. Oktober traf die erste Gruppe von 19 Dampfern vor Tripolis ein, am 15. eine zweite Gruppe von 14 Schiffen. Bis zum 18. landeten diese Transporte die 1. Infanterie-Division mit 4 Infanterie-Regimentern, 1 Bersaglieri-Regiment, 3 Eskadrons Kavallerie und 6 Feldartillerie-Batterien, insgesamt rund 20 000 Mann, die die Marine-Infanterie ablösten. Das Kommando über die gelandeten Truppen übernahm der Oberbefehlshaber des Expeditionskorps, Generalleutnant Caneva. Die Konvois wurden durch die Schiffe des II. Geschwaders gesichert, während die Schuldivision vor Tripolis blieb, um den gelandeten Truppen gegen die häufigen Angriffe regulärer türkischer Truppen unter General Munir Pascha und der irregulären arabischen Verbände Unterstützung zu gewähren.

Nachdem bereits am 30. September der Panzerkreuzer *Pisa* die Funkstation von Derna in der Cyrenaika zerstört und am 8. Oktober das Linienschiff *Napoli* die Stadt beschossen hatten, traf am 14. Oktober die 2. Division unter K. Adm. Presbitero mit den Panzerkreuzern *Pisa, Amalfi, San Marco,* verstärkt durch das Linienschiff *Napoli,* die Kleinen Kreuzer *Agordat* und *Coatit* und 3 Zerstörer, vor Derna ein. Nachem die Übergabe abgelehnt worden war, beschoß das Flaggschiff *Pisa* die Stadt. Doch wurde ein erster Landungsversuch von 500 Mann bei starker Brandung und Abwehrfeuer von Land abgebrochen. Nach einer weiteren Beschießung durch die schweren Schiffe konnten erst am 18. Oktober 1800 Mann eines Alpenjäger-Bataillons an Land gesetzt werden und die Stadt besetzen. Sie wurden am 25. Oktober durch das 22. Infanterie-Regiment der 2. Infanterie-Division verstärkt.

Der Hauptangriff dieser 2. Inf.-Division unter Gen.Lt. Briccola richtete sich jedoch mit 3 Infanterie-Regimentern gegen Benghasi. Die am 13. Oktober ausgelaufene zweite Transportstaffel traf am 18. Oktober vor Benghasi ein, dessen Verteidiger, Chakir Bey, die Übergabe des Hafens ablehnte. Nach einer Beschießung der Verteidigungsanlagen durch die Linienschiffe der 1. Division, zu denen als viertes die *Regina Elena* gestoßen war und die durch die Kreuzer *Piemonte, Liguria, Etruria,* 5 Torpedobootzerstörer und 8 Torpedoboote unterstützt wurden, gelang es zunächst, die 4. Infanterie-Brigade unter Gen. Maj. Ameglio zu

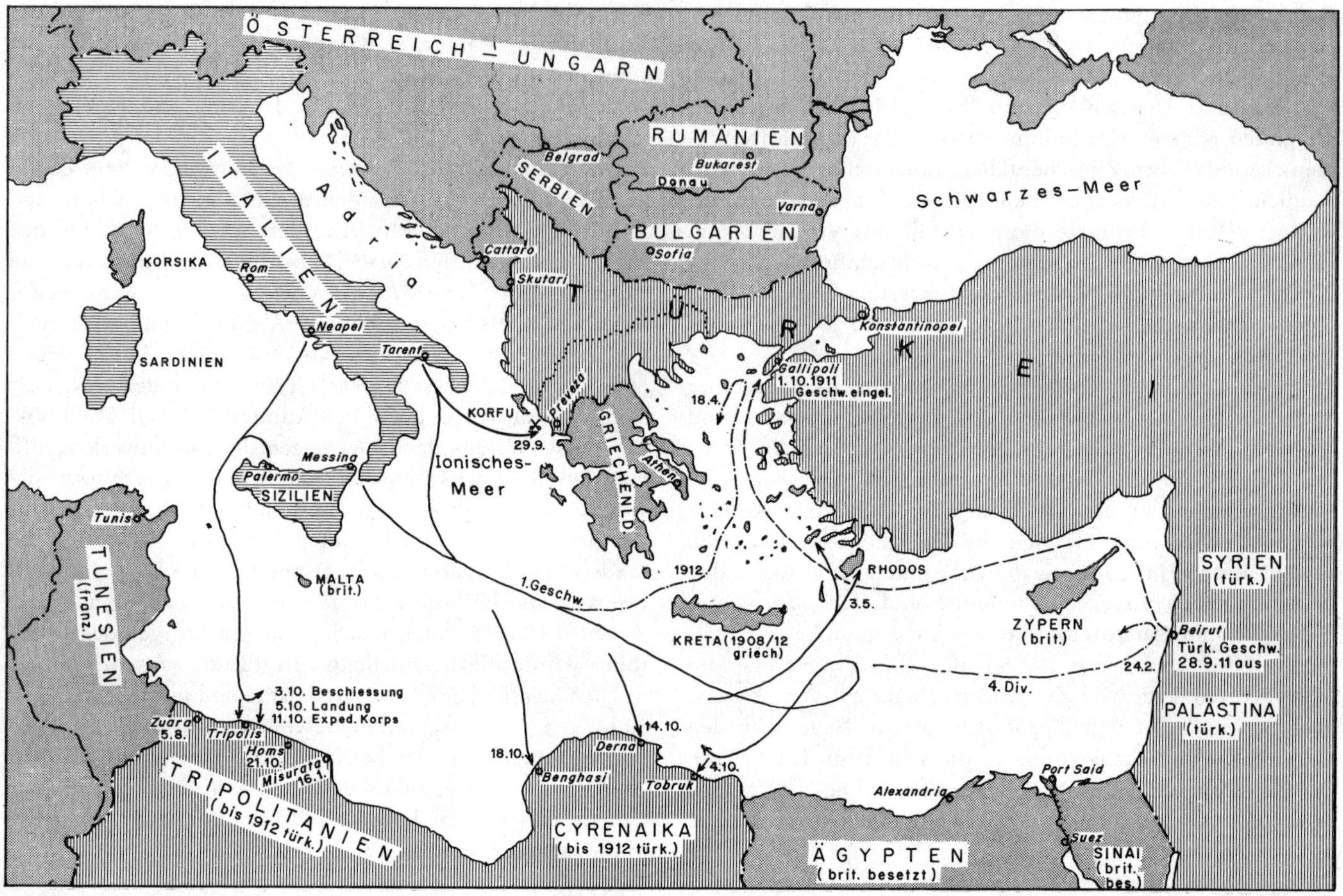

Der Italienisch-Türkische Krieg 1911/12

landen, die nach schweren Kämpfen bis zum 21. Oktober Benghasi erobern konnte.
Ostwärts von Tripolis mußte eine von den Panzerkreuzern *Varese* und *Marco Polo* mit 4 Torpedobooten versuchte Landung des 8. Bersaglieri-Regimentes bei Homs wegen der Wetterlage vom 16. Oktober bis zum 21. Oktober verschoben werden. Die gelandeten Kräfte wurden durch rund 2000 irreguläre Kämpfer häufig angegriffen, und die *Marco Polo* mußte bis Ende des Monats zur artilleristischen Unterstützung der gelandeten Kräfte vor Homs verbleiben.
Trotz der zahlenmäßigen Überlegenheit gelang es den italienischen Heerestruppen zunächst nicht, weit über die Grenzen der besetzten Hafenstädte hinaus gegen den starken Widerstand und häufige Angriffe der regulären türkischen und irregulären arabischen Truppen vorzudringen. Deshalb mußte das Expeditionskorps im Gebiet von Tripolis durch die 3. Inf.-Division, das in der Cyrenaika durch die 4. Inf.-Division verstärkt werden. Im Oktober fuhren in 13 Konvois insgesamt 50 Schiffe, im November in 21 Konvois 59 Schiffe, im Dezember in 21 Konvois 43 Schiffe von Italien nach Nordafrika und verstärkten die Truppen bis Ende des Jahres auf 101 389 Mann. Dazu kamen 15 000 Pferde sowie das gesamte für die Versorgung dieser Armee notwendige Material, die Verpflegung und sogar das Trinkwasser, so daß zur Unterhaltung dieser Verbände eine erhebliche Transportleistung erbracht werden mußte, ohne daß die Fortschritte in den Kämpfen an Land allzu bedeutend waren. Die Verteilung der Truppen auf die einzelnen Landungsräume war Anfang 1912 etwa folgende: Tripolis 70 000, Benghasi 25 000, Derna 15 000, Homs 5000, Tobruk 5000. Zur Unterstützung der gelandeten Kräfte mußten immer wieder die Schiffe der Flotte herangezogen werden. Es wurden vor allem die älteren Linienschiffe und Panzerkreuzer sowie die vorhandenen Geschützten Kreuzer neben Torpedobooten und Zerstörern eingesetzt.
Für die italienische Flotte war die Aufrechterhaltung einer effektiven Blockade der nordafrikanischen Küsten wichtig, um den Nachschub von Waffen und auch Personal auf neutralen Dampfern zu verhindern. Um die wertvollen Kriegsschiffe bei diesem Einsatz nicht über zu beanspruchen, rüsteten die Italiener eine größere Anzahl von schnellen Postdampfern als Hilfskreuzer aus und ließen sie zusammen mit einigen der älteren Kreuzer die Blockade-Aufgaben durchführen. Es konnte nicht ausbleiben, daß bei der Anhaltung und Untersuchung von Schiffen und ihrer Aufbringung zahlreiche völkerrechtliche Zwischenfälle auftraten, von denen inbesondere die Aufbringung der beiden französischen Dampfer *Carthage* und *Manouba* am 16. und 18. Januar 1912 durch den Kreuzer *Agordat* zu einer Trübung des italienisch-französischen Verhältnisses führte.
Ein weiterer Kriegsschauplatz war das Rote Meer, wo bei Kriegsbeginn auf der arabischen Seite in Hodeida das türkische Torpedo-Kanonenboot *Peik-i-Schefket* als einzige kampfkräftigere Einheit lag, während die Italiener in ihrer Kolonie Eritrea die 3 Kanonenboote *Aretusa, Volturno* und *Stafetta* besaßen. Um eine Gefährdung dieser Kolonie auszuschließen und den Nachschubverkehr der Türken im Roten Meer zu unterbinden, verlegten die Italiener, nachdem es bereits im Oktober zu einem ergebnislosen Gefecht zwischen der *Aretusa* und der *Peik-i-Schefket* gekommen war, die Kreuzer *Piemonte* und *Puglia* sowie 4 Torpedobootzerstörer durch den Suez-Kanal nach dem Roten Meer und riefen von Ostasien den Kreuzer *Calabria* nach Massaua. Die Schiffe führten während des ganzen Krieges von dort aus eine größere Anzahl von Unternehmungen gegen die Küste des Yemen, insbesondere gegen den Hafen von Hodeida, und konnten bei einer solchen größeren geschlossenen Operation am 7. Januar bei Konfuda eine Gruppe von 7 älteren türkischen Hilfskanonenbooten zerstören. Häufig wurden Küstenplätze an der arabischen Küste, wie Hodeida, Akaba und Kunfuda, von den italienischen Schiffen beschossen. Den Hauptnachschubweg für die türkisch-arabischen Kräfte in Tripolitanien bildete jedoch der Weg von Tunesien. Um ihn zu unterbrechen, beabsichtigten die Italiener die Besetzung des in der Nähe der tunesischen Grenze gelegenen Hafens Zuara. Ende Dezember 1911 ging deshalb ein Transport mit der 10. Infanterie-Brigade, begleitet von dem Panzerkreuzer *Pisa* und Torpedobooten, nach Zuara ab, mußte jedoch wegen schlechter Wetterverhältnisse und ergebnisloser Beschießung der Stadt durch die Kreuzer *Carlo Alberto* und *Liguria* wieder umkehren. Anfang April wurde daraufhin eine neue Operation gegen die 20 Meilen westlich gelegene Halbinsel Macabez angesetzt. Nachdem einige Transporter und die Kreuzer *Carlo Alberto* und *Marco Polo* am 8. und 9. 4. eine Ablenkungs- und Täuschungs-Unternehmung vor Zuara ausgeführt hatten, traf am 10. April der Konvoi mit der 12 000 Mann starken Division unter General Garioni vor Macabez ein. Mit Unterstützung der Schulschiff-Division unter V. Adm. Ricci, den Linienschiffen *Sicilia, Sardegna, Re Umberto,* dem Kreuzer *Agordat,* dem Torpedokanonenboot *Iride* und 9 Torpedobooten wurden die Truppen gelandet, ehe der Gegner die Vorgänge bemerkt hatte. Die Wirkungsmöglichkeiten von der Halbinsel blieben jedoch begrenzt.
Um die Basis in Tripolitanien zu verbreitern, landete der gleiche Verband am 16. Juni ostwärts der Hauptstadt bei Misurata die Division des Generals Camerara mit 10 000 Mann. Unter dem Feuerschutz der schweren Schiffe wurden die Truppen ohne größeren Widerstand schnell gelandet und konnten Misurata besetzen.
Erst in einem neuen Versuch am 5. 8. gelang es den italienischen Kräften, die Division des Generals Tassoni mit Unterstützung der Schuldivision im Gebiet von Zuara zu landen und diesen Nachschubweg endgültig zu unterbrechen. Aber auch jetzt machte das Vordringen der italienischen Truppen ins Landesinnere nur sehr langsame Fortschritte. Ende September verfügten die italienischen Expeditions-Streitkräfte beim I. Korps über 45 000 Mann im Gebiet von Tripolis,

15 000 im Gebiet von Zuara, 6000 im Gebiet von Homs und 10 000 im Gebiet von Misurata. Das II. Korps verfügte über 12000 Mann in Benghasi, 20000 Mann in Derna und 6000 Mann im Gebiet von Tobruk. Insgesamt haben die Italiener etwa 4000 Mann an Toten und 6000 Verwundete bei den Kämpfen mit den auf etwa 40 000 Mann regulärer und irregulärer Truppen bezifferten türkisch-arabischen Streitkräften verloren.

Da die Operationen in Nordafrika selbst offenbar nicht zu einem baldigen Einlenken der Türkei führten, setzten die Italiener vom Frühjahr 1912 ab eine Reihe von Operationen an, welche die Türkei direkter treffen sollten.

So erschien am 24. Februar 1912 die 4. Division unter K. Adm. Thaon di Revel vor Beirut und verlangte vom türkischen Gouverneur die Übergabe des im Hafen liegenden Küstenpanzerschiffes *Avn-i-Illah* und des Torpedobootes *Ankara.* Als diese Aufforderung abgelehnt wurde, eröffneten die Panzerkreuzer *Garibaldi* und *Ferruccio* das Feuer auf die türkischen Schiffe, während die *Varese* nach See zu sicherte. Nach einer Dreiviertelstunde war das Küstenpanzerschiff niedergekämpft und sackte nach einem Torpedoschuß der *Garibaldi* auf Grund. In einem zweiten Anlauf versenkte die *Ferruccio* dann auch das Torpedoboot. Bei der Beschießung gab es in der Stadt durch fehlgegangene Schüsse 66 Tote.

War das nur ein Nadelstich an einem entfernten Punkt, so erhoffte man sich von der nächsten Operation eine nachhaltigere Wirkung. Am 13. April lief der neue Flottenchef, V. Adm. Viale, mit dem I. Geschwader, den Linienschiffen *Vittorio Emanuele, Roma* und *Napoli* (1. Div.), den Panzerkreuzern *Pisa, Amalfi, San Marco* (2. Div.) sowie dem alten Panzerkreuzer *Vettor Pisani* und Torpedobootflottillen von Tarent und das II. Geschwader unter V.Adm. Amero d'Aste Stella mit den Linienschiffen *Regina Margherita, Benedetto Brin, St. Bon, Emanuele Filiberto* (3. Div.) und den Panzerkreuzern *Garibaldi, Varese* und *Ferruccio* (4. Div.) von Tobruk nach der Ägäis aus. Am 17. April vereinigten sich die Verbände vor Stampalia. Während die 3. Division im Süden blieb und hier die Nachrichtenverbindungen durch Zerstörung der Kabel und Funkstationen unterbrach, liefen die drei anderen Divisionen ins Gebiet der Dardanellen. Am 18. 4. beschossen, nachdem ein Versuch, die türkische Flotte herauszulocken, fehlgeschlagen war, die 1. Division die Forts Sedil Bahr und Ertogrul auf der europäischen Seite, die 2. und 4. Division die Forts Kum Kale und Ochranije auf der asiatischen Seite. Das Feuer wurde von den türkischen Batterien mit zusammen 18 Krupp-Geschützen von 21 – 28-cm-Kaliber erwidert. Während die Küstenbefestigungen teilweise schwere Schäden erlitten, blieben die italienischen Schiffe ohne Treffer und traten am 19. April den Rückmarsch an. Nur die 2. Division blieb vorläufig im Gebiet der Ägäis und besetzte am 28. April die kleine Insel Astropalia, wo ein Stützpunkt eingerichtet wurde.

Inzwischen hatten sich in Benghasi etwa 8000 Mann von der 2. Inf. Division unter Gen.Lt. Ameglia versammelt, mit denen die Hauptinsel des Dodekanes, Rhodos, besetzt werden sollte. Der Truppenkonvoi wurde von der 3. Division geleitet, während die 1. Division von Tarent zu dem Verband stieß. Am 2. Mai erschienen die Einheiten vor Rhodos und forderten die Übergabe der Insel. Die türkischen Verteidiger zogen sich nach Süden zurück, während die italienischen Truppen an der Ostküste südlich von Rhodos gelandet wurden. Am 5. Mai wurde die Stadt Rhodos übergeben, doch erst am 15. Mai konnten die italienischen Truppen die ausgewichenen türkischen Verteidiger 18 km südlich Rhodos an der Westküste mit Unterstützung des Linienschiffes *St. Bon* stellen und am 17. Mai nach hartem Kampf zur Übergabe zwingen. In den Tagen vom 8. bis zum 20. 5. führten die Schiffe I. Geschwaders die Besetzung der übrigen Inseln des Dodekanes durch und richteten auf Leros einen weiteren Stützpunkt ein.

Von hier aus ging am 14. Juli V.Adm. Luigi Duca degli Abruzzi mit dem Kreuzer *Vettor Pisani,* den Torpedobootzerstörern *Nembo* und *Borea* sowie den Torpedobooten *Spica, Perseo, Astore, Climene* und *Centauro* in See, um mit den kleinen Torpedobooten die in den Dardanellen vermutete türkische Flotte anzugreifen. Unter Führung von Kpt. z. S. Millo liefen die Torpedoboote in der Nacht vom 18. zum 19. Juli zunächst unbemerkt in die Dardanellen-Mündung ein, wurden dann jedoch erfaßt und konnten unter Scheinwerfer-Beleuchtung und Beschuß nur bis in die Gegend von Çanakkale vordringen, ehe eine Trossensperre sie zur Umkehr zwang. Trotz des Artilleriefeuers erreichten alle Boote ohne Verluste wieder die vor der Dardanellen-Mündung wartenden anderen Schiffe und wurden aufgenommen.

Abgesehen von der Unterstützung der Heeresoperationen in Nordafrika durch die Schiffe der Flotte, fand der Krieg zur See mit mehreren Demonstrationen italienischer Verbände seinen Abschluß. Am 27./28. Oktober trat das II. Geschwader an der Levante-Küste vor Jaffa, Haifa und Beirut auf, ohne jedoch Offensiv-Aktionen zu unternehmen. Eine ähnliche Demonstration führte das II. Geschwader am 22. September vor Smyrna aus, nachdem dort stärkere türkische Truppenansammlungen zur Abwehr befürchteter italienischer Angriffe und Landungen zusammengezogen waren. Eine weitere Demonstration in der Ägäis, zu der das I. Geschwader am 15. Oktober aus Tarent auslief, wurde abgebrochen, nachdem es nach Ausbruch des Balkan-Krieges am 18. Oktober zur Annahme der italienischen Bedingungen durch die Türkei und zum Abschluß des Friedens von Lausanne gekommen war, der Italien die Souveränität über Tripolitanien und die Cyrenaika brachte.

Die Balkankriege 1912–13

Nach der jungtürkischen Revolution hatten die zentralistischen Bestrebungen der neuen türkischen Regierung zu einem Aufleben des Nationalismus in den westtürkischen Provinzen geführt. Die schwierige Lage der Türkei durch den Krieg mit Italien nutzten im Sommer 1912 die Albaner zu einem Aufstand aus, der den im Frühjahr 1912 mit russischer Unterstützung ins Leben gerufene Balkanbund zwischen Montenegro, Serbien, Bulgarien und Griechenland seinerseits zum Angriff auf die Türkei in dieser günstigen Situation veranlaßte. Noch ehe der Krieg mit Italien sein Ende gefunden hatte, begannen die Staaten des Balkanbundes am 1. Oktober mobil zu machen. Am 8. Oktober erklärte als erster Staat Montenegro der Türkei den Krieg und begann am 9. Oktober mit dem Angriff nach Nordalbanien. Am 14. 10. wurden die Türken nördlich des Skutari-Sees geschlagen, und am 18. 10. erreichten die Montenegriner die Festung Skutari, die am 21. Oktober eingeschlossen war. Nach Abschluß ihrer Aufmarschbewegungen erklärten am 17. Oktober auch die drei anderen Staaten der Türkei den Krieg. Am 18. trat die serbische Armee unter dem Oberbefehl von König Peter mit der Ersten und Zweiten Armee in Richtung auf Mazedonien zum Angriff an. Nach der siegreichen Schlacht bei Kumanowo am 24. Oktober wurden Skolpje erobert und der Vorstoß nach Süden fortgesetzt.

1. Balkankrieg 8. 10. 1912–30. 5. 1913

2. Balkankrieg 29. 6.–10. 8. 1913

Die Dritte Armee stieß nördlich davon in Richtung auf Skutari vor, das am 10. November erreicht wurde. Von Süden marschierte gleichzeitig eine griechische Armee aus dem Raum von Larissa nach Norden, schlug die Türken am 1. und 2. November in der Schlacht bei Janitza und erreichte am 8. November Saloniki, das gleichzeitig von Norden her durch die 7. bulgarische Division, die durch das Struma- und das Vadar-Tal vorstieß, erreicht wurde. Eine griechische Westarmee schloß am 5. November türkische Kräfte bei Jannina ein, während gleichzeitig griechische Truppen der 8. Division den Hafen von Preveza besetzten, wo sich das letzte vorhandene Torpedoboot *Antalia* selbst versenkte. Weiter ostwärts hatten sich die bulgarische Dritte, Erste und Zweite Armee unter General Savov versammelt und traten am 19. Oktober zum Angriff auf Adrianopel an, das am 23. Oktober eingeschlossen wurde, während weiter ostwärts die bulgarischen Armeen gleichzeitig bei Kirk-Kilisse die türkische Armee unter Abdullah-Pascha warfen und am 31. Oktober nochmals bei Lüle Burgas schwer schlugen, so daß die Türken in die 40 km westlich Konstantinopel liegende Çatalça-Linie zurückgehen mußten.

Nachdem die Türkei bereits seit dem 2. Oktober die in ihrem Hoheitsgebiet und im Schwarzen Meer angetroffenen griechischen Dampfer aufbrachte, um sie für Truppentransporte zu benutzen, ergriff die Flotte mit der bulgarischen Kriegserklärung die Initiative im Schwarzen Meer. Am 19. Oktober erschien die türkische Flotte mit 2 Linienschiffen und 2 Kreuzern vor Varna und forderte die Auslieferung der hier vorhandenen 6 kleinen bulgarischen Torpedoboote. Nachdem diese Forderung abgelehnt wurde, feuerten die türkischen Schiffe am 20. Oktober 45 Schuß gegen den Hafen und wehrten 2 Angriffsversuche bulgarischer Torpedoboote ab. Am folgenden Tage beschossen einzelne türkische Schiffe nochmals Varna und das nördlich gelegene Kavarna. Nach einer Pause, in der die Vorräte ergänzt wurden, traten die Schiffe Ende Oktober erneut vor der bulgarischen Küste auf. Am 31. wurde Burgas beschossen, und am 1. November zerstörte der Kreuzer *Hamidije* den Leuchtturm von Emine. An den darauffolgenden Tagen zwang jedoch die Entwicklung der Landlage zum Einsatz der verfügbaren türkischen Schiffe zur Unterstützung der bedrängten Ersten Armee in der Çatalça-Linie. Am 8. November unterstützte das alte Linienschiff *Messudije* bei Rodosto einen Gegenangriff türkischer Kräfte gegen die bulgarische Erste Armee und wiederholte diesen Einsatz am 10. und 11. November. Während des bulgarischen Großangriffs am 17./18. November gegen die Çatalça-Linie griffen von Norden her das Linienschiff *Torgut Reiss* und aus dem Raum von Rodosto die Linienschiffe *Haireddin Barbarossa, Messudije* und das Panzerschiff *Assar-i-Tewfik,* der Kreuzer *Hamidije* und Zerstörer sowie Torpedoboote in die Landkämpfe ein und brachten damit den bulgarischen Angriff zum Stehen. Bei einem nach dem Abflauen der Kämpfe unternommenen Demonstrationsvorstoß der türkischen Flotte nach Varna torpedierte eines der 6 kleinen bulgarischen Torpedoboote die *Hamidije,* die nur mühsam den Bosporus erreichte.

Die Bindung der türkischen Flotte im Schwarzen Meer und beiderseits der Çatalça-Linie hatte der griechischen Marine in der Ägäis freie Hand gelassen. Sie war bereits am 17. Oktober mit ihrem Flaggschiff, dem neuen Panzerkreuzer *Georgios Averoff,* den vorhandenen 8 Zerstörern und 6 älteren Torpedobooten von Salamis ausgelaufen und traf am 20. Oktober vor Tenedos ein. Am folgenden Tage, nachdem die 3 älteren Küsten-Panzerschiffe *Psara, Hydra* und *Spetsai* hinzugekommen waren, begann der Befehlshaber der griechischen Flotte, K.Adm. Kondouriotis, auf der Insel Lemnos ein Landungskorps an Land zu setzen, um hier einen Stützpunkt für die Bewachung der Dardanellen-Ausfahrt einzurichten. Die Insel Tenedos wurde erst am 6. November besetzt. In der Nacht zum 1. November war das alte kleine griechische Torpedoboot *NO. 11* unter Leutnant Votsis in den Hafen von Saloniki eingedrungen und hatte hier aus 150 m Entfernung mit 2 Torpedos den türkischen Küstenpanzer *Feth-i-Bülend* versenkt.

Wegen der möglichen Gefährdung ihrer Staatsangehörigen in den von den Kriegsoperationen bedrohten türkischen Küstenstädten entschlossen sich die europäischen Mächte in den ersten Novembertagen, Kriegsschiffe in die Ägäis zu entsenden. Die Franzosen ließen am 31. Oktober die 2. Division des I. Leichten Geschwaders mit 3 Panzerkreuzern von Toulon auslaufen. Am nächsten Tage ging — nach dem Abschluß der britischen Manöver — das III. Linienschiff-Geschwader mit 6 Linienschiffen vom Typ *King Edward* nach Malta in See, um hier die Einheiten der britischen Mittelmeer-Flotte zu verstärken. Am 3. November liefen von Pola 3 Linienschiffe, 2 Kreuzer und 3 Zerstörer der österreichischen Eskadre aus, und von Italien wurden Linienschiffe der 3. Division in die levantinischen Gewässer beordert. In Deutschland befahl der Kaiser die Bildung einer Mittelmeer-Division, und zusätzlich zu den bereits im Mittelmeer befindlichen Schulschiffen gingen von Wilhelmshaven am 5. und 6. November der moderne Leichte Kreuzer *Breslau* und der Schlachtkreuzer *Goeben* in See. Rußland beorderte Einheiten seiner Schwarzmeer-Flotte zum Bosporus, und selbst die kleinen Staaten Rumänien, Spanien und die Niederlande entsandten Kriegsschiffe.

In dem durch den griechischen und bulgarischen Angriff bedrohten Saloniki traf zuerst am 4. Oktober der österreichisch-ungarische alte Panzerkreuzer *Kaiserin und Königin Maria Theresia* ein. 4 Tage später folgte ihm das Flaggschiff der britischen Mittelmeerflotte, der Panzerkreuzer *Good Hope,* mit dem Befehlshaber, Adm. Milne, an Bord. Die gleichfalls in diesen Hafen beorderten 3 Linienschiffe der 1. Division des III. Geschwaders wurden jedoch nach Smyrna entsandt, um einer möglichen Konfrontation mit den österreichisch-ungarischen Einheiten aus dem Wege zu gehen, von denen jedoch die Linienschiffe *Erzherzog Franz Ferdinand* und *Radetzky* gleichfalls nach Smyrna gingen und erst Mitte November das Linienschiff *Zrinyi* mit dem Zerstörer *Uskok* in Saloniki eintraf. Einen Tag vorher hatten auch die Italiener das Linienschiff *Ammiraglio di St. Bon* und Deutschland den Kreuzer *Hertha* nach Saloniki entsandt, wo sich die Lage jedoch beruhigte. Schwieriger war die Situation in Konstantinopel, das nicht nur durch den bulgarischen Angriff, sondern auch durch die infolge ihrer Niederlagen und den Ausbruch von Cholera demoralisierte türkische Armee gefährdet war. Am 3. November gestattete die Türkei den Signatar-Mächten des Berliner Kongresses von 1878 das Passieren der Dardanellen und bat die Mächte am folgenden Tage um die Entsendung von Kriegsschiffen nach Konstantinopel. Nacheinander trafen vom 5. bis 19. November der britische Kreuzer *Weymouth,* die französischen Panzerkreuzer *Léon Gambetta* mit K.Adm. Dartige du Fournet als dienstältestem Befehlshaber des internationalen Verbandes und *Victor Hugo,* die italienischen Linienschiffe *Regina Margherita* und *Emanuele Filiberto* mit dem Kleinen Kreuzer *Coatit,* die österreichischen Kreuzer *Aspern* und *Admiral Spaun,* der britische Panzerkreuzer *Hampshire,* das russische Linienschiff *Rostislav* mit dem Kreuzer *Kagul,* der deutsche Kreuzer *Vineta* und der Schlachtkreuzer *Goeben,* die Kreuzer der kleinen Mächte, *Elizabetha* (Rumänien), *Reina Regente* (Spanien) und *H. Kortenaer* (Niederlande) sowie schließlich das italienische

Linienschiff *Benedetto Brin* vor Konstantinopel ein. Am 18. November wurde von den Streitkräften ein internationales Landungskorps ausgeschifft, das aus 576 Deutschen, 471 Engländern, 378 Russen, 376 Italienern, 348 Franzosen, 161 Österreichern, 140 Rumänen, 94 Spaniern und 90 Niederländern, insgesamt 2634 Mann, bestand und die Sicherung des Westrandes von Konstantinopel übernahm.

Obgleich die Türkei am 12. November ein Waffenstillstands-Angebot unterbreitet hatte, kamen die Verhandlungen zunächst nicht weiter. Die Bulgaren waren deshalb daran interessiert, ihre durch Verluste und Krankheiten geschwächte Armee vor der Catalça-Linie zu verstärken, und baten die Griechen um Transporthilfe. Vom 27. bis 28. November transportierten 19 griechische Transporter, gesichert von einem Hilfskreuzer, 13 000 Mann der 1. Brigade der bulgarischen 7. Division von Saloniki nach Dedeagatsch, westlich der Halbinsel Gallipoli, das nunmehr auch bedroht war. Während dieser Operation kreuzte die griechische Flotte vor der Dardanellen-Mündung, in die der Torpedobootzerstörer *Doxa* zu einem Aufklärungsvorstoß eindrang. Doch auch diese Verstärkungen konnten die Lage nicht wenden, so daß es am 3. Dezember zum Abschluß eines Waffenstillstandes zwischen der Türkei und den 3 nördlichen Mächten des Bundes kam. Griechenland, dessen Forderung auf Räumung der kurz vorher besetzten Inseln in der Ägäis von der Türkei nicht akzeptiert wurde, schloß sich diesem Waffenstillstand nicht an. Am 20. November hatte die griechische Flotte mit den Schiffen *Averoff, Spetsai, Hydra* und *Psara* sowie den Torpedobootzerstörern *Aspis, Velos* und *Niki* sowie den nach Kriegsausbruch aus England bzw. Deutschland eingetroffenen Neubauten *Jerax* und *Nea Genea* und einer Torpedoboot-Flottille sowie 3 Transportern Truppen auf Mytilene gelandet, und der gleiche Verband setzte am 24. November auch auf der Insel Chios eine Landungsgruppe an Land. Es sollte jedoch bis zum 22. Dezember bzw. 2. Januar dauern, bis die letzten türkischen Truppen auf diesen Inseln kapitulierten.

Der Waffenstillstand im Norden erlaubte der türkischen Marine nun, das Gewicht ins Gebiet der Dardanellen zu verlegen. Anfang Dezember wurden die schweren türkischen Schiffe mit den fahrbereiten Zerstörern nach Çanakkale verlegt. Am 8./9. Dezember unternahmen die Türken einen Ersatzversuch für die Garnison auf Chios, doch wurde ein britischer Dampfer mit 2000 Mann an Bord durch den griechischen Torpedobootzerstörer *Nea Genea* aufgebracht.

Die griechische Flotte vor den Dardanellen wurde nach der Ankunft der 4 in England gekauften und der 2 von Deutschland erworbenen Torpedobootzerstörer auf eine Stärke von 1 Panzerkreuzer, 3 Küstenpanzerschiffen, 14 Torpedobootzerstörern, 5 Torpedobooten und 1 U-Boot gebracht.

Um die türkische Flotte aus den Dardanellen herauszulocken, unternahmen am 14. Dezember 2 Torpedoboot-Zerstörer, *Sphendoni* und *Lonchi,* einen Vorstoß in die Dardanellen und beschossen das Fort Sedil Bahr. Als der Kreuzer *Medjidije* auftauchte, gingen sie zurück und versuchten zusammen mit den beiden herankommenden weiteren Zerstörern *Naphratoussa* und *Thyella* einen Angriff gegen die *Medjidije,* der jedoch fehlging. Als von Tenedos aus die weiteren Zerstörer *Velos, Doxa* und *Nea Genea* herankamen, ging die *Medjidije* wieder in die Dardanellen zurück. Bei der türkischen Flotte hatte inzwischen der jüngere, tatkräftige Kapitän zur See Ramsi Bey von dem entschlußlosen Befehlshaber Tahir Bey das Kommando übernommen und lief am 16. Dezember morgens mit der ganzen Flotte aus, an der Spitze die beiden Linienschiffe *Haireddin Barbarossa* und *Torgut Reiss,* gefolgt von der alten *Messudije* und dem Küstenpanzerschiff *Assar-i-Tewfik.* Der Kreuzer *Medjidije* mit 8 Zerstörern und 6 Torpedobooten blieb unter Land bei dem Fort Kum Kale zurück. Die griechische Flotte unter K.Adm. Kondouriotis war vom Auslaufen der Türken rechtzeitig unterrichtet worden und trat mit dem Panzerkreuzer *Georgios Averoff* und den 3 Küstenpanzern *Hydra, Spetsai* und *Psara* dem türkischen Verband entgegen. Auf 12 000 m Entfernung eröffneten die türkischen Schiffe um 9.25 Uhr das Feuer, das 10 Minuten später von der *Averoff* und 15 Minuten später, nachdem die Entfernung auf etwa 7000 m heruntergegangen war, von den Küstenpanzern erwidert wurde. Der schnellere Panzerkreuzer *Averoff* versuchte, die türkische Spitze zu umfassen, wobei die Entfernung bis auf 2900 m bzw. 4000 m für die Küstenpanzer herunterging. Nach einem einstündigen Gefecht drehten die Türken jedoch ab, und das Feuer wurde eingestellt. Ein nochmaliger Vorstoß von 3 türkischen Zerstörern am Nachmittag wurde von 8 griechischen Zerstörern abgewehrt. Die Schäden waren auf beiden Seiten gering. Auf der *Averoff* hatten 4 leichtere Treffer einen Toten und sechs Verwundete, auf der *Spetsai* einen Verwundeten hervorgerufen. Auf tütkischer Seite war die *Haireddin Barbarossa* von mehreren Geschossen getroffen. Insgesamt hatten die Türken 58 Tote und Verwundete zu beklagen.

Am 22. Dezember lief der Kreuzer *Medjidije* mit 6 Zerstörern aus den Dardanellen aus und vertrieb die patrouillierenden 4 griechischen Zerstörer sowie das wartende U-Boot *Delfin,* kehrte jedoch nach Insichtkommen der *Averoff* um. Am 4. und 6. Januar unternahm die *Torgut Reiss* mit der *Assar-i-Tewfik* sowie der wiederhergestellten *Hamidije,* der *Medjidije* und Zerstörern einen Vorstoß bis nach Tenedos bzw. bis nach Chios, ohne daß es zu ernsteren Gefechten kam.

In der Nacht vom 15. zum 16. Januar lief der Kreuzer *Hamidije* unter Kapitän zur See Raouf Bey aus den Dardanellen aus, durchbrach nach Entlassung der Deckungskräfte mit dem alten Linienschiff *Messudije,* dem Kreuzer *Medjidije* und 6 Zerstörern unbemerkt die griechische Bewachung und erreichte am folgenden Tage die Kykladen-Insel Syra, wo es ihm gelang, im Haupthafen dieser Insel den griechischen Hilfskreuzer *Makedonia* zu versenken.

Die türkische Führung hatte offenbar angenommen, daß durch dieses Auftreten der *Hamidije* die griechische Flotte zu einer Verfolgungsjagd angesetzt worden wäre, und so lief am 18. Januar Kapitän Ramsi Bey mit seinen 3 Linienschiffen, der *Assar-i-Tewfik,* der *Medjidije* und 13 Zerstörern und Torpedobooten erneut aus den Dardanellen aus – in der Hoffnung, vielleicht schwächere Teile der griechischen Flotte stellen zu können. Die griechischen Schiffe hatten jedoch von dem Entkommen der *Hamidije* zu dieser Zeit noch keine Kenntnis, und so trat der griechische Verband mit der *Georgios Averoff* und den 3 Küstenpanzern den türkischen Schiffen wieder – wie 4 Wochen vorher – entgegen. In einem dreistündigen Gefecht zwischen den Inseln Tenedos, Lemnos und Imbros erlitten die Schiffe auf beiden Seiten mehr oder weniger große Schäden und Personalausfälle. Auf dem türkischen Flaggschiff wurde der mittlere 28-cm-Turm außer Gefecht gesetzt. Doch wurde auch dieses Gefecht nicht durchgeschlagen, da die Türken offenbar den vollen Einsatz ihrer Schiffe scheuten, weil sie für den Fall der Wiederaufnahme des Krieges auf ihre Dienste bei der Verteidigung Konstantinopels nicht verzichten zu können glaubten.

Die *Hamidije* setzte ihre Operation fort, ging über Beirut nach Port Said und passierte von hier den Suez-Kanal. Vom 25. Januar bis Anfang Februar kreuzte sie im Roten Meer, wobei immer wieder das Problem der Kohlenversorgung Schwierigkeiten brachte. Nach erneutem Passieren des Suez-Kanals traf das Schiff am 14. Februar in Malta ein, übernahm Kohlen und stieß von dort aus in das östliche Mittelmeer vor, wo die *Hamidije* am 26. Februar vor Haifa und Beirut gesichtet wurde. Am 11. und 12. März griff das Schiff die von serbischen Truppen besetzten albanischen Hafenorte Durazzo und San Giovanni di Medua an und versenkte hier eine Anzahl von Transport- und Handelsschiffen. Auf serbischer Seite gab es insgesamt 119 Tote und Verwundete. 4 alte griechische Kanonenboote, die eine Vorpostenlinie bilden wollten, konnte die *Hamidije* ausmanövrieren und traf am 17. 3. vor Alexandria ein, nahm am 18. 3. vor Beirut erneut Kohlen und passierte am 8./9. April erneut den Suez-Kanal ins Rote Meer. Während vor dem Suez-Kanal das griechische Küstenpanzerschiff *Hydra* und 2 Zerstörer Position bezogen, kreuzte die *Hamidije* bis zum Juli im Roten Meer und kehrte erst am 24. August durch den Suez-Kanal ins Mittelmeer und von dort nach dem Bosporus zurück. Die erhoffte Diversionswirkung blieb infolgedessen relativ gering.

Inzwischen waren seit dem 16. Dezember durch Vermittlung der Großmächte in London Friedensverhandlungen mit der Türkei eröffnet worden. Doch war die Türkei zunächst nicht bereit, den Forderungen der Gegner, insbesondere dem Verzicht auf Adrianopel und einige der ägäischen Inseln, zuzustimmen. Mit dem ergebnislosen Seegefecht bei Lemnos am 18. Januar gewann die für den Frieden und die Erfüllung der Bedingungen der Balkan-Mächte eintretende Gruppe in der türkischen Regierung die Oberhand. Am 23. Januar wurde die Regierung jedoch durch die jungtürkische Militär-Revolution unter Enver Bey gestürzt und mit dem früheren Kriegsminister, Marschall Hahmud Scheftket Pascha, als Großwesir eine neue Regierung eingesetzt. Sie kündigte am 29. Januar 1913 den Waffenstillstand, und am 3. Februar wurden die Feindseligkeiten mit dem ganzen Balkan-Bund wieder eröffnet.

Durch eine großangelegte kombinierte Operation sollte die Bedrohung von Konstantinopel beseitigt und Adrianopel wiedergewonnen werden. Während die türkischen Kräfte in der Çatalça-Linie am 7. Februar zu einem begrenzten Angriff mit Unterstützung von 2 Kriegsschiffen und 2 Zerstörern antraten, um die gegenüberstehenden bulgarischen Kräfte zu binden, sollten die kombinierten Operationen am 8. Februar mit 2 Landungen beginnen. Die erste Landung erfolgte bei Podima – an der Schwarzmeer-Küste im Rücken der Çatalça-Stellung mit Unterstützung des Panzerschiffes *Assar-i-Tewfik.* Diese Operation in kleinerem Umfange sollte gleichfalls bulgarische Kräfte im Norden fesseln, schlug jedoch unter Verlusten fehl. Die Hauptoperation richtete sich im Süden gegen die zur Sperrung der Gallipoli-Halbinsel eingesetzte bulgarische Vierte Armee, die am 8. in der Front von den türkischen Gallipoli-Kräften bei Bulair angegriffen wurde, während gleichzeitig das neugebildete X. Armeekorps mit 25 Transportschiffen und Unterstützung durch die Schlachtflotte bei Scharkoj im Rücken der bulgarischen Truppen vom Marmara-Meer her gelandet werden sollte. Nach starker Feuervorbereitung gelang es, etwa 8 Bataillone von den vorgesehenen 15 000 Mann zu landen und die Stadt selbst am 9. Februar gegen starken Widerstand zu besetzen. Der Fehlschlag des Angriffes bei Bulair und die durch den bulgarischen Gegenangriff eingetretene schwierige Situation zwang jedoch zur Verstärkung der dort eingesetzten Truppen und damit zum Abbruch der Landung bei Scharkoj und der Überführung der eingeschifften Truppen auf die Halbinsel Gallipoli. So lösten sich die Truppen am 10. Februar unter Führung von Enver Bey und gingen, von den Bulgaren hart bedrängt, wieder an Bord, während die Flotte die Einschiffung deckte.

Mitte Februar versuchten die Türken, diese Operation noch einmal zu wiederholen. Doch ging bereits am 16. Februar auf einer bulgarischen Minensperre oder einer Untiefe das zur Unterstützung der Operation bei Podima vorgesehene Panzerschiff *Assar-i-Tewfik* verloren, während eine Landung von etwa 1000 Mann bei Scharkoj am 18. Februar aufgerieben wurde. In der Ägäis hielten inzwischen die griechischen Schiffe die Blockade der Dardanellen-Ausfahrt weiter aufrecht, und der Versuch der türkischen Schiffe *Haireddin Barbarossa* und *Medjidije,* am 19. Februar aus den Dardanellen vorzustoßen, mußte nach einem kurzen Schußwechsel wieder abgebrochen werden. Derweil hatten die griechischen Kräfte in der Ägäis weitere Inseln besetzt, insbesondere nach dem Abzug der Schiffe der großen Mächte vom 15. bis 20. Februar Kreta. Durch eine Demonstration vor Smyrna zwangen sie die Türken, hier stärkere Truppenverbände konzentriert zu halten. Unter diesen Umständen war es den von den alliierten Kräften eingeschlossenen Festungen nicht möglich, sich auf die Dauer zu halten. Am 6. 3. mußte Jannina vor den Griechen, am 26. 3. Adrianopel vor den Bulgaren kapitulieren.

Nach dem Fehlschlag ihres Versuches, die Lage militärisch zu wenden, fand sich die Türkei am 15. 4. erneut zu einem Waffenstillstand mit Bulgarien bereit, dem nach weiteren Verhandlungen am 30. 5. ein Vorfriede folgte, der die türkisch-bulgarische Grenze von Midia am Schwarzen Meer zur Maritza-Mündung an der Ägäis verlaufen ließ.

Inzwischen kam es jedoch im Westen zu neuen Schwierigkeiten. Am 27. November hatte sich die Bevölkerung von Albanien für unabhängig erklärt und die Großmächte um Anerkennung der provisorischen Regierung gebeten. Auf der Londoner Konferenz vom Dezember 1912 war allgemein beschlossen worden, in Albanien ein selbständiges Fürstentum zu schaffen, dessen Hauptstadt die im Norden gelegene Stadt Skutari werden sollte. Als am 3. Februar der Waffenstillstand zwischen den nördlichen Balkanmächten und der Türkei gekündigt wurde und die Feindseligkeiten wieder begannen, erneuerten auch die montenegrinischen Streitkräfte, die Skutari eingeschlossen hatten, den Angriff von neuem, unterstützt von serbischen Verbänden. Nachdem eine diplomatische Intervention beim König von Montenegro erfolglos blieb, entschlossen sich die Großmächte am 8. 4., die Küste Montenegros und die von serbischen Kräften besetzte Küste Albaniens zu blockieren. In den nächsten Tagen versammelte sich ein internationales Geschwader unter der Führung des britischen V. Adm. Burney, das aus den folgenden Schiffen bestand:

England: Linienschiff *King Edward VII.*, Kreuzer *Dartmouth*, 2 Zerstörer.

Österreich: Linienschiffe *Erzherzog Franz Ferdinand, Radetzky, Zrinyi,* Panzerkreuzer *St. Georg,* Kreuzer *Aspern,* 3 Zerstörer, 1 Kanonenboot.

Italien: Linienschiff *Ammiraglio di St. Bon,* Panzerkreuzer *Ferruccio, Garibaldi, Varese,* 4 kleine Schiffe.

Deutschland: Leichter Kreuzer *Breslau.*

Rußland und *Griechenland:* je 1 Lazarettschiff.

Frankreich: Panzerkreuzer *Edgar Quinet,* ab 21. 4. *Ernest Renan.*

Die Blockade hatte jedoch nicht den erwünschten Erfolg. Am 22./23. April übergab der türkische Verteidiger Essad Pascha den Montenegrinern unter ehrenvollen Bedingungen die Festung, und wenige Tage später bestimmte König Nikolaus Skutari zur neuen Hauptstadt Montenegros. Die Großmächte mußten, um ihrer Zusage an Albanien Nachdruck zu verleihen, die gewaltsame Besetzung von Skutari androhen. Schließlich gab König Nikolaus am 4. Mai nach und erklärte sich zur Räumung von Skutari bereit. Am 14. 5. landeten die Schiffe ein Landungskorps, das aus 300 Österreichern, 250 Engländern, 200 Italienern, 150 Franzosen und 100 Deutschen bestand und die Verwaltung und Sicherung bis zum Beginn des ersten Weltkrieges übernahm.

Da sich die Mächte des Balkan-Bundes über die Aufteilung der europäischen Türkei nicht einigen konnten, brach am 29. Juni der Konflikt erneut aus, diesmal zwischen Serbien, Griechenland und Rumänien einerseits und Bulgarien andererseits. Während es den Bulgaren zunächst gelang, mit ihrer Ersten, Dritten, Vierten und Fünften Armee die serbischen Streitkräfte der Ersten, Zweiten und Dritten Armee entlang der Grenze aufzuhalten und teilweise sogar über die Grenze vorzudringen, warf die griechische Armee die Zweite bulgarische Armee nach Norden zurück, während die rumänische Armee, zunächst ohne einen Gegner vor sich zu haben, über die Donau hinweg am 16. Juli auf Sofia marschierte. Mit Mühe konnte die Erste bulgarische Armee diesen Vorstoß auffangen. Die Besetzung der Dobrudscha durch rumänische Kräfte war jedoch nicht zu verhindern. Am 30. Juli war Sofia unmittelbar bedroht, und Bulgarien mußte sich am 10. August mit einer Korrektur der Grenzen im Sinne der Balkan-Mächte einverstanden erklären. Diese Situation nützte auch die Türkei aus, indem türkische Truppen über die Grenze vom 30. Mai hinweg am 22. Juli nach Adrianopel vorstießen und diese Stadt wieder besetzten. Am 18. September kam es auch zwischen Bulgarien und der Türkei zum Abschluß eines Friedens, der diesen Stand als endgültige Grenze festlegte. Ein Versuch der Albaner, ihre Grenze auf Kosten der Serben im September zu verbessern, wurde durch serbische Truppen bis zum 30. September zurückgewiesen. Damit fand der Balkankrieg, welcher die Landkarte grundlegend veränderte, sein Ende.

Zusammenfassung

In den letzten 20 Jahren vor dem ersten Weltkrieg war es bei allen großen und auch den mittleren Marinen, nachdem man die durch zahlreiche Erfindungen bedingten technischen Probleme zu meistern gelernt hatte, zum planmäßigen Ausbau der Seestreitkräfte gekommen. Entgegen der weitverbreiteten Vorstellung, daß insbesondere der deutsche Flottenbau im Rahmen der Tirpitz'schen Flottengesetze, mit seiner Belastung des deutsch-britischen Verhältnisses, ein herausragendes Beispiel für die Überhandnahme militärtechnischer Fragen gegenüber der Politik sei, muß man feststellen, daß in diesen Jahren in allen Ländern, allerdings mit verschiedener Intensität, danach gestrebt wurde, die Flottenrüstungen in den Rahmen eines auf längere Fristen berechneten Flottengesetzes zu bringen, um aus den alljährlichen Schwierigkeiten der Haushaltsberatungen in den gesetzgebenden Körperschaften zu entfliehen. Allerdings hatte Tirpitz in seinen Bemühungen im Vergleich zu seinen europäischen Kollegen einen dauerhafteren Erfolg. Die Flottenfrage wäre zwischen Deutschland und England jedoch wohl kaum zu einem derart entscheidenden Problem geworden,

wenn sich nicht ab 1902/05 die Bündnissysteme Europas grundlegend gewandelt hätten. Sie führten Deutschland zunehmend in eine Isolierung, aus der auch der forcierte Flottenbau keinen Ausweg bieten konnte.
In den Auseinandersetzungen der Jahre 1911 –1913 im östlichen Mittelmeer wurde wieder die Bedeutung der Seemacht deutlich.
Im italienisch-türkischen Krieg konnte Italien dank seiner Seeherrschaft im Mittelmeer seine Expeditionstruppen unter dem Schutz der Schiffsgeschütze an jedem gewünschten Punkt der nordafrikanischen Küste an Land setzen und über lange Zeiträume hinweg versorgen und unterhalten, während der Türkei die Versorgung und Unterstützung ihrer in der Cyrenaika und in Tripolitanien kämpfenden Truppen durch die italienische Blockade verwehrt war und der Landweg durch das unter britischer Kontrolle stehende Ägypten gesperrt blieb. Doch hatte die Seemacht in einem solchen, mit begrenztem Ziel geführten Krieg auch ihre deutlichen Grenzen. Da ein direkter amphibischer Angriff gegen das türkische Kernland nicht ins Auge gefaßt wurde und die Türkei selbst von Seezufuhren nicht unmittelbar abhängig war, konnte durch verschiedene Demonstrationen und eine Blockade allein die Türkei nicht zum Frieden gezwungen werden.
Während des Balkankrieges waren die beiderseitigen Flottenstärken ziemlich ausgeglichen. Doch zwang die Entwicklung der Lage an Land durch die bulgarische Bedrohung der türkischen Hauptstadt zum Einsatz der türkischen Flotte in der Unterstützung der Landfront, so daß die griechische Flotte in der Ägäis die Seeherrschaft ausüben und zur Besetzung der Inseln der Ägäis ausnutzen konnte. Die nach dem Waffenstillstand mit Bulgarien unternommenen Versuche der Türken, aus den Dardanellen auszubrechen, wurden nur mit halbem Einsatz geführt, da man die wertvollen Schiffe bei einer Wiederaufnahme des Kampfes mit Bulgarien zur Verteidigung der Hauptstadt benötigte, so daß die gleichstarken griechischen Verbände die Ausbruchsversuche jeweils nach kurzen Gefechten abwehren konnten und ihre Herrschaft in der Ägäis aufrechterhielten. Damit machten sie den Türken auch die Überführung von Verstärkungen auf dem nächsten und schnellsten Wege über die Ägäis unmöglich. Der Schwerpunkt des Krieges lag jedoch an Land im Gebiet der europäischen Türkei, und hier fielen auch die Entscheidungen des Krieges.

Kapitel 21

Der erste Weltkrieg: Die Operationen zu Beginn des Krieges

Von K. J. Müller übersetztes und bearbeitetes Kapitel 20 der US-Ausgabe, das von Ellery H. Clark verfaßt war.

Im Spätsommer 1914 stürzte Europa in einen Krieg, der England an den Rand des Ruins brachte, Frankreich ausblutete, das Deutsche Kaiserreich zerstörte, die österreichungarische Doppelmonarchie zerfallen ließ und über Rußland Revolution und Bürgerkrieg brachte. Der erste Weltkrieg untergrub die soziale, politische und moralische Ordnung Kontinentaleuropas, machte den Triumph des Bolschewismus in Rußland, den des Faschismus in Italien und Deutschland möglich. So stellte der erste Weltkrieg die Weichen für den zweiten.

Eine entscheidende Rolle unter den Kriegsursachen spielten die feingesponnenen Bündnissysteme, die alle durch ein Netzwerk von Geheimverträgen, finanziellen Absprachen und militärischen »Verständigungen« abgesichert waren. 1914 waren die Machtverhältnisse unter den Hauptgruppierungen — dem Dreibund zwischen Deutschland, Österreich-Ungarn und Italien sowie der Tripel-Entente zwischen England, Frankreich und Rußland — einigermaßen ausgewogen.

Der unmittelbare Anlaß für den Kriegsausbruch war die Ermordung des Thronfolgers der österreich-ungarischen Monarchie in Sarajewo durch einen serbischen Nationalisten. Ermutigt durch Deutschlands uneingeschränkte Unterstützung, stellte der österreichische Außenminister den Serben ein Ultimatum, in dem er Wiedergutmachung und Bestrafung der Schuldigen forderte. Das konnte Serbien durchaus versprechen. Österreich aber forderte auch die Mitwirkung österreichischer Polizeibeamter bei der gerichtlichen Untersuchung gegen die Attentäter auf serbischem Territorium. Das aber war eine Forderung, die Serbien zurückwies. Rußland war mit Serbien durch ein beiderseitiges Verteidigungsbündnis verbunden. Als Österreich und Serbien mobil machten, ordnete Rußland ebenfalls die Mobilmachung an. Die Deutschen, deren Strategie für den Fall eines Zweifrontenkrieges darin bestand, Frankreich zuerst im blitzartigen Stoß zu überwältigen, bevor Rußland voll mobil gemacht hatte, sahen sich gezwungen, ebenfalls zu marschieren. Österreich erklärte Serbien am 28. Juli 1914 den Krieg. Deutschlands Kriegserklärung an Rußland erfolgte am 1. August, an Frankreich am 3. und an Belgien am 4. August. Die britische Regierung, durch Ehrenwort und Machtinteressen gehalten, Frankreich zu unterstützen und Belgien zu verteidigen, erklärte Deutschland am 4. August um Mitternacht den Krieg.

Die gegnerischen Seekriegsleitungen*

Bei Kriegsausbruch waren weder die britische Admiralität noch die deutsche Seekriegsleitung ihrer Organisation nach geeignet, einen Seekrieg mit einem Maximum an Wirksamkeit zu führen. Wie alle anderen Seemächte der Welt waren sie wohl in der Lage, die logistischen Probleme zu meistern, aber auf die Aufgabe, eine Seestrategie zu entwerfen und umfangreiche Flottenoperationen zu führen, waren sie nicht vorbereitet. Das war die Folge einer langen Periode, die von stetem technischen Fortschritt gekennzeichnet war, in der es aber nur geringfügige kriegerische Ereignisse zur See gegeben hatte. Beide Nationen gingen mit materiell ausgezeichneten Marinen in den Krieg, aber ohne durchgebildete strategische Konzepte, ohne ausgereifte Doktrinen und ohne eine angemessene Spitzenorganisation.

Die britische Regierung hatte sich seit Anfang des Jahrhunderts an eine Lösung des Problems der Marineführung herangemacht. Durch einen Kabinettserlaß vom Jahre 1904 wurde dem zivilen Ersten Lord der Admiralität ein Teil seiner Entscheidungsgewalt abgenommen und die Position des Ersten Seelords, damals Sir John Fisher, gegenüber den anderen Seelords herausgehoben. Diese organisatorische Änderung klärte zwar die Situation bezüglich Kommandogewalt und Beraterfunktionen; aber Fisher war zu sehr mit Rüstungs- und Materialfragen belastet, um noch viel Zeit für die Planung und Leitung der Operationen zu haben, denen auch nicht sein Hauptinteresse galt. 1910 trat Fisher, zum Peer ernannt, in den Ruhestand. Im folgenden Jahr berief der Premierminister Asquith den hochbegabten, dynamischen Winston Churchill zum Ersten Lord der Admiralität. Man erwartete von ihm, daß er eine Seekriegsleitung schuf, die dem Generalstab des Heeres entsprach. Diese Aufgabe führte er gegen den Protest vieler Seeoffiziere durch. Indessen wurde diese Seekriegsleitung nicht sogleich zu einem überzeugenden Erfolg. Die britischen Seeoffiziere waren für Generalstabsarbeit nicht vorgebildet. Ihnen fehlten die militärische Bildung und das Vermögen, in umfassenden strategischen Begriffen zu denken. »Die schweigsame Marine tat still ihren Dienst« – so schreibt Churchill – »aber nicht weil man vom täglichen Gleichtritt des Dienstes mit seiner immer komplizierter werden-

*) Vgl. dazu die Übersicht: Die Gliederung der Flotten bei Kriegsbeginn (August 1914) S. 359–363.

den und sich stets ändernden Technik voll in Anspruch genommen war. Wir hatten tüchtige Verwaltungsspezialisten, hervorragende Experten aller Art, unvergleichliche Navigatoren, gute Erzieher, tüchtige Seeoffiziere, tapfere und treue Männer: aber bei Ausbruch des Krieges besaßen wir mehr Schiffskapitäne als Kapitäne, die Krieg zu führen verstanden.«[1)]

Bei Ausbruch der Feindseligkeiten griff England auf die alternden Heroen einer früheren Generation zurück. Gleich nach Kriegsbeginn forderte Asquith den Feldmarschall Lord Kitchener auf, als Kriegsminister (Secretary of State for War) ins Kabinett einzutreten. Im Oktober 1914 erreichte Churchill die Rückberufung Lord Fishers in das Amt des Ersten Seelords. So versicherten die britischen Streitkräfte sich der Dienste ihrer berühmtesten Soldaten an höchster Stelle. Aber immer noch besaß die britische Regierung keinen geeigneten Apparat, der schnelle Entscheidungen über die Kriegspolitik möglich machte, und überhaupt keinen Organismus, um derartige Entscheidungen rasch in militärische Aktionen umzusetzen. Im November 1914 versuchte Premierminister Asquith, diesem Mangel dadurch abzuhelfen, daß er eine Art Kernkabinett, den Kriegsrat (War Council), schuf, der für die oberste Gesamtkriegführung verantwortlich sein sollte. Den Vorsitz führte der Premierminister selbst. Kitchener und Churchill vertraten die beiden Wehrmachtteile. Andere Kabinettsmitglieder nahmen regelmäßig an den Sitzungen des Kriegsrates teil. Obgleich dieses Kernkabinett große Autorität und Verantwortung besaß, fehlte ihm der militärische Arbeitsstab. Diesem Mangel wurde teilweise dadurch abgeholfen, daß je ein höherer General und Admiral in beratender Funktion beigezogen wurden. So war der Kriegsrat imstande, schnelle Entscheidungen über einfachere militärische Probleme zu fällen. Komplexere Fragen wurden Kitchener oder Churchill überantwortet, die dann ihre Stäbe konsultierten und dem Kriegsrat deren Entscheidungen oder Empfehlungen unterbreiteten. Die Ausführung der im Kriegsrat gefällten Entscheidungen oblag dann der Admiralität oder dem Kriegsministerium.

Lord Kitchener handelte ebenso als Kriegsminister wie als Heeresgeneralstabschef; dies und sein großes Prestige gaben seinen Meinungsäußerungen im Kriegsrat entscheidendes Gewicht. Churchills Wort besaß nicht derartige Geltung. Seine Kollegen im Kriegsrat konsultierten häufig Lord Fisher, der als Repräsentant des Admiralstabs an den Sitzungen des Rates teilnahm. Mehr noch, die Mitglieder des Rates erwarteten von Churchill, daß er für die Pläne, die er im Namen der Admiralität dem Kriegsrat unterbreitete, Fishers Zustimmung gewonnen hatte. Lord Kitchener dagegen beherrschte die Berater im Kriegsministerium derart, daß er als alleiniger Sprecher des Kriegsministeriums angesehen wurde. So kam es, daß drei willensstarke Männer, der 65 Jahre alte Kitchener, der vierzigjährige Churchill und der 72jährige Lord Fisher, den überragenden Einfluß bei den Beratungen des Kriegsrates besaßen. Innerhalb dieses Dreigestirns aber hatte Kitchener die Schlüsselstellung inne, denn er war in der Lage, entweder seinen Kabinetskollegen Churchill oder seinen Partner im Bereich der Streitkräfte, Lord Fisher, zu unterstützen. Nur in wenigen Fällen entschied Asquith eine besonders schwierige Frage selbst. Daher rief jedes wichtige militärische Problem, mit dem der Kriegsrat konfrontiert wurde, ein Ringen zwischen Kitchener, Churchill, Fisher und Asquith hervor, was dazu führte, daß negative Entscheidungen und Kompromisse bei der Entschlußfassung gefördert wurden.

Die deutsche Marine besaß bei Ausbruch des ersten Weltkrieges eine noch weniger brauchbare Organisation. Der Kaiser übte seinen verfassungsmäßig festgelegten Oberbefehl über die Marine hinsichtlich der Kommandogewalt und der Verwaltung mit Hilfe mehrerer Immediatstellen aus. Zu diesen gehörten als Kommandobehörden unter anderem das Marinekabinett, der Admiralstab und das Kommando der Hochseeflotte. Der Staatssekretär des Reichsmarineamtes war unter dem für die gesamte Reichsverwaltung verantwortlichen Reichskanzler der Chef der Marineverwaltung; er zeichnete die Anordnungen des Kaisers gegen und besaß faktisch auch das Immediatrecht. Diese Aufsplitterung innerhalb der Marineleitung, wo jeder Behördenchef unmittelbares Vortragsrecht beim Kaiser besaß, führte unvermeidlich zu persönlichen Differenzen und widerstreitenden strategischen Empfehlungen.

Bei Ausbruch der Feindseligkeiten schlug der Staatssekretär der Marine, Großadmiral von Tirpitz, vor, Deutschlands Gesamtanstrengungen auf dem Marinesektor dadurch zusammenzufassen, daß er die Gesamtleitung der Marine übernähme. Dieser Vorschlag wurde zurückgewiesen, Tirpitz am Ende (1916) aus seinem Amt hinausgedrängt. Infolge dieser Aufsplitterung wurde Deutschlands Marinepolitik stark von Zufälligkeiten und den verschiedenartigsten Einflüssen bestimmt.

Die deutsche Armee dagegen besaß einen in Europa einmalig straff organisierten Generalstab, dessen Konzeption auf einer – wie häufig behauptet wird – Fehlinterpretation der Gedanken des Militärtheoretikers Carl von Clausewitz beruhte. Der Einfluß des Generalstabs auf den Kaiser und die Regierung führte dazu, daß sich eine absolut kontinentale strategische Konzeption durchgesetzt hatte. In mancher Beziehung hatten die Deutschen die besten Überwasserstreitkräfte der Welt, die in Stärke und Zahl lediglich der britischen Marine unterlegen waren; aber niemand wußte recht, etwas damit anzufangen. Bis der Kaiser 1917 den uneingeschränkten U-Boot-Krieg befahl, hatte es die deutsche Marine nicht verstanden, ein wirklich in sich geschlossenes strategisches Konzept zu entwickeln.

1 Churchill, W. S.: The World Crisis, New York 1931, S. 62–63.

Geographie und Strategie

Die Kriegführung im ersten Weltkrieg wurde in hohem Maße von der Lage der einander gegenüberstehenden Koalitionen bestimmt. Die Mittelmächte, Deutschland und Österreich-Ungarn, waren territorial in einer Zwischenlage; ihre Gebiete trennten als ein quer durch Europa gehender Block Rußland von seinen westlichen Verbündeten. Das deutsche Oberkommando konnte mit Hilfe eines ausgezeichneten, im Hinblick auf militärische Erfordernisse entwickelten Eisenbahnnetzes erforderlichenfalls Kräfte schnell von einer Front zur anderen verschieben. Theoretisch hätten die Alliierten dieser vorteilhaften deutschen Lage dadurch begegnen können, daß sie unter Ausnutzung ihrer geographischen Randposition in einer gigantischen Zangenoperation einen gleichzeitigen Druck an den Fronten in Frankreich und in Rußland ausübten. Tatsächlich aber erreichten sie wegen ungenügender Stärke, des Fehlens eines vereinigten Oberkommandos und der unzureichenden Verbindungslinien nie dieses strategische Ideal.

Die Seekriegsstrategie wurde weitgehend von der geographischen Struktur der britischen Inseln und der Küste Nordeuropas bestimmt. Deutschland — zu Lande in einer strategisch vorteilhaften Situation — war für den Seekrieg im Nachteil. Seine Schiffe konnten den Ozean nur durch die von der Royal Navy beherrschte Nordsee erreichen. Aber es besaß mit seiner Position der inneren Linie den Vorteil der engen Nachbarschaft von Nord- und Ostsee, die durch den Kaiser-Wilhelm-Kanal verbunden waren. Dieser Kanal ermöglichte es, auch die schwersten Flotteneinheiten von einer See in die andere zu verschieben. Während des ganzen Krieges blieb die Ostsee ein deutsches Meer. England war im Gegenteil zu Deutschland völlig von der Einfuhr von Nahrungsmitteln abhängig. Es kontrollierte fast die Hälfte des gesamten Handelsschiffsraums und konnte auf die wirtschaftlichen Hilfsquellen der ganzen Welt zurückgreifen – solange es die Kontrolle der Weltmeere besaß. Daher war die oberste und erste Aufgabe der Royal Navy eine defensive: die Zufahrtswege zu den Häfen des britischen Mutterlandes offen zu halten. Die der Royal Navy zugewiesenen ursprünglichen Offensiv-Aufgaben waren die Blockade Deutschlands, das Inschachhalten oder die Zermürbung der Hochseeflotte sowie die Vernichtung der feindlichen Kreuzer in nahen und fernen Gewässern. Die Blockade stellte sich als eine zwar nicht entscheidungbringende, aber doch wesentliche Aufgabe heraus. Minen, Flugzeuge und Unterseeboote hatten eine engere Blockade wie in früheren Zeiten unmöglich gemacht, aber Englands geographische Lage machte es seiner Flotte leicht, Deutschland vom Nordatlantik abzuschneiden.

Die Aufgabe der deutschen Marine war, England die Kontrolle über die Weltmeere streitig zu machen. Der Kaiser hoffte, den Krieg zu Lande in wenigen Wochen durch einen Sieg über Frankreich bei gleichzeitiger Abwehr gegenüber Rußland zu gewinnen. Die deutsche Seekriegsstrategie bestand daher ursprünglich darin, die Flotte nicht aufs Spiel zu setzen. Wenngleich sie zahlenmäßig unterlegen war, so konnte sie doch, falls sie unzerstört blieb, ein starkes Faustpfand bei einer Friedenskonferenz darstellen. Daher setzten die Deutschen anfangs einige Hoffnung auf einen von ihren Auslandsschiffen geführten Kreuzerkrieg. Die Offensivstrategie der Hochseeflotte dagegen bestand hauptsächlich in dem Versuch, durch schnelle, kurze Vorstöße und begrenzte Unternehmungen die britische Überlegenheit in der Nordsee zu vermindern. Dann könnte schließlich, falls der Krieg länger als erwartet dauern sollte, die Hochseeflotte die britische Grand Fleet auf ungefähr gleicher Basis zu einem Endkampf herausfordern. Falls es überhaupt zu einer solchen großen Seeschlacht käme, so würde sie notwendigerweise in der Nordsee stattfinden, denn die Royal Navy würde selbstverständlich der deutschen Flotte nie erlauben, in den Atlantik vorzustoßen. Auch war die deutsche Hochseeflotte nicht für weiträumige Operationen geeignet.

Auf die Dauer bestand die gefährlichste Operationsmethode, zu der die Deutschen fähig waren, in einer Gegenblockade mittels einer U-Boot-Offensive gegen die britische, alliierte und neutrale Handelsschiffahrt. Diese neue, verheerende Art des Handelskrieges war jedoch von keiner der kriegführenden Mächte vor 1914 ins Auge gefaßt worden; sie spielte auch in den ersten Monaten des Krieges keine bedeutende Rolle.

Während der Zeit, in der man einen Kriegsausbruch immer mehr als unvermeidlich ansah, war es unter britischen Militärs zu einer Diskussion über die Frage gekommen, wie England seine Streitkräfte in einem solchen Konflikt am besten einsetzen könnte. Alle stimmten darin überein, daß die Blockade Deutschlands und der Schutz der alliierten Schiffahrt die eigentliche Aufgabe der Royal Navy sei. Bei Kriegsbeginn besaß England jedoch einen größeren Bestand an gewissen Schiffstypen als für diese Aufgabe benötigt wurde. Die Debatte ging daher um die Frage, wie man diesen Überhang an Kräften am besten verwandte und wie Englands leistungsfähige und wachsende Armee am besten einzusetzen sei.

Die eine Auffassung, für die Lord Fisher eintrat, orientierte sich an der britischen Strategie im Siebenjährigen Krieg und in den drei ersten Koalitionskriegen gegen Napoleon. Sie gab einer peripheren Strategie den Vorzug und wandte sich, wenigstens was die britischen Streitkräfte anbelangte, gegen die kontinentale Strategie, den Feind direkt anzugehen. Man argumentierte, England solle die durch seine geographische Lage gegebene Beweglichkeit und seine Überlegenheit zur See ausnutzen, um den Gegner an der Peripherie anzugreifen und so die weichen Stellen seiner Position herauszufinden, an denen man mit amphibischen Operationen ansetzen könne. Die Hauptkriegsschauplätze auf dem Kontinent sollten nach dieser Auffassung den Verbündeten überlassen werden. England würde diese mit Subsidien, die zum Teil aus gekaperten deutschen Handelsgütern finanziert werden könnten, und anderen Mitteln außer der Bereitstellung von großen Truppenverbänden an den Hauptfronten unterstützen. Damit würde, kurz gesagt, eine Rückkehr zu den wesentlichen Grundzügen des Pitt'schen Planes verfochten, jener Strategie, die das britische Weltreich begründet hatte.

Die dieser entgegengesetzte Ansicht sah keinen anderen Ausweg, als eine bedeutende britische Armee auf dem Hauptkriegsschauplatz des westlichen Kontinents einzusetzen. Sie griff auf die Lehren des Vierten Koalitionskrieges gegen Napoleon zurück, in dem schließlich der Korse besiegt worden war. Eine britische Armee war damals von Süden kommend gegen Frankreich vorgerückt, während die russische Armee zusammen mit der österreichischen und preußischen von Osten vorstieß. Unter dem Ansturm dieser vereinigten Streitkräfte war das Napoleonische Reich zerbrochen. Die diplomatische und geographische Lage von 1914 stellte, so wurde argumentiert, ein genaues Gegenstück zu jener entscheidungbringenden Kombination dar. Wie Napoleon so war auch der Kaiser eingekreist. Er hatte keine andere Wahl, als einen Zweifrontenkrieg zu schlagen. Englands bester Beitrag zu diesem Kampf sei daher der sofortige Einsatz seiner Hauptarmee auf dem Festland. Diese Ansicht hatte natürlich die volle Unterstützung der führenden französischen Militärs. Ihre Argumente schlugen durch. General Ferdinand Foch, der Kommandeur der französischen Generalstabsakademie, überzeugte den Chef der britischen Operationsabteilung, Sir Henry Wilson; dieser versprach daraufhin, 150000 Mann in Westeuropa auf dem linken Flügel der alliierten Front gemäß den operativen Weisungen der Franzosen einzusetzen. Kitchner war als neuernannter Kriegsminister entschlossen, nicht nur Wilsons Versprechen einzulösen, sondern sogar eine noch viel größere Armee rechtzeitig auf dem Kontinent einzusetzen.

Er lehnte zwar periphere Operationen nicht vollständig ab, aber er bestand darauf, daß sie lediglich an zweiter Stelle hinter der Hauptkriegsanstrengung an der Westfront rangieren müßten. Die britische Admiralität, die derartige Operationen erwog, gleichzeitig auch immer den Schutz des Seehandels im Auge hatte, richtete frühzeitig ihr Augenmerk auf das Mittelmeer, wo der britische Handel ein Jahresvolumen von 125 Millionen Pfund Sterling erreicht hatte. Gegen Sommer 1914 wies sie die Royal Navy an, sich im Mittelmeer auf Komplikationen mit Deutschland, Italien, Österreich und eventuell auch mit der Türkei einzurichten.

Die Goeben und Breslau

Deutschland hatte seit über einem Jahrzehnt seinen Einfluß in Konstantinopel sorgfältig ausgebaut und verband große Hoffnung mit einem wirtschaftlichen Vorstoß in den zwar unterentwickelten aber möglicherweise in Zukunft aussichtsreichen Nahen Osten. Das Abkommen von 1907 zwischen England und dem alten Feind der Türkei, Rußland, machte die Türken nur noch geneigter, ihre Annäherung an Deutschland zu intensivieren.

Die Türken hatten ihre eigenen Expansionspläne, die vornehmlich auf kosten Rußlands gingen. Voraussetzung dafür war die Kontrolle des schwarzen Meeres. Daher hatte die Türkei im Jahre 1911 bei britischen Werften den Bau von zwei Schlachtschiffen in Auftrag gegeben, die das Rückgrat ihrer kleinen Flotte bilden sollten. Deutschland wurde gebeten, zur Ausbildung der türkischen Armee eine Militärmission zu entsenden, die unter General Liman von Sanders im Dezember 1913 in Konstantinopel eintraf.

Ende Juli 1914 bot die Türkei in der Hoffnung, England würde sich aus dem Krieg heraushalten, Deutschland ein Geheimbündnis an, was Berlin nur zu bereitwillig annahm. Da richtete England sein Ultimatum an Deutschland, und Churchill beschlagnahmte zwei kurz vor der Indienststellung stehende türkische Schlachtschiffe für die Royal Navy. Die Folge waren Zorn und Bestürzung in türkischen Regierungskreisen. In panischer Sorge wurde sogar mit dem Gedanken gespielt, das Bündnis mit Deutschland wieder zu annullieren und einen Vertrag mit Rußland abzuschließen. Um die wankenden Türken bei der Stange zu halten, schlug Deutschland seinerseits vor, Ersatz für die beiden verlorenen Schlachtschiffe zur Verfügung zu stellen. Im österreichischen Marinestützpunkt Pola lagen damals der deutsche Schlachtkreuzer *Goeben* und der Leichte Kreuzer *Breslau.* Angesichts des unmittelbar bevorstehenden Kriegsausbruches schien es für die beiden Schiffe unmöglich zu sein, die Nordsee zu erreichen. Zuerst dachte man in Deutschland daran, sie mit der kleinen österreichischen Flotte zu vereinen. Aber am Vorabend des Krieges erhielten die Schiffe den Befehl, sich nach Konstantinopel zu begeben. Die Haltung der Türkei hing nunmehr davon ab, ob diese Schiffe den britischen und französischen Seestreitkräften im Mittelmeer entgehen konnten.

Obgleich den Briten der deutsche Einfluß auf die Türkei bekannt war, wußten sie jedoch weder von der türkisch-deutschen Allianz noch von der in Aussicht genommenen Bestimmung der *Goeben* und der *Breslau.* Im Mittelmeer befanden sich unter dem Befehl von Admiral Sir Berkeley Milne drei Schlachtkreuzer, vier Panzerkreuzer und vier Leichte Kreuzer sowie vierzehn Zerstörer. Am 30. Juli befahl die Admiralität dem Admiral Milne telegraphisch, die Franzosen bei der Überführung ihrer Algerien-Armee nach Frankreich zu unterstützen. Am 3. August erhielt er den zusätzlichen Befehl, die Adria-Ausgänge zu bewachen und die *Goeben* auszumachen und zu beschatten. Am selben Tage stach das französische Toulon-Geschwader unter Admiral de Lapeyrère mit dem Doppelauftrag in See, »den deutschen Kreuzer *Goeben* zu beobachten und die Überführung der Truppen aus Algier zu decken«. Die beiden Admirale hatten somit unabhängig voneinander zwei sich überschneidende Aufträge erhalten, besaßen jedoch weder die Möglichkeit der Koordinierung noch irgendwelche Verbindung miteinander. Während Milne noch dabei war, seine Streitkräfte für die verschiedenen Aufträge anzusetzen, erhielt er den zusätzlichen Befehl, Gibraltar zu decken, um die deutschen Kreuzer an einem Passieren der Meerenge zu hindern. Inzwischen war, ohne daß Milne davon wußte, die Überführung der französischen Truppen wegen der Anwesenheit der deutschen Kreuzer im Mittelmeer verschoben worden. seiner Streitkräfte einmal nordwestlich von Sizilien, um so zwischen den Deutschen und den von ihm vermuteten französischen Truppentransporten zu stehen, und gleichzeitig auch am Ausgang der Adria. Lediglich der Leichte Kreuzer *Gloucester* bewachte den Südausgang der Straße von Messina. Hier bemerkte er, wie die deutschen Schiffe am Spätnachmittag des 6. August aus der Enge herauskamen, und hielt an ihnen Fühlung, als sie Kurs Nordost nahmen, wie wenn

Der Durchbruch der Goeben und der Breslau, 1914

Die infolge des Durcheinanders der Aufträge herrschenden Konfusion auf alliierter Seite ermöglichte es dem deutschen Befehlshaber, K. Admiral Souchon, mit der *Goeben* und der *Breslau* aus der Adria zu entkommen. Am 4. August beschoß er die algerischen Häfen Bône und Philippeville und wandte sich dann nach Messina, um dort Kohlen für die letzte Etappe nach Konstantinopel zu bunkern. Auf der Fahrt nach Messina begegnete er zweien von Milnes Schlachtkreuzern, die auf dem Wege nach Gibraltar waren. Die britischen Schiffe konnten noch nicht das Feuer eröffnen, da die britische Kriegserklärung einige Stunden auf sich warten ließ. Ihr Versuch, die beiden deutschen Schiffe zu beschatten, wurde infolge ihrer hohen Geschwindigkeit–sie waren in Pola erst frisch überholt worden–vereitelt. Italien hatte sich inzwischen für neutral erklärt, und Souchon hatte daher Messina innerhalb von vierundzwanzig Stunden zu verlassen. Milne verteilte angesichts der vielfältigen Aufträge die Masse sie in die Adria zu fahren beabsichtigten. Gegen Mitternacht wandten sich die deutschen Kreuzer nach Südosten und steuerten in Richtung Ägäis, immer noch von der *Gloucester* beobachtet, die weiterhin telegraphisch ihre Bewegungen meldete, bis sie den Befehl zur Rückfahrt erhielt.

Inzwischen hatte Konteradmiral Troubridge, der die Adriaausgänge bewacht hatte, einen Kurs eingeschlagen, auf dem er die *Goeben* und *Breslau* abzufangen hoffte. Er erwartete gegen Morgengrauen, wenn seine vier Panzerkreuzer in dem geringsten artilleristischen Nachteil sein würden, auf die deutschen Schiffe zu treffen. Aber in den frühen Morgenstunden des 7. August gab er die Jagd auf, denn es sah so aus, als ob er den Gegner erst bei vollem Tageslicht erreichen würde, wenn die weitertragenden Geschütze der *Goeben* seine Schiffe eines nach dem anderen hätten versenken können. Auf die Warnungen der *Gloucester* hin eilte Milne nach Malta, um für die ausgedehnte Jagd Kohlen zu bunkern.

Aber als er am 7. August mit drei Schlachtkreuzern auf Ostkurs ging, um Souchon einzuholen, empfing er eine Depesche der Admiralität, die ihm irrtümlicherweise den Kriegszustand mit Österreich meldete. In Übereinstimmung mit den für einen solchen Fall vorgesehenen Weisungen drehte Milne bei, um Troubridge in der Adria zu unterstützen. Am 8. August stellte die Admiralität ihre verfrühte Meldung richtig und befahl ihm, die Verfolgung der deutschen Schiffe wiederaufzunehmen. Indessen war es zu spät. Souchon erreichte unangefochten die Dardanellen.

Der unzureichende diplomatische Nachrichtendienst, die schlechte Verbindung zwischen den verbündeten Marinen, der Mangel an Führungsinitiative und die allgemeine Ungeschicklichkeit, die Souchon das Entkommen ermöglichten, waren ein ernster Hinweis darauf, daß die Alliierten für die Durchführung weiträumiger Operationen schlecht vorbereitet waren.

Am 13. August gab die Türkei den »Ankauf« der *Goeben* und der *Breslau* bekannt; die deutsche Besatzung blieb allerdings unter Souchons Befehl an Bord. Ende Oktober führte Souchon ein deutsch-türkisches Geschwader gegen die russischen Schwarzmeerhäfen Odessa und Novorossijsk, legte vor Sevastopol Minen und versenkte ein russisches Kanonenboot. Diese Provokationen führten zum Krieg zwischen Rußland und der Türkei.

Die Flotten und Heere*

Kurz vor Ausbruch der Feindseligkeiten waren die britische Home Fleet und die deutsche Hochseeflotte in Kriegsbereitschaft versetzt worden. Der kampfkräftige Kern der Home Fleet war in der unter Admiral Sir John Jellicoe's Kommando stehenden Grand Fleet zusammengefaßt. Ihre Hauptbasis war Scapa Flow auf den Orkney-Inseln. Die Grand Fleet umfaßte 24 erstklassige Schlachtschiffe und Schlachtkreuzer. Ihre Hauptaufgabe war es, einen Durchbruch deutscher Schiffe in den Atlantik zu verhindern, die Nordsee zu überwachen und die Hochseeflotte in Schach zu halten, sie zur Schlacht zu veranlassen und, wenn sich eine günstige Gelegenheit bot, zu vernichten. Kreuzer und Zerstörer-Patrouillen operierten zum Schutz der britischen Küsten von Dover, Harwich und der Humbermündung aus. Nach Kriegsausbruch war eine Kanal-Flotte zur Sicherung der Überführung von britischen Truppen und Material nach Frankreich aufgestellt worden, der 16 zweitklassige (Vor-Dreadnought) Schlachtschiffe angehörten. Die von Admiral Ingenohl geführte Hochseeflotte umfaßte 16 moderne Schlachtschiffe und Schlachtkreuzer sowie 8 ältere Schlachtschiffe. Sie lag in der Weser- und Elbe-Mündung und in der Jade. Ihr war die Aufgabe zugewiesen, die deutschen Küsten vor britischen Angriffen zu sichern und jede Gelegenheit auszunutzen, die britische Flotte zu schwächen.

*) Vgl. Übersicht S. 359 – 363.

Die Home Fleet wurde erstmals auf die Probe gestellt, als die Überführung der britischen Truppen, vornehmlich von Southampton nach Le Havre, begann. Es war ein riskantes Unternehmen, das zu stören die Deutschen sich unter Einsatz aller Kräfte bemühen konnten. Aber im Gegensatz zu den Unzulänglichkeiten, die bei den Operationen im Mittelmeer zutage getreten waren, wurde diese sorgfältig geplante Operation mit fehlerloser Präzision durchgeführt. Die Grand Fleet marschierte in der Nordsee auf, stets bereit, sich auf die deutsche Hochseeflotte zu stürzen, falls diese sich aus ihren Basen hervorwagen sollte. Die Kanal-Flotte sperrte mit Unterstützung britischer und französischer Küstenpatrouillen die beiden Zufahrten des Kanals. Inzwischen wurden die Truppen so schnell wie möglich über den Kanal gebracht. Zwischen dem 9. und dem 22. August 1914 wurde ein fünf Divisionen starkes britisches Expeditionskorps ungestört und unter völliger Geheimhaltung nach Frankreich überführt.

Die Deutschen waren indessen dabei, die erste Phase des abgeänderten Schlieffen-Planes durchzuführen. Aber in der ersten Marneschlacht, die Anfang September vor den Toren von Paris stattfand, standen bereits rund hunderttausend Mann regulärer britischer Truppen an dem linken alliierten Flügel und trugen dazu bei, einen Keil zwischen zwei voneinander getrennte deutsche Armeen zu treiben. Die Deutschen gingen auf die Aisne-Linie zurück, und Paris war gerettet. Die alliierten Seestreitkräfte, die den Einsatz britischer Truppen in Frankreich ermöglicht hatten, trugen somit indirekt dazu bei, daß der anfänglichen deutschen Sturmflut eine relativ erfolgreiche Abwehr entgegengesetzt werden konnte. Gegen Ende September waren eine Viertelmillion Mann, nahezu ausschließlich Berufssoldaten der britischen Armee, in Frankreich gelandet. Während des ganzen Krieges sollte die »See-Brücke« über den Kanal nie mehr mit Erfolg von der deutschen Marine angegriffen werden.

Das Seegefecht vor Helgoland am 28. August 1914

Die erste Kampfhandlung von Überwasserstreitkräften in der Nordsee trug bereits jenes Merkmal von Überfall und entsprechender Gegenaktion, das für spätere Operationen in diesem Gebiet charakteristisch war. Britische Unterseeboote unter dem Kommando von Commodore Roger Keyes meldeten deutsche Aufklärungsunternehmen in der Deutschen Bucht (vgl. Skizze, Seite 349). Deutsche Leichte Kreuzer eskortierten jeden Tag gegen Spätnachmittag Torpedoboote, die zu Nachtpatrouillen ausliefen. Gegen Morgen erwarteten sie diese wieder ungefähr zwanzig Meilen nordwestlich Helgoland, um sie heimwärts zu geleiten. Commodore Keyes sah in diesen regelmäßigen deutschen Unternehmungen eine Möglichkeit für den Einsatz der britischen Flotte und arbeitete einen Operationsplan aus, um den

Feind überraschend zu packen. Er wollte seine U-Boote als Köder benutzen, die die Deutschen in die Gewässer westlich Helgolands locken sollten, während starke Überwasserstreitkräfte hinter der Horizontlinie in Bereitschaft standen, um dann von Norden vorstoßend sich nach Westen zu wenden und jeden feindlichen Kreuzer, auf den sie trafen, zu vernichten. Keyes glaubte, daß die Briten so die nächtlichen Torpedoboot-Patrouillen zerschlagen und mit etwas Glück auch die Kreuzer vor die Rohre bekommen könnten. Er begab sich persönlich nach London und unterbreitete den Lords der Admiralität seinen Plan. Diese akzeptierten ihn, begrenzten aber anfangs die für den Einsatz vorgesehenen Überwasserstreitkräfte auf die 33 Zerstörer und zwei Leichte Kreuzer umfassende Harwich-Flottille unter Commodore Reginald Tyrwhitt. Auf Grund weiterer Beratungen entschloß sich die Admiralität, nachdem Keyes bereits wieder aus London abgereist war, noch zusätzliche Einheiten der Grand Fleet einzusetzen, nämlich ein Geschwader von sechs Leichten Kreuzern unter Commodore William R. Goodenough und ein Geschwader von fünf Schlachtkreuzern des neuesten Typs, darunter *Lion, Queen Mary* und *Princess Royal,* unter Vizeadmiral Sir David Beatty. Auf noch Tyrwhitt von dieser Änderung der Planung. Sie sta-
Grund einer administrativen Panne erfuhren weder Keyes chen in See, entschlossen, das beste mit den Kräften, die sie vermeintlich zur Verfügung hatten, zu machen, ohne von der machtvollen Unterstützung etwas zu ahnen. Weiter wurde die Lage dadurch kompliziert, daß die Deutschen von Keyes Vorhaben erfahren hatten und ihrerseits einen Hinterhalt planten. Jedoch hatten auch sie keine Nachrichten davon, daß Beattys und Goodenoughs Geschwader den britischen Unterstützungskräften zugeteilt waren.

Am 28. August bei Tagesanbruch bezogen drei britische U-Boote – aufgetaucht, um die Aufmerksamkeit der Deutschen zu erregen – ihre Positionen rund 40 Seemeilen westlich Helgoland. Gleichzeitig kamen Tyrwhitts Zerstörer und seine Leichten Kreuzer *Arethusa* und *Fearless* von Nordwesten heran, um die Falle zuschnappen zu lassen. Dahinter kam in einer Distanz von acht Meilen Goodenough mit seinen sechs Leichten Kreuzern. Dreißig Meilen weiter westlich standen Beattys fünf Schlachtkreuzer. Gegen Morgen sichtete Tyrrwhitt Goodenoughs Kreuzer und machte sich, da er sie für Feindkräfte hielt, zum Angriff bereit. Goodenough gab sich jedoch rechtzeitig zu erkennen, und so wurde ein Gefecht zwischen eigenen Kräften vermieden. Die Deutschen hatten 19 Torpedoboote und zwei Leichte

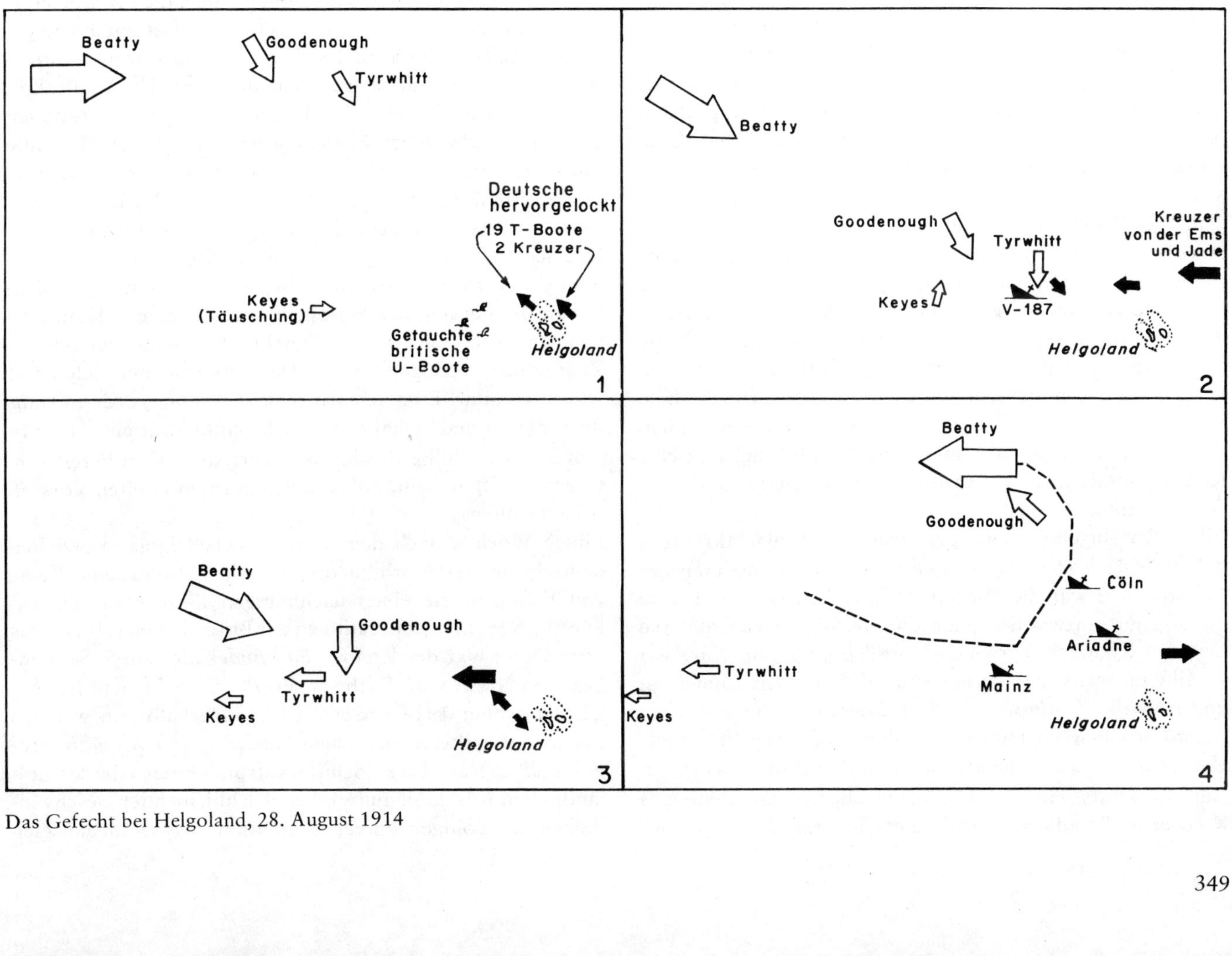

Das Gefecht bei Helgoland, 28. August 1914

Kreuzer bei Helgoland stehen. Ostwärts und südlich davon befanden sich weitere vier Leichte Kreuzer, und sechzig Seemeilen entfernt lag in den Jade-Fahrwassern ein deutsches Schlachtkreuzergeschwader. Jede Seite versuchte somit, der anderen eine Falle zu stellen.

Der von Keyes entworfene Plan schien zu gelingen, denn die deutschen Torpedoboote erschienen, wie die Briten erhofft hatten, westlich von Helgoland. Das jedoch lag im Rahmen des deutschen Täuschungsplanes; denn vor Tyrwhitts Flottillen flohen die deutschen Torpedoboote nach Süden, und die Leichten Kreuzer *Stettin* und *Frauenlob* stießen von Helgoland aus vor, um die Briten anzugehen und sie in den Wirkungsbereich der Geschütze der Inselfestung zu ziehen. Die *Fearless* und ihre Flottille stieß sogleich gegen die *Stettin* vor, die sich einstweilen unter die Batterien von Helgoland zurückzog. Die *Arethusa* nahm die *Frauenlob* unter Feuer und schickte sie angeschlagen und mit 50 Mann Verlusten nach Wilhelmshaven zurück. Unzufrieden mit diesem mageren Erfolg ließ Tyrwhitt von der Jagd ab und gab das Signal, mit der Schwenkung nach Westen zu beginnen – eine Stunde später, als der ursprüngliche Zeitplan vorgesehen hatte. Auf ihrem neuen Kurs traf die *Fearless* auf das einsame deutsche Torpedoboot *V 187* und schoß es rasch zusammen. Inzwischen waren Goodenoughs Leichte Kreuzer westlich von Tyrwhitts Position in der Helgoländer Bucht eingetroffen, ohne bisher auf einen Feind gestoßen zu sein. Goodenough, der den Angriff auf *V 187* aus der Ferne beobachtete, entsandte zwei seiner Kreuzer zu dem Kampfplatz. Keyes, der sich auch auf dem Wege dahin befand, sichtete kurz darauf die beiden detachierten Kreuzer Goodenoughs im Dunst und hielt sie irrtümlich für feindliche Einheiten. Er funkte daher, daß er Fühlung mit zwei deutschen Kreuzern halte. Goodenough eilte mit den vier ihm verbliebenen Kreuzern Keyes zur Hilfe; dieser glaubte jedoch, als er diese Schiffe sichtete, es seien vier weitere feindliche Kreuzer, und bat umso dringender um Hilfe. In der Verwirrung versuchte Goodenough, eines der U-Boote von Keyes zu rammen, während Tyrwhitt herbeieilte, um Hilfe gegen einen nichtvorhandenen Feind zu bringen. Eine Stunde wurde verloren, ehe Keyes die Kreuzer richtig identifizierte und erfuhr, daß nicht nur Goodenoughs Leichte Kreuzer sondern auch Beattys Schlachtkreuzer in diesem Gebiet waren.

Admiral v. Ingenohl hatte den deutschen Schlachtkreuzern befohlen, nach Helgoland zu eilen; aber zum Passieren der Jade-Barriere war die Flut erst vom frühen Nachmittag an hoch genug. Inzwischen jagte die *Stettin* mit vier anderen Leichten Kreuzern Tyrwhitts Flottillen entgegen. Kurz vor 11 Uhr morgens tauchte die *Stralsund* aus dem Dunst auf und griff die *Arethusa* an. Die *Fearless* und die britischen Zerstörer eilten zur Hilfe und schlugen den Angriff zurück, aber alsbald tauchte die *Stettin* auf und eröffnete das Feuer. Auf Tyrwhitts Hilferuf hin befahl Beatty Goodenoughs Kreuzer herbei, die rechtzeitig eintrafen, um die zuletzt auf deutscher Seite erschienene *Mainz* mit einem Hagel von Granaten zu vertreiben. Jetzt war auch Beatty selbst auf dem Wege. Als seine fünf Schlachtkreuzer Tyrwhitt und Goodenough erreichten, hatte die *Stralsund* wieder in den Kampf eingegriffen, und zwei weitere deutsche Kreuzer, *Ariadne* und *Cöln,* waren auf der Szene erschienen. Beattys Schlachtkreuzer überließen die bereits angeschlagene *Mainz* den Leichten Kreuzern und versenkten die *Cöln* und die *Ariadne.* Inzwischen war auch die zusammengeschossene *Mainz* gesunken. *Stettin* und *Stralsund* gelang es zu entkommen und sich zu den deutschen Schlachtkreuzern zurückzuziehen, die nun verspätet zum Kampfplatz eilten. Als sie schließlich dort ankamen, hatten bereits alle britischen Schiffe die Szene verlassen.

Erstmals hatten die Briten bei einer Aktion von Überwasserstreitkräften Erfolge. Die Deutschen hatten drei Leichte Kreuzer und ein Torpedoboot mit über 700 Gefallenen und 400 Gefangenen verloren. Die Briten erlitten nur leichtere Schäden und verloren 35 Mann. Zu einer Zeit, als die Deutschen durch Belgien und Nordfrankreich vorstießen, war die Nachricht von einem britischen Sieg eine willkommene moralische Stärkung für die Alliierten. Aber in der Admiralität war man sich darüber klar, daß man in diesem Fall der Flotte schlecht gedient hatte. Die Abänderung der Operationsplanung in letzter Minute, ohne die Frontbefehlshaber davon in Kenntnis zu setzen, hätte fast zur Folge gehabt, daß britische Schiffe sich gegenseitig versenkt hätten. Auf der anderen Seite war sich die deutsche Admiralität nicht weniger darüber im klaren, daß die Operationen schlecht durchgeführt worden waren. Trotz der Warnung vor einem britischen Hinterhalt wurden die deutschen Seestreitkräfte überrascht bzw. waren nicht in der Lage, rechtzeitig in See zu stechen, um den Angreifer direkt vor Deutschlands Haustür zu vernichten. Der Kaiser, bestürzt über die Verluste an Schiffen und Soldaten, entschloß sich, fortan die Leitung des Flotteneinsatzes in eigene Hände zu nehmen. Kein Einsatz sollte mehr ohne seine persönliche Zustimmung erfolgen dürfen. Das Seegebiet um Helgoland wurde vermint. Eine Schlachtschiff-Division wurde in ständiger Bereitschaft gehalten,und Schlachtkreuzer unter Dampf wurden auf Schillig Reede stationiert, um sofort bereit zum Gegenangriff zu sein, falls die Briten einen zweiten Vorstoß wagen sollten.

Einige Wochen nach dem Gefecht bei Helgoland erzielten deutsche in der Nordsee operierende U-Boote eine Reihe von Erfolgen, die einen nachhaltigen Einfluß auf die zukünftigen Seekriegsoperationen der Briten haben sollten. Das erste Opfer war der Kreuzer *Pathfinder,* der am 5. September von *U 21* im Firth of Forth versenkt wurde. Am 22. September 1914 versenkte *U 9* innerhalb von wenigen Minuten die älteren britischen Panzerkreuzer *Aboukir, Hogue* und *Cressy.* Diese Schiffe patrouillierten vor der holländischen Küste. Sie fuhren bei gleichbleibender Geschwindigkeit in wohlgeordneter Formation – eine ideale Zielanordnung für den Angreifer. Als die *Aboukir* getroffen wurde, verlangsamten die anderen ihre Fahrt, um die Überlebenden zu retten, und wurden nun ihrerseits schnell hintereinander getroffen. Ihre 1901 und 1902 erbauten Rümpfe und Schotten waren keinerlei Schutz gegen die verbesserten deutschen Torpedos. Die Schiffe sanken rasch unter schweren Menschenverlusten. Diese dreifache Tragödie machte die neue durch die U-Boote entstandene Bedrohung so dramatisch deutlich, daß die britische Admiralität ihr U-Boot-Abwehr- und Entwicklungsprogramm stark intensivierte und ausbaute. Gegen Ende des Jahres verlor England vier weitere Kriegsschiffe durch U-Boot-Angriffe. Die U-Boot-Gefahr zwang zu einem zeitweiligen Rückzug der Grand Fleet zuerst nach Westschottland, dann nach Nordirland, während die Netz- und Balken-Sperren in Scapa Flow ausgebaut und verbessert wurden. Dieser zeitweilige Abzug der mächtigsten britischen Überwasserstreitmacht war indessen weniger bedeutsam im Vergleich zu den Auswirkungen, die die Schiffsverluste auf die britische Seekriegspolitik hatten. Für den Rest des Krieges wurde die britische Flotte in der Nordsee durch einigermaßen übertriebene Vorsichtsmaßnahmen behindert – insbesondere bei Verfogungsunternehmungen, in deren Verlauf die Gefahr bestand, daß der Gegner Einheiten der Royal Navy in Minenfelder oder U-Boot-Hinterhalte locken könnte.

Die Seeschlacht von Coronel (1. November 1914)

1898 hatte Deutschland in China die Marinebasis Tsingtau erworben. Danach wurden auf den deutschen Inselbesitzungen in den Karolinen und Marschallinseln eine Anzahl von Kohlenstationen errichtet. Im Sommer 1914 operierten im Pazifik ein halbes Dutzend deutscher Kreuzer unter dem Befehl von Vizeadmiral Graf Spee. Kurz nach Kriegsausbruch stellte Japan Deutschland ein Ultimatum und forderte sowohl den Abzug der deutschen Kriegsschiffe aus chinesischen und japanischen Gewässern als auch die Übergabe von Tsingtau.

Graf Spee befand sich damals mit den 11600 t großen Panzerkreuzern *Scharnhorst, Gneisenau* und den Kleinen Geschützten Kreuzern *Emden* und *Nürnberg* in Ponape auf den Karolinen. Dort, 2700 Seemeilen von dem britischen China-Geschwader in Hongkong und den beträchtlichen australischen Seestreitkräften in Sydney entfernt, waren die Deutschen für den Augenblick relativ sicher. Aber Spee wußte sehr wohl, daß, ob er nun sich in den westlichen Pazifik vorwagte oder im Zentralpazifik blieb, er am Ende zu Tode gehetzt würde. Daher entschloß er sich, Kurs auf die südamerikanische Westküste zu nehmen. Dort konnte das befreundete Chile ihn mit Kohlen versorgen. Handelskriegführung lehnte er als Hauptaufgabe für sein gesamtes Geschwader ab, detachierte aber die *Emden* zusammen mit einem Kohlendampfer; sie sollten im Indischen Ozean die britische Handelsschiffahrt stören. Während der Fahrt nach Südamerika stießen die Kleinen Geschützten Kreuzer *Dresden* und *Leipzig* bei den Osterinseln zu ihm. Als er die Meldung erhielt, daß britische Kreuzer bereits an der Westküste Südamerkas operierten, setzte er die Fahrt dorthin unverzüglich fort. Ende Oktober kreuzte das deutsche Geschwader vor der Küste Chiles. Dabei brach absichtlich nur die *Leipzig* die Funkstille, um die Briten zu täuschen und ihnen den Eindruck zu vermitteln, daß nur ein deutsches Schiff sich in diesem Gebiet befinde.

Anfang September war Konteradmiral Sir Christopher Craddock zum Befehlshaber einer Gruppe britischer Kreuzer ernannt worden, die vor der brasilianischen Küste operierte, wo zwei deutsche Kreuzer Handelskrieg geführt hatten. Das Auftauchen der Kreuzer Craddocks an der südamerikanischen Küste hatte das Vertrauen der Schiffahrt in die Fähigkeit der Royal Navy, die Handelsschiffsverluste auf ein Minimum zu begrenzen, erheblich gestärkt. Mitte September wies die Admiralität Craddock an, er solle, wenn seine Kräfte stark genug waren, die Magellan-Straße durchkämmen und dann entweder in Richtung Valparaiso kreuzen, um deutsche Kreuzer zu vernichten oder in den Atlantik zurückkehren und die La Plata-Mündung bewachen. Am 21. Oktober verließ Craddock Port Stanley auf den Falklandinseln mit dem nur 12 Knoten schnellen Vor-Dreadnought-Linienschiff *Canopus,* den Panzerkreuzern *Good Hope* und *Monmouth,* dem Leichten Kreuzer *Glasgow* und dem Hilfskreuzer *Otranto*. Durch die Magellan-Straße fuhr er in den Pazifik und ging auf Nordkurs. Die langsame *Canopus* erhielt den Befehl, ihn bei Juan Fernandez westlich Valparaiso zu erwarten. Die schnelle *Glasgow* fuhr voraus und fing, als sie vor Coronel angekommen war, deutsche Funksprüche auf, die sie richtig als von der *Leipzig* kommend ansprach. Graf Spees List wirkte sich aus.

Frühmorgens am 1. November meldete ein deutscher Handelsdampfer an Graf Spee, daß die *Glasgow* vor Coronel vor Anker gegangen war. Der deutsche Befehlshaber nahm unverzüglich Kurs auf dieses Gebiet. Zur selben Zeit wandte sich Craddocks Hauptstreitmacht, starken deutschen Funkverkehr bemerkend, nach Norden, um die *Leipzig* zu suchen. Nachdem die *Glasgow* wieder zu ihm gestoßen war, hielt es Craddock nicht für notwendig, auf die langsame *Canopus* zu warten. Kurz nach 16 Uhr kamen die gegnerischen Streitkräfte in Sichtweite, und jeder der beiden Befehlshaber war überrascht, daß er mehr als ein feindliches Schiff vor sich hatte. *Scharnhorst* und *Gneisenau* waren gegenüber ihren Hauptgegnern *Good Hope* und *Monmouth* eindeutig im Vorteil. Lediglich die zwei 23,4-cm-Geschütze der *Good Hope* waren den je 8 21-cm-Geschützen der beiden deutschen Panzerkreuzer gleichwertig. Die deutschen Besatzungen, seit drei Jahren aufeinander eingespielt, waren jedoch bekannt für ihre ausgezeichneten artilleristischen Leistungen. Von entscheidender Bedeutung war auch, daß die Deutschen im Gegensatz zu den britischen Kreuzern ein Feuerleitsystem hatten.

Kurz nach sechs Uhr nachmittags versuchte Craddock das »Crossing-the-T«-Manöver. Als ihm dies nicht gelang, ging er, westlich parallel zu den Deutschen fahrend, auf Südkurs. Graf Spee, die untergehende Sonne vor sich, hielt sich außer Schußweite und eröffnete das Feuer nicht. Sobald die Sonne jedoch untergegangen war und die britischen Kreuzer sich im Abendrot vor dem Horizont abhoben, ging er näher heran und eröffnete den Kampf. Innerhalb von fünf Minuten hatte die überlegene deutsche Artillerie entscheidende Treffer erzielt; der vordere 15,2-cm-Turm der *Monmouth* und der vordere Turm samt dem Kommandostand der *Good Hope* wurden zerstört. Ein starker Südostwind ließ von Backbord voraus schwere Brecher gegen die Schiffe rollen, was die britische Artillerie mehr behinderte als die deutsche. Gegen 18.50 Uhr scherte die *Monmouth* schwer angeschlagen brennend aus der Schlachtlinie aus; kurz darauf schwiegen ihre Geschütze. Um 19.26 Uhr stellten die beiden deutschen Spitzenschiffe ihr Feuer ein. Regenböen behinderten ihre Sicht derart, daß sie das Ende von Craddocks Flaggschiff *Good Hope* nicht bemerkten, das, von ungefähr zwanzig Granaten getroffen, infolge einer Explosion im Munitionsmagazin in die Luft flog. Spee setzte nun seine Streitkräfte an, um den Gegner auszumachen und ihm ein Ende zu bereiten. In der hereinbrechenden Dunkelheit brauste die *Leipzig* einmal sogar mit Volldampf durch die Wrackteile der *Good Hope,* ohne es zu bemerken. Die *Nürnberg* vernichtete die weidwund geschossene *Monmouth* gegen 20.58 Uhr. Die *Otranto* und die schnelle *Glasgow* waren inzwischen in westlicher Richtung entkommen.

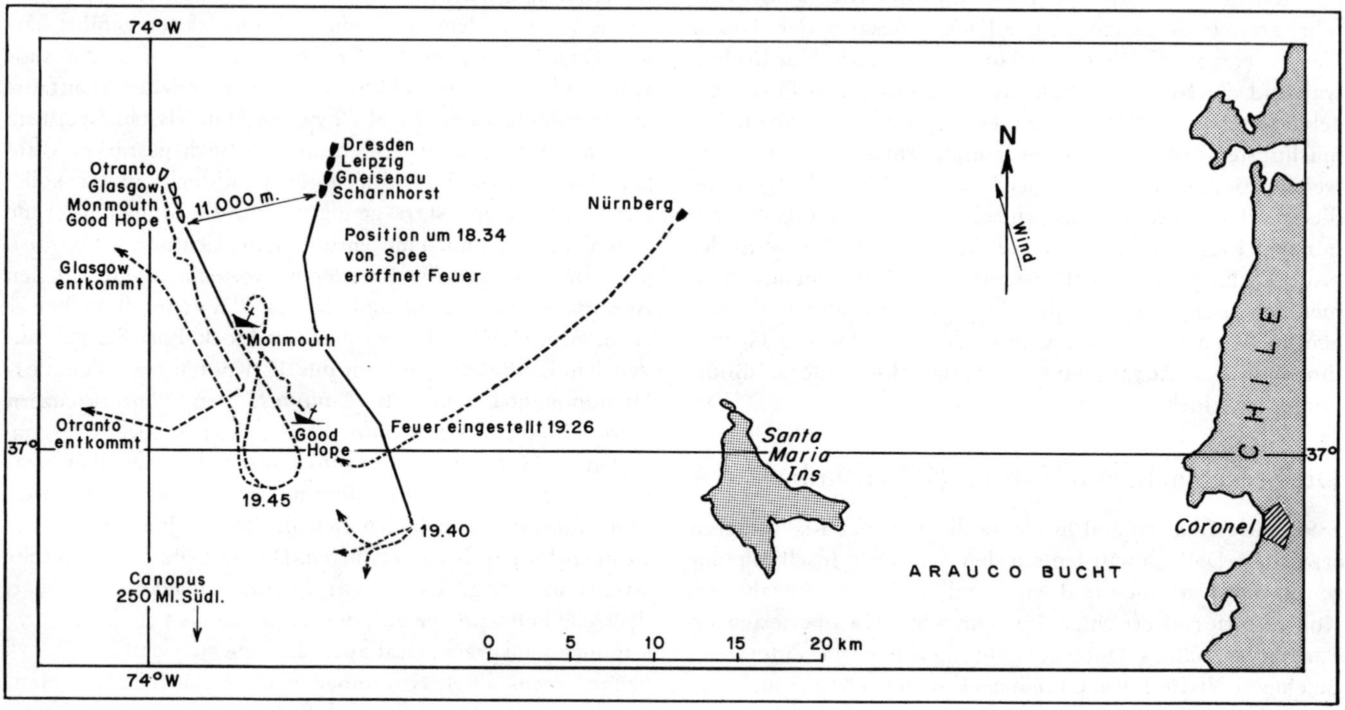

Die Schlacht von Coronel, 1. November 1914

Strategisch hatten die Deutschen allerdings wenig gewonnen. Für kurze Zeit wurde die Verschiffung von Nitrat, Kupfer und Zinn von Chile und Peru aus unterbrochen, der Handelsverkehr vom La Plata aus ging dagegen unvermindert weiter. Andererseits hatten die Deutschen einen eindeutigen taktischen Sieg errungen. Zwei britische Kreuzer waren samt ihrer Besatzung vernichtet worden, wogegen Spees Schiffe lediglich sechs unwesentliche Treffer erhalten und zwei Verwundete zu beklagen hatten. Der deutsche Befehlshaber hatte mit überlegenen Streitkräften klug taktiert und mit großem Können aus der Position, den Licht-, Wind- und Seeverhältnissen seinen Vorteil gezogen. Doch noch mit seiner Niederlage hatte Craddock die Chancen weiterer deutscher Erfolge vermindert, denn Spees Geschwader hatte 42 % seiner 21-cm-Munition verschossen und keine Ersatzmöglichkeiten.

Die Schlacht bei den Falkland-Inseln am 8. Dezember 1914

Sobald die britische Admiralität die Nachricht vom Ausgang des Treffens bei Coronel erfuhr, wurde die Schlachtkreuzer-Unterstützung plötzlich nicht mehr für die nähergelegenen Seegebiete für erforderlich gehalten. Lord Fisher, der gerade zwei Tage vor Coronel in die Admiralität zurückgekehrt war, befahl Admiral Sir Doveton Sturdee, mit den schnellen Schlachtkreuzern *Invincible* und *Inflexible* mit Höchstgeschwindigkeit nach den Falkland-Inseln zu fahren; dort könnte nach Schätzung des britischen Nach-

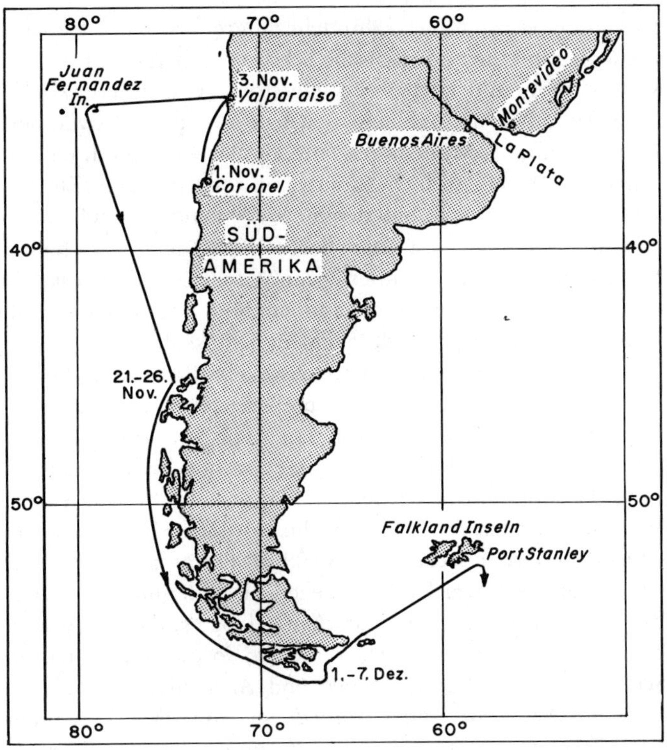

Spee's Kurs nach Coronel

richtendienstes Graf Spee in Kürze auftauchen. Inzwischen wurde zur Verstärkung der Verteidigung der Falkland-Inseln die alte *Canopus* in Port Stanley leicht auf Grund gesetzt. Sturdees Streitkräfte vereinigten sich am 7. Dezember mit den dort bereits befindlichen sechs britischen Kreuzern.

Spee war langsam um die Südspitze des amerikanischen Kontinents herumgefahren, wobei er drei Tage mit der Kohlenübernahme von einem erbeuteten kanadischen Segler verbrachte. Diese verlorene Zeit konnte er nie mehr aufholen. Am Morgen des 6. Dezember hielt er eine Besprechung mit seinen Kommandanten ab, die vorschlugen, Port Stanley anzugreifen, um die Telegraphenstation zu zerstören, den britischen Gouverneur gefangenzunehmen und die dortigen Kohlenvorräte zu übernehmen. Der Admiral stimmte diesen Plänen zu. Am 8. Dezember vor den Falkland-Inseln angekommen, befahl Spee der *Gneisenau* und *Nürnberg* zur Erkundung auf den Hafen von Port Stanley vorzugehen und die Telegraphenstation unter Beschuß zu nehmen. Um diese Zeit waren die britischen Schiffe dabei, im Hafen Kohlen zu übernehmen. Als die beiden deutschen Kreuzer gegen 7.50 Uhr gemeldet wurden, waren Sturdees Streitkräfte vollkommen überrascht und konnten nicht sofort auslaufen. Um 9.20 Uhr begann die *Canopus* das Feuer in indirektem Beschuß zu eröffnen, aber ihre Schüsse lagen zu kurz. Bald darauf näherte sich die *Gneisenau* der Hafeneinfahrt, erkannte die Dreibein-Masten der britischen Schlachtkreuzer und gab Alarm. Während auf britischer Seite »Alle Mann auf Gefechtsstation« befohlen und überstürzt Dampf aufgemacht wurde, zogen sich die Deutschen eilig zurück und erreichten einen Vorsprung von 15 Meilen. Die See war ruhig, und bei klarem Himmel bestand gute Sicht – alles Faktoren, die für die Briten vorteilhaft waren. Gegen 12.50 Uhr waren die Briten bis auf Schußweite an das letzte deutsche Schiff, die *Leipzig*, heran. Spee, der erkannte, daß die britischen Schlachtkreuzer schnell ihre überlegene 30,5-cm-Artillerie zur Geltung bringen konnten, begriff, daß seine Lage hoffnungslos war, wenn er seine Streitkräfte zusammenhielt. Daher beschloß er, seine schweren Einheiten zu opfern, um das Entkommen der drei Kleinen Kreuzer zu erleichtern. Diese flüchteten, verfolgt von den Kreuzern *Glasgow*, *Cornwall* und *Kent*, in südwestlicher Richtung.

Der Kampf zwischen *Gneisenau* und *Scharnhorst* und den britischen Schlachtkreuzern begann um 13.20 Uhr auf eine Entfernung von 14 000 Yards, also rund 1000 Yards außerhalb der äußersten Reichweite der deutschen Geschütze. Gegen 15 Uhr gelang es den Briten, entscheidende Treffer auf den deutschen Schiffen zu erzielen. Um 16.17 Uhr bekam die *Scharnhorst* unter schweren Bränden auf Vorder- und Mittelschiff starke Schlagseite nach Steuerbord und ging mit ihrer gesamten Besatzung unter. Die *Gneisenau* hielt sich länger, aber gegen 17.30 Uhr war ihre Geschwindigkeit auf 5 Knoten herabgesunken. Unter konzentrischem Feuer der beiden britischen Schlachtkreuzer und des Panzerkreuzers *Carnavon* liegend, befahl der Kommandant die Flutventile zu öffnen, worauf das Schiff schnell kenterte und versank. Im Südwesten war die Nebenaktion kaum weniger erfolg-

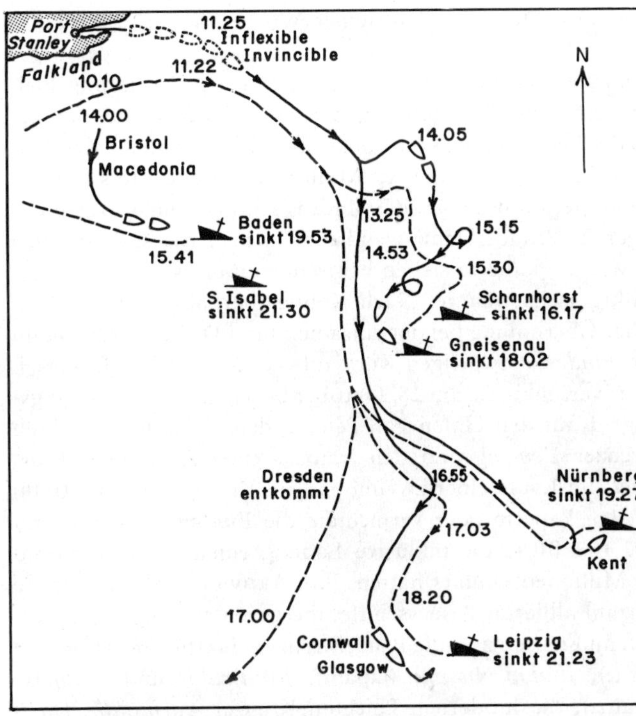

Die Schlacht vor den Falkland Inseln 8. Dezember 1914

reich. Die *Kent* holte die *Nürnberg* ein und vernichtete sie. *Glasgow* und *Cornwall* versenkten die *Leipzig*, während *Bristol* und *Macedonia* zwei von den drei deutschen Kohlenschiffen versenkten. Das britische Geschwader kehrte als Sieger nach Port Stanley zurück. Es hatte nur geringe Verluste und leichtere Schäden erlitten. Lediglich zwei deutsche Schiffe waren entkommen, und auch sie sollten bald ausgeschaltet werden. Das entkommene Kohlenschiff wurde in Argentinien interniert, die *Dresden* aber wurde von der *Glasgow* im März 1915 bei den Juan-Fernandez-Inseln vernichtet.

Deutsche Überwasser-Handelsstörer

Im Hinblick auf die Erfolge des detachierten Kreuzers *Emden* wäre Spee besser beraten gewesen, wenn er alle seine Schiffe zum Zwecke des Handelskrieges weit verstreut eingesetzt hätte. Während der letzten fünf Monate des Jahres 1914 fuhren rund 80 britische Handelsschiffe durch den neueröffneten Panamakanal vom Pazifik in den Atlantik. Aber das war nur ein kleiner Teil der alliierten Schiffe, die damals im Pazifik umherfuhren. Ein Halbdutzend in diesem Gebiet Handelskrieg führender Kreuzer hätten zweifellos großen Schaden anrichten können, bevor wirksame Gegenmaßnahmen ergriffen werden konnten.

Die *Emden* begann im Indischen Ozean am 5. September mit Handelskriegsoperationen gegen wichtige alliierte Seeverkehrswege. Das Schiff war mit einem falschen Schornstein versehen worden, um das Aussehen eines britischen Kreuzers der »Town«-Klasse vorzutäuschen. Die *Emden* vernichtete innerhalb einer Woche vier britische Handelsschiffe und kaperte zwei andere, die sie als Versorger benutzte. Die tief beunruhigte australische Regierung hielt daraufhin die Verschiffung der australischen und neuseeländischen Truppenkonvois an. Der Kommandant der *Emden*, Fregattenkapitän v. Müller, wechselte stets schnell sein Operationsgebiet. Bei Madras schoß er die dortigen Öllager in Brand. Dann wandte er sich in die südindischen Gewässer, kaperte sieben britische Handelsschiffe und versenkte sechs weitere. Nach Kohlenübernahme und technischer Überholung bei der einsamen Insel Diego Garcia nahm die *Emden* ostwärtigen Kurs auf die malayische Halbinsel. Dort versenkte sie am 28. Oktober bei einem Überraschungsangriff auf den Hafen von Penang den russischen Leichten Kreuzer *Žemčug* und den französischen Zerstörer *Mousquet*. Im Laufe einer zweimonatigen Kreuzfahrt von 30 000 Meilen kaperte oder vernichtete die *Emden* 23 Schiffe mit 101 182 BRT, die inklusive Ladung einen Wert von rund 10 Millionen Dollars hatten. Ihre Aktivität hielt eine große Anzahl alliierter Kriegsschiffe, die gegen sie eingesetzt werden mußten, so u. a. die Panzerkreuzer *Hampshire, Minotaur* (brit.), *Ibuki, Nisshin* (japan.), *Montcalm* und *Dupleix*, (franz.), die modernen Leichten Kreuzer *Yarmouth, Dartmouth* (brit.), *Sydney, Melbourne* (austral.), *Chikuma* und *Yahagi* (japan.), sowie zahlreiche ältere britische, französische, japanische und russische Schiffe vom Kreuzer bis zum Kanonenboot und Torpedobootzerstörer, von anderen wichtigen Aufgaben ab. Schließlich wurde sie am 9. November 1914 gestellt, als Müller versuchte, die Kabelverbindung auf den Cocos-Inseln südlich Sumatra zu unterbrechen. Ein telegraphischer Hilferuf ließ den 50 Meilen entfernt stehenden australischen Kreuzer *Sydney* herbeieilen. Die an Geschwindigkeit und Bewaffnung überlegene *Sydney* schoß die *Emden* aus sicherer Entfernung zusammen und überließ das auf einem Riff gestrandete Schiff seinem Schicksal.

Das nächst der *Emden* erfolgreichste Schiff im Überwasser-Handelskrieg war der neue Leichte Kreuzer *Karlsruhe* unter Fregattenkapitän Köhler. Vom 31. August bis zum 24. Oktober versenkte oder kaperte sie vor der brasilianischen Küste bei Operationen gegen die Hauptschiffahrtsroute von Südamerika nach Europa sechzehn britische Handelsschiffe und ein niederländisches mit 76 609 BRT. Anfang November wurde sie bei einem Vorstoß gegen die Bahamas von einer Explosion zerstört. Den Deutschen gelang es, diesen Verlust bis zum März 1915 zu verheimlichen, so daß die alliierten Schlachtkreuzer *Princess Royal* und *Australia*, die Panzerkreuzer *Carnarvon* und *Cornwall*, die modernen Leichten Kreuzer *Dartmouth, Sydney, Melbourne, Glasgow, Bristol, Liverpool* und *Gloucester* weiterhin nach ihr suchten, und der Schiffsverkehr immer noch unter Berücksichtigung der vermeintlichen Bedrohung geregelt wurde.

Fünf weitere deutsche Schiffe, die Anfang des Krieges Handelskrieg führten, verdienen Erwähnung, wenngleich die Summe der von ihnen versenkten Tonnage geringer war als die Erfolge der *Emden* oder der *Karlsruhe*. Der Hilfskreuzer *Kaiser Wilhelm der Große* versenkte 10 000 BRT Handelsschiffsraum, bevor er vor der Küste Spanisch-Marokkos vernichtet wurde. Die *Dresden* versenkte an der West- und Oskūste Südamerikas 11 000 BRT und die *Leipzig* westlich Nord- und Südamerika 10 000 BRT, ehe sie zu Spees Geschwader stießen.

Der Kleine Kreuzer *Königsberg* versenkte am 19. September 1914 in Sansibar den britischen Kleinen Kreuzer *Pegasus* und kaperte ein Handelsschiff, ehe er in die Mündung des afrikanischen Flusses Rufidji gejagt und dort von den britischen Leichten Kreuzern *Chatham, Dartmouth* und *Weymouth* sowie Monitoren blockiert wurde. Im Sommer 1915 wurde er von der Besatzung verlassen, nachdem er durch von Flugzeugen gelenktes indirektes Artilleriefeuer der Monitore schwer beschädigt worden war. Der ehemalige Passagierdampfer und Hilfskreuzer *Kronprinz Wilhelm* unter Kapitänleutnant Thierfelder vernichtete 15 Schiffe mit 60 522 BRT britischen Schiffsraums. Aber das Fehlen eines logistischen Stützpunktes — das große Problem aller Kreuzerkriege – zwang ihn schließlich, in dem neutralen Hafen Norfolk (Virginia) Zuflucht zu suchen, wo er im April 1915 interniert wurde.

Trotz der Erfolge einiger Schiffe im Kreuzerkrieg waren

die Auswirkungen auf den Gesamtverlauf des Krieges nicht sehr groß. Schon die telegraphische Nachrichtenübermittlung machte ausgedehnte Kreuzerfahrten undurchführbar. Es war einfach eine Frage der Zeit — meist kaum mehr als ein paar Wochen — bis ein Handelsstörer zu Tode gehetzt oder vertrieben wurde. Ungefähr Anfang 1915 war diese Gefahr nahezu gebannt. Die alliierten Überseeverbindungen waren nun gesichert. Das war aber nur ein vorübergehender Zustand. Im Februar setzte die deutsche Admiralität ihre U-Boote gegen die alliierte Schiffahrt ein. Als dann später der uneingeschränkte U-Boot-Krieg begann, da vernichteten 34 U-Boote jeweils allein mehr als das, was die *Emden*, versenkt hatte, und 7 U-Boote mehr als das Doppelte davon.

Die Schlacht auf der Doggerbank (24. Januar 1915)

Im Dezember 1914 hatten deutsche Schlachtkreuzer die Küste von Yorkshire beschossen. Im Januar 1915 machten Beattys Schlachtkreuzer zur Vergeltung einen allerdings vergeblichen Vorstoß in die Gewässer westlich der Deutschen Bucht. Daraufhin und infolge britischer Operationen im Gebiet der Doggerbank befahl Admiral von Ingenohl am 23. Januar dem Vizeadmiral von Hipper auszulaufen. Hippers Kräfte bestanden aus den drei Schlachtkreuzern und einem Panzerkreuzer, die von einem halben Dutzend Leichter Kreuzer und mehr als zwanzig Torpedobooten begleitet wurden. Er hatte den Auftrag, in den frühen Morgenstunden des 24. Januar im Gebiet der Doggerbank aufzuklären und britische Aufklärungsstreitkräfte abzufangen und zu vernichten (vgl. Skizze, Seite 356). Der deutsche Plan war also eine vereinfachte Version des britischen Vorhabens, das zum Seegefecht bei Helgoland geführt hatte: überraschender Einsatz überlegener Kräfte gegen leichte feindliche Einheiten.

Den Deutschen war indessen unbekannt, daß die Briten ein Geheimnis kannten, das sie vor Überraschungen bewahrte. Die Russen hatten bei dem in der Ostsee gesunkenen deutschen Kreuzer *Magdeburg* ein über Bord geworfenes deutsches Codebuch gefunden, das, wiewohl wasserdurchtränkt, noch lesbar war und das von den Deutschen benutzte militärische Koordinatensystem für die Nordsee enthielt. Die Russen übermittelten es den Briten. Da die Deutschen ihren Code nie völlig änderten, besaß die britische Admiralität hinfort meist rechtzeitige Informationen über die Operationen der deutschen Hochseeflotte. Abhörstationen, die entlang der britischen Ostküste verteilt waren, fingen die meisten der von deutschen Streitkräften abgesandten Meldungen ab, stellten ihre Herkunft fest und meldeten sie der Admiralität. Auf diese Weise fing die britische Funkaufklärung auch den Befehl an Hipper auf und entschlüsselte ihn. Fünfzehn Minuten, nachdem Hipper am Spätnachmittag des 23. Januar den Jadebusen verlassen hatte, lief Beatty mit fünf Schlachtkreuzern und Commodore Goodenoughs erstem Leichten Kreuzergeschwader aus dem Firth of Forth aus. Die drei neuesten Schlachtkreuzer Beattys besaßen geschwindigkeitsmäßig eine leichte Überlegenheit über die deutschen Schlachtkreuzer und konnten 34,3-cm-Geschütze gegen Hippers 30,5- und 28-cm-Geschütze ins Feld führen. Die deutschen Schiffe hatten dagegen eine etwas stärkere Panzerung, bessere Granaten und ein überlegenes Feuerleitsystem, ausserdem gestatteten ihre Geschütztürme eine größere Erhöhung.

Beatty und Goodenough sollten Commodore Tyrwhitts Leichte Kreuzer und Zerstörer am nächsten Morgen um 7 Uhr rund 30 Meilen nördlich Doggerbank und 180 Meilen westlich Helgoland treffen — genau an dem Punkt, wo man Hipper um diese Zeit erwartete. Das war eine bemerkenswert genaue Vorausberechnung. Mit einem kleinen zeitlichen Vorsprung erreichten Beatty, Goodenough und Tyrwhitt am Morgen des 24. Januar diese Position. Die See war bei leichter Nordostbrise und guter Sicht ruhig. Einige Minuten später dampften Hippers Streitkräfte genau nach Fahrplan aus Südosten heran. Die Deutschen erkannten die Dreibein-Masten der britischen Schlachtkreuzer und änderten schnell ihren Kurs, um zu ihrer Basis zurückzueilen. Hippers Flaggschiff *Seydlitz* übernahm bei dem Rückzug die Spitze, gefolgt von den beiden anderen Schlachtkreuzern *Moltke* und *Derfflinger;* der ältere und langsamere Panzerkreuzer *Blücher* bildete den Schluß. Die drei neuen britischen Schlachtkreuzer *Lion* – Beattys Flaggschiff – *Tiger* und *Princess Royal* erhöhten bald ihre Geschwindigkeit auf 29 Knoten; die älteren und langsameren *New Zealand* und *Indomitable* blieben allmählich hinter ihnen zurück. Kurz vor 9 Uhr begann *Lion* bedachtsam mit dem Einschießen und erzielte alsbald den ersten Treffer auf der *Blücher*. Dann hatten die schnellen britischen Schlachtkreuzer die Entfernung zwischen sich und den Deutschen so verringert, daß die *Lion* ihr Feuer auf *Derfflinger* verlagern konnte und die erst vor kurzem in Dienst gestellte *Tiger* (der einzige britische Schlachtkreuzer bei diesem Gefecht, der mit einem zentralen Feuerleitsystem ausgerüstet war) die Bekämpfung der *Blücher* übernahm. Beatty strebte weiterhin danach, Hipper soweit zu überholen, bis die Geschütze der *Lion* auch das Spitzenschiff der feindlichen Formation erreichen konnten. Dann gab er in Übereinstimmung mit der bestehenden britischen Schießvorschrift den Befehl: »Jeder bekämpft den ihm gegenüberstehenden Feind!« Da fünf britische Schiffe gegen nur vier deutsche standen, rief dieses Kommando einige Verwirrung hervor. Der Kommandant der *Tiger* nahm fälschlicherweise an, daß das letzte britische Schiff auch das letzte deutsche erreichte, zählte daher vom letzten nach vorn und konzentrierte zusammen mit der *Lion* sein Feuer auf die *Seydlitz*. Andere Kommandanten zählten von vorn nach hinten und überließen die *Moltke* der *Tiger! Princess Royal* nahm sich *Derfflinger* zum Ziel, die *New Zealand* feuerte auf *Blücher*. So lag für einige entscheidende Minuten *Moltke* nicht unter

Feuer, wogegen das letzte britische Schiff, die *Indomitable,* kein Ziel erreichen konnte. Inzwischen hatten die sich zurückziehenden deutschen Schlachtkreuzer alle ihr Feuer auf die *Lion* konzentriert. Bevor es ihnen aber gelungen war, sie außer Gefecht zu setzen, traf eine 34,3-cm-Granate die *Seydlitz*, durchschlug den hinteren Turm D und setzte in der Umladekammer die Kartuschen in Brand. Flammen schlugen durch die Aufzugsschächte nach oben und unten sowie in die danebenliegende Zwischenkammer und von dort in den Kartuschaufzugsraum des zweiten hinteren Turmes C. In kürzester Zeit starben in den glühenden Räumen 165 Mann. Nur das rasche Handeln des Pumpenmeisters Heidkamp, der die hinteren Munitionskammern flutete, rettete die *Seydlitz* vor der vollständigen Zerstörung.

Rückwärts!« – und »Näher ran an den Feind!« Da die britische Linienformation nahezu gegen den Wind dampfte, waren die Flaggensignale von den Positionen hinter dem Flaggschiff sehr schwer zu erkennen. Nur die ersten beiden Signale wurden ausgemacht und von den anderen Schlachtkreuzern verstanden. Konteradmiral Archibald Moore, der nun die Führung übernahm, stand mit der *New Zealand* ganz hinten in der Linie. Er mißverstand Beattys Absichten völlig; diese liefen darauf hinaus, die bereits zum Wrack geschossene *Blücher* der *Indomitable* und den Leichten Kreuzern zu überlassen, und mit *Tiger, Princess Royal* und *New Zealand* hinter den drei deutschen Schlachtkreuzern herzueilen. Moore wußte nicht, daß die angebliche Berührung mit U-Booten Beattys Entschluß zur Backbordwen-

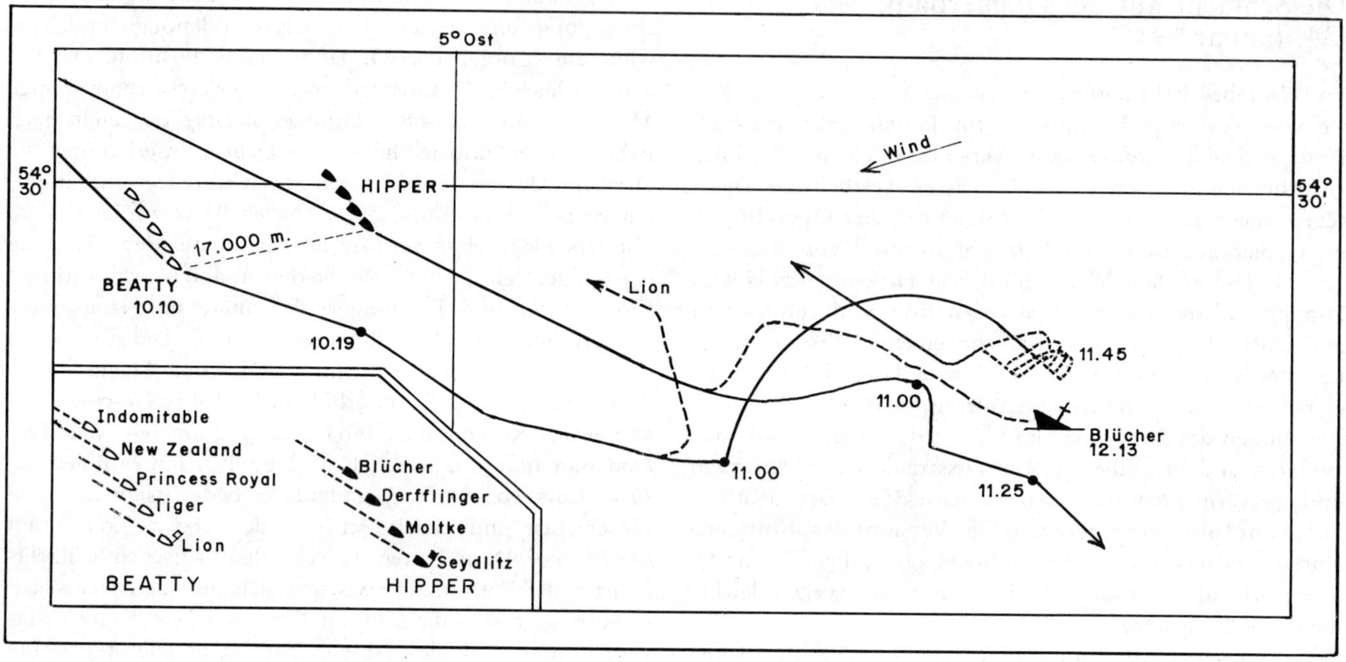

Die Schlacht auf der Dogger-Bank, 24. Januar 1915

Die Deutschen erzielten jetzt ihren ersten schweren Treffer auf der *Lion*. Eine Granate schlug durch die Decke des vorderen Turmes. In der nächsten Stunde erhielt dann das Schiff noch weitere Treffer. Kurz vor elf Uhr signalisierte Beatty der *Indomitable,* sie solle die Blücher angreifen; diese war zu der Zeit ein brennendes Wrack, das mit Schlagseite nach Norden aus der Linie ausscherte. Dann wurde auch die *Lion* rasch hintereinander von mehreren Granaten getroffen. Ihre Geschwindigkeit verminderte sich auf 15 Knoten, und sie bekam 10 Grad Schlagseite nach Backbord. Zur selben Zeit meldeten ihre Ausgucks: U-Boote steuerbord voraus. Diese Meldung, die sich später als falsch erwies, veranlaßte Beatty, seinem ganzen Geschwader den Befehl zu geben, acht Strich nach Backbord zu drehen. Als die *Lion* gezwungen war, aus der Schlachtordnung auszuscheren, gab Beatty seine drei letzten Flaggensignale: »Kurs Nordost!« – »Angriff auf den Feind von

dung herbeigeführt hatte, und nahm daher an, es sei geschehen, um die *Blücher* nicht entkommen zu lassen. Obendrein trieb die *Blücher* nordostwärts genau in die Richtung des neuen von Beatty befohlenen Kurses. Indem er einem – wie er glaubte – unzweideutigen Befehl gehorchte, führte Moore die gesamte Schlachtlinie zur Vereinigung mit den Leichten Kreuzern und zur Vernichtung des alten deutschen Panzerkreuzers. Damit wurde die Chance eines bedeutenden britischen Sieges verspielt. Die *Blücher* ging nach tapferem, aber hoffnungslosem Kampf unter; der Rest von Hippers Geschwader aber konnte entkommen.

Obgleich siegreich, hatten die Briten sich die Gelegenheit eines sehr viel größeren Sieges entgehen lassen, und zwar wegen fehlerhafter Verständigung, verworrener anfänglicher Zielverteilung und infolge der Auswahl der langsamen *New Zealand* als zweitem Flaggschiff. Die Deutschen hatten ihr Feuer auf den führenden Verfolger konzentriert, wohingegen die Briten anfangs versucht hatten, ihr Feuer gleichmäßig auf die gesamte deutsche Linie zu verteilen. Infolge von Moores Fehldeutung der Absichten Beattys massierten sich die Briten am Ende dann gegen die bereits geschlagene *Blücher*. Die absichtliche Massierung des deutschen Feuers führte somit zu einer nicht beabsichtigten Massierung des Feuers der Briten, das den deutschen Schlachtkreuzern das Entkommen ermöglichte.

Der beinahe eingetretene Verlust der *Lion* hätte den Briten die Lehre geben können, daß die Geschützturm-Decken mindestens ebenso gepanzert sein müssen wie die Seiten der Türme und die Barbetten, wenn nicht sogar mehr als diese; ebenso, daß feuerfeste Schotten zwischen Beladeraum und Munitionsmagazin wichtige Sicherheitsmomente sind. Die Deutschen lernten aus diesen Erfahrungen, die Briten nicht. Die Deutschen verstärkten Seitenwände und Turmdecken und verbesserten das Magazinsystem, um die Möglichkeit des Zurückschlagens eines Brandes zu verhindern. Die Briten dagegen beeilten sich, zentrale Feuerleit- und Kontrollsysteme auf ihren Schlachtkreuzern zu installieren. Die Deutschen hatten guten Grund, stolz auf die Festigkeit der Konstruktion ihrer Schlachtkreuzer zu sein. Trotz schwerer Schäden konnte die *Seydlitz* mit nur wenig verringerter Geschwindigkeit in ihren Heimathafen zurückkehren. Ihr Kommandant jedoch meldete, daß die Munitionszuteilung unzureichend sei, da nur 200 Schuß übrig geblieben waren. Seine Empfehlungen bezüglich umfangreicheren Magazinraumes und größerer Munitionszuteilung für die deutschen Schlachtkreuzer wurden akzeptiert und hatten ihre Auswirkungen.

Die Deutschen hatten einen Fehler begangen, indem sie die veraltete *Blücher* zusammen mit den schnelleren Schlachtkreuzern hinausschickten. Hipper empfahl in seinem Gefechtsbericht nachdrücklich, in Zukunft nur schnelle Schiffe in die Schlachtkreuzergruppe einzureihen. Obgleich der Verlust der *Blücher* Hipper das Entkommen mit ermöglicht hatte, empfahl sich die Aussendung eines Schiffes, das das feindliche Feuer auf sich zu ziehen hatte, schwerlich als taktischer Grundsatz.

Das Gefecht an der Doggerbank kostete Ingenohl seine Stellung. Da er fälschlicherweise angenommen hatte, daß die deutschen Schlachtkreuzer unterlegene britische Kräfte stellen würden, hatte er keinerlei Vorsorge zur Unterstützung Hippers getroffen. Schon bei dem Seegefecht vor Helgoland hatte er den Fehler begangen, keine Schlachtkreuzer bereitgehalten zu haben. Sein Nachfolger, Admiral v. Pohl, wurde vom Kaiser angewiesen, vorsichtiger zu sein.

Zusammenfassung

Beim Ausbruch des ersten Weltkrieges sah sich England in einer strategischen Situation, wie es sie von allen seinen Kriegen mit Frankreich her gewohnt war: 1. es hatte die mächtigste Kriegsflotte der Welt; 2. es besaß starke Verbündete auf dem Kontinent; 3. es war in der Lage, die feindlichen Küsten zu blockieren, während es selbst freien Zugang zu den Weltmeeren hatte; 4. sein Gegner war ein aggressiver, zentral gelegener, westeuropäischer Staat, der sich einer kontinentalen Strategie verpflichtet wußte und keine realistische Seekriegskonzeption besaß. Anstatt jedoch zu der peripheren Strategie der Zeit vor Trafalgar zurückzukehren, wählte England eine Neuauflage der Strategie des Vierten Koalitionskrieges, indem es eine Armee auf den Kontinent entsandte, um seinen Verbündeten an der Westfront zu unterstützen. Das erwies sich als eine glückliche Entscheidung, denn die britische Armee stellte jenes kleine, aber entscheidende militärische Potential dar, das Frankreich vor einer schnellen Niederlage bewahrte. Deutschland dagegen mußte, statt in Ausnutzung seiner inneren Linie die Russen mit geringen Kräften in Schach zu halten und erst die Westfront aufzurollen, nunmehr seine verfügbaren Kräfte auf zwei Fronten verteilen.

Daß die britische Admiralität nicht recht darauf vorbereitet war, Seekriegsoperationen zu führen und zu kontrollieren, wurde deutlich, als die *Goeben* und *Breslau* nach Konstantinopel entkamen und damit dazu beitrugen, die Türkei an der Seite der Mittelmächte in den Krieg zu führen. Es wurde weiterhin offenbar an den Planungsfehlern und der Unzulänglichkeit der Nachrichtenverbindungen, durch die während des Seegefechtes vor Helgoland fast ein Zusammenstoß zwischen britischen Einheiten erfolgt wäre. Indessen erwies die Royal Navy ihre Leistungsfähigkeit bei der Sicherung der britischen Truppentransporte nach Frankreich, die ohne irgendwelche Verluste erfolgten. Die Schwächen der deutschen Seekriegsleitung traten sowohl beim Gefecht vor Helgoland als auch an der Doggerbank zutage, als die schwereren deutschen Kräfte nicht in der Lage waren, schwächere Einheiten bei Feindberührung angemessen zu unterstützen.

In der ersten Phase des Weltkrieges spielten weder der Kreuzer-Handelskrieg noch die Blockade eine entscheidende Rolle. Abgesehen von kleineren und örtlich begrenzten Erfolgen, erfüllte der Kreuzer-Handelskrieg nicht die Hoffnungen, die man damit verbunden hatte. Es gelang weder, den britischen Handel zu unterbrechen, noch Großbritannien zu veranlassen, ihre »Home Fleet« zum Schutz der Handelsverbindungen oder entlegener Außenposten im Empire zu schwächen. Die Royal Navy wurde früh durch die Bedrohung infolge des Auftretens deutscher Kriegsschiffe auf den Ozeanen einer Bewährungsprobe unterzogen; nach der Demütigung von Coronel aber rächte sie sich in der Schlacht bei den Falklandsinseln und hetzte die einzelnen deutschen Handelsstörer unbarmherzig zu Tode. Die britische Blockade erwies sich dagegen anfangs als weniger wirksam als in früheren Kriegen. Es zeigte sich, daß die Eisenbahn, die das Transportsystem revolutioniert hatte, und die Erfolge der Wissenschaft in der Herstellung von Kunst- und Ersatz-Stoffen die Wirkung einer Seeblockade gegen

kontinentale Mächte verringert hatten. Immerhin hatten die Alliierten einen ungeheuren Vorteil, insofern ihnen der Ozean offen stand, dessen Benutzung sie dem Gegner jedoch versagen konnten.
Minen und U-Boote beeinflußten bereits frühzeitig die Operationen. Die britische Flotte konnte nicht nahe genug herankommen, um die Deutschen aus ihren Häfen herauszulokken. Bei der Verfolgung des Gegners wurden die britischen Kommandanten vorsichtig, um nicht in Minenfelder oder U-Boot-Hinterhalte gelockt zu werden. Die deutsche Flotte, sich ihrer zahlenmäßigen Unterlegenheit bewußt, vermied ein Zusammentreffen mit der gesamten britischen Flotte. Dementsprechend beschränkte sich der Seekrieg mit Überwasserstreitkräften sehr bald auf die engen Gewässer der Nordsee und reduzierte sich auf beiderseitige Versuche, einen Teil der gegnerischen Flotte in einen Hinterhalt zu locken. So gab es hier bald eine Art Stillstand, da die britische »Grand Fleet« und die deutsche Hochseeflotte als »Fleets-in-being« nur noch dazu dienten, jeweils den Gegner von Operationen abzuhalten. Auf dem Lande geriet der Krieg ebenfalls in eine Sackgasse. Überflügelungsversuche beider Seiten führten lediglich zur Ausdehnung der Fronten. In diesem besonderen Punkt der Waffenentwicklung war die Defensive gegenüber der Offensive ein wenig im Vorteil. Ein in die Erde eingegrabener Gegner konnte nicht so leicht wieder herausgeworfen werden. Im November 1914 war die Westfront zu einer fortlaufenden Grabenlinie geworden, die sich in vielfältigen Bogen und Kurven über 830 Km von Belgiens Nordseeküste über Nordfrankreich bis an die Schweizer Grenze hinzog. Die alliierten Streitkräfte an den beiden Fronten konnten wegen mangelnder Stärke sowie des Fehlens eines gemeinsamen Oberkommandos und angemessener Verbindungen nicht koordiniert werden und damit keinen Nutzen aus ihrer Außenposition ziehen.

Der Seekrieg in der Adria

Noch während der Jagd auf die *Goeben* und *Breslau* war es am 6. August 1914 zu einer neuen britisch-französischen Vereinbarung über die Befehlsführung im Mittelmeer gekommen, die von Admiral Milne auf den französischen Flottenchef, Admiral Boué de Lapeyrère, übergehen sollte. Seine Flotte sollte nach der Deckung der Truppentransporte von Nordafrika nach dem Mutterland von Malta aus die Adria-Ausgänge sperren, um eine von den Russen befürchtete und auch von deutscher Seite angeregte Verlegung österreichischer Flottenteile ins Schwarze Meer zu verhindern. Am 12. August erklärten die Westmächte Österreich den Krieg. Vier Tage später traf Admiral de Lapeyrère mit dem modernsten Teil seiner Flotte, 11 Linienschiffen, 6 Panzerkreuzern, 1 Kreuzer und 24 Zerstörern,in der Südadria ein, um die am 8. August von den Österreichern über die Küste Montenegros verhängte Blockade aufzuheben. Die noch von Admiral Troubridge mit 2 Panzerkreuzern, 2 Kreuzern und 4 Zerstörern verstärkte Flotte konnte aber nur den alten Kleinen Kreuzer *Zenta* mit 500 Schuß schwerer Artillerie versenken.
Die Franzosen wollten die Montenegriner, die vom Berg Lovćen aus den südlichsten Kriegshafen der Österreicher, Cattaro, einsehen konnten, zu einer Offensive instand setzen. Die Fahrten ihrer Transportschiffe nach Antivari, dem kleinen montenegrinischen Hafen, nutzte die zur Deckung eingesetzte französische Flotte jeweils zu Vorstößen in die mittlere Adria aus, bei denen auf Pelagosa und Lissa kleine Detachements gelandet wurden, um die Signalstationen zu zerstören, und Küstenwerke bei Cattaro beschossen wurden. Die Verstärkung der Montenegriner blieb jedoch ergebnislos, da die Österreicher ihrerseits die älteren Linienschiffe der 5. Division und später die moderne *Radetzky* nach Cattaro verlegten, wo sie mit ihrer schweren Artillerie die Batterien am Lovćen immer wieder niederkämpften, bis die Armee schließlich 1915 zum Angriff antreten konnte.
Der österreichische Flottenchef, Admiral Anton Haus, konnte es nicht riskieren, gegen die weit überlegene französische Flotte sein Geschwader einzusetzen. Doch sollten die Erfolge der wenigen österreichischen U-Boote Admiral de Lapeyrère zu wesentlich vorsichtigerem Operieren bringen, nachdem *U 12* (Lsch. Lt. Lerch) sein Flaggschiff *Jean Bart* am 26. Dezember torpediert hatte und *U 5* (Lsch. Lt. Trapp) in der Nacht zum 27. April 1915 den Panzerkreuzer *Léon Gambetta* mit Konteradmiral Sénès versenkte.
Während die französische Schlachtflotte in der Blockade der Adria gebunden blieb, bewachte der britische Admiral Troubridge die Dardanellen. Seine in der Heimat und im Südatlantik (Falkland!) benötigten Schlachtkreuzer wurden durch die 4 alten französischen Linienschiffe der Reserve-Division unter Konteradmiral Guépratte abgelöst. Die Gefährdung des Suez-Kanals durch einen eventuellen türkisch-deutschen Vorstoß über die Sinai-Halbinsel zwang Troubridge zu einer Detachierung seiner Panzerkreuzer ins Arabische Meer, um die Überführung indischer Truppen in den Nahen Osten gegen Überfälle deutscher Schiffe decken zu können, nachdem der Kreuzer *Königsberg* bei seinem Überfall auf Sansibar dort den britischen Kreuzer *Pegasus* versenkt hatte.
Trotz der 1913 abgeschlossenen Konventionen mit den Mittelmächten war Italien im August 1914 neutral geblieben, da es keinen Konflikt mit den zur See übermächtigen Ententemächten riskieren konnte. Es nahm bald Verhandlungen auf, die im Mai 1915 zu einem Übereinkommen führten, das Italien an die Seite der Entente treten ließ. Danach sollte unter dem italienischen Flottenchef, Admiral Luigi di Savoia, eine »Erste Flotte« aus der italienischen Flotte sowie französischen und britischen Kontingenten zur Blockierung der Adria gebildet werden. Die »Zweite Flotte« unter dem französischen Flottenchef und Oberbefehlshaber im Mittelmeer sollte auf Malta und Bizerta gestützt sowohl die Italiener als auch die Briten im östlichen Mittelmeer unterstützen können.

Auf die italienische Kriegserklärung am 23. Mai 1915 antworteten die Österreicher am frühen Morgen des 24. Mai mit einem Vorstoß ihrer ganzen Flotte unter Admiral Haus gegen die italienische Adria-Küste. Das Gros beschoß in mehreren Gruppen Ancona, Porto Corsini, Rimini, Senigalla und die Potenza-Mündung, während drei leichte Gruppen Küstenpunkte beiderseits der Gargano-Halbinsel angriffen. In den folgenden Wochen unternahmen beide Seiten zahlreiche Vorstöße mit ihren leichten Streitkräften an die gegnerischen Küsten. Um die venezianische Küste besser decken und die Heeresoperationen an der Isonzo-Front unterstützen zu können, verlegten die Italiener Ende Juni 1915 die vier modernen Panzerkreuzer der 4. Division nach Venedig. In der mittleren Adria besetzten sie die Insel Pelagosa. Aber auch hier zwangen die österreichischen U-Boote die Alliierten zu größerer Vorsicht. Am 9. Juni hatte *U 4* den britischen Kreuzer *Dublin* im Süden torpediert, im Norden versenkten *U 11* und *U 26* das U-Boot *Medusa* und am 7. Juli den Panzerkreuzer *Amalfi* und am 18. Juli fiel vor Pelagosa der Panzerkreuzer *Garibaldi* wieder *U 4* zum Opfer.

Mit der Kriegserklärung Bulgariens an Serbien am 14. Oktober 1915 und der darauf beginnenden Offensive der Mittelmächte wurden die Alliierten gezwungen, unter Verletzung der griechischen Neutralität in Saloniki Truppen zu landen, um nach dem Zusammenbruch Serbiens eine Balkonfront zu errichten. Doch mußten Montenegro und schließlich auch der italienische Brückenkopf in Albanien über See geräumt werden. Bei einem Vorstoß gegen den albanischen Hafen Durazzo geriet am 29. Dezember 1915 ein österreichischer Verband in eine Minensperre und verlor 2 Zerstörer, doch konnte der Kreuzer *Helgoland* mit den übrigen Schiffen den überlegenen alliierten Kräften entkommen. Auch einige weitere Gefechte leichter Einheiten im Frühjahr 1916 während der Räumungstransporte brachten keine wesentlichen Ergebnisse.

Das Gewicht der alliierten Operationen im Mittelmeer verlagerte sich immer mehr auf die Abwehr der deutsch-österreichischen U-Bootoffensive von Cattaro aus, die empfindliche Schiffsverluste verursachte. Doch blieb die Sperrung der Otranto-Straße gegen die U-Boote von begrenzter Wirkung ebenso wie österreichische Vorstöße gegen diese Sperre. Nur am 15. Mai 1917 gelang es Linienschiffskapitän Nikolaus Horthy de Nagybánya mit den Kreuzern *Novara*, *Helgoland* und *Saida* einen erfolgreichen Schlag zu führen.

Die Gliederung der Flotten bei Kriegsbeginn (August 1914)

ALLIIERTE MÄCHTE

NORDSEE

I. Grand Fleet (Adm.Sir John R.Jellicoe)

Flottenflaggschiff: Schlachtschiff *Iron Duke* (FFF)
Battle Fleet (Adm. Sir John R. Jellicoe)

zugeteilt: Kl Kreuzer *Sappho*, 1 Zerstörer

I. Schlachtgeschwader: (V.Adm. Sir Lewis Bayly, R.Adm. H.Evan-Thomas)
8 Schlachtschiffe: *Marlborough* (FF), *Colossus, Hercules, Neptune, St. Vincent* (F), *Vanguard, Collingwood, Superb;* Scout *Bellona.*

II. Schlachtgeschwader: (V.Adm. Sir George J.S. Warrender, R.Adm. Sir Robert K. Arbuthnot)
8 Schlachtschiffe: *King George V.* (FF), *Ajax, Audacious, Centurion, Orion* (F), *Conqueror, Monarch, Thunderer;* Scout *Boadicea.*

III. Schlachtgeschwader: (V.Adm. Edward E. Bradford, R.Adm. Montague E. Browning)
8 Linienschiffe: *King Edward VII.* (FF), *Commonwealth, Zealandia, Dominion, Hibernia* (F), *Africa, Britannia, Hindustan,* Scout *Blanche.*

IV. Schlachtgeschwader: (V.Adm. Sir Douglas Gamble)
3 Schlachtschiffe: *Dreadnought* (FF), *Temeraire, Bellerophon;* Scout *Blonde. Ferner ab Sept.: Agincourt, Erin.*

DREIBUND-MÄCHTE

Hochsee Flotte (Adm. von Ingenohl)

Flottenflaggschiff: Schlachtschiff *Friedrich der Große* (FFF)

I. Geschwader: (V.Adm. von Lans, K.Adm. Gädeke)
8 Schlachtschiffe: *Ostfriesland* (FF), *Thüringen, Helgoland, Oldenburg, Posen* (F), *Rheinland, Nassau, Westfalen.*

II. Geschwader: (V.Adm. R. Scheer, K.Adm. Mauve)
8 Linienschiffe: *Preußen* (FF), *Schlesien, Hessen, Lothringen, Hannover* (F), *Schleswig-Holstein, Pommern, Deutschland.*

III. Geschwader: (K.Adm. Funke, K.Adm. Schaumann ab 18. 8.)
6 Schlachtschiffe: *Prinzregent Luitpold* (F), *Kaiserin, Kaiser, König Albert,* ab 12. 8.: *König* (F), *Großer Kurfürst.*

IV. Geschwader: (V.Adm. Schmidt, K.Adm. Alberts)
7 Linienschiffe: *Wittelsbach* (FF), *Wettin, Mecklenburg, Schwaben, Braunschweig* (F), *Elsaß, Zähringen.*

V. Geschwader: (V.Adm. Grapow, Komm. Begas)
7 Linienschiffe: *Kaiser Wilhelm II.* (FF), *Kaiser Wilhelm der Große, Kaiser Barbarossa, Kaiser Friedrich III* (F), *Kaiser Karl der Große, Wörth, Brandenburg.*

VI. Geschwader: (K.Adm. Eckermann, K.Adm. Behring)
8 Küstenpanzerschiffe: *Hildebrand* (F), *Heimdall, Hagen, Frithjof, Ägir* (F), *Odin, Beowulf, Siegfried.*

Cruiser Force A (V.Adm. Sir David Beatty)

I. Schlachtkreuzergeschwader: (V.Adm. Sir David Beatty)
4 Schlachtkreuzer: *Lion* (FF), *Princess Royal, Queen Mary, New Zealand* (diese zusammen mit der aus der Werft kommenden *Invincible* ab Mitte Aug. bei der »Humber-Force«, später damit Bildung des 2. Schlachtkreuzergeschwaders).

II. Kreuzergeschwader: (R.Adm. The Hon.S.A. Gough-Calthorpe)
4 Panzerkreuzer: *Shannon* (F), *Achilles, Cochrane, Natal.*

III. Kreuzergeschwader: (R.Adm. William C. Pakenham)
4 Panzerkreuzer: *Antrim* (F), *Argyll, Devonshire, Roxborough.*

I. Leichtes Kreuzergeschwader: (Comm. W. E. Goodenough)
6 Kl. Kreuzer: *Southampton* (F), *Birmingham, Nottingham, Lowestoft, Falmouth, Liverpool.*

II. Zerstörer-Flottille:
Scout *Active,* 20 Zerstörer *H* Klasse.

IV. Zerstörer-Flottille:
Flottillenführer *Swift,* 20 Zerstörer *K*-Klasse

Southern Force (ab Mitte Aug., R.Adm. Arthur H. Christian)

VII. Kreuzergeschwader: (R.Adm. Henry H. Campbell)
5 Panzerkreuzer: *Euryalus* (FF), *Aboukir* (F), *Bacchante, Cressy, Hogue. (Sutlej* zum IX. Kreuzergeschw. detachiert).

Harwich-Force: (Comm. Reginald Y. Tyrwhitt)
Führerschiff: Scout *Amethyst* (F)

I. Zerstörer-Flottille:
Scout *Fearless,* 20 Zerstörer *L*-Klasse.

III. Zerstörer-Flottille:
Scout *Amphion,* später *Arethusa,* 18 Zerstörer *L-, F-, I*-Klasse.

VIII. U-Bootflottille: (Comm. Roger Keyes)
18 U-Boote: 8 *D*-Klasse, 10 *E*-Klasse.

Admiral of Patrols (R.Adm. G. A. Ballard)

VI. Zerstörer-Flottille (Dover-Patrol)
Scouts *Attentive* (F), *Adventure, Foresight, Sentinel,* 22 Zerstörer.

VII. Zerstörer-Flottille (Humber)
Scout *Skirmisher,* 22 Zerstörer, 12 Torpedoboote.

VIII. Zerstörer-Flottille (Tyne)
Scout *Pathfinder,* 8 Zerstörer, 12 Torpedoboote.

IX. Zerstörer-Flottille (Firth of Forth)
Scout *Patrol,* 18 Zerstörer.

Shetland-Patrol
Scout *Forward,* 4 Zerstörer.

III., IV., V., VI., VII. und IX. U-Bootflottillen
zusammen 40 U-Boote der *C-, B-* und *A*-Klassen.

ferner für Hafen- und Stützpunktschutz:

VI. Schlachtgeschwader: (bald aufgelöst)
3 Linienschiffe: *Russell, Exmouth, Albemarle.*

IX. Schlachtgeschwader: (R.Adm. F.S. Miller)
5 Linienschiffe: *Hannibal* (F), *Victorious, Mars, Magnificent, Illustrious.*

Hafenflottillen: 21 Zerstörer *A-, B-, C-, D*-Klassen, 48 Torpedoboote

I., II. U-Bootflottillen: 6 alte U-Boote.

Aufklärungsschiffe (K.Adm. von Hipper)

I. Aufklärungsgruppe: (K.Adm. v. Hipper, K.Adm. Tapken)
3 Schlachtkreuzer, 1 Panzerkreuzer: *Seydlitz* (F), *Moltke, Von der Tann* (F), *Blücher,* ab Sept. *Derfflinger.*

II. Aufklärungsgruppe: (K.Adm. L. Maaß)
7 Kl. Kreuzer: *Cöln* (F), *Mainz, Stralsund, Kolberg, Rostock* (F des II.F.d.T), *Straßburg, Graudenz* (ab 10. 8.).

III. Aufklärungsgruppe:
5 Kl. Kreuzer: *München, Danzig, Stuttgart, Frauenlob, Hela.*

IV. Aufklärungsgruppe: (K.Adm. von Rebeur-Paschwitz)
4 Panzerkreuzer: *Roon* (F), *Yorck, Prinz Adalbert, Prinz Heinrich.*

V. Aufklärungsgruppe: (K.Adm. Jasper)
4 Gr. Kreuzer: *Hansa* (F), *Vineta, Victoria Luise, Hertha.*

I. Torpedobootflottille: 11 Torpedoboote Typ *V 187*
II. Torpedobootflottille: 11 Torpedoboote Typ *S 138*
III. Torpedobootflottille: 11 Torpedoboote Typ *V 162*
IV. Torpedobootflottille: 12 Torpedoboote Typ *G 108*
V. Torpedobootflottille: 11 Torpedoboote Typ *V 2*
VI. Torpedobootflottille: 11 Torpedoboote Typ *V 151*
VII. Torpedobootflottille: 11 Torpedoboote Typ *S 14*
VIII. Torpedobootflottille: 11 Torpedoboote Typ *S 120*

I. U-Bootflottille: Kl. Kreuzer *Hamburg,* 2 T-Boote, 10 U-Boote.
II. U-Bootflottille: Kl. Kreuzer *Stettin,* 2 T-Boote, 9 U-Boote.

Hafenflottillen:

Ems: Kl. Kreuzer *Arcona,* 3 Torpedoboote.
Jade/Weser: Kl. Kreuzer *Ariadne, Berlin, Niobe,* 4 Kanonenboote, 6 Torpedoboote.
Elbe: Kl. Kreuzer *Nymphe, Medusa,* 2 Kanonenboote, 6 T-Boote.
Helgoland: 5 Torpedoboote.

KANAL

II. Channel-Fleet (ab 7. 8.) (V.Adm.Sir Cecil Burney)

Flottenflaggschiff: Linienschiff *Lord Nelson* (FF), zugeteilt Kl. Kreuzer *Diamond*.

V. *Schlachtgeschwader:* (R.Adm. Bernard Curry, R.Adm. C. F. Thursby)
9 Linienschiffe: *Prince of Wales* (FF), *Venerable, Irresistible, Bulwark, Queen* (F), *Formidable, Implacable, London;* zeitweise zugeteilt *Agamemnon*, Kl. Kreuzer *Topaze*.

VII. *Schlachtgeschwader:* (V.Adm. The Hon. Sir A. E. Bethell)
4 Linienschiffe: *Prince George* (FF), *Caesar, Jupiter, Majestic*. Kl. Kreuzer *Sapphire*.

VIII. *Schlachtgeschwader:* (R.Adm. H. L. Tottenham)
6 Linienschiffe: *Albion* (F), *Goliath, Canopus, Glory, Ocean, Vengeance*. Kl. Kreuzer *Proserpine*. (Wurde bald mit dem VII. Schlachtgeschwader vereinigt, bis auf 4 Einheiten wurden die Schiffe beider Geschwader bald zu Sonderaufgaben abgezogen).

ATLANTIK

Northern Patrol: X. Kreuzergeschwader (R.Adm. D.R.S. de Chair)
6 Gr. Kreuzer: *Crescent* (F), *Edgar, Gibraltar, Grafton, Hawke, Royal Arthur*.

westlich Irland: XI. Kreuzergeschwader (R.Adm. R.S. Phipps Hornby)
5 Gr. Kreuzer: *Theseus* (F), *Endymion, Terrible, Juno, Isis*.

Western Patrol:

XII. Kreuzergeschwader: (R.Adm. Rosslyn E. Wemyss)
4 Gr. und Kl. Kreuzer: *Charybdis* (F), *Eclipse, Diana, Talbot*.

Französisches II. Leichtes Geschwader: (V.Adm. Ronyer, K.Adm.) F.O. Le Cannalier)
8 Panzerkreuzer: *Marseillaise* (FF), *Gloire* (F), *Amiral Aube, Jeanne d'Arc, Dupetit-Thouars, Gueydon, Desaix, Kléber;* Kl. Kreuzer *Lavoisier*.

Amerikanische Ostküste/Westindien:

IV. Kreuzergeschwader: (R.Adm. Sir Christopher Cradock)
4 Panzerkreuzer: *Suffolk* (F), *Lancaster, Essex, Berwick*, 2 Kl. Kreuzer *Bristol, Hermione*, Kanad. Schulkreuzer *Niobe*.

VI. Kreuzergeschwader: (R.Adm. W. L. Grant)
4 Panzerkreuzer: *Drake* (F), *King Alfred, Good Hope*, Leviathan.

französische Schiffe: Panzerkreuzer *Condé*, Kl. Kreuzer *Descartes, Friant*

Mittelatlantik:

V. Kreuzergeschwader: (R.Adm. Archibald Stoddart)
4 Panzerkreuzer: *Carnarvon* (F), *Cornwall, Cumberland, Monmouth*, Kl. Krz. *Glasgow*.

IX. Kreuzergeschwader: (R.Adm. John M. de Robeck)
6 Gr. Kreuzer: *Europa* (F), *Amphitrite, Argonaut, Highflyer, Vindictive, Challenger*, zuget. Panzerkreuzer *Sutlej*.

Westindien (Ostamerikanische Station)
Kl. Kreuzer: *Karlsruhe, Dresden*

MITTELMEER

III. Mediterranean Fleet (Adm. Sir A. Berkeley Milne)

II. Schlachtkreuzergeschwader: (unter dem C-in-C)
3 Schlachtkreuzer: *Inflexible* (FF), *Indefatigable, Indomitable.*
I. Kreuzergeschwader: (R.Adm. Ernest C.T. Troubridge)
4 Panzerkreuzer: *Defence* (F), *Black Prince, Duke of Edinburgh, Warrior.*
4 Leichte Kreuzer: *Chatham, Dublin, Gloucester, Weymouth.*
V. Zerstörer-Flottille: 16 Zerstörer G-Klasse.
11 Torpedoboote, 6 U-Boote.

Französische Armée Navale (Adm. Boué de Lapeyrère)

Sonderdivision: Schlachtschiffe *Courbet* (FFF), *Jean Bart,* später *France, Paris.* Zugeteilt Gr. Kreuzer *Jurien de la Gravière*
I. Geschwader: (V.Adm. P.L.A. Chocheprat, K.Adm. Lacaze)
6 Linienschiffe: *Diderot* (FF), *Danton, Condorcet, Voltaire* (F), *Vergniaud, Mirabeau.*
II. Geschwader: (V.Adm. P.A.M. le Bris, K.Adm. Tracou)
5 Linienschiffe: *Vérité* (FF), *Démocratie, Justice, Patrie* (F), *République.*
I. Leichtes Geschwader: (K.Adm. M.G.J. de Ramsey de Sugny, K.Adm. V.B. Sénès)
7 Panzerkreuzer: *Jules Michelet* (FF), *Ernest Rénan, Edgar Quinet, Waldeck-Rousseau; Léon Gambetta* (F), *Victor Hugo, Jules Ferry.*
Ergänzungsdivision: (K.Adm. P.F.A.H. Guépratte)
4 Linienschiffe: *Suffren* (F), *St. Louis, Gaulois, Bouvet.*
Zerstörer-Flottille: 1 Führerboot und 6 »Escadrilles« mit zusammen 37 Zerstörern.
U-Boot-Flottille: 1 »Escadrille« mit 2 T-Booten und 7 U-Booten.
Division für besondere Verwendung:
2 Linienschiffe: *Jauréguiberry, Charlemagne*
4 Panzerkreuzer: *Pothuau, Bruix, Latouche-Tréville, Amiral Charner*
1 Gr. Kreuzer: *D'Entrecasteaux*
2 Kl. Kreuzer: *Cassard, Cosmao.*

Deutsche Mittelmeer-Division (K.Adm. Souchon)

1 Schlachtkreuzer: *Goeben* (F)
1 Kl. Kreuzer: *Breslau*

Österreichisch-ungarische Flotte: (Adm. Anton Haus)

I. Geschwader: (V.Adm. Maxim Njegovan, K.Adm. Anton Willenik)
3 Schlachtschiffe: *Viribus Unitis* (FFF), *Tegetthoff* (FF), *Prinz Eugen;*
3 Linienschiffe: *Erzherzog Franz Ferdinand* (F), *Radetzky, Zrinyi*
II. Geschwader: (K.Adm. Franz Löfler, K.Adm. Karl Seidensacher)
6 Linienschiffe: *Erzherzog Karl* (FF), *Erzherzog Friedrich, Erzherzog Ferdinand Max, Habsburg* (F), Árpád, Babenberg.
Kreuzerflottille: (V.Adm. Paul Fiedler)
3 Panzerkreuzer: *St. Georg,* (FF), *Kaiser Karl VI., Kaiserin und Königin Maria Theresia;* 3 Kleine Kreuzer: *Szigetvár, Zenta, Aspern.*
1. *Torpedoflottille:* Kl. Kreuzer *Saida,* 12 Zerstörer, 10 T-Boote
2. *Torpedoflottille:* Kl. Krz. *Admiral Spaun,* 6 Zerst., 18 T-Boote

Küstenverteidigung:
5. *Division:* (K.Adm. Richard Ritter von Barry)
3 Linienschiffe: *Monarch* (F), *Wien, Budapest.*
2. *Kreuzerdivision:*
2 Kl. Kreuzer: *Kaiser Franz Joseph I., Panther.*
7. *Torpedobootdivision:* 11 Torpedoboote
U-Bootstation: 6 U-Boote.

OSTSEE

Russische Baltische Flotte (Adm. N. O. von Essen)

Flottenflaggschiff: Panzerkreuzer *Rjurik.*

Linienschiffsbrigade: (V.Adm. Baron Fersen)
4 Linienschiffe: *Cesarevič* (F), *Imperator Pavel I., Slava,* in Repatratur: *Andrej Prevozvannyj.*
Kreuzerbrigade: (K.Adm. Kolomejzev)
4 Panzerkreuzer: *Gromoboj* (F), *Pallada, Admiral Makarov, Bajan.*
1 Zerstörerführer: *Novik.*
I. Torpedoflottille (K.Adm. Storre)
1., 2. und 4. Division mit 28 Zerstörern
II. Torpedoflottille (K.Adm. Kuroš)
3., 5., 6., 7. Division mit 27 Zerstörern und 8 Torpedobooten.
U-Bootflottille (K.Adm. Levickij) mit 8 U-Booten
Streuminenabteilung (K.Adm. Kanin) mit 6 Minenlegern.
Reserve-Kreuzerbrigade: 1 Panzerkreuzer: *Rossija*
4 Große Kreuzer: *Avrora, Diana, Bogatyr, Oleg.*

Verband der Ostseestreitkräfte (Großadmiral Prinz Heinrich von Preußen)

Küstenschutzdivision der Ostsee: (K.Adm. Behring)
8 Gesch. Kreuzer: *Augsburg* (F), *Magdeburg, Amazone, Lübeck, Undine, Thetis, Gazelle, Freya.*
8 Torpedoboote
3 U-Boote (mit 1 Torpedoboot als Führerboot)
4 Hilfs-Minenstreudampfer.

Cape Station (Südafrika): (K.Adm. Herbert K. King-Hall)

4 ältere Kreuzer: *Hyacinth* (F), *Astraea, Pegasus, Pelorus.*

East Indies Station (Indien, Singapore):
(R.Adm. Richard H. Peirse)

1 Linienschiff: *Swiftsure*
2 Kreuzer: *Dartmouth, Fox.*

Eastern Fleet (Ostasien, Hongkong):
(V.Adm. Sir Thomas Jerram)

1 Linienschiff: *Triumph* (an Tsingtau-Blockade)
2 Panzerkreuzer: *Minotaur* (FF), *Hampshire*
2 Kleine Kreuzer: *Newcastle, Yarmouth*
8 Zerstörer
Französische Schiffe: (R.Adm. A.L.M. Huguet)
2 Panzerkreuzer: *Montcalm* (F), *Dupleix*
1 Kl. Kreuzer: *Kersaint*
Kanonenboote und Zerstörer
Japanische Schiffe (ab 5.9. unterstellt)
2 Panzerkreuzer: *Ibuki, Nisshin*
1 Kleiner Kreuzer: *Chikuma*
Russische Schiffe (Vladivostok)
2 Kreuzer: *Askold, Žemčug.*

Australisches Geschwader; (R.Adm. Sir George E. Patey)

1 Schlachtkreuzer: *Australia* (F)
2 moderne Kleine Kreuzer: *Sydney, Melbourne*
2 ältere Kreuzer: *Encounter, Pioneer.*

Neuseeländisches Geschwader: (Capt. Marshall)

3 ältere Kreuzer: *Psyche, Philomel, Pyramus.*

Japanische Flotte:(Admiral Kamimura)

I. Flotte (Adm. Kamimura) (Deckung der Landungen)
3 Schlachtschiffe: *Kawachi* (FF), *Settsu, Kashima*
4 Kleine Kreuzer: *Tsushima, Niitaka, Kasagi, Suma*
eine Zerstörer-Flottille.

II. Flotte (V.Adm. Kato) (Blockade Tsingtaus)
3 Linienschiffe: *Suwo* (FF), *Iwami, Tango*
2 Küstenpanzerschiffe: *Okinoshima, Mishima*
3 Panzerkreuzer: *Iwate* (F), *Tokiwa, Yakumo*
8 Kleine Kreuzer: *Tone* (F), *Mogami, Yodo, Chiyoda, Chitose* (F), *Akashi, Akitsushima, Takashio*
Kanonenboote und Zerstörer (dazu brit. L. *Triumph*)

1. Südsee-Geschwader (K.Adm. Yamaya; ab 14.9.14)
3 Panzerkreuzer: *Kurama* (F), *Tsukuba, Asama*
Zerstörer

2. Südsee-Geschwader (K.Adm. Tsuchiyama; ab 1.10.)
1 Schlachtschiff: *Satsuma*
2 Kleine Kreuzer: *Yahagi, Hirado*

Westamerikanische Station:
1 Linienschiff: *Hizen*
1 Panzerkreuzer: *Idzumo*

Ostafrika: Kl. Kreuzer *Königsberg*

Kreuzergeschwader (V.Adm. Graf von Spee)

2 Panzerkreuzer: *Scharnhorst* (FF), *Gneisenau*
3 Kleine Kreuzer: *Emden, Leipzig, Nürnberg*
7 Kanonenboote
1 Torpedoboot
Österreichisch-ungarisches Schiff: Kreuzer *Kaiserin Elisabeth*

Die Gliederung der italienischen Flotte beim Kriegseintritt am 24. Mai 1915:

a) in Tarent:
Flottenchef (V.Adm. Duca Luigi di Savoia)
Flaggschiff: Schlachtschiff *Conte di Cavour* (FF)
1. Division: (K.Adm. C. Corsi)
3 Schlachtschiffe: *Dante Alighieri* (F), *Giulio Cesare, Leonardo da Vinci*
2. Division: (K.Adm. V. Cutinelli)
4 Linienschiffe: *Regina Elena* (F), *Vittorio Emanuele, Napoli, Roma*
4. Division: (K.Adm. U. Cagni)
4 Panzerkreuzer: *Pisa* (F), *Amalfi, San Giorgio, San Marco*
1 Kleiner Kreuzer *Piemonte*
13 Torpedobootzerstörer der 2. und 5. Squadriglia

b) in Brindisi:
2. Geschwader/3. Division: (V.Adm. E. Presbitero)
2 Linienschiffe: *Benedetto Brin* (FF), *Regina Margherita*
5. Division: (K.Adm. E. Trifari)
4 Panzerkreuzer: *Giuseppe Garibaldi* (F), *Varese, Francesco Ferruccio, Vettor Pisani*
6. (Aufklärer)-Division: (K.Adm. E. Millo)
4 Leichte Kreuzer: *Quarto* (F), *Nino Bixio, Marsala, Libia*
5 Kleine Kreuzer: *Agordat, Liguria, Puglia; Lombardia* (U-Mutterschiff), *Elba* (Seeflugz. Mutterschiff)
3 Hilfskreuzer
10 Torpedobootzerstörer der 1. und 5. Squadriglia
19 Torpedoboote der 2., 4. und 8. Squadriglia
6 U-Boote der 3. und 4. Squadriglia
Britische Linienschiff-Division: (K.Adm. Thursby) ab 30. Mai
4 Linienschiffe: *Queen* (F), *London, Implacable, Prince of Wales*
4 Leichte Kreuzer: *Dublin, Dartmouth, Amethyst, Sapphire*
12 französische Torpedoboot-Zerstörer
5 französische U-Boote

c) in Venedig:
Division »Sardegna«: (K.Adm. Patris)
3 Linienschiffe: *Sardegna* (F) *Emanuele Filiberto, Ammiraglio di St.Bon*
2 Panzerkreuzer: *Carlo Alberto, Marco Polo*
1 Kleiner Kreuzer: *Etruria*
11 Torpedobootzerstörer der 3. und 4. Squadriglia
29 Torpedoboote der 5., 6., 9., 10. und 11. Squadriglia
12 U-Boote der 1., 2. und 4. Squadriglia
später 12 französische U-Boote sowie 6 britische U-Boote.

Kapitel 22

Der Kampf um Konstantinopel

Von K. J. Müller übersetztes und bearbeitetes Kapitel 23 der US-Ausgabe, das von W. H. Russel verfaßt war.

Die Stabilisierung der Westfront im Herbst 1914 verwandelte den Bewegungskrieg in einen vernichtenden Abnutzungskrieg. Millionen von Menschen und ungeheure Mengen von Waffen und Munition wurden von beiden Parteien nutzlos in den Kampf geworfen, ohne daß die Frontlinie in den vier Kriegsjahren entscheidend verändert werden konnte.

In der Absicht, aus dieser Sackgasse herauszukommen, begann das alliierte Oberkommando schon früh die Möglichkeit ins Auge zu fassen, die Westfront mittels peripherer Operationen auszuflankieren. Die französische Führung war gegen derartige Operationen, weil durch sie Truppen von Frankreich abgezogen oder ferngehalten würden. Hier in Frankreich, so argumentierten sie, verteidigten die Alliierten ihre ureigenste Sache. Jegliche Schwächung der Front in Frankreich würde den Deutschen den Weg zum Vormarsch ebnen. Dem stimmte Lord Kitchener wohl zu, hielt aber dennoch Umschau nach irgendeiner Möglichkeit, aus der Sackgasse herauszukommen. Da auf Grund der geographischen Lage wie auch der Ersatzsituation jede strategisch umfassende Operation in der Hauptsache oder sogar gänzlich eine maritime Aktion sein mußte, wurde das Studium dieses Problems der britischen Admiralität übertragen.

Hauptziel der Vertreter einer peripheren Strategie war die Verbindung mit den russischen Streitkräften. Das hätte einen wirkungsvolleren Einsatz des russischen Machtpotentials bedeutet. Die westlichen Alliierten hätten dann Rußland mit Munition versorgen können, an der es dort mangelte, und selbst aus Rußland große Mengen von Getreide und anderen Lebensmitteln beziehen können, die das Zarenreich im Überfluß besaß, seitdem die Türkei die Dardanellen und damit jede Ausfuhrmöglichkeit gesperrt hatte. Eine erfolgreiche russische Offensive hätte der Westfront Erleichterung gebracht, die schwankenden Balkanstaaten geneigter gemacht, sich der alliierten Seite zuzuwenden, und dem Einfluß der Türkei entgegengewirkt.

Der Zustand der russischen Eisenbahnen empfahl 1914 die im zweiten Weltkrieg benutzte Eismeer-Archangelsk-Route nicht. Das neutrale Persien und die Türkei blockierten die Route über den Persischen Golf. Die Unzulänglichkeit des dritten Transportweges, der Transsibirischen Eisenbahn, hatte sich im russisch-japanischen Krieg gezeigt. Wenn also eine Seeverbindung zwischen den Westalliierten und Rußland eröffnet werden sollte, dann mußte dies über die Ostsee oder das Schwarze Meer erfolgen.

Die deutsche Hochseeflotte kontrollierte die Ostsee. Hier konnte man nicht offensiv werden, ohne die lebenswichtige Kontrolle über den Kanal zu gefährden. Dennoch war Lord Fisher für den Weg durch die Ostsee. Er schlug vor, die Hochseeflotte dadurch zu schlagen, daß man eine Reihe von amphibischen Operationen, beginnend in der Nordsee und dann sich zur Ostsee hin erstreckend, gegen Deutschland unternehme. Er vertrat die Ansicht, daß fortgesetzte Angriffe zu etlichen Schlachten führen würden, bei denen die »Grand Fleet« im Vorteil sein würde. Schließlich, so meinte er, würde die Hochseeflotte durch Abnutzung ausgeschaltet werden und England einen Brückenkopf in der Ostsee erlangen, wo dann auch russische Truppen landen könnten, und von wo man mit einem entscheidenden Feldzug direkt gegen Berlin beginnen könnte. Kitchener war gegen Fishers Projekt, weil dadurch Truppen aus Frankreich abgezogen würden. Churchill war zuerst dafür, aber angesichts des Kitchenerschen Prestiges konnte er die Unterstützung des britischen Kriegsrates nicht gewinnen.

Solange die Türkei neutral war, waren durch internationale Verträge die türkischen Meerengen und damit das Schwarze Meer den Schiffen der kriegführenden Nationen versperrt. Als die Türkei im Oktober 1914 an die Seite Deutschlands getreten war, waren die Verträge, die die Meerengen neutralisierten, ungültig. England hätte jetzt mit der Eroberung von Konstantinopel eine Seeverbindung mit Rußland eröffnen können. Allmählich verlagerte sich Churchills Interesse von einer Gewaltaktion in der Ostsee zu dem Gedanken an eine weniger kostspielige Operation gegen die Dardanellen und durch das Marmarameer. Im Dezember schrieb er an Fisher: »Ich bin gegenüber einer Landungsoperation unter schwerem Feinddruck sehr zurückhaltend — falls irgendein anderer Weg möglich wäre.« Weihnachten 1914 war er bereit, sich für eine reine Marineoperation gegen Konstantinopel einzusetzen. Kitchener wünschte ebenfalls, Rußland so zu stärken, daß es eine zweite Front eröffnen könne. Auch er zog eine Marineaktion gegen Konstantinopel vor, da sie nur wenige alliierte Truppen aus Frankreich abzog. Churchill und Kitchener bahnten einer Entscheidung im Kriegsrat den Weg; in der Admiralität aber entbrannte ein unheilvoller Meinungsstreit zwischen Churchill und Fisher. Die Ereignisse im Vorderen Orient brachten den Streitfall auf den Höhepunkt. Die Türkei fiel im Rahmen ihres Expansionsplanes in Transkaukasien ein. Der Oberbefehlshaber der russischen Armee fragte Kitchener, ob England einen Ent-

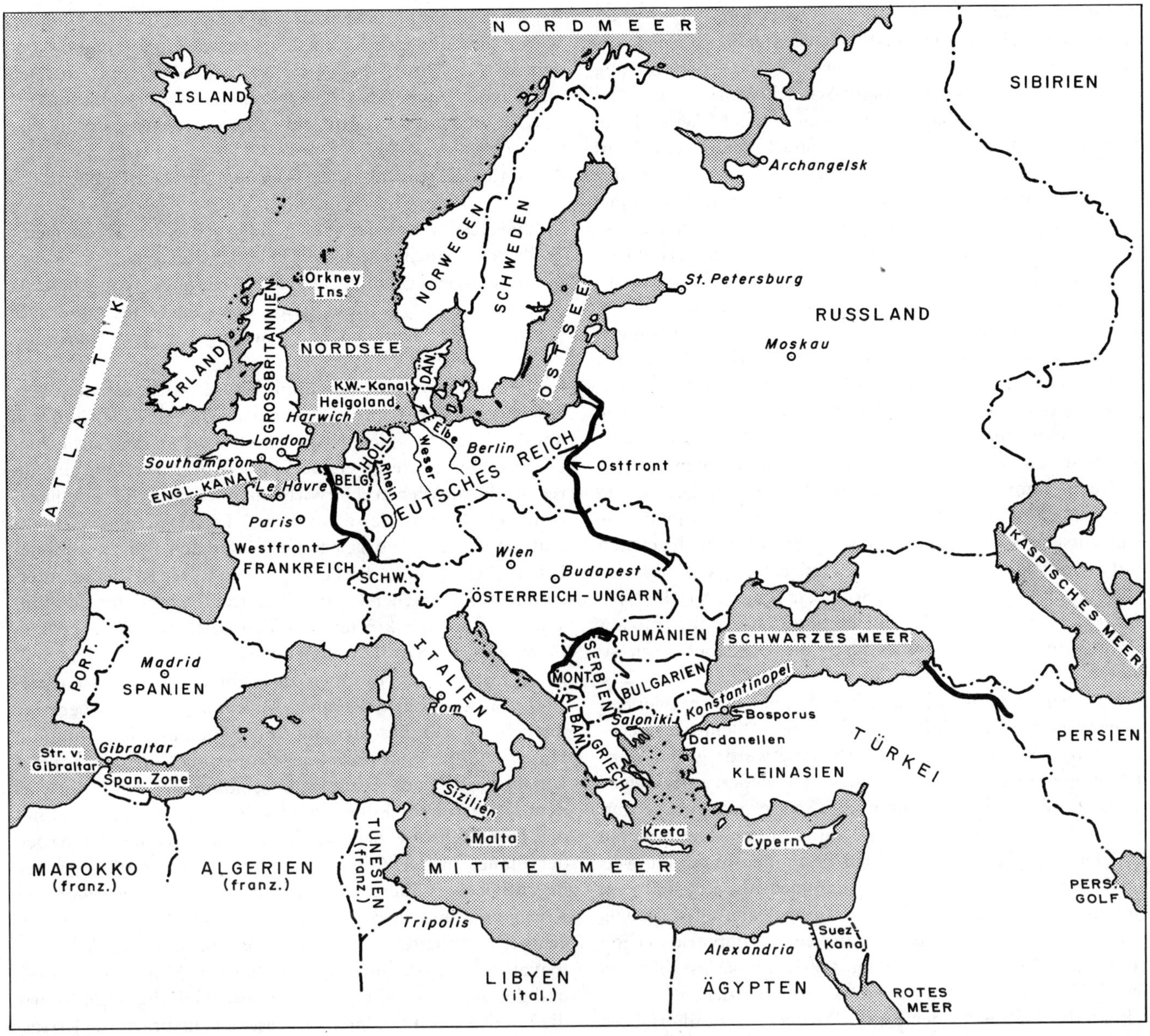

Europa, Herbst 1914

lastungsangriff in der Ägäis machen könne, um türkische Truppen von der russischen Grenze abzuziehen. Kitchener gab sofort die Zusicherung, daß England handeln würde. Dann sprach er mit Churchill über die Möglichkeit eines sofortigen maritimen Angriffs gegen die Dardanellen. Dieses Gespräch festigte Churchills wachsende Vorliebe für eine Operation im Nahen Osten und brachte ihm im Kriegsrat Kitcheners Unterstützung. Der türkische Einfall in Rußland brach bald zusammen, er hatte aber bereits die militärischen Überlegungen der Briten entscheidend beeinflußt.

Die Entscheidung über den Ansatz der Operation

Im Kriegsrat kämpfte Churchill energisch für die Billigung seines neuen Vorhabens. Unter Ausnutzung der Tatsache, daß dem Kriegsrat ein eigener militärischer Stab fehlte, wies er die Planungsabteilung der Admiralität an, eine Generalstabsstudie zu entwerfen, die geeignet sei, die Kriegsratmitglieder zum Handeln zu veranlassen. Fisher begann mit der Feststellung, daß Konstantinopel das strategische Ziel einer jeden Operation zur Öffnung des Seeweges von der Ägäis nach Rußland sein müsse. Dann führte er als wesentliche Bedingungen zur Erringung eines alliierten Stützpunktes in Konstantinopel an: 1. die Operation müsse überraschend beginnen, um türkischen Gegenmaßnahmen zuvorzukommen; 2. eine Heeresdivision müsse als Unterstützung eines starken Vor-*Dreadnought*-Schlachtschiffgeschwaders eingesetzt werden, und zwar zusammen mit Minensuchern, Truppentransportern und Versorgungsschiffen; 3. kein Schiff dürfe in das Marmarameer einfahren, bevor dies nicht auch für unbewaffnete Handelsschiffe passierbar sei; 4. Truppen und Material müßten in kampfkräftigen Einheiten eingeschifft sein, damit eine sofortige Landung an den Meerengen möglich sei; 5. alle alliierten Streitkräfte müßten unter einheitlichem Oberbefehl stehen; 6. von Anfang an müßten Kräfte in Regimentsstärke die flankierenden Landzungen der Dardanellenausgänge in Besitz nehmen; 7. unter diesem Flankenschutz sollten dann, sobald Räumboote die Minenfelder beseitigt hätten, Schlachtschiffe in die Meerenge hineinfahren, um die Landungstruppen zu unterstützen, bis diese die beherrschenden Höhen genommen hätten; 8. wenn somit die Dardanellen auch für unbewaffnete Handelsschiffe passierbar geworden seien, sollten die Schlachtschiffe die Truppen nach Konstantinopel geleiten und die dortige Landung decken. Andere hohe Offiziere der Admiralität ergänzten Fishers Studie, indem sie auf die Notwendigkeit hinwiesen, die ungehinderte Durchfahrt für unbewaffnete Transportschiffe durch die Dardanellen zu sichern.

Diese übereinstimmende Lagebeurteilung seiner obersten Planer versetzte Churchill in ein erhebliches Dilemma. Kitchener hatte den Russen zugesagt, England werde gegen Konstantinopel vorgehen, und Churchill hatte wiederum Kitchener zugesagt, die Marine könnte die Sache mit nur geringfügiger Hilfe seitens der Armee durchführen. Die höheren Offiziere der Admiralität jedoch bestanden unter Hinweis auf frühere Fehlschläge im Marmarameer darauf, daß kein Geschwader der Marine Konstantinopel angreifen könne, ohne wenigstens die Unterstützung einer Infanteriedivision zu haben. Churchill aber wußte, daß Kitchener es ablehnen würde, so viele Truppen aus Frankreich abzuziehen.

Churchill besaß nicht den Einfluß, Kitchener zu überfahren oder die feste Phalanx der höhere Marineoffiziere zu durchbrechen. Er löste dieses Dilemma, indem er seinen Admiralstab überspielte. Zuerst bezeichnete er Fishers Studie als hoffnungslos veraltet, weil sie auf den Erfahrungen der Vergangenheit beruhte. Die Waffen des Zwanzigsten Jahrhunderts, insbesondere die hochkalibrigen Schiffsgeschütze – so versicherte er –, wären so revolutionär, daß sie die Lehren früherer Kriege ungültig machten. Dann überging er einfach Lord Fisher und wandte sich direkt an Vizeadmiral Sackville H. Carden, der in der Ägäis befehligte. Könnte Cardens Geschwader – fragte Churchill den Admiral – die Dardanellen allein mit der Schiffsartillerie, ohne Infanterieunterstützung, forcieren?

Carden antwortete sogleich mit einem zustimmenden Telegramm. Wenn die Admiralität einige Minensucher und unbegrenzten Munitionsnachschub schickte, fügte er hinzu, würde sein Geschwader am 15. Februar angreifen und Konstantinopel Mitte März erreichen. Carden legte zugleich einen von seinem Stab vorbereiteten Operationsentwurf vor, in dem der in Aussicht genommene Angriff in vier Phasen unterteilt war:

1. Phase: Zerstörung aller Forts an der Dardanellenmündung.
2. Phase: Räumung der Minenfelder bis zu den Meerengen.
3. Phase: Vernichtung der Forts in der Meerenge.
4. Phase: Minenräumung in der Meerenge, Ausschaltung der Forts, Beseitigung der Minenfelder oberhalb der Meerenge und Eindringen in das Marmarameer.

Bewaffnet mit dem Telegramm des Admirals, der dem vorgesehenen Objekt am nächsten war, begab sich Churchill am 15. Januar in den Kriegsrat. Indem er die Sache hier vortrug, ignorierte er einfach Fishers Ausarbeitung mit ihrer nachdrücklichen Hervorhebung einer Infanterieunterstützung. Er ignorierte auch die Tatsache, daß Cardens Stab keinen Plan vorgelegt hatte, der den Einsatz mobiler Feldartillerie seitens des Feindes vorsah. Der Kriegsrat unterstützte das Kitchener-Churchill-Carden-Projekt für den Einsatz von Seestreitkräften auf dem östlichen Kriegsschauplatz, gab der Royal Navy jedoch noch nicht die Genehmigung, mit den Operationen zu beginnen. Statt dessen wies er die Admiralität an, Pläne »für eine maritime Operation im Februar zur Beschießung und Einnahme der Gallipoli-Halbinsel mit dem Endziel der Eroberung Konstantinopels« aufzustellen. Nach Fertigstellung sollte der neue Entwurf dem Kriegsrat zur Billigung vorgelegt werden, ehe man mit der Durchführung begann. Kompliziert wurde die Arbeit der Planer in der Admiralität durch einen grundlegenden begrifflichen Widerspruch zwischen der Anweisung des Kriegsrates und dem Kitchener-Churchill-Carden-Plan. Eigentlich beinhaltete der Ausdruck »maritime Expedition« (naval expedition) auch den Einsatz von Marine-Infanterie, und der Satz »Einnahme der Halbinsel Gallipoli« implizierte die Landung von Soldaten. So gesehen entsprach die Kriegsrat-Weisung mehr Fishers erstem Planungsentwurf als dem Churchill-Carden-Plan.

Erneut entwarfen die Planer der Admiralität unter Fishers Leitung eine Studie für den Kriegsrat. Sie war eine erheblich modifizierte Version ihrer ersten Studie, die sich vom Churchill-Carden-Plan in nur einer, allerdings bedeutsamen Hinsicht unterschied. Aus der Überzeugung heraus, daß die Türken die unteren Dardanellen verminen und diese Minenfelder mit Feldartillerie sowie Festungsgeschützen verteidigen würden, bestanden sie auf dem Einsatz geringer Infanteriekräfte, die die Geschütze ausschalten sollten.

Churchill aber verfocht noch immer Cardens Ansicht, die Schiffsartillerie könne die Außenbefestigungen vor Konstantinopel allein ausschalten. Anstatt nun diese Fachdiskussion hinter den Türen der Admiralität intern zu regeln, veranlaßte Churchill, daß der Premierminister sich mit den Differenzen zwischen Fisher und ihm befaßte. Am 28. Januar entschied Asquith sich für Churchill und zwang Fisher damit, sich entweder zu fügen oder zurückzutreten. Am selben Tag noch drängte Churchill den Kriegsrat, den Plan, den Carden zwei Wochen zuvor übermittelt hatte, anzunehmen. Die Mitglieder des Rates billigten nur die eine Hälfte des Planes, indem sie der Admiralität die formelle Weisung erteilten, die Phasen 1 und 2 durchzuführen. Die Flotte sollte aber nur dann über die Meerengen hinausstoßen, wenn die Ergebnisse der ersten beiden Phasen einen Vorstoß auf Konstantinopel rechtfertigten. Damit genehmigte der Kriegsrat lediglich einen gewaltsamen Aufklärungsvorstoß ungefähr ein Drittel Weges in die Dardanellen hinein.

Die britische Feindlagebeurteilung

Die Meinungsverschiedenheiten, die zwischen Fisher und Churchill bestanden, basierten nicht nur auf ihrer verschiedenen Auffassung von der Leistungsfähigkeit der Schiffsgeschütze, sondern auch auf dem verschiedenen Maß von Vertrauen, das ein jeder den Berichten des britischen Nachrichtendienstes entgegenbrachte. Dabei handelte es sich um die Frage, ob die zur Verfügung stehenden Feindnachrichten als Grundlage der strategischen Planung ausreichten. Churchill war dieser Ansicht, Fisher dagegen nicht. Seit Dezember 1914 hatte der türkische Nachrichtendienst von britischen Maßnahmen gegen Konstantinopel erfahren. Nach Ansicht des britischen Nachrichtendienstes war die Folge dieser Nachricht, daß die türkische Regierung kurz vor dem Sturz stand. Die verängstigten Behörden hatten die Verteidigung Konstantinopels dem deutschen Botschafter anvertraut, der den Admiral von Usedom als militärischen Befehlshaber einsetzte. Usedom sah seine einzige Hoffnung darin, die alliierten Kriegsschiffe aus dem Marmarameer fernzuhalten. Er konzentrierte daher alle seine Kräfte an den Ufern der Dardanellen. Dorthin hatte Usedom – nach Meldungen ausländischer Diplomaten – Arbeiter entsandt, die die alten Forts ausbauen und schwere Geschütze installieren sollten. Ebenfalls hatte er alle seine Artilleristen und jede Granate und Mine, die er nur auftreiben konnte, dorthin geschickt. Usedoms Mittel waren nach diesen Berichten derart knapp, daß er die Forts landeinwärts unarmiert ließ. Churchill machte sich keine Gedanken darüber, daß diese Berichte nichts über die Dislozierung der türkischen Infanterie und Feldartillerie sagten. Er unterstellte, daß der britische Nachrichtendienst genau über alle möglichen Maßnahmen des Gegners Bescheid wußte und daß man daher die Pläne ohne Berücksichtigung anderweitiger Alternativaktionen des Feindes entwerfen könnte. Somit unterstützte er den Plan Cardens, allein mit Schiffen den Angriff durchzuführen. Er glaubte, ein tatkräftiger Admiral könne ohne Hilfe von Heeres- oder Marineinfanterie nach Konstantinopel durchstoßen. Von Kitchener unterstützt, gewann

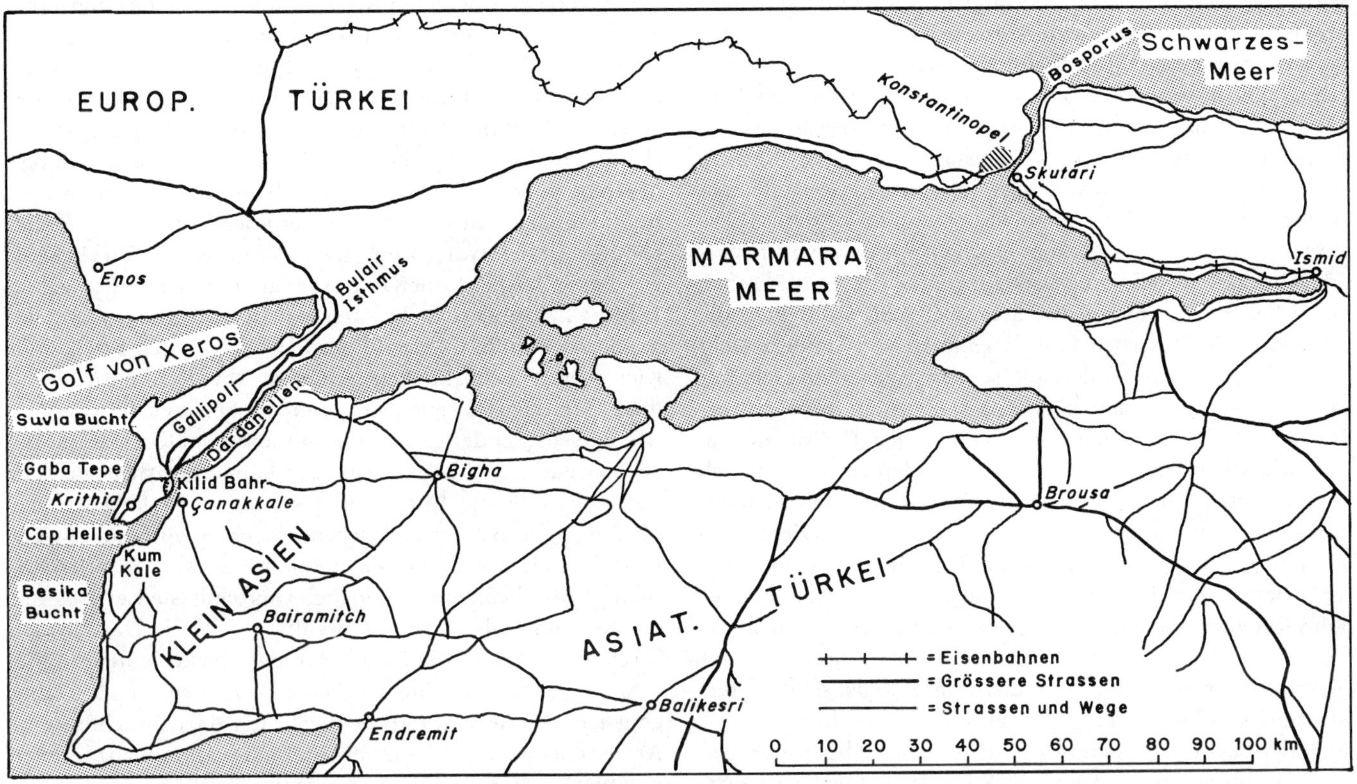

Das türkische Verkehrsnetz

Churchill die Zustimmung des Kriegsrates und zwang der Admiralität den Carden-Plan auf.
Fisher und andere Offiziere der Admiralität weigerten sich, Churchills Version von den inneren Verhältnissen der Türkei zu akzeptieren. Aus ihrer Erfahrung wußten sie, daß Geheimdienstberichte selten die ganze Wahrheit enthielten, und folgten der klugen Regel, in ihren Operationsplänen die Fähigkeiten und Möglichkeiten des Gegners zu berücksichtigen, anstatt irgendwelchen, von gewissen Informationen ausgehenden Mutmaßungen über das zu folgen, was der Feind vielleicht tun würde. Daher bestanden sie auf einer angemessenen Marine-Infanterieunterstützung, weil nach ihrer Ansicht die Türken genug Feldartillerie zusammenbringen konnten, um die hölzernen Räumboote von der Enge fernzuhalten. Darüber hinaus forderten sie auch den Einsatz von Heerestruppen bei einer Landung in Konstantinopel. Die Offiziere der Admiralität handelten völlig korrekt, als sie den Geheimdienstberichten wenig Vertrauen entgegenbrachten. Diese Berichte aus diplomatischen Quellen waren zwar fehlerfrei, aber sie ließen doch einen wichtigen Teil des militärischen Bereiches vollkommen außer acht. Genauer, sie stellten die Aktivität des deutschen Generals Liman von Sanders nicht in Rechnung. Diesen, der mit seinem eigenen Botschafter zerfallen war, hatte man gezwungen, Konstantinopel zu verlassen. Danach schienen die ausländischen Diplomaten in der türkischen Hauptstadt vergessen zu haben, daß er noch in der Türkei war. Er hatte engste Verbindung mit den Jungtürkischen Offizieren aufgenommen, die ihrer Zentralregierung mit kritischer Verachtung gegenüberstanden. Ende 1914 hatten sie es fertiggebracht, daß er das Kommando über »ihre« Armee, die entlang des Bosporus stationiert war, erhielt. Bedeutsam war, daß diese Armee nicht direkt von der Zentralregierung abhing, sondern ihre logistische Unterstützung von lokalen Behörden in Kleinasien bekam.
Sich der bevorstehenden britischen Offensive bewußt, reiste Sanders durch verschiedene Teile Kleinasiens, um die Aussichten für die Verteidigung Konstantinopels zu studieren. Seine Lagebeurteilung hob folgende Punkte hervor: 1. der Gegner konnte in Konstantinopel nur dann eine vorgeschobene Basis errichten, wenn er genügend Truppen landete, um die gesamte Stadt zu beherrschen; 2. die Alliierten konnten nicht genügend Truppen in die Stadt bringen, bevor sie nicht einen Brückenkopf am Bosporus oder auf der Halbinsel Gallipoli gewonnen hatten; 3. Rußland besaß nicht genug Schiffe, um einen amphibischen Stützpunkt am Bosporus aufzubauen; 4. die Briten konnten einen Brückenkopf auf Gallipoli nicht gewinnen, wenn sie nicht zuvor auf etlichen bisher unausgebauten Stützpunkten in der Ägäis Expeditionstruppen zusammenzogen; 5. Usedoms Minenfelder würden feindliche Kriegsschiffe unterhalb der Engen aufhalten, bis britische Landungstruppen versammelt waren; sie müßten allerdings durch wenigstens ein Feldartillerieregiment verstärkt sein. Sanders handelte sofort; er sandte Pioniere aus, um die Brücken in Kleinasien zu reparieren, damit ein Artillerieregiment vom Bosporus zu den unteren Dardanellen marschieren könnte, ohne durch Konstantinopel zu müssen. Da er diese Maßnahme streng geheim hielt, vermied er es, daß Nachrichten darüber in die britischen Geheimdienstberichte einflossen.
Ende Januar brüteten die Strategen in England wie in der Türkei über die Genauigkeit ihrer jeweiligen Geheimberichte. Die Entscheidung des Kriegsrates, Carden ohne Heeresunterstützung zu den Dardanellen zu senden, war tatsächlich ein Hasardspiel, da man annahm, daß niemand Usedom bei den Meerengen oder bei Konstantinopel Verstärkung bringen könnte. In dieser Ansicht stimmten sowohl Kitchener, Churchill, Carden als auch Usedom und die Diplomaten in Konstantinopel überein. Fisher aber und Sanders waren anderer Meinung. Als Fisher argumentierte, Carden müsse sich darauf gefaßt machen, feindliche Feldartillerie von den Meerengen vertreiben und sich den Weg nach Konstantinopel freikämpfen zu müssen, da hatte er noch keine Ahnung, daß Sanders dabei war, diese seine Voraussage Wirklichkeit werden zu lassen. Er ließ es darauf ankommen, daß vor dem 1. März keine britische Infanterie an den Meerengen landete, dann erst konnte Usedom über die neuerbauten Brücken in Kleinasien Verstärkungen erhalten. Ihre Ankunft würde die Briten dazu zwingen, Truppen an Land zu setzen.
Alle entscheidenden Ereignisse im Kampf um Konstantinopel ebenso wie sein bitterer Ausgang kamen letztlich von der Tatsache, daß die Briten ihren strategischen Plan auf der bloßen Annahme der türkischen Absichten aufbauten, während Sanders auf Grund einer fundierten Kenntnis der britischen Möglichkeiten handelte. Churchill stellte alles auf die Annahme ab, daß Kriegsschiffe allein die Dardanellen forcieren könnten, ohne daß man das Risiko laufen müßte, Infanterie unter feindlichem Feuer zu landen. Sanders aber ging jede Wette ein, daß er die Briten dazu brächte, seine Armee entweder in Kleinasien oder auf Gallipoli anzugreifen und nicht in der Straße von Konstantinopel.

Der Angriff auf die Dardanellen: Die Vorbereitungen

Die Entscheidung des Kriegsrates, Cardens Geschwader bis spätestens zum 15. Februar gegen die Dardanellen anzusetzen, ließ der Admiralität nur noch 18 Tage Zeit für die Vorbereitung. Das bedeutete auf der andern Seite, daß Usedoms Truppen 14 Tage allein standhalten mußten, bevor die unerwartete Artillerie-Verstärkung von Sanders eintreffen würde, eine gewiß ungemütliche Situation. In London schaltete Churchill Lord Fisher aus und nahm persönlich die Vorbereitungen der Admiralität für Cardens Angriff in die Hand.
Obgleich Churchill dafür sorgte, daß Cardens Feuerkraft erhöht wurde, versäumte er es, für ihn eine vorgeschobene Basis in der Ägäis aufzubauen. Die zwanzig Meilen südlich der Dardanellen-Mündung gelegene Insel Tenedos, die das

Ägäis-Geschwader als Ankerplatz benutzte, besaß nicht einmal Einrichtungen für dringende Reparaturarbeiten. Churchill plante, im Hafen von Mudros auf der Insel Lemnos, vierzig Meilen südwestlich der Dardanellen, rechtzeitig eine Basis einzurichten. Aber Anfang Februar war Mudros bloß ein Fischerdorf mit einer einzigen baufälligen Pier. Der nächste und für die Verladung von Kampftruppen mit all ihrer Ausrüstung geeignete Hafen war Alexandrien, 400 Meilen von Gallipoli entfernt. Der nächste Flottenstützpunkt war das ebensoweit entfernte Malta. Dort erhielt Cardens Geschwader Verstärkung durch vier veraltete französische Schlachtschiffe, zwei neue britische Schlachtkreuzer, ein modernes Schlachtschiff und etliche mit zivilem Personal bemannte hölzerne Räumboote sowie, als Konzession gegenüber Lord Fisher, zwei Bataillone Marine-Infanterie. Da er Cardens Entschlossenheit nicht ganz traute, entsandte Churchill den Konteradmiral John de Robeck als stellvertretenden Befehlshaber und Sir Roger Keyes als Chef des Stabes, um eine kraftvolle Führung zu gewährleisten.

Gegen Mitte Februar hatte Usedom die schwere Artillerie in den starken Forts beiderseits der Meerenge und an den Dardanellen-Ausgängen bemannt. Minenriegel waren in der Enge bis zu den Vorgebirgen hin ausgelegt worden. Fest eingebaute Geschütze auf Gallipoli und einige Feldgeschütze in den Schluchten auf der asiatischen Seite standen bereit, feindliche Minensucher auf kurze Entfernung unter Kreuzfeuer zu nehmen. Da er völlig ohne Infanterie zur Deckung seiner Artillerie war, hoffte Usedom sehnlichst, daß die Briten keine Infanterie landeten. Verzweifelt forderte er nochmals aus Deutschland mehr Minen und schwere Artilleriemunition an.

Während Cardens Geschwader von Malta nach Tenedos dampfte, überdachten Keyes und de Robeck nochmals die ersten beiden Phasen des Operationsplanes. Sie wußten, daß die Dardanellen einem Strom glichen, der in die Ägäis einmündete. Seine Mündung wurde durch Kap Helles auf der Gallipoli-Seite und Kum Kale auf der asiatischen Seite gebildet, beide 2 Meilen voneinander entfernt. Die Strömung hatte hier eine Geschwindigkeit von vier Knoten. Um Phase 1 durchzuführen, mußten Cardens Streitkräfte die Geschütze der Forts auf beiden Landzungen vernichten. Zu Phase 2 übergehend, hatte das Ägäis-Geschwader zwölf Meilen stromaufwärts zu dampfen, wo die 1280 Meter breite Enge war. Die Wasserströmung betrug dort fünf Knoten. Die Enge wurde auf der Gallipoli-Seite von dem Kilid-Bahr-Plateau überragt, dem wichtigsten Punkt auf dem Wege nach Konstantinopel. Die Festungsgeschütze von Kilid Bahr, vereint mit denen der auf der anderen Seite der Enge direkt gegenüberliegenden Festung Çanakkale, konnten ihre schweren Granaten 11 000 Meter stromabwärts senden. Zur Durchführung von Phase 2 hatten Cardens Kampfschiffe die türkischen Geschütze beiderseits der Meerenge daran zu hindern, die hölzernen Minenräumboote zu vernichten, wenn diese eine breite Gasse flußaufwärts zu den Engen hin räumten; danach sollten sie in gezieltem Beschuß die Geschütze von Çanakkale und Kilid Bahr ausschalten. Die meisten Experten waren der Ansicht, daß Carden, wenn er Phase 2 schnell durchführen könnte, ohne besondere Schwierigkeiten bis an den Stadtrand von Konstantinopel vorzustoßen vermochte. Man zweifelte aber sehr daran, ob seine Schiffe sich im Marmara-Meer halten könnten, wenn nur einige türkische Geschütze entlang der Meerenge intakt blieben und die unbewaffneten Transport- und Nachschubschiffe versenkten.

Die erste Phase

Carden erreichte am Abend des 18. Februar Tenedos. Am nächsten Tag ging er, als die Wintersonne den Morgendunst vertrieben hatte, mit 6 seiner schweren Einheiten an die Dardanellen-Einfahrt heran. Mit seinem Flaggschiff, dem Schlachtkreuzer *Inflexible*, beschoß er das Fort Sed ul Bahr an der Spitze der Halbinsel Gallipoli, während das Linienschiff *Triumph* von Norden her die benachbarte Batterie Ertogrul mit schwerem Feuer belegte. Auf der asiatischen Seite wurden die Batterie Orhanie durch die Linienschiffe *Cornwallis* und *Vengeance*, das Fort Kum Kale durch die französischen Linienschiffe *Suffren* und *Gaulois* beschossen. Nach einer Mittagspause griffen am Nachmittag auch das britische Linienschiff *Agamemnon* und das französische Linienschiff *Bouvet* gegen die europäischen Forts in den Kampf ein. Die von 10 Uhr 51 bis 18 Uhr 26 andauernde Beschießung trieb zwar die türkischen Geschützbedienungen in ihre Unterstände, aber als die Schiffe näher herankamen, besetzten sie sofort ihre Geschütze. Bei hereinbrechender Dämmerung zog Carden seine Schiffe zurück. Alsdann wartete er fünf Tage lang vor Tenedos auf geeignetes Wetter zur Wiederholung des Angriffs. Bei der Beschießung am 25. Februar wandten die Briten verschiedene Taktiken an. Während einige schwere Schiffe – die *Inflexible*, das Linienschiff *Irresistible*, der neue Super-Dreadnought *Queen Elizabeth*, die *Agamemnon* und die französische *Gaulois* – aus mittlerer Distanz mit ihrem Feuer die türkischen Artilleristen in ihre Deckung trieben, gingen Konteradmiral de Robeck mit der *Vengeance* und *Cornwallis* sowie der französische Konteradmiral Guépratte mit der *Suffren* und *Charlemagne* schnell näher heran. Ihr Flachbahnbeschuß legte die Eingangsforts in Trümmer und zerstörte eine Anzahl von Geschützen. Mit dieser Tagesleistung zufrieden, zog Carden seine schweren Einheiten wieder nach Tenedos zurück. Er beließ de Robeck an der Dardanellen-Mündung, der die Fahrtrinne stromaufwärts mit von Zerstörern gedeckten Minenräumbooten säubern sollte. Statt nun im Schutze der Dunkelheit mit dem Minenräumen zu beginnen, wartete de Robeck bis zur Dämmerung des nächsten Morgens.

Am 26. Februar trieb gutliegendes türkisches Feuer, das die Zerstörer de Robecks nicht auszuschalten vermochten, de Robecks Minenräumboote zurück, ehe sie vier Meilen weit vordringen konnten. De Robeck rief die Zerstörer daraufhin

zurück, damit sie die von ihm improvisierten Detachments unterstützten, die die Phase 1 durch Sprengung der auf den Landzungen noch eingebauten türkischen Geschütze vollendet hatten. Nachdem er stundenlang vergeblich versucht hatte, Carden zu überzeugen, daß jetzt der Moment für den Einsatz der Marine-Infanterie gekommen sei, entsandte de Robeck seine Zerstörungsdetachments ohne Infanterieunterstützung aus. Sie wurden von den in die Forts zurückgekehrten Türken schnell in die Flucht geschlagen.
Carden wartete nun noch fünf weitere Tage auf günstigen Wind, um vom Wasser aus Seeaufklärungsflugzeuge starten zu können. Inzwischen marschierte Sanders Feldartillerie-Regiment nach Çanakkale. Zwischen dem ersten und vierten März gingen die Batterien an den Küsten der Dardanellen in Stellung. Am 4. März schlugen sie das Marineinfanteriebataillon, das Carden schließlich auf den beiden Landzungen gelandet hatte, um die Festungsgeschütze zu zerstören, zurück. So hatte ein mächtiges britisch-französisches Geschwader nach sechzehntägigen Bemühungen die erste Phase der Operation gegen Konstantinopel nicht durchführen können. Sanders geheimgehaltene Artillerieverstärkung aber war inzwischen eingetroffen. Vom 4. März an entsprach die Lage an den Meerengen der Lagebeurteilung Fishers und Sanders und nicht mehr der Annahme, die Churchill, Kitchener und Carden, Usedom und die Diplomaten in Konstantinopel zugrundegelegt hatten.
Carden merkte langsam, daß die Lage sich geändert hatte. Ende Februar überschüttete er die Admiralität mit dringenden Ersuchen um Truppen, die auf Gallipoli landen sollten, um Kilid Bahr von hinten zu erobern. Die laufende Verzögerung bestärkte indessen bloß Churchills Entschlossenheit, an dem ursprünglichen Plan festzuhalten. Weder trieb er den langsamen vonstatten gehenden Ausbau von Mudros voran noch drängte er Kitchener, Truppen aus Ägypten nach Gallipoli zu senden, noch setzte er Carden ab. Stattdessen stachelte er seinen zögernden Admiral mit einer Flut von aufgebrachten Telegrammen an.

Die zweite Phase

Cardens Stab begann in der ersten Märzwoche mit Phase 2, während der Admiral weiterhin ergebnislos nach Heeresunterstützung rief. Bei Nacht operierende Minenräumboote, die von Zerstörern begleitet wurden, räumten eine Fahrtrinne bis 8200 Meter an Kilid Bahr heran. Am 7. März fuhren zwei Schlachtschiffe, *Lord Nelson* und *Agamemnon,* bei Tag in die Dardanellen hinein, gingen bis auf 11000 Meter an die Enge heran und jagten ihre Salven, während sie quer hin und her dampften, gegen die Forts, bis deren Artillerie das Feuer einstellte. Carden aber ergriff nicht die Gelegenheit, jetzt die Räumboote vorzuschicken, um den Schlachtschiffen eine Gasse nach vorn zu bahnen.
Stattdessen zog er die alliierten Schiffe aus der Straße zurück. In der folgenden Nacht legte das türkische Minenschiff *Nusrat* eine Sperre quer zu der Route, auf der zuvor die alliierten Schiffe hin und her gedampft waren.
Weiterhin von Churchill angetrieben, bemühte sich Admiral Carden, die Einsatzbereitschaft seiner Räumboote zu erhöhen. Freiwillige der Kriegsmarine verstärkten die Besatzungen; sie machten in den Nächten zwischen dem 10. und dem 16. März den Versuch, über die Minenfelder hinauszufahren und, mit der Strömung abwärts treibend, die Minen zu räumen. Aber die Artillerie der diese Unternehmungen unterstützenden Schlachtschiffe und Zerstörer vermochte sich nicht auf die winzigen Ziele, die die Feldgeschütze am Ufer darboten, einzustellen. Die Räumboote erlitten so schwere Verluste, daß die meisten der am 8. März gelegten Minen am 18. morgens nicht geräumt worden waren. Das Unvermögen, eine wirkungsvolle Räumtechnik bei Nacht zu finden, zeitigte seine Folgen auf dem Höhepunkt der Phase 2.
Seit Anfang März hatte Churchill auf einen Tagesangriff gegen Kilid Bahr und Çanakkale gedrängt, wobei er jedoch darauf bestand, daß kein Schiff in die Engen hineinfahren sollte, solange die türkischen Minenfelder noch nicht geräumt waren. Überzeugt, daß ein Angriff bei Tage ein Fehlschlag würde, ergriff Carden eine große Besorgnis. Indessen telegraphierte er am 16. März an Churchill, daß der entscheidende Abschnitt der Unternehmung beginnen werde, sobald die Witterung es gestatte. Dann trat er, einem Nervenzusammenbruch nahe, von seinem Kommando zurück. De Robeck, zum Vizeadmiral befördert, setzte den 18. März als Termin für den Generalangriff fest; Churchill billigte das sogleich.
Der 18. März begann als ein warmer und klarer Tag. Bald nach Ende der Dunkelheit ließ de Robeck seine 1. Division mit den kampfkräftigsten Schiffen *Queen Elizabeth, Agamemnon, Lord Nelson* und *Inflexible* in die Dardanellen einlaufen und unterhalb der Enge in etwa 12000 Meter Entfernung Aufstellung nehmen. Außerhalb der Reichweite der Festungsartillerie und gegen die Strömung stehend, beschossen sie Çanakkale und Kilid Bahr über eine Stunde lang. Dann stieß die französische 3. Division unter Guépratte mit der *Gaulois, Charlemagne, Bouvet* und *Suffren,* an den Flanken gedeckt von den britischen Linienschiffen *Prince George* und *Triumph,* durch die Reihe der britischen Schiffe vor und ging allmählich bis auf 8200 Meter heran. Zwei weitere Stunden feuerten sie, unterstützt von den britischen Schiffen, auf die Forts beiderseits der Enge, während türkische Granaten ihre Decks durchlöcherten und sogar die *Gaulois* und *Suffren* unterhalb der Wasserlinie trafen. De Robeck rief, wie vorgesehen, die Franzosen zurück und ließ die 2. Division mit den britischen Linienschiffen *Majestic, Vengeance, Irresistible, Albion, Ocean* und *Swiftsure* als Ablösung nach vorn dampfen. Als die Franzosen eine Rechtswendung machten, um auf den vorgesehenen Rückfahrtkurs zu gehen, rannten sie direkt in die unbekannte Minensperre hinein, die am 8. März ausgelegt worden war. Das Schlachtschiff *Bouvet* lief auf eine Mine und sank sofort. Das genau liegende Feuer der sechs

britischen Schiffe der vorderen Linie brachte allmählich alle Geschütze in der Enge zum Schweigen. De Robeck befahl daraufhin seinen Räumbooten, nunmehr überwiegend mit Offizieren und Männern der Flotte bemannt, die Kampfschiffe vorwärts zu geleiten. Als diese vorrückten, gerieten sie in das vernichtende Kreuzfeuer der beiderseits der Dardanellen postierten Feldgeschütze, die die Kampfschiffe nicht auszuschalten vermochten. Die wenigen noch bewegungsfähigen Räumboote zogen sich hinter die Schlachtschiffe zurück.
De Robeck hatte den ausdrücklichen Befehl Churchills erhalten, eine Minengasse zu räumen, bevor ein Schiff in die Enge führe. Daher war er, als die Räumboote sich zurückzogen, gezwungen, die vordere Beschießungsgruppe zurückzurufen. Da diese auch den vorher von den Franzosen benutzten Rückfahrtkurs einschlug, liefen zwei der britischen Schiffe auf Minen. Das eine, die *Inflexible,* gelangte schwerbeschädigt aus der Meerenge, während das andere, die *Irresistible,* zu sinken begann. Ein zweites Schlachtschiff, die *Ocean*, lief bei dem Versuch, das sinkende Schiff in Schlepp zu nehmen, ebenfalls auf eine Mine, und beide Schiffe sanken. Der Großangriff war also gescheitert. De Robeck hatte jetzt keine andere Möglichkeit mehr, als den allgemeinen Rückzug anzuordnen.

Die Beurteilung der Lage

In der Nacht hielt de Robeck mit seinem Stab Kriegsrat und zog Bilanz. Drei alliierte Linienschiffe waren verloren gegangen, drei weitere schwere Schiffe außer Gefecht gesetzt, alle anderen Schiffe bedurften der Überholung oder mußten repariert werden, was erst auf Malta möglich war. Die Instandsetzungsarbeiten würden wenigstens einen Monat dauern. Keyes glaubte, daß der Feind zusammenbrechen würde, wenn man einige der alliierten Zerstörer, zu Minenräumbooten umgerüstet, einsetzte. Aber selbst der draufgängerische Keyes mußte zugeben, daß eine solche Umrüstung mindestens zwei Wochen dauerte und daß selbst dann immer noch nicht das Problem gelöst war, wie man unbewaffnete Versorgungsschiffe für das im Marmarameer einzusetzende Geschwader durch die Meerenge bringen könnte. Das alles wog nach de Robecks Meinung schwer; letztlich aber gab Churchills strenges Verbot, durch ungeräumte Minenfelder vorzugehen, den Ausschlag. Das Ägäis-Geschwader konnte nicht in die Engen eindringen, solange Sanders Artillerie an beiden Ufern der unteren Dardanellen stand.
Mit einer gewissen Verzögerung ergab sich noch eine Alternative, Konstantinopel allein mit Schiffsartillerie anzugreifen. Am 18. März war Sir Ian Hamilton mit der ersten Staffel einer Armee auf Mudros eingetroffen, die stark genug war, quer durch die Halbinsel Gallipoli nach Kilid Bahr vorzustoßen. Am 20. März sah de Robeck ein, daß eine Landung auf Gallipoli die besten Aussichten bot, den Weg nach Konstantinopel zu öffnen. Hamilton stimmte zu. Gemeinsam schlugen sie London vor, den Flottenangriff innerhalb der Dardanellen aufzuschieben, bis das Heer Kilid Bahr genommen hatte.
Als Kitchener und Churchill darauf bestanden, den Feldzug fortzusetzen, willigte der Kriegsrat ein. Niemand war in London für eine Vertagung der Flottenaktion, aber es setzte sich auch keiner entschlossen für die einzige Alternative ein – nämlich einen kombinierten Angriff von Heer und Marine auf Kilid Bahr. Schließlich widerriefen Kitchener und Churchill die Weisung für Phase 2 und befahlen Hamilton, das Tor nach Konstantinopel aufzubrechen. Sanders hatte den Beweis erbracht, daß sogar moderne Großkampfschiffe der Unterstützung von gepanzerten Kleinfahrzeugen oder von Infanterie bedurften, wenn sie in Meerengen gegen ansehnliche Artillerie kämpften.

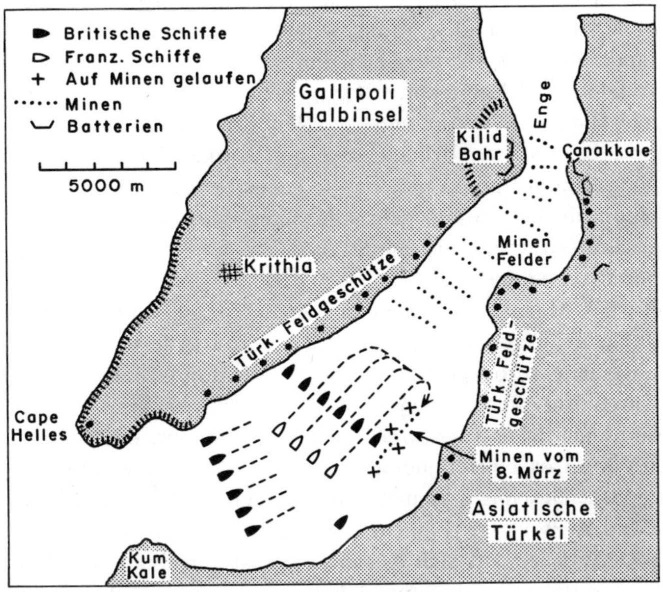

Flottenangriff am 18. März 1915

Der kombinierte Angriff: Die Vorbereitungen

Der Entschluß, britische Truppen auf Gallipoli zu landen, gab dem ganzen Feldzug gegen Konstantinopel eine grundlegende Wendung. Die verzweifelte türkische Regierung übertrug Sanders das Kommando auf den Dardanellen. Wenn es Hamilton gelang, Kilid Bahr noch im Laufe des März zu nehmen, dann könnte er Sanders zwingen, in der europäischen Türkei, weit ab von seinen kleinasiatischen Versorgungsbasen, zu kämpfen. Wenn die Bosporus-Armee Sanders Gallipoli vor der britischen Landung erreichte, dann konnte Hamilton Konstantinopel nur gewinnen, wenn er zuvor Sanders in einer Feldschlacht schlug oder dessen Armee nach Osten, nach Kleinasien, zurückwarf. So hatten die britischen Streitkräfte erstmals seit Mitte Februar wieder die Initiative. Liman von Sanders aber handelte schnell. Sobald er am 26. März Gallipoli erreicht hatte, setzte er jeden verfügbaren Mann zum Stellungsbau ein.

Nur bei Nacht arbeitend, schufen seine Soldaten eine grob aufgeworfene Grabenlinie, die den Eindruck erweckte, als wäre hier mindestens eine von Pionierbataillonen unterstützte Infanteriedivision am Werk. Dann setzte er seine Bosporus-Armee nach Gallipoli in Marsch in der unsicheren Hoffnung, daß die vorerst noch unbesetzten Gräben die Briten von einer Landung so lange abhielten, bis seine auf den 200 Meilen sich erstreckenden Straßen und Wasserwegen marschierenden Regimenter herangekommen waren.

Sich der entscheidenden Notwendigkeit schnellen Handelns nicht bewußt, ließ das Oberkommando in London dem deutschen General einen vollen Monat Zeit. Am 12. März hatte Kitchener Hamilton das Kommando über die vier Divisionen übertragen, die bestimmt waren, Konstantinopel im April zu besetzen. Am nächsten Tag wurde Hamilton ohne Stab und Operationsplan eilends in die Ägäis entsandt. Gleichzeitig begannen langsam die ihm zugeteilten, von England kommenden Gruppen auf Mudros einzutreffen: die 29. Division und eine Division Marineinfanterie. Eine französische Brigade kam aus Afrika, Australier und Neuseeländer aus Ägypten. Kitchener bestand darauf, daß Hamilton keinen einzigen Mann einsetzte, bevor nicht die gesamte ihm zugewiesene Streitmacht auf Mudros einsatzbereit versammelt sei.

Am 19. März, also genau eine Woche nach Hamiltons Meldung, er werde im April fertig sein, erforderte die neue Lage eine sofortige Landung auf Gallipoli. Aber bis jetzt waren nur wenige von Hamiltons Truppen eingetroffen, und auch diese waren noch nicht einsatzbereit. Die wahllos auf Mudros eintreffenden Bataillone waren ohne Marschgepäck. Geschütze kamen ohne Protzen an, Granaten ohne Zünder. Wichtige Einheiten der 29. Division ließen noch zwei Wochen auf sich warten. Die Sanitätsabteilung hatte England noch nicht einmal verlassen. Um aus Hamiltons zusammengestückelter Streitmacht einen kampffähigen Verband zu machen, hätte es vollständiger Entladung, Neuordnung und Wiedereinschiffung bedurft – eine Aktion, die auf Mudros vollkommen unmöglich war.

Die von Sanders bewußt geförderte Illusion über die Stärke der Türken auf Gallipoli, Kitcheners Befehl, nicht zu landen, bevor die gesamten Truppen kampfbereit waren, sowie die Unvollständigkeit der 29. Division – dies alles ließ Hamilton gar keine Wahlfreiheit mehr. In vollem Einverständnis mit den verantwortlichen Offizieren auf Mudros leitete er alle Transporte nach Alexandrien zurück. Die hier durchgeführte Verladung der Kampfeinheiten nahm nahezu einen Monat lang jedermann so in Anspruch, daß keine Zeit mehr zur Organisation des Einsatzstabes, zur gründlichen Planung, taktischen Erprobung und Organisation der Versorgung des vorgesehenen Brückenkopfes blieb. Liman von Sanders nutzte die ihm durch die Versäumnisse von Admiralität und War Office verschaffte Gnadenfrist gut aus.

Zur Verstärkung seiner eigenen Armee und Ergänzung seines Versorgungsapparates zog Sanders alles aus Konstantinopel heran, was die demoralisierte Regierung an Infanterie und Versorgungsgütern senden konnte. Pioniere bauten die armseligen Straßen auf Gallipoli aus, wobei sie besonders die wenigen Wasserstellen berücksichtigten. Die Dardanellen boten für taktische Bewegungen eine Art innere Linie, aber der akute Mangel an Schiffsraum hielt die Versorgungsrationen seiner Soldaten auf dem absoluten Minimum.

Die Küsten der Dardanellen diktierten Sanders den Aufbau seiner Verteidigung. Er legte zwei Divisionen (15 000 Mann) nach Kum Kale. Zwei weiteren Divisionen befahl er, sich bei Bulair, 50 Meilen nördlich davon, hinter einem breiten Strand einzugraben, von dem nur ein schmaler Dammweg durch morastiges Gelände zum Isthmus führte. Seine beiden anderen Divisionen (7500 Mann) legte er direkt nach Gallipoli; die eine nach dem Dorf Krithia, die andere in die Nähe von Kilid Bahr. Zwei Kompanien und die gesamten Maschinengewehre der Division von Krithia legte er auf die Höhen von Kap Helles, oberhalb der für eine Landung geeignetsten Küstenpunkte. Ebenso verteilte er vereinzelte Vorposten entlang der Ägäisküste 15 Meilen oberhalb Kap Helles, die die niedriger gelegenen Küstenpartien und sandigen Buchten zu überwachen hatten. Die Division bei Kilid Bahr war seine Infanterie-Reserve. Die zu dieser Division gehörige Artillerie verlegte er nach Gabe Tepe an der gegenüberliegenden Ägäisküste, von wo die Geschütze die dortige Küste beherrschten. Mit seinen anderen Feldgeschützen besetzte Sanders die Dardanellen-Ufer unterhalb der Enge, um Schiffsbeschuß gegen Kilid Bahr, seinen strategischen Angelpunkt, zu verhindern und sich gleichzeitig die ungehinderte Benutzung der Dardanellen als Versorgungslinie zu sichern.

So lagen die sechs Divisionen in Form eines gebogenen Türkensäbels entlang der Dardanellen, mit starken Einheiten an den Flügeln und einem relativ dünn besetzten Zentrum; ein Schleier von kleinen Vorposten und Feldgeschützen bestand entlang der Ägäisküste auf der inneren Linie. Sanders hoffte, Hamilton würde sich bei Bulair verfangen, wo die Küstengebirge den Weg sowohl nach Konstantinopel wie nach Kilid Bahr sperrten. Wenn Hamilton von dort seitwärts auf das europäische Gebiet auswich, dann würde er infolge der flachen Gewässer im Innengolf von Xeros die Verbindung mit der Flotte verlieren. Sollte britische Artillerie auf dem Isthmus Sanders Verbindungslinien nach Konstantinopel abschneiden, dann könnte der Nachschub aus Kleinasien immer noch den linken türkischen Flügel und das Zentrum versorgen. Würde Hamilton eine gewaltsame Landung bei Kum Kale machen, dann hoffte Sanders, daß der linke türkische Flügel die Briten ins Landesinnere drücken könnte, also von Kilid Bahr weg. Sollte Hamilton schließlich auf Gallipoli landen, dann erwartete Sanders, daß die Feldgeschütze an der Küste einem kombinierten Angriff von Heer und Flotte zuvorkommen könnten; zugleich nahm er an, daß das ungünstige Gelände auf Gallipoli den Gegner 72 Stunden aufhalten würde. So klug auch seine Dispositionen waren, so hatte Sanders doch stark mit dem Risiko zu rechnen, daß die Briten Kilid Bahr überrannten, ehe seine wenigen Transportboote Truppenverstärkungen von den Flügeln herbeibringen konnten.

Inzwischen arbeitete Hamilton seinen Operationsplan aus. Die Warnung Kitcheners, sich nicht in Kleinasien binden zu lassen, schloß eine Landung bei Kum Kale aus. Hamiltons zutreffende Überlegung, daß Sanders Kilid Bahr von Asien aus versorgen könne, verbot auch eine Landung bei Bulair. Er entschloß sich daher zu Täuschungsangriffen gegen beide türkische Flügel und setzte die französische Division mit 16 000 Mann gegen Kum Kale, die britische Marine-Infanteriedivision (10 000 Mann) gegen Bulair an, während die Heeresverbände eine Falle auf Gallipoli aufbauten. Er schlug vor, das ANZAC-Korps (30 000 Mann) bei Gaba Tepe zu landen, wo, wie er erwartete, sie die Höhen in der Mitte der Halbinsel besetzen könnten und Sanders Truppen von Kilid Bahr auf sich zögen. Gleichzeitig hätte die 29. Division mit ihren 17 000 Mann den allein für eine Landung geeigneten Strand bei Kap Helles zu nehmen und auf Kilid Bahr vorzustoßen.

Eine in Ägypten stehende Brigade, die er energisch als Reserve angefordert hatte, wurde ihm nicht überlassen. Dennoch hoffte er, eine Reserve improvisieren zu können, indem er der Marineinfanterie-Division befahl, bei Bulair einen Täuschungsangriff zu machen, ohne tatsächlich zu landen, womit er wieder über sie hätte verfügen können.

Die britische Planung entsprach in eigentümlicher Weise den Dispositionen Sanders'. Das gab den Briten einen gewissen Vorteil: 47 000 Briten standen gegen 15 000 Türken. Vor allem erlangten sie 72 Stunden Vorsprung, ehe Sanders sein schwaches Zentrum verstärken konnte. Hamilton aber verspielte seinen Vorteil. Obwohl die aus Heer und Marine zusammengesetzte Streitmacht keine Erfahrungen in kombinierten amphibischen Operationen hatte, weihte er seine Kommandeure in übertriebener Geheimhaltung nicht in den Operationsplan ein.

Während in der Nacht die einzelnen Angriffsverbände ihre Ausgangspositionen bezogen, ging Hamilton mit seinem Stab an Bord eines Schiffes, um am nächsten Tag die Landungsabschnitte zu besuchen und so engen Kontakt mit den taktischen Führern zu halten. Seine Geheimniskrämerei hatte im übrigen auch eine genaue Aufklärung der feindlichen Küstenabschnitte verhindert. Birdwood, der die ANZAC-Truppen befehligte, hatte keine Ahnung, daß Gaba Tepe von der Artillerie einer ganzen türkischen Division beherrscht wurde. Und Hunter-Weston, der Kommandeur der 29. Division, wußte nicht, daß die Maschinengewehre einer weiteren Division den Strandabschnitt V bestrichen, wo sein Gefechtsnachschub landen sollte. Dennoch waren Hamiltons Erfolgschancen gut. Die Scheinangriffe gegen Kum Kale und Buhair konnten die Türken auf Gallipoli isolieren. Das Schicksal von Konstantinopel hing indessen von der Beantwortung einer einzigen Frage ab: Waren die jeweiligen Angriffsverbände Hamiltons stark genug, die vorbereiteten Verteidigungsanlagen zu umgehen und den 72-Stunden-Wettlauf nach Kilid Bahr zu gewinnen?

Der Anzac-Brückenkopf (25. – 28. April)

Der Kampf um den Brückenkopf bei Gabe Tepe begann vor Morgengrauen am 25. April. Das 2. Geschwader mit den Linienschiffen *Queen, London, Prince of Wales, Triumph, Majestic,* dem Panzerkreuzer *Bacchante,* dem Flugzeugmutterschiff *Ark Royal,* weiteren Hilfsschiffen, Zerstörern und Fischdampfern unter Konteradmiral Thursby ging 2750 Meter vor der Küste vor Anker und begann die Truppen mit Booten an Land zu setzen. Eine unvorhergesehene Strömung trieb die Landungsflottille jedoch rund eine Meile nach Norden ab. Zum Glück führte der Navigationsfehler sie außerhalb der Reichweite von Sanders Batterien bei Gabe Tepe, so daß alle Boote für weitere Fahrten intakt blieben. General Birdwood und sein Stab nützten jedoch ihr Glück nicht aus. Alle in Hamiltons Plan eingeweihten Persönlichkeiten waren den ganzen Morgen irgendwo auf See ohne Verbindung mit den Landungstruppen. Die Offiziere an Land wußten nicht, daß Kilid Bahr ihr Hauptziel sein sollte und lediglich in der Luftlinie vier Meilen entfernt lag. Sei sahen nur ein fürchterliches Gelände vor sich, das viel zu zerklüftet war, um nach der Landung die Bataillone zu sammeln. Dennoch gelang es einigen Zügen und Kompanien, bis auf den Abhang eines Hügels zu kommen, der sich direkt nach Kilid Bahr hinzog. Sie kamen dann aber nicht weiter voran, denn jetzt gab Mustapha Kemal, der spätere Diktator der Türkei, ein Beispiel seiner kühnen Entschlußkraft. Er kommandierte Sanders' Reservedivision in der Nähe von Kilid Bahr. Bei Morgengrauen erreichte ihn das Hilfsersuchen des Vorpostens auf jenem Hügel, bis an dessen Kamm die Briten bereits herangekommen waren. Er erkannte sofort, daß hier der Angelpunkt der ganzen Verteidigung von Kilid Bahr bedroht war und führte ein Regiment, das er gerade besichtigte, eilends nach vorn. Gleichzeitig befahl er, ohne erst die Genehmigung dazu einzuholen, daß die ganze Division, also Sanders Hauptreserve, ihm folgen solle. Er erreichte gerade noch rechtzeitig den Kamm des Hügels, um das britische Vorgehen zu stoppen. Indem er die Verstärkungen, sogleich wie sie eintrafen, einsetzte, hielt er den ganzen Tag stand. Nach weiteren 72 Stunden war es ihm schließlich gelungen, den Gegner in die Defensive zu drängen. Jetzt lagen nicht nur die gegnerischen Truppen, sondern auch die vor der Küste ankernden Schiffe unter dem beobachteten Feuer der Türken. Dennoch hatte Kemal dem General Hamilton in die Hände gespielt. Dadurch, daß er gezwungen war, gegen Birdwood mit der gesamten Gallipoli-Reserve vorzugehen, waren südlich Kilid Bahr nur noch 8000 Türken übrig geblieben, um dem Angriff gegen Kap Helles entgegenzutreten.

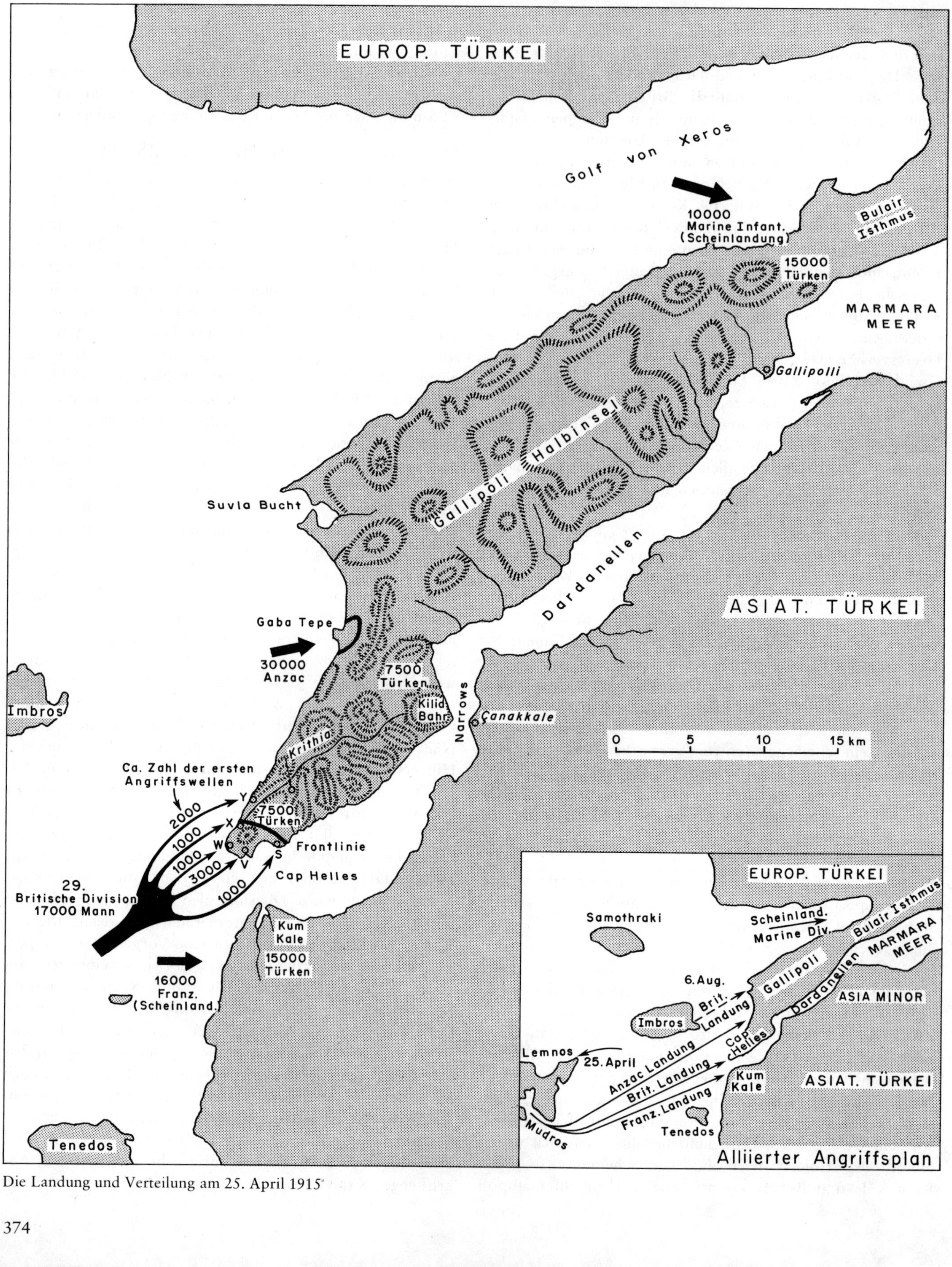

Die Landung und Verteilung am 25. April 1915

Der Hauptangriff (25. – 28. April)

Während französische Truppen, unterstützt von dem 6. Geschwader unter Konteradmiral Guépratte mit den Linienschiffen *Jauréguiberry, Henri IV.* und *Charlemagne,* den Panzerkreuzern *Latouche-Tréville* und *Jeanne d'Arc* sowie dem russischen Kreuzer *Askold,* bei Kum Kale auf dem asiatischen Ufer eine Landung vortäuschen sollten, hatte Hamilton Planung und taktische Führung seines Hauptangriffes dem General Hunter-Weston übertragen. Dieser beabsichtigte, seine Division in zwei Wellen bei Kap Helles zu landen – eine Angriffsgruppe in Stärke von drei Bataillonen, gefolgt von der zehn Bataillone starken Hauptmacht. Hunter-Weston wollte mit seinen Hauptangriffskräften bis zum 25. April, 8 Uhr, bei Landungsabschnitt V eine Basis für eine Division geschaffen haben. Gegen 10 Uhr sollten die Hauptkräfte in einer Linie stehen, die quer über die Spitze der Halbinsel lief. Bei Anbruch der Nacht sollten die beherrschenden Höhen unterhalb des Dorfes Kithia besetzt sein. Am 26. April sollte die Hauptkampfgruppe, unterstützt von der Divisionsartillerie und dem Rest der Angriffsgruppen gegen Kilid Bahr vorstoßen. Hunter-Weston sah nur eine einzige Schwierigkeit voraus, nämlich den zeitgerechten Aufmarsch der Hauptkampfgruppe am 25. um 10 Uhr. Um diesen Termin einhalten zu können, mußte er die beiden Haupthindernisse des Unternehmens überwinden: einmal die starken Befestigungsanlagen beim Landungsabschnitt V, dem einzigen Küstenteil, der breit genug für die Errichtung einer Divisionsbasis war, und zweitens die zu geringe Anzahl von Booten.

Um die den Abschnitt V verteidigenden Türken zu überwältigen, mußten die Angriffsgruppen Hunter-Westons nahezu alle gleichzeitig landen, wobei nur wenige Boote und Männer verloren gehen durften. Die schnellen Strömungen um das Kap herum schlossen eine Landung bei Nacht aus. Ein Angriff im Morgengrauen würde schwere Verluste bringen. Eine Landung am hellen Tag könnte nicht vor 10 Uhr beginnen, wenn nämlich die Sonne stark genug war, um den Morgennebel zu vertreiben. Auf Rat der Marine setzte Hunter-Weston den Angriff mit Sonnenaufgang an. Dann konnte das 1. Geschwader unter Konteradmiral Wemyß mit dem Panzerkreuzer *Euryalus,* den Linienschiffen *Swiftsure, Albion, Lord Nelson, Implacable, Vengeance, Prince George, Goliath, Cornwallis* sowie den Kreuzern *Minerva Talbot* und *Dublin* den Sturmtruppen voraussichtlich eine volle Stunde lang genauliegendes Unterstützungsfeuer geben. Um dem Angriff Nachdruck zu verleihen, wollte der Genral alle drei Bataillone gleichzeitig aussetzen, und zwar eines in den normalen Ruderbooten, die beiden anderen an Bord des Kohlenschiffs *River Clyde,* das in ein Landungsschiff umgebaut worden war. Diese drei Bataillone starke Landungsstreitmacht würde, wenn sie heil ans Land gelangt war, genügend stark sein, um die türkische Infanterie zu werfen und bis gegen 8 Uhr einen Landekopf bei Abschnitt V zu besetzen.

Um die zur Verfügung stehenden Landungsboote so anzusetzen, daß eine ganze Division und anschließend der Nachschub für 48 Kampfstunden an Land gebracht werden konnte, bedurfte es jedoch noch größeren Einfallsreichtums. Hunter-Weston entschloß sich, das Gros seiner Streitkräfte in zwei Wellen zu landen, wobei dann fünf Bataillone bei Sonnenaufgang an vier schmalen Uferstreifen (S, W, X und Y) an Land gingen, die Abschnitt V flankierten. Das Feuer der Schiffsartillerie würde – wie der General hoffte – es ihnen ermöglichen, sicher an Land zu gelangen; somit würden auch genügend Boote zur Verfügung stehen, um die anderen fünf Bataillone des Gros nach Abschnitt V zu werfen, sobald dieser gesichert war. Diese sollten dann in die Frontlinie rücken und bei ihrem weiteren Vorstoß gegen Krithia mit den an den Flügeln gelandeten Bataillonen Verbindung aufnehmen und sie mitziehen. Wenn dann die ganze Infanterie gelandet war, würden die bereits zweimal eingesetzten Boote Artillerie, Munition und Wasser zum Abschnitt V bringen.

Hunter-Weston gedachte, diese komplizierte Operation persönlich zu leiten. Er traf daher keine Vorsorge, daß seine Kommandeure je nach Lageentwicklung selbständig im Rahmen des Gesamtplanes handeln konnten. Daher war die 29. Division fest an eine starr schematische Planung gefesselt.

Wie vorgesehen, begann die Flotte am 25. April kurz nach Morgengrauen mit ihren 1830 Meter von der Küste entfernt liegenden zwei Schlachtschiffen und einem Kreuzer die Beschießung des Landeabschnitts V. Da die Schiffe ohne vorgeschobene Beobachter feuerten, erzielten sie keine direkten Treffer gegen die Maschinengewehrstellungen und Stacheldrahthindernisse. Als das Störfeuer weiter ins Land hinein verlegt wurde, hatten die Türken volle zehn Minuten Zeit, ihre Kampfstände wieder zu besetzen.

Die Angriffsgruppe bewegte sich nun gegen den schmalen Sandstrand vor, von dem aus das Terrain langsam anstieg und eine Art Amphitheater bildete. Alles war still, als die Schiffsgeschütze ihr Feuer einstellten. Tausend Mann ruderten so in den türkischen Hinterhalt hinein. Die *River Clyde* folgte mit weiteren zweitausend Mann. Achteraus schleppte sie Leichter, die zu einem schwimmenden Landungssteg montiert werden sollten. Kanonenboote, die auf kurze Entfernung hätten Feuerunterstützung geben können, waren nicht zur Hand. Die einzigen Angriffswaffen waren neben den Gewehren der Infanteristen zwei sandsackgeschützte MGs auf *River Clyde.* Man hatte angenommen, daß eine Stunde Flächenfeuer von drei Linienschiffen jeden effektiven Widerstand am Ufer ausschalten würde. Hatte Churchill nicht auch betont, daß moderne Schiffsgeschütze die Lehren der Geschichte außer Kraft gesetzt hätten? Die ersten Boote liefen kurz vor dem Ufer auf Grund. In diesem Augenblick zerriß ein Feuerhagel, der von den Rändern des Amphitheaters kam, die Stille. Er raffte den größten Teil des vordersten Bataillons dahin und zerstörte alle Boote bis auf ein halbes Dutzend. Dann lief die *Clyde* auf Grund; ihre MGs brachten das Feuer im Zentrum der feindlichen Stellung zum Schweigen. Matrosen sprangen über Bord und beförderten die Leichter vorwärts. Aber nur wenigen Infanteristen gelang es, ans Ufer zu kommen. Das feindliche Feuer von den Flanken übersäte die Leichter mit Toten und Verwundeten. Inzwischen hatte zwar ein Bataillon die *Clyde* verlassen können, aber 700 Gefallene und Verwundete machten die schwimmende Landungsbrücke unpassierbar. Den ganzen Tag über klammerte eine Handvoll Briten sich an die niedrigen Felsen am Strand, während tausend Infanteristen auf der *Clyde* unter Deck lagen und ihre beiden MGs die Türken in Schach hielten.

Beim Abschnitt W, einige hundert Meter westlich von Kap Helles, hatten die Briten etwas mehr Glück. Auch dort feuerte die Schiffsartillerie aus einer Entfernung von 1830 Meter mit demselben negativen Ergebnis. Bei Sonnenaufgang kehrten die türkischen Infanteristen wieder in ihre Schützenlöcher zurück. Zur selben Zeit ruderten drei Kompanien des britischen Gros' zu einer nahen Kiesbank, während die Reservekompanie dieses Bataillons noch vor der Küste verhielt. Auch hier löste das Aufgrundlaufen der ersten Boote eine Gewehrsalve aus, die die erste britische Welle vernichtete und die meisten Boote zerstörte. Die Reservekompanie drehte daraufhin hinter einen Küstenvorsprung ab, der das türkische Feuer abhielt, erklomm eine Klippe und gelangte so in eine Position oberhalb der Verteidiger. Ihr Versuch, über die Klippenspitze nach Abschnitt V zu gelangen, ging in einen tagfüllenden Kampf über.

Obgleich Sanders durch das Täuschungsunternehmen bei Bulair nach Norden gelockt worden war, reagierten seine Untergebenen im Südteil Gallipolis ähnlich schnell und umsichtig wie Kemal bei Gaba Tepe. Den ganzen Tag über kamen die türkischen Reserven schneller heran, als die übriggebliebenen Boote die britischen Verstärkungen landen konnten. Als der Morgen halb vorbei war, hatte Hunter-Weston alle Brigadekommandeure verloren, so daß er persönlich den Feuerkampf zur Gewinnung der Strandbasis leiten mußte. Als die Dämmerung hereingebrochen war, gelang es britischen Infanteristen, mit Booten zum Strandabschnitt V durchzubrechen. Die Überlebenden der *Clyde* landeten im Schutz der Dunkelheit und vereinigten sich mit ihnen in einem schmalen Landekopf.

Vollkommen von den Kämpfen um den gefährdeten Brükkenkopf absorbiert, vernahm Hunter-Weston nicht die guten Nachrichten von den Abschnitten S, X und Y. Artilleriefeuer der Schiffe aus einer Entfernung von 450 Meter anstatt von 1830 hatte es vier von den Flügelbataillonen ermöglicht, Landeköpfe unter geringen Verlusten zu errichten. Hunter-Westons Versäumnis, seine Bataillonskommandeure kurz einzuweisen, kam ihm jedoch teuer zu stehen. Den Kommandeuren war nicht gesagt worden, daß das unmittelbare Angriffsziel die eine Marschstunde entfernte Hügelkette jenseits von Krithia war. Ab 10 Uhr morgens war sie unverteidigt, nachdem Krithia den Türken während des heftigen Kampfes um Landekopf W entrissen worden war. Vier ausgeruhte Bataillone aber warteten, unorientiert wie sie waren, den ganzen Tag über auf einen Befehl ihres Generals.

Hamilton blieb am 25. auf seinem Schlachtschiff *Queen Elizabeth* vor Gabe Tepe, bis ihn unklare Meldungen über Schwierigkeiten im Abschnitt V veranlaßten, in Richtung Kap Helles zu fahren. Auf dem Wege dorthin sah er gegen 10 Uhr britische Truppen oberhalb Abschnitt V, ohne daß irgendwelche Anzeichen eines Feindes zu bemerken waren. Daraufhin wies er Hunter-Weston über Funk an, die Hauptlandung nach Abschnitt Y zu verlegen. Als dieser jedoch antwortete, daß die Marine nicht über genug Boote verfügte, um anderswo als bei Abschnitt V zu landen, war Hamilton geneigt, selbst das Kommando über die bei Abschnitt S, Y und X gelandeten Bataillone zu übernehmen. Er entschloß sich jedoch abzuwarten, bis er persönlich mit Hunter-Weston gesprochen hatte. Ungefähr um dieselbe Zeit entdeckte einer seiner Stabsoffiziere beim Studium der Karte die unerwartete Möglichkeit, durch eine 12 Meilen lange Schlucht, die von Abschnitt Y direkt nach Kilid Bahr führte, hindurchmarschieren zu können. Er drängte Hamilton, die noch vor Bulair liegende Marineinfanterie abzuziehen und sie durch diesen natürlichen Korridor zu schicken. Hamilton jedoch lehnte ab; es sei – so meinte er – noch viel zu früh, um diese seine einzige operative Reserve schon jetzt einzusetzen.

Nachdem er Hunter-Weston gesprochen und dessen kritische Bootslage festgestellt hatte, sagte Hamilton nichts mehr von der Ausnutzung der Lage bei Abschnitt Y. Mit Einbruch der Abenddämmerung begannen die Türken an allen Landeköpfen mit nächtlichen Störungsunternehmen. Bis zum nächsten Morgen hatten sich die beiden Bataillone bei Abschnitt Y nahezu aufgelöst und zogen sich in Unordnung zurück. Die Bataillone an den anderen Abschnitten jedoch hielten ihre Stellungen. Noch vor Mittag des 26. April konnte über Abschnitt V Nachschub gelandet werden. Bei Anbruch der Nacht hatte die Division eine Linie, die von Abschnitt X quer über die Halbinsel nach Abschnitt S lief, fest in ihrer Hand. Obwohl Hunter-Weston zwei volle Tage gebraucht hatte, war es ihm schließlich, 24 Stunden bevor türkische Verstärkungen von Kum Kale und Bulair den Weg nach Kilid Bahr blockieren konnten, gelungen, einen ausreichenden Landekopf zu gewinnen.

Jedoch standen keine Truppen zur Verfügung, die diesen Vorteil ausnutzen konnten. Die erschöpfte 29. Division konnte am 27. April noch nicht vorrücken. Seine Reserve einzusetzen, weigerte sich Hamilton jedoch. Als am 28. schließlich Hunter-Westons Division vorstieß, war es schon zu spät. Frische türkische Einheiten wurden von den Flügeln her eingesetzt und hielten schnell den britischen Vorstoß auf. Sanders hatte das Hasardspiel gewonnen.

Zu jener Zeit aber hatte noch niemand bemerkt, daß Hamiltons beste Gelegenheit bereits vorüber war. Das Versäumnis, eine größere amphibische Operation vorher zu erproben, hatte de Robeck und Hamilton um die Chance gebracht, eine Unzahl von kleineren technischen Fehlern und Unzulänglichkeiten schon im voraus zu korrigieren, wodurch der Infanterie blutige Verluste erspart geblieben wären. Unzulängliche Stabsarbeit in London, dürftige Schiffsartillerieunterstützung, die Knappheit an Booten und schließlich Kemals mitreißende Initiative trugen zu dem britischen Fehlschlag bei. Dennoch hätte Hamilton im Laufe des Morgens des 25. April das Tor nach Konstantinopel aufbrechen können, wenn er die unbezahlbare Gelegenheit genutzt hätte, Kilid Bahr mit den vier ausgeruhten Bataillonen an der Küste und der Unterstützung durch seine Marineinfanteriedivision zu nehmen.

Stillstand

In der Zeit von Mai bis Dezember 1915 waren weder Briten noch Türken in der Lage vorzurücken. Logistische Schwächen auf beiden Seiten reduzierten den Kampf zu einem sich lange hinziehenden Artillerieduell. Türkische Feldartillerie, die von der Dardanellenküste in stark ausgebaute Stellungen bei Kap Helles verlegt worden war, hielt schwerem Schiffsartilleriebeschuß stand und stoppte alle britischen Angriffe. Im ANZAC-Landekopf verhinderte dauerndes Störungsfeuer die Angriffsbereitstellung der Neuseeländer und Australier.

Die alliierte Schiffsartillerie verbesserte mit fortschreitender Erfahrung ihre Leistungen, brachte es aber nie fertig, ihr Feuer gegen Punktziele so zusammenzufassen, wie es die Infanterie zur Unterstützung ihrer Durchbruchsversuche benötigte. Wenn einige Schiffe sich auf einen feindlichen Stellungsabschnitt einschossen, dann gruben sich die Türken unter dem Schuz der Dunkelheit so nahe bei den britischen Stellungen ein, daß die Granaten Freund wie Feind gleicherweise trafen. Wenn die Türken ihrerseits ihre Gräben zum Angriff verließen, dann wurden sie immer von kombiniertem Feuer der Schiffsartillerie und der Infanterie gestoppt. Während dieser gesamten Periode verfeinerte sich das immer mehr ausgebaute Grabensystem, die Nachschuberfordernisse potenzierten sich und die Verluste wurden immer größer.

Dazu trugen einige kühne Unternehmungen auf deutscher Seite bei. In der Nacht vom 12./13. Mai stieß das türkische Schichau-Torpedoboot *Muavenet* unter Kapitänleutnant Firle aus den Dardanellen gegen die Landungsflotte vor und versenkte in geschicktem, unbemerkten Torpedoangriff das Linienschiff *Goliath*. Obgleich der Verlust zunächst auf das gerade in der Türkei eingetroffene kleine U-Boot *UB 8* zurückgeführt wurde, reichten die getroffenen Vorsichtsmaßnahmen gegen U-Boote nicht aus. Wenige Tage später traf das von Deutschland ausgelaufene, mit dem letzten Tropfen Brennstoff durch die Gibraltar-Straße bis Cattaro gelangte große U-Boot *U 21* unter Kapitänleutnant Hersing vor den Dardanellen ein und versenkte am 25. Mai vor Ari Burnu das Linienschiff *Triumph* und zwei Tage später auch die *Majestic*. Diese drei Verluste zwangen die britische Führung vorerst zum Abzug ihrer schweren Schiffe und brachten den schwer ringenden türkischen Verteidigern Entlastung von der dauernden Beschießung durch schwere Schiffsartillerie.

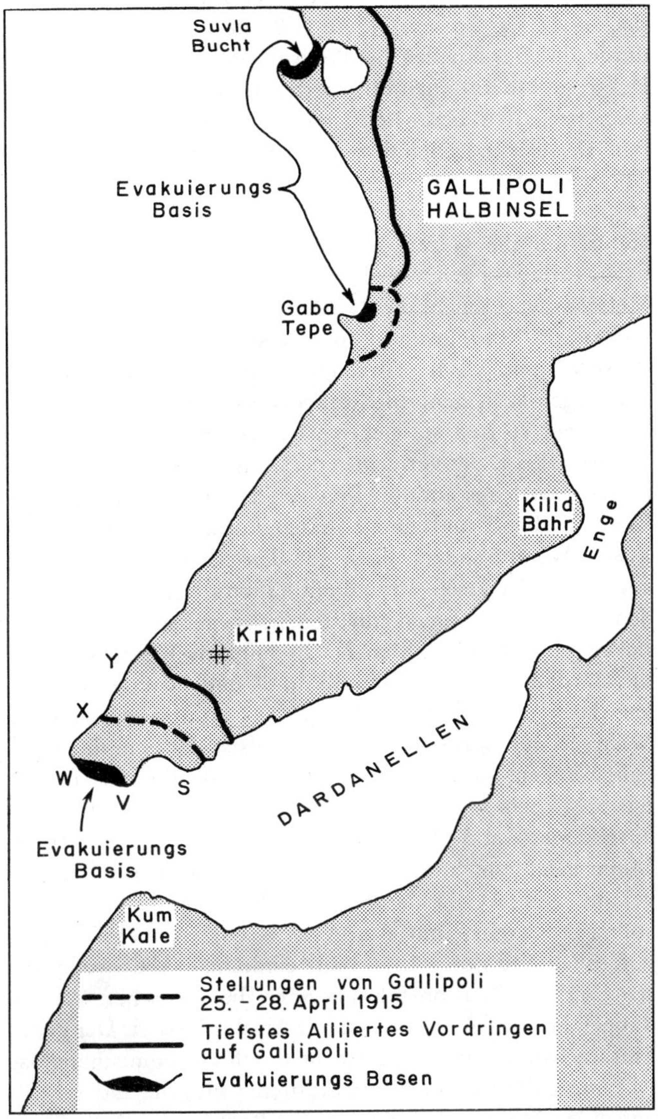

Gallipoli: Endlage

Wenn auch die Marine mit der Schiffsartillerie nicht in der Lage war, den Weg für einen Vorstoß auf Kilid Bahr freizuschießen, so konnte sie doch die logistischen Erfordernisse erfüllen, die es den Alliierten ermöglichten, sich auf Gallipoli zu halten. Künstliche Häfen, die die Marine bei Helles baute, waren ebenso Vorläufer jener dreißig Jahre später vor der Normandie errichteten größeren Konstruktionen, wie es auch gepanzerte und bewaffnete Boote mit herunterklappbaren Rampen bezüglich der LST's des zweiten Weltkrieges waren. Die Marine war derart mit dem Nachschub und der Artillerieunterstützung ausgelastet, daß nur die U-Boote einen eigenständigen Marinebeitrag während der Periode des Stillstandes lieferten.

Von Ende April bis Dezember zeigte eine Handvoll tapferer britischer und französischer U-Boot-Besatzungen, wie wirklich entschlossene Männer es fertig brachten, scheinbar »Unmögliches« zu leisten. Kleine, für kurze Aktionen in flachen Gewässern bestimmte U-Boote drangen wiederholt durch die Dardanellen hindurch in das Marmarameer ein. Derartige Operationen erforderten Leistungen, die von den Konstrukteuren dieser Boote nie vorausgesehen worden waren. Diese winzigen Fahrzeuge waren zu langsam, um in Überwasserfahrt gegen die Strömung in den Dardanellen anzukommen, sie hatten andererseits zu geringe Tauchdauer, um die Gegenströmungen unter der Wasseroberfläche voll ausnutzen zu können. Dennoch schaffte es die Mehrzahl von ihnen, die 35 Meilen lange Straße zu durchqueren, im Marmarameer zu patrouillieren und wieder zurückzukehren. Als die Türken eine Unterwassernetzsperre in den Engen auslegten, durchbrachen sie die Sperre. Im Marmarameer störten sie sieben Monate lang den türkischen Schiffsverkehr. Sie vernichteten Nachschubschiffe, versenkten zwei in Konstantinopel ankernde Dampfer, beschossen Züge an Land und unternahmen kurze Raids gegen die Küste. Wenn Sanders allein auf den Nachschub über See angewiesen gewesen wäre, dann hätten diese kleinen Boote den Ausschlag für einen alliierten Sieg gegeben. Ständig aber sickerte in kleinen Fähren Nachschub aus Kleinasien über die Dardanellen nach Gallipoli durch und sicherte den Türken das Minimum, das sie brauchten, um dort auszuhalten.

Während der ganzen Periode des Stillstandes bemühten sich einige willensstarke Männer, Mittel und Wege zu finden, die britischen Waffen gegen das entscheidende Kilid Bahr anzusetzen. Am 6. August ließ Hamilton, der jetzt 120 000 Mann befehligte, zwei neue Divisionen auf dem linken Flügel der ANZAC in der Sulva-Bucht an Land setzen. Sie sollten zusammen mit den ANZACs quer über Gallipoli vorstoßen und gegen Kilid Bahr eindrehen. Aber weder die Qualität der Divisionsführung noch die taktischen Verbindungen der Briten hatten sich seit April gebessert. Der ganze Einsatz wurde zunichte gemacht durch zusammenhanglose Aktionen, die sich in den zerklüfteten Hügeln und schroff endenden Schluchten festliefen. Ein Bataillon erreichte nach übermenschlichen Anstrengungen die Höhen, wurde dann aber wahrscheinlich von der eigenen Flotte mit 30,5-cm-Granaten eingedeckt. Dennoch hielten sie stand, bis Mustapha Kemal das Kommando über die ihnen gegenüberstehenden Truppen übernahm. Unter seiner dynamischen Führung warfen die Türken die Eindringlinge von der beherrschenden Höhe herunter. Sie vermochten jedoch den Landekopf nicht einzudrücken. Er wurde dann im Dezember von den Briten selbst geräumt.

Als beide Armeen ihre Stellungen immer stärker ausbauten, zog Sanders allmählich seine Artillerie von der Küste ab, um seine hart bedrängte Front zu verstärken. Keyes sah daher die Gelegenheit zu einem wirklich koordinierten Angriff von Infanterie und Flotte gekommen. Nach seinem Plan sollten Großkampfschiffe von armierten Räumbooten durch die Dardanellen geleitet werden, die Türken mit ihrem Feuer an die einzelnen Landekopffronten festnageln und deren Nachschub unterbinden. Wenn die türkischen Streitkräfte somit vor den ANZACs und bei Kap Helles in ihren Stellungen festgehalten würden, sollten frische Truppen bei Abschnitt Y landen, durch das nur schwach besetzte dazwischenliegende Gebiet durchstoßen und Artillerie gegen Kilid Bahr vorbringen. Diese könnte dann Sanders Armee niederhalten und gleichzeitig den Isthmus für die Durchfahrt von Transportschiffen sichern. Diese würden danach, eskortiert vom Ägäis-Geschwader, Truppen nach Konstantinopel transportieren. Jedoch nicht einmal Keyes Hartnäckigkeit vermochte das Handicap der geteilten amphibischen Kommandospitzen überwinden. Höhere Offiziere beider Wehrmachtteile waren nicht davon zu überzeugen, daß man eine Heer-Marine-Aktion erfolgreich koordinieren könne.

Gegen November war klar geworden, daß die alliierten Streitkräfte von Gallipoli aus nicht nach Konstantinopel vorzurücken vermochten. Nahezu eine halbe Million britischer und französischer Soldaten waren bisher dafür eingesetzt worden. Fast eine Viertelmillion Mann Verluste hatte man erlitten und war trotzdem nicht näher an Konstantinopel herangekommen als im April. Die Türken hatten ungefähr die gleiche Anzahl von Truppen eingesetzt und fast ebensoviel Verluste erlitten, aber sie hielten immer noch Kilid Bahr, den Schlüssel zu den Dardanellen und Konstantinopel. Widerstrebend gab Kitchener den Befehl, Gallipoli zu räumen.

Im Laufe des Dezember und Anfang Januar zeigten dann die Stäbe beider Wehrmachtteile, daß sie ihre Lektion in amphibischer Logistik gelernt hatten. Sie stellten die von den Winterstürmen zerstörten künstlichen Häfen wieder her und nutzten die neukonstruierten Landungsboote. In einer Reihe nächtlicher Rückzugsaktionen evakuierten sie 115 000 Mann. Minuziöse Planung, eiserne Disziplin und genaue Befolgung eines wirklichkeitsnahen Zeitplanes charakterisierten diese bemerkenswerteste amphibische Evakuierung, die die Kriegsgeschichte bis dato erlebt hatte. In fünf Nächten zogen sich die Einheiten nach einem sorgfältig ausgeklügelten Zeitplan zurück, und vier Tage lang täuschte eine Handvoll Männer mit großer Geschicklichkeit einen regulär besetzten Landekopf vor. Als die Türken dann schließlich den ANZAC-Landekopf leer fanden, warfen sie ihre Truppen nach Kap Helles. Dennoch führten die Briten auch in diesem Abschnitt den Rückzug trotz schwerer türkischer Angriffe in etwas weniger als einer Woche erfolgreich durch. Diese Evakuierungen wurden auch dadurch erleichtert, daß die Türken keine besondere Neigung zeigten, den britischen Abzug zu behindern. In der

Hauptsache aber war der Erfolg ein Ergebnis sorgfältiger Planung und vorzüglicher logistischer Unterstützung. Hätten im April eine derartige Unterstützung und sorgfältige Planung bestanden, dann wäre zweifellos Hamiltons damaliger Angriff gelungen. Statt der zu wenigen Ruderboote im April standen jetzt armierte und motorisierte Landungsboote reichlich zur Verfügung. Statt des damaligen starren, nur ganz wenigen Offizieren bekannten Einsatzplanes lag jetzt der Operation ein realistischer, flexibler Plan zu Grunde, der allen mit seiner Durchführung beauftragten Männern genau bekannt war. Unglück und Mißerfolg hatten sich wieder als harte, aber wirkungsvolle Lehrmeister erwiesen.

Die Nachwirkungen

Gemessen an den alliierten Erwartungen, endete der Kampf um Konstantinopel in fast jeder Hinsicht mit einem Mißerfolg. Der einzige Nutzeffekt war, daß die gesamte türkische Armee für neun Monate gebunden worden war. Aber auch das hatte seine Schattenseiten, denn als die Alliierten schließlich Gallipoli räumten, ließen sie eine kampferfahrene, gut ausgebildete gegnerische Armee zurück, mit der die Briten sich später bei der Verteidigung des Suezkanals erneut auseinanderzusetzen hatten. Keiner der durch die Evakuierung freigewordenen Verbände konnte, wie man gehofft hatte, an die Westfront überführt werden. Jene, die nicht für die Verteidigung des Suezkanals zurückgehalten wurden, sandte man zur Unterstützung der Serben nach Saloniki – wie sich bald herausstellte, zu spät. Bulgarien hatte sich, ermutigt durch die alliierte Niederlage bei Gallipoli, den Mittelmächten angeschlossen. Im folgenden Jahr warfen Deutschland und Bulgarien gemeinsam Rumänien nieder; so fielen alle Balkanstaaten der Kontrolle der Mittelmächte anheim.

Abgesehen davon, daß das Gallipoli-Fiasko die strategische Situation der Alliierten erheblich verschlechterte, beeinträchtigte es auch das Ansehen fast aller Beteiligten in starkem Maße. Kaum eine der hochgestellten Persönlichkeiten, die an dem Entschluß zu diesem Feldzuge mitgewirkt hatten, entging dem mit dem Fehlschlag verbundenen Stigma. Lord Fishers Karriere endete im Mai 1915, als er aus Protest gegen die Entsendung weiterer Schiffe in die Ägäis zurücktrat. Bald danach mußte Churchill mit angeschlagenem Prestige aus der Admiralität weichen. Hamilton wurde nie wieder mit einem Feldkommando betraut. Kitcheners Ansehen war gemindert worden, er mußte die Autorität des Generalstabes wiederherstellen und konnte im Kriegsrat nicht mehr die dominierende Rolle spielen. Fraglos wurde sein Ausscheiden aus dem Kriegsministerium nur durch seinen unerwarteten Tod verhindert. Asquith überdauerte zwar die anderen im Amt, aber er wurde den Makel, an dem Dardanellen-Entschluß beteiligt gewesen zu sein, nie mehr ganz los. Ende 1916 löste ihn David Lloyd George als Premierminister ab.

Im Rückblick jedoch stellt der Feldzug gegen Konstantinopel eine der glänzendsten strategischen Konzeptionen dar, die während des ersten Weltkrieges entworfen worden waren. Hätte er, wozu nicht viel fehlte, Erfolg gehabt, hätte Rußland wohl mit alliiertem Kriegsmaterial versorgt werden und von Osten her in Deutschland einfallen können, während die Alliierten Deutschland von Westen aus in die Zange nahmen. Unter diesem Druck wären die Mittelmächte wohl zusammengebrochen. Das ist nicht bloße Spekulation, denn genau dies trat im zweiten Weltkrieg dann ein. Ein solcher gigantischer Zangendruck hätte den ersten Weltkrieg eher zum Abschluß gebracht; und die belebende Kraft des Sieges hätte vielleicht auch die russische Revolution verhindert oder ihr doch wenigstens einen anderen Charakter gegeben – was die Wahrscheinlichkeit verringert hätte, daß in der Mitte unseres Jahrhundert die Welt in zwei feindliche Hälften gespalten worden wäre.

Zusammenfassung

Als der Landkrieg im Westen in eine Sackgasse geraten war, überdachte die britische Admiralität Mittel und Wege, um unter Ausnutzung der Seeherrschaft die Front flankierend zu umgehen und eine Verbindung mit Rußland herzustellen. Der britische Kriegsrat, der aus unzureichenden Feindnachrichten den Schluß zog, eine Eroberung Konstantinopels sei verhältnismäßig einfach, entschloß sich zur Öffnung des Zuganges zum Schwarzen Meer. Der Fehlschlag dieses Versuches enthüllte verschiedene Schwächen der militärischen Organisation, Planung und operativen Auffassung der Briten. An der Spitze ihrer Kommandostruktur bestand kein Organismus, der eine rasche Entscheidung auf dem Gebiet der Gesamtkriegführung gewährleistete. Zu Beginn des Weltkrieges war der Kriegsrat lediglich ein Komitee etlicher Kabinettsmitglieder und hoher Funktionäre, deren Hauptaugenmerk vorerst darauf gerichtet war, ihr eigenes Ressort für die Kriegführung zu mobilisieren. Da dem Kriegsrat ein eigener Stab fehlte, war Churchill gezwungen, seine überlasteten Admiralitätsoffiziere auch noch mit den Problemen des Kriegsrates zu befassen. Eine Folge dieser zusätzlichen Arbeit wie des Meinungsstreites unter den Beteiligten war es, daß die Anpassung der Admiralität an die Kriegserfordernisse einige unwiderbringliche Monate lang verzögert wurde. Dies und die falsche Einschätzung der gegnerischen Möglichkeiten führten zur Vernachlässigung der logistischen und operativen Vorbereitungen der geplanten Unternehmung. Kriegsministerium, Admiralität und Kriegsrat waren gemeinsam für diese Mißwirtschaft verantwortlich. Die maßgebenden Persönlichkeiten aller drei Ressorts gründeten ihre Entscheidungen auf unzutreffende Annahmen bezüglich der feindlichen Schwäche. Keiner zog die Möglichkeit anderer türkischer Kräfte, als der von Diplomaten oder Agenten gemeldeten, in Betracht.

Carden erlitt eine Schlappe, weil er es ablehnte, Schiffe und Marine-Infanterie als zusammengehörende Waffengattungen kombiniert einzusetzen, solange Sanders Artillerieregiment noch nicht eingetroffen war. De Robeck scheiterte, weil niemand rasch genug handelte, um ihn mit armierten Räumbooten und Versorgungsschiffen auszustatten. Hamiltons amphibischer Angriff schlug fehl, weil die Briten gewisse Lehren aus den Kriegen gegen Napoleon nicht beherzigt hatten. Hamilton und de Robeck versuchten den Sieg von Aboukir zu wiederholen, ohne die schon damals entwickelten Methoden anzuwenden.

Die Artillerieunterstützung bei Gallipoli war unzulänglich. Anstelle eines erfahrungsgemäß gegen gut eingegrabenen Feind wenig wirkungsvollen Flächenfeuers, wäre beobachtetets, direktes Feuer angebracht gewesen. Auch standen keine Kanonenboote zur unmittelbaren artilleristischen Unterstützung der Landungstruppen zur Verfügung. Für die indirekte Feuerunterstützung nach der Landung hätte es des Einsatzes von vorgeschobenen Artilleriebeobachtern bedurft, die etwas von Schiffsartilleristik verstanden und direkte Nachrichtenverbindungen mit der Schiffsartillerie hatten.

Der Bootsbestand, der für die Gallipoliunternehmung zur Verfügung stand, war vollkommen unzureichend. Die schweren Ausfälle von Booten am Landungsabschnitt V brachten daher den ganzen Zeitplan durcheinander und machten es unmöglich, je nach Lageentwicklung Truppen von einem Strandabschnitt zum andern zu verlegen.

Offiziere und Mannschaften der Angriffsverbände waren weder für ihre Aufgabe geschult noch genau unterrichtet. Hamilton und die Generale, denen er die taktische Führung übertragen hatte, blieben durchweg eingeschifft, handelten aber so, als ob sie in engem Kontakt mit ihren untergebenen Kommandeuren an Land stünden. Entsprechend Hamiltons Wunsch nach strengster Geheimhaltung waren diese nicht über die zu erreichenden Ziele orientiert. Die Folge war, daß es den Truppen an Initiative und Angriffsschwung mangelte.

Hamilton selbst verletzte einen Grundsatz amphibischer Kampfführung, indem er die erste Gelegenheit, durch eine Lücke zwischen den türkischen Streitkräften durchzustoßen, ungenutzt ließ. Er ergriff nicht die Führung über die vier Bataillone bei den Abschnitten X, Y und S, um die Hügelkette jenseits Krithia zu nehmen. Weiterhin lehnte er es ab, seine Hauptreserve zum schnellen Vorstoß quer über die Halbinsel zur Wegnahme von Kilid Bahr einzusetzen. Bei normalen Landoperationen kann ein General es sich oft leisten, seine Reserve solange zurückzuhalten, bis der Feind die seine eingesetzt hat. Der Befehlshaber einer amphibischen Angriffstruppe hat dagegen diese Handlungsfreiheit nicht. Wenn der Angriff einmal begonnen hat, ist die Zeit meist auf Seiten des Verteidigers. Der Angreifer muß daher alle seine Streitkräfte einsetzen, wenn sich ausnutzbare Möglichkeiten bieten.

Als Sanders gezwungen war, seine Artillerie von den Dardanellen abzuziehen, bot sich für die Alliierten die letzte Möglichkeit, Kilid Bahr zu nehmen. Keyes hatte das erkannt. Die führenden Offiziere beider Wehrmachtteile aber glaubten, daß man keinen angemessenen Führungsorganismus für kombinierte Operationen besitze, und wollten daher das Risiko einer geteilten Kommandoführung vermeiden.

Einige militärische Theoretiker schlossen aus dem Mißerfolg des Feldzuges, daß ein Angriff gegen eine moderne Küstenverteidigung bei Tage undurchführbar sei. Aber der Angriff wäre ja fast gelungen, und sein Mißerfolg ist Fehlern zuzuschreiben, die man hätte korrigieren können. Eine sorgfältige Analyse der Fehler des Dardanellen-Gallipoli-Unternehmens konnte daher den Grundstein legen, auf dem dann die Doktrin jener erfolgreichen amphibischen Kriegführung der Alliierten im zweiten Weltkriege errichtet wurde.

Kapitel 23

Die Skagerrakschlacht

Von Klaus Jürgen Müller übersetztes und bearbeitetes Kapitel 24 der US Ausgabe, das von Neville T. Kirk vefaßt war.

Der Kriegseintritt Italiens an der Seite der Alliierten im Mai 1915 hatte den Abzug österreichischer Kräfte von der Ostfront zur Folge. Aber der alliierte Mißerfolg auf Gallipoli wog diesen Vorteil mehr als auf. Die von den Deutschen unterstützten Türken bedrohten bereits Suez und die für die britische Flotte lebenswichtigen Ölquellen Persiens. Zum Schutze dieser ihrer vitalen Interessen hatten die Alliierten schließlich mehr als eine Million Mann in den Nahen Osten verlegen müssen.

Unter diesen Umständen war der Gedanke, die Westfront auszuflankieren, nicht mehr empfehlenswert. Die Entscheidung mußte im Westen angestrebt werden. Ende 1915 sahen das britische und französische Oberkommando zudem die beste Strategie darin, den größtmöglichen Druck auf die deutschen Armeen in Frankreich aufrechtzuerhalten und zugleich die Seeblockade gegen Deutschland immer enger zu ziehen. Deutschlands militärisches Potential war bereits auf das Äußerste angespannt. Wenn England und Frankreich noch solange durchhielten, bis die volle Macht des britischen Weltreiches in die Waagschale geworfen werden konnte, dann mußte schließlich die deutsche Front zerbrechen.

Die oberste deutsche Führung kam ebenfalls zu dem Schluß, daß die Entscheidung im Westen gesucht werden müsse. Sie stand aber unter stärkerem Druck, denn der Würgegriff der alliierten Seemacht machte sich bereits in einer Verknappung von strategischen Rohstoffen bemerkbar. Die Zeit spielte eindeutig für die Alliierten. England, gestützt auf seine Seemacht, konnte den Mittelmächten die Zufuhr abschneiden, gleichzeitig aber selbst ungehindert das Kriegsmaterial einführen, das es benötigte, um seine kontinentalen Alliierten bei der Stange zu halten. Die einzige wirksame Antwort darauf lag – wie General von Falkenhayn, der Chef des Generalstabes des Feldheeres, meinte – darin, Englands Seemacht zu schwächen und die Verbündeten Englands auf dem Festland zu zermürben. Die deutsche Flotte hatte es bisher nicht vermocht, die britische Zufuhr abzuschneiden, daher sei es nun Aufgabe des deutschen Heeres, einen Vernichtungssieg über die britischen Alliierten zu erzielen. Rußland schien bereits erschöpft, Italien war hinter der Alpenbarriere immobilisiert, lediglich Frankreich, Englands Festlandsdegen, blieb übrig. Am 21. Februar 1916 begann Falkenhayn daher bei Verdun eine Großoffensive mit dem Ziel, Frankreichs Zusammenbruch herbeizuführen.

Die deutsche Marineleitung reorganisierte indessen ihre Kommandostruktur. Vizeadmiral Reinhard Scheer, ein energischer Anhänger von Tirpitz, übernahm den Befehl über die Hochseeflotte. Drei Wochen später gab der Kaiser seine Zustimmung zu Angriffsoperationen der deutschen Überwasserstreitkräfte.

Scheers Gegner war Admiral Sir John Jellicoe, ein unübertroffener Administrator, ein Artillerie-Experte, ein Meister der Flottenmanöver und wohl der erfahrenste Offizier der Royal Navy. Früh von Fisher ob seiner Fähigkeiten geschätzt, hatte er seit 1911 nur darauf gewartet, im Kriegsfall das Kommando über die Grand Fleet zu übernehmen. Dies geschah zur Befriedigung von Flotte und Öffentlichkeit einen Tag vor der Kriegserklärung Englands an Deutschland.

Scheers Pläne liefen darauf hinaus, die Grand Fleet bis zur Parität mit der deutschen Flotte zu schwächen. U-Boote sollten die den britischen Flottenstützpunkten benachbarten Seegebiete verminen und vor den Einfahrten patrouillieren. Überwasserstreitkräfte sollten Jellicoe durch Fallen und Tricks dazu bringen, seine Flotte zu verzetteln und so die Chance eröffnen, einen Teil der britischen Flotte abzuschneiden und zu vernichten. Scheer konnte sich dieses Risiko leisten. Bei kühnem Einsatz könnte er durch die Fehler seines Gegners viel gewinnen – vielleicht sogar die Herrschaft über die Nordsee. Andererseits würde eine Niederlage die strategische Gesamtsituation der Hochseeflotte nicht entscheidend verschlechtern.

Großbritannien dagegen hatte bei einer Niederlage zur See oder infolge von Abnutzungskämpfen alles zu verlieren. Es war nicht nur das Hauptarsenal der alliierten Kriegsversorgung, sondern mußte auch seine eigenen Nahrungsmittel und die wichtigsten Kriegsrohstoffe über See einführen. Daher fühlte sich Jellicoe, trotz der Überlegenheit der Grand Fleet, verpflichtet, jedes Risiko zu vermeiden. Churchill nannte ihn »den einzigen Mann unter den Kriegführenden, der den Krieg an einem Nachmittag verlieren könnte«. Die Hochseeflotte aus ihren befestigten und verminten Stützpunkten herauszuboxen, war nicht möglich. Wie Scheer, so mußte auch Jellicoe seine Zuflucht zu einem Überfall aus dem Hinterhalt nehmen, allerdings mit einem Unterschied: sein Ziel war das entscheidungbringende Zusammentreffen der beiden Flotten. Zu diesem Zwecke machte er periodisch Ausfälle in die Nordsee.

Im Jahre 1916 lagen noch keine größeren Erfahrungen vor, aus denen man taktische Grundsätze für die Führung großer

Dreadnought-Schlachtflotten hätte ableiten können. Die letzte große Seeschlacht hatte 111 Jahre zuvor bei Trafalgar stattgefunden. Das reichlich einseitige Treffen von Tsushima bot wenig auswertbare Erfahrungen. Jellicoe glaubte jedoch, er könne bei seiner numerischen Überlegenheit den Feind an einem Tage im Artillerieduell vernichten. Er war daher entschlossen, unter von ihm selbst gewählten Bedingungen zu kämpfen. Die Grand Fleet würde, wie auch immer, aus einem Treffen mit den Deutschen mit größter Überlegenheit hervorgehen. Seine taktischen Ansichten faßte Jellicoe für die Admiralität am 19. Oktober 1915 folgendermaßen zusammen[1]:

»Die Deutschen haben gezeigt, daß sie sich in großem Maße auf U-Boote, Minen und Torpedos verlassen; es besteht keinerlei Zweifel darüber, daß sie bei einem Zusammentreffen versuchen werden, den größten Nutzen aus diesen Waffen zu ziehen, zumal sie diesbezüglich eine momentane Überlegenheit uns gegenüber besitzen. Unsere eigenen taktischen Methoden müssen daher hinsichtlich dieser Angriffsarten überdacht werden... Wenn zum Beispiel die gegnerische Schlachtflotte vor unserer heranrückenden Flotte abdrehen sollte, dann ist anzunehmen, daß es in der Absicht geschieht, uns in Minenfelder oder auf U-Boote zu ziehen; dem dürfte man nicht folgen.
Ich möchte insbesondere die Aufmerksamkeit Ihrer Lordschaften auf diesen Punkt lenken, da ein solches Handeln wie eine Verweigerung der Schlacht aussehen könnte und demgemäß möglicherweise die Folge hätte, daß man den Feind nicht so rasch wie erhofft oder erwartet zum Kampf stellen kann.«

Die Vorgeschichte der Skagerrakschlacht

Die neue Strategie der Hochseeflotte wurde erstmals mit der Beschießung von Lowestoft im April 1916 in die Tat umgesetzt. Jellicoe reagierte mit dem ergebnislosen Versuch, die Deutschen zu einer Schlacht zu veranlassen. Scheers nächster Plan war die Beschießung der Stadt Sunderland an der Tynemündung, einer Stadt mit wichtiger Schiffbauindustrie. Damit sollte versucht werden, ein britisches Flottendetachment herauszulocken, um es mit U-Booten, Zeppelinen und Überwasserkräften anzugreifen. Notwendige Reparaturen und schlechte Wetterverhältnisse verzögerten die Operation jedoch, so daß die in Lauerstellung liegenden U-Boote ihre Positionen wieder verlassen mußten. Scheer plante stattdessen einen Vorstoß gegen die alliierte Schiffahrt vor der Südküste Norwegens, in der Hoffnung, britische Flotteneinheiten auf sich zu ziehen. Das Skagerrak würde dabei ein Entkommen nach Kiel ermöglichen, falls Scheer von seinen Stützpunkten an der deutschen Nordseeküste abgeschnitten werden sollte. Zu diesem Raid lief die Hochseeflotte in den frühen Morgenstunden des 31. Mai 1916 aus dem Jadebusen aus.
Am 30. Mai hatte die britische Admiralität, die wie stets die deutschen Funksprüche mitlas, Jellicoe davon in Kenntnis gesetzt, daß deutsche Streitkräfte am nächsten Tag beabsichtigten, in die Nordsee durch die Gewässer ostwärts Horns Riff vorzustoßen. Auf Weisung der Admiralität lief das Gros der Grand Fleet am Abend des 30. Mai von Scapa Flow und Cromarty Firth aus, um sich am nächsten Morgen auf hoher See zu vereinigen. Admiral Beattys Aufklärungsstreitkräfte kamen von Rosyth. Beatty hatte die Weisung, nach Osten vorzustoßen. Falls er bis zum 31. Mai um 14 Uhr keine Fühlung mit dem Feind bekommen hätte, sollte er nach Norden drehen und auf Sichtweite an Jellicoes Gros heranschließen, das zu dieser Zeit rund 70 Meilen nordwestlich stehen würde. Die vereinigte Streitmacht sollte dann gegen Horns Riff vorstoßen.
Das Kräfteverhältnis zwischen den beiden britischen und deutschen Flottenverbänden sah folgendermaßen aus:

Aufklärungsstreitkräfte:	*Briten*	*Deutsche*
	Beatty	Hipper
Dreadnoughts	4	0
Schlachtkreuzer	6	5
Kleine Kreuzer	14	5
Zerstörer	27	30

Schlachtflotte:		
	Jellicoe	Scheer
Dreadnoughts	24	16
ältere Linienschiffe	0	6
Schlachtkreuzer	3	0
Panzerkreuzer	8	0
Kleine Kreuzer	12	6
Zerstörer	52	31

Rechnet man die älteren Linienschiffe der Deutschen und die britischen Panzerkreuzer als Schiffe von geringem Kampfwert nicht mit, dann konnte Jellicoe 37 Großkampfschiffe (Schlachtschiffe und Schlachtkreuzer) gegenüber 21 deutschen ins Gefecht führen. Ebenfalls besaß die Grand Fleet eine entsprechende Überlegenheit in Bezug auf die kleineren Einheiten. Gegen 244 deutsche Geschütze vom Kaliber 30,5 cm und 28 cm konnte Jellicoe 344 Geschütze von 30,5 bis 38,1 cm einsetzen. Weder die britische noch die deutsche Führung wußte, daß das Gros des Gegners sich in See befand. Vor dem Auslaufen hatte Jellicoe der Grand Fleet Funkstille befohlen. Von der Admiralität hatte er nur die Nachricht erhalten, daß die Deutschen irgendeinen Ausfall beabsichtigten. Fäschlicherweise besagte sie zudem, daß Scheers Flaggschiff *Friedrich der Große* noch in Wilhelmshaven läge. Keine der beiden gegnerischen Parteien besaß zudem den Vorteil der Luftaufklärung; die Wetterlage erlaubte Scheers Zeppelinen nicht den Start, und Beatty hielt die Flugzeuge des Seeflugzeugmutterschiffes *Engadine* zurück, um sie erst bei unmittelbar bevorstehendem Feindkon-

1 British Admirality, Battle of Jutland, Official Despatches, London, 1920, S. 601–603.

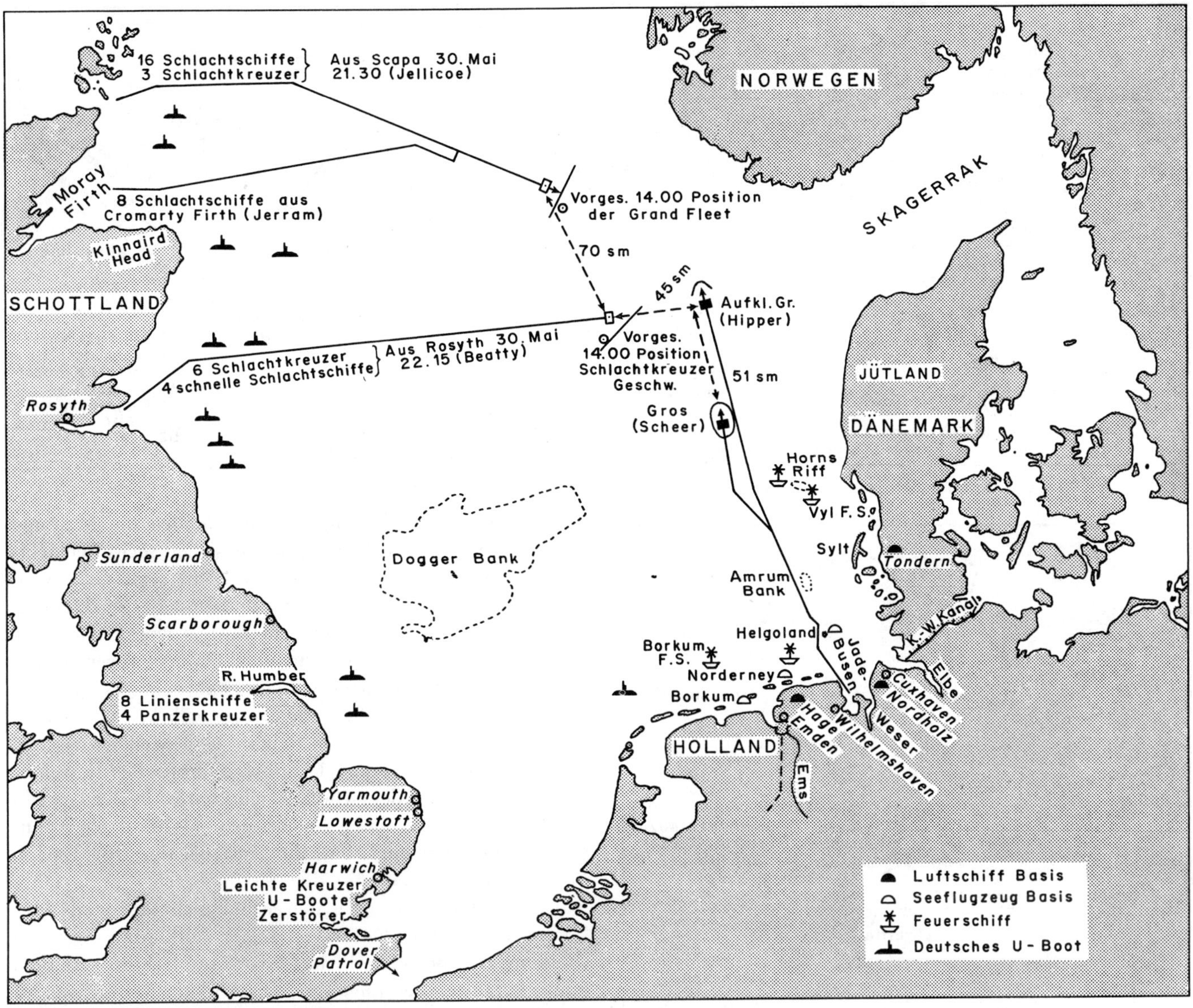

Skagerrakschlacht, Anmarsch bis 31. Mai 1916, 14.15 Uhr

takt einzusetzen. Zwei deutsche U-Boote sichteten Beatty vor Rosyth, aber ihre Meldungen waren irreführend, da sie nur berichten, daß kleinere britische Flottenteile in See wären.

Beatty, der mit 19 Knoten im Zickzack-Kurs nach Osten fuhr, hatte seine drei leichten Kreuzergeschwader acht Meilen vor seinem Flaggschiff *Lion* in einer 25 Meilen breiten Nordost-Südwest-Aufklärungslinie aufgestellt.[2] Am 31. Mai um 13.30 Uhr änderte er seine Aufstellung zur Vorbereitung der Vereinigung mit Jellicoe, indem er seine Aufklärungslinie weiter nach rechts auf Ostnordost-Westsüdwest drehte und Konteradmiral Evan-Thomas' 5. Schlachtgeschwader (vier Dreadnoughts) befahl, fünf Meilen hinter ihm Aufstellung zu nehmen. Damit wäre die Aufklärungslinie in der Lage gewesen, bei dem Vorstoß auf Horns-Riff die größtmögliche Deckung zu geben, und das 5. Schlachtgeschwader war gleichzeitig so aufgestellt, daß es seinen ihm zugedachten Platz in der Vorhut Jellicoes einnehmen konnte.

Als Beatty sich nach Norden wandte, machte der Kreuzer *Galatea* eine Rauchsäule in ostwärtiger Richtung aus. Er ging zur genaueren Untersuchung näher heran und sichtete ein dänisches Schiff, das von zwei deutschen Torpedobooten gestoppt worden war. Die *Galatea* sandte sofort per Funk eine Warnmeldung aus. Mit diesem Zusammentreffen begann die Skagerrakschlacht, und das brachte die Briten wahrscheinlich um den entscheidenden Sieg; denn sonst wären die feindlichen Flotten voraussichtlich viel weiter nördlich zusammengestoßen, nachdem die Grand Fleet sich schon vereinigt hatte; Scheer wäre dann der Rückweg zur Jade versperrt gewesen.

2 Alle Kurs- und Richtungsangaben dieses Kapitels sind auf magnetisch Nord bezogen gemäß den offiziellen Berichten. Die örtliche Nadelabweichung war 13–15' W.

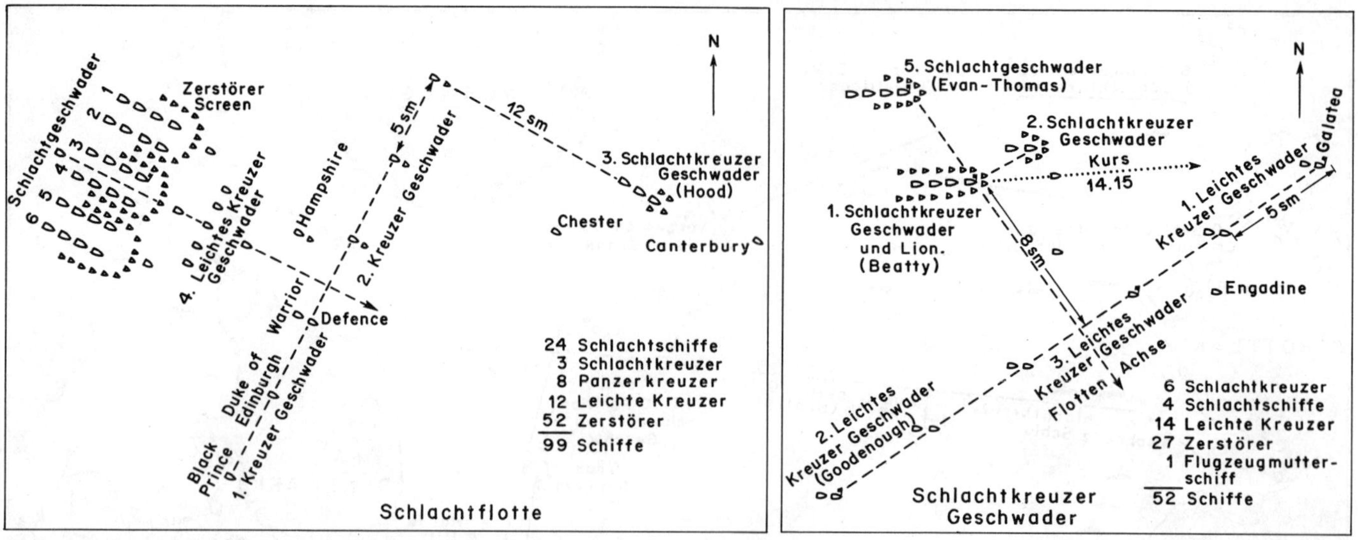

Grand Fleet: Marschformation, 31. Mai, 14.15 Uhr

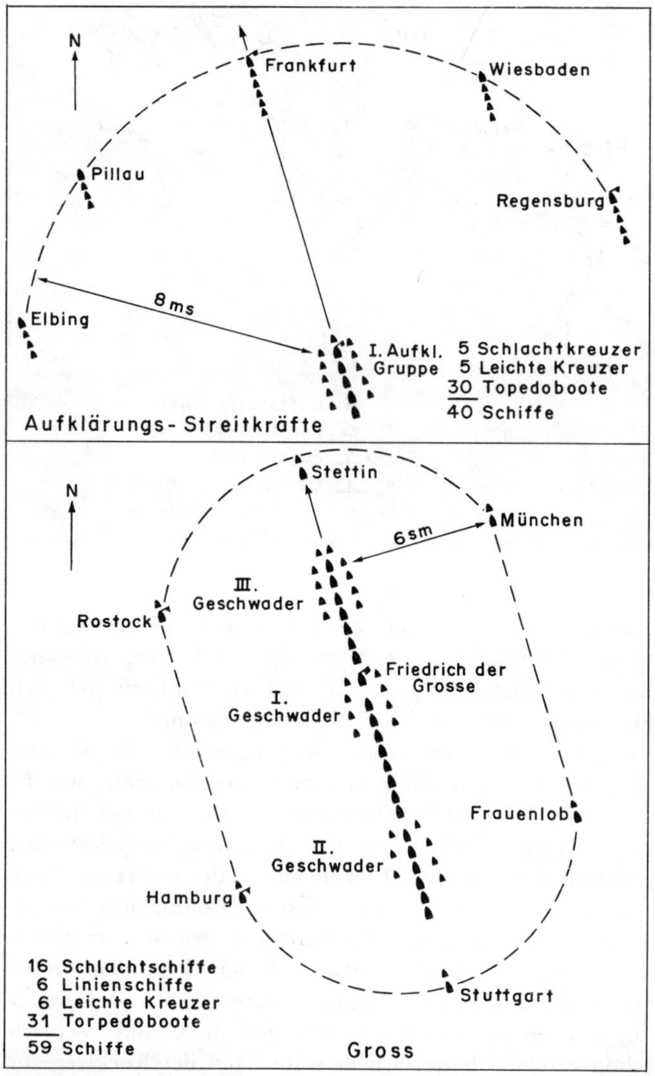

Hochsee-Flotte: Marschformation 31. Mai, 14.15 Uhr

Als Beatty um 14.20 Uhr von der *Galatea* die Meldung »Feind in Sicht« erhielt, ging er mit seinen sechs Schlachtkreuzern auf Südsüdost-Kurs und erhöhte seine Geschwindigkeit, um sich zwischen den Feind und dessen Heimatbasis zu legen. Seine vier Schlachtschiffe setzten noch einige Minuten den Nordkurs fort, da Evan-Thomas wegen starker Rauchentwicklung Beattys Wendesignal nicht gesehen hatte. Als schließlich die Schlachtschiffe auch kehrt machten, lag bereits eine Distanz von nahezu zehn Meilen zwischen Beatty und Evan-Thomas. Dennoch dampfte Beatty weiter. Er vermutete, daß deutsche Schlachtkreuzer in der Gegend waren, und wußte, daß es nicht mehr als fünf sein konnten. Er war überzeugt, daß ihn einst bei der Doggerbank nur ein böser Zufall um den Sieg gebracht hatte; daher war er jetzt entschlossen, den Feind nicht nochmals entkommen zu lassen. Da er von seiner Aufklärung keinerlei Meldungen über feindliche Großkampfschiffe erhalten hatte, befahl er der *Engadine,* ein Aufklärungsflugzeug zu entsenden. Dieses meldete jedoch nur deutsche Kreuzer und Torpedoboote, dann mußte es infolge eines Bruches seiner Ölleitung landen. Beattys Leichte Kreuzer waren tatsächlich auf Hippers 2. Aufklärungsgruppe gestoßen. Hippers Schlachtkreuzer, die 1. Aufklärungsgruppe, steuerten indessen Nordwest-Kurs, um den leichten Einheiten zu Hilfe zu kommen. Beatty bemühte sich, auf Nordost-Kurs zu gehen, um sie abzufangen. Evan-Thomas konnte dadurch die Distanz zu ihm verringern. Zur gleichen Zeit hatten sich das britische 1. und 3. leichte Kreuzergeschwader, die unter dem Feuer der 2. Aufklärungsgruppe lagen, nach Nordwesten zurückgezogen, von wo aus sie nicht in der Lage waren, Hippers Schlachtkreuzer zu sichten. Die auf konvergierenden Kursen befindlichen deutschen und britischen Großkampfschiffe hatten somit niemanden zwischen sich. Um 15.25 Uhr kamen die gegnerischen Schlachtkreuzergeschwader auf Sichtweite. Keines hatte irgendeine Meldung über das andere erhalten. Beatty änderte sofort seinen Kurs von Nordost nach Ost, um die deutschen Schlachtkreuzer abzufangen. Hipper befahl der 1. Aufklärungsgruppe, rechts zurückzumarschieren, und rief gleichzeitig die 2. Gruppe zurück. Um 15.35 Uhr fuhren die gegnerischen Schlachtkreuzergeschwader mit Parallelkurs nach Ostsüdost. Hipper beabsichtigte nun, den Gegner an Scheers Geschütze heranzuführen. Seine Torpedoboote standen an der feindabgewandten Seite, die Kleinen Kreuzer achteraus. Die britischen 1. und 3. leichten Kreuzergeschwader hatten sich zu dieser Zeit selbst aus der Schlacht herausmanövriert. Kommodore Goodenough aber, der sich nicht hinter den anderen Leichten Kreuzern nach Nordwest hatte ziehen lassen, führte sein 2. Leichtes Kreuzergeschwader fünf Meilen vor Beatty voraus und beobachtete nach Süden in Richtung auf die deutschen Heimathäfen.

Phase I: Das Gefecht der Schlachtkreuzer

Um 15.48 Uhr hatte sich die Entfernung zwischen den Schlachtkreuzern auf 15088 m verringert. Hipper gab das Signal zur Feuereröffnung. Die Wetterbedingungen waren um diese Zeit für die Deutschen vorteilhaft: bei klarem westlichen Horizont hoben sich die britischen Schiffe hell gegen den blauen Himmel ab. Tiefhängende Dunstwolken machten die Sicht nach Nordosten sehr unterschiedlich. Die britischen Entfernungsmesser gaben daher zu hohe Werte an. Das hatte zur Folge, daß Beatty sein Feuer solange anhielt, bis er den Vorteil seiner größeren Schußweite verloren hatte. Schließlich eröffnete Captain Chatfield vom Flaggschiff *Lion* auf eigene Verantwortung das Feuer. In der Anfangsphase schossen die Deutschen hervorragend. Sie nützten ihre überlegenen optischen Instrumente und waren daher früher im Ziel. Ihre dichtliegenden Halbsalven fielen in Abständen von 20 Sekunden.

Als um 15.55 Uhr die gegnerischen Geschwader sich auf 12000 m genähert hatten, begannen die Granaten im Ziel zu liegen. Innerhalb einiger Minuten waren *Seydlitz* und *Lion* leicht beschädigt, *Tiger* und *Princess Royal* hatten Turmtreffer erhalten, die ihre Feuerkraft zeitweilig verminderten. Beatty drehte nun leicht ab, um die Distanz zu vergrößern. Eine Minute später erzielte die *Queen Mary* den zweiten britischen Treffer in dieser Schlacht. Die Granate durchschlug den mittleren Turm der *Seydlitz,* die Turmbesatzung wurde dabei durch abbrennende Ladungen getötet. Sofortiges Fluten der Munitionskammern rettete jedoch das Schiff.

Um 16 Uhr erhielt *Lion* einen Treffer auf den mittleren Turm. Der größte Teil der Bedienung wurde getötet, aber der Turmkommandant konnte noch, bevor er starb, den Befehl geben, die Munitionskammer zu fluten. Damit rettete er das Flaggschiff, denn etwas später setzten brennende Trümmer des Turmes eine Ladung in Brand, Flammen schlugen durch alle Stockwerke des Turmes und über diesen empor.

Einige Minuten danach wurde die *Indefatigable* kurz hintereinander von zwei Salven der *Von der Tann* getroffen. Die zweite durchschlug offenbar ihren vorderen Turm und setzte die Ladungen in Brand. Die Munitionskammern konnten nicht mehr geflutet werden. Zwei Feuersäulen stiegen empor, gefolgt von einer furchtbaren Explosion. Das Schiff legte sich nach Backbord über und versank sofort. Nur drei Überlebende wurden gerettet.

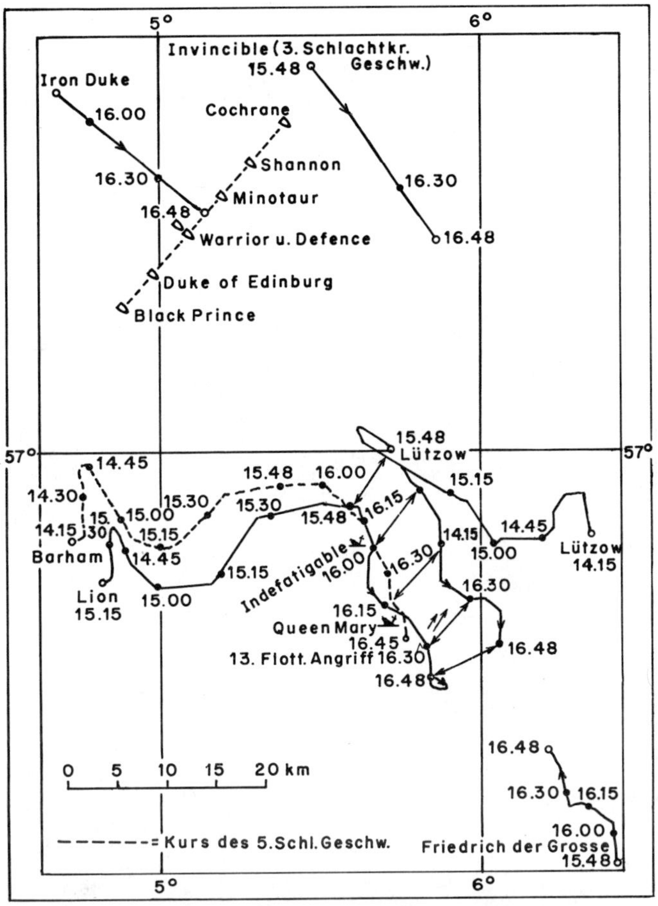

Schlachtkreuzergefecht und Annäherung der Flotten

Bald darauf eröffnete Evan-Thomas' 5. Schlachtgeschwader, das bis auf 17500 m an Hippers letztes Schiff herangekommen war, das Feuer. Das führende Schlachtschiff, die *Barham,* erzielte eine Reihe von 38-cm-Treffern auf Hippers letztem Schiff *Von der Tann.* Beatty, nun unterstützt von den Schlachtschiffen, ging drei Strich nach Backbord, um die Distanz zu verringern, und geriet wieder in schweres deutsches Feuer. *Derfflinger* und *Seydlitz* konzentrierten jetzt ihr Feuer auf die *Queen Mary,* deren Munitionsräume von drei Salven getroffen wurden. In einer gewaltigen Explosion zerbrach sie in zwei Teile und verschwand in einer mehr als 300 m hohen Rauchwolke. Captain Chatfield berichtet, daß er und Beatty sich umblickten, »um gerade noch das schreckliche Bild zu erblicken . . . Beatty wandte sich zu mir und bemerkte: ›Heute scheint mit unseren verdammten Schiffen etwas nicht zu stimmen‹, eine Bemerkung die weder einer Antwort noch eines Kommentars bedurfte. Es war tatsächlich etwas nicht in Ordnung.«[3] Unleugbar waren die deutschen Schlachtkreuzer den Briten in Panzerschutz und Bewaffnung überlegen. Hippers Schiffe aber erschienen standfester als sie wirklich waren, denn die britischen Granaten waren fehlerhaft. Hipper bemerkte später: »Nur die schlechte Qualität der britischen Sprenggranaten rettete uns vor einer Katastrophe.«[4]

Evan-Thomas' 5. Schlachtgeschwader griff jetzt voll in den Kampf ein und hielt Hipper davon ab, näher heranzukommen, um nach der Vernichtung der *Queen Mary* seinen Vorteil ganz zu nutzen. Inzwischen waren britische Zerstörer auf Beattys Befehl vorgestoßen und näherten sich den vorrückenden Deutschen in einer für den Torpedoangriff sehr günstigen Position. Hipper, gleichzeitig von den Schlachtschiffen, Schlachtkreuzern und Zerstörern bedroht, war der Ansicht, den Schlachtengott zur Genüge

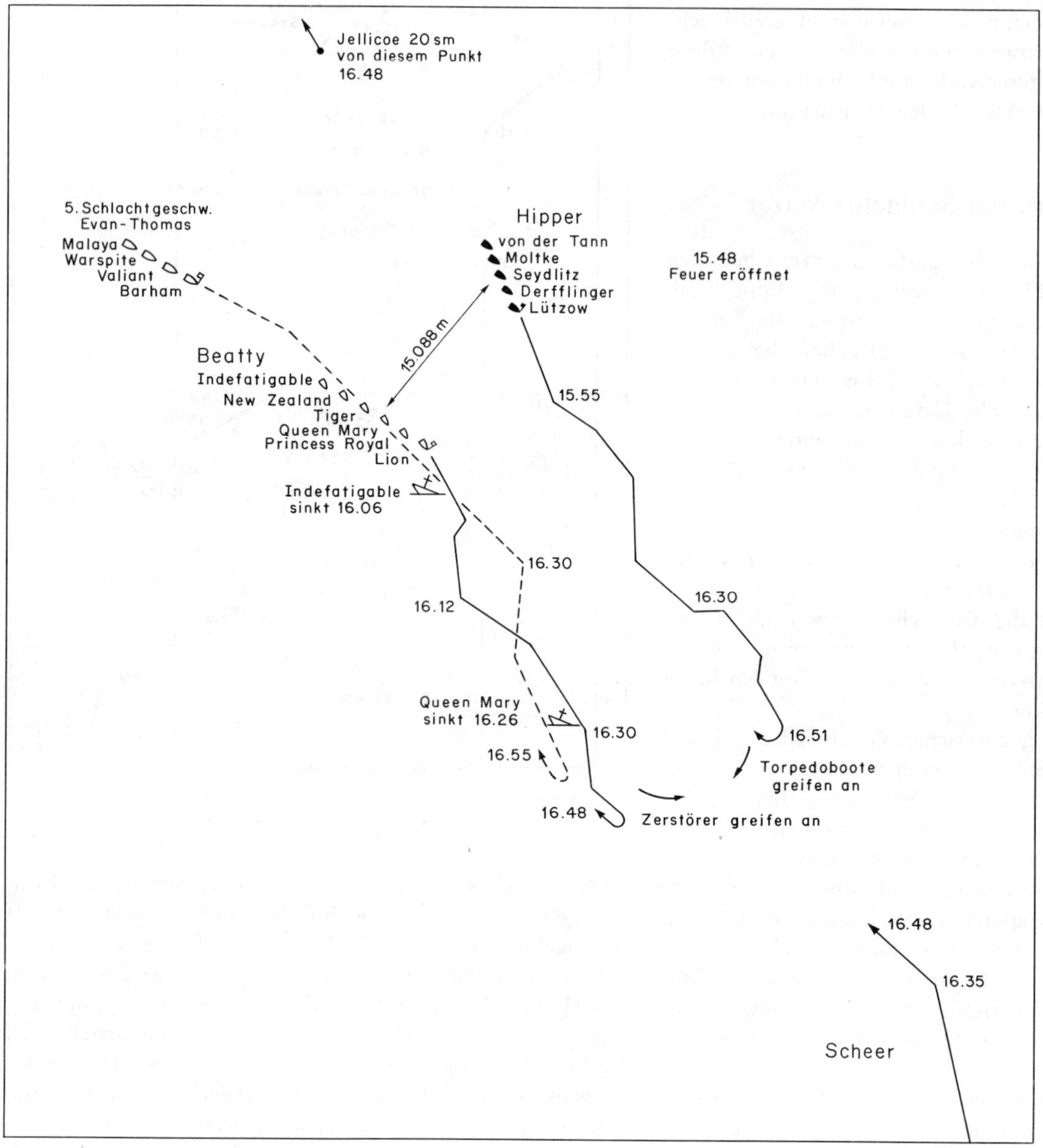

Phase I: Das Schlachtkreuzergefecht, 15.48 – 16.48

herausgefordert zu haben, und drehte ab, um den Kampf abzubrechen. Um 16.30 Uhr steuerte er, nahezu in rechtem Winkel zu Beattys Schlachtlinie, nach Osten.
Dessen Aufmerksamkeit wurde jetzt von der erregenden Meldung »Schlachtschiffe in Südost!« abgelenkt. Goode-

3 Flottenadmiral Lord Chatfield: The Navy and Defence. London 1942, S. 143.

4 Zitiert in: Konteradmiral W. S. Chalmers: The Life and Letters of David Beatty, Admiral of the Fleet. London 1951, S. 234.

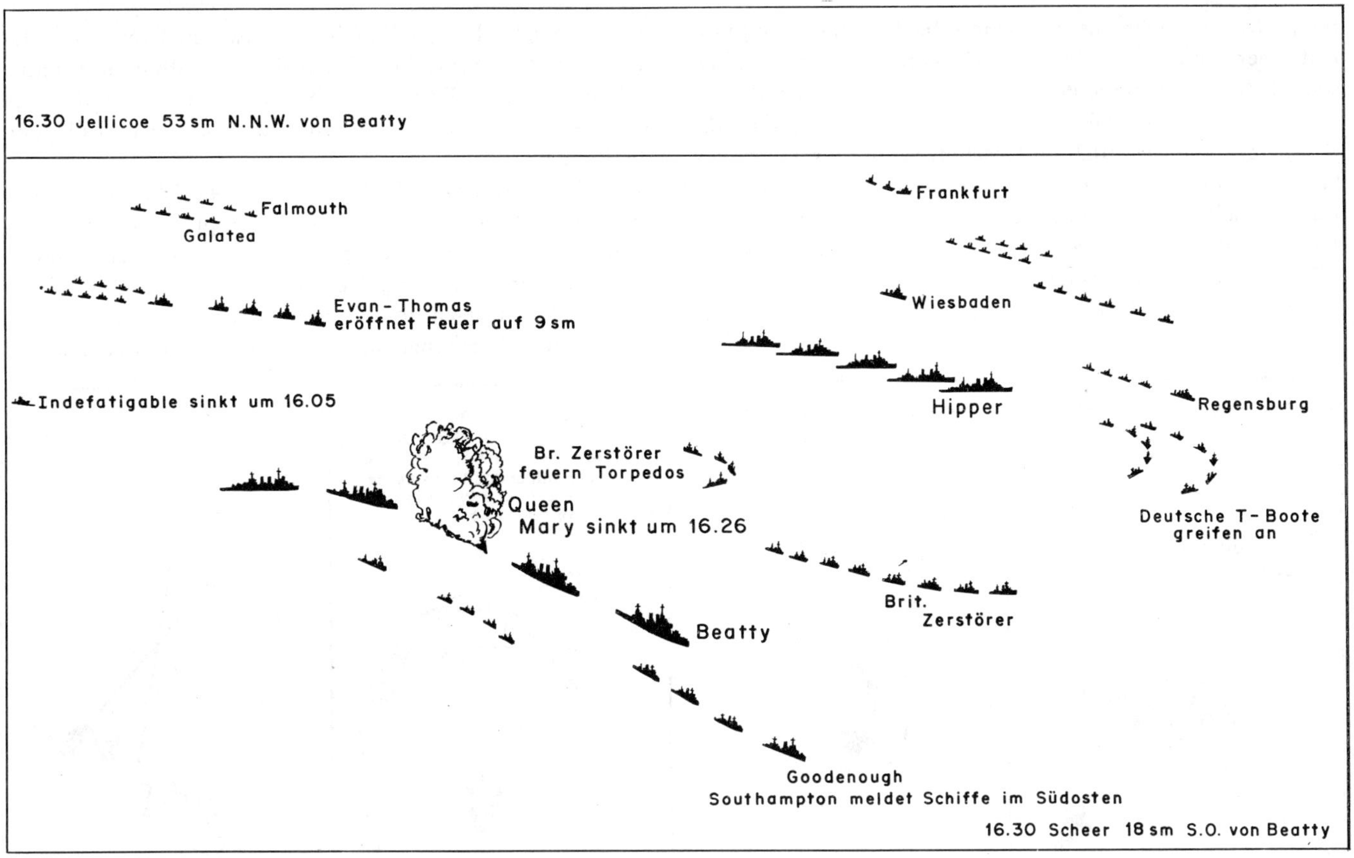

Der Untergang der Queen Mary, Zerstörer-Angriffe, Hipper staffelt ab, 16.20 – 16.30

noughs Kreuzer hatten Scheers Schlachtflotte gesichtet und beleuchteten die Szene mit ihren Scheinwerfern. Goodenough funkte sofort an Jellicoe: »Feindliche Schlachtflotte in Kiellinie Kurs Nord, Vorhut gebildet von *Kaiser*-Klasse, Richtung des Zentrums Ost, Torpedoboote an beiden Flügeln und voraus. Feindliche Schlachtkreuzer vereinigen sich mit Schlachtflotte von Norden aus. Meine Position 56° 29' Nord, 6° 14' Ost.«[5]

Hippers Abdrehen gab Beatty eine Atempause und ermöglichte ihm einen besseren Überblick über die Lageentwicklung. Er behielt seinen Kurs bei und sah um 16.40 Uhr am südlichen Horizont eine lange Linie von Masten und Schornsteinen, die direkt auf ihn zukam. Nun hatte er die Gelegenheit, den Spieß umzudrehen und seinerseits die gesamte Hochseeflotte in Jellicoes Fänge zu führen. Wesentlich war zu verhindern, daß Scheer frühzeitig vor der herankommenden Grand Fleet gewarnt wurde. Hippers Aufklärungskräfte mußten entweder nahe bei der deutschen Schlachtflotte gehalten oder aber abgedrängt werden, falls sie zu nahe an Jellicoe herankämen.

Lion gab das Signal zu einer sukzessiven 16-Strich-Schwenkung, und die Schlachtkreuzer brausten um 16.43 Uhr mit Volldampf direkt auf Jellicoes Verband zu. Dieses rechtzeitige Manöver hielt die Schiffe außer der Reichweite von Hippers Artillerie. Das 5. Schlachtgeschwader ging nun auf Gegenkurs, und als die *Barham* querab vorbeifuhr, gab Beatty den Schlachtschiffen das Signal nachfolgend zu wenden. Da Evan-Thomas die deutsche Hochseeflotte infolge der Rauchentwicklung noch nicht erblickt hatte, verzögerte er die Durchführung des Befehls. Als er dann um 16.57 Uhr langsam auf Nordkurs war, lag er schon vier Meilen hinter Beatty und geriet in das Feuer von Hippers Schlachtkreuzern, die gewendet und ihre Position bei Scheers Vorhut eingenommen hatten, wie auch in das der Hochseeflotte selbst. Aber Evan-Thomas' ausgezeichnete neue Schlachtschiffe teilten dabei mehr Schläge aus, als sie einstecken mußten, und erzielten innerhalb der ersten fünf Minuten beim Feind fünf Treffer gegenüber einem feindlichen auf den eigenen Schiffen.

Inzwischen waren fünfzehn deutsche Torpedoboote vorgestoßen, um ein Dutzend britische Zerstörer anzugreifen. Zwischen den Linien vollführten sie wilde Nahkämpfe, bei denen zwei deutsche Torpedoboote versenkt wurden. Obgleich Beatty um 16.50 Uhr seine Zerstörer zurückbeorderte, mißachteten einige von diesen in guter Nelsonscher Tradition den Befehl und stießen unter schwerem Feuer zum Angriff gegen Hippers Schlachtkreuzer vor, als diese gerade auf Gegenkurs gingen. Von zehn, aus einer Entfer-

5 Jutland Despatches, S. 453.

nung von weniger als 4600 m abgefeuerten Torpedos traf einer die *Seydlitz*. Der Schlachtkreuzer bekam Schlagseite, behielt aber seine Position in der Linie bei. Zu diesem Zeitpunkt war die Gefechtsentfernung so kurz, daß die Zerstörer sogar ihre 10,2-cm-Geschütze zum Einsatz bringen konnten. Einige der Zerstörer schossen Torpedos gegen die nun schnell herankommenden deutschen Schlachtschiffe. Diese entgingen den Treffern nur durch rasche Ausweichmanöver, aber der Zerstörerangriff trug mit dazu bei, Beattys zurückweichende Geschwader vom feindlichen Druck zu entlasten.

ten. Es zeigte die Qualität ihrer schweren Panzerung, daß die britischen Schlachtschiffe keinen ernsthaften Schaden nahmen. Gegen Ende jener Stunde wurde das deutsche Feuer schwächer, denn die Sonne kam hervor und blendete die Beobachter.

Als Jellicoe Beattys Meldung von 15.45 Uhr erhielt, daß die Schlachtkreuzer kurz vor dem Kampf mit Hipper stünden, ging er auf Südsüdost-Kurs, um näher heranzukommen, und erhöhte seine Geschwindigkeit auf 20 Knoten. Seine 24 Schlachtschiffe dampften in sechs parallelen Linien divisionsweise nebeneinander – eine Formation, die die

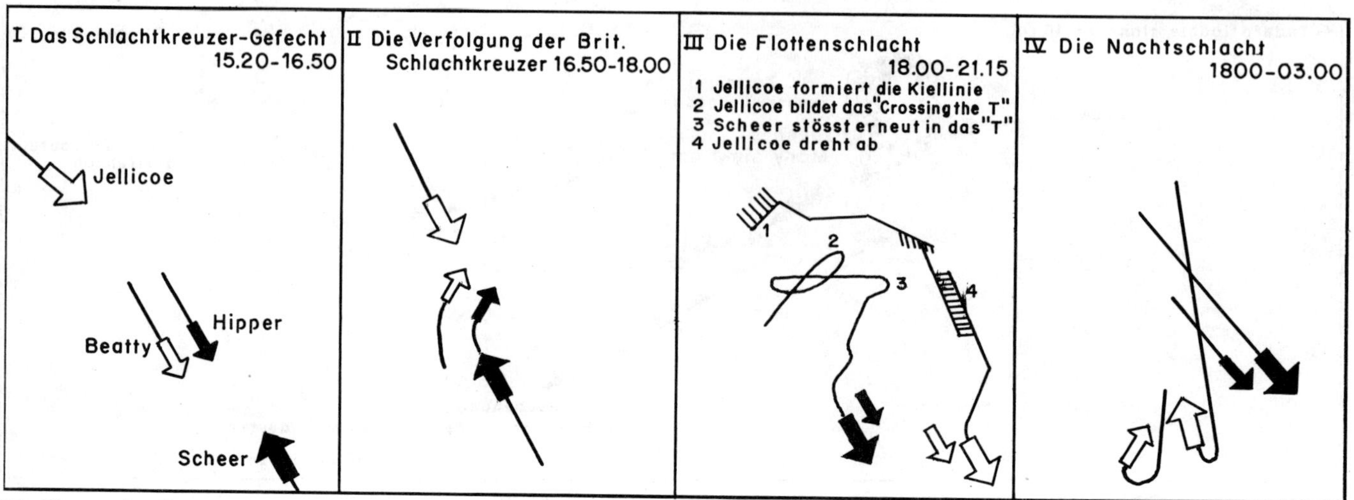

Die Phasen der Skagerrakschlacht

Phase II: Der Wettlauf nach Norden

Von 16.50 Uhr bis 18.00 Uhr verfolgte die deutsche Schlachtflotte Beattys Kräfte. Scheers 16 Schlachtschiffe und sechs ältere Linienschiffe fuhren in einer Linie. Seine sechs Kreuzer bildeten vor ihnen einen ovalen Schleier. Hinter den sich zurückziehenden britischen Aufklärungskräften hielten Goodenoughs Kreuzer auf 14600 m den Kontakt mit dem Gegner und meldeten die deutschen Bewegungen an Jellicoe. Im Laufe der nächsten Stunde wich Goodenoughs Flaggschiff *Southampton* 50 bis 60 schweren Granaten aus, die rundherum ins Wasser fielen. Seine eigene Artillerie, die nur über eine Reichweite von 13250 m verfügte, schwieg. Goodenough antwortete später auf die Frage, wie er der Versenkung entgangen sei, »einfach dadurch, daß ich immer in die Fontänen der letzten feindlichen Salven hineinsteuerte.«[6]

Das Artillerieduell zwischen dem 5. Schlachtgeschwader und der Hochseeflotte nahm seinen Fortgang. Evan-Thomas fuhr 25 Knoten, aber Scheers Dreadnoughts mit ihren 22 Knoten liefen schräg auf seinen Kurs zu und blieben so in Reichweite. Die deutschen mit mehr Schiffen erzielten 17 Treffer, besonders auf *Warspite*, während die Briten 12 Treffer, meistens auf den Schlachtkreuzern, anbringen konn-

6 Zitiert bei Chalmers, Earl Beatty: S. 243.

Herstellung einer einzigen Schlachtlinie nach jeder Seite in kürzester Zeit gestattete. Je eine Zerstörerflottille umschwärmte eine Division. Acht Meilen vor dem Gros bildeten acht Panzerkreuzer einen 25 Meilen breiten Aufklärungsschleier, während Leichte Kreuzer zwischen der Schlachtflotte und den Panzerkreuzern Verbindung hielten. Konteradmiral Hoods 3. Schlachtkreuzergeschwader fuhr in Kiellinie 15 Meilen vor den Kreuzern. Um 16.05 Uhr befahl Jellicoe Hoods drei Schlachtkreuzern und vier Zerstörern, Beatty zu unterstützen. Hood meldete seine Position, seinen Kurs (Südsüdost) und seine Geschwindigkeit (25 Knoten), um zu zeigen, daß er schon auf die britischen Aufklärungskräfte zuhielt.

Goodenoughs Kontaktmeldung von 16.38 Uhr bot Jellicoe den ersten Fingerzeig, daß auch die deutsche Hochseeflotte in See war. Diese Information gab er an seine Geschwader weiter. Um 16.51 Uhr sandte er der Admiralität die kurze, aufrüttelnde Meldung: »Flottengroßkampf unmittelbar bevorstehend!« Seine vordringliche Aufgabe war es nun, die 24 Schlachtschiffe wie einen Wall quer über Scheers Vormarschroute zu legen. Diese würden dann vorrücken und mit einer Drehung die Deutschen von ihren Heimathäfen abschneiden. Eine eventuelle Verfolgungsjagd wäre damit vermieden. Sollte die Dämmerung anbrechen, würde er so manövrieren, daß er immer zwischen dem Gegner und dessen Basen bliebe, und damit die Risiken eines Nachtgefechtes vermeiden. So wäre er bereit, seine artilleristische Überlegenheit bei Tagesanbruch wieder zur Geltung zu bringen. Das war Jellicoes taktische Doktrin; viele seiner Offiziere jedoch befürworteten ein flexibleres System nach Nelsonscher Tradition.[7] Eine Konzentration der Kräfte könne – so argumentierten sie – sehr leicht erreicht werden bei unabhängigem Einsatz der Geschwader, eine Methode, die den zusätzlichen Wert besäße, den Untergebenen die Initiative zu überlassen und die numerische Überlegenheit der Grand Fleet am meisten zum Tragen zu bringen. Die Hauptschwierigkeit, der sich diese Vertreter einer taktischen Dezentralisation gegenübersahen, lag auf dem Gebiet der Nachrichtenverbindungen. Damals waren noch keine klaren Einsatzgrundsätze entwickelt worden, die es einem Oberbefehlshaber ermöglichten, die gesamte taktische Führung in der Hand zu behalten, wenn die Geschwader unabhängig mit hoher Geschwindigkeit auf raucherfülltem Kampffeld operierten oder gar außer Sichtweite waren. Unter modernen Bedingungen hatte es den Anschein, daß Nelsons Unterführerschulung unter dem Gesichtspunkt des zu erreichenden Kampfzieles, wie gründlich sie auch sein mochte, doch nur ein unangemessener Ersatz für eine starke zentrale Führung war. Auch die Lösung weiterer Probleme, die Zielverteilung und die Feuerleitung, schien doch in einer zentral geführten Schlachtlinie zu liegen.

Beatty, auf Nordkurs drehend, gab über Funk einen ausführlichen Bericht von der Fühlungnahme mit dem Feind. Das war der erste der zahlreichen irreführenden Berichte, die das Flaggschiff *Iron Duke* erreichten. Beattys Positionsmeldung unterschied sich etwa 20 Meilen von der, die Goodenough meldete, und beide konnten nicht mit den von der Admiralität übermittelten Funkpeilungen über die Position der deutschen Flotte in Übereinstimmung gebracht werden. Die Grand Fleet war seit 17 Stunden in See, und ihre einzelnen, voneinander getrennten Elemente waren unterschiedlichen Meeresströmungen und Windverhältnissen unterworfen, was die bei der Koppelung entstehenden Fehler vergrößerte. Eine astronomische Positionsbestimmung war nicht möglich. Hood steuerte in Richtung auf Beattys Streitkräfte, war aber ziemlich nach Osten abgekommen und hätte ihn wohl gar nicht getroffen, wenn nicht der Leichte Kreuzer *Chester* auf Hippers 2. Aufklärungsgruppe gestoßen wäre und sie durch den tiefliegenden Nebel unter die Kanonen von Beattys Schlachtkreuzern gelockt hätte. Diese eröffneten mit ihren 34,3-cm-Geschützen ein gutliegendes Schnellfeuer und setzten den Leichten Kreuzer *Wiesbaden* rasch außer Gefecht. Die 2. Aufklärungsgruppe drehte im Schutze eines Rauchschleiers schnell ab, und Hipper ließ seine 30 Torpedoboote zu ihrer Unterstützung heranjagen. Beattys vier Zerstörer zogen den Angriff, 6850 m von den britischen Schlachtkreuzern entfernt, auf sich. Hippers Torpedoboote versenkten einen britischen Zerstörer, verpaßten dabei aber eine gute Gelegenheit zu einem Angriff auf Jellicoes auffahrende Schlachtschiffe und Beattys Schlachtkreuzer.

Um 17.30 Uhr änderte Beatty, der immer noch die deutschen Aufklärungs- und Hochseestreitkräfte nach Norden zog, seinen Kurs um 45° nach Steuerbord und eröffnete auf eine Entfernung von 13700 m das Feuer, um die Deutschen von der herannahenden britischen Schlachtflotte abzuziehen.

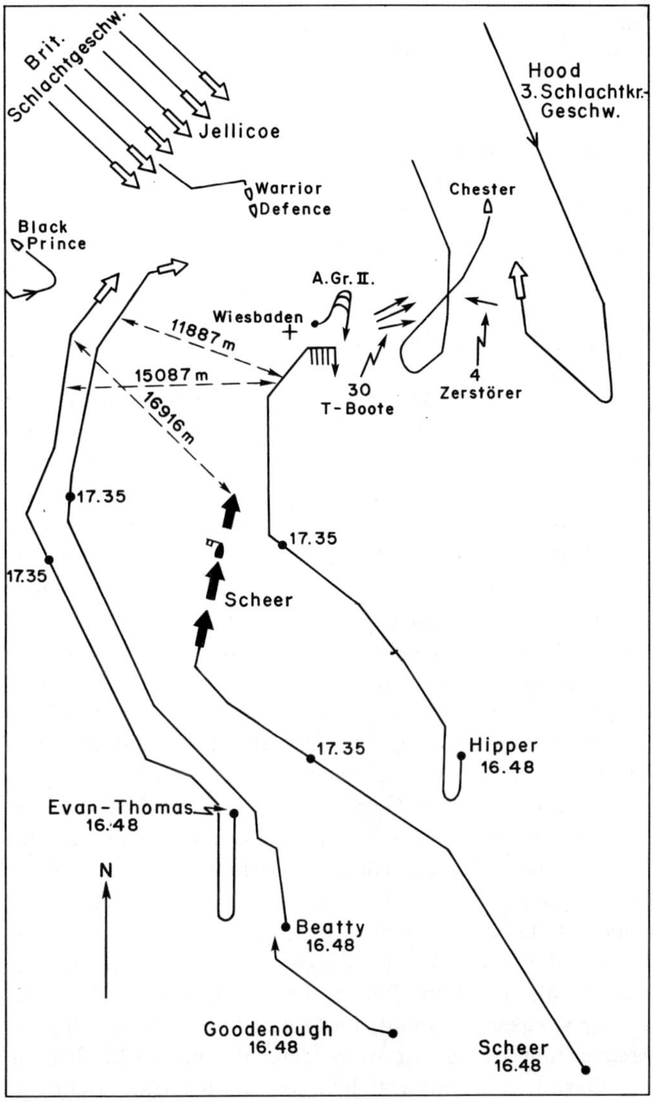

Phase II: Die Verfolgung, 16.48 – 18.00

Sein Angriff zwang Hipper, nach Steuerbord auszuweichen. Scheers Schlachtschiffe folgten ihm sechs Meilen achteraus im Kielwasser.

Um 17.32 Uhr sichtete Beattys Vorhut die *Black Prince,* Jellicoes am weitesten südlich befindliches Schiff; damit hatte Beatty Sichtkontakt mit der britischen Schlachtflotte.

7 Vgl. ViceAdmiral K.G.B. Dewar, RN: The Navy from Within. London 1939, S. 265 – 81.

In der Meinung, Jellicoe würde nach links aufmarschieren, ging Beatty näher an Hipper heran und zwang die gegnerischen Aufklärungskräfte noch weiter von Jellicoes vorrückenden Schlachtdivisionen fort. Hipper, der momentan keine Torpedoboote für einen Gegenangriff zur Verfügung hatte, drehte zeitweilig um und ging auf Scheers Einheiten zurück. Übertriebene Berichte von dem Treffen zwischen der 2. Aufklärungsgruppe und Hoods Schlachtkreuzern führten Scheer zu dem Schluß, daß das britische Gros viel weiter ostwärts stünde als dies wirklich der Fall war.
Hood, der nach dem Angriff auf die 2. Aufklärungsgruppe nach Nordwesten eilte, sichtete den herankommenden Beatty direkt voraus. Gedeckt durch das Zerstörergefecht, marschierte er um 18.17 Uhr zurück, drei Meilen vor der *Lion* stehend. Beatty war quer durch die Spitze der aufmarschierenden Kolonnen Jellicoes gedampft und hatte einen Bogen von 90 Grad auf Kurs Südost beschrieben. Er führte jetzt die 1. Division der britischen Schlachtschiffe an und bemühte sich, quer zur deutschen Vormarschlinie zu kommen.

Phase III: Das Hauptgefecht

Jellicoe, der vorrückte, um die von Beatty nach Norden gezogene Hochseeflotte abzufangen, versuchte, sich die Widersprüche der ihm zugänglichen Informationen verständlich zu machen. Er mußte unbedingt Scheers Standort erfahren, bevor er über die Richtung seines Aufmarsches entschied. Zehn Minuten waren nötig, um seine Schlachtschiffe in Kiellinie zu bringen, weiterer 15 bis 20 Minuten bedurfte es, um die lang auseinandergezogene Linie auf den jeweils erforderlichen Gefechtskurs zu bringen. Wenn er nach der falschen Seite hin aufmarschierte, riskierte er es, Scheer zu verpassen oder den Kampf in einer rasch vorrübergehenden Situation zu beginnen, bei der eine Entscheidung nicht möglich war. Wenn er einfach auf den Kontakt mit dem Gegner wartete, lief er Gefahr, daß seine Gefechtsformation noch unvollständig war und einige seiner Geschütze noch kein Schußfeld hatten. Für einen richtigen Aufmarsch vor einer Fühlung mit dem Feind benötigte er genaue Informationen, und eben die besaß er nicht.
Es traf den Stab auf der Brücke der *Iron Duke* wie ein Schock, als die *Black Prince,* die auf dem westlichen Flügel der Kreuzerlinie stand, um 17.42 Uhr feindliche Schlachtkreuzer fünf Meilen voraus meldete, also nur elf Meilen von der Grand Fleet entfernt. Jellicoe schloß daraus richtigerweise, daß dies seine eigenen Schlachtkreuzer sein müßten. Das wurde eine Minute später durch eine Meldung des am rechten Flügel stehenden Schlachtschiffes *Marlborough* bestätigt. Die Meldungen gaben aber Beattys Position—und damit auch die des Feindes—elf Meilen weiter westlich an als erwartet. Um 18 Uhr wurden Beattys Schiffe fünf Meilen steuerbord voraus vor den Schlachtschiffen der Grand Fleet gesichtet. Jellicoe signalisierte: »Wo ist die feindliche Schlachtflotte?« Beatty, in schwerem Kampf mit Hipper und nicht in der Lage, Scheers Linien zu erkennen, erwiderte: »Feindliche Schlachtkreuzer Südost!« Um mehr Raum nach Westen zu gewinnen, drehte Jellicoe seine Divisionen etwas mehr nach Steuerbord. Aber da er jeden Augenblick den Feind in Sicht zu bekommen erwartete, ging er schnell wieder auf Südost zurück. Jellicoe beabsichtigte anfangs, nach Steuerbord aufzumarschieren; dies würde aber seine ältesten Schlachtschiffe an die Spitze bringen und ihn bei sofortiger Feindberührung in eine taktisch unvorteilhafte Lage versetzen. Daher entschloß er sich, nach Backbord aufzumarschieren und sich dann im Bogen zwischen den Feind und dessen Küste zu setzen. Er wartete jedoch bis zum letzten Augenblick in der Hoffnung, irgendwelche Meldungen über die beiden feindlichen Flottenverbände zu erhalten. Eine derartige Meldung traf um 18.14 Uhr ein, als Beatty das feindliche Gros sichtete und meldete: »Feindliche Schlachtflotte Südsüdwest.« Gleichzeitig bestätigte Evan-Thomas diese Nachricht. Jellicoe befahl daraufhin den britischen Schlachtschiff-Divisionen, zu einer Linie aufzumarschieren, die Backborddivision als Spitze, mit Kurs von Südost zu Ost. Zur selben Zeit dampften Beattys Schlachtkreuzer mit Volldampf durch die Vorhut der britischen Schlachtschiffe. Der Rauch verbarg die beiden gegnerischen Schlachtflotten voreinander. Vor Jellicoes Dreadnoughts hielt die Panzerkreuzer-Vorhut in schneller Fahrt auf Beatty zu und kam dabei in feindliches Feuer. Während die britischen Schlachtschiffe zur Schlachtordnung aufmarschierten, begaben sich die Panzerkreuzer auf die dem Feind abgewandte Seite der Kampflinie. Das Flaggschiff des 1. Kreuzergeschwaders, die *Defence*, machte, gefolgt von der *Warrior*, einen weiten Bogen nach rechts und passierte Beattys herankommende Schiffe so nahe, daß die *Lion* scharf nach Backbord drehen mußte, um eine Kollision zu vermeiden. Der Geschwaderchef wollte der hilflos zwischen den Linien liegenden *Wiesbaden* den Rest geben. Zuvor sandte er noch eine letzte Kontaktmeldung über die deutsche Flotte ab. Als die beiden Panzerkreuzer zwischen die Linien vorstießen, gerieten sie in ein derart konzentriertes feindliches Feuer, daß die *Warrior* außer Gefecht gesetzt wurde und die *Defence* mit ihrer gesamten Besatzung in die Luft flog.
Evan-Thomas, der vier Meilen hinter Beatty herankam, drehte um 18.18 Uhr scharf nach Backbord, um als Nachhut hinter die 6. Schlachtschiff-Division zu gelangen. Während dieses Manövers verklemmte sich das Ruder der *Warspite,* und das Schiff drehte auf die deutschen Dreadnoughts zu, wobei sie das feindliche Feuer von der zerschossenen *Warrior* abzog. Die dicken Panzerdecks waren der *Warspite* Rettung; sie gelangte schwer beschädigt aus eigener Kraft in ihren Heimathafen zurück; die *Warrior* dagegen sank am nächsten Tag beim Abschleppen. Unterdessen verwandelte sich die unglückliche *Wiesbaden* unter dem Feuer aller britischen Divisionen in ein Wrack. In der Nacht versank sie.

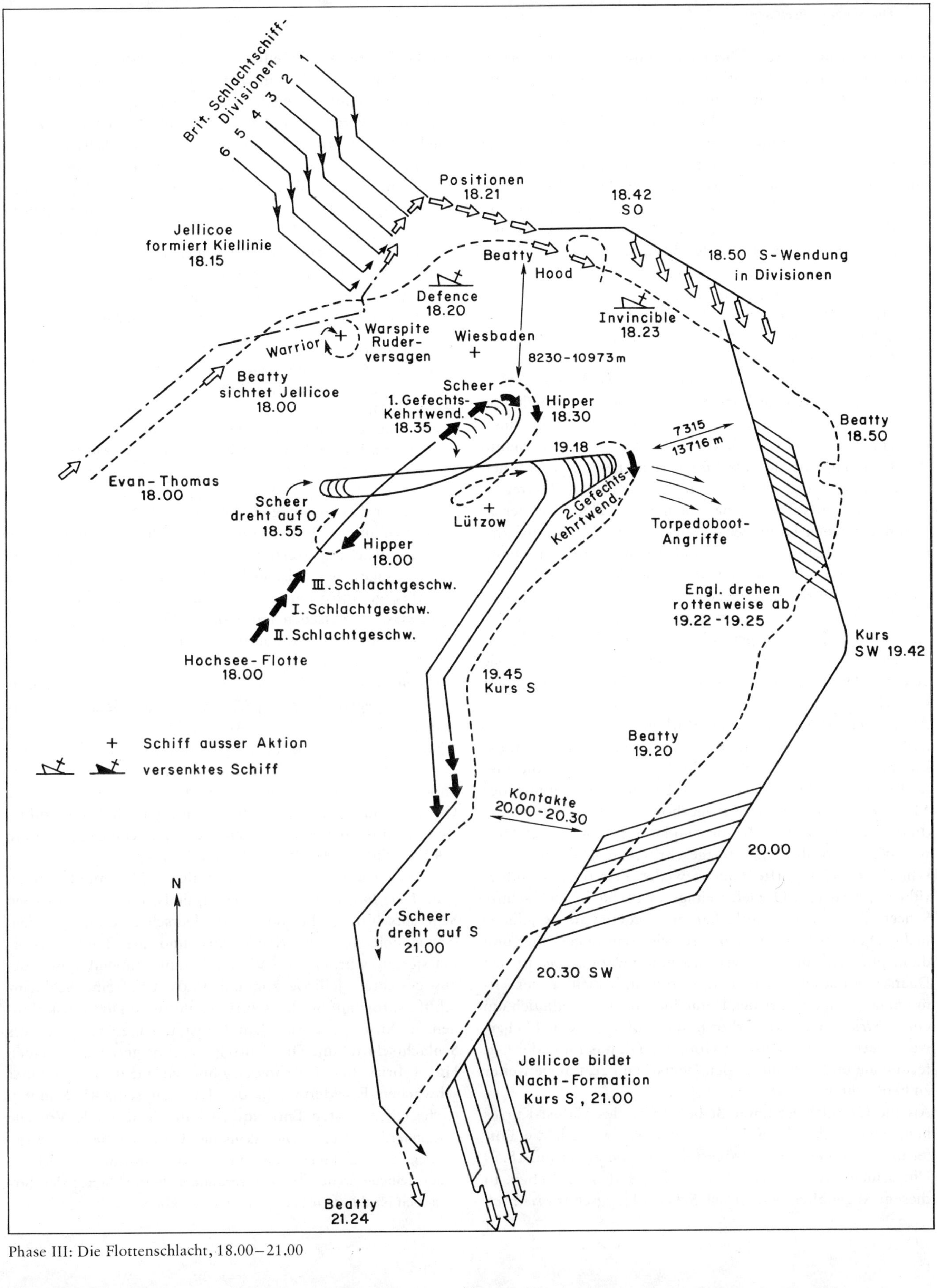

Phase III: Die Flottenschlacht, 18.00–21.00

Jellicoe brachte seine 24 Schlachtschiffe in Gefechtsformation, indem die Schlachtkreuzer als Vorhut und Even-Thomas' drei Schlachtschiffe als Nachhut fuhren. Trotz der Fehler bei der Positionsberechnung, trotz des Mangels an genauen Aufklärungsergebnissen konnte die Grand Fleet kaum günstiger aufmarschiert sein. Obgleich die Entfernung und die geringe Sichtweite allen Befehlshabern die genaue Situation verbargen, führten die einzelnen Bewegungen doch dazu, daß die Grand Fleet genau zum Crossing-the-T-Manöver ansetzen konnte und zugleich später die Möglichkeit hatte, mit einer Wendung nach Süden, den Deutschen den Rückzug abzuschneiden.

Um 18.21 Uhr eröffnete Hoods 3. Schlachtkreuzer-Geschwader das Feuer auf Hippers 1. Aufklärungsgruppe, die die deutsche Schlachtflotte anführte. Hipper drehte daraufhin nach rechts auf Südost-Kurs, um zu vermeiden, ins T zu gelangen. In einem kurzen, heftigen Kampf erhielt sein Flaggschiff *Lützow* seinen 20. Treffer und wurde außer Gefecht gesetzt. Für die nächsten drei Stunden übernahm der Kommandant der *Derfflinger* den Befehl. Inzwischen hatte Hoods Flaggschiff, die *Invincible,* einen Treffer in ihren Mittschiffs-Turm erhalten; und die Flammen der in Brand geratenen Ladungen schlugen in die Munitionskammern. Sie brach auseinander und versank, tausend Mann, darunter Admiral Hood, mit sich in die Tiefe reißend.

Als Scheers Vorhut die Gegend erreichte, wo sich Hipper und Hood geschlagen hatten, begann Jellicoe mit dem Crossing-the-T-Manöver gegen Scheer und eröffnete das Feuer. Die Deutschen konnten es kaum erwidern, denn alles, was sie gen Norden sehen konnten, war eine Linie aufblitzender britischer Geschütze.

Als Scheer erfuhr, daß seine Vorhut unter Feuer lag, erkannte er, daß er aus dieser Situation schleunigst herauskommen mußte. Um 18.35 Uhr befahl er daher die Gefechtskehrtwendung – ein vom Schluß aus beginnendes Manöver – um 180° nach Steuerbord. Nach Durchführung dieser komplizierten Richtungsänderung ging er auf Südwest-Kurs. Infolge der fortgeschrittenen Zeit und der schlechten Sicht durfte Jellicoe weder Zeit noch Feindberührung verlieren. Obgleich einige britische Schlachtschiffe Scheers Abdrehen bemerkt hatten, meldeten sie es Jellicoe nicht. Dieser wußte nur, daß deutsche Schiffe gesichtet und dann plötzlich im Dunst verschwunden waren. Anstatt den Deutschen mit einer Wendung zu folgen, behielt er vier Minuten lang seinen Kurs bei. Dann änderte er ihn lediglich um einen Strich nach Steuerbord, nach Südost. Glücklicherweise verließ der wachsame Goodenough das Ende der Gefechtslinie und eilte hinter den Deutschen her, um sie weiter zu beobachten.

Als die Grand Fleet unter Beibehaltung des Südost-Kurses kein Ziel fand, schloß Jellicoe daraus, daß sich die Entfernung zum Gegner vergrößerte. Daher befahl er um 18.50 Uhr seinem Gros, divisionsweise nach Süden zu drehen. In diesem Augenblick befand sich Scheers Flaggschiff *Friedrich der Große* rund 12 Meilen südwestlich von der britischen Flotte. Scheer befahl nun eine weitere Gefechtskehrtwendung und dampfte wieder nach Osten gegen den Feind. Die bös zugerichteten deutschen Schlachtkreuzer nahmen wieder ihren Platz an der Spitze ein, weniger als 9100 m von den Briten entfernt, und näherten sich in rechtem Winkel dem Feind. Es ist unklar, warum Scheer seine Schlachtkreuzer voraus schickte, wo doch unbeschädigte Schlachtschiffe zur Verfügung standen, um seiner Front Kampfkraft zu verleihen. In diesem Moment schien er einfach seinem Instinkt zu folgen. Als Grund, warum er sich nach dem gerade vollzogenen Abbruch des Kampfes wieder dem aufmarschierten Gegner zuwandte, gab er in seinen Memoiren an:

»Das Manöver würde auf jeden Fall den Feind überraschen, seine Pläne für den Rest des Tages durcheinanderbringen und, wenn der Kampf schwierig würde, die Lösung vom Gegner erleichtern. Die wieder gesichtete *Wiesbaden* trug auch dazu bei, mich in meinem Entschluß zu bestärken und eine letzte Anstrengung zu machen, ihr Hilfe zu bringen und wenigstens ihre Besatzung zu retten.«[8])

Aus dieser Erklärung geht hervor, daß Scheer durch ein Offensivmanöver hoffte, seine Flotte herauszuziehen, um sich den Rückweg freizumachen. Das war ein kühner, um nicht zu sagen, waghalsiger Entschluß, denn er stürmte ohne zuverlässige Information über den Gegner blindlings ins Ungewisse. Inzwischen hatte sich Jellicoe mit seiner Wendung nach Süden wiederum quer zur deutschen Vormarschrichtung gesetzt.

Als Scheer um 18.35 Uhr das Signal zur Gefechtskehrtwendung gegen Jellicoe gab, erhielten die deutschen Torpedoboote den Befehl zum Angriff. Diesem wurde aber die Wucht genommen, da acht Torpedoboote detachiert worden waren – vier, um der *Wiesbaden* zur Hilfe zu eilen, die anderen, um *Lützow* zu decken. Um 19.04 Uhr meldete Goodenough, daß die deutsche Flotte nach Osten führe. Eine Minute später drehte Jellicoe seine Schlachtschiffe um 3-4 Strich gegen den Feind auf Südwest-Kurs.

Die Skagerrakschlacht ging jetzt ihrem Höhepunkt entgegen. *Derfflinger* wurde gesichtet und von den britischen Schlachtschiffen, die quer zur deutschen Linie standen, eingegabelt. Kreuzer *Regensburg* und die Torpedobootmassierung wurden, von Westen herankommend, nahe voraus gesichtet. Jellicoe zog um 19.09 Uhr seine Schlachtschiffe sofort auf Südkurs zurück, um sie in Divisionskolonnen zu formieren. Aus dem Dunst tauchten jetzt Scheers Schlachtschiffe auf. Die deutsche Vorhut geriet unter einen Hagel britischer Geschosse, ohne zu mehr als zu einer schwachen Erwiderung in der Lage zu sein. 45 Minuten nach seinem ersten Entkommen hatte Scheer alle Vorteile

8 Reinhardt Scheer: Die deutsche Hochseeflotte im Weltkrieg, S. 172. Einige Autoren sind der Ansicht, daß Scheer, der Jellicoe weiter südlich vermutete, hoffte, hinter der britischen Nachhut vorbei entkommen zu können.

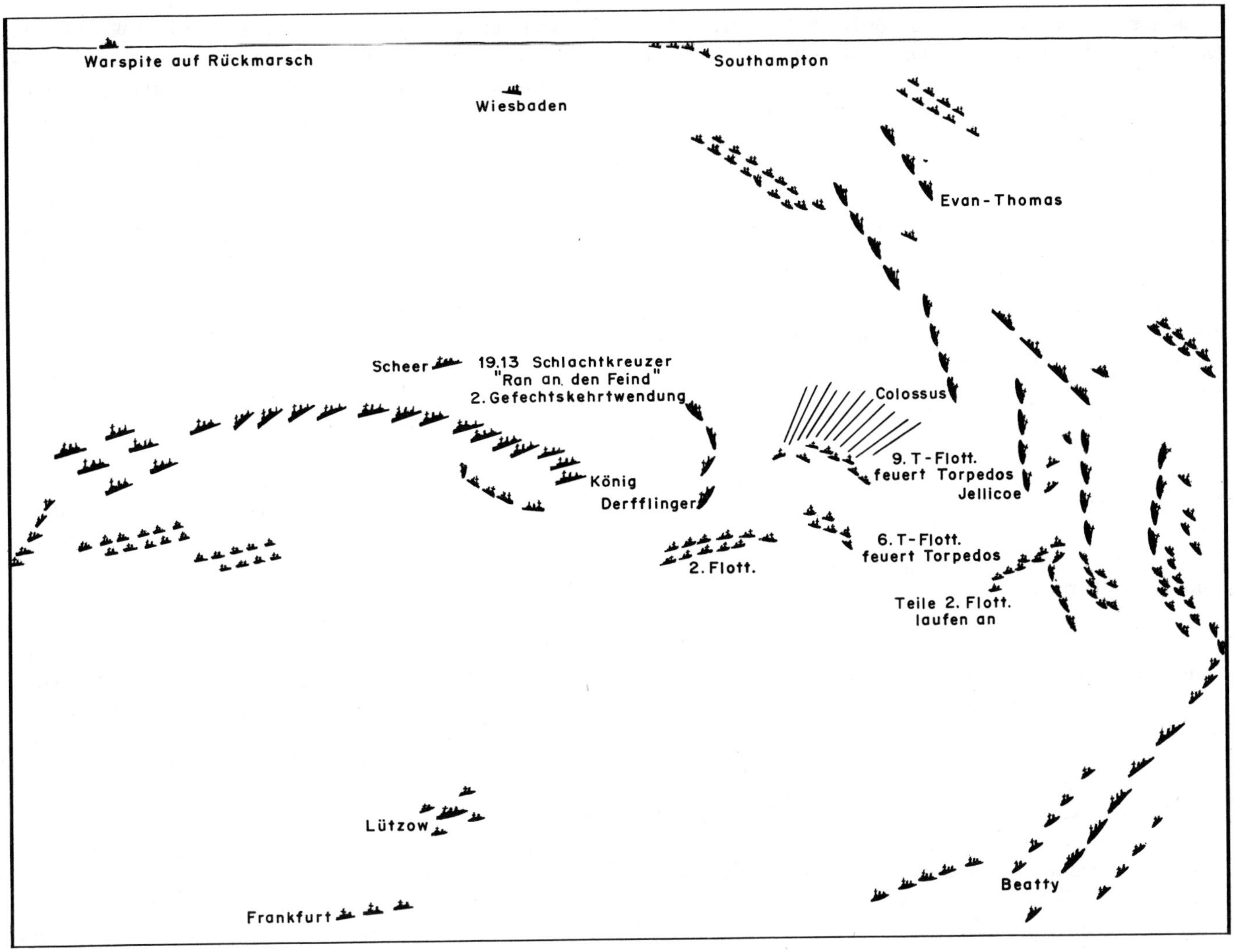

Der Höhepunkt, 19.15 – 19.20

aufgegeben und marschierte mit seiner Flotte direkt in den Rachen eines nahezu unangreifbaren Gegners hinein. Für die Deutschen schien eine totale Katastrophe in greifbare Nähe gerückt.

Scheer bemerkte von seiner Position in der Mitte der Gefechtslinie nicht, daß die Schlachtkreuzer bereits wieder an der Spitze waren, und befahl ihnen daher um 19.13 Uhr, zu wenden und den Feind anzugreifen. Eine Minute später änderte er seinen Befehl und wies sie an, »gegen die feindliche Vorhut vorzustoßen«. Um 19.15 Uhr gab er dann Befehl zu einer dritten Gefechtskehrtwendung. Hartog, der zeitweilig die Aufklärungsstreitkräfte befehligte, erkannte, bereits vor Erhalt von Scheers Weisung, daß es unmöglich sei, weiter vorzugehen. Seine Schiffe lagen unter mörderischem Feuer und erhielten in rascher Folge schwere Treffer. Um 19.14 Uhr erreichte ihn der Befehl zum Angriff, worauf er Kurs Südost befahl. Aber die deutschen Schlachtkreuzer, seit 19.05 Uhr unter dem Feuer der am weitesten westlich befindlichen britischen Schlachtschiff-Division liegend, waren inzwischen aus dem Dunst und Qualm hervorgestoßen und wurden von der nächsten feindlichen Division gesichtet. Die Übermacht von 36 weiteren, nur 6850 m entfernten feindlichen Geschützen veranlaßten Hartog, auf 23 Knoten zu gehen und weiter nach Süden zu drehen, bis er auf einem nahezu parallelen Kurs mit den Briten stand. Jetzt hatten diese die günstigeren Sichtverhältnisse. Das deutsche Spitzenschiff *Derfflinger* erzitterte unter den fürchterlichen Schlägen. Ein 38-cm-Geschoß drang durch die Decke des hinteren Turmes und setzte einige Ladungen in Brand. Das Feuer schlug durch den Aufzugsschacht hinunter und setzte die Umladekammer in Brand. Die 78 Mann starke Turmbesatzung wurde bis auf fünf Überlebende getötet. Die Pulverkammerschotts und Luks blieben aber dicht. Als ein schwerer Treffer das Hauptdeck demolierte, schlug eine weitere Flammenwand empor. Ein anderer schwerer Treffer schlug in die Barbette des Turmes C, zerstörte die Geschütze und tötete die Turmbesatzung bis auf einen Mann. Eine Reihe fertiger Ladungen fing Feuer, aber wiederum retteten feuerfeste Schotten und schnelles Fluten der Munitionskammern das Schiff. Obgleich die Verbindungen zu den Beobachtungsstationen und dem Feuerleitungsstand abgerissen und die Artilleriezentrale durch Gase unbetretbar waren, befahl der Artillerieoffizier den beiden übriggegliebenen Türmen Schnellfeuer. Inzwischen erhielten auch die drei anderen Schlachtkreuzer schwere Treffer. Um 19.23 Uhr drehte Hartog zwei Strich nach Südwest und löste seine Schlachtkreuzer vom Feind, gedeckt von vorstoßenden Torpedobootflottillen. Unterdessen war es der deutschen Schlachtflotte gelungen abzudrehen. Scheer hielt Westkurs. Die Hochseeflotte zog sich im rechten Winkel von der Grand Fleet zurück.

Jellicoe hatte bereits mit seiner Flotte eine Drehung nach Steuerbord begonnen, um die kampfkräftigen Schiffe seiner Spitze näher an den Feind heran zu bringen. Als die Divisionen wendeten, bemerkte er die ersten Gruppen der zum Angriff ansetzenden deutschen Torpedoboote. Vier von diesen kamen bis auf 6850 m heran und feuerten 11 Torpedos ab. Drei Minuten später griffen neun weitere an und schossen 20 Torpedos. Die britischen Schlachtschiffe setzten sechs Torpedoboote außer Gefecht und versenkten ein siebtes. Eine dritte Angriffswelle wurde von dem 4. leichten Kreuzergeschwader abgefangen und zersprengt. Als die ersten Torpedos ins Wasser klatschten, befahl Jellicoe das herkömmliche Gegenmanöver, nämlich Wegdrehen von den herankommenden Torpedos. Er änderte den Kurs um 45° von Süd auf Südost. Dieses Manöver kostete ihn wahrscheinlich den schon in greifbare Nähe gerückten Sieg. Da nur noch mit 115 Minuten Tageslicht zu rechnen war, mußte er unbedingt mit dem Feind Fühlung halten. Wenn er, statt abzudrehen, auf die Torpedos zugedreht hätte, wäre er ein geringeres Risiko gelaufen; zudem hätte er den Vorteil gehabt, näher an den Feind heranzukommen. Sein Abdrehen machte es ihm schwerer, während der verbleibenden Zeit des Tages wieder auf wirksame Distanz heranzugehen.

Um 19.35 Uhr, 14 Minuten nach Jellicoes Abdrehen, durchliefen die Torpedos die britischen Linien. Da ihre Laufbahn eine Meile weit sichtbar war, konnten die britischen Schiffe ihnen leicht ausweichen, nur *Marlborough* wurde getroffen. Jellicoe drehte nun um 56° und um 19.42 Uhr nochmals um 34°, womit er schließlich auf Südwest-Kurs kam. Da Scheer ebenfalls Südwest-Kurs steuerte, glaubte Jellicoe wieder in der Lage zu sein, seinem Gegner den Rückweg abschneiden zu können.

Während Jellicoe um 19.45 Uhr in Kiellinie weiter Südwestkurs hielt, lagen Beattys Schlachtkreuzer Steuerbord voraus vor der ersten Schlachtschiff-Division auf Parallelkurs. Dieser hatte das Abdrehen der Schlachtflotte nicht mitgemacht, sondern war in Sichtweite der deutschen Schlachtkreuzer geblieben. Sie steuerten um 19.45 Uhr noch Südwestkurs, als er die Fühlung mit ihnen verlor. Um 20.47 Uhr meldete er: »Dringend! Vorschlage, daß Vorhut der Schlachtschiffe den Schlachtkreuzern folgt! Wir können dann die ganze feindliche Schlachtflotte abschneiden.« Eine Übermittlungspanne verzögerte den Empfang, aber Jellicoe drehte doch gleich nach Erhalt von Beattys Meldung die Schlachtflotte divisionsweise auf Westkurs. Inzwischen war Scheer mit der Hochseeflotte auf Südkurs gegangen. Seine Schlachtkreuzer kamen nun querab der älteren Schlachtschiffe, die seit dem Abdrehen um 19.18 Uhr die Vorhut bildeten. So standen wieder Scheers schwächste Einheiten an der Spitze, und die beiden gegnerischen Flotten, deren Flaggschiffe 16 Meilen voneinander entfernt waren, kamen in rascher Fahrt aufeinander zu.

Kurz nach 20 Uhr bekamen Beattys Leichte Kreuzer Kontakt mit denen Hartogs und eröffneten das Feuer. Beatty drehte nach Westen, um ihnen zu Hilfe zu kommen und geriet mit der 1. Aufklärungsgruppe zusammen. Er schaltete zeitweilig *Derfflingers* letzten einsatzbereiten Turm aus und traf Kommandobrücke und Kommandostand der *Seydlitz*. Als Hartogs Schlachtkreuzer nach Westen hinter einer Rauchwand verschwanden, machte Beatty die älteren deutschen Linienschiffe aus. Nach kurzem Feueraustausch drehten diese auch nach Westen ab. Jellicoe hatte seine Schlachtschiffdivisionen um vier Strich abgedreht und bildete eine Linie mit Südwest-Kurs. Wieder versagte er es sich, obwohl der Vorteil auf seiner Seite lag, den Feindkontakt auszunutzen; er richtete sich vielmehr auf die Nacht ein. So hatten Beattys Schlachtkreuzer, die vier Stunden zuvor die Schlacht begonnen hatten, auch die letzten Salven des Tages gefeuert.

In seinem Bericht legte Jellicoe dar, warum er diese letzte Gelegenheit, eine Entscheidung zu erzwingen, nicht ergriff: »Die Dunkelheit setzte schnell ein; der Nebel wurde dichter und es wurde notwendig, über den weiteren Verlauf des Treffens zu entscheiden. Die britische Flotte stand zwischen dem Feind und seinen Stützpunkten ... Ich verwarf sogleich den Gedanken eines Nachtkampfes zwischen den Großkampfschiffen, da er zu einer Katastrophe führen könnte; und zwar erstens wegen der zahlreichen Torpedoboote, zweitens wegen der Unmöglichkeit, feindliche und eigene Schiffe zu unterscheiden. Weiterhin ist der Ausgang eines Nachtgefechtes unter modernen Bedingungen weitgehend eine Sache des bloßen Zufalls. Ich war auch in Gefahr, den Vorteil der Position einzubüßen, wenn ich auf Ost- oder Westkurs ginge; daher entschloß ich mich, nach Süden zu steuern, wo ich in der Lage sein würde, das Gefecht bei Tagesanbruch wieder aufzunehmen.«

Um 21 Uhr ging Jellicoe auf Südkurs. 24 Minuten später dampfte Beatty ebenfalls nach Süden.

Ungefähr zur selben Zeit hatte auch Scheer Kurs Südwest befohlen. Nicht ahnend, daß er wiederum drauf und dran war, in die britische Schlachtflotte hineinzulaufen, befahl er um 20.36 Uhr Südkurs. Wäre dieser Befehl sofort ausgeführt worden, dann wären die beiden feindlichen Flotten wiederum aufeinandergetroffen. Aber unter den deutschen

Geschwadern herrschte ein solches Durcheinander, daß die Kursänderung erst nach 21 Uhr durchgeführt wurde. So paßte sich Scheer, ohne es zu wissen, genau Jellicoes Manöver an. Um 21.30 Uhr fuhr Scheer, nach Süden dampfend, in Beattys Kielwasser und folgte ihm in acht Meilen Abstand. Jellicoe stand neun Meilen ostwärts davon.

Phase IV: Die Nachtkämpfe

Ab 21.17 Uhr formierte sich die britische Schlachtflotte zum Nachtmarsch. Die vier Schlachtgeschwader fuhren mit einer Meile Entfernung nebeneinander, die Kreuzer vorweg oder Steuerbord achteraus. Beattys Schiffe waren 13 Meilen Steuerbord voraus vor der Schlachtflotte. Seine sieben Zerstörerflottillen stellte Jellicoe fünf Meilen achteraus, »von wo sie der Flotte Schutz gegen Torpedobootangriffe geben konnten und sich gleichzeitig in einer günstigen Position befanden, um die Großkampfschiffe des Feindes anzugreifen.« Aber die Zerstörer hatten kein Angriffssignal oder sonstige Weisungen erhalten.

Jellicoes Aufgabe war es nun, der Hochseeflotte bis zum Morgengrauen den Weg zu verlegen. Er nahm richtig an, daß Scheer versuchen würde, den nächstgelegenen Durchgang durch die Minenfelder bei Horns-Riff zu erreichen. Daher entsandte er den schnellen Minenleger-Zerstörer *Abdiel*, um die Einfahrt dieser Passage zu verminen.

Scheer hatte um 21 Uhr nur noch fünf Stunden zur Verfügung, um durch den zwischen ihm und seinen Heimathäfen stehenden Feind hindurchzukommen. Da er entschlossen war, einen neuen Kampf bei Tage zu vermeiden, wählte er die einfachste Lösung. Obgleich er ziemlich sicher war, daß die Grand Fleet auf seinem Weg lag, nahm er das Risiko des kürzesten Weges heimwärts in Kauf. Um 21.30 Uhr machte er sich zum Durchbruch bereit. Seine angeschlagenen Schlachtkreuzer stellte er als Nachhut auf und befahl der Flotte dann, nacheinander auf Südsüdwest Kurs zu gehen und diesen Kurs unbeirrt durchzuhalten. Zwischen 22.15 und 2.00 Uhr gab es eine Reihe kurzer und heftiger Nahkämpfe, als die deutschen Schlachtschiffe und Schlachtkreuzer sich ihren Weg durch den Schleier der leichten britischen Seestreitkräfte erzwangen und ein knappes Halbdutzend Meilen hinter der britischen Schlachtflotte vorbeistießen.

Die verwirrenden Nachtgefechte begannen, als die deutschen Leichten Kreuzer das Feuer erst auf eine britische Zerstörerflottille und dann auf Goodenoughs Kreuzer eröffneten. Zwei britische Kreuzer wurden schwer beschädigt; auf deutscher Seite sank der Kleine Kreuzer *Frauenlob*. Die deutsche Spitze erreichte um 23.45 Uhr das Zentrum der britischen Nachhut. Es erfolgte ein wildes Durcheinander mit Kollisionen, Torpedoangriffen und Artilleriefeuer. *Malaya* und *Valiant* beobachteten das Treffen, versäumten aber, es zu melden, weil – wie ein höherer Offizier es ausdrückte – »es unschicklich gewesen wäre, da das Gefecht in Sichtweite ihres Geschwader-Flaggschiffes erfolgte«[9]. So gelang der deutsche Durchbruch. Die Deutschen verloren das ältere Linienschiff *Pommern* und drei Kleine Kreuzer, die Briten den Panzerkreuzer *Black Prince* und fünf Zerstörer. Um 3.30 Uhr war alles vorbei. Scheer hatte den Weg frei nach Deutschland.

Die Nachtkämpfe hatten vor allem ihre Ursache darin, daß Jellicoe zwar die Position der deutschen Flotte, nicht aber ihren Kurs richtig eingeschätzt hatte. Sein Hauptfehler war, daß er das Geschützfeuer, das achteraus langsam von West nach Ost sich hinzog, falsch interpretierte. Er glaubte, daß es sich um versprengte leichtere Einheiten handelte; keine Meldung gelangte zu ihm, die geeignet war, ihn von diesem Irrtum abzubringen. Sein Irrtum war für Scheer die Rettung.

Um 2.30 Uhr schließlich erkannte Jellicoe, daß er nicht mehr zwischen den Deutschen und deren Stützpunkten stand. Daher schwenkte er mit der Flotte nach Norden zurück. Ursprünglich hatte er beabsichtigt, sich gegen Morgengrauen Horns-Riff zu nähern, aber während des Nachtgefechtes hatten sich seine leichten Einheiten derart verstreut, daß er nichts mehr von ihnen sah. Ein von der Admiralität abgefangener Funkspruch der Hochseeflotte, in dem diese Unterseeboot-Unterstützung anforderte, machte ihn stutzig. Er kam zu dem Schluß, daß es »für die Schlachtflotte höchst unerwünscht sei, bei Tageslicht näher an Horns-Riff heranzugehen, wie es meine Absicht gewesen war, als ich mich entschloß, in der Nacht nach Süden zu steuern. Es war notwendig, die Schlachtflotte und die Zerstörer wieder zu sammeln, ehe man den Kampf wieder aufnahm.« Bevor diese Konzentration der Kräfte vollzogen war, erhielt er einen anderen Feindlagebericht der Admiralität, der besagte, daß die Hochseeflotte um 2.30 Uhr nur noch 17 Meilen von Horns-Riff entfernt stand. Scheer war sicher durch die Minensperre der *Abdiel* gekommen.

An diesem »glorreichen 1. Juni« befand sich die Grand Fleet bereits allein auf weiter Flur. Sie kreuzte noch bis zum Nachmittag im Kampfgebiet, ehe sie in ihre Stützpunkte zurückfuhr. Um diese Zeit war Scheer bereits in der Jadebucht.

Die Auswirkungen der Schlacht

An der Skagerrakschlacht nahmen 254 Schiffe mit zusammen 1 600 000 t teil. Sie war damit rein der Größenordnung nach die bisher gewaltigste Schlacht der Seekriegsgeschichte. Obwohl sie im Laufe der folgenden fünfundzwanzig Jahre von allen Marinen der Welt auf das genaueste studiert wurde, bietet sie jedoch nur wenige Lehren von bleibendem Wert.

9 The Naval Memoirs of Admiral of the Fleet Sir Roger Keyes: Scapa Flow to the Dover Straits, 1916–1918, New York: 1935, S. 62.

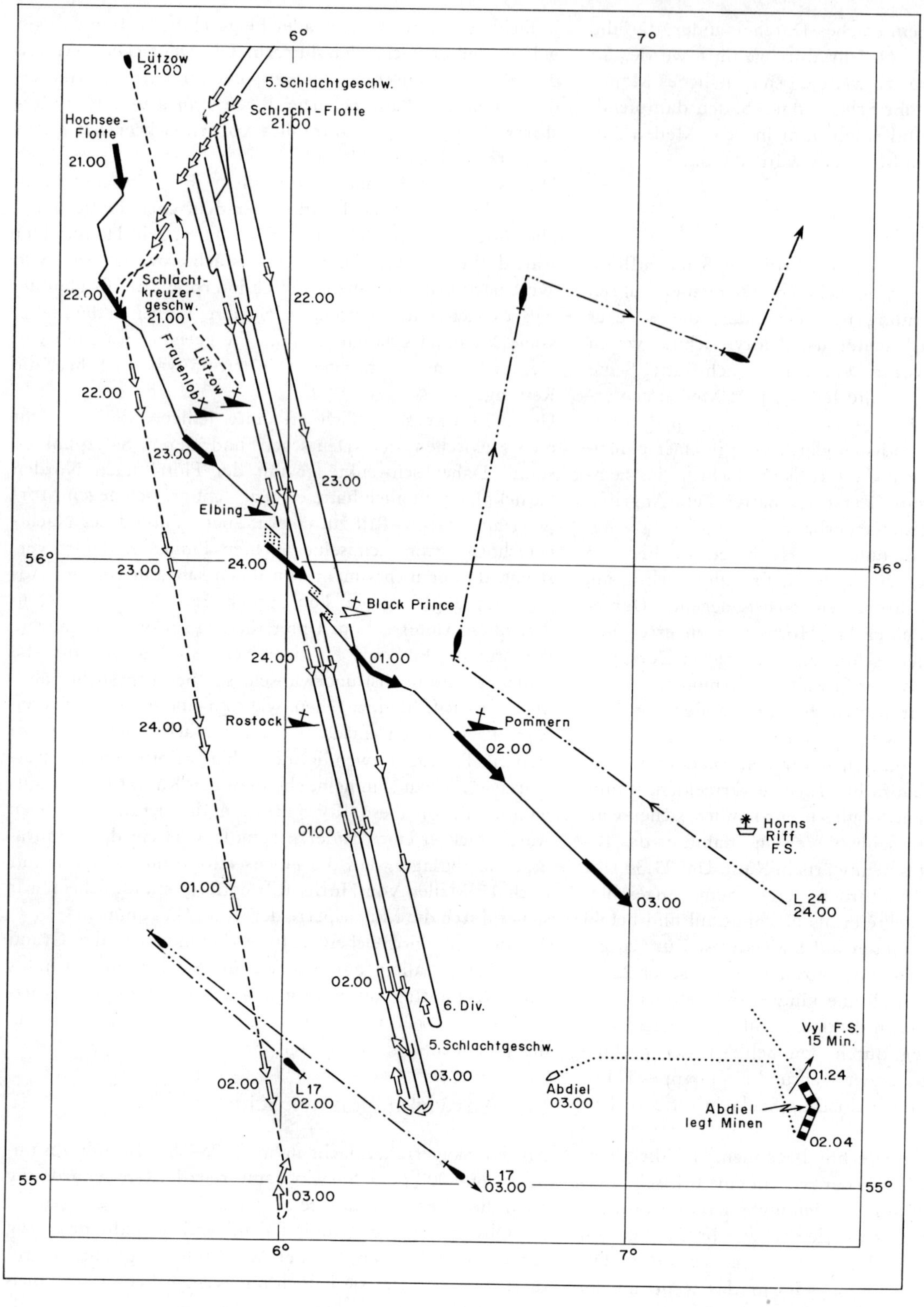

Phase IV: Die Nachtgefechte, 31. Mai 21.00 – 1. Juni 3.00

Strategisch hatte sie bloß geringe Bedeutung. Scheer hatte sich zwar erfolgreich der Vernichtung entzogen. Die Blockade gegen Deutschland hielt aber an und die Verstärkungen für die alliierten Armeen in Frankreich flossen unvermindert weiter über die Ozeane. Grand Fleet und Hochseeflotte blieben, was sie gewesen, fleets-in-beeing, die einander belauerten und weiterhin Gelegenheiten für günstige Treffen suchten, die sich jedoch niemals mehr ergaben. Taktisch hatte die Schlacht die Annahme der britischen Marineleitung bestätigt: der technische Fortschritt hatte die Grundlage der Taktik großer Flottenverbände – nämlich die Beweglichkeit – untergraben. Weittragende Geschütze, hohe Geschwindigkeiten bei der Operation und die große Verschiedenheit der Schiffstypen machten es dem Oberbefehlshaber unmöglich, die Lageentwicklung im Blick zu behalten. Bei Trafalgar hatte Nelson die gesamte feindliche Flotte während der Annäherung für mehrere Stunden im Blickfeld gehabt. In der Skagerrakschlacht aber dampften die gegnerischen Flotten zeitweilig mit D-Zug-Geschwindigkeit aufeinander zu; die Befehlshaber hatten nur wenige Minuten Zeit, um auf Grund von wenigen, oft noch unzuverlässigen Informationen ihre Entschlüsse zu fassen. Unter diesen Umständen hielten es Scheer wie Jellicoe für angebracht, eine einzige Gefechtslinie beizubehalten und unabhängige Aktionen einzelner Geschwader nach Möglichkeit einzuschränken.

Man hat die Flotten in der Skagerrakschlacht nicht zu Unrecht mit Körpern ohne Glieder verglichen. Dennoch bietet sie nützliche taktische Lehren. Als Admiral Beatty im November 1916 das Kommando über die Grand Fleet übernahm, wies er auf die Wichtigkeit der Offensive im Rahmen der Zerstörertaktik hin; er vertrat die Auffassung eines sofortigen Angriffs mit größtmöglichem Einsatz der Torpedowaffe. Die Führung der Leichten Kreuzer wurde unter einem einzigen Befehlshaber zusammengefaßt. Dieser war verantwortlich für das richtige Manövrieren und Melden bei Fühlungnahme mit dem Gegner. Eine Revision der »Battle Orders« wurde in Angriff genommen; unter anderem wies man die Divisionen an, bei Torpedoangriffen auf den Feind zuzudrehen. Die Bezeichnung »Battle Orders« wurde geändert, da sie die Initiative zu sehr beschränkte. Die »Battle Instructions«, wie die neue Bezeichnung jetzt lautete, legte nur die Absichten und die Ziele des Oberbefehlshabers in der Schlacht fest.

Auf dem Rüstungssektor wirkte sich die Skagerrakschlacht bei der Royal Navy in einer Verbesserung der Schadensbekämpfung und der Schutzvorrichtungen aus. Die Decken der Geschütztürme und die Panzerdecks wurden verstärkt. Zusätzliche Feuerschutzblenden, Abschirmwände und feuerfeste Schotten in den Türmen und vor den Munitionskammern wurden eingebaut. Man verbesserte die Löscheinrichtungen und konstruierte die panzerbrechenden Granaten neu.

Das bedeutendste Ergebnis der Schlacht lag auf psychologischem Gebiet. Zwar konnte der Rückzug der Hochseeflotte nicht als Sieg bezeichnet werden, aber die Deutschen waren stolz darauf, daß sie gegenüber einem überlegenen Feind standgehalten hatten. Das Stärkeverhältnis in der Schlacht war 8 zu 5 zugunsten der Briten. Die Verluste entsprachen ungefähr demselben Verhältnis, aber zugunsten der Deutschen:

	Briten	*Deutsche*
Tote, Verwundete und Gefangene:	6784	3039
Tonnageverluste	111980	62233
Schiffsverluste:		
Schlachtschiffe	0	0
Schlachtkreuzer	3	1
Panzerkreuzer	3	1 (älteres Linienschiff)
kleine Kreuzer	0	4
Zerstörer, Flottillenführer, Torpedoboote	8	5
Beschädigte Schiffe		
Schlachtschiffe	4	12
Schlachtkreuzer	3	5
kleine Kreuzer	3	5
Zerstörer, Flottillenführer, Torpedoboote	10	5

Das unverblümte Kommunique der britischen Admiralität unmittelbar nach der Schlacht machte daher auch gar nicht erst den Versuch, die Verluste zu verheimlichen. Die britische Öffentlichkeit und die Royal Navy nahmen es mit bitterer Enttäuschung zur Kenntnis.

Für den ersten Augenblick war die junge deutsche Marine vom Bewußtsein ihrer Leistung erfüllt, aber die moralische Wirkung ihrer ausgezeichneten Haltung im Kampf gegen die mächtigste Flotte der Welt schwand allmählich im Laufe anhaltender Untätigkeit in den Häfen dahin. Denn auch nach der Skagerrakschlacht wagte die Hochseeflotte es ebensowenig wie zuvor, sich in eine Schlacht mit dem Gros der Briten einzulassen. Abgesehen von einigen vorsichtigen, mehr der Ausbildung dienenden Vorstößen und zwei ergebnislosen Überraschungsaktionen gegen feindliche Konvois, blieb sie für den Rest des Kriegs in ihren Häfen.

Die unentschiedene Schlacht im Skagerrak wurde aufgewogen von dem Scheitern der Offensive Falkenhayns bei Verdun. Entlastet durch den russischen Vorstoß in Galizien und der vornehmlich von den Briten getragenen Offensive an der Somme, hielten die Franzosen trotz elfmonatiger, fast ununterbrochener, furchtbarer Abnutzungskämpfe vor Verdun stand. Man kam aus der Sackgasse, in der die Kämpfe im Westen geraten waren, nicht heraus. Ende 1916 aber zeichnete sich infolge neuer Entwicklungen eine Wende in dem statischen Krieg in Frankreich ab. Gegen die Maschinengewehre war eine neue Infanterietaktik gefunden worden, hatte man den Tank entwickelt und auf dem Artilleriesektor die »Feuerwalze«, hinter der die Infanterie vorrücken konnte. Rußland stand am Rande der Revolution. Die USA schienen geneigt zu sein, an der Seite der Alliierten einzugreifen. Deutschland, das weder zu Wasser noch zu Lande Entscheidendes auszurichten vermochte, war drauf und dran, mit dem uneingeschränkten U-Boot-Krieg zu beginnen. »Wenn wir uns nicht am Ende zu Tode bluten sollen« – so schrieb Admiral Scheer –, »müssen wir die U-Boote als Kampfmittel voll einsetzen, um Englands Lebensnerv zu treffen.«

Zusammenfassung

Die Skagerrakschlacht war das Resultat des deutschen Entschlusses, die Überwasserstreitkräfte in stärkerem Maße offensiv einzusetzen als zuvor. Der neue Befehlshaber der Hochseeflotte, Admiral Scheer, versuchte, die Briten in U-Boot-Hinterhalte zu locken oder Teile der Grand Fleet in einen ungleichen Kampf mit seinen Schlachtschiffen zu verwickeln. Zu einem solchen Versuch lief die deutsche Hochseeflotte am 31. Mai 1916 aus dem Jadebusen aus.
Einige Stunden zuvor war auf die Nachricht hin, daß ein Teil der Hochseeflotte sich zum Auslaufen bereit mache, die Grand Fleet zu einem Vorstoß in Richtung Skagerrak in See gestochen. Weder Scheer noch Jellicoe ahnten, daß ihr jeweiliger Gegner auch in See war. Hippers Aufklärungsstreitkräfte standen etwa 40 Meilen nordwestlich von Scheers Kräften, während die britischen Aufklärungskräfte unter Beatty sich rund 70 Meilen südöstlich von Jellicoe befanden. Die erste Feindberührung ergab sich infolge des Anhaltens eines neutralen Handelsschiffes. Beattys Streitkräfte erhielten so die Gelegenheit, Hipper anzugreifen.
Die Skagerrakschlacht läßt sich in vier Phasen einteilen. Die erste Phase – das Gefecht zwischen den Schlachtkreuzern der Aufklärungsstreitkräfte – dauerte von 15.20 bis 16.50 Uhr. Der Beatty unterlegene Hipper versuchte dabei, die Kräfte seines Gegners in die Reichweite von Scheers Kanonen zu locken. Beattys Gros, das vier schnelle Schlachtschiffe umfassende 5. Schlachtgeschwader unter Evan-Thomas, wurde infolge der Anfangsmanöver isoliert und nahm daher anfänglich keinen Anteil an dieser Phase des Kampfes. Im Verlaufe dieses Gefechtes erlitten die Briten mehr Schaden als ihr Gegner. Zwar wurden zwei von Hippers Schiffen schwer getroffen, aber die Briten verloren die *Indefatigable* und die *Queen Mary*. Als Evan Thomas' Geschwader auf Schußweite herankam, entdeckten Kommodore Goodenoughs Kreuzer die herannahenden Schlachtschiffe Scheers. Jetzt hatte Beatty die Gelegenheit, Scheer an Jellicoes Geschütze heranzuführen. Daher drehte er ab und deckte dieses Manöver durch Zerstörerangriffe und den kühnen Einsatz von Evan-Thomas' Schlachtschiffen.
In der zweiten von 16.50 Uhr bis 18.00 Uhr dauernden Phase dampften Beatty und Evan-Thomas, verfolgt von Scheer und Hipper, nach Norden. Beatty führte so die Deutschen zu dem von ihnen unerwarteten Treffen mit Jellicoe. Die dritte Phase, der Kampf der Schlachtflotten, dauerte von 18.00 Uhr bis zum Einbruch der Dunkelheit, etwa um 19.15 Uhr. Jellicoe erwartete dringend zuverlässige Meldungen über den Standort der deutschen Flotte. Diesbezüglich wurde er aber von seinen Untergebenen, insbesondere von Beatty, arg enttäuscht. Um nicht das Risiko zu laufen, die Deutschen völlig zu verpassen oder ihnen den Rückweg nach Deutschland zu öffnen, verzögerte er die Bildung der Gefechtslinie bis zum letzten Augenblick. Erst um 18.15 Uhr entwickelte er seine Geschwader nach links zur Gefechtsformation. Als er danach auf Südost-Kurs drehte, gelang es ihm, Scheers von Südwesten herankommende Streitkräfte in das »Crossing the T« zu bekommen. Eine günstigere Konstellation konnte schwerlich erreicht werden, selbst wenn Jellicoe die Bewegungen der beiden gegnerischen Flotten tatsächlich völlig unter Kontrolle gehabt hätte. Unter den damaligen Bedingungen in der Nordsee jedoch erkannte Jellicoe gar nicht seine günstige Situation. Um 18.35 Uhr führte Scheer, der vor sich nichts als das Aufblitzen der Geschütze sah, seine erste Gefechtskehrtwendung durch, um vom Feind loszukommen. Jellicoe, der den Kontakt mit dem Gegner verloren hatte, drehte divisionsweise nach Süden, während Scheer um 18.55 Uhr wieder nach Osten drehte, um den Kampf wieder aufzunehmen. Scheers Wendung brachte seine Linie direkt wieder in Richtung auf das Zentrum der britischen Schlachtflotte, welche ihn wiederum ins T bekam. Scheer erkannte jetzt, daß er den Durchbruch nicht erzwingen konnte, und wiederholte seine Gefechtskehrtwendung, die er mit einem Ausfall seiner Schlachtkreuzer und einem Torpedobootangriff deckte. In diesem Moment, auf dem Höhepunkt der Schlacht, ließ Jellicoe sein Ziel, die Vernichtung der deutschen Schlachtflotte, aus den Augen, und drehte ab, um den deutschen Torpedos zu entgehen. Damit brach der Kampf erneut ab. Fast zufällig bekamen die Flotten kurz nach 20 Uhr nochmals Kontakt; es gab einen Feuerwechsel unter den Vorhuten, aber Jellicoe vermied es, wegen der herannahenden Nacht, das Gefecht forzusetzen. Als die Dunkelheit herangebrochen war, dampften die beiden gegnerischen Flotten auf Parallelkurs nach Süden. Jellicoe, der die Schlacht bei Tagesanbruch wieder aufnehmen wollte, stand zwischen Scheer und dessen Heimathäfen.
Die vierte Phase, die Nachtkämpfe, dauerte von 21.30 bis 3 Uhr morgens. Scheer, entschlossen, seine Heimathäfen zu erreichen, ging auf Südsüdost 1/4 Ost und befahl seiner Flotte, komme, was wolle, diesen Kurs beizubehalten. Da er hinter das Gros der Briten zurückgefallen war, kämpfte er sich durch die britische Nachhut hindurch den Rückweg frei. Ehe Jellicoe ein klares Bild von der Lage bei seiner Nachhut gewonnen hatte, war Scheer bereits der Durchbruch gelungen. Um 2.30 Uhr erkannte Jellicoe, daß ihm seine Jagdbeute entgangen war; da er sich aber nicht näher an die deutschen Minenfelder heranwagte, drehte er nach Norden ab. Scheer erreichte am Nachmittag dieses Tages den Jadebusen.
Die Skagerrakschlacht war die letzte bei Tage ausgefochtene Seeschlacht zwischen Großkampfschiffen. Sie hatte gezeigt, daß die technische Entwicklung der Seekriegsmittel die taktischen Möglichkeiten überflügelt hatte. Die Beobachtungs- und Führungsmittel der Befehlshaber waren der

Schiffsgeschwindigkeit und den artilleristischen Reichweiten nicht mehr angemessen. Unter diesen Umständen konnte die taktische Entwicklung im Zeitalter dampfgetriebener Großkampfschiffe nicht mehr gesteigert werden.

Britische Grand Fleet

Schlachtflotte	Adm. Jellicoe	1 Schlachtschiff
Flaggschiff IRON DUKE		
1. Schlachtgeschwader	V. Adm. Burney	7 Schlachtschiffe
2. Schlachtgeschwader	V.Adm. Jerram	8 Schlachtschiffe
4. Schlachtgeschwader	V. Adm. Sturdee	8 Schlachtschiffe
3. Schlachtkreuzergeschwader	K. Adm. Hood	3 Schlachtkreuzer
1. Kreuzergeschwader	K. Adm. Arbuthnot	4 Panzerkreuzer
2. Kreuzergeschwader	K. Adm. Heath	4 Panzerkreuzer
4. Leichtes Kreuzergeschwader	Commodore Le Mesurier	6 Leichte Kreuzer
4. Zerstörerflottille		19 Zerstörer
11. Zerstörerflottille		1 Leichter Kreuzer
		15 Zerstörer
12. Zerstörerflottille		16 Zerstörer
Zugeteilt:		4 Leichte Kreuzer
		1 Zerstörer
		1 Minenleger-Zerstörer
Schlachtkreuzerflotte (Aufklärungskräfte)	V. Adm. Beatty	
Flaggschiff LION		1 Schlachtkreuzer
1. Schlachtkreuzergeschwader	K. Adm. Brock	3 Schlachtkreuzer
2. Schlachtkreuzergeschwader	K. Adm. Pakenham	2 Schlachtkreuzer
5. Schlachtgeschwader	K. Adm. Evan-Thomas	4 Schlachtschiffe
1. Leichtes Kreuzergeschwader	Commodore Alexander-Sinclair	4 Leichte Kreuzer
2. Leichtes Kreuzergeschwader	Commodore Goodenough	4 Leichte Kreuzer
3. Leichtes Kreuzergeschwader	K. Adm. Napier	5 Leichte Kreuzer
1. Zerstörer-Flottille		1 Leichter Kreuzer
		9 Zerstörer
9. Zerstörerflottille		4 Zerstörer
10. Zerstörerflottille		4 Zerstörer
13. Zerstörerflottille		1 Leichter Kreuzer
		10 Zerstörer
Zugeteilt:		1 Seeflugzeugträger

Deutsche Hochseeflotte

Schlachtflotte	V. Adm. Scheer	1 Schlachtschiff
Flaggschiff FRIEDRICH DER GROSSE		
1. Schlachtgeschwader	V. Adm. Schmidt	8 Schlachtschiffe
2. Schlachtgeschwader	K. Adm. Mauve	6 Linienschiffe
3. Schlachtgeschwader	K. Adm. Behncke	7 Schlachtschiffe
4. Aufklärungsgruppe	Kommodore Reuter	6 Leichte Kreuzer
Torpedoboote		31 Zerstörer
Schlachtkreuzer (Aufklärungskräfte)	V. Adm. Hipper	
1. Aufklärungsgruppe	V. Adm. Hipper	5 Schlachtkreuzer
2. Aufklärungsgruppe	K. Adm. Boedicker	5 Leichte Kreuzer
Torpedoboote		30 Zerstörer

Kapitel 24

Der Seekrieg in der Ostsee und im Schwarzen Meer

Von Jürgen Rohwer für die deutsche Ausgabe neu bearbeitet und von J. Meister mit einer Ergänzung (russ. Bürgerkrieg) versehen.

In zwei Weltkriegen standen sich die deutsche und die russische Marine als Gegner gegenüber. Für die deutsche Marine waren die Kriegsschauplätze in der Ostsee, im Schwarzen Meer und im Eismeer allerdings Nebenfronten. Während der Kampf gegen England in der Nordsee und im Atlantik alle Kräfte beanspruchte, blieben für die Operationen im Osten fast ausschließlich ältere und kleinere Kriegsschiffe oder behelfsmäßig ausgerüstete Hilfskriegsschiffe verfügbar. Der Krieg bestand hier aus einer Fülle von Kampfhandlungen des täglichen Kleinkrieges, die in späteren historischen Darstellungen meist nur eine recht summarische Darstellung finden. Doch gerade diese, in ihrer immer wiederkehrenden Vielfalt bezeichnenden Kämpfe liefern dem aufmerksamen Beobachter einen tiefen Einblick in die Wesensart der sich auf See gegenüberstehenden Marinen.

Das Verhältnis der deutschen und russischen Marinen zueinander war in den Jahren vor dem ersten Weltkrieg durchweg freundschaftlich, obgleich sich die politischen Beziehungen zwischen Deutschland und Rußland immer mehr abgekühlt hatten. Kaiser Wilhelm II. benutzte seine alljährlichen, mehrmonatigen Seereisen auf der Yacht *Hohenzollern* häufig dazu, seinem Vetter, dem Zaren Nikolaus II., begleitet von Schiffen der deutschen Flotte, Besuche in den russischen Kriegshäfen der Ostsee abzustatten. Diese Besuche wurden vom Zaren mit Teilen der russischen Flotte regelmäßig erwidert. Bei solchen Anlässen gab es während der Besichtigungen, Vorführungen und der üblichen gesellschaftlichen Veranstaltungen auch für die Offiziere beider Marinen manche Gelegenheiten zu persönlichem Kontakt.

Von einem gewissen Einfluß auf das freundschaftliche Verhältnis war sicher auch die Tatsache, daß in der russischen Flotte zahlreiche deutschstämmige Balten dienten und dort zu den höchsten Stellen aufstiegen. Es sei hier nur auf die Admirale von Essen und Eberhardt hingewiesen, die 1914 als Oberbefehlshaber der Baltischen bzw. der Schwarzmeer-Flotte die höchsten Seebefehlshaberstellen innehatten. Als nach dem russisch-japanischen Krieg, der Überwindung der revolutionären Bewegungen des Jahres 1905 und langen Diskussionen über eine künftige Marinepolitik, der Wiederaufbau der russischen Marine ab etwa 1909 intensiver begann, beteiligte sich die deutsche Schiffbauindustrie gleichzeitig mit englischen und französischen Firmen an der Errichtung neuer Werften und Maschinenfabriken, so z. B. Blohm u. Voss an der Putilov-Werft in St. Petersburg, die Vulkan-Werft an der Russisch-Baltischen Schiffbau-Gesellschaft in Reval und Schichau, Danzig, an der Mühlgrabenwerft Ziese in Riga. Das Schwergewicht der deutschen Beteiligung lag dabei auf der Lieferung von Plänen für moderne Zerstörer und dem Bau von deren Maschinenanlagen. Auch 2 Leichte Kreuzer wurden bei der Schichau-Werft in Danzig in Bau gegeben.

Die Operationspläne für den Krieg in der Ostsee

Der Kriegsausbruch 1914 traf die russische Baltische Flotte noch im ersten Stadium des Neuaufbaues. Der sehr tatkräftige Marineminister, Admiral Grigorovič, hatte zwar seit 1911 Verwaltung und Organisation gründlich reformiert und vereinfacht, auch war die Disziplin wiederhergestellt und der Ausbildungszustand der aktiven Schiffe durch intensive Einzel- und Verbandsübungen stark verbessert worden. Von den im ersten Abschnitt des großen Bauprogrammes seit 1909 für die Ostsee in Bau gegebenen Schiffen, darunter 4 Schlachtschiffen der *Gangut*-Klasse mit 23400 t, 12 30,5 cm, 4 Schlachtkreuzern der *Borodino*-Klasse mit 32500 t, 12 35,6 cm, 4 Leichten Kreuzern der *Svetlana*-Klasse mit 7200 t, 15 13 cm, 37 Zerstörern der *Novik*-Klasse mit 1300 t, 36 Knoten,und 21 U-Booten der *Bars*-Klasse von 650 t, war bis zum Kriegsbeginn im August 1914 nur der große Zerstörer *Novik* zur Flotte getreten.

Etwas weiter fortgeschritten als dieses Bauprogramm war der Ausbau der Stützpunkte und Werften. Nach der Aufgabe des bisherigen Hauptkriegshafens Libau konzentrierte sich die russische Flotte auf das Werftzentrum St. Petersburg, die starke Seefestung Kronstadt und die noch nicht fertig ausgebauten Stützpunkte Reval und Helsinki. Diese Schwerpunktverlagerung in den Finnenbusen stand im Zusammenhang mit der strategischen Planung des russischen Marinegeneralstabes, welcher die Aufgabe der Flotte in dem Schutz der Zugangswege zur Hauptstadt sowie der Verteidigung des Finnenbusens und des Rigaer Meerbusens sah. Die außerordentliche Zurückhaltung und Beschränkung auf die Defensive wird verständlich, wenn man der russischen Führung unterstellt, daß sie mit dem Auftreten der weit überlegenen deutschen Hochseeflotte in der Ostsee rechnete, der sie keine ausreichend schlagkräftigen, eigenen Streitkräfte moderner Bauart entegegenstellen konnte.

Tatsächlich beabsichtigte man jedoch auf deutscher Seite, alle kampfkräftigen Schiffe in der Nordsee zu konzentrieren in Abwartung des großen Vorstoßes der britischen Grand Fleet. Es wurden bei Kriegsbeginn deshalb nicht nur alle aktiven Verbände in die Nordsee verlegt, sondern auch die Reserveschiffe dorthin überführt. Für die Ostsee blieben unter diesen Umständen nur 2 moderne und 5 ältere Kreuzer, 8 Torpedoboote, 3 alte U-Boote sowie verschiedene Schul- und einige Streuminenschiffe übrig. Nur gelegentlich wurden in den folgenden Monaten des Krieges dem Oberbefehlshaber Ost, Großadmiral Prinz Heinrich von Preußen, für besondere Unternehmungen zusätzlich einzelne Schiffe oder Verbände der Hochseeflotte unterstellt, die sich gerade zur Erledigung ihrer Ausbildungsprogramme in der westlichen Ostsee befanden oder vorübergehend dorthin detachiert wurden.

Demgegenüber verfügte die aktive russische Ostseeflotte unter dem Kommando von Admiral von Essen über einen großen Panzerkreuzer als Flottenflaggschiff, 4 ältere Linienschiffe (davon eines nicht fahrbereit in der Werft), 4 ältere Panzerkreuzer, 1 modernen Zerstörer, 48 Torpedobootzerstörer und Torpedoboote, 11 U-Boote und 6 Streuminenschiffe, die auf Helsinki und Reval verteilt waren und vor allem die »Minenartilleriepositionen« im Eingang des Finnenbusens zu verteidigen hatten. Zu diesen Schiffen traten aus der Reserve bald noch ein weiterer alter Panzerkreuzer und 4 Große Geschützte Kreuzer. Von den Neubauten kam Ende 1914 zuerst das Schlachtschiff *Sevastopol* zur Flotte, dem im folgenden Jahr die 3 anderen Schwesterschiffe folgten. Die Schlachtkreuzer und Kreuzer wurden dagegen während des Krieges nicht mehr fertig; die beiden in Deutschland im Bau befindlichen Schiffe traten, noch 1914 beschlagnahmt, zur Hochseeflotte. Die Fertigstellung eines Teils der Zerstörer wurde durch die Beschlagnahme der in Deutschland im Bau befindlichen Maschinen- und Turbinenanlagen verzögert, für die auf deutschen Werften nach den gelieferten russischen Plänen neue Zerstörer für die Hochseeflotte gebaut wurden. 1915 beginnend, kamen die ersten der neuen russischen Zerstörer und U-Boote zur Baltischen Flotte.

Auf deutscher Seite erwartete man zwar, daß die Russen zur See in der strategischen Defensive bleiben würden, man rechnete aber doch mit häufigen Vorstößen gegen die deutsche Küste, verbunden mit einem offensiven Mineneinsatz, für den die Russen aus dem russisch-japanischen Krieg über gute Erfahrungen verfügten. Um den Gegner über die tatsächliche eigene Schwäche im Unklaren zu lassen, entschloß sich Prinz Heinrich, durch ständige Vorstöße gegen die feindliche Küste und die russischen Stellungen im Finnenbusen das Vorhandensein starker deutscher Kräfte vorzutäuschen und durch Minen- und U-Bootunternehmungen die Bewegungsfreiheit des Gegners einzuengen.

Die ersten Operationen bis zum Winter 1914-15

Bei Kriegsbeginn beschränkte sich die russische Flotte zunächst darauf, vom 31. Juli bis Anfang August die vorgesehenen Minenriegel zwischen Nargön und Porkkala auszulegen. Insgesamt warfen 4 Minenschiffe, einige Torpedoboote und Minensucher 3280 Minen und schufen damit die »Zentrale Position«. Im Schutz der Minensperren operierten unter der estnischen und finnischen Küste die 4 Panzerkreuzer, während die 3 einsatzbereiten Linienschiffe als Rückhalt in Helsinki lagen.

Die deutschen Ostseestreitkräfte begannen den Krieg sofort mit einem offensiven Vorstoß der modernen Kreuzer *Augsburg* und *Magdeburg*, die vom 2.–4. August nach Libau vorstießen, dort eine Minensperre legten und den Hafen beschossen. Gleichzeitig gingen die deutschen Sicherungsverbände in der westlichen Ostsee daran, die südlichen Ausgänge der Belte und des Sundes gegen ein Eindringen britischer Streitkräfte durch das Skagerrak und Kattegatt zu sperren. Vom 9.–13.8. führten die beiden Kreuzer mit 2 Torpedobooten unter Konteradmiral Mischke einen Vorstoß zum Finnenbusen und beschossen den Leuchtturm Bengskär und Dagerort auf Dagö. Am 17. August legte der von dem gleichen Verband gedeckte Hilfsminendampfer *Deutschland* vor dem Eingang des Finnenbusens eine Sperre mit 200 Minen. Die 3 begleitenden Torpedoboote hatten am folgenden Tage bei einem Vorstoß gegen die russischen Sperren ein kurzes Gefecht mit den russischen Panzerkreuzern *Amiral Makarov* und *Gromoboj*. Auf dem Rückmarsch beschossen die Torpedoboote Backofen an der kurländischen Küste. Gegen Libau und Steinort richteten sich Vorstöße der alten Kreuzer *Amazone* und *Gazelle*. Bei einem Vorstoß des gleichen Verbandes unter Konteradmiral Behring lief am 26. August der Kreuzer *Magdeburg* bei Odensholm auf Grund. Der Versuch, das Schiffe zu bergen, mißlang wegen Annäherung überlegener russischer Kräfte (Kreuzer *Bogatyr* und *Pallada*), so daß der Kreuzer gesprengt werden mußte. Russische Taucher bargen später das Signalbuch des Kreuzers, von dessen Inhalt die britische Admiralität mit verhängnisvollen Folgen für die Sicherheit des deutschen Funkverkehrs Kenntnis erhielt.

Bei einem erneuten Vorstoß der *Augsburg* am folgenden Tage geriet sie ins Gefecht mit den russischen Kreuzern *Bogatyr* und *Pallada*, das jedoch von den Russen, wie in ähnlichen Fällen, bald abgebrochen wurde. Am 1. und 2. September führte Admiral von Essen mit seinem Flaggschiff, dem Panzerkreuzer *Rjurik*, dem alten Panzerkreuzer *Rossija* sowie den Kreuzern *Bogatyr* und *Oleg* und dem Zerstörer *Novik* einen Vorstoß gegen die deutschen Vorpostenlinien auf der Höhe von Gotland. Der Kreuzer *Augsburg* konnte sich dem überlegenen Gegner nach einem kurzen Gefecht entziehen. Am folgenden Tage setzte der deutsche Oberbefehlshaber Prinz Heinrich an Bord des Panzerkreuzers *Blücher* einen Vorstoß gegen den Finnenbusen an, an dem sich das IV. Geschwader mit 7 alten Linienschiffen, die Kreuzer *Augsburg* und *Straßburg* sowie 3 alte Kreuzer und 3 Torpedobootflottillen beteiligten. Während die Linienschiffe eine Aufnahmestellung in der östlichen Ostsee bildeten, stießen die schnellen Kreuzer und Torpedoboote nach Norden gegen den Finnenbusen, in die Ålandsee und zum Teil bis in den Bottenbusen vor. Am 6. September kam es dabei zu einem kurzen Gefecht zwischen der *Blücher, Augsburg, Straßburg* sowie den russischen Panzerkreuzern *Bajan* und *Pallada.* Ein zweiter, ähnlicher Vorstoß vom 19.–24. September unter dem Prinzen Heinrich, an dem auch das V. Geschwader mit 7 weiteren alten Linienschiffen teilnahm und bei dem ursprünglich eine Landung bei Libau und Windau vorgesehen war, mußte auf Grund einer Nachricht über das Auftreten britischer Streitkräfte im Skagerrak und Kattegat abgebrochen werden. Diese durchaus ernst genommene Befürchtung vor einem britischen Einbruch in die Ostsee ließ es ratsam scheinen, die schweren Schiffe in der westlichen Ostsee zu halten, so daß der nächste Vorstoß vom 8.–14. Oktober unter Konteradmiral Behring nur von den Kreuzern *Augsburg, Amazone* und *Lübeck,* einer Torpedoboot-Halbflottille und 3 U-Booten durchgeführt wurde. Die Absicht war, mit den Leichten Kreuzern vor dem Finnenbusen aufzutreten und russische Panzerkreuzer auf die Positionen der U-Boote zu ziehen, was auch gelang. Am 10. Oktober verfehlte *U 26* aus der Gruppe *Admiral Makarov, Gromoboj* die erstere und versenkte am folgenden Tage im gleichen Gebiet südlich Hangö aus der Gruppe *Pallada, Bajan* mit einem einzelnen Heckschuß die *Pallada.* Ein weiterer ähnlicher Vorstoß von Admiral Behring vom 24.–30. Oktober 1914 brachte jedoch kein Ergebnis.

Während sich die deutschen Operationen in den folgenden Wochen vor allem auf die Aufrechterhaltung des Vorpostendienstes zwischen Gotland und Kurland und die Blockierung der kurländischen Küste konzentrierten und nur das Hilfsminenschiff *Deutschland* am 6. Dezember mehrere Minensperren an der finnischen Westküste im Bottnischen Meerbusen legte, wurden die russischen Streitkräfte mit dem Längerwerden der Nächte aktiver. Von Ende Oktober 1914 bis Mitte Februar 1915 führten die Russen unter Einsatz ihrer Zerstörer und Torpedobootzerstörer, Minenschiffe und Kreuzer 8 Minenunternehmungen durch, bei denen insgesamt 1598 Minen auf den deutschen Schiffahrtswegen ausgelegt wurden. Am 31. Oktober warfen die 3 Torpedobootzerstörer *General Kondratenko, Prograničnik* und *Ochotnik* westlich Memel 105 Minen, auf denen ein Dampfer verloren ging. Am 5./6. November legten die genannten Boote mit ihrem Schwesterschiff *Sibirskij strelok* weiter westlich 140 Minen, während die *Novik* ins Gebiet westlich Pillau vorstieß und hier 50 Minen warf. Auf diese Sperren lief am 17. 11. der Panzerkreuzer *Friedrich Carl* und sank. 1 Dampfer ging verloren. Die *Novik*-Sperre forderte 1915 2 Dampfer und 1 beschädigtes T-Boot. Im Ablaufen geriet sie in ein kurzes Gefecht mit dem deutschen alten Kreuzer *Thetis,* der jedoch die Minenunternehmung nicht erkannte. Am 19. November legte Konteradmiral Kerber mit dem Minenleger *Amur* nördlich der Stolpebank 240 Minen. Zur Aufnahme des Schiffes standen der Panzerkreuzer *Rjurik* und die Kreuzer *Oleg* und *Bogatyr* in See. Die beiden am 22. Oktober in Libau eingetroffenen britischen U-Boote *E-1* und *E-9* wurden zusammen mit dem russischen U-Boot *Akula* zur Deckung der Unternehmung vor deutschen Häfen aufgestellt. In der folgenden Nacht legten 3 der genannten Torpedobootzerstörer 105 Minen nördlich Brüsterort.

Am 24. 11. stieß die schnelle *Novik* ins Gebiet von Stolpmünde vor und legte hier 50 Minen, auf denen ein Dampfer und ein Minensucher verloren gingen. Am 27. 11. legten die Torpedobootzerstörer *Vsadnik* und *Gajdamak* 50 Minen vor Polangen. Die nächste größere Unternehmung wurde am 14./15. 12. durchgeführt, als die Panzerkreuzer *Admiral Makarov* und *Rjurik* westlich und nördlich Rixhöft 64 bzw. 120 Minen und das Minenschiff *Enisej* nördlich der Danziger Bucht 240 Minen legten. Am 13./14. Januar warfen die Kreuzer *Oleg* und *Bogatyr* ostwärts Bornholm 196 Minen, während der Panzerkreuzer *Rossija* unter Konteradmiral Kanin ins Gebiet nördlich Arkona vorstieß, dort 98 Minen legte und auf dem Rückmarsch unbemerkt die *Undine* passierte. Auf diesen Sperren wurden am 25. Januar die deutschen Kreuzer *Augsburg* und *Gazelle* beschädigt. Am 13./14. Februar legten die Kreuzer *Oleg* und *Bogatyr* mit den 4 erstgenannten Torpedobootzerstörern nochmals 250 bzw. 140 Minen im Gebiet nördlich der Halbinsel Hela. Bei der Deckung der Operation mit *Admiral Makarov* lief die *Rjurik* bei Faro im Nebel auf Grund. Alle Kreuzer kehrten um.

Alle diese Sperren wurden unbemerkt von deutschen Schiffen und trotz des oft sehr ungünstigen Wetters taktisch geschickt gelegt. Insgesamt gingen auf ihnen außer den genannten Kriegsschiffen 3 Minensucher und 13 Dampfer verloren.

1915: Kampf um den Rigaer Meerbusen

Vom Februar bis Ende April 1915 waren die russischen Schiffe durch das Eis im Finnenbusen blockiert. Die Winterpause konnte so auf deutscher Seite zur Durchführung dringender Reparaturen ausgenutzt werden. In der zweiten Märzhälfte und im April nahmen die Deutschen ihre Vorstöße ins Gebiet zwischen Gotland, der Ålandsee und den baltischen Inseln wieder auf. Dabei legte das Hilfsminenschiff *Deutschland* am 15. April westlich Dagö eine Sperre mit 180 Minen. Außer mehreren Beschießungen von Libau drangen am 1. Mai zum ersten Mal 2 deutsche Torpedoboote in die Irbenstraße ein. Der Rigaer Meerbusen hatte bis dahin auf beiden Seiten keine große Beachtung gefunden. Jetzt erkannten jedoch auch die Russen die bevorstehende

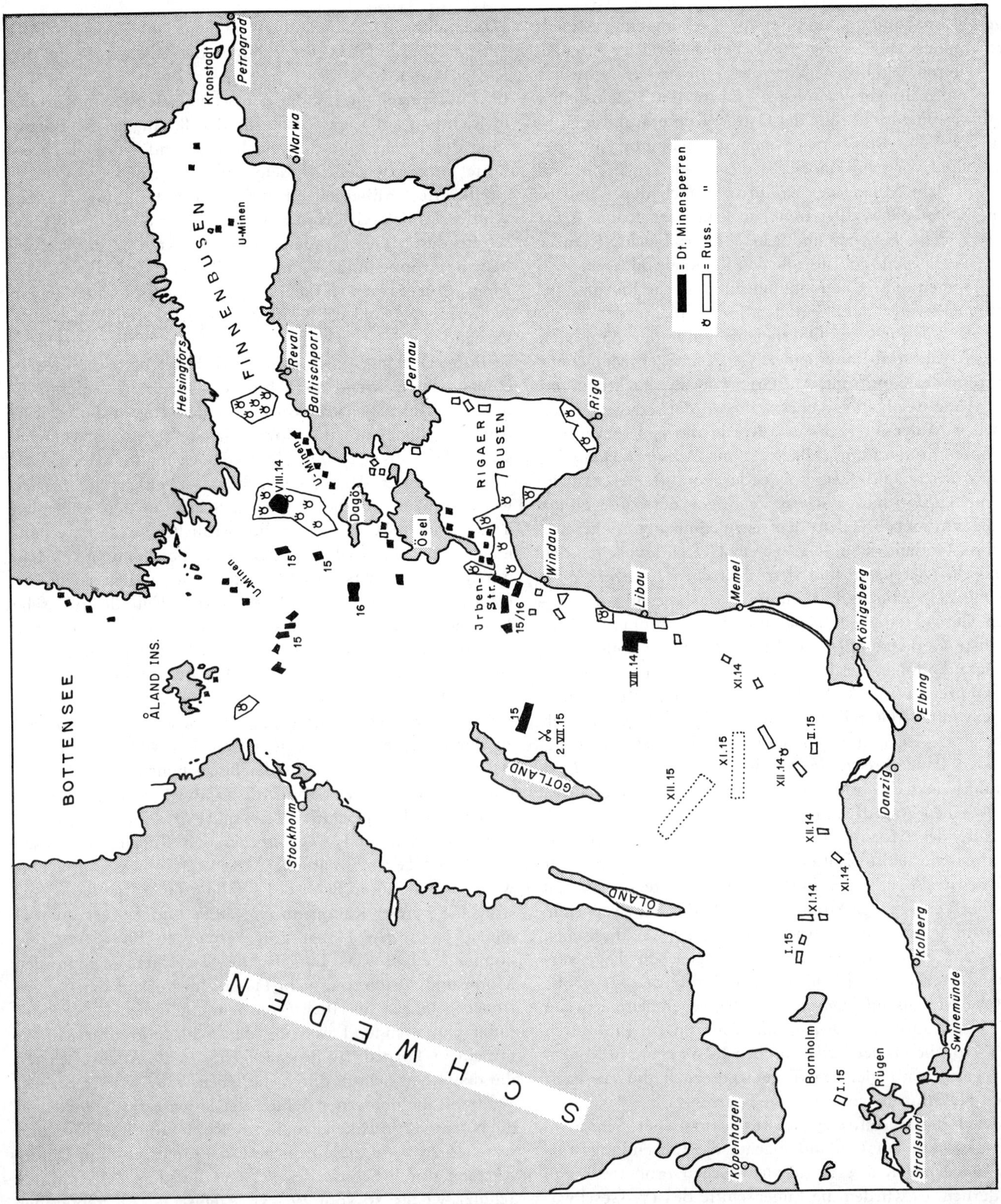

Der Minenkrieg in der Ostsee, 1914/16

Offensive der deutschen Armee gegen Libau und Kurland und begannen mit Nachdruck die Zufahrtswege zur Irbenstraße durch Minenunternehmungen des Zerstörers *Novik* und der 4 Torpedobootzerstörer der Spezial-Halbflottille zu sperren. Bei einer solchen Unternehmung kam es am 7. Mai 1915 während des deutschen Angriffes gegen Libau, der durch die Flotte unterstützt wurde, zu einem Gefecht deutscher Vorpostenschiffe mit dem Kreuzer *München* und

einigen Torpedobooten und der zur Deckung einer Minenunternehmung eingesetzten russischen 1. Kreuzer-Brigade. Um weiteren ähnlichen Vorstößen russischer schwerer Schiffe einen Riegel vorzulegen, führte der Befehlshaber der Aufklärungsstreitkräfte der Ostsee, Konteradmiral Hopmann, am 24. Mai eine Minenunternehmung mit der *Deutschland* vor dem Finnenbusen und am 21., 26. 6. und 1. 7. mit dem Minenleger *Albatros* südlich der Ålandsee durch, wobei die verfügbaren Panzerkreuzer *Roon, Prinz Adalbert, Prinz Heinrich* und 2 bis 4 ältere Leichte Kreuzer sowie eine Torpedobootflottille den Rückhalt bildeten.
Doch konnten diese Unternehmungen russische Einsätze zunächst nicht verhindern. Für den 1. Juli plante der Nachfolger des verstorbenen Oberbefehlshabers der Baltischen Flotte, Vizeadmiral Kanin, einen Vorstoß gegen Memel zur Entlastung der Landfront. Auf Grund der Beobachtung und Entzifferung des Funkverkehrs während der letztgenannten deutschen Minenunternehmung wurde die 1. Kreuzer-Brigade unter Konteradmiral Bachirev mit *Admiral Makarov, Bajan, Bogatyr* und *Oleg* sowie der von Memel zurückgerufene Panzerkreuzer *Rjurik* mit dem Zerstörer *Novik* auf die zurückkehrenden deutschen Einheiten angesetzt. Ostwärts Gotland kam es zu einem Gefecht zwischen den 4 russischen Kreuzern und dem deutschen Kreuzer *Augsburg* mit dem Minenschiff *Albatros,* das wegen seiner geringen Geschwindigkeit nicht entkommen konnte und an der Küste Gotlands auf Strand gesetzt werden mußte. Vor dem herankommenden deutschen Panzerkreuzer *Roon* und dem Kreuzer *Lübeck* drehten die russischen Schiffe ab, und auch ein kurzes Gefecht mit der überlegenen *Rjurik* blieb ergebnislos. Gegen die von Süden zur Unterstützung anlaufenden Panzerkreuzer *Prinz Adalbert* und *Prinz Heinrich* fuhr jedoch das britische U-Boot *E-9* unter Commander Horton einen Angriff und torpedierte die *Prinz Adalbert.*
Im Laufe des Monats Juni führten sowohl deutsche als auch russische Schiffe zahlreiche Minenunternehmungen vor der Irbenstraße und der kurländischen Küste durch. Ein deutscher Versuch, den Moonsund von Süden her zu sperren, mußte am 4. Juni vor der Irbenstraße wegen der russischen Gegenwehr abgebrochen werden. Am gleichen Tage versenkte zwischen Reval und Odensholm *U 26* das große russische Minenschiff *Enisej.* Von deutscher Seite wurden am 17. Juni durch die *Deutschland* und am 19. Juni durch eine T-Flottille an der kurländischen Küste größere Minenfelder gelegt; am gleichen Tage legte auch die russische Spezial-Halbflottille vor Backofen Sperren.
Das wiederholte Auftreten schwerer russischer Schiffe in den Gewässern vor Gotland machte die Entsendung stärkerer deutscher Kräfte in das inzwischen eroberte Libau erforderlich, es wurden die Linienschiffe des IV. Geschwaders entsandt, die am 11., 12., 19. und 20. Juni zusammen mit den Aufklärungsstreitkräften der Ostsee mehrere Vorstöße ins Gebiet nördlich Gotland machten. Aber auch von russischer Seite brachte man das alte Linienschiff *Slava* unter Deckung durch die neuen Schlachtschiffe *Petropavlovsk* und *Gangut* durch die Irbenstraße in den Rigaer Busen.
Im Zusammenhang mit der deutschen Offensive in Kurland in Richtung auf Riga wurde für den 8. August die Forcierung der Irbenstraße durch schwere Schiffe der Hochseeflotte vorgesehen. Zu diesem Zweck wurden die Ostseestreitkräfte vorübergehend außer durch die 8 alten Linienschiffe des IV. Geschwaders durch 8 moderne Schlachtschiffe des I. Geschwaders, 3 Schlachtkreuzer der I. Aufklärungsgruppe und 4 moderne Kreuzer der II. Aufklärungsgruppe, einen starken Torpedobootverband mit einem Führerkreuzer und 32 Booten sowie stärkeren Minensuchverbänden verstärkt, wobei die modernen Schiffe der Hochseeflotte Deckungspositionen westlich der baltischen Inseln einnahmen, während die Schiffe des IV. Geschwaders hinter den Minensuchstreitkräften in den Rigaer Busen eindringen sollten, um das dort stehende russische Schlachtschiff *Slava* auszuschalten. Der Versuch mußte jedoch nach Verlusten unter den Minensuchern vorzeitig abgebrochen werden. Während die deutschen Schiffe in den folgenden Tagen weitere Vorstöße in die nördliche Ostsee unternahmen, wobei es am 10. August zu einer Beschießung von Utö durch den Schlachtkreuzer *Von der Tann* und zu einem Gefecht mit einem russischen Kreuzer kam, legte der russische Minenleger *Amur* vom 10.–15. August 320 neue Minen in die Irbenstraße. Als nun der zweite Versuch zur Forcierung der Irbenstraße vom 16.–18. August unternommen wurde, hatten die deutschen Minensucher erneut schwere Arbeit zu verrichten. Es gelang ihnen jedoch, die Sperren zu durchbrechen. Nach einem Gefecht zwischen dem russischen Zerstörer *Novik* und den Bewachungstorpedobooten mit den deutschen Zerstörern *V 99* und *V 100* drangen die beiden Großkampfschiffe *Posen* und *Nassau* mit den Kreuzern *Graudenz* und *Augsburg* in den Rigaer Meerbusen ein, da sie gegen eventuelle Minentreffer besser gesichert waren als die alten Schiffe. Es gelang ihnen bei dem Vorstoß, die beiden Kanonenboote *Sivuč* und *Koreec* zu vernichten und den Hafen von Pernau zu blockieren. Sie konnten jedoch das Linienschiff *Slava,* das sich in den Moonsund zurückzog, nicht fassen. Im Verlauf der Operationen gelang es westlich Ösel dem englischen U-Boot *E-1* unter Commander Lawrence, den Schlachtkreuzer *Moltke* mit einem Torpedo zu beschädigen. Am 20. August kehrten die deutschen Schiffe durch die Irbenstraße wieder zurück.
Während die modernen Schiffe der Hochseeflotte wieder in die Nordsee zurückkehrten, führte Konteradmiral Hopmann seine Vorstöße in die nördliche Ostsee, teilweise mit Unterstützung durch Schiffe des IV. Geschwaders (Vizeadmiral Schulz), weiter, so vom 29.–31. August, 9.–11. September und 21.–23. September. Zu Gefechten kam es in dieser Zeit nicht, nur am 27. August legte ein russischer Verband, gedeckt durch die beiden neuen Schlachtschiffe *Sevastopol* und *Gangut* und die 1. Kreuzerbrigade, neue Minensperren

zur Sicherung der Irbenstraße. Auf deutscher Seite versuchte man, solchen Vorstößen russischer Überwasserschiffe in die mittlere Ostsee durch die Auslegung von Minensperren zwischen Gotland und Kurland vom 5. – 8. Oktober mit Hilfe von 4 Minenschiffen zu begegnen, bei denen 1210 Minen gelegt wurden. Die Führung der russischen Streitkräfte im Rigaer Meerbusen hatte inzwischen Konteradmiral Kolčak, ein besonders tatkräftiger Offizier, übernommen, der unter Einsatz der *Slava,* einiger Kanonenboote und Zerstörer mehrfach deutsche Küstenstellungen in Kurland angriff und kleinere Landeabteilungen absetzte.

Während die Erfolge der zunächst meist älteren russischen U-Boote unwesentlich blieben, gelang es am 23. Oktober den britischen U-Booten *E-8* unter Lieutenant Commander Goodhart, vor Libau den Panzerkreuzer *Prinz Adalbert* und *E-19* unter Lt.-Cdr. Cromie in der mittleren Ostsee den Leichten Kreuzer *Undine* zu versenken. Im übrigen fielen den britischen und russischen U-Booten 14 Handelsschiffe mit 28 000 BRT zum Opfer.

Mit dem Einsetzen der winterlichen Dunkelheit wurde auch die russische Flotte wieder aktiver. Nach einem Vorstoß der 1. Kreuzer-Brigade in die Bottensee gegen den deutschen Erzverkehr am 28. Oktober führten der Panzerkreuzer *Rjurik* mit 3 bzw. 4 Kreuzern der 1. Kreuzer-Brigade und der *Novik,* gedeckt durch die neuen Schlachtschiffe *Petropavlovsk* und *Gangut* unter Konteradmiral Kerber, 2 Minenunternehmungen südlich Gotland durch, bei denen am 11./12. November 750 und am 5.–6. Dezember 700 Minen gelegt wurden. Auf den beiden Sperren wurden die deutschen Vorpostenkreuzer *Danzig* und *Lübeck* durch Treffer beschädigt. Weitere Minenunternehmungen unter Führung von Admiral Kolčak mit der *Rjurik,* der Spezial-Halbflottille und den neuen Zerstörern *Pobeditel'* und *Zabijaka* richteten sich am 20. 11. und 15.–16. 12. gegen das Gebiet von Windau.

Auf diesen Sperren sanken der deutsche Kreuzer *Bremen* und 2 Zerstörer sowie ein Vorpostenboot. Bei einer weiteren Unternehmung am 6. Januar wurde die *Zabijaka* durch einen Minentreffer beschädigt und mit Mühe durch die *Novik* wieder eingeschleppt. Mit dieser Unternehmung kam der Krieg in der Ostsee durch die zunehmende Vereisung für die Wintermonate wieder zum Erliegen.

Die Operationen des Jahres 1916

Nach dem Aufgehen des Eises im März 1916 legten beide Seiten das Gewicht ihrer Operationen zunächst auf die Erneuerung der Minensperren. Vom 4. April bis 3. Mai warfen die deutschen Kreuzer *Augsburg* und *Straßburg* sowie die Minenschiffe *Deutschland* und *Rügen* in 6 Unternehmungen rund 2900 Minen westlich des Finnenbusens und in der nördlichen Ostsee. Die Führung und Sicherung des Verbandes hatte Kommodore Langemak auf dem Kreuzer *Kolberg* mit einem großen und 10 älteren Torpedobooten. In der gleichen Zeit legten die russischen Minenleger *Volga* und *Amur* mit leichteren Kräften gemeinsam 8 Sperren in der zentralen Position zwischen Porkkala und Nargön (2165 Minen) und in der »ersten Position« nördlich Dagö (4099 Minen). Leichte Schiffe und ältere Torpedobootzerstörer legten in den Botten- und Ålandsee weitere 1000 Minen. Zugleich wurde der Minenleger *Ural* durch den Moonsund in den Rigaer Meerbusen verlegt und half hier bei der Auslegung von Sperren (380 Minen). Die Irbenstraße wurde durch Zerstörer, Minensucher und Kutter mit zahlreichen kleineren und größeren Sperrstücken (5930 Minen) verblockt. Eine auf deutscher Seite gegen den Westausgang der Irbenstraße mit dem Minenleger *Nautilus* vorgesehene Verminung mußte nach der Torpedierung des Begleitzerstörers *V 100* durch das britische U-Boot *E-18* abgebrochen werden.

Ende April nahmen beide Seiten auch den Handelskrieg vor allem mit U-Booten wieder auf. Die wenigen von deutscher Seite vor dem Finnenbusen, in der Ålandsee, in der Bottensee und im Rigaer Meerbusen eingesetzten U-Boote (6 *UB*-Boote, 2 *UC*-Boote, 2 *U*-Boote, ein weiteres verloren) versenkten insgesamt 9 Schiffe. Von den eingesetzten neuen großen russischen U-Booten konnten nur *Volk* und *Vepr'* ein Schiff versenken. Außerdem fiel dem alten U-Boot *Krokodil* ein Dampfer zum Opfer. Die 5 englischen U-Boote hatten im Handelskrieg in dieser Zeit keine Erfolge. Auch 2 Versuche russischer Überwasserstreitkräfte, deutsche Konvois an der schwedischen Küste zu fassen, brachten keinen entscheidenden Erfolg. Am 13. Juni stieß Konteradmiral Kolčak mit den Zerstörern *Novik, Pobeditel'* und *Grom* gegen einen Konvoi im Gebiet von Hävringe vor, konnte jedoch nur einen Nachzüglerdampfer, ein Hilfsschiff, versenken. Eine zweite Gruppe mit dem Panzerkreuzer *Rjurik* und den Kreuzern *Oleg* und *Bogatyr* sowie 8 Torpedobootzerstörern stieß im Gebiet von Vestervik ins Leere. Bei einem zweiten ähnlichen Vorstoß mit den von Kapitän 1. Ranges Vilken geführten Zerstörern *Pobeditel'*, *Grom* und *Orfej* unter Deckung von Vizeadmiral Kuroš mit den Kreuzern *Gromoboj* und *Diana* kam es nur zu einem Gefecht mit den zur Sicherung eines Konvois eingesetzten 3 neueren und 5 älteren Torpedobooten der 20. Halbflottille, deren Torpedoangriff jedoch auch erfolglos blieb.

Mit größerer Intensität konzentrierte sich der Kampf in den Monaten Juli bis September auf das Gebiet der Irbenstraße. Zur Unterstützung russischer Offensiven griffen am 2., 3. und 4. Juli und am 15., 16. und 17. Juli das Linienschiff *Slava* und die Kanonenboote *Chrabryj* und *Grozjaščij* vom Rigaer Meerbusen her in die Landkämpfe ein und unterstützten die Heeresoperationen. Um die deutsche Seefront decken zu können, begann Konteradmiral Langemak am 9. Juli mit Minensuchverbänden und leichten Streitkräften Wege durch die zahlreichen Sperren der Irbenstraße zu suchen. Gegen diese deutschen Einbruchsversuche wurden von russischer Seite zusätzliche Streitkräfte in den Moonsund gebracht, zunächst Ende Juli der

Kreuzer *Diana,* dann im August das Linienschiff *Cesarevic* und bis Mitte September die Kreuzer *Admiral Makarov, Bajan* und *Avrora.* In Ermangelung schlagkräftiger Einheiten – die Verbände der Hochseeflotte standen im Jahre 1916 in der Ostsee nicht zur Verfügung – konnte nur versucht werden, den überlegenen russischen Streitkräften durch den Einsatz neuer Kampfmittel Abbruch zu tun. So führten am 11./12. September die Kreuzer *Straßburg* und *Kolberg* mit Torpedobooten vor der Irbenstraße eine Demonstration durch, um die russischen Schiffe herauszulocken, die dann von den U-Booten *UB 30, UB 31, UB 33* und Torpedoflugzeugen angegriffen werden sollten. Tatsächlich kamen einige russische Schiffe heraus, jedoch verfehlte *UB 31* die *Diana,* während 4 Torpedoflugzeuge die *Slava* nicht treffen konnten. Auch mehrere Vorstöße deutscher Kräfte vor dem Finnenbusen blieben ohne größere Wirkung. Am 17. Juli stießen die Kreuzer *Kolberg, Augsburg* und *Straßburg* mit einem Flugzeugtransporter und 11 Torpedobooten nach Norden vor. Nach Luftaufklärung mit einem Luftschiff griffen 3 der mitgeführten Flugzeuge Reval an. Am 16. August wurde ein weiterer Kreuzer- und T-Bootvorstoß, am 23. Juni ein Torpedobootvorstoß und im September nochmals ein Vorstoß mit Kreuzern unternommen, bei dem auch Minen im Gebiet von Bogskär geworfen wurden. *UC*-Minen-U-Boote legten im Gebiet von Ösel und Dagö Minen. Bei ähnlichen Unternehmungen im Finnenbusen konnte *UC 27* seine Sperren so geschickt legen, daß im Oktober-November der Torpedobootzerstörer *Kasanec,* ein Minensucher und ein Dampfer sanken und der Panzerkreuzer *Rjurik* und der neue Zerstörer *Letun'* beschädigt wurden. Ein Vorstoß des russischen Admirals Kedrov mit den neuen Zerstörern *Letun', Desna, Kapitan Izylmetev* und *Orfej* aus dem Soelo-Sund zu einer Minenunternehmung vor Steinort hatte einen Erfolg, ein Minensucher und ein Dampfer wurden versenkt. Mit einem Fiasko endete ein Vorstoß der deutschen X. Torpedoboot-Flottille gegen Baltischport. Bereits auf dem Anmarsch gingen von den beteiligten 11 Torpedobooten *V 75* und *S 57* auf Minen der »1. Position« verloren. Nach Durchführung der Beschießung durch die restlichen Boote sanken auf dem Rückmarsch in den russischen Minenfeldern der »1. Position« noch *V 72, G 90, S 58, S 59* und *V 76.*

Das Jahr 1917

Vor dem Aufgehen des Eises im Finnenbusen kamen die seit Dezember 1916 auf der Baltischen Flotte schwelenden Unruhen verstärkt zum Ausbruch. Im Zuge der Märzrevolution kam es am 13./14. März in Kronstadt zu einer Meuterei, in deren Verlauf der Gouverneur, Admiral Viren, 2 weitere Admirale und 75 Offiziere erschossen, 200 weitere Offiziere und 300 Mann gefangengenommen und mißhandelt wurden. Dem Flottenchef, Vizeadmiral Nepenin, der im September seinen Vorgänger, Admiral Kanin, abgelöst hatte, gelang es zunächst, in Helsinki die Revolution niederzuhalten. Am 16. März wurden jedoch dann auf dem Linienschiff *Andrej Pervozvannyj* der Wachoffizier und anschließend der Chef der 2. Linienschiffsbrigade, Konteradmiral Nebol'sin, hinterrücks erschossen. Am folgenden Tage fiel auch Admiral Nepenin einem Mordanschlag zum Opfer. In Helsinki wurden 38 Offiziere und über 60 weitere Soldaten, darunter auch 2 Generale, niedergemacht. Die revolutionäre Situation machte einen Einsatz der Baltischen Flotte vorerst unmöglich. Der als Nachfolger des Flottenchefs eingesetzte Admiral Maksimov war zu schwach, sich gegen diese Kräfte zur Wehr zu setzen und wurde schließlich zum Handwerkszeug der Revolutionäre. Immerhin gelang es in den folgenden Wochen, wenigstens vorübergehend auf einem Teil der Schiffe die Diszplin wiederherzustellen, so daß bis zum Juni die vorgesehenen Defensiv-Minensperren im Ausgang des Finnenbusens, die »Zentrale Position« (5883 Minen) und die »1. Position« (3389 Minen) wieder planmäßig geworfen werden konnten. Die von der Revolution nicht berührten leichten Streitkräfte im Gebiet des Rigaer Busens konnten hier ihre Sperren wie vorgesehen auslegen. Zwischen Dagö, Ösel und dem Festland wurden 700 Minen, im Rigaer Busen 850 und in der Irbenstraße 1974 Minen geworfen.
Von deutscher Seite begannen die Operationen in der Zeit vom 18.–26. April ebenfalls wieder mit der Auslegung der Minensperren im Nordteil der Ostsee. Unter Konteradmiral Hopmann legten die Minenschiffe *Nautilus* und *Deutschland,* begleitet von den Kreuzern *Augsburg* und *Straßburg* sowie 2 Torpedobootflottillen 2227 Minen. Im Mai begann die Handelskriegführung mit U-Booten. Die in der Botten- und Ålandsee eingesetzten 3 Boote versenkten 16 Dampfer, brachten 5 weitere ein und legten mehrere Sperren mit 65 Minen, auf denen unter anderem 2 Torpedoboote und 4 Dampfer verlorengingen. Die russische Handelskriegführung blieb auf wenige U-Boot-Einsätze beschränkt, bei denen von den russischen U-Booten nur *Vepr'* einen Dampfer versenkte, während die übrigen russischen und auch die britischen U-Boote zum großen Teil Defensivaufstellungen einnehmen mußten und keine Erfolge hatten. Dagegen gingen 3 russische U-Boote, vermutlich durch Minen, verloren.
Im Juli und August kam es zu neuen Unruhen auf den im Finnenbusen liegenden russischen Schiffen. Im Juli mußten sogar 4 Zerstörer nach Leningrad gesandt werden, um dort wieder Ruhe und Ordnung zu schaffen. Die Führung der Operationen ging an einen zentralen Soldatenrat »Centrobalt« über, und der unfähige Admiral Maksimov wurde durch Konteradmiral Vederevskij ersetzt, der versuchte, die Disziplin wiederherzustellen. Anfang August brach jedoch ein bolschewistischer Aufstand aus, der von der Kerenskij-Regierung niedergeschlagen wurde. Der bisherige Zerstörerflottillenchef, Konteradmiral Razvozov, übernahm die Führung der Flotte. Nach einem weißgardistischen Aufstandsversuch im September, der ebenfalls fehlschlug

und zur Ermordung einer größeren Zahl weiterer Offiziere führte, verschärften sich die Unruhen im Laufe des Oktober weiter.

Die Landung auf den baltischen Inseln

Zur Unterstützung der Ende August/Anfang September laufenden Offensivoperation der deutschen 8. Armee gegen Riga und Dünamünde hatten die leichten deutschen Ostseestreitkräfte mit ihren Minensuchverbänden bereits vom Mai ab begonnen, die starken Sperren in der Irbenstraße zu räumen. Immer neue Minenlegungen durch die leichten russischen Verbände, die aus dem südlichen Moonsund vorstießen, erschwerten diese Arbeiten sehr, doch gelang es nach und nach, Lücken in die Sperren zu schlagen und gelegentlich auch mit U-Booten in den Rigaer Meerbusen einzudringen, wo *UC*-Minen-U-Boote mehrere Sperren legten, auf denen auch einer der russischen Torpedobootzerstörer, die *Ochotnik*, sank. Mit Flugzeugen die sich wieder verstärkenden russischen Kriegsschiffe anzugreifen, hatte jedoch nur geringeren Erfolg. Außer der *Slava* waren auch das nach der Revolution umgetaufte Linienschiff *Graždanin* sowie die Panzerkreuzer *Admiral Makarov* und *Bajan* in den Moonsund verlegt worden. Die Führung dieser Streitkräfte übernahm Vizeadmiral Bachirev.

Ebenfalls wurden in diesem Gebiet die modernen Zerstörer unter Konteradmiral Stark konzentriert, zu denen außer der *Novik* die Neubauten der *Grom*-Klasse gehörten. Diese Verstärkung der russischen Kräfte machte für die deutsche Seite die Wegnahme der baltischen Inseln Ösel und Dagö notwendig, um die Seeflanke der 8. Armee im Rigaer Meerbusen wirksam gegen russische Angriffe von See her schützen zu können. So wurde für den Oktober 1917 die Operation »Albion« vorgesehen, für die wieder stärkere Kräfte der Hochseeflotte zur Unterstützung der schwachen Ostseestreitkräfte und Deckung der Landungsflotte herangezogen wurden. Die große Transportflotte hatte die verstärkte 42. Infanterie-Division an Bord und wurde von starken Minensuchverbänden durch die minenverseuchten Gebiete in den Landungsraum an der Nordwestküste Ösels gebracht. Zur Unterstützung und Deckung wurden der Landungsflotte außerdem der als Flaggschiff dienende Schlachtkreuzer *Moltke* (Vizeadmiral Schmidt), das III. und IV. Geschwader mit modernen Großkampfschiffen sowie die II. Aufklärungsgruppe mit 5 Leichten Kreuzern beigegeben. Außer der aus den Ostseestreitkräften bestehenden VI. Aufklärungsgruppe mit 3 Leichten Kreuzern und einem Minenleger nahmen an der Operation die Torpedobootstreitkräfte mit dem Führerkreuzer *Emden*, 10 der großen Zerstörer der 2. T-Flottille, je 11 große Torpedoboote der 8., 6. und 10. T-Flottille und 6 U-Boote an der Operation teil. Nachdem die Minensucher den Weg frei gemacht hatten, begann am 12. Oktober früh die Ausschiffung der Truppen in der Tagga-Bucht, während die Großkampfschiffe vor der Küste ankerten und mit ihrer Artillerie feindliche Küstenbatterien ausschalteten. Bei diesen Operationen erhielten die Schlachtschiffe *Baden* und *Großer Kurfürst* Minentreffer, konnten jedoch die Operationen zunächst fortsetzen. Auf die Nachricht von der deutschen Landung versuchten anfangs die russischen Torpedobootzerstörer *General Kondratenko* und *Prograničnik* durch den Soelo-Sund nach Westen aufzuklären, wurden jedoch durch das Feuer des Kreuzers *Emden* zum Abdrehen gezwungen, und auch die zur Unterstützung heranbeorderten Schiffe, das Kanonenboot *Grozjaščij* und die Zerstörer *Novik, Grom, Zabijaka, Izjazlav* und *Desna*, mußten vor dem Feuer der deutschen Schiffe wieder kehrtmachen, während deutsche Torbedoboote versuchten, dem Gegner zu folgen und auch am 13. Oktober durch den Soelo-Sund in die Kassar Wik einzudringen.

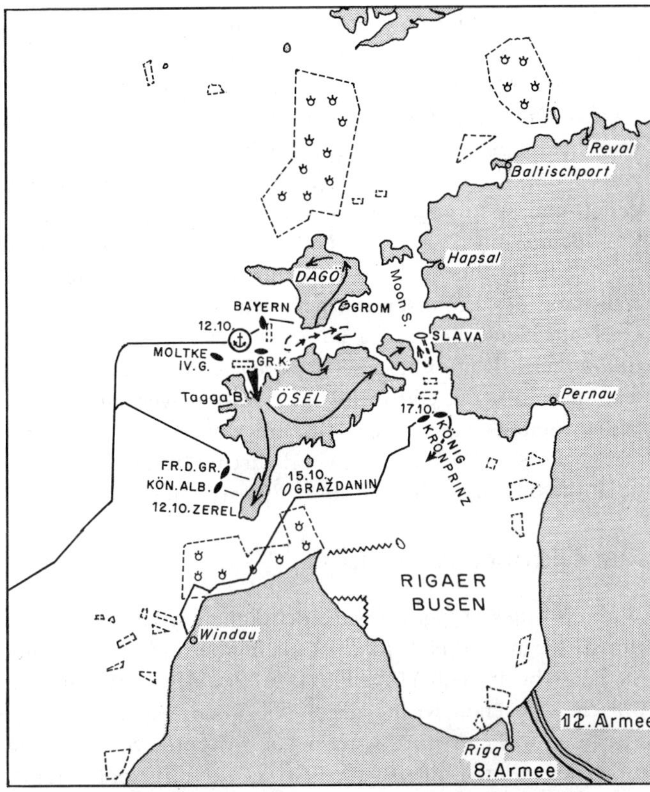

Die Landung auf Ösel, 1917

Hier mußten sie jedoch vor dem Feuer schwerer russischer Schiffe ebenfalls umkehren. Am 14. Oktober stießen die russischen Zerstörer *Pobeditel'*, *Grom*, *Zabijaka* und *Konstantin* in den Soelo-Sund vor, drehten jedoch vor dem Feuer des Linienschiffes *Kaiser* und der sie verfolgenden II. T-Flottille ab. Sie bestand aus den um die russischen Maschinenanlagen nach den gelieferten Plänen gebauten deutschen Schwesterbooten. Die von schweren Treffer bewegungsunfähig geschossene *Grom* mußte von den russischen Schiffen nach einem vergeblichen Schleppversuch des Kanonenbootes *Chrabryj* aufgegeben werden, und der deutsche Zerstörer *B 98* –

ein Schwesterschiff der *Grom* – ging an dem Wrack längsseits und setzte auf ihm die deutsche Flagge. Es sank jedoch beim Versuch, es zu unterfangen und abzuschleppen. Am gleichen Tage begannen im Süden, nachdem die Linienschiffe *Friedrich der Große* und *König Albert* bereits am 12. die Halbinsel Sworbe beschossen hatten und am 14. Oktober sich auch die *Kaiserin* daran beteiligte, die leichten Minensuchverbände unter Deckung durch die VI. Aufklärungsgruppe die Irbenstraße zu forcieren, während von Norden her deutsche Heeresverbände in den Flaschenhals vorstießen. Das russische Linienschiff *Graždanin* mit 3 Torpedobootzerstörern suchte die Lage noch zu wenden, mußte aber ebenso wie am Vortage der Kreuzer *Bajan* kehrtmachen. Am 16. Oktober waren die Minensperren in der Irbenstraße durchbrochen, und die Kreuzer *Kolberg* und *Straßburg* drangen als erste gegen den Hafen Arensburg vor. Am 17. Oktober passierten auch die Linienschiffe *König* und *Kronprinz* den freigesuchten Weg und stießen gegen den Moonsund vor, wo sich die russischen Linienschiffe *Slava* und *Graždanin* und der Kreuzer *Bajan* zum Entscheidungskampf stellten. Durch das Feuer der *König* wurde die *Slava* so schwer getroffen, daß sie auf Grund geriet und gesprengt werden mußte, während *Graždanin* und *Bajan* mit 2 bzw. 1 Treffer nach Norden abliefen. Am 18. Oktober gab das »Centrobalt« den Befehl zur Räumung des Moonsundes; nachdem am 19. Oktober von Ösel aus deutsche Kräfte unter Feuerschutz des Kreuzers *Emden* nach Dagö übergesetzt waren, konnte die Besetzung der Inseln am 20. Oktober abgeschlossen werden. Die von beiden Seiten eingesetzten U-Boote kamen nicht zu Erfolgen gegen Kriegsschiffe, nur ein deutscher Transporter wurde durch das englische U-Boot *C-27* torpediert.

Die Oktober-Revolution

Während diese Operationen noch liefen, trieb die Revolutionsbewegung in Helsinki, vor allem aber in Kronstadt und St. Petersburg, dem Höhepunkt zu. Zur Unterstützung der bolschewistischen Kräfte gegen die alten regierungstreuen Einheiten in Petersburg wurden die zur roten Seite übergegangenen alten Linienschiffe *Zarja Svobody*, der Kreuzer *Avrora*, das Minenschiff *Amur*, die Zerstörer *Samson* und *Zabijaka* und die Torpedoboote *Dejatel'nyj* und *Metkij* nach Petersburg geholt, wo die *Avrora* mit ihrem berühmt gewordenen Schuß das Signal zum Sturm auf das Winterpalais und damit zum Beginn der Oktober-Revolution gab. Um zunächst die Herrschaft im Inneren zu sichern, schloß die neue bolschewistische Regierung am 15. Dezember 1917 in Brest-Litovsk einen Waffenstillstand mit Deutschland ab. In Finnland hatte sich inzwischen am 6. Dezember eine unabhängige Regierung konstituiert; während im Norden des Landes weißfinnische Kräfte die Situation in der Hand hatten, brach am 19./20. Januar ein bolschewistischer Aufstand in Helsinki aus, gegen den die neue finnische Regierung um deutsche Unterstützung ersuchte. Es wurde beschlossen, zunächst die strategisch wichtigen Ålandinseln zu besetzen und später deutsche Kräfte in Hangö und Helsinki zu landen. Zur Durchführung dieser Operationen wurde ein Sonderverband unter Konteradmiral Meurer gebildet, dem außer den Ostseestreitkräften die von der Hochseeflotte detachierten Schlachtschiffe *Westfalen* und *Rheinland* angehörten. Am 5. 3. setzten die deutschen Schiffe zunächst, nach einer Übereinkunft mit den schwedischen Streitkräften, die vorsorglich nach den Ålandinseln verlegt worden waren, in Mariehamn das finnische Jägerbataillon 14 an Land. Am 3. April 1918 traf der Sonderverband vor Hangö ein und landete dort die Masse der Ostsee-Division (Generalmajor von der Goltz).

Inzwischen hatten Verhandlungen mit Beauftragten des »Centrobalt« begonnen, um die Frage der im Vertrag von Brest-Litovsk vorgesehenen Überführung der russischen Truppenteile von Helsinki und Reval nach Kronstadt mit den deutschen Führern zu erörtern. Aus Reval waren bereits vom 22.–27. Februar in einem großen Konvoi unter Führung des großen Eisbrechers *Ermak* 58 Schiffe nach Helsinki überführt worden. Die *Ermak* und der Eisbrecher *Volynec* hatten dann vom 12.–17. März die wertvollsten Schiffe, die 4 neuen Großkampfschiffe, die Panzerkreuzer *Rjurik* und *Makarov* und den Kreuzer *Bogatyr* durch das Eis nach Kronstadt gebracht. Die Überführung der nächsten Konvois stieß auf Schwierigkeiten, weil weiße Kräfte die Besatzungen der Eisbrecher *Tarmo* und *Volynec* am 21. und 29. 3. überwältigten, so daß die Schiffe in die Hand der Finnen gerieten. Ein Vorstoß des Eisbrechers *Ermak* von Kronstadt nach Helsinki wurde durch das Feuer einer von der Gruppe Brandenstein am 28. 3. auf Hochland und von dort nach Lavansaari vorgeschobenen Küstenbatterie und durch eine Begegnung mit dem Eisbrecher *Tarmo* zunächst verhindert. Ehe jedoch der Sonderverband von Reval aus nach Helsinki gehen konnte, liefen am 5. April die fahrbereiten größeren Schiffe, vor allem die Linienschiffe *Andrej Pervozvannyj* und *Respublika* und die Kreuzer *Oleg* und *Bajan* sowie 2 U-Boote und 2 Eisbrecher, von Helsinki aus. Sie wurden bei Hochland am 8. April von dem Eisbrecher *Ermak* und dem Panzerkreuzer *Rjurik* aufgenommen und trafen am 10. April in Kronstadt ein. Am 7. und 9. April folgten diesen Konvois 2 weitere mit 8 bzw. 2 U-Booten sowie kleineren Schiffen. Einen Tag vor dem Eintreffen der deutschen Verbände ging ein weiterer größerer Konvoi unter Führung des Eisbrechers *Ermak* mit 50 Torpedobooten und Zerstörern, 5 Minenlegern, 12 Minensuchern, 11 Wachschiffen, 5 Eisbrechern und 86 Handelsschiffen und Transportern in See und erreichte bis zum 22. April Kronstadt. Der Organisator dieser gelungenen Evakuierung des Kerns der Baltischen Flotte, der ehemals zaristische Kapitän 1. Rg. Šastnyj, wurde nach seiner Ankunft in Petersburg von den Bolschewisten erschossen, weil er angeblich die Flotte nur deshalb vor dem deutsch-finnischen Zugriff gerettet habe, um sie dereinst gegen die Sowjet-Macht zu verwenden.

Am 12. April trafen die ersten Teile des Sonderverbandes mit den Kreuzern *Kolberg* und *Stralsund*, mit dem Minenleger *Nautilus*, dem Vermessungsschiff *Möwe* und dem Küstenpanzer *Beowulf* als Führerschiff der Minensucher in Helsinki ein, während die Linienschiffe *Westfalen* und *Posen* die Operation deckten. Damit fanden die Operationen des ersten Weltkrieges in der Ostsee ihren Abschluß, die jedoch schon bald durch die in den Bereich des russischen Bürgerkrieges zu zählenden Operationen fortgesetzt wurden. (s. S. 419–425)

Flotte bestand aus 5 älteren Linienschiffen (2 weitere alte Schiffe kamen für eine Frontverwendung nicht mehr in Frage), 2 Kreuzern, einer als Kreuzer eingesetzten größeren Yacht, 13 Torpedobootzerstörern, 4 Torpedobooten sowie 4 älteren U-Booten, 3 Kanonenbooten und 8 Streuminendampfern. Von den im Jahre 1911 in Bau gegebenen modernen 3 Schlachtschiffen von 22 600 t, 9 Zerstörern von 1100 t und 7 U-Booten waren im Herbst 1914 erst 4 Zerstörer fertiggestellt. Außer den genannten Neubauten waren 1912 2 Leichte Kreuzer von 6900 t, 1914 ein weiteres Schlachtschiff, 2 Kreuzer, 8 Zerstörer und 6 U-Boote in Bau gegeben worden. Oberbefehlshaber der Flotte war Vizead-

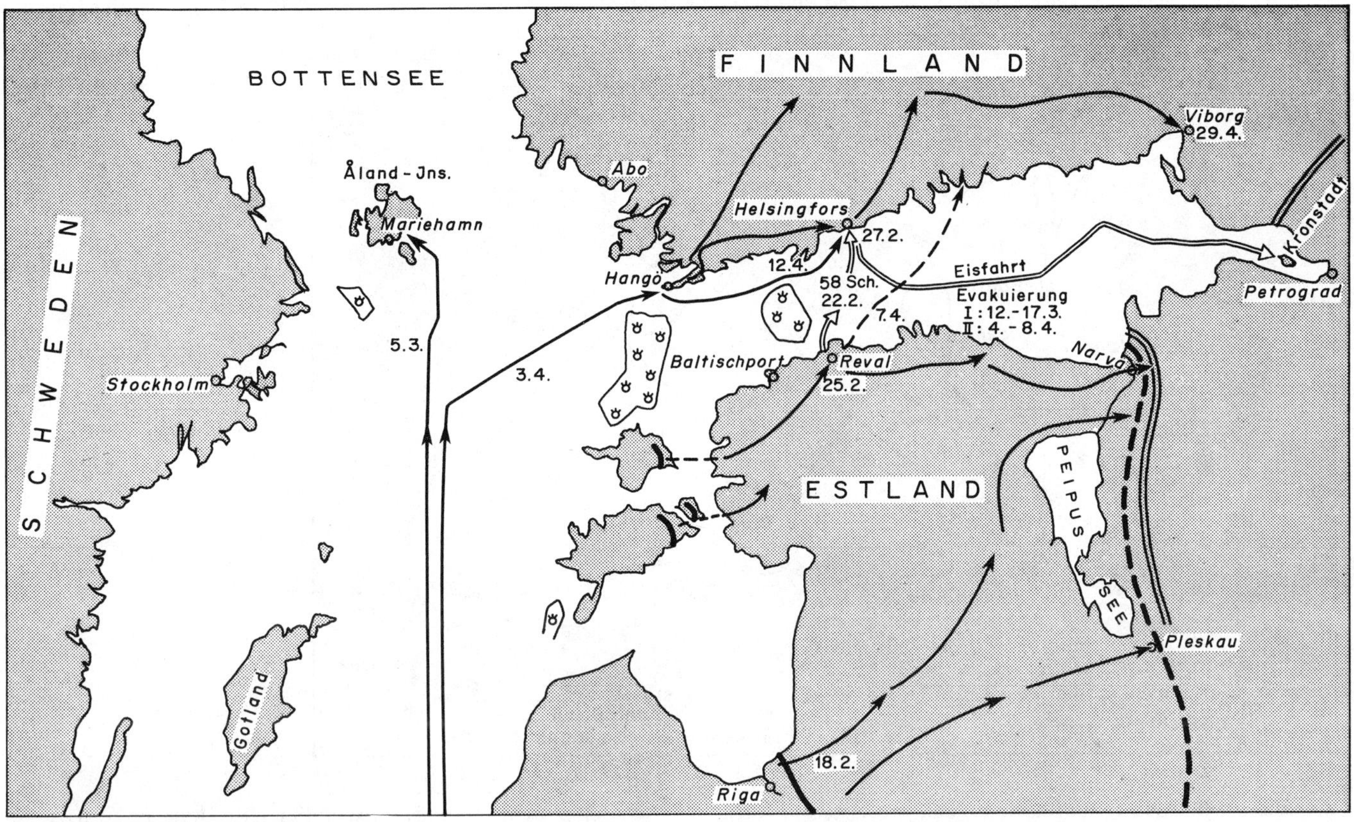

Die Ostsee-Operation März–April 1918

Der Krieg im Schwarzen Meer

Die russische Schwarzmeer-Flotte befand sich 1914 in einer günstigeren Lage als die Ostsee-Flotte. Sie war vom russisch-japanischen Krieg nur indirekt betroffen worden, vor allem hatten die Erschütterungen der Meutereien von 1905 (Linienschiff *Potemkin*, Kreuzer *Očakov*) zeitweise die Einsatzbereitschaft der Flotte geschwächt. Doch wurden diese Schwierigkeiten in den folgenden Jahren überwunden. Sowohl der Geist der Besatzungen als auch der Ausbildungsstand waren 1914 gut. Die großen Schiffe und Torpedoboote waren im Verband vorzüglich eingefahren und zeigten ausgezeichnete artilleristische Leistungen. Der Kern der

miral Eberhardt, Hauptstützpunkt das zentral gelegene Sevastopol.

Diesen Schiffen hatten die Türken nichts annähernd Gleichwertiges entgegenzusetzen. Ihre Flotte bestand nur aus zwei veralteten Linienschiffen, 2 relativ modernen Kreuzern, 8 moderneren Torpedobooten und 2 Kanonenbooten sowie zahlreichen älteren Fahrzeugen, die für einen Einsatz im freien Seeraum nicht in Frage kommen konnten. Die Lage änderte sich allerdings, als im August 1914 die deutsche Mittelmeerdivision mit dem Schlachtkreuzer *Goeben* und dem modernen Kreuzer *Breslau* vor Konstantinopel eintraf und ihr Chef, Konteradmiral Souchon, bald darauf das Kommando über die türkische Flotte übernahm, deren Per-

sonal durch deutsche Besatzungsteile ergänzt wurde und deren türkischen Kommandanten deutsche Kommandanten an die Seite gestellt wurden.
Der türkische Kriegseintritt auf Seiten der Mittelmächte sollte im Schwarzen Meer durch überraschende Angriffe der deutsch-türkischen Seestreitkräfte auf die russischen Flottenstützpunkte eröffnet werden. Am 27. Oktober 1914 liefen die Schiffe aus dem Bosporus aus. Am 29. Oktober eröffnete bei unsichtigem Wetter ein überraschender Angriff der beiden Torpedoboote *Muavenet* und *Gairet* auf den Hafen von Odessa den Krieg. Dabei wurden das Kanonenboot *Donec* versenkt, die *Kubanec* beschädigt, während die Torpedoboote ohne Ausfälle aus dem Hafen wieder konnte die russische Schwarzmeer-Flotte jedoch nicht an der Durchführung ihres Kriegsplanes hindern. Zunächst wurden, wie vorgesehen, die Defensiv-Minensperren vor Odessa, Očakov und Sevastopol durch 4 Minenschiffe gelegt. Spätere Unternehmungen sicherten die Zugänge zur Kerč-Straße und die Häfen von Batum und Poti (insges. 4423 Minen). Schon am 4. November lief die Schwarzmeer-Flotte unter Vizeadmiral Eberhardt mit der Linienschiffsbrigade (*Evstafi, Ioann Zlatoust, Pantelejmon, Rostislav* und *Tri-Svjatitelja*), der Kreuzerbrigade (*Kagul, Pamjat Merkurija* und *Almaz*) und 5 Torpedobootzerstörern aus, um eine Minenunternehmung der ersten Zerstörerdivision (*Derzkij, Gnevnyj, Pronzitel'nyj* und *Bespokojnyj*) zu decken, die

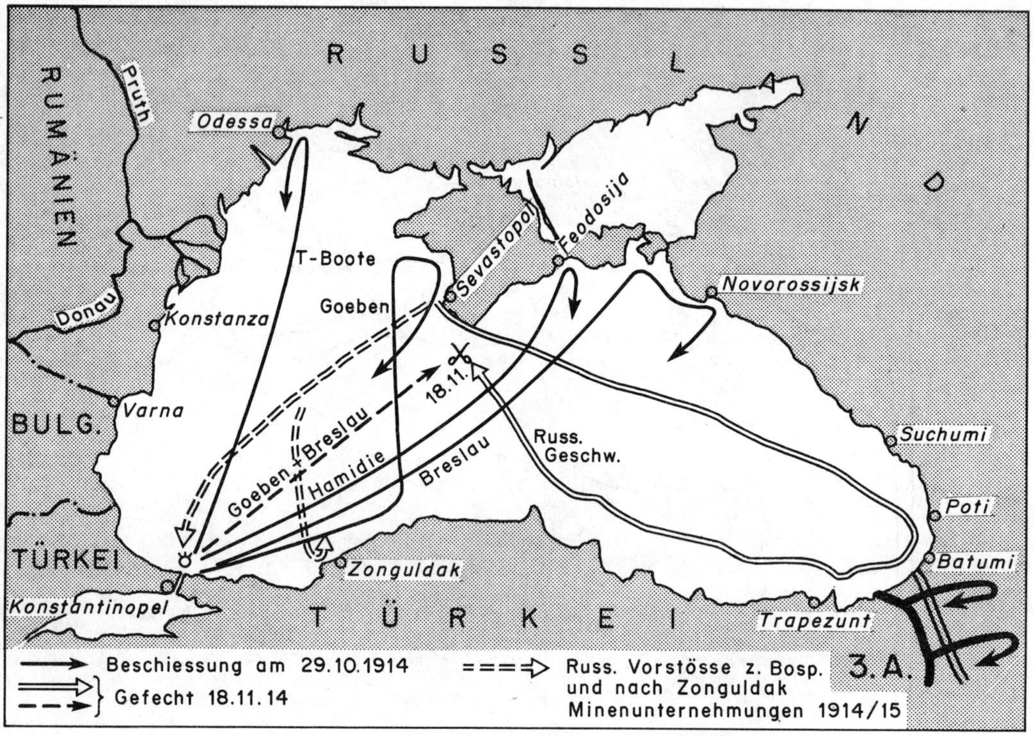

Das Schwarze Meer 1914/15

auslaufen konnten. Die Nachricht von diesem Überfall traf in Sevastopol so rechtzeitig ein, daß der Hafen alarmiert war und der zur Beschießung anlaufende Schlachtkreuzer *Goeben* bald wieder abdrehen mußte. In der Nähe des Hafens stieß er auf 3 russische Torpedobootzerstörer, von denen einer, *Lejtenant Puščin*, beschädigt wurde. Der südlich der Krim angetroffene Minenleger *Prut* wurde versenkt, während ein türkischer Minenleger *Nilufer* im Schutz der *Goeben* eine Minensperre vor Sevastopol legte. Der türkische Kreuzer *Hamidije* beschoß zur gleichen Zeit den Hafen von Feodosija, wärend die *Breslau* nach einer Minenlegung vor der Kerč-Straße zusammen mit dem Kanonenboot *Berk* Novorossijsk beschoß. Durch Artillerie- und Minentreffer sanken bei diesen Unternehmungen 6 russische Handelsdampfer und 1 Segler.
Der erfolgreich und ohne Verluste durchgeführte Überfall in der Nacht zum 5. November vor dem Bosporus 240 Minen legte. Am folgenden Tage beschossen die *Rostislav* und *Kagul* den türkischen Kohlenhafen Zonguldak an der Anatolischen Küste, wo ein Transportschiff zerstört wurde, während drei weitere in See dem Geschwader zum Opfer fielen. Eine ähnliche Unternehmung richtete sich vom 15.–18. November gegen die ostanatolische Küste. Während die schweren Schiffe am 17. November Trapezunt beschossen, wurden durch die Minenschiffe *Konstantin* und *Ksenia* sowie Zerstörer am 18. November vor den ostanatolischen Häfen, über die der Nachschub für die an der türkisch-russischen Grenze stehende Armee laufen mußte, 400 Minen gelegt. Auf die Nachricht von der Beschießung waren aus dem Bosporus die *Goeben* und *Breslau* ausgelaufen. Südlich der Krim kam es am 18. November zu einem kurzen Gefecht beider Schiffe mit der zurückmarschierenden

russischen Flotte, bei dem jedoch nur geringe Schäden entstanden. Während der häufigen Truppentransporte, welche die deutschen und türkischen Kreuzer vom Bosporus nach Ostanatolien in dieser Kriegsphase durchführen mußten, beschossen die Schiffe wiederholt Häfen an der südlichen russischen Kaukasusküste, so die *Breslau* am 7. November Poti, die *Hamidije* am 20. November Tuapse, die *Goeben* am 10. Dezember Batumi, das am 24./25. Dezember auch von der *Hamidije* angegriffen wurde. Nach einem fast ergebnislosen Vorstoß (1 Dampfer versenkt) der russischen Schwarzmeerflotte vom 11.–15. Dezember lief Admiral Eberhardt am 20. Dezember mit der ganzen Flotte erneut zu einem Vorstoß gegen den Bosporus aus, während die deutschen und türkischen Schiffe noch im östlichen Schwarzen Meer operierten. Die 4 Minenschiffe *Ksenia, Konstantin, Aleksej* und *Georgij,* begleitet von der 3. Torpedobootzerstörer-Division (*Kapitan-Lejtenant Baranov, Lejtenant Šestakov, Kapitan Saken, Lejtenant Zacarennyj*) legten am 22. Dezember 607 Minen nördlich des Bosporus, während die Flotte nördlich in einer Aufnahmestellung wartete. Am folgenden Tage deckte die Flotte einen Block-Versuch gegen den Hafen Zonguldak, der gleichzeitig durch das Linienschiff *Rostislav* und die Yacht *Almaz,* gedeckt durch die 6. Torpedoboot-Division (*Strogij, Svirepyj, Smetlivyj, Stremitel'nyj*), beschossen wurde. Der Block-Versuch gelang nur teilweise, nachdem die *Breslau* nachts eines der vier Blockschiffe versenkt und ein weiteres beschädigt hatte. Auf dem Rückmarsch gewann der Kreuzer *Breslau* Fühlung an der Schwarzmeer-Flotte, konnte jedoch die *Goeben* wegen Funkstörungen nicht heranführen. Vor dem Bosporus lief die *Goeben* am 26. Dezember auf eine der Minensperren und erlitt erhebliche Schäden, die im Laufe des Jahres 1915 zwischen mehreren kürzeren Unternehmungen mit großer Improvisationskunst repariert wurden.

Das Kriegsjahr 1915

Auch im ersten Halbjahr 1915 kam es bei den häufigen Transportunernehmungen der Kreuzer *Breslau, Hamidije, Medjidije* und anderer leichter Fahrzeuge an der anatolischen Küste zu Gefechtsberührungen mit der russischen Schwarzmeer-Flotte, die in kurzen Abständen in voller Stärke zwischen Sevastopol' und der türkischen Küste operierte.
Beim Auslaufen zu einer Transportunternehmung wurde am 2. Januar das türkische Kanonenboot *Berk* vor dem Bosporus durch Minentreffer schwer beschädigt, während die Kreuzer *Breslau* und *Hamidije* nach Osten weiterliefen. Die Schwarzmeer-Flotte war am 3. Januar mit 5 Linienschiffen, 2 Kreuzern und 10 Zerstörern nach Kap Kerempe und Sinope an der anatolischen Küste ausgelaufen. Hier traf die *Hamidije* am 4. Januar auf den Kreuzer *Pamjat Merkurija* und die 1. Zerstörer-Division und konnte sich den in der Schnelligkeit überlegenen Schiffen nur mit Mühe entziehen. Die wenig später zurückmarschierende *Breslau* holte die *Hamidije* ein und unternahm mit ihr am 6. Januar einen Vorstoß gegen die Kaukasus-Küste. Auf dem Rückmarsch traf die *Breslau* südlich der Kerč-Straße bei schlechter Sicht auf die zurückkehrende russische Flotte, konnte sich ihr jedoch nach kurzem Gefecht entziehen. Weitere ähnliche Vorstöße führte die russische Schwarzmeer-Flotte vom 14.–19. Januar, vom 24.–27. Januar, vom 30. Januar–4. Februar, vom 5.–10. Februar, vom 12.–17. Februar gegen die anatolische Küste durch, wobei mehrfach einzelne Dampfer und zahlreiche kleinere Fahrzeuge aufgebracht und versenkt wurden. Am 26./27. Januar kam es dabei im Gebiet von Sinope wieder zu einer kurzen Berührung zwischen der von einer Beschießung Potis zurückkehrenden und die *Hamidije* aufnehmenden *Breslau* und den 2 russischen Kreuzern *Pamjat Merkurija* und *Kagul.* Vom 7.–9. Februar stieß die *Breslau* erneut nach Osten vor, um die ständigen Beschießungen von Trapezunt durch russische Torpedobootzerstörer der 5. Division (*Zavidnyj, Zavetnyj, Zorkij, Zvonkij*) abzuwehren. Am 6. Februar konnte die *Breslau* diese Zerstörer vor Batum in ein ergebnisloses Gefecht verwickeln und beschoß am 7. Februar Jalta. Jedoch am folgenden Tage versenkten 2 russische Zerstörer vor Trapezunt erneut einen Dampfer.
Am 19. Februar eröffneten die Alliierten den Angriff gegen die Dardanllen, der mit dem Versuch zur Forcierung der Meerenge durch die britisch-französiche Flotte am 18. März seinen Höhepunkt fand. Die russische Schwarzmeer-Flotte, die vom 5.–9. 3. nochmals in voller Stärke einen Vorstoß gegen die türkischen Kohlenhäfen Zonguldak und Eregli unternommen hatte, verlagerte nunmehr auch das Schwergewicht ihrer Operationen gegen den nördlichen Teil der türkischen Meerengen am Bosporus. Am 11. März liefen die 5 Linienschiffe zu einem ersten Raid aus. Das von dem Kreuzer *Pamjat Merkurija* und der 1. Zerstörer-Division begleitete Seeflugzeug-Mutterschiff *Nikolaj I.* ließ nördlich des Bosporus 4 Seeflugzeuge zum Bombenangriff auf Rumeli an der Westseite der Bosporus-Einfahrt starten. Gleichzeitig mit dem anglo-französischen Forcierungsversuch der Dardanellen lief die Schwarzmeer-Flotte in voller Stärke am 18. März zum Bosporus aus, wobei die von der 4. Division (Torpedobootzerstörer *Lejtenant Puščin, Žarkij, Živoj, Živučij, Žutkij*) begleitete *Nikolaj I.* erneut Flugzeuge einsetzte. Beim Rückmarsch traf die von einer Beschießung Feodosijas am 18. März zusammen mit den T-Booten *Jadigar* und *Muavenet* zurückkehrende *Breslau* auf die zur Sicherung gehörenden russischen Zerstörer *Gnevnyj* und *Pronzitel'nyj,* mit denen sie ein kurzes Gefecht führte. Am 27./28. März stand die russische Schwarzmeer-Flotte erneut in voller Stärke vor dem Bosporus, wobei nicht nur die *Nikolaj I.* und *Almaz* 6 Flugzeuge zu Bombenangriffen starteten, sondern auch die Linienschiffe *Tri Svjatitelja* und *Rostislav* die Küste an der Einfahrt des Bosporus kurz beschossen. Die Kreuzer *Kagul* und *Pamjat Merkurija* mit je 3 Torpedobootzerstörern beschossen am 30. März erneut die

türkischen Kohlenhäfen. Dieser russischen Aktivität wollten die deutsch-türkischen Streitkräfte nicht tatenlos zusehen, und so gingen am 1. April die beiden Kreuzer *Hamidije* und *Medjidije* mit den Torpedobooten *Taschos, Samsun, Muavenet* und *Jadigar* zu einem Vorstoß gegen Odessa in See, während die *Goeben* und *Breslau* ins Gebiet südwestlich von Sevastopol zur Handelskriegführung vorstießen (2 Dampfer versenkt). Vor Odessa lief die *Medjidije* jedoch auf Minen und ging verloren; sie wurde später von russischer Seite gehoben und als *Prut* wieder in Dienst gestellt. Auf die Nachricht vom Auftreten der deutschen Schiffe ging am 3. April die Schwarzmeer-Flotte erneut in See, konnte jedoch die deutschen Schiffe nicht zum Kampf stellen, nur der Zerstörer *Derzkij* fuhr einen erfolglosen Torpedoangriff gegen die *Breslau.* Auch das erste der neuen großen russischen U-Boote, *Nerpa,* kam am 4. April vor dem Bosporus nicht zum Angriff auf die gesichtete *Goeben.*

Vom 14.–16. April stieß die russische 1. Zerstörer-Division wieder gegen die Kohlenhäfen, vom 17. – 21. April gegen die ostanatolischen Häfen vor (4 Dampfer bzw. 30 Segler versenkt). Nachdem am 25. April die Landung der Alliierten auf der Halbinsel Gallipoli begonnen hatte, lief die russische Flotte am 1. Mai erneut zu einem Angriff gegen den Bosporus aus. Während die übrigen Schiffe eine Deckungsposition weiter nördlich einnahmen, beschossen am 2. Mai die *Tri Svjatitelja* und *Pantelejmon* mit den Zerstörern *Gnevnyj, Zavidnyj* und *Lejtenant Puščin* die Bosporus-Einfahrt. Am 3. Mai wiederholten die *Tri Svjtatitelja* und *Rostivlav* die Beschießung, während in dieser Zeit die Kreuzer *Pamjat Merkurija* und *Kagul* sowie die Zerstörer *Gnevnyj* und *Pronzitel'nyj* gegen die Kohlenhäfen vorstießen. Bei einer weiteren ähnlichen Unternehmung vom 7.–11. Mai kam es am 10. Mai nördlich des Bosporus zu einem Gefecht der russischen Linienschiffe mit der von einem Vorstoß mit der *Hamidije* ins Gebiet von Sevastopol und *Breslau* ins Gebiet von Rumänien zurückkehrenden *Goeben,* bei der auf beiden Seiten Treffer erzielt wurden, ohne daß schwerere Schäden entstanden. Zwei weitere Vorstöße der Schwarzmeer-Flotte vom 13.–18. und 23.–26. Mai blieben ergebnislos. Die kampfkräftigen Zerstörer der 1. Division kämmten im Mai und Juni wiederholt die Hauptverkehrswege an der westlichen und südlichen Schwarzmeerküste ab und beschossen wiederholt die Kohlenhäfen, wobei ihnen verschiedentlich Dampfer zum Opfer fielen. Gegen die häufigen Zerstörervorstöße mußten die türkischen Kohlendampfer teilweise durch Kreuzer und Torpedoboote gesichert werden. Bei einer solchen Unternehmung kam es am 11. Juni zu einem Gefecht zwischen der *Breslau* und den Zerstörern *Derzkij* und *Gnevnyj,* bei dem letzterer schwer getroffen wurde. Ein weiteres der neuen russischen U-Boote, *Tjulen,* kam vor dem Bosporus gegen die zurückkehrende *Breslau* nicht zum Schuß. Auch der Versuch, türkische Torpedoboote in den Hafen von Zonguldak zur Abwehr der Angriffe zu legen, brachte keine Erfolge.

Mitte Juli 1915 wurde das erste der neuen russischen Schlachtschiffe, *Imperatrica Marija,* fertig. Zu seiner Überführung von Nikolaev nach Sevastopol am 12./13. Juli wurde die gesamte Flotte eingesetzt. Während der Kreuzer *Pamjat Merkurija* mit 8 Torpedobootzerstörern und dem Flugzeug-Mutterschiff *Nikolaj I.* das Schlachtschiff unmittelbar sicherte, nahm die Flotte mit den 5 alten Linienschiffen, den Kreuzern *Kagul, Almaz* und 3 Torpedobootzerstörern eine Deckungsposition zwischen der Krim und der rumänischen Küste ein, und die 1. Zerstörer-Division stieß gegen den Bosporus vor, wo auch die neuen großen U-Boote *Tjulen, Morž* und *Nerpa* aufgestellt waren, während das neue Minen-U-Boot *Krab* am 14. Juli vor die Bosporus-Mündung 58 Minen legte. Auf dieser Sperre wurde am 18. Juli der Kreuzer *Breslau* durch einen Minentreffer beschädigt. Die russische 1. Zerstörer-Division mit ihren 4 großen Booten erhielt vom 24. Juli ab Verstärkung durch die ersten 3 Boote der 2. Division *Sčastlivyj, Bystryj* und *Pylkij* bei ihren Unternehmungen gegen die türkischen Kohlenhäfen, bei denen immer wieder Dampfer und Segler versenkt wurden. Die Angriffsversuche der russischen U-Boote gegen ein- und auslaufende Kriegsschiffe vor dem Bosporus hatten dagegen Anfang August keinen Erfolg. Jedoch kam es gelegentlich zu ergebnislosen Gefechten zwischen deutsch-türkischen Kreuzern und russischen Zerstörern; so am 5. September zwischen der *Hamidije* und den Zerstörern *Bystryj* und *Pronzitel'nyj* und am 21. September zwischen der *Goeben* und den 3 Zerstörern *Sčastlivyj, Bespokojnyj Pronzitel'nyj.*

Nach einer längeren Pause griff am 30. September und 1. Oktober die Schwarzmeer-Flotte mit ihren Linienschiffen *Evstafi, Ioann Zlatoust, Pantelejmon,* den Kreuzern *Pamjat Merkurija* und *Almaz* sowie 7 Zerstörern die türkischen Kohlenhäfen an, während das neue Schlachtschiff *Imperatrica Marija* mit dem Kreuzer *Kagul* und 5 Zerstörern in See eine Aufnahmeposition besetzte. Es wurden 2 Dampfer versenkt. Von den inzwischen ins Schwarze Meer verlegten deutschen U-Booten, die ab September erstmalig südlich der Krim operiert und hier 4 Segler und einen Dampfer versenkt hatten, kam keines auf die Flotte zum Angriff. Am 14. Oktober trat Bulgarien auf der Seite der Mittelmächte in den Krieg ein, während die *Goeben* vor der rumänischen und bulgarischen Küste demonstrierte. Eine Woche später, vom 20. – 27. Oktober, begann die russische Schwarzmeer-Flotte ihrerseits mit einer Reihe von Demonstrationsvorstößen gegen die bulgarische Küste, wobei am 21. Oktober 3 alte Linienschiffe den Hafen beschossen, während die *Imperatrica Marija* mit 2 Kreuzern und 10 Zerstörern eine Aufnahmeposition einnahm. Am 25. Oktober folgte ein Angriff von Flugzeugen der *Nikolaj I.,* und am 27. stießen erneut die Linienschiffe gegen das von den beiden deutschen U-Booten *UB 7* und *UB 8* als Stützpunkt benutzte Varna vor. Ein Torpedo von *UB 7* detonierte dicht vor der *Pantelejmon.*

Die russische Kampfgruppentaktik

Im November 1915 trat das zweite der neuen Schlachtschiffe, *Imperatrica Ekaterina II.*, zur Flotte, und Admiral Eberhardt bildete nun 3 Kampfgruppen: Die erste mit der *Imperatrica Marija* und *Kagul*, die zweite mit der *Imperatrica Ekaterina II.* und *Pamjat Merkurija*. Diese beiden Kampfgruppen operierten jeweils mit 2 bis 4 großen Zerstörern der 1. und 2. Division zusammen. Die dritte Gruppe bildeten die älteren Linienschiffe *Evstafi*, *Ioann Zlatoust* und *Pantelejmon*, begleitet von Torpedobootzerstörern. Vom 23. – 25. November führten die 1. Gruppe einen Vorstoß gegen die Kohlenhäfen, vom 24. – 26. Dezember die 2. Gruppe gegen die bulgarische Küste. Vom 31. Dezember bis 9. Februar fuhren die Gruppen je 3 weitere Unternehmen in Richtung auf die Kohlenhäfen, den Bosporus und die bulgarische Küste, wobei die Zerstörer gegen die Handelsschiffe vor der Küste vorgingen, während die schweren Schiffe weiter abgesetzt nach See Aufnahmepositionen einnahmen.

Bei einer solchen Unternehmung stieß am 8. Januar die zur Deckung eines Transports nach Zonguldak ausgelaufene *Goeben* auf die russischen Zerstörer *Pronzitel'nyj* und *Lejtenant Šestakov*, welche gerade einen Dampfer versenkt hatten. Bei ihrer Verfolgung kam nach einer guten Stunde das Schlachtschiff *Imperatrica Ekaterina II.* in Sicht. Vor dem artilleristisch überlegenen Schiff drehte die *Goeben* ab, konnte sich mit ihrem stark bewachsenen Boden jedoch nur langsam dem Gegner entziehen, dessen Salven noch auf mehr als 200 hm gut und geschlossen lagen. Bei einem Unternehmen der ersten Gruppe am 5./6. Februar gegen die Kohlenhäfen wurden außer den beiden neuen Zerstörern *Pospešnyj* und *Gromkij* auch die Flugzeug-Mutterschiffe *Aleksandr I.* und *Nikolaj I.* mit 14 Flugzeugen eingesetzt, von denen jedoch nur 3 rechtzeitig starten konnten und einen Dampfer versenkten, ehe ein Angriffsversuch von *UB 7* zum Abbruch des Unternehmens zwang.

Die russische Offensive in Ostanatolien

Am 10. Januar hatten die Truppen der russischen Kaukasusfront einen Angriff gegen den türkischen Hauptort Erzerum unternommen, der zunächst langsam Boden gewann. Vom 4. Februar ab eröffneten auch die unmittelbar an der Küste bei Archave stehenden russischen Kräfte den Angriff, wobei sie von einem auf Batum gestützten Schiffsverband mit dem Linienschiff *Rostislav*, den Kanonenbooten *Donec* und *Kubanec* sowie den Torpedobooten *Lejtenant Puščin*, *Živoj*, *Strogij* und *Stremitel'nyj* unterstützt wurden. In Ermangelung anderer schneller Transporter und wegen der unzulänglichen Verkehrswege Anatoliens mußten die *Goeben* und *Breslau* in mehrfachen Transporten Truppen und Nachschubgüter nach Trapezunt bringen. Die Offensive lief sich jedoch zunächst schon vor Vice fest. Vom 15. –17. Februar gelang es den Russen mit Unterstützung des Schiffsverbandes aus Batum, die Türken aus Atina zurückzudrängen. Um die starke türkische Position zu Fall zu bringen, wurden am 4. März in der Flanke und im Rücken der Küstenfront von See her mit Unterstützung der Schiffsabteilung 2015 Mann gelandet und nach dem Beginn des türkischen Rückzuges am 5. und 7. März noch zweimal über See bis nach Rize vorgeworfen. Die Operationen der Unterstützungs-Schiffsabteilung wurden gegen befürchtete Vorstöße der deutschen schweren Schiffe durch die sich in Deckungspositionen nördlich der anatolischen Küste ablösenden 3 Kampfgruppen geschützt. Unterstützt von der *Rostislav* und 2 Zerstörern drängten die russischen Heerestruppen vom 26. März bis 1. April die Türken an den Karalete-Fluß zurück, während die erste Kampfgruppe die Operation deckte. Das zur Unterstützung der schwer ringenden Landfront gegen die lästige Beschießung von See angesetzte deutsche U-Boot *U 33* sichtete zwar die *Imperatrica Marija*, kam jedoch nicht zum Angriff.

Während vom Bosporus her die *Breslau* am 3. April einen Truppentransport nach Trapezunt brachte und anschließend russische Stellungen jenseits der Front beschoß, lief von Norden eine große russische Transportbewegung an. Von Novorossijsk her brachten 22 Dampfer, gesichert von den Kreuzern *Prut* und *Almaz* sowie 13 Zerstörern und Torpedobooten und den Flugzeug-Mutterschiffen *Nikolaj I.* und *Aleksandr I.*, 2 Brigaden mit 14 000 Mann nach Rize, während die 1. und 2. Kampfgruppe die Operation nach Westen zu deckten. Auf dem Rückmarsch der Dekkungsstreitkräfte kam es am 5. April südostwärts der Krim zu einem kurzen Gefecht der zurückkehrenden *Breslau* mit der *Imperatrica Ekaterina II.*, die von der *Kagul* und 3 Zerstörern begleitet war. Auch in diesem Fall konnte sich die *Breslau* dem bereits nach der 3. Salve auf über 200 hm deckend liegenden Feuer des russischen Schlachtschiffes, das mit überraschender Geschwindigkeit folgte, nur schwer entziehen.

Nach dem Eintreffen dieser Verstärkungen und des Linienschiffes *Pantelejmon* eröffneten die Russen am 14. April die Offensive gegen Trapezunt, das am 18. April fiel. Zur Verstärkung ihrer Truppen hatten russische Transportflotten vom 13. – 23. Mai die 127. Schützendivision mit 16 838 Mann und vom 28. Mai bis 4. Juni die 123. Schützendivision mit 17 647 Mann von Mariupol nach Kavala an der anatolischen Ostküste dicht hinter die Front transportiert. Wieder bildeten die 1. und 2. Kampfgruppe die Deckung, während die 3. Gruppe mit der 5. Zerstörer-Division und der Yacht *Almaz* bis Anfang Juli zur Sicherung des östlichen Schwarzen Meeres abgeteilt wurde.

Zur Störung der freizügigen russischen Flottenbewegungen wurden vom 24. März bis 28. Mai durch das erste im Schwarzen Meer eingetroffene deutsche Minen-U-Boot *UC 15* vor Sevastopol 3 und vor Odessa eine Minensperre geworfen. Vom 4. – 8. Mai legte auch die *Breslau* westlich der Krim und vor der Donau je eine größere Sperre und beschoß den Hafen von Evpatorija.

Zur Unterstützung einer geplanten, jedoch abgeblasenen türkischen Gegenoffensive bei Trapezunt waren am 2. Juli die *Goeben* und *Breslau* nach Osten ausgelaufen. Nachdem das vorübergehend ins Schwarze Meer entsandte *U 38* die russische 3. Kampfgruppe mit 3 Linienschiffen gemeldet hatte, stießen die beiden deutschen Schiffe an die mittlere Kaukasusküste zwischen Soči und Tuapse vor, wo sie Küstenplätze beschossen und mehrere Schiffe versenkten. Die zur Jagd auf die deutschen Schiffe ausgelaufenen 1. und 2. Kampfgruppen konnten die *Goeben* und *Breslau* jedoch nicht fassen, und auch die vor dem Bosporus stationierten U-Boote *Nerpa* und *Morž* kamen nicht zum Schuß. Minen gelang es der *Breslau* mit Mühe, der gut schießenden und zeitweise bis fast 25 Knoten laufenden *Imperatrica Marija* zu entkommen.

Die Minenoffensive begann mit der Verlegung einer Sperre von 60 Minen in der Bosporus-Mündung durch das Minen-U-Boot *Krab* am 31. Juli. Im folgenden wurden von je 2 – 4 Zerstörern der 1. und 2. Division am 3., 7., 9., 12. und 21. August 1140 Minen geworfen, während jeweils die 1. oder 2. Kampfgruppe mit den übrigen einsatzbereiten neuen Zerstörern eine Aufnahmestellung einnahmen. Ziel der Unternehmungen war es vor allem, die *Goeben* und *Breslau* im Bosporus zu blockieren und ihren Einsatz nach dem Kriegseintritt Rumäniens auf Seiten der Alliierten am 27. August zu verhindern.

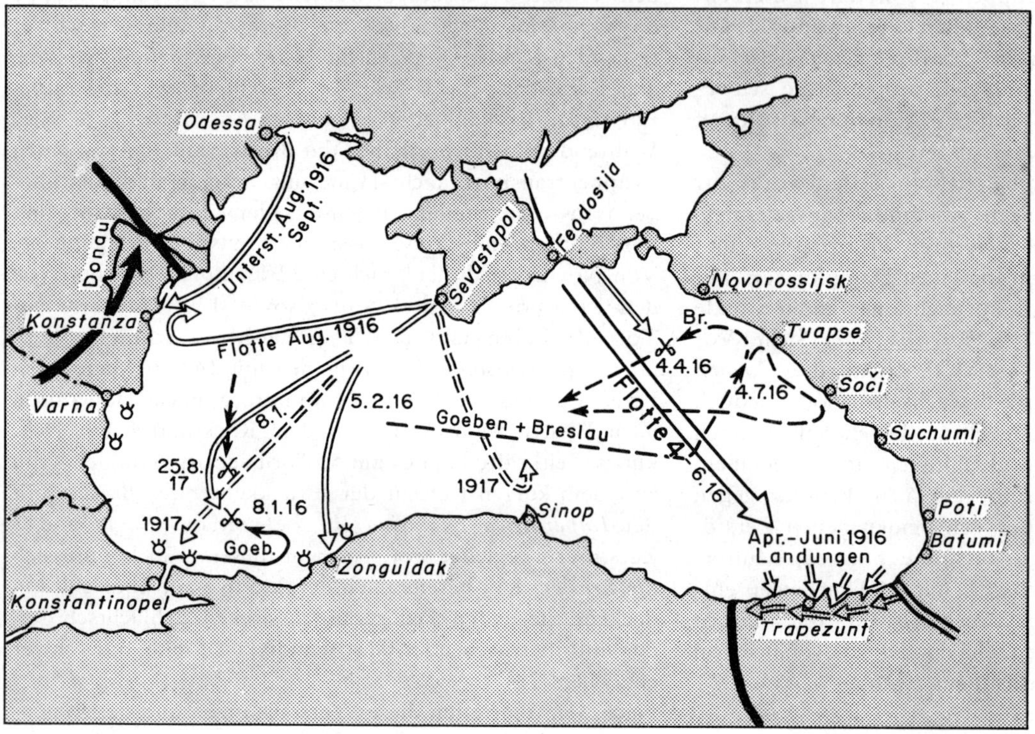

Das Schwarze Meer 1916/1917

Die russische Minenoffensive 1916

Im Juni 1916 wurde Vizeadmiral Eberhardt von dem als Chef der Operationsabteilung der Ostseeflotte und Führer von Zerstörerverbänden in der Ostsee bewährten Konteradmiral Kolčak als Befehlshaber der Schwarzmeer-Flotte abgelöst. Dieser besonders tatkräftige Admiral begann mit einer massiven Minenoffensive gegen den Bosporus. Den Auftakt zu diesen Operationen bildete ein Vorstoß der 1. Kampfgruppe mit *Imperatrica Marija, Kagul* und 5 Zerstörern gegen die anatolische Küste. Dabei kam es nördlich Sinope am 22. Juli zu einem Gefecht mit dem Kreuzer *Breslau,* der zu einer Minenunternehmung nach Novorossijsk gehen wollte. Unter geschickter Verwendung von Nebelkästen und mehrfachem Werfen einiger der vorhandenen

Zur Unterstützung und Deckung der rumänischen Küste war im August ein russischer Schiffsverband mit dem Linienschiff *Rostislav,* den Kanonenbooten *Terec, Kubanec* und *Donec* sowie den alten U-Booten *Karp* und *Karas* gebildet worden. Unter Deckung durch diese Schiffe legten am 27. August 3 Minenleger ein Defensiv-Minenfeld vor Konstanza, während die 1. und 2. Kampfgruppe mit überschlagendem Einsatz die Operation deckten. Der Angriff der rumänischen Armee mit Unterstützung durch das 47. russische Korps gegen die Dobrudscha lief sich jedoch bald fest, und am 9. Oktober trat die deutsch-bulgarisch-österreichische Armee unter General von Mackensen zum Gegenangriff an. Am 23. Oktober wurde bereits Konstanza erobert. Bei diesen Operationen versuchten russische Schiffe, insbesondere die *Rostislav* und verschiedene Torpedoboote und Zerstörer, von See her Unterstützung zu geben und die Evakuierung von Truppen über See zu decken. Am 7. September nahmen die russischen Zerstörer der 1. und 2. Division ihre Minenunternehmungen wieder auf. Am 7., 9. und 15. September wurden zusammen mit dem Minen-U-Boot *Krab* (30 Minen) bei Karaburnu und Varna 3 Sperren mit 700 Minen gelegt, dabei wurde *Bespokojnyi* am 9. 9. vor Konstanza auf einer rumänischen Minensperre schwer beschädigt. Vom 19.–21. September führte die *Ekaterina II.* mit 2 Zerstörern eine Beschießung der türkischen Kohlenhäfen durch.

Am 20. Oktober wurde die Schwarzmeer-Flotte von einem schweren Verlust getroffen. Infolge einer Innenexplosion flog die *Imperatrica Marija* in die Luft und kenterte in Sevastopol. Doch setzten die russischen Schiffe ihre Operationen fort. Zerstörer stießen gegen die anatolische und die von den verbündeten Truppen besetzte rumänische Küste vor. Minenunternehmungen wurden unter Einsatz von Spezialfahrzeugen, welche die russische Improvisationskunst bewiesen, fortgesetzt. Am 23. Oktober legte der flachgehende Minenleger *T-234* westlich des Bosporus im flachen Wasser 2 Sperren mit je 110 Minen. In den Nächten zum 7. und 27. November wiederholte er diese Operation zweimal vor Varna und dann am 17. Dezember vor Konstanza. Am 30. November und 3. Dezember legten die Zerstörer *Pylkij* und *Derzkij* je 120 Minen westlich und ostwärts des Bosporus. Eine letzte Unternehmung des Jahres 1916 verdient besondere Erwähnung: Am 18. Dezember legte das Minen-U-Boot *Krab* erneut 24 Minen in die Bosporus-Einfahrt. Die kleinen Torpedobootzerstörer *Žarkij* und *Živoj* nahmen nördlich des Bosporus von dem Zerstörer *Derzkij* insgesamt 72 Minen an Bord und legten sie in einer Nacht in 3 Einsätzen dicht vor die Bosporus-Mündung. Am 18. Januar 1917 verstärkten die 2 flachgehenden Minenleger *T-234* und *T-239*, gesichert von der *Pamjat Merkurija* und 2 Zerstörern, mit nochmals je 220 Minen westlich und östlich des Bosporus die Sperren, während die 3 Linienschiffe der zweiten Brigade mit 3 Zerstörern eine Deckungsposition einnahmen.

Die russischen Operationen gegen den Nachschub unter der türkischen Küste 1917

Nach den schweren Verlusten an Transportdampfern durch die russischen Angriffe 1915/16 mußten die Transportbewegungen unter der türkischen Küste im Jahre 1917 fast ausschließlich von kleinen Seglern durchgeführt werden. Diese hatten sowohl den Nachschub für die türkischen Truppen an der anatolischen Front, als auch den besonders wichtigen Kohlentransport zwischen Zonguldak und dem Bosporus sowie den Verkehr vom Bosporus nach den bulgarischen Häfen zu bewältigen. Die Bekämpfung dieses Verkehrs war eines der Hauptziele der russischen Flottenoperationen. So stieß die Kampfgruppe mit dem Schlachtschiff *Ekaterina II*, dem Kreuzer *Pamjat Merkurija* und 3 Zerstörern vom 5. – 9. Januar an die westanatolische Küste vor und versenkte hier eine größere Zahl von Seglern. Vom 28. – 31. Januar und vom 14. –15. Februar unternahmen jeweils 2 Zerstörer mit 1 – 2 der großen Minenleger Vorstöße an die anatolische Küste, bei denen gleichfalls zahlreiche Segler versenkt und mehrere Prisen eingebracht wurden. Bei einer weiteren Operation der Kampfgruppe *Ekaterina* vom 23. – 25. Februar beschoß das Schlachtschiff sogar das türkische Kohlengebiet. Von den russischen U-Booten *Nerpa, Narval, Kašalot, Kit* und *Morž* wurden von Januar bis Mai im westlichen Schwarzen Meer auf je 2–4 Feindfahrten 4 kleinere Dampfer und über 30 Segler versenkt. Bei der letzten dieser Operationen ging das U-Boot *Morž* verloren.

Zur Vorbereitung einer größeren Landungsoperation an der rumelischen Küste wurden von den 3 Flugzeugmutterschiffen *Aleksandr, Nikolaj* und *Romania* am 26. März 12 Flugzeuge zur Aufklärung im vorgesehenen Landungsgebiet gestartet. Am 4. April wurde die Unternehmung im Gebiet des Bosporus wiederholt, wobei es auch zu russischen Bombenwürfen auf türkische Küstenbatterien und deutschen Luftangriffen auf die Schiffe kam.

In den ersten Monaten der Revolution vom März bis Mai 1917 war es Admiral Kolčak gelungen, die Schwarzmeer-Flotte weitgehend von revolutionären Strömungen frei und einsatzbereit zu halten, wenngleich auch einige Schiffe sich weigerten, die alte zaristische St.-Andreas-Flagge zu hissen, und statt dessen die russische weiß-blau-rote Nationalflagge umgekehrt setzten und Matrosenräte wählten. Doch blieb die Disziplin soweit erhalten, daß Admiral Kolčak im Mai eine neue Serie von Minenunternehmungen gegen den Bosporus ansetzen konnte. Um den Weg von Westen und Osten zur Bosporus-Einfahrt auch für die nun in erster Linie verkehrenden kleinen Schiffe unmittelbar unter der Küste sperren zu können, wurde die *Pamjat Merkurija* mit 4 Minenleg-Barkassen und einem schnellen Motorboot ausgerüstet, die jeweils 30 Minen an Bord nehmen konnten. Am 17. und 18. Mai wurden mit diesen Booten 2 Unternehmungen in die Bosporus-Mündung und die Küstengewässer beiderseits davon angesetzt, während nach See zu abgesetzt die Kampfgruppe mit der *Ekaterina* und den 3 Flugzeugmutterschiffen eine Deckungsposition einnahm. Die zweite Operation mußte allerdings abgebrochen werden, weil 2 deutsche Flugzeuge den Verband anzugreifen versuchten. Am 24. 5. wurde eine Wiederholung der Operation angesetzt. Wieder lief die *Pamjat Merkurija* mit ihren Minenlegbarkassen zum Bosporus, wo die Boote in 2 aufeinanderfolgenden Nächten jeweils 120 Minen von den Zerstörern *Gnevnyj* und *Pronzitel'nyj* an Bord nehmen sollten, um sie vor der Bosporusmündung zu legen. Nach der erfolgreichen Durchführung der ersten Unternehmung kam es in der zweiten Nacht auf einer der Barkassen zu einer Minenexplosion, bei der das Boot sank und zwei weitere schwer beschädigt wurden. Auch diese Operation wurde von dem inzwischen in *Svobodnaja Rossija* umgetauften Schlachtschiff *Ekaterina* und dem Flugzeugmutterschiff *Aviator*, der ehemaligen *Nikolaj*, gesichert.

Während die Flotte mit diesen Minenunternehmungen beschäftigt war, hatte man in Batumi aus 3 rumänischen Hilfskreuzern und 2 älteren russischen Torpedobootzerstörern und U-Jägern eine Kampfgruppe gebildet, die vom 28. – 30. Mai mehrfach an die anatolische Küste vorstieß und Sinope und Samsun beschoß. Bei diesen Handelskriegunternehmungen wurden mehr als 100 kleine Fahrzeuge versenkt. Vom 16. –18. Juni richtete sich eine Minenunternehmung gegen den Kohlenhafen Zonguldak, bei dem die Zerstörer *Pylkij* und *Sčastlivyj* je zwei Motorboote schleppten, die dann insgesamt 40 Minen vor dem Hafen legten. In der folgenden Nacht setzte der Verband die Unternehmung vor dem Bosporus fort, wo weitere 40 Minen geworfen wurden.

Inzwischen hatte auch auf der Schwarzmeer-Flotte die revolutionäre Bewegung weiter um sich gegriffen, und am 19. 6. mußte der Flottenchef, Admiral Kolčak, weichen und sein Kommando an Vizeadmiral Lukin abgeben. Doch wurden die noch von Admiral Kolčak geplanten Minenunternehmungen zunächst fortgesetzt. Am 24./25. Juni liefen in 3 Gruppen 3 große Minenleger mit 4 flachgehenden Minenlegern, einem rumänischen Hilfskreuzer und 2 Zerstörern sowie der *Pamjat Merkurija* und weiteren 2 Zerstörern aus, während die *Svobodnaja Rossija* und 2 Zerstörer eine Deckungsgruppe bildeten. Es war das Ziel der Unternehmung, mit den flachgehenden Minenlegern 880 Minen im Gebiet des Bosporus zu werfen. Am 23. Juni war jedoch der deutsche Kreuzer *Breslau* ausgelaufen, um Beobachtungsstationen auf der Schlangeninsel und der Insel Fidonisi auszuheben und im Gebiet vor den Donaumündungen 80 Minen zu legen. Die Operation wurde planmäßig durchgeführt; auf den Minen ging Ende des Monats ein Torpedobootzerstörer verloren. Die russische Funkaufklärung hatte jedoch die Operation erkannt und setzte die kampffähigen Schiffe der in See befindlichen Verbände gegen die *Breslau* an. Am 25. 6. wurde die mit 25 Knoten Fahrt in Richtung auf den Bosporus zu laufende *Breslau* von der *Svobodnaja Rossija* gesichtet, die sofort den Zerstörer *Gnevnyj* zur näheren Aufklärung entsandte. Es kam zu einem Gefecht zunächst zwischen dem Zerstörer und der *Breslau*, in das später auch das Schlachtschiff auf große Entfernung eingriff. An der Grenze der Minenfelder vor dem Bosporus mußten die russischen Schiffe das Gefecht abbrechen, ohne daß auf der einen oder anderen Seite Erfolge erzielt waren, und auch das vor dem Bosporus operierende U-Boot *Nerpa* kam nicht zum Schuß. Anschließend wurde von russischer Seite die begonnene Minenunternehmung fortgesetzt, und in der Nacht vom 26. 6. nahmen die flachgehenden Fahrzeuge von den 3 Minenlegern je 220 Minen an Bord und legten sie nordostwärts der Bosporus-Einfahrt. Zur Unterstüzung der Schiffe war von Sevastopol aus die zweite Linienschiffbrigade ausgelaufen. Eine weitere Minenunternehmung mit 3 Zerstörern und Minenmotorbooten am 3. Juli mußte wegen Sturms abgebrochen werden. Sie wurde dann in etwas vergrößertem Umfang am 19. 7. wiederholt. Der rumänische Hilfskreuzer *Regele Carol* und der Minenleger *Ksenija* schleppten die flachgehenden Minenleger *T-234* und *T-239*, die Zerstörer *Bystryj*, *Pylkij* und *Sčastlivyj* wieder Motorboote und kleine U-Jäger, während die *Svobodnaja Rossija*, die *Pamjat Merkurija* und 4 weitere Zerstörer den Verband deckten. Es gelang den Motorbooten der Zerstörer, je 10 Minen unmittelbar in die Bosporus-Einfahrt zu werfen, während weiter außerhalb, ostwärts der Mündung die beiden flachgehenden Minenleger ihre 440 Minen unbemerkt warfen. Mit dieser Unternehmung fanden die Minenunternehmungen der Schwarzmeer-Flotte im ersten Weltkrieg ihren Abschluß.

Obgleich sich die Verhältnisse auch bei der Schwarzmeer-Flotte zunehmend verschlechterten, häufiger Befehlsverweigerungen vorkamen und auch Unruhen ausbrachen, die u. a. im August zur Ablösung des Flottenchefs durch Konteradmiral Nemic führten, setzten die leichten russischen Fahrzeuge, zum Teil in Verbindung mit rumänischen Hilfskreuzern, ihre Operationen an der anatolischen Küste fort, bei denen weitere Segelfahrzeuge versenkt und aufgebracht wurden. Vom 23. – 24. August kam es sogar zu einem ersten Kommandounternehmen gegen den kleinen Hafen Ordu. Von je 2 rumänischen Hilfskreuzern, russischen Zerstörern und Torpedobooten wurden über 300 Mann gelandet. Infolge ihrer mangelhaften Disziplin wurde jedoch das Hauptziel, die Zerstörung einer Flugzeughalle, nicht erreicht. Ein zweites, ähnliches Unternehmen am 27. 8. gegen Vona wurde abgewehrt. Das in See als Deckung stehende Schlachtschiff *Svobodnaja Rossija* griff in die Operation jedoch nicht ein. Vom 27. August bis 15. September führten viermal Rotten von je 2 russischen Zerstörern Aufklärungsunternehmungen an der anatolischen Küste durch, um weitere größere Landungsunternehmungen vorzubereiten. Dabei wurden erneut 19 Segler versenkt. Vom 30. September bis 20. Oktober fuhren russische Zerstörerrotten mehrere Angriffe gegen die Kohlentransporte, bei denen die Zerstörer *Bystryj*, *Gromkij*, *Fidonisi*, *Gnevnyj*, *Pospešnyj* und *Derzkij* insgesamt 23 Segler und einen kleinen Dampfer versenkten und 2 weitere aufbrachten. Auch die vom Juni ab von den bereits genannten sowie den beiden neuen U-Booten *Tjulen* und *Gagara* durchgeführten Operationen führten zur Versenkung zahlreicher Segler, so daß die Nachschub- und Kohlentransporte in zunehmendem Maße unterbunden wurden.

Unter diesen Umständen machte jede Operation der türkischen Schiffe große Schwierigkeiten, da sie völlig von der Kohlenzufuhr von Zonguldak oder aus dem deutschen Machtbereich abhängig war. Erst Anfang bis Mitte November konnte die *Breslau* zu Vorstößen in Richtung auf die bulgarische Küste und nach Osten an die anatolische Küste entsandt werden. Wieder erfuhr die russische Führung von dem Auslaufen der *Breslau* am 1. November und setzte die fahrbereiten Schiffe in 3 Kampfgruppen gegen den Kreuzer an. Doch kam es nun erstmalig zu größeren Meutereien. Auf dem zur ersten Gruppe gehörenden Schlachtschiff *Svobodnaja Rossija* verweigerte die Besatzung die Weiterfahrt, so daß das Schiff umkehren mußte, während die beiden Zerstörer der Gruppe sich dem zur dritten Gruppe gehörenden neuen Schlachtschiff *Volja* anschlossen. Einen Rückhalt bildete die zweite Gruppe mit den 3 alten Linienschiffen. Es kam jedoch zu keiner Kampfberührung mehr.

Am 8. November, nach dem Eintreffen von Nachrichten über den Sieg der bolschewistischen Revolution in St. Petersburg, gab der Flottenchef, Admiral Nemic, den Befehl, nur noch den Weisungen des Centroflot, des Zentralmatrosenrates der Schwarzmeer-Flotte, zu gehorchen. Damit hörte jede Kampftätigkeit der russischen Schwarzmeer-Flotte auf.

Am 15./16. Dezember wurde zwischen der sowjetischen Regierung und Deutschland ein Waffenstillstand abgeschlossen. Ihm folgte am 9. Februar der Friedensschluß mit der Ukraine, der zum vorübergehenden Abbruch der Friedensverhandlungen in Brest-Litovsk führte. Als die deutschen Truppen jedoch daraufhin den Vormarsch in Rußland wieder aufnahmen, sah sich die Sowjetregierung am 3. März gezwungen, den Friedensvertrag von Brest-Litovsk zu unterschreiben. Wegen der in Südrußland und der Ukraine herrschenden chaotischen Verhältnisse entschloß sich die deutsche Führung zur schrittweisen Besetzung des Gebietes. Am 13. März besetzten deutsch-österreichische Truppen Odessa, am 17. März Nikolaev. Das in diesem Gebiet eingesetzte 52. Armeekorps ging danach auch zur Besetzung der Krim über. Am 25. April wurde die Hauptstadt der Krim, Simferopol, besetzt und eine vorläufige Krimregierung gebildet. Als die deutschen Truppen sich Sevastopol näherten, baten die Matrosenräte den seiner Befugnisse weitgehend beraubten neuen Flottenchef, Konteradmiral Sablin, das Kommando über die Flotte wieder zu übernehmen und die Schiffe dem deutschen Zugriff zu entziehen. Admiral Sablin nahm diese Bitte unter der Bedingung an, daß seinen Befehlen bedingungslos gehorcht würde. Es war die Absicht Admiral Sablins, die Schiffe in Sevastopol zu belassen, sie dort in Übereinstimmung mit den Friedensbedingungen entwaffnen zu lassen, um sie dann der neuen ukrainischen Regierung zu übergeben. Durch ein Mißverständnis wurde jedoch eine zu Verhandlungen mit dem deutschen Generalkommando entsandte Delegation nicht empfangen, so daß Admiral Sablin Zweifel an der Aufrichtigkeit der Deutschen kamen. So entschloß er sich, mit den fahrbereiten Schiffen, den beiden modernen Schlachtschiffen sowie 15 Zerstörern und 10 Dampfern nach Novorossijsk zu gehen. Am 30. April, als schon die Spitzen der deutschen Truppen in den Vororten Sevastopols standen, liefen die Verbände aus, während Sevastopol am 1. Mai besetzt wurde. Auf Bitte des Heeres hatte der Schlachtkreuzer *Goeben,* obgleich seine Beschädigungen nach dem Vorstoß gegen Imbros noch nicht voll beseitigt waren, zusammen mit dem türkischen Kreuzer *Hamidije* den Bosporus verlassen und traf am 1. Mai vor Sevastopol ein, jedoch zu spät, um die russischen Schiffe noch zu fassen. Im Hafen von Sevastopol lagen 7 alte Linienschiffe, die Kreuzer *Očakov* und *Pamjat Merkurija,* neuere und ältere Zerstörer sowie 14 U-Boote in weitgehend von der Besatzung verlassenem und verwahrlostem Zustand. Auch der nicht voll einsatzbereite Kreuzer *Prut,* die ehemals türkische *Medjidije,* wurde vorgefunden und nach behelfsmäßiger Wiederherrichtung von der *Hamidije* nach Konstantinopel geschleppt.

Die deutsche und sowjetische Regierung nahmen im Laufe des Monats Mai Verhandlungen auf, um die Frage der Entwaffnung der Flotte zu lösen. Auf deutscher Seite war man daran interessiert, die Schiffe unter eigene Kontrolle zu bekommen, um jede mögliche Störung des Seeverkehrs im Schwarzen Meer unmöglich zu machen. Die sowjetische Regierung stand vor einem schwierigen Problem: wenngleich Admiral Sablin sich bisher auch den Weisungen aus Moskau fügte, so war seine endgültige Haltung ebenso wenig wie die der Flotte klar zu übersehen. Es bestand durchaus die Möglichkeit, daß sich diese noch kampffähige Streitmacht auf die Seite der an verschiedenen Stellen aufflammenden weißrussischen Gegenrevolution stellen würde. So erklärte sich die sowjetische Regierung der deutschen gegenüber am 13. 6. damit einverstanden, die Schiffe bis zum 19. Juni nach Sevastopol zu überführen. Gleichzeitig gab sie jedoch Admiral Sablin den Befehl, die Schiffe vor Novorossijsk zu versenken. An Bord der Schiffe war aber ein erheblicher Teil der Besatzungen – nicht nur der Offiziere – dafür, die Flotte als einzige intakte militärische Streitmacht zu erhalten und sie deshalb unter den gegebenen Umständen lieber internieren zu lassen. Es kam zu heftigen Auseinandersetzungen zwischen den für die Internierung und für die Versenkung stimmenden Kräften. Während Admiral Sablin nach Moskau beordert war, befahl sein Vertreter, Kapitän 1. Rg. Tichmenév, am 28. Juni 1918 allen Schiffen, Dampf aufzumachen. Während Teile der Besatzungen diesen Befehl zu verhindern suchten und damit auf einigen Schiffen auch Erfolg hatten, gelang es dem Schlachtschiff *Volja* und den 5 Zerstörern *Bespokojnyj, Pospešnyj, Derzkj, Živoj* und *Žarkij* sowie einem Hilfskreuzer, auszulaufen und am folgenden Tage Sevastopol zu erreichen. Die übrigen Schiffe, darunter das Schlachtschiff *Svobodnaja Rossija* und 9 Zerstörer, wurden dagegen vor Novorossijsk von ihrer eigenen Besatzung versenkt. Damit hatte der Seekrieg im Schwarzen Meer sein Ende gefunden. Zwar bemühte sich die deutsche Seite, einige der in Sevastopol vorgefundenen Schiffe noch in Dienst zu stellen, doch ist keines dieser Fahrzeuge über erste Probefahrten hinausgekommen.

Der Seekrieg im Eismeer

Weder in Rußland noch in Deutschland hatte man zunächst an Operationen im Gebiet des europäischen Nordmeeres gedacht. Da jedoch die Seewege durch die Ostsee und das Schwarze Meer für die alliierten Nachschubtransporte nach Rußland gesperrt waren, gewannnen der Hafen Archangelsk am Weißen Meer, der durch eine Schmalspurbahn mit dem Landesinnern verbunden war, sowie der neu gebaute Hafen Romanovo (später Murmansk) an der eisfreien Kola-Küste zunehmende Bedeutung. Bis zur Vereisung des Weißen Meeres im Februar 1915 trafen auf diesem Wege 450 000 Tonnen englischer Kohle, im wesentlichen für die Baltische Flotte, und 90000 Tonnen Waffen und Kriegsmaterial in Nordrußland ein. Um die Seewege länger offen zu halten, bemühte sich die russische Regierung, im Ausland Eisbrecher zu kaufen, bzw. bauen zu lassen. Als erste Aushilfe wurde von britischer Seite das alte Linienschiff *Jupiter* nach Nordrußland geschickt, fiel jedoch bald durch eine Grundberührung wieder aus.

Nach dem Wiederaufgehen des Eises wurde im Juni 1915 der deutsche Hilfskreuzer *Meteor* zu einer Minenunternehmung ins Weiße Meer entsandt, auf der er in 10 Teilsperren 285 Minen legte, denen im Laufe des Jahres 1915 12 Dampfer und ein englischer Hilfsminensucher zum Opfer fielen. Die auf eine solche Operation nicht vorbereitete russische Führung bat den britischen Verbündeten um die Entsendung von Minensuchern, während man sich gleichzeitig bemühte, aus eigenen Fischereifahrzeugen und Schleppern Minensuchflottillen aufzustellen. Im Laufe des Jahres 1915 wurden von den 6 englischen Minensuchern 174 Minen geräumt, während die neu aufgestellten russischen Minensuchdivisionen mit ihren 18 Fahrzeugen nur 44 Minen räumen konnten. Die Zusammenarbeit der beiden Nationen war jedoch zunächst schlecht, so daß die Minensuchverbände jeweils für sich arbeiteten. Um in Zukunft gegen solche Operationen deutscher Hilfskreuzer besser geschützt zu sein, wurden die Engländer um die Entsendung von schweren Einheiten gebeten, doch ließ die Kriegslage nur die Entsendung eines alten Kreuzers zu. Daneben bemühte man sich um die Aufstellung von Küstenbatterien und die Ausrüstung eigener Minenleger, von denen Defensivsperren gelegt werden sollten. Im Winter 1915/16 trat die Vereisung unerwartet früh ein, so daß eine Gruppe russischer Minenleger in der Gorlo-Straße einfror und 5 Fahrzeuge durch Eispressung verlor.

Es mußte für die russische Führung darauf ankommen, eigene kampfkräftige Kriegsschiffe im Nordmeer zu versammeln. Da weder durch Neubauten noch durch Käufe in Europa schnell solche Schiffe zu beschaffen waren, wandte man sich an Japan, das sich bereit erkläte, für 15 Millionen Goldrubel die während des russisch-japanischen Krieges erbeuteten alten Linienschiffe *Poltava* und *Peresvet* sowie den Kreuzer *Varjag* zu verkaufen. Beim Einfahren der neuen Besatzungen lief die *Peresvet* jedoch auf Grund, so daß die in *Česma* umbenannte *Poltava* und die *Varjag* zunächst allein die Reise ins Nordmeer antreten mußten. Ihnen schloß sich auch der bisher im Mittelmeer eingesetzte Kreuzer *Askold* an. Außer diesen großen Schiffen, von denen die 3 genannten im Jahre 1916 eintrafen, während die wieder flott gemachte *Peresvet* bei der Überführung am 1. Januar 1917 vor dem Suezkanal auf eine deutsche Mine lief und sank, wurden von der sibirischen Flottille in Vladivostok im Eisenbahntransport zunächst 2, später 4 weitere kleinere Zerstörer zerlegt ins Nordmeer transportiert und dort eingesetzt. Sie kamen gerade zu dem nach einer Minenunternehmung von *U-75* im September 1916 beginnenden deutschen U-Boot-Einsatz zurecht. 6 deutsche U-Boote versenkten im Nordmeer bis Anfang November 25 Dampfer und kaperten 2 weitere. Andererseits gelang es dem Torpedobootzerstörer *Grozovoj*, das deutsche U-Boot *U 56* zu versenken, das zweite Torpedoboot *Vlastnyj* wurde im Gefecht mit 2 deutschen U-Booten beschädigt.

Im Jahr 1917 waren erneut vereinzelte deutsche U-Boote zu Minenunternehmungen und zur Handelskriegführung im Nordmeer eingesetzt. Vom April bis November fielen ihnen insgesamt 21 Dampfer und einige Segler zum Opfer. Zur Sicherung der Schiffe mußte auf russischer Seite ein regelmäßiger Konvoiverkehr zwischen Archangelsk, der Kolamündung und dem norwegischen Hafen Bodö eingerichtet werden. Andererseits ging im Jahr 1917 der Verkehr mit den westlichen Ländern zurück, da man dort nach dem Ausbruch der Märzrevolution und der bolschewistischen Oktoberrevolution zunächst die innenpolitische Entwicklung abwarten wollte, ehe man weitere größere Lieferungen auf den Weg brachte. Im Jahre 1918 wurden in Nordrußland britische, amerikanische und französische Streitkräfte gelandet. Im Rahmen der alliierten Schiffe kamen auch noch einzelne russische Fahrzeuge unter der alten St. Andreas-Flagge gegen die vereinzelt auftauchenden deutschen U-Boote zum Einsatz.

Die Seeoperationen im russischen Bürgerkrieg 1918-1922

Nachdem die Matrosen der Baltischen Flotte bereits anläßlich der »bürgerlichen« Revolution vom Februar/März 1917 die Gelegenheit benutzt hatten, um zahlreiche Marineoffiziere zu ermorden, bildeten sie anläßlich des bolschewistischen Umsturzes vom Oktober/November 1917 das politisch zuverlässigste Instrument in der Hand Lenins und seiner Genossen. Der Abschluß eines ersten Waffenstillstandes mit den Zentralmächten am 15. Dezember 1917 sowie die einsetzende Vereisung des Finnenbusens beendigten alle militärischen Operationen und erlaubten die Verwendung der »roten« Matrosen an Land. Für die Bolschewisten galt es zunächst, ihren Herrschaftsanspruch in den großen Städten und unter den von der Front in voller Auflösung zurückströmenden Truppen der Armee zu festigen und allmählich ihren Einfluß auch auf dem Lande auszudehnen, wo sich im Kaukasus, den kosakischen Gebieten und einigen anderen, weit entfernten Provinzen Ansätze »weißer«, konterrevolutionärer Bewegungen bemerkbar machten.

Ab Frühjahr 1918 wurden von beiden Parteien in zunehmendem Umfange auch Seestreitkräfte eingesetzt, vor allem auch auf den russischen Binnengewässern, wo sie hauptsächlich Transportaufgaben dienten oder gegen Landstreitkräfte verwendet wurden.

Die Baltische Flotte war von Anfang an fest in der Hand der Bolschewisten, insbesondere nach der gelungenen Überführung von Helsinki nach Kronstadt.

Nach dem deutschen Zusammenbruch im November 1918 drangen britische und später auch schwache französische Seestreitkräfte in die Ostsee ein, um die Esten und Letten in ihrem Unabhängigkeitskampf ebenso gegen die Russen wie auch gegen die Deutschen zu unterstützen. Nebst schwächlichen Küstenbeschießungen und kleineren Landungsoperationen verdient vor allem der unter peinlichsten Umständen gescheiterte Vorstoß der roten Zerstörer *Avtroil* und *Spartak* gegen Reval am 26./27. Dezember 1918 Erwähnung, bei dem sich beide Schiffe britischen Seestreitkräften ergaben, ohne auch nur einen Mann Gefechtsverluste erlitten zu haben. Die Briten übergaben beide Zerstörer der neuen estnischen Flotte, die sich durch einen beträchtlichen Tatendrang auszeichnete. Am 4. Juni 1919 gelang es dem roten Zerstörer *Azard,* das britische U-Boot *L-55* durch Geschützfeuer zu beschädigen und auf eine Minensperre zu treiben, wo es sank, und am 31. August konnte das rote U-Boot *Pantera* sogar den vor Seiskär vor Anker liegenden britischen Zerstörer *Vittoria* versenken.

Inzwischen waren jedoch am 13. Juni die Besatzungen der roten Küstenforts Krasnaja Gorka, Seraja Lo und Obruchev zu den Weißen übergegangen und nahmen Kronstadt unter Feuer, während rote Kriegsschiffe die aufständischen Forts beschossen. Das rote Vorpostenboot *Kotoboj* benützte die Gelegenheit, um ebenfalls zu den Weißen überzugehen, doch schon am 16. Juni brach der Aufstand der drei Forts zusammen, da diese weder von den Esten noch von den Briten unterstützt wurden, und erst in der Nacht vom 17./18. Juni torpedierte und versenkte das britische Motortorpedoboot *CMB-4* den westlich Kronstadt liegenden Kreuzer *Oleg.*

Schließlich beschlossen die weißen Russen unter General Judenič, von Estland aus Petrograd anzugreifen. Diese entscheidende Offensive sollte von leichten britischen und estnischen Seestreitkräften unterstützt werden. Am 8. August versenkten zwei britische Zerstörer das rote U-Boot *Erš,* und in der Nach vom 17./18. August griffen 7 britische Motortorpedoboote die im Hafen von Kronstadt liegenden roten Kriegsschiffe mit Unterstützung von einigen Flugzeugen an. Geplant war die Versenkung von zwei Linienschiffen, einem Panzerkreuzer, einem Zerstörer und einem Depotschiff; tatsächlich wurden bei dem schneidigen Angriff nur das alte Depotschiff *Pamjat Azova* versenkt, das Linienschiff *Andrej Pervozvannyj* schwer und das Schlachtschiff *Petropavlovsk* leicht beschädigt, während drei britische Boote verloren gingen. Im Verlaufe eines Monats unternahmen die Briten sodann 14 Luftangriffe gegen Kronstadt, bei denen ein Flugzeug abgeschossen wurde. Vor Björkö sank am 4. September der britische Zerstörer *Verulam* auf Minen, die erst am 2. von roten Zerstörern gelegt worden waren. Im Oktober gab die Baltische Flotte 6300 Seeleute an die bedrängte Landfront bei Petrograd ab. Beim nächtlichen Legen einer Minesperre liefen am 21. Oktober die roten Zerstörer *Konstantin, Svoboda* und *Gavriil* auf Minen und gingen mit etwa 375 Mann verloren, und nur *Azard* kehrte nach Kronstadt zurück. Nachdem die letzte weiße Offensive am 2. November nach Erreichung der Vororte von Petrograd gescheitert war, zogen sich die Esten und die Truppen Judenič's über die Grenze zurück, worauf auch die Royal Navy den Finnenbusen räumte. Wohl hatte die rote Flotte schwere Verluste hinnehmen müssen, aber ein strategischer Erfolg blieb den Briten und den von ihnen ungenügend unterstützten Esten und weißen Russen versagt. Die Sowjets hatten sich zwar zur See weitgehend passiv und ungeschickt verhalten, jedoch die wertvollsten Schiffe der Baltischen Flotte sowie auch Kronstadt und Petrograd gerettet.

Die bereits 1916 auf dem Peipussee improvisierte Flottille kam nicht zum Einsatz gegen die Deutschen. Im Oktober 1918 liefen 3 rote Schiffe zu den Weißen über. Sie wurden 1919 von den Esten in Dienst gestellt und zu zahlreichen Küstenbeschießungen und einigen Landungsoperationen verwendet, wobei am 20. Mai 1919 auch 2 rote Dampfer erbeutet werden konnten. Es gelang, die Sowjets vorübergehend fast völlig vom Ufer des Sees zu vertreiben, doch führte die Offensive der Roten Armee im Sommer und Herbst 1919 zum Verlust von Pskov und dem Ostufer. Da die rote Flottille auf dem See unterlegen blieb und sich passiv verhielt, waren auch hier die sowjetischen Erfolge allein der Roten Armee zu verdanken.

Weil in den nordrussischen Häfen Murmansk und Archangelsk große Mengen alliierten Kriegsmaterials lagen, mit dessen Erbeutung durch deutsch-finnische Truppen gerechnet werden mußte, landeten schwache alliierte Verbände ab 3. Juli 1918 in Kem und Murmansk, nachdem bereits am 3. Mai britische Truppen in Petsamo an Land gegangen waren, um den Hafen gegen weiße Finnen zu verteidigen. Nach Überwindung geringen roten Widerstandes, wurde am 2. August auch Archangelsk besetzt. Die im Eismeer vorhandenen russischen Seestreitkräfte, hauptsächlich Minensucher, einige alte Torpedoboote, der Kreuzer *Askold* und das alte Linienschiff *Česma,* fielen kampflos in alliierte Hände, während sich bei Archangelsk zwei bewaffnete rote Eisbrecher auf Strand setzten. Die roten Truppen verließen Archangelsk an Bord von etwa 50 Flußfahrzeugen und zo-

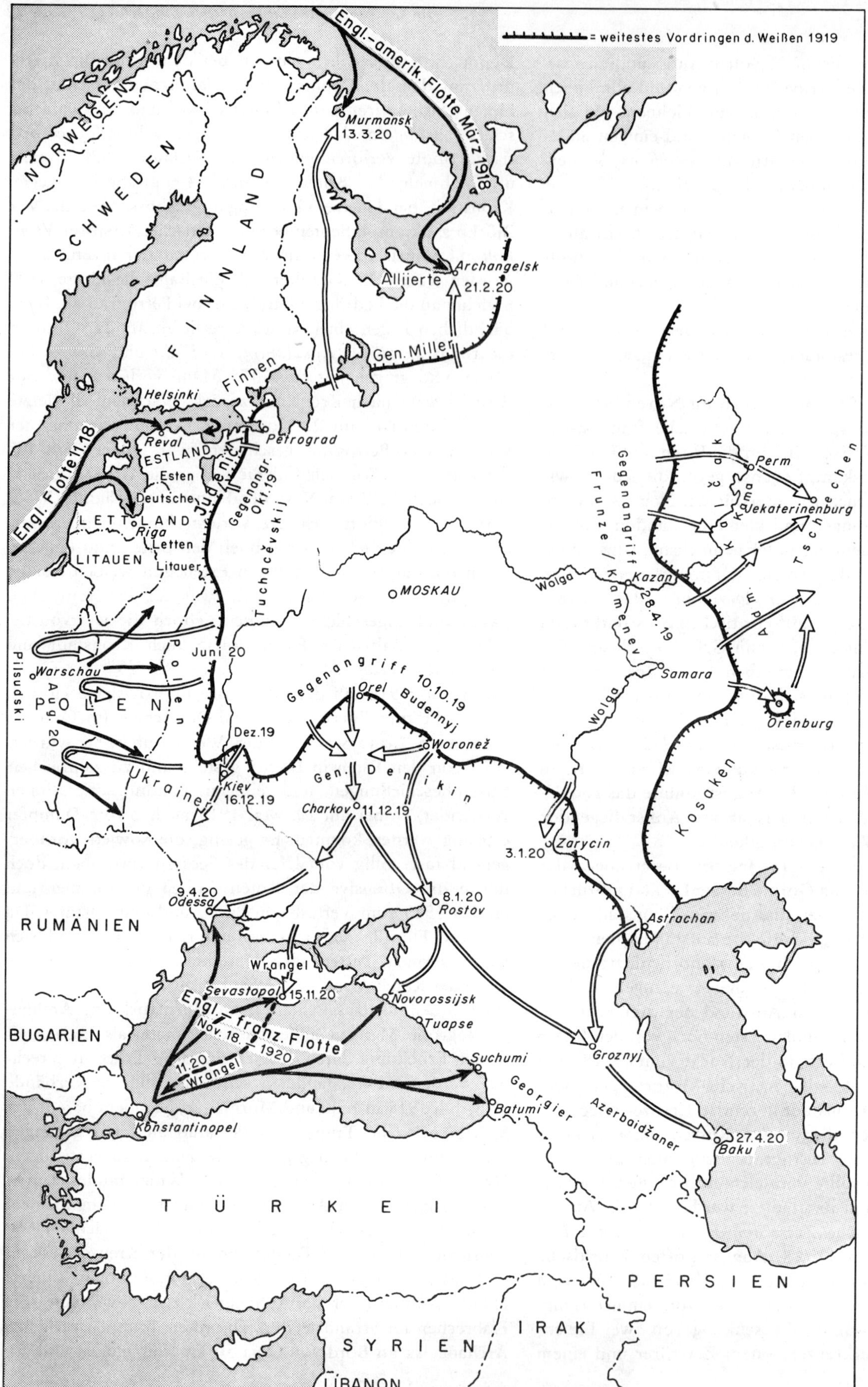

Der Russische Bürgerkrieg 1919/20

gen sich auf der Dvina flußaufwärts zurück, wo sie am 5. August in Kotlas eine Rote Dvina-Fluß-Flottille organisierten. In der Folge kam es am 9., 11., 15. und 18. August zu Gefechten mit einer ebenfalls improvisierten britisch-weißen Flottille, die zunächst die rote Flottille vertreiben konnte, nach einem letzten Gefecht am 20. August jedoch wieder bis nach Bereznjak zurückging. Die Briten brachten nunmehr kleine Monitore und Flußkanonenboote zum Einsatz und drangen wieder vor, wobei die Bolschewisten verschiedene Schiffe einbüßten. Ziel der weißen Offensive war Kotlas, wo eine Verbindung mit den Truppen des in Sibirien kämpfenden, weißen Admirals Kolčak hergestellt werden sollte, was jedoch nicht gelang. Das Zufrieren der Dvina zwang die Briten während des Winters zum Rückzug, doch nahmen sie ihre Offensive im Frühjahr 1919 wieder auf und erreichten am 18. Mai Tulgas und am 27. Juni Selmenga, wo sie den Vormarsch infolge der sinkenden Wassertiefe vorübergehend einstellen mußten. Als die Offensive am 10. August wieder aufgenommen wurde, diente sie nur noch zur Verschleierung des bereits beschlossenen britischen Rückzugs aus Nord-Rußland, endete aber mit großen materiellen Erfolgen, darunter rund 3000 Gefangenen. Schon am 27. September verließen die Briten Archangelsk, nachdem sie auf der Dvina 2 Minensucher durch Minen und 2 Monitore durch Selbstversenkung infolge ungenügenden Wasserstandes verloren hatten. Die rote Flottille nahm ihren Vormarsch im Herbst 1919 wieder auf, und es kam noch zu einigen Gefechten mit der weißen Flottille. Im Februar 1920 ergriff die 6. Rote Armee die Offensive und eroberte am 21. Februar Archangelsk und am 13. März Murmansk. Bei den weißen Truppen und zum Teil auch bei alliierten Einheiten war es verschiedentlich zu Meutereien gekommen, und der sowjetische Enderfolg war vor allem politischen Faktoren zu verdanken. Die rote Flottille übte, obwohl materiell stark überlegen, keinen entscheidenden Einfluß auf die Landoperationen aus, konnte aber die Vereinigung zwischen den Weißen in Nord-Rußland und Sibirien verhindern.

Im Zusammenhang mit der weißen Offensive von Murmansk nach Süden wurde auf dem Onegasee im April 1919 eine weiße Flottille gegründet, nachdem es dort bereits seit dem Sommer 1918 eine zahlenmäßig überlegene rote Flottille gab. Es kam im Sommer 1919 zu mehreren Gefechten, bei denen weiße und britische bewaffnete Motorboote einige rote Schiffe versenkten, erbeuteten oder beschädigten, und wobei auch britische Wasserflugzeuge eingriffen. Nachdem sich die Gesamtlage an den Landfronten zugunsten der Sowjets entwickelt hatte, gelang es der roten Flottille im September 1919 verschiedentlich, hinter den weißen Linien Truppen zu landen. Sie setzte diese Operationen auch im Oktober und November fort, wobei einige weitere rote Schiffe durch weiße Küstenbatterien versenkt wurden. Die schlechte Gesamtlage zwang jedoch die Weißen, sich vom Onegasee zurückzuziehen, und trotz taktischer Rückschläge und materieller Verluste erzielten auch hier die Sowjets einen klaren strategischen Erfolg, der allerdings hauptsächlich auf die Tätigkeit der Roten Armee sowie politische Gründe zurückzuführen war, während in den eigentlichen Seegefechten die Weißen, obwohl unterlegen, fast immer erfolgreich blieben.

Auch auf dem Ladogasee kam es zu Kämpfen, nachdem die Finnen ihre Offensive in Richtung Osten am 22. April 1919 ausgelöst hatten. Die Sowjets verstärkten ihre Flottenabteilung auf dem See durch aus der Ostsee kommende Torpedo- und Wachboote, während die Finnen nur über ganz schwache Seestreitkräfte verfügten. Eine Landung roter Truppen bei Vidlica-Tuloksa am 27. Juni 1919 im Rücken der finnischen Front zwang die Finnen zum raschen Rückzug, so daß hier rote Landungsoperationen entscheidend zum Erfolg der Roten Armee beigetragen haben, weil die Finnen nicht in der Lage waren, die sowjetische Seeherrschaft in Frage zu stellen, da die Russen ihre Seestreitkräfte nach Belieben verstärken konnten.

Die schwachen Seestreitkräfte im Pazifik und die weitgehend abgerüstete Amur-Flottille befanden sich Ende 1917 ebenfalls in bolschewistischer Hand. Die Besatzungen desertierten, wurden demobilisiert oder an Land verwendet, so daß der Landung alliierter Truppen in Vladivostok ab 5. April 1918 kein Widerstand entgegengesetzt werden konnte. Im Winter 1918/19 befahl die weiße Regierung Admiral Kolčaks, im Pazifik 6 der 14 vorhandenen alten Torpedoboote sowie 8 Transporter wieder in Dienst zu stellen, doch konnten nur 3 Torpedoboote und einige Transporter fahrbereit gemacht werden. Vladivostok wurde am 31. Januar 1920 von der Roten Armee eingenommen, von den Japanern jedoch schon am 14. März wieder zurückerobert. Es wurde dort nunmehr eine sozialrevolutionäre Regierung formiert, die am 26. Mai 1921 von weißen Truppen, die den fürchterlichen Rückzug der geschlagenen Armee Kolčaks überstanden hatten, gestürzt wurde. Die Bolschewisten verfügten in der Olgabucht über einige bewaffnete Dampfer, hauptsächlich übergelaufene weiße Schiffe, gegen die die Weißen am 13. und 14. Oktober 1921 eine Landungsoperation durchführten, wobei alle roten Schiffe gekapert wurden. Es handelte sich dabei um den letzten Erfolg, den russische Seestreitkräfte unter der zaristischen Andreasflagge erzielten. In der Folge unternahmen die weißen Schiffe verschiedene andere, vorübergehend erfolgreiche Landungsoperationen und konnten einige Küstenstädte bis nach Kamčatka mit schwachen Garnisonen halten, bis sich die Japaner im Herbst 1922 infolge diplomatischen Drucks der USA aus diesen Gebieten zurückziehen mußten. Nun gelang es der Roten Armee, die nur etwa 6000 bis 7000 Mann starke weiße Armee und die etwa 1900 weißen Marinemannschaften entscheidend zu schlagen, so daß die Weißen Ende Oktober 1922 alle Küstenstädte räumten und sich auf dem Seewege mit rund 10000 Flüchtlingen an Bord von über 20 Schiffen im November nach Gensan im japanisch beherrschten Korea zurückzogen. Nur die etwa 450 Mann umfassende Abteilung des weißen Generals Pepelaevev, die am 30. August 1922 in Ajan an Land gegangen war und ins Innere Jakutiens vordrang, konnte nicht mehr evakuiert werden. Nach einer Niederlage bei Amrinskaja Anfang März 1923 zogen sich die Überreste dieser tapferen Truppe nach Ajan zurück, wo sie vergeblich auf die Abholung durch weiße oder japanische Schiffe warteten und am 16. Juni 1923 kapitulieren mußten. Damit war der Bürgerkrieg zu Ende.

Die rote Amur-Flottille hatte sich ab Frühjahr 1918 mit einer improvisierten weißen Flottille herumgeschlagen, mußte sich aber auch Chabarovsk, Nikolaevsk und Blagovjesiensk unter Zurücklassung aller Fahrzeuge mit Ausnahme eines Kanonenbootes und einiger Dampfer zurückziehen, als die Japaner diese Städte im September 1918 besetzten. In der Folge setzten die Japaner und Weißen einige erbeutete oder übergelaufene Flußkampfschiffe zur Verfolgung der Reste der roten Flottille ein, doch konnten sich die Bolschewisten dem feindlichen Zugriff flußaufwärts entziehen. Die Japaner übernahmen nunmehr die Amur-Flottille und benützten sie für die Aufrechterhaltung ihrer Herrschaft im Gebiet zwischen Nikolaevsk, Chabarovsk und dem Ussuri. Als die Japaner am 17. Mai 1920 Chabarovsk räumten, nahmen sie die noch brauchbaren Schiffe der Amur-Flottille mit und ließen 7 beschädigte Monitore und 7 Kanonenboote, zum Teil ohne Maschinen und Geschütze, zurück. Unter großen Anstrengungen gelang es den Sowjets, bis zum Frühjahr 1921 einige dieser Schiffe wieder bedingt fahr- und kampfbereit zu machen. Als die Weißen im Herbst 1921 nochmals nach Norden vorstießen, räumte die rote Flottille einmal mehr Chabarovsk-Osipovskij, wobei die Roten diesmal immerhin 4 Kanonenboote und einen Monitor durch Selbstversenkung, Kaperung oder Strandung verloren. Im Winter 1922 kämpfte eine rote Matrosenabteilung bei Voločaevka, und im Frühjahr 1922 konnte die Rote Armee Chabarovsk endgültig einnehmen. Es kam nicht mehr zu größeren Kämpfen, da die Weißen über keine kampffähige Flottille auf den Flüssen verfügten. Lediglich auf dem Čhankasee fand am 30. September 1922 ein Gefecht zwischen 2 weißen Booten und einem roten Dampfer und 2 bewaffneten Booten statt, das letzte Seegefecht des Bürgerkrieges.

Die Sowjets hatten es auch auf dem Amur verstanden, mit Geschick Flußstreitkräfte zu improvisieren und sich mit Zähigkeit vier Jahre lang irgendwo und irgendwie am Fluße zu behaupten, während es den Weißen nie gelang, eine zuverlässige und kampfkräftige Flußflottille aufzustellen. Auch am Amur und längs der Pazifischen Küste wurde der Ausgang des Kampfes zwischen Rot und Weiß letzten Endes von den Erfolgen der Roten Armee bestimmt, während See- und Flußstreitkräfte vor allem Transportaufgaben lösten, auf sich allein gestellt jedoch nicht fähig waren, Armeetruppen des Gegners zu vertreiben.

Von allen amphibischen Kriegsschauplätzen des russischen Bürgerkrieges war die Volga samt einigen Nebenflüssen von größter Wichtigkeit, da die Herrschaft über diesen Fluß die Versorgung von Nord- und Zentralrußland mit Öl, Kohle und Getreide erlaubte, Aufgaben, die das völlig zerrüttete sowjetische Eisenbahnwesen nicht mehr erfüllen konnte. Bereits im April 1918 hatte Lenin persönlich Befehl gegeben, eine rote Volga-Flottille in Nišnyj-Novgorod aufzustellen, der 1918/19 insgesamt 50 Fahrzeuge der Baltischen Flotte, ältere Torpedoboote, U-Boote, Wachtfahrzeuge und behelfsmäßige Motortorpedoboote, zugeführt wurden. Die roten Flußstreitkräfte gliederten sich in verschiedene Flottillen mit wechselnden Namen und Stärken, waren aber den weißen Flottillen fast immer stark überlegen. Im Juni 1918 gelang es erstmals den weißen Truppen des Atamans Krasnov, die untere Volga zu erreichen und die Eisenbahnverbindung Zaryzin–Moskau vorübergehend zu unterbrechen, während sich von Sibirien her weiße Truppen und die Tschechoslowakischen Legionen nach Westen zu in Bewegung setzten. Im Juni 1918 wurde in Samara auch eine weiße Flottille von zunächst nur 3 Schiffen aufgestellt, die den weißen Vormarsch unterstützte, der am 7. August 1918 zur Einnahme von Kazan an der Volga führte. Die weiße Flottille zählte nunmehr bereits 24 bewaffnete Dampfer und war damit der roten Flottille, die nur über 16 Fahrzeuge verfügte, die zudem durch den weißen Vormarsch in drei verschiedene Abteilungen aufgesplittert waren, vorübergehend überlegen. Bei der Einnahme von Kazan fielen den Weißen 75 % des russischen Goldschatzes und viel Kriegsmaterial, darunter auch 2 rote Kanonenboote in die Hände. Die Sowjets konzentrierten alle ihre Anstrengungen unter Trockijs persönlicher Führung auf die Wiedereroberung von Kazan, wobei es zu verschiedenen Gefechten zwischen roten und weißen Schiffen, Küstenbatterien und Wasserflugzeugen kam, bei denen 2 rote Kanonenboote sanken und andere beschädigt wurden. Kazan fiel am 10. September 1918 wieder in die Hände der Roten Armee, deren Truppen von Schiffen der roten Volga-Flottille an Land gesetzt wurden. Die weiße Flottille zog sich auf die Kama zurück, doch verhinderte eine rote Uferbatterie die Weiterfahrt nach Simbirsk. Die rote Kama-Flottille wurde durch 2 bisher auf der Vijatka abgeschnittene Kanonenboote, die die weißen Stellungen durchbrachen, verstärkt.

Am 1. Oktober lief eine Abteilung der roten Kama-Flottille bei Piany Bor in eine weiße Falle, wobei das Flaggschiff *Vanja* sank und der rote Flottillenchef Markin fiel. Aber auch die Weißen hatten auf ihrem Rückzug viel schwimmendes Material zurücklassen müssen. Die weiße Flottille zog sich bald darauf in den Fluß Belaja zurück, dessen Mündung durch eine rote Minensperre geschlossen wurde. Im November drangen die roten Schiffe auch in die Belaja ein, während sich die weiße Flottille bis nach Ufa zurückzog. Über den Winter wurden die Flußstreitkräfte beider Parteien infolge der Vereisung aufgelegt. Am 24. Dezember

1918 gelang es der weißen Armee überraschend, Perm samt zahlreichen Flußfahrzeugen zu erobern.
Das Jahr 1919 sah zunächst eine erfolgreiche weiße Offensive der Truppen Admiral Kolčaks', in deren Verlauf es am 24. Mai bei Elabuga auf der Kama zu einem Gefecht kam, bei dem 2 rote Kanonenboote verlorengingen. Infolge der schweren Niederlagen der weißen Armeen mußte sich aber auch die weiße Flottille bald wieder zurückziehen, sie ließ dabei am 2. Juni in Sarapul zunächst 25 unbewaffnete Hilfsschiffe zurück. Ufa fiel am 9. Juni in die Hände der Roten Armee, doch konnte die abgeschnittene weiße Flottille von zehn Kanonenbooten eine rote Sperrstellung unter Verlust nur eines Schiffes durchbrechen, mußte jedoch nach der Einnahme von Perm in der Čusovaja-Mündung zusammen mit 50 anderen Fahrzeugen selbstversenkt oder verbrannt werden.
An der unteren Volga war es den Weißen zwar gelungen, Zaryzin am 30. Juni 1919 zu erobern, und damit die Volga weiterhin zu unterbrechen, doch gelang es nicht, eine rote Flottille aus der Volgamündung zu vertreiben, so daß keine direkte Verbindung zwischen den britisch-»weiß«russischen Seestreitkräften im Kaspischen Meer und den weißen Verbänden an der mittleren Volga und deren Zuflüssen hergestellt werden konnte. Im Januar 1920 mußten die Weißen auf Grund der allgemeinen Lage Zaryzin räumen, und damit fiel der ganze Flußlauf wieder in sowjetische Hand. Der sowjetische Enderfolg war auch hier vor allem der Roten Armee zu verdanken, die den weißen Flottillen letzten Endes jede weitere Rückzugsmöglichkeit abschnitt. Die roten Flottillen ermöglichten jedoch verschiedene Flußübergänge und unterstützten den Vormarsch der eigenen Truppen längs der Flüsse.
Die Operationen im Kaspischen Meer wurden im August 1918 ausgelöst, als die Briten von persischen Häfen aus Truppen nach Baku sandten, um diese Stadt gegen die Türken zu verteidigen. Zwar mußte die Stadt am 14. September den Türken überlassen werden, doch formierten die Briten nunmehr im Südteil des Kaspischen Meers eine Flottille aus bewaffneten Handelsschiffen und landeten nach Abschluß des Waffenstillstandes am 17. November wieder in Baku. Am 8. Dezember kam es bei der Schechen-Insel zu einem ersten Seegefecht zwischen 2 britischen und 6 roten Schiffen, die sich zurückzogen. Die Briten besetzten Ende Dezember Petrovsk und kaperten einen roten Dampfer. Im Winter 1918/19 wurde die britische Flottille verstärkt und zählte schließlich 11 bewaffnete Dampfer, 2 MTB- und ein Seeflugzeugmutterschiff, die mit Geschützen bis zu 152 mm bewaffnet waren. Am 1. März 1919 zwangen die Briten die 5 Kanonenboote der ursprünglichen russischen Flottille in Baku zur Übergabe, verzichteten aber aus politischen Gründen auf eine Verwendung dieser wirklichen Kriegsschiffe. Im Frühjahr 1919 kam es verschiedentlich zu resultatlosen Gefechten zwischen britischen und roten Schiffen im nördlichen Kaspischen Meer, doch konnten die Sowjets am 5. Mai einen weißen Munitionsdampfer kapern, während die Briten am 15. Mai einem roten Geleit 2 Schleppkähne abnahmen.
Da die Sowjets am 1. Mai Fort Aleksandrovsk besetzt hatten, unternahm das britische Geschwader am 21. Mai einen Angriff auf diesen Hafen, der sich über mehrere Tage hinzog und an dem auch Flugzeuge und Motortorpedoboote beteiligt waren. Die britischen Schiffe unter Commodore Norris drangen in den Hafen ein und versenkten und beschädigten insgesamt etwa 14 rote Schiffe, darunter ein Torpedoboot, eine schwimmende Batterie, einen Minenleger sowie einige bewaffnete Hilfsschiffe und Wachtboote, und kämpften auch eine Küstenbatterie nieder. Die 5 britischen Schiffe hatten nur geringe Schäden sowie den Verlust eines Wasserflugzeuges, von 5 Toten und 7 Verwundeten zu beklagen. Die noch fahrbereiten roten Schiffe flüchteten nach der Volgamündung zurück, wo sie von 2 roten Torpedobooten aufgenommen wurden, die vorher ein kurzes Gefecht mit 2 britischen Schiffen geführt hatten, das von der Royal Navy abgebrochen wurde. Die beschädigt in Fort Aleksandrovsk zurückgelassenen roten Schiffe wurden am 22. Mai durch Luftangriffe und am 28. Mai durch MTB-Angriffe versenkt, und Fort Aleksandrovsk von den Sowjets völlig geräumt.
Auch die weißen Russen stellten 1919 eine eigene Flottille aus erbeuteten Booten und Handelsschiffen auf, die im Juni eine mißlungene amphibische Operation in der Volgamündung durchführte, wobei 2 weiße Schiffe versenkt wurden. Dagegen verliefen einige amphibische Operationen gegen Inseln im Volgadelta im Juli und August erfolgreich, ebenso ein Angriff von 2 weißen MTB 40 km flußaufwärts. Eine weitere rote schwimmende Batterie wurde am 16. September nahe Logan's versenkt, während 2 weiße Schiffe auf Minen verlorengingen. Im Herbst 1919 übergaben die Briten alle ihre Schiffe den Weißen und verließen das Kaspische Meer.
Zu Beginn des Jahres 1920 beherrschten die weißen Seestreitkräfte das ganze Kaspische Meer und blockierten die roten Schiffe in der Volgamündung. Inzwischen erzielte jedoch die Rote Armee überall große Erfolge und eroberte allmählich die ganze Küste. Zudem wurde die rote Flottille nunmehr laufend durch aus der Ostsee eintreffende Fahrzeuge verstärkt. Am 5. Januar 1920 eroberte die Rote Armee Gurev und zerschlug dadurch die Front der weißen Ural-Kosaken, kurz darauf fiel auch Emba, und die Sowjets verfügten damit wieder über flüssigen Brennstoff. Krasnovodsk wurde am 20. Februar, Petrovsk Ende März eingenommen. Die weiße Flotte mußte die enge Blockade der Volgamündung aufgeben, und am 18. März lief die rote Flottille wieder ins Kaspische Meer aus. Die Weißen räumten nunmehr in rascher Folge Häfen und Inseln, wobei Verluste durch Unfälle, Minen und Desertionen eintraten. Schließlich blieb der weißen Flottille nur noch die Internierung im neutralen persischen Hafen Enzeli übrig, der

noch von britischen Truppen besetzt war. Da die Engländer es ablehnten, die internierten und bereits entwaffneten Schiffe den Sowjets auszuliefern, landeten diese nahe Enzeli und eroberten Stadt und Hafen samt 10 bewaffneten Schiffen, 7 Transportern, 4 MTB und 6 Wasserflugzeugen, die nach sowjetischen Häfen gebracht wurden. Enzeli wurde von den Sowjets erst nach über einem Jahr geräumt, nachdem sich auch die Briten aus Persien zurückgezogen hatten. Auch im Kaspischen Meer war die britisch-weiße Seeherrschaft kaum je ernstlich von den roten Seestreitkräften in Frage gestellt worden, obwohl diese über relativ kampfkräftige Torpedoboote und einige alte U-Boote verfügten. Auch hier siegte letzten Endes die Rote Armee, die alle Häfen von der Landseite her erobern konnte.

Im Jahre 1918 konnte die Rote Flotte im Schwarzen Meer nur eine sehr sporadische Tätigkeit entfalten, da allmählich die ganze Küste unter deutsche Kontrolle geriet. Es gelang den Roten lediglich, den k.u.k. Minenleger *Nr. 237* zu kapern, dessen Besatzung sie hinrichteten. Nach dem deutsch-türkischen Zusammenbruch trafen alliierte Seestreitkräfte in den südrussischen Häfen ein und besetzten die noch vorhandenen russischen Kriegsschiffe mit Ausnahme der U-Boote. Als sich die Rote Armee im Frühjahr 1919 der Krim näherte, sprengten die Briten die Maschinen sämtlicher in Sevastopol liegenden älteren russischen Linienschiffe sowie einiger Torpedoboote und versenkten 6 U-Boote, während sich die restlichen Schiffe entweder mit alliierten oder weißen Besatzungen nach Novorossijsk begaben, das von konterrevolutionären Truppen besetzt war. Im Zuge der zunächst erfolgreichen Offensive des weißen Generals Denikin fiel dann im Sommer 1919 die ganze russische Schwarzmeer-Küste wieder in die Hände der anti-bolschewistischen Kräfte, denen die Alliierten im Herbst auch noch die bisher beschlagnahmten Kriegsschiffe, darunter das Schlachtschiff *Volja* und einige Zerstörer, zur Verfügung stellten. Die weiße, von alliierten Kriegsschiffen unterstützte Seeherrschaft erlaubte die ungestörte Unterstützung von verschiedenen Landungsoperationen und Truppentransporten.

Auf Grund der Erfolge der Roten Armee mußten die weißen Armeen im Herbst und Winter fluchtartig die Ukraine und Zentralrußland, im Frühjahr 1920 auch das Dongebiet und den Kaukasus räumen. die Reste der Armee Denikin wurden auf dem Seewege von Novorossijsk nach der Krim gebracht. Die Sowjets standen einmal mehr am Schwarzen Meer und organisierten westlich und östlich der Krim neue Kriegs-Flottillen.

Im Ostteil des Schwarzen Meers übten die Weißen auch 1920 die volle Seeherrschaft aus und konnten aus Soči, Tuapse und Adler zahlreiche Flüchtlinge abtransportieren, während die Sowjets einige Kommandoraids gegen die Krimküste durchführten. Ebenso unternahmen die Weißen einige kleinere und größere Landungsoperationen im Gebiet der Taman-Halbinsel.

Im westlichen Schwarzen Meer mußten die Weißen am 7. Februar 1920 Odessa räumen, und hier und anläßlich der Einnahme von Nikolaev fielen den Sowjets einige unfertige oder nicht fahrbereite Kreuzer, Zerstörer und U-Boote in die Hände. Zahlreiche amphibische Operationen und Küstenbeschießungen beider Parteien fanden auch im Gebiet von Cherson-Kinburn-Tendra statt, wobei auch Schiffe der roten Ust-Dnepr-Flotte eingesetzt wurden. Nach mehrfachen Anfangserfolgen wurde die weiße Armee immer wieder geschlagen, konnte die Dneprlinie nicht endgültig überwinden und mußte im Oktober sogar das östliche Ufer räumen und sich nach der Krim zurückziehen. Am 13. November lief das erst fahrbereite rote U-Boot *AG-23* aus und kreuzte bis zum 18. vor Sevastopol, war aber unfähig, die zahlreichen weißen Flüchtlingstransporte anzugreifen. Inzwischen war nämlich der Roten Armee mit überlegenen Kräften bei Perekop und Congar der Einbruch in die Krim gelungen, die Truppen General Vrangels sowie deren Angehörige, über 150 000 Menschen, wurden an Bord von 151 Kriegs- und Handelsschiffen zunächst nach Konstantinopel evakuiert, wobei ein einziges Schiff, das Torpedoboot *Živoj*, samt 350 Menschen an Bord infolge Sturmschadens verloren ging. Die Reste der Flotte, das Schlachtschiff *General Alekseev* (die ehem. *Volja*), der Kreuzer *General Kornilov* (die ehem. *Kagul*), 6 große Zerstörer, 4 Torpedoboote, 5 U-Boote, die Yacht *Almaz* und das alte Linienschiff *Georgij Pobedonossec* wurden schließlich in Bizerta interniert.

Auch im Azov'schen Meer war es zu erbitterten Kämpfen zwischen Kanonenbooten, Torpedobooten und anderen Kleinfahrzeugen der Weißen und Roten gekommen, wobei vor allem die Gefechte bei Krivoj Rog am 9. Juli und Obitonoj Nos am 15. September Erwähnung verdienen. Im letzteren Gefecht fochten 7 rote gegen 7 weiße Schiffe, wobei die Weißen besser manövrierten und die Roten besser schossen. Das weiße Kanonenboot *Terec* lag 111 Tage lang zunächst vor Anker, dann im Eis und schließlich gestrandet bei Arabckaja Stelka und bildete den Eckpfeiler der weißen Front. Es war jeden Tag im Gefecht mit roten Uferbatterien und Panzerzügen. Beide Parteien unternahmen auch kleinere und größere Landungsoperationen im Rücken des Gegners, Küstenbeschießungen und Minenverseuchungen. Obwohl die roten Seestreitkräfts laufend verstärkt wurden, verloren sie allmählich einen Hafen nach dem anderen, so daß am 30. September die rote Azov-Flottille bereits Befehl erhielt, sich zur Selbstversenkung vorzubereiten: Diese Weisung wurde jedoch bereits am nächsten Tage widerrufen, da die Offensive der Roten Armee Erfolg hatte und die Weißen zur Räumung von Mariupol zwang, so daß die an und für sich siegreiche weiße Flottille allmählich alle ihre Stützpunkte verlor und zur Räumung des Azov'schen Meeres gezwungen wurde. Damit war das Schicksal der Krim besiegelt.

Auch auf dem Dnepr kämpften rote Flottillen gegen weiße

Schiffe im Unterlauf und gegen polnische Kanonenboote auf dem Oberlauf und dem Pripjat, und auch hier entsprach das Kampfgeschenen weitgehend dem Verlauf der Landoperationen. Obwohl die roten Flottillen größere Verlust erlitten, konnten sie schließlich den Dnepr erneut unter sowjetische Kontrolle bringen, weil die Rote Armee die Ufer des Flusses wieder beherrschte. Neben diesen eigentlichen Kampfflottillen gab es auch noch zahlreiche andere See- und Flußflottillen, wie etwa auf dem Seliger-, Ilmen-, Aral- und Bajkalsee, den Flüssen Amu-Darja, Syr-Darja, Don, Enisej, Zapadnaja Dvina, sowie die lokalen Flottillen von Sowjet-Lettland, Azerbaidžan usw., die jedoch vor allem Transportaufgaben erfüllten.

Das für das Sowjetsystem gefährlichste Ereignis zur See war zweifellos der Aufstand der Roten Matrosen von Kronstadt am 1. März 1921, die aus zahlreichen Gründen mit dem von Lenin praktizierten Kommunismus unzufrieden waren. Sie verlangten eine Lockerung der Parteidisziplin und eine gewisse Demokratisierung der Partei sowie eine wirtschaftliche Besserstellung der Massen. Die Aufständischen verzichteten jedoch darauf, von Kronstadt aus den streikenden Arbeitern Petrograds zu Hilfe zu kommen, und begnügten sich damit, den Flottenstützpunkt zu verteidigen und Aufrufe zu erlassen. Die ersten Angriffe der Regierungstruppen über das Eis wurden blutig abgeschlagen, ein Teil der Truppen ging sogar zu den Aufständischen über. Aber als Tuchačevskij speziell ausgewählte Formationen von Anwärtern der »Kommandeur«-Schulen, denen 300 Delegierte des 10. Parteikongresses als Politkommissare beigegeben wurden, zu einem Nachtangriff ansetzte, fiel die Festung samt den eingefrorenen Schiffen. Einem Teil der Garnison gelang es, nach Finnland zu entkommen, der Rest wurde teils hingerichtet, teils aus der Flotte entlassen, und Lenin konnte aufatmen.

Die sowjetische politische und militärische Führung zog aus den Erfahrungen des Bürgerkrieges eine Anzahl Folgerungen, die sicher bis 1941/45, zum Teil auch noch bis heute einen starken Einfluß auf Doktrin, Technik, Taktik und Strategie der Sowjetflotte ausgeübt haben. Da die roten Seestreitkräfte kaum je fähig waren, die Seeherrschaft durch die direkte Kontrolle der Wasserwege auszuüben, sondern dies stets nur auf dem Umweg über die Inbesitznahme der Küsten und Ufer bewerkstelligten, wurde die Rote Flotte zur bloßen Gehilfin der Landstreitkräfte. Seeoperationen konnten nach Auffassung der sowjetischen Marinedoktrin nur in solchen Gebieten mit Aussicht auf Erfolg durchgeführt werden, deren Küsten zumindest teilweise von den eigenen Land- und Luftstreitkräften beherrscht wurden. Ihre schweren Seestreitkräfte in der Ostsee hatten die Bolschewisten den zahlenmäßig unterlegenen Briten gegenüber nicht entscheidungsuchend einsetzen wollen, sondern verwendeten sie nur als schwimmende Batterien hinter Minensperren. Auch mit der Torpedowaffe waren wie schon 1904/05 und 1914–17 nur ganz geringfügige Erfolge erzielt worden. Dagegen hatten die Sowjets mit Geschick zahlreiche neue Flottillen organisiert, deren behelfsmäßig, aber stark armierte Kanonenboote in enger Zusammenarbeit mit Land- und vereinzelt auch Luftstreitkräften die Verteidigung sowjetischer Häfen ermöglichten. Solange die Sowjets an einem Meer, See oder Fluß über auch nur eine Basis verfügten, übten sie damit einen gewissen strategischen Einfluß auf die Operation aus, und die noch vorhandenen Schiffe konnten die Rote Armee bei ihren Rückzügen und Angriffen stets mit Geschützfeuer und durch Transportleistungen unterstützen. Schließlich profitierte die rote Seekriegführung auch öfter von dem Umstand, daß nicht nur weiße Schiffe zur Roten Flotte überliefen, sondern auch davon, daß es in den Jahren nach 1918 auf der französischen und britischen Flotte zu Meutereien kam, die deren Einsatzbereitschaft einschränkten.

Für die nächsten zehn Jahre tendierte die sowjetische Marinedoktrin dahin, die eigenen Küsten durch ein Netz von Minensperren und Küstenbatterien zu schützen, zu deren Unterstützung schwere schwimmende Batterien, Kanonenboote, Motortorpedoboote und U-Boote sowie Flugzeuge bereitstanden. An eine offensive oder gar ozeanische Seekriegführung wurde vorläufig nicht gedacht, doch hoffte man die gegnerischen Flotten durch kommunistische Propaganda lahmlegen zu können.

Kapitel 25

Der Handelskrieg

Von K. H. Müller übersetztes und bearbeitetes Kapitel 25 der US-Ausgabe, das von H. H. Adams und E. H. Clark verfaßt war

Fortan wurde der Krieg zur See vornehmlich mit der Absicht geführt, die eigene Schiffahrt zu schützen und die des Gegners zu unterbinden bzw. möglichst viel Schiffsraum zu vernichten. Vom ersten bis zum letzten Kriegstag trieb jede Seite diesen sich immer weiter ausbreitenden Kampf voran, denn sein Ausgang hatte entscheidenden Einfluß auf alle anderen Kriegsschauplätze zu Lande, zu Wasser und in der Luft. Großbritannien, einer Jahrhunderte alten Tradition folgend, errichtete gegen Deutschland die Seeblockade; es erwartete, daß sie noch wirksamer sei als in vergangenen Zeiten, da Deutschland als hochindustrialisiertes Land in gesteigertem Maße von der Einfuhr abhing. Deutschland aber vermochte der Blockade infolge kluger Vorratswirtschaft, der Entwicklung von Ersatzstoffen und durch Einfuhren über neutrale Länder einen Gutteil ihrer Wirksamkeit zu nehmen. So konnte es vier Jahre relativer Absperrung von den Weltmärkten durchstehen. Die Deutschen nahmen den Kampf an und schlugen mit ständig wachsendem Erfolg zurück. Ihre wirksamste Waffe, das U-Boot, wurde bei Kriegsbeginn von fast jedermann als für den Handelskrieg wenig geeignetes Kampfmittel angesehen. Das traf tatsächlich zu, wenn man diesen Kampf nach den allgemein anerkannten Regeln, die ein Anhalten und Durchsuchen von Schiffen verlangten, ansetzte. Der uneingeschränkte U-Boot-Krieg dagegen brachte Deutschland den Sieg fast in greifbare Nähe.

Nach dem ursprünglichen Konzept sollte das U-Boot als Hilfsmittel der Aufklärungsstreitkräfte und zu Unterwasserangriffen gegen Kriegsschiffe dienen. Handelskrieg spielte in dem strategischen Konzept der Deutschen anfangs eine geringe Rolle, da der in kontinentalen Kategorien denkende Generalstab eine schnelle Entscheidung zu Lande erhoffte. Sogar bei der deutschen Marine herrschte diese Ansicht vor. Als Schüler Mahans war sie der Meinung, ein Handelskrieg würde niemals zur Vernichtung von soviel Schiffsraum führen, daß Großbritannien zum Ausscheiden aus dem Krieg veranlaßt werden könnte, und ebenso sei er gegenüber Frankreich von noch geringerer Wirksamkeit.

In Deutschland wie in Großbritannien sah man den Seekrieg immer noch weitgehend unter dem Aspekt der konventionellen Seeschlacht. Auf beiden Seiten betrachtete man die Nordsee als Feld der Entscheidung. Die deutsche Hochseeflotte war spezifisch für Operationen in diesem Gebiet gebaut worden und hatte daher nur einen Aktionsradius von 575 Meilen. Daher waren die meisten ihrer Schiffe als Handelsstörer nicht geeignet. So bestand für die deutsche Schlachtflotte keine Möglichkeit, in den Atlantik durchzubrechen und die britische Schiffahrt zu unterbinden. Die einzige Bedrohung für die Briten lag in den schwachen Überseegeschwadern, in vereinzelt auftretenden Handelsstörern wie der *Emden* und in als Hilfskreuzern eingesetzten bewaffneten Handelsschiffen. Die Möglichkeit, daß U-Boote sich als neue und tödliche Gefahr für die britische Handelsmarine innerhalb und außerhalb der Nordsee erweisen könnten, wurde nur von wenigen vorausgesehen und im allgemeinen nicht ernsthaft in Betracht gezogen. Nur Lord Fisher sah die U-Boot-Gefahr voraus, aber Churchill und Admiral Louis Mountbatten, der bei Kriegsbeginn Erster Seelord war, schlugen seine Warnungen in den Wind.

Die britische Blockade

Die Durchführung einer Blockade gegen Deutschland war nicht mehr so einfach wie einst während der Napoleonischen Kriege gegen Frankreich. Einmal hatte Deutschland die Seeherrschaft in der Ostsee und konnte von den nordeuropäischen Neutralen ungehindert importieren. Sodann machten die Entwicklung von Schiffstypen und Waffen, die Erfindung des U-Bootes und der Minen sowie die allerdings noch unerprobte Luftwaffe eine engere Blockade unmöglich; die weitere Blockade aber konnte niemals voll wirksam werden. Nach dem Völkerrecht mußte eine Blockade jedoch, sollte sie als legal angesehen werden, effektiv sein. Um dieses Problem zu lösen war im Jahre 1909 eine internationale Kommission in London zusammengetreten. Die damals erarbeitete Londoner Seerechts-Deklaration legte neue Unterscheidungen des Begriffes »Konterbande« fest: »absolute Konterbande«, wie Munition und anderes eindeutiges Kriegsmaterial; »bedingte Konterbande«, Güter wie Nahrungsmittel, Bekleidung und Eisenbahnmaterial, die sowohl zu friedlichen als auch zu militärischen Zwecken benutzt werden konnten. Sodann gab es noch »freie Güter«, also solche, die nicht kriegswichtig waren. Die Londoner Seerechts-Deklaration bezog übrigens den Begriff des »einheitlichen Transportweges« nur auf »absolute Konterbande«, so daß Deutschland, in vollkommener Übereinstimmung mit dem Völkerrecht, während eines Krieges voraussichtlich also in der Lage war, nahezu jeden Artikel, der auf der Liste der »bedingten Konterbande« stand, von neutralen Ländern einzuführen. Großbritannien hatte sich geweigert, die Londoner Seerechts-Deklaration zu ratifizieren, da sie aus ihrer Seestrategie das Kernstück herausgebrochen hätte. Als der Krieg begann, hielt es sich lediglich einige Monate lang an diese Regeln, versuchte dabei jedoch, diese zu seinen Gunsten zu interpretieren. Durch zahlreiche Kabinettsbeschlüsse setzte es willkürlich Artikel von der Liste der bedingten Konterbande auf die der unbedingten Konterbande. Seine Konterbande-Überwachungsmaßnahmen wurden anfangs durch das 10. Kreuzergeschwader, das in Liverpool und auf den Shetlands stationiert war, durchgeführt. Es bestand aus 18, später aus 24 Kreuzern und bewaffneten Handelsschiffen. Viele auf der Heimreise befindliche deutsche Schiffe wurden von ihnen abgefangen und in britische Häfen eskortiert. Aber sie konnten bei den in der Nordsee typischen schlechten Sichtverhältnissen keineswegs alle deutschen Schiffe abfangen.

Um die neutrale Schiffahrt unter Kontrolle zu bekommen, gaben die Briten am 2. Oktober 1914 die Errichtung eines Minenfeldes in der südlichen Nordsee von der Themse bis nach Belgien bekannt. Die Neutralen mußten sich zur Durchsuchung in englischen Häfen melden, ehe sie Anweisungen für die Fahrt durch das Minenfeld erhielten. Einen Monat später erklärte die britische Admiralität die ganze Nordsee und die Gewässer zwischen Island und der Norwegischen Küste zum Kriegsgebiet und schrieb eine bestimmte, bindende Fahrtroute durch den Kanal und in die Ostsee vor. Diese beiden Erklärungen sollten die Kontrolle über die ganze neutrale Schiffahrt nach Nordeuropa gewährleisten; von wenigen Ausnahmen abgesehen, waren nämlich jetzt die neutralen Handelsschiffskapitäne froh, britische Häfen anlaufen zu können, wenn sie dadurch trotz Durchsuchung freie Fahrt und sichere Passage zu ihren Bestimmungshäfen erhielten. Deutschland brandmarkte verständlicherweise die Blockade als unmenschliche Kriegführung gegen Frauen und Kinder und bemühte sich mit allen Mitteln, sie zu durchbrechen. Der erste deutsche U-Boot-Einsatz war daher auch ein Schlag gegen Kriegsschiffe der Blockadeverbände und führte zur Versenkung der Kreuzer *Pathfinder (U 21), Aboukir, Cressy* und *Hogue (U 9)*. Derartige Operationen konnten Deutschlands Gesamtlage jedoch kaum verändern. Da seine eigene Handelsflotte weitgehend von den Weltmeeren verjagt worden war, ging es immer mehr dazu über, neutralen Schiffsraum zum Import lebensnotwendiger Güter zu benutzen. Die britische Überwachung der neutralen Schiffe aber führte dazu, daß alle für Deutschland bestimmte Konterbande beschlagnahmt wurde. Weiterhin hatten die Briten die Einfuhr gewisser strategischer Waren von neutraler Seite auf den durchschnittlichen Vorkriegsstand begrenzt, um den Umschlag nach Deutschland zu verringern. Diese Maßnahmen riefen in den neutralen Ländern starke Verstimmung hervor, aber die Briten waren gezwungen, derartige Reaktionen zu ignorieren, wenn ihre Blockade wirksam sein sollte. Um für ihre eigenen Interessen den größtmöglichen Schiffsraum zu

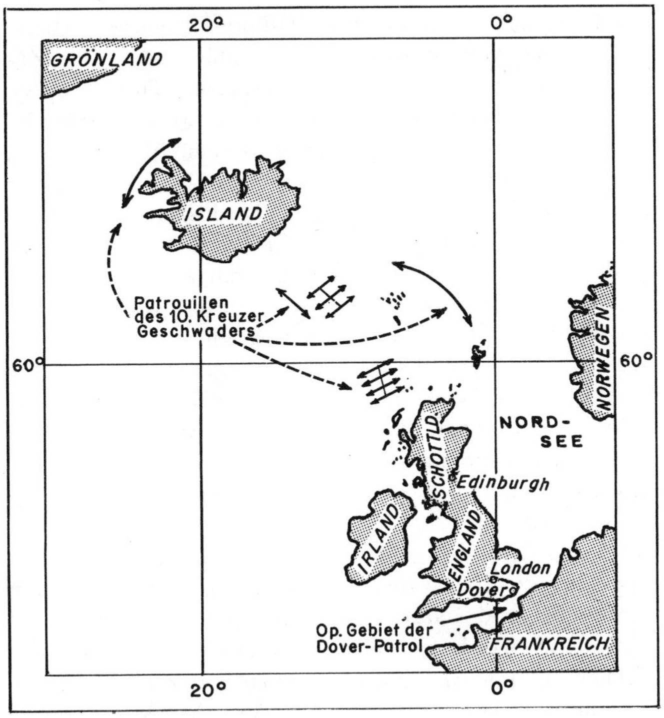

Die Blockade Deutschlands

mobilisieren, riefen sie eine staatliche Kriegsrisiko-Versicherung ins Leben, die allen Schiffen zugute kam, die britische Waren transportierten und die sich den Passage-Anweisungen der Admiralität unterwarfen.

Die ersten U-Boot-Operationen (22. Februar bis 20. September 1915)

Als Antwort auf die britische Erklärung vom 2. September legte Tirpitz der Regierung eine Lagebeurteilung vor, in der der Einsatz der U-Boote gegen die britische Schiffahrt vorgeschlagen wurde. Da es eingehender Erwägungen der politischen Konsequenzen, einschließlich der Möglichkeit einer amerikanischen Kriegserklärung, bedurfte, verzögerte sich der U-Boot-Einsatz gegen die feindliche Handelsschiffahrt bis zum Februar 1915. Am 4. Februar ließ Admiral von Pohl folgende Warnung veröffentlichen:

1. Die Gewässer um Großbritannien und Irland einschließlich des gesamten britischen Kanals werden hiermit zum Kriegsgebiet erklärt. Vom 18. Februar an werden alle feindlichen Handelsschiffe, die in diesem Gebiet angetroffen werden, vernichtet, wobei es nicht immer möglich sein wird, die damit verbundene Gefährdung von Besatzungen und Passagieren auszuschalten.
2. Auch neutrale Schiffe sind in dieser Zone gefährdet, da die Briten am 31. Januar den Mißbrauch von neutralen Flaggen genehmigt haben; wegen der Zufälle und Risiken des Seekrieges wird es nicht immer möglich sein, zu verhindern, daß bei Angriffen gegen feindliche Schiffe auch neutrale Schiffe belästigt oder in Mitleidenschaft gezogen werden[1]

1 Arno Spindler: Der Handelskrieg mit U-Booten. Berlin 1932, III, S. 87.

Zur Durchführung ihrer ersten U-Boot-Offensive verfügte die deutsche Marine über 24 einsatzfähige Boote, ein Zuwachs von sechs Booten seit Kriegsbeginn. Die im ersten Weltkrieg benutzten U-Boote bestanden aus folgenden vier Haupttypen: a) U-Kreuzer mit großem Aktionsradius, einer Überwassergeschwindigkeit von 16 bis 17 Knoten, die aber vergleichsweise nur wenige Torpedos mit sich führen konnten; b) U-Boote von einer Größe zwischen 600 und 900 t mit einer Überwassergeschwindigkeit von 15–16 Knoten, unter Wasser rund 7,5 Knoten, die 10 bis 16 Torpedos oder 34 bis 36 Minen mit sich führten; c) UB-Boote von rund 125 t, später bis 500 t, Geschwindigkeit 12 bis 13 Knoten über Wasser, in getauchtem Zustand 7,5 Knoten, 4 Torpedos an Bord; d) UC-Boote, die vornehmlich zum Minenlegen bestimmt waren; sie hatten 150 t, später 400 t, ihre Geschwindigkeit betrug über Wasser 6 und unter Wasser 5 Knoten.

Die Haupt-U-Boot-Basen lagen in der Deutschen Bucht, Ausbildungszentren waren Kiel und Danzig. Im Mittelmeer waren Pola und Cattaro die operativen Stützpunkte. Im März 1915 wurde die Flandern-Flottille aufgestellt, die vornehmlich mit UB- und UC-Booten von Zeebrügge und Ostende aus operierte. Die an der deutschen Küste stationierten Boote operierten meist in der Nordsee oder fuhren um Schottland herum in die Gewässer der »Western Approaches«, ein Gebiet, das alle für britische Häfen bestimmten Schiffe passieren mußten. Die Boote der Flandern-Flottille operierten im allgemeinen im Kanal und vor der Themsemündung oder fuhren durch den Kanal ins Gebiet der »Western Approaches«. Erst ab Sommer 1918 waren die Briten in der Lage, die Straße von Dover zu sperren.

Aufgrund der Erklärung vom 4. Februar 1915 wurden rund 20 U-Boote in der Nordsee, im Kanal und bei den »Western Approaches« eingesetzt. Trotz neutraler, insbesondere amerikanischer Proteste gegen eine »Blockade, die nur auf dem Papier stand«, versenkten sie im Verlaufe des Jahres durchschnittlich 1,9 Schiffe pro Tag oder rund 100 000 BRT im Monat.

Dieser erste U-Boot-Einsatz stieß bald auf starken diplomatischen Druck von Seiten der USA. Am 7. März 1915 wurde der unbewaffnete und ohne Eskorte fahrende britische Passagierdampfer *Lusitania* nahe der Südküste Irlands von *U 20* versenkt. Unter den Toten waren 128 Amerikaner. Die USA richteten einen scharfen Protest an Deutschland, in dem der Angriff als Mord auf hoher See bezeichnet wurde. In der Protestnote wurden Garantien für die Sicherheit amerikanischer Staatsbürger und die Immunität von Passagierschiffen gefordert. Deutschland wies die Protestnote zurück und erklärte, die *Lusitania* habe Kriegsmaterial an Bord gehabt, sei also ein legitimes Angriffsobjekt gewesen. In den USA war die Empörung groß, aber, wie die Deutschen es vorausgesehen hatten, waren die Vereinigten Staaten nicht auf ein Eingreifen in den Krieg vorbereitet. Einige Monate später, im August 1915, wurde der britische Dampfer *Arabic* von *U 24* vor dem irischen Hafen Kinsale versenkt. Drei Amerikaner verloren dabei ihr Leben. Das rief erneute amerikanische Proteste hervor, in denen mit Krieg gedroht wurde. Die Deutschen begannen jetzt unsicher zu werden. Reichskanzler von Bethmann-Hollweg und Admiral Georg von Müller traten für eine versöhnlichere Haltung gegenüber den USA ein. Demgemäß wurden alle noch nicht im Operationsgebiet befindlichen U-Boote in den Häfen zurückgehalten, bis eine Entscheidung gefällt worden war. Am 20. September wurde die erste Phase des U-Boot-Einsatzes durch die Anweisung beendet, Passagierschiffe von Angriffen auszunehmen. Angesichts der prekären diplomatischen Situation verlegte Deutschland den Schwerpunkt des U-Boot-Krieges ins Mittelmeer, wo während des restlichen Jahres über 100 alliierte Schiffe versenkt wurden.

So endete das Jahr 1915, ohne daß einer der beiden Gegner im Handelskrieg einen entscheidenden Vorteil erringen konnte. Britische Neubauten machten bis auf ein paar tausend Tonnen die Handelsschiffsverluste wieder wett. Die Verluste an U-Booten hielten sich in erträglichen Grenzen. Deutschland hatte seit Kriegsbeginn insgesamt 23 Boote verloren, aber es standen ihm jetzt 68 Boote zur Verfügung. Das Verhältnis zwischen Neubauten und Verlusten stand damit 5:1. Im Verhältnis zu den ihnen auferlegten Beschränkungen hatten die U-Boote eine bemerkenswerte Leistung vollbracht. Maßgebende Seeoffiziere wie Tirpitz und Scheer drängten daher darauf, den uneingeschränkten U-Boot-Krieg freizugeben.

Deutschlands zweite U-Boot-Offensive 1916

Anfang 1916 überprüften die Deutschen ihre U-Boot-Kriegführung. Ludendorff und Tirpitz glaubten fälschlicherweise, daß die USA dem U-Boot-Krieg gegenüber eine wohlwollendere Haltung einnahmen. Der Kaiser aber ging nach beträchtlichem Zögern über die Proteste General von Falkenhayns hinweg und vertagte unter völliger Mißachtung der Ansichten Tirpitz' die U-Boot-Offensive. Er befahl, Handelsschiffe nur innerhalb der zum Kriegsgebiet erklärten Zone oder wenn sie bewaffnet waren anzugreifen. Tirpitz nahm daraufhin seinen Abschied. Innerhalb von zwei Wochen entstand eine neue Kriese in den deutsch-amerikanischen Beziehungen. Im März versenkte *UB 29* den unbewaffneten und ohne Eskorte fahrenden französischen Dampfer *Sussex,* wobei drei Amerikaner verletzt wurden. Die USA drohten sogleich mit dem Abbruch der diplomatischen Beziehungen, wenn Deutschland nicht den U-Boot-Krieg streng nach den Regeln des Völkerrechts führte. Die Reichsregierung antwortete mit dem sogenannten »*Sussex*-Versprechen«, in dem sie sich verpflichtete, den U-Boot-Krieg fortan strikt nach den Regeln der Prisenordnung zu führen. Dies verlangte das Anhalten und Durchsuchen von Schiffen und verpflichtete zu Maßnahmen für die Sicherheit von Passagieren und Besatzung vor einer Versenkung. Scheer, welcher der Ansicht war, daß ein U-Boot-Krieg, der nach den Regeln des Prisen-Rechtes geführt wurde, kaum erfolgreich sein könne, rief die U-Boote aus den westlichen Seegebieten zurück und kündigte an, daß der U-Boot-Krieg gegen britische Handelsschiffe beendet werde. Der Kaiser billigte dies und befahl eine energische U-Boot-Offensive gegen feindliche Kriegsschiffe.

Von Mai bis September 1916 versuchten die Deutschen, eine Reihe von U-Boot-Fallen und -Hinterhalten auszulegen, wie es Jellicoe den Seelords vorausgesagt hatte. Scheer plante Raids gegen unbefestigte britische Städte an der Ostküste, wobei er Überwasserstreitkräfte als Köder benutzte, um britische Einheiten aus ihren Stützpunkten herauszuholen und in U-Boot-Hinterhalte zu locken. Im Zusammenhang mit einer solchen Operation, bei der ein Dutzend U-Boote eingesetzt war, kam es bekanntlich dann zur Skagerrakschlacht. Im August 1916 versenkten U-Boote dann die britischen Kreuzer *Nottingham* und *Falmouth*, ehe die in See stehende »Grand Fleet« erneut auf die »Hochseeflotte« traf.

Im Mittelmeer dagegen ging der Handelskrieg unvermindert fort. Mitte März 1916 begannen die Briten daher, den Schiffsverkehr von Australien und dem Fernen Osten über die zwar längere, aber sicherere Passage um das Kap der Guten Hoffnung zu leiten. Das sollte sich als kluge Vorsorge erweisen, obwohl die bisherigen Verluste im Mittelmeer durchaus hinter denen in der Nordsee zurückstanden.

Deutschlands Entschluß zum uneingeschränkten U-Bootkrieg

Ende 1916 wuchs infolge des wachsenden Pessimismus in der Armee die Ansicht, daß, wollte Deutschland den Krieg gewinnen, die größte Hoffnung in der U-Boot-Waffe lag. Feldmarschall von Hindenburg, der jetzt Chef des Generalstabes des Feldheeres war, erkannte, daß Deutschland drauf und daran war, den Krieg zu verlieren, weil es ihn nicht gewinnen könne. Es konnte sich nicht länger ein Patt im Kriegsverlauf leisten. Die große Offensive bei Verdun hatte Deutschlands Personalreserven ausgelaugt, und der unbarmherzige Druck der Blockade hatte eine Notlage im Lande selbst hervorgerufen. Deutschlands Kriegsmittel waren alle voll eingesetzt bis auf eines – die U-Boot-Waffe. Die Deutschen glaubten, daß sie während der ersten Phase des U-Boot-Krieges im Monat durchschnittlich 120 000 BRT, in der zweiten Phase 216 000 BRT versenkt hätten[4]. Die Lage schien für einen Gnadenstoß gegen die schwächer werdende britische Handelsmarine reif zu sein. Am 22. Dezember 1916 sandte Admiral von Holtzendorff, der Chef des Admiralstabes, eine Lagebeurteilung an Hindenburg, die zur Grundlage der endgültigen deutschen Entschlüsse gemacht wurde. Holtzendorff stellte darin kategorisch fest, daß Großbritannien – wenn die U-Boote ab Februar 1917 uneingeschränkt eingesetzt würden – im Juni bereits auf die Knie gezwungen wäre. In seinen Berechnungen schätzte er, daß 10750000 BRT Schiffsraum, von dem rund zwei Drittel britisch waren, zur Versorgung Großbritanniens eingesetzt seien. Wenn man annehme, daß die U-Boote in fünf Monaten je 600000 BRT versenken könnten, würden die Neutralen ihren Schiffsraum infolge der furchtbaren Verluste aus dem Handelsverkehr zurückziehen; die übrigen Handels- und Frachtschiffe aber würden dann nicht ausreichen, um England vor dem Verhungern zu schützen[4].

Mögliche Gegenargumente tat Holtzendorff ab. Er meinte, daß, wenn überhaupt von seiten der USA eine Hilfe erfolgte, diese zu gering wäre und zu spät käme. Das Konvoisystem als mögliche alliierte Gegenmaßnahme war seiner Meinung nach nicht praktikabel, sonst hätten die Briten es schon benutzt. Ebenfalls glaubte er, daß die große Zahl und die gesteigerte Leistungsfähigkeit der deutschen U-Boot-Waffe den alliierten Fortschritt auf dem Gebiet der U-Boot-Bekämpfung weitgehend aufwiegen würden. Diese Voraussagen sollten sich, ausgenommen die geschätzten Versenkungsziffern, als vollkommen falsch erweisen.

Beeindruckt von Holtzendorffs Schätzungen, unterstützte der Reichskanzler schließlich den Gedanken des uneingeschränkten U-Boot-Krieges; jetzt war das deutsche Oberkommando bereit, ein gewagtes Spiel zu spielen und die Gefahr eines Kriegseintrittes der USA in Kauf zu nehmen.

Am 9. Januar 1917 befahl der Kaiser daher seinen 82 U-Booten, mit dem uneingeschränkten U-Boot-Krieg ab 1. Februar zu beginnen. Deutschland hatte alles auf eine Karte gesetzt. Die Ironie der Geschichte wollte es, daß einen Monat nach Beginn des uneingeschränkten U-Boot-Krieges in Rußland die Revolution ausbrach und die deutschen Truppen an der Ostfront bald für den Einsatz im Westen frei wurden. Zu dieser Zeit aber standen schon amerikanische Truppen bereit, um die deutschen Verstärkungen an der Westfront auszugleichen. Als ersten Schritt zur Durchführung des uneingeschränkten U-Boot-Krieges erklärten die Deutschen sogenannte Sperrzonen um Großbritannien, Frankreich, Italien und im östlichen Mittelmeer, in denen alle Schiffe, seien sie britischer, alliierter oder neutraler Herkunft, ab 1. Februar 1917 ohne Warnung versenkt würden. (vgl. Karte auf Seite 430).

Zur Eröffnung der Operationen versuchte eine erste Einsatzgruppe von U-Booten durch den Kanal in Richtung auf die »Western Approaches« zu fahren, um die lange Route um Schottland herum, die normalerweise 50 % des Treibstoffes aufzehrte, zu vermeiden. Die Benutzung der kürzeren Route vermehrte beträchtlich die Zahl der im Einsatzgebiet befindlichen Boote. Weitere U-Boot-Konzentrationen erfolgten in der Nordsee und im Kanal. Die Versenkungszahlen

4 Diese Zahlen sind die Schätzungen während des Krieges, auf die die Deutschen ihre Entscheidungen gründeten. Tatsächliche Durchschnittszahlen waren für 1915 pro Monat 113000 BRT und für 1916 192000 BRT.

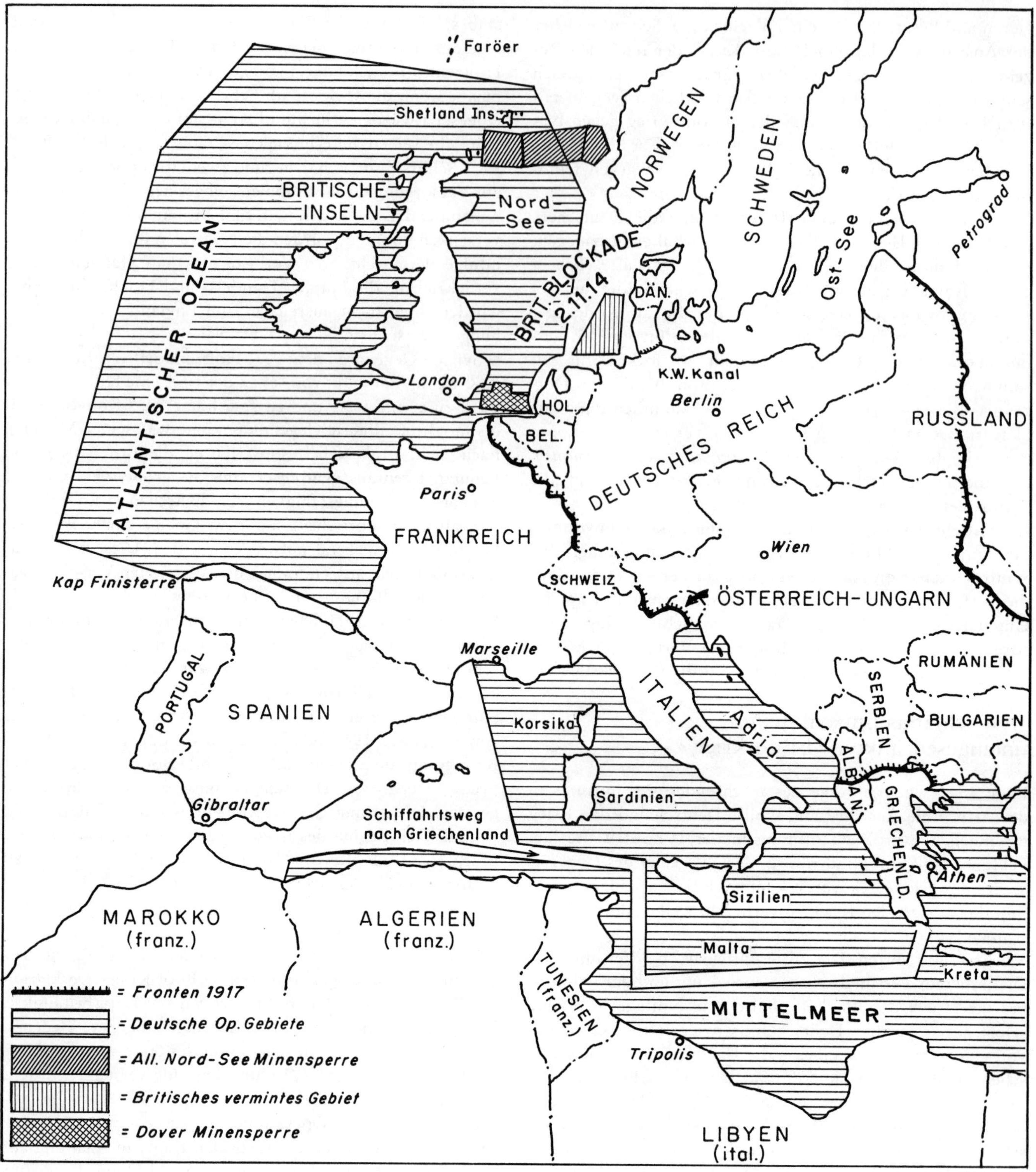

Alliierte Minengebiete und deutsche Operationsgebiete im uneingeschränkten U-Bootkrieg

stiegen schlagartig an. Obgleich die Deutschen die bisherigen alliierten Verluste um rund ein Drittel zu hoch angesetzt hatten, übertrafen die tatsächlichen Versenkungsziffern noch die Voraussagen des Admirals von Holtzendorff[5].

5 Alliierte und neutrale Schiffsverluste in den ersten sechs Monaten des uneingeschränkten U-Boot-Krieges gemäß den deutschen Schätzungen und den tatsächlichen Zahlen:

Die Versenkungsergebnisse der deutschen U-Boote im Handelskrieg 1914–1918 (in BRT).

Monat	Nach deutschen Meldungen im Krieg	Nach dem deutschen Seekriegswerk	Nach Angaben der brit. Admiralität
August 1914	21.002	–	24.261
September 1914	9.887	–	8.854
Oktober 1914	25.061	866	17.789
November 1914	12.004	2.084	9.786
Dezember 1914	32.429	419	20.412
1914	100.383	3.369	81.102
Januar 1915	30.597	17.577	28.078
Februar 1915	37.253	22.785	33.801
März 1915	102.516	89.517	73.294
April 1915	56.578	41.488	51.460
Mai 1915	139.324	126.895	112.469
Juni 1915	137.155	115.291	118.091
Juli 1915	121.496	98.005	105.145
August 1915	196.792	182.772	181.691
September 1915	186.789	136.048	151.271
Oktober 1915	124.597	86.064	88.145
November 1915	222.272	167.523	153.277
Dezember 1915	141.088	107.739	121.951
1915	1.496.457	1.191.704	1.218.673
Januar 1916	72.738	49.610	64.451
Februar 1916	155.448	95.090	107.857
März 1916	236.986	160.536	169.863
April 1916	254.239	187.307	191.872
Mai 1916	134.489	119.381	122.592
Juni 1916	118.465	93.193	111.719
Juli 1916	125.152	110.728	110.084
August 1916	185.814	163.145	158.405
September 1916	277.741	231.573	224.076
Oktober 1916	412.671	341.363	351.764
November 1916	427.617	326.689	326.003
Dezember 1916	421.172	307.847	291.636
1916	2.822.532	2.186.462	2.231.112
Januar 1917	436.123	328.391	331.466
Februar 1917	771.398	520.412	497.095
März 1917	800.911	564.497	553.189
April 1917	1.175.652	860.334	867.834
Mai 1917	781.994	616.316	589.603
Juni 1917	1.042.081	696.725	674.458
Juli 1917	811.920	555.514	545.021
August 1917	788.435	472.372	509.142
September 1917	605.747	353.602	338.242
Oktober 1917	672.295	466.542	448.923
November 1917	566.647	302.599	289.095
Dezember 1917	740.340	411.766	382.060
1917	9.193.543	6.149.070	6.026.128
Januar 1918	606.706	295.630	302.088
Februar 1918	588.412	335.202	318.174
März 1918	738.043	368.746	344.814
April 1918	653.819	300.069	273.355
Mai 1918	560.521	296.558	294.019
Juni 1918	432.560	268.505	252.637
Juli 1918	525.135	280.820	259.901
August 1918	451.751	310.180	278.876
September 1918	371.331	171.972	186.600
Oktober 1918	185.295	116.237	112.427
November 1918	–	10.233	–
1918	5.113.573	2.754.152	2.622.891
Gesamt 1914–1918	18.726.488	12.284.757	12.179.906

Großbritanniens Wirtschaft und Kriegspotential wankte unter den deutschen Schlägen. Es wurde alsbald offensichtlich, daß Großbritannien, wenn die Versenkungsziffern auf dem gegenwärtigen Stand blieben, zusammenbrechen würde.

Die britische U-Bootabwehr

Der ursprüngliche Einsatz der U-Boote gegen Kriegsschiffe im Jahre 1914 bestärkte die britische Admiralität in ihrer Ansicht, daß spezielle Maßnahmen zum Schutz von Handelsschiffen nicht vonnöten wären. Übereinstimmend glaubte man in der Royal Navy, daß der beste Weg, um mit den U-Booten fertig zu werden, in der Fortsetzung der Blockade, der Überwachung der Schiffahrtswege und der Zerstörung der Basen, von denen aus die U-Boote operierten, läge. Daher begannen die Briten, die U-Boot-Basen zu bombardieren und eine steigende Anzahl von U-Booten, Luftschiffen und Überwasserstreitkräften zur Überwachung in die von U-Booten verseuchten Gewässer zu senden.

Zuerst entschieden Admiralität und War Council, daß das Konvoi-System, mit dem England seine Schiffahrt während der Kriege gegen Frankreich geschützt hatte, in diesem Krieg nicht wieder eingeführt zu werden brauchte. In dem auf die Napoleonischen Kriege folgenden Jahrhundert des Friedens hatte eine Art Laissez-faire-Mentalität die britischen Seefahrer und ihre Regierung ergriffen.

In allen Teilen der Welt zeigten britische Schiffe die Flagge mit dem Red Ensign, fuhren auf genau bekannten Routen und versorgten Großbritannien mit Nahrungsmitteln (80 % des Gesamtbedarfs) und der Masse der kriegsnotwendigen Rohstoffe. Seitdem die Einführung dampfgetriebener Schiffe eine genaue Vorausplanung ermöglicht hatte, war der britische Schiffsverkehr in steigendem Maße fahrplanmäßig organisiert worden, so daß die Restriktionen und Verzögerungen, die ein Konvoisystem mit sich brachte, ein vollständiges Durcheinander verursacht hätten. Auch brachte man das Argument vor, die neutrale Konkurrenz würde schnell einen großen Teil des Schiffahrtgeschäftes übernehmen, falls die britische Regierung ihrer Handelsflotte kriegsbedingte Einschränkungen auferlegte. Alles in allem: wirtschaftliche Überlegungen ließen eine staatliche Kontrolle der Schiffahrt selbst in Kriegszeiten als unerwünscht erscheinen.

Ein weiterer Grund für die Entscheidung der Regierung, die Schiffahrt auf friedensmäßiger Basis weiterlaufen zu lassen, war die unter Fachleuten weitverbreitete Ansicht, daß Konvois letztlich nur eine Häufung von Zielobjekten bildeten, die Fahrtgeschwindigkeit verringerten, die Kollisionsgefahr vermehrten und die Transportkapazität auf ein nicht akzeptables Maß herabdrückten. Diese Argumente konnten statistisch weder bewiesen noch widerlegt werden, denn die Schiffahrtsversicherungen wie beispielsweise Lloyds besaßen darüber keinerlei schlüssige Unterlagen. Während der Napoleonischen Kriege hatte Lloyds denjenigen Schiffen, die nicht als Einzelfahrer, sondern in Konvois fuhren, eine beträchtlich niedrigere Versicherungsprämie abverlangt; die Statistik zeigte damals nämlich, daß Schiffe im Konvoi vier bis fünf Mal so sicher waren wie Einzelfahrer oder solche, die in unterteilten Konvois fuhren. Im industriellen Zeitalter jedoch schienen bei dem ungeheuren Zuwachs an Ladungskapazität und Größe der Handelsschiffe, den regelmäßigen Routen und dem streng eingehaltenen Fahrplan die Erfahrungen der Vergangenheit nicht länger anwendbar zu sein. Nach Ansicht der Vertreter des Status Quo konnte der Gegner, wenn die Handelsschiffe weit auseinandergezogen auf ihren normalen Routen einherfuhren, kaum mehr als einzelne Schiffe versenken. Artillerieexperten meinten zudem, daß es ihm andererseits möglich wäre, ganze Konvois zu vernichten. Die Admiralität sollte – so meinte man – nur dafür sorgen, daß die Seestraßen durch Patrouillen stärker gesichert würden.

In den Begriffen »Seestraßen« und »Schiffahrtsrouten« machte sich der mit Mahan einsetzende revolutionäre Prozeß im maritimen Denken bemerkbar. Mahans Bücher hatten das Denken aller Seekriegsleitungen und Admiralitäten tief beeinflußt. Mahan hatte vor dem Problem gestanden, für seine Gedanken eine neue Terminologie zu finden und daher gewisse Ausdrücke wie »Verbindungslinien« »Nachschubstraßen« und »Seestraßen« aus dem Begriffsrepertoire des Landkrieges entlehnt. Sie wurden alsbald zu Schlagworten der Marinestrategen. Da es allerdings leichter war, Mahan zu zitieren als ihn zu lesen, wandten seine Schüler diese Terminologie einfach an, ohne zu bemerken, mit welchen Einschränkungen und bestimmten Qualifizierungen er sie gebraucht hatte. Man zog auf den Karten große Kreisbögen von Hafen zu Hafen und erklärte sie zu »Verbindungslinien«. 1914 sahen es alle Marinen als ihre Aufgabe an, derartige Verbindungslinien zu schützen. Ihre Aufgabe wäre es aber gewesen, Schiffe zu schützen; denn diese transportierten die Güter, diese trugen den Welthandel. Verbindungslinien dagegen waren Abstrakta. Jede bedeutende Seemacht hat es sich stes angelegen sein lassen, eine möglichst bedeutende Zahl von Schiffen zu schützen und zu sichern, nicht aber ihre Kräfte im Schutz von Seeverbindungslinien zu verzetteln.[6]

Als die Deutschen im Frühjahr 1915 ihre erste U-Boot-Offensive gegen Handelsschiffe begannen, wandte die britische Admiralität die üblichen Methoden, Sicherung und Minenräumen, an. Da es aber praktisch unmöglich war, das gesamte zu Friedenszeiten normalerweise benutzte Seegebiet zu sichern und zu räumen, und da die Briten selbst durch Auslegen von Minenfeldern große Seegebiete um die britischen Inseln herum für die Schiffahrt gesperrt hatten, faßte man den Plan, die Handelsschiffe in genau festgelegte

6 Die beste Studie über das Problem »Verbindungslinien versus Schiffe« stammt von David W. Waters: The Philosophy and Conduct of Maritime War, in: Journal of the Royal Naval Scientific Service, May–July, 1958.

Kanäle und Wege zu lenken, die rein theoretisch leicht zu sichern gewesen wären. Tatsächlich aber gelang es den U-Booten umso leichter, ihre Opfer ausfindig zu machen. Die Anwesenheit von Patrouillen- und Sicherungsfahrzeugen in einem Gebiet war für sie bereits ein Zeichen, daß hier Schiffe vorbeikommen würden; denn die Briten pflegten die Schiffe auf einer Route solange anzuhalten, bis diese als gesichert erklärt worden war. Manch unternehmungslustiger U-Boot-Kommandant ging einfach den Sicherungsfahrzeugen aus dem Weg und wartete, wenn diese vorbei waren, bis irgendein Frachter ihm über den Weg kam. Mit diesem System der »offensiven Patrouille« versenkten die U-Boote bis Ende 1916 1660 Schiffe. Auf der anderen Seite verursachte das Warten auf die »Weg frei«-Meldung 30 % Kapazitätsverlust in der alliierten Schiffahrt.

Inzwischen versuchten die Briten alle nur möglichen Mittel und Wege, um an die U-Boote heranzukommen. Fast von Anbeginn an wurden größere Frachter mit Geschützen ausgerüstet, damit sie selbst mit aufgetauchten U-Booten fertig werden könnten. Sie waren aber doch beträchtlich im Nachteil. Die Silhouette des U-Bootes bot den im allgemeinen mangelhaft ausgebildeten Geschützbedienungen nur ein schlechtes Ziel. Mehr noch, die meisten bewaffneten Handelsschiffe hatten nie eine Chance, ihre Geschütze zu benutzen, denn die Deutschen betrachteten sie als Kriegsschiffe, auf die die Vereinbarungen des Völkerrechts zum Schutz der Handelsschiffe nicht angewandt zu werden brauchten. So wurden viele ohne Warnung versenkt.

Das schwierigste Problem blieb jedoch die Ortung eines getauchten U-Bootes. Das 1915 erfundene Unterwasserhorchgerät hatte bis spät ins Jahr 1917 hinein nur geringe Effektivität. Es war ein Gerät, das Geräusche unter Wasser aufnahm und deren Richtung, nicht aber die Entfernung angab. Wenn zwei solcher Geräte aus verschiedenen Richtungen angesetzt wurden, dann konnte man auf Grund des Schnittpunkts der Richtungen eine ungefähre Ortung des Bootes erreichen. Wenn dagegen das U-Boot sich nicht bewegte, dann war dieses Gerät nutzlos.

Ein weiteres Problem war die Vernichtung ausgemachter U-Boote. Da frühe Experimente mit Haubitzen nur von geringem Erfolg waren, wandten die Briten Wasserbomben an – Kanister mit TNT-Füllung, die mit einer hydrostatischen Zündung zur Einstellung der Detonationstiefe ausgerüstet waren. Es gab zwei verschiedene Typen, die eine mit 300 Pfund TNT, die andere mit 120 Pfund. Die begrenzten Vorräte erlaubten nur eine Zuteilung von zwei Wasserbomben je Typ pro Patrouillenfahrzeug. In der Praxis jedoch erhielten nicht einmal alle Zerstörer die ihnen zustehende Anzahl, andere bei der U-Boot-Bekämpfung eingesetzte Schiffe bekamen oft sogar überhaupt keine. Erst 1917 hatte man die Details der Herstellung endgültig in den Griff bekommen. Der kleinere Typ wurde damals abgeschafft. Anfang 1918 waren die Zerstörer mit 30 bis 40 Wasserbomben des größeren Typs ausgestattet.

Eine der mit größtem Elan begonnenen Gegenmaßnahmen war die Einführung von U-Boot-Fallen, den sogenannten Q-Schiffen. Seit 1915 operierten diese Q-Schiffe mit beträchtlichem Erfolg. Der uneingeschränkte U-Boot-Krieg aber machte diese Taktik wirkungslos. Im übrigen wurde natürlich jeder nur mögliche Schiffstyp zur U-Boot-Bekämpfung eingesetzt. Die ursprüngliche Taktik der Q-Schiffe bestand darin, sich von dem U-Boot anhalten zu lassen und dann plötzlich mit den bis dahin getarnten Geschützen das Feuer zu eröffnen. Sorgsam ausgewählte Geschützbedienungen erwiesen sich als so erfolgreich, daß die U-Boote immer mehr zu Unterwassertorpedoangriffen übergingen. Die Q-Schiffe setzten darauf mit etwas geringerem Erfolg Horchgeräte und Torpedos ein.

In engen Seestraßen und vor wichtigen Landzungen wurden Unterwasserfallen eingesetzt. Teilweise waren auch Netzsperren wirkungsvoll, wenngleich die U-Boote sich meist aus ihnen herauswinden konnten. Die besten Ergebnisse brachte eine Kombination von Netzen mit Minen, wobei noch zusätzlich Schiffs- oder Flugzeugpatrouillen eingesetzt wurden, die die U-Boote zum Auftauchen zwingen sollten. Mit einer solchen Kombination zwang man die Deutschen im Juni 1918, die Straße von Dover als Passage ihrer Flandern-U-Flottille zu meiden.

Trotz all dieser Maßnahmen, trotz des Einsatzes von Tausenden von Überwasserfahrzeugen und Flugzeugen, trotz der Verwendung von 22 000 Minen stieg die Zahl der Versenkungen. Im September 1916 operierten beispielsweise in dem kleinen Kanalabschnitt zwischen Beachy Head und Eddystone drei U-Boote; in der gleichen Zeit waren in diesem Gebiet 572 Fahrzeuge zur U-Boot-Bekämpfung eingesetzt – 49 Zerstörer, 48 Torpedoboote, 7 Q-Schiffe und 468 bewaffnete Hilfsfahrzeuge. Die Anwesenheit der U-Boote war bekannt, der Schiffsverkehr wurde zurückgehalten und alles unternommen, um die drei U-Boote aufzuspüren und zu versenken. Nach einer Woche aber entkamen diese unbehelligt, nachdem sie 30 Schiffe versenkt hatten. Ende 1916 versenkten die Deutschen im Monat durchschnittlich 150 Schiffe. Hohe Offiziere, unter ihnen Admiral Jellicoe, sagten daher Großbritanniens Zusammenbruch voraus, wenn nicht irgendwelche Mittel gefunden würden, um der U-Boot-Gefahr zu begegnen und die Verluste wettzumachen.[7]

Die Reorganisation der Admiralität

Jellicoe hatte von Scapa Flow aus die Admiralität mit Memoranden über die U-Boot-Gefahr bombardiert. Zum Teil wegen dieser Noten ernannte ihn Lloyd George, der im Dezember 1916 das Amt des Premierministers übernommen hatte, zum Ersten Seelord. Der beständige Verlust von Han-

7 Dieses Beispiel nach: D. W. Waters: Historical Survey of Trade Defence Since 1914, in: Royal United Services Institute Journal, August 1954.

delsschiffsraum war Jellicoes vornehmliche Sorge. Er erkannte, daß man vor einer Revolution im Seekrieg stand. Das U-Boot mit seiner fürchterlichen Wirkung hatte einer zweitrangigen Seemacht die Möglichkeit gegeben, einer ihr überlegenen Seemacht, die jedoch von der Übersee-Einfuhr abhing, eine Niederlage beizubringen.

Um dieser neuen Erkenntnis zu entsprechen, erhielt er die Vollmacht, die Admiralität zu reorganisieren. Er setzte nunmehr zwei wichtige Reformen durch. Zuvor hatte der Erste Seelord keine wirksame Kontrolle über die Operation gehabt, die praktisch der Chef des Stabes leitete, oft sogar nach Weisungen, die direkt von dem zivilen Ersten Lord der Admiralität kamen. Der Verantwortungsbereich des Ersten Seelords lag dagegen vornehmlich auf dem Gebiet der Logistik und der Rüstung; er war dadurch mit rein administrativen Entscheidungen überlastet, die ihm keine Zeit für größere strategische Fragen ließen. Durch die Reorganisation erhielt der Erste Seelord auch die Bezeichnung »Chef des Marinestabes« und wurde damit de facto Oberster Chef der Planung und der Operationsführung. Er hatte so die entsprechende Stellung wie der »Chef der Seekriegsoperationen« in den USA, ein Amt, das zwei Jahre zuvor geschaffen worden war. Unter dem Ersten Seelord stand jetzt ein »Stellvertretender Chef des Marine-Stabes«, der die Flottenoperationen zu leiten hatte, und ein »Assistant Chief of Naval Staff«, dem der Schutz der Handelsschiffahrt und die U-Boot-Bekämpfung oblagen. Diese Maßnahmen sollten der U-Boot-Bekämpfung und dem Schutz der Schiffahrt stärkere Impulse geben.

Die US-Marine in den Jahren 1914-1915

Als 1914 in Europa der Krieg ausbrach, waren die USA vollkommen mit ihren inneren Problemen beschäftigt und hatten wenig Zeit, sich mit dem Konflikt in Übersee zu befassen. Seit 1909 litt das Land unter einer wirtschaftlichen Depression. Die allgemeine Unzufriedenheit kam in dem Wahlsieg der Demokraten von 1912 zum Ausdruck, der Woodrow Wilson ins Weiße Haus brachte. Wenngleich Wilson zur Seite der Alliierten neigte, so war er doch zu einer Politik strikter Neutralität entschlossen. Angesichts der britischen Seemacht war aber eine tatsächliche Neutralität ausgeschlossen. Wenn die USA allen Handelspartnern ihre Güter verkauften, so würden tatsächlich doch die Alliierten begünstigt, da deren Seestreitkräfte jeden Schiffsverkehr mit Deutschland unterbanden. Wenn die USA dagagen ein Embargo über Kriegsmaterialien verhängten, würden sie nicht nur ihrer eigenen Wirtschaft schaden, sondern damit auch den Deutschen helfen, indem sie die Alliierten schwächten. Da die meisten führenden Persönlichkeiten der USA gefühlsmäßig den Alliierten zuneigten und da niemandem im Traum einfiel, durch ein Waffenembargo Amerikas Wirtschaft zu ruinieren, entschlossen sich die USA, allen Kunden Güter zu verkaufen. Das primäre Bestreben der amerikanischen Unternehmer war es, in dem durch den Krieg entstandenen Boom schnell wieder auf die Beine zu kommen. Die Unterstützung der Alliiierten war dabei nur ein mehr oder weniger willkommener Nebeneffekt. Die ihnen Schutz gebende Seemacht trug den Briten jedoch zugleich Schwierigkeiten mit den USA ein. Als einer der größten Partner am Welthandel und an der Weltschiffahrt, forderten die USA von den Kriegführenden alle Rechte, die einem Neutralen zustanden: Freiheit des Handels, wo immer es sein mochte, und Garantien für die Sicherheit ihrer Schiffe und deren Besatzungen. Diese Forderungen kollidierten sogleich heftig mit der britischen Blockade. Da eine Durchsuchung von Schiffen nach Konterbande auf See vor allem in U-Boot-verseuchten Gewässern für die patrouillierenden Kriegsschiffe ein großes Risiko war, verlangten die Briten von den neutralen Schiffen unter Berufung auf die »außergewöhnlichen Umstände« ein Anlaufen britischer Häfen, wo eine gründliche Kontrolle – die bisweilen Monate dauerte – möglich war. Die empörten Schiffseigner beklagten sich lebhaft über die Briten und verlangten staatlichen Schutz gegen diese Maßnahmen. Es kam zu regelmäßigen amerikanischen Protesten in London; die Briten jedoch spielten mit stillschweigender Einwilligung des pro-britischen US-Botschafters in London, Walter Hines Page, auf Zeit. Ihre diesbezügliche Strategie war durchaus sinnvoll.

Mit jeder Woche nahm die Abhängigkeit der eben erst aus der Depression sich erhebenden amerikanischen Wirtschaft von den alliierten Kriegskäufen zu. Alsbald gingen jene, die zuvor lauthals nach dem Einsatz amerikanischer Kriegsschiffe zum Schutz des Handels gerufen hatten, bereitwillig auf alliierte Kauforders ein und sandten ihre Schiffe regelmäßig nach England und Frankreich. Dennoch gab es immer wieder Zwischenfälle infolge Anhaltens und Verzögerung amerikanischer Schiffe, was bis zu einem gewissen Grad zu britisch-amerikanischen Spannungen führte, solange die USA noch nicht in den Krieg eingetreten waren. Die US-Marine betrachtete den Krieg in Europa nur aus der Ferne. Sie traf keinerlei besondere Vorsorge hinsichtlich einer möglichen amerikanischen Teilnahme. Ihre Führer orientierten sich immer noch an der Vorstellung einer Marine »second only to Britain's«. Sie sahen die Flotte als Instrument internationaler Machtpolitik an und machten sich keine Gedanken darüber, wo man dieses Instrument am besten einsetzte. Die Marine-Vorlage von 1914 war gegenüber den vorjährigen Empfehlungen nur ein wenig erhöht worden. Staatssekretär Josephus Daniels jedoch strich sie aus wirtschaftlichen Gründen drastisch zusammen. Im Interesse einer wirksameren Planung und Operationsführung hatte die Marine sich seit Jahren bemüht, die Gründung einer Marine-Operationsabteilung durchzusetzen. Dieser im Jahr 1915 erneut vorgebrachte Plan rief die Opposition jener Kongreßmitglieder hervor, die einen Einfluß der Militärs auf die Regierung befürchteten, sowie jener Abgeordneten aus den Binnenstaaten, die der Marine keine besondere Bedeutung zumaßen. So ging nur eine stark abgeschwächte Fassung des Planes durch den Kongreß. Sie sah einen Stabschef vor, »dem, unter der Leitung des Staatssekretärs der Marine, die Führung der Operationen der Flotte obliegt und der mit Vorbereitung und Ausarbeitung von Plänen für ihren Einsatz im Kriegsfall beauftragt ist.« Im März 1915 wurde Konteradmiral William S. Benson erster Chef der Marineoperationsabteilung (Chief of Naval Operations). Mit großer Erfahrung ging er an die Lösung des Problems der Kriegsbereitschaft. Er verlangte von den einzelnen Ressorts entsprechende Berichte und setzte die Inspektion von Handelsschiffen durch die Kriegsmarine durch, um deren Verwendungsbereitschaft in einem Kriegsfall festzustellen. Er trieb die Verbesserung der Telegraphie und der Sicherung der Nachrichtenverbindungen voran und sorgte für die Bereitstellung von zusätzlichen Waffen und Munition. 1915 setzte die Marine eine Beratungsbehörde ein, in der prominente Wissenschaftler wie Edison, Sperry und Coolidge saßen. Sie sollten die Probleme der wissenschaftlichen Forschung und Entwicklung insbesondere auf dem Gebiet der U-Boot-Abwehr studieren. Damit begann die enge Zusammenarbeit der Marine mit Wissenschaft und Industrie, durch die einige der größten wissenschaftlichen Fortschritte des 20. Jahrhunderts ermöglicht wurden.

„A Navy Second to None"

Im Jahr 1916 neigte sich die öffentliche Meinung der USA immer stärker den Alliierten zu. Teilweise war dies der wirkungsvollen britischen Propaganda zuzuschreiben, teilweise aber war es auch das Resultat weiterer Versenkungen von Schiffen, auf denen sich Amerikaner befanden, durch U-Boote. Die *Lusitania*-Affäre und die rein formal-legalistischen Entschuldigungen des deutschen Auswärtigen Amtes erschwerten die Position vieler mit Deutschland sympathisierender Amerikaner und bestärkten Wilson in seiner Entschlossenheit, die Rechte der USA durchzusetzen. Deutschland trug so zur Stärkung der pro-alliierten Einstellung des Präsidenten bei. Wilson sah einen großen Unterschied zwischen der britischen Blockade, die den USA lediglich materiellen Schaden brachte und der deutschen Gegenblockade, die amerikanischen Frauen und Kindern das Leben kostete. Zwecklos war das deutsche Gegenargument, daß durch die britische Blockade viel mehr Frauen und Kinder an Hunger starben als auf See durch die U-Boote getötet wurden. Die zweite Note Wilsons wegen der Versenkung der *Lusitania* war derart energisch, daß der pazifistisch eingestellte Außenminister William Jennings Bryan seinen Rücktritt erklärte, weil sie seiner Meinung nach zum Kriege führte.

Wilson war zu klug, um den Fehler von 1812 zu wiederholen, nämlich mit einer innerlich zerrissenen Nation in den Krieg einzutreten. Daher stellte er sich offen auf die Seite derer, die die Herstellung der Kriegsbereitschaft befürworteten, und setzte sich für das dem Kongreß vorliegende Marinebauprogramm ein. Dort aber stieß er auf eine derart hartnäckige Opposition, daß er seine Ansichten der Nation unterbreitete und erklärte, Amerika bedürfe der »größten Marine der Welt«. Nach vielem Hin und Her wurde die Marinevorlage von 1916 mit Wirkung vom 29. August ratifiziert. In ihr kam das Bestreben der USA zum Ausdruck, eine Flotte zu besitzen, die jeder anderen gleichwertig sei – »a navy second to none«, wie der Slogan damals hieß. Während der Debatte hatte die Skagerrakschlacht die Front jener verstärkt, die den Bau von Großkampfschiffen befürworteten. Wenn Deutschland der Grand Fleet zu trotzen vermochte, dann mußte sich auch Amerika um seine Flotte kümmern. Beim nächsten Mal wäre die britische Flotte vielleicht nicht zur Hand, um Deutschland in Schach zu halten. Dann aber wäre – so betonte die Propaganda – Amerika den Raubzügen eines expansionistischen Deutschlands schutzlos ausgeliefert. Dementsprechend wurde in der Marinevorlage die Vergrößerung der Flotte innerhalb von drei Jahren durch 10 Schlachtschiffe, 6 Schlachtkreuzer, 10 Aufklärungskreuzer, 50 Zerstörer, 9 Hochsee-U-Boote, 58 Küsten-U-Boote und 14 andere Kriegsschiffe vorgeschlagen. Weiterhin wurden die Gründung eines Marinefliegerkorps und die Schaffung einer Reserve befürwortet, letzteres, um die brennendsten Personalengpässe zu überwinden.

Die Ratifizierung der Marinevorlage bedeutete allerdings noch nicht, daß die USA nun zur Teilnahme am Kriege bereit waren. Die Vorlage war langfristig angelegt und wurde von der Regierung als Plan zum »normalen Ausbau« interpretiert, wobei eine Lage ins Auge gefaßt wurde, nach der die USA nach Beendigung des Krieges den ihr zukommenden Platz als Weltführungsmacht einnehmen würden. Inzwischen wandte sich der Staatssekretär der Marine, Daniels, gegen alle Initiativen zur Kriegsvorbereitung. Er weigerte sich, der Marine zu gestatten, geeignete Schiffe zur U-Boot-Abwehr zu bauen, in Dienst gestellte Schiffe auszurüsten und zu bemannen oder gar die Schiffe der Marine ausrüstungsmäßig und personell auf den höchsten Stand zu bringen. Der Präsident führte den Wahlkampf mit dem Schlagwort: »Er hält uns aus dem Krieg heraus!«; der Staatssekretär der Marine hielt daher regelrechte Kriegsvorbereitungen für politisch unzweckmäßig.

Amerikas Weg in den Krieg

Noch bevor Wilson den Amtseid für seine zweite Regierungsperiode geleistet hatte, hatte Deutschland den uneingeschränkten U-Boot-Krieg erklärt. Die Note, die der amerikanischen Regierung diese Entscheidung ankündigte, enthielt die in amerikanischer Sicht provozierende Bemerkung, es sei einem amerikanischen Schiff pro Woche erlaubt, nach Großbritannien zu fahren, vorausgesetzt, daß es den deutschen Weisungen strikt folge und keine Konterbande trüge. Angesichts dieses Affronts brach Wilson, wie er es auf Grund der *Sussex*-Verpflichtung gar nicht anders konnte, am 3. Februar 1917 die diplomatischen Beziehungen ab. Kurz darauf erfolgte die Affäre der Zimmermann-Note – ein Versuch, Mexiko durch eine Art Bestechung zu veranlassen, bei einem Kriegseintritt der USA sich auf Deutschlands Seite zu stellen und dafür Texas, Arizona und Neu-Mexiko zu erhalten. Dieser sensationelle Vorschlag war von den Briten abgefangen und der amerikanischen Regierung mitgeteilt worden. Er empörte selbst jene Amerikaner, die bisher noch eine Neutralität befürwortet hatten. Indessen hatte Wilson am 26. Februar vom Kongreß die Befugnis erbeten, amerikanische Handelsschiffe zu bewaffnen. Dieser Vorschlag ging mit überwältigender Mehrheit durch das Repräsentantenhaus, wurde aber im Senat durch Filibustertaktik zu Fall gebracht. Wilsons juristische Berater versicherten ihm allerdings, daß er als Teil der Exekutive sowieso die Vollmachten habe, die er vom Kongreß wünschte. Dementsprechend erließ er den Befehl, alle amerikanischen Schiffe, die durch das Kriegsgebiet fuhren, zu bewaffnen. Im März stach das erste bewaffnete Handelsschiff in See.

Wilson hoffte, die deutsche Regierung würde nicht soweit gehen, amerikanische Schiffe zu versenken. Wilson war, da »offenkundige Handlungen« (»overt acts«) in diesem Sinne noch nicht erfolgt waren, nicht darauf eingestellt, weitere Schritte zu unternehmen. Am 12. März aber wurde der amerikanische Dampfer *Algonquin* in der Nähe der britischen Inseln ohne Warnung von einem U-Boot versenkt. Eine Woche später sanken drei weitere amerikanische Schiffe infolge von U-Boot-Angriffen, wobei 15 Menschen ums Leben kamen. Jetzt konnte man nicht mehr zögern. Am 2. April erklärte Wilson vor dem Kongreß: »Die Welt muß für die Demokratie bereit gemacht werden ... Das Recht ist wertvoller als der Frieden; wir werden daher für das kämpfen, was unseren Herzen schon immer am nächsten gestanden hat.« Vier Tage später erklärten die USA Deutschland den Krieg.

Die Krise des Krieges

Anfang 1917 stand es im Seekrieg für die Alliierten schlecht. Die Schiffe wurden schneller versenkt als die Werften sie ersetzen konnten. In den vier Monaten nach der Erklärung des uneingeschränkten U-Boot-Krieges stiegen die Verluste auf 1175 Schiffe mit insgesamt über 2 Mill. BRT an. Indessen sagen diese bloßen Zahlen noch nicht alles. Die britische Admiralität hatte keine differenzierende Statistik geführt, in der die Verluste bei kurzen Fahrten mit denen auf längeren Routen oder zwischen Küstenschiffahrt bzw. Kanalüberfahrten einerseits und Transozeanfahrten andererseits verglichen wurden. Seit Beginn des Krieges hatte die Admiralität wöchentlich die Zahl aller in britischen Häfen eintreffenden und der auslaufenden Schiffe sowie die der versenkten Schiffe bekanntgegeben. Da die Ankunft- bzw. Ausfahrt-Zahlen im Durchschnitt ungefähr 5000, die Verluste aber wöchentlich rund 60 Schiffe betrugen, vermittelte dies den Eindruck, als wenn nur 1,17 % versenkt wurden. Die Zahl der tatsächlich von Übersee eintreffenden oder nach Übersee auslaufenden Schiffe betrug dagegen im Wochendurchschnitt nur 140, und die Verluste hielten sich bei dieser Kategorie etwa um 20 % herum.

Die praktizierte Methode der Verlustmeldungen sollte natürlich die Deutschen daran hindern, den Erfolg ihrer U-Boot-Kampagne annähernd abzuschätzen. Immerhin trug sie aber dazu bei, auch Persönlichkeiten in hohen Stellungen den Ernst der Lage zu verhüllen. Sie verhinderte zudem gleichfalls, daß die Admiralität sich von ihrer Theorie der Seestraßen-Sicherung abwandte, denn es war offensichtlich unmöglich, Geleitsicherung für 5000 Schiffe pro Woche bereitzustellen.

Anfang April 1917 wurde der amerikanische Konteradmiral William S. Sims nach England geschickt, um die Schiffahrtslage zu studieren und Vorschläge für den Einsatz der amerikanischen Marine im Falle eines Kriegseintritts der USA zu machen. Als er sich am 9. April bei Jellicoe meldete, waren die USA bereits in den Krieg eingetreten. Tief bestürzt vernahm er die verzweifelte Schiffahrts-Situation der Briten. Im Februar hatten die deutschen U-Boote rund eine halbe Million BRT versenkt. Im März waren die Zahlen noch angestiegen, und für April versprachen sie noch schlimmer zu werden. Die Royal Navy prophezeite ganz offen für den November eine Niederlage, wenn die U-Boot-Gefahr bis dahin nicht gebannt sei. Jellicoe sah keine andere Lösung als zusätzlichen Geleiteinsatz, Minenlegen und Ausweichrouten – also Intensivierung der Methoden, die sich bereits als wirkungslos herausgestellt hatten.

Die Einführung des Konvoi-Systems

Eine von Commander Reginald Henderson angeführte Gruppe jüngerer Offiziere der Admiralität hatte bereits die Schiffsbewegungen und die Verluste genau untersucht. Dabei hatten sie entdeckt, daß die im Februar auf Verlangen der Franzosen eingerichteten Kohlenschiffkonvois über den Kanal meistens unbehelligt durchkamen. Bei den 2600 Fahrteinsätzen auf dieser Route hatten die U-Boote nur fünf Schiffe versenkt, eine Verlustrate von 0,19 %. Während dieser Periode aber waren die Verluste nicht nur in der Nordsee und im Gebiet der Western Approaches, sondern sogar im Kanal, dem Gebiet dieser erfolgreichen Konvois selbst, angestiegen. Im Handelsverkehr mit Norwegen war die Verlustrate im Frühjahr 1917 bis nahe an 25 % herangekommen. Im April hatte der Offizier, der für diesen Verkehr verantwortlich war, auf eigene Faust Konvoifahrten organisiert. Bereits einen Monat später war die Verlustrate auf 0,24 % gesunken, eine 120fache Abnahme!

Gestützt auf diese Zahlen empfahl die Gruppe um Henderson, die Admiralität solle das Konvoisystem allgemein einführen, vor allem aber auf den Transatlantik-Routen. Die Admiralität lehnte es jedoch ab, diesen Vorschlag überhaupt zu erwägen. Die Seelords hielten das Konvoisystem grundsätzlich für defensiv; ihrer Ansicht nach könnten aber nur Offensivmaßnahmen wie Geleitfahrten und Minenlegen die U-Boot-Bedrohung bannen. Sie hatten vier prinzipielle Einwände gegen das Konvoisystem: 1. man verliere wertvolle Zeit, da sich die Konvois nach dem langsamsten Schiff richten müßten; 2. die gleichzeitige Ankunft mehrerer Konvois würde die Hafeneinrichtungen zum Be- und Entladen funktionsunfähig machen; 3. die Handelsschiffkapitäne wären nicht in der Lage, in den enggeschlossenen Formationen eines Konvois zu fahren, ohne daß übermäßige Verluste durch Kollisionen aufträten; 4. Kriegsschiffe zum Schutz der Konvois könnten nicht von Offensivoperationen abgezogen werden.

Jedes dieser Argumente erwies sich in der Praxis als unzutreffend. Der Herabsetzung der Geschwindigkeit des Konvois auf die des langsamsten Schiffes konnte dadurch entgegengewirkt werden, daß man die schnelleren Schiffe von den langsamen trennte und in besonderen Konvois auf derselben Route zusammenfaßte. Da die Ankunftszeit eines Konvois in einem Hafen verläßlich feststand, konnte man die Be- oder Entladung und den Abtransport der Güter sehr viel wirkungsvoller organisieren und planen als dies bei alleinfahrenden Schiffen möglich war, da diese Funkstille bewahren mußten und somit meist ohne Vorankündigung eintrafen. Die Kapitäne erwiesen sich im allgemeinen als durchaus in der Lage, ihr Schiff innerhalb eines Konvois auf dem vorgeschriebenen Platz zu halten. Und die Konvoisicherung erforderte nie mehr als 15 % der im Einsatz befindlichen Kriegsschiffe und im ganzen nicht mehr als 5 %. In den meisten Fällen waren die bei der Konvoisicherung eingesetzten Schiffe vorher in nutzlosem Patrouillendienst verwendet worden und nicht für Flottenoperationen geeignet.

Nachdem Sims die Vorschläge der Henderson-Gruppe geprüft hatte, unterstützte er ihre Argumente nachdrücklich. Gelegentlich einer Aussprache mit Premierminister Lloyd George sprach er sich eindeutig für das Konvoisystem aus. Sobald der Premier überzeugt worden war, wurde er zu einem der eifrigsten Befürworter der Konvois. Auf seinen Druck hin befahl Jellicoe dem Commander Henderson, eine noch gründlichere Studie anzufertigen. Schließlich entschied die Admiralität, daß Konvois vollkommen praktikabel wären. Zögernd gaben die Seelords am 30. April dann ihre Zustimmung zu einem transozeanischen Probe-Konvoi.

In der Zwischenzeit hatte Sims die Vereinigten Staaten über die Entwicklung auf dem laufenden gehalten. Er hatte die böse Nachricht von der verzweifelten Lage Großbritanniens weitergegeben und auf die Entsendung aller nur möglichen Schiffe zur U-Boot-Bekämpfung gedrängt. Trotz dieser dringenden Anforderungen trafen diese Schiffe nur sehr langsam und in geringerem Umfang, als Sims gefordert hatte, ein. Gleich der britischen Admiralität war auch das US-Marineministerium von der Effektivität der Konvois nicht überzeugt. Obendrein fürchtete es, daß amerikanische Interessen den britischen untergeordnet würden. Die Gründe waren offensichtlich. Die strategische Planung der Amerikaner hatte sich vornehmlich auf das Karibische Meer erstreckt, den Schauplatz des letzten Krieges der USA, ein Gebiet, das nun doppelt wichtig geworden war durch den kürzlich vollendeten Panama-Kanal. Es fiel dem Marineministerium nicht leicht, seine strategischen Vorstellungen auf einen Krieg in europäischen Gewässern umzustellen und die Aussicht, einen beträchtlichen Teil seiner Schiffe auf die andere Seite des Atlantik zu verlegen, innerlich zu akzeptieren.

Am 2. Juni erhielt Sims von dem Marineminister folgendes Telegramm: »Bezüglich des Konvoiproblems bin ich der Ansicht, daß amerikanische Schiffe, die Waffenschutz haben, sicherer sind, wenn sie allein fahren.« In den vorausgegangenen sechs Wochen aber waren 30 bewaffnete Handelsschiffe in der Nähe der britischen Inseln versenkt worden. Sims wandte sich an den ihm befreundeten Botschafter Page, der ihn stets in jeder Hinsicht unterstützte, und bat ihn um Schützenhilfe bei dem Versuch, das Marineministerium zu überzeugen, daß amerikanische Schiffe in europäischen Gewässern benötigt würden und daß das Konvoisystem das einzige Mittel sei, die U-Boot-Gefahr zu bannen.

Am 2. Juli stimmte das Marineministerium dem Konvoigedanken zu, übersandte Sims jedoch eine Aufstellung von sechs Grundsatzpunkten, die bei der Zusammenarbeit mit den Briten zu beachten seien; diese zeigten, daß die US-Marine immer noch der Theorie der Verteidigung der Schiffahrtslinien anhing. So enthielten diese Punkte zwar das Angebot »ganz aufrichtiger Zusammenarbeit« in der U-Boot-Frage, was aber durch die Feststellung eingeschränkt wurde, daß die Hauptaufgabe der Marine in der »Sicherung der Verbindungslinien der Alliierten« läge. Dennoch versprach das Marineministerium, alle zur U-Boot-Bekämpfung geeigneten Fahrzeuge, die man in den heimischen Gewässern nicht benötigte, nach Übersee zu senden. Wenn auch in der Grundsatzliste des Marineministeriums der Gedanke reiner Defensivoperationen abgelehnt wurde – amerikanische Seeoffiziere hielten ebenso wie die britischen die Konvoisicherung für eine rein defensive Angelegenheit – so eröffnete sie doch einen Weg zur entscheidenden Verstärkung der Konvoi-Geleitkräfte. Immerhin war Benson damit in der Lage, aktiv werden zu können. So warf Sims als Befehlshaber der amerikanischen Seestreitkräfte in Europa seine allmählich anwachsende Streitmacht der deutschen U-Boot-Offensive entgegen. Am 4. Mai 1917 trafen

die ersten sechs US-Zerstörer, die Achte Zerstörerflottille unter Commander J. Taussig, in Queenstown ein. In den folgenden drei Monaten trafen weitere 31 Zerstörer und zwei Tender ein. Sie alle wurden bei der U-Boot-Bekämpfung eingesetzt, meist beim Geleitschutz unter britischem Kommando. Inzwischen hatte man mit dem Konvoisystem begonnen. Um die Julimitte begann man mit regelmäßigen Überseekonvois nach den britischen Inseln. Die U-Boote konzentrierten daraufhin ihre Angriffe sofort auf die auslaufenden Schiffe. Einen Monat später begann man dann mit Transozean-Konvois von England aus. Mit zunehmender Zahl von Konvois sank die Verlustrate, obwohl die Zahl der U-Boote in der zum Kriegsgebiet erklärten Zone zugenommen hatte. Die Anzahl der pro U-Boot versenkten Schiffe fiel rapid von 10,6 im April über 4,9 im Juli bis auf 2,0 gegen Ende des Jahres (vgl. das Diagramm auf Seite 439).
Im November 1917 wurde das Konvoisystem auch auf den Mittelmeerraum ausgedehnt. Dort fiel die Verlustrate auf 1 % trotz relativ schwachen Geleitschutzes, weil der verantwortliche Befehlshaber immer noch glaubte, daß Seepatrouillen viel besser seien. Und doch gingen Zweidrittel aller in diesem Gebiet vernichteten U-Boote auf das Konto der Konvoieskorten.
Im Atlantik zwang die Einführung des Konvoisystems die U-Boote zu Unterwasser-Torpedoangriffen, wenngleich sie gegen unbewaffnete Einzelfahrer immer noch ihre Geschütze einsetzten. Da im Gebiet der Western Approaches die Abwehr und Bewachung zu stark wurde, verlegten die U-Boote ihr Tätigkeitsgebiet in die Irische See und den Britischen Kanal. Abgesehen von den Kohlentransporten über den Kanal fuhren die Schiffe in diesen Gebieten bisher immer noch als Einzelfahrer. Die U-Boote fanden daher reiche Beute. Im direkten Verhältnis zur Ausdehnung des Konvoisystems fiel aber auch hier die Rate der Versenkungen durch U-Boote. Jetzt fanden die U-Boote ihre Opfer fast nur noch unter den Einzelfahrern. Während der gesamten Periode des erweiterten Konvoisystems von Mai 1917 bis November 1918 verhielt sich die Verlustrate der Einzelfahrer zu den eskortierten Schiffen wie 12:1 (vgl. Diagramm auf Seite 439).
Zur Durchführung des uneingeschränkten U-Boot-Krieges hatten die Deutschen alle verfügbaren Boote eingesetzt. Aufgrund der Annahme, daß Großbritannien innerhalb von fünf Monaten auf die Knie gezwungen werden könne, hatten sie ihre U-Boot-Operationen auf der Basis maximalen Kräfteaufwandes geplant und die bei ausgedehnten Operationen notwendigen Instandsetzungs- und Unterhaltungsmaßnahmen auf das Äußerste beschränkt. So waren sie in der Lage, im Tagesdurchschnitt 45 Boote im Einsatz zu haben; im Juli 1917 erreichten sie mit 52 Booten den Höhepunkt. Die Auswirkungen dieser radikalen Einsatzmethode machten sich bald bemerkbar. Durch die ansteigenden Verluste von Booten und infolge des Rückganges der Neubauten, ebenfalls einer Folge der allzu optimistischen Schätzungen eines frühzeitigen alliierten Zusammenbruches, nahm die Anzahl der im Einsatz befindlichen Boote beständig ab.
Um die Verluste auszugleichen, begannen die Deutschen im Herbst 1917 mit einem großen U-Boot-Bauprogramm. Im September 1918 erreichte die monatliche Ausstoßrate der Werften 30 Boote. Scheer hatte sogar die Genehmigung des Kaisers zu einer weiteren Erhöhung auf 40 Boote pro Monat erhalten. Zu diesem Zeitpunkt jedoch kam die Produktionserhöhung zu spät, um noch einen entscheidenden Einfluß auf den Kriegsverlauf zu haben.

Konvoi-Operationen

Im Mai 1917 wurde in der Admiralität die Konvoi-Abteilung unter dem »Assistant Chief of Naval Staff« gegründet. Ihr oblagen die Zusammenstellung, der Schutz und die Routenfestlegung für die Konvois, während das eng mit dieser Abteilung zusammenarbeitende Schiffahrtsministerium die Be- und Entladung, die Bereitstellung der entsprechenden Möglichkeiten, die Einteilung der Schiffe und die Koordinierung der Konvoierfordernisse mit denen der Schiffahrt besorgte. In jedem Versammlungshafen für Konvois in Großbritannien und in Übersee befand sich ein Offizier, der für die Organisierung der Konvois, ihre Ausrüstung und Einweisung verantwortlich war und der die entsprechenden Schiffsbewegungen der Admiralität meldete.
Die im Konvoi fahrenden Handelsschiffe unterstanden einem Konvoi-Kommodore – meist ein pensionierter Kapitän oder Admiral, bisweilen auch ein erfahrener Handelsschiffskapitän. Er unterstand dem Escort Commander, der den Gesamtbefehl innehatte und für den gesamten Konvoi die Verantwortung trug. Während der Fahrt erhielt der Geleitchef des Konvois ständig von der Admiralität Berichte über vermutete U-Boot-Positionen. Gegebenenfalls gab die Admiralität Änderungsbefehle für die Fahrtroute heraus, um den Konvoi von U-Boot-Konzentrationen fernzuhalten.
Die vom Vereinigten Königreich ausfahrenden Konvois nach Übersee hatten bis 15° W Geleitschutz; danach löste sich der Konvoi auf, und die Schiffe setzten einzeln ihre Fahrt fort, während der Geleitschutz einen für England bestimmten Konvoi übernahm, der den Atlantik unter dem Schutz eines einzelnen Kreuzers oder Hilfskreuzers überquert hatte.
Ein Transozean-Konvoi des ersten Weltkrieges war meist klein, ungefähr 20 bis 30 Schiffe umfassend, die in vier, fünf oder sechs Kolonnen fuhren, wobei der Geleitschutz meist an den Flanken patrouillierte. Langsame Konvois, die acht oder zehn Knoten fuhren, hatten sowohl an der Spitze wie auf den Flanken Geleitschutz. Die langsamsten Konvois, die Gibraltar-Konvois, fuhren nur rund sieben Knoten. Schnelle Konvois umfaßten Schiffe, die bis zu 16

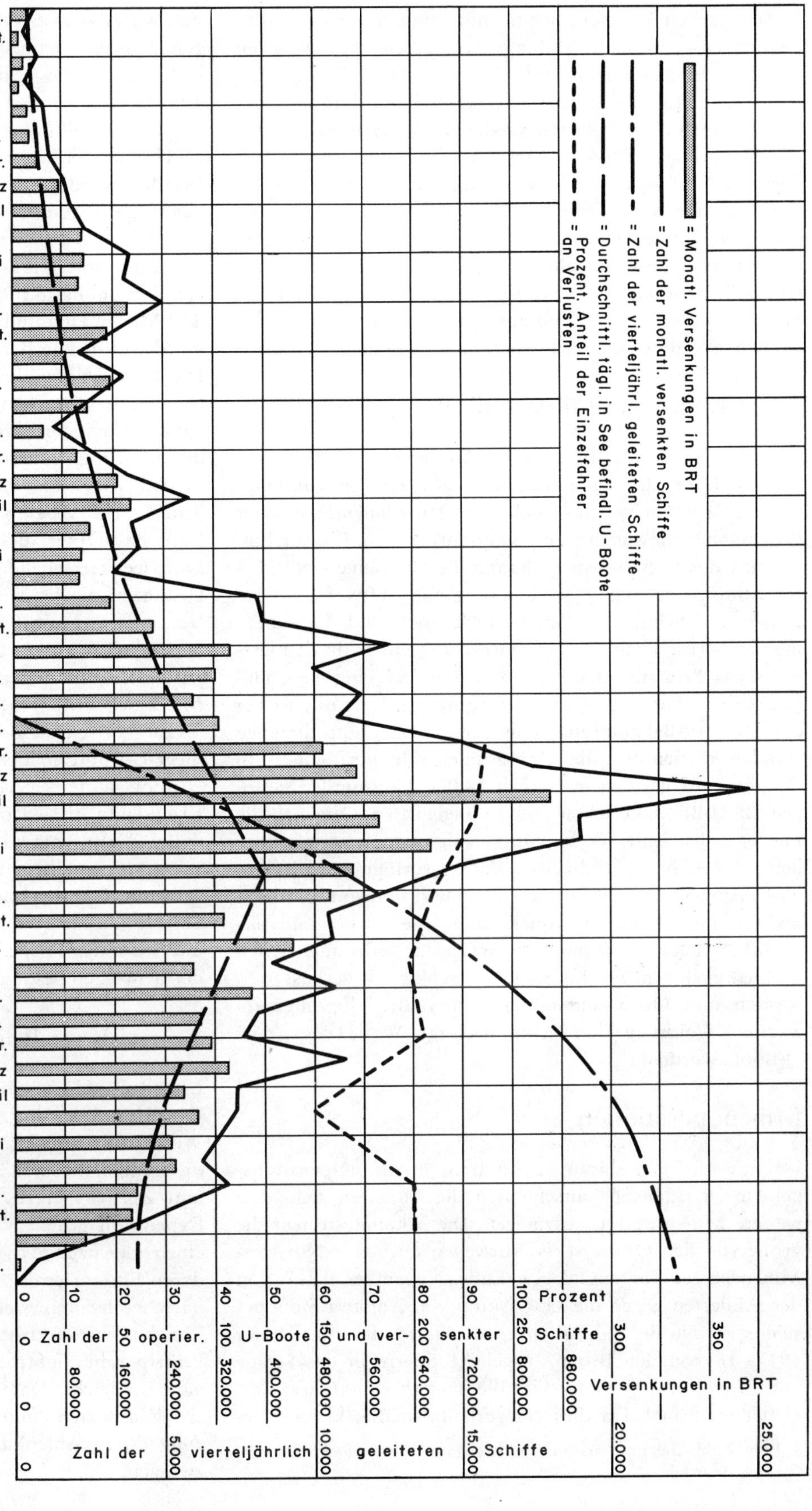

U-Boot-Krieg 1914 – 1918

Knoten fahren konnten. Schiffe mit höherer Geschwindigkeit fuhren meist allein. Die enge Zusammenarbeit zwischen Handelsschiffskapitänen und Marineoffizieren sowie zwischen der britischen und der amerikanischen Admiralität gewährleisteten das Funktionieren des Konvoisystems.
Die Hauptkonvoi-Routen nach Großbritannien waren: (1) Gibraltar – England, alle vier Tage; (2) Sierra Leone – England, alle acht Tage; (3) Dakar – England, alle acht Tage; (4) Hampton Roads – England, alle acht Tage; (5) New York – England, alle acht Tage; (6) Halifax – England, alle acht Tage; (7) Sydney – England, alle acht Tage; die Routen der von England ausgehenden Konvois verliefen ähnlich, allerdings mit leicht veränderter Frequenz.

Operationen der Luftstreitkräfte gegen U-Boote

Seit 1915 hatte der »Royal Naval Air Service« Operationen gegen U-Boote durchgeführt. Die wachsende Zahl von Flugzeugen ermöglichte ausgedehntere Patrouillenflüge über küstennahen Gewässern und Schiffahrtswegen. Bis zur Einführung des Konvoisystems hatten die Flugzeuge wenig Erfolg. Infolge genauer Koordinierung von Luftwaffenoperationen und Schiffahrtsplänen wurde aber bald die zunehmende Wirksamkeit des Lufteinsatzes offenbar. In den letzten sechs Monaten des Krieges waren 565 Flugzeuge und Luftschiffe aller Typen zur Unterstützung der Konvois bei der U-Boot-Bekämpfung eingesetzt. 312 Luftfahrzeuge standen täglich für die Operationen zur Verfügung. Im Durchschnitt wurden monatlich 14 000 Flugstunden geflogen, 28 U-Boote gesichtet und 19 angegriffen. Obgleich die Flieger selbst keine Versenkungserfolge hatten, da sie über keine für U-Boote tödlichen Waffen verfügten, hielt ihre bloße Anwesenheit die U-Boote doch wirksam von Angriffen ab. Von den Hunderten von Konvois, die sowohl Luft- als auch See-Geleitschutz hatten, wurden nur sechs angegriffen und lediglich fünf Schiffe daraus versenkt. Mit verbesserten Waffen und Ortungsmethoden sollten die Flugzeuge im zweiten Weltkrieg dann eine wichtige Waffe gegen die U-Boote werden.[8]

Minenoperationen

Um die U-Boote daran zu hindern, in ihre Operationsgebiete zu gelangen, entschlossen die Alliierten sich, drei weitere Minensperren auszulegen. Die bekannteste war die große von den Orkneys bis Norwegen reichende Nordsee-Minensperre, die auszulegen Ende November 1917 von den Alliierten gegen die Opposition von Admiral Sims beschlossen wurde. Gleichzeitig blockierte die im Winter 1917–18 von den Briten ausgelegte Sperre in der Straße von Dover die Flandern-Flottille von ihrem Operationsgebiet im Kanal. Da dies ein verhältnismäßig kleines Gebiet war, das gegen deutsche Räumversuche leicht zu schützen war und schnell die Ersetzung verlorener Minen gestattete, war diese Sperre äußerst wirksam. Um den August 1918 herum wurden hier an die zwölf U-Boote vernichtet, die Straße völlig gesperrt und die Aufgabe der U-Boot-Basis Flandern erzwungen.
Bei der Nordsee-Minensperre verlief die Entwicklung dagegen ganz anders. Ermutigt durch den absoluten Erfolg der Sperre in der Straße von Dover, befürworteten die britische und amerikanische Marinen energisch diese umfassendste Verminungsaktion der Geschichte. Das Minenfeld war 230 Meilen lang und 15 bis 20 Meilen breit, und die Minen wurden dort von der Oberfläche bis zu 75 m tief ausgelegt. Die Entwicklung der amerikanischen Antennen-Mine, die detonierte, wenn ein Schiff oder U-Boot die Antenne berührte, verringerte die erforderliche Anzahl auf ein Viertel der ursprünglich geschätzten Menge. Dennoch wurden über 70 000 Minen ausgelegt, 80 % davon durch amerikanische Streitkräfte. Aber vermutlich war nur ein einziges U-Boot das Opfer dieses gewaltigen Aufwandes. Die in der Nordsee herrschenden Sichtverhältnisse und die größeren Distanzen machten einen wirksamen Patrouillendienst zur Verhinderung von Räumversuchen unwirksam; die U-Boote benutzten weiterhin diese Gewässer, zeitweise sogar begleitet von deutschen Minensuchbooten.
Mit einer dritten Minensperre versuchten die Briten, die Straße von Otranto zu schließen, um die deutschen Mittelmeer-U-Boote in der Adria zu blockieren. Zwar sank ein U-Boot in der Sperre, aber die Deutschen benutzten bis Kriegsende diese Route weiterhin. Eine andere wirkungsvolle Waffe zur U-Boot-Bekämpfung war das U-Boot selbst. 19 feindliche Boote wurden von alliierten U-Booten versenkt. Die psychologische Wirkung war sogar noch größer als die tatsächlichen Verluste, denn die Drohung eines unerwarteten Torpedoangriffs lastete auf der Kampfmoral der deutschen Besatzungen.

Anti-U-Boot-Raids

Um das »Hornissen-Nest« selbst zu treffen, statt »die Hornissen über der ganzen Farm zu jagen« – wie Präsident Wilson es einmal ausgedrückt hat – planten die Briten, die beiden Einsatzhäfen der U-Flottille Flandern, Ostende und Zeebrügge, zu sperren. Das Kommando über diese Expedition erhielt Vizeadmiral Sir Roger Keyes. Er faßte einen gleichzeitigen Angriff auf beide Basen ins Auge, in deren Einfahrten Blockschiffe versenkt werden sollten. Danach wollte man sich im Schutze der Dunkelheit und des Rauches zurückziehen. In Ostende lag das Problem im Prinzip sehr einfach; die Durchführung war jedoch nicht ganz so leicht. Da hier die Küstengeschütze nicht auszuschalten waren, mußten die Blockschiffe ohne Unterstützung durch Ablenkungsangriffe sich ihren Weg selbst erzwingen.

8 Eine Zahl, die im zweiten Weltkrieg bis Mitte 1943 nicht erreicht wurde.

In Zeebrügge mußte man eine lange gebogene Mole, die mit schweren Geschützen bestückt war, ausschalten oder die Blockschiffe würden versenkt werden, ehe sie an ihren vorbestimmten Platz gelangten. Keyes wollte die Mole durch amphibische Angriffe nehmen und dabei einen Viadukt sprengen, um deutschen Einsatzreserven den Weg abzuschneiden.

störte den Viadukt. Die Blockschiffe, die ganze Zeit unter schwerem Feindfeuer, bemühten sich tapfer, zu den ihnen zugedachten Positionen zu gelangen. Als sie dann schließlich eins nach dem andern etwa in den vorherbestimmten Positionen versenkt worden waren, gab die *Vindictive* das Signal zum Rückzug und alle beteiligten Truppen lösten sich vom Feind.

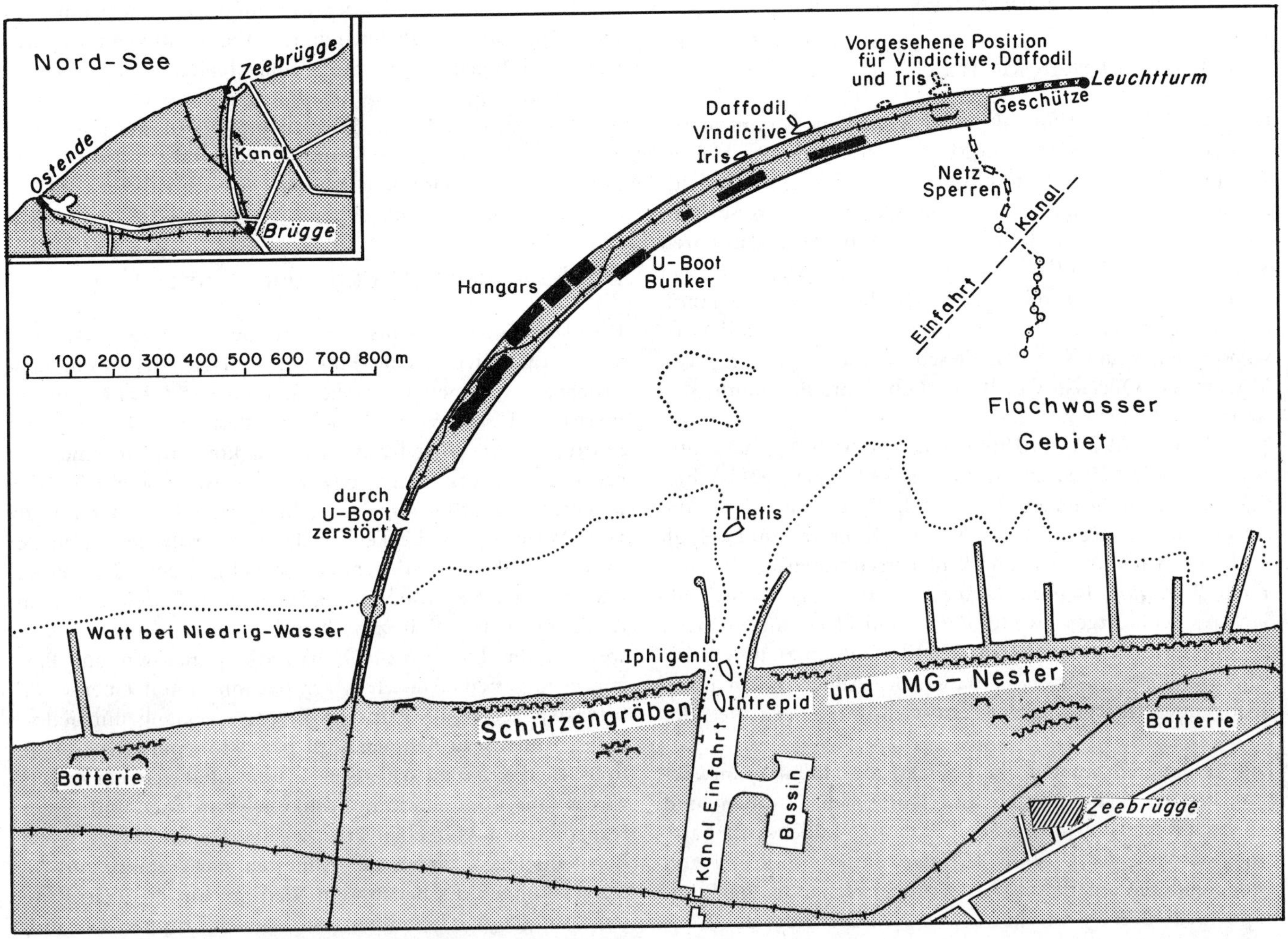

Der Hafen von Zeebrügge, Dt. Verteidigungsanlagen und brit. Blockschiffe

Nach zwei infolge der sich ändernden Windverhältnisse vergeblichen Starts stach Keyes schließlich am 22. April 1918 in See. Ein alter Geschützter Kreuzer, HMS. *Vindictive*, war besonders für diesen Raid hergerichtet worden. Als die *Vindictive* kurz vor Mitternacht an die Mole ging, kam sie unter schweres Feuer und verfehlte die ihr zugedachte Position um etwa 310 m. Dadurch gerieten die auf ihr befindlichen Truppen unter schweres feindliches Feuer und konnten die deutschen Geschützstände nicht nehmen. Inzwischen war ein altes britisches U-Boot, das mit Sprengstoff beladen war, unter dem Viadukt angekommen; die Besatzung setzte Zeitzünder in Gang und entfernte sich in einem Boot. Das Unterseeboot flog in die Luft und zer-

Der Angriff gegen Ostende wurde ein völliger Fehlschlag. Keines der beiden Blockschiffe erreichte seine Position. Die ganze Operation kostete die Briten 1200 Mann an Toten, Verwundeten und Vermißten.

Die Ergebnisse und Auswirkungen dieser Raids sind schwer genau abzuschätzen. Das vornehmliche Ziel, die Behinderung der Flandern-Flottille, wurde nicht erreicht, denn der Gegner konnte die Ostender Einfahrt sofort wieder benutzen, und nach einigen Stunden gelang es den Deutschen, eine neue Durchfahrt um die versenkten Schiffe herum zu schaffen. Mitte Mai bestand dort keine Behinderung der Schiffahrt mehr. Offiziell jedoch wurde der Ostende-Zeebrügge-Raid als überaus erfolgreiche Operation bezeichnet.

Sie wirkte als willkommenes Stimulans für die öffentliche Moral, die durch die große deutsche Frühjahrsoffensive in Frankreich etwas angeschlagen war. Sie war auch insofern von großer Bedeutung, als sie bewies, daß das Gallipoli-Desaster nicht das Ende jeder amphibischen Operation war. Mit dem Raid gegen Zeebrügge wurde die Idee einer speziell für Raids trainierten Truppe, der berühmten späteren Kommandotruppe des zweiten Weltkrieges, geboren.

Der amerikanische Beitrag

Die Rolle, die die USA im Seekrieg spielten, war nicht besonders dramatisch. Die US-Marine errichtete drei Hauptstützpunkte, Queenstown, Gibraltar und Brest, sowie zahlreiche kleinere Stützpunkte in Frankreich und Großbritannien. Ein besonderer Beitrag der USA im Seekrieg waren 33,5 m lange große hölzerne U-Jäger. Diese U-Jäger waren ausschließlich mit Reservisten der Marine bemannt; ihre Bewaffnung bestand aus 7,6 cm-Geschützen und Wasserbomben. Rund 400 von diesen Schiffen operierten von Murmansk, Queenstown, Brest, Gibraltar, Plymouth, den Azoren und Korfu aus.
Nachdem die USA ihre ursprüngliche Politik, die Flotte nur mit Teilen einzusetzen, aufgegeben hatten, entsandten sie sogar fünf Schlachtschiffe nach Scapa Flow, um die Grand Fleet zu verstärken. Die von Konteradmiral Hugh Rodman befehligte Neunte Schlachtschiffdivision – *New York, Wyoming, Florida, Delaware* und *Texas* – wurde als Sechstes Schlachtgeschwader der Grand Fleet eingegliedert, sie operierte nach britischer Taktik und übernahm britische Signalmethoden. So besaßen die Alliierten ein überwältigendes Übergewicht in dem wichtigsten Seegebiet, der Nordsee.
Die Vereinigten Staaten übernahmen die Hauptverantwortung bei der Sicherung der amerikanischen Truppen- und Nachschubtransporte über den Atlantik. Ludendorff hatte angenommen, die U-Boote könnten die Überführung von bedeutenderen amerikanischen Truppenverbänden nach Europa verhindern. Jetzt aber erwies sich der Wert des Konvoisystems. Regelmäßig überquerten stark gesicherte Truppenkonvois den Atlantik ohne Verluste auf der Hinfahrt. Die schwächer gesicherten Truppentransporte zurück verloren nur drei Schiffe. Im Hochsommer 1917 wurden monatlich 50000 Mann nach Frankreich überführt. Ein Jahr später waren es pro Monat durchschnittlich 200000 Mann. Insgesamt überquerten mehr als zwei Millionen Mann den Atlantik. 46% des dafür benötigten Schiffsraums waren amerikanischer und 48 % britischer Herkunft. Fast der gesamte Geleitschutz wurde von den Amerikanern gestellt.
Da die USA bei Kriegsbeginn nur 1 000 000 BRT Schiffsraum zur Verfügung hatten, kurbelte der »United States Shipping Board« ein gewaltiges Aufbauprogramm für die amerikanische Handelsflotte an. Als erste Maßnahme beschlagnahmte diese Behörde die internierten Feindschiffe und stellte sie wieder in Dienst. Neu konstruierte und in Massenproduktion hergestellte »Emergency«-Schiffe liefen in großer Zahl von Stapel; sogar Versuchs-Schiffsbauten aus Holz und aus Beton wurden beim Transport lebenswichtiger Güter mit eingesetzt.
Ein großer Teil des amerikanischen Materials und die Mehrzahl der nach Europa verschifften Truppen liefen über den Hafen von Brest. Dieser war anfangs kaum benutzbar, da es an Lagermöglichkeiten für Treibstoffe, an Reparatureinrichtungen und an Stapelraum fehlte. Brest wurde jedoch von zunehmender Bedeutung, als die USA das Material heranschafften und es zu einer voll ausgestatteten Marinebasis ausbauten. Seine geographische Lage erlaubte es den Konvois, das von U-Booten verseuchte Gebiet des britischen Kanals zu vermeiden.

Die Krise von 1918 und der alliierte Sieg

Die Überführung deutscher Truppen von der Ostfront nach Frankreich – eine Folge des russischen Zusammenbruches – gab den Deutschen erstmals seit 1914 eine numerische Überlegenheit an der Westfront. Deutschland hoffte, diesen Vorteil ausnutzen zu können, um eine Entscheidung zu erzwingen, bevor das Gewicht der USA sich bemerkbar machte. Eine neue Infanterietaktik, der Einsatz von Panzern und die Feuerwalze der Artillerie hatten der Offensive ihre Überlegenheit zurückgegeben. Ein Bewegungskrieg schien wieder möglich zu sein. Ludendorff plante daher, einen Keil zwischen Franzosen und Briten zu treiben, die Briten zum Kanal, die Franzosen auf Paris zurückzuwerfen. Am 21. März begann er mit einer Großoffensive gegen die britische Front, es gelang ihm jedoch nicht, Amiens zu nehmen. Auf dem Höhepunkt dieser militärischen Krisis entschlossen sich die Alliierten, ein gemeinsames Oberkommando in Frankreich zu bilden und es dem französischen Marschall Foch zu übertragen. Als ihre Verluste anstiegen, riefen die Alliierten nach amerikanischen Verstärkungen. Es begann ein Wettlauf um die Zeit. Briten und Amerikaner bemühten sich, soviel Truppen wie möglich nach Europa zu transportieren, um das Gleichgewicht zu ihren Gunsten zu verändern, ehe die Deutschen den Krieg zu gewinnen vermochten.
Am 18. Juli 1918 entstand an der Westfront eine schwere Krise. Im Verlaufe der zweiten Schlacht an der Marne wurde Paris bedroht. Amerikanische Truppen aber halfen den erschöpften Franzosen, die Deutschen in Schach zu halten und Paris zu retten. Dann holte Foch zum entscheidenden Schlag aus. Briten und Belgier im Nordwesten, Franzosen im Zentrum und die Amerikaner im Südosten griffen an und drängten die Deutschen so schnell zurück, daß Anfang November der größte Teil des besetzten Belgiens und Zweidrittel des von den Deutschen besetzten französischen Gebiets befreit waren.
Ein Teil des amerikanischen »Marine-Corps« wurde aus-

geschifft und nahm am Feldzug von 1918 teil. Die 25 000 Mann der US-Marineinfanterie waren an einigen der schwersten Kämpfe, wie bei Château Thierry, an der Aisne und Marne, bei St. Mihiel und im Maas-Argonnen-Gebiet beteiligt. Sie verloren 2500 Mann. Großkalibrige Schiffsgeschütze wurden sogar auf Eisenbahnwagen montiert und gegen deutsche Munitionslager, Brücken und Bahnanlagen eingesetzt. Infolge ihrer Treffgenauigkeit und Wirksamkeit leisteten sie bei der alliierten Offensive einen nicht unbedeutenden Beitrag.

Zusammenfassung

Während des ersten Weltkrieges hatten die Mittelmächte im Vergleich zu den Alliierten den Vorteil der inneren Linie. Um den Alliierten zuvorzukommen, plante der deutsche Generalstab, Frankreich mit einem Stoß durch Belgien niederzuwerfen und danach mit denselben Truppen die russische Armee, deren Mobilmachung voraussichtlich langsam vonstatten gehen würde, zu schlagen. Die führenden britischen und französischen Militärs sahen ebenfalls die Kräftegruppierungen voraus und suchten der deutschen Strategie vorzugreifen. Nach Ausbruch des Krieges sandte Großbritannien sofort eine Expeditionsarmee nach Frankreich, die mit den Franzosen zusammen die deutschen Vorstöße eindämmte und Rußland Zeit zur Mobilmachung verschaffe; damit waren die Mittelmächte zu einem Zweifrontenkrieg gezwungen. Als der Landkrieg in Frankreich im Herbst 1914 in eine Sackgasse geraten war, suchten die Briten nach Mitteln und Wegen, die Westfront auszuflankieren und mit den Russen militärisch Verbindung zu bekommen, um den östlichen Kriegsschauplatz zu verstärken. Das war eine Rückkehr zur traditionellen peripheren Strategie, bei der die durch die Seeherrschaft gegebene Beweglichkeit ausgenutzt werden sollte, um gegen die schwächeren Punkte der Positionen des Gegners zuschlagen zu können. Der schließlich angenommene Plan sah ein Eindringen in die Dardanellen und die Besetzung Konstantinopels vor, um so eine Verbindung mit den Russen herzustellen. Diese strategisch an sich vernünftige Operation scheiterte jedoch. Infolge dieses Fehlschlages gerieten größere amphibische Operationen bei den meisten militärischen Stellen in Mißkredit.

Das strategische Zentrum des reinen Seekrieges war die Nordsee. Aber auch hier waren die Operationen in eine Sackgasse geraten, da die statistische Unterlegenheit der deutschen Hochseeflotte sie davon abhielt, sich in einer Seeschlacht zu stellen. Die Deutschen wollten lieber die britische Flotte zur Abnutzung zwingen, um sich ihr dann unter ungefähr gleichen Bedingungen zu stellen. Daher kam es zu einer Reihe von Täuschungsunternehmungen und Ver-

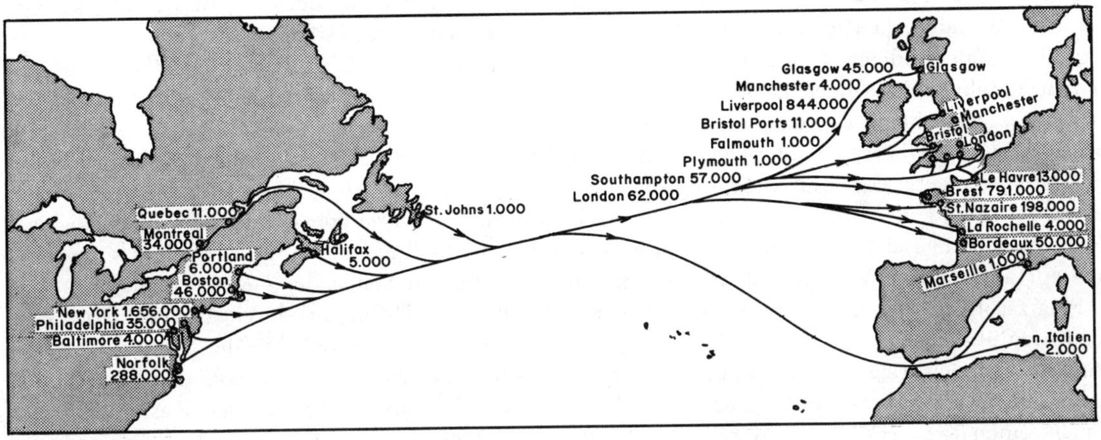

Die Ein- und Ausschiffungshäfen der US-Armee

Die deutsche Frühjahrsoffensive war ein letzter verzweifelter Versuch gewesen. Die Deutschen hatten alles auf eine Karte gesetzt und waren zu einem neuen Versuch nicht mehr fähig. Die immer dichter werdende Blockade hatte dazu das ihre getan. Bereits 1916 litt Deutschland unter furchtbaren Mangelerscheinungen. Nur durch die Eroberung Rumäniens und der Ukraine konnte es eine Hungersnot abwenden. Öl, Düngemittel, Fleisch und Fett wurden dennoch immer knapper. Österreich-Ungarn litt fast noch stärker als Deutschland. Den Mittelmächten gelang es nie ganz, die Folgen der Versorgungskrise von 1916 zu überwinden. Trotz der Möglichkeit, sich die Rohstoffquellen des Kontinents nutzbar zu machen, litten die Mittelmächte dennoch unter dem Mangel an lebenswichtigen Materialien derart, daß die Kampfkraft ihrer Streitkräfte immer weiter absank. Der Krieg hatte Deutschland bereits das Doppelte des gesamten Vorkriegsvolkseinkommens gekostet.

Im Oktober 1918 sah Deutschland keinen anderen Ausweg mehr als die Kapitulation. Seine U-Boote waren gegenüber dem alliierten Konvoisystem machtlos, das Heer zog sich langsam auf die deutschen Reichsgrenzen zurück, die Hochseeflotte meuterte, die Bevölkerung war vom Hungertod bedroht und der Ausbruch einer Revolution stand unmittelbar bevor. Am 9. November dankte der Kaiser ab, zwei Tage später unterzeichneten deutsche Bevollmächtigte das Waffenstillstandsabkommen.

suchen, einander Hinterhalte zu legen. Das führte zu den Seegefechten in der Helgoländer Bucht, an der Doggerbank und schließlich zur Skagerrakschlacht. Auf dem Höhepunkt der Schlacht bekamen die Briten die deutsche Hochseeflotte zweimal ins »Crossing T« und gelangten zwischen die Deutschen und deren Küstenstützpunkte. Die Hochseeflotte jedoch entkam und fügte dem Gegner mehr Schaden zu als sie selbst nahm. Das Patt in der Nordsee hielt an: Grand Fleet wie Hochseeflotte blieben weiterhin Fleets in being.

Im Handelskrieg versuchten die Briten nicht mehr, ihre traditionelle enge Blockade anzuwenden, da Minen, U-Boote und Flugzeuge eine zu große Gefahr bildeten. Ihre natürliche Position quer über den Zufahrtsrouten nach Deutschland ermöglichte es ihnen aber, Deutschland von den Ozeanen vollständig abzuschneiden. Überraschenderweise brauchte diese weitere Blockade längere Zeit, um wirksam zu werden. Obgleich Deutschland und seine Verbündeten von den überseeischen Rohstoffquellen abgeschnitten waren, gelang es ihnen, mit den zuvor angehäuften Vorräten, durch die Entwicklung von Ersatzstoffen und durch Importe von Neutralen den Krieg fortzuführen.

Eine weitere Überraschung im Handelskrieg war der außerordentliche Erfolg der deutschen Gegenblockade. Deutschlands anfänglicher Versuch, einen Kreuzerkrieg zu führen, brachte nur begrenzte Ergebnisse. Die U-Boote dagegen erwiesen sich als perfekte Handelsstörer. Die überraschten Alliierten verfügten zu nächst über keinerlei Gegenmittel. In der Tat hätten die U-Boote fast den Mittelmächten den Sieg gebracht. Bei einem Verlust von 187 Booten versenkten sie durch direkte Angriffe oder ausgelegte Minen 5234 Schiffe mit insgesamt 12 284 757 BRT. Obendrein versenkten sie noch zehn Schlachtschiffe, achtzehn Kreuzer, zwanzig Zerstörer und neun U-Boote.

Bis Mitte 1917 sah kein alliierter Befehlshaber in verantwortlicher Stellung irgendein Mittel, eine Niederlage infolge der U-Boot-Angriffe auf die alliierte Schiffahrt zu verhindern. Dann aber fiel mit der Einführung des Konvoisystems die Versenkungsrate ständig, während die Zahl der vernichteten U-Boote schnell anstieg. Mehr als Zweidrittel der versenkten U-Boote wurden in der Zeit der intensivierten Konvoioperationen vernichtet. Mitte 1918 stellten die U-Boote keine ernsthafte Gefahr mehr für die Schiffahrt dar.

Deutschlands uneingeschränkter U-Boot-Krieg brachte zwar die Alliierten an den Rand des Abgrundes, führte aber andererseits die USA auf Seiten der Gegner Deutschlands in den Krieg. Die den U-Booten durch das Konvoisystem beigebrachte Niederlage ermöglichte die Überführung von über zwei Millionen amerikanischer Soldaten nach Frankreich. Das war mehr als genug, um den Zusammenbruch der russischen Armee auszugleichen, und reichte aus, den alliierten Sieg zu sichern.

Kapitel 26

Abrüstung (1918-1934)

Von K. J. Müller übersetzter und J. Rohwer ergänzter erster Teil des Kapitels 26 der US-Ausgabe, der von J.R. Fredland verfaßt wurde

Der erste Weltkrieg hatte die politische Ordnung des alten Europa völlig zerstört. Übrig blieb keine »gute neue Welt«, sondern die Trümmer sozialer und wirtschaftlicher Ordnung. Niemand konnte hoffen, daß jenes optimistische Vertrauen in den unaufhaltsamen Fortschritt wiederhergestellt wurde, der für das vergangene Jahrhundert charakteristisch gewesen war.

In den alliierten Staaten begann man sogleich mit der Demobilisierung und dem Wiederaufbau. Die Munitionsversorgungspläne und die Schiffbau-Programme wurden ad acta gelegt. Die unangenehmen Kontrollen wurden abgeschafft. Gefährlich inflationäre Budgets wurden ausgeglichen. Insbesondere in den USA machte der traditionelle Isolationismus sich in einem ungeduldigen Streben nach der »Normalität« bemerkbar.

Nachkriegsoperationen der US-Marine

Die erste und vornehmlichste Aufgabe der amerikanischen Marine war die Zurückführung des über 2 Millionen Mann zählenden amerikanischen Expeditionskorps aus Frankreich. Alle verfügbaren Schiffe, auch deutsche Schiffe, die auf Grund des Waffenstillstandsvertrages den Alliierten übergeben worden waren, wurden dazu eingesetzt. Obgleich auf dem Höhepunkt des Rückführungsprogrammes allein im Juni 1919 mehr als 340 000 Mann abtransportiert wurden, verging doch noch ein ganzes Jahr nach Abschluß des Waffenstillstandes, bis alle amerikanischen Expeditionstruppen nach den USA zurückgekehrt waren. Eine weitere Aufgabe war die Räumung der großen Nordsee-Minensperre, die nun eine Gefahr für die friedliche Schiffahrt bildete. Bis September 1919 führte eine Flotte von 89 Minensuchbooten diese schwierige und gefahrvolle Aufgabe durch.

In der Adria und im östlichen Mittelmeer hatten die alliierten Marinen wichtige quasi-diplomatische Missionen zu erfüllen. Der Befehlshaber des amerikanischen Adria-Geschwaders verwaltete ein Gebiet von rund 300 Meilen an der Dalmatinischen Küste, bis es durch den Vertrag von St. Germain schließlich dem neugeschaffenen jugoslawischen Staat zugesprochen wurde. Konteradmiral Mark Bristol, der 1919 zum amerikanischen Hochkommissar in Konstantinopel ernannt worden war, befaßte sich acht Jahre lang mit dem Einsatz der Seemacht ebenso erfolgreich wie mit der Diplomatie. Er entsandte Kreuzer und Zerstörer zur Evakuierung von Flüchtlingen in die russischen Schwarzmeerhäfen, als die Bolschewiki im Bürgerkrieg schließlich gesiegt hatten; weiterhin evakuierte er nach dem türkischen Sieg im griechisch-türkischen Konflikt 262 000 Griechen aus Kleinasien.

Kombinierte alliierte Expeditionskräfte wurden unter starkem Flottenschutz nach Archangelsk und Vladivostok entsandt, um das vor dem Zusammenbruch der russischen Armeen dorthin entsandte alliierte Kriegsmaterial zu bewachen bzw. zu zerstören. Bis zum April 1920 verblieben in Sibirien ein amerikanisches Armeekontingent und der größte Teil der US-Asien-Flotte in Vladivostok, da man mit gutem Grund befürchtete, daß die dortigen starken japanischen Streitkräfte die Besetzung als Vorwand zu einer endgültigen territorialen Vergrößerung nehmen könnten.

Nach der Erfüllung all dieser direkt aus den Kriegsereignissen resultierenden Aufgaben sah sich die amerikanische Flotte einer für die Nachkriegszeit charakteristischen Apathie der Öffentlichkeit gegenüber. In den zwanziger Jahren hatte die Flotte kaum mehr zu tun, als ihre klassische Rolle, »die Flagge der USA zu zeigen«, zu erfüllen. So wurde die Jangtse-Patrouille als ein Symbol des fortdauernden amerikanischen Interesses am China-Handel eingerichtet. Die Masse der Flotte aber war an der Westküste stationiert. Charakteristisch für die gesamte Zwischenkriegsperiode jedoch waren bei der Marine eine bisher nie dagewesene forcierte technische Entwicklung und Forschung und eine Verbesserung der operativen Verfahren.

Die neue Mächtegruppierung

Das Vorkriegssystem des Gleichgewichtes der Mächte in Europa war zerstört. Deutschland lag am Boden und war aller Voraussicht nach für die Zukunft entwaffnet. Das Habsburger Reich und die Türkei waren zerstückelt. Rußland befand sich in einem blutigen Bürgerkrieg. Aber auch den Siegern ging es nicht viel besser. Frankreich und Italien standen am Rande des Bankrotts. Selbst das mächtige England, dessen weltweite Interessenverflechtungen es früher erlaubt hatten, tributären Nutzen aus der wirtschaftlichen Aktivität anderer Länder in der Welt zu ziehen, war nun verhältnismäßig arm geworden. Für Japan und die USA waren dagegen die Folgen des Krieges von ganz anderer Art. Japan hatte seinen Beitrag zum Krieg fast nur auf den Pazifik beschränkt. Die USA, die in den letzten Monaten des Krieges einen ungeheuren und totalen Kräfte-Einsatz geleistet hatten, brauchten dennoch keine schweren Verluste zu beklagen. Sogar die kolossalen Ausgaben hatten sich innerhalb der wirtschaftlichen und finanziellen Kapazität des Landes gehalten. 1914 war Amerika eine verschuldete Nation, nun jedoch fand es sich als der Welt vornehmlicher Gläubiger wieder. Die Erfordernisse des Krieges hatten nämlich auch die Industrialisierung der Wirtschaft schnell und vielfältig vorangetrieben. Am wichtigsten vielleicht war es, daß der Krieg Amerika und der staunenden Welt gezeigt hatte, was die amerikanische Industrie zu leisten imstande war.

Großbritannien war aus dem Krieg immer noch als der Welt stärkste Seemacht hervorgegangen. Seine Verluste an Großkampfschiffen wurden durch Neubauten mehr als wett gemacht. Die US-Marine, die ihr ambitiöses Bauprogramm von 1916 zugunsten der für die U-Bootbekämpfung benötigten Zerstörerbauten und Patrouillenfahrzeuge fallengelassen hatte, war an Tonnage angewachsen, blieb aber statistisch im Augenblick den Briten noch unterlegen. Auch schien es kurz nach dem Waffenstillstand so, als könnte Großbritannien eine bedeutende Flottenverstärkung durch die abzuliefernden deutschen Kriegsschiffe erwarten.

Indessen führten die allgemeine Verarmung Großbritanniens sowie die Überzeugung seiner verantwortlichen Politiker, daß vorerst kein größerer Krieg in Aussicht stehe, im Jahre 1919 zu der Annahme der »Ten Years Rule« durch das Kabinett: Man setzte voraus, daß die nächsten zehn Jahre Frieden herrschen würde, und man damit eine äußerste Herabsetzung der Verteidigungsausgaben rechtfertigen könne. Diese These wurde bis 1932 jedes Jahr aufs neue vorgebracht. Hier lag unter anderem einer der Gründe für Großbritanniens mangelnde Vorbereitung bei Ausbruch des zweiten Weltkrieges. Selbst in den dreißiger Jahren erhielt die Luftwaffe trotz der sehr wesentlichen Bauprogramme von 1934 und 1936 die meisten Mittel der Verteidigungsausgaben unter Benachteiligung von Flotte und Heer. Die Marinefliegerabteilung des Royal Flying Service wurde in die Royal Air Force überführt, und der Entwicklung von Marine-Flugzeugen wurde eine derart niedrige Prioritätsstufe zuerteilt, daß auf den britischen Flugzeugträgern im Vergleich zu anderen Marinen vollkommen veraltete Flugzeuge eingesetzt waren. Erst 1937 kam die Marineluftwaffe wieder zur Royal Navy; die Beschaffungsorganisation aber blieb weiterhin bei der Air Force.

Das Ende der deutschen Flotte

Der Waffenstillstandsvertrag bestimmte unter anderem, daß Deutschland sofort 10 Schlachtschiffe, 6 Schlachtkreuzer, 6 Leichte Kreuzer und 50 moderne Zerstörer internieren lassen und alle U-Boote übergeben müsse.

Die zu internierenden größeren Schiffe waren die besten und neuesten Schiffe der deutschen Flotte. Am 21. November 1918 erwartete die Grand Fleet unter Admiral Beattys Kommando wie in Paradeaufstellung beiderseits des großen Ankerplatzes von Scapa Flow die deutschen Dreadnoughts, die Schiffe einer unbesiegten Marine, aber die Marine einer besiegten Nation. Es waren die Schiffe, die beim Skagerrak gefochten hatten, *Friedrich der Große, König, Kaiser u. a.* Dann kamen die Schlachtkreuzer *Seydlitz, Moltke, Derfflinger, Von der Tann.* Tränen standen Offizieren wie den kampferprobten Mannschaften in diesem Augenblick der Demütigung in den Augen. Das schien ihnen das Ende einer Tradition zu sein, der sie ihr Leben gewidmet hatten. Die deutschen U-Boote mußten sich in Harwich den Streitkräften Konteradmiral Sir Reginald Tyrwhitt's ergeben. Am 1. Januar 1919 waren von den 160 vorgeschriebenen Booten bereits 114 ausgeliefert.

Die Deutschen betrachteten ihre entwaffneten Schiffe in Scapa Flow lediglich als Faustpfand für ihr Wohlverhalten bis zum Abschluß des Friedensvertrages. Offiziere und Mannschaftskader blieben ohne Einschränkung an Bord. So sehr Briten und Franzosen auch über die Abfassung des Friedensvertrages uneins waren, darüber, daß die Deutschen die Schiffe niemals wieder bekommen sollten, bestand jedoch Einigkeit. Die Frage der Aufteilung der Beute wurde daher alsbald ohne große Formalitäten erörtert.

Der Versailler Vertrag spezifizierte auch die Abrüstung Deutschlands auf dem Marinesektor. Zusätzlich zu den bereits in britischer Hand befindlichen Schiffen hatte Deutschland noch die verbliebenen acht Dreadnoughts, weitere acht Kleine Kreuzer und 42 Zerstörer sowie 50 Torpedoboote abzuliefern. Diese Schiffe gingen in alliierten Besitz über. Die deutsche Marine durfte nur acht ältere Linienschiffe, acht Kleine Kreuzer, 12 Zerstörer und 12 Torpedoboote behalten. U-Boote waren ganz verboten. Alle noch im Bau befindlichen Schiffe mußten verschrottet werden.

Sobald die Nachricht von den Vertragsbestimmungen die internierten deutschen Schiffe in Scapa Flow erreichte, entschloß sich Konteradmiral Reuter, der sich auf seine Offiziere und Mannschaften verlassen konnte, zu dem einzigen noch möglichen und vorbereitetem Gegenschlag. Am 21. Juni 1919 um 11.15 Uhr wurden auf allen Schiffen auf ein Signal von der *Emden* hin die Flutventile geöffnet. Die Briten hatten kaum bemerkt, was geschah, da waren die deutschen Schiffe bereits an ihren Ankerplätzen gesunken. Damit hatte die deutsche Marine praktisch zu bestehen aufgehört.

Diese Geste, der zweifellos eine gewisse Großartigkeit innewohnt, hatte damals einen Zornesausbruch der britischen und französischen Öffentlichkeit zur Folge. Als Sühne wurde Deutschland gezwungen, fünf der ihm verbleibenden Kleinen Kreuzer auszuliefern, 300 000 t Schwimmdocks und 42 000 t Schwimmkräne, Bagger und Schlepper – praktisch also alles, was in seinen verwaisten Häfen noch vorhanden war.

Von den 50 versenkten deutschen Schiffen in Scapa Flow wurde schließlich die Hälfte gehoben, darunter aber nur vier der größten Schiffe. Der Rest der deutschen Flotte wurde verschrottet oder anderen Marinen übergeben. Frankreich und Italien erhielten Kleine Kreuzer, Zerstörer und U-Boote. Polen, Finnland und sogar das neutrale Holland sicherten sich aus der Konkursmasse der deutschen Marine kleinere Einheiten.

Jedes deutsche im Dienst oder im Bau befindliche U-Boot wurde zerstört oder an die alliierten Mächte ausgeliefert. Viele Marinen waren an den in Deutschland in der zweiten Hälfte des Krieges gebauten U-Boot-Typen interessiert: An den großen U-Kreuzern insbesondere Frankreich, wo das ausgelieferte Typboot *U 139* noch bis 1935 als *Halbronn* Dienst tat, die Vereinigten Staaten, wo nach dem Vorbild von *U 140* die Boote der *V*-Klasse gebaut wurden, und Japan, wo die Entwurfszeichnungen das Vorbild für die japanischen U-Kreuzer vom Typ *I-1* abgaben. Auch die großen Flotten-U-Boote und die U-Boote vom MS-Typ sowie die großen Minenleger fanden in der französischen Marine, wo sie noch bis in die dreißiger Jahre verwendet wurden, und in Japan Beachtung, wo die großen Flotten-U-Boote der *I-52*-Klasse und die großen Minen-U-Boote der *I-21*-Klasse praktisch Nachbauten der deutschen Typen waren.

Nachkriegsbauprogramme

Während des Weltkrieges war bei den meisten Seemächten der Schlachtschiffbau bald zum Erliegen gekommen. In England waren zwar die zehn 1912 und 1913 bewilligten Schlachtschiffe mit 38-cm-Kanonen noch fertiggestellt worden, darüber hinaus hatte man jedoch den Schlachtschiffbau eingestellt und auf Betreiben von Lord Fisher nur fünf große leichte Schlachtkreuzer mit hoher Geschwindigkeit, jedoch nur wenigen schweren Geschützen und, wie die Skagerrak-Schlacht zeigte, völlig unzulänglichen Schutzeinrichtungen gebaut. Nach Skagerrak hatte man von vier weiteren, 1916 geplanten Schlachtkreuzern nur einen, die *Hood*, nach entsprechender Verbesserung des Panzerschutzes weitergebaut. Dieses erste 42 000 t große Schiff war der einzige Zuwachs, den die Royal Navy zunächst erwarten konnte. Von ihren vorhandenen 44 Schlachtschiffen genügten 13 mit 30,5-cm-Geschützen modernen Anforderungen nicht mehr. 11 Schlachtschiffe und 3 Schlachtkreuzer mit 34,3-cm-Geschützen bildeten eine zweite Gruppe von noch relativ modernen Superdreadnought's, zu denen drei weitere bei Kriegsbeginn für fremde Rechnung begonnene und beschlagnahm-Schiffe zu rechnen waren. Den Kern der Flotte bildeten die 10 Schlachtschiffe mir 38,1-cm-Geschützen und die beiden größeren der leichten Schlachtkreuzer. Von den leichteren Schiffen dieses Typs kamen dagegen zwei ähnlich wie die alten Schlachtschiffe schon 1919 in die Reserve. Die *Furious* war zum Flugzeugträger umgebaut worden.

Neben der Royal Navy blieben nach dem Ausfall der deutschen und österreich-ungarischen Marinen sowie der Lahmlegung der russischen Marine im Bürgerkrieg in Europa nur noch Frankreich und Italien mit einer bedeutenderen Flotte übrig. Doch hatten beide Länder ihre 1913/14 begonnenen Schlachtschiffbauten einstellen müssen, und die leeren Staatskassen ließen eine Wiederaufnahme der Neubauten zunächst nicht zu. So verfügte die französische Marine nur über 3 Schlachtschiffe mit 34-cm und 4 Schiffe mit 30,5-cm-Geschützen sowie daneben 5 weitere Halbdreadnoughts, und Italien besaß nur 5 Schiffe mit einer allerdings starken 30,5-cm-Armierung.

Anders als in Europa hatte in Übersee bei den beiden anderen großen Seemächten USA und Japan der Schlachtschiffbau weitergehen können. Die USA hatten zu den 10 ersten Dreadnoughts, von denen die letzten beiden bereits 35,6-cm-Geschütze hatten, während des Krieges 6 weitere große Schiffe mit einer starken 35,6-cm-Armierung fertiggestellt. Drei weitere Einheiten dieser Größe standen kurz vor der Indienststellung, Japan, das nach dem Verlust der *Kawachi* noch über 3 ältere Dreadnoughts oder Halbdreadnoughts verfügte, besaß zudem die 4 kampfkräftigen Schlachtkreuzer der *Kongo*-Klasse mit acht 35,6 – und 4 Schlachtschiffe mit sogar zwölf 35,6-cm-Geschützen.

Im August 1916 hatte der amerikanische Kongreß ein großes Flottenprogramm bewilligt, das den Bau von 10 Schlachtschiffen, 6 Schlachtkreuzern und 10 Geschützten Kreuzern vorsah. Doch waren von diesem Programm im April 1917 zunächst nur das Schlachtschiff *Maryland* mit 32 600 t und acht 40,6-cm-Geschützen begonnen worden, während seine 3 Schwesterschiffe und 6 weitere größere Schlachtschiffe zunächst zurückgestellt werden mußten, da die Werften mit dem Bau von mehreren hundert Zerstörern gegen die Bedrohung durch den deutschen U-Boot-Krieg und mit dem Bau von Handelsschiffen beschäftigt waren. Der Bau der zunächst auf 34 800 t und acht 35,6-cm-Geschütze ausgelegten Schlachtkreuzer der *Lexington*-Klasse wurde nach den Erfahrungen der Skagerrak-Schlacht wegen der Notwendigkeit einer Umkonstruktion ähnlich der britischen *Hood* zurückgestellt.

Unbeeinflußt von den Erfordernissen des Seekrieges im Atlantik setzte auch Japan seinen Schlachtschiffbau fort mit dem deutlichen Bestreben, die insgesamt zwangsläufig geringere Zahl seiner Schiffe durch ihre überlegene Kampfkraft wettzumachen. So war die 1916 begonnene *Nagato* mit 33 800 t das erst mit acht 40,6-cm-Geschützen bewaffnete Schlachtschiff. Nach dem im folgenden Jahr bewilligten Schwesterschiff *Mutsu* wurden die auf 39 330 t angewachsenen Schiffe der *Tosa*-Klasse mit zehn 40,6-Geschützen in Bau gegeben, denen 1918/19 je 2 Schlachtkreuzerversionen dieser Schiffe, die *Amagi*-Klasse mit 41 200 t und gleichfalls zehn 40,6-cm-Geschützen, folgen sollten.

Neues Wettrüsten?

Die Briten waren es gewöhnt, die Herrschaft über die Ozeane als ihre naturgegebene Prärogative anzusehen. Daher kam es ihnen nicht sogleich in den Kopf, daß ihre amerikanischen

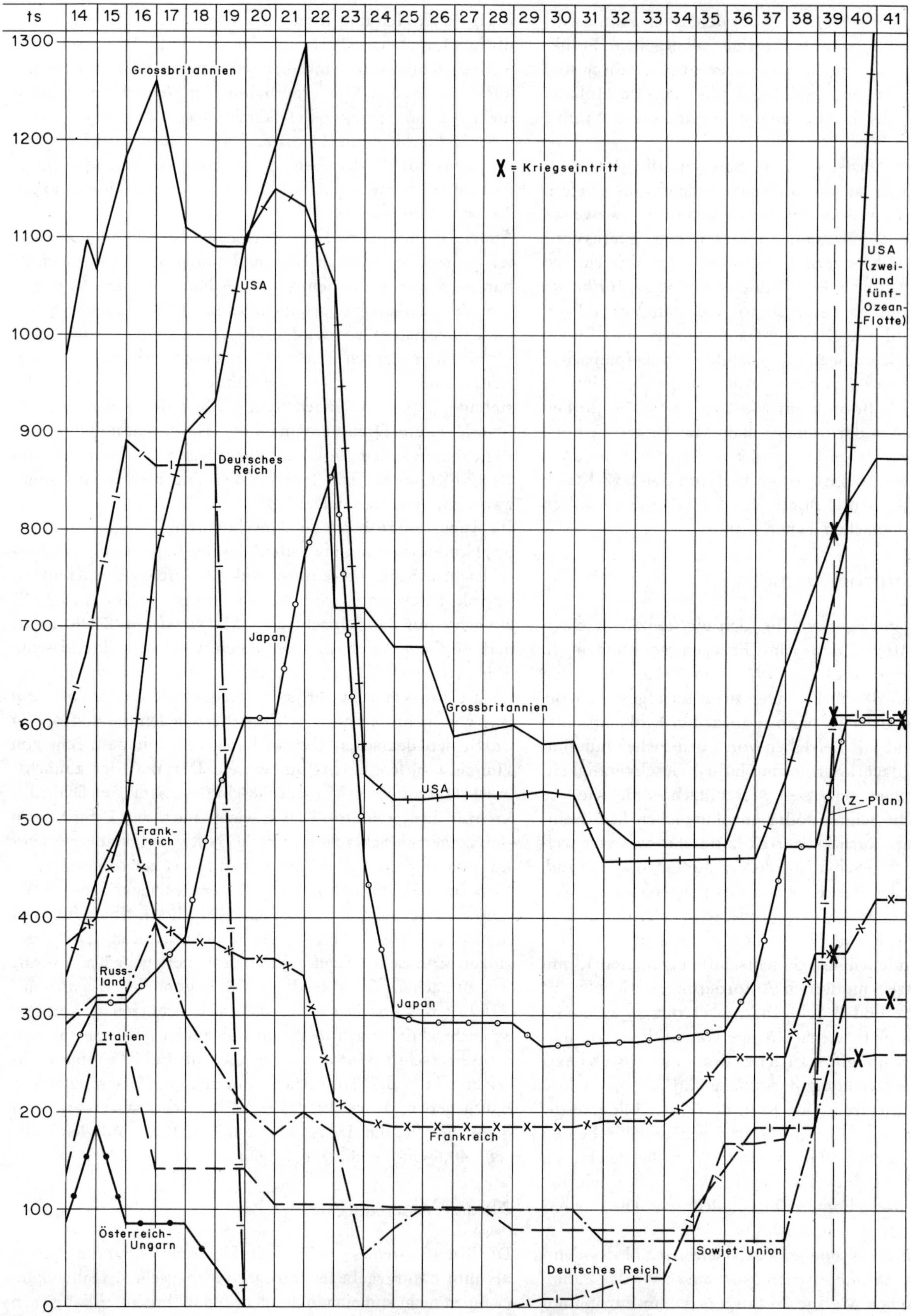

Auftragsbestand an Schlachtschiffen 1914 – 1941 (Fertig, im Bau und in Auftrag gegeben)

Vettern von einer Flotte träumten, die größer als die ihre war. Großbritannien hatte einen langen und harten Krieg durchgestanden und hegte den berechtigten Wunsch nach einer Periode der Ruhe. Es hätte daher wenig freundschaftliche Gefühle für die USA gehegt, wenn diese ausgerechnet jetzt einen maritimen Rüstungswettlauf begonnen hätten.

Dieses verständliche britische Bestreben stellte allerdings nicht die unbeugsame und komplexe Persönlichkeit des amerikanischen Präsidenten in Rechnung; wiewohl ein Mann des Friedens und reformerischer Ideen, war er immerhin doch zugleich auch Oberster Befehlshaber einer großen Nation in Kriegszeiten gewesen. Für den einfachen Mann war Wilson als mitreißende und wirklich große Persönlichkeit aus dem Krieg hervorgegangen. Was die abgebrühten Politiker in den Hauptstädten Europas bei Wilson nie recht begriffen, war die Tatsache, daß er tatsächlich meinte, was er sagte. Es mag naiv sein, wenn einer sagt, »Die Welt muß für die Demokratie bereitgemacht werden«, aber bei Wilson erhielten diese Worte durch seine leidenschaftliche Aufrichtigkeit Gewicht und Würde. Als er auf der Friedenskonferenz zu erkennen begann, daß Clemenceau und Lloyd George glaubten, er verkünde bloß einen Propagandaslogan, da geriet sein Vertrauen zu ihnen ins Wanken.

Dieser Hinweis auf Wilsons Mentalität ist wesentlich für das Verständnis der amerikanischen Marinepolitik in der Periode unmittelbar nach dem Krieg. Hatten doch die USA praktisch wegen eines maritimen Problems in den Krieg eingegriffen – und für die Wahrung der Rechte der Neutralen hatte Amerika hundert Jahre zuvor schon einmal gefochten. Der zweite von Wilsons berühmten vierzehn Punkten griff denn auch dieses Thema auf:

> Asolute Freiheit der Schiffahrt auf den Meeren außerhalb der Hoheitsgewässer in Frieden und Krieg, ausgenommen, wenn die Meere ganz oder teilweise gesperrt werden durch eine internationale Aktion zur Durchsetzung internationaler Verträge.

Nimmt man dies wörtlich, so bedeutete es die Negierung der Rechtmäßigkeit einer jeden Blockade, gar nicht zu reden von dem seit langem anerkannten Recht eines Kriegführenden zur Durchsuchung und Beschlagnahme von Konterbande. Die Briten waren verständlicherweise von einem solchen Vorschlag wenig begeistert. Auf ihr Ersuchen hin erörterten ihn die Alliierten auf der Friedenskonferenz gar nicht erst. Wilson reagierte verärgert darauf. Er ließ jetzt nicht nur die drei noch nicht begonnenen Schwesterschiffe der *Maryland* beschleunigt in Bau geben, sondern sah für das Jahr 1920 auch den Baubeginn für die 6 weiteren Superschlachtschiffe der *South Dakota*-Klasse von 43200 t mit zwölf 40,6-cm-Geschützen in 4 Drillingstürmen und der 6 umkonstruierten Schlachtkreuzer der *Lexington*-Klasse von nun 43500 t und acht 40,6-cm-Geschützen vor. Außerdem legte er dem Kongreß ein weiteres Schiffbauprogramm vor, das praktisch eine Verdoppelung des großen Programms von 1916 darstellte.

Auch wenn die Vereinigten Staaten lediglich ihr Bauprogramm von 1916 unter Auswertung der Kriegserfahrungen durchgeführt hätten, wären sie dann mit 25 modernen Einheiten (ab *Nevada*-Klasse) quantitativ der Royal Navy nach Abzug der in die Reserve verlegten alten Dreadnoughts gleichgekommen, qualitativ der schlachterprobten Grand Fleet jedoch weit überlegen gewesen. Das in Aussicht genommene Gesamtprogramm von 1919 hätte aber eine Flotte von mehr als 40 modernen Großkampfschiffen geschaffen, die die britische Flotte absolut in den Schatten gestellt hätte, sofern nicht das britische Parlament alle finanziellen Möglichkeiten und die gesamte Werftkapazität ausnutzte, um mit dem amerikanischen Programm gleichzuziehen.

Die öffentliche und die amtliche Reaktion in England auf den Bauplan des Präsidenten war nach anfänglichem ungläubigen Staunen zornige Entrüstung. Nachdem die deutsche Flotte ausgeschaltet war, schien den Briten ein derartiges Bauprogramm offen gegen sie gerichtet zu sein, und in mancherlei Diskussionen in Regierungskreisen mit dem Tenor, England habe nicht Krieg geführt, um seine traditionelle Suprematie zur See an seinen vertrautesten Bundesgenossen zu verlieren, begannen die Briten zu überlegen, wie man mit dem amerikanischen Programm gleichziehen oder es gar übertreffen könne.

Unter Berücksichtigung der mißlichen finanziellen Situation konnte man jedoch erst im Sommer 1921, nachdem die entsprechenden Pläne ausgearbeitet waren, mit dem Bau von 4 großen Schlachtkreuzern von 48500 t und neun 40,6-cm-Geschützen beginnen, denen nach Klärung der finanziellen Voraussetzungen eine Gruppe von 4 gleich großen aber etwas langsameren Schlachtschiffen mit neun 45,6-cm-Geschützen folgen sollte.

Doch nicht nur England fühlte sich durch diese gewaltigen Flottenpläne Wilsons bedroht, nicht geringer waren die Sorgen in Japan. Das japanische Parlament bewilligte deshalb im Juli 1920 das neue sog. 8:8-Programm, in dem festgelegt wurde, daß die aktive Flotte der japanischen Marine aus 2 Geschwadern von je 8 Schlachtschiffen und Schlachtkreuzern bestehen sollte, von denen kein Schiff älter als 8 Jahre war. Im Rahmen dieses Programmes wurden, außer den bereits im Bau befindlichen 4 Schlachtschiffen der *Nagato*- und *Tosa*-Klassen, und den 4 Schlachtkreuzern der *Amagi*-Klasse, 4 weitere etwas verbesserte Ausgaben dieser Schlachtkreuzer als *Owari*-Klasse mit 42600 t sowie die Schiffe *Nr. 13–16* mit 47500 t und acht 45,7-cm-Gschützen in Auftrag gegeben. Ein neues gewaltiges Wettrüsten schien bevorzustehen.

Die letzten Motive Wilsons sind nicht leicht zu begreifen. Es ist jedoch unwahrscheinlich, daß er erwartete, er würde, selbst wenn der Kongreß das Programm autorisierte, die notwendigen Mittel dazu erhalten. Selbst für die wohlhabenden Vereinigten Staaten wäre ein Budget in den Dimensionen der Kriegszeit erforderlich gewesen, was eine schwere Belastung bedeutet hätte. Zudem gab es keinen zwingenden Grund für einen derartigen Ausbau der Flotte. Höchstwahrscheinlich aber wünschte Wilson, verärgert über die britische Haltung in der Frage der »Freiheit der Meere« und besorgt über das Säbelrasseln der Japaner im Fernen Osten, einfach eine große und mächtige Kriegsflotte. Auch mochte er sich von der Annahme leiten lassen, daß der Kongreß automatisch jegliche Regierungsvorlage beschneiden würde. So forderte er eben viel mehr an, als ihm tatsächlich sinnvoll erschien. Andererseits ist ebenfalls die Ansicht vertreten worden, daß er mit der Drohung, das Bauprogramm von 1919 durchzuführen, ein Druckmittel gegenüber den Briten erlangen wollte, die sich bezüglich seines Wunschtraumes, des Völkerbundes nicht besonders begeistert zeigten. Da Wilson eindeutig den Standpunkt vertreten hatte, daß jegliche Rüstungsbeschränkung durch eine derartige permanente Organisation durchgeführt werden sollte, hätte den Briten ein so gewaltiges Konkurrenz-Bauprogramm voraussichtlich als eine wenig angenehme Alternative gegenüber einer Unterstützung der Idee des Völkerbunds erscheinen können.

Der Hintergrund der Washington-Konferenz

Was immer auch Wilson beabsichtigt haben mochte, im letzten Jahr seiner Präsidentschaft jedenfalls verlosch langsam seine erhabene Vision von einer neuen Welt. Die Ablehnung des Völkerbundes durch sein eigenes Land, die Niederlage seiner Partei bei den Wahlen von 1920 und seine schwere Krankheit verbitterten ihm seinen Abschied vom Weißen Haus. Er trug schwer an der »starrsinnigen und selbstsüchtigen Isolation« .

Mit Unterstützung der Öffentlichkeit hatten Harding und die Republikanische Partei den Völkerbundsgedanken verworfen, aber die Idee der Abrüstung schien immer noch starke Resonanz zu finden. Anfang 1921 wurde eine von Senator Borah von Idaho eingebrachte Resolution von beiden Häusern angenommen, in der eine Dreier-Abrüstungskonferenz befürwortet wurde. Sogleich gab das britische Foreign Office zu verstehen, daß es sich gern Amerikas Vorschlag, eine solche Konferenz einzuberufen, anschließe. Dementsprechend unternahm Hardings Secretary of State informelle Schritte bei den Regierungen Großbritanniens, Japans, Italiens und Frankreichs.

Alle Regierungen außer der japanischen antworteten mit höflicher Begeisterung. Nur die Japaner schienen zu zögern. Infolge der während und nach dem Weltkrieg offensichtlich gewordenen territorialen Ambitionen Japans in Asien hatte es zahlreiche und heftige Reibereien zwischen Japan und den USA gegeben. Mit gutem Grund argwöhnten die Japaner daher, daß die Konferenz u. a. ein Mittel zur Auflösung der anglo-japanischen Allianz sein sollte, die sie zu bewahren wünschten. Zudem waren sie überzeugt, daß das neue amerikanische Marine-Bauprogramm gegen sie gerichtet sei. Sie konnten sich aber einen Rüstungswettlauf mit den Amerikanern noch weniger leisten als die Briten. Es war aber mit der Würde des kaiserlichen Japans unvereinbar, einer Konferenz fernzubleiben, die von allen Großmächten beschickt wurde. So antworteten sie mit zweieinhalbwöchentlicher Verzögerung, daß Japan ebenfalls an einer Diskussion über Marineabrüstungsfragen und Probleme des Fernen Ostens teilzunehmen gedenke.

Die Konferenz von Washington

Die Konferenz trat am 12. November 1921 in Washington zusammen. In der ersten Vollversammlung legte Staatssekretär Hughes nach höflichen Allgemeinplätzen sogleich die spezifischen amerikanischen Vorschläge vor: als Verhandlungsgrundlage eine Tagesordnung, die von der gegenwärtigen Stärke der einzelnen Marinen ausging, einen zehnjährigen Baustop für Großkampfschiffskonstuktionen, ein Verschrottungsprogramm (mit namentlich aufgeführten Schiffen), das ein 5 : 5 : 3 - Verhältnis zwischen den USA, Großbritannien und Japan herstellte und das zudem weit über das hinausging, was die anderen Delegationen sich vorgestellt hatten. Von den Schiffen der US-Nachkriegsflotte schlug der Staatssekretär gelassen die Verschrottung von 30 Schiffen mit zusammen 845 750 t vor. Die Briten und Japaner stimmten mit einiger Aufrichtigkeit diesem Punkt zu, war damit doch die Sorge vor einem Marine-Rüstungswettrennen von ihnen genommen. Aber ihre Erleichterung stellte sich als reichlich voreilig heraus, als er dann darlegte, was die USA als angemessenen Beitrag der anderen Staaten ansehen würden. Er zählte nämlich 36 britische und japanische Schiffe auf mit zusammen 1 032 303 t, die ebenfalls verschrottet werden sollten.[2]

Man hat Hughes kritisiert, daß er seine Karten so offen auf den Tisch gelegt habe, ehe noch das Tauziehen begonnen hatte. Aber das war ein genau überlegter Schritt gewesen, der umso wirkungsvoller war, weil er ganz unerwartet kam. Man kann darüber streiten, ob die amerikanischen Konferenzziele klug waren, jedenfalls kann aber kaum bezweifelt werden, daß der dramatische Beginn der Konferenz die Verhandlungen erheblich verkürzte und dazu beitrug, die Annahme der meisten der amerikanischen Vorschläge zu garantieren. Die Reaktionen der Presse und der politischen Redner waren überall in der Welt geradezu enthusiastisch. In dieser Hinsicht war Hughes Ansprache überaus erfolgreich.[3]

Die technischen Details des Vertrages wurden natürlich den Expertenkomitees überlassen, die durch Kompromisse und Konzessionen einen annehmbaren Text erarbeiteten. Frank-

1 Rede vom 11. November 1923

2 Die Zahlen bezogen sich auf »gebaute und im Bau befindliche Schiffe«. Hätte man lediglich die fertigen Schiffe zugrundegelgt, dann wäre die britische Überlegenheit permanent bestehen geblieben, was aber nicht das amerikanische Ziel war.

3 Diese Zahlen laden zu einem Vergleich ein mit den 500 000 t, die dann gemäß den Verpflichtungen des Vertrages die rechtliche Limitierung für die US- und die britische Flotte wurden.

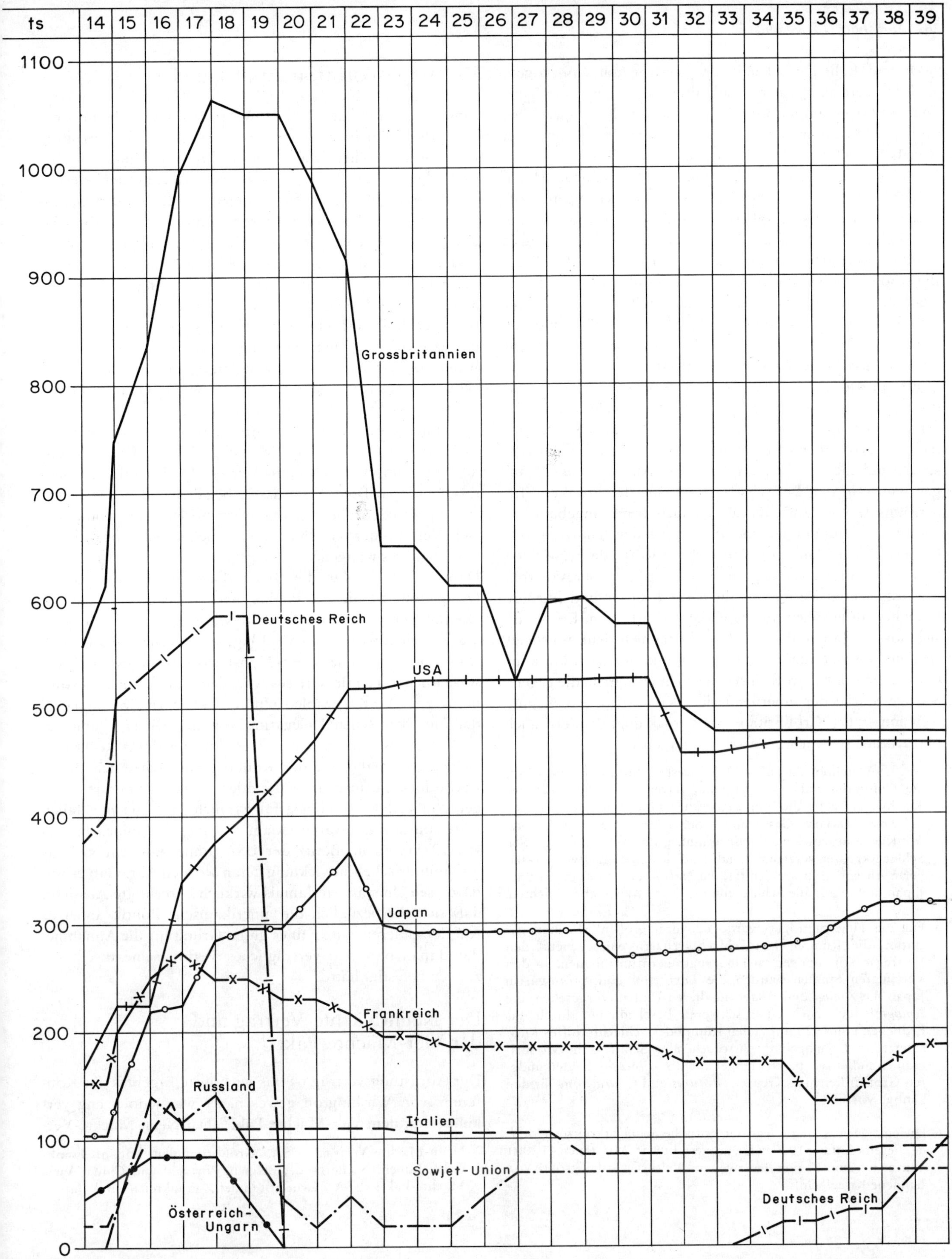

Schlachtschiff-Bestand der Großmächte 1914–1939

reich und Italien wurden in den Vertrag mit einbezogen. Ziel des Vertrages war die endgültige Begrenzung der Tonnage für Großkampfschiffe bei jeweils 500 000 t für die USA und Großbritannien, bei 300 000 t für Japan und bei jeweils 175 000 t für Frankreich und Italien.
Weiter sah der Vertrag vor: 1. Japan sollte die neue *Mutsu* behalten, die Hughes ursprünglich zur Verschrottung vorgesehen hatte. Als Ausgleich für diese Konzession sollten die USA und Großbritannien zwei weitere Schiffe bis zu je 35 000 t vollenden dürfen[4]; 2. der vorgesehene 10-Jahres-Baustop für Großkampfschiffe sollte im übrigen respektiert werden; 3. an Flugzeugträgertonnage sollten für USA und Großbritannien je 135 000 t, für Japan 81 000 t und für Frankreich und Italien jeweils 60 000 t gestattet sein[5]; 4. Kein Großkampfschiff über 35 000 t war erlaubt[6]; für Schlachtschiffe dürfte das Kaliber 40,6, für Kreuzer 20,3 cm nicht überschreiten. Des weiteren waren prozedurale Richtlinien für die Verschrottungen, für Ersatzbauten und subventionierte Bauvorhaben von Handelsschiffen, die als Hilfskriegsschiffe zu benutzen waren, vorgesehen. Auf britisches Drängen wurde in den Vertrags-Entwurf eine Beschränkung für den Einsatz von U-Booten als Handelsstörer eingebaut sowie ein Übereinkommen über das Verbot der Benutzung von Giftgas. Diese Klauseln traten nicht in Kraft, da Frankreich ihre Ratifizierung verweigerte. Ein amerikanischer Vorstoß, die festgelegten Verhältniszahlen für Kreuzer und kleinere Einheiten zu erhöhen, führte ebenfalls zu keinem Erfolg, da sich sowohl Japan als auch Großbritannien dem abgeneigt zeigten. Die amerikanische Delegation konnte sich in dieser Hinsicht eine allzu große Insistenz nicht leisten, da die gegenwärtige Stärke der amerikanischen Kreuzerflotte nicht nur weit hinter der Großbritanniens zurückhing, sondern auch beträchtlich schwächer war als die japanische.

4 Die USA stellten daraufhin 2 Schwesterschiffe der *Maryland,* die *Colorado* und *West Virginia,* fertig und ließen nur das 4. Schwesterschiff, die *Washington,* zusammen mit den 6 Schiffen der *South Dakota*-Klasse und 4 Schlachtkreuzern der *Lexington*-Klasse abwracken. Großbritannien, das auf seine 4 großen Schlachtkreuzer verzichtete, gab statt dessen 1922 zwei verkleinerte Ausgaben dieser Schiffe, die *Nelson* und *Rodney,* in Bau. Japan mußte auf alle Schiffe von der *Tosa*-Klasse ab verzichten.

5 Für die Flugzeugträger wurde den drei großen Mächten gestattet, die Rümpfe von Schlachtkreuzern entsprechend den Vertragsbestimmungen zu Flugzeugträgern umzubauen. In den Vereinigten Staaten wurden die *Lexington* und *Saratoga,* in Japan die *Amagi* und *Akagi* für diesen Umbau vorgesehen, die *Amagi* jedoch nach einer schweren Beschädigung durch das Erdbeben von 1923 durch den Rumpf des Schlachtschiffes *Kaga* ersetzt. In Ermangelung entsprechender Schiffe sah Großbritannien außer der bereits umgebauten *Furious* die beiden anderen Großen Leichten Kreuzer *Glorious* und *Courageous* für den Umbau vor.

6 Die einzige Ausnahme war der britische Schlachtkreuzer *Hood,* der bereits Anfang 1920 in Dienst gestellt war. Mit seinen 41 200 t war er bis zum Beginn des zweiten Weltkrieges das größte vorhandene Kriegsschiff.

Die »Non-Fortification«-Klausel

Einen intergrierenden Teil des Vertrages bildete die umstrittene »Non-Fortification«-Klausel, die von den Vertretern der amerikanischen Marine heftig kritisiert wurde. Sie besagte, daß die Pazifik-Mächte keine bewaffneten oder befestigten Basen auf ihren Inselbesitzungen einrichten durften, ausgenommen die Japaner auf ihrem Mutterland und die USA auf Hawaii. Ebenfalls galt die Klausel nicht für Australien und Neuseeland. Andererseits bedeutete es, daß Großbritannien dadurch gehindert wurde, Hongkong, Borneo, die Salomonen und die Gilbert-Inseln zu befestigen; Japan durfte weder die Befestigungen auf Formosa fortführen noch die ehemaligen deutschen Besitzungen im Pazifik nördlich des Äquators, die ihm als Mandat zugesprochen waren. Den USA war es nicht gestattet, Samoa, Wake, Guam und vor allem die wichtigen Philippinen zu befestigen.
Die amerikanische Marineführung war entsetzt über die Vereinbarung. Sie war der Meinung, daß die USA sich damit automatisch der Möglichkeit erfolgreicher Flottenoperationen in pazifischen Gewässern begaben und infolgedessen eine japanische Seeherrschaft im Fernen Osten sanktionierten. Der Verlauf der Geschichte hat die Berechtigung dieses Standpunktes weitgehend bestätigt.
Damals jedoch war die Bereitschaft der amerikanischen Delegation, in diesem Punkte nachzugeben, verständlich. Die Japaner waren über die Deklassierung, die für sie in dem Stärkeverhältnis von 5 : 5 : 3 lag, wenig erbaut. Es ist sehr wahrscheinlich, daß die »Non-Fortification«-Klausel ein wesentlicher Teil des Preises war, den man für ihre Zustimmung zum Vertrag zahlen mußte. Außerdem war man bei der amerikanischen Delegation von der Überzeugung beherrscht, daß man nur ein sowieso substanzloses Recht hinweggegeben habe, da der Kongreß wahrscheinlich dieses Recht doch nie ausgeübt hätte oder aber nur in derart geringem Maße, daß es im Kriegsfall gar nicht ins Gewicht gefallen wäre. Im übrigen waren Guam und die Philippinen bereits seit 23 Jahren im Besitz der USA, ohne daß sehr viel für ihre militärische Entwicklung getan worden war. Gab es unter diesen Umständen damals wirklich berechtigte Aussicht, daß sich diesbezüglich die amerikanische Politik änderte? Auf der anderen Seite gab es guten Grund für die Annahme, daß Japan ohne ein vertragliches Verbot seine Inselbesitzungen befestigt hätte.

Der Neun-Nächte-Vertrag und der Vier-Mächte-Pakt

Der Abrüstungsvertrag ist das wichtigste Ergebnis der Konferenz von Washington gewesen. Er war jedoch eng verknüpft mit dem Vier-Mächte-Pakt[7]. Der Neun-Mächte-Ver-

7 Neun-Mächte-Vertrag: USA, Großbritannien, Japan, Frankreich, Italien, Niederlande, Belgien, Portugal und China; Vier-Mächte-Pakt: USA, Großbritannien, Frankreich und Japan.

trag war im wesentlichen eine Bekräftigung der Politik der »Offenen Tür«, d. h. er bestätigte nochmals die territoriale Integrität Chinas. Der Vier-Mächte-Pakt dagegen war dazu bestimmt, Japans Gesicht bei der Aufkündigung der japanisch-angelsächsischen Allianz wahren zu helfen. Er verpflichtete die Unterzeichnerstaaten, gegenseitig ihre Besitzungen im Fernen Osten zu »respektieren«.

Beide Verträge waren ein beachtlicher Erfolg der amerikanischen Diplomatie. In ihnen verpflichtete sich Japan – die einzige Macht, die überhaupt aggressive territoriale Absichten im Fernen Osten hegen konnte–ganz formell zu einer Politik, die mit jeglicher Aggression unvereinbar war. Traditionelle Tendenzen amerikanischer Politik wurden so durch gemeinsame Aktion mehrerer Mächte gefördert.

Tatsächlich war Großbritannien unter dem von Kanada ausgeübten Druck mehr als bereit, die Allianz mit Japan aufzugeben. Andererseits erkannten die Japaner, daß es ein Hauptziel amerikanischer Politik war, daß Japan auf die besonderen Garantien, die ihm die Allianz mit Großbritannien bot, verzichtete. Insoweit war die Konferenz eine Angelegenheit von Kompromissen. Die Japaner konnten, indem sie eine wichtige Sicherheitsgarantie aufgaben, eben mit einer Sicherheitsgarantie anderer Art rechnen–nämlich der »Non-Fortification«–Klausel des Abrüstungsvertrages.

Die Ergebnisse des Washington-Abkommens

Die Weltmeinung begrüßte das Washington-Abkommen als einen Triumph der Diplomatie, als einen Meilenstein des weltweiten Fortschritts hin zu einer langen Ära des Friedens. Nach der Ratifizierung der Verträge durch die beteiligten Mächte gerieten die verschiedenen Kriegsmarinen der Welt in eine Periode verhältnismäßiger Stagnation im Schiffsneubau.

Das State Department durfte die Konferenz als einen Erfolg ansehen, da es seine Hauptziele erreicht hatte: 1. Großbritannien anerkannte offiziell die Marine-Parität an; 2. die anglo-japanische Allianz hatte zu bestehen aufgehört; 3. Japan hatte eine numerische maritime Unterlegenheit akzeptiert; 4. die amerikanische China-Politik hatte Fortschritte gemacht; 5. schließlich war ein maritimes Wettrüsten vermieden worden. Auf der anderen Seite waren durch das Versäumnis, auch die Kreuzertonnage zu begrenzen, die britischen und japanischen Planungen auf die kleineren Schiffstypen abgedrängt, in denen die USA fortlaufend schwächer werden sollten. Weiterhin waren Amerikaner und Briten infolge von Prestigeerwägungen blind für die politischen Realitäten ihrer Zeit und versuchten, bei den Verhandlungen ihre gegenseitigen Positionen zu schwächen. Ganz abgesehen von den durch Sprache, Herkunft und Tradition und dem Kriegsbündnis gegebenen Übereinstimmungen hatten die beiden Mächte identische Interessen, so daß die Möglichkeit eines Krieges zwischen ihnen zu fern lag, um überhaupt in Erwägung gezogen zu werden. Beide Mächte waren zudem im Fernen Osten Gefahren ausgesetzt. Die Möglichkeit einer japanischen Aggression gegen amerikanische oder britische Besitzungen war durchaus real gegeben; diese Frage war bereits in mehreren, vielgelesenen Büchern behandelt worden[8]. Aber selbst im Lichte der gegenwärtigen Entwicklung wurde es den USA und Großbritannien nicht bewußt, daß sie sich in eine Situation hineinmanövrierten, die Japan im Fernen Osten freie Hand gab, sogar angesichts ihrer vereinigten Macht. Die wohl vernichtendste Kritik schließlich kam vor allem von Seiten der amerikanischen Marine selbst: die Geschichte zeigt ganz offensichtlich, daß Verträge häufiger gebrochen als respektiert werden. Es ist jedenfalls eine Tatsache, daß eine Aggression selten durch einen »Fetzen Papier« aufgehalten worden ist. Die mächtigen und dynamischen Vereinigten Staaten hätten mit Leichtigkeit jeden Rüstungswettlauf gegen Großbritannien und Japan durchstehen können. Man kann vielleicht mit einer gewissen Berechtigung die Ansicht vertreten, daß die Seerüstungsbeschränkungen des Washington-Abkommens in der Tat ein Schritt auf dem Wege waren, der nach Peral Harbor führte. Klar ist aber auf jeden Fall, daß die Flottenverträge nicht den Beitrag zum Weltfrieden geleistet haben, den ihre Initiatoren erhofft hatten.

Der Kreuzerbau nach der Washingtoner Konferenz

Nach der Washington-Konferenz verringerten die Seemächte in Übereinstimmung mit den Verpflichtungen des Vertrages die Zahl ihrer vorhandenen Großkampfschiffe. Es wurden nicht nur die vorgesehenen Streichungen in den Neubauprogrammen ausgeführt, darüber hinaus stellte England bis 1923 außer den 13 alten Großkampfschiffen 7 weitere Schlachtschiffe außer Dienst, so daß jetzt neben den zehn 38-cm-Schlachtschiffen und 4 Schlachtkreuzern zunächst noch 7 ältere Schlachtschiffe mit 34,3-cm-Geschützen erhalten blieben, von denen die 3 ältesten 1927 außer Dienst gestellt werden sollten, wenn die beiden Neubauten in Dienst kamen. In den Vereinigten Staaten wurden gleichfalls die 4 ältesten Dreadnoughts außer Dienst gestellt, so daß 1927 gegenüber den 20 britischen 18 amerikanische Schlachtschiffe vorhanden waren. Auch Japan hatte seine 3 ältesten Schiffe verschrottet und verfügte 1927 über 10 Schlachtschiffe.

Wenn auch durch den Vertrag von Washington der Rüstungswettlauf auf dem Gebiet der Schlachtschiffe gestoppt war, so verlagerte sich das Gewicht der Rüstungsanstrengungen nun auf die nächste, im Vertrag zwar qualitativ, nicht jedoch quantitativ begrenzte Kampfschiffskategorie, die Kreuzer. Der Bau von Geschützten Kreuzern war bis in den Weltkrieg hinein eigentlich nur von der britischen und deutschen Marine

8 Beispielsweise Walter B. Pitkins: Must We Fight Japan? oder Frederick McCormick: The menace of Japan, 1917. Vgl. auch E. E. Tupper und G. E. McReynolds: Japan in American Publick Opinion, New York 1937, S. 156.

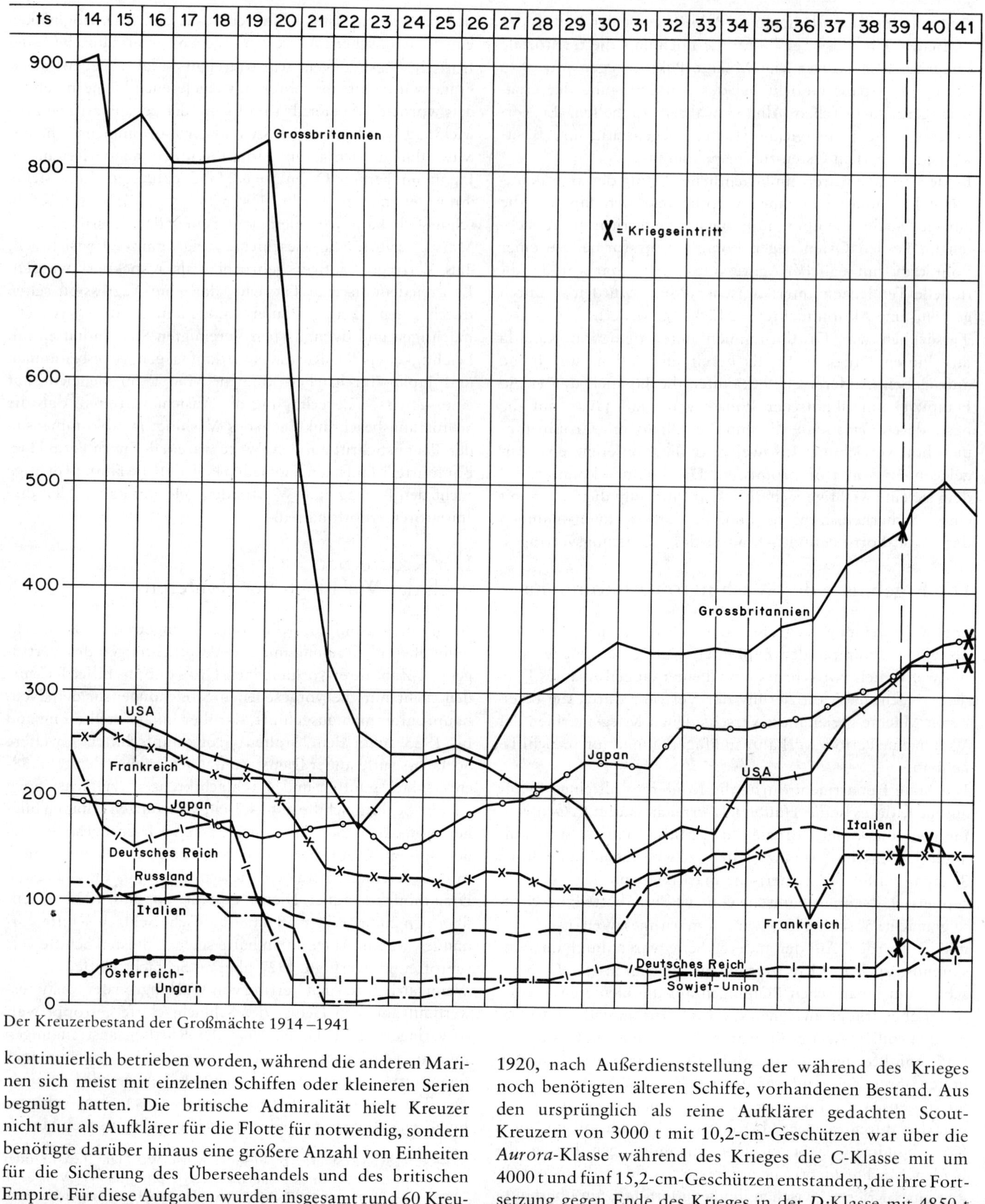

Der Kreuzerbestand der Großmächte 1914 –1941

kontinuierlich betrieben worden, während die anderen Marinen sich meist mit einzelnen Schiffen oder kleineren Serien begnügt hatten. Die britische Admiralität hielt Kreuzer nicht nur als Aufklärer für die Flotte für notwendig, sondern benötigte darüber hinaus eine größere Anzahl von Einheiten für die Sicherung des Überseehandels und des britischen Empire. Für diese Aufgaben wurden insgesamt rund 60 Kreuzer als erforderlich erachtet. Diese Zahl entsprach etwa dem 1920, nach Außerdienststellung der während des Krieges noch benötigten älteren Schiffe, vorhandenen Bestand. Aus den ursprünglich als reine Aufklärer gedachten Scout-Kreuzern von 3000 t mit 10,2-cm-Geschützen war über die *Aurora*-Klasse während des Krieges die *C*-Klasse mit um 4000 t und fünf 15,2-cm-Geschützen entstanden, die ihre Fortsetzung gegen Ende des Krieges in der *D;*Klasse mit 4850 t und sechs 15,2-cm fand; Schiffen, die außer für reine Flottenaufgaben auch gut für die Verwendung in überseeischen Gebieten geeignet waren, um hier Aufgaben des Handelsschutzes und britische Empire-Interessen wahrzunehmen.

Während des Krieges hatten deutsche Hilfskreuzer immer wieder britischen Patrouillen entgehen können, und unter Berücksichtigung der starken Bewaffnung dieser Schiffe mit 15-cm-Geschützen war der Wunsch entstanden, ausreichend kampfstarke Schiffe für die Bekämpfung und Jagd solcher Handelsstörer zu gewinnen. Deshalb war aus den größeren Kreuzern der *Städte-* oder *Town*-Klasse von rund 5000 t mit neun 15,2-cm-Geschützen einerseits die aus der *D*-Klasse weiterentwickelte *E*-Klasse mit 7550 t und sieben 15,2-cm-Geschützen in der Mittschiffslinie, vor allem aber die 9800 t große *Hawkins*-Klasse mit sieben 19-cm-Geschützen entstanden. Dieser Typ, von dem 1918 das erste Schiff fertig wurde, waren der Maßstab, an dem sich die qualitative Begrenzung der sog. *Washington*-Kreuzer mit 10000 t Wasserverdrängung und dem Maximalkaliber von 20,3 cm orientierte.

Bei Ende des ersten Weltkrieges verfügte praktisch außer der Royal Navy keine Marine über einen nennenswerten Bestand an modernen Kreuzern. So waren die meisten der anderen Marinen zunächst darauf angewiesen, die aus der Zeit vor 1905 stammenden, noch vorhandenen älteren Panzerkreuzer für Kreuzeraufgaben einzusetzen. Die italienische und französische Marine versuchten darüber hinaus, die Lücken im Bestand durch die Indienststellung mehrerer deutscher und österreich-ungarischer Kreuzer aus der Kriegsbeute zu überbrücken. Die US-Marine nahm gleich nach Kriegsende den Bau der im August 1916 bewilligten, jedoch zunächst zurückgestellten 10 Kreuzer der *Omaha*-Klasse von 7050 t mit zwölf 15,2-cm-Geschützen auf, die von Anfang 1923 bis Anfang 1925 in Dienst gestellt wurden. Auch die japanische Marine hatte 1916 die ersten Aufträge für moderne Leichte Kreuzer, die vor allem als Führerschiffe für Zerstörerflottillen gedacht waren, begonnen. Die beiden ersten Schiffe der *Tenryu*-Klasse von 3230 t mit vier 14-cm-Kanonen und zwei Drillingstorpedorohrsätzen in der Mittschiffslinie waren in gewisser Weise ein Mittelding zwischen einem überdimensionierten Zerstörer und den britischen Kreuzern der C-Klasse, sie kamen 1919 in Dienst. Um die Jahreswende 1917/18 waren 5 Schiffe einer aus der *Tenryu-Klasse* entwickelten vergrößerten Version von 5500 t, der *Kuma*-Klasse, mit 7 14-cm-Geschützen bewilligt worden, die 1920/21 fertig wurden. Ihr folgte 1920 eine weitere Serie von 6 Schiffen der *Isuzu*-Klasse mit fast identischen Eigenschaften. Von einer nochmals etwas verbesserten Serie der *Sendai*-Klasse waren Anfang 1922 6–8 Schiffe vorgesehen, von denen jedoch nach Washington nur 3 tatsächlich gebaut wurden. Zur gleichen Zeit bemühte sich der Chefkonstrukteur Hiraga, 6 14-cm-Geschütze und 4 61-cm-Torpedorohre in einem nur halb so großen Kreuzer, der *Yubari* von 2890 ts, unterzubringen. Auf diesem kleinen, als Führerschiff für Zerstörer gedachten Kreuzer waren die überhöhenden 14-cm-Geschütze vorn und achtern in Zwillingstürmen untergebracht, einer Anordnung mit der die Royal Navy gegen Ende des Weltkrieges auf den Leichten Kreuzern *Diomede* und *Enterprise* experimentiert hatte und die die US-Navy bei der *Omaha*-Klasse teilweise anwandte.

Das war der Stand des Kreuzerbaues, als der Vertrag von Washington allgemein zur Verlagerung des Gewichts der Rüstungen von den Schlachtschiffen zu den Kreuzern zwang. Als erste Nation reagierten die Japaner auf die Entwicklung. Im Bau kampfkräftiger Kreuzer sahen sie eine Möglichkeit, das ungünstige 3:5-Verhältnis bei den Großkampfschiffen wenigstens zu einem Teil auszugleichen. Unter Zurückstellung der noch nicht begonnenen 5500-t-Kreuzer nahmen die Japaner im Jahre 1922 den Bau der ersten sog. »Washington«-Kreuzer der *Kako*-Klasse auf, die allerdings mit 7100 t die Größenbegrenzung des Typs noch nicht voll ausschöpfte, mit einer Bewaffnung von sechs 20-cm-Geschützen jedoch an das höchst zulässige Kaliber heranging. Waren bei den ersten beiden Schiffen die schweren Geschütze noch in 6 Einzeltürmen untergebracht, so ging man bei der 1923 folgenden *Aoba*-Klasse bei gleicher Größe zu der Aufstellung in drei Doppeltürmen über. Im gleichen Jahr 1923 wurden noch 4 weitere Schwere Kreuzer der *Nachi*-Klasse in Auftrag gegeben, bei denen man die vertragsmäßigen Begrenzungen von 10000 t voll nutzte, um zehn 20,3-cm-Geschütze in 5 Zwillingstürmen unterzubringen.

Nachdem das Einwanderungsgesetz von 1924 das heikle Rassenproblem, das die Japaner schon 1906 so beunruhigt hatte, wieder aufgeworfen hatte und damit die Beziehungen zu Japan wieder gespannt wurden, genehmigte Präsident Coolidge als Antwort auf dieses japanische Kreuzerbauprogramm die Naval-Act von 1924, die nun auch den Bau von acht 10000 t »Washington«-Kreuzern mit 20,3-cm-Geschützen vorsah. Während jedoch die Japaner ihre ersten 8 Schweren Kreuzer bis Anfang 1925 tatsächlich in Bau gaben, zögerte sich der Baubeginn der 8 amerikanischen Schiffe zunächst hinaus.

Inzwischen hatten jedoch auch die anderen Seemächte den Bau von »Washington«-Kreuzern aufgenommen. Frankreich, das zunächst 1922 mit 3 Kreuzern der *Duguay-Trouin*-Klasse von 7249 t mit 4 Zwillingstürmen 15,2 cm begonnen hatte, ließ diesen Schiffen 1924 zwei auf die Abmessungen der »Washington«-Kreuzer vergrößerte Versionen der *Duquesne*-Klasse mit acht 20,3-cm-Geschützen in 4 Doppeltürmen folgen. Die Aufnahme des Kreuzerbaus in Frankreich beantwortete Italien mit den 1923 in Auftrag gegebenen und 1925 begonnenen beiden Schweren Kreuzern der *Trento*-Klasse von 10000 t mit gleichfalls acht 20,3-cm-Geschützen. Diesem Vorgehen der anderen Seemächte mußte auch Großbritannien sich anschließen und gab 1924 die ersten 5 »Washington«-Kreuzer der *Suffolk*-Klasse mit 10000 t und acht 20,3-cm-Geschützen in Bau, ein Typ, von dem Australien gleichzeitig 2 weitere Schiffe auf englischen Werften bestellte. Der britische Marinehaushalt für 1925 sah den Bau von vier weiteren

10000-t-Kreuzern der *London*-Klasse vor, und auch Frankreich plante ab 1925 den jährlichen Bau eines 10000-t-Kreuzers der verbesserten *Suffren*-Klasse.

Das Scheitern der Genfer Konferenz

Mitte 1926 waren die beiden ersten japanischen Schweren Kreuzer fertig, 6 weitere im Bau. England hatte sogar 9 derartige Schiffe begonnen. Die Vereinigten Staaten mußten sich darüber klar werden, wie sie dieses neue Wettrüsten beantworten wollten. Bei den insgesamt begrenzten Mitteln, die der militärischen Ausgaben abgeneigte Kongreß zu bewilligen bereit war, mußten Schwerpunkte gebildet werden. Eine Kommission aus Fachleuten hatte dafür plädiert, an die erste Stelle der Dringlichkeitsliste die Modernisierung der ältesten Schlachtschiffe und den Umbau großer Flugzeugträger zu setzen. So konnte man erst Ende 1926/Anfang 1927 an den Bau der beiden ersten amerikanischen »Washington«-Kreuzer der *Pensacola*-Klasse herangehen, die bei 10000 t wie die japanischen Schiffe mit zehn 20,3-cm-Geschützen bewaffnet waren, jedoch in je zwei Zwillingstürmen vorn und achtern und zwei überhöhenden Drillingstürmen. Um das Mißverhältnis nicht krasser werden zu lassen und ein neues Wettrüsten auf dem Gebiet der Kreuzer abzubremsen, schlug Präsident Coolidge im Februar 1927 die Einberufung einer neuen Flottenabrüstungskonferenz nach Genf vor, deren Hauptziel es sein sollte, das Stärkeverhältnis der Schlachtschiffe zwischen den großen Mächten von 5:5:3 auch auf die Kreuzer auszudehnen. Die Konferenz war jedoch ein vollständiger Fehlschlag. Frankreich und Italien verweigerten ihre Teilnahme, die britische Delegation, die grundsätzlich der Parität mit den USA zustimmte, bestand auf einer sehr viel höheren Tonnagezahl als sie der amerikanischen Delegation notwendig erschien. Beide Delegationen stritten sich auch um die für Kreuzer zulässige Größe und über das Kaliber ihrer Bewaffnung. Die Briten waren, um eine möglichst große Zahl von Kreuzern für ihre mannigfaltigen Aufgaben zu erhalten, für ein kleineres Deplacement und wollten sich auch mit einem Kaliber von 15,2 cm begnügen. Die Amerikaner dagegen hatten vor allem die über weite Seeräume hinweg zu erfüllenden Aufgaben im Pazifik bei einem möglichen Konflikt mit Japan im Auge und wollten möglichst kampfstarke Schiffe von 10 000 t mit 20,3-cm-Geschützen.

Zudem war bereits vor Konferenzbeginn ein erfolgreicher Ausgang der Verhandlungen erheblich in Frage gestellt. Hughes hatte 1921–22 in Washington für das Verhältnis der Großkampfschiffe »die gegenwärtige Stärke« zugrunde gelegt. Hätte nun die amerikanische Delegation in Genf die gleiche Grundlage auch für die Kreuzer zugestanden, so hätte das die Anerkennung einer permanenten Unterlegenheit der USA nicht nur gegenüber Großbritannien, sondern auch gegenüber Japan bedeutet. Daher lief die Konferenz auseinander, ohne auch nur den Anschein eines Übereinkommens erreicht zu haben.

Neues Wettrüsten in Kreuzern

Die Folge war, daß bei allen 5 großen Seemächten der Kreuzerbau mit umso größerer Intensität fortgesetzt wurde. Die Vereinigten Staaten legten 1928 die 6 schon lange bewilligten Schweren Kreuzer der *Northampton*-Klasse auf Stapel, und 1929 wurde der Bau von 7 weiteren »Washington«-Kreuzern beschlossen, von denen 1930 die beiden ersten der *Portland*-Klasse begonnen wurden. Diese Schiffe waren Weiterentwicklungen der *Pensacola*, bei denen man die Bewaffnung in 3 Drillingstürmen unterbrachte und das eingesparte Gewicht für die Verbesserung des Schutzes und den Einbau eines bis dahin bei den »Washington«-Kreuzern nicht üblichen Seitenpanzers benutzte. Auch die Japaner begannen 1927 eine weitere Klasse von 4 besonders kampfstarken Schweren Kreuzern der *Takao*-Klasse in Bau zu geben. Frankreich und Italien setzten den Bau der 10000-t-Kreuzer mit der *Foch*- bzw. der *Fiume*-Klasse fort. England ging 1927 neben dem Bau von 2 weiteren 10000t-Kreuzern der *Norfolk*-Klasse zum Bau eines etwas leichteren Typs von 8250 t und sechs 20,3-cm-Geschützen in Zwillingstürmen, der *York*-Klasse, über. Das britische Bauprogramm sah für die folgenden Jahre jeweils den Bau von zwei 10000- und zwei 8250-t-Kreuzern vor. Als erste von den großen Seemächten begann Italien 1928 auch wieder mit dem Bau von Leichten Kreuzern von 5000 t und acht 15,2-cm-Geschützen. Diese *di Giussano*-Klasse erreichte bei fast vollständigem Verzicht auf Panzerschutz eine Geschwindigkeit von 40 Knoten.

Doch es waren nicht nur die Kreuzer, bei denen sich ein neues Wettrüsten immer deutlicher bemerkbar machte, auch bei den vom Neubau ausgeschlossenen Schlachtschiffen bemühten sich alle Seemächte, durch Vertragsvereinbarungen nicht behindert, ihre älteren Schiffe durch grundlegende Umbauten qualitativ zu verbessern. In England wurde 1923/24 mit dem Anbau von Torpedowülsten bei den Schlachtkreuzern der *Repulse*-Klasse und dem nacheinander durchgeführten Umbau der *Queen Elizabeth*-Klasse, die auch verbesserte Maschinenanlagen erhielten, der Schutz gegen Unterwassertreffer wesentlich verbessert. Die Vereinigten Staaten begannen ab 1924 zunächst bis 1928 ihre 6 ältesten Schlachtschiffe, die zum großen Teil noch Kohlenfeuerung besaßen, auf moderne Ölfeuerung umzurüsten und benutzten diese Gelegenheit, um die Kampfkraft der Schiffe durch Vergrößerung der Erhöhungswinkel der schweren Geschütze und Verbesserung der Feuerleitanlagen, Wegnahme der Gittermasten und Einbau moderner Dreibeinmasten zu verbessern. Nach Abschluß dieser Arbeiten folgte ab 1927 die entsprechende Modernisierung auch der neueren Schiffe der *Nevada-*, *Pennsylvania-* und *New Mexiko*-Klassen, deren Standfestigkeit durch Anbau von Wulsten und Verstärkung der Deckpanzerung verbessert wurde, während man gleichzeitig auch die Reichweite der Artillerie steigerte. Die Schiffe waren nach ihrer Wiederindienststellung kaum mehr wieder zu erkennen. Am grundlegendsten waren in dieser Zeit die 1926 beginnenden Umbauten der 8 älteren japanischen Schlachtschiffe, die sich bis in den Anfang der dreißiger Jahre hinzogen. Hier wurde den Schiffen, neben einer Verbesserung der Sinksicherheit durch Anbau von Wulsten, durch völlig neue Maschinenanlagen und teilweise Verlängerung zur Verbesserung des Längen : Breitenverhältnisses eine gegenüber den früheren Anlagen wesentlich erhöhte Leistung und Geschwindigkeit gegeben. Auch Frankreich modernisierte seine Schlachtschiffe, während nur Italien sich auf diesem Gebiet zunächst zurückhielt. In diesen beiden Staaten beschäftigte man sich darüber hinaus in den Jahren 1927–1929 mit Entwürfen für neue Schlachtschiffe, die das Abkommen von Washington beiden Ländern bis zur Tonnage von 70000 t als Ersatz für die veralteten Schiffe zugestanden hatte. Ein besonderes Problem war es dabei, ob man für die 70000 t zwei 35000-t oder drei 23000-t-Schiffe bauen sollte.

Flugzeugträger

In die Jahre von 1927 – 1930 fielen auch die ersten intensiven Versuche der Verwendung von Trägerflugzeugen mit der Flotte, nachdem die aus Schlachtkreuzern umgebauten großen schnellen Flugzeugträger, in England *Furious, Courageous, Glorious,* in den USA *Saratoga* und *Lexington* sowie in Japan *Akagi* und *Kaga,* fertiggeworden waren. Mit diesen Schiffen trat der Schiffstyp, dessen ältere Vertreter als umgebaute Handelsschiffe und alte Linienschiffe Hilfsschiffcharakter hatten, in die Kategorie der Hauptkampfschiffe ein.

Zerstörer

Außer bei den Kreuzern war jedoch in der zweiten Hälfte der zwanziger Jahre auch auf zwei weiteren Gebieten des Kriegsschiffbaus, dem Bau von Zerstörern und Unterseebooten, ein Wettlauf zwischen den großen Mächten in Gang gekommen. In England und den Vereinigten Staaten waren die gewaltigen Zerstörerbauprogramme der Kriegszeit mit Ende des Krieges abgestoppt und nur die im Bau schon weit fortgeschrittenen Schiffe in den ersten Nachkriegsjahren noch fertiggestellt worden. Beide Marinen verfügten damit über zunächst recht moderne und zahlenmäßig weit über den Friedensbedarf hinausgehende Zerstörerflottillen, so daß ein Neubau von Einheiten hier kaum notwendig schien. Japan hatte erst während des Krieges in größerem Umfang wieder mit dem Bau von Zerstörern von etwa 1200 t und Torpedobootzerstörern von etwa 700 t begonnen. Es setzte seine Bauprogramme auch nach Kriegsende ohne Unterbrechung fort und gab in den Haushaltsjahren 1919–1922 24 Zerstörer des größeren Typs und 26 Einheiten des kleineren Typs neu in Bau, die sämtlich bis 1925 fertiggestellt wurden. Da der Vertrag von Washington keinerlei Begrenzungen für diese Kategorie vorsah, wurde von 1923–1925 der Bau mit weiteren 12 Zerstörern von 1315 t vom verbesserten Typ *Kamikaze* fortgesetzt. Die Schiffe hatten bei einer für die Zerstörerbauten der zwanziger und beginnenden dreißiger Jahre üblichen Größe zugleich auch die allgemein übliche Bewaffnung von 4 12-cm-Geschützen und 6 Torpedorohren in 2 Drillingssätzen. Die Geschwindigkeiten lagen zwischen 36 und 37 Knoten.

Auch die italienischen Werften hatten während des Weltkrieges den Bau von Zerstörern verschiedener Typen fortgesetzt. Neben den 635 t großen Torpedobootzerstörern der Dreischornsteinklasse hatte man gegen Ende des Krieges den Übergang zu einem fast 900 t großen Typ gefunden, von dessen Weiterentwicklung ab 1923–1926 jährlich 4 Boote in Bau gegeben wurden, deren Bewaffnung und Geschwindigkeit trotz der geringeren Größe von etwas über 1000 t den japanischen Booten entsprach.

Sehr viel ungünstiger war die Situation für die französische Marine, die den Bau von Zerstörern während des Krieges stark vernachlässigen mußte. So wurden im Rahmen des Erneuerungsprogrammes von 1922 zwölf Zerstörer von 1319 t der *Bourrasque*-Klasse in Bau gegeben, die bei 1319 t vier 13-cm-Geschütze und 6 Torpedorohre besaßen und mit 33 Knoten etwas langsamer als die japanischen und italienischen Einheiten waren. Angeregt durch die in Italien als »Aufklärer« gebauten großen Zerstörer von 1500 t und die als Kriegsbeute übernommenen deutschen großen Zerstörer vom Typ *S 113* wurden in dem Programm von 1922 auch Großzerstörer der *Jaguar*-Klasse von 2126 t geplant, die bei einer Erhöhung der Geschwindigkeit auf etwa 36 Knoten ein zusätzliches 13-cm-Geschütz trugen. Während man einerseits den Bau der 1300-t-Zerstörer von 1924–1926 mit 14 Einheiten fortsetzte, ging man bei den Großzerstörern unter Vermehrung der Verdrängung auf 2436 t bei gleichbleibender Bewaffnung zu einer Verstärkung der Maschinenanlage von 55000 PS auf über 70000 PS über, womit die Schiffe Geschwindigkeiten von über 40 Knoten erreichten. Bis 1929 wurden 18 Einheiten dieser *Lion*-Klasse und ihrer Verbesserungen in Bau gegeben.

Diese Großzerstörer veranlaßten wiederum Italien zu einer Antwort, die 1927 in Form der »Aufklärer« der *da Mosto*-Klasse mit 1628 t in Auftrag gegeben wurde. Durch die Verwendung der bei der italienischen Marine üblichen 12-cm-Doppellafetten konnte man diese Schiffe mit sechs 12-cm-Geschützen bei gleichbleibender Torpedobewaffnung ausrüsten und sie auch für das Legen von Minen einrichten. Dank ihrer geringeren Abmessungen erreichten die Zerstörer mit 50000 PS Geschwindigkeiten bis zu 44 Knoten. Von 1928 – 30 setzte Italien die Entwicklung jedoch mit dem Bau von je 4 klassischen Zerstörern des *Dardo*-Typs von etwas über 1200 t mit 4 Geschützen und 6 Torpedorohren fort.

In ihrem Bestreben, die vertraglich bedingte geringere Zahl bei den Kreuzern durch überlegene Kampfkraft des einzelnen Schiffes auszugleichen, gingen die Japaner ab 1926 auch daran, ihre Zerstörer über den damals üblichen Standard hinaus zu bewaffnen. Die insgesamt 24 bis 1929 in Bau gegegebenen Zerstörer der *Fubuki*-Klasse, die nominell 1750 t,

tatsächlich aber fast 2000 t maßen, hatten bei einer Bewaffnung von sechs 12,7-cm-Geschützen in Zwillingstürmen 3 Drillingstorpedorohre von 61 cm an Bord und konnten auch für 6 der Rohre Reservetorpedos an Bord nehmen. Mit 50000 PS erreichten sie eine Konstruktionsgeschwindigkeit von 38 Knoten. Sie erwiesen sich allerdings bei den ersten Manövern im Pazifik als topplastig und mußten teilweise umgebaut werden, um die Gewichte tiefer zu legen.
Nach dem Scheitern der Genfer Konferenz von 1927 entschloß sich auch England, das bereits 1924 zwei moderne Versuchsboote gebaut hatte, wieder regelmäßig pro Jahr eine Zerstörerflottille mit einem Führerboot und 8 Zerstörern in Bau zu geben. Die Boote wurden alle mit gleichen Anfangsbuchstaben benannt. Sie hatten bei einer Größe von 1350 t eine Geschwindigkeit von 36 Knoten und waren mit vier 12-cm-Geschützen sowie 2 Drillingstorpedorohren bewaffnet. In mehreren verbesserten Versionen wurden diese *A-I*-Klasse-Zerstörer bis 1935 für die britische Marine in Bau gegeben und auch für zahlreiche andere Marinen noch bis in den zweiten Weltkrieg hinein nachgebaut.

U-Boote

Der U-Boot-Bau wurde fast bei allen Seemächten mit zunehmender Intensität betrieben. Die britische Marine hatte während des Krieges die verschiedenartigsten U-Boot-Typen für unterschiedliche Verwendungszwecke gebaut. Der Versuch, zu einem schnellen U-Boot für die Verwendung mit der Flotte zu gelangen, hatte zu den von Dampfturbinen für die Überwasserfahrt angetriebenen Booten der *K*-Klasse von 1780 t Größe und 23,5 Knoten Überwasserfahrt geführt. Sie waren mit 2–3 10,2-cm-Geschützen, 4 Bug- und 4 Seitentorpedorohren bewaffnet. Ein weiterer großer Typ waren die Unterwassermonitore der *M*-Klasse, die mit einer einzelnen 30,5-cm-Kanone bewaffnet waren und zur Beschießung der flandrischen Küste in halbgetauchtem Zustand dienen sollten. Eines dieser Boote, *M-2*,wurde zu einem Seeflugzeugträger umgebaut, indem man das schwere Geschütz ausbaute und dafür einen druckfesten Hangar mit einem auf dem Vorschiff liegenden Katapult einbaute. 1920 fertiggestellt, wurden mit diesem Boot eine Reihe interessanter Versuche durchgeführt, die auch von verschiedenen anderen Marinen nachgeahmt, jedoch nur von der japanischen Marine zur wirklichen Kriegsbrauchbarkeit weiterentwickelt wurden. Ein weiterer zukunftsweisender Spezialtyp war die 1918 für die U-Boot-Jagd gebaute *R*-Klasse von 410 t, bei der erstmalig die Unterwassergeschwindigkeit auf 15 Knoten gesteigert war, um unter Wasser schneller als die normalen U-Boote über Wasser zu sein. Mit 6 Bugrohren hatten die Boote eine außerordentlich starke Kampfkraft. Für die Überwasserfahrt begnügte man sich mit einem Dieselmotor, der dem Boot eine Geschwindigkeit von 9,5 Knoten gab. Doch wurde diese, Entwicklungen im zweiten Weltkrieg vorausnehmende Konstruktion nicht weiter verfolgt. Die Hauptmasse der britischen U-Boot-Waffe stellten die für Patrouillenaufgaben in feindlichen Gewässern konstruierten U-Boote dar. Neben der in mehreren weiterentwickelten Serien gebauten *E*-Klasse und der aus ihr hervorgegangenen *L*-Klasse von schließlich 960 t, 6 Bugtorpedorohren und 1 oder 2 10,2-cm-Geschützen war das 440 t große Boot der *H*-Klasse, eine Weiterentwicklung des amerikanischen »Holland«-Typs, zu erwähnen, von dem einige Boote noch bis zum Beginn des zweiten Weltkrieges Dienst taten. Während die großen U-Boote der *K*- und *M*-Klasse Zweihüllenboote waren, hatte man die Patrouillenboote der *E*- und *L*-Klasse als Satteltankboote und die *H*-Klasse als Einhüllenboot gebaut. Nachdem während des ersten Weltkrieges der Bau eines regelrechten U-Kreuzers zurückgestellt worden war, begann man 1921 den U-Kreuzer *X-1* von 2425 t zu bauen, der mit Dieselmotoren angetrieben eine Geschwindigkeit von 18,5 Knoten über Wasser erreichte. Er war mit vier 13,2-cm-Geschützen und 6 Bugtorpedorohren bewaffnet. Das Schiff bewährte sich jedoch nicht und wurde verhältnismäßig früh wieder außer Dienst gestellt.
Da für eine Verwendung in europäischen Gewässern und im Mittelmeer ausreichend U-Boote aus der Zeit des Krieges zur Verfügung standen, andererseits jedoch nach dem Wegfall der britisch-japanischen Allianz sich Aufgaben für U-Boote mit großem Aktionsradius in den weiten Räumen des Pazifik ergeben konnten, begann 1923 die Konstruktion eines großen Patrouillen-U-Bootes, der *Oberon* von 1311 t, eines Satteltankbootes mit Dieselantrieb, einem 10,2-cm-Geschütz, 6 Bug- und 2 Heckrohren, nach dessen Vorbild im folgenden Jahr 2 weitere Boote für Australien und von 1926–1928 6 weitere Boote der *O*-, 6 der *P*- und 4 der *R*-Klasse gebaut wurden, die sich nur wenig von den anderen unterschieden. Nachdem die Dieselmotoren entsprechend verbessert waren, gab man 1929 erstmals wieder 3 schnelle Flotten-U-Boote mit 22,5 Knoten Überwassergeschwindigkeit, die *River*-Klasse von 1805 t, in Bau, deren Bewaffnung vor allem aus 6 Bugrohren bestand.
In den Vereinigten Staaten hatte der U-Boot-Bau während des Krieges zu der vom »Holland«-Typ ausgehenden *S*-Klasse geführt, Booten zwischen 800 und 1000 t mit 4 Bugrohren und einem 10,2-cm-Geschütz, die sich als Patrouillenboote gut bewährten. Aufgrund der erbeuteten großen deutschen U-Boote ging man nach dem Kriege ab 1921 an die Konstruktion großer U-Kreuzer von 2000 t (*Barracuda*-Klasse), und ihnen folgten 1924/25 ein 2710 t großer U-Minenleger *Argonaut* und zwei U-Kreuzer der *Narwhal*-Klasse, die mit zwei 15,2-cm-Geschützen bewaffnet waren und 4 bzw. 6 Bugtorpedorohre besaßen. Das Minenboot hatte achtern eine Minenabteilung für 60 Minen, während die beiden anderen Boote zwei Heckrohre besaßen. Die *Argonaut* war außerdem mit einem Seeflugzeug ausgerüstet. Die folgenden Boote *Dolphin* und *Cachalot*, die 1929 in Auftrag gegeben waren, stellten den Versuch dar, zu einem weniger großen Patrouillenboot mit großer Reichweite zu kommen.

Japan stützte sich bei seinem U-Boot-Bau traditionsgemäß auf britische Entwürfe. So waren die 1921/22 in Bau gegebenen 9 Boote der *Ro*-Klasse der britischen *L*-Klasse nachempfunden, und auch der erste Entwurf eines großen Flotten-U-Bootes *I-51* vom Jahr 1921 basierte auf britischen Ideen. Die erbeuteten deutschen U-Boote führten gleichzeitig zum Bau einer Serie von 4 Minen-U-Booten vom Typ *I-21* und zu einem Versuchs-Flotten-U-Boot *I-52,* das sich wesentlich besser als der britische Typ bewährte, so daß man 1922 zunächst große U-Kreuzer von fast 2000 t, Typ *I-1*, und 1924 große Flottenboote von 1600 t, Typ *I-53*, nach dem deutschen Vorbild in Auftrag gab. Sowohl die U-Kreuzer als auch die Flotten-U-Boote wurden in kleineren Serien bis 1930 regelmäßig weiterentwickelt.

Frankreich hatte auf eigenen Konstruktionsideen und den Erfahrungen mit den deutschen Beute-U-Booten aufbauend, in seinem Neubauprogramm von 1922 zunächst 12 U-Boote vorgesehen, von denen 6 als große Patrouillenboote der *Requin*-Klasse von 975 t und 6 weitere nach 3 verschiedenen Werftentwürfen als Küstenverteidigungsboote von 570 t gebaut werden sollten. 1923 folgten diesen Entwürfen 3 große und 6 weitere kleine Boote der genannten Typen. Während aus dem großen Typ die von dem Chefingenieur Roquebert entworfenen Boote des 1500-t-Typs *Redoutable* entstanden, von dem zwischen 1924 und 1931 dreißig Einheiten in Bau gegeben wurden, führte die Erprobung der drei Entwürfe von Küstenbooten zur Auswahl des von Normand gebauten Typs von 651 t, von dem bis 1930 sechzehn Einheiten begonnen wurden. Dazu kam der Entwurf eines speziellen Minen-U-Boot-Typs *Saphir*, von dem 6 Boote gebaut wurden. Sie hatten 32 Minen in den seitlichen Minenschächten, die frei durchflutet werden konnten. Alle französischen U-Boote dieser Zeit waren Zweihüllenboote und hatten hinsichtlich ihrer Bewaffnung eine Besonderheit. Außer den 4 Bugrohren besaßen sie im Oberdeck außerhalb des Druckkörpers schwenkbare Torpedorohrsätze von 2 oder 3 55-cm-Torpedorohren, die teilweise durch zwei 40-cm-Torpedorohre ergänzt waren, die vor allem für Fangschüsse dienen sollten.

Die italienische Marine nahm 1923 den U-Boot-Bau wieder auf und gab zunächst die großen Zweihüllen-Patrouillenboote der *Balilla*-Klasse von 1369 t in Bau, die über 4 Bug- und 2 Hecktorpedorohre verfügten. Im Heck oberhalb des Druckkörpers war außerdem ein Rohr zum Legen von Ankertauminen vorgesehen. Da für die begrenzteren Entfernungen des Mittelmeeres jedoch auch kleinere Boote ausreichend zu sein schienen, die einen geringeren Aktionsradius besaßen, ging man 1924/25 zum Bau von U-Booten mit etwa 800 t über und stützte sich dabei auf zwei unterschiedliche Entwürfe, die 4 Satteltankboote von Cavallini vom Typ *Mameli* und die von Bernardis entworfenen Einhüllenboote vom Typ *Pisani*, nach deren Vorbild man bis 1930 18 weitere Boote in Auftrag gab. Von den *Pisani*-Booten waren 2 auch als Minenleger verwendbar. 1927 experimentierte man auch mit einem großen U-Boot *Fieramosca,* das nicht nur über eine normale Torpedobewaffnung, sondern auch über Einrichtungen zum Minenlegen und ein Flugzeug verfügen sollte. Das Boot erwies sich jedoch als eine nicht sehr geglückte Konstruktion. Deshalb ging man 1930 dazu über, ein 1300 t großes Minen-U-Boot *Micca* und 3 große Patrouillenboote vom Typ *Calvi* mit großem Aktionsradius für die Verwendung auch außerhalb des Mittelmeeres zu bauen. 1929 begann daneben nach Entwürfen von Bernardis der Bau von 600 t großen Küsten-U-Booten der *Argonauta*-Klasse, die vor allem für die Verwendung im mittleren Mittelmeer gedacht waren und zahlreiche Nachfolger in den dreißiger Jahren fanden.

Der Kriegsschiffbau der kleinen Mächte

Aber nicht nur die Großmächte, auch fast alle anderen Marinen hatten in den zwanziger Jahren mit einem entsprechenden Neubauprogramm begonnen. Die durch den Versailler Vertrag in ihrem Ausbau beschränkte deutsche Marine hatte einerseits die alten Vordreadnought-Linienschiffe recht umfangreichen Modernisierungen unterzogen und schon 1921 mit dem ersten Ersatzbau eines Kreuzers, der *Emden* von 5600 t, begonnen, deren Plan eine kontinuierliche Weiterentwicklung der letzten Kreuzer des Weltkrieges darstellte. Ihre vorgesehene Bewaffnung von acht 15-cm-Geschützen in Zwillingslafetten durfte jedoch auf Weisung der Waffenstillstandskommission nicht eingebaut werden, so daß das Schiff Einzelgeschütze erhalten mußte. Im Jahr seiner Fertigstellung, 1925, wurde der Bau der ersten Kreuzer nach den Bestimmungen des Versailler Vertrages von 6000 t und 15-cm-Maximalbewaffnung begonnen. Durch die Verwendung des elektrischen Schweißens gelang es, im Rumpfbau erhebliche Gewichte einzusparen, die der Kampfkraft dieser *Königsberg*-Klasse zugute kamen, die mit drei Drillingstürmen für ihre Größe recht kampfkräftig ausfiel. Eine Verbesserung dieses Typs stellte die *Leipzig* von 1928 dar. Nach längeren internen Auseinandersetzungen um die Frage, ob es zweckmäßig sei, als Ersatzbauten für die veralteten Linienschiffe im Rahmen der Begrenzung auf 10000 t und 28-cm-Geschütze Küstenverteidigungsmonitore zu bauen oder für die Hochseeverwendung geeignete Schiffe, hatte man sich schließlich 1928 zum Entwurf der sog. Panzerschiffe der *Deutschland*-Klasse entschlossen, bei deren Konstruktion man davon ausging, in einem 10000 t-Schiff alle Eigenschaften zu vereinen, die dieses Schiff den »Washington«-Kreuzern mit ihrer 20,3-cm-Bewaffnung überlegen sein ließen, es andererseits jedoch so schnell zu machen, daß es stärkeren Schlachtschiffen der anderen Mächte ausweichen konnte. Mit einer Bewaffnung von sechs 28-cm-Geschützen in 2 Drillingstürmen und einer Geschwindigkeit von 26 Knoten glaubte man, dieser Forderung gerecht werden zu können. Durch die zur Gewichteinsparung vorgenommene Verwendung von Dieselmotoren als Hauptantriebsanlage, die ein Novum im Bau derartig großer Schiffe darstellten, gelang es darüber hinaus, den Fahrbereich der Einheiten so groß zu bemessen, daß sie auch für eine mehrmonatige atlantische Kriegführung unabhängig von Stützpunkten in Frage kamen. Diese in der alliierten Fachwelt teils spöttisch, teils anerkennend »pocket-battleships« genannten Schiffe sollten in der weiteren Entwicklung des Großkampfschiffbaues noch eine bedeutende Rolle spielen. Neben diesen größeren Einheiten hatte die Reichsmarine in den zwanziger Jahren auch durch den Bau von zwei Serien von 800 t Torpedobooten unter geschickter Ausnutzung der konstruktiven Möglichkeiten Einheiten geschaffen, die den kleineren Zerstörern der anderen Mächte mit ihrer Bewaffnung von drei 10,5-cm-Geschützen und 6 Torpedorohren nahekamen (*Raubvogel-*, *Raubtier*-Klasse).

Die zweite potentielle Großmacht, die Sowjet-Union, hatte nach der Wiederherstellung der inneren Ordnung nach dem Bürgerkrieg zunächst ihre Anstrengungen darauf konzentriert, die über den Bürgerkrieg hinaus erhalten gebliebenen Schiffe wieder herzurichten und in Dienst zu stellen. Bis 1926 waren die Arbeiten an den drei noch verwendbaren Schlachtschiffen der *Marat*-Klasse, 1928 an zwei Kreuzern der *Profintern*-Klasse abgeschlossen, während ein drittes Schiff im Schwarzen Meer mit vier 18-cm-Einzeltürmen als Schwerer Kreuzer *Krasnyj Kavkaz* 1931 in Dienst kam. Auch von den alten großen Zerstörern, die vor dem ersten Weltkrieg begonnen waren, konnten im Laufe der zwanziger Jahre in der Ostsee 12 und im Schwarzen Meer 5 wieder hergestellt werden. Desgleichen kamen in der Ostsee 9 U-Boote der *Bars*-Klasse und im Schwarzen Meer 5 der *Holland*-Boote wieder in Dienst. Der erste Fünfjahresplan von 1928 bis 1932 sah darüber hinaus den Bau von 12 U-Booten sowie 12 kleinen Torpedobooten vor.

Der Wiederaufbau der sowjetischen Flotte veranlaßte auch Schweden, seine Seestreitkräfte zu modernisieren und 4 Zerstörer und 7 U-Boote nach eigenen Entwürfen in Bau zu geben. In Frankreich ließen Polen 2 Zerstörer und 3 U-Boote und Lettland 2 U-Boote bauen. Die finnische Marine gab auf eigenen Werften 2 Küstenpanzerschiffe und, nach Plänen des in Holland ansässigen deutschen U-Boot-Baubüros, 4 U-Boote auf eigenen Werften in Bau. Dänemark ließ gleichfalls 3 U-Boote auf eigenen Werften bauen, Norwegen desgleichen 6 vom Typ »Holland«. Auch die Niederlande nahmen an diesen Anstrengungen teil. Zunächst wurden 1925 zwei während des Krieges begonnene Kreuzer fertiggestellt und darüber hinaus nach britischen Plänen 8 Zerstörer gebaut. Dazu kamen 7 U-Boote für die Verwendung in der Heimat und 6 weitere für den Dienst in den Kolonien.

Auf der iberischen Halbinsel verfolgte Spanien größere Pläne, indem es nicht nur 3 während des Krieges nach englischem Vorbild gebaute Leichte Kreuzer fertigstellte, sondern 1922 drei weitere Schiffe nach dem britischen *Emerald*-Typ in Bau gab (*Principe Alfonso*-Klasse). 1928 ließ man diesen Schiffen 2 »Washington«-Kreuzer vom Typ der britischen 10000-t-Kreuzer, die *Canarias*-Klasse, folgen und gab zusätzlich in der gleichen Zeit 16 Zerstörer nach britischem Vorbild und 6 kleine und 6 mittlere U-Boote in Bau, die bis Anfang der dreißiger Jahre fertiggestellt wurden. Portugal begnügte sich mit 5 Zerstörern und 3 U-Booten britischen Musters.

Von den Schwarzmeer-Staaten ließ Rumänien nach dem Rückkauf der 2 von Italien 1914 beschlagnahmten Neubauten 2 weitere Zerstörer nach britischem Vorbild bauen und gab in Italien ein U-Boot in Auftrag. Die Türkei ließ ebenso wie Griechenland in Italien je 4 Zerstörer in Bau geben. Während die Türkei je 2 U-Boote bei dem deutschen Konstruktionsbüro in Holland und in Italien bauen ließ, gab Griechenland 6 Küsten-U-Boote des französischen Typs in Auftrag.

Nicht minder auffallend waren die Rüstungsanstrengungen auch bei den südamerikanischen Nationen. Hier hielt Argentinien die Spitze, das sich von 1927 bis 1931 in Italien 2 kleinere »Washington«-Kreuzer mit sechs 19-cm-Geschützen sowie 3 U-Boote und nach englischem Vorbild 5 Zerstörer bauen ließ. Brasilien begnügte sich mit einem großen italienischen U-Boot, während Chile 6 britische Zerstörer und 3 britische U-Boote der O-Klasse erwarb. Peru kaufte 2 von Estland erbeutete russische große Zerstörer und ließ in den Vereinigten Staaten 4 U-Boote vom »Holland«-Typ bauen, Kolumbien kaufte in Portugal 2 Zerstörer britischen Typs.

Die Londoner Konferenz 1930

Um diesem immer mehr anschwellenden Wettrüsten in aller Welt einen Riegel vorzuschieben, betrieb der neue amerikanische Präsident Hoover die Einberufung einer neuen Seeabrüstungskonferenz, die am 22. Januar 1930 in London zusammentrat, nachdem Großbritannien und die Vereinigten Staaten in Vorverhandlungen einen Kompromiß in der Kreuzerfrage erreicht hatten. Da die in Washington vermeintlich benachteiligten Frankreich und Italien die Teilnahme ablehnten und nur Beobachter zu den Verhandlungen entsandten, konnten England, die Vereinigten Staaten und Japan bis zum 22. April 1930 nur eine begrenzte Einigung herbeiführen, die durch den Einbau von Umgehungsklauseln noch in Frage gestellt wurde, da man weitere Bauten gestatten wollte für den Fall, daß Nichtunterzeichnerstaaten einen Rüstungswettlauf entfesselten.

Das wesentlichste Ergebnis war, daß England nunmehr einwilligte, die im Prinzip bereits in Washington festgelegte Stärkegleichheit bei den Schlachtschiffen tatsächlich herbeizuführen und auch bei den Kreuzern einer entsprechenden Lösung zuzustimmen. Japans Beitritt zu diesem Abkommen konnte allerdings nur durch ein für die Kreuzer auf 10 : 10 : 7 verändertes Verhältniss und gegen eine Parität bei den U-Booten erreicht werden, nachdem der von England, den Vereinigten Staaten und auch Italien unterstützte Versuch, die U-Boot-Waffe überhaupt abzuschaffen, an dem Widerstand Japans und Frankreichs gescheitert war.

Um gegenüber dem bestehenden Stärkeverhältnis von 20 : 18 : 10 bei den Schlachtschiffen auf das Vertragsverhältnis von 15 : 15 : 9 zu kommen, erklärte sich England bereit, seine 4 ältesten Schlachtschiffe der *Iron Duke*-Klasse und den Schlachtkreuzer *Tiger* außer Dienst zu stellen. Die Vereinigten Staaten verzichteten auf die beiden Schiffe der *Florida*-Klasse und die *Wyoming,* Japan mußte den Schlachtkreuzer *Hiyei* ausrangieren. Jede Nation durfte eines dieser Schiffe als abgerüstetes Schulschiff weiterverwenden. Außerdem erklärten sich die drei Mächte und auch Italien und Frankreich bereit, für die Zeit von 1931 bis 1936 keine weiteren Schlachtschiffe zu bauen.

Bei den Flugzeugträgern besaß England 6 Einheiten mit 115350 t, während die Vereinigten Staaten, nach Fertigstellung ihres Neubaues *Ranger,* erst 4 Einheiten mit 90080 t bekamen, so daß sie noch für weitere 25000 t Flugzeugträger bauen konnten. Japan mit 3 fertigen Schiffen von 61300 t behielt noch etwa 8000 t übrig und versuchte, durch die Inbaugabe des etwa dieser Größe entsprechenden kleinen Flugzeugträgers *Ryujo,* seine Tonnage voll auszunutzen.

Bei den Kreuzern entschloß man sich, von der Tonnage der 50 vorhandenen britischen Kreuzer mit 339000 t auszugehen. Dabei versuchte man den unterschiedlichen Größenwünschen der beiden Mächte dadurch entgegenzukommen, daß man die Zahl der Schweren Kreuzer auf 15 mit 146800 t beschränkte und für den Rest von 192200 t Leichte Kreuzer mit einer Bewaffnung von maximal 15,5 cm vorsah, während die Vereinigten Staaten 18 »Washington«-Kreuzer mit 20,3-cm-Geschützen bauen durften, gegen 143500 t an Leichten Kreuzern. Japan sollte neben 12 Schweren Kreuzern noch 100450 t an Leichten Kreuzern besitzen dürfen. Bei den Zerstörern, deren Größe normal auf 1500 t, für 16 % auf 1850 t als Flottillenführer beschränkt wurde und deren Maximalkaliber 13 cm nicht überschreiten sollte, ging man von der in der Royal Navy vorhandenen Zahl von 145 Einheiten mit 150000 t aus, eine Zahl, die auch für die US-Navy festgesetzt wurde, so daß diese 140 Einheiten aus ihren umfangreichen Kriegsbauprogrammen außer Dienst stellen mußte. Japan durfte 101 Zerstörer mit 105500 t behalten. Die Stärke der Unterseebootwaffen wurde für alle drei Mächte auf 52700 t begrenzt, wobei die Maximalgröße des einzelnen U-Bootes auf 2000 t und 13-cm-Geschütze beschränkt wurde. Jede Nation sollte 3 Einheiten bis zu 2800 t und 15,5-cm-Geschützen bauen dürfen.

Der Flottenbau nach London

Der Vertrag hatte zur Folge, daß Großbritannien nunmehr schnell daran ging, seinen zum großen Teil veralteten Bestand an Leichten Kreuzern durch Neubauten von etwa 7000 t Größe, 8 der *Leander*-Klasse und *Sydney*-Klasse von 1929 bis 1932, sowie den leichteren, 5500 t großen 4 Einheiten der *Arethusa*-Klasse zu ersetzen. Diese als Führer von Zerstörerverbänden vorgesehenen Einheiten besaßen nur sechs 15,2-cm-Geschütze in Zwillingstürmen, die anderen Schiffe hatten acht 15,2-cm-Geschütze. Da die Größe der Leichten Kreuzer nicht beschränkt worden war, suchte Japan seinen 1931 in Bau gegebenen Neubauten der *Mogami*-Klasse von nominell 8500, tatsächlich jedoch fast 12000 t, mit dem Einbau von 5 Drillingstürmen 15,5 cm eine maximale Kampfkraft zu geben, so daß diese Schiffe bis auf das Kaliber der Artillerie praktisch Schweren Kreuzern entsprachen. Als Antwort darauf gaben auch die Vereinigten Staaten 1933 fast 10000 t große Einheiten der *Brooklyn*-Klasse mit fünf 15,2-cm-Drillingstürmen in Bau, bis 1935 9 Einheiten, was Japan 1933 zur Inbaugabe von 2 weiteren Leichten Kreuzern der *Tone*-Klasse veranlaßte, bei denen man die gesamte Artillerie in 4 Drillingstürmen 15,5 cm auf dem Vorschiff vereinigte, um auf dem Achterschiff Raum für eine umfangreiche Flugzeuganlage zu gewinnen, die diese Schiffe als Aufklärer besonders geeignet machte. Der Entwicklung zu diesen schweren Leichten Kreuzern konnte sich auch England nicht verschließen und antwortete ab 1933 mit der Inbaugabe der 8 Einheiten der *Southampton*-Klasse, die vorn und achtern je 2, insgesamt also 4 Drillingstürme 15,2-cm-Geschütze erhielten.

In Italien und Frankreich, die beide bis 1930 je 7 »Washington«-Kreuzer in Bau gegeben hatten, verlegte man sich nach der Konferenz von London ebenso auf den Bau von Leichten Kreuzern. Italien, das bereits vorher mit dem Bau von 6 praktisch ungeschützten, überschnellen Einheiten von 5000 t begonnen hatte, ließ ab 1930 alljährlich Zweier-Gruppen von unter Verzicht auf die Spitzengeschwindigkeit über 40 Knoten etwas besser geschützten Kreuzern der »Condottieri«-Klasse von 7000 t folgen, die mit 8, die letzte Serie mit zehn 15,2-cm-Geschützen bewaffnet waren. Nach einem Schul- und einem Minenkreuzer gab Frankreich 1931/32 die sechs Kreuzer der *La Galissonnière*-Klasse mit 3 Drillingstürmen 15,2 cm in Auftrag. Allgemein waren die Leichten Kreuzer dieser Jahre, zu denen auch die in Deutschland gebaute *Nürnberg*, die in ihrer Bewaffnung und Größe den französischen Schiffen entsprach, zu rechnen ist, sehr ausgereifte und ausgewogene Konstruktionen, die sich im Krieg gut bewährten.

Kapitel 27

Wiederaufrüstung (1935–1939)

Von K. J. Müller übersetzter letzter Teil des Kapitels 26 der US-Originalausgabe, der von J. R. Fredland verfaßt war mit weitgehenden Ergänzungen von K. J. Müller und J. Rohwer

In der gesamten Zwischenkriegsperiode war das Ziel der westlichen Diplomatie die Errichtung eines kollektiven Sicherheitssystems. Als eigentlicher Eckstein dieses Systems war ursprünglich der Versailler Vertrag gedacht, der die permanente Entwaffnung Deutschlands und die Stärkung des Völkerbundes gewährleisten sollte.

Die bolschewistische Bedrohung wurde »beseitigt« durch die Errichtung eines »Cordon Sanitaire«, einer Kette kleinerer Pufferstaaten entlang der sowjetrussischen Westgrenze. Frankreich betrieb mit diplomatischer Aktivität und durch Anleihen die Bildung einer »Kleinen Entente« befreundeter Staaten in Mitteleuropa mit Jugoslawien, der Tschechoslowakei und Rumänien (1924). Gemeinsames internationales Vorgehen war damals an der Tagesordnung. Neben den Abrüstungskonferenzen gab es internationale Konferenzen über Kriegsschulden und Reparationen, Handels- und Ausgleichsverträge, wie z. B. den Dawes- und Young-Plan, den Rapallo-Vertrag zwischen Deutschland und Rußland, die Locarno-Verträge und schließlich den Kellogg-Pakt. Deutschland trat nach den Locarno-Verträgen dem Völkerbund bei (1925). Sogar das bisher in Acht und Bann befindliche Sowjetrußland wurde auf Anraten Frankreichs 1933 in den Völkerbund aufgenommen. Während der zwanziger Jahre schien man mit gutem Grund annehmen zu können, daß ein neuer Krieg nicht unvermeidlich wäre. Wahrscheinlich die meisten Staatsmänner und ganz gewiß die breiten Volksmassen waren damals der Ansicht, daß ein großer Krieg wenigstens für diese Generation durch diplomatische Aktionen ersetzt worden war.

Der Zusammenbruch der Idee der kollektiven Sicherheit

Die scheinbare Stabilität aber war nur vorübergehend. Für Großbritannien, Frankreich und die USA war der Status quo zufriedenstellend. Aus diesem Grunde verhielt sich ihre Diplomatie völlig passiv und war – wie die folgenden Jahre bewiesen – verhältnismäßig machtlos und schwach. Man versäumte es, wirkungsvolle, gemeinsame Aktionen zu unternehmen. Als der Krieg dann immer näher kam, ermutigten die ungenügende Rüstung der Westmächte und ihre pazifistische öffentliche Meinung die Diktatoren zu immer weitergehenden Forderungen. Die Sowjetunion, die bis 1933 vollständig außerhalb des kollektiven Sicherheitssystems stand und dann nur unwillig und mißtrauisch von den Demokratien akzeptiert wurde, war innerlich mit der ungeheuren Aufgabe beschäftigt, einen modernen Staat aufzubauen. Ihr Einfluß auf den Gang der Dinge war bis in die Zeit nach München (1938) nicht sehr bedeutend.

Japan, Deutschland und Italien, die sich selbst als »Habenichtse« empfanden, in denen sich nationalistische, imperialistische und opportunistische Kräfte durchgesetzt hatten, wurden in den dreißiger Jahren zu den dynamischen Faktoren der Entwicklung. Sie waren, unzufrieden mit dem Status quo, zunehmend bereit, einen Krieg zu riskieren, um ihre Lage grundlegend zu verändern.

Während der dreißiger Jahre taumelte das Nach-Versailler-System immer tiefer in eine Kriegsgefahr hinein. Die unmittelbaren Anlässe der Agressionen der dreißiger Jahre mögen durchaus in den vorgeblichen oder tatsächlichen Ungerechtigkeiten des Vertrages von Versailles und in der Weltwirtschaftskrise gelegen haben, die insbesondere im Falle Deutschlands zur »Machtergreifung« der NSDAP 1933 beitrugen. Mit der Etablierung faschistischer und militaristischer Kräfte an den Schaltstellen der Macht kamen die weit gesteckten nationalen Ambitionen Deutschlands, Italiens und Japans zum Durchbruch, die Erringung einer jeweils unangefochtenen Herrschaft in Mitteleuropa, im Mittelmeerraum bzw. in Ostasien. Für das Deutschland Hitlers war das Nahziel die Eingliederung aller deutschsprachigen Gebiete, das Fernziel aber war die Gewinnung von »Lebensraum« in Osteuropa. Für Mussolinis Italien bestand das Nahziel in der Errichtung eines afrikanischen Imperiums, das einen Vergleich mit dem Frankreichs bestehen konnte – insbesondere die Abrundung des Kolonialbesitzes durch die Einverleibung Äthiopiens und eine Festsetzung an der Ostküste der Adria, also in Albanien und evtl. später in Teilen des nördlichen Griechenland. Für Japan war die Eroberung der Mandschurei das unaufgebbare Minimalziel, Fernziel war die Hegemonie über China, Malaya und Hinterindien: die »großostasiatische Wohlstandssphäre«.

In gewisser Weise kann man den Beginn des zweiten Weltkrieges auf den 18. September 1931 legen. Ein Anschlag auf die südmandschurische Eisenbahn war der Anfang des sogenannten ersten »chinesischen Zwischenfalls«, der Invasion der Japaner in die Mandschurei. Das Versagen der demokratischen Mächte bei der Behandlung dieses den allgemeinen Frieden bedrohenden Vertragsbruches war eine für Mussolini und Hitler wertvolle Erfahrung. Die vom Völkerbund eingesetzte Lytton-Kommission kam in ihrem Bericht zu dem Schluß, daß der Angriff von Japan provoziert worden sei. Während die Mächte des Völkerbundes jedoch schärfere Maßnahmen

vermieden, trat Japan daraufhin am 27. März 1933 aus dem Völkerbund aus. Ende 1934 kündigte Japan fristgerecht zum Ende des Jahres 1936 die Flottenverträge von Washington und London.
Die allgemeine Abrüstungskonferenz von Genf vom 2. Februar 1932 bis 14. Oktober 1933 scheiterte schließlich, nachdem Frankreich sich weigerte, einer begrenzten deutschen Aufrüstung, der sich England und Italien nicht widersetzen wollten, zuzustimmen. Daraufhin trat auch Deutschland am 19. März 1933 aus dem Völkerbund aus. Adolf Hitler, gerade am 30. Januar 1933 an die Macht gelangt, hatte dem Volk versprochen, die Arbeitslosigkeit zu beseitigen und das System von Versailles zu zerstören. Mit der Aufrüstung Deutschlands erreichte er beides. Nachdem er sich durch einen Nichtangriffspakt mit Polen am 28. Januar 1934 die Bedrohung im Rücken vom Halse geschafft hatte, erklärte Hitler am 16. März 1935 einseitig die Wiederherstellung der vollen Wehrhoheit Deutschlands und hob damit die entsprechenden Bestimmungen des Versailler Vertrages auf. Die Konferenz der Siegermächte von Stresa kam über deklamatorische Äußerungen nicht hinaus. Frankreich versuchte dem deutschen Schritt am 2. Mai 1935 durch den Abschluß eines Bündnisses mit der Sowjet-Union zu begegnen, dem am 16. Mai auch die Tschechoslowakei beitrat. Am 7. März 1936 besetzte Hitler das »für alle Zeiten entmilitarisierte Rheinland«, ein notwendiger erster Schritt zur Sicherung des Ruhrgebietes für einen eventuellen späteren größeren Krieg. Auch hier blieben Proteste der Westmächte wirkungslos.
Inzwischen hatte Italien mit dem Einfall nach Äthiopien am 3. Oktober 1935 den Frieden gebrochen. Dabei zählte nicht so sehr die tatsächliche Wichtigkeit der Mandschurei, des Ruhrgebietes oder Äthiopiens für die Demokratien, vielmehr war es die Tatsache, daß die nackte und brutale Aggression sogleich die Ohnmacht des Völkerbundes und den Bankerott des Systems der kollektiven Sicherheit enthüllte. Mussolini arrangierte einen Grenzzwischenfall und schuf sich damit einen Vorwand für seinen Aggressionskrieg. Nach tapferer, aber nutzloser Gegenwehr wurden die Stammeskrieger Haile Selassies geschlagen. Inzwischen erwies sich die öffentliche Unterstützung des Völkerbundes in Frankreich und Großbritannien als überraschend stark. Der Völkerbund ging am 11. Oktober 1935 bis zur Auferlegung finanzieller Sanktionen, d. h. er verbot Anleihen oder sonstige finanzielle Unterstützung für Italien. Ebenso erließ er ein Waffenembargo. Wie vorauszusehen, waren derartige Mittel aber völlig untauglich, um einen kleineren Kolonialkrieg zu hemmen. Sanktionen, die wirkungsvoll hätten sein können, wurden nicht angewandt. Großbritannien entsandte demonstrativ seine Flotte ins Mittelmeer, augenscheinlich aber nur zur Beobachtung der durch den Suezkanal nach Eritrea fahrenden italienischen Truppentransporte, die durch italienische Flotteneinheiten geleitet wurden. Für die Anhänger des Völkerbundes bestand der einzige Trost in der Tatsache, daß die ein doppeltes Spiel treibenden Außenminister von Großbritannien und Frankreich – Sir Samuel Hoare und Pierre Laval – infolge der öffentlichen Entrüstung zum Rücktritt gezwungen wurden. Die bloße Drohung mit Erdölsanktionen und die beunruhigenden Berichte über die allgemeine Feindseligkeit der öffentlichen Meinung in der Welt veranlaßten Mussolini, sein Verhältnis mit dem nationalsozialistischen Deutschland zu überprüfen – einem Deutschland, zu dem Italiens Verhältnis bis vor kurzem noch recht unfreundlich gewesen war. Hitler sah in dieser Situation eine günstige Gelegenheit, in Mussolini einen ihm weltanschaulich verwandten Bundesgenossen zu finden, und gab die Weisung, Italien mit den benötigten Rohstoffen zu versorgen. Am 25. Oktober 1936 erkannte Hitler als erster die Annexion Äthiopiens und das »Impero Romano« an und schloß mit dem zu Besuch in Berlin weilenden Mussolini die Achse Berlin–Rom. Am 25. November 1936 schlossen Deutschland und Japan einen »Antikominternpakt« ab, womit das Reich zum Drehpunkt einer Achse Berlin–Rom–Tokio wurde.
Inzwischen hatten sich am 18. Juli 1936 in Spanien Teile der Streitkräfte gegen die republikanische Regierung erhoben, und es begann ein dreijähriger Bürgerkrieg, in dem auf Seiten der Nationalisten Italien und Deutschland, auf Seiten der Republikaner die Sowjet-Union mehr oder weniger verdeckt eingriffen. Obgleich im Anfang die Sympathie der Öffentlichkeit in den westlichen Demokratien stärker auf der Seite der republikanischen rechtmäßigen Regierung lag, waren es nicht die demokratischen Staaten, die den Republikanern Unterstützung zuteil werden ließen. Nur in geringerem Umfange kamen aus diesen Staaten Freiwillige in die Republik. Die Hilfe kam jedoch zu spät und war ungenügend. Als der spanische Bürgerkrieg seinem Ende zuging, wurde die kleine kommunistische Partei Spaniens infolge ihrer entschlossenen und bedenkenlos brutalen Führerschicht die dominierende Gruppe innerhalb der republikanischen Regierung. Das machte naturgemäß eine wirksame Intervention seitens der Demokratien politisch noch unwahrscheinlicher.
Im Fernen Osten begann mit dem Zwischenfall bei Lukouchiao am 7. Juli 1937 der chinesisch-japanische Konflikt.

Der deutsch-britische Flottenvertrag

Vor diesem Hintergrund sich verschärfender Spannungen und zunehmender Mißachtung internationaler Verträge spielten sich die vor allem von Großbritannien ausgehenden Bemühungen ab, nochmals zu einer kollektiven Begrenzung der Seerüstung durch multilaterale Verträge und darüber hinaus auch durch bilaterale Abmachungen zu kommen. Vor allem der deutsch-britische Flottenvertrag vom 18. Juni 1935 stellte den ersten Versuch dar, die kaum noch zu erreichenden internationalen Verträge durch zweiseitige Abkommen zu ersetzen. Deutscherseits war dieser Vertrag politisch wie psychologisch zielbewußt vorbereitet worden. Nach gegenseitigen kameradschaftlichen Flottenbesuchen gab Hitler im Januar 1935 gegenüber Lord Hartwood seine Bereitschaft zu erkennen, auf der Basis einer Begrenzung der deutschen Flottenstärke auf 35% im Verhältnis zur britischen Stärke eine Rüstungsvereinbarung zu treffen, um jegliche Flottenrivalität zu vermeiden. Einen Monat später zeigten auch London und Paris Neigung, die Rüstungsbeschränkungen des Versailler Vertrages auf dem Verhandlungsweg neu zu regeln. Im März 1935 verkündete Deutschland die Wiedereinführung der allgemeinen Wehrpflicht und den offiziellen Aufbau einer Luftwaffe. Die Westmächte antworteten zwar mit Protestnoten; dennoch aber kamen noch im selben Monat der britische Außenminister Sir John Simon und Lordsiegelbewahrer Anthony Eden nach Berlin, um mit Hitler zu verhandeln. Dieser drückte dabei nochmals seinen Wunsch nach einem Flottenabkommen aus. Obwohl Großbritannien zusammen mit Frankreich und Italien dann im April auf der Konferenz von Stresa als Antwort auf die Verkündung der deutschen Wehrhoheit noch erklärte, sich jeder einseitigen Aufkündigung von Verträgen widersetzen zu wollen, griff es doch Hitlers Anregung auf. So kam es am 18. Juni 1935 zur Unterzeichnung des deutsch-britischen Flottenvertrages. Dieser Vertrag begrenzte die deutsche Flottenstärke in allen Schiffsklassen auf 35% der britischen Flottenstärke; nur für U-Boote wurden 45% festgesetzt. Nach späteren Absprachen durfte Deutschland sogar bei U-Booten bis 100% gehen, wobei allerdings diese Tonnageerweiterung auf Kosten der anderen Schiffstypen gehen sollte. Die Briten glaubten, sich dieses Entgegenkommen in der U-Boot-Relation leisten zu können, da die restliche deutsche Flottenstärke dadurch vermindert würde, sodann auch weil Deutschland sich als Gegenleistung verpflichtete, den Handelskrieg gemäß dem Londoner U-Boot-Protokoll von 1930, dem es jetzt beitrat, zu führen, und schließlich, weil sie glaubten, daß auf Grund der Entwicklung der U-Boot-Abwehr, insbesondere des Unterwasser-Schallortungsgerätes »ASDIC«, die U-Boot-Gefahr nahezu völlig gebannt sei.

Auf deutscher Seite sah man den Aufbau einer starken U-Boot-Waffe zudem nicht als übermäßig vordringlich an. Die Marineleitung betrachtete auf Grund der Orientierung, die ihr die politische Führung gab, Großbritannien nicht als zukünftigen Gegner. Als mutmaßliche Feinde standen vielmehr Polen (bis 1934), dann die Sowjet-Union und Frankreich im Mittelpunkt ihres Denkens. Sie legte daher mehr Wert auf den Schutz der lebenswichtigen Seeverbindungen in der Ostsee und die Vervollkommnung der U-Boot-Abwehr. Daher glaubte man, die durch die Bindung an das Londoner U-Boot-Protokoll gegebene Beeinträchtigung der Wirkungsmöglichkeiten der U-Boot-Waffe in Kauf nehmen zu können; zudem verhinderten gewisse Meinungsverschiedenheiten innerhalb der Kriegsmarine über den künftigen Einsatz von U-Booten einen zielstrebigen Ausbau dieser Waffe.

Die politische Bedeutung des deutsch-britischen Flottenvertrages bestand darin, daß das Versailler System nunmehr praktisch tot war. England hatte als erste Macht offiziell und auf der Grundlage der Gleichberechtigung einer Revision der Versailler Rüstungsbeschränkungen zugestimmt und damit trotz Stresa das Faktum der einseitigen Verkündung der deutschen Wehrhoheit indirekt anerkannt. Deutschland war damit der Ausbruch aus der mit der Stresa-Front beabsichtigten Isolierung gelungen. Praktisch endeten also alle vertraglichen kollektiven Seerüstungsbeschränkungen mit dem 31. Dezember 1936.

Militärisch gesehen eröffnete der Vertrag dem Deutschen Reich die Möglichkeit, frei von den bisherigen Beschränkungen seine Kriegsflotte systematisch auszubauen. Unter Zugrundelegung der in den Verträgen von Washington 1922 und London 1930 festgesetzten britischen Tonnagen konnte Deutschland, wie die folgende Tabelle zeigt, recht erhebliche Neubauten in Auftrag geben, da die noch unter den Bestimmungen von Versailles gebauten 3 Panzerschiffe, 6 Leichten Kreuzer und 12 Torpedoboote nur einen kleinen Teil der erlaubten 35% ausmachten.

	England lt. Vertr. v. 1922/1930	35 %	davon vorh.	Programm 1935
Schlachtschiffe (einschl. Panzer-Schiffe)	525.000 ts	183.750 ts	3/30000	2/52000
Flugzeugträger	135.000 ts	47.250 ts	—	
Schwere Kreuzer	146.000 ts	51.380 ts	—	2/20000
Leichte Kreuzer	192.200 ts	67.270 ts	6/59400	
Zerstörer und Torpedoboote	150.000 ts	52.500 ts	12/9600	16/26000
U-Boote	52.700 ts	18.445 ts (45 % 23.700 t)	—	28/9500

Inzwischen waren jedoch bereits im Jahre 1934 die Bauvorbereitungen für 2 Schlachtschiffe von 26000 t, 2 Schwere Kreuzer von je 10000 t, 16 Zerstörer von je 1625 t und 28 U-Boote von 250, 500 und 750 t angelaufen. Ein weiteres Programm von 1936 sah den Bau von 2 Schlachtschiffen von 35000 t, 2 Flugzeugträgern von 19250 t, 3 weiteren Kreuzern von 10000 t, 6 Zerstörern von 1811 t und je 8 U-Booten von 500 und 750 t vor. All diese Tonnagen waren die im ursprünglichen Entwurf vorgesehenen Größen, die tatsächlich teilweise nicht unerheblich durch nachträgliche Änderungen und Verbesserungen übertroffen wurden, eine Erscheinung, die in mehr oder weniger großem Umfange auch bei den Neubauten anderer Mächte zu beobachten war.

Da am 31. Dezember 1936 die Verträge von Washington und London ausliefen, war damit zu rechnen, daß Großbritannien danach auch den Aufbau seiner Flotte wieder aufnehmen würde, was Deutschland ebenfalls nach Maßgabe der vertraglich festgesetzten Verhältniszahlen einen weiteren Ausbau gestattet hätte, der die Werftkapazität auf längere Sicht auslasten mußte.

Die Londoner Konferenz von 1936

Großbritannien wollte jedoch darüber hinaus vor Ablauf der Flottenverträge mit den übrigen Seemächten zu einem neuen Übereinkommen über die Flottenrüstungsbegrenzung kommen. So wurde zum Dezember 1935 eine neue Konferenz nach London einberufen. Italien, durch die Sanktionen des Völkerbundes brüskiert, weigerte sich überhaupt, an dieser Konferenz teilzunehmen. Japan forderte, nachdem es die Flottenverträge Ende 1934 gekündigt hatte, die volle Parität in allen Schiffskategorien. Das wollten jedoch die USA keinesfalls zulassen, so daß Japan die Konferenz vorzeitig verließ. So konnten am 25. März 1936 nur England, die USA und Frankreich einen Vertragstext unterzeichnen, der auf eine quantitative Begrenzung der Flottenrüstungen verzichtete und nur qualitative Grenzen für die einzelnen Schiffskategorien festsetzte. Der Vertrag sah folgende Regelungen und Begriffsbestimmungen vor:

Die Größe der Schlachtschiffe sollte wie bisher auf 35 000 t begrenzt bleiben, das Maximalkaliber jedoch auf 35,6 cm reduziert werden, sofern auch die anderen Mächte, insbesondere Japan, dieser Regelung zustimmten. Innerhalb der Schlachtschiffe, die durch eine Bewaffnung oberhalb von 20,3 cm definiert waren, sollte bei Tonnagen zwischen 8000 und 17 500 eine Bauverbotszeit bis zum 31. Dezember 1942, der Laufzeit des Vertrages, gelten. Diese Bestimmung war offenbar auf französisches Betreiben eingefügt worden, um den Bau weiterer Panzerschiffe vom Typ der *Deutschland* zu verhindern.

Die Größe der Flugzeugträger wurde auf 23 000 t vermindert und ihre Bewaffnung auf maximal 15,5-cm-Geschütze festgesetzt.

Schwere Kreuzer, Leichte Kreuzer und Zerstörer wurden zu einer Kategorie »Leichte Überwasserschiffe« zusammengefaßt. Für die Schweren Kreuzer von 10 000 t maximal mit einer Bewaffnung von 20,3-cm-Geschützen wurde gleichfalls eine Baupause bis zum 31. Dezember 1942 vereinbart. Der Bau von Leichten Kreuzern sollte nur bis zu einer Größe von 8000 t und einer Bewaffnung von maximal 15,5-cm-Geschützen keinen Beschränkungen unterliegen. Die Größe der Zerstörer war auf maximal 3000 t und gleichfalls ein Maximalkaliber von 15,5 cm begrenzt.

U-Boote sollten maximal 2000 t groß sein und mit 13-cm-Geschützen bewaffnet werden können.

Es wurden ferner auch für die kleineren Kampfschiffe und Hilfsschiffe bestimmte Begriffsbestimmungen festgelegt und zugleich die Altersgrenzen, nach denen Ersatzbauten in Auftrag gegeben werden durften, neu festgesetzt.

Da zum Zeitpunkt der Unterzeichnung des Vertrages die alten Flottenverträge mit ihren Begrenzungen noch in Kraft waren, beanspruchte England im Mai 1936, 40 000 t überalterter Zerstörertonnage vorläufig in Dienst halten zu dürfen. Nachdem die USA am 15. Juli zustimmten, forderte Japan, das nicht über eine ausreichende Menge alter Zerstörer verfügte, von den ihm zustehenden 28 000 t 11 000 t für Zerstörer und 16 000 t für U-Boote einsetzen zu dürfen. Darüber hinaus entschloß sich England, um seine Tonnage bei den Schweren Kreuzern nicht zu überschreiten, die drei ältesten vorhandenen Schiffe der *Hawkins*-Klasse im Zuge einer Modernisierung auf 15,2-cm-Geschütze umzubewaffnen und sie damit zu Leichten Kreuzern zu machen.

Die Flottenverträge von 1937

Am 17. Juli 1937 schloß England auch mit der Sowjet-Union einen Vertrag ab, in dem letztere sich bereit erklärte, die Begriffsbestimmungen des Londoner Abkommens von 1936 als für sich verbindlich anzuerkennen. Allerdings beanspruchte die Sowjet-Union dabei für ihre Pazifik-Flotte eine Ausnahme, da Japan dem Vertrag nicht beigetreten sei und die Sowjet-Union sich deshalb im Pazifik ihre Baupolitik vorbehalten müsse. Außerdem erklärte die Sowjet-Union, daß sie beabsichtige, 7 Kreuzer zu bauen, für die nur ein 18-cm-Geschütz zur Verfügung stehe. Großbritannien erklärte sich bereit, unter Umgehung der Baupause für Schwere Kreuzer, diese Schiffe zu akzeptieren.

Am gleichen Tage wurde zwischen Deutschland und England ein Zusatzprotokoll vereinbart, das von deutscher Seite weitgehend mit den sowjetischen Bauten und Absichten begründet wurde. Deutschland hatte sich zunächst in Vereinbarungen mit Großbritannien bereit erklärt, von der ihm an sich zustehenden Möglichkeit, 5 Schwere Kreuzer zu bauen, unter Berücksichtigung der Baupause nur 3 Schiffe mit 20,3-cm-Geschützen zu bewaffnen und die beiden anderen Einheiten als 10 000 t Leichte Kreuzer mit 15-cm-Geschützen auszurüsten. Nachdem die Sowjet-Union ihre Absicht, 7 Schiffe mit 18-cm-Geschützen zu bauen, bekanntgegeben hatte, wurde Deutschland zugestanden, alle fünf 10 000-t-Kreuzer mit 20,3-cm-Geschützen zu bewaffnen. Darüber hinaus nahm Deutschland im Hinblick auf die umfangreichen sowjetischen U-Boot-Rüstungen die als Möglichkeit vorgesehene Hundertprozentklausel für U-Boote im Vergleich zur britischen Marine in Anspruch.

In bilateralen Verhandlungen erklärten sich auch Polen, Dänemark und die Türkei gegenüber Großbritannien bereit, sich an die Begriffsbestimmungen des Londoner Abkommens zu halten. Am 16. April 1938, nachdem das Verhältnis zwischen England und Italien wieder normalisiert war, trat auch Italien dem Abkommen bei. Nachdem Japan sich im März 1937 geweigert hatte, der Begrenzung des Schlachtschiffkalibers auf 35,6 cm zuzustimmen und eine Anfrage in Japan, ob Japan Schlachtschiffe über 35 000 t im Bau habe, durch Admiral Yonai dahingehend beantwortet war, daß Japan keine Schiffe von 40 000 oder 45 000 t im Bau habe (tatsächlich lagen die japanischen Projekte von 1935 ab sämtlich zwischen 50 000 und 70 000 t und der endgültige Entwurf der *Yamato*-Klasse sah eine Washington-Verdrängung von 64 000 t vor), kamen die Unterzeichnerstaaten des Londoner Abkommens von 1936 am 30. Juni 1938 zu der Übereinkunft, die Größengrenze der Schlachtschiffe auf 45 000 t und das Kaliber auf 40,6 cm festzusetzen, wobei England jedoch erklärte, mit der Größe nicht über 40 000 t hinausgehen zu wollen.

Der spanische Bürgerkrieg

Mit der Erhebung einiger spanischer Garnisonen in Asturien und Marokko unter den Generalen Mola und Franco am 18. Juli 1936 begann der spanische Bürgerkrieg. Nachdem die Nationalisten in den ersten Monaten des Krieges schnell den Nordwesten Spaniens außer einem schmalen Streifen an der Biskaya-Küste und den Süden des Landes in ihre Hand bringen konnten, lief sich ihr Angriff auf die Hauptstadt Madrid im November 1936 fest. Der Krieg artete zu einem fast dreijährigen Stellungskrieg aus, der auf beiden Seiten blutige Verluste forderte. Auf nationalistischer Seite griffen Italien und Deutschland, auf republikanischer Seite die Sowjet-Union mit massiven Hilfslieferungen und der Entsendung von militärischen Einheiten und Führern ein, während aus zahlreichen Ländern Freiwillige zu den Republikanern strömten. Für die Nationalisten war in der Anfangsphase des Krieges das Hauptproblem, die sich der Bewegung anschließenden starken Truppenverbände aus Marokko nach Spanien zu überführen, da die republikanische Flotte den größten Teil der Kriegsschiffe unter ihrer Kontrolle hatte, darunter eines der beiden Linienschiffe, *Jaime I.*, 3 Kreuzer, 15 Zerstörer und 12 U-Boote, auf denen zum Teil sowjetische Offiziere als Berater tätig waren. Auf der anderen Seite hatten die Nationalisten nur die im Nordwesten Spaniens in der Werft liegenden Schiffe, darunter das zweite Linienschiff *España*, einen alten Zerstörer, 1 U-Boot sowie mehrere kleinere Einheiten, in ihre Hand bringen können. So übten die republikanischen Einheiten im Gebiet der Straße von Gibraltar die Seeherrschaft aus, und es war den Nationalisten zunächst nur mit Hilfe deutscher Transportflugzeuge möglich, Truppen nach Südspanien zu überführen. Die Lage begann sich zu ändern, als im September 1936 der erste der beiden neuen Schweren Kreuzer *Canarias* von 10000 t mit 20,3-cm-Geschützen fertig wurde. In einem Vorstoß zusammen mit dem inzwischen reparierten Leichten Kreuzer *Almirante Cervera* am 29. September 1936 gelang es, in einem Gefecht den republikanischen Zerstörer *Juan Ferrandiz* zu versenken und den Zerstörer *Gravina* zu beschädigen. Zur gleichen Zeit konnten die Nationalisten einen roten Angriff auf ihren Balearenstützpunkt Mallorca abwehren und das Linienschiff *Jaime I.* durch einen Luftangriff zunächst außer Gefecht setzen. Von den republikanischen U-Booten wurden *B-6* am 19. September durch den einzigen nationalspanischen Zerstörer *Velasco* und *B-5* am 12. Oktober durch einen Bomber versenkt. Am 22. November glückte es dem einzigen nationalen U-Boot, im Hafen von Cartagena den republikanischen Kreuzer *Miguel de Cervantes* zu torpedieren. Innere Schwierigkeiten an Bord der republikanischen Schiffe machten es der nationalistischen Flotte leicht, die Seeherrschaft nach und nach an sich zu reißen, vor allem, nachdem auch der zweite der neuen Schweren Kreuzer *Baleares* im Januar 1937 einsatzbereit wurde. Mit diesen Schiffen begannen die nationalen Streitkräfte nun ihrerseits eine Blockade der republikanischen Häfen gegen die Zufuhren aus der Sowjet-Union, die auf Schiffen verschiedenster Nationalität eintrafen. Vom 30. Oktober 1936 bis zum 10. April 1937 wurden 84 Schiffe von nationalen Einheiten untersucht, davon ein Teil angehalten und aufgebracht bzw. versenkt.
Die massive Einmischung führte dazu, daß die europäischen Mächte nach Möglichkeiten suchten, einer Ausbreitung des Bürgerkrieges zu einem europäischen Krieg durch eine Unterbindung der Einmischung entgegenzuwirken. So wurde am 19. April 1937 auf Betreiben des in London eingesetzten Nichteinmischungsausschusses, an dem 26 Staaten sich beteiligten, eine internationale Seeüberwachung eingeführt. Danach hatten britische Seestreitkräfte den republikanischen Küstenabschnitt an der spanischen Biskaya-Küste, die spanische Südküste sowie die Kanarischen Inseln zu überwachen, Frankreich übernahm den Nationalteil der spanischen Nordwestküste sowie Spanisch-Marokko und die Insel Mallorca, Deutschland erhielt die Südostküste Spaniens zugeteilt, Italien den Nordostabschnitt sowie die beiden republikanischen Baleareninseln. In Ermangelung geeigneter Schiffe konnte sich die Sowjet-Union an dieser Kontrolle nicht beteiligen. Diese Erfahrung hat sicher dazu beigetragen, daß Stalin im Rahmen des dritten Fünfjahresplanes auf Vorschlag des späteren Volkskommissars der Marine, Kuznecov, der als junger Kapitän zur See als Berater auf der republikanischen Seite mit zahlreichen anderen späteren sowjetischen Admiralen tätig war, den Ausbau der sowjetischen Flotte zu einem hochseefähigen Machtinstrument zu forcieren.
Es war nicht verwunderlich, daß es bei den häufigen Angriffen nationalspanischer und italienischer sowie deutscher Flugzeuge der Legion Condor gegen die republikanischen Häfen, und umgekehrt der republikanischen Flugzeuge und ihrer Verbündeten gegen nationalistische Häfen und Schiffe, auch zu Zwischenfällen mit den Einheiten der Nichteinmischungskontrolle kam. So wurde am 6. März 1937 der britische Zerstörer *Gallant* knapp von Bomben weißer Flugzeuge verfehlt, während wenig später das deutsche Torpedoboot *Albatros* einem Angriff roter Flugzeuge entging. Zum schwerwiegendsten Zwischenfall kam es jedoch, als am 27. Mai 1937 das auf der Reede von Ibiza vor Anker gegangene Panzerschiff *Deutschland* von einem Verband republikanischer Flugzeuge mit Bomben angegriffen wurde und dabei zwei Treffer erhielt, die insgesamt 32 Tote und zahlreiche Verletzte forderten. Auf Weisung Hitlers erhielt daraufhin das Panzerschiff *Admiral Scheer* mit 4 Torpedobooten die Weisung, als Repressalie den republikanischen Hafen Almeria am 31. Mai 1937 zu beschießen. Aufgrund dieses Zwischenfalles verließen Deutschland und Italien zunächst die Seekontrolle. Nachdem entsprechende Zusicherungen gegeben waren, kehrten Deutschland und Italien am 12. Juni in die Nichteinmischungskontrolle zurück. Jedoch schon am 15. und 18. Juni kam es zu einem neuen Zwischenfall, als der deutsche Kreuzer *Leipzig* zwei U-Boot-Angriffe meldete. Es ist bis heute nicht aufgeklärt worden, wer für diesen U-Boot-Angriff verantwortlich war.

Gerade um diese Zeit, von Mai bis August, hatten sich die Angriffe »unbekannter« U-Boote gegen Schiffe verschiedener Nationen im Mittelmeer gehäuft, insbesondere sofern sie im Nachschubtransport für die republikanischen Streitkräfte eingesetzt waren. Es ist heute bekannt, daß diese Angriffe von italienischen U-Booten gefahren worden sind. Insgesamt wurden von November 1936 bis September 1937 55 verschiedene italienische U-Boote zu 65 Einsätzen mit 1192 Seetagen herangezogen. Die Operationen beschränkten sich nicht nur auf die Gewässer vor der spanischen Küste, es wurden auch vor der algerischen und tunesischen Küste und sogar in der Ägäis im Nachschubtransport eingesetzte Schiffe versenkt. Es fielen mindestens 15 Schiffe, darunter 2 britische, 2 sowjetische, je 1 griechisches, panamesisches und niederländisches, den italienischen U-Booten zum Opfer. Ab August beteiligten sich auch italienische Zerstörer an solchen Operationen, und eines der Nachschubschiffe wurde am 30. August von dem Zerstörer *Turbine*, am 13. Oktober der große republikanische Dampfer *Cabo San Tomé* von dem Zerstörer *Ostro* versenkt. Um sich bei diesen Operationen nicht zu sehr zu exponieren, wurden die italienischen U-Boote *Iride* und *Onice* für 3 und *Ferraris* und *Galilei* für 4 Monate an die Franco-Marine ausgeliehen. Während dieser Zeit verfehlte die *Iride* den britischen Zerstörer *Havock* am 1. September nur knapp. Nach diesen gehäuften U-Boot-Angriffen berief England zum 4. September die Konferenz von Nyon ein, an der sich außer Großbritannien die Sowjet-Union, Griechenland, Ägypten, Rumänien und Bulgarien beteiligten, während Italien seine Entscheidung zurückstellte und Deutschland sich ablehnend verhielt. Es wurde beschlossen, im westlichen Mittelmeer auf vorausbestimmten Wegen mit britischen und französischen Schiffen einen Geleitschutz für Handelsschiffe einzurichten, und die Einheiten dieser Mächte erhielten Befehl, auf unbekannte U-Boote das Feuer zu eröffnen. Am 4. Oktober wurden bei einem Angriffsversuch eines U-Bootes von dem britischen Zerstörer *Basilisk* Wasserbomben geworfen.

Daraufhin entschlossen sich die Italiener, der Franco-Marine die 4 Zerstörer *Ceuta* (ex *Falco*), *Melilla* (ex *Aquila*), *Huesca* (ex *Pepe*) und *Teruel* (ex *Poerio*) sowie 2 U-Boote *General Mola* (ex *Archimede*) und *General Sanjurjo* (ex *Torricelli*) am 11. Oktober 1937 zu übergeben. Das U-Boot *Mola* versenkte am 11. Januar 1938 den niederländischen Dampfer *Hannah* vor Kap San Antonio. Danach gingen die Angriffe gegen Handelsschiffe deutlich zurück.

Es hatte jedoch auch andere Zwischenfälle gegeben. Am 23. April 1937 versuchte der nationalistische Kreuzer *Almirante Cervera* ein britisches Schiff, das einen republikanischen nordspanischen Hafen anzulaufen versuchte, aufzu-

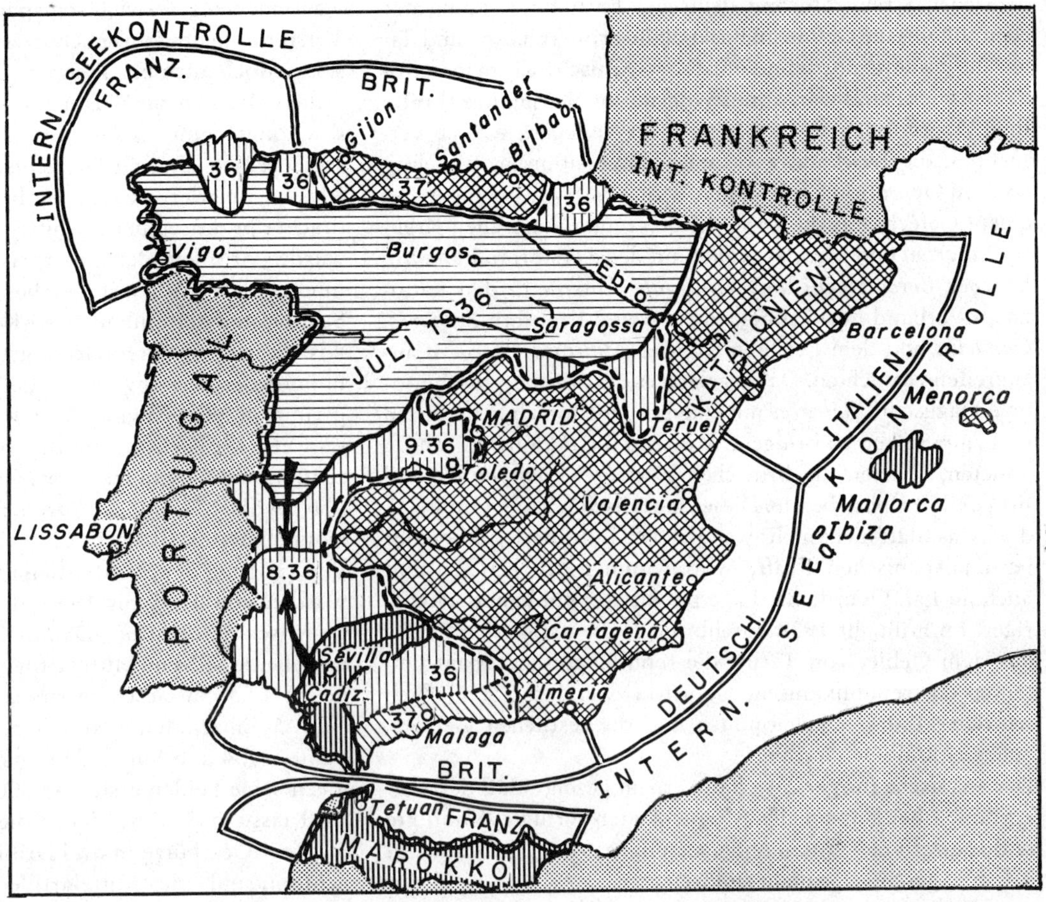

Der spanische Bürgerkrieg
1936 – 1939

bringen. Nur die drohende Haltung des herankommenden britischen Schlachtkreuzers *Hood* ließ die Nationalisten von weiteren Belästigungen britischer Schiffe zunächst Abstand nehmen. Zur gleichen Zeit forderten jedoch im Gebiet vor der nordspanischen Küste die dort ausgelegten Minen ihre Opfer. Das nationalspanische Linienschiff *España* lief am 30. April nördlich Santander auf eine Mine und sank, und am 13. Mai wurde im gleichen Gebiet der britische Zerstörer *Hunter* durch einen Minentreffer schwer beschädigt.

Nachdem im Oktober 1937 die nationalspanischen und italienischen Streitkräfte mit deutscher Luftunterstützung das republikanische Gebiet im Baskenland erobert hatten und damit die gesamte nord- und nordwestspanische Küste in nationalistischer Hand war, konnten die nationalen Seestreitkräfte ihre Operationen in das Mittelmeer verlegen, wo sie versuchten, die Blockade wirksamer durchzuführen. Bei einer solchen Operation kam es am 6. März 1938 vor Cartagena zu einem Gefecht, als die auslaufenden republikanischen Kreuzer *Libertad* und *Méndez Nuñez* mit den Zerstörern *Lepanto, Sánches Bercáiztegui* und *Almirante Antequera* den nationalen Verband mit den beiden Schweren Kreuzern *Baleares, Canarias* und dem Leichten Kreuzer *Almirante Cervera* anzugreifen versuchten. Dabei gelang es der *Sánchez,* das nationale Flaggschiff *Baleares* mit einem Torpedofächer zu treffen und zum Sinken zu bringen. Während die nationalen Schiffe abliefen, retteten die britischen Zerstörer *Kempenfelt* und *Boreas* 400 Überlebende. Dieser moralische Erfolg konnte jedoch das Blatt nicht mehr wenden. Die Luftüberlegenheit der nationalspanischen Kräfte wurde immer drückender, und auch an Land wurde die Lage für die Republikaner schwieriger. Im Frühjahr 1939 durchbrachen die nationalen Kräfte aus dem Gebiet von Teruel die republikanische Front und teilten das republikanische Gebiet in zwei Teile. Schließlich wurden Madrid eingenommen und die restlichen Gebiete, zuletzt Katalonien, erobert.

Der spanische Bürgerkrieg hatte erneut gezeigt, daß der Völkerbund über keine realen Möglichkeiten verfügte, Konflikte und bewaffnete Auseinandersetzungen zum Stillstand zu bringen, geschweige denn zu lösen.

Neues Flotten-Wettrüsten

Durch die Baupause für Schlachtschiffe im Vertrag von Washington hatte sich das Gewicht der Flottenrüstungen auf die Schweren Kreuzer verlagert. Die Baupause für diese Schiffe im Flottenvertrag von London ließ die Leichten Kreuzer in den Vordergrund treten. Mit dem Auslaufen des Londoner Vertrages im Jahre 1936 verschob sich das Gewicht wieder auf den Schlachtschiffbau.

Schlachtschiffbau 1931–1938

Im Vertrag von Washington war es Frankreich und Italien mit ihrem geringen Bestand an modernen und ihren, den neuen Anforderungen nicht mehr genügenden alten Schiffen gestattet, im Jahre 1927 und im Jahr 1929 je einen Ersatzbau auf Stapel zu legen. Zusätzlich konnte Frankreich für das 1922 verlorengegangene Schlachtschiff *France* einen weiteren Ersatzbau beanspruchen. Als Antwort auf die deutschen 10 000-t-Panzerschiffe mit sechs 28-cm-Geschützen hatte Frankreich 1931 daher das Schlachtschiff *Dunkerque* mit 26 500 t und acht 33-cm-Geschützen in 2 Vierlingstürmen in Bau geben können, dem 1934 das Schwesterschiff *Strasbourg* folgte. Sie sollten mit 30 Knoten auch schneller sein als die deutschen Einheiten. Besonderes Merkmal dieser Schiffe war die Anordnung der gesamten schweren Artillerie auf dem Vorschiff, was einerseits Gewichtseinsparungen ermöglichte, die zur Verstärkung des Panzerschutzes ausgenutzt wurden, andererseits jedoch auch bei Treffern gewisse Gefahren barg.

Italien, das sich zunächst noch nicht zu Neubauten entschließen konnte, ging als Antwort auf die *Dunkerque* 1932 daran, seine beiden ältesten Schlachtschiffe der *Conte di Cavour*-Klasse zu modernisieren. Der bis 1937 durchgeführte Umbau brachte praktisch neue Schiffe. Nach dem Plan von Pugliese wurde vor allem der Unterwasserschutz durch den Einbau innerer Torpedowülste verbessert. Eine Verlängerung des Schiffes und der Einbau neuer Kessel- und Maschinenanlagen anstelle des mittleren Drillingsturmes ermöglichten eine Erhöhung der Leistung von 31 000 auf 93 000 PS und eine Steigerung der Geschwindigkeit von 21,5 auf 28 Knoten. Die schwere Artillerie wurde durch Aufbohrung der Rohre auf zehn 32-cm-Geschütze verstärkt, die in einer Mittelartillerie von zwölf 12-cm-Geschützen in 6 Zwillingstürmen und 8 Doppellafetten 10,2-cm-Flak ihre Ergänzung fanden. Die Verdrängung der Schiffe stieg um 5800 t. In ähnlicher Weise wurden von 1937 bis 1940 auch die beiden anderen alten Linienschiffe der *Caio-Duilio*-Klasse umgebaut, wobei man anstelle der 12-cm-Mittelartillerie 4 Drillingstürme mit dem neuen 13,5-cm-Geschütz sowie eine Batterie von auf jeder Seite 5 Einzellafetten des neuen 9-cm-Fla-Geschützes einbaute. 1934 gab Italien dann nach ähnlichen Konstruktionsideen seine beiden ersten 35 000-t-Schlachtschiffe der *Littorio*-Klasse in Bau, bei denen die schwere Artillerie auf neun 38,1-cm-Geschütze in drei Drillingstürmen, zwei vorn, einer achtern, und die Mittelartillerie auf vier Drillingstürme 15,2 cm sowie 12 Einzellafetten 9-cm-Flak gesteigert worden war. Die tatsächliche Standardverdrängung dieser Schiffe betrug allerdings rund 41 200 t.

Nun war es wieder an Frankreich, seinerseits als Antwort auf diese italienischen Schiffe 35 000-t-Schlachtschiffe, die zwei Einheiten der *Richelieu*-Klasse in Auftrag zu geben, die praktisch vergrößerte Ausgaben der *Dunkerque* darstellten. Ihre schwere Artillerie von acht 38,1-cm-Geschützen war ebenfalls in 2 Vierlingstürmen auf dem Vorschiff zusammengefaßt, während 5 Drillingstürme 15,2 – 2 seitlich, 3 auf dem Achterschiff – und zwölf 10-cm-Flak die Mittelartillerie bildeten. Auch bei diesen Schiffen war auf einen außerordentlich starken Panzerschutz besonderer Wert gelegt. Mit 30 Knoten erreichten die Schiffe die gleiche Geschwindigkeit wie ihre italienischen Gegenstücke. Auch diese Einheiten waren mit

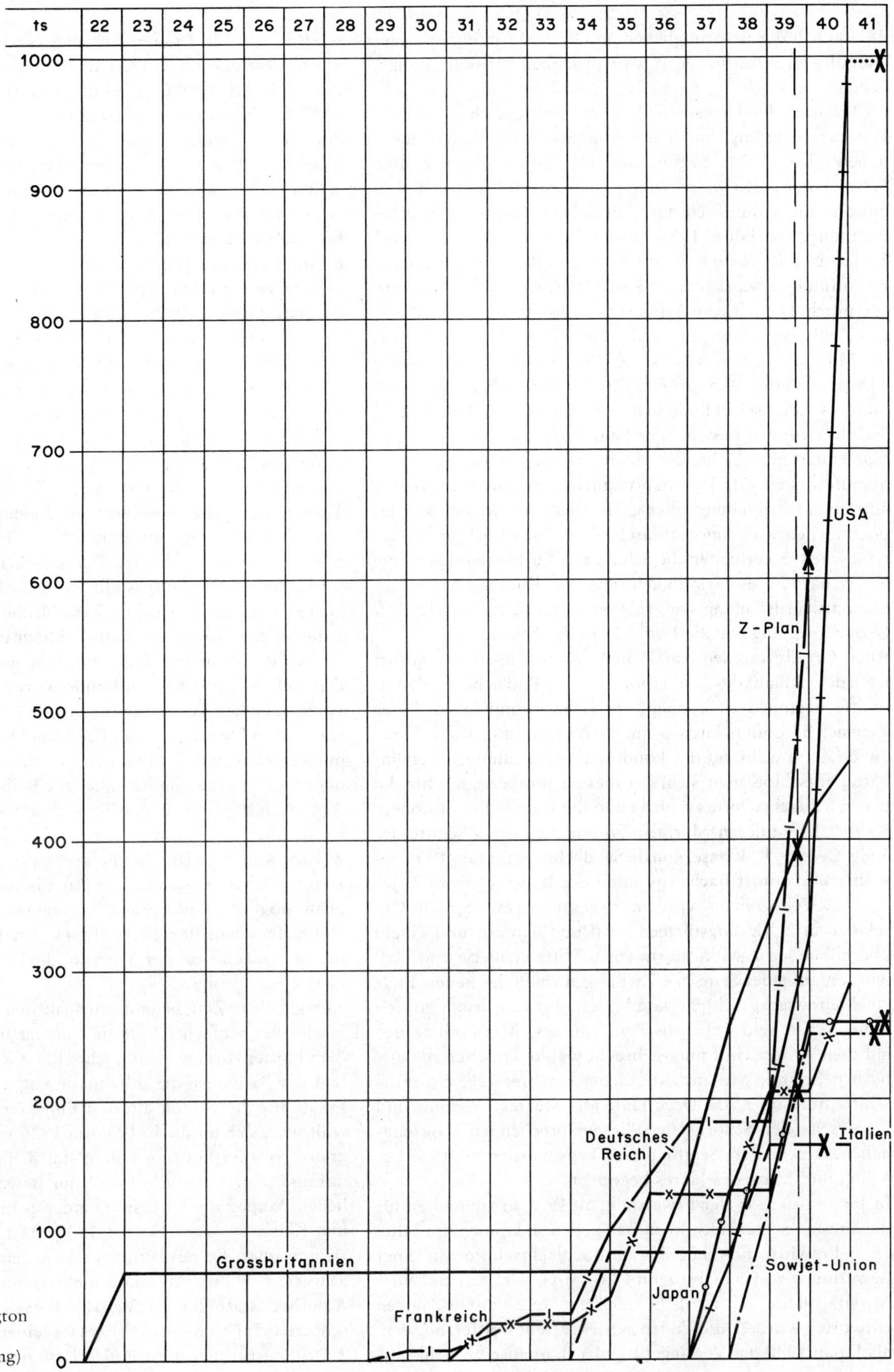

Der Schlachtschiff-Neubau nach Washington 1922 – 1941 (Nach Auftragserteilung)

38 500 t in der ursprünglichen und 42 800 t in der späteren endgültigen Form größer als ursprünglich (35 000 t) angegeben.

Im Rahmen der Deutschland durch den deutsch-englischen Flottenvertrag zugestandenen Tonnage hatte Deutschland, neben den 1934 begonnenen 26 000-t-Schlachtschiffen *Scharnhorst* und *Gneisenau* mit einer aus politischen Erwägungen auf neun 28-cm-Geschütze beschränkten Hauptbewaffnung, im Jahre 1936 gleichfalls die ersten 35 000-t-Schlachtschiffe *Bismarck* und *Tirpitz* in Bau gegeben, deren Bewaffnung etwa den französisch-italienischen Vorgängern entsprach. Die schwere Artillerie von 38-cm-Geschützen war in 4 Zwillingstürmen vorn und achtern überhöht angeordnet, die Mittelartillerie in jeseits 3 Zwillingstürmen 15-cm sowie 4 Doppellafetten 10,5-cm-Flak. Das hervorstechendste Merkmal dieser deutschen Einheiten war jedoch ein aus besonderen Stahllegierungen bestehender Panzerschutz und die sorgfältige Unterteilung, die den Schiffen eine außerordentliche Standfestigkeit gab. Der ursprünglich vorgesehene Motorenantrieb zur Erreichung einer großen Fahrstrecke ließ sich jedoch aus entwicklungstechnischen Gründen noch nicht verwirklichen. So erhielten die Schiffe mit Turbinenantrieb eine Konstruktionsgeschwindigkeit von 29 Knoten. Mit einer Standardverdrängung von 41700 t lagen sie in der gleichen Größenordnung wie die *Littorio* und *Richelieu*.

Auch Großbritannien traf 1936 Vorbereitungen, um sofort nach dem Ablauf des Bauverbots mit dem Bau neuer Schlachtschiffe beginnen zu können. Da Großbritannien zu dieser Zeit sich besonders intensiv um die Reduzierung des Kalibers auf 35,6 cm während der Londoner Verhandlungen bemüht hatte, entschloß man sich, bei diesem Kaliber auch für die neuen Schlachtschiffe zu bleiben, ohne Rücksicht auf höhere Kaliber bei anderen Marinen. So erhielten die 5 Schiffe der *King George V.*-Klasse, von denen die beiden ersten 1936 bewilligt und sofort nach Auslaufen des Baustopps am 2. Januar 1937 begonnen wurden, insgesamt zehn 35,6-cm-Geschütze in 2 Vierlingstürmen vorn und achtern und einem überhöhenden Zwillingsturm vorn. Mittelartillerie und Flak wurden auf jeder Seite in 4 Zwillingstürmen der neuen 13,2-cm-Mehrzweckgeschütze kombiniert. Im Gegensatz zu den italienischen und französischen Schiffen, deren Flugzeuge auf dem Achterschiff untergebracht waren, erhielten die britischen Schiffe, wie auch die deutsche *Bismarck*, ein mittschiffs quer über das Deck laufendes starres Katapult und beiderseits der Schornsteine die entsprechenden Flugzeughallen. Drei weitere Schiffe dieses Typs wurden für 1937 bewilligt und Mitte des Jahres begonnen.

In Japan waren in der Erwartung, ab 1931 Ersatzbauten für die ältesten Schlachtschiffe in Bau geben zu können, im Jahre 1930 Entwürfe für neue 35 000-t-Schlachtschiffe mit einer Bewaffnung von neun bis zehn 40,6-cm-Geschützen und einer Mittelartillerie von zwölf bis sechzehn 15,2-cm-Geschützen entworfen worden, die jedoch zurückgestellt werden mußten, als Japan 1930 der Verlängerung der Baupause für Schlachtschiffe bis Ende 1936 zustimmte. Nach der Kündigung der Flottenverträge Ende 1934 wurden ab Anfang 1935 erneut Pläne für die Wiederaufnahme des Schlachtschiffbaues ab 1937 bearbeitet. Um die quantitative Unterlegenheit gegenüber den Vereinigten Staaten auszugleichen, sollten diese Schiffe qualitativ alles bisher Dagewesene übertreffen. Sie sollten durch Geschützfeuer unversenkbar sein und selbst die schwerste Armierung tragen. Eine Begrenzung in der Größe war dabei nicht vorgesehen, insbesondere auch, weil man hoffte, durch entsprechend große Schiffe Amerika der Möglichkeit zu berauben, etwas Gleichwertiges in Bau zu geben, da man damit rechnete, daß die Vereinigten Staaten an die Abmessungen der Schleusen des Panamakanals gebunden seien und deshalb kaum über etwa 45 000 t hinausgehen könnten. So bewegten sich die bis Anfang 1937 in Japan durchgearbeiteten 23 Vorentwürfe und die zur Entwicklung der Schiffsform getesteten 50 Schleppmodelle sämtlich in Größenordnungen zwischen 50 000 und 70 000 t. Der schließlich im März 1937 festgelegte Entwurf des Typschiffes *Yamato* hatte eine Standardverdrängung von 65 000 t. Seine Bewaffnung bestand aus dem schwersten bisher eingebauten Kaliber von 46 cm, die in 2 Drillingstürmen vorn und 1 Drillingsturm achtern aufgestellt waren. Als Mittelartillerie erhielten die Schiffe vier 15,5-cm-Drillingstürme, von denen 2 die 46-cm-Türme innen überhöhten und 2 auf den Seitendecks aufgestellt wurden. Daneben waren zwölf 12,7-cm-Flak auf den seitlichen Aufbaudecks vorgesehen. Das Achterschiff erhielt eine umfangreiche Flugzeuganlage mit einer Halle für 5 Flugzeuge, die über 2 am Heck aufgestellte Katapulte gestartet werden konnten. Wegen des starken Gasdrucks der 46-cm-Türme mußten auch die Beiboote in am seitlichen Achterschiff angeordneten Tunnels unter Deck untergebracht werden, von wo sie mit Hilfe von Schienen hängend ausgesetzt werden konnten. Durch eine geschickte Neigung der gepanzerten Flächen versuchten die japanischen Konstrukteure, die größtmögliche Panzerdicke bei den zu erwartenden steilen Auftreffwinkeln zu erzielen. Im Herbst 1937 begann der Bau des ersten Schiffes, der *Yamato*, dem im Frühjahr 1938 das zweite Schiff folgte.

Zur gleichen Zeit begann auch in den Vereinigten Staaten wieder der Schlachtschiffbau. Eine im Juni 1936 verabschiedete Flottenvorlage ermöglichte für das Jahr 1937 nach Ablauf der Baupause die Inbaugabe von 2 Schlachtschiffen als Ersatz für die beiden ältesten Einheiten. Während man gewillt war, sich an die in London 1936 vereinbarte Tonnagegrenze von 35000 t zu halten (tatsächlich wurden 38000 t daraus), verzögerte die Frage der Bewaffnung den tatsächlichen Baubeginn der ersten beiden Schiffe der *North-Carolina*-Klasse bis zum Herbst 1937, da man genauere Nachrichten über die Bewaffnung der neuen japanischen Schiffe abwarten wollte. Als diese nicht eingingen, entschloß sich Amerika, statt der im Vertrag vorgesehenen 35,6-cm-Geschütze beim 40,6-cm-Kaliber zu bleiben und 9 Geschütze in 2 Drillingstürmen vorn und 1 Drillingsturm achtern aufzustellen. Auch bei den amerikanischen Schiffen wurden Mittelartillerie und schwere Flak in Batterien von je 5 Zwillingstürmen 12,7 cm auf den Seitendecks vereinigt und die Flugzeuganlage im Achterschiff untergebracht. Da die amerikanische Marine seit jeher besonderen Wert auf Standfestigkeit legte und eine starke Panzerung nach dem Floßkörperprinzip vorsah, mußten die dafür aufzuwendenden Gewichte durch eine Beschränkung in der Geschwindigkeit der Schiffe auf 28 Knoten erkauft werden.

Als letzte der großen Marinen begann 1938 auch die Sowjet-Union mit dem Bau von Schlachtschiffen. Nachdem die Russen zunächst bei der amerikanischen Firma Gibbs u. Cox einen Schlachtschiffentwurf von 62000 ts bestellt hatten, der jedoch wegen Einspruchs der Regierung nicht geliefert werden durfte, griffen sie wahrscheinlich auf einen von der italienischen Werft Ansaldo gelieferten Entwurf zurück und bearbeiteten auf dieser Grundlage die Pläne für ein Schlachtschiff von (nach neuen sowjetischen Angaben) 59150 ts sowie parallel dazu für einen Schlachtkreuzer von 35240 ts. Das erste Schlachtschiff *Sovetskij Sojuz* wurde im Sommer 1938 in Leningrad in Bau gegeben, das zweite folgte 1939 in Nikolaev am Schwarzen Meer, ein drittes 1940, das vierte wurde jedoch Ende 1940 sistiert. Das nach der deutschen Besetzung des Hafens von Nikolaev auf der Helling vorgefundene Schiff zeigte, daß es mit drei Drillingstürmen 40,6 cm in der gleichen Anordnung wie bei den italienischen Schiffen sowie einer Mittelartillerie von 6 15,2-cm Türmen und einer schweren Flak von 4 10 cm Doppellaffetten bewaffnet werden sollte und auch einen dem italienischen Pugliese-System ähnelnden Unterwasserschutz besaß. Bei einer Maschinenleistung von 231000 PS sollten die Schiffe 28 Kn erreichen. Die beiden Schlachtkreuzer der *Kronštadt*-Klasse waren bei gleicher Leistung auf 33 Kn ausgelegt und sollten 3 Drillingstürme 30,5 cm, 4 Zwillingstürme 15,2 cm und 4 Doppellaffetten 10 cm Flak erhalten. Katapult und 4 Bordflugzeuge vervollständigten die Ausrüstung, auf Torpedorohre war aber verzichtet worden.

Die beiden letzten Jahre vor dem zweiten Weltkrieg brachten eine weitere Forcierung des Schlachtschiffbaus. England entschloß sich, zu den 5 begonnenen Schiffen 1938 und 1939 je weitere zwei Schlachtschiffe in Bau zu geben. Dabei ging man auf eine Verdrängung von 40000 t in der Hoffnung, daß auch andere Seemächte sich auf diese Tonnage beschränken würden, wählte jedoch anstelle des bisherigen Kalibers eine Bewaffnung von neun 40,6-cm-Geschützen für die *Lion*-Klasse, die wie auf den italienischen und amerikanischen Schiffen aufgestellt wurden. Im übrigen waren diese Schiffe vergrößerte Ausgaben der *King George V*.

In Frankreich wurden 1938 zwei weitere Schlachtschiffe bewilligt, von denen das erste, die *Clémenceau*, praktisch ein hinsichtlich der Mittelartillerie etwas verbessertes Schwesterschiff der *Richelieu* werden sollte. Die 15-cm-Türme waren um einen vermindert und auf dem achteren Aufbaudeck überhöhend aufgestellt, während das vierte Schiff, *Gascogne*, von der Aufstellung der schweren Artillerie auf dem Vorschiff abging und je einen Vierlingsturm 38,1 cm vorn und achtern überhöhend vorsah; die schwere Flak von sechzehn 10-cm-Geschützen sollte auf den Seitendecks aufgestellt werden.

Wie Frankreich gab auch Italien 2 nur wenig verbesserte Schwesterschiffe der *Littorio*, die *Roma*-Klasse, in Bau.

In den Vereinigten Staaten brachte die zweite Vinson-Vorlage vom 17. Mai 1938 eine weitere zwanzigprozentige Steigerung der Gesamttonnage der US-Flotte. Neben der Förderung anderer Typen konnten im Rahmen dieses Gesetzes auch 4 weitere Schlachtschiffe in Bau gegeben werden. Bei der Konstruktion der *South-Dakota*-Klasse übernahm man bewährte Formen der *North Carolina*, konnte jedoch durch eine Reduzierung des für die Maschinenanlagen trotz höherer Leistung notwendigen Raumes 17 m Länge einsparen, so daß die Schiffe bei gleicher Breite wesentlich kürzer ausfielen als ihre Vorgänger, was bei gleichem Gewicht einem verstärkten Schutz der Schiffe zugute kam. Neuartig war bei diesen Schiffen die Anordnung des Seitenpanzers als geneigter Innenpanzer, während der Raum bis zur Außenhaut nochmals durch drei Längsschotte unterteilt wurde. Nachdem im Juni 1938 die zulässige Größe der Schlachtschiffe auf 45000 t heraufgesetzt worden war, konnten die für das Jahr 1939 geplanten weiteren 2 Schlachtschiffe in dieser Größenordnung vorgesehen werden. Bei gleichbleibender Bewaffnung dieser *Iowa*-Klasse kam die Größensteigerung einer erheblichen Erhöhung der Maschinenleistung von 130000 PS bei der *South Dakota* auf 200000 PS zugute, womit die Geschwindigkeit um 5 Knoten auf 33 Knoten gesteigert werden konnte. Auch waren weitere Verbesserungen hinsichtlich der Standfestigkeit der Schiffe möglich. Die Maschinenräume waren außer dem sich von 310 auf 40 mm nach unten verjüngenden Seitenpanzer durch 4 Torpedoschotten und einen Dreifachboden gesichert. Ein leicht gepanzertes Oberdeck sowie 2 starke Panzerdecks mit einem Splitterfangdeck boten Schutz der lebenswichtigen Teile gegen steil einfallende Granaten und Bomben.

Fast zur gleichen Zeit wie diese amerikanischen Schiffe wurden in Japan im Jahre 1940 die ein Jahr zuvor bewilligten dritten und vierten Einheiten der *Yamato*-Klasse in Bau gegeben.

Doch nicht nur bei den Schlachtschiffen war eine sich gegenseitig steigernde Bautätigkeit zu verzeichnen. Bei den Flugzeugträgern und Kreuzern hatte parallel dazu eine wesentliche Verstärkung der Bautätigkeit eingesetzt, die kurz nach dem Amtsantritt des Präsidenten Roosevelt 1933 anlief.

Wie einst sein Vorgänger Theodore Roosevelt, so zeigte auch Franklin D. Roosevelt ein bemerkenswertes Verständnis für die inneren Zusammenhänge von Diplomatie und militärischer Macht. Er erfaßte den Ernst und die Bedeutung der sich verschlechternden Weltlage und wußte nur zu gut, daß sich eine Kriegsmarine, wenn der Notfall eintritt, nicht improvisieren läßt. Er hatte wie der ältere Roosevelt ebenfalls als stellvertretender Marinestaatssekretär praktische Erfahrung auf dem Marinesektor erwerben können und besaß darüber hinaus eine besondere persönliche Vorliebe für die Marine.

Die erste bedeutsame Marinevorlage der ersten Amtszeit des Präsidenten war im Rahmen des New Deal als Maßnahme zur Unterstützung der notleidenden Stahl- und Schiffbauindustrie gedacht. Absatz 202 des nationalen Industriehilfsprogramms vom 16. Juni 1933 brachte die Genehmigung zum Bau von Flugzeugträgern, Kreuzern und kleineren Einheiten bis zur Grenze der vertraglich festgelegten Stärke. Am 27. März 1934 wurde die Vinson-Trammel-Gesetzesvorlage angenommen, die ein achtjähriges Ersatzbauprogramm von insgesamt 120 Schiffen vorsah. Von 1934 bis 1940 steigerten sich die vom Kongreß bewilligten Ergänzungsvorlagen zum Vinson-Trammel-Gesetz von Jahr zu Jahr bis zu fast einer Milliarde Dollar jährlich.

Die Flugzeugträger

Da bei den Flugzeugträgern gegenüber den in Washington festgesetzten Höchstgrenzen noch Tonnage frei war, wurden 1933 zunächst 2 Flugzeugträger von je 19 000 t, die *Yorktown*-Klasse, bewilligt. Wie die früher gebaute *Ranger* hatten diese Schiffe einen für sich konstruierten Rumpf, auf dem die Hallendecks mit dem Flugdeck aufgesetzt waren, ohne daß sie in die Längsverbände des Rumpfes einbezogen waren. Diese Bauweise ermöglichte eine optimale Nutzung des Raumes zur Unterbringung von Flugzeugen, so daß diese nicht einmal übermäßig großen Schiffe trotzdem eine Aufnahmekapazität von 80 Maschinen besaßen. Mit 34 Knoten waren sie bei ihrer verhältnismäßig leichten Bauweise sehr schnell. Die noch verbleibende Tonnage von 14 700 t wurde 1935 in Form eines kleineren Flugzeugträgers *Wasp* in Bau gegeben, der vor allem für Flugzeugtransportaufgaben konzipiert war.

Inzwischen hatte im Jahr 1934 auch England mit dem Bau von Flugzeugträgern begonnen. Die *Ark Royal* war, wie ihre inzwischen gründlich erprobten Vorgänger der *Courageous*-Klasse, 22 600 t groß und wurde damit zum Vorbild für die von britischer Seite betriebene Festlegung der Maximalgrenze für Flugzeugträger auf 23 000 t. Im Gegensatz zu den amerikanischen Trägern war der Rumpf der *Ark Royal* einschließlich des Hallen- und des Flugdecks als Teil des Schiffsrumpfes konstruiert und in die Längsverbände des Schiffes einbezogen. In zwei übereinanderliegenden Hallendecks konnte der Träger 72 Flugzeuge unterbringen. Ein besonderes Merkmal war der von der Wasserlinie bis zum Flugdeck reichende geschlossene Orkanbug, der später auch von Japan und den Vereinigten Staaten nachgeahmt wurde. Mit Ablauf der Verträge entschloß sich England, seinen Bestand an Flugzeugträgern durch 4 gleichzeitige Neubauten von 23 000-t-Schiffen zu vermehren. Diese *Illustrious*-Klasse glich äußerlich sehr weitgehend der *Ark Royal*, unterschied sich jedoch von ihr durch den Verzicht auf eines der Hallendecks zugunsten eines gepanzerten Flugdecks. Das machte die Schiffe im Vergleich zu Flugzeugträgern anderer Nationen bei Luftangriffen wesentlich widerstandsfähiger, wie vor allem der Vergleich dieser Schiffe und amerikanischer Träger bei Kamikaze-Treffern 1945 zeigen sollte. 1938/39 ließ man je einen weiteren, etwas vergrößerten Träger bewilligen.

Im gleichen Jahr 1934 hatte auch Japan nach dem etwas mißglückten Versuch mit dem kleinen Träger *Ryuju* noch im Rahmen der Vertragsbestimmungen mit dem Neubau von Flugzeugträgern begonnen. Diese nominell nur etwas über 10 000 t großen, tatsächlich jedoch 15 900 t verdrängenden Schiffe der *Soryu*-Klasse waren nach ähnlichen Konstruktionsgesichtspunkten wie die amerikanischen Schiffe gebaut und besaßen zwei übereinanderliegende Hangardecks, so daß sie trotz ihrer geringen Größe über 70 Flugzeuge an Bord nehmen konnten. Die Führung der Rauchabgase durch zwei an der Steuerbordseite nach außen geneigte Schornsteine sollte das Flugdeck besser von Abgasen freihalten als bei den bisher üblichen Flugzeugträgern mit einer Insel. Die Kommandoelemente waren jedoch in einer schmalen Insel an Steuerbord oder Backbord zusammengefaßt. Zur gleichen Zeit wurden auch von 1934/35 die *Kaga* und von 1936–1938 die große *Akagi* durchgreifend modernisiert, wobei man vor allem die Flugdecks über die gesamte Schiffslänge ausdehnte und durch die Verlängerung der übereinanderliegenden Hangardecks die Kapazität der Träger auf etwa 90 Maschinen steigerte. Gleichzeitig erhielten auch diese bisher als Glattdeckträger verwendeten Schiffe kleine Inseln. Durch eine neue Maschinenanlage wurde die Geschwindigkeit der *Kaga* auf über 28 Knoten gesteigert. Die Verdrängung der Schiffe stieg durch den Umbau auf 38 200 bei der *Kaga* und 36 500 bei der *Akagi*. 1937 ließ man der bereits gegenüber der *Soryu* etwas vergrößerten *Hiryu* die beiden großen Träger der *Shokaku*-Klasse mit 25 675 t folgen, die praktisch vergrößerte Ausgaben ihrer Vorgänger mit einer auf 84 Maschinen gesteigerten Kapazität waren. Allen diesen Flugzeugträgerneubauten der großen Mächte war gemeinsam, daß sie auf eine Seezielartillerie mittleren Kalibers zugunsten einer möglichst starken schweren Flak von 12–16 Rohren in Zwillingslafetten, aufgestellt in Schwalbennestern unterhalb des Flugdecks, verzichteten.

Insofern unterschieden sich die beiden ersten deutschen, 1935 bewilligten und Ende 1936 begonnenen Flugzeugträger von ihren Vorbildern, da sie neben einer starken Flak von zwölf 10,5-cm-Flak noch sechzehn 15-cm-Geschütze in paarweise vorn und achtern auf jeder Seite angeordneten, in den Rumpf eingezogenen Zwillingskasematten besaßen. Der für die Hallendecks verfügbare Raum blieb so zu schmal, um mehr als 40 Flugzeuge auf diesen mit 23 200 t (nominell 19 250) großen Schiffen unterzubringen. Das erste Schiff *Graf Zeppelin* wurde jedoch nach Beginn des Krieges nicht mehr fertiggebaut.

In noch früherem Baustadium blieben die französischen Projekte der *Joffre*-Klasse von 18 000 t, die 1938/39 bewilligt worden waren, stecken, und über die sowjetischen Pläne, in den vierziger Jahren 4 Flugzeugträger zu bauen, ist nichts Näheres bekannt geworden.

Die Kreuzer

Nachdem der Londoner Vertrag von 1936 für die Schweren Kreuzer die Baupause bis 1942 verlängert hatte, durfte zunächst nur Deutschland drei 10 000-t-Kreuzer mit acht 20,3-cm-Geschützen bauen. Diese Schiffe der *Admiral-Hipper*-Klasse waren mit ihren tatsächlich mehr als 14 000 t wesentlich größer als die Schwesterschiffe anderer Staaten,

Die Sowjet-Union baute im Rahmen ihres zweiten Fünfjahresplanes von 1933–1937 insgesamt 6 Kreuzer von 8800 t nach ursprünglich von Italien gelieferten und etwas überarbeiteten Plänen. Diese Schiffe der *Kirov*-Klasse waren mit 3 Drillingstürmen von 18-cm-Geschützen bewaffnet und zählten deshalb zu den Schweren Kreuzern. Ihre im dritten Fünfjahresplan von 1938–1942 zu bauenden Nachfolger der *Čapa* Klasse sollten bei 10 500 t 4 Drillingstürme 15,2 cm bekomm Von diesen Schiffen abgesehen, war es von 1936 ab vor allem Großbritannien, das im Rahmen der unbeschränkten Leichten Kreuzer unterhalb 8000 t größere Programme anlaufen ließ, um die zahlreichen veralteten Kreuzer aus der Zeit des

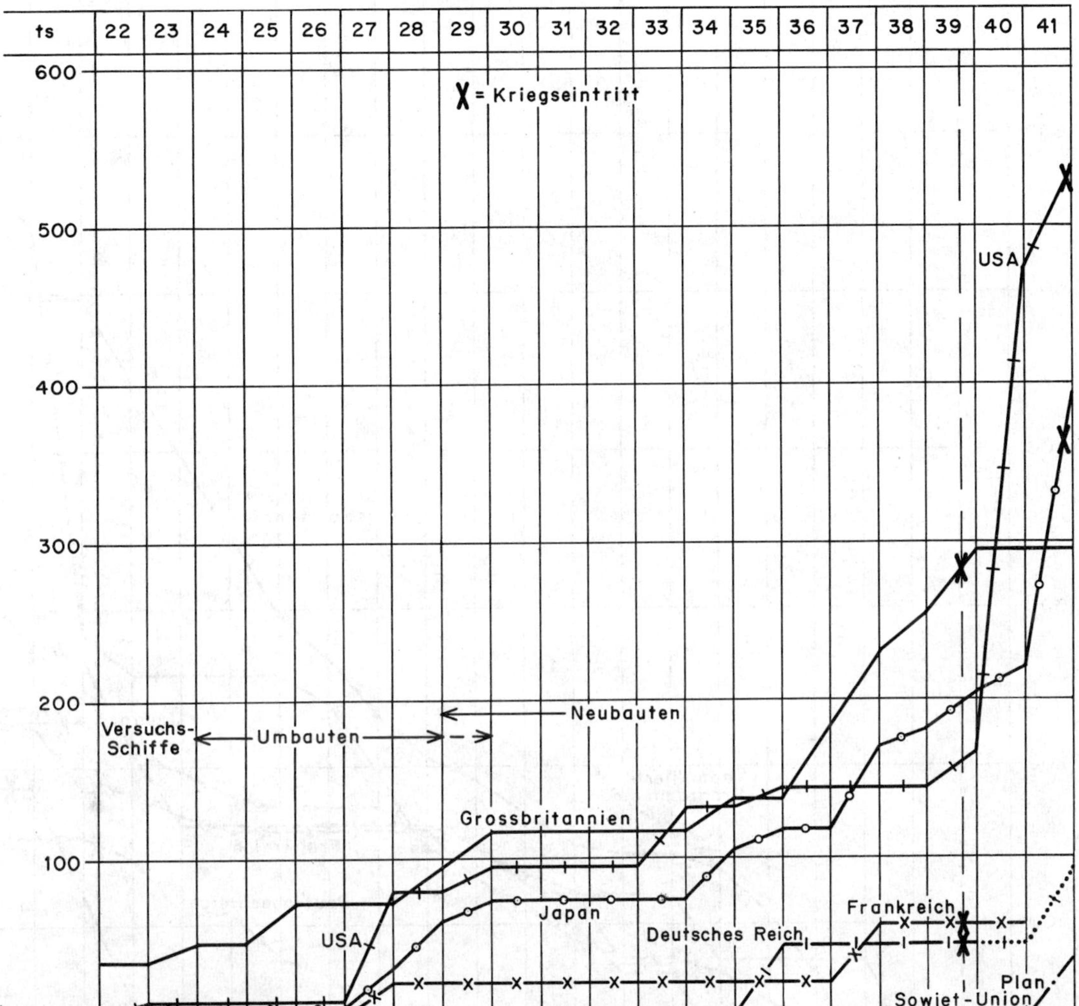

Der Flugzeugträger-Um- und Neubau 1922 – 1941 (ab 1929 Neubau-Aufträge)

ohne jedoch besonders herausragende Eigenschaften aufzuweisen. Insbesondere war der Fahrbereich für die denkbaren Aufgaben deutlich zu klein. Das vierte und fünfte Schiff des Typs, die ursprünglich mit vier 15-cm-Drillingstürmen bewaffnet werden sollten, wurden noch während des Baus auf 20,3-cm-Zwillingstürme umgerüstet, nachdem die sowjetischen Bauabsichten bekannt geworden waren, jedoch kamen diese Schiffe nicht mehr in Dienst.

ersten Weltkriegs zu ersetzen und auf die insgesamt für notwendig erachtete Zahl von 60–70 Kreuzer zu kommen. Nachdem man 1936, vor Inkrafttreten des Vertrages, noch 2 Leichte Kreuzer von 10 000 t mit zwölf 15,2-cm-Geschützen, die *Belfast*-Klasse, in Bau gegeben hatte, wandte man sich im Rahmen der nun festgesetzten Begrenzung von 8000 t in den Programmen von 1937 bis 1939 zwei Typen zu, der *Fiji*-Klasse von 8000 t mit zwölf 15,2-cm-Geschützen in 4 Dril-

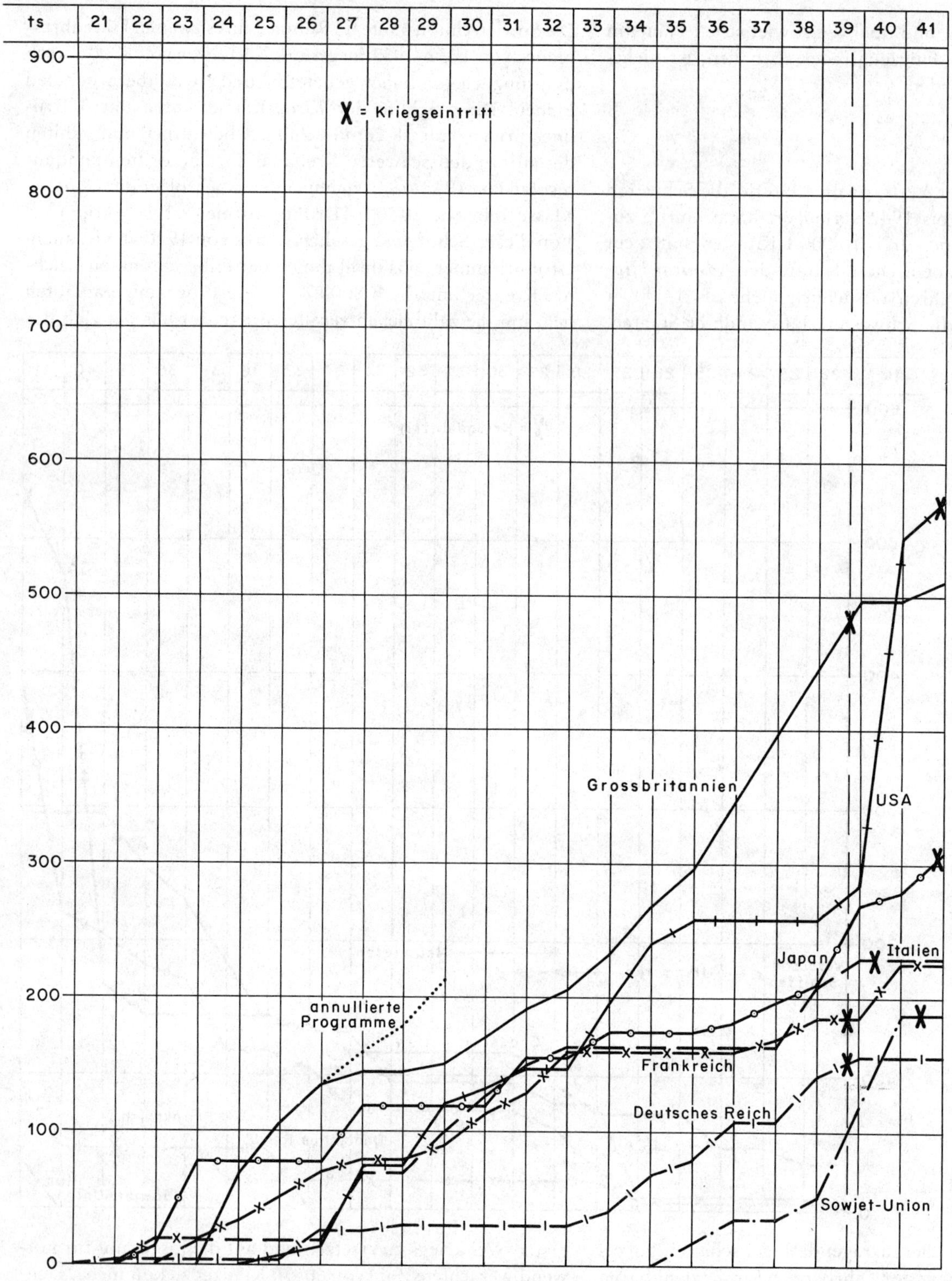

Der Kreuzer-Bau nach Washington 1921 – 1941 (Nach Auftragserteilung)

lingstürmen, bei denen man die Reduzierung in der Größe durch eine etwas geringere Geschwindigkeit erkaufte. Von diesem Typ wurden in den Jahren bis Kriegsbeginn 11 Einheiten in Bau gegeben. Die zweite Serie, ein Luftabwehrkreuzer, wurde nach Erfahrungen entworfen, die man mit umgebauten, alten Leichten Kreuzern gemacht hatte. Die *Dido*-Klasse hatte bei 5450 t Wasserverdrängung 10 der neuen 13,2-cm-Mehrzweckgeschütze in 3 überhöhenden Türmen vorn und 2 weiteren auf dem Achterschiff. Von 1936–1939 wurden insgesamt 16 Einheiten in zum Teil etwas verbesserten Versionen in Bau gegeben.

Die übrigen Mächte hielten sich im Bau von Leichten Kreuzern zunächst zurück. Nur Frankreich gab 1937 ein und 1938 zwei Schiffe von 8000 t, verbesserte Ausgaben der *La Galissonnière,* in Bau (*De-Grasse*-Klasse), während Deutschland 1938/39 zunächst 4 und dann zwei weitere Einheiten von 7800 t mit nur acht 15,2-cm-Geschützen vorsah (*M*-Klasse). Einen neuen Weg beschritt Italien, das als Antwort auf die französischen Großzerstörer 1938 zwölf als Aufklärer bezeichnete Spähkreuzer der *Regolo*-Klasse in Bau gab, die bei knapp 3400 t Verdrängung mit 4 Zwillingstürmen der neuen 13,5-cm-Mehrzweckgeschütze bewaffnet waren und mit 120 000 PS über 41 Knoten erreichen sollten.

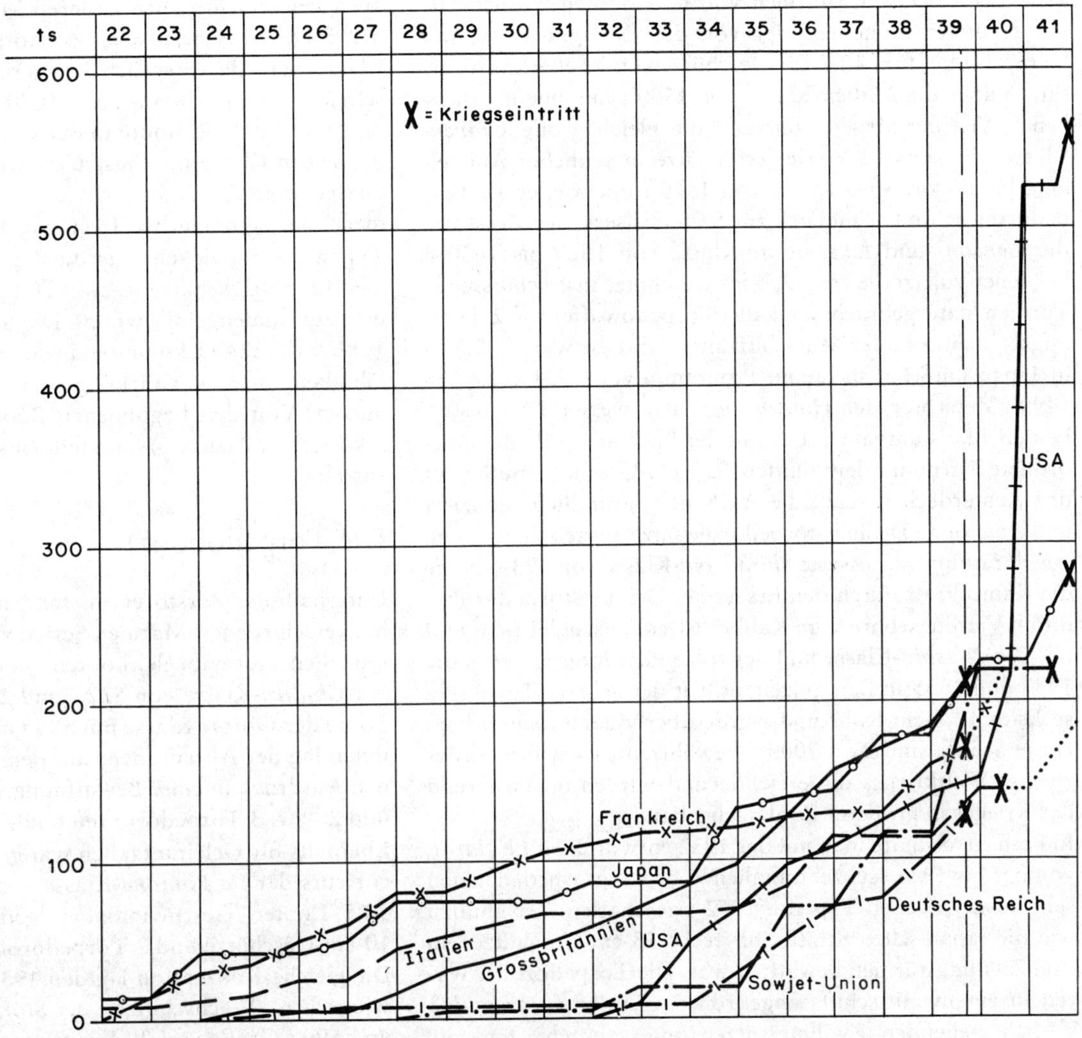

Der Zerstörer- und Torpedobootbau 1922 – 1941 (Nach Auftragserteilung)

Die Zerstörer

Der durch Frankreich eingeleitete Bau von übergroßen Zerstörern fand auch bei anderen Marinen Nachahmung. So gaben die USA von 1933 bis 1935 dreizehn Schiffe der *Porter*- und *Somers*-Klasse mit acht 12,7-cm-Geschützen in Zwillingstürmen in Auftrag, die als Flottillenführer gedacht waren. In diese Kategorie sind auch die ersten 22 deutschen Zerstörer sowie die von der Sowjet-Union gebauten Flottillenführer der *Leningrad*-Klasse zu rechnen, die bei etwa 2200 t fünf 13-cm-Kanonen besaßen. Eine besondere Einheit war die 1937 in Italien für die Sowjet-Union gebaute *Taškent,* die in mancher Hinsicht als ein Vorläufer der italienischen *Regolo*-Klasse angesprochen werden kann. 1935–1936 ging auch England mit den 16 Zerstörern der *Tribal*-Klasse von 1870 t und einer Bewaffnung von acht 12-cm-Geschützen in Doppellafetten zum Bau derartiger kampfstarker Artilleriezerstörer über. 1937 und 1939 ließ es diesen Schiffen 2 Flotillen mit 8 Einheiten (*L*- und *M*-Klasse) folgen, die mit 3 der neuen 13,2-cm-Doppeltürme bewaffnet werden sollten. Die elegantesten Vertreter dieser übergroßen Zerstörer waren die französischen Einheiten der *Volta*-Klasse, die bei 2880 t 4 Doppeltürme 13,8cm-Geschütze trugen und eine Geschwindigkeit von mehr als 40 Knoten erreichten. Eine Sonderstellung nahmen die ab 1937 in Japan entworfenen großen Luftabwehrzerstörer der *Akizuki*-Klasse ein, die bei 2600 t Größe 4 der neuen 10-cm-Mehrzweckdoppelrohre in Zwillingslafetten bekamen und gleichfalls sehr schnell waren. Parallel dazu wurde ab 1939 ein aus den normalen Zerstörern entwickelter Versuchtszerstörer *Shimakaze* in Bau gegeben, bei dem man die Torpedobewaffnung auf 3 Fünflingsrohrsätze 61 cm gesteigert hatte.

Neben diesen großen Zerstörern lief der regelmäßige Bau der normalen Zerstörer bei allen Seemächten weiter. In England ging man 1936, nach dem Abschluß der *A-I*-Klasse, zu einem neuen Typ der Flottenzerstörer über, die bei 1700 t über drei 12-cm-Doppellafetten und 2 Fünflingstorpedorohrsätze verfügten. Die Vereinigten Staaten hatten erst 1932 den Bau von Zerstörern wieder aufgenommen. Bis 1936 wurden jeweils Serien von 12 Einheiten gebaut, danach ging man, von 1937 bis 1939, auf Flottillen von je 8 Booten zurück. Die Größe dieser Einheiten stieg von der *Farragut*-Klasse mit knapp 1400 t, fünf 12,7-cm-Geschützen und 2 Vierlingsrohrsätzen über die *Mahan*-Klasse von 1500 t mit einem zusätzlichen Vierlingstorpedorohrsatz, die gleich große *Craven*-Klasse, die sogar 4 Vierlingsrohrsätze in seitlicher Aufstellung besaß, zur *Sims*-Klasse von 1570 t mit wieder 12 Torpedorohren und schließlich zur Standardserie der Zerstörer der *Benson*- und *Livermoore*-Klasse von 1620 bis 1630 t, bei denen zuletzt die vier 12,7-cm-Geschütze in geschlossenen Türmen untergebracht und die Torpedowaffe auf 2 Fünflingsrohrsätze in der Mittschiffslinie reduziert war.

In Japan mußte man die im Programm von 1931 gebauten 1490-t-Zerstörer der *Hatsuharu*-Klasse wegen Topplastigkeit ebenfalls umbauen. Der auf der Back überhöhend angeordnete Turm mit dem fünften 12,7-cm-Geschütz mußte auf das Achterdeck gesetzt, die Aufbauten gründlich reduziert und einer der 3 Drillingstorpedorohrsätze ausgebaut werden. Die daraufhin verbesserte *Shiratsuyu*-Klasse von 1934 suchte die Kampfkraft durch den Ersatz der Drillingstorpedorohre durch Vierlingsrohre vom Kaliber 61 cm auszugleichen, und mit der *Asashio*-Klasse und der folgenden *Kagero*-Serie, die 1937 und 1939 in Bau gingen, erhielt der achtere Turm sein sechstes 12,7-cm-Rohr und wurde überhöhend angeordnet. Diese Schiffe mit etwa 2000 t bewährten sich während des zweiten Weltkrieges ausgezeichnet und wurden auch während des Krieges in größerer Zahl nachgebaut.

In Frankreich hatte man mit der 1932 entworfenen *Le Hardi*, von der bis 1938 sechzehn Einheiten bewilligt wurden, einen sehr ausgewogenen Typ von 1772 t geschaffen, der ähnlich wie die japanischen Schiffe mit sechs 13-cm-Geschützen in drei Zwillingstürmen bewaffnet war. Die Torpedorohre waren in einem mittschiffs angeordneten Drillingssatz und 2 seitlich stehenden Zwillingssätzen untergebracht, und die Schiffe übertrafen ihre Konstruktionsgeschwindigkeit von 37 Knoten zum Teil erheblich.

Die italienische Marine baute von 1934 bis 1936 die 16 Einheiten der *Soldati*-Klasse von 1620 t. Mit vier 12-cm-Geschützen in 2 Zwillingslafetten und 2 Drillingstorpedorohrsätzen waren diese Schiffe weniger stark bewaffnet, hatten jedoch mit 39 Knoten Konstruktionsgeschwindigkeit einen deutlichen Überschuß über ihre französischen Gegenstücke. Ihnen ähnelten die im Rahmen des zweiten Fünfjahresplanes in der Sowjet-Union gebauten Zerstörer der *Gnevnyj*-Klasse sehr stark, obgleich sie mit 4 Einzelgeschützen 13 cm bewaffnet waren. Von ihnen wurden in der Ostsee 12, im Schwarzen Meer 6 und im Fernen Osten 12 gebaut. Zugleich baute man in Leningrad den Versuchszerstörer *Opytnyj*, der besonders leicht konstruiert war und unter Verzicht auf eines der Seezielgeschütze eine besonders hochgezüchtete Maschinenanlage erhielt, die auch durch Fernbedienung laufen sollte. Das Schiff soll bei den nicht zu Ende geführten Probefahrten über 40 Knoten erreicht haben. Die mit diesem Typ versuchte Anordnung der Maschinenanlage in Kraftwerksgruppen, wie sie auch bei verschiedenen anderen Marinen üblich war, nahm die folgende sowjetische Zerstörer-Serie der *Storoževoj*-Klasse auf. Sie entsprach bei geringfügig gesteigerter Maschinenleistung (48000 auf 54000 PS) der *Gnevnyj*-Klasse, deren 11. und 12. Boote in der Ostsee zu den ersten Booten der neuen Klasse umkonstruiert wurden, denen dann in der Ostsee weitere 12, im Schwarzen Meer 6 folgten, die zumeist bis zum Herbst 1941 zur Flotte traten.Aus diesem Typ weiterentwickelt war die *Ognevoj*-Klasse, bei der die vier 13-cm-Geschütze in zwei Doppeltürmen vorn und achtern zusammengefaßt waren. Die Steigerung der Größe von 1686 t auf 2240 t konnte man so zur Verbesserung der Seefähigkeit und Verstärkung der Maschinenanlagen ausnutzen. Von den begonnenen Booten (Ostsee 14, Schwarzes Meer 5, Pazifik 3) kam jedoch kein Boot mehr vor 1941 zur Flotte.

Die Torpedoboote

Unterhalb der Zerstörer entstanden in den dreißiger Jahren bei verschiedenen Marinen Serien von Torpedobooten oder schnellen Flottenbegleitbooten. Japan gab 1931 vier Boote der *Chidori*-Klasse von 527 t und 26 Knoten und 1934 acht Boote der *Ootori*-Klasse mit 595 t und 28 Knoten in Bau. Bei ihnen lag der Akzent mehr auf den Geleitaufgaben, was seinen Ausdruck in einer Bewaffnung von drei 12-cm-Kanonen und 2 bzw. 3 Torpedorohren fand.

Ebenfalls für Geleitaufgaben waren die 12 französischen Escorteurs der *La Pomone*-Klasse von 1931/32 mit 610 t und 34,5 Knoten Geschwindigkeit gedacht. Sie besaßen zwei 10-cm-Geschütze und 2 Torpedorohre.

Die gleiche Konzeption lag den 1932/33 begonnenen 16 sowjetischen »Wachschiffen« der *Štorm*-Klasse mit zwischen 4 und 500 t Größe und 29 Knoten zugrunde. Sie waren als Sicherungsfahrzeuge für die modernisierten Schlachtschiffe gedacht und hatten eine Bewaffnung von zwei 10-cm-Geschützen und einem Drillingstorpedorohrsatz.

Die 1934 entworfenen deutschen »Flottenbegleiter« *F 1–10* von 712 t und 28 Knoten Geschwindigkeit verzichteten bei zwei 10,5-cm-Geschützen völlig auf eine Torpedobewaffnung.

Im Gegensatz dazu waren die von 1932–1936 in mehreren Serien gebauten 32 italienischen Torpedoboote der *Spica*-

Klasse mit 630 bis 679 t und 34 Knoten Geschwindigkeit, drei 10-cm-Geschützen und 4 Torpedorohren in stärkerem Maße auf die Aufgaben als Torpedoträger ausgerichtet. Parallel dazu wurden 1934 noch 4 Geleittorpedoboote der *Orione*-Klasse von 855 t mit nur 28 Knoten Geschwindigkeit, zwei 10-cm-Geschützen und 4 Torpedorohren in Auftrag gegeben, die jedoch einen wesentlich größeren Aktionsradius für ihre Geleitaufgaben besaßen.

Am extremsten waren die 1935/36 in Deutschland in Bau gegebenen Torpedoboote *T 1–12* auf ihre Funktion als Torpedoträger ausgelegt. Bei 840 t Größe hatten sie eine Geschwindigkeit von 34,5 Knoten und nur ein 10,5-cm-Geschütz, jedoch 2 Drillingstorpedorohrsätze. 1937 folgte ihnen eine weitere, geringfügig vergrößerte Serie von 6 Booten und 1939 nochmals 3: *T 13 – T 21*. Eine gewisse Ähnlichkeit mit den italienischen Entwürfen hatten die 1938/39 in der Sowjet-Union mit manchen Verzögerungen begonnenen Torpedoboote der *Jastreb*-Klasse von 906 ts, die bei 35 Knoten Geschwindigkeit drei 8,5-cm-Geschütze und 3 Torpedorohre in einem Drillingssatz bekommen sollten. Es wurde jedoch keines dieser Boote vor Kriegsbeginn mehr fertig.

Die ab 1937 in Auftrag gegebenen 14 französischen Boote der *Le Fier*-Klasse waren dagegen schon leichte Zerstörer. Mit ihren 1087 t und 33,5 Knoten Geschwindigkeit sollten sie 2 Doppellafetten 10-cm-Geschütze und einen Vierlingsrohrsatz erhalten, doch kamen auch sie vor dem Kriege nicht mehr zur Front.

Die britische Marine benötigte in größerem Umfange Geleitfahrzeuge. Da die Zahl der Zerstörer für die vielfältigen Aufgaben nicht ausreichte und andererseits die bisher gebauten Sloops und Korvetten zu langsam waren und in ihrer Luftabwehrarmierung nicht genügten, ging die Royal Navy einerseits in der zweiten Hälfte der dreißiger Jahre daran, eine Reihe älterer Zerstörer zu Flakgeleitbooten umzubauen und gab andererseits 1939 die ersten zwanzig 1000-t-*Hunt*-Zerstörer der *Atherstone*-Klasse in Bau. Diese erhielten bei 27 Knoten Geschwindigkeit 3 Doppellafetten 10,2-cm-Flak, von denen teilweise eine Doppellafette durch einen vierläufigen 4-cm-»Pompom« ersetzt wurde. Später bekamen einige Boote auch einen Drillingstorpedorohrsatz.

Die U-Boote

In der Entwicklung der U-Boote zeichnete sich bei fast allen Marinen die Tendenz zum Übergang auf wenige erprobte Typen und deren Bau in größeren Serien ab. In England ging man, nachdem die in den zwanziger Jahren gebauten großen Patrol-U-Boote immer wieder mit Leckagen in ihren außerhalb des Druckkörpers angebrachten Brennstofftanks zu kämpfen hatten, dazu über, künftig die Brennstoffbehälter innerhalb des Druckkörpers unterzubringen. Darüber hinaus entschloß man sich ab 1935, sich im U-Boot-Bau auf 2 Typen einzustellen, einem mittleren U-Boot für die Operationen in der Nordsee und einem großen Patrouillen-U-Boot, um die in den zwanziger Jahren gebauten Boote zu ersetzen. Für die erste Aufgabe wurde zunächst die 735 t große *S*-Klasse mit insgesamt 12 Einheiten verwendet, ehe man 1936 zum kleineren Einhüllentyp der *U*-Klasse mit dieselelektrischem Antrieb überging. Bei 540 t hatten diese Boote wie ihre Vorgänger 6 Bugtorpedorohre und damit eine große Zahl gleichzeitig einzusetzender Torpedos. Einer ersten Serie von 3 Booten 1936 folgte 1939 eine zweite Serie von 12 Booten. Für die Fernaufgaben wurden die ab 1935 in Auftrag gegebenen 1090 t großen Boote der *T*-Klasse vorgesehen, von denen bis zum Beginn des Krieges 22 in Auftrag gegeben wurden. Es waren gleichfalls Satteltankboote, bei denen nicht nur 6 Bugtorpedorohre innerhalb des Druckkörpers, sondern darüber hinaus in druckfesten Rohren außerhalb des Druckkörpers 4 nach voraus und 1 nach achteraus wirkendes Torpedorohr untergebracht wurden. Diese starke Torpedobewaffnung sollte den Booten die Möglichkeit geben, mit Fächerschüssen jedes moderne schwere Großkampfschiff mit 6 oder 8 Treffern zu versenken. Diese Standardtypen erwiesen sich als sehr geglückte Konstruktionen, die während des Krieges in großen Zahlen weitergebaut wurden.

Nach den Experimenten der zwanziger Jahre hatten die Vereinigten Staaten als für sie zweckmäßigstes U-Boot ein etwas über 1300 t großes, mit 19 und mehr Knoten recht schnelles Flotten-U-Boot als geeignetste Lösung gefunden, das über 4 Bug- und 2 Hecktorpedorohre mit beträchtlichen Nachlademöglichkeiten verfügte. Diese wurden ab 1932 als *P*-Klasse (10 Boote), ab 1935 als auf 1435 t vergrößerte *S*-Klasse mit 4 Bug- und 4 Heckrohren und auf 21 Knoten gesteigerter Überwassergeschwindigkeit (16 Einheiten) gebaut. Ihr folgte ab 1938 die *T*-Klasse, bei der man die Verdrängung geringfügig erhöht hatte, um 6 Bugrohre unterbringen zu können. Diesen 6 Booten folgte 1939 die Serie von 6, praktisch identischen Booten der *Gar*-Klasse, ehe man 1940 zum Großserienbau der daraus entwickelten *Gato*-Klasse von 1525 t überging. Zwei Küsten-Versuchsboote der *Mackerel*-Klasse von 800 t fanden in der amerikanischen Marine keine weiteren Nachfolger.

Japan, das in den zwanziger Jahren ähnliche Flotten-U-Boote gebaut hatte, verlagerte in den dreißiger Jahren das Gewicht auf die Fertigstellung von wesentlich größeren U-Kreuzern. Nachdem 1934 zwei Führer-U-Kreuzer der *I-7*-Klasse mit 2231 t und einer Höchstgeschwindigkeit über Wasser von 23 Knoten gebaut waren, die 6 Bugtorpedorohre mit insgesamt 20 Torpedos besaßen und mit einem auf dem Vorschiff angebrachten Katapult ein im druckfesten Hangar vor dem Turm untergebrachtes Flugzeug starten konnten, ging man 1937 zum Serienbau von 2 etwas kleineren Serien von U-Kreuzern über. Die *I-15*-Klasse mit 2198 t hatte, neben einem 14-cm-Geschütz auf dem Achterdeck, auf dem Vorschiff ebenfalls einen druckfesten Hangar für ein Aufklärungsflugzeug, das von einem Katapult gestartet werden konnte. Für seine 6 Bugtorpedorohre führte es 17 Torpedos mit und erreichte eine Überwassergeschwindigkeit von 23,5 Knoten. Reine Torpedoträger waren die Boote der *I-16*-Klasse, die bei fast gleicher Größe 8 Bugtorpedorohre mit 20 Torpedos mitführen konnten. 1941 wurde auf dem Achterdeck dieser Boote die Möglichkeit für die Unterbringung von Zweimann-Klein-U-Booten geschaffen. Als vergrößerte Version des *I-15*-Typs wurden im Programm von 1939 drei Führungs-U-Boote vom Typ *I-9*, die zusätzliche Unterbringungsmöglichkeiten für Stäbe besaßen und deshalb 2434 t groß waren, in Auftrag gegeben. Erst 1939 ging Japan auch wieder zum Bau von schnellen Flotten-U-Booten von 1630 t mit 6 Bugrohren und 23 Knoten Überwassergeschwindigkeit über und nahm im folgenden Jahr auch den Bau von kleinen,525 t großen U-Booten mit 4 Bugrohren auf. Eindeutig lag jedoch das Schwergewicht auch weiterhin bei den für eine Verwendung mit der eigenen und gegen die feindliche Flotte konzipierten schnellen Tauchbooten.

Das mit dem Bau seiner U-Boot-Waffe in den zwanziger Jahren führende Frankreich hatte von 1931 bis 1936 im U-Boot-Bau eine Pause eintreten lassen und begann erst ab 1936/37 wieder mit dem planmäßigen Bau von Serien moderner U-Boote. Der Schwerpunkt lag dabei auf wohl vorwiegend für die Verwendung im Mittelmeer gedachten mittleren Booten der *Aurore*-Klasse von 805 t und 14,5 Knoten Geschwindigkeit, die im Druckkörper eine normale Bewaffnung von 4 Bug- und 2 Hecktorpedorohren vom Kaliber 55 cm erhielten und darüber hinaus im Achterdeck einen schwenkbaren, druckfesten Viererrohrblock besaßen. Bis 1940 wurden 26 Boote dieses Typs bewilligt, jedoch kam keines mehr bis zum Krieg an die Front. Auch die großen, als Weiterentwicklung der bisherigen großen Patrouillenboote gedachten Einheiten der *Roland-Morillot*-Klasse von 1605 t, von denen 10 Boote in Auftrag gegeben wurden, kamen nicht mehr zum Einsatz, ebensowenig wie die vier 650 t großen speziellen Minen-U-Boote der *Emeraude*-Klasse.

Vielfältiger war das Bild in Italien. Hier wurde einerseits ab 1935 der Bau der für die Verwendung im Mittelmeer vorgesehenen Küsten-U-Boote von 620 t mit der *Perla*-Klasse fortgesetzt, von der 27 Einheiten in Bau gegeben wurden, die mit 6 Bugtorpedorohren und 14 Knoten Geschwindigkeit für ihre Aufgaben recht günstige Merkmale aufwiesen. Daneben entwickelte die italienische Marine aus den bisherigen mittleren U-Booten in mehreren Serien einen auch für die Hochseeverwendung geeigneten Typ von rund 1000 t, der ab 1937 in insgesamt 26 Einheiten in verschiedenen Serien gebaut wurde. Mit 4 Bug- und 4 Heckrohren sowie einem bis zwei 10-cm-Geschützen waren diese Boote der *Brin*- und *Marcello*-Klassen mit ihren Nachfolgern recht ausgewogene Konstruktionen. Daneben baute die italienische Marine 1934–1938 drei große Minen-U-Boote von 1190 t (*Foca*-Klasse) und gab außerdem 1938 vier speziell für die Handelskriegsführung entworfene U-Kreuzer von 1461 t, die *Ammiraglio*-Klasse in Bau. Bei diesen Schiffen beschränkte man sich in der Geschwindigkeit auf 18 Knoten, gab ihnen jedoch mit insgesamt 14 Torpedorohren von 45 cm Kaliber in 8 Bug- und 6 Heckrohren mit 22 Reservetorpedos und einer Artilleriebewaffnung von zwei 10-cm-Geschützen sowie einer Seeausdauer von etwa 3 Monaten eine für ozeanische Handelskriegsaufgaben besonders große Kampfkraft.

In der deutschen Marine kam es in den Jahren von 1935–1939 zu einem Meinungsstreit über die zweckmäßigsten U-Boot-Typen, der zu einer wesentlichen Verzögerung des U-Boot-Baues führte. Der Führer der U-Boote, Kapitän zur See Dönitz, war der Meinung, daß im Kriegsfalle England auf der Gegenseite stehen und zum Schutz seines Handels sofort wieder auf das im ersten Weltkrieg so bewährte Geleitzugsystem zurückgreifen würde. Deshalb entwickelte und erprobte Dönitz in den Jahren bis 1939 die sogenannte Gruppentaktik, durch die er der Konzentration der feindlichen Schiffe und Abwehr im Konvoi die Konzentration der U-Boote in einer taktisch straff geführten Gruppe gegenüberstellen wollte. Aus dieser Taktik ergab sich die Forderung des F. d. U., die im Rahmen des deutsch-englischen Flottenvertrages verfügbare U-Boot-Tonnage zum Bau einer möglichst großen Zahl der für den Geleitzugkampf besonders geeigneten mittleren Boote vom Typ VII zu verwenden. Im Oberkommando (OKM) war man dagegen der Meinung, das U-Boot werde auch künftig einzeln operieren müssen, und legte deshalb besonderen Wert auf große U-Kreuzer mit einer starken Artilleriebewaffnung und beträchtlicher Seeausdauer zur Führung eines Kreuzerkrieges in entfernten Gewässern, der auch dazu dienen sollte, stärkere feindliche Streitkräfte aus dem Heimatgebiet abzuziehen.

Die neuen deutschen U-Boot-Typen basierten auf Entwürfen der in den zwanziger und dreißiger Jahren von einem getarnten deutschen U-Boot-Konstruktionsbüro in Holland (I.v.S.) für Rechnung der Türkei, Schwedens, Finnlands und Spaniens gebauten U-Boot-Typen, die z. T. zunächst mit deutschen Probefahrtbesatzungen eingefahren wurden. Aus dem in Spanien 1930/31 gebauten U-Boot *E 1*, das 1935 als *Gür* an die Türkei verkauft wurde, von 750 t, 20 Knoten Überwassergeschwindigkeit und einer Bewaffnung von 4 Bug- und 2 Hecktorpedorohren, entstand der deutsche Typ I, bei dem man mit einer gewissen Vergrößerung auf 862 t und Verzicht auf eine kleine Geschwindigkeitsspitze einen größeren Aktionsradius erreichte *(U 25–26)*. Aus diesem Typ I wurde nach Erprobung der Typ IX entwickelt, dessen Bewaffnung dem Typ I entsprach, bei dem man jedoch vor allem die Seeeigenschaften und die Seedauer weiter verbessert hatte. 1937 wurden *U 37–U 44* mit 1032t in Bau gegeben. Aus den in Finnland gebauten mittleren U-Booten des Typs *Vetehinen* entstand der deutsche Typ VII *(U 27–U 36)*, der bei 626 t und 17 Knoten Überwassergeschwindigkeit 4 Bugrohre und 1 Heckrohr besaß sowie als Artilleriebewaffnung eine 8,8-cm-Kanone. Von diesem Typ wurden 1935/36 zehn Einheiten gebaut, ehe man 1937 zu einem etwas vergrößerten (753 t) und ebenfalls in der Antriebsleistung und der Seeausdauer verbesserten Typ überging *(U 45/f.)*. Der daraus entwickelte Typ VII C sollte dann das im zweiten Weltkrieg in größter Zahl gebaute U-Boot, das vor allem im Geleitzugkampf im Nordatlantik verwendet wurde, werden. Um bei Beginn des Aufbaus der U-Boot-Waffe schnell zu einer größeren Zahl von U-Booten zu kommen, waren 1935–36 zunächst 24 kleine Boote vom Typ II gebaut worden, deren Entwurf auf das finnische 250-t-Boot *Vesikko* zurückging. In zwei Serien, Typ II A und II B, wurden *U 1–24* mit 3 Bugtorpedorohren bewaffnet. Neben diesen Typen ließ das OKM ein großes Minen-U-Boot (Typ X), einen mit starker Artilleriebewaffnung und Aufklärungsflugzeug bewaffneten U-Kreuzer (Typ XI) sowie ein schnelles Fern-U-Boot, das auch als Flotten-U-Boot verwendet werden konnte (Typ XII), entwickeln. Die Meinungsverschiedenheiten führten dazu, daß, nachdem man bis 1936 sechsunddreißig Boote in Bau gegeben hatte, 1937 nochmals 19 folgten, dann jedoch 1938 und 1939 vor Beginn des Krieges nur 8 bzw. 9 weitere Boote in Bau gegeben wurden. Da die Fertigstellung der Boote sich gleichfalls hinauszögerte, kamen nach der ersten Welle von 36 Booten 1938 nur 9 und 1939 zwölf weitere Boote zur Fertigstellung.

In der Sowjet-Union hatte der U-Boot-Bau 1927 begonnen. Die militärische Forderung erstreckte sich zunächst auf ein größeres Hochseeboot, für dessen Entwurf man sich an italienische Formen anlehnte. Die bis 1931 fertiggestellten je 3 Boote der *D*-Klasse in der Ostsee und im Schwarzen Meer hatten unter manchen Kinderkrankheiten zu leiden, doch wurden die Ostseeboote 1933 ins Nordmeer verlegt. Im Jahre 1929 wurde, aufbauend auf dem gehobenen britischen Boot *L-55*, das 1919 vor Kronstadt gesunken war, die *L*-Klasse als vergrößertes Minen-U-Boot entworfen. Bei 1040 t Wasserverdrängung hatte dieser Typ ebenso wie die *D*-Klasse 6 Bugtorpedorohre, jedoch statt der 2 Hecktorpedorohre horizontal angeordnete 2 Minenschächte, in denen 14 Schachtminen untergebracht werden konnten. Die Artilleriebewaffnung war bei beiden Booten eine 10-cm-Kanone. Als Fehlkonstruktion erwies sich dagegen die 1931 begonnene Serie großer U-Boote vom Kreuzertyp der *P*-Klasse, die bei 1200 t 6 Bugrohre und zwei 10-cm-Geschütze erhielt. Der Bootstyp wurde trotz mehrerer Umbauten nie richtig frontreif und vorwiegend als Transporter benutzt.

Als mittleres Boot entstand ab 1930 die *ŠČ*-Klasse, die nach Überwindung einiger Kinderkrankheiten im Rahmen des zweiten Fünfjahresplanes von 1933–37 in großer Zahl in der Ostsee, im Schwarzen Meer und vor allem auch im Fernen Osten gebaut wurde. Bei 577 bis 587 t besaßen die Boote gleichfalls 6 Bugtorpedorohre mit 4 Reservetorpedos, jedoch nur leichte Artillerie. In der zweiten und dritten Serie dieser Boote wurden der Fahrbereich und die Seeeigenschaften teilweise verbessert und verdoppelt. Mit dem Jahr 1932 begann man zugleich mit dem Entwurf eines kleinen U-Bootes, das bei geringem Fahrbereich vorwiegend für defensive Aufgaben im engeren Küstenbereich gedacht war. Die erste Serie Typ M-VI war nur 161 t groß und hatte zwei Bugtorpedorohre ohne Reservetorpedos. Die Boote wurden gleichfalls in der Ostsee, im Schwarzen Meer und im Fernen Osten gebaut.

Nachdem in der Laufzeit des ersten Fünfjahresplanes von 1928–32 nur die 6 Boote der *D*-Klasse tatsächlich fertiggestellt werden konnten, stieg die Zahl der in Dienst gestellten Boote während des zweiten Fünfjahresplanes von 1933–37 auf nicht weniger als 137 Boote, von denen 69 dem *ŠČ*-Typ und 52 der *M-VI*-Klasse angehörten. 1935 war nach Plänen des deutschen I.v.S. in Holland (Typ E-II, Weiterentwicklung des *E-1*) die sowjetische *S*-Klasse von 840 t entstanden, die in ihrem äußeren Erscheinungsbild und in ihren Eigenschaften dem deutschen Typ I sehr ähnelte. Nachdem die ersten Boote erprobt waren, gaben die Sowjets im Rahmen des dritten Fünfjahresplanes größere Serien dieser Boote in der Ostsee, im Fernen Osten, im Schwarzen Meer sowie auf einer Binnenwerft in Gorkij in Bau. Dieser Typ bewährte sich während des zweiten Weltkrieges vor allem im Nordmeer recht gut, erwies sich aber als für die Ostsee offenbar zu groß. Für die begrenzten Gewässer waren die Boote der *ŠČ*-Klasse geeigneter. Als weitere Typen entstanden gleichzeitig neue Serien der *L*-Klasse, die zunächst im Fernen Osten und kurz vor Kriegsausbruch in kleineren Dreierserien auch in der Ostsee und im Schwarzen Meer gebaut wurden, ferner eine auf 206 t vergrößerte Version der M-Klasse, M-*XII*, mit gleichfalls 2 Bugrohren und von 1600 auf 3440 Seemeilen erhöhtem Fahrbereich. Eine weitere Verbesserung der M-Klasse, der Typ *M-XV*, brachte bei einer kräftigen Erhöhung der Tonnage auf über 300 t eine Vermehrung der Torpedorohre auf 4 Bugrohre, so daß diese Boote eine wesentlich höhere Kampfkraft und parallel dazu auch einen noch weiter erhöhten Fahrbereich bekamen, doch sollten die ersten Boote erst während der letzten Phase des Krieges in Dienst kommen. Als letzter neuer Vorkriegstyp wurde 1936 ein großer U-Kreuzer, die *K*-Klasse in Bau gegeben, die in manchen Eigenschaften den italienschen Booten der *Ammiraglio*-Klasse ähnelte. Bei 1480 t hatten die Boote 6 im Druckkörper untergebrachte Bugrohre, 2 weitere, ähnlich wie die britische *T*-Klasse, im durchfluteten Aufbau darüber, ferner 2 Heckrohre sowie 2 Minenschächte für 20 Minen. Die Artilleriebewaffnung war mit zwei 10-cm- und zwei 4,5-cm-Flak recht stark, und der Fahrbereich von 15 000 Seemeilen erlaubte Fernunternehmungen. Die in der Ostsee insgesamt in Bau gegebenen 12 U-Boote wurden vor und zu Beginn des Krieges zur Hälfte ins Nordmeer überführt. Sie konnten sich jedoch hier im Einsatz vor der norwegischen Küste wegen ihrer Größe nicht recht bewähren. Bis zum Beginn des Krieges war die sowjetische U-Boot-Waffe, von den wenigen aus dem Krieg stammenden älteren Booten abgesehen, bereits auf 165 Neubauten angewachsen und damit im September 1939 die zahlenmäßig weitaus stärkste U-Boot-Waffe, gefolgt von Italien mit 106, den USA mit 95, Frankreich mit 76 sowie Japan, Großbritannien und Deutschland mit je 57 Booten. Die Aufgliederung auf die einzelnen Typen zeigt die folgende Tabelle:

Typengliederung der U-Bootwaffen am 1. September 1939:

	alte Boote	Küstenboote	mittl. Boote	große Boote	U-Kreuzer	Minenboote	Gesamt
Sowjet-Union	9/ 4.726	61/ 10.136	69/ 40.282	13/ 11.400	3/ 3.600	10/ 10.400	165/ 80.574
Italien	7/ 2.486	–/ –	48/ 32.871	40/ 40.748	4/ 6.206	6/ 7.483	105/ 89.794
USA	65/ 44.740	–/ –	–/ –	24/ 33.095	5/ 11.460	1/ 2.710	95/ 92.005
Frankreich	–/ –	–/ –	32/ 18.292	38/ 48.767	1/ 2.880	6/ 4.014	77/ 73.903
Japan	18/ 5.792	–/ –	2/ 1.400	25/ 40.365	8/ 16.322	4/ 4.568	57/ 78.447
Großbritannien	12/ 5.970	–/ –	15/ 9.540	21/ 27.904	3/ 5.505	6/ 9.100	57/ 58.019
Deutschland	–/ –	30/ 8.292	18/ 12.284	9/ 8.948	–/ –	–/ –	57/ 29.524

Der Bestand der Flotten der Großmächte an Hauptkampfschiffen am 1.9.1939:

Schiffstyp	Großbritannien	USA	Japan	Frankreich	Italien	Deutschland	Sowjet-Union
Schlachtschiffe	15/ 473.588	15/ 464.300	10/ 314.024	7/ 162.654	4/ 95.012	5/ 99.200	3/ 69.878
Flugzeugträger	7/ 137.950	5/ 120.300	6/ 125.970	1/ 22.146	–/ –	–/ –	–/ –
Schwere Kreuzer	17/ 165.186	18/ 171.200	14/ 133.430	7/ 70.000	7/ 79.089	1/ 14.050	2/ 16.575
Leichte Kreuzer	48/ 292.845	18/ 148.500	23/ 134.455	12/ 84.502	15/ 89.083	6/ 38.665	4/ 25.494
Zerstörer	183/ 243.339	214/ 267.615	82/ 136.988	58/ 112.966	59/ 90.033	21/ 47.734	33/ 51.196
Torpedoboote	–/ –	–/ –	25/ 17.183	12/ —7.320	67/ 46.523	12/ 11.142	18/ 6.818
U-Boote	57/ 58.019	95/ 92.005	57/ 78.447	77/ 73.903	105/ 89.794	57/ 29.524	165/ 80.574
Gesamtzahl	327/ 1.370.927	365/ 1.263.920	217/ 940.497	174/ 533.491	257/ 489.534	102/ 240.315	225/ 250.535
Verhältnis	5 :	4,6 :	3,4 :	1,9 :	1,8 :	0,9 :	0,9

Die Wende in der deutschen Flottenpolitik: Der Z-Plan

Anfang 1938 hatte der Fortschritt der deutschen Wiederaufrüstung Hitler zu seinem ersten großen Vabanquespiel veranlaßt. Er marschierte in Österreich ein und verkündete in Wien den Anschluß Österreichs an das Reich. Ende des Jahres forderte er von der Tschechoslowakei die Abtretung des deutschstämmigen Sudetenlandes. Im Gegensatz zu den Österreichern sind die Tschechen vornehmlich slawischer Herkunft. Sie waren durch Militärbündnisse mit den Franzosen und Russen verbunden. Geschützt von Grenzbefestigungen, einer guten Armee und einer beachtlichen Rüstungsindustrie waren sie für einen Kampf gut vorbereitet. Nahezu jeder erwartete damals den Ausbruch eines Krieges. Stattdessen flogen die Premierminister Großbritanniens und Frankreichs zu einer Konferenz mit Hilter und Mussolini nach München. Am Ende stand Frankreich nicht zu seinen Verpflichtungen. Gegen leere Versprechungen Hitlers verkauften Daladier und Chamberlain die Freiheit der Tschechen. Rußland konnte daher später behaupten, die westlichen Demokratien hätten bewiesen, daß man ihnen nicht trauen könne, Rußland daher selbst für seine Sicherheit sorgen müsse. Im Westen aber bestand eine so leidenschaftliche Hoffnung auf Frieden, daß eine jubelnde Menschenmenge das Flugzeug des heimkommenden Chamberlain in Croydon umringte. Der Frieden, den er so teuer erkauft hatte, sollte aber weniger als ein Jahr dauern.

Hitler ging mit der Annahme, die Westmächte hätten ihm mit dem Münchener Abkommen freie Hand in Mittel- und Mittelosteuropa gelassen, ebenso fehl wie Briten und Franzosen mit der Hoffnung, der Diktator sei nach Erringung der Sudetengebiete nunmehr saturiert. Hitler erklärte vielmehr schon am 9. Oktober in Saarbrücken, er sei zwar zu einer Verständigung mit Großbritannien bereit, aber eine Bevormundung ertrüge er nicht, es sei an der Zeit, daß England »gewisse Allüren der Weimarer Epoche« ablege. Sollten Männer wie Duff Cooper, Churchill und Eden in London ans Ruder kommen, so würden diese sofort einen neuen Weltkrieg entfesseln.

Der offensichtliche Mangel an einer aufrichtigen deutschen Verständigungsbereitschaft sowie die Resonanz, die die Pogrome des 9. November 1938 in England hervorriefen, belasteten das deutsch-britische Verhältnis nachhaltig. Die Regierung Chamberlain sah sich daher, wiewohl im Prinzip immer noch auf Entspannung bedacht, unter erheblichen innerpolitischen Druck gesetzt und legte eine weniger konziliante Verhaltensweise an den Tag; gleichzeitig begannen die Briten ihre Rüstungsanstrengungen zu intensivieren. Hitlers Illusion, die Westmächte würden seine Politik einer Ostexpansion tolerieren, zerbröckelte langsam. Am 24. November erklärte er gegenüber einem südafrikanischen Politiker, er habe ein Menschenalter für die deutsch-britische Verständigung gekämpft . . . aber kein Mann wäre von England niederträchtiger behandelt worden als er . . . Schweren Herzens sei er schließlich zur Liquidation seiner Jugendarbeit geschritten, als er merkte, daß England nicht wolle. Aber England solle sich keinen falschen Hoffnungen hingeben. Hier stünde Rüstung gegen Rüstung. Vier Wochen zuvor hatte er bereits in einer Weisung vom 21. Oktober angeordnet, militärische Vorbereitungen zu treffen, um »die Rest-Tschechoslowakei jederzeit zerschlagen zu können«. Am 28. Oktober bemerkte dann der Reichsaußenminister zum Grafen Ciano, seit September müsse man mit einem Krieg gegen die westlichen Demokratien rechnen.

Auf dem Hintergrund dieser Entwicklung ist die grundlegende Wendung in Hitlers Flottenpolitik zu sehen, die dann um die Jahreswende 1938/39 deutlich in Erscheinung trat. Bereits im Verlaufe des Jahres 1938 wurden die Weichen in dieser Hinsicht gestellt. Seit 1933 hatte Hitler seinem Oberbefehlshaber der Kriegsmarine (ObdM), Admiral Raeder, gegenüber mehrfach betont, ein Krieg mit England sei nicht geplant, er sei im Gegenteil auf einen Ausgleich mit dem Inselreich bedacht.[1]

Dementsprechend rangierte die Seerüstung bisher auch in der Priorität hinter Heer und Luftwaffe. Ende Mai 1938 jedoch, einige Monate nach der Ablösung des auf Ausgleich bedachten Außenministers v. Neurath durch den Parteimann v. Ribbentrop, erklärte Hitler dem ObdM, er strebe zwar immer noch einen Modus vivendi mit Großbritannien an, müsse nun aber mit einer künftigen Gegnerschaft der Briten rechnen. Daher drängte er auf beschleunigte Fertigstellung der im Bau befindlichen beiden Schlachtschiffe *Bismarck* und *Tirpitz* und ordnete die Bereitstellung von sechs Hellingen für größere Schiffbauten an. Weiterhin sollten Vorbereitungsmaßnahmen für einen verstärkten und beschleunigten Bau von U-Booten getroffen werden um zu gegebenem Zeitpunkt schnellstens die 100-Prozent-Parität mit Großbritannien erreichen zu können.

Von Sommer 1938 an begann daher die Marine die ersten Folgerungen aus diesen Willenserklärungen ihres »Führers« zu ziehen. Es wurde im Sommer eine »Entwurfsstudie Seekriegführung gegen England« verfaßt, welcher der Gedanke einer »nach dem Willen des Führers zu errichtenden deutschen Weltmachtstellung« zugrunde lag. Der Seekriegsleitung (Skl) war klar, daß der »Wille zur Ausgestaltung Deutschlands als Weltmacht . . . zwangsläufig zur Notwendigkeit entsprechender Kriegsvorbereitungen« führen müsse. Raeder befahl im August, alle bisher geplanten Schiffe bis 1944 fertig zu stellen. Dem Kriegsspiel im Herbst 1938 legte er die Hypothese eines Krieges Deutschland–Italien gegen England–Frankreich im Jahre 1943 zugrunde. Aus den Ergebnissen dieses Kriegsspieles zog die Marineführung den Schluß, daß im Kampf gegen die britischen Seeverbindungen nicht der Einsatz von U-Booten, sondern von schweren Schiffen als Handelsstörern die größere Wirkung verspreche. Dahinter stand die Vorstellung, daß der Kampf gegen den britischen Seeverkehr es erfordere, der mächtigen Flotte Großbritanniens zugleich auch das Rückgrat zu brechen: »Solange sich ein deutscher Kreuzerkrieg im wesentlichen auf den Einsatz von U-Booten beschränkt, ist die britische Flotte in ihrem Kern selbst nicht gebrochen.« Diese Auffassung sollte für die weitere deutsche Flottenbaupolitik und damit schließlich auch für das spätere Schicksal der deutschen Marine entscheidend werden.

Nach derartigen Vorplanungen setzte Raeder Ende September 1938 – inzwischen war, wie erwähnt, die temporäre Entspannung durch das Münchener Abkommen bereits verflogen – einen Planungsausschuß ein, der den Auftrag erhielt, »in kürzester Zeit die Richtlinien für den weiteren Aufbau der Kriegsmarine bei operativer Einstellung auf einen etwaigen künftigen bewaffneten Konflikt mit England aufzustellen«. Dabei wurde allerdings vorausgesetzt, daß für einen derartigen Aufbau noch eine längere Friedensperiode zur Verfügung stehe.

Mit der ernüchternden Erkenntnis, daß die britische Regierung ihm keineswegs einen Blankoscheck für jegliche Expansions- und Aggressionspolitik auszustellen beabsichtigte, intensivierte sich auch Hitlers Interesse an der Seerüstung. Er befahl nicht nur dem ObdM, alle Möglichkeiten, die der Flottenvertrag mit Großbritannien biete, auszuschöpfen, sondern sich auch darauf vorzubereiten, »ein ungeheures Bauprogramm« durchzuführen. Wiederum stand hinter seinen Ausführungen der Gedanke eines Flottenantagonismus mit Großbritannien. Am 1. November erteilte er Raeder dann die Weisung, den Ausbau der Marine mit allem Nachdruck und besonderer Vordringlichkeit zu betreiben.

Mit einer Note am 12. Dezember 1938 teilte die Reichsregierung den Briten mit, sie beabsichtige, die ihr durch den deutsch-britischen Flottenvertrag gegebenen Möglichkeiten nunmehr auszunützen. In den daraufhin am 30. Dezember beginnenden deutsch-britischen Verhandlungen zeigte sich die deutsche Delegation gegenüber den britischen Kompromißvorschlägen, die auf einen wenigstens stufenweise gestaffelten deutschen Flottenausbau abzielten, absolut ablehnend und setzte ihre Forderungen – Ausschöpfung der 100-Prozent-U-Boot-Quote und Durchbrechung der Baufeierzeiten für Kreuzer – unnachgiebig durch. Die Briten unterstrichen nochmals ihr stärkstes Interesse an einem Weiterbestehen des Flottenabkommens; sie schlugen sogar in einer Note ein Zusatzabkommen über den Austausch von Rüstungsinformationen vor. Die Reichsregierung aber lehnte dies im Februar 1939 mit der Begründung ab, dazu bedürfe es »einer allgemeinen Atmosphäre größeren Vertrauens«. Hitler dachte eben nicht mehr daran, den Briten entgegenzukommen. Er hatte sich entschlossen, dem Reich eine der britischen gleiche Weltmachtstellung zu erringen, nicht zuletzt durch den Aufbau einer starken Flotte. Daher wollte er weder vertragliche Bindungen eingehen noch sich in seine Flottenbaupläne hineinsehen lassen.

Im Winter 1938/39 trat dann die akute Wende in der deutschen Flottenbaupolitik ein. Raeder legte Hitler als Ergebnis der bisherigen Überlegungen und Studien zwei Alternativpläne vor: wolle man schnell eine Flotte haben, die Großbritanniens vitale Seeverbindungen bedrohen könne, dann müsse man – was verhältnismäßig rasch und billig sei – U-Boote und Panzerschiffe bauen. Eine größere Wirkungsmöglichkeit biete indessen der Aufbau einer auch stärkere Schiffstypen umfassenden kampfkräftigeren Flotte; sie könne nicht nur die britischen Seeverbindungen bedrohen, sondern sich auch der britischen Flotte mit einiger Aussicht stellen, sie durch Diversion zersplittern und abnutzen. Ihr Aufbau erfordere allerdings größere finanzielle Aufwendungen, vor allem brauche er längere Zeit. Daher wies Raeder auch darauf hin, daß wenn in dieser längeren Aufbauzeit sich ein kriegerischer Konflikt ergäbe, die Flotte dann möglicherweise

1 Der Generalfeldmarschall v. Weichs berichtet allerdings, Hitler habe 1934 vor der Generalität bereits einmal die Möglichkeit einer kriegerischen Wendung gegen die Westmächte erwähnt.

noch als Torso dastehen würde. Hitler aber erwiderte, daß er die Flotte bis 1946 »für seine politischen Pläne nicht brauchen werde«. Noch nach dem Coup der Besetzung der Rest-Tschechoslowakei und nach der ohne Konsultation des ObdM erfolgten Kündigung des deutsch-britischen Flottenabkommens (28. April 1939) – damit hatte sich den Briten das deutsche Seemachtstreben unverhüllt offenbart – betonte Hitler Raeder gegenüber erneut, er benötige die Flotte vor den genannten Jahren nicht.

Mit der Entscheidung Hitlers für den zweiten Plan war damit gleichzeitig eine gewisse Fixierung in der Außenpolitik erfolgt, da nunmehr mindestens bis Mitte der vierziger Jahre eine kriegerische Auseinandersetzung mit Großbritannien vermieden werden mußte.

Ende Januar 1939 befahl Hitler sodann, den zweiten Plan, den Z(iel)-Plan, bis Anfang 1946 durchzuführen. Der Marinerüstung wurde absolute Priorität vor der des Heeres und der Luftwaffe sowie dem Export gegeben. Nach Durchführung des auf zehn, dann auf sechs Jahre etwa projektierten Z-Plans hätte die deutsche Flotte folgende Zusammensetzung gehabt:

- 10 Großkampfschiffe *(Gneisenau, Scharnhorst, Bismarck, Tirpitz* und 6 Schlachtschiffe von 56000 t mit Dieselantrieb und 40,6-cm-Geschützen *H–N)*
- 12 Panzerschiffe von 20000 t (später dafür 3 Schlachtkreuzer mit 29000 t, 38-cm-Geschützen und einer Geschwindigkeit von 34 kn, *O–P–Q)*
- 3 Panzerschiffe von 10000 t *(Deutschland, Admiral Scheer, Admiral Graf Spee)*
- 4 Flugzeugträger von 20000 t *(Graf Zeppelin, B, C, D)*
- 5 Schwere Kreuzer von 10000 t *(Admiral Hipper, Blücher, Prinz Eugen, Sydlitz, Lützow)*
- 16 Leichte Kreuzer von 8000 t *(L, M, N, O, P, Q* usw.)
- 6 Leichte Kreuzer von 6000 t (*Emden, Königsberg, Karlsruhe, Köln, Leipzig, Nürnberg*)
- 22 Spähkreuzer von 5000 t
- 68 Zerstörer
- 90 T-Boote
- 27 Ozean-U-Boote (Typen X, XI, XII)
- 62 U-Boote von 750 t (Typ I, IX)
- 100 U-Boote von 500 t (Typ VII)
- 60 U-Boote von 250 t (Typ II)
- 10 Minenschiffe und 227 sonstige Fahrzeuge kleinerer Art.

Am Ende sollte die Marine über rund 800 Schiffseinheiten verfügen bei einem Personalbestand von über 200000 Mann. Für die Zeit des Z-Plan-Bauprogramms waren Aufwendungen von insgesamt 33 Milliarden RM vorgesehen.

Mit diesem Plan griff Raeder den Gedanken einer *motor*getriebenen Ozeanflotte wieder auf, die den Mangel an Stützpunkten und die ungünstige seestrategische Lage Deutschlands durch überlegene Geschwindigkeit und den großen Aktionsradius ihrer Schiffe ausgleichen sollte.

Das operative Konzept, das dem Plan zugrunde lag, war folgendes: der Plan zielte auf den britischen Seeverkehr *und* die britische Flotte. Im engeren und weiteren Vorfeld der britischen Inseln sollte der Angriff durch Minen und U-Boote erfolgen. Im ozeanischen Zufuhrkrieg sollte der Angriff auf die Seeverbindungen von Panzerschiffen, Kreuzern, Hilfskreuzern und Hochsee-U-Booten getragen werden. Der Gegner wäre dadurch gezwungen, seine Geleite durch Großkampfschiffe zu sichern und damit seine schweren Einheiten zu zersplittern. Sehr starke deutsche Kampfgruppen, die aus den Superschlachtschiffen, Flugzeugträgern und Sicherungskräften gebildet wären, könnten dann ihrerseits diese starke Geleitsicherung angreifen und niederkämpfen. Im Nordseeraum sollten zudem die vier Schlachtschiffe mit geringerem Aktionsradius einen Teil der britischen Flotte binden und so dem ozeanischen Zufuhrkrieg entziehen. Während man den Gegner zur Diversion seiner Kräfte zwang, konnte man selbst zum geeigneten Zeitpunkt eine örtliche Überlegenheit herbeiführen. Der deutsche Operationsplan, auf dem der Z-Plan basierte, verband also den Handelskrieg mit Operationen gegen den Kern der feindlichen Flotte und suchte damit die Erfolgsmöglichkeiten bis zum letzten auszunutzen.

Der Z-Plan und das ihm zugrundeliegende operative Konzept fanden in den Kreisen der höheren Offiziere der Marine nicht überall Zustimmung. Die Kritiker, so insbesondere der Führer der U-Boote, Kapitän z. S. Dönitz, befürchteten, daß England einem derartig umfassenden Flottenausbau nicht untätig zusehen würde. Ein Wettrüsten, zu dem es dann kommen könnte, vermöchte das Reich nicht durchzuhalten. Bei einem zu frühzeitigen Konfikt werde die deutsche Marine in völlig unfertigem Zustand, weder mit ausreichenden Großkampfschiffen noch mit genügenden U-Booten, in den Kampf gehen müssen – ein Fall, der dann 1939 tatsächlich eintrat. Dönitz wies in seinen Eingaben und Anträgen vor allem auf zwei Punkte hin: einmal seien die schweren deutschen Einheiten in ihren Häfen und Stützpunkten zwischen den Operationen nahezu ungeschützt und ohne Ausweichmöglichkeiten der britischen Luftwaffe ausgesetzt, wohingegen die gegnerische Flotte sich im Norden der britischen Inseln sehr wohl der deutschen Luftbedrohung entziehen könne. Für U-Boote dagegen, deren verstärkten Bau Dönitz forderte, könne man in den Häfen Schutzbunker errichten. Weiterhin führten die Anmarschwege in die Operationsgebiete durch Bereiche, die der Gegner mit seiner Luftwaffe und seinen leichten Seestreitkräften gut kontrollieren könne. Die deutschen Einheiten liefen daher Gefahr, bereits beim Anmarsch nachhaltig bekämpft zu werden. U-Boote dagegen könnten den Gefahren des An- und Abmarsches naturgemäß sehr viel leichter entgehen.

Der schwächste Punkt in dem Programm und damit der grundlegende strategische Fehler lag vor allem aber darin, daß er die schnell wachsende technische Entwicklung, die operative Bedeutung der Luftkampfmittel und der Ortungsprobleme nicht berücksichtigte. Das drückte sich unter anderem einerseits in der geringen Zahl der projektierten Träger, andererseits in dem Schwergewicht, das man auf die luftempfindlichen Großkampfschiffe legte, aus. Die zunehmende Bedeutung der Luftwaffe und die technischen Entwicklungsfaktoren, die schon vor dem zweiten Weltkrieg deutlich erkennbar waren – hätten aller Wahrscheinlichkeit nach auch bei einem friedlichen Verlauf der Weltpolitik zur Folge gehabt, daß die geplanten deutschen Super-Schlachtschiffe 1946–48, zum Zeitpunkt ihrer Indienststellung, bereits veraltet gewesen wären.

Politisch erwies sich die Annahme, Großbritannien werde den Aufbau einer derart starken Flotte hinnehmen, bzw. die Meinung, man habe bis zum Abschluß des Bauprogramms kein Konfliktrisiko zu fürchten, als irrig. Die Kritiker dieser Kritik weisen demgegenüber darauf hin, daß die Alternative zum Z-Plan, der verstärkte Bau von Panzerschiffen und U-Booten, der dem Reich schneller eine einsatzfähige Flotte verschafft und damit die Risikoperiode verkürzt hätte, vermutlich von den Briten auch nicht toleriert worden wäre. Gerade die britische Öffentlichkeit hätte sich wohl durch ein umfassendes U-Boot-Bauprogramm erheblich beunruhigt gefühlt. Im Grunde jedoch zeigen alle diese Argumente und Gegenargumente, daß militärpolitisch und strategisch jene Probleme überhaupt nicht zu lösen waren, die eine deutsche Außenpolitik verursachte, welche eine künftige Gegnerschaft Großbritanniens überhaupt in den Bereich des Möglichen kommen ließ. So konnte vom britischen Standpunkt aus der Historiker der Royal Navy, S. W. Roskill, schreiben: »Raeders Wahl des langfristigen Planes, in Verbindung mit Hitlers Fehlrechnung hinsichtlich des Zeitpunktes, wann der Krieg ausbrechen würde, sollte für uns sehr glückliche Folgen haben.« Und W. Hubatsch schreibt in seinem Buch über den deutschen Admiralstab: »Der doppelte Ausgriff nach der Unterbrechung des britischen Handelsverkehrs und der Zerschlagung der britischen Seeherrschaft ließ jede politische Erfahrung und Einsicht in die kontinentale Gebundenheit Deutschlands beiseite. Innerhalb von sechs Jahren sollte der materielle und personelle Aufbau der bisher größten deutschen Marine beendet sein – ein nach jeder Hinsicht maßloses Programm.«

Amerikas öffentliche Meinung in den 30er Jahren

Obwohl die Vereinigten Staaten in den Jahren von 1930 bis 1938 zeitweilig Beweise für eine positive Asienpolitik lieferten, hielten sie sich von jeglicher kollektiven Aktion in Europa fern. Fraglos bestand innerhalb des amerikanischen Volkes eine starke Antipathie gegen Hitler, insbesondere wegen seiner gnadenlosen Judenverfolgung; mehr noch aber war die öffentliche Meinung in den USA gegen jedes amerikanische Engagement, das zum Kriege führen könnte. Der offenkundige Fehlschlag, ein kollektives Sicherheitssystem in den 30er Jahren aufzubauen, hatte einen Umschwung, der sich überhaupt gegen die Praktiken der Diplomatie richtete, zur Folge. 1934 erregten die Untersuchungsergebnisse des Nye Komitees Aufsehen, die detailliert die allgemein bekannte Tatsache erneut hervorhoben, daß amerikanische Stahl- und Munitionsproduzenten während des ersten Weltkrieges große Gewinne gemacht hatten. Pazifistische »Pressure Groups« wie die »World Peaceways« trugen zu der irrigen Schlußfolgerung bei, daß die Rüstungsindustrie »verantwortlich« für den amerikanischen Kriegseintritt gewesen sei. Der Propagandaslogan von den »Kaufleuten des Todes«, der damals aufkam, förderte mit die Durchsetzung der Neutralitätsgesetzgebung der späten 30er Jahre, die auf eine bewußte Preisgabe der neutralen Rechte der USA hinauslief, für deren Bewahrung die Vereinigten Staaten zweimal in den Krieg gezogen waren. Wie in Frankreich und Großbritannien, so war auch in den USA die weitverbreitete Ansicht spürbar, daß es keinen Krieg gäbe, den es zu führen lohne. Die zeitgenössische Literatur spiegelte den tiefen Zynismus in der Beurteilung der Motive und die Kompetenz der Führer des ersten Weltkrieges wieder. In der Romanliteratur sind Hemingways »A Farewell to Arms«, Foersters »The General« und Remarques »Im Westen nichts Neues« Beispiele dafür. Schauspiele und Filme mit stark pazifistischer Tendenz überschwemmten die Bevölkerung in den westlichen Demokratien. Eine große Zahl amerikanischer Studenten stimmte lautstark dem »Oxford-Gelöbnis« zu, mit dem britische Undergraduates schworen, »unter keinen Umständen« dem König und dem Lande mit der Waffe zu dienen.

Populäre Ansichten über große strategische Fragen

Mit den pazifistischen und isolationistischen Tendenzen der öffentlichen Meinung ging eine falsche Einschätzung der strategischen Probleme einher. Demzufolge glaubten viele Menschen, daß in keinem Fall eine Teilnahme der USA in einem Krieg notwendig wäre. Basil Liddell Hart und andere Militärschriftsteller von Rang hatten die alliierte militärische Führung während des ersten Weltkrieges scharf wegen der nutzlosen Opfer an Menschen kritisiert, die der Versuch kostete, den Stellungskrieg zu überwinden. Es herrschte die Annahme vor, daß in einem zweiten Weltkrieg die Westfront ein ähnliches Aussehen wie im ersten hätte, allerdings mit der Annahme, daß die Alliierten dieses Mal in der für uneinnehmbar geltenden Maginotlinie in der Defensive blieben.. Die Deutschen würden sich, durch die erbarmungslose Seeblokkade zur Aktion gezwungen, an der Maginotbarriere verbluten. Französische und britische Landoffensiven würden, wenn es an der Zeit sei, lediglich die erschöpften Überreste der Wehrmacht wegzufegen haben. Kurz gesagt, der Krieg würde gewonnen durch eine Kombination von Maginotlinie und überlegener britischer Seemacht. Amerika könnte es sich damit leisten, aus dem Konflikt herauszubleiben. Angesichts der Tatsache, daß auch der französische Generalstab dieses Konzept akzeptierte, ist es vielleicht verzeihlich, daß ein großer Teil der amerikanischen Öffentlichkeit ebenso dieser Ansicht huldigte.

Bekanntlich stellte sich aber dann die Maginotlinie als alles andere als unbezwinglich heraus. Entsprechend war auch die Rolle, die man der Seemacht in der zukünftigen alliierten Strategie zuwies, nicht realistisch. Seemacht ist die Voraussetzung zur Weltmacht. Sie erlaubt und erleichtert die schnelle Verlegung von Streitkräften zwischen weit voneinander getrennten Kriegsschauplätzen. Eine Seeblockade kann erfolgreich sein gegen ein Inselvolk, das vom Import von Nahrungsmitteln und Rohstoffen abhängig ist. Der erste Weltkrieg hatte jedoch gezeigt, daß eine Blockade gegen eine Kontinentalmacht, die über angemessene innere Verbindungslinien verfügt, nicht entscheidend sein kann. Daher war eine Seesuprematie allein nicht ausreichend, um Deutschland niederzuwerfen, wenngleich andererseits eine deutsche Seeüberlegenheit Großbritannien unverzüglich in die Knie zwingen würde. Durch die rasche Entwicklung einer synthetischen Treibstoff- und Gummi-Industrie schufen deutsche Wissenschaftler ihrem Lande jene beiden bedeutenden strategischen Rohstoffe, die ihrer Nation bisher zur Kriegführung gefehlt hatten.

Wie das deutsche Vorkriegsbauprogramm zeigte, neigten Hitler und seine Militärs dazu, die Wichtigkeit der Seemacht bei der Lage Deutschlands zu unterschätzen. Daher erhielt das Marinebauprogramm anfangs in der Liste der Prioritäten nur den dritten Platz zugewiesen, hinter der Armee und der Luftwaffe. Erst 1938 begann Hitler mit einem wesentlichen Ausbau seiner Flotte. Die theoretischen Grundlagen der nationalsozialistischen Weltstrategie gingen weniger auf Mahan als vielmehr auf die geopolitischen Ideen Karl Haushofers zurück, die ihrerseits wieder auf den Gedanken des bekannten britischen Geographen Halford J. Mackinder beruhten.[10]

Demokratische Ideale und die Realitäten

Als Mackinder 1919 seine Schrift »Democratic Ideals and Reality« veröffentlichte, wollte er seine Landsleute warnen. Das Buch wurde aber mehr eine Fibel für das nationalsozialistische Deutschland. Kurz zusammengefaßt liefen Mackinders Gedanken auf folgendes hinaus:

1. Im Gegensatz zu den in Mahans Schriften enthaltenen Grundsätzen waren Seemacht und Landmacht im Laufe der Geschichte immer abwechselnd entscheidende Faktoren. 2. Einer aufstrebenden Landmacht ist es oft gelungen, eine Seemacht zu besiegen, indem sie deren Stützpunkte von der Landseite aus fortnahm. 3. Englands effektive Kontrolle über die Meere verschaffte ihr die Welthegemonie bis ins 20. Jahrhundert; dann aber beraubten Dampf- und Verbrennungsmotoren, Straßen- und Eisenbahnnetz das Meer seines bisherigen Monopols des Massengütertransportes. Daher war die Großbritannien eigene, relative Macht im Verhältnis zur Kontinentalmacht gemindert. 4. Wenn das Zentrum des Kontinents einmal über angemessene Verbindungslinien verfügt und einen hohen wirtschaftlichen Entwicklungsstand erreicht hat, ist es auch in der Lage, eine entsprechend große Macht auszuüben. Dieses »Herzland« des Kontinents umfaßt Westsibirien und das europäische Rußland. 5. Ein mächtiges Volk, dem die Errungenschaften der modernen Technik zur Verfügung stünden, könnte durch die Herrschaft über dieses Herzland auch die Kontrolle über die gesamte »Weltinsel« – Mackinder meinte damit Eurasien und Afrika – erlangen. 6. Die überlegenen Rohstoffquellen und die Bevölkerungsmasse dieses Gebietes könnten schließlich eine Beherrschung der Randländer (Großbritannien, Australien, Japan, Süd- und Nordamerika) ermöglichen.

Mackinder, der kurz nach dem ersten Weltkrieg schrieb, vertrat die Ansicht, daß die Siegerstaaten nur knapp einer Katastrophe entgangen waren. Hätte Deutschland seine militärischen Anstrengungen auf die Ostfront beschränkt, dann wäre es wohl vorstellbar gewesen, daß es von seiner strategischen Position in Osteuropa aus das erwähnte Herzgebiet hätte erobern können. Hätte es dann unter Einsatz seiner hochentwickelten technischen Möglichkeiten dieses Gebiet zu einer breiten Basis für weitere militärische Operationen ausgebaut, hätte es nach allen Richtungen hin an die Weltmeere vorstoßen können und die Stützpunkte der Seemacht von der Landseite her einnehmen können. Mit der »Weltinsel« als seiner Basis hätte Deutschland eine neue Ära der Seemacht eröffnen können, um den Rest der Welt zu erobern. Mackinder sprach die Warnung aus, daß die Niederwerfung Deutschlands 1918 die Gefahr nicht für immer beseitigt habe. Wenn Deutschland und Rußland sich in einem Bündnis oder infolge einer Eroberung vereinigten, seien sie in der Lage, die Welt zu beherrschen. Er faßte seine Warnung in eine einfache Formel: »Wer Osteuropa beherrscht, gebietet über die Herzlande; wer die Herzlande beherrscht, gebietet über die Weltinsel; wer über die Weltinsel herrscht, gebietet über die Welt«[11].

Überzeugt von der Richtigkeit der Ansichten Mackinders, suchte Haushofer, Deutschlands territoriale Aspirationen nach Osten zu lenken. Nach Meinung der nationalsozialistischen Geopolitiker könnte Hitler mit einem eroberten Rußland als Basis es schließlich unternehmen, die überlegene britische Flotte herauszufordern.

Diese Gedanken bildeten letztlich die theoretische Grundlage des deutschen Angriffs gegen die Sowjet-Union von 1941, vielleicht auch der abenteuerlichen Odyssee des Afrika-Korps Rommels in Nordafrika. Haushofer selbst, durch den Mackinders Gedanken Hitler erreicht hatten, kann für die fehlerhafte Zeitplanung bei dem Rußlandfeldzug nicht verantwortlich gemacht werden, da es nämlich ebenfalls ein Leitsatz seines Programms war, daß Deutschland unter allen Umständen einen neuen Zweifrontenkrieg vermeiden müsse. Der Gedanke aber, Rußland irgendwann einmal zu erobern und

10 General Prof. Karl Haushofer war der Begründer und Leiter des Instituts für Geopolitik in München. Außer dem Einfluß seiner Schriften war auch sein persönlicher Einfluß in der NS-Hierarchie zunächst bedeutsam.

11 Democratic Ideals and Reality, New York, 1919, 1942, S. 150.

größtenteils zu einer deutschen Kolonie zu machen, entsprang jedoch schlüssig aus seinem Programm.

Man kann jedoch an Mackinder leicht Kritik üben[12]. Das sogenannte Herzland, dessen Grenzen Mackinder übrigens nur sehr vage bestimmt hat, umfaßt große Strecken von Tundra und dürren Steppen. Abgesehen von der Tatsache, daß seine ungeheuren Weiten Raum für defensive Manöver bieten, ist sein Umfang mehr eine Belastung denn ein Vorteil. Die Beherrschung eines solchen Gebietes würde nicht unbedingt einem Weltherrschaftsprogramm förderlich sein. Die Kontrolle von Industriezentren scheint – wo immer sie sich auch befinden mögen – von weitaus größerer Wichtigkeit zu sein. Und eine umfassende technologische und industrielle Überlegenheit sind es noch mehr.

Jedenfalls erhob Mackinder nie den Anspruch, »Mahan des Irrtums zu überführen«. Er wollte lediglich vor der naiven Übernahme einer allzu simplifizierten Version Mahanscher Gedanken warnen. Im übrigen ist interessant, daß Mackinder kurz vor seinem Tod im Jahr 1947 anerkannte, daß eine Machtkonzentration, deren Zentrum im Nordatlantik liegt und die Westeuropa und Nordamerika umfaßt, eine aufsteigende Macht des eurasischen Herzlandes mehr als ausgleichen könnte. Denn trotz der ungeheuren Bevölkerungsmasse und des großen materiellen Reichtums der Sowjet-Union und Chinas würden die Bevölkerungs-Basis und die erschlossenen Bodenschätze der nichtkommunistischen Welt ihnen doch immer überlegen bleiben. Die Gefahr einer kommunistischen Weltherrschaft ist geeignet, einen neuen politischen Zusammenhalt unter den westlichen Nationen zu schaffen und damit auch ein machtvolles Allianzsystem hervorzurufen, das sonst kaum zustande gekommen wäre.

12 Vgl. America's Strategy in World Politics, New York 1942 und andere Schriften von Nicholas J. Spykman.

Kapitel 28

Überwasser-Operationen im Atlantik (1939 – 1943)

Von J. Rohwer übersetzte und teilweise ergänzte Kapitel 27 und 28 der US-Originalausgabe, die von H. H. Adams verfaßt wurden. Teile des Original-Kapitels 28 wurden in der deutschen Ausgabe in die Kapitel 30 (Küstenvorfeld: Kanaldurchbruch, St. Nazaire, Dieppe) und 34 (Nordmeer: Scharnhorst, Tirpitz) übernommen

»It is Peace in our Time« rief der britische Premierminister Neville Chamberlain aus, als er von der Münchener Konferenz mit Adolf Hitler zurückkehrte. Weniger als ein Jahr später, um 4.45 Uhr am 1. September 1939, marschierten die deutschen Armeen in Polen ein, und die Katastrophe des zweiten Weltkrieges nahm ihren Anfang. Im letzten Teil des Monats August waren die Gefahrenzeichen nicht mehr zu mißdeuten, als Hitler seinen Nichtangriffspakt mit der Sowjet-Union unterzeichnete, der ihn von der Gefahr einer sowjetischen Intervention befreite. England und Frankreich hatten gegenseitige Hilfsabkommen mit Polen abgeschlossen, aber Hitler hatte keinen Anlaß zu erwarten, daß sie diese Verträge mehr erfüllen würden als die in München hinfällig gewordenen moralischen Verpflichtungen gegenüber der Tschechoslowakei.

Der »Führer« plante einen Blitzfeldzug zur Zerschlagung Polens, während England und Frankreich unentschlossen schwankten. So wollte er sie mit einem »fait accompli« konfrontieren. Aber er kalkulierte den Wechsel in der Gemütsverfassung sowohl der Regierenden, als auch der Völker in beiden westlichen Ländern nicht richtig ein. Dieses Mal sollte man ihm an Land, auf See und in der Luft mit Gewalt entgegentreten. Die Engländer stellten am Abend des 1. September ein Ultimatum und richteten um 9.00 Uhr am 3. eine endgültige Warnung an die Deutschen. Um 11.15 Uhr am 3. September gab der Premierminister Chamberlain in einer Rundfunkansprache an die Nation bekannt, daß Seiner Majestät Regierung sich im Kriege mit Deutschland befinde. Frankreich folgte am Nachmittag. An dem gleichen Tage kehrte ein rundgesichtiger, untersetzter Mann von dynamischem Kampfgeist als Erster Lord in die britische Admiralität zurück, ein Amt, das er 24 Jahre früher aufgeben mußte. Ein Signal ging an die Flotte: »Winston is back.«

Es war wenig, was England und Frankreich tun konnten, um Polen zu helfen. Es war eine neue Art von Krieg, die Deutschland in den polnischen Ebenen entfesselte. Ein Krieg mit schneller Bewegung, in der starke motorisierte Verbände mit Panzern die Speerspitze der Stoßkeile bildeten, mit denen ganze Armeen eingekreist wurden. Darüber fegte die Luftwaffe die unzulänglichen polnischen Luftstreitkräfte aus dem Himmel und donnerte dann mit »Stukas« und »Messerschmitts« heran, um die Widerstandsnester der polnischen Infanterie auf dem Weg der vormarschierenden deutschen Divisionen zu zerschlagen. In wenigen Wochen war an der polnischen Front alles vorbei. Die neue Operationsform des Blitzkrieges hatte ihre Arbeit getan. Aber im Westen war die Sache noch nicht vorbei. Obgleich die britische und französische Mobilisation zu spät kamen, um Polen zu helfen, hatten England und Frankreich Pläne festgelegt, um jedem westlichen Vorstoß der deutschen Wehrmacht entgegenzutreten:

England in erster Linie durch den Einsatz seiner Seemacht, Frankreich mit seinen hinter der Maginot-Linie vermeintlich sicheren Armeen.

Hitler hatte nicht den Wunsch, einen richtigen Krieg mit England und Frankreich zu führen, wenigstens vorläufig. Er akzeptierte die russische Besetzung der östlichen Hälfte Polens in einem Bemühen, den Krieg zu lokalisieren. Er hoffte, daß er England und Frankreich überreden könne, sich mit der Situation abzufinden und einem Frieden zuzustimmen, der ihm die nötige Zeit gewähren würde, seine Flotte für einen Krieg im Westen 1944 oder 1945 auszubauen. Wenngleich Hitler auch, nachdem er erkannt hatte, daß die Westmächte zu einem Kompromiß nicht bereit waren, die Offensive im Westen forderte, mußte er sich den Argumenten des Heeres-Generalstabes beugen, da das Heer zu einer solchen Offensive im Westen vor Beginn des Winters noch nicht bereit war. So kam es an der Westfront zu einer halbjährigen Pause im sogenannten »Sitzkrieg«. Während des Winters 1939/40 standen die deutschen Truppen im Westwall den französischen Truppen in der Maginot-Linie gegenüber, und nur kleine Gefechte brachten Abwechslung in die Eintönigkeit.

Der Beginn des Seekrieges

Gegen Ende 1938 hatte der Oberbefehlshaber der Kriegsmarine, Generaladmiral Erich Raeder, Hitler verschiedene Pläne vorgelegt. Der eine ging von der Annahme aus, daß ein Krieg unmittelbar bevorstand und sah vor, die deutsche Seerüstungskapazität auf Waffen der Handelskriegführung – U-Boote, Hilfskreuzer, Minenleger – und Küstenverteidigungskräfte zu konzentrieren. Der andere, bekannt geworden als der Z-Plan, war ein Programm auf lange Sicht, das von der Annahme ausging, daß ein Krieg in den nächsten 10 Jahren nicht zu erwarten sei. Nach diesem Plan sollte Deutschland eine Flotte von Überwasserschiffen bauen, die jeweils denen der Royal Navy derartig überlegen sein sollten, daß man mit Aussicht auf Erfolg England die Seeherrschaft auf den Ozeanen streitig machen konnte. Hitler gab Raeder die Weisung, auf der Basis des Z-Planes voranzugehen. Die Gründe für diese Entscheidung – die sich im Lichte der späteren Ereignisse als ein schwerer Fehler herausstellen sollte – sind recht komplex. Hitler sah den Wert der großen Schiffe auch in ihrem politischen Einfluß. Er scheint von dem Wunsch beseelt gewesen zu sein, mit England zu wetteifern und es womöglich zu übertreffen, ließ dabei aber außer acht, daß seine Projekte auf dem Kontinent es zum Kriege mit England kommen lassen würden. Als er nach Polen griff, wurde er durch das britische Ultimatum überrascht. Nicht vor Mitte 1940 gab er seine Hoffnungen auf eine britische Zustimmung zu einer Kompromißlösung auf.

Was immer die Gründe für Hitlers Entscheidung gewesen sein mögen, sie brachte die Kriegsmarine in einen Zustand, in dem sie eigentlich keinen Krieg führen konnte. Ende 1938 war der Z-Plan tatkräftig begonnen worden, aber die Flotte konnte vor 1945 nicht einsatzbereit werden. Versuche mußten noch ausgewertet werden. Nur Zwischen-Schiffstypen waren fertiggestellt. Nachdem man mit konventionellen Schiffen begonnen hatte, wollte man nach und nach kühnere Experimente ausführen. Um einen großen Aktionsradius zu erreichen, wollte man stärker zum Dieselantrieb übergehen. Doch 1939 hatten nur die älteren Panzerschiffe Dieselantrieb, während die moderneren Schiffe mit Dampf fuhren.

Bei Ausbruch des Krieges hatte die deutsche Kriegsmarine folgende Einheiten in Dienst: 2 Schlachtschiffe: *Scharnhorst* und *Gneisenau;* 3 Panzerschiffe: *Deutschland, Admiral Scheer* und *Admiral Graf Spee;* 2 Schwere Kreuzer: *Admiral Hipper* und *Blücher* (letzterer erst am 20. September in Dienst); 6 Leichte Kreuzer: *Emden, Königsberg, Karlsruhe, Köln, Leipzig* und *Nürnberg.*

Von diesen waren die beiden Schlachtschiffe und die beiden Schweren Kreuzer noch nicht voll eingefahren und nur bedingt einsatzbereit. Das Panzerschiff *Admiral Scheer* und der Leichte Kreuzer *Karlsruhe* befanden sich im Umbau. Zu diesen Schiffen kamen 22 Zerstörer, 20 Torpedoboote sowie eine größere Zahl von Minensuchern und sonstigen Hilfsschiffen. Die U-Boot-Waffe bestand aus 57 U-Booten. Von ihnen waren 21 U-Boote und die Panzerschiffe *Admiral Graf Spee* und *Deutschland* bereits vor Kriegsbeginn in den Atlantik ausgelaufen, um hier in den weiten Räumen auf den Beginn der Kampfhandlungen zu warten. In der Ausrüstung befanden sich die beiden Schlachtschiffe *Bismarck* und *Tirpitz,* der Flugzeugträger *Graf Zeppelin,* die Schweren Kreuzer *Prinz Eugen, Seydlitz* und *Lützow* sowie eine Anzahl leichterer Überwasserschiffe und U-Boote. Der Bau dieser Schiffe wurde zunächst fortgesetzt, während man den Bau der noch auf den Hellingen liegenden Schiffe des Z-Planes, darunter 6 Super-Schlachtschiffe, 3 Schlachtkreuzer, 6 Leichte Kreuzer, ein Flugzeugträger, einstellte, um auf den freiwerdenden Hellingen mit dem Bau einer möglichst großen Zahl von U-Booten zu beginnen.

Die Deutschen schlugen von Beginn an hart zu. An dem Tage, an dem England in den Krieg eintrat, wurde das Passagierschiff *Athenia* durch *U 30* versenkt, dessen Kommandant entgegen den gegebenen Befehlen in der Aufregung der ersten Stunden des Krieges dieses Schiff für einen Hilfskreuzer hielt. Der Führer der U-Boote, Dönitz, der Oberbefehlshaber der Kriegsmarine, Raeder, und Hitler stritten die deutsche Verantwortung für diese Versenkung ab, alle in gutem Glauben, da sie nicht annehmen konnten, daß ein U-Boot-Kommandant die gegebenen Befehle zur Schonung der Passagierschiffe mißachtet haben könnte. In weniger gutem Glauben handelte der Propagandaminister Goebbels, als er erklärte, daß Churchill die ganze Angelegenheit inszeniert habe, um auf diese Weise die Vereinigten Staaten in den Krieg zu ziehen.

Die britische Seestrategie war notwendigerweise fast das Gegenteil der deutschen. Schon am 3. September erklärte England die Blockade Deutschlands. Die »Home Fleet« lief mit mehreren Kampfgruppen in die Shetland-Norwegen-Enge und die Shetland-Faröer-Island-Passage, um aus Übersee heimkehrende deutsche Blockadebrecher, insbesondere den aus New York ausgelaufenen größten deutschen Passagierdampfer *Bremen,* abzufangen, der jedoch unbehelligt die von den Sowjets zur Verfügung gestellte »Basis Nord« bei Murmansk erreichte. Am 6. September wurde aus älteren Kreuzern die »Nothern Patrol« gebildet, um das Gebiet zwischen England und Island in regelmäßigem Ablösungsturnus laufend zu überwachen. Bis zum 28. September wurden 108 Handelsschiffe angehalten und 28 davon zur Untersuchung auf Konterbande nach Kirkwall auf den Orkneys eingebracht; in den nächsten 4 Wochen waren es 175 weitere, von denen 43 eingebracht wurden. Am 9. Oktober brachte die *Belfast* den ersten deutschen Blockadebrecher auf, dem bis Monatsende weitere 6 folgten, die sich jedoch meist durch Selbstversenkung der Aufbringung entzogen.

Die in Übersee stationierten Kreuzer und Hilfskreuzer, aber auch französische Kampfgruppen und U-Boote, machten gleichfalls Jagd auf deutsche Handelsschiffe, die heimzukehren versuchten. Dabei konnten sie teilweise die nach der Inkraftsetzung des amerikanischen Neutralitätsgesetzes eingeführten »Neutralitätspatrouillen« amerikanischer Kriegsschiffe, die die angetroffenen Schiffe der Kriegführenden beschatteten und meldeten, ausnutzen, um die deutschen Schiffe zu stellen. Zum bekanntesten Fall wurde die *Columbus,* die vom 14.–19. Dezember von Veracruz (Mexiko) durch 4 Rotten von je zwei Zerstörern und schließlich den Kreuzer *Tuscaloosa* bis auf die Höhe von Norfolk begleitet wurde. Ihr Funkverkehr erlaubte dem britischen Zerstörer *Hyperion* heranzuschließen, so daß sich die *Columbus* selbst versenken mußte. Insgesamt 13 weitere Schiffe fielen bis Jahresende diesen Operationen zum Opfer.

Englands lebenswichtigste Aufgabe war es jedoch sicherzustellen, daß die Handelsschiffe, die mehr als 40 Millionen Tonnen Ladung pro Jahr brachten, die britischen Häfen anlaufen und ihre Ladungen löschen konnten. Die britische Vorkriegsplanung rechnete mit verschiedenen Möglichkeiten. Im ersten Weltkrieg hatte sich zwar das Konvoi-System gegen den uneingeschränkten Einsatz der U-Boote bewährt. Aber auf Grund der Londoner Protokolle von 1935 war zunächst mit einem uneingeschränkten Einsatz der U-Boote nicht zu rechnen; so glaubte man die weniger aufwendige Form der Schiffahrtssteuerung in Einzelfahrt wählen zu können, die einen schnelleren Umlauf der Schiffe erlaubte. Die Versenkung der *Athenia* jedoch ließ die Admiralität sofort zum Konvoi-System übergehen.

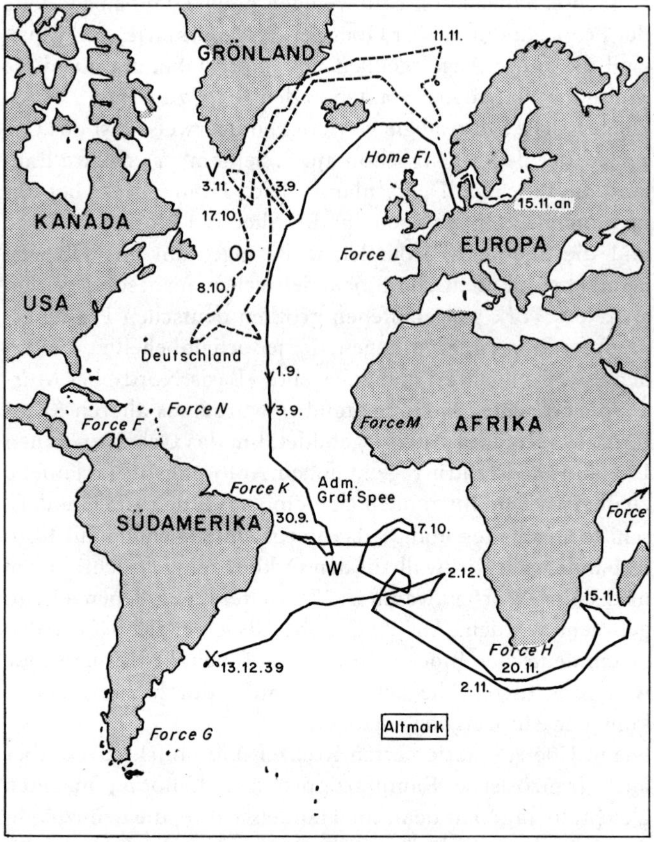

Der Handelskrieg der Panzerschiffe 1939

Der erste Konvoi lief am 8. September nach Halifax aus. Sein Geleit begleitete ihn für 300 sm, nahm dann einen einlaufenden Konvoi auf und brachte ihn sicher in die Häfen des Vereinigten Königreiches. Dies war die frühe Form der Konvoi-Operationen, da der Mangel an Geleitfahrzeugen eine Sicherung in größerer Entfernung von der britischen Küste nicht erlaubte und die U-Boot-Lage sie vorläufig auch nicht erforderlich machte. Während der ersten 2 Jahre des Krieges hielt die Admiralität es außerdem im Hinblick auf die Aktivität der deutschen Überwasser-Handelsstörer für nötig, jeden Konvoi mit einer schweren Sicherung, wenn möglich einem Schlachtschiff oder Kreuzer, sonst mit einem umgebauten Hilfskreuzer, zu versehen.

Daß die Bedrohung durch die deutschen Überwasser-Handelsstörer eine reale Gefahr war, wurde bald durch die Aktivität der *Deutschland* und *Admiral Graf Spee* deutlich. Bis Mitte Oktober hatte die *Deutschland* 2 Handelsschiffe versenkt und einen ersten diplomatischen Zwischenfall durch die Aufbringung des amerikanischen Frachters *City of Flint* verursacht. Mit einer Prisenbesatzung lief die *City of Flint* nach Murmansk in Nordrußland. Später, auf dem Wege nach Deutschland durch die norwegischen Territorialgewässer wurde sie von den Norwegern angehalten und an ihren Kapitän zurückgegeben. Dieser Zwischenfall verursachte manche antideutschen Gefühle in den Vereinigten Staaten. Es war ebenso der erste Zwischenfall, der Hitlers Aufmerksamkeit militärisch auf Norwegen lenkte. Nach ihrer Rückkehr nach Deutschland wurde die *Deutschland* in *Lützow* umgetauft, damit der mögliche Verlust eines Schiffes mit dem Namen *Deutschland* keine nachteiligen moralischen Auswirkungen habe, und um den Verkauf des noch unfertigen Kreuzer-Neubaus *L* = *Lützow* an die Sowjet-Union zu verschleiern.

Das Gefecht vor dem La Plata, 13. Dezember 1939

Die *Admiral Graf Spee* operierte in dem Gebiet zwischen Pernambuco und Kapstadt, wenngleich sie auch während des November kurz in den Indischen Ozean südlich Madagaskar vorstieß. Auf dem Rückweg traf sie ihr Versorgungsschiff *Altmark,* ergänzte Brennstoff und gab Gefangene ab, um dann wieder die Suche nach Opfern aufzunehmen. Die Wirksamkeit ihrer Reise, unabhängig von den 50000 BRT, die sie versenkte, zeigte sich in der Zahl der alliierten Schiffe, die zur Jagd auf sie angesetzt wurden. Von Freetown, der britischen Basis an der Westspitze Afrikas, operierten der Flugzeugträger *Ark Royal* und der Schlachtkreuzer *Renown.* Von Dakar kamen 2 französische Schwere Kreuzer und der britische Träger *Hermes* hinzu. Die Schweren Kreuzer *Sussex* und *Shropshire* operierten im Gebiet des Kap der guten Hoffnung, und an der Ostküste Südamerikas lief die Kampfgruppe des Kommodore Sir Henry Harwood mit den Schweren Kreuzern *Cumberland* und *Exeter* und den Leichten Kreuzern *Ajax* und *Achilles* auf und ab.

Die Gruppe des Kommodore Harwood, außer der *Cumberland,* die gerade bei den Falkland-Inseln überholt wurde, fing am 13. Dezember die *Graf Spee* vor dem La Plata ab. Die Sichtung stellte Harwood vor ein schwieriges taktisches Problem. Die 28-cm-Kanonen der *Graf Spee* hatten eine um 7300 m größere Reichweite als die Kanonen der Kreuzer. Keiner der Kreuzer konnte ihrem Feuer auf längere Zeit widerstehen. Ihre einzige Chance bestand darin, von möglichst verschiedenen Seiten auf die *Graf Spee* zuzulaufen, um sie zu einer Verteilung ihres Feuers zu zwingen. Die Kreuzer konnten nicht auf ihr Feuer antworten, bis sie durch eine Gefahrenzone von etwa 27 km, der Reichweite der Kanonen der *Graf Spee,* bis auf 20 km, der wirksamen Reichweite der Batterien der Kreuzer, herangekommen waren. Wäre die *Graf Spee* taktisch richtig geführt worden, hätte sie vor den Kreuzern abgedreht und sie zu einer Verfolgungsjagd gezwungen. Selbst mit ihrem Geschwindigkeitsvorteil von etwa 5 kn würde es die Kreuzer fast eine halbe Stunde gekostet haben, die Gefahrenzone zu passieren. Wahrscheinlich hätten sie es nicht erreichen können. Aber Kapitän zur See Hans Langsdorff, der Kommandant der *Admiral Graf Spee*, dachte, er habe einen Kreuzer und 2 Zerstörer vor sich. Da sie zwischen ihm und der offenen See standen, lief er auf sie zu, um mit Gewalt den Durchbruch in die freien Gewässer zu erzwingen. Die 3 britischen Kreuzer fuhren in Kiellinie, die *Ajax* vorn, die *Exeter* am Schluß. Um 06.17 h eröffnete die *Graf Spee* das Feuer, worauf die *Exeter* nach Backbord drehte, um die *Graf Spee* von Süden anzugreifen, während die beiden Leichten Kreuzer ihren nördlichen Kurs beibehielten, um den Gegner von der anderen Seite anzugreifen. Nach ihrer Drehung um 06.20 h eröffnete die *Exeter* auf 177 hm das Feuer. Die *Ajax* und *Achilles* eröffneten wenige Minuten später das Feuer und die 15,2- und 20,3-cm-Granaten aller 3 Schiffe erzielten bald Treffer. Die Geschosse der *Graf Spee* zeigten jedoch auch ihre Wirkung. Bald erhielt die *Exeter* einen Treffer, der ihren Turm B außer Gefecht setzte, die Verbindungen mit der Brücke zerstörte und nahezu alle Männer auf der Brücke tötete oder verwundete. Die Deutschen nahmen dann Zielwechsel auf die beiden Leichten Kreuzer vor und drehten unter Rauchentwicklung ab, offenbar um auf den La Plata zuzulaufen. Als die *Ajax* zur Verfolgung nachdrehte, machte die *Graf Spee* erneut Zielwechsel auf die *Exeter*, die nun wieder unter Kontrolle war. Um 07.25 h waren die beiden vorderen Türme der *Exeter* außer Gefecht gesetzt, und um 07.30 h konnte auch der achtere Turm nicht mehr geschwenkt werden. Die *Ajax* hatte gleichfalls 2 Türme außer Gefecht und Kommodore Harwood entschloß sich, das Gefecht bis zum Einbruch der Dunkelheit abzubrechen, wenn sich für ihn die Chance eines Torpedoangriffes ergeben würde. Die *Exeter* begann ihren langen Marsch zu den Falkland-Inseln, während die beschädigte *Graf Spee* Kurs auf Montevideo nahm, verfolgt von der *Ajax* und *Achilles*. Gelegentliche Feuerwechsel fanden den ganzen Tag über statt, aber keine Seite versuchte, das Gefecht voll wieder aufzunehmen. Wenig nach Mitternacht lief die *Graf Spee* nach Montevideo ein. Hier hoffte Langsdorff, nötige Reparaturen ausführen und dann zu einem späteren Zeitpunkt seinen Ausbruch erzwingen zu können. Er hatte Montevideo auf den Rat seines Navigationsoffiziers gewählt, ohne die politische Situation zu berücksichtigen, die ihm einen sehr viel freundlicheren Empfang weiter flußaufwärts in Buenos Aires garantiert hätte.

Die hektischen Bemühungen der deutschen diplomatischen Vertreter, für die *Graf Spee* die Erlaubnis zu erlangen, länger als 72 Stunden im Hafen bleiben zu können, blieben erfolglos. Die britische Propaganda war mit ihrer Bemühung, den

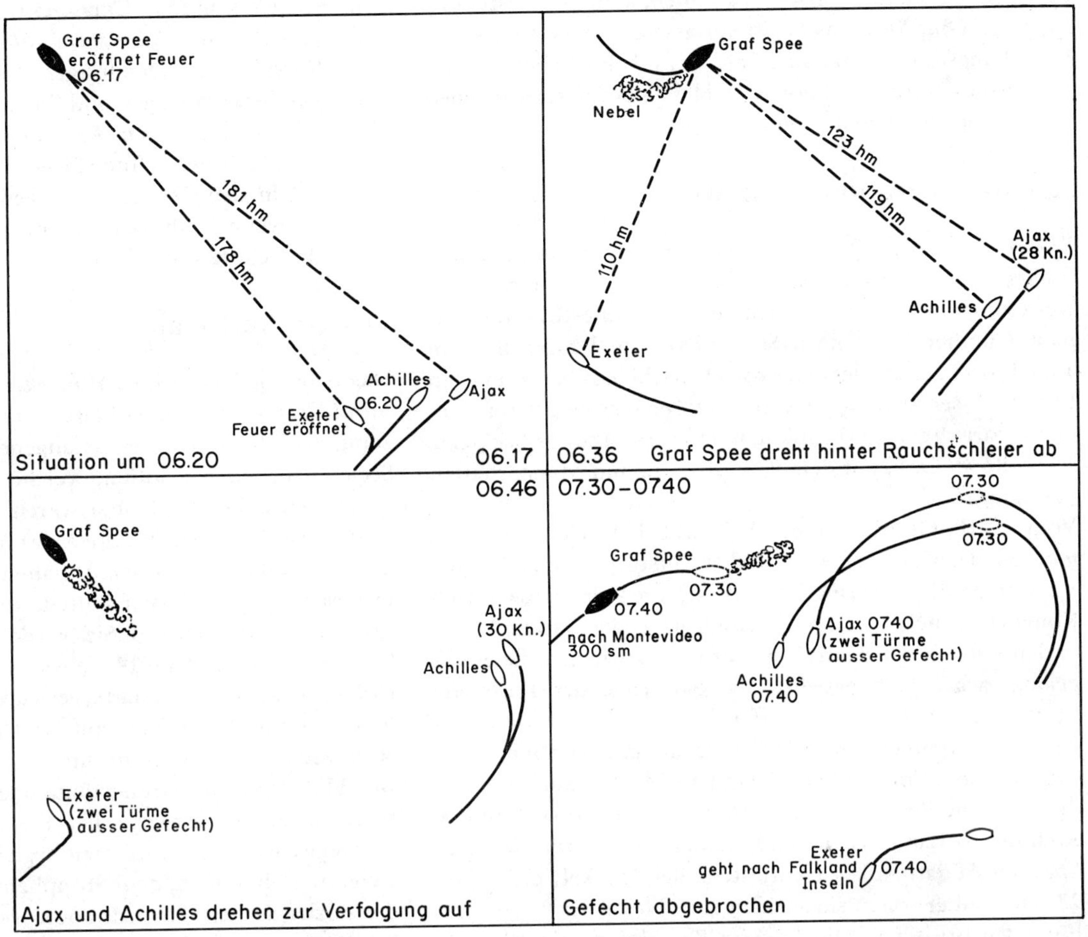

Das Gefecht vor dem La Plata, 13. Dezember 1939

Eindruck einer großen britischen Flotte vor der Küste vorzutäuschen, erfolgreicher. Tatsächlich hatte nur die *Cumberland* die beschädigten *Ajax* und *Achilles* verstärkt. Von Berlin wurde Langsdorff freigestellt, seinen Weg aus der Falle freizukämpfen oder das Schiff zu versenken. Der Mangel an Munition ließ ihn den letzten Weg wählen. Nachdem er die Verwundeten, Gefangenen und den größten Teil der Besatzung gelandet hatte, lief er am Nachmittag des 17. Dezember aus. Die britischen Kreuzer schlugen »klar Schiff« an, doch bevor sie das Gefecht eröffnen konnten, hatte die Restbesatzung der *Graf Spee* das Schiff verlassen, und sie flog in die Luft. Langsdorff nahm sich bald darauf das Leben. Damit fanden die deutschen Überwasser-Handelsschiffsoperationen für mehrere Monate ihr Ende.

Andere Operationen zur See

Während die *Graf Spee* noch ihre Opfer fand, waren andere Einheiten der deutschen Kriegsmarine aktiv. Am bemerkenswertesten war der Durchbruch von *U 47* unter Kapitänleutnant Günther Prien nach Scapa Flow in der Nacht vom 14. Oktober. Prien, der einer von Deutschlands berühmtesten U-Boot-Assen werden sollte, passierte einen wenig benutzten, navigatorisch schwierigen Kanal und versenkte das Schlachtschiff *Royal Oak,* mit dem 933 Offiziere und Mannschaften untergingen.

Vom 8.–10. Oktober unternahm das Schlachtschiff *Gneisenau* mit dem Kreuzer *Köln* und 9 Zerstörern einen kurzen Vorstoß an die norwegische Südküste, um – erfolglos – nach Konvois zu suchen und nach Möglichkeit die »Home Fleet« in den Bereich der deutschen Luftwaffe zu ziehen. Letzteres gelang zwar, doch erzielten die Flugzeuge der Luftwaffe bei ihren Angriffen keine Treffer.

Am 21. November liefen die *Gneisenau* und *Scharnhorst* erneut zu einem Vorstoß in die Island-Faröer-Enge aus, um hier die englische Bewachung anzugreifen, einen Vorstoß in den Atlantik vorzutäuschen und damit die *Admiral Graf Spee* im Südatlantik zu entlasten. Bei Dunkelwerden am 23. November trafen sie auf den zur »Northern Patrol« gehörenden britischen Hilfskreuzer *Rawalpindi,* einen umgebauten Passagierdampfer mit einer Bewaffnung von 4 alten 15,2-cm-Kanonen. Ihr Kommandant nahm an, das aus dem Atlantik zurückkehrende Panzerschiff *Deutschland,* das tatsächlich jedoch schon am 15. November in Kiel eingetroffen war, vor sich zu haben. Wenn er sich auch keine Illusionen über den Ausgang eines solchen Gefechtes machen konnte, nahm er den aussichtslosen Kampf auf. Die *Scharnhorst* eröffnete auf wenig mehr als 7000 m das Feuer und schoß in 14 Minuten die *Rawalpindi* zusammen, die sich bis zuletzt wehrte. Während die deutschen Schiffe noch dabei waren, Überlebende aufzunehmen, kam der britische Kreuzer *Newcastle* heran, konnte jedoch in der Dunkelheit und den heftigen Regenböen die Fühlung an den mit Höchstfahrt nach Osten ablaufenden deutschen Schiffen nicht halten, obgleich er mit dem Kreuzer *Dehli* noch bis zum nächsten Morgen suchte. Die ganze »Home Fleet« war inzwischen ausgelaufen, doch gelang es den deutschen Schiffen in dem schlechten, unsichtigen Wetter, die britischen Aufklärungslinien unbemerkt zu durchbrechen, während Admiral Forbes, der Oberbefehlshaber der »Home Fleet«, mit seinem Gros zeitweilig weniger als 100 sm von ihnen entfernt stand.

Nach Reparatur der Sturmschäden unternahm der Flottenchef, Admiral Marschall, vom 18.–20. Februar mit den beiden Schlachtschiffen *Gneisenau* und *Scharnhorst,* dem Schweren Kreuzer *Admiral Hipper* und zwei Zerstörern einen Vorstoß gegen den festgestellten britischen Konvoiverkehr zwischen Norwegen und England, ohne jedoch an einen Konvoi heranzukommen. Auch der Versuch, zur Verfolgung angesetzte Teile der »Home Fleet« über eine U-Boot-Aufstellung und in den Bereich der eigenen Luftwaffe zu ziehen, mißlang, wenngleich die U-Boote auch einen Zerstörer und 9 Handelsschiffe versenkten.

Der Altmark-Fall

Das deutsche Troßschiff *Altmark,* das das Panzerschiff *Admiral Graf Spee* im Südatlantik versorgt hatte, diente gleichzeitig als schwimmendes Gefangenenlager für 299 britische Seeleute von den Schiffen, welche das Panzerschiff aufgebracht hatte. Die Engländer waren darauf aus, die *Altmark* abzufangen, aber sie konnte sich für fast 2 Monate im Südatlantik verbergen. In der Annahme, daß die Suchaktionen inzwischen nachgelassen hatten, versuchte sie den Durchbruch nach Deutschland. Sie wurde durch schlechtes Wetter begünstigt, und erst am 14. Februar, als sie norwegische Teritorialgewässer erreicht hatte, gesichtet. Eine Zerstörerflottille unter Captain Philip Vian auf der *Cossack* mit dem Kreuzer *Arethusa* wurden entsandt, um sie vor Norwegen zu stellen. Mit Hilfe von Aufklärungsflugzeugen fanden zwei der Zerstörer sie an der norwegischen Küste, während sie von zwei norwegischen Torpedobooten begleitet wurde. Die *Altmark* weigerte sich jedoch, dem Stoppbefehl Folge zu leisten, und die norwegischen Torpedoboote vereitelten Versuche, das Schiff anzuhalten, bis es in den Jössing-Fjord einlief. Captain Vian erbat von der britischen Admiralität weitere Weisungen. Er erhielt den Befehl, das Schiff selbst zu untersuchen. Captain Vian lief in den Fjord ein und forderte das norwegische Torpedoboot *Kjell* auf, ihm die britischen Gefangenen auszuliefern. Die Norweger antworteten, daß das Schiff in Bergen untersucht worden sei, daß die *Altmark* unbewaffnet sei und deshalb die Erlaubnis erhalten habe, die Territorialgewässer zu benutzen. Captain Vian mußte wieder auslaufen und erneut Instruktionen erbitten.

Churchill gab Vian nun den Befehl, die *Altmark* zu entern und die Gefangenen, wenn nötig, mit Gewalt zu befreien. Während die Norweger erneut protestierten, lief die *Cossack* in den Fjord ein und ging, nachdem die *Altmark* versucht hatte, den Zerstörer mit dem Heck auf den Felsen zu drükken, an dem Troßschiff längsseit und schickte ein Enterkommando an Bord, das die deutsche Besatzung nach einem kurzen Handgemenge überwältigte und die Gefangenen befreite. Wenn es sich auch bei der britischen Aktion um eine Verletzung der norwegischen Neutralität handelte, so war doch auch Norwegens Haltung nicht ganz klar. Die *Altmark* war von den norwegischen Torpedobooten zunächst zweimal sehr flüchtig untersucht worden, hatte sich dann aber einer gründlichen Untersuchung unter Hinweis auf ihre Eigenschaft als Staatsschiff, das dem Untersuchungsrecht nicht unterliege, widersetzt. Auf englischer Seite wurde geltend gemacht, daß sich das Schiff nicht auf einer normalen Fahrt befunden habe, sondern daß es von militärischen Operationen zurückkehrte und Gefangene an Bord habe, und daß es Sache Norwegens gewesen sei, seine eigenen neutralen Rechte mit Waffen geltend zu machen. Norwegen war in einer unglücklichen Lage und wagte nicht, seine Rechte gegen die beiden mächtigen kriegführenden Nachbarn durchzusetzen. Wenn auch die überwiegende Mehrheit des Volkes der alliierten Sache zuneigte, so fürchtete man doch Deutschland und seine allgegenwärtige drohende Aktivität. So protestierte Norwegen schärfstens in England wegen des *Altmark*-Falles, zweifellos in der Hoffnung, damit eine deutsche Gegenaktion hinauszuschieben.

Die Invasion Norwegens

Die Hoffnungen Norwegens, daß es ihm erlaubt sein würde, außerhalb des Krieges zu bleiben, waren vergeblich. Ein Blick auf die Karte zeigt die Gründe teilweise auf: von der norwegischen Küste aus kann die britische Basis in Scapa Flow und die Blockade in der Shetland-Norwegen-Enge in der Flanke umgangen werden. Wenn Deutschland beabsichtigte, mit U-Booten oder Überwasserschiffen im freien Atlantik zu operieren, so konnte es sie sehr viel leichter von Norwegen als von deutschen Basen hinausbringen. Aber noch eine weitere geographische Gegebenheit, die vielleicht nicht so offensichtlich ist, machte die Benutzung der norwegischen Gewässer für Deutschland fast noch lebenswichtiger. Die norwegische Küste zwischen Egersund und dem Nordkap bietet einen rund 1000 Seemeilen langen, an den meisten Stellen geschützten Weg zwischen den der Küste vorgelagerten Inseln und dem Festland. Dieser Weg, bekannt als »the Leads« hat Norwegen schon seit den Zeiten der Wikinger als Hauptverbindungsweg gedient. Er wurde auch von den Deutschen in beiden Weltkriegen benutzt. Die deutschen Schiffe konnten den Vorteil der eigenen Luftsicherung im Kattegat und Skagerrak ausnutzen und dann, nach einer kurzen Fahrt an der norwegischen Südküste unter Ausnutzung der norwegischen Territorialgewässer, den Leads folgen und aus ihnen heraus an jeder gewünschten Stelle zum Marsch in den Atlantik antreten.

Aber die Benutzung der Leads durch Kriegsschiffe war nur eine selten genutzte Möglichkeit, da ein unerkannter Marsch auf diesem Weg nicht möglich war. Sehr viel größere Bedeutung hatte dieser Weg in den geschützten norwegischen Gewässern dagegen für die deutsche Handelsschiffahrt, sei es für die aus Übersee nach erfolgreichem Durchbruch durch die englische Blockade in der von den Sowjets zur Verfügung gestellten Basis »Basis Nord« bei Murmansk eingetroffenen Schiffe, die nun an der norwegischen Küste entlang nach Deutschland heimkehrten, oder sei es für die Erzschiffahrt von Narvik. Deutschland mußte jährlich 15 Millionen Tonnen Eisenerz importieren, und davon kamen etwa 75 % von Skandinavien. Im Sommer wurde dieses Erz von dem schwedischen Hafen Lulea durch die Ostsee nach Deutschland transportiert, wo es vor der Royal Navy sicher war, die das Skagerrak und die dänischen Meerengen nicht passieren konnte. Doch die Ostsee friert im Winter zu, und so mußte das Erz in dieser Zeit über Land nach dem norwegischen Hafen Narvik transportiert werden. 41% des skandinavischen Erzes kam über diesen Weg. Deshalb war Norwegen von lebenswichtiger Bedeutung für Deutschland. Der Oberbefehlshaber der Kriegsmarine, Großadmiral Raeder, brachte die Bedeutung Norwegens schon sehr früh Hitlers Aufmerksamkeit nahe, doch hielt er zunächst die norwegische Neutralität für vorteilhafter für Deutschland, solange sie von britischer Seite respektiert wurde. Verschiedene Vorfälle, zuletzt der *Altmark*-Fall, hatten jedoch gezeigt, daß man auf britischer Seite nicht bereit war, eine solche klaffende Lücke in dem Blockadering um Deutschland bestehen zu lassen.

In England war es zunächst der Erste Lord der Admiralität Churchill, der verschiedene, zum Teil utopische Operationen zur Unterbindung der Erzfuhren vorgeschlagen hatte. Der sowjetisch-finnische Winterkrieg 1939/40 schien dann eine sehr günstige Gelegenheit zu bieten, um unter dem Vorwand der Hilfe für Finnland Truppenverbände in Stärke von 3–4 englischen und französischen Divisionen im Raum Narvik landen und sie beim Marsch nach Finnland zugleich die schwedischen Erzgruben besetzen zu lassen. Der Friedensschluß zwischen der Sowjet-Union und Finnland ließ diese bereits recht weit gediehenen Pläne nicht zur Durchführung kommen.

In Deutschland waren inzwischen sowohl von der Seekriegsleitung (Skl) als auch vom Generalstab des Heeres Studien über eventuelle Operationen im norwegischen Raum bearbeitet worden, die jedoch in ihren Zielsetzungen weit auseinanderliefen. In dem Versuch, seine Ziele vielleicht auf friedlichem Wege zu erreichen, traf Raeder mit dem als prodeutsch bekannten früheren norwegischen Kriegsminister und Führer der Partei »Nasjonal Samling« zusammen und brachte ihn auch mit Hitler in Verbindung, der fälschlicherweise annahm, daß Quisling in der Lage sei, die Mehrheit im norwegischen Parlament, im Storting, zu erringen. Im Laufe des Winters zeigte sich jedoch, daß die Vorgänge nicht den Verlauf nahmen, den Raeder sich erhofft hatte. Quisling begann selbst um Hilfe zu bitten, anstatt seine Unterstützung den Deutschen angedeihen zu lassen. Die *City of Flint*- und *Alt-*

mark-Fälle zeigten, daß die Leads nicht so sicher waren, wie es scheinen mochte. Schließlich trafen in Deutschland Berichte des Nachrichtendienstes ein, daß die Engländer planten, die Leads zu verminen. Die deutsche Seite befürchtete, daß die Norweger sich fügen würden. Hitler faßte den Entschluß zur Invasion Norwegens und Dänemarks, und am 21. Februar 1940 wurde der Stab für die Vorbereitung dieser Operation »Weserübung« aufgestellt.

Der Operationsplan verstieß gegen fast alle Prinzipien der Seestrategie, mit Ausnahme von einem: der Überraschung. Die Invasionsgruppen hatten ihren Marsch durch ein Gebiet zu führen, das durch die größte Seemacht der Welt beherrscht wurde, um dann an verschiedenen, weit voneinander entfernten Punkten zu landen, von denen einer rund 1000 Seemeilen von den deutschen Basen entfernt lag. Dort hatten sich die gelandeten Kräfte einzurichten und selbst zu unterhalten, um eventuelle britische Gegenangriffe abzuwehren. Aber es gab keinen anderen Weg, um Norwegen zu erobern. Die Geographie war der Schlüssel zum Erfolg. Nach dem ersten Angriff konnten die deutschen Nachschublinien durch das Kattegat mit nur einem kleinen Marsch durch offene Gewässer im Skagerrak zum Oslofjord geführt werden. In diesem Gebiet, nahe zu den deutschen Luftbasen im Norden, konnte die Royal Navy nicht operieren. Um diese Nachschubroute zu schützen, entschlossen sich die Deutschen, auch Dänemark zu besetzen. So glaubte die deutsche Führung, daß, wenn die ersten Landungen mit nicht zu großen Verlusten bewerkstelligt werden könnten, man dann die Positionen mit Hilfe des Seetransportes nach Oslo und des Landtransportes von Oslo zu den einzelnen besetzten Positionen halten könnte.

Die Deutschen setzten für ihre Norwegen-Operationen ihre gesamte Überwassermarine und den größten Teil ihrer U-Boote ein. Raeder erwartete durchaus, bis zur Hälfte dieser Schiffe zu verlieren. Dönitz mußte den U-Boot-Krieg im Atlantik unterbrechen, um alle verfügbaren Atlantik- und Nordseeboote zur Deckung der Operation vor der norwegischen Küste zu konzentrieren. Die Überwasserschiffe wurden in folgende Gruppen eingeteilt:

Gruppe 1, Narvik: Kommodore Bonte mit den Zerstörern *Wilhelm Heidkamp, Georg Thiele, Wolfgang Zenker, Bernd von Arnim, Erich Giese, Erich Koellner, Dieter von Roeder, Hans Lüdemann, Hermann Künne, Anton Schmitt.* 2000 Mann. Deckungsgruppe: Vizeadmiral Lütjens mit Schlachtschiffen *Gneisenau* und *Scharnhorst.*

Gruppe 2, Trondheim: Kapitän zur See Heye. Schwerer Kreuzer *Admiral Hipper,* Zerstörer *Paul Jacobi, Theodor Riedel, Bruno Heinemann* und *Friedrich Eckoldt.* 1700 Mann.

Gruppe 3, Bergen: Konteradmiral Schmundt. Leichte Kreuzer *Köln* und *Königsberg,* Artillerieschulschiff *Bremse,* Torpedoboote *Leopard* und *Wolf* und 1. Schnellbootflottille mit Bgleitschiff *Karl Peters* und 5 Schnellbooten. Ferner 2 U-Boot-Fallen. 900 Mann.

Gruppe 4, Kristiansand und Arendal: Kapitän zur See Rieve. Leichter Kreuzer *Karlsruhe,* Torpedoboote *Luchs, Greif, Seeadler* und 2. Schnellbootflottille mit Begleitschiff *Tsingtau* und 7 S-Booten. 1400 Mann.

Gruppe 5, Oslo: Konteradmiral Kummetz. Schwere Kreuzer *Blücher* und *Lützow,* Leichter Kreuzer *Emden,* Torpedoboote *Möwe, Albatros* und *Kondor.* 1. Räumbootflottille mit 8 R-Booten und 2 Walfangbooten.

Gruppe 6, Egersund: Korvettenkapitän Thoma, 2. Minensuchflottille mit 4 M-Booten.

Gruppe 7, Nyborg, Korsör: Kapitän zur See Kleikamp. Linienschiff *Schleswig-Holstein,* 3 Versuchsboote, 2 Transportdampfer und 2 Schlepper.

Gruppe 8, Kopenhagen: Korvettenkapitän Schroeder. Minenschiff *Hansestadt Danzig* und Eisbrecher *Stettin.*

Gruppe 9, Middelfahrt und *Beltbrücke:* Kapitän zur See Leissner. Dampfer *Rugard,* 3 M-Boote, 2 Vorpostenboote, 2 R-Boote, 1 U-Jäger und 2 Schlepper.

Gruppe 10, Esbjerg und Nordby auf Fanö: Kapitän zur See und Kommodore Ruge. Ein Geleitboot, 12. Minensuchflottille mit 5 M-Booten und 8 umgebauten Fischdampfern. 2. Räumbootflottille mit 8 R-Booten.

Gruppe 11, Tyborön am Limfjord: Korvettenkapitän Berger. 4. Minensuchflottille mit 6 M-Booten, 4. Räumbootflottille mit 2 R-Booten.

Alle Landungen sollten am frühen Morgen des 9. April durchgeführt werden.

Während die deutschen Vorbereitungen liefen, bereiteten die Engländer – einer der größeren Zufälle des Krieges – selbst eine eigene Operation in Norwegen vor. In dem Versuch, die deutsche Benutzung der Leads zu unterbinden, plante die Admiralität die Auslegung von Minenfeldern vor Narvik, Stadlandet und Bud gleichzeitig mit der Bekanntgabe der Aktion an die norwegische Regierung. Die Operation war für die Nacht des 6. April geplant und, wäre sie durchgeführt worden, hätte sie sicher die deutschen Planungen erheblich gestört. In der Annahme, daß die Deutschen auf die Minenlegung heftig reagieren würden, wenn auch nicht gleich bis zu dem Ausmaß einer Landung in Norwegen, hatten die Engländer eine schwache Expeditionsstreitmacht auf Schiffen eingeschifft, die mit den Minenlegern auslaufen sollten. Aber infolge von Schwierigkeiten in letzter Minute mußte das Unternehmen um 48 Stunden verschoben werden, und als die Nachrichten über die deutsche Aktivität London erreichten, entschloß sich das Kabinett, die Truppen auszuladen, bis sich die Lage geklärt habe. So waren diese Truppen, die für eine sofortige Gegenaktion in Norwegen benötigt worden wären, zu dem Zeitpunkt, als die deutsche Unternehmung anlief, in England.

Den Auftakt zu dem norwegischen Drama bildete eine zufällige Begegnung zwischen dem deutschen Zerstörer *Bernd von Arnim* und dem britischen Zerstörer *Glowworm* am 8. April. Ehe eines der beiden in dem schweren Wetter von ihrem Verband abgesprengten Schiffe Treffer erzielen konnte, kam der deutsche Schwere Kreuzer *Admiral Hipper* heran. Tapfer griff die *Glowworm* den herankommenden Kreuzer im Schutze eines vorher gelegten Rauchschleiers mit einem Torpedofächer an, dem der Kreuzer aber ausweichen konnte. Dabei geriet er jedoch so nahe an die *Glowworm* heran, daß

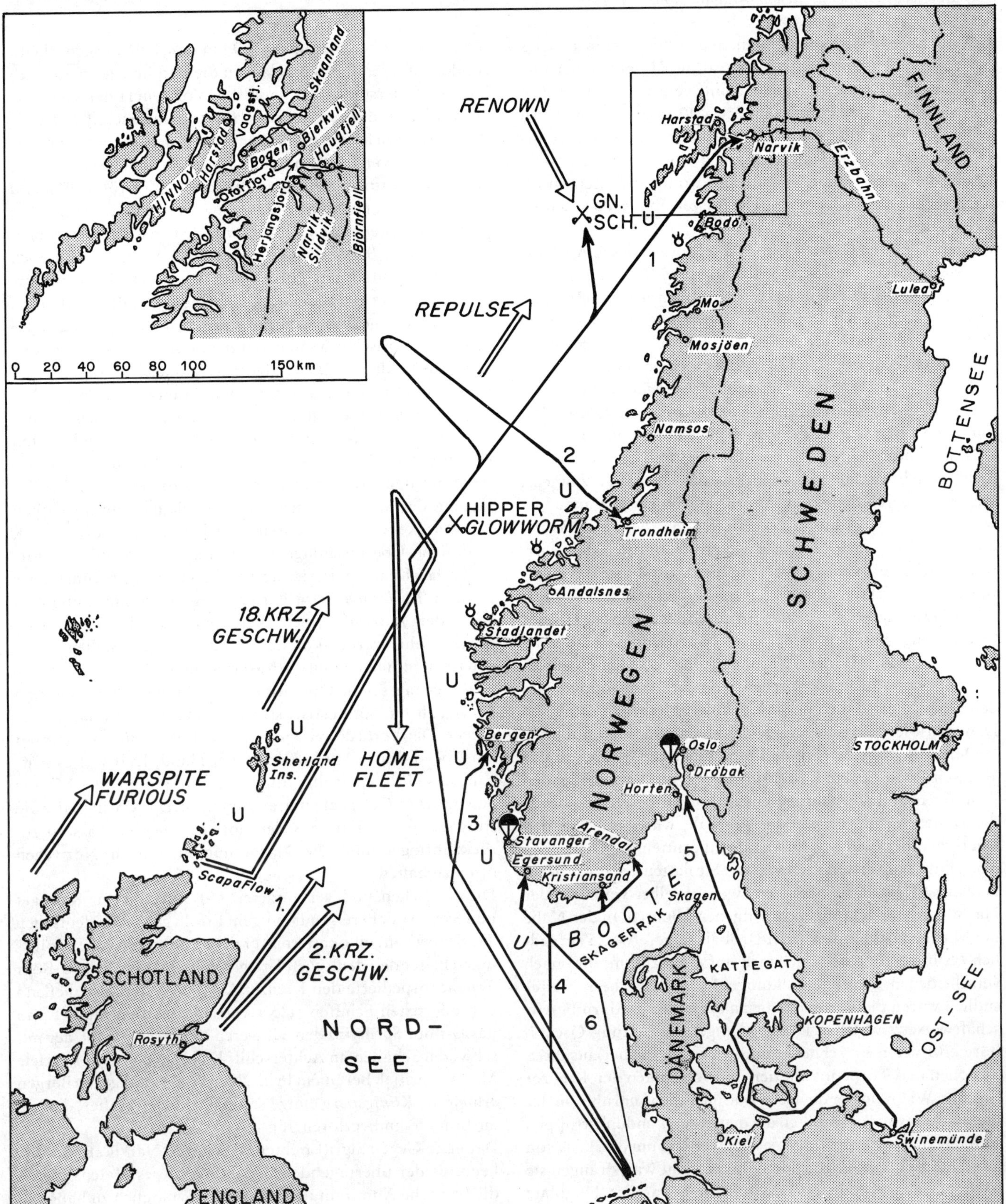

Die Operation »Weserübung« 8./9. April 1940

sich offenbar beide Kommandanten entschlossen, ihren Gegner zu rammen. Die *Glowworm* traf die *Hipper* steuerbord vorn, wurde unter das größere Schiff gedrückt und riß dort die Außenhaut der *Hipper* auf etwa 40 m auf, während sie selbst das Vorschiff verlor. Bald darauf sank das Wrack der *Glowworm,* während die Deutschen einen Offizier und 37 Mann des Zerstörers retteten. Dem Kommandanten wurde nachträglich die höchste englische Auszeichnung, das Victoria Kreuz, verliehen.

Zu dem nächsten Gefecht kam es am Morgen des 9. April um 05.00 Uhr, als der britische Schlachtkreuzer *Renown,* der den Zerstörern, die vor dem Westfjord Minen legen sollten, als Deckung beigegeben war, auf die *Gneisenau* und *Scharnhorst* traf. In dem bei schwerem Seegang und schlechter Sicht geführten Gefecht erhielt die *Gneisenau* einen 38-cm-Treffer, der ihren vorderen Leitstand außer Gefecht setzte und 2 leichte Treffer, während die *Renown* von zwei 28-cm-Granaten getroffen wurde, die jedoch gleichfalls keine schweren Ausfälle verursachten. Die Schiffe verloren sich dann aus Sicht. Auf britischer Seite schienen die Umstände zunächst keinen größeren deutschen Angriff auf Norwegen anzudeuten, obgleich die Admiralität glaubte, daß diese Streitkräfte auf dem Wege nach Narvik gewesen seien. Auch den Norwegern schienen weder diese Vorgänge – soweit sie davon erfuhren – verdächtig, noch hatten sie die Versenkung des deutschen Transporters *Rio de Janeiro* durch das polnische U-Boot *Orzel* wenige Stunden vorher vor Kristiansand als eine Warnung aufgefaßt. Als diese Warnungen falsch gedeutet waren, hatte die Situation ihre kritischen Momente überwunden. Das deutsche Unternehmen begann, Erfolg zu haben.

Dänemark leistete nur geringen Widerstand. 1000 Soldaten landeten in Kopenhagen, und eine kleinere Gruppe an der Westseite von Seeland, wo sie schnell die entscheidenden Positionen und Verbindungseinrichtungen besetzten. Bevor die Dänen recht wußten, was geschah, waren sie von den Deutschen überwältigt. Im Oslofjord erlitten die Deutschen einen ihrer schwersten Rückschläge. Sie hatten den etwa 70 sm langen Oslofjord zu passieren, wo sie selbst während der Nacht der Beobachtung nicht entgehen konnten. In der Nähe der Marinebasis Horten in der Dröbak-Enge, etwa 25 sm südlich Oslo, verengt sich der Fjord auf etwa 200 m, und nach verschiedenen Sichtungsmeldungen von Bewachern weiter südlich waren die Verteidigungsanlagen hier in Alarmbereitschaft versetzt worden. Die Verteidiger der Festung Oscarsborg eröffneten ein schnelles und wirksames Feuer aus ihren Kanonen und Torpedobatterien und versenkten den Kreuzer *Blücher.* Während der deutsche Marineattaché unruhig an der Pier in Oslo wartete, mußten die deutschen Landungstruppen südlich von Horten an Land gesetzt werden, um die Basis von Land her zu nehmen. Nachdem das erreicht war, drangen sie nach Norden vor. In der Zwischenzeit war der Flugplatz Fornebo bei Oslo durch Luftlandetruppen besetzt worden, und wenig später war die Stadt in der Hand der Deutschen. Der König jedoch hatte mit der Regierung die Stadt verlassen und war nach Hammar, 180 km nördlich, ausgewichen. An den anderen Plätzen gelangen die Landungen meist nach kurzem Widerstand oder kampflos. Vor dem Hafen von Narvik versuchte das norwegische Küstenpanzerschiff *Eidsvold* Widerstand zu leisten und weigerte sich, dem deutschen Übergabeverlangen nachzukommen. Als es Anstalten machte, das Feuer zu eröffnen, wurde es durch den Zerstörer *Wilhelm Heidkamp* mit einem Torpedofächer versenkt. Im Hafen begann das Küstenpanzerschiff *Norge* den an die Pier gegangenen Zerstörer *Bernd von Arnim* zu beschießen, wurde jedoch von ihm gleichfalls mit Torpedoschuß versenkt. Danach wurden ohne weiteren Widerstand die Gebirgstruppen gelandet. In Trondheim gelang es, die norwegischen Verteidigungsanlagen in den kritischen Momenten zu täuschen und ohne Widerstand die Stadt und die Verteidigungsanlagen zu besetzen. In Bergen begannen die norwegischen Batterien mit ihrem Abwehrfeuer erst zu einem Zeitpunkt, als die deutschen Schiffe die gefährlichen Stellen nahezu passiert hatten. So konnten sie nur auf der *Königsberg* drei 21-cm-Treffer und einen weiteren auf dem Artillerieschulschiff *Bremse* erzielen. Die Besetzung der Stadt und der Anlagen gelang dann aber ohne Schwierigkeiten. Vor Kristiansand herrschte jedoch Nebel, so daß das Überraschungsmoment verlorenging und die norwegischen Küstenbatterien abwehrbereit waren. So mußte der Kreuzer *Karlsruhe* diese Batterien zunächst mit Unterstützung der Luftwaffe niederkämpfen, ehe die Landungen durchgeführt werden konnten. An den übrigen Stellen gelangen die Landungen ohne Schwierigkeiten.

Es schien, als sei die Operation »Weserübung« mit größerem Erfolg, als die optimistischsten Planer es erwartet hatten, geglückt. Die Verluste waren sehr leicht, und alle Ziele waren am Abend des 9. April in deutscher Hand. Jetzt war es Aufgabe des Heeres, die ihm durch die Operationen der Marine geschaffenen Gelegenheiten auszunutzen. Die Marine hatte die Aufgabe, ihre Schiffe aus den norwegischen Gewässern zurückzubringen und die Nachschublinien nach Norwegen offen zu halten.

Die britischen und verbündeten U-Boote, die im Kattegat und Skagerrak bereits mit einigem Erfolg gegen die deutschen Transportkonvois operierten, erzielten auch gegen die zurückmarschierenden deutschen Kriegsschiffe Erfolge. Das U-Boot *Truant* torpedierte den Kreuzer *Karlsruhe,* der anschließend von deutschen Schiffen selbst versenkt werden mußte, und das U-Boot *Spearfish* den Schweren Kreuzer *Lützow,* der mit schweren Schäden im Achterschiff Kiel erreichte und für viele Monate ausfiel. Bei einem britischen Trägerraid gegen Bergen erhielt die *Königsberg* einige so unglückliche Treffer, daß sie ausbrannte und verlorenging.

Der erste Gegenangriff richtete sich gegen Narvik. In der Erkenntnis der überragenden Bedeutung dieses Hafens plante die britische Admiralität, so schnell wie möglich zu handeln. In der Annahme, daß nur ein Zerstörer Narvik angelaufen habe, gab sie dem Chef der mit der *Renown* vor dem Westfjord kreuzenden Zerstörerflottille, Captain B. A. W. Warburton-Lee, den Befehl: »Gehen Sie nach Narvik und versenken oder nehmen Sie das feindliche Schiff. Es bleibt Ihnen überlassen, ob Sie Truppen landen, wenn Sie es im Hinblick auf die Zahl der feindlichen Kräfte für möglich halten, Narvik wieder zu nehmen.« Später, als bekannt wurde, daß die Deutschen stärker als erwartet waren, gab die Admiralität Warburton-Lee die Freiheit, die Operation abzubrechen, wenn er annehme, daß die deutschen Verteidigungskräfte eine Operation unmöglich machten. Seine Antwort war typisch für die Tradition der Royal Navy: »Ich gehe ins Gefecht.«

lauf, an dem auch die *Hostile* und *Hotspur* teilnahmen, wurden mehrere Handelsschiffe versenkt. Die britischen Zerstörer hatten jedoch nicht bemerkt, daß in dem nördlich gelegenen Herjangs-Fjord die deutschen Zerstörer *Wolfgang Zenker, Erich Giese* und *Erich Koellner* lagen. Gerade als Warburton-Lee seinen dritten Anlauf ansetzen wollte, trafen sie, geleitet von dem Geschützdonner, ein und eröffneten aus 9000 m das Feuer. Die britischen Zerstörer traten den Rückmarsch an und drehten zu einem laufenden Gefecht ab. Dann kamen jedoch von voraus aus dem Ballangen-Fjord die Zerstörer *Georg Thiele* und *Bernd von Arnim* in Sicht. *Georg Thiele* er-

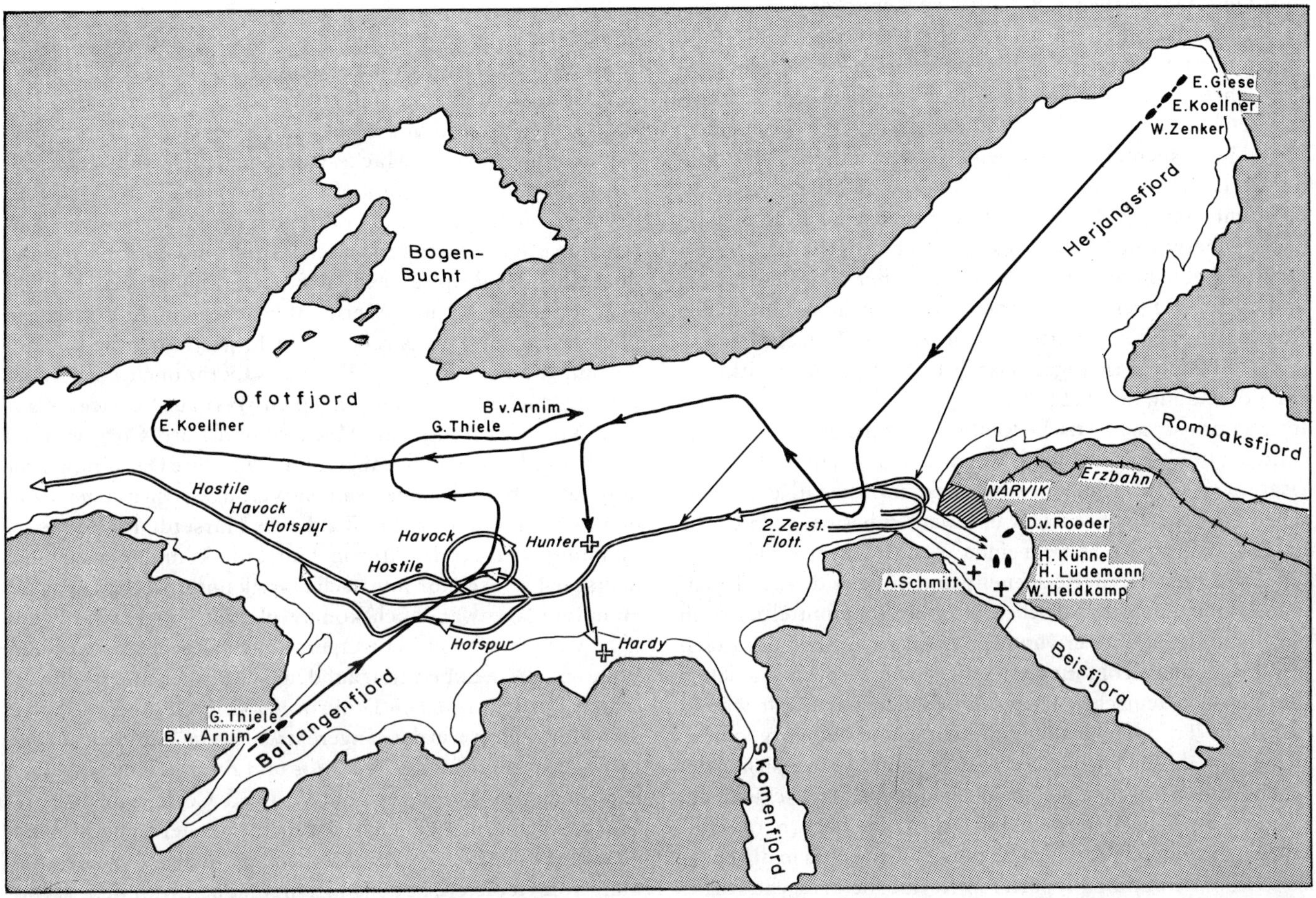

Das erste Gefecht vor Narvik, 10. April 1940

Begleitet von den Zerstörern *Hunter, Havock, Hotspur* und *Hostile* lief Captain Warburton-Lee mit der *Hardy* bei Hellwerden in den Ofot-Fjord ein. In Schneeböen passierten die britischen Zerstörer unbemerkt die weiter draußen liegenden deutschen Vorposten-Zerstörer und gelangten bis vor die Hafeneinfahrt. *Hardy, Hunter* und *Havock* liefen in den inneren Hafen ein, feuerten ihre Torpedos und eröffneten aus allen Rohren das Feuer. Der deutsche Führer-Zerstörer *Wilhelm Heidkamp* mit Kommodore Bonte an Bord sank, und *Anton Schmitt* ging schwer beschädigt auf Grund. Drei andere Zerstörer erlitten leichtere Schäden. In einem zweiten An-

zielte bald einen schweren Treffer auf der Brücke der *Hardy*, der Warburton-Lee tötete und das Schiff mit klemmendem Ruder auf Strand laufen ließ. Fast gleichzeitig schoß *Georg Thiele* einen Torpedofächer, der die *Hunter* traf und versenkte. Die *Hotspur* wurde durch das Artilleriefeuer der deutschen Zerstörer schwer beschädigt und trieb auf die sinkende *Hunter* zu. Die deutschen Zerstörer, die unter akutem Brennstoffmangel litten, mußten jedoch die Verfolgung abbrechen, so daß die 3 englischen Zerstörer teilweise schwer beschädigt nach Westen ablaufen konnten, wobei sie das ihnen in die Arme laufende deutsche Munitionsschiff *Rauenfels* versenkten, das in einer gewaltigen Explosion in die Luft flog. Von den deutschen Zerstörern waren nur noch 3 voll seefähig, jedoch konnten bis zum Dunkelwerden nur 2 von ihnen ihre Brennstoffvorräte an dem Tanker *Jan Wellem* ergänzen. Sie brachen aber ihren Rückmarschversuch im Vestfjord nach Sichtung britischer Streitkräfte ab. Am nächsten Abend waren wieder 4 Zerstörer fahrbereit gemacht worden, doch konnten sie auf Grund der Lage den Ausbruch ebenfalls nicht wagen. Zwei Tage später, am 13. April, traf eine stärkere britische Kampfgruppe mit dem Schlachtschiff *Warspite* und 9 Zerstörern, unterstützt von dem Flugzeugträger *Furious,* in dem Fjord ein. Die restlichen 8 deutschen Zerstörer wurden versenkt oder mußten sich nach Aufbrauch ihrer Munition in dem innersten Teil des Rombaks-Fjordes selbst versenken.

Die Lehre aus den beiden Gefechten war deutlich. Warburton-Lee hatte mit unterlegenen Kräften das Gefecht in einem Seegebiet gesucht, in dem er seine Geschwindigkeit und Manövrierfähigkeit nicht ausnutzen konnte und die mancherlei Gelegenheiten für Hinterhalte bot. Er erreichte zwar die taktische Überraschung bei seinem ersten Angriff und verursachte erhebliche Schäden, wurde dann aber selbst überrascht und zwischen zwei Feuer gebracht, von denen das eine seinen Ausweg zur See blockierte. In dem zweiten Gefecht benutzten die Engländer richtigerweise ihre überlegenen Streitkräfte zur Vollendung der Aufgabe.

Insgesamt war die britische Reaktion auf die deutschen Operationen in Norwegen durch Unentschlossenheit und Improvisation gekennzeichnet. In der Erkenntnis, daß die Deutschen die britische Seemacht unterlaufen hatten, suchten die Engländer mit allen Mitteln einen Weg, die Invasoren zu treffen. Die Lage erforderte schnelle und entscheidende Gegenmaßnahmen, da die deutschen Streitkräfte unmittelbar nach den Landungen am verwundbarsten waren. Bis die Straßen und Eisenbahnverbindungen von Oslo zu den verschiedenen Punkten der deutschen Besetzung wieder hergestellt waren, hatten die Truppen von dem mitgebrachten und vorgefundenen Material zu leben. Der Seeweg konnte angesichts der wachsamen britischen »Home Fleet« für den Nachschub nicht genutzt werden. Während die Deutschen fieberhaft dabei waren, die inneren Verbindungswege Norwegens in die Hand zu bekommen und zu reparieren, verlor die britische Regierung kritische Tage mit der Suche nach einer Entscheidung, wo der Gegenangriff anzusetzen sei. Da die Masse der britischen Truppen bereits in Frankreich eingesetzt war, standen nur wenig Verbände für Operationen in Norwegen zur Verfügung, wenngleich auch die Franzosen einwilligten, das britische Kontingent mit einer französischen Alpenjägerbrigade und 2 Brigaden der Fremdenlegion zu unterstützen. Wo man die alliierten Truppen am besten ansetzen sollte, war ein großes strategisches Problem für das britische Kabinett. Zwei hauptsächliche Möglichkeiten boten sich an: Narvik und Trondheim. Wie bereits erwähnt, war Narvik von höchster Bedeutung, da es den Export von Eisenerz aus Norwegen und Schweden kontrollierte. Auch hatte Narvik im Hinblick auf die hier bereits gewonnenen Erfolge der Seestreitkräfte eine besondere Anziehungskraft auf entscheidende Personen, einschließlich Churchill. Auf der anderen Seite bot auch Trondheim seine Vorteile, da Norwegen sich hier auf einen wenige Kilometer breiten Schlauch verengt und alle Landverbindungen nach dem Norden von hier aus kontrolliert werden können. Die Regierung begann damit, die Erfolge zur See im Gebiet von Narvik auszubauen, doch als diese Operation kaum angelaufen war, verlegte sie den Schwerpunkt auf den Raum Trondheim.

Narvik

Die ersten Truppenverbände für Narvik liefen am 12. April 1940 aus, die Truppen unter dem Befehl von Generalmajor Mackesy, während die unterstützenden Seestreitkräfte dem Befehl von Admiral of the Fleet Lord Cork and Orery unterstanden. Die General Mackesy gegebenen Instruktionen waren so vorsichtig abgefaßt, daß sie auf ihn einen tiefen Eindruck gemacht haben und er offenbar einige aggressivere Anregungen, die in einem persönlichen Brief von General Ironside, dem Chef des Empire-Generalstabes, enthalten waren, nicht beachtete. Die Art und Weise, in welcher der Angriff gegen Narvik geplant wurde, zeigt deutlich, wie wenig die Engländer auf die Führung amphibischer Operationen vorbereitet waren. Mackesy's Weisungen legten Wert auf Vorsicht, während Kühnheit nötig war. Mackesy und Lord Cork wurden gleichgeordnete Befehlshaber, ohne eine klare Definition ihrer individuellen und gemeinsamen Verantwortlichkeiten. Am merkwürdigsten war die Wahl von Harstadt für die erste Landung. Die Streitkräfte in Harstadt konnten weder die deutsche Nachschubroute nach Narvik unterbrechen, was die Hauptaufgabe war, noch konnte Narvik von Harstadt aus ohne weitere amphibische Operationen angegriffen werden.

Während diese Expedition auf dem Wege nach Harstadt war, erhielt Lord Cork einen Funkspruch vom Oberbefehlshaber der »Home Fleet«, in dem angeregt wurde, im Hinblick auf den Erfolg des Angriffes der *Warspite* und *Furious* einen direkten Angriff gegen Narvik zu führen. Lord Cork legte General Mackesy nahe, den Versuch zu wagen, aber der General lehnte ab und wies auf seine Instruktionen hin, in denen die Beschießung von Gebieten, in denen Zivilpersonen wohnten, verboten worden war. Weiter bedrängt, wies Mackesy darauf hin, daß die deutschen Verteidigungsanlagen in Narvik zu stark seien, um durch Beschießung von See her bezwungen werden zu können. Schließlich gab er zu, daß seine Transporter nicht »combat loaded« waren. Angesichts des Widerstandes und der mangelnden Bereitschaft von Mackesy blieb Lord Cork keine andere Alternative, als nach dem ursprünglichen Plan vorzugehen.

Nun kam ein Funkspruch der Regierung, der von Mackesy ein kühneres Vorgehen verlangte:

»Ihre Vorschläge schließen eine sehr schädliche Stockung vor Narvik und die Neutralisation einer unserer besten Brigaden ein. Wir können Ihnen die Alpenjäger nicht schicken. Die

Warspite wird in 2 oder 3 Tagen an anderer Stelle benötigt. Sie sollten deshalb ernsthaft erwägen, ob nicht ein direkter Angriff auf Narvik mit Unterstützung der Warspite und der Zerstörer, die auch im Rombaks-Fjord operieren könnten, möglich ist. Die Einnahme des Hafens und der Stadt wären ein wichtiger Erfolg. Wir erwarten von Ihnen die Gründe zu erfahren, weshalb dies nicht möglich sein sollte, und Ihre Einschätzung des an der Seefront zu erwartenden Widerstandes. Die Angelegenheit ist äußerst dringend.«

Aber Mackesy blieb zögernd, und die Landung in Harstadt ging weiter. Einmal an Land, meldete er, daß er nicht in der Lage sei, nach Narvik vorzumarschieren, bis der Schnee geschmolzen sei und bis er seine Nachschubbasen aufgebaut habe. Während die Deutschen so ihre Verteidigungsanlagen bei Narvik verstärkten, wurden die britischen Truppen durch die Kälte und durch Luftangriffe, die die Versuche zum Aufbau der Versorgungsorganisation und zur Verstärkung der Truppen in Mitleidenschaft zogen, geschwächt.

Trondheim

Inzwischen hatte die britische Regierung ihre Aufmerksamkeit Trondheim zugewandt. Der Plan sah einen Hauptangriff auf Trondheim selbst vor mit unterstützenden Landungen bei Namsos, etwa 100 sm nördlich und bei Andalsnes, etwa 100 sm südlich. Die Landungen wurden bei Namsos unter einem schweren deutschen Luftangriff am 15. April und bei Andalsnes 3 Tage später durchgeführt. Die Hauptlandung bei Trondheim sollte am 22. April folgen. Aber am 18. April begannen die Stabschefs wegen der Landung in Trondheim Bedenken zu bekommen und wiesen auf die großen Risiken des langen Anmarsches durch den Fjord hin. Sie empfahlen statt dessen, die Landungen bei Namsos und Andalsnes zu Hauptvorstößen zu machen und Trondheim in einer doppelten Umfassung von Land her zu nehmen. Schließlich behielt diese Ansicht die Oberhand, trotz des Widerstandes von Churchill und Admiral of the Fleet Sir Roger Keyes, der sich anbot, selbst mit einigen älteren Schiffen nach Trondheim zu fahren. Der Rat der Vorsicht hatte erneut den Tag für sich entschieden.

Die alliierte Evakuierung von Norwegen

Es wurde bald offenbar, daß die Alliierten ihre Landeköpfe bei Namsos und Andalsnes angesichts des steigenden Druckes der deutschen Luftwaffe, die von eroberten norwegischen Flugplätzen operierte, nicht halten konnten. Britische und französische Kreuzer und Zerstörer konnten nachts Nachschub und Verstärkungen heranbringen, aber am Tage beherrschte die Luftwaffe den Luftraum, zerbombte die alliierten Nachschublager und unterbrach die alliierten Verbindungslinien. Britische Flugzeugträger versuchten, Jagdschutz zu stellen, aber es gab nicht genug Träger, um die Flugzeuge ständig in der Luft zu halten und gleichzeitig auch den eigenen Jagdschutz für die Träger und andere Seestreitkräfte im Raum von Norwegen zu stellen. Der Versuch einer Jagdstaffel des Trägers *Glorious,* von einem gefrorenen See aus zu operieren, während der Träger nach Westen außerhalb der deutschen Bomberreichweite ablief, führte nur zur sofortigen Vernichtung der Jäger. Den Alliierten blieb keine Alternative, als ihre Streitkräfte Ende April und Anfang Mai zu evakuieren und den Deutschen Süd- und Mittelnorwegen zu überlassen.

Es blieb jedoch der britische Landekopf in Harstadt im Norden. Am 20. April übertrug die Regierung, nachdem sie wegen der ständigen Verzögerungen General Mackesy's die Geduld verloren hatte, den Oberbefehl aller Operationen gegen Narvik Lord Cork. Schließlich, Mitte Mai, begannen die Briten mit ihrem Angriff, nicht direkt gegen Narvik, sondern zunächst gegen Bjerkvik im Norden mit der Absicht, hier zunächst eine Streitmacht aufzubauen und dann Narvik über den Rombaks-Fjord hinweg anzugreifen. Die Bjerkvik-Operation, unterstützt von Flugzeugen der *Ark Royal,* wurde ein voller Erfolg. Inzwischen waren an Land Flugplätze für die Benutzung durch die RAF vorbereitet worden, und die Träger *Glorious* und *Furious* transportierten genügend Jagdflugzeuge nach dem Norden, um die deutsche Luftmacht in der nächsten Phase des Kampfes in diesem Raum in Schach zu halten. Inzwischen hatten die Deutschen jedoch ihre Invasion Belgiens und Hollands sowie Frankreichs begonnen, und eine totale alliierte Niederlage drohte an der Westfront. Deshalb gingen neue Instruktionen an die britischen Streitkräfte im Gebiet von Narvik. Sie sollten die Stadt erobern, alle Anlagen zerstören und dann die Evakuierung vorbereiten. Am 28. Mai fiel Narvik in britische Hand, nachdem der Rombaks-Fjord am Tage vorher erfolgreich überquert worden war. Die Evakuierung begann kurz darauf und sollte am 8. Juni beendet sein. In 3 Konvois wurden 24000 Mann und erhebliche Mengen Ausrüstung und Nachschubgut abtransportiert.

Gegen diese Evakuierung entsandte Raeder die Schlachtschiffe *Scharnhorst* und *Gneisenau* mit dem Kreuzer *Admiral Hipper* und 4 Zerstörern nach Norden. Bekanntgeworden unter dem Namen »Operation Juno« hatte dieser Vorstoß den Nebenzweck, die Überführung anderer Teile der deutschen Flotte nach Trondheim zu decken. Während die britische »Home Fleet« mit der Deckung der Evakuierung von Narvik beschäftigt war, erreichten die deutschen Schiffe Trondheim. Die *Scharnhorst* und *Gneisenau* überraschten und versenkten im europäischen Nordmeer den britischen Träger *Glorious* bevor er seine Flugzeuge starten konnte zusammen mit 2 begleitenden Zerstörern, die tapfere Versuche unternahmen, ihr Schutzobjekt zu retten. Außerdem versenkten die Deutschen 2 Transportschiffe und einen U-Jäger. Es gelang ihnen aber nicht, die eigentlichen Evakuierungskonvois zu finden, und beide Schlachtschiffe fielen für Monate aus: die *Scharnhorst* wurde von einem Torpedo des Zerstörers *Acasta,* die *Gneisenau* 12 Tage später durch das U-Boot *Clyde* getroffen. So

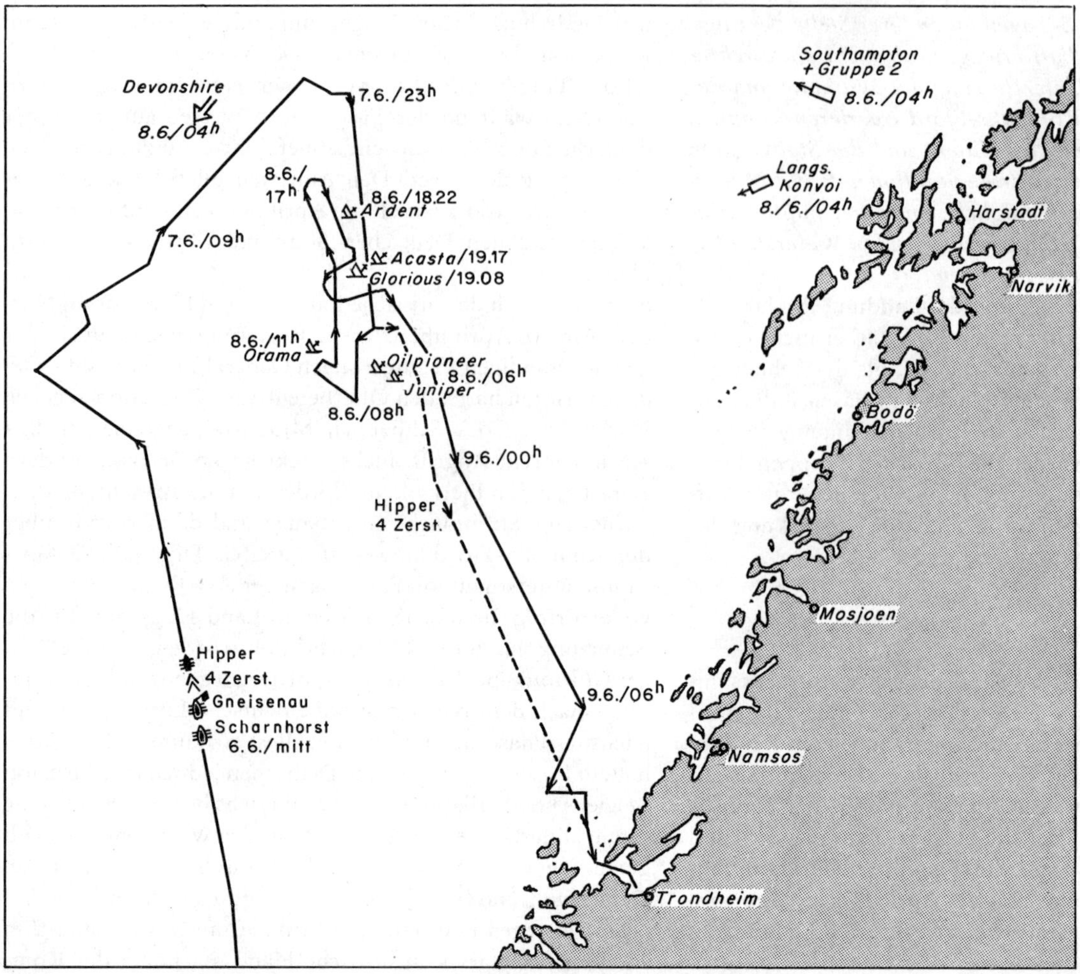

Die Operation »Juno«
6. – 9. Juni 1940

endete der Kampf um Norwegen. Von deutscher Seite brillant geplant und durchgeführt, zeigte er, was mit einer entschlossenen Führung und unter Ausnutzung der gegebenen Möglichkeiten erreicht werden konnte. Die Benutzung der Seerouten durch die theoretisch von der britischen Seemacht beherrschten Gebiete mit einer weit unterlegenen Seestreitmacht konnte nur durch Überraschung erreicht werden. Nachdem die Deutschen ihre Landeköpfe gebildet hatten und sich nicht weiter auf die Überraschung verlassen konnten, blieb ihnen nur der Nachschubweg über das Kattegat, der nur durch alliierte U-Boote erreicht werden konnte, und dann der Landtransport in Norwegen.

Die britischen Operationen in Norwegen mußten unternommen werden, und wenn es auch nur aus politischen Gründen gewesen wäre, aber sie kosteten England mehr Prestige als sie gewannen. Die Belgier, Franzosen und später die Griechen erinnerten sich an Norwegen, als die Tage ihrer eigenen Krise herankamen.

Der Zusammenbruch Frankreichs

Das Desaster der alliierten Expedition nach Norwegen brachte den Sturz der britischen Regierung. Am 10. Mai 1940, am Tage, an dem Hitler im Westen angriff, trat Neville Chamberlain zurück und übergab das Amt des Premierministers an Winston Churchill, der im Gegensatz zu der konservativen Regierung seines Vorgängers ein nationales Kriegskabinett mit Ministern aller Parteien bildete. Unter Churchills Führung wurde der Krieg mit Tatkraft und Mut durch die dunkelsten Stunden, als England allein stand, fortgesetzt. Holland konnte dem deutschen Angriff nur wenige Tage Widerstand leisten, und auch in Belgien wurden die Grenzstellungen schnell überwunden, ehe die Alliierten der belgischen Armee zu Hilfe kommen konnten. Überraschenderweise lag der Schwerpunkt des deutschen Angriffes jedoch im Gebiet der Ardennen, die man als undurchgängig für Panzer- und motorisierte Verbände angesehen hatte. Die deutsche Luftwaffe erkämpfte schnell die Luftherrschaft über dem Kampfgebiet, während die Engländer sich trotz französischer Proteste weigerten, die 25 für die Heimatluftverteidigung vorgesehenen Jagdstaffeln für eine verloren erscheinende Sache einzusetzen.

Die deutschen Panzer- und motorisierten Verbände durchbrachen bei Sedan die Verlängerung der Maginotlinie und stießen zum Kanal bei Abbéville durch, womit sie die belgische Armee, die britische Expeditionsarmee und eine französische Armee von der Masse des französischen Heeres abschnitten. Bereits um den 20. Mai erkannte die Admiralität, daß äußerste Anstrengungen nötig sein würden, die Armee zu retten und begann, Schiffe für eine Evakuierung von Dünkirchen an der französischen Küste nahe der belgischen Grenze zusammenzuziehen. Britische private Bootsbesitzer halfen freiwillig mit ihren Fahrzeugen bei der Unterstützung der Marine. Die Lords der Admiralität nahmen diese Hilfe gern an und versuchten, alle erreichbaren Marinefahrzeuge heranzuziehen. Sie hofften, etwa 45000 Mann in etwa 2 Tagen retten zu können.

Hitler, der seine Panzer aus taktischen Gründen vor Dünkirchen hatte anhalten lassen, weil er sie in dem vermeintlich sumpfigen flandrischen Gelände nicht einsetzen zu können glaubte, ohne sie, die für die zweite Phase der Operationen in Frankreich benötigt wurden, aufs Spiel zu setzen, hoffte, darin durch Feldmarschall Hermann Göring bestärkt, daß die Luftwaffe das Entkommen der Masse der in Flandern eingeschlossenen Armeen unmöglich machen würde. Göring beabsichtigte, die am Strand zusammengedrängten Truppen durch laufende Luftangriffe zu demoralisieren und die Rettungsschiffe, sobald sie auftraten, zu versenken. Er übersah aber 3 wesentliche Faktoren: zunächst war das Bombardieren der Truppen wirkungslos, weil der weiche Sand viel von der Wirkung der Explosionen absorbierte. Zweitens setzte die Royal Air Force jetzt alle ihre Kräfte zum Schutz des Brükkenkopfes Dünkirchen ein, selbst das bisher zurückgehaltene Fighter Command, und drittens bot die Anwesenheit einer so großen Zahl von Evakuierungsschiffen und Fahrzeugen einfach zu viele Ziele. Vergnügungsboote, Fischereifahrzeuge, Zerstörer, Minensucher, Trawler, Schiffe und Boote aller Typen liefen zwischen Dünkirchen und den englischen Häfen hin und her. Als die Operation abgeschlossen war, hatte man 338226 Mann sicher nach England gebracht, unter Einsatz von 861 Schiffen, von denen 243 versenkt worden waren, während zahlreiche weitere beschädigt wurden. In weniger aufsehenerregender Form wurden nahezu eine halbe Million britischer und französischer Soldaten und Zivilisten von anderen französischen Häfen in den letzten Tagen und Stunden nach England evakuiert.

Am 10. Juni erklärte Italien, um an dem deutschen Sieg teilzuhaben, Frankreich und England den Krieg, und italienische Truppen überschritten die französische Grenze. Paris wurde von den zum zweiten Teil ihrer Offensive angetretenen Deutschen am 14. Juni besetzt, und am nächsten Tag bat der französische Ministerpräsident Paul Reynaud die britische Regierung, Frankreich von seiner Verpflichtung, keinen Separatfrieden mit Deutschland abzuschließen, zu entlassen. Die Engländer stimmten unter der Bedingung zu, daß die französische Flotte nicht in die Hände des gemeinsamen Gegners fallen würde. Entschlossen, den Kampf fortzusetzen, drängte England Frankreich, den Kampf von den Kolonien in Nordafrika und Übersee fortzusetzen. Churchill ging sogar so weit, Frankreich eine Union mit England anzubieten und den beiden Völkern eine gemeinsame Staatsbürgerschaft zu geben. Die französische Nationalversammlung wies diesen Vorschlag zurück und sah keine Möglichkeit, der britischen Bitte um Fortsetzung des Krieges Folge zu leisten. Churchill und Reynaud wiesen General Weygand an, auf dem Schlachtfeld zu kapitulieren, da dies die Hände der französischen Regierung nicht binden würde. Weygand weigerte sich. Er wollte nicht kapitulieren, sagte er, bevor ein Waffenstillstand durch die Regierung ausgehandelt sei. Solch ein nationaler Waffenstillstand mußte naturgemäß alle französischen bewaffneten Streitkräfte binden, nicht nur die Armee, wie Churchill und Reynaud wünschten. Die Fortsetzung des Krieges von Übersee durch die französische Marine mußte danach eine Verletzung der Waffenstillstandsbedingungen sein, und Deutschland konnte danach alle Vergeltungsmaßnahmen treffen, die es für zweckmäßig hielt. Weygand zwang tatsächlich der politischen Führung seine Wünsche auf, aber Ministerpräsident Reynaud löste ihn nicht ab. Reynaud war tatsächlich nicht mehr in der Lage zu handeln, da er am nächsten Tage, dem 16. Juni, zum Rücktritt gezwungen wurde. Der Nachfolger wurde Marschall Philippe Pétain, der sofort um einen Waffenstillstand nachsuchte. Die Deutschen gaben der Erniedrigung Frankreichs einen besonderen Akzent, indem sie die Waffenstillstandsverhandlungen in demselben Eisenbahnzug führten, der 1918 für den Abschluß des Waffenstillstandes mit Deutschland benutzt worden war. Frankreich wurde in 2 Zonen geteilt. Das besetzte Frankreich, das die gesamte Atlantikküste und den nördlichen Teil Frankreichs einschließlich Paris umfaßte, und das unbesetzte Frankreich mit einer Regierung unter Pétain, die jedoch von dem mit den deutschen Führern sympathisierenden Pierre Laval und seinen Mitläufern beherrscht wurde.

Inzwischen sandte Admiral François Darlan, der Oberbefehlshaber der französischen Flotte, der sein Ehrenwort gegeben hatte, daß die französische Flotte nicht intakt in deutsche Hände fallen würde, am 24. Juni den folgenden verschlüsselten Funkspruch an alle Schiffe:

»Ich beziehe mich auf die Klausel des Waffenstillstandsvertrages, der jetzt durch andere Kanäle in offener Sprache übermittelt wird. Ich benutze diese vielleicht letzte Möglichkeit, meine Ansicht verschlüsselt weiterzugeben:

1. Die demobilisierten Kriegsschiffe müssen französisch bleiben. Unter französischer Flagge mit französischen Besatzungen in einem französischen Hafen des Mutterlandes oder in den Kolonien.

2. Insgeheim sind Maßnahmen für eine automatisch erfolgende Selbstversenkung zu treffen, damit kein Feind oder Ausländer, der sich mit Gewalt eines Schiffes bemächtigt, dies Schiff verwenden kann.

3. Entscheidet die mit der Auslegung des Vertragstextes beauftragte Kommission anders, als unter Ziffer 1 bestimmt, so sind die Schiffe ohne weiteren Befehl entweder in die Vereinigten Staaten zu bringen oder zu versenken, falls sie auf andere Weise nicht vor dem Zugriff des Feindes bewahrt

werden können. Keinesfalls dürfen sie intakt in Feindeshand fallen.
4. Schiffe, die auf solche Weise im Ausland Zuflucht gefunden haben, dürfen nicht ohne ausdrücklichen Befehl des Oberkommandos bei Operationen gegen Deutschland oder Italien eingesetzt werden.«

Die schließlich bekanntgegebenen Waffenstillstandsbedingungen sahen vor, daß die französischen Schiffe in noch näher zu bezeichnenden Häfen versammelt werden sollten, entweder in Frankreich oder in französischen Kolonien, unter deutscher oder italienischer Kontrolle. Deutschland erklärte feierlich seine Absicht, von den französischen Schiffen selbst keinen Gebrauch zu machen oder sie bei Abschluß eines Friedensvertrages zu fordern. Andererseits sah der Waffenstillstandsvertrag vor, daß die französischen Atlantikbasen vollständig den Deutschen für die U-Boot-Operationen zur Verfügung gestellt werden mußten. Die italienischen Bedingungen waren praktisch die gleichen wie die deutschen. Der Waffenstillstand mit Deutschland und Italien trat am 25. Juni in Kraft.

Trotz der französischen Zusage, trotz ihrer Kenntnis der grundsätzlichen Abmachungen betreffend der französischen Flotte, waren die Engländer weit davon entfernt, überzeugt zu sein, daß die französische Flotte tatsächlich nicht in die Hände der Achsenmächte fallen würde. Einige französische Schiffe waren bereits in englischen Häfen: 2 Schlachtschiffe, 4 Kreuzer, einige U-Boote, 8 Zerstörer und etwa 200 Minensucher und U-Jagdfahrzeuge. Aber eine große Zahl von Schiffen befand sich in Häfen des französischen Mutterlandes oder der Kolonien, wo die Deutschen die Kontrolle über sie gewinnen konnten.

Die Lage brachte die Engländer in ein schwieriges Dilemma: während sie stündlich eine Invasion erwarteten und kaum die bereits bestehenden Aufgaben auf dem maritimen Sektor erfüllen konnten, waren sie keinesfalls in der Lage, nunmehr zusätzlich einer Flotte von der Größe, wie sie Frankreich verblieben war, gegenüberzutreten. Ohne Kenntnis der Befehle von Darlan vom 24. Juni waren die Engländer der Meinung, daß sie ihre nationale Sicherheit nicht auf das gegebene Wort ihrer Feinde gründen konnten. In der Erkenntnis, daß die Schiffe unter Kontrolle der Achsenmächte stünden und daß der Waffenstillstand jederzeit von Deutschland unter dem Vorwand der Nichterfüllung gekündigt werden konnte, entschloß sich das britische Kriegskabinett zögernd, alle die Maßnahmen zu treffen, die es für nötig hielt, um sich zu vergewissern, daß die französische Flotte nicht in die Hände der Achse fallen könnte, wobei das Risiko, daß ihre Aktion Frankreich in den Krieg auf der Gegenseite bringen würde, in Kauf genommen wurde.

Am 3. Juli 1940 wurden alle französischen Schiffe in Plymouth und Portsmouth besetzt. Einige französische Seeleute waren freiwillig bereit, auf ihren bisherigen Schiffen zu bleiben und unter der frei-französischen Flagge zu dienen und als ihren Befehlshaber General Charles de Gaulle anzuerkennen, der sich selbst zum Führer der freien französischen Regierung im Exil in Opposition zu der deutsch beherrschten Vichy-Regierung des Marschalls Pétain erklärt hatte.

Die Lösung des Problems der französischen Flotte im Mittelmeer führte zu einer Tragödie, die im Kapitel 31 geschildert wird. Um das nach Dakar verlegte moderne französische Schlachtschiff *Richelieu* bewegungsunfähig zu machen, startete der britische Träger *Hermes* 6 Torpedoflugzeuge, die das Schlachtschiff angriffen und so schwere Schäden verursachten, daß es an den Hafen gefesselt blieb. Zwei französische Kreuzer und ein Flugzeugträger in westindischen Häfen wurden durch die diplomatischen Bemühungen Präsident Roosevelts neutralisiert. Wenn sie auch nur einen teilweisen Erfolg erzielten, waren die Engländer damit in der Lage, ihre Seeherrschaft zu sichern, allerdings auf Kosten einer starken Verbitterung ihrer früheren französischen Alliierten. Dieses unglückliche Ergebnis ihrer Operationen sollte seine verlustreichen Folgen bei der Operation »Torch«, der Invasion Nordafrikas Ende 1942, haben.

Die deutschen Pläne für eine Invasion Englands: Operation »Seelöwe«

Hitler, der über den schnellen Sieg in Frankreich frohlockte und darauf vertraute, daß England in wenigen Wochen kapitulieren würde, maß der Idee, in England zu landen, zunächst nur wenig Beachtung bei. Darin wurde er durch den Oberbefehlshaber der Luftwaffe, Hermann Göring, bestärkt. Großadmiral Raeder befürchtete jedoch, daß eine Situation entstehen könnte, in der Hitler plötzlich einen Übergang über den Kanal befehlen würde. Raeder sah in England den Hauptfeind, doch hatte er wenig Zutrauen in den Erfolg einer Invasion, da er die zur Verfügung stehende Zeit und die Hilfsquellen dafür für unzureichend hielt. Obgleich seine Erkundigungen bei Hitler zunächst keine Ergebnisse zeitigten, ließ er die vorbereitenden Planungen beginnen, um nicht von einem neuen Entschluß überrascht zu werden, wenn Hitler und Göring zu der Erkenntnis gekommen waren, daß England nicht die Absicht zu kapitulieren habe. Raeder verstand die Schwierigkeiten sehr viel besser als die Heeresbefehlshaber, die glaubten, daß der Übergang über den Kanal nicht viel mehr Probleme aufwerfen würde als der Übergang über einen sehr breiten Fluß. Ermutigt von Generalen des Heeres gab Hitler am 16. Juli 1940 seine Weisung für die Vorbereitung der Invasion Englands, der Operation »Seelöwe«.

Diese Weisung, die weitgehend von Heeresoffizieren vorbereitet worden war, zeigte wenig Verständnis für die mit der Operation verbundenen maritimen Probleme. Sie plante die Landung auf einer breiten Front von Ramsgate bis zu einem Punkt nahe der Isle of Wight, einer Front von etwa 200 sm, und sah vor, daß die Operation vom 13. August ab anlaufen könnte. Geduldig versuchte Raeder zu erläutern, daß eine Landung in diesem Umfange zahlreiche Häfen für die Vorbereitung der Invasionsflotte nötig machte, daß die französi-

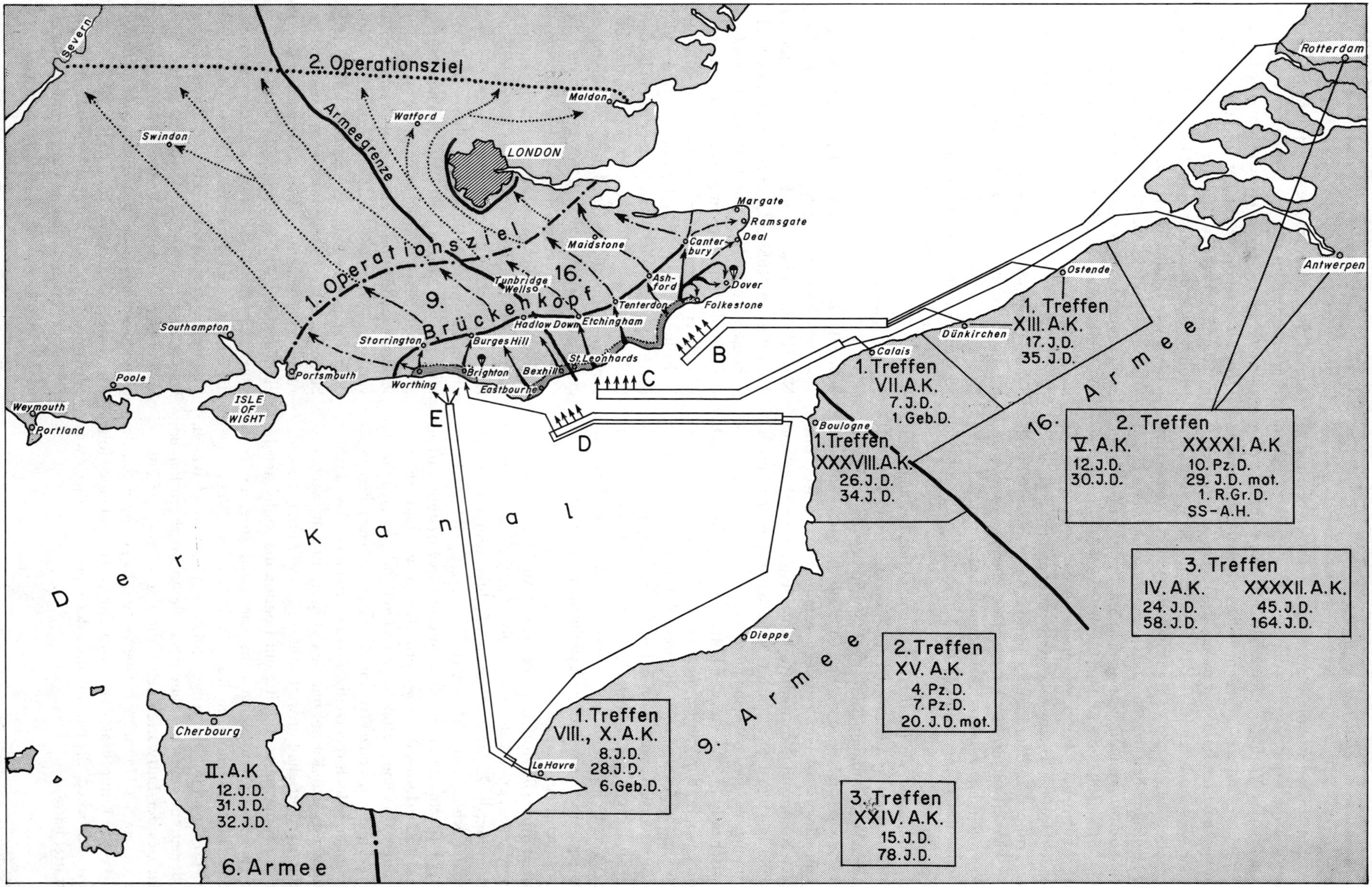

Die geplante Durchführung des Unternehmens »Seelöwe«

schen Kanalhäfen für die Benutzung zu schwer beschädigt seien; daß die Konzentration der Schiffahrt in diesen Häfen zweifellos das Vorhaben der englischen Seite zu erkennen geben würde und daß in jedem Falle Deutschland nicht die Zahl von Schiffen besäße, welche die Operation erforderte. Raeder wies mit Nachdruck darauf hin, daß der Angriff auf einer schmalen Front vorgetragen werden müßte, wo begründete Hoffnung bestand, eine Nachschublinie über den Kanal offenhalten zu können. Von seinem Standpunkt aus war die einzige Möglichkeit die Bildung von Brückenköpfen zwischen Dover und Beachy Head. Als er dies hörte, antwortete der Chef des Heeres-Generalstabes, Generaloberst Halder, daß er seine Truppen an dem Landepunkt dann genauso gut durch einen Fleischwolf drehen könnte. Der Chef des Stabes der Seekriegsleitung, Admiral Schniewind, antwortete, daß er wünsche, die Truppen an Land zu setzen und nicht auf den Boden der See.

Hitler mußte schließlich persönlich eingreifen, um den Konflikt zu lösen. Der endgültige Plan sah Landungen in 4 Hauptgebieten vor: einmal im Raum zwischen Folkestone und Dungeness, zwischen Dungeness und Cliff's End, zwischen Bexhill und Beachy Head und zwischen Brighton und Selsey Bill. Dieser Kompromiß befriedigte keine Seite, aber Heer und Marine begannen nun, ihre detaillierten Pläne in Übereinstimmung mit dieser Weisung aufzustellen.

Inzwischen hing alles von der Luftwaffe ab. Alle waren sich darüber einig, daß die Luftherrschaft über dem Landungsgebiet und Südengland eine absolute Voraussetzung für einen Invasionsversuch war. Die Luftwaffe begann mit heftigen Angriffen gegen die Bodenanlagen der Royal Air Force in Südengland und an anderen Stellen, um die Luftüberlegenheit gegenüber der RAF zu gewinnen. Diese Luftoffensive war zugleich ein Versuch, England zu veranlassen, um Frieden zu bitten. Die Hoffnung, die »Royal Air Force« vom Himmel zu fegen, erwies sich jedoch als trügerisch. Die britische Weigerung, die 25 Jagdstaffeln des »Fighter Command« während der Schlacht um Frankreich einzusetzen, zahlte sich nun in der Luftschlacht um England aus. Der rechtzeitige Aufbau eines Radar-Luftwarnnetzes ermöglichte es dem »Fighter Command«, seine Staffeln gegen angreifende deutsche Bomberverbände zu konzentrieren, überlegenen deutschen Jagdverbänden jedoch rechtzeitig auszuweichen. Da das »Fighter Command« dem Kampf um die Luftherrschaft auswich, versuchte die deutsche Luftwaffenführung, von Anfang September durch massierte Angriffe auf London die englischen Jäger zum Kampf zu zwingen. Es kam zwar zu einer Reihe großer Luftschlachten im Raum von London. Wenn auch die Verluste an Jagdflugzeugen auf beiden Seiten hoch waren, zu denen auf deutscher Seite noch die an Bombern kamen, gelang es der Luftwaffe doch nicht, der »Royal Air Force« das Gesetz des Handelns aufzuzwingen. Es gelang nicht, die Stärke und Kampfkraft der »Royal Air Force« auf eine Höhe herabzudrücken, die ein Anlaufen der Operation »Seelöwe« gestattet hätte.

Am 14. September mußte sich Hitler entschließen, den Befehl zum Start der für den 28. September vorgesehenen Invasion zu verschieben. Diese Entscheidung bedeutete, daß für die Operation »Seelöwe« später im Jahr nur noch wenig Möglichkeiten bestanden, da die nächsten günstigen Flut-und Mondverhältnisse erst vom 24. Oktober ab eintraten. Dann jedoch konnte das Wetter mit schweren Herbststürmen die Operation außerordentlich behindern. Es darf an dieser Stelle auch nicht vergessen werden, daß Hitler zu diesem Zeitpunkt bereits mit dem Gedanken eines Angriffes auf Rußland umging.

Am 12. Oktober verschob Hitler den Angriff über den Kanal auf unbestimmte Zeit, wenngleich er auch die Vorbereitungen für die Invasion weiterlaufen ließ, um auf die Engländer einen Druck auszuüben. Am 18. Dezember wurde die Operation »Seelöwe« jedoch praktisch zu Grabe getragen, als Hitler den Befehl zur Vorbereitung der Operation »Barbarossa« gab.

Barbarossa

Bevor Hitler aber seinen Angriff gegen die Sowjet-Union auslösen konnte, wurde er gezwungen, Streitkräfte nach Nordafrika und auf den Balkan zu entsenden. Er plante den Angriff gegen Rußland, um einen potentiellen Feind und Verbündeten Englands auszuschalten und neue Quellen für Rohstoffe und Hilfskräfte zu gewinnen. Er mußte Kräfte auf den Mittelmeerschauplatz werfen, um die von einer Niederlage bedrohten italienischen Truppen zu retten und die Position der Achse hier zu festigen. Aber er sah in beiden Operationen auch ein Mittel, um schließlich England auf die Knie zu zwingen. Sein Einsatz in Nordafrika wurde zu einem Vorstoß gegen den Suezkanal und Ägypten, hinter dem der Nahe Osten und schließlich Iran und Indien winkten. Während Hitler seinen Blick so strategisch nach Osten wandte, zwang ihn das nicht niedergeworfene und verteidigungsbereite England zunächst, 49 Divisionen in Westeuropa zurückzulassen, um die atlantischen Küsten zu sichern. Die Überspannung der militärischen Möglichkeiten des Reiches sollte sich schließlich als verhängnisvoll für Deutschland erweisen.

Rückschauend muß man feststellen, daß Hitler gleichzeitig versuchte, Napoleons Feldzüge von 1798 und 1812 zu wiederholen, und zwar aus weitgehend denselben Gründen. Aber beide Feldzüge Napoleons waren schließlich gescheitert. Ein zusätzlicher Faktor in dem strategischen Bild von 1941 war die Tatsache, daß England auf die Unterstützung der Vereinigten Staaten hoffen konnte. Hitlers Armeen überschritten die sowjetische Grenze am 22. Juni. Die Vereinigten Staaten begannen sofort, ihre Leih- und Pachthilfe auf die Sowjet-Union auszudehnen. Sechs Monate später, als der russische Winter dem deutschen Vorstoß Halt gebot, waren die Vereinigten Staaten an der Seite Englands und Rußlands im Krieg. Die Große Allianz, wie Churchill sagte, war vollkommen.

Wir müssen jedoch zurückblenden und die Fortsetzung des Seekrieges an der atlantischen Front betrachten.

Dakar

Vom Kontinent vertrieben, ging England wieder zu seiner traditionellen peripheren Strategie über, indem es seine auf die Seemacht begründete Beweglichkeit benutzte, um die weichen Stellen des Gegners zu finden. Wenn auch das Schlachtschiff *Richelieu* außer Gefecht gesetzt war, so war der britischen Regierung der Gedanke unbehaglich, Dakar in den Händen der Vichy-französischen Regierung zu wissen. Dakar, an dem westlichsten Punkt Afrikas, beherrscht die Engen des Atlantik. Im Falle einer Übernahme durch Deutschland als Basis für U-Boote und Überwasser-Handelsstörer konnte Dakar eine sehr gefährliche Bedrohung für den britischen Handel und die britischen militärischen Transporte um Afrika nach Ägypten werden. Deshalb ordnete die Regierung eine Offensiv-Operation zur »Befreiung« Dakars zu Händen der freien französischen Kräfte an. Die Landung, gegen die man keinen starken Widerstand erwartete, sollte durch 4200 britische und 2700 frei-französische Soldaten, die letzteren unter dem direkten Kommando von General de Gaulle, durchgeführt werden. Die Landung sollte durch eine Kampfgruppe von 2 Schlachtschiffen, einem Träger, mehreren Kreuzern und Zerstörern unter Vizeadmiral J. H. D. Cunningham gedeckt werden. Die Transportschiffe und Unterstützungseinheiten marschierten Anfang September 1940 nach dem britischen Hafen Freetown südöstlich Dakar, das eine vorgeschobene Basis für die Operation abgeben sollte. Durch Zufälle und unzulängliche Führung schlug die Dakar-Operation fehl. Zufall war es, daß gerade zu dieser Zeit eine Vichy-französische Kampfgruppe mit 3 Kreuzern und 3 Zerstörern von Toulon nach Libreville in Französisch-Äquatorialafrika gesandt worden war. Auf diplomatischem Weg erfuhr die britische Admiralität vom Auslaufen der Schiffe, und ein britischer Zerstörer sichtete und verfolgte die Vichy-Kampfgruppe in der Straße von Gibraltar. Aber es wurde nichts rechtzeitig unternommen, um das Eintreffen dieser Verstärkungen in der Nähe von Gibraltar zu verhindern. Die tatsächliche Bedeutung dieser Schiffsbewegung wurde von der britischen Admiralität nicht sofort verstanden. Admiral Sir James Somerville, der Befehlshaber der »Force H« in Gibraltar, und Admiral Sir Dudley North, der Oberbefehlshaber der Nordatlantik-Station in Gibraltar, nahmen jeweils an, daß der andere Befehle von der Admiralität zum Abfangen der Vichy-Schiffe erhalten habe. Als die Admiralität schließlich der Situation gewahr wurde, waren die Schiffe schon weit entfernt an der afrikanischen Küste. Somerville, zu spät alarmiert, gelang es nur, zwei der Kreuzer in den Hafen von Dakar zu verfolgen, wo sie die dort befindlichen Verteidigungskräfte verstärkten, obgleich Dakar nicht ihr eigentlicher Bestimmungsort war.

Am 23. September 1940 stand Cunningham vor Dakar. Anstatt auf ein herzliches Willkommen für de Gaulle und seine Truppen zu treffen, stieß er jedoch auf entschlossenen Widerstand. Ein Landungsversuch wurde zurückgewiesen. Ein britisches Luftbombardement des Hafens am 24. und 25. erreichte wenig. Im Gegenteil, die bewegungsunfähige *Richelieu* und die 2 Kreuzer, die hinter einem Rauchschleier, der durch Zerstörer gelegt wurde, feuerten, erzielten mehrere Treffer. Am 25. September wurde das britische Schlachtschiff *Resolution*, das bereits 4 Artillerietreffer erhalten hatte, durch einen Torpedo des Vichy-französischen U-Bootes *Bévéziers* schwer beschädigt. Als die Nachricht bei der Admiralität eintraf, befahl sie den Abbruch der Aktion. Diese Operation schien in der ganzen Welt ein Musterbeispiel für Konfusion, Verzögerung und Durcheinander zu sein.

Wenngleich auch der Angriff auf Dakar fehlgeschlagen war, ermöglichte die Beweglichkeit des Kriegskabinetts es England, wenigstens etwas Positives aus der Operation an Gewinn zu ziehen. Durch die Landung de Gaulles und seiner frei-französischen Kräfte in Duala in Kamerun konnten die Engländer die Vichy-Franzosen daran hindern, die vorgesehene Durchdringung und Wiedergewinnung Französisch-Äquatorialafrikas durchzuführen und damit eine Bedrohung Freetowns, der wichtigsten britischen Basis in West-Zentralafrika, unterbinden.

Die deutschen Überwasser-Handelsstörer 1940

Trotz der günstigen Erfahrungen des ersten Weltkrieges hatte man auf deutscher Seite vor Kriegsbeginn nicht mit der Vorbereitung von Hilfskreuzern begonnen. Erst am 3. September 1939 ging man an die Ausrüstung von zunächst 3 Schweren und 2 Leichten Hilfskreuzern. Der Umbau der Leichten Hilfskreuzer wurde jedoch aufgegeben, und Ende September beliefen sich die Planungen auf 6 Schwere Hilfskreuzer, davon 3 mit Motor- und 3 mit Turbinenantrieb. Sie sollten je mit sechs 15-cm-Kanonen bewaffnet werden sowie 2 Bordflugzeuge erhalten, bis zu 400 Minen legen können und eine Seeausdauer von etwa 12 Monaten haben. Die Ausrüstung der Schiffe verzögerte sich jedoch, und auch die Schiffe einer zweiten Welle, die im November 1939 in Auftrag gegeben wurden, kamen zunächst nur langsam voran. Es wurde Ende März, bis der erste Hilfskreuzer *Atlantis* in See gehen konnte. Ihm folgten bis Mitte Juni die Hilfskreuzer *Orion, Widder, Thor* und *Pinguin,* die sämtlich an der norwegischen Küste entlang, nördlich um Island herum, durch die Dänemark-Straße in den Nordatlantik gingen und dann nach Süden marschierten. Der Hilfskreuzer *Widder* (Korvettenkapitän von Ruckteschell) blieb im Mittelatlantik, versenkte hier 9 Schiffe und brachte einen Tanker als Prise ein. Ende Oktober kehrte das Schiff nach Brest zurück. Die *Thor* (Kapitän zur See Kähler) stellte im Atlantik 8 Schiffe und führte vor Südamerika Gefechte mit den britischen Hilfskreuzern *Alcantara* und *Carnarvon Castle,* die schwer beschädigt wurden. Die *Atlantis* (Kapitän zur See Rogge) und *Pinguin* (Fregattenkapitän Krüger) gingen in den Indischen Ozean und versenkten hier bis Ende des Jahres 13 bzw. 11 Schiffe. Die *Atlantis* legte außerdem vor Südafrika, die *Pinguin* vor der australischen

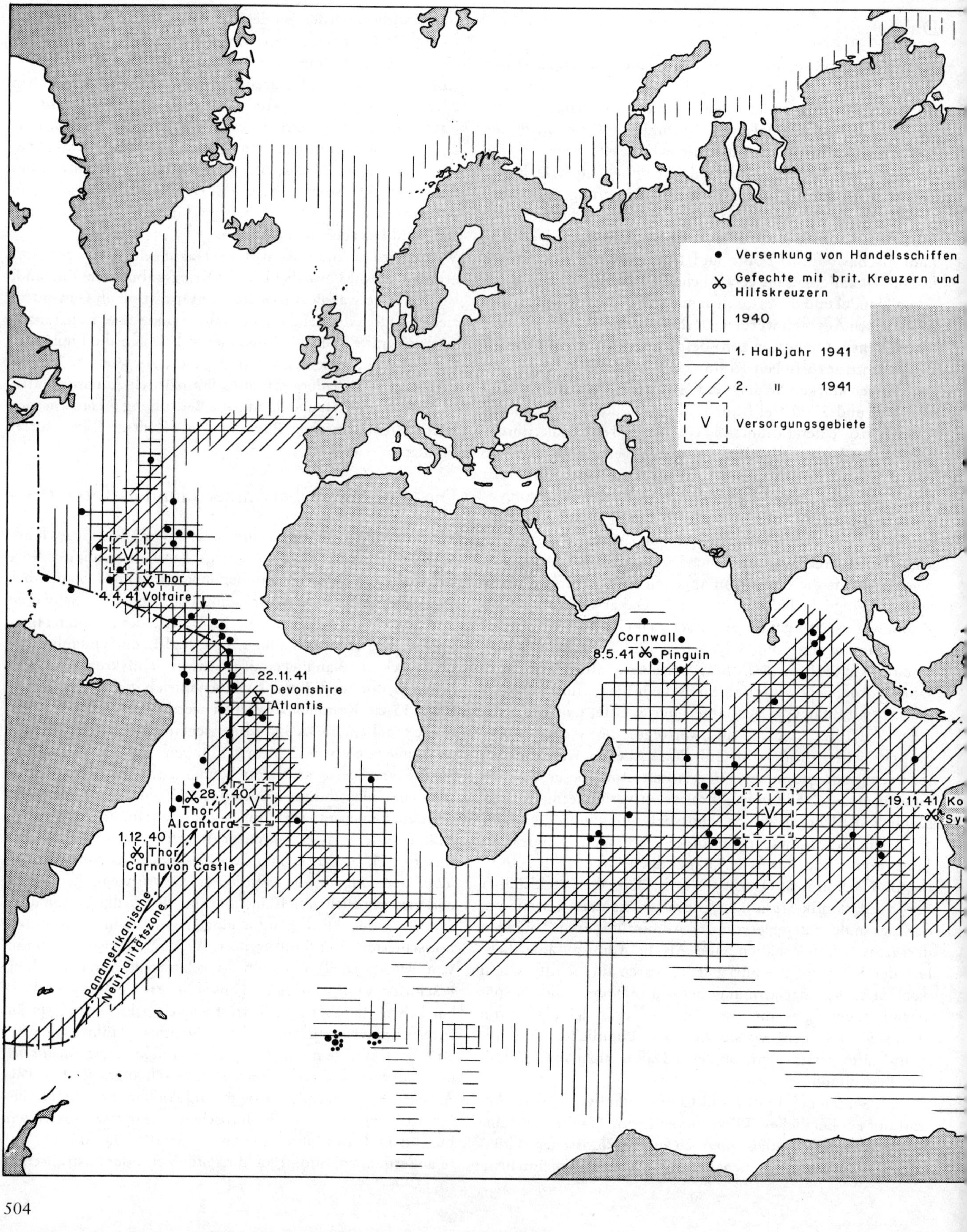

Versenkung von Handelsschiffen
Gefechte mit brit. Kreuzern und Hilfskreuzern
1940
1. Halbjahr 1941
2. " 1941
V Versorgungsgebiete
Thor
4.4.41 Voltaire
22.11.41
Devonshire
Atlantis
28.7.40
Thor
Alcantara
1.12.40
Thor
Carnavon Castle
Panamerikanische Neutralitätszone
Cornwall
8.5.41
Pinguin
19.11.41

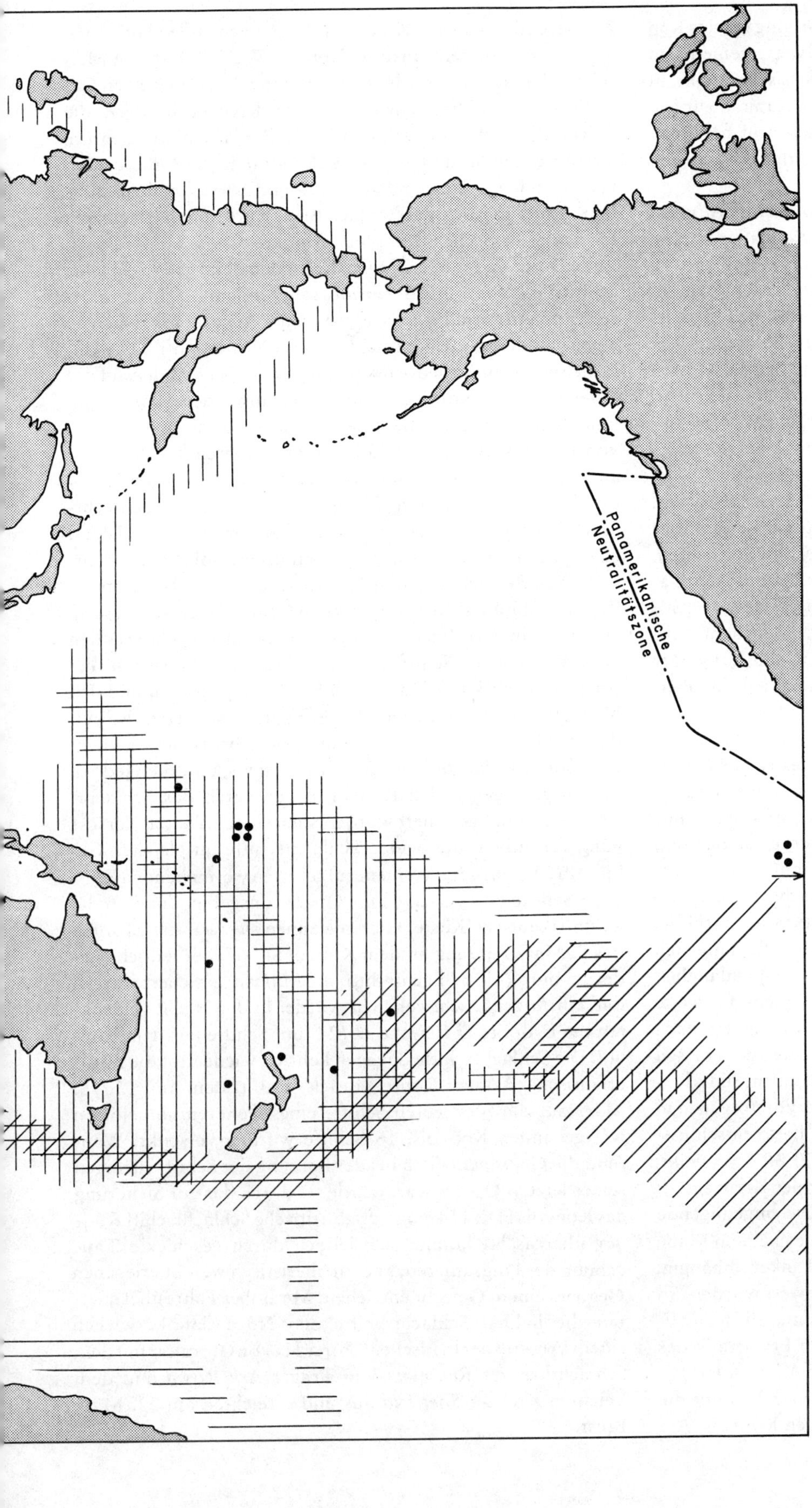

Die Operationsgebiete der
deutschen Hilfskreuzer 1940/41.

Küste verschiedene Minensperren. Die *Orion* ging um das Kap Horn herum bis in den Pazifik, wo sie teilweise gemeinsam mit dem auf dem nördlichen Seeweg mit russischer Hilfe in den Pazifik gelangten Hilfskreuzer *Komet* (Kapitän zur See Eyssen) operierte. 12 Schiffe wurden aufgebracht bzw. versenkt, die Phosphatinsel Nauru beschossen und Minensperren vor Neuseeland gelegt.

Im Oktober 1940 lief das umgebaute Panzerschiff *Admiral Scheer* durch die Dänemark-Straße in den Nordatlantik, um hier zunächst auf der Konvoi-Route Halifax–England zu operieren. Am 5. November traf die *Admiral Scheer* (Kapitän zur See Krancke) auf das einzeln fahrende britische Handelsschiff *Mopan*, das sie nach Übernahme der Besatzung versenkte. Als die *Mopan* sank, kamen am Horizont die Masten des Konvois HX. 84, der aus 37 Schiffen bestand, in Sicht. Die Lage im Mittelmeer hatte dazu geführt, daß dieser Konvoi nur durch ein Schiff, den Hilfskreuzer *Jervis Bay*, gesichert war.

Das war eine Situation wie geschaffen für *Admiral Scheer*. Mit ihrer Geschwindigkeit und Kampfkraft war sie offenbar in der Lage, den größeren Teil des Konvois zu vernichten. Aber 2 Dinge hielten sie davon ab: die späte Stunde des Tages und der tapfere Kampf der *Jervis Bay* (Capt. Fegen). Während der Konvoi sich auflöste und unter Rauchentwicklung in alle Richtungen auseinanderlief, gab die *Jervis Bay* eine Feinmeldung ab und lief *mit Höchstfahrt* auf das Panzerschiff zu. Die 15,2-cm-Kanonen der *Jervis Bay* waren natürlich kein Hindernis für die 28-cm-Kanonen der *Admiral Scheer*, doch dauerte es über eine Stunde, bis es der *Scheer* gelang, die *Jervis Bay* zu versenken. Diese Stunde rettete die meisten Schiffe des Konvois. Das Panzerschiff konnte nur noch 5 von den 37 Schiffen vor der Dämmerung stellen und vernichten. Nach Einbruch der Dunkelheit mußte *Scheer* die Operation abbrechen, um nicht in der Nacht auf die von allen Seiten herangerufenen britischen Streitkräfte zu treffen, die auf die Meldung der *Jervis Bay* operierten. Es hatte sich gezeigt, daß Schiffe im Konvoi, selbst wenn sie unzulänglich gesichert waren, noch sicherer waren als allein fahrende Schiffe. Die *Scheer* lief mit großer Geschwindigkeit nach Süden, übernahm von einem Tanker Öl, kreuzte kurz vor den Westindischen Gewässern und verschwand dann im Südatlantik. Erst im April 1941 kehrte sie nach einem Vorstoß auch in den Indischen Ozean nach Kiel zurück. Sie hatte einschließlich des Hilfskreuzers 17 Schiffe mit 113000 BRT versenkt.

Der *Admiral Scheer* folgte Ende November der Kreuzer *Admiral Hipper* (Kapitän zur See Meisel). Die ungenügende Reichweite der Schiffe dieses Typs machte sie in einem Maße von den Positionen der in See befindlichen Tanker abhängig, daß ihre Operationen außerordentlich erschwert wurden. So gelang es der *Hipper* nicht, auf der Nordatlantik-Konvoi-Route an einen Konvoi heranzukommen. In Erwartung des Ausmarsches der Schlachtschiffe verlegte die *Admiral Hipper* in der zweiten Dezemberhälfte ihr Operationsgebiet auf die Route der von Afrika nach England laufenden Konvois. Am 24. Dezember traf der Kreuzer auf den nach Süden laufenden britischen Truppentransport-Konvoi WS. 5 A. Kapitän Meisel brach den Angriff jedoch ab, als er nach einem kurzen Gefecht mit dem britischen Schweren Kreuzer *Berwick* die Stärke der Sicherung erkannte. Die *Berwick* hatte mehrere Treffer erhalten, und es gelang *Admiral Hipper*, die beiden verfolgenden Kreuzer *Bonaventure* und *Dunedin* abzuschütteln. Auf dem Rückmarsch nach Brest wurde noch ein einzeln fahrender britischer Dampfer versenkt.

Ende Dezember unternahmen die beiden deutschen Schlachtschiffe *Gneisenau* und *Scharnhorst* unter dem Befehl des Flottenchefs, Admiral Lütjens, einen ersten Ausbruchsversuch zu einer Handelskriegsunternehmung im Nordatlantik. Die Unternehmung mußte jedoch wegen schwerer Seeschäden auf der *Gneisenau* vor Norwegen abgebrochen werden. Am 22. Januar liefen beide Schiffe zu einem neuen Ausbruchsversuch von Kiel aus. Auf die Meldung vom Passieren der Belte, die am nächsten Tage London erreichte, besetzte die »Home Fleet« mit den Schlachtschiffen *Nelson* und *Rodney*, dem Schlachtkreuzer *Repulse*, 8 Kreuzern und 11 Zerstörern südlich Island eine Auffangposition. Am 28. Januar drehten die beiden deutschen Schiffe nach Sichtung des britischen Kreuzers *Naiad* ab, der die Fühlung sofort wieder verlor. Nach einer Versorgung aus einem im Nordmeer bereitgestellten Tanker gelang es den beiden deutschen Schiffen, in der Nacht vom 3. zum 4. Februar unbemerkt die Dänemark-Straße zu passieren und den Nordatlantik zu erreichen. Am 8. Februar sichteten die beiden Schiffe östlich Neufundland den britischen Konvoi HX. 106. Der Flottenchef, Admiral Lütjens, unterließ jedoch den Angriff gegen den Konvoi, da er durch das Schlachtschiff *Ramillies* gesichert wurde. Nach einer erneuten Versorgung versenkten die beiden Schlachtschiffe im gleichen Gebiet am 22. Februar aus einem aufgelösten westgehenden Konvoi 5 Schiffe und verlegten ihr Operationsgebiet dann an die westafrikanische Küste. Hier gewannen sie zwar am Morgen des 7. März Fühlung an dem Konvoi SL. 67, der jedoch wiederum durch ein Schlachtschiff, die *Malaya*, gesichert war, so daß ein Angriff nicht versucht wurde. In der Nacht versenkten die U-Boote *U 105* und *U 124* fünf Schiffe aus dem Konvoi. Die Schlachtschiffe dagegen kehrten wieder auf die nordatlantische Konvoi-Route zurück und trafen am 15./16. März auf die zerstreuten Schiffe eines weiteren aufgelösten westgehenden Konvois. 16 Schiffe wurden versenkt. Während die *Gneisenau* noch bei der Bergung der Schiffbrüchigen seines letzten Opfers war, wurde sie durch das zur Sicherung des Konvois HX. 114 eingesetzte britische Schlachtschiff *Rodney* überrascht, konnte sich jedoch durch geschickte Täuschung des langsameren, aber artilleristisch weit überlegenen Gegners einem Gefecht entziehen. Mit hoher Fahrt überquerten die beiden Schlachtschiffe den Nordatlantik, wichen einem Vorstoß der britischen »Force H« von Gibraltar mit dem Schlachtkreuzer *Renown*, dem Träger *Ark Royal* und dem Leichten Kreuzer *Sheffield* aus und erreichten am 22. März Brest.

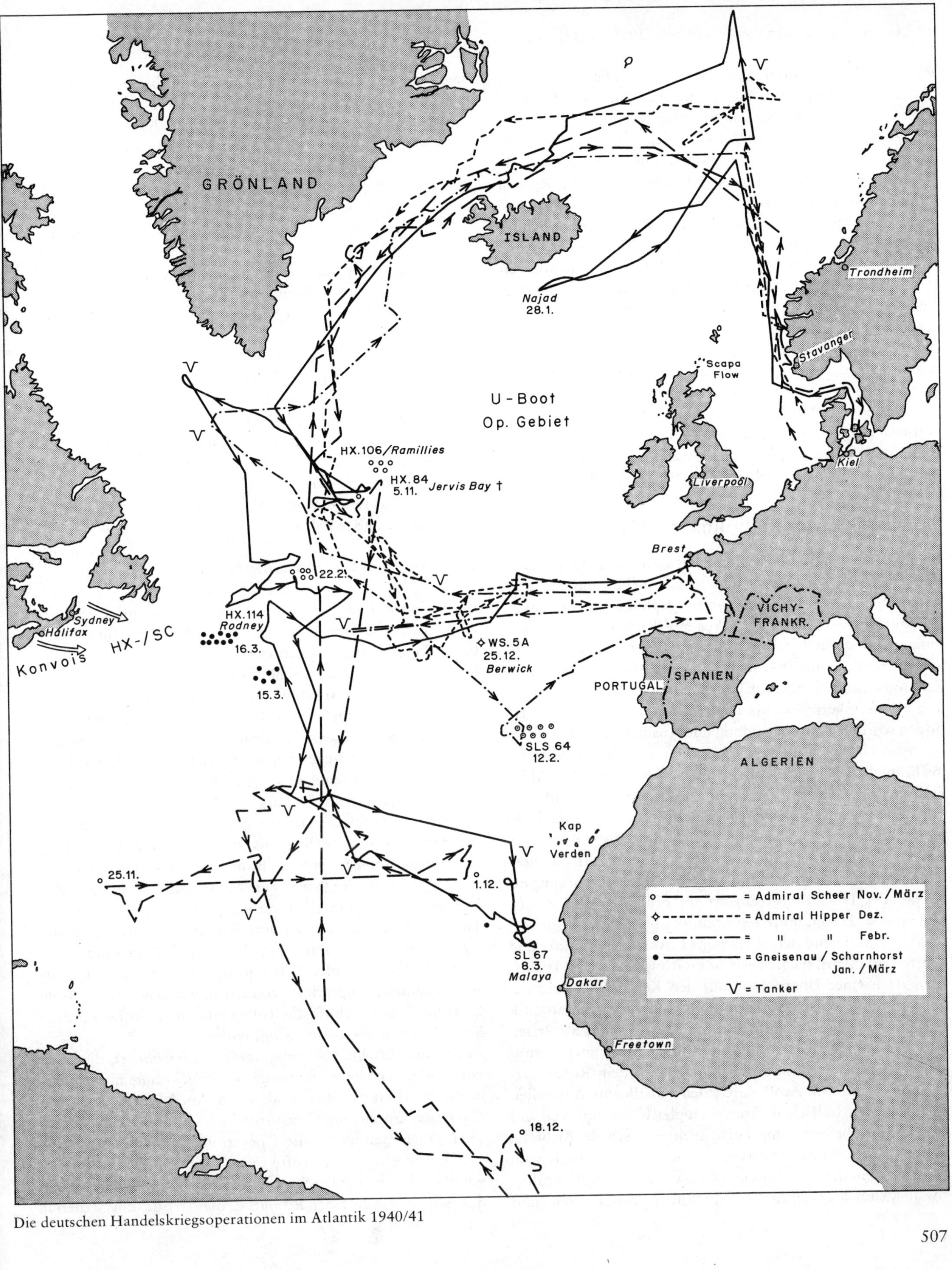

Die deutschen Handelskriegsoperationen im Atlantik 1940/41

Während die *Scharnhorst* und *Gneisenau* im Februar auf der Nordatlantik-Konvoi-Route kreuzten, war der Schwere Kreuzer *Admiral Hipper* von Brest aus wieder in See gegangen. Am 8. Februar hatte *U 37* westlich Gibraltar den Konvoi HG. 53 mit 16 Schiffen gesichtet und daraus 2 Schiffe versenkt. Befehlsgemäß hielt das U-Boot an diesem Konvoi Fühlung und führte durch Funkpeilzeichen 5 FW-200-Bomber des Kampfgeschwaders 40 heran, die 5 weitere Schiffe versenkten. Bei einem neuen Anlauf fiel *U 37* ein 8. Schiff zum Opfer. Inzwischen war auf die Fühlunghaltermeldungen des U-Bootes *Admiral Hipper* angesetzt worden. Er fand jedoch am 11. Februar nur noch einen Nachzügler des inzwischen aufgelösten Konvois und versenkte ihn. In der folgenden Nacht gewann der Kreuzer aber an einem aus 19 Schiffen bestehenden, noch ungesicherten Konvoi SLS. 64, der von Westafrika kam, Fühlung und versenkte aus ihm 7 Schiffe und beschädigte 2 weitere schwer. Nach diesem Schlag kehrte *Admiral Hipper* wieder nach Brest zurück, um dann im März, ohne nochmals gegen die Handelsschiffahrt operiert zu haben, durch die Dänemark-Straße nach Deutschland zurückzukehren.

Die Hilfskreuzer im Frühjahr 1941

Ebenso, wie sich die geschilderten erfolgreichen Operationen der schweren Überwasserschiffe im nördlichen und mittleren Atlantik auf eine weit im voraus geplante und geschickt durchgeführte Versorgung in See aus Tankern und Versorgungsschiffen stützten, waren auch die Operationen der Hilfskreuzer im Frühjahr 1941 im besonderen Maße durch häufige Zusammentreffen mit solchen Schiffen, Blockadebrechern und Prisentankern gekennzeichnet. Diese Versorgungsoperationen wurden in ihrem Umfang und Ausmaß zunächst offenbar vom Gegner nicht voll erkannt, so daß die Verluste bis ins Frühjahr 1941 gering blieben. Bei einer Gelegenheit Mitte Februar trafen in dem Versorgungsraum ostwärts Madagaskar der Kreuzer *Admiral Scheer,* der Hilfskreuzer *Atlantis,* die Prisentanker *Speybank* und *Ketty Brövig* sowie der aus Italienisch-Ostafrika kommende Blockadebrecher *Tannenfels* zusammen. Gestützt auf diese großzügige Versorgung erreichte der Hilfskreuzer-Einsatz im Frühjahr 1941 seinen Höhepunkt. Die im mittleren Atlantik operierende *Thor* versenkte 3 Schiffe und den britischen Hilfskreuzer *Voltaire* und kehrte Ende April nach Westfrankreich zurück. Die *Atlantis* stieß nach einer Überholung auf den Kerguelen-Inseln zunächst in den Indischen Ozean und dann in den Südatlantik vor. Sie versenkte 4 Schiffe und brachte 2 Tanker als Prisen auf. Weniger Erfolg hatte die von häufigen Maschinenstörungen geplagte *Orion* auf ihrem Marsch von dem Reparaturplatz im Lamotrek-Atoll durch den Pazifik um Australien herum in den Indischen Ozean. Obgleich sie zum Teil mit Hilfe ihrer beiden Flugzeuge mehrere Schiffe sichtete, konnte sie keinen Erfolg erringen. Auch die *Komet,* die vom Pazifik aus in die antarktischen Gewässer südlich Australien vorstieß, um hier gegen Walfangflotten zu operieren, und dann an die westaustralische Küste ging, blieb ohne Erfolg. Die *Pinguin* dagegen hatte im Januar 1941 in den antarktischen Gewässern des Südatlantik in einem lautlosen Überfall 3 norwegische Walkochereien mit 11 Walfangbooten aufgebracht, die bis auf einige Fangboote sämtlich als Prisen nach Frankreich eingebracht werden konnten. Dann war der Hilfskreuzer ins Gebiet der Seychellen vorgestoßen, wo er am 7. Mai nach der Versenkung von 3 Schiffen durch den britischen Kreuzer *Cornwall* gestellt und nach einem heftigen Gefecht versenkt wurde. Der zuletzt im Dezember 1940 ausgelaufene Hilfskreuzer *Kormoran* (Fregattenkapitän Detmers) versenkte im Mittel- und Südatlantik 7 Schiffe und brachte einen Tanker auf.

Die Admiralität erkannte, daß mit den zu wenigen für diesen Zweck freizumachenden Kreuzern das Abfangen der deutschen Handelsstörer eine sehr schwierige Aufgabe war. Nachdem langsam klargeworden war, welche Bedeutung die Versorgungsschiffe für die deutschen Operationen besaßen, entschloß man sich im Frühjahr 1941, die Aufmerksamkeit auf diese Schiffe zu konzentrieren, was – wie sich noch zeigen wird – verheerende Folgen für die deutschen Überwasseroperationen haben sollte.

Der Ausbruch der *Bismarck*

Großadmiral Raeder plante nun die bisher weitgespannteste Handelskriegsaktion. In Brest, einem strategisch für die weiteren Handelskriegsoperationen besonders günstig gelegenen Hafen, lagen die beiden Schlachtschiffe. In der Ostsee befanden sich nach dem Abschluß ihrer Ausbildungs- und Einfahrzeit das große Schlachtschiff *Bismarck* und der Schwere Kreuzer *Prinz Eugen.* Raeder beabsichtigte, diese beiden Schiffe in den Atlantik zu entsenden, wo sie sich mit der *Scharnhorst* und *Gneisenau* vereinigen sollten. Die so gebildete mächtige Kampfgruppe war in der Lage, die Konvois unmittelbar anzugreifen, die schwere Sicherung niederzukämpfen und dann die Handelsschiffe des Konvois zu vernichten. In Verbindung mit einem intensivierten U-Boot-Krieg rechnete man mit einer Lähmung der britischen Versorgungsschiffahrt. Zur Vorbereitung dieser Operation waren Versorgungsschiffe und Tanker im voraus auf weit von den Schiffahrtsrouten abgelegene, vorausbestimmte Versorgungsplätze entsandt, und deutsche Fischdampfer liefen in den Atlantik aus, um als Wetterbeobachtungsschiffe zu dienen, während als Neutrale getarnte Handelsschiffe die Rolle von »Spähschiffen« für die Kampfgruppe übernehmen sollten.

Aber eine Maschinenstörung auf der *Scharnhorst,* die noch von der letzten Unternehmung herrührte, konnte nicht rechtzeitig repariert werden, und am 6. April wurde auch die *Gneisenau* durch einen Lufttorpedotreffer außer Gefecht gesetzt. Doch man wollte die Operation, für die bereits intensive Vorbereitungen getroffen worden waren, nicht hinausschieben, bis die beiden Schiffe repariert und möglicherweise das Schwesterschiff der *Bismarck,* die *Tirpitz,* einsatzbereit wurde. Die Seekriegsleitung wollte den Gegner nicht zur Ruhe kommen lassen. Raeder befahl das Auslaufen der *Bismarck* und *Prinz Eugen* nach Norwegen. Hier sollten sie schweres Wetter abwarten und dann unter seinem Schutz nördlich Island in den Atlantik auslaufen.

Am 21. Mai wurden die *Bismarck* und *Prinz Eugen* beim Marsch durch das Kattegat durch den schwedischen Kreuzer *Gotland* und auch durch britische Agenten gesichtet. Am gleichen Abend meldete ein britischer Aufklärer die beiden Schiffe im Kors-Fjord nahe Bergen. Die britische Admiralität übertraf sie alle anderen vorhandenen Schiffe. Ihr Panzer war stärker und besser als auf irgendeinem anderen Großkampfschiff und wog 16000 t. Sie besaß eine sehr geschickt entworfene Unterteilung, um stärkere Wassereinbrüche zu verhindern. Alle Kampfmittel der Royal Navy mußten eingesetzt werden, um sie zu verfolgen, zu stellen und zu versenken. Am Abend des 21. Mai ging der Wettervorhang vor Norwegen zu, und die Schiffe liefen aus. Am 22. Mai abends gelang es einem britischen Aufklärungsflugzeug, in einem verwegenen Flug bis an den Liegeplatz der Schiffe vorzudringen und

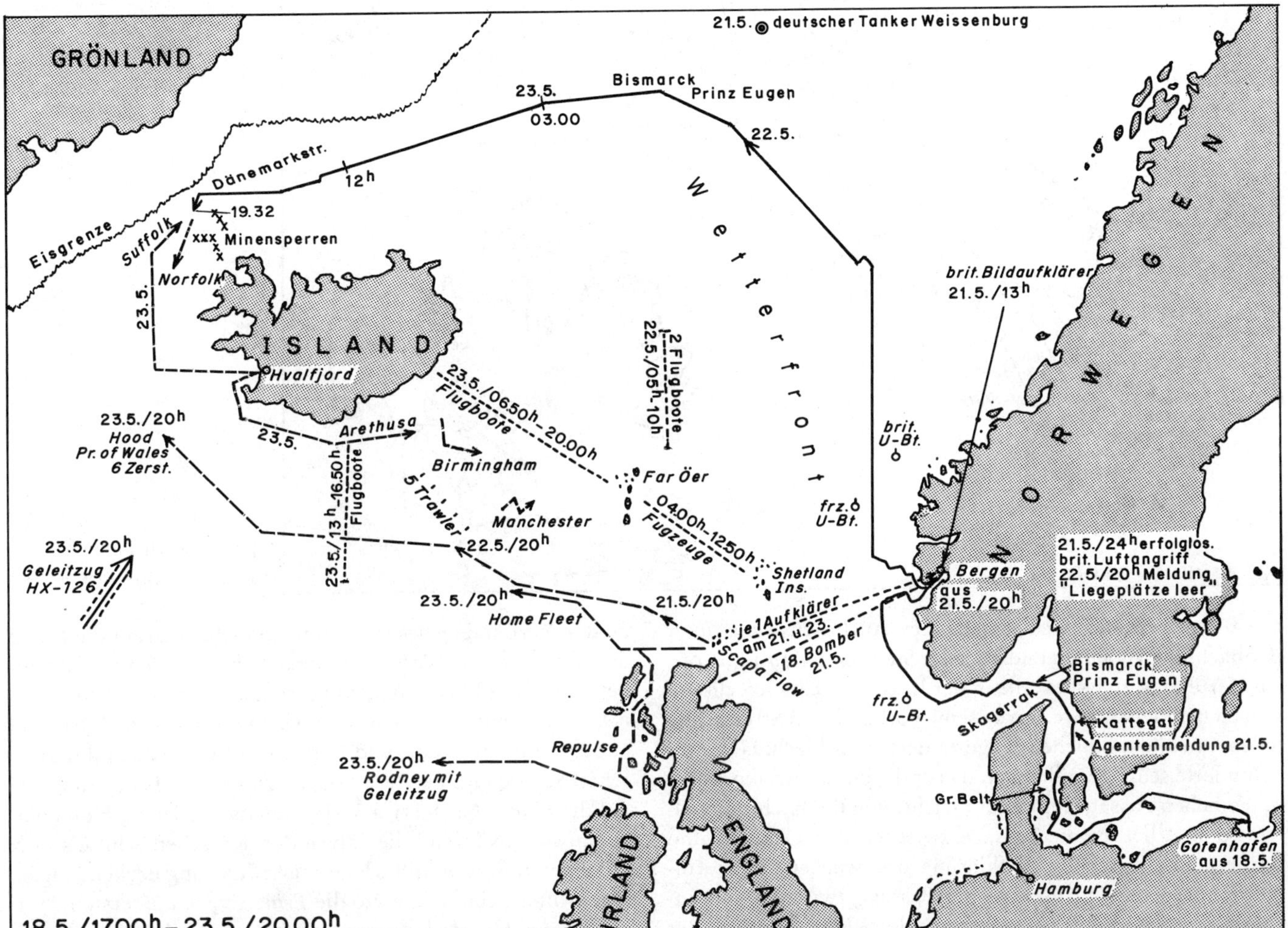

Operation Rheinübung: 18.5. 17.00 Uhr – 23.5. 20.00 Uhr

schätzte die deutschen Absichten richtig ein und traf entsprechende Maßnahmen. 11 Konvois einschließlich eines Truppentransport-Konvois standen im nördlichen Atlantik, oder unmittelbar vor dem Auslaufen. Eine Konzentration deutscher schwerer Seestreitkräfte gegen diese Bewegungen mußte verheerende Folgen haben. Die Admiralität machte sich besondere Sorgen wegen der *Bismarck*. Im Frühjahr 1941 war sie das mächtigste Schlachtschiff, das sich im Dienst befand. Mit acht 38-cm-Geschützen und einer Mittelartillerie von zwölf 15-cm- und einer Flakbatterie von sechzehn 10,5 cm festzustellen, daß die beiden Schiffe ausgelaufen waren. Admiral Sir John Tovey, der Oberbefehlshaber der »Home Fleet«, der gespannt auf weitere Meldungen über die Bewegungen der Schiffe wartete, traf sofort Maßnahmen, um sie abzufangen. Die Admiralität hatte ihm alle schweren Schiffe, die erreichbar waren, unterstellt. In Scapa Flow hatte Tovey die neuen Schlachtschiffe *King George V* als Flaggschiff und *Prince of Wales* sowie den Schlachtkreuzer *Hood*, dazu Kreuzer und Zerstörer. In England befanden sich außerdem der neue Träger *Victorious*, der noch nicht voll eingefahren war und der Schlachtkreuzer *Repulse.* In Gibraltar lagen unter dem Befehl von Admiral Sir James Somerville der Schlachtkreuzer *Renown* mit dem Träger *Ark Royal* und einem Kreuzer. Die Schlachtschiffe *Rodney* und *Ramillies* geleiteten Konvois im Nord-Atlantik, das Schlachtschiff *Revenge* befand sich in Halifax. Alle diese Schiffe sollten bei der Verfolgung und Versenkung der *Bismarck* eine Rolle spielen.

beiden Kreuzer den deutschen Schiffen an die Fersen, obgleich die *Bismarck* mehrfach versuchte, sie mit schweren Salven abzudrängen. Die Fühlunghaltermeldungen erlaubten den schweren englischen Schiffen, heranzuschließen.
Auf Grund der Meldungen berechnete Admiral Holland auf der *Hood* seinen Abfangkurs und bereitete sich auf das Gefecht ab 01.40 Uhr am 24. Mai vor. Fühlung gewannen die

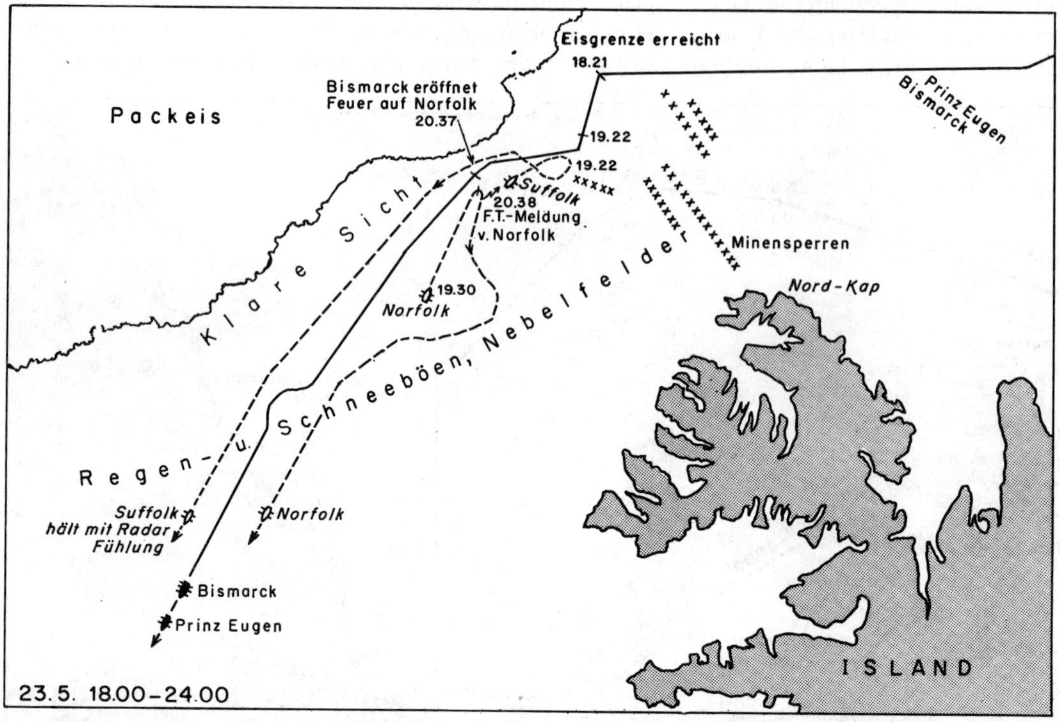

Operation Rheinübung: 23.5. 18.00 Uhr – 24.00 Uhr.

Um die der *Bismarck* offenstehenden Ausbruchswege unter Beobachtung zu halten und an jeder Stelle eine Kampfgruppe zur Verfügung zu haben, die in der Lage war, ein Gefecht auf sich zu nehmen, mußte Tovey seine vorhandenen Streitkräfte teilen, um alle möglichen Wege zu decken. Schlechtes Wetter behinderte seine Bemühungen. Da er die am wenigsten wahrscheinlichen Passagen unter der leichtesten Beobachtung halten konnte, ließ er die Passage zwischen den Orkneys und Faröern nur durch Luftaufklärung überwachen. Es stationierte eine Kreuzergruppe in der Passage zwischen den Faröern und Island und lief selbst mit der *King George V,* der *Victorious* und *Repulse* hinter diese Gruppe. Die Schweren Kreuzer *Suffolk* und *Norfolk* patrouillierten in der Dänemark-Straße zwischen Island und Grönland. Sie sollten von der *Hood* und *Prince of Wales* unterstützt werden, die mit hoher Fahrt von Scapa Flow her unter dem Kommando von Vizeadmiral L. E. Holland anmarschierten.
Die erste Fühlung an den Handelsstörern gewannen die *Suffolk* und *Norfolk* unter dem Kommando von Konteradmiral Wake-Walker am 23. Mai abends in der Dänemark-Straße. Die *Suffolk,* die den Verband zuerst sichtete, wich sofort in eine Nebelbank aus und begann, den deutschen Schiffen mit Hilfe von Radar zu folgen. Die ganze Nacht hefteten sich die

beiden Verbände jedoch erst um 5.35 Uhr, worauf die *Hood* und die *Prince of Wales* mit hoher Fahrt auf den Gegner zuliefen, um die Entfernung zu verringern. Um 5.53 Uhr eröffneten die englischen Schiffe, etwas nach Backbord drehend auf 290 hm das Feuer, und kurz darauf fielen auch die deutschen Schiffe ein. Letztere konzentrierten ihr Feuer zunächst auf die *Hood.* Nach etwa 3 Minuten hatte sich die *Hood* eingeschossen, während die Salven der deutschen Schiffe sofort mit einer außergewöhnlich geringen Streuung deckend lagen. Nach einer Minute landete die *Prinz Eugen* den ersten Treffer auf der *Hood,* der einen Brand backbord achtern verursachte, der jedoch wieder unter Kontrolle kam. Als sich der Gefechtsabstand auf etwa 165 hm verringert hatte, ließ Admiral Holland seinen Verband um 20° nach Backbord drehen. Kaum hatten die Schiffe angedreht, als die *Hood* von einer Vollsalve der *Bismarck* überschüttet wurde. Eine ungeheure Flamme mit weißglühender Detonationswolke schoß zwischen den Masten empor, und die *Hood* versank, in 2 Teile zerrissen. Durch eine harte Kursänderung nach Steuerbord konnte die *Prince of Wales* das Wrackfeld der *Hood* umgehen. Die Situation hatte sich dramatisch geändert. Die taktische Überlegenheit lag nun bei den Deutschen, und die Dinge wurden noch ungünstiger, da die *Prince of Wales* mit ihren neuen Vierlingstürmen erhebliche mechanische Schwierigkeiten hatte. In wenigen Minuten hatte sie vier 38-cm- und drei 20,3-cm-Treffer von den deutschen Schiffen erhalten. Mit 2 ausgefallenen Türmen mußte der Kommandant des bedräng-

zulänglich geschützt waren, aber in den Jahren zwischen den Kriegen war nichts getan worden, um sie zu verstärken. Als der Krieg kam, war es zu spät. Solange sie fahren konnte, konnte man nicht auf sie verzichten.

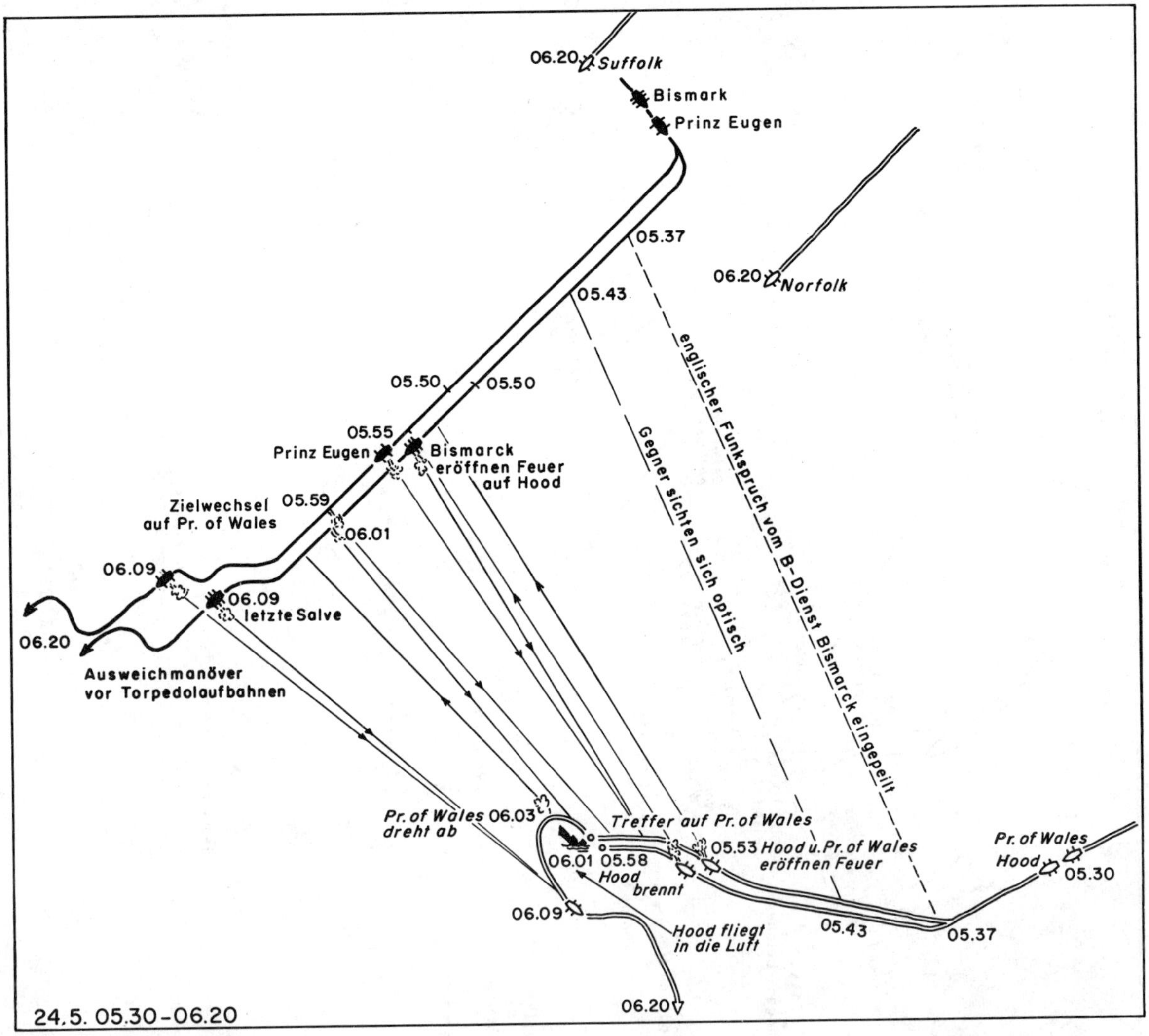

Operation Rheinübung: 24.5. 05.30 Uhr – 06.20 Uhr

ten Schiffes um 06.03 Uhr unter Schwarzqualmen abdrehen.

Konteradmiral Walker, der bisher auf der Brücke der *Norfolk* einen Ringsitz hatte, war nun der älteste britische Offizier, und bei ihm lag jetzt die Verantwortung für die *Bismarck*. Im Hinblick auf den Verlust der *Hood*, die Gefechtsschäden der *Prince of Wales* und die vergleichsweise Schwäche seiner Kreuzer entschloß er sich, wieder zur Fühlunghaltertaktik überzugehen in der Hoffnung, damit der Kampfgruppe Tovey's das Erreichen der Szene zu ermöglichen.

Der Verlust der *Hood* kann zu einem Teil auf die mangelnde Bereitschaft der Engländer zurückgeführt werden, Geld für den Umbau der älteren Schiffe in den Jahren der friedensmäßigen Haushaltsanschläge zur Verfügung zu stellen.

Sie waren dafür bekannt, daß sie gegen vertikales Feuer un-

Die *Bismarck* verschwindet

»Die *Hood* ist in die Luft geflogen.«

Dieses Signal schlug bei der Admiralität wie eine Bombe ein. Fast jeder Offizier auf Wache im Lageraum hatte auf der *Hood* gedient und sah in ihr den Stolz der Royal Navy, das Rückgrat der Seeverteidigung Englands. Nun war sie verloren. Schweren Herzens, aber mit verdoppelter Entschlossenheit planten sie den Untergang der *Bismark*. Admiral Somerville, der mit seiner »Force H« von Gibraltar aus zur Deckung eines wichtigen Truppentransport-Konvois ausgelaufen war, wurde nun direkt auf die *Bismarck* angesetzt. Die Schlachtschiffe *Rodney, Ramillies* und der Kreuzer *Edinburgh* erhielten Befehl, ihre Konvois zu verlassen und den vermuteten Treffpunkt mit der *Bismarck* anzusteuern. Das Schlachtschiff

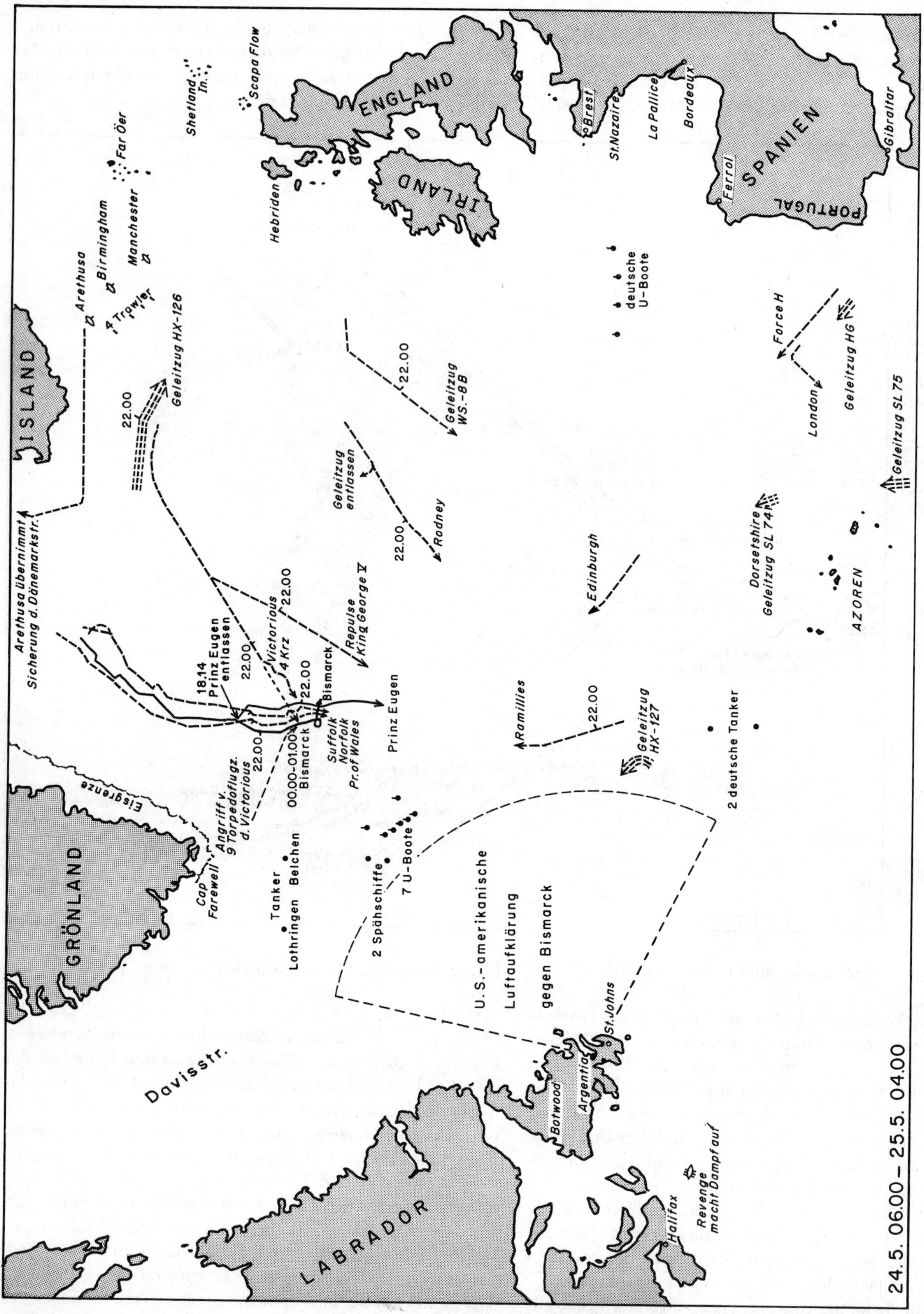

Operation Rheinübung: 24.5. 06.00. Uhr – 25.5. 04.00 Uhr.

Revenge ließ man Dampf aufmachen und mit größtmöglicher Geschwindigkeit von Halifax auslaufen.

Die *Bismarck* hatte in dem Gefecht 2 schwere Treffer erhalten, von denen einer die Höchstgeschwindigkeit des Schiffes herabsetzte und vor allem einen Ölbunker leck geschlagen hatte, so daß das Schiff eine starke Ölspur hinterließ. Der Brennstoffverlust hat vermutlich beim Flottenchef die Befürchtung aufkommen lassen, zu einer Versorgung gezwungen zu sein, ehe es gelungen war, die Verfolger abzuschütteln. mußten sie Zickzackkurse steuern. Bei einem der Auswärtsbogen dieser Zickzackkurse verlor die *Suffolk* Radarkontakt und konnte ihn, da die *Bismarck* inzwischen einen Kreis schlug und hinter den britischen Schiffen passierte, nicht wiedergewinnen. Auf der *Bismark* hat man offenbar während der Nacht das Abreißen des britischen Radarkontaktes nicht bemerkt und war sich deshalb über die ganz neue taktische Situation nicht klar.

Für die englische Führung gab es 3 Möglichkeiten: Es war

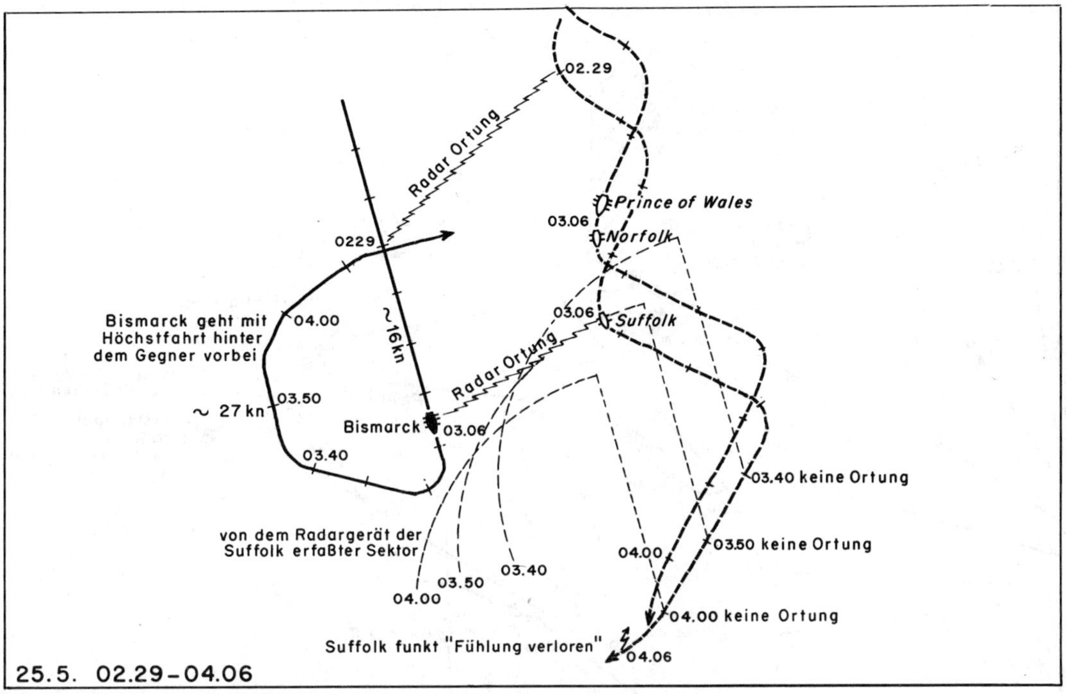

Operation Rheinübung: 25.5. 02.29 Uhr – 04.06 Uhr.

Die herabgesetzte Geschwindigkeit mag die Aussicht, sich von den schnelleren Kreuzern lösen zu können, gering erscheinen lassen haben. So entschloß sich Admiral Lütjens, die *Prinz Eugen* zu detachieren und dann mit seinem Schiff den Hafen St. Nazaire in Westfrankreich anzulaufen. Nach einem vergeblichen Versuch, bei dem es zu einem kurzen Gefecht mit der *Prince of Wales* kam, stieß die *Bismarck* gegen Abend nochmals gegen die Fühlung haltende *Suffolk* vor und ermöglichte in einer Regenbö das Entkommen der *Prinz Eugen*, die 10 Tage später Brest erreichte. Admiral Lütjens mußte jedoch erkennen, daß ein Abschütteln der mit Radar Fühlung haltenden englischen Kreuzer nicht möglich war. Admiral Tovey hatte am Nachmittag den Träger *Victorious* mit 4 Kreuzern detachiert, um durch einen Luftangriff die Geschwindigkeit der *Bismarck* herabzusetzen. Kurz nach Mitternacht fanden die Flugzeuge der *Victorious* zwar die *Bismarck*, konnten jedoch gegen das schwere und gut liegende Abwehrfeuer nur einen wirkungslosen Torpedotreffer erzielen. Die *Suffolk* hielt, gefolgt von der *Norfolk* und *Prince of Wales*, weiterhin mit Radar Fühlung. Als sich die Schiffe dem Gebiet, in dem deutsche U-Boote vermutet wurden, näherten, bekannt, daß die *Bismarck* eine Ölspur nach sich zog. Sollte sie Reparaturen nötig haben, war es denkbar, daß sie entweder nach Deutschland oder nach einem der beiden französischen Häfen Brest oder St. Nazaire marschierte. Die gefährlichere Möglichkeit war, daß sie zu einem Treffpunkt mit einem Versorgungsschiff lief und dann von dort aus die Operationen in einem Gebiet ihrer Wahl fortsetzte. So setzten die britischen Schiffe zunächst von 04.00 bis 11.00 Uhr die Suche in südwestlicher Richtung fort. Admiral Lütjens, der der falschen Meinung war, daß die britischen Schiffe weiterhin Fühlung hielten, glaubte, jetzt nichts zu riskieren, wenn er längere Funksprüche über seine Situation und die Werftvorbereitungen in Frankreich absetzte. Diese Funksprüche wurden naturgemäß von britischen Funkpeilstellen eingepeilt. Durch einen Irrtum des Navigationsoffiziers wurde die Position jedoch zu weit nördlich eingetragen, so daß der Eindruck bei Admiral Tovey, aber auch bei der britischen Admiralität entstand, die *Bismarck* habe kehrt gemacht und liefe in Richtung Deutschland. So warf Admiral Tovey seine Schiffe auf Gegenkurs, bis eine weitere Einpeilung und eine Korrektur der bisherigen Eintragungen der Admiralität und dem Flottenchef anzudeuten schien, daß die *Bismarck* wahrscheinlich nach Frankreich marschierte. Die *Bismarck* hatte einen fünf- bis achtstündigen Vorsprung vor ihren bisherigen Verfolgern gewonnen, als diese endlich auf den richtigen Verfolgungskurs drehten. Aber die Kreuzer und der Träger *Victorious* mußten wegen Mangels an Brennstoff nach England abdrehen, während die *Repulse* aus dem gleichen Grunde nach Halifax detachiert wurde. Wenig später befahl Tovey auch noch in der Lage war, der *Bismarck* den Weg zu verlegen. In der Erkenntnis, daß der Brennstoffmangel bei den kleineren Schiffen die größeren bald ungeschützt U-Boot-Angriffen aussetzen würde, hatte die Admiralität entschieden, von dem Truppentransport-Konvoi WS. 8 B fünf Zerstörer und einen weiteren von einer Patrouille in der Irischen See zu detachieren und sie unter dem bekannten Captain Vian zu einem Treffpunkt mit Admiral Tovey zu entsenden. Während der

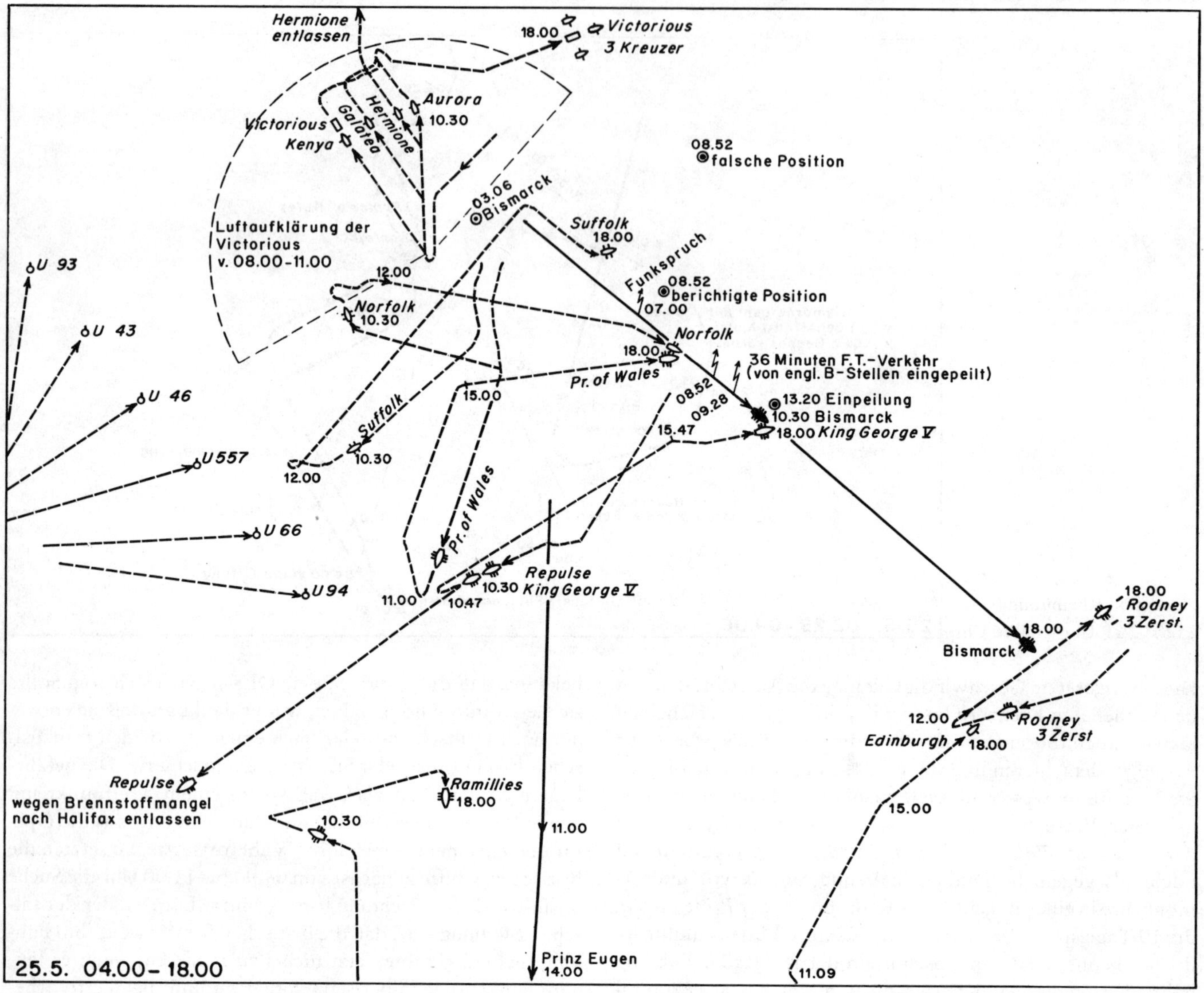

Operation Rheinübung: 25.5. 04.00 Uhr – 18.00 Uhr.

der beschädigten *Prince of Wales*, England anzulaufen. Die Konvois wurden erneut abgedreht, um aus der möglichen Gefahrenzone herauszukommen. Verhängnisvollerweise wurde der Kurs der *Rodney* nicht sofort geändert, so daß sie am Nachmittag des 25. Mai den Kurs der *Bismarck* in geringer Entfernung voraus kreuzte. Es sah so aus, als sei die »Force H« mit dem Schlachtkreuzer *Renown*, dem Träger *Ark Royal* und dem Kreuzer *Sheffield* der einzige britische Verband, der Nacht marschierten alle Streitkräfte mit ihrer höchsten Fahrt auf die wahrscheinlichste Position der *Bismarck* zu.

Der Untergang der *Bismarck*

Am Morgen des 26. Mai begannen die Verfolger langsam ihre Hoffnung zu verlieren. Der Wind hatte sich während der Nacht verstärkt und die Schiffe Somerville's gezwungen, von

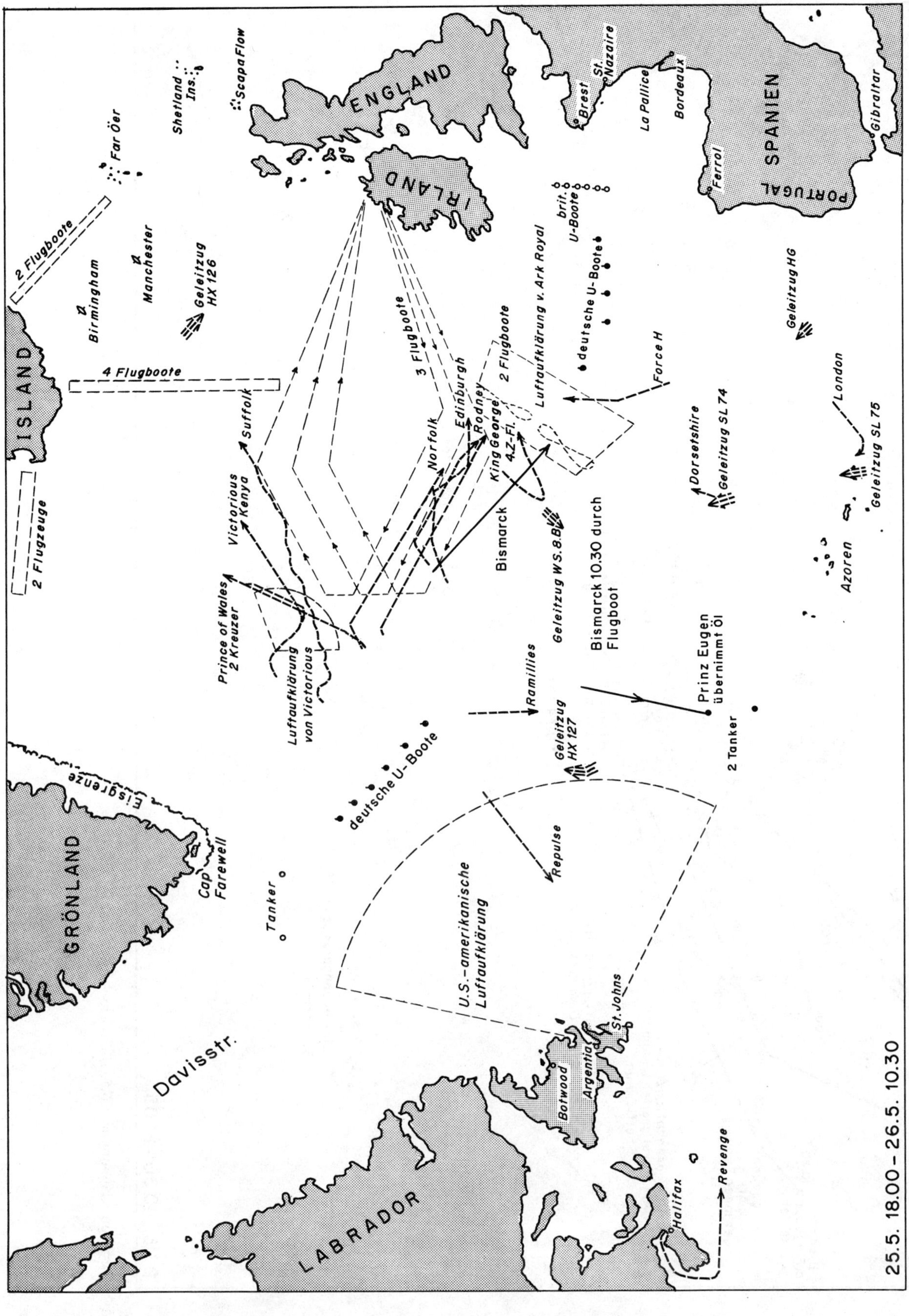

Operation Rheinübung: 25.5. 18.00 Uhr – 26.5. 10.30 Uhr.

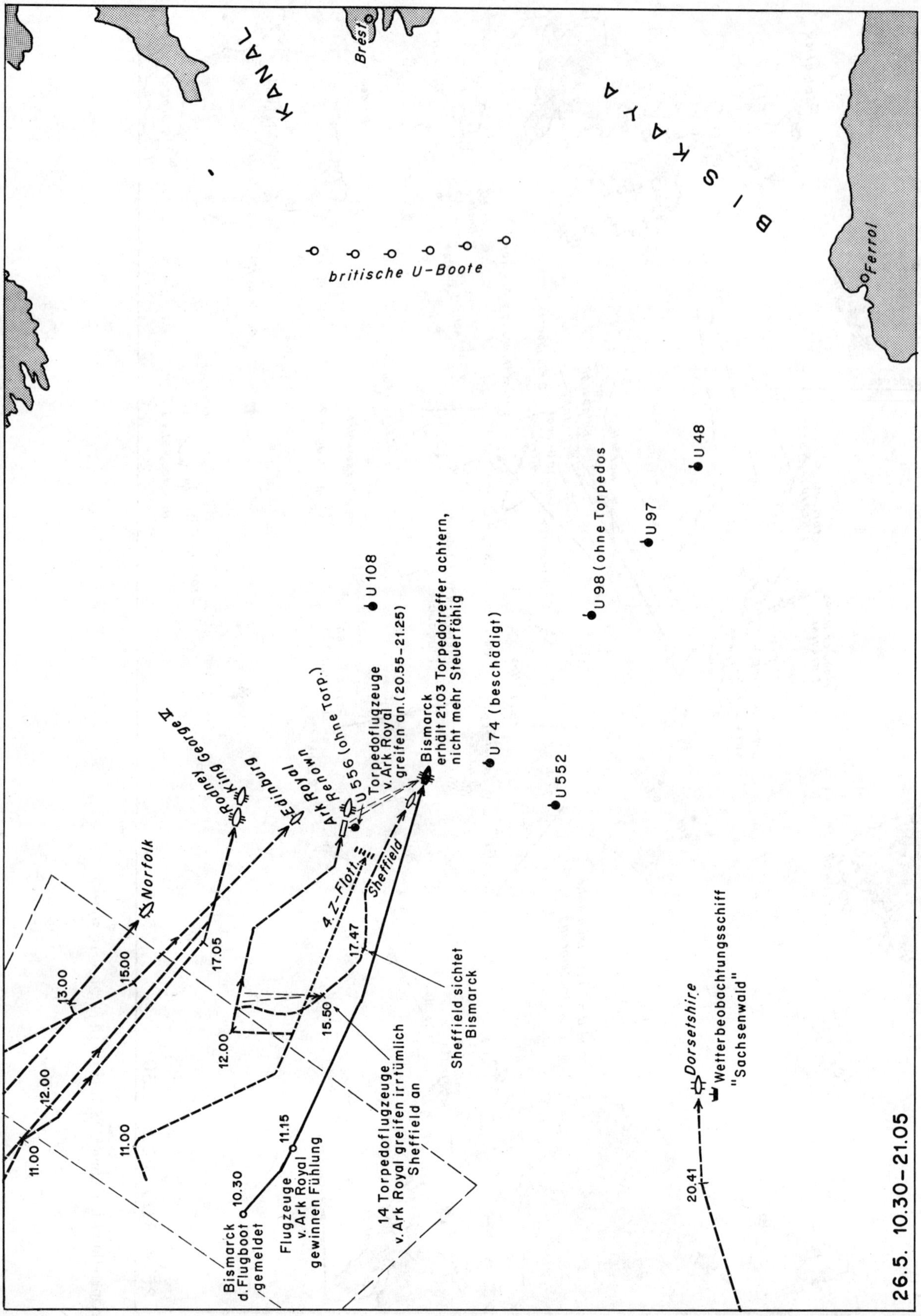

Operation Rheinübung: 26.5. 10.30 Uhr – 21.05 Uhr.

25 auf 17 kn herunterzugehen. Das Flugdeck der *Ark Royal* stampfte bis zu 16 m auf und ab, doch trotz der Schwierigkeiten und Gefahren von Luftoperationen wurde um 8.35 Uhr eine Aufklärung gestartet. Sie brachte keine Meldung über die *Bismarck.* Plötzlich, um 10.30 Uhr, meldete ein »Catalina«-Flugboot des »Coastal Command« die Sichtung eines Schlachtschiffes etwa 750 sm westlich von Brest mit Südostkurs und 20 kn Fahrt. Auf allen Schiffen wurde gekoppelt, es konnte kein britisches Schiff sein. Die *Bismarck* war gefunden. Auf diese Meldung beschloß Captain Vian auf dem Zerstörer *Cossack,* entgegen seiner Instruktion, sich mit Admiral Tovey zu vereinigen, mit seinen 5 Zerstörern die *Bismarck* unmittelbar abzufangen. Swordfish-Flugzeuge der *Ark Royal* übernahmen das Fühlunghalten an dem deutschen Schiff, aber seine Position war zu weit vor allen britischen Schiffen, als daß ein Abfangen noch sehr wahrscheinlich gewesen wäre. Nur ein Luftangriff der *Ark Royal* bot die Aussicht, sie soweit in ihrer Geschwindigkeit herabzusetzen, daß die übrigen schweren Schiffe herankommen konnten. Die Angriffsvorbereitungen begannen sofort, während der Kreuzer *Sheffield* mit Höchstfahrt vorauslief, um eine Fühlunghalterposition achteraus des deutschen Schlachtschiffes einzunehmen. Dabei kam es fast zu einer Tragödie. Die unzulänglich eingewiesenen Piloten griffen zuerst die *Sheffield* an, die sie bisher von Gibraltar begleitet hatte, unter der Annahme, es sei die *Bismarck.* Nur durch größte Kaltblütigkeit und geschicktes Manövrieren des Schiffes konnten die geworfenen Torpedos ausmanövriert und durch eine Radiowarnung die letzten Angriffe abgewendet werden. Die nächsten beiden Angriffswellen fanden die *Bismarck,* nachdem die *Sheffield* weit genug herangekommen war und die Piloten einweisen konnte. Die Ergebnisse dieses Angriffes war zunächst unklar, und die ersten Meldungen ließen bei Tovey den Eindruck entstehen, es seien keine wesentlichen Schäden angerichtet worden. Dann aber deuteten die Meldungen an, daß die *Bismarck* in einer nördlichen Richtung lief. Da dieser Kurs direkt dem Gegner in die Arme lief, war der einzig mögliche Schluß, daß das Schiff entweder Ruderschwierigkeiten hatte oder Schäden, die zwangen, die schweren Seen von vorn zu nehmen. Tatsächlich waren beide Annahmen richtig. Die *Bismarck* hatte 2 Treffer erhalten, einen wirkungslos mittschiffs, den zweiten jedoch in die Ruderanlage, und die Ruder klemmten. Nur

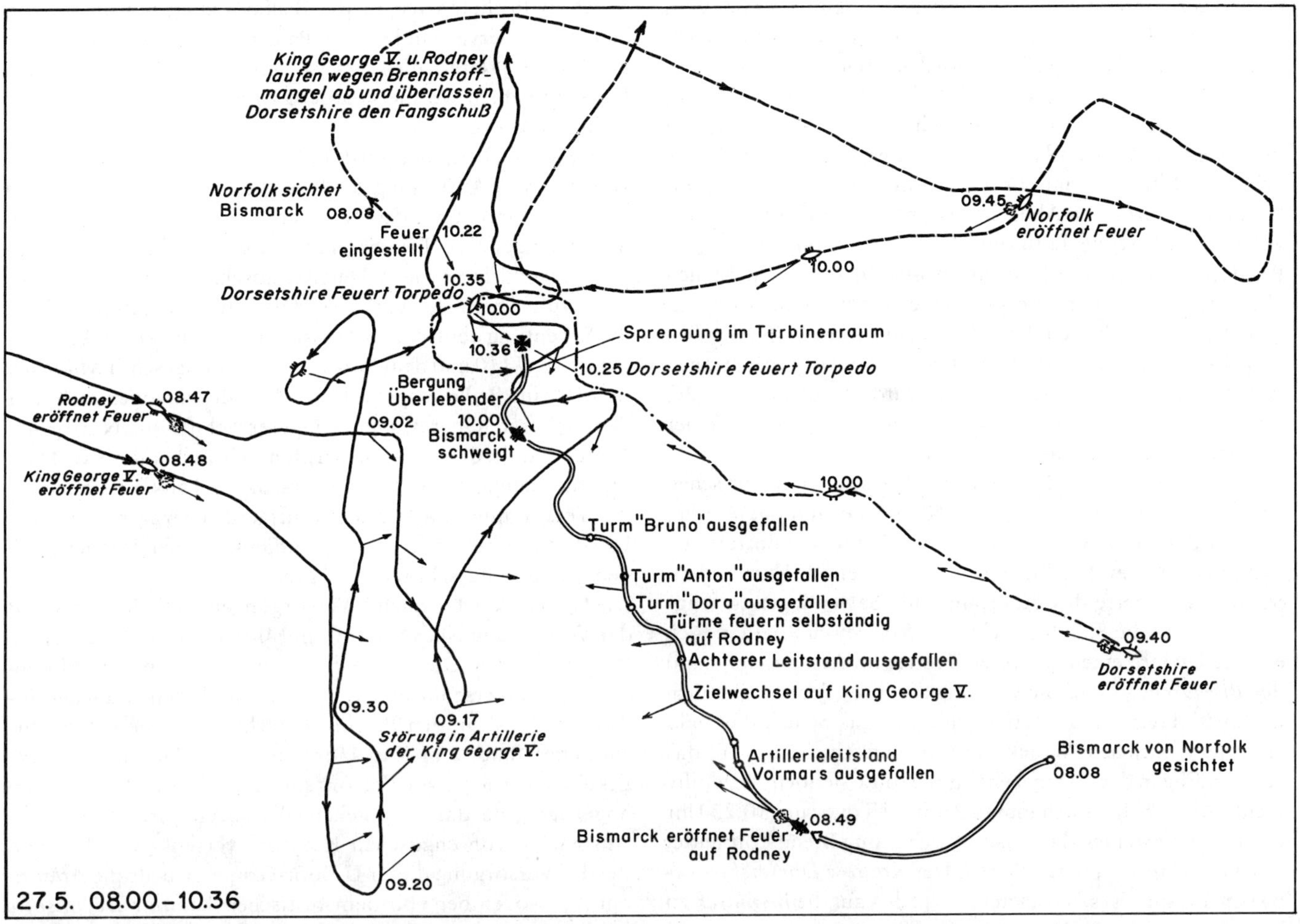

Operation Rheinübung: 27.5. 08.00 Uhr – 10.36 Uhr.

durch Manövrieren mit den Maschinen konnte der Kommandant das Kreiseschlagen des Schiffes verhindern. Die von achtern auflaufende See drohte außerdem, weitere Wassereinbrüche zu verursachen. Es blieb keine Wahl: die *Bismarck* mußte gegen die See drehen und auf ihre sich sammelnden Feinde warten. Bei Einbruch der Dunkelheit kam Captain Vian mit seinen Zerstörern heran, um die *Sheffield* im Fühlunghalten zu unterstützen. Vian sah keinen Grund, nicht Torpedoangriffe zu versuchen. Sein erster koordinierter Angriff gegen die *Bismarck* wurde von dieser mit Artillerie abgeschlagen, ohne daß Treffer erzielt wurden. Captain Vian stationierte dann je einen Zerstörer in Steuerbord und Backbord voraus und je einen Steuerbord und Backbord achteraus, während er selbst genau achteraus blieb. Während der Nacht versuchte jeder Zerstörer mehrfach Torpedoangriffe gegen die *Bismarck,* ohne daß jedoch Treffer erzielt wurden, da das Schlachtschiff jedesmal mit gut geleitetem Feuer die angreifenden Zerstörer zum Abdrehen zwang, ehe sie eine wirkungsvolle Torpedoschuß-Entfernung erreichen konnten.

Raeder versuchte alles, um die *Bismarck* zu retten. Er ließ alle verfügbaren U-Boote im Gebiet heranrufen, doch unglücklicherweise hatten die U-Boote, die in die Nähe der *Bismarck* kamen, bei den vorangegangenen Konvoi-Operationen ihre Torpedos verschossen. *U 556* wurde am Abend des 26. ohne Torpedo von der *Ark Royal* und der *Renown* in einer sehr günstigen Schußposition überlaufen.

Am Morgen des 27. Mai erreichten die schweren britischen Schiffe das Gefechtsfeld. Um 08.48 Uhr begann das Artilleriefeuer der *Rodney* und *King George V* auf eine Entfernung von über 200 hm. Die *Bismarck,* die schwer auf Kurs zu halten war, erwiderte das Feuer, und ihre Salven lagen anfangs sehr gut, und die 3. Salve deckte die *Rodney* ein. Bald jedoch erzielte letztere einen schweren Treffer im Artillerieleitstand der *Bismarck,* so daß die Genauigkeit ihres Feuers erheblich nachließ. Treffer auf Treffer schlug in das Schiff, das bald zu einem hilflosen Wrack zusammengeschossen war, das schwerfällig in der hochgehenden See rollte. Jedoch, sie wollte nicht sinken. Schließlich mußte Admiral Tovey um 10.22 Uhr das Feuer einstellen, da er kaum noch genug Brennstoff hatte, um nach Hause zu marschieren. Der Kreuzer *Dorsetshire* erbat die Erlaubnis, seine letzten Torpedos auf die *Bismarck* zu schießen. Die Torpedos trafen wieder den Seitenpanzer und hatten nur geringe Wirkung. Inzwischen hatte jedoch der älteste überlebende Offizier der *Bismarck* den Befehl gegeben, das Schiff zu sprengen, um das Wrack nicht in Feindeshand fallen zu lassen. Um 10.36 Uhr legte sich die *Bismarck* langsam über und versank. Die *Hood* war gerächt.

Die Raider-Operationen im zweiten Halbjahr 1941

Der Verlust der *Bismarck* veranlaßte die Seekriegsleitung nicht zur Aufgabe ihrer Pläne, mit schweren Schiffen im Nordatlantik zu operieren. Das für die *Bismarck*-Operation aufgebaute Versorgungsnetz im Atlantik sollte für neue Operationen des Schweren Kreuzers *Lützow* und der wiederhergestellten *Scharnhorst* ausgenutzt werden. Die *Lützow* wurde jedoch bei ihrem Ausmarsch von der britischen Aufklärung frühzeitig erkannt und am 11. Juni schon im Skagerrak bei einem Lufttorpedoangriff schwer beschädigt, so daß sie umkehren mußte. Das britische »Bomber Command« flog immer wieder schwere Angriffe gegen die in Brest liegenden deutschen Schiffe. Dabei erhielt in der Nacht zum 2. Juli die *Prinz Eugen* einen Bombentreffer, und als am 24. Juli die *Scharnhorst* zu Probefahrten in die Biskaya ging, wurde sie von einem Bomberverband vor La Pallice angegriffen und erhielt 5 schwere Treffer, die sie zwangen, wieder nach Brest ins Dock zu gehen, wo die *Gneisenau* noch ihren Lufttorpedotreffer vom April reparierte.

Schwerer noch als der Ausfall dieser Schiffe wog jedoch die systematische Aufrollung des deutschen Versorgungsnetzes im Atlantik durch britische Kreuzer im Juni 1941. Ihr fielen nicht weniger als 6 Tanker, ein Spähschiff und 2 Wetterbeobachtungsschiffe sowie 2 Nachschubschiffe für Hilfskreuzer zum Opfer. Beim Ansatz dieser Operationen hatte vor allem die Erbeutung deutscher Schlüsselunterlagen bei der Aufbringung von *U 110* und dem Wetterbeobachtungsschiff *München* im Mai eine Rolle gespielt. Diese Ausfälle entzogen nicht nur den weiteren Operationen schwerer Schiffe im Nord- und Mittelatlantik die Basis, sie wirkten sich auch auf die U-Boot-Operationen aus, da von den versenkten Tankern 4 auch für die Versorgung von U-Booten ausgerüstet waren. Auch die Hilfskreuzer bekamen diese planmäßigen Suchaktionen nach den Versorgungsschiffen zu spüren.

Die *Orion* erreichte nach 2 Versorgungen im Südatlantik und der Versenkung eines Schiffes im Mittelatlantik Ende August Westfrankreich. Die *Atlantis* hatte noch im Juni 2 Schiffe im Südatlantik versenkt und war dann durch den südlichen Indischen Ozean in den Pazifik marschiert, wo sie jedoch nur ein Schiff fand. Um Kap Horn in den Südatlantik zurückgekehrt, wurde sie zur Versorgung einer U-Boot-Gruppe herangezogen, da das vorgesehene Versorgungsschiff auf dem Ausmarsch von englischen Kreuzern versenkt worden war. Bei der Versorgung dieser U-Boot-Gruppe wurde die *Atlantis* am 22. November von dem britischen Kreuzer *Devonshire* überrascht und mußte sich selbst versenken. Die U-Boote schleppten die gerettete Besatzung zu dem weiter südlich stehenden Versorgungsschiff *Python,* doch als dieses die Versorgung der U-Boot-Gruppe weiterführen wollte, wurde es durch den Kreuzer *Dorsetshire* gestellt und mußte sich ebenfalls versenken. In einer abenteuerlichen Fahrt brachten die 4 U-Boote, denen 4 italienische U-Boote von Bordeaux entgegengeschickt wurden, die Besatzungen beider Schiffe heil nach Frankreich. Die *Komet* war aus dem Indischen Ozean wieder in den Pazifik vorgestoßen und stellte im Gebiet der Galapagos-Inseln 3 Handelsschiffe, ehe sie den Rückmarsch nach Frankreich antrat, wo sie Ende November 1941 eintraf. Die *Kormoran,* die im Arabischen und Bengalischen Golf 3 weitere Schiffe versenkt hatte, begegnete am 19. November an der australischen Westküste dem australischen Kreuzer *Sydney*. Durch geschickte Täuschung gelang es ihr, den australischen Kreuzer so nahe heranzulocken, daß sie ihn in einem Feuerüberfall vernichten konnte. Zwei unglückliche Treffer setzten jedoch die Feuerlöschanlage außer Betrieb und das Schiff gleichzeitig in Brand, so daß es aufgegeben werden mußte. Damit waren die Operationen der Hilfskreuzer der ersten Welle plötzlicher als man erwartet hatte zu Ende gegangen. Auch die Pläne, Anfang September den Kreuzer *Admiral Scheer* und Anfang November das neue Schlachtschiff *Tirpitz* zu Atlantikoperationen auslaufen zu lassen, ließen sich nicht verwirklichen. Die in Brest liegenden Schiffe wurden von der »Royal Air Force« angegriffen, sobald sich die geringsten Anzeichen für ihr Klarwerden erkennen ließen. Bis Ende Dezember flog die »Royal Air Force« 2726 Einsätze gegen diese Schiffe und warf über 300 Minen. Allerdings wurden die Schiffe dank der starken Abwehr und der dichten Vernebelung nicht mehr direkt getroffen. Die Seekriegsleitung mußte erkennen, daß die Zeit für die ozeanische Handelskriegführung mit schweren Schiffen vorüber war. Der Untergang der *Bismarck* – zunächst für eine unglücklich verlorene Schlacht gehalten – sollte im Verein mit der Zerschlagung des Versorgungsnetzes den entscheidenden Wendepunkt bezeichnen.

Zwar wurde 1942 nochmals der Versuch gemacht, die Hilfskreuzer-Operationen wieder aufzunehmen, doch gelangten von den vorgesehenen Schiffen nur 3 in den Atlantik. Die *Stier* wurde nach der Versenkung von 3 Schiffen in einem Gefecht mit dem amerikanischen Dampfer *Stephen Hopkins* in Brand geschossen und mußte aufgegeben werden. Die *Thor* gelangte nach der Versenkung und Aufbringung von 10 Schiffen im Atlantik und Indischen Ozean in den japanischen Machtbereich, wo sie durch einen Unfall verlorenging. Die *Michel* konnte auf ihrer Fahrt im Atlantik und Indischen Ozean 14 Schiffe versenken und erreichte dann gleichfalls den japanischen Machtbereich. Von hier ging sie 1943 zu einer zweiten Fahrt in See, auf der sie im Indischen Ozean und Südost-Pazifik 3 Schiffe versenkte, ehe sie kurz vor Erreichen eines japanischen Hafens von dem amerikanischen U-Boot *Tarpon* versenkt wurde. Die übrigen Ausbruchsversuche von Hilfskreuzern scheiterten bereits bei dem Marsch durch den englischen Kanal. Ins Gewicht fallende Erfolge oder eine bemerkbare Diversionswirkung konnten diese Operationen nicht mehr erzielen.

Zusammenfassung

Der Einsatz von Überwasserstreitkräften durch die Engländer und Deutschen im zweiten Weltkrieg zeigt den bedeutenden strategischen Unterschied zwischen einer Nation, die die See zu allen Zeiten benutzen *muß* und einer Nation, die sie zu Zeiten eigener Wahl gebrauchen *kann*. Wenn die deutschen schweren Schiffe in See gingen, konnten sie für kurze Zeit eine lokale Ebenbürtigkeit oder gar Überlegenheit herstellen, da die britischen Seestreitkräfte gezwungen waren, ihre Einheiten so zu verteilen, daß sie in jedem Gebiet, in dem ein deutscher Angriff erfolgen konnte, ausreichend stark waren. Bei ausreichender Zeit konnten die Engländer aber stets ausreichende Streitkräfte zusammenziehen, um mit jeder deutschen Bedrohung auf hoher See fertig zu werden, wie das Ende der Jagd auf die *Bismarck* gezeigt hat. Die Hauptaufgabe für die deutsche Seite war es, dem Gegner diese Zeit nicht zu geben und dabei den Konvois, welche die lebensnotwendigen Nachschubgüter nach Großbritannien transportierten, größtmöglichen Schaden zuzufügen.

Der erste Einsatz der Panzerschiffe, insbesondere der *Admiral Graf Spee*, zeigte, in welchem Umfange solche Einheiten, trotz geringer tatsächlicher Tonnageerfolge, Einheiten und Verbände der Royal Navy auf sich ziehen konnten. Doch war die deutsche Marine in dieser Zeit nicht in der Lage, die Schwächung der »Home Fleet« durch eigene Operationen im Nordatlantik auszunutzen, wie sie der in den Anfängen steckengebliebene Z-Plan vorgesehen hatte.

Der Kampf in Norwegen bewies den Engländern, daß die Royal Navy mit ihrem Mangel an Flugzeugträgern nicht mit Erfolg in Gebieten, die von landgestützten Flugzeugen beherrscht wurden, operieren konnte. Der überraschende deutsche Angriff auf Dänemark und Norwegen zeigte, daß eine unterlegene Marine bei einem begrenzten Ziel und einer begrenzten Zeit im Operationsgebiet sowie einer sicheren Nachschublinie eine Streitmacht auch an einer strategischen Flanke des zur See überlegenen Gegners aufbauen und angesichts der britischen Seemacht unterhalten konnte. Mochte Norwegen auch für die strategischen und politischen Ziele der westlichen Alliierten sehr wichtig sein, so war England doch nicht in der Lage, die Deutschen aus Norwegen zu vertreiben, da sie nicht über eine ausreichend sichere Nachschublinie verfügten und die der Deutschen nicht entscheidend treffen konnten.

Die Kriegsmarine spielte bei den Operationen gegen Holland, Belgien und Frankreich keine bedeutende Rolle. Sie wurden durch das Heer und die Luftwaffe besiegt. Erneut zeigte sich jedoch, für britische militärische Operationen schon eine alte Tradition, daß die Royal Navy in der Lage war, eine besiegte britische Armee, konnte sie ihren Weg an die Küste erzwingen, von dort mit Erfolg zu evakuieren, um damit den Kern einer ausgebildeten Truppe für künftige Opertionen zu erhalten. Mit dem Fall Frankreichs und dem Eintritt Italiens in den Krieg wurde die britische Seeüberlegenheit so entscheidend gefährdet, daß England gezwungen war, wenn auch zögernd, drastische Maßnahmen gegenüber der französischen Flotte zu ergreifen, um auf jeden Fall zu verhindern, daß sie auf Seiten der Achsenmächte treten könnte. Als Hitler den Kanal erreichte, fand er, daß die Engländer sich ihm immer noch versagten und bereit waren, bis zum Ende zu kämpfen, wenn nötig ohne Alliierte. Das Schlimmste, was die Luftwaffe tun konnte, führte im Grunde nur zu einer Verstärkung des Widerstandswillens. Unfähig, die zähen Engländer zum Einlenken zu bringen, wandte Hitler wie Napoleon dem Kanal den Rücken zu und stieß nach Osten, nach Ägypten und Rußland, vor. Doch anders als Napoleon, unternahm er beide Offensiven gleichzeitig.

Im Frühjahr 1941 schien die deutsche Flotte noch einmal eine gefährliche Situation für die Royal Navy heraufzubeschwören. Hilfskreuzer, die sich seit 1940 meist erstaunlich lange in weit entfernten Gebieten ohne Verbindung zu Stützpunkten halten und Handelskrieg führen konnten, und das Panzerschiff *Admiral Scheer* zwangen die Briten erneut zu weiträumigen Suchoperationen, während nun von den norwegischen Basen aus die beiden Schlachtschiffe *Scharnhorst* und *Gneisenau* den Nordatlantik-Konvoi-Verkehr anzugreifen suchten. Doch waren die drei von ihnen gefundenen Konvois durch Schlachtschiffe gesichert, so daß sie befehlsgemäß von einem Angriff absahen. Trotzdem geriet sowohl bei dem Angriff des Panzerschiffes *Admiral Scheer* im November 1940 als auch während dieser Schlachtschiffoperation im Februar und März 1941 das nordatlantische Konvoi-System in große Unordnung. Von britischer Seite wurde deshalb alles darangesetzt, diese beiden Schiffe nach ihrem Einlaufen in Brest außer Gefecht zu setzen, ehe die weiteren zu erwartenden deutschen schweren Schiffe in den Atlantik kamen. Sie hatten Erfolg und mit Hilfe der Konzentration aller erreichbaren Streitkräfte gelang es ihnen, die *Bismarck* schließlich zu stellen und zu vernichten. Spätere Versuche, mit schweren Überwasserschiffen zu einer atlantischen Handelskriegführung zu kommen, scheiterten.

Die deutschen Überwasserschiffe erwiesen sich als ebenso unfähig wie das Heer und die Luftwaffe, England zur Kapitulation zu zwingen. Nach dem Verlust der *Bismarck* benutzten die Deutschen ihre schweren Schiffe nur für Angriffe auf die Murmansk-Konvois. Dabei wurde wenig erreicht, und die *Scharnhorst* ging bei einer derartigen Operation verloren, während die *Tirpitz* vor Anker liegend ihr Ende fand. Nur eine Waffengattung der Wehrmacht erwies sich als tatsächlich wirksam gegen England. Das waren Dönitz' U-Boote, welche in der Schlacht im Atlantik England an den Rand der Niederlage brachten.

Kapitel 29

Der U-Boot-Krieg: Die Schlacht im Atlantik (1939–1945)

Von J. Rohwer übersetztes und bearbeitetes Kapitel 30 der U S Originalausgabe, das von H.H.Adams und Ph. K. Lundeberg verfaßt wurde.

»Die einzige Sache, die ich während des Krieges wirklich fürchtete, war die U-Boot-Gefahr.« So schrieb Churchill nach dem Sieg. Vom alliierten Standpunkt aus war die Schlacht im Atlantik gewonnen, wenn nichts geschah. Jedes Mal, wenn ein Konvoi den Hafen erreichte, war die Schlacht dem Sieg um so viel näher. Wenn es auf See zu dramatischen Aktionen kam, näherte sich die alliierte Sache um so mehr der Niederlage. Der alliierte Sieg wurde durch viele verschiedene Gruppen und Menschen gewonnen: Durch die Handelsschiffs-Seeleute, die auf den Frachtern und Tankern fuhren. Durch die Schauerleute, welche sie beluden und entluden. Durch die Seeleute, Matrosen, Flieger, Funker und Offiziere, welche die Geleitfahrzeuge und Flugzeuge bemannten. Durch die Werftarbeiter, welche die Handelsschiffe und Geleitfahrzeuge bauten, und durch die Tausende von Menschen auf beiden Seiten des Atlantik, welche die U-Boot-Positionen koppelten, die Konvoirouten abstimmten, die Segelanweisungen festlegten, mit neuen Kampfmitteln experimentierten und die Ergebnisse der vorangegangenen Aktionen analysierten.
Die merkwürdigste Sache an der Schlacht im Atlantik ist, daß keine Seite tatsächlich auf sie vorbereitet war. Obgleich der deutsch-englische Flottenvertrag von 1935 Deutschland unter bestimmten Voraussetzungen erlaubte, seine U-Boot-Waffe bis zur Parität mit Großbritannien aufzubauen, wurde der deutsche U-Boot-Bau zunächst durch die Diskussionen um die zweckmäßigsten Typen und dann durch die Belegung der Helgen für den Bau der großen Überwasserschiffe des Z-Planes verzögert. So begann Deutschland den Krieg mit nur 57 frontreifen U-Booten, von denen nur 23 für die Atlantikverwendung in Frage kamen. Von den übrigen hatten 10 ihre Erprobung und Ausbildung noch nicht abgeschlossen, und 24 waren kleine 250-Tonnen-Boote mit geringer Reichweite, die nur für Operationen in der Nord- und Ostsee in Frage kamen.
In England hatte man es dahin kommen lassen, daß die Vorbereitungen für eine U-Boot-Bekämpfung auf das Niveau einer Nebensache abgesunken waren. Die Admiralität hatte ihre Minensuch-, U-Boot-Bekämpfungs- und Handelsschutz-Divisionen aufgelöst. England baute nur wenige kleine Schiffe für die U-Boot-Bekämpfung, weil die Admiralität die Linie verfolgte, daß im Falle eines neuen Krieges das »Konvoisystem nur dann eingeführt würde, wenn seine Vorteile eindeutig überwiegen würden und wenn die Verluste so groß würden, daß das Land es nicht länger verantworten könnte, die Schiffe allein fahren zu lassen, und für den Schutz der Besatzungen das Konvoisystem notwendig würde ... Es sei einfach eine Frage der Zweckmäßigkeit ... Da das Konvoisystem nicht unmittelbar bei Ausbruch des Krieges benötigt würde, sei uns die Zeit gegeben, den Schutz zu improvisieren, während die Aufträge für den Bau der Geleitfahrzeuge, die wir schließlich benötigen, hinausgehen.« Da leistungsfähige Geleitfahrzeuge nicht improvisiert werden konnten, waren die meisten Geleitfahrzeuge in der ersten Zeit des Krieges schnell aus Fischdampfern und anderen kleinen Booten hergerichtet worden, die für die sehr anspruchsvollen von ihnen zu übernehmenden Aufgaben schlecht geeignet waren. Glücklicherweise besaßen die Engländer und Amerikaner im »Asdic« und der parallelen Entwicklung »Sonar« ein zuverlässiges Unterwasser-Ortungsgerät, das, von erfahrenem Personal bedient, die Richtung und den Abstand eines getauchten U-Bootes bis zu etwa 1500 m Entfernung anzeigte.
Da jedoch die Dönitz'sche U-Boot-Taktik besonderes Gewicht auf den nächtlichen Überwasserangriff legte, wurde damit der Vorteil von »Asdic« weitgehend neutralisiert. 1937 hatte die Admiralität die volle Kontrolle über den »Fleet Air Arm« wiedergewonnen. Obgleich diese Änderung zugunsten von Flottenträgeroperationen gemacht worden war, konnte die Royal Navy nun die Einsätze ihres »Fleet Air Arm« auch für die U-Jagdoperationen nutzbar machen. Zur gleichen Zeit hatte die Navy auch eine enge Zusammenarbeit mit dem »R.A.F.-Coastal Command« in Fragen des Schutzes der Schiffahrt erreicht. Diese harmonische Partnerschaft sollte sich als ein entscheidender Faktor in der Atlantikschlacht herausstellen.

Die erste Phase: Die U-Boot-Operationen bis zum Zusammenbruch Frankreichs

Als die Feindseligkeiten im September 1939 begannen, war Dönitz gezwungen, mit nur einer Handvoll U-Booten anstelle der 300, die er aufgrund der Ergebnisse von Kriegsspielen für notwendig hielt, zu operieren. Eines von ihnen, *U 30,* schien durch die Versenkung des Passagierdampfers *Athenia* am ersten Kriegstage einen offensichtlichen Hinweis auf die deutschen Absichten hinsichtlich der Aufnahme eines unbeschränkten U-Boot-Krieges zu geben und beendete schlagartig das Zögern der britischen Admiralität in der Aufnahme des Konvoisystems. Am 26. August hatte die Admiralität die Kontrolle über die gesamte britische Handelsschiffahrt übernommen, und unmittelbar nach der Versenkung der *Athenia* wurden die Befehle gegeben, Konvois auf den wichtigsten

Routen für Schiffe zwischen 9 und 14,9 Knoten einzurichten. Schiffe außerhalb dieser Grenzen sollten selbständig fahren. Später im Kriege wurden die langsameren Schiffe in langsamen Konvois zwischen 6 und 7 Knoten zusammengefaßt. Die Reichweite der Geleitfahrzeuge verbot eine Nahsicherung jenseits 15° W für die Nordatlantik- oder 47° N für die Gibraltar- und Sierra-Leone-Konvois. Die Konvois an der Ostküste operierten mit Erfolg während des ganzen Krieges bei einer Verlustrate von nur 0,1%. Im Oktober wurden Konvois zwischen England und Norwegen eingerichtet und liefen praktisch ohne Verluste bis zum Beginn des Angriffs auf Norwegen. Inzwischen verschloß eine dichte Minensperre die Dover-Straße für die deutschen U-Boote.

rung vor der Irischen Küste gegen U-Boote operierte. Durch den zu einem Mythos verklärten Erfolg der »North Sea Mine Barrage« des ersten Weltkrieges zwischen den Orkney-Inseln und Norwegen verleitet, planten die Engländer eine ähnliche Sperre zu Beginn des zweiten Weltkrieges. Nach dem Fall Norwegens wurde diese Sperre zwischen Island und Schottland ausgelegt. Ihr fiel jedoch nur ein U-Boot zum Opfer, während die U-Boot-Bewegungen insgesamt dadurch nicht beeinflußt wurden.

Die deutschen hochseefähigen U-Boote operierten in dieser ersten Phase einzeln im östlichen Nordatlantik zwischen den Hebriden und Gibraltar, mit dem Schwerpunkt westlich des Kanals, wo sich die alliierten Schiffahrtswege bündelten.

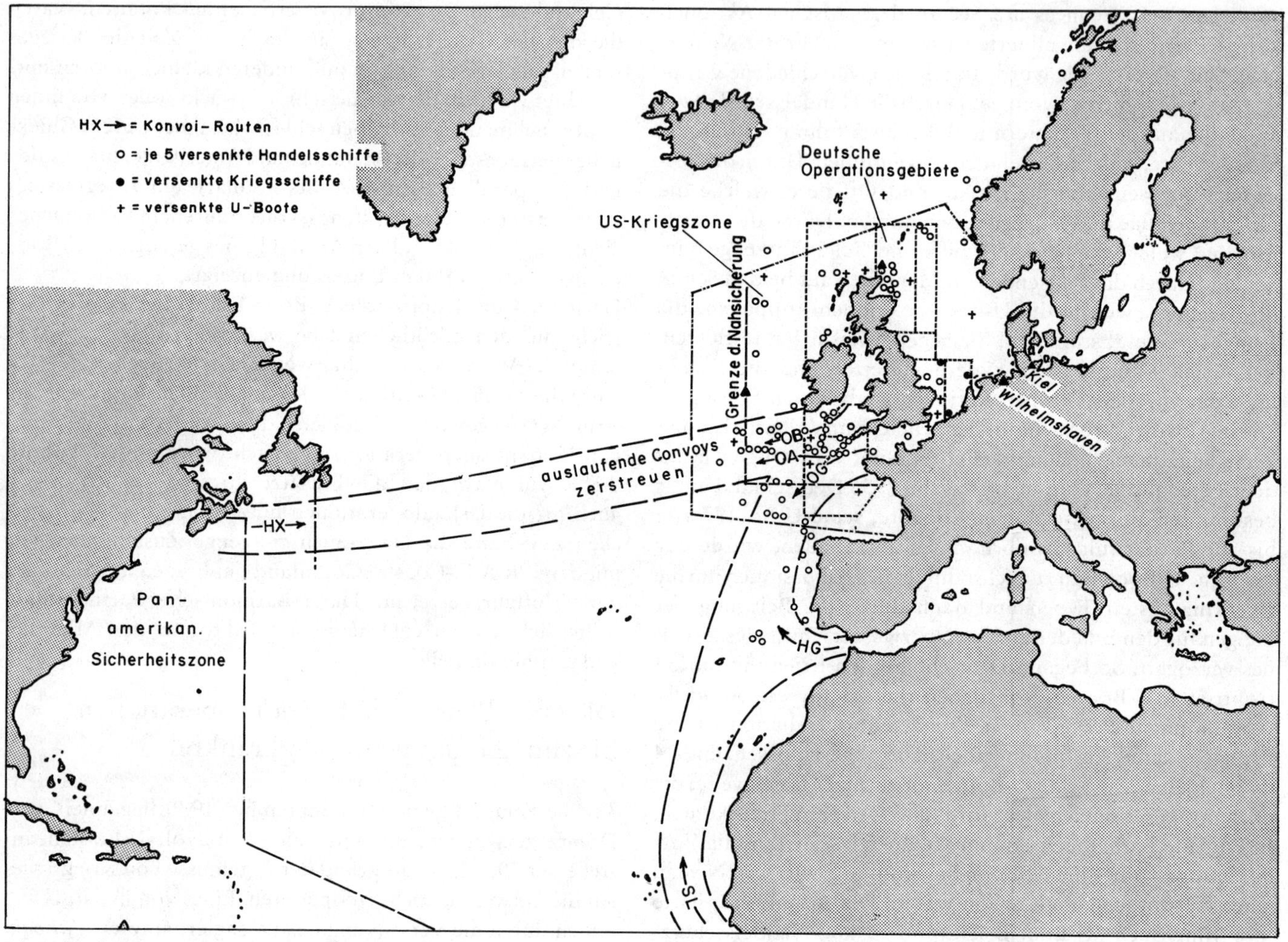

Die Schlacht im Atlantik, September 1939 – Juni 1940

Der Erfolg dieser Maßnahmen steht in scharfem Kontrast zu den sogenannten offensiven Operationen gegen U-Boote. Der Flugzeugträger *Ark Royal* entging bei einem U-Jagdeinsatz am 14. September nur durch Torpedoversager der Versenkung durch *U 39*. Drei Tage später versenkte *U 29* den Flugzeugträger *Courageous*, der mit einer ungenügenden Siche-

Im September 1939 versenkten die U-Boote 41 Schiffe, doch nur eines von ihnen fuhr im Geleit. Bis Ende 1939 hatte die Royal Navy 5756 Fahrzeuge geleitet, von denen nur 12 verlorengegangen waren, davon nur 4 durch U-Boote. Aus französischen Konvois wurden 5 weitere Schiffe herausgeschossen. Während der gleichen Zeit waren 110 einzeln fahrende

Handelsschiffe versenkt worden. Dönitz hatte dagegen 9 U-Boote, nahezu ein Sechstel seiner Kampfstärke, verloren. Seine drei im Herbst und Winter unternommenen Versuche, entsprechend den vor dem Kriege entwickelten taktischen Vorstellungen, mit mehreren U-Booten zu einer von der operativen Führung an Land angesetzten und dann von einem eingeschifften taktischen Führer in See geleiteten Gruppenoperation gegen alliierte Konvois zu kommen, bestätigten zwar die Vorstellungen hinsichtlich der Möglichkeit der Funkführung, brachten aber nur wenige Erfolge, weil die Zahl der jeweils im Operationsgebiet stehenden U-Boote zu klein war und Torpedoversager manche Angriffe fehlschlagen ließen. Die wenigen Neuzugänge genügten knapp, um die Zahl der Atlantikboote auf etwa 20 zu halten. Von ihnen waren kaum mehr als 12 in See, und bei den langen An- und Abmarschwegen um England waren deshalb selten mehr als 6–8 U-Boote gleichzeitig im Operationsgebiet. Meist waren es nur 3–5, oft noch weniger. Mit so wenigen Booten waren durchschlagende Erfolge trotz hervorragender Einzelleistungen nicht zu erzielen, zumal die Operationen auch noch durch die erst schrittweise aufgehobenen völkerrechtlichen Beschränkungen, vor allem aber durch die vielen Torpedoversager, behindert wurden.

Mit einzelnen U-Booten waren die Konvois nur zufällig zu erfassen, und jene konnten sich gegen die Sicherung kaum durchsetzen. Wegen der starken Schwankungen in der Verfügbarkeit von Geleitfahrzeugen änderten sich die Aufstellungsschemen der Geleitfahrzeuge häufig. Ein typischer Transatlantikkonvoi der frühen Zeit bestand aus 30–40 Handelsschiffen, die in 9–12 Kolonnen zu meist 4 Schiffen liefen. Die übliche Rechteckformation mit einer breiten Front wurde aus verschiedenen Gründen gewählt. Erstens reduzierte sie die Möglichkeiten des U-Bootes, von der günstigen Breitseitposition her anzugreifen; zweitens war es die günstigste Formation für die optische Verbindung zwischen den Schiffen; drittens reduzierte es die Tendenz der letzten Schiffe, in einer langen Kiellinie auf die vorderen Schiffe aufzulaufen, und viertens war es die beste Kompromißformation, wenn man mit möglichst wenig Geleitfahrzeugen möglichst viele Schiffe mit dem geringsten Kollisionsrisiko sichern wollte. Außerdem gab es den Geleitfahrzeugen die günstigsten Möglichkeiten, U-Boote vor dem Angriff abzudrängen und bedrohliche U-Boote anzugreifen. Die Zusammenfassung von Schiffen vermehrte natürlich die Ziele, aber ein »Browning shot«, ein nur in die allgemeine Richtung des Konvois abgefeuerter Torpedo, hatte wenig Aussicht, ein Ziel zu finden, wenn die Schiffe die richtigen Abstände voneinander hielten. Ebenso konnte die Gefahr, daß ein U-Boot sich getaucht bei Tage oder aufgetaucht bei Nacht durch die Sicherung in den Konvoi hineinsacken ließ und eine Anzahl von Schiffen mit einem einzigen Fächer versenkte, vermindert werden, wenn die Schiffe die günstigsten Abstände einhielten. (Vgl. S. 527)

Die frühe britische U-Jagddoktrin forderte ein sofortiges Unterwasserdrücken eines angreifenden U-Bootes. Eine solche Taktik, wenngleich sie auch erfolgreich in der Verminderung der Verluste eines Konvois vor der Aufnahme von Rudeloperationen war, führte selten zu einer Versenkung. Meist waren so wenige Geleitfahrzeuge bei einem Konvoi, und die meisten von ihnen besaßen eine relativ geringe Geschwindigkeit, daß sie gezwungen waren, ihrem Konvoi wieder zu folgen, bevor sie die Gelegenheit bekamen, den Fangstoß zu führen. So konnte ein U-Boot, das seinen Verfolgern ausgewichen war, oft die Verfolgung desselben Konvois wieder aufnehmen. Die deutschen U-Boot-Kommandanten zogen Nacht-Überwasserangriffe von etwa 45° voraus vor, wodurch sich eine kurze Torpedolaufbahn ergab, die den Handelsschiffen wenig Zeit für Ausweichmanöver ließ. Die sich daraus ergebende britische Geleitdoktrin forderte stärkere Verteidigung nach vorn, was schließlich 1942 zum sogenannten »bent-line screen« führte, der bei schnellen Konvois die »Escorts« voraus massierte, um einen Angriff von voraus und ein Eindringen in den Konvoi von vorn zu verhindern. Das Problem, wie man »browning shots« verhindern könne, beschäftigte die Geleitführer bis 1942, als die Einführung des Schiffsradargerätes und des Hochfrequenz-Richtpeilers es ihnen erlaubte, ihre »screens« bis zu 4000 oder 6000 m vom Konvoi nach außen zu ziehen. Zur gleichen Zeit wurden die Zwischenräume zwischen den Kolonnen von 600 auf 1000 m erweitert, eine Maßnahme, welche die Wahrscheinlichkeit eines Treffers bei ungezielten Schüssen um 50% verminderte, während es den Durchmesser des Konvois um weniger als 8% erhöhte. (Vgl. S. 538)

In den ersten beiden Monaten des Jahres 1940 waren nur 7 der 85 durch deutsche U-Boote versenkten Handelsschiffe aus Konvois versenkt worden, und diese Versenkungen wurden nur mit dem Verlust von 3 U-Booten erreicht.

In den nächsten 3 Monaten wurde der Handelskrieg der U-Boote durch die Norwegen-Unternehmung unterbrochen, zu der alle verfügbaren Atlantik- und Nordsee-U-Boote als Deckungsstreitkräfte herangezogen wurden. Dieser massierte Einsatz endete jedoch mit einem völligen Mißerfolg, da fast alle gefahrenen Angriffe fehlschlugen, weil der Tiefensteuerapparat der Torpedos nicht einwandfrei arbeitete und die Magnetzündung versagte – eine Folge der unzulänglichen Erprobung dieser neuen Waffe unter kriegsmäßigen Bedingungen im Frieden. Eine spätere Untersuchung ergab, daß bei einem einwandfreien Funktionieren der Torpedos vermutlich ein Schlachtschiff, 7 Kreuzer, 7 Zerstörer und 5 große Transportschiffe getroffen worden wären. Mit den gleichen schwerwiegenden Mängeln sollten sich die amerikanischen U-Boot-Fahrer wenig später im Pazifik herumschlagen müssen. Die Deutschen sollten – zum Unglück für die Alliierten – die Mängel ihrer Waffe sehr viel schneller beseitigen, als das den Amerikanern gelang.

So niederschmetternd auch das Ergebnis der Operationen im Norden für den BdU war, das Frühjahr 1940 sollte die wesentlichen Grundlagen für die folgenden Triumph von Dönitz im Atlantik legen. Die Gewinnung der gesamten norwegischen Küstenlinie und die anschließende Eroberung der Kanalküste und Frankreichs gaben Hitler die Möglichkeiten, sich auf Großbritanniens maritime Flanken zu stürzen. Während in Norwegen beschränktere U-Boot-Basen eingerichtet wurden, kümmerte sich Dönitz persönlich um die Schaffung verbunkerter und befestigter U-Boot-Basen an der französischen Atlantikküste in Brest, Lorient, St. Nazaire, La Rochelle und Bordeaux. Der Besitz dieser französischen Basen bedeutete eine Verminderung der An- und Abmarschzeiten der U-Boote in ihre Operationsgebiete um mehr als 50%. Zu Englands Unglück war die »Royal Air Force« über dem Kanal so beschäftigt, daß sie nicht in der Lage war, den Bau der Betonbunker in den Biskaya-Häfen zu stören. Auch wurde die Bedeutung dieser Ziele von der Führung des »Bomber Command« zunächst nicht richtig eingeschätzt, mit dem Ergebnis, daß sie bald bis zu einem Punkt verstärkt worden waren, an dem sie praktisch unverwundbar wurden. Ende Juli 1940 begann auch die Verwendung von Einheiten der deutschen Luftwaffe die strategische Wirksamkeit der französischen Basen zu verstärken.

Die zweite Phase: Die Offensive vor dem Nordkanal von den französischen Häfen

Im Juni und Juli 1940 hatten die nach der durch die Norwegenunternehmung erzwungenen Pause wieder in ihren Operationsgebieten westlich des Kanals und in der Biskaya operierenden U-Boote eine große Zahl meist einzeln fahrender Schiffe angegriffen, da die alliierten Sicherungsfahrzeuge zu einem sehr großen Teil bei den Evakuierungsmaßnahmen vom französischen Festland gebunden waren. Von den 20 eingesetzten U-Booten versenkten 2 mehr als 40 000 BRT, 5 weitere mehr als 30 000 BRT und 6 zwischen 20 000 und 30 000 BRT. Diese Versenkungen im Juni waren jedoch nur die Ouvertüre des goldenen Zeitalters der U-Boot-Waffe, einer viermonatigen Offensive, in der die U-Boote von den französischen Häfen aus erstmalig die Rudeltaktik gegen die Konvois mit Erfolg anwenden konnten.

Die Rudeltaktik war aus der Überlegung entstanden, der Konzentration der Handelsschiffe und Sicherungsfahrzeuge im Konvoi eine entsprechende Konzentration der U-Boote, eine Gruppe oder ein U-Boot-Rudel, gegenüberzustellen. Die Angriffstaktik wurde in viel stärkerem Maße durch die Erfahrungen der Torpedoboot-Taktik als die der U-Boote bestimmt. Das bewegliche Ziel, der Konvoi, sollte mit einem quer zu seiner vermutlichen Kursrichtung aufgestellten Aufklärungsstreifen erfaßt werden. Das den Konvoi zuerst sichtende U-Boot hatte zunächst nicht anzugreifen, sondern mit allen Mitteln Fühlung an dem Konvoi zu halten und durch seine Fühlunghaltersignale die anderen U-Boote der Gruppe an den Konvoi heranzuführen. Ursprünglich war vorgesehen, daß ein eingeschiffter Flottillenchef oder der älteste Kommandant die taktische Führung der Operation übernehmen sollten. Dieses Verfahren hatte sich jedoch bei den ersten Versuchen im Winterhalbjahr 1939/40 nicht bewährt, da es häufig vorkam, daß die Fühlunghalter-U-Boote von der Abwehr unter Wasser gedrückt wurden und damit die taktische Führung ausfiel. Deshalb wurde vom Sommer 1940 ab die taktische Führung der Operation von der Befehlsstelle des BdU selbst übernommen. Sie gab den einzelnen U-Booten unmittelbar aufgrund der in den Fühlunghaltermeldung angegebenen Positions-, Kurs- und Fahrtmeldungen die entsprechenden Ansatzbefehle. Hatten die U-Boote dann den Konvoi erfaßt, versuchten sie, sich so vorzusetzen, daß sie mit Einbruch der Dunkelheit eine günstige Angriffsposition erreicht hatten, um dann in der Dunkelheit im Überwasser-Nachtangriff die Sicherung zu durchbrechen und die Handelsschiffe des Konvois anzugreifen. Dabei nutzten sie die bei den Torpedobooten gewonnene Erfahrung aus, daß ein kleines Schiff in der Dunkelheit von einem größeren nur schwer zu erkennen ist.

Das schwierigste Problem bei dieser Art der Kampfführung war es, die Konvois im weiten Raum des östlichen Atlantik zu finden, da die Zahl der vorhandenen U-Boote noch zu klein war. Deshalb wurde das Angebot Italiens, 27 seiner größeren U-Boote in den Atlantik zur Zusammenarbeit mit den deutschen U-Booten zu entsenden, dankbar angenommen. Mit deutscher Unterstützung richteten die Italiener in Bordeaux eine U-Boot-Basis ein, von der aus die italienischen U-Boote durch einen italienischen FdU nach deutschen operativen Weisungen eingesetzt wurden. Zunächst versuchte Dönitz, die italienischen U-Boote in die deutschen Gruppenoperationen einzubeziehen, aber da sich an den italienischen U-Booten im schweren Nordatlantikwetter manche technischen Mängel herausstellten und die Besatzungen, an die im Mittelmeer sinnvolle stationäre U-Boot-Aufstellung gewöhnt, für eine bewegliche Kampfführung nicht ausgebildet waren, blieben die Ergebnisse unbefriedigend. So wurden die italienischen U-Boote schließlich westlich und südlich der deutschen Aufstellungen eingesetzt, wo sie jedoch wegen der weiteren Streuung des alliierten Verkehrs wenig Ziele fanden.

Die Engländer wurden durch die neuen Bedrohungen unter starken Druck gesetzt. Die Verluste an Zerstörern und Geleitfahrzeugen während der Norwegen-Unternehmung und der Evakuierung von Dünkirchen waren schwer gewesen. Dazu kam der Ausfall der französischen Flotte. Da zu dieser Zeit im Tagesdurchschnitt rund 2000 britische Handelsschiffe in See waren, bestand ein großer Bedarf an Geleitfahrzeugen. Zusätzliche Zerstörer und 2 neue Typen von Geleitfahrzeugen wurden in Auftrag gegeben: die Korvetten und Fregatten. Die ersteren waren Fahrzeuge von weniger als 1000 t, die aus den recht seefähigen Walfangbooten entwickelt worden waren. Sie besaßen eine 10,2-cm-Kanone und waren mit Wasserbomben und »Asdic« ausgerüstet. Die Korvetten wurden ab Mitte 1940 in großer Zahl auf den britischen und kanadischen Werften fertiggestellt. Ihnen fiel bald mit einigen älteren Zerstörern der Hauptanteil an der Sicherung der Konvois im Nordatlantik zu. Die neuen Fregatten, die erst ab 1942 an die Front kamen, waren erheblich größer und hatten bessere

See-Eigenschaften als die Korvetten. Solange diese beiden Typen noch nicht in ausreichender Zahl zur Verfügung standen, mußten auch umgebaute Trawler für Geleitaufgaben im Nordatlantik herangezogen werden, kleinere Fischereifahrzeuge übernahmen die ähnlichen Aufgaben in den britischen Küstengewässern. Um die Schwäche an Geleitfahrzeugen in der unmittelbar bevorstehenden Kriegsphase, bis die Neubauten fertig wurden, auszugleichen, hatte Churchill bereits im Mai 1940 um die leihweise Überlassung von 50 älteren amerikanischen Zerstörern gebeten.
Im Juli 1940 erweiterten die Engländer die Grenze der Nahsicherung für Transatlantikkonvois von 15° W auf 17° W. Diese Maßnahme hätte die U-Boot-Operationen westlich des Nordkanals erheblich erschweren können, wenn nicht auf der anderen Seite die Stärke der Geleitgruppen durch den Abzug der Zerstörer für die Anti-Invasionspatrouillen im Kanal während des Sommers 1940 erheblich geschwächt worden wäre. Einige Konvois fuhren unter dem Schutz eines einzelnen Geleitfahrzeugs.

Im Oktober verlegte die Admiralität in einem Versuch, die Verluste zu verringern, erneut die Westgrenze der Nahsicherung für Transatlantikkonvois auf 20° W. Der Vorteil wurde jedoch zu einem großen Teil durch eine Entscheidung des Kriegskabinetts vom November wieder hinfällig gemacht, die auf Empfehlung eines Wirtschaftsrates gegen den Protest der Admiralität getroffen wurde. Bis dahin durften nur Schiffe mit einer Geschwindigkeit von mindestens 15 Knoten unabhängig fahren. Durch diese neue Entscheidung wurden Schiffe mit 13 Knoten und mehr von der Fahrt im Konvoi entlassen, die selbst mit 11 Knoten oder weniger fuhren. Die Änderung sollte den Schiffsumlauf beschleunigen und die so sehr benötigten Frachten schneller nach England bringen. Tatsächlich hatte sie aber den gegenteiligen Effekt, weil, wie die Admiralität vorausgesagt hatte, die zunehmenden Versenkungen von einzeln fahrenden Schiffen den Vorteil des schnelleren Umlaufs wettmachten. Wenn auch die Wirtschaftsexperten darauf bestanden, Nachzügler von Konvois als im Konvoi fahrend zu zählen, waren die Verluste von einzeln fahrenden

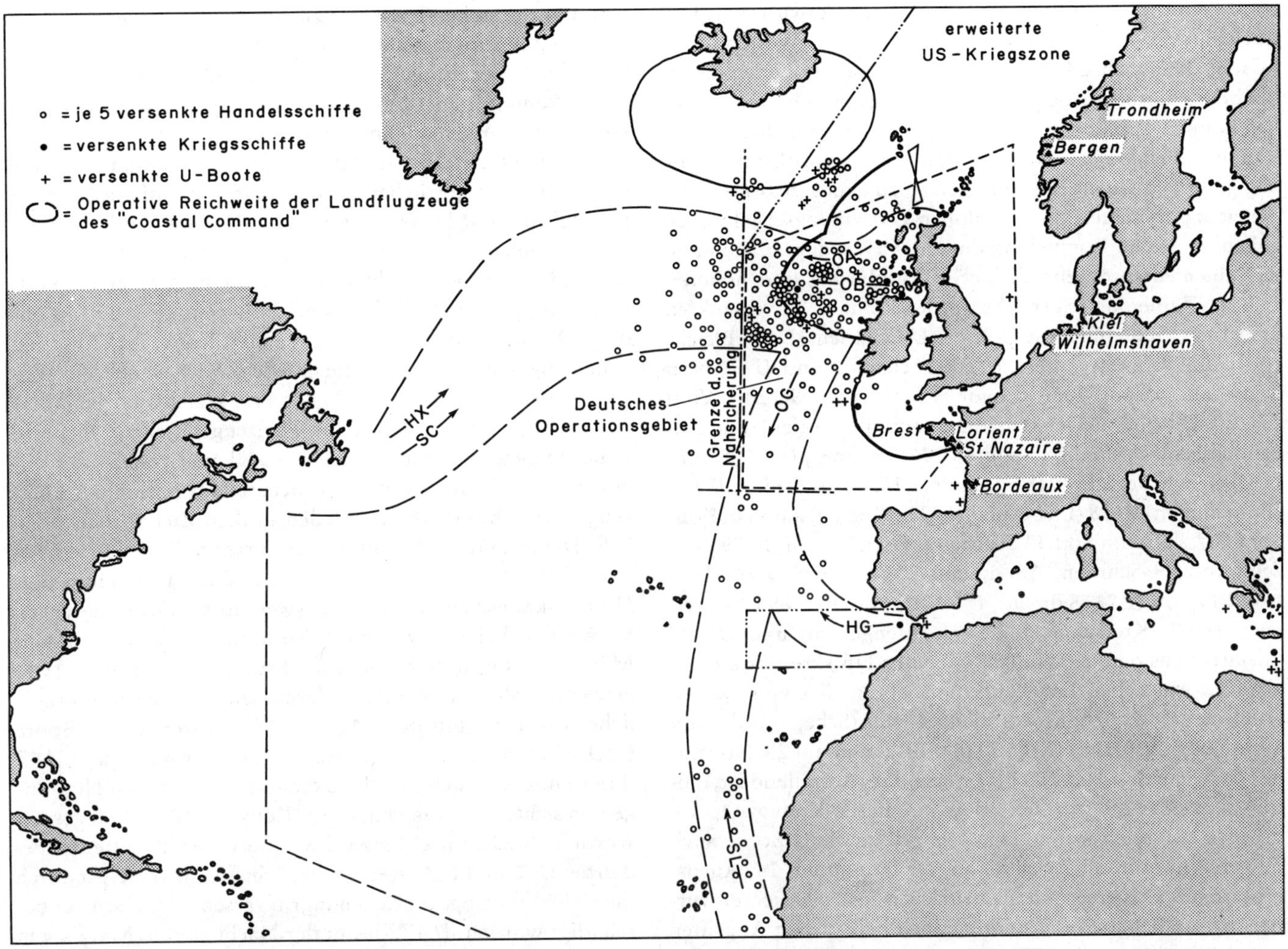

Die Schlacht im Atlantik, Juli 1940 – März 1941

Schiffen nach ihrer Zählung immer noch doppelt so hoch, wie die der Schiffe unter Geleit. Erst im Juni 1941 wurde die untere Grenze der Geschwindigkeit einzeln fahrender Schiffe wieder auf 15 Knoten heraufgesetzt. Dagegen bewährte sich die Maßnahme, wegen einer besseren Ausnutzung des Schiffsraumes die langsamen Schiffe mit weniger als 9 Knoten Geschwindigkeit in gesonderten SC-Konvois zusammenzufassen und damit die Geschwindigkeit der HX-Konvois heraufzusetzen, durchaus.

Operatives Ziel der deutschen U-Boote war der Angriff gegen Konvois. Bei der geringen Zahl von U-Booten – meist waren nicht einmal 10 im Operationsgebiet, von denen meist noch 2 als »Wetterboote« weit im Westen standen – erwies es sich jedoch als sehr schwierig, die Konvois so weit im Westen zu erfassen, daß noch 24- bis 48stündige Operationen möglich blieben. Flugzeuge, die diese Aufklärungslücke hätten schließen können, standen im 2. Halbjahr 1940 noch nicht zur Verfügung. So blieb es meist dem Zufall überlassen, ob ein Geleitzug gefunden wurde. Die wenigen so zustande gekommenen Geleitzugschlachten mit ihren hohen Versenkungsergebnissen geben aber eine Vorstellung davon, was in diesen Monaten mit einer entsprechend dichteren Aufklärung und höheren U-Boot-Zahlen hätte erreicht werden können. So versenkten am 21./22. September die U-Boote *U 47* (Prien), *U 48* (Bleichrodt), *U 99* (Kretschmer), *U 100* (Schepke) und *U 65* (von Stockhausen) aus dem Konvoi HX-72 zwölf Schiffe. Vom 17.–20. Oktober versenkten in 2 unmittelbar aufeinanderfolgenden Schlachten die U-Boote *U 46* (Endraß), *U 47* (Prien), *U 48* (Bleichrodt), *U 99* (Kretschmer), *U 100* (Schepke), *U 101* (Frauenheim), *U 38* (Liebe) und *U 123* (Moehle) aus dem Konvoi SC-7 siebzehn von 34 Schiffen und aus dem HX-79 vierzehn von 49 Schiffen. Am 1. und 2. Dezember versenkten *U 47* (Prien), *U 52* (Salman), *U 94* (Kuppisch), *U 95* (Schreiber), *U 99* (Kretschmer), *U 101* (Mengersen) und *U 103* (Schütze) aus dem Konvoi HX-90 einen Hilfskreuzer und 10 Schiffe. Auch bei Einzelangriffen gegen Konvois waren U-Boote erfolgreich: So vor allem *U 100* (Schepke), das am 29. August aus dem HX-65 21 000 BRT und am 23. November aus dem SC-11 25 000 BRT versenkte. Auffallend ist, daß immer wieder die gleichen Boote bei diesen Konvoi-Operationen erfolgreich waren. Daneben griffen die U-Boote auch alle einzeln fahrenden Schiffe an, die in dem am 14. August erklärten Sperrgebiet um die britischen Inseln gesichtet wurden. Oftmals hatten die Boote jedoch bei solchen Angriffen gegen Einzelfahrer ihre Torpedos bereits so weitgehend verbraucht, daß die dann sich anschließenden Konvoi-Operationen durch Mangel an Torpedos beeinträchtigt wurden. Die Operationsdauer der U-Boote wurde in dieser Zeit selten voll ausgenutzt, da die Torpedos meist vorzeitig verschossen waren und die U-Boote in den Hafen zurückkehren mußten. Besonders kraß wirkte sich das aus, wenn nach großen Geleitoperationen die meisten in See befindlichen U-Boote sich verschossen hatten und dann, wie z. B. Ende Oktober, im Nordatlantik eine »U-Boot-Leere« eintrat.

Das zweite Halbjahr 1940 war – vom Wirkungsgrad des einzelnen U-Bootes her betrachtet – die erfolgreichste Zeit des U-Boot-Krieges. Einem Versenkungserfolg von 381 Schiffen mit 2 042 027 BRT stand der Verlust von nur 6 U-Booten (3 bei Konvoi-Operationen), gegenüber. In den beiden letzten Monaten des Jahres begann sich jedoch bereits ein Nachlassen der Erfolge abzuzeichnen. Es war einerseits auf die schweren Herbststürme zurückzuführen, die den U-Booten oft einen Einsatz ihrer Waffen unmöglich machten. Auch begann die Admiralität, ihre Konvois beweglicher zu führen. Vor allem aber sank die Zahl der verfügbaren U-Boote, vor allem deshalb, weil einige der seit Monaten in ununterbrochenem Einsatz stehenden Boote zu längeren Werftliegezeiten in die Heimat zurückkehren mußten. So ging die Zahl der U-Boote im Operationsgebiet zeitweise auf weniger als 6 zurück, Weihnachten 1940 stand ein einziges U-Boot vor dem Nordkanal. Als man am Ende des Jahres Bilanz machte, mußte man feststellen, daß die bisherigen Neubauten gerade die Verluste ausgeglichen hatten. Erst von Anfang 1941 ab konnte man mit langsam steigenden U-Boot-Zahlen an der Front rechnen.

Die endlich erreichte taktische Unterstellung einer Fernaufklärergruppe mit dem Langstreckenflugzeug FW-200 »Kondor« Anfang Januar 1941 schien der Konvoibekämpfung neue Möglichkeiten zu eröffnen. Doch sollte es mehrere Wochen dauern, bis es den einzeln von Frankreich um Irland herum nach Norwegen fliegenden Flugzeugen gelang, mehrere U-Boote gleichzeitig an vor dem Nordkanal gesichtete Konvois heranzuführen, weil die unsichere Navigation der Flugzeuge die U-Boote immer wieder an dem Ziel vorbeistoßen ließ. Die erfaßten Konvois erwiesen sich jedoch nun – nach dem Wegfall der Invasionsdrohung und der Übernahme der 50 amerikanischen Zerstörer – als wesentlich stärker gesichert. So wurden bei den Konvoi-Operationen des Februar und März 1941 bei weitem nicht die Erfolge des Herbstes 1940 erreicht, während auf der anderen Seite plötzlich empfindliche Verluste eintraten. Am 6. März waren die U-Boote *U 99* (Kretschmer), *U 70* (Matz), *U A* (Eckermann) und *U 47* (Prien) nordwestlich des Nordkanals gegen den von Flugzeugen gesichteten, westgehenden Konvoi OB.293 angesetzt worden. Nachdem *U 99* zwei Schiffe versenkt hatte, torpedierten *U 70* und *U A* zwei weitere Schiffe, ehe sie selbst durch die Geleitfahrzeuge im Gegenangriff versenkt bzw. schwer beschädigt wurden. *U 47*, das in der Nacht zum 8. März allein noch Fühlung hielt und versuchte, unter dem Schutz einer Regenbö die Sicherung zu durchbrechen, wurde dabei von dem Zerstörer *Wolverine* gesichtet, der das sofort tauchende U-Boot überlief und mit einer gut liegenden Wasserbombenserie vernichtete. Am 15. März sichtete *U 110* (Lemp) den Konvoi HX.112 torpedierte einen Tanker und hielt dann zäh Fühlung, so daß von den 5 weiteren angesetzten Booten in der Nacht vom 16. zum 17. März zunächst *U 99* (Kretschmer) Fühlung gewann. In gewohnter Weise durchbrach er die Sicherung und torpedierte, zwischen den Konvoikolonnen

 U47

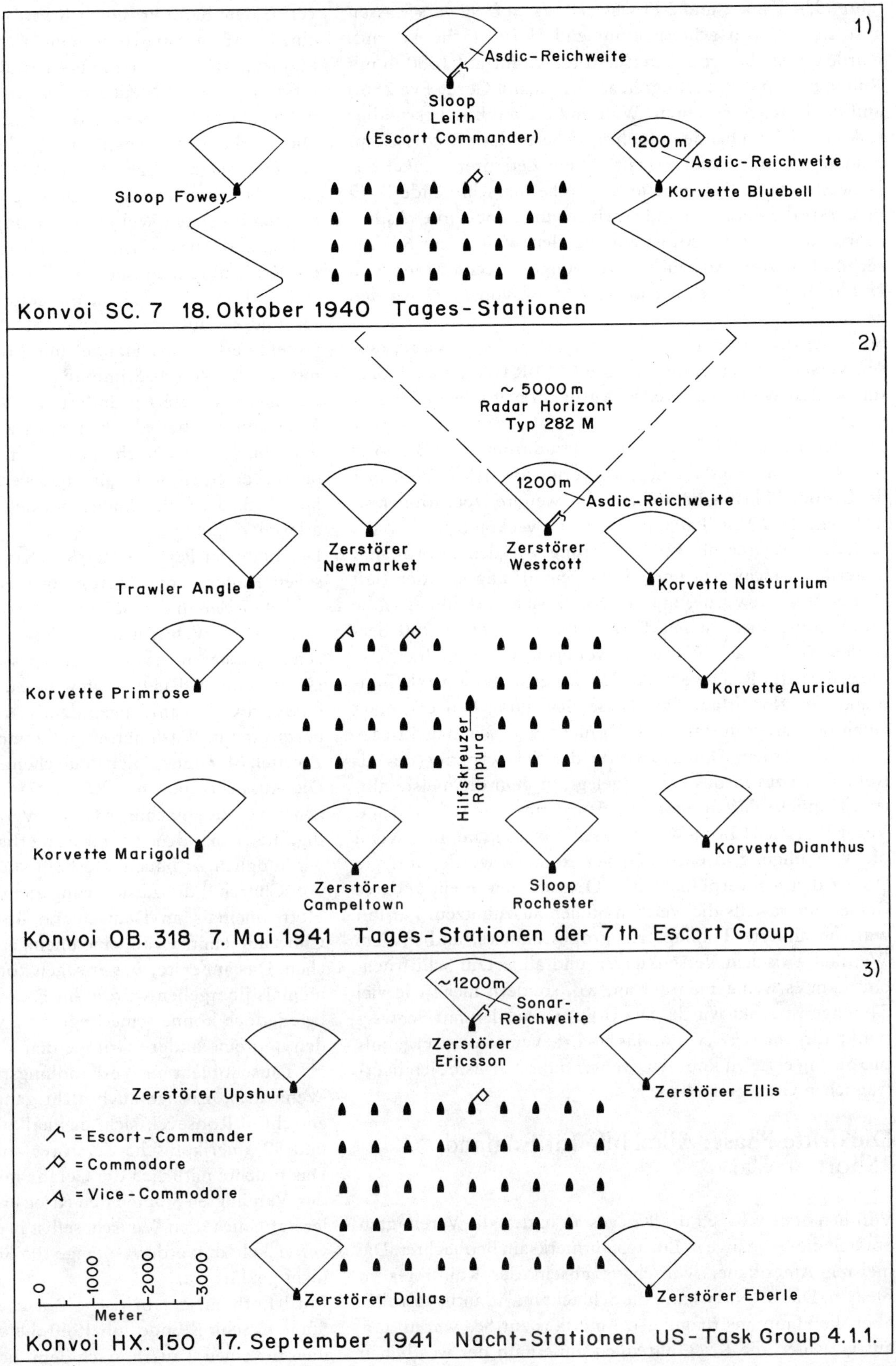

Die Konvoi-Sicherung
1940/1941

fahrend, 4 Tanker und 2 Frachter. Als sich *U 99* verschossen absetzte, lief von achtern kommend *U 100* (Schepke) auf, wurde dabei aber von dem Zerstörer *Vanoc* auf 1000 m mit Radar geortet (erste erfolgreiche Ortung mit Gerät Typ 286!) und im Tauchen gerammt. Während die am Bug beschädigte *Vanoc* Überlebende aufnahm, sicherte der »Escort Commander«, Cdr. Macintyre, mit seinem Zerstörer *Walker* das Schwesterschiff. Das ganz in der Nähe marschierende *U 99* bemerkte die Zerstörer und tauchte, wurde dabei mit »Asdic« geortet und von der sofort anlaufenden *Walker* mit 6 Wasserbomben zum Auftauchen gezwungen. Sechs Mann von *U 100*, Kptlt. Kretschmer und 39 Mann von *U 99* wurden gerettet.

So geriet der brillianteste Taktiker der U-Boot-Waffe, dessen Versenkungsergebnis von 266 629 BRT von niemandem im zweiten Weltkrieg erreicht wurde, in britische Gefangenschaft.

Der Verlust von 5 U-Booten im März, darunter der 3 erfolgreichsten Kommandanten, nach verlustlosen Monaten ließ die U-Boot-Führung befürchten, daß weitere Operationen so dicht vor dem Nordkanal nicht mehr zweckmäßig seien. Da schlechtes Wetter die Luftaufklärung vor dem Nordkanal außerdem erschwerte und die Gegenwirkung aus der Luft immer stärker wurde, mußte Dönitz sich entschließen, die Operationsgebiete seiner U-Boot-Gruppen etwa 200 Seemeilen weiter nach Westen zu verlegen, in ein Gebiet, das außerhalb der Reichweite der Flugzeuge des »Coastal Command« in Nordirland lag. Diese Bewegung ließ erstmalig einen Einsatzgrundsatz des Dönitz'schen Tonnagekrieges deutlich werden. Danach wurde der Schwerpunkt des U-Boot-Einsatzes in das Gebiet gelegt, in dem die meiste alliierte Handelsschiffstonnage mit dem geringsten Aufwand und Verlust für die U-Boot-Waffe versenkt werden konnte. Wenn die Verteidigung in einem Gebiet zu stark wurde, verlegte Dönitz den Schwerpunkt seiner Operationen in ein anderes Gebiet, um jeweils die weichen Stellen auszunutzen. Für ihn war die alliierte Tonnage ein großes Ganzes, und in dem Wettlauf zwischen Versenkungen und alliiertem Schiffsneubau kam es weniger darauf an, wo, sondern mehr wie viel Tonnage versenkt wurde. Die U-Boote wurden mit Schwerpunkt dort angesetzt, wo sie das höchste Versenkungsergebnis pro Seetag erzielen konnten, während die Verluste sich in erträglichen Grenzen hielten.

Die dritte Phase: Alle Hilfe für England »Short of War«

Von den ersten Tagen des Krieges an hatten die Vereinigten Staaten die Vorgänge in Europa aufmerksam beobachtet. Die meisten Amerikaner wünschten abseits des Konfliktes zu bleiben. Die US Navy hatte die Schlacht im Atlantik verfolgt, aber die Hauptanstrengungen Amerikas zur See waren darauf gerichtet, die Kriegführenden außerhalb der westlichen Hemisphäre zu halten. In dem Bemühen, Verwicklungen zu vermeiden, hatte Präsident Roosevelt am 5. September 1939 eine Neutralitätspatrouille eingerichtet. Anfang Oktober verkündeten die Panamerikanischen Republiken eine Neutralitätszone, die 300 Meilen in den Atlantik reichte. Beide Maßnahmen waren darauf gerichtet, den Krieg zu lokalisieren. Die starke Antikriegsstimmung hatte zur amerikanischen Neutralitätsgesetzgebung von 1937 geführt, die auf manche der neutralen Rechte verzichtete, für die die Vereinigten Staaten im ersten Weltkrieg gekämpft hatten, und dafür das »Cash-and-carry«-Prinzip einführte, welches bedeutete, daß die Kriegführenden mit den Vereinigten Staaten nur Handel treiben konnten, wenn sie die Güter gegen Barzahlung kauften und sie auf ihren eigenen Schiffen transportierten. Das Gesetz verbot den Handel mit Munition, doch die zunehmende pro-alliierte Stimmung führte im November 1939 dazu, daß das Gesetz geändert wurde und nunmehr erlaubte, Munition auf der gleichen Basis zu verkaufen. Wenn auch dem Buchstaben nach die »Cash-and-carry«-Politik strikt neutral erschien, so begünstigte sie doch tatsächlich die Engländer, da deren Blockade keine deutsche Schiffahrt im Nordatlantik erlaubte.

Das Ende der Periode des »Sitz-Krieges« ließ den amerikanischen Kongreß die Bedrohung von außen gewahr werden. Schnell ließ man die Gesetze für eine Zwei-Ozean-Flotte und für die erste Wehrpflicht der Vereinigten Staaten in Friedenszeiten passieren. Aber die Ereignisse waren schneller als die Gesetzgebung. Tag für Tag wurde der dringende Bedarf Englands an Geleitfahrzeugen deutlicher. Auf der anderen Seite herrschten in Washington und an anderen Stellen erhebliche Zweifel, ob England den deutschen Angriff überleben würde. Die Aussicht, daß die »Royal Navy« an Deutschland übergehen könnte, machte es für die Vereinigten Staaten notwendig, die vorhandenen Schiffe zu erhalten und neue so schnell wie möglich zu bauen. Deshalb suchte Präsident Roosevelt von Churchill die Zusicherung zu erhalten, daß die britische Flotte niemals an Deutschland übergeben werden würde. Churchill lehnte es ab, eine uneingeschränkte Zusage zu machen. Das äußerste, was er sagen könne, sei, daß er die Flotte niemals übergeben würde; im Falle einer britischen Niederlage jedoch könne seine Regierung vom Amt entlassen werden und eine andere Gruppe den Wunsch haben, die Flotte als Tauschobjekt am Verhandlungstisch zu verwenden.

Wenn diese Zusage auch nicht ganz zufriedenstellend war, entschloß Roosevelt sich, das kalkulierte Risiko einzugehen und 50 amerikanische Zerstörer an England zu übergeben. Das brachte natürlich die Gefahr mit sich, daß Deutschland den Vereinigten Staaten den Krieg erklären würde. Aber Hitler hatte nicht den Wunsch, selbst in einen Krieg mit Amerika verwickelt zu werden, solange die Situation in Europa noch nicht geklärt war.

Lord Lothian, der britische Botschafter in den Vereinigten Staaten, schloß Ende Juli 1940 die entsprechenden Abkommen für einen Tausch, nach dem die Vereinigten Staaten 50 veraltete Zerstörer an England gaben und dafür 99 Jahre in

Pacht eine Reihe von Basen im westlichen Nordatlantik zwischen Neufundland und Trinidad erhielten. Das endgültige Abkommen wurde Anfang September unterzeichnet. Bis Mitte April des folgenden Jahres waren die 50 Zerstörer geliefert, darüber hinaus 10 Cutter der »Coast Guard«, die für U-Jagdaufgaben besonders gut ausgerüstet waren.

Die amerikanischen Zerstörer allein waren jedoch nicht genug, um die britischen Nachschubprobleme zu lösen. Die dem uneingeschränkten Waffeneinsatz der U-Boote noch entgegenstehenden völkerrechtlichen Einschränkungen waren schon seit 1939 Schritt für Schritt abgebaut worden. Am 2., 4. und 19. Oktober 1939 war in verschiedenen Zonen der volle Waffeneinsatz gegen abgeblendete Schiffe freigegeben worden, die schließlich weitgehend der am 3. November verkündeten US-Kriegszone entsprachen, deren Befahren amerikanischen Schiffen verboten waren. Im gleichen Gebiet durften ab 30. Dezember alle griechischen Schiffe, ferner ab 23. November im Gebiet der amerikanischen Kriegszone alle angetroffenen Tanker warnungslos angegriffen werden. Vom 6. Januar bis 28. Mai war in den verschiedenen Zonen rund um England bis in die Biskaya hinein der Waffeneinsatz gegen alle angetroffenen Handelsschiffe Schritt für Schritt freigegeben worden, nachdem die Reichsregierung am 24. November alle Regierungen davon unterrichtet hatte, daß das Befahren der Gewässer um England gefährlich sei. Den letzten Schritt auf diesem Wege unternahm die deutsche Regierung nun am 18. August 1940, indem sie in praktisch mit der Begrenzung der US-Kriegszone übereinstimmenden Grenzen die Gewässer um England zum Operationsgebiet erklärte und alle noch bestehenden Einschränkungen für den Waffeneinsatz der U-Boote in diesem Gebiet aufhob. Die Gefahr von Verwicklungen mit amerikanischen Schiffen war durch die Anlehnung an die Begrenzung der US-Kriegszone auf ein Mindestmaß herabgedrückt. Außerdem erörterte der Wehrmachtführungsstab in den ersten Septembertagen 1940 nicht nur Pläne für eine Einbeziehung Spaniens in den Krieg (Operation Felix), die vor allem die Wegnahme Gibraltars zum Ziele haben sollte, sondern darüber hinaus wurde auch der Gedanke, die Kanarischen Inseln und die Kapverdischen Inseln mit deutsch-italienischen Kräften zu besetzen, diskutiert. Sogar die Möglichkeit einer Landung in Island und Irland wurde untersucht. Doch Raeder warnte Hitler, daß die deutsche Marine die beiden großen Inseln nicht gegen die Royal Navy angreifen könne und daß, wenn auch die Möglichkeit bestände, auf den mittelatlantischen Inseln Fuß zu fassen, die deutsche Marine nicht in der Lage sei, die Versorgung dieser Inseln sicherzustellen.

In dem Bemühen, Großbritannien in seinem Kampf gegen Deutschland weitere Unterstützung zu geben, trug Präsident Roosevelt im Dezember 1940 in seiner berühmten »Gartenschlauch«-Rede den Gedanken des Leih- und Pachtsystems vor, nach dem zwar weiterhin britische Schiffe die gelieferten Güter transportieren sollten, jedoch der Cash-Teil der »Cash-and-carry«-Politik geändert wurde. Dieser Vorschlag erforderte aber, anders als der Zerstörerbasentausch, die Zustimmung des Kongresses, die erst im März 1941 nach ausgedehnten Debatten erreicht wurde. Doch wieder blieb Hitlers Kriegserklärung aus.

Der Wechsel vom Neutralitätsgesetz zum Leih- und Pachtgesetz war ein weiterer Schritt in der Politik des Präsidenten »All aid short of war«. Im August 1940 entsandte Roosevelt militärische Vertreter nach England, damit sie in Gesprächen mit ihren englischen Kollegen untersuchten, wie Amerikas Anstrengungen am besten auf das gemeinsame Ziel ausgerichtet werden könnten. Diese Diskussionen führten zu Plänen für die Zusammenarbeit in einem Krieg im Atlantik für den Fall einer amerikanischen Beteiligung. Der Konferenz folgte eine weitere in Washington Ende Januar 1941, deren Ergebnis das »ABC-1 Staff Agreement« war, in dem einerseits die amerikanische Beteiligung »short of war« ausgesprochen und zweitens die von den Vereinigten Staaten zu treffenden Maßnahmen für den Fall des Kriegseintritts festgelegt waren. Entscheidend war an diesen Vereinbarungen das Grundkonzept, daß im Fall eines Krieges mit Japan England und die Vereinigten Staaten ihre Hauptanstrengungen zuerst auf die Niederkämpfung Deutschlands konzentrieren würden. Deutschland wurde als der gefährlichere Gegner betrachtet wegen seiner industriellen Entwicklung, der Leistungen seiner Wissenschaftler, seiner Nähe zu England und der Sowjetunion und seiner bisherigen militärischen Erfolge. Diese strategische Entscheidung wurde während des ganzen Krieges niemals geändert, wenn es auch später möglich wurde, die Offensive in beiden Ozeanen zur gleichen Zeit zu führen. Die Vereinigten Staaten erklärten sich bereit, die US Navy in naher Zukunft an der Sicherung des Konvois im Nordatlantik zu beteiligen.

Zur Vorbereitung für diese neuen Aufgaben reorganisierte das Navy Department die Neutralitätspatrouillen und gab den eingesetzten Verbänden den zutreffenderen Titel »US Atlantic Fleet«. Am 1. Februar 1941 hißte Admiral Ernest J. King seine Flagge als Befehlshaber. Im Februar/März 1941 wurde aus den Zerstörergeschwadern der Atlantikflotte eine »Support Force« gebildet, die für Geleitsicherungsaufgaben im Nordatlantik eingesetzt werden sollte. Mitte Juni waren endgültige Pläne für die amerikanische Beteiligung an der Sicherung von Transatlantikkonvois ausgearbeitet, nach denen sich die US Navy auf das Segment zwischen Argentia auf Neufundland und Island konzentrieren sollte, während weiter ostwärts britische Fahrzeuge die Konvois zu übernehmen hatten. Der Erwerb von Endbasen für diese Operationen war ein schwieriges Problem, da es die Gefahr von Zwischenfällen mit sich brachte.

Am 1. April 1941 hatte die britische Admiralität die operative Kontrolle über die Flugzeuge des RAF Coastal Command erlangt und konnte nun die Luftoperationen mit den Konvoibewegungen koordinieren. Beginnend im April hatten Langstreckenflugzeuge von Island aus Patrouillenflüge aufgenommen, die das »Black Pit« stark reduzierten. Um die Luftsicherung auszunutzen, wurden die Konvoirouten näher an Island herangezogen. Parallel dazu hatte sich auch der Schwerpunkt der deutschen U-Boot-Operationen in das Gebiet südlich Island verlagert, nachdem Hitler bereits Anfang März die Operationszone auf die Gewässer um Island bis an die 3-Meilen-Grenze von Grönland ausgedehnt hatte und die U-Boote ihre Operationen vor dem Nordkanal wegen der zu starken Abwehr in den freien Atlantik verlagern mußten. Darüber hinaus hatte Island aber auch als Versorgungsplatz für die Geleitstreitkräfte an Bedeutung gewonnen, nachdem der erhöhte Brennstoffbestand der neueren Geleitfahrzeuge es gestattete, die Konvois vom Nordkanal bis auf die Länge von 35° West zu geleiten. Die laufende Verstärkung der kanadischen Marine durch neugebaute Korvetten erlaubte den Kanadiern die durchgehende Sicherung von Konvois im westlichen Atlantik. So wurde die Herstellung einer Verbindung mit den Engländern möglich. Am 27. Mai 1941 lief von Halifax der Konvoi HX.129 aus, der als erster Nordatlantikkonvoi auf dem gesamten Wege eine U-Boot-Sicherung erhielt. Die ablösenden Geleitgruppen ergänzten ihre Bestände in isländischen Basen. Island war damit auch die gegebene Basis für die im westlichen Nordatlantik eingesetzten amerikanischen Geleitstreitkräfte.

Unter starkem britischem Druck erlaubte die Regierung von Island am 7. Juli 1941 die Landung einer amerikanischen Kampfgruppe mit der 1. Marine Brigade in Reykjavik, die als Vorausabteilung für die Ablösung der britischen Garnison auf Island gelten sollte. Innerhalb von 2 Monaten begannen amerikanische Marineaufklärungsstaffeln Konvoisicherungsflüge von Reykjavik, während amerikanische Überwassergeleitfahrzeuge im nahebei gelegenen Hval-Fjord beölt wurden. Während die »Short-of-war«-Operationen der Atlantikflotte den alliierten und neutralen Schiffen, die sich den amerikanisch gesicherten Konvois anschlossen, den benötigten Schutz gaben, wurden diese Operationen zunächst aus politischen Gründen für unabhängig von dem britischen Nordatlantik-Konvoisystem zwischen Nova Scotia und England erklärt. Im Juli hatte das anglo-kanadische System einen Mindest-

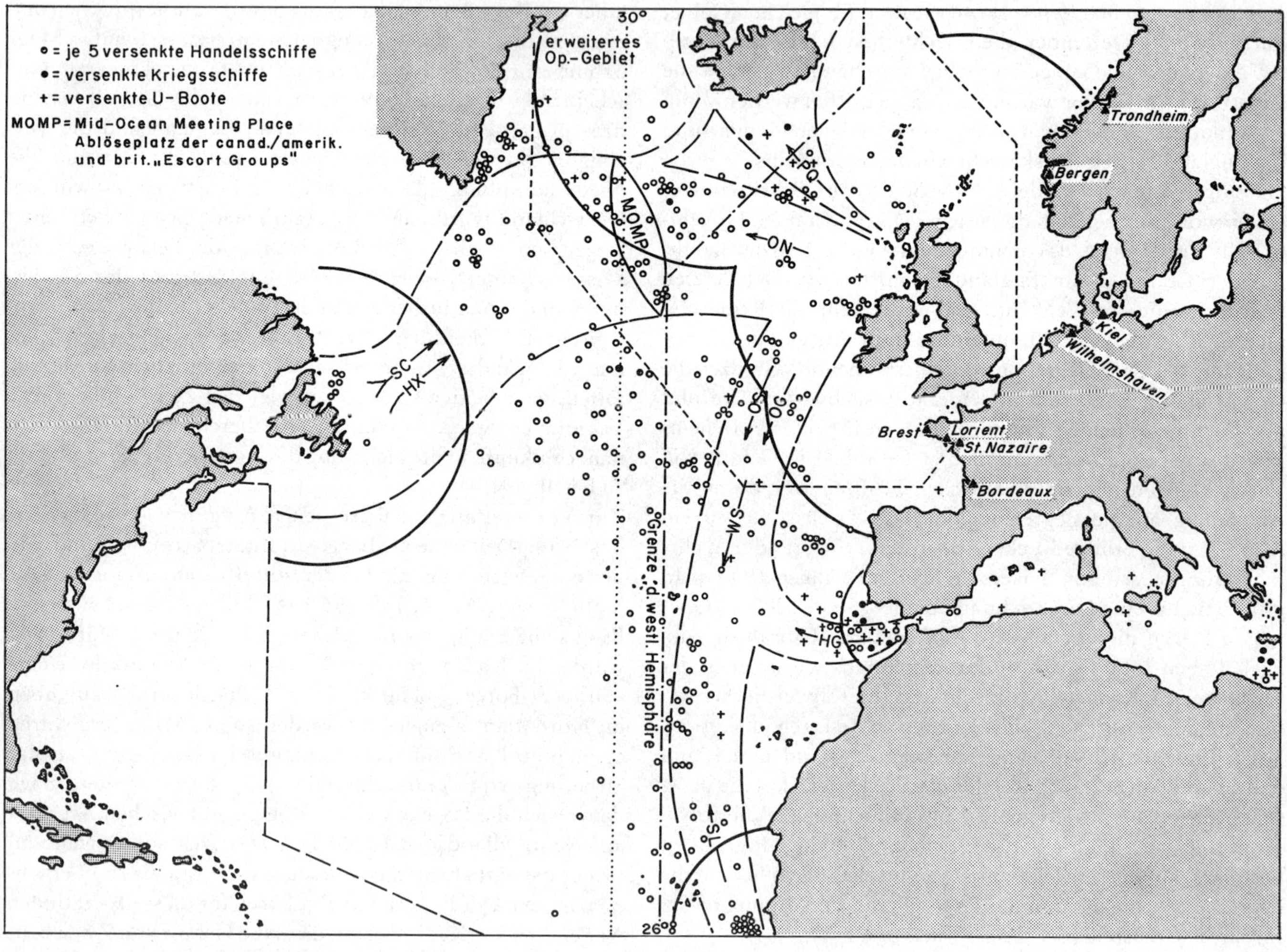

Die Schlacht im Atlantik, April – Dezember 1941

U-Boot-Schutz sowohl für die langsamen SC-Konvois (6-7 Knoten) und die schnellen HX-Konvois (9 Knoten) auf dem ganzen Wege über den Nordatlantik sichergestellt. Die kanadischen Geleitfahrzeuge sicherten diese Konvois bis zum »Mid ocean meeting point« (MOMP) auf der Höhe des 35. Längengrades, wo britische, auf Island gestützte Schiffe den Konvoi übernahmen und ihn mit geringer Luftsicherung zum »East OMP« auf der Höhe des 18. Längengrades brachten. Dort wurde er von Fahrzeugen des »Western Approaches Command« für den letzten Teil des Weges zum Nordkanal übernommen.

Diese Verbesserung der Sicherung im Verein mit einer beweglicheren Steuerung der Konvois erschwerte das Findeproblem für die U-Boote. Der BdU hatte deshalb am 8. Mai damit begonnen, die bisher mehr stationär aufgestellten Vorpostenstreifen mit weiträumigen Suchbewegungen über den Nordatlantik zu führen. Das brachte jedoch nur gelegentlich Erfolg, so gegen den Konvoi HX.126, der im Gebiet von Cape Farewell, der Südspitze Grönlands, Ende Mai 9 Schiffe verlor. Dieser Verlust unterstrich besonders die Bedeutung der durchgehenden Luftsicherung für die Nordatlantikkonvois, eine Forderung, die jedoch erst 2 Jahre später erfüllt werden konnte. Für die U-Boot-Führung blieben die Ergebnisse dieser Operationsführung unzulänglich, und so entschloß man sich, nach längerem vergeblichem Warten auf Konvoisichtungen, am 21. Juni, die U-Boote locker über einen weiten Raum des Nordatlantik zu verteilen, um dem Gegner damit eine Umgehung der noch zu kleinen Vorpostenstreifen unmöglich zu machen. Das führte zwar Ende Juni zu einer mehrtägigen erfolgreichen Operation gegen den Konvoi HX.133, doch zeigte sich dabei bald die Schwierigkeit, mit den ganzen, zu wenigen Booten über größere Entfernungen schnell genug an den Konvoi heranzukommen, ehe der Gegner Zeit fand, die Sicherung entsprechend zu verstärken. Auch diese Operationsform war daher unbefriedigend. So wurde im Juli mit einem neuen Versuch der Zusammenarbeit zwischen Flugzeugen und U-Booten auf der England-Gibraltar-Route begonnen. Es gelang zwar, die auf dieser Route laufenden Konvois regelmäßig zu erfassen; bei der starken Sicherung durch erfahrene »Escort Groups« kamen jedoch nur die besten Kommandanten zu erfolgreichen Angriffen. Im ganzen blieben die Ergebnisse mager, weil die getroffenen und versenkten Schiffe meist sehr klein waren.

Inzwischen hatten im Frühjahr 1941 drei Vorgänge trotz der Gefahr der Verwicklung in den Krieg zu weiteren amerikanischen Aktionen geführt: Der erste war die Versenkung des ägyptischen Dampfers *Zamzam* durch den deutschen Hilfskreuzer *Atlantis,* der die an Bord befindlichen 135 amerikanischen Passagiere an Bord nahm. Der zweite war die Versenkung des amerikanischen Frachters *Robin Moor,* der mit Konterbande auf dem Wege nach Südafrika war. *U 69* schleppte die Rettungsboote mit den Schiffbrüchigen zunächst einige Zeit in Richtung auf die afrikanische Küste. Sie gerieten jedoch später in einen nach Westen setzenden Strom und wurden erst 14 Tage später vor Südamerika aufgefischt. Presseberichte über den Vorfall erregten die amerikanische Öffentlichkeit stark. Der dritte Fall war das Auftreten der *Bismarck.* Die schockartige Wirkung, die die Versenkung der *Hood* auf die Amerikaner ausübte, nutzte Präsident Roosevelt, um am 27. Mai, dem Tage, als die *Bismarck* sank, den uneingeschränkten nationalen Notstand zu verkünden und gleichzeitig bekanntzugeben, daß weitere energische Schritte unternommen werden müßten, um die Deutschen von amerikanischen Gewässern fernzuhalten.

Die US Navy war selbst ebenso schlecht auf die U-Boot-Bekämpfung vorbereitet, wie es die Engländer 1939 waren. Am dringendsten war es, ein Geleitfahrzeug zu schaffen, das kleiner als ein Zerstörer und speziell für die Sicherungsaufgaben entworfen war; ein Fahrzeug, das schneller als ein Zerstörer und mit geringeren Kosten gebaut werden konnte. Wenn auch der Zerstörer in vieler Hinsicht ein ideales Geleitfahrzeug ist, so kann seine hohe Geschwindigkeit und seine vielseitige Offensivkraft in der Konvoisicherung nicht ausgenutzt werden. Die Antwort war ein Geleitzerstörer, eine kleinere Version des Zerstörers mit geringerer Geschwindigkeit und besonders für die U-Boot-Jagd konstruiert. Die englische und kanadische Marine begannen mit dem Bau von dampfgetriebenen Fahrzeugen dieser Art, den Fregatten, die in einem Rhythmus von 8 pro Monat fertiggestellt werden sollten. Im Juli 1941 begannen die amerikanischen Werften für britische Rechnung den Bau von Geleitzerstörern mit einer Baurate von 10 pro Monat. Die amerikanischen Versionen hatten teils Dampf-, teils dieselelektrischen Antrieb.

Die deutsche Invasion der Sowjetunion im Juni 1941 vermehrte die Nachschubprobleme außerordentlich, da den Russen nun auch die Leih- und Pachthilfe angeboten wurde, sie selbst jedoch wenig Schiffe zum Transport der Güter besaßen. Um dieses und andere Probleme zu diskutieren, trafen sich Churchill und Roosevelt im August in Argentia auf Neufundland. Dieses Treffen gab den Staatschefs der beiden Länder die Gelegenheit, die Pläne für eine amerikanische Beteiligung an der Konvoisicherung zu erörtern, wenn auch nach außen die Verkündung der Atlantik-Charta, die Verkündung der Kriegsziele Englands und Amerikas, im Vordergrund stand.

Schon seit längerer Zeit hatten im Atlantik patrouillierende amerikanische Kriegsschiffe den Befehl, den Engländern die Position festgestellter U-Boote zu funken, wenngleich auch die Amerikaner sich bisher eigener Angriffe enthalten hatten. Nachdem Admiral King solche U-Boote als potentiell feindliche angesprochen hatte, entstand einiger Zweifel darüber, wie sich ein amerikanisches Kriegsschiff zu verhalten habe, wenn es innerhalb der amerikanischen Zone ein U-Boot anträfe. Diese Begrenzung der westlichen Hemisphäre, die man zunächst in der panamerikanischen Sicherheitszone, die im Nordatlantik auf dem 60. Längengrad verlief, gesehen hatte, war am 18. April auf 30° Westlänge und am 14. Juni auf 26° Westlänge vorgeschoben worden. Nach der Besetzung Islands hatte man auch die Gewässer um Island in diese Zone einbezogen. Klarheit in dieser Frage sollte der *Greer*-Zwischenfall bringen. Dieser Zerstörer war auf der Fahrt nach Island, etwa 200 sm südwestlich der Insel, als er am 4. September 1941 von einem britischen Flugboot ein Signal erhielt, daß ein U-Boot etwa 10 sm voraus stehe. Die *Greer* lief auf das U-Boot zu, das inzwischen getaucht war, und ortete es mit seinem Sonar-Gerät. Der Kontakt wurde über 3 Stunden aufrecht erhalten, doch griff der Zerstörer nicht an. Nachdem das englische Flugboot vor seinem Abflug seine Bomben geworfen hatte, die das U-Boot irrtümlich als Wasserbomben des Zerstörers ansprach, griff *U 652* den Zerstörer mit 2 Torpedos an, die jedoch ausmanövriert wurden. Darauf warf *Greer* seinerseits Wasserbomben auf das U-Boot. Es waren die ersten Schüsse, die in dem unerklärten Krieg zwischen deutschen und amerikanischen Seestreitkräften abgegeben wurden. Präsident Roosevelt benutzte diesen Zwischenfall, um eine als »Schießbefehl« bekanntgewordene Erklärung herauszugeben, »daß von nun an deutsche oder italienische Kriegsschiffe, welche in die Gewässer eindringen, die für die Sicherheit Amerikas notwendig seien, das auf ihre eigene Gefahr tun würden«. Ab Mitte September übernahmen »Escort Groups« amerikanischer Zerstörer die Sicherung der schnellen HX- und ON-Konvois zwischen Neufundland und dem MOMP, während die Kanadier sich auf die langsamen SC- und ONS-Konvois konzentrierten.

Zu dieser Zeit begannen sich zum ersten Mal auf deutscher Seite die steigenden U-Boot-Zahlen auszuwirken. Neben den auf der England-Gibraltar-Route operierenden Rudeln konnte mit den neu aus der Heimat kommenden Booten eine Nordgruppe gebildet werden, die der BdU in weiträumigen Suchbewegungen vom Gebiet südlich Island an Grönland vorbei bis ins Gebiet von Neufundland »harken« ließ. Dabei kam es Anfang September vor Cape Farewell zu der bisher größten Geleitzugschlacht gegen den Konvoi SC.42, der 20 von seinen 63 Schiffen verlor, ehe der einsetzende Nebel die völlige Vernichtung verhinderte. Mitte Oktober kam es bei einer weiteren Operation auf dieser Konvoiroute zu einem Zwischenfall. Der Konvoi SC.48 wurde 400 Meilen südwestlich Island von deutschen U-Booten angegriffen und hatte bereits 3 Schiffe verloren, als 5 zur Unterstützung herangerufene US-Zerstörer und 2 britische Geleitfahrzeuge auf dem Schauplatz eintrafen. Ihre Nahsicherungstaktik schlug völlig fehl, denn es gelang den U-Booten in der darauffolgenden Nacht, 6 weitere Schiffe ohne eigene Verluste zu versenken und schließlich den amerikanischen Zerstörer *Kearny* zu torpedieren, als dieser von einem brennenden Frachter beleuchtet wurde. Es war für die amerikanischen Schiffe eine harte Lektion, und sie zeigte die Nutzlosigkeit der ziellosen Wasserbombenwürfe und die Notwendigkeit aggressiverer Patrouillen während der Nachtstunden. Die Atlantikflotte hatte diese Lektion kaum verdaut, als der erste Verlust eintrat. Der Zerstörer *Reuben James* wurde am 31. Oktober von *U 552* versenkt, als er mit 4 anderen amerikanischen Zerstörern den Konvoi HX.156 etwa 600 Meilen westlich Irlands sicherte. Nur weil die kritische Lage im Mittelmeer im November die Verlegung einer starken U-Boot-Gruppe dorthin und die Versammlung der verfügbaren Atlantikboote im Raum westlich von Gibraltar erforderte, blieben weitere Zwischenfälle aus.

Trotz der anfänglichen Fehlschläge war den britischen Marinedienststellen das zunehmende Engagement der Vereinigten Staaten im Nordatlantik hoch willkommen. Mitte Oktober 1941, nachdem die Amerikaner zugesichert hatten, die Konvoisicherung nach Osten bis auf eine Entfernung von 400 Meilen westlich Irland zu führen, war es dem »Commander in Chief, Western Approaches«, möglich, 3 Escort Groups von den »Western Approaches« auf die bedrohte England-Gibraltar-Westafrika-Route zu verlegen. Es zeigte sich, daß diese Verlegung für die Admiralität sehr gelegen kam, die damit der bedrohlichen Aktivität der U-Boote auf diesen Routen entgegenwirken konnte. Schon im Frühjahr 1941, als eine Anzahl großer U-Boote vom Typ IX B frontreif wurde, hatte Dönitz nacheinander 7 Boote in das Gebiet von Freetown vor Westafrika entsandt, wo sie über 417 000 BRT versenkten. Dabei errang *U 107* (Kptlt. Hessler) mit der Versenkung von 14 Schiffen mit 86 699 BRT die höchste Erfolgszahl eines U-Bootes auf einer Fahrt während des zweiten Weltkrieges. Durch diese Operationen war die Admiralität zunächst gezwungen worden, die Konvois in das Gebiet westlich der Kanarischen Inseln und in den Bereich der panamerikanischen Sicherheitszone umzuleiten, so daß die folgenden U-Boot-Vorstöße in dieses Gebiet nur geringe Ergebnisse hatten. Der Versuch, nachdem dieses Gebiet »vergrämt« war, nunmehr mit einer U-Boot-Gruppe von 4 Booten in ein anderes »jungfräuliches« Gebiet vor Kapstadt vorzustoßen, mußte abgebrochen werden, nachdem der Hilfskreuzer *Atlantis* und das Versorgungsschiff *Python* durch britische Kreuzer gestellt worden waren und sich versenken mußten. Die 4 U-Boote brachten, auf dem letzten Teil der Reise durch 4 italienische U-Boote unterstützt, die Überlebenden beider Schiffe nach Frankreich.

Trotz der alliierten Flugbasen auf Island blieb immer noch das breite Loch in der Luftüberwachung südlich und südöstlich von Grönland, wo die U-Boote ohne Rücksicht auf Luftbedrohung gegen die Konvois operieren konnten. Den Konvois Flottenflugzeugträger zur Luftsicherung beizugeben, war nicht möglich, da die Royal Navy zu wenige von ihnen besaß und sie für andere Zwecke benötigte. Aber nicht nur in dem Grönland-Luftloch war Luftsicherung für die Konvois notwendig, noch dringlicher war die Sicherung der Konvois auf der England-Gibraltar-Route auch gegen die Angriffe der deutschen Luftwaffe von Westfrankreich aus, die mehrfach mit ihren Fernkampfflugzeugen alliierte Schiffe und Konvois angegriffen hatte und darüber hinaus für die U-Boote mit Erfolg Aufklärung flog. Nachdem man zunächst versucht hatte, Handelsschiffe behelfsmäßig mit Katapulten auszurüsten, von denen »Hurricane«-Jäger gestartet wurden, die nach Verbrauch ihres Treibstoffes im Meer niedergehen mußten und verloren waren, begann die britische Admiralität mit

Versuchen, möglichst wenig aufwendige Geleitflugzeugträger herzustellen. Es wurden zunächst einige Handelsschiffe und Hilfskriegsschiffe umgebaut, indem man die Aufbauten entfernte und ein Flugdeck installierte. Später wurden solche Geleitflugzeugträger mit Handelsschiffsrümpfen und aufgesetzten Flugeinrichtungen neu gebaut. Als erstes derartiges Schiff kam die *Audacity,* eine umgebaute deutsche Prise, zum Einsatz und bewies in ihrer kurzen Laufbahn sofort den Wert solcher Schiffe. Erstmalig im September und Oktober unterstützte die *Audacity* 2 Konvois auf der Gibraltar-Route und erschwerte durch ihre Jäger den Focke-Wulf-FW-200-Maschinen das Fühlunghalten. Im Dezember begleitete die *Audacity* den Konvoi HG.76 von Gibraltar nach England, der aus 32 Schiffen bestand und von der »36th Escort Group« unter Commander Walker gesichert wurde, der später erfolgreichste U-Jäger der Royal Navy werden sollte.

Die Flugzeuge der *Audacity* sicherten den Konvoi nicht nur gegenüber den Luftfühlunghaltern, sie sichteten auch mehrfach U-Boote und führten die Geleitfahrzeuge heran. Bei der ausreichenden Zahl seiner Geleitfahrzeuge konnte Commander Walker die einmal erfaßten U-Boote bis zur Vernichtung jagen. Seiner aggressiven Taktik fielen an den ersten 3 Tagen bereits 3 U-Boote zum Opfer, während die 12 angreifenden U-Boote nur ein Handelsschiff und einen Zerstörer versenken konnten. Dann riß die Fühlung vorübergehend ab und wurde erst 2 Tage später wieder hergestellt, nachdem aus Frankreich neue U-Boote herangekommen waren. In der Nacht vom 21. zum 22. Dezember fiel die *Audacity,* die sich der gültigen Doktrin entsprechend während der Dunkelheit 10 Seemeilen von dem gefährdeten Objekt abgesetzt hatte und einzeln fuhr, dem U-Boot *U 751* zum Opfer. Die anderen U-Boote wurden jedoch von der Sicherung sämtlich abgedrängt, außer *U 567* unter dem besonders erfahrenen Kommandanten, Kapitänleutnant Endraß, dem es gelang, ein weiteres Handelsschiff zu versenken. Das U-Boot wurde jedoch anschließend von den zusammengefaßten Geleitfahrzeugen gestellt und mit Wasserbomben vernichtet. Da der Konvoi am nächsten Tage in den Bereich der Luftsicherung von Südengland kam, brach der BdU diese verlustreiche Operation ab, die ernstliche Zweifel an der weiteren Durchführbarkeit von Konvoioperationen im östlichen Atlantik bei starker Luft- und Seesicherung aufkommen ließ. Neue Aussichten auf günstige Möglichkeiten für eine Weiterführung des erfolgreichen Tonnagekrieges im westlichen Atlantik vor der amerikanischen Küste machten weitere sorgenvolle Überlegungen zunächst überflüssig.

Die vierte Phase: Die U-Boot-Offensive in amerikanischen Gewässern

Nachdem der japanische Angriff auf Pearl Harbor am 7. Dezember 1941 die Vereinigten Staaten offiziell in den Krieg gegen die Achsenmächte gebracht hatte, besuchten Churchill und die britischen Stabschefs Washington, um mit Roosevelt und den amerikanischen Stabschefs die strategischen Richtlinien für die Führung des Krieges auszuarbeiten. Churchill erkannte an, daß die amerikanische Hilfe an England notwendigerweise zunächst gekürzt werden mußte, bis die Vereinigten Staaten sich in ihre neuen Aufgaben und Verantwortlichkeiten des Krieges gefunden hatten. Er war jedoch voll Vertrauen auf die potentielle Macht der Neuen Welt und den Endsieg.

Bei dieser Konferenz in Washington wurde die militärische Spitzengliederung der Verbündeten festgelegt. Die Stabschefs der Teilstreitkräfte beider Länder bildeten jeweils ein »Joint-Chief-of-Staff-Comitee«, das gemeinsam das »Combined-Chief-of-Staff-Comitee« genannt wurde und auf dessen Schultern die Verantwortung für die Führung und Lenkung des globalen Krieges lag. Es wurden die Zonen nationaler und gemeinsamer Verantwortung festgelegt und für die verschiedenen Kriegstheater entsprechende Befehlsstrukturen auf nationaler oder alliierter Basis gebildet. Daraus ergaben sich für die Organisation der Streitkräfte, vor allem der Vereinigten Staaten, verschiedene Reorganisationen. Um eine zentrale Lenkung der Operationen auf dem atlantischen und pazifischen Schauplatz zu gewährleisten, wurden die Ämter des »Chief of Naval Operations« und des Oberbefehlshabers der US-Flotte in der Hand von Admiral King vereinigt. Oberbefehlshaber der Atlantikflotte wurde Admiral Ingersoll. Da die »Naval District Organisations« in erster Linie Verwaltungskommandos waren, wurden für die operative Führung in den Küstenvorfeldgewässern die neuen »Sea Frontier Commands« geschaffen, denen die Steuerung des Schiffsverkehrs und die Lenkung der Operationen in ihren Bereichen übertragen wurde. Es wurden im Atlantik an der US-Ostküste die »Eastern Sea Frontier«, in der Karibik die »Caribbean Sea Frontier« und im Golf von Mexiko die »Gulf Sea Frontier« gebildet. Dazu kam beiderseits der Zugänge des Panamakanals die »Panama Sea Frontier«.

Auf britischer Seite lag die Gesamtleitung der weltweiten Seeoperationen nach wie vor in Händen der Admiralität mit ihrem 1. Seelord, Admiral Sir Dudley Pound. Ihr waren die »Commanders-in-Chief« der regionalen Commands unterstellt, die für die operative und taktische Führung der Operationen zuständig waren. Im »Submarine Tracking Room« und der »Trade Division« der Admiralität liefen die für die Gesamtleitung der U-Boot-Bekämpfung und die Steuerung des Schiffsverkehrs notwendigen Daten zusammen, welche die Grundlage für die ausgehenden Weisungen bildeten. Die Operationsführung in dem für die Schlacht im Atlantik wichtigsten Gebiet der nordatlantischen Konvoi-Routen lag in Händen des »Western Approaches Command«, dessen Befehlsstelle Anfang Februar 1941 von Plymouth nach Liverpool verlegt worden war, um hier mit dem Hauptquartier der 15th Group des »Coastal-Command« in einem Operationszentrum vereinigt zu werden. So konnten die beiden Befehlshaber, Admiral Sir Percy Noble und der Vicemarshal J. M. Robb, aufgrund der von der Admiralität übermittelten Daten die Steuerung der Konvois und Geleitstreitkräfte sowie der Flugzeuge wendig der jeweiligen Lage anpassen.

Der japanische Angriff gegen Pearl Harbor war für die deutsche Führung eine vollständige Überraschung. Wenngleich Deutschland und Italien auch den Vereinigten Staaten am 11. Dezember den Krieg erklärten, so verging doch mehr als ein Monat, bis die ersten U-Boote einen Angriff auf die verwundbare amerikanische Küstenschiffahrt starten konnten. Sehr zum Ärger von Dönitz, der schon am 17. September in einer Denkschrift darauf bestanden hatte, bei einem Kriegseintritt Amerikas möglichst schnell mit einer großen Zahl von U-Booten einen kräftigen Schlag zu führen, bestand die Skl. darauf, wegen der kritischen Lage im Mittelmeer von den vorhandenen 64 Frontbooten einen wesentlichen Teil im Mittelmeer einzusetzen und den Rest vor den stark überwachten Zugängen der Gibraltar-Straße zu konzentrieren. So konnte der BdU zunächst nur 5 große Typ-IX-Boote für den geplanten Angriff gegen das Gebiet zwischen Cape Hatteras und dem St.-Lorenz-Golf bereitstellen. Dieser erste Angriff mit der Bezeichnung »Operation Paukenschlag« sollte den Küstenverkehr entscheidend treffen und damit den Strom der Öl- und Rohstoffzufuhr zu den Industriegebieten der amerikanischen Ostküste reduzieren. Durch eine schrittweise Ausweitung der Operationen in den Golf von Mexiko und auf die Karibik hoffte der BdU, die alliierten Geleitstreitkräfte bis zum Zerreißen anspannen zu können. Dönitz schien es denkbar, daß der Seehandel im Westatlantik, durch unerfahrene Streitkräfte schwach geschützt, möglicherweise der Schlüssel zum Sieg im Tonnagekrieg sein könnte. Nach den Schätzungen war ein durchschnittlicher alliierter Schiffsverlust von 700 000 BRT zur Erreichung dieses Zieles notwendig. Damit würde es vielleicht möglich, England, selbst wenn es nicht vollständig ausgehungert werden könnte, zur Annahme eines Verhandlungsfriedens zu zwingen.

Die amerikanischen und kanadischen Abwehrkräfte wurden durch den U-Boot-Angriff in nordamerikanischen Gewässern zeitweise völlig gelähmt. Den 5 Booten der Gruppe »Paukenschlag« folgten unmittelbar 6 Typ-VII-Boote über den Atlantik, die einen gleichzeitigen Angriff in den Gewässern von Neufundland führten. Die zunächst einzeln in recht groß be-

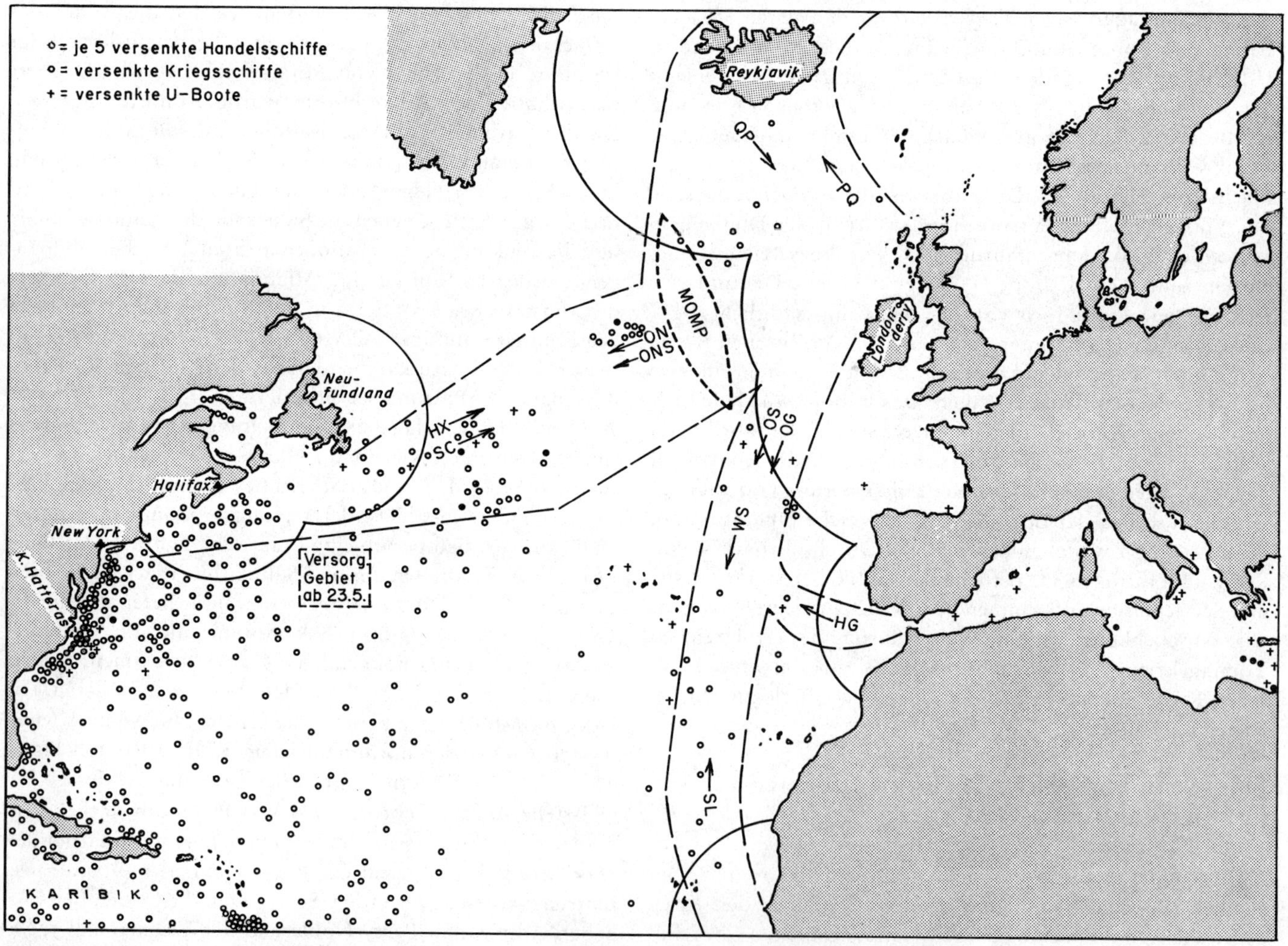

Die Schlacht im Atlantik, Januar – Juli 1942

messenen Operationsgebieten kreuzenden Boote der Gruppe »Paukenschlag« konzentrierten ihre Angriffe schließlich auf den Raum zwischen Cape Hatteras und Cape Breton Island. Während sie tagsüber getaucht auf Grund lagen, griffen sie nachts die einzeln, fast friedensmäßig fahrenden Schiffe, deren Silhouetten sich vor der beleuchteten Küste abhoben, in Überwasser-Nachtangriffen mit Torpedos und Artillerie an. Die eingegangenen Erfolgsmeldungen hatten den BdU veranlaßt, alle klar werdenden Boote schnell in das Gebiet des Westatlantik zu entsenden. Es war selbst für die U-Boot-Führung überraschend, daß es nicht nur den Typ-IX-, sondern auch den mittleren Typ-VII-Booten durch geschickte Ausnutzung der Ölvorräte gelang, über Halifax hinaus bis vor New York, nach Cape Hatteras und sogar in die Florida-Straße vorzustoßen und hier beträchtliche Erfolge zu erringen. Eine Gruppe von IX-C-Booten drang Mitte Februar in die Karibik ein und griff hier schlagartig die Schiffe vor und in den Ölhäfen der Nordküste Südamerikas an, während mehrere italienische Boote im Februar/März erfolgreich ostwärts der Antillen operierten. Infolge der Entsendung von 24 U-Booten ins Mittelmeer und des von Hitler geforderten Ausbaues einer ebenso starken U-Boot-Gruppe zur Verteidigung Norwegens stieg die Zahl der Atlantikboote von Ende September 1941 (67) bis Ende April 1942 (79) nur wenig. Da bei den weit entfernten Operationsgebieten allein 5–7 Wochen für den An- und Rückmarsch benötigt wurden, wäre es dem BdU kaum möglich gewesen, ins Gewicht fallende Bootzahlen in den Operationsgebieten zu halten, wenn nicht von Ende März ab die ersten U-Tanker verfügbar geworden wären.

Mit ihrer Hilfe konnten die U-Boote in Gebieten operieren, in denen sie sich sonst nicht lange genug hätten halten können, um ihre durch den Einbau von Oberdeckstuben erhöhten Torpedovorräte zu verschießen. So kamen die Typ-VII-Boote nun bis ins Gebiet der Antillen und nach Westafrika, mit zweimaliger Versorgung sogar bis in die Karibik und in den Golf von Mexiko. Dem Einsatz der Typ-IX-Boote waren praktisch im Atlantik keine Grenzen mehr gesetzt. Die Verwendung der U-Tanker führte ab Mai 1942 dazu, daß trotz der ungewöhnlich langen Anmarschwege im Durchschnitt etwa 50% der in See befindlichen U-Boote in den verschiedenen Operationsgebieten standen.

Gegen diesen Angriff erwiesen sich die amerikanischen Verteidigungsmaßnahmen als völlig unzulänglich, obgleich Dönitz niemals mehr als ein Dutzend U-Boote im Westatlantik gleichzeitig zum Einsatz bringen konnte. Wegen der Anforderungen des pazifischen Kriegsschauplatzes und der weiteren Verwendung der verfügbaren Zerstörer auf den Nordatlantik-Konvoi-Routen besaß der Befehlshaber der »Eastern Sea Frontier«, Vizeadmiral A. Andrews, Ende 1941 nur unzulängliche Überwasserstreitkräfte und ganze 9 Patrouillenflugzeuge. Obgleich bis Ende März 1942 rund 170 Armee- und Marineflugzeuge zu Patrouillen vor der Küste eingesetzt wurden, betrachtete Andrews seine mehr als 100 Zerstörer, Coast Guard Cutters, umgebauten Yachten und bewaffneten Trawler als unzulänglich für die Einrichtung eines Küstenkonvoisystems. Er war überzeugt, daß der Konvoi mit unzulänglichem Schutz schlechter sei als ohne Schutz, eine Ansicht, die den britischen Kriegserfahrungen genau entgegengesetzt war. Die »Eastern Sea Frontier« griff zu einer Reihe von Notmaßnahmen, so der Aufstellung von Jagdgruppen, offensiven Patrouillen und U-Boot-Fallen mit verdeckten Geschützen. Der geringe Wert dieser Maßnahmen läßt sich nicht nur daran ablesen, daß während des März 28 Schiffe und während des April immer noch 23 Schiffe durch U-Boote versenkt wurden, ohne daß es den Abwehrkräften in den ersten 3 Monaten der U-Boot-Offensive gelang, ein U-Boot zu versenken.

Drastische Maßnahmen waren notwendig, um eine Schiffsraumkatastrophe zu vermeiden, nachdem im März die alliierten Schiffsverluste erstmalig im zweiten Weltkrieg die Grenze von 800 000 BRT überschritten. Im Februar hatten die Engländer, die auf die Einführung des Konvoisystems vor der US-Ostküste drängten, den Vereinigten Staaten 24 Trawler und 10 Korvetten, die mit dem neuesten »Asdic«-Gerät ausgerüstet waren, ausgeliehen. Der erste Schritt auf dem Wege zu Küstenkonvois war die Einrichtung der sogenannten »Bucket Brigades«, kleiner Konvois, die während der Tagesstunden unter Geleit fuhren und nachts in geschützte Ankerplätze einliefen. Mitte April verzögerte die Admiralität den Rhythmus der Konvois von Halifax von 5 auf 7 Tage und vergrößerte die Konvois, um auf diese Weise zwei »Escort Groups« für den Einsatz in amerikanischen Gewässern freizumachen. Die Vergrößerung der Konvois vergrößerte die Zahl der auf ein Geleitfahrzeug entfallenden gesicherten Schiffe, da die Zahl der Schiffe, die gesichert werden können, von dem Raum abhängt, den der Sicherungsring umschließt, während die Zahl der Geleitfahrzeuge von dem Umfang dieses größeren konzentrischen Kreises abhängt.

Es dauerte einen weiteren Monat, bis das Konvoisystem an der US-Ostküste voll eingeführt war. Die amerikanische Marineführung hatte erkannt, daß das Konvoisystem nicht eine von vielen Methoden gegen die U-Boote war, sondern der einzige Weg, der Aussicht auf Erfolg versprach. Die sogenannten Patrouillen- und Jagdoperationen hatten sich immer wieder als Fehlschlag erwiesen. Daß Admiral King mit dieser Erkenntnis recht hatte, läßt sich an der Tatsache ablesen, daß die U-Boote in den ersten 4 Monaten ihres Einsatzes vor der Ostküste 87 Schiffe mit 514 366 BRT versenkten. Als es Mitte Mai gelungen war, den gesamten Schiffsverkehr an der Ostküste in Konvois zusammenzufassen, hörten die Sichtmeldungen der U-Boote schlagartig auf, und der BdU zog am 23. Mai seine Boote aus dem nun wenig ergiebigen Operationsgebiet zurück. Zur gleichen Zeit errangen die U-Boote jedoch weiter südlich im Golf von Mexiko und in der Karibik, wo noch kein Konvoisystem eingeführt war, große Erfolge und versenkten allein im Mai 41 Schiffe mit 219 867 BRT, davon nahezu die Hälfte Tanker im Gebiet vor den Mississippi-

Der Westatlantik mit dem "Interlocking Convoy System„ 1942

mündungen. Diese Erfolge gingen im Juli und August zurück, als im Raum der Karibik und des Golfs von Mexiko das »Interlocking Convoy System« eingeführt wurde, das es Schiffen erlaubte, in See von einem Konvoi Anschluß an den nächsten zu bekommen. Dieses System erforderte eine sehr sorgfältige Planung der einzelnen Konvoibewegungen und Treffpunkte, aber es bot die nötige Beweglichkeit in den komplizierten Schiffahrtsbewegungen. Zwar gelang es in diesen Gebieten einzelnen Booten während des Sommers 1942, gegen Konvois mit ihren noch ungeübten See- und Luftsicherungen Erfolge zu erzielen, im Ganzen gingen die Erfolgsziffern jedoch in den von Konvois bedienten Gebieten zurück.

Diese Entwicklung war vorauszusehen. So hatte der BdU die gelegentliche Sichtung von Konvois im Nordatlantik benutzt, um sie mit einigen schnell zusammengefaßten Booten anzugreifen und dabei wertvolle Erfahrungen für den später wieder aufzunehmenden Geleitzugkampf im Nordatlantik zu sammeln. Dabei hatte sich gezeigt, daß die Engländer ihre

Konvois jetzt auf der Großkreisroute laufen ließen. Damit ergab sich die Möglichkeit einer ökonomischen Ausnutzung der U-Boote, wenn man die gleichzeitig in Wellen auslaufenden Boote zu einer Gruppe zusammenfaßte, um die Großkreisroute »im Vorbeigehen« abzuharken. Fand die Gruppe dabei einen oder mehrere Konvois, konnte sie ihre Torpedos verschießen und zurückkehren. Sonst sollte sie bei einem U-Tanker ihren Brennstoff ergänzen und in die Operationsgebiete im Westatlantik weitermarschieren.
Schon der erste Versuch der Gruppe »Hecht« im Mai 1942 erwies sich als Erfolg. So entschloß sich der BdU, diese Gruppe wegen der Verschlechterung der Lage an der US-Küste auf der Konvoiroute zu lassen, wo sie bis Ende Juni insgesamt 5 Konvois teilweise erfolgreich angriff. Ihr folgte Anfang Juli eine Gruppe »Wolf«. Als sich Mitte Juli die Wende, auch in entfernteren Gebieten, abzuzeichnen begann, verlegte der BdU den Schwerpunkt des Kampfes am 19. Juli wieder auf den Nordatlantik.

Die fünfte Phase: Die Geleitzugschlachten im Nordatlantik

Als die alliierte Führung Ende Juli 1942 erkannte, daß sich das Schwergewicht des U-Boot-Einsatzes wieder auf den Nordatlantik zu verlagern begann, konnte sie darauf nicht sofort mit einer weiten Streuung der Konvoirouten, wie im Jahre 1941, und zügigen Ausweichbewegungen reagieren. Die bei dem ständig steigenden Tonnagebedarf auf allen Kriegsschauplätzen immer fühlbarere Schiffsraumknappheit infolge der großen Verluste des ersten Halbjahres 1942 zwang zu einem möglichst schnellen Schiffsumlauf. Dazu kam der Mangel an Geleitfahrzeugen, bei denen der Neubau den Anforderungen noch bei weitem nicht genügte. Allein für die Sicherung der Nordatlantikkonvois wurden 78 Zerstörer und 156 Korvetten benötigt, solange Brennstoffergänzungen der »Escort Groups« in See nur gelegentlich durchgeführt werden konnten und eine zweimalige Ablösung auf etwa 49° West und 22° West notwendig war. Die Versorgungskonvois nach Malta im Juni und August 1942 und die Murmanskkonvois im Juli und September 1942 sowie vor allem die Landung in Nordafrika im November brachten zusätzliche Schwierigkeiten mit sich.
So konnte die U-Boot-Führung, obgleich sie den Geleitzugkampf zunächst nur mit einer Gruppe von 12 Booten aufnahm, die erst langsam im August auf 18 bis 20 Boote anwuchs, in sehr viel kürzeren Abständen als 1941 Konvois erfassen. Als sich die Bootszahl dann im September/Oktober 1942 auf 30 und 40 erhöhte, konnten auf beiden Seiten des Atlantik Gruppen gebildet werden. Sie wurden an der Grenze der von Irland, Island und Neufundland ausgehenden Luftüberwachung so aufgestellt, daß sie die Konvois sichten konnten, die nach dem mitgekoppelten Konvoifahrplan zu erwarten waren und oft vom B-Dienst aus entzifferten Positionsmeldungen oder Kursanweisungen erkannt wurden. Die aus der Heimat oder Frankreich kommenden Boote, die mit einem Aufklärungsstreifen oder bei einer Geleitzugoperation ins Gebiet von Neufundland gelangt waren, konnten im Bedarfsfall aus einem der hier stehenden U-Tanker Brennstoff ergänzen und sich dann wieder der westlichen Gruppe anschließen. Die von der Skl. angeregte vordringliche Bekämpfung der ostgehenden, beladenen Konvois hielt der BdU für falsch, weil jedes Boot dann nur an einer Operation je Fahrt teilnehmen konnte.
Nach diesem Grundschema, das mittels der Funkführung der jeweiligen Lage wendig angepaßt werden konnte, folgten einander nun von August bis Anfang November 1942 in kurzen Abständen die Geleitzugschlachten. Erfolgreiche Operationen wechselten mit durch die Wetterlage bedingten Fehlschlägen und durch die Sicherung verursachten Mißerfolgen. Wurde der Konvoi in der Mitte einer Aufstellung erfaßt und kamen die anderen Boote der Gruppe oder gar eine günstig stehende zweite heran, griffen 10, 15 oder 20 Boote an, dann waren meist schwere Schiffsverluste die Folge. Weniger Boote, die 1940 genügt hätten, die Sicherung vor unlösbare Probleme zu stellen, konnten sich jetzt gegen die aufeinander eingespielten Schiffe einer guten »Escort Group« nicht mehr durchsetzen. Durch die fortschreitende Ausrüstung der Zerstörer mit dem automatischen Kurzwellenfunkpeilgerät (HF/DF) erhielten die »Escort Groups« ein vorzügliches Mittel, um U-Boote beim Abgeben ihrer Fühlunghalter-Funksignale einzupeilen und durch sofort angesetzte Geleitfahrzeuge abzudrängen. Oft kamen durch diese Ende 1942/Anfang 1943 immer häufiger angewandte Technik Geleitzugschlachten gegen erfaßte Konvois überhaupt nicht zustande. Daneben spielte die 1942 noch überwiegende Ausrüstung der Geleitfahrzeuge mit dem Radargerät Typ 286 auf 1,4 m Wellenlänge eine durchaus geringere Rolle, da die optische Sichtweite der Ausgucks von U-Booten die Reichweite dieses Radargerätes insbesondere nachts übertraf. Mit der Einführung des 9-cm-Radargerätes Typ 271, das den Geleitfahrzeugen auf dem »PPI-Scope« (Plan Position Indicator) ein Lagebild rund um das Schiff gab, änderte sich die Situation zunehmend. Voll wirksam wurde die Ausrüstung mit diesem Gerät jedoch erst 1943, da die im Februar 1942 beginnende Umrüstung der Geleitfahrzeuge sich über längere Zeit hinzog. Auch die Leistungsfähigkeit dieses Gerätes hielt sich bei guten Sichtverhältnissen durchaus noch im Rahmen der optischen Sichtweite vom U-Boot. Größere Bedeutung erlangte es dagegen bei schlechten Sichtverhältnissen und Nebel.
Während für die Geleitzugbekämpfung im Nordatlantik vorwiegend die Typ-VII-Boote eingesetzt wurden, galt es für die Typ-IX-Boote, die sich wegen ihrer Größe und der dadurch bedingten größeren Empfindlichkeit gegen die Abwehr für den Geleitzugkampf weniger eigneten, neue Operationsgebiete zu erschließen. War ein Gebiet durch die alliierten Abwehrmaßnahmen und den Übergang zum Konvoi-System unergiebig geworden, so verlegte der BdU das Schwergewicht der Operationen – immer nach dem Prinzip des »ökonomi-

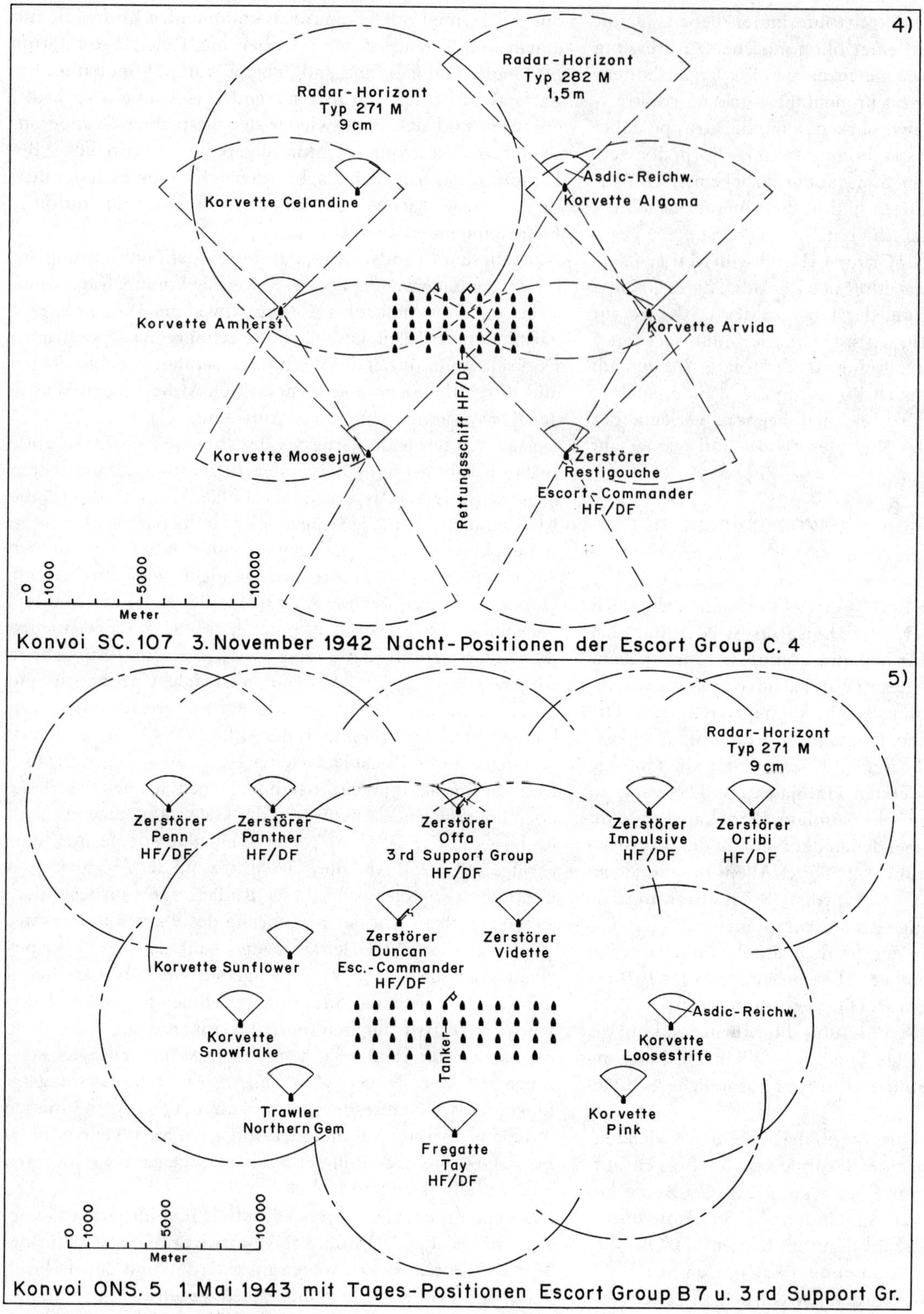

Die Konvoi Sicherung
1942/1943

schen Einsatzes« – dorthin, wo bei relativ schwacher Abwehr stärkerer Verkehr zu erwarten war. Bei den höchst unzulänglichen Nachrichtenquellen, die über die jeweils gerade herrschenden Verhältnisse Auskunft geben konnten, kam es oft auf einen Versuch an, der, wie im Falle des Vorstoßes zweier Boote im September in den St.-Lorenz-Strom, über Erwarten günstig, aber auch, wie ein Vorstoß von zwei Booten in den Golf von Guinea im Oktober, fehlschlagen konnte. Die günstigsten Verhältnisse trafen die U-Boote im Herbst weiterhin im Gebiet ostwärts Trinidad an, während die Einbeziehung des Freetown-Raumes in das Konvoi-System im Oktober die Erfolge in diesem Gebiet sinken ließ.

Nicht immer war die Behandlung der mit der Besetzung neuer, »jungfräulicher« Gebiete auftauchenden politischen, strategischen und operativen Fragen zwischen Oberster Führung, Skl. und BdU glücklich. So war im Frühjahr 1942 immer deutlicher geworden, daß Brasilien den Vereinigten Staaten Luft- und Seebasen für Operationen im Südatlantik zur Verfügung gestellt hatte, daß es seine Handelsschiffe bewaffnete und schließlich mit seinen Flugzeugen in die U-Boot-Bekämpfung eingriff. Die Skl. ließ deshalb einen Plan für einen überraschenden U-Boot-Angriff gegen die brasilianische Küste für den Fall einer brasilianischen Kriegserklärung ausarbeiten. Hitler wollte jedoch nicht auf diesen Fall warten, sondern seinerseits den Kriegszustand mit einem massiven U-Boot-Angriff eröffnen. Anfang August 1942 sollten 10 U-Boote schlagartig in die Häfen von Santos, Rio de Janeiro, Bahia und Recife eindringen, die dort liegenden Schiffe vernichten und die Häfen verminen, um schließlich vor der Küste Handelskrieg zu führen und hier einen möglichst hohen Tonnageerfolg zu erringen. Wegen der politischen Rücksichten auf die übrigen südamerikanischen Staaten ließ Hitler die bereits gegebene Genehmigung jedoch Ende Juni zurückziehen und die bereits ausgelaufenen U-Boote wurden in andere Operationsgebiete umdirigiert. Als dann Angriffe brasilianischer Flugzeuge gegen deutsche U-Boote sich häuften, erhielt *U 507* am 7. August freies Manöver vor der brasilianischen Küste, wo es Mitte August 7 Schiffe versenkte. Damit gab man Brasilien auf der einen Seite den willkommenen Vorwand zu der Kriegserklärung am 28. August und fügte dem deutschen Ansehen in Südamerika schweren Schaden zu, ohne auf der anderen Seite einen entsprechenden Tonnageerfolg zu gewinnen.

Ein weiteres lohnendes Ziel für einen Überraschungsangriff schien der Raum Kapstadt zu sein. Bei den langen Marschwegen wollte der BdU das Kampfpotential der U-Boote auch während des Anmarsches weitgehend ausnutzen, während die Skl. davon eine Preisgabe des Überraschungsmomentes befürchtete. Diese Kontroverse fand ihren Höhepunkt in dem schlechten Kompromiß, den U-Booten zwar den Angriff auf große Kriegsschiffe und Truppentransporter freizugeben, den auf andere Schiffe aber zu untersagen. So mußten die U-Boote viele Angriffsgelegenheiten auslassen; da sie aber gerade jetzt auf viele Truppentransporter stießen und diese versenkten, ging das Überraschungsmoment trotzdem verloren. Am 12. September versenkte *U 156* nordostwärts von Ascension den Truppentransporter *Laconia* und entdeckte nach der Versenkung, daß er 1800 italienische Kriegsgefangene und darüber hinaus 811 englische und polnische Soldaten an Bord hatte. Auf Befehl des BdU wurden die anderen Boote der Gruppe »Eisbär« und in der Nähe stehende italienische Boote zur Rettung eingesetzt, nachdem *U 156* in einem offenen Funkspruch einen Hilferuf abgegeben hatte. Die U-Boote hatten mehrere 100 Überlebende an Bord und in den Rettungsbooten im Schlepp, als am Nachmittag des 16. September ein amerikanischer »Liberator«-Bomber von Ascension *U 156,* das eine Rote-Kreuz-Flagge ausgebracht hatte, nach Rückfrage auf ausdrücklichen Befehl des dortigen Einsatzleiters, der über die Rettungsaktion nicht unterrichtet war, mit Wasserbomben angriff. Nach Eingang der Meldung von *U 156* über diesen Angriff ließ Dönitz die Rettungsaktion, zu der bereits Vichy-französische Kriegsschiffe von Dakar ausgelaufen waren, zwar weiterführen, gab jedoch für die Zukunft den Befehl, keine Versuche zur Rettung alliierter Schiffbrüchiger mehr zu machen. Während des Nürnberger Prozesses suchten die alliierten Ankläger nachzuweisen, daß dieser »Laconia-Befehl« tatsächlich der Versuch einer planmäßigen Ermordung von überlebenden Schiffbrüchigen war. Die vollständige Untersuchung des Vorfalles und der darauffolgenden Vorgänge zeigte jedoch, daß diese Anschuldigung haltlos war.

Anfang Oktober versenkte das italienische U-Boot *Archimede* den Transporter *Oronsay, U 172* die *Orcades* und *U 178* die *Duchess of Atholl.* Aus diesen Meldungen und der Beobachtung deutscher Funksprüche hatte die Admiralität bereits frühzeitig auf einen bevorstehenden U-Boot-Vorstoß gegen Kapstadt geschlossen. Nur die langsame und unzulängliche Reaktion der Abwehr vor Südafrika ließ diese erste Operation der 4 Typ-IX-C-Boote der Gruppe »Eisbär« und die ihr folgenden Fahrten der ersten großen Boote vom Typ IX D zu einem Erfolg werden. Während nur *U 179* verlorenging, versenkten die anderen 7 Boote auf ihren Südafrikafahrten bis Ende November 380 203 BRT.

Die für die deutsche Führung überraschende Landung der Alliierten in Nordafrika am 8. November 1942 hatte für den U-Boot-Krieg einschneidende Folgen. Wieder mußte man in Ermangelung anderer Kampfmittel auf das U-Boot zur Bekämpfung der Landungsflotten zurückgreifen. Im westlichen Mittelmeer wurden 27 italienische und 8 deutsche U-Boote aufgestellt und dazu 7 weitere aus dem Atlantik ins Mittelmeer beordert. 24 im Atlantik operierende Boote zog man in den Raum westlich Gibraltar und Marokko. Zur Abwehr der Landung kamen die Boote aber zu spät. Zwar konnten sie aus den nachfolgenden Konvois im November einen Geleitträger, 2 Zerstörer, ein Depotschiff und 15 Transporter mit 147 270 BRT versenken, doch war durch die bis Mitte Dezember aufrecht erhaltene Bindung eines Großteils der Boote im Raum zwischen Gibraltar und Azoren die Chance zunichte gemacht, mit kampfkräftigen Gruppen gegen die jetzt in ihrer Sicherung geschwächten Nordatlantikkonvois zu durchschlagenden Erfolgen zu kommen. Als die Operationen endlich wieder voll anliefen, hatten die Alliierten nicht nur ihre »Escort Groups« wieder aufgefüllt, sondern auch das Beölungsproblem gelöst, das eine bessere Ausnutzung der Geleitfahrzeuge und eine weiträumige Streuung der Routen erlaubte. Ungewöhnlich schwere Winterstürme, Hagel und Schneeschauer erschwerten die Operationen im Januar 1943 derart, daß kaum Geleitzüge gesichtet, geschweige denn angegriffen wurden. Diese Lage ließ den BdU ab Januar auf der witterungsmäßig günstigeren USA-Mittelmeer-Route Gruppenoperationen versuchen, nachdem die auf eine zufällige Sichtung über weite Entfernungen mit Geschick angesetzte Operation gegen den Tanker-Konvoi TM.1, der von Trinidad nach Gibraltar lief, großen Erfolg hatte. Doch blieben die weiteren Ergebnisse unbefriedigend.

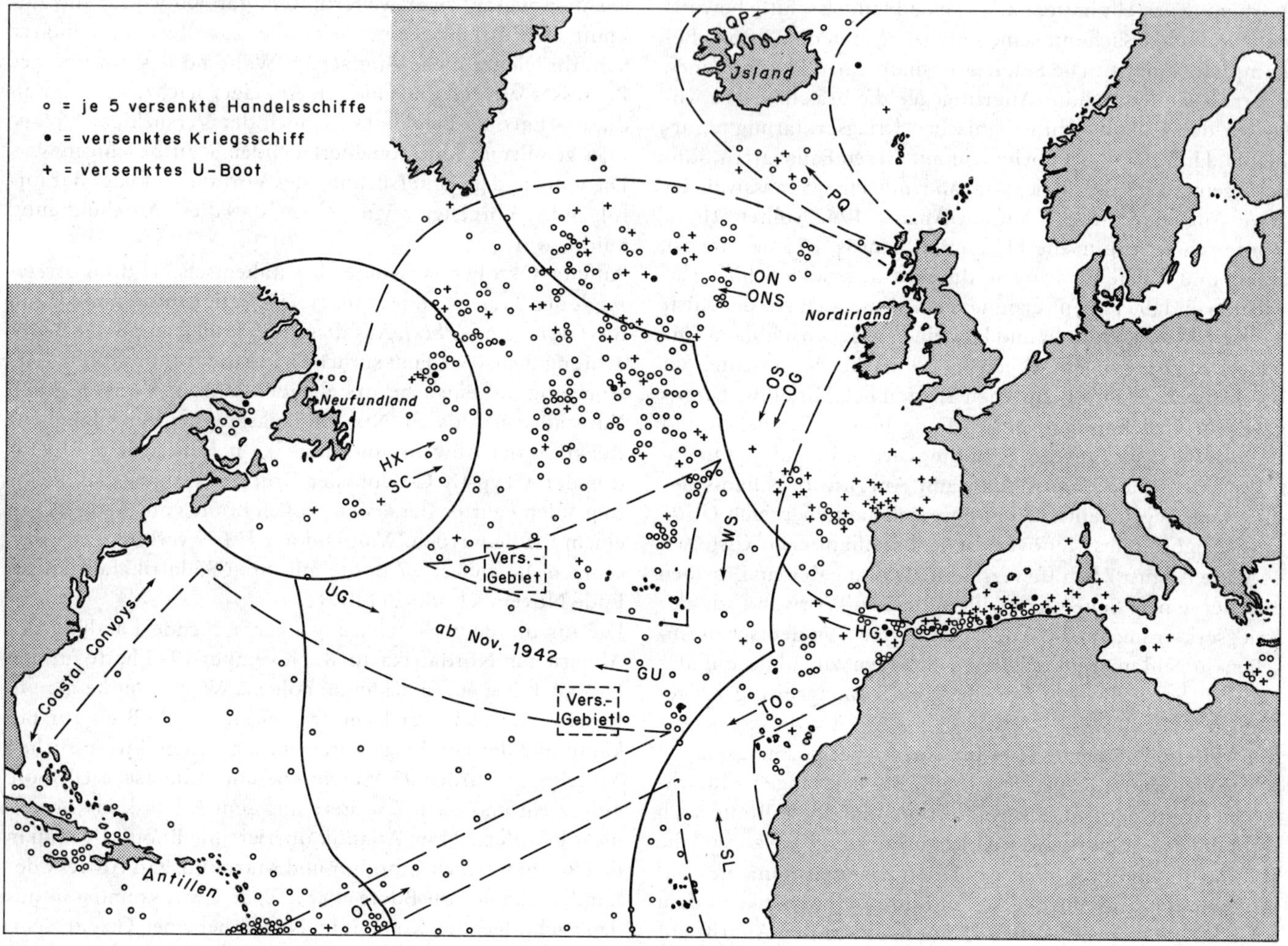

Die Schlacht im Atlantik, Aug. 1942 – Mai 1943

Weihnachten 1942 hatten die Alliierten erkannt, daß sie eine Methode entwickeln mußten, um der strategischen Beweglichkeit des zentralisierten deutschen U-Boot-Kommandos zu begegnen. Als daher im Januar 1943 die alliierten Staatschefs und die »Combined Chiefs of Staff« in Casablanca zusammentrafen, kamen sie überein, daß der Sieg über die U-Boote die Grundvoraussetzung jeder weiteren Großoperation sei und daß deshalb das Schwergewicht der alliierten Anstrengungen zunächst auf dieses Ziel ausgerichtet werden müßte. Auf der folgenden, in Washington tagenden »Atlantic Convoy Conference« wurden zwar die politisch explosiven Vorschläge für ein vereinigtes alliiertes Atlantik-Oberkommando abgelehnt, doch kam es zu einer klaren Abgrenzung der Verantwortlichkeiten für die Konvoisicherung im Nordatlantik. Darauf wurde die bisher zwischen 35° und 25° West liegende »Change-of-Operational-Control-(CHOC)Line« mit Wirkung vom 1. April auf 47° West verschoben. Ein neu gebildetes kanadisches »North West Atlantic Command« übernahm die Steuerung und Sicherung der Konvois westlich dieser Linie, während die Bewegungen ostwärts davon weiterhin vom »Commander in Chief Western Approaches« kontrolliert wurden. Die amerikanischen »Escort Groups« wurden aus dem Nordatlantik herausgezogen, und die zur einheitlichen Leitung aller U-Boot-Bekämpfungsmaßnahmen im amerikanischen Bereich neu gebildete »Tenth Fleet«, die Admiral King direkt unterstand, übernahm die Verantwortung für die Routen von Amerika nach Gibraltar und Marokko

und aus der Karibik nach England sowie für das »Interlocking Convoy System«.
In England hatten »Operations-Research«-Wissenschaftler der Admiralität in analytischen Studien der Konvoi-Operationen des Jahres 1941/42 herausgefunden, daß die Zahl der aus einem Konvoi versenkten Schiffe unabhängig von der Größe des Konvois war. Dagegen hingen die Versenkungen von der Zahl der angreifenden U-Boote und, wenn keine Luftsicherung anwesend war, von der Zahl der Überwasser-Geleitfahrzeuge ab. Deshalb wurde die durchschnittliche Größe der Konvois von 32 auf 54 Schiffe erhöht und die Zahl der Geleitfahrzeuge von 6 auf 9, da sich ergeben hatte, daß die Verluste aus Konvois um 56% bei einer Vergrößerung der Konvois und um 25% bei einer Vermehrung der Geleitfahrzeuge vermindert werden konnten. Wenn Luftsicherung auch nur während einer durchschnittlichen Zeit von 8 Stunden am Tage anwesend war, konnten die Verluste um 64% gegenüber den Erfahrungen von 1941/42 vermindert werden. Die Vergrößerung der Konvois konnte zu einer Verlangsamung der Konvoi-Rhythmen ausgenutzt und damit eine Verstärkung der Überwasser- und Luftsicherung, ohne eine Verstärkung der Geleitstreitkräfte erreicht werden. So konnte man mit der gleichen Zahl eingesetzter Handelsschiffe tatsächlich eine Vergrößerung der Lieferungen erreichen. Außerdem wurden Vereinbarungen über die Zuteilung der »Long-Range«- und »Very-Long-Range«-Flugzeuge sowie der Geleitträger und den Ausbau des Funkpeilnetzes getroffen. Doch noch ehe diese organisatorischen Änderungen, die Zuteilung neuer Schiffe und Flugzeuge sowie das Frontreifwerden neuer Waffen und Geräte – u. a. das mit einem Scheinwerfer kombinierte Zentimeter-Radar-Gerät, die Raketengeschosse für Trägerflugzeuge und der Hedgehog-Wasserbombensalvenwerfer – sich auswirken konnten, erreichte der Kampf auf der Nordatlantik-Konvoi-Route seinen dramatischen Höhepunkt.
Im Februar hatten sich im Nordatlantik neben kleineren Operationen aus günstigen Ausgangslagen heraus zwei große Geleitzugschlachten gegen die Konvois SC.118 und ON.166 entwickelt, aus denen trotz starker See- und Luftsicherung 13 bzw. 15 Schiffe versenkt wurden. Diese Operationen zeig-

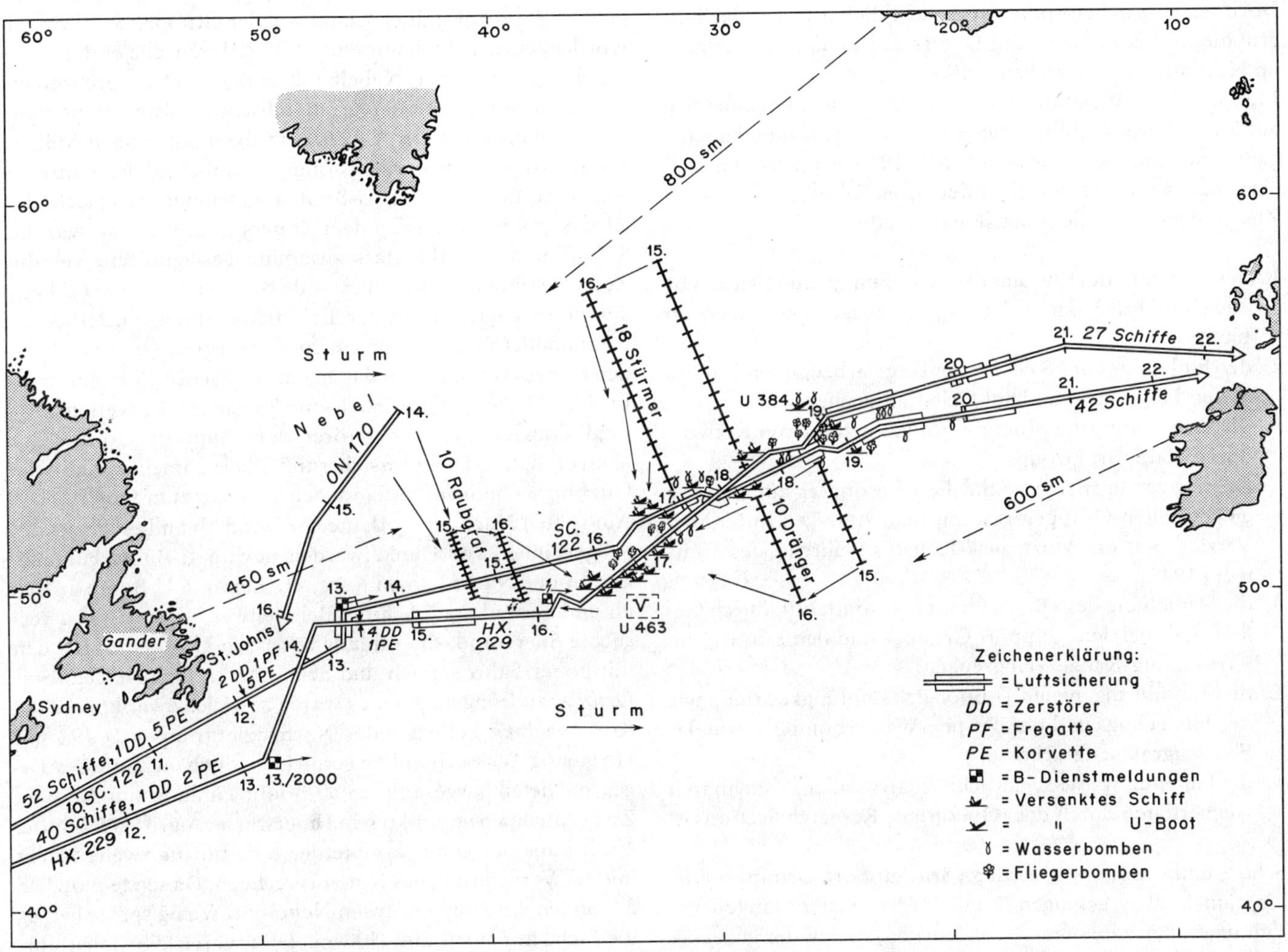

Die Geleitzugschlacht HX. 229/ SC. 122, 11.3. – 20.3.1943

ten aber, daß durchschlagende Erfolge nun mehr als 15 oder 20 Boote erforderten. Dönitz war entschlossen, aus dieser Erkenntnis die Folgerung zu ziehen. Für die nächsten Monate schränkte er die Fernunternehmungen auf ein Mindestmaß ein und warf sogar die neuen großen Boote in den Geleitzugkampf im Nordatlantik. Anfang März waren 50 Boote in 3 langen Vorpostenstreifen aufmarschiert. In 2 kurz aufeinander folgenden Operationen versenkten sie aus den Konvois SC.121 und HX.228 achtzehn Schiffe und wenig später aus dem Konvoi-Paar HX.229/SC.122 sogar 21 Schiffe. Der Kampf stand auf des Messers Schneide. In den ersten 20 Tagen des März sanken durch U-Boote 85 Schiffe, davon allein 67 aus Konvois. Bei den immer größer werdenden U-Boot-Zahlen mußte es der alliierten Führung bald hoffnungslos erscheinen, noch den Versuch einer Umgehung der Aufstellungen zu machen. Die vor kurzem noch undenkbar erscheinende Gefahr zeichnete sich ab, daß das ganze Konvoisystem, seit 3½ Jahren das Rückgrat der alliierten Strategie im Atlantik, aufgegeben werden mußte. Niemals kamen die U-Boote ihrem Ziel, die Verbindungen zwischen der alten und der neuen Welt zu unterbrechen, so nahe, wie in diesem Augenblick.

Doch nur 8 Wochen sollten vergehen, da hatte sich das Bild grundlegend gewandelt, und Dönitz war es, der die Schlacht im Nordatlantik abbrechen mußte.

Man hat diese Wendung nach dem Krieg fast ausschließlich auf Radar zurückgeführt. Die genaue Untersuchung der Vorgänge im Atlantik von März bis Mai 1943 zeigte jedoch, daß ein neuartiges Radar nur einer der vielen Faktoren war, deren Zusammentreffen die Schlacht entschied:

1. der Ausbau des automatisierten Funkpeildienstes, vor allem an Bord der Sicherungsfahrzeuge, aber auch an Land;
2. der Einbau des auf 9 cm Wellenlänge arbeitenden Radars in den Flugzeugen und auf Geleitfahrzeugen;
3. die Verstärkung der »Escort Groups« gefährdeter Konvois durch »Support Groups«.
   Die notwendigen Schiffe für diese besonders aufeinander eingespielten Gruppen gewann man zum Teil durch den Verzicht auf die Murmansk-Konvois während des Sommers 1943;
4. die Schließung des »Black Pit« im Nordatlantik durch Geleitträger bei den »Support Groups« und den Einsatz von »Very-Long-Range«-Flugzeugen;
5. die Einführung neuer U-Boot-Bekämpfungswaffen, wie des Hedgehog- und der Torpex-Wasserbombe sowie der Flugzeugraketengeschosse;
6. die laufende wissenschaftliche Analyse aller erreichbaren Gegnerdaten durch die »Operations Research Sections«.

Schon Ende März war es der »3rd Support Group« unter Captain McCoy gelungen, 2 mit HF/DF-Peilern eingepeilte Fühlunghalter unter Wasser zu drücken, so daß der gedeckte Konvoi SC.123 die Aufstellung der Gruppe »Seeteufel« unbemerkt durchbrechen konnte. Auch im April gelang es den »Support-Groups« immer wieder, fühlunghaltende U-Boote so rechtzeitig abzudrängen, daß es nicht zu konzentrierten Angriffen auf die Konvois kam. Bei der Operation gegen den Konvoi HX.234 vom 20.–25. April waren es die »Very-Long-Range«-Liberators der RAF-Squadron 120 von Island, die die 19 U-Boote der Gruppe »Meise« immer wieder vom Konvoi abdrängten, obgleich das fühlunghaltende U-Boot *U 306* mehrere Tage Fühlung hielt. Nach einigen ergebnislosen Fahrten ab Ende März kam es ab Ende April auch zu den ersten Auseinandersetzungen von Geleitträgern und U-Booten, als die Gruppen »Meise« und »Specht« versuchten, den von der »5th Support Group« gedeckten Konvoi ONS.4 zu stellen. Flugzeuge des Trägers *Biter* drückten die Fühlunghalter unter Wasser und führten Zerstörer heran, die die Fühlunghalter versenkten. Ein Versuch von *U 404*, den Träger zu torpedieren, schlug wegen der zu großen Entfernung und Torpedoversagern fehl. Die Wende zeichnete sich mit der verlustreichen Operation gegen den Konvoi ONS.5 Anfang Mai 1943 ab. Dieser von der erfahrenen »Ocean Escort Group B.7« unter Commander Gretton gesicherte Konvoi war zuerst am 28. April südlich Island von der Gruppe »Star« erfaßt worden, hatte jedoch nur ein Schiff verloren, ehe er den Fühlunghaltern in einer Nebelbank entkam. Der durch einen schweren Sturm vor der grönländischen Küste zersprengte Konvoi wurde von den Geleitfahrzeugen mit großen Mühen wieder zusammengebracht, ohne zu ahnen, daß er in eine Konzentration von 51 U-Booten hineinlief. Obgleich die »3rd Support Group« zu dem Konvoi gestoßen war, war die Sicherung am 4. Mai stark zusammengeschmolzen, weil die Zerstörer ihre Brennstoffbestände bei dem Zusammenführen der versprengten Dampfer heruntergefahren hatten. Auch Commander Gretton mit seinem Führerboot *Duncan* mußte den Konvoi verlassen, so daß der neue »Escord Commander«, Lt. Cdr. Sherwood, nur noch eine Fregatte, 3 Korvetten, 2 U-Jagd-Trawler und 2 Zerstörer der »Support Group« am Konvoi hatte. Die Luftsicherung übernahmen kanadische Flugboote von Neufundland, denen *U 630* zum Opfer fiel.

Am späten Nachmittag flaute der Wind ab und es klarte auf. So gewannen vor Dunkelwerden noch 5 U-Boote Fühlung, und in der Nacht kamen 6 weitere heran. 6 U-Boote griffen an und versenkten 7 Schiffe. Bei Hellwerden am 5. Mai versuchte Sherwood, die fühlunghaltenden U-Boote durch den mit hoher Fahrt seitlich und achteraus stoßenden Zerstörer *Oribi* abzudrängen. Aber es waren zu viele. Zwar konnte die Korvette *Pink* bei einer der Nachzüglergruppen *U 192* mit Hedgehog-Wasserbomben vernichten, doch im Laufe des Tages meldeten insgesamt 15 U-Boote Fühlung am Konvoi. Zwei von ihnen versenkten in Unterwasserangriffen 5 Schiffe. Nach Lage der Dinge konnte der BdU für die zweite Nacht mit der Vernichtung des Konvois rechnen. Da setzte plötzlich 2 Stunden vor Dunkelwerden Nebel ein. Wenig später betrug die Sicht nur noch 200–500 m. Jetzt waren die Geleitfahrzeuge mit ihren 9-cm-Radargeräten, deren Ortung die

U-Boote nicht bemerken konnten, im Vorteil. Während sich auf ihren Bildschirmen das Lagebild und die sich nähernden U-Boote abzeichneten, waren diese selbst blind. Immer wieder prallten sie bei ihren insgesamt 25 Angriffsversuchen während der Nacht auf die nach Radarortung anlaufenden Sicherungsfahrzeuge, die inzwischen durch 2 weitere »Support Groups« verstärkt worden waren. 4 U-Boote waren bei den auf kürzeste Entfernung geführten Gefechten teils durch Rammstoß, teils durch Hedgehog-Wasserbomben versenkt, 4 weitere schwer beschädigt. Der BdU führte diesen schweren Rückschlag zunächst vor allem auf den plötzlichen Wetterwechsel zurück. Als jedoch bei den folgenden Operationen gegen den Konvoi HX.237 Trägerflugzeuge die U-Boote abdrängten und Geleitfahrzeuge an die gesichteten Boote heranführten und beim SC.129 die von Commander Macintyre geschickt geführte »Escort Group B.2« den bedrohten Konvoi gegen den Angriffsversuch von 12 U-Booten erfolgreich schützte, die bei Abgabe ihrer Fühlunghaltersignale mit HF/ der BdU fest, daß in den Monaten Februar, März und April 14, 13 und 12 Boote im Nordatlantik verlorengegangen waren, dagegen bis zum 22. Mai allein bei den Konvoi-Operationen 18 und insgesamt 31 U-Boote. Dönitz zog die Konsequenzen und ordnete den Abbruch der Geleitzugbekämpfung im Nordatlantik an. Nur wenige brennstoffschwache Boote blieben im Nordatlantik, um durch einen gelenkten Funkverkehr stärkere U-Boot-Aufstellungen vorzutäuschen. Die restlichen Boote marschierten in das Gebiet westlich der Azoren.

Der BdU führte diese Krise des U-Boot-Krieges auf eine augenblickliche technische Überlegenheit des Gegners zurück, gegen die die in Kürze in Aussicht stehenden eigenen neuen Geräte und Waffen: Zentimeter-Funkmeß-Beobachtungsgerät, Geräuschtorpedo, Flakbewaffnung usw., spätestens im Spätsommer wirksam werden mußten. Erst später sollte sich zeigen, daß diese Geleitzugschlachten vom März bis Mai 1943 den Wendepunkt der Schlacht im Atlantik bezeichneten. Der

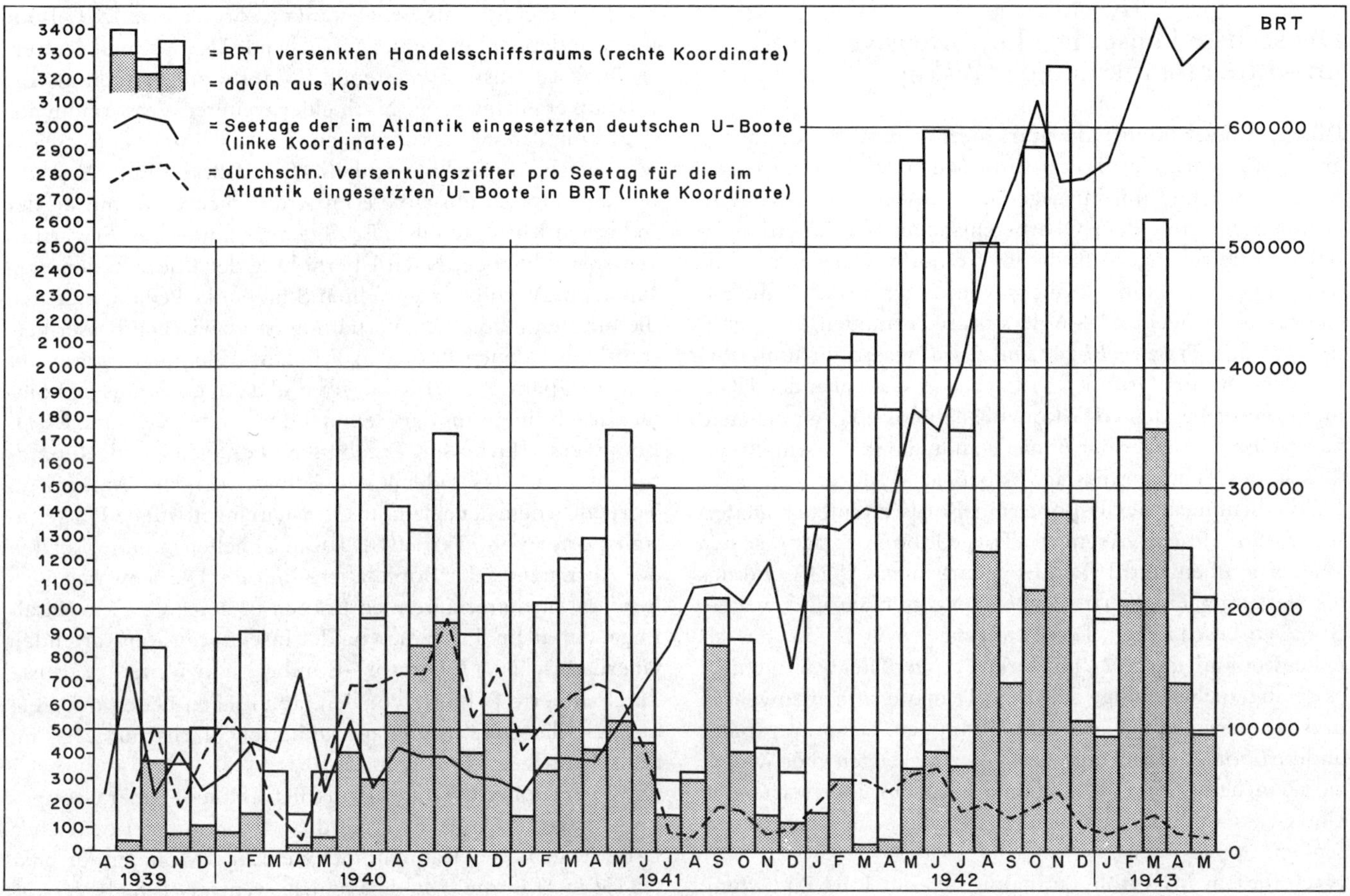

Der Wirkungsgrad des U-Booteinsatzes im Atlantik Sep. 1939 – Mai 1943

DF eingepeilt waren, und als schließlich die Konvois SC.130 und HX.239 starke U-Boot-Aufstellungen durchbrachen, ohne ein Schiff zu verlieren, erkannte der BdU, daß im Nordatlantik eine neue Lage eingetreten war. Am 24. Mai stellte Entschluß vom 24. Mai sollte den alliierten Konvois in den 12 Monaten bis zur Invasion der Normandie eine praktisch ungehinderte Passage des Nordatlantik ermöglichen. So war unter dem vereinten Druck der erheblich verbesserten alliierten U-Boot-Abwehrmaßnahmen und der großen Zunahme des amerikanischen Schiffbaus die Strategie des Tonnagekrieges zusammengebrochen. Im Juli übertraf der alliierte Schiffbau erstmalig die weltweiten Schiffsverluste durch Feindeinwirkung, und Ende des Jahres erreichten die Alliierten eine Produktionsquote von 14,4 Millionen Handelsschiffsraum und übertrafen die deutschen Schätzungen von 1942 damit um 40%.

Die vernichtende Wirkung der alliierten Anti-U-Boot-Offensive im Frühjahr 1943 war nicht nur die Folge einer einfachen Addition von Kriegsschiffbau und Flugzeugproduktion, sondern ebenso einer weitgehenden Reorganisation der Führung, Man sollte jedoch nicht vergessen, daß die eigentliche Entscheidung im Atlantik vor dem Hintergrund dieses gewaltigen personellen und materiellen Einsatzes auf alliierter Seite von 6»Support Groups« mit 2–3 Geleitträgern und rund 40 VLR-Liberator-Bombern im Verein mit 12 »Ocean Escort Groups« und etwa 60 deutschen U-Booten ausgefochten wurde.

Die sechste Phase: Die Luftoffensive im Mittelatlantik und der Biskaya

Dönitz' Entscheidung, die stark dezimierten Nordatlantikgruppen als Gruppe »Trutz« südwestlich der Azoren zusammenzufassen und mit ihr gegen die USA-Gibraltar-Konvois zu operieren, bot dem Oberbefehlshaber der US-Atlantikflotte, Admiral Ingersoll, die lang erhoffte Gelegenheit, die neu gebildeten »Hunter Killer Groups« einzusetzen, die aus einem Geleitträger und 4–6 Zerstörern bestanden. Die Gruppen mit den Trägern *Bogue* und *Card* wiesen im Juni 1943 alle Versuche der Gruppe »Trutz«, an je 4 ostgehenden UGS- und 4 westgehenden GUS-Konvois Fühlung zu gewinnen und zu halten, ab. Flieger der *Bogue* wandten dabei erstmalig die Taktik des Teamangriffs an, wobei ein »Wildcat«-Jäger die Flakbedienungen der U-Boote mit Bordwaffenfeuer niederhielt, während ein »Avenger«-Torpedobomber dann seinen Wasserbombenangriff flog. Es gelang ihnen, *U 217* und das als Versorger eingesetzte *U 118* zu versenken und weitere Boote zu beschädigen. Die Erfahrungen von *U 758,* das als erstes Boot mit einem 2-cm-Vierling ausgerüstet war und dem es gelang, mehrstündige derartige Teamangriffe abzuwehren und mit geringen Schäden zu entkommen, ermutigte später andere Boote, die Abwehr von Trägerflugzeugen über Wasser zu versuchen. Nur *U 572* konnte in einem überraschenden Unterwasserangriff einen Tanker aus einem der Konvois versenken.

Nach diesem Mißerfolg entschloß sich der BdU Ende Juni, den Versuch zu machen, mit den einsatzfähigen Booten schnellstens in die entfernteren Seegebiete vorzustoßen, wo sich die alliierten Abwehrmaßnahmen noch nicht so stark ausgewirkt hatten. Sein oberstes Leitmotiv war dabei immer, zu den größtmöglichen Versenkungsergebnissen je Boot und Seetag zu kommen. War unter diesem Gesichtspunkt 1942 ein Einsatz von U-Booten im Indischen Ozean als unökonomisch abgelehnt worden, so erschien es Anfang Juli 1943 als durchaus lohnend, dieses bisher nur von wenigen japanischen U-Kreuzern befahrene Gebiet trotz der langen Anmarschwege aufzusuchen, während gleichzeitig Typ-IX-Boote in den Mittel- und Südatlantik, Typ-VII-Boote bis ins Gebiet von Freetown, in die Karibik und sogar an die brasilianische Küste vordrangen. In der ersten Julidekade stiegen die Erfolge noch einmal auf rund 140 000 BRT, dann wurde aber die Abwehr auch hier spürbar. Von den 10 »Monsun«-Booten, die Anfang Juli zu ersten Operationen in den Indischen Ozean ausliefen, fielen 2 bereits der »Bay Air Patrol« zum Opfer, und der vorgesehene U-Tanker mußte mit Bombenschäden umkehren. Im Gebiet südlich der Azoren, wo sie einen U-Tanker versorgen sollten, gerieten die Boote in die Operationen der »Hunter Killer Groups« mit den Trägern *Core* und *Santee,* deren Flugzeuge erstmalig auch den neuen zielsuchenden U-Jagd-Torpedo der US Navy »Fido« verwendeten. Nicht nur der U-Tanker und ein weiteres »Monsun«-Boot, sondern auch das als Behelfstanker vorgesehene IX-C-Boot und 2 andere dieses Gebiet aufsuchende U-Boote wurden versenkt. Zwei ausmarschierende Kampfboote mußten als Ersatztanker einspringen. Nach einer weiteren Versorgung aus dem von Penang gekommenen Tanker *Brake* südostwärts Madagaskar erreichten schließlich 5 U-Boote Ende September ihre Operationsgebiete im Arabischen Golf und an der Indischen Küste, wo ihre Erfolge aber hinter den Erwartungen zurückblieben. Nach Überholung der Boote in dem von Japan zur Verfügung gestellten Stützpunkt Penang erzielten die mit den tropischen Verhältnissen inzwischen besser vertraut gewordenen Boote im Frühjahr 1944, gleichzeitig mit einigen japanischen U-Kreuzern und dann nochmals im Sommer durch einige aus der Heimat kommende IX-C- und IX-D-Boote verstärkt, bessere Ergebnisse. Die ungenügende Reparaturkapazität, das Fehlen von Ersatzteilen, der Mangel an Torpedos, dem der einzige in Ostasien eingetroffene Torpedotransporter vom Typ VII F kaum abhelfen konnte, setzten der Ausnutzung der Boote aber Grenzen. Die schweren Verluste an ausmarschierenden Booten in der Freetown-Natal-Enge, vor allem durch die von der Insel Ascension startenden amerikanischen »Liberator«-Bomber, und weitere Verluste durch alliierte U-Boote vor den japanischen Häfen taten ein übriges, die Gefährdung der alliierten Nachschubwege im Indischen Ozean zu verringern.

Die Operationen der amerikanischen »Hunter Killer Groups« im Mittelatlantik erschwerten die Versorgung der deutschen U-Boote in diesem Raum immer mehr. In 3 Monaten versenkten sie 15 U-Boote, von denen nicht weniger als 8 als Versorger operierten, mit einem Verlust von nur 3 Flugzeugen. Diese Dezimierung der U-Tanker machte Versuche von Konvoi-Operationen im Mittelatlantik immer wieder zunichte und reduzierte das Gewicht der U-Boot-Operationen in der Karibik und im Südatlantik erheblich, wenngleich auch bis 1945 Typ-IX-Boote noch Fernunternehmungen an die afrikanische

Westküste bis in den Golf von Guinea und an die Ostküste Nord- und Südamerikas bis auf die Höhe von Rio durchführten, um dort alliierte Streitkräfte zu binden.
So schwer die Verluste im Mittelatlantik auch waren, noch größere Sorgen bereiteten dem BdU die gleichzeitigen Ausfälle von U-Booten in der Biskaya, wo das »RAF Coastal Command« seit dem Frühjahr 1942 versuchte, eine ständige Luftoffensive aufrecht zu erhalten. Nach der Einführung von ASV-II-Radargeräten auf 1,40 m Wellenlänge hatten die britischen Flugzeuge zunächst einen begrenzten Erfolg in der Entdeckung der U-Boote bei ihrem Marsch durch die Biskaya. Dieser Vorteil wurde jedoch zunichte gemacht, als die deutschen U-Boote mit einem Funkmeß-Beobachtungsgerät »Metox« ausgerüstet wurden, das die Radar-Impulse auf eine sehr viel größere Entfernung auffing, als das Flugzeug das zurückkehrende Echo im Empfänger wahrnehmen konnte. Anfang 1943 begannen die Flugzeuge plötzlich wieder die aufgetauchten U-Boote anzugreifen, obgleich die »Metox«-Geräte keine vorherige Warnung gaben. Nach Versuchen befürchtete der BdU zunächst, daß dies auf eine Abstrahlung des »Metox«-Gerätes zurückzuführen sei, die mit einem entsprechenden Beobachtungsgerät aufgefangen werden konnte, und er befahl deshalb den Kommandanten, das »Metox«-Gerät nicht mehr zu verwenden. Tatsächlich hatten die Engländer aber ein neues Radargerät von 9 cm Wellenlänge eingeführt, das mit dem »Metox«-Gerät nicht erfaßt werden konnte. Die Angriffe gingen weiter und wurden durch einen in die Tragflächen des Flugzeuges eingebauten starken Scheinwerfer, das »Leigh-Light«, unterstützt, der das U-Boot in der letzten Phase des Anfluges beleuchten und gleichzeitig blenden sollte. Während der Monate März und April waren viele dieser Angriffe von begrenztem Erfolg, da die U-Boote sofort mit Alarmtauchen auf Tiefe gingen. Während die deutschen Wissenschaftler fieberhaft dabei waren, ein neues Funkmeß-Beobachtungsgerät Hagenuk-»Wanz« zu entwickeln, nachdem man in einem abgeschossenen alliierten Bomber bei Rotterdam die Trümmer des 9-cm-Radargerätes gefunden hatte, wurde gleichzeitig mit Hochdruck

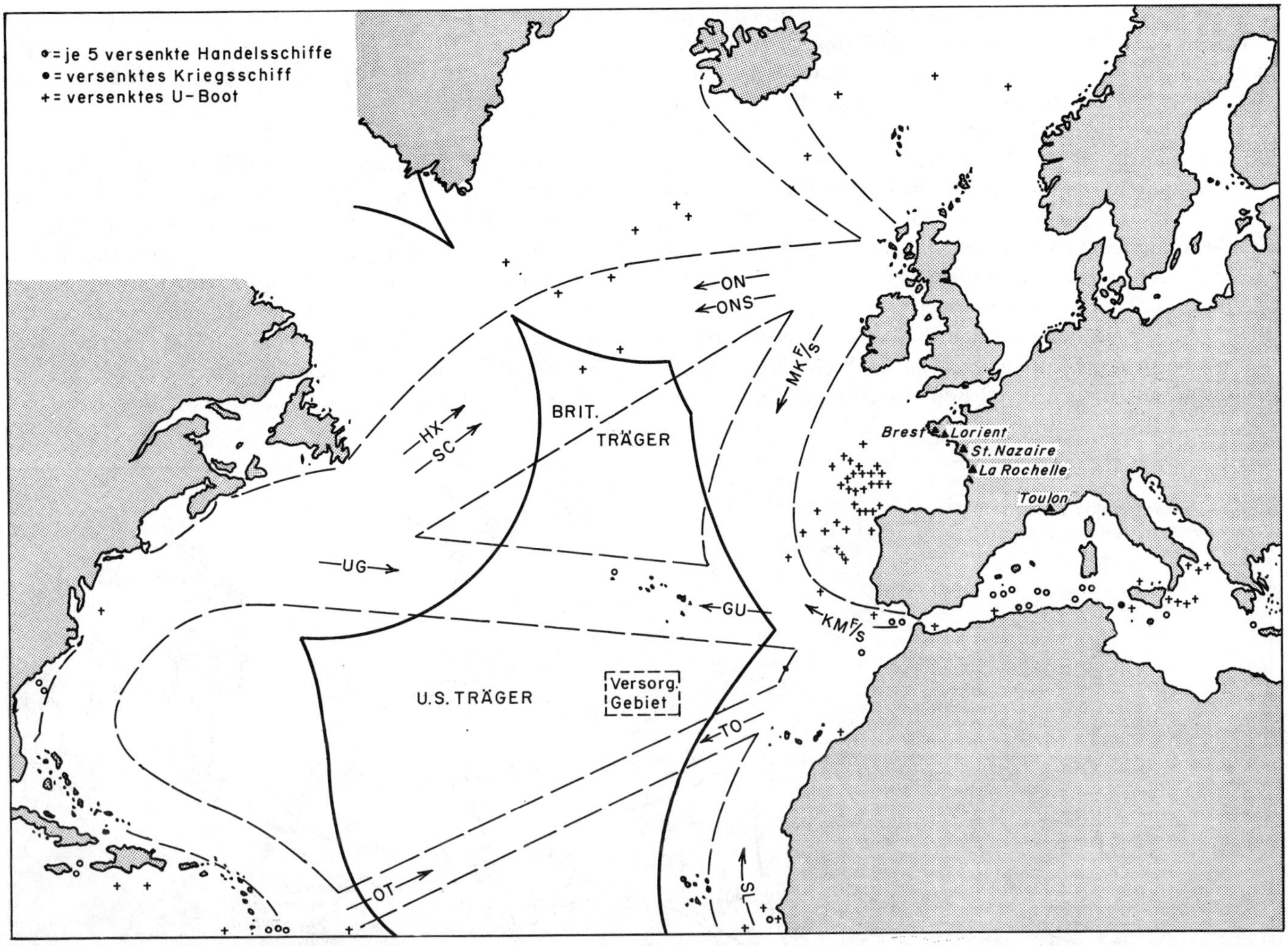

Die Schlacht im Atlantik, Juni – August 1943

die Flakbewaffnung der U-Boote verstärkt. Die U-Boote wurden angewiesen, nachts getaucht und am Tage in Gruppen zusammengefaßt zu marschieren, um durch vereintes Flakfeuer die angreifenden Flugzeuge an gezielten Bombenwürfen zu hindern. Kurze Zeit in der ersten Junihälfte hatte diese Methode Erfolg, dann begann das »Coastal Command« jedoch, der Konzentration der U-Boote eine Konzentration der Flugzeuge entgegenzusetzen und damit die Abwehr zu zersplittern. Außerdem wurden in der äußeren Biskaya U-Jagdgruppen aufgestellt. In den ersten 3 Wochen des Juli versenkten britische Flugzeuge 6 U-Boote. In den letzten Julitagen jedoch fielen britischen und amerikanischen Bombern und der »2nd Support Group« des Captain Walker 9 U-Boote zum Opfer. Unter solchem massiertem Druck mußte der BdU nicht nur den Gruppenmarsch aufgeben, sondern am 2. August vorläufig alle Ausmärsche aus Biskayahäfen stoppen. Damit fand die Biskaya-Offensive ihren Höhepunkt in einer praktischen Blockade der U-Boot-Flottillen in Westfrankreich. Erst als Ende August die neuen Funkmeß-Beobachtungsgeräte eingetroffen waren, gingen die U-Boote wieder in See. Sie marschierten weitgehend unter Wasser durch die Biskaya und tauchten regelmäßig bei jedem Anzeichen einer Ortung, wenn sie zum Aufladen an die Oberfläche gekommen waren. Die zurückkehrenden Boote benutzten einen Weg unter der Nordküste Spaniens, wo sie von Radargeräten schwer aufgefaßt werden konnten. Insgesamt kostete die Luftoffensive in der Biskaya die U-Boot-Waffe 28 U-Boote.

Die siebente Phase: Mit neuen Waffen im Nordatlantik

Nach einer dreimonatigen Pause war Ende August 1943 die Ausrüstung mit den neuen Waffen und Geräten so weit fortgeschritten, daß die erste Welle von 20 U-Booten zur Wiederaufnahme des Geleitzugkampfes im Nordatlantik auslaufen konnte. Mit ihren »Wanz«-Funkmeß-Beobachtungsgeräten sollten sie unbemerkt von der alliierten Luftüberwachung die Biskaya passieren und ihren Aufmarschraum erreichen. Waren genügend Boote in der Nähe des ersten gesichteten Konvois versammelt, sollten sie auf ein Stichwort auftauchen und

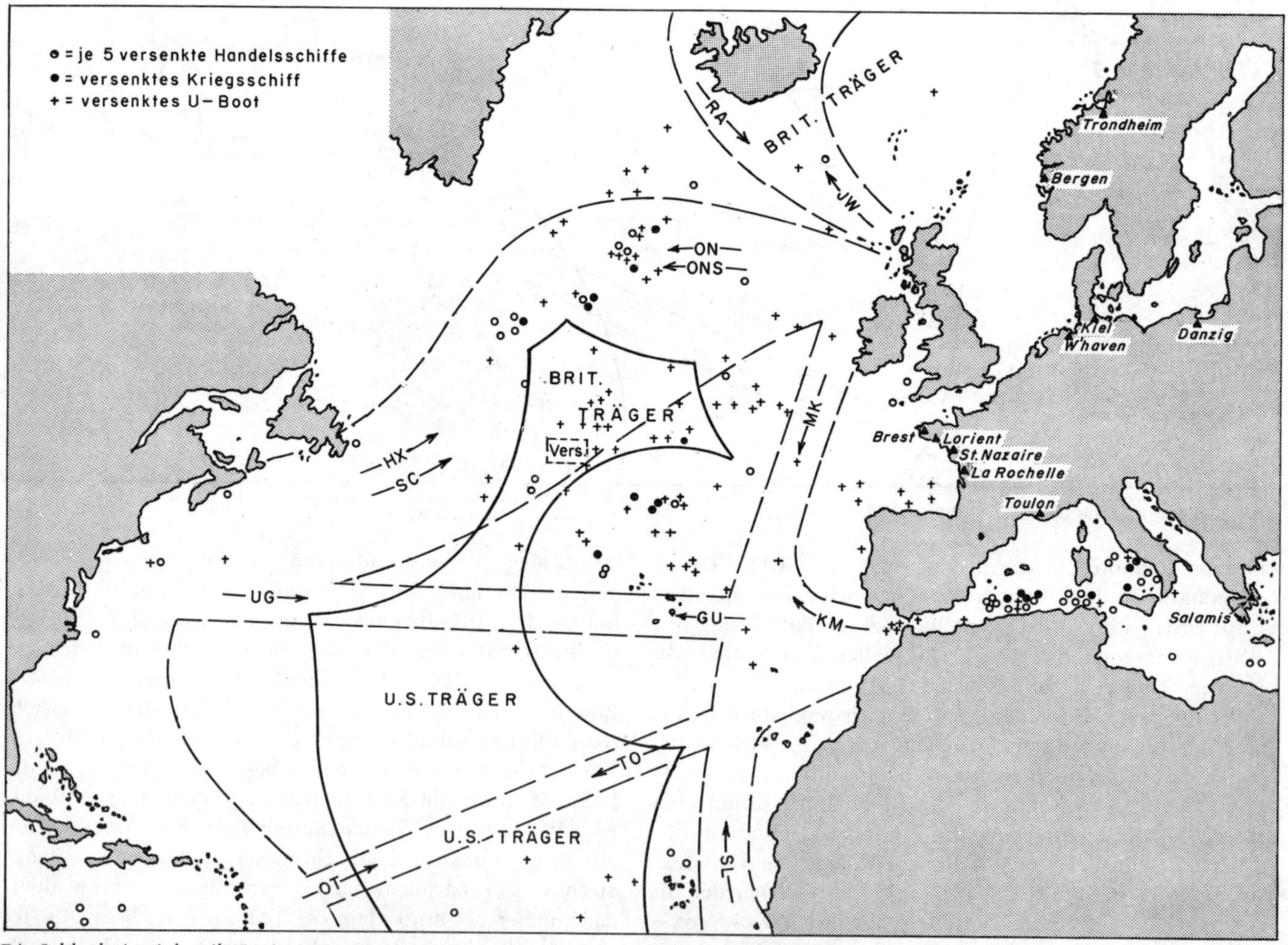

Die Schlacht im Atlantik, Juni 1944 – Mai 1945

ihre Flak (ein 2-cm-Vierling, zwei 2-cm-Zwillinge) besetzen. Man rechnete damit, daß sich die Luftsicherung gegen eine größere Zahl abwehrbereiter U-Boote nicht würde durchsetzen können. Dann sollten sich die Boote mit ihrem neuen akustischen Zielsuchtorpedo »Zaunkönig« im Angriff gegen die Geleitfahrzeuge den Weg zum Konvoi freischießen und ihre *F*lächen-*A*bsuchenden *T*orpedos (FAT) auf die Handelsschiffe losmachen. Vom 20.–23. September griff die Gruppe »Leuthen« die westgehenden Konvois ON.202 und ONS.18 an. Ihre Meldungen (12–15 Zerstörer mit »Zaunkönig« und 11 Dampfer mit »FAT« versenkt oder torpediert, bei nur einem Verlust) schienen die Erwartungen des BdU für die kommenden Monate zu bekräftigen. Dazu lieferte der Funkbeobachtungsdienst gerade jetzt wieder hervorragende Unterlagen für den Ansatz der U-Boot-Gruppen, und ab Anfang Oktober wurden einige der neuen, weitreichenden 6-motorigen Fernaufklärer vom Typ BV 222 und Ju 290 verfügbar.

Aber die Meldungen beruhten zum großen Teil auf Fehldeutungen der meist nur akustischen Beobachtungen über die Wirkung der Torpedos. Gegen den auf Grund von Agentennachrichten auf alliierter Seite bereits erwarteten »Zaunkönig« wurden die britischen und amerikanischen Schiffe mit einem geräuscherzeugenden Gerät »Foxer« ausgerüstet, das achteraus geschleppt die akustischen Torpedos von ihrem Ziel ablenken sollte.

Endgültig jedoch wurde die neue deutsche Offensive im Nordatlantik durch die systematische enge Luftsicherung aller bedrohten Konvois bei Tag und Nacht sowohl im alten »Black Pit« als auch in anderen Räumen zum Scheitern gebracht. Bei diesem Konvoidienst wurden die landgestützten Flugzeuge mit den Flugzeugen der Geleitträger koordiniert, die entweder mit den Konvois oder mit den englischen »Support Groups« operierten. Die »Support Groups« konnten ebenso mit landgestützten Flugzeugen in der Konvoisicherung bei Nacht und Tag zusammenarbeiten. Diese alliierten Gegenmaßnahmen waren so wirksam, daß es den U-Booten nicht mehr gelang, einem Nordatlantikkonvoi größere Verluste beizubringen. Nach einigen mißglückten Versuchen auf der England-Gibraltar-Route im November ging Dönitz vom Dezember bis Februar 1944 zu lockeren Gruppen und danach zu Einzelaufstellungen im Nordatlantik über, um dem Gegner bis zu dem im Herbst 1944 erwarteten Frontreifwerden der neuen U-Boot-Typen keine Pause zu gönnen und seine Hunderte von Schiffen und Tausende von Flugzeugen weiter in der U-Boot-Abwehr und der Konvoisicherung zu binden. Die Kombination von Nah-Überwassersicherung, landgestützter Luftsicherung und »Support Groups« mit Geleitträgern hatten die Nordatlantikkonvois praktisch immun gegen U-Boot-Angriffe gemacht.

Mitte Oktober hatten die Portugiesen den Engländern gestattet, »Coastal-Command«-Flugzeuge von den Azoren aus einzusetzen. Der Erwerb dieser im Mittelatlantik gelegenen Basis im Verein mit der Nachtluftsicherung bedrohter Konvois machte auch die Versuche zunichte, auf der England-Gibraltar- und der USA-Gibraltar-Route zu Erfolgen zu kommen. Im Frühjahr 1944 wurden die amerikanischen »Hunter Killer Groups« einerseits zur Deckung der Amerika-Gibraltar-Konvois eingesetzt, andererseits auch zu offensiven Operationen gegen die Versorgungsgebiete der deutschen U-Boote westlich der Kapverdischen Inseln. Im März 1944 versenkten Flugzeuge und Zerstörer der Gruppe *Block Island* 4 U-Boote, im April die Gruppe *Guadalcanal* 2 U-Boote und die Gruppe *Croatan* den U-Tanker *U 488*. Um dieser Bedrohung durch Trägergruppen bei der Versorgung auszuweichen, verlegte Dönitz die Versorgungsgebiete im April um 700 sm nach Westen, mußte jedoch feststellen, daß auch diese Gebiete von Trägern gefährdet wurden. Die Unmöglichkeit, weitere Beölungen in See vorzunehmen, wurde durch die Meldung von *U 66* am 5. Mai unterstrichen, »Mittelatlantik schlimmer als Biskaya«. Kaum hatte das deutsche U-Boot diesen Funkspruch abgegeben, wurde es von einem auf dem Peilstrahl angesetzten Flugzeug des Trägers *Block Island* gesichtet, der einen Geleitzerstörer heranführte. Die *Buckley* wich einem von dem U-Boot geschossenen Torpedo aus und rammte das U-Boot dann im Vorschiff. Die deutschen U-Boote erhielten nun die Weisung, im Mittelatlantik besonders vorsichtig zu sein und auf die Geleitträgergruppen zu achten. Ende Mai traf *U 549*, das mehreren Angriffen von Flugzeugen der *Block Island* entgangen war, auf die Geleitträgergruppe, konnte in der Nacht zum 29. Mai die Sicherung durchbrechen und 2 Torpedos gegen die *Block Island* losmachen, die den Träger zum Sinken brachten. Mitten in dem entstandenen Durcheinander der Rettungsoperationen und der U-Boot-Verfolgung traf *U 549* auch noch den Geleitzerstörer *Barr* mit einem »Zaunkönig«, wurde aber dann durch Wasserbomben und Hedgehog-Angriffe vernichtet. Der Verlust der *Block Island* wurde Anfang Juni wettgemacht, als eine Gruppe mit dem Träger *Guadalcanal* einen besonderen Erfolg errang. Am 4. Juni 1944 zwang der Geleitzerstörer *Chatelain U 505* mit einer Wasserbombenserie zum Auftauchen. Als die U-Boot-Besatzung das sinkende Boot verließ, gelang es einem Enterkommando des Geleitzerstörers *Pillsbury,* auf das U-Boot zu steigen und so rechtzeitig in die Zentrale zu klettern, daß sie dort noch das weitere Sinken des Bootes aufhalten konnte. Im Schlepp des Trägers *Guadalcanal* wurde *U 505* nach den Bermuda-Inseln gebracht. Es war eine besonders wertvolle Beute, da die an Bord gefundenen Schlüsselunterlagen und Geräte wichtige Einblicke in die deutschen Operationen und den technischen Entwicklungsstand gaben.

Die »Hunter Killer Groups« hatten mit diesen Operationen eine weitere Versorgung deutscher U-Boote im mittleren Atlantik unmöglich gemacht.

Die achte Phase: Der Endkampf mit Schnorchel-U-Booten um England

Die Einführung des Schnorchels, eines Luftmastes, der es erlaubte, auf Sehrohrtiefe mit Dieselmotoren zu laufen und die Batterien aufzuladen, gab der U-Boot-Waffe eine neue Hoffnung, die Zeit bis zum Frontreifwerden der neuen schnellen Elektroboote vom Typ XXI und der Walter-U-Boote zu überbrücken. Während die ersteren für kurze Zeit eine Unterwasser-Höchstgeschwindigkeit von 17 kn liefen, sollten die letzteren mit Hilfe ihrer Walter-Turbine mehr als 22 kn erreichen. Damit gewannen diese U-Boote auch unter Wasser gegenüber den langsameren Konvois eine ausreichende taktische Beweglichkeit für den Angriff. Schnellade-Einrichtungen für die programmgesteuerten und zielsuchenden Torpedos sollten es ihnen ermöglichen, nicht nur die in den Rohren befindlichen Torpedos zu verschießen, sondern auch in einem gleich anschließenden zweiten und dritten Anlauf die gesamte Chargierung einzusetzen. Die hohe Unterwassergeschwindigkeit sollte dem U-Boot dann das Absetzen vor den meist kaum schnelleren, aber durch den Seegang behinderten Geleitfahrzeugen ermöglichen, Schleichmotore und Ortungsabwehrmittel das Auffinden für den Gegner erschweren. Doch vorerst war es noch nicht so weit, und die U-Boot-Führung mußte sich mit den vorhandenen alten Booten behelfen.

Die durch den Schnorcheleinbau verlängerten Werftliegezeiten und das Zurückhalten auslaufklarer Boote wegen der erwarteten Invasion in Frankreich hatte die Zahl der in See befindlichen Boote im April/Mai 1944 bis auf 40 und weniger absinken lassen. Von den insgesamt vorhandenen 132 Frontbooten lagen bei Beginn der Invasion am 6. Juni in westfranzösischen Häfen 10 Schnorchel- und 28 normale, in Norwegen weitere 13 Schnorchel- und 23 normale Boote in Bereitschaft. Die schweren Ausfälle der Nicht-Schnorchel-Boote beim Anmarsch zwangen den BdU, sie bereits nach wenigen Tagen zurückzurufen, während die Schnorchelboote bis Ende August 1944 gegen die Invasionsflotte zum Einsatz kamen. Von ihnen mußten 13 wegen Schäden umkehren, 10 wurden auf dem Anmarsch und 8 im Operationsgebiet versenkt, 3 mußten Nothäfen anlaufen und 16 kehrten von ihren Feindfahrten zurück. Insgesamt versenkten diese U-Boote 7 Geleitfahrzeuge, 3 Landungsschiffe und 13 Transporter.

Im August mußten die U-Boot-Stützpunkte in Frankreich aufgegeben und die Boote in norwegische Basen verlegt werden. Die Überführungsfahrten und die Erfahrungen im Kanal hatten gezeigt, daß die U-Boote mit ihren Schnorcheln wochenlang getaucht fahren und sich unmittelbar unter der feindlichen Küste halten konnten. Durch die Ausnutzung der oft schlechten Ortungsbedingungen entkamen manche Boote sogar wieder, wenn sie schon von der Abwehr erfaßt waren. So wurden nun die VII-C-Boote im Gebiet der Orkney-Inseln und Hebriden, im Nordkanal, in der Irischen See, im Bristolkanal, im Ärmelkanal sowie vor Island, die IX-C-Boote vor Neufundland, im St.-Lorenz-Golf, vor der US-Ostküste und vor Gibraltar eingesetzt, wo sie z. T. in 50-, 60-, 80- und mehrtägigen Schnorchelfahrten bei anfänglich relativ geringen Verlusten einige Erfolge erzielten. Wegen der geringen Unterwassergeschwindigkeit dieser umgebauten Schnorchelboote waren die Erfolge jedoch von Zufällen abhängig. Je länger sich die Boote in zwangsweise stark befahrenen Gebieten an den Bündelungspunkten des Verkehrs in englischen Gewässern aufhalten konnten, um so eher kamen sie zum Schuß, wenn sie von Schiffen oder Konvois überlaufen wurden. Als die englische Abwehr durch eine außerordentliche Massierung von U-Jagdgruppen in den Küstengewässern ab März 1945 begann, den U-Booten das Schnorcheln immer mehr zu erschweren und sie damit in den freien Seeraum abzudrängen, sanken einerseits die Erfolge und stiegen andererseits die Verluste. Einen Einfluß auf den Ausgang des Krieges konnten diese Operationen nicht mehr haben. Immerhin haben sie und die erwartete Wiederaufnahme der U-Boot-Offensive mit den neuen U-Boot-Typen die alliierte Führung bis zum Kriegsende gezwungen, ihre gewaltigen, in der U-Boot-Bekämpfung gebundenen See- und Luftstreitkräfte in diesem Einsatz zu belassen, und es wurde damit unmöglich gemacht, sie für andere Aufgaben, wie z. B. den Luftkrieg gegen Deutschland oder die offensivere Seekriegführung gegen den deutschen Küstenverkehr, einzusetzen.

Der letzte Versuch der U-Boot-Führung, mit einer Gruppe von 6 gleichzeitig von Norwegen an die US-Ostküste marschierenden Typ-IX-C-Schnorchel-U-Booten zu einem Angriffserfolg gegen einen Nordatlantikkonvoi zu kommen, dessen Sicherung durch die langen, verlustlosen Passagen unaufmerksam geworden war, schlug fehl. Diese Operation sollte einen weit in die heutige Gegenwart reichenden Aspekt erhalten. Auf Grund von Agentenmeldungen und Aussagen gefangener deutscher Spione befürchtete man in den USA, daß deutsche U-Boote vor der US-Ostküste auftreten und Raketenangriffe gegen die Städte der Ostküste starten könnten. Als daher für die US-Atlantik-Flotte Anzeichen für den Anmarsch der Gruppe »Seewolf« erkennbar waren, ließ man auf dem vermuteten Anmarschweg der Gruppe in der Operation »Tear drop« 2 »Barrier Forces« mit je 2 Geleitträgern und 20 bzw. 22 Geleitzerstörern aufmarschieren. Ihnen fielen 4 der 6 anmarschierenden U-Boote sowie ein weiteres selbständig marschierendes U-Boot zum Opfer. In einem hartnäckigen Kampf konnte *U 546* dabei den Geleitzerstörer *J. C. Davis* mit einem »Zaunkönig« versenken. Tatsächlich hatte es in Deutschland zwar Pläne gegeben, die berühmte A-4-Rakete (V 2) aus von U-Booten geschleppten und am Abschußort aufzurichtenden Behältern abzuschießen, doch war dieses Projekt über erste Versuche nicht hinausgediehen und von einer Realisierung noch weit entfernt. Die an die Ostküste der USA entsandten U-Boote waren ganz normale Schnorchelboote des Typs IX C. Sie haben hier, ebenso wie in der Karibik, an der westafrikanischen Küste und im Indischen Ozean, in der letzten Phase des Krieges einige Gelegenheitserfolge erzielt und damit auch in diesen Gebieten U-Jagdkräfte gebunden, die andernfalls auf anderen Kriegsschauplätzen wirksam hätten eingesetzt werden können.

Die Schlacht im Atlantik, die am 3. September 1939 mit der Versenkung der *Athenia* vor Irland begonnen hatte, fand in

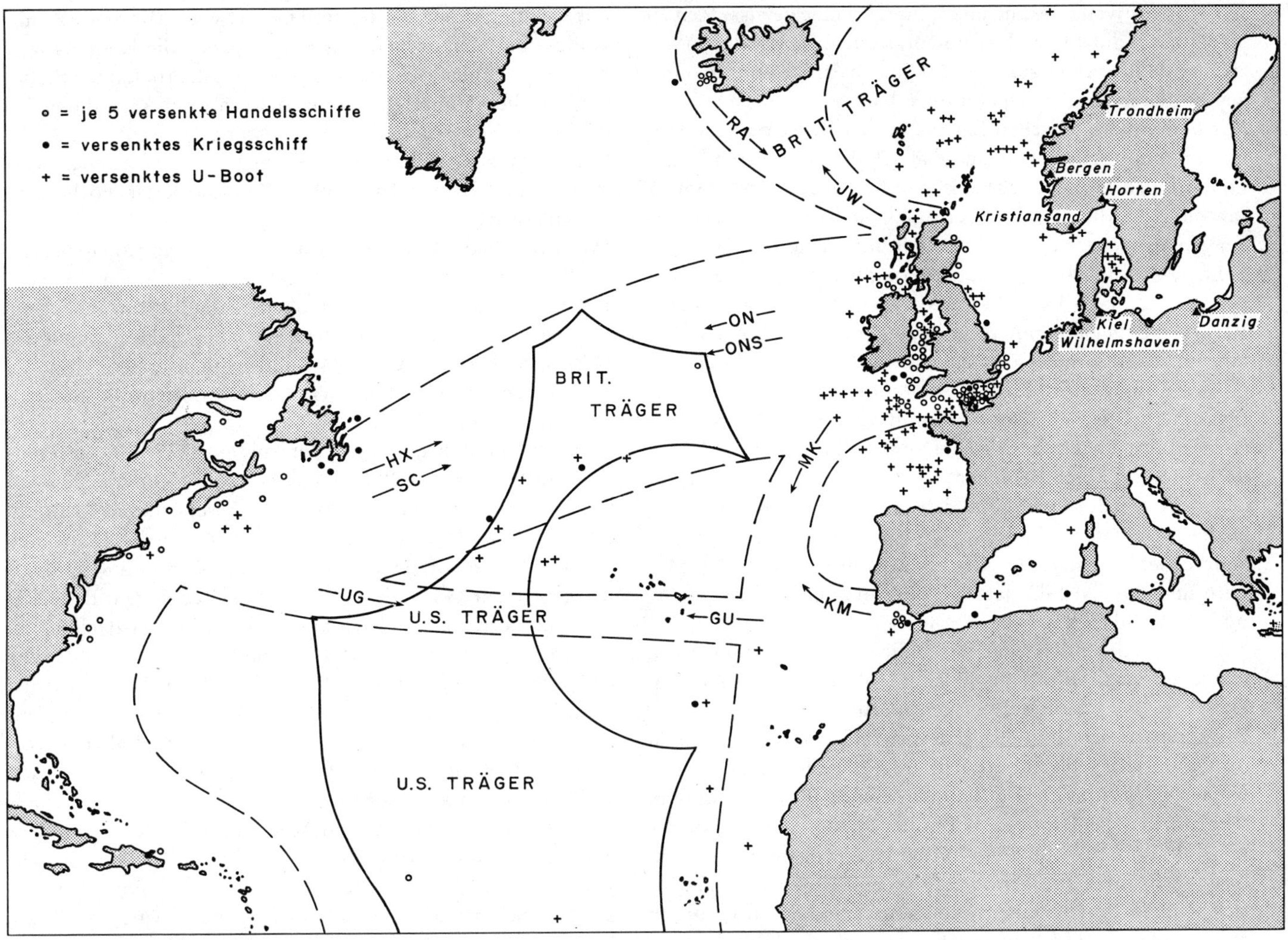

Die Schlacht im Atlantik, Juni 1944 – Mai 1945

den ersten Maitagen 1945 ihr Ende mit den letzten Versenkungen von Handelsschiffen und U-Booten vor Island, vor der US-Ostküste, im Kanal und vor dem Firth of Forth, an der englischen Ostküste sowie vor Norwegen, im Skagerrak und Kattegat.

Zusammenfassung

Die deutsche U-Boot-Waffe, die den Krieg mit nur 57 U-Booten begann, war es, die England wie im ersten Weltkrieg an den Rand der Niederlage brachte, bevor Gegenmaßnahmen wirksam wurden, die denen des ersten Weltkrieges in vielem ähnelten. Sie waren es, die schließlich die Wende zugunsten der Alliierten herbeiführten. Der Schlüssel der Niederlage der U-Boote im ersten Weltkrieg, das Konvoi-System, erwies sich auch jetzt als die entscheidende Lösung. Seine Einführung hatte Dönitz vorausgesehen und versucht, ihr mit seiner vor dem Kriege theoretisch entwickelten und erprobten Rudel-Taktik zu begegnen. Die Zahl der verfügbaren U-Boote war jedoch zu klein, als daß sie gleichzeitig das Problem des Findens der Konvois und des koordinierten Angriffes bei den ersten Versuchsoperationen 1939/40 hätten lösen können. So blieb es weitgehend bei Einzelangriffen, überwiegend gegen einzeln fahrende Schiffe.

Nach dem Fall Frankreichs und der Errichtung von U-Boot-Basen in Norwegen und Frankreich änderte sich die Situation grundlegend zugunsten der Deutschen. Während die Engländer in Erwartung der Invasion gezwungen waren, ihre Zerstörer im Kanal bereitzuhalten und die Konvois mit sehr schwachen Sicherungsgruppen laufen lassen mußten, konnten die wenigen deutschen U-Boote bei kürzesten Anmarschstrecken im Herbst 1940 erfolgreiche große Geleitzugschlachten schlagen. Die Rückkehr der Zerstörer in den Atlantik und die beginnende Verwendung von Langstreckenflugzeugen durch das »Coastal Command« zwang die U-Boote im Frühjahr 1941 weiter nach Westen. Die nun auf deutscher Seite einsetzende Luftaufklärung mit Langstreckenflugzeugen wurde dadurch weitgehend wirkungslos gemacht. Die Erbeutung von Schlüsselunterlagen im Mai und Juni 1941 machte zudem das Instrument der Funkführung, Rückgrat der deut-

schen operativen Führung überhaupt, für eine gewisse Zeit zu einem zweischneidigen Instrument, so daß die Erfolge in der zweiten Hälfte 1941 stark zurückgingen und es nur zu einigen größeren Konvoi-Operationen kam.
Mit dem amerikanischen Eintritt in den Krieg verlegte Dönitz im Sinne seiner Tonnagestrategie den Schwerpunkt der Operationen in die amerikanischen Küstengewässer. Dönitz sah die den Alliierten zur Verfügung stehende Tonnage als ein großes Ganzes und wollte die Schiffahrt jeweils dort angreifen, wo die Abwehr relativ gering war und die U-Boote pro Seetag die höchsten Versenkungsergebnisse bei geringen Verlusten erzielen konnten, unabhängig davon, ob die Schiffahrt in bedeutsamen Gebieten dadurch unbelästigt blieb. Die großen Anfangserfolge dieser Operation ebbten sofort ab, als von amerikanischer Seite der Schiffsverkehr in Küstenkonvois zusammengefaßt wurde. Dönitz schob seine U-Boote nach Süden, in dem Bemühen, weitere weiche Stellen zu finden, doch wurden kurz darauf jeweils auch die Konvoi-Linien in diese Gebiete ausgedehnt, so daß er gezwungen war, in andere Gebiete auszuweichen, zunächst in den Golf von Mexiko und die Karibik, dann an die südamerikanische Küste und nach Südafrika.
Nachdem schließlich kein tatsächlich weicher Punkt übrig geblieben war, faßte Dönitz seine U-Boote, deren Zahl inzwischen das von ihm 1939 geforderte Maß von etwa 300 U-Booten erreicht hatte, so daß die Zahl von 100 U-Booten im Operationsgebiet in erreichbare Nähe zu rücken schien, wieder im Nordatlantik zusammen, um die Konvois nun mit sehr starken Rudeln von U-Booten anzugreifen. In dieser von Juli 1942 bis Mai 1943 hin und her wogenden Schlacht lösten sich für beide Seiten Erfolge und Mißerfolge ab, bis sich schließlich nach einer besonders kritischen Situation im März 1943 das Gewicht des Erfolgs auf die Alliierte Seite neigte. Verschiedene Faktoren kamen zusammen: H/F D/F, Radar, die Geleitflugzeugträger, die Support-Groups sowie die weitreichenden Langstreckenflugzeuge. Der Angriff auf den Konvoi ONS 5 Ende April/Anfang Mai 1943 bezeichnete die entscheidende Wende dieser Schlacht im Atlantik. Dönitz mußte bald darauf seinen Angriff abbrechen, um wieder in den Mittelatlantik und später ins Gebiet des Indischen Ozeans auszuweichen. Auch ein Versuch im Herbst 1943, nach der Entwicklung neuer Waffen und Geräte wie »Metox«, »Zaunkönig« und Schnorchel, den Kampf gegen die Konvois wieder aufzunehmen, scheiterte. Im Mittelatlantik kamen in dieser Zeit die »Hunter-Killer-Groups« zum Einsatz, die gegen die in ihre Versorgungsgebiete laufenden U-Boote große Erfolge errangen, wenngleich sie auch für die entscheidende Wende keine Rolle mehr spielten, da diese bereits vorher eingetreten war.
Die U-Boote konnten den Sieg nicht mehr erringen, doch setzten sie den Kampf, um alliierte Kräfte zu binden, bis zum Ende des Krieges fort, ein Bemühen, in dem sie tatsächlich erfolgreich waren, wenn man die Zahlen der im Höhepunkt des U-Boot-Krieges im Mai 1943 und in den letzten Monaten 1945 eingesetzten Geleitfahrzeuge und Luftstreitkräfte vergleicht.
U-Boote der Achsenmächte versenkten 2775 alliierte Handelsschiffe, doch nur 28% davon fuhren im Konvoi. Von den Gesamtverlusten von 23351000 t versenkten U-Boote 14573000 BRT=62,4%. Insgesamt besaßen die Deutschen 1170 U-Boote, von denen 630 auf Feindfahrt und 81 im Heimatgebiet durch Feindeinwirkung verlorengingen. Dazu kamen 42 Verluste durch Unfälle, 38 Außerdienststellungen, 11 Abgaben an fremde Marinen und Internierungen sowie 215 Selbstversenkungen. Die restlichen 153 U-Boote wurden ausgeliefert. Von den versenkten U-Booten kamen 191 auf das Konto amerikanischer Streitkräfte. Die Italiener verloren 85 U-Boote, davon 21 im Atlantik. Gegenüber diesen Zahlen muß man feststellen, daß alliierte Handelsschiffe über 300000 Reisen über den Atlantik erfolgreich beendeten, während mehrere 100000 weitere Reisen in den Küstengewässern Englands unternommen wurden. Nachdem die alliierte Schiffbaukapazität voll aufgebaut war, hatten die U-Boote keine Aussicht mehr, den Tonnagewettlauf zu gewinnen. Sie verloren den Kampf, weil es ihnen nicht möglich war, den Angriff gegen die Nordatlantik-Konvois, die das kriegsentscheidende Material nach England brachten, durchzuhalten und zu gewinnen. Die Sicherung der Konvois erwies sich damit als die entscheidende Maßnahme gegen die U-Boote und ist insofern als eine offensive Aktion zu verstehen.

Kapitel 30

Der Kampf im Küstenvorfeld (1939-1944)

Von F. Ruge und J. Rohwer unter Verwendung von Teilen des Kapitels 28 der US Originalausgabe (Kanaldurchbruch, St. Nazaire, Dieppe) für die deutsche Ausgabe neu bearbeitet.

Das Küstenvorfeld ist ein der Küste vorgelagertes Seegebiet, in dem der Seekrieg mit anderen Mitteln geführt wird und einen anderen Charakter besitzt als auf dem offenen Meer. In der Segelschiffzeit konnten sich die Kriegsschiffe dem Land überall so weit nähern, wie es mit der navigatorischen Sicherheit vereinbar war, mit Ausnahme von Stellen, wo Küstenbatterien standen. Hatte das Küstenvorfeld außer im Bereich solcher Küstenbatterien zunächst nur geringe Bedeutung, so stieg diese mit der Einführung von Unterwasserwaffen, insbesondere der Mine, schnell. Auch sie war, wie ursprünglich die Küstenbatterien, zur Hafenverteidigung konzipiert und wurde ab Mitte des 19. Jahrhunderts auch in Flußläufen und vor Einfahrten verwendet. Im amerikanischen Bürgerkrieg arbeitete man mit einem fest abgesteckten Ankertau, d. h. man mußte erst loten, dann das Ankertau abmessen, um den gewünschen Stand unter der Wasseroberfläche zu erzielen, und konnte danach erst die Mine werfen. Das war zeitraubend und unsicher. Die Erfindung der automatischen Einstellung der Mine änderte das Bild gründlich. Solche Minen konnten in Fahrt und bei nicht zu starkem Seegang geworfen werden, nachdem mit wenigen Handgriffen die gewünschte Tiefe eingestellt war. Erstmalig wurden derartige Minen im russisch-japanischen Krieg in größerem Umfang auch außerhalb des Bereichs der Küstengeschütze geworfen, und beide Seiten erlitten durch diese neue Waffe erhebliche Verluste.

Bis 1914 wurde die Waffe technisch weiterentwickelt, aber die militärischen Möglichkeiten wurden nur teilweise durchdacht. Die durch die Verluste 1904/05 besonders betroffenen Russen waren wohl 1914 mit der Entwicklung am weitesten fortgeschritten und verwendeten die Mine im Herbst und Winter 1914/15 als erste in operativen Offensivsperren bis in die mittlere Ostsee, während auch gleichzeitig starke Defensivsperren geworfen wurden.

Von deutscher Seite wurden in den ersten Kriegsmonaten eine kleinere Anzahl von Angriffssperren im englischen Küstenvorfeld geworfen, die zwar einige Verluste verursachten, jedoch im ganzen zu wenig planmäßig und massiert ausgelegt waren, um größere Wirkungen zu erzielen. Doch verursachten die Verluste auf britischer Seite eine stärkere Beachtung dieser Waffe.

Die Engländer, die mit schlechtem Material und ohne konkrete Pläne begonnen hatten, führten ab 1917 eine Minenoffensive größten Umfanges gegen die Deutsche Bucht in der Nordsee, um das Ein- und Auslaufen der deutschen U-Boote zu blockieren. Trotz Einsatzes von 53000 Minen in vielen Unternehmungen gelang diese Absicht nicht, doch bedurfte es großer deutscher Anstrengungen, um unter starken Verlusten an Minensuchfahrzeugen die Wege der U-Boote freizuhalten.

Bei diesen Operationen hatte es sich gezeigt, daß das U-Boot, ursprünglich als Defensivwaffe vor der Küste gedacht, überall dort, wo Minen lagen, stark gefährdet war. Es entwickelte sich schnell zur Hochseewaffe. Doch neben den Hochseebooten wurden bei den meisten Marinen kleine Typen für die Kriegführung in der Nähe der Küsten gebaut, wie die deutschen *UB*-Boote mit Torpedos und die *UC*-Boote mit Minen, die im englischen Küstenvorfeld ab 1915 zahllose Minensperren legten, Torpedoangriffe fuhren und erhebliche Erfolge erzielten.

Überall dort, wo der Festlandsockel (Schelf) breit ist, bestimmt die Mine die Ausdehnung des Küstenvorfeldes und beeinflußt den Verlauf des Seekrieges. Das war schon 1915–1918 in der Nordsee und vor allem vor der flandrischen Küste und im Kanal der Fall. In Gewässern mit größeren Wassertiefen hatte auch außerhalb des genannten Raumes das kleine U-Boot Bedeutung, wie in Teilen des Mittelmeeres und auch im Schwarzen Meer.

In der Adria begannen die Italiener 1917/18 als erste Schnellboote mit Torpedos auf See und Kleinkampfmittel gegen Schiffe in den Häfen zu verwenden, während gleichzeitige Entwicklungen und Versuche der Österreicher nicht zu praktischen Ergebnissen führten.

Eine besondere Art des Kleinkrieges entwickelte sich vor der flandrischen Küste und im engsten Teil des Kanals. Hier operierte man mit Monitoren, Zerstörern, kleinen Torpedobooten, ferngelenkten Sprengbooten, kleinen U-Booten, Netzen und Minen. Wegen des starken Stromes und Tidenhubs waren die verankerten Minen kein zuverlässiges Hindernis, wie überhaupt eine Minensperre im allgemeinen ein absolutes Hindernis nur auf den eigenen Minenkarten darstellt. In der Praxis müssen Minen immer in einem Sicherheitsabstand von rund 100 m voneinander geworfen werden, um je nach Größe der Sprengladung Nachbardetonationen zu vermeiden, die eine ganze Minensperre zerstören können. Auch in mehreren Reihen hintereinander auf Lücke geworfene Minensperren boten einzelnen Schiffen immer noch eine, wenn auch unsichere Möglichkeit, ohne Schäden durch eine Sperre hindurchzukommen. In der Kanalenge kombinierten die Engländer viele Reihen flach- und tiefstehender Minen mit U-Boot-Jägern beiderseits der Sperren an der Oberfläche, wo sie nachts sogar mit Beleuchtung arbeiteten, um die U-Boote selbst in die Sperre zu drücken. Im Sommer 1918 verwendeten die Engländer vor der flandrischen Küste erstmalig auch eine Grundmine mit einer primitiven Magnetzündung.

Das Flugzeug griff mit seinen steigenden Reichweiten bald über das unmittelbare Küstenvorfeld hinaus, mußte aber auch hier in zunehmendem Maße berüscksichtigt werden, zumal es bereits im ersten Weltkrieg begann, Torpedos zu werfen und Minen im feindlichen Küstenvorfeld zu legen.

Die Erfahrungen des Krieges im Küstenvorfeld wurden nach dem ersten Weltkriege bei den meisten Marinen weniger beachtet als der Ausbau der konventionellen Typen der Seestreitkräfte, und die Begrenzung der finanziellen Mittel ließ nicht viel Raum für weiterführende Experimente oder gar umfangreichere Programme. Immerhin versuchte man, sowohl in England als auch in Deutschland, die Erfahrungen des Kampfes im Küstenvorfeld und des Minenkrieges zunächst theoretisch auszuwerten.

Die wichtigste Erkenntnis auf beiden Seiten war, daß die Mine ein Instrument war, mit dem man die Geographie des Meeres verändern konnte, in dem man bestimmte Gebiete für Monate oder Jahre unbefahrbar machte. Da auch Streitkräfte für ozeanische Kriegführung das Küstenvorfeld beim Ein- und Auslaufen passieren müssen, wurde es besonders wichtig, einerseits moderne Minentypen zu entwickeln und andererseits Geräte und Verfahren, die ein schnelles und sicheres Passieren von Minengebieten möglich machten. In beiden Ländern ging man an diese Aufgabe mit einem bescheidenen Aufwand an Fachleuten und Geldmitteln heran und leistete bedeutsame Entwicklungsarbeit.

In England wurde einerseits die Ankertaumine mit Berührungszünder zu wesentlich größerer Betriebssicherheit entwickelt und vor allem das Problem der durch Strom und Tidenhub hervorgerufenen Schwankungen im Tiefenstand der Minen durch eine eingebaute Automatik verbessert. Daneben wurde die Mine mit Magnetzündung weiterentwickelt, wobei man auf die zunächst verwendete Grundmine zugunsten einer Ankertaumine, die in jedem Gebiet auf die gewünschte Tiefe eingestellt werden konnte, vorerst verzichtete. Die Zündung der britischen Magnetmine reagierte auf das Ausmaß der Veränderung in der Stärke des magnetischen Feldes im Gegensatz zur deutschen Magnetmine, die auf eine Verstärkung des Magnetfeldes durch das darüberfahrende Schiff reagierte. Auf die Entwicklung von Sperrschutzmitteln, die an sich bekannt waren, verzichtete man, weil man der Auffassung war, daß diese nicht tödlichen Kampfmittel nur unnötig Raum auf den Minenlegern wegnahmen, während in Deutschland und in geringerem Umfange auch in Italien solche Geräte in größerer Typenauswahl entwickelt und während des Krieges teilweise auch mit Erfolg eingesetzt wurden. Bei den Minensucheinrichtungen konzentrierte sich die Royal Navy vor allem auf die Entwicklung eines auch bei hoher Fahrt durch Zerstörer und andere Fahrzeuge einzusetzenden Räumgerätes gegen Ankertauminen. Die Entwicklung von Räumgeräten gegen Magnetminen wurde zwar in der Theorie durchdacht, jedoch nicht in größerem Umfange betrieben, solange man die Art der auf der gegnerischen Seite verwendeten Zündeinrichtungen nicht kannte. Die britischen Minen wurden sowohl für den Einsatz von Überwasserschiffen als auch in spezialisierter Form für die Verwendung von U-Booten und Flugzeugen entwickelt. Erst relativ spät begann man mit der Entwicklung einer Grundmine mit Magnetzündung; sie war bei Kriegsbeginn abgeschlossen, jedoch noch nicht in größerem Umfang in Produktion gegangen.

Auf deutscher Seite wurde vor allem mit einer Verbesserung des Minenmaterials durch die Schaffung einer weitgehend standardisierten Ankertaumine mit Berührungszündung und Voreilanker, einer Grundmine mit Magnetzündung, einer kleinen Anktertaumine gegen U-Boote sowie verschiedener Sperrschutzmittel zur Zerstörung der Räumgeräte des Gegners begonnen. Darüber hinaus wandte man sich der Verbesserung der mechanischen Minensuch- und Räumgeräte, insbesondere bei teilweisem Übergang zu Einschiffgeräten und der Entwicklung von Magneträumgeräten, sowie von Schiffsschutzgeräten nach der Art der englischen Paravane oder Otter zu, die von zwei Typen von Minensuchfahrzeugen, einem kleinen hölzernen Räumboot von etwa 100 ts für das Küstenvorfeld und einem seetüchtigen Minensuchboot von 5–600 ts eingesetzt werden konnten. Daneben lief die Entwicklung von Geräten und Waffen zur U-Boot-Ortung und die Entwicklung eines Torpedoschnellbootes von etwa 100 ts für den Einsatz im Küstenvorfeld, eine Entwicklung, die insbesondere auch bei der italienischen Marine und Anfang der dreißiger Jahre bei der sowjetischen Marine betrieben wurde, während die großen Marinen erst kurz vor Kriegsausbruch sich diesem Gebiet zuwandten. Die Versuche auf deutscher Seite, zunächst bei den Schnell- und Räumbooten mit kleineren Typen auszukommen, bewährten sich nicht, weil diese Boote für die Verhältnisse in der Nordsee zu wenig seetüchtig waren. Zwar konnte man diese Boote später in Binnengewässern verwenden, doch hat sich der Übergang zu größeren Booten als sehr zweckmäßig erwiesen.

In Deutschland begann 1931 die Aptierung der Magnetmine zum Abwurf aus der Luft. Diese zunächst von der Marine betriebene Entwicklung wurde nach ihrem Abschluß an die Luftwaffe übergeben, ebenso wie die, insbesondere auch in Italien und in Großbritannien entwickelte Verwendung des Torpedos vom Flugzeug aus. Ein für die erste Phase des Krieges wichtiges Gebiet war die Entwicklung von Minen, die durch Torpedorohre der U-Boote gelegt werden konnten. Dadurch konnte die deutsche Marine, die einen Teil ihrer normalen Kampf-U-Boote für das Legen dieser Minen einrichtete, auf den Bau spezieller Minen-U-Boote weitgehend verzichten, während die meisten anderen Marinen zunächst Minen-U-Boote bauten, ehe sie auch teilweise, insbesondere in Großbritannien und den USA, dieses Verfahren übernahmen.

Der Krieg in der Ostsee 1939

Die Seeoperationen des Polenkrieges spielten sich ausschließlich im Küstenvorfeld ab. Es zeigte sich dabei, daß die Entwicklung der Geräte, der Waffen und der Taktik im allgemeinen in Deutschland richtige Wege gegangen war. Nachdem das polnische Oberkommando seine drei fahrbereiten Zerstörer *Grom, Blyskawica* und *Burza* bereits vor Kriegsbeginn aus der Ostsee nach England verlegt hatte und die deutsche Luftwaffe die restlichen Schiffe in den Häfen in den ersten Tagen des Krieges zerbombte, fanden die zunächst bereitgestellten deutschen Leichten Kreuzer und Zerstörer kaum Verwendung und wurden bald in die Nordsee verlegt. Für den Kampf gegen die polnischen Häfen und Küstenbefestigungen setzte man vor allem die alten Linienschiffe *Schleswig-Holstein,* die den Krieg am 1. September 1939 mit der Beschießung der Westerplatte bei Danzig eröffnet hatte, und die *Schlesien* ein. Im übrigen bildeten Minensuchboote unter Führung von Kommodore Ruge den Kern der verwendeten deutschen Streitkräfte. Ihre Aufgabe war es vor allem, die von polnischen U-Booten und kleinen Minensuchern ausgelegten Minensperren zu räumen und die fünf polnischen U-Boote, die in der Ostsee zu operieren versuchten, zu jagen. Es gelang zwar nicht, diese Boote bei mehreren Angriffen zu versenken, doch wurden drei der Boote Ende September in Schweden interniert, ein viertes gelangte nach England, ebenso wie das zunächst in Reval eingelaufene Boot *Orzel,* das nach Ausschiffung seines kranken Kommandanten unter Führung des ersten Wachoffiziers in einer abenteuerlichen Fahrt ohne Seekarten nach England durchbrach. Mit der Kapitulation von Hela am 1. Oktober fand der Seekrieg gegen Polen sein Ende.
In den folgenden Monaten war es die Aufgabe der wenigen in der Ostsee verbliebenen deutschen Streitkräfte, die Handelsschiffahrt, die unter Ausnutzung schwedischer neutraler Hoheitsgewässer versuchte, den Verkehr mit England aufrecht zu erhalten, unter Kontrolle zu bringen. Im Zusammenwirken mit Flugzeugen wurden insbesondere eine Reihe zu Minenschiffen umgebauter Fährschiffe in mehreren Unternehmungen in der Ostsee, die bis in den Bottenbusen reichten, eingesetzt. Doch blieben die Erfolge im ganzen gering. Besser waren die Ergebnisse dagegen bei den verschiedenen Handelskriegunternehmungen, die von Zerstörern und Torpedobooten, zeitweise mit Unterstützung von Kreuzern, im Kattegat und Skagerrak durchgeführt wurden. Bis zum 31. Oktober wurden 127 Schiffe zur Untersuchung eingebracht.

Der Minenkrieg 1939 – 40

Nach dem Beginn des Krieges zwischen Deutschland und England–Frankreich am 3. September begannen beide Seiten zunächst mit der Auslegung umfangreicher Defensivsperren. Von deutscher Seite wurde in der Zeit vom 3.–20. September in mehreren Unternehmungen, an denen 5 Leichte Kreuzer, 16 Zerstörer, 10 Torpedoboote und 3 Minenschiffe beteiligt waren, ein System von Minensperren vom Schiffahrtsweg nördlich der westfriesischen Inseln bis zur Höhe des Skagerraks ausgelegt, um ein- und auslaufenden Schiffen einen gewissen Schutz gegen englische Vorstöße zu geben. Das Legen dieses sogenannten »Westwalls« wurde bekanntgegeben, denn es kam hier mehr auf eine abschreckende Wirkung als auf wirkliche Erfolge an. Tatsächlich gingen auch nur wenig Schiffe in diesem Gebiet verloren.
Ähnlich wie im ersten Weltkrieg legten die Engländer in der Doverstraße vom 11.–16. September mit ihrem Minenkreuzer *Adventure* und einem kleineren Minenleger zunächst 3000 Minen gegen Überwasserschiffe und ergänzten diese Sperren vom 25. September bis 23. Oktober durch ausgedehnte Anti-U-Boot-Sperren mit 3636 Minen, die durch leichte Überwassereinheiten beobachtet und gesichert wurden. Tatsächlich gingen hier im Oktober 3 deutsche U-Boote verloren, und der BdU verzichtete auf weitere Passagen der U-Boote durch den Kanal, was die An- und Abmarschzeiten der U-Boote erheblich verlängerte und ihre Einsatzzeiten im Gebiet westlich Englands verkürzte.
Zugleich begannen beide Seiten mit der Auslegung von offensiven Minensperren. Auf deutscher Seite wurden dafür zunächst die kleinen U-Boote vom Typ II eingesetzt, die in den ersten Septembertagen Sperren bei Orfordness, Flamborough-Head, Hartlepool und vor den Downs legten. Gleichzeitig warfen zwei große U-Boote Minensperren vor Portland im Kanal und im Bristolkanal. Auf diesen Sperren gingen 9 Schiffe verloren, vier weitere wurden beschädigt. Eine zweite Welle von 5 kleinen U-Booten legte in der zweiten Oktober-Hälfte weitere Sperren vor der englischen Südostküste und im Firth of Forth, während zwei größere U-Boote die britische Ausweich-Flottenbasis Loch Ewe und den Eingang zum Nordkanal verminten. 11 Schiffe fielen diesen Sperren zum Opfer, und im Firth of Forth wurde der Kreuzer *Belfast,* im Loch Ewe das Schlachtschiff *Nelson* schwer beschädigt.
Auf britischer Seite verfügte man zunächst nur über zwei als Minenleger eingerichtete modernere Zerstörer *Express* und *Esk,* mit denen in der Nacht vom 9. zum 10. September die erste Offensiv-Sperre auf einem vermuteten deutschen Auslaufweg gelegt wurde. Solche Operationen wurden zusammen mit 4 zusätzlich umgebauten Zerstörern der *I*-Klasse in den folgenden Monaten regelmäßig fortgesetzt und erbrachten, wie noch zu zeigen ist, einige Erfolge. Nachdem jedoch die ersten Ausfälle durch die deutschen U-Boot-Minensperren eingetreten waren, mußten die Zerstörer zusammen mit anderen Minenlegern von der zweiten Novemberhälfte ab vor allem zur Auslegung eines weiteren, unfangreichen Defensiv-Minensperrgebietes vor der englischen Ostküste eingesetzt werden, um die Schiffahrtswege vor der Küste gegen deutsche U-Boot-Minenleger zu schützen. Zunächst wurden vor Yorkshire und der Themse, dann auch vor Schottland solche Sperrgebiete erklärt und einige Sperren ausgelegt. Überwiegend handelte es sich dabei jedoch um Scheinminen, da man in erster Linie hoffte, durch diese »Sperren« deutsche

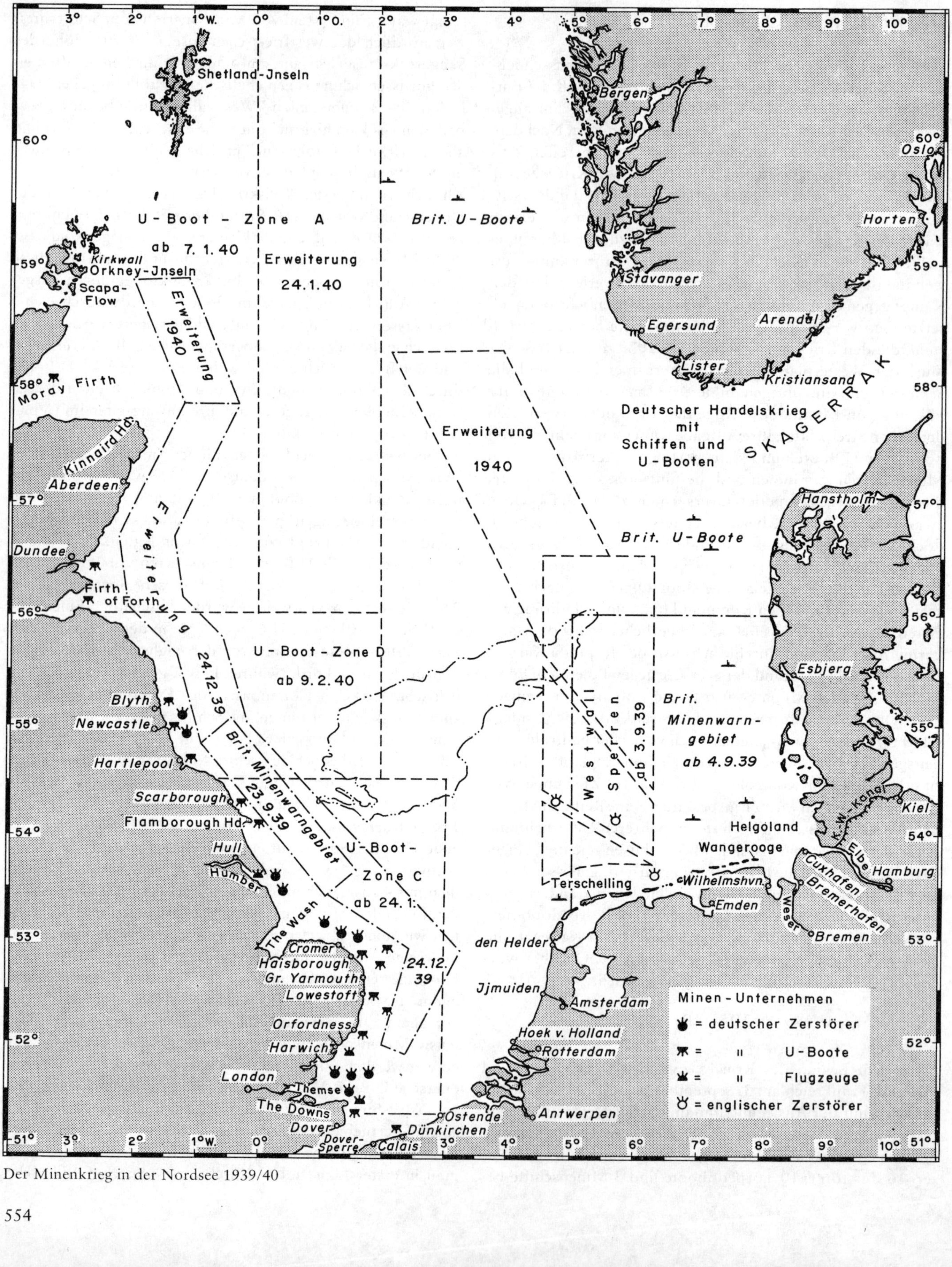

Der Minenkrieg in der Nordsee 1939/40

Operationen abzuschrecken, ohne dadurch die nach England fahrende Handelsschiffahrt allzu sehr zu gefährden.
Mit den kleinen U-Booten, die nur ein maximales Fassungsvermögen von 9 Minen besaßen, ließ sich jedoch nur eine geringe Zahl der neuen und von englischer Seite zunächst nicht räumbaren Magnetgrundminen auf die Schiffahrtswege bringen. Für den Einsatz durch die Luftwaffe verwendbare Luftminen standen nur in geringer Zahl zur Verfügung, so daß ihr Masseneinsatz gleichfalls noch nicht möglich war. So entschloß man sich, mit den verfügbaren Zerstörern in nächtlichen, mit hoher Fahrt durchgeführten Unternehmungen größere Minenzahlen an die englische Ostküste zu bringen. In der Nacht vom 17. zum 18. Oktober führte der Führer der Torpedoboote, Konteradmiral Lütjens, mit 6 Zerstörern die erste Unternehmung ins Gebiet vor der Humbermündung durch. Am 12. und 13. November legte Kapitän zur See Bonte mit 4 Zerstörern die ersten Sperren in der Themsemündung, und am 17./18. November folgten eine zweite Gruppe von drei Zerstörern in die Themse und in der folgenden Nacht zwei Zerstörer vor die Humbermündung. Insgesamt legten sie im Gebiet der Themsemündung 288 und im Gebiet der Humbermündung 250 Grund- und Ankertauminen, auf denen 35 Schiffe und 2 Zerstörer verlorengingen und weitere Einheiten beschädigt wurden.
Nachdem man auf britischer Seite das Ausmaß der Sperrlegungen erkannte und daraus schloß, daß diese Sperren nicht alle von U-Booten gelegt sein konnten, mußte man im Dezember daran gehen, die eigenen Flankensperren vor der Ostküste nunmehr auch gegen Überwasserschiffe tatsächlich auszulegen. Doch blieb es zunächst bei einzelnen Minenfeldern, die weitere deutsche Operationen im Dezember 1939 sowie Januar und Februar 1940 nicht behinderten. Am 6./7. Dezember legten zwei Zerstörer vor Cromer Minen, am 12./13. Dezember fünf Zerstörer vor Newcastle, am 6./7. Januar drei Zerstörer vor der Themse, am 10./11. Januar erneut fünf Zerstörer vor Newcastle und drei vor Cromer und am 9./10. Februar je drei Zerstörer bei dem Shipwash Feuerschiff in der Themse und vor Haisborough bei Cromer. Alle diese Unternehmungen konnten unbemerkt vom Gegner durchgeführt werden, ja in einem Fall gelang es einem der Zerstörer sogar, einen in dunkler Nacht gesichteten britischen Zerstörer, die *Jersey*, zu torpedieren, während die Engländer annahmen, der Angriff sei von einem U-Boot gefahren worden. Auf diesen Sperren gingen 32 Handelsschiffe und ein Zerstörer verloren.
Trotz ihrer Erfolge führten diese Operationen zur ersten Führungskrise in der deutschen Marine. Während die Seekriegsleitung der Auffassung war, daß diese Operationen von den schnellen Zerstörern allein durchgeführt werden sollten, glaubten der Führer der Zerstörer und der Flottenchef, Admiral Boehm, daß die Schiffe durch kampfkräftige Streitkräfte gedeckt und aufgenommen werden müßten. Als das Flottenkommando im Operationsbefehl für die erste Unternehmung seine abweichende Auffassung deutlich werden ließ, kam es zum Bruch zwischen dem Oberbefehlshaber Raeder und Admiral Boehm, der nicht bereit war, seinen für die Formulierung verantwortlichen Stabsoffizier fallen zu lassen. Man entschloß sich trotzdem, bei den künftigen Operationen die zurückkehrenden Zerstörer durch Leichte Kreuzer mit Sicherung durch Torpedoboote aufnehmen zu lassen. Vier Wochen später sollte sich die Richtigkeit der ursprünglichen Auffassung der Seekriegsleitung zeigen. Nach der Aufnahme der von Newcastle zurückkehrenden Zerstörer am 13. Dezember durch die Kreuzer *Nürnberg, Leipzig* und *Köln*, wurde der Verband in der Nordsee durch das britische U-Boot *Salmon* angegriffen, dem es gelang, sowohl die *Leipzig* als auch die *Nürnberg* mit Torpedos zu treffen. Auf dem weiteren Rückmarsch der beschädigten Schiffe konnte ein Angriff des U-Bootes *Ursula* gegen die beschädigten Kreuzer nur durch das Abfangen der Laufbahnen der Torpedos durch eines der Sicherungsfahrzeuge verhindert werden.
Ihre Ergänzung fanden die Minenunternehmungen der Zerstörer durch weitere Einsätze der kleinen Typ II-U-Boote an der britischen Ostküste sowie größerer U-Boote gegen die Häfen Westenglands. Bis zum Januar legten die kleinen Boote 12 Sperren, auf denen 15 Schiffe verloren gingen und weitere beschädigt wurden, während im Westen auf 8 Sperren 9 Schiffe sanken, davon 4 auf einer Sperre vor Liverpool, die von *U 30* ausgelegt worden war.
Mit der schrittweisen Aufhebung der Einschränkungen in der Handelskriegführung durch U-Boote ging die deutsche U-Boot-Waffe auch zu Torpedoangriffen an der Ostküste über. In der zweiten Septemberhälfte hatten zunächst 4 U-Boote im Gebiet westlich des Skagerraks und vor Norwegen Handelskrieg nach Prisenordnung geführt und dabei 11 Schiffe versenkt. Ab 24. Oktober wurden die U-Boote an der schottischen Ostküste und später auch weiter südlich bis ins Gebiet von Lowestoft eingesetzt. Sie sollten dabei möglichst ungesehen bleiben und ihre Angriffe mit den ohne Blasenbahn laufenden Elektrotorpedos mit Magnetzündung fahren, um die Fiktion des Auflaufens der angegriffenen Schiffe auf Minen aufrecht erhalten zu können. In 41 Unternehmungen bis Anfang März 1940 wurden 63 Schiffe und 1 Zerstörer versenkt und weitere Schiffe beschädigt. Es blieb der britischen Seite zwar nicht verborgen, daß hier auch U-Boot-Angriffe mit Torpedos gefahren wurden, doch wurde tatsächlich bis nach dem Kriege der größte Teil dieser Verluste auf Minen zurückgeführt.
Der britische U-Boot-Einsatz sollte sich in der ersten Phase des Krieges im September 1939 vor allem gegen aus- und einlaufende U-Boote sowie gegen zurückkehrende deutsche Blokkadebrecher richten. Die Aufstellung in der Shetland-Norwegen-Enge erbrachte jedoch keine Erfolge, sondern nur einen Verlust durch einen irrtümlichen eigenen Angriff und einen weiteren Beinahe-Verlust, sodaß diese Form der Patrouillen aufgegeben wurde. Die Operationsgebiete im Gebiet von Hornsriff, der Elbe und der Jade-Mündung sowie bei Terschelling blieben bis auf die Versenkung eines Vorposten-

bootes, den erwähnten Angriff auf den Deckungsverband und die Versenkung eines U-Bootes ohne Erfolg. Andererseits gelang es der deutschen U-Boot-Abwehr, vom 6.–9. Januar in der Helgoländer Bucht nacheinander 3 britische U-Boote zu versenken, sodaß man auf britischer Seite die U-Boote zunächst auch aus diesem Gebiet zurückzog, da man sich über die Verlustursachen nicht klar war.
Das weitere im Küstenvorfeld bedeutsame Kampfmittel, mit dem man 1939/40 erste Erfahrungen sammelte, war die Luftwaffe. Die »Royal Air Force« begann den Krieg am 3. September mit dem Angriffsversuch von 54 Bombern gegen die in der Jade und der Elbmündung festgestellten schweren deutschen Schiffe, der jedoch erfolglos blieb. Ein Angriff am nächsten Tage auf Wilhelmshaven brachte nur unbedeutende Schäden auf zwei deutschen Schiffen. Der erste Angriffsversuch schwacher deutscher Bomberverbände gegen Teile der Home Fleet, welche das schwerbeschädigte U-Boot *Spearfish* aufzunehmen suchten, wurde in seiner Wirkung auf deutscher Seite erheblich überschätzt, was die Propaganda sogar zur Behauptung von der Versenkung des Flugzeugträgers *Ark Royal* verleitete, die tatsächlich nur Nahtreffer erhalten hatte. Die ersten Angriffsversuche deutscher Bomber auf britische Schiffe in Firth of Forth und in Scapa Flow am 16./17. Oktober brachten nur geringere Schäden auf 4 Schiffen,und der Angriffsversuch von 9 Torpedoflugzeugen gegen einen Konvoi vor der Ostküste am 21. Oktober wurde von britischen Jägern abgefangen, die 4 Flugzeuge abschossen. Während die »Royal Air Force « in der zweiten Novemberhälfte dazu überging, mit Bomberverbänden mittlerer Stärke die Horste der deutschen über See eingesetzten Fliegerverbände in Borkum, Helgoland und Sylt anzugreifen und in die innere Deutsche Bucht vorzudringen, wobei sie mehrfach durch die mit Radar geführten deutschen Jagdverbände schwere Ausfälle (bis zu 50%) erlitt, begann die deutsche Luftwaffe am 20. November trotz des geringen Minenbestandes die ersten Luftmineneinsätze gegen englische Flußmündungen zu fliegen. In den drei ersten Operationen bis zum 23. November wurden 41 Luftminen geworfen, doch gelang es am letztgenannten Tage dem britischen Lt.Cdr. Ouvry, in dem Watt vor Shoeburyness eine bei Ebbe sichtbare deutsche Magnetgrundmine zu bergen. Durch diesen Erfolg konnten die Engländer das deutsche Zündsystem erkennen und nunmehr mit Nachdruck ihre Abwehrmaßnahmen sowohl hinsichtlich der Entmagnetisierung der Schiffe als auch der Entwicklung von Fernzündminenräumgeräten betreiben. Die mit zu geringen Kräften und Minenzahlen durchgeführte Luftminenoffensive blieb von geringer Wirkung. Erst Mitte 1940 sollten die Einsätze intensiver und erfolgreicher werden. Außerdem begann die deutsche Luftwaffe ab Mitte Dezember mit direkten Angriffen gegen einzeln fahrende Schiffe an der Ostküste, die einige Ergebnisse erbrachten, jedoch auch durch die gleichfalls mit Radar geführten britischen Jäger zu nicht unerheblichen Verlusten führten.
Die teilweise mangelhafte Koordinierung der deutschen Flotten- und Luftoperationen, deren Wurzel in dem schlechten Verhältnis lag, das die Marine zum Oberbefehlshaber der Luftwaffe Göring gefunden hatte, sollte durch einen tragischen Vorgang im Februar unterstrichen werden. Ein stärkerer deutscher Zerstörerverband, der zum Angriff auf britische Fischereiverbände auf der Doggerbank angesetzt war, wurde am 22. Februar von einem über diese Unternehmung nicht unterrichteten Flugzeug angegriffen, das auf einem der Zerstörer einen Treffer erzielte. Bei dem Ausweichmanöver auf dem schmalen, vermeintlich minenfreien Auslaufweg geriet der deutsche Verband in eine kurz vorher von den britischen Minenleger-Zerstörern geworfene Sperre, sodaß das getroffene Schiff und ein weiterer Zerstörer mit erheblichen Personalverlusten sanken.
Ein Vergleich der Unternehmungen in der ersten Phase des Krieges bis zum Beginn der Norwegenunternehmung zeigt, daß die deutsche Marine mit einem wesentlich größeren Wagemut ihre Unternehmungen bis unmittelbar unter die feindliche Küste trug und auch zu nicht unbedeutenden Erfolgen von rund 560000 BRT versenkten britischen und in britischem Dienst stehenden neutralen Schiffsraumes kam. Die britischen Operationen behinderten demgegenüber den deutschen Verkehr und die Bewegungsfreiheit der deutschen Marine in der Nordsee trotz einiger Verluste kaum, zumal die ersten britischen Magnetminen aus der Luft erst im April 1940 vor der dänischen Küste und der Jade sowie in den Engen der Ostseezugänge geworfen wurden.

Der Seekrieg im Kanal 1940/41

Nach dem an anderer Stelle geschilderten Zwischenspiel des Unternehmens »Weserübung« gegen Norwegen ergab sich nach dem deutschen Angriff im Westen vor der niederländisch-belgischen Küste sowie im Kanal ein neues Gebiet, in dem sich ein intensiver Küstenvorfeldkrieg mit allen Waffen des kleinen Krieges entwickelte. Die Operationen begannen am 10. Mai mit der Auslegung von zusätzlichen Defensivsperren durch britische Minenleger und Zerstörer vor der holländischen Küste, um das Vordringen leichter deutscher Seestreitkräfte an der niederländischen Küste zu verhindern. Tatsächlich gingen im Juli drei Minensuchboote auf diesen Sperren verloren. Gleichzeitig stellten die Alliierten britische und französische U-Boote im Gebiet westlich der holländischen Küste auf. Auf deutscher Seite wurden die Operationen fast ausschließlich durch das Heer und die Luftwaffe durchgeführt. Nur zwei U-Boote operierten in den ersten Wochen des Krieges im nördlichen Kanaleingang, wo *U 9* das französische U-Boot *Doris* und einige Handelsschiffe versenken konnte. Erst als sich im Gebiet von Dünkirchen die Einschließung des britischen Expeditionsheeres und starker belgisch-französischer Verbände abzeichnete, begann man, die ersten Schnellboote in dieses Gebiet vorstoßen zu lassen, wo ihnen während der Evakuierung von Dünkirchen drei Zerstörer und drei andere Schiffe zum Opfer fielen, ein vierter Zerstörer wurde torpediert.

In die zunächst behelfsmäßig hergerichteten holländischen, belgischen und französischen Häfen wurden als erstes einige der Schnellboote verlegt, die ab 19. Juni mit Vorstößen gegen die englische Südküste begannen. Die meist in Rotten zu zweit oder zu dritt nachts gegen die englische Südküste vorstoßenden Schnellboote errangen zwar einzelne Erfolge, doch fielen sie kaum ins Gewicht. Erst am 4. September gelang es 4 Booten der 1. S-Flottille, aus einem Konvoi 5 Schiffe zu versenken und ein weiteres zu beschädigen. Meist blieb es jedoch bei einzelnen Versenkungen. Gefährlicher für die britische Abwehr erwiesen sich zunächst die am 4. Juli 1940 beginnenden Angriffe der von französischen Flughäfen aus startenden Stukas *Ju-87*, die vor der britischen Südküste Konvois angriffen. Am ersten Tage wurden 5 Schiffe versenkt und 9 weitere beschädigt, während Schnellboote aus dem gleichen Konvoi 1 Schiff versenkten und 2 torpedierten. Insgesamt wurden bei den planmäßigen Luftangriffen im Juli 40 Schiffe mit fast 76000 BRT sowie 4 Zerstörer versenkt und zahlreiche weitere Zerstörer beschädigt. Im August begann die 9. Fliegerdivision auch mit einer intensiven Luftverminung der britischen Häfen von der Themsemündung bis zum Humber an der Ostküste sowie vor der britischen Süd- und Südwestküste. Sie steigerte sich bis zum Dezember 1940 gelegentlich zu Großoperationen, bei denen in drei Nächten nahezu 300 Minen geworfen wurden, auf denen 12 Schiffe verloren gingen.

Die wichtigste Aufgabe der deutschen Marine im Kanal war von Mitte Juli 1940 ab die Sicherung der in Vorbereitung befindlichen Operation »Seelöwe«, der Landung in England, durch das Auslegen starker Minensperren im Nordwest- und Südwestzugang des Kanals, die von Minenschiffen und den verfügbaren Torpedobooten der 2. und 5. T-Flottille geworfen wurden, zu denen ab Ende August auch die ersten 3 nach Westen verlegten Zerstörer traten. Ihre Ergänzung fanden diese Unternehmungen in den von Torpedobooten vor allem im September durchgeführten Sperrunternehmungen vor den britischen Kanalhäfen. Die britische Seite versuchte zur gleichen Zeit die Nachführung deutscher Verbände in den Westen durch die Auslegung von Minensperren bei Terschelling und Texel zu unterbinden. Bei einer solchen Unternehmung geriet der britische Zerstörer-Minenlegerverband jedoch in eine der neu ausgelegten deutschen Sperren und verlor 2 Schiffe, während das dritte beschädigt mit dem vierten Schiff zurückkehrte.

Nach der Verschiebung der Operation »Seelöwe« begannen die inzwischen in den Westen verlegten 7 deutschen Zerstörer, Minen im Gebiet vor Südwestengland zu legen. Am 28./29. September wurde eine Sperre in der Falmouth-Bucht geworfen, auf die 5 Schiffe aufliefen. Im Oktober kam es bei einer Handelskriegunternehmung vor dem Bristolkanal zu einem Gefecht zwischen 4 deutschen Zerstörern und britischen Einheiten, denen sich die deutschen Schiffe jedoch entziehen konnten. Bei 2 weiteren Unternehmungen Ende November im Gebiet der Plymouth-Bucht wurden mehrfach Handelsschiffe versenkt und in einem Gefecht ein britischer Zerstörer torpediert. Bei einer Minenunternehmung vor der schottischen Ostküste ging Anfang November jedoch auch ein deutsches Torpedoboot verloren. Bis Mitte 1941 gelang es den deutschen Torpedobooten im Kanal immer wieder, ihre Minen bis unmittelbar unter die englische Küste zu tragen. Zur gleichen Zeit begann auch die Luftwaffe, sich in stärkerem Umfange der Bekämpfung von Schiffszielen durch eine weitgestreute Minenoffensive sowie Bomben- und Torpedoangriffe von Norwegen aus gegen die Schiffe vor der schottischen Küste sowie von Frankreich aus gegen Schiffe im Westeingang des Kanals und vor dem Bristolkanal zu wenden. Insgesamt wurden durch diese Operationen erneut rund 550000 BRT versenkt.

Die zunehmende Intensität der deutschen Angriffe gegen die britische Küstenschiffahrt zwang die Engländer zu einer Verbesserung ihrer Defensivmaßnahmen. Nachdem bereits seit September 1939 an der Ostküste Geleitzüge zwischen der Themse und der schottischen Küste eingeführt worden waren (FN- und FS-Konvois), ging man Anfang Juli auch dazu über, den Verkehr im Kanal vor der britischen Südküste in Konvois zusammenzufassen (CW- und CE-Konvois). Diese Konvois waren zunächst meist durch 2 der älteren Zerstörer der *V-W*-Klasse, mehrere Fischdampfer, die zu Minensuchern und Bewachern umgebaut waren, sowie einige kleine U-Jagd-Motorboote gesichert. Zusätzlich wurde diesen Konvois ein Minensuchgeleit, das zumeist aus umgebauten Fischereifahrzeugen bestand, beigegeben. Gegen die zunehmenden deutschen Luftangriffe auf die Konvois reichte die unzulängliche Flakbewaffnung der Geleitfahrzeuge und der Handelsschiffe nicht aus. Glücklicherweise wurden jedoch zu dieser Zeit die ersten der neuen Geleitzerstörer der »Hunt«-Klasse fertig, die mit ihrer starken Bewaffnung von 2–3 10,2-cm-Doppellafetten und zahlreichen Maschinenkanonen die Abwehrkraft wesentlich verstärkten, wenngleich auch ihre Zahl zunächst noch gering war. Umso wichtiger war deshalb die Bereitstellung eines ausreichenden Jagdschutzes für die Konvois. Das bereitete einerseits wegen der geringen Reichweite der Jagdflugzeuge, andererseits aber vor allem in den Sommermonaten während der Luftschlacht um England Schwierigkeiten, als die Flugzeuge des »Fighter Command« so ökonomisch wie möglich gegen die deutsche Luftoffensive eingesetzt werden mußten. Erst nach dem Abklingen der deutschen Luftoffensive besserte sich diese Situation wesentlich. Von besonderer Bedeutung war dabei auch, daß die Küstenradarstationen zur frühzeitigen Erfassung anfliegender deutscher Verbände und damit zum Ansatz der Jagdflugzeuge ausgenutzt werden konnten.

Auf dem Gebiet des Minenkrieges, der in zunehmendem Maße von Flugzeugen geführt wurde, gelang es der britischen Seite, im Frühjahr 1940 in größerem Umfange wirksame Räumgeräte gegen die deutschen Magnetminen bereitzustellen. Von den etwa 400 zu dieser Zeit vorhandenen Minensuchfahrzeugen, überwiegend umgebauten Fischereifahrzeugen, war etwa die Hälfte mit solchen Räumgeräten gegen Magnetgrundminen ausgerüstet. Bis September stieg die Zahl der Minensuchfahrzeuge auf nahezu 700. Die häufigen deutschen Luftangriffe auf Minensuchverbände zwangen die britische Seite, die Minensucharbeiten überwiegend in die Nacht zu verlegen, eine Taktik, die sich als sehr erfolgreich erwies und auch während des Restes des Krieges weitgehend beibehalten wurde. Neue Schwierigkeiten brachte im Sommer 1940 der erste Einsatz deutscher Luftminen mit akustischer Zündung, doch hatte die Royal Navy auch hier Glück, da sie in einem sehr frühen Stadium des Einsatzes bereits eine solche akustische Mine bergen und untersuchen konnte. Da diese akustischen Minen wie auch zuerst die Magnetluftminen in nur unzureichender Zahl geworfen wurden, konnte die britische Seite rechtzeitig Räumverfahren gegen diese Mine entwickeln. Weitere Schwierigkeiten entstanden, als die deutsche Seite im Dezember 1940 begann, Magnet- und akustische Minen mit Verzögerungszündern zu werfen, so daß die Sucharbeiten gegen die mit Radar festgestellten Mineneinflüge zunächst ergebnislos blieben, dann jedoch bei dem Ablauf der Verzögerungszeit gegen den wieder aufgenommenen Verkehr erhebliche Verluste eintraten. Durch die Vermehrung der Minensuchfahrzeuge und die Sicherung des gesamten Schiffsverkehrs mit Minensuchfahrzeugen versuchte man, dieser neuen Technik Herr zu werden.

Schwierigkeiten bereitete anfangs auch die Abwehr der Schnellbootangriffe auf die Konvois. Da die nachts auf den Konvoirouten auf Lauer liegenden Schnellboote mit ihrer niedrigen Silhouette in der Dunkelheit optisch von den Geleitfahrzeugen kaum erkannt werden konnten, wurden die Angriffe meist erst bemerkt, wenn die ersten Torpedos detonierten und die Schnellboote mit hoher Fahrt abliefen. Erst als ab Anfang 1941 ein Teil der Geleitfahrzeuge mit Radargeräten ausgerüstet werden konnte, besserte sich diese Situation langsam. Es standen jedoch außer den Zerstörern zunächst kaum kampfkräftige Fahrzeuge zur Bekämpfung der Schnellboote zur Verfügung, da die zur Sicherung der Konvois eingesetzten U-Jagd-Motorboote und Motor-Launches (ML) zu langsam und die wenigen vorhandenen Motor-Torpedoboote (MTB) zu schwach bewaffnet waren. Mit der sich auf vielen Gebieten bewährenden britischen Improvisationskunst rüstete man die nach dem Abzug der deutschen U-Boote aus der Nordsee im Frühjahr 1940 nicht mehr benötigten U-Jagdmotorboote zu Motor-Kanonenbooten (MGB) um.

Da auf britischer Seite die für Offensivoperationen gegen die deutschbesetzten europäischen Küsten vor allem in Frage kommenden Zerstörer in der Bereitstellung zur Invasionsabwehr und der Konvoisicherung gebunden und leichte Streitkräfte noch kaum vorhanden waren, blieb die offensive Bekämpfung des deutschen Schiffsverkehrs der »Royal Air Force« überlassen. Das »Coastal-Command«, dessen Aufgabe die Luftkriegführung über See war, besaß jedoch nur Flugzeuge mit geringer Reichweite, so daß es sich in erster Linie auf eine Luftminenoffensive gegen die niederländischen, belgischen und französischen Häfen an der Kanalküste, ab August, nachdem die deutsche Marine begann, die französischen Biskaya-Häfen als U-Boot-Basen zu nutzen, auch gegen diese beschränken mußte. Das »Bomber-Command«, das über weiter reichende Langstreckenflugzeuge verfügte, sah seine Aufgabe vor allem in der Führung nächtlicher Bombenangriffe auf deutsche Städte und konnte nur gelegentlich zu Mineneinsätzen gegen die deutschen Nord- und Ostseehäfen herangezogen werden. Trotzdem waren seine Einsätze im ganzen wesentlich erfolgreicher als die des »Coastal-Command«. Bei insgesamt 1415 Einsätzen und 1149 in diesem Zeitraum geworfenen Minen gingen 75 Schiffe mit fast 66 000 BRT verloren. Trotz wesentlich höheren Aufwandes von über 6000 Einsätzen blieben die Erfolge der direkten Luftangriffe gegen die deutsche Küstenschiffahrt wesentlich geringer. Nur 12 Schiffe mit etwas über 23 000 BRT wurden versenkt und 16 weitere Schiffe beschädigt, während 158 Flugzeuge verlorengingen.

Die Bindung der kampfkräftigeren Einheiten an anderer Stelle sowie die quantitative und qualitative Unzulänglichkeit der vorhandenen »Coastal-Forces« einerseits, und die gegenüber der im Westen noch starken deutschen Luftwaffe unzulänglichen Typen, mit denen das »Coatal-Command« gegen die Schiffahrt operieren mußte andererseits, gaben der deutschen Seite im ersten Jahr Zeit, ihre Küstenvorfeldsicherung aufzubauen. Die Streitkräfte für Sicherungsaufgaben waren bei Kriegsbeginn so organisiert, daß unter den Befehlshabern der Sicherung für die Nordsee und Ostsee (BSN, BSO) je ein Führer der Minensuchboote (FdM) und ein Führer der Vorpostenboote (FdV) stand. Diese Organisation wurde im Sommer 1940 zunächst auch auf den Westraum übertragen, wo man nach der Besetzung der Häfen sofort mit großer Intensität daran ging, die vorgefundenen Fischereifahrzeuge zu Hilfsminensuch- und Vorpostenbooten auszurüsten, was erhebliche Improvisationskunst erforderte. So kamen, außer den aus Deutschland verlegten zwei aktiven Minensuchflottillen mit je 8 Hochseeminensuchern und 5 Räumflottillen mit über 40 Räumbooten, den 4 Hilfsminensuchflottillen mit 32 umgebauten Fischereifahrzeugen, 6 Vorpostenflottillen mit 57 Fischdampfern und einer U-Jagdflottille mit 8 Walfangbooten, bis Ende des Jahres 1940 sieben weitere Hilfsminensuchflottillen mit 190 Fischereifahrzeugen und zwei Vorpostenflottillen mit zunächst 12 Fahrzeugen hinzu.

Da sich die Organisation bei den weitgespannten Räumen nicht bewährte, faßte man ab Februar 1941 die gesamten Sicherungsstreitkräfte unter einem Befehlshaber der Sicherung West (BSW, Konteradmiral Ruge) zusammen, unter dem 4 Sicherungsdivisionen in Holland, in Belgien–Nordfrankreich, in der Bretagne und in der Biskaya südlich der Loiremündung für die Steuerung und den Einsatz der einzelnen Flottillen zuständig waren. Da von englischer Seite zunächst das Schwergewicht deutlich auf dem Minenkrieg lag, wurden alle Fahrzeuge, ausschließlich der U-Jäger, zum Minensuchen eingerichtet und zum Minensuchgeleit der Kriegs- und Handelsschiffe herangezogen. Die örtlich aufgestellten Verbände aus den behelfsmäßig ausgerüsteten Fischereifahrzeugen vom Trawler bis hinab zum Fischkutter und Hummerboot waren verantwortlich für das Minensuchen und die langsamen Ge-baren Sicherung der Häfen auch aus weiteren erbeuteten kleinen Fischereifahrzeugen Hafenschutzflottillen bildeten.

Die Hauptaufgabe der 1., 2. und 3. Sicherungsdivision war

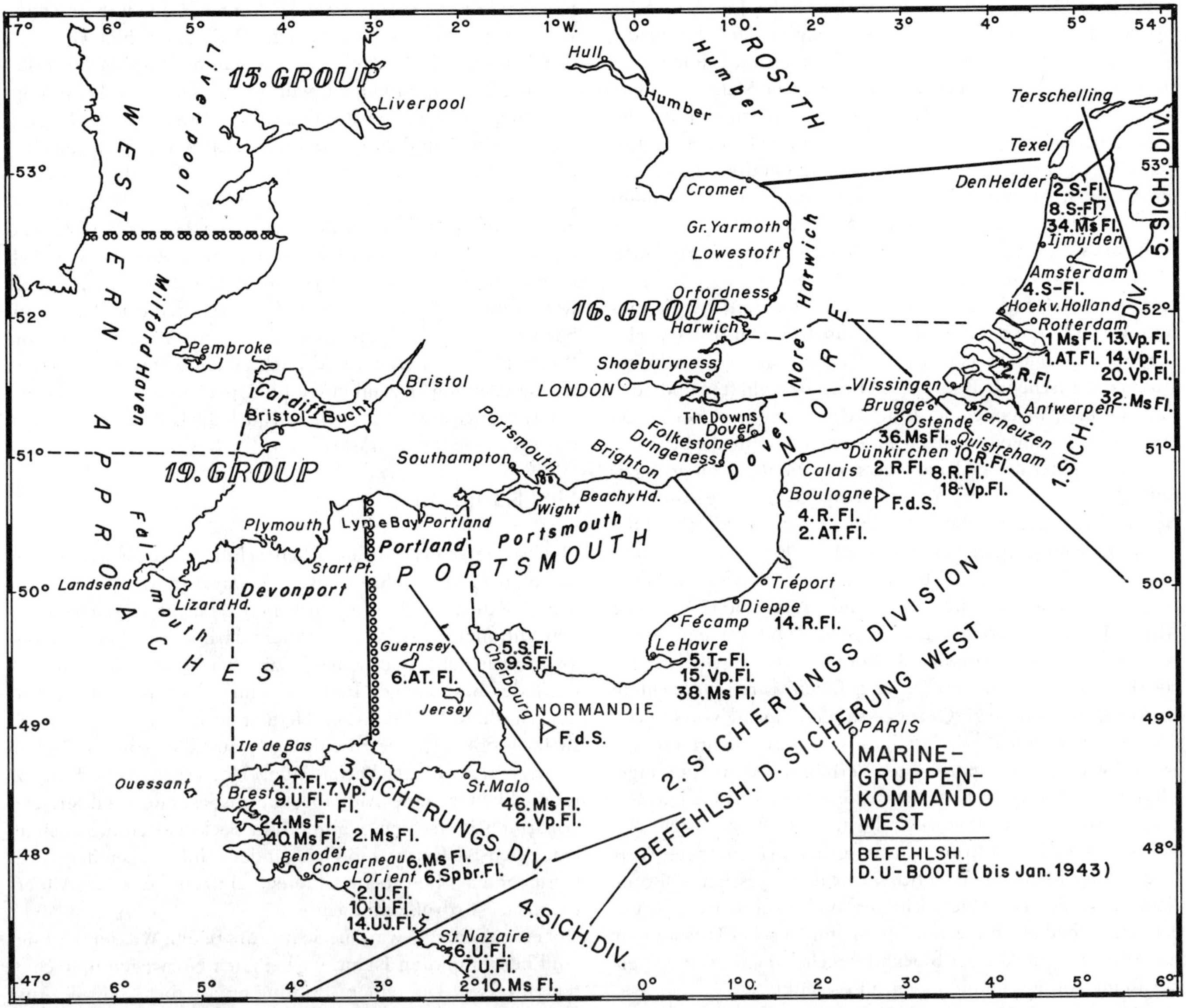

Die Befehlswege im Kanalbereich 1941 – 1943

leite bis in das Gebiet des nächsten derartigen Verbandes. So konnte man mit den schnelleren, aktiven Verbänden aus Minensuch- und Räumbooten Schwerpunkte bilden und sie auch zusammen mit *T*- und *S*-Booten zum Minenlegen im mittleren Kanal einsetzen. Der gesamte BSW-Verband, der während des Krieges bis auf über 400 Fahrzeuge mit mehr als 20 000 Mann anwuchs, unterstand der Marinegruppe West, die ihrerseits auch den eigenen Flottenverbänden, wie Zerstörern, Torpedobooten und Schnellbooten Weisungen für den Einsatz gab. Die Küstensicherung und Verteidigung wurde den Seekommandanten unterstellt, die zur unmittel-es, den Verkehr von und zu den Kanalhäfen sowie durch den Kanal hindurch zu sichern und insbesondere die Verkehrswege minenfrei zu halten. Diese Aufgabe bot bis zum Frühjahr 1941, solange die britischen Streitkräfte noch relativ schwach waren und vor allem im Gebiet des Kanals die deutsche Luftüberlegenheit aufrecht erhalten blieb, geringe Schwierigkeiten. Vor dem Beginn des Feldzuges gegen die Sowjetunion wurden jedoch starke See- und Luftstreitkräfte aus dem Kanalraum abgezogen, sodaß das Kräfteverhältnis in der Luft sich zunehmend zugunsten der »Royal Air Force« wandelte. Die im Westraum verbliebenen deutschen Luft-

streitkräfte waren so kampfschwach, daß sie danach nur noch in Ausnahmefällen ausreichenden Schutz für die Schiffahrt und die Minensucharbeiten geben konnten. Vor allem die Sicherungsverbände erlitten in der zweiten Hälfte 1941 zunehmende Verluste, so daß sie ab Herbst des Jahres ihre Tätigkeit in die Dunkelheit verlegen mußten. Der Abzug der Zerstörer in das Nordmeer sowie der meisten Schnellbootflottillen in die Ostsee beraubte die deutsche Seite auch eines wesentlichen Teiles ihrer Offensivkraft, während auf der anderen Seite die britischen »Coastal-Forces« zahlenmäßig stärker wurden. Trotzdem konnte im zweiten Halbjahr 1941 die einzige im Westraum verbliebene 4. Schnellbootflottille unter der englischen Ostküste bei ihren Angriffen häufiger Erfolge erringen, solange die britischen Geleitfahrzeuge nur zum kleineren Teil mit Radargeräten ausgerüstet waren.
Aufgabe der 4. Sicherungsdivision war es vor allem, die Ein- und Auslaufwege der nun auf die französischen Biskaya-Häfen Brest, Lorient, St. Nazaire, La Rochelle und Bordeaux gestützten deutschen U-Boote von Minen freizuhalten und auch das Ein- und Auslaufen der Blockadebrecher zu sichern. Von einzelnen Luftmineneinsätzen abgesehen, konnte die britische Seite im Gebiet der Biskaya wegen des Mangels an geeigneten Überwasserminenlegern nur wenige Minen mit Minen-U-Booten legen, die den Räumverbänden in dieser Phase jedoch keine Schwierigkeiten bereiteten. Mehr Erfolg brachte der Einsatz der britischen U-Boote in der Biskaya. Nachdem schon bei den ersten Einsätzen Ende August das britische Minen-U-Boot *Cachalot* das deutsche *U 51* versenkt hatte und im September britischen U-Booten zwei aus Übersee zurückkehrende Prisen zum Opfer gefallen waren, verzichtete die britische Marine ab Oktober auf den Einsatz von U-Booten im Gebiet vor der holländisch-belgischen Küste mit seinen schwierigen navigatorischen Verhältnissen und der ungeklärten Minenlage und konzentrierte die Operationen im Gebiet der Biskaya, wo man auch die auf dem Wege ins Mittelmeer befindlichen U-Boote vorübergehend verwendete. Weitere Erfolge blieben bei der Schwäche der deutschen U-Boot-Abwehr in diesem Gebiet nicht aus. Im November wurde ein Tanker torpediert, im Dezember ein italienisches U-Boot und im April nochmals zwei Blockadebrecher-Tanker neben einer Reihe von Fischereifahrzeugen versenkt.
Das Eintreffen des Kreuzers *Admiral Hipper* Ende Dezember 1940 und – nach seinem Auslaufen – der Schlachtschiffe *Scharnhosrt* und *Gneisenau* am 22. März, denen am 2. Juni noch der Kreuzer *Prinz Eugen* folgte. ließ das Schwergewicht der britischen Operationen in diesem Raum sich auf die Bekämpfung dieser für den britischen Konvoiverkehr so gefährlichen Schiffe konzentrieren. Vor den Zufahrten nach Brest wurde eine ständige U-Boot-Patrouille eingerichtet, zu der die überwiegende Zahl der im Heimatgebiet verfügbaren U-Boote herangezogen werden mußte. Um die Bedrohung durch die Schiffe auszuschalten, führte das »Bomber-Command« der »Royal Air Force« vom 27. März bis Ende Juli 1941 1875 Einsätze, bei denen fast 2000 t Bomben geworfen wurden. Am 6. April wurde die *Gneisenau* durch einen Torpedo und am 10./11. April durch 4 Bomben getroffen, so daß sie zunächst ausfiel. Die *Scharnhorst*, die wegen eines Maschinenschadens an der Operation »Rheinübung« nicht teilnehmen konnte, verlegte am 21. Juli nach Wiederherstellung ihrer Einsatzbereitschaft nach La Pallice, um hier Übungen durchzuführen. Da der britischen Luftaufklärung diese Bewegungen nicht entgingen, wurde das Schiff am 24. Juli angegriffen und erhielt 5 Bombentreffer, die zu einem Wassereinbruch von rund 3000 t und schweren Schäden an den elektrischen Kabeln führten, so daß das Schiff in Brest ins Dock gehen mußte. Auch die *Prinz Eugen* wurde am 1./2. Juli bei einem Luftangriff durch Bombentreffer beschädigt. Zusätzlich zu diesen Angriffen warfen das »Bomber- und Coastal-Command« in dieser Zeit vor Brest 275 Luftminen. Um die Reparatur der Schiffe weiter zu erschweren, führte das »Bomber-Command« im September 2 schwere Angriffe gegen die Werftanlagen in Brest, und nach einem gewissen Abflauen wurden Anfang Dezember die Luftoperationen erneut in vollem Umfange aufgenommen und auch die U-Boot-Patrouillen vor Brest wieder verstärkt.

Der Kanaldurchbruch

Hatten die schweren deutschen Schiffe in Brest auch keine weiteren Treffer mehr erhalten, so war doch deutlich geworden, daß die Abwehr die Schiffe in Brest nicht ausreichend gegen Luftangriffe sichern und diese darüberhinaus in der Biskaya auch kaum Gelegenheit zu einer gründlichen Ausbildung der Besatzungen finden konnten. Es schien also erforderlich, diese Schiffe in die Heimat zurückzuverlegen, wenn sie nicht völlig für die Kriegführung ausfallen sollten. Zudem ergaben sich für die Verteidigung Norwegens neue Einsatzmöglichkeiten, eine Aufgabe, die insbesondere Hitler jetzt vordringlich erschien, während die Seekriegsleitung auch an eine offensive Einsatzmöglichkeit der Schiffe gegen den in zunehmendem Maße beobachteten Schiffsverkehr der Alliierten nach Nordrußland dachte.
Der erste Gedanke war, die Schiffe auf tiefem Wasser um England herum und an Island vorbei nach Norwegen marschieren zu lassen. Die nähere Prüfung ergab aber, daß die Aussichten, dieses Ziel zu erreichen, angesichts der englischen Überlegenheit in der Luftaufklärung, gering waren. Das hatte auch die Unternehmung der *Bismarck* gezeigt. Dagegen schienen die Verhältnisse beim Marsch durch den Kanal günstiger zu sein, trotz der durch Minen, Flugzeuge, Schnellboote und Küstenbatterien insbesondere in der Kanalenge drohenden Gefahren. In diesem Gebiet konnte für eine gewisse Zeit die Luftüberlegenheit gesichert werden, und darüberhinaus bestand die Aussicht, einen großen Teil der Besatzungen bergen zu können, sollte ein Schiff bewegungsunfähig werden und aufgegeben werden müssen.
Auf britischer Seite hatte die Admiralität jedoch sehr ähnliche Überlegungen wie die Seekriegsleitung angestellt. Man er-

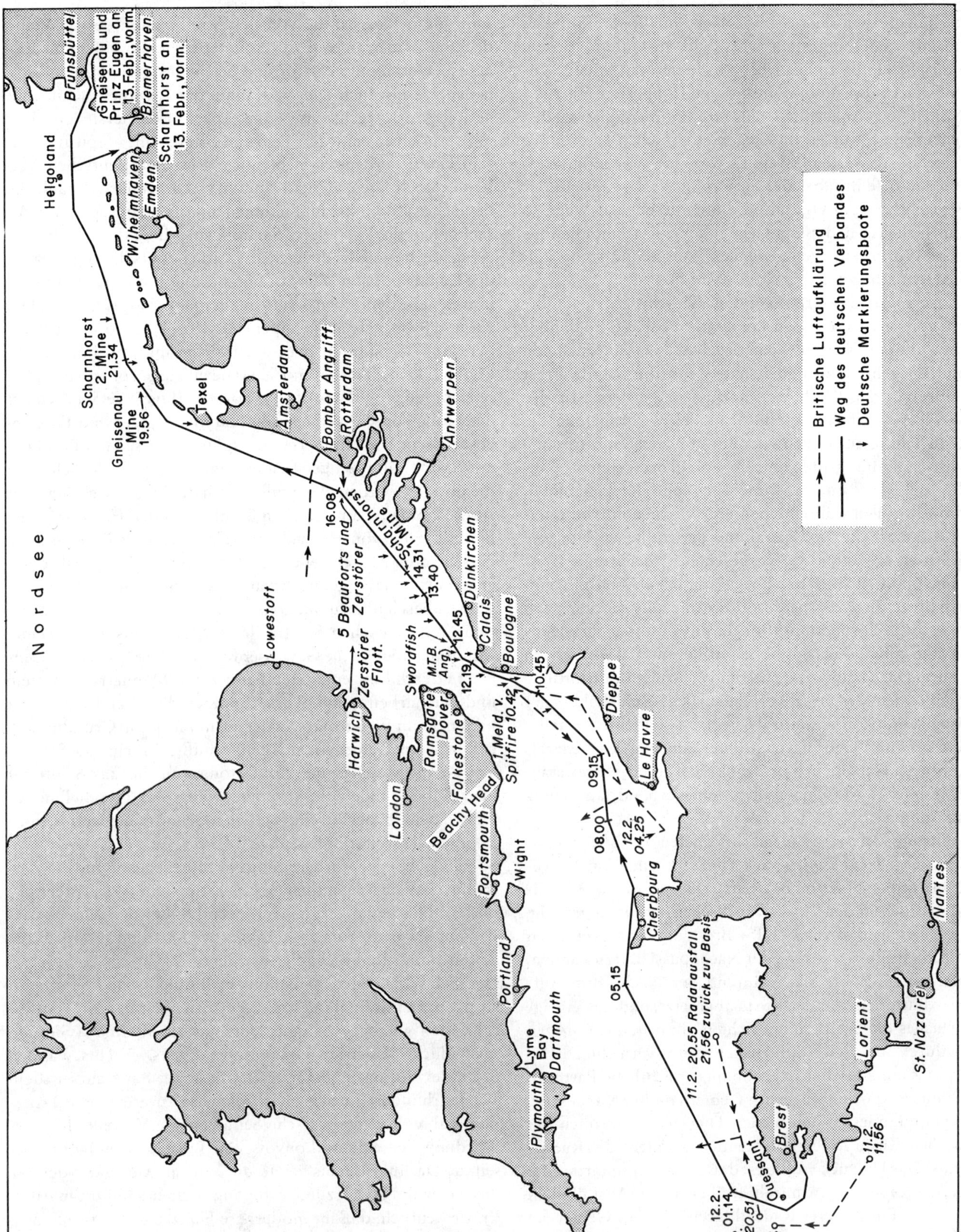

Der Kanaldurchbruch, 12 Februar 1942

wartete, daß die deutschen Schiffe, nachdem ihre Seefähigkeit im Februar wiederhergestellt war, bald auslaufen würden, um heimische Häfen zu erreichen. So hatte man in den Wochen vor der Unternehmung insgesamt 16 Sperren mit rund 1100 Minen (teils Ankertau –, teils Grundminen) quer zu den wahrscheinlichen Kursen im Seegebiet zwischen Cherbourg und Terschelling werfen lassen. Es war eine schwierige Aufgabe für den Befehlshaber der Sicherung West, während der Vorbereitungszeit der Operation die vorgesehenen Wege so freiräumen zu lassen, daß der Gegner keine Klarheit über das Ziel dieser Vorbereitungen gewinnen konnte und somit keinen Verdacht schöpfte.

Auf deutscher Seite hoffte man, daß die Schiffe das gefährlichste Gebiet passiert haben konnten, bevor die Engländer ihre Abwehr organisierten, wenn es gelang, das Unternehmen vollkommen geheim zu halten, und wenn die Schiffe Brest nach Einbruch der Dunkelheit verlassen würden. Mit der »Home Fleet« weit entfernt in Scapa Flow, brauchten die deutschen Schiffe mit Gegenwehr nur von leichten britischen Streitkräften, Luftangriffen und Minenfeldern rechnen. Während die 1., 2., 4., 5. und 12. Minensuch- und die 2., 3. und 4. Räumbootflottillen während mehrerer Wochen ihre umfangreichen Räumarbeiten im Kanal und der südlichen Nordsee durchführten, verlegten die vorgesehenen Sicherungsstreitkräfte nach und nach in ihre Einsatzräume. 6 Zerstörer gingen nach Brest, die 2. Torpedobootflottille mit 5 Booten nach Le Havre, die 3. Torpedobootflottille mit 4 Booten nach Dünkirchen und die 5. Torpedobootflottille mit 5 Booten nach Cherbourg. Dazu kamen die 2., 4. und 6. Schnellbootflottillen zusätzlich zu den Minensuchverbänden des Befehlshabers der Sicherung West (Konteradmiral Ruge). Die Luftflotte 3 stellte 176 Zerstörer und Jagdflugzeuge unter Führung des Generals der Jagdflieger Galland in Nordfrankreich bereit, so daß ständig wenigstens 16 Maschinen über dem Verband Jagdschutz fliegen konnten.

Unter Führung von Vizeadmiral Ciliax liefen die *Scharnhorst, Gneisenau* und *Prinz Eugen* nach Dunkelwerden am 11. Februar 1942 unbemerkt von Brest aus. Das nächtliche Auslaufen widersprach in der Tat den britischen Erwartungen, die drauf rechneten, daß die Schiffe Brest am Tage verlassen würden, um die Enge während der Nacht passieren zu können. So hatten die U-Boote sich während der Nacht zum Aufladen der Batterien von der Küste abgesetzt, und das einzige Boot, welches die Schiffe hätte sichten können, die *Snapper,* wurde durch deutsche Minensuchboote vernichtet. Das »Coastal-Command« hatte regelmäßige nächtliche Patrouillenflüge mit Radarflugzeugen im Gebiet von Brest angesetzt, doch fielen gerade bei den beiden Flugzeugen nördlich der bretonischen Küste im entscheidenden Moment die Radargeräte aus. Das Unglück wollte es, daß das Hauptquartier der »Royal Air Force« die Admiralität über diesen Ausfall nicht unterrichtete. Ein weiteres Radarflugzeug, das im Gebiet der Seine-Bucht aufzuklären hatte, war bereits abgeflogen, als die deutschen Schiffe hier eintrafen. Durch die geschickte Führung gelang es, die von den Streitkräften des BSW entdeckten Minensperren durch entsprechende Kurse zu umgehen. Durch eine erst in der Nacht festgestellte neue Minensperre nördlich Dieppe konnte die 1. Minensuchflottille gerade noch rechtzeitig eine Sperrlücke herstellen. Erst um 10.42 Uhr am 12. Februar ortete eine »Spitfire« bei schlechter werdender Sicht mit Radar den deutschen Verband. Doch auch dieser Kontakt wurde zunächst dank der deutschen Radarstörmaßnahmen unkorrekt ausgewertet. Als schließlich die korrigierte Sichtungsmeldung die Admiralität erreichte, hatten die deutschen Schiffe bereits die engste Stelle des Kanals passiert. Die zu spät alarmierten Küstenbatterien konnten die deutschen Schiffe nicht mehr treffen. Die von Dover und Ramsgate ausgelaufenen 8 Motortorpedoboote wurden von der starken deutschen Sicherung abgefangen und konnten keine Treffer erzielen. Die einzigen sofort verfügbaren Flugzeuge, 6 »Swordfish«-Torpedoflugzeuge, wurden auf der Höhe von Gravelines sämtlich durch Jäger und Flak abgeschossen. Die Hunderte von später eingesetzten Bombern und Torpedoflugzeugen fanden zum Teil ihre Ziele nicht, und die übrigen wurden gleichfalls durch die Jagdabwehr und das starke Flakfeuer am gezielten Bomben- und Torpedowurf gehindert. Fünf von Harwich ausgelaufene Zerstörer konnten im schweren Abwehrfeuer des deutschen Verbandes ihre Angriffe nicht nahe genug herantragen und mußten teilweise schwer beschädigt umkehren. Unbeschädigt setzten die drei schweren deutschen Schiffe ihren Marsch bis zur Schelde-Mündung über flache Gewässer fort, wo die Minensuchstreitkräfte durch konzentrierten Ansatz von Magneträummitteln und Nacharbeiten mit Wasserbomben den Weg freigeräumt hatten. Beim Weitermarsch, der ausnahmslos in Grundminengefährdetem Gebiet vor sich gehen mußte, brachte die *Scharnhorst* eine Magnetmine zur Detonation, die das Schiff für eine halbe Stunde zum Stoppen zwang. Bei Terschelling erhielten beide Schlachtschiffe je einen Grundminentreffer, doch konnten sie weiterlaufen.

So gingen bei der Vorbereitung ein Minensucher und ein Zerstörer, bei der eigentlichen Operation ein Vorpostenboot und 17 Flugzeuge verloren, während außer den Minenschäden auf *Scharnorst* und *Gneisenau* zwei Torpedoboote durch Bombenangriffe beschädigt wurden.

Der Fehlschlag in dem Bemühen, die deutschen Schiffe zu stoppen, rief in England große Betroffenheit hervor. »Admiral Ciliax gelang, was dem Herzog von Medina – Sidonia nicht glückte«, schrieb die Londoner Times. »Nichts, was den Stolz der Seemacht tiefer treffen konnte, hat sich seit dem 17. Jahrhundert in den Heimatgewässern ereignet.« Trotzdem gab es für die britische Seite gewisse Vorteile. Die Gefährdung der Atlantikkonvois von Brest war endgültig beseitigt. Darüber hinaus zeigte die Wirkungslosigkeit der für die »Royal Navy« zur Verfügung stehenden Luftangriffskräfte deutlich, daß ihr modernere Flugzeuge, die bisher ausschließlich an die RAF gegangen waren, zur Verfügung gestellt werden mußten.

Der Überfall auf St. Nazaire

Im auf den Kanaldurchbruch folgenden Monat gewann die »Royal Navy« durch den Raid gegen St. Nazaire viel von ihrem verlorenen Prestige zurück. Der Hafen war eine wichtige U-Boot-Basis und verfügte über eine große Schleuse, die als Trockendock verwendet werden konnte, das einzige Dock außerhalb Deutschlands, das das noch vorhandene Schlachtschiff *Tirpitz* aufnehmen konnte. Um diese Schleuse zu zerstören und die U-Boot-Einrichtungen außer Betrieb zu setzen, bauten die Engländer einen der von Amerika im September 1940 gelieferten Zerstörer, HMS. C*Campeltown* (ex USS. *Buchanan),* als ein sprengstoffbeladenes Blockschiff um, das die Schleusentore rammen und zerstören sollte. Seine äußere Erscheinung wurde nach Möglichkeit an die deutscher Torpedoboote der »Raubtier«-Klasse angeglichen. Um die Operation zu unterstützen und die Hafenanlagen zu zerstören, führte eine Gruppe von Motor-Launches (ML) eine Kampfgruppe von 268 Mann Commandos unter Oberstleutnant Newman mit. Zur Unterstützung und Aufnahme waren 4 »Hunt«-Zerstörer vorgesehen.

In der Nacht vom 28. März 1942 drang der Verband unter Commander Ryder, der sich auf einem MGB eingeschifft hatte, in die Loire-Mündung ein. Es gelang ihm, durch das Beantworten von Erkennungssignalen einige Minuten bis zum Einsetzen des deutschen Abwehrfeuers zu gewinnen. Als die

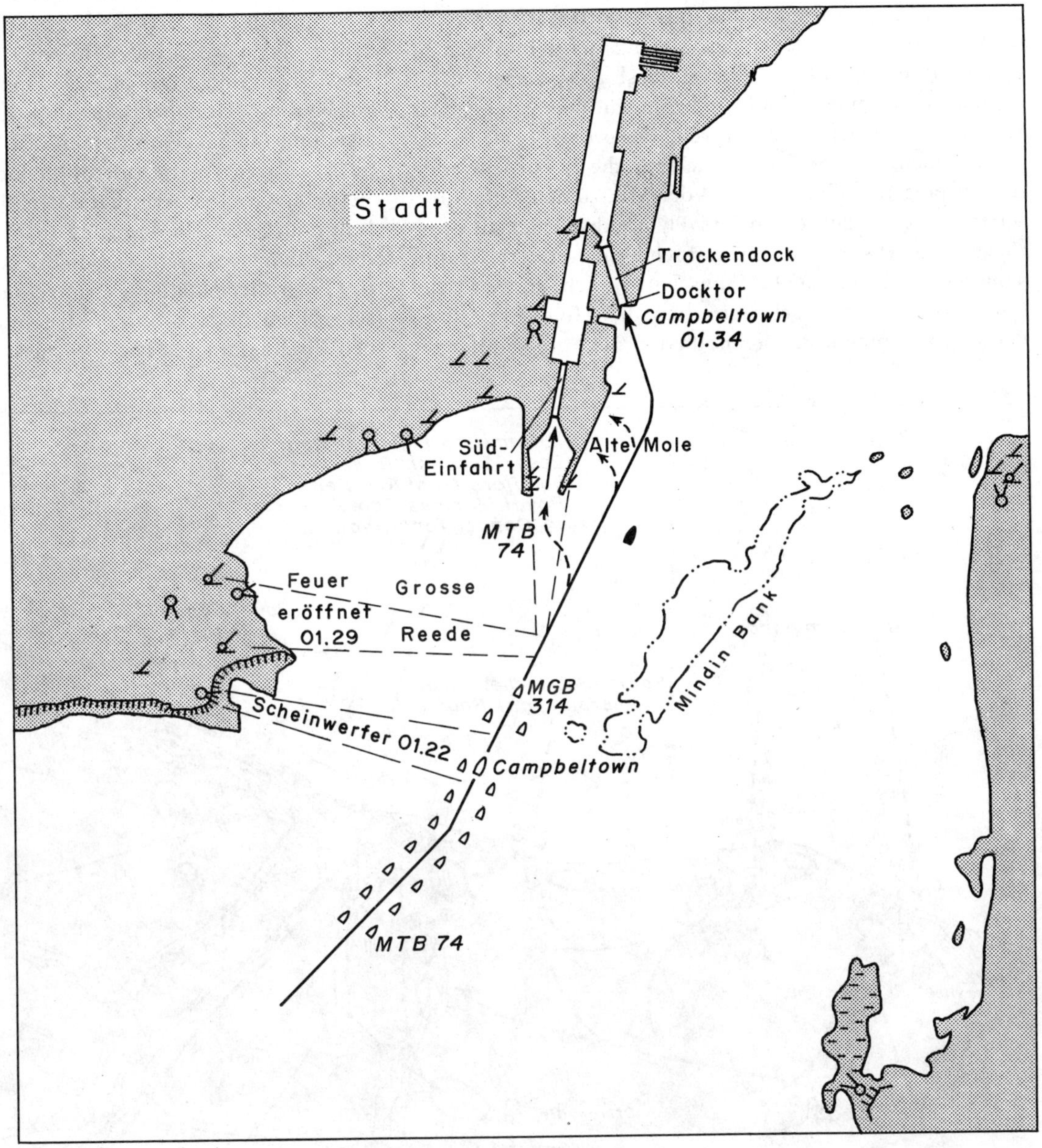

Der St. Nazaire-Raid, 28. März 1942

Campeltown nur noch etwa 1000 Meter von ihrem Ziel entfernt war, eröffneten alle deutschen Batterien das Feuer. Der Kommandant, Lt. Cdr. Beattie, ging auf äußerste Kraft und rammte das Schleusentor vierkant. Danach wurde die Zeitzündung der Sprengladung in Gang gesetzt. Die Besatzung wurde von ML geborgen. Die Kleinfahrzeuge des Verbandes hatten schon beim Anlauf durch das Abwehrfeuer der deutschen Schiffe und Küstenbatterien erhebliche Verluste erlitten. Ein Teil der Commandos war jedoch trotzdem an Land gekommen und konnte Maschinenhäuser der Schleuse zerstören. Die Besatzungen der im inneren Hafenbecken liegenden deutschen Hilfsminensuchboote der 16. Minensuchflottille, die im Nahkampf ausgebildet worden waren, sperrten den Commandos aber den Zugang zur U-Boot-Schleuse, so daß es ihnen nicht glückte, diese zu sprengen. Commander Ryder mußte den Befehl zum Rückzug geben, nachdem das Hauptziel, die Zerstörung der großen Schleuse, erreicht schien. Als von See her die deutsche 5. Torpedobootflottille eingriff, gelang es nur 4 der ML, zu den Aufnahmezerstörern durchzubrechen und Plymouth wieder zu erreichen. Am nächsten Morgen, während eine größere Gruppe deutscher Offiziere und Mannschaften sich an Bord der *Campeltown* versammelt hatte, um die Möglichkeit ihrer Bergung zu untersuchen, explodierten die Sprengladungen, zerstörten das Schleusentor völlig, ließen das Dock vollaufen und verursachten große Verluste unter den deutschen Soldaten.

Die Landung bei Dieppe

Ein Landungsangriff beiderseits Dieppe, der am 19. August 1942 durchgeführt wurde, sollte nicht nur den Einrichtungen der Deutschen in diesem Raum Schaden zufügen, sondern vor allem die bis dahin entwickelten amphibischen Techniken für die spätere Invasion Europas testen. Insgesamt waren an der Operation 6100 Mann der kanadischen 2. Division unter Generalmajor Roberts sowie zwei britische Commandos beteiligt. Sie wurden auf 9 Infanterielandungsschiffen transportiert, zu deren Deckung 8 »Hunt«-Zerstörer sowie zahlreiche Kanonenschnellboote und Motortorpedoboote sowie Landungsfahrzeuge, insgesamt 252 Einheiten und Boote eingesetzt waren. Da die Operation vor allem auf Überraschung beruhte, hatte die Armee die Beteiligung schwerer Seestreitkräfte zur Feuerunterstützung abgelehnt, so daß man sich auf die genannten Zerstörer beschränkte. Bei der Annäherung traf die östliche Landungsgruppe im Dunkeln auf einen deutschen Küstenkonvoi mit 5 Küstenmotorschiffen und 3 kleinen Fischdampfern. Die 3 Sicherungsfahrzeuge griffen die

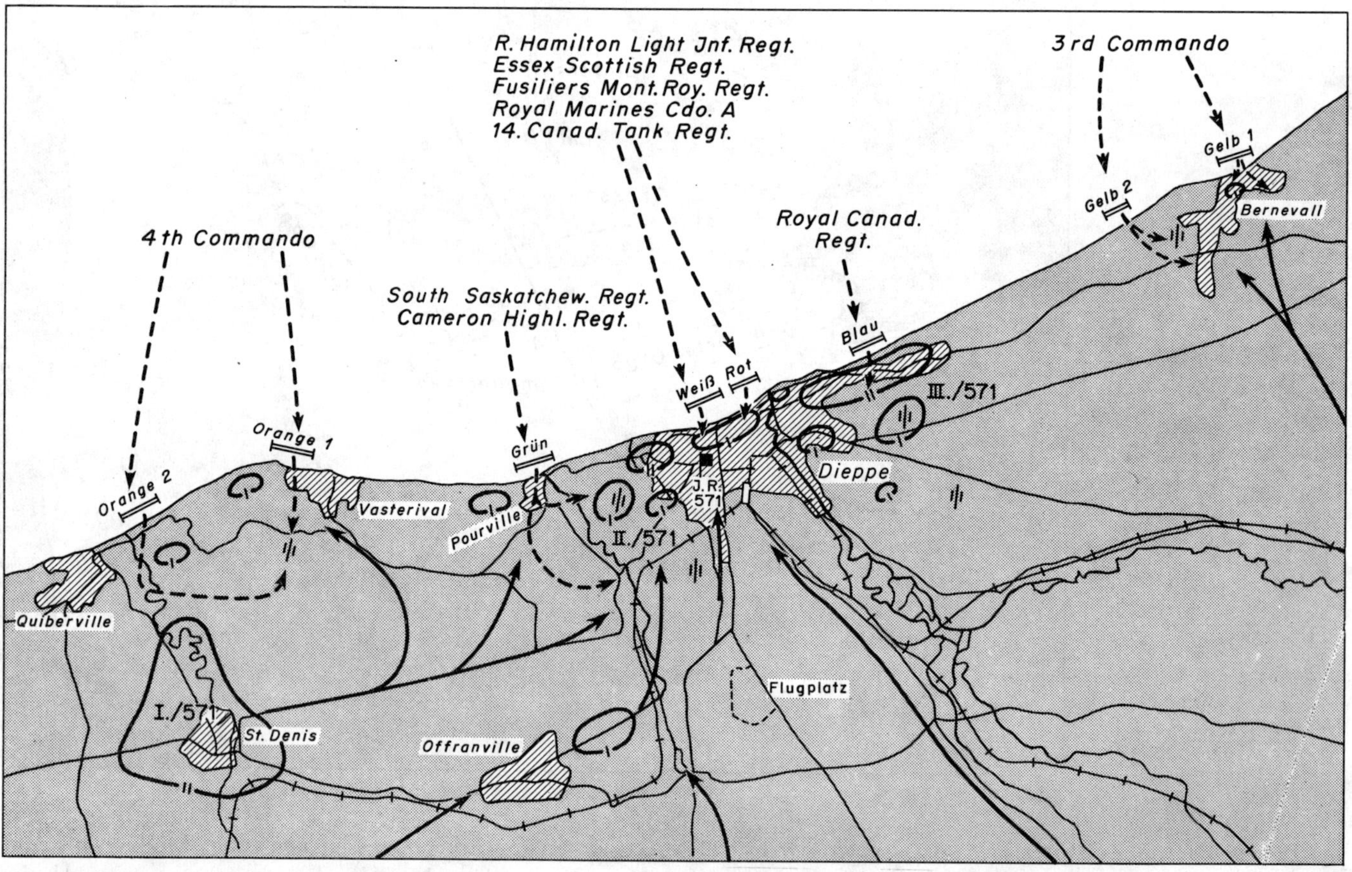

Die Landung bei Dieppe, 19 August 1942

vor ihnen sichtbaren Einheiten mit Artillerie und durch Rammen sofort energisch an, dabei ging auf deutscher Seite ein Schiff verloren und der britische Verband geriet in völlige Unordnung, so daß die Überraschung auf dieser Seite der Landung verlorenging und mit schweren Verlusten abgewiesen wurde. Die wenigen Gruppen, die an Land kamen, wurden schnell vernichtet oder gefangen genommen. An der westlichen Flanke gelang es, die Landung durchzuführen, doch wurde der Hauptangriff gegen den Hafen Dieppe selbst durch das hier eingesetzte Infanterieregiment 71 und Küstenartillerie mit Unterstützung von Jagdbombern vereitelt. Die Anwesenheit eines Schlachtschiffes hätte nach Meinung des Seebefehlshabers die Situation völlig ändern können. So aber waren die Reste der gelandeten Kräfte mittags gezwungen, sich unter schweren Verlusten wieder einzuschiffen. Einer der Zerstörer wurde versenkt, drei weitere durch Bomben und Artillerie beschädigt, ferner gingen 33 Landungsfahrzeuge, 106 Flugzeuge und alle eingesetzten 30 Panzer verloren, 1179 Mann waren an Toten zu beklagen und 2190 Mann gerieten in deutsche Gefangenschaft. Die deutschen Verluste betrugen 48 Flugzeuge und 591 Mann, davon 311 Tote und Vermißte. Der Raid, der alle Gedanken an eine Landungsoperation über den Kanal hinweg in den Jahren 1942 und 1943 entmutigte, zeigte zahlreiche Schwächepunkte in der amphibischen Planung und Technik, die vor einer großen Landung in Afrika und Europa zu korrigieren waren.

Kleinkrieg im Kanal 1942/43

Bei der Stärke der durch Radar-Landstationen geführten britischen Jagdabwehr war es der deutschen Luftwaffe, deren Einsatzverbände überwiegend nach Rußland und ins Mittelmeer verlegt waren, 1942 nicht mehr möglich, Tagesangriffe gegen Schiffsziele zu fliegen. Das Schwergewicht mußte auf Nachteinflüge und Mineneinsätze verlegt werden, deren Ergebnisse jedoch begrenzt blieben. So standen 4438 Angriffs- und 1300 Mineneinsätzen der deutschen Luftwaffe 29443 Jagdeinsätze der Engländer in den ersten 7 Monaten des Jahres 1942 gegenüber. Kein Wunder, daß sich die Erfolge auf insgesamt 16 Schiffe beschränkten. Neben den Luftmineneinsätzen lebte jedoch auch der Einsatz der Schnellboote wieder auf, nachdem im November 1941 die vorübergehend in den Ostraum verlegten 2. und 5. Schnellbootflottillen zur 4. Flottille in die holländischen Häfen zurückkehrten. Allerdings mußten gleichzeitig die 1. und 3. Schnellbootflottille, die zunächst auch im Osten eingesetzt waren, auf den Binnenwasserwegen ins Schwarze Meer bzw. ins Mittelmeer verlegt werden. Anfang 1942 kam jedoch auch noch die in Norwegen neu aufgestellte 6. Schnellbootflottille hinzu, so daß in den von der Feindlage und den Wetterverhältnissen her geeigneten Nächten häufig 8 oder 12 S-Boote Angriffe ausführen konnten. Doch wurden die Schnellboote bei ihren Torpedoangriffsversuchen immer häufiger durch die von Landradargeräten geführten Deckungsgruppen aus Motorkanonenbooten und diese unterstützende Zerstörer abgedrängt. Deshalb verlegte man sich in zunehmendem Maße auf den Einsatz der Schnellboote zu Minenunternehmungen. In den ersten 6 Monaten des Jahres wurden von den Schnellbooten an der englischen Südostküste 260 Minen gelegt. Während die Torpedoeinsätze neben der Versenkung eines Zerstörers nur gelegentlich Erfolge hatten, wie zum Beispiel am 9. Juli, als 2 Flottillen vorübergehend nach Cherbourg verlegt wurden, von hier einen Konvoi in der Lyme Bay überraschend angriffen und 6 Schiffe versenkten, führten die Minenunternehmungen zu besseren Ergebnissen. Auf die von Schnellbooten und Flugzeugen gelegten Minen liefen im Januar 11 Schiffe, im Februar 2 Schiffe, während in den folgenden 5 Monaten im Durchschnitt 6 Schiffe verlorengingen. Außerdem fielen 2 Zerstörer den Minen zum Opfer, während 2 weitere Sicherungszerstörer beschädigt wurden. Dabei spielte die Einführung neuer Minentypen, insbesondere die Kombination von akustisch und magnetisch gezündeten Minen, für das Anschwellen der Verluste eine Rolle, denn es dauerte immer eine gewisse Zeit, bis sich die Abwehr auf diese neuen Minentypen einstellen konnte. In zunehmendem Maße gingen die Engländer jedoch auch dazu über, gegen die Einsätze der Schnellboote mit MGB-Gruppen vor der holländischen Küste zu operieren und auch Jagdbomber gegen die Schnellboote einzusetzten. In der zweiten Hälfte 1942 wurden dann auch die Geleitfahrzeuge, zunächst die Zerstörer, später die kleineren Schiffe, zunehmend mit Radargeräten ausgerüstet, so daß sie von da ab selbst bei schlechten Sichtverhältnissen den Schnellbooten meist überlegen waren. »Während der Gegner mit Radar *sehen* kann, können wir nur durch die Beobachtung des englischen Funkverkehrs *hören*«, klagte ein Eintrag im Kriegstagebuch des Führers der Schnellboote in dieser Zeit.

Auf britischer Seite lag in dieser Phase das Schwergewicht der Offensivoperation gleichfalls auf dem Minenkrieg, der in erster Linie vom »Bomber-Command« der RAF geführt wurde. Der Einsatz steigerte sich von 61 gelegten Minen im Januar auf 1160 im Juni. In den ersten sieben Monaten wurden 4366 Minen, überwiegend Magnetgrundminen, durch das »Bomber-Command« im Raum von der Gironde-Mündung in der Biskaya bis in die Danziger Bucht in der Ostsee gelegt. Diese Luftminenoffensive zwang die deutsche Seite zu einer erheblichen Intensivierung der Minensucharbeiten, auch in den bisher weniger gefährdeten Gebieten zwischen Kiel und Danzig. Die noch bestehenden Lücken in diesem Minensuchsystem verursachten größere Ausfälle, so daß in den ersten sieben Monaten insgesamt 84 Schiffe mit 104000 BRT verloren gingen.

Daneben wurden, vor allem solange die schweren deutschen Schiffe noch in Brest lagen, auch die modernen schnellen Minenkreuzer *Manxman* von Plymouth und *Welshman* von Dover zum Werfen von Minensperren vor Brest und im Kanal eingesetzt. Ihre Ergänzung fanden diese Sperren durch die von den acht ML-Flottillen immer wieder gelegten kleineren Sperrabschnitte. Die Engländer warfen mit Überwasserschiffen in erster Linie Ankertauminen einer Sonderkonstruktion mit Ziehleine, die vor allem zwischen den Flandrischen Sänden angewandt wurde. Vor der Nordbretonischen Küste mit ihrem starken Gezeitenhub wurden, ebenso wie in der Biskaya, vorwiegend normale Ankertauminen verwendet. Im westlichen Kanal sollten die Minen gegen den dort laufenden Küstenverkehr wirken, wurden aber meist bald gefunden und konnten häufig, wie beim Kanaldurchbruch auch, umgangen werden. Sie richteten wenig Schaden an. Die Sperren in der Biskaya lagen zunächst so weit draußen, wie es die Wassertiefen am Schelfrand erlaubten, und waren vor allem gegen die ein- und auslaufenden U-Boote und Blockadebrecher gerichtet. Stichfahrten mit großen Minensuchbooten und Torpedobooten ergaben für die Führung ein ungefähres Bild der Minenlage, so daß auch diese Sperren bald durch Verlegung der Wege umgangen werden konnten. Es ist möglich, daß einige, wenige U-Boote, deren Schicksal nicht geklärt ist, auf diesen Sperren vor ihrer Entdeckung verloren gegangen sind. Auf dem flachen Wasser unmittelbar vor den U-Bootstützpunkten der Biskaya, im östlichen Kanal und vor der Nordseeküste bis in die deutsche Bucht warfen die Engländer zahlreiche Grundminen: im Kanal mit Überwasserschiffen, weiter ostwärts mit Flugzeugen. Zunächst hatten diese Minen ausschließlich eine Magnetzündung einer Art, später von sehr verschiedener Empfindlichkeit und mit Zählschritten, d.h. Einrichtungen, die die Mine erst nach mehreren Überläufen detonieren ließen. Ab Herbst 1942 kamen auch akustische Grundminen verschiedener Typen hinzu. Gegen die Magnetminen wurden verschiedene Arten von magnetischen Einschiff-Räumgeräten und Sperrbrecher eingesetzt, Dampfer, die mittels stromdurchflossener Kabel ein starkes Magnetfeld erzeugten. Die Zählschritte wurden durch häufiges Umpolen des Feldes erfaßt. »Stumpfe« (unempfindliche) Minen, die gegen Sperrbrecher besonders konstruiert waren, wurden durch Vorverlegen des Magnetfeldes ausmanövriert. Man setzte auch Ju-52 Flugzeuge mit stromdurchflossenen Ringen unter den Tragflächen mit Erfolg zum Minenräumen ein. Akustische Minen wurden mit Knallkörpern und Geräuschbojen, die an einer Spier am Bug angebracht waren oder nachgeschleppt wurden, geräumt. Mit diesen Mitteln gelang es, die wesentlichen Schiffahrt- und Zufahrtwege immer wieder mit geringen Unterbrechungen für den Verkehr freizuhalten.

Die Zahl der für eine offensive Verwendung geeigneten britischen leichten Streitkräfte war zunächst gering. Neben 6 *MGB*-Flottillen, die Mitte 1942 vor allem zur Abwehr der deutschen Schnellboote bereitstanden, waren es gleichzeitig zwei *MTB*-Flottillen, die mit ihren je acht Booten nur gelegentliche Angriffe fahren konnten, doch wurden sie teilweise zusammen mit den schnell greifbaren »Hunt«-Zerstörern immer wieder gegen wichtigere deutsche Geleite angesetzt; so im März und Mai 1942 gegen die aus der Heimat in die Biskaya verlegenden Hilfskreuzer *Michel* und *Stier*, die jedoch mit ihrer starken Sicherung aus Torpedobooten und Minensuchbooten alle Angriffe abschlugen, wenn auch im letzteren Falle zwei Torpedoboote verloren gingen. Beim Ausbruchsversuch des Hilfskreuzers *Komet* im Oktober wurden zwei Gruppen von 5 bezw. 4 »Hunt«-Zerstörern zusammen mit *MTB*-Gruppen angesetzt, denen es nach heftigen Gefechten gelang, die *Komet* zu torpedieren und zu versenken. Als Deckung gegen solche Operationen warfen 1942 deutsche Torpedoboote, Minensuchboote und Räumboote zahlreiche Minensperren etwa in der Mitte des Kanals von westlich Cherbourg bis auf die Höhe von Le Touquet. Die am weitesten östlich und damit am nächsten der englischen Küste liegenden Sperren übernahmen die Räumboote, weil sie niedrig und aus Holz gebaut und damit für Radargeräte schwerer aufzufassen waren. In einem Wurfverband operierten bis zu 24 solche Boote zusammen.

Die britische Luftoffensive gegen die deutsche Schiffahrt war 1942 durch die unzulängliche Zuteilung von Flugzeugen an das »Coastal-Command« noch stark behindert. Zudem handelte es sich bei den verfügbaren Flugzeugen zum großen Teil um veraltete Muster. So konnten im ersten Halbjahr bei rund 6000 Einsätzen und fast 1000 Angriffen nur etwa 30 Schiffe versenkt werden. Im zweiten Halbjahr wurden bei rund 4000 Einsätzen und fast 600 Angriffen zunächst nur 12 Schiffe versenkt. Gegen Ende des Jahres 1942 begann sich die Situation für das »Coastal-Command« durch die Zuteilung modernerer Flugzeuge, insbesondere zu Torpedoträgern umgerüsteter »Beaufighter«, zu verbessern. Nach Überwindung anfänglicher Schwierigkeiten mit diesen neuen Flugzeugen konnte die »16th Group« des »Coastal-Command«, deren Einsatzraum der Kanal vom Gebiet der Kanalinseln bis zur Nordsee auf der Höhe des dänischen Hafens Esbjerg war, daran gehen, zusammen mit dem »Fighter-Command« durch Jäger geschützte Angriffsgruppen auf die deutschen Konvois in der Deutschen Bucht und vor der niederländisch-belgischen Küste anzusetzen, die im Jahr 1943 zunehmende Erfolge errangen. Bis zum Mai wurden 22 Schiffe mit fast 55000 BRT versenkt; der überwiegende Teil davon in den letzten Monaten des ersten Halbjahres 1943. Die 19th Group, deren Einsatzgebiet vor allem der westliche Kanal und die Biskaya waren, konzentrierte ihre Angriffe und Einsätze auf die an anderer Stelle geschilderte Blockierung des Ein- und Auslaufweges der U-Boote.

Kleinkrieg im Kanal 1943

Die sich 1942 abzeichnenden und 1943 stärker in Erscheinung tretenden Tendenzen des Übergangs der Initiative von deutscher Seite auf die britische kamen 1944 voll zur Auswirkung. Die deutschen Schnellboote, deren Zahl sich weiter verstärkt hatte, so daß drei Flottillen aus den holländischen Basen und zwei weitere aus dem Gebiet von Cherbourg operieren konnten, kamen, obgleich sie jede geeignete Wetterlage zu Minenunternehmungen und – bei entsprechender Feindlage – zu Torpedoangriffen auf Konvois auszunützen versuchten, immer schwerer zu Erfolgen. Die gelegten Minensperren konnten von britischer Seite in der Mehrzahl der Fälle rechtzeitig geräumt werden, da die Boote meist durch die Küstenradarstationen auf ihrem An- oder Anmarsch geortet wurden und sich aus diesen Ortungen die Lage der Sperren relativ leicht erschließen ließ. Die meist aufgrund der deutschen Funkaufklärung, die in dieser Zeit recht erfolgreich war, gegen festgestellte Konvois angesetzten Schnellbootgruppen wurden gleichfalls von den Radargeräten der Küstenstationen früh erfaßt und oft durch die inzwischen mit 9 cm Radar ausgerüsteten Sicherungszerstörer, die meist Gruppen von *MGB's* und *MTB's* führten, abgefangen und in Gefechte verwickelt, in denen beide Seiten versuchten, durch das Abhören und Einpeilen des gegenseitigen Ultrakurzwellen-Sprechfunkverkehrs Vorteile zu erlangen. Bei steigenden eigenen Verlusten gingen die Erfolge der Schnellboote auf diese Weise zurück. Die ungenügende Zahl der Flugzeuge, welche der deutschen Luftwaffe im Westen noch zur Verfügung stand, erlaubte es auch nur noch in geringerem Umfange, Mineneinflüge anzusetzen.

Auf alliierter Seite nahm die Zahl der *MTB*- und *MGB*-Flottillen in dieser Zeit ständig zu und wirkte sich in einer starken Häufung der Schnellbootangriffe gegen den deutschen Geleitverkehr aus, denen die meist aus wenigen aktiven Minensuch- und Räumbooten sowie umgebauten Fischdampfern bestehenden Sicherungsverbände mit einer wesentlich unzulänglicheren Ausstattung an Ortungsmitteln zu begegnen hatten. Die Abwehrerfolge dieser deutschen Sicherungsverbände sind deshalb umso höher zu bewerten, gelang es ihnen doch, nachdem sie 1942 zwischen Boulogne und der spanischen Grenze 5,7 Mil. BRT bei 17 Verlusten und 1943 3,2 Mil. BRT bei 12 Verlusten gesichert hatten, auch im Jahre 1944 die wenigen noch durchgeführten Geleite mit geringen Verlusten zu bewältigen.

Die intensivierte britische Luftoffensive gegen die Schiffahrt hatte vor allem in der Deutschen Bucht und vor der holländischen Küste Erfolg gegen eine ganze Anzahl deutscher Konvois; wenn auch die Schiffe in den selteneren Fällen versenkt wurden, fielen sie doch durch die teilweise erheblichen Schäden durch Nahtreffer und Bordwaffenbeschuß oft für längere Zeit aus. Am gravierendsten war jedoch die von britischer Seite ständig weiter intensivierte Luftminenoffensive gegen die gesamte europäische Küste von der Biskaya bis in die östliche Ostsee, die bei ständiger Verbesserung der Minentechnik mit immer neuen Kombinationen von Zündmechanismen die Sicherungs- und Minensuchstreitkräfte auf das äußerste beanspruchte und den Schiffsverkehr immer mehr erschwerte.

Die Blockadebrecher

Ein für die deutsche Kriegswirtschaft immer schwieriger werdendes Problem war die Versorgung mit Mangelrohstoffen aus Ostasien, insbesondere mit Kautschuk. Schon seit Gewinnung der französischen Atlantikküste hatte die deutsche Führung sich bemüht, schnell laufende deutsche und italienische Handelsschiffe als Blockadebrecher zwischen Frankreich und dem japanischen Machtbereich in Ostasien verkehren zu lassen. Im Winterhalbjahr 1940/41 waren von 5 aus Japan auslaufenden Transportern 3 in Bordeaux angekommen. Im Winterhalbjahr 1941/42 waren es von 12 ausgelaufenen Schiffen 9, während gleichzeitig von 7 nach Japan ausgelaufenen Schiffen 6 ihr Ziel erreichten. Im Winterhalbjahr 1942/43 wurde die Situation insbesondere durch die verbesserte alliierte Luftaufklärung im Atlantik, vor allem aber in der Biskaya für die deutsche Seite zunehmend schwieriger. Von den ab August 1942 von Japan ausgelaufenen Blockadebrechern erreichten zwar die ersten 3 Anfang November Bordeaux, doch hatte ein Schiff nach einem Torpedotreffer in der Sundastraße umkehren müssen, und ein zweites war im Indischen Ozean verlorengegangen. Das nächste Schiff, das Ende Dezember südwestlich der Azoren durch ein U-Boot aufgenommen war, wurde am 1. Januar bei der Einfahrt in die Biskaya durch die britische Aufklärung erfaßt und durch einen Kreuzer versenkt. Noch schlechter erging es den von Europa auslaufenden Schiffen. Von 2 Troßschiffen, die im August in See gingen, erreichte das erste erst nach 2 mißlungenen Ausbruchsversuchen schließlich die freie See und Japan, während das zweite Schiff nach zwei erfolglosen Versuchen die Unternehmung aufgeben mußte. Nach dem Beginn der längeren Nächte im Oktober lief erneut in kurzer Folge eine Serie von 10 Blockadebrechern, denen im November noch 2 weitere folgten, aus. Von ihnen wurden nicht weniger als 6 Schiffe auf dem Ausmarsch durch die Biskaya von britischen Flugzeugen erfaßt und angegriffen. Zwei Schiffe mußten schwer beschädigt umkehren, zwei weitere gingen im Zusammenwirken zwischen Luftangriffen und Überwasserschiffen westlich der Biskaya verloren. Die übrigen erreichten zum Teil beschädigt Japan.

Um die in den ersten Monaten 1943 in Frankreich zu erwartenden 10 weiteren Blockadebrecher sicher einzubringen, waren deshalb stärkere Maßnahmen von deutscher Seite erforderlich. Es war eines der ersten Probleme, mit denen sich der neu ernannte Oberbefehlshaber der Kriegsmarine, Großadmiral Dönitz, auseinanderzusetzen hatte. Am 8. Februar 1943 brachte er auf seiner ersten Besprechung mit Hitler das Thema zur Sprache. Neben seiner Forderung, sofort mit dem Bau von Fracht-U-Booten für den Kautschuk-Transport zu beginnen und in der Zwischenzeit die für Kampfaufgaben kaum noch geeigneten italienischen Atlantik-U-Boote zum Kautschuk-Transport einzusetzen, forderte Dönitz vor allem eine Verstärkung der Verbände des Fliegerführers Atlantik, um einerseits weiträumige Luftaufklärung fliegen und andererseits mit Jagd- und Zerstörerflugzeugen die einzubringenden Schiffe besser sichern zu können. Außerdem befahl Dönitz die Verlegung der 8. Zerstörerflottille mit den damals kampfkräftigsten Zerstörern *Z 23*, *Z 24*, *Z 32* und *Z 37* – *Z 25* mußte zurückbleiben – in die Biskaya. Diese Schiffe hatten mit einer Bewaffnung von 5 15-cm-Geschützen und 8 Torpedorohren neben starker Flakarmierung die stärkste Artilleriebewaffnung aller Zerstörer. Es sollte die Aufgabe dieser Schiffe sein, den Schutz der nach und von Bordeaux kommenden Blockadebrecher in der Biskaya sicherzustellen. Bereits bevor die Zerstörer nach einem ohne schwerwiegende Zwischenfälle geglückten Durchbruch durch den Kanal Ende Februar in der Biskaya eintrafen, erreichte der erste der unterwegs befindlichen Prisentanker die Biskaya, so daß für seine Sicherung nur die für eine solche Aufgabe wenig geeigneten U-Boote bereitgestellt werden konnten. Das Schiff wurde durch zur U-Jagd eingesetzte alliierte Flugzeuge gesichtet, die einen Kreuzer heranführten, dem das Schiff zum Opfer fiel. Die U-Boote kamen wie in vielen ähnlichen Fällen nicht zum erfolgreichen Angriff. Das Unglück wollte es, daß der nächste Blockadebrecher, die *Doggerbank,* durch ein deutsches U-Boot irrtümlich torpediert wurde.

Als Mitte März die 4 Zerstörer einsatzbereit in Bordeaux lagen, näherten sich die nächsten 4 Blockadebrecher dem nördlichen Atlantik. Die SKL plante, diese 4 Schiffe in einer größeren Operation einzuholen. Die 4 Zerstörer sollten dem wertvollsten Schiff, der italienischen *Pietro Orseolo,* bis zur äußersten Grenze ihrer Reichweite auf die Höhe von Vigo entgegenfahren und das Schiff nach Bordeaux einbringen, wobei man darauf vertraute, daß die stark bewaffneten Zerstörer evtl. angetroffenen britischen Seestreitkräften, insbesondere den hier operierenden U-Jagd-Gruppen, überlegen sein würden. Da man kaum damit rechnen konnte, daß diese Unternehmung der gegnerischen Aufklärung entgehen würde und infolgedessen größere Operationen auf sich ziehen mußte, hoffte man, daß die anderen 3 Blockadebrecher unbemerkt, unter Ausnutzung der ihnen von U-Booten im Atlantik übergebenen Funkmeßbeobachtungsgeräte die Dänemark-Straße passieren konnten. Günstige Lagen in der Biskaya sollten darüberhinaus dazu benutzt werden, im Geleit der vom Kanal herangezogenen Torpedoboote aus Bordeaux 4 Blockadebrecher in den freien Seeraum zum Durchbruch nach Japan zu geleiten.

Vom 30. März bis 2. April gelang die Einbringung der *Pietro Orseolo.* Eine von den Zerstörern auf dem Ausmarsch auf große Entfernung gesichtete britische U-Jagd-Gruppe drehte vor dem überlegenen Feuer der deutschen Schiffe ab, und die Zerstörer konnten nach der Aufnahme des Schiffes auch zahlreiche Angriffsversuche britischer Torpedoflugzeuge abwehren. Es gelang jedoch einem der zu dieser Zeit in der Biskaya eingesetzten 6 amerikanischen U-Boote, der *Shad,* den Blokkadebrecher im Vorschiff mit einem Torpedo zu treffen, doch konnte das Schiff weiterlaufen und Bordeaux erreichen. Es war bezeichnend für den Wert, welchen die Kautschuk-Ladung des Schiffes hatte, daß die Zerstörer schon in See versuchten, die großen Kautschuk-Ballen, die aus dem Leck des Schiffes herausschwammen, aufzufischen. Dieses Verfahren wurde auf der Gironde und noch im Hafen fortgesetzt, bis die *Pietro Orseolo* ins Dock ging. Der Durchbruch der anderen Schiffe mißlang. Die *Regensburg* wurde von einem britischen Kreuzer vor der Dänemark-Straße gestellt, die *Karin* war bereits in der Freetown-Natal-Enge einer US-Trägergruppe zum Opfer gefallen, und das vierte Schiff, *Irene,* wurde, nachdem es sich eine zeitlang im mittleren Atlantik aufgehalten hatte, beim Versuch, die Biskaya zu erreichen, von einem britischen Kreuzer versenkt. Der Ausbruch der 4 Blockadebrecher gelang den drei deutschen Schiffen unbemerkt, während das vierte italienische Schiff im Geleit von Zerstörern und Torpedobooten zwei Versuche abbrechen und wieder umkehren mußte. Aufgrund dieser Lage wurde den restlichen noch in See befindlichen 3 Blockadebrechern, die weiter südlich standen, der Befehl gegeben, nach dem japanischen Machtbereich zurückzukehren und den Versuch im nächsten Winterhalbjahr erneut zu unternehmen.

Nachdem 1943 nur ein beschädigter Blockadebrecher sowie das japanische U-Boot *I – 8* mit Kautschukladungen in Frankreich eingetroffen waren, war es unumgänglich notwendig, die in Japan verfügbaren 5 Blockadebrecher während der dunklen Wintermonate 1943/44 nochmals mit Kautschukladungen auslaufen zu lassen. Die Schiffe gingen im Oktober 1943 in See, und an der französischen Biskayaküste wurden alle Vorbereitungen für ihre Einbringung getroffen. Zwei weitere, kampfkräftige Zerstörer *Z 27* und *ZH 1* wurden durch den Kanal in die Biskaya verlegt. Die 4. Torpedobootflottille in Brest wurde auf 6 der neuen Flottentorpedoboote *T 22 – T 27* verstärkt. Gegen die von der alliierten Aufklärung erwartete Operation setzte die Admiralität im Gebiet zwischen Azoren und Biskaya seit dem 12. Dezember Kreuzerpatrouillen an. Das Glück für die deutsche Seite wollte es, daß diese Schiffe am 23. Dezember zur Brennstoffergänzung einliefen, gerade als der erste der Blockadebrecher, die *Osorno,* die weit nach Nordwesten bis zur Neufundlandbank ausgewichen war, mit Ostkurs die Biskaya ansteuerte. Trotz eines schweren Sturmes gelang es den 12 Zerstörern und Flottentorpedobooten am Weihnachtsabend, die *Osorno* aufzunehmen, obgleich sowohl die Zerstörer als auch der Blockadebrecher von der britischen Luftaufklärung erfaßt worden waren und britische Flugboote an den Verbänden Fühlung hielten. Die starke Flak, der mehrere Flugzeuge zum Opfer fielen, wurde noch durch Fernjagdflugzeuge des Fliegerführers Atlantik verstärkt, so daß die Schiffe ihr Ziel, Bordeaux, erreichten. Der Versuch der alliierten Führung, die zur Unterstützung eines durch die U-Boot-Gruppe »Borkum« bedrohten Konvois angesetzte Trägergruppe mit dem Geleitträger *Card* gegen den Blockadebrecher anzusetzen, brachte keinen Erfolg, da die Gruppe in die U-Boot-Aufstellung hineingeriet und einen ihrer 3 Zerstörer verlor, während am gleichen Tage auch eine in der Nähe stehende britische Escort-Group ihren Führerzerstörer bei einem der zahlreichen U-Boot-Angriffe einbüßte.

Inzwischen war der zweite von den schnelleren Blockadebrechern, die *Alsterufer,* in den Aktionsbereich der deutschen Schiffe gelangt, so daß die deutschen Zerstörer und Torpedoboote nach Brennstoffergänzung mit Ausnahme von *ZH 1,* der wegen Maschinenschaden zurückbleiben mußte, wieder ausliefen. Nun war jedoch auch die britische Sperroperation im Gefolge der Jagd auf die *Osorno* wieder in Gang gekommen. Nicht weniger als 5 britische Kreuzer und 2 französische Großzerstörer wurden neben verstärkter Luftaufklärung aufgeboten. Am 27. früh sichtete ein »Sunderland« Flugboot 500 Seemeilen nordwestlich Cap Finisterre die *Alsterufer* mit Südostkurs. Die Kreuzer wurden angesetzt. Bevor sie oder die deutschen Schiffe jedoch herankamen, wurde die *Alsterufer* durch einen tschechischen »Liberator«-Bomber mit Raketen angegriffen und getroffen, so daß die Besatzung das in Brand geratene Schiff aufgeben mußte. Ehe die deutsche Führung vom Verlust des Schiffes erfuhr, hatte die alliierte Luftaufklärung den deutschen Zerstörerverband erfaßt und Positionsmeldungen abgegeben. Als die Zerstörer am Morgen des 28. 12., nachdem die Marinegruppe West vom Untergang des Blockadebrechers erfahren hatte, zurückgerufen wurden, stieß der Verband bei schwerer See auf die inzwischen herangekommenen britischen Kreuzer *Glasgow* und *Enterprise*. Trotz artilleristischer Überlegenheit der 11 Zerstörer und Torpedoboote (25 15-cm und 24 10,5-cm-Kanonen gegenüber 19 15,2- und 13 10,2-cm-Kanonen) scheiterte bei der schweren See, die die deutschen Schiffe an der Entfaltung ihrer vollen Geschwindigkeit behinderte, ein Zangentorpedoangriff. Die in der hohen Dünung standfesteren Kreuzer schossen sich bald auf die deutschen Schiffe ein, deren Artillerie bei den sehr viel stärker arbeitenden Plattformen der kleinen Schiffe unsicherer war. Im Artilleriegefecht gingen der Zerstörer *Z 27* und die Torpedoboote *T 25* und *T 26* verloren, während die restlichen Schiffe sich teilweise mit Schäden absetzen konnten. Obgleich deutsche Flugzeuge mehrere Angriffe auf die Kreuzer versuchten, blieben sie unbeschädigt. Weitere Einbringungsoperationen erübrigten sich, da die restlichen drei Blockadebrecher in der Freetown-Natal-Enge von amerikanischen und französischen Jagdverbänden gestellt und versenkt wurden.

Während die Zerstörer im ersten Halbjahr 1944 in der Biskaya blieben und hier Sicherungsaufgaben auch für U-Boote übernahmen, wurden die kampfkräftigen Flottentorpedoboote von Brest aus wiederholt zur Sicherung von Konvois im Westteil des Kanals, insbesondere vor der bretonischen Küste eingesetzt. Hier waren sie am 23. Oktober 1943 bereits zu ihrem größten Erfolg gekommen, als sie bei der Fernsicherung eines deutschen Konvois mit dem in die Heimat zu verlegenden Blockadebrecher *Münsterland* in der Nacht auf den zum Abfangen angesetzten britischen Kreuzer *Charybdis* und 6 Zerstörer stießen. In überraschendem Torpedoangriff konnten sie den Kreuzer und den Zerstörer *Limbourne* ohne eigene Verluste versenken. Ungünstiger gingen zwei Gefechte im April 1944 aus, als in der Nacht zum 26. April drei Torpedoboote bei einer Minenunternehmung auf einen britischen Verband mit einem Kreuzer und 4 britisch-kanadischen »Tribal«-Zerstörern stießen, wobei das deutsche Führerboot *T 29* versenkt wurde. Als in der Nacht zum 29. April die beiden restlichen Torpedoboote wieder nach Brest verlegen wollten, stießen sie auf 2 kanadische Zerstörer. Dabei konnte *T 24* die *Athabaskan* mit Torpedotreffern versenken, während *T 27* sich nach einem Gefecht mit der *Haida* auf Strand setzen mußte. Nach Grundminentreffer erreichte *T 24* als letztes Boot beschädigt Brest.

Invasionsvorbereitungen 1944

Im ersten Halbjahr 1944 konzentrierten sich die beiderseitigen Anstrengungen immer mehr auf die Vorbereitung der Invasion, bezw. deren Abwehr. Von deutscher Seite wurden dabei die Möglichkeiten, die das Küstenvorfeld bot, nicht genügend ausgenutzt. Feldmarschall Rommel wollte seiner Verteidigung Tiefe nach vorn geben, indem er auf dem Vorstrand, zwischen Hoch- und Niedrigwasserlinie, Hindernisse der verschiedensten Art, z. T. mit kleinen Minen versehen, errichten ließ. Diese sollten nach See zu ergänzt werden durch Küstenminen auf ganz flachem Wasser, Grundminen in den für sie geeigneten Wassertiefen und Ankertauminen mit Sperrschutzmitteln südlich der alten Sperren in der Mitte des Kanals. Trotz wiederholter Anträge des Feldmarschalls wollte die Marine einer derart intensiven Verminung ihres Küstenvorfeldes jedoch mit Rücksicht auf den eigenen Küstenverkehr nicht zustimmen und verließ sich auf ein ausgeklügeltes System von »Blitzsperren«, die bei drohender Invasionsgefahr geworfen werden sollten. Bei der unzulänglichen Zahl verfügbarer Wurfverbände und der alliierten Luftüberlegenheit war das eine problematische Planung, und tatsächlich konnten in der Seinebucht, in der die Alliierten dann landeten, diese Sperren nicht mehr rechtzeitig geworfen werden.

Die alten Sperren in der Mitte des Kanals waren zu stark gelichtet, um ein wirkliches Hindernis zu bilden. Trotzdem machten sie den Einsatz starker Minensuchverbände am Vortage der alliierten Invasion erforderlich. Diese blieben aber unentdeckt, da mehrere Tage lang keine Luftaufklärung geflogen werden konnte, weil das Wetter für eine Großoperation zu schlecht schien. Nachdem die Landung geglückt war, konnten die wenigen verfügbaren Zerstörer, Torpedo- und Schnellboote, sowie die aus der Biskaya herankommenden U-Boote bei der außerordentlich starken Abwehr nur geringe Erfolge bei starken eigenen Verlusten erzielen. Der Einsatz der ersten deutschen Kleinkampfmittel, der Einmanntorpedos und Sprengboote, brachte nach ersten Überraschungsfolgen auch nur begrenzte Ergebnisse, die keinen Einfluß auf den Gang der Ereignisse ausüben konnten. Nach einigem Zögern gab die Seekriegsleitung die Druckdosenmine frei: eine Grundmine, deren Zündmechanismus auf das Unterdruckfeld eines Schiffes anspringt, das sich in flachem Wasser bewegt. Auf beiden Seiten war das Prinzip bekannt, doch hatten beide Seiten Bedenken, sie zu benutzen, weil man damals kein Mittel kannte, sie zu räumen. Die Engländer manövrierten sie nach ersten Verlusten bald dadurch aus, daß sie ihre Schiffe im gefährdeten Gebiet nur ganz lang-

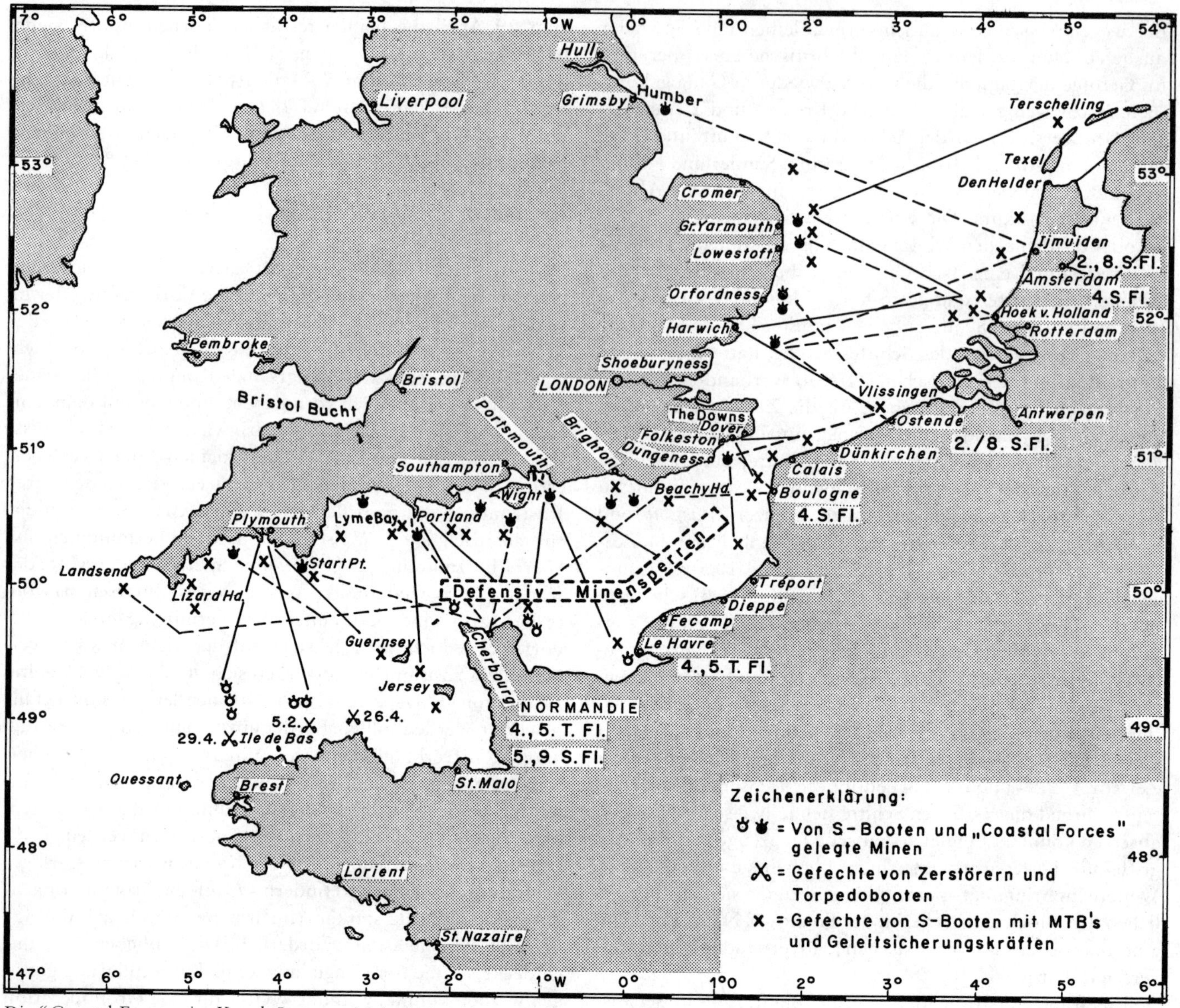

Die "Coastal Forces„ im Kanal, Januar – Mai 1944

same Fahrt laufen ließen. Das war zwar lästig unter den vorliegenden Verhältnissen, aber durchführbar.
Ein großer Teil der Torpedoträger und Sicherungsfahrzeuge wurde während der Kämpfe um den Landekopf von der alliierten Luftwaffe in den Häfen versenkt. Reste konnten sich teilweise in häufigen Gefechten mit alliierten »Coastal Forces« zur Nordsee durchschlagen.
Im letzten Kriegswinter 1944/45 kamen als Waffe des Küstenvorfeldes verschiedene Typen von Kleinst-U-Booten in Dienst, die bis zu 15 t groß waren, und für Unternehmungen in den Küstengewässern und darüber hinaus die neuen schnellen U-Boote vom Typ XXIII mit 230 t und einer Unterwassergeschwindigkeit von 12 kn. Bei ihren Unternehmungen erzielten diese Boote einige Erfolge; während die letzteren keine Verluste erlitten, kehrten von den Kleinst-U-Booten eine größere Zahl nicht zurück.

Zusammenfassung

Die den Marinen zwischen den beiden Weltkriegen zur Verfügung stehenden finanziellen Mittel waren begrenzt. Man mußte sie überwiegend zum Bau neuer Kampfschiffe verwenden. Die Vorbereitung von Kräften für den Kampf im Küstenvorfeld mußte dagegen zurücktreten. So waren zwar Prototypen neuer Boote und Waffen entwickelt, eine Massenproduktion jedoch noch kaum vorbereitet.
Nach dem kurzen Auftakt des Polen-Feldzuges verlagerte sich das Gewicht der Operationen nach Westen. In der Nordsee stand bis Frühjahr 1940 der Minenkrieg im Vordergrund. Beide Seiten legten zum Schutz ihrer Operationsbasen und Seewege ausgedehnte Defensivsperren. In der offensiven Minenverwendung waren die Deutschen erfolgreicher. Mit kleinen U-Booten und – lange Zeit unerkannt – auch mit

Zerstörern legten sie Sperren auf den Schiffahrtswegen unter der englischen Ost-Küste und in Hafeneinfahrten, die erhebliche Ausfälle verursachten. Sie waren vor allem auf die neue Magnetmine zurückzuführen, deren Geheimnis allerdings von britischer Seite bald gelöst wurde, so daß Räummethoden gefunden werden konnten.

Nach dem Frankreich-Feldzug verlagerte sich der Kleinkrieg zur See vor allem in den Kanal, wo die deutsche Seite anfangs, ehe der beginnende Ost-Feldzug die Luftwaffe absorbierte, mit Flugzeugen, S-Booten und Zerstörern recht freizügig operieren konnte. Die Gewinnung der Luftherrschaft über dem Kanal und die konsequente Nutzung neuer technischer Möglichkeiten (Radar) gab jedoch ab 1942 den nun großzügig ausgebauten britischen »Coastal Forces« eine zunehmende Überlegenheit, die es den schließlich nur noch eingesetzten deutschen S-Booten immer seltener erlaubte, an die Konvois zu Torpedoangriffen heranzukommen. Doch auch Mineneinsätze wurden von den Briten immer häufiger vorzeitig erkannt.

Der Kanaldurchbruch zeigte noch einmal deutlich, was minutiöse Planung und geschickte Tarnung einerseits, technische Pannen und Mängel in der Befehlsführung bewirken können. Die Raids von St. Nazaire und Dieppe brachten dagegen der alliierten Seite wertvolle Erfahrungen, während sie auf deutscher Seite wohl die Erkenntnis der eigenen Schwächen erheblich verzögerten.

Ab 1943 wurde für die deutsche Seite die sichere Heraus- und Einbringung der U-Boote und Blockadebrecher zu einem immer kräftezehrenderen Problem, bis dann 1944 die hoffnungslose Unterlegenheit der deutschen Kräfte gegenüber der anglo-amerikanischen Seemacht angesichts der erwarteten Invasion die Abwehrvorbereitungen weitgehend auf die Anlage von Minen- und Vorstrandhindernissen unmittelbar unter den bedrohten Küsten beschränkte.

Kapitel 31

Der Kampf um das Mittelmeer 1940 – 1942

Von J. Rohwer übersetztes und ergänztes Kapitel 29 der U.S. Originalausgabe, das von H.H.Adams und J.A.Arnold verfaßt wurde.

Als 1939 die Gefahr eines Krieges immer deutlicher wurde, begannen England und Frankreich – eingedenk der lebenswichtigen Bedeutung des Mittelmeerschauplatzes – gemeinsame Pläne auszuarbeiten, um dessen strategische Möglichkeiten für sich ausnutzen zu können und sie den Achsenmächten zu entziehen. Großbritannien betrachtete das Mittelmeer traditionell als seine Lebenslinie zum Suezkanal und zum Fernen Osten, während Frankreich in ihm die Hauptverbindungsstraße zu seinen Kolonien in Algerien, Tunesien und Marokko sah. Die Sicherheit des britischen und französischen Handels und ihrer Einrichtungen hing zu einem sehr großen Teil von der Rolle ab, die Italien im Kriege spielte. In der Annahme, daß Italien aktiv am Kriege teilnehmen würde, kamen die anglofranzösischen Alliierten überein, daß britische Seestreitkräfte die Verantwortung für die östliche und französische für die westliche Hälfte des Mittelmeeres übernehmen sollten. Bei Beginn des Krieges besaßen die Engländer eine starke Mittelmeerflotte. Zusätzlich zu ihrer Hauptbasis in Alexandria hatten sie weitere Stützpunkte in Malta und Gibraltar. Die Franzosen hatten 3 Schlachtschiffe, 11 Kreuzer, 33 Zerstörer und 45 U-Boote in Toulon, Oran, Mers-el-Kébir, Bizerta, in marokkanischen Häfen und Dakar stationiert.

Seit der italienischen Invasion Äthiopiens 1935 operierte die italienische Marine in einem Beinahe-Kriegszustand. Als die Italiener im April 1939 Albanien besetzten, konzentrierten die Engländer, die diese Aktion nicht erwartet hatten, schnell ihre Mittelmeerflotte in Alexandria. Im Mai verkündeten Hitler und Mussolini den »Stahlpakt«, in dem sie sich gegenseitig Hilfe in künftigen militärischen Aktionen zusicherten. Diese dramatische öffentliche Ankündigung wurde allerdings im Geheimen durch das Cavallero-Memorandum modifiziert, in dem Mussolini Hitler informierte, daß er nicht vor 3 Jahren zur Führung eines Krieges bereit sei und ihn bat, militärische Aktionen bis 1942 zurückzustellen. Obgleich Hitler im Prinzip zusagte, informierte der deutsche Außenminister am 11. August seinen italienischen Kollegen, daß Deutschland beabsichtige, Polen anzugreifen. Mussolini, eingedenk seiner Verpflichtungen unter dem »Stahlpakt«, schickte Hitler eine lange Liste von Rohstoffen, mit denen Deutschland Italien versorgen müsse. Hitler mußte die Lieferung ablehnen und informierte Mussolini, daß er ihn nicht ersuchen würde, in den Krieg einzutreten. Als Deutschland am 1. September 1939 Polen angriff, verkündete Mussolini infolgedessen Italiens »Nichtkriegführung«.

Angesichts dieser unerwarteten Entwicklung beschränkten sich die Engländer, die ihre Schiffe dringend in anderen Seegebieten benötigten, im Mittelmeer weitgehend auf Bewachungsaufgaben. Während sie die meisten ihrer Schiffe für den Einsatz an anderen Stellen abzogen, verließen sie sich auf die Franzosen zur Aufrechterhaltung der Seeherrschaft und zur Unterstützung der wenigen verbleibenden britischen Schiffe bei der Durchsetzung der alliierten Schiffahrtskontrollmaßnahmen. Die Briten bemühten sich jedoch, ihre Positionen im Mittleren Osten zu verstärken. In Ägypten hatten sie außer der Flottenbasis in Alexandria Truppen und ein Kommando der »Royal Air Force«, die in Übereinstimmung mit dem englisch-ägyptischen Pakt von 1936 dort stationiert waren. Da die ägyptische Regierung wenig getan hatte, um ihre Streitkräfte und militärischen Einrichtungen aufzubauen, unternahmen die Engländer im Winter 1939/40 große Anstrengungen, diese Lücke zu schließen.

Im Frühjahr 1940 wurde Mussolini immer aufgebrachter über die alliierten Schiffahrtsrestriktionen und überlegte, wie der Einfluß und der Machtbereich Italiens ausgedehnt werden könnten. Seit Jahren schwebte ihm eine Wiedererrichtung des Römischen Imperiums im Mittelmeer vor. Seine Eroberung von Äthiopien und Albanien waren Schritte in dieser Richtung. Jetzt träumte er von einem Imperium, dessen Glanz mit dem Cäsars konkurrieren könnte. Er suchte nach Mitteln, um die beiden großen Mächte, die er seinem Ziel im Wege stehen sah, England und Frankreich, aus dem Mittelmeer zu verdrängen. Als er im März 1940 Hitler am Brennerpaß traf, stellte er ihm sein Eingreifen auf der deutschen Seite zu gegebener Zeit in Aussicht. Bald darauf kündigte er dem König und seinen militärischen Führern sein Konzept des »Parallelkrieges« an, das Deutschland indirekt unterstützen würde, das aber hauptsächlich darauf gerichtet wäre, italienischen Interessen zu dienen. Während er die schnellen Erfolge der Deutschen in Norwegen und in Frankreich beobachtete, machte Mussolini überstürzt Pläne, um in den Krieg einzutreten, ehe es zu spät wäre. »Um an dem Frieden teilzunehmen muß man am Kriege teilgenommen haben«, verkündete er. Als die Engländer die Zeichen zu erkennen begannen, daß Italiens »Nichtkriegführung« bald von einem Eingreifen in den Krieg abgelöst werden könnte, überprüften sie ihre bisherige Politik, Italien nicht zu provozieren, und nahmen sich vor, ihre Macht zu demonstrieren. Aber Mussolini hatte sich bereits entschlossen. Am 17. April wurde er von einer Kriegserklärung nur durch die heftigen Proteste von Marschall Badoglio, dem Oberbefehlshaber der italienischen Streitkräfte, zurückgehalten, der sich

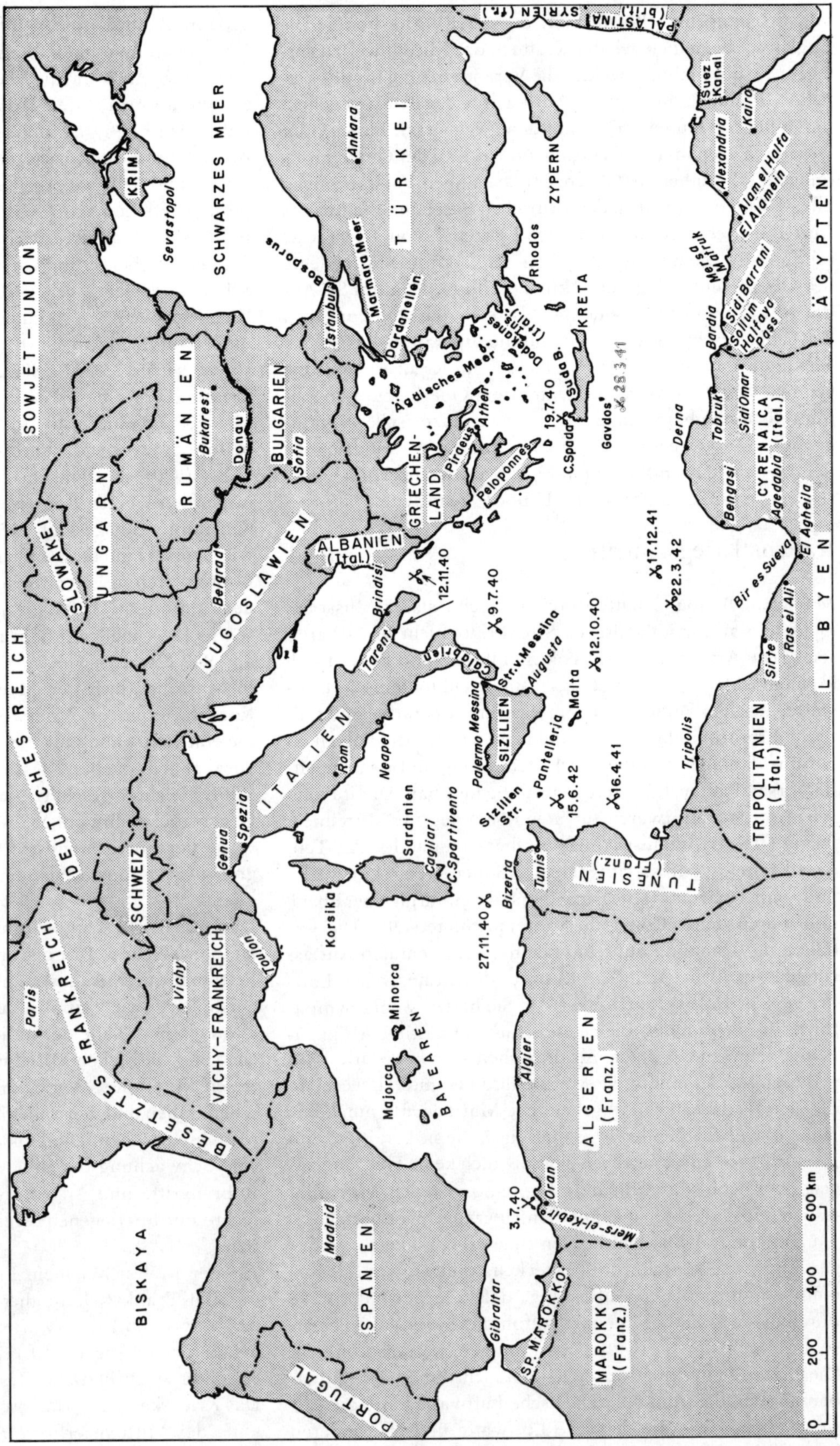

Der Kriegsschauplatz Mittelmeer

auf die mangelnde Bereitschaft der Streitkräfte berief. Die Engländer begannen wieder Kräfte in das Mittelmeer zu verlegen. Sie übernahmen wieder die Verantwortung für das östliche Mittelmeer, und am 29. April wurde der Befehl gegeben, daß alliierte Handelsschiffe auf dem Wege nach Indien oder anderen Zielen im Fernen Osten um das Kap der Guten Hoffnung zu fahren hätten. Gleichzeitig begannen Verstärkungen aller 3 Teilstreitkräfte in den britischen Basen im und um das Mittelmeer einzutreffen. Mit dem Eintreffen von 4 Schlachtschiffen und dem Flugzeugtreäger *Eagle* Ende Mai verlegte der Oberbefehlshaber der Mittelmeerflotte, Admiral Sir Andrew B. Cunningham, seine Befehlsstelle von Malta an Bord des Schlachtschiffes *Warspite* und die Operationsbasis nach Alexandria. Im Juni traf ein Verband von 7 Kreuzern und eine Gruppe von Zerstörern ein. Unter dem Oberbefehl von Admiral Cunningham stand auch eine französische Kampfgruppe unter Vizeadmiral René Godfroy in Alexandrien, zu der das Schlachtschiff *Lorraine*, 3 Schwere Kreuzer, ein Leichter Kreuzer, 3 Zerstörer und 6 U-Boote gehörten.

Italiens Kriegseintritt

Marschall Badoglio hatte durchaus recht, als er Mussolini meldete, daß die italienischen Streitkräfte nicht kriegsbereit seien. Die Armee war nicht voll mobilisiert und befand sich in einem schlechten Ausbildungszustand. Die italienische Luftwaffe, auf dem Papier stark, hatte geringe operative und taktische Erfahrung. Bei der Marine machten sich die Folgen einer unzulänglichen laufenden Unterhaltung und ungenügender Ersatzbauten für ältere Schiffe bemerkbar. Die italienischen Streitkräfte waren für einen Seekrieg im Mittelmeer wenig effektiv organisiert. Die 3 Oberkommandos der Teilstreitkräfte »Superesercito« (Heer), »Superaereo« (Luftwaffe) und »Supermarina« (Kriegsmarine) standen auf gleicher Ebene und waren dem »Comando Supremo« unterstellt. Die Offiziere im Comando Supremo neigten kontinentalen Auffassungen der Armee und dem Konzept des strategischen Luftkrieges der Luftwaffe (Douhet) zu. Sie hatten wenig Sympathien für maritime Probleme und wußten maritime Möglichkeiten kaum zu würdigen. Als die italienische Luftwaffe 1923 gebildet wurde, mußte die Marine ihre gesamte Fliegerei an die neue Teilstreitkraft abgeben. Die Marine hatte nun keine Kontrolle über irgendwelche Flugzeuge, die sie benötigte, um ihre Aufträge auszuführen. Sie besaß auch keine Flugzeugträger, da sowohl das Comando Supremo als auch Mussolini Italien selbst als einen gigantischen Flugzeugträger betrachteten. Da von italienischen Plätzen operierende Flugzeuge das ganze zentrale Mittelmeer überdecken konnten, war das Comando Supremo der Auffassung, daß alle normalerweise durch die Marinefliegerei durchzuführenden Aufgaben ebensogut durch die Luftwaffe übernommen werden könnten. Die Luftwaffenpiloten waren jedoch nicht für Marineaufgaben ausgebildet, und die italienische Luftwaffe hatte die Absicht, ebenso wie die deutsche Luftwaffe und alle anderen größeren Luftwaffen während des Krieges, den Kampf in Übereinstimmung mit ihren eigenen strategischen Konzeptionen zu führen. Wenn die Marine für die Luftunterstützung von Seeoperationen Bitten aussprach, waren die Flugzeuge deshalb allzu häufig an anderen Stellen eingesetzt. Die Marine besaß nur die taktische Kontrolle für Seeaufklärungsflugzeuge, und selbst diese Flugzeuge wurden von Luftwaffenpiloten geflogen.

Bei Ausbruch des Krieges bestand die italiensiche Marine aus 2 älteren, aber gründlich umgebauten und modernisierten Schlachtschiffen, der *Conte di Cavour* und *Giulio Cesare*. Kurz vor der Fertigstellung befanden sich 2 weitere, ähnlich umgebaute Schlachtschiffe, die *Andrea Doria* und *Caio Duilio* sowie 2 neue 35000 t Schlachtschiffe, *Littorio* und *Vittorio Veneto*. Ferner besaß die italienische Marine 7 Schwere und 12 Leichte Kreuzer, 40 moderne Zerstörer, 30 moderne Torpedoboote sowie 52 ältere Zerstörer und Torpedoboote. Die U-Bootwaffe bestand aus 7 alten kleinen Booten sowie 48 modernen kleinen Booten, 20 mittleren Booten und 40 großen Booten, insgesamt 115 Booten oder doppelt so vielen, wie Deutschland bei Beginn des Krieges besaß. 6 weitere große Boote waren in einem fortgeschrittenen Bauzustand, außerdem 2 moderne 35000 to Schlachtschiffe *Roma* und *Impero* sowie 12 schnelle Aufklärungskreuzer, deren Fertigstellung ab 1942 erwartet wurde.

In Massaua am Roten Meer hatten die Italiener eine kleine Kampfgruppe von 7 Zerstörern und 8 U-Booten stationiert, die eine Bedrohung für die britische Schiffahrt vom und zum Suezkanal darstellte. Klasse für Klasse waren die italienischen Schiffe leichter geschützt, jedoch schneller als ihre alliierten Gegenstücke. Ihre hohe Geschwindigkeit und ihre vergleichsweise begrenzte Brennstoffkapazität gaben ihnen einen begrenzten Aktionsradius, der jedoch für das Mittelmeer ausreichte.

Die italiensiche Hauptflottenbasis in Taranto wurde durch andere in Neapel, Brindisi und La Spezia auf dem italienischen Festland, durch Augusta und Palermo in Sizilien, Cagliari in Sardinien sowie Tripolis und Bengasi in Libyen ergänzt. Die strategischen Pläne der italienischen Marine waren im östlichen und westlichen Mittelmeer defensiv, während sie im zentralen Mittelmeer den Schutz der Nachschubschiffahrt zwischen Italien und den italienischen Armeen in Libyen mit allen Mitteln vorsahen. Die Doktrin der italienischen Marine sah eine Schwächung der alliierten Flotten durch Überfälle, U-Bootangriffe und Angriffe von Kleinkampfmitteln vor, Gefechte mit überlegenen Streitkräften trachtete sie zu vermeiden.

Als der Mai sich seinem Ende zuneigte, sahen die Engländer, daß Frankreich möglicherweise aus dem Krieg ausscheiden würde, und sie erwarteten, daß Mussolini die Gelegenheit zu einem Angriff auf Frankreich benutzen würde, damit er später einen Platz am Tisch der Sieger einnehmen könne. Das Kriegskabinett erkannte, daß England außer der Verstärkung der Mittelmeerflotte auch die Verantwortung für das westliche Mittelmeer ebenso wie für das östliche übernehmen müsse und ergriff Maßnahmen, um eine Flottenkampfgruppe in Gibraltar zusammenzustellen. Unter Aufgabe der Politik der Nicht-Provokation gingen die Engländer am 23. Mai dazu über, alle italienischen Handelsschiffe für die Konterbandekontrolle zu stoppen. Am 6. Juni erklärte Mussolini, daß alle Gewässer innerhalb 12 Meilen von italienischen Besitzungen gefährdet seien. Durch diese Ankündigung gewarnt, hatte Admiral Cunningham den größten Teil der Mittelmeerflotte in See, als die italienische Kriegserklärung gegen England und Frankreich am 11. Juni 1940 eine Minute nach Mitternacht in Kraft trat.

Cunninghams erster Vorstoß, mit dem er hoffte, Einheiten der italienischen Flotte zu überraschen, hatte keinen Erfolg, während das italienische U-Boot *Marconi* den britischen Kreuzer *Calypso* versenkte. Die ersten 2 Tage des Krieges kosteten die Italiener jedoch 130000 BRT Handelsschiffsraum, die sie durch Wegnahme, Selbstversenkung oder Internierung verloren. Am 14. Juni bombardierte das französische 3. Kreuzergeschwader Genua, die französische Flotte setzte die Operationen gegen die Italiener noch für 15 Tage fort, wobei in der Nacht zum 21. Juni das Linienschiff *Lorraine* zusammen mit den Schlachtschiffen Admiral Cunninghams die Stadt Bardia in der Cyrenaika beschoß. Nach 15 Tagen trat der Waffenstillstand zwischen Frankreich einerseits und Deutschland und Italien andererseits in Kraft.

Mers-el-Kébir

Mit der Kapitulation Frankreichs traten die britischen Sorgen um den endgültigen Verbleib der französischen Flotte in ein akutes Stadium. Die britische Situation im Mittelmeer hatte sich in weniger als einem Monat von einer überwältigenden Überlegenheit in eine nahezu hoffnungslose Unterlegenheit gewandelt. Anstatt mit 2 mächtigen Kampfgruppen einen »Nichtkriegführenden« zu überwachen, hatten die Engländer nun das ganze Mittelmeer gegen ein feindliches Italien zu decken mit der großen Wahrscheinlichkeit, daß die starke französische Flotte gegen sie eingesetzt werden konnte. Das Kriegskabinett gab deshalb seinen Befehlshabern im Mittelmeer Weisung zu handeln.

In der Erwartung, die Verantwortung für das westliche Mittelmeer übernehmen zu müssen, hatte die Admiralität bereits eine Kampfgruppe unter der Bezeichnung »Force H« in Gibraltar versammelt, die aus den Schlachtschiffen *Valiant* und *Resolution,* dem Schlachtkreuzer *Hood* und dem Flugzeugträger *Ark Royal,* 2 Kreuzern und 11 Zerstörern bestand. Vizeadmiral Sir James F. Somerville, der Befehlshaber, erhielt vom Kriegskabinett den Befehl, den Befehlshaber der französischen Seestreitkräfte in Mers-el-Kébir, dem Kriegshafen von Oran, die folgenden Vorschläge zu überreichen:

»A: Laufen Sie mit uns aus und setzen Sie den Kampf bis zum Sieg über die Deutschen und Italiener fort.

B: Laufen Sie mit verminderten Besatzungen unter unserer Kontrolle zu einem britischen Hafen . . .

C: Wenn Sie sich daran gebunden fühlen zu verlangen, daß Ihre Schiffe nicht gegen die Deutschen und Italiener gebraucht werden, da dies den Waffenstillstand brechen würde, dann lassen Sie sie mit verminderten Besatzungen mit uns zu einem der französischen Häfen in Westindien, z. B. Martinique, auslaufen, wo sie demilitarisiert oder eventuell den Vereinigten Staaten von Amerika treuhänderisch übergeben werden können und wo sie sicher bis zum Ende des Krieges bleiben können, während die Besatzungen repatriiert werden.

Wenn Sie diese fairen Angebote ablehnen, muß ich zu meinem Bedauern verlangen, daß Sie Ihre Schiffe innerhalb von 6 Stunden versenken. Falls keine der vorstehend angeführten Möglichkeiten ausgeführt wird, habe ich den Befehl Seiner Majestät Regierung, diejenigen Maßnahmen einschließlich der Anwendung von Waffengewalt zu gebrauchen, um zu verhindern, daß Ihre Schiffe in deutsche oder italienische Hand fallen.«

Auf Befehl der Admiralität lief Somerville mit seiner gesamten Kampfgruppe nach Mers-el-Kébir, wo er am Morgen des 3. Juli 1940 eintraf. Während er Capt. C. S. Holland, einen früheren britischen Marineattaché in Paris und persönlichen Freund des französischen Befehlshabers, Admiral Marcel Gensoul, zur Überreichung der Note in den Hafen schickte, wartete Somerville vor der Küste. Da Gensoul ein Ultimatum erwartete, weigerte er sich, Holland zu empfangen und schickte in seiner Vertretung seinen Flaggleutnant. In seiner Antwort auf die britische Note schrieb Gensoul, daß frühere französische Zusicherungen weiterhin in Kraft seien, daß unter keinen Umständen französische Schiffe in die Hände der Achsenmächte fallen sollten und daß französische Schiffe sich mit Waffengewalt verteidigen würden. Gensoul glaubte, keine der ihm angebotenen Alternativen annehmen zu können, ohne den Waffenstillstand zu brechen. Infolgedessen informierte er seine Regierung nur, daß ihm ein Ultimatum gestellt worden sei. Da Admiral Darlan, der Oberbefehlshaber der französischen Marine, nicht erreichbar war, ließ sein Chef des Stabes Streitkräfte in Toulon und Algier nach Mers-el-Kébir auslaufen. Inzwischen versuchten die Beteiligten, eine Lösung zu finden. Am Nachmittag empfing Gensoul Holland und schlug ein Gentleman-Agreement vor, doch Somerville, der von dem Herankommen französischer Verstärkungen unterrichtet war, setzte einen endgültigen Termin zur Annahme seiner Vorschläge fest. Da Holland sich nicht in der Lage sah, einen der französischen Gegenvorschläge anzunehmen, lief er aus, und um 17.56 eröffnete Somerville das Feuer. Es waren die ersten Schüsse, die von Engländern gegen Franzosen seit Waterloo gefeuert wurden.

Die französische Flotte in Mers-el-Kébir hatte während der Verhandlungen die Gelegenheit zur Vorbereitung auf den Kampf genutzt. Sie bestand aus 4 Schlachtschiffen, 6 großen Zerstörern und einem Seeflugzeugtender. Während des kurzen Gefechtes, währenddessen auch ein Angriff der Trägerflugzeuge der *Ark Royal* geflogen wurde, mußten sich 3 der französischen Schlachtschiffe auf Strand setzen oder wurden versenkt. Nur das moderne Schlachtschiff *Strasbourg* konnte ausbrechen und mit einigen Zerstörern unbeschädigt Toulon erreichen.

gegen die Engländer. Am 5. Juli griffen französische Flugzeuge Gibraltar an, doch alle Bomben fielen, ohne Schaden anzurichten, in den Hafen. Am 8. Juli brach die Vichy-Re-

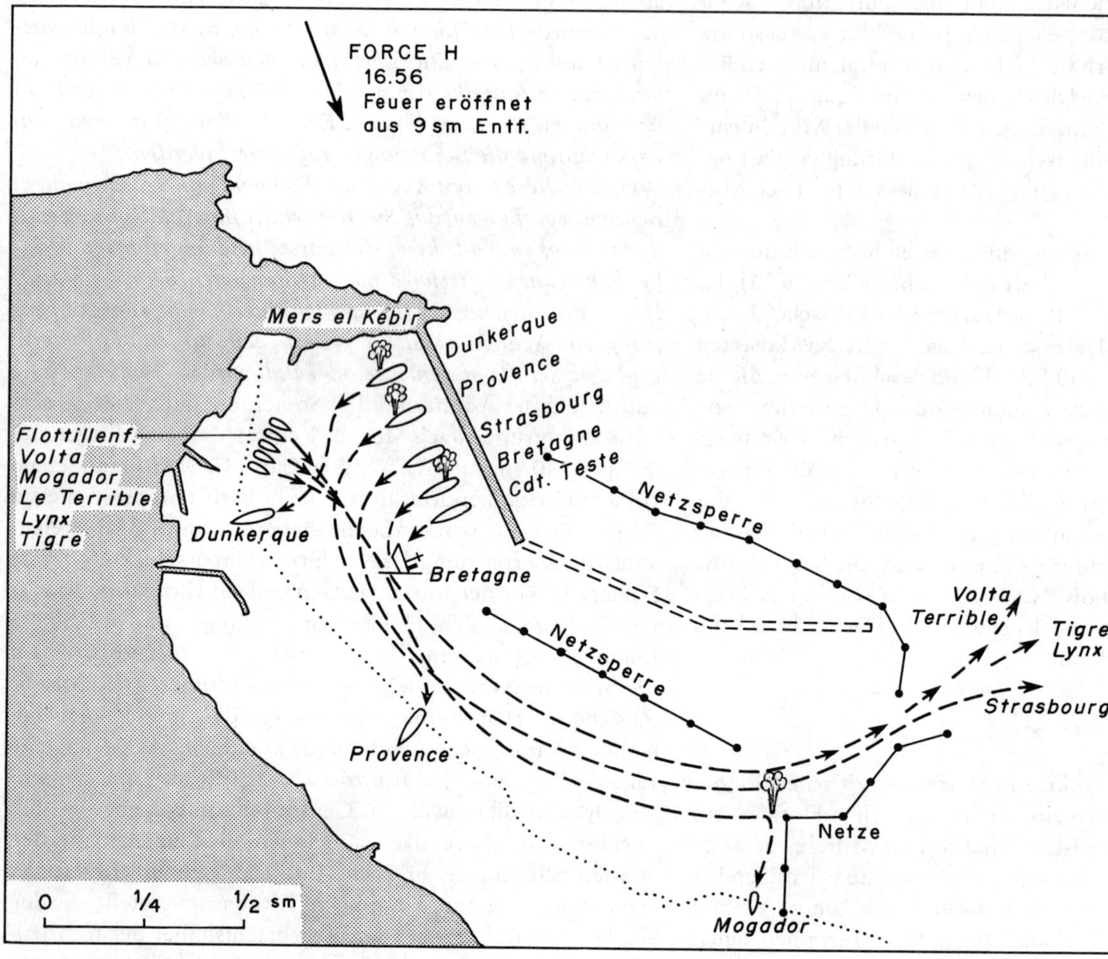

Die französische Flotte in Mers-el-Kébir, 3. Juli 1940

In Alexandria wurde eine Tragödie durch die enge persönliche Freundschaft der Admirale Cunningham und Godfroy abgewendet. Cunningham hatte insofern einen Vorteil gegenüber Somerville, als er nicht mit dem Eintreffen französischer Verstärkungen zu rechnen brauchte und er in einer Lage war, in der er mehr Bewegungsfreiheit von seiner Regierung verlangen konnte als sie Somerville gegeben werden konnte. Am 5. Juli hatten die beiden Befehlshaber ein Gentleman-Agreement ausgearbeitet, nachdem Godfroy seinen Brennstoff an Land gab, die Verschlüsse der Geschütze und die Zündvorrichtungen der Torpedos im französischen Konsulat verwalten ließ und zusagte, keinen Versuch eines Ausbruchs auf See zu machen. Cunningham seinerseits sicherte zu, keine Versuche zu unternehmen, die französischen Schiffe mit Gewalt wegzunehmen, wie es in England geschehen war. Empört über diesen Angriff der früheren Alliierten, befahl die französische Regierung in Vichy Vergeltungsmaßnahmen

gierung die diplomatischen Beziehungen zu Großbritannien ab, doch erklärte sie nicht den Krieg.

Für einen hohen Preis hatten sich die Engländer gegen einen wichtigen Teil der französischen Flotte gesichert. Das Risiko war groß, und die ganzen Kosten der Aktion sollten erst nach Jahren bekannt werden.

So blieben im Mittelmeer unter Vichy-Kontrolle nur ein Schlachtschiff, ein Flugzeugmutterschiff, 4 Schwere und 8 Leichte Kreuzer, 30 Zerstörer und 70 U-Boote übrig.

England gegen Italien im Mittelmeer

Der Eintritt Italiens in den Krieg rief auf englischer Seite große Zweifel wach, ob es möglich sei, Malta zu halten. Seine Verteidigungsanlagen waren in einem bejammernswert schwachen Zustand. Vorgesehene Kanonen und Flugzeuge hatten an andere Stellen transportiert werden müssen, um größere

Lücken für den Augenblick zu schließen. Seine Nähe zu Italien ließ seinen Wert als Flottenbasis sehr gering erscheinen. Es konnte jedoch einen unschätzbaren Wert als Luftbasis für den Angriff gegen die italienische Schiffahrt nach Libyen gewinnen. Die Italiener versäumten es aber, diese Lage auszunutzen und Malta in einem überraschenden Angriff zu Beginn des Krieges wegzunehmen, sondern beschränkten sich auf den Versuch, Malta aus der Luft auszuschalten. Sie flogen insgesamt 36 Luftangriffe in den ersten 20 Tagen des Krieges. Als Ergebnis mußten die U-Boote, die hier ihre Basis hatten, verlegt werden, und man begann, Frauen und Kinder zu evakuieren. Während der nächsten 2½ Jahre blieb Malta zwar ständig belagert, doch war es gleichzeitig eine ständige Bedrohung der Achsenschiffahrt im Mittelmeer.

tet von 10 weiteren Zerstörern. Zur Ablenkung machte die »Force H« einen Vorstoß in das westliche Mittelmeer.

Die italienische Flotte kehrte mit Nordkurs nach Italien zurück, nachdem sie einen Konvoi nach Bengasi gesichert hatte. Sie bestand aus den Schlachtschiffen *Giulio Cesare* und *Conte di Cavour*, 6 Schweren Kreuzern, 8 Leichten Kreuzern und 12 Zerstörern unter dem Kommando von Admiral Angelo Campioni, dem italienischen Flottenchef. In Erwartung eines Gefechtes auf dem Rückmarsch hatten die Italiener fast ihre gesamte Flotte versammelt.

Die zum Angriff gestarteten Flugzeuge der *Eagle* verfehlten die italienischen Schlachtschiffe und verbrauchten ihre Torpedos ergebnislos gegen die Kreuzer. Die Kurse der Italiener ließen Cunningham annehmen, daß sie Konvoi-Operationen

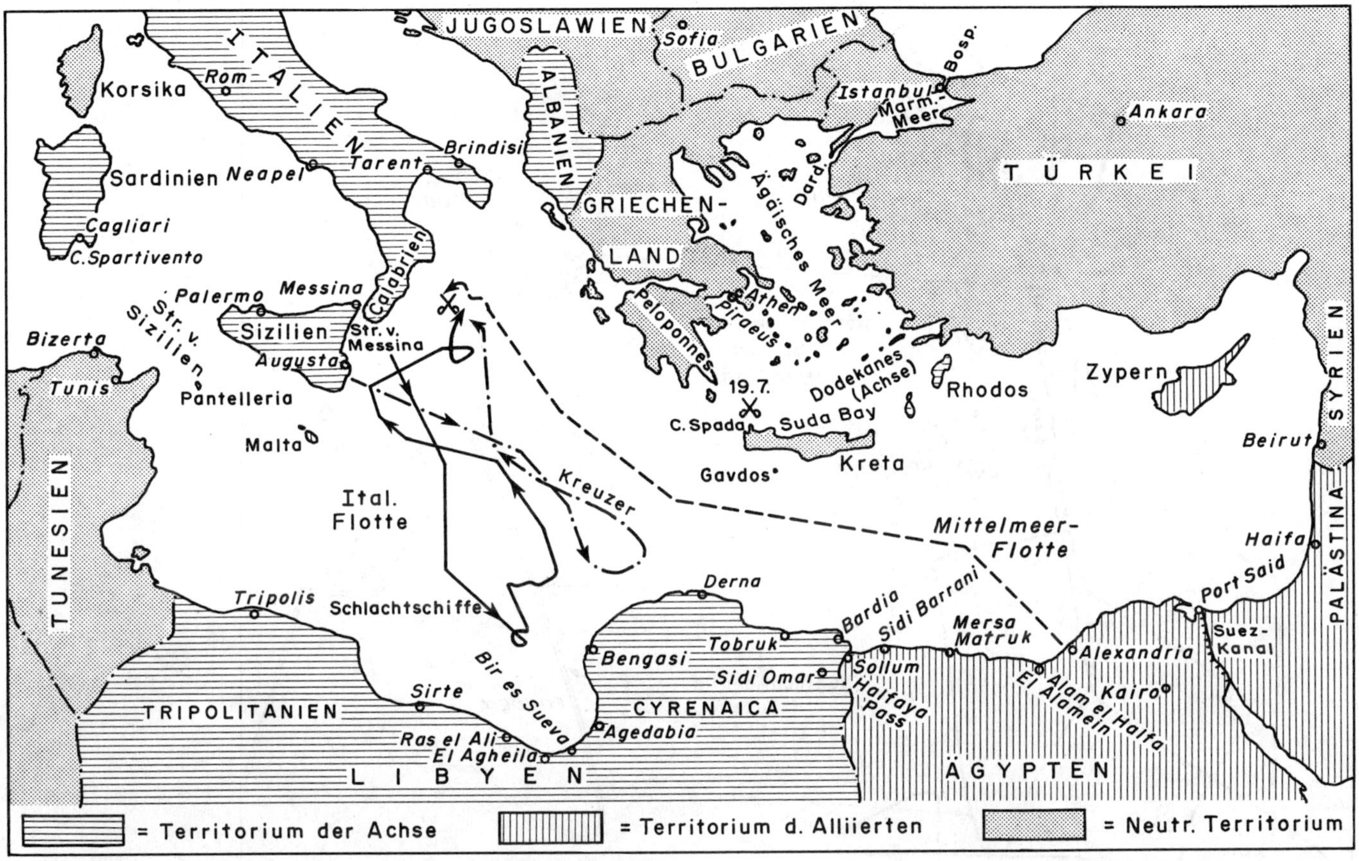

Die Schlacht von Punta Stilo, 9. Juli 1940 – Der Anmarsch

Während einer Operation zur Deckung der Evakuierungskonvois kam es zum ersten Gefecht zwischen der britischen Mittelmeerflotte und der italienischen Flotte vor der Küste Kalabriens bei Punta Stilo. Die Engländer marschierten in 3 Gruppen; voraus eine Aufklärungsgruppe mit 5 Leichten Kreuzern, gefolgt von einer Gruppe mit dem Schlachtschiff *Warspite*, dem Flaggschiff Admiral Cunninghams, und 5 Zerstörern sowie einige Meilen achteraus die dritte Gruppe mit den älteren Schlachtschiffen *Malaya* und *Royal Sovereign* und dem Träger *Eagle*, der 19 Flugzeuge an Bord hatte, gelei-

nach Libyen deckten. So manövrierte er mit seiner Flotte, um zwischen die Italiener und ihre Basis Taranto zu gelangen. Am Nachmittag gewannen die britischen Leichten Kreuzer Fühlung an den italienischen Kreuzern. Zahlenmäßig und artilleristisch weit unterlegen, kämpften die britischen Kreuzer, bis die *Warspite* zum Entsatz in Sicht kam. Kurz darauf sichtete die *Warspite* die beiden italienischen Schlachtschiffe und eröffnete auf über 20000 m das Feuer. Nach einigen Salven erhielt das italienische Flaggschiff *Giulio Cesare* einen Treffer an der Basis des vorderen Schornsteins. Campioni ließ seine

Zerstörer zu einem Torpedoangriff anlaufen und drehte hinter einem Rauchschleier ab, um nach Messina zu gehen. Das Gefecht wurde von beiden Seiten fortgesetzt, wurde jedoch immer unübersichtlicher, während die Briten versuchten, die Italiener von ihrem Rückweg abzuschneiden. Um 17.00 Uhr konnten sich die Italiener dank ihrer überlegenen Geschwindigkeit vom Gegner lösen, und Cunningham, der nicht riskieren wollte, in einen U-Boot-Hinterhalt 25 sm von der italienischen Küste zu geraten, brach die Verfolgung ab. Inzwischen waren 2 Konvois von Malta nach Alexandrien ausgelaufen, britischen besaßen, so hatten sie doch mehr davon, und die beiden italienischen Schlachtschiffe hätten das britische Flaggschiff auf geringe Entfernungen angreifen können, ehe die beiden langsameren britischen Schlachtschiffe in das Gefecht eingreifen konnten. Die italienischen Kräfte waren weit überlegen in Kreuzern. Doch Campioni nutzte seinen Vorteil nicht aus. Wenn auch die Engländer einen Flugzeugträger in genügender Reichweite hatten, spielte er keine wirksame Rolle. Die italienische landgestützte Luftwaffe andererseits traf dank der schlechten Koordination erst nach der Schlacht ein und

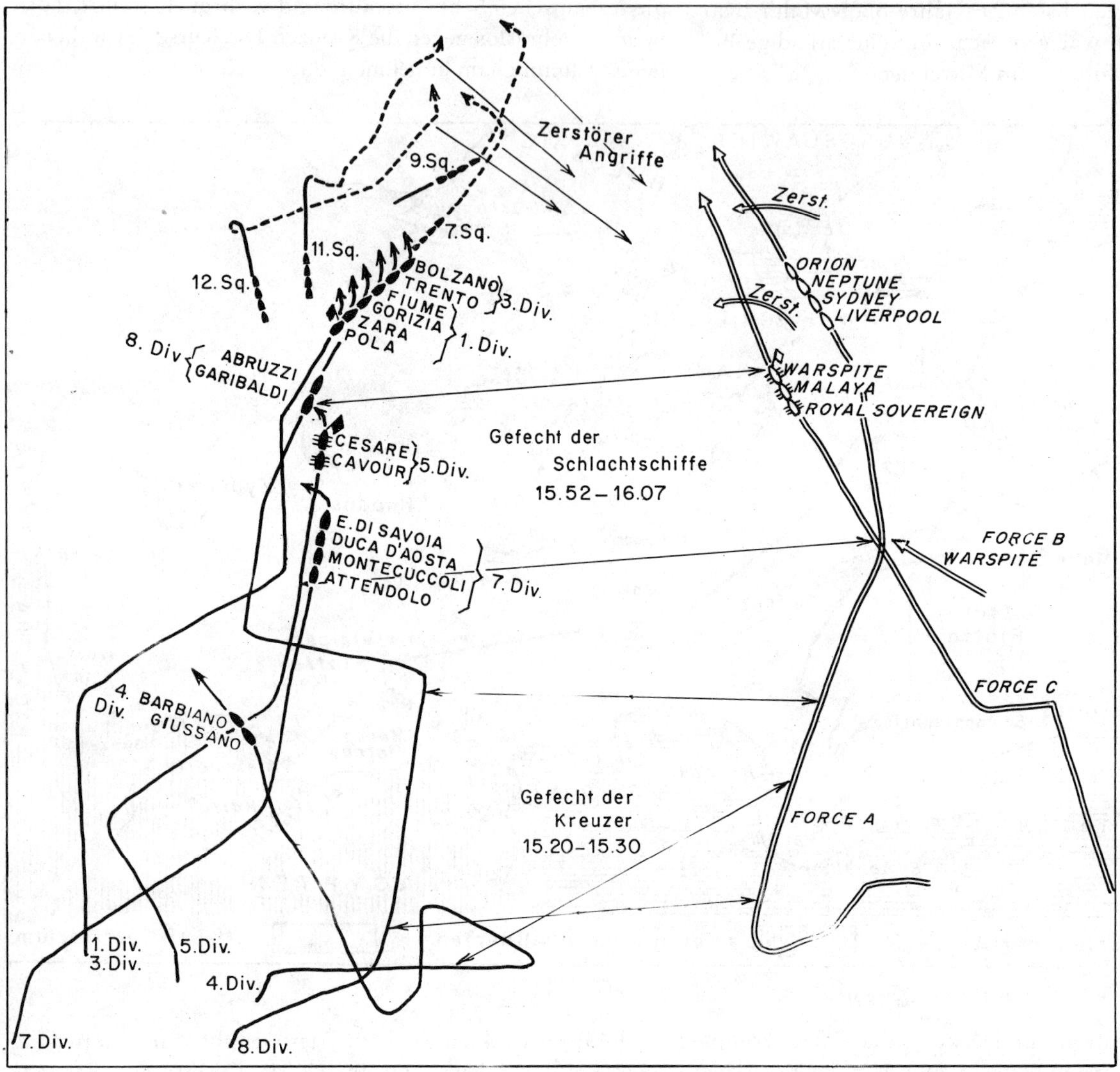

Punta Stilo, 9. Juli 1940 – Die Schlacht

und sie wurden dank der Ablenkung durch die Schlacht nicht bemerkt. Cunninghams Flotte deckte ihren weiteren Weg und zog die Luftangriffe auf sich, die sonst zweifellos gegen die Handelsschiffe gerichtet worden wären.

Das Gefecht vor Kalabrien schien die Richtigkeit der Cunningham'schen aggresiven Taktik zu bestätigen. Wenn auch die italienischen Schlachtschiffe leichtere Geschütze als die griff dann die italienischen Schiffe statt der britischen Flotte an. Glücklicherweise für die Italiener waren die Bombenangriffe ebenso ungenau wie ihre Schiffserkennung, und kein Treffer wurde erzielt.

Die italienische Zurückhaltung bei der Annahme von Gefechten mit etwa gleichstarken Streitkräften wurde erneut am 19. Juli in dem Gefecht bei Kap Spada offenbar, als 3 britische

Zerstörer bei einem U-Boot-Jagdvorstoß nordwestlich von Kreta auf 2 italienische Leichte Kreuzer stießen. Die Zerstörer drehten ab und liefen zu dem als Deckung weiter seewärts stehenden australischen Leichten Kreuzer *Sydney* und einem weiteren Zerstörer, während die Italiener, als sie die *Sydney* sichteten, nach Südwesten abdrehten, obgleich sie eine Überlegenheit in 15,2-cm-Geschützen und nur eine geringe Unterlegenheit in den leichteren Kalibern hatten. Bei der Verfolgung versenkte die *Sydney* den italienischen Kreuzer *Bartolomeo Colleoni* und beschädigte den zweiten, *Giovanni delle Bande Nere*, der nach Tobruk entkam.

Nach diesen Gefechten verteilten die Admiralität und Cunningham die Verantwortlichkeiten im Mittelmeer neu. Da die Italiener zahlreiche Interessen in der östlichen Hälfte hatten und da die englischen Streitkräfte in Ägypten und im Mittleren Osten ständige Unterstützung benötigten, wurde die Mittelmeerflotte in der östlichen Hälfte verstärkt, während die Force H in Gibraltar in eine Kampfgruppe umgebildet wurde, die zu Operationen im Mittelmeer und – unter Kontrolle der Admiralität – im Atlantik zur Verfügung stehen sollte. Der »Commander-in-Chief North Atlantic«, Admiral Sir Dudley North in Gibraltar, konnte ebenfalls auf die Force H zurückgreifen, um feindlichen Schiffen das Passieren der Straße von Gibraltar unmöglich zu machen. Cunningham selbst wünschte seine beiden alten Schlachtschiffe vom Typ *Royal Sovereign* loszuwerden und dafür ein Geschwader von 3 oder 4 schnelleren Schlachtschiffen vom Typ *Queen Elizabeth* zu erhalten, einschließlich der *Valiant*, die bereits Radar besaß. Er erbat ebenso eine Vermehrung der Schweren Kreuzer, um ein Gegengewicht gegen die italienische Überlegenheit in diesem Schiffstyp zu erhalten. Ganz besonderen Wert legte er auf den Träger *Illustrious* zur Verstärkung der unzulänglichen *Eagle*. Diese Neuverteilung der Kräfte fand unter der Bezeichnung »Operation Hats« Ende August/Anfang September statt und stieß, abgesehen von schwächeren Luftangriffen, auf keine Gegenwirkung. Cunningham nutzte die Operation aus, um einen kleinen Konvoi nach Malta zu schicken.

Die italienische Offensive in Libyen

Am 7. September 1940 befahl Mussolini Marschall Graziani, dem Oberbefehlshaber der italienischen Armee in Libyen, eine Landoffensive gegen Ägypten zu beginnen. Am 14. September besetzten die Italiener die wichtige Hafenstadt Sidi Barrani, doch konnten sie nicht weiter vordringen, da die britische Marine begann, die Seenachschubwege durch Angriffe gegen Bengasi, Sollum, Bardia und Sidi Barrani zu stören. Die englischen U-Boote hatten zunächst geringe Erfolge, da die italienischen Schiffe sich so weit wie möglich in den flachen Küstengewässern hielten, wo es für die britischen U-Boote schwierig war, erfolgreich zu operieren. In Malta war auch noch keine ausreichend starke Luftwaffe vorhanden. Bis Dezember verloren die Italiener auf der Italien-Libyen-Route keine Schiffe durch U-Boote und Luftangriffe, während sie 692403 Tonnen nach Libyen brachten. Bevor Malta nicht wesentlich verstärkt war, konnten die Engländer wenig zur Unterbrechung dieses Verkehrs tun.

Italiens Angriff gegen Griechenland

Gegen den Rat seiner Seeoffiziere gab Mussolini am 15. Oktober 1940 bei einem Treffen von Führern der Armee und Politikern den Befehl zur Invasion Griechenlands. Er hielt seine Absicht zum Angriff vor Hitler geheim, da er wußte, daß jener sie nicht begrüßen würde.

Die Griechen hatten schon seit längerer Zeit eine italienische Invasion ihres Landes befürchtet, doch sie waren entschlossen, keinen Vorwand dafür zu geben. So hatten sie es abgelehnt, von den Briten vorzeitig Hilfe anzunehmen und Militärberater aufzunehmen oder die Engländer über die geplante Verteidigungsstrategie Griechenlands zu informieren. So standen die Engländer, als die Italiener am 28. Oktober die griechische Grenze überschritten, mit unzulänglichen Mitteln vor einer schwierigen Entscheidung. Um ihre Position gegenüber den Neutralen im Mittleren Osten aufrecht zu erhalten, waren sie verpflichtet, Griechenland in seinem Kampf zu unterstützen. Alle Truppen, die nach Griechenland geschickt werden konnten, mußten von den Streitkräften des Generals Archibald Wavell in Ägypten genommen werden. Ebenso schwierig war das Problem der Luftunterstützung. Die gesamte britische Position im Mittleren Osten konnte verloren gehen, wenn die Verteidigungsstreitkräfte in Ägypten geschwächt wurden.

Auf Grund dieser Überlegungen stimmte das britische Kriegskabinett dafür, Munition, Geld und ein RAF-Kontingent nach Griechenland zu schicken. In einem Übereinkommen mit der griechischen Regierung richteten die Engländer außerdem eine Beölungsstation für die Flotte in Kreta ein. Es stellte sich jedoch heraus, daß die Griechen zur Zeit keine Truppenunterstützung brauchten, da die italienische Offensive am 8. November aufgehalten wurde und wenige Tage später eine griechische Gegenoffensive die Angreifer über die albanische Grenze zurückwarf. So hatte Mussolini weder in seinem nordafrikanischen Unternehmen noch in der Invasion Griechenlands Erfolg, eine Folge unzulänglicher Planung und ungenügender Unterstützung. Anstatt Ruhm zu gewinnen, erntete Mussolini Spott.

Der Trägerangriff gegen Tarent

Angesichts der italienischen Weigerung, eine Entscheidungsschlacht auf See anzunehmen, suchte Cunningham, die Schiffe der italienischen Flotte in der Basis Tarent anzugreifen. Ursprünglich für den 21. Oktober, den Trafalgar-Tag, geplant, mußte die Operation zweimal wegen dringender anderer Verpflichtungen und einer Beschädigung des Trägers *Illustrious* verschoben werden. Die Verzögerungen erwiesen sich für die britische Seite als glücklich, denn als der Angriff tatsächlich

in der Nacht zum 11. November stattfand, waren alle 6 italienischen Schlachtschiffe im Hafen.
Im letzten Augenblick traten auf der *Eagle* Schäden auf, und sie mußte zurück gelassen werden. 5 von ihren »Swordfish«-Flugzeugen wurden auf die *Illustrious* gebracht, die am Startplatz mit 21 Flugzeugen eintraf. Die letzten Aufklärungsfotos, die am Nachmittag des 11. November auf den Träger geflogen wurden, zeigten den Liegeplatz jeder italienischen Einheit genau. Als die erste Welle von 12 Flugzeugen sich an das Ziel annäherte, drehten 4 ab, um eine Ablenkung im inneren Hafen zu versuchen, während 2 andere Flugzeuge im Osten Leuchtbomben abwarfen, um die Silhouetten der Schlachtschiffe für die 6 angreifenden Torpedoflugzeuge deutlich hervortreten zu lassen. Der erste Angriff gelang perfekt. Die Leuchtbomben zeigten den Torpedoflugzeugpiloten die Ziele genau, sie erzielten Torpedotreffer auf den Schlachtschiffen *Conte di Cavour* und *Littorio* und verloren nur ein Flugzeug. Die zweite Welle von 8 Flugzeugen, eine Stunde später, benutzte eine ähnliche Taktik. Diese Welle erzielte einen Treffer auf dem Schlachtschiff *Caio Duilio* und zwei weitere auf der *Littorio*. Auch diese Welle verlor nur ein Flugzeug.
Der Angriff verminderte die Stärke der italienischen Flotte auf 3 einsatzbereite Schlachtschiffe, die *Giulio Cesare, Vittorio Veneto* und *Andrea Doria*. Die *Conte di Cavour* lief niemals wieder zu einem Einsatz aus, während die *Littorio* und die *Caio Duilio* mehrere Monate außer Gefecht gesetzt waren.

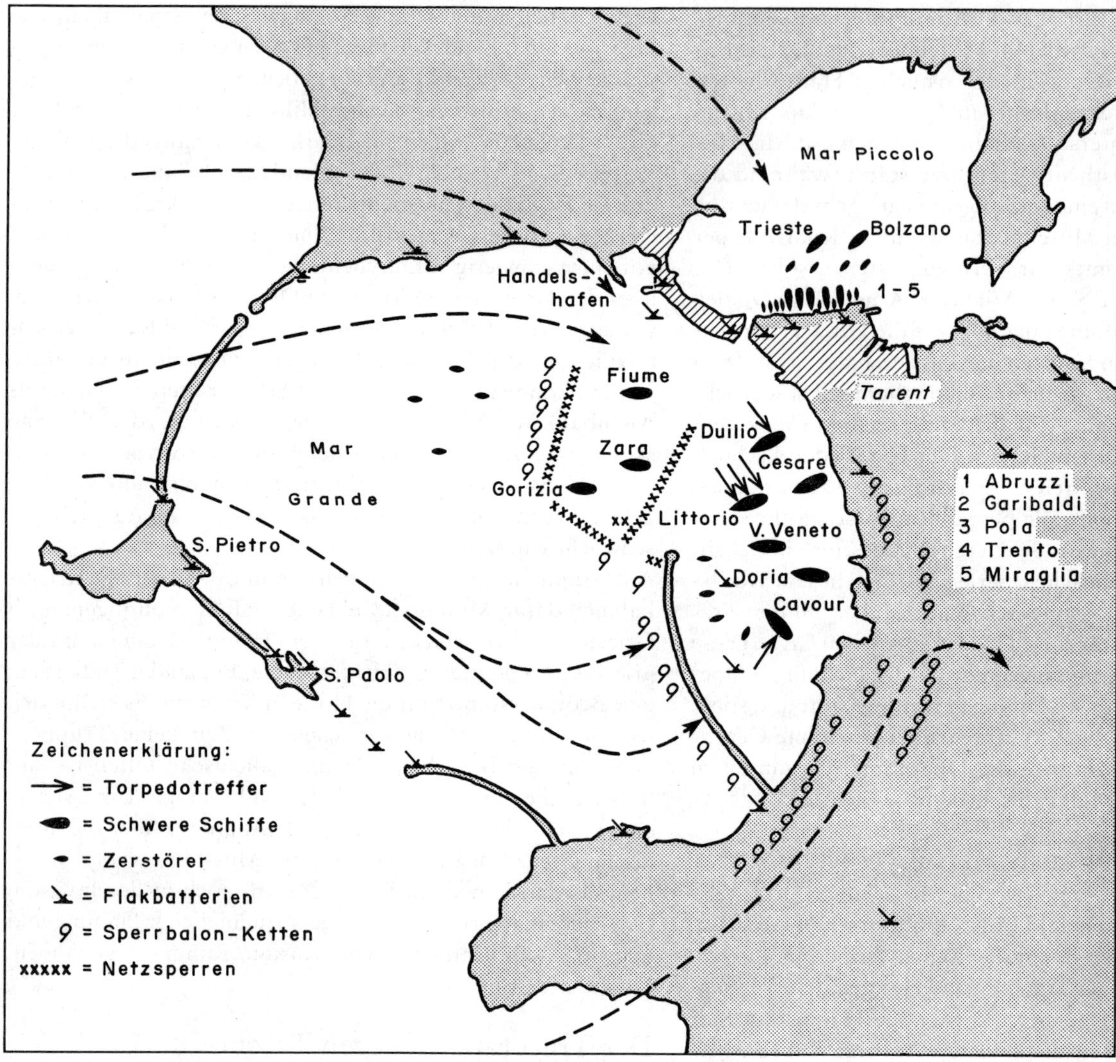

Der Angriff auf Tarent, 11./12. November 1940

Die übrigen italienischen größeren Schiffe verließen Tarent als Flottenbasis und verlegten unmittelbar nach dem Angriff nach Neapel. Die italienische Luftaufklärung hatte weder die auf dem Anmarsch befindlichen britischen Seestreitkräfte noch einen Maltakonvoi, der unter Ausnutzung der Flottenoperation nach Malta lief, erkannt. Eine zu einem Vorstoß in die Otranto-Straße entsandte Gruppe britischer Kreuzer errang einen zusätzlichen Erfolg, indem sie einen kleinen italie-

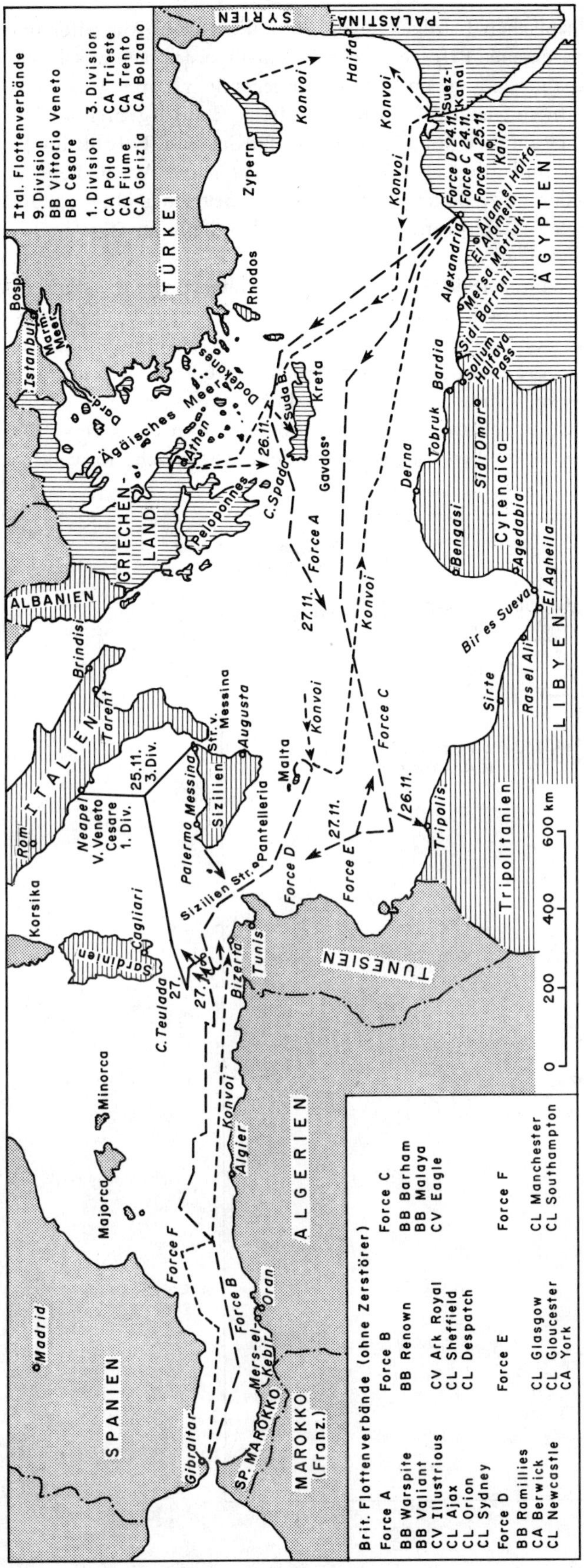

Das Gefecht von Cap Teulada, 27 November 1940,
Die Flottenbewegungen

nischen Konvoi von 4 Schiffen auf dem Wege nach Brindisi abfing und vernichtete.

Den Schock, den der Erfolg dieses Angriffes bei der italienischen Marine ausgelöst hatte, wollte man zu einem ersten Versuch, einen Konvoi von Gibraltar durch das zentrale Mittelmeer direkt nach Malta und Alexandrien zu bringen, ausnutzen. 3 Transporter sollten mit 5 Escorts und den Kreuzern *Manchester* und *Southampton* von Westen nach Osten marschieren, während die Force H mit dem Schlachtkreuzer *Renown,* dem Träger *Ark Royal,* den Kreuzern *Sheffield* und *Despatch* sowie 9 Zerstörern südlich Sardinien eine Aufnahmeposition einnahm, um die von Osten kommenden »Force D«, das Schlachtschiff *Ramillies,* die Kreuzer *Newcastle, Berwick* und *Coventry* sowie 5 Zerstörer aufzunehmen. Am Morgen des 25. November erfuhr Supermarina vom Auslaufen der Force H. Da man mit einer größeren britischen Operation rechnete, lief die italienische Flotte von Neapel zu einer Position südlich von Sardinien aus. Sie bestand aus den Schlachtschiffen *Vittorio Veneto* und *Giulio Cesare,* 6 Schweren Kreuzern und 14 Zerstörern. Außerdem entsandte man leichte Streitkräfte in die Sizilien-Straße. Am Morgen des 27. November sichtete ein britisches Flugboot die italienische Flotte. Admiral Somerville ging auf höhere Fahrt, um sich möglichst frühzeitig mit der »Force D« zu vereinigen und die Fahrt des Konvois zu decken. 45 Minuten später sichtete ein italienisches Aufklärungsflugzeug die »Force« Somervilles nördlich von Bône. Der Konvoi wurde jedoch nicht bemerkt. Admiral Campioni nahm Kurs auf den gemeldeten Feind in der Hoffnung, mit überlegenen Kräften eine schwächere britische Gruppe angreifen zu können. Inzwischen hatte sich jedoch Somerville mit der »Force D« vereinigt. Die italienischen sehr ungenauen und teilweise fehlerhaften Aufklärungsmeldungen brachten eine solche Unsicherheit in die Lagebeurteilung Admiral Campionis, daß er schließlich glaubte, einem überlegenen Gegner gegenüberzustehen, und die Absicht hatte, seiner Weisung entsprechend die Fühlung abzubrechen. Mittags sichteten sich jedoch die beiderseitigen Kreuzergruppen, und es kam zu einem auf große Entfernung geführten Gefecht, bei dem das italienische Artilleriefeuer recht gut lag und der Kreuzer *Berwick* mehrere Treffer erhielt. Nach dem Eingreifen des britischen Schlachtkreuzers *Renown* wurde der italienische Zerstörer *Lanciere* getroffen und blieb liegen, während einer der italienischen Kreuzer, die *Fiume,* mit einem Maschinenschaden zeitweise zurückblieb. Ein Angriffsversuch von Flugzeugen der *Ark Royal* hatte keinen Erfolg. Als die *Vittorio Veneto* mit ihren 38-cm-Geschützen in das Gefecht eingriff, drehten die britischen Kreuzer unter Entwicklung starker Rauchschleier ab, und die Fühlung ging verloren. So konnten die Italiener ihre havarierten Schiffe einbringen, während es den Engländern auf der anderen Seite gelang, den Konvoi unbemerkt durch die Sizilien-Straße hindurch zu bringen und mit den übrigen Streitkräften wieder nach Gibraltar zu gelangen. Für beide Seiten war dieses Gefecht vor Kap Teulada unbefriedigend verlaufen. Auf italienischer Seite zeigten sich erneut die schweren Nachteile der außerordentlich unzulänglichen Luftaufklärung.

Am 10. Dezember kam es zu einer Reorganisation der italienischen Marine. Der Admiralstabschef, Admiral Cavagnari, wurde durch Admiral Riccardi ersetzt. Admiral Campioni wurde stellvertretender Admiralstabschef, während das Flottenkommando an Admiral Iachino, den bisherigen Befehlshaber des zweiten Kreuzergeschwaders, überging.

Die Deutschen greifen ein

Ende des Jahres sahen sich die Engländer als Ergebnis des griechischen Erfolges gegen die italienischen Angreifer und ihres eigenen Erfolges in der Tarent-Operation einer sehr viel günstigeren Lage im Mittelmeer gegenüber. Am 9. Dezember eröffnete General Wavell eine Offensive aus Ägypten, die am 16. Dezember Sollum einnahm, Bardia und Tobruk im Januar und am 1. Februar Bengasi erreichte. Am 9. Februar lag der ganze Bogen der Cyrenaika in britischen Händen, und Wavells Streitkräfte standen vor El Agheila am Tor zu Tripolitanien.

Im Winter 1940/41 hatte die Mittelmeerflotte die Aufgabe übernommen, Nachschub für die vorrückenden Truppen Wavells von Ägypten heranzuführen. Eine »Inshore Squadron« hatte die Hauptlast dieser Arbeit zu übernehmen, und ihre kleinen Schiffe erlitten durch Luftangriffe von Sizilien aus schwere Verluste. Ihre Operationen waren ein kleines Beispiel für die Beweglichkeit, mit der die Seemacht notwendige

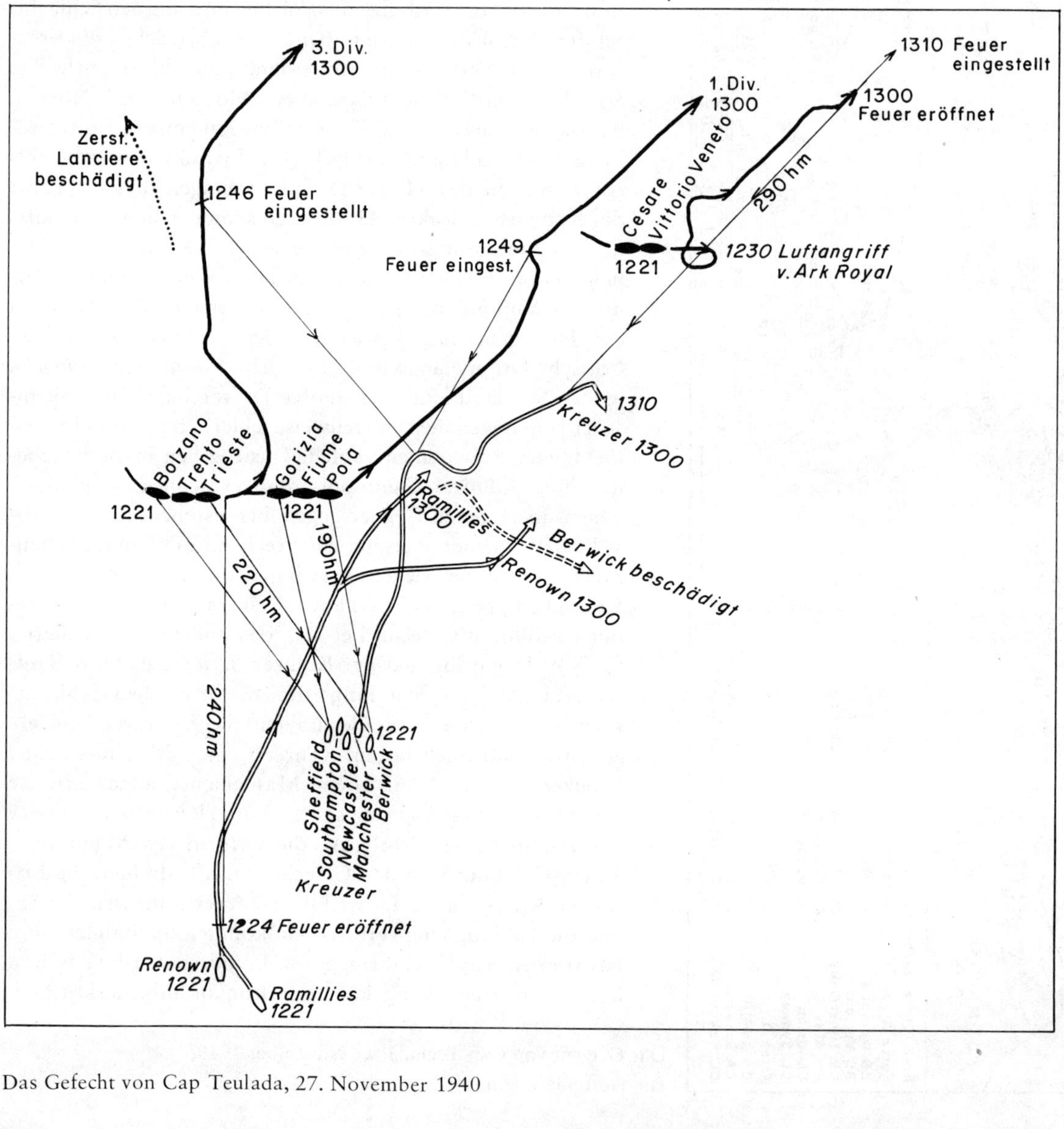

Das Gefecht von Cap Teulada, 27. November 1940

Nachschubgüter für eine an der Küste entlang vordringende Armee heranbringen konnte. Die benötigten Nachschubgüter wären schwierig oder überhaupt nicht auf den Sandwegen und unzulänglichen Straßen der westlichen Wüste zu transportieren gewesen.

Angesichts der italienischen Rückschläge in Griechenland, in Afrika und auf See hielt das Oberkommando der deutschen Wehrmacht (OKW) eine Reihe von Konferenzen ab, um entsprechende Maßnahmen zur Bereinigung der Situation zu beraten. Schon am 26. September 1940 hatte der Oberbefehlshaber der Kriegsmarine, Großadmiral Raeder, in einer Unterredung versucht, Hitler seinen Angriffsplan gegen die Sowjetunion auszureden und ihn von der Zweckmäßigkeit einer Gewichtsverlagerung in das Mittelmeer zu überzeugen, da man nach seiner Auffassung England hier entscheidend treffen könnte. Hitler ließ sich jedoch von seinen Absichten nicht abbringen. Am 12. November 1940 war Hitler aber auch zu der Überzeugung gekommen, daß es nötig sein würde, Italien aus den Folgen seines bedauerlichen Fehlers in Griechenland herauszuschlagen. Zur gleichen Zeit wurden in den deutschen Führungsstäben zahlreiche Operationspläne ausgearbeitet, ohne daß Hitler darauf drang, sie in einem strategischen Gesamtkonzept zu vereinigen. Einerseits war es die Vorbereitung der Operation »Barbarossa«, der Invasion Rußlands. Gleichzeitig wurden Pläne bearbeitet, die Italiener in Griechenland und Albanien durch einen Vorstoß über Rumänien und Bulgarien zu unterstützen und die rumänischen Ölfelder für Deutschland zu sichern. Ein weiterer Plan, die Operation »Felix«, sah die Einbeziehung Spaniens auf deutscher Seite vor. Es sollte ihr Ziel sein, Gibraltar wegzunehmen. Weitere Überlegungen beschäftigten sich mit der Möglichkeit, die Kanarischen Inseln und die Kapverdischen Inseln zur Sicherung der Eingänge in das Mittelmeer zu besetzen. Schließlich wurden Überlegungen angestellt, ein Luftwaffen-Fliegerkorps nach Italien zu entsenden und mechanisierte Truppenverbände nach Afrika zu bringen.

Tatsächlich wurden während der Monate Dezember und Januar etwa 500 Flugzeuge des deutschen X. Fliegerkorps, die besonders zum Angriff auf Schiffsziele ausgebildet waren, von Norwegen auf Flugplätze in Kalabrien und Sizilien verlegt. Ihre Aufgabe war es, die Schiffahrt der Achsenmächte nach Afrika zu schützen und das Passieren britischer Konvois durch das zentrale Mittelmeer zu verhindern sowie Malta durch Luftangriffe zu neutralisieren.

Nachdem ein Teil der deutschen Fliegerkräfte bereits eingetroffen war, versuchte ein britischer Konvoi von 4 Frachtern, gesichert von 2 Schlachtschiffen, einem Flugzeugträger, 4 Kreuzern und Zerstörern der »Force H«, von Gibraltar aus nach Malta und Griechenland durchzubrechen. Die Schiffe hatten am 6. Januar Gibraltar passiert. Etwa gleichzeitig liefen von der Mittelmeerflotte in Alexandrien die Schlachtschiffe *Warspite* und *Valiant* sowie der Träger *Illustrious* und 7 Zerstörer aus, um den Konvoi aufzunehmen und seine Bewegungen zwischen Malta und Alexandria zu decken. Zur Unterstützung der Operation griffen auf Malta gestützte Flugzeuge am 8. Januar die italienische Flotte in Neapel an, beschädigten das Schlachtschiff *Giulio Cesare* und zwangen sie und die *Vittorio Veneto*, nach La Spezia zu verlegen, weit entfernt vom möglichen Einsatzraum. Dieser Angriff ließ den Italienern nur noch die *Vittorio Veneto* als einsatzfähiges Schlachtschiff. Am Abend des 9. Januar, nach Tagesluftangriffen italienischer Flugzeuge von Sardinien, drehte die Force H, ohne Schäden erlitten zu haben, nach Westen ab, während der Konvoi mit 3 Kreuzern und verschiedenen Zerstörern nach Malta weitermarschierte. In der Nacht versuchten die italienischen Torpedoboote *Circe* und *Vega*, den Verband anzugreifen, doch sank letzteres im Abwehrfreuer der britischen Kreuzer. Vor Malta lief der britische Zerstörer *Gallant* auf eine Mine und verlor das Vorschiff. Er konnte aber nach Malta eingeschleppt werden, wo er für den Rest des Krieges liegenblieb. Am nächsten Tag suchte eine italienische Kampfgruppe von La Spezia aus im westlichen Mittelmeer nach der »Force H«, ohne sie jedoch zu finden, da sie bereits weit im Westen stand.

Etwa am Mittag des 10. Januar wurde die Alexandria-Gruppe, die den von Gibraltar kommenden Konvoi während der Nacht aufgenommen hatte, westlich Malta durch 50 Stukas von Sizilien aus angegriffen. Anders als die italienischen Piloten, die aus größerer Höhe im Horizontalflug ihre Bomben warfen, flogen die Deutschen ihre Angriffe im Sturzflug durch das schwere Flakfeuer hindurch. Sie konzentrierten die Angriffe auf den Träger *Illustrious* und trafen ihn mit 6 Bomben. Mit den Maschinen steuernd erreichte die *Illustrious* trotz eines weiteren Angriffes am Nachmittag Malta mit schweren Bränden an Bord. Am nächsten Tage wurden die auf dem Wege nach Alexandria befindlichen Kreuzer *Gloucester* und *Southampton* durch Luftangriffe schwer beschädigt, der letztere erlitt solche Schäden, daß er versenkt werden mußte.

In Malta wurde die *Illustrious* das Ziel zahlreicher weiterer Luftangriffe. Trotzdem gelang es den Reparaturbetrieben, das Schiff behelfsmäßig zu reparieren. In der Nacht zum 23. Januar konnte es unbemerkt aus dem Hafen entkommen und erreichte ohne weitere Schäden Alexandria, mußte jedoch für endgültige Reparaturen nach den USA gehen. Da die *Eagle* nicht einsatzfähig war, besaß die Mittelmeerflotte vorläufig keinen Flugzeugträger, bis die *Formidable*, die die Admiralität als Ersatz aus dem Südatlantik heranführte, eingetroffen war.

Während der Druck auf Malta mit 3–4 Luftangriffen pro Tag aufrecht erhalten wurde, vernachlässigte die Luftwaffe auch das östliche Mittelmeer nicht. Von Ende Januar ab begannen deutsche Flugzeuge, Magnetminen im Suezkanal zu werfen, so daß der Kanal zeitweise während des Monats Februar gesperrt werden mußte. So hatte das Eingreifen der deutschen Luftwaffe in der kurzen Zeit von einem Monat die Situation im Mittelmeer dramatisch gewandelt.

Schiffe durch das Mittelmeer zu senden, war eine äußerst gefährliche Operation geworden. Der einzige mögliche Weg, den Nachschub für die britische Mittelost-Armee aufrecht zu erhalten, war der lange Weg um das Kap der Guten Hoffnung durch das Rote Meer und den Suezkanal. Die normalen Kap-Konvois unter der Bezeichnung WS (Winston's Specials), brachten Soldaten, Nachschub, Panzer und Munition nach dem Mittleren Osten. Doch auch diese Route war keineswegs sicher. Außer der Bedrohung durch die deutschen U-Boot- und Überwasser-Operationen im Atlantik hatten die Italiener Streitkräfte in Ostafrika: 7 Zerstörer, 2 Schnellboote und 8 U-Boote, die in Massaua stationiert waren und von dort gelegentlich versuchten, britische Konvois im Roten Meer anzugreifen. Im Januar 1941 begannen britische Streitkräfte von Kenia und dem Sudan aus einen Angriff mit Flottenunterstützung, um die Italiener aus Ostafrika zu vertreiben. Im Februar 1941 gaben die Italiener den am Indischen Ozean liegenden Hafen von Chisimayo auf, und Anfang April nahmen britische Truppen Massaua, während Torpedoflugzeuge von der *Eagle* 2 italienische Zerstörer versenkten und einen weiteren auf Strand trieben. Die restlichen italienischen Streitkräfte in Ostafrika versenkten sich selbst. 4 noch fahrbereite U-Boote gelangten um Afrika herum, wo sie durch einen deutschen Hilfskreuzer versorgt wurden, nach Westfrankreich. Nach Ausschaltung der italienischen Bedrohung konnte der Präsident der Vereinigten Staaten unter dem Neutralitätsgesetz das Rote Meer für die amerikanische Schiffahrt wieder öffnen, und britische Konvois waren in der Nähe ihrer Bestimmungsorte vor Angriffen sicher.

In den nächsten Monaten hatte die britische Mittelmeerflotte ihre schwerste Prüfung zu bestehen. Als die Deutschen Anfang April 1941 Griechenland angriffen, gestattete die griechische Regierung die aktive Teilnahme britischer Truppen und Streitkräfte an den Kämpfen auf dem Festland. Wenn auch die Verstärkung Griechenlands zur Folge hatte, daß General Wavells Angriff vor der tripolitanischen Grenze angehalten werden mußte, glaubte das Kriegskabinett, aus politischen Gründen die Hilfe für Griechenland allen anderen Überlegungen voranstellen zu müssen. Die Mittelmeerflotte, welche die Verantwortung für den Transport und den Schutz von 3 Divisionen und einer Panzerbrigade und ihren Nachschub übernommen hatte, mußte einen so großen Teil ihrer verfügbaren Kräfte in der Ägäis konzentrieren, daß wenig für Angriffe gegen italienische Konvois nach Libyen übrig blieb. Das Ergebnis war eine erhebliche Schwächung der britischen Position in Nordafrika, da während der Monate Februar und März italienische Transporter das deutsche Afrikakorps unter dem Kommando von General Erwin Rommel über das Mittelmeer nach Nordafrika brachten.

Der erste britische Konvoi lief am 5. März nach Piräus aus, andere folgten alle 3 Tage. In der Nacht zum 26. März griffen italienische Kleinkampfverbände mit Sprengbooten den britischen Stützpunkt in der Suda-Bucht an und setzten dort den britischen Kreuzer *York* außer Gefecht. Am 30. März versenkten die italienischen U-Boote *Ambra* und *Dagabur* den Kreuzer *Bonaventure*. Innerhalb von 6 Wochen hatte die Flotte jedoch 58000 Mann mit ihrem Gerät und Nachschub ohne Ausfälle nach Griechenland gebracht.

Die Schlacht von Kap Matapan

Unter deutschem Druck plante die italienische Marine, ihre kampfkräftigen einsatzfähigen Einheiten, das Schlachtschiff *Vittorio Veneto,* 6 Schwere und 2 Leichte Kreuzer sowie 13 Zerstörer zu Angriffen gegen britische Griechenlandkonvois unter Sicherung durch das deutsche X. Fliegerkorps einzusetzen. Unter Führung von Admiral Angelo Iachino lief die Kampfgruppe unter der irrtümlichen Lagebeurteilung aus, daß das deutsche X. Fliegerkorps am 16. März bei bewaffneter Aufklärung 2 schwere Einheiten, vermutlich Schlachtschiffe, außer Gefecht gesetzt habe, so daß die Mittelmeerflotte nur noch über ein einsatzbereites Schlachtschiff verfügte.

In den Mittagstunden des 27. März erfaßte ein britisches Aufklärungsflugboot etwa 80 Meilen östlich Siziliens die italienische Flotte, während die deutsche Luftsicherung ausblieb, und die Luftaufklärung zunächst keine Ergebnisse brachte. Admiral Iachino gab daraufhin seine Absicht, in die Ägäis einzudringen, auf, weil er mit einer Überraschung des Gegners nicht mehr rechnen konnte.

Durch den britischen Nachrichtendienst in Italien gewarnt, hatte Admiral Cunningham Gegenmaßnahmen gegen die italienische Absicht ergriffen. Während er die Konvois aus dem gefährdeten Gebiet herauszog, gab er Vizeadmiral H. D. Pridham-Wipell den Befehl, mit seiner Kreuzer-Zerstörer-Gruppe (Force B) die griechischen Gewässer zu verlassen und sich am Morgen des 28. März mit der Hauptmacht südlich von Kreta zu vereinigen. Cunningham selber lief von Alexandria mit den Schlachtschiffen *Warspite, Valiant* und *Barham,* dem gerade eingetroffenen Flugzeugträger *Formidable* und 9 Zerstörern am Vormittag des 27. März aus.

Bei Hellwerden am 28.3. sichteten Aufklärungsflugzeuge der *Formidable* eine italienische Kreuzergruppe, und etwa gleichzeitig sichtete ein Bordflugzeug der *Vittorio Veneto* die britische »Force B«. Wenige Minuten später bekam Admiral Pridham-Wippell die 3. italienische Kreuzer-Division mit 3 Schweren Kreuzern und 4 Zerstörern in Sicht. Wie in der Schlacht am Skagerrak, wußten die beiden Befehlshaber der Aufklärungskräfte nichts von der Anwesenheit feindlicher schwerer Streitkräfte in der Nähe. Wie damals der deutsche Admiral Hipper, versuchte jetzt Pridham-Wippell, die italienischen Kreuzer auf das südostwärts heranmarschierende Gros Admiral Cunninghams zu ziehen und führte für etwa eine Stunde ein Rückzugsgefecht mit den Kreuzern Admiral Sansonettis, bei dem jedoch keine Treffer erzielt wurden. Um 08.55 Uhr gab Admiral Iachino seinen leichten Streitkräften den Befehl, das Gefecht abzubrechen, da sie sich der Reichweite britischer landgestützter Flugzeuge näherten. Admiral Pridham-Wippell nahm sofort die Verfolgung auf, um Fühlung an den italienischen Schiffen zu halten. Um seine

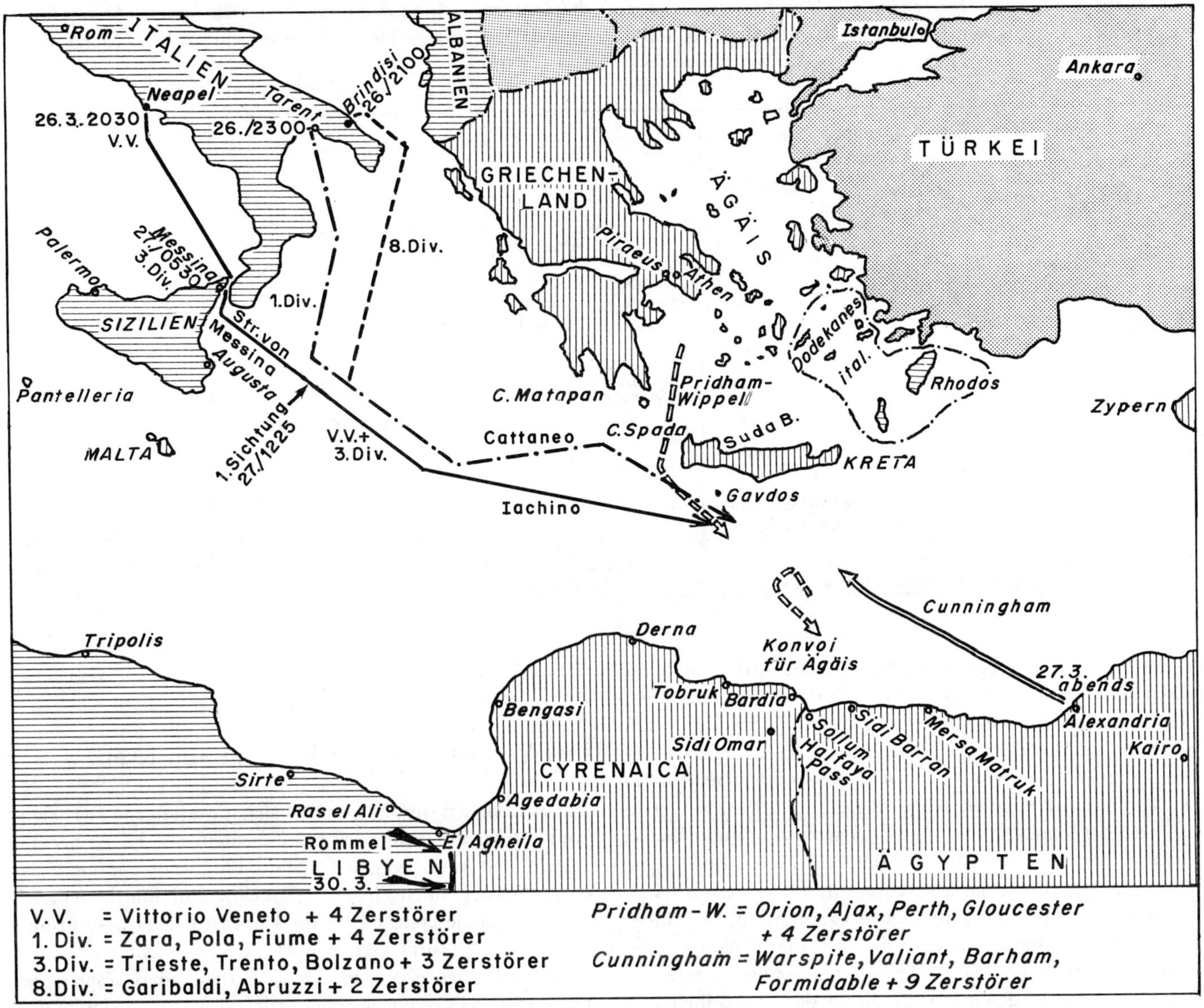

Cap Matapan, 26./27. März 1941 – Der Aufmarsch

leichten Kräfte nicht in eine Falle laufen zu lassen, befahl Admiral Cunningham der *Formidable* einen Torpedoflugzeugangriff gegen die bisher nicht am Kampf beteiligte italienische Kreuzergruppe. Die Flugzeuge hatten jedoch ihren Anflug noch nicht beendet, als um 11.00 Uhr ein Ausguck auf dem Kreuzer *Orion*, dem Flaggschiff Admiral Pridham-Wippells, die *Vittorio Veneto* sichtete, die sofort mit ihren 38,1 cm-Geschützen ein sehr genau liegendes Feuer eröffnete. Zwischen den Kreuzern und der *Vittorio Veneto* stehend, drehte Pridham-Wippell in einem Rauchschleier auf Gegenkurs. In diesem Augenblick trafen die Torpedoflugzeuge der *Formidable* ein und griffen das italienische Schlachtschiff an. Obgleich sie keine Treffer erzielten, veranlaßten sie Iachino, die Verfolgung abzubrechen und mit 25 kn Fahrt auf Heimatkurs zu gehen, während Admiral Pridham-Wippell sofort wieder die Verfolgung aufnahm, um Fühlung zu halten.

In den nächsten Stunden flogen die Flugzeuge der *Formidable* wiederholte Angriffe, um die italienische Kampfgruppe in ihrer Geschwindigkeit so weit herabzusetzten, daß die britischen Schlachtschiffe sie einholen konnten. Um 15.20 Uhr brachte ein Torpedotreffer die *Vittorio Veneto* vorübergehend zum Stoppen, jedoch 3½ Stunden später konnte sie bereits wieder mit 19 kn weitermarschieren. Cunningham hatte inzwischen Pridham-Wippell den Befehl gegeben, mit 30 kn-Fahrt mit seinen Kreuzern Fühlung an der ablaufenden italienischen Kampfgruppe zu halten, während die Schlachtflotte mit ihrer Höchstgeschwindigkeit von 24 kn folgte. Da die Engländer die Geschwindigkeit der *Vittorio Veneto* um 4 kn unterschätzten, lag ihr Abfangkurs weit vom Ziel ab. Gegen diese Möglichkeit hatte Cunningham einen weiteren Angriff der Torpedoflugzeuge der *Formidable* empfohlen, denen es gelang, den italienischen Kreuzer *Pola* zu treffen, so daß er hatte darüber hinaus die wichtige strategische Auswirkung, daß die italienische Flotte sich während der britischen Opera-

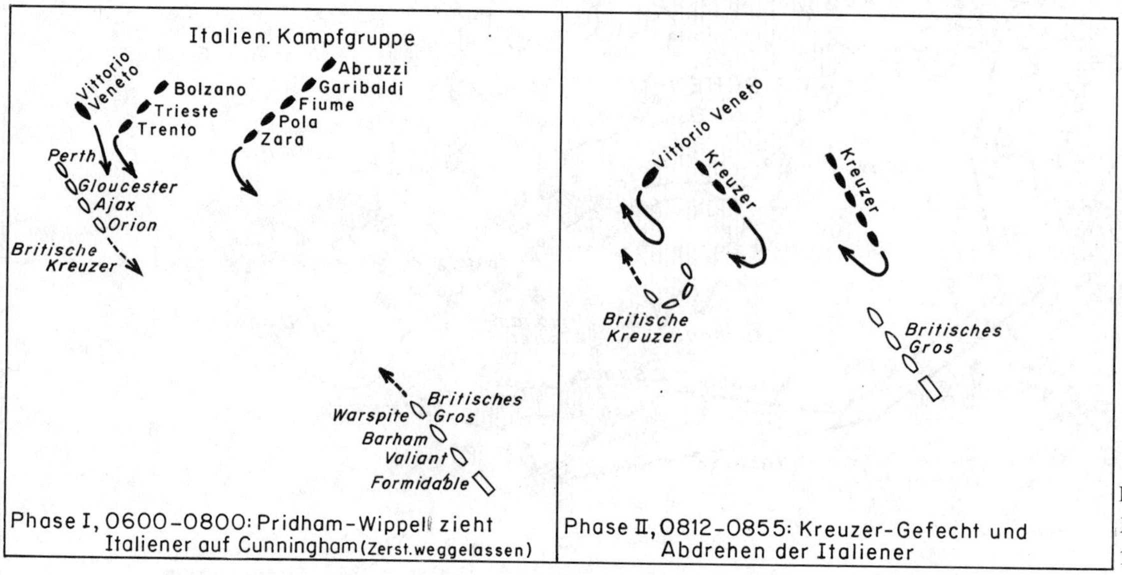

Die Schlacht von Kap Matapan, 28. März 1941

manövrierunfähig liegen blieb, während die übrigen italienischen Schiffe weiter mit hoher Fahrt Kurs auf Tarent hielten. Danach verlor die Schlacht ihre geordnete Form. Da er den Kurs und die Fahrt des Gegners falsch beurteilte, verlor Pridham-Wippell nach dem Passieren der liegengebliebenen *Pola* die Fühlung am Gegner. Admiral Iachino hatte am Abend die beiden anderen Kreuzer der 1. Division, *Zara* und *Fiume*, sowie 4 Zerstörer zur Unterstützung der beschädigten *Pola* entsandt. Die britischen Schlachtschiffe hielten diesen Verband zunächst für einen britischen, erkannten dann aber ihren Irrtum und konnten auf Grund der Radar-Ortungen des Kreuzers *Ajax* und des Schlachtschiffes *Warspite* ein sehr viel klareres Lagebild gewinnen als die in der Dunkelheit fast blinden Italiener. Die britischen Schlachtschiffe schossen die 3 italienischen Kreuzer und 2 Zerstörer auf kurze Entfernung zusammen. Nur 2 Zerstörer entkamen, einer davon beschädigt. Die teilweise bereits verlassene *Pola* wurde nach Übernahme der restlichen Besatzung durch 2 britische Zerstörer mit Torpedoschüssen versenkt.

Die Engländer hatten einen eindrucksvollen taktischen Sieg praktisch ohne Verluste errungen. Wenn ihnen auch die *Vittorio Veneto* entkommen war, so hatten sie 3 italienische Kreuzer und 2 Zerstörer versenkt, während nur einer ihrer Kreuzer leicht beschädigt worden war und ein Flugzeug mit einem Piloten verloren ging. Verspätete Angriffe der deutschen Luftwaffe gegen die britischen Schiffe verursachten keine weiteren Schäden. Dieser Sieg gab der britischen Flotte in Alexandria und der britischen Öffentlichkeit einen erheblichen moralischen Aufschwung zu einer Zeit, als die Situation im Mittelmeer besonders schwarz erschien. Dieser Sieg tionen in den Gewässern um Griechenland und Kreta nicht mehr aus ihren Häfen heraustraute.

Der Verlust von Griechenland und Kreta

Die britischen Truppen konnten sich nicht lange in Griechenland halten. Von Bulgarien hatte die deutsche 12. Armee am 6. April den Angriff gegen den Südteil Jugoslawiens und Griechenlands begonnen. Gegen die zur Unterstützung des Balkanfeldzuges eingesetzte Luftflotte 4 mit 210 Jägern, 400 Bombern und 170 Aufklärern konnte die »Royal Air Force« nur 80 einsatzfähige Flugzeuge und 2 Fernbomber-Geschwader für Nachteinsätze von Ägypten aus einsetzen. In Flanke und Rücken getroffen, konnte die jugoslawische Armee sich nicht zu einem längeren geordneten Widerstand zusammenfinden, und Jugoslawien mußte am 17. April kapitulieren. Nachdem die deutschen Einheiten die von den Griechen zunächst tapfer verteidigte Metaxas-Linie durchbrochen hatten, war der Kampf auch auf dem griechischen Festland verloren. Der griechische König, der seinem Land die Verheerungen weiteren Kampfes ersparen wollte, regte an, daß die Engländer keine weiteren Truppen mehr nach Griechenland entsenden und die bereits dort befindlichen evakuieren sollten. Das Kriegskabinett stimmte augenblicklich der Evakuierung des Festlandes zu, und alle britischen Truppen zogen sich auf die Einschiffungshäfen zurück. Am 23. April kapitulierte die griechische Armee in Saloniki, und am folgenden Tage durchbrach das XVIII. Korps die von den Engländern zur Deckung der Evakuierung verteidigte Thermopylen-Stellung. In der gleichen Nacht begann die britische Evakuierung. Für diese

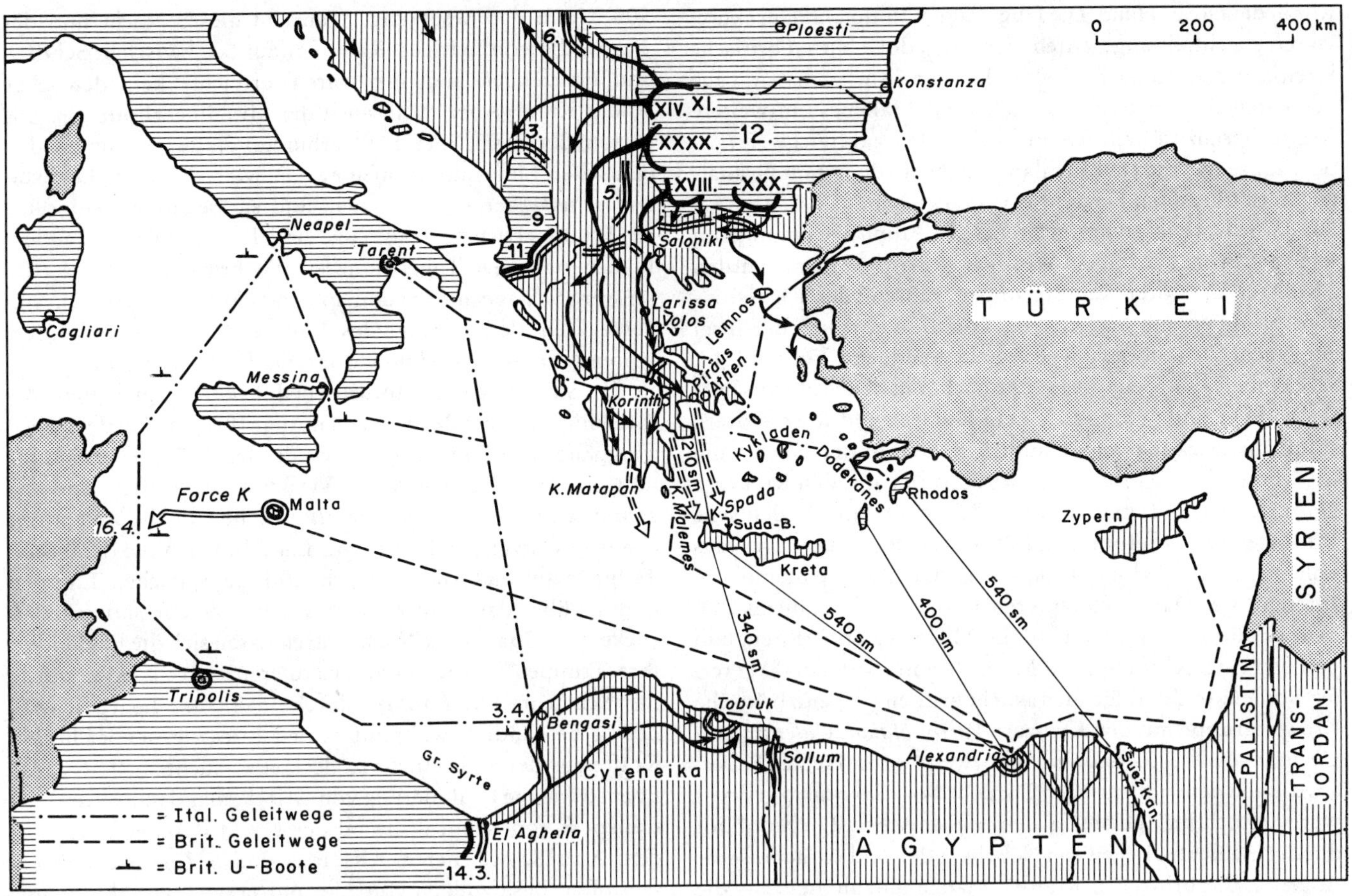

Die strategische Bedeutung Kretas im April/Mai 1941

Aufgabe, die noch schwieriger als die Evakuierung von Dünkirchen war, verfügte die Mittelmeerflotte über 7 Kreuzer, 20 Zerstörer, 21 Transporter und eine Anzahl kleinerer Fahrzeuge. Der Hafen von Piräus war durch die Explosion des Munitionsfrachters *Clan Fraser* bei einem Angriff des deutschen X. Fliegerkorps am 7. April so schwer beschädigt worden, daß die Einschiffung über 3 Strände im Gebiet von Athen und 3 weitere auf der Halbinsel Peloponnes durchgeführt werden mußte. Um Luftangriffe zu vermeiden, hatten die Evakuierungsschiffe den Befehl, die Strände nicht früher als eine Stunde nach Dunkelheit anzulaufen und sie bis 3 Uhr morgens wieder zu verlassen. Für 6 Tage lief die Operation ohne Luftsicherung, mit weit auseinander liegenden Einschiffungspunkten und einer weit weniger effektiven Strandorganisation als in Dünkirchen. Die Schiffsverluste waren schwer, doch wurden über 50 000 Mann britischer Truppen gerettet. Außerdem entkamen ein alter Kreuzer, 6 Zerstörer und 4 U-Boote der griechischen Marine nach Alexandrien.

Wenn auch die Engländer aus Griechenland vertrieben waren, so waren sie doch entschlossen, in Kreta zu bleiben. Seine strategisch beherrschende Lage im Mittelmeer ließ das Kriegskabinett den Entschluß fassen, es unter allen Umständen zu halten. Eine große Zahl der von Griechenland evakuierten Truppen, insbesondere Neuseeländer unter Generalleutnant Freyberg, wurde nach Kreta gebracht, um die dortigen Inselverteidigungsanlagen zu verstärken. Der Verlust der Ersatzteile erzwang jedoch eine Rückverlegung der Flugzeuge nach Ägypten, so daß die Luftsicherung der Insel der Flottenluftwaffe überlassen blieb. Andererseits lag Kreta in der Reichweite der neu errichteten deutschen Flugplätze in Griechenland und eines italienischen Flugplatzes auf Scarpanto in 45–60 Meilen Entfernung.

Am Morgen des 20. Mai begann der erwartete deutsche Angriff. Den Hauptangriff führten die im XI. Fliegerkorps zusammengefaßten Luftlandetruppen (etwa 16 000 Mann der 7. Fallschirm-Division und der 5. Gebirgs-Division), die in 502 Ju-52-Transportern und etwa 100 Lastenseglern transportiert wurden. Etwa 7000 Mann der 6. Gebirgs-Division sollten mit behelfsmäßig gebildeten Transportverbänden unter dem Schutz leichter italienischer Seestreitkräfte auf dem Seewege überführt werden. Um 8.00 Uhr begannen Lastensegler mit Truppen auf dem Flugplatz Maleme zu landen, 15 Minuten später sprangen Fallschirmjäger weiter östlich ab. Gegen Ende des Tages waren etwa 5000 Fallschirmjäger der 7. Fallschirm-Division gelandet, und das Flugfeld Maleme, wenn auch noch unter britischem Artilleriefeuer, war in deutscher Hand. Die Flugplätze Retimo und Heraklion waren gleichfalls angegriffen worden, jedoch hatten britische Streitkräfte sie zunächst halten können. Am nächsten Tage benutzten die Deutschen das Flugfeld Maleme, um weitere Kräfte heranzuführen, wenn auch dabei zahlreiche Transportflugzeuge durch Bruchlandungen in dem mit Granattrichtern übersäten Flugfeld verloren gingen.

Für die Seeverteidigung von Kreta teilte Admiral Cunningham seine Kräfte in 3 Gruppen: Westlich und östlich Kreta wurden 2 Kreuzer-Zerstörer-Kampfgruppen während der Tagesstunden stationiert mit dem Befehl, Vorstöße nördlich der Insel bei Nacht zu unternehmen, sobald feindliche Verbände in See gemeldet wurden. Die Hauptmacht mit den Schlachtschiffen *Valiant* und *Warspite,* einem Kreuzer und 8 Zerstörern sollte zur Deckung weiter südlich stehen. In der Nacht zum 21. Mai griff eine britische Kreuzergruppe mit den Kreuzern *Dido, Orion* und *Ajax* sowie 4 Zerstörern die 1. deutsche Motorsegler-Staffel mit rund 20 Fahrzeugen, die durch das italienische Torpedoboot *Lupo* gesichert wurde, an und zersprengte sie. Dank des tapferen Einsatzes des italienischen Torpedobootes gingen nur 10 der Motorsegler verloren, und von den eingeschifften 2300 Mann konnten rund 2000 gerettet werden. In der folgenden Nacht griff eine zweite britische Kreuzergruppe mit den Kreuzern *Perth, Naiad, Calcutta* und *Carlisle* sowie 3 Zerstörern die zweite Motorsegler-Staffel an, die von dem italienischen Torpedoboot *Sagittario* gedeckt wurde. Auch hier gelang es dem italienischen Torpedoboot durch geschicktes Legen von Nebelwänden und vorgetäuschte Angriffe, die britischen Kräfte so lange aufzuhalten, bis die Masse der Segler in Sicherheit war. Nur 2 von ihnen gingen verloren. Von bei Hellwerden eingreifenden deutschen Flugzeugen wurden die Kreuzer *Naiad* und *Carlisle* durch Nahtreffer beschädigt. Noch ehe sich die Kreuzergruppe mit der zur Unterstützung herankommenden Schlachtschiffgruppe vereinigen konnte, wurden beide Verbände durch Flugzeuge des deutschen VIII. Fliegerkorps erfaßt und laufend angegriffen. Zuerst erhielt der Kreuzer *Naiad* einen schweren Treffer, dann wurde die *Carlisle* getroffen und ihr Kommandant fiel. Gerade als um 13.30 Uhr beide Gruppen sich vereinigten, wurde das Schlachtschiff *Warspite* schwer getroffen. Wenig später erhielt der Zerstörer *Greyhound* einen schweren Treffer und blieb liegen. Die Kreuzer *Gloucester* und *Fiji* mit 2 Zerstörern wurden ihm zur Unterstützung geschickt. Da die Schiffe ein Großteil ihrer Flakmunition bereits verbraucht hatten, riefen sie erneut die Schlachtschiffgruppe zur Unterstützung heran. Um 15 Uhr wurde den zur Unterstützung geschickten Schiffen der Rückmarsch freigestellt. Es war jedoch zu spät. Um 15.50 Uhr erhielt die *Gloucester* in der Kythera-Straße mehrere schwere Treffer und blieb brennend liegen. Unter fortgesetzten weiteren Angriffen mußte die *Fiji* das manövrierunfähige Schiff zurücklassen und mit den 2 Zerstörern weiter nach Süden laufen. Um 18.45 Uhr wurde jedoch auch dieses Schiff schwer getroffen und sank. Die Zerstörer kehrten nach Dunkelwerden zurück und retteten über 500 Mann der Besatzung. Während dieser Nacht und des Tages, die von heftigen Kämpfen auf See zwischen Schiffen und Flugzeugen angefüllt waren, erreichte kein deutscher Soldat Kreta. Aber wenn auch die Mittelmeerflotte eine Invasion der Insel über See verhindert hatte, gelang es den deutschen Luftlandetruppen am 22. Mai, den Flugplatz Maleme einsatzbereit zu machen, und sie begannen, stündlich 20 Truppentransportflugzeuge und Lastensegler zu landen. In den nächsten Tagen mußten die britischen Streitkräfte schwere Schläge auf See und an Land einstecken. Am 23. Mai versenkten die Flugzeuge des Stuka-Geschwaders 2 die Zerstörer *Kelly* und *Kashmir,* während Jagdbomber des JG 77 in der Suda-Bucht 5 Motortorpedoboote vernichteten. Als ihre Flugzeuge am 26. Mai einen Angriff gegen den deutschen Flugplatz Scarpanto flogen, wurde der Träger *Formidable* von einem deutschen Stuka-Verband angegriffen und zusammen mit dem Zerstörer *Nubian* und dem Transporter *Glenroy* schwer beschädigt. An Land brachen die deutschen Truppen zur Suda-Bucht durch, und die britischen Truppen mußten über das Gebirge nach Sphakia an der Südküste zurückgehen. Spät in der Nacht entschlossen sich die Engländer, ihre Truppen von Kreta zu evakuieren. Am 27. Mai wurde das Schlachtschiff *Barham* durch Ju 88 des Lehrgeschwaders 1 beschädigt, während es den Rückzug der leichteren Kräfte aus der Suda-Bucht zu decken versuchte.

Ebenso wie die Evakuierung von Griechenland mußte der Abtransport von Kreta während der Nacht durchgeführt werden. Am 28. Mai liefen 3 Kreuzer und 6 Zerstörer mit erschöpften Besatzungen von Alexandria nach Heraklion aus, nachdem Cunningham ihnen das Signal übermitteln ließ: »Haltet durch, wir dürfen die Armee nicht im Stich lassen«. Der Kreuzer *Ajax* wurde auf dem Anmarsch durch eine Bombe getroffen und mußte umkehren. Die restlichen Schiffe nahmen 4700 Mann an Bord. Auf dem Rückmarsch in der Nacht zum 29. Mai bekam der am Vortage durch einen Nahtreffer beschädigte Zerstörer *Imperial* einen Ruderversager und blieb zurück. Nach Übernahme der Besatzung und der eingeschifften Truppen durch den Zerstörer *Hotspur*, der jetzt 900 Mann an Bord hatte, wurde das beschädigte Schiff versenkt. Der zurückgebliebene Zerstörer *Hereward* ging gleichfalls durch Luftangriffe verloren. Der Kreuzer *Orion* erhielt einen Bombentreffer, der schwere Verluste unter den eingeschifften Truppen verursachte. Auch der dritte Kreuzer *Dido* wurde beschädigt. 800 Mann der eingeschifften Truppen waren bei den Luftangriffen getötet oder verwundet worden.

Die Evakuierung von der Südküste bei Sphakia war weniger kostspielig. Während der Nacht des 29./30. Mai liefen 4 Kreuzer und ein schneller Transporter mit 3 Zerstörern den Hafen an und nahmen 7000 Mann an Bord. Auf dem Rückmarsch wurde nur der Kreuzer *Perth* durch einen Bombentreffer beschädigt. Inzwischen hatten die britischen Streitkräfte bei Retimo kapituliert. In der folgenden Nacht wurden nochmals 4000 Mann von Sphakia evakuiert, doch

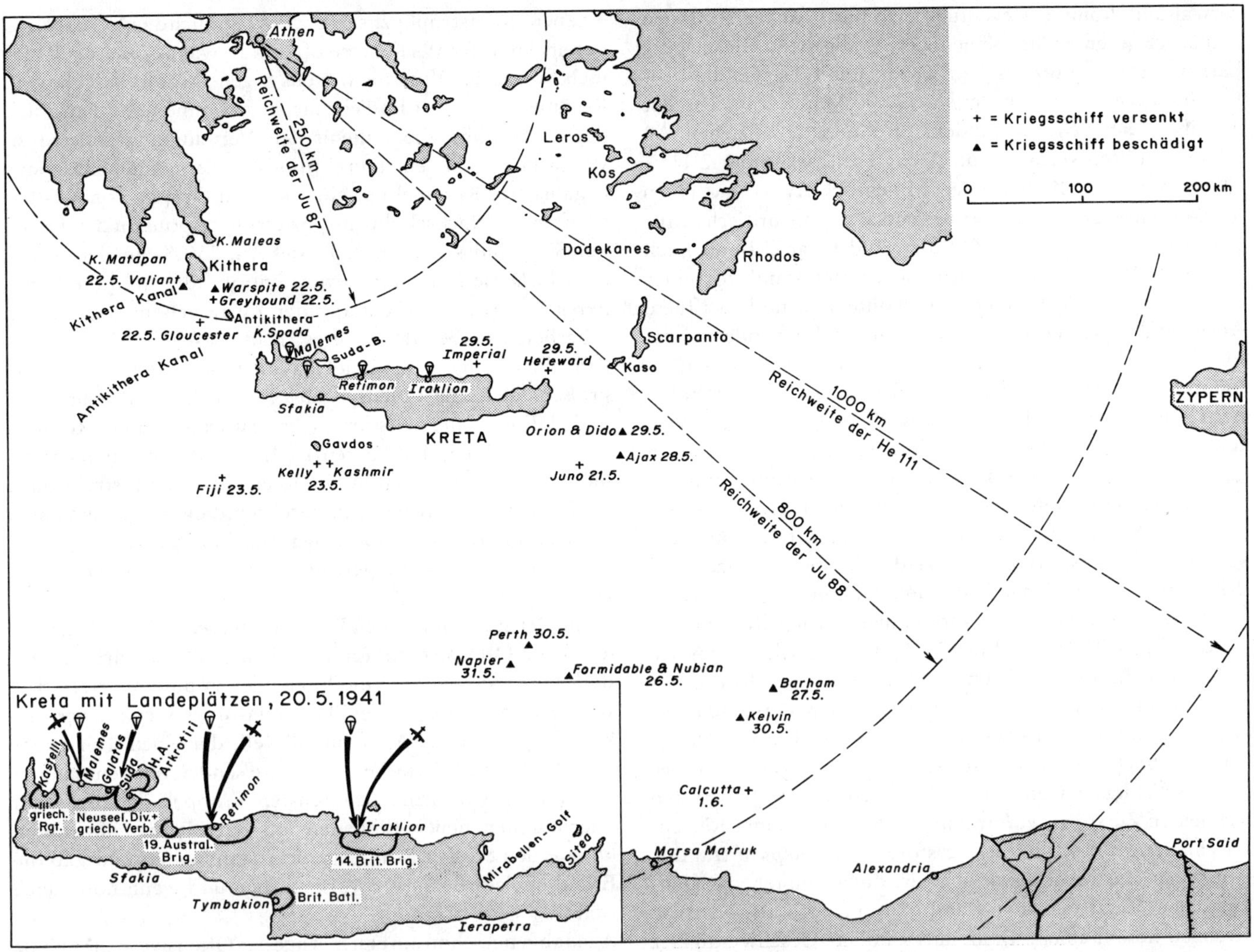

Deutsche Luftwaffe gegen die britische Flotte im Kampf um Kreta

ging am Morgen der zur zusätzlichen Sicherung von Alexandria kommende Kreuzer *Calcutta* verloren.
Insgesamt hatte die Royal Navy etwa 17000 Mann von Kreta gerettet bei einem Verlust von 3 Kreuzern und 6 Zerstörern; ein Flugzeugträger, 3 Schlachtschiffe, 6 Kreuzer und 7 Zerstörer waren beschädigt und über 2000 Mann als Verluste auf der Flotte zu beklagen. Insgesamt hatten die Engländer etwa 13000 Mann verloren, aber die hartnäckige Verteidigung hatte die deutsche Seite 400 Flugzeuge und 6580 Tote, Vermißte und Verwundete gekostet, die vor allem zu der bis dahin einzigen Fallschirmjäger-Division gehörten. Die britische Verteidigung von Kreta rettete tatsächlich Malta, da nach den verlustreichen Erfahrungen von Kreta Hitler sich nicht zu ähnlichen weiteren Operationen entschließen konnte.
Die Situation der Mittelmeerflotte nach Kreta war nicht sehr glücklich. Trotz des Eintreffens von Verstärkungen, die aus einem Schlachtschiff, 2 Kreuzern und 6 neuen Zerstörern bestanden, blieben Anfang Juni nur 2 Schlachtschiffe, ein Kreuzer und 17 Zerstörer einsatzbereit zur Verfügung. Die britische Versorgungslinie von Alexandria nach Malta wurde jetzt von den deutschen Luftbasen auf Kreta flankiert. Während Malta durch das Ausbleiben von Nachschubgütern immer schwächer wurde, wurden die Nachschubwege der Achsenmächte nach Nordafrika immer sicherer.
Eine weitere Bedrohung der östlichen Flanke der britischen Armee in Ägypten und des Brennstoffnachschubes für die »Royal Navy« hatte sich inzwischen im Mittleren Osten entwickelt. Anfang April hatte die pro-deutsche Rashid-Ali-Regierung die Macht im Irak übernommen. Am 18. April unterstützten britische Seestreitkräfte eine Landung in Basra unter dem Oberbefehlshaber Indien, die sehr bald Rashid-Ali zur Flucht nach dem Iran zwang. Auf Grund eines Abkommens besetzten im August britische und sowjetische Streitkräfte den Iran, um seine Inbesitznahme durch die Deutschen zu verhindern.
In britischen Augen war Syrien noch ein Unsicherheitsfaktor im Nahen Osten. In der Hand der nicht gerade englandfreundlich eingestellten Vichy-treuen französischen Mandats-

verwaltung konnte es eventuell eine Basis für die Aktionen deutscher Agenten im Nahen Osten abgeben. Gleichzeitig hatten die frei-französischen Kräfte unter De Gaulle großes Interesse daran, die etwa 30 000 Mann französischer Truppen, die in Syrien standen, auf ihre Seite zu ziehen. An Seestreitkräften verfügten die Vichy-Franzosen über 2 Flottillenführer, 3 U-Boote, einen Minensuch-Aviso und einen Tanker. Gegen diese Streitkräfte entsandte die britische Mittelmeerflotte 3 Kreuzer, 6 Zerstörer und einige U-Boote nach Haifa in Palästina. Die französische Seite stand vor einer schwierigen Situation. Einerseits wollte sie eine bewaffnete Auseinandersetzung mit dem ehemaligen Verbündeten vermeiden, andererseits durfte sie aber auch nicht durch die kampflose Übergabe der Kolonie den Deutschen und Italienern einen Vorwand für eine aktive Beteiligung an der Verteidigung des französischen Kolonialreiches in Nordafrika geben. Unter dem Vorwand, eine deutsche Infiltration Syriens verhindern zu müssen, eröffneten die britisch-frei-französischen Streitkräfte am 8. Juni den Angriff. Sie landeten von einem Transporter, gedeckt durch einen Kreuzer und 2 Zerstörer, in der Nähe von Sidon, während andere Streitkräfte von Palästina und Mesopotamien aus angriffen. Gegen hartnäckigen Widerstand der Vichy-französischen Truppen gewannen die britischen und frei-französischen Kräfte nur langsam an Boden. Erst am 14. Juli war der Widerstand überwunden, und der französische Befehlshaber, General Dentz, unterzeichnete den Waffenstillstand. Vorher war es auf See zu verschiedenen Gefechten gekommen. Am 9. Juni trafen die beiden Zerstörer *Valmy* und *Guépard* nach einer Küstenbeschießung auf 4 britische Zerstörer. Die *Guépard* traf den britischen Zerstörer *Janus* schwer, doch mußten die französischen Zerstörer den Kampf abbrechen, als britische Kreuzer herankamen. Dank ihrer hohen Geschwindigkeit entkamen sie ohne Schäden. Von 2 Zerstörerführern, die von Frankreich aus mit Munition nach Syrien entsandt waren, wurde einer 50 sm vor der Küste durch ein britisches Torpedoflugzeug versenkt. Am 15. Juni beschädigten französische Flugzeuge die britischen Zerstörer *Isis* und *Ilex* in Haifa. In der Nacht vom 22./23 Juni entkam die *Guépard* in einem Nachtgefecht britischen Kreuzern. Am 25. Juni wurde das französische U-Boot *Souffleur* von dem britischen U-Boot *Parthian* versenkt. Am 9. Juli liefen die noch fahrbereiten 3 Flottillenführer von Syrien nach Saloniki, um dort ein von Frankreich mit der Bahn antransportiertes Bataillon an Bord zu nehmen und nach Syrien zu bringen. Die Schiffe wurden jedoch vorzeitig von der britischen Luftaufklärung entdeckt und drehten befehlsgemäß nach Toulon ab. Auch die restlichen U-Boote wichen dorthin aus. Die übrigen Schiffe wurden in türkischen Häfen interniert.

Rommel eröffnet die Offensive

Während die Engländer vergeblich versuchten, Griechenland und Kreta zu retten, braute sich an der ägyptischen Grenze eine neue Katastrophe zusammen. Wenn auch das Afrika Korps bereits im März 1941 eingetroffen war, war es zunächst Rommels Sorge, den Vorstoß Wavells gegen Tripolis aufzuhalten. Rommel war selbst im Februar angekommen und hatte sich darum bemüht, die italienischen Verteidigungsanlagen zu verstärken. Von seiner in Tripolis eingerichteten Basis aus organisierte Rommel mit einer kleinen Gruppe von Küstenschiffen die Nachschubtransporte von Tripolis zu den Häfen der Sirte und später nach Ras el Ali, 250 Seemeilen weiter östlich. Diese Maßnahme wurde notwendig, weil die Italiener keine Eisenbahn entlang der Küste gebaut hatten. Der Oberbefehlshaber des Heeres, Feldmarschall Walther von Brauchitsch, hatte Rommel davon unterrichtet, daß keine größere deutsche Offensive in Nordafrika beabsichtigt sei und daß er keine Verstärkungen erwarten könne. Rommel erkannte jedoch, daß begrenzte Ziele in der Wüste nicht gehalten werden könnten und daß er, um seine Instruktionen zur Einnahme von Bengasi auszuführen, die gesamte Cyrenaika zurückerobern müsse, da Bengasi allein nicht zu halten war. Er müßte eine Position gewinnen, in der er seine Flanken sichern konnte.

Wenngleich Rommel auch Befehl hatte, selbst keine begrenzte, kleine Offensive bis Ende Mai zu eröffnen, fürchtete er, daß diese Verzögerung die Engländer in die Lage versetzen würde, ihre Positionen bei El Agheila-Bir es Sueva zu verstärken. Er griff am 2. April an. Wavell, der einen Teil seiner Streitkräfte nach Griechenland hatte senden müssen und der gezwungen war, seine erfahrensten Truppen in Libyen mit unerfahrenen neuen Einheiten aus der Heimat abzulösen, konnte den Stößen Rommels nicht standhalten und gab die Erlaubnis, auf Bengasi zurückzugehen und wenn nötig auch weiter.

Agedabia fiel schon am ersten Tage der Offensive in die Hände der Deutschen, und bei Rommel liefen Nachrichten ein, daß Bengasi evakuiert worden sei. In diesem Augenblick versuchte der italienische Oberbefehlshaber in Nordafrika, General Gariboldi, seine Autorität zur Geltung zu bringen und Rommels Vormarsch abzustoppen, da er die von Rom gegebenen Weisungen überschritt und es unmöglich sei, einen Vorstoß wegen der prekären Nachschublage zu unterstützen. Rommel lehnte es jedoch ab, diese Gelegenheit verstreichen zu lassen. Noch während die zwei Männer sich gegenseitig zu überzeugen versuchten, erhielt Rommel eine Weisung des OKW, die ihm Aktionsfreiheit gab. Daraufhin trat das Afrika-Korps erneut an und nahm am folgenden Tage Bengasi. Quer durch die Wüste der Cyrenaika vorstoßend, erreichte Rommel am 8. April Derna, nahm die Stadt und führte etwa 800 Mann in Gefangenschaft.

Sofort darauf stieß Rommel in Richtung auf Tobruk vor, wo die Engländer große Anstrengungen machten, ihre Stellungen mit Unterstützung der »Inshore Squadron« zu verstärken. Nach mehreren erfolglosen Angriffen gegen Tobruk, die sich im hartnäckigen britischen Widerstand festliefen, aber auch fehlschlugen, weil unerfahrene italienische Truppen eingesetzt

Malta und der Nachschub nach Afrika 1941 – 1942

werden mußten und die Unterstützung der Luftwaffe nicht ausreichte, entschloß sich Rommel, an Tobruk vorbei vorzustoßen in Richtung auf Sollum, das eben jenseits der ägyptischen Grenze lag. Er hoffte, seine Front in dem Dreieck Sollum-Halfaya-Pass-Sidi Omar stabilisieren zu können, während er Nachschub für eine Offensive gegen Ägypten heranbrachte.

Das Eintreffen seines Sonderkonvois »Tiger« mit 238 Panzern, der ersten erfolgreichen Fahrt von Transportschiffen zwischen Gibraltar und Alexandria seit mehreren Monaten, ermöglichte es General Wavell, eine Gegenoffensive gegen Rommels Position zu eröffnen. Mit intensiver taktischer Luftunterstützung wurde diese Operation »Battleaxe« am 15. Juni begonnen. Trotz heftiger, hin- und herwogender Kämpfe schlug der Angriff fehl, und General Wavell wurde als Oberbefehlshaber der britischen Armeen im Mittleren Osten durch General Sir Claude Auchinleck ersetzt. Die nordafrikanische Front stabilisierte sich für einige Monate. Weder die Engländer noch die Deutschen hatten ausreichende Kräfte, um eine Offensive zu eröffnen. Da Tobruk weiterhin in britischen Händen blieb, konnte Rommel nicht zu dem wichtigen Vorposten Mersa Matruk vorstoßen, wo ein Flugplatz es ihm ermöglicht hätte, Alexandria, Kairo und den Suezkanal anzugreifen.

Vor der nordafrikanischen Küste hielt die »Inshore Squadron« den Nachschub zu dem belagerten Tobruk während des Frühjahrs und Sommers aufrecht. Im August wurden die schon überlasteten Schiffe auf der Tobruk-Route durch den neuen Auftrag, 19000 Mann australischer Truppen von Tobruk zu evakuieren und sie durch andere zu ersetzen, zusätzlich beansprucht, da die australische Regierung diese Truppen für die Heimatverteidigung gegen eine japanische Bedrohung zurückrief. Ende Oktober hatte die »Inshore Squadron« den Austausch abgeschlossen und zur gleichen Zeit etwa 8000 Tonnen Material und Nachschub für die Garnison transportiert. Schließlich eröffnete Auchinleck im November eine Offensive, welche die Belagerung von Tobruk am 10. Dezember aufhob. Er erreichte 2 Wochen später Bengasi. In 242 Tagen der Belagerung von Tobruk hatte die »Inshore Squadron« insgesamt 33000 Mann, 92 Geschütze, 72 Panzer und 34000 Tonnen Nachschubgüter transportiert. Zur gleichen Zeit hatten die Schiffe von Tobruk 34000 Mann, 7500 Verwundete und 7000 Gefangene evakuiert. Die gesamte Unterstützungsoperation kostete den Verlust von 2 Zerstörern, einem Minenleger, 24 kleinen Kriegsschiffen und 6 Handelsschiffen. Beschädigt wurden 7 Zerstörer und ein Angriffstransporter, 19 kleinere Kriegsschiffe und 7 Handelsschiffe.

Der Kampf um den Nachschub

Während des Sommers 1941 versuchten beide Seiten in Nordafrika, ihre Kräfte zu verstärken. Die Deutschen, die ihre Positionen in Griechenland, Kreta und der Cyrenaika konsolidiert hatten, nutzten den verfügbaren Achsenschiffsraum aus, um deutsche und italienische Truppen und Nachschubgüter nach Nordafrika zu bringen. Um gegen diesen Strom von Nachschub für Rommel etwas zu unternehmen, mußten sich die Engländer vor allem auf Malta stützen.

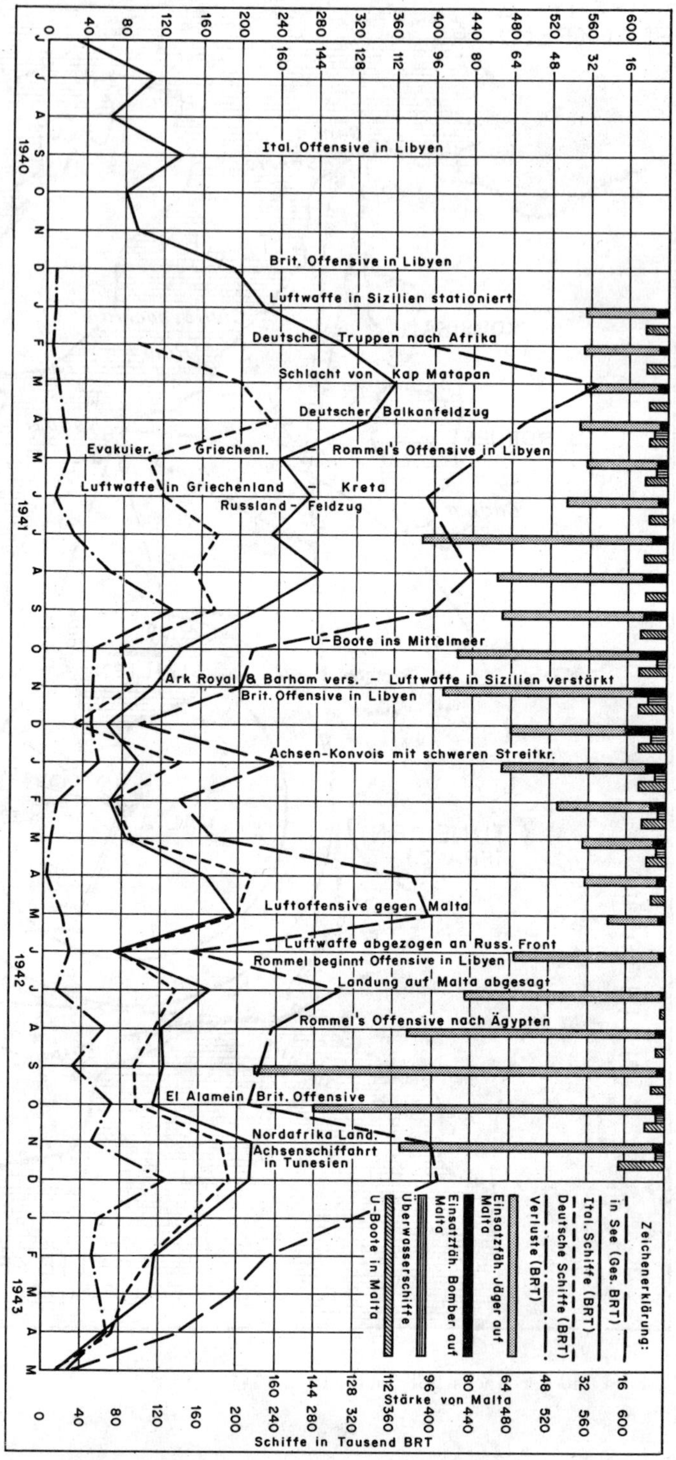

Wirkung der Kampfstärke Maltas auf den Nachschub der Achse

Fast genau in der Mitte des Mittelmeeres gelegen, war Malta nicht nur eine wichtige Station für die Gibraltar nach Alexandria passierenden Schiffe, es lag darüber hinaus auch in der Flanke der normalen Seerouten zwischen Libyen und Italien. Jagdflugzeuge und Bomber von Malta konnten die Schifffahrt der Achse zwingen, weite Ausweichbewegungen am Rande der Luftreichweite zu machen, und damit die Intensität des Transportverkehrs nach Nordafrika verringern. Als Flottenbasis konnte Malta italienische und deutsche Konvois bedrohen und zwang die italienische Flotte dazu, die Konvois stark zu sichern und Gefechte unter ungünstigen Umständen hinsichtlich der Luftsicherung anzunehmen. Solange Malta stark war, gingen nahezu 2/5 der Achsenschiffe auf dem Wege von und nach Nordafrika verloren, während zu Zeiten, in denen die Insel schwach war, über 95% sicher eintrafen. Eine Grafik auf S. 592 zeigt die Schwankungen deutlich.
Um Malta zu versorgen, entschlossen sich die Engländer, stark gesicherte Konvois etwa einmal monatlich zur Insel zu schicken. Für diese Operationen mußten sie starke Sicherungsstreitkräfte bereitstellen, da Angriffe italienischer und deutscher Luftwaffenverbände drohten und mit Gegenmaßnahmen der italienischen Flotte zu rechnen war. Normalerweise wurden 2 Konvois gleichzeitig in Marsch gesetzt. Der eine von Gibraltar, der andere von Alexandria. Die »Force H« eskortierte den Gibraltarkonvoi bis auf die Höhe des Kanals von Sizilien, während die Mittelmeerflotte dem Alexandriakonvoi bis nach Malta hin Deckung gab. Trotz aller britischen Anstrengungen konnten mehrere Konvois unter den heftigen Angriffen aus der Luft nicht durchkommen.
Für die Achsenmächte hatte sich die Lage vorübergehend gebessert. Die aus 4 Zerstörern bestehende »Force K« in Malta, der am 16. April an der tunesischen Küste ein von 3 italienischen Zerstörern gesicherter Konvoi zum Opfer gefallen war, hatte im Zusammenhang mit den Operationen in Griechenland wieder abgezogen werden müssen. Doch mit der Verlegung des X. Fliegerkorps von Sizilien ins östliche Mittelmeer verbesserte sich die Luftlage Maltas bald. Unter dem Schutz von durch Flugzeugträger aus dem West-Mittelmeer eingeflogenen Jägern gelang es den Engländern, auf der Insel Malta im Herbst wieder eine stärkere Flottenbasis einzurichten und der »Royal Air Force« auf Malta erneut einige Angriffskraft zu geben. Inzwischen hatten die seit Februar in Malta eingetroffenen mittleren U-Boote der *U*-Klasse, die zur 10. U-Flottille gehörten, die Hauptlast der Angriffe gegen die italienischen Konvois unter der tunesischen Küste getragen, während gleichzeitig die größeren U-Boote der *T*-Klasse von Alexandrien aus gegen die östlich Malta nach Bengasi verlaufende Route operierten. Im ersten Halbjahr 1941 versenkten diese U-Boote 38 Schiffe mit 130000 BRT, meist in Tages-Unterwasserangriffen, während nur 3 alliierte U-Boote nicht zurückkehrten. Doch gingen von den in diesem Halbjahr verschifften 2372000 t Material nur rund 80000 t oder 3,4% verloren. In der zweiten Hälfte des Jahres fielen den U-Booten weitere 38 Schiffe mit 175000 BRT zum Opfer, während von den 1750000 t verschifften Materials fast 400000 t oder 27,7% auf den Grund des Meeres sanken. Am erfolgreichsten war das U-Boot *Upholder* unter Lt.Cdr. Wanklyn, das in einem Jahr über 90000 BRT versenkte, darunter die großen Truppentransporter *Conte Rosso, Oceania* und *Neptunia.* Um die Offensivkraft Maltas zu verstärken, wurde im Oktober 1941 wieder eine »Force K« mit 2 Kreuzern und 2 Zerstörern gebildet und von England aus nach Malta verlegt. In der Nacht zum 8. November griff diese »Force K« mit den Kreuzern *Aurora* und *Penelope* und den Zerstörern *Lance* und *Lively* einen großen italienischen Nachschubgeleitzug mit 7 Transportern von über 39000 BRT, der von 6 Zerstörern gesichert wurde, an. Der gesamte Konvoi und einer der geleitenden Zerstörer wurde vernichtet. Wesentlichen Anteil an diesem Erfolg hatten wiederum die Radar-Geräte der britischen Schiffe, die es ihnen ermöglichten, in eine günstige Angriffsposition zu gelangen und den Geleitzug zusammenzuschießen, ehe die aus 2 Schweren Kreuzern und 4 Zerstörern bestehende Deckungsgruppe der Italiener an den Konvoi herankommen konnte. Die *Upholder* versenkte am Morgen noch den zur Bergung von Überlebenden eingesetzten italienischen Zerstörer *Libeccio.* Am 25. November erfaßte die »Force K« einen von der Ägäis nach Nordafrika laufenden Konvoi von 2 Tankern und 2 italienischen Torpedobooten, die trotz tapferer Angriffe die Versenkung der Tanker nicht verhindern konnten. Am 29. November trafen als Verstärkung der »Force K« die Leichten Kreuzer *Ajax* und *Neptune* und die Zerstörer *Kandahar* und *Jaguar* in Malta ein. Bei einer neuen Operation vom 29. November–2. Dezember gelang es der italienischen Führung zwar, die Konvois rechtzeitig abdrehen zu lassen, doch konnte sie trotz Einsatzes stärkerer Kräfte die »Force K« nicht fassen, die ihrerseits einen allein fahrenden Dampfer und einen bei der Bergung von Überlebenden angetroffenen Zerstörer versenkte. Am 13. Dezember erfaßten die britischen Zerstörer *Legion, Maori, Sikh* und der niederländische Zerstörer *Isaac Sweers* die beiden als Brennstofftransporter eingesetzten italienischen Kreuzer *Di Barbiano* und *Di Giussano* vor Kap Bon und versenkten sie mit Torpedos.
Am 18. November 1941 begann die britische 8. Armee eine neue Offensive und marschierte schnell auf Bengasi vor. Wegen der schweren Verluste der alliierten Nachschubschiffahrt und des Ausfalls der Verstärkungen und des Brennstoffs war Rommel nach einer meisterhaften Periode der Verteidigung gezwungen, sich zurückzuziehen. Er setzte sich den ganzen Weg bis auf die Höhe von Agedabia ab, bis ihm die wieder eingetroffenen Verstärkungen erlaubten, die Offensive erneut zu ergreifen.
Die Erfolge der »Force K« und der anderen Streitkräfte von Malta sowie der Verlust der Cyrenaika hatten das deutsche Oberkommando gezwungen, sich wieder mit dem Mittelmeerproblem zu beschäftigen. Wenn Hitler auch durch seine Operationen in der Sowjetunion absorbiert war, erkannten andere, insbesondere Großadmiral Raeder, stets die große

strategische Bedeutung des Mittelmeeres. Die deutsche Seekriegsleitung (Skl) drängte auf eine größere Anstrengung Italiens unter Einsatz der Flotte, um die Schiffahrt nach Nordafrika zu decken. Hitler entschloß sich schließlich, U-Boote ins Mittelmeer zu entsenden, obgleich Dönitz davon abriet, weil er die Schlacht im Atlantik mit voller Kraft weiterführen wollte und nur hier eine Möglichkeit sah, den Tonnagekrieg zu einem Erfolg zu bringen. Im September gingen die ersten 6 Boote ins Mittelmeer. Eine zweite Welle folgte im November 1941, und schon kurz darauf machten sie auf dramatische Weise ihre Anwesenheit deutlich. Am 13. November griffen die U-Boote *U 205* und *U 81* (Kptlt. Guggenberger) die von einer Operation im westlichen Mittelmeer zur Überführung von Flugzeugen nach Malta zurückkehrende »Force H« ostwärts von Gibraltar an, wobei das letztgenannte U-Boot den Träger *Ark Royal* torpedierte. Er sank am folgenden Tage beim Versuch, ihn nach Gibraltar einzuschleppen, nur 25 Seemeilen vom rettenden Hafen entfernt. Am 25. November sichtete *U 331* (Oblt. v. Tiesenhausen) nördlich Sollum das Gros der britischen Mittelmeerflotte mit 3 Schlachtschiffen, die auf Weisung Churchills als Rückhalt für eine Operation der »Force K« in See gegangen waren. *U 331* gelang es, anzugreifen und das Schlachtschiff *Barham* mit 3 Treffern zu versenken. Bei den Ausweichmanövern nach dem Angriff tauchte das U-Boot unter dem sinkenden Schlachtschiff durch und sackte dabei auf eine Tiefe von mehr als 250 m durch, kam jedoch wieder an die Oberfläche.

Andere deutsche Maßnahmen zur Verstärkung des Mittelmeer-Kriegsschauplatzes folgten. Am 28. November ernannte Hitler den Feldmarschall Kesselring zum Oberbefehlshaber Süd und ließ die Luftflotte 2 nach Italien verlegen, um hier die Luftherrschaft über dem mittleren Mittelmeer wieder zu erringen.

Daraufhin entschlossen sich auch die Italiener, schwere Schiffe zur Sicherung der Konvois nach Nordafrika einzusetzen und Angriffe gegen die britischen Stützpunkte anzusetzten. Am 19. Dezember 1941 setzte das italienische U-Boot *Scirè* vor Alexandria drei 2-Mann-Torpedos aus, die in den Hafen von Alexandria eindrangen und dort die beiden britischen Schlachtschiffe *Queen Elizabeth* und *Valiant* durch unter die Schiffe gelegte Sprengladungen so schwer beschädigten, daß sie auf Grund sackten und für Monate ausfielen. Außerdem wurden ein Tanker und ein Zerstörer schwer beschädigt. Damit besaß die Mittelmeerflotte kein einsatzfähiges Schlachtschiff mehr, und diese Schwäche konnte auch nicht ausgeglichen werden, da Japan inzwischen in den Krieg eingetreten war und japanische Flugzeuge das Schlachtschiff *Prince of Wales* und den Schlachtkreuzer *Repulse* wenige Tage vorher auf den Grund des Meeres geschickt hatten.

Gleichzeitig hatte eine von beiden Seiten angesetzte Konvoi-Operation einen für die Engländer ungünstigen Ausgang. Von Alexandrien war Konteradmiral Vian mit 3 Kreuzern und 7 Zerstörern ausgelaufen, um einen schnellen Transporter nach Malta zu bringen, von wo die »Force K« dem Verband entgegenlief, um den Transporter aufzunehmen. Zur gleichen Zeit marschierte ein italienischer Konvoi mit 4 Transportern und 8 Zerstörern nach Nordafrika, der von der gesamten einsatzbereiten italienischen Flotte mit 4 Schlachtschiffen, 5 Kreuzern und 14 Zerstörern gesichert wurde. Gegen Abend des 17. Dezember kam es vor der Großen Sirte zu einem für beide Seiten ergebnislosen Gefecht, da beide Seiten ihre Aufgabe in erster Linie in der Deckung ihrer Schutzobjekte und nicht im Angriff auf die feindlichen Fahrzeuge sahen. Die von englischer Seite nach Einbringung des Transporters nach Malta zum Angriff gegen den vor Tripolis eintreffenden italienischen Konvoi angesetzte »Force K« geriet dort in ein von italienischen Kreuzern mit deutschen Minen ausgelegtes Minenfeld und verlor den Kreuzer *Neptune* und den Zerstörer *Kandahar*. Die Kreuzer *Aurora* und *Penelope* konnten mit schweren Schäden nach Malta zurückkehren. Anfang Januar erreichte ein weiterer großer italienischer Konvoi unter Sicherung durch die italienische Schlachtflotte Nordafrika ohne Verluste.

Diese Entlastung auf See und in der Luft, die sogleich die Transport- und Nachschublage verbesserte, setzte Rommel in die Lage, am 21. Januar 1942 erneut die Offensive in Nordafrika aufzunehmen und in einem schnellen und überraschenden Vorstoß die Cyrenaika bis auf die Höhe von Derna, halbwegs zwischen Bengasi und Tobruk, wieder zu erobern. Gleichzeitig begann die deutsche Luftflotte 2 mit intensiven Luftangriffen gegen Malta, um die Insel als Bedrohung des Nachschubs auszuschalten.

Trotz der am 11. November von den Trägern *Ark Royal* und *Argus* eingeflogenen Jäger und der Verstärkung der Abwehr steigerten sich die Angriffe auf mehr als das Doppelte, bis auf 175 Angriffe im Monat Dezember. In den ersten 4 Monaten des Jahres 1942, während ständig deutsche Luftverstärkung nach Sizilien kam, lag die monatliche Zahl der Luftangriffe gegen die Insel jeweils zwischen 200 und 300. Ein Versuch Mitte Februar, von Alexandrien her unter Deckung durch die Zerstörer und Kreuzer der Mittelmeerflotte 3 Transporter nach Malta durchzubringen, scheiterte wegen der ständigen Luftangriffe, die die Transporter versenkten oder durch schwere Treffer zum Umkehren zwangen. Die 15 »Spitfire«-Jäger, die von der »Force H« mit den Trägern *Eagle* und *Argus* Anfang März nach Malta eingeflogen wurden, konnten die Situation nicht bessern. Deshalb wurde Ende März erneut eine Konvoi-Operation unter Sicherung der Mittelmeerflotte angesetzt. 4 Transporter, gesichert von den Kreuzern und Zerstörern der Mittelmeerflotte, sollten nach Malta durchbrechen, während gleichzeitig von Westen her die »Force H« erneut mit den Trägern *Eagle* und *Argus* »Spitfire«-Jäger nach Malta überführte. Gegen die von der italienischen Luftaufklärung und U-Booten erfaßte Operation setzte Supermarina die einsatzbereite Flotte mit dem modernen Schlachtschiff *Littorio*, 3 Kreuzern und 10 Zerstörern sowie je 3 italienischen und deutschen U-Booten ein. Am 22. März kam es nördlich der Sirte zum Gefecht. Durch geschicktes Manövrie-

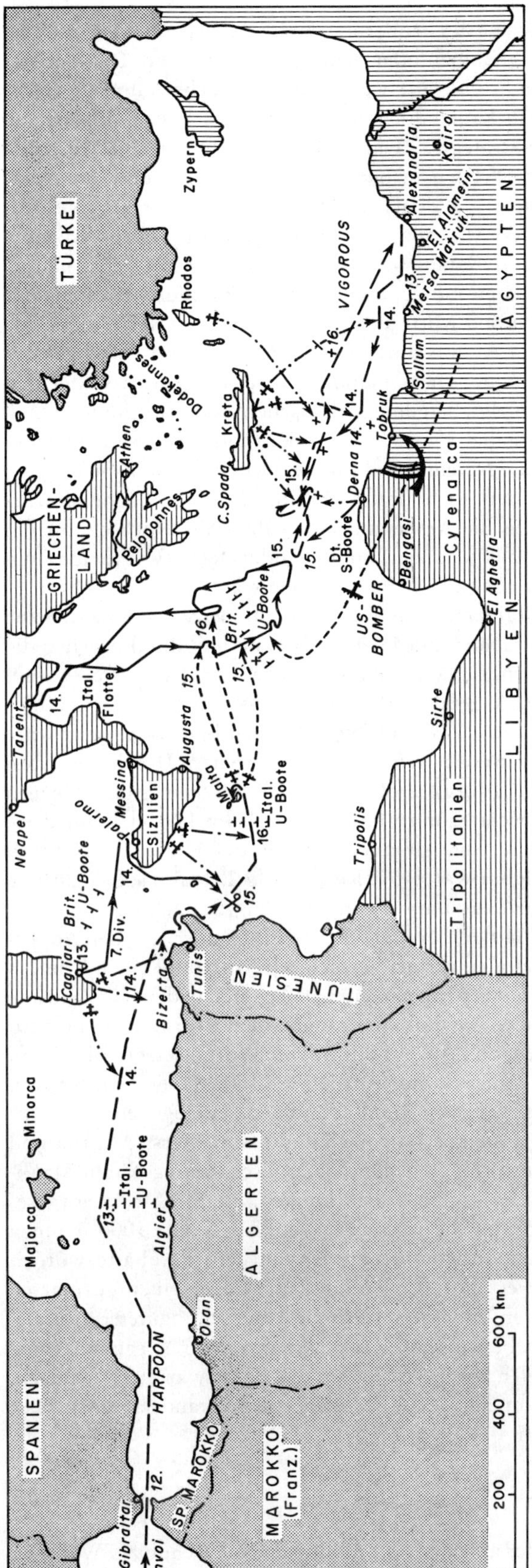

Juni 1942: »Harpoon« und »Vigorous«

ren gelang es dem englischen Admiral Vian, seine Konvois vor dem Feuer des überlegenen Schlachtschiffes *Littorio* zu decken, das bei Einbruch der Dunkelheit das Gefecht abbrach, ohne entscheidende Treffer erzielt zu haben. In schweren Stürmen erlitten beide Seiten erhebliche Seeschäden, und 2 italienische Zerstörer wurden durch von achtern auflaufende Seen zum Sinken gebracht. Der britische Konvoi hatte beigedreht und versuchte, am 23. März doch noch Malta zu erreichen. Er wurde aber von den Flugzeugen der Luftflotte 2 gefaßt und schwer angegriffen. Von den 25900 t Ladung kamen nur 5000 t an Land. Da der Träger *Eagle* Ende März wegen notwendiger Reparaturen in die Werft gehen mußte, stand kein einsatzbereiter britischer Träger mehr zur Verfügung, um neue Jäger nach Malta zu überführen. So bat Churchill Präsident Roosevelt, den Träger *Wasp*, der vorübergehend der »Home Fleet« als Ersatz für britische Träger, die zur Madagaskar-Operation abgezogen worden waren, zugeteilt war, für eine solche Operation zur Verfügung zu stellen. Am 20. April startete die von der »Force H« begleitete *Wasp* 47 »Spitfires« nach Malta. Doch in wenigen Tagen waren diese Flugzeuge zerstört, denn inzwischen hatte am 2. April die massierte deutsch-italienische Luftoffensive gegen Malta begonnen. Im Laufe des Monats wurden 6700 t Bomben auf die Insel geworfen. Bis zum 11. April waren 3 Zerstörer, ein Minensucher und 3 U-Boote, ein Tanker und mehrere kleinere Schiffe versenkt und der Kreuzer *Penelope* schwer beschädigt worden. Mitte des Monats mußten die letzten fahrbereiten Schiffe und die U-Boote der 10. U-Flottille Malta räumen. Nur mit U-Booten war es noch möglich, Brennstoff und Munition nach Malta zu bringen. Am 9. Mai gelang es der *Wasp* zusammen mit der inzwischen wieder fahrbereiten *Eagle*, 60 weitere »Spitfires« nach Malta zu bringen, gerade rechtzeitig für eine Serie von verlustreichen Luftschlachten am gleichen und darauffolgenden Tag, bei denen die Flugzeuge weitgehend verlorengingen. Aber auch Feldmarschall Kesselring hielt sein erstes Ziel, die Neutralisierung von Malta, für nahezu erreicht.

Ein weiterer schwerer Verlust traf die Mittelmeerflotte, als am 11. und 12. Mai vier Zerstörer von Alexandria aus versuchten, einen auf dem Marsch nach Bengas gemeldeten deutsch-italienischen Geleitzug abzufangen. Südlich von Kreta wurden die Zerstörer von deutschen Aufklärern erfaßt und machten kehrt. Sie wurden jedoch durch *Ju 88* Bomber des Lehrgeschwaders 1 von Kreta aus angegriffen. Die Zerstörer *Kipling*, *Lively* und *Jackal* wurden versenkt, nur die *Jervis* konnte mit 630 Überlebenden an Bord nach Alexandrien entkommen.

Im Juni war die Lage auf Malta so ernst, daß die britische Admiralität erneut einen verzweifelten Versuch unternahm, 2 Konvois von Alexandrien und Gibraltar nach Malta durchzubringen. Am 12. Juni lief der Konvoi »Vigorous« von

Alexandrien mit 11 Dampfern und der Schlachtschiffattrappe *Centurion*, 8 Kreuzern, 26 Zerstörern, 4 Korvetten, 2 Minensuchern, 2 Schleppern und 4 Schnellbooten aus, wurde jedoch sehr bald von der deutschen Luftaufklärung erfaßt und von Sturzbombern angegriffen. Der Konvoi »Harpoon« passierte fast gleichzeitig die Straße von Gibraltar. Er bestand aus 6 Frachtern. Zu seiner Deckung waren das Schlachtschiff *Malaya*, die Flugzeugträger *Eagle* und *Argus*, 4 Kreuzer und 17 Zerstörer sowie 4 Minensucher und 6 Motorkanonenboote eingesetzt. Neun britische U-Boote hatten sich nördlich des Kurses des »Vigorous«-Konvois aufgestellt, um die italienische Flotte im Falle eines Angriffsversuches abzufangen. Die Luftwaffe versuchte, den Konvoi so weit wie möglich zu unterstützen. Trotz der Flugzeuge und U-Boote versuchte die italienische Flotte anzugreifen, nachdem deutsche Sturzkampfflugzeuge bereits einige Verluste bei den Transportschiffen verursacht hatten. Die italienische Schlachtflotte mit den Schlachtschiffen *Littorio* und *Vittorio Veneto*, 4 Kreuzern und 12 Zerstörern wurde von den britischen Luftstreitkräften erfaßt und angegriffen. Dabei erhielt der Kreuzer *Trento* einen Torpedotreffer und wurde anschließend durch das U-Boot *Umbra* versenkt. Liberator-Bomber der USAAF erzielten einen Bombentreffer auf der *Littorio*, während gleichzeitig deutsche Sturzbomber des Sturzkampfgeschwaders 3 den Kreuzer *Birmingham* schwer beschädigten und 2 Zerstörer so schwer trafen, daß sie aufgegeben werden mußten. Der britische Admiral Vian mußte sich entschließen, die Konvoi-Operation abzubrechen, da die italienische Flotte ihren Vorstoß zunächst noch weiter fortsetzte. Bei den neuen britischen Luftangriffen erhielt die *Littorio* einen Lufttorpedotreffer, wodurch Admiral Iachino auch zur Umkehr veranlaßt wurde. Auf dem Rückmarsch erhielt der britische Kreuzer *Hermione* einen Torpedotreffer durch *U 205* und ging verloren.

Der von Gibraltar kommende Konvoi wurde vom 14. Juni ab durch Flugzeuge von Sardinien aus angegriffen, ohne daß jedoch wesentliche Ausfälle eintraten. Am Morgen des 15. Juni kam es in der Straße von Sizilien zu einem Gefecht zwischen den britischen Zerstörern der Konvoi-Sicherung – die »Force H« war inzwischen abgedreht – und 2 italienischen Kreuzern sowie 3 Zerstörern, bei dem die britischen Zerstörer einige Ausfälle erlitten. Gleichzeitig griffen Sturzbomber den Konvoi an und versenkten 3 Schiffe. Vor Malta gerieten die restlichen Fahrzeuge noch in ein Minenfeld und erlitten weitere Verluste. So kamen von den Konvois insgesamt nur 2 Schiffe bis nach Malta durch, immerhin brachten sie eine gewisse Entlastung für die schwer bedrängte Insel.

Operation »Hercules«. Der Plan der Achsenmächte zur Wegnahme von Malta

Im Frühjahr 1942 waren die deutschen und italienischen Führer übereingekommen, daß sie für ihre nordafrikanischen Unternehmungen mit dem Ziel der Gewinnung von Suez und wenn möglich der Eroberung der irakischen Ölfelder zunächst Malta wegnehmen oder neutralisieren müßten. Die hier stationierten Streitkräfte waren auf der Nachschubroute zu gefährlich. Es kam jedoch nicht zu einer wirklichen Koordinierung der Strategie. Zwar vereinbarten Hitler und Mussolini bei ihrem Treffen in Berchtesgaden am 29. und 30. April, daß zunächst die deutsch-italienische Panzerarmee in Nordafrika Ende Mai angreifen und möglichst Tobruk wegnehmen solle, daß dann aber an der ägyptischen Grenze haltgemacht werden müsse, damit Mitte Juni oder spätestens mit dem Vollmond Mitte Juli das Unternehmen »Hercules«, die Wegnahme Maltas durch Luft- und Seeangriff, durchgeführt werden könne. Diese Planung entsprach jedoch weder den Wünschen der beteiligten deutschen noch der italienischen Führungsstellen ganz. Auch Hitler fand für diese Operation keine große Neigung und suchte ständig nach einem Weg, sie zu vermeiden. Er hoffte, daß Rommel Tobruk nehmen würde und daß die Achsenmächte es dann als Nachschubhafen von Kreta aus benutzen könnten, sodaß der Seeweg für die Flugzeuge auf Malta nicht zu erreichen war.

Am 26. Mai nahm Rommel seine Offensive wieder auf. Seine Kräfte erreichten am 19. Juni Tobruk und durchbrachen die Verteidigungsanlagen schon am nächsten Tage. Am 21. Juni war Tobruk gefallen. Für diese Leistung beförderte Hitler Rommel zum Feldmarschall. Rommel bemerkte, »mir wäre es lieber gewesen, wenn er mir eine weitere Division gegeben hätte«. In Tobruk eroberten die Deutschen große Mengen von Nachschubgütern und Material. Im Hinblick auf diese unerwartete Unterstützung und da der Hafen von Tobruk nun verfügbar war, erbat Rommel die Erlaubnis, die günstige Gelegenheit auszunutzen und den Angriff nach Ägypten fortzusetzen. Hitler, der nun wieder eine Chance sah, den Angriff gegen Malta zu vermeiden, schrieb Mussolini einen Brief, in dem er ihm die Möglichkeiten in Ägypten in den glänzendsten Farben ausmalte und ihn drängte, dem Antrag Rommels zuzustimmen, den Angriff auf Ägypten fortzusetzen. Mussolini gab nach. Kurz darauf wurde die Malta-Operation bis zum September verschoben und dann ganz aufgegeben.

Rommel drängte scharf nach und nahm Mersa Matruk und sein wichtiges Flugfeld. Doch jetzt geschah etwas kaum Glaubliches. Hitler drehte Verstärkungen, die für Afrika vorgesehen waren, an die russische Front ab. Von 60 000 Tonnen Nachschub, die Rommel für den Juni gefordert hatte, wurden nur 3000 verschifft. Er war nur in der Lage, seinen Vormarsch fortzusetzen, indem er britische Nachschubgüter erbeutete. Zu einem bestimmten Zeitpunkt waren 85 % seiner Transportmittel britische Beutefahrzeuge. So war er gezwungen, bei El Alamein, nur 60 Meilen von Alexandria, einen Halt einzulegen.

Die Wende

Und wieder ging der Kampf um den Nachschub an. Während die Achsenmächte nur eine Drei-Tagereise zu unternehmen hatten, um Material nach Nordafrika zu senden, mußten die Engländer sich auf die drei Wochen lange Reise rund um das Kap der Guten Hoffnung verlassen. Rommel benötigte in erster Linie Lebensmittel, Brennstoff und leichte Fahrzeuge, die Engländer vor allem Panzer. Als Tobruk fiel, hatten die Vereinigten Staaten 3000 brandneue »Sherman«-Panzer und 100 10,5 cm-Selbstfahr-Geschütze verschifft.

Seit Japan in den Krieg eingetreten war und Operationen im Indischen Ozean begonnen hatten, hegten die Engländer die größten Befürchtungen vor der Einrichtung einer Basis der Achse in Diego Suarez an der Nordspitze der noch in Vichy-französischer Hand befindlichen Insel Madagaskar. Von dieser Basis aus hätten deutsche oder japanische See- und Luftstreitkräfte nicht nur Indien gefährden, sondern auch gegen die lebenswichtigen WS-Konvois nach Ägypten operieren können. England hatte wenig Zutrauen zu der Fähigkeit der Vichy-Regierung, ihre Unabhängigkeit zu wahren, insbesondere, nachdem Berichte über den Besuch Admiral Darlans in Deutschland eingegangen waren und nachdem Vichy wesentliche Rechte in Französisch Indochina an Japan abgetreten hatte. Es schien so, als sei Vichy daran interessiert, sich mit der siegenden Seite zu verbünden, und als sei man nach wie vor der Meinung, daß den Achsenmächten der endgültige Sieg gehöre.

Tatsächlich hatte man es auf deutsch-italienischer Seite einerseits und japanischer Seite andererseits jedoch versäumt, sich über eine gemeinsame Strategie im Indischen Ozean zu einigen. Nach dem Abschluß der ersten Kriegsphase der Japaner im März 1942 war in Kreisen der japanischen Marine, insbesondere im Stab der Vereinigten Flotte und auch in Kreisen der Armee, der Gedanke eines Angriffes gegen Indien und eines massiven Einsatzes der Flotte im Indischen Ozean erörtert worden. Es kam zwar im April zu einem Vorstoß der japanischen Trägerflotte gegen den Raum von Ceylon, bei dem nur durch ein taktisch geschicktes Ausweichen des britischen Admirals Somerville ein für die Engländer vermutlich katastrophaler Ausgang einer Seeschlacht vermieden wurde. Danach wandten die Japaner ihre Aufmerksamkeit wieder dem Pazifik zu, und von seiten der europäischen Achsenmächte war kein Versuch unternommen worden, die Japaner auf die Bedeutung der britischen Nachschubroute an der afrikanischen Ostküste hinzuweisen.

In dieser Lage entschloß sich die britische Regierung zu einer Operation gegen Diego Suarez, der Operation »Ironclad«. Die dafür nötigen Streitkräfte mußten der »Force H« entnommen werden. Sie bestanden aus 2 Flugzeugträgern, der *Illustrious* und *Indomitable,* dem älteren Schlachtschiff *Ramillies,* 2 Kreuzern, 11 Zerstörern sowie kleineren Sicherungsfahrzeugen, ferner 15 Transportern und Angriffsfahrzeugen. Die »Force H« wurde in Gibraltar durch Schiffe der »Home Fleet« abgelöst, die ihrerseits als Ausgleich Verstärkungen durch amerikanische schwere Schiffe erhielt, die zeitweise nach Scapa Flow verlegt wurden.

Der Angriff gegen Diego Suarez begann am 5. Mai 1942 um 04.30 Uhr. Nach einem unsicheren Start gelang es 50 Marine-Infanteristen durch einen Flankenangriff, die Verteidigung des Stützpunktes zu werfen, und wenige Stunden später war Diego Suarez in britischer Hand. Einige Wochen danach nahmen die Engländer auch die Städte Majunga und Tananarive. Bei den sich entspinnenden Gefechten wurde eine Reihe französischer Kriegsschiffe und U-Boote versenkt. Nachdem die Vichy-Beamten abgelöst worden waren, unterstützte die Bevölkerung von Madagaskar im Ganzen die alliierten Anstrengungen. Die britischen Kräfte waren sicher installiert, als ein japanischer Ablenkungsangriff dieses Gebiet traf. Von 2 Hilfskreuzern unterstützt, versuchte eine Gruppe von 5 japanischen U-Booten, die »British Eastern Fleet« zu finden und anzugreifen. Dabei gelang es den von großen U-Booten ausgesetzten Klein-U-Booten, im Hafen von Diego Suarez das Schlachtschiff *Ramillies* durch einen Torpedotreffer zu beschädigen. Bei den anschließenden Angriffen gegen die Schiffahrt vor Südost-Afrika versenkten die japanischen U-Boote über 100000 BRT. Doch diese in 2 Wellen mit einer dazwischen liegenden Versorgung vorgetragenen Angriffe der japanischen U-Boote blieben eine Episode und konnten den Nachschub um das Kap der Guten Hoffnung herum nicht entscheidend stören. Der erste deutsche U-Boot-angriff vor Südafrika begann erst am 8. Oktober.

Während so die Gefahr auf der Kap-Route für die alliierte Seite abgewendet worden war, trafen in schneller Folge die Verstärkungen für die britische Position im Mittleren Osten ein. In Ägypten waren die britischen Streitkräfte auf rund 630000 Mann aufgefüllt worden. Churchill wurde langsam ungeduldig und drängte auf die Aufnahme einer Offensive in der Wüste. Kurz nach dem Fall von Tobruk entschloß er sich, selbst nach Kairo zu fliegen, um zu untersuchen, warum General Auchinleck seinen Angriff gegen Rommel hinausschob. Er fand Auchinleck so beschäftigt mit seinen Zuständigkeiten im gesamten Mittleren Osten, daß er die wichtige Rolle Nordafrikas nicht voll erkannt zu haben schien. Nach manchen Diskussionen entschloß sich Churchill, das Mittelost-Kommando zu teilen, Auchinleck abzulösen und das neue Nahost-Kommando an General Sir Harold Alexander und das Kommando über die 8. Armee an General Sir Bernard L. Montgomery zu übertragen. Der letztere, der sein neues Kommando am 13. August antrat, begann, seine Streitkräfte zu reorganisieren und gründlich auszubilden, um den erwarteten deutschen Angriff gegen die El Alamein-Position abzufangen und eine Offensive vorzubereiten. Montgomery plante nicht nur, die Deutschen auf ihre Nachschubroute zurückzuwerfen, wie bei früheren britischen Offensiven, sondern sie als eine Streitmacht zu vernichten, so daß sie nicht gegen die geplanten alliierten Landungen in Nordwestafrika eingesetzt werden konnten.

Um die Nachschubwege der Achsenmächte von Süditalien und Griechenland nach Libyen zu unterbrechen, kam es zuerst darauf an, das durch die deutschen Luftangriffe niedergehaltene Malta wieder zu einer Offensivbasis zu machen. Sofort

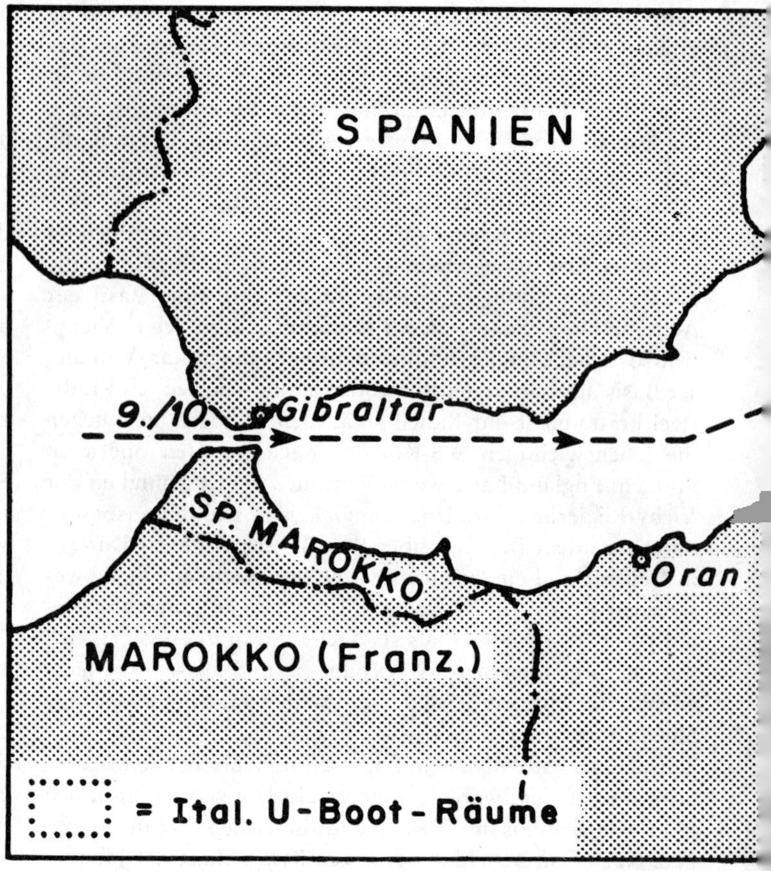

August 1942: »Pedestal«

nach dem Abklingen der deutsch-italienischen Luft- und Minenoffensive hatten die Engländer die Anfang Mai abgezogene 10. U-Boot-Flottille Mitte Juli 1942 wieder nach Malta verlegt und bis Mitte August die Zahl der Flugzeuge auf der Insel vom Tiefpunkt von 23 im Mai auf 250, darunter auch schwere Bomber, verstärkt. Wenn diese Zahl durch Verluste im September auch wieder auf 169 absank, so war doch noch wichtiger als die bloße Vermehrung der Zahl die Vergrößerung der Reichweite der neu eingetroffenen Torpedoflugzeuge. 1939 hatte der wirksame Radius der auf Malta gestützten Torpedoflugzeuge nur rund 100 Seemeilen betragen. Nun hatte er sich auf etwa 400 Seemeilen erweitert. Es war jetzt für die Achsenschiffahrt unmöglich geworden, Angriffen auszuweichen, selbst wenn die Route noch so weit ausholte. Auch in den Häfen von Bardia, Tobruk und Mersa Matruk erlitten die Schiffe schwere Ausfälle, und die Küstenschiffahrt der Achsenmächte hatte große Verluste.

Entscheidend für die Aufrechterhaltung der Kampfkraft Maltas war jedoch wieder die Durchbringung eines Nachschubkonvois. Unter Verzicht auf eine Operation vom Osten her sollte bei der Operation »Pedestal« die durch Teile der »Home Fleet« verstärkte »Force H« einen Konvoi von 13 Transportern und 1 Tanker bis vor die Sizilienstraße geleiten, von wo aus er mit starker Kreuzer- und Zerstörerdeckung durchbrechen sollte. Auf seiten der Achsenmächte waren die Vorbereitungen erkannt und richtig als Nachschubkonvoi für Malta angesprochen worden. Es wurden im westlichen Mittelmeer 5 italienische und 2 deutsche U-Boote, weiter ostwärts vor der tunesischen Nordküste bis nach Malta 2 Gruppen mit 12 weiteren italienischen U-Booten aufgestellt und darüber hinaus die erreichbaren deutsch-italienischen Luftstreitkräfte zusammengezogen.

Am 10. August passierte der Konvoi mit 4 Kreuzern und 11 Zerstörern sowie einer Deckungsgruppe mit 2 Schlachtschiffen, 4 Flugzeugträgern, 3 Kreuzern und 14 Zerstörern die Straße von Gibraltar. Ein erster Angriff des italienischen U-Bootes *Uarsciek* gegen den Träger *Furious* am 11. August schlug fehl, und letzterer konnte südlich der Balearen 37 »Spitfire«-Jäger als Verstärkung für Malta starten und anschließend mit 5 Zerstörern den Rückmarsch nach Malta antreten. Ein weiteres italienisches U-Boot, das den Träger auf dem Rückmarsch anzugreifen versuchte, wurde versenkt. Mehr Glück hatte das deutsche *U 73* (Kptlt. Rosenbaum), das die Deckungsgruppe angriff und den Träger *Eagle* mit 3 Treffern versenkte. Außer durch die U-Boot-Meldungen wurden die britischen Verbände auch durch die italienische Luftaufklärung erfaßt, doch ein erster Angriff am Abend mit 36 deutschen Flugzeugen scheiterte in der Jagd- und Flakabwehr. Am 12. August mittags griffen zunächst 61 italienische und 37 deutsche Bomber und Torpedoflugzeuge an. Zwei

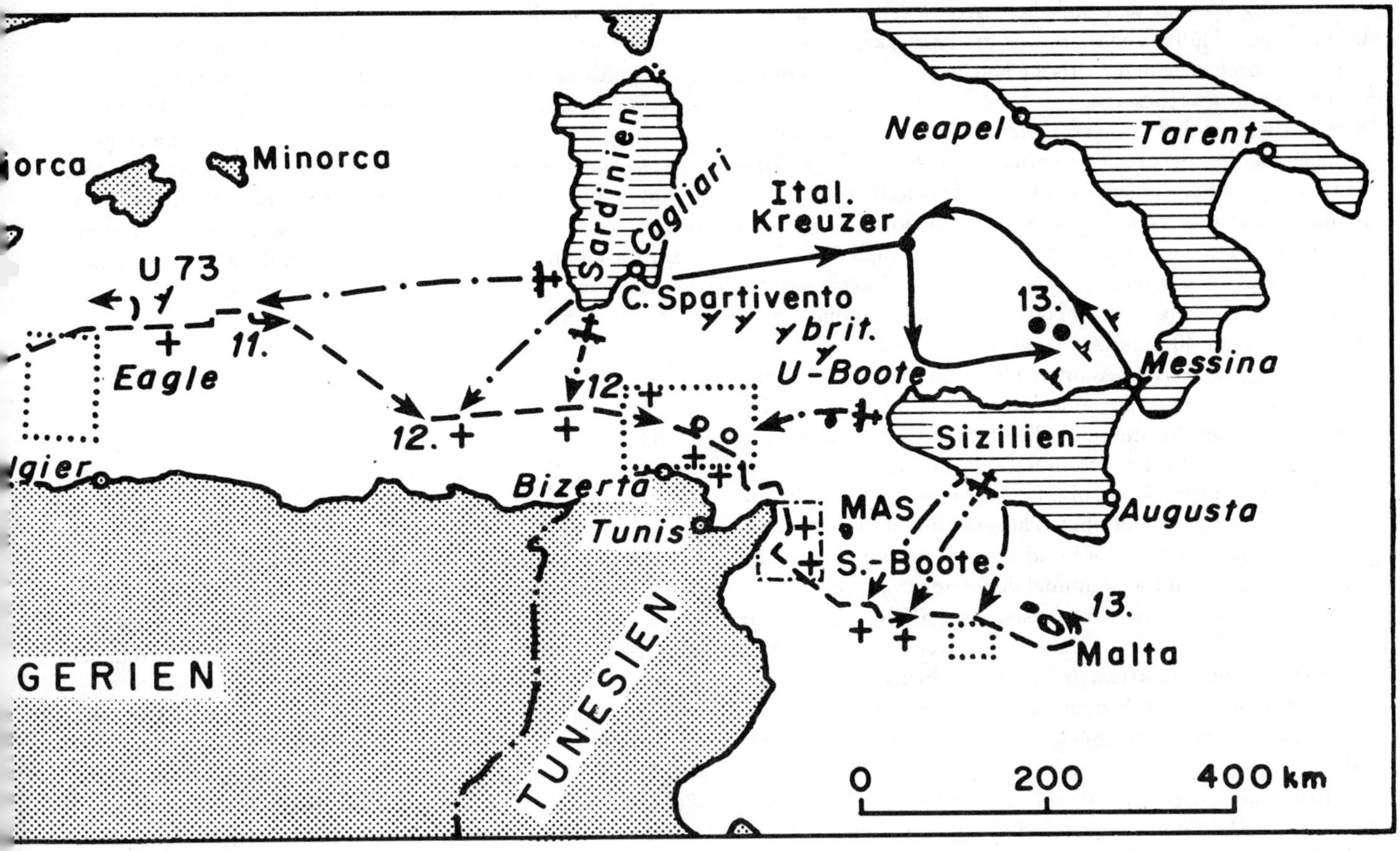

italienischen Jagdbombern gelang es, den britischen Träger *Victorious* mit Bomben zu treffen, die jedoch am gepanzerten Flugdeck abprallten. Zwei Angriffsversuche italienischer U-Boote wurden durch Zerstörer vereitelt. Am Nachmittag erzielten 29 deutsche Stukas drei schwere Treffer auf dem Träger *Indomitable,* die zwar im Verband weiterfahren konnte, jedoch für den weiteren Flugbetrieb ausfiel, der nun allein von der *Victorious* abgewickelt werden mußte. Italienische Torpedoflugzeuge torpedierten einen britischen Zerstörer. Am Abend erreichte die Deckungsgruppe den vorgesehenen Punkt zur Entlassung des Konvois. Kaum hatte sie abgedreht, geriet der Konvoi in die erste der italienischen U-Boot-Aufstellungen bei Cap Bon. *Dessiè* und *Axum* erzielten je einen Treffer auf dem Kreuzer *Nigeria*, dem Flaggschiff Admiral Burroughs, dem Flakkreuzer *Cairo,* der sank, und dem Tanker *Ohio*. Die *Nigeria* mußte mit 3 Zerstörern umkehren, während der Admiral auf einen weiteren Zerstörer überstieg. Angriffe von 37 weiteren deutschen Bomben trafen 3 Transportschiffe und unmittelbar darauf torpedierten die italienischen U-Boote *Alagi* und *Bronzo* den Kreuzer *Kenya* und ein durch Luftangriff beschädigtes Schiff. In der Nacht zum 13. begannen die ostwärts der tunesischen Küste aufgestellten italienischen und deutschen Schnellboote anzugreifen. Sie torpedierten den letzten der Kreuzer, *Manchester,* der aufgegeben werden mußte, sowie 4 weitere Transportschiffe. Einem neuen Luftangriff von 18 deutschen Bombern sowie weiteren italienischen und deutschen Sturzbombern fielen am Morgen des 13. drei weitere Schiffe zum Opfer. Die von Malta ausgelaufenen 4 Minensuchboote konnten zusammen mit 7 Räumbooten nur noch drei, teilweise schwer beschädigte Schiffe nach Malta bringen, denen später die von 3 Zerstörern geleitete, schwer beschädigte und kaum noch schwimmfähige *Ohio* folgte. Das zum Abfangen der Reste des Konvois vorgesehene Auslaufen von je 3 italienischen Schweren und Leichten Kreuzern mit 11 Zerstörern mußte abgebrochen werden, da die Luftsicherung nicht ausreichend schien. Gegen den zurückmarschierenden Verband kam am Abend des 13. das britische U-Boot *Unbroken* nördlich Sizilien zum Schuß und torpedierte die Kreuzer *Bolzano* und *Attendolo*. Angriffe auf die heimkehrenden britischen Flottenteile mit Flugzeugen, U-Booten und Schnellbooten blieben ohne Erfolg. Wenn der Konvoi auch zu drei Vierteln vernichtet war und die geleitenden Streitkräfte schwere Ausfälle erlitten hatten, so genügten die nach Malta gebrachten Nachschubgüter, insbesondere aber der Brennstoff der *Ohio,* um die Kampffähigkeit Maltas für Wochen wiederum sicherzustellen.

Während Rommel in dieser Zeit versuchte, seine Nachschubdepots für die Wiederaufnahme der Offensive im September aufzufüllen, erreichten die tatsächlich eintreffenden Nachschubmengen kaum den täglichen Bedarf seiner Infanterie und nicht die Hälfte von dem, was die Panzerkräfte brauchten. Nur durch erbeutete britische Nachschubmengen konnte er die Situation verbessern.

Rommel wußte, daß er einen Durchbruch bei El Alamein erzwingen mußte, bevor die erwarteten britischen Verstärkungen im September eingetroffen waren. Das italienische »Comando Supremo« sagte starke Schiffstransporte von Benzin und Treiböl zu, und Kesselring versprach, täglich 500 t Benzin während der Offensive einzufliegen. Im Vertrauen auf diese Zusagen nahm Rommel das Risiko auf sich und trat in der Nacht vom 30. zum 31. August 1942 zu einem Angriff auf die Hügelkette von Alam el Halfa an in der Hoffnung, die Verteidigung von El Alamein von der Flanke her aus den Angeln zu heben. Montgomery ließ sich jedoch nicht aus der Stellung werfen und ließ Rommels Angriff gegen seine starken Verteidigungsanlagen anlaufen, während die RAF schwere Angriffe gegen die deutschen Panzerkräfte flog. Von dem Rommel zugesagten Treiböl und Benzin traf nichts ein, und am 2. September mußte Rommel den Angriff abbrechen.

»Mit dem Fehlschlag dieser Offensive«, schrieb Rommel, »war unsere letzte Chance, den Suezkanal zu erreichen, vertan. Wir konnten jetzt nur erwarten, daß die große britische Industrieproduktion und, noch bedeutender, das enorme industrielle Potential Amerikas schließlich die Wende gegen uns herbeiführen würden.«

Als Rommel sich am 3. September zurückzog, nahm Montgomery die Verfolgung nicht auf. Während seine eigene Nachschubroute nach dem Osten gesichert war, setzte er die Verstärkung und den Aufbau seiner Streitkräfte für eine massive Offensive fort, die am 23. Oktober 1942 bei El Alamein begann. Nach 11 Tagen schwerster Kämpfe, die in ihrer Härte die Materialschlachten des ersten Weltkrieges übertrafen, gelang es der 8. Armee schließlich, die Stellungen zu durchbrechen und nach Westen Raum zu gewinnen. Am 13. November war Tobruk in britischen Händen, am 24. Bengasi. Am 15. Dezember erreichte die 8. Armee El Agheila, und Rommel war auf dem Rückmarsch nach Tunesien, da er nun auch durch die alliierte Landung in Nordwestafrika im Rücken bedroht war. Das Kriegsglück im Mittelmeer hatte sich zum letzten Mal und nun endgültig auf die Seite der Alliierten gewendet.

Zusammenfassung

Wenn Italien auch bis zum Juni 1940 ein »nicht kriegführender Staat« blieb, so hatten England und Frankreich doch Maßnahmen getroffen, um ihre lebenswichtigen Interessen im Mittelmeer zu sichern. Nach Italiens Kriegseintritt und Frankreichs Zusammenbruch hatte England drastische Schritte zu ergreifen, um seine Position wenigstens im Mittleren und Nahen Osten zu halten. Durch einen Angriff auf Mers-el-Kébir und die dort liegenden französischen Schiffe und ein Gentlemans-Agreement mit dem Verband in Alexandria konnten die Engländer den Achsenmächten eine Nutzung der französischen Flotte verwehren. Durch die Bildung der Mittelmeerflotte in Alexandria und der »Force H« in Gibraltar bereiteten sich die Engländer auf den Kampf gegen die italienische Flotte vor. Da die ersten Aktionen das Zögern der Italiener zeigten, den Kampf gegen selbst gleichstarke Gegner aufzunehmen, konnten die Engländer im allgemeinen ihre geplanten Operationen ausführen. In einem Trägerraid gegen Tarent konnte Admiral Cunningham drei Schlachtschiffe ausschalten und den Rest zur Verlegung nach Neapel zwingen. Ein weiterer Luftangriff mit Bombern ließ die Italiener ihre schweren Schiffe nach La Spezia verlegen.

Im September 1940 begann die italienische Armee in Libyen eine Offensive gegen Ägypten. Ende Oktober griff Italien Griechenland in Albanien an. Beide Vorstöße wurden aufgefangen, und die italienischen Kräfte mußten Rückschläge hinnehmen, die im folgenden Frühjahr Deutschland zum Eingreifen zwangen. Die nach Griechenland entsandten britischen Streitkräfte mußten evakuiert werden, und sie konnten sich gegen die überlegene Luftmacht trotz der Unterstützung durch die Flotte nicht auf Kreta halten. Doch nutzte Deutschland die gewonnene strategische Position im Ostmittelmeer nicht.

In Nordafrika waren Ebbe und Flut der beiderseitigen Landoperationen die Folge der jeweiligen Nachschublage zur See. Der Schlüssel zur Lage der Achse war die Insel Malta. Wenn die Insel stark war, ging der Nachschub der Achsenarmeen in Afrika zurück, war Malta schwach, konnten diese Armeen bald Offensiven unternehmen. Wichtigste Aufgabe der Briten war es, die Kampffähigkeit von Malta zu erhalten, was nur mit schweren Verlusten gelang. Doch blieb der Nachschubweg um das Kap der Guten Hoffnung durch das Rote Meer und den Suez-Kanal offen, nachdem die Bedrohungen dieser Route durch die italienischen Streitkräfte in Ostafrika ausgeschaltet waren und die befürchtete Gefährdung dieser Route durch eine kombinierte japanisch-deutsch-italienische Offensive im Indischen Ozean und Nahen Osten nicht zustande kam. Die Besetzung Madagaskars sicherte die Route zusätzlich.

Die Pläne der Achse zur Wegnahme Maltas kamen zu spät und wurden zudem widerwillig ins Auge gefaßt, zumal man immer wieder von der deutschen Luftwaffe die Ausschaltung der Insel erhoffte. Als Rommels Offensive im Juni 1942 nicht nur Tobruk wegnahm, sondern auch nach Ägypten vorstieß, glaubte man, Malta werde schließlich von selbst fallen und Rommel müsse seinen Angriffsschwung ausnutzen, um den Suez-Kanal zu erreichen. Doch im August brachten die Engländer Teile eines Konvois nach Malta durch, die U-Boote kehrten dorthin zurück und die Folge waren steigende Verluste der Nachschubkonvois der Achse. Da Luftwaffenverbände an die Ostfront abgezogen werden mußten, erholte sich Malta bald und wurde erneut ein Dorn im Fleisch. So scheiterte Ende August Rommels Versuch, durch eine neue Offensive aus der Stellung bei El Alamein dem britischen Gegenangriff zuvorzukommen. Sieben Wochen später hatte Montgomery seinen Aufmarsch beendet und überwand nach mehrtägiger Materialschlacht den deutsch-italienischen Widerstand, dem wegen der Nachschubschwierigkeiten die Luft ausging. Zwar konnte Rommel einer Umfassung ausweichen, doch gelang es nach der alliierten Landung in Nordwestafrika nicht mehr, auf dem Gebiet der italienischen Kolonie Libyen eine neue Verteidigungsstellung aufzubauen und zu halten. Alle Kräfte der Achse mußten in dem näher an den eigenen Küsten gelegenen Tunesien zusammengezogen werden. Dort konnte man sich zwar noch bis zum Mai 1943 halten, aber der Aufmarsch der Alliierten zum Angriff auf Südeuropa war nicht mehr aufzuhalten.

Kapitel 32

Der Seekrieg in der Ostsee

Von J. Rohwer für die deutsche Ausgabe neu bearbeitetes Kapitel.

Während der Oktoberrevolution hatte das Offizierkorps der russischen Marine schwerste Verluste erlitten. Revolutionäre Unteroffiziere und Mannschaften rissen die Führung an sich, was den völligen Zerfall jeglicher Ordnung zur Folge hatte. In den anschließenden Interventions- und Bürgerkriegen gingen die wenigen noch fahrbereiten Schiffe durch Kampfhandlungen, Selbstversenkung oder unsachgemäße Behandlung verloren. Der Rest wurde bei Abbruch des Kampfes von weißrussischen Besatzungen ins Ausland gebracht.

Nur mühsam gelang es der sowjetischen Führung, im Laufe der 20er Jahre die ersten Grundlagen einer neuen Marine zu legen. Die Werften wurden instandgesetzt, die in den Werften liegenden Schiffe und Neubauten repariert bzw. fertiggestellt. Man gewann eine Anzahl ehemaliger zaristischer Offiziere und Unteroffiziere, denen es gemeinsam mit den nun langsam nachwachsenden jungen Kräften mit der Zeit gelang, die Disziplin wiederherzustellen und mit der planmäßigen Ausbildung jungen Personals zu beginnen. Dabei ergab sich zunächst ein krasser Widerspruch zwischen den Theorien, welche die zum großen Teil aus der alten Zeit stammenden Lehrer der Marineakademie ihren Schülern boten, und den Auffassungen der neuen, aus der Revolution hervorgegangenen Führer. Während man auf der Marineakademie eine für die russischen Bedürfnisse aptierte Mahan-Theorie zu lehren versuchte, die auf einer ausgewogenen Flotte zur offensiven Verteidigung der Küsten und der Gewinnung der Seeherrschaft in den der eigenen Küste vorgelagerten Seegebieten abzielte, war für die Hörer nur zu deutlich, daß diese Theorie keinen Bezug mehr zur traurigen Wirklichkeit hatte. In der gegebenen Situation mußte für die sowjetische Regierung der Wiederaufbau der Wirtschaft und der Armee vorrangig sein. Die zur Verfügung stehenden Mittel erlaubten deshalb nur die Reparatur der wenigen noch wiederherzustellenden Schiffe. Daraus ergab sich, daß zunächst nur eine rein passive Verteidigung, gestützt auf die vorhandenen Festungen, möglich sein konnte. Um 1923/24 begannen die Lehrer der Marineakademie langsam dieser veränderten Situation Rechnung zu tragen und gingen dazu über, einer aktiven Verteidigung im Küstenvorfeld mit kleinen Fahrzeugen größere Aufmerksamkeit zu widmen. Diese Ideen fielen auf fruchtbaren Boden, da nun in zunehmendem Maße neben den Revolutionären auch während des Bürgerkrieges auf die rote Seite übergewechselte jüngere Offiziere aus der zaristischen Marine sowie aus der bolschewistischen Jugendbewegung kommende Kandidaten die Marineakademie besuchten, deren eigene Erfahrungen während des Bürgerkrieges diesen Gedanken entsprachen. Sie ähnelten in mancher Weise den Ideen der französischen »Jeune Ecole« unter Admiral Aubée von 1890. Da man von Partei und Staat in der gegebenen Lage keine allzu große Unterstützung erwarten konnte, was zum Teil sicher eine Folge der Matrosenmeuterei von Kronstadt 1921 war, die bei Lenin zu einer deutlichen Abneigung gegenüber den bis dahin bevorzugten Angehörigen der Marine führte, versuchte man, aus der Not eine Tugend zu machen. Es wurde der Gedanke propagiert, daß U-Boote und Flugzeuge das große Schlachtschiff verdrängt hätten. Da man in Erinnerung an den Bürgerkrieg in erster Linie mit Invasionen fremder Interventionsmächte rechnen zu müssen glaubte, legte man das ganze Gewicht der eigenen Planungen auf eine aktive Verteidigung der Küsten gegen solche Angriffe, zunächst mit U-Booten, dahinter mit Minen und starken Küstenbefestigungen. Leichte Seestreitkräfte waren nur zur Deckung der Minensperren und Offenhaltung der dahinter liegenden eigenen Verbindungswege notwendig.

Als man mit dem ersten 5-Jahres-Plan (1927–1932) an den Aufbau auch einer begrenzten Marinerüstung heranging, lag das Schwergewicht eindeutig auf dem Bau einer großen Zahl kleiner und mittlerer U-Boote, während der Bau von Torpedobooten und Minensuchbooten sowie einiger Flottillenführer neben der gründlichen Modernisierung der vorhandenen älteren Schiffe deutlich zurücktrat. Auch im zweiten 5-Jahres-Plan (1933 – 1937) lag der Akzent noch vor allem auf dem Bau von U-Booten. Zwar wurden jetzt auch die ersten größeren U-Boote in Serien aufgelegt, die überwiegende Zahl der begonnenen und fertiggestellten Boote gehörte jedoch weiterhin zu den Küsten-U-Booten der *M*-Klasse und den mittleren, für die Ostsee und das Schwarze Meer geeigneten U-Booten der *ŠČ*-Klasse. Bei der zunächst geringen Leistungsfähigkeit der sowjetischen Konstruktionsbüros und Werften war man für den Entwurf der Schiffe, ihrer Antriebsanlagen und Waffensysteme zunächst auf ausländische Hilfe angewiesen. Während der 20er und beginnenden 30er Jahre bemühte man sich in der Zeit der Zusammenarbeit zwischen Roter Armee und Reichswehr mehrfach, solche Hilfe in Deutschland zu finden. Später wurden wiederholt von französischen und besonders von italienischen Firmen Pläne geliefert, was an den während des zweiten 5-Jahres-Planes begonnenen Zerstörern der *Gnev-*

nyj-Klasse und den Kreuzern der *Kirov*-Klasse deutlich wurde. Mit dem Jahr 1937 setzte für die sowjetische Flotte ein grundlegender Wandel ein, der vor allem durch die Erfahrungen des spanischen Bürgerkrieges bedingt war, aber auch durch die Folgen der Stalin'schen Säuberungen beeinflußt wurde. Während in dem 1936 ausgebrochenen spanischen Bürgerkrieg die nationalistischen Truppen unter General Franco massive Unterstützung von Italien und Deutschland erhielten, wurden die republikanischen Kräfte vor allem von den Kommunisten der westlichen Welt und insbesondere durch die Sowjetunion unterstützt. Italien und Deutschland waren in der Lage, ihre Material- und Waffenlieferungen über See weitgehend ungehindert durchzuführen. Übergriffe, wie z. B. der Angriff republikanischer Flugzeuge auf das Panzerschiff *Deutschland* vor Ibiza, wurden sofort durch scharfe Vergeltungsmaßnahmen, wie die Beschießung des Hafens von Almeria durch das Panzerschiff *Admiral Scheer* am 31. Mai 1937, beantwortet. Die Überwachung der nationalspanischen Küsten durch britische und französische Überwachungsstreitkräfte erwies sich als wenig wirksam, die sowjetische Marine konnte aus Mangel an geeigneten Schiffen an dieser Überwachung nicht teilnehmen. Andererseits konnten nationalspanische Kriegsschiffe vor den von deutschen und italienischen Kriegsschiffen überwachten republikanischen Küsten weitgehend ungehindert, und teilweise sogar durch italienische U-Boote unterstützt, Nachschubtransporte mit sowjetischen Schiffen angreifen und z. B. 1937 den Frachter *Komsomol* mit einer Ladung zerlegter Jagdflugzeuge versenken. Diese Erfahrungen zeigten Stalin und vor allem auch den jungen sowjetischen Seeoffizieren, die auf republikanischer Seite in Spanien eingesetzt waren, sehr deutlich, daß die Sowjetunion weder in der Lage war, ihren Freunden in Spanien ausreichende Hilfe zu bringen, noch wegen des Fehlens eines real ins Gewicht fallenden Machtinstrumentes auf den internationalen Konferenzen zur Eindämmung des Bürgerkrieges das ihr zukommende Gewicht erlangen konnte.

Gerade während des spanischen Bürgerkrieges rollte über die sowjetischen Streitkräfte die große Stalinsche Säuberung in mehreren Wellen hinweg. Ihr fielen bei der Roten Armee von den 5 Marschällen 3 — Tuchačevskij, Bljucher und Egorov –, 13 von 15 Armeegeneralen, 62 von 85 Korpskommandeuren, 110 von 195 Divisionskommandeuren und 220 von 406 Brigadekommandeuren sowie ein großer Teil der Kommissare zum Opfer. Nicht minder schwer wurde die Rote Flotte betroffen. Von ihren führenden Persönlichkeiten wurden der Chef der Marineleitung Orlov, sein Stellvertreter Ludri, der ehemalige Chef der Marineleitung und nunmehrige Leiter des Marinebauamtes Muklevič, die Befehlshaber der Baltischen Flotte Živkov, der Schwarzmeerflotte Kožanov, der Nordmeerflotte Dušenov, der Amurflottille Kodackij-Rudnev sowie viele Politberater und Professoren der Marineakademie liquidiert. Andere wurden ihres Kommandos enthoben, bestraft oder gemaßregelt. Auch der auf den Posten des neu geschaffenen Volkskommissars der Kriegsmarine berufene Smirnov verschwand schon im nächsten Jahr wieder in der Versenkung. Die geschlagenen Lücken im höheren Offizierkorps mußten durch die schnelle Beförderung jüngerer Offiziere geschlossen werden, von denen ein nicht unerheblicher Teil während des spanischen Bürgerkriegs auf Seiten der republikanischen Kräfte eingesetzt war. Einer von ihnen war der junge N. G. Kuznecov, der bereits im Dezember 1935 Stalin in Anwesenheit von Molotov, Vorošilov und Ordžonikidze einen den Diktator stark beeindruckenden Vortrag über eine weitgreifende ozeanische Seestrategie gehalten hatte. Nach seiner Rückkehr aus Spanien war er im August 1937 zunächst Befehlshaber der Pazifischen Flotte, im darauf folgenden Jahr jedoch bereits Volkskommissar der Kriegsmarine geworden. Mit unbändiger Energie ging dieser tatkräftige Mann nun daran, das dank der spanischen Erfahrungen bei Stalin aufgenommene Konzept einer ausgewogenen ozeanischen Flotte als Instrument einer sowjetischen Großmachtpolitik in die Tat umzusetzen. Im Rahmen des dritten 5-Jahres-Planes (1937–1942) wurde ein gewaltiges Flottenbauprogramm in Gang gesetzt.

Neben der Weiterführung des U-Bootprogrammes, dessen Gewicht sich nun zunehmend auf den Bau von größeren U-Booten und U-Kreuzern (*L*-, *S*- und *K*-Klassen) konzentrierte, wurden der Bau großer Serien von Zerstörern und zusätzlich zu den bereits in Bau befindlichen 6 Kreuzern weitere 12 Kreuzer sowie 4 Schlachtschiffe und 2 Schlachtkreuzer in Auftrag gegeben. Als Krönung des Programms war der Bau von 4 Flugzeugträgern vorgesehen, die ab 1942 gebaut werden sollten. Für den Bau der Schlachtschiffe suchte man erneut auf ausländische Unterstützung zurückzugreifen. Einerseits erhielt man von der italienischen Ansaldo-Werft Pläne, gleichzeitig bemühte man sich auch in den Vereinigten Staaten, neue Konstruktionsunterlagen modernster Schlachtschiffe zu erhalten, was allerdings trotz zweijähriger Verhandlungen erfolglos blieb. Die 35 000 tons großen Schlachtkreuzer waren offenbar als Antwort auf die Panzerschiffe der *Deutschland*-Klasse konzipiert, die man während des spanischen Bürgerkrieges kennengelernt hatte. Der Abschluß des deutsch-russischen Nichtangriffspaktes vom 23. Aug. 1939 eröffnete plötzlich die Möglichkeit, erneut auch deutsche Hilfe für den Aufbau der Flotte in Anspruch zu nehmen. Die russischen Wünsche richteten sich auf den Kauf der 3 noch im Bau befindlichen Kreuzer der *Prinz Eugen*-Klasse, den Erwerb der Pläne der gleichfalls noch nicht fertiggestellten Schlachtschiffe der *Bismarck*-Klasse sowie den Kauf von schweren Türmen, die für die in Bau befindlichen sowjetischen Schlachtkreuzer vorgesehen waren. Von deutscher Seite wurde diese Liste jedoch auf den Verkauf des letzten der 3 Kreuzer, der *Lützow*, reduziert, die im April 1940 nach Leningrad überführt wurde und dort unter Aufsicht einer deutschen Baubelehrungskommission weitergebaut wurde. Im übrigen versuchte man, die Lieferungen durch eine hinhaltende Politik hinauszuzögern. Doch auf den sowjetischen Werften lief das Bauprogramm mit Hochdruck weiter. Bis zum Ausbruch des deutsch-russischen Krieges 1941 gelang es den sowjetischen Werften, insgesamt 4 Kreuzer, 7 Flottillenführer, 30 Zerstörer, 206 U-Boote, 18 Wachschiffe und 38 Minensuchboote sowie eine große Zahl von Torpedoschnellbooten fertigzustellen. Weitere 5 Schlachtschiffe bzw. -kreuzer, 10 Kreuzer, 45 Zerstörer und 91 U-Boote befanden sich zu dieser Zeit im Bau.

Als Gegenleistung für die deutsche Hilfe beim Ausbau der Flotte war man auf russischer Seite nach Ausbruch des zweiten Weltkrieges bereit, der deutschen Marine eine Basis in der Nähe von Murmansk zur Verfügung zu stellen und deutsche Schiffe auf dem sibirischen Seeweg nach Ostasien verkehren zu lassen. Die der deutschen Regierung zur Verfügung gestellte Basis »Nord« hatte in der ersten Phase des Krieges außerordentlichen Wert für die aus Übersee zurückkehrenden deutschen Blockadebrecher, darunter auch den großen Passagierdampfer *Bremen,* die hier vorübergehend Zuflucht fanden, ehe sie nach der Norwegenunternehmung 1940 nach Deutschland zurückkehrten. Von Kriegsschiffen und U-Booten wurde der Stützpunkt wegen seiner abgelegenen Position jedoch 1939/40 nicht benutzt, und nach der Besetzung Norwegens konnte man auf ihn ganz verzichten. Im Winter 1939/40 wurden mit russischen Stellen ausgedehnte Verhandlungen über die Passage größerer deutscher Handelsschiffskonvois auf dem sibirischen Seeweg von Japan nach Europa und umgekehrt geführt. Trotz der anfänglich grundsätzlichen Bereitschaft der Sowjets ergaben sich jedoch immer neue Schwierigkeiten und Verzögerungen, so daß tatsächlich schließlich nur ein Schiff, der Hilfskreuzer *Komet,* im September 1940 die Ausreise von Westen nach Osten unternahm, wobei er in den schwierigsten Passagen von sowjetischen Eisbrechern unterstützt wurde und schließlich, als die Sowjets unter Vorwänden seine Umkehr verlangten, die Fahrt selbständig und mit Erfolg fortsetzte.

Der russisch-finnische Winterkrieg

Bis zum Jahre 1939 verfügte die Sowjetunion in der Ostsee nur über Stützpunkte im innersten Teil des Finnenbusens, die im Winter regelmäßig für 4 Monate vereisten. Diese Tatsache behinderte die Ausbildung der Flotte sehr erheblich. So nutzten die Sowjets den Kriegsbeginn im September 1939 aus, um eine Verbesserung ihrer Ausgangsbasen herbeizuführen, nachdem sie sich mit dem geheimen Zusatzprotokoll des deutsch-russischen Nichtangriffspaktes der deutschen Nichteinmischung versichert hatten. Am 27. September und 5. Oktober mußten Estland und Lettland unter starkem Druck Beistandspakte mit der Sowjetunion abschließen, wodurch die Russen Stützpunkte in Baltischport, auf Dagö und Ösel, an der Irbenstraße sowie in Windau und Libau erhielten. Mit dem Ausbau wurde sofort begonnen, und bereits kurz darauf verlegten die Sowjets U-Boote in die neuen Stützpunkte.

Der Versuch, auch auf finnischem Gebiet auf diesem Wege Stützpunkte zu erlangen, führte im November 1939 zum russisch-finnischen Winterkrieg. Der Schwerpunkt der Operationen lag an Land auf der Karelischen Landenge, wo die sowjetische 7. Armee versuchte, die finnischen Truppen über Viborg hinaus zurückzuwerfen. Doch lief sich die erste sowjetische Offensive an dem hartnäckigen Widerstand der finnischen Truppen fest. Auch die Vorstöße sowjetischer Schützendivisionen in den unwegsamen Wald- und Sumpfgebieten Ostkareliens wurden von den beweglich kämpfenden und das Gelände geschickt ausnutzenden finnischen Kräften trotz ihrer zahlenmäßigen Unterlegenheit immer wieder abgefangen und zurückgeschlagen.

Die Rolle der Baltischen Flotte beschränkte sich zunächst auf die Besetzung der im inneren finnischen Meerbusen liegenden Inseln Seiskari, Lavansaari, Someri, Narvi, Klein- und Groß Tytärsaari und Suursaari (30. 11. – 6. 12.), während im Norden sowjetische leichte Streitkräfte das Vorgehen einer Schützendivision der 14. Armee gegen den finnischen Eismeerhafen Petsamo unterstützten. Am 3. Dezember erklärte die Sowjetunion die Blockade der finnischen Küste und begann, mit 2 U-Boot-Brigaden vor der finnischen Südküste und im Bottnischen Meerbusen Handelskrieg zu führen. Diesen bis nach Beginn der Vereisung der östlichen Ostsee im Januar fortgeführten U-Boot-Operationen fielen insgesamt je ein deutscher, estnischer, finnischer und schwedischer Dampfer zum Opfer, während eines der sowjetischen U-Boote auf einer finnischen Minensperre verlorenging. Mitte Dezember 1939 kam es zur mehrfachen Beschießung der die Flanke der finnischen Front deckenden Insel Koivisto, zunächst durch sowjetische Flottillenführer, Zerstörer und Kanonenboote, schließlich auch durch die beiden Schlachtschiffe *Oktjabrskaja revoljucija* und *Marat.* Wegen der Vereisung des finnischen Meerbusens konnte die Flotte jedoch die am 11. 2. 40 auf der Karelischen Landenge erneut einsetzende Offensive der 7. und 13. Armee nicht unterstützen. Durch den Einsatz einer gewaltigen materiellen Übermacht gelang es den Sowjets im Laufe des Februar, den Durchbruch durch die Mannerheim-Stellung zu erzwingen und auf Viborg vorzudringen, so daß sich die finnische Regierung bei Ausbleiben einer Hilfe von außen Anfang März zum Abbruch des Kampfes entschließen mußte. Im Friedensvertrag mußte Finnland die Karelische Landenge und die Inseln im inneren Finnenbusen abtreten und den Sowjets die Einrichtung eines Stützpunktes auf der am Ausgang des Finnenbusens liegenden Halbinsel Hangö gestatten.

Im Jahre 1940 und im ersten Halbjahr 1941 wurde von sowjetischer Seite der Ausbau der neuen Stützpunkte im baltischen Raum, deren Hinterland mit der Besetzung Estlands, Lettlands und Litauens im Sommer 1940 voll in sowjetische

Hand gekommen war, mit Nachdruck fortgesetzt. Nach Libau wurden die Abteilung leichter Streitkräfte, die aus den Kreuzern *Kirov* und *Maksim Gorkij* sowie der 1. und 2. Zerstörerdivision bestand, die 1. U-Boot-Brigade und die 1. Torpedokutterbrigade verlegt. Nach Reval und Baltischport, zum Teil auch nach Hangö, verlegte man die 2. und 3. U-Boot-Brigade und die 2. Torpedokutterbrigade.

Die deutsche Offensive im Jahre 1941

Geographisch hatte die sowjetische Marine von 1939–1941 ihre strategische Position wesentlich verbessern können. Auch die Zahl der Schiffe war kräftig gewachsen. Dieses Bild kann jedoch leicht über die tatsächliche Situation hinwegtäuschen. Die Ausbildung dieser neuen Schiffe und ihrer Besatzungen stand noch in den ersten Anfängen. Sie wurde durch die winterliche Eisperiode in der Ostsee erheblich verzögert. Dazu muß man berücksichtigen, daß das umfangreiche Flottenbauprogramm mit den zahlreichen kurz vor der Fertigstellung stehenden Schiffen es immer wieder erforderlich machte, Teile der eingefahrenen Besatzungen für die neuen Schiffe abzustellen. Tatsächlich verfügte die Baltische Flotte unter dem Kommando von Vizeadmiral Tribuc bei Beginn des Krieges im Juni 1941 über 2 einsatzbereite alte Schlachtschiffe, 2 moderne Schwere Kreuzer, 2 Flottillenführer, 7 alte und 12 moderne Zerstörer, 7 Wachschiffe (Torpedoboote), 65 U-Boote, 6 Minenleger, 33 Minensucher, 1 Kanonenboot, 48 Torpedokutter (Schnellboote) und 656 Flugzeuge.

Die operative Planung der Baltischen Flotte sah offenbar in Anlehnung an die Pläne zu Beginn des ersten Weltkrieges, als die strategische Situation ähnlich war, vor, sowohl im Eingang des Finnenbusens als auch zwischen den baltischen Inseln und dem baltischen Festland 2 starke defensive Minengürtel zu legen, die durch die auf beiden Seiten vorhandenen Küstenbatterien, im Norden von Reval und Hangö, im Süden von der Halbinsel Svorbe und bei Kap Domesnes, gedeckt werden sollten. Den Schutz dieser »Minen-Artilleriepositionen« sollten 2 Kampfgruppen bilden, deren nördliche auf Reval und Hangö, deren südliche auf Libau und Riga gestützt waren, um den Finnenbusen und den Rigaer Meerbusen gegen Einbruchsversuche von See her zu schützen.

Der Grund für diese defensive Konzeption mag darin zu suchen sein, daß die sowjetische Marineführung die deutsche Flotte zahlenmäßig der sowjetischen für weit überlegen hielt. Einerseits wußten die Sowjets, daß ein nicht unbeträchtlicher Teil der schweren deutschen Schiffe sich in der Ostsee zur Ausbildung befand, und im übrigen glaubte man, auf Grund der Erfahrungen im ersten Weltkrieg voraussetzen zu dürfen, daß im Bedarfsfall durch den Kaiser-Wilhelm-Kanal schnell weitere Kräfte von Westen her herangezogen werden könnten. Unter diesen Umständen hielt man eine offensivere Planung für undurchführbar, dabei mag auch der noch unzulängliche Bereitschaftszustand der Flotte eine Rolle gespielt haben. Wesentlich trug dazu auch die von der politischen Führung herrührende Bindung bei, die der Marineführung in ähnlicher Weise wie auch dem Heer grundsätzlich verbot, der deutschen Seite irgendeinen Vorwand für militärische Aktionen zu geben, eine Bindung, die sich in den ersten Stunden und Tagen des Krieges verhängnisvoll auswirken sollte.

Betrachtet man den deutschen Angriffsplan gegen Rußland vom Jahre 1941, dann fällt vor allem die große Diskrepanz zwischen der offensiven Planung des Heeres und der defensiven Anlage der Seeoperationen ins Auge. Für die deutsche Marine war der Hauptgegner nach wie vor England, und so glaubte sie, alle ihre Kräfte im Westen konzentrieren zu müssen. In der Ostsee sah sie es vor allem als ihre Aufgabe an, den Seeverkehr zwischen Finnland, Schweden und Deutschland zu sichern, in der Hoffnung, der schnelle Vorstoß des Heeres würde die Sowjets bald ihrer Stützpunkte berauben und damit dem Seekrieg in der Ostsee ein Ende machen. Beim Heer erkannte man die Möglichkeiten einer Unterstützung und Versorgung der Landoperationen über See nicht genügend und erhob daher keine entsprechenden Forderungen, während die Marine die in der Ostsee befindlichen Überwasserstreitkräfte möglichst nicht aus ihrer Ausbildung für den Einsatz gegen England herausreißen lassen wollte und für eine offensive Verwendung in der östlichen Ostsee nur 10 Minenschiffe, 28 Schnellboote und 5 kleine U-Boote zur Verfügung stellte.

Dank der Zurückhaltung auf sowjetischer Seite gelang es den deutschen Minenschiffgruppen vom 19.–22. Juni, die geplanten offensiven Minensperren zur Abriegelung der Auslaufwege der sowjetischen Flotte ungestört zu legen. In 3 Einsätzen warfen 4 Minenschiffe unter Kapitän zur See Bentlage, unterstützt von einigen Minensuchbooten, zwischen Memel und Öland die »Wartburg«-Sperren mit 1150 Minen und 1800 Sprengbojen, um die südliche Ostsee gegen Vorstöße sowjetischer Überwasserstreitkräfte zu sperren. In der Nacht vor Ausbruch des Krieges legten 3 Minenschiffe unter Fregattenkapitän v. Schönermark von finnischen Häfen aus im westlichen Eingang des Finnenbusens die »Apolda«-Sperre mit 500 Minen und 700 Sprengbojen, während gleichzeitig weiter ostwärts zwischen Kallbadagrund und Pakerort eine weitere Gruppe mit 3 Minenschiffen unter Korvettenkapitän Dr. Brill die »Corbetha«-Sperre mit 400 Minen und 700 Sprengbojen warf. Die Schnellboote wurden zur Verseuchung der Durchfahrten zwischen den baltischen Inseln und dem Festland und zur Verminung der Häfen Windau und Libau eingesetzt. Mit Beginn der Feindseligkeiten begann die Baltische Flotte in der Nacht vom 22. zum 23. Juni sofort mit der Auslegung der ihrerseits geplanten Minensperren. Von Reval liefen unter der Führung des Befehlshabers des Geschwaders, Konteradmiral Vdovičenko, 2 Minenleger, 2 Flottillenführer, 4 Zerstörer und Minensucher sowie U-Jäger aus,

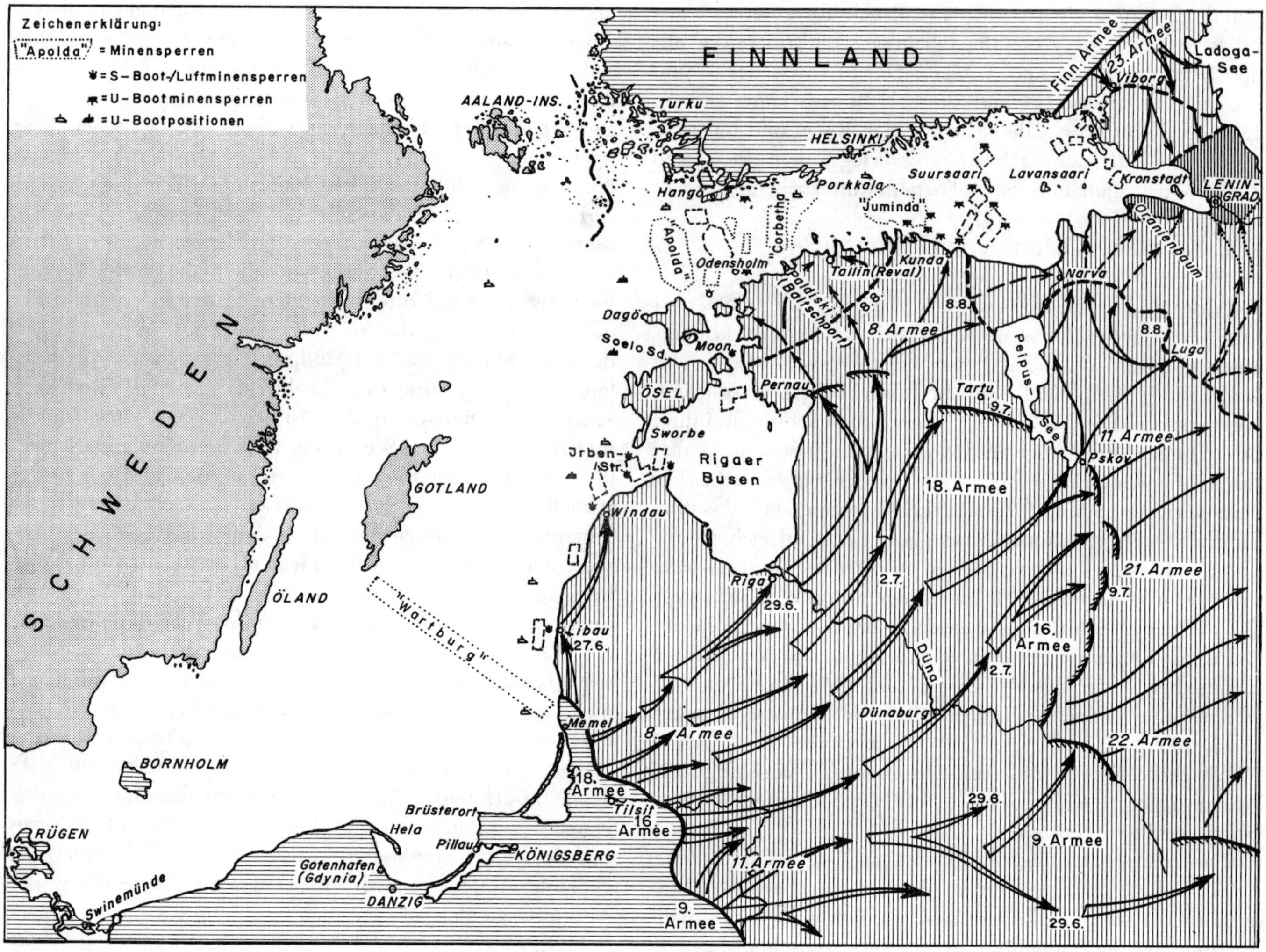

Die Ostsee 1941

um im Eingang des Finnenbusens die ersten Teile der »Zentralen Position« zu werfen, die planmäßig dicht ostwärts der deutschen »Apolda«-Sperre gelegt wurde. Zur Deckung der Operation gegen deutsche Überwasservorstöße hatte man von dem von Libau nach Riga zurückgezogenen Verband leichter Streitkräfte eine Kampfgruppe mit dem Kreuzer *Maksim Gorkij* und 3 Zerstörern durch die Irben-Straße auslaufen lassen, doch geriet er bei der Einnahme seiner Deckungsposition westlich der sowjetischen Minenlegerverbände in die deutsche »Apolda«-Sperre. Der Zerstörer *Gnevnyj* sank nach einem Minentreffer, der Kreuzer und die beiden anderen Zerstörer wurden mehr oder weniger schwer durch Minentreffer oder Nahdetonierer beschädigt.

In den ersten Julitagen verstärkten deutsche und finnische Minenleger die ausgelegten Sperren nochmals mit weiteren Sperriegeln zwischen der »Corbetha«-Sperre und den im Westeingang des Finnenbusens liegenden Sperren, während gleichzeitig die 3 großen finnischen U-Boote in mehreren Unternehmungen wichtige Durchfahrten im inneren Finnenbusen mit Grund- und Ankertauminen verseuchten. Damit war die Bewegungsfreiheit der Baltischen Flotte im Finnenbusen entscheidend beeinträchtigt, und es kam für die sowjetische Seite zunächst alles darauf an, die von deutscher Seite geworfenen Minensperren zu erfassen und durch konzentrierten Einsatz der zahlenmäßig zu schwachen Minensuchverbände die Verbindungswege zwischen Reval und den Basen im inneren Finnenbusen, Kronstadt und Leningrad, wieder freizusuchen.

Der Kampf um den Rigaer Busen

Auf sowjetischer Seite hatte man zunächst das für den offensiven Einsatz von U-Booten vorgesehene Libau wegen seiner exponierten Lage bereits vor Beginn des Krieges von einsatzfähigen Überwasserschiffen und U-Booten zu räumen begonnen und diese nach Riga zurückgezogen. Bei der absoluten Luftherrschaft der deutschen Luftwaffe und dem schnellen Vorstoß des deutschen Heeres mußten auch die übrigen fahrbereiten Schiffe den Hafen schleunigst verlassen, und vor dem deutschen Angriff gegen die Stadt am 25. Juni wurden die nicht fahrbereiten Schiffe, der Zerstörer *Lenin,* 5 U-Boote, 1 Eisbrecher und 1 Kanonenboot, im Hafen gesprengt. Bei der Verlegung der restlichen 10 U-Boote nach Riga traten durch Angriffe deutscher Schnellboote und U-Boote sowie durch Minentreffer die ersten Verluste ein. In den Nächten zum 25. und 27. Juni hatten die in Dünamünde stationierten 7 Zerstörer unter Führung des Chefs des Verbandes leichter Streitkräfte, Konteradmiral Drozd, insgesamt rund 500 Minen in der Irbenstraße gelegt. Dabei war es während des zweiten Vorstoßes zu einem Gefecht mit der deutschen 3. Schnellbootflottille gekommen, bei dem der Zerstörer *Storoževoj* einen schweren Treffer im Vorschiff erhielt und 2 weitere Fahrzeuge, möglicherweise ein von einer Feindfahrt zurückkehrendes U-Boot und ein Minensucher, sanken. Am 30. Juni sahen sich die Sowjets jedoch gezwungen, Riga und Dünamünde zu räumen. Der Kreuzer *Kirov,* der wegen der Minenlage die Irbenstraße nicht mehr passieren konnte, wurde geleichtert und mit 3 Zerstörern durch die flachen Gewässer des Moonsundes nach Reval gebracht. Während diese navigatorisch schwierige Überführung gelang, gingen von den gleichzeitig überführten U-Booten durch Minentreffer ein Boot verloren, 2 wurden beschädigt. Die Zerstörer des Admirals Drozd setzten aus dem Moonsund heraus ihre Minenunternehmungen gegen die Irbenstraße fort. Dabei wurde am 2. Juli der Zerstörer *Strašnyj* durch einen Minentreffer schwer beschädigt, und am 6. Juli kam es am Eingang des Irbensundes zu einem Gefecht zwischen dem deutschen *Minenräumschiff 11* und dem Minensucher *M 31,* die versuchten, einen Weg nach Riga zu schaffen, und den zu einer Minenunternehmung anlaufenden sowjetischen Zerstörern *Serdityj* und *Sil'nyj,* die ihre Minen unscharf über Bord werfen mußten, ohne daß es ihnen gelang, die Fahrt der deutschen Schiffe nach Dünamünde zu verhindern.

Erfolglos blieb auch der sowjetische U-Boot-Einsatz in der ersten Phase des Krieges. Schon vor Kriegsbeginn waren 4 U-Boote an die Pommernküste, in die Danziger Bucht und ins Gebiet südlich Gotland zu Aufklärungseinsätzen gesandt worden, während von Reval und Hangö aus 3 mittlere und 4 kleine U-Boote in Defensivpositionen aufgestellt waren. Nach Kriegsbeginn liefen von Libau aus zunächst 3 kleine U-Boote zu einer weiteren Defensivaufstellung vor der lettischen Küste und ein Minen-U-Boot zur Verminung von Memel aus. Von Reval gingen am 23. Juni 6 weitere Boote in See. Bis zum 27. Juni hatte sich die Zahl der in See befindlichen U-Boote auf 20 erhöht, die allerdings überwiegend defensiv aufgestellt waren. Da jedoch auf deutscher Seite der Schiffsverkehr bereits Mitte Juni eingestellt war, fanden die sowjetischen U-Boote keine Ziele, und nur 3 von ihnen konnten erfolglose Angriffsversuche gegen Kriegsschiffe unternehmen. Neben den Verlusten auf den Überführungsfahrten gingen auch 3 der zurückkehrenden U-Boote durch deutsche U-Boot- und Schnellbootangriffe verloren. Die schweren Verluste der ersten Kriegstage schienen auf die Russen schockartig gewirkt zu haben, und der Ausfall der vorgeschobenen Stützpunkte trug darüberhinaus dazu bei, den Einsatz der restlichen Schiffe von der darauf nicht vorbereiteten Basis Reval wesentlich zu erschweren.

Im Monat Juli waren im Finnenbusen deutsche Minenschiffe sowie finnische Minenleger und U-Boote bestrebt, die Sperrsysteme zu vervollständigen, während gleichzeitig von Libau aus deutsche Minensuchverbände minenfreie Wege zunächst nach Libau und von dort durch die Irbenstraße nach Dünamünde zu schaffen bestrebt waren. Wenngleich auf den Minensperren auch einige Verluste eintraten, so konnten weder sie noch die wiederholten Angriffsversuche sowjetischer Zerstörer, Torpedokutter, Flugzeuge und der Küstenbatterien von Svorbe die Fahrten deutscher Nachschubkonvois durch den Rigaer Meerbusen verhindern. Andererseits verloren die Sowjets bei diesen Operationen durch deutsche Luft- bzw. Schnellbootangriffe die Zerstörer *Serdityj* und *Smelyj.* Versuche sowjetischer U-Boote, während des Monats Juli von Reval oder dem zwischen Ösel und Dagö gelegenen Soelo-Sund aus gegen den inzwischen wieder aufgenommenen deutschen Handelsschiffsverkehr zu Angriffen zu kommen, blieben erfolglos. Auch 3 von sowjetischen U-Booten bei Steinort, Brüsterort und Bornholm gelegte Minensperren konnten den Verkehr nicht stören. Aber es gelang beiden Seiten, im Gebiet westlich der baltischen Inseln je ein feindliches U-Boot zu versenken.

Die Räumung von Reval

Während sich die Russen bemühten, in verschiedenen Häfen der baltischen Inseln behelfsmäßige Stützpunkte für ihre Zerstörer, Torpedokutter und U-Boote einzurichten, erreichten die deutschen Truppen am 7. August die Küste des Finnenbusens bei Kunda und begannen, sich gegen Ende des Monats in Richtung auf die von dem sowjetischen X. Korps verteidigten Häfen Reval und Baltischport zu bewegen. In Erwartung eines Durchbruchversuchs der auf Reval gestützten sowjetischen Kriegsschiffe begannen die deutschen Minenschiffe zusammen mit finnischen Minenlegern unter Führung von Korvettenkapitän Dr. Brill am 8. August mit der Auslegung der umfangreichen »Juminda«-Minensperren, Sowjetische Minensuchverbände versuchten dagegen immer wieder, zunächst unter der Küste und, nach Aufstellung deutscher Küstenbatterien auf Kap Juminda, in der Mitte des Finnenbusens minenfreie Wege zwischen Reval und Suursaari zu schaffen. Doch die deutsch-finnischen Sperrsysteme wurden immer dichter. Die Versuche, mit schnellen Transportschiffen, begleitet von Minensuchern, Nachschub von Kronstadt nach Reval und

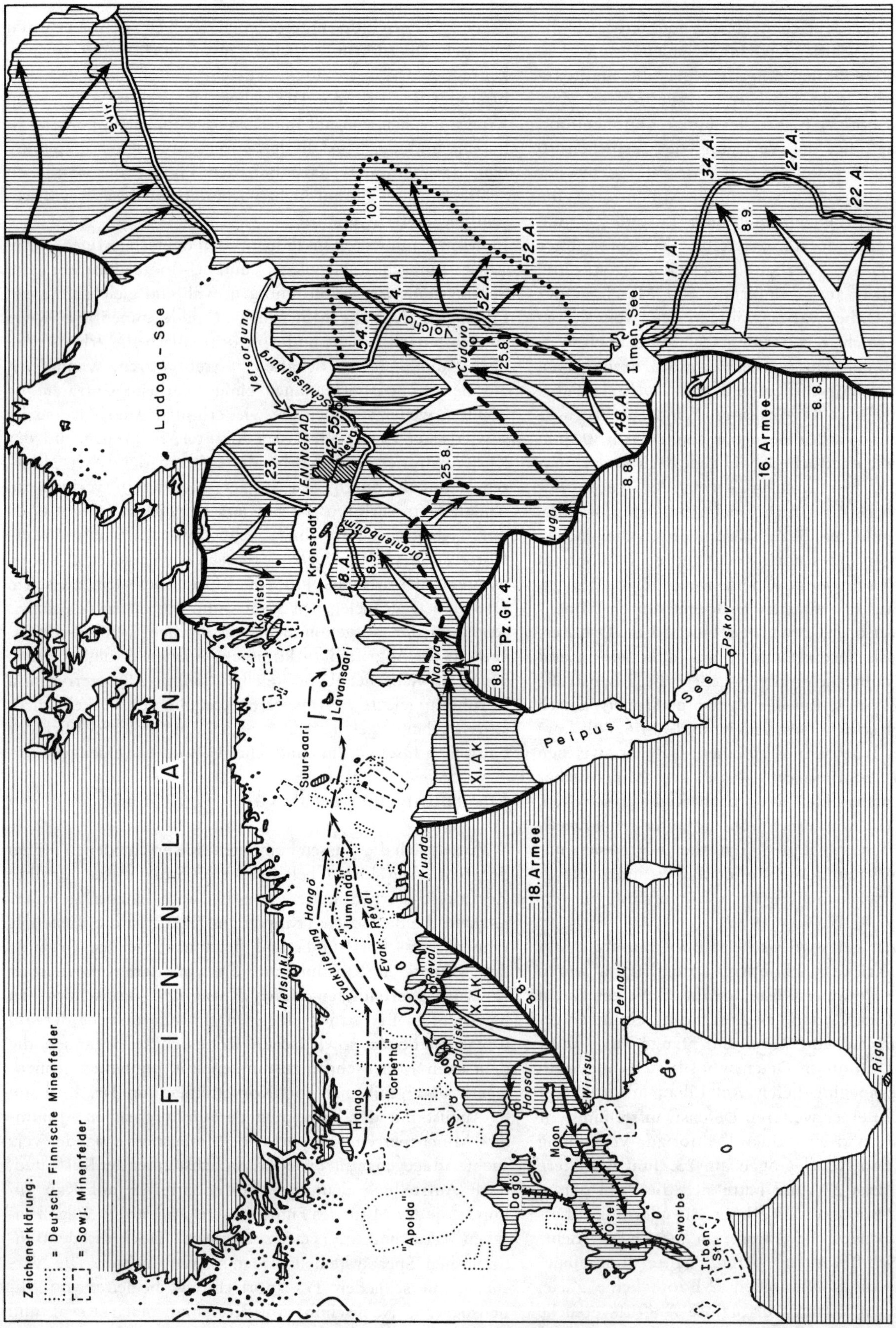

Die Evakuierung von Reval (28./29. 8. 1941) und Hangö (Nov. 1941)

Verwundete zurück zu bringen, wurden durch die auf den Minensperren und durch deutsche Luftangriffe eingetretenen Verluste immer kostspieliger. So verlor am 24./25. August ein Konvoi einen Zerstörer, 3 Minensucher und 3 Transporter durch Minen sowie 2 weitere Transporter durch Luftangriffe. Gleichzeitig engten die deutschen Truppen den Ring um das mit Unterstützung der Flotte hartnäckig verteidigte Reval immer mehr ein. Die sowjetische Führung mußte sich entschließen, Reval auf dem Seewege zu evakuieren.

Unter dem Schutz der Artillerie der Schiffe gelang es in der Nacht vom 27./28. August, die Masse der Truppen des X. Schützenkorps vom Gegner zu lösen und an Bord der in Reval zusammengezogenen Schiffe zu bringen. Im Laufe des Tages am 28. 8. versammelten sich die beladenen Schiffe auf der Reede von Reval in 4 Konvois, die sich aus 20 Transportern, einem Tanker, 8 Hilfsschiffen, 9 kleinen Transportfahrzeugen, einem Schlepper und einem Tender zusammensetzten. Für die unmittelbare Konvoisicherung, das Gros, die Deckungsgruppe und die Nachhut standen der Kreuzer *Kirov,* auf dem sich der Flottenchef, Admiral Tribuc, eingeschifft hatte, 2 Flottillenführer, 9 Zerstörer, 3 Torpedoboote, 12 U-Boote, 10 moderne und 15 alte Minensucher, 22 Räumboote, 21 U-Jäger, 3 Kanonenboote, ein Minenleger, 8 Wachschiffe, 5 Wachboote sowie 11 Torpedoschnellboote und 21 U-Jäger zur Verfügung. Nach der Versenkung mehrerer Blockschiffe und der Verminung der Hafeneinfahrten gingen die Konvois im Laufe des Nachmittages des 28. 8. in See. Bald darauf wurden sie durch *Ju-88* angegriffen, denen 4 Schiffe und ein Eisbrecher zum Opfer fielen. In der Nacht versuchten die Verbände hinter dem Gros die »Juminda«-Sperren zu durchbrechen, wobei schwere Verluste eintraten. 5 Zerstörer, 2 Torpedoboote, ein Wachschiff, 3 Minensucher, 3 U-Boote, 3 Kanonenboote, 2 kleinere Kriegsschiffe sowie 15 Transportschiffe sanken, ein Flottillenführer, 2 Zerstörer, ein Minensucher und weitere Transporter wurden schwer beschädigt. Am Morgen des 29. 8. griffen die *Ju-88*-Bomber im Gebiet von Suursaari die zersprengten Reste der Konvois erneut an, nachdem die noch voll fahrbereiten Kriegsschiffe auf Weisung aus Leningrad mit höchstmöglicher Fahrt in den Schutz der Kronstädter Batterien gelaufen waren. Den Luftangriffen fielen 2 weitere Transporter zum Opfer, von den restlichen 4 Schiffen, die sämtlich schwer beschädigt wurden, mußten sich 3 bei Suursaari auf Strand setzen, und nur die *Kazachstan* erreichte nach Ausschiffung von 2300 der an Bord befindlichen 5000 Mann auf Steinskär, durch Bomben schwer beschädigt, Kronstadt. Von Suursaari aus wurde ein Bergungsverband eingesetzt, der mit 12 alten Minensuchern, einer Wachschiffdivision, 6 Torpedokuttern, 8 U-Jägern, 2 Schleppern und 4 Motorbooten in den folgenden Tagen insgesamt 12 160 Schiffbrüchige von den Inseln des finnischen Meerbusens rettete.

Der Angriff auf Leningrad

Während man auf deutsch-finnischer Seite sofort daran ging, die durch die sowjetische Unternehmung gelichteten Minensperren wieder zu schließen, verlagerte sich auf sowjetischer Seite die Aufgabenstellung der Flotte entscheidend. Nunmehr war Leningrad selbst durch den finnischen Vorstoß von Norden und den deutschen von Süden bedroht. Deshalb wurden die noch einsatzbereiten Schiffe der Baltischen Flotte zur artilleristischen Unterstützung der Landfront taktisch und einsatzmäßig dem Befehlshaber der Schiffs- und Küstenartillerie, Konteradmiral Gren, unterstellt, der seinerseits seine Weisungen vom Oberkommando der Leningrad-Front erhielt, der die Baltische Flotte während der Belagerung Leningrads in den folgenden Jahren unterstellt blieb. Unter der Leitung von Admiral Gren wurden in Kronstadt, im Seekanal und an der Seefront Leningrads sowie auf der Neva die beiden Schlachtschiffe, die Kreuzer *Kirov* und *Maksim Gorkij* sowie der noch nicht voll fertiggestellte, von Deutschland übernommene Kreuzer *Petropavlovsk,* die beiden Flottillenführer und die restlichen 7 fahrbereiten Zerstörer als schwimmende Batterien eingesetzt. Erstmalig eröffneten am 7. September der Kreuzer *Maksim Gorkij* vom Leningrader Handelshafen und das Schlachtschiff *Marat* vom Kronstadter Seekanal das Feuer auf die Angriffsspitzen der deutschen 18. Armee südlich Leningrad. Am 8. September griffen auch das Schlachtschiff *Oktjabrskaja revoljucija* und der Kreuzer *Kirov* mit ihrer schweren Artillerie in die Kämpfe ein. Am 15. September brachen deutsche Heeresverbände bei Peterhof an die Kronstädter Bucht durch. Neu aufgestellte Heeresküstenbatterien begannen, die sowjetischen Schiffe zu beschießen, und erzielten am 16. September die ersten Treffer, doch erlitt nur die *Petropavlovsk* größere Beschädigungen. Während man auf sowjetischer Seite die verfügbaren U-Boote am Eingang des Finnenbusens aufstellte, um ein Eindringen deutscher Überwasserstreitkräfte zur Unterstützung des Angriffs auf Leningrad zu verhindern, zog die deutsche Führung in der zweiten Septemberhälfte die in der Ostsee verfügbaren schweren Streitkräfte, darunter das Schlachtschiff *Tirpitz,* die Kreuzer *Admiral Scheer, Nürnberg, Köln,* 3 Zerstörer und 5 Torpedoboote, als »Baltenflotte« im Gebiet der Aalandsee, 2 weitere Kreuzer als »Südgruppe« in Libau zusammen, um ein befürchtetes Ausbrechen der sowjetischen Baltischen Flotte beim Fall Leningrads nach Schweden zu verhindern. Um zugleich die starke Behinderung des deutschen Landangriffes gegen Leningrad durch die schwere Artillerie der Schiffe auszuschalten, wurden vom 21.–14. September *Ju-87*-Sturzbomber des Sturzkampfgeschwaders 2 gegen die Schiffsziele angesetzt. Am 21. 9. gelang es einem Sturzbomber unter Oberleutnant Rudel, vor Kronstadt das Schlachtschiff *Marat* mit einer 1000-Kilo-Bombe im Vorschiff zu treffen, so daß es im flachen Wasser auf Grund sank. Die achteren schweren

Türme wurden jedoch in kurzer Zeit wieder einsatzfähig gemacht. Bei Sturzangriffen im Gebiet von Kronstadt wurde der Kreuzer *Kirov* durch einen abgeschossenen Bomber schwer beschädigt, während es der *Oktjabrskaja revoljucija* trotz 6 mittleren Treffern gelang, den schwersten Bomben auszuweichen. 2 Zerstörer kenterten nach Volltreffern, 3 weitere sowie 2 U-Boote und der Kreuzer *Maksim Gorkij* wurden beschädigt.

Die Eroberung der baltischen Inseln

Waren die baltischen Inseln mit dem Abzug der sowjetischen Seestreitkräfte aus Reval und ihrer Einschließung in Kronstadt/Leningrad ihrer offensiven Möglichkeiten beraubt, so stellten sie doch durch ihre Küstenbatterien und ihre jederzeit wieder mögliche Ausnutzung als Basis für Schiffe und Flugzeuge eine ernste Bedrohung der deutschen Nachschubgeleite nach Riga und Finnland dar. Mit den zur Verfügung stehenden Schiffen war eine amphibische Operation gegen diese Inseln wie im ersten Weltkrieg nicht durchführbar. So faßte man den Entschluß, die Inseln durch eine Operation von dem in deutscher Hand befindlichen Festland aus wegzunehmen. Während die finnischen Küstenpanzerschiffe, von denen die *Ilmarinen* durch einen Minentreffer verloren ging, sowie deutsche und finnische leichte Streitkräfte von Norden, deutsche Torpedoboote und Schnellboote von Westen sowie Hilfsfahrzeuge und kleine Boote von Süden Landungsunternehmungen auf Ösel vorzutäuschen versuchten, setzten am 14. September auf Sturmbooten Heerestruppen der 61. Infanterie-Division nach Moon und Ösel über und bildeten am 16. September einen Brückenkopf auf Dagö. Bis Ende September wurden die Reste der sowjetischen Verteidiger auf der Halbinsel Svorbe zusammengedrängt und hier mit Unterstützung durch das Artilleriefeuer der Kreuzer *Leipzig* und *Emden* aufgerieben. Vom 12.–21. Oktober wurde nach einem ähnlichen Plan mit Unterstützung des Kreuzers *Köln* die Insel Dagö durch von Ösel übergesetzte Truppen besetzt.

Die Räumung von Hangö

Der Verlust der Basen erschwerte den sowjetischen U-Boot-Einsatz weiter. Dazu kam, daß ein Teil der großen U-Boote zur Versorgung der abgeschnittenen Basis Hangö am Westausgang des Finnenbusens eingesetzt werden mußte, wobei weitere Verluste auf den Minensperren eintraten. Nur vereinzelt kamen die sowjetischen U-Boote in der freien Ostsee, besonders unter der schwedischen Küste, zu Angriffen, die jedoch nur sehr begrenzte Ergebnisse hatten und den deutschen Seeverkehr nicht ernstlich behinderten. In der letzten Oktoberhälfte entschloß sich die sowjetische Führung, das weit abgelegene Hangö unter Ausnutzung der dunklen Nächte mit schnellen Schiffen über See zu räumen und die dort eingesetzten Truppenverbände der schwer bedrängten Verteidigung Leningrads zuzuführen. Nach einem ersten Versuch vom 23.–27. Oktober, bei dem 499 Mann zurückgebracht wurden, lief am 31. Oktober unter Führung des Chefs des Geschwaders der Baltischen Flotte, Vizeadmiral Drozd, der erste Evakuierungskonvoi mit dem Minenkreuzer *Marti,* 2 Zerstörern, 4 Minensuchern und 5 U-Jägern nach Hangö aus. Es gelang dem Verband, die Minensperren trotz zahlreicher Detonationen in den Bugschutzgeräten zu überwinden und 4230 Mann zurückzubringen. Weniger Glück hatte ein zweiter Konvoi, der am 2. November von Kronstadt ausgelaufen war. Zwar kamen die beiden Zerstörer mit 4 Minensuchern, 4 U-Jägern und 4 Schnellbooten heil nach Hangö, auf dem Rückmarsch geriet der Verband jedoch in die »Corbetha«-Sperre, und der Zerstörer *Smetlivyj* sank. Ein Minensucher nahm 350 Überlebende an Bord und kehrte nach Hangö zurück, während der Restverband mit 1200 Mann Suursaari erreichte. Wenngleich man auch auf deutsch-finnischer Seite diese Fahrten zunächst nicht erkannte, so rechnete man doch mit Versorgungsfahrten nach Hangö und verstärkte deshalb durch Einsätze deutscher und finnischer Minenleger in regelmäßigen Abständen die »Juminda«-Sperre. Der 3. Evakuierungskonvoi, der am 9. November auslief, erreichte sein Ziel nicht. Nachdem der Flottillenführer *Leningrad* mit 2 Minentreffern liegengeblieben war und im Schlepp von 2 Minensuchern mit dem Transporter *Ždanov* den Rückmarsch angetreten hatte, lief letzterer auf eine Mine und sank. Daraufhin machte auch der restliche Verband mit dem Minenschiff *Ural,* einem Zerstörer, Minensuchern und U-Jägern kehrt. Am 13. November wurde noch ein weiterer Versuch gestartet. Der Minenleger *Ural* mit 2 Zerstörern, 4 Minensuchern und 4 U-Jägern geriet in der Nacht zum 14. November in eine neu ausgelegte finnische Sperre und verlor den Zerstörer *Surovyj* sowie einen Minensucher und einen U-Jäger. Am folgenden Morgen geriet der zweite Zerstörer *Gordyj* in die »Corbetha«-Sperre und ging ebenfalls verloren. Nur einer der Minensucher, das Minenschiff und 3 U-Jäger erreichten Hangö. Daraufhin entschloß man sich, die Fahrten größerer Konvois aufzugeben und mit kleineren Schiffen und Gruppen die Operationen fortzusetzen. Die restlichen Schiffe des Verbandes kehrten am 25. November mit 4588 Mann nach Kronstadt zurück. Von den zwischen dem 19. und 24. November laufenden kleineren Transporten wurden insgesamt 4424 Mann sowie Verpflegung und Munition evakuiert, wobei 3 ältere Minensucher verlorengingen. Nachdem es Ende November einem kleinen sowjetischen Kanonenboot in mehreren Fahrten gelungen war, fast 1000 Mann der Besatzung der Insel Odensholm vollständig nach Hangö zu überführen, wurde vom 29. November bis 4. Dezember unter Einsatz aller verfügbaren Schiffe unter Führung von Vizeadmiral Drozd die Evakuierung der restlichen Streitkräfte von Hangö durchgeführt. Während ein langsamer Verband mit einem Transporter, einem modernen und 2 älteren Minensuchern, einem Kanonenboot und 2 U-Jägern nach einem vergeblichen Angriff finnischer Kanonenboote Hangö erreichte und nach Einschiffen der Truppen unter Verlust nur eines Minensuchers wieder nach Suursaari zurückkehrte, lief der schnelle Verband mit 2 Zerstörern, dem Transporter *Josef Stalin* und 6 Minensuchern sowie 11 kleinen Fahrzeugen auf dem Rückmarsch am 3. 12. in die »Corbetha«-Sperre, wo die vorauslaufenden Minensucher durch Detonationen von Sprengbojen ihre Minensuchgeräte verloren. Durch den Stopp geriet das große Transportschiff *Josef Stalin* ins Treiben und in die Sperre, wo nacheinander 4 Minen detonierten, die zum Teil innere Detonationen und schwere Personalverluste hervorriefen. Die Minensucher und U-Jäger konnten 1830 Mann von dem Transporter bergen. Außer den Toten blieben jedoch rund 2000 Mann auf dem treibenden Wrack zurück. Während von Suursaari ein Bergungsverband auslief, der jedoch nach dem Ausfall der Räumgeräte auf dem einzigen Minensucher umkehren mußte, erreichten deutsche Vorpostenboote das Wrack des Transporters und nahmen es in Schlepp, so daß ein weiterer Bergungsversuch von sowjetischer Seite abgebrochen werden mußte. Von den insgesamt 12 000 Mann, die bei dieser letzten Evakuierungsaktion eingeschifft wurden, erreichten etwa die Hälfte Suursaari.

Die zunehmende Vereisung des Finnenbusens setzte den Kampfhandlungen im Laufe des Dezember 1941 ein Ende, jedoch begann gleichzeitig ein zähes Ringen zwischen sowjetischen Truppenteilen und finnisch-deutschen Spähtrupps, um die dem inneren Finnenbusen vorgelagerten Inseln Suursaari, Tytärsaari und Lavansaari über den zugefrorenen Finnenbusen hinweg zu verteidigen, bzw. zu erobern. Schließlich gelang es finnischen Angriffsgruppen, im März 1942 die beiden erstgenannten Inseln zu nehmen, während der Angriff auf Lavansaari scheiterte.

Der Stellungskrieg und U-Boot-Einsatz 1942/1944

Im März 1942 war Leningrad von jeder Landverbindung abgeschnitten. Nur über den Ladogasee bestand noch eine Verbindung mit Rußland. Während des Winters war es sowjetischen Pionieren gelungen, über das Eis des Ladogasees eine Straße und eine Eisenbahnlinie zu bauen, über die die Millionenstadt versorgt werden konnte.

Um einen Einsatz der während des Winters unter schwierigsten Bedingungen teilweise reparierten Schiffe der sowjetischen Baltischen Flotte zu verhindern, griffen vom 4.–5. April 1942 starke Kräfte des deutschen I. Fliegerkorps die Schiffsziele in dem noch vereisten Leningrad und Kronstadt an. Trotz starker Abwehr durch die Flak und Jagdflugzeuge erzielten die Bomber auf der *Oktjabrskaja revoljucija,* den Kreuzern *Maksim Gorkij, Kirov* und *Petropavlovsk* sowie mehreren leichten Schiffen Treffer. Bei der Fortsetzung der Luftangriffe gegen Ende des Monats wurden einzelne weitere Treffer beobachtet.

Mit dem von Westen nach Osten fortschreitenden Aufgehen des Eises begann Ende April die Verlegung der unter dem Führer der Minensuchboote Ost, Kapitän zur See Böhmer, eingesetzten deutschen Streitkräfte in den Finnischen Meerbusen. Zu ihnen gehörte eine Minensuchflottille, eine Räumflottille, 4 Flottillen mit aus Fischereifahrzeugen umgebauten Minensuchern und U-Jägern, 2 Minensuchflottillen mit umgebauten Fischloggern sowie eine Flottille mit Artillerieträgern, Minenfährprähmen und 2 Minenräumschiffen. Ferner gehörten zu den Verbänden die beiden Minenschiffe *Kaiser* und *Roland.* Zusammen mit finnischen Verbänden begannen die Minenschiffe, unterstützt von Minensuchern und Fährprähmen, vom 9.–15. Mai im Westteil des finnischen Meerbusens zwischen Porkkala und Naissaari die Minensperren »Nashorn« mit 1915 Minen auszulegen. Vom 21.–15. Mai legten die Minenschiffe, Minensucher und Fährprähme südostwärts Suursaari in insgesamt 41 Teilsperren 5779 Minen, 1450 Reiß- und 200 Sprengbojen der »Seeigel«-Sperren. Sie fanden ihre Ergänzung in den von finnischen Minenlegern im Juni ausgelegten Minensperren »Rukajärvi« nordostwärts Suursaari.

Auf sowjetischer Seite mußte man sich bei Lage der Dinge auf den Einsatz von U-Booten beschränken. Im Laufe des Monats Mai begannen Minensucher mit Unterstützung von Zerstörern, nachts die ersten U-Boote von Leningrad nach Kronstadt und von dort nach Lavansaari, dem am weitesten nach Westen vorgeschobenen sowjetischen Stützpunkt, zu bringen. Die sowjetischen U-Boot-Operationen des Jahres 1942 standen unter einem besonders ungünstigen Stern, da die U-Boote schon nach dem Auslaufen aus Leningrad bei der Überführung nach Kronstadt im Seekanal mit der Einwirkung deutscher Küstenbatterien zu rechnen hatten und ihnen kein Seegebiet zur Durchführung von Übungen zur Verfügung stand. Sie mußten praktisch ohne eine Fahrausbildung von der Pier weg auf Feindfahrt gehen. Am 25. Mai lief das kleine U-Boot *M-97* als erstes zur Aufklärung der »Seeigel«-Minensperren aus. Unterstützt von Vorstößen sowjetischer Torpedokutter und Wachboote sowie Einsätzen der sowjetischen Marineluftwaffe gegen die deutsch-finnische Sperrbewachung liefen vom 12.–19. Juni die ersten 5 U-Boote von Lavansaari zum Durchbruch durch die »Seeigel«- und »Nashorn«-Sperren aus. Eines der Boote ging verloren, die anderen 4 gelangten jedoch in die freie Ostsee. Nun folgten im Verlauf des Monats Juni noch 3 U-Boote. Im Gebiet vor dem Finnenbusen, an der baltischen Küste, bei Rixhöft und an der schwedischen Küste versuchten die U-Boote zunächst, den in Einzelfahrt laufenden deutschen Schiffsverkehr anzugreifen. Es fielen ihnen jedoch insgesamt nur 10 Schiffe zum Opfer, ein weiteres wurde beschädigt, während zahlreiche Angriffe infolge der mangelhaften Ausbildung der U-Boote fehlschlugen. Unter den versenkten Schiffen befanden sich 3 schwedische. Auf dem Rückmarsch wurde das erfolgreichste der Boote, *ŠČ-317*, auf den Minensperren beschädigt und anschließend durch deutsche und finnische U-Jäger ver-

igel«-Sperren. Während ein kleines Boot im Finnenbusen Sicherungsverbände anzugreifen versuchte, erreichten 4 die freie Ostsee. Eines von ihnen, das große Minen-U-Boot

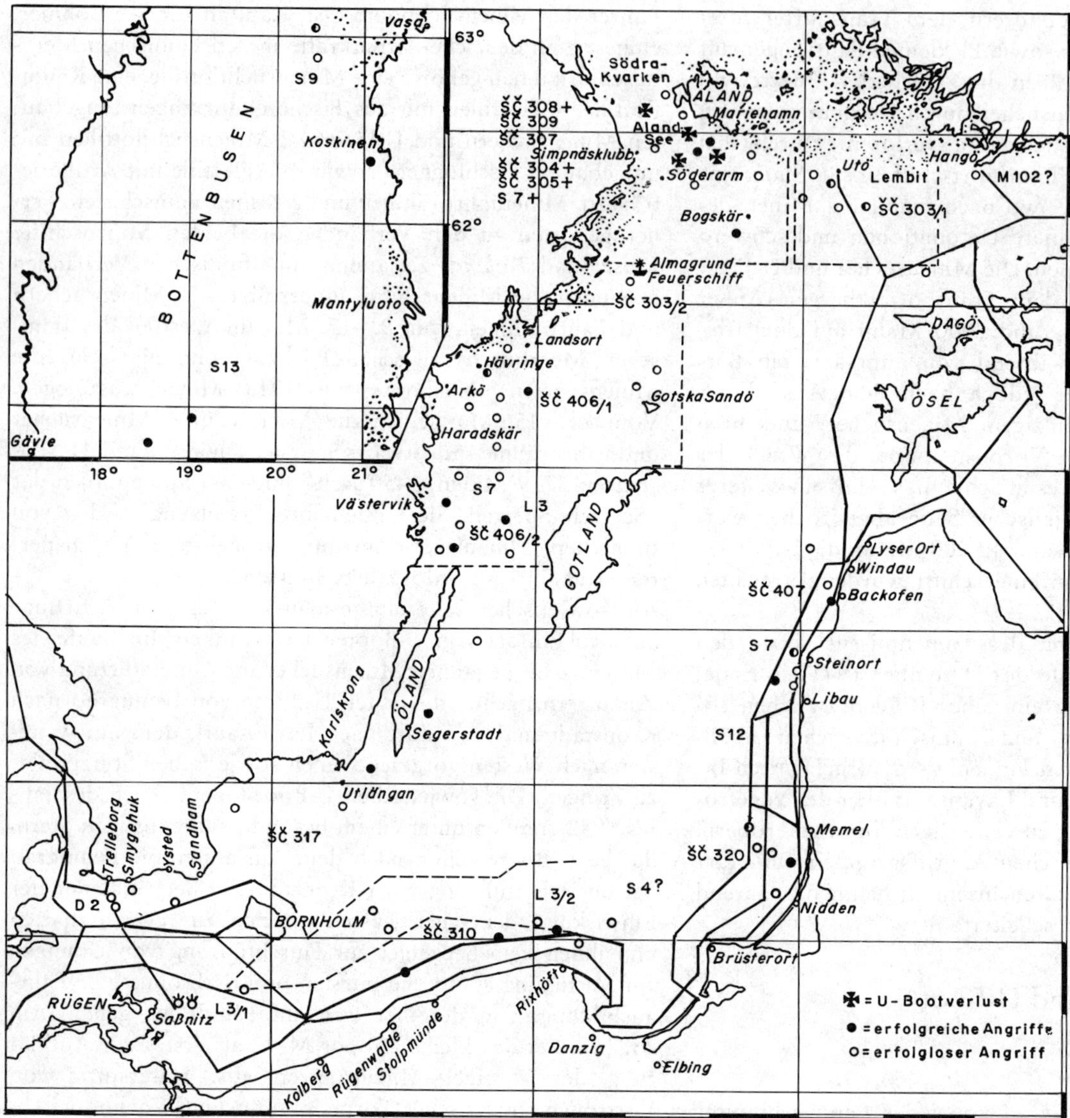

Die sowjetische U-Bootoffensive 1942

senkt. Sowjetische Räumverbände und Torpedokutter versuchten immer wieder, die Rückkehr der U-Boote und den Ausbruch neuer Boote im Gebiet westlich Suursaari zu unterstützen. Bei diesen Vorstößen sowjetischer leichter Kräfte kam es wiederholt zu Kämpfen mit finnischen und deutschen Sicherungsverbänden, bei denen auf beiden Seiten Verluste eintraten.

Nach der Rückkehr des letzten U-Bootes der ersten Welle begann vom 11. – 21. August der Durchbruch einer zweiten U-Boot-Welle von 6 Booten. Nachdem ein siebentes bereits auf dem Marsch nach Lavansaari auf einer eigenen Sperre verlorengegangen war, sank ein Boot in den »See-

L-3, drang nach der Versenkung eines Dampfers aus einem schwedischen Konvoi in die Pommernbucht vor und legte hier eine Minensperre, auf der ein Schiff verlorenging. Die anderen Boote verblieben im Gebiet des westlichen Finnenbusens und in der Aalandsee und griffen hier mehrere Schiffe an. Auch 2 etwas später ausgelaufene Boote dieser Gruppe blieben in diesem Gebiet bzw. drangen in den Bottenbusen vor. Dort versenkten sie insgesamt nur 4 Schiffe und beschädigten ein weiteres. Von den zurückkehrenden Booten ging eines verloren, 2 weitere wurden schwer beschädigt.

Vom 18. –30. September liefen die ersten 6 Boote einer

3. Welle aus und gelangten trotz zahlreicher Nahdetonationen in den Minensperren sämtlich in die Ostsee. Ein Boot drang in die Bottensee vor, 2 operierten im Gebiet zwischen der deutschen und schwedischen Küste, eines vor der baltischen Küste und je eines im Gebiet der Ålandsee und im Eingang des Finnenbusens. Insgesamt versenkten sie 5 Schiffe und beschädigten 4 weitere. Es gelang ihnen auch, auf dem Rückmarsch die Minensperren ohne Verluste zu überwinden, wenngleich eines der Boote schwer beschädigt wurde.

Wesentlich schlechter erging es den letzten 9 Booten dieser 3. Welle, die im Oktober die Sperren zu durchbrechen versuchten. 4 der Boote gingen auf dem Ausmarsch auf den Minensperren verloren, 3 weitere wurden im Gebiet der Ålandsee und vor der schwedischen Küste durch die zur U-Boot-Jagd eingesetzten finnischen U-Boote versenkt. Nur eines, *ŠČ-406*, konnte vor der deutschen Küste 2 Schiffe, darunter ein schwedisches, versenken. Das Minen-U-Boot *L-3* legte erneut 3 Minensperren, auf denen im Winter 1942/43 mehrere Schiffe verlorengingen, darunter auch ein großer Transporter, der russische Kriegsgefangene an Bord hatte. Vom 5. – 20. November kehrten die restlichen U-Boote der 3. Welle von ihren Unternehmungen zurück und wurden westlich Lavansaari durch sowjetische Räumverbände, Wachkutter und Torpedoschnellboote aufgenommen.

Bei den Sicherungsoperationen und U-Boot-Geleiten verloren die Sowjets vom Mai bis November 3 Minensucher und 4 U-Jäger, während zahlreiche weitere Schiffe beschädigt wurden. Auf deutscher Seite gingen 2 U-Jäger verloren. Mit einem finnischen Schnellbootangriff auf den Hafen von Lavansaari am 17./18. November, dem ein sowjetisches Kanonenboot zum Opfer fiel, fand der Seekrieg in der Ostsee im Jahre 1942 sein Ende.

Die Gesamterfolge der sowjetischen U-Boot-Einsätze hatten den deutschen Seeverkehr nicht entscheidend getroffen, wenngleich er auch durch den Zwang zur Einführung des Geleitverkehrs Verzögerungen erlitt. Durch die Ausbildungsmängel entscheidend beeinflußt, hatten die sowjetischen U-Boote ihre Chancen nicht in dem von der sowjetischen Führung erwarteten Maße ausnutzen können. Statt sogleich den Verkehr an seinen Bündelungspunkten aufzusuchen und die anfänglich nur schwach gesicherten Geleitzüge anzugreifen, verzettelten die U-Boote vielfach ihre Angriffskraft gegen kleinere Einzelfahrer. Erst gegen Ende des Jahres konnte man Fortschritte in der Angriffstaktik auch gegen Geleitzüge und in der technischen Handhabung der Boote feststellen.

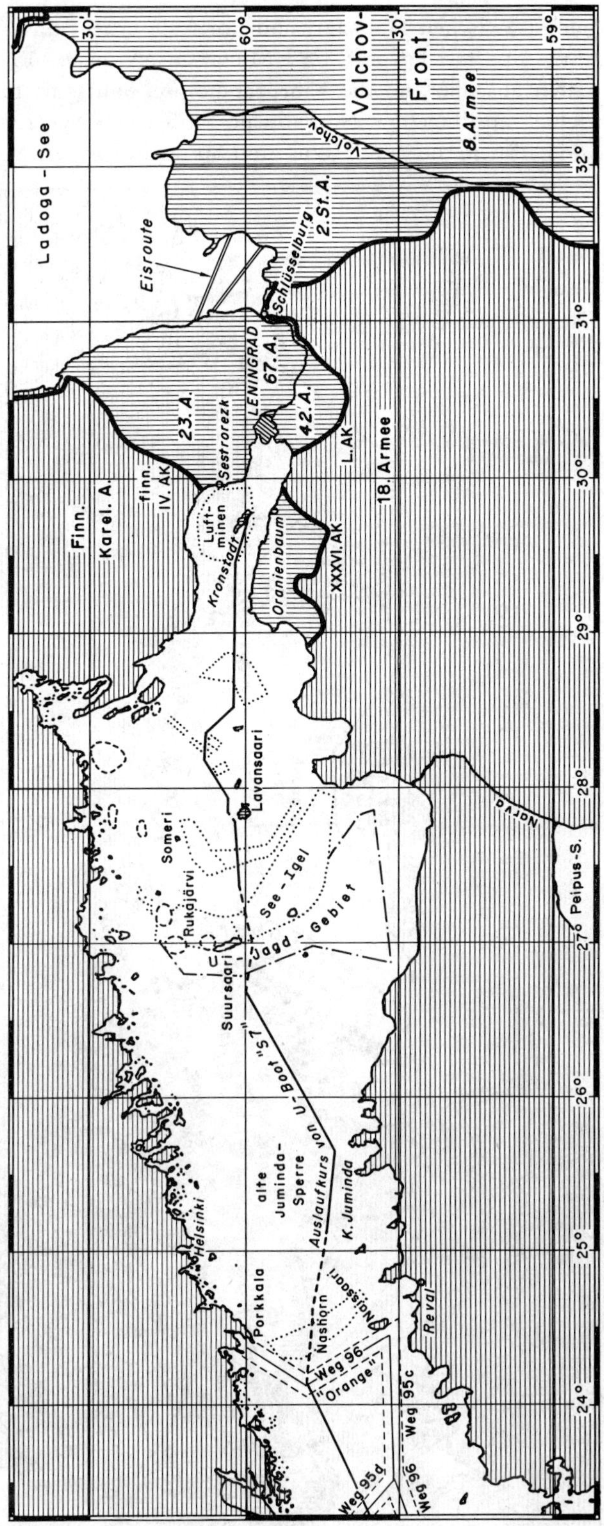

Der Finnenbusen 1942

Das Jahr 1943

Wenn die sowjetische U-Boot-Offensive 1942 auch keinen ins Gewicht fallenden Einfluß auf den deutsch-finnischen Nachschub ausgeübt hatte, so traf man doch nach Aufgehen des Eises 1943 besondere Abwehrmaßnahmen gegen den Ausbruch der U-Boote aus dem Finnischen Meerbusen. Vom 24. März bis Mitte April legten die deutschen Minenschiffe *Kaiser* und *Roland* sowie 18–24 Fährprähme zunächst zwischen Naissaari und Porkkala erneut das »Nashorn«-Sperrsystem mit 7293 Minen aus. Vom 9.–15. Mai legten anschließend die Fährprähme von Suursaari bis ins Gebiet nördlich der Narvabucht 5 »Seeigel«-Sperren mit 1965 Minen, die durch Reiß- und Sprengbojensperren nach Osten gesichert wurden. Vom 22.–28. April hatten inzwischen finnische Minenleger das »Rukajärvi«-System erneuert. Parallel zu den Minenunternehmungen legten vom 28. März bis 16. Mai die Einheiten des deutschen Netzsperrverbandes westlich der Nashornsperren ein doppeltes U-Boot-Netz »Walroß«. Darüber hinaus versuchte man, durch offensive Einsätze mit kleinen Minenlegern auf dem Leningrader Seekanal und in der Kronstädter Bucht sowie durch Luftmineneinsätze die Auslaufwege der sowjetischen U-Boote zu verseuchen.

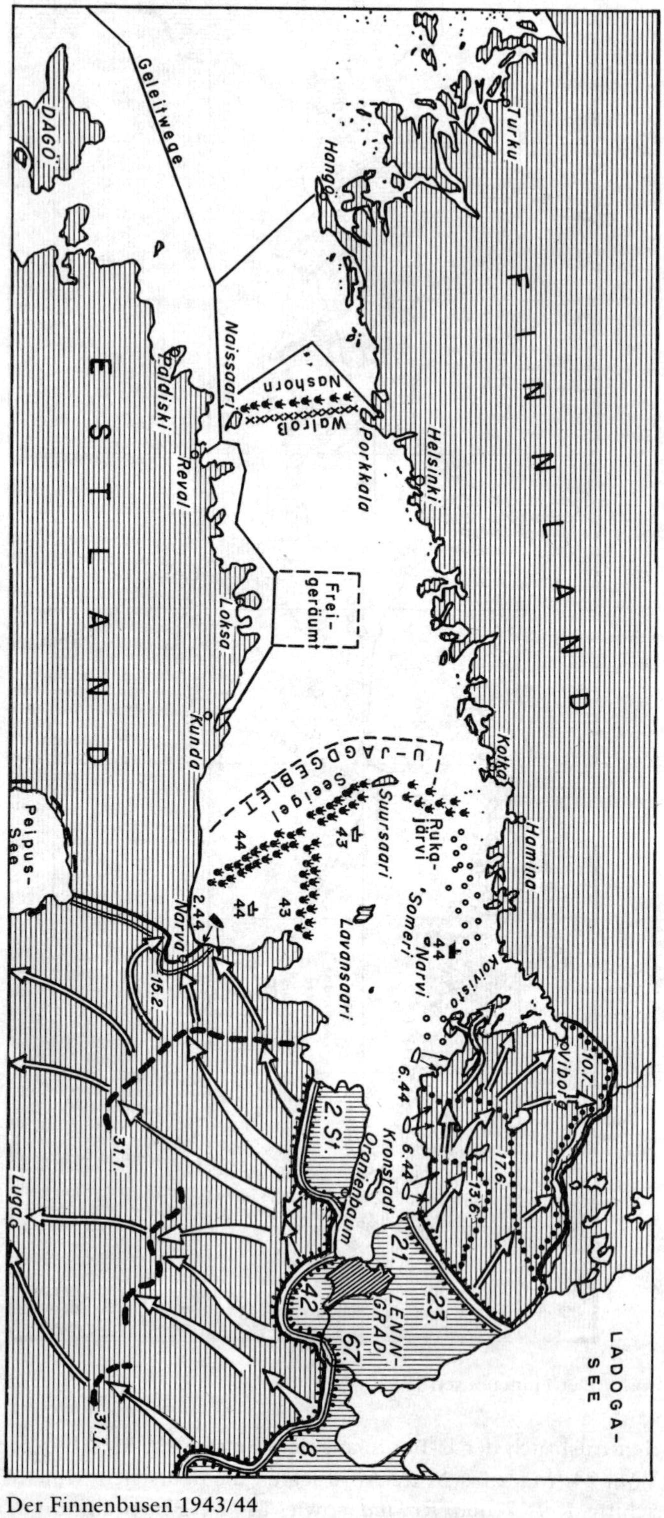

Der Finnenbusen 1943/44

Auf sowjetischer Seite beabsichtigte man, die U-Boot-Operationen ähnlich wie im Jahre 1942 durchzuführen. Schon beim Auslaufen von Leningrad nach Kronstadt ging ein U-Boot auf einer im Seekanal gelegten Grundmine verloren. Vom 6. Mai bis 8. Juni versuchten die ersten 3 sowjetischen U-Boote, durch die deutschen Sperrsysteme in die freie Ostsee zu kommen. Es gelang den 3 Booten *ŠČ-303*, *ŠČ-406* und *ŠČ-408* zwar, die »Seeigel«-Systeme mit Unterstützung durch starke Angriffe der sowjetischen Marineluftwaffe sowie gesichert von Räumverbänden und Torpedokuttern zu überwinden, sie scheiterten jedoch trotz zäh durchgeführter mehrwöchiger Versuche immer wieder an dem U-Boot-Netz »Walroß«. Während die beiden anderen durch finnisch-deutsche U-Jagdverbände vernichtet wurden, kehrte *ŠČ-303* unter Kapitän 3. Ranges Travkin, das am 11. Mai von Lavansaari ausgelaufen war, sich mehrfach aus dem U-Boot-Netz befreit hatte und von deutschen U-Jägern und Flugzeugen verfolgt worden war, am 8. Juni wieder nach Lavansaari zurück. In den hellen Nächten hatte das U-Boot nur durch bewußtes Hineingehen in die bekannten Minenfelder seine Batterien aufladen können, da die U-Jagdverbände diese Gewässer mieden. Erst mit der längeren Dunkelheit im Spätsommer begann ein zweiter Versuch von sowjetischer Seite, mit starker Schlachtfliegerunterstützung U-Boote durch die Sperren hindurchzubringen. Dabei kam es zu zahlreichen Gefechten mit deutschen und finnischen Sicherungsverbänden, bei denen 2 deutsche Artillerieträger und ein finnisches Geleitboot sowie ein Minenleger verlorengingen. Von den an den Durchbruchsversuchen beteiligten sowjetischen U-Booten sanken *S-9* und *S-12*. Danach mußten die Sowjets ihre Durchbruchsversuche endgültig als gescheitert betrachten und verwendeten für den Rest des Jahres ihre U-Boote ausschließlich zur Landung von Agenten hinter der deutsch-finnischen Front im inneren Teil des Finnenbusens.

Die starke Anspannung der deutschen Luftwaffe durch die Einsätze an der Ostfront, aber auch im Mittelmeer und in Westeuropa führte zu einem langsamen Erstarken der sowjetischen Luftwaffe auch im Raum Leningrad. Nach der Zuführung von Flugzeugen mit ausreichender Eindringtiefe, die weitgehend aus anglo-amerikanischen Lend-Lease-Lieferungen stammten, gelang es den »Boston«-Bombern der Minen-Torpedo-Division der Marineluftwaffe, Angriffe bis südwestlich des Finnenbusens und in den Raum der Irbenstraße vorzutragen, bei denen sowohl Torpedoangriffe geflogen, als auch Minen gelegt wurden. Die Ausfälle waren jedoch zunächst gering und bei weitem nicht mit den Personalverlusten zu vergleichen, die durch die ständigen Schlachtfliegerangriffe gegen die deutsch-finnischen Sperrbewachungen eintraten.

Die Befreiung Leningrads 1944

Nachdem die sowjetische 67. Armee der Leningradfront und die 2. Stoßarmee der Volchovfront in einer Offensive vom 12.–18. Januar 1943 den schmalen »Flaschenhals« nach Schlüsselburg am Südufer des Ladogasees, mit dem deutsche Truppen die Landverbindung nach Leningrad sperren, gesprengt hatten, plante die sowjetische Führung im Winter 1943/44 nach Heranführung von Verstärkungen eine größere Offensive, um die deutsche 18. Armee aus dem Gebiet von Leningrad zurückzuwerfen. Unter der Leitung von Admiral Levčenko gelang es leichten Einheiten der Baltischen Flotte und kleinen Fahrzeugen vom 5. November 1943 ab, die nach Leningrad herangeführte 2. Stoßarmee unbemerkt in den am Südufer des inneren Finnenbusens liegenden Brückenkopf um Oranienbaum zu transportieren. 44 000 Mann, über 200 Panzer, 600 Geschütze, 30 000 Tonnen Material, 2400 Kraftfahrzeuge und 600 Pferde wurden in gut getarnten nächtlichen Aktionen überführt. Am 14. Januar 1944 begann die sowjetische Leningradfront mit der 2. Stoßarmee aus dem Brückenkopf Oranienbaum und der 42. Armee aus dem Gebiet südwestlich Leningrad den Angriff gegen den von 2 deutschen Luftwaffen-Felddivisionen und einer Infanterie-Division verteidigten Frontabschnitt bei Peterhof, von dem aus deutsche Küstenbatterien bis in den Leningrader Seekanal und die Häfen von Kronstadt und Leningrad wirken konnten. Der Angriff wurde durch die Artillerie der Flotte unter Leitung von Admiral Gren unterstützt. Von Kronstadt aus beteiligten sich auch die 3 achteren Türme des auf Grund liegenden Schlachtschiffes *Petropavlovsk* (ex *Marat*), 2 Zerstörer und ein Kanonenboot, aus dem Hafen von Leningrad die *Oktjabrskaja revoljucija*, die 3 Kreuzer sowie 2 Zerstörer, von der Neva 4 weitere Zerstörer und 3 Kanonenboote an der Feuervorbereitung und Unterstützung der Offensive, wobei sie insgesamt 24 000 Schuß abgaben. Die durch den Abzug starker Kräfte zur Unterstützung anderer bedrohter Abschnitte geschwächte deutsche 18. Armee konnte diesen Angriff nicht auffangen, mußte nach Süden ausweichen und Anfang Februar im Narva-Abschnitt, angelehnt an den Peipus-See, eine neue Front aufbauen.

Damit war die Südflanke der bisherigen deutschen »Seeigel«-Sperre umgangen, und man mußte sich entschließen, nach dem Aufgehen des Eises die Narva-Bucht weiter im Westen zu sperren. Mit dem Aufgehen des Eises in der ersten Märzhälfte besetzten deutsche Bewacher ab 5. März, wieder ihre Positionen, und am 12. März beschossen die als kampfkräftiger Rückhalt für die leichten Seestreitkräfte in den Finnenbusen verlegten 3 Zerstörer *Z 25*, *Z 28* und *Z 39* erstmalig sowjetische Stellungen bei Hungerburg an der Narva-Bucht. Am 13. März begann im Westen des Finnenbusens der deutsche Netzsperrverband mit der Auslegung des U-Boot-Netzes »Walroß« zwischen Naissaari und Porkkala, während gleichzeitig Fährprähme, Minensuch- und Räumboote die Minensperren »Nashorn« und die Minenschiffe *Linz*, *Roland* und *Brummer* sowie 4 Zerstörer und Minensuchboote bis zum 20. Mai die Minensperren »Seeigel« zwischen Suursaari und der Südküste der Narva-Bucht erneuerten. Insgesamt wurden 7599 Minen und 2795 Sperrschutzmittel geworfen. Außerdem legten nördlich Suursaari 2 finnische Minenleger und kleinere Hilfsschiffe die »Rukajärvi«-Sperren aus. Zahlreiche sowjetische Schlachtflugzeuge versuchten, die Minenunternehmen zu stören, jedoch ohne Erfolg.

Ende April 1944 setzte auf sowjetischer Seite unter dem Schutz der starken Marineluftwaffe eine intensive Minenräumtätigkeit ein, die sich langsam von Lavansaari durch die »Seeigel«-Sperren auf Tytärsaari vorschob. Anfang Mai begannen die Räumverbände, gesichert von Wachbooten und Torpedokuttern, einen Weg in die Narva-Bucht zu bahnen.

Der Angriff auf der Karelischen Landenge

Im Juni verlagerte sich der Schwerpunkt der Kampfhandlungen nach Nordosten auf die Seeflanke der am 10. Juli beginnenden Offensive der Leningradfront gegen die finnische Armee auf der Karelischen Landenge. In den ersten Tagen von den Festungsgeschützen von Kronstadt und dem Schlachtschiff *Oktjabrskaja revoljucija* unterstützt, drang das zur 21. Armee gehörende CIX. Schützenkorps an der Nordküste des inneren Finnenbusens langsam nach Westen vor, und ab 13. Juni unterstützten 4 sowjetische Kanonenboote den langsamen, gegen den zähen Widerstand des IV. finnischen Korps geführten Vorstoß in Richtung auf den Koivisto-Sund. Am 15. Juni mußte sich das finnische IV. Korps unter dem Druck der 21. und 59. sowjetischen Armee aus der Mannerheim-Stellung auf Viborg absetzen. Die Finnen bemühten sich zunächst, zur Deckung ihrer Seeflanke leichte Seestreitkräfte und 2 U-Boote einzusetzen, und forderten auch zusätzlich deutsche Unterstützung an. 2 Torpedoboote, eine Minensuch-, eine R- und eine Artillerieträger-Flottille sowie U-Boote wurden in den Koivisto-Sund entsandt. Bei zahlreichen Luftangriffen gingen einige Schiffe verloren oder wurden schwer beschädigt, und eines der Torpedoboote, *T 31*, wurde durch einen sowjetischen Torpedokutterangriff versenkt. Die deutsch-finnischen Angriffsversuche mit leichten Kriegsschiffen und U-Booten konnten die sowjetischen Landungen auf der Insel Koivisto zwar verzögern, aber nicht auf die Dauer verhindern. Am 23. Juni mußte die Insel geräumt werden. Durch die sich ständig verstärkenden Angriffe sowjetischer Schlachtflugzeuge und Jagdbomber der Luftwaffe der Baltischen Flotte gegen die deutschen Sperrbewachungen, auch in der Narva-Bucht, sowie gegen die Einsatzhäfen in Estland und Finnland traten neben einigen Totalverlusten vor allem in zunehmendem Maße Beschädigungen auf den eingesetzten Schiffen auf, die schließlich dazu führten, daß die Bewachungsfahrzeuge während der Helligkeit zurückgezogen werden mußten. Trotz der ständig ungünstiger werdenden Luftlage wurden von deutsch-finnischer Seite alle Anstrengungen unternommen, die Minensperren beiderseits Suursaari als Riegel gegen den Ausbruch sowjetischer Streitkräfte in die Ostsee intakt zu halten. Als die Sowjets am 22. 6. mit leichten Fahrzeugen die nordostwärts Suursaari gelegene kleine Insel Narvi besetzten, versuchten deutsch-finnische leichte Streitkräfte, in einem Handstreichunternehmen die Insel zurückzunehmen, wurden jedoch von der sowjetischen Abwehr abgewiesen. Der Einsatz deutscher und finnischer U-Boote sowohl im Koivisto-Sund als auch in der Narva-Bucht brachte zwar einige Erfolge gegen sowjetische kleine U-Jäger, doch ging auch eines der deutschen U-Boote, *U 250*, unmittelbar nach der Versenkung eines U-Jägers durch den Angriff von dessen Schwesterschiff verloren. Das Wrack des U-Bootes wurde später gehoben und nach Kronstadt gebracht, wobei den Sowjets u. a. auch moderne Geräte und Waffen wie der Zielsuchtorpedo »Zaunkönig« in die Hand fielen. Durch Einsätze von Minensuchern, Fährprähmen und gelegentlich auch Torpedobooten wurde ständig dafür gesorgt, daß die von sowjetischen Räumverbänden in die Seeigel-Sperre geschlagenen Lücken wieder geschlossen wurden. Bei einer solchen Unternehmung gerieten allerdings am 18. August die Boote der 6. Torpedobootflottille in eine eigene Minensperre, und 3 der 4 Torpedoboote sanken.

Das Ausscheiden Finnlands

Während an der Ostgrenze Estlands sowjetische Heeresverbände immer erneut Angriffe gegen die Front der Heeresgruppe Nord richteten, waren nach dem Zusammenbruch der Heeresgruppe Mitte im Juni/Juli 1944 sowjetische Stoßkeile über große Entfernungen hinweg in den baltischen Raum vorgedrungen. Mitte August erreichte ein Stoßkeil der 5. Garde-Panzerarmee den Rigaer Meerbusen bei Tukkum westlich Riga und unterbrach damit die Landverbindung der Heeresgruppe Nord nach Westen. Zwar gelang es einem Gegenstoß deutscher Kampfgruppen, der durch den Kreuzer *Prinz Eugen*, 4 Zerstörer und 2 Torpedoboote unterstützt wurde, eine schmale Landbrücke wieder herzustellen, doch blieb die Heeresgruppe Nord in einer weit ausholenden S-förmigen Frontlinie von südlich Riga bis an das Westufer des Peipus-Sees mit ihren beiden Armeen in heftige Abwehrkämpfe gegen die sowjetische 1., 2. und 3. Baltische Front verwickelt, während nördlich des Peipus-Sees die Armeeabteilung Narva den sowjetischen Vorstoß nach Estland aufzuhalten suchte.

Die ungünstige Lage-Entwicklung im Norden der Ostfront und das drohende Eindringen sowjetischer Truppen nach Finnland zwang die finnische Regierung, nach einem Weg aus dem Krieg zu suchen. Nach den zunächst in Schweden geführten Vorverhandlungen kündigte am 2. September der finnische Ministerpräsident den Abbruch der diplomatischen Beziehungen zu Deutschland an und forderte den Abzug der deutschen Truppen aus Finnland. Am 4. September stellte die finnische Wehrmacht an der gesamten Front gegen die Sowjetunion die Kampfhandlungen ein und erhielt dafür von sowjetischer Seite die Zusage, daß das Land nicht besetzt würde, sofern Finnland den Abzug der deutschen Truppen garantiere. Nach Verhandlungen mit der deutschen Seite lief deshalb in der Zeit vom 4.–21. September der Abtransport der in den finnischen Häfen stationierten deutschen Soldaten und des hier lagernden Wehrmachtgutes. Die Masse der in Finnland stationierten deutschen Truppen mußte jedoch auf dem Landwege nach Nordnorwegen zurückmarschieren. Da bei den bestehenden Verkehrsbedingungen und dem Mangel an Transportmitteln der Rückzug aus dem finnischen Gebiet nicht bis zum 21. September abgeschlossen sein konnte, die deutsche Seite darüber hinaus auch das Gebiet von Petsamo und die Nickelgruben südlich davon zunächst in der Hand behalten wollte, kam es im September zu Kämpfen zwischen an der Nordspitze des Bottenbusens gelandeten finnischen Truppen und zurückmarschierenden deutschen Einheiten.

Die Räumung des Finnenbusens und der baltischen Inseln

Auf der anderen Seite bestand trotz des Ausscheidens Finnlands aus dem Krieg zunächst die Absicht, die »Seeigel«-Sperren so lange wie möglich gegen den Ausbruch sowjetischer Streitkräfte zu halten. Zu diesem Zweck wurde am 14./15. September der Versuch gemacht, mit Minensuchverbänden und Landungsfahrzeugen die von finnischen Truppen besetzte Insel Suursaari wegzunehmen. Der starke finnische Widerstand, der durch massierte Angriffe sowjetischer Flugzeuge unterstützt wurde, brachte diese Unternehmung jedoch zum Scheitern. 3 Tage später mußte das die Narva-Enge verteidigende III. SS-Panzerkorps sich unter dem Druck der weiter im Süden um den Peipus-See herum nach Estland hineinstoßenden sowjetischen Armee aus der Narva-Stellung nach Westen absetzen. Leichte sowjetische Seestreitkräfte drangen nach Überwindung der »Seeigel«-Sperre an der Küste entlang nach Westen vor und besetzten die von der deutschen Besatzung verlassenen Inseln Suur- und Pien-Tytärsaari sowie die geräumten Häfen Kunda und Loksa. Auf deutscher Seite waren inzwischen die verfügbaren Seestreitkräfte und Transporteinheiten zusammengezogen worden, um aus Reval 50 000 Solda-

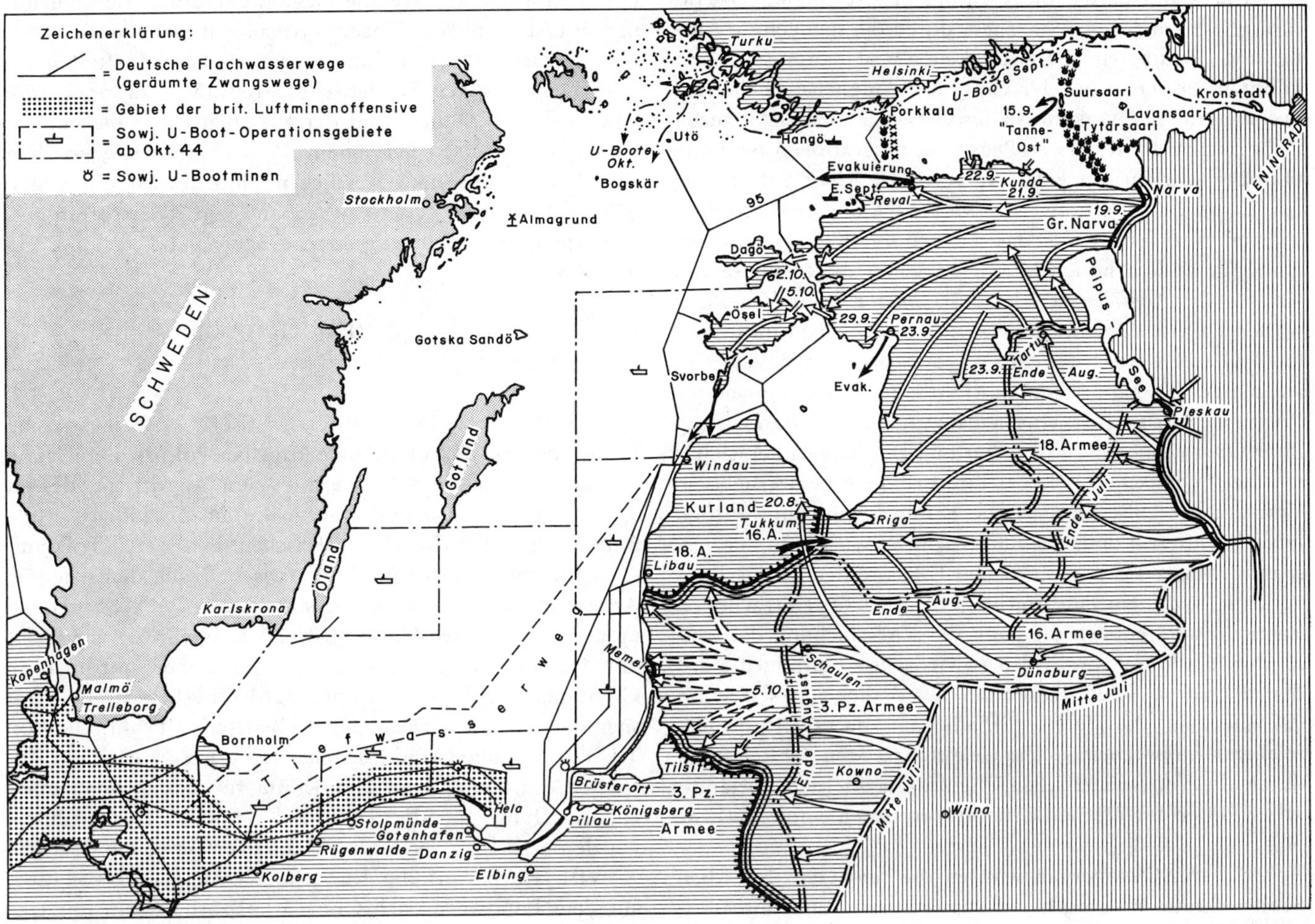

Die Ostsee im Herbst 1944

ten und 85 000 Flüchtlinge zu evakuieren. Am 23. September morgens lief der letzte deutsche Geleitzug mit 4 Dampfern und einem Lazarettschiff, auf denen sich 9000 Mann befanden, unter der Sicherung von 4 Torpedobooten aus. Gleichzeitig legten 2 Minenschiffe und je 2 Torpedoboote und Minensucher, unterstützt durch Fährprähme, Schnellboote und Räumboote, im Westteil des Finnenbusens Minensperren, um hier einen neuen Riegel gegen einen Ausbruch sowjetischer Schiffe in die Ostsee zu schaffen.

Nach dem deutschen Rückzug aus Estland begannen am 29. September die inzwischen bis an die Küste aufgeschlossenen Verbände der sowjetischen 8. Armee mit Unterstützung durch die 13. Luftarmee den Angriff gegen die baltischen Inseln. Mit Hilfe von 90 Amphibienfahrzeugen, zum Teil aus Leih- und Pachtlieferungen, 55 Torpedokuttern, 13 Wachbooten, 13 Räumbooten, 20 Hafenschutzbooten und 20 Tendern unter Führung von Konteradmiral Svjatov wurden 2 estnische Sowjetdivisionen auf der Ösel vorgelagerten Insel Moon gelandet und bildeten einen Brückenkopf auf dieser Insel. Am 2. Oktober landeten die ersten sowjetischen Verbände auf der nördlich davon gelegenen Insel Dagö. Nach Räumung Dagös mußten sich die auf der Insel Ösel stehenden schwachen deutschen Kräfte vor den überlegenen sowjetischen, durch die Luftwaffe massiv unterstützten Angriffen auf die Halbinsel Svorbe zurückziehen. Erst hier konnte der sowjetische Angriff am 22.–24. Oktober dank der Unterstützung durch eine deutsche Kampfgruppe mit dem Schweren Kreuzer *Lützow*, 2 Zerstörern und 5 Torpedobooten aufgehalten werden.

Inzwischen hatten die Sowjets vom 28. September–10. Oktober mit finnischer Lotsenhilfe 10 U-Boote aus dem inneren Finnenbusen durch die finnischen Schären nach Hangö und Turku gebracht. Von dort auslaufend, besetzten die U-Boote Positionen vor der Kurländischen Küste und auf den Verbindungswegen der Danziger Bucht und der Pommernbucht nach Kurland, um die am 6. Oktober beginnende Offensive der sowjetischen Armee zwischen Libau und Memel zu unterstützen, die bis zum 10. Oktober nach dem Durchbrechen der schwach besetzten deutschen Sicherungen die Küste erreichte und erneut die Verbindung zur Heeresgruppe Nord zerriß.

Nach der einjährigen Unterbrechung ihrer Operationen im

freien Seeraum hatten die U-Boote in ihrer ersten Operationsphase wieder mit manchen, durch die mangelnde Ausbildung bedingten Schwierigkeiten zu kämpfen und konnten die ihnen bei der völlig unzulänglichen Sicherung des deutschen Seeverkehrs in der Ostsee gebotenen Chancen nicht nutzen. In der ersten Phase der Operationen bis Ende Oktober wurden nur 8 Schiffe versenkt. Mehr Erfolg hatten 2 von den U-Booten *Lembit* und *L-3* gelegte Minensperren, auf denen u. a. das Torpedoboot *T 34* verloren ging. Wesentlich höher waren jedoch in dieser Phase des Krieges die Ausfälle, welche die von der britischen Luftwaffe geführte Minenoffensive in der westlichen und mittleren Ostsee hervorrief, ganz abgesehen von den Verzögerungen der Transporte durch die ständigen Sperrungen der Wege nach britischen Mineneinsätzen. Bei der Fortsetzung ihrer Operationen im November und Dezember überschätzten die sowjetischen U-Boote ihre Erfolge erneut erheblich. Von den 10 U-Booten, welche Erfolge meldeten, wurden tatsächlich nur 4 deutsche und 2 schwedische Dampfer versenkt. Während die sowjetischen U-Boote den Nachschubverkehr nach Kurland nicht wesentlich beeinträchtigen konnten, wirkten sich die dank der Vorschiebung der Einsatzbasen stärker werdenden sowjetischen Luftangriffe auf den deutschen Schiffsverkehr in der östlichen Ostsee und vor allem auf die Häfen störender aus, da es an mit ausreichender Flak bestückten Geleitfahrzeugen fehlte. Auch durch die von sowjetischen Flugzeugen vor den kurländischen Häfen geworfenen Grundminen traten einige Verluste ein.

Von Anfang Oktober ab wurden die schweren deutschen Seestreitkräfte in der Ostsee immer wieder zur Unterstützung der in bedrängte Situationen geratenen deutschen Heeresverbände herangezogen. So beschossen die Kreuzer *Prinz Eugen* und *Lützow* vom 6.–10. Oktober, gemeinsam mit 3 Zerstörern und 4 Torpedobooten, wiederholt sowjetische Bereitstellungen und Panzerspitzen vor dem bedrohten Hafen von Memel. Als am 18. November die sowjetische 8. Armee mit Unterstützung durch starke Artillerie und Fliegerverbände sowie mit Feuerunterstützung durch 3 Kanonenboote und 11 Panzerkutter an der Ostseite der Halbinsel zum Angriff auf Svorbe antrat, unterstützten deutsche Minensuchboote und Torpedoboote die eigene Truppe trotz starker Luftangriffe an der Ostseite, während von Westen her in überschlagendem Einsatz die Kreuzer *Prinz Eugen, Admiral Scheer* und *Lützow* mit Zerstörern und Torpedobooten den langsamen Rückzug und das schließliche Absetzen der deutschen Truppen über den Irbensund deckten. Es gelang den Fährprähmen so, insgesamt 6608 Soldaten, 3674 Verwundete, 1395 Flüchtlinge, 317 Gefangene sowie wertvolles Material, davon 4694 Mann allein in der letzten Nacht, abzutransportieren. Es blieb besonders erstaunlich, daß die zu dieser Zeit in See befindlichen sowjetischen U-Boote keinen Angriffsversuch auf die vor Svorbe auf und ab dampfenden deutschen Verbände unternahmen und auch die Gegenwehr durch Luftangriffe immer erst nach einer längeren Anlaufzeit einsetzte.

Der deutsche Versuch, mit einer Reihe von U-Booten im Finnenbusen gegen sowjetische Streitkräfte zu operieren, hatte bei dem Mangel und der Kleinheit der Ziele nur geringfügige Erfolge. Bei einem Versuch, die sowjetischen Auslaufwege aus dem westlichen Finnenbusen mit neuen Minen zu sperren, geriet ein Verband von 3 Zerstörern und 2 Torpedobooten in eine eigene Sperre und verlor *Z 35* und *Z 36*.

Die Evakuierungstransporte in der Ostsee 1945

Am 15. Januar 1945 trat die sowjetische 2. Weißrussische Front aus dem Narev-Brückenkopf bei Pultuzk mit Unterstützung durch die 4. Luftarmee zum Angriff an, dessen Spitze mit der 5. Garde-Panzerarmee am 27. Januar an Elbing vorbei die Küste des Frischen Haffs bei Tolkemit erreichte und die Verbindung zwischen der deutschen 4. Armee in Ostpreußen und der 2. Armee in Westpreußen unterbrach. Am 16. Januar griff die 3. Weißrussische Front mit Unterstützung durch die 1. Luftarmee nördlich an Gumbinnen vorbei in Richtung auf Königsberg an und traf sich mit der 43. Armee der 1. Baltischen Front, die von Tilsit aus vorstieß und nördlich Königsberg vorbei am Kurischen Haff vordrang. Um Kräfte für den Aufbau einer Riegelstellung auf der Halbinsel Samland zu gewinnen, wurde das den Brückenkopf Memel verteidigende deutsche XXVIII. Korps auf die Kurische Nehrung und von dort auf dem Landwege nach Cranz transportiert, um mit Unterstützung durch die deutsche Kampfgruppe 2 (Vizeadmiral Thiele) mit dem Kreuzer *Prinz Eugen* und je 2 Zerstörern und Torpedobooten die unterbrochene Landverbindung von Königsberg nach Pillau wiederherzustellen. Der Angriff wurde von Süden auf dem Königsberger Seekanal durch Artillerieträger unterstützt. Zur Unterstützung des Gegenangriffs aus dem Raum von Fischhausen griffen auch der Kreuzer *Admiral Scheer* sowie weitere Zerstörer und Torpedoboote in den Kampf ein, wobei erstmalig das sowjetische U-Boot *L-3* einen derartigen Verband ohne Erfolg anzugreifen versuchte. Auch zur Unterstützung der deutschen 4. Armee im Raum von Elbing kamen vom 8. –10. Februar die genannten Schiffe zum Einsatz. Eine weitere Operation zur Wiederherstellung der erneut unterbrochenen Landverbindung zwischen Pillau und Königsberg wurde am 18. und 19. Februar von dem Kreuzer *Admiral Scheer* und 2 Zerstörern und 2 Torpedobooten, die sogar in den Königsberger Seekanal vordrangen, unterstützt, so daß die Evakuierung von Flüchtlingen von Königsberg nach Pillau wieder aufgenommen werden konnte.

Mit der Bedrohung Ostpreußens und Danzigs durch den großen sowjetischen Januarangriff begann am 25. Januar 1945 die größte Evakuierungsaktion der Geschichte. Die

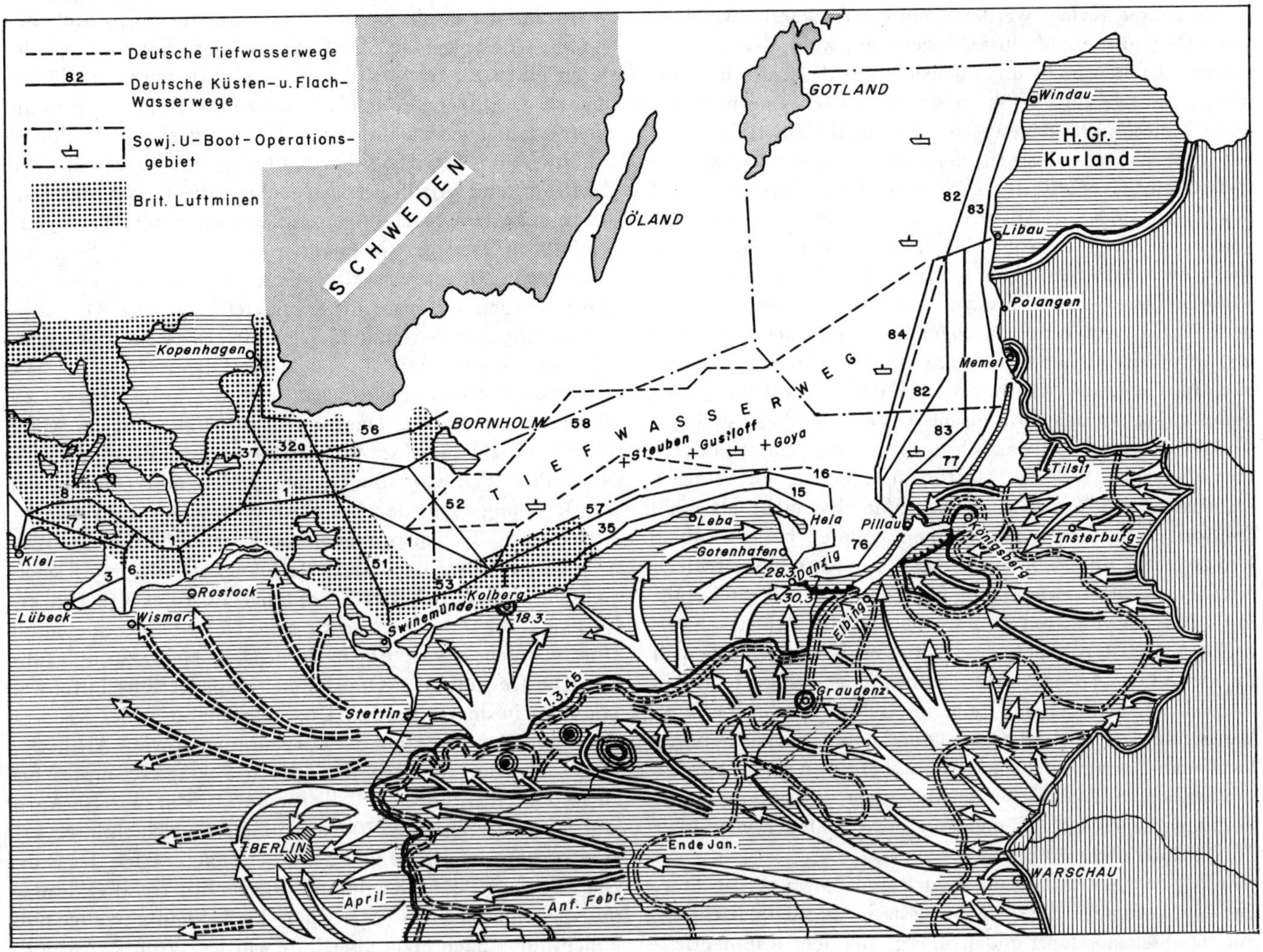

Die Ostsee 1945

Gesamtleitung der Operationen hatte auf deutscher Seite das Marineoberkommando Ost unter Generaladmiral Kummetz, im Raum der Danziger Bucht bis Kurland die 9. Sicherungsdivision unter Fregattenkapitän von Blanc, im Raum westlich davon bis zur Pommernbucht die 10. Sicherungsdivision unter Konteradmiral Bütow. Die Steuerung des Schiffsraums war dem Wehrmacht-Seetransportchef, Konteradmiral Engelhardt, unterstellt. Alle verfügbaren Schiffe, angefangen von den während des Krieges meist als Wohnschiff verwendeten großen Passagierdampfern, wie der *Cap Arkona, Robert Ley* oder *Hamburg* von mehr als 20 000 BRT, bis zu Frachtern aller Größen, aber auch Hilfskriegsschiffe und Geleitfahrzeuge wurden zum Transport von Flüchtlingen ausgenutzt. Am 25. Januar liefen als erste Schiffe von Pillau die *Robert Ley, Pretoria* und *Ubena* mit 7100 Flüchtlingen aus. 3 Tage später waren bereits 62 000 Flüchtlinge eingeschifft.

Das Haupthindernis für die Transporte war die britische Luftminenoffensive in der westlichen und mittleren Ostsee, die zu häufigen Sperrungen der Zwangswege innerhalb der 20-m-Linie und erheblichen Verzögerungen während der Minensucharbeiten der 1. und 2. Sicherungsflottillen in diesem Gebiet führte. Im Januar wurden bei 159 Einsätzen 668 Minen geworfen, auf denen insgesamt 18 Schiffe verloren gingen und weitere 8 beschädigt wurden. Im Februar waren es bei 1354 geworfenen Minen 23 gesunkene und 13 beschädigte Schiffe. Im März bei 1198 Minen 26 gesunkene und 11 beschädigte Schiffe. Im Vergleich zu den zahlreichen eingesetzten Schiffen blieben diese Verluste jedoch erträglich, und es konnten im Januar und Februar erhebliche Transportleistungen verzeichnet werden, da die großen Passagierdampfer auf jeder Fahrt zwischen 5 und 9000 Menschen an Bord nehmen konnten, die Frachter je nach Größe bis zu 5000.

Die Sicherung gegen die in der Ostsee operierenden sowjetischen U-Boote war anfangs völlig ungenügend, da keine kampfkräftigen U-Jäger zur Verfügung standen, die erst in der zweiten Februarhälfte von anderen Kriegsschauplätzen in die Ostsee verlegt werden konnten. Es wären zweifellos wesentlich größere Verluste eingetreten, wenn den sowjetischen U-Booten nicht mit Rücksicht auf die britische Luftminenoffensive das Befahren der Gewässer innerhalb der 20-m-Linie untersagt gewesen wäre. In diesem Gebiet verlief jedoch zumindest in der mittleren und westlichen Ostsee ein Großteil der deutschen Schiffahrtswege, und hier lagen auch die Ankerplätze, auf denen oft Dutzende von mittleren und großen Schiffen auf die Freigabe der Wege nach Mineneinflügen warteten. Der Schwerpunkt des sowjetischen U-Boot-Einsatzes lag so in dieser Zeit auf dem Weg zwischen der Danziger Bucht und der westlichen Ostsee nach Kurland. Einzelne große Boote operierten auch im Gebiet zwischen Bornholm und Rixhöft. Hier griff am 30. Januar das sowjetische U-Boot *S-13* (Kapitän 3. Ranges Marinesko) das ohne Sicherung marschierende Passagierschiff *Wilhelm Gustloff* mit einem Viererfächer an, von dem 3 Torpedos trafen. Von den mehr als 6000 an Bord befindlichen Flüchtlingen konnten herangerufene Kriegsschiffe nur 700 bergen. Der zunächst eingetroffene Kreuzer *Admiral Hipper* mußte wegen der U-Boot-Gefahr mit 1500 Verwundeten an Bord wieder ablaufen. Ein zweimaliger Angriffsversuch des U-Bootes *L-3* gegen die voll beladene *Cap Arkona* am folgenden Tage schlug fehl. Am 10. Februar sichtete das noch im Gebiet der Stolpe-Bank kreuzende *S-13* den im Geleit von 2 alten Torpedobooten laufenden Passagierdampfer *General Steuben* und versenkte ihn mit einem Treffer. Bei der niedrigen Wassertemperatur konnten die Geleitfahrzeuge nur etwa 300 der weit über 3000 Schiffbrüchigen retten.

Am 26. Februar traten aus dem Raum ostwärts von Stargard in Pommern die 1. Weißrussische Front in Richtung auf das Stettiner Haff und Kolberg, aus dem Raum Friedland die 2. Weißrussische Front in Richtung auf Köslin zum Angriff an. Gegen die an die Küste durchgebrochenen Kräfte wurde am 9. März zur Sicherung eines Brückenkopfes gegenüber der Insel Wollin erneut die Kampfgruppe 2 mit dem Schweren Kreuzer *Admiral Scheer,* 3 Zerstörern und einem Torpedoboot eingesetzt. Vom 11.–18. März unterstützten die Zerstörer *Z 43, Z 34* und das Torpedoboot *T 33* die rund 2500–3000 Verteidiger des seit dem 7. März eingeschlossenen Kolberg, um die Evakuierung der hier abgeschnittenen rund 75 000 Flüchtlinge mit Hilfe der Fahrprähme der 11. Landungsflottille und der 5. Artillerieträger-Flottille zu ermöglichen. Sie brachten die Flüchtlinge auf die auf der Reede liegenden Transporter und Kriegsschiffe, so daß ihre Transportkapazität bis zum letzten Augenblick ausgenutzt und auch die letzten Verteidiger an Bord genommen werden konnten.

Inzwischen war jedoch am 7. März die 2. Weißrussische Front aus der Linie Köslin–Weichsel zum Angriff gegen den Raum Gotenhafen-Danzig angetreten, in dem sich ungeheure Flüchtlingsmassen ballten. Die deutsche 2. Armee wurde auf die Linie Rixhöft–Neustadt–Karthaus zurückgeworfen, wo es ihr jedoch mit Unterstützung durch die Schiffsartillerie gelang, die Lage vorübergehend zu stabilisieren und so wertvolle Zeit zum Abtransport der Flüchtlinge zu gewinnen. Vom 10. März ab waren hier der Kreuzer *Prinz Eugen,* das alte Linienschiff *Schlesien* und schließlich zur Ablösung der Kreuzer *Lützow* sowie verschiedene Zerstörer und Artillerieträger eingesetzt. Gegen die Einschiffungen von Flüchtlingen auf Frachtern und Passagierschiffen in Danzig, Gotenhafen und vor Hela flog die sowjetische Marineluftwaffe in dieser Zeit 2023 Einsätze. Zur Sicherung der Transporter bildeten Zerstörer, Torpedoboote, Minensucher und kleine Hilfskriegsschiffe Flakriegel, doch konnten sie nicht alle Ausfälle verhindern. Mit Rekordzahlen von Flüchtlingen liefen die Transporter nach Westen. So hatte der Dampfer *Deutschland* am 23. März 11145 und am 28. März 11295 Menschen an Bord.

Nach dem Fall Gotenhafens am 28. 3. und Danzigs am 30. 3. gelang es in der Nacht vom 4./5. April 25 Kriegsfischkuttern, 27 Fährprähmen und 5 Artillerieträgern sowie 5 anderen Fahrzeugen, aus der noch gehaltenen Riegelstellung an der Oxhöfter Kämpe den Rest des VII. Panzerkorps mit 8000 Soldaten sowie rund 30 000 Flüchtlingen im Unternehmen »Walpurgisnacht« nach Hela zu überführen. Die Deckung der Operationen und der Einschiffungen vor Hela in den folgenden Tagen übernahmen der Kreuzer *Lützow,* 3 Zerstörer und ein Torpedoboot sowie 4 Artillerieträger. Wieder schifften die großen Passagierdampfer bis zu 10 000 Flüchtlinge ein. Allein vom 21. März bis 10. April wurden von Hela 157270 Verwundete und Flüchtlinge abtransportiert, während von den noch freien Häfen der Danziger Bucht – Pillau, Kahlberg, Schievenhorst und Oxhöft – im April allein 264687 Menschen durch Kleinfahrzeuge und Fährprähme nach Hela überführt wurden. Vom 7. April ab war eine starke Intensivierung des sowjetischen Lufteinsatzes gegen die Einschiffungen zu beobachten. In zunehmendem Maße wurden dabei Transporter, insbesondere Frachter, aber auch Flaksicherung bildende kleinere Kriegsschiffe getroffen. Waren im März 10 kleinere Kriegsschiffe und 11 Handelsschiffe gesunken, so waren es im April 11 Kriegsschiffe und 21 Handelsschiffe, die den sowjetischen Luftangriffen zum Opfer fielen, weitere wurden beschädigt. Am 9. April verlegten die Sowjets erstmalig Torpedokutter in die Weichselmündung nach Neufahrwasser, die bei ihrem ersten Einsatz am 10. April einen Frachter versenkten und später den Zerstörer *Z 34* torpedierten. Der Einsatz der größeren deutschen Kriegsschiffe wurde in dieser Phase durch zunehmenden Brennstoff- und Munitionsmangel erschwert, so daß nach und nach die Kreuzer und Zerstörer abgezogen werden mußten und nur noch gelegentlich Zerstörer, vor allem aber Minensuchboote und Artillerieträger als Flakschutz für die Einschiffungen zurückblieben.

Während dieser Zeit liefen die deutschen Nachschub- und Evakuierungstransporte nach und von Kurland, zunächst aus der Danziger Bucht, später aus der westlichen Ostsee, weiter, die in erster Linie von Minensuchbooten gesichert wurden. Die gegen diesen Verkehr eingesetzten sowjetischen U-Boote konnten nur gelegentlich einige Transportschiffe versenken, doch blieben die Verluste dabei gering. Auf der anderen Seite gelang der deutschen Seite der Abtransport von insgesamt 8 der 35 Divisionen der Heeresgruppe Kurland nach Ostpreußen und Pommern ohne wesentliche Ausfälle. Am 18. März begannen die sowjetischen Armeen vor der Heeresgruppe Kurland ihre 6. Großoffensive, die jedoch, wie die vorhergehenden, nach rund 10 Tagen ohne Erfolg abgebrochen werden mußte. Der Versuch, mit Torpedoflugzeugen und in Polangen stationierten Torpedokuttern die deutschen Geleite anzugreifen, blieb ohne durchschlagende Erfolge. Am 26./27. März gelang es deutschen Schnellbooten, aus einer Gruppe von 9 sowjetischen Torpedokuttern in heftigen Gefechten 3 Boote zu vernichten und 15 Gefangene, darunter den Chef einer sowjetischen Torpedokutterdivision, einzubringen.

In der Zeit vom 19. – 25. März drängte die 3. Weißrussische Front den Kessel der deutschen 4. Armee südlich Königsberg am Frischen Haff zusammen. Nachdem diese Truppen seit Januar von Marinefährprähmen über das Haff versorgt worden waren, wurden von den Fährprähmen nun 11 365 Verwundete, 324 Soldaten und 14 520 Flüchtlinge nach Pillau evakuiert, das immer noch in deutscher Hand war und wo sich eine große Zahl von Flüchtlingen, die über Königsberg gekommen war, sammelte. Am 6. April begann der von starken Luftstreitkräften unterstützte Angriff der 3. Weißrussischen Front gegen Königsberg, dessen Verteidiger am 9. April überwältigt wurden und am 10. April kapitulieren mußten. Die sowjetischen Armeen setzten den Angriff nach Westen fort und durchbrachen am 15. April die Front in Samland. Die in Pillau versammelten 70 000 Flüchtlinge wurden zum Teil auf die Frische Nehrung überführt, zum Teil konnten sie über See evakuiert werden. Insgesamt wurden von Pillau seit dem 25. Januar 141 000 Verwundete und 351 000 Flüchtlinge abtransportiert. Allein in der letzten Nacht vor der Räumung der Stadt setzten die Fährprähme noch 19 200 Flüchtlinge und Soldaten über.

Trotz der immer drückender werdenden sowjetischen Luftangriffe wurden die Evakuierungstransporte aus der Weichselniederung nach Hela und von dort aus nach Westen fortgesetzt. Am 16. April verließ ein Konvoi mit 8 Schiffen Hela, von dessen Geleitfahrzeugen eines durch Luftangriff verlorenging. In der darauffolgenden Nacht wurde das Geleit vor Rixhöft von dem sowjetischen U-Boot *L-3* (Kapitän 3. Ranges Konovalov) angegriffen, das den Transporter *Goya* versenkte. Von dessen 6385 eingeschifften Flüchtlingen konnten nur 165 gerettet werden. Doch setzten die Frachter ihre Transporte fort, nachdem ein Teil der großen Schiffe in der westlichen Ostsee durch Luftminentreffer ausgefallen waren. So nahmen der Frachter *Eberhard Essberger* (5064 BRT) am 20. April 6200 Menschen, der Frachter *Lappland* (7650 BRT) am 21. April sogar 7700 Menschen an Bord. Am 21. April wurden 28 000 Flüchtlinge, am 28. April 24 000 Menschen abtransportiert.

Inzwischen stießen die sowjetischen Spitzen der 2. Stoßarmee auf Stettin und über die Oder hinweg in Richtung auf Stralsund vor, so daß nunmehr auch im Gebiet von Swinemünde, das am 16. Februar durch einen schweren amerikanischen Luftangriff getroffen worden war, evakuiert werden mußte. Die noch im Hafen liegenden fahrbereiten Schiffe nahmen 35 000 Menschen an Bord und brachten sie nach Kopenhagen, während vor Swinemünde durch britische Luftminen beschädigte und von sowjetischen Fliegerbomben getroffene Schiffe, darunter das alte Linienschiff *Schlesien,* auf Grund gesetzt werden mußten.

Nachdem im Westen die britischen Truppen inzwischen die Elbe erreicht hatten und damit den britischen Fliegerkräften Stützpunkte in der Nähe Schleswig-Holsteins zur Verfügung standen, richtete die 2. Taktische Luftflotte Ende April/Anfang Mai in zunehmendem Maße Angriffe gegen die in der westlichen Ostsee angetroffenen Schiffe, denen u. a. am 3. Mai der mit KZ-Insassen überladene Dampfer *Cap Arkona* zum Opfer fiel. Auch eine größere Zahl von neuen U-Booten, die von Kiel nach Norwegen zu verlegen versuchten, wurden durch diese Angriffe getroffen. Vorher waren bereits bei Angriffen schwerer britischer Bomberverbände auf Kiel die Kreuzer *Admiral Scheer, Admiral Hipper* und *Emden* (9. April) und südlich Swinemünde der Kreuzer *Lützow* (16. April) mit schweren Bomben vernichtet worden.

In der Danziger Bucht gingen die Evakuierungstransporte weiter. Vom 1.–8. Mai brachten Kleinfahrzeuge und Fährprähme von den Landestegen an der Weichselniederung noch 150 000 Flüchtlinge und Soldaten nach Hela. Am 3. Mai liefen 2 Transporter mit 8550 Flüchtlingen von Hela nach Westen. Nach dem Inkrafttreten der Kapitulation in Nordwestdeutschland am Morgen des 5. Mai wurden die noch außerhalb der deutschen und dänischen Hoheitsgewässer befindlichen Frachter zusammen mit den noch fahrbereiten Zerstörern mit höchster Fahrt nach Osten geschickt. Sie schifften insgesamt noch 45 000 Flüchtlinge ein und kehrten, nach der Abwehr sowjetischer Torpedokutterangriffe von Kolberg aus, am 6. 5. nach Kopenhagen zurück. Die schnellen Kriegsschiffe wurden auf der Reede entladen und zusammen mit den von Swinemünde gekommenen Zerstörern und Torpedobooten nochmals nach Osten in Marsch gesetzt. Hier schifften am 7. Mai die Zerstörer *Z 38, Karl Galster, Friedrich Ihn, Hans Lody, Theodor Riedel, Z 25* sowie die Torpedoboote *T 17, T 19,T 23, T 28 T 33* in der Nacht vom 7. zum 8. Mai vor Eintreten der Waffenruhe noch 22 000 Soldaten und Flüchtlinge ein, die sie am 9. Mai in Glücksburg ausluden. In der gleichen Nacht liefen 2 Frachter mit 5730 Flüchtlingen und ein kleiner Seebäderdampfer mit 500 Flüchtlingen aus und erreich-

ten trotz eines Aufbringungsversuches durch sowjetische Torpedokutter den Westraum.
Insgesamt sind aus dem Raum der Danziger Bucht und Pommern ab 25. Januar bis 8. Mai etwa 1 420 000 Flüchtlinge über See evakuiert worden. Dabei sind die Kurzstrekkentransporte innerhalb der Danziger Bucht unberücksichtigt, die sich auf insgesamt rund 600 000 Flüchtlinge beziffern lassen.
Am 8. Mai liefen aus Libau in 4 Geleiten 65 kleine Fahrzeuge mit 14 400 Mann, aus Windau in 2 Geleiten 61 Fahrzeuge mit 11 300 Soldaten nach Westen aus. Auch sie gelangten trotz verschiedener Angriffsversuche von sowjetischer Seite, denen nur einige der langsamsten Schiffe am 9. Mai zum Opfer fielen, nach dem Westen.

Damit fand der Krieg in der Ostsee sein Ende.

Zusammenfassung

Bei ihrer materiellen Schwäche konnte die sowjetische Flotte bis Anfang der Dreißiger Jahre sich nur als ein für die Küstenverteidigung geeigneter Anhang der Armee verstehen. Die weitergreifenden Pläne zum Aufbau einer ausgewogenen Hochseeflotte, die auch als politisches Instrument wirksam werden konnte, steckten bei Kriegsbeginn noch in den Anfängen der Verwirklichung, wenngleich auch seit Mitte der Dreißiger Jahre eine beträchtliche Zahl leichter Streitkräfte, insbesondere von U-Booten, fertiggestellt worden war. Bei dieser Lage konnte die Sowjet-Flotte dem deutschen Angriff 1941 ebenfalls nur eine defensive Konzeption der Unterstützung der Operationen der Roten Armee an den Landfronten entgegenstellen.
Auf deutscher Seite wurden die Möglichkeiten der Überlegenheit zur See in der Ostsee bei der Planung des rein kontinental angelegten Feldzugsplanes gegen die Sowjet-Union überhaupt nicht genutzt, ja sie wurden geradezu übergangen. Nur leichte Kräfte wurden gegen die geringgeschätzte Baltische Flotte bereitgestellt, durch eine Minenoffensive hoffte man ihr die Möglichkeiten einer Gefährdung der deutschen Operationen in der Ostsee, die vor allem auf die Sicherung der Erzzufuhren aus Schweden gerichtet waren, unmöglich zu machen. Amphibische Operationen in den Rücken der Roten Armee sah man nicht vor, ja die Baltischen Inseln wurden sogar durch Angriffe von der Landseite her eingenommen. So konnte die durch die Bedrohung ihrer westlichen Stützpunkte in ihren Einsatzmöglichkeiten schwer behinderte Baltische Flotte bei der Evakuierung abgeschnittener Heeresteile trotz schwerer Minenverluste beachtliche Leistungen vollbringen.
Mit der Einschließung Leningrads jedoch blieb die Flotte auf die artilleristische Unterstützung der Landfront beschränkt, nur die U-Boote konnten 1942 in der eisfreien Periode mit begrenztem Erfolg in der freien Ostsee operieren, bis ihnen 1943 ein Netz im Finnenbusen auch das unmöglich machte. Doch gelang der deutschen Seite die volle Ausschaltung der Baltischen Flotte nicht, so daß sie 1944 beim Ausbruch aus dem Kessel von Leningrad, insbesondere mit ihren leichten Streitkräften, wieder eine Rolle spielen konnte. Politische Bindungen verboten allerdings den Einsatz der Schiffe vom Zerstörer aufwärts, so daß die deutsche Marine bis zum Schluß die Seeherrschaft in der Ostsee behielt und nun ihrerseits die vom Landesinnern her bedrohten eigenen Truppen von See her unterstützen konnte. Diese Lage ermöglichte deutschen Kriegs- und Handelsschiffen Anfang 1945 die größte Evakuierungs-Aktion der Geschichte, in der über 2 Millionen Soldaten, Verwundete und Flüchtlinge bei insgesamt geringen Verlusten von 0,1–0,2% nach Westen abtransportiert werden konnten.

Kapitel 33

Der Seekrieg im Schwarzen Meer

Von J. Rohwer für die deutsche Ausgabe neu bearbeitetes Kapitel

Die Voraussetzungen für den Einsatz der sowjetischen Schwarzmeer-Flotte waren wesentlich besser als bei der Baltischen Flotte. Nicht nur die Ausbildung konnte unter günstigeren Umständen ganzjährig erfolgen, auch das Kräfteverhältnis war vorteilhafter. Während die deutsche Marine zunächst im Schwarzen Meer überhaupt keine Kriegsschiffe hatte, besaß das mit Deutschland verbündete Rumänien 4 Zerstörer, 3 Torpedoboote, 3 Kanonenboote, ein U-Boot sowie einige Minenleger, Schnellboote und Hilfsschiffe.

Demgegenüber verfügte die sowjetische Schwarzmeer-Flotte unter Vizeadmiral Oktjabrskij über das Geschwader mit einem älteren Schlachtschiff, der Kreuzerbrigade mit 3 älteren Kreuzern, einer Zerstörerdivision mit 5 älteren Zerstörern und 2 Torpedobooten, ferner den Verband leichter Seestreitkräfte mit den beiden zwar fertigen, aber noch nicht vollständig ausgerüsteten und ausgebildeten Kreuzerneubauten, 3 Flottillenführern sowie 8 modernen Zerstörern. Direkt dem Flottenkommando unterstellt waren auch die beiden U-Boot-Brigaden mit – einschließlich der Schulboote – 44 U-Booten, 2 Torpedokutter-Brigaden mit insgesamt 84 Torpedokuttern sowie Minenleg- und -suchverbände und Küstenschutzeinheiten. Die Marineluftwaffe verfügte über 625 Flugzeuge.

Der Beginn des Krieges traf die sowjetische Schwarzmeer-Flotte einerseits zwar in einem besseren materiellen Zustand an als die Baltische Flotte, andererseits jedoch scheint man weniger konkrete Vorstellungen über die operative Verwendung der Flotte gehabt zu haben. Mit einem Angriff auf die Basen der Flotte vom Festland her hat man offenbar überhaupt nicht gerechnet, und größere Aufgaben auf See schienen sich bei dem herrschenden Kräfteverhältnis auch nicht zu ergeben.

Bereits seit Beginn 1941 war in Rumänien eine deutsche Marinemission tätig, deren Aufgabe es war, die Ausbildung der rumänischen Flotte voranzutreiben und die Aufstellung von Hilfsschiffsverbänden vorzubereiten. Am bedeutendsten war die Aufstellung eines Minenlegerverbandes, mit dem bereits vor Kriegsbeginn im Juni 1941 parallel zur rumänischen Küste ausgedehnte Flankenminensperren zur Sicherung des Küstenweges von Konstanza nach Süden gelegt wurden.

Obgleich bereits seit Mitte Juni wiederholt deutsche Aufklärer über der Krim und Sevastopol beobachtet worden waren, mußte die Schwarzmeer-Flotte sich, den Weisungen aus Moskau entsprechend, zurückhalten, um der deutschen Seite keinen Vorwand für Offensivaktionen zu geben. Nachdem am frühen Morgen des 22. Juni schwächere deutsche Fliegerverbände des IV. Fliegerkorps Sevastopol ohne größere Wirkung angegriffen hatten, begann die sowjetische Schwarzmeer-Flotte mit der im Operationsplan vorgesehenen Auslegung von Defensiv-Minensperren vor den eigenen Basen Sevastopol, Odessa, Kerč, Novorossijsk, Tuapse und Batumi, woran sich neben mehreren Minenlegern auch die Kreuzer, Flottillenführer und Zerstörer beteiligten. Insgesamt wurden allein vor Sevastopol 3453 Minen und 509 Sperrschutzmittel gelegt. Ähnlich wie in der Ostsee, wo auch die deutsche Marine vor den eigenen Häfen umfangreiche Defensivminensperren legte, haben diese Sperren in erster Linie die Bewegungen der eigenen Flotte bei den späteren Operationen zur Versorgung Odessas und Sevastopols nicht unerheblich behindert und – in ähnlicher Weise wie die deutschen Sperren z. B. vor Kolberg – einzelne Verluste hervorgerufen. Die deutsche Luftwaffe begann gleichzeitig bis zum 4. Juli in nächtlichen Einsätzen 120 Luftminen in und vor Sevastopol und 50 weitere im Raum von Nikolaev zu legen, auf denen neben einigen Hilfsschiffen auch der Zerstörer *Bystryj* verlorenging. Die sowjetische Marineluftwaffe versuchte ihrerseits vom 22. Juni ab bis Ende des Monats, bei insgesamt 38 Angriffen und 285 Einsätzen, die rumänische Basis Konstanza zu treffen.

Bei dem herrschenden Kräfteverhältnis war es kein Wunder, daß man bei der sowjetischen Schwarzmeer-Flotte offenbar den Drang verspürte, »irgendetwas zu veranlassen«, nachdem die Minensperren gelegt waren. So lief bereits am 25. Juni von Sevastopol eine »Stoßgruppe« mit den Flottillenführern *Charkov* und *Moskva*, gefolgt von einer »Deckungsgruppe« mit dem neuen Schweren Kreuzer *Vorošilov* und 2 Zerstörern, zu einem Angriff gegen Konstanza aus. Zugleich mit einem Ablenkungsangriff sowjetischer Flugzeuge begannen die Flottillenführer im Morgengrauen des 26. Juni, Öltanks und Bahnanlagen bei Konstanza zu beschießen, wobei ein Munitionszug getroffen wurde und in die Luft flog. Das Feuer wurde von einer nördlich Konstanza stehenden Eisenbahnbatterie und der südlich des Hafens aufgestellten deutschen 28-cm-Batterie »Tirpitz« erwidert. Beim Ausweichen vor den deckend liegenden Salven geriet die *Moskva* in eine der vor dem Krieg ausgelegten Flankenminensperren und sank. Auch auf dem heranschließenden Kreuzer entstanden durch eine im

Bugschutzgerät eines sichernden Zerstörers detonierende Mine Ausfälle, während die *Charkov* nach Bombennahtreffern rumänischer Flugzeuge vorübergehend manövrier-

großen und mittleren U-Boote der sowjetischen 1. Brigade ihre Operationen in abgegrenzten Gebieten vor Konstanza, Mangalia, Varna und später auch vor dem Bosporus auf-

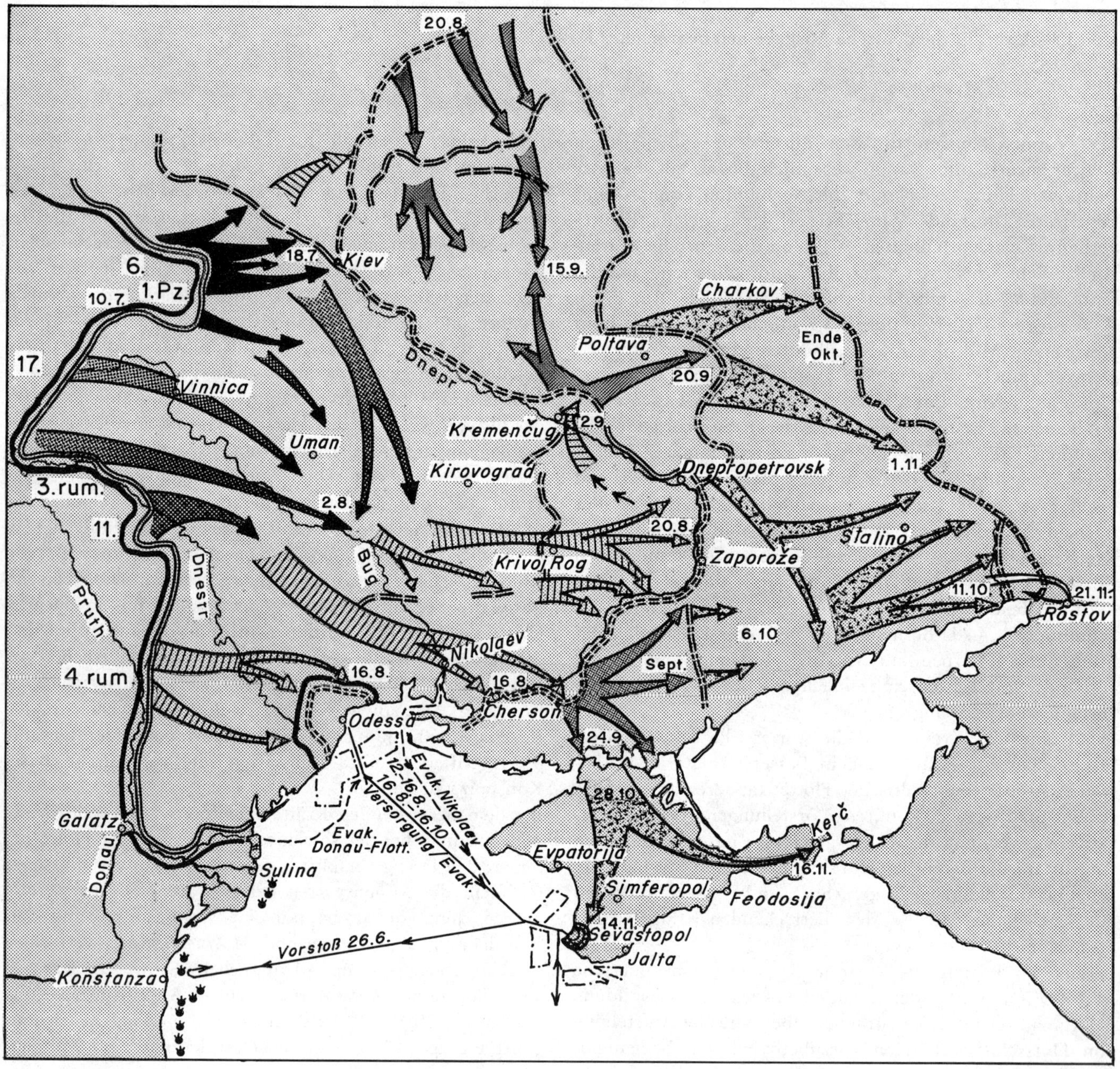

Der deutsche Vormarsch in der Ukraine, August – November 1941

unfähig liegenblieb, so daß von Sevastopol weitere Schiffe zur Aufnahme der havarierten Einheiten entsandt werden mußten.

Doch nicht nur die Überwasserschiffe machten mit den vor der rumänischen Küste liegenden Flankenminensperren unliebsame Erfahrungen. Sofort bei Kriegsbeginn hatten die

genommen, während die kleinen Boote der 2. Brigade vor allem im Gebiet vor der Donaumündung und in Defensivaufstellungen vor der Kaukasusküste eingesetzt wurden. Nachdem eine 1. Welle von 5 Booten ohne Erfolg zurückgekehrt war, ging von einer 2. Welle Anfang Juli schon das erste Boot auf einer Flankenminensperre verloren. Bis

Ende des Jahres gelang es den zwischen Konstanza und dem Bosporus eingesetzten sowjetischen U-Booten auf 101 Feindfahrten jedoch nur, 6 Schiffe mit 15 698 BRT zu versenken, während andererseits auf den von rumänischen Minenlegerverbänden bis vor die bulgarische Küste verlängerten Flankenminensperren bis Ende des Jahres insgesamt 6 U-Boote verloren gingen und je ein weiteres durch einen rumänischen Zerstörer und einen Unfall.

Der Kampf um Odessa

Bereits im Laufe des Monats Juli begann die Entwicklung der Lage an Land die Operationen der Flotte in ihren Bann zu ziehen. Die sowjetische Donauflottille, die zunächst mit Erfolg die Flußlinie gegen rumänische Übersetzversuche verteidigte und den Schiffahrtsweg gesperrt hatte, mußte sich vom 18./19. Juli ab, im Rahmen des Rückzuges des sowjetischen XIV. Schützenkorps von der Donau, nach Durchstoßen rumänischer Sperrstellungen aus dem Gebiet der Donaumündung zurückziehen und wurde von sowjetischen Verbänden, die von Odessa aus kamen, aufgenommen.
Während im Norden bereits deutsche schnelle Verbände in die Ukraine vorstießen, näherten sich am 8. August Angriffsspitzen der rumänischen Armee Odessa. Zur Unterstützung der zur Verteidigung Odessas eingesetzten sowjetischen Küstenarmee wurde eine Nordwest-Schiffsabteilung unter Konteradmiral Vdovičenko mit dem alten Kreuzer *Komintern,* 2 alten Zerstörern, einem Minenleger und 4 Kanonenbooten sowie Minensuchern und einer Torpedokutterbrigade gebildet mit dem Auftrag, die Verteidigung des Hafens von Odessa zu unterstützen.
Gleichzeitig halfen die Einheiten der sowjetischen Donauflottille den nördlich des Bug abgeschnittenen sowjetischen Truppen beim Übersetzen über die Mündung des Flusses, und vom 12.–16. August in gleicher Weise beim Übergang über den unteren Dnepr. Vom 14.–17. August mußten die Sowjets ihre Marinebasis Nikolaev, zugleich das Hauptwerftzentrum am Schwarzen Meer, räumen. Die noch auf den Helgen der Werften liegenden Schiffe, darunter ein Schlachtschiff, ein Kreuzer, 2 Flottillenführer, 2 Zerstörer, 3 U-Boote und 2 Kanonenboote, wurden gesprengt. Es gelang jedoch, die in Ausrüstung befindlichen Schiffe, 2 Kreuzer, 2 Flottillenführer, 3 Zerstörer, 5 U-Boote sowie einen in Ausrüstung zum Hilfskreuzer befindlichen Eisbrecher, nach Sevastopol und von dort später in die Kaukasushäfen abzuschleppen.
Während sich der Einschließungsring um Odessa schloß, wurden vom 13. August ab fast täglich zunächst die Schiffe der Nordwest-Schiffsabteilung, dann auch die restlichen älteren Zerstörer, schließlich die Flottillenführer mit den modernen Zerstörern und die 3 älteren Kreuzer zur Unterstützung Odessas verwendet. Zumeist wurden die Kreuzer und Zerstörer, nachdem sie Nachschubtransporter von Sevastopol nach Odessa gebracht hatten, während der Entund Beladung der Transportschiffe zur Beschießung der feindlichen Küstenbatterien und Stellungen um Odessa eingesetzt und liefen dann mit den Transportern wieder zurück. Als besonders unangenehm erwies sich während der zweiten Hälfte August und der ersten Hälfte September eine rumänische Küstenbatterie ostwärts der Hafeneinfahrt von Odessa bei Fontanka. Nachdem vom 16.–21. September 5 Konvois von je 2–3 Transportern, gesichert durch 3 Kreuzer und 8 Zerstörer, die 157. Schützendivision von Novorossijsk nach Odessa gebracht hatten, womit die Küstenarmee auf die Stärke von 4 kampfkräftigen Divisionen gebracht wurde, setzte die sowjetische Führung eine kombinierte Angriffsoperation zur Zerschlagung des Ostflügels des Einschliessungsringes von Odessa an, um die störenden rumänischen Küstenbatterien auszuschalten. Während von Odessa her die neu zugeführte 157. Schützendivision angriff, sollten im Rücken der rumänischen Front 3 Bataillone des 3. Marine-Schützenregiments, die von den Kreuzern *Krasnyj Kavkaz* und *Krasnyj Krym* von Sevastopol herangebracht waren, mit Hilfe von leichten Fahrzeugen, die aus Odessa kamen, gelandet weden. Obgleich der als taktischer Führer der Operation vorgesehene Chef des Geschwaders, Konteradmiral Vladimirskij, am Tage vor Beginn der Operation ausfiel, weil der Zerstörer *Frunze,* auf dem er sich eingeschifft hatte, bei der Hilfeleistung für ein von Sturzbombern angegriffenes Kanonenboot gleichfalls versenkt wurde, gelang es dem Chef der Kreuzerbrigade, Kapitän 1. Rg. Gorškov, die Landung planmäßig durchzuführen. Im Verein mit den Heerestruppen zerschlugen die Marineinfanteristen die 13. und 15. rumänische Infanterie-Division im Küstenabschnitt. Herangerufene deutsche Sturzbomber konnten zwar die Zerstörer *Bezuprečnyj* und *Bespoščadnyj* schwer beschädigen, den schweren taktischen Rückschlag jedoch nicht verhindern.
Die ungünstige Entwicklung der Lage bei der sowjetischen 51. Armee, welche die Zugänge zur Krim verteidigte, machte aber am 29. September den Entschluß zur Räumung Odessas notwendig, um mit Hilfe der auf die Krim überführten Küstenarmee den wichtigsten Stützpunkt der Schwarzmeer-Flotte, Sevastopol, halten zu können. Unter Einsatz aller verfügbaren Transportschiffe gelang es vom 3.–6. Oktober, die 157. Schützendivision von Odessa nach Sevastopol zu bringen. Vom 8.–10. Oktober wurden in großem Umfang schweres Gerät und Waffen, rückwärtige Dienste und Parteiorganisationskräfte von Odessa nach Sevastopol gebracht. Insgesamt wurden in den ersten 14 Tagen des Oktober 51 000 Soldaten aus der Front herausgezogen und zusammen mit 15 000 Einwohnern (320 000 Einwohner waren bereits vorher evakuiert worden) über See abgefahren. In der letzten Nacht vom 15./16. Oktober gelang es dann den restlichen 35 000 Mann der 421. und 95. Schützen- und 2. Kavalleriedivision, sich unter der Feuerglocke der Kreuzer *Krasnyj Kavkaz* und *Červona Ukraina* sowie 4 Zerstörern von den rumänischen Belagerern, die mit einem sowjetischen Gegenangriff rechneten, unbemerkt

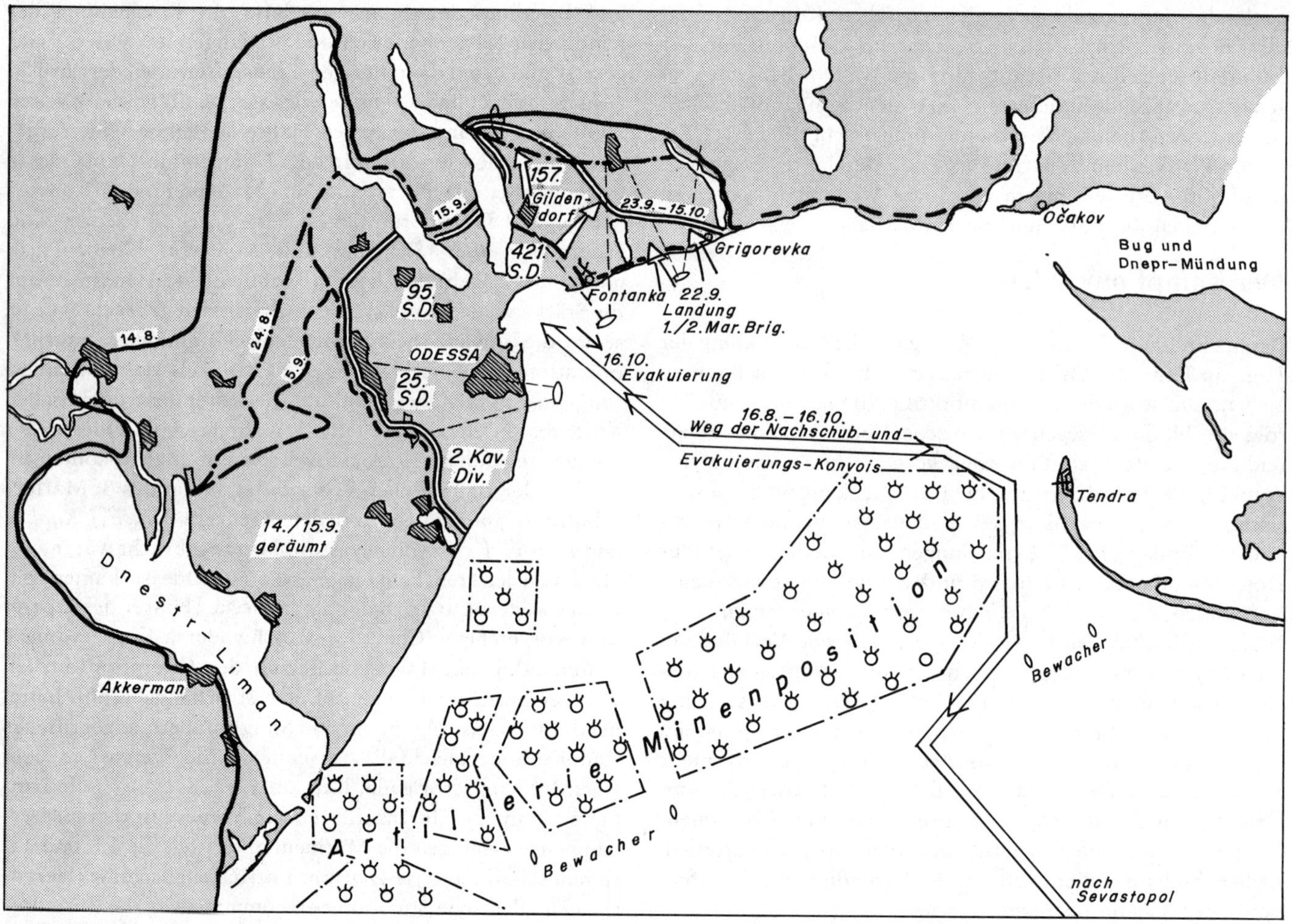

Die Belagerung von Odessa, 14. 8. – 16. 10. 1941

zu lösen und sich auf die 21 eingelaufenen Transporter einzuschiffen. Der Evakuierungsverband gelangte trotz mehrerer deutscher Luftangriffe am Tage mit nur einem Verlust nach Sevastopol. Die Rumänen wachten praktisch erst auf, als die Stadt und der Hafen bereits geräumt waren. Es glückte den Sowjets auch, einen großen Teil des Materials mit abzutransportieren. Nach der Abfahrt der letzten Transporter wurde der Hafen von den Zerstörern mit 47 Magnetminen verseucht, außerdem legte ein weiterer Zerstörerverband südwestlich der Stadt eine starke Minensperre, die sich dann bei den ersten deutschen Fahrten an der Küste entlang in die Dneprmündung mit den auf der Donau überführten Fahrzeugen der Donauflottille als sehr hinderlich erwies. Die Dneprmündung selbst wurde durch den Einsatz von Minen-U-Booten gesperrt, deren Minen bei den ersten Fahrten weitere Verluste auf deutscher und rumänischer Seite hervorriefen.

Der deutsche Angriff auf Sevastopol

Doch kaum war diese Operation abgeschlossen, da nahm bereits eine neue, noch umfangreichere Aufgabe die sowjetische Schwarzmeer-Flotte in Anspruch. Am 18. Oktober begann der deutsche Angriff an der Enge von Perekop gegen die Krim. Um die Operationen der selbständigen 51. Armee und der aus Odessa evakuierten, seit dem 23. Oktober eintreffenden Küstenarmee sowie der Schwarzmeer-Flotte zu koordienieren, bildete das sowjetische Oberste Kommando (»Stavka«) die Krim-Front und übertrug das Kommando dem stv. Volkskommissar der Kriegsmarine, Vizeadmiral Levčenko. Einige Tage konnten sich die geschwächten sowjetischen Armeen zwar halten, dann durchbrachen aber die deutschen Divisionen der 11. Armee die Perekop-Stellung, und die 51. Armee mußte sich auf die Halbinsel Kerč, die Küstenarmee teilweise auf Umwegen nach Sevastopol zurückziehen. Diese Entwicklung machte eine Zweiteilung der Verbände erforderlich. Der Kommandeur der 51. Armee, Generalleutnant Batov, erhielt den Befehl, zusammen mit den Marineeinheiten des Flottenstützpunktes Kerč einen Verteidigungsverband Kerč zu bilden. Sie konnten die Halbinsel jedoch nicht halten und mußten am 16. November mit den Resten ihrer Truppen auf die Taman-Halbinsel ausweichen.

Das Oberkommando über den gleichzeitig gebildeten Verteidigungsabschnitt Sevastopol, den die »Stavka« am 7. November mit dem Auftrag, »Sevastopol um jeden Preis zu halten«, gebildet hatte, übertrug man dem Befehlshaber der Schwarzmeer-Flotte, Vizeadmiral Oktjabrskij. Unter seinem Oberbefehl übernahm Generalmajor Petrov, der Befehlshaber der Küstenarmee, die Verteidigung der Landfront von Sevastopol. Um das von Truppen weitgehend entblößte Sevastopol gegen einen handstreichartigen Vorstoß der deutschen Verbände zu decken, erwies es sich wiederum als notwendig, improvisierte Marineinfanterieverbände, die aus den Besatzungen der Schiffe gebildet wurden, in den Kampf zu werfen. Insgesamt wurden so rund 20 000 Mann der Marine in der Landverteidigung Sevastopols eingesetzt.

Die Schiffe, die nicht zur unmittelbaren Unterstützung der Landfront vorgesehen waren, wichen von Sevastopol in die Kaukasushäfen aus. Die zunächst in Sevastopol zurückgelassenen Kreuzer *Krasnyj Krym* und *Červona Ukraina* sowie 6 Zerstörer hatten erheblichen Anteil an der Abwehr der ersten stärkeren deutschen Angriffe gegen die Landfront von Sevastopol Mitte November 1941. In den folgenden Wochen und Monaten wurden aber auch die übrigen Schiffe der Schwarzmeer-Flotte, nachdem sie ihr abgegebenes Personal durch neu an Bord genommene Rekruten wieder aufgefüllt hatten, sowohl für die Sicherung der von den Kaukasushäfen nach Sevastopol laufenden Nachschubgeleitzüge als auch zur artilleristischen Unterstützung der Landfront eingesetzt. Im Bedarfsfall wurden für diese Einsätze auch die beiden modernen Schweren Kreuzer und gelegentlich sogar das Schlachtschiff *Parižskaja Kommuna* herangezogen.

Eine weitere wichtige Aufgabe war zunächst die Evakuierung abgeschnittener und versprengter Truppenteile von den

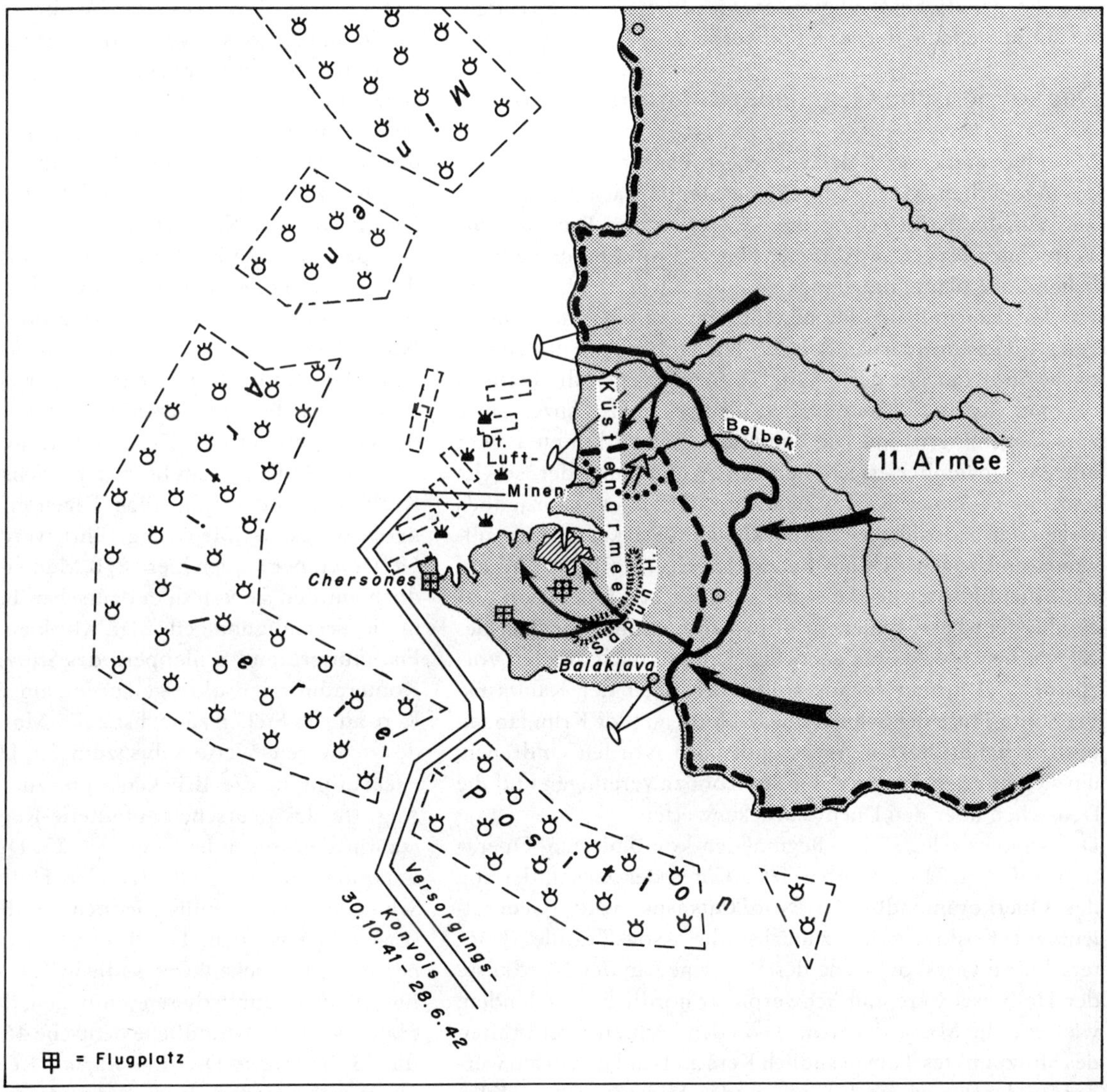

Die Belagerung von Sevastopol, 30. 10. 41 – 4. 7. 42

übrigen Häfen der Krim. Bis zum 9. November brachten Schiffe der Flotte auf diese Weise 8000 Mann nach Sevastopol. Danach war es eine der Hauptaufgaben der Kriegsschiffe, regelmäßig frische Schützenverbände und Marineinfanteriebrigaden sowie auch Material und Munition aus den Kaukasushäfen nach Sevastopol zu bringen. Während die Kriegsschiffe einerseits bei diesen Nachschubfahrten regelmäßig auch zu Artillerieeinsätzen herangezogen wurden, führte man andererseits häufig Raids gegen die Küste der Krim, um mit Zerstörern und Schnellbooten den Gegner zu beunruhigen und ihn zur Verzettelung seiner Kräfte zu veranlassen. Bei diesen Operationen kam es häufiger zu deutschen Luftangriffen. So wurden am 2. 11. der Kreuzer *Vorošilov* von *Ju 88*-Bombern mit 2 Treffern beschädigt, und am 12. November im Hafen der Kreuzer *Červona Ukraina* durch Stuka-Angriffe so schwer getroffen, daß er bei weiteren Angriffen völlig vernichtet wurde. Ein weiterer im Bau befindlicher Zerstörer wurde gleichfalls zerbombt, und die bereits beschädigte *Bespoščadnyj* erneut getroffen, sie konnte jedoch abgeschleppt werden.

Der sowjetische Gegenangriff auf der Krim

Mitte November stieß die deutsche 1. Panzerarmee nördlich des Azovschen Meeres durch die Steppe nach Osten vor, und auf der Krim schloß die 11. Armee den Ring um die Verteidiger Sevastopols immer enger. Trotz dieser bedrohlichen Lage plante die »Stavka«, ähnlich wie im Norden und vor Moskau, mit neu herangeführten Kräften eine großangelegte Gegenoffensive. Am 17. November trat die sowjetische Südfront mit der 37. und 9. Armee gegen die Flanken der auf Rostov vorstoßenden deutschen 1. Panzerarmee zum Gegenangriff an. Die deutschen Spitzen konnten zwar am 21. November gegen heftigen Widerstand der sowjetischen 56. Armee Rostov nehmen, mußten es dann jedoch wegen der bedrohlichen Entwicklung im Rücken wieder aufgeben und zogen sich auf Befehl der Heeresgruppe Süd auf die Mius-Linie zurück. Ziel der sowjetischen Operation war es, die deutschen Linien zu durchbrechen und nördlich des Asov'schen Meeres mit schnellen Kräften nach Westen vorzustoßen. Darüber hinaus sollten Truppen der Kaukasus-Front mit Hilfe der Schwarzmeer-Flotte auf der Krim landen und nach Entsatz von Sevastopol nach Norden eindrehen, um sich mit den Truppen der Südfront zu vereinigen und die Deutschen über den Dnepr zurückzuwerfen.

Die »Stavka« legte den Beginn der kombinierten Operation auf den 21. Dezember fest. Unter der Gesamtleitung des Oberkommandos der Nordkaukasus-Front (Generalleutnant Koslov) sollte zunächst die Asov-Flottille (Konteradmiral Gorškov) Teile der 51. Armee an der Nordküste der Halbinsel Kerč mit Schwerpunkt nördlich Kerč landen, während die Masse der Armee von den leichten Streitkräften des Stützpunktes Taman südlich Kerč an Land geworfen werden und schwächere Kräfte an der Südspitze der Halbinsel eine Ablenkungsgruppe landen sollten. Aufgabe dieser Kräfte war es, die auf der Halbinsel Kerc stehenden deutschen Kräfte in der Abwehr zu binden, um die Landung der Hauptmacht, der 44. Armee, durch die Schwarzmeer-Flotte (Vizeadmiral Oktjabrskij) in Feodosija zu ermöglichen. Sie sollte aus dem gewonnenen Brückenkopf schnell nach Norden vorstoßen und die auf der Halbinsel Kerč stehenden deutschen Einheiten abschneiden, um dann von hier in den Rücken der deutschen Belagerungsarmee vor Sevastopol zu stoßen und sich nach dem Entsatz der Festung über die Enge von Perekop mit den von Nordosten herankommenden Kräften der Südfront (Generalleutnant Malinovskij) zu vereinigen.

Der am 17. Dezember beginnende Angriff der deutschen 11. Armee (Generaloberst von Manstein) gegen Sevastopol zwang die sowjetische Führung jedoch zu einer Verschiebung der Operation, da die vorhandenen Seestreitkräfte zunächst zusätzliche Truppenverbände und Verstärkungen, die 79. Marine-Infanterie-Brigade und die 345. Schützen-Division, sowie weiteres Material in die hart bedrängte Festung bringen mußten und ihre schwere Artillerie zur Abwehr der heftigen deutschen Angriffe unentbehrlich war. Zur gleichen Zeit scheiterte auch der Durchbruchsversuch Malinovskijs an der Miusfront. So blieb, wollte man Sevastopol retten, nur der Versuch, die geplante Landungsoperation schnellstens durchzuführen. Trotz der teilweise noch ungünstigen Wetterlage liefen in der Nacht zum 26. Dezember die fünf Landungsgruppen der Azov-Flottille Temrjuk und Kučugury auf der Nordseite der Taman-Halbinsel aus, um die 244. Schützen-Division und die 83. Marine-Infanterie-Brigade an der Nordküste der Halbinsel Kerč zu landen. Sie sollten auch deutsche Kräfte aus der Ostfront der Halbinsel Kerč auf sich ziehen. Bei dem schweren Wetter kamen jedoch nur zwei der Gruppen bei Kap Zjuk und Kap Chroni an Land, während die anderen Landungen zunächst scheiterten und die Kräfte erst in den folgenden Tagen in die gewonnenen kleineren Brückenköpfe nachgeführt werden konnten. Bis zum 29. Dezember kamen hier 5870 Mann mit 9 Panzern an Land, doch wurden sie von dem deutschen Infanterie-Regiment 72 in die Verteidigung gedrängt. Mit kleinen Fahrzeugen, meist Fischkuttern und Schleppern des Stützpunktes Taman unter Konteradmiral Frolov, gelang es, am 26. Dezember südlich Kerč an vier Stellen zunächst 2175 Mann zu landen und trotz des schweren Wetters bis zum 29. Dezember 9050 Mann nachzuführen, die Brückenköpfe zu vereinigen und gegen Angriffe des deutschen Infanterie-Regiments 42 zu halten. Die für den folgenden Tag, den 27. Dezember, vorgesehene Landung an der Südspitze der Halbinsel Kerč mit zwei Schützenbrigaden mußte jedoch bei dem schweren Seegang verschoben werden. Die Truppen wurden am 29. Dezember in den Brückenkopf südlich Kerč nachgeführt. Immerhin gelang es durch diese Landungen, die einzige noch auf der Halbinsel Kerč befindliche deutsche 46. Infanterie-Division – die 73. Infanterie-Division war als Reserve nach Sevastopol abgezogen worden – in die Verteidigung zu drängen und damit zu binden. Allerdings ging auch die Hoffnung der Sowjets, weitere deutsche Kräfte von Sevastopol zur Abwehr dieser Landungen auf die Halbinsel Kerč zu ziehen, nicht in Erfüllung, da Generaloberst von Manstein hoffte, trotz dieser Landung die Festung Sevastopol noch vor Ende des Monats einnehmen zu können, um sich dann mit aller Macht nach Osten zu wenden.

Völlig überraschend für die deutsche Seite begann in der Nacht zum 29. Dezember die von dem Geschwader der Schwarzmeer-Flotte (Kapitän 1. R. Basistyj) durchgeführte Landung der 44. Armee in Feodosija. Zunächst wurden von einer Vorausabteilung von 12 Wachbooten und zwei Räumbooten 300 Marine-Infanteristen gelandet, welche die Molen und den Leuchtturm besetzten. Kurz darauf kam der durch die Markierungs-U-Boote *M–51* und *ŠČ–201* herangeführte Unterstützungsverband vor Feodosija an und begann mit der Ausschiffung von 4200 Mann. Der Kreuzer *Krasnyj Krym* ankerte 300 m von der Mole entfernt, während die *Krasnyj Kavkaz* unmittelbar an der Mole anlegte und die Zerstörer *Železnjakov, Šaumjan* und *Nezamožnik* bis in den Hafen hinein gingen. Nach Hellwerden unterstützten die Schiffe mit ihrer Artillerie die gelandeten Truppen gegen die zunächst noch schwache Abwehr deutscher und rumänischer Etappenverbände.

Auf die Nachricht von der Landung in Feodosija gab der Befehlshaber der deutschen Truppen auf der Halbinsel Kerč, Generalleutnant Graf Sponeck, aus eigenem Entschluß den Befehl an die 46. Infanterie-Division, sich schnell von Kerč auf eine Riegelstellung im Westen zurückzuziehen, ein Entschluß, der den Absichten Mansteins zu dieser Zeit noch zuwider lief, sich jedoch nicht mehr rückgängig machen ließ. In der folgenden Nacht zum 30. Dezember traf die erste sowjetische Transporter-Abteilung mit 9 Transportschiffen und 11 270 eingeschifften Soldaten der 63. Schützen-Division, gesichert von 2 Zerstörern, vor Feodosija ein. Nach ihrer Ausladung folgte in der Nacht zum 31. Dezember die zweite Transporter-Abteilung mit 6395 Mann der 157. Schützen-Division auf fünf Transportern und ebenfalls 2 weiteren Zerstörern. Während der ganzen Zeit blieben die Kreuzer und erstgenannten 3 Zerstörer auf der Reede von Feodosija und unterstützten mit ihrem Artilleriefeuer die gelandeten Truppen, die jedoch wertvolle Zeit mit ihrer Ordnung und Bereitstellung verloren. So gelang es dem nunmehr schnell reagierenden Generaloberst von Manstein, mit zügig herangeführten deutschen und rumänischen Sperrverbänden an der engsten Stelle der Halbinsel Kerč, dicht westlich Feodosija, eine neue Verteidigungslinie aufzubauen. Das war allerdings nur durch die Einstellung des Angriffes auf Sevastopol möglich, das in dieser Phase artilleristische Unterstützung durch das einzige Schlachtschiff *Parižskaja Kommuna* und den neuen Schweren Kreuzer *Molotov* erhielt.

Die sowjetische Führung erkannte die Verlagerung des deutschen Schwerpunktes zu spät und führte in den ersten Januartagen mit allen verfügbaren Schiffen zunächst weitere Verstärkungen nach Sevastopol nach. Bei dem Rückmarsch von einer solchen Operation, bei der am Morgen des 3. Januar 1942 auch noch Landziele bei Feodosija beschossen wurden, erhielt die *Krasnyj Kavkaz* bei einem deutschen Stuka-Angriff schwere Treffer, so daß sie bis zum Oktober des Jahres ausfiel. Erst am 5. Januar begann die geplante sowjetische Offensive zum Entsatz von Sevastopol. Zur Ablenkung und Bindung der deutschen Kräfte landeten am 5. Januar kleinere sowjetische Schiffsverbände ein Marine-Infanterie-Bataillon an der Westküste der Krim in Evpatorija, wo sich gleichzeitig stärkere Partisanengruppen versammelt hatten. Nachdem in der Nacht zum 6. eine zweite Gruppe ein weiteres Bataillon an Land gebracht hatte, mußte die dritte Welle am gleichen Tage abends in dem schweren deutschen Abwehrfeuer abdrehen. Die bis dahin gelandeten Kräfte wurden von den deutschen Alarmeinheiten gestellt und vernichtet.

Der Angriff der inzwischen in Feodosija bereitgestellten Verbände lief sich gleichfalls an der nun aufgebauten deutschen Abwehrfront im Westteil der Halbinsel Kerč fest, und die deutsche 11. Armee konnte im Gegenangriff am 18. Januar den Hafen von Feodosija zurückgewinnen. Damit hatten die auf der Halbinsel Kerč stehenden sowjetischen Kräfte der 51. und 44. Armee den einzigen für große Schiffe zugänglichen Hafen verloren und mußten ihren gesamten Nachschub über die flachen Gewässer der Kerč-Straße bewältigen. Versuche, durch weitere Ablenkungsangriffe an der Südostküste der Krim mit Landungen von kleineren Kampfgruppen in Bataillons- oder Regimentsstärke die deutsche Krimverteidigung aus den Angeln zu heben, scheiterten am 23./24. Januar. Und auch die verschiedenen Offensiven der beiden sowjetischen Armeen auf der Halbinsel Kerč, die durch schweres Artilleriefeuer der sowjetischen Zerstörer, Schweren Kreuzer und gelegentlich auch des Schlachtschiffes unterstützt wurden, liefen sich immer wieder im Abwehrfeuer der deutschen Stellungen fest. Obgleich die sowjetische Marine mit ihren unzulänglichen Kräften und improvisierten Fahrzeugen in wenigen Tagen vier Divisionen und drei Brigaden an Land werfen konnte, erwies sich die Führung der Heeresverbände als zu schwerfällig, um das Überraschungsmoment und ihre anfängliche zahlenmäßige Überlegenheit zu einem kühnen Vorstoß in den Rücken der deutschen 11. Armee auszunutzen. So rettete die Operation zwar die Festung Sevastopol für einige Monate, erreichte jedoch ihr weitgestecktes Ziel nicht.

Der Kampf um Sevastopol

In den Wintermonaten und der anschließenden Zeit des Tauwetters erstarrten die Fronten auf der Krim im Stellungskrieg, und auch der Versuch der auf der Halbinsel Kerč eingesetzten beiden sowjetischen Armeen, Ende Februar in einer von den Schiffen der Schwarzmeer-Flotte mit schwerem Artilleriefeuer unterstützten Offensive die deutsche Front zu durchbrechen, scheiterte. Die sowjetische Schwarzmeer-Flotte, die schon seit dem Sommer 1941 ständig für die Unterstützung abgeschnittener Heeresverbände im Küstengebiet eingesetzt worden war, mußte auch in diesen Monaten in ununterbrochenem Einsatz die regelmäßige Versorgung der abgeschnittenen Küstenarmee in Sevastopol sicherstellen. Konnten in der ersten Zeit zum Nachschubtransport noch Transportschiffe eingesetzt werden, die im Oktober/November 1941 339 Fahrten, im Dezember/ Januar 214 Fahrten machten, so gingen diese Einsatzzahlen jedoch mit den wieder länger werdenden Tagen im Februar und März auf 58 bzw. 27 zurück und sanken im April noch weiter ab. Ab Mai war es nur noch möglich, die vier noch vorhandenen schnellen Transporter und einen relativ schnellen Tanker unter starker Sicherung einzusetzen. Doch mußten nach den schweren Ausfällen ab Mai die Mannschaftstransporte, die auch bisher schon z. T. von Kriegsschiffen durchgeführt worden waren, von diesen ganz übernommen werden. Von den einsatzbereiten Schiffen des Geschwaders unternahmen das Linienschiff und die fünf Kreuzer insgesamt 43, die beiden Flottillenführer und 12 Zerstörer 164 Fahrten zum Personal- und Nachschubtransport nach Sevastopol, wobei sie 90 250 Mann und 21 000 t Material einfuhren, 29 845 Verwundete und 15 000 Einwohner wurden evakuiert. Bei diesen Einsätzen führten die Kriegsschiffe außerdem 507 Beschießungen mit 14 560 Schuß 10-cm bis 30,5-cm durch. Die Verluste blieben in dieser Phase noch gering, da die Fahrten überwiegend nachts durchgeführt werden konnten, so daß die Schiffe von deutschen Luftangriffen verschont blieben. Eine Gegenwirkung auf See brauchten sie zu dieser Zeit noch nicht zu befürchten. Die Hauptgefahr ging von den durch die deutsche Luftwaffe gelegten Minen aus, durch die im Januar der Zerstörer *Sposobnyj* schwer beschädigt wurde und im April/ Mai die älteren Zerstörer *Šaumjan* und *Dezeržinskij* verloren gingen.

Nach dem Ende der Schlammperiode trat Generaloberst von Manstein am 8. Mai zunächst mit einem Teil seiner Kräfte, zwei deutschen und einem rumänischen Korps, zum Angriff gegen die sowjetische Krim-Front auf der Halbinsel Kerč an. Mit starker Luftunterstützung gelang es den Verbänden, die Front der 44. sowjetischen Armee aufzureißen und im Süden durchbrechend die Masse dieser und der 51. Armee einzuschließen und zu vernichten. Am 15. Mai erreichten die deutschen Truppen Kerč, von wo sich nur Restgruppen der sowjetischen Verbände auf die Tamanhalbinsel retten konnten. 170 000 Gefangene wurden eingebracht und 16 000 Gefallene gezählt; darunter auch der Oberbefehlshaber der 51. Armee, General Lvov. 1133 Geschütze und 228 Panzer wurden als Beute gezählt. Obgleich auch jetzt wieder die sowjetische Schwarzmeer-Flotte mit allen verfügbaren Schiffen von See her in die Kämpfe einzugreifen suchte, konnte sie das Blatt nicht wenden. Nach der Beseitigung dieser Bedrohung im Rücken konnte Manstein nun die Kräfte seiner Armee zum endgültigen Angriff auf die Festung Sevastopol bereitstellen. Das LIV. und XXX. Korps sowie das rumänische Gebirgskorps mit insgesamt 9 Divisionen standen für den Angriff zur Verfügung. Die Artillerie hatte rund 600 Rohre und 24 Werferbatterien sowie 17 Flakbatterien bereitgestellt, darunter die schwersten verfügbaren Kaliber: die 60-cm-Mörser *Thor* und das einzige Eisenbahngeschütz *Dora*, das Granaten von 7,1 t bis zu 47 km weit verschießen konnte. Das VIII. Fliegerkorps stellte 7 Kampf-, 3 Stuka- und 4 Jagdgruppen bereit. Demgegenüber war die Kampfstärke der sowjetischen Küstenarmee (Generalleutnant Petrov), deren 7 Schützen-Divisionen seit den letzten Zufuhren im Januar im Einsatz standen, auf etwa 55% gesunken. Die später von den Schiffen zugeführten Marine-Infanterie-Brigaden und -Regimenter besaßen noch etwa 80% ihrer Kampfstärke; für die artilleristische Verteidigung standen 606 Geschütze, ferner 38 Panzer und 109 Flugzeuge (Stand vom 20.5.) zur Verfügung.

Am 7. Juni trat die 11. Armee zum Angriff an. Die sowjetische Schwarzmeer-Flotte mußte nun mit allen verfügbaren Schiffen die Versorgung der Festung intensivieren und für den Abtransport der Verwundeten sorgen. Einerseits wurde diese Aufgabe durch die nun sehr kurzen Nächte erschwert, in denen die Schiffe trotz ihrer hohen Geschwindigkeit kaum vom Kaukasus bis nach Sevastopol gelangen konnten, und andererseits auch durch die ab 10. Juni von Häfen der Krim aus eingesetzten italienischen Kleinkampfverbände mit leichten Motortorpedobooten und Klein-U-Booten sowie die am 17. Juni eintreffenden ersten fünf Boote der deutschen 1. Schnellboot-Flottille.

Am 10. Juni war der Transporter *Abchazija* im Geleit von zwei Zerstörern, 2 Minensuchern und 3 Wachkuttern in Sevastopol eingetroffen, wo er mit dem Zerstörer *Svobodnyj* und einem Minensucher einem deutschen Luftangriff zum Opfer fiel. Nachdem am 13. Juni auch der Transporter *Gruzija* an der Minenpier in Sevastopol bei Hellwerden durch Flugzeuge versenkt worden war, mußte man auf die weitere Verwendung von Transportschiffen verzichten und den Nachschub und den Ersatz ausschließlich mit schnellen Kriegsschiffen und U-Booten durchführen. Am 12./13. und 15./16. Juni kam der Kreuzer *Molotov* zweimal mit 2998 bzw. 3175 Mann, begleitet von den Zerstörern *Bditel'nyj* und *Bezuprečnyj* mit 302 bzw. 680 Mann durch. Angriffsversuche der Schnellboote und Kleinboote schlugen fehl. Am 18. Juni wurde der Flottillenführer *Char'kov* auf dem Anmarsch durch einen Bombennahtreffer schwer beschädigt und mußte zur Reparatur in die Werft gebracht werden. Am 20. Juni kamen die Zerstörer *Bezuprečnyj* und *Bditel'nyj* mit dem Wachschiff *Škval* mit 855 Mann sowie 293 t Munition an. Am 23. Juni trafen der große Flottillenführer *Taškent* und die *Bezuprečnyj*, am 24. Juni die *Bditel'nyj* und *Bezuprečnyj*, am 25. Juni wieder die *Taškent* und *Bditel'nyj* mit Nachschub in Sevastopol ein.

Am 26. Juni kam noch einmal die *Bezuprečnyj* durch, doch wurde sie auf ihrem Rückweg durch deutsche Sturzbomber versenkt. Als letztem Überwasserschiff des Geschwaders gelang es am 27. Juni dem Flottillenführer *Taškent* unter Kapitän Erošenko, durchzubrechen und 944 Mann Truppenersatz zu landen. Auf dem Rückmarsch mit 2300 Verwundeten an Bord erhielt er durch Nahtreffer und Bordwaffenbeschuß so zahlreiche Lecks, daß er mit einem Wassereinbruch von 1900 ts und in kaum noch schwimmfähigen Zustand von der ihm entgegenlaufenden *Bditel'nyj* in Schlepp genommen werden mußte, der Zerstörer *Soobrazitel'nyj* übernahm 1975 Verwundete. Mit Mühe erreichte der Schleppzug Novorossijsk, wo die *Taškent* dann auf ebenen Kiel auf Grund sackte. Sie wurde am 2. Juli zusammen mit der *Bditel'nyj* bei einem deutschen Luftangriff auf den Hafen zerstört.

Neben den Überwasserschiffen mußten auch die vorhandenen U-Boote in zunehmenden Maße für Transportaufgaben herangezogen werden. Hatte man sich vom 7. Mai bis Anfang Juni zunächst auf die fahrbereiten 8 großen Boote der *D*-, *L*-, und *S*-Klassen beschränkt, so wurden ab Mitte Juni auch die 8 mittleren Boote der *ŠČ*-Klasse und sogar 8 kleine Boote der *M*-Klasse und 2 der überalten kleinen Boote der *A*-Klasse eingesetzt. In insgesamt 77 Fahrten brachten die U-Boote 2323 t Munition, 1038 t Lebensmittel und 574 t Brennstoff nach Sevastopol und evakuierten 1313 Verwundete. Drei der U-Boote gingen bei den Operationen durch Feindeinwirkung, eines in Sevastopol durch eine Benzinexplosion verloren.

Als die letzten Verteidigungsstellungen durchstoßen waren, gab die sowjetische Führung am 30. Juni den Befehl zur Räumung von Sevastopol. Die Evakuierung konnte jedoch nur noch in sehr geringem Umfang mit kleinen Fahrzeugen und U-Booten bis zum Erlöschen des letzten Widerstandes am 4. Juli durchgeführt werden. Die Masse der Überlebenden, rund 90 000 Mann, gerieten in Gefangenschaft.

Der Kampf um den Kaukasus

Nachdem im Mai 1942 der Versuch einer sowjetischen Großoffensive im Raum von Charkov in einem deutschen Gegenangriff mit der Einkesselung der drei angreifenden Armeen und ihrer Vernichtung geendet hatte, trat die deutsche Heeresgruppe Süd am 28. Juni im Gebiet von Kursk und Charkov zum Angriff an, durchstieß die sowjetische Front und errreichte mit den Spitzen nach wenigen Tagen Voronež und den Don, wo sich die nachgeführten verbündeten Truppen zusammen mit deutschen Verbänden zur Verteidigung einrichteten, während die gepanzerten und motorisierten Verbände nach Südosten in Richtung auf Rostov an der Don-Mündung und Stalingrad an dem Wolgaknie vorstießen. Im Gegensatz zum Jahr 1941 wichen die sowjetischen Kräfte dem deutschen Vorstoß aus, so daß es nicht zu größeren Kesselschlachten kam. Am 23. Juli erreichte der Angriff Rostov, und nach Überwindung des Don-Unterlaufes stießen die deutschen und rumänischen Truppen in schnellem Vormarsch in Richtung auf den Kaukasus vor.

Am 4. August mußte das Oberkommando der sowjetischen Nordkaukasus-Front die Evakuierung der Häfen von Jejsk und Achtari im Azov'schen Meer anordnen. Es gelang der Azov-Flottille unter Konteradmiral Gorškov mit 2 Kanonenbooten, 2 Wachschiffen, 2 Räumbooten und zahlreichen kleineren Fischereifahrzeugen, 1200 Mann nach Temrjuk zu bringen. Jejsk wurde am 8. August von der rumänischen 5. Kavallerie-Division besetzt, während die rumänischen 6. und 9. Kavallerie-Divisionen an den Haffs und Seen des Azov'schen Meeres vorbei auf Slavjansk am Eingang zur Taman-Halbinsel vorstießen und das deutsche XV. Korps am 10. August in Krasnodar am Kuban eindrang und am 16. hier trotz Einsatzes sowjetischer Kanonenboote einen Brückenkopf bildete, der den Angriff auf Novorosijsk erlaubte, während das rumänische Kavalleriekorps entlang des Kuban auf den Hafen Temrjuk vorstieß. Am 24. August mußten die Sowjets den Hafen räumen und die Reste der Azov-Flottille durch die Kerč-Straße hindurch in das Schwarze Meer überführen, um sie hier Anschluß an ihre Kräfte finden zu lassen.

Der auf deutscher Seite seit dem 10. August vorgesehene Übergang über die Straße von Kerč auf die Taman-Halbinsel mußte mehrfach verschoben werden, weil die dafür notwendigen Landungsfahrzeuge, vor allem Pionierfähren und Sturmboote neben den ersten wenigen Fährprähmen, bei dem herrschenden Seegang nicht verwendet werden konnten. Während die Rumänen am 3. September den Hafen Anapa an der Südküste der Tamanhalbinsel besetzten, landeten in der Nacht vom 2. September die ersten drei Kampfgruppen der deutschen 46. Infanterie-Division, denen rumänische Truppen folgten, an der Westküste der Halbinsel. Die sowjetischen Reste zogen sich an die Südküste zurück und wurden hier am 3. und 4. September von leichten Schiffen aufgenommen und nach Novorossijsk evakuiert. Die wenigen fahrbereiten Zerstörer versuchten, die nächtlichen Einschiffungen gegen Angriffe der deutschen Schnellboote zu schützen. Auf den Einsatz der Kreuzer hatte man hier verzichtet, nachdem die *Molotov* am 3. August durch den Torpedotreffer eines italienischen MAS-Bootes ihr Vorschiff verloren hatte. Mit den behelfsmäßigen Werfteinrichtungen in Poti wurde dem beschädigten Kreuzer das Vorschiff des unfertig hierher geschleppten Rumpfes des Kreuzers *Kujbyšev* angesetzt, doch kam die *Molotov* während des Krieges nicht mehr zum Einsatz. Obwohl die deutschen Schnellboote wiederholt Angriffe gegen die sowjetischen Evakuierungstransporte führten, blieben die Erfolge wegen des geringen Tiefganges der benutzten Fahrzeuge gering.

Mit schnell herangeführten und neu aufgestellten Marineinfanterie-Verbänden und den Resten der 47. Armee wurde

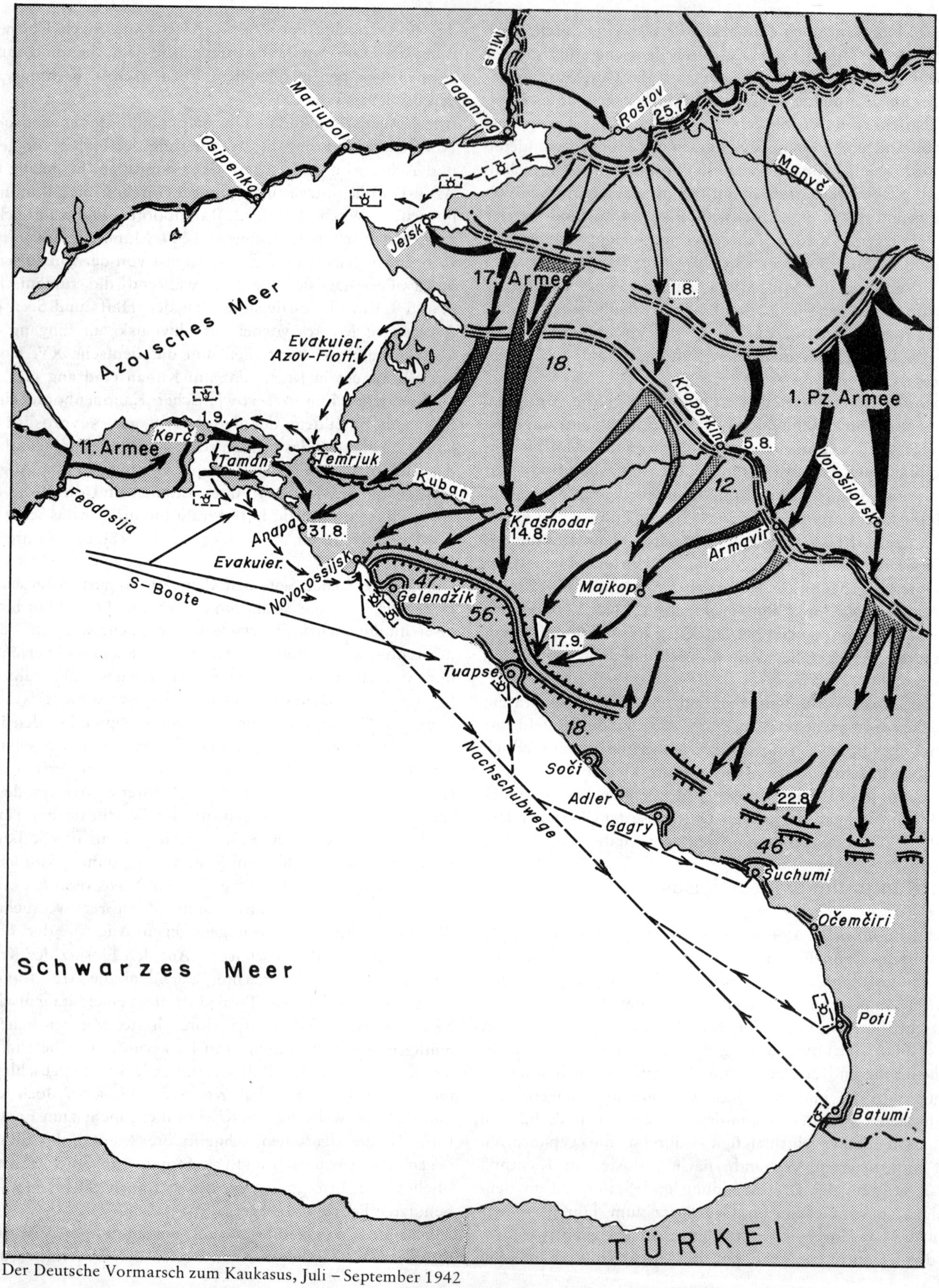

Der Deutsche Vormarsch zum Kaukasus, Juli – September 1942

unter der Führung der Konteradmirale Cholostjakov und Gorškov die Verteidigung von Novorosijsk organisiert. Doch konnten sich die Kräfte gegen den Angriff des V. deutschen Korps nicht halten und mußten am 6. September die Stadt und den Hafen aufgeben; der weitere deutsche Angriff lief sich aber dicht ostwärts der Stadt fest, so daß die sowjetische Artillerie weiterhin von Gelendžik in die Hafeneinfahrt von Novorossijsk wirken und damit die Benutzung des Hafens für die deutsche Seite unterbinden konnte. Noch bedrohlicher war für die sowjetische Führung jedoch der inzwischen laufende deutsche Angriff auf Tuapse, das von Teilen der sowjetischen 18. Armee gegen zwei deutsche Korps verteidigt wurde. Wieder konnte die Lage nur durch den Einsatz der wenigen, noch fahrbereiten Schiffe der Flotte gemeistert werden. Bis zum 15. Oktober hatten die Schiffe des Geschwaders bereits 33 319 Schützen und 600 t Material und Munition von Poti nach Tuapse gebracht; davon der nach seinen Schäden wiederhergestellte Kreuzer *Krasnyj Kavkaz* allein 9718 Mann, die *Krasnyj Krym* 1143 Mann, der ebenfalls behelfsmäßig reparierte Flottillenführer *Char'kov* 5261 Mann und der einzige noch einsatzbereite moderne Zerstörer *Soobrazitel'nyj* 3100 Mann. In den nächsten 10 Tagen transportierten die Schiffe des Geschwaders nochmals 12 600 Mann, 50 Geschütze, 65 Granatwerfer und 100 t Material nach dem ebenfalls bedrohten Hafen Soči und Tuapse. Es gelang den auf diese Weise herangeführten Truppen, die deutschen Angriffe, die im Südosten sogar Suchumi bedrohten, aufzufangen und die Häfen trotz mancher krisenhafter Lagen zu halten.

Der Kampf um den deutschen Nachschub

Bei den großen Entfernungen mußte es für die deutsche Seite sehr verlockend sein, Nachschub von Rumänien über See in die Frontgebiete zu transportieren, doch standen dem mancherlei Schwierigkeiten gegenüber. Der im Schwarzen Meer zur Verfügung stehende Schiffsraum war sehr knapp und bestand zudem aus meist recht alten und kleinen Schiffen. Auch die Heranführung von Fahrzeugen der Donauschiffahrt konnte diese Situation nur wenig bessern, und die italienischen Tanker, die zum Öltransport von Konstanza durch den Bosporus in die Ägäis und nach Italien eingesetzt wurden, konnten nur in Ausnahmefällen zu Fahrten an die Küste der Krim herangezogen werden. Eine weitere Schwierigkeit war das Fehlen ausreichender Sicherungs-Streitkräfte, insbesondere gegen die sowjetische U-Boot-Waffe, die ständig an der Westküste des Schwarzen Meeres operierte. Außer vier rumänischen Zerstörern und wenigen kleinen alten Torpedobooten und Kanonenbooten gab es zunächst nur die Fahrzeuge der deutschen Donau-Flottille, die im Küstenverkehr von der Donau-Mündung zur Dnepr-Mündung und nach Odessa eingesetzt werden konnten, jedoch fehlte es völlig an für die U-Jagd geeigneten und ausgerüsteten Fahrzeugen, denn die rumänischen Schiffe besaßen keine Unterwasser-Ortungsgeräte. Auch fehlten kampfkräftige Überwasserschiffe, die man gegen die ständig befürchteten Angriffe der sowjetischen, weit überlegenen Überwasser-Verbände einsetzen konnte.

Es wurde deshalb im Jahre 1942 in größerem Umfange daran gegangen, durch die Überführung leichter Einheiten auf Binnenwasserwegen dieser Schwierigkeiten Herr zu werden. Nach Aufbrechen des Eises im Frühjahr 1942 begannen die ersten Überführungen. Die Fahrzeuge fuhren die Elbe aufwärts bis Dresden, wurden dann über 450 km auf der Autobahn bis Ingolstadt auf Schwerlast-Transportwagen gebracht und dort wieder in die Donau gesetzt, auf der sie teilweise mit Hilfe von Pontons und später mit eigener Kraft bis ins Schwarze Meer gelangten. Die ersten Schnellboote trafen im Mai 1942, die ersten Räumboote im Juli, die ersten drei U-Boote vom Typ II im Oktober 1942 ein. Bis zum Sommer 1944 wurden insgesamt 6 U-Boote, 30 Schnellboote, 23 Räumboote, 50 Marine-Fährprähme, 26 Kriegsfischkutter, die als U-Jäger ausgerüstet wurden, 84 Barkassen, 153 Küstenfahrzeuge, 30 Schlepper, 2 Raddampfer, 2 Eisbrecher, 4 Bagger und 18 Motorboote überführt.

Dazu begann man schon 1941 auf der bulgarischen Werft von Varna mit dem Bau von Marine-Fährprähmen, von denen bis 1944 etwa 65 fertiggestellt wurden, die allerdings z. T. ins Ägäische Meer überführt werden mußten. Außerdem begann man ab 1943 auch Kriegsfischkutter für die Küstenüberwachung in Schwarzmeer-Werften zu bauen und den Bau von Kriegstransportschiffen und Minensuchbooten des Typs 43 und U-Booten des Typs XXIII vorzubereiten, doch kamen diese Bauten nicht mehr zur Durchführung. Weitere Schiffe lieferten die Donauwerften in Linz und Korneuburg bei Wien. Zu diesen Einheiten kamen die im Mai/Juni 1942 überführten 6 italienischen Klein-U-Boote sowie eine Anzahl von MAS- und Motor-Torpedobooten. Zwei größere rumänische U-Boote wurden erst 1944 frontreif. Der zur Verfügung stehende Handelsschiff-Transportraum konnte von rund 35 000 BRT im Jahr 1942 trotz einiger Verluste bis zum Anfang 1944 auf etwas mehr als 40 000 BRT gesteigert werden.

Die verbündeten Bewegungen zur See wurden von dem deutschen Admiral »Schwarzes Meer« geleitet, der sich zur Steuerung des Konvoi-Verkehrs der Dienststelle des Geleitchefs Krim/Kaukasus, die später in 10. Sicherungs-Division umbenannt wurde, bediente. Der Schiffsverkehr lief im Westteil des Schwarzen Meeres unter der bulgarischen und rumänischen Küste im Schutze der schon 1941 ausgelegten und später verstärkten Flankenminensperren, die nördlich der Donau-Mündung bis Odessa verlängert worden waren und vor Odessa ihre Ergänzung in den in das Sperrsystem einbezogenen alten sowjetischen Devensivsperren fanden. Von Odessa und der Dnepr-Mündung überquerte der Verkehr die flache Nordwestbucht des Schwarzen Meeres und erreichte bei Tarchankut an der Westspitze der Krim tiefere Gewässer und nach Passieren der gleichfalls weiter benutzten sowjetischen Defensivsperren Sevastopol. Außerdem wurden von deutscher Seite für wichtige schnellere Geleite, zu deren Sicherung die rumänischen Zerstörer herangezogen wurden, auch Tiefwasserwege zwischen Konstanza und dem Bosporus bzw. Konstanza und Sevastopol benutzt. Von dort nach Osten wurden die meist mit kleineren Fahrzeugen und Fährprähmen durchgeführten Geleite unter der Küste des Jaila-Gebirges nach Feodosija und von dort nach Osten in die Straße von Kerč geführt, wo ein Teil in die Häfen des Azov'schen Meeres abzweigte und der Rest weiter nach Anapa geführt wurde. Die Auslegung von Flankenminensperren konnte hier wegen der größeren Wassertiefen nur im Gebiet vor der Kerč-Straße erfolgen.

Von sowjetischer Seite wurden gegen diesen Verkehr in erster Linie U-Boote eingesetzt. Ihre Zahl war von 44 bei Kriegsbeginn trotz der Indienststellung von 14 neuen Booten bis Mitte Juli 1942 infolge der eingetretenen Verluste auf 34 Boote zusammengeschmolzen, von denen wegen der Abstellung einer Reihe älterer, kleiner Boote für Ausbildungszwecke nur noch 20 einsatzbereit waren. Man entschloß sich deshalb, die bisherigen zwei Brigaden zu einer Brigade zu vereinigen und die Boote der verschiedenen Typen jeweils in Divisionen zusammenzufassen. Die kleinen Boote der *M*-Klasse wurden in den folgenden 1½ Jahren vorwiegend im Gebiet des nordwestlichen Schwarzen Meeres und unter der Südostküste der Krim bis auf die Höhe der Halbinsel Kerč eingesetzt. Die großen U-Boote verwendete man im freien Seeraum zwischen der Krim und Rumänien sowie an der rumänisch-bulgarischen Küste und vor dem Bosporus. Hier wurden die U-Boote zunächst weiter nach der »Positionsmethode« angesetzt, wobei man jedoch Wert darauf legte, daß die Boote selbst aktiver als bisher die Zielsuche in ihrem Operationsgebiet betrieben. Die großen U-Boote der *L*-Klasse verwendete man vor allem auch zum Auslegen von Ankertau-Minesperren im Gebiet der Westküste des Schwarzen Meeres und vor Sevastopol, wo diese Sperren jedoch von den deutschen Räumfahrzeugen meist schnell gefunden und beseitigt wurden, ehe sie Schäden angerichtet hatten. Andere U-Boote wurden auch zur Versorgung oder Bergung von Partisanengruppen an der Südostküste der Krim verwendet. Insgesamt haben die sowjetischen U-Boote im Jahr 1942 13 Schiffe mit 12 000 BRT versenkt, von denen jedoch nur 4 Dampfer und 2 Schlepper im deutsch-rumänischen Nachschubverkehr eingesetzt waren, während es sich bei den übrigen Einheiten um kleine türkische Schiffe und das vor dem Bosporus versenkte kleine jüdische Flüchtlingsschiff *Struma* handelte.

Als mit dem sowjetischen Angriff beiderseits Stalingrad ab 19. November 1942 der deutsche Druck auf die Kaukasus-Front nachließ und damit die Bedrohung der sowjetischen Stützpunkte an der Südostküste des Schwarzen Meeres wegfiel, ergab sich für die sowjetische Flottenführung eine Verlagerung der Einsatzschwerpunkte. Während die Überwasserschiffe bis dahin in erster Linie für die Unterstützung des Heeres und Versorgungsaufgaben herangezogen werden mußten, trat diese Aufgabe nunmehr gegenüber der Störung des verbündeten Seenachschubes zurück. Schon 10 Tage später, am 29. November, lief Vizeadmiral Vladimirskij mit den einsatzbereiten modernen Schiffen, dem Kreuzer *Vorošilov,* dem Flottillenführer *Char'kov* und 4 Zerstörern, über das ganze Schwarze Meer bis an die rumänisch-bulgarische Küste, um dort nach Möglichkeit Konvois abzufangen und, falls das nicht gelang, Landziele und Häfen zu beschießen. Da die deutsche Funkaufklärung den sowjetischen Vorstoß rechtzeitig erkannte, konnten alle deutschen und rumänischen Konvois einlaufen, so daß der Vorstoß ins Leere ging und die Schiffe durch detonierende Minen der verbündeten Flankenminensperren leichte Schäden erlitten. Da es offenbar nicht möglich war, mit Kreuzern und Zerstörern über diese Sperren hinweg an die Geleitwege heranzukommen, entsandten die Sowjets vom 11. bis 14. Dezember 2 Minensuchergruppen unter Deckung durch einen Zerstörer an die rumänische und bulgarische Küste. Eine der beiden Gruppen mit 2 Minensuchern kam dabei an einen von einem rumänischen Torpedoboot und 4 deutschen Räumbooten gesicherten kleinen Konvoi heran, wurde jedoch durch die einen Schnellbootangriff vortäuschenden Räumboote abgedrängt, so daß auch diese Unternehmung, ebenso wie ein dritter Versuch Ende Dezember, mit Minensuchern und Zerstörern an die Ziele heranzukommen, scheiterte. Da ein unerkannter Vormarsch durch das südliche Schwarze Meer nicht bewältigt werden konnte, beschränkte sich die sowjetische Schwarzmeer-Flotte im Jahr 1943 darauf, wiederholt mit Zerstörern Vorstöße gegen die Südostküste der Krim zu führen, um hier nach Möglichkeit Geleite zu fassen und Küstenziele zu beschießen.

Im Jahr 1943 ging die sowjetische Führung auch dazu über, die U-Boote in Gruppen anzusetzen. Erstmalig im April 1943 wurde ein Vorpostenstreifen von 3 U-Booten senkrecht zu den von Konstanza über das Schwarze Meer nach Sevastopol führenden deutschen Wegen gebildet, und eines der Boote, *S-33,* hatte mit einem Angriff gegen das derzeit größte rumänische Transportschiff *Suceava* Erfolg. Auch vor dem Bosporus wurden wiederholt Gruppen von 3 sowjetischen U-Booten aufgestellt, wenn die in der Türkei stationierten Agenten das Passieren deutscher oder verbündeter Transportschiffe und Tanker durch die türkischen Meerengen ankündigten. Zwei deutsche Tanker wurden bei solchen Operationen beschädigt. Meist jedoch erkannte die Funkaufklärung diese Aufstellungen vorzeitig und konnte den Verkehr entsprechend stoppen. Die vergeblich vor dem Bosporus wartenden U-Boote haben bei solchen Gelegenheiten häufig kleine türkische Küstenschiffe angegriffen, von denen allein in der zweiten Hälfte 1943 7 versenkt wurden.

Die Operationen der U-Boote gegen den deutschen Weg Sevastopol–Feodosija–Anapa waren für die U-Boote deshalb besonders schwierig, weil die in diesen Konvois laufenden Schiffe meist sehr klein und flachgehend waren. Zum großen Teil handelte es sich um Marine-Fährprähme, die ein sehr kleines Ziel boten und von den Torpedos oft unterlaufen wurden. Erst nach der Einführung der Abstandspistolen gelang es im Sommer 1943, einige dieser Fahrzeuge zu versenken. Insgesamt fielen den sowjetischen U-Booten 1943 16 Schiffe mit 30 880 BRT, 4 Fährprähme, 1 Schlepper und 1 Leichter zum Opfer. Waren im zweiten Halbjahr 1942 noch 3 U-Boote auf Flankensperren und 2 durch die deutsch-rumänische U-Bootjagd verlorengegangen, so beschränkten sich die Ausfälle im ersten Halbjahr 1943 auf Verluste durch Unfälle sowie die Außerdienststellung älterer Boote. Erst in der zweiten Hälfte 1943 stiegen die Verluste an, nachdem die deutsche U-Boot-Abwehr auf dem Weg Konstanza–Krim durch speziell für die U-Boot-Jagd hergestellte Schiffe, die in der 1. U-Jagd-Flottille zusammengefaßt wurden, den sowjetischen U-Booten ihre Operationen sehr erschwerte. Bis zum Ende des Jahres fielen diesen Schiffen 5 sowjetische Boote zum Opfer, so daß die Zahl der einsatzbereiten U-Boote trotz aller Anstrengungen, Schulboote wieder fronteinsatzfähig zu machen, auf 18 absank.

Auf verbündeter Seite kamen von November 1942 ab die ersten 3 auf dem Donauweg überführten kleinen U-Boote vom Typ II B zum Einsatz, denen Mitte 1943 3 weitere Boote folgten. Sie wurden von Konstanza aus vor der sowjetischen Kaukasusküste gegen den Küstenschiffsverkehr angesetzt und griffen einzeln die durch Minensucher und Wachschiffe sowie durch kleinere Motorboote und U-Jäger geschützten Transportschiffe an. Bis Ende 1943 fielen ihnen 6 identifizierte Schiffe mit 26453 BRT sowie eine Anzahl kleinerer Fahrzeuge und Hilfskriegsschiffe zum Opfer.

Der Ansatz von Schnellbooten brachte auf beiden Seiten nur begrenzte Erfolge. Die deutschen Schnellboote waren dadurch stark behindert, daß im Gebiet des Kuban-Brükkenkopfes keine Einsatzhäfen zur Verfügung standen, so daß die Boote weiterhin aus dem an der Südspitze der Krim gelegenen Hafen von Ivan Baba operieren mußten und somit nur das Gebiet von Novorossijsk und bei günstigen Bedingungen Tuapse erreichen konnten, wo ihnen einzelne Torpedoerfolge glückten. Die sowjetischen Torpedokutter, deren geringere Größe und Seefähigkeit weiträumige Operationen noch zusätzlich erschwerte, kamen nur im Gebiet vor der Kerč-Straße gegen die deutschen Geleite nach Anapa zum Ansatz, hatten hier jedoch aus den gleichen Gründen wie die U-Boote nur selten die Möglichkeit, erfolgreiche Torpedoschüsse anzubringen.

Der Kampf um den Kuban-Brückenkopf

Die Entwicklung der Lage im Gebiet westlich Stalingrad und die Bedrohung der über Rostov führenden rückwärtigen Verbindungen zwang die deutsche Heeresgruppe A im Januar 1943, die nördlich des Kaukasus weit nach Südosten bis auf die Höhe von Mozdok vorgestoßene 1. Panzerarmee schnell nach Nordwesten zurückzunehmen, um sie noch über den Unterlauf des Don bei Rostov Anschluß an die Heeresgruppe Süd gewinnen zu lassen. Diese Absetzbewegung konnte trotz des Druckes der scharf nachdrängenden sowjetischen Nordkaukasus-Front und des Versuches der Süd-Front, auf Rostov vorzustoßen, bis Ende Januar im wesentlichen abgeschlossen werden, so daß die deutschen Verbände am 14. Februar den Brückenkopf Rostov räumen und auf die Mius-Linie zurückgehen konnten. Es war jedoch nicht möglich, gleichzeitig auch die an der Kaukasus-Front stehende deutsche 17. Armee auf diesem Wege zurückzuführen. Sie erhielt deshalb den Auftrag, einen Brückenkopf beiderseits des Kuban zu bilden, um damit die Kerč-Straße und die Ostzugänge zur Krim zu decken. Die Front dieses Kuban-Brückenkopfes verlief zunächst Ende Januar von Novorossijsk nach Nordosten bis ins Gebiet von Krasnodar und bog dann nach Nordwesten auf das Azov'sche Meer zu ab.

Die sowjetische Nordkaukasus-Front, deren Angriffsspitzen Ende Januar Jejsk am Azov'schen Meer erreicht hatten, plante, diesen deutschen Kuban-Brückenkopf durch einen Angriff von Nordosten sowie eine amphibische Operation westlich von Novorossijsk zum Einsturz zu bringen. Während sich die deutschen Verbände gegenüber dem massiven Angriff von Nordosten planmäßig auf eine kürzere Verteidigungslinie beiderseits des Kuban zurückzogen, lief im Rücken der vor Novorossijsk stehenden deutschen Kräfte die Landungsoperation an. Zunächst hatten seit Ende Januar sowjetische Kreuzer und Zerstörer wiederholt deutsche Stellungen an der Südküste der Kuban-Halbinsel beschossen. In der Nacht zum 4. Februar 1943 tauchten an der Küste zwischen Anapa und der Straße von Kerč leichte sowjetische Streitkräfte auf und beschossen die Küste, um die deutsche Verteidigung vom Hauptziel des Angriffes, dem Raum von Južnaja Ozerejka, abzulenken. Wenig später wurde dieser Landungsraum von den Kreuzern *Krasnyj Kavkaz* und *Krasnyj Krym*, dem Flottillenführer *Char'kov* und 2 Zerstörern unter schweren Beschuß genommen, ehe einige Stunden später der Landungsverband unter Konteradmiral Basistyj mit 3 Kanonenbooten, 2 älteren Zerstörern und 6 Minensuchern sowie zahlreichen Wachkuttern zur Absetzung der 3 eingeschifften Schützenbrigaden anlief. Durch Verluste auf einer ausgelegten deutschen Minensperre und das sofort einsetzende starke Abwehrfeuer kamen nur Teile der 83. und 255. Marineschützen-Brigade und der 165. Schützenbrigade an Land, wo sie durch die sofort einsetzenden deutschen Gegenangriffe bis zum 6. Februar aufgerieben wurden. So scheiterte diese Landung, welche die deutsche Front vor Novorossijk vom Rücken her zum Einsturz bringen sollte.

Zur gleichen Zeit gelang es jedoch Wachkuttern, bei Kap Myschako, das dem Hafen von Novorossijsk im Süden vor-

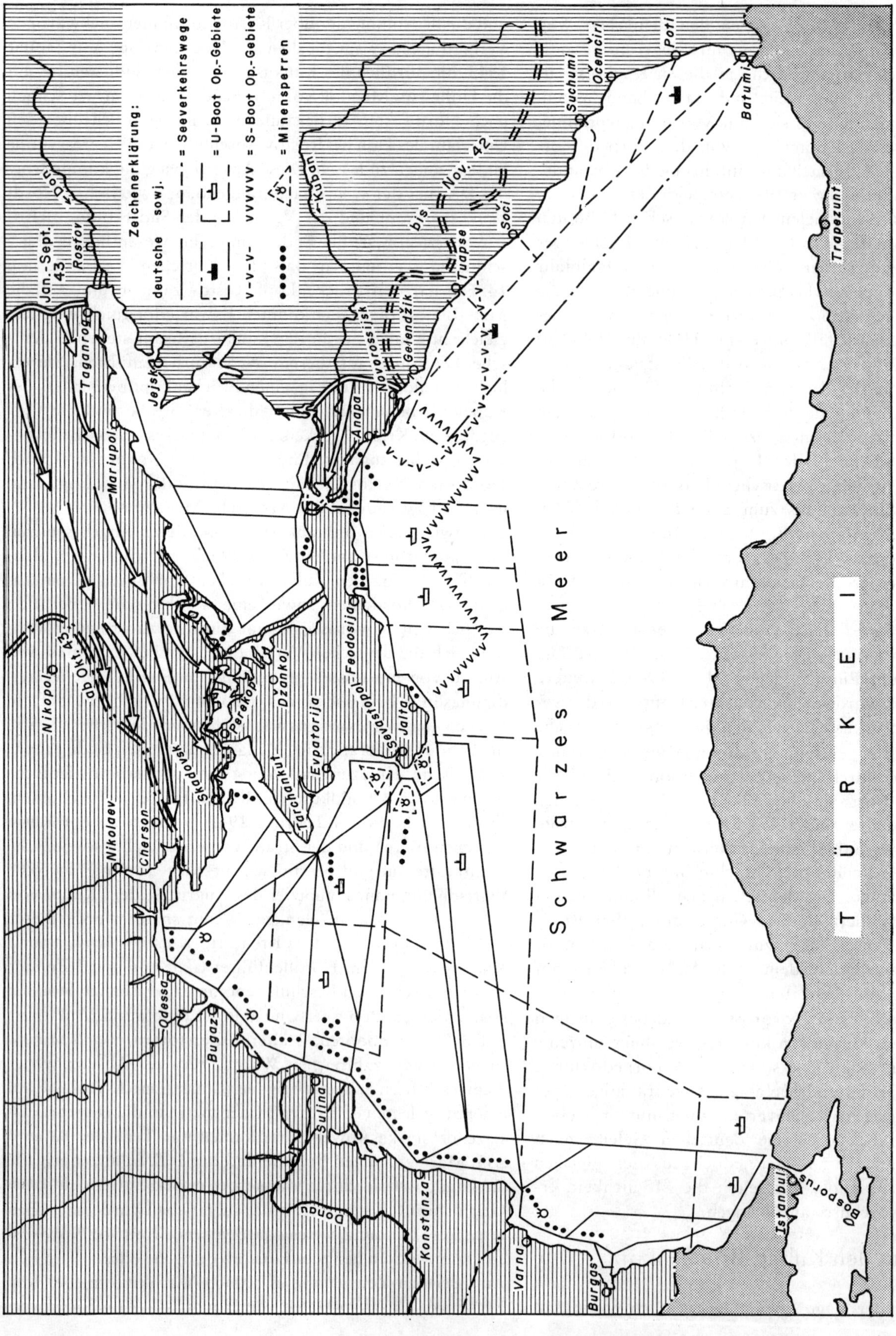

Der Seekrieg im Schwarzen Meer 1942/1944

gelagert war, eine Nebenlandung durchzuführen. Ehe man auf deutscher Seite diese Gefahr erkannte, konnten die sowjetischen Kanonenboote die noch nicht ausgeschifften Kräfte der für die Hauptlandung vorgesehenen Brigaden hier absetzen und durch nachgeführte Verbände bis zum 9. Februar auf 17 000 Mann verstärken. Wenn auch die deutsche 1. Schnellbootflottille bei Angriffen gegen den Nachschub mehrere kleine Fahrzeuge sowie 1 Kanonenboot und einen Minensucher versenkte, konnten die zu schwachen deutschen Heeresverbände diesen Brückenkopf nicht eindrücken. Auch alle späteren Gegenangriffe von deutscher Seite gegen diesen Brückenkopf wurden von den über einen kurzen Seeweg versorgten sowjetischen Truppen abgewiesen, und der Hafen von Novorossijsk geriet damit in die Hauptkampflinie.

Bis zum September 1943 gelang es der deutschen 17. Armee, alle weiteren Angriffsversuche der sowjetischen Nordkaukasus-Front abzuwehren. Das war in erster Linie durch den ungestört fließenden Nachschub möglich, der einerseits mit Pionierlandungsfahrzeugen über die Straße von Kerč sowie mit Konvois unter der Südküste der Halbinsel Kerč nach Anapa durchgeführt wurde. Die sowjetischen Angriffsversuche gegen diese Konvois mit U-Booten, Torpedoschnellbooten und Flugzeugen hatten nur geringe Ergebnisse, da die Ziele einerseits klein und die Flakabwehr außerordentlich stark waren. Zusätzlich wurde von deutschen Pionieren über die Straße von Kerč eine Seilschwebebahn errichtet, die die Nachschubsituation wesentlich erleichterte.

Das Vordringen der sowjetischen Kräfte an die Ostküste des Azov'schen Meeres brachte die Notwendigkeit mit sich, die hier über See laufenden deutschen Nachschubrouten durch eine stärkere Zuteilung von Kampffähren und Räumbooten zu sichern, nachdem die Sowjets mit über Land hergebrachten leichten Kanonenbooten und Panzerkuttern versuchten, diesen Verkehr von Jejsk aus anzugreifen.

Am 26. August 1943 trat die sowjetische Südfront zum Angriff gegen die deutsche Mius-Stellung an und zwang die 6. Armee zum Rückzug. Zugleich wurden für die deutsche Führung weitreichende Angriffsvorbereitungen der sowjetischen Armeen im Südteil der Ostfront deutlich. Am 2. September brach der Großangriff der sowjetischen Armeen gegen die deutsche Heeresgruppe Süd nördlich des Azov'schen Meeres los, wobei die leichten Streitkräfte der sowjetischen Azov-Flottille wiederholt zu kleinen taktischen, überholenden Landungen an der Nordküste des Azov'schen Meeres bei Mariupol und Osipenko eingesetzt wurden. In dieser Lage, welche die Gefahr einer sowjetischen Landung an der Ostküste der kaum verteidigten Krim befürchten ließ, schien ein weiteres Halten des deutschen Kuban-Brückenkopfes nicht mehr sinnvoll. Die deutsche Führung beschloß, die Räumung dieses Brückenkopfes Anfang September einzuleiten, um die 17. Armee für die Verteidigung der Krim und deren nördlicher Zugänge frei zu bekommen.

In die Vorbereitung der für den 15. September vorgesehenen deutschen Absetzbewegung stieß der Angriff der sowjetischen Nordkaukasus-Front unter Generaloberst Petrov hinein. Entgegen der deutschen Erwartung, daß der Angriff im Norden in Richtung auf Anapa erfolgen würde, um möglichst starke deutsche Kräfte vor Novorossijsk abzuschneiden, legten die Sowjets den Schwerpunkt ihres Angriffes in den Hafen von Novorossijsk, wo sie in der Nacht vom 9. zum 10. September unter Führung von Konteradmiral Cholostjakov auf 129 Kleinfahrzeugen in 2 Treffen 8935 Mann der verstärkten 255. Marineschützen-Brigade landeten, nachdem 25 Torpedokutter die den Hafen deckenden deutschen Widerstandsnester ausgeschaltet hatten. Es gelang jedoch 2 im Hafengelände eingesetzten deutschen Marinekompanien, die sowjetischen Landungskräfte so lange in schwere Kämpfe zu verwickeln, bis Verstärkungen herankamen und die eingeleiteten Absetzbewegungen aus der Gotenkopfstellung, die den Kuban-Brückenkopf deckte, beginnen konnten.

Dem Oberbefehlshaber der 17. Armee, General der Pioniere Jaenecke, glückte es, in planmäßigem Zurückgehen über vorbereitete Sperrstellungen den Kuban-Brückenkopf im Unternehmen »Brunhild« schrittweise zu räumen und dabei Durchbrüche der kräftig nachdrängenden sowjetischen Armeen abzuwehren. Unter vollem Einsatz der verfügbaren Transportkräfte, vor allem der Marinefährprähme der 1., 3., 5. und 7. Landungs-Flottillen, der Siebelfähren, Pionierfähren sowie vieler Schlepper, Leichter und Donauschiffe, gelang es unter Leitung des Admirals Schwarzes Meer, Vizeadmiral Kieseritzky, insgesamt 239 669 Mann, 16 311 Verwundete, 27 456 Zivilpersonen, 115 477 t Material, 21 230 Kraftfahrzeuge, 27 741 Gespanne, 1815 Geschütze, 74 Panzer, 74 657 Pferde und 6255 Stück Vieh über die Straße von Kerč auf die Halbinsel Krim überzusetzen. Überholende Landungen von sowjetischen leichten Fahrzeugen an der Südküste und der Nordküste des Kuban-Brückenkopfes stießen meist ins Leere und konnten die deutschen Bewegungen, die sich auf den Raum beiderseits des Kuban-Flusses konzentrierten, nicht stören. Ein Eindringen sowjetischer leichter Streitkräfte in die Kerč-Straße wurde durch die hier konzentrierten Boote der 1. Schnellbootflottille, der 3. Räumbootflottille und der Artillerieträger abgewehrt. Am 6. und 9. Oktober war die Evakuierungsoperation im Süden bzw. Norden abgeschlossen.

Anschließend wurden die zahlreichen Fährschiffe, die bei den deutschen Räumungstransporten eingesetzt worden waren, in mehreren großen Konvois an der Südostküste der Krim entlang nach Sevastopol überführt, ohne daß es den dagegen angesetzten sowjetischen See- und Luftstreitkräften gelang, größere Verluste hervorzurufen. Diese sowjetischen Raids führten schließlich zu einer Katastrophe mit weitreichenden Folgen. In der Nacht vom 5. zum 6. Oktober stieß eine Zerstörergruppe mit dem Flottillenführer *Char'kov* und den Zerstörern *Besposčadnyj* und *Sposob-*

nyj an die Südostküste der Krim vor, um einen der deutschen Konvois abzufangen. Nachdem dieses Ziel verfehlt war, beschossen die Boote Küstenziele ohne große Wirkung und gerieten dabei in Gefechte mit Booten der deutschen 1. Schnellbootflottille, ohne daß dabei auf beiden Seiten Ergebnisse erzielt wurden. Zufällig war jedoch auf einem Flughafen der Krim eine deutsche *Ju 87* Stuka-Staffel, die sich auf dem Überführungsflug in die Ägäis befand, gelandet,und sie wurde am Morgen des 6. Oktober in dreimeiligem Angriff gegen die nach Novorossijsk zurückmarschierenden sowjetischen Schiffe angesetzt. Alle 3 Zerstörer wurden getroffen und sanken. Damit war die Hälfte der bei der Schwarzmeerflotte überhaupt noch vorhandenen modernen Zerstörer mit einem Schlage ausgefallen. Dieser Verlust führte zum Befehl des sowjetischen Oberkommandos *(»Stavka«)*, die künftige Tätigkeit der Flotte ganz auf die Sicherung der Kampfhandlungen der Landstreitkräfte auszurichten und weitere Fahrten der Schiffe des Geschwaders nur noch mit besonderer Genehmigung der »Stavka« vorzusehen. Die hinter dieser Weisung stehende Überlegung berücksichtigte zweifellos in erster Linie das nach einem günstigen Ausgang des Krieges, an dem man keinen Zweifel mehr hatte, im Schwarzen Meer bestehende Verhältnis zur nächst stärkeren Marine, der türkischen, die bei weiteren Verlusten der Schwarzmeerflotte durchaus ein Übergewicht erlangen konnte.

Der Kampf um die Krim

Während die deutschen Truppen den Kuban-Brückenkopf räumten, hatten die im Süden der Ostfront auf breiter Front zum Angriff übergegangenen sowjetischen Armeen die Linie des Dnepr fast überall erreicht und standen zwischen Zaporože und Melitopol am Azov'schen Meer bereit, um in die nördlich der Krim gelegene Nogaische Steppe vorzubrechen. Am 23. Oktober durchstießen die sowjetischen Armeen der 4. Ukrainischen Front die deutsche Verteidigungslinie der 6. Armee und erreichten im Laufe des Monats November die schnell in behelfsmäßigen Verteidigungszustand versetzten Nordzugänge der Krim sowie den Unterlauf des Dnepr bis zu dessen Mündung.

Während sich die Fronten hier zunächst während der Wintermonate stabilisierten, gingen die Sowjets an der Straße von Kerč zum Angriff auf die Krim über. Nach einem abgeschlagenen Landungsversuch am 21. Oktober bei Kap Illy, landeten am 1. November leichte Kräfte der Azov-Flottille unter Konteradmiral Gorškov Teile der sowjetischen 56. Armee bei Enikale, die bis zum 11. November an den Rand von Kerč herankamen, während gleichzeitig Kräfte des Stützpunktes Novorossijsk das 386. Marineinfanterie-Bataillon bei Eltigen landeten, dem in den nächsten Tagen Teile der sowjetischen 18. Armee folgten. Der Brückenkopf bei Eltigen wurde jedoch durch deutsche Räumboote, Fährprähme und Schnellboote unter der Führung des Chefs der 3. Räumbootflottille, Kapitänleutnant Klassmann, während 29 Tagen in 355 Einsätzen, an denen 31 Fährprähme, 6 Räumboote und 5 Schnellboote beteiligt waren, mit Erfolg blockiert. Wenngleich auch durch Minen- und Luftangriffe 11 Fährprähme verlorengingen und zahlreiche weitere Schiffe Schäden erlitten, verloren die Sowjets bei den Landungsversuchen und Versorgungsfahrten 12 Wachkutter sowie rund 50 Landungsboote und 40 Kleinfahrzeuge, so daß durch einen deutschen Gegenangriff vom 4. bis 11. Dezember der Landekopf schließlich eingedrückt werden konnte. Von rund 14000 Mann, die gelandet waren, entkamen nur etwa 800nach Norden in den Brückenkopf nördlich Kerč, den die Sowjets bis zum Großangriff auf die Krim im April 1944 halten konnten.

Da Hitler sich mit Rücksicht auf eine mögliche Gefährdung des für die Treibstoffversorgung Deutschlands wichtigen rumänischen Erdölgebietes und aus Rücksicht auf einen möglichen Übergang der neutralen Türkei ins alliierte Lager nicht zu einer rechtzeitigen Räumung der Krim über See entschließen konnte, rückte für die deutsch-rumänischen Seestreitkräfte und Transportschiffe nunmehr das Probem der Versorgung der von der Landverbindung abgeschnittenen 17. Armee auf der Krim in den Mittelpunkt aller Bemühungen. Für diese Aufgabe standen dem deutschen Admiral Schwarzes Meer am 13. November 1943 noch 32 Transportschiffe mit 40417 BRT, 27 Motorsegler mit 3164 BRT sowie ferner 64 Marinefährprähme, von denen allerdings jeweils ein Teil wegen notwendiger Reparaturen in der Werft lag, zur Verfügung. Mit diesem Schiffsraum schien es möglich, die monatlich benötigte Menge von 50000 t Nachschubgütern von Konstanza nach Sevastapol zu transportieren, da die auf See zu erwartende sowjetische Gegenwirkung als recht gering veranschlagt wurde. Für einen Einsatz gegen diese Schiffstransporte kamen auf sowjetischer Seite neben den sich langsam verstärkenden Verbänden der Marineluftwaffe vor allem die U-Boote in Frage. Deren stark abgesunkene Zahl ließ jedoch in den Wintermonaten die Entsendung von kaum mehr als 3 bis 4 U-Booten gleichzeitig ins Operationsgebiet zu, so daß die durch die Ausrüstung von Kriegstransportschiffen und Kriegsfischkuttern als U-Jäger verstärkten deutschen Sicherungsverbände praktisch alle U-Boot-Angriffe bis zum März 1944 abwehren konnten und dabei im Januar und Februar je 1 weiteres sowjetisches U-Boot versenkten. Die relativ günstige Entwicklung der Nachschublage – nach anfänglichen Schwierigkeiten wurden im Februar und März 1944 mehr als die geforderten Nachschubmengen auf die Krim überführt – trug sicher dazu bei, daß alle Bemühungen der Oberbefehlshaber der Heeresgruppe A und der 17. Armee, bei Hitler eine rechtzeitige, geordnete Räumung der Krim zu erreichen, fehlschlugen.

In dieser Beurteilung der Lage konnte Hitler auch die bedrohliche Entwicklung an der südlichen Ostfront in den ersten Monaten des Jahres 1944 nicht beirren. In der zweiten Januarhälfte hatte eine große sowjetische Offensive

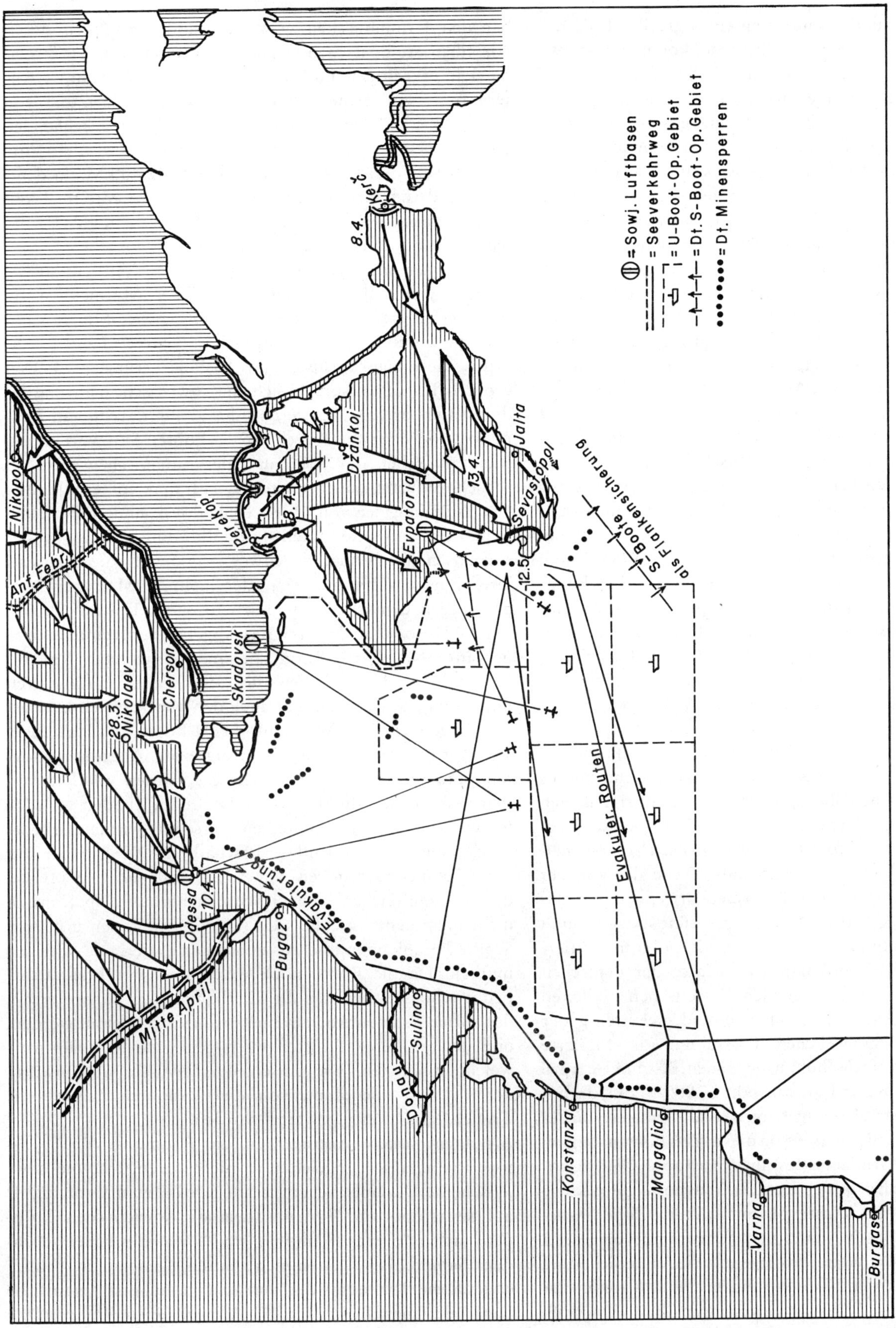

Der Kampf um die Krim April/Mai 1944

im Dnepr-Bogen zur Einschließung eines großen Teils der deutschen 1. Panzerarmee geführt. Sie konnte zwar mit Resten ausbrechen, was jedoch in der Folge Anfang Februar dazu zwang, den über den Unterlauf des Dnepr führenden Brückenkopf von Nikopol aufzugeben, um damit Kräfte für eine Stabilisierung der Front freizumachen. Mit der Aufgabe dieses Brückenkopfes schwand jede Hoffnung auf einen immer wieder in Aussicht genommenen Entsatz der Krim, so daß nunmehr auch der rumänische Staatschef, Marschall Antonescu, bei Hitler auf eine Räumung der Krim drang, aber ohne Erfolg. Am 3. März brach südlich und westlich Kiev eine weitere große sowjetische Offensive gegen die deutsche Heeresgruppe Süd los, die sich bald darauf auch auf die Front der südlich anschließenden Heeresgruppe A ausweitete. Unter schweren Verlusten mußte sich die deutsche 6. Armee vom unteren Dnepr absetzen und auf die Linie des Bug zurückgehen. Nach der Eroberung von Nikolaev am 28. März drängten die sowjetischen Armeen die deutsch-rumänische Front über den Bug hinweg an Odessa vorbei auf den Dnepr zurück. Zwar gelang es, den sowjetischen Versuch, starke deutsch-rumänische Kräfte in Odessa einzuschließen, durch die Evakuierung dieser Kräfte über See zu verhindern, wobei rund 25 000 Mann und 54 000 t Räumungsgut abtransportiert werden konnten. Ehe die Sowjets jedoch am 10. April in Odessa einrückten, begann der Großangriff der 4. Ukrainischen Front unter Marschall Tolbuchin gegen die Krim. Am 8. April traten die sowjetischen Verbände an den Nordzugängen der Krim zum Angriff an, durchbrachen die Stellungen der rumänischen 10. Division und erreichten am 10. April den wichtigen Eisenbahnknotenpunkt Džankoj. Damit hatten sie den Zugang zum freien Raum der Krim erreicht, und es blieb für die deutsche Führung nichts anderes übrig, als den schnellen Rückzug aller Verbände der 17. Armee auf den Raum der Festung Sevastopol anzuordnen. Durch den schnellen sowjetischen Vorstoß wurden dabei Teile des von der Halbinsel Kerč kommenden V. Armeekorps in das Jailagebirge abgedrängt und mußten an der Südostküste durch Fährprähme übernommen und nach Sevastopol transportiert werden. Am 15./16. April hatte die Masse der deutschen Verbände vor den nachdrängenden sowjetischen Einheiten das Gebiet der Festung erreicht, während gleichzeitig der Abtransport der entbehrlichen Trosse und die forcierte Heranführung von Nachschubgut begannen. Bis zum 16. April wurden über See und im Lufttransport 67 000 Mann, darunter auch Ostlegionäre, Kriegsgefangene und Zivilisten von der Krim evakuiert. Täglich waren von dieser Zeit bis zum Beginn des sowjetischen Großangriffes auf Sevastopol Geleite unterwegs, in denen die verfügbaren 17 Transportschiffe sowie zahlreiche Schlepper, leichte Motorfischkutter und insbesondere die rund 60 vorhandenen Fährprähme eingesetzt wurden, soweit es die Wetterlage irgend zuließ. Die Sicherung der von dem Chef der 10. Sicherungsdivision, Kapitän zur See Weyer, geführten Transportbewegungen übernahmen neben den 4 rumänischen Zerstörern und 2 Kanonenbooten vor allem die deutschen U-Jäger und Räumboote, während die kampfkräftigen Einheiten der Schnellboote und Artillerieträger zur Sicherung der Transporte gegen die von Skadovsk und später Evpatorija sowie Jalta ausgehenden sowjetischen Torpedokutterangriffe eingesetzt wurden. Vom 17. April bis 4. Mai konnten nochmals 42 400 Mann deutscher und rumänischer Truppen, die für die vordere Front nicht benötigt wurden, abtransportiert werden, gleichzeitig wurde Munition und Nachschubgut herangebracht.

Gefährlicher als die meist abgewiesenen Torpedokutterangriffe waren die von der sowjetischen Marineluftwaffe mit Jagdflugzeugen, Schlachtfliegern sowie Minen- und Torpedobombern unter Jagdschutz vorgetragenen Angriffe, die einige Verluste und Ausfälle verursachten. Den größten Erfolg versprach sich die sowjetische Führung jedoch offenbar vom massierten Einsatz ihrer zu diesem Zeitpunkt noch verwendbaren 16 U-Boote. Sie wurden im Raum zwischen der Krim und der rumänischen Küste in schachbrettartig angeordneten Quadraten aufgestellt. Mit Unterstützung der von Odessa, Skadovsk und später auch Evpatorija aus startenden Luftaufklärung gelang es der sowjetischen Führung durchweg, diese U-Boote während ihres Einsatzzeitraumes ein oder mehrere Male zum Angriff gegen deutsche Konvois zu bringen. Teilweise konnten die U-Boote auch durch das Abgeben von Feindmeldungen ihre Nachbar-U-Boote an einen gesichteten Konvois heranführen, doch blieben die tatsächlichen Erfolge weit hinter den Erwartungen und auch den abgegebenen Erfolgsmeldungen zurück. Während die U-Boote zwischen dem 13. April und 12. Mai 27 erfolgreiche Angriffe meldeten, sind tatsächlich nur 7 Schiffe getroffen worden, von denen 3 vorher durch die Luftwaffe beschädigt worden waren und mit Fangschüssen versenkt wurden. Ferner wurde ein großer Tanker beschädigt. Die Ursache für diese Fehlbeobachtungen war meist, daß die U-Boote bei den aus zahlreichen kleinen Schiffen bestehenden Konvois nicht nahe genug an die wenigen oder einzelnen größeren Schiffe herankamen und aus zu großer Entfernung schießen mußten. Da die Boote noch weitgehend mit Preßlufttorpedos schossen, konnten die Laufbahnen der Torpedos von der aufmerksamen Abwehr meist frühzeitig erkannt werden, und den größeren Schiffen blieb genügend Zeit für Ausweichbewegungen. Die einsetzenden Wasserbombenwürfe der U-Jäger sind dann von den U-Booten vielfach als Trefferdetonationen gewertet worden.

Als auch weitere Anträge auf die Räumung von Sevastopol von Hitler abgelehnt worden waren, trat die sowjetische 4. Ukrainische Front am 5. Mai zum Großangriff auf Sevastopol an. Erst nachdem die sowjetischen Truppen nach schweren Kämpfen am 8. Mai die beherrschenden Sapunhöhen genommen hatten, genehmigte Hitler endlich die Räumung der nun in eine äußerst gefährliche Lage geratenen Reste der 17. Armee, deren Kampfstärke am 3. Mai noch 64700 Mann betrug. Trotz stärkster sowjetischer Luftangriffe und massiven U-Boot-Einsatzes konnten die deutsch-rumänischen Kriegs- und Transportschiffe bis zum 13. Mai nochmals 37 500 Mann evakuieren, davon allein 25 677 Mann und 6011 Verwundete in den letzten 3 Tagen. Durch die Luftangriffe der sowjetischen Marineflieger wurden 6 Transportschiffe sowie rund 25 Kleinfahrzeuge versenkt, während den U-Booten nur kleinere, durch Luftangriffe beschädigte Schiffe zum Opfer fielen. Von den auf den gesunkenen Transportern eingeschifften Soldaten kamen 8100 Mann um. Insgesamt wurden während der Kämpfe auf der Krim, die am 12. Mai mit der Niederkämpfung der letzten Widerstandsnester ihr Ende fanden, vom 12. April ab 130 000 Soldaten auf dem See- und 21 500 auf dem Luftweg evakuiert, 78000 blieben als Gefangene oder Tote auf der Krim zurück.

Das Ende im Schwarzen Meer

Nach dieser gewaltigen Anstrengung mußten beide Seiten ihre mitgenommenen Streitkräfte zunächst überholen, so daß, von einzelnen deutschen U-Boot-Einsätzen unter der Kaukasusküste abgesehen, für mehrere Wochen Ruhe auf dem Seekriegsschauplatz des Schwarzen Meeres eintrat. Erst im Juli begannen die Sowjets, die ihre U-Boot-Verbände inzwischen durch die Überführung kleiner U-Boote aus dem Nordmeer und von der Pazifischen Flotte auf Binnenwegen verstärkt hatten, wieder U-Boote an der Westküste des Schwarzen Meeres einzusetzen, wo sie jedoch hinter den massiert ausgelegten Flankenminensperren gegen den relativ dünnen deutschen Verkehr keine Erfolge erringen konnten. Nur vor dem Bosporus fiel ihnen eines der mit jüdischen Flüchtlingen beladenen Schiffe, die *Mefkure,* zum Opfer.

Inzwischen vollzog sich an der Dnestr-Front der sowjetische Großaufmarsch gegen die hier unter Führung der deutschen Heeresgruppe Süd-Ukraine vereinigten deutsch-rumänischen Armeen. Der am 20. August mit Schwerpunkt gegen die rumänischen Verbände losbrechende Angriff führte schnell zu deren Zusammenbruch und zur Einkesselung großer Teile der deutschen 6. und 8. Armee, worauf am 24. August die Einstellung des Kampfes auf Befehl des rumänischen Königs folgte. Nur Reste der deutschen Verbände konnten sich aus dieser Katastrophe nach Westen ins Gebiet der Karpaten absetzen.

An der Küste des Schwarzen Meeres wurde die sowjetische Offensive durch leichte Seestreitkräfte der neugebildeten sowjetischen Donauflottille unter Konteradmiral Gorškov unterstützt, die zunächst den Übergang der 46. Armee über den Dnestr-Liman deckten und darüber hinaus Ende August in die Donau eindrangen. Für die deutschen Verbände im Schwarzen Meer war mit der Kapitulation Rumäniens die Basis entfallen, und die verbliebenen Schiffe mußten sich nach der Räumung Konstanzas am 24. August vor dem bulgarischen Hafen Varna am 29. und 30. August selbstversenken. Ein kleiner Teil flachgehenderer Fahrzeuge lief in die Donaumündung ein und marschierte hier bei Mitnahme wichtigen Materials unter Führung von Konteradmiral Zieb flußaufwärts, bis der Anschluß an die sich zurückziehenden deutschen Truppen erreicht wurde. Die restlichen 3 einsatzbereiten deutschen U-Boote versenkten sich nach Aufbrauch ihrer Kampfkraft vor der türkischen Küste. Der Seekrieg im Schwarzen Meer hatte sein Ende gefunden.

Zusammenfassung

Entgegen einer weit verbreiteten Ansicht, daß die sowjetische Führung ihre zur See vorhandene Überlegenheit nicht ausgenutzt habe, um die Nutzung der Seewege durch die deutsche Seite zu unterbinden, hat die vorliegende Darstellung gezeigt, daß die sowjetischen Seestreitkräfte vom Gesichtspunkt der sowjetischen Gesamtkriegführung her im allgemeinen durchaus sinnvoll eingesetzt worden sind. Bei der Bedrohung ihrer Basen durch den deutschen Vorstoß über Land war die Unterstützung der Landoperationen mit der Durchführung von Transportaufgaben für die sowjetische Marine tatsächlich vordringlicher als der Angriff gegen die deutschen Seeverbindungen. So konnte die deutsche Seite trotz unzulänglicher Mittel und knappem Transportraum das Schwarze Meer von 1942 bis 1944 als Rollbahn benutzen. Die oft gestellte Frage, warum die Sowjets gegen die deutsche Räumung der Krim nicht ihre überlegenen Überwasserstreitkräfte eingesetzt haben, findet seine Antwort darin, daß ein solcher Einsatz von der sowjetischen obersten Führung aus politischen Gründen — Erhaltung einer ausreichenden Flottenstärke gegenüber der Türkei nach dem gewonnenen Krieg — verboten worden war.

Kapitel 34

Der Seekrieg im Nordmeer 1941-1945

Von J. Rohwer für die deutsche Ausgabe unter Verwendung eines Abschnittes des Kapitels 28 der US-Originalausgabe (*Scharnhorst, Tirpitz*) neu bearbeitetes Kapitel.

Mit dem erfolgreichen Abschluß der Norwegenoperation hatte die deutsche Führung einerseits ihr Ziel, einer alliierten Festsetzung in diesem Gebiet zuvorzukommen und die für die deutsche Kriegswirtschaft wichtige Erzversorgung aus Nordschweden sicherzustellen, erreicht. Andererseits war die britische enge Blockade der Nordsee sowie der Ostseeausgänge nach Norden aufgebrochen, und die deutsche Marine hatte, wie es bereits in den Zwanziger Jahren Admiral W. Wegener in seiner umstrittenen Schrift[1] gefordert hatte, eine Ausfallbasis für die Handelskriegführung im Atlantik gewonnen. Doch sollte diese Basis, nachdem auch Westfrankreich und seine Atlantikhäfen besetzt worden waren, in ihrer Bedeutung herabgemindert werden, da insbesondere die U-Boote vom Sommer 1940 ab von diesen günstiger zum Operationsgebiet gelegenen Basen operieren konnten. Als Absprungbasis für die Atlantikunternehmungen der schweren Schiffe und der Hilfskreuzer behielt Norwegen jedoch seine große Bedeutung.

Schon unmittelbar nach der Operation »Juno« waren das Schlachtschiff *Gneisenau* und der Kreuzer *Admiral Hipper* mit 4 Zerstörern am 10./11. Juni zu einem neuen Vorstoß ins Nordmeer von Trondheim ausgelaufen, der aber kein Ergebnis gegen die letzten britischen Evakuierungstransporte mehr erbrachte. Doch erkannte man von britischer Seite die Gefahr, die von einem Ausbruch der schweren Schiffe von Trondheim in den Atlantik ausgehen konnte, wie ein erster Raid mit dem Flugzeugträger *Ark Royal* gegen die im Hafen liegende *Scharnhorst* am 13. Juni zeigte, der jedoch gleichfalls keine Ergebnisse brachte. Um ein Auslaufen der schweren deutschen Schiffe auf die gefährdeten Atlantik-Konvoi-Routen zu verhindern, konzentrierte die »Home Fleet« ihre verfügbaren U-Boote vor der norwegischen Küste. Dieser Ansatz blieb nicht ohne Ergebnis, als am 20. Juni die *Clyde* einen Torpedotreffer auf der *Gneisenau* erzielen konnte, die zusammen mit *Admiral Hipper* ausgelaufen war, um die britische Seite von dem Rückmarsch der beschädigten *Scharnhorst* an der norwegischen Südwestküste abzulenken. Als vom 25. bis 27. Juli dann auch die beschädigte *Gneisenau* nach Deutschland überführt wurde, kam die *Swordfish* gegen den Verband zum Schuß und konnte das sichernde Torpedoboot *Luchs* versenken, während der zur Ablenkung unternommene vierzehntägige Vorstoß des Kreuzers *Admiral Hipper* ins Nordmeer, von einer aufgebrachten finnischen Prise abgesehen, ergebnislos blieb. Andererseits gingen jedoch in diesen 6 Wochen nicht weniger als 6 alliierte U-Boote bei Einsätzen verloren, so daß sich die britische Führung zur Zurückziehung ihrer U-Boote aus den norwegischen Küstengewässern entschloß, bis die Ursachen der Ausfälle geklärt waren. Tatsächlich waren drei der Boote auf die inzwischen von deutscher Seite ausgelegten Defensivminensperren gelaufen.

Erst nachdem man erkannt hatte, daß die Deutschen offenbar keine neuen, gefährlichen U-Jagdmethoden besaßen, nahmen die Engländer im Herbst 1940 den regelmäßigen U-Boot-Einsatz vor Norwegen wieder auf. Zu diesem Zweck wurde an der schottischen Ostküste die 9. U-Flottille stationiert, der man auch die nach England entkommenen polnischen, niederländischen und französischen U-Boote unterstellte. Bei diesen Operationen gelang es den britischen U-Booten gelegentlich, insbesondere an Stellen, an denen die deutschen Konvois aus dem Schutz der vorgelagerten norwegischen Schären heraustreten mußten, einzelne Schiffe zu versenken, bis auf deutscher Seite Anfang 1941 mit der systematischen Auslegung von Flankenminensperren an den besonders gefährdeten Stellen der norwegischen Westküste begonnen wurde.

Noch unter dem Eindruck der starken Abwehrkraft der in Norwegen stationierten deutschen Luftwaffenverbände traute sich die »Royal Navy« nur selten, Angriffe mit Überwasserschiffen gegen den deutschen Schiffsverkehr an der norwegischen Küste zu unternehmen, so im September 1940 mit einem ergebnislosen Raid des Trägers *Furious* und im Oktober durch einen Angriff von 4 Zerstörern unter Captain Vian.

Die deutsche Seite erhielt auf diese Weise eine Atempause, um die Küstenverteidigung Norwegens und die Sicherung des Schiffsverkehrs unter der Küste aufzubauen. Anders als im Westraum, wo man die unmittelbare Küstenverteidigung und die Sicherungsaufgaben im Küstenvorfeld voneinander getrennt hatte, waren diese Aufgaben in Norwegen bei den Führungsstellen der Admirale Westküste (Bergen), Nordküste (Trondheim) und ab Ende 1940 Polarküste (Tromsö) zusammengefaßt, denen als Abschnittskommandanten die in den wichtigsten Häfen sitzenden Seekommandanten mit ihren Hafenschutzflottillen unterstellt waren. Die im jeweiligen Küstensicherungsverband zusammengefaßten Minensuch-, Räumboot-, Vorposten- und U-Jagdflottillen wurden von den Befehlsstellen direkt geführt. Die Gesamtleitung der Ope-

1 Wegener, W.: Die Seestrategie des Weltkrieges. Berlin 1926.

rationen unterstand dem kommandierenden Admiral Norwegen in Oslo.
Ähnlich wie im Westraum standen auch in Norwegen aktive Kriegsschiffverbände, von zwei Minensuchflottillen abgesehen, zunächst nicht zur Verfügung, so daß man ebenfalls zur Aufstellung entsprechender Verbände aus den in Norwegen vorgefundenen Fischereifahrzeugen schreiten mußte. Erst als 1943 in größerer Zahl Neubauten von Minensuchbooten auf deutschen und niederländischen Werften in Dienst gestellt wurden, konnten neue Minensuchflottillen nach Norwegen verlegt werden. Doch blieben die zunächst mit wenigen Geschützen, später mit immer stärkerer Bewaffnung versehenen Fischereifahrzeuge bis zum Kriegsende das Rückgrat der Küstensicherungsverbände in Norwegen.
Bei der Schwäche der deutschen Verbände blieb es verwunderlich, daß von britischer Seite nicht häufiger Raids, wie die Operation »Claymore« am 3. März 1941, angesetzt wurden, bei denen mit Kommandotruppen auf den Lofoteninseln wichtige Fischverarbeitungsanlagen zerstört und neben einigen kleineren Fahrzeugen 7 deutsche Handelsschiffe vernichtet wurden.

Der deutsche Angriff gegen Murmansk

Mitte April 1941 begannen in Nordnorwegen die Vorbereitungen für die Operation »Barbarossa«, den deutschen Angriff auf Rußland. Das Heer versammelte seine kampfkräftigen Verbände, insbesondere die beiden Divisionen des Gebirgskorps, an der norwegisch-finnischen Grenze, nachdem sie in ihren bisherigen Verteidigungsstellungen in Norwegen durch andere Einheiten abgelöst worden waren. Ihre Aufgabe sollte es sein, mit Beginn des deutschen Angriffes zunächst das finnische Gebiet von Petsamo zu besetzen und nach Eröffnung der Feindseligkeiten zwischen Finnland und der Sowjetunion die alte sowjetische Grenze zu überschreiten, um Murmansk anzugreifen und die Murman-Bahn zu unterbrechen. Die Luftwaffe sollte mit schwächeren Staffeln und Gruppen von Kampfflugzeugen und Stukas unter Jagdschutz den Vorstoß des Heeres unterstützen. Ebenso wie in der Ostsee hatte man jedoch nicht daran gedacht, die Marine zur offensiven Unterstützung der Heeresoperationen oder gar für amphibische Operationen heranzuziehen, sondern ihre Aufgabe darauf beschränkt, für einen ausreichenden Nachschub über See zu sorgen. Infolgedessen waren die Seestreitkräfte im Bereich des Admirals Polarküste bis zum Beginn des Feldzuges auch nicht verstärkt worden. Er verfügte am 22. Juni nur über 4 umgebaute Fischdampfer als Vorpostenboote, 2 Walfänger als U-Jäger, einen weiteren Fischdampfer als U-Boot-Falle, 1 Minenschiff, 1 Minenräumschiff, 2 Begleitschiffe, 4 Räumboote und 1 Lazarettschiff, sämtlich Einheiten, die nur für Sicherungsaufgaben geeignet waren.
Die sowjetische Nordflotte besaß diesen Einheiten gegenüber eine deutliche Überlegenheit. Sie war 1933 zunächst aus 3 älteren Zerstörern, 3 Wachschiffen oder Torpedobooten sowie 3 U-Booten, die über den kurz vorher fertiggestellten Ostsee-Weißmeerkanal ins Weiße Meer überführt worden waren, gebildet worden. Im Sommer 1937 waren ihnen 4 mittlere U-Boote gefolgt, und bis zum Juni 1941 war die Nordflotte unter Vizeadmiral Golovko durch weitere Überführungen auf 5 moderne Zerstörer, 3 ältere Zerstörer, 3 Wachschiffe, 2 Minensucher sowie 15 U-Boote, darunter 3 große, 6 mittlere und 6 kleine, angewachsen. Da die deutschen Truppen am 22. Juni zunächst nur das Gebiet von Petsamo besetzten und auch Luftwaffe und Marine keine Angriffsoperationen führten, gewannen die Sowjets Zeit, bis zum Ende des Monats große Teile der Zivilbevölkerung aus dem Raum Murmansk zu evakuieren und rund 150 zivile Schiffe, Boote und Fischereifahrzeuge in das Weiße Meer zu überführen, wo sie nach und nach zu Hilfskriegsschiffen hergerichtet werden konnten, die in den folgenden Kriegsjahren für die Sicherungsaufgaben der sowjetischen Marine im Nordmeer entscheidende Bedeutung hatten.
Erst am 29. Juni trat das deutsche XIX. Gebirgskorps aus dem Gebiet von Petsamo und südlich zum Angriff in Richtung Murmansk an. Gegen den Widerstand der sowjetischen 14. Schützendivision konnten am 1. Juli von der 2. Gebirgsdivision der Zugang zur kleinen Fischerhalbinsel gesperrt und ein Brückenkopf über die Titovka gebildet werden. Doch versäumte man es, mit Truppen auf die noch schwach besetzte Fischerhalbinsel vorzudringen, so daß die Sowjets sich hier über See festsetzen und einen später mit zwei Bataillonen unternommenen Versuch abwehren konnten, die Fischerhalbinsel zu nehmen. In der Hoffnung, Murmansk selbst bald wegnehmen zu können, hielt man es offenbar nicht für notwendig, diesen strategisch wichtigen Punkt in die Hand zu bekommen, von dem aus man die Zufahrt in die Kola-Bucht hätte beherrschen können. Im Gegensatz zur deutschen Seite nutzten die Sowjets ihre vorhandenen Seestreitkräfte sofort aus, um mit Hilfe von 2 älteren Zerstörern und kleineren U-Jägern sowie später auch mit Transportschiffen und weiteren Einheiten in der Flanke und im Rücken der deutschen Kräfte zu landen und den Vorstoß am 4. 7. an dem nächsten Flußabschnitt, der Liza, zum Stehen zu bringen. Als das deutsche Gebirgskorps am 6. Juli über die Liza hinweg zum Angriff antrat, landeten sowjetische Wachschiffe und U-Jäger in zwei Nächten ein Marinebataillon mit tausend Mann in einem Flußabschnitt in der Flanke der deutschen Kräfte, so daß Generaloberst Dietl zur Umgruppierung seiner Kräfte und zur Unterbrechung des Angriffes gezwungen wurde.
Zwei Tage später, am 10. Juli, trafen die aufgrund der ersten Nachrichten über das Auftreten sowjetischer Überwasserschiffe nach Norden beorderten fünf Zerstörer der deutschen 6. Zerstörerflottille in Kirkenes ein. Statt die Schiffe jedoch zur Unterstützung des Landangriffes zu ver-

wenden, wurden sie für reine Seekriegsaufgaben, die Störung des sowjetischen Küstenschiffsverkehrs an der Kola-Küste, angesetzt. Bei ihrem ersten Vorstoß am 12. konnten sie zwar einen kleinen sowjetischen Konvoi stellen und das sich tapfer verteidigende Wachschiff *Passat* und einen Trawler versenken, doch standen sie so nicht zur Verfügung, als am folgenden Tage die verstärkte 2. Gebirgsdivision aus dem erweiterten Liza-Brückenkopf zum Angriff antrat, und konnten die vom 14.–16. Juli von 3 sowjetischen Wachschiffen, 3 Minensuchern und 14 U-Jägern mit Artillerieunterstützung eines alten Zerstörers und Dekkung durch drei moderne Zerstörer durchgeführte Landung eines Schützenregimentes und zweier weiterer Bataillone in der Liza-Bucht weder stören oder gar zerschlagen. So blieb auch dieser Angriff infolge der notwendig werdenden Gegenmaßnahmen gegen die neue Landung stecken. Diese Erfahrung führte jedoch zu keinen Folgerungen, denn auch die beiden nächsten Unternehmungen der Zerstörer wurden gegen die östliche Kola-Küste vom 22. – 24. 7. und sogar gegen die Passagen der Inselgruppe Novaja Zemlja, die Kara- und Jugor-Straße, am 29. Juli angesetzt. Der Gegenangriff des Gebirkskorps gegen den sowjetischen Liza-Brückenkopf am 2./3. August fand dagegen keine Unterstützung, so daß die bedrängten sowjetischen Truppen von Schiffen der Nordflotte ohne schwere Ausfälle evakuiert werden konnten. Auch die ab Mitte Juli eingetroffenen beiden ersten U-Boote operierten ebenso wie die im Laufe des August zu ihrer Ablösung eingetroffenen 4 weiteren Boote vor der Kola-Küste und dem Eingang zum Weißen Meer, wo ihnen zwar einzelne Wachschiffe und auch Handelsfahrzeuge zum Opfer fielen, ihr Einsatz jedoch keine Auswirkungen auf die Lage an Land hatte. So blieb auch ein neuer Angriff des XIX. Gebirgskorps vom 18.–19. September, ohne entsprechende Unterstützung von See, gegen die inzwischen verstärkte sowjetische 14. Armee, nach anfänglichen Geländegewinnen aus den gleichen Gründen stecken.

Dank unzulänglicher Planung und mangelnder Koordinierung führte auf diesem nördlichen Kriegsschauplatz jede Teilstreitkraft ihren eigenen Krieg. Hätte man auf deutscher Seite die im Laufe der ersten Wochen in Nordnorwegen eingetroffenen Seestreitkräfte zeitgerecht in Kirkenes konzentriert und mit ihrer Unterstützung und ausreichend starken Teilen des Gebirgskorps die zunächst schwach verteidigte Fischerhalbinsel weggenommen, wäre der sowjetischen Nordflotte eine Unterstützung ihrer Heeresverbände von der Motovskijbucht her unmöglich gemacht worden. Man hätte nicht nur die Flanke der Landfront gesichert, sondern darüber hinaus auch einen hervorragenden Ausgangspunkt zur Beherrschung der Zufahrt des Kolafjordes gewonnen. Bei einem zeitlich aufeinander abgestimmten Einsatz der deutschen Luftwaffe zur Niederhaltung der noch relativ schwachen sowjetischen Fliegerverbände sowie konzentrierten Bombenangriffen gegen die Schiffe der Nordflotte – am 20. Juli war bei einem schwachen solchen Angriff einer der fünf modernen Zerstörer, *Stremitel'nyj*, versenkt worden – wäre es dem von See her gedeckten und unterstützten Gebirgskorps wohl möglich gewesen, die auf sich gestellten sowjetischen Heeresverbände aus ihren Stellungen zu werfen und die Russen zur Aufgabe von Murmansk zu zwingen. So aber erstarrte die Front an der Liza-linie im Stellungskrieg, der bis 1944 unverändert anhalten sollte.

Auf sowjetischer Seite hatte man dagegen den schwachen Punkt der deutschen Operationen deutlich erkannt: die Notwendigkeit, einen sehr großen Teil des Nachschubes über See an der norwegischen Küste entlang heranzubringen, da die einzige Landverbindung, die Reichsstraße Nr. 50, noch recht unzulänglich ausgebaut war und an zahlreichen Stellen die tief ins Land einschneidenden Fjorde mit Fähren zu überqueren waren. Doch waren die Möglichkeiten, gegen den deutschen Seenachschub vorzugehen, für die sowjetische Seite begrenzt. Die Zerstörer wollte man in dem von der deutschen Luftwaffe beherrschten Küstenvorfeld nicht riskieren. Die Luftwaffe war in den Abwehrkämpfen gebunden und besaß nur wenige für den Angriff gegen Schiffsziele geeignete Flugzeuge.

So blieben praktisch nur die U-Boote, von denen ein Teil auf Weisung aus Moskau, gegen die Admiral Golovko vergeblich protestierte, in Defensivpositionen zur Deckung der Zufahrten zum Weißen Meer verwendet werden mußte. Als beste Ansatzpunkte für die U-Boote boten sich die Stellen der norwegischen Küste an, an denen die Schifffahrtsroute aufgrund der geographischen Gegebenheiten aus den Schären heraustreten mußte, insbesondere im Gebiet des Lopphavet westlich des Nordkap, im Svaerholthavet zwischen Nordkap und Nordkyn sowie an der Nordostküste der Varanger-Halbinsel vom Tana-Fjord bis Vardö und schließlich im Varanger-Fjord selbst.

Im Gebiet des den eigenen Basen am nächsten gelegenen Varanger-Fjordes wurden vor allem die 6 kleinen U-Boote der *M*-Klasse, zwischen der Varanger-Halbinsel und dem Nordkap die mittleren Boote der *ŠČ*-Klasse und westlich davon das alte Boot *D-3* und die beiden großen Boote der *K*-Klasse angesetzt. Die Boote operierten in fest abgegrenzten und durch breite Sicherheitsabstände voneinander getrennten Operationsgebieten, wobei sie während des Tages nach Möglichkeit getaucht vor der Küste auf Verkehr lauerten. In der zum Winter hin zunehmenden Dunkelheit setzten sie sich nach See zu ab, um ihre Batterien aufzuladen. Entging den Booten bei dieser Ansatzform ohnehin ein wesentlicher Teil des Verkehrs, so schlugen die von den unzulänglich ausgebildeten U-Booten in den ersten Monaten gefahrenen Angriffe zum überwiegenden Teil fehl. Um ihre ungenügenden Kräfte zu verstärken, entsandten die Russen ihren stellvertretenden Generalstabschef, General Golikov, nach London, um die Engländer u. a. zur Entsendung einer Kampfgruppe von Überwasserschiffen nach Murmansk zu veranlassen. Da Premierminister Churchill den Wunsch hatte, den Russen

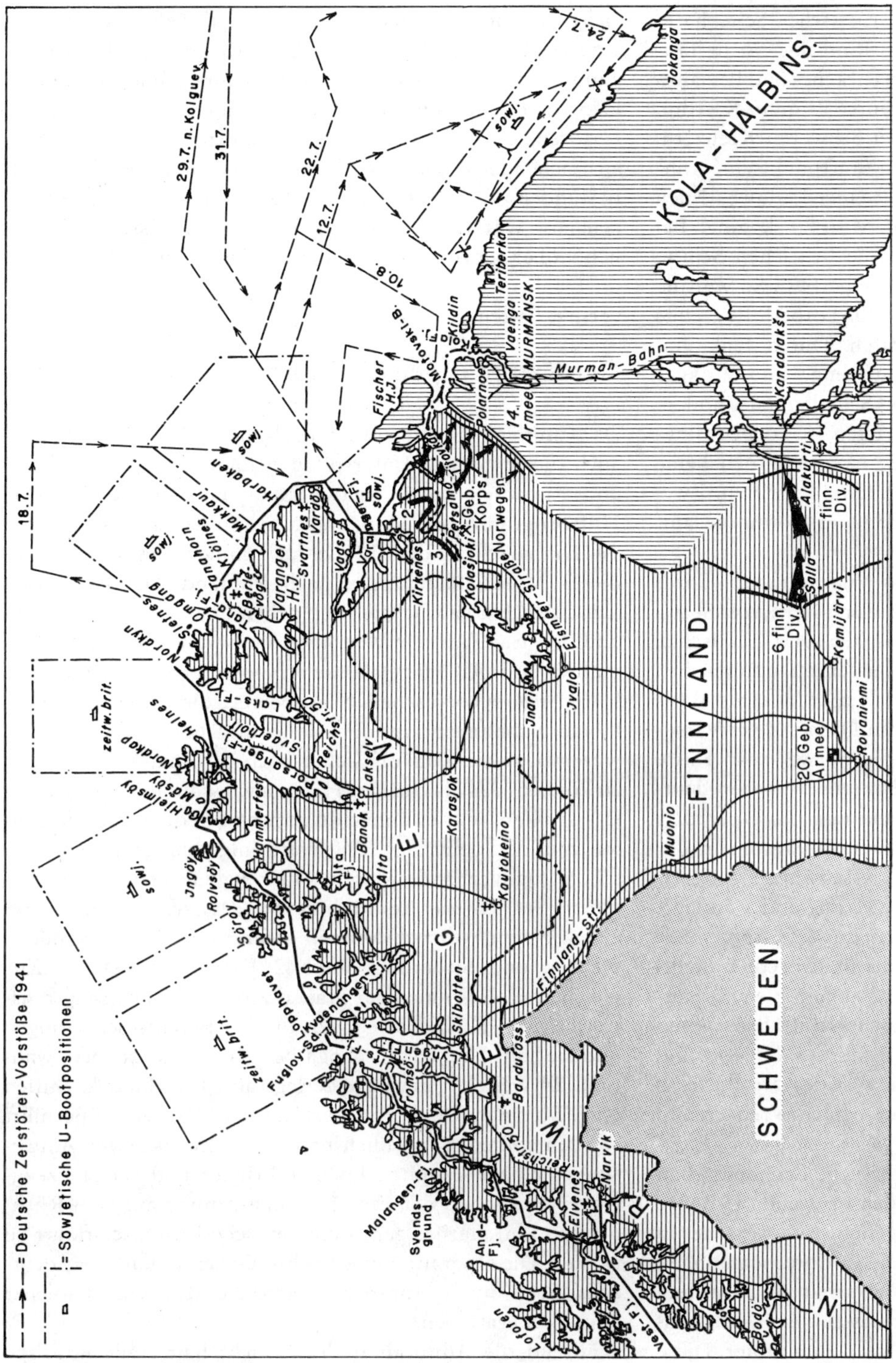

Nachschubwege in Nordnorwegen 1941

auf jede nur denkbare Weise zu helfen, schickte der erste Seelord, Admiral Pound, am 12. Juli den frisch beförderten Konteradmiral Vian mit einem »Catalina«-Flugboot nach Archangelsk und von dort weiter nach Moskau, um mit dem Volkskommissar der Marine die Möglichkeit eines gemeinsamen Einsatzes zu erörtern und anschließend in Murmansk die Voraussetzungen für eine Stationierung eines britischen Verbandes zu prüfen. Das Ergebnis war enttäuschend. Bei den herrschenden hellen Sommernächten und den unzulänglichen Verteidigungsanlagen gegen die ständigen deutschen Luftangriffe hielt Admiral Vian die Stationierung von Kreuzern und Zerstörern im Gebiet von Murmansk für selbstmörderisch. Er schlug statt dessen die Entsendung von 1 oder 2 U-Booten vor.

Wegen des ständigen Drängens von russischer Seite hatte inzwischen die britische Marine einen Raid mit einem Trägerverband gegen die deutschen Häfen Kirkenes und Petsamo anlaufen lassen. Am 30. Juli traf die »Force P« unter K. Adm. Wake-Walker mit zwei Trägern, zwei Schweren Kreuzern, 7 Zerstörern sowie einem Tanker am Startpunkt ein, während der Minenkreuzer *Adventure* mit einer Ladung Minen für die sowjetische Nordflotte nach Murmansk ging. Bei der herrschenden Helligkeit wurden die britischen Schiffe jedoch von der deutschen Luftaufklärung erfaßt. So war die deutsche Abwehr alarmiert, als die 20 Torpedoflugzeuge der *Victorious* über Kirkenes eintrafen. Durch Flak und Jagdflugzeuge wurden 11 Torpedoflugzeuge und 2 Jäger abgeschossen, während nur geringe Schäden entstanden. Von dem zweiten Träger *Furious* starteten 18 Torpedoflugzeuge mit 10 Jägern gegen Petsamo, wo sie jedoch keine Schiffe antrafen und deshalb Ziele an Land angriffen. Zwei Flugzeuge gingen verloren, so daß die Operation insgesamt mit einem Fehlschlag endete.

Am 27. Juli war inzwischen Admiral Vian mit der »Force K«, bestehend aus 2 Kreuzern und 2 Zerstörern, von Scapa Flow ausgelaufen, um die norwegischen und russischen Bergwerksniederlassungen auf Spitzbergen zu untersuchen und festzustellen, ob man von Spitzbergen aus als Basis gegen die norwegische Küste operieren könne. Zwei Versuche, in den ersten Augusttagen an die norwegische Küste heranzukommen, wurden jedoch ebenfalls von der deutschen Luftaufklärung vorzeitig entdeckt und die Operation abgebrochen. Nachdem in einer zweiten Operation in der zweiten Augusthälfte die beiden Niederlassungen von britischen Schiffen nach Archangelsk bzw. England evakuiert worden waren, versuchte Admiral Vian am 6./7. September einen neuen Vorstoß und prallte dabei in schlechten Sichtverhältnissen vor dem Porsanger-Fjord auf ein kleines deutsches Geleit, das von dem Artillerieschulschiff *Bremse* gesichert wurde, das sich den beiden Kreuzern *Nigeria* und *Aurora* entgegenwarf, um seine beiden Transportschiffe zu decken, jedoch im Artilleriefeuer der beiden Kreuzer und von der *Nigeria* gerammt sank.

Wesentlich erfolgreicher bei dem Versuch, den deutschen Nachschub zu stören, waren die beiden britischen U-Boote *Tigris* und *Trident,* die in der zweiten Augusthälfte in Murmansk eintrafen und auf ihren je 3 Unternehmungen 2 U-Jäger und 6 Transportschiffe versenkten. 3 weitere Schiffe fielen den gegen Ende des Jahres zur Ablösung eintreffenden 2 weiteren britischen U-Booten zum Opfer. Diese britischen U-Boot-Operationen und die von den Kommandanten gegebenen taktischen Ratschläge begannen sich langsam auch auf die 15 sowjetischen U-Boote auszuwirken, die sich bis Ende des Jahres noch durch die vor Sperrung des Ostsee-Weißmeerkanals im September überführten 6 weiteren großen Boote vermehrten und die bis zum Ende des Jahres zwei größere und 2 kleinere Transportschiffe sowie einen U-Jäger versenkten. Zusätzliche Wirkungen erzielten die sowjetischen U-Boot-Operationen, nachdem die eingetroffenen großen Boote der *K*-Klasse im Oktober begannen, an Brennpunkten des Verkehrs Minensperren zu legen, auf denen bis zum Ende des Jahres 3 weitere Schiffe verlorengingen. Bei dem Fehlen geeigneter und zahlenmäßig ausreichender U-Jagdverbände – die vorhandenen Flottillen bestanden aus behelfsmäßig ausgerüsteten Fischereifahrzeugen – wären die deutschen Schiffsverluste sicher wesentlich höher gewesen, wenn die sowjetischen U-Boote über die Erfahrungen und das Können ihrer britischen Kameraden verfügt hätten.

Der Kampf gegen die Murmansk-Konvois 1941

Da Churchill Stalin sofort nach dem deutschen Angriff auch die materielle Unterstützung Englands zugesagt hatte und Roosevelt die Sowjetunion in das Leih- und Pacht-Hilfsprogramm aufnahm, ergab sich in den Herbstmonaten 1941 in zunehmendem Maße das Problem des Transportes dieser Materiallieferungen nach Rußland. Der einfachste, jedoch auch gefährlichste Weg neben dem über Vladivostok und den Irak war der Weg über die Barents-See nach Murmansk und Archangelsk, den beiden größten russischen Häfen des europäischen Nordmeeres, die durch leistungsfähige Bahnlinien mit dem Inneren Rußlands verbunden waren. Um die Konvois sicher nach Murmansk einbringen zu können, das als einziger Hafen auch während des Winters eisfrei blieb, war es zunächst notwendig, die in den Kämpfen mit der deutschen Luftwaffe angeschlagenen sowjetischen Jagdverbände durch Flugzeuglieferungen aufzufrischen. So ließ die Admiralität am 21. August von Island einen ersten Versuchskonvoi »Dervish« mit 7 Handelsschiffen und Sicherung durch 2 Kreuzer auslaufen. Zur gleichen Zeit sollte der Träger *Argus* als Flugzeugtransporter 24 »Hurricane«-Jäger in die Barents-See bringen und sie zum Flug nach Vaenga bei Murmansk starten, während 24 weitere Flugzeuge zerlegt auf den Handelsschiffen nach Murmansk und von dort auf dem Luftwege überführt werden sollten. Schließlich hatte der Minenkreuzer *Adventure* eine neue Ladung Minen zu bringen und der Flugzeugträger *Victorious* der Fern-Deckungsgruppe auf dem Rückmarsch Luftangriffe gegen die deutsche Küstenschiffahrt zu richten. Die Operation wurde ohne Gegenwirkung von deutscher Seite durchgeführt und zeigte die Möglichkeit solcher Konvoioperationen.

Während die Admiralität die Absicht hatte, alle 40 Tage ein Konvoipaar nach Murmansk und zurück laufen zu lassen, drang Churchill, dem aus politischen Gründen an einer möglichst intensiven Hilfe an Rußland gelegen war, darauf, den Konvoirhythmus auf 14 Tage zu verkürzen. Ein so kurzer Konvoirhythmus mußte eine kaum tragbare Beanspruchung der »Home Fleet« mit sich bringen, deren wenige verfügbaren modernen Schlachtschiffe nicht nur diese Konvois gegen mögliche Angriffe deutscher Überwasserschiffe, insbesondere des inzwischen fertiggestellten großen Schlachtschiffes *Tirpitz,* zu decken hatten, sondern auch in Bereitschaft gehalten werden mußten, um Ausbruchsversuchen dieser deutschen Schiffe entgegentreten zu können. Eine gewisse Erleichterung trat zwar ein, als im September 1941 die US-Atlantikflotte mit 3 in Island stationierten älteren Schlachtschiffen die Bewachung der Dänemarkstraße übernahm, doch reichten die beiden zur Verfügung stehenden modernen Schlachtschiffe der *King George*-Klasse und der eine moderne Flugzeugträger *Victorious* der »Home Fleet« kaum aus, die Doppelaufgabe zu erfüllen, ganz zu schweigen von der Knappheit an Zerstörern, die nicht nur zur Sicherung der Flotte gegen U-Boot-Angriffe, sondern auch für eine zusätzliche Konvoiroute bereitgestellt werden mußten.

Die ersten Konvoioperationen von Ende September bis Ende Dezember verliefen entgegen den Erwartungen überraschend glatt und ohne Verluste. Von den ostgehenden Konvois PQ. 1–6 trafen 45 Dampfer in Archangelsk und Murmansk ein, nur 1 Schiff mußte wegen Eisschäden umkehren. Die zurück nach Westen laufenden Konvois QP. 1–4 brachten von 49 ausgelaufenen Dampfern 45 zu ihren Zielhäfen. Nur 4 mußten wegen der entstandenen Eisschäden umkehren. Keiner der Konvois war von deutscher Seite erfaßt oder gar bekämpft worden. Doch begann man sich in Deutschland, nachdem die Luftaufklärungsergebnisse Hinweise auf das Laufen dieser Konvois erbracht hatten, Gedanken über die Bekämpfung der Konvois zu machen. Nachdem sich die Verlegung schwerer Schiffe zunächst wegen der Brennstofflage nicht realisieren ließ, entsandte die Seekriegsleitung im Dezember zusätzliche U-Boote ins Nordmeer, um eine ständig in See stehende Gruppe von 3–4 U-Booten bilden zu können, und verlegte an Stelle der durch Maschinenschäden weitgehend ausgefallenen 6. Zerstörerflottille die aus den neu gebauten Zerstörern mit je 4 15-cm-Geschützen gebildete 8. Zerstörerflottille nach Nordnorwegen. Bei ihrer ersten Unternehmung trafen 4 dieser Zerstörer am 17. Dezember vor der Kola-Küste auf zwei zur Aufnahme des Konvois PQ. 6 ausgelaufene britische, in Murmansk stationierte Minensuchboote, von denen eines in dem Gefecht – irrtümlich als russischer Zerstörer angesprochen – schwer beschädigt wurde. Der zur Unterstützung der Schiffe ausgelaufene Schwere Kreuzer *Kent,* der gerade den britischen Außenminister Eden nach Murmansk gebracht hatte, konnte in der herrschenden Polarnacht die deutschen Zerstörer nicht mehr finden. Kurz nach der Jahreswende kamen die nördlich der Kola-Mündung als Gruppe »Ulan« aufgestellten deutschen U-Boote zu ihren ersten Angriffen gegen die noch schwach gesicherten Konvois PQ. 7 A und PQ. 8, aus denen sie einen Frachter und den britischen Zerstörer *Matabele* versenkten und einen weiteren Frachter sowie einen sowjetischen Minensuchtrawler torpedierten.

Die Bedrohung Norwegens

Doch sollten sich die Mumansk-Konvois im ersten Halbjahr 1942 zu risiko- und verlustreichen Operationen entwickeln, nachdem Hitler zu der Überzeugung gekommen war, daß Norwegen durch eine britische Invasion bedroht war und starke deutsche See- und Luftstreitkräfte nach Norwegen verlegte. Diese Befürchtungen Hitlers waren in erster Linie durch eine Anzahl britischer Raids gegen die norwegische Küstenschiffahrt ausgelöst worden. Der Operation »Claymore« im März 1941 waren die Trägerraids im Juli gegen Kirkenes und Petsamo sowie verschiedene Angriffsversuche im August und September gegen Tromsö gefolgt. Am 26. und 27. Dezember führten die Engländer zwei weitere Raids, die Operationen »Anklet« und »Archery« durch, die weiterreichende Folgen haben sollten. Unter Führung von je einem Kreuzer und mehreren Zerstörern drangen von Minensuchern und Korvetten gesicherte Landungsschiffe in den Vestfjord und den Vaagsfjord ein, um kleinere Commandos auf den Lofoteninseln zu landen und die hier befindlichen Fischverarbeitungsfabriken und Fernmeldeanlagen zu zerstören. Gleichzeitig stießen die Kreuzer und Zerstörer in das Innere der Fjorde vor, um dort angetroffene Schiffe anzugreifen. Drei Vorpostenboote und 5 deutsche Transporter wurden versenkt, 2 norwegische Routendampfer aufgebracht und mit zusammen mehr als 300 norwegischen Freiwilligen auf dem Rückmarsch mitgenommen. Versuche, die alliierten Verbände mit der deutschen Luftwaffe zu fassen, brachten nur geringe Ergebnisse.

Hitler sah sich durch diese Raids in seiner Befürchtung einer alliierten Landung in Norwegen bestätigt, die er bereits seit dem Sommer 1941 hegte und die u. a. auch durch seine Skepsis gegenüber der Neutralität Schwedens genährt worden war. Da das Heer und die Luftwaffe wegen der Beanspruchung im Osten keine starken Verbände für eine Verteidigung Norwegens gegen einen massierten Angriff bereitstellen konnten, war es nach Hitlers Auffassung Aufgabe der Marine, mit Hilfe ihrer schweren Schiffe diese Verteidigung zu gewährleisten. So hatte er bereits im Herbst 1941 auf die Verlegung der fertig gewordenen *Tirpitz* sowie des wieder einsatzbereiten Panzerschiffes *Admiral Scheer* nach Norwegen gedrängt und sich allen Plänen Großadmiral Raeders zur Wiederaufnahme der atlantischen Kriegführung mit Überwasserschiffen durch diese beiden Einheiten und die wiederhergestellte Kampfgruppe in Brest widersetzt. Die britischen Raids führten nun zu Hitlers Befehl am 29. 12., auch die in Brest befindlichen Schlachtschiffe *Scharnhorst* und *Gneisenau* und den Kreuzer *Prinz Eugen* in heimische Gewässer zurückzuholen und für die Verteidigung Norwegens einzusetzen. »Jedes Schiff, das jetzt nicht in Norwegen steht, steht am falschen Platz«, sagte er. Am 12. Januar befahl er auch die Verlegung der *Tirpitz* nach Trondheim, die im Geleit von 4

Zerstörern vom 14. bis 16. Januar zunächst unbemerkt durchgeführt wurde. Die Überführung des Brest-Verbandes in die Heimat gelang zwar in dem aufsehenerregenden Kanaldurchbruch, doch sollte ihre Verlegung nach Norwegen zunächst nicht glücken. Die beiden Schlachtschiffe mußten wegen der durch die Minendetonationen erhaltenen Schäden in die Werft gehen, wo die *Gneisenau* in Kiel bei einem Luftangriff schwer getroffen wurde. Man entschloß sich, den geplanten Umbau auf 38-cm-Geschütze jetzt durchzuführen, ein Vorhaben, das jedoch nie zum Abschluß kam, so daß dieses Schiff bis zum Ende des Krieges nicht mehr zum Einsatz kam. Die *Prinz Eugen* lief zusammen mit dem Panzerschiff *Admiral Scheer* am 21. Februar von Brunsbüttel durch die Nordsee nach Norwegen aus. Zwar gelang es den von 3 Zerstörern gesicherten Schiffen, nach der Erfassung durch die britische Luftaufklärung den angesetzten Angriffsverbänden des »Coastel Command« zu entkommen und am 22. Februar den Grimstadt-Fjord zu erreichen. Auf dem Weitermarsch nach Trondheim kam jedoch das britische U-Boot *Trident* zum Schuß und traf *Prinz Eugen* mit einem Torpedo am Heck. Das Schiff erreichte zwar den Hafen, fiel jedoch für weitere Einsätze aus und mußte nach Durchführung behelfsmäßiger Reparaturen im Mai in die Heimat verlegt werden. Vom 19. bis 21. März verlegte der Schwere Kreuzer *Admiral Hipper* mit 3 Zerstörern und 3 Torpedobooten ohne Ausfälle nach Trondheim, und vom 18. bis 20. Mai folgte diesen Schiffen das Panzerschiff *Lützow*, das vom 24. bis 26. Mai nach Narvik weiterlief, wo am 10. Mai bereits die *Admiral Scheer* eingetroffen war. Statt wie vorgesehen aus 3 Schlachtschiffen, 2 Panzerschiffen und 2 Schweren Kreuzern, bestanden die schweren deutschen Streitkräfte jetzt aus 2 Gruppen mit der *Tirpitz* und *Admiral Hipper* in Trondheim sowie der *Admiral Scheer* und *Lützow* in Narvik mit je nach deren Bereitschaftsgrad 4 bis 6 Zerstörern. Doch Hitler ließ es nicht bei der Verlegung der schweren Überwasserschiffe bewenden, sondern verlangte darüber hinaus die Bereitstellung stärkerer U-Boot-Gruppen zur Verteidigung Norwegens. Waren vom August 1941 ab zunächst 6 U-Boote für den Einsatz im Nordmeer abgeteilt worden, so befahl Hitler am 12. Januar die Aufstellung von 12 in den Atlantik ausmarschierenden U-Booten im Gebiet westlich der Hebriden und Faröer, um sie im Falle einer Invasion Norwegens schnell heranziehen zu können. Immer wieder versuchte der BdU, diese U-Boote aus dem völlig verkehrsleeren Gebiet weiter in den Atlantik hinauszuziehen, scheiterte jedoch an Hitlers Furcht vor einer Invasion Norwegens. Dönitz war dagegen der Auffassung, daß der Verteidigung Norwegens am besten mit einer Intensivierung des Tonnagekrieges gedient sei, die zu der Zeit am besten im Westatlantik zu erreichen war. Am 26. Januar stimmte Hitler einer Reduzierung der in dem Gebiet westlich der Hebriden und Faröer stationierten U-Boote-Gruppe auf 6 Boote zu, befahl jedoch zugleich, die Verstärkung der im Raum Norwegen stationierten U-Boote auf insgesamt 24. Tatsächlich stieg die Zahl der von Norwegen aus im Nordmeer einzusetzenden U-Boote, außer den genannten U-Booten westlich der Hebriden und Faröer, bis Ende Februar auf 10, bis Ende März auf 19 Boote und erreichte im Juni 1942 die vorgesehene Zahl von vierundzwanzig. Es ist keine Frage, daß diese U-Boote, bei den viel geringeren Erfolgsmöglichkeiten in ihrem Operationsgebiet, dem vom B.d.U. als strategisches Haupterfordernis angesehenen Tonnagekrieg weitgehend verlorengingen und damit im ersten Halbjahr 1942 die Gesamtzahl des versenkten feindlichen Schiffsraumes nicht unerheblich reduzierten, insbesondere, wenn man dabei berücksichtigt, daß gleichzeitig ähnliche Anforderungen auch vom Mittelmeer-Kriegsschauplatz gestellt wurden.

Allerdings war die Befürchtung Hitlers vor einer alliierten Landungsabsicht in Norwegen nicht völlig aus der Luft gegriffen. Tatsächlich hat Churchill 1941/42 wiederholt den Gedanken einer Landung in Norwegen aufgebracht und verschiedene Operationspläne untersuchen lassen. Ende August 1941 ließ Churchill die »Chiefs of Staff« prüfen, ob eine Landung mit etwa 4 Divisionen in Norwegen im Januar oder Februar 1942 möglich sei. Diese Untersuchung verlief jedoch negativ, da weder die von Churchill vorgesehenen Verbände verfügbar waren, noch eine Landung in den stark verteidigten deutschen Häfen Narvik, Tromsö oder Kirkenes in Frage kommen konnte, so daß nur der kleine Hafen Petsamo blieb, wenn man nicht den für weiterreichende Operationen ungeeigneten Lofotenhafen Harstad wählen wollte. Dazu war die Frage einer Luftunterstützung während der Wintermonate außerordentlich schwer zu lösen, da keine für diesen Zweck ausreichenden Flugzeugträgerverbände zur Verfügung standen.

Schon Mitte September 1941 kam der Gedanke einer Landung in Norwegen erneut auf, als Auseinandersetzungen zwischen Schweden und Deutschland über die Besitzrechte an in schwedischen Häfen liegenden norwegischen Schiffen zu einer starken Spannung führten, die in Schweden Befürchtungen vor einer deutschen Invasion auslöste. Als die Engländer von den Schweden vorsichtig auf diese Situation aufmerksam gemacht wurden, ließ Churchill untersuchen, ob nicht im Zusammenhang mit einem schwedischen Angriff von Osten her eine Landung bei Trondheim möglich sei. Es zeigte sich jedoch, daß die beiden in Frage kommenden britischen Brigaden erst nach etwa 14 Tagen Trondheim erreichen konnten, wenn es schwedischen Verbänden gelang, die Nachschubwege der Deutschen von Norden und Süden zu blockieren. Diese Kräfte wurden bei weitem nicht für ausreichend gehalten, um die deutschen Kräfte überwältigen zu können, ganz abgesehen davon, daß auch für eine solche Operation die Luftsicherung, die zunächst von Flugzeugträgern kommen mußte, nicht ausreichte. Auch ließ sich eine gemeinsame Planung mit den Schweden nicht verwirklichen. So wurde auch dieser Plan ad acta gelegt.

Während der Diskussion um die Offensivoperationen der

Alliierten gegen Europa im Frühjahr 1942 brachte Churchill erneut das Norwegenprojekt unter dem Namen Operation »Jupiter« ins Gespräch, wobei die Operation, evtl. als Alternative für die Teillandung »Sledgehammer« in Westfrankreich, für 1942 die Landung von ein bis zwei Divisionen in Nordnorwegen vorsehen sollte, um damit die deutschen Luftbasen in Nordnorwegen auszuschalten und die Passage der Konvois nach Rußland besser zu sichern. Die genaue Untersuchung dieser Vorschläge ergab jedoch gleichfalls ihre Undurchführbarkeit mit den vorhandenen Kräften. Ebenso wenig wie Hitler die Befürchtung vor einer Landung in Norwegen aus seinem Blickkreis verdrängte, verzichtete Churchill darauf, diesen Gedanken immer wieder ins Gespräch zu bringen, ohne dabei jedoch seine militärischen Berater von ihrer ablehnenden Haltung abbringen zu können.

Die Murmansk-Konvois von März bis Mai 1942

Das Auftreten der schweren deutschen Schiffe in Norwegen ließ für den »Commander-in-Chief« der »Home Fleet« jeden Murmansk-Konvoi zu einer großen Flottenoperation werden. Während Admiral Tovey bei dem kurzen Konvoi-Rhythmus von 14 Tagen nur einen Teil der »Home Fleet« zur Deckung der Konvois einsetzen zu können glaubte, um die ständige Beanspruchung und Abnutzung der Schiffe nicht zu groß werden zu lassen, hielt es die Admiralität aufgrund der Erfahrungen mit der *Bismarck* für notwendig, gegen einen möglichen Angriff der *Tirpitz* wenigstens zwei neue Schlachtschiffe der *King George*-Klasse bereitzustellen. Sie sollten jeweils im Gebiet zwischen Island und Jan Mayen kreuzen, um bei einem Angriff der deutschen Schiffe westlich der Bäreninseln diesem Verband gegebenenfalls den Rückweg verlegen zu können, andererseits aber auch zur Verhinderung eines Ausbruchsversuches der schweren deutschen Schiffe in den Atlantik, mit dem man immer noch rechnen mußte, richtig zu stehen. Zur Sicherung der Konvois gegen Angriffe leichterer Überwasserstreitkräfte hielt man es für notwendig, ihnen eine Nahdeckungsgruppe von 1 bis 2 Kreuzern beizugeben. Der Konvoi selbst wurde durch einige Zerstörer, Minensucher, Korvetten und U-Jagdtrawler gegen U-Boote geschützt. Die Bewegungen der Konvois sollten jeweils so koordiniert werden, daß die »Home Fleet« mit einer Unternehmung die Fahrt je eines ost- und westgehenden Konvois decken konnte.
Tatsächlich sollte es schon bei dem nächsten Konvoipaar zu einer entsprechenden Operation von beiden Seiten kommen. Am 1. März waren die aus 16 bzw. 15 Schiffen bestehenden Konvois PQ.12 und QP.8 von Reykjavik auf Island und Kola-Inlet ausgelaufen. Am 5. März erfaßte ein *FW-200*-Fernaufklärer den PQ.12 rund 70 sm südlich Jan Mayen. Der als operativer Führer unterhalb der Gruppe Nord eingesetzte Admiral Nordmeer, Konteradmiral Schmundt, setzte gegen den Konvoi zunächst 4 in erreichbarer Nähe stehende U-Boote an, und die Gruppe Nord ließ am folgenden Tage den Befehlshaber der Schlachtschiffe, Vizeadmiral Ciliax, mit der *Tirpitz* und drei Zerstörern in See gehen, um den Konvoi anzugreifen. Kurz nach dem Auslaufen wurde der Verband von dem britischen U-Boot *Seawolf* gesichtet und gemeldet. Daraufhin ging Admiral Tovey, dessen Gros sich inzwischen mit einer von Island kommenden Kampfgruppe vereinigt hatte und aus den neuen Schlachtschiffen *King George V.* und *Duke of York,* dem Schlachtkreuzer *Renown,* dem Träger *Victorious,* dem Kreuzer *Berwick* und 12 Zerstörern bestand und 200 sm südlich des Passierpunktes der beiden Konvois operierte, um auch die mögliche Ausbruchsroute in den Atlantik zu decken, näher an die Konvois heran, mit der Absicht, am nächsten Morgen die deutschen Schiffe durch eine Luftaufklärung von der *Victorious* zu fassen. Schlechtes Wetter am 7. März verhinderte jedoch den Start der Flugzeuge. Am 7. März passierten die beiden Konvois einander. Die »Home Fleet«, die sich bis auf 75 sm an den Passierpunkt angenähert hatte, drehte nach Südwesten ab, ohne zu ahnen, daß die *Tirpitz* in nur 60 sm Entfernung im Südosten mit Kurs Nordwest auf die Konvoiroute zulief. Doch auch die *Tirpitz* und ihre etwas weiter ostwärts in einem Vorpostenstreifen angesetzten Zerstörer passierten die Konvoikurse etwa 60 sm hinter dem PQ.12 und 50 sm vor dem QP.8, doch trafen die Zerstörer auf einen versprengten russischen Dampfer des QP.8, den sie versenkten. Nachdem die Versuche Admiral Toveys, auf verschiedene eingepeilte deutsche Funksprüche zu operieren, ohne Erfolg geblieben waren, mußte er sich am 8. März nach Westen zur Brennstoffergänzung absetzen, während die *Tirpitz* nochmals bis ins Gebiet südwestlich der Bäreninseln ohne Erfolg nach den Konvois suchte und dann nach Süden abdrehte, um die Lofoten zu erreichen. Die Zerstörer waren bereits vorher nach Tromsö detachiert worden. Als die Admiralität am 8. März abends Admiral Tovey unterrichtete, daß man Grund zur Annahme habe, daß die *Tirpitz* weiterhin nach dem Konvoi suche, drehte er erneut in Richtung auf die norwegische Küste und die Lofoten zu, berichtete jedoch zugleich der Admiralität, daß er seine Zerstörer wegen Brennstoffmangels ebenfalls habe detachieren müssen. Die Abgabe dieses Funkspruches, dessen Einpeilung durch den Gegner er erwartete, schien ihm die einzige Möglichkeit zu sein, die deutsche Seite zur Zurückrufung der *Tirpitz* zu veranlassen und damit den bedrohten Konvoi zu retten. In der Nacht zum 9. erfaßte die Admiralität erneut einen Funkspruch der *Tirpitz,* der anzudeuten schien, daß sie bereits auf dem Rückmarsch nach Süden war. So konnte Admiral Tovey mit hoher Fahrt in Richtung auf die norwegische Küste vorstoßen, um die *Tirpitz* abzufangen. Am Morgen des 9. startete die *Victorious* 12 Torpedoflugzeuge zur bewaffneten Aufklärung gegen die *Tirpitz,* um sie sofort nach ihrer Erfassung angreifen zu können. Auf die erste Meldung eines Flugzeuges drehte die *Tirpitz* jedoch mit hoher Fahrt auf den 60 sm ent-

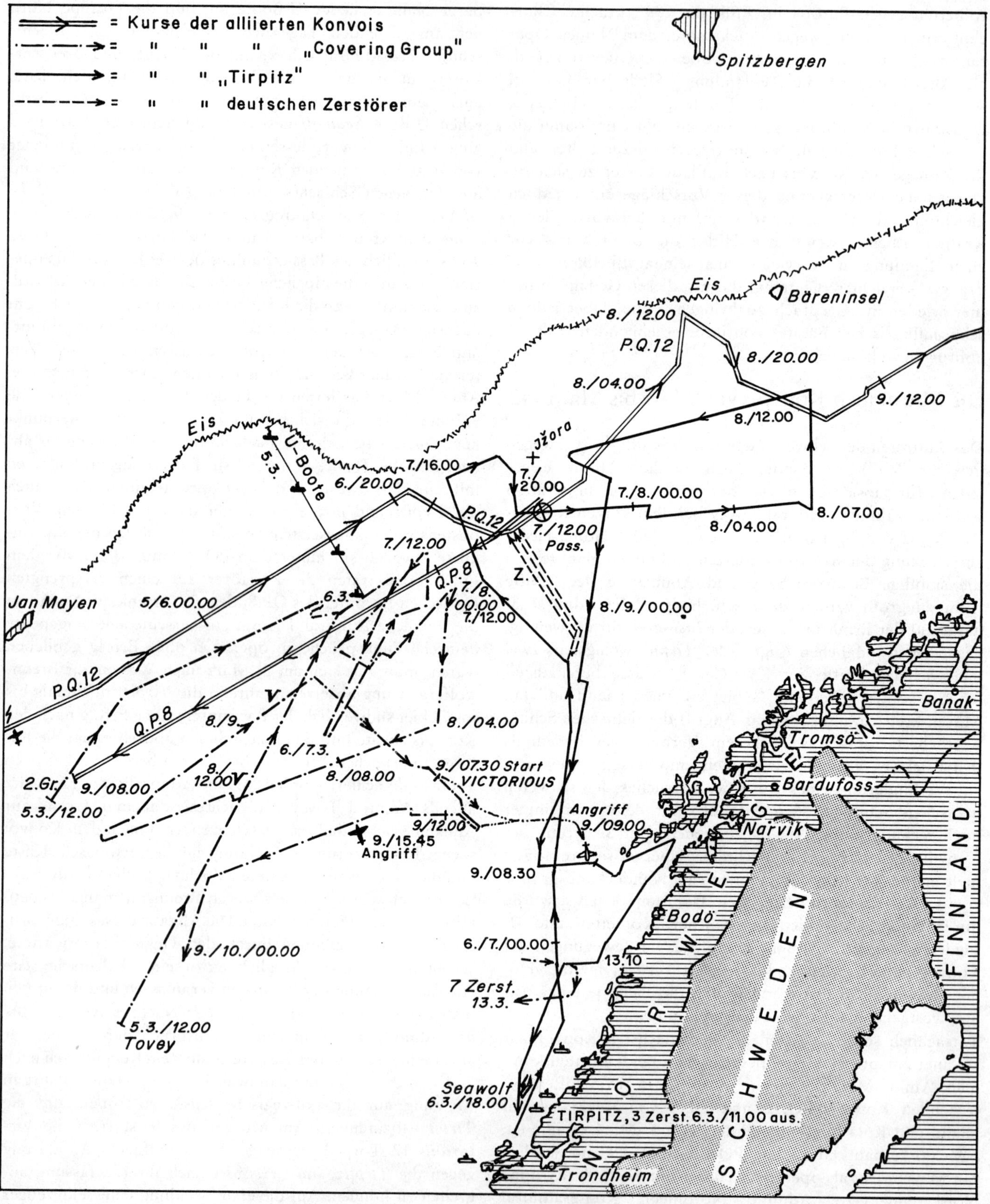

Die Operation der *»Tirpitz«* gegen die Konvois Q.P.8 und P.Q.12 März 1942

fernten Westfjord ab und hatte bereits die Hälfte des Weges zurückgelegt, ehe die Torpedoflugzeuge zum Angriff versammelt waren. In dem starken Flakfeuer der *Tirpitz* und durch scharfe Ausweichmanöver schlug der Angriff der Flugzeuge bei zwei Verlusten fehl, und die *Tirpitz* erreichte am Nachmittag Narvik, während von deutscher Seite einzelne Bomber versuchten, den nach Westen ablaufenden britischen Verband anzugreifen. Unter Ausnutzung schlechten Wetters verlegte die *Tirpitz* am 12./13. März wieder von Narvik nach Trondheim, ohne daß die zu ihrer Abfangung angesetzten 7 Zerstörer und die vor der norwegischen Küste aufgestellten alliierten U-Boote das Schiff sichteten. Für beide Seiten war die Unternehmung unbefriedigend verlaufen. Auf deutscher Seite zeigten die Erfahrungen, daß der Ansatz schwerer Schiffe ohne eine ausreichende Luftaufklärung bei Vorhandensein gegnerischer Flugzeugträger ein riskantes Unternehmen war, so daß Großadmiral Raeder bei Hitler eine Verstärkung der Luftaufklärungs- und Angriffskräfte durchsetzte, um vor einem neuen Ansatz der schweren Schiffe zunächst durch Luftangriffe die feindlichen Flugzeugträger ausschalten zu können. Auf britischer Seite zeigte sich, daß die auf den Flugzeugträgern vorhandenen Flugzeuge in ihrer technischen Leistungsfähigkeit und ihrem Ausbildungsstand den Erfordernissen nicht genügten und dringend modernisiert werden mußten.

Am 20./21. März lief das nächste Konvoipaar von Island und dem Kola-Fjord aus. Während die 19 Schiffe des QP. 9, nachdem ein sichernder Minensucher ein deutsches U-Boot überrannt und versenkt hatte, eine deutsche U-Boot-Aufstellung von 4 Booten unbemerkt passierten und auch von der deutschen Aufklärung nicht erfaßt wurden, ging es dem ebenfalls aus 19 Schiffen bestehenden PQ. 13 schlechter. Durch einen schweren viertägigen Sturm wurde der Konvoi auseinandergerissen und über einen Seeraum von 150 sm zerstreut. Nach dem Abflauen des Sturmes am 27. März sichtete früh ein deutsches Aufklärungsflugboot Teile dieses versprengten Konvois. Gegen die einzeln und in kleinen Gruppen fahrenden Schiffe setzte der Admiral Nordmeer für den 28. März 6 U-Boote sowie 3 Zerstörer von Kirkenes an und erbat Angriffe der verfügbaren Staffeln des Kampfgeschwaders 30. Letzteren fielen am gleichen Tage zwei einzeln fahrende Schiffe des Konvois zum Opfer. Bei starker Dünung und häufigen Schneeschauern hatte der »Escort-Commander« auf dem Zerstörer *Eclipse* wieder 8 Schiffe zusammengebracht, während der zur Deckung des Konvois eingeteilte Kreuzer *Trinidad* mit dem Zerstörer *Fury* vorauslief, um eine weitere versprengte Gruppe von 4 Schiffen an den Konvoi heranzuführen. Captain Saunders auf der *Trinidad* stand vor einer schwierigen Situation, da er bei Hellwerden mit dem Eintreffen sowohl von 3 eigenen, vom Kola-Fjord kommenden Zerstörern, der britischen *Oribi* und den sowjetischen *Gremjaščij* und *Sokrušitel'nyj*, als Verstärkung der Sicherung, als auch mit den drei deutschen Schiffen rechnen konnte. Tatsächlich entpuppten sich die zuerst georteten 3 Ziele nach einigen bangen Minuten der Ungewißheit als die eigenen Schiffe, welche der Konvoisicherung zugeteilt wurden, während die *Trinidad* mit der *Fury* erneut vorauslief. Die drei deutschen Schiffe hatten auf ihrem Marsch zunächst Überlebende eines durch die Flieger versenkten Schiffes aufgefunden, so daß sie die ungefähre Konvoiroute kannten, und waren in der Nacht auf einen einzeln fahrenden Frachter gestoßen, den sie versenkten. So kamen sie erst am Vormittag auf ihrer Suche nach Westen in Berührung mit der *Trinidad*, die plötzlich aus einem Schneeschauer herauskam. In einem kurzen Gefecht wurde das deutsche Führerboot *Z 26* getroffen, doch ging die Fühlung schnell verloren, da die *Trinidad* vor den von den deutschen Zerstörern geschossenen Torpedofächern abdrehte. Bei dem Versuch, den wiedergefundenen, havarierten deutschen Zerstörer mit einem Torpedofächer zu versenken, versagten die vereisten Torpedos der *Trinidad* bis auf einen, der zwar das Rohr verließ, jedoch als Kreisläufer zum eigenen Schiff zurückkehrte und es in einem Kesselraum traf, so daß die *Trinidad* liegenblieb. In unübersichtlichen und durch ständige Schneeböen behinderten kurzen Gefechten wurde *Z 26* durch Treffer der *Fury* manövrierunfähig geschossen, während die kurz darauf eintreffenden beiden anderen Zerstörer *Z 25* und *Z 24* diesen Zerstörer mit ihrer 15-cm-Artillerie schwer trafen und von dem havarierten Führerboot Überlebende retteten. Nach weiteren kurzen Schußwechseln mit der *Oribi* und *Sokrušitel'nyj* liefen die deutschen Zerstörer ab. Ein U-Boot wurde bei dem Versuch, die havarierte *Trinidad* anzugreifen, von dem sichernden Zerstörer *Fury* gerammt und versenkt. Am nächsten Tage traf die von Murmansk ausgelaufene 6. britische Minensuchflottille mit 4 Booten bei dem havarierten Kreuzer und dem Konvoi ein, um die Sicherung zu verstärken. So kamen die nun an den Konvoi heranschließenden U-Boote nur zu zwei Versenkungserfolgen. Die anderen Angriffe konnten abgewehrt werden. Der Rest des Konvois traf, ebenso wie die behelfsmäßig wieder fahrbereit gemachte *Trinidad*, am 31. März im Kola-Fjord ein.

Diese Operation zeigte der britischen Führung, daß die Sicherung der Konvois bei der Gefährdung durch Überwasserschiffe, U-Boote und Flugzeuge zu schwach war. Die Admiralität mußte deshalb Zerstörer und Korvetten vom »Western Approaches Command« abziehen, um die Sicherung der Murmansk-Konvois zu verstärken. Das war jedoch eine teilweise recht unbefriedigende Lösung, da diese für die Sicherung der Atlantik-Konvois gegen die U-Boote eingesetzten Zerstörer eine nur schwache Flakbewaffnung besaßen und einen Teil ihrer Seezielartillerie zugunsten von Wasserbombenzuladungen abgegeben hatten.

Die nächsten Konvois PQ. 14 und QP. 10 liefen am 8. bzw. 10. April aus. Sie bestanden aus 24 bzw. 16 Schiffen. Beide hatten eine Nahsicherung von 1 bis 2 Kreuzern und 5 Zerstörern sowie Korvetten, Minensuchern und Trawlern. Die

Fern-Deckungsgruppe kreuzte wie üblich mit 2 Schlachtschiffen, einem Flugzeugträger, Kreuzern und Zerstörern zwischen Jan Mayen und Island. Der ostgehende Konvoi geriet bereits bei Jan Mayen in schweres Packeis, so daß 16 von seinen 24 Schiffen mit Eisschäden zurückkehren mußten. Ein Angriffsversuch der sowjetischen Luftwaffe gegen den deutschen Flugplatz Kirkenes konnte die Angriffe des Kampfgeschwaders 30 nicht verhindern, dem zwei Schiffe des QP. 10 zum Opfer fielen, während ein weiteres mit Eisschäden umkehren mußte. Beide Konvois wurden in der Folge einer Reihe von U-Boot-Angriffen ausgesetzt, denen beim QP. 10 zwei, beim PQ. 14 ein Schiff zum Opfer fielen, während die stärkere Zerstörersicherung die übrigen Angriffe abwehren konnte. Die Zerstörer der deutschen 8. Z-Flottille stießen bei dem herrschenden unsichtigen und schlechten Wetter vorbei, so daß die in beiden Fällen angesetzten 3 Zerstörer unverrichteter Dinge umkehren mußten.
Während man sich auf deutscher Seite entschloß, die Schlagkraft der Fliegerverbände durch die Verlegung von Torpedofliegereinheiten des Kampfgeschwaders 26 nach Nordnorwegen zu verstärken, sah man sich auf britischer Seite gezwungen, im Hinblick auf den großen Prozentsatz der vom PQ. 14 wieder umgekehrten Schiffe, den PQ. 15 trotz der Bedenken Admirals Toveys auf 25 Schiffe zu bemessen, einer bei der zunehmenden Helligkeit im Monat Mai nach Auffassung des Admirals wesentlich zu großen Zahl. Während die See- und U-Boot-Sicherung des PQ. 15, der am 26. April auslief, etwa der des PQ. 14 entsprach, wurde die Sicherung gegen Luftangriffe durch die Zuteilung eines Flakschiffes und eines Katapultschiffes mit einem »Hurricane«-Jäger verstärkt, dessen Aufgabe es vor allem sein sollte, das erste deutsche Fühlunghalterflugzeug möglichst frühzeitig abzuschießen. Die schwere Deckungsgruppe für die beiden Konvois erfuhr diesmal eine wesentliche Verstärkung ihrer Kampfkraft durch eine amerikanische Kampfgruppe mit dem neuen Schlachtschiff *Washington,* 2 Schweren Kreuzern und 4 Zerstörern, die nach Scapa Flow verlegt worden waren, um Teile der »Home Fleet« für den Raum Gibraltar freizumachen, wo die »Force H« für die Operation gegen Madagaskar in den Indischen Ozean abgezogen worden war. Der westgehende Konvoi QP.11 mit 13 Schiffen lief am 28. April vom Kola-Fjord aus, wurde jedoch sehr bald durch deutsche Flugzeuge und U-Boote gemeldet. Dem U-Boot *U 456* gelang es am 30. April, den zur Deckung des Konvois eingesetzten Kreuzer *Edinburgh* mit 2 Torpedos zu treffen, so daß er, gesichert von 2 britischen und 2 sowjetischen Zerstörern, zurückbleiben mußte. Auf den nun z. T. seiner Sicherung beraubten Konvoi wurden erneut 3 deutsche Zerstörer angesetzt, die am frühen Morgen des 1. Mai im Gebiet der Bäreninsel den Konvoi erfaßten. Bei schlechter und stark wechselnder Sicht sowie starkem Seegang und Treibeis konnten die deutschen Zerstörer, die immer wieder auf die artilleristisch unterlegenen, aber geschickt geführten 4 »Western Approaches«-Zerstörer stießen, nur ein Schiff torpedieren und versenken, ehe sie nach Osten abdrehten, um den havariert gemeldeten Kreuzer anzugreifen, bei dem inzwischen für die beiden wegen Brennstoffknappheit entlassenen russischen Zerstörer 4 britische Minensuchboote, ein sowjetisches Wachschiff und ein Schlepper eingetroffen waren. In durch Schneeschauer und Rauchschleier stark behinderten heftigen Gefechten, die sich immer wieder in Einzelkämpfe auflösten, traf die *Edinburgh* den deutschen Führerzerstörer *Hermann Schoemann* so schwer, daß er manövrierunfähig liegenblieb, während ihrerseits die beiden deutschen Zerstörer *Z 24* und *Z 25* die britischen Zerstörer *Forester* und *Foresight* schwer beschädigten und die *Edinburgh* mit einem weiteren Torpedo trafen, so daß sie schließlich aufgegeben werden mußte. Während die erstmalig eingesetzten Torpedoflugzeuge am 2. Mai aus dem PQ.15 drei Schiffe versenken konnten, blieben die Angriffe auf den westgehenden Konvoi ohne Erfolg.
Zwei weitere Ausfälle sollten die »Home Fleet« zusätzlich schwächen. Bei der Deckungsgruppe kam es am 1. Mai im dichten Nebel zu einer folgenschweren Kollision, als das Flaggschiff *King George V.* den Zerstörer *Punjabi* überrannte und durch dessen detonierende Wasserbomben so stark beschädigt wurde, daß es von dem Schwesterschiff *Duke of York* abgelöst werden mußte. Am 13. Mai ging von Murmansk der dort behelfsmäßig reparierte Kreuzer *Trinidad* mit 4 Zerstörern in See, um nach England zurückzukehren. Eine Kampfgruppe mit 4 Kreuzern sollte ihn westlich der Bäreninsel aufnehmen. Sein Abmarsch wurde jedoch von der deutschen Luftaufklärung erfaßt. Wenn auch die Angriffe von 25 Sturzbombern und 10 Torpedoflugzeugen zunächst abgewehrt werden konnten, gelang es einer einzelnen *Ju 88* im Sturzangriff, schwere Treffer auf dem Kreuzer zu erzielen. Die entstandenen Brände gerieten bald außer Kontrolle und die *Trinidad* mußte nach Bergung der Besatzung selbstversenkt werden.
Nach diesen Erfahrungen hielt es Admiral Tovey für notwendig, die Konvois nach Murmansk während des Sommerhalbjahres mit seiner ständigen Helligkeit zu unterbrechen, wenn es nicht gelang, die deutschen Flugplätze in Nordnorwegen zu neutralisieren. Das Drängen der Sowjets zwang jedoch die britische Führung, gegen diesen Rat die Konvois vorerst fortzusetzen, zumal auch Präsident Roosevelt entsprechenden Druck ausübte, weil sich in Amerika inzwischen eine große Zahl von mit Material für Rußland beladenen Schiffen angesammelt hatte.
So ging am 21. Mai das nächste Konvoipaar in See, von dem der QP. 12, ohne von deutscher Seite bekämpft zu werden, in Reykjavik eintraf. Aufgrund der bei den letzten Konvois gemachten Erfahrungen sah Admiral Tovey in der Bedrohung durch U-Boot- und Luftangriffe ostwärts der Bäreninsel die größte Gefahr für den Konvoi PQ. 16, der mit 35 Schiffen der bisher größte Murmansk-Konvoi war. Er wollte deshalb die nunmehr auf 4 Kreuzer mit 3 Zerstörern verstärkte Deckungsgruppe nicht mehr in diesem

Gebiet einsetzen. Das schien um so eher möglich zu sein, als die deutschen Zerstörer durch die Ausfälle und Beschädigungen vorerst keine so große Bedrohung mehr darstellten. Durch die Aufstellung von 5 britischen und 3 sowjetischen U-Booten vor den Ausgängen der norwegischen Fjorde hoffte man, das Auslaufen schwerer deutscher Schiffe, insbesondere der *Admiral Scheer* von Narvik, so rechtzeitig erfassen zu können, daß die Kreuzergruppe notfalls noch rechtzeitig heranschließen konnte. Gegen die *Tirpitz,* die nach mehreren im März und April fehlgeschlagenen Angriffsversuchen des »Bomber-Command« weiterhin in Trondheim lag, wurde das Gros der »Home-Fleet« als Fernsicherungsgruppe zwischen Island und Norwegen aufgestellt. Am 25. Mai wurde der Konvoi von der deutschen Luftaufklärung erfaßt, doch schlugen die Angriffe von 25 deutschen Bombern und Torpedoflugzeugen im massierten Flakfeuer der Sicherung, die aus einem Flakschiff, 5 Zerstörern, 4 Korvetten und mehreren Trawlern bestand und durch die Kreuzergruppe, die im Konvoi mitlief, verstärkt war, fehl. Nur ein beschädigtes Frachtschiff mußte umkehren. In der Nacht kam eines der angesetzten U-Boote zu einem Versenkungserfolg. Alle anderen Boote wurden aber durch die starke Seesicherung abgedrängt. Am 26. mußte die Kreuzergruppe wegen der zunehmenden U-Boot-Gefahr befehlsgemäß abdrehen, doch kam es erst am 27. Mai südostwärts der Bäreninsel zu massierten Luftangriffen durch 108 deutsche Torpedoflugzeuge und Bomber, die bei 3 eigenen Verlusten mit Bomben 4 und durch Torpedotreffer 1 Schiff versenkten und 4 weitere sowie 1 Zerstörer beschädigten. Am 28. trafen drei sowjetische Zerstörer zur Verstärkung der Sicherung ein, doch kam es an diesem Tage wegen schlechter Sicht nur zu wenigen erfolglosen Einzelangriffen deutscher Bomber. Auch am 29. Mai blieben massiertere Angriffe aus, und vom Kola-Fjord her traten 6 britische Minensucher zur Sicherung hinzu. Vor dem Einlaufen am 30. Mai griffen noch einmal Bomber des Kampfgeschwaders 30 den Konvoi an, doch waren nun auch sowjetische Jäger zur Sicherung gestoßen, und bei den Luftkämpfen über dem Konvoi fand der erfolgreichste sowjetische Jagdflieger der Nordflotte, Oberstleutnant Safonov, den Tod. Der Konvoi verlor 43 205 BRT mit 32 400 t Ladung, darunter 147 Tanks, 77 Flugzeuge und 770 Kraftfahrzeuge, doch trafen immerhin 27 Schiffe in den Zielhäfen ein.

»Rösselsprung« gegen PQ.17

Während die Operation gegen den PQ.16 noch lief, hatte sich auf deutscher Seite die Kräftesituation entscheidend zu verbessern begonnen, so daß man mit konkreten Planungen für die Bekämpfung des nächsten Murmansk-Konvois durch einen kombinierten Einsatz von Überwasserschiffen, U-Booten und Flugzeugen begann. Bis Ende Mai waren in Norwegen die unter dem Kommando von Admiral Schniewind stehenden Verbände der Flotte auf das Schlachtschiff *Tirpitz,* die drei Kreuzer *Admiral Hipper, Admiral Scheer* und *Lützow* sowie 12 Zerstörer und 2 Torpedoboote angewachsen. Man konnte darüberhinaus mit 12 einsatzbereiten U-Booten rechnen, und die Luftwaffe hatte ihre Angriffsverbände auf 2 Gruppen Torpedoflugzeuge des Kampfgeschwaders 26, eine Küstenfliegergruppe und 3 Gruppen *Ju-88*-Bomber des Kampfgeschwaders 30 verstärkt. Der auf einem Entwurf des Flottenkommandos aufbauende Operationsplan »Rösselsprung« des Marinegruppenkommandos Nord, der mit dem Luftflottenkommando 5 als der in Norwegen und Finnland befehlsführenden Stelle der Luftwaffe abgestimmt worden war, sah folgendes vor:

Der Geleitzug sollte möglichst frühzeitig von Fernaufklärern, den *FW 200* des K.G. 40 und den *BV 138*-Flugbooten der Küstenfliegergruppe 406 sowie von vorsorglich auf Position entsandten U-Booten erfaßt werden. Sie sollten dann ständig Fühlung halten und die Zusammensetzung des Konvois und der Sicherungsstreitkräfte melden, um damit den Ansatz der eigenen Überwasserstreitkräfte und der Luftkampfkräfte bestmöglich planen zu können. Von besonderer Bedeutung war es, rechtzeitig die vermutlich aus einem Flugzeugträger und 1–2 Schlachtschiffen sowie Kreuzern und Zerstörern bestehende Fernsicherungsgruppe im Gebiet zwischen Shetland-Inseln, Faröern und Jan Mayen festzustellen und an ihr laufend Fühlung zu halten. Sollte das nicht gelingen, mußte die Luftwaffe das Gebiet 250 sm um das Geleit herum lückenlos aufklären. Für den Ansatz der eigenen schweren Seestreitkräfte war das Moment der Überraschung von ausschlaggebender Bedeutung, um dem Gegner keine Möglichkeit zu geben, den Konvoi rechtzeitig wieder umkehren zu lassen. Die Verlegung der schweren Schiffe in ihre Absprungfjorde in Nordnorwegen mußte deshalb zu einem möglichst späten Zeitpunkt erfolgen und gegen die feindliche Luftaufklärung mit größtmöglicher Sicherheit abgeschirmt werden. Während der Operation der schweren Streitkräfte mußte der Seeraum bis 200 sm vor der norwegischen Küste lückenlos aufgeklärt werden, um gegnerischen schweren Seestreitkräften keine Möglichkeit zu geben, der eigenen Flotte den Rückweg zu verlegen. Da man nach dem Auftreten der eigenen schweren Schiffe am Konvoi mit sofortigen Gegenmaßnahmen rechnen mußte, war der für die Bekämpfung des Konvois zur Verfügung stehende Zeitraum knapp bemessen. Der in zwei Kampfgruppen mit der *Tirpitz* und *Admiral Hipper* mit 6 Zerstörern sowie der *Admiral Scheer* und *Lützow* mit 6 Zerstörern im losen taktischen Zusammenhang unter Führung des Flottenchefs operierende Verband sollte sich deshalb darauf beschränken, die Handelsschiffe lahmzuschießen, während die Zerstörer die Sicherung der schweren Schiffe gegen die feindliche Geleitsicherung übernahmen. Die endgültige Versenkung der Handelsschiffe sollte dann der Luftwaffe und den U-Booten überlassen bleiben. Besondere Bedeutung wurde auch der Arbeit der Funkaufklärung beigemessen, die zu dieser Zeit wesentliche Teile des alliierten

Konvoifunkverkehrs entziffern konnte. Die Kampfverbände der Luftwaffe hatten sich in erster Linie auf die Ausschaltung des oder der feindlichen Flugzeugträger zu konzentrieren und erst in zweiter Linie Handelsschiffe anzugreifen. Am 15. Juni genehmigte Hitler den Operationsplan, behielt sich jedoch die Freigabe des endgültigen Auslaufbefehls der Flotte weiterhin vor.

Auf britischer Seite war man sich des zunehmenden Risikos der Murmansk-Konvois während der Sommermonate bewußt. Bei einem koordinierten deutschen Angriff mit Flugzeugen und U-Booten westlich und mit Überwasserschiffen östlich der Bäreninsel konnten schwere Verluste nicht vermieden werden. Wenn es auch theoretisch möglich schien, den Konvoi unter vollem Einsatz der verstärkten »Home Fleet« nach Murmansk durchzukämpfen, so war doch die Frage, ob ein solch risikoreicher Einsatz im rechten Verhältnis zu dem militärischen Wert dieser Konvois stand, zumal in der gleichen Zeit die Lage Maltas ähnlich massierte Einsätze der Flotte notwendig machte, die ohnehin zu einer Verschiebung des nächsten arktischen Konvois auf die Wende des Monats Juni/Juli zwangen. Nach Prüfung der Möglichkeiten kam man zu dem Ergebnis, daß der Konvoi wie in den vorhergegangenen Fällen nur westlich der Bäreninsel gegen den Angriff deutscher Überwassereinheiten durch die Kreuzerdeckungsgruppe und die schwere Fernsicherungsgruppe gedeckt werden könnte, daß man die Sicherung des Konvois gegen Überwasserangriffe östlich der Bäreninsel jedoch weitgehend U-Booten überlassen müßte, da man nicht bereit war, weitere Kreuzer in diesem, nicht nur durch die Überwasserschiffe, sondern auch durch U-Boote und Flugzeuge besonders gefährdeten Gebiet zu riskieren. So stellte man nicht weniger als 9 britische und französische U-Boote vor Nordnorwegen auf, zu denen noch 4 sowjetische U-Boote vor den Fjordeingängen und 2 britische U-Boote, die im Konvoi mitliefen, hinzukamen. Die Nahdeckung des Konvois übernahm ein Verband unter Konteradmiral Hamilton mit den britisch-amerikanischen Schweren Kreuzern *London, Norfolk, Wichita, Tuscaloosa* und 3 Zerstörern. Die Ferndeckungsgruppe bildeten die Schlachtschiffe *Duke of York* und *Washington,* der Träger *Victorious,* 2 Kreuzer und 14 Zerstörer.

Am 27. Juni liefen die Konvois, der QP. 13 mit 35 Schiffen und einer Sicherung von 5 Zerstörern, 3 Korvetten, 1 Flakschiff, 3 Minensuchern, 2 Trawlern und 1 U-Boot vom Kola-Fjord und der PQ. 17 mit 36 Schiffen, 1 Tanker, 3 Rettungsschiffen sowie einer U-Boot-Sicherung von 6 Zerstörern, je 4 Korvetten, Minensuchern und Trawlern, 2 Flakschiffen und 2 U-Booten von Reykjavik aus. 2 Schiffe des PQ.17 mußten in der Dänemark-Straße wegen Eisschäden umkehren und auch der Konvoitanker aus dem gleichen Grunde durch ein anderes Schiff ersetzt werden. Am 1. Juli mittags wurde der Konvoi erstmalig etwa 60 sm ostwärts Jan Mayen durch *U 408* gemeldet, und 2 Stunden später gewann auch ein *BV 138*-Flugboot Fühlung. Am Nachmittag kamen *U 255* und *U 456* an den Konvoi heran. Während die 4 im Gebiet der Jan-Mayen-Insel stehenden U-Boote dem Konvoi folgten, stellte der für die Führung der U-Boote zuständige Admiral Nordmeer 6 weitere U-Boote in einem Vorpostenstreifen vor dem Konvoi für den 2. Juli auf. Die Luftaufklärung erfaßte darüber hinaus am Nachmittag ostwärts von Island die schwere Fernsicherungsgruppe, deren Stärke jedoch von den Beobachtern überschätzt wurde. Außer dem Flugzeugträger sprach man die beiden Schlachtschiffe und den Schweren Kreuzer *Cumberland* als Schlachtschiffe, den Leichten Kreuzer *Nigeria* und 5 der Zerstörer als Leichte Kreuzer an, während die Gesamtzahl der Schiffe zutraf. Doch ging die Fühlung an diesem Verband gegen Abend wieder verloren. Am 2. Juli hielt die Luftaufklärung weiter an beiden Konvois Fühlung, die U-Boote dagegen wurden bei mehreren Angriffsversuchen gegen den PQ. 17 von der Sicherung abgedrängt. Um nicht hinter den Konvoi zu kommen, befahl die Gruppe Nord nach Einholung der Genehmigung durch die Seekriegsleitung den Abmarsch der beiden deutschen Kampfgruppen in die Absprungbasis in Nordnorwegen. Die Kampfgruppe 1 mit der *Tirpitz* und *Admiral Hipper* sowie 6 Zerstörern lief um 20.00 Uhr von Trondheim, die Kampfgruppe 2 mit *Lützow* und *Admiral Scheer* und weiteren 6 Zerstörern um Mitternacht von Narvik aus. Sie trafen, mit Ausnahme der *Lützow* und dreier Zerstörer, die durch Grundberührungen ausgefallen waren, am 3. Juli gegen Mittag im Alta-Fjord ein und begannen sofort mit der Brennstoffergänzung der Zerstörer.

Ein erster Angriffsversuch von 7 *He 115*-Flugzeugen der Küstenfliegergruppe 906 gegen den Konvoi am Abend des 2. Juli war erfolglos geblieben. Am 3. Juli entstand eine zusätzliche Unsicherheit, als die Luftaufklärung, die weiterhin zusammen mit den U-Booten am PQ.17 Fühlung hielt, kurz nach Mitternacht mit 2 Maschinen in etwa 100 sm Entfernung voneinander Meldungen über Verbände mit je einem Flugzeugträger und mehreren Deckungseinheiten abgab, die tatsächlich jedoch zum gleichen Verband gehörten. Während die U-Boote der Gruppe »Eisteufel« zwar häufig abgedrängt wurden, jedoch insgesamt laufend Fühlung hielten, konnte eine zum Angriff angesetzte Gruppe des K.G. 30 bei schlechter Sicht den Konvoi nicht finden, an den inzwischen die Kreuzerdeckungsgruppe herangeschlossen hatte. Da die britische Luftaufklärung den Abmarsch der *Tirpitz*-Gruppe aus Trondheim erfaßt hatte, wurden die alliierten U-Boote vor Nordnorwegen entsprechend dem Vorrücken des Konvois weiter nach Osten verschoben und zusätzlich 3 weitere sowjetische U-Boote ostwärts des Nordkap vor der Küste aufgestellt. Gleichzeitig begannen die vorher nach Murmansk verlegten britischen »Catalina«-Flugboote mit ihren Aufklärungsflügen vor der norwegischen Küste und über der östlichen Barents-See.

In der hellen Sommernacht vom 3. auf den 4. Juli erfaßte

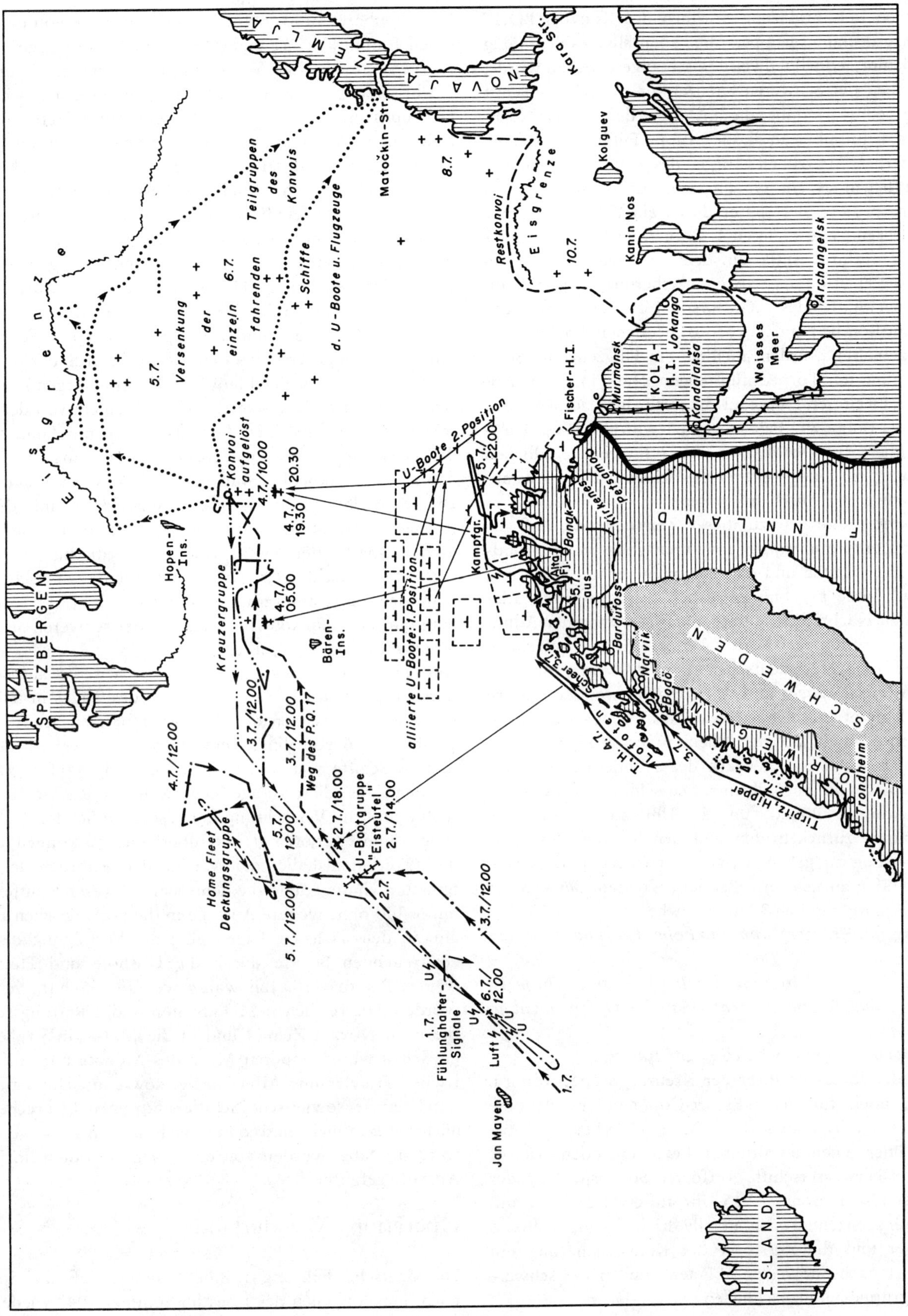

Der Konvoi P.Q.17, 1.–10. Juli 1942

die deutsche Luftaufklärung nördlich des Konvois PQ.17 die Kreuzerdeckungsgruppe, die ebenfalls zahlenmäßig richtig erkannt, jedoch teilweise falsch angesprochen wurde, da man einen der Schweren Kreuzer für ein Schlachtschiff hielt, eine Fehlbeurteilung, die auch dem den ganzen Nachmittag des 4. Juli über an dieser Gruppe Fühlung haltenden *U 457* unterlief. Am frühen Morgen des 4. Juli hatte ein einzelnes, anfliegendes *He 115*-Flugzeug einen Dampfer des Konvois torpediert, der später durch ein U-Boot versenkt wurde, während alle anderen U-Boot-Angriffe abgedrängt wurden. Weiterhin bestand auf deutscher Seite keine Klarheit über die Position der schweren Sicherungsgruppe. Beim Angriff einer Staffel des K.G. 30 sowie zweier Staffeln des K.G. 26 mit Bomben und Torpedos, bei denen 3 Schiffe des Konvois getroffen wurden, meldete ein Flugzeug die Sichtung von alliierten Torpedoflugzeugen. Das führte zur Annahme eines weiteren Flugzeugträgers nördlich des Konvois, auf den 2 U-Boote zur Jagd angesetzt wurden. Diese Unsicherheit über die Dislokation der schweren feindlichen Schiffe zwang zu einer weiteren Aufschiebung des Auslaufens der schweren deutschen Schiffe.
Auf britischer Seite war zu dieser Zeit bekannt, daß die *Tirpitz* und *Admiral Hipper* mit ihren Zerstörern Trondheim verlassen hatten und darüber hinaus eine Aufklärung von Narvik ohne Ergebnis geblieben war. Aufgrund aller vorliegenden Nachrichten mußte man deshalb in der Admiralität damit rechnen, daß ab 2 Uhr am 5. Juli mit einem Angriff der schweren deutschen Schiffe *Tirpitz, Admiral Hipper, Admiral Scheer* und *Lützow* mit ihren Zerstörern auf den Konvoi zu rechnen war. Da es ausgeschlossen schien, den Konvoi mit den allein in erreichbarer Nähe stehenden 4 Schweren Kreuzern der Nahdeckungsgruppe gegen einen Angriff abzuschirmen, entschloß sich der erste Seelord, Admiral Pound, um 21 Uhr am 4. Juli, die Kreuzergruppe zurückzurufen und den Schiffen des Konvois Anweisung zu geben, sich zu zerstreuen und einzeln russische Häfen anzusteuern. Bei dem Wortlaut der von der Admiralität ausgesandten 3 Funksprüche:
»Sehr dringend, Kreuzergruppe mit hoher Fahrt nach Westen ablaufen.«
»Dringend, wegen Bedrohung durch Überwasserschiffe ist der Konvoi aufzulösen und hat russische Häfen anzulaufen.«
»Sehr dringend, Konvoi hat sich zu zerstreuen.«
gab es weder für den Führer der Kreuzergruppe, Admiral Hamilton, noch für den »Escort-Commander« Broome einen Zweifel daran, daß die Admiralität über konkrete Angaben über einen unmittelbar bevorstehenden Angriff deutscher Überwasserschiffe verfügte. So löste sich der Konvoi befehlsgemäß um 22.15 Uhr auf etwa 28° Ost auf. Die Schiffe zerstreuten sich in alle Richtungen, während die Kreuzer und die Zerstörer der Konvoisicherung mit hoher Fahrt nach Südwesten abliefen, um an die schwere Deckungsgruppe heranzuschließen.

Die offenbare Auflösung des Konvois wurde von der deutschen Luftaufklärung und von einem U-Boot gegen 4 Uhr morgens am 5. Juli festgestellt und gemeldet. Kurz vor 7 Uhr gelang es der Luftaufklärung erneut, den schweren Deckungsverband mit einem Flugzeugträger in etwa 300 sm Entfernung westlich des Konvois zu finden, und um 10 Uhr konnte die Luftaufklärung das ganze Gebiet zwischen 14° und 26° Ost einsehen und mit Ausnahme des sich auflösenden Konvois feindfrei melden. Aufgrund dieser Nachrichten waren endlich die Voraussetzungen für den Ansatz der schweren deutschen Überwasserstreitkräfte gegeben. Um 11.30 Uhr genehmigte Hitler ihren Einsatz. Kurz darauf ging der Verband mit *Tirpitz, Admiral Hipper, Admiral Scheer*, 7 Zerstörern und 2 Torpedobooten in See. Doch schon beim Austreten aus den Schären wurde der deutsche Verband von dem bei Ingöy auf Position liegenden russischen U-Boot *K-21* gesichtet und nach einem von der deutschen Seite unbemerkten Angriffsversuch mit Funk gemeldet. Diese um 17 Uhr abgegebene Funkmeldung wurde vom deutschen Funkbeobachtungsdienst erfaßt und entziffert. Um 18.16 Uhr wurde auch die erste Meldung eines der britischen *Catalina*-Flugboote abgefangen und eine halbe Stunde später der Funkspruch des britischen U-Bootes *Unshaken* entschlüsselt. Damit war für die deutsche Seite klar, daß die Kampfgruppe vom Gegner erfaßt war und man nun mit dem sofortigen Ansatz der schweren alliierten Streitkräfte rechnen mußte.
Auf der anderen Seite hatten inzwischen die angesetzten drei Gruppen des K.G. 30 im Laufe des Tages in teilweise mehrfachen Einsätzen die sich zerstreuenden Schiffe angegriffen und 6 von ihnen versenkt sowie 4 weitere beschädigt. 4 Schiffe waren den U-Booten zum Opfer gefallen. Da man bei dieser Lage kein weiteres Risiko eingehen wollte und die Vernichtung der restlichen Schiffe den Flugzeugen und U-Booten glaubte überlassen zu können, befahl der Oberbefehlshaber der Marine den Abbruch der Flottenunternehmung, und die deutschen schweren Schiffe liefen am 6. Juli ohne weitere Ausfälle in die norwegischen Fjorde ein. In den nächsten Tagen ging die Verfolgung der sich zerstreuenden Schiffe durch die U-Boote und Flugzeuge weiter. Bis zum 10. Juli waren weitere 7 Schiffe versenkt worden. Die restlichen 11 Einheiten und 2 Rettungsschiffe, die nach Novaja Zemlja und in die Matočkin-Straße ausgewichen waren, mußten Mitte des Monats mit Hilfe britischer Trawler und Minensucher sowie mit Unterstützung durch einige sowjetische Schiffe und einen Eisbrecher zunächst gesammelt und dann nach Archangelsk gebracht werden. Dabei wurden von deutschen U-Booten nochmals Angriffe gefahren.

Operation »Wunderland«

Die deutsche Führung rechnete damit, daß die Sowjets nach dem Aufgehen des Eises im Sommer 1942 wieder ver-

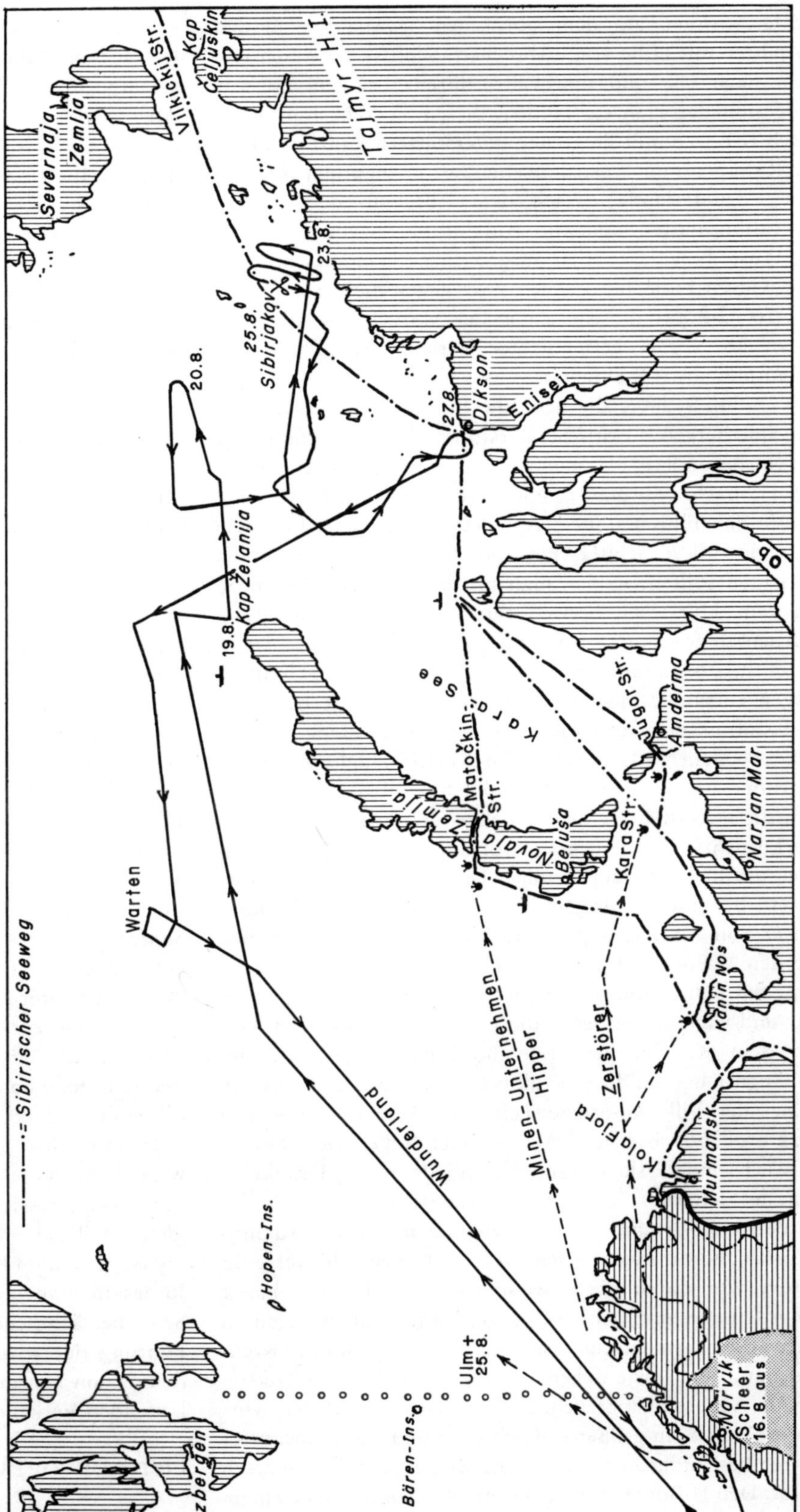

Die Operation »Wunderland« August 1942

suchen würden, auf dem sibirischen Seeweg wie in den Vorjahren mit Hilfe von Eisbrechern Schiffskarawanen von West nach Ost und umgekehrt durchzubringen. So war Ende Juni der Plan entstanden, diesen Verkehr mit einem durch U-Boote und Flugzeuge unterstützten Panzerschiff in der Kara-See und Westsibirischen See anzugreifen (Operation »Wunderland«). Nach dem Abschluß der PQ. 17-Operation hatten deutsche Aufklärungsflugzeuge an die Westküste Novaja Zemljas ausgewichene Handelsschiffe erfaßt. Gegen Ende Juli suchten zwei gegen diese Schiffe angesetzte U-Boote die Küste von der Matočkin-Straße nach Süden ab, wobei geringfügiger Verkehr festgestellt und 1 Dampfer sowie 2 Flugboote vernichtet wurden.

Am 22. Juli sichtete die deutsche Luftaufklärung südwestlich Spitzbergen 4 britische Zerstörer, die Nachschubgüter und insbesondere Flakmunition für die mit dem Konvoi PQ. 17 nach Murmansk und Archangelsk gekommenen Schiffe nachführen sollten. Auf deutscher Seite befürchtete man, daß diese Schiffe einen Stützpunkt auf Spitzbergen einrichten sollten, so daß man für die geplante Operation auf dem sibirischen Seeweg zunächst in dieser Richtung Klarheit zu gewinnen suchte, um jede Bedrohung des Rückweges auszuschalten. Das U-Boot *U 255* wurde nach Spitzbergen entsandt, um dort einerseits eine Wetterbeobachtungsstation auszusetzen und andererseits mit einem mehrfach von dem U-Boot betankten *BV-138*-Flugboot die Inselgruppe auf feindliche Stützpunkte hin aufzuklären. Nachdem diese Aufklärung kein Ergebnis gebracht und die von der Luftwaffe und einem U-Boot durchgeführte Eisaufklärung nördlich Novaja Zemlja die Passage frei gemeldet hatten, lief am 16. August der Schwere Kreuzer *Admiral Scheer* von Narvik in die Kara-See aus, wo er zusammen mit den U-Booten *U 601* und *U 251* sowjetische Konvois angreifen sollte. Am 19. August wurde Kap Želanija passiert und nach Osten bis an die Eisgrenze vorgestoßen. Das von dem Kreuzer gestartete Bordflugzeug meldete am 20. August bei der Insel Krakovka und am 23. August im Gebiet der Vilkickij-Straße Teile von 3 Schiffskarawanen mit 2 großen Eisbrechern. Auftretender Nebel und die ständig wechselnde Eislage verhinderten jedoch ein Herankommen des Kreuzers, der am 25. August nordwestlich des Nordenskjöld-Archipels den sowjetischen Eisbrecherdampfer *Sibirjakov* traf, der nach tapferer Gegenwehr versenkt wurde. War damit die Anwesenheit des Schiffes bekannt geworden und eine weitere Chance, Konvois abzufangen, in Frage gestellt, so entschloß sich der Kommandant des Kreuzers nun, den sowjetischen Hauptstützpunkt Port Dikson am 27. August anzugreifen. Neben den Landanlagen wurden im Hafen ein größeres Wachschiff und ein Transporter schwer beschädigt, ehe das Schiff wieder den Rückmarsch antrat. Den U-Booten fiel in den August-Tagen neben einem Dampfer in der Kara-See noch ein Schleppzug westlich Novaja Zemlja zum Opfer.

Diese Offensivunternehmung, die jedoch nur begrenzte Ergebnisse gebracht hatte, sollte ihre Ergänzung in der Auslegung von Minensperren in den wichtigsten Bündelungspunkten des Verkehrs auf dem Sibirischen Seeweg finden. Als erste Operation war die Verseuchung des Gebietes nordwestlich Novaja Zemlja durch das Minenschiff *Ulm* vorgesehen. Inzwischen war, während die *Admiral Scheer* noch in der Kara-See operierte, am 23. August der US-Kreuzer *Tuscaloosa* mit 2 amerikanischen und 1 britischen Zerstörern in Murmansk eingetroffen, um Bodenpersonal, Material und Torpedos für zwei Staffeln *Hampden*-Torpedobomber zu überführen, die im Zusammenhang mit dem nächsten Murmansk-Konvoi als Deckungsstreitkräfte nach Nordrußland verlegt werden sollten. Nach ihrer Entladung lief die *Tuscaloosa* mit den beiden amerikanischen Zerstörern direkt zum Rückmarsch nach Scapa Flow aus, während von den in Murmansk befindlichen 5 britischen Zerstörern 3 zu einem Vorstoß an die norwegische Polarküste detachiert wurden. Sie trafen am 25. August südostwärts der Bäreninsel auf die zu ihrer Minenunternehmung ausmarschierende *Ulm* und versenkten sie nach kurzem Gefecht.

Zusammen mit der Unternehmung der *Ulm* sollten 2 U-Boote vor den Westeingängen der Matočkin-Straße und der Jugor-Straße Minensperren legen, doch konnte nur *U 589* am 28. August seine Sperre legen, während das zweite Boot mit einer Panne ausfiel und die dann folgende Konvoioperation eine Verschiebung dieses Einsatzes notwendig machte, so daß die Sperre vor der Jugor-Straße erst Mitte Oktober gelegt wurde. Die U-Boot-Sperren sollten durch weitere Minensperren nach See zu ihre Ergänzung finden. Vom 4.–8. 9. führten 3 Zerstörer eine solche Minenunternehmung vor der Kara-Straße durch, vom 24. bis 29. September der Kreuzer *Admiral Hipper* mit 3 Zerstörern eine weitere westlich der Matočkin-Straße, und ein Verband von 4 Zerstörern sperrte am 14. Oktober den Weg von der Jugor-Straße zur Kola-Halbinsel bei Kanin-Noss. Ein Eisbrecher, ein Dampfer und ein Wachschiff liefen auf diese Sperren, doch hatte ein sowjetischer Verband mit dem Flottillenführer *Baku* und 2 Zerstörern, der von Mitte Juli auf dem nördlichen Seeweg vom Pazifik ins Nordmeer verlegt wurde, »Glück«. Vier Tage bevor *U 592* die Jugor-Straße verblockte, passierte der Verband dieses Gebiet und traf am gleichen Tage, als die Zerstörer ihre Sperre vor Kanin-Noss warfen, im Kola-Fjord ein.

Insgesamt haben die deutschen Operationen auf russischer Seite beträchtliche Unruhe ausgelöst und veranlaßten die Führung der sowjetischen Nordflotte, stärkere Kräfte aus dem Raum Murmansk nach Osten abzuziehen, um den hier laufenden Verkehr besser zu schützen.

Der Konvoi PQ.18

Der schrittweise Abzug der amerikanischen Schiffe der »Home Fleet«, vor allem aber die Notwendigkeit, Mitte August einen Nachschubkonvoi nach Malta (Operation

»Pedestal«), durch die Home Fleet zu sichern, zwang zu einer Unterbrechung der Murmansk-Konvois bis Mitte September. Aufgrund der Erfahrungen mit dem PQ.17 entschloß man sich auf englischer Seite zu einigen Änderungen in den Dispositionen für die Sicherung. Da schwere Schiffe in dem luft- und U-Boot-gefährdeten Gebiet der Barents-See nicht operieren konnten, verzichtete der Oberbefehlshaber der »Home Fleet« für die Fernsicherungsgruppe auf seine Flottenzerstörer, um aus ihnen zwei Zerstörerkampfgruppen von je 8 Einheiten zur direkten Sicherung des Konvois gegen Überwasserangriffe zu bilden. Die starke Torpedobewaffnung dieser Zerstörer sollte feindliche Kreuzer vom Angriff abhalten und zugleich die U-Boot-Sicherung verstärken. Außerdem beabsichtigte man, den westgehenden Konvoi erst kurz vor Eintreffen des ostgehenden Konvois auslaufen zu lassen, damit die starke Sicherung auch diesem Konvoi zugute kam. Als zusätzliche Sicherung gegen Angriffe deutscher Überwasserschiffe wurden mit Zustimmung der Sowjets 2 britische Torpedobomberstaffeln sowie *Spitfire*-Bildaufklärer und *Catalina*-Flugboote nach Nordrußland verlegt. Die Sowjets gaben ferner die Zusicherung, die Geleitsicherung im Ostteil der Route mit eigenen Schiffen zu verstärken und nördlich der Kola-Halbinsel Jagdschutz bereitzustellen. Ferner wollten sie vor dem Anlaufen der Operation die deutschen Flugplätze in Nordnorwegen aus der Luft angreifen und zusätzlich zu den vorgesehenen britischen U-Booten eine Anzahl russischer U-Boote für Flankenaufstellungen vor Nordnorwegen gegen deutsche Überasserschiffe bereitstellen.

Ein besonderes Problem war es, daß die »Home Fleet« während dieser Zeit über keinen einsatzbereiten Flottenträger verfügen konnte, so daß die schwere Fernsicherungsgruppe mit 2 neuen Schlachtschiffen, 1 Kreuzer und 5 »Hunt«-Zerstörern sich in der Nähe Islands in Bereitschaft halten sollte, während eine Nahdeckungsgruppe mit 3 Schweren Kreuzern und Zerstörern näher an den Konvoi herangezogen wurde. Eine wesentliche Verbesserung war jedoch, daß dem Konvoi selbst einer der ersten einsatzbereit werdenden Geleitflugzeugträger, die *Avenger*, mit 12 Jagdflugzeugen und 3 für die U-Jagd ausgerüsteten *Swordfishs* beigegeben werden konnte, als Führungsschiff für die Zerstörerkampfgruppe und den Gesamtkonvoi war einer der neuen Flakkreuzer, die *Scylla*, unter Konteradmiral Burnett vorgesehen.

Auf deutscher Seite wurde man durch die vermeintlichen Erfahrungen am Konvoi PQ.17, den U-Boote und Flugzeuge, wie man meinte, allein aufgerieben hatten, zu der Überzeugung verleitet, daß der Einsatz der schweren Schiffe, deren befürchteter Angriff tatsächlich ja erst zur Auflösung des Konvois und damit den Erfolgschancen für die U-Boote und Flugzeuge geführt hatte, für den Angriff weniger wichtig sei, zumal Hitler selbst den Einsätzen der Überwasserschiffe immer wieder schwerwiegende Beschränkungen auferlegte. So entschloß man sich, für die Operation gegen den nächsten PQ-Konvoi keine Überwasseroperationen vorzusehen, sondern die zur Verfügung stehenden Kreuzer *Admiral Scheer, Admiral Hipper* und *Köln* mit 4 bis 5 Zerstörern vom Alta-Fjord aus gegen den westgehenden Konvoi einzusetzen, sofern sich eine günstige Gelegenheit dafür bot. Auf der anderen Seite hatte die Luftwaffe durch

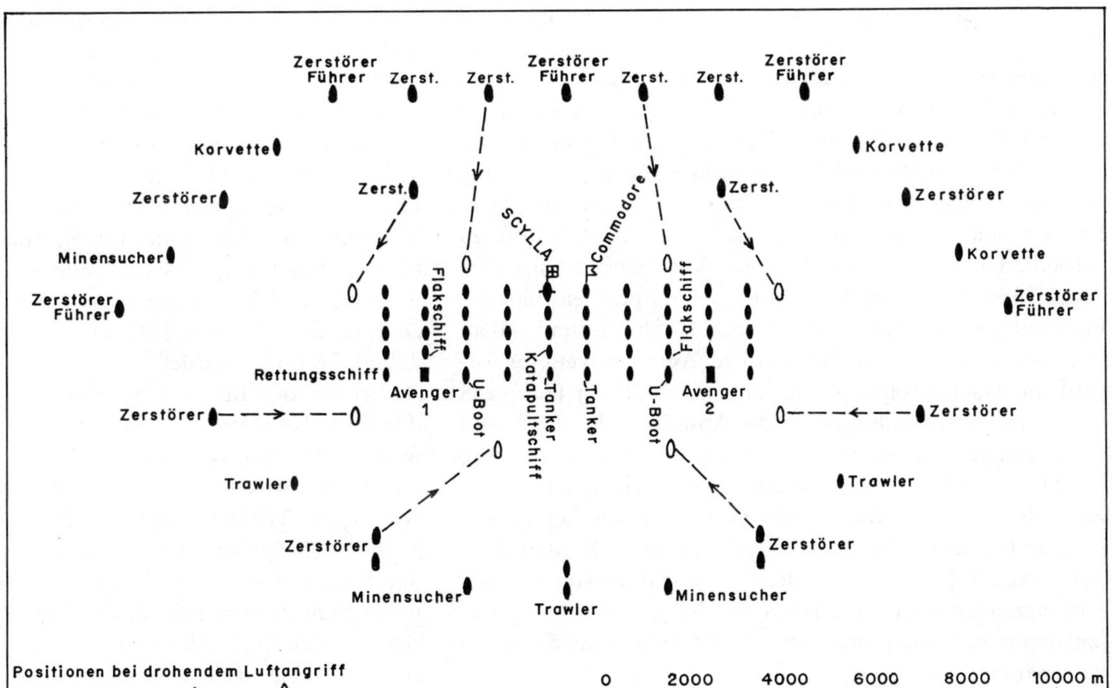

Der Konvoi P.Q.18.
September 1942.
Marschordnung

die Verlegung einer weiteren Gruppe des K.G. 26 eine wesentliche Verstärkung ihrer Torpedofliegerverbände erhalten und konnte neben 92 Torpedoflugzeugen insgesamt 133 Bomber des K.G. 30 und Sturzbomber des St.G.5 unter dem Fliegerführer Lofoten einsetzen. 3 U-Bootgruppen von je 4 Booten wurden rechtzeitig auf der vermuteten Konvoiroute verteilt.

Als die Luftwaffe am 8. 9. und die U-Boote am 10. 9. erstmalig Anzeichen für das Laufen der Konvois meldeten, wurden die deutschen Überwasserschiffe von Narvik nach Alta verlegt. Kurz nach dem Heraustreten aus den Schären wurde der Verband von dem britischen U-Boot *Tigris* gesichtet, doch konnte ein Zerstörer im letzten Augenblick den Angriff vereiteln. Auch die übrigen 3 britischen U-Boote meldeten den Verband, ohne jedoch zum Schuß zu kommen. In dem unsichtigen Wetter riß die Fühlung an dem Konvoi während der nächsten Tage ab, während die Engländer die Zeit benutzten, ihre Zerstörer zu betanken. Die dadurch bedingte zeitweise Schwächung der Sicherung war fast behoben, als am 12. September deutsche Aufklärer und U-Boote den Konvoi PQ. 18 etwa 150 sm nordwestlich der Bäreninsel wiederfanden. Er bestand aus 39 Frachtern, 1 Rettungsschiff, 3 Tankern und 3 Minensuchern und wurde durch 2 Zerstörer, 2 Flakschiffe, 2 U-Boote, 4 Korvetten, 3 Minensucher und 4 Trawler sowie den Geleitträger *Avenger* mit 2 Zerstörern gesichert. In seiner unmittelbaren Nähe befand sich die Zerstörerkampfgruppe mit dem Leichten Kreuzer *Scylla* und 16 Flottenzerstörern. Am frühen Morgen des 13. September griffen fast gleichzeitig 2 U-Boote den Konvoi an und versenkten 2 Schiffe, doch fiel eines von ihnen dem Gegenangriff eines Zerstörers zum Opfer. Am Nachmittag begann die Luftwaffe mit ihren massierten Angriffen, die zunächst den erkannten Geleitträger ausschalten sollten. Eine Staffel *Ju-88* zog mit Erfolg die Jäger der *Avenger* auf sich und machte damit den tief über dem Wasser anfliegenden *He 111* der I/K.G. 26 den Weg frei. Trotz der sehr starken Flakabwehr gelang es den geschickt angreifenden Flugzeugen in mehreren Wellen, aus dem in Verwirrung geratenen Konvoi 8 Schiffe zu torpedieren und zu versenken. Ein kurz darauf folgender Angriff einer weiteren Torpedofliegergruppe stieß dann jedoch auf die konzentrierte Jagd- und Flakabwehr und endete mit größeren Verlusten ohne Erfolge. Auch ein weiterer Angriff am Nachmittag des 14. September, dessen Hauptziel der Träger war, schlug gegen die Abwehr nicht durch und führte nur zur Versenkung eines Dampfers, auch die Angriffe der Horizontal- und Sturzbomber blieben erfolglos. Die U-Boote hatten die Verfolgung des Konvois inzwischen fortgesetzt und in der Nacht zum 14. September einen Konvoi-Tanker versenkt. Der Fühlunghalter wurde jedoch von den Geleitfahrzeugen eingepeilt, durch ein U-Jagdflugzeug des Geleitträgers beschädigt und von einem Zerstörer anschließend versenkt.

Auch am 16.9. ging ein weiteres U-Boot bei einem Angriffsversuch verloren. Die übrigen Angriffe der U-Boote wurden abgewehrt. Am 16. September verhinderte schweres Wetter weitere Angriffe, und am folgenden Tage blieben leichtere Angriffsversuche ergebnislos. Am 18. September war die Sicherung des Konvois durch 4 sowjetische Zerstörer verstärkt worden, deren zusätzliches Flakfeuer die Angriffe so behinderte, daß sie nur zur Versenkung eines weiteren Schiffes führten. Insgesamt gingen aus dem Konvoi 13 Schiffe mit 74022 BRT verloren.

Inzwischen war auch das Auslaufen des westgehenden Konvois QP.14 mit 15 Dampfern, gesichert durch 2 Flakschiffe und 11 Korvetten, Minensuchboote und Trawler, am 13. September gemeldet worden. Die Gruppe Nord beabsichtigte zunächst, gegen diesen Konvoi, wie vorgesehen, die im Alta-Fjord versammelten Kreuzer einzusetzen. Der Auslaufbefehl wurde dann jedoch auf Befehl Raeders zurückgezogen, nachdem Hitler vor unnötigen Risiken gewarnt hatte. Nach vorübergehendem Verlust der Fühlung wegen des unsichtigen Wetters der folgenden Tage wurde der Konvoi, der ebenso wie der PQ.18 eine weite Ausweichbewegung nach Nordosten gemacht hatte, und der inzwischen von der Zerstörerkampfgruppe des PQ.18 aufgenommen worden war, am 18. September wieder von der Luftaufklärung erfaßt. Am 19. schloß auch die U-Boot-Gruppe, die vom PQ.18 abgelassen hatte, heran. Am 20. konnten 3 U-Boote nacheinander einen Minensucher, einen Dampfer und einen der Flottenzerstörer versenken, 2 Tage später gelang *U 435* in einem geschickten Unterwasserangriff die Versenkung von 3 Dampfern des Konvois. Auf britischer See hatte am 13. und 14. September zeitweise Unklarheit bestanden, da die *Tirpitz* ihren gewohnten Platz in der Bogenbucht verlassen hatte und die Aufklärer den Alta-Fjord nicht hatten einsehen können. Die daraufhin von Vaenga gestarteten britischen Torpedoflugzeuge fanden jedoch vor Nordnorwegen keine Ziele.

Damit fand diese Konvoioperation ihren Abschluß. Wieder waren auf alliierter Seite schwere Verluste eingetreten, die auf deutscher Seite zu der Vorstellung eines neuen bedeutenden Erfolges führten, doch hatte immerhin die stärkere Sicherung auf dem ganzen Weg auch auf deutscher Seite höhere Ausfälle verursacht. Von 14 beteiligten U-Booten waren 3 verlorengegangen und bei insgesamt 337 Flugzeugeinsätzen kehrten 33 Torpedoflugzeuge, 6 Bomber und 2 Aufklärer nicht zurück.

Da wegen der für Anfang November vorgesehenen Landung in Nordafrika (Operation »Torch«) vorerst kein weiterer Murmansk-Konvoi laufen konnte, kehrten die nach Nordrußland verlegten britischen Flugboote nach England zurück, die Torpedobomber und Bildaufklärer wurden den Sowjets übergeben. Das Personal wurde Ende Oktober durch einen Kreuzer mit 2 Zerstörern abgeholt.

Inzwischen drängten die Sowjets mit Unterstützung Roosevelts bei den Engländern darauf, einen neuen Konvoi laufen zu lassen. Die »Home Fleet« sah sich jedoch außerstande, diesem Wunsch zu entsprechen, da zu wenig Geleitstreitkräfte zur Verfügung standen. Unter dem Druck fand die Admiralität schließlich den Ausweg, ab Ende Oktober eine Anzahl von Schiffen paarweise ohne Sicherung allein nach Murmansk laufen zu lassen, was bei der zunehmenden Dunkelheit durchführbar erschien. Am 29. Oktober lief der erste Dampfer von Reykjavik aus, 12 weitere folgten mit etwa 200 sm Abstand. Auf dem Weg wurden als Rettungsschiffe Trawler ausgelegt, und 2 britische U-Boote kreuzten aus dem gleichen Grunde bei der Bäreninsel.

Andererseits hatten sich in Nordrußland zu dieser Zeit zahlreiche alliierte Schiffe angesammelt, und es wurde beschlossen, auch diese zum Teil einzeln, zum Teil in einem Konvoi QP.15 auslaufen zu lassen. Anfang November gingen 5 Schiffe einzeln in See.

Die ersten dieser ost- und westgehenden Schiffe wurden am 4. November von der deutschen Luftaufklärung erfaßt. Angesetzten U-Booten und Flugzeugen fielen 6 der ostgehenden Schiffe zum Opfer. Am 5. November ließ die Gruppe Nord gegen diesen Einzelfahrerverkehr den Kreuzer *Admiral Hipper* mit 4 Zerstörern auslaufen, denen ein nach Westen laufender sowjetischer Tanker mit einem U-Jäger in die Arme lief.

Der Konvoi QP.15 ging am 17. November vom Kola-Fjord mit 28 Schiffen, gesichert von 1 Flakschiff, 5 Minensuchern, 4 Korvetten und 1 Trawler sowie 2 sowjetischen Zerstörern, in See. In der Barents-See nahmen ihn 5 britische Zerstörer und weiter westlich eine Deckungsgruppe mit 2 Schweren Kreuzern und 5 weiteren Zerstörern auf. Am 20. November wurde der Konvoi in einem schweren Sturm weit auseinandergerissen. Dem bereits auf dem Rückmarsch befindlichen sowjetischen Flottillenführer *Baku* wurden von dem schweren Seegang Teile der Aufbauten weggerissen, der zweite Zerstörer, *Sokrušitel'nyj*, brach durch und sank. Die deutsche Luftaufklärung konnte den Konvoi bei dem herrschenden Wetter nicht erfassen, so daß nur zufällig 2 U-Boote an einzelne, versprengte Schiffe herankamen und 2 Dampfer versenkten.

Im Anschluß an diesen Konvoi ließen die Sowjets im November noch 3 und im Dezember 15 Schiffe einzeln nach Island auslaufen, die sämtlich ihr Ziel erreichten.

Operation »Regenbogen«

Auf deutscher Seite war gegen Ende des Jahres 1942 die Stärke der See- und Luftstreitkräfte in Norwegen zurückgegangen. Die *Tirpitz* lag seit Ende Oktober zu einer längeren Überholung in Trondheim. *Admiral Scheer* war im November zu einer Werftliegezeit nach Deutschland zurückgekehrt. An ihrer Stelle war die *Lützow* wieder nach Nordnorwegen gekommen und zusammen mit der *Nürnberg* bei den im Alta-Fjord liegenden Kreuzern *Admiral Hipper* und *Köln* eingetroffen. Die Zahl der Zerstörer schwankte in dieser Zeit zwischen 3 und 7.

Bei den U-Booten war im Laufe des Herbstes 1942 und des beginnenden Winters ein Teil der bereits seit längerer Zeit im Eismeer befindlichen Boote in den Atlantik geschickt und durch neue Boote aus der Heimat ersetzt worden, ohne daß die Gesamtzahl der Boote sich wesentlich änderte.

Die Luftwaffe hatte nach der alliierten Landung in Nordafrika am 8. November einen wesentlichen Teil der Torpedoflugzeuge und Bomber der K.G. 26 und 30 in den Mittelmeerraum verlegt, so daß zunächst nur noch je 1 Gruppe dieser beiden Geschwader, später sogar nur noch 1 Gruppe des K.G. 30 neben den *Ju 87* des St.G. 5 und den Jägern des J.G. 5 in Nordnorwegen verblieben.

Mit dem Beginn der winterlichen Dunkelheit in der Arktis, welche die Möglichkeiten der deutschen Luftaufklärung und des Luftwaffeneinsatzes stark einschränkte, entschloß sich die britische Admiralität, die Murmansk-Konvois wieder aufzunehmen. Es ergaben sich jedoch zwischen den beteiligten Führungsstellen erneut Differenzen über die zweckmäßige Sicherung und Zusammensetzung der Konvois. Während Admiral Tovey dafür plädierte, kleine Konvois von 6 Schiffen unter Sicherung durch U-Jagd-Trawler laufen zu lassen, denen er bei den herrschenden Sicht- und Wetterverhältnissen gute Chancen auf ein Durchkommen gab, wollte Admiral Pound Ende Dezember einen großen Konvoi von 31 Schiffen mit einer ähnlichen Sicherung wie beim PQ.18 laufen lassen. Gegen diesen Plan sperrte sich Admiral Tovey, da die Erfahrungen mit dem QP.15 zeigten, daß ein solcher Konvoi bei den schweren zu erwartenden Stürmen in kleine Gruppen aufgesplittert und damit eine umso leichtere Beute der U-Boote werden würde. Darüber hinaus würde durch ein Warten bis Ende Dezember fast die Hälfte der günstigen Zeit mit ständiger Dunkelheit ungenutzt vergehen. Nach längerer Diskussion entschloß man sich endlich, den Konvoi in 2 Teilen von je 16 Schiffen mit einer Sicherung von je 6–7 Zerstörern sowie mehreren Minensuchern, Korvetten und Trawlern auslaufen zu lassen. Wegen der im Verhältnis schwachen Zerstörersicherung bestand die Admiralität darauf, 2 moderne Leichte Kreuzer mit den Konvois nach dem Kola-Fjord gehen zu lassen. Eine Fernsicherungsgruppe mit je 1 neuen Schlachtschiff, 1 Schweren Kreuzer und 3 Zerstörern der »Home-Fleet« sollte zwischen Island und Norwegen in Bereitschaft gehalten werden.

Der erste Konvoiteil JW. 51 A lief mit 16 Frachtern am 15. Dezember von Loch Ewe in Schottland aus und erreichte 10 Tage später Murmansk, ohne von der deutschen Aufklärung erfaßt worden zu sein, doch gingen in den folgenden Tagen 5 Schiffe des Konvois im Kola-Fjord durch deutsche Luftangriffe verloren.

Am 22. Dezember folgte der zweite Teil des Konvois JW.51 B mit 14 Frachtern, die Sicherung bestand aus 6 Zerstörern, 1 Minensucher, 2 Korvetten und 2 Trawlern. In der Nacht vom 27. zum 28. Dezember wurde der Konvoi von einem schweren Sturm überrollt, 5 Schiffe und 1 Trawler verloren die Verbindung, einer der Zerstörer mußte mit einem Kompaßversager abdrehen. Am 30. Dezember früh hatte der Sturm nachgelassen, und der Konvoihauptteil wurde erstmalig durch ein deutsches Aufklärungsflugzeug und das U-Boot *U 354* erfaßt. Da die Sicherung des Konvois schwach zu sein schien und nur aus Zerstörern und kleineren Schiffen bestand, hielt Großadmiral Raeder eine günstige Gelegenheit für einen leichten Erfolg gegeben. So gab er dem Befehlshaber der Kreuzer, Vizeadmiral Kummetz, den Befehl, vom Alta-Fjord mit den Kreuzern *Admiral Hipper* und *Lützow* sowie 6 Zerstörern auszulaufen und sobald wie möglich den Konvoi anzugreifen. Die operative Führung sollte der Admiral Nordmeer, Konteradmiral Klüber, in Narvik, das taktische Kommando der B.d.K. übernehmen. Sein Operationsbefehl forderte die Vernichtung des Konvois, jedoch die Vermeidung eines Gefechtes mit überlegenen Kräften. Dazu wurde er angehalten, keine Zeit mit der Bergung von Besatzungen zu verlieren, und darauf hingewiesen, daß die Aufklärung das Auslaufen von 2 britischen Kreuzern aus dem Kola-Fjord am 27. Dezember festgestellt hatte. Dabei handelte geleiten. Kaum war der deutsche Verband ausgelaufen, erhielt er durch einen Funkspruch der Seekriegsleitung eine zusätzliche Weisung: »Entgegen Operationsbefehl Verhalten am Feind: Bereits bei gleichstarkem Gegner Zurückhaltung üben, da Eingehen größeren Risikos für Kreuzer unerwünscht.«

Admiral Kummetz plante mit dem Kreuzer *Admiral Hipper* und 3 Zerstörern von Norden und der *Lützow* mit den 3 anderen Zerstörern von Süden an den Konvoi heranzugehen. Das zunächst Fühlung gewinnende Schiff sollte versuchen, die Sicherung auf sich zu ziehen, um dem von der anderen Seite angreifenden Kreuzer ein leichtes Herankommen an den Konvoi zu ermöglichen. Der Angriff sollte nach Möglichkeit während der zweieinhalb Stunden Zwielicht am späten Vormittag stattfinden, der einzigen Zeit, in der man während der winterlichen Polarnacht bei normaler Sicht Schiffe auf etwa 10 sm erkennen und unterscheiden konnte. Bei schnell wechselnden Sichtverhältnissen bekam die *Admiral Hipper* um etwa 7.20 Uhr, nachdem sie kurz zuvor etwa 20 Meilen achteraus vom Konvoi nach Norden

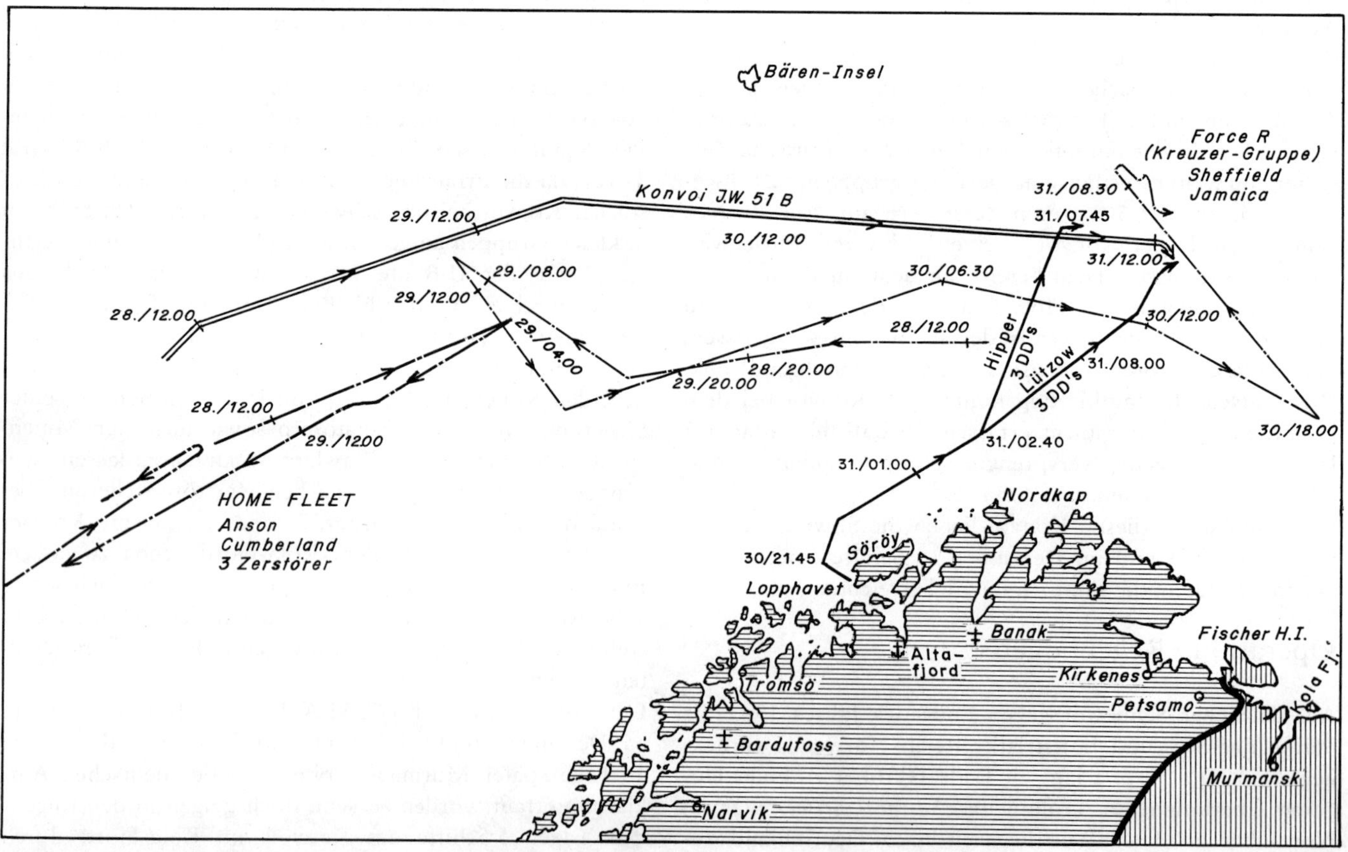

Der Angriff gegen den Konvoi JW.51 B. Anmarsch 28.–31. Dezember 1942

es sich tatsächlich um die beiden Kreuzer *Sheffield* und *Jamaica* unter Admiral Burnett, die den ersten Teil des Konvois nach Kola gebracht hatten und nun ausgelaufen waren, um den zweiten Teil aufzunehmen und zum Kola-Fjord zu passiert hatte, mehrere Schatten in Sicht und ließ sie durch die begleitenden Zerstörer untersuchen, wobei jedoch die Fühlung zwischen dem Kreuzer und den Zerstörern verlorenging. Während die deutschen Zerstörer Fühlung an dem Schatten zu halten versuchten, sichtete etwa 1 Stunde später einer der britischen Zerstörer die Schatten der deutschen Schiffe, doch dauerte es bis 9.30 Uhr, ehe es zu einem ersten kurzen Feuerwechsel zwischen den Schiffen kam. Daraufhin rief der britische »Escort-Commander«, Captain Sherbrooke, auf dem Zerstörer *Onslow* seine 3 Schwesterschiffe *Orwell, Obedient* und *Obdurate* heran und der ältere Zerstörer *Achates* erhielt den Befehl, durch Rauchschleier den Konvoi zu decken. Sherbrooke suchte mit seinen 4 Zerstörern Fühlung an dem gesichteten Schatten eines schweren deutschen Schiffes, tatsächlich der *Admiral Hipper,* zu gewinnen und sich zwischen ihn und den Konvoi zu schieben. Immer wieder durch Nebelbänke und Schneeschauer unterbrochen, gelang es Sherbrooke durch taktisch geschicktes Manövrieren tatsächlich, *Admiral Hipper,* die ihrerseits versuchte, die Schiffe auf sich zu ziehen, um der *Lützow* den Weg freizumachen, an einem wirkungsvollen Feuer auf die britischen Schiffe zu hindern. Die *Lützow* auf der anderen Seite des Konvois hatte jedoch kein klares Bild der Lage. Sie sichtete zwar gelegentlich Schiffe und eröffnete auch wiederholt das Feuer, doch hielt sich der Kommandant mit Rücksicht auf einen geplanten Atlantik-Einsatz seines Schiffes bei den schlechten Sichtverhältnissen vorsichtig zurück. Admiral Burnett, der mit seinen beiden Kreuzern nördlich des Konvois kreuzte, ohne den Konvoi bis dahin gesichtet zu haben oder seine genaue Position zu kennen, wurde durch das beobachtete Feuer schwerer Artillerie veranlaßt, mit hoher Fahrt auf das Gefechtsfeld zuzulaufen. Während *Admiral Hipper* sich hier mit den britischen Zerstörern wiederholte Gefechte lieferte, bei denen die *Onslow* und *Obedient* beschädigt sowie der Zerstörer *Achates* und der Minensucher *Bramble* versenkt wurden, konnte Admiral Burnett sich aus dem dunklen nördlichen Horizont in eine günstige Angriffsposition bringen und überraschend auf die nach der anderen Seite engagierte *Admiral Hipper* das Feuer eröffnen. Ehe diese Zielwechsel vornehmen konnte, hatte sie 3 Treffer erhalten, einen davon im Maschinenraum, was die Geschwindigkeit des Kreuzers herabsetzte. Für die deutschen Zerstörer war die Situation sehr unklar, und so setzte sich das Boot des Flottillenchefs, *Friedrich Eckoldt,* irrtümlich in eine Sicherungsposition zu dem britischen Kreuzer *Sheffield* und wurde von diesem auf kürzeste Entfernung zusammengeschossen. Die unglücklichen Treffer auf *Admiral Hipper,* die unübersichtliche Lage und der auf dem Funkwege übermittelte Zusatz zum Operationsbefehl veranlaßten Admiral Kummetz, das Gefecht abzubrechen.

Von den angesetzten U-Booten kam nur das Fühlung haltende *U 354* zum Angriff, erzielte jedoch keinen Treffer. Sowohl der Konvoi JW.51 B als auch der auf die Nachricht vom Gefecht zunächst nach Osten ausgewichene, westgehende Konvoi RA.51 erreichten unangefochten ihre Zielhäfen.

Dönitz löst Raeder ab

Die unglückliche Operation sollte ein für die deutsche Kriegsmarine schwerwiegendes Nachspiel haben. Aufgrund der ihm zunächst zugegangenen Meldungen über die Sichtung des Konvois und den Ansatz der Schiffe erwartete Hitler für das neue Jahr einen bedeutenden Erfolg zur See. Diese Erwartung wurde noch durch einen unglücklich formulierten Funkspruch von *U 354,* »ich sehe nur noch rot!« angefacht. Noch ehe der deutsche Verband wieder eingelaufen war, erfuhr Hitler durch abgehörte englische Rundfunknachrichten, daß angeblich ein deutscher Kreuzer beschädigt und ein Zerstörer versenkt worden seien. Ungeduldig wartete er auf Nachrichten von den eigenen Streitkräften, die zunächst nur unvollständig eingingen und schließlich das unbefriedigende Ergebnis der Operation erkennen ließen. In höchstem Zorn beorderte Hitler den Oberbefehlshaber der Kriegsmarine in sein Hauptquartier. Zwar konnte Raeder den Termin der Besprechung, um Hitlers Wut etwas abkühlen zu lassen, auf den 6. Januar hinauszögern, mußte sich dann jedoch eine furchtbare Tirade Hitlers anhören, die in der Forderung gipfelte, sämtliche schweren Schiffe außer Dienst zu stellen und abzuwracken. Der Versuch, Hitler in einer grundlegenden Ausführung über die Bedeutung der Seemacht umzustimmen und ihm zu zeigen, daß man damit England einen kostenlosen Sieg in die Hände spielen würde, fruchtete nichts, so daß Raeder Hitler um seine Ablösung bat, was Hitler sofort akzeptierte.

Mit Wirkung vom 30. Januar wurde der bisherige Befehlshaber der U-Boote, Admiral Dönitz, unter Beförderung zum Großadmiral Oberbefehlshaber der Kriegsmarine. Hitler mochte gehofft haben, von diesem tatkräftigen U-Boot-Spezialisten in seiner Absicht Unterstützung zu finden.

Befehlsgemäß ordnete Dönitz zunächst am 2. Februar die Einstellung aller Arbeiten an Schlachtschiffen, Kreuzern, Flugzeugträgern und Truppentransportern mit Ausnahme der für den Ausbildungsverband bestimmten Schiffe an. Davon waren insbesondere der Umbau des Schlachtschiffes *Gneisenau* auf 38 cm Armierung, der erst nach einer von Hitler selbst am 7.12.1942 »endgültig« getroffenen Entscheidung angeordnete Fertigbau des Flugzeugträgers *Graf Zeppelin* sowie der Umbau der Kreuzer *Seydlitz* und *de Grasse* sowie des Schnelldampfers *Potsdam* zu Flugzeugträgern betroffen. Bei seiner ersten Meldung bei Hitler am 8. Februar legte Dönitz den angeforderten Außerdienststellungsplan der schweren Schiffe vor, nach dem zunächst im Laufe des Februar die Kreuzer *Admiral Hipper, Leipzig* und *Köln,* zum 1. April bzw. 1. Mai die beiden alten Linienschiffe *Schleswig-Holstein* und *Schlesien* außer Dienst zu stellen waren. Diesen Schiffen sollten zum 1. Juli die *Scharnhorst,* zum Herbst die *Tirpitz* folgen. Die restlichen fünf Kreuzer *Prinz Eugen, Admiral Scheer, Lützow, Nürnberg* und *Emden* sollten als Ausbildungsverband erhalten bleiben. Hitler stimmte diesem Plan zu, mußte jedoch aufgrund einer gleichzeitig vorgelegten ausführlichen Berechnung erkennen, daß die von ihm ins Auge gefaßte Verschrottung der Schiffe weder materiell noch personell schnell ins Gewicht fallende Vorteile bringen konnte, so daß eine Entscheidung darüber zunächst aufgeschoben wurde.

Dieser Entwicklung mußte auch die operative Planung angepaßt werden. Am 19. Februar gab die Seekriegsleitung (Skl.) eine neue Weisung für den Einsatz der Überwasserstreitkräfte heraus. In ihr wurde als wichtigste Aufgabe der Schiffe im Nordraum die Sicherung Norwegens und Nordfinnlands gegen feindliche Landungsversuche angeführt. Daneben sollten sie die U-Boote und die Luftwaffe in ihrem Kampf gegen den feindlichen Schiffsverkehr im Nordmeer unterstützen, sobald die Voraussetzungen dafür gegeben seien. Schließlich sei die Bindung feindlicher schwerer Einheiten und der zu ihrer Sicherung erforderlichen leichten Seestreitkräfte im Nordmeer voll aufrecht zu erhalten, um das Freiwerden von Kräften zur Verstärkung der U-Boot-Abwehr und zum Einsatz an anderer Stelle so lange wie möglich zu verhindern. Zur Durchführung dieser Aufgaben sollte die *Tirpitz* bis auf weiteres in Norwegen verbleiben. Zum Ausgleich für die Rückführung der *Lützow* und *Nürnberg* als Ausbildungsschiffe in die Heimat sollten im Mai die in den Westraum verlegten Zerstörer wieder nach Norwegen gehen und hier die Kampfgruppe verstärken, während die *Scharnhorst* vorläufig in der Ostsee bleiben sollte.

Aus der geringen Zahl der noch im Nordraum verfügbaren Einheiten ergab sich nach Auffassung der Skl. die Notwendigkeit zur Zusammenfassung aller Kräfte in einer Kampfgruppe. Bei der Abwehr feindlicher Landungsversuche, die man insbesondere im Raum Kirkenes – Petsamo, in geringerem Maße auch im Bereich Narvik – Bodö befürchtete, sollte der Einsatz dieser Kampfgruppe aus dem Altafjord gegen die Transport- und Nachschubschiffe von außen her erfolgen. Der Bedeutung dieser Hauptaufgabe entsprechend sollten die Schiffe zur Abwehr größerer Feindlandungen voll eingesetzt werden.

Voraussetzungen für einen erfolgreichen Ansatz gegen den feindlichen Schiffsverkehr im Nordmeer schienen sich demgegenüber nur selten zu bieten, da man mit einer außerordentlich starken und den eigenen Kräften überlegenen Sicherung der Konvois aufgrund der gemachten Erfahrungen rechnete. Trotzdem konnten sich Gelegenheiten zum Ansatz auf ungesicherte oder nur schwach gesicherte Einzelfahrer oder kleine Teilgeleite ergeben. Wo immer sich eine solche Möglichkeit zum Einsatz bot, sollte diese tatkräftig, unter Beachtung der taktischen Grundsätze, ausgenutzt werden. Auch ein Angriff auf einen stärker gesicherten Geleitzug unter vollem Einsatz der Streitkräfte konnte in Betracht kommen und befohlen werden, wenn es sich um einen besonders wichtigen Transport handelte, dessen Vernichtung für die Gesamtlage entscheidende Bedeutung hatte. Die Entscheidung über den Einsatz der Überwasserstreitkräfte im Nordmeer behielt sich der Oberbefehlshaber vor und ordnete die Aufstellung einer grundlegenden Weisung für den Einsatz der Seestreitkräfte im Nordraum durch die Marinegruppe Nord an. Diese Weisung ging am 17. März 1943 an die unterstellten Kommandos, den Befehlshaber der Kreuzer und den Admiral Nordmeer, heraus.

Die Murmansk-Konvois von Januar–März 1943

Für die britische Führung war diese Entwicklung auf deutscher Seite naturgemäß zunächst nicht zu erkennen, zumal am 11. Januar die britische Luftaufklärung das Schlachtschiff *Scharnhorst* und den Schweren Kreuzer *Prinz Eugen* mit 3 Zerstörern vor Südwestnorwegen mit Nordwestkurs sichtete. Da die deutschen Schiffe sofort umkehrten, schlug der Ansatz von starken Angriffskräften des »Coastal Command« und britischer U-Boote ins Leere. Auch ein zweiter Versuch, beide Schiffe nach Nordnorwegen zu verlegen wurde vorzeitig bemerkt und abgebrochen, doch war für die britische Seite deutlich, daß man auf deutscher Seite weitere Operationen gegen die Murmansk-Konvois beabsichtigte.

Die »Home Fleet« war zu dieser Zeit immer noch ohne einen Flottenträger, doch glaubte man, das bei der noch vorherrschenden Dunkelheit in Kauf nehmen zu können, zumal jetzt 3 moderne Schlachtschiffe der *King George*-Klasse, 8 Kreuzer und etwa 20 Zerstörer für die Deckung der Nordmeerkonvois zur Verfügung standen.

Die Fahrten des Konvoipaares JW. 52/RA. 52 wurden vom 17. Januar bis 8. Februar nach dem üblichen Schema durchgeführt, aber die Konvois bestanden diesmal nur aus 14 bzw. 11 Schiffen. Der JW.52 wurde am 23. Januar von einem deutschen Flugboot erfaßt, doch schlugen die nur mit schwachen Kräften geführten Luftangriffe nicht durch, und die wenigen angesetzten U-Boote wurden von den Sicherungskräften abgedrängt. Ein Angriffsversuch von *U 625* auf die Kreuzerdeckungsgruppe schlug fehl, zeigte für die britische Seite jedoch erneut die Gefahr, die von solchen Angriffen drohte. Von 5 sowjetischen Zerstörern empfangen, erreichte der Konvoi ohne Verluste am 27. Januar den Kola-Fjord. Hier nahmen die Sicherungsstreitkräfte den RA. 52 auf und gingen mit ihm am 29. in See. Erst am 1. Februar wurde der Konvoi südwestlich der Bäreninsel von einem U-Boot gemeldet, ohne daß jedoch U-Boot- oder Luftangriffe erfolgen konnten. Erst am 3. Februar gelang es *U 255*, in einem Unterwasserangriff ein Schiff aus dem Konvoi herauszuschießen.

Um das Ein- und Auslaufen des nächsten Konvoipaares zu erschweren, lief am 4. Februar ein deutscher Minenwurfverband mit dem Minenschiff *Brummer* und 2 Zerstörern aus und warf auf der Reede von Kildin eine ausgedehnte Minenverseuchung.

Da die Helligkeitsverhältnisse sich in der zweiten Februarhälfte soweit verbessert hatten, daß es wieder möglich war, einen größeren Konvoi in der Hand zu behalten, lief der JW.53 am 15. Februar mit 28 Schiffen aus. Die Sicherung entsprach in ihrer Stärke und Anordnung etwa der des PQ.18, doch mußten der Geleitträger *Dasher,* der Kreuzer *Sheffield* und 6 Dampfer wegen Sturmschäden Island anlaufen. Am 23. Februar wurde der Konvoi von der deutschen Luftaufklärung erfaßt. Aber das stürmische Wetter und die schlechte Sicht behinderten die Angriffe der Luftwaffe und U-Boote. Nur am 25. Februar kamen 10 Bomber an den Konvoi heran und beschädigten ein Schiff. Die Sowjets beteiligten sich wieder in stärkerem Maße an der Einbringung dieses Konvois. Nachdem sie zunächst erfolglose Luftangriffe gegen die deutschen Flugplätze geführt hatten und U-Boote in Flankenaufstellungen zur Sicherung gegen deutsche Überwasserschiffe aufstellten, wurde der Konvoi von 4 sowjetischen Zerstörern aufgenommen und nach dem Kola-Fjord geleitet. Erst gegen die eingelaufenen Schiffe flogen am 27. und 28. Februar die Stukas des St.G.5 Angriffe und trafen 3 Schiffe schwer, 2 weitere erhielten einige Tage später Bombentreffer.

Der westgehende Konvoi RA. 53 ging am 1. März von Murmansk in See und wurde von der Sicherungsgruppe des JW. 53 begleitet. Die vom 2. bis zum 10. März zähe Fühlung haltenden wenigen U-Boote versenkten nacheinander 3 Schiffe, während ein Angriff der Bomber fehlschlug.

Inzwischen war es jedoch dem neuen Ob.d.M. gelungen, Hitler eine grundsätzliche Änderung seiner Konzeption abzutrotzen. Nachdem er bei seinem Lagevortrag am 28. Februar zunächst die angelaufenen Maßnahmen zur Außerdienststellung »brachliegender Schiffe« referiert hatte, stellte er fest, daß es »sehr wohl Kampfmöglichkeiten gegen die Archangelsk-Geleitzüge für die großen Schiffe gäbe und daß er es für seine Pflicht halte, in Anbetracht der schwer kämpfenden Ostfront, diese Möglichkeiten durch den Einsatz der großen Schiffe mit allen Mitteln auszunutzen. Er hielte deshalb die Verstärkung der im Norwegenraum liegenden *Tirpitz* durch die *Scharnhorst* für notwendig, um mit diesen beiden Schiffen und der zunächst noch verfügbaren *Lützow* sowie etwa 6 Zerstörern eine beachtliche Kampfgruppe zu bilden«. Hitler wollte von dieser Idee zunächst nichts wissen und zählte die bisherigen, in ihrem Ausgang wenig befriedigenden Gefechte der schweren Schiffe während des

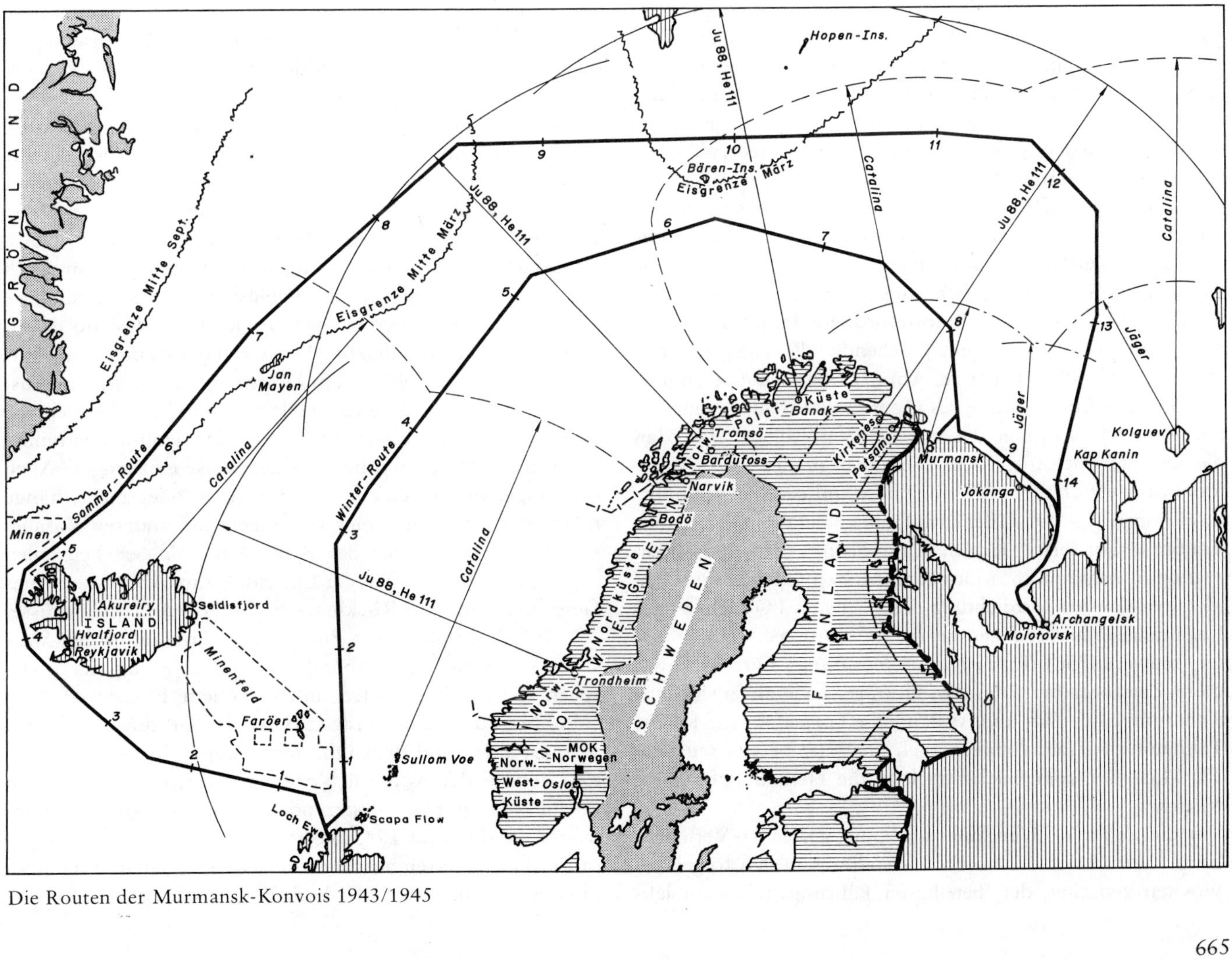

Die Routen der Murmansk-Konvois 1943/1945

zweiten Weltkrieges auf. Dönitz parierte diesen Einwurf mit dem Hinweis, daß diese Kämpfe unter dem Handicap der Bindung, es dürften keine Schiffe verlorengehen, gestanden hätten. Als Hitler es von sich wies, eine solche Bindung ausgesprochen zu haben und betonte, daß die Schiffe schlagen müßten, wenn sie am Feind seien, legte ihn Dönitz auf diese Äußerung fest und erreichte die Zustimmung Hitlers zur Verlegung der *Scharnhorst* nach Norwegen.

Am 8. März ging das Schlachtschiff *Scharnhorst* unter Ausnutzung einer stürmischen Wetterlage zunächst unbemerkt nach Bergen und von dort nach Trondheim. Zusammen mit der *Tirpitz* marschierte sie am 11./12. März in die Bogenbucht bei Narvik, von wo die beiden Schiffe zusammen mit der *Lützow* vom 22. bis 24. März sprungweise nach Norden in den Altafjord verlegten, wo inzwischen geschützte Ankerplätze eingerichtet worden waren. Während die *Scharnhorst* noch auf dem Wege nach Trondheim war, befahl der Ob.d.M. der Gruppe Nord Flotte mit Fernschreiben: »Nach Verstärkung Überwasserstreitkräfte in Norwegen durch Zuführung *Scharnhorst* sind Möglichkeiten für Einsatz der Schiffe gegen feindlichen Verkehr im Nordmeer entschlossen auszunutzen«. Zugleich wurde die Gruppe aufgefordert, grundsätzliche Überlegungen für den Ansatz vorzubereiten. Am 24. März brachte der Ob.d.M. dem Oberbefehlshaber der Gruppe Nord und Flottenchef, Admiral Schniewind, und dem Befehlshaber der Kampfgruppe (B.d.K.), Admiral Kummetz, gegenüber klar zum Ausdruck, daß er die Freigabe der *Scharnhorst* erwirkt habe, um die Nordmeergeleitzüge mit Überwasserstreitkräften anzugreifen und zu vernichten und daß diese Aufgabe die vordringliche sei. Sie solle in den Überlegungen der Verbandschefs und Kommandanten die erste Rolle spielen und dürfe nicht durch Gedanken an die in zweiter Linie stehende Sicherung Norwegens überschattet werden. Die Gruppe Nord Flotte ordnete daraufhin am 26. März die Änderung der entsprechenden Passagen in ihrer Weisung vom 19. Februar an. Am 27. März legte der B.d.K. dem mit der Ausarbeitung des Operationsbefehls beauftragten Admiral Nordmeer, Konteradmiral Klüber, dar, daß die Kampfgruppe für Offensivaufgaben immer so stark wie möglich eingesetzt werden solle und wandte sich gegen Splitteraktionen, da die Offensivaufgaben nicht mit Teilstreitkräften lösbar seien. Der Admiral Nordmeer trug dieser Anregung in dem am 28. März ausgehenden Operationsbefehl »Skagerrak« zur Vernichtung des nächsten PQ-Geleitzuges Rechnung, indem er nicht nur die im Nordmeer versammelten schweren Schiffe *Tirpitz, Scharnhorst, Lützow* sowie die 7 Zerstörer der 5. und 6. Flottille sowie als zusätzliche Sicherung beim Ein- und Auslaufen 4 Torpedoboote für die Teilnahme vorsah, sondern auch noch die bereits seit dem 22. März auf dem Rückmarsch in die Heimat befindliche *Nürnberg*.

Um die Ziffer 6 »Durchführung« und Ziffer 8 »Verhalten beim Auftreffen auf dem Feind« sollte es in den folgenden Wochen zwischen den beteiligten Führungsstellen zu lebhaften Auseinandersetzungen kommen. Die Gruppe Nord kritisierte in einem Schreiben vom 1. April die detaillierte Fassung der Ziffer 6 und wies daraufhin, daß der B.d.K. im Operationsgebiet für die Durchführung der Aufgabe freie Hand haben müsse. Zugleich führte sie jedoch zusätzliche Gedanken für die Durchführung an. Auch die Entweder-Oder-Fassung der Ziffer 8 »Feindliche Sicherungsstreitkräfte sind zu zerschlagen, um Vernichtung des Geleitzuges zu erreichen. Bei Auftreffen auf überlegenen Feind ist Rückmarsch anzutreten« wollte sie in dieser Form nicht gelten lassen, da der Kampf mit den feindlichen Streitkräften nicht Hauptsinn der Unternehmung sei und nur dann sinnvoll wäre, wenn das Hauptziel der Geleitzugvernichtung dadurch erleichtert würde, wozu unter bestimmten Umständen auch der Kampf mit überlegenen Kräften notwendig sein könne. In seiner Antwort vom 5. April wies der Admiral Nordmeer darauf hin, daß eine solche Fassung den vollen Einsatz des B.d.K.- Verbandes bedeute, der nach der bisher gültigen Weisung vom 19. Februar nur besonders befohlen werden sollte. Zugleich forderte der Admiral Nordmeer eine für alle Stellen bindende Weisung über die Zusammenarbeit zwischen der Marine und der Luftwaffe. Während die Gruppe Nord und Admiral Nordmeer am 10. und 12. April mit einem weiteren Schriftwechsel um eine zweckmäßige und den Führungsabsichten entsprechende Fassung der Ziffer 8 des Operationsbefehls rangen, erfuhr die Skl. nach Vorlage des Kriegstagebuches des Admirals Nordmeer von der ersten Fassung des Befehls und schaltete sich in die Diskussion ein. Großadmiral Dönitz war, beraten von dem Chef des Stabes der Seekriegsleitung, Vizeadmiral Meisel, zu der Überzeugung gelangt, daß die bisherigen unbefriedigenden Ergebnisse des Einsatzes der Überwasserschiffe neben der jeweiligen Feindlage vor allem durch die zu enge Bindung der Seebefehlshaber an zu detaillierte Operationsbefehle bedingt waren und hatte deshalb in seinen Gesprächen mit den Befehlshabern der Kampfgruppe als seine Absicht dargelegt, dem Führer in See vor seinem Auslaufen das zu erreichende Ziel zu setzen, ihm jedoch die Durchführung zu überlassen und seine Handlungsfreiheit nicht in unnötiger und nachteiliger Weise einzuengen. Auch die Frage, ob ein Gegner überlegen sei oder nicht, hänge neben der Zahl von vielen taktischen und anderen Voraussetzungen ab, die nur der Befehlshaber in See beurteilen könne, so daß ihm auch der Entschluß zum Abbrechen eines Gefechtes und zum Rückmarsch überlassen bleiben müsse. Als Grundlage für diesen Entschluß bedürfe er nur der Weisung, ob er seinen Verband »unter Beachtung der taktischen Grundsätze« oder unter »vollem Einsatz« führen solle. Nachdem diese Fragen durch ein Gespräch zwischen dem Ob.d.M. und dem OB. der Gruppe Nord geklärt waren, konnte der Admiral Nordmeer seinen den bisherigen Befehl »Skagerrak« ersetzenden Operationsbefehl »Ostfront« am 14. Mai 1943 ausgeben. Dem eigentlichen Operationsbefehl waren ausführliche Darlegungen über die operativen Grundlagen und Überlegungen beigegeben, um die

Verbandsführer und Kommandanten mit den Gedanken der höheren Führung eingehend vertraut zu machen.
Während man auf deutscher Seite so glaubte, alle Voraussetzungen für eine nunmehr erfolgreiche Bekämpfung der Murmansk-Konvois mit U-Booten und Überwasserschiffen getroffen zu haben, führte die Lagebeurteilung auf alliierter Seite zu Entschlüssen, welche alle Planungen hinfällig machten.
Am 11. März war die *Scharnhorst* von der britischen Luftaufklärung in Trondheim erfaßt worden, und in den nächsten Wochen stellte man auch die Konzentration der deutschen Schiffe in Nordnorwegen fest. Sie führte auf alliierter Seite zu dem Entschluß, während der hellen Sommermonate keine Konvois mehr nach Murmansk laufen zu lassen, zumal auch die dringenden Notwendigkeiten der gerade im März ihren Höhepunkt erreichenden Schlacht im Atlantik zum Abzug eines Teils der Flottenzerstörer von der »Home Fleet« in den Atlantik zur Bildung der »Support Groups« zwangen. Damit trat auf der Murmansk-Route eine Pause bis zum November 1943 ein.

Der Kampf gegen die Küstenschiffahrt

Für die britische Marine stand der Kampf gegen die deutsche Schiffahrt unter der norwegischen Küste im Schatten der großen Konvoioperationen und der Sorge vor dem Ausbruch deutscher Schiffe und U-Boote in den Atlantik. Deshalb kam es in den Jahren 1942/43 nur zu begrenzten Ergebnissen. Die von der »Home Fleet« eingesetzten U-Boote der 9. Flottille waren, neben ein bis zwei länger hier eingesetzten britischen sowie den meist mit Ersatzteil- und Reparaturschwierigkeiten kämpfenden alliierten Booten, die auf ihren »working up patrols« befindlichen neuen britischen U-Boote, die nach ein oder zwei Fahrten auf andere Kriegsschauplätze entsandt wurden. In dem Jahre 1942 und bis zum Frühjahr 1943 litt der Einsatz der U-Boote vor allem darunter, daß sie während eines großen Teils der verfügbaren Zeit in Aufstellungen zur Deckung der Murmansk-Konvois gegen schwere deutsche Schiffe festgehalten waren. Neben dieser Aufgabe wurden die U-Boote der 9. Flottille auch vielfach vor den deutschen U-Boot-Basen aufgestellt, um hier gegen ihre feindlichen Brüder zu operieren. Immerhin fielen den britischen U-Booten dabei 1942/43 3 deutsche U-Boote zum Opfer. Für die Einsätze gegen die deutsche Schiffahrt blieb so nur gelegentlich zwischen anderen Operationen Zeit. Bei der geringen Zahl der U-Boote, die Anfang 1943 wegen der Anforderungen anderer Kriegsschauplätze auf nur 6 Boote sank, und der noch ungenügenden Erfahrung der neu zur Front kommenden U-Boote, blieben die Erfolge in dieser Zeit gering.
Die zweite Möglichkeit des Einsatzes gegen die Küstenschiffahrt waren die Flugzeuge des »Coastal Command«. Die »18th Group«, die im Gebiet vor Südwestnorwegen operierte, besaß jedoch nur wenige Staffeln, deren Reichweite ihren Einsatz auf die Küste zwischen dem Skagerrak und Andalsnes beschränkte. Für die Bekämpfung der Schiffe standen vor allem die relativ langsamen *Hampden*-Torpedobomber zur Verfügung. Nachdem man auf deutscher Seite in diesem Bereich die Geleitsicherung und vor allem die Flakbewaffnung der Geleitfahrzeuge wesentlich verstärkt hatte, stiegen die Verluste bei den Angriffen der einzelnen Torpedoflugzeuge so stark an, daß man sich schließlich Ende 1942 zur Aufgabe der Tiefangriffe entschließen mußte. Mit Hochangriffen waren jedoch kaum Erfolge zu erzielen. Die Umrüstung der Angriffsstaffeln auf *Beaufighter* und die Abwandlung dieses schnellen und wendigen Flugzeuges als Torpedoflugzeug *Torbeau* zog sich bis in das Jahr 1943 hin, da zunächst die Verbände im Gebiet des Kanals und der südlichen Nordsee umgerüstet wurden. Von besonderer Bedeutung war für die Flugzeuge der »18th Group« das Überwachen der Bewegungen schwerer deutscher Schiffe vor der norwegischen Küste. Im Frühjahr 1943 scheiterten jedoch alle Versuche, an einmal erfaßte Schiffe zum Angriff zu kommen, da die anfliegenden Flugzeuge von der deutschen Abwehr rechtzeitig geortet wurden und die Schiffe Ausweichbewegungen einleiteten, bzw. vorzeitig umkehrten.
Eine weitere Möglichkeit für die Bekämpfung des Küstenschiffsverkehrs bot der Aufbau der britischen Schnellbootwaffe. 1942 wurde in den Shetlandinseln die norwegisch bemannte 30. MTB-Flottille stationiert, deren Boote, soweit es die Wetterlage erlaubte, Vorstöße in die westnorwegischen Küstengewässer unternahmen, um hier, hinter Schären und kleinen Inseln versteckt, auf deutsche Konvois zu warten und sie anzugreifen. Waren die tatsächlich errungenen Erfolge dieser Flottille zunächst auch noch begrenzt, so zwangen sie die deutsche Seite doch zu einer wesentlichen Verstärkung der Geleitstreitkräfte und banden damit zahlreiche Fahrzeuge, die an anderen Stellen fehlten.

Die Voraussetzungen für die Bekämpfung des deutschen Nachschubes an der Polarküste durch sowjetische Streitkräfte verbesserten sich im Laufe der Jahre 1942/43 zusehends. Wenn auch die Zahl der U-Boote, die Ende 1941 nach den Überführungen aus der Ostsee zunächst auf 21 gestiegen war, bis Mitte des Jahres infolge der eingetretenen Verluste wieder auf 15 absank, so wurde die Verminderung der Gesamtzahl doch teilweise dadurch wieder ausgeglichen, daß das Operationsgebiet der sowjetischen Nordmeer-Flotte auf den 20. Längengrad Ost gegenüber der »Royal Navy« abgegrenzt wurde, so daß als westlichster Einsatzraum das Lopphavet für große Boote übrigblieb. Bei der geringen Entfernung der Operationsgebiete zum Stützpunkt Poljarnoe im Kola-Fjord konnten die sowjetischen U-Boote einen unverhältnismäßig großen Teil ihrer Seezeit im Operationsgebiet zubringen. Nachdem die sowjetischen U-Boote im ersten Quartal 1942 eine Reihe Erfolge erzielt hatten, ging ihr Einsatz in den Sommermonaten erheblich zurück.

Dafür war einerseits, ähnlich wie bei den englischen U-Booten, die Inanspruchnahme durch Deckungsaufgaben für die Nordmeerkonvois maßgebend, zum anderen aber dürften die von April bis Juni eingetretenen Verluste, deren Ursachen nicht klar erkennbar waren, zu einer stärkeren Zurückhaltung der sowjetischen Führung beigetragen haben. Tatsächlich hatte die deutsche Marine im April 1942 mit der Auslegung von Flankenminensperren vor der Polarküste begonnen, und wenigstens 3 der bis Ende Juni 1942 eingetretenen Verluste kamen auf ihr Konto, während die 3 anderen zunächst gleichfalls für die sowjetische Führung unklar blieben: einer durch ein deutsches U-Boot, einer durch deutsche Flieger mit U-Jägern gemeinsam, einer durch irrtümlichen Angriff sowjetischer Schnellboote. Die schweren Verluste, die durch zahlreiche Beschädigungen weiterer Boote im Jahr 1942 sich besonders bemerkbar machten, führten zu Anstrengungen der sowjetischen Führung, die Stärke der U-Boot-Brigade im Norden wieder aufzufüllen. Einerseits erhielten 6 große U-Boote der Pazifischen Flotte den Befehl, durch den Pazifik und Panamakanal nach dem europäischen Nordmeer zu verlegen. Zwischen Januar und Mai 1943 trafen 5 der Boote — eines war durch einen japanischen U-Boot-Angriff vor der amerikanischen Westküste versenkt worden — in Poljarnoe ein. Außerdem wurden 8 kleine U-Boote des Typs *M-XII*, die auf Inlandwerften im Bau waren, nach Norden transportiert und hier vom November 1942 bis Mai 1943 in Dienst gestellt. Von den zur Ausbildung ins Kaspische Meer beorderten U-Booten überführte man darüber hinaus vom Mai bis Juli 1943 4 große Boote der *S*-Klasse sowie 2 neue Boote der *M-XV*-Klasse ins Nordmeer. Dadurch wuchs die Stärke der U-Boot-Brigade im Herbst 1943 trotz eingetretener Verluste zeitweise auf mehr als 25 Boote an.

Auch im taktischen Ansatz wurden deutliche Fortschritte beobachtet. Waren die Boote zunächst in fest abgegrenzten Operationsgebieten angesetzt worden, hob man 1942 zunächst die zwischen diesen Positionen festgelegten breiten Sicherheitsstreifen auf, so daß die Operationszonen der einzelnen Boote nun unmittelbar aneinandergrenzten. Innerhalb der Operationsgebiete versuchte man, die U-Boote zu einer aktiveren und beweglicheren Suche nach den Zielen unter der Küste anzuhalten. Es wurde den Booten auch gestattet, bei der Verfolgung eines Zieles die Grenzen der jeweiligen Position zu überschreiten. Bis zum Jahr 1943 gab es vor der norwegischen Polarküste 8 solcher Positionen. Von der Grenze zum britischen Operationsgebiet bis zum Nordkap wurden überwiegend die großen U-Boote der *K*- und *L*-Klasse, eingesetzt. Die dritte und vierte Zone vor dem Svaerholthavet und dem Tana-Fjord besetzten vorwiegend die Boote der *S*- und *ŠČ*-Klasse, während die kleinen Boote der *M*-Klasse in den drei Positionen vor dem Pers-Fjord, vor Vardö und im Varanger-Fjord operierten. Je nach vorhandener und einsatzbereiter Bootszahl wurden diese Positionen vollständig oder teilweise besetzt, wobei gelegentlich auch Verschiebungen der Einsatzzonen vorkamen. Im Februar 1943 wurde erstmalig der Versuch einer Gruppenoperation gemacht. 2 Boote der *K*-Klasse, auf denen sich der Kommandeur der Brigade und der Chef der K-Boot-Division eingeschifft hatten, sollten im Gebiet vor dem Tana-Fjord und Kongs-Fjord gegen deutsche Konvois operieren. Beim ersten Versuch gelang es *K-3*, einen U-Jäger zu versenken, doch kam *K-22* nicht zum Schuß, da es befürchtete, das andere Boot zu gefährden. Nach einer kurzen Besprechung am folgenden Tage wollten die Boote einen neuen Versuch machen, doch kam es nicht mehr dazu, weil *K-22* offenbar auf eine der deutschen Flankenminensperren gelaufen und verlorengegangen war. Als Ergebnis des Versuches kam man zu der Überzeugung, daß die technischen und taktischen Voraussetzungen für einen solchen Einsatz noch nicht gegeben seien. So blieb man zunächst bei dem bisherigen Verfahren.

Der ab Frühjahr 1943 beginnende Einsatz von magnetisch gezündeten Torpedos verleitete die U-Boote durchweg zu einer erheblichen Vergrößerung der Schußdistanzen, wodurch die prozentualen Erfolge nicht verbessert wurden. Auch hier haben die Kommandanten sich – eine Erscheinung, die in vielen anderen Marinen ähnlich zu beobachten war – durch Detonationen verschiedenster Art immer wieder über tatsächliche Treffer täuschen lassen.

Von deutscher Seite wurde die Auslegung der Flankenminensperren vor der Polarküste, insbesondere in den Gebieten, in denen die Konvois aus den Schären heraustreten mußten, seit Anfang 1943 außerordentlich verstärkt. Infolgedessen nahmen auch die sowjetischen Verluste auf diesen Sperren 1943 zu, bis sie im Oktober mit dem Ausfall von 4 Booten ihren Höhepunkt erreichten. Man glaubte auf sowjetischer Seite, derartige Verluste nicht verantworten zu können, und mußte deshalb nach neuen Ansatzmethoden suchen.

Insgesamt haben die sowjetischen U-Boote 1942 auf 117 Fahrten 11 Schiffe mit 18 720 BRT und 1 U-Jäger versenkt, im Jahre 1943 bei 109 Fahrten 8 Schiffe mit 26 676 BRT sowie 1 U-Boot und 7 kleinere Geleit- und Wachfahrzeuge.

Neben den U-Booten traten ab 1943 in zunehmendem Maße auch die Verbände der sowjetischen Marineluftwaffe in der Schiffsbekämpfung in Erscheinung. Waren auch die im Sommer 1942 von den Engländern in Norwegen zurückgelassenen Torpedoflugzeuge bald aufgebraucht, so gewannen ab 1943 die im Rahmen der amerikanischen Leih- und Pachtlieferungen eintreffenden Torpedoflugzeuge vom Typ *Boston*, die sowohl für die Aufklärung als auch für Torpedoangriffe eingesetzt wurden, Bedeutung. Trotz erheblicher Verluste durch die deutschen Jagdflugzeuge des Jagdgeschwaders 5 konnten die Ausfälle durch neue Lieferungen immer wieder ausgeglichen werden, und die zunehmende Intensität der auch mit Schlachtflugzeugen gemeinsam durchgeführten Angriffe zwang auf deutscher Seite zu einer

Verstärkung der Sicherung und Flakbewaffnung der vor der Polarküste eingesetzten Fahrzeuge, die durch aktive Minensuchboote verstärkt werden mußten.
Geringere Bedeutung hatten demgegenüber zunächst die von den Buchten der Fischerhalbinsel aus gegen den deutschen Küstenverkehr im Varanger-Fjord eingesetzten sowjetischen Torpedokutter, deren Zahl anfangs so klein war, daß nur Einzelangriffe gegen kleine Fahrzeuge in Frage kamen. Da sich die wenigen Boote gegen die deutsche Geleitsicherung meist nicht durchsetzen konnten, verwandte man die Torpedokutter zusammen mit den kleinen U-Jägern Ende 1942 zunehmend für das Auslegen von Minensperren vor dem deutschen Hafen Kirkenes und vor dem Petsamo-Fjord, wo eine Reihe von Schiffen auf solchen Sperren verlorenging. Demgegenüber waren die von U-Booten ausgelegten Sperren in den norwegischen Fjorden weniger wirksam, da sie meist durch Minensucher frühzeitig entdeckt wurden. Erst gegen Ende des Jahres 1943 bekamen die Torpedoangriffe sowjetischer Torpedokutter größere Intensität, nachdem im Rahmen amerikanischer Leih- und Pachtlieferungen eine größere Anzahl von amerikanischen Torpedoschnellbooten nach Nordrußland überführt worden war. Ihre Zerstörer haben die Sowjets demgegenüber 1943 nur dreimal zum Angriff auf deutsche Geleitzüge angesetzt, wobei nur der erste Vorstoß am 20. Januar 1943 mit dem Flottillenführer *Baku* und dem Zerstörer *Razumnyj* vor Makkaur zur Sichtung eines deutschen Verbandes mit 1 Minenschiff, 2 Minensuchern und 2 U-Jagdtrawlern führte. Die von den sowjetischen Schiffen geschossenen Torpedos gingen sämtlich fehl, da die deutschen Schiffe sofort feuernd und nebelnd auf den nächsten Fjord zu abdrehten. Nach 7 Minuten mußten die sowjetischen Schiffe den Angriff abbrechen und ablaufen. Die beiden nächsten Vorstöße gingen völlig ins Leere. Trotz der sowjetischen Operationen konnte der deutsche Nachschub an der norwegischen Polarküste in dieser Zeit mit relativ geringfügigen Verlusten durchgeführt werden. Es gelang sogar, einen Teil des Nachschubes bis in den Petsamo-Fjord zu bringen, nachdem man eine Taktik entwickelt hatte, die es erlaubte, die Handelsschiffe unter starker Nebelverwendung an den sowjetischen Küstenbatterien der Fischerhalbinsel vorbei in den Fjord hineinzubringen.
Auf deutscher Seite fand die Bekämpfung des sowjetischen Küstenverkehrs an der Kola-Küste in den Wintermonaten relativ geringe Aufmerksamkeit, da die U-Boote in erster Linie für die Bekämpfung der Murmansk-Konvois eingesetzt wurden. Nur die Luftwaffe setzte ihre Jagdbomberangriffe am Kola-Fjord und ostwärts fort. Dabei wurde eine Reihe kleinerer Küstenfrachter und Bewacher versenkt und beschädigt. Ferner suchte man durch Stuka-Angriffe die Löschung der mit den Murmansk-Konvois eintreffenden Schiffe im Kola-Fjord zu stören.
Anfang Mai 1943 lag die zum Angriff auf den nächsten Murmansk-Konvoi zusammengezogene deutsche Kampfgruppe seit 6 Wochen im Alta-Fjord, ohne daß Anzeichen für ein Anlaufen dieser Konvoibewegungen erkennbar waren. Um die bisherige Untätigkeit zu beenden und die gegnerische Lagebeurteilung im Nordmeer zu beeinflussen, schlug der B.d.K. am 10. Mai vor, die Kampfgruppe zu einer Unternehmung gegen den sowjetischen Küstenverkehr und die Stützpunktanlagen im Gebiet der Kola-Küste mit Schwerpunkt Svjatoj-Nos anzusetzen, sofern bis 20. Mai kein Konvoi gemeldet würde. Während dieser Vorschlag bei der Gruppe Nord/Flotte auf gleichgerichtete Überlegungen traf und Zustimmung fand, die die Bitte an die Luftflotte 5 zur entsprechenden Aufklärung der Kola-Küste auslöste, wandte sich der Admiral Nordmeer am 12. Mai gegen diesen Vorschlag, da diese Unternehmung, im großen gesehen, zu einer Zersplitterung der Kräfte und möglicherweise zum Ausfall von Schiffen durch Beschädigungen führen könne, so daß die Kampfgruppe zur Lösung der Hauptaufgabe der Geleitzugbekämpfung und der zweiten Aufgabe der Landungsabwehr möglicherweise im gegebenen Augenblick nicht über die nötige Schlagkraft verfügen würde. Dazu sah man für einen solchen Angriff keine lohnenden Ziele, was die in den folgenden Tagen durchgeführte Luftaufklärung bestätigte. Der Hinweis auf die knappen Ölbestände, die für eine solche Unternehmung zur Hälfte verbraucht werden würden, tat ein übriges, um auch die Gruppe Nord am 18. Mai zu einer Absetzung dieses Operationsvorschlages zu veranlassen. Nicht anders erging es einem weiteren Vorschlag des B.d.K. vom 11. Juni, als die Funkaufklärung vermuten ließ, die Sowjets beabsichtigten die Verlegung eines Verbandes von Eisbrechern mit Zerstörersicherung in die Karasee. Die Aussicht einer Abfangung dieses Verbandes durch die Kampfgruppe beurteilte der Admiral Nordmeer als sehr gering, so daß auch dieser Vorschlag am 13. Juni von der Gruppe Nord/Flotte abgelehnt wurde.
Als in diesen Wochen immer deutlicher wurde, daß die Alliierten offenbar den Verkehr der Murmansk-Konvois für die Sommermonate eingestellt hatten, wurde die Zahl der bei der Bäreninsel im Vorpostenstreifen aufgestellten U-Boote auf durchschnittlich 4 reduziert, und man plante mit den restlichen Booten für den Sommer 1943 einen offensiven Einsatz mit Minen und Torpedos gegen den Verkehr auf dem Sibirischen Seeweg. Nachdem die durch den Abzug von U-Booten in den Nordatlantik entstandenen Lücken durch die Zuführung neuer Boote aus der Heimat wieder aufgefüllt waren, begannen 8 der 22 deutschen U-Boote von Mitte Juli bis Anfang August Grundminensperren im Gebiet der Pečora-See auszulegen, bei denen vor allem die westlichen Zugänge der Durchfahrten nach Novaja Zemlja gesperrt werden sollten.
Aufgrund der Erfahrungen mit der Operation »Wunderland« im Jahre 1942 wurde auch für den Sommer 1943 eine ähnliche Operation gegen den von Osten kommenden Verkehr in der Westsibirischen See und Kara-See vorgesehen, bei der mit Hilfe der Luftaufklärung der Schwere Kreuzer

Lützow und eine U-Boot-Gruppe »Wiking« zum Einsatz gegen Schiffskarawanen kommen sollten. Es war geplant, an der Ost- und Westküste von Novaja Zemlja in einer geschützten Bucht je einen Stützpunkt einzurichten, in dem ein speziell dafür ausgerüstetes U-Boot *BV 138* Flugboote betanken und versorgen konnte, die dann von hier aus Aufklärung in Richtung Port Dikson und Vilkickij-Straße fliegen sollten, um die von Osten kommenden Schiffskarawanen frühzeitig zu erfassen und an ihnen Fühlung zu halten. Auf sie sollte dann die in einem Warteraum an der Eisgrenze nordwestlich Novaja Zemlja stehende *Lützow* mit hoher Fahrt heranschließen und zusammen mit den U-Booten angreifen.

zeuge in die Kara-See überführt werden sollten. Auf den Minensperren und durch U-Boot-Angriffe westlich Novaja Zemlja gingen 2 Bewacher und 1 Rettungsschiff verloren. Auf die Meldung vom Anlaufen des sowjetischen Verkehrs gingen zunächst die 3 U-Boote, welche für Aufklärungs- und Versorgungsaufgaben vorgesehen waren, in See. Ihnen folgten einige Zeit später die 3 restlichen U-Boote der Gruppe »Wiking«. Nachdem ihnen Ende Juli ein sowjetisches Vermessungsschiff zum Opfer gefallen war, richteten die Boote an der Ostküste Novaja Zemljas einen Stützpunkt ein, von dem aus ein Aufklärungsflugboot bis Mitte August verschiedene Flüge bis zur Vilkickij-Straße durchführte, ohne jedoch dabei Ziele zu sichten. Da das

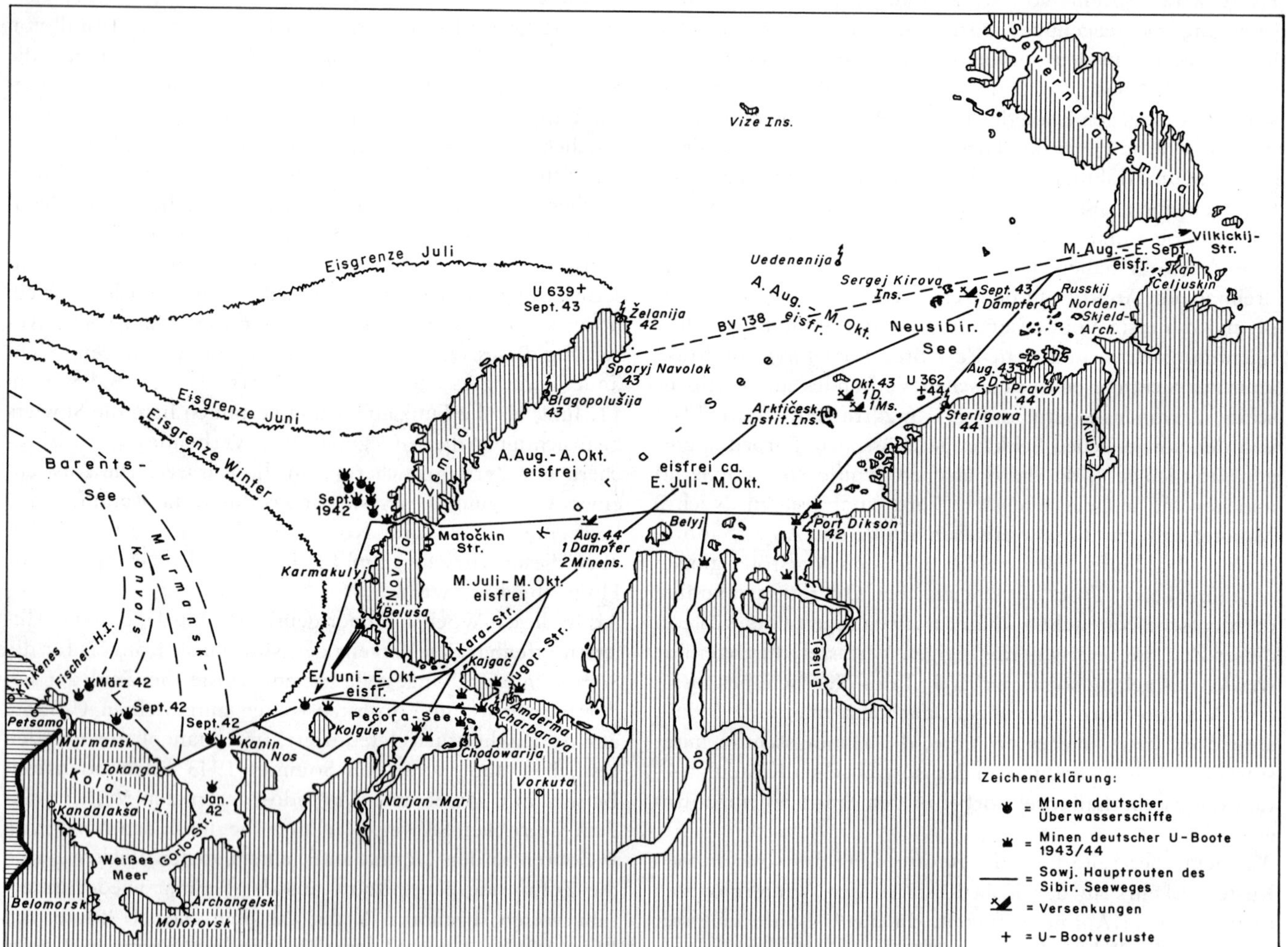

Der U-Booteinsatz gegen den sowjetischen Seeverkehr im Eismeer 1942–1944

Auf sowjetischer Seite begann die Navigationsperiode auf dem arktischen Seeweg Ende Juli 1943. Vom Kola-Fjord und Weißen Meer liefen mehrere Geleitzüge durch die Pečora-See zur Kara- und Jugor-Straße, mit denen die für die diesjährige Passage vorgesehenen Transportschiffe für den Fernen Osten sowie die Minensuch- und Geleitfahr-

Flugboot anschließend ausfiel, unterblieb ein Einsatz der *Lützow*. Erst Ende August kamen 2 U-Boote der Gruppe »Wiking« in der Westsibirischen See zu einem Angriff auf eine ostgehende Schiffskarawane und versenkten einen Dampfer und torpedierten einen weiteren. Während die Gruppe »Wiking« bereits in See war, liefen von Nordnorwegen aus Mitte August nochmals 7 U-Boote zu Minenunternehmungen in der Kara-See aus. Nach Auslegung der Minensperren, auf die 1 Schiff auflief, kehrten die Boote wieder zurück. Eines von ihnen wurde nördlich Novaja Zemlja durch ein sowjetisches U-Boot, das hier auf deutsche Überwasserschiffe wartete, versenkt. Nachdem die U-Boote bis Ende September vergeblich auf von Osten kommende Konvois gewartet hatten, fand am 30. 9. in der Westsibirischen See eines der 3 noch hier operierenden U-Boote einen sowjetischen Verband mit 4 Dampfern, 1 Minenleger und 2 als Sicherungsfahrzeugen fungierenden Minensuchtrawlern. Nachdem das U-Boot seine beiden Kameraden herangeholt hatte, gelang es ihnen, 2 der Frachter und 1 Minensuchboot zu versenken.

Diese Erfolge in Verbindung mit mehreren Beschießungen sowjetischer Funkstationen auf dem Sibirischen Seeweg führten auf sowjetischer Seite zu heftigen Auseinandersetzungen zwischen der Hauptverwaltung für den Nördlichen Seeweg und dem Kommando der Nordmeerflotte, dem eine unzulängliche Sicherung der Schiffahrt auf dem Sibirischen Seeweg vorgeworfen wurde, während dieses selbst die Hauptverwaltung der mangelhaften Organisation des Verkehrs beschuldigte. Auf einer Konferenz unter persönlicher Leitung Stalins wurde beschlossen, die noch in den arktischen Gewässern befindlichen 15 Transporter und Hilfsschiffe hier überwintern zu lassen und nur die für die Einbringung der nächsten Konvois im Winter 1943/44 wichtigen Eisbrecher nach Westen herauszuziehen. Vom 14. bis 16. November gelang die Überführung dieser 4 Schiffe, darunter des großen Eisbrechers *Josif Stalin*, von der Kara-Straße ins Weiße Meer. Zu ihrer Sicherung hatte man neben dem Flottillenführer *Baku* 5 Zerstörer sowie 4 der gerade neu eingetroffenen amerikanischen Leih- und Pacht-Minensucher mit Dieselantrieb bereitgestellt. Da Stalin persönlich darauf gedrungen hatte, Verluste wie bei dem vorgenannten Konvoi zu vermeiden, scheinen die Geleitfahrzeuge bei ihrer Fahrt ins Weiße Meer recht nervös gewesen zu sein. Neunmal griffen sie vermeintliche U-Boot-Ortungen mit Wasserbomben an, während tatsächlich kein deutsches U-Boot in Sichtweite des Konvois kam, da inzwischen die Konvoioperationen in der Barentssee wieder aufgenommen waren.

Die Wiederaufnahme der Murmansk-Konvois im Herbst 1943

Im Juni 1943 zwang die bevorstehende Operation »Husky«, die Landung in Sizilien, die britische Admiralität zu einer erneuten, weitgreifenden Umdisposition ihrer schweren Streitkräfte. Als Gegengewicht gegen die der italienischen Marine noch zur Verfügung stehenden 3 modernen 35 000-ts-Schlachtschiffe mußte die »Home Fleet« 2 ihrer modernen 35 000-ts-Schlachtschiffe, die *King George V.* und *Howe*, an das Mittelmeer abgeben. Zum Ausgleich für diese Schwächung der »Home Fleet« kamen die amerikanischen modernen Schlachtschiffe *South Dakota* und *Alabama* mit 2 Schweren Kreuzern und 5 Zerstörern von Neufundland nach Scapa Flow, um hier zusammen mit den der »Home Fleet« verbliebenen neuen Schlachtschiffen *Duke of York* und *Anson* sowie dem Flugzeugträger *Furious* ein Gegengewicht gegen die im Alta-Fjord in Nordnorwegen außerhalb der Flugzeugreichweite versammelten schweren deutschen Schiffe *Tirpitz, Scharnhorst* und *Lützow* zu bilden. Mit diesem Verband unternahm der neue Oberbefehlshaber der »Home Fleet«, Admiral Sir Bruce Fraser, der im Mai Admiral Tovey abgelöst hatte, Anfang Juli eine Demonstration vor der norwegischen Küste, um damit eine Ablenkung der deutschen Führung vor der bevorstehenden Landung in Sizilien zu erreichen, was jedoch mißlang, da die deutsche Aufklärung diesen großen Verband nicht erfaßte. Auch eine Wiederholung dieser Operation Ende Juli brachte keine deutsche Reaktion.

Das Hauptproblem für den deutschen Verbandschef war zu dieser Zeit der Mangel an Treiböl. So konnten die Schiffe, denen es während der hellen Sommermonate, nachdem die Alliierten den Konvoiverkehr eingestellt hatten, an Zielen mangelte, nicht einmal in See gehen, um Übungen durchzuführen.

Erst Ende August hatte sich die Treibstofflage so weit entspannt, daß die bisherige Beschränkung der Kampfgruppe ausschließlich auf die Hauptaufgabe der Bekämpfung der Nordmeerkonvois gelockert werden konnte. Dabei spielte auch eine wesentliche Rolle, daß bei den Planungen im Sommer bereits damit gerechnet wurde, während des Herbstes die *Tirpitz* und *Lützow* zu dringend notwendigen Werftüberholungen nach Deutschland zurückzuziehen, so daß während der dunklen Wintermonate nur das Schlachtschiff *Scharnhorst* mit etwa 10 einsatzbereiten Zerstörern als Kampfgruppe zur Verfügung stehen würde. Der Wunsch, den Kreuzer *Prinz Eugen* als weiteres Kampfschiff nach Norwegen zu verlegen, konnte nicht erfüllt werden, da das Schiff als Ausbildungsschiff in der Ostsee nicht zu ersetzen war.

Unter diesen geänderten Verhältnissen wurde der Antrag des B.d.K., Admiral Kummetz, genehmigt, der zur Ausbildung der Besatzungen einen kurzen Vorstoß gegen die alliierten Basen auf Spitzbergen vorsah. Diese Operation »Zitronella« wurde vom 6. bis 9. September 1943 mit der *Tirpitz*, der *Scharnhorst* und 9 Zerstörern durchgeführt, welche die Bergwerksanlagen in Barentsburg und im Eisfjord zerstörten. Kaum von dieser Unternehmung zurückgekehrt, legte der B.d.K. am 13. September der Gruppe Nord einen neuen Operationsvorschlag für die gleiche Kampfgruppe mit 8 Zerstörern vor, mit der entweder die sowjetischen Hafen- und Stützpunkteinrichtungen sowie die angetroffenen Seestreitkräfte im Raum Beluša (Operation »Außenjade«) oder Iokanga (Operation »Borkumriff«) zerstört werden sollten. Genaue Berechnungen des Ölbedarfs für beide Unternehmungen auch in kombinierter Form wurden dem Vorschlag beigefügt, so daß der Admiral Nordmeer diesem Vorschlag am 15. September zustimmte. Der Admiral Nordmeer stellte seine gegenüber einem ähnlichen Vorschlag im Mai vorgebrachten Bedenken zurück, da die Kampfgruppe nach ihrer bevorstehenden Schwächung ohnehin kaum noch in der Lage sein würde, Geleitzüge energisch anzupacken. Nun war es die Gruppe Nord, die am 16. September den Vorschlag unter Hinweis auf die bei hohem Risiko geringen Erfolgsmöglichkeiten ablehnte und allenfalls zugestehen wollte, die erste Aufgabe mit der *Lützow* und 3 Zerstörern allein durchzuführen, im übrigen jedoch auf die ab Mitte Oktober geplanten Minenunternehmungen mit Zerstörern hinwies. Am folgenden Tage schloß sich die Seekriegsleitung der Beurteilung der Gruppe Nord trotz eines nochmaligen Nachstoßes von Admiral Kummetz an und lehnte alle derartigen Einsätze mit schweren Schiffen ab, und es blieb bei den für Mitte Oktober vorgesehenen Minenunternehmungen mit Zerstörern in den Eingang des Weißen Meeres.

Der deutsche Angriff gegen Spitzbergen ließ es der britischen Führung um so notwendiger erscheinen, vor einer Wiederaufnahme des Geleitverkehrs nach Murmansk die Bedrohung durch die schweren deutschen Überwasserschiffe auszuschalten. Die einzige Möglichkeit dazu schien zu dieser Zeit ein Angriff auf die in ihren Fjordliegeplätzen verankerten deutschen Schiffe mit Klein-U-Booten zu sein, eine Operation, die von dem britischen Führer der U-Boote der »Home Fleet«, Konteradmiral Barry, seit längerer Zeit vorbereitet worden war. Zu diesem Zweck sollten 6 große Flotten-U-Boote je eines der Zweimann-U-Boote bis vor den Söröy-Sund schleppen, von wo aus die Klein-U-Boote dann mit eigener Kraft in den Alta-Fjord eindringen und unter den deutschen Schiffen ihre Grundminen legen sollten. Nachdem speziell von nordrussischen Basen gestartete britische Fotoaufklärer die Rückkehr der deutschen Schiffe auf ihre Ankerplätze gemeldet hatten, lief die britische Operation an. Zwei der Klein-U-Boote gingen jedoch bereits auf dem Anmarsch verloren. Von den 4 losgeworfenen Klein-U-Booten sank eines auf einem Minenfeld, ein zweites mußte wegen einer Panne umkehren, so daß nur 2, *X-6* und *X-7* unter den Leutnants Cameron und Plaice, bis zu ihren Zielen im inneren Alta-Fjord vordringen und innerhalb des Netzkasten unter dem Schlachtschiff *Tirpitz* ihre Minen legen konnten. Obgleich nach der Feststellung der U-Boote der Kommandant der *Tirpitz,* Kapitän zur See Weber, das Schiff noch aus dem Netzkasten herauszuziehen versuchte, beschädigten die Detonationen das Schlachtschiff schwer und ließen es bis zum März 1944 ausfallen. Die nicht beachtete *Lützow,* die ohnehin nach Deutschland verlegt werden sollte, konnte auf ihrem Marsch Ende September trotz Sichtung durch die britische Luftaufklärung den angesetzten Luftangriffsverbänden ausweichen und Gotenhafen erreichen. Die *Scharnhorst* war während des Angriffes zu einer Schießübung in einen nahegelegenen Fjord gegangen, so daß auch sie nicht angegriffen wurde.

Während man auf britischer Seite sofort nach Eingang der Meldung über den Ausfall der *Tirpitz* an die Vorbereitung der Wiederaufnahme der Murmansk-Konvois heranging, versuchte auch die sowjetische Regierung in dieser Richtung Druck auf ihren Verbündeten auszuüben. Am 21. September forderte der sowjetische Außenminister Molotov vom britischen Botschafter die dringende Wiederaufnahme der Konvois. Als Stalin auf ein Telegramm Churchills, das die Entschlossenheit zur Wiederaufnahme der Konvois betonte, in verletzender Form antwortete, mußte der gerade in Moskau befindliche britische Außenminister Eden das Problem mit der sowjetischen Regierung klären, ehe Churchill die zunächst angeordnete Zurückhaltung der für die Aufnahme in Murmansk zurückgebliebener Handelsschiffe bereitgestellten Zerstörer aufhob. Churchill sagte Stalin nun für die Zeit von November 1943 bis Februar 1944 4 Konvois mit je 35 Schiffen zu. Wie sein Vorgänger, so wandte sich auch Admiral Fraser gegen die Entsendung so großer Konvois während der Wintermonate, und man entschloß sich, die Konvois jeweils zu teilen und sie vierzehntägig laufen zu lassen.

Besondere Sorge bereitete der Admiralität für die Herbstmonate mit ihrem Zwielicht das Fehlen eines Flugzeugträgers bei der »Home Fleet«. Als die ohnehin altersschwache *Furious* wegen dringender Reparaturen in die Werft mußte, stellte die US-Navy als Ersatz ihren älteren Träger *Ranger* zur Verfügung. Zur Einübung seiner Flugzeugbesatzungen führte er am 4. Oktober, gedeckt von der durch amerikanische Kreuzer und Zerstörer verstärkten »Home Fleet«, einen Raid gegen die deutsche Schiffahrt vor Bodö im Eingang des Vestfjordes durch, wo seinen Flugzeugen 4 Dampfer zum Opfer fielen, während 6 weitere beschädigt wurden. Dieses Auftreten schwerer feindlicher Seestreitkräfte vor Norwegen war für das Marineoberkommando in Norwegen (MOK Norwegen, Admiral Ciliax) Anlaß für verstärkte Sorgen vor groß angelegten Feindoperationen gegen Norwegen. In einem Schreiben vom 6. Oktober regte das MOK deshalb an, die Flottenstreitkräfte aus der Altabucht, wo sie beim Ausbleiben des Geleitzugverkehrs nach Murmansk wenig Operationsmöglichkeiten hatten, nach Süden in die von Landungsabsichten mehr bedrohten Räume zu verlegen und zugleich die Frage der Führungsorganisation und Unterstellungsverhältnisse im Falle solcher Feindlandungen zu überprüfen. Der Gedanke eines defensiven Einsatzes der Kampfgruppe zur Landungsabwehr im Küstenvorfeld wurde jedoch sowohl von der Gruppe Nord als auch vom B.d.K. abgelehnt, da bei der gegnerischen Luftüberlegenheit im mittel- und südnorwegischen Raum die kampfkräftigen Schiffe voraussichtlich vor Beginn der Landung ausgeschaltet würden und die einzige Chance einer noch zu weiträumigeren gebrochen werden, und die um 16.16 Uhr gestartete Ertigen Kampfführung mit schnellen Vorstößen gegen die erkannten Schwächen der rückwärtigen Verbindungen der feindlichen Landungsstreitmacht liege. Ein solcher Ansatz könne aber sehr viel besser aus dem abgelegenen Altafjord erfolgen, ein Gedanke, der für die Skl., die sich den vorgenannten Argumenten anschloß, auch deshalb besonders wichtig war, weil man sich nach wie vor die Möglichkeit einer Bekämpfung der Nordmeerkonvois, mit deren Wiederaufleben man rechnete, erhalten wollte.

In diesen Wochen begann die Gefahr einer angelsächsischen Großlandung, der entscheidungsuchenden Invasion, als bedrohlichster Zukunftsaussicht die Gedanken deutscher Führungsstellen immer stärker zu beherrschen. Nachdem in einer Verfügung des Wehrmachtführungsstabes vom 30. Oktober 1943 auf die Möglichkeit groß angelegter Feindoperationen gegen Norwegen/Jütland hingewiesen worden war und die Führerweisung Nr. 51 vom 3. November 1943 die grundlegenden Befehle für die Abwehr der Landung gegeben hatte, griff Admiral Ciliax das Problem der Dislozierung der Flottenstreitkräfte erneut auf. Am 5. November erhob er die Frage, ob bei der derzeitigen Schwäche der Kampfgruppe bis zur Wiederherstellung der *Tirpitz* im Frühjahr 1944 die Bindung aller verfügbaren Zerstörer an ein Schlachtschiff sinnvoll sei, da man sich jeder Möglichkeit begäbe, einer Feindlandung südlich des Vestfjordes mit kampfkräftigen Einheiten entgegenzutreten. Er beantragte deshalb, eine Gruppe von 4 Zerstörern in den Raum Bergen, Kristiansand/Süd zu verlegen. Letzterem Vorschlag stimmten Gruppe Nord/Flotte und Skl. am 14. November zu mit, wie zu zeigen sein wird, verhängnisvollen Folgen.

Bereits am 17. September hatte die Gruppe Nord/Flotte im Zusammenhang mit der beabsichtigten Zurückziehung der *Tirpitz* und *Lützow* zur Werftüberholung vorgeschlagen, den B.d.K., Admiral Kummetz, mit der *Tirpitz* nach Deutschland zurückkehren zu lassen und bis zur erneuten Verlegung des Schiffes nach Norwegen durch den Führer der Zerstörer (F.d.Z.), Konteradmiral Bey, als stellvertretenden Befehlshaber der Kampfgruppe zu ersetzen. Während Admiral Kummetz selbst glaubte, die Führung für die Wintermonate dem Kommandanten der *Scharnhost* unter Zuteilung einiger Offiziere des Stabes der Kampfgruppe überlassen zu können, bestand die Gruppe Nord/Flotte wie auch die Skl. auf der Führung durch einen Flaggoffizier und sah in Bey als erfahrenem Zerstörerführer eine geeignete Persönlichkeit, zumal die reduzierte Kampfgruppe in erster Linie mit ihren Zerstörern während der Wintermonate zum Kampfeinsatz kommen konnte. Bey selbst war von der Richtigkeit seiner Kommandierung anscheinend wenig überzeugt. Er sollte sein Amt als F.d.Z. nominell beibehalten, die Führung der laufenden Geschäfte seines über ganz Europa vom Nordmeer über die Ostsee, über den Kanal und die Biskaya bis in das Mittelmeer und die Ägäis verteilten Verbandes jedoch einem jüngeren Flottillenchef in Vertretung überlassen. Er sah sich im Norden als Lückenbüßer für eine Aufgabe an, welche die vorhandenen Flottillenchefs und Kommandanten lösen konnten. Diese Stimmung scheint durch die Abmeldung Beys beim Ob.d.M. am 31. Oktober kaum geändert worden zu sein, bei der man vor allem über die Probleme der Sicherung der Einheiten der Kampfgruppe im Altafjord sprach. Immerhin fuhr Bey am 1. November von Kiel an Bord eines Zerstörers in dem Gefühl ab, wenigstens einige Einsätze mit den Zerstörern durchführen zu können. Die Kampfgruppe verfügte zu diesem Zeitpunkt über die 4. Zerstörerflottille mit *Z 29*, *Z 30*, und *Z 33*, und die 6. Zerstörerflottille mit *Karl Galster*, *Theodor Riedel*, *Friedrich Ihn* und *Hans Lody*. Zunächst sollten die Zerstörer zwei Minenunternehmungen, »Katharina« vor Kanin Nos und »Feodora« vor Kap Gorodeckij, durchführen. Dabei sollten 3 Zerstörer der 4. Z.-Flottille jeweils die Minenladung an Bord nehmen, während ein 4. Boot als Kampfzerstörer im Verband mitlief. Zwei Boote der 6. Z-Flottille sollten im Tanafjord als Unterstützungsgruppe bereitliegen. Tatsächlich sollte jedoch keine dieser Unternehmungen zur Ausführung kommen.

Auf alliierter Seite waren inzwischen die Vorbereitungen für die Wiederaufnahme des Konvoiverkehrs im Winter 1943/44 angelaufen. Zunächst war von England eine Escort Group mit 8 Flottenzerstörern und 4 kleineren Geleitfahrzeugen ausgelaufen, um die im Kolafjord liegenden 13 alliierten Handelsschiffe aufzunehmen und als Konvoi RA. 54A abzuholen. Der Escort Group hatten sich zur Überführung nach Nordrußland 5 sowjetische Minensucher und 6 U-Jäger angeschlossen, die aus amerikanischen Leih- und Pachtlieferungen stammten. Am Mittag des 28. Oktober wurde dieser Verband von der deutschen Luftaufklärung etwa 220 Seemeilen nordostwärts des Kolafjordes mehrfach erfaßt, wobei die Flieger zunächst 9 Zerstörer und 6 Vorpostenboote, die ersteren mit britischer Flagge, später 2 Kreuzer, 9 Zerstörer und 11 Minensucher und Bewacher meldeten. Dieses Auftreten überlegener britischer Streitkräfte an der Barentssee in der Nähe des Anmarschkurses der in der Nacht vom 27. zum 28. Oktober zu ihrer ersten Minenunternehmung bei Kanin Nos ausgelaufenen 4. Zerstörerflottille zwang die Gruppe Nord/Flotte und den Admiral Nordmeer zum Abbruch dieses Unternehmens »Katharina«. Während auf alliierter Seite die britische Escort Group mit dem Konvoi RA. 54A am 1. November von Archangelsk aus in See ging, wurden auf deutscher Seite die vorgesehenen Minenunternehmungen bis zur Klärung der Absichten der britischen Einheiten und wegen der hellen Mondphase zunächst auf die Zeit nach dem 17. November verschoben. Als die deutsche Funkaufklärung am 7. November aus dem Anschwellen des Funkverkehrs zwischen Nordrußland und England auf ein mögliches Anlaufen eines westgehenden Geleites schloß, zog der Führer der U-Boote (F.d.U.) Norwegen die bisher zur Bekämpfung einer Wiederverstärkung von Spitzbergen aufgestellten U-Boote in die Bäreninsel-Enge. Doch hatte der Konvoi diese inzwischen passiert und wurde weder von den U-Booten noch von der angesetzten Luftaufklärung erfaßt.

Inzwischen hatten Vorgänge im Raum des Skagerrak die Aufmerksamkeit der Skl. und der Gruppe Nord/Flotte auf sich gezogen. Größere Zahlen angetriebener, geschnittener

Minen an der dänischen Küste sowie Aufklärungsmeldungen hatten gezeigt, daß britische Minensuchverbände Räumarbeiten an den »Westwall-Sperren« vor dem Skagerrak durchgeführt hatten. Aus Beobachtungen in schwedischen Häfen und schließlich mit der Aufbringung eines britischen Handelsschnellbootes durch ein Vorpostenboot im Skagerrak war deutlich geworden, daß die Engländer regelmäßig solche Schnellboote durch das Skagerrak verkehren ließen, um wichtige Rüstungsgüter, insbesondere Kugellager aus Schweden abzuholen. In Verbindung mit den Befürchtungen vor weiterreichenden alliierten Absichten im Raum Jütland/Südnorwegen erschien es der Skl. deshalb notwendig, im Bereich des Skagerrak die ausgelegten Minensperren zu überprüfen und durch neue Sperren zu ergänzen. Für die notwendigen Stichfahrten sollten Torpedoboote unter Deckung von mindestens 2 Zerstörern angesetzt werden. Die Minenunternehmungen, die von der zweiten Novemberhälfte ab auszuführen waren, sollten von 3 Minenschiffen unter Deckung durch wenigstens 2 Zerstörer erfolgen. Insgesamt benötigte man für die schnelle Durchführung dieser Operationen 4 Zerstörer, eine Zahl, die auch den Anträgen des MOK Norwegen entsprach. Die auf dem Marsch von Nordnorwegen in die Heimat befindlichen Zerstörer konnten nur vorübergehend für einige Tage zurückgehalten werden, da die Einhaltung der Werfttermine unbedingt notwendig erschien. Andererseits konnten jedoch aus dem Heimatbereich erst Mitte Dezember 2 neue Flottentorpedoboote in das Skagerrak verlegt werden. So blieb nichts anderes übrig, als der Kampfgruppe in Nordnorwegen zwei weitere Zerstörer zu entziehen. Dieser am 14. November eingehende Befehl der Skl. zwang den Admiral Nordmeer, die geplanten Minenunternehmungen ausfallen zu lassen, da die nach den vorliegenden Weisungen notwendige Aufstellung einer Unterstützungsgruppe mit den verbleibenden 5 Zerstörern nicht mehr möglich war.

Für Admiral Bey schien diese Schwächung der Kampfgruppe eine aus den ihm zugänglichen Unterlagen nicht verständliche Änderung in der Lagebeurteilung anzudeuten. Von einer angekündigten neuen Weisung über den Einsatz der Seestreitkräfte im Winter 1943/44 befürchtete er eine rein defensive Verwendung der Kampfgruppe. Nach dem Kriegstagebuch der 4. Z.-Flottille entstand der Eindruck, als seien die Spitzbergen-Unternehmung und das abgebrochene Unternehmen »Katharina« die letzten offensiven Aufgaben gewesen.

Diese Änderung zu einer mehr defensiven Akzentsetzung wurde in der am 20. November vom Ob.d.M. herausgegebenen Weisung deutlich, die am 1. Dezember beim B.d.K. eintraf. Wie in dem Befehl vom 19. Februar 1943, trat wieder die Abwehr feindlicher Großlandungen in den Vordergrund, wobei das Schwergewicht sich von Mittel- und Nordnorwegen, wo man nur Operationen mit begrenzten Zielen erwarten konnte, vor allem auf den Westraum und das Gebiet beiderseits des Skagerraks verlagerte. Für die Abwehr der letztgenannten Operation wurden der Einsatz der Kampfgruppe von Norden gegen den feindlichen Nachschub sowie des Ausbildungsverbandes und der im Heimatbereich verfügbaren Zerstörer, Torpedoboote und Schnellboote durch das Skagerrak und in diesem Zusammenhang auch die Bildung einer Kampfgruppe aus Zerstörern und Torpedobooten gegen feindliche Minenräumverbände im Bereich des Skagerrak vorgesehen. Gegenüber dieser Hauptaufgabe trat die Bekämpfung des in seinem Anlaufen noch nicht sicher erkannten Geleitverkehrs im Nordmeer in den Hintergrund, wenngleich man auch in Rechnung stellte, daß dieser Verkehr in der dunklen Jahreszeit wenigstens mit Einzelfahrern wieder aufgenommen würde und gegen diesen Verkehr neben U-Booten auch die Kampfgruppe einzusetzen sei. Dabei könne auch im Polarwinter der Einsatz der *Scharnhorst* in Frage kommen.

Inzwischen war am 15. November von Loch Ewe der erste ostgehende Konvoi JW. 54A mit 18 Schiffen sowie weiteren 5 Minensuch- und U-Jagdfahrzeugen aus Leih- und Pachtlieferungen für die sowjetische Nordflotte mit einer »Escort Group« von 8 Flottenzerstörern und 4 weiteren Fahrzeugen ausgelaufen. Am 22. November erfaßte und entzifferte die deutsche Funkaufklärung die Übermittlung von Nachzüglerrouten für diesen Konvoi und schloß aus dem zunehmenden alliierten Funkverkehr auf das Laufen eines Murmansk-Konvois, der das Gebiet der Bäreninsel-Enge etwa erreicht haben dürfte. Obgleich weder von den in der Bäreninsel-Enge stehenden U-Booten, noch von der durch die Wetterlage stark behinderten Luftaufklärung konkrete Meldungen über den Konvoi eingegangen waren, wurde die Kampfgruppe vorsorglich in dreistündige Bereitschaft gelegt, um sie bei Eingehen entsprechender Aufklärungsmeldungen unverzüglich einsetzen zu können.

Die sich damit nun doch abzeichnende Möglichkeit eines Einsatzes der ganzen Kampfgruppe gegen einen Konvoi veranlaßte Admiral Bey zu einer grundlegenden Lagebeurteilung, in der er versuchte, sich Rechenschaft über die Operations- und Erfolgsmöglichkeiten zu geben. Aus dieser Lagebeurteilung ging hervor, daß Admiral Bey, wie auch die Gruppe Nord/Flotte, zunächst den Schwerpunkt der Kampfführung im Nordmeer bei den Zerstörern sahen, während das einzige schwere Schiff in der langen Dunkelheit die Zerstörer als Schutzobjekt belastete und seine eigenen Kampfeigenschaften nur in den kurzen Dämmerungsstunden zur Geltung bringen konnte. So hatte Bey gehofft, mit einem Zerstörerverband von zwei Flottillen zu je 4 bis 5 Booten im Schutz der langen Winternächte mehrfach wiederholte Überfälle mit Torpedos und Artillerie gegen den Geleitzug und die Sicherungsstreitkräfte führen und sie so allmählich aufreiben zu können. Die jetzt nur vorhandene 4. Zerstörerflottille mit 5 Booten hielt er allein für nicht stark genug, sich gegen die zahlenmäßig überlegenen feindlichen Sicherungsstreitkräfte durchzusetzen. Eine Verwendung der *Scharnhorst* gemeinsam mit den Zerstörern im Nachtkampf konnte seiner Ansicht nach den Mangel an Zerstörern nicht ausgleichen, da mindestens 2 von ihnen zur Sicherung dieses Schiffes abgeteilt werden mußten. Mit einem schmalen Aufklärungsstreifen von nur 3 Zerstörern nachts einen Konvoi zu finden, konnte nur gelingen, wenn es der Luftaufklärung und den U-Booten vorher möglich war, laufende genaue Fühlungshaltersignale über den Konvoi zu senden und das voraussichtliche Gefechtsfeld in einem entsprechenden Umkreis sicher gegen feindliche überlegene Kräfte aufzuklären. Gelang es den Zerstörern während der Dunkelheit, Fühlung am Geleitzug zu gewinnen, so sollten sie für das abgesetzt verhaltende Schlachtschiff die Fühlung halten und dabei sich bietende Angriffschancen ausnutzen. Bey hoffte dabei, daß solche Aktionen die abgesetzt marschierende feindliche Kreuzergruppe an den Konvoi heranziehen und damit bei Beginn des Angriffes während der Dämmerung die Lage für die *Scharnhorst* klären würden. Bei den herrschenden Verhältnissen war damit zu rechnen, daß die *Scharnhorst* unter günstigen Bedingungen 5 Stunden gegen den Konvoi wirken konnte, was ausreichen würde, die Handelsschiffe des Konvois mit der Artillerie zumindest lahmzuschießen und evtl. als Deckungsgruppe auftretende feindliche Kreuzergruppen niederzukämpfen. Die Zerstörer sollten dabei bestrebt sein, auf der abgewandten Seite des Konvois möglichst viele feindliche Sicherungskräfte zu binden und ein Abdrehen der Dampfer zu verhindern. Abschließend stellte Bey fest, daß während der Wintermonate solche Geleitzugunternehmungen bei der jetzigen Zusammensetzung der Kampfgruppe und der Schwäche der Luftwaffe nur sehr schwer erfolgreich anzusetzen und durchzuführen seien.

Jedoch wurde der Konvoi JW.54 A bis zu seinem Einlaufen am 24. November in den Kola-Fjord weder von der angesetzten deutschen Luftaufklärung noch von den U-Booten gesichtet, so daß ein Ansatz der Kampfgruppe entfiel.

Auch bei dem nächsten Konvoipaar wurden keine für den Ansatz der Kampfgruppe ausreichenden Erkenntnisse auf deutscher Seite gewonnen. Am 22. November war der zweite Teil des Konvois JW.54 B von Loch Ewe ausgelaufen und traf am 2. Dezember vor dem Kola-Fjord ein, während der RA.54 B am 26. November von Archangelsk auslief und am 9. Dezember Loch Ewe erreichte. Wieder erfaßte die deutsche Funkaufklärung Anzeichen für das Anlaufen der Operation, und der F.d.U. verstärkte seine in der Bäreninsel-Enge stehende Gruppe »Eisenbart«. Doch beim Passieren des RA.54 B am 1. Dezember kam nur ein U-Boot kurz in die Nähe des Konvois, wurde aber sofort wieder abgedrängt,ohne viel mehr als das vermutete Laufen eines westgehenden Konvois melden zu können. Auch die Luftaufklärung brachte keine Ergebnisse. Die alliierte Deckungsgruppe mit 3 Kreuzern in der Nähe des Konvois in der Barents-See und die Fernsicherungsgruppe mit dem Schlachtschiff *Anson*, einem US-Kreuzer und Zerstörern bei Jan Mayen sowie die zur Deckung der Operation eingesetzten britischen und sowjetischen U-Boote sichteten ihrerseits keine Schiffe und wurden auch von der deutschen Luftaufklärung nicht erfaßt. Die vorsorglich angeordnete Dreistundenbereitschaft der Kampfgruppe mußte wieder aufgehoben werden.

Auf alliierter Seite hatte man damit den ersten Operationsabschnitt unerwartet erfolgreich zum Abschluß gebracht, doch war man sich darüber klar, daß es dabei nicht bleiben konnte.

Auf deutscher Seite hatte man bis dahin kaum mehr als einige vage Hinweise auf das Wiederanlaufen eines Verkehrs nach Nordrußland gewonnen. Doch mußte man für die kommenden Wochen mit einer Intensivierung des Verkehrs rechnen. Am 6. Dezember hielt Admiral Bey an Bord der in Reparatur befindlichen *Tirpitz* eine Sitzung mit dem Chef und den Kommandanten der 4. Z.-Flottille ab, bei der vor allem auf der Grundlage der gegebenen Weisungen und der eigenen Lagebetrachtung vom 22. November die beabsichtigte Durchführung eines Ansatzes der Kampfgruppe gegen den feindlichen Geleitverkehr besprochen wurde. Während man bei der Kampfgruppe die Erfolgsaussichten in einer Polarnacht nicht allzu hoch beurteilte und der Chef der Zerstörerflottille, Kapitän zur See Johannesson, das Schlachtschiff »bei den herrschenden Beleuchtungs- und Witterungsbedingungen für keine erfreuliche Beigabe« hielt, war die Skl. der Ansicht, daß ein Einsatz der *Scharnhorst* auch während der dunklen Monate erfolgversprechend und zweckmäßig sein könnte, während der Zerstörereinsatz allein gegen Sicherungskräfte des Geleitzuges wenig aussichtsreich beurteilt wurde, da die Zerstörer zu sehr gefährdet würden. Bei der Bedeutung des Nachschubes nach Rußland und der bedrohlichen Lage an der Ostfront, hielt es die Skl. für nicht zu verantworten, die wertvolle Kampfkraft des Schlachtschiffes zurückzuhalten. In diesem Zusammenhang warf der Ob.d.M. sogar die Frage auf, ob es nicht notwendig sei, Admiral Kummetz von seinem Urlaub zurückzurufen, was jedoch vom Chef des Stabes nicht für erforderlich gehalten wurde.

Der Untergang der *Scharnhorst*

Der nächste Operationsabschnitt begann mit dem Auslaufen des Konvois JW.55 A am 12. Dezember aus Loch Ewe. Er bestand aus 19 Schiffen mit der üblichen Nahsicherung von einer »Escort Group« des »Western Approaches Command« von zwei alten Zerstörern und drei Korvetten sowie einer »Fighting Escort Group« der »Home Fleet« mit 8 Flottenzerstörern. Als Deckungsgruppe gegen deutsche Überwasserangriffe hielt sich die »Force 1« unter Vizeadmiral Burnett mit den Kreuzern *Belfast, Sheffield* und *Norfolk* in der Nähe des Konvois auf. Admiral Fraser, der aus der britischen Funkbeobachtung darüber unterrichtet war, daß man auf deutscher Seite offenbar das Anlaufen der Konvoioperationen erkannt hatte, marschierte mit seiner »Force 2«, bestehend aus dem Schlachtschiff *Duke of York*, dem Kreuzer *Jamaica* und 4 Zerstörern, dem Konvoi voraus durch die Barentssee zum Kola-Fjord, um nach Besprechungen mit

dem sowjetischen Befehlshaber, Admiral Golovko, vom 16. – 18. Dezember vom Kola-Fjord aus den Konvoi auf der letzten Strecke seines Weges gegen deutsche Überwasserangriffe decken zu können.
In der Nacht vom 17. zum 18. Dezember meldete eines der in der Nähe der Bäreninsel stehenden 4 deutschen U-Boote, *U 636*, zunächst Horchpeilungen, einige Stunden später dann Geleitfahrzeuge, ohne jedoch näher an dieselben herankommen zu können. In der folgenden Nacht hatten auch *U 387* und *U 354* Begegnungen mit Geleitfahrzeugen und Wasserbombenverfolgungen gemeldet, die in Verbindung mit Hinweisen aus der Funkbeobachtung zeigten, daß offenbar ein neuer Ostkonvoi in See war.
Dönitz, der am 19. und 20. Dezember zu einem Lagevortrag im Führerhauptquartier weilte, erreichte von Hitler die Genehmigung zum Einsatz der Kampfgruppe mit der *Scharnhorst* und den Zerstörern gegen den nächsten alliierten Konvoi, sofern sich Erfolgsaussichten böten. Voraussetzung für einen solchen Ansatz war vor allem eine ausreichende Luftaufklärung.
Zu dieser Aufklärung kam es jedoch zunächst nicht.
Nachdem die am 19. Dezember eingesetzten 5 Maschinen keine Feindsichtungen gemeldet hatten, kam die Luftflotte 5 zu der Ansicht, daß tatsächlich noch kein Konvoi liefe und deshalb bei der bestehenden Kräftelage eine weitere Aufklärung für den 20. Dezember nicht in Frage kommen konnte. Das veranlaßte den F.d.U. Norwegen, Kapitän z.S. Peters, der zugleich auch den in Urlaub befindlichen Admiral Nordmeer vertrat, zu dem bitteren Kommentar, daß damit die Voraussetzungen für eine erfolgreiche Bekämpfung des Konvois durch die U-Boote und für den Einsatz der Kampfgruppe entfielen. Als die Luftflotte 5 auf eine entsprechende Gegendarstellung der Gruppe Nord/Flotte hin am 20. Dezember mitteilte, »daß ein Aufklärungseinsatz infolge der Wetterlage auch fernerhin nicht möglich sei, da die Bordsuchgeräte durch starke Vereisung nicht mehr ansprächen und ohne Bordsuchgeräte wegen der Beleuchtung und Wolkendecke keine Sichtmöglichkeit sei«, konnten Gruppe Nord/Flotte, Admiral Nordmeer und die Kampfgruppe daraus zunächst nur die Folgerung ziehen, daß gegenwärtig auf eine Unterstützung der Luftwaffe nicht gerechnet werden konnte.
Währenddessen war der JW.55 A zusammen mit der »Force 1« am 20. Dezember im Kola-Fjord eingetroffen. Am gleichen Tage ging von Loch Ewe der zweite Teil des Konvois, der JW.55 B mit ebenfalls 19 Schiffen in See. Die Sicherung bestand zunächst aus der »Local Escort Group« mit 2 Korvetten und 2 Minensuchern sowie der »Ocean Escort Group« mit 2 alten Zerstörern, 2 Korvetten und 1 Minensucher. Am Nachmittag des 22. Dezember sollte die »Local Escort Group« durch die von Island kommende »Fighting Escort Group« mit 8 Flottenzerstörern abgelöst werden. Am 23. Dezember sollte dann vom Kola-Fjord der westgehende RA.55 A mit 22 Schiffen und der »Escort Group« des JW.55 A, gefolgt von der »Force 1« in See gehen, während die am frühen Morgen des 23 in Island eingetroffene »Force 2« nach ihrer Beölung am gleichen Abend als Deckungsgruppe für den ostgehenden Konvoi diesem folgen sollte.
Am 22. Dezember um 10.45 Uhr sichtete eine *Ju-88* der Wetterstaffel 5 etwa 100 sm nordostwärts der Faröer-Inseln den Konvoi und meldete »40 Truppentransporter und Sicherungsfahrzeuge, vermutlich mit Flugzeugträger, Kurs 45 °, Fahrt 10 sm«. Die Befragung der Besatzung nach der Rückkehr gab am Nachmittag, daß es sich nicht um Truppentransporter, sondern um Handelsschiffe von 2–3000 BRT handelte. Die am Nachmittag zur Klärung der Lage und Wiedererfassung des gemeldeten Konvois angesetzte Aufklärung mit 3 *Fw-200,* 1 *BV-138* und 1 *Ju-88* brachte neben unsicheren Ortungen kein Ergebnis. Während die Gruppe Nord/Flotte zunächst zeitweise mit der Möglichkeit einer raidartigen Landung rechnete und sogar wegen des ungewöhnlich nahe unter der norwegischen Küste verlaufenden Kurses an einen englischen Versuch dachte, die deutsche Kampfgruppe in See und in eine Falle zu locken, setzte sich bis zum Vormittag des 23. doch mehr die vom Stab Admiral Nordmeer von Anfang an vertretene Ansicht, daß es sich um einen neuen Murmansk-Konvoi handele, durch.
Ihre Bestätigung fand diese Annahme, als am Mittag des 23. Dezember die ersten Meldungen der am Morgen mit 6 *Fw-200*, 3 *Ju-88* und 2 *BV-138* gestarteten Luftaufklärung eingingen. Eine *Ju-88* meldete um 11.25 Uhr 20 Handelsschiffe und 12 Sicherungsfahrzeuge mit Kurs 30 ° und präzisierte diese Angaben nach der Landung am frühen Nachmittag auf 17 Handelsschiffe von 8–10 000 BRT, 1 großen und 2 mittlere Tanker, sowie 3 Leichte Kreuzer, 5 Zerstörer und 4 Bewacher in siebenfacher Kiellinie mit den Sicherungsstreitkräften in einem Teilgürtel. Ein anderes Flugzeug meldete um 12.16 Uhr einen Leichten Kreuzer der *Dido*- oder *Jamaica*-Klasse und 5 Zerstörer sowie 10 sm nordwestlich, im Bodendunst optisch nicht erkennbar, 20 weitere Einheiten mit Funkmeßgerät geortet. Beide Flugzeuge wurden auch vom Konvoi aus gesichtet und von den kanadischen Zerstörern *Haida* und *Iroquois* mit Flak beschossen. Besonders die erste Aufklärungsmeldung wurde als sehr genau bewertet. Tatsächlich bestand der Konvoi aus 17 Frachtern, meist vom »Liberty«- oder »War Emergency«-Typ sowie 2 Tankern. Bei dem dritten gemeldeten Tanker dürfte es sich um den Zerstörer *Wrestler* gehandelt haben, der gerade aus einem Tanker beölt wurde. Die 3 Kreuzer waren die in ihrer Größe auffallenden 3 kanadischen Zerstörer vom »Tribal«-Typ, während die weiteren 5 Flottenzerstörer und 4 Geleitfahrzeuge richtig erkannt wurden. Die Koppelung des Konvois ergab eine Vormarschgeschwindigkeit von 9 Knoten, so daß man für den Vormittag des 26. Dezember mit einem Passieren der Bäreninsel-Enge rechnen konnte.
Die frühzeitige Erfassung des Konvois schien erstmalig seit Wiederaufnahme des Konvoiverkehrs günstige Möglichkeiten für eine intensive Bekämpfung des Konvois zu bieten. Der F.d.U. Norwegen schob seinen auf 8 Boote verstärkten

Aufklärungsstreifen der Gruppe »Eisenbart« aus der Bäreninsel-Enge um ein Tagesetmal nach Westen vor, so daß die Boote den Konvoi am Morgen des 25. erfassen konnten. Zugleich schlug er als stellvertretender Admiral Nordmeer um 15.32 Uhr der Gruppe Nord/Flotte den Ansatz der *ganzen* Kampfgruppe zum Dämmerungsbeginn am 26. Dezember, 09.30 Uhr vor, da zu diesem Zeitpunkt »beste Voraussetzung für taktische Überraschung« gegeben sei. Ferner beantragte er die Verlegung einer Kampffliegergruppe nach Nordnorwegen. Die Luftwaffenführung mußte jedoch die Zuführung von Kampfverbänden wegen der Kräftelage ablehnen, und die Luftflotte 5 bat die Gruppe Nord um Mitteilung, ob bei der Kriegsmarine Kampfabsichten bestünden, da sonst eine weitere Aufklärung im bisherigen Umfang wegen des unnötigen Personal- und Materialverschleißes nicht zu verantworten sei. Daraufhin teilte die Gruppe Nord/Flotte am Abend der Luftflotte mit, daß der Einsatz nicht nur der U-Boote, sondern auch der Kampfgruppe mit allen verfügbaren Überwasserstreitkräften beabsichtigt sei, sobald auf Grund der Lage ein derartiger Einsatz erfolgversprechend sei. Gleichzeitig wurde bei der Skl. die grundsätzliche Zustimmung zum Einsatz der Kampfgruppe erbeten, wofür die Skl. jedoch die Voraussetzungen noch nicht als gegeben ansah.

Nachdem am Abend des 23. Dezember noch einmal ein Aufklärer um 22.40 Uhr den Konvoi geortet hatte, setzte am 24. Dezember zunächst der Fliegerführer Lofoten eine Frühaufklärung mit 4 Funkmeßflugzeugen an. Nach britischen Angaben hat eines dieser Flugzeuge von 7.15 Uhr ab den größten Teil des Vormittages Fühlung am Konvoi gehalten, doch ging von diesem Flugzeug offenbar keine Meldung bei deutschen Führungsstellen ein. Die um kurz nach 9 Uhr vom Fliegerführer Nord (West) gestartete Aufklärung mit 4 *Fw-200* und 2 *Ju-88* zur Wiedererfassung des Konvois gewann jedoch um kurz nach 12 Uhr Fühlung am Konvoi, von dessen Geleitfahrzeugen 2 Maschinen bemerkt wurden. Um 12.20 Uhr meldete eine von ihnen, etwa 220 sm ostwärts Jan Mayen und 400 sm vom Alta-Fjord entfernt, den Konvoi mit 12 Handelsschiffen und 3 Zerstörern in weit auseinandergezogener Formation. Wegen der Abwehr durch Flak und der schlechten Sicht konnte nicht mehr ausgemacht werden. Ein zweites Flugzeug, das von 13.30 Uhr bis 15.00 Uhr den Konvoi beobachtete, sichtete nur zwei Kreuzer, zwei Handelsschiffe und zwei kleinere Sicherungsfahrzeuge an der Spitze des Konvois. Nach Funkmeßortung war der Geleitzug auf etwa 15 km auseinandergezogen, was auch durch das Mündungsfeuer der Flak bestätigt wurde. Am Konvoi wurden mehrere Flugzeuge, so das zur U-Boot-Sicherung entsandte »Catalina«-Flugboot, gesichtet. Ein drittes Flugzeug hatte um 13.20 Uhr wegen der Flak und der schlechten Sicht nur ein Vorpostenboot und ein anderes Kriegsschiff beobachten können. Um 16.10 Uhr wurde nochmals ein nicht näher erkannter Verband von der Luftaufklärung gemeldet. Der Start eines weiteren *BV-138* Flugbootes mit Funkmeßgerät gegen 15.00 Uhr mußte wegen einer technischen Störung absatzmaschine kehre wegen schlechter werdenden Wetters um.

Aufgrund der ersten Aufklärungsmeldungen verschob der F.d.U. Norwegen um 14.23 Uhr seinen Vorpostenstreifen der Gruppe »Eisenbart« unter Verengung der Abstände so weit nach Südwesten, daß der Konvoi nach der Koppelung der bisherigen Standorte ihn am 25. Dezember bei Dämmerungsbeginn erreichen mußte.

Auf britischer Seite hatte sich der Konvoi bei dem schlechter werdenden Wetter immer mehr auseinandergezogen, so daß der Commodore im Laufe des Tages die Geschwindigkeit des Konvois mehrfach verringern mußte, um die Schiffe wieder aufschließen zu lassen. Um 12.25 Uhr meldete der Zerstörer *Iroquois* Fühlung haltende deutsche Flugzeuge. Das brachte Admiral Fraser in eine schwierige Situation. Sollte die deutsche Kampfgruppe jetzt auslaufen, konnte sie den Konvoi erreichen, ehe er mit seiner »Force 2« heran war, und die »Force 1« stand noch viel zu weit ostwärts, um dem Konvoi Deckung bieten zu können. So entschloß sich Admiral Fraser, um 13.25 Uhr die Funkstille zu brechen und dem Konvoi zu befehlen, für drei Stunden kehrt zu machen, um die Entfernung zu seiner Deckungsgruppe um 100 sm zu verringern. Bei der herrschenden Wetterlage mußte jedoch ein solches Manöver die ohnehin aufgelöste Marschordnung des Konvois völlig auseinanderreißen, so daß der Convoy Commodore und Escort Commander sich entschlossen, die Fahrt des Konvois so weit zu verlangsamen, daß die vom Flottenflaggschiff gewünschte Position etwa erreicht wurde. Dieser Funkspruch von Admiral Fraser wurde von drei Peilstellen in der Deutschen Bucht sowie von der Peilstelle in Kirkenes eingepeilt, und die Peilergebnisse bis zum Abend den deutschen Führungsstellen übermittelt. Doch hielt man die – wie man heute feststellen kann – sehr guten Peilergebnisse für zu ungenau, um daraus sichere Schlüsse zu ziehen. Es wurde zwar für möglich gehalten, daß es sich um eine Deckungsgruppe handelte, die dem Konvoi in etwa 180 sm Entfernung folgte, doch hielt man auch einen sehr viel weiter nördlich liegenden Standort der Gruppe oder einen Funkspruch eines Nachzüglers für möglich. Auf jeden Fall wurde die Luftwaffe nicht um eine spezielle Aufklärung gegen diese eingepeilte Einheit gebeten.

Die deutschen Führungsstellen kamen am 24. Dezember nicht zu einer einheitlichen Lagebeurteilung. Zunächst fand zwischen der Kampfgruppe und dem stellvertretenden Admiral Nordmeer ein Fernschreibwechsel statt. Darin erklärte der B.d.K. die am Geleit bisher durchgeführte Aufklärung für völlig unzureichend und forderte insbesondere die Suche nach feindlichen schweren Streitkräften als unbedingt erforderliche Voraussetzung für einen Einsatz. Eine taktische Überraschung des Gegners hielt der B.d.K. nicht schon bei dem astronomischen Dämmerungsbeginn – wie der Admiral Nordmeer – sondern erst beim Einsetzen des Büchsenlichtes, das am 26 Dezember auf 73 Grad Nord nur von 11.06 Uhr bis 11.51 Uhr dauerte, als erreichbar an. Da der Treffpunkt möglicherweise noch weiter nördlicher liege, würde das Büchsenlicht dann ganz ausfallen, so daß für den Artillerieeinsatz eines schweren Schiffes überhaupt keine brauchbaren Verhältnisse einträten. Als der Admiral Nordmeer demgegenüber auf Erfahrungen des Gefechtes vom 31. Dezember 1942 hinwies, als man in einem Zeitraum von zwei Stunden auf Entfernungen bis zu 177 hm das Gefecht geführt habe, stellte die Kampfgruppe demgegenüber fest, daß man damals nur gelegentlich auf die angegebene Entfernung Ziele gesichtet und beschossen habe, ein Wirkungsschießen jedoch auf viel geringere Entfernung nicht möglich gewesen sei. Auch die Wettervorhersage schien der Kampfgruppe nicht so günstig wie dem Admiral Nordmeer auszusehen.

Auch bei der Gruppe Nord/Flotte kam man am Abend des 24. Dezember zu einer recht vorsichtigen Beurteilung der Möglichkeiten und einem entsprechenden Vorschlag an die Skl. Falls die Luftaufklärung keine stärkeren Sicherungsstreitkräfte in der Nähe des Geleitzuges feststellte und keine weiteren Anhaltspunkte für das bisher nicht erwiesene Inseesein einer Deckungsgruppe eingingen, sollte die Kampfgruppe am 25. Dezember so auslaufen, daß sie den Konvoi mit Dämmerungsbeginn am 26 Dezember fassen konnte. Ein gemeinsamer Angriff mit allen Streitkräften sollte nur in dem für unwahrscheinlich gehaltenen Fall geführt werden, daß Wetter, Sicht und eine klare Feindlage aussichtsreiche Kampfbedingungen böten. Da für den Artillerieeinsatz der *Scharnhorst* nur etwa zwei Stunden zur Verfügung stünden, maß man ihrem Einsatz geringere Erfolgschancen als dem der Zerstörer allein zu, wobei die *Scharnhorst* als abgesetzte Aufnahmestellung für die Zerstörer fungieren sollte. Es wurden jedoch alle Vorbereitungen für den Einsatz der Kampfgruppe im Rahmen des noch gültigen Operationsbefehls »Ostfront«, der mit dieser Lagebeurteilung weitgehend übereinstimmte, getroffen und die Entscheidung der Skl. bis zum 25. Dezember mittags erbeten. Diese Lagebeurteilung wurde auch Großadmiral Dönitz nach Paris übermittelt, wo er seine Reise zu den U-Boot-Besatzungen an der Atlantikküste unterbrochen hatte, um die weitere Entwicklung der Lage in der Befehlsstelle der Gruppe West abzuwarten. In der Nacht um 4.10 Uhr übermittelte die Skl. an die Gruppe West Auszüge aus den gültigen Weisungen und Operationsbefehlen für den Einsatz der Kampfgruppe als Unterlage für die Entschlußfassung des Großadmirals. Dabei stellte sie heraus, daß in den Befehlen vorgesehen sei, die Entscheidung über Art und Durchführung der Unternehmung dem taktischen Führer in See zu überlassen, und daß es deshalb zweckmäßig sei, sich auf einen klaren Befehl zum Angriff zu beschränken.

Im Laufe des 25. Dezember sollte sich die Problematik der komplizierten deutschen Führungsorganisation zeigen. Die Laufzeiten der Funksprüche von Einheiten aus See an den Admiral Nordmeer (im Durchschnitt eine Stunde), an die Gruppe Nord/Flotte (zwei Stunden) und an die Skl. (drei bis vier Stunden) führten dazu, daß die Entwicklung der aktuellen Situation den höheren Führungsstellen mit zunehmenden Verzögerungen bekannt wurde, so daß auch die entsprechenden Befehle und Reaktionen oft erst dann bei den Frontführungsstellen und den in See befindlichen Einheiten eingingen, als diese bereits neue Probleme vor sich sahen.

Am Morgen des 25. Dezember schien sich die Lage zunächst günstig zu entwickeln. Trotz des Wetters waren drei *BV-138* des Fliegerführers Lofoten zur Aufklärung im Gebiet etwa 180 sm hinter, 60 sm vor und etwa 70 sm seitlich des vermuteten Konvoistandortes gestartet. Der Fliegerführer Nord (West) hatte zwei Wetterflugzeuge starten zu lassen, um zu prüfen, ob ein stärkerer Aufklärungseinsatz auf dem vom Konvoi zurückgelegten Weg gegen die vermutete schwere Feindgruppe möglich sei. Fast zur vorgesehenen Zeit passierte der Konvoi den Vorpostenstreifen der U-Boot-Gruppe »Eisenbart«. Um 9.01 Uhr gab *U 601* sein erstes Signal über Position und Kurs des Konvois ab. Es wurde ebenso wie seine späteren Fühlungshaltermeldungen von dem mit einem Kurzwellen-Sichtfunkpeilgerät (HF/DF) ausgerüsteten Zerstörer *Whitehall* eingepeilt, konnte aber trotz mehrerer Vorstöße von Zerstörern noch bis 14.10 Uhr weitere Fühlungshaltersignale absetzen und bis zum späten Nachmittag noch nach Horchpeilungen vermutete Positionen des Konvois melden. Um 10.08 Uhr meldete auch das eine der *BV-138* Flugzeuge den Konvoi und hielt an ihm bis 10.50 Uhr und nochmals von 12.00 Uhr bis 13.40 Uhr Fühlung, obgleich es von dem Zerstörer *Iroquois* gesichtet und beschossen wurde. Aufgrund dieser Meldungen gab der F.d.U. Norwegen um 10.45 Uhr der Gruppe »Eisenbart« den Befehl, auf die Meldung von *U 601* zu operieren und anzugreifen. Zugleich ordnete er als stellvertretender Admiral Nordmeer für die bereits seit dem 22. Dezember in dreistündiger Bereitschaft liegende Kampfgruppe ab 13.00 Uhr einstündige Bereitschaft an, um beim Eingang des Einsatzbefehls ein schnelles Auslaufen zu gewährleisten. So sah die Lage für die Skl. am frühen Nachmittag relativ günstig aus. Wenngleich man auch die endgültige Entscheidung dem noch auf dem Rückfluge von Paris nach Berlin befindlichen Ob.d.M. vorbehalten wollte, gab man doch um 14.12 Uhr den Befehl, für ein zeitgerechtes Auslaufen der Kampfgruppe zur Operation am nächsten Tage Sorge zu tragen. Um 14.33 Uhr gab die Gruppe Nord/Flotte das vorbereitete Stichwort »Ostfront 25. Dezember« an den Admiral Nordmeer heraus, der es um 15.27 Uhr mit dem Zusatz »Ostfront 25. Dezember. 17.00 Uhr« an die Kampfgruppe weitergab, wo es um 16.37 Uhr – also nur eine halbe Stunde vor dem vorgesehenen Auslauftermin – einging. Da Admiral Bey zunächst auf der durch Fernschreibverbindungen mit den Führungsstellen verbundenen *Tirpitz* im Kaafjord geblieben war, benötigte er nun etwa zwei Stunden, um sich auf der im Langfjord liegenden *Scharnhorst* einschiffen zu können, so daß sich das tatsächliche Auslaufen der Kampfgruppe um zwei Stunden verzögerte.

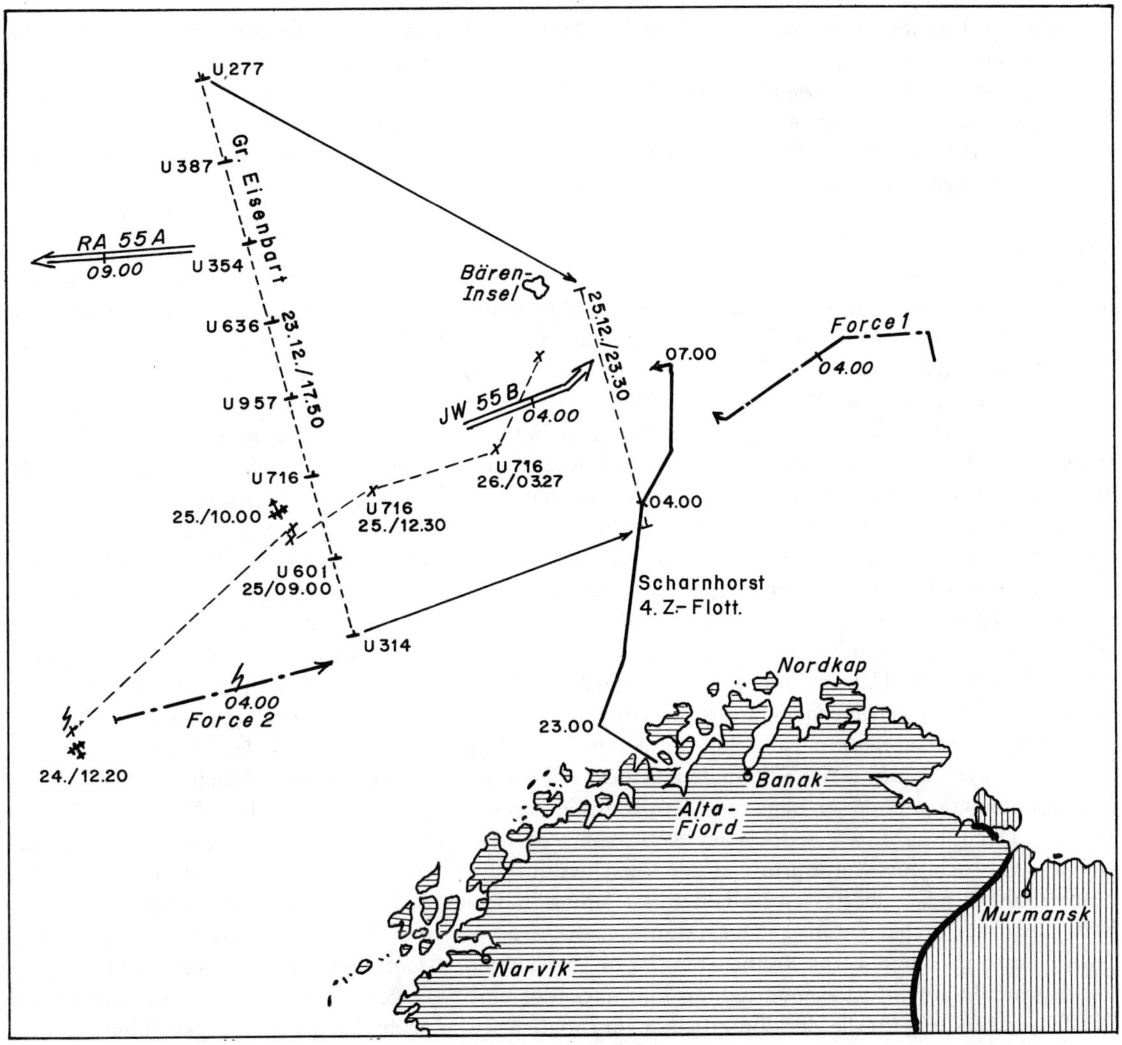

Die Operation »Ostfront«. Der Aufmarsch 25.–26. Dezember 1943

Inzwischen hatte um 15.00 Uhr in der Befehlsstelle der Skl. eine Lagebesprechung mit dem zurückgekehrten Ob.d.M. begonnen. Dabei wurden zunächst die gerade laufenden Operationen zur Einholung der Blockadebrecher in der Biskaya (vgl. S. 567–9) erörtert. Danach wandte man sich einer langen und ausführlichen Diskussion der Lageentwicklung am Murmansk-Konvoi zu. Großadmiral Dönitz, der Chef des Stabes der Skl., Vizeadmiral Meisel, und die Operationsabteilung kamen dabei zu der Auffassung, daß die lange erwartete Gelegenheit zu einem offensiven und aussichtsvollen Einsatz der Kampfgruppe gegeben sei, sofern die Feindlage keine überraschenden Veränderungen erbrächte. Sehr wesentlich war dabei der Gesichtspunkt, daß der Ob.d.M. von seinem Besuch im Führerhauptquartier am 19. Dezember den Eindruck mitgebracht hatte, daß die Zufuhren über das Nordmeer nach Rußland wegen der angespannten Lage an der Ostfront von schwerwiegender Bedeutung waren, und daß sich nun der Marine die Gelegenheit böte, eine für das Heer ins Gewicht fallende Entlastung zu bringen. Angesichts der während dieser Besprechung eingehenden Wettermeldungen kam man immer mehr zu der Überzeugung, daß ein Einsatz der Zerstörer allein angesichts der gemeldeten Kreuzersicherung wenig sinnvoll sei, daß dagegen das Schlachtschiff gerade bei den herrschenden Wetterverhältnissen seine Artillerie besser als die ebenfalls behinderten leichteren britischen Streitkräfte zur Wirkung bringen könnte. Der Ob.d. M. entschloß sich deshalb, dem Befehlshaber der Kampfgruppe die Dringlichkeit des Einsatzes in einem besonderen Funkspruch zum Ausdruck zu bringen, der um 19.25 Uhr abgesetzt wurde. Es hieß darin:

»1. Feind will durch wichtigen Geleitzug mit Nahrung und Waffen für Russen heldenmütigen Kampf unseres Ostheeres weiter erschweren. – Wir müssen helfen.

2. Geleitzug mit Scharnhorst und Zerstörern angreifen.

3. Taktische Lagen geschickt und wagemutig ausnutzen, Gefecht nicht mit halbem Erfolg beenden, angepackte Lagen durchschlagen. Größte Chance liegt in überlegener Artillerie

Scharnhorst. Deshalb ihren Einsatz anstreben. Entsprechend Zerstörer einsetzen.

4. Abbrechen nach eigenem Ermessen. Grundsätzlich abbrechen bei Auftreten schwerer Streitkräfte.

5. Besatzungen in diesem Sinne einstellen. Ich glaube an Euren Angriffsgeist. Heil und Sieg.«

Dieser Funkspruch lag der Gruppe Nord/Flotte um 20.09 Uhr vor. Unmittelbar vorher hatte Admiral Schniewind noch mit dem Großadmiral telefoniert und ihm seine Zuversicht und seine Hoffnung auf einen Erfolg des Unternehmens zum Ausdruck gebracht.

Inzwischen hatte sich die Wetterlage im Nordmeer weiter verschlechtert. Die beiden Fliegerführer hatten dem stellvertretenden Admiral Nordmeer mitgeteilt, daß wegen der Wetterlage am 26. Dezember mit Wahrscheinlichkeit kein Fliegereinsatz zur Aufklärung möglich sei. Da eine Erfassung der vermuteten schweren feindlichen Deckungsgruppe somit nicht möglich war, schienen Kapitän Peters die Voraussetzungen für einen Einsatz der Kampfgruppe entfallen zu sein, und er schlug deshalb der Gruppe Nord/Flotte telefonisch vor, die Unternehmung abzubrechen, ehe die Kampfgruppe aus den Fjordgewässern heraustreten würde. Diese Lage veranlaßte Admiral Schniewind um 20.30 Uhr zu einem neuen Anruf bei der Skl., in dem er Admiral Meisel vorschlug, angesichts dieser Lage die Kampfgruppe zurückzurufen. Der Ob.d.M. war jedoch der Auffassung, daß ein solcher Abbruch aus Wettergründen der Entscheidung des Befehlshabers in See überlassen bleiben müsse, und daß deshalb zunächst durchzuhalten sei. Daraufhin wies die Gruppe Nord/Flotte in einem Fernschreiben um 20.46 Uhr an die Skl. nochmals auf ihre Lagebeurteilung hin, nach der eine Waffenverwendung für die Zerstörer nicht mehr möglich sei, und daß deshalb, wenn ein Einsatz trotzdem erforderlich sei, nur vorgeschlagen werden könne, mit der *Scharnhorst* allein anzugreifen. Nach einer fernmündlichen Unterrichtung gab die Skl. daraufhin um 0.20 Uhr an die Gruppe Nord/Flotte die Weisung, »wenn Zerstörer bei Kampfgruppe See nicht halten können, kommt Durchführung Aufgabe nach Art Kreuzerkrieg mit *Scharnhorst* allein in Frage. Entscheidung hierüber liegt bei B.d.K. ...«

Die Kampfgruppe war um 19.01 Uhr, nachdem der B.d.K. eingetroffen war, Anker auf gegangen. Der noch im letzten Moment an die Schiffe ausgelieferte Operationsbefehl hielt sich, in Unkenntnis der Diskussionen der höheren Führungsstellen, an die alte Weisung »Ostfront«, nach der die Zerstörer allein angreifen und das Schlachtschiff als abgesetzte Aufnahmestellung fungieren sollten. Um 19.35 Uhr passierten die Schiffe die innere Sperre im Langfjord, um 21.37 Uhr die äußere. Als sie um 21.10 Uhr in den Stjernsund eintraten, wurden sie bereits von der vollen Wucht der stürmischen Seen getroffen. Die Wetterlage veranlaßte Admiral Bey, um 21.16 Uhr in einem Funkspruch » ... im Operationsgebiet voraussichtlich Süd-West 6–9, Waffenverwendung Zerstörer stark beeinträchtigt, Fahrtbeschränkung ...« die Führung darauf hinzuweisen, daß die Voraussetzungen des Operationsbefehls kaum noch gegeben waren. Aber auch dieser Funkspruch lief sehr lange: erst um 02.19 Uhr ging er bei der Gruppe Nord/Flotte, um 03.56 Uhr bei der Skl. ein. Beide Stellen waren der Ansicht, daß dieser ihnen bekannten Situation durch den Befehl von 19.25 Uhr und die um 01.09 Uhr von der Gruppe Nord/Flotte weitergegebene Weisung von 00.20 Uhr bereits Rechnung getragen worden sei. Aber diese Funksprüche trafen auf der *Scharnhorst* erst gegen 24.00 Uhr bzw. 03.00 Uhr ein, nachdem die Kampfgruppe bereits um 23.00 Uhr den freien Seeraum vor dem Söröy-Sund erreicht und Kurs nach Norden genommen hatte. Es ist heute nicht mehr feststellbar, welche Wirkung diese, den Operationsbefehl völlig ändernden Weisungen auf Bey hatten, jedenfalls setzte er, nachdem er sich kurz nach 03.00 Uhr beim Chef der 4.Z-Flottille, Kapitän zur See Johannesson, vergewissert hatte, daß die Zerstörer die See noch halten konnten, die Unternehmung planmäßig fort.

Der Funkspruch der Kampfgruppe wurde, wenn auch noch innerhalb der Fjorde abgegeben, von der britischen Funkaufklärung erfaßt und richtig als Hinweis auf das Auslaufen der *Scharnhorst* gedeutet. Um 03.19 Uhr gab die Admiralität dem C-in-C der »Home Fleet« die Nachricht durch, und Admiral Fraser brach um 04.01 Uhr zum zweiten Mal die Funkstille, um dem Konvoi J.W.55B ein Ausweichen nach Norden zu befehlen, die »Force 1« nach ihrem Standort zu fragen und mit höchstmöglicher Fahrt zum Konvoi zu beordern. Ausnahmsweise wurden dieser britische Funkspruch und die Positionsmeldung der »Force 1« von 05.46 Uhr auf deutscher Seite nicht eingepeilt.

Gegen 07.00 Uhr erreichte die deutsche Kampfgruppe den nach den Aufklärungsmeldungen des Vortrages zu erwartenden Vormarschkurs des Konvois und drehte auf Südwestkurs. Admiral Bey wollte die 5 Zerstörer in einem etwa 20 sm breiten Aufklärungsstreifen dem Konvoi entgegenlaufen lassen und mit der *Scharnhorst* etwa 10 sm dahinter Aufstellung nehmen.

Schon um 03.27 Uhr hatte *U 716* eine Meldung über gesichtete Sicherungsfahrzeuge abgegeben, aber war sie von den Landstellen nicht aufgenommen worden. Sie wurde von den mit HF/DF ausgerüsteten Zerstörern des Konvois eingepeilt, und der »Escort Commander«, Captain McCoy, setzte die ihm zusätzlich zugeteilte 36. Zerstörerdivision an, um das Boot unter Wasser zu drücken. Doch scheint man die Meldung von *U 716* mit ihrem recht weit südlich liegenden Standort auf der *Scharnhorst* aufgenommen zu haben, da man um 07.55 Uhr von 250° auf 230° ging. Durch einen Fehler bei der Übermittlung des Aufklärungssignals, durch die seegangsbedingten Schwierigkeiten auf den Zerstörern verursacht, war der Aufklärungsstreifen in erhebliche Unordnung geraten. Die zwei südlichen Zerstörer standen im Norden. Trotzdem passierten sich der auf Nordkurs abdrehende Konvoi und die deutschen Zerstörer in der Dun-

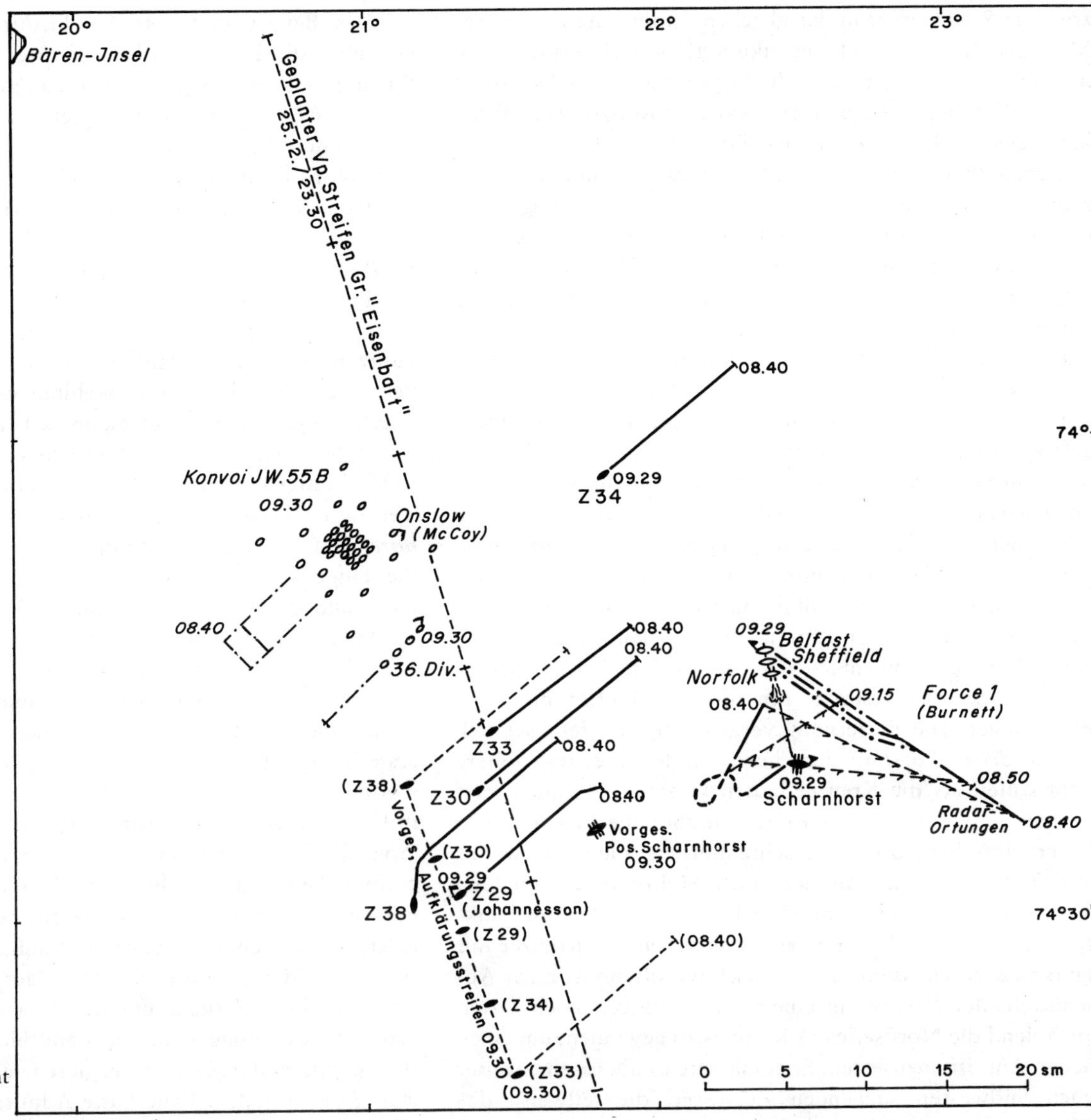

Die Konvoisuche und das erste Kreuzergefecht 08.40 bis 09.29

kelheit, dem herrschenden Sturm und den Schneeböen zwischen 08.20 und 09.30 Uhr auf relativ geringe Entfernungen. Das Führerboot der 4.Z-Flottille, *Z 29*, wurde um 08.22 Uhr und um 09.00 Uhr mit Funkmeß angestrahlt und beobachtete um 08.25 Uhr und 09.02 Uhr Schatten voraus, die sich aber dann als *Z 38* herausstellten, der seine richtige Position im Streifen einzunehmen trachtete, so daß der bereits gegebene Alarm rückgängig gemacht wurde. Da nach dem Nachrichtenbefehl »Ostfront« die deutschen Schiffe ihre Funkmeßgeräte erst auf Befehl benutzen sollten und *Z 38* erst um 09.29 Uhr eine Messung auf 68 hm in Richtung auf den Schatten von *Z 29* durchführte, ist es durchaus denkbar, daß die ersten von *Z 29* aufgefaßten Impulse von britischen Zerstörern stammten, die ihrerseits wegen der zu großen Entfernung keine Echos mehr auffangen konnten. Damit war, ohne daß es eine der beiden Seiten bemerkte, die für die deutsche Seite günstigste Chance für einen erfolgversprechenden Angriff vorbeigegangen.

Inzwischen schloß von Südosten mit einer Fahrt von 24 Kn die »Force 1« an den Konvoi heran. Um 08.40 Uhr faßte das Flaggschiff Admiral Burnetts, die *Belfast*, mit ihrem Radargerät auf 321 hm ein sich schnell bewegendes Ziel in der Mitte zwischen sich und dem Konvoi auf. Eine Ortung der *Sheffield* um 08.50 Uhr zeigte eine Auswanderung des Zieles nach Südsüdwesten. Es mußte die *Scharnhorst* sein. Burnett hielt seinen Kurs durch, um sich möglichst noch zwischen dieses Schiff und den Konvoi zu schieben. Die Ortung der *Belfast* um 09.07 Uhr zeigte, daß die *Scharnhorst* noch 173 hm entfernt war und auf Nordwestkurs gegangen war. Um 09.15 Uhr stellte die *Belfast* die *Scharnhorst* in 119 hm mit Kurs auf die britischen Schiffe fest. Um 09.21 Uhr sichtete die *Sheffield* gegen den etwas helleren südlichen Horizont die *Scharnhorst* in der gleichen Entfernung zum ersten Mal optisch. Sie lief auf Gegenkurs. Diese sich aus dem britischen Radar-Plot ergebende Bewegung der *Scharnhorst* in eine Richtung, die von dem erwarteten Konvoi weg führte, kann eigentlich nur damit erklärt werden, daß sie selbst zwischen 09.07 und 09.15 Uhr die auflaufende Kreuzergruppe bemerkt haben muß. Da eine optische Sichtung gegen den dunkleren Nordhorizont kaum vor 09.21 Uhr erfolgt sein kann, bleibt nur die Annahme einer Funkmeßortung oder eines mit dem Funkmeßbeobachtungsgerät aufgefaßten gegnerischen Radar-Impulses.

Nacheinander versuchten die britischen Kreuzer *Belfast, Norfolk* und *Sheffield* von 09.24 bis 09.29 Uhr mit Leuchtgranaten die *Scharnhorst* zu beleuchten, was jedoch nicht gelang. Als Admiral Burnett zu diesem Zeitpunkt den Befehl zum Feuereröffnen gab, konnte nur die der *Scharnhorst* am nächsten stehende *Norfolk* Breitseiten abgeben, da sie die anderen beiden Schiffe in ihrer Staffelformation maskierte, zumal die *Scharnhorst* sofort mit hoher Fahrt abdrehte und das Feuer nur mit ihrem achteren Turm erwiderte. Mit der zweiten oder dritten Salve erzielte die *Norfolk* einen Treffer im Vormars, der das vordere Funkmeßgerät der *Scharnhorst* zerstörte. Ein weiterer Treffer blieb ein Blindgänger. Die Entfernung vergrößerte sich sehr schnell, da die *Scharnhorst* in dem herrschenden Seegang höhere Fahrtstufen als die Kreuzer laufen konnte, die zudem erst wenden mußten. Um 09.40 Uhr mußte die *Norfolk* das Feuer einstellen, doch versuchte Burnett zunächst, weiter mit Radar Fühlung an der nach Südosten ablaufenden *Scharnhorst* zu halten. Um 09.55 Uhr meldete Bey mit Funkspruch »werde in 4133 AC von wahrscheinlich Kreuzer mit Funkmeß beschossen«. Er beabsichtige offenbar, nach Abschütteln der Kreuzer in einem weiten Bogen nach Osten ausholend die Nordseite des Konvois zu gewinnen, um einen neuen Angriff anzusetzen. Er versäumte es aber, seine weiter nach Südwesten suchenden Zerstörer, die teilweise das Mündungsfeuer beobachtet hatten, über das Gefecht und seine Absichten zu unterrichten. Ehe die Radarkontakte abrissen, erkannte Burnett gerade noch rechtzeitig die Kursänderung der *Scharnhorst* nach Norden und drehte seinerseits ab, um sich auf dem kürzesten Wege zwischen den Konvoi und die *Scharnhorst* zu schieben. Auf die Meldung von der Gefechtsberührung hatte Admiral Fraser Captain Mc Coy angewiesen, die 4 Zerstörer der 36. Division der »Force 1« zur Unterstützung zu senden.

Inzwischen hatte um 09.45 Uhr *U 277*, nachdem es in der Dunkelheit auf den mit gesetzten Lichtern fahrenden Konvoi geprallt war, eine Meldung abgesetzt, die bereits wenige Minuten später bei den Land-Führungsstellen, kurz nach 10 Uhr auch auf der *Scharnhorst* und bei den Zerstörern vorlag. Sie wurde auch von dem britischen Zerstörer *Whitehall* mit HF/DF eingepeilt, der sofort mit dem Zerstörer *Wrestler* das U-Boot abdrängte, so daß es den um 11.21 Uhr gegebenen Befehl, Peilzeichen zu senden nicht ausführen konnte.

Admiral Bey suchte um 10.09 Uhr durch eine Anfrage Klarheit über die Lage bei den Zerstörern zu gewinnen. Nach Eingang der Meldungen, die zeigten, daß der Aufklärungsstreifen weit auseinandergezogen war, erhielten die Zerstörer um 10.27 Uhr Befehl, auf Gegenkurs zu gehen und nach Nordosten zu suchen, möglicherweise weil Bey hoffte, den Gegner zwischen sich und die Zerstörer zu bringen.

Von den um 08.11 Uhr und 09.20 Uhr gestarteten zwei *Ju-88* und drei *BV-138* Aufklärern hatte um 10.12 Uhr eine mit Funkmeßgerät ausgerüstete *BV-138* nur 60 sm nördlich des Ansteuerungspunktes vor dem Lopphavet mehrere Fahrzeuge geortet. Es läßt sich heute nicht mehr mit Sicherheit feststellen, ob die erste Meldung des Flugbootes »... 27 E 0225 (Quadratangabe) mehrere Fahrzeuge geortet« und /oder die zweite »10.12–11.35 Uhr Fühlung gehalten. Nach Erscheinungsbild ein großes und mehrere kleine Fahrzeuge. Vermutlich hohe Fahrt und südliche Kurse« auf der *Scharnhorst* und den Zerstörern mitgelesen worden sind. Da *Z 38* die Flugzeugaufklärungswelle bis 12.53 Uhr eingeschaltet hatte und dann auf Befehl von *Z 29* auf die Führungsverbindungswelle Luftwaffe-Marine (FVLM) umschaltete, ist es nicht unwahrscheinlich, daß auch die *Scharnhorst* mit ihren mannigfaltigeren Schaltmöglichkeiten die Aufklärungswelle besetzt hatte. Vom Fliegerführer Lofoten wurde die erste Meldung auf der FVLM um 13.06 Uhr weitergegeben, wodurch die Marinelandstellen von der Meldung erfuhren. In Unkenntnis der Standorte der Zerstörer hielten sie es für möglich, daß es sich um diese schon auf dem Rückmarsch befindlichen Einheiten handelte. Um 14.45 Uhr ging dieser Funkspruch auf *Z 38* ein, zu diesem Zeitpunkt dürfte ihn in jedem Falle auch die *Scharnhorst* aufgenommen haben. Die zweite Meldung wurde erst nach der Rückkehr des Flugzeuges und der Vernehmung der Besatzung mit ihrem vollen Wortlaut weitergegeben. Die Landführungsstellen der Marine konnten darauf erst reagieren, als es bereits zu spät war. Aber in jedem Falle hatte Admiral Bey die aus diesen Meldungen für ihn erkennbare Nachricht von der Annäherung einer weiteren britischen Deckungsgruppe, tatsächlich der »Force 2«, mindestens 90–100 Minuten vor Beginn des letzten Gefechtes auf dem Tisch.

Ebenso nachteilig wie die langen Übermittlungszeiten der Luftaufklärungsmeldungen war das Ausbleiben von Nachrichten über die Erkenntnisse des deutschen Funkbeobachtungsdienstes, der seit 09.36 Uhr laufend die Fühlunghaltermeldungen der britischen »Force 1« erfaßte und erkannte, daß sie an eine weitere in See stehende Führungsstelle abgesetzt wurden. Doch erst später erkannte man aus dem Funkbild, daß es sich dabei um den C-in-C der »Home Fleet« auf der *Duke of York* handelte.

So blieb für Admiral Bey der einzige Anhalt über den Konvoi die Meldung von *U 277*. Es gelang ihm jedoch nicht, seine nun mit 25 Kn vor der See auf Kurs 70° hinter ihm herlaufenden Zerstörer zu einem taktischen Zusammenwirken mit der *Scharnhorst* zu bringen. Um 10.56 Uhr forderte er die Zerstörer erneut auf der Schaltung Langwellen-Nahzone zur Positions-, Kurs- und Fahrtangabe auf, korrigierte aber nach Eingang der Meldung nur den Kurs auf 50°, ohne seine Absichten mitzuteilen. Um 11.35 Uhr folgte eine weitere Kursänderung auf 30° und um 11.58 Uhr der Befehl, das von *U 277* zwei Stunden zuvor gemeldete Quadrat anzusteuern. Im gleichen Zeitpunkt drehte auch die weit nach Norden vorgestoßene *Scharnhorst* wieder auf Südwestkurs, dem vermuteten Konvoikurs entgegen.

Auf englischer Seite hatte sich die »Force 1« um 10.50 Uhr mit den vier Zerstörern der 36. Division vereinigt und wenige Minuten später im Nordwesten auf 253 hm den Konvoi

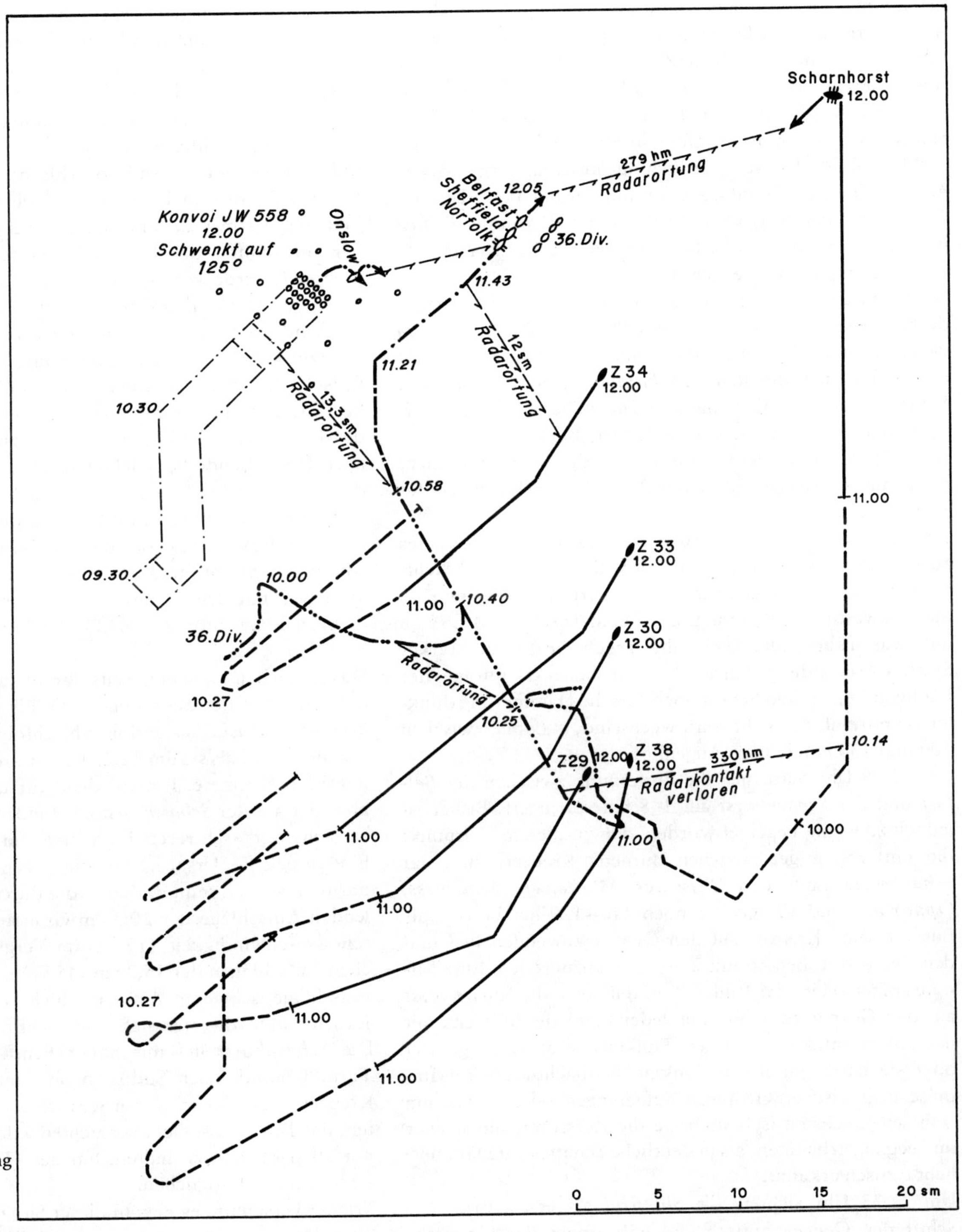

Die zweite Suche und die Ausweichbewegung des Konvois 09.30–12.05

geortet. Da die Zerstörer sich bei der hohen Fahrt quer zur See nicht halten ließen, mußte Burnett auf 18 Kn herunter und auf Nordkurs, bald darauf auf 45° gehen, um parallel zum Konvoikurs sich zwischen ihn und die weiter ostwärts vermutete *Scharnhorst* zu schieben. Von 11.22 Uhr ab ortete der Zerstörer *Musketeer* für 5 Minuten im Osten auf 400–350 hm ein deutsches Aufklärungsflugzeug. Diese Maschine erfaßte mit ihrem Funkmeßgerät zur gleichen Zeit auch die 4 Zerstörer der 36. Division, hielt sie jedoch, nachdem sie kurz zuvor einen einzelnen Zerstörer überflogen und mit ihm Erkennungssignale ausgetauscht hatte, auch für eigene Zerstörer, eine Beurteilung, der sich auch die deutschen Führungsstellen anschlossen. Der einzelne Zerstörer war tatsächlich *Z 34*, der weit nördlich der auseinandergerissenen 4.Z-Flottille nach Nordosten lief und der um 11.35 Uhr auf 247 hm von der *Norfolk* und bald nochmals von der *Belfast* mit Radar geortet wurde. Doch hielten die Kreuzer ihn für ein versprengtes Handelsschiff.

Nachdem die »Force 1« den Konvoi querab überholt hatte, drehte dieser um 12.05 Uhr um 90° auf Südostkurs. Im gleichen Augenblick ortete die *Belfast* mit ihrem Radargerät auf 279 hm im Nordosten die *Scharnhorst*, die sich mit hoher Fahrt fast auf Gegenkurs näherte. Die quälende Unsicherheit der letzten zwei Stunden war vorbei, Burnett konnte beruhigt feststellen, daß er genau die richtige Position erreicht hatte, um den Konvoi gegen den Angriff des Schlachtschiffes zu decken.

Um den Verlauf des folgenden zweiten Kreuzer-Gefechtes zu verstehen, ist es notwendig, sich die Wetter- und Sichtverhältnisse zu vergegenwärtigen. Es herrschte Seegang 6–7 aus südwestlicher Richtung, der Wind frischte auf SSW 8 auf, was insbesondere bei Fahrt gegen die See zu starker Spritzwasserbildung führte. Es war bedeckt, infolge der häufigen Regen- und Schneeböen war die Dämmerung dunkler als normal, die Sicht stark wechselnd, maximal zwischen 100 und 130 hm, je nach Augenhöhe.

Um 12.19 Uhr hatte sich die Entfernung zwischen der *Belfast* und der *Scharnhorst* auf 148 hm verringert. Bisher ist jedoch zu wenig beachtet worden, daß zu diesem Zeitpunkt die Entfernung der zwischen Burnetts Kreuzern und der *Scharnhorst* laufenden Zerstörer *Musketeer, Matchless, Opportune* und *Virago* nur noch 110–120 hm betrug, als Burnett seine Kreuzer auf den Gegner zuwenden ließ und den Zerstörern befahl, mit Torpedos anzugreifen. Eine Minute später zeigte das Radar-Plot, daß auch die *Scharnhorst* auf den Gegner zudrehte. Entweder hatte sie ihrerseits mit dem noch intakten achteren Funkmeßgerät Ziele geortet oder sie hatte mit ihrem Funkmeßbeobachtungsgerät Impulse gegnerischer Ortungen aufgefangen oder – was am wahrscheinlichsten ist – sie hatte die Zerstörer, die schwer im Seegang arbeiteten, als undeutliche Schatten im Dämmerlicht optisch erkannt.

Um 12.23 Uhr sichtete die *Sheffield* als erstes britisches Schiff den Gegner optisch und gab erneut das klassische Signal »Feind in Sicht« (Entfernung 101 hm). In der gleichen Minute versuchte die *Belfast* die *Scharnhorst* auf 96 hm mit Leuchtgranaten zu beleuchten, und die *Musketeer* eröffnete auf noch 64 hm das Feuer. Die *Scharnhorst* drehte zunächst auf diese nun nach Aussagen von Überlebenden klar erkennbaren Ziele zu und eröffnete mit ihren beiden vorderen Türmen das Feuer auf die Zerstörer. Die Aufschläge der ersten drei Salven lagen deckend bei der *Opportune* und *Virago*. Um 12.24 Uhr wendeten die drei Kreuzer wieder auf Nordostkurs und eröffneten mit vollen Breitseiten das Feuer. Sofort wechselte auch die *Scharnhorst* auf die erst jetzt an ihrem Mündungsfeuer klar erkennbare *Norfolk* als Ziel, während die beiden anderen Kreuzer mündungsfeuerloses Pulver verwendeten und so schlechter erkennbar blieben. Um 12.27 Uhr erhielt die *Norfolk* einen Treffer in die Barbette des Turmes C, der ausfiel, und einen zweiten Blindgänger mittschiffs, der die Radargeräte ausfallen ließ. Die *Sheffield* wurde von Splittern von Nahtreffern durchsiebt. Zugleich wurde deutlich, daß die *Scharnhorst* abdrehte, während die beiden vorderen Kreuzer ihr Feuer wegen der Spritzwasser- und Rauchbehinderung verlangsamen mußten.

Es ist nach dem Kriege viel darüber gerätselt worden, warum Bey das Gefecht gerade in diesem Augenblick abbrach, als das Feuer der *Scharnhorst* Wirkung zu zeigen begann, was auch Überlebende beobachteten, die im übrigen feststellen, daß das Schlachtschiff selbst in diesem Gefecht nicht getroffen wurde. Wir können die Beweggründe Beys nur aus der genauen Rekonstruktion der taktischen Situationen von Minute zu Minute und aus einem späteren Funkspruch erschließen, mit dem er um 12.40 Uhr meldete, »Gefecht mit mehreren Gegnern AC 4133, Funkmeßbeschuß schwerer Einheiten.«

Das Abdrehen kann einerseits darauf zurückgeführt werden, daß man auf der *Scharnhorst* die bis auf 37 hm herangekommene *Musketeer* und ihre Nachfolger nun als Zerstörer erkannte, und als sie um 12.27 Uhr abdrehte, einen Torpedoangriff befürchtete. Entscheidend für den Abbruch scheint aber der auf der *Scharnhorst* entstandene Eindruck gewesen zu sein, mit »schweren Einheit*en*« im Gefecht zu stehen. Eine mögliche Ursache für diese Fehlbeurteilung könnte darin zu suchen sein, daß man die durch ihre Größe auffallenden Aufschläge der 20,3 cm-Granaten der *Norfolk* (Geschoßgeschwindigkeit 119 kg) im Vergleich zu den zahlreichen Aufschlägen der 15,2 cm (45 kg) und 12 cm (28 kg) für Einschläge schwerer Artillerie hielt, die von hinter dem Rauch im Nordwesten stehenden Schiffen feuerte.

Die *Scharnhorst* lief mit hoher Fahrt, mit dem achteren Turm feuernd, nach Südosten ab. Um 12.41 mußten die Kreuzer, die in der schweren See nicht so schnell folgen konnten, das Feuer einstellen, versuchten jedoch nun die Fühlung mit allen Mitteln zu halten, um der »Force 2« ein Heranschließen zu ermöglichen.

Wieder versäumte es Bey, in dieser Situation seine Zerstörer über die Vorgänge zu informieren und ihnen entsprechende

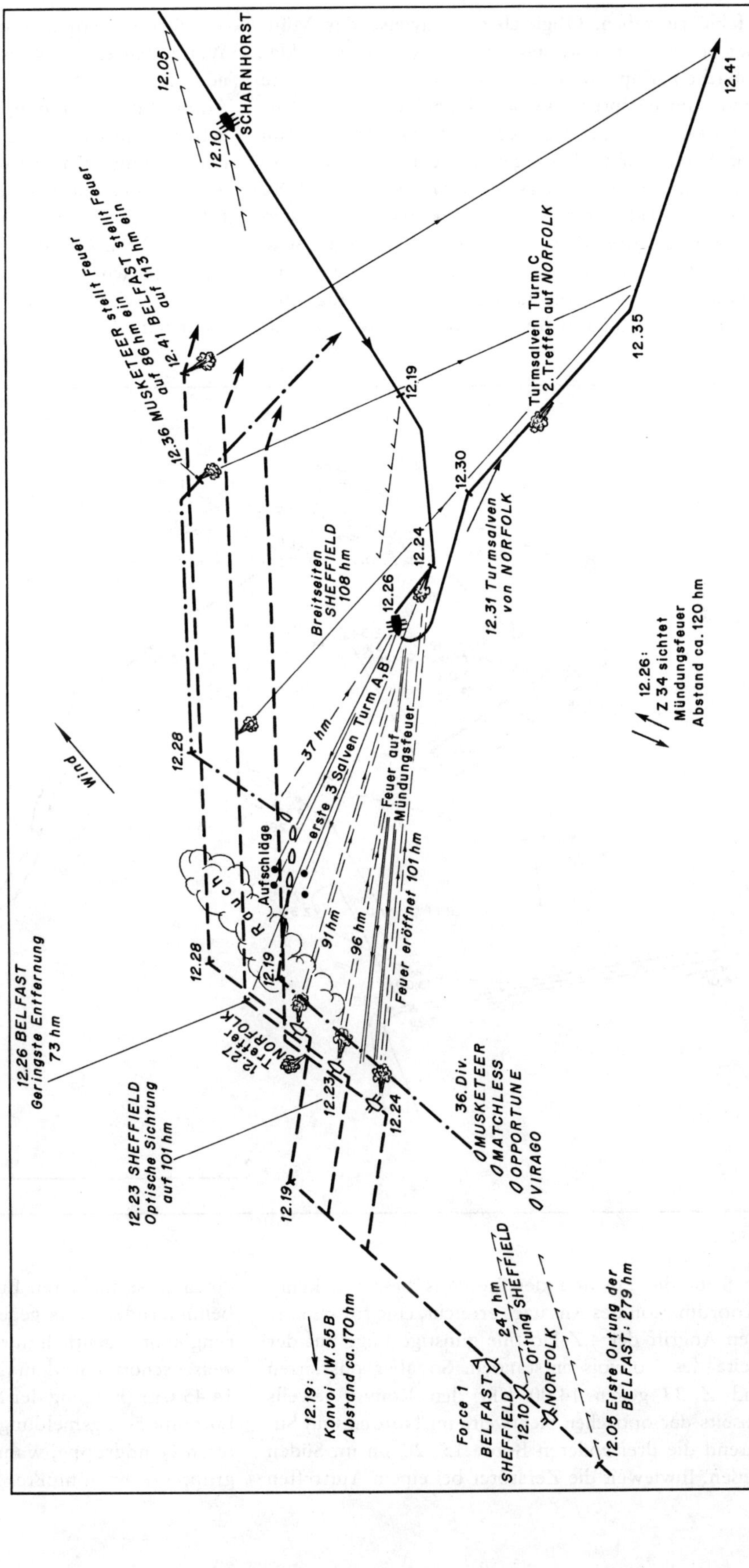

Das zweite Gefecht der »Scharnhorst« mit der Force 1, 12.05–12.41 Uhr

Ansatzbefehle zu geben. Obgleich sie teilweise das Mündungsfeuer beobachteten, konnten sie sich daraus kein klares Bild machen. Kapitän Johannesson suchte seine Boote zu sammeln, um entsprechend dem Befehl von 11.55 Uhr den weiter westlich vermuteten Konvoi zu suchen. Captain McCoy am Konvoi hatte demgegenüber ein sehr viel klareres Bild der Lage, zumindest was die *Scharnhorst* betraf. So zog er sofort bei Aufblitzen des Mündungsfeuers im Osten seine 8 Flottenzerstörer divisionsweise auf der Feindseite des Konvois zusammen, um die *Scharnhorst,* sollte sie die Kreuzer und die 36. Division ausmanövrieren, anzugreifen und abzudrängen. Damit wäre allerdings, hätte man auf seiten des Konvois angesichts der schweren Wetterlage ihre Waffen hätten zur Wirkung bringen können, muß eine offene Frage bleiben.

Admiral Bey blieb nun, angesichts seines Irrtums und der gegebenen klaren Befehle nichts anderes übrig, als abzulaufen und die Operation abzubrechen. Um 13.42 Uhr ging bei der 4.Z-Flottille der Befehl zum Abbrechen ein, den Kapitän Johannesson zwar noch durch eine Anfrage hinauszuzögern suchte, die aber mit dem knappen Befehl »Einlaufen« beantwortet wurde.

Man hat vielfach die Frage gestellt, warum Bey nicht versucht hat, die ihm folgenden Kreuzer und Zerstörer durch

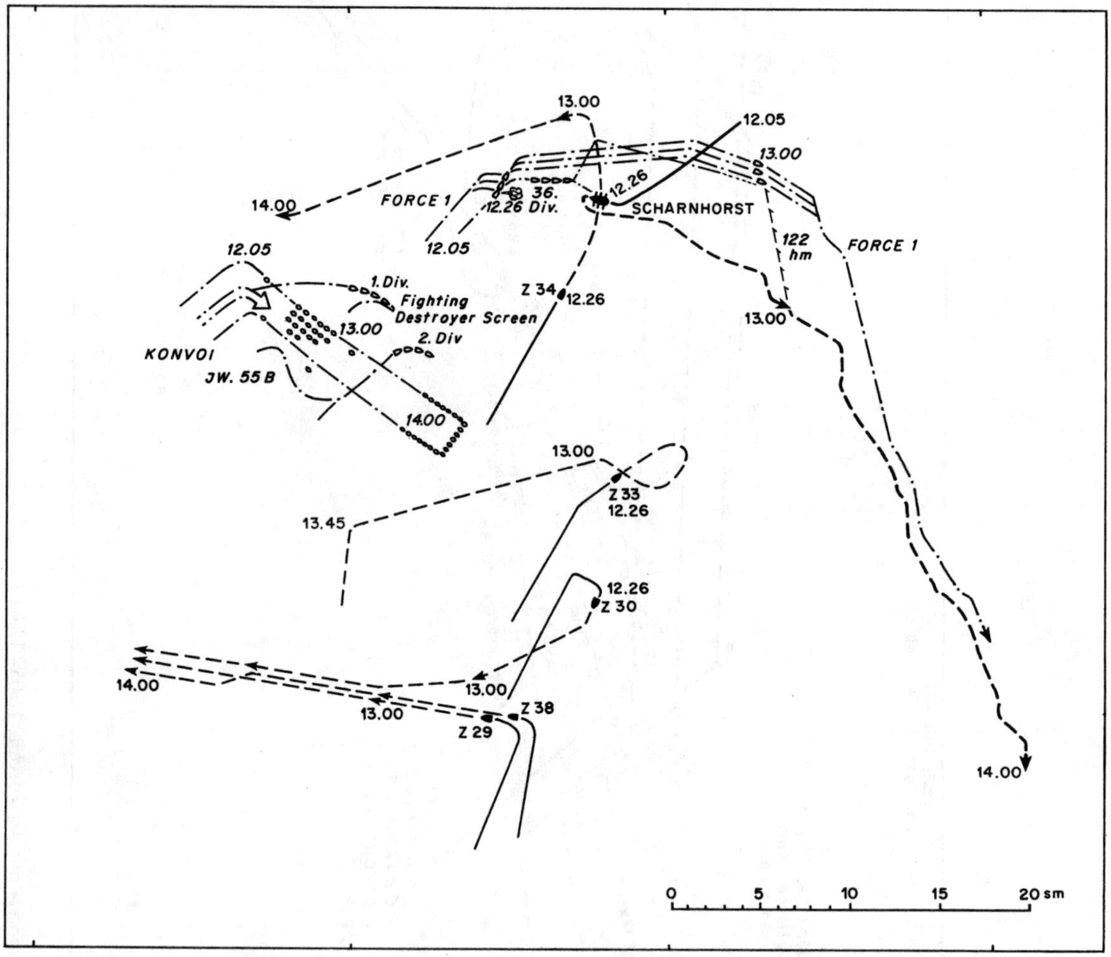

Das zweite Kreuzergefecht und die Verfolgung 12.05 bis 14.00 Uhr

deutscher Seite die Position des Konvois besser gekannt und die Koordination des Ansatzes erreicht, eine für den geschlossenen Angriff der 4.Z-Flottille günstige Lage auf der Südwestseite des Konvois entstanden. So aber passierten *Z 34* und *Z 33* gegen 14.00 Uhr den Konvoi jeweils knapp jenseits der optischen Sichtweite im Norden und Süden, während die drei anderen Boote 15–20 sm im Süden vorbeistießen. Inwieweit die Zerstörer bei einem Auftreffen einen diese kleineren Einheiten mehr als das Schlachtschiff behindernden Kurs gegen die See abzuschütteln. Die Erklärung kann eigentlich nur sein, daß er aus der ihm möglicherweise schon vor dem Mittagsgefecht, spätestens aber ab 14.45 Uhr (Eingang der Meldung auf *Z 38*) bekannten ersten Luftaufklärungsmeldung in dieser Richtung mit einer weiteren Feindgruppe, wahrscheinlich der schweren Deckungsgruppe rechnen mußte. Vielleicht hat Bey gehofft, noch vor dieser herandampfenden Gruppe die norwegischen Schären zu erreichen, wozu ihm ja tatsächlich nur eine knappe Stunde Zeit fehlte.

Dieser Kurs führte die *Scharnhorst* direkt in die Arme der von Südwesten mit hoher Fahrt heranlaufende Gruppe des Admirals Fraser. Während achteraus der *Scharnhorst* die *Sheffield* mit einem Wellenschaden zurückblieb, hielt die *Belfast* an der Grenze der Radarreichweite Fühlung und führte mit ihren Signalen Admiral Fraser heran. Um 16.17 Uhr gewann die *Duke of York* auf 22 sm Entfernung mit ihrem Radargerät Fühlung. Um 16.32 Uhr faßte auch ihr Feuerleitradar auf 14 sm Entfernung das Ziel auf, doch muß auch die *Scharnhorst* etwa um diese Zeit mit ihrem noch intakten achteren Radargerät den neuen Gegner erkannt haben, da sie scharf nach Südosten abdrehte. Trotzdem verringerte sich die Entfernung weiter, und die *Duke of York* drehte nach Steuerbord ab, um ihre gesamte schwere Artillerie zum Tragen zu bringen. Gleichzeitig eröffnete von Norden her die *Belfast* das Feuer mit Leuchtgranaten, während um 16.50 Uhr die *Duke of York* und *Jamaica* das Feuer auf die mit dem Beschuß offenbar noch nicht rechnende *Scharnhorst* eröffneten. Sie drehte scharf nach Norden ab und holte dann in einem Bogen nach Osten herum, gefolgt von der *Duke of York*. Das Feuer beider Schiffe lag bald deckend, doch schien die um etwa 4 kn größere Geschwindigkeit der *Scharnhorst* dieser nochmals die Möglichkeit zu eröffnen, nach Osten zu entkommen, da es den von Admiral Fraser angesetzten 4 Zerstörern seines Verbandes zunächst nicht gelang, Raum nach vorn zu gewinnen, um zum Torpedoangriff zu kommen. Auch die im Norden folgenden *Belfast* und *Norfolk* mit ihren 4 Zerstörern konnten nicht aufholen und mußten nach 25 Minuten das Feuer wegen der zu groß gewordenen Entfernung einstellen. Um 18.24 Uhr hatte sich die Entfernung auf mehr als 200 hm gesteigert und Admiral Fraser beschloß, das Feuer einzustellen, um sich mit seinem Schiff zwischen die norwegische Küste und die *Scharnhorst* zu legen.

Plötzlich verringerte sich jedoch die Geschwindigkeit der

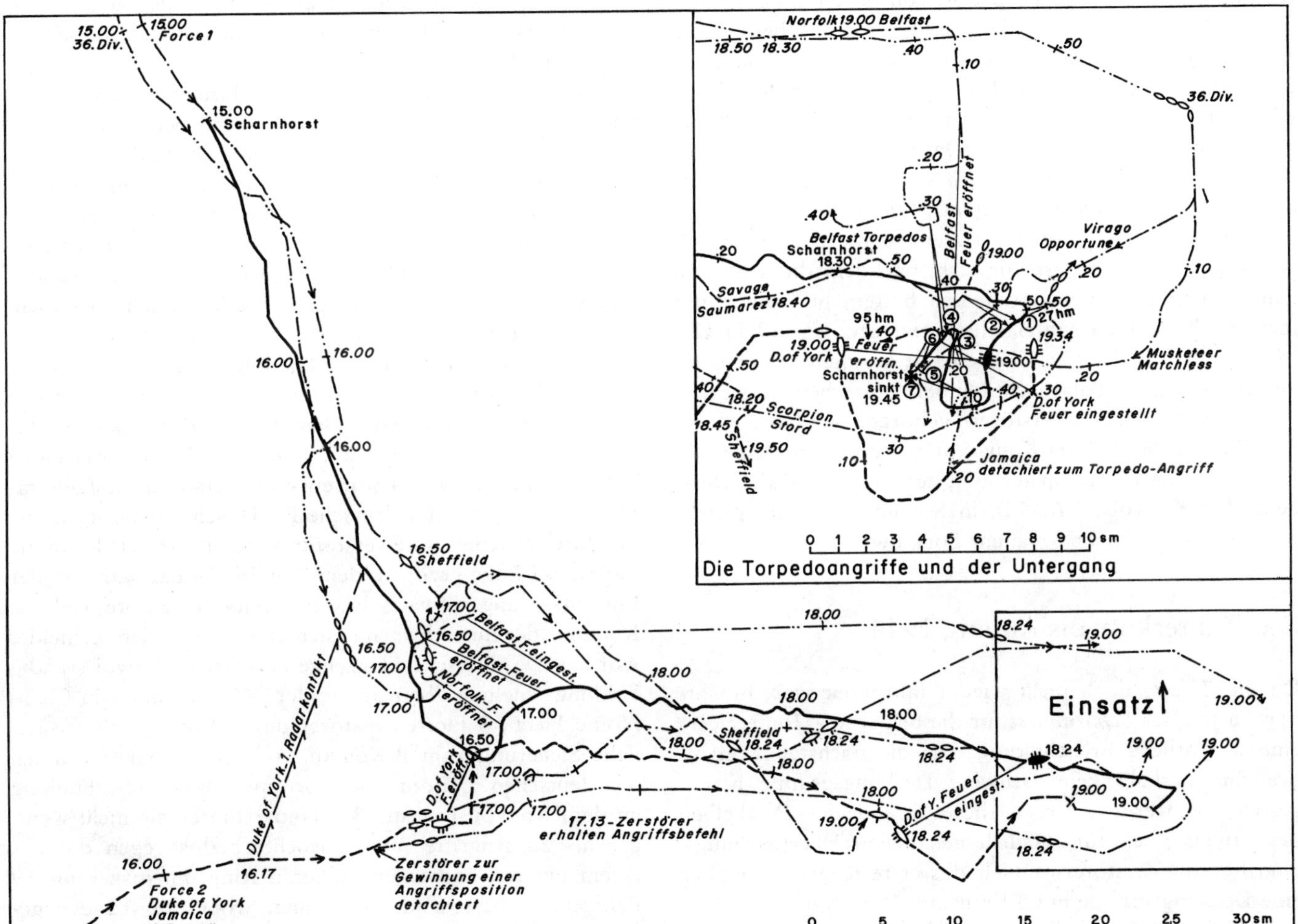

Der Endkampf der *»Scharnhorst«* 15.00–19.45 Uhr

Scharnhorst. Tatsächlich hatte das Schiff im Verlaufe des Gefechtes mehrere schwere Treffer der *Duke of York* erhalten, die sich nun auszuwirken begannen. Auf der *Duke of York* wurden nur die Masten getroffen, ohne daß die Geschosse detonierten, so daß ein vorübergehender Ausfall des Feuerleitradars bald behoben war. Unter schwerem Feuer der Mittelartillerie der *Scharnhorst* schlossen von Backbord achteraus die Zerstörer *Savage* und *Saumarez* heran, die an Steuerbord auflaufenden *Scorpion* und die norwegische *Stord* blieben unbemerkt, bis sie auf 3000 m aufgelaufen waren und ihre Fächer feuerten. Mit einem scharfen Ausweichmanöver konnte die *Scharnhorst* die Torpedos bis auf einen ausmanövrieren, bot jedoch dafür nun den beiden anderen Zerstörern ein hervorragendes Ziel für ihre Fächer von 12 Torpedos, von denen mindestens 3 trafen. Damit war das Schicksal der *Scharnhorst* besiegelt.
Kurz nach 19 Uhr hatten die *Duke of York* und *Jamaica* wieder herangeschlossen und überschütteten das Schiff mit schwerem Feuer. Innerhalb von 28 Minuten erhielt sie mindestens 10 schwere Treffer. Dann setzte Admiral Fraser die Kreuzer *Belfast* und *Jamaica* sowie die 36. Zerstörerdivision mit *Musketeer, Matchless, Opportune* und *Virago* an. Von ihren 28 Torpedos trafen 10 die zum Stillstand gekommene *Scharnhorst,* die sich, nachdem die schweren Türme ihre Munition verschossen hatten, bis zuletzt mit ihrer noch intakten Mittelartillerie wehrte. Um 19.45 Uhr sank das Schiff. Nur 36 Überlebende konnten in der Dunkelheit der kalten Polarnacht bei dem herrschenden stürmischen Wetter von den Zerstörern geborgen werden.
Am 29. Oktober lief der Konvoi ohne Verluste in den Kola-Fjord ein. Zwei Tage später ging der zweite Teil des westgehenden Konvois, RA.55 B, in See und erreichte gleichfalls ohne Ausfälle am 8. Januar Loch Ewe.

Die Winterkonvois Anfang 1944

Da die *Tirpitz* noch nicht wieder fahrbereit war, brachte der Ausfall der *Scharnhorst* für die britische »Home Fleet« eine wesentliche Erleichterung. Für die nächsten Konvois brauchte deshalb keine schwere Deckungsgruppe bereitgestellt zu werden. Gegen die während der Dunkelheit des Januar noch für möglich gehaltenen Überraschungsangriffe von Zerstörern erhielt das erste Konvoipaar noch eine Deckungsgruppe mit 3 Kreuzern. Der ostgehende Konvoi JW.56 wurde wie bisher in zwei Teilen mit 10 Tagen Abstand in Marsch gesetzt. Der A-Konvoi geriet jedoch am 16. Januar in einen schweren Sturm und mußte vorübergehend Akureyri auf Island aufsuchen, wo 5 Schiffe mit Sturmschäden zurückblieben, so daß nur 15 Dampfer mit ihren 11 Geleitfahrzeugen am 21. Januar wieder in See gehen konnten. Mit nun nur noch 4 Tagen Abstand folgte der B-Konvoi mit 16 Schiffen und 13 Geleitfahrzeugen. Aufgrund von Agentenmeldungen von Island hatte der Führer der U-Boote Norwegen, Kapitän z. See Peters, in der Bäreninsel-Enge 10 U-Boote als Gruppe »Isegrimm« gegen die erwarteten Konvois aufgestellt. Seine Boote waren inzwischen mit der verstärkten Flak – eine 3,7-cm-Maschinenkanone und zwei 2-cm-Zwillingen – ausgerüstet worden und sollten auf ein vereinbartes Signal über Wasser bleiben, um etwa angreifende Flugzeuge der Luftsicherung des Konvois mit ihrer Flak abzuwehren und sich gemeinsam den Weg an die Sicherung des Konvois zu erkämpfen. Die Sicherungsfahrzeuge sollen sie dann mit ihren akustisch zielsuchenden Torpedos »Zaunkönig« angreifen, um so ein Loch für den Angriff auf den Konvoi selbst zu schlagen. Außer mit 4 »Zaunkönig«-Torpedos waren die Boote mit 8 FAT-Torpedos ausgerüstet, die nach Ablaufen einer einzustellenden Vorlaufstrecke in Schleifen auf dem Konvoikurs laufen konnten und damit größere Aussichten auf Treffer besaßen.
Ehe die angesetzte deutsche Luftaufklärung am 25. Januar Fühlung an dem Konvoi gewann, hatte bereits das erste U-Boot den feindlichen Verband gemeldet und konnte bis zum Morgen des 26. Januar die Gruppe »Isegrimm« an den Konvoi heranführen. Bei dem Fehlen einer Luftsicherung kamen 9 von 10 Booten, zum Teil mehrfach, zum Schuß. Sie feuerten 11 Zielsuchtorpedos auf die Geleitfahrzeuge und glaubten, dabei 6 Treffer erzielt zu haben. 3 Booten gelang es, auf dem Konvoi zum Schuß zu kommen und, wie man annahm, 9 Dampfer zu treffen. Tatsächlich wurden bei diesen Angriffen jedoch nur der Zerstörer *Obdurate* torpediert und 3 Dampfer des Konvois versenkt. Während der Konvoi am 27. Januar sich dem Kola-Fjord näherte und dort von 4 sowjetischen Zerstörern aufgenommen wurde, hatte der deutsche F.d.U. seine U-Bootgruppe, die durch 5 neue Boote verstärkt worden war, wieder in die Bäreninsel-Enge gezogen, denn am 26. Januar war von der Luftaufklärung ostwärts Island bereits der zweite Teil des Konvois, der nur schwach gesichert zu sein schien, gemeldet worden. Da deutsche Flugzeuge an diesem Konvoi ständig Fühlung hielten, beorderte der »Commander-in-Chief, Home Fleet« 6 Flottenzerstörer des A-Konvois als zusätzliche Sicherung zum B-Konvoi. Am 29. Januar gewannen die deutschen U-Boote der Gruppe »Werwolf« Fühlung an dem Konvoi. Bis zum 31. Januar fuhren sie nicht weniger als 22 Angriffe mit Zielsuchtorpedos gegen die aus einem inneren und einem äußeren Ring mit insgesamt 19 Fahrzeugen bestehende Sicherung, wobei sie 12 der gehorchten Detonationen für Treffer hielten. Tatsächlich wurde jedoch nur der Führerzerstörer der Verstärkungsgruppe *Hardy* von einem Torpedo getroffen und ging verloren. An den Konvoi selbst kamen die Boote nicht heran. Um eine maximale Sicherung bereitstellen zu können, gingen die 37 Dampfer des Konvois RA.56 geschlossen mit 23 Geleitfahrzeugen in See. Es gelang ihnen, die Aufstellung der restlichen 8 Boote der Gruppe »Werwolf« zu umgehen, da die deutsche Luftaufklärung den erfaßten Konvoi

irrtümlich mit Ostkurs meldete, so daß man mit einem weiteren ostgehenden Konvoi rechnete und die U-Boote in der falschen Richtung suchten.

Weil man auf deutscher Seite den letzten Fehlschlag nur auf die mangelhafte Luftaufklärung zurückführte, glaubte man insgesamt aufgrund der günstigen Meldungen der U-Boote an einen deutlichen Erfolg mit 18 Treffern auf Geleitfahrzeugen und 9 Treffern auf Dampfern, von denen bei dem herrschenden Wetter ein großer Teil gesunken sein mußte. Die Überschätzung der Erfolge durch die U-Boote beruhte, ähnlich wie in anderen Fällen, vor allem darauf, daß die Boote nach dem Schuß der »Zaunkönig«-Torpedos, um die Gefährdung der eigenen Boote zu vermeiden, in jedem Falle zu tauchen hatten und deshalb ihre Erfolge nur akustisch beobachten konnten. So wurden einerseits die häufig vorkommenden Detonationen der »Zaunkönig«-Torpedos im Kielwasser der angegriffenen Schiffe, aber auch die durch das nachgeschleppte Störgerät »Foxer« abgelenkten Torpedos, die nach Ablauf ihrer Laufstrecke detonierten, als Treffer gewertet.

Mit dem im Februar wieder einsetzenden längeren Tageslicht mußte auf alliierter Seite bei dem nächsten Konvoipaar wieder mit einer Gefährdung durch die deutsche Luftwaffe gerechnet werden. Da die größere Helligkeit auch das Zusammenhalten eines Konvois erleichterte, ließ man den Konvoi JW.57 mit 42 Schiffen geschlossen auslaufen. Seine Sicherung ähnelte dem des PQ.18 mit einem Flakkreuzer, dem Geleitträger *Chaser* sowie einer durch eine erfahrene Gruppe des »Western Approaches Command« verstärkten »Escort Group« mit 17 Zerstörern. Obgleich die deutschen Aufklärungsflugzeuge vom 23. bis zum 27. trotz mehrerer Angriffe der »Wildcat«-Jäger der *Chaser* über längere Perioden Fühlung halten konnten, kamen von den 14 angesetzten U-Booten jeweils nur wenige in die Nähe des Konvois und wurden hier häufig nach Abgabe ihrer Fühlungshaltersignale mit HF/DF eingepeilt und abgedrängt. Zwei Boote fielen der Sicherung zum Opfer. Achtmal kamen am 26. und 27. Februar Boote mit Geräuschtorpedos zum Schuß auf Geleitfahrzeuge, doch wurde nur der Zerstörer *Mahratta* getroffen und versenkt. Von den 12 U-Booten, die gegen den am 2./3. von dem Kola-Fjord mit 31 Schiffen auslaufenden Konvoi RA.57 eingesetzt wurden, kamen gleichfalls nur wenige in die Nähe des Konvois. Während sowjetische U-Jagdverbände vor dem Kola-Fjord versuchten, die U-Boote unter Wasser zu halten, machte der Konvoi eine weite Ausweichbewegung nach Osten. Am 4./5. und 6. März versuchten die U-Boote an den von der Luftaufklärung gemeldeten Konvoi über Wasser heranzuschließen. Ihr Versuch, sich gegen die immer wieder mit Raketen angreifenden »*Swordfish*«-Doppeldecker der *Chaser* mit ihrer Flak über Wasser durchzusetzen, scheiterten häufig an der Vereisung der Waffen, so daß 3 U-Boote verlorengingen, während die Angriffe mit Geräuschtorpedos auf Geleitfahrzeuge sämtlich fehlschlugen. Nur ein U-Boot konnte in einem glücklichen Unterwasserangriff einen Dampfer versenken.

Im Laufe des Monats Februar zeigten die Luftaufklärung und Agentenmeldungen der britischen Führung, daß die *Tirpitz* in absehbarer Zeit soweit wieder hergestellt sein würde, daß man mit ihrer Verlegung nach Deutschland zur endgültigen Reparatur rechnen mußte. Deshalb wurden von Anfang Februar die verfügbaren U-Boote der 9. U-Flottille, die bisher gegen die auslaufenden deutschen U-Boote westlich Norwegen operiert hatten, an die norwegische Küste herangeschoben, um die *Tirpitz* hier abzufangen. In dieser Hinsicht war die Maßnahme zwar etwas verfrüht, doch brachte sie den U-Booten in der Zeit vom Februar bis April recht gute Erfolge gegen den deutschen Geleitverkehr unter der norwegischen Küste. 18 Dampfer mit 75700 BRT und 1 U-Boot wurden bei einem eigenen Verlust versenkt.

Zur gleichen Zeit leitete man neue Maßnahmen zur Ausschaltung dieses gefährlichen Schiffes ein. Da die *Tirpitz* außerhalb der Reichweite britischer Bomber lag, veranlaßte man die sowjetische Führung, sie am 11. Februar mit 15 schweren Bombern mit 1000-kg-Bomben anzugreifen, doch fanden nur 4 Flugzeuge das Ziel und erzielten einen Nahtreffer, der geringfügige Schäden hervorrief.

Mitte März begannen sich die Anzeichen für ein Auslaufen der *Tirpitz* zu vermehren. So mußte die britische Admiralität für das nächste Konvoipaar wieder eine schwere Deckungsgruppe vorsehen. Aufgrund der günstigen Erfahrungen mit dem vorigen Konvoi verstärkte man die Sicherung des JW.58, der am 27. März mit 49 Schiffen in See ging, auf einen Flakkreuzer, 2 Geleitträger und 1 »Close Escort Group« sowie 2 »Support Groups« mit zusammen 20 Zerstörern, 5 Sloops und 4 Korvetten, darunter die »2nd Escort Group« unter Captain Walker, dem erfolgreichsten U-Boot-Jäger. Diese Verstärkung der Sicherung erfolgte unter anderem auch deshalb, weil im Konvoi der für die Übergabe an die sowjetische Nordflotte vorgesehene US-Kreuzer *Milwaukee* mitlief. Am 30. März gewann die deutsche Luftaufklärung zuerst Fühlung an dem Konvoi und konnte sie auch bis zum 2. 4. immer wieder erneut herstellen, doch gingen bei diesen starken Einsätzen durch die »Wildcat«-Jäger der beiden Geleitträger 7 Aufklärer verloren. Den in 3 kleineren Gruppen zu je 4 Booten und weiter einzeln aufgestellten insgesamt 17 U-Booten glückte es mit Hilfe der zahlreichen Aufklärungsmeldungen zum großen Teil, an die Sicherung des Konvois heranzukommen. 12 der U-Boote kamen gegen Geleitfahrzeuge mit ihren »Zaunkönig«-Torpedos zum Schuß, doch wurden wieder sämtliche Torpedos Kielwasser- bzw. Entdetonierer. Alle U-Boote hatten schwere Verfolgungen zu überstehen und insgesamt 4 U-Boote gingen durch den koordinierten Ansatz der mit Raketen angreifenden Trägerflugzeuge und der Zerstörer verloren.

Wegen der schweren Verluste mußte die deutsche Luftwaffe ihre Tagesaufklärung einstellen und ihre Flüge auf Nachteinsätze mit Funkmeßmaschinen beschränken. Infolge dieser sehr viel schwächeren Luftaufklärung wurde der rückkehrende Konvoi RA.58 mit 36 Dampfern und der »Escort Group« des JW.58 zu spät erfaßt und von den 10 angesetzten U-Booten kamen nur 4 zu erfolglosen Schüssen mit »Zaunkönig«-Torpedos gegen Zerstörer. Gegen die starke Luftsicherung konnten sich die U-Boote nicht mehr in eine Schußposition vor den Konvoi setzen.

Zur Deckung der Operation war Admiral Fraser mit der »Home Fleet«, bestehend aus den Schlachtschiffen *Duke of York* und *Anson,* den Trägern *Victorious* und *Furious,* 4 Geleitträgern, 4 Kreuzern und 14 Zerstörern in See gegangen. Am 3. April ließ er seinen zweiten Admiral, Vizeadmiral Moore, mit der *Anson,* den Trägern, 3 Kreuzern und 5 Zerstörern gegen die nordnorwegische Küste zum Angriff auf das Schlachtschiff *Tirpitz* im Alta-Fjord vorstoßen. 41 Trägerbomber unter dem Schutz von 41 Jagdflugzeugen konnten die *Tirpitz* überraschend angreifen und bei 4 Verlusten 14 Treffer erzielen, die das Schiff wiederum für längere Zeit ausfallen ließen.

Damit hatte Churchill seine Stalin gegebene Zusage mehr als erfüllt. Statt der angekündigten 140 beladenen Schiffe waren 188 sicher in Nordrußland eingetroffen. So blieb vor der Einstellung des Verkehrs während der hellen Sommermonate nur noch die Aufgabe, die entladenen Schiffe vom Kola-Fjord abzuholen. Zu diesem Zweck lief am 21. 4. eine »Escort-Force« ähnlicher Stärke wie bei den letzten Konvois nach Murmansk, um hier den am 28. 4. mit 45 Schiffen auslaufenden Konvoi aufzunehmen. Die Sicherung und Deckung dieses Konvois war besonders wichtig, da sich an Bord der Dampfer die US-Besatzung des Kreuzers *Milwaukee* sowie 2300 sowjetische Seeleute unter Führung von Admiral Levčenko befanden, welche in England 1 Schlachtschiff, 9 Zerstörer und 4 U-Boote übernehmen sollten. Zwar wurde der Konvoi durch die Luftaufklärung erfaßt, doch standen die in zwei Gruppen aufgestellten 12 U-Boote, die noch auf einen ostgehenden Konvoi warteten, so ungünstig, daß nur 5 in die Nähe des Konvois kamen und eines von ihnen einen Dampfer mit einem FAT-Fächer versenken konnte, die Zaunkönig-Torpedos gingen sämtlich fehl. Andererseits konnte Admiral Levčenko an Bord des Geleitträgers *Fencer* Zeuge der Versenkung von 3 deutschen U-Booten durch die »*Swordfish*«-Flugzeuge des Geleitträgers werden.

Das Laufen dieser Operation nutzte Admiral Moore mit seinem Verband zu einem neuen Angriffsversuch gegen die *Tirpitz,* der allerdings wegen der Wetterlage am 24. und 25. 4. abgebrochen und durch einen Raid gegen 2 deutsche Konvois im Gebiet von Bodö ersetzt werden mußte, dem 3 Schiffe zum Opfer fielen.

Diese Trägerraids gegen die norwegische Küste wurden während des Monats Mai bis Anfang Juni fortgesetzt und führten zur Versenkung von 5 weiteren Schiffen. Die ständigen Raids britischer Trägergruppen ließen Großadmiral Dönitz bei Hitler darauf dringen, die Luftwaffe zur Verlegung ihrer Torpedofliegerverbände aus dem Mittelmeer nach Norwegen zu veranlassen, wo ihnen, wie es schien, bessere Erfolgsmöglichkeiten offenstanden. Doch kam es erst im Winter 1944/45 zu dieser Verlegung.

Der Kampf gegen den Küstenschiffsverkehr 1944

Während die britischen U-Boot-Angriffe und Trägerraids gegen die norwegische Küste, die ihre Ergänzung in zunehmenden Angriffen von Torpedoflugzeugen des »Coastal Command« gegen die südwest-norwegische Küste fanden, zu steigenden Verlusten der deutschen Küstenschiffahrt führten, blieben die Ergebnisse der sowjetischen Bemühungen, ihre Kampfführung gegen die deutsche Schiffahrt vor der Polarküste zu intensivieren, begrenzt.

Nach den schweren U-Boot-Verlusten Ende 1943 hatte der Stab der sowjetischen Nordflotte unter Admiral Golovko ein neues Ansatzverfahren ausgearbeitet, das koordinierte Angriffe aller Waffengattungen der Nordflotte erlauben sollte. Zu diesem Zweck war das Operationsgebiet vom Lopphavet bis zum Petsamo-Fjord in vier Zonen aufgeteilt. Die Zone westlich des Nordkaps war die Zone der Aufklärung. Hier sollten einzeln oder in Ketten fliegende Torpedoflugzeuge die feindlichen Konvois feststellen und melden. Die gleiche Aufgabe hatten darüber hinaus durch U-Boote auf den norwegischen Inseln abgesetzte Aufklärungstrupps. Gleichzeitig wurden ein bis zwei U-Boote, meist die Minen-U-Boote der *L*-Klasse, zur Aufklärung und Auslegung von Minensperren angesetzt.

Die Zone vom Nordkap bis zum Kongs-Fjord war die Hauptangriffszone der U-Boote. Die U-Boote wurden jedoch nicht mehr unmittelbar auf den Seewegen aufgestellt. Man hielt sie vielmehr von der Küste, je nach Jahreszeit, 30 bis 50 sm entfernt in einem Vorpostenschleier bereit und gab ihnen aufgrund der Aufklärungsmeldungen dann Angriffsbefehle. Auf diese Weise brauchten sie nicht ständig, wie es bisher der Fall war, die gefährlichen Flankenminensperren passieren. Dieses Verfahren setzte eine sichere Funkverbindung zwischen den Aufklärungsflugzeugen, dem Flottenkommando und den U-Booten voraus, was technisch durch den Einbau von Stabantennen erreicht wurde. In der gleichen Zone sollten neben den U-Booten auch die Hauptangriffskräfte der Luftwaffe in kombinierten Angriffen von Minen/Torpedo- und Bombenflugzeugen eingesetzt werden.

Ostwärts schloß sich bis auf die Höhe von Vardö eine Angriffszone für Überwasserschiffe an. Hier sollten die der Nordflotte zur Verfügung stehenden modernen Zerstörer gegen die gemeldeten Konvois zum Einsatz kommen, wobei ihr Angriff mit den Anflügen von Schlachtflugzeugen mit starkem Jagdschutz koordiniert werden mußte. Die 4. Zone lag im Gebiet des Varanger-Fjordes und war für Einsätze

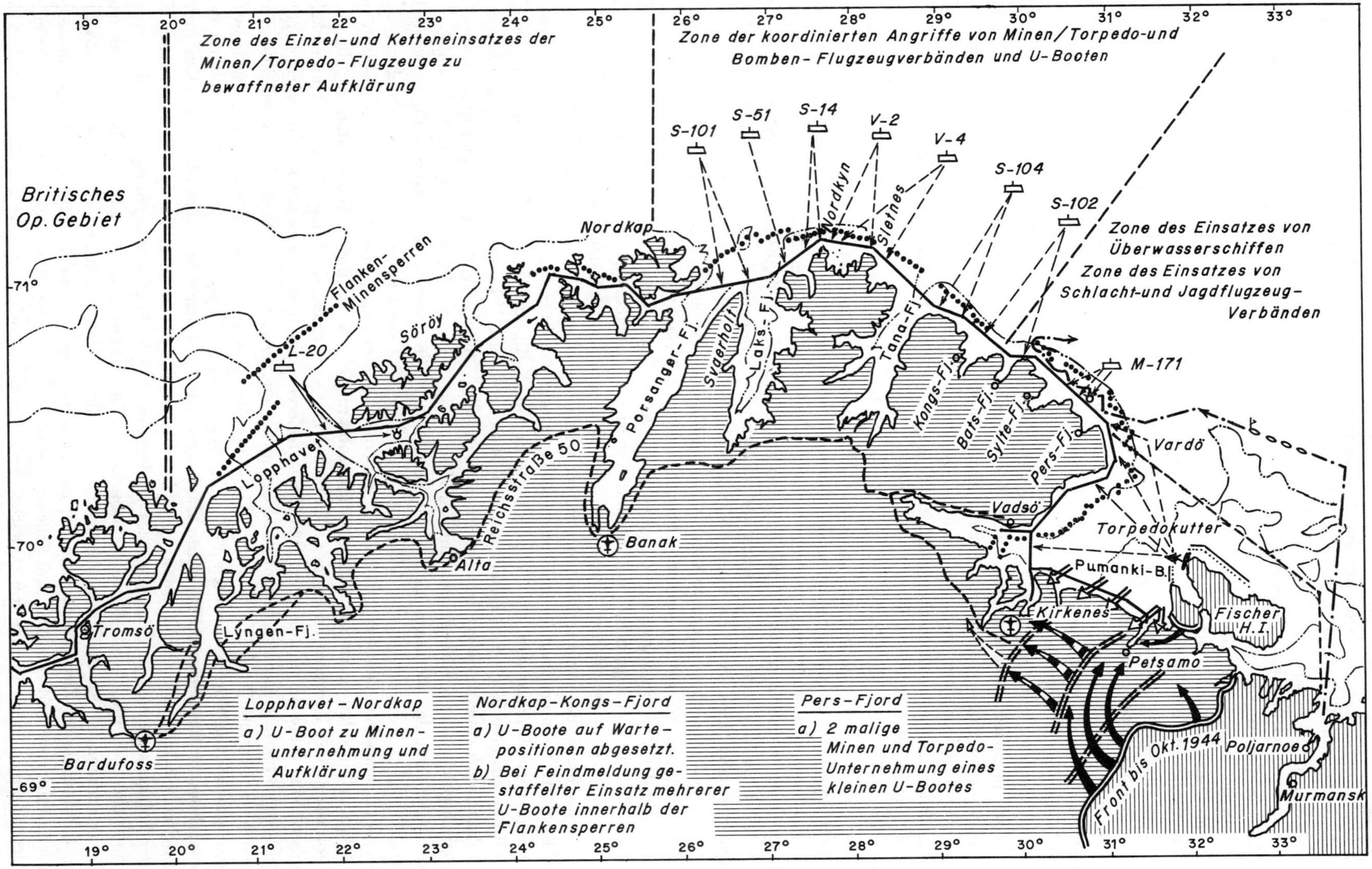

Die sowjetischen Operationen an der Polarküste und die Petsamo-Kirkenes-Offensive, Oktober 1944

der Schlachtflugzeuge, vor allem aber der Torpedokutter, die auf die Pummanki-Bucht auf der Fischerhalbinsel gestützt waren, vorgesehen.

Diese Kombination und Koordinierung der verschiedenen Aufklärungs- und Angriffskräfte der Flotte gegen die deutschen Konvois war zwar in der Theorie recht sinnvoll, die praktische Durchführung brachte jedoch kaum eine wirkliche Intensivierung der Wirkung gegen die Konvois. Um ihre Kräfte massiert einsetzen zu können – die Sowjets besaßen Anfang 1944 6 moderne Zerstörer, 23 U-Boote, 15 Torpedokutter, deren Zahl sich allerdings durch amerikanische Leih- und Pachtlieferungen schnell erhöhte, sowie rund 600 Flugzeuge –, mußten sie für die Operationen jeweils etwa vierzehntägige Operationsabschnitte vorsehen, in denen eine möglichst große Zahl der Kräfte für sofortige Einsätze in Bereitschaft gehalten wurde bzw. in See stand. An sie schlossen sich dann zwei- bis dreiwöchige Pausen zur Wiederherstellung der Einsatzbereitschaft.

Bei der ersten Operation RV-1 Ende Januar wurden zwar einige Konvois erfaßt, doch schlugen die Angriffe der U-Boote bis auf einen fehl, und die angesetzten Flugzeuge, Zerstörer und Torpedokutter kamen an die Konvois nicht heran. Praktisch ohne Ergebnis blieben zwei weitere Operationen Ende Februar und Mitte April. Erst bei der Operation RV-4 im Mai hatte die Luftwaffe mit koordinierten und rollenden Einsätzen von Torpedoflugzeugen und Bombern unter Jagdschutz einige Erfolge. 4 Dampfer und einige Geleitfahrzeuge wurden versenkt, bzw. beschädigt. Die Angriffe der U-Boote wurden jedoch abgewehrt. Auch bei den nächsten Operationen im Juni, Juli und August gelang es den in immer stärkeren Verbänden angreifenden Flugzeugen, eine Reihe von Erfolgen zu erzielen, während die U-Boote trotz zahlreicher Angriffe nur 1 U-Jäger und 1 Dampfer versenken konnten. Die Torpedokutterbrigade, durch Boote aus amerikanischen Lieferungen erheblich verstärkt, kam, nach einigen Mißerfolgen, im August erstmalig zu taktisch geschickter durchgeführten und teilweise erfolgreichen Angriffen, die allerdings nicht ohne Verluste abgingen.

Daß es der deutschen Führung gelang, ihre Konvois bis zum Oktober mit relativ geringen Verlusten durchzuführen, war vor allem einer Reorganisation des Geleitwesens zuzuschreiben. Man faßte die umlaufenden Schiffe zu größeren Konvois von 8 bis 12 Dampfern zusammen, die in mehreren Kolonnen liefen, und konnte auf diese Weise stärkere Sicherungskräfte von Vorpostenbooten und U-Jägern sowie Minensuchbooten zusammenstellen, deren Zahl meist die der geleiteten Schiffe übertraf. Dazu wurden die Konvois vor der Polarküste durch Jagdflugzeuge des Jagdgeschwaders 5 gesichert, die im Jahre 1944 trotz abnehmender Einsatzzahlen erhebliche Abschußerfolge erzielten und zahlreiche Luftangriffe im Zusammenwirken mit der Flak der Sicherungsfahrzeuge und Dampfer zum Scheitern brachten.

Für den Sommer 1944 wurden von deutscher Seite auch wieder Operationen auf dem sibirischen Seeweg vorgesehen. Bei der erdrückenden Überlegenheit der Westalliierten in der Barents-See waren für schwere Schiffe Operationen ostwärts Novaja Zemlja nicht mehr zu verantworten. Die Notwendigkeit, die im August wieder anlaufenden alliierten Murmansk-Konvois mit U-Booten zu bekämpfen, erlaubte es auch nicht wie 1943, Kampf-U-Boote als Versorger und Stützpunkte für Flugboote zu verwenden. Den Einsatz mußten also wenige U-Boote auf sich allein gestellt führen.

Auf sowjetischer Seite begann der Verkehr auf dem sibirischen Seeweg am 5. Juli. Nacheinander liefen mehrere Eisbrecher mit meist 2 Dampfern im Geleit von Archangelsk nach Osten aus, um die Handelsschiffe in die Kara-See zu bringen und von Port Dikson die im Herbst 1943 dort zurückgelassenen Schiffe wieder ins Weiße Meer zu geleiten. Nachdem die deutsche Funkaufklärung das Anlaufen des russischen Verkehrs erkannt hatte, wurden in der zweiten Juli-Hälfte, nachdem zunächst ein Boot die Eislage aufgeklärt hatte, 6 U-Boote als Gruppe »Greif« für einen achtwöchigen Einsatz in der Kara- und Westsibirischen See vorgesehen, wo sie bis zum 10. August in ihren Operationsgebieten eintrafen. Am 12. August sichtete *U 365* etwa 60 sm westlich der Belyj-Insel einen, von 3 aus amerikanischen Leih- und Pachtlieferungen stammenden Dieselminensuchern gesicherten Dampfer. Es gelang dem U-Boot, den Dampfer im Unterwasserangriff zu torpedieren. Da der sowjetische Geleitführer zunächst an einen Minentreffer glaubte, stoppten die Minensucher, so daß *U 365* nacheinander zwei von ihnen und schließlich mit einem Fangschuß auch den Frachter versenken konnte.

Da die ersten west- und ostgehenden Schiffskarawanen von Port Dikson aus Novaja Zemlja oder die Vilkickij-Straße unbemerkt vor den in diesen Gebieten eintreffenden U-Booten erreicht hatten, blieben weitere Sichtungen durch die U-Boote aus, nachdem die Sowjets den Verkehr vorübergehend abgestoppt hatten. Ende August wurde nur ein kleines Vermessungsschiff versenkt. Während im Westen 6 von Norwegen kommende U-Boote die Minensperren im Gebiet der Engen und Durchfahrten der Pečora-See erneuerten, gaben 3 der »Greif«-U-Boote ihre restlichen Vorräte an ihre 3 Kameraden ab, die daraufhin nach Osten gingen, wo der beobachtete Funkverkehr das Wiederanlaufen der sowjetischen Dampferbewegungen erkennen ließ. Am 5. und 6. September versuchten die Boote einen Dampferpulk anzugreifen, doch gingen die Torpedos fehl, und eines der U-Boote wurde durch einen der sowjetischen Minensucher versenkt. Nachdem am 16. September ein weiteres Boot in der Westsibirischen See eingetroffen und die beiden anderen Boote mit ihm ihre Vorräte gleichmäßig verteilt hatten, stießen die 3 Boote nach Osten bis in die Vilkickij-Straße vor, konnten jedoch einen kurz vorher passierenden ostgehenden Konvoi nicht mehr fassen. Von den Eisschwierigkeiten zur Umkehr gezwungen, gingen die Boote ins Gebiet der Westsibirischen See zurück. Hier bekamen sie am 21. September Kontakt mit einem von Osten kommenden Konvoi von 4 Dampfern, gesichert durch 5 Minensucher und 2 Trawler, später auch 2 Zerstörer. Zehn Angriffe der 3 U-Boote gegen Dampfer und Geleitfahrzeuge scheiterten infolge von Torpedoversagern. Nur eines der Wachschiffe und am folgenden Tage ein einzelnes Minensuchboot wurden versenkt. Am 24. September landeten die 3 U-Boote einen Landungstrupp auf der Insel Sterligova, um die dortige Funkstation auszuheben und Schlüsselmaterial zu erbeuten.

Am 4. Oktober kehrten die letzten U-Boote zurück, und die Aufmerksamkeit des deutschen F.d.U. wandte sich wieder den Murmansk-Konvois zu. So konnten die Russen die Überführung der Schiffe aus der Kara-See vor Einsetzen der Eisperiode Ende November unbehindert von deutschen U-Booten durchführen, doch beschäftigten diese Operationen die verfügbaren Geleitfahrzeuge stark.

Die sowjetische Offensive an der Murmansk-Front im Oktober 1944

Für die deutsche Führung war es im Anschluß an die finnische Kapitulation, die am 4. September in Kraft trat, notwendig geworden, die in Nordfinnland stehenden Verbände der 20. Gebirgsarmee zurückzuführen und im Norden eine neue Front aufzubauen. Während man zunächst beabsichtigt hatte, nach Lösung der beiden an der finnischen Ostgrenze stehenden deutschen Korps von den Russen, die im September nach einigen Schwierigkeiten gelang, in Nordfinnland eine Front aufzubauen, um die Liza-Front und die wichtigen Nickelgruben von Kolosjoki bei Petsamo zu halten, zeigte sich Anfang Oktober, daß diese Absicht nicht zu realisieren war. Man entschloß sich deshalb, die Liza-Front aufzugeben und die Nickelgruben sowie die norwegische Provinz Finnmarken zu räumen, um am Lyngen-Fjord eine neue, möglichst kurze Front zu bilden. In die in Vorbereitung befindliche Absetzbewegung des XIX. Gebirgs-Korps an der Liza-Front stieß am 7. Oktober die Offensive der etwa achtfach überlegenen sowjetischen 14. Armee hinein, die mit dem Schwerpunkt im Süden geführt wurde, hier die schwachen deutschen Stellungen durchbrach und damit die Rückzugswege abzuschneiden drohte. Zur Unterbrechung des Hauptnachschubweges, der an der Küste verlaufenden norwegischen Reichsstraße 50, landeten Einheiten der sowjetischen Nordflotte mehrfach Marineinfanterieeinheiten im Rücken der deutschen 6. Gebirgsdivision, die sich jedoch zusammen mit Teilen der 2. Gebirgsdivision der drohenden Umfassung entziehen konnte. Mit U-Jägern und Torpedokuttern wurden zunächst am 10. Oktober gegenüber der Fischerhalbinsel 2800 Mann der 63. Marine-Schützenbrigade gelandet. Zwei Tage später drangen Torpedokutter und U-Jäger in den Eingang des Petsamo-Fjordes vor und setzten hier ein Bataillon ab. Ihnen folgten am 18. und 23. Oktober weitere Kampfgruppen, bis schließlich am 25. Oktober ein schwaches Regiment am Eingang des Bökfjordes abgesetzt wurde, das am folgenden Tage mit von Süden kommenden Kräften das inzwischen geräumte Kirkenes besetzen konnte.

Zur Deckung und Unterstützung der Landungen wurden die Fliegerregimenter der Nordflotte und 6 Zerstörer, davon 4 für die Deckung gegen deutsche See-Angriffe, entsandt, die u. a. auch die geräumten norwegischen Häfen Vardö und Vadsö beschossen. Gegen die laufenden deutschen Räumungstransporte über See wurden alle verfügbaren 8 sowjetischen U-Boote angesetzt, die in 13 Angriffen 18 Erfolge meldeten, tatsächlich jedoch nur 1 Dampfer und 2 U-Jäger versenken konnten. Auch die Torpedokutter konnten bei zahlreichen Angriffen statt der gemeldeten 10 Fahrzeuge nur 2 Minensucher versenken, während den zahlreichen Luftangriffen 4 Dampfer und 8 kleinere Fahrzeuge zum Opfer fielen. Die Masse der deutschen Rückführungsgeleite erreichte jedoch die Bestimmungsorte, und 40 000 t Material wurden über See abgefahren. Gegen Jahresende war die beabsichtigte neue Stellung am Lyngen-Fjord bezogen, während die Reichsstraße 50 so nachhaltig zerstört worden war, daß größere Bewegungen auf ihr nicht möglich erschienen. Die Sowjets beabsichtigten jedoch offenbar auch nicht, über die eigenen Grenzen und den Raum bis Kirkenes hinaus vorzugehen, so daß die deutsche Front bis zum Schluß des Krieges unbehelligt blieb. Da die deutsche Front außerhalb der zwischen England und der Sowjetunion festgelegten Grenze der Operationsgebiete lag, beteiligte sich die sowjetische Flotte in der Folge auch nicht mehr an der Bekämpfung der deutschen Nachschubschiffahrt, sondern beschränkte sich auf ihren Anteil an der Sicherung des eigenen Küstenverkehrs und der Einbringung der Murmansk-Konvois auf der letzten Strecke der Fahrtroute.

Die Konvoi-Operationen im Winterhalbjahr 1944/45

Im Jahre 1944 beabsichtigte die britische Admiralität, die Konvoi-Operationen früher wieder aufzunehmen als im Vorjahr. Die größte Gefahr für die Konvois stellte neben den U-Booten nach wie vor die *Tirpitz* dar, die von den im April erlittenen Schäden wiederhergestellt schien. Deshalb hielt es der neue Oberbefehlshaber der »Home Fleet«, Admiral Sir Henry Moore, der im Juni Admiral Fraser abgelöst hatte, zunächst für nötig, die *Tirpitz* wieder außer Gefecht zu setzen. So lief er am 14. Juli mit den 3 Trägern *Formidable, Indefatigable* und *Furious,* gedeckt von der *Duke of York,* 4 Kreuzern und einem Schirm von Zerstörern aus, um am 17. Juli 45 Torpedoflugzeuge, geschützt von 50 Jägern, zum Angriff zu starten. Der Verband wurde jedoch so frühzeitig geortet, daß die *Tirpitz* völlig vernebelt und die Flak voll einsatzbereit waren. Der Angriff blieb deshalb erfolglos.

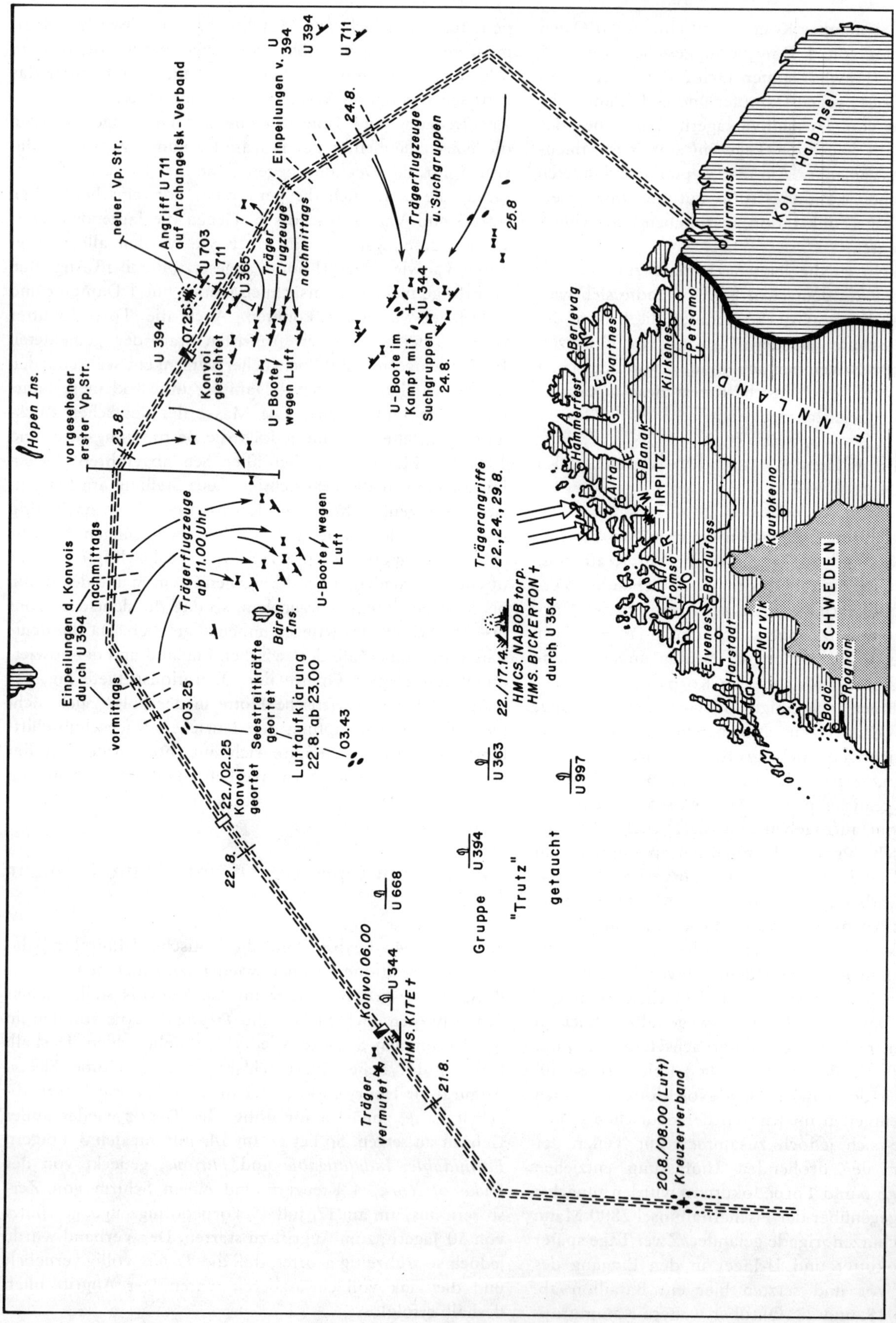

Ein Beispiel einer Geleitzugschlacht 1944/45: Der Konvoi JW. 59 gegen Gruppe »*Trutz*« 20.–24. August 1944

So wurde für den August ein neuer Angriff geplant. Dieses Mal sollte erstmalig auf dem europäischen Kriegsschauplatz die von den Amerikanern im Pazifik entwickelte Taktik der rollenden Trägerangriffe angewandt werden. Eine Trägergruppe sollte etwa eine Woche vor Nordnorwegen kreuzen und, so oft es die Wetterlage erlaubte, Angriffe gegen die *Tirpitz* fliegen. Man hoffte, auf diese Weise die Munitionsvorräte der Flak und die Nebelbatterien erschöpfen und damit die Abwehr lahmlegen zu können. Im Schutze dieser Operation sollte der erste Murmansk-Konvoi laufen, dem sich eine Gruppe britischer Kriegsschiffe, die den Sowjets als Ersatz für ihren Anteil an der italienischen Kriegsbeute überlassen worden waren, anschloß.

Am 15. August ging der Konvoi JW.59 mit 33 Schiffen, gesichert von 2 Geleitträgern, einem Kreuzer und 18 Geleitfahrzeugen in See, gefolgt von einem Überführungsverband mit dem von den Sowjets übernommenen Schlachtschiff *Royal Sovereign* und 8 Zerstörern. Zur Deckung der Operation und um die Trägerraids durchzuführen, ging die »Home Fleet« mit 3 Flottenträgern, 1 Schlachtschiff, 2 Kreuzern und 14 Zerstörern in See, eine weitere Geleitträgergruppe mit 2 Geleitträgern und 6 Fregatten wurde in die norwegische See entsandt, um der »Home Fleet« Luftsicherung gegen deutsche Angriffe zu gewähren, während die Träger ihre Raids führten. Auf deutscher Seiten waren zu dieser Zeit, da man mit einer Wiederaufnahme der Konvois so früh nicht rechnete, nur 5 U-Boote in See, und die Luftwaffe verfügte nur über Aufklärungsflugzeuge. Als am 20. ein Wetterflugzeug den Konvoi meldete und eines der 5 U-Boote beim Überlaufen durch den Konvoi die zur Sicherung gehörende Sloop *Kite* versenken konnte, wurden sofort alle verfügbaren U-Boote in See geschickt. Dabei stieß *U 354* auf die sich gerade zur Beölung ihrer Fregatten klarmachende Geleitträgergruppe und torpedierte den Träger *Nabob* und die Fregatte *Bickerton*, die aufgegeben werden mußte. Am Konvoi wurden die U-Boote jedoch von den durch die Geleitträger gestarteten U-Jagdflugzeugen beim Vorsetzen immer wieder abgedrängt, so daß nur einige von ihnen mit den hinter dem Konvoi zurückgebliebenen »Support Groups« und der sowjetischen Überführungsgruppe in Berührung kamen, ohne daß ihre zahlreich geschossenen »Zaunkönig«-Torpedos zu einem Treffer führten. Andererseits fielen 2 der U-Boote der sofort einsetzenden Jagd zum Opfer. Neun im Kola-Fjord liegende Dampfer wurden von der Sicherung des Konvois aufgenommen und ohne Verluste nach Westen geleitet. Während dieser Operationen versuchten die Flottenträger mehrfach Angriffe gegen die *Tirpitz*. Am 20. August mußte der erste Versuch wegen der Wetterlage abgebrochen werden. Der zweite Versuch am 22. August wurde von der deutschen Abwehr rechtzeitig geortet und durch Zonenschießen der schweren Artillerie und Jäger des J.G. 5 abgefangen, die zusammen 11 Flugzeuge abschossen, ohne daß es den Angreifern gelang, das eingenebelte Schiff zu treffen. Der dritte Raid am 24. August führte zu 2 unbedeutenden Treffern, und der vierte Angriff am 29. August blieb wiederum ergebnislos, so daß trotz 247 Einsätzen das Ziel der Operation nicht erreicht wurde.

Nach dem Mißerfolg der Trägerangriffe erhielten die beiden für Spezialeinsätze ausgebildeten Squadrons 9 und 617 des »RAF-Bomber-Command« den Auftrag, die *Tirpitz* auszuschalten. Da die *Lancaster* mit ihren schweren Fünftonnen-Bomben von Schottland aus Nordnorwegen nicht erreichen konnten, wurden sie auf russische Flugplätze bei Archangelsk verlegt. Trotz weitgehender russischer Unterstützung konnten bei den primitiven Verhältnissen nur gut die Hälfte der Maschinen einsatzbereit erhalten werden. Nach einer Aufklärungsmeldung starteten am 15. September 28 »*Lancaster*«-Bomber, doch war die *Tirpitz* wiederum rechtzeitig eingenebelt, so daß die Flugzeuge ihre Bomben blind werfen mußten und damit nur leichte Schäden erreichen konnten.

So mußte auch für das nächste Konvoipaar wieder eine schwere Deckungsgruppe mit dem Schlachtschiff *Rodney* und 12 Zerstörern vorgesehen werden. Am 15. September lief der JW.60 mit 30 Schiffen und der üblichen Geleitgruppe von 2 Geleitträgern, 1 Flakkreuzer und 12 Geleitfahrzeugen aus. Der Konvoi wurde weder von der deutschen Luftaufklärung, noch von der U-Boot-Gruppe »Grimm« erfaßt und erreichte ohne Verluste Murmansk. Der in der Nacht zum 28. September mit der gleichen Sicherung ausgelaufene westgehende Konvoi RA. 60 manövrierte ebenfalls die Aufstellung von 2 U-Boot-Gruppen mit 12 Booten aus. Nur das zufällig überlaufene *U 310* kam mit einem FAT-Fächer zum Schuß und versenkte 2 Dampfer. Einem Flugzeug eines Geleitträgers fiel andererseits ein U-Boot zum Opfer.

Im Zuge der anlaufenden Räumung Nordnorwegens mußte die *Tirpitz* ihren Liegeplatz im Alta-Fjord verlassen und wurde um 200 sm nach Süden in die Nähe von Tromsö verlegt, wo sie mit ihrer schweren Artillerie als auf Grund gesetzte Batterie den Rückhalt der neuen Lyngen-Fjord-Front bilden sollte.

Am 18. Oktober fanden Aufklärer des Trägers *Implacable*, der zur Deckung des nächsten Konvoipaares gegen die *Tirpitz* entsandt worden war, die *Tirpitz* an ihrem neuen Liegeplatz wieder. Sofort wurden die »*Lancaster*«-Bomber von Nordrußland nach Nordschottland verlegt, da sie von hier aus einen Einsatz gegen die nun in ihrem Aktionsradius liegende *Tirpitz* fliegen konnten. Am 29. Oktober starteten 32 Bomber, doch blieb ihr Angriff wegen einer dichten Wolkendecke erfolglos.

Inzwischen war der Konvoi JW.61 mit einer noch stärkeren Sicherungsgruppe als bisher, bestehend aus 3 Geleitträgern, 1 Flakkreuzer, einer Zerstörerflottille und 4 »Escort Groups« mit mehr als 24 Fahrzeugen, in See gegangen. Der Konvoi mit seiner starken Sicherung durchbrach die Aufstellung der deutschen U-Boot-Gruppe »Panther«, die nach der Ausrüstung der meisten Boote mit einem Schnorchelluftmast jetzt konzentriert im Gebiet zwischen der Bäreninsel und dem Kola-Fjord aufgestellt worden war. Die grundsätzlich unter Wasser operierenden U-Boote waren jedoch zu langsam, als daß sie sich bei der starken Sicherung in eine günstige Schußposition bringen konnten. Nur 5 U-Booten gelang es, Geleitfahrzeuge anzugreifen, ohne daß jedoch dabei Treffer erzielt wurden. Ein Sonderkonvoi, der 11000 sowjetische Kriegsgefangene nach Murmansk brachte und von 1 Geleitträger, 1 Kreuzer und je 6 Zerstörern und Fregatten gesichert wurde, kam unbemerkt durch.

Ehe der westgehende Konvoi am 2. November vom Kola-Fjord auslief, ließ der Befehlshaber der Sicherung, Konteradmiral Dalrymple-Hamilton, alle verfügbaren britischen Geleitfahrzeuge zusammen mit russischen Booten vor dem Kola-Fjord massierte U-Jagd gegen die dort stehenden 19 U-Boote fahren. Bei den schlechten Ortungsbedingungen in diesem Gebiet kam es aber zu keinen Erfolgen. Nur eine der Fregatten wurde durch einen »Zaunkönig«-Torpedo getroffen. Doch kam der Konvoi mit 33 Dampfern unbemerkt von den U-Booten in die freie See.

Noch ehe der Konvoi sein Ziel ohne weitere Verluste erreichte, unternahmen die »*Lancaster*«-Bomber von Lossiemouth in Schottland aus mit 21 Bombern einen neuen Angriff gegen die *Tirpitz.* Dieses Mal erreichten die Bomber ihr Ziel durch einen geschickt koordinierten Anflug, bevor die Vernebelung abgeschlossen war, und mehrere Treffer der 5-t-Bomben brachten das Schiff zum Kentern. Damit war die Bedrohung durch schwere deutsche Schiffe endgültig ausgeschaltet und die Admiralität konnte die letzten Schlachtschiffe und Flottenträger der »Home Fleet« in den Indischen Ozean entsenden, um damit weitere Kräfte für die im Aufbau befindliche britische Pazifik-Flotte frei zu machen.

Der nächste Konvoi JW.62, der am 27. November mit 30 Schiffen auslief, erhielt deshalb nur eine starke U-Boot-Sicherung, die aus 2 »Ocean Escort Groups« mit 10 Geleitfahrzeugen, einer Deckungsgruppe mit 1 Flakkreuzer und 10 Flottenzerstörern sowie 2 »Support Groups« mit 2 Geleitträgern und 10 Fregatten bestand. Die Führung dieser Sicherungs- und Deckungsstreitkräfte übernahmen von nun ab im Wechsel die beiden Befehlshaber der zur »Home Fleet« gehörenden Kreuzergeschwader, die sich jeweils auf einem der Geleitträger einschifften, um eine bessere Übersicht über die Luftsicherung der Konvois zu haben. Die wenigen Aufklärer der Luftwaffe konnten sich gegen die Jagdflugzeuge der Geleitträger nicht durchsetzen, so daß die U-Boote weitgehend auf sich gestellt waren. Der F.d.U., Fregattenkapitän Suhren, hatte zunächst die noch nicht mit Schnorcheln ausgerüsteten 10 U-Boote als Gruppe »Stock« westlich der Bären-Insel und die 7 Schnorchelboote als Gruppe »Grube« vor der Kola-Küste angesetzt, doch zog er, nachdem der Konvoi nach der Koppelung die erste Aufstellung passiert haben mußte, auch die Gruppe »Stock« an die Kola-Mündung heran. Hier gerieten die Boote zum Teil in Berührung mit sowjetischen Küstenkonvois, die zwischen dem Kola-Fjord und Petsamo/Kirkenes verkehrten. Aus diesen Konvois wurden mindestens 2 U-Jäger und 2 Dampfer versenkt, doch kamen die U-Boote weder gegen den einlaufenden Konvoi JW.62 noch gegen den auslaufenden Verband zum Schuß, nachdem die »Escort Groups«, von 6 sowjetischen Zerstörern unterstützt, zweitägige U-Jagd-Operationen vor dem Auslaufen dieses Konvois durchführten. Nur einem U-Boot gelang es, an dem Konvoi Fühlung zu halten und schließlich den britischen Zerstörer *Cassandra* zu torpedieren. Inzwischen waren auf das ständige Drängen von Großadmiral Dönitz hin Anfang November endlich die I. und II. Gruppe des K.G. 26 mit 73 für den Torpedowurf ausgerüsteten *Ju-88* in Nordnorwegen eingetroffen. Sie sollten zunächst nur gegen Flugzeugträger eingesetzt werden, erst am 12. Dezember gab man, nachdem diese nicht sicher festgestellt waren, auch den Angriff gegen den ablaufenden Konvoi frei, doch wurden die wenigen angreifenden Flugzeuge abgedrängt.

Die mit ähnlichen Sicherungsgruppen abgewickelte Operation der Konvois JW. 63 und RA. 63 vom 30. Dezember bis 21. Januar wurde von der deutschen Seite überhaupt nicht erfaßt, so daß die 35 bzw. 30 Schiffe ohne Ausfälle ihre Ziele erreichten.

Während dieser Zeit verfügte die »Home Fleet« trotz der Abgaben noch über ausreichend Streitkräfte, um neben der Konvoisicherung auch Offensiv-Vorstöße gegen den Verkehr vor der norwegischen Küste zu führen. Dabei wurden verschiedentlich Gruppen von 2 Geleitträgern mit 2 Kreuzern und 3 bis 6 Zerstörern zu Angriffen gegen Schiffsziele und auch Minenwürfen eingesetzt, wobei die Kreuzer gelegentlich mit den Zerstörern bis unter die Küste vorstießen. Dabei kam es am 12. Januar zu einem Gefecht mit der aus Minensuchbooten und Fischdampfern bestehenden Sicherung eines Konvois, und am 28. Januar zu einem Gefecht mit der auf der Verlegung in die Ostsee befindlichen 4. Zerstörerflottille, bei der auf den deutschen Schiffen mehr oder weniger schwere Schäden angerichtet wurden. Auch die alliierten U-Boote setzten ihre Operationen vor der norwegischen West- und Südwestküste fort, wobei insbesondere 2 erfolgreiche Minenunternehmungen des französischen U-Bootes *Rubis* zu erwähnen sind, die 3 Dampfer, 4 U-Jäger und 1 Räumboot kosteten.

Nachdem auf deutscher Seite wegen des Ausbleibens weiterer Sichtungen im Januar zunehmende Unklarheit über die Verkehrslage entstand, ohne daß die im Aufklärungsstreifen westlich der Bäreninsel suchenden U-Boote etwas fanden und die vor der Kola-Küste operierenden Schnorchelboote nur auf sowjetische Küstenkonvois zum Angriff kamen, wurde endlich am 6. Februar der nächste Konvoi

JW.64 von der deutschen Luftaufklärung erfaßt, und 12 U-Boote nahmen ihre üblichen Positionen ein. Ein erster Angriff des K.G. 26 mit 48 Flugzeugen verfehlte am 7. Februar den Konvoi, und auch ein zweiter Versuch am 10. Februar mit 30 Flugzeugen schlug gegen die starke Jagd- und Flakabwehr des Konvois nicht durch. Vor dem Kola-Fjord konnte nur eine Korvette von einem der U-Boote torpediert werden, doch hatten auch die Geleitfahrzeuge wegen der schlechten Ortungsbedingungen keine Möglichkeit, einen Erfolg gegen ein U-Boot zu erringen.

Den weiterhin vor der Kola-Küste bleibenden U-Booten fielen aus einem sowjetischen Zubringer-Konvoi am 14. 2. zwei Dampfer zum Opfer. Der erneute Versuch der von sowjetischen Schiffen unterstützten britischen »Escort Force« unter Konteradmiral McGrigor, durch einen massierten U-Jagd-Einsatz vor dem Kola-Fjord die U-Boote abzudrängen, hatte nur teilweise Erfolg. Ein U-Boot wurde versenkt, doch verlor der Konvoi einen Dampfer und eine Sloop sowie bald darauf eine weitere Korvette. Nach Abreißen der Fühlung gelang es der Luftaufklärung am 20. Februar den Konvoi wiederzufinden und 40 Torpedoflugzeuge heranzuführen. Obgleich die Flugzeuge erhebliche Erfolge meldeten, erzielten sie tatsächlich keine, die beobachteten Detonationen waren offenbar auf Kielwasserdetonierer zurückzuführen, die ihre Ursache in einer nicht einwandfrei funktionierenden Magnetzündung hatten. Nur ein einzelner Nachzügler fiel am 23. Februar einem weiteren Angriff zum Opfer.

Bei der Operation des nächsten Konvois JW. 65 im März schlug die Luftaufklärung völlig fehl, so daß der F.d.U. die U-Boote in zwei Linien dicht vor dem Kola-Fjord zusammenzog. Von den 13 Booten konnten 4 beim Überlaufen durch den Konvoi Angriffe fahren, denen 2 Dampfer und 1 Sloop zum Opfer fielen. Ein Versuch, mit den U-Booten nach Einlaufen des Konvois gegen die in der Barents-See vermuteten Träger zu operieren und damit den Torpedoflugzeugen ihren Einsatz zu erleichtern, schlug jedoch fehl. Da der zurückkehrende Konvoi RA.65 nicht den üblichen minenfreien Kanal im Kola-Fjord benutzte, sondern einen kurzfristig freigeräumten neuen Weg, konnte er die wartenden U-Boote ausmanövrieren und unangefochten den freien Seeraum erreichen, wo auch verschiedene Angriffsversuche der Luftwaffe fehlschlugen.

In ähnlicher Weise spielte sich auch die letzte Konvoioperation im Nordmeer vom 16. April bis 2. Mai ab. Nachdem die Luftaufklärung den JW.66 nicht erfassen konnte, versammelten sich die U-Boote vor der Kola-Mündung und wurden hier erneut in Kämpfe mit sowjetischen Küstenkonvois verwickelt, aus denen sie 2 Schiffe torpedierten. Der Konvoi jedoch kam unangefochten in den Fjord. Vor dem Auslaufen RA.66 wurde wiederum von britischen und sowjetischen Fahrzeugen massiert vor dem Kola-Fjord U-Jagd getrieben, um die U-Boote abzudrängen. Zwei der Boote wurden versenkt, doch konnte *U 968,* das bereits mehrfach bei den Operationen des letzten Kriegsjahres zu erfolgreichen Angriffen gekommen war, hier die Fregatte *Goodall* als letzten Erfolg in einer Geleitzugoperation des zweiten Weltkrieges versenken. Mit dieser Operation und einem britischen Trägerraid gegen Narvik am 4. Mai fand der Seekrieg im Nordmeer sein Ende.

Zusammenfassung

Mehr als 4 Jahre hatte der Kampf in den Gewässern vor Norwegen und im Nordmeer gedauert. Im Mittelpunkt aller Operationen standen in dieser Zeit die alliierten Nachschubkonvois nach Murmansk. In der Zeit vom 15. August 1941 bis 31. Mai 1945 lieferten die Engländer und die Amerikaner im Rahmen des Leih- und Pachtprogramms an die Sowjetunion 12000 Tanks, 22000 Flugzeuge, 376000 Lastwagen, 35000 Motorräder, 51000 Jeeps, 5000 Panzerabwehrgeschützte, über 8000 Flakgeschütze, 473 Millionen Geschosse, 35000 t Sprengstoffe sowie ungeheure Mengen von Rohstoffen, Kriegsmaterial und Lebensmitteln. 22,7% dieser Menge wurden auf dem Arktischen Seeweg nach Rußland gebracht. 811 Transportschiffe liefen in 40 Konvois nach Rußland, 720 trafen dort ein, 33 mußten wegen Schäden vorzeitig umkehren und 58 wurden versenkt. Von den 715 Schiffen, die in 37 Konvois die Rückfahrt antraten, gingen 29 verloren. Dazu sanken 18 Kriegsschiffe, darunter 2 Kreuzer. Die Verlustquote war mit 7% die höchste aller Routen und lag weit über der Quote des Nordatlantiks mit 0,7%. Beide Seiten wurden zu einem enormen Einsatz ihrer Kräfte gezwungen, bei dem die Deutschen ein Schlachtschiff, 3 Zerstörer, 38 U-Boote und zahlreiche Flugzeuge verloren. Auf alliierter Seite hätte die enorme Anspannung, welche die ständigen Konvoioperationen für die Schiffe der »Home Fleet« darstellten, zweifellos gemildert werden können, wenn man auf diese gefährliche Route verzichtet und den Nachschub statt dessen über die zu spät ausgebaute Route über den Persischen Golf gelenkt hätte, über die man im Jahr 1944 die vierfache Menge der Transportleistungen der Arktischen Route ohne Gefährdung durch den Gegner transportieren konnte.

Neben diesen Operationen waren die Angriffe gegen den deutschen und den russischen Küstenschiffsverkehr relativ unbedeutend. Erst Ende 1944/Anfang 1945 gelang es den Alliierten, mit ihren kombinierten landgestützten Luftangriffen, Trägerraids und U-Boot-Angriffen, den deutschen Erzverkehr, welcher durch die Entwicklung in der Ostsee die schwedische Route nicht mehr benutzen konnte, durch schwere Verluste fast zum Erliegen zu bringen.

Kapitel 35

Die alliierte Offensive gegen Nordafrika 1942

Von J. Rohwer übersetztes Kapitel 31 der US-Originalausgabe, das von W. M. Belote und H. O. Werner verfaßt wurde.

In der Geschichte des Koalitionskireges hat es kaum einmal eine vertrauensvollere und loyalere Zusammenarbeit zwischen Alliierten gegeben als zwischen Großbritannien und den Vereinigten Staaten im zweiten Weltkrieg. Zum Teil war dies das Ergebnis der weitgehenden Übereinstimmung der Interessen der zwei Nationen, die über 50 Jahre zurückreichte. Zum Teil war es aber auch das Ergebnis der intimen Freundschaft zwischen den zwei Regierungschefs, dem Premierminister Churchill und Präsident Roosevelt. Es war schließlich das Werk von General Eisenhower, der sich ganz besonders zum Ziel gesetzt hatte, als Oberbefehlshaber eine enge Zusammenarbeit zu erreichen, und der keinen Hader zwischen den Untergebenen zuließ. Sie entstand zudem aus der Bereitschaft der führenden Offiziere beider Nationen, in freundschaftlichem Geiste zu geben und zu nehmen und aus vollem Herzen ein gemeinsames Ziel anzustreben. Aber trotz der Harmonie, die im operativen Bereich vorherrschte, kam es zwischen den militärischen und politischen Führern der beiden Alliierten wiederholt zu Auseinandersetzungen über die Strategie.

Die meisten Meinungsverschiedenheiten zwischen den britischen und amerikanischen Führern bestanden über die Frage wo und wann der Feind anzugreifen sei. In einfachen Worten ausgedrückt, strebten die Amerikaner danach, den Feind direkt anzugreifen, in einem Vorstoß auf das Herz Deutschlands, sobald es möglich war. Die Engländer dagegen befürworteten den indirekten oder peripheren Angriff, in dem sie den Gegner umgingen und niederhielten, bevor sie es riskierten, den Stoß in sein Herz anzusetzen. Wahrscheinlich war es der größte Beitrag der Engländer zur Strategie des zweiten Weltkrieges, daß sie sich selbst und die Amerikaner aus Westeuropa heraushielten, bis die Deutschen genügend geschwächt und die Alliierten stark genug geworden waren, um einen schnellen und nicht zu kostspieligen alliierten Sieg zu gewährleisten. Der größte Beitrag der Amerikaner zur Strategie war es, die Engländer zu überreden und mit ihnen gemeinsam Westeuropa Mitte 1944 anzugreifen, bevor die Deutschen ihre neue und tödliche Raketenkriegführung auf Touren bringen konnten.

Die Grundlage für die britische Zurückhaltung war zum Teil aus der Geschichte zu erklären, aus mehr als 2 Jahrhunderten britischer Militärtheorie und -erfahrung. Im Siebenjährigen Krieg hatte William Pitt der Ältere seinen berühmten Kriegsplan zur Anwendung gebracht, in dem er die Grundlagen des Britischen Empire legte. Sein Plan war es, Frankreich und seinen spanischen Alliierten nicht durch die Entsendung einer großen Armee auf dem Kontinent zu treffen, sondern durch die größtmögliche materielle Unterstützung der kontinentalen Alliierten Englands, während er gleichzeitig die britische Seemacht benutzte, um den Gegner von der See abzuschneiden, um Operationen rund um die feindliche Kontinentalposition zu führen, den feindlichen Überseehandel wegzunehmen und die Kolonien des Feindes jenseits der Ozeane anzugreifen. Mit einem Einsatz geringster Landstreitkräfte gelang es England so, Frankreich und Spanien in Europa festzuhalten, während gleichzeitig die britischen Ansprüche in Indien, Kanada und den späteren Vereinigten Staaten bis zum Mississippi im Westen begründet wurden.

In den napoleonischen Kriegen brachte England Variationen des Pittschen Planes während der ersten drei Koalitionskriege zur Anwendung, indem es die Alliierten auf dem Kontinent unterstützte, während es gleichzeitig seine Seemacht einsetzte, um den Feind von den übrigen Teilen der Welt abzuschneiden, seine Flotte zu blockieren und zu zerstören und weiche Stellen am Rand des Kontinents zu suchen und auszunutzen. So fanden sich die Franzosen, wenn auch nicht besiegt, so doch ständig enttäuscht, überall bedroht und an den Rand des wirtschaftlichen Zusammenbruchs gebracht. In der vierten und letzten Koalition entsandte England eine starke Armee auf den Kontinent und drang nach Frankreich vor, nicht direkt, sondern von Süden auf dem Wege über die spanische Halbinsel mit portugiesischer und spanischer Hilfe. Zur gleichen Zeit griffen die Russen, Preußen und Österreicher von Osten an. Zwischen ihnen, den kombinierten Kräften der Koalition, brach das napoleonische Empire schließlich zusammen.

Zu Beginn des ersten Weltkrieges plädierte eine Gruppe von britischen peripheren Strategen dafür, die Grundlinien des Pittschen Planes und der ersten 3 napoleonischen Koalitionskriege wieder aufzunehmen. Diese Schule sagte, daß die Kriegführung auf den Hauptschauplätzen des Kontinents den Armeen von Frankreich, Belgien, Rußland und denjenigen anderen Mächten überlassen bleiben sollte, die in den Krieg gegen Deutschland gezogen werden konnten. England sollte sie durch Material und Mittel unterstützen, das teilweise durch die Wegnahme des deutschen Überseehandels finanziert werden könne und durch jede andere Maßnahme außer der Entsendung starker Truppenkontingente an die Hauptfront.

Gegen diese Schule der peripheren Strategen machte sich eine lautstarke Schule britischer kontinentaler Strategen geltend, welche ihre Anregungen der vierten antinapoleonischen Koalition entnahmen. Sie sagten, daß der Kaiser ebenso wie Napoleon umzingelt sei. Er habe keine Wahl als einen Zweifrontenkrieg zu kämpfen. Englands bester Beitrag, so sagten die Kontinentalstrategen, war es, die Hauptarmee auf den Kontinent zu entsenden. Diese britische Kontinentalschule hatte naturgemäß die volle Unterstützung der französischen militärischen Führer, und die französischen Argumente waren überzeugend. Zu Beginn des Krieges im August 1914 sandte Großbritannien sofort eine Armee auf den Kontinent. In der ersten Schlacht an der Marne im September 1914 hielten 100000 aktive britische Soldaten die linke Flanke der Alliierten und halfen, einen Keil zwischen die beiden getrennten deutschen Armeen zu treiben. Die Angreifer wurden zurückgeworfen und Paris gerettet.

Nach dem deutschen Rückschlag erstarrte die Westfront in einem vierjährigen Stellungskrieg. Die kontinentale Strategie gewann schließlich den Krieg für die Alliierten, aber nur mit der amerikanischen Intervention und einem furchtbaren Preis an Menschen und Mitteln. Das britische Empire verlor nahezu eine Million Mann. Um die statische Westfront in der Flanke zu packen, befürwortete Winston Churchill, damals Erster Lord der Admiralität, die periphere Strategie in der Form eines Angriffes gegen Konstantinopel. Dieser Flankenangriff schlug jedoch im Kampf um die Dardanellen bei Gallipoli fehl. In den Jahren nach dem ersten Weltkrieg kamen die militärischen Analytiker zu dem Schluß, daß Churchills Plan strategisch richtig war, und daß er nur durch die unzulängliche alliierte Planung, durch eine Reihe von vermeidbaren alliierten Fehlern und als Ergebnis der Voraussicht und Initiative des deutschen Befehlshabers der türkischen Verteidigungskräfte, Liman von Sanders, fehlschlug.

Zu Beginn des zweiten Weltkrieges entsandte England wieder eine Armee nach Frankreich. Wieder begann der Krieg im Westen mit einem deutschen Vorstoß, der die schnelle Niederwerfung Frankreichs zum Ziel hatte. Dieses Mal hatten die Deutschen Erfolg. Frankreich wurde aus dem Kriege ausgeschaltet, und die britische Expeditionsarmee vom Kontinent vertrieben. Churchill als der Befürworter der peripheren Strategie im ersten Weltkrieg kehrte zu diesem Konzept als Premierminister und Verteidigungsminister im zweiten Weltkrieg zurück. Nach dem Fall Frankreichs und der Evakuierung der britischen Armee hatte er keine Neigung, nach Westeuropa zurückzukehren, zumindest so lange nicht, bis Deutschland entscheidend geschwächt war. Und tatsächlich hatte England ohne Alliierte nicht ausreichend Truppen, um eine neue Westfront zu besetzen. Andererseits besaß England eine weit überlegene Seemacht. Unter diesen Umständen begrenzten Churchill und die britischen Stabschefs ihre Offensive gegen die Achsenmächte auf Luftangriffe gegen die deutschen Industrien und Verbindungswege, auf Angriffe auf deutsche und italienische Seestreitkräfte, auf Operationen, die darauf hinzielten, die britischen Verbindungswege im Mittelmeer wieder herzustellen und zu sichern, auf die Operationen in Ägypten, auf entfernte Angriffe auf Dakar und Madagaskar und auf Operationen in Kreta und Griechenland sowie Raids gegen Norwegen, St. Nazaire und Dieppe. Als Hitler die Sowjetunion angriff, verkündete Churchill: »Wir werden Rußland und dem russischen Volk jede uns mögliche Hilfe geben.«

So belebte England zwei Hauptmerkmale des Pittschen Planes neu: die größtmögliche materielle Unterstützung der Alliierten auf dem Kontinent bei Ausnutzung der Seemacht zur Unterstützung von Operationen an der Peripherie des feindlichen Kontinents und in Übersee.

Die sowjetischen Führer waren von dem Augenblick, in dem sie sich an der Seite Englands im Kriege fanden, Gegner des Konzepts der peripheren Strategie und forderten ständig eine sofortige Errichtung einer zweiten Front. Als die Vereinigten Staaten in den Krieg eintraten, drängten die amerikanischen »Joint Chiefs of Staff« und besonders General Marshall ebenso auf eine Rückkehr alliierter Streitkräfte nach Frankreich. Marshall schlug vor, im Spätsommer 1942 einen Brükkenkopf in Frankreich zu gewinnen: die Operation »Sledgehammer«. Hier sollte im Jahr 1943 eine große Invasion, die Operation »Roundup«, ein Vorstoß nach Deutschland, folgen, der eine doppelte Umfassung der Ruhr vorsah, die dann tatsächlich 1944/45 ausgeführt wurde. Zur Vorbereitung von »Sledgehammer« und »Roundup« gaben die »Joint Chiefs« der Produktion von Landungsschiffen und Landungsbooten die höchste Priorität und begannen, Truppen nach England zu überführen. Die britischen Stabschefs nahmen zwar zögernd »Sledgehammer« an, doch nur als eine Not- oder Gelegenheitsoperation, für den Fall, daß entweder die Russen oder die Deutschen an den Rand einer Niederlage zu gelangen schienen, obgleich Präsident Roosevelt darauf drängte, »Sledgehammer« mit dem größten Nachdruck und ohne Bedingungen voranzutreiben. Roosevelt bestand darauf, daß es von größter Wichtigkeit sei, amerikanische Landstreitkräfte im Jahre 1942 zum Einsatz gegen den Feind zu bringen. Das britische Kriegskabinett und die britischen Stabschefs lehnten es jedoch glatt ab, einer frühen Invasion des Kontinents unter den Bedingungen des Präsidenten zuzustimmen.

Irgend etwas mußte jedoch 1942 getan werden. Die Deutschen eroberten an der russischen Front das während des Winters verlorengegangene Terrain zurück und stießen auf Stalingrad an der Wolga vor. Hier konnten sie die Ölversorgungslinie vom Kaukasus unterbrechen und die amerikanische und britische Nachschubroute nach Rußland über den Persischen Golf blockieren. In Nordafrika stießen Rommels Tanks auf das Nildelta in Ägypten vor, und sie schienen einen Schwung zu haben, der sie bis nach Kairo und an den Suezkanal gelangen ließ.

Churchill schlug eine Invasion in Nordwestafrika vor. Es gab manches für diesen Vorschlag vorzubringen. Tunesien,

Algerien, Marokko und Französisch-Westafrika, wenn auch loyal gegenüber der Vichy-Französischen Regierung, waren nicht von den Deutschen besetzt. Wenn es gelang, dieses Gebiet auf die alliierte Seite zu bringen, konnte Rommel zwischen die Feuer der Invasionsstreitkräfte und der britischen 8. Armee gebracht werden. Malta konnte entsetzt und das Mittelmeer für die alliierte Schiffahrt geöffnet werden, was auf der anderen Seite den Schiffsraummangel teilweise beheben konnte. Darüber hinaus war es möglich, Basen für Angriffe gegen Italien und das übrige Südeuropa zu gewinnen. Eine französische Armee für den Kampf gegen die Achsenmächte konnte aufgestellt werden, Phosphate und andere Rohstoffe dem Feind entzogen werden.

Präsident Roosevelt war zunächst gegen den Angriff in Nordafrika. Er wünschte, amerikanische Streitkräfte so bald wie möglich in Europa selbst zu sehen, um die Moral der amerikanischen Öffentlichkeit zu beleben und die Versprechungen Rußland gegenüber zu erfüllen, schließlich auch, um den Krieg zu einem schnellen Ende zu bringen. Die »Joint Chiefs of Staff« waren gegen die afrikanische Invasion, da sie in ihr eine exzentrische strategische Bewegung sahen, die mehr und mehr alliierte Streitkräfte von strategischen Zentren in Westeuropa abziehen und die Invasion Frankreichs um mindestens 2 Jahre verzögern würde. Premierminister Churchill bestand jedoch auf der Invasion Nordafrikas als der bestmöglichen Vorbereitung einer Invasion Frankreichs, da die Bedrohung der peripheren Stellungen des Achsenimperiums deutsche Streitkräfte von den Invasionsräumen an der französischen Küste abziehen würde.

Schließlich überzeugte Churchill Roosevelt, daß es tatsächlich keine Alternative zu diesem Afrikaplan gab, wenn die anglo-amerikanischen Streitkräfte noch in diesem Jahr zum Kampf mit den Achsenmächten kommen sollten. Zum ersten Mal setzte sich Roosevelt in Fragen der Strategie über seine militärischen Berater hinweg. Am 25. Juli 1942 beschlossen die »Combined Chiefs of Staff« die nordafrikanische Invasion, die den Codenamen Operation »Torch« erhielt.

Strategische und politische Pläne und Vorbereitungen

Die unmittelbaren Ziele der Landungen waren drei nordafrikanische Häfen außerhalb der Reichweite der Luftwaffe, Algier und Oran im Mittelmeer und Casablanca an der marokkanischen Atlantikküste. Bizerta und Tunis in Tunesien und Bône in Algerien wurden als zu nahe an den feindlichen Flugbasen in Sardinien verworfen, während Dakar in Westafrika zu weit von nützlichen Zielen entfernt war. Die Wahl spiegelte auch einen Kompromiß zwischen den Plänen der amerikanischen Armee, die den Wunsch hatte, einen möglichen deutschen Gegenangriff durch Spanien hindurch abzufangen und britischen Planern, welche die hauptsächliche feindliche Gegenwehr von Tunesien aus erwarteten, wider. Waren die ersten Zielhäfen gewonnen und gesichert, sollten Teile der alliierten Kräfte mit größter Geschwindigkeit nach Osten vorstoßen, um vor den Deutschen die Häfen Tunesiens zu besetzen, während andere Kräfte von Casablanca aus die Grenzen Spanisch-Marokkos zu besetzen hatten, um die lebenswichtigen Verbindungen durch die Straße von Gibraltar zu sichern.

Die beste Ausnützung der verfügbaren Schiffe und Truppenverbände war für die Zusammensetzung der einzelnen Angriffsgruppen ausschlaggebend. Die amerikanische »Task Force 34«, auch »Western Naval Task Force« bezeichnet, hatte 35000 Mann von den Vereinigten Staaten direkt in das Gebiet von Casablanca zu transportieren. Die »Center Naval Task Force« mit 39000 Mann amerikanischer Truppen und britischer Flottenunterstützung sollte von England aus Oran besetzen. Eine dritte Angriffsgruppe, die »Eastern Naval Task Force«, sollte 23 000 Engländer und 10000 Amerikaner für die Wegnahme von Algier an Bord nehmen. Nach der Wegnahme der Häfen sollten nachfolgende Konvois weitere Verstärkungen und Nachschubgüter bringen, bis die Eroberung vollständig war. Da die Nachrichtendienste meldeten, daß die Vichy-Streitkräfte amerikanischen Truppen gegenüber geringeren Widerstand leisten würden als Engländern, waren alle Befehlshaber des ersten Angriffs Amerikaner. Generalleutnant Dwight D. Eisenhower wurde als Oberbefehlshaber der alliierten Streitkräfte eingesetzt, während Flottenadmiral Sir Andrew B. Cunningham alle Seestreitkräfte kommandierte. Der Landungstag wurde auf den 8. November 1942 festgesetzt, das letzte Datum im Jahr, an dem Landungen über die Strände möglich erschienen angesichts der im Winterhalbjahr an der afrikanischen Atlantikküste herrschenden schweren Grundseen und Brandungen.

Das Wagnis war immer noch riskant genug, um die Verwegensten zufriedenzustellen. Viel hing von der unvorhersehbaren Reaktion der Franzosen in Nordafrika ab. Wegen der britischen Angriffe gegen die französischen Seestreitkräfte in Mers-el-Kébir und Dakar 1940 hatten die Deutschen den Franzosen erlaubt, eine Verteidigungsstreitmacht von 120000 Mann zu versammeln und auszurüsten, die von 350 guten Flugzeugen und mehr als 200 Tanks, einer erheblichen Menge leichter Artillerie und Granatwerfer sowie von Seestreitkräften, darunter dem modernen Schlachtschiff *Richelieu* und einer Kreuzer- und Zerstörerkampfgruppe, in Dakar unterstützt wurden. Ein weiterer Kreuzer, das unfertige Schlachtschiff *Jean Bart,* und zahlreiche Zerstörer und U-Boote waren in Casablanca und den Häfen entlang der Küste. Wenn alle diese Streitkräfte mit Entschlossenheit Widerstand leisteten, und die Deutschen in spanische und französische Basen einrückten, um sie zu unterstützen und die alliierten Nachschubwege bei Gibraltar unterbrachen, dann schien es manchen alliierten Stabsoffizieren möglich, daß die Invasion scheitern könnte. Es schien jedoch wahrscheinlicher, daß die Franco-Regierung sich einem deutschen Einmarsch nach Spanien widersetzen würde und daß viele der zur Verteidigung eingesetzten französischen Einheiten, wenn sie über-

haupt kämpften, nur einen symbolischen Widerstand leisten würden. Der Erfolg hing jedoch ebensosehr von politischen als von militärischen und maritimen Faktoren ab.
Im Rahmen der Einschränkungen, welche die Geheimhaltung der Operation erforderlich machte, wurde alles Mögliche getan, um eine günstige französische Reaktion auf die Landungen sicherzustellen. Trotz starken Drucks der Öffentlichkeit hatte die Roosevelt-Regierung es abgelehnt, die diplomatischen Beziehungen mit Vichy-Frankreich abzubrechen. Im Herbst 1940 war Admiral William D. Leahy als Botschafter nach Vichy entsandt worden mit der Hauptaufgabe, den französischen Widerstand gegen jede deutsche Beherrschung Französisch-Afrikas zu stärken. Seit 1941 war eine Gruppe amerikanischer Konsularbeamter unter der Führung von Generalkonsul Robert D. Murphy dabei, den guten Willen und die Zusammenarbeit führender französischer politischer und militärischer Persönlichkeiten in Nordafrika bei der Verwaltung und Verteilung der amerikanischen wirtschaftlichen Hilfe zu gewinnen. Sie sammelten gleichzeitig Nachrichten über die Strandverteidigung, die Brandungsverhältnisse, Straßen, Brücken und andere Nachrichten, die für erfolgreiche Landungen wichtig waren. Zwei Wochen bevor die Invasion beginnen sollte, landete Generalmajor Mark W. Clark von dem britischen U-Boot *Seraph,* um mit Murphy und proalliierten französischen Befehlshabern in einer Geheimkonferenz bei Algier zusammenzutreffen. Ohne ein genaues Datum abzugeben, wurde den Franzosen mitgeteilt, daß der Angriff kurz bevorstünde, und man drängte sie, die Invasionsabwehrpläne bei Beginn der Operation durcheinanderzubringen. Auf französisches Drängen wurde General Henri Giraud, ein weithin bekannter älterer französischer Offizier, der aus deutscher Gefangenschaft entflohen war, an der Küste der Riviera von demselben britischen U-Boot aufgenommen und nach Gibraltar gebracht, in der Hoffnung, daß er dazu beitragen könnte, die Franzosen auf die alliierte Seite zu ziehen. Am Vorabend des Angriffes bestand daher Grund zu der Hoffnung, daß eine Anzahl französischer Heeres- und Luftwaffeneinheiten neutralisiert sein würden.
Den Bemühungen, die französische Marine herüberzuziehen, war jedoch zunächst kein Erfolg beschieden. Das war besonders schwerwiegend, da die Küstenverteidigungsbatterien durch Marinepersonal bemannt waren. Mit wenigen Ausnahmen war die Marine dem Flottenadmiral François Darlan loyal ergeben, der jetzt Oberbefehlshaber der bewaffneten Streitkräfte Vichy-Frankreichs war. Als ein tüchtiger und dynamischer Führer hatte er die Marine während und zwischen den Kriegen auf einen hohen Leistungsstand gebracht. Darlan konnte sowohl legal als auch moralisch die Ergebenheit aller französischen Streitkräfte in Nordafrika mit einer Autorität beanspruchen, die nur der Pétains selbst nachstand. Einige Wochen vor den Landungen streckte Darlan Fühler zu amerikanischen Beamten in Nordafrika aus und regte Verhandlungen an. Murphy war dafür, mit dem Admiral zu verhandeln, aber das U.S. State Department, das der Vichy-Regierung nicht traute, fürchtete, daß durch solche Kontakte Hinweise auf die bevorstehende Operation durchsickern und die Deutschen veranlassen könnten, Truppen und Flugzeuge nach Nordafrika zu entsenden und damit den ganzen Plan zum Scheitern zu bringen. Nur 3 Tage vor dem Landungstag jedoch flog Darlan nach Algier, um seinen kranken Sohn zu besuchen. So war er durch einen reinen Zufall am richtigen Platz, um einen unmittelbaren Einfluß auf den Lauf der Dinge auszuüben. Dieses völlig unerwartete Ereignis sollte sich als sehr glücklich für die Alliierten herausstellen.

Taktische Pläne und Vorbereitungen

Da der Krieg gegen die europäischen Achsenmächte in erster Linie eine Heeresangelegenheit war, fand sich das Kommando auf der höchsten Ebene von Anfang bis zum Ende bei einem Heeresoffizier, und der Armee wurden Seestreitkräfte je nach Bedarf zugeteilt. Als Ergebnis beherrschte die Armee die Planung von gemeinsamen Operationen der Teilstreitkräfte, und die Marine fügte sich den Wünschen der Armee, selbst bei amphibischen Angriffen. Die Situation war der im Pazifik genau entgegengesetzt, wo das oberste Kommando in Händen der Marine lag und Heereseinheiten der Marine je nach Bedarf zugeteilt wurden. Als Ergebnis entwickelten sich die amphibischen Operationen auf beiden Kriegsschauplätzen unterschiedlich.
Die Planung und Vorbereitung der Operation »Torch« wurden durch die Teilung des Kommandos und die Kürze der Zeit erschwert. Von seinem Londoner Hauptquartier leiteten General Eisenhower und ein britisch-amerikanischer Stab die detaillierte Planung der Angriffe gegen Algier und Oran. Da die Streitkräfte für Marokko jedoch aus den Vereinigten Staaten kamen, wurden die Pläne und Vorbereitungen für diesen Teil der Operation »Torch« von den »Joint Chiefs of Staff« ausgearbeitet. General Marshall delegierte die Planung für die Landungsoperation dem Kriegsministerium, das seinerseits die Detailplanung Generalmajor George S. Patton jr. übertrug, dem Befehlshaber der »Western Task Force«. Admiral King delegierte die Flottenplanung für die teilnehmenden Seestreitkräfte an Admiral Royal E. Ingersoll, den Oberbefehlshaber der Atlantikflotte, der sie seinerseits wiederum an Konteradmiral Kent Hewitt übertrug, den vorgesehenen Befehlshaber der »Western Naval Taks Force« (»Task Force 34«). In der Vorbereitungsphase waren die Armee- und Marinebefehlshaber unabhängig mit keinem gemeinsamen Oberbefehlshaber unter dem Präsidenten. Die Kommandostruktur entsprach also der Tradition gemeinsamer Operationen seit Quebec im Siebenjährigen Krieg bis Norwegen im zweiten Weltkrieg.
In der Praxis wurden die Planung und Vorbereitung für den Angriff gegen Marokko integriert durchgeführt, wie es bei einer so organisch zusammengehörenden Operation wie einem amphibischen Angriff notwendig war. General Patton

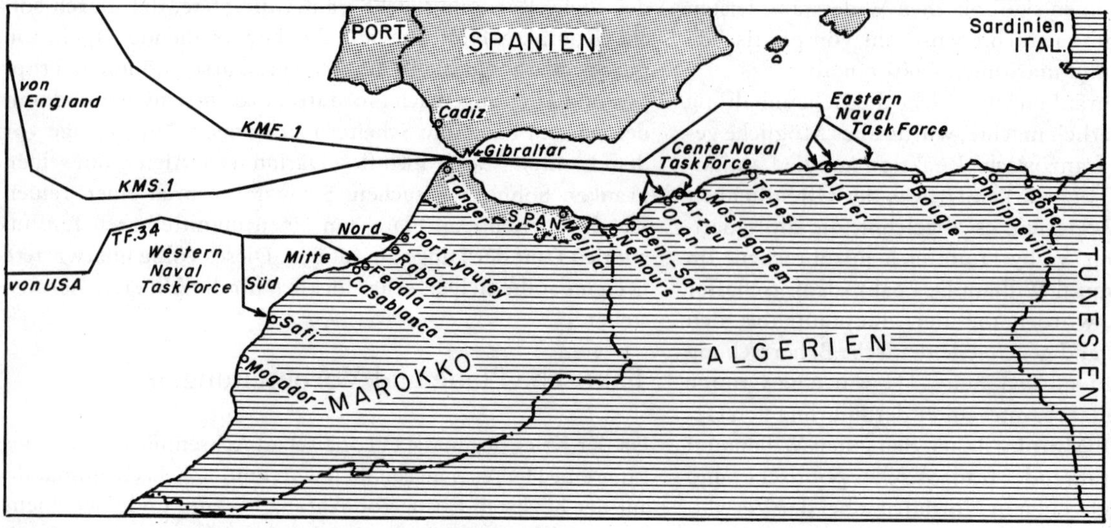

Die Operation »Torch«: Anmarsch, 5.–8. November 1942

und Admiral Hewitt konferierten ständig. Um die Marinepläne mit denen der Landungsstreitkräfte zu koordinieren, arbeiteten zunächst Planungsoffiziere verschiedene Wochen in den Büros Pattons in Washington. Um die endgültige Koordination zu erreichen, übersiedelte Pattons Planungsstab dann in das Hauptquartier Hewitts in Ocean View in der Nähe von Norfolk, Virginia. Da Hewitt, bevor er das Kommando über die »Western Naval Task Force« übernahm, Befehlshaber der amphibischen Streitkräfte der Atlantikflotte war, wurde das amphibische Training für die marokkanische Landungsgruppe von seinem Hauptquartier aus gesteuert.

Am 13. Oktober 1942 gaben die »Joint Chiefs of Staff« an alle Befehlshaber, die an der Marokko-Landung beteiligt waren, ihren eigenen Gesamtoperationsplan heraus, der den Titel trug »Joint Army-Navy Plan for Participation in Operation Torch«. Dieser Plan sah vor, daß nach dem Anlaufen der Expedition in jeder Phase ein einzelner Befehlshaber für den gesamten Kriegsschauplatz und die einzelnen Operationsgebiete zu ernennen sei. Zum erstenmal in der modernen Geschichte wurde eine große gemeinsame Operation verschiedener Teilstreitkräfte und Nationen unter einem vereinigten Oberkommando durchgeführt. Die Kommandobefugnisse wurden wie folgt festgesetzt:

a) Unter dem Grundsatz der einheitlichen Kommandoführung werden alle für die Operation Toch bereitgestellten Streitkräfte dem Oberbefehlshaber der alliierten Streitkräfte (Eisenhower) unterstellt.

b) Die Western Naval Task Force wird nach Überschreiten des 40. Längengrades West unter das Kommando des Oberbefehlshabers der alliierten Streitkräfte treten. Das Kommando wird entweder durch den Oberbefehlshaber (Eisenhower) oder durch den Befehlshaber der alliierten Seestreitkräfte (Cunningham) ausgeübt. Vor diesem Zeitpunkt bleiben die Streitkräfte unter dem Befehl des Oberbefehlshabers der US-Atlantik-Flotte (Ingersoll), der ihre Bewegungen so einzurichten hat, daß sie in die Zeitpläne des Oberbefehlshabers der alliierten Streitkräfte eingefügt werden können.

c) Die Kommandoführung für die unterstellten Task Forces wird zunächst, wie in d, e, f und g angeführt, geregelt. Änderungen, die der Oberbefehlshaber der alliierten Streitkräfte für nötig hält, sind möglich.

d) Die Befehlsführung über die an Bord der Western Naval Task Force eingeschifften Kräfte der Western Task Force verbleibt beim Befehlshaber der Western Naval Task Force (Hewitt) bis zu dem Zeitpunkt, zu dem der kommandierende General der Western Task Force (Patton) sein Hauptquartier an Land eingerichtet und seine Bereitschaft zur Übernahme des Kommandos angekündigt hat.

e) Zu dem Zeitpunkt, zu dem der kommandierende General der Western Task Force das Kommando an Land übernommen hat, werden die Seestreitkräfte, die für die weitere Unterstützung der Besetzung von Französisch-Marokko eingeteilt sind, seinem Kommando unterstellt, das durch den Befehlshaber der Western Naval Task Force ausgeübt wird.

f) Im Anschluß an die Angriffsoperation und zu dem Zeitpunkt, wo sie von dem Oberbefehlshaber der alliierten Streitkräfte entlassen sind, treten die bisher zugeteilten US-Seestreitkräfte wieder unter das Kommando des Oberbefehlshabers der US-Atlantikflotte.

g) Die US-Seestreitkräfte, die für den Betrieb der Häfen und der Küstenvorfeld- und Küstenverteidigung eingeteilt sind – Sea Frontier Forces, Western Task Force und Naval Operating Base, Center Task Force –, verbleiben unter dem Kommando der jeweiligen Kommandierenden Generale dieser Task Forces unter dem Grundsatz der Einheitlichkeit der Kommandoführung.

h) Der Oberbefehlshaber der US-Atlantikflotte wird das Kommando über alle Streitkräfte, die zur Deckung und Sicherung im Atlantik für die nachfolgenden Konvois zwischen den Vereinigten Staaten und Nordafrika eingesetzt sind, ausüben.

Besonders hervorzuheben ist in diesem »Joint Plan« der Bruch mit der Tradition bisheriger amphibischer Operationen, wobei der kommandierende General der Landstreitkräfte und der kommandierende Admiral der Seestreitkräfte unabhängig voneinander und gleichgeordnet nebeneinander während der ganzen Operation blieben. Während der Marokkoinvasion war zunächst Admiral Hewitt, dann General Patton der Oberbefehlshaber. Während jeder bestimmten Zeit gab es nur eine Linie in dem Unterstellungsverhältnis, über Admiral Ingersoll bis die Expeditionsverbände die Mitte des Atlantiks erreicht hatten, über General Eisenhower danach. Zwar wurde die Anordnung über ein einheitliches lokales Kommando nur in die Direktive der »Western Task Force« aufgenommen, doch wurde es das Modell für alle künftigen Direktiven auf dem europäischen Kriegsschauplatz.

Wenn auch die Pläne für die 3 Hauptlandungen in Algier, Oran und Casablanca in Details, wie den Unterstellungsverhältnissen, voneinander abwichen, waren sie doch im Ziel und Rahmen sehr ähnlich. Das Ziel der Angriffe war es, die Alliierten in die Lage zu versetzen, eine große Armee und starke Luftstreitkräfte in einen langen Kampf gegen einen gut ausgerüsteten Feind zu werfen, denn selbst wenn die Franzosen keinen Widerstand leisteten, war es sicher, daß deutsche und italienische Verstärkungen nach Afrika überführt werden würden. Da die große Menge der Nachschubgüter, die notwendig war, um die Landungskräfte zu versorgen – 600–700 Tonnen täglich pro Division –, nicht über die Strände ausgeladen werden konnten, war es notwendig, gut ausgebaute Häfen mit ausreichenden Kaianlagen, Kränen und Lagereinrichtungen zu gewinnen. Weil ein direkter Angriff in die Häfen hinein bei der Nähe der Hafenverteidigung nur unter untragbaren Verlusten möglich war, sahen die Pläne die Landung von Kampfgruppen an den offenen Stränden bei den Küstenstädten vor, so daß die Häfen von der Flanke und vom Rücken her genommen werden konnten. Die Truppen sollten auf Positionen vor den Landungsstränden in für den Landeangriff beladenen Angriffstransportern gebracht werden. Dort sollten sie mit ihrer Ausrüstung in Landungsfahrzeuge umsteigen und bei Nacht überraschend an Land geworfen werden. Schiffe für die Artillerieunterstützung und Trägerflugzeuge sollten diese Flankenstöße der Truppen unterstützen, während Landungsfahrzeuge Verstärkungen und Nachschub heranführten, bis die Häfen genommen und für den Gebrauch freigemacht waren. Das es der beste Weg für den Gegner war, den Angriff abzuwehren, indem er dem Feind die Häfen verwehrte – und infolgedessen die benötigten Nachschubmengen, um starke Verbände aufbauen zu können – war es entscheidend wichtig, die Häfen so schnell und so wenig beschädigt wie möglich zu nehmen. Es wurde für sehr wichtig gehalten, die Verteidiger daran zu hindern, Blockschiffe zu versenken und die Kaianlagen zu demolieren. Deshalb wurden Sondereinheiten vorgesehen, die bei Beginn der Angriffe in die Häfen vorzustoßen und diese Ziele zu sichern hatten. Einfach in der Konzeption, aber kompliziert im Detail, waren die schnell aufgestellten Pläne Modelle für die Organisation und Vorbereitung weiterer Angriffe auf dem europäischen Kriegsschauplatz.

Die Ausbildung der Angriffskräfte wurde durch eine Unzahl von Schwierigkeiten behindert. Wenige der Land-, See- und Luftstreitkräfte, die für die Operation eingeteilt waren, waren voll einsatzbereit, als der Angriff befohlen wurde. Es schien wenig wahrscheinlich, daß es in den 5 Monaten bis zum D-Tag gelingen konnte, sie zureichend auszubilden. Die verantwortlichen Offiziere erkannten das, aber sie wußten ebenso, daß eine Verschiebung bis zu dem Zeitpunkt, wo alle Teilnehmer voll ausgebildet wären, den Deutschen ermöglichen würde, den Stoß zuerst zu führen, und damit eine alliierte Landung in Nordafrika völlig ausgeschlossen zu machen. Das »US Marine Corps« und die »US Navy« traten zum Glück für die Alliierten in den Krieg mit einer entwickelten Doktrin für die amphibische Kriegführung und einem großen Ausbildungsprogramm ein. Wenn auch die amphibisch ausgebildeten »Marines« im Pazifik eingesetzt waren, so hatte die US-Armee doch damit begonnen, ihre Ausbildung zum Teil auf diese Doktrin aufzubauen. Während 1941 und Anfang 1942 übten 3 amerikanische Infanteriedivisionen mit den Marines in den USA. Andere Infanteriedivisionen, die nach Großbritannien überführt worden waren, führten amphibische Übungen mit britischen Streitkräften in Schottland und Nordirland durch. In der verfügbaren Zeit war es jedoch nicht möglich, eine ausreichende Zahl von US-Armee-Einheiten auszubilden, um alle 3 nordafrikanischen Landungen durchzuführen. Im Hinblick auf die französische Haltung wäre es wünschenswert gewesen, die Invasion ausschließlich mit amerikanischen Kräften durchzuführen. Britische Truppen mußten jedoch für den größten Teil der »Eastern Task Force« gegen Algier eingesetzt werden.

Nach späteren Maßstäben war die Ausbildung sowohl für die ersten Landungen als auch für die späteren Kampfhandlungen weit von dem Wünschenswerten entfernt, aber es mußte ausreichen. Vor allem war die Ausbildung der Besatzungen für die Transporter und Landungsfahrzeuge für amphibische Operationen unzulänglich. Aber auch hier war einfach nicht genügend Zeit vorhanden. Nur die Hälfte der zugeteilten Transporter war am 1. August bei der »Western Naval Task Force« eingetroffen, nur 14 Wochen vor dem D-Tag. Es war nicht genug Zeit vorhanden, um selbst die Einsatzdoktrinen ausreichend bekanntzumachen. Auf allen Schiffen waren noch umfangreiche Arbeiten nötig, um die Ausrüstung mit Nachrichtenübermittlungsgeräten zum Abschluß zu bringen, und viele Schiffe mußten noch im Inneren umgebaut werden, bevor sie an Landungsübungen teilnehmen konnten. Ein besonderer Engpaß waren die Landungsfahrzeuge, da diese kleinen Fahrzeuge bis zu dem Zeitpunkt, wo die Armee die Häfen genommen und aufnahmebereit gemacht hatte, das einzige Mittel waren, um Munition und Nachschub heranzubringen. Durch einen Fehler war es versäumt worden, Seeleute von kleinen Fahrzeugen einzuberufen, und so mußte die Marine, als der Krieg begann, schnell 3000 Rekruten zusammenziehen und sie für den Einsatz auf Kleinfahrzeugen bis zum Juni 1942 ausbilden. Wenn auch alle Männer sich hart und mit großer Begeisterung einsetzten, so blieben einfach nur

2 Monate für die besondere Ausbildung zur Nordafrikaoperation zur Verfügung. Es wurde sehr bald offenbar, daß die Technik der amphibischen Landungen nicht in einer so kurzen Zeit zu lernen war.

Die Aktivität der deutschen U-Boote erschwerte die Sache weiter, da die Landungsübungen der »Western Naval Task Force« in den geschützten Gewässern der Chesapeake Bay bei Solomons Island durchgeführt werden mußten. Das Ergebnis war, daß die Besatzungen der Landungsfahrzeuge keine Erfahrung in der Führung ihrer Fahrzeuge in schwerer Brandung gewinnen konnten. Die Besatzungen, die in Großbritannien ausgebildet wurden, zum größten Teil Angehörige der Royal Navy, konnten die Übungen und Ausbildungen unter viel realistischeren Bedingungen durchführen, wenngleich auch sie noch nicht voll zufriedenstellend waren. Der Armeehistoriker der Nordafrika-Operation kommt zu dem Schluß: »Die Ausbildung für die Landungsoperation in Französisch-Nordafrika erreichte nicht den wünschenswerten Standard und war weit von den Bedingungen entfernt, die ein Sieg über einen gut ausgerüsteten und entschlossenen Feind erfordert hätte.« Die starken Landungskräfte, die von Großbritannien und den Vereinigten Staaten ausliefen, wußten, daß die Franzosen nicht besonders gut ausgerüstet waren. Aber sie mußten erst noch herausfinden, ob sie entschlossen waren.

Marokko: Der Anmarsch

Die »Western Naval Task Force« unter Admiral Hewitt auf dem Schweren Kreuzer *Augusta* bestand aus 102 Kriegsschiffen, Transportern und Hilfsschiffen, die auf See einen Raum von mehr als 500 qsm einnahmen. Um den Gegner irrezuführen, liefen die Nord- und Südangriffsgruppe am 23. Oktober von Hampton Roads aus und nahmen einen südlichen Kurs. Am nächsten Tage verließ die mittlere Angriffsgruppe Hampton Roads und marschierte mit Nordostkurs scheinbar nach England. Diese Gruppen vereinigten sich später, und am 27. stieß eine Deckungsgruppe, die von der Casco Bay in Maine ausgelaufen war, hinzu. Sie bestand aus dem neuen schnellen Schlachtschiff *Massachusetts* und zwei Schweren Kreuzern. Eine Fliegergruppe war im Voraus nach den Bermudas entsandt worden, sie bestand aus dem Flugzeugträger *Ranger,* 4 neuen »Escort Carriers«, die aus Tankern umgebaut worden waren, und einer Sicherung

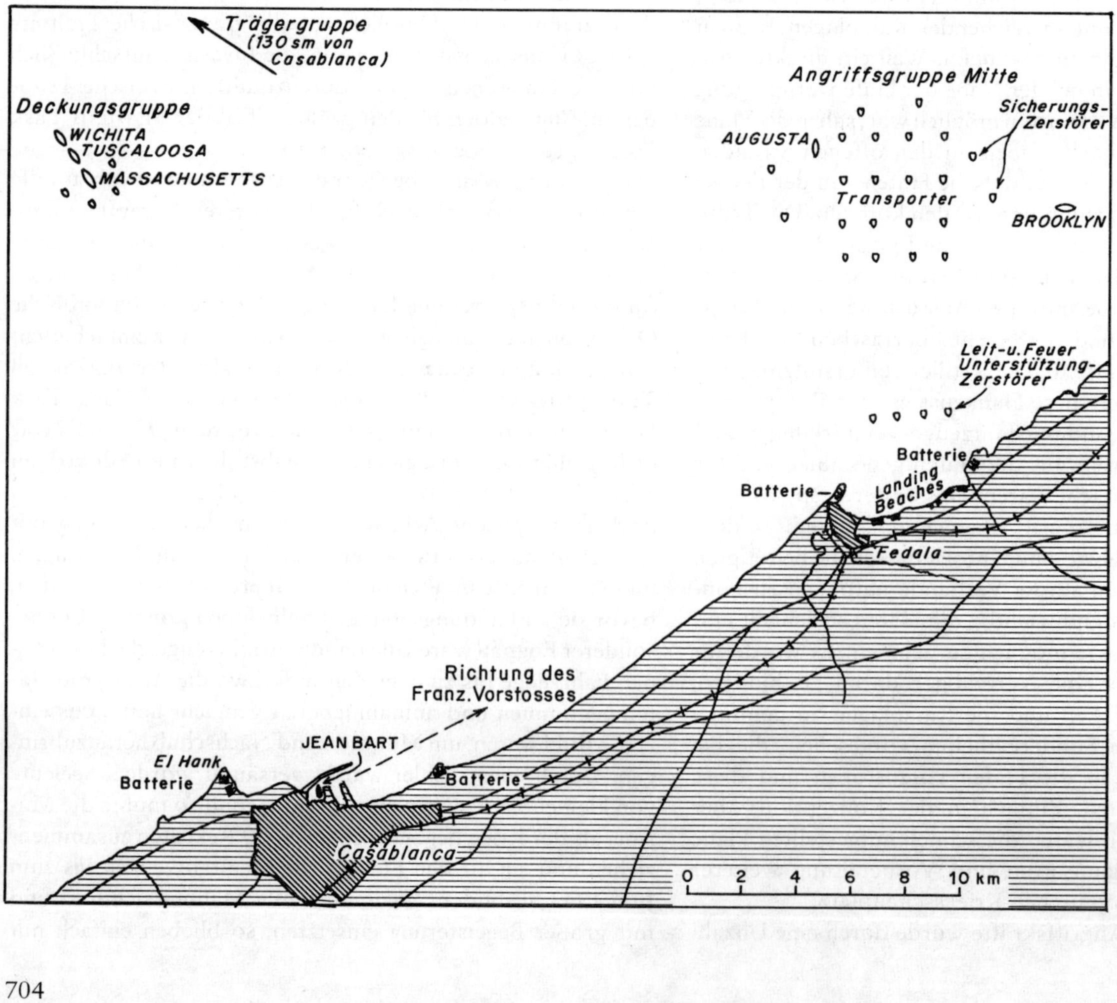

Der Angriff gegen Casablanca, 8. November 1942

aus einem Leichten Kreuzer und 9 Zerstörern. Dieser Verband stieß in der Mitte des Ozeans am 28. hinzu.
Nach Ausweichbewegungen, um bekannte feindliche U-Boot-Konzentrationen zu umgehen, näherte sich die »Western Naval Task Force« in einem starken Nordwestwind bei schwerer See der afrikanischen Küste. Die Voraussagen von Washington waren, daß die Brandung an der marokkanischen Küste für die Landungen am D-Tag, dem 8. November, zu stark sei, doch Admiral Hewitt vertraute auf die Voraussage seines Meteorologen, daß die Landung am 8. möglich sein würde, jedoch nicht für viele Tage danach. Er ging deshalb nach Plan vor. Falls sich unmögliche Bedingungen herausstellen sollten, konnte er die Landungen durch Funk verschieben und, falls unbedingt notwendig, einen anderen Plan für eine Ausweichlandung innerhalb des Mittelmeeres durchführen. Während sich die »Task Force« Marokko näherte, erhielten die Männer die aufmunternde Nachricht, daß die britische 8. Armee Rommel in Ägypten nach dem großen britischen Sieg bei El Alamein am 5. November zurückwarf.
Am 7. November teilte sich die »Western Naval Task Force«. Die südliche Angriffsgruppe marschierte nach Süden zu dem kleinen Phosphathafen Safi, wo 6500 Mann und 90 mittlere und leichte Panzer gelandet werden sollten, um von Süden auf Casablanca zu marschieren. Die mittlere Angriffsgruppe fuhr zu dem kleinen Hafen von Fedala, um 19500 Mann und 79 leichte Panzer für einen Angriff auf Casablanca von Norden zu landen. Die Nordangriffsgruppe setzte ihren Kurs auf die Küstenortschaft Mehdia ab, um 9000 Mann und 65 leichte Panzer für die Wegnahme des Flugfeldes bei Port Lyautey zu landen. Die Landungen bei Safi und Mehdia sollten außerdem französische Einheiten fesseln, die andernfalls gegen die Hauptlandung bei Fedala zusammengezogen werden konnten. Die Deckungsgruppe marschierte nach Casablanca selbst, um dort Seestreitkräfte, die versuchen sollten, den Hafen zu verlassen, unter Feuer zu nehmen. Die Fliegergruppe wurde geteilt, um alle 3 Landungen zu unterstützen. Ein Geleitträger ging nach Safi, zwei nach Mehdia, *Ranger* und ein Geleitträger nach Fedala und Casablanca, nur 15 sm voneinander entfernt.
Die Armee hatte auf Nachtlandungen bestanden, um die Überraschung sicherzustellen und weil die Heeresoffiziere nicht davon überzeugt waren, daß das Artilleriefeuer der Schiffe eine ausreichende Unterstützung für eine Tageslandung bieten könnte. Doch die Überraschung wäre verlorengegangen, wenn die Angriffsgruppen am Abend des 7. November von der marokkanischen Küste aus zu sehen gewesen wären. Um die nötige Zeit für den Anmarsch zu haben, für die Beladung der Landungsfahrzeuge und die Bewegung von den Schiffen zum Strand, alles in völliger Dunkelheit, wurde die Anlandungszeit auf 4 Uhr, 2 Stunden vor der Dämmerung, angesetzt.
Die Armee verlangte nach Meinung der Marine, unnötig viel Ausrüstung in den ersten Angriffswellen mitzuführen. Diese Anforderung beanspruchte die Landungsfahrzeuge sehr stark, die sich bei dieser Operation aus den 12 m langen, hölzernen, mit einem Benzinmotor getriebenen Higgins-Booten und den 17 m langen, dieselgetriebenen LCM's (Landing Craft, Mechanized), die in der Lage waren, einen leichten Panzer zu tragen, zusammensetzten. Bei späteren Landungen konnten genügend Fahrzeuge für die Armeeanforderungen durch die größeren LST (Landing Ships, Tank) an den Strand gebracht werden. Doch für die Nordafrika-Invasion standen sie noch nicht zur Verfügung, und an Landungsfahrzeugen gab es nur das, was die Transporter selbst herangeführt hatten.
Generalmajor Jonathan Anderson, der die Landung bei Fedala befehligen sollte, verursachte eine weitere Erschwerung der Situation bei den Landungsfahrzeugen der mittleren Angriffsgruppe durch seine in letzter Minute getroffene Entscheidung, die Stärke der ersten Angriffswelle um 50% zu steigern. Um genügend Landungsfahrzeuge für die Angriffswelle bereitzustellen, mußte die Marine einen komplizierten Fahrplan für die einzelnen Boote ausarbeiten, der selbst für erfahrene Bootsführer kaum bei Helligkeit ausgeführt werden konnte.

Marokko: Der Hauptangriff

Der Angriffsplan für die Fedala-Landung sah vor, die 15 Transporter der mittleren Angriffsgruppe um Mitternacht in 4 Kolonnen 6–8 Meilen nördlich der Landungsstrände vor Anker gehen zu lassen. Die 4 Transporter auf der dem Strand zugewandten Seite hatten je eine Bataillons-Landungskampfgruppe an Bord. Diese 4 Landungskampfgruppen mit zusammen 6000 Mann sollten den ersten Angriff vor der Dämmerung führen. Da die Transporter nicht genügend Landungsboote für die an Bord befindlichen Truppen mitführen konnten, mußten die Transporter der 2., 3. und 4. Linie ihre Boote zusätzlich zu den angegebenen Transportern der ersten Linie schicken. Sobald die Fahrzeuge mit Soldaten und Panzern beladen waren, hatten sie auf einen der 4 durch Zerstörer markierten Kontrollpunkte im Versammlungsraum etwa 1000 m näher zum Strand zu marschieren. Hier hatten sie sich in Wellen von 6–8 Booten zu formieren. Wenn jedes der beladenen Landungsfahrzeuge, insgesamt mehr als 200, sich bei dem zugeteilten Kontrollzerstörer gemeldet hatte, sollten die Zerstörer sie vorwärts zu einer Absprunglinie 4000 m vom Strand entfernt vorführen. Inzwischen sollten 4 Strandmarkierungsboote vorausgelaufen sein und vor dem Strand geankert haben, je eines vor den 4 Teilen des Strandes mit den Bezeichnungen Strand Rot 2, Rot, Blau und Blau 2, die jeweils für eine der 4 Bataillonslandungskampfgruppen vorgesehen waren. Um 03.35 begannen die Markierungsboote, mit ihren Scheinwerfern seewärts zu leuchten. Um 03.50 hatten sie farbige Markierungen zu entzünden. Zur H-Stunde um 04.00 sollten die Landungsfahrzeuge auf ein Signal von ihren Kontrollzerstörern zu den ihnen zugeteilten Stränden vorpreschen, begleitet von Unterstützungsbooten, die mit Maschinenwaffen bestückt waren, und gelei-

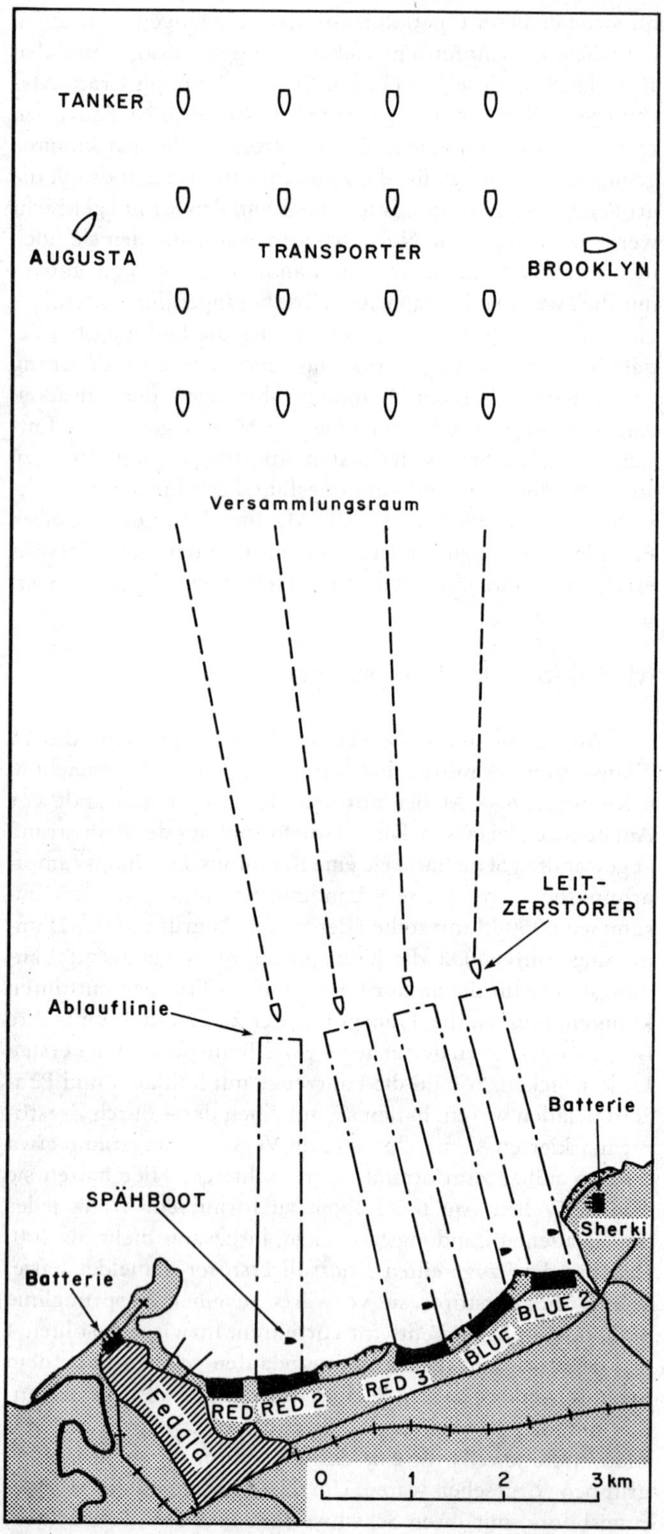

Der Landungsplan für Fedala

tet durch die Lichtsignale der Markierungsboote. Nach dem Absetzen der Truppen an Land hatten die Landungsfahrzeuge kehrtzumachen und so schnell wie möglich zu den Transportern zurückzukehren, um die nachfolgenden Truppen an Bord zu nehmen. Wie wir gesehen hatten, sollte dieser schwierige und zeitlich sehr eng geplante Ablauf in fast völliger Dunkelheit zur Ausführung kommen.

Als die Transporter der mittleren Angriffsgruppe, begleitet von den Kreuzern *Augusta, Brooklyn* und 10 Zerstörern, auf ihren Ankerplatz marschierten, begann der Angriffsplan gegen Fedala bereits in Schwierigkeiten zu geraten. Ein unerwarteter Sturm brachte die mittlere Angriffsgruppe von ihrem Kurs ab und machte eine Reihe von Notmanövern erforderlich. Die erste Linie der Transporter, die die erste Angriffswelle an Bord hatte, erreichte den Ankerplatz kurz vor Mitternacht, doch zu diesem Zeitpunkt waren die übrigen Transporter weit auseinander gezogen und von ihren Positionen noch ein erhebliches Stück entfernt. Als Folge kamen die Landungsfahrzeuge dieser Schiffe zum Teil zu spät zu ihren zugeteilten Transportern, zum Teil fanden sie sie gar nicht. Der Plan wurde weiter verzögert, weil die Truppen, mit 60 Pfund Gepäck überladen, nur langsam die Netze an den Bordwänden in die auf und ab schaukelnden Boote kletterten. Als Ergebnis dieser Verzögerungen war nur etwa die Hälfte der geplanten Angriffswelle in den Booten und hatte um 04.00 den Versammlungsraum erreicht. Die Kontrollzerstörer konnten jedoch nicht länger warten und begannen, ihre Angriffswellen zur Absprunglinie zu führen, die sie in etwa 50 Minuten erreichten. Die Markierungsboote, die über die Verzögerung nicht unterrichtet waren, hatten schon für einige Zeit ihre Lichtsignale gezeigt, doch das verursachte nur Durcheinander, weil zwei der Markierungsboote nicht auf ihre Position gelangt waren, eines war mehr als 2 sm davon entfernt. Um 05.00, eine Stunde zu spät, liefen die ersten Landungsbootwellen zum Strand ab, gefolgt in 5 und 10 Minuten Abstand von der 2. und 3. Welle. Das Geräusch der Landungsfahrzeuge, die nun mit voller Kraft liefen, erregte schließlich die Aufmerksamkeit der Küstenbatterien, die Scheinwerfer leuchten ließen, zunächst in die Luft, da sie mit Flugzeugen rechneten, dann jedoch auf das Wasser. Als die Unterstützungsboote mit Maschinenwaffen das Feuer eröffneten, blendeten die Scheinwerfer plötzlich. Inzwischen hatte die Unerfahrenheit der Bootsführer ihren Zoll in Form zahlreicher Kollisionen der Landungsfahrzeuge gefordert. Andere liefen auf Felsen und Untiefen in der Nähe der zugeteilten Strände oder schlugen in der Brandung voll oder quer und wurden auf den Strand geworfen. Ein Teil der Truppen wurde in die See gespült, wo sie von ihrem schweren Gepäck unter Wasser gezogen wurden. Von den Landungsfahrzeugen, die gut an die Küste kamen, blieben manche in der ablaufenden Flut hängen und konnten nicht wieder flottgemacht werden. Doch waren es Ausnahmen, wenn die Marinebesatzungen ihre Fahrzeuge völlig verloren. Die meisten brachten ihre Truppen sicher mit ihrer Ausrüstung an Land, trotz der kurzen Ausbildung, der Dunkelheit und der schwierigen See-Bedingungen, und kehrten schnell zu den Transportern zurück. Zu Beginn der Dämmerung waren 3500 Mann an Land; die ersten Teile

waren ins Landesinnere eingedrungen und hatten die Stadt Fedala genommen. Die den Strand flankierenden Batterien waren jedoch noch in französischer Hand.
Würden die Franzosen kämpfen, oder würden sie die Landungskräfte willkommen heißen? Als das erste Morgenlicht den Himmel zu erhellen begann, ruhten alle Augen der Flotte auf den französischen Batterien, die Antwort geben mußten. Der alliierten Seite wohlgesonnene Offiziere in Marokko waren davon in Kenntnis gesetzt worden, daß die Invasion stattfinden würde, jedoch nicht wo und in welcher Stärke. Sie hatten sich während der ganzen Nacht bemüht, für eine unblutige Landung Sorge zu tragen, aber die entscheidenden französischen Befehlshaber, der Gouverneur, General Noguès, und Vizeadmiral Michelier, waren nicht überzeugt, daß eine mächtige amerikanische Streitmacht vor der Küste stand. Sie wollten sich nicht durch einen bloßen Raid oder eine vorübergehende Landung kompromittieren lassen. Hätten sie das getan, würden Achsenstreitkräfte sofort nach Nordwestafrika eindringen, und wenn die Amerikaner nicht stark genug waren, ihren Brückenkopf gegen die Achse auszubauen, würde Frankreich die Repressalien ohne entsprechende eigene Vorteile zu zahlen haben. Michelier weigerte sich deshalb, seine Befehle an die Batterien, die Küste zu verteidigen, zu ändern. Wäre die Landung, wie es die Marine vorgeschlagen hatte, nach Tagesanbruch begonnen worden, oder hätten die französischen Batterien mit der Feuereröffnung gewartet, bis die Morgennebel sich verzogen und den Blick auf die Größe der amerikanischen Streitmacht freigegeben hätten, es wäre denkbar, daß General Noguès Verhandlungen zugestimmt hätte. Doch im Augenblick, als der Tag anzubrechen begann, kurz nach 06.00, eröffneten die Batterien beiderseits Fedala das Feuer auf die Landungsstreitkräfte und die Kontrollzerstörer. Die Zerstörer erwiderten das Feuer sofort, und wenig später fielen auch die Geschütze der *Brooklyn* und *Augusta* ein. Die Flugzeuge der *Ranger,* die über Casablanca flogen, wurden von französischen Jägern angegriffen, und in einem kurzen Luftkampf wurden 7 französische und 4 amerikanische Flugzeuge abgeschossen. Aufklärungsflugzeuge der Dekkungsgruppe erhielten sehr bald Flakfeuer und wurden durch Jäger angegriffen. Um 07.00 eröffneten die *Massachusetts* und ihre beiden Begleiter, die Kreuzer *Tuscaloosa* und *Wichita,* mit ihren 12,7-cm-Batterien das Feuer auf französische Flugzeuge und schossen eines ab. Unmittelbar darauf eröffnete das französische Schlachtschiff *Jean Bart* in Casablanca und die starke Küstenbatterie bei Point El Hank das Feuer auf die Deckungsgruppe, die es gleichfalls erwiderte. Der Kampf hatte begonnen. Für Admiral Michelier war die Aufnahme des Kampfes nicht mehr eine Frage der Haltung und der Ausführung von gegebenen Befehlen, es war nun die Ehre der französischen Flagge zu verteidigen. Als später am Tage eine Abordnung von General Patton nach Casablanca mit einer amerikanischen Flagge und einer Parlamentärflagge fuhr, um einen Waffenstillstand auszuhandeln, wurden sie durch die Linien hindurchgelassen und in den Straßen begrüßt, doch Admiral Michelier weigerte sich, sie zu empfangen. Als einer der amerikanischen Offiziere mit einem Adjutanten des Admirals zu debattieren begann, wurde er durch eine Salve der Batterie von El Hank unterbrochen, welche die Scheiben des Befehlsstandes des Admirals erschütterte. Der Adjutant sagte: »Voilà votre réponse!«
Die *Jean Bart,* wenn auch nicht fertiggestellt und nicht fahrbereit, besaß einen einsatzklaren Turm mit 4 38,1-cm-Geschützen, der sie zu einer starken schwimmenden Batterie machte. In Casablanca lagen außerdem 11 U-Boote, 8 Sloops, 11 Minensucher, 2 große Zerstörer und 7 kleinere Zerstörer sowie der Leichte Kreuzer *Primauguet.* Die Hauptaufgabe der amerikanischen Deckungsgruppe war es, ein Auslaufen dieser Kräfte gegen die mittlere Angriffsgruppe und die Landungsstreitkräfte bei Fedala, etwa 15 sm entfernt, zu verhindern. Die Ausführung dieses Auftrages wurde durch die Geschütze der *Jean Bart* und das ständige und genaue Feuer der 8 gut geschützten 13,8- und 19,4-cm-Geschütze von El Hank gestört, auf fast 20000 m lag die erste Salve von El Hank deckend bei der *Massachusetts.* Die *Massachusetts* konzentrierte das Feuer ihrer 9 40,6-cm-Geschütze auf die *Jean Bart.* Ihre 5. Salve traf die Barbette des einsatzbereiten Turmes und verblockte ihn. Fünfundvierzig Minuten dauerte das Duell der Schiffe mit der Batterie von El Hank, das zeitweise die Bedienungen der Küstenbatterien in Deckung zwang, jedoch die Geschütze nicht demolierte. Kein Schiff der Deckungsgruppe wurde getroffen.
Die zweite Phase der Seeschlacht von Casablanca wurde durch Admiral Michelier eingeleitet, der beobachtet hatte, daß die Deckungsgruppe nach Westen weg von den Transportern vor Fedala manövrierte. Er nützte die Gelegenheit und ließ 7 seiner Zerstörer zum Angriff auf die mittlere Landungsgruppe auslaufen. 8 U-Boote gingen ebenfalls in See. Dieses war die beste Gelegenheit für Michelier, die Landung zu zerschlagen. Dicht unter Land laufend und unter guter Ausnutzung von Rauch und Nebel, näherten sich die französischen Zerstörer den amerikanischen Transportern und hatten bereits ein Landungsfahrzeug getroffen, als sie von den Kreuzern *Augusta* und *Brooklyn* sowie 2 Zerstörern der mittleren Angriffsgruppe abgefangen und zurückgetrieben wurden. Diese Schiffe hatten sich gerade auf Position begeben, um die Transporter gegen einen solchen Angriff zu dekken. Nun lief der Kreuzer *Primauguet* aus und versuchte, die Zerstörer zu einem neuen Vorstoß zu führen. Hewitt hatte die Deckungsgruppe bereits zur Rückkehr in das Gebiet beordert. Für 2 Stunden brachen die französischen Schiffe immer wieder aus ihrem Rauchschleier hervor und tauschten Salven mit den Geschützen der mittleren Gruppe und der Deckungsgruppe aus. Flugzeuge der *Ranger* machten inzwischen zahlreiche Bordwaffen- und Bombenangriffe auf die feindlichen Schiffe. Drei der französischen U-Boote waren bereits im Hafen von Casablanca versenkt worden, aber die übrigen 8 griffen nun in die unübersichtliche Schlacht ein. Ihre Torpedofächer verfehlten verschiedene amerikanische

Schiffe nur sehr knapp. Angesichts der gewaltigen amerikanischen Überlegenheit an Kräften konnte der tapfere französische Angriff, so geschickt er auch geführt wurde, kaum anders als verhängnisvoll für die Angreifer ausgehen. Als der Kampf kurz vor Mittag zu Ende war, hatte keines der amerikanischen Schiffe wesentliche Schäden erlitten. Von den französischen Schiffen jedoch waren alle, bis auf eines, schwer beschädigt, zwei waren gesunken, zwei andere waren in sinkendem Zustand, eines lag gestoppt im Wasser, eines war auf Strand gesetzt, um sein Sinken zu verhindern. Nur eines der U-Boote kehrte nach Casablanca zurück, zwei liefen nach Dakar. Von den übrigen wurde eines, von amerikanischen Flugzeugen und Zerstörern angegriffen, auf Strand gesetzt, eines vor Cadiz selbst versenkt, und der Rest kehrte nicht zurück.

Am frühen Nachmittag des 8. November liefen der unbeschädigte französische Zerstörer und zwei Sloops von Casablanca aus, um Überlebende aufzunehmen. Admiral Hewitt, der dieses Auslaufen für einen weiteren Versuch, die Transporter anzugreifen, deutete, befahl, das Gefecht wieder aufzunehmen. Die drei französischen Schiffe drehten unter einem Rauchschleier zum Hafen hin ab, doch Flugzeuge der *Ranger* zerstörten die *Primauguet*. Am Ende des Tages war die Batterie bei El Hank noch feuerbereit, und Arbeiter hatten die Reparaturen an dem beschädigten Turm der *Jean Bart* beendet.

Bei Fedala hatten die Verteidiger, meist Senegalesen, sich schnell ergeben, aber auch die von der Marine bemannten Küstenbatterien waren vor Mittag in amerikanischen Händen. Französische Jäger flogen einige Bordwaffenangriffe über den Strand, doch sie wurden von Flugzeugen der *Ranger* vertrieben. General Anderson reorganisierte seine Truppen, um Gegenangriffe abzuwehren, und bereitete sich für den Vormarsch auf Casablanca vor. Er wurde jedoch dadurch sehr behindert, daß das Anlanden der Truppen und Nachschubgüter immer weiter hinter dem Plan zurückblieb. Es waren nicht genügend Landungsfahrzeuge übrig, um die Aufgabe zufriedenstellend durchzuführen, und die Leistungsfähigkeit der Bootsbesatzungen, die nach der durchgehenden Nacht erschöpft waren, besserte sich mit dem Anbrechen des Tages nicht mehr. Kollisionen und Strandungen kamen weiterhin vor. Die zahlreichen gestrandeten und verlassenen Boote am Strand wurden gegeneinander geworfen und zerbeult durch die auflaufende Flut und die zunehmende Brandung. Bei Dunkelwerden am D-Tag war rund die Hälfte der 347 Landungsfahrzeuge der mittleren Angriffsgruppe zerstört und nur etwa 40 % der 195 000 eingeschifften Soldaten gelandet. Die Landung der Nachschubgüter hing noch weiter hinter dem Plan her. Es war offensichtlich, daß die Transporter mehrere Tage vor Fedala bleiben mußten. Während sie näher an den Strand herangebracht wurden, legte ein Minenleger ein Schutzminenfeld im Osten, und die Zerstörer patrouillierten nördlich und westlich der Transporter-Ankerplätze.

Marokko: der südliche Angriff

Inzwischen hatte die südliche Angriffsgruppe etwa 150 Seemeilen südwestlich von Casablanca einen aufsehenerregenden Erfolg bei Safi errungen. In der Dunkelheit vor der H-Stunde wurde die entscheidende Phase des Angriffes nach Plan durchgeführt, obgleich das Umsteigen der Truppen bei der heftigen Grundsee und den unvermeidlichen Fehlern des unerfahrenen Personals schwierig war. Zuerst entdeckte ein Markierungsboot die Ansteuerungstonne vor dem schmalen, durch eine Mole geschützten Hafen von Safi. Darauf kamen, geleitet durch sein Blinkfeuer, zwei alte 4-Schornstein-Zerstörer aus dem ersten Weltkrieg, die man völlig rasiert hatte, um die Silhouette zu verkleinern. Sie hatten je 200 Mann Angriffstruppen an Bord und führten die Landungsfahrzeuge direkt in den Hafen hinein. Die Franzosen waren alarmiert worden, und es gab ein heftiges Feuergefecht, als der erste 4-Schornsteiner, die *Bernadou*, langsam einlief und die französischen Artilleristen mit ihren Geschützen in Deckung zwang. Ihr Schwesterschiff, die *Cole*, konnte direkt am Kai ohne einen Verlust festmachten. Während das alte Schlachtschiff *New York* und der Leichte Kreuzer *Philadelphia* die Küstenbatterien zum Schweigen brachten, besetzten die amerikanischen Truppen die Schlüsselpositionen in der Stadt. Am Nachmittag, nachdem die ehem. Eisenbahnfähre *Lakehurst* ihre Ladung mittelschwerer Tanks an Land gesetzt hatte, wurden alle Ziele des Angriffs besetzt. Flugzeuge des Geleitträgers, der die südliche Gruppe unterstützte, zerstörten die meisten französischen Flugzeuge im Gebiet am Boden. Schiffsartillerie brachte einen mit halbem Herzen unternommenen französische Gegenangriffsversuch zum Stehen. Die ganze Operation war mit großem Unternehmungsgeist durchgeführt worden. Obgleich Hilfslandungen an beiden Flanken des Hafens am Strand durchgeführt wurden, ging nur ein Landungsfahrzeug verloren. Alle Schiffe waren in 3 Tagen ausgeladen. Zu dem Zeitpunkt, als der Widerstand offiziell eingestellt wurde, war eine amerikanische Panzergruppe auf dem Wege von Safi nach Casablanca an der Küste, begleitet durch die *Philadelphia*, verschiedene Zerstörer und 6 Benzin transportierende Landungsboote.

Marokko: Der nördliche Angriff

Das Hauptziel der nördlichen Angriffsgruppe war der Flugplatz von Port Lyautey, der einzige Flugplatz in Marokko mit einer Beton-Allwetterpiste. Die Truppen wurden auf beiden Seiten des Sebou, eines kleinen und gewundenen, aber schiffbaren Flüßchens, das Port Lyautey mit dem Atlantik verbindet, gelandet. Der erste Angriff sollte die an der See gelegene Ortschaft Mehdia und ihre alte Festung, die Kasba, nehmen, die die Mündung des Flusses beherrschte. Dann sollten die landenden Truppen landeinwärts vorstoßen, um das Flugfeld von zwei Seiten anzugreifen und Port Lyautey zu besetzen. US *Dallas*, ein weiterer rasierter 4-Schornsteiner, sollte den Fluß aufwärts laufen, nachdem eine Balkensperre durchbrochen war, und eine Kampfgruppe landen, die die Wegnahme des Flugplatzes unterstützen sollte. Sobald das Flugfeld besetzt war, sollte eine Heeres-Jagdfliegergruppe von einem der Geleitträger katapultiert werden und auf dem Flugfeld landen, um weiterhin Jagdschutz für die von Gibraltar geflogenen Bomberoperationen zu fliegen.

Der Angriffsplan der nördlichen Angriffsgruppe war eine kleinere Version des Planes von Fedala, außer der Tatsache, daß die 5 Strände für die Landung weiter voneinander entfernt waren. Infolgedessen brachten die Verzögerungen der Ausschiffung ein größeres Durcheinander mit sich. Wenige Truppen erreichten den richtigen Strand. Erheblich durcheinandergewürfelt verpaßten sie eine Gelegenheit, die Kasba und die nahe gelegenen Küstenbatterien überraschend wegzunehmen, und mußten bald zur Verteidigung von Gegenangriffen französischer Kolonialtruppen von Port Lyautey aus übergehen. Versuche einer Bootsgruppe, die Balkensperre, welche den Fluß blockierte, zu durchbrechen und spätere Versuche der *Dallas,* die Sperre zu rammen, schlugen unter dem Feuerhagel von der Kasba völlig fehl. Der anfängliche Verlust von Landungsfahrzeugen war nicht so groß, doch das sich verschlechternde Wetter und eine schnell anschwellende Brandung verlangsamten die Heranführung des Nachschubs erheblich. Am Ende des zweiten Tages war erst die Hälfte der Truppe gelandet. Brigadegeneral Lucian K. Truscott jr., der die Landungskampfgruppe führte, benutzte zunächst die Unterstützung von Schiffsartilleriefeuer kaum. Der Leichte Kreuzer *Savannah* hielt mit seinen 15,2-cm-Geschützen das Feuer der Kasba nieder, aber die 35,6-cm-Geschosse des alten Schlachtschiffes *Texas,* die das Fort hätten zusammenschießen können, hielt man für zu gefährlich, um sie auf Ziele, in deren Nähe amerikanische Truppen operierten, einzusetzen. Aufklärer von dem Kreuzer und dem Schlachtschiff beteiligten sich heftig an der Zerschlagung feindlicher Panzereinheiten durch eine neue, doch wirksame Technik: das Abwerfen von Wasserbomben, die mit Aufschlagzündung versehen worden waren.

Am 10. November nahm die Lage eine günstige Wendung. Mit einem Angriff am frühen Morgen brachen die Angreifer in die französischen Verteidigungsstellungen und stießen auf das Flugfeld vor, wo die Franzosen, die einen baldigen Waffenstillstand erwarteten, nicht länger stärkeren Widerstand leisteten. Zu dieser Zeit hatte die Bootsgruppe endlich die Haupthindernisse der Balkensperre beseitigt, so daß die *Dallas* sie durchbrechen und flußaufwärts nach Sebou vorstoßen konnte, um hier Truppen in der Nähe des Flugplatzes zu landen. Kurz darauf wurden die Heeresflugzeuge einiger Geleitträger eingeflogen und begannen, von dem Flugplatz zu operieren. Bomber des anderen Geleitträgers griffen die Kasba an, die bald darauf gegenüber einer amerikanischen Infanterie-Einheit kapitulierte. Französische Panzerverbände, welche die Küstenstraße von Rabat, der marokkanischen Hauptstadt, herankamen, wurden durch das Artilleriefeuer der Zerstörer und des Kreuzers zur Umkehr gezwungen. Als eine mit Truppen besetzte motorisierte Kolonne im Anmarsch vom Innern auf Port Lyautey beobachtet wurde, beschoß die *Texas* die Straße etwa 8 Seemeilen landeinwärts mit ihren schweren Geschossen, worauf die Kolonne sich schnell zerstreute. Am Nachmittag des 10. gab der französische Befehlshaber in dem Gebiet von Port Lyautey den Befehl zur Feuereinstellung, was von amerikanischer Seits sofort akzeptiert wurde. Der Angriff hatte sein Hauptziel, die Wegnahme des Flugplatzes, erreicht, doch zu spät, um die Schlacht um Casablanca zu unterstützen.

Die Sicherung Marokkos

General Andersons Truppen und Panzer waren inzwischen von Fedala bis in die Vororte von Casablanca vorgedrungen. Zwei französische Korvetten, die am 10. November um 10 Uhr ausliefen, um auf amerikanische Truppen zu feuern, wurden von der *Augusta* in den Hafen von Casablanca zurückgejagt. Dann mußte die *Augusta* allerdings in hoher Fahrt ablaufen, als die Granaten von dem reparierten Turm der *Jean Bart* in der Nähe einzuschlagen begannen. Hewitt rief Luftunterstützung heran, und Sturzbomber der *Ranger* erzielten 2 Treffer mit 500-kg-Bomben und ließen das französische Schlachtschiff im Hafenschlamm auf Grund gesetzt zurück.

Am Abend des 10. November hatten die Amerikaner Casablanca eingeschlossen. Sie planten einen gemeinsamen Angriff von Land und See und aus der Luft für den nächsten Morgen. Glücklicherweise erhielt Admiral Michelier Befehle zur Einstellung des Widerstandes bevor der Angriff anlief, und eine Konferenz, die später am 11. abgehalten wurde, beendete die Kampfhandlungen. Bei der Konferenz streckte Admiral Hewitt Admiral Michelier seine Hand hin und drückte sein Bedauern darüber aus, daß er auf die französischen Schiffe feuern mußte. »Ich hatte meine Befehle und tat meine Pflicht«, sagte Michelier, indem er die dargebotene Hand drückte. »Sie hatten Ihre und taten Ihre Pflicht. Nun ist es vorüber, und wir sind bereit, zusammenzuarbeiten.« Bald darauf waren die Franzosen und Amerikaner gemeinsam dabei, den Hafen als eine Hauptnachschubbasis für den zu erwartenden Kampf um Tunesien wieder herzurichten.

Die Achsenmächte griffen in den marokkanischen Kampf danach noch ein und verursachten für die Amerikaner viel größere materielle Verluste, als die Franzosen es getan hatten. U-Boote, denen die amerikanische »Task Force« im Atlantik ausgewichen war, liefen nun auf den Raum Casablanca zu. Die Transporter der mittleren Angriffsgruppe, die keine Truppen mehr an Bord hatten, jedoch ihre Nachschubladung noch löschten, mußten auf der Reede von Fedala bleiben, da ein neuer, von den Vereinigten Staaten kommender Konvoi den vorhandenen Teilraum in dem geschützten Hafen von Casablanca benötigte. Am frühen Abend des 11. November drang *U 173* in den Ankerplatz vor, versenkte einen Transporter und beschädigte einen Zerstörer und einen Tanker mit Torpedos. Am folgenden Nachmittag brach *U 130* in das gleiche Gebiet durch und versenkte 3 weitere Transporter. *U 130* entkam unbeschädigt, doch *U 173* wurde, nachdem es am 15. vor Fedala ein amerikanisches Frachtschiff schwer beschädigt hatte, am nächsten Tage von 3 amerikanischen Zerstörern versenkt.

Algerien: Algier

Als die von England kommenden alliierten Streitkräfte die Straße von Gibraltar in das Mittelmeer passierten, konnte die Tatsache, daß eine größere Bewegung im Gange war, nicht länger vor den Achsenmächten geheimgehalten werden. Das italienische Marineoberkommando erwartete richtig, daß Algerien das alliierte Ziel sein müsse, doch sie wurden von den Deutschen überstimmt, die zuerst annahmen, daß die Konvois nach Südfrankreich, dann daß sie nach Kreta, nach Tripolis oder eventuell zum Entsatz von Malta laufen würden. Achsenstreitkräfte – U-Boote, Überwasserschiffe und Flugzeuge – wurden in der Straße von Sizilien konzentriert, und so blieben die alliierten Transporter weitgehend unbelästigt. Ein amerikanischer Transporter wurde vor der algerischen Küste durch ein einzelnes deutsches U-Boot, *U 205*, torpediert, doch der größte Teil der Besatzung traf sicher am Zielpunkt ein, wenn auch verspätet nach einer langen Reise in Landungsfahrzeugen und einem Geleitzerstörer. Im übrigen erreichte die »Eastern Naval Task Force« ohne Zwischenfall Algerien.

Eine starke Versammlung von schweren Seestreitkräften unterstützte die Landungen im Mittelmeer. Die »Force H« der »Royal Navy«, die auf Gibraltar gestützt war, operierte als eine Deckungsgruppe. Sie bestand in dieser Zeit aus 3 Schlachtschiffen, einem Schlachtkreuzer, 2 Flottenträgern und leichteren Streitkräften. Die »Force H« hatte die amphibischen Kräfte gegen eine Intervention der italienischen Flotte oder der Vichy-französischen Flotte in Toulon zu dekken. Die Unterstützungsgruppe der »Eastern Naval Task Force« bestand aus 3 Leichten Kreuzern und zwei Geleitträgern, 3 Flakkreuzern, einem Monitor, 13 Zerstörern und 17 kleineren Schiffen. Geführt wurde sie von einem britischen Führungsschiff, dem Prototyp der späteren amerikanischen »Amphibious Command Ships« (AGC). Die Unterstützungsgruppe hatte die Aufgabe, die amphibischen Kräfte gegen Luft- und U-Boot-Angriffe sowie gegen Beschießung von der Küste zu schützen und den alliierten Truppen während der Landung und an Land taktische Unterstützung zu gewähren. Nur 10000 Mann von den 33000 der Landungsgruppe waren Amerikaner, doch wegen der bekannten französischen Antipathie gegen die Engländer wurden die größeren Kampfgruppen an Land unter amerikanisches Kommando gestellt, so daß die Invasion als eine in erster Linie amerikanische Operation erschien.

Der Plan für die Wegnahme von Algier, der Hauptstadt Al-

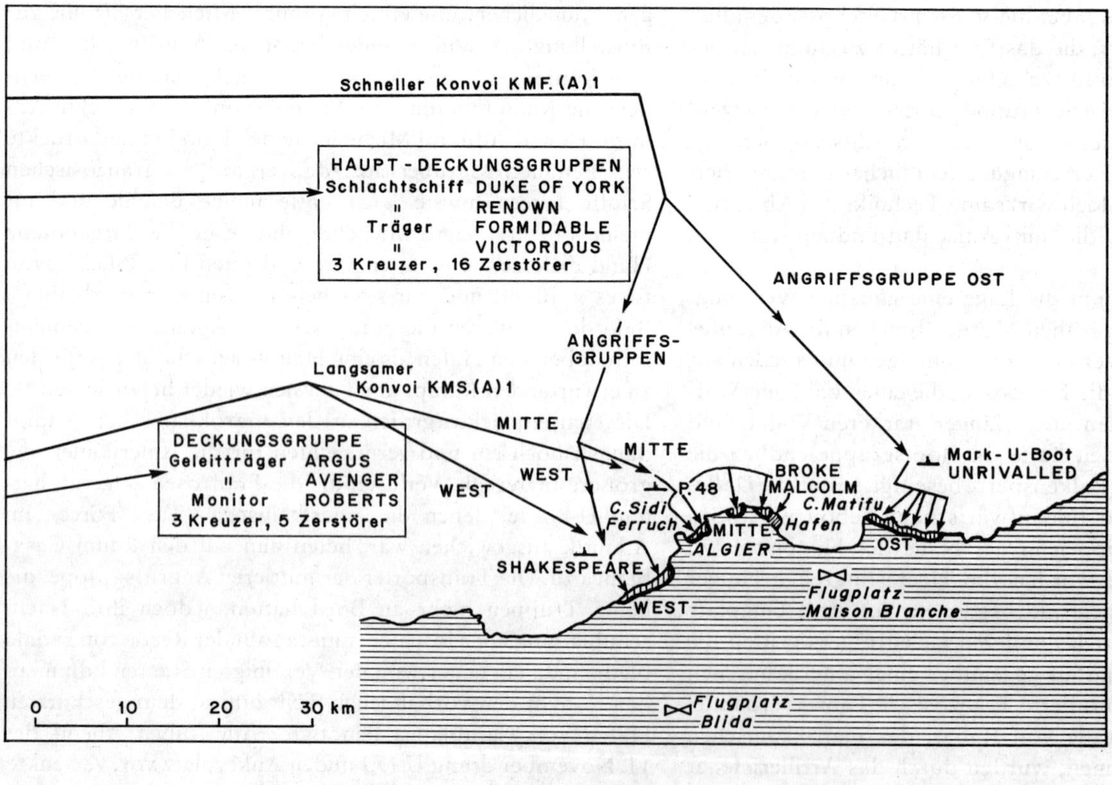

Die Landungen bei Algier, 8. November 1942

geriens und des besten Hafens an der Barbaresken-Küste, sah gleichzeitige Landungen an 3 benachbarten Stränden und bei Safi vor, wo ein Raid von 2 Zerstörern die Hafenanlagen und die Schiffe im Hafen wegnehmen sollte. In einer relativ ruhigen und fast gezeitenlosen See begannen die Truppen in die Landungsfahrzeuge umzusteigen, und etwa um 01.00 Uhr am 8. November landeten sie an den Stränden. Glücklicherweise trafen die landenden Truppen zunächst auf keine Gegenwehr, da sowohl die Truppen als auch das Marinepersonal dieser Angriffsgruppe wenig Gelegenheit zur Übung in der amphibischen Technik gehabt hatten. So war die Bewegung vom Schiff zum Land an manchem der algerischen Strände noch konfuser und wurde mehr verzögert als an den marokkanischen Landungspunkten. In einem Abschnitt waren die Bataillone durcheinander gemischt und über weite Strecken der Küste verstreut. Trotzdem gelang es den Landungskräften, sich zu versammeln und schnell ins Innere zu ihren Zielen vorzustoßen. Dank der Aktivität von pro-alliierten Offizieren ergaben sich weithin französische Truppen einschließlich der Besatzungen von 2 wichtigen Flugplätzen. Der schnelle alliierte Vorstoß machte die Operation bald mehr zu einer Besetzungsaktion als zu einer Kampfhandlung, da nur die Küstenforts östlich Algier heftigen Widerstand leisteten.
Inzwischen hatten 2 britische Zerstörer ohne Erfolg versucht, den Hafen im Handstreich zu nehmen, um eine Zerstörung der Einrichtungen zu verhindern. Durch die Dunkelheit und die unbekannten Gewässer irritiert, verfehlten die Zerstörer *Broke* und *Malcolm* in den frühen Morgenstunden des 8. November die enge Hafeneinfahrt beim ersten Versuch. Beim zweiten Vorstoß wurde die *Malcolm* durch Küstenbatterien so schwer getroffen, daß sie abdrehen mußte. Die *Broke* jedoch durchbrach die Balkensperre und drang bis zu dem Kai vor, landete ihre Truppen, die jedoch sehr stark durch Maschinenwaffenfeuer niedergehalten wurden und in Gefangenschaft gerieten. Der *Broke* gelang es, sich aus dem Hafen zurückzuziehen, doch sie wurde so schwer beschädigt, daß sie später im Schlepp sank.
Es war ein Glück, daß ein frühzeitiger Waffenstillstand im Raum Algier den Alliierten den Hafen intakt in die Hände spielte. Funkbefehle, den Widerstand einzustellen, die im Namen von General Giraud gegeben wurden, hatten zunächst keine Wirkung. Während des Tages aber gelang es Robert Murphy, Admiral Darlan zu überreden, den französischen Befehlshaber zu Verhandlungen zu ermächtigen. Ein mündlicher Waffenstillstand wurde am 8. November um 18.40 Uhr geschlossen, und 20 Minuten später ging Algier formal in die Kontrolle der Amerikaner über. Zwei Tage später gab Darlan mit geheimer Zustimmung von Marschall Pétain den allgemeinen Befehl zur Feuereinstellung für alle französischen Truppen in Afrika.
Der Marschall sandte seine Zustimmung in einem Geheimcode. Offiziell und öffentlich war er gezwungen, den französischen Streitkräften in Afrika die Fortsetzung des Widerstandes zu befehlen.
Es war sehr günstig für die Anglo-Amerikaner, daß die Franzosen bereit waren, nachzugeben. Als der D-Tag sich dem Ende näherte, wurde das Wetter so schnell schlechter, daß um 18 Uhr alle weiteren Unterstützungslandungen abgebrochen werden mußten. Zu dieser Zeit hatte die ungeschickte Handhabung der Boote die »Eastern Naval Task Force« bereits etwa 90 % ihrer Landungsfahrzeuge gekostet. So wenig Verstärkung und so wenig Material waren bis dahin ausgeladen, daß die Situation an Land leicht hätte verzweifelt werden können, wenn der französische Widerstand fortgesetzt worden wäre. Doch Murphys diplomatischer Erfolg erlaubte die Beendigung der Landung und die Ausladung von Truppen und Nachschubgütern im Hafen von Algier selbst und ebnete somit den Weg für einen alliierten Vorstoß in Richtung auf Tunesien.

Algerien: Oran

Der stärkste der alliierten Angriffe wurde von der mittleren Angriffsgruppe gegen Oran geführt. Da die französischen Gefühle gerade hier durch den britischen Angriff auf die französische Flotte nahe bei Mers-le-Kébir im Juli 1940 engagiert waren, hatten die Pläne vorgesehen, hier die am besten ausgebildeten amerikanischen Einheiten einzusetzen, die erste Infanterie-Division und die eine Hälfte der ersten Panzerdivision, die Letztere mit 2 gepanzerten Kampfgruppen mit leichteren und mittleren Panzern und Panzerjägern. Aus dem gleichen Grunde wurden keine britischen Bodentruppen für diese Operation eingeteilt, wenngleich auch Einheiten der »Royal Navy« die Transporte sicherten und deckten. Die »Center Naval Task Force« bestand aus einem Schlachtschiff, einem Flottenträger, 2 Geleitträgern, einem Flakkreuzer, 13 Zerstörern, mehr als einem Dutzend kleinerer Kriegsschiffe sowie Transportern mit einer Landungskampfgruppe von 39000 Mann, fast ausschließlich Amerikanern. Der Plan war fast der gleiche wie für Algier. Gleichzeitige Landungen sollten an 2 Stränden westlich der Stadt und der Hauptangriff an einem Strand östlich der Stadt einschließlich des kleinen Hafens von Arceu geführt werden. Zwei umgebaute amerikanische »Coast Guard Cutters«, die früher an England abgegeben worden waren, sollten »Raiders« in den Hafen von Oran bringen, um die Hafenanlagen intakt wegzunehmen und Zerstörungen zu verhindern. Die Flugplätze hinter der Stadt sollten so schnell weggenommen werden, daß Flugzeuge von dem Flugplatz Gibraltar eingeflogen werden konnten.
Vor Oran gelang die Ausschiffung der Truppen reibungslos und mit geringer Unordnung, so daß die Truppen kurz vor Mitternacht vom 7. zum 8. November in den Landungsfahrzeugen waren. Zwischen 01.00 und 01.30 Uhr kam die erste Welle an Land, und die Verbände waren hier viel weniger zerstreut als bei den anderen Landungen. Sie drangen sehr schnell zu ihren zugeteilten Zielen vor. Sporadischer und wirkungsloser Widerstand wurde bei Arceu geleistet, wo

es einer Infanterie- und Marine-Raidergruppe gelang, 4 kleine Schiffe und 13 aufgetankte französische Seeflugzeuge, die mit Torpedos beladen waren, wegzunehmen. Die Landungen westlich von Oran stießen auf keinen Widerstand. Drei flachgehende Tanker, die dazu eingerichtet waren, Panzer am Stand abzusetzen, Prototypen der späteren LST's, bewährten sich hervorragend und setzten die gepanzerten Einheiten so an Land, daß sie sofort den Hauptangriff zur Wegnahme eines wichtigen Flugplatzes und der wichtigen Straßenkreuzungen auf der Höhe hinter der Stadt unterstützen konnten.
Die Befriedigung über den Erfolg der Landungen bei Oran wurde nur überschattet durch das Unglück, welches die ehemaligen »US Coast Guard Cutters« mit ihren Raidern an Bord hatten, als sie versuchten, in den Hafen von Oran einzudringen.
Auf höherer Ebene hatte es eine heftige Diskussion darüber gegeben, ob dieser Angriff möglich und die Terminplanung der Operation 2 Stunden nach der H-Stunde richtig seien. Die kritischen Stimmen hatten darauf hingewiesen, daß die Verteidigungsanlagen sehr stark waren und daß der lange, schmale Hafen eine Falle sei. Die einzige Hoffnung auf Erfolg lag in der Erringung einer vollständigen Überraschung durch die Gleichzeitigkeit von Angriff und Landungen an den Stränden oder wenn man wartete, bis die Heerestruppen schon in die Stadt eingedrungen waren und auf den Hafen vordrangen. Das Eindringen in den Hafen 2 Stunden nach dem ersten Angriff an den Stränden mußte die Raider auf alarmierte Hafenverteidigungskräfte treffen lassen und machte eine Unterstützung durch andere alliierte Kräfte unmöglich.
Die *Walney* an der Spitze durchbrach eine Balkensperre in der Hafeneinfahrt. Sie wurde jedoch in direktem Beschuß von 2 französischen Zerstörern und einem Torpedoboot zusammengeschossen. Während sie auf das Ende des Hafens zulief, flog sie in die Luft und sank mit 75 % Verlusten unter ihrer Besatzung und den Truppen. Die *Hartland* folgte ihrem Schwesterschiff tapfer, hatte jedoch nicht mehr Glück. Als sie versuchte, eine Kaimauer zu runden, wurde sie auf weniger als 100 m von einem französischen Zerstörer unter Feuer genommen. Die Maschine fiel aus, und der Cutter trieb brennend und explodierend im Hafen herum. Die Hälfte des Personals wurde durch Maschinenwaffenbeschuß niedergemäht, als sie durch die Brände an Deck gezwungen wurde. Das Schiff mußte verlassen werden, und alle Überlebenden wurden gefangengenommen. Als die Stadt von den

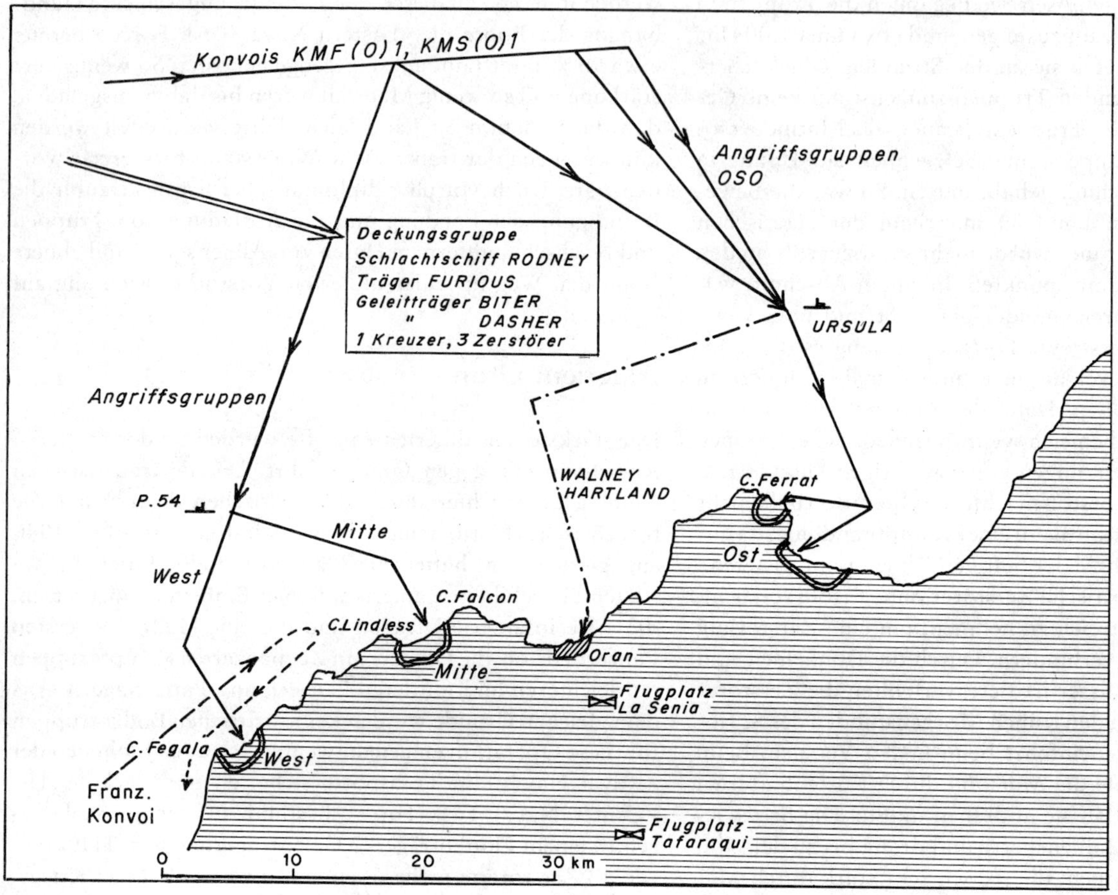

Die Landungen bei Oran, 8. November 1942

vorrückenden Heerestruppen genommen war, fanden sie den Hafen verstopft mit gesunkenen Handelsschiffen und kleinen Kriegsschiffen, dem Ergebnis der französischen Zerstörungsmaßnahmen. Wiederum hatte die französische Marine heftigen Widerstand geleistet, indem sie die Ehre ihrer Flagge mit tragischen Verlusten an Leben und Schiffen verteidigte. Die unglückliche Raidergruppe hatte ebenso wie in Algier trotz aller Tapferkeit ihren Auftrag nicht ausführen können. Tapferkeit allein konnte die Mängel und Nachteile eines falschen Planes nicht wettmachen.

Von aller Unterstützung von außen abgeschnitten, hielt die französische Garnison in Oran noch einen weiteren Tag aus. Sie war jedoch nicht in der Lage, die amerikanischen Infanterie- und Panzereinheiten beim Vorstoß in das Herz der Stadt am Morgen des 10. November aufzuhalten. Als Admiral Darlan am Nachmittag allen französischen Truppen die Feuereinstellung befahl, hatte der organisierte Widerstand in Oran bereits aufgehört. Ganz anders als bei den übrigen Landungen waren die Landungsfahrzeuge hier sehr viel besser geführt und hatten entsprechend weniger Verluste. Mit Hilfe des Hafens von Arceu war es möglich, den für die Nährung des Kampfes notwendigen Nachschub an Land zu bringen. Entsprechend ihrer besseren Ausbildung hatten sich die Soldaten hier geschickter und zielstrebiger gezeigt als bei den übrigen afrikanischen Angriffen.

Tunesien

Mit der Sicherung von Marokko und Algerien besaßen die Alliierten zwar eine sehr wertvolle rückwärtige Basis, doch Tunesien, von Europa nur durch eine 90 Seemeilen breite Straße von Sizilien getrennt, war ihr eigentliches strategisches Ziel. Die Deutschen reagierten schnell, um Tunesien nicht in alliierte Hände fallen zu lassen. Am 8. November um 11.30 Uhr am D-Tage zwangen die Deutschen die Vichy-Regierung zur Annahme eines Angebotes auf Luftunterstützung von Sizilien und Sardinien aus. Diese Entscheidung ermöglichte es den Deutschen, mit einer schnellen, entschlossenen Aktion die Flugplätze in Tunesien in die Hand zu bekommen, was für die alliierten Operationen verlustreiche Folgen hatte. Dann drangen die Deutschen in das unbesetzte Frankreich ein. Toulon mit der französischen Flotte wurde gegen die Versicherung des Befehlshabers, nicht auszulaufen, ausgespart. Inzwischen versuchte Admiral Darlan, der nun voll auf alliierter Seite stand, die französischen Streitkräfte auf seine Seite zu ziehen und die Gebiete unter Vichy-Kontrolle zum Abfall zu bewegen. Er befahl der Flotte in Toulon, mit Hilfe britischer Kriegsschiffe nach Nordafrika auszulaufen. Doch Admiral Laborde, der Befehlshaber in Toulon, zog Neutralität vor und vertraute Hitler, daß Deutschland niemals die Schiffe wegnehmen würde. Als die Deutschen am 27. November ihr Wort brachen und nach Toulon vorstießen, löste Admiral Laborde die Frage durch die Selbstversenkung der Flotte.

Darlan gab dem Admiral Estéva, dem dienstältesten französischen Offizier in Tunesien, den Befehl, mit seinen Streitkräften auf die alliierte Seite überzugehen, doch inzwischen waren deutsche Flugzeuge dabei, auf tunesischen Flugplätzen zu landen. Mit Ausnahme einer Heereseinheit unter General Barré, die in die Berge entkam, wurden die französischen Streitkräfte in Tunesien, die auf die alliierte Seite hätten treten können, sehr schnell zusammengetrieben und entwaffnet. Britische Truppen vereinigten sich mit den pro-alliierten französischen Truppen an der algerisch-tunesischen Grenze am 12. November, doch mehrere 1000 deutsche Fallschirmtruppen, die am nächsten Tage in Tunesien landeten, machten es offensichtlich, daß die Alliierten nicht mit einem leichten Sieg rechnen konnten. Eine gewisse Entschädigung war die Nachricht, daß Dakar und Französisch-Westafrika am 23. November sich der alliierten Sache angeschlossen hatten und daß Rommel sich schnell nach Westen zurückzog, hart verfolgt von der englischen 8. Armee.

Hitlers Entschluß, Nordafrika so weit wie möglich zu halten, sollte sich auf lange Sicht als falsch herausstellen, da der 6 Monate lange Kampf, der nun folgte, für die Deutschen sehr viel kostspieliger als für die Alliierten war. Ende des Jahres hatten schwere Regen Tunesien so heimgesucht, daß die Alliierten gezwungen waren, ihre Streitkräfte in bessere Verteidigungspositionen zurückzuziehen, während in der Wüste der Vormarsch der britischen 8. Armee unter Montgomery dadurch verzögert wurde, daß die Nachschubtransporte nicht hinterher kamen. Trotz dieser zeitweisen Rückschläge, die in erster Linie durch unerfahrenes Personal verursacht wurden – dem Armee-Gegenstück der Schwierigkeiten der Marine mit den Landungsfahrzeugen –, war General Eisenhower in der Lage, im Frühjahr die Offensive wieder in Gang zu bringen, obgleich bis dahin rund 200 000 deutsche und italienische Soldaten und Verstärkungen sowie große Mengen von Nachschubgütern nach Afrika gebracht worden waren. Während die alliierten Kräfte aus Algerien nach Osten vorstießen, wobei sich die Panzerdivisionen von General Patton besonders auszeichneten, kämpfte sich die britische 8. Armee nach Norden durch die befestigte Mareth-Linie hindurch. Rommel, der gesundheitlich sehr angegriffen war, wurde von Hitler zurückgerufen. Am 7. April 1943 trafen Patrouillen der 8. Armee und der Amerikaner zusammen, nachdem sie über 2000 Meilen nordafrikanischen Bodens, der zwischen ihnen gelegen hatte, überwunden hatten. Am 13. Mai war der Kampf um Tunesien vorüber. Etwa 275 000 Mann Achsen-Soldaten wurden in Gefangenschaft gebracht. Alliierte Luft- und Überwachungsstreitkräfte sowie U-Boote hatten 433 000 Tonnen Achsen-Schiffraum versenkt. Nur wenige Truppenverbände der Achse konnten über die Straße von Sizilien entkommen. Der erste britische Transmittelmeerkonvoi seit 1941 verließ am 17. Mai Gibraltar und traf ohne Verlust am 26. Mai in Alexandrien ein. Durch die russische Offensive bei Stalingrad zurückgeworfen und aus Afrika vertrieben, konnten die Deutschen die ersten Anzeichen des endgültigen Zusammenbruchs sehen.

Die Casablanca-Konferenz

Obgleich es auch Ende 1942 noch nicht klar übersehen werden konnte, daß die Achsenmächte ihre Fähigkeit zur Wiedererlangung der Initiative verloren hatten, konnte die strategische Planung nicht auf die Klärung der militärischen Situation warten. Es war unbedingt notwendig, daß die alliierten Führer zusammenkamen und ihre Pläne koordinierten. Stalin konnte Rußland zu diesem Zeitpunkt, gerade als die Kämpfe um Stalingrad auf ihrem Höhepunkt standen, nicht verlassen, doch Roosevelt und Churchill trafen vom 14. bis 23. Januar 1943 mit ihren Stabschefs in Casablanca zusammen, um die gesamte Strategie des Krieges neu festzulegen.

Die Hauptfrage, welche auf der Casablanca-Konferenz gestellt war, hieß: Was kommt zunächst? Da es bisher keine gemeinsame Planung über den Entschluß, die nordafrikanische Küste zu gewinnen, hinaus gab, mußten sich die Engländer und Amerikaner jetzt entschließen, welche weiteren Bewegungen im Mittelmeerraum, wenn überhaupt, zu machen seien, nachdem Tunis gewonnen war.

General Marshall und die anderen amerikanischen Stabschefs hofften nach wie vor, daß sie alle Energien in eine einzige große Angriffsoperation über den Kanal hinweg gegen Frankreich, möglichst gegen die Normandie, einsetzen konnten. Wenn logistische Schwierigkeiten das für 1943 unmöglich machen sollten, wie viele der amerikanischen Stabsoffiziere inzwischen erkannt hatten, dann hoffte Marshall, daß die Alliierten eine große Zahl deutscher Truppen durch die Wegnahme der Bretagne in Westfrankreich fesseln könnten. Dagegen konnten die englischen Stabsoffiziere gewichtige, mit Statistiken untermauerte Argumente ins Feld führen. Sie wiesen darauf hin, daß die Deutschen Mitte 1943 44 Divisionen in Frankreich gegen eine anglo-amerikanische Landung einsetzen könnten, während zur gleichen Zeit die Alliierten nicht mehr als 25 Divisionen zur Verfügung hatten. So lange die Verhältnisse nicht entscheidend zugunsten der Alliierten verbessert werden konnten, glaubten die Engländer, daß ein Angriff gegen die Küste von Frankreich nur zu einer Niederlage in diesem Gebiet führen könnte, einer erneuten kostspieligen Vertreibung vom Kontinent.

Die Engländer waren bereit, eine Invasion Frankreichs zu versuchen, aber nur dann, wenn die deutschen Streitkräfte bereits entscheidend geschwächt wären. Zur Zeit, darauf bestanden die englischen Stabsoffiziere, war es der beste Weg, das Ziel zu erreichen und gleichzeitig auch den Russen zu helfen, die periphere Strategie fortzusetzen. Ablenkungsangriffe aus dem Mittelmeerraum nach Südeuropa, so sagten sie, würden so viele deutsche Einheiten von Frankreich und von der Ostfront abziehen, daß Hitler insgesamt 55 Divisionen fehlen würden, die er zur Verteidigung seines Reiches brauchte. Fortgesetzte periphere Operationen auf dem Mittelmeer-Kriegsschauplatz, fuhren die Stabsoffiziere fort, könnten Italien aus dem Krieg herauswerfen und möglicherweise die Türken auf die alliierte Seite ziehen. Wenn dies alles geschehen würde, sähe sich Hitler der Niederlage gegenüber, selbst ohne einen Angriff über den Kanal hinweg. Aber unter der Annahme, daß ein solcher Angriff durchgeführt werden müßte, hätte eine Landung in Frankreich sehr viel größere Erfolgsaussichten, wenn die Deutschen im Westen zunächst durch Angriffe an anderen Stellen geschwächt worden wären.

Wenn auch die amerikanischen Stabschefs nicht voll von der britischen Logik überzeugt waren, so konnten sie kein überzeugendes anderes Argument vorbringen. Sie waren dagegen, weitere alliierte Streitkräfte vom Mittelmeer aufsaugen zu lassen, das sie für strategisch abseitig vom Hauptobjekt hielten. Aber es war eindeutig klar, daß die Briten nicht bereit waren, 1943 nach Frankreich zurückzukehren, und ohne britische Unterstützung und Zusammenarbeit konnte es keinen Angriff über den Kanal geben. Nach langer Diskussion, während der Admiral King vorschlug, den Krieg gegen Japan mit einer Serie von begrenzten Offensiven zu beschleunigen, kamen die beiden Alliierten zu einer Übereinkunft. Die Engländer wünschten, den Krieg im Pazifik zunächst mit begrenzten Kräften zu führen, bis Deutschland besiegt wäre. Dann könnten alle alliierten Streitkräfte gegen Japan geworfen werden. Sie wichen von dieser Forderung etwas zurück und stimmten zu, mehr Soldaten und Material in den Pazifik zu entsenden, um damit die Amerikaner in die Lage zu versetzen, auch auf diesem Kriegsschauplatz die Initiative an sich zu reißen. Die Amerikaner ihrerseits stimmten zu, den Angriff über den Kanal bis 1944 zurückzustellen. Inzwischen sollte die feindliche Stärke in Europa zerstreut werden durch Druck, der während des Sommers 1943 im Mittelmeer aufrechterhalten würde. Luftangriffe gegen das Herz Deutschlands und die Luftwaffe sollten intensiviert werden. Allgemeine Einigkeit bestand auf alliierter Seite, daß an die erste Stelle der Priorität der Sieg über die U-Boote im Atlantik zu stellen war. Ohne ihn konnten an keiner anderen Stelle erfolgreiche Offensiven geführt werden. Die restliche Konferenz beschäftigte sich damit, einen geeigneten Platz für den Angriff im Mittelmeer zu finden. Schließlich erörterten die Stabsoffiziere zwei Möglichkeiten: Die Inseln Sizilien und Sardinien. Sardinien war die schwächer verteidigte der beiden Inseln und konnte Flugplätze für Bomber bieten, die Ziele in dem Industriegebiet Norditaliens anfliegen konnten. Doch die Insel besaß keinen Hafen, der eine größere amphibische Operation gestattete. Andererseits war die Wegnahme von Sizilien sehr viel schwieriger, würde jedoch auch Italien sehr viel unmittelbarer bedrohen und es möglicherweise aus dem Krieg herauszwingen. Es würde endgültig die Straße von Sizilien sichern und bot die größte Aussicht auf die Vernichtung stärkerer feindlicher Streitkräfte. Deshalb wurde Sizilien als Ziel gewählt, und der D-Tag auf eine geeignete Zeit im Juli 1943 festgesetzt. Mit Erleichterung und Harmonie konnte die Casablanca-Konferenz abgeschlossen werden.

Am Tage danach überraschte Präsident Roosevelt die Staats-

männer und militärischen Führer der Welt durch eine Ankündigung in der Presse über eine Politik, die er selbst entworfen und mit Premierminister Churchill abgestimmt hatte. Es war die Entscheidung, daß die Vereinigten Staaten und England nichts anderes als die bedingungslose Kapitulation Deutschlands, Italiens und Japans annehmen würden. Bedingungen würden weder angeboten noch gewährt werden. Nicht einmal Napoleon hatte auf der Höhe seiner Erfolge die Tür für Verhandlungen so vollständig geschlossen. Die Annahme einer solchen unbeweglichen Politik war schlimm genug, es auch noch bekanntzugeben, war ein verheerender Fehler.
Die Politik der bedingungslosen Kapitulation war der früheren Ankündigung britischer und amerikanischer Führer, daß sie nicht gegen die Völker, sondern nur gegen die Führer, welche die Völker verführt hätten, kämpften, entgegengestellt. Diese Politik enthielt Fehler, wie sie Staatsmänner des 17. und 18. Jahrhunderts niemals gemacht hätten, die es besser als manche ihrer Nachfolger verstanden, daß der Feind von heute villeicht der Verbündete von morgen sein würde. So wurde der Krieg bis zum Punkt des vollständigen Sieges weitergeführt und ruinierte den Sieger ebenso wie den Unterlegenen.

Zusammenfassung

Die frühen Konferenzen der »Combined Chiefs of Staff«, die im allgemeinen von den dynamischen Persönlichkeiten Roosevelts und Churchills beherrscht waren, zeigten die grundlegenden Meinungsverschiedenheiten beider Seiten darüber, auf welchem Wege die europäischen Achsenmächte am besten zu besiegen seien. Die Amerikaner waren für einen massiven Stoß mit überwältigender Stärke und so bald wie möglich gegen das Herz Deutschlands. Die Engländer, die eine eventuelle Rückkehr nach Westeuropa zwar nicht ausschlossen, zogen Angriffe an den Rändern vor, kombiniert mit Luftangriffen auf deutsche Industrie- und Verkehrsziele sowie materieller Hilfe für die Russen. Damit hofften sie, den Gegner zu schwächen und seine Kräfte teilweise aus Westeuropa abzuziehen, so daß ein eventueller anglo-amerikanischer Angriff über dem Kanal größere Erfolgschancen haben würde. Als die Engländer den Plan der »Joint Chiefs« für eine Landung in Frankreich 1942, gefolgt von einer Großinvasion 1943, glatt ablehnten, stimmten die Amerikaner zögernd einer Landung in Französisch-Nordafrika als einem Mittel, den Druck der Achse gegen Rußland und Ägypten zu mildern, zu.
Der D-Tag für Nordafrika wurde auf den 8. November 1942 festgesetzt. Die drei Hauptziele waren drei große Häfen: Casablanca in Französisch-Marokko und Algier sowie Oran in Algerien. Der Angriff gegen Casablanca, der von den Vereinigten Staaten direkt ausging, wurde ausschließlich von amerikanischen Kräften geführt; der gegen Algier, der von England ausging, von kombinierten anglo-amerikanischen Kräften. Der Angriff gegen Oran, ebenso von England ausgehend, wurde vor allem von Amerikanern mit Unterstützung britischer Seestreitkräfte angesetzt. Da die Zielhäfen gegen frontale Angriffe stark verteidigt waren, landeten die Alliierten rechts und links von den Häfen, um sie dann von den Flanken her einzunehmen.
Die Verhandlungen mit den Franzosen wegen einer unblutigen Invasion erwiesen sich nur teilweise als erfolgreich, da zahlreiche französische Einheiten harten Widerstand leisteten. Nur die unerwartete Anwesenheit von Admiral Darlan und seine Bereitschaft, über einen Waffenstillstand zu verhandeln, zuerst am Ende des ersten Kampftages für Algier und dann zwei Tage später für ganz Nordafrika, erleichterte die Nachschubsituation, die begann, kritisch zu werden. Nachdem die Waffenruhe hergestellt war, kooperierten alle französischen Einheiten bereitwillig mit den landenden Kräften.
Die nordafrikanischen Landungen verliefen im Vergleich mit späteren alliierten amphibischen Operationen recht zerfahren, was teilweise auf die mangelnde Erfahrung, doch teilweise auch auf die ungenügende Zeit zur Übung und Ausbildung zurückzuführen war. Sowohl die Armee als auch die Marine lernten, daß es keinen Ersatz für eine ausreichende und sorgfältige Planung und Ausbildung gab. Geschickte Handhabung der Landungsfahrzeuge war aus zwei Gründen von entscheidender Bedeutung: einmal um die Truppen an der Stelle und zu der Zeit, zu der sie landen sollten, tatsächlich abzusetzen und zweitens um Verluste von Booten zu vermeiden, die zu völliger Unordnung in dem anschließenden Nachschub und der Verstärkung des Landekopfes führen mußten. Die Erfahrung von Admiral Hewitt an Bord der *Augusta*, die sowohl als Flaggschiff als auch als Unterstützungschiff diente, unterstrich die Notwendigkeit für spezielle Führungsschiffe. Die britischen Prototypen von Tanklandungsschiffen (LST) zeigten die Zweckmäßigkeit und Notwendigkeit für auf den Strand laufende Fahrzeuge nicht nur zur Landung der Tanks, sondern auch zum Transport zusätzlicher Landungsfahrzeuge zu den Versammlungspunkten vor dem Strand, da die Transporter nicht genug Boote für die an Bord befindlichen Truppen aufnehmen konnten. Die Operationen der *Ranger* und der Geleitflugzeugträger vor Marokko stellten die Wirksamkeit von Trägerflugzeugen bei der Unterstützung von Invasionen unter Beweis.
Da die Angriffe trotz der Unordnung und der Verzögerungen im ganzen gut abliefen, war die Armee weiterhin für Nachtlandungen, um die Überraschung zu gewährleisten. Die Seebefehlshaber dagegen befürworteten Landungen in der Morgendämmerung nach einem nächtlichen Anmarsch, indem sie darauf hinwiesen, daß die taktische Überraschung eines gewarnten Gegners unwahrscheinlich war und daß die oft chaotischen Landungen an der nordafrikanischen Küste sicher fehlgeschlagen wären, hätte der Gegner entschlossenen Widerstand geleistet. Die Seebefehlshaber waren auch für ein Bombardement vor der Landung, um den Weg für die Truppen freizumachen, und für eine stärkere Ausnutzung der Ar-

tillerieunterstützung von den Schiffen für die gelandeten Truppen, doch die Heeresbefehlshaber zogen weiterhin die Vorteile der Überraschung gegenüber dem Bombardement vor der Invasion vor, das die Verteidiger alarmieren würde. Da sie die Zielgenauigkeit der Schiffsgeschütze mit modernen Feuerleitanlagen nicht übersahen, mißtrauten sie der Feuerunterstützung durch Schiffsgeschütze, weil sie befürchteten, daß ihre eigenen Truppen getroffen werden könnten.

Mit der alliierten Besetzung von Casablanca, Algier und Oran versuchten erheblich verstärkte alliierte Armeen vor den Deutschen und Italienern die tunesischen Häfen Bizerta und Tunis zu gewinnen. Sie waren dabei nicht erfolgreich, doch am Ende erwies sich ihr Fehlschlag als ein Vorteil, da die britische 8. Armee, die aus Ägypten nach Westen vorging, und die alliierten Kräfte, die von Algerien kamen, sich vereinigen konnten und in Tunesien nicht nur das deutsche Afrikakorps, sondern auch die von Europa nach Tunesien entsandten Truppen einschließen konnten. Mit der Besetzung Nordafrikas eröffneten die Alliierten den Weg durch das Mittelmeer für ihre Nachschubkonvois, entsetzten Malta und gaben ihren Truppen wichtige Erfahrungen für künftige Kämpfe. Sie gewannen Basen für den Angriff gegen Italien und andere von den Achsenmächten besetzte Gebiete im Mittelmeer.

Inzwischen hatten auf der Konferenz von Casablanca im Januar 1943 die alliierten Führer Übereinstimmung erzielt, nach dem Fall von Tunesien Sizilien als nächstes Ziel anzugreifen. Mit dem Erfolg dieser Invasion hoffte man, Italien aus dem Krieg herauszuwerfen und das Ende des Anfanges, wie Churchill sagte, erreicht zu haben. Doch am Ende der Konferenz gab Roosevelt seine »Unconditional Surrender«-Forderung bekannt, die alle Hoffnungen zerstörte, den Krieg durch eine Widerstandsbewegung des deutschen Volkes gegen seine Führer abzukürzen.

Kapitel 36

Die Operationen gegen Sizilien und Italien 1943-1944

Von J. Rohwer übersetztes Kapitel 32 der US-Originalausgabe, das von W. M. Belote und H. O. Werner verfaßt wurde.

Im Anschluß an die erfolgreichen Landungen in Französisch-Marokko und Algerien verließen die amerikanischen Kriegsschiffe das Mittelmeer und überließen die alliierten Operationen in diesen Gewässern der »Royal Navy«. Vizeadmiral Hewitt kehrte in die Vereinigten Staaten zurück, um seine normale Aufgabe als Befehlshaber der amphibischen Streitkräfte der Atlantikflotte (Comphiblant) wieder zu übernehmen. Die »US Navy« blieb im nordafrikanischen Raum nur verantwortlich für die Atlantikküste Marokkos (»Moroccan Sea Frontier«) einschließlich des Hafens von Casablanca und des Flugplatzes von Fort Lyautey sowie für den Hafen von Oran, einschließlich Mers-el-Kébir.

Mit der alliierten Entscheidung, in Sizilien zu landen, wurde es für die amerikanische Marine notwendig, Schiffe, Personal und Material nach dem nordafrikanischen Kriegsschauplatz zurückkehren zu lassen. Im Februar 1943 wurde Admiral Hewitt als Comphiblant durch Rear Admiral Alan G. Kirk abgelöst und ging nach Nordafrika, um den Befehl über alle amerikanischen Seestreitkräfte und Flottenoperationen als »Commander United States Naval Forces Northwest African Waters« zu übernehmen. Mitte März wurde der Befehlsbereich Hewitts in US 8. Flotte umbenannt. Für den Rest des Krieges schloß die 8. Flotte alle amerikanischen Seestreitkräfte im Mittelmeer ein. Operativ war sie Generalleutnant Dwight D. Eisenhower, dem alliierten Obersten Befehlshaber, über den Oberbefehlshaber Marine im Mittelmeer, Admiral of the Fleet Sir Andrew B. Cunningham, unterstellt. Verwaltungsmäßig unterstand sie direkt Admiral King als dem Oberbefehlshaber der US-Flotte. Mit anderen Worten erhielt Hewitt seine militärischen und operativen Befehle von Eisenhower, bekam jedoch seine Schiffe, Männer und den Nachschub von Admiral King. Zu den unmittelbaren Aufgaben Hewitts und seines Stabes gehörte es, die Marineplanung für den amerikanischen Teil der Invasion Siziliens durchzuführen.

Unter dem Codenamen Operation »Husky« wurde die sizilianische Invasion als eine eigenständige Operation mit begrenztem Ziel geplant. Die alliierten Chefs wollten in Sizilien landen, um dann zunächst abzuwarten, was weiter geschah, bevor sie neue Ziele im Mittelmeer auswählten. Churchill erwartete verschiedene günstige Ergebnisse: 1. die Verbindungen durch das Mittelmeer würden sicherer werden, 2. deutsche Kräfte würden von der russischen Front abgezogen, 3. der Druck auf Italien würde intensiviert werden.

Churchill und die britischen Stabschefs erwarteten, daß der Fall Siziliens zum Zusammenbruch der Mussolini-Regierung und zum Austritt Italiens aus dem Kriege führen und somit den Alliierten den Weg zu weiteren Unternehmungen im Mittelmeer öffnen würde. Ebenso erwarteten sie, daß das Desaster für die Achsenmächte eventuell die Türken veranlassen würde, ihre Neutralität aufzugeben und auf seiten der Alliierten in den Krieg gegen die Achsenmächte einzutreten.

Wenn auch die amerikanischen Stabschefs weniger enthusiastisch waren, mußten sie zugeben, daß die alliierten Streitkräfte auf dem europäischen Kriegsschauplatz nicht tatenlos warten konnten, bis die Invasion Frankreichs 1944 möglich wurde, und daß Sizilien das nächstliegende Ziel war. Alle alliierten Führer waren sich einig, daß die Wegnahme eines Brückenkopfes auf dem nationalen Territorium der Achsenmächte einen enormen moralischen Aufschwung für die westlichen Alliierten bringen würde.

Die militärischen Führer, welche den Kampf um Tunesien mit Erfolg abgeschlossen hatten, führten auch das Kommando der sizilianischen Operation. Eisenhower wurde zum 4-Sterne-General befördert, um das Oberkommando über die Operation »Husky« zu übernehmen. Sein Stellvertreter, Sir Harold R. Alexander, befehligte alle Landstreitkräfte. Die Seestreitkräfte wurden wiederum Flottenadmiral Cunningham unterstellt, und die alliierten Luftstreitkräfte befehligte Air Chief Marshal Sir Arthur W. Tedder. Die für die Landung vorgesehenen Landstreitkräfte umfaßten die amerikanische 7. Armee unter Generalleutnant Patton und die britische 8. Armee unter Generalleutnant Montgomery. Die Seestreitkräfte setzten sich aus der »Western Naval Task Force« unter Vizeadmiral Hewitt und der »Eastern Naval Task Force« unter Vizeadmiral Sir Bertram Ramsay zusammen. Unter Vizeadmiral Sir Algernon V. Willis wurde eine britische Deckungsstreitmacht mit 6 Schlachtschiffen, 2 Flottenträgern, 6 Leichten Kreuzern und 24 Zerstörern vorgesehen, um beide Landungen gegen eine eventuelle Gegenwirkung durch die italienische Flotte zu decken.

Sizilien: Planung und Vorbereitungen

Die Planung der Landungen in Sizilien stellte sich als ein langer und komplizierter Vorgang heraus. Es war wenig Gelegenheit für die Eisenhower unterstellten führenden Befehlshaber gegeben, miteinander zu konferieren, um Schwierigkeiten auszuräumen. Die Hauptquartiere der Kommandobereiche waren über Nordafrika, weit voneinander entfernt, verteilt. Darüber hinaus waren Alexander, Patton, Mont-

gomery und andere höhere Offiziere mit dem Abschluß des Kampfes um Tunesien beschäftigt und konnten zunächst Sizilien nur geringe Aufmerksamkeit widmen.
Die unterschiedlichen strategischen und taktischen Wünsche und Bedürfnisse der verschiedenen Teilstreitkräfte erschwerten die Planung noch zusätzlich. Alle waren sich einig, daß das letzte taktische Ziel die Wegnahme der Straße von Messina zu einem möglichst frühen Zeitpunkt war. Die Hauptnachschubroute des Gegners konnte dann unterbrochen und die italienisch-deutschen Streitkräfte von einem Rückzug auf das italienische Festland abgeschnitten werden. Aber es wurde nicht für möglich gehalten, bis in die Straße vorzumarschieren und dort zu landen, da die Landungsräume dann außerhalb der wirksamen Reichweite alliierter Jagdflugzeuge gelegen hätten. Die einzigen Landungsplätze, für die ausreichende, landgestützte Luftunterstützung gegeben werden konnte, lagen an der Südostspitze Siziliens zwischen den Städten Licata und Syrakus. In diesem Raum konnten alliierte Jäger von Malta, Gozo, Pantelleria und Kap Bon aus wirksame Angriffe der Achsenluftstreitkräfte zerschlagen. Aber dieses Erfordernis allein konnte die Frage noch nicht klären. In dem Raum Licata–Syrakus gab es nur 3 Häfen, von denen nur Syrakus eine beträchtliche Tonnagekapazität besaß. Sowohl die Planungsstäbe der Armee, als auch der Marine befürchteten, daß die Nachschubmengen, die durch diese Häfen und über die Strände an Land gebracht werden könnten, nicht ausreichten, um die Zahl der zur Überwindung der feindlichen Garnisonen in Sizilien notwendigen Divisionen zu unterhalten. Die beste Kompromißlösung erschien, zunächst Brückenköpfe in dem Teil Siziliens zu bilden, der durch Jäger überdeckt werden konnte, dann dort Flugplätze zu errichten, um den Jagdschutz weiter ausdehnen zu können, und dann einige Tage später an den Stränden in der Nähe der großen Häfen Palermo und Catania zu landen.
Doch niemand war von diesem komplizierten Plan aufeinanderfolgender Landungen begeistert. Die Generale Alexander und Montgomery lehnten ihn sogar glatt ab, weil sie der Meinung waren, daß feindliche Verstärkungen zwischen die weit zerstreuten alliierten Armeen geschoben werden könnten. Die Heeresbefehlshaber forderten einen einzigen massierten Angriff in dem Teil Siziliens, der durch alliierte Jäger überdeckt werden könnte, eine Forderung, die die Marinebefehlshaber aus logistischen Gründen für unmöglich hielten.
Mit der Zeit brachten jedoch 2 neue Entwicklungen in der amphibischen Technik einen Ausweg aus dem Dilemma der Planung. Mit dem Eintreffen zahlreicher, neu gebauter großer Panzerlandungsschiffe (LST) und Hunderter amphibischer Radfahrzeuge (DUKW) glaubten die Planungsoffiziere der Marine es verantworten zu können, einen Heeresangriff an der Südostküste Siziliens über den Strand hinweg nähren zu können, wenn es gelang, die wenigen in der Nähe liegenden Häfen zu nehmen. Anfang Mai genehmigte General Eisenhower den neuen Plan für einen massierten Angriff.
Der Angriffszeitpunkt wurde für den 10. Juli 1943 festgesetzt (D-Tag), die Landungsstunde auf 02.45 Uhr (H-Stunde). Tag und Stunde wurden ausgewählt, um den Fallschirmlandungen genügend Mondlicht zu geben, während der Monduntergang so rechtzeitig erfolgte, daß für die Landungswellen bei der Annäherung an den Strand totale Dunkelheit herrschte. Weil die gewählte H-Stunde die Flotte einem Anmarsch im Mondlicht aussetzen würde, schlugen die Marineplaner einen späteren Anmarsch mit einem Landungsbeginn nach der Dämmerung vor, der eine Beschießung durch Schiffsartillerie zur Neutralisierung der Strandverteidigung vorausgehen sollte. Die Heeresplanungsoffiziere lehnten diesen Vorschlag ab, da sie es für notwendig hielten, die Bewegung vom Schiff an Land in der Dunkelheit durchzuführen, um die Überraschung aufrechtzuerhalten, und weil sie glaubten, daß Schiffsartilleriefeuer wirkungslos sein würde, da die Schiffsartillerie nicht für den Beschuß von Landzielen konstruiert sei.
Admiral Hewitts »Western Naval Task Force«, die in 3 Gruppen mit dem Codenamen »Joss«, »Dime« und »Cent« eingeteilt war, sollte einen Brückenkopf unter Einschluß der kleinen Häfen Licata und Gela sowie des Fischerstädtchens Scoglitti entlang einer 37 Seemeilen breiten Front im Golf von Gela errichten. Die »Eastern Naval Task Force« unter Admiral Ramsay, die in 4 Gruppen gegliedert war, hatte die Pachino-Halbinsel und einen Raum im Golf von Noto, eben außerhalb der Küstenbefestigungen von Syrakus, wegzunehmen. Die Landungsfront war außerordentlich breit, fast 100 Meilen, die ausgedehnteste Landungsfront überhaupt während des zweiten Weltkrieges. Auch zahlenmäßig war der eigentliche erste Angriff der mächtigste des ganzen Krieges und wurde nicht einmal durch die Angriffslandung in der Normandie ein Jahr später übertroffen. Mehr als 470000 Mann, etwa zur Hälfte Amerikaner und Engländer, wurden für die ersten Landungsangriffe eingeteilt. Ausgehend von jedem verfügbaren nordafrikanischen Hafen von Bizerta an westwärts, schifften sich die amerikanischen Kräfte in einer Armada von 580 Schiffen und Landungsschiffen mit 1124 Landungsbooten an Bord ein. Ausgehend vom östlichen Mittelmeer und Tunesien, benutzten die Engländer 818 Schiffe und Landungsschiffe, einschließlich der Schiffe der Deckungsgruppe, mit 715 Landungsbooten.
Ein schwerwiegender Mangel der Vorbereitungen ergab sich aus der unzulänglichen Zusammenarbeit der alliierten Luftstreitkräfte. Sie rührte aus nicht zu überwindenden Differenzen und Meinungsverschiedenheiten über die Verwendung der taktischen Luftmacht her. Die Luftwaffen schworen auf ihre Doktrin der Abschnürung des Brückenkopfes durch die Zerschlagung der feindlichen Verbindungen, so daß keine oder nur geringe Bewegungen aus dem Raum und in das Gebiet der Brückenköpfe möglich waren. Inzwischen sollten Angriffe auf feindliche Flugplätze geführt werden, um sicherzustellen, daß Luftangriffe gegen die Landungen nur leicht sein konnten. Die Luftwaffen glaubten, daß ihre Technik

eine taktische Nahunterstützung auf Anforderung von Bodenbeobachtern an Bord oder an Land unnötig machen würde. Infolgedessen nahmen sie an der gemeinsamen Vorbereitung nicht teil und verboten den Piloten, auf Anforderungen von Schiffs- oder Bodenstationen zu reagieren, wenn sie nicht vom alliierten Luftwaffenhauptquartier in Nordafrika genehmigt wären.

Die alliierten Armeen und Flotten mißtrauten der Wirksamkeit dieser Luftwaffendoktrin. Sie wünschten die Art von Unterstützung, welche vor Casablanca der US-Träger *Ranger* gegeben hatte und wie sie bei den pazifischen Operationen zur Routine werden sollten, doch Luftmarschall Tedder setzte sich durch. Obgleich eine taktische Luftflotte zur Unterstützung der Landungen eingeteilt war, wurde sie von Nordafrika aus geführt, und es war keine Zusicherung gegeben worden, daß Anforderungen des Heeres oder der Flotte zur Unterstützung Priorität haben würden. Um diese Lücke zu schließen, wünschte General Patton Flugzeugträger bei den Landungsstreitkräften, um sofortige Angriffe auf Anforderung fliegen zu können. Doch Admiral Hewitt war der Auffassung, daß dieser Wunsch bei dem großen Bedarf an Trägern an anderer Stelle nicht gerechtfertigt werden könnte, da ausreichende, landgestützte alliierte Luftmacht in leichter Reichweite der Brückenkopfe zur Verfügung stand. Der Angriff begann deshalb ohne einen allen Befehlshabern bekannten Plan für den Lufteinsatz. Luftunterstützung konnte bestenfalls mit erheblichen Verzögerungen, ungünstigstenfalls überhaupt nicht kommen.

Da niemand den Wunsch hatte, die Desaster, welche den Angriffen unmittelbar in die Häfen von Oran und Algier hinein folgten, zu wiederholen, wurden keine Kräfte für Landungen unmittelbar in den feindlichen Häfen vorgesehen. Aber britische Kommandos und amerikanische Rangers sollten wichtige feindliche Einrichtungen neutralisieren, und Teile von 2 Fallschirmdivisionen sollten vor der H-Stunde abgesetzt werden, um wichtige Flugplätze und Brücken zu sichern.

Da Sizilien ein so naheliegendes Ziel für die Alliierten war, wurden große Anstrengungen unternommen, den Feind davon zu überzeugen, daß der Hauptangriff in Griechenland mit einem Ablenkungsangriff auf Sardinien erfolgen würde. Der dramatischste Versuch in dieser Richtung war die Aussetzung einer präparierten Leiche vor der spanischen Küste, die in der Nähe von Cadiz an Land gespült wurde. Major William Martin, wie die Leiche genannt wurde, hatte eine Aktentasche mit entsprechend vorbereitetem Geheimmaterial bei sich, das schnell in die Hand deutscher Agenten fiel. Die lokalen deutschen und italienischen Befehlshaber wurden nicht irregeführt, jedoch Hitler und das deutsche Oberkommando, was zum Ergebnis hatte, daß deutsche Panzerdivisionen sowie Minenleger und Torpedoträger der Achsenmächte nach Sardinien und Griechenland verlegt wurden, wo sie nichts zur Verteidigung Siziliens beitragen konnten. Langsame italienische Minenleger blieben zurück, um die sizilianischen Gewässer zu verminen. Doch sie konnten nicht genug Minen legen, um ein wirklich ernsthaftes Hindernis zu bilden.

Die Ausbildung für die Landung in Sizilien war sehr viel gründlicher, als sie für die Nordafrika-Operation möglich gewesen war. Sobald die neuen LST's, LCT's und LCI's auf dem Kriegsschauplatz eintrafen, wurden sie zu den Übungsmanövern in fast allen Häfen an der nordafrikanischen Küste geschickt.

Die LST (Landing Ship, Tank), LCT (Landing Craft, Tank) und LCI (Landing Craft, Infantry) waren auf den Strand auflaufende Fahrzeuge, welche in der Lage waren, vom Absprunghafen zum Brückenkopf Soldaten, Fahrzeuge und Nachschubgüter zu transportieren. Die LCVP (Landing Craft, Vehicle and Personnel) und die LCM (Landing Craft, Mechanized) waren kleinere Landungsboote, die normalerweise an Bord der Transporter mitgeführt und für die Beförderung vom Schiff zum Strand eingesetzt wurden.

Während die Truppen mit den Besatzungen der neu eingetroffenen LCVP's die Landung durch die Brandung hindurch übten, exerzierten die »shore parties« das Ausladen des Nachschubes, die Evakuierung der Verwundeten, die Lenkung des Artilleriefeuers und die Tausende von anderen Aufgaben, die bei einer amphibischen Landung auftraten. Die meisten der Angriffsdivisionen konnten ausreichend realistische Übungen mit ihren Landungsverbänden auf Divisions- oder nahezu Divisionsebene durchführen. Wenn auch keiner der teilnehmenden Befehlshaber der Meinung war, daß seine Einheit ausreichend ausgebildet war, so mußte man doch, verglichen mit früheren Verhältnissen, die »Task Forces« von Hewitt und Ramsay als genügend vorbereitet betrachten. Die Steigungsgrade der Strände und die Brandung hatten in dem gezeitenlosen Mittelmeer entlang der Küste von Sizilien und an anderen Stellen eine Formation gebildet, die man mit »falschem Strand« bezeichnen konnte. Es waren Sandbänke, die etwa 100 Meter oder mehr von der Küste entfernt waren und die so flach unter der Oberfläche lagen, daß es nicht möglich war, mit so großen Fahrzeugen wie LST's, darüber hinwegzukommen.

Das Landungsfahrzeug- und Stützpunktkommando unter Rear Admiral Richard L. Conolly löste dieses Problem während der Übungen in Afrika durch die Entwicklung von Ponton-Brücken, wobei die Standard-Pontons als Brücke zum Strand aneinandergelascht wurden. Es zeigte sich ebenfalls als möglich, eine Anzahl von LCT's den größeren LST's zuzuteilen, so daß sie einen Fährdienst zwischen den vor dem Strand verankerten LST's und dem Strand bilden konnten. Beide Methoden funktionierten und waren entscheidend wichtig, um die 7. und 8. Armee nach den anfänglichen Landungen zu versorgen.

Während sich die alliierten Streitkräfte vorbereiteten, waren auch die Achsenmächte nicht untätig. Die italienische Flotte blieb die beste Waffe gegen die Landungen. Falls es ihr gelang, die mächtige britische Deckungsgruppe auszumanövrieren, konnte sie schwere Schläge gegen die Angriffskonvois austeilen. Da aber die Achsenbefehlshaber nicht wußten, wann und wo der alliierte Angriff stattfinden würde, hatten sie nur eine sehr geringe Chance, die notwendige Überraschung für einen Gegenangriff zu erreichen. Darüber hinaus verbot das italienische »Supermarina« unter Berufung auf die unzulängliche Luftsicherung Flottenoperationen innerhalb der Reichweite alliierter Flugzeuge in den Gewässern Siziliens. Die befehlsführenden Achsenkommandeure setzten ihre Hoffnung daher auf eine erfolgreiche Land- und Luftverteidigung. Luftangriffe und der Widerstand von 7 italienischen Küstenschutzdivisionen sollten die Alliierten am Strand festhalten, während Gegenangriffe von 4 italienischen und 2 deutschen beweglichen Divisionen dann die Angreifer in die See werfen sollten. Unverständlicherweise lehnte Mussolini Hitlers Angebot von 3 weiteren deutschen Divisionen ab. Während man die Küstenverteidigung rund um alle wichtigeren Häfen verstärkte, wurden Anti-Invasionsübungen bei Gela abgehalten, da sowohl die Deutschen als auch die Italiener hier eine alliierte Landung erwarteten. Bewegliche Kräfte wurden in den strategisch günstigsten Punkten zusammengefaßt, und rund 350000 Mann einschließlich mehr als 50000 Deutschen erwarteten den Angriff der 470000 Alliierten.

Für Teilnehmer des gleichzeitigen pazifischen Krieges schienen die Schwierigkeiten allein hinsichtlich der Zahl, die Verteidiger überwältigend zu begünstigen. Während der Kämpfe auf Neu-Georgien, die etwa gleichzeitig mit den Kämpfen auf Sizilien stattfanden, brauchten 34 000 Amerikaner 6 Wochen, um einen kleinen Zipfel Neu-Georgiens gegen etwa 8000 japanische Verteidiger zu gewinnen. Im Pazifik unternahmen die Alliierten selten einen Angriff ohne wenigstens eine 3:1-Überlegenheit an Zahl, und oft waren die Voraussetzungen weit günstiger. Wenn auch die Luft- und Schiffsunterstützung alliierter Angriffe gegen verteidigte Positionen auf dem pazifischen Kriegsschauplatz immer mächtiger wurde, so konnten die Angreifer doch stets eine außerordentlich hartnäckige Verteidigung erwarten. Die Japaner gingen höchstens in einer völlig hoffnungslosen Situation zurück. Nur wenige ergaben sich. Wenn der Rückzug abgeschnitten war, dann kämpften sie normalerweise bis zum letzten Mann. Für Soldaten, die mit dieser Art der Kriegführung vertraut waren, erschien der alliierte Plan der Landung in Sizilien mit nur einer geringen zahlenmäßigen Überlegenheit über die Verteidiger eine Einladung für eine Katastrophe zu sein.

Doch Sizilien war eine taube Nuß. Schlechte Verteilung der Abwehrkräfte, mit geringer Vorsorge für eine Verteidigung in der Tiefe, war der eine Grund. Der Hauptgrund lag jedoch in der Einstellung der Italiener. Die sizilianischen Reservisten, denen Mussolini die Verteidigung ihrer Heimat übertragen hatte, mißtrauten den Deutschen und waren weit davon entfernt, engagierte Faschisten zu sein. Die Sizilianer, ebenso wie die meisten ihrer Landsleute auf dem italienischen Festland, sahen klar voraus, daß der Krieg, in den ihre Regierung sie geführt hatte, kaum den italienischen Interessen diente. Sie hielten die militärische Situation für hoffnungslos und begrüßten eine alliierte Invasion, die sie aus dem Krieg herausführen und die verhaßten Deutschen aus Italien werfen sollte.

Als sich der D-Tag näherte, führten die alliierten Luftstreitkräfte im Mittelmeer unter Air Chief Marshal Tedder eine Serie von Angriffen gegen die wenigen Flugplätze in Sizilien, setzten sie außer Gefecht und zwangen die Deutschen und Italiener, ihre restlichen Flugzeuge auf dem italienischen Festland zu stationieren. Und wenn auch Tedders Plan, die völlige Luftherrschaft über dem Zielraum zu gewinnen, mißlang, so brachten die Luftstreitkräfte die sizilianischen Nachschubwege so durcheinander, daß die bereits auf einen Tiefpunkt gesunkene Moral der italienischen Streitkräfte weiter geschwächt wurde.

Bis zuletzt blieben Mussolini und Feldmarschall Albert Kesselring, der deutsche Befehlshaber in Italien, zuversichtlich, daß die Landungskräfte am Strand vernichtet würden. Doch General Guzzoni, der italienische Befehlshaber in Sizilien, kannte seine Männer und war weniger optimistisch.

Sizilien: Die Landung und die anschließenden Kämpfe

Am 8. Juli 1943 leerten sich die vollgepackten nordafrikanischen Häfen, als die große alliierte Invasionsflotte in See ging. Sie nahm zunächst Kurse, die den Eindruck erweckten, daß Griechenland und Sardinien und nicht Sizilien ihre Ziele seien. Die Konvois passierten sicher die ausgedehnten alliierten Minenfelder und drehten dann auf ihren Absprungpunkt beiderseits Malta zu.

Das Wetter war ruhig, und es kamen keine feindlichen Luftangriffe. Am Morgen des 9. Juli jedoch verflog die Zuversicht, die im maltesischen Hauptquartier von General Eisenhower und Admiral Cunningham herrschte, als der Wind auffrischte und hohe Seen zu laufen begannen. Bald darauf stampften die Landungsfahrzeuge schwer in der rauhen See, und selbst die großen Transporter nahmen mit ihrem Bug grüne Seen über. Im Vertrauen auf die Meldungen der Meteorologen, daß der Wind am Morgen des D-Tages nachlassen würde, entschlossen sich die Admirale Hewitt und Ramsay, ihre »Task Forces« weitermarschieren zu lassen. Nach anstrengender Überlegung entschlossen sich die Befehlshaber in Malta, nicht einzugreifen. Die Navigation wurde immer schwieriger, da die leichteren Fahrzeuge, insbesondere die LCT's, durch den Sturm zurückblieben. Trotzdem wurde der große Plan der Annäherung im Ganzen eingehalten. Bemerkenswert nahe am vorgesehenen Zeitplan trafen die Angriffsschiffe vor ihren zugeteilten Stränden ein, die durch britische Markierungs-U-Boote, welche Signale nach See zu gaben, markiert worden waren.

Die »Western Naval Task Force« von Admiral Hewitt konzentrierte die Angriffe ihrer 3 Gruppen auf die Strände im Golf von Gela. An der Westflanke war Licata der »Joss

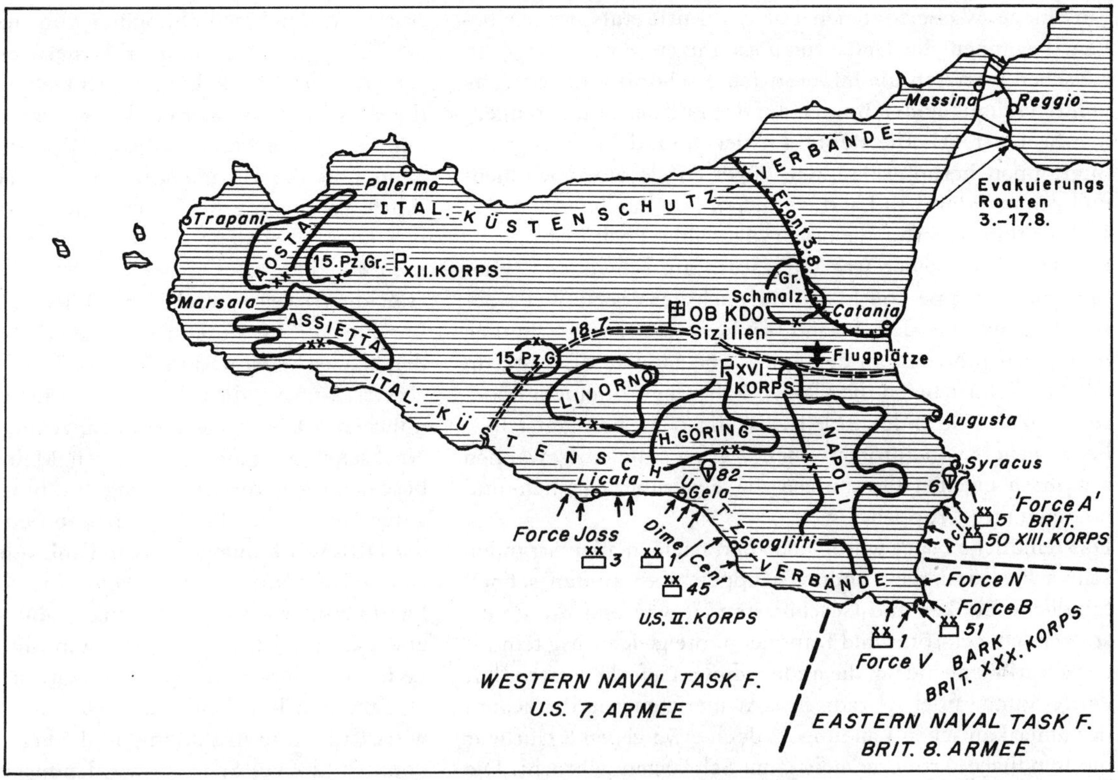

Die Landung in Sizilien, 10. Juli 1943

Force« zugeteilt, in der Mitte bei Gela griff die »Dime Force« an, und an der östlichen Flanke bei Scoglitti die »Cent Force«. Alles war ruhig, als die Transporter und die mit Truppen beladenen LST's auf ihren Positionen vor Anker gingen. An Land flammten hier und dort Brände von alliierten Bombenangriffen auf, und gelegentliches entferntes Artilleriefeuer markierte die Punkte, wo Fallschirmtruppen, die früher in der Nacht abgesprungen waren, in Gefechte mit dem Feind verwickelt waren. Aufklärungsboote schoben sich näher an den Strand heran, einige setzten sogar Männer am Strand ab, um die genauen Landungspunkte für die Infanterie festzulegen. Dies erwies sich als nicht einfach, da die vom Rauch eingehüllten Hügel in der Dunkelheit schlechte Landmarken abgaben. Doch es war entscheidend wichtig, die Truppen an den richtigen Stränden zu landen, weil sonst der ganze Angriffsplan durcheinandergebracht würde.

Auf den Transportern herrschte ein organisiertes Durcheinander, während alle Schiffe schwer in der Dünung rollten. Es war sehr schwierig, die LCVP's, welche die erste Landungswelle an Bord nehmen sollten, zu beladen, und bei manchen Transportern erwies es sich als unmöglich, so daß in den meisten Fällen die Truppen über die an der Bordwand ausgehängten Netze in die auf und ab schlingernden kleinen Fahrzeuge klettern und springen mußten. Die zur Unterstützung vorgesehenen Werferboote hatten besonders zu leiden, und viele von ihnen wurden so beschädigt, daß sie nicht in der Lage waren, an der Unterstützung teilzunehmen. Vor Scoglitti, wo die »Cent Force« stand, die insgesamt in großen Transportern direkt von der Chesapeake Bay gekommen war, verzögerte das Rollen und Stampfen der Schiffe die H-Zeit um eine Stunde. Doch bei den »Joss« und »Dime Forces« fuhren die Wellen der LCVP's ihre Kreise, bis alle Boote eingetroffen waren und, geführt von Minensuchern und U-Boot-Jägern, zu ihrer Absprunglinie etwa 2000 m vom Strand entfernt liefen.

Stille herrschte noch, als die ersten Wellen, geführt von Signalen und Blinklichtern von den Aufklärungsbooten, mit dem Anlauf von der Absprunglinie zum Strand begannen. Admiral Hewitt, der die Anregung der Marineplanungsoffiziere unterstützte, hatte mit der Armee debattiert, um die Erlaubnis zu einer Küstenbeschießung vor Beginn der Dämmerung und bevor die Infanterie den Strand traf, zu erhalten. Doch die Heeresbefehlshaber lehnten das ab, weil sie hofften, daß sie ihre Männer in der Dunkelheit an Land bringen könnten, ehe der Feind überhaupt bemerkte, was geschah. Das Beste, was Hewitt erreichen konnte, war die Erlaubnis an die Zerstörer, Kanonenboote und Raketenboote,zur Unterstützung das Feuer zu eröffnen, wenn sich Anzeichen dafür ergäben, daß die Angriffswellen entdeckt waren.

Es wurde sehr bald offensichtlich, daß die taktische Überraschung verlorengegangen war. Scheinwerfer blendeten von dem dunklen Strand über das Wasser und beleuchteten die LCVP's. Mit einem entfernten Geräusch eröffneten die feindlichen Maschinenwaffen das Feuer. Als die Artillerie-

Einschläge Wasserfontänen vor der Küste aufspringen ließen, begannen die Unterstützungsfahrzeuge zu feuern. Inzwischen warteten die Infanteristen erschöpft und seekrank in ihren schaukelnden Booten auf das Ende ihrer anstrengenden Seefahrt. Als die Boote auf den Strand liefen und die Bugrampen herunterklappten, zögerten sie einen Moment und rannten dann an Land, vergaßen ihre Beschwerden und suchten und sicherten die ihnen zugeteilten Positionen.

Das feindliche Feuer war vor Licata am schwersten. Hier fand eine Gruppe von LCI's, die nach der ersten Welle der LCVP's, welche den Strand säubern sollten, zu landen hatte, sich plötzlich an der Spitze und landete als erste. In der Dunkelheit liefen die kleinen Fahrzeuge zu einem anderen Teil des Strandes. Die LCI's, die trotz heftigen feindlichen Feuers von automatischen Waffen anliefen, gewannen mit ihren eigenen Geschützen die Feuerüberlegenheit und landeten ihre Truppen.

Das feindliche Feuer wurde nach und nach an allen Stränden schwächer, und die Landungstruppen überrannten schnell feindliche Bunker und Geschützstände, während die unterstützenden Zerstörer und Kanonenboote gleichzeitig feindliche Positionen eine um die andere außer Gefecht setzten. Für einige Stunden fiel sporadisches Artilleriefeuer in den Raum der amerikanischen Landungen, doch etwa gegen 8 Uhr war die feindliche Artillerie meist zum Schweigen gebracht. Die Amerikaner kletterten die Hügel hinan und waren bald weit über die für den D-Tag geplanten Vormarschlinien hinaus. Amerikanische Ranger drangen nach Licata und Gela ein, im letzteren Falle jedoch zu spät, um die Sprengung einer wichtigen, für die Ausladungen vorgesehenen Pier zu verhindern. Außer einigen Verzögerungen und Verstreuungen der Truppen auf den verschiedenen Stränden, die sich aus den Schwierigkeiten der Nachtnavigation in den Landungsbooten ergeben hatten, war die Landung gut und mehr oder weniger nach Plan verlaufen. Der Widerstand an Land war gering, und die Italiener ergaben sich meist zufrieden bei der ersten sich bietenden Gelegenheit.

Nach der Gewinnung der ersten Brückenköpfe wurden Luftangriffe und Ausladungsprobleme zu den Hauptsorgen Admiral Hewitts. Mit den Luftangriffen war leichter fertig zu werden. Außerordentlich schweres Flakfeuer empfing die zahlreichen Achsenflugzeuge über den Schiffen und zwang die Flugzeugführer, ihre Bomben ungenau und wahllos abzuwerfen. Die erstmalige Verwendung von Annäherungszündern in den Flakgeschossen auf diesem Kriegsschauplatz vermehrte die Wirksamkeit des Abwehrfeuers erheblich. Die Schiffsverluste, die Hewitt erlitt, waren ein Zerstörer, ein mit Pak beladener LST und ein Munitionsschiff in einem Nachschubkonvoi.

Die Sandbänke behinderten die Ausladungen von Nachschub am D-Tage erheblich, weil sie die LST's daran hinderten, ihre Fahrzeuge direkt am Strand abzusetzen. Pontonbrücken waren in dem schweren Wetter nur mit großer Mühe zu errichten, und die Zahl der verfügbaren Teile war gering. Das Ausladen der Nachschubgüter von den kleineren Fahrzeugen, LCT's, LCVP's und LCM's erwies sich als der Schwierigkeiten bereitende Engpaß bei Gela und Scoglitti, obgleich die Arbeiten sehr viel effektiver als vor Afrika getan wurden. Die schlechten Ausgänge der Strände durch weichen Sand und die Unzulänglichkeit der Heeres-Strandpioniere führte zu einem erheblichen Stau am Strand. Verschiedentlich hatten beladene Landungsfahrzeuge zu ihren Schiffen zurückzukehren.

Glücklicherweise brachte der Einsatz der DUKW's für die Landungskräfte am D-Tage eine erhebliche Erleichterung in der Nachschubsituation. Von LST's oder Transportern abgesetzt, konnten diese ideal entworfenen Fahrzeuge eines der üblichen 10,5-cm-Heeresgeschütze oder 3 Tonnen anderer Nachschubgüter an Land bringen. Mehrere hundert DUKW's beschleunigten die Ausladung und brachten die Nachschubgüter unmittelbar landeinwärts zu den Heeresdepots. Doch die DUKW's konnten keinen Tank oder Lastwagen tragen. Deren Landung war weiterhin eine schwere Plage für die Landungsoffiziere, solange bis genügend Landungsbrücken und LCT's vorhanden waren, um die Transporter und die LST's von ihrem schweren Gerät zu befreien. Nach dem D-Tage wurde die Situation wesentlich verbessert, als Hewitts Kräfte die Ausladung an die besseren Strände verlegen konnten: die vor Scoglitti wurden insgesamt aufgegeben, als auch die Häfen von Gela und Licata schließlich für die Benutzung von LST's verfügbar wurden.

Der zeitweise Mangel an Panzern, Pak und Panzerabwehrwaffen am D-Tage und am folgenden Morgen gab der Marine Gelegenheit, ihren bemerkenswertesten Anteil am Erfolg der sizilianischen Landung zu leisten, und auch die skeptischen Heeresbefehlshaber vom Wert des Einsatzes der Schiffsartillerie gegen Landziele zu überzeugen. General Guzzoni hatte, sobald er von den alliierten Landungen erfuhr, Gegenangriffe mit Panzerkräften bei Gela befohlen. Diese Angriffe stellten sich als die gefährlichste Bedrohung der 7. Armee in Sizilien heraus. Patton, der Heeresbefehlshaber, lernte nun auf dramatische Weise den Wert gut organisierten und gelenkten Feuers der Schiffsartillerie kennen. Um 9 Uhr am D-Tage stoppte der US-Kreuzer *Boise* mit 2 Zerstörern, gelenkt durch ihre Seeflugzeuge, eine Gruppe von italienischen Panzern im Vormarsch auf Gela und warf sie zurück. Am nächsten Tage gab die *Boise* General Patton eine Logenplatzwiederholung dieser Leistung. Als General Patton am Morgen an Land ging, sah er den Brückenkopf durch den Vorstoß von etwa 60 Panzern bedroht, welche die Stoßspitze des deutschen Teils des Angriffs Guzzonis bildeten. Vom Dach eines Hauses in Gela konnte Patton deutlich die 30-Tonnen-»Panther«-Panzer über die Ebene anrollen sehen, ohne daß irgendwelche Pak zwischen ihnen und dem Strand stand. Ein junger Marineleutnant mit einem Ultrakurzwellen-Sprechgerät antwortete Patton, als er ihn fragte, ob er helfen könne, laut »sicher«, worauf er der *Boise* über UK die Position des Gegners angab. Die darauf folgenden

Einschläge von 38 15,2-cm-Granaten, zusammen mit dem Feuer der gerade eingetroffenen Divisionsartillerie, stoppten den deutschen Angriff. Während des restlichen Tages fuhren die Schiffe Hewitts fort, die feindlichen Panzer, die Infanterie und sonstige sich bietende Ziele zu beschießen.

Das Schiffsartilleriefeuer hätte noch wirksamer sein können, wenn es möglich gewesen wäre, bessere Luftbeobachtung zu stellen. Als der Kampf fortschritt, waren die Bodenbeobachter teilweise durch den Rauch brennender Weizenfelder und Gebäude geblendet in ihrem Blickfeld begrenzt. Bordflugzeuge der Kreuzer, lahme Enten für die Messerschmitt-Jäger, welche der Gegner über den Strand schickte, waren schnell abgeschossen, wenngleich sie auch sehr wertvoll in der Zielbeobachtung waren, solange sie fliegen konnten. Schnelle Jagdflugzeuge, wie sie von Tedders Luftstreitkräften verwendet wurden, waren dringend nötig, jedoch in Sizilien nicht verfügbar.

Die Weigerung der alliierten Luftstreitkräfte, sich an der gemeinsamen Planung zu beteiligen, sollte nun zu dem am meisten bekannt gewordenen Desaster des Kampfes führen. Amerikanische Fallschirmtruppen waren vor den Landungen hinter Gela abgesprungen. Ein weiterer Absprung von 144 Transportflugzeugen aus war für die Nacht vom 11. zum 12. Juli vorgesehen. Niemand in der »Western Naval Task Force« erfuhr rechtzeitig davon, so daß man die Flugzeuge hätte um die Schiffe herumführen oder die Flakbedienungen rechtzeitig unterrichten können. Als die Flugzeuge über die Schiffe kamen, fiel ihr Anflug mit dem Ende eines feindlichen Luftangriffes zusammen. Durch unzulängliche Identifizierung wurden 23 der alliierten Transporter durch die Flak an Land und auf den Schiffen abgeschossen. Zwei Nächte später wurde eine weitere Gruppe von Transportflugzeugen über der britischen »Task Force« ähnlich betroffen, wobei sie 11 Flugzeuge durch eigenes Feuer verlor.

Admiral Ramsays »Eastern Task Force«, die britische Truppen auf der Pachino-Halbinsel und im Golf von Noto absetzte, um Syrakus einzunehmen, machte ähnliche Erfahrungen mit den angetroffenen Bedingungen wie die Amerikaner. Schwere Seen behinderten das Ausbringen und Aussetzen der Landungsboote. Wenn auch die Engländer vor dem Wind etwas mehr geschützt waren als die Amerikaner, so waren die Schwierigkeiten in der Handhabung der Boote vor den östlichen Stränden nicht geringer, und die Wellen der Landungsfahrzeuge blieben meist hinter den geplanten Zeiten zurück. Glücklicherweise für die Angreifer war das feindliche Feuer nur gering. An einer Stelle war die Überraschung, auf welche die alliierten Armeen so großes Gewicht legten, so vollständig, daß Montgomerys Truppen die Bedienung eines italienischen Feldgeschützes fest schlafend antrafen. Die Batterien, welche das Feuer eröffneten, wurden durch alliierte Kriegsschiffe oder die schnell vorstoßenden Angriffskräfte zum Schweigen gebracht. Große Teile der italienischen Küstenschutztruppen übertrafen sich gegenseitig in ihrer Bemühung, sich zu ergeben.

Am Ende des D-Tages hatte die 8. Armee nicht nur die verlorene Zeit wettgemacht, sondern war den Planzeiten weit voraus.

Die Engländer wurden von den Luftangriffen schwerer betroffen, da sie näher an den feindlichen Flugfeldern im Süden Italiens waren als die Amerikaner. Doch die neue Technik der bodengestützten Jägerführung bewährte sich in diesem Gebiet sehr und half, zahlreiche Angriffe zu zerschlagen. Admiral Cunningham, der sich an die schwere Bombardierung seiner Flotte vor Kreta zwei Jahre früher erinnerte, fand es kaum glaublich, daß die alliierten Seestreitkräfte sich nun ungestraft so nahe vor der feindlichen Küste halten konnten.

Der bedeutendste Erfolg der 8. Armee war die schnelle Wegnahme von Syrakus. Eine Kompanie von Montgomerys Fallschirmtruppen nahm eine wichtige Brücke, durch die der Hafen mit dem Süden verbunden war, und hielt sie gegen alle Angriffe der Verteidiger während des D-Tages. Am Abend wurden die 19 Überlebenden der tapferen 73, welche die Brücke gehalten hatten, durch die Spitzen der von Süden heranrückenden Armee Montgomerys entsetzt. In der Nacht besetzten die Engländer kampflos Syrakus. Als wenige Tage später das nahegelegene Augusta fiel, besaßen die Alliierten zwei der besten sizilianischen Häfen. Wenn auch weiterhin zahlreiche Landungsschiffe und -boote verwendet wurden, um Nachschub von Afrika heranzutransportieren, so war es für sie doch sehr viel einfacher, die Ladung in den weggenommenen Häfen an Land zu bringen. In Sizilien erwies sich mehr als an anderen Stellen der schlechteste Hafen immer noch besser, um Nachschub an Land zu bringen, als der beste Strand.

Sizilien: Die Evakuierung der Achsenstreitkräfte

Die Alliierten hofften die Masse der Achsenstreitkräfte auf Sizilien durch eine große Zangenbewegung westlich des Vulkans Ätna abzuschneiden und einzukesseln. Während Pattons 7. Armee nordwärts durch das Innere der Insel hindurchstieß und dann entlang der Nordküste zum Osten vorging, sollte Montgomerys 8. Armee entlang der Ostküste nach Norden vorstoßen, und Messina wegnehmen und damit den Rückzugsweg über die Straße von Messina nach Italien abschneiden.

Die 7. Armee führte ihren Teil der doppelten Zangenbewegung mit einer atemberaubenden Geschwindigkeit durch. Zwei Regimenter stießen an der Küste entlang nach Westen vor und nahmen am 16. Juli Porto Empedocle, womit sie einen guten Hafen für den Nachschub und die Nährung des Vorstoßes nach Norden gewannen. Im Gebiet von Empedocle stießen die Amerikaner erstmalig auf Italiener, die hartnäckig Widerstand leisteten, doch nahmen sie trotzdem 6000 von ihnen gefangen. Quer durch Sizilien nach Norden vorstoßend, erreichten Teile der 7. Armee in 4 Tagen nach einem Marsch

von mehr als 100 Meilen auf der Straße am 22. Juli Palermo an der Nordküste. Hier wurden sie von der Bevölkerung mit dem Ruf »Nieder mit Mussolini, lang lebe Amerika« empfangen. Am 24. war der Westteil Siziliens in amerikanischen Händen, und Patton marschierte an der Nordküste in Richtung auf Messina, begleitet von den US-Kreuzern *Savannah, Philadelphia* und *Boise* und mehreren Zerstörern, welche Artillerie-Unterstützung gewährten und Landungsschiffe und Boote bei der Heranbringung von Nachschub deckten.
Inzwischen wurde der andere Teil der Zangenbewegung, Montgomerys 8. Armee, dicht vor Catania an der Ostküste aufgehalten. Um keinen verlustreichen Frontalangriff gegen die starke feindliche Stellung zu führen, entschloß sich Montgomery, den Küstenweg zu verlassen und landeinwärts westlich um den Ätna herum anzugreifen. Die Umgruppierungen seiner Streitkräfte für diese Änderung der Stoßrichtung dauerte bis zum 1. August. Als die 8. Armee ihren Vormarsch begann, kam sie in dem bergigen Gelände am Fuße des Ätna, wo schwache Verteidigungskräfte einen sehr viel stärkeren Angreifer lange aufhalten konnten, nur langsam voran. Pattons 7. Armee, die im Inneren und entlang der Nordküste vorging, hatte zu dieser Zeit ebenfalls an Geschwindigkeit verloren. Die beiden Armeen waren nur tatsächlich im Vormarsch in einer Linie von der Nordküste quer durch Nordost-Sizilien bis nach Catania an der Ostküste. Patton setzte dreimal seine begleitenden Seestreitkräfte ein, um Truppen hinter den feindlichen Linien an Land zu setzen. Zwar wurden durch diese amphibischen Umgehungsmanöver keine feindlichen Truppen abgeschnitten, doch die beiden ersten, jeweils in Bataillonsstärke, behinderten den Rückmarsch der Achse. Der dritte, in Regimentsstärke, traf erst hinter den sich nun schnell zurückziehenden Feind. Admiral Cunningham bezeichnete in einer Glückwunschadresse an Admiral Hewitt die Flottenunterstützung Pattons als ein Modell für die wirksame Anwendung der Seemacht bei der Unterstützung von Landoperationen.
Andererseits beklagte sich Cunningham, daß bei der 8. Armee kein Gebrauch von den amphibischen Möglichkeiten gemacht wurde. Montgomery erreichte das ihm übertragene Ziel, die Achsenmächte bei Messina abzuschneiden, nicht. Patton gelangte tatsächlich vor ihm dorthin, doch auch nicht rechtzeitig. Am 17. Juli hatten die Streitkräfte auf Sizilien bereits Befehl erhalten, hinhaltend Widerstand zu leisten und dann die Insel zu räumen. Da die 8. Armee näher an Messina als die 7. war, wurden die Elite-Einheiten der Achsenmächte, meist deutsche Einheiten, ins Gebiet des Ätna entsandt, um Montgomery aufzuhalten, während der Rest der Achsenstreitkräfte in Sizilien sich nach Norden und Osten in Richtung auf die Straße von Messina bewegte, indem sie sich in einer Schwenkung mit dem Angelpunkt des Ätna zurückzogen. Der anfängliche Vormarsch der 7. Armee war bei aller Geschwindigkeit keine Behinderung für den Rückzug der Achsenmächte. Am 3. August waren die italienischen und deutschen Streitkräfte am Nordostzipfel Siziliens versammelt und hielten den alliierten Angriff auf. Die Evakuierung der Achsenmächte über die Straße von Messina hatte begonnen. Horizontal-Bomber der alliierten Luftstreitkräfte erzielten nur geringe Schäden gegen die Fähren, Motorboote und leichten Fahrzeuge der Achsenmächte, welche über die 3 Meilen breite Straße hin und her fuhren, beladen mit Truppen und Ausrüstung. Sturzbomberangriffe waren angesichts der massierten Flak der Achsenmächte selbstmörderisch. Wenige britische Motortorpedoboote drangen in die Straße von Messina vor, doch erreichten sie wenig. Die Alliierten waren nicht bereit, größere Kriegsschiffe gegen die starken Küstenbatterien, die der Gegner versammelt hatte, einzusetzen. Am 17. August waren etwa 45000 Deutsche und mehr als 60000 Mann italienischer Truppen über die Straße mit der Masse ihres Geräts evakuiert.

Sizilien: Erfahrungen

Einige militärische Kommentatoren der Nachkriegszeit, insbesondere deutsche, haben der Meinung Ausdruck verliehen, daß ein anfänglicher Angriff in oder in der Nähe der Straße von Messina möglich gewesen sei. Eine erfolgreiche Landung hier, während die Verteidiger ihre Kräfte gegen eine Landung an anderer Stelle verteilt hätten, würde die Achsenstreitkräfte auf Sizilien ebenso abgeschnitten haben wie seinerzeit in Tunesien. Aber nach den Landungen in Nordwestafrika hatten die alliierten Befehlshaber es auf dem europäischen Kriegsschauplatz zu einem Grundsatz erhoben, niemals einen amphibischen Angriff außerhalb der Reichweite landgestützter Jagdflugzeuge zu unternehmen. Eine weise Entscheidung, wie sich zeigen sollte. Die Trägerluftwaffe, die sich im Pazifik in der Lage zeigte, diese Lücke zu schließen, war auf dem Mittelmeerkriegsschauplatz nicht in ausreichender Stärke vorhanden. Amerikanische Flottenträger befanden sich alle im Pazifik. Geleitträger, die es immer noch zu wenig gab, waren im Atlantik eingesetzt, um die U-Boote zu bekämpfen. Es gab niemals genug englische Flottenträger, und diese hatten so wenige Flugzeuge von so unzulänglicher Leistungsfähigkeit an Bord, daß sie nicht viel mehr tun konnten, als Luftsicherung für die Seestreitkräfte, denen sie zugeteilt waren, zu geben.
Trotz der erfolgreichen Evakuierung der Achsenkräfte war der Kampf um Sizilien ein bedeutender Triumph für die Alliierten. Sogar bevor der Kampf zu Ende war, begann die Achsenkoalition auseinanderzubrechen. In Italien führten die entmutigenden Nachrichten von Sizilien, unterstützt von einem Luftangriff von 560 Flugzeugen gegen Rom, dazu, daß der König den populären Entschluß faßte, Mussolini abzusetzen und ihn in Schutzhaft zu nehmen. Marschall Pietro Badoglio, der neue Regierungschef, verkündete, daß er den Krieg gegen die Alliierten fortsetzen würde, eine Ankündigung, die jedoch niemand sehr ernst nahm. Hitler erwog sofort, eine große Menge deutscher Truppen von Rußland nach Italien zu werfen, um Italien mit einem Schlag in die

Hand zu bekommen, doch die Verhältnisse an der russischen Front machten das unmöglich. Das Beste, was er im Augenblick tun konnte, war, den Wechsel der Regierung zu akzeptieren, während er weitere deutsche Divisionen von Frankreich und Deutschland nach Italien verschob.

Mit weniger als 5 % alliierter Verluste (7800 Tote, 14000 Verwundete) hatte die Operation »Husky« in wenig mehr als einem Monat die Hauptziele, die bei der Casablanca-Konferenz gesetzt worden waren, erreicht. Die alliierten Verbindungswege durch das Mittelmeer waren nun völlig gesichert. Italien schien vor dem Zusammenbruch zu stehen. Italienische Truppen, die nicht mehr zuverlässig waren, mußten in Italien, Frankreich, Jugoslawien und Griechenland sowie an anderer Stelle durch deutsche Truppen ersetzt werden. An der russischen Front wurde der deutsche Druck, auch insbesondere hinsichtlich der Luftwaffe, erleichtert. Der Weg war für weitere alliierte Angriffe geöffnet, und die Deutschen hatten sich dagegen mit entsprechenden neuen Dislokationen zu sichern. Die britischen Hoffnungen, daß die Türkei in den Krieg eintreten würde, realisierten sich nicht, da die Türken darauf bestanden, daß sie dafür nicht bereit seien. Aber der Erfolg in Sizilien verstärkte die alliierte Position in den Augen der neutralen Nationen erheblich. Sehr bald sollte Deutschland allein gegen größte Widerstände kämpfen.

Planungen und Vorbereitungen zur Invasion Italiens

Im Mai 1943, gerade als der Kampf um Tunesien zu Ende ging, trafen Roosevelt und Churchill und die »Combined Chiefs of Staff« erneut zusammen, dieses Mal in Washington. Hier trafen einmal mehr die Meinungsverschiedenheiten hinsichtlich der richtigen Strategie zur Niederringung Deutschlands aufeinander. Die Engländer befürworteten eine Invasion Italiens als den unausweichlichen nächsten Schritt nach Sizilien. Ihre Stäbe nahmen an, daß ein alliierter Angriff über den Kanal nur Erfolg haben könne, wenn die deutschen Streitkräfte in Frankreich um nicht weniger als 12 Divisionen geschwächt würden. Der sicherste Weg, um eine solche Reduzierung zu erreichen, so argumentierten sie, wäre es, Italien aus dem Krieg zu werfen, da die Deutschen dann eigene Truppen auf den Balkan entsenden müßten, um die dortigen 24 italienischen Divisionen zu ersetzen. Eine Invasion Italiens würde darüber hinaus die Alliierten in die Lage versetzen, die sehr umfangreichen Flugfelder im Raum Foggia zu gewinnen, um die kommende Bomberoffensive gegen Deutschland zu verstärken.

Die Amerikaner erkannten die Folgerichtigkeit der britischen Argumente an, betonten jedoch ihre Meinung, daß Deutschland nur durch eine Invasion Westeuropas besiegt werden könne. Ein Kampf in Italien, so führten sie aus, würde sowohl alliierte als auch deutsche Kräfte binden und damit einen Angriff über den Kanal weiter verzögern. General Sir Alan Brooke, der Chef des Empire-Generalstabes, brachte dann die Meinung zum Ausdruck, daß eine Invasion Frankreichs in jedem Falle nicht vor 1945 oder 1946 möglich sein würde. Wenn also, so antwortete General Marshall, die Alliierten gezwungen wären, die Planungen für eine Operation, die ständig verschoben würde, zu stoppen, dann sollten die Amerikaner ihre Hauptkräfte in den Pazifik werfen, wo sie sofort genutzt werden könnten.

Offensichtlich mußten die Alliierten, wenn sie bei ihrem Plan, die Hauptkraft auf die Niederwerfung Deutschlands zu richten, bleiben wollten, einen anderen Kompromiß finden. Da sie vernünftige Männer waren, hatten sie Erfolg, wenn auch die Einzelheiten nicht alle ausgesprochen werden konnten, bevor die Konferenz zu Ende ging. Die Amerikaner stimmten einer Invasion Italiens zu, allerdings mit der wichtigen Voraussetzung, daß nur die bereits im Mittelmeer befindlichen Streitkräfte eingesetzt werden sollten, abzüglich der 7 Divisionen, die als Kern für die aufzustellende Streitmacht für den Angriff über den Kanal nach dem Vereinigten Königreich überführt werden sollten.

Ebenso sollte ein Teil der Landungsschiffe aus dem Mittelmeer für Operationen gegen Burma abgezogen werden.

Die Engländer stimmten endgültig einer Invasion Frankreichs mit dem Datum vom 1. Mai 1944 zu. Darüber hinaus stimmten sie für die Überlassung der generellen Planung der Operationen im Pazifik an die amerikanischen Stabschefs. Sie nahmen auch im Grundsatz den strategischen Plan der »Joint Chiefs of Staff« für die Niederkämpfung Japans an, ein wichtiges Dokument, das in einem späteren Kapitel betrachtet werden soll. Sie bestanden jedoch darauf, daß der strategische Plan mit den Streitkräften, die bereits auf dem pazifischen Kriegsschauplatz eingeteilt waren, durchgeführt werden sollte. So wurden die alliierten Operationen, sowohl in Italien als auch gegen Japan, begrenzt, um damit die Möglichkeit zu schaffen, die Kräfte in dem Vereinigten Königreich auf 29 Divisionen für die Operationen gegen Westeuropa zu verstärken.

Da das Team Eisenhower-Alexander-Cunningham-Tedder weiter verwendet werden sollte, wurde ihren Stäben auch der Beginn der Planung der Invasion Italiens trotz der bevorstehenden sizilianischen Angriffsoperationen, übertragen. Trotz des Drucks von Churchill weigerte sich Eisenhower, eine feste Zusage hinsichtlich der italienischen Operation zu geben, bevor er nicht die Stärke des Feindes auf Sizilien erprobt hatte. Eine Woche nach Beginn der Operation »Husky« jedoch waren die alliierten Aussichten ausreichend günstig, so daß Eisenhowers Planungsoffiziere damit beginnen konnten, sich zu überlegen, wann und wo die Invasion Italiens stattfinden sollte.

Der Erfolg von »Husky« schockierte Kesselring und andere deutsche kontinentale Strategen. Sie waren der Überzeugung, daß das Mittelmeer der weiche Unterleib ihrer Festung war. Da sie es nun als eine Rollbahn sahen, von der aus die alliierte Seemacht genutzt werden konnte, erwarteten sie eine baldige alliierte Invasion Italiens. Einige deutsche Stabsoffiziere nahmen an, daß die anglo-amerikanischen Streitkräfte so weit nördlich wie Rom landen könnten, möglicherweise sogar bei Livorno oder La Spezia. In Erwartung einer Landung weit im Norden trafen die Deutschen Vorbereitungen, ihre Streitkräfte schnell über den Apennin zurückzuführen, um eine Abschneidung der Kräfte im italienischen Stiefel zu vermeiden.

Doch die alliierten militärischen Führer hatten nicht die Absicht, außerhalb der Reichweite ihrer landgestützten Flugzeuge zu landen. Die ursprünglichen Pläne sahen nur eine Landung an der Spitze des Stiefels vor. Der endgültige Plan, der am 26. Juli genehmigt wurde, sah vor, mit der 8. Armee Montgomerys die Straße von Messina bei Reggio so bald wie möglich nach Ende der Sizilienkämpfe zu überschreiten. Die Invasion der italienischen Stiefelspitze wurde jedoch nun hauptsächlich als ein Ablenkungsangriff betrachtet, um deutsche Kräfte von dem Hauptangriffsziel abzuziehen. Dies war der Golf von Salerno, der an der äußersten Grenze der Reichweite für auf Sizilien gestützte »Spitfire«-Jäger mit Zusatztank lag. Nach der Landung bei Salerno, die für den 9. September 1943 geplant war, sollte die neu gebildete 5. Armee unter Generalleutnant Mark W. Clark die 35 Meilen nach Neapel vorstoßen.

Was die Badoglio-Regierung anstrebte, war ein einfacher Wechsel, um auf seiten der Engländer und Amerikaner in die Allianz gegen Deutschland einzutreten, ohne vorher die Erniedrigung einer formellen Kapitulation auf sich nehmen zu müssen. Aber Roosevelt und Churchill, eingedenk der ungünstigen öffentlichen Reaktion in ihren Ländern auf das Abkommen mit Darlan in Nordafrika, wollten die Italiener nicht wie reuig zurückkehrende Sünder behandelt wissen. Darüber hinaus waren der Präsident und der Premierminister auf ihre eigene Formel der bedingungslosen Kapitulation festgelegt. Nach langwierigen und melodramatischen geheimen Verhandlungen, die an einen Spionageroman erinnern, wurde ein Handel festgelegt. Italien sollte kapitulieren und aus dem Krieg austreten, und zwar gleichzeitig mit der Landung bei Salerno. Von diesem Datum ab sollten die italienischen Streitkräfte, die der Badoglio-Regierung folgten, die Deutschen statt der Alliierten bekämpfen. Die italienische Flotte und Luftwaffe sollten an festgelegte Punkte überführt werden und sich dort alliierter Kontrolle unterstellen. So sollte ein Hauptziel der Salerno- und Reggio-Landungen erfüllt werden, bevor die Angriffe begannen.

Da deutsche Streitkräfte weiterhin nach Italien einströmten, erbat Badoglio die alliierte Hauptlandung nördlich von Rom, mit der Landung einer Luftlandedivision bei Rom selbst. Er stellte die Aufstellung italienischer Truppen, die sich mit den alliierten Streitkräften nahe den Brückenköpfen am Strand und bei Rom verbinden sollten, in Aussicht. Eisenhower hielt den Badoglio-Plan für günstig, doch die Unsicherheit, der Mangel an Kräften und der Mangel an Vertrauen zwischen den verhandelnden Parteien brachte das Projekt zum Scheitern. Die Alliierten setzten ihren Plan einer Landung bei Salerno fort und glaubten, das Risiko, ihren vorläufig noch auf feindlicher Seite stehenden Partner über den Punkt der Landung zu informieren, nicht eingehen zu können. So konnten die Italiener die landenden Kräfte an keiner Stelle unterstützen.

Inzwischen gingen die Vorbereitungen für die Salerno-Landeoperation unter noch angespannteren Bedingungen vor sich als die für Sizilien. Bei diesem Angriff sollte Admiral Hewitt die gesamten alliierten amphibischen Kräfte kommandieren. Sie waren eingeteilt in eine hauptsächlich britische »Northern Attack Force« mit 2 Divisionen und eine amerikanische »Southern Attack Force« von etwa ebensolcher Stärke. Zwei weitere Divisionen als schwimmende Reserve sollten folgen. 26 Transporter, 120 LST's und 90 LCT's waren bereit, um Truppen an 2 Gruppen von Stränden etwa 8 Meilen auseinander im Golf von Salerno zu landen. Die Landungen sollten unterstützt werden durch 7 Kreuzer, darunter 3 amerikanischen, 3 Monitore und 35 Zerstörer sowie eine Unterstützungs-Trägergruppe mit 5 Geleitträgern und 10 Zerstörern. Die »Royal Navy« stellte eine Deckungsgruppe mit vier Schlachtschiffen, den Flottenträgern *Illustrious* und *Formidable* sowie 20 Zerstörern. Die Deckungsgruppe sollte außer ihrer Aufgabe der Abwehr von Überwasserangriffen die Luftsicherung der Unterstützungs-Trägergruppe übernehmen.

Die unmittelbaren Ziele waren der Hafen und die Stadt Salerno, das Montecorvino-Flugfeld und die Pässe über die Berge in Richtung Neapel. Diese Ziele waren den britischen Kräften und US-Rangers übertragen. Amerikanische Streitkräfte im Süden sollten die Flanken decken und Tiefe und Breite für den Brückenkopf schaffen, und sich darüber hinaus mit der britischen 8. Armee, die von Reggio herankam, vereinigen. Die Aussichten der 8. Armee, sich mit dem Salerno-Brückenkopf zu vereinigen, wurden jedoch erheblich herabgesetzt durch die Forderungen Montgomerys auf massive Artillerieunterstützung für seinen Übergang über die Straße von Messina. Die Erfüllung dieser Forderung dauerte bis zum 3. September, und die 8. Armee konnte dann, praktisch ohne Widerstand zu finden, über die Straße gehen.

Als Landungsplatz hatte Salerno seine guten und schlechten Eigenschaften. Leicht zu identifizierende Bergspitzen hinter den Stränden gaben hervorragende Landmarken für die Angriffskräfte. Aber die Berge boten ebenso hervorragende Beobachtungsplätze und Verteidigungsstellungen für die Artillerie sowie Versammlungspunkte für Gegenangriffe. Die Strände mit günstigeren Strandgefällen und weniger vorgelagerten Sandbänken als in Sizilien waren an einigen Stellen sogar geeignet, LST's die unmittelbare Anlandung am Strand zu ermöglichen. Auf der anderen Seite war der Golf von Salerno stark vermint, und der alliierte Nachrichtendienst erfuhr zu spät, daß hier Minen im Überfluß gelegt worden waren. So mußte der Bewegung vom Schiff zum Land eine intensive Minensuche vorausgehen. Das bedeutete, daß die Transporter anfangs gezwungen waren, ihre Truppen etwa

9–12 Meilen von der Küste in die Landungsboote umzuschiffen, und daß der gesamte komplizierte Landungsplan über den Haufen geworfen und neu geplant werden mußte.

Die Vereinbarungen für die Luftunterstützung über Salerno waren denen für Sizilien überlegen. Die Anwesenheit von Geleitträgern zur direkten Unterstützung sollte sich als ein enormer Vorteil erweisen. Darüber hinaus forderte Eisenhower, daß die Luftstreitkräfte enger mit der Armee und der Marine zusammenzuarbeiten hätten. Admiral Hewitt hatte seine Flagge nun auf der *Ancon* gesetzt, einem amphibischen Führungsschiff, das aus einem Passagierfrachter umgebaut und mit umfangreichen Nachrichten- und Radargeräten ausgerüstet war. An Bord der *Ancon* leitete ein Luftwaffengeneral ein Jägerleitteam, und außerdem waren 2 Jägerleitschiffe in Reserve bereitgestellt. Die Luftbeobachtung für Schiffsartilleriefeuer wurde wesentlich verbessert durch den Einsatz der leistungsfähigen Jäger-»P-51-Mustang«, die von Flugzeugführern mit Ausbildung als Seeflieger geflogen wurden.

In anderer Hinsicht war die Planung für Salerno weniger effektiv als für Sizilien. Da die Planungsoffiziere große Schwierigkeiten hatten, von höheren Stellen feste Zusagen an Personal und Material zu bekommen, mußten an den Landungsplänen sogar noch nach dem Abmarsch zum Brückenkopf Änderungen vorgenommen werden. Diese Unentschiedenheit war für die Kampfgruppen-Kommandeure sehr ärgerlich, da sie nicht wissen konnten, daß ein wichtiger Grund dafür die äußerst geheimen Waffenstillstandsverhandlungen waren, von denen nicht mehr als ein Dutzend Leute Kenntnis besaßen. Es gab jedoch auch andere Gründe für die Änderungen in der letzten Minute. Die Priorität für bestimmte Ausrüstungsteile hatte zunächst die 8. Armee, die nur sehr langsam von der italienischen Stiefelspitze herankam, und während die »Salerno Task Force« bereits auf dem Marsch war, wurden verschiedene für die Feuerunterstützung eingeteilte Kreuzer einschließlich der *Boise* detachiert, um sich mit einer Kampfgruppe unter Admiral Cunningham zu vereinigen, welche die große Flottenbasis Taranto übernehmen sollte, sobald die italienische Flotte unter den Waffenstillstandsbedingungen ausgelaufen war.

Wieder hatte die Armee, wie bei »Husky«, darauf bestanden, daß die Landung bei Dunkelheit ohne eine vorherige Küstenbeschießung durchgeführt wurde. Admiral Hewitt argumentierte wiederum vergeblich gegen diesen Plan. Völlige Überraschung, so sagte er voraus, war unmöglich, und in der Dunkelheit war ein Durcheinander unvermeidlich. Die Luftwaffe hatte bereits zweimal Bizerta angegriffen. Das waren nicht nur blind ausgeteilte Schläge, da Bizerta der Hauptversammlungspunkt für die Landungsfahrzeuge war. Die feindlichen Aufklärungsflugzeuge würden zweifellos bemerken, daß die Angriffskräfte auf dem Anmarsch zum Landungspunkt waren. In jedem Falle müßte das Oberkommando der Achsenstreitkräfte Salerno als den wahrscheinlichsten Invasionsplatz erkannt haben, da es der Schlüssel für Neapel, Italiens besten Hafen, war und da es gerade innerhalb der operativen Reichweite von Jagdflugzeugen auf Sizilien lag. Doch die Armeebefehlshaber wurden nicht überzeugt und blieben bei ihrer Meinung, gerade wenn der Feind die Landung bei Salerno erwartete, würde eine geringe Überraschung immer noch besser als gar keine sein. Eine Beschießung, so sagten sie, würde ein klarer Hinweis sein und zusätzliche deutsche Streitkräfte an den Brückenkopf heranziehen, ohne die wichtige Vernichtung feindlicher Verteidigungsanlagen zu erreichen. Als Ergebnis der Entscheidung der Armee wurde kein Artilleriefeuer zur Vorbereitung bei Salerno vorgesehen, und im amerikanischen Sektor wurde nicht einmal Unterstützungsfeuer geplant, während die Angriffswellen sich dem Strand näherten.

Die Deutschen waren tatsächlich bereits mit Divisionsstärke im Raum Salerno. Wie wir gesehen hatten, rechnete das deutsche Oberkommando damit, daß die Badoglio-Regierung mit den Alliierten verhandelte. Sie verloren keine Zeit, Divisionen nach Süden zu verlegen, um Italien in die Hand zu bekommen. Zu der Zeit des Angriffes bei Salerno waren 8 deutsche Divisionen in Norditalien unter Feldmarschall Erwin Rommel, 8 in Mittel- und Süditalien unter Feldmarschall Kesselring. Kesselring hatte Süditalien gegen die alliierten Landungen zur Verteidigung organisiert. Da ihm nicht genügend Kräfte zur Verfügung standen, um Montgomerys Vormarsch von Reggio aufzuhalten, ging er zu hinhaltendem Widerstand mit 2 seiner Divisionen über, während er den Rest zum Schutz von Rom und dem Raum Neapel einteilte in der Erwartung, daß die Alliierten bei Salerno landen würden. Aus Gründen, wie sie ihm auch Hewitt unterlegt hatte, befahl er die Masse der 16. Pz.Gren.Division und ein Regiment von Fallschirmtruppen in diesem Raum und ließ sie sich hier und hinter dem Landungsraum eingraben. Die Deutschen trafen so zeitgerecht bei Salerno ein, daß sie den Strand verminen und mit Strandhindernissen versehen konnten; ebenso verminten sie den Golf von Salerno und bauten Geschützstellungen in den Hügeln oberhalb des Wassers ein und stellten Panzer zum Gegenangriff bereit. Kesselring stellte außerdem auch Pläne auf, um weitere deutsche Divisionen schnell nach Salerno verlegen zu können. Alles Mögliche war getan, um das Gebiet zu einem Hornissennest für die alliierten Angreifer zu machen. Es war eine reale Möglichkeit vorhanden, daß die Deutschen in der Lage wären, die alliierten Streitkräfte in die See zurückzuwerfen, oder zumindst, daß sie ihre eigenen Truppen schneller als die Alliierten verstärken und sie somit durch einen wirksamen Gegenangriff einige Tage später treffen könnten.

Nur ein schwerer Nachteil behinderte die Vorbereitungen Kesselrings. Seine Vorgesetzten weigerten sich, zusätzliche Kräfte in der Nähe von Neapel einzusetzen. Beeinflußt von Rommel beabsichtigte Hitler zunächst, die deutschen Kräfte in den Raum nördlich Rom zurückzuziehen. Nur Kesselrings Überredungskunst war es zu danken, daß er einem Widerstand weiter im Süden zustimmte. Rommel, der von dem

Seekrieg mehr verstand als die meisten Generale Hitlers, sah klar, daß das Mittelmeer keine Barriere für die Seemacht war. Die italienischen Küsten seien eine ständige Einladung für die Alliierten, die deutschen Streitkräfte auf der italienischen Halbinsel zu flankieren und abzuschneiden. Die Apenninen andererseits, die sich quer über die Halbinsel in Norditalien von der Adria bis zum Golf von Genua hinziehen, waren eine Barriere, die mit relativ geringen Kräften gegen starke Angriffskräfte verteidigt werden konnte. Hitler, der den Rat von Rommel und Kesselring jeweils zum Teil, aber nicht ganz, annahm, traf keine ganze Entscheidung. Er befahl Kesselring, in Süditalien zu halten, gab ihm jedoch nicht genügend Truppen, um Salerno und Neapel zu verteidigen.

Die verschiedenen Teile der Angriffskräfte für Salerno liefen von Oran, Algier, Bizerta und Tripolis zwischen dem 3. und 6. September aus. Sie wurden verstärkt durch andere Teile, die von Palermo und Termini im Norden Siziliens ausgelaufen waren. Am 8. September, am D-Tag – 1, nahmen sie Kurs auf den Golf von Salerno. Während des Anmarsches kam die „Task Force“ unter einen deutschen Luftangriff, durch den ein LCT versenkt und mehrere andere beschädigt wurden.

Am 8. September um 18.30 Uhr, als sich die alliierten Streitkräfte dem Golf näherten, kündigte General Eisenhower in einer Rundfunkansprache den italienischen Waffenstillstand an. Badoglio bestätigte diese Neuigkeit in einer Ansprache von Rom aus. Dann flohen er und der König nach Brindisi, ohne jemand mit Befehlsgewalt in der Hauptstadt zurückzulassen. Für die Deutschen war die Bekanntgabe das Signal, um ihren gründlich vorbereiteten Plan, die Operation „Achse“, für die Entwaffnung der italienischen Streitkräfte und die Übernahme der gesamten Verwaltung und der Verbindungen in Italien durchzuführen. Damit hatten sie schnell und gegen nur geringfügigen Widerstand Erfolg. Nur die italienische Flotte und ein Teil der Luftwaffeneinheiten waren in der Lage zu entkommen. Die Masse der entwaffneten italienischen Truppen wurde entlassen und verschwand unter der Zivilbevölkerung. Mussolini, von einem deutschen Kommando befreit, wurde an die Spitze einer Marionettenregierung in Norditalien gestellt.

Die auf Salerno vormarschierende 5. Armee begrüßte Eisenhowers Ankündigung mit Jubel, in der Überzeugung, daß der Krieg vorbei war. Die älteren Offiziere hatten die schwierige Aufgabe, die Truppen davon zu überzeugen, daß, wenn auch die Italiener den Kampf beendet hatten, noch sehr viele Deutsche da waren, die Widerstand leisten würden.

Salerno: Der Angriff und die folgenden Operationen

Dieses Mal trafen die anmarschierenden alliierten Angriffskräfte auf ein perfekt günstiges Wetter. Es gab keine Probleme mit schwerer Brandung bei Salerno. An Bord der Transporter und Landungsfahrzeuge wurden die Soldaten hauptsächlich durch die große Hitze belästigt, doch auch wieder durch die fälschliche Annahme beruhigt, daß die kapitulierenden Italiener sie begrüßen würden. Sie zeigten wenig von der Beklemmung, die vor Sizilien geherrscht hatte.

Um Mitternacht trafen die Transporter mit den amerikanischen Truppen an Bord auf ihren Positionen im Südteil des Golfes von Salerno ein. Minensucher gingen vor, um Kanäle zum Strand freizuräumen. Aufklärungsboote, die Radar-Echos von den erloschenen Vulkanen im Hintergrund benutzten, näherten sich dem Ufer und bezeichneten die zugeteilten Strände, indem sie Blinksignale nach See abgaben. Die beladenen LCVP's wurden von den Schiffen ausgesetzt und legten zu den scheinbar unendlichen Kreisen ab, bis ihre einzelnen Wellen beisammen waren. Dann gingen sie auf volle Fahrt und liefen durch die Dunkelheit zu ihrer Absprunglinie, 6000 m von der Küste entfernt. Von dort liefen sie auf ein Signal zum Strand ab. Die Spannung stieg, während die Seekrankheit einen Teil der Truppen überwältigte. Die Besatzungen in den Aufklärungsbooten hörten es rattern und rumpeln und sahen an Land abgeblendete Scheinwerfer, als die deutschen motorisierten Truppen zum Wasser hin vorrückten, um der Landung Widerstand zu leisten. In diesem Sektor jedoch hielten die Verteidiger mit ihrem Feuer zurück. Plötzlich, zur H-Stunde um 3.30 Uhr, als sich die erste Welle der Landungsboote dem Strand näherte, brüllte ein Lautsprecher in Englisch »Come in and give up! We have you covered!«

Trotz des Schocks, daß sie nun doch selbst zu kämpfen hätten, stürmten die Landungstruppen an Land. Gerade als das erste Licht kam, klappten die Rampen der Landungsboote herunter. In dem Moment wurde die Ruhe durch einen brüllenden Lärm abgelöst. Die deutschen Verteidiger eröffneten das Feuer mit Gewehren, Maschinengewehren, Granatwerfern, Kanonen und Panzern, und deutsche Flugzeuge kämmten den Strand mit Bomben und Bordwaffenfeuer ab. Die Soldaten der ersten Angriffswelle umgingen die feindlichen Bunker, um in die vorher festgesetzten Versammlungsräume zu gelangen. Dann kamen die DUKW's an Land und brachten Haubitzen und Munition. So bewaffnet, nahmen die Angreifer das Duell mit den deutschen Panzern und der Infanterie in direktem Beschuß auf. Die Landungs- und Amphibienfahrzeuge stießen durch heftiges Feuer hindurch, um Verstärkungen zu landen. Seeleute, die sich mit den Pontons abmühten, versuchten, Landungsbrücken zusammenzubauen, um Panzer landen zu können, während die Geschosse rings um sie her ins Wasser schlugen. Am Nachmittag waren einige der Strände völlig durch das feindliche Feuer abgeschnitten, und die Amerikaner hatten nur einen stark gefährdeten Sektor ihres Brückenkopfes gewonnen. Im britischen Sektor im Norden taten die Deutschen den Angreifern unabsichtlich den Gefallen, daß sie das Feuer eröffneten, bevor die LST's in ihrer Position geankert hatten, um ihre LCVP's zu wassern. Das stoppte automatisch die Weisung des Heeres gegen eine Beschießung durch Schiffsartillerie vor der Landung.

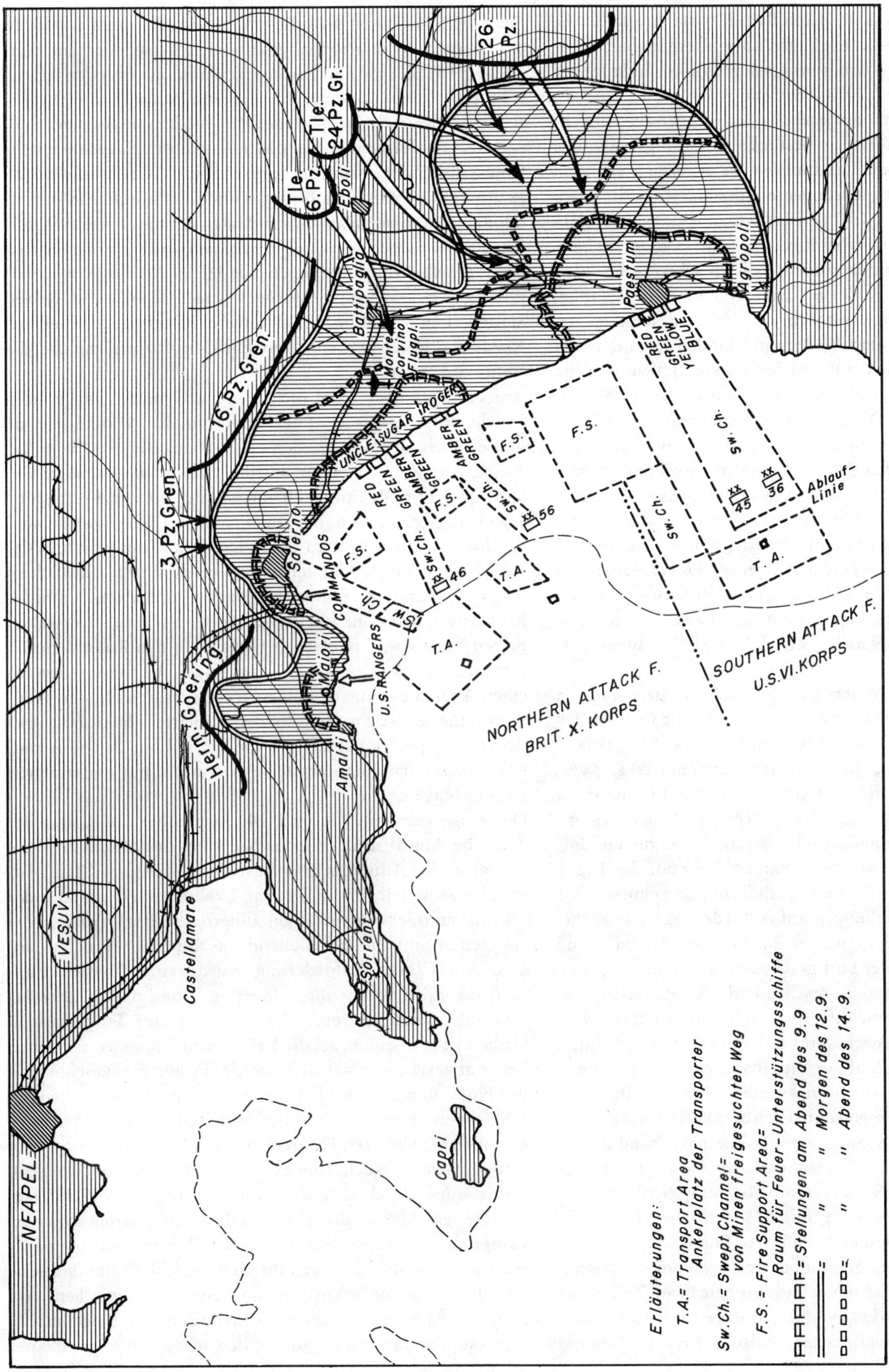

Die Landung bei Salerno. 9. September 1943

Rear Admiral Richard L. Conolly, der die amphibische Gruppe in diesem Sektor befehligte, hatte vorsichtshalber für eine solche Situation Vorbereitungen getroffen, indem er 3 Zerstörer in eine Position 1 Seemeile vom Strand entfernt gehen ließ. Diese eröffneten jetzt das Feuer gegen die Küstenbefestigungen. Mit Werfern bestückte Landungsfahrzeuge unterstützten die erste Landungswelle, während sie zum Strand vorstieß. Trotz dieser Unterstützung stieß die erste Welle, die präzise um 03.30 Uhr landete, auf starken Widerstand, und die Landungsfahrzeuge, die vordrängten, um Munition und Ausrüstung zu landen, erlitten schwere Schäden von Geschoßtreffern. Außer an der extremen linken Flanke, wo amerikanische Rangers und britische Commandos gegen geringen oder gar keinen Widerstand landen konnten und schnell zu den Paßhöhen auf den Bergen vorstießen, war die Form des Kampfes im Norden fast ebenso wie im Süden. Doch gegen Ende des D-Tages hatte die 5. Armee überall die vorgesehenen Brückenköpfe gebildet, wenngleich auch die Brückenköpfe in beiden Sektoren gefährlich schmal waren. Der Brückenkopf, so wie er war, war durch das unterstützende Feuer der Kriegsschiffe gerettet worden. Auf Anforderung von Feuerleitgruppen an Land oder von Beobachtungsflugzeugen brachten die Leichten Kreuzer *Philadelphia* und *Savannah,* ein britischer Monitor und 4 Zerstörer vor den amerikanischen Brückenköpfen schnell die beweglichen feindlichen Batterien zum Schweigen, schalteten Maschinenwaffen-Stellungen aus und zerschlugen Bereitstellungen feindlicher Infanterie und Panzer. Drei britische Kreuzer und ein Monitor vor den nördlichen Brückenköpfen, die nicht in der Lage waren, eine zuverlässige Verbindung mit ihren Feuerleitgruppen an Land herzustellen, erreichten am D-Tag wenig, aber 6 Zerstörer und 3 Landungsfahrzeuge übernahmen mit Erfolg die ganze Unterstützungsarbeit in diesem Raum, wobei sie zeitweise so nahe an den Strand herangingen, daß sie unter feindliches Gewehrfeuer kamen. Am Ende des Tages hatten die Schiffe Hewitts viele Hunderte von Schüssen bei Dutzenden von Beschießungen auf Anforderung verbraucht, und nicht wenige Salven waren mit genauer Beobachtung vom Boden oder aus der Luft geschossen worden.

Sobald die Deutschen die entscheidende Rolle, welche die unterstützenden Kriegsschiffe spielten, erkannt hatten, verlegten sie das Hauptgewicht ihrer Luftwaffe auf diese Schiffe. Wenngleich auch die Zahl der Einsätze geringer war als vor Sizilien, so waren sie doch wirksamer. Horizontalbomber setzten die mit Funk ferngelenkte Gleitbombe »FX 1000« ein, mit der sie bereits am 9. September aus dem Verband der zu den Alliierten übergehenden italienischen Flotte das Flaggschiff, das modernste Schlachtschiff *Roma,* versenkt hatten. Diese Bomben wurden aus großen Höhen geworfen, während deutsche Jagdbomber die alliierte Luftsicherung abgezogen hatten. Am 11. September traf eine dieser Gleitbomben den Kreuzer *Savannah* und sprengte einen Teil seines Schiffsbodens weg, so daß er zu Reparaturen abdrehen mußte. Zwei Tage später erlitt der britische Kreuzer *Uganda* dasselbe Schicksal. Doch die USS *Boise,* die ihren Anteil an der Taranto-Operation abgeschlossen hatte, war auf dem Wege nach Salerno, und Admiral Cunningham beorderte 2 weitere britische Leichte Kreuzer von Malta heran. Inzwischen erwies sich die *Philadelphia* nicht nur als das wirksamste, sondern auch als das glücklichste Feuerunterstützungsschiff in der Kampfgruppe Hewitts. Wiederholt wurde es durch konventionelle Bomben und Gleitbomben in unmittelbarer Nähe verfehlt, einige Male nur um wenige Meter. Sie entging jedoch schwereren Schäden und verbrauchte fast ihre gesamte Munition gegen Landziele. Als beste Verteidigung gegen Gleitbomben erwiesen sich Rauch und Nebel. Schon eine verhältnismäßig leichte Rauchdecke über die Reede irritierte die deutschen Funkleitoffiziere, welche die Bomben lenkten.

Am 12. September hatte die 5. Armee General Clarks ihren Brückenkopf etwas erweitert, aber in der Mitte hatte sie immer noch nicht die für den D-Tag festgesetzten Linien erreicht. Am 12. September wurden die unterstützenden Geleitträger zum Rückmarsch nach Palermo zur Brennstoffergänzung gezwungen, nachdem sie ihre Flugzeuge an Land geschickt hatten; nicht zu dem Flugplatz Montecorvino, der zwar in alliierten Händen, aber noch unter feindlichem Feuer lag, sondern zu 2 Behelfsflugpisten, die innerhalb des Brückenkopfes schnell errichtet worden waren. Inzwischen hatten Teile von 5 deutschen Divisionen den Raum Salerno erreicht, und es waren 600 Panzer und Selbstfahrlafetten für einen Angriff entlang des Flusses Sele versammelt, der Trennungslinie zwischen den beiden alliierten Sektoren. Der deutsche Operationsplan sah die Aufteilung der 5. Armee vor, um zunächst den einen Sektor und dann den anderen zu zerschlagen.

Die Krise kam am 13. und 14. September. Während der deutsche Angriff immer mehr Schwung gewann, wurde die Situation der Alliierten so kritisch, daß General Clark Admiral Hewitt bat, Pläne für eine Evakuierung entweder der nördlichen oder der südlichen alliierten Angriffsgruppe vorzubereiten und sie anschließend im anderen Sektor zu landen. Auf Clarks Anforderung wurde eine Division Fallschirmtruppen von Sizilien eingeflogen und nachts über Salerno abgesetzt. Um eine Wiederholung der Tragödie von Sizilien zu vermeiden, als die Fallschirmtruppen vom eigenen Feuer abgeschossen wurden, wurde für alle Flakgeschütze in der Flotte und an Land Feuerpause befohlen. Inzwischen befahl General Eisenhower Luftmarschall Tedder, die 5. Armee mit allen verfügbaren Flugzeugen zu unterstützen.

Der deutsche Versuch, zum Strand durchzubrechen, wurde in erster Linie durch das Unterstützungsfeuer der Schiffsgeschütze zerschlagen, doch ebenso durch den harten Abwehrkampf der 5. Armee und durch die alliierte Luftunterstützung sowie schließlich auch durch zwei fehlerhafte deutsche Entschlüsse, einen taktischen und einen strategischen. Am Nachmittag des 13. befahl der örtliche deutsche Befehlshaber der Hauptgruppe seiner Panzer, den Sele entlang bis zu einer

Gabelung des Flusses vorzustoßen und von dort aus den Zugang zum Brückenkopf über eine auf den deutschen Karten verzeichnete Brücke zu gewinnen. Doch die Brücke war inzwischen schon zerstört, und die Straße, die zu ihr führte, war durch Entwässerungsgräben flankiert, die die Tanks an der Entwicklung hinderten. Als die zerstörte Brücke die deutsche Panzerkolonne stoppte, waren die Amerikaner, welche die deutsche Bewegung bemerkt hatten, mit der Infanterie und 2 gut eingebauten Artillerieabteilungen bereit. Die Panzergruppe, in der engen Straße wie in einer Falle gefangen, wurde vernichtet. Dieser Rückschlag stoppte den erfolgversprechendsten deutschen Angriff. Es zeigte sich, daß Kesselring nicht über die Mittel verfügte, um gegen die alliierte Verstärkungsrate aufzukommen. Zwei weitere deutsche Divisionen in der ersten Woche der Invasion hätten die Alliierten in die See treiben können, aber Rommel, der den Kampf im Süden für nutzlos hielt, weigerte sich, weitere Gruppen von Norditalien freizugeben.

Als Kesselrings Kräfte am 14. ihren Angriff wieder aufnahmen, liefen die alliierten Kreuzer und Zerstörer unmittelbar vor den Strand, um die Panzerverbände und Versammlungsräume unter Feuer zu nehmen. Die *Philadelphia* und *Boise* verschossen jeweils mehrere 100 Schuß 15,2-cm-Granaten auf alle erreichbaren Ziele, und während andere Schiffe, einschließlich der britischen Schlachtschiffe *Valiant* und *Warspite,* in den Raum Salerno liefen, um Unterstützung zu geben, wurde es offensichtlich, daß die Wende gekommen war, obgleich die unverwüstliche *Warspite* bald das dritte Opfer der deutschen Gleitbomben wurde und abgeschleppt werden mußte.

Am 16. September stellten die Vorausabteilungen der 8. Armee die erste Verbindung mit der 5. Armee her. Am selben Tag kam Kesselring zu dem Schluß, daß sein Versuch, den Brückenkopf einzudrücken und wiederzugewinnen, zu verlustreich war, und entschloß sich, Salerno und Neapel aufzugeben und zu einer vorbereiteten Verteidigungslinie hinter dem Volturno zurückzugehen. »Am 16. September«, so schrieb er später, »genehmigte ich eine Absetzbewegung von der Küstenfront, um der wirksamen Beschießung durch Kriegsschiffe zu entgehen.«

Während die Deutschen sich zurückzogen, zerstörten sie den Hafen von Neapel und richteten auch in der Stadt umfangreiche Schäden an, um die Alliierten zu behindern und ihre logistischen Probleme zu erschweren. Aber die alliierten Marinen vollbrachten nahezu Wunder in der Versorgung der Armee über die Strände von Salerno und schließlich durch die Öffnung des Hafens von Salerno. So ermöglichten sie der 5. Armee General Clarks am 1. Oktober 1943 das Einrücken in Neapel. Damit fand die Salerno-Operation, die die Alliierten 2100 Tote, 4100 Vermißte und 7400 Verwundete kostete, ihr Ende.

Montgomerys 8. Armee hatte inzwischen den Raum Foggia mit seinen Flugplätzen in der Nähe der adriatischen Küste besetzt und stieß nach Nordwesten vor. Am 6. Oktober standen die beiden alliierten Armeen nebeneinander am Volturno. Hier formierte sich die neue Hauptkampflinie, während beide Seiten Verstärkungen für die nächste Runde heranbrachten. Bergungsexperten der Marine, die bereits die Wracks in den Häfen Nordafrikas und Siziliens beseitigt hatten, begannen sofort, den Hafen von Neapel als hauptsächlichen alliierten Nachschubhafen in Italien wiederherzustellen. Trotz der deutschen Zerstörungen nahm Neapel bald Tonnage weit über seine Friedenskapazität hinaus auf.

Der größte Teil der italienischen Flotte war jetzt in alliierten Händen. Am 9. September waren 3 neue Schlachtschiffe, 6 Kreuzer und 10 Zerstörer von Genua und La Spezia ausgelaufen, um entsprechend den Bedingungen des Waffenstillstandes alliierte Häfen anzulaufen. In der Straße zwischen Korsika und Sardinien durch deutsche Bomber angegriffen, ging das Schlachtschiff *Roma,* das Flottenflaggschiff, durch den Treffer einer Gleitbombe mit 1400 Mann verloren. Der Rest der Kampfgruppe und die älteren Schlachtschiffe von Tarent marschierten zu ihren Bestimmungshäfen, ohne weiter belästigt zu werden. Am 11. September signalisierte Admiral Cunningham der britischen Admiralität: »Ich bin erfreut, Eure Lordschaft informieren zu können, daß die italienische Schlachtflotte jetzt unter den Geschützen der Festung Malta liegt.«

Das Patt bei Anzio

Die Invasion des italienischen Festlandes brachte den Engländern und Amerikanern enttäuschend geringe Dividenden. Einige wenige zusätzliche deutsche Divisionen wurden gefesselt, und die Alliierten gewannen einige zusätzliche Kampferfahrung, doch selbst der Wert der Bomberbasen bei Foggia wurde durch die Alpenbarriere stark herabgemindert. Die Alliierten fanden sich in einen größeren Landkampf auf einem sekundären Kriegsschauplatz von geringerer strategischer Bedeutung verwickelt. Weitere Fortschritte mußten in einem Gelände und bei einem Wetter erzwungen werden, das die Verteidigung stark begünstigte.

Für die Deutschen war die Linie am Volturno nur eine vorübergehende Verteidigungslinie. Sie sollte gehalten werden, bis stärkere Verteidigungsanlagen weiter nördlich in der italienischen Halbinsel fertiggestellt waren. Während des Oktober und der ersten beiden Wochen des November führten die Deutschen Nachhutgefechte, während sie auf ihre Winterlinie etwa 40 Meilen nordwestlich Neapel zurückgingen. Diese Linie, ein System von sorgfältig vorbereiteten Verteidigungsanlagen an Berghängen, beabsichtigten sie so lange wie möglich zu halten. Nord- und Mittelitalien waren nun sicher unter deutscher Kontrolle, und Marschall Kesselring, der nach der Versetzung Rommels nach Frankreich das Oberkommando über alle deutschen Streitkräfte in Italien übernommen hatte, verfügte über 19 deutsche Divisionen, um die 14 Verbände der alliierten 5. und 8. Armeen, die für den Angriff gegen die Winterlinie versammelt waren, zu stoppen.

Auf der Suche nach einem Weg, die deutsche Verteidigungsbarriere zu durchbrechen, hatten die Generale Eisenhower, Alexander und Clark bereits damit begonnen, eine überholende Landung rückwärts der Winterlinie in der Nähe von Rom zu planen. Ihr Ziel war es, die Hauptverbindungswege des Feindes zu unterbrechen und ihn im Rücken zu bedrohen. Bei weitem die besten Strände für die Erreichung des ersten Zieles waren die von Anzio. Anzio lag 37 Meilen südöstlich Rom und 20 Meilen südlich der Albaner Berge, welche die Straßen und Eisenbahnen von Rom nach Süden zu den deutschen Verteidigungslinien beherrschten.

Aber Landungsschiffe und -boote wurden nun aus dem Mittelmeer in solcher Zahl nach England abgezogen, daß nur ein Angriff mit einer einzelnen Division an der italienischen Küste durchgeführt werden konnte. Deshalb wurde die Anzio-Landung für einen Zeitpunkt nach der Eröffnung der Offensive gegen die deutschen Verteidigungslinien vorgesehen. Nur im Falle, daß diese Offensive für die 5. Armee genügend erfolgreich war und die Landungsstreitkräfte ausreichend unterstützen konnte, sollte die Landung selbst unternommen werden. Eisenhower wünschte sogar, daß die alliierten Armeen während ihres Vormarsches in der italienischen Halbinsel bis zu einer Position vorangekommen sein mußten, von der aus sie die bei Anzio gelandeten Kräfte in etwa 48 Stunden nach der Landung erreichen konnten, da er nicht sicher war, mit dem jetzt zu seiner Verfügung stehenden Schiffsraum die Versorgung des Brückenkopfes über eine längere Zeit aufrechterhalten zu können.

Montgomerys 8. Armee begann ihren Vorstoß gegen die Winterlinie am 28. November 1943. Die 5. Armee General Clarks trat 2 Tage später an. Beide wurden jedoch sehr schnell durch den starken deutschen Widerstand und den ständigen Regen gestoppt, welcher die materielle Stärke der Angreifer nicht zur Entfaltung kommen ließ und die trockenen Wege in Schlammbecken verwandelte. Drei Wochen nach der Eröffnung der Offensive waren die alliierten Armeen nicht mehr als 10 Meilen vorangekommen, und die rechte Flanke der neuen deutschen »Gustav«-Linie hielt nun fest am Monte Cassino, etwa 75 Meilen von Anzio. Das Projekt einer überholenden Landung war eindeutig nicht erreichbar. Am 22. Dezember sagte Alexander auf Clarks Empfehlung und mit Eisenhowers Einverständnis die Anzio-Operation ab.

In diesem Augenblick intervenierte Churchill persönlich. Er traf sich mit den führenden alliierten Befehlshabern am Weihnachtstage 1943 in Tunis und bestand darauf, daß das Anzio-Projekt erneut aufgegriffen wurde. Die überholende Landung sollte durchgeführt werden, ohne erst abzuwarten, bis der wieder aufgenommene Angriff gegen die deutschen Linien von Erfolg gekrönt war. Ob der Angriff bei Anzio nun erfolgreich war und die deutschen Nachschublinien unterbrach oder nicht, sagte Churchill, auf jeden Fall würde er deutsche Kräfte von der »Gustav«-Linie abziehen. Er gab allerdings zu, daß unter den gegebenen Verhältnissen ein Angriff mit einer Division zu riskant sei. Aber die Absage einer geplanten Operation gegen die Andamanen-Inseln im Golf von Bengalen ließ 15 Infanterie-Landungsschiffe für die Verwendung im Mittelmeer frei werden, und auf Churchills Bitte beließ Präsident Roosevelt 56 Tanklandungsschiffe ein wenig länger im Mittelmeer, aber mit zwei wichtigen Vorbedingungen, daß nämlich der Angriff über den Kanal die wichtigste Operation blieb und daß Churchill sein Drängen auf weitere Operation an der Peripherie gegen Rhodos und die Ägäischen Inseln aufgab.

Auf der Teheran-Konferenz im vorangegangenen November hatte Churchill festgestellt, daß der Hauptzweck der von ihm vorgeschlagenen Operationen gegen die von den Deutschen besetzten Inseln im Raum der Ägäis sei, einen kürzeren und leichter zu verteidigenden Nachschubweg nach Rußland zu gewinnen, das Hauptziel seiner Dardanellen-Gallipoli-Operation im ersten Weltkrieg. Ein weiterer Zweck sei es, so sagte Churchill, die Türkei mit Luftunterstützung zu versehen, als eine weitere Einladung, in den Krieg auf alliierter Seite einzutreten. Churchill hoffte, daß die Türken dazu gebracht werden könnten, die deutschen Streitkräfte auf dem Balkan anzugreifen. Wenn nicht, würden die Alliierten wenigstens in die Lage versetzt werden, von den Flugplätzen in der Türkei zu operieren, von wo aus sie nebst anderen Zielen auch die Ölfelder von Ploesti in Rumänien angreifen konnten, von denen die deutsche Kriegführung sehr stark abhängig war.

Ausreichende Zahlen von Landungsschiffen und -booten waren somit für einen Angriff mit 2 Divisionen bei Anzio verfügbar. Churchill hielt das für ausreichend. Er schob die Einwände Eisenhowers und der anderen einfach beiseite, daß selbst ein Angriff mit 2 Divisionen für diesen nunmehr selbständig zu führenden Angriff nicht genügend war. Doch Eisenhower war gerade im Begriff, sein Kommando abzugeben und das Kommando für die Vorbereitungen des Angriffs über den Kanal zu übernehmen. Sein Nachfolger als alliierter Oberbefehlshaber im Mittelmeer, Sir Henry Maitland Wilson, nahm das Risiko einer 2-Divisionen-Landung bei Anzio auf sich, und ebenso General Alexander. Der Tag der Landung wurde auf den 20. Januar 1944 festgesetzt. Von der 5. Armee wurden für den Angriff die US 3. Division und die britische 1. Infanterie-Division vorgesehen, dazu 3 Bataillone der Rangers, 2 Bataillone Commandos und ein Regiment Fallschirmtruppen.

Die Landstreitkräfte für den Angriff bei Anzio sollten durch Generalmajor John P. Lucas, USA, die Seestreitkräfte durch Rear Admiral Frank J. Lowry, USN, den Befehlshaber der »8th Amphibious Force« der 8. US-Flotte, befehligt werden. Um ein frühzeitiges Landungsdatum zu erreichen, begannen die Heeres- und Marinestäbe sofort mit der Arbeit. Unter großen Anstrengungen konnten sie die Pläne bis zum 12. Januar abschließen und genehmigen lassen, 10 Tage vor dem D-Tag, der auf Bitte von General Lucas auf den 22. Januar verschoben worden war. Inzwischen bereitete sich die 8. Armee darauf vor, auf ihren Sektor der deutschen »Gustav«-

Linie Druck auszuüben, um die Deutschen daran zu hindern, irgendwelche in der Verteidigung eingesetzte Truppen abzuziehen. Am 17. Januar nahm die 5. Armee ihre Angriffe gegen Cassino wieder auf, um einerseits deutsche Reserven auf sich zu ziehen, die gegen Anzio verwendet werden konnten, und andererseits in der Hoffnung, die »Gustav«-Linie zu durchbrechen und von ihrem Anker zu lösen. Die alliierten Luftstreitkräfte begannen, den vorgesehenen Brückenkopf von allen Verbindungen zu trennen, indem sie intensive Luftangriffe gegen Straßen, Eisenbahnen, Brücken und Flugplätze richteten, und sie meldeten am 19. Januar, daß sie ihre Aufgabe erfüllt hätten.

Unter manchen Befürchtungen wegen der Schwäche des bevorstehenden Angriffs, die noch verstärkt wurden durch eine erschreckend schlechte Landungsübung im Golf von Salerno, verließen die Anzio-Streitkräfte am 21. Januar Neapel, um die 110 Seemeilen lange Route, welche den Feind täuschen sollte, einzuschlagen. LST's, LCI's und LCT's bildeten den Kern der Transportverbände mit zahlreichen LCVP's an Bord, welche die erste Angriffswelle landen sollten. Eine sorgfältige Aufklärung zeigte nur schwache feindliche Streitkräfte als Strandverteidigung. Raketentragende Landungsboote sollten einen Feuervorhang wenige Minuten vor dem Auflaufen der LCVP's legen, hauptsächlich um die am Strand ausgelegten Minensperren zu beseitigen.

Im Gegensatz zu der sehr unordentlich verlaufenen Übung folgte nun eine der glattesten Landungen des ganzen Krieges. Lowrys Streitkräfte trafen exakt zur H-Stunde um 2 Uhr auf den Strand und überwanden sehr schnell die Schwierigkeiten, die durch die feindlichen Minenfelder und das bei einer Nachtlandung unvermeidliche Durcheinander gegeben waren. Der feindliche Widerstand am Strand war gering. Einmal hatten die alliierten Landungskräfte eine tatsächliche Überraschung erreicht, und eine Nachtlandung ohne Vorbereitungsfeuer hatte sich bezahlt gemacht. Drei Nächte vor dem Angriff hatte Kesselring, der fühlte, daß etwas im Gange war, einen Landungsalarm an verschiedenen Punkten einschließlich Anzio gegeben. Doch in der Nacht vom 21. zum

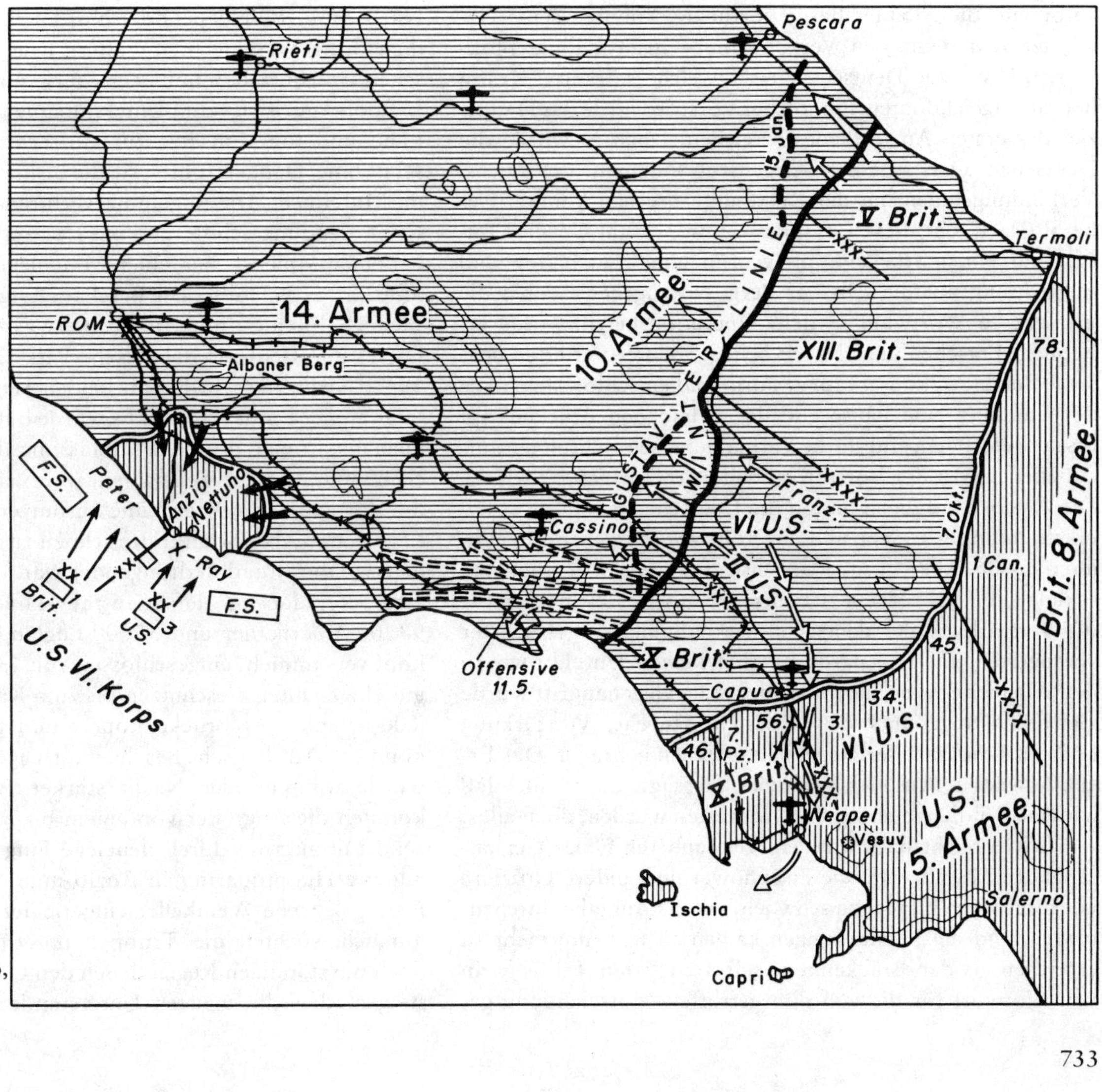

Die Landung bei Anzio, 22. Januar 1944

22. Januar hatte er sich von seinem Stab überreden lassen, den Alarm abzublasen und die Männer in Ruhe zu schicken. Sobald er seinen Irrtum erkannte, ließ er bewegliche Einheiten, Sturmgeschütze und verschiedene Bataillone über Straßen, Eisenbahnen und Brücken, die nach den alliierten Luftangriffen schnell repariert worden waren, nach Anzio rollen. Die Zugänge zum Brückenkopf waren weder abgeriegelt, wie man gedacht hatte, noch gelang es der 5. Armee, den Angriff bei Cassino zum Erfolg zu führen. Die Deutschen hielten hier weiter. Trotzdem waren am Ende des D-Tages 36000 Mann alliierter Truppen bei Anzio an Land mit weniger als 150 Ausfällen. Trotz eines schweren Sturms am 4. Tage nach der Landung wurden rund 70000 Mann, mehr als 25000 Tonnen Nachschubgüter, 500 Geschütze und 237 Tanks innerhalb der ersten Woche nach der Landung an Land gebracht. Die Aufgabe von Lucas und Lowry war es, sie dort zu halten, die Kesselrings, sie abzuschließen und ins Meer zu werfen.

General Lucas hatte zwei Möglichkeiten: vorzustoßen, bevor der Brückenkopf befestigt war, oder den Brückenkopf zunächst zu festigen und dann vorzurücken. Im Falle, daß er sofort auf die Albaner Berge vorrückte, konnten seine Geschütze den deutschen Verkehr zur »Gustav«-Linie blokkieren, bevor die Deutschen irgendwelche stärkeren Kräfte heranbringen konnten. Ein solcher Vorstoß würde das Hauptziel des ersten Anzio-Planes erreichen. Doch es würde die Deutschen auch zu einem Gegenstoß einladen, der Lucas' Verbindungslinien mit der Küste unterbrechen konnte. General Clark, der diese Gefahr erkannte, befahl General Lucas, nur einen Brückenkopf wegzunehmen, zu halten und in Richtung auf die Albaner Berge vorzugehen, wobei die großzügige Wortwahl in dem Operationsbefehl Lucas erhebliche Entscheidungsfreiheit beließ. So interpretierte Lucas seine Befehle in konservativer Form und entschloß sich, nach der Landung eine Pause einzulegen und den Brückenkopf erst zu befestigen, und starke Verteidigungseinrichtungen aufzubauen, bevor der Vorstoß landeinwärts fortgesetzt würde.

Die Anzio-Landungen hatten die Deutschen zunächst in Panikstimmung gebracht und sie Rom vorübergehend evakuieren lassen. Aber Lucas' vorsichtiges Vorgehen ermöglichte es ihnen, die Lage erneut zu beurteilen und Kesselring Zeit für die Verstärkung der deutschen Verteidigung zu geben. Der verzögerte alliierte Angriff brachte keinen Durchbruch zu den Albaner Bergen, doch der deutsche Gegenangriff wurde gleichfalls angesichts der alliierten Abwehr, Verstärkung und des Schiffsartilleriefeuers zum Stehen gebracht. Das Ergebnis war ein Patt. »Ich hatte gehofft«, sagte Churchill, »daß wir eine Wildkatze an den Strand werfen würden, doch alles, was wir erreicht haben, ist ein gestrandeter Wal.« Der anfängliche Angriff war, wie Eisenhower und andere Offiziere vorausgesehen hatten, zu schwach, um die Aufgabe durchzuführen, und die Verstärkungen kamen zu spät, um mehr zu erreichen als den Brückenkopf selbst zu retten. Lucas kann kein Vorwurf für die von ihm getroffene Entscheidung gemacht werden. Die Hauptursache des Fehlschlages war der Mangel an Landungsschiffen und -booten.

Die Rettung des Brückenkopfes selbst war etwas wie ein Wunder. Mit Seestreitkräften und Schiffsraum, die zunächst knapp für ausreichend gehalten wurden, die anfänglichen 2 Divisionen zu transportieren, zu versorgen und zu unterstützen, konnte Admiral Lowry den größten Teil der Zivilbevölkerung evakuieren und schließlich 7 Divisionen versorgen. Die Lösung des Nachschubproblems war die Einführung eines Systems, welches die US 7. Flotte im Pazifik ausprobiert hatte. Lastwagen und DUKW's wurden in Neapel bereits beladen, an Bord der LST's gefahren und über Nacht nach Anzio transportiert. Dort fuhren sie direkt zu den Material- und Nachschublagern. Auf diese Weise konnte ein LST, der normalerweise einen ganzen Tag zur Ausladung benötigte, innerhalb einer Stunde entladen werden. Anfang Februar wurde ein regelrechter Fährdienst eingerichtet. Jeden Tag verließ ein Konvoi von 6 LST's Neapel mit 1500 t Nachschubgütern in 300 beladenen LKW's. Jede Woche machten 15 LCT's die Fahrt von Neapel nach Anzio. Alle 10 Tage kamen 4 Liberty-Schiffe zu dem Brückenkopf mit Nachschub von Neapel oder Nordafrika. Inzwischen feuerte die Flotte trotz schlechten Wetters, Feuers von schweren deutschen Geschützen, feindlichen Sturz- und Gleitbombern und U-Boot-Angriffen zur Unterstützung der Streitkräfte an Land und fuhr Einsätze zur Aufrechterhaltung der Nachschublinie. Dabei erfuhren sie die bisher härteste Behandlung im Mittelmeer. Die Engländer verloren 2 Kreuzer, 3 Zerstörer, 4 Landungsschiffe und ein Lazarettschiff, die Amerikaner einen Minensucher, einen Minenleger, 6 Landungsschiffe und 2 Liberty-Schiffe. Die Beschädigung von Schiffen, hauptsächlich durch Luftangriffe, war etwas Alltägliches.

Dieses unerfreuliche italienische Patt dauerte bis Mitte Mai 1944. Nicht viel wurde von beiden Seiten am Brückenkopf oder an der Front erreicht. Es wurde bald klar, daß die 5. Armee anstatt eine doppelte Umfassung des Gegners zu erreichen, nunmehr in 2 Teile geteilt war, während die Deutschen die Vorteile der inneren Linie ausnutzen konnten und in der Lage waren, ihre Streitkräfte schnell zu verschieben, je nachdem wo die Situation drängender war, vor dem Anzio-Brükkenkopf oder an der »Gustav«-Linie. Im März waren 90200 Amerikaner und 35000 Engländer in dem Brückenkopf versammelt, eingeschlossen von 135000 Deutschen mit gut eingebauten Geschützen bis zum Kaliber von 28 cm, die jeden Punkt des Brückenkopfes und der Reede erreichen konnten. Der deutsche Beschuß am Tage war sporadisch und wurde während der Nacht stärker. Während der Nacht konnten die Angreifer von einem bis zu einem halben Dutzend Luftangriffe durch deutsche Flugzeuge erwarten. Das alliierte Hauptquartier in Anzio mußte in einem unter der Erde gelegenen Weinkeller eingerichtet werden. Wo immer möglich, suchten die Truppen unterirdische Unterkünfte, doch die ständigen Regen ließen den Grundwasserspiegel so steigen, daß die meisten Unterstände und Schützenlöcher volliefen. Hunderttausende von Sandsäcken wurden gebraucht, um behelfsmäßige Deckungen an der Oberfläche zu schaffen. Unter diesen Bedingungen mußten die Männer Woche um Woche aushalten, ständige Ziele für das feindliche Feuer. Es ist nicht überraschend, daß von den 59000 Ausfällen auf alliierter Seite vor Anzio nahezu ein Drittel von Krankheiten, Erschöpfung und Neurosen stammten, von den übrigen waren 5000 Gefallene und 17000 Verwundete.

Als die Regen aufhörten und die Straßen wieder mit dem Herannahen des Frühjahrs fester wurden, bereiteten die Alliierten mit neuer Intensität ihre Angriffe gegen die »Gustav«-Linie vor. Im Mai hatten sie 27 Divisionen in Italien im Einsatz, 7 in Anzio, den Rest gegenüber der deutschen Hauptverteidigungslinie. Gegen sie besaß Kesselring 26 Divisionen. Am 11. Mai begannen die Alliierten mit einer Großoffensive, welche die rechte deutsche Flanke durchbrechen sollte. Am 13. Mai riß das französische Korps der 5. Armee endlich die feindliche Linie auf und stieß schnell vor, gefolgt von den Amerikanern. In der Flanke bedroht, gaben die Deutschen bei Cassino unter dem entschlossenen Angriff der Engländer und Polen der 8. Armee nach. Die alliierten Truppen kamen in Bewegung. Am 25. Mai stellten die Amerikaner die Verbindung mit einer von Anzio kommenden Patrouille her. In der Nacht vom 2./3. Juni brachen die Deutschen überall an der Front den Kampf ab und zogen sich nach Norden zurück. Am 4. Juni marschierten die Alliierten im Triumph in Rom ein, wo sie von den Einwohnern begeistert begrüßt wurden. Am 6. Juni hatten die alliierten Streitkräfte in England den Kanal überschritten und die Invasion der Normandie begonnen. Sie reduzierten damit die italienische Front zu einem abseits gelegenen Nebenschauplatz des europäischen Krieges.

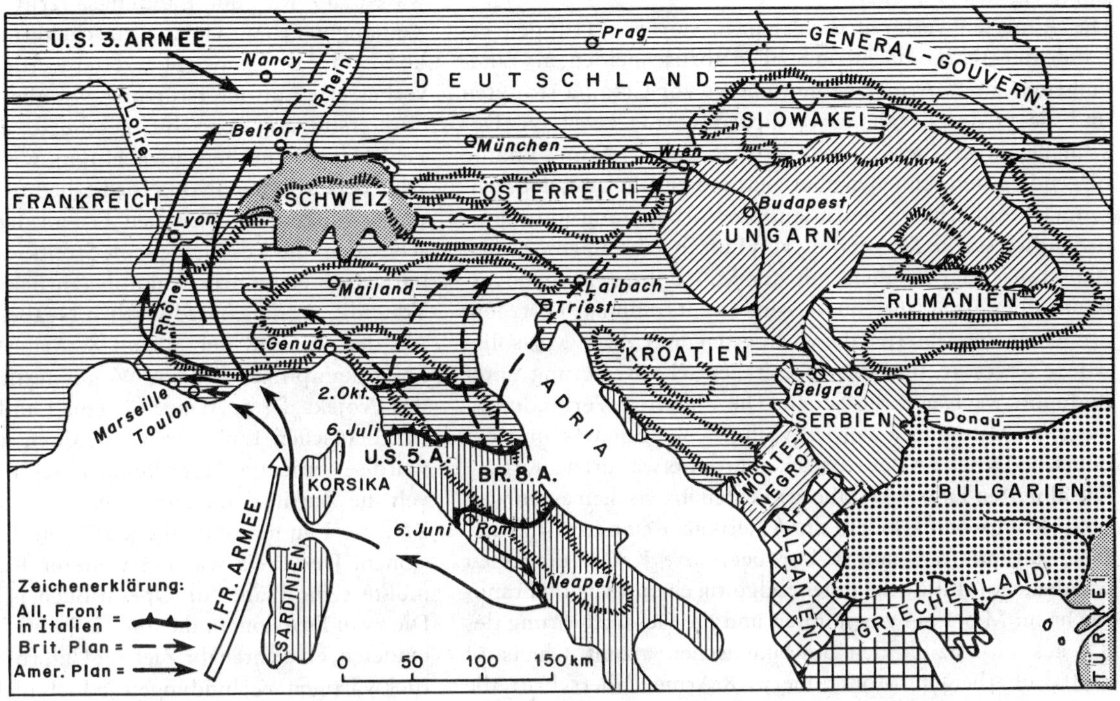

Alliierte Strategien im Mittelmeer-Raum, Sommer 1944

Zusammenfassung

Durch den Kompromiß von Casablanca im Januar 1943 stimmten die Engländer der Zuteilung von mehr Männern und Material gegen Japan zu, während die Amerikaner zur Invasion Siziliens 1943 bereit waren und den Angriff über den Kanal auf 1944 zurückstellten. Die Landung auf Sizilien wurde als eine eigene Operation geplant und durchgeführt, deren Ziel es war, erstens die alliierten Verbindungswege im Mittelmeer sicherer zu machen, zweitens Druck von der russischen Front zu nehmen, drittens Italien aus dem Krieg herauszubrechen und viertens die Türken zu ermuntern, ihre Neutralität aufzugeben und auf die alliierte Seite zu treten.

Der alliierte Angriff auf Sizilien am 10. Juli 1943 war sehr erfolgreich und zeigte eine erhebliche Verbesserung der amphibischen Technik, insbesondere in der Bewegung vom Schiff zum Strand gegenüber den Landungen in Nordafrika. Der außerordentliche Wert der Feuerunterstützung durch die Schiffsartillerie wurde auch für die Armee deutlich, insbesondere als Schiffsgeschütze bei der Abwehr von Panzerangriffen gegen die 7. Armee General Pattons eine wesentliche Rolle spielten. Die alliierten Luftstreitkräfte waren bei der Ausschaltung der Flugplätze der Achsenmächte in Sizilien erfolgreich, ebenso auch in der Unterbrechung der sizilianischen Verkehrswege. Doch schlechte Koordination mit den landenden Streitkräften ließ die Invasionstruppen Nahunterstützung durch Jagdbomber vermissen und führte zum Abschuß zahlreicher Transportflugzeuge mit Fallschirmjägern durch eigenes Flakfeuer.

Die Alliierten verloren die Chance, stärkere Truppenverbände der Achsenmächte in Sizilien abzuschneiden, als Eliteeinheiten die 8. Armee Montgomerys vor Catania stoppten und sie in das Bergland westlich des Ätna zwangen. Der schnelle,aufgefächerte Vorstoß von Pattons 7. Armee konnte nirgendwo den schnellen aber geordneten Rückzug der Achsenmächte überholen, und minutiöse Vorbereitung und außerordentlich starke Massierung von Luftabwehr machte es den Achsenmächten möglich, mit der Masse ihrer Truppenverbände über die Straße von Messina zu entkommen. Trotzdem erreichten die Alliierten die wichtigsten ihrer Ziele. Mussolini wurde abgesetzt, und die neue italienische Regierung unter Badoglio wechselte die Seiten. Die alliierten Verbindungswege im Mittelmeer wurden völlig sicher gemacht und der deutsche Druck an der russischen Front etwas erleichtert.

Die alliierten Führungsstäbe erreichten inzwischen einen weiteren Kompromiß, indem die Amerikaner eine Invasion Italiens akzeptierten, sofern nur begrenzte Kräfte eingesetzt wurden, wofür die Engländer endgültig einer Invasion Frankreichs im Mai 1944 zustimmten und die Gesamtführung des Krieges im Pazifik den amerikanischen »Joint Chiefs of Staff« überließen. Montgomerys 8.Armee überschritt die Straße von Messina am 3.September 1943 und marschierte von der italienischen Stiefelspitze nach Norden, um den Angriff der US 5.Armee unter General Clark ins Gebiet von Salerno am 9.September zu unterstützen, wenige Stunden nachdem Eisenhower über den Rundfunk die italienische Kapitulation bekanntgegeben hatte.

Die Invasion von Salerno war ebenso wie die sizilianische nicht durch ein vorhergehendes Bombardement von Schiffsgeschützen eingeleitet worden, doch die Armee konnte die erhoffte Überraschung trotzdem nicht sicherstellen, da Kesselring den Angriff gegen Salerno erwartet hatte und starke deutsche Kräfte in der Nähe des Strandes zusammengezogen waren. So war der Landungsangriff bei Salerno für eine Zeitlang in großer Gefahr zu scheitern. Nach hartem Kampf konnte der Brückenkopf gerettet werden, zum Teil durch die verbesserte Luftunterstützung, vor allem aber durch die Feuerunterstützung der Schiffsgeschütze, durch einige taktische Fehler der Deutschen sowie Hitlers Weigerung, weitere deutsche Verstärkungen von Norditalien freizugeben. Angesichts des ständigen und genauen Feuers der alliierten Schiffsgeschütze mußte Kesselring seine Streitkräfte von dem unmittelbaren Gebiet des Brückenkopfes zurücknehmen und eine neue Verteidigungslinie nordwestlich Neapel bilden.

Als der Vorstoß der 5. und 8. Armee gegen die deutsche Hauptkampflinie sich im Winter festlief, wollte Alexander das Projekt der 5. Armee für eine Landung bei Anzio hinter der deutschen Linie streichen, doch auf Churchills Druck wurde es erneut aufgegriffen. Churchill erreichte von Roosevelt die Zustimmung zur Bereitstellung einer ausreichenden Zahl von Landungsfahrzeugen für eine Landung mit zwei Divisionen. Der Preis war ein weiterer Kompromiß. Churchill mußte seine Pläne für Operationen in der Ägäis aufgeben. Die zwei Divisionen, die am 22. Januar 1944 glatt bei Anzio landeten, erreichten ihr Ziel der Unterbrechung der deutschen rückwärtigen Verbindungen jedoch nicht. Der Brückenkopf wurde eingeschlossen und mußte in einer langwierigen Operation selbständig unterhalten werden, ohne die deutschen Operationen zunächst mehr zu stören. Im Mai 1944, als die 5. und 8.Armee schließlich die deutsche Verteidigungslinie »Gustav« durchbrachen, wurde auch der Brückenkopf Anzio befreit. Am 4. Juni drangen die Alliierten in Rom ein, gerade 2 Tage vor dem alliierten Angriff in Nordfrankreich.

Kapitel 37

Von der Normandie zur Elbe

Von J. Rohwer übersetztes und ergänztes Kapitel 33 der US-Originalausgabe, das von H. H. Adams und E. B. Potter verfaßt wurde.

Im Anschluß an die Casablanca-Konferenz im Januar 1943 hatte Generalleutnant Sir Frederick Morgan von der Royal Army den Befehl erhalten, einen gemeinsamen Planungsstab für die kommende alliierte Invasion Westeuropas aufzustellen. Unter Abkürzung seines Titels »Chief of Staff to the Supreme Allied Commander« in »Cossac« bildete General Morgan einen großen und wirksam organisierten Stab, der jede mögliche Landungsstelle von Norwegen bis Portugal untersuchte. Besondere Aufmerksamkeit fanden diejenigen im englischen Kanal, da die Strände am Kanal die kürzesten Anmarschrouten über Wasser boten und damit den schnellsten Umlauf für den alliierten Angriffs-Schiffsraum gewährleisten konnten. Der »Cossac«-Stab beschäftigte sich mit so verschiedenen Problemen wie der taktischen Kontrolle der strategischen Luftwaffen in England und der Verfügbarkeit von Landungsschiffen. Auf der soliden Grundlage der Arbeit von General Morgan beruhte der große Erfolg der Operation »Overlord«, wie die Invasion über den Kanal schließlich genannt wurde.

Zur Zeit der Teheran-Konferenz im November 1943 war von »Cossac« alles getan, was getan werden konnte, bis auf die Ernennung des tatsächlichen Oberbefehlshabers. In Teheran beschlossen Roosevelt, Churchill und Stalin, das Landungsdatum für »Overlord« auf den 1. Mai festzusetzen, obgleich der Oberbefehlshaber immer noch nicht ausgewählt war. Solange der Angriff über den Kanal zunächst für 1942, dann für 1943 geplant wurde, hatten die »Combined Chiefs of Staff« bereits ein Übereinkommen erreicht, daß der Befehlshaber irgendeiner großen Operation dieselbe Nationalität haben sollte wie die Masse der Truppen. Da zu dem früheren Zeitpunkt die britischen Streitkräfte naturgemäß zahlreicher sein würden, hatte Churchill als Befehlshaber Feldmarschall Sir Alan Brooke vorgesehen. Doch es war offensichtlich, daß bis zum Mai 1944 die amerikanischen Truppen weit zahlreicher als die britischen sein würden, und Roosevelt und Churchill kamen überein, daß der Oberbefehlshaber ein Amerikaner sein solle. Zunächst plante der Präsident, den Oberbefehl General Marshall zu übertragen, doch Admiral King und andere protestierten dagegen, weil Marshall nicht bei den »Joint and Combined Chiefs of Staff« entbehrt werden könne. Anfang Dezember 1943 traf Roosevelt seine Entscheidung und übergab General Eisenhower das Oberkommando für die Operation »Overlord«. Die Offiziere, welche die See-, Land- und Luftstreitkräfte unter Eisenhower führen sollten, waren sämtlich Engländer: Admiral Sir Bertram H. Ramsey, General Sir Bernard Montgomery und Air Chief Marshal Sir Trafford Leigh-Mallory. Für seine Aufgabe wurden Eisenhower sehr allgemein gehaltene Direktiven gegeben:

»Sie haben auf dem europäischen Kontinent zu landen und gemeinsam mit anderen Vereinten Nationen Operationen gegen das Herz Deutschlands durchzuführen und dessen bewaffnete Streitkräfte zu vernichten. Das Datum für die Landung auf dem Kontinent ist der Monat Mai 1944. Nachdem ausreichende Häfen im Kanalgebiet gewonnen sind, soll die Ausweitung des Brückenkopfes in einer Richtung erfolgen, die ein Gebiet umfaßt, in dem Land- und Luftoperationen gegen den Feind geführt werden können.«

Das Entscheidende an dieser Direktive war, daß sie nicht weniger als die Beendigung des Krieges vorsah. Alle vorhergehenden englischen und amerikanischen Operationen in Europa hatten begrenzte Ziele, da die alliierten Befehlshaber erkannten, daß entscheidende Ergebnisse nur durch einen Angriff gegen Deutschland von Westen erreicht werden konnten. Die Operation »Overlord« konnte jedoch in einem Maßstab geplant werden, der es erlaubte, das endgültige Ziel zu erreichen. Anders als bei den Landungen in Sizilien, wo die Angriffskräfte fast die gesamten verfügbaren Kampftruppen umfaßten, waren die für die Gewinnung des Brückenkopfs im Westen Europas eingesetzten Divisionen nur eine Voraustruppe. Die Pläne sahen die Überführung von mehr als 50 Divisionen vor Einbruch des Winters vor.

Die Planung für »Overlord« war vermutlich die komplizierteste in der Geschichte der Kriegführung. Das Problem mußte von zwei Seiten angegangen werden. Einerseits vom Standpunkt der strategischen Wünschbarkeit und andererseits vom Standpunkt der logistischen Möglichkeiten. Zunächst hatten die Planer des »Supreme Headquarters, Allied Expeditionary Force« (abgekürzt SHAEF) zu überlegen, wann und wo die Invasion stattfinden sollte. Auf der anderen Seite mußten sie berechnen, welche Nachschubmengen, Ausrüstungsgegenstände und welche Truppenstärken zur Verfügung standen und transportiert werden konnten, um bestimmte Ziele zu erreichen.

Die Wahl des Landungsraumes war die grundlegende Überlegung. General Morgan hatte einen Teil der Normandie-Küste zwischen der Mündung der Orne und der Halbinsel Cotentin vorgeschlagen, eine Auswahl, die von SHAEF und den »Combined Chiefs of Staff« akzeptiert wurde. Die SHAEF-Planer erkannten von Anfang an, daß der ausgewählte Landungsraum nicht ideal war. Ein Angriff direkt über die Straße von Dover in das Gebiet des Pas-de-Calais bot die kürzeste Seeroute und erlaubte damit die schnellste Rundtour für den Angriffsschiffsraum. Der Pas-de-Calais bot ebenso die besten natürlichen Strandverhältnisse und war am nächsten zu den holländischen und belgischen Häfen und zum Ruhrgebiet, dem industriellen Zentrum Deutschlands, gelegen. Aber es war für die alliierten Nachrichtenoffiziere offensichtlich, daß die Deutschen die Landung vor allem in diesem Gebiet erwarteten und daß sie intensive Vorbereitungen getroffen hatten, die Landung hier abzuwehren. Darüber hinaus war die Strandbreite im Pas-de-Calais-Gebiet, von wo aus die Operation genährt werden konnte, zu schmal für Operationen in dem geplanten Umfang im Anschluß an die erste Landungsphase.

Die Normandieküste hatte einen Teil der Strecke gute Strandverhältnisse. Sie war etwas geschützt durch den natürlichen Wellenbrecher der Cotentin-Halbinsel und lag innerhalb der taktischen Reichweite von Jagdflugzeugen in England. Wenn auch das Gelände hinter dem Strand besondere Schwierigkeiten bot, so hatte es doch gute Möglichkeiten für den Ausbruch auf beiden Flanken. Ein Vorstoß zur Küste der Biskaya an der rechten Flanke würde die deutschen Streitkräfte in der Bretagne und auf der Halbinsel Cotentin abschneiden, ein Umgehungsmanöver auf der linken Flanke würde die Möglichkeit bieten, wichtige französische Häfen, insbesondere Le Havre, zu nehmen. In der Erkenntnis, daß die Wegnahme von Häfen von der Rückseite her Zeit erforderte und daß die Deutschen die Hafenanlagen vor der Aufgabe zerstören würden, beschlossen die Alliierten, künstliche Häfen vor den Brückenköpfen zu bauen, um die ungeheure Menge an Nachschub, die benötigt wurde, landen zu können.

General Morgan befürwortete einen Ablenkungsangriff an der Südküste von Frankreich, der gleichzeitig mit der Landung in der Normandie ausgeführt werden sollte. Diesen Vorschlag akzeptierten die »Combined Chiefs of Staff« zunächst, da sie in der Invasion Frankreichs vom Mittelmeer aus nicht nur eine Ablenkung, sondern gleichzeitig auch eine Möglichkeit zur Abschneidung der deutschen Truppen in Südwestfrankreich sahen und die Wegnahme des Hafens von Marseille die logistische Versorgung und Verstärkung der südlichen Flanke bei dem alliierten Vorstoß nach Deutschland erleichtern würde. Dem Südprojekt wurde anfänglich der Codename »Anvil« gegeben.

General Morgan befürwortete ebenso, für den Fall, daß die notwendigen Landungsschiffe und -boote verfügbar gemacht werden konnten, die Landung in der Normandie auf die Ostküste der Cotentin-Halbinsel auszudehnen. Landungen hier würden eine Isolierung und Wegnahme des Hafens von Cherbourg an der Spitze der Halbinsel ermöglichen. Eine der ersten Handlungen Eisenhowers nach der Übernahme des Oberkommandos war die Annahme dieses Vorschlages Morgans auf eine Verbreiterung der Front in der Normandie, und er schickte Montgomery nach London, um die Verstärkung der ersten Angriffswelle von 3 auf 5 Divisionen zu fordern. Da der einzige Platz, von dem die Landungsschiffe und -boote für eine erweiterte »Overlord«-Operation kommen konnten, die Operation »Anvil« war, mußte diese Operation bis Mitte August verschoben werden, so daß die für die erweiterte »Overlord«-Operation eingeteilten Fahrzeuge wieder ins Mittelmeer überführt werden konnten. Diese Aushilfe, zusammen mit der Abzweigung einer für den Pazifik vorgesehenen Monatsproduktion, brachte die Zahl der Landungsfahrzeuge für »Overlord« gerade auf das mögliche Mindestmaß. So knapp war der verfügbare Schiffsraum, daß der Verlust von 3 LST's durch einen deutschen Schnellbootangriff bei einer Invasionsübung die Reserve an LST's völlig aufzehrte. Der Bau von Landungsschiffen und -booten, der von den amerikanischen »Joint Chiefs« zunächst höchste Priorität in Erwartung einer Invasion über den Kanal 1942 oder 1943 erhalten hatte, war Schritt für Schritt zugunsten des Baues von U-Jagd-Fahrzeugen für die Schlacht im Atlantik zurückgesteckt worden, solange die Unsicherheit bestand, wann und ob die Amerikaner die britische Zurückhaltung hinsichtlich der Invasion Westeuropas überwinden konnten. Die Verschiebung von »Anvil« bedeutete natürlich, daß sie nicht als eine Ablenkung für »Overlord« gelten konnte, doch für Eisenhower machte der Vorteil der Gewinnung eines großen Mittelmeerhafens in der rechten Flanke die südliche Invasion trotzdem äußerst wünschenwert.

Da die Truppen für Südfrankreich von Italien kommen mußten, mußte man die Operation »Anvil« beinahe absagen, solange der alliierte Vorstoß bei Anzio und vor der Gustav-Linie festlag. Selbst nachdem die 5. und 8. Armee die deutschen Linien im Frühjahr 1944 durchbrochen hatten und die italienische Halbinsel nach Norden aufrollten, bestanden Churchill und britische Generale darauf, daß »Anvil« abgesagt werden sollte. Sie wünschten den Schwung, den der Vormarsch in Italien inzwischen erlangt hatte, mit einer Landung in Triest auf der östlichen Seite der Adria zu unterstützen, gefolgt durch einen Vorstoß durch die Enge von Laibach nach Österreich hinein. Das Laibach-Projekt hatte ebensoviel politische wie militärische Ziele, doch es ist fraglich, ob alliierte Streitkräfte bei dem Versuch, den engen Paß mit einer gewundenen Straße gegen den Widerstand von 25 deutschen Divisionen, die in diesem Gebiet standen, durchbrechen konnten, um den Donauraum vor den Russen zu erreichen. Eisenhower bestand weiter auf »Anvil«, welche Operation aus Sicherheitsgründen nun in Operation »Dragoon« umbenannt wurde. Unterstützt von Roosevelt, der das Laibach-Projekt als militärisch exzentrisch betrachtete, behielt Eisenhower die Oberhand.

Die Pläne für »Overlord« in der endgültigen Form sahen den Absprung von 3 Fallschirmdivisionen in der Nacht vor dem D-Tage vor. Nach Sonnenaufgang am D-Tage sollten 3 amerikanische und 3 britische Divisionen fast gleichzeitig von See her landen. 5 Landungsstrände wurden ausgewählt: »Utah« und »Omaha« für die Amerikaner, »Gold«,

»Juno« und »Sword« für die Engländer. Vor den Landungen sollten die Strände und ihre Verteidigungsanlagen schweren Luftangriffen und Schiffsbombardements ausgesetzt werden. Jetzt hatten selbst die bisher skeptischsten alliierten Heeresoffiziere nichts mehr gegen Landungen bei Tageslicht mit Schiffsartillerie-Unterstützung einzuwenden. Aber selbst wenn »Overlord« einschließlich der nachfolgenden Kräfte die größte amphibische Operation war, die jemals unternommen wurde, so war sie doch nur ein Teil der Gesamtstrategie gegen Deutschland im Frühjahr 1944. Die

Die Verteilung der deutschen Divisionen am 6. Juni 1944

5. und 8. Armee hatten 27 deutsche Divisionen in Italien festgelegt und sie einer Verwendung an anderer Stelle entzogen. An der Ostfront, wo die geschlagenen deutschen Armeen immer mehr auf die Reichsgrenze zurückgedrückt wurden, standen 175 Divisionen den Sowjets gegenüber. Obgleich die alliierten Kräfte in Italien und in Rußland weit zahlreicher waren als die bei der Invasion Westfrankreichs eingesetzten, hatten sie doch hinsichtlich der Operation »Overlord« vor allem den Effekt, die deutschen Kräfte zu binden, und erlaubten damit den die Invasion durchführenden Kräften, ihre gesamte Kraft gegen einen Teil der gesamten deutschen Kräfte zu richten.

Die deutschen Verteidigungspläne

In der Erwartung, daß die Alliierten versuchen würden, auf dem Kontinent im Westen zu landen, hatte Hitler seinen im Westen eingesetzten Armeen befohlen, sich darauf vorzubereiten, die Invasionskräfte in die See zurückzuwerfen. Er hatte seinem Oberbefehlshaber West, Feldmarschall Gerd von Rundstedt, befohlen, einen Atlantikwall mit verbunkerter Artillerie zu bauen, um jeden möglichen Landungsstrand von Spanien bis Norwegen mit Artillerie einzudecken. Doch Hitler, dessen Aufmerksamkeit nach Rußland gerichtet war, konnte der Lage im Westen nur gelegentlich seine Aufmerksamkeit widmen. Die Atlantikfront blieb das Stiefkind der Wehrmacht.

Obgleich die Deutschen sich darüber klar waren, daß der alliierte Angriff gegen Westeuropa nicht später als im Frühjahr 1944 kommen würde, waren sie sich nicht darüber einig, wo er zu erwarten war. Das Heer hielt den Pas-de-Calais für das wahrscheinlichste Ziel, da er am nächsten an England lag und da hier auch die Anlagen für den Start der Hitlerschen V-Waffen – fliegende Bomben und Raketen – waren.

Sobald die Alliierten diese Einrichtungen entdeckten und erkannten, welche Gefahr sie für England bildeten, würden sie zweifellos ohne Rücksicht auf Verluste gegen diese Startanlagen vordringen. Der deutsche Heeresnachrichtendienst glaubte weiter, daß die Alliierten die Strände der Normandie vermeiden würden, weil hinter ihnen ein die Verteidiger begünstigendes Gelände lag, das aus kleinen Feldern bestand, die durch Erdwälle mit Büschen und dicken Hecken voneinander getrennt waren. Die deutschen Marinenachrichtendienstoffiziere kamen jedoch zu abweichenden Ergebnissen. Durch das Studium der Lage alliierter Bombenangriffe, der alliierten Minensuchbewegungen und der Minenlegeoperationen und durch die Beobachtung der Aktivität in den verschiedenen britischen Häfen kamen sie zu dem Ergebnis, daß die Landungen westlich des Pas-de-Calais erfolgen würden. Und Hitler, in einer seiner intuitiven Voraussagen, wies auf die Halbinsel Cotentin und die Bretagne als mögliche alliierte Ziele hin. Als Ergebnis dieser abweichenden Lagebeurteilungen wurden zwar die Pas-de-Calais-Strände am stärksten besetzt und verteidigt, die Strände in der Normandie jedoch keineswegs vernachlässigt.

Rundstedt war inzwischen mißtrauisch gegen das Konzept einer statischen Verteidigung des Atlantikwalles geworden. Durch das Studium der Landung bei Salerno war er zu dem Ergebnis gekommen, daß seine Armeen wenig Aussichten hatten, die Landungskräfte gegenüber der Unterstützung durch Schiffsartillerie am Strand zu besiegen. Er kam mehr und mehr dazu, sich auf bewegliche Infanterie- und Panzerdivisionen, die in operativ günstig gelegenen Positionen im Inland disloziert waren, zu verlassen, von wo aus sie an die Küste vorgeworfen werden konnten, um die Alliierten daran zu hindern, von irgendeinem Brückenkopf, den sie errichten konnten, zur freien Operation vorzustoßen.

Anfang 1944 unterstellte Hitler Feldmarschall Rommel dem Oberbefehlshaber West mit der speziellen Aufgabe der Verteidigung der Atlantikküste von der Schelde bis zur Loire mit der deutschen 7. und 15. Armee. Dieser Auftrag führte zu Mißverständnissen und unterschiedlichen Zielsetzungen, da Rommel auf Grund seiner Erfahrungen in Nordafrika der Auffassung war, daß die alliierte Luftüberlegenheit Rundstedts bewegliche Reserven daran hindern würde, die Küste zu einem Zeitpunkt zu erreichen, wo sie entscheidende Ergebnisse erzielen konnten. Er bestand darauf, daß die gepanzerten Verbände näher an die Küste herangeführt werden müßten. Die Entscheidung, so argumentierte er, mußte in der Nähe des Strandes erreicht werden, und wenn die Landungskräfte nicht innerhalb der ersten 24 Stunden wieder ins Meer geworfen seien, sehe sich Deutschland der Niederlage gegenüber. Hitler, aufgerufen, den Konflikt zwischen den Auffassungen Rommels und Rundstedts zu lösen, wich einer klaren Entscheidung aus. Er unterstellte einige der Panzerkräfte Rommel, jedoch nicht genug, um seine Pläne ausführen zu können. Die Masse der Reserven behielt Rundstedt im Hinterland.

Ohne die Kräfte, die er zu benötigen glaubte, verlegte sich Rommel auf eine statische Verteidigung. Er stellte sogar die Ausbildung zurück und benutzte die Truppen als Arbeiter. Während er mit aller Energie daranging, den Atlantikwall zu verstärken und neue Betonanlagen zu schaffen, legte er gleichzeitig großen Wert auf die Errichtung von Strandhindernissen, Minenfeldern im Wasser und an Land und wollte sie schließlich so dicht legen, daß alle denkbaren Landungsstrände und Zugänge gesperrt waren. Doch die deutschen Rüstungsfabriken konnten nur 4 % der 100 Millionen Minen, die er verlangte, liefern. Er plante verschiedene Reihen von Strandhindernissen, auf welche die Landungsboote auflaufen und hängenbleiben sollten. Glücklicherweise für die Alliierten, waren die beiden Reihen, die bei Niedrigwasser wirksam sein sollten, noch nicht voll errichtet, als die Invasion begann. Alle Hindernisse sollten vermint werden, doch am D-Tage war man noch weit von der Vollendung dieser Verminung entfernt. Als eine zweite Verteidigungslinie wollte Rommel hinter den Küstenverteidigungsanlagen die niedrig gelegenen Landstriche überfluten. Als Hindernisse gegen Fallschirmjäger und Lastensegler setzte er lange angespitzte Stangen (Rommel-Spargel) in den Grund, wo immer das Gelände weit genug für die Landung von Lastenseglern war. Wegen des Mangels an Minen plante er, besonders vorbereitete Artilleriegeschosse an der Spitze der Pfähle zu befestigen und die Zünder mit Stacheldraht zu verbinden, der bei Berührung die Geschosse zur Detonation bringen sollte. Dieser Plan kam jedoch nicht zur Ausführung, da die Geschosse zu spät eintrafen.

Rommel, der Meister der Beweglichkeit und des Manövrierens, verließ sich jedoch nicht völlig auf eine statische Verteidigung. Er tat was er konnte, um eine schnelle Bewegung seiner Infanteriekräfte und Panzerdivisionen, die Rundstedt in den rückwärtigen Gebieten beließ, zu sichern. Es fehlte ihm jedoch an ausreichenden Beständen an Kraftfahrzeugen, und als Ergebnis der alliierten Luftüberlegenheit und der vorhergegangenen Bomben- und Sabotageangriffe auf Eisenbahnen und Brücken war das, was er besaß, für den Truppentransport zum Zeitpunkt der Landungen nicht zu gebrauchen. Es war eine Ironie der Geschichte, daß die Erfinder des Blitzkrieges gezwungen waren, auf das Kampffeld weitgehend zu Fuß und mit Fahrrädern zu marschieren.

Die Wahl des D-Tages und der H-Stunde

Der Termin für die Invasion Frankreichs war auf den 1. Mai 1944 festgesetzt worden, wobei man darüber einig war, daß das tatsächliche Datum auf Grund der physikalischen Bedingungen, der Gezeiten, der Sicht, des Wetters und der Verfügbarkeit der Ausrüstung bestimmt werden müßte. Um eine weitere Monatsproduktion von Landungsschiffen und -booten zur Verfügung zu haben, verschob General Eisenhower in Übereinstimmung mit den »Combined Chiefs of Staff« den Termin auf den 1. Juni. Das war der späteste Termin, zu dem die Invasion ausgeführt werden konnte, da die Alliierten das Sommerwetter brauchten, um die Eroberung von Frankreich konsolidieren zu können. Mit dem Termin 1. Juni vor Augen, begann SHAEF Ausschau nach der günstigsten Kombination natürlicher Voraussetzungen für die Landung zu suchen. Erwünscht war eine dem D-Tag vorausgehende helle Mondnacht, so daß die Luftlandedivisionen nach dem Sprung in der Lage waren, sich zu versammeln und die Zielgebiete vor Sonnenaufgang zu erreichen. Auch die Seestreitkräfte und Konvois sollten den Englischen Kanal noch während der Dunkelheit überqueren und noch 30–90 Minuten vor der Landung Tageslicht haben, um vorbereitende Luftangriffe und die Beschießung durch Schiffsartillerie wirken lassen zu können. Das wesentlichste Erfordernis, nach dem sich die anderen einzurichten hatten, war die Tide. Zur Zeit der ersten Landung mußte auflaufendes Wasser herrschen, so daß die Landungsfahrzeuge ausladen und sich wieder zurückziehen konnten, ohne in die Gefahr zu kommen zu stranden. Riffe und schlechte Untergrundverhältnisse in den britischen Landungsräumen machten eine Landung bei Niedrigwasser unmöglich. Die Flut mußte jedoch noch so niedrig sein, daß die Unterwasserhindernisse für die zu ihrer Vernichtung eingesetzten Kampfschwimmer sichtbar waren. So wählte man schließlich eine Stunde nach Niedrigwasser für die ersten Landungen. Die folgenden Wellen hatten dann weniger und weniger Strandraum zu überwinden, wenn die Flut auflief. Alle für erforderlich gehaltenen Bedingungen trafen für jeweils eine Drei-Tage-Periode einmal im Monat zusammen. 14 Tage nach dieser Drei-Tage-Periode trafen sie mit Ausnahme der Mondphase erneut ein, der dann in seinem ersten Viertel war. Das früheste Datum nach dem 1. Juni, an dem die Bedingungen alle erfüllt waren, war der 5. Juni mit dem 6. und 7. Juni als zweitem und drittem Tag. Eisenhower wählte deshalb den 5. Juni für den D-Tag und die H-Stunde in der Zeit zwischen 6.30 und 7.35 Uhr, um den unterschiedlichen Tidebedingungen an den 5 Landungsstränden Rechnung zu tragen.

Die Flottenplanung

Die überwiegend britischen Seestreitkräfte hatten für die Normandie-Invasion weitreichende Verantwortungen zu übernehmen. Sie hatten die Landungstruppen zu den Stränden zu transportieren und sie mit ihrer Ausrüstung zu landen. Sie hatten den Schiffsraum bereitzustellen, um den enormen Nachschubbedarf von 600–700 Tonnen täglich für jede Division über den Kanal fließen zu lassen und darüber hinaus die Ausrüstung für die mechanisierten Verbände nachzuschieben. Sie hatten als schwimmende Artillerie zu dienen, bis die den Landstreitkräften zugeteilte eigene Artillerie an Land gebracht war. Sie hatten für die genaue und planmäßige Ankunft von Verstärkungstruppen mit ihrem Nachschub und der Ausrüstung zu sorgen und ebenso für die Evakuierung der Verwundeten. Ferner hatten sie die deutschen Seestreitkräfte vom Kanal fernzuhalten. Sie hatten Wege durch die Minenfelder freizusuchen und die Landungsstrände von Hindernissen zu befreien, welche die Landung und die Verteilung der Truppen an Land behindern konnten.

Unter dem Oberkommando von Admiral Ramsay wurden die einschließlich der Landungsfahrzeuge 2700 Schiffe und Boote der Normandie-Angriffsflotte, in die hauptsächlich amerikanische »Western Naval Task Force« unter Rear Admiral Alan G. Kirk und die hauptsächlich britische »Eastern Naval Task Force« unter Rear Admiral Sir Philip Vian eingeteilt. Die »Western Naval Attack Force« wurde in die »Task Forces U« und »O« unterteilt, um die »Utah«- und »Omaha«-Landungsräume zu unterstützen. Die »Eastern Naval Task Force« bestand aus den »Task Forces G«, »J« und »S«, welche die Verantwortung für die Landungsräume »Gold«, »Juno« und »Sword« besaßen. Die Marine begann mit der Ausbildung der eingesetzten Verbände im Dezember 1943. Das Programm erreichte im April und Mai

1944 seinen Höhepunkt mit Gesamtübungen der 5 »Task Forces« einschließlich realistischer Landungen an der Südküste von England. Diese Manöver simulierten die Operation »Neptune«, wie die Landungsphase der Operation »Overlord« genannt wurde, in jeder Hinsicht außer der Überquerung des Kanals. So mußte, als die tatsächliche Operation »Neptune« anlief, die Versammlung und Führung der verschiedenen »Task Forces« von den Operationsplänen, die bis dahin nur auf dem Papier existierten, extemporiert werden. Das war keine kleine Leistung, da Fahrzeuge von so weit voneinander entfernten Punkten wie der Themsemündung und Nordirland kamen. Ein sehr komplizierter Zeitplan mußte aufgestellt werden, um alle zusammengehörigen Teile der Invasionsstreitkräfte nach dem Plan zu den Landungsstränden zu bringen. Jede Störung konnte sich verhängnisvoll auswirken.

Die Bombenangriffe auf die Eisenbahn

Die »Combined Chiefs of Staff« hatten bei der Casablanca-Konferenz den amerikanischen und britischen strategischen Luftstreitkräften in England die Weisung gegeben, eine kombinierte Bombenoffensive zu unternehmen mit dem Ziel, die deutschen militärischen, industriellen und wirtschaftlichen Systeme immer mehr zu stören und die Moral des deutschen Volkes bis zu dem Punkt zu unterminieren, zu dem seine Fähigkeit, bewaffneten Widerstand zu leisten, entscheidend geschwächt war. Kurz gesagt, sollten die alliierten Luftstreitkräfte mit allen Mitteln den Versuch machen, Deutschland durch Luftangriffe allein in die Knie zu zwingen. Die vereinigten Luftstreitkräfte wählten als Hauptziele ihrer Aufgabe die U-Boot-Bauwerften, bald darauf gefolgt von der Flugzeugindustrie, den Transportwegen, den Hydrierwerken und anderen Kriegsindustrien, bis hinunter zu weniger wichtigen Anlagen. Die Amerikaner griffen bei Tage an, um ihre Taktik der Präzisionsangriffe durchführen zu können, die Engländer, die Tagesangriffe für zu gefährlich hielten, zogen die Flächenangriffe bei Nacht vor, um industrielle und militärische Zentren zu verwüsten.

Wie weit diese strategische Luftkriegführung tatsächlich einen entschlossenen Gegner zur Kapitulation zwingen könnte, wurde niemals tatsächlich erprobt. Die Erfordernisse des Mittelmeerkriegsschauplatzes verzögerten die Offensive bis zum späten Frühjahr 1943. Bis dahin hatte die Luftwaffe genügend Jagdflugzeuge erhalten, um den Plan der strategischen Bombenangriffe zu kostspielig zu machen. Der Versuch, die deutsche Industrie zu zerschlagen, wandelte sich bald zu einer Schlacht um die Luftüberlegenheit über dem Reichsgebiet, da die Alliierten ihre Angriffe auf die feindlichen Flugzeuge, Flugplätze, Flugzeugwerften und Reparaturanlagen sowie die deutsche Flugzeug-Zulieferindustrie konzentrierten. Inzwischen waren die Deutschen dabei, ihre entscheidenden Industriebetriebe nach dem Südosten zu verlegen, außerhalb der wirksamen Reichweite der in England stationierten Bomber. Ende 1943, als der alliierte Sieg in der Luft in Sicht zu sein schien, erkannte die Luftaufklärung die Startanlagen der V-Waffen im Gebiet des Pas-de-Calais und an anderen Stellen, die alle auf England gerichtet waren. Die Zerstörung dieser Anlagen erhielt nun die höchste Priorität.

Als General Eisenhower den Oberbefehl über die allierten Expeditionsstreitkräfte übernahm, war er entschlossen, den Mangel an Zusammenarbeit, der die alliierten Luftoperationen auf dem Mittelmeerkriegsschauplatz ausgezeichnet hatte, zu vermeiden. So forderte und erhielt er die Kontrolle über die »US Army Strategic Air Force« und das »British Bomber Command«, die beide in England stationiert waren. Mit der Übernahme der operativen Kontrolle schokierte er die Führer der strategischen Luftstreitkräfte durch die Annahme des Plans von Air Chief Marshal Leigh-Mallory zur Verwendung eines Teils der eingesetzten Luftstreitkräfte zur Zerstörung der Eisenbahnen in Frankreich und Belgien. Niemand bestritt zwar die Notwendigkeit der Unterbrechung und Verzögerung deutscher Bodenbewegungen mit allen Mitteln, da die Alliierten, sollte »Overlord« Erfolg haben, ihren relativ schwachen Angriffswellen Verstärkungen in einem viel größeren Tempo zuführen mußten als der Gegner seine Verteidigungsstreitkräfte in die Invasionsräume bringen konnte. Doch die Befehlshaber der strategischen Luftstreitkräfte glaubten, daß das Bombardieren von Eisenbahnen wenig bleibende Wirkung hätte und daß der Versuch eine Verschwendung von Bomben war, die wirksamer bei anderen Einsätzen verwendet werden konnten. Die Widersprüche der Luftbefehlshaber wurden durch Churchill und das britische Kriegskabinett unterstützt, die befürchteten, daß bei diesen Angriffen zu viele französische und belgische Zivilisten getötet werden könnten. Sie hatten keine Neigung, nachdem sie sich ihre Finger in Mers-el-Kébir und Dakar verbrannt hatten, erneut das Risiko zu laufen, potentielle Verbündete zu potentiellen Feinden zu machen.

Trotz des Widerstandes und der Gegenargumente setzte Eisenhower den »Verkehrsplan« Leigh-Mallorys Mitte April 1944 in Kraft. Die alliierten Bomber griffen zunächst systematisch die Eisenbahn-Reparaturwerkstätten an. Anfang Mai bombardierten sie ebenso die Brücken, und zwar mit solchem Erfolg, daß vor Ende des Monats keine einzige Brücke mehr zwischen Paris und dem Englischen Kanal über die Seine führte. Am 21. Mai begannen die Jagdbomber mit Bomben- und Bordwaffenangriffen auf Eisenbahnstrecken und -anlagen sowie Züge und setzten schon am ersten Tage mehr als 100 Eisenbahnzüge außer Betrieb. Die Franzosen und Belgier, weit davon entfernt, diese alliierten Angriffe auf ihren Boden zu verurteilen, erkannten ihren Wert und beteiligten sich an der Sache durch umfassende Sabotageaktionen. Viele Einheiten des rollenden Materials wurden auf diese Weise nutzlos, da ein wichtiger Teil verschwunden oder ein Rad auf mysteriöse Weise gebrochen war. Entfernte Eisenbahnschwellen verursachten zahlreiche Wracks.

Der Leigh-Mallory-Plan erwies sich als sehr viel wirksamer als seine stärksten Befürworter erwartet hatten. Am D-Tage hatte der Eisenbahnverkehr, der den deutschen Verteidigungsbemühungen dienen konnte, im Raum des Invasionsgebietes um 50 % nachgelassen. Die deutschen Versuche, diesen Engpaß durch verstärkte Benutzung von Straßentransportmitteln wettzumachen, wurden weitgehend durch den Mangel an ausreichenden LKW's und Benzin zunichte gemacht. Das Übergewicht der alliierten Verstärkung der Normandie-Brückenköpfe war gesichert, insbesondere weil die alliierten Luftstreitkräfte trotz der Diversion vieler Flugzeuge schon am D-Tage die fast vollständige Luftherrschaft gewonnen hatten.

Die Einschiffung

Wochen vor dem D-Tage wurde der ganze südliche Teil Englands ein Truppenlager, das vom übrigen Land abgetrennt war. Niemand durfte die festgelegte Linie in einer Richtung ohne einen besonderen Paß passieren. Geräte aller Art füllten die Depots und boten einladende Ziele für deutsche Bomber, die jedoch nicht kamen. Schon am 30. Mai begannen die Einschiffungen der Truppen in die Transporter und Landungsschiffe, welche sie über den Kanal transportieren sollten. Am nächsten Tage begann die Bewegung in Richtung auf Frankreich, als die 54 Blockschiffe, die als Wellenbrecher vor den Landungsstränden versenkt wurden, Westschottland verließen. Danach liefen 150 Minensucher in den Kanal und begannen mit dem Räumen der für die Konvois vorgesehenen Wege. Am Samstag, dem 3. Juni, waren alle Truppen eingeschifft, und die Feuerunterstützungsschiffe waren von Scapa Flow, Belfast und dem Clyde ausgelaufen. Die Konvois versammelten sich vor den Häfen Südenglands. »Neptune-Overlord«, die komplizierteste und im Detail am genauesten geplante militärische Operation der Geschichte, war angelaufen. Nichts, was voraussehbar war, hatte man dem Zufall überlassen. Trotzdem gab es noch ein Element der Unsicherheit: das Wetter. Davon hing alles ab. Vom 1. Juni ab traf General Eisenhower im Hauptquartier von Admiral Ramsay in einem Landhaus bei Portsmouth täglich zweimal mit den obersten Heeres- und Marinebefehlshabern der Operation »Neptune-Overlord« zusammen, um die Wettervoraussagen zu hören. Am Morgen des 3. begannen die Voraussagen ungünstig zu werden und wurden während des Tages immer alarmierender. Bei einer besonderen Konferenz am Sonntag, dem 4. Juni, um 4 Uhr waren die Berichte der Meteorologen für den 5. aussichtslos. Starke Winde, niedrige Wolken und hoher Seegang sollten im Landungsraum herrschen. Luftunterstützung war unmöglich, die Landung von Truppen sehr gefährlich und das Feuer der Schiffsartillerie wegen der stürmischen Bedingungen unzuverlässig. Nachdem Eisenhower alle Faktoren durchdacht hatte, entschloß er sich, die Invasion um 24 Stunden zu verschieben.

Eine gewaltige gespannte Sprungfeder, die abgeschnellt war, mußte gestoppt werden, wieder gespannt und für den Absprung am nächsten Tage bereit gemacht werden. Daß dies ohne schwerwiegende Konsequenzen gelang, ist ein Zeichen für das Geschick und die Beweglichkeit jedes einzelnen, der in dieser Operation eine Rolle spielte. Am Sonntagabend, als der Wind außen heulte und der Regen in dicken Schauern herunterkam, traten die Befehlshaber zu einer neuen Konferenz im Hauptquartier Ramsays zusammen. Die Gesichter waren ernst. Es schien unglaublich, daß das Wetter am Morgen des Dienstag, des 6. Juni, klar sein könnte. Wenn eine erneute Verschiebung notwendig würde, müßte sie mindestens 2 Wochen dauern. Der 7. Juni konnte nicht mehr in Erwägung gezogen werden, da einige Kriegsschiffe und Konvois schon zu lange in See waren und ihre Brennstoffbestände zu gering wurden. In 2 Wochen war die Geheimhaltung verloren, die Moral würde unter der Verschiebung leiden, und die ganze Welt würde wissen, daß irgend etwas schiefgegangen war.

Zur Erleichterung der Befehlshaber ließen die Wetterberichte, die jetzt vorgelegt wurden, Aussichten auf eine Wetterbesserung erkennen. Auf diese vage Hoffnung hin setzte Eisenhower die Invasionsstreitkräfte erneut in Marsch. Doch auf Bitten von Leigh-Mallory befahl er eine weitere Zusammenkunft in einigen Stunden für die endgültige Entscheidung. Als Eisenhower sein fahrbares Hauptquartier verließ, um an der letzten Wetterkonferenz teilzunehmen, stürmte und regnete es immer noch. Doch zu dem Zeitpunkt, als die Befehlshaber sich erneut versammelt hatten, war der Nachthimmel am Aufklaren. Die Meteorologen meldeten nun, daß das aufklarende Wetter zumindest bis zum Nachmittag des 6. dauern würde. Auf der Basis dieses Berichtes traf Eisenhower um 04.15 Uhr seine unwiderrufliche Entscheidung »O. K. We'll go«.

Auf der anderen Seite des Kanals verließ Feldmarschall Rommel später an diesem Vormittag seinen Befehlswagen und trat die Reise nach Deutschland an, wo er beabsichtigte, am 6. Juni, dem Geburtstag seiner Frau, zu Hause zu sein. Er und andere führende deutsche Befehlshaber im Westen waren durch ihre Nachrichtendienste gewarnt worden, daß die alliierte Invasion vor dem Anlaufen stünde, doch die Befehlshaber hatten bereits so viele falsche Alarme erlebt, daß sie diese richtigen nicht ernst nahmen.

Deutsche Agenten waren in die Widerstandsgruppen auf dem Kontinent eingedrungen und hatten von dem Signal erfahren, mit dem die Widerstandsbewegung durch eine Nachricht von BBC London alarmiert werden sollte. Es bestand aus den 2 ersten Zeilen von Verlaines »Chanson d'Automne«. Die erste Zeile »Les sanglots longs des violons de l'automne« wurde am 1. Juni gesendet; die zweite »Blessent mon coer d'une langueur monotone« wurde am Abend des 5. Juni gesendet. Deutsche Funkhorchabteilungen hörten und meldeten beide Signale, doch die deutschen Befehlshaber hielten es für unwahrscheinlich, daß die Alliierten die Alarmierung

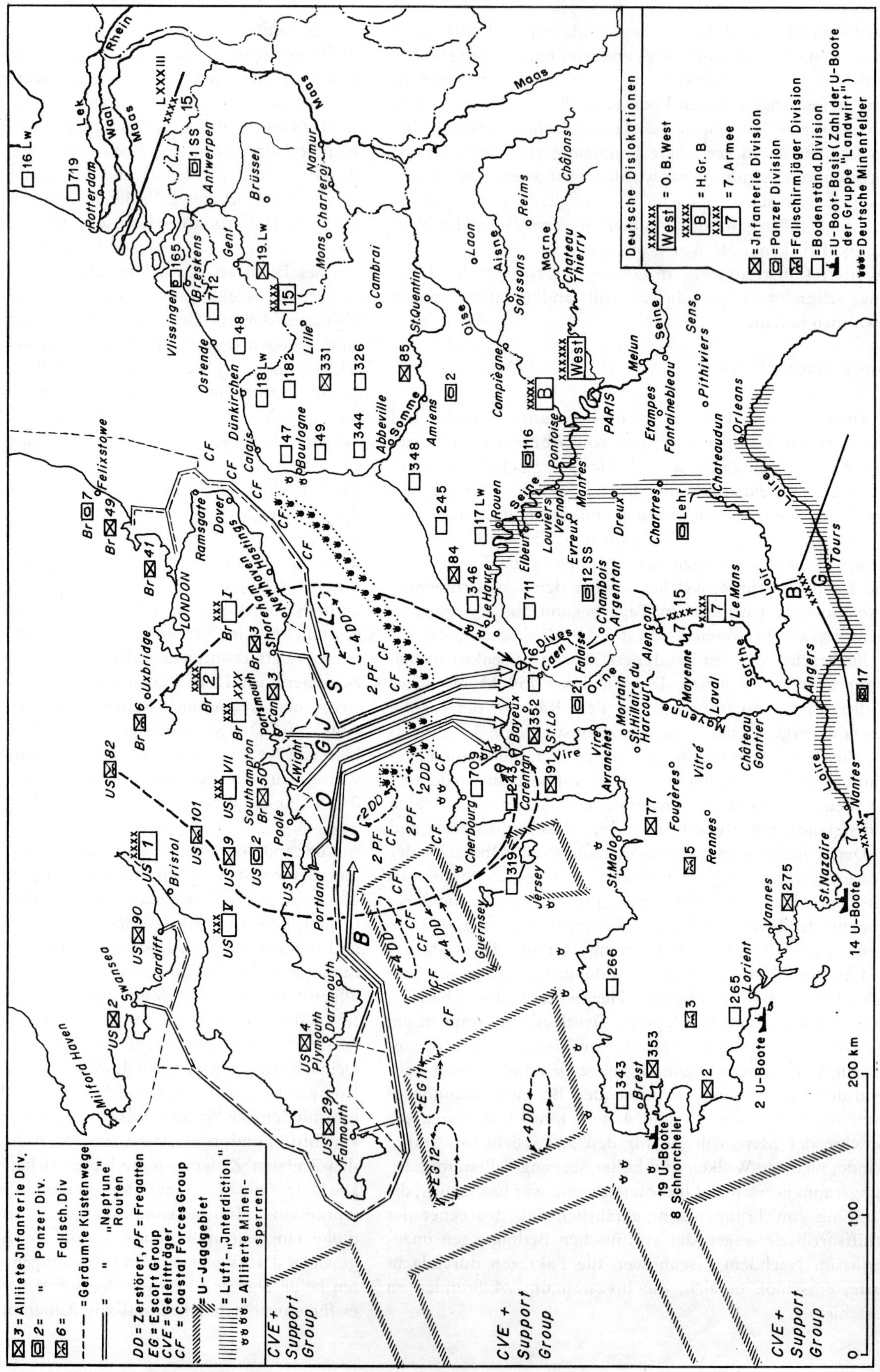

Die Operation »Neptune«: Dislokation und Anmarsch

der Widerstandsbewegung durch Zeilen aus einem romantischen Gedicht in einer normalen Rundfunksendung durchgeben würden.
Auf jeden Fall hielten sie unter den herrschenden Wetterbedingungen eine Landung für unwahrscheinlich. Durch den Mangel an Wetterbeobachtungsstationen westlich von Europa im Atlantik hatten sie keine ausreichende Kenntnis von dem aufklarenden Wetter in diesem Gebiet. Die wenigen zur Wettermeldung eingesetzten U-Boote im Atlantik konnten diesen Mangel nicht ausgleichen.
Nachdem Eisenhower seine Entscheidung getroffen hatte, bekam die Operation »Neptune« Schwung. Von allen Häfen entlang der Südküste Englands, von Häfen an der Ost- und Westküste, von Nordirland, von Schottland und von den Orkneys liefen Teile der großen Armada aus. Die meisten marschierten zum Gebiet »Zebra«, dem Versammlungsraum südöstlich der Isle of Wight. Es ist besonders bemerkenswert, daß trotz des stürmischen Wetters die Tausende von Schiffen ohne wesentliche Unfälle in dem Raum »Zebra« zusammenkamen und in der Dunkelheit fast genau planmäßig über den Kanal marschierten. Auf halbem Wege über den Kanal teilte sich jeder geräumte Streifen in zwei auf, einen für die schnellen und einen anderen für die langsamen Konvois. Während Jagdflugzeuge einen starken Schutzschirm über den Schiffen bildeten, suchten die Minensucher den Weg für die vormarschierenden Kräfte frei und markierten die geräumten Wege mit beleuchteten Tonnen. Da die alliierten Bomber die meisten der deutschen Küstenradarstationen zerstört hatten und alliierte Störsender die restlichen blendeten, erkannten die Deutschen die Angriffskonvois während der Überfahrt nicht. Die alliierten Feuerunterstützungsschiffe erreichten ihre vorgesehenen Ankerplätze vor der Normandieküste um 02.00 Uhr am 6. Juni. Der Angriffstransporter *Bayfield,* das Führungsschiff für die »Task Force U«, ankerte vor der »Utah Beach« um 02.30 Uhr. Das amphibische Flaggschiff *Ancon,* Flaggschiff der »Task Force O«, ankerte 20 Minuten später vor der »Omaha Beach«.

Die Landungen in der Normandie

Die ersten Truppen, die in der Normandie landeten, waren 3 Luftlandedivisionen, die etwa um 1.30 Uhr am Morgen des 6. Juni absprangen. Die 6. britische Fallschirm-Division landete zwischen Caen und Cabourg mit dem Auftrag, die Brücken über die Orne und den benachbarten Caen-Kanal wegzunehmen, um das Herankommen deutscher Verstärkungen von Nordosten zu verhindern. Die amerikanischen 82. und 101. Fallschirm-Divisionen näherten sich ihren Zielen, die 82. sollte die Ausgänge von den Brückenköpfen ins Landesinnere sichern, wo die Deutschen weiträumige Überflutungen angelegt hatten und die Brücken in der Nähe von Sainte Mère-Eglise und Carentan besetzen. Die Fallschirmtruppen trafen zunächst nur auf geringen Widerstand der Deutschen, da diese, überzeugt, daß der Hauptangriff gegen den Raum des Pas-de-Calais erfolgen würde, die Landungen in der Normandie als Ablenkung ansprachen. Bei Anbruch der Dämmerung hatten die 6. und 101. Fallschirmdivision ihre Ziele nahezu erreicht, die 82. blockierte den Weg einer deutschen Infanterie-Division bei Sainte Mère-Eglise.
Vor den Stränden der Normandie hatten die alliierten Transporter begonnen, ihre Landungsfahrzeuge sofort nach dem Ankern auszusetzen, und um 4 Uhr begannen sie mit der Ausschiffung der Landungstruppen. Diese sollten in einer Serie von mehreren Wellen zur Absprunglinie marschieren, wo die Landungsfahrzeuge kreisen sollten, bis das Signal zum Absprung gegeben wurde. Zwischen dem Raum für die Transporter und dem Strand waren die Feuerunterstützungsschiffe vor Anker gegangen und flankierten die Vormarschstrecken der Landungsfahrzeuge: die Schlachtschiffe und Kreuzer etwa 10000 m vom Strand, die Zerstörer 5000 m. Die Feuerunterstützung für die amerikanischen Strände wurde durch die alten amerikanischen Schlachtschiffe *Texas, Nevada* und *Arkansas* gegeben, welche die schweren Küstenverteidigungsanlagen mit ihren 30,5-cm- und 35,6-cm-Kanonen niederkämpfen sollten, während die amerikanischen Schweren Kreuzer *Tuscaloosa, Quincy* und *Augusta*, 5 britische und 2 französische Kreuzer, ein niederländisches Kanonenboot und 22 Zerstörer die leichteren Ziele unter Feuer nahm. Im britischen Sektor stellten die britischen Schlachtschiffe *Warspite* und *Ramillies* und der Monitor *Roberts* die schweren Geschütze. Sie wurden durch 5 britische Kreuzer und zahlreiche Zerstörer für die leichteren und kleineren Ziele unterstützt. Während die ersten Bootswellen sich der Absprunglinie näherten, wurden sie durch Kanonenboote und mit Raketenabschußanlagen ausgerüstete LCTs begleitet, welche die Landungsstrände unmittelbar vor dem Anlandsetzen der Truppen mit Feuer belegen sollten.
Kurz nach 3 Uhr entdeckte eine deutsche Radarstation zuerst eine größere Ansammlung von Fahrzeugen vor der Normandieküste. Die Küstenbatterien wurden daraufhin alarmiert und in Kampfbereitschaft versetzt. Kurz nach 5 Uhr, als das erste Licht die Silhouetten der näher an der Küste stehenden Feuerunterstützungsschiffe erkennen ließ, eröffneten die Batterien das Feuer. Einige der Schiffe antworteten sofort, und um 6 Uhr war das Bombardement durch die Schiffsartillerie vor allen Stränden voll im Gang.
Vor der »Utah-Beach« stoppten die Schiffe ihr Feuer, als 276 B-26-Bomber von England über den Landungsraum flogen und 4400 Bomben warfen. Da die Flugzeuge nach optischer Sicht durch niedrig hängende Wolken abwerfen mußten, gingen viele der Bomben harmlos ins Wasser. Trotzdem kam die amerikanische 4. Infanterie-Division im Raum »Utah« in 26 Wellen gegen zunächst geringen Widerstand an Land. Die 1. Welle traf den Strand genau nach Plan um 6.30 Uhr. Das Fehlen von klar sichtbaren Bezugspunkten an Land und eine südlich setzende Tide ließen die Landung etwa

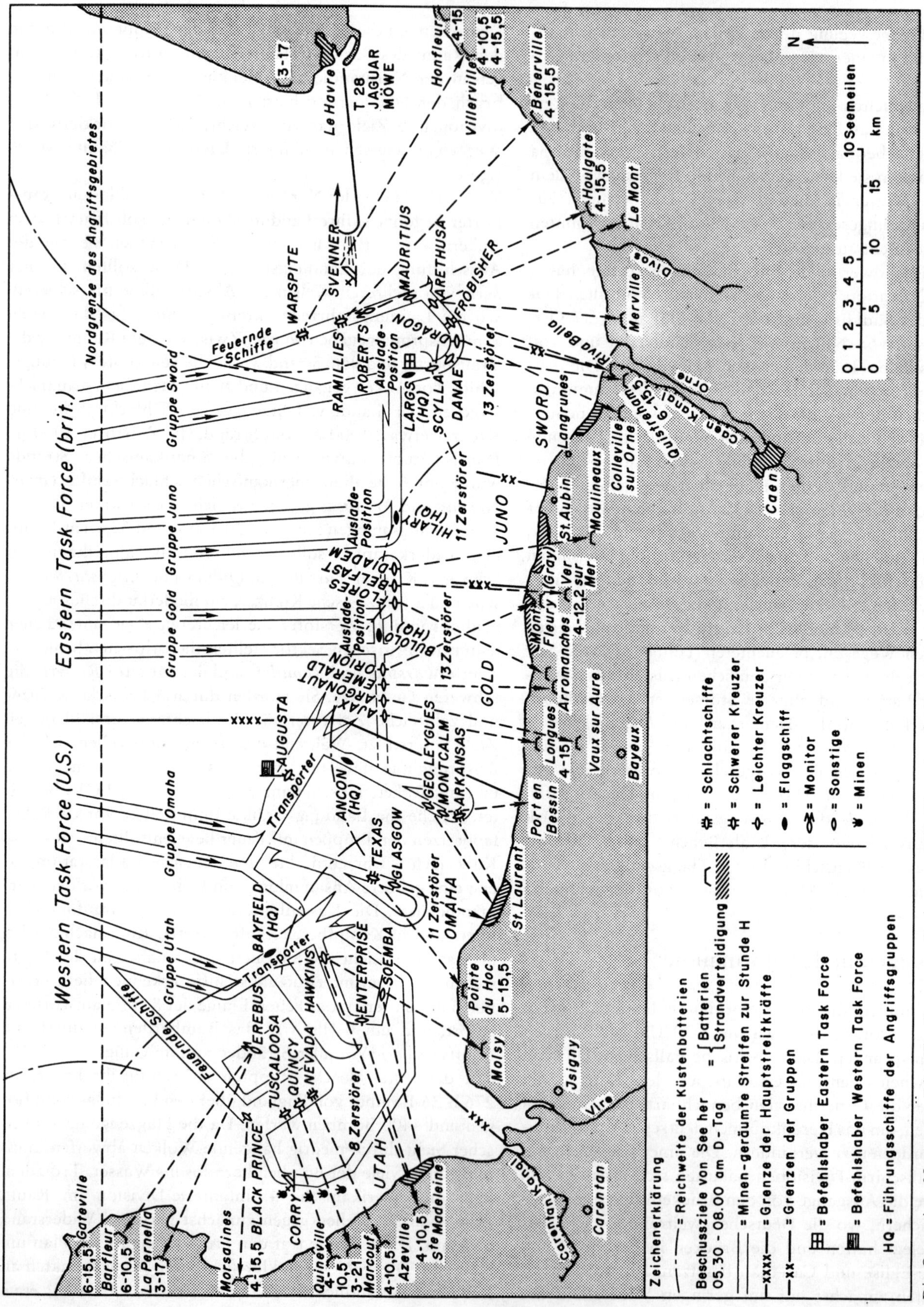

Die Operation »Neptune«: Die »Fire Support«- Gruppen und die Küstenbatterien am 6. Juni eine 3/4 Meile weiter südlich als beabsichtigt erfolgen. Als das klar wurde, stellte sich dieser Zufall jedoch als günstig für die Amerikaner heraus, da die Strandhindernisse hier leichter waren als in dem vorgesehenen Landungsgebiet. Die Strände in dem »Utah«-Sektor waren darüber hinaus auch nicht durch besonders starke Hindernisse geschützt, und die Küstenverteidigungstruppen stammten von einer bodenständigen Division von grünen Reservisten und fremdländischen Truppen, die nicht darauf aus waren, bis zum Letzten zu kämpfen. Am Ende des D-Tages waren 21 300 Soldaten, 1700 Fahrzeuge und 1700 t Nachschubgüter in »Utah-Beach« an Land gebracht, und die Landungskräfte hatten weniger als 200 Ausfälle zu verzeichnen. Die 4. Division hatte einen Brückenkopf von 6 km Tiefe und 6 km Breite gewonnen und die Verbindung zur 101. Fallschirmdivision hergestellt. Sie war bereit, über die Enge der Halbinsel vorzustoßen und mit dem V. Korps in der Nähe der Vire-Mündung Verbindung aufzunehmen. Wie sich später herausstellte, erlitten die Amerikaner hier die schwersten materiellen Verluste des Tages im Gebiet vor dem »Utah-Beach«, wo durch vorher nicht erkannte Minen ein Zerstörer, 2 LCIs und 3 LCTs sanken.

Im Gegensatz zu »Utah« stellte sich der Strand »Omaha« als der am stärksten bewaffnete und befestigte Strand heraus, den die Amerikaner oder ihre Alliierten während des ganzen Krieges anzugreifen hatten.

Das bedeutet nicht, daß der »Omaha«-Strand auch tatsächlich der am stärksten verteidigte war, da nicht einmal die härtesten deutschen Truppen buchstäblich bis zum letzten Mann kämpften, wie die Japaner es auf vielen Inseln im Pazifik taten.

Rommel hatte diesem Gebiet seine besondere Aufmerksamkeit gewidmet, und die Verteidiger hatten die Küste hier in einer Stärke ausgebaut, die etwa den Stränden im Pas-de-Calais-Gebiet entsprach. Die Verteidigungsanlagen vor »Omaha« begannen 300 m innerhalb der Niedrigwasserlinie mit einer Reihe von 2 x 3-m-Stahlblöcken, die mit den offenen Enden nach oben eingebaut waren. Dahinter kamen angespitzte, tief eingegrabene und nach See zu zeigende Balken. Dann kam eine Reihe von »Igeln«, die aus je 3 2 m langen Eisenstangen, die rechtwinklig zusammengeschweißt waren, bestand. Viele dieser Hindernisse waren durch Drähte verbunden und vermint. Eben innerhalb der Hochwasserlinie kam ein teils aus Beton, teils aus Holzpfählen errichteter Seewall, der durch starke Stacheldrahtverhaue befestigt war. Dahinter lag eine ebene Schelffläche von 100–300 m, die stark vermint und mit Panzergräben kreuz und quer versehen war. An der entfernten Seite lief dieser Strand in starke Kliffs aus, die auch von Kettenfahrzeugen nicht passiert werden konnten. Vier tiefe Schluchten durch diese Kliffs, in denen je eine schmale Straße lief, öffneten den Zugang zum Landesinnern. Geschütze waren überall, teils beweglich, teils unter Beton. Verlassene Stein- und Holzhäuser am Fuß der Kliffs waren in Kampfstände verwandelt worden. Gräben für Schützen liefen entlang der Spitze des Kliffs, und hier waren ebenso zahlreiche Stützpunkte für Maschinenwaffen und Geschütze bis zum Kaliber von 8,8 cm und Granatwerfer von 9 cm. Andere Geschützstände waren in die Kliffs eingebaut, so daß sie den Strand flankieren und die 4 Ausgänge beherrschen konnten. Ein Teil der Verteidigungsanlagen war durch Soldaten einer bodenständigen Division, wie im »Utah-Beach«, besetzt. Doch die Masse der Verteidiger gehörte zur voll einsatzfähigen 352. Infanterie-Division. Diese war vom Inneren auf Rommels Betreiben im März an die Küste verlegt worden.

Vor der »Omaha-Beach« eröffneten die Küstenbatterien um 5.30 Uhr das Feuer auf die *Arkansas*. Einige Schiffe erwiderten das Feuer sofort, und um 5.50 Uhr begann das geplante Bombardement der zugeteilten Ziele. Der Strand sollte aus größerer Höhe von 480 schweren B-24-Bombern umgepflügt werden, doch die B-24, gezwungen, wegen der Wolkendecke ihre Bomben nach Instrumenten auszulösen, verzögerten die Auslösung um einige Sekunden, um Treffer auf Schiffen und Booten zu vermeiden. So verstreuten sie ihre 1285 t Bomben teilweise bis zu 3 Meilen landeinwärts. Vor »Omaha« traf nicht eine einzige Bombe den Strand oder die Küstenverteidigung, und die Landungsstreitkräfte merkten nicht einmal, daß die B-24 sie überflogen hatten. Aber wenn auch die Bomber wenig dazu beitrugen, den Atlantikwall zu durchbrechen, so waren die alliierten Jäger voll erfolgreich in ihrem Bemühen, die Luftwaffe von den amerikanischen Landungsräumen fernzuhalten.

Das Vorbereitungsfeuer vor der »Omaha-Beach« dauerte nur 35 Minuten. Dann verlegten alle Schiffe ihr Feuer landeinwärts, als die erste Welle der Landungsfahrzeuge von der Absprunglinie ablief. Die zugestandene Zeit für das Vorbereitungsfeuer war offensichtlich zu kurz, insbesondere da zahlreiche Ziele vorher durch die Luftaufklärung nicht erkannt worden waren und man einen Großteil der für die Beobachtungsflugzeuge bekannten Ziele vor den Stränden nicht sehen konnte. Trotz der Handicaps hatten die Schiffe aber etwa die Hälfte der feindlichen Anlagen niedergekämpft.

Der ersten Infanterie-Angriffswelle folgten LCTs, die Panzer und Amphibienpanzer teils auf Booten, teils selbständig landen sollten. Die meisten der nicht eingeschifften Amphibientanks liefen jedoch in der kabbeligen See voll und gingen unter. Die Tanks, die den Strand erreichten, kamen sofort unter schweres Feuer, und zahlreiche von ihnen wurden gestoppt und in Brand gesetzt. Die als nächste Welle anlaufenden LCVP's erhielten die ersten Treffer, während sie noch 500 m vom Strand entfernt waren. Zum Zeitpunkt, als sie ihre Rampen niederklappten, etwa um 6.30 Uhr, war das Feuer von den Kliffs sehr stark. Durch einen Hagel von Geschossen mußten die Truppen etwa 75 m durch das flache Wasser waten und sich dann über 250 m durch die Hindernisse bis zu dem zweifelhaften Schutz des Seewalls vorarbeiteten. Ein großer Teil erreichte dieses Ziel nicht.

Während die erste Angriffswelle im Gebiet des Seewalls Dekkung suchte, landeten 16 Froschmännerteams zur Zerstörung der Vorstrandhindernisse und begannen, Wege durch die Vorstrandhindernisse zu legen, so daß die späteren Wellen näher an den Seewall herangebracht werden konnten, nachdem die Flut stieg. Es gelang den Teams, 5 breite Kanäle zu sprengen, wobei mehr als die Hälfte von ihnen fiel oder verwundet wurde. Die nach 7 Uhr in 10-Minuten-Abständen eintreffenden Infanteriewellen brachten zunächst nur immer mehr Männer in die Masse der geduckten Figuren hinter dem Seewall. Kurz nach 8 Uhr liefen LCIs, LCMs und DUKWs mit Artillerie zum Strand. Fast alle DUKWs schlugen voll oder mußten in der unruhigen See umkehren, und 3 der LCIs wurden durch Artilleriegeschosse getroffen, in Brand gesetzt und sanken. Tatsächlich kam nur wenig Artillerie am D-Tage bis zur »Omaha-Beach« durch. Doch Heerespionieren gelang es, in die Stacheldrahthindernisse hinter dem Seewall Lücken zu sprengen. Maschinengewehre wurden in Stellung gebracht, und unter der Führung der überlebenden Offiziere begannen kleine Gruppen von Männern, sich über die flache Schelffläche an den Fuß der Kliffs heranzuarbeiten. Mittags hatten die Amerikaner damit begonnen, landeinwärts vorzudringen.

Was erlaubte den Angreifern, fast ohne Artillerie gegen die starken Verteidigungsanlagen von der »Omaha-Beach« landeinwärts vorzudringen? Große Tapferkeit spielte eine Rolle, und auch die Panzer halfen. Doch die Hauptantwort ist die Schiffsartillerie. Die *Texas* mit dem britischen Kreuzer *Glasgow* und die *Arkansas* mit den französischen Kreuzern *Montcalm* und *Georges Leygues,* deren Feuer durch »Spitfires« von England aus gelenkt wurde, riegelten den Brükkenkopf mit einem Ring von Feuer ab und hinderten die Deutschen daran, Verstärkungen heranzuholen oder ihre Verteidigungskräfte zu verschieben. Die direkte Feuerunterstützung, welche den Weg für die Angriffskräfte freimachte, wurde durch 9 amerikanische und 3 britische Zerstörer gegeben. Sie liefen bis 1000 m an die Küste heran und berührten dabei teilweise tatsächlich den Boden, während sie ihre, auf Anforderung durch Feuerleitgruppen an Land oder durch eigene Beobachtung festgestellten Ziele beschossen. Die Kliffs, welche ein Hindernis für die Fahrzeuge bildeten, waren eine Schießscheibe für die Zerstörer, die das Feuer auf Anforderung durch die eigene Beobachtung der feindlichen Positionen auf dem ansteigenden Hintergrund unterstützen konnten. Der amerikanische Zerstörer *Carmick* verschoß am D-Tage allein 1127 Schuß 12,7 cm, und andere Zerstörer feuerten fast ebensoviel. So unterstützt, waren bei Dunkelwerden am 6. Juni etwa 34 000 Mann, nahezu 5 Regimenter der 1. und 29. US-Division, im »Omaha-Raum« an Land. Sie hatten die Kliffs überwunden, die Ausgänge gewonnen und fast 2 km landeinwärts eine Hauptkampflinie errichtet. Der Preis war hoch: die Verluste unter den Angreifern beliefen sich auf etwa 2000 Tote, Verwundete und Vermißte.

Die Landungen an den britischen Stränden waren vergleichsweise leicht, wenn man »Omaha« im Auge hat. Im Raum »Gold« wurden die Truppen durch die britischen Kreuzer *Ajax, Argonaut, Emerald* und *Orion* sowie 13 Zerstörer unterstützt. Vor »Juno« operierten die britischen Kreuzer *Belfast* und *Diadem* und das niederländische Kanonenboot *Flores* mit 11 Zerstörern, während »Sword« von den Schlachtschiffen *Warspite* und *Ramillies,* dem Monitor *Roberts,* den Kreuzern *Mauritius, Arethusa, Frobisher, Danae* und *Scylla* sowie 13 Zerstörern unterstützt wurde, von denen die schweren Schiffe vor allem auch die ostwärts der Orne liegenden Küstenbefestigungen bis zur Seine-Mündung unter Feuer nahmen. Im britischen Sektor waren die Strandhindernisse weniger mächtig und dicht, und die Küstenverteidigungsanlagen waren durch eine bodenständige Division, die auch aus zahlreichen Polen und Ukrainern bestand, besetzt. Hier waren auch die Strände dem vorbereitenden Schiffsartilleriefeuer sehr viel stärker ausgesetzt als vor »Utah« und »Omaha«; da die britischen Landungen eine bis 1 1/2 Stunden später erfolgen mußten, je nachdem, wann die Flut die vorgelagerten Riffe in dem ungünstigen Grunde in diesem Gebiet überflutete. Am Ende des D-Tages waren die britische 50., die kanadische 3. und die britische 3. Division in den Landungsräumen »Gold«, »Juno« und »Sword« an Land und etwa 4–7 km landeinwärts vorgedrungen. Die britische 3. Division hatte die Verbindung mit der 6. Fallschirm-Division hergestellt. Obgleich die Eindringtiefe der Engländer am D-Tage größer war als bei den Amerikanern vor »Omaha«, erreichten auch sie die gesteckten Tagesziele nicht, welche die Einnahme von Caen einschlossen. Die Engländer drangen tatsächlich erst nach Wochen heftiger Kämpfe in Caen ein.

Die alliierte Invasion hätte die Deutschen kaum zu einem ungünstigeren Zeitpunkt treffen können. Wegen des schlechten Wetters vor dem D-Tage hatte die deutsche 7. Armee, welche die Normandie und die Bretagne verteidigte, den Alarm abgeblasen. Rommel murmelte: »Wie dumm von mir!« und eilte zurück nach Frankreich. Er traf am 6. kurz vor Mitternacht in seinem Hauptquartier ein. Nachdem er die Berichte über die Kämpfe des Tages gehört hatte, sagte er zu seinem Stab: »Wenn ich der Befehlshaber der alliierten Streitkräfte wäre, würde ich den Krieg in 14 Tagen beenden.«

Im Hauptquartier Hitlers hielt man die Landungen in der Normandie immer noch für eine Ablenkung und erwartete die alliierte Hauptlandung im Raum des Pas-de-Calais, wo die Masse der deutschen 15. Armee in Flandern stand und wo 2 Panzerdivisionen zurückgehalten wurden, die den Landungsraum noch am 6. Juni hätten erreichen können. Es war eine dieser Divisionen, die, wenn auch zu spät in Marsch gesetzt, die Engländer von Caen fernhielt. Hitler erkannte nun, daß ein alliierter Vorstoß von Caen nach Süden die 7. Armee von der 15. Armee trennen würde, welche er im Pas-de-Calais hielt. Er befahl deshalb Rommel und Rundstedt, die verfügbaren Reserven zur Verstärkung des Raumes von Caen einzusetzen, das damit zum entscheidenden Angel-

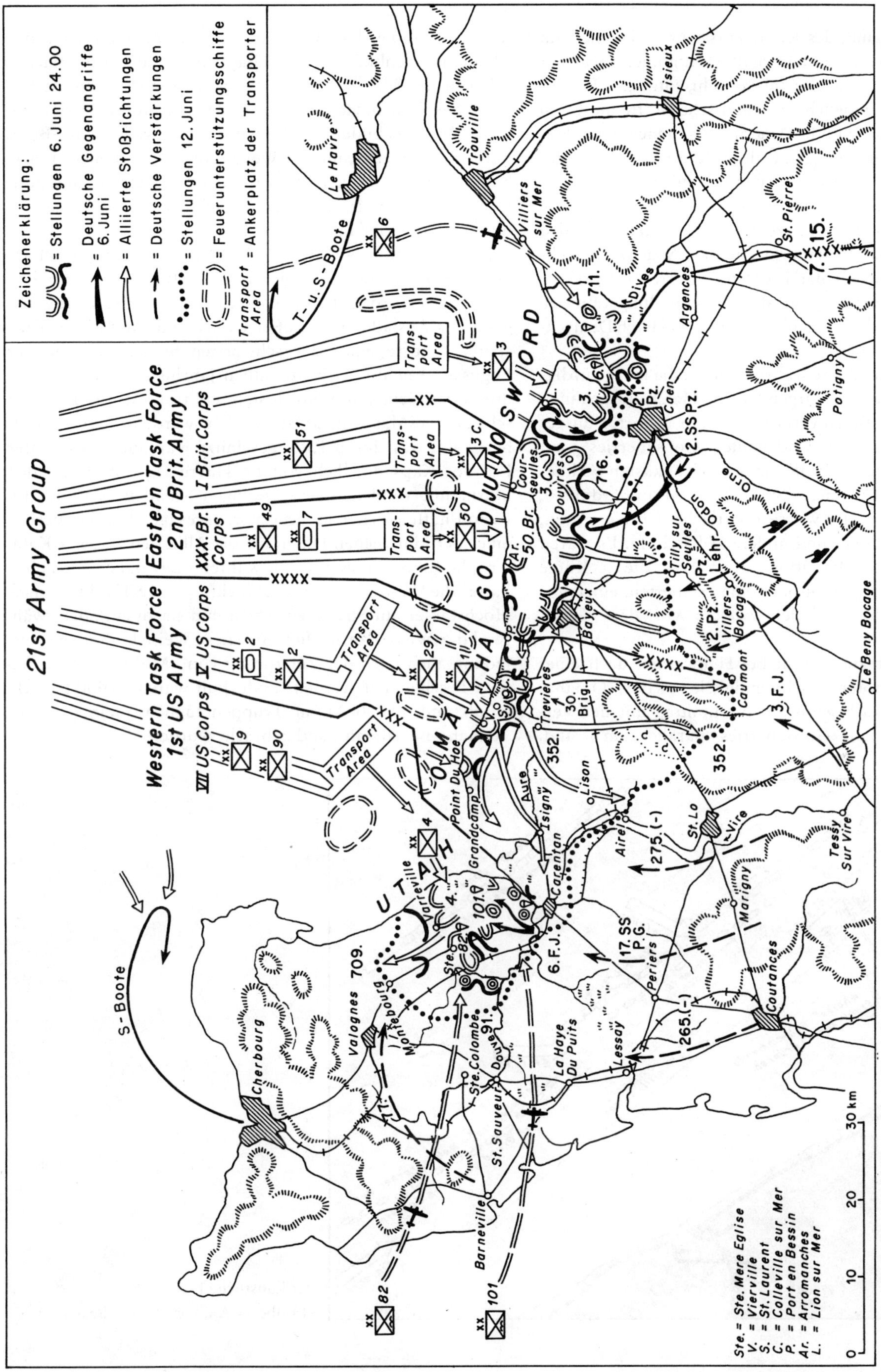

Die Operation »Neptune«,

punkt der Verteidigung des Kontinents wurde. Damit kam Hitler den Plänen von Feldmarschall Montgomery, welcher die alliierten Landstreitkräfte führte, sehr entgegen. Es war Montgomerys Plan, möglichst viel deutsche Kräfte im Raum Caen zu binden, während die Amerikaner zunächst den Hafen Cherbourg wegnahmen, um durch die Gewinnung des Hafens den Nachschubstrom in ausreichendem Umfange zu sichern und dann nach Süden und Osten in die Richtung von St. Lô vorzustoßen. Die alliierten Kräfte sollten sich also um ihre linke Flanke drehen und Caen als Angelpunkt nehmen, um schließlich mit der Front nach Osten eine starke Front zu bilden, einerseits, um den Versammlungsraum zu verteidigen und um dann von hier den Vorstoß nach Deutschland ansetzen zu können.

Am Abend des 6. Juni hatte wahrscheinlich die merkwürdigste Flotte, die jemals von irgendeinem Hafen ausgelaufen war, ihre britischen Basen verlassen. Zu ihr gehörten ausgediente alte Handelsschiffe (Codename: »Gooseberries«) auf ihrem letzten Weg; ferner große, massive Senkkästen (»Phoenix«); große kreuzförmige Stahlflöße (»Bombardons«), deren Oberflächen an der Wasseroberfläche sichtbar waren, und unzählige Schlepper und andere Hilfsschiffe. Es waren die Fahrzeuge für die Operation »Mulberry«, die in Kürze Häfen schaffen sollte, wo bisher keine existierten, einen vor der »Omaha-Beach« und den zweiten vor der »Gold-Beach«.

»Mulberry A« traf am 7. Juni bei Hellwerden nach einer Überfahrt mit 5 Knoten Geschwindigkeit vor der »Omaha-Beach« ein. Der Bau begann am Nachmittag mit der Versenkung einer Linie von »Gooseberries« parallel zum Strand. Um diese Linie der »Gooseberries« zu erweitern, wurden »Phoenix«-Senkkästen so abgesenkt, daß ihre flachen Oberflächen oberhalb des Wassers sichtbar blieben. Außerhalb des künstlichen Hafens, oder »Mulberry«, der auf diese Weise gebildet wurde, wurde eine Reihe von »Bombardons« versenkt, um als Wellenbrecher zu dienen. Innerhalb des künstlichen Hafens wurden vom Strand aus Pontonbrücken gebaut, deren Enden schwammen und die sich mit der Tide hoben und senkten.

Am 17. Juni war »Mulberry A« bereit, die ersten Schiffe aufzunehmen. Hier und im Hafen »Mulberry B« im britischen Sektor, der etwa zur gleichen Zeit fertig wurde, begann das Ausladen mit großer Geschwindigkeit. Zwei Tage später brauste einer der schwersten Stürme, welche der Englische Kanal seit einem halben Jahrhundert erlebt hatte, durch das Gebiet von Nordosten und traf »Mulberry A« so schwer, daß das Projekt aufgegeben werden mußte. »Mulberry B«, das durch Riffs geschützt war und etwas unter Lee des Kaps nördlich von Le Havre lag, überstand den Sturm mit vergleichsweise geringen Schäden. Vor der Invasion hätten sicher manche vorausgesagt, daß der Verlust eines der künstlichen Häfen für die Alliierten zu einer Katastrophe führen müßte. Doch während des Baues der Häfen hatte die Flotte es fertiggebracht, die LST's kurz nach Hochwasser auf Strand zu setzen und sie zu entladen, während das Wasser zurücklief. Auf diese Weise konnte die Ausladung auch nach der Zerstörung von »Mulberry A« trotzdem beschleunigt werden. Ende Juni waren 15000 t Nachschub und 15000 Mann Truppen täglich allein über die »Omaha-Beach« an Land gebracht worden.

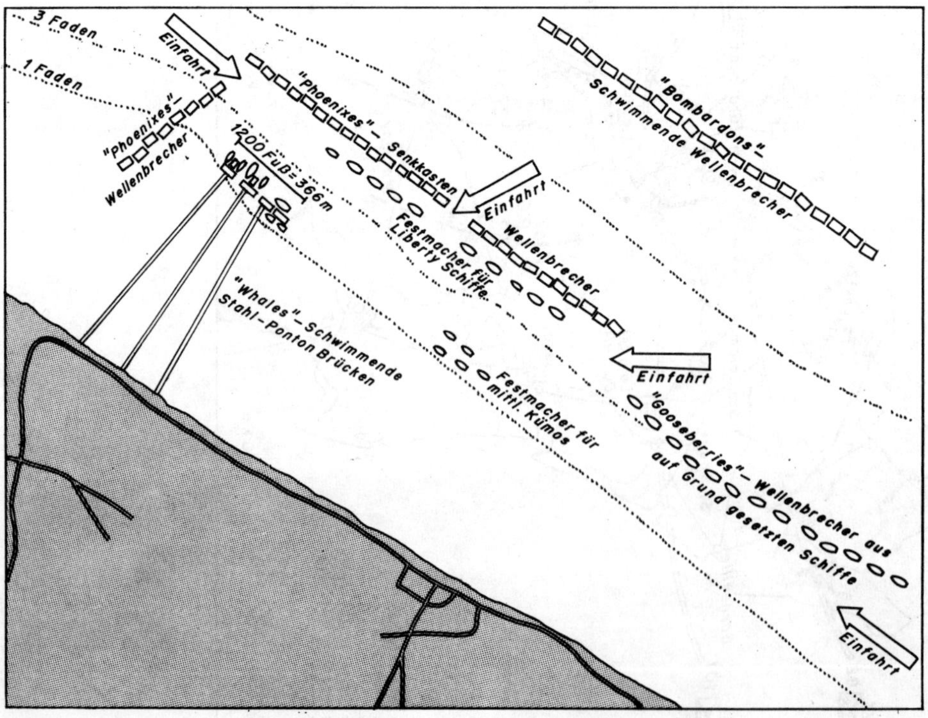

Der künstliche Hafen »Mulberry A«, vor Omaha Beach

Die deutsche Abwehr zur See

Die dem deutschen Marinegruppenkommando West unter Admiral Krancke für eine Abwehr der Invasion zur Verfügung stehenden schwimmenden Verbände waren so schwach, daß mit ihnen kaum eine ernstliche Störung der alliierten Operationen zu erreichen war. Die größten Einheiten waren die 8. Zerstörer-Flottille in Bordeaux und die 5. Torpedoboot-Flottille in Le Havre mit je 5 Booten, von denen meist einige nicht einsatzbereit waren. Der Führer der Schnellboote, Fregattenkapitän Petersen, verfügte im Raum Cherbourg über die 5. und 9., im Raum Le Havre über die 4. S-Flottillen mit je 9–12 Booten. Unter dem Befehlshaber der Sicherung West, Konteradmiral Breuning, besaß die im Kanalraum eingesetzte 2. Sicherungs-Division unter Fregattenkapitän v. Blanc 5 Räumbootflottillen mit ca. 50 Booten, je zwei Minensuch- und Vorpostenflottillen mit umgebauten Fischereifahrzeugen und 2 Artillerieträger-Flottillen. Der U-Boot-Führung in Berlin blieben die für die Invasionsabwehr in den westfranzösischen Häfen bereitgehaltenen 37 U-Boote der Gruppe »Landwirt« direkt unterstellt, von denen erst 9 mit einem Schnorchel-Luftmast ausgerüstet waren und für einen Einsatz im Kanalgebiet in Frage kamen.

Auf alliierter Seite hielt man auch die U-Boot-Gefahr für die wichtigste Bedrohung. Gegen die aus der Biskaya erwarteten U-Boote sollte zunächst die verstärkte »19th Group« des »RAF-Coastal Command« Aufklärung und Angriffe fliegen, während im Raum westlich des Kanals nicht weniger als 10 britisch-kanadische »Support Groups« mit 2 Geleitflugzeugträgern sowie 13 Zerstörern und 42 Sloops und Fregatten konzentriert wurden, von denen jeweils zwei Drittel in See stehen sollten.

Da auf deutscher Seite erst gegen Morgen des 6. Juni klar wurde, daß es sich tatsächlich um die Invasion und nicht um eine Ablenkung handelte, war es für ein Auslaufen der U-Boote zu spät geworden. Sie mußten die Dunkelheit am Abend des 6. Juni abwarten, ehe sie die Häfen Brest, St. Nazaire, La Pallice und Lorient verlassen konnten. Am Morgen des 7. Juni traf die ohne Schnorchel im Gebiet der Biskaya über Wasser nach Norden laufenden Boote die volle Wucht der Luftoffensive der »19th Group«. Zwei Boote wurden versenkt, 4 mußten schwer beschädigt umkehren. Am 8. und 9. Juni war es das gleiche Bild, die Boote kamen gegen die massive Luftüberwachung nicht an, die ihnen keine Minute zum Aufladen der Batterien Ruhe ließ. Auch nachts flogen die mit Radar »sehenden« Maschinen. So mußte die U-Boot-Führung am 9. Juni die Nicht-Schnorchelboote in eine stationäre Sicherungsaufstellung in der Biskaya zurückrufen. Nur 9 Schnorchelboote aus Brest, zu denen in den nächsten Tagen 5 weitere aus Norwegen kommende Schnorchler hinzutraten, versuchten die »Sonar«-Sperr-Riegel zu durchbrechen. Nachdem sich die Boote vom 8. bis 11. Juni trotz zahlreicher Angriffe vergeblich mit den »Support Groups« im Kanaleingang herumgeschlagen hatten, gelangten ab Mitte Juni die ersten Schnorchelboote in die Seine-Bucht. Bei der Unmasse von Schiffen, die in diesem Gebiet verkehrten, und den schlechten Ortungsbedingungen infolge der durch die starken Gezeitenströmungen hervorgerufenen Wasserschichtungen konnten sich die Boote hier erstaunlich gut bewegen. Außer einigen fehlgeschlagenen Angriffen versenkten und torpedierten sie hier 4 Geleitfahrzeuge, 1 Landungsschiff und zwei Dampfer, ehe am 29. Juni *U 984* unter Oberleutnant Sieder mit der Torpedierung von 4 Transportern aus einem Konvoi der einzige größere Erfolg glückte. Verluste an U-Booten traten vor allem auf dem Weg zum und vom Operationsgebiet ein, insgesamt 7 der Schnorchel-U-Boote kehrten nicht zurück.

Ebenso versuchten auch die wenigen Überwasserschiffe an die Invasionsflotte heranzukommen. Von Le Havre lief in der Nacht vom 6. zum 7. Juni der Chef der 5. Torpedo-Flottille, Korvettenkapitän Hoffmann, mit seinen 4 klaren Booten aus und griff die *»Force D«* vor der »Sword-Beach« an, die Torpedofächer verfehlten die Schlachtschiffe *Warspite* und *Ramillies* knapp, versenkten aber den norwegischen Zerstörer *Svenner*. Auch in den folgenden Nächten trachteten die Torpedoboote immer wieder, auf die Konvois zum Schuß zu kommen, doch wurden sie stets von britischen Zerstörer-Kampfgruppen abgefangen und abgedrängt, bis schließlich alle Boote mit Gefechtsschäden ausfielen und am 14./15. Juni bei einem großen nächtlichen Luftangriff des »Bomber Command« auf Le Havre zusammen mit vielen S-Booten und Minensuchfahrzeugen zerbombt wurden. Von Westen kamen die in der Nacht zum 7. Juni nach Brest verlegten 4 Boote der 8. Zerstörer-Flottille unter Kapitän zur See v. Bechtolsheim in der Nacht zum 9. Juni in den Kanal, wurden hier aber von der als Deckungsgruppe aufgestellten, kampfkräftigsten britischen 10. Zerstörer-Flottille abgefangen, zwei Zerstörer gingen verloren, die anderen entkamen wieder nach Brest.

Allnächtlich vom 6./7. bis 12./13. Juni liefen von Cherbourg die Boote der 5. und 9. Schnellboot-Flottillen aus, um Minensperren zu werfen oder zum Normandie-Brückenkopf laufende Konvois anzugreifen. Dabei hatten sie sich zunächst mit den vor Cap de la Hogue aufgestellten Sperr-Riegeln britischer »Coastal Forces«, meist MTB- und MGB-Gruppen unter Leitung von mit Radar ausgerüsteten Fregatten, die ihren Rückhalt an amerikanischen Zerstörer-Gruppen der »Dixie«-Patrol fanden, auseinanderzusetzen. Wurden sie manchmal abgedrängt, so kamen sie doch auch teilweise unbemerkt durch und konnten Angriffe fahren, ebenso wie die S-Boote der 4. Flottille von Le Havre im Osten, die nach und nach durch die aus dem holländisch-belgischen Raum nach Boulogne nachgeführten Boote der 2. und 8. S-Flottillen verstärkt wurden. Bis Mitte des Monats versenkten sie 5 Landungsschiffe, 3 kleine Landungsboote, 3 kleine Küstendampfer, 1 Schlepper und 1 Motorkanonenboot, während neben zahlreichen Ausfällen durch Gefechtsschäden diesen Erfolgen 5 Verluste gegenüberstanden, ehe die inzwischen aus dem

bedrohten Cherbourg durch den Invasionsraum hindurch nach Le Havre verlegten Flottillen dort zusammen mit den Booten der 4. Flottille dem verheerenden Luftangriff der RAF zum Opfer fielen.
In der zweiten Juni-Hälfte hatte sich die Kampfkraft der Flankensicherung der zum Invasionsraum führenden Konvoi-Route so verstärkt, daß es den zahlenmäßig mehr und mehr zusammenschmelzenden deutschen S-Flottillen immer seltener gelang, noch zum Torpedoangriff zu kommen. So entschloß man sich, die S-Boote zum Einsatz der neu entwickelten Langlauf-Torpedos »Dackel« zu verwenden und darüber hinaus auch die inzwischen für die Bekämpfung der Invasionen entwickelten und ausgebildeten Klein-Kampfverbände einzusetzen. Bei ihren ersten Angriffen, so am 5./6. Juli mit »Marder«-Einmanntorpedos und später mit den Sprengbooten »Linse«, konnten sie zwar einige Erfolge erringen, doch hatte sich die alliierte Abwehr stets sehr schnell auf diese Kampfmittel eingestellt, so daß größere Erfolge ausblieben. Obgleich diese Verbände ebenso wie die Schnellboote immer wieder eingesetzt wurden, blieb es letztlich fast ausschließlich Sache der wenigen Schnorchel-U-Boote, die Konvois zwischen den künstlichen Häfen und Reeden und Südengland anzugreifen.
Auf britischer Seite erkannte man klar, daß die Ortungsbedingungen im Kanal die U-Boot-Bekämpfung hier sehr erschwerten und legte deshalb besonderes Gewicht auf die Bekämpfung der U-Boote bereits auf den Anmarschwegen sowohl in der Biskaya als auch in der Island-Faröer-Shetlan-Enge für die aus Norwegen neu ausgelaufenen Boote. Nachdem diese Sperren zunächst fast ausschließlich durch die Flugzeuge des »Coastal Command« errichtet wurden, ging man ab Anfang August auch dazu über, regelmäßige Patrouillen mit einem Kreuzer und mehreren Zerstörern bis unmittelbar unter die Küste der südlichen Bretagne und in die Biskaya zu schicken, um hier Bewegungen deutscher Geleitfahrzeuge zur Einbringung und zum Herausgeleiten der U-Boote unmöglich zu machen.
Trotzdem gelang es gerade im August wiederholt Schnorchel-U-Booten, nicht nur in den Kanal zu gelangen, sondern sich dort auch über längere Zeit der Verfolgung zu entziehen und Erfolge zu erringen. So konnte das mit einer die Sonar- oder Asdic-Ortung absorbierenden Kautschukhaut überzogene *U 480* bei 4 Angriffen 2 Geleitfahrzeuge und 2 Dampfer treffen.
Mitte August mußte jedoch nach dem Durchbruch der Amerikaner bei Avranches und der Bedrohung der deutschen Biskaya-Stützpunkte durch Angriffe von Land her die Verlegung der noch fahrbereiten deutschen U-Boote um England herum in norwegische Stützpunkte in die Wege geleitet werden, eine Operation, die mit für diese Zeit erstaunlich geringen Verlusten abgeschlossen werden konnte, obgleich nur ein Teil der Boote noch mit einem Schnorchel hatte ausgerüstet werden können.
Der Ausbruch der Alliierten aus dem Landekopf und die Bedrohung Le Havres zwangen schließlich auch im Ostteil des Kanals in der zweiten Augusthälfte dazu, die noch vorhandenen Sicherungsfahrzeuge und die Schnellboote durch die Straße von Dover/Calais in die belgisch-holländischen Stützpunkte zurückzuziehen, wobei es während der Überführungsgeleite zu zahlreichen Gefechten mit den alliierten »Coastal Forces«, insbesondere den britischen und amerikanischen Motortorpedobooten kam.
Noch geringer als vor der Normandie waren die Möglichkeiten der deutschen Führung, gegen die Landung an der Küste der Provence zur See etwas zu unternehmen. Überwasser-Kampfschiffe gab es nur im Raum Genua–La Spezia in Form der erbeuteten italienischen Torpedoboote der 10. Torpedoboot-Flottille, die jedoch keine Chance hatten, von dort bis ins Gebiet von Toulon zu gelangen. Die letzten Mittelmeer-U-Boote waren bei den schweren Luftangriffen auf Toulon ausgeschaltet worden, und die wenigen, aus Yachten, italienischen Korvetten und Fischereifahrzeugen umgerüsteten Sicherungsfahrzeuge, die bei Geleitfahrten Mitte August in die Landungsverbände gerieten, wurden von den britisch-amerikanischen Sicherungs-Zerstörern schnell versenkt.

Die Schlacht um die Normandie

Am 18. Juni war ein Korps der US 1. Armee bis an den Golf von St. Malo durchgestoßen und hatte damit die nördliche Halbinsel Cotentin von den rückwärtigen Verbindungen abgeschnitten. Die Amerikaner drehten dann nach Norden ein und hatten am 24. Juni die 40 000 deutschen Verteidiger im Nordteil, im Gebiet von Cherbourg zusammengedrängt. Die Armee forderte nun Flottenunterstützung an, um die schweren Küstenbatterien, welche die Seeseite deckten und die Stadt und den Hafen flankierten, auszuschalten. Diese Batterien mit einem Kaliber bis zu 28 cm und einer Reichweite von fast 40 000 m waren zum größten Teil stark verbunkert, zum Teil handelte es sich um Panzerdrehtürme, die sowohl landeinwärts als auch nach See zu geschwenkt werden konnten. Der Angriff gegen solche Küstenwerke mit Kriegsschiffen widersprach der lange gültigen Doktrin, daß Kriegsschiffe sich nicht dem Feuer von Küstengeschützen gleichen Kalibers aussetzen durften. Es wurde jedoch eine »Task Force« unter dem Konteradmiral Morton L. Deyo gebildet. Am 25. Juni von 12 Uhr bis nach 15 Uhr gingen die US-Schlachtschiffe *Nevada, Texas* und *Arkansas*, die amerikanischen Schweren Kreuzer *Tuscaloosa* und *Quincy*, die britischen Kreuzer *Glasgow* und *Enterprise* sowie 11 Zerstörer an die Küstenbatterien heran und beschossen sie von See, während amerikanische Truppen von Land her Cherbourg angriffen. Die Schiffe leiteten ihr Feuer in erster Linie durch an Land gesetzte Feuerleitgruppen und Luftbeobachtung und trugen erheblich zur Schwächung der Verteidigungsanlagen des Hafens bei. Durch den Einsatz von Rauch und Nebelschleiern und scharfe Ausweichmanöver gelang es den meisten Schiffen, dem deutschen Feuer bis auf einige Nahtreffer auszuweichen. Zwei der Zerstörer wurden getroffen und die Brücke der *Texas* durch ein 28-cm-Geschoß zerstört. Am nächsten Tage kapitulierte der deutsche Befehlshaber, und am 1. Juli war die gesamte Halbinsel in amerikanischen Händen. Die Deutschen hatten wie üblich alles getan, um den sich nur nachts und in kleinen Formationen bewegen konnten. Die Straßen, die in die Normandie führten, bildeten unter den laufenden alliierten Luftangriffen mit Trümmern, toten Soldaten und Pferden und zerstörtem Material vollgestopfte Engpässe. Innerhalb der ersten 30 Tage wurden 929000 Mann, 586000 t Nachschub, 177000 Fahrzeuge und unge-

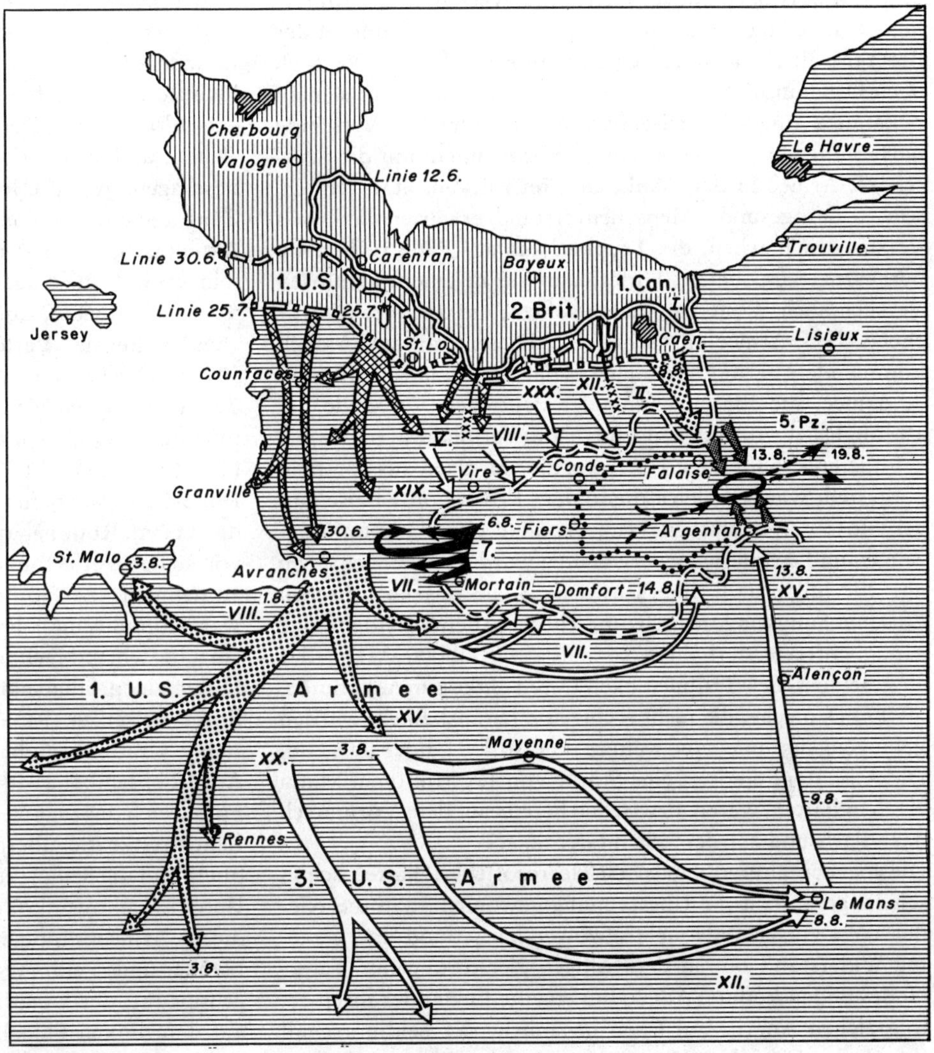

Die Operation »Overlord«
Der Ausbruch aus dem Brückenkopf,
25. Juli bis 19. August 1944

Hafen unbenutzbar zu machen, doch die Zerstörungen waren so wenig fachmännisch durchgeführt worden, daß britische und amerikanische Bergungsingenieure innerhalb von 2 Wochen den Hafen teilweise wieder in Betrieb nehmen konnten. Während des Angriffes gegen Cherbourg war es den alliierten Truppen in der Normandie gelungen, eine durchgehende Front des Brückenkopfes herzustellen und den Brückenkopf in der Mitte auf mehr als 20 km Tiefe auszudehnen. Die auf England gestützte Luftwaffe schnürte den Brückenkopf wirksam von dem Rest Frankreichs ab, so daß die deutschen Truppen, die aus dem Landesinnern herangeführt wurden, heure Mengen von Waffen und Munition über den Kanal in den Brückenkopf gebracht. So gewannen die landenden Truppen eine 2 : 1-Überlegenheit gegenüber dem Gegner hinsichtlich der personellen Stärke und eine 3 : 1-Überlegenheit in Panzern und Geschützen: Der Zeitpunkt für den lange geplanten Ausbruch an der Westflanke rückte heran.

Die Engländer, welche ihren Druck auf Caen an der Ostflanke aufrechterhielten, drangen am 8. Juli in die Stadt ein, nachdem sie durch das Artilleriefeuer und den Abwurf von 2500 t Bomben pulverisiert worden war. Das von den Deutschen gehaltene St. Lô, das eine ähnliche Behandlung erfuhr, wurde am 18. Juli von der US 1. Armee genommen. Die 1. Armee drängte darauf weiter nach Süden, an ihrer linken Flanke durch Einheiten der britischen 2. Armee unterstützt. Während die deutsche 7. Armee immer neue Reserven in die Abwehr dieses gefährlichen Angriffes hineinwerfen mußte, gelang es der neu gebildeten amerikanischen 3. Armee unter General Patton, im Westen bei Avranches durchzubrechen und von dort nach Süden, Osten und Westen in das Hinterland vorzudringen. Ziel war es einerseits, die Halbinsel der Bretagne abzuriegeln und eine breite Front für den Vorstoß nach Osten in Richtung auf den Rhein zu bilden. Mit seinem bekannten Ungestüm trieb Patton seine schnellen Verbände nach Südosten und Osten vor und bedrohte damit die deutsche 7. Armee in der Flanke und im Rücken. Statt jedoch, wie es der gesunde Menschenverstand erwarten ließ, den Versuch zu machen, die Truppen aus der Falle rechtzeitig herauszuziehen, befahl Hitler, daß sie in einem sinnlosen Versuch nach Westen angreifen sollten, um die durchgebrochene US 3. Armee abzuschneiden. Dieser bald zum Stehen kommende Angriff ermöglichte es der amerikanischen 1. und 3. Armee, die Einschließung der deutschen Verbände am 19. August zu vollenden, nachdem die Verbindung zu der neu gebildeten kanadischen 1. Armee, die von Caen aus vorstieß, hergestellt war. Obgleich die in dem Kessel von Falaise eingeschlossenen deutschen Truppen ohne Unterlaß von Flugzeugen und Artillerie niedergehalten wurden, gelang es ihnen am 20. Juli, durch eine schwache Stelle des kanadischen Einschließungsringes durchzubrechen und den Korridor lange genug aufrechtzuerhalten, so daß etwa 40 000 Mann der eingeschlossenen Truppen nach Osten entkommen konnten. 50 000 Deutsche, die nicht rechtzeitig herauskamen, wurden gefangengenommen und weitere rund 10 000 fanden den Tod. Die Alliierten, die jetzt eine Stärke von 1,5 Millionen Mann erreicht hatten, waren inzwischen bereits auf dem Vormarsch nach Paris und zur deutschen Grenze.

Die meisten älteren deutschen Heeresoffiziere hatten schon seit längerer Zeit die Überzeugung gewonnen, daß die Niederlage Deutschlands nicht abzuwenden sei und daß weiterer Widerstand nur in der völligen Zerstörung des Vaterlandes enden konnte. Am 1. Juli, als die Engländer ihren erfolgreichen Angriff auf Caen begannen, rief Feldmarschall Keitel, der Chef des Oberkommandos der Wehrmacht, aus dem Hauptquartier Hitlers beim Oberbefehlshaber West an und fragte ihn verzweifelt: »Was sollen wir tun?« »Macht Frieden, ihr Idioten!« antwortete Rundstedt, »was bleibt sonst zu tun?« Daraufhin wurde er abgelöst und durch Feldmarschall von Kluge ersetzt. Nach seinem Eintreffen in Frankreich kam Kluge bald mit Feldmarschall Rommel zu der Überzeugung, daß weiterer Widerstand sinnlos sei und daß Hitler, wenn man ihn nicht zur Vernunft bringen konnte, durch einen lokalen Waffenstillstand mit Eisenhower zum Einlenken gezwungen werden müßte. Am 15. Juli, während eines Frontbesuches in der Nähe von Caen, versuchte Rommel zum letztenmal telefonisch Hitler zu überzeugen, bevor er selbst die Initiative ergriff: »Die Truppen kämpfen überall heldenhaft«, meldete er, »doch der ungleiche Kampf nähert sich seinem Ende.« »Es ist nach meiner Meinung notwendig, die entsprechenden Folgerungen aus der Situation zu ziehen. Ich halte es für meine Pflicht als Oberbefehlshaber der Heeresgruppe, das in aller Deutlichkeit auszusprechen.« Zwei Tage später wurde Rommel bei einem Jagdbomberangriff schwer verwundet, bei dem sein Fahrer umkam und das Auto gegen einen Baum raste.

Inzwischen hatten andere Offiziere, die dem deutschen Hauptquartier näher waren, erkannt, daß Hitler offenbar entschlossen war, Deutschland mit sich in den Untergang zu ziehen, und sich deshalb entschlossen, den Führer selbst zu beseitigen. Am 20. Juli wurde der Versuch gemacht. Eine Zeitbombe wurde von Oberst Graf von Stauffenberg in einer Aktentasche unter den Lagetisch gelegt, an dem Hitler mit seinem Stab die Lage besprach. Die explodierende Bombe tötete 4 Offiziere, doch Hitler selbst wurde nur leicht verwundet. Bei der Verfolgung der Verschwörer fanden rund 5000 Menschen aus allen Kreisen unschuldig oder schuldig den Tod. In den Netzen der Konspiration und der Vergeltung fingen sich auch zahlreiche halbherzige Generale. Hitler löste Kluge ab und befahl seine Rückkehr nach Deutschland. Das Schlimmste befürchtend, nahm Kluge sich auf dem Wege das Leben. Rommel, dem Nationalhelden, der sich zu Hause von seinen Verletzungen erholte, gab Hitler die Chance, Gift zu nehmen oder von einem Volksgerichtshof abgeurteilt zu werden und seine Familie und seinen Stab in die Verfolgung einzubeziehen. Nachdem Rommel sich vergiftet hatte, befahl Hitler einen Staatsakt und ließ ihn mit allen militärischen Ehren beisetzen. Rundstedt wurde gezwungen, eine vorbereitete Grabrede zu halten.

Am 1. September 1944, als Eisenhower sein Hauptquartier in Frankreich einrichtete und das Kommando der alliierten Landstreitkräfte übernahm, hatten die Alliierten Paris erobert und die Seine, die Somme und die Meuse überschritten. Unter Eisenhower kommandierte nun General Omar Bradley die 12. Armeegruppe mit der 1. und 3. Armee auf der rechten Flanke und Feldmarschall Montgomery die 21. Armeegruppe mit der kanadischen 1. und der britischen 2. Armee auf dem linken Flügel. Es war jetzt notwendig, daß Montgomery in einem schnellen Vorstoß Nordfrankreich und Belgien durchquerte, da von diesen Gebieten seit Mitte Juni die ersten deutschen »Vergeltungswaffen« gegen London gestartet waren. Es handelte sich dabei einmal um die pilotenlose Flügelbombe mit Staustrahltriebwerk V 1. Die Engländer hatten kaum herausbekommen, wie sie diese V 1 mit Jagdflugzeugen und durch Flak mit Annäherungszündern bekämpfen konnten, als die Deutschen zu der tödlicheren V 2 übergingen. Da diese ballistischen Raketen schneller flogen als der Schall, war die Explosion gewöhnlich das erste Anzeichen dafür, daß eine V 2 auf dem Weg war. Gegen sie gab es keine Verteidigung. Die V 2 waren theoretisch in der Lage, London zu zerstören, vor allem, wenn, wie die Allierten fürchteten, die Deutschen nahe daran waren, einen atomaren Sprengkopf für diese Raketen fertigzustellen. Deshalb war die Wegnahme der Starträume für diese V 2 in Nordfrankreich und Belgien das vordringlichste Ziel der Operationen.

Die Operation »Dragoon«, die Invasion Südfrankreichs

Nicht lange nach der alliierten Besetzung Roms, die, wie dargelegt wurde, fast gleichzeitig mit dem Beginn der Landung in der Normandie erfolgte, wurden drei amerikanische und zwei französische Divisionen von der italienischen Front abgezogen, um eine Landungsstreitmacht für die Operation »Dragoon«, die Invasion Südfrankreichs, zu bilden. Nach den Landungen in der Normandie wurde eine große Zahl von Landungsfahrzeugen im englischen Kanal frei und ins Mittelmeer überführt. Nach dem Fall von Cherbourg Ende Juli 1944 überführte man auch die Feuerunterstützungsschiffe dorthin, bis die mit der Führung der Operation beauftragte US 8. Flotte über 5 Schlachtschiffe, die amerikanischen *Arkansas, Nevada* und *Texas,* die britische *Ramillies* und die französische *Lorraine,* mehr als ein Dutzend Kreuzer und zahlreiche Zerstörer verfügte. Sie wurden der »Western Naval Task Force« unter dem US-Vizeadmiral Kent Hewitt unterstellt, der die Operation durchzuführen hatte. Die erste Landungsstreitmacht unter Führung des Generalmajors Truscott bestand aus zwei Regimentskampfgruppen von jeder der drei amerikanischen Divisionen, von denen die dritte Gruppe als Reserve diente. Die beiden französischen Divisionen sollten die ersten Reservewelle bilden. Der Landungstermin wurde auf den 15. August festgesetzt.
Als Landungsgebiet wurde ein 30 Seemeilen breiter Streifen der Küste zwischen Toulon und Cannes ausgewählt. Das unmittelbare Ziel war es, einen Brückenkopf für die Invasion zu bilden und die in der Nachbarschaft liegenden Häfen zu gewinnen, wobei besonderer Wert auf den großen Hafen von Marseille gelegt wurde. Nachdem die Landungsstreitmacht auf schließlich 21 Divisionen verstärkt war, sollte sie das Rhônetal aufwärts vorstoßen, um im Gebiet von Dijon die Verbindung mit der US 3. Armee unter General Patton herzustellen.
»Dragoon« war eine sehr viel leichtere Invasionsoperation als »Overlord«. Einerseits war die Beschaffenheit der Landungsstrände in Südfrankreich sehr viel günstiger für die landenden Truppen als in der Normandie. Ein verhältnismäßig steiler Strandwinkel und geringer Tidenhub machten die Auslegung von Unterwasserhindernissen sehr schwierig. Die Strandgebiete waren darüber hinaus gegen Seegang sehr viel besser geschützt als im Norden, und die Jahreszeit ließ im Mittelmeer gutes Wetter erwarten. Wenn auch die Strände stark vermint waren und an mächtigen Batterien ihren Rückhalt fanden, hatten auf der anderen Seite die Personalschwierigkeiten an anderen Stellen die Verteidigungsanlagen nur schwach besetzt gelassen, wobei teilweise auch eingedeutschte Wehrpflichtige aus Böhmen und Westpolen sowie Freiwilligenverbände aus Osteuropa eingesetzt waren, die sich schnell ergaben. Trotzdem ragt »Dragoon« als eine der bestdurchgeführten Landungen des Krieges hervor, teilweise weil die befehlsführenden Offiziere, mit hart erworbener amphibischer Erfahrung hinter sich, in engem Kontakt alle Vorbereitungen trafen und die meisten Schwierigkeiten voraussahen. Die Planung begann in Algier im Frühjahr 1944. Während der abschließenden Planung, der Ausbildung und der Übungsphase hatten Vizeadmiral Hewitt, Generalleutnant Patch, dessen US 7. Armee die Landungsstreitmacht bildete, General Truscott und General Saville, der die landgestützte Luftunterstützung führen sollte, mit ihren Stäben benachbarte Hauptquartiere in Neapel bezogen, wo sie in unmittelbarer Nachbarschaft sich gegenseitig konsultieren konnten. Die »Western Naval Task Force« konnte mit der Landungsstreitmacht unmittelbar Übungen abhalten, so daß ein perfekter Zeitplan und engste Koordination mit der Flotte sichergestellt waren.
Als Mitte August die »Western Naval Task Force« sich an ihr Ziel annäherte, hatte sie vor sich eine Küste, die mit 12500 t Fliegerbomben seit dem vorangegangenen April saturiert war. Während der Nacht vor dem 15. August landeten Commando- und Raidereinheiten auf den Inseln Levant und Port Cros, um die dortigen Batterien wegzunehmen, die die westlichen Landungsräume bedrohen konnten. Andere Raider landeten an den Flanken der Invasionsräume, um Straßensperren zu errichten. Die auf dem rechten Flügel wurden zwar zurückgeworfen, doch auf dem linken Flügel gelang die Landung und sperrte die Zugangswege von Toulon her. Mehr als 5000 Mann britischer und amerikanischer Fallschirmtruppen wurden vor Hellwerden hinter den Stränden abgesetzt, um die Zugänge für deutsche Verstärkungen von Norden und Nordwesten zu sperren.
Bei der Invasion konnte Admiral Hewitt endlich seine Planung durchsetzen. Die Stunde für die Hauptlandung war auf 8.00 Uhr festgesetzt. Die Wahl dieser Stunde erlaubte der Force die Annäherung an den Strand in völliger Dunkelheit, zugleich verhinderte sie die sonst unvermeidliche Konfusion eines Nachtangriffes und erlaubte eine mehr als zweistündige Bombardierung und Beschießung der Landungsräume nach Hellwerden. Darüber hinaus gab sie den gelandeten Truppen Zeit, einen sicheren Brückenkopf vor Dunkelwerden zu bilden. Bei Hellwerden am 15. August stand die »Western Naval Task Force« vor den Landungsräumen. Sie war in drei Landungsgruppen eingeteilt, die von West nach Ost mit »Alpha«, »Delta« und »Camel« bezeichnet waren. Jede Angriffsgruppe bestand aus einer amerikanischen Division, die auf LSTs und kleineren Landungsfahrzeugen eingeschifft war, während die Reserven in den Truppentransportern herankamen.
Der Hauptangriff begann kurz vor 6.00 Uhr, als die ersten Staffeln der von Italien, Sardinien und Korsika kommenden

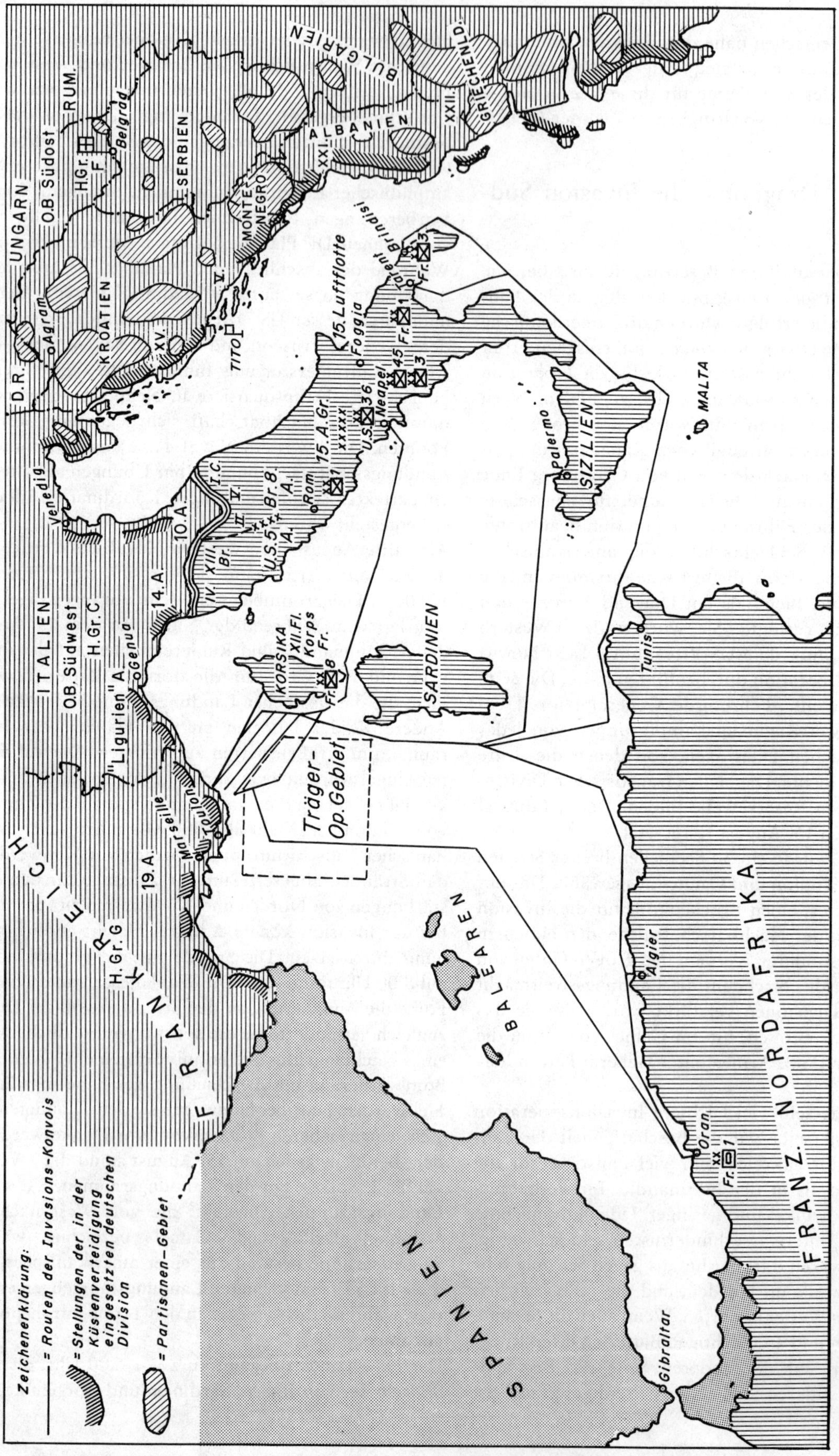

Die Operation »Dragoon«: Der Anmarsch, 10.-15. August 1944

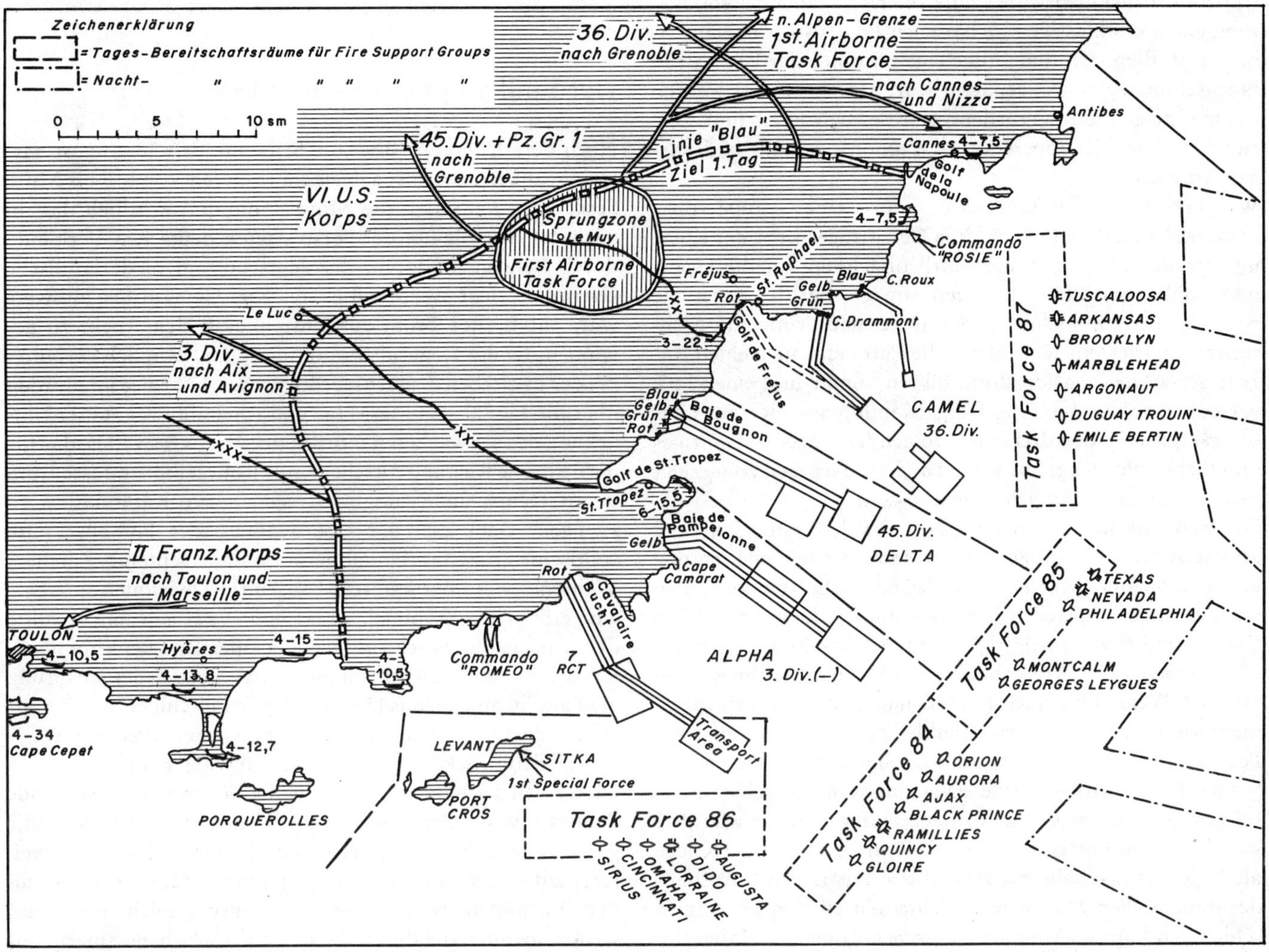

Die Operation »Dragoon« : Die Landung in Südfrankreich 15. August 1944

1300 Bomber mit Jagdschutz über die Strände hinwegfegten. Das Luftbombardement dauerte ohne Unterbrechung bis 7.30 Uhr, um dann Platz zu machen für eine Beschießung durch die Schiffe, die bereits eine halbe Stunde vorher ihr Feuer eröffnet hatten, nun jedoch ohne Gefährdung der Bomber und durch die Bomber ihr Feuer mit allen Rohren fortsetzen konnten. Während die Aufklärungsflugzeuge der Kreuzer Beobachterdienste leisteten und das Feuer auf spezielle Ziele lenkten, die bereits vorher durch die Luftaufklärung erfaßt waren, wurden die Strände buchstäblich umgepflügt. Als die Landungsfahrzeuge sich auf den Strand zubewegten, stellten die Schlachtschiffe und Kreuzer ihr Feuer ein, während die Zerstörer mit ihren Geschützen eine Feuerwalze landeinwärts bildeten. Inzwischen kamen mit Raketenwerfern bestückte Landungsboote heran und feuerten massive Raketensalven auf den Strand, um die ausgelegten Landminen zur Detonation zu bringen. Die ersten Landungstruppen erreichten auf einem 30 sm breiten Streifen an 7 Stellen den Strand pünktlich zur festgesetzten Zeit und trafen an keiner Stelle auf ernsteren Widerstand. Die einzige Schwierigkeit ergab sich am Strand »Camel Red« im Golf von Frejus, doch hatte man hier Schwierigkeiten erwartet. Da die Landung an dieser Stelle bis 14.00 Uhr zurückgestellt war, um die aus dem gleichen Absprungraum landenden Kräfte für den Strand »Camel Green« weiter ostwärts zunächst abfließen zu lassen, hatten die Deutschen Zeit, hier ihre Verteidigungsstellungen wieder zu besetzen. Als die Landungsstunde heranrückte, wurde das feindliche Feuer so stark, daß die Minensucher nicht in den Golf einlaufen konnten. Konteradmiral Spencer Lewis, welcher die »Camel Force« führte, versuchte mit dem Divisionskommandeur, Generalmajor Dahlquist, in Funkverbindung zu treten, der bereits an Land war. Als das nicht gelang, übernahm Lewis selbst die Verantwortung und gab den Befehl, die Landungsgruppe im Strand »Camel Green« an Land zu setzen, eine Entscheidung, die Dahlquist sehr begrüßte, als er von ihr erfuhr. In früheren Invasionen würde eine solche ungeplante Verlagerung einen erstklassigen logistischen Engpaß verursacht haben. Daß diese Landung über einen Strand, der bereits mit Nachschubgütern vollgepackt war, durchgeführt werden konnte, zeigt die außerordentliche Beweglichkeit und Effizienz, mit der die Operation »Dragoon« geplant und ausgeführt wurde.

Während der ganzen Operation kreuzte eine Gruppe von 7 britischen und 2 amerikanischen Geleitträgern vor der Küste und startete Flugzeuge, um Luftbeobachtung für die Feuerunterstützungsschiffe zu fliegen sowie Angriffe gegen die rückwärtigen feindlichen Verbindungen und Truppenkonzentration anzusetzen. Wenngleich die Luftwaffe auch einen Angriff gegen die Invasionsflotte führen konnte und einen LST versenkte, sahen die Trägerflugzeugpiloten weder am Landungstage noch den drei darauffolgenden Tagen ein einziges feindliches Flugzeug. Die wenigen, die sie danach zu Gesicht bekamen, wurden schnell abgeschossen.

Die französischen Divisionen, die nach der ersten Landung abgesetzt wurden, stießen sofort nach Westen in Richtung auf Toulon und Marseille vor, während Luftlandetruppen auf der anderen Seite in Richtung auf die kleineren Häfen Cannes und Nizza vordrangen. Zur gleichen Zeit begann die Hauptmacht der 7. Armee bereits den Vormarsch zum Rhônetal. Die Wegnahme von Toulon und Marseille erforderte mehrere Tage kombinierter Land- und Seeoperationen mit Feuerunterstützung durch Schiffsgeschütze. Die Häfen beider Städte waren durch starke Küstenbatterien geschützt, die schwer zum Schweigen zu bringen waren. Die schwierigste war die 34-cm-Batterie, welche die Franzosen vor dem Kriege als Ergebnis des Säbelrasselns Mussolinis und des Aufbaus der italienischen Marine eingerichtet hatten. Am 28. August schließlich kapitulierten die Deutschen in beiden Häfen. Inzwischen hatten, ebenfalls mit Unterstützung durch Schiffsgeschütze, die Luftlandetruppen ihre Ziele erreicht. Am 24. August besetzten sie Cannes und am 30. Nizza.

Ende August hatten die Hauptstreitkräfte der Invasionstruppen den Vorstoß bereits weit nach Norden vorgetragen, wobei sie die sich schnell zurückziehenden deutschen Truppen verfolgten, die zunächst einen Teil ihres Materials mit Fährprähmen auf der Rhône zu transportieren suchten. Sieben französische Divisionen bildeten den Kern einer neu aufgestellten französischen 1. Armee, die von Armeegeneral de Lattre de Tassigny geführt wurde. Die nachfolgenden amerikanischen Streitkräfte wurden der 7. Armee zugeteilt. Zusammen bildeten beide Armeen die 6. Armeegruppe unter Generalleutnant Devers. Am 11. September stellte die Armeegruppe Devers bei Dijon den Kontakt mit Teilen der 3. Armee General Pattons, die von der Normandie kam, her. Mit diesen zwei großen vereinigten Stoßkeilen waren die noch in Südwestfrankreich stehenden deutschen Truppen abgeschnitten. Die 6. Armeegruppe drehte nach Osten ein und bildete entlang der deutschen Grenze von der Schweizer Grenze bis zu einer Entfernung von etwa 80 Meilen eine neue Front, wo sie die rechte Flanke der 3. US-Armee erreichte.

Der Endkampf um Deutschland

Nach dem Übergang über die Seine um den 23. August hatten die alliierten Armeen in einem rasanten Vorstoß bis Mitte September im Süden die Mosel-Linie und nördlich davon, nach der Verfolgung der versprengten deutschen Verbände durch Belgien hindurch, die deutsche und niederländische Grenze erreicht. Während es das Ziel General Eisenhowers war, auf breiter Front zunächst überall den Rhein zu gewinnen, wollte General Montgomery mit dem Schwerpunkt bei der britischen 2. und amerikanischen 1. Armee im Norden über die Flußabschnitte Maas und Rhein hinweg, unter Umgehung des schwächeren Nordflügels des Westwalles, das für die deutsche Rüstung entscheidende Ruhrgebiet umfassen, um damit Deutschland möglichst schnell zur Kapitulation zu zwingen. Dem Ziel der Überwindung der Flußabschnitte sollte eine große Luftlandeoperation Ende September dienen. Während zwei amerikanische Fallschirm-Divisionen die Übergänge über die Dommel, Maas und Waal gewannen, sollte die britische 1. Fallschirm-Division einen Brückenkopf nördlich des Rheins bei Arnheim bilden. Wenn auch der Absprung der Fallschirmjäger aus 1544 Transportmaschinen am 17. September gelang, so drückte doch ein massiver deutscher Gegenangriff den Brückenkopf bei Arnheim wieder ein.

Dieser Rückschlag, der sich wider Erwarten versteifende deutsche Widerstand, schlechtes Wetter, vor allem aber die größer gewordenen logistischen Probleme brachten den weiteren alliierten Vorstoß Ende September zum Stehen, nachdem im Süden die 7. Armee Straßburg erreicht hatte und weiter nördlich die durch die neu eingeschobene amerikanische 9. Armee verstärkte 1. Armee in der Eifel bei Aachen auf deutsches Reichsgebiet vorgedrungen war.

Auch in Italien stoppten deutsche Divisionen den Vormarsch der alliierten Armeen nördlich Florenz in der »Goten-Stellung«. Im Osten war der sowjetische Vormarsch an der Weichsel zum Stehen gekommen, weil auch hier Nachschubprobleme zunächst einen weiteren Vorstoß zu gewagt erscheinen ließen.

Bei dem alliierten Vormarsch war in dem relativ unwegsamen Gebiet der Ardennen zwischen der amerikanischen 1. und der weiter südlich eingesetzten 3. Armee eine schwach besetzte Lücke entstanden. In diese Lücke stieß Mitte Dezember eine letzte deutsche Groß-Offensive hinein. Allen Vorstellungen des Generalstabes des Heeres zum Trotz, der die verfügbaren deutschen Reserven gegen die zu erwartende sowjetische Winteroffensive an der Ostfront bereithalten wollte, drang Hitler darauf, im Westen noch einmal offensiv zu werden. Der wieder als Oberbefehlshaber West eingesetzte Feldmarschall von Rundstedt führte im Bereich der Ardennen einen sichelförmigen Stoß mit neu aufgefüllten und ausgerüsteten Panzer-Verbänden. Die »Ardennen-Offensive« begann am

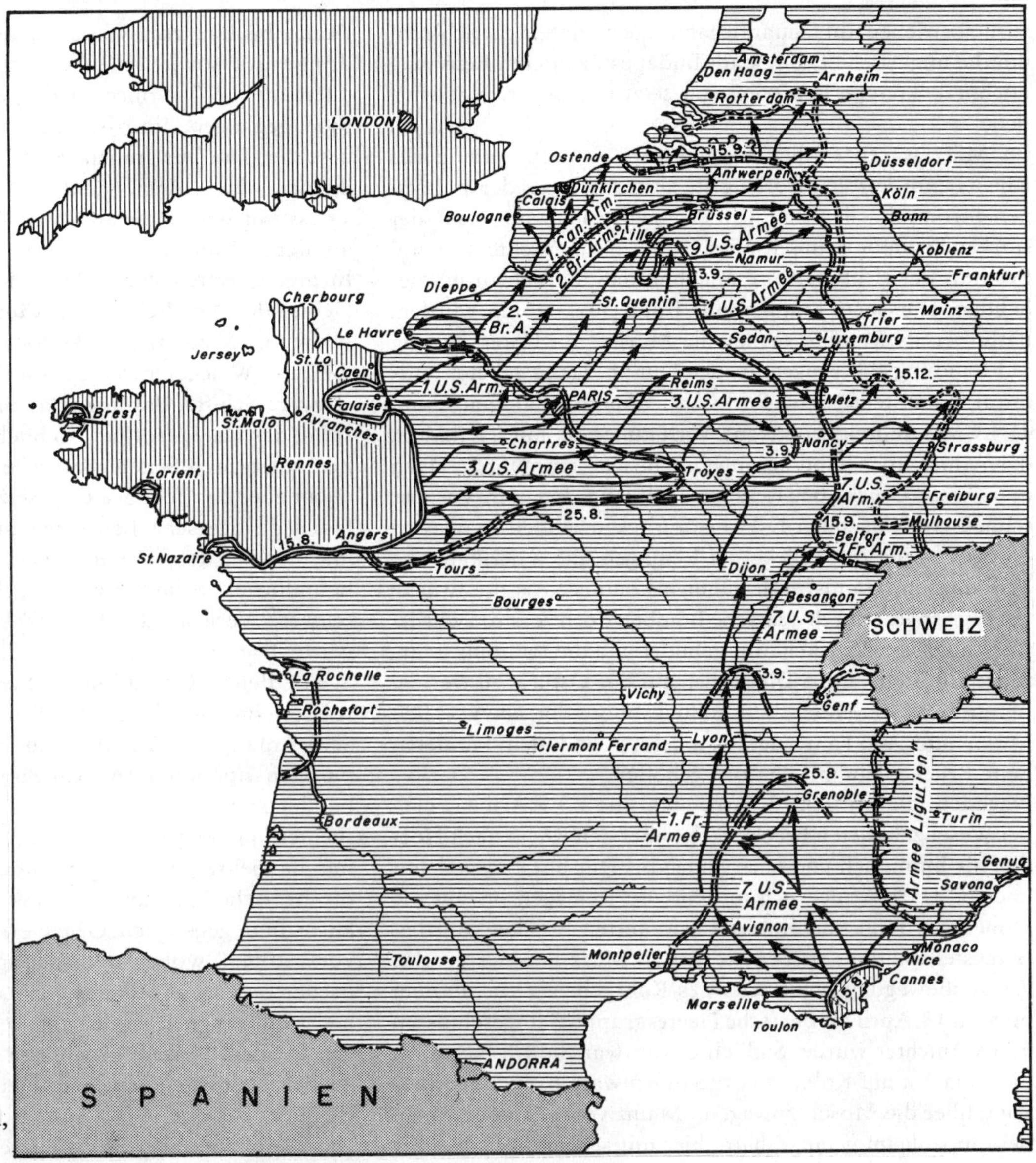

Der Vorstoss nach Deutschland, 15.August bis Dezember 1944

16. Dezember, nachdem wieder als Wettermeldeboote eingesetzte U-Boote eine Schlechtwetterperiode vorausgesagt hatten. Nur so hoffte man die alliierten Luftwaffen für die Zeit der Operationen lähmen zu können. Die Angriffsverbände drangen zwar zunächst bis zu fast 100 km tief in die alliierten Linien ein, dann nagelte jedoch die bei besser werdendem Wetter wieder eingesetzte alliierte Luftwaffe die deutschen Stoßkeile fest, bis nach schnellen Umgruppierungen der alliierte Gegenangriff beginnen konnte, der Eisenhower die Möglichkeit zu eröffnen schien, die deutschen strategischen Reserven in einer beweglichen Feldschlacht zu fassen, statt sich am Westwall die Zähne ausbeißen zu müssen. Aber Rundstedt konnte, wenn auch unter starken Verlusten, große Teile seiner beiden Armeen wieder zurückführen. Hatte die Schlacht in den Ardennen auch mit einem alliierten Erfolg geendet, so war doch der ganze strategische Zeitplan durcheinandergebracht, und man benötigte nun Zeit, um sich wieder zum Angriff über den Rhein hinweg bereitzustellen.

Inzwischen brach an der Weichselfront aus den dort von den Russen gebildeten Brückenköpfen Mitte Januar die große sowjetische Winteroffensive los, die bald die ganze Ostfront erfaßte und in kaum mehr als 30 Tagen die russische Front bis an die Oder vorschob. Jetzt fehlten der deutschen Führung die in der Ardennen-Schlacht verbrauchten Reserven und vor allem die kampfkräftigen Panzerverbände.

Im Südosten war es den Deutschen gelungen, sich nach dem Zusammenbruch Rumäniens, der die deutsche Balkan-Flanke weit aufriß, in schnellem Rückzug aus Griechenland und Jugoslawien auf eine kürzere Front in Ungarn und Kroatien zurückzuziehen. Im Januar begann eine monatelange Schlacht um die ungarische Hauptstadt Budapest, zu deren Befreiung nochmals knappe Reserven eingesetzt und verbraucht wurden.

Im März waren endlich Eisenhowers Armeen entlang des Rheins zum letzten Großangriff aufmarschiert, der mit seinen Stromschnellen und Untiefen, vor allem aber mit der starken Strömung ein schweres Hindernis darstellte. General Bradley, der richtigerweise annahm, daß die sich zurückziehenden deutschen Truppen alle Brücken zerstören würden, hatte bereits Monate vorher die Marine um Unterstützung mit Landungsfahrzeugen für den Flußübergang gebeten. Admiral Stark stellte dafür 96 LCVP-Amphibienfahrzeuge und 45 LCM-Landungsboote zur Verfügung, die mit Tiefladern der Armee über Land herangebracht werden mußten. Doch man hatte Glück, bei Remagen mißlang den sich vor der schnell vordringenden 1. Armee zurückziehenden Deutschen die Sprengung der Brücke bei Remagen, die amerikanische Vorhuten im Handstreich nehmen konnten. Als die Brücke 10 Tage später durch deutsche Bomben doch zerstört wurde, war ein großer Brückenkopf gebildet und die Landungsfahrzeuge zur Stelle, um 5 Divisionen auf das Ostufer zu werfen. Bis Ende März hatten die Landungsboote der Navy 14000 Mann und 400 Fahrzeuge übergesetzt und den Pionieren beim Brückenbau mit Pontons geholfen.

Nachdem die britische 2. Armee und die US 9. Armee einen bei Wesel gebildeten Brückenkopf über den Rhein nach Norden bis Emmerich und nach Süden bis Duisburg ausgedehnt und die US 1. Armee sich in dem von Remagen bis auf die Höhe von Bonn und Koblenz erweiterten Brückenkopf bereitgestellt hatten, stießen sie am 26. März in einer großen Zangenbewegung beiderseits des Ruhrgebietes vor, in dem bis zum 18. April die deutsche Heeresgruppe B eingeschlossen und vernichtet wurde. Südlich davon war die US 3. Armee, die zunächst auf Koblenz vorgestoßen war, in einer Schwenkung über die Mosel hinweg, an Mainz vorbei an den Rhein bei Oppenheim gelangt, hatte hier mit schnell herangeführten Navy-Landungsbooten einen Brückenkopf gebildet, aus dem Generalleutnant Patton sofort weiter nach Osten in Richtung Frankfurt vorging. Mit dieser Offensive war die letzte zusammenhängende deutsche Verteidigungslinie durchbrochen, und die Operationen entwickelten sich immer mehr zur Verfolgung der zersprengten Reste deutscher Verbände. Im Norden stieß die kanadische 1. Armee in Holland an die Küste vor, nach Süden anschließend überquerte die britische 2. Armee die Ems, Weser, Aller und Elbe, um die deutschen Häfen an Nordsee und westlicher Ostsee zu erreichen. Nach der Schlacht um die Ruhr, die mit der Übergabe von 325000 Mann deutscher Truppen endete, drangen die US 1. und 9. Armee von Wittenberge bis Torgau vor, wo sich ihre Angriffsspitzen mit den Mitte April über die Oder-Neiße-Linie zum Angriff angetretenen Spitzen der Roten Armee trafen, deren Fronten Berlin einkesselten. Die US 3. Armee drang in die böhmischen Grenzgebiete nach Pilsen und entlang der Donau bis Linz vor, wo sie sich mit aus dem Raum Wien vordringenden sowjetischen Verbänden traf. Im Süden durchquerte die US 7. Armee Bayern, während die über den Oberrhein gegangene französische 1. Armee Südwestdeutschland besetzte. Die aus Italien vordringenden alliierten Armeen, die britische 8. Armee und die US 5. Armee, trafen sich bei Triest mit den jugoslawischen Partisanen und am Brenner mit der 7. Armee.

In dieser letzten Phase des Krieges konnte die Marine im Gebiet der Nordsee in die Kämpfe kaum mehr eingreifen. Hatten im September 1944 nochmals bei dem Angriff gegen die Insel Walcheren, welche die Rheinmündung beherrschte, schwere Schiffe, darunter das britische Schlachtschiff *Warspite*, das Feuer eröffnet, so blieben die restlichen Operationen auf beiden Seiten die Sache der kleinen Verbände, vor allem aber der über See eingesetzten alliierten Luftwaffe, die fast jede deutsche Bewegung auf dem Wasser unmöglich machte. Bei dem Versuch, den im niederländischen Raum befindlichen Schiffsraum zurückzuführen, verursachte sie schwere Verluste durch direkte Angriffe und ihre Minenwürfe. Die Minenlage in der südlichen Nordsee machte aber auch Offensiv-Operationen alliierter Verbände in diesen Gewässern unmöglich. Ein offensiver Einsatz war auf deutscher Seite Anfang 1945 nur noch mit den aus holländischen Stützpunkten operierenden Schnellbooten und Kleinkampfverbänden sowie einzelnen U-Booten möglich. Die S-Boote versuchten immer wieder bis in den Februar und März hinein, mit in mehreren Gruppen zusammengefaßten Booten auf die britischen Küstengeleitwege an der englischen Südostküste und gegen den Geleitverkehr zur Schelde-Mündung vorzustoßen, wobei es zu häufigen Gefechten mit den britischen »Coastal Forces« kam, die die deutschen Boote meist abdrängten, so daß nur relativ wenige Erfolge errungen wurden. Bessere Ergebnisse hatten zum Teil die immer wieder versuchten Mineneinsätze der S-Boote in diesen Gewässern.

Die Kleinkampf-Verbände setzten in dieser Zeit neben den technisch weniger vollkommenen Einmann-U-Booten und Sprengbooten vor allem die in ihrer Leistungsfähigkeit die Erwartungen teilweise übertreffenden Zweimann-U-Boote *Seehund* ein, die bei der intensiven feindlichen Abwehr zwar Verluste hatten, aber in der Schelde-Mündung eine Reihe Erfolge erzielten. Ab Januar 1945 wurden auch die ersten kleinen U-Boote vom Typ XXIII einsatzbereit und von norwegischen Basen, insbesondere Kristiansand/Süd aus, gegen die britische Ost- und Südostküste eingesetzt. Keines der Boote wurde von der britischen Abwehr ernstlich gefährdet oder gar versenkt. Dank ihrer Beweglichkeit unter Wasser konnten sie allen Bekämpfungsversuchen relativ leicht ausweichen und einige Handelsschiffe versenken. Es war ein Boot dieses Typs, das am letzten Kriegstag, am 7. Mai, im Firth of Forth aus einem Konvoi noch 2 Dampfer versenkte und unerkannt entkam.

Mit der im April sich abzeichnenden Gefährdung der Häfen

an der Nordseeküste Emden, Bremen, Wilhelmshaven, schließlich auch Hamburg und Kiel, versuchten die noch fahrbereiten deutschen Schiffe, sofern sie nicht in den von der Führung als vordringlich angesehenen Evakuierungsoperationen in der Ostsee eingesetzt waren, durch die dänischen Inseln, das Kattegat und Skagerrak nach Norwegen zu entkommen. Bei diesen Überführungsfahrten wurden die Verbände, zu denen unter anderen zahlreiche der neuen U-Boote vom Typ XXI und XXIII gehörten, laufend von alliierten Jagdbombern der »2nd Tactical Air Force« angegriffen und hatten insbesondere in den ersten Mai-Tagen schwere Verluste zu überstehen.

Der Krieg in Europa ging seinem Ende entgegen. In diesen Tagen fanden aber auch drei der den zweiten Weltkrieg bestimmenden Führerpersönlichkeiten ihr Ende. Am 12. April starb in Warm Springs in Georgia Präsident Roosevelt an einem Gehirnschlag. Am 28. April wurde der zur Schweizer Grenze flüchtende Duce, Benito Mussolini, von italienischen Partisanen eingeholt und ermordet. Und am Abend des 30. April, während in der Reichshauptstadt Berlin überall schwere Straßenkämpfe mit der vordringenden Roten Armee tobten, erschoß sich Adolf Hitler im Bunker seiner Reichskanzlei.

Die Nachfolge hatte er in seinem Testament, nachdem seine »treuesten Parteipaladine«, Reichsmarschall Hermann Göring und der Reichsführer SS, Heinrich Himmler, als »Verräter« abgesetzt und verurteilt worden waren, weil sie versucht hatten, Waffenstillstandsverhandlungen einzuleiten, dem Oberbefehlshaber der Kriegsmarine, Großadmiral Karl Dönitz, übertragen. Er sah es nun als seine Aufgabe an, den Krieg zu beenden und dabei so viele Menschen wie irgendmöglich vor dem Zugriff der Roten Armee nach Westen in den Machtbereich der Alliierten zu retten. So leitete er sofort mit dem ihm am nächsten stehenden alliierten Befehlshaber der 21. Armeegruppe, Feldmarschall Montgomery, Verhandlungen über eine Kapitulation in Holland, Nordwestdeutschland und Dänemark ein, die am 5. Mai früh in Kraft trat. In Erwartung dieser Kapitulation versenkten sich in der Nacht vom 4./5. Mai die noch fahrbereiten deutschen U-Boote selbst, sofern sie in diesem Gebiet lagen, ein Vorgehen, das zwar den Kapitulationsbedingungen und auch den in letzter Stunde gegebenen Befehlen widersprach, doch den Engländern offenbar nicht unlieb war, da es sie der Notwendigkeit enthob, aus dieser Kriegsbeute eventuell Einheiten an andere Mächte abgeben zu müssen. Der Versuch von Dönitz, im nächsten Schritt zunächst an der Westfront gegenüber General Eisenhower zu kapitulieren, um im Osten noch Zeit für weitere Evakuierungen über See und Truppenbewegungen nach Westen in den amerikanischen Bereich zu gewinnen, scheiterte, da Eisenhower sich strikt an seine Weisung, nur über eine Gesamtkapitulation der deutschen Wehrmacht zu verhandeln, hielt, die schließlich mit Wirkung vom 8. Mai früh in seinem Hauptquartier in Reims unterzeichnet wurde. Auf Verlangen der Sowjets mußte dann diese Unterzeichnung in Berlin-Karlshorst wiederholt werden. – Der Krieg in Europa war zu Ende.

Zusammenfassung

Der deutsche Angriff auf Polen am 1. September 1939 hatte zur Kriegserklärung Englands und Frankreichs geführt, nachdem in letzter Minute unternommene Schlichtungsversuche gescheitert waren. Die deutsche Wehrmacht warf Polen in einem Blitzfeldzug nieder, doch dann folgte an der Westfront eine mehrmonatige Phase militärischer Inaktivität, der sogenannte »Sitzkrieg«. Zur See versuchte Deutschland sofort die britische Versorgungsschiffahrt anzupacken, während England mit einer Seeblockade antwortete. Da die deutsche Kriegsmarine auf den Krieg gegen England nicht vorbereitet war, den Hitler erst ab 1944/45 erwartete, blieb der erste Kriegsabschnitt des Kampfes gegen die Nachschubschiffahrt wenig erfolgreich, wobei auch die mit Rücksicht auf frühere völkerrechtliche Abmachungen und die Neutralen zögernde Aufnahme des uneingeschränkten Tonnagekrieges eine Rolle spielte. Die wenigen U-Boote und Handelsstörer konnten keine durchschlagenden Ergebnisse erzielen. Auf der anderen Seite unterlief die deutsche Benutzung der neutralen norwegischen Hoheitsgewässer zum Transport des kriegswichtigen skandinavischen Erzes teilweise die britische Blockade.

In Erwartung britischer Pläne zur Verminung der norwegischen Gewässer und britischer Landungsabsichten in diesem Raum kam die deutsche Führung dieser realen Gefahr mit einer kühnen Landungsoperation in Norwegen und Dänemark zuvor, wobei es ihr gelang, die Alliierten vollkommen zu überraschen. Die Alliierten begannen einen Gegenangriff von See her, der im zuerst gewählten Schwerpunkt Mittelnorwegens an der deutschen Luftüberlegenheit scheiterte, für deren Bekämpfung die vorhandene Trägerluftmacht nicht ausreichte. Nur im Norden gelang die vorübergehende Besetzung des Erzhafens Narvik, doch mußte diese Position bald wieder geräumt werden, da alle Kräfte gegen den inzwischen gegen Westeuropa losgebrochenen deutschen Angriff benötigt wurden. Damit besaß die deutsche Marine nun Basen, von denen aus Scapa Flow ausflankiert werden konnte und von denen der Nordatlantik leichter zu erreichen war als aus dem inneren Winkel der Deutschen Bucht.

Wie im ersten Weltkrieg nahm England zunächst zu einer kontinentalen Strategie Zuflucht, indem es eine Expeditionsarmee nach Frankreich entsandte. Im ersten Weltkrieg hatten die französischen Truppen den deutschen Vormarsch zum Stehen bringen können, allerdings ohne im Gegenangriff wieder Terrain zu gewinnen. 1940 aber war gegen den koordinierten Angriff der deutschen Luftwaffe und der Panzerdivisionen kein Widerstand möglich. Innerhalb weniger Tage hatten die deutschen Panzerkeile in einer Sichelbewegung durch das für unwegsam gehaltene Gelände der Ardennen die flandrische Küste erreicht und die britische

Expeditionsarmee mit Teilen ihrer Verbündeten von der Masse der französischen Armee abgetrennt. In einer einmaligen Evakuierungsaktion holte die Royal Navy die Masse der eingeschlossenen Truppen aus dem zur See hin offenen Kessel von Dünkirchen heraus, ohne daß die Luftwaffe das von Göring großspurig gegebene Versprechen, die britische Armee »zu erledigen« halten konnte. Kurz vor dem endgültigen Zusammenbruch Frankreichs erklärte Italien seinen Kriegseintritt, um an dem deutschen Sieg nach einer kurzen militärischen Aktion teilzuhaben. Die Besetzung der französischen Kanal- und Atlantik-Küsten gab nun der deutschen Marine Basen, um auch die britische Stellung am Kanal und Atlantik auszuflankieren.

Glücklicherweise hatte sich England geweigert, die Masse seiner Jagdfliegerkräfte in der Schlacht um Frankreich zu verbrauchen. So konnte es sich die Luftherrschaft über dem Kanal und England erhalten und in der Luftschlacht um England den Versuch der deutschen Luftwaffe, ihm die Herrschaft in der dritten Dimension als Voraussetzung einer deutschen Landung in Südengland streitig zu machen, abschlagen. Daneben mußte England aber sogar das Risiko in Kauf nehmen, sich den bisherigen Verbündeten zum Feind zu machen, um die Gefahr einer Übernahme der großen französischen Flotte durch den Gegner zu verhindern.

Während Hitler, der England nicht direkt angreifen konnte und der seine »neue Ordnung« in Europa weder mit seinem Bundesgenossen Mussolini noch mit Spanien und Vichy-Frankreich aufeinander abstimmen und zu einer gemeinsamen Strategie vereinigen konnte, sich deshalb Plänen zur Niederwerfung Rußlands als des »Festlandsdegens« Englands zuwandte und damit seine »Lebensraum-Ideen« zu verwirklichen suchte, änderten Ende 1940 und im Frühjahr 1941 in England und den USA getroffene Entscheidungen das Gesicht des ganzen Krieges. Vom Kontinent vertrieben, wandte sich England wieder seiner traditionellen peripheren Strategie zu, indem es seine Überlegenheit zur See ausnutzte, um den Gegner an dessen weichen Stellen anzugreifen. Von dem Druck der bevorstehenden deutschen Invasion befreit und durch amerikanische Hilfe in die Lage versetzt, dem Würgegriff der U-Boote besser zu begegnen, bereitete sich England auf eine Offensive im Mittelmeer vor, wo italienische Truppen Ägypten und Griechenland angegriffen hatten, ohne sich gegen den Widerstand durchsetzen zu können. So mußte Hitler, bevor er seinen Plan des Angriffes gegen die Sowjetunion durchführen konnte, vorab noch starke Kräfte ins Mittelmeer verlegen, um die Italiener vor einer Niederlage zu bewahren. Auch mußte er starke Verbände in Westeuropa zur Deckung gegen britische Landungen zurückhalten.

Hitlers Überdehnung seiner militärischen Resourcen sollte sich für Deutschland als fatal erweisen. Zunächst jedoch waren seine Armeen überall erfolgreich. Sie eroberten den Balkan und Griechenland mit Kreta, sie gewannen die Cyrenaika zurück, sie fügten der Roten Armee vernichtende Niederlagen zu und bedrohten Moskau und Leningrad, sie erreichten nach Rückschlägen im Winter sogar 1942 die Wolga und den Kaukasus. Im Mittelmeer gelang es der deutschen Luftmacht zeitweise, der britischen Seite die Benutzung des Mittelmeers als Nachschubroute streitig zu machen, doch konnten die Engländer dieser Schwierigkeit durch die Nutzung der zwar weiteren, aber sicheren Route um das Kap der Guten Hoffnung begegnen und ihrerseits im Mittelmeer den Nachschub der deutsch-italienischen Armeen in Nordafrika schwer stören, weil die Verbündeten es versäumt hatten, zu Beginn des Krieges im Mittelmeer die britische Inselfestung Malta wegzunehmen, und es ihnen später nicht glückte, diese Insel als Basis britischer Angriffskräfte dauernd auszuschalten.

Im Atlantik gelang es den Deutschen nur vorübergehend, mit Überwasser-Handelsstörern Tonnagekrieg zu führen, mit der Versenkung der *Bismarck* waren die schweren deutschen Streitkräfte von den Ozeanen vertrieben. Es blieb den U-Booten allein überlassen, die Schlacht um die Zufuhren zu schlagen. Mit ihren Rudel-Angriffen brachten sie, vor allem als ihre Zahlen 1942 schnell anwuchsen, wie im ersten Weltkrieg England an den Rand einer Katastrophe. Aber wie damals erwiesen sich das Konvoi-System, vor allem aber die planmäßige Nutzung wissenschaftlicher Erkenntnisse und ihre schnelle Umsetzung in wirksame Waffen und Geräte als entscheidende Faktoren in der Überwindung dieser – für England im Kriege wieder tödlichsten Gefahr. Nach vorübergehenden Erfolgen in den entfernten Seegebieten vor Amerika und Afrika kam auch hier der U-Boot-Krieg vor der immer stärker werdenden alliierten Abwehr zum Erliegen, doch banden die U-Boote bis zum Kriegsende enorme Reserven an Schiffen, Flugzeugen, Menschen und technischem Potential, das anderfalls sehr viel früher für eine entscheidende Offensive gegen Deutschland hätte eingesetzt werden können.

Wenn auch die Engländer und Amerikaner als Alliierte im ganzen eng und wirksam zusammenarbeiteten, so gab es doch häufige Meinungsverschiedenheiten über die einzuschlagende Strategie. Die Hauptdifferenz entstand über den amerikanischen Wunsch nach einer baldigen Invasion Frankreichs mit einem anschließenden direkten Stoß in das Herz Deutschlands. Die Engländer, vom Kontinent vertrieben, zogen ihre periphere Strategie vor, zumindest solange bis die Alliierten eine derart große Überlegenheit gewonnen hatten, daß ein Sieg in Europa keine Frage mehr sein konnte. Auch die Russen drängten auf eine möglichst baldige Errichtung einer »Zweiten Front«, doch wurde es immer mehr deutlich, daß England und die USA noch nicht über die nötige Stärke für sofortige Operationen auf dem Kontinent verfügten. Aber es mußte etwas getan werden, um die vorhandenen Kräfte sinnvoll zu nutzen und die Russen zu entlasten. Die anglo-amerikanischen Landungen in Nordafrika im November 1942 bezeichneten die versuchsweise Annahme der peripheren Strategie durch die Amerikaner. Hauptziel dieser und der weiteren Operationen auf dem Mittelmeerkriegsschauplatz war es, deutsche Kräfte aus Westeuropa abzuziehen und damit den schließlichen anglo-amerikanischen Angriff über den Kanal weniger kostspielig zu machen. In dieser Hinsicht hatte der britische Plan, wenn er wohl auch den Krieg verlängerte, offensichtlich Erfolg, denn tatsächlich verlor das britische Commonwealth im zweiten Weltkrieg nur halb so viele Tote als im ersten Weltkrieg.

Die alliierten Landungen in Nordafrika fielen mit dem Wendepunkt des Krieges zusammen und waren ein Teil seiner Ursache. Der deutsche Vormarsch war aufgehalten worden, und gleichzeitig gingen die Russen bei Stalingrad und die Engländer bei El Alamein zur Offensive über. Für die Deutschen, bisher an Land siegreich, wurde der Krieg nun zu einem langen Rückzug auf die Grenzen des Reiches. In Nordafrika war die alliierte Landung mit der Offensive aus Ägypten zeitlich aufeinander abgestimmt. Die zwei Offensiven trafen sich in Tunesien, wo schließlich 275 000 Mann der Achse abgeschnitten wurden.

Mit der alliierten Invasion Siziliens im Juli 1943 sicherten England und Amerika den Weg durch das Mittelmeer und trieben Italien aus dem Krieg. Im folgenden September landeten sie in Italien, nun von den Deutschen allein verteidigt, zunächst im Süden bei Reggio und Taranto, dann bei Salerno. Die Landung bei Salerno erwies sich als schwierig, doch die Erfahrungen der früheren Landungen, insbesondere die in der Unterstützung durch Schiffsartillerie, ermöglichten es, den Brückenkopf zu halten und auszubauen, um den Vormarsch nach Norden aufzunehmen. Die alliierte Landung bei Anzio im Januar 1944 wurde mit unzulänglichen Kräften ausgeführt, so daß sie ihr Ziel der Abschneidung der deutschen Nachschublinien zur Hauptfront weiter südlich nicht erreichte. Doch die Luft-Interdiction erschwerte den deutschen Nachschub derart, daß die Hauptfront schließlich wieder in Bewegung geriet und den Brückenkopf bei Anzio entsetzte und die Deutschen über Rom hinaus nach Norden zurückgedrängt wurden.

Als ihren Preis für die Zustimmung zur Invasion Italiens hatten die Amerikaner von den Engländern die Zusicherung erhalten, im Frühjahr 1944 in Frankreich zu landen. Schon während der Landungen und Kämpfe auf Sizilien und in Italien wurden deshalb die Kräfte für die kommende Großlandung in England zusammengezogen, während die alliierten Luftwaffen von England aus die Luftherrschaft in Westeuropa gewannen und den künftigen Brückenkopf vom übrigen Verkehrssystem isolierten. Wieder divergierte die britische und amerikanische Strategie. Während Churchill wünschte, die Position in Italien zu einem Angriff gegen den Balkan auszunutzen, um hier eine feste Stellung zu gewinnen, ehe die Rote Armee in diese Gebiete einbrach, drängten die Amerikaner darauf, Kräfte aus Italien für eine Invasion Südfrankreichs bereitzustellen, um den Angriff gegen Deutschland von Westen zu unterstützen, indem man mit Marseille einen Hafen großer Kapazität zu gewinnen hoffte. Diesmal gewannen die amerikanischen Gedanken ihrer kontinentalen Strategie die Oberhand. Die Invasion der Normandie über den Kanal hinweg, möglich geworden durch eine überwältigende Stärke der Alliierten zur See, in der Luft und schließlich auch an Land, nachdem zuvor die U-Boot-Gefahr überwunden war, begann am 6. Juni. Am 15. August folgten die Landungen in Südfrankreich, und die zwei Stoßkeile trieben die Deutschen zurück an die Grenzen Deutschlands und der Niederlande.

Nochmals ergab sich eine englisch-amerikanische Meinungsverschiedenheit über die einzuschlagende Strategie. Während General Montgomery die geschlagene deutsche Armee durch einen schwerpunktmäßig über den Rhein westlich des Ruhrgebietes vorgetragenen Stoß nicht zur Ruhe kommen lassen wollte, um den Krieg noch 1944 zu beenden, eine Idee, die mit dem Rückschlag bei Arnheim gestoppt wurde, wollte General Eisenhower zunächst die logistischen Voraussetzungen für einen Vorstoß auf breiter Front über den Rhein hinweg schaffen, ein Vorhaben, das durch die deutsche Offensive in den Ardennen Mitte Dezember 1944 infolge der notwendigen Umgruppierungen verzögert wurde. So konnten die Russen durch ihre gegen Ende Januar 1945 aus der Weichsel-Linie startende große Winteroffensive die Deutschen über Hunderte von Kilometern bis an die Oder zurückwerfen. Als die Westalliierten im März ihre Offensive über den Rhein mit kanadischen, amerikanischen, britischen und französischen Armeen begannen, hatten sie noch weite Räume zu überwinden, so daß die Russen mit ihrer 3 Wochen später beginnenden Offensive über die Oder doch in der Lage waren, die Reichshauptstadt Berlin allein einzuschließen und zu erobern.

Wie im Krieg gegen Napoleon hatte die britische periphere Strategie England die erste Möglichkeit zur Ergreifung der Offensive gegeben. Zusammen mit der Bindung der überwiegenden Zahl der deutschen Kräfte an der Ostfront gegenüber der Sowjetunion hatte diese Strategie die Deutschen erhebliche Kräfte gekostet, so daß schließlich der entscheidende Angriff mit überwältigender Stärke von See her geführt werden konnte. Ebenso wie das Reich Napoleons, so wurde auch Hitlers Reich dann aber durch mehrere Stoßkeile aus verschiedenen Richtungen zum Zusammenbruch gebracht.

Die endgültige Niederlage der Achsenmächte wurde in Europa weitgehend durch Land- und Luftmacht erreicht. Doch fraglos war die überlegene Seemacht die unabdingbare Voraussetzung für den Sieg. Die U. S. Navy und die Royal Navy sicherten über Jahre hinweg die überseeischen Konvois mit den Waffen, der Munition, der Ausrüstung und dem Material, das einerseits die Niederlage Englands verhinderte und das der Sowjet-Armee die für den Sieg notwendige Beweglichkeit verlieh. Die alliierten Konvois transportierten die Armeen nach Nordafrika und Westeuropa, die den Kampf in Italien und Frankreich sowie schließlich den Stoß ins Herz Deutschlands führten. Mit Unterstützung ihrer verbündeten kleineren Marinen trugen die beiden großen angelsächsischen Flotten die Invasionsarmeen von Landekopf zu Landekopf, setzten sie gegen starken Widerstand an Land und führten solange Nachschub und Verstärkungen heran, bis sie aus den gewonnenen Brückenköpfen den Vormarsch antreten konnten. All das wäre nicht möglich gewesen, wenn die alliierten Konvoi-Geleitkräfte auf See und in der Luft nicht nach einem fast 4jährigen unablässigen erbitterten Kampf schließlich die Oberhand über die U-Boote gewonnen hätten, deren Würgegriff die Verbindung der alten und neuen Welt zu unterbrechen drohte.

So kamen die Flotten auch in diesem Kriege ihrer Aufgabe nach, überwältigende militärische Macht über weite Seeräume hinweg an den strategisch entscheidenden Punkten zur Wirkung zu bringen.

Kapitel 38

Der japanische Vormarsch

Von F. Forstmeier übersetztes Kapitel I der amerikanischen Taschenbuch-Ausgabe »Triumph in the Pacific«, die auf dem Kapitel 35 der US-Originalausgabe basiert, die von W. B. Lewis verfaßt und E. B. Potter bearbeitet wurde.

Der Angriff auf Pearl Harbor

Der Überfall der Japaner auf Pearl Harbor war kühn wie kaum ein Unternehmen der Seekriegsgeschichte. 3500 sm weit mußte ein Flugzeugträgerverband über den Ozean zum mächtigsten amerikanischen Marinestützpunkt des Pazifik vorstoßen und unbemerkt eine Ausgangsposition zum Schlagen erreichen. Sollte der Überfall gelingen, so durften die Amerikaner nicht ahnen, was ihnen bevorstand. Völlig unvorbereitet mußte sie der Angriff treffen; die Schiffe der Flotte mußten still im Hafen liegen, die Flugzeuge auf den Flugplätzen abgestellt sein.

So unglaublich es klingt, genau dies geschah. Und doch hatte es an Warnzeichen für die USA nicht gefehlt. Da die Amerikaner den japanischen diplomatischen Geheimcode entschlüsselt hatten, konnten die japanischen Funkmeldungen mitgelesen werden. Man wußte, daß die japanische Botschaft in Washington Befehl erhalten hatte, alle Schlüsselunterlagen zu zerstören bis auf jene, mit der die letzte Nachricht entschlüsselt werden sollte. Diese letzte Nachricht – sie bezog sich auf den Abbruch der Verhandlungen mit den Vereinigten Staaten – traf am Vorabend des Überfalls auf Pearl Harbor ein. Präsident Roosevelt las sie und sagte: »Das bedeutet Krieg!«

In zwei früheren Kriegen, gegen China im Jahre 1894 und gegen Rußland im Jahre 1904, hatte Japan gezeigt, wie es den Abbruch der diplomatischen Beziehungen verband mit einem Überfall auf die feindliche Flotte – ohne vorherige Kriegserklärung. Der Kern der amerikanischen Pazifikflotte befand sich in Pearl Harbor. Nur Flugzeugträger konnten wirkungsvoll angreifen. Ohne Zweifel würde ein Angriff beim ersten Tageslicht ausgeführt werden müssen, damit die angreifenden Flugzeugträger die letzte Etappe ihres Marsches im Schutze der Dunkelheit zurücklegen konnten. Die entzifferte japanische Weisung legte ausdrücklich fest, daß die Note über den Abbruch der Beziehungen dem US-Außenminister am 7. Dezember genau um 13.00 Uhr ausgehändigt werden sollte, das heißt um 07.30 Uhr Pearl-Harbor-Zeit. Admiral Harold R. Stark, der Chef der amerikanischen Seekriegsleitung, hielt es für unzweckmäßig, dem Befehlshaber der Pazifischen Flotte, Admiral Husband E. Kimmel, erneut wegen bevorstehender Kriegsgefahr zu warnen. »Ich lasse besser keine weitere Warnung hinausgehen«, bemerkte er gegenüber General George C. Marshall, dem Chef des Generalstabes der Armee, »das würde höchstens Verwirrung stiften.« Marshall jedoch benachrichtigte die Hauptstützpunkte im Pazifik, aber seine Nachricht an Generalmajor Walter C. Short, den Abschnittsbefehlshaber Hawaii, ging über die normalen öffentlichen Nachrichtenkanäle und erreichte Shorts Hauptquartier erst nach dem Angriff.

Auf den Flugplätzen von Pearl Harbor standen die Maschinen übersichtlich und exakt aufgereiht, so daß sie leicht gegen Sabotageanschläge geschützt und überwacht werden konnten – aber ebensoleicht waren sie aus der Luft zu zerstören. Noch war man hauptsächlich mit Ausbildungsaufgaben beschäftigt, weniger mit Verteidigungsmaßnahmen für den Kriegsfall. Am 7. Dezember, einem Sonntagmorgen, lagen alle Schlachtschiffe im Hafen versammelt, die Besatzungen sollten das Weekend genießen. Glücklicherweise waren die beiden Flugzeugträger *Lexington* und *Enterprise* in See. Sie überführten Flugzeuge nach Midway und Wake. Eine Stunde vor dem Angriff meldete ein Zerstörer die Versenkung eines Klein-U-Bootes vor der Einfahrt von Pearl Harbor. Gleichzeitig orteten zwei Heeres-Radargeräte am entgegengesetzten Ende der Insel Oahu eine größere Anzahl von Norden her anfliegender Flugzeuge. Aber keines der gemeldeten Vorkommnisse machte die Verteidiger stutzig.

Warum waren trotz aller Anzeichen weder Washington noch Pearl Harbor auf einen Angriff gefaßt? In der Hauptsache wohl deshalb, weil die amerikanische Regierung und die führenden Militärs ihr Hauptaugenmerk auf einen anderen japanischen Vorstoß richteten, der tatsächlich den Hauptangriff darstellte. In japanischen und japanisch-besetzten Häfen war die Versammlung von starken Expeditionsstreitkräften beobachtet worden. Nachfolgende Meldungen berichteten das Auslaufen dieser Kräfte und ihren Vormarsch in südlicher Richtung. Bald darauf sichteten amerikanische Flieger dieselben oder ähnliche Streitkräfte in der indochinesischen Camranh-Bucht. Am 6. Dezember stellte ein britisches Flugzeug vor der Südspitze Indochinas einen Geleitzug fest, offenbar mit Kurs auf die Malaiische Halbinsel.

Ein Vorstoß der Japaner nach Süden war seit Monaten erwartet worden. Japan war hinsichtlich seiner Ölversorgung weitgehend von den USA abhängig; es brauche Öl, um seinen Krieg gegen China fortsetzen zu können. Als Amerika den Ölverkauf an Japan einschränkte, trafen die Japaner Anstalten, sich eine Ölversorgungsbasis in Niederländisch-Indien zu schaffen. Im Juli 1941 besetzten sie Süd-Indochina und kamen so in den Besitz von Flugplätzen in Reichweite der Philippinen, Singapores und Borneos. Die Vereinigten Staaten, Großbritannien und Niederländisch-Indien antworteten mit dem Einfrieren der japanischen Guthaben. Das Ergebnis war die Unterbindung jeglichen Handels zwischen Japan und den Vereinigten Staaten; die Japaner konnten Öl und andere Güter kaum mehr beschaffen. Die politische und militärische Führung der Vereinigten Staaten rechnete damit, daß die Japaner mit dem völligen Versiegen ihrer Ölversorgung über kurz oder lang nach Niederländisch-Indien vorstoßen und Singapore, unter Umständen auch die Philippinen und Guam besetzen würden, um ihre Seeverbindungen nach Süden zu sichern. Kaum aber hielt die amerikanische militärische Führung einen japanischen Überfall auf Pearl Harbor für möglich. Vielmehr glaubte sie, daß die Japaner weder genügend Kräfte noch die Kühnheit besäßen, ein so risikoreiches Unternehmen zu wagen.

Die amerikanische Auffassung deckte sich fast völlig mit der des japanischen Admiralstabes. Dort bekannte man sich zwar zu der Notwendigkeit, den niederländisch-indischen Raum zu erobern; als aber Admiral Isoroku Yamamoto, der Oberbefehlshaber der japanischen Vereinigten Flotte, darüber hinaus einen Angriff auf Pearl Harbor vorschlug, waren die Herren des Admiralstabes schockiert. Sie setzten sich energisch dagegen zur Wehr, den bevorstehenden Stoß nach Süden zugunsten einer derartig gewagten Operation zu schwächen. Yamamoto aber gab nicht nach; er beharrte darauf, daß die Ausschaltung der amerikanischen Pazifikflotte eine wesentliche Voraussetzung für den Erfolg des Angriffs im Süden sei. Schließlich drohte er mit dem Rücktritt, falls sein Plan nicht angenommen werde. Der Admiralstab gab Anfang November nach. Die für Pearl Harbor bestimmte Kampfgruppe, die Flugzeugträger *Akagi, Kaga, Hiryu, Soryu, Shokaku* und *Zuikaku,* gesichert von den Schlachtschiffen *Hiei* und *Kirishima,* drei Kreuzern und neun Zerstörern, begab sich an einen geheimgehaltenen Stützpunkt auf den Kurilen, um dort weitere Befehle abzuwarten.

Ende November war die japanische Regierung zu der Überzeugung gelangt, daß Verhandlungen mit den USA über die Freigabe der japanischen Guthaben zwecklos seien. Aus japanischer Sicht gab es nur eine Alternative: entweder den Kampf mit noch mehr Feinden, einschließlich der Vereinigten Staaten, auf sich zu nehmen oder aber sich aus China zurückzuziehen und das Lieblingsprojekt der Schaffung einer »Großostasiatischen Wohlstandssphäre« aufzugeben. Wenn der Krieg schon nicht zu vermeiden war, so schien jetzt die Zeit dazu günstig. Deutsche Armeen standen vor Moskau und Alexandria. Ein großer Teil der amerikanischen Flotte war im Atlantik gebunden, wo die USA einen nicht offen erklärten Krieg gegen Deutschland führten, indem sie die britische Flotte beim Schutz von Geleitzügen vor U-Booten unterstützten. Nach den Abmachungen des Dreierpaktes mußten Deutschland und Italien im Falle einer amerikanischen Kriegserklärung an Japan den USA den Krieg erklären.

Am 26. November verließ die zum Angriff auf Pearl Harbor bestimmte Kampfgruppe ihren Stützpunkt auf den Kurilen mit östlichem Kurs. Am 1. Dezember bestätigte eine Regierungs-Konferenz in Tokio in Anwesenheit des Kaisers den Entschluß des Ministerpräsidenten Hideki Tojo, den Krieg zu wagen. Am Tage darauf ließ Admiral Yamamoto an die Kampfgruppe den Funkbefehl ergehen: »Berg Niitaka besteigen«, das hieß: »Angriff durchführen.«

Am 7. Dezember um 01.00 Uhr erhielt der Befehlshaber der Kampfgruppe, Vizeadmiral Chuichi Nagumo, aus Tokio die Nachricht, daß sich in Pearl Harbor keine Flugzeugträger befänden. Dies war eine bittere Enttäuschung; aber immerhin waren acht Schlachtschiffe im Hafen gemeldet. Diese sollten nun Hauptziel des Angriffs sein. Gleichzeitig mußten die Flugplätze und Flugzeuge bombardiert werden, um etwaige Gegenangriffe zu verhindern. Kurz vor der Morgendämmerung erreichten Nagumos Träger ihre Angriffsposition 200 sm nördlich von Pearl Harbor und drehten in den Wind. Um 06.00 Uhr startete die erste Welle mit 183 Maschinen. Nach bangem, fast zweistündigem Warten, fing das Flaggschiff Nagumos das verabredete Kennwort des Fliegerführers auf: »Tora ... Tora ... Tora« »Tiger ... Tiger ... Tiger«. Bemerkenswerterweise wurde das Signal auch im Japanischen Binnenmeer von Yamamotos Flaggschiff aufgefangen. Es bedeutete: »Überraschung gelungen.« Yamamoto soll in diesem Augenblick triumphierender Genugtuung äußerlich nicht die geringste Erregung gezeigt haben.

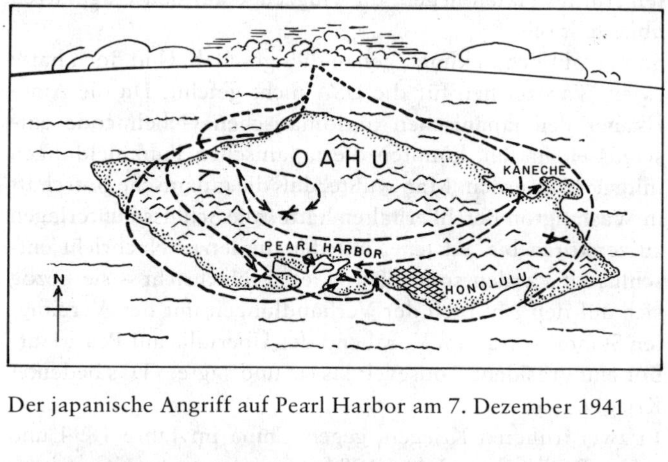

Der japanische Angriff auf Pearl Harbor am 7. Dezember 1941

Die Kampfgruppe Nagumos hatte um 07.15 Uhr eine zweite Welle von 170 Maschinen gestartet. Gegen 13.00 Uhr waren bis auf 29 im Einsatz verlorene Flugzeuge alle Maschinen wieder auf ihren Trägern gelandet. Eine halbe Stunde später zog sich die Kampfgruppe auf ein Flaggensignal von der *Akagi* hin nach NNW zurück. Ein Gegenangriff erfolgte nicht.

Als sich der Rauch über Oahu hob, lagen mehr als 2400 Amerikaner, vorwiegend Marineangehörige, tot oder sterbend in ihrem Blute. Weitere 1300 waren verwundet. Unge-

fähr 230 Flugzeuge waren zerstört oder schwer beschädigt, und in Pearl Harbor hatten 18 Schiffe Treffer erhalten. Die Schlachtflotte war ein Schrotthaufen. Die *Arizona* war durch schwere Treffer vernichtet, die *Oklahoma* gekentert und für immer außer Gefecht gesetzt; die *California* und *West Virginia* wurden an ihren Liegeplätzen versenkt, die *Nevada* auf Grund gesetzt, die *Maryland, Tennessee* und *Pennsylvania* waren mehr oder minder schwer beschädigt.
Trotz dieser schweren Verluste konnten sich die Amerikaner damit trösten, daß die Reparaturwerkstätten von Pearl Harbor, in denen die meisten beschädigten Schiffe voll repariert werden konnten, nicht getroffen worden waren. Noch wichtiger war, daß die Angreifer die Öltankanlagen verfehlt hatten, in denen sich 535 Millionen Liter Treiböl befanden. Der Verlust dieser gewaltigen Ölmenge würde amerikanische Operationen im Pazifik weit mehr gehindert haben, als es durch die der Flotte zugefügten Schäden der Fall war.
Was hatte Yamamoto mit seinem Angriff erreicht? Er hatte mit einem Schlag den in den Vereinigten Staaten weit verbreiteten Isolationismus und Pazifismus hinweggefegt. Er hatte 130 Millionen Amerikaner in dem unerbittlichen Entschluß geeint, den Krieg gegen alle Widerstände bis zum Sieg durchzukämpfen.
Militärisch gesehen hatte Yamamoto durch seinen Angriff die amerikanische Marinepolitik von einem lästigen Anhängsel befreit. Es war dies die Theorie der »Linie«, die von vielen älteren Admiralen verfochten wurde. Diese hatten sich bisher geweigert, Flugzeugträger als Großkampfschiffe anzuerkennen. Einige einflußreiche »Linien«-Admirale glaubten, daß der kommende Krieg im großen und ganzen in der gleichen Weise wie der letzte geführt werden würde und Begegnungen der Schlachtflotten wie zuvor zu Artillerieduellen der gegnerischen »Linien« führen würden, kurz, daß die Artillerie und nicht das Flugzeug immer noch die entscheidende Waffe des Seekriegs sei. Die »Theorie der Linie« wies den Trägern Aufklärungs- und Fühlungshalter-Aufgaben zu, ferner Artilleriebeobachtung bei Seegefechten und Küstenbeschießungen, Unterstützung der Sicherungsverbände beim Schutz der Flotte (und namentlich der Träger selbst) vor feindlichen U-Boot- und Luftangriffen und schließlich den Angriff auf einen schnellen, flüchtigen Feind, mit dem Ziel, durch Treffer seine Geschwindigkeit herabzusetzen und es den verfolgenden Schlachtschiffen und Kreuzern zu ermöglichen, ihre Artillerie zum Tragen zu bringen.
Der japanische Flugzeugträgerangriff auf Pearl Harbor bewirkte in den ersten Stunden des Krieges, als die amerikanischen Schlachtschiffe schlagartig außer Gefecht gesetzt wurden, den Verzicht auf diese Linientheorie. Die Flugzeugträger *Saratoga, Lexington, Enterprise, Yorktown, Wasp* und *Hornet* wurden notwendigerweise Großkampfschiffe[1], »Königinnen« der Flotte, und erhielten schließlich ein ständiges Gefolge von Kreuzern und Zerstörern. Als dann neuerbaute, schnelle Schlachtschiffe gegen Ende des Jahres 1942 auf dem pazifischen Kriegsschauplatz in Aktion treten konnten, wurden sie gleichfalls in die Sicherungsgruppen für Flugzeugträger eingegliedert.

1 Die *Ranger* zählte nicht als Angriffsträger. Als sie 1934 in Dienst gestellt wurde, hatte sich die Konstruktionsplanung für Flugzeugträger in den USA bereits weiterentwickelt. Sie blieb im Atlantik, wo sie als Flugzeugtransporter wertvolle Dienste leistete.

Die alten, in Pearl Harbor versenkten oder beschädigten Schlachtschiffe waren für solche Einsätze viel zu langsam. Dank dem intakten Zustand der Reparaturwerkstätten konnten, mit Ausnahme der *Arizona* und *Oklahoma,* alle gehoben, repariert und bis 1944 wieder in Dienst gestellt werden. Sie leisteten nützliche Dienst bei Küstenbeschießungen zur Unterstützung amphibischer Operationen. In der Zwischenzeit machte ihr temporärer Verlust Tausende ausgebildeter Seeleute, an denen ein fühlbarer Mangel bestand, für den Einsatz auf Trägern, Geleit- und amphibischen Fahrzeugen verfügbar.

Der japanische Stoß nach Süden

Die amerikanische Annahme, Japan sei höchstens in der Lage, jeweils eine Offensive, nicht mehrere gleichzeitig zu führen, wurde schnell widerlegt. Noch vor dem Überfall auf die Pazifikflotte waren japanische Truppen auf der Malaiischen Halbinsel bei Singora und Kota Bharu gelandet und hatten einen 650-Meilen-Marsch auf Singapore begonnen, dessen Batterien nur zur Abwehr eines von See her geführten Angriffs aufgestellt waren. Nach dem Angriff auf Pearl Harbor griffen japanische Flugzeuge Wake, Guam, Hongkong, Singapore und die Philippineninseln Luzon und Mindanao an. In Indochina stehende japanische Truppen drangen in Thailand ein.
Admiral Thomas C. Hart in Manila entsandte ungesäumt die Überwassereinheiten seiner winzigen US-Asienflotte nach Süden, wo sie sich mit britischen, holländischen und australischen Einheiten zu einer Verteidigungs-Kampfgruppe, der »ABDA«, zusammenschlossen.
Die kampfkräftigsten alliierten Schiffe im ostindischen Raum waren das britische Schlachtschiff *Prince of Wales* und der Schlachtkreuzer *Repulse* in Singapore. Von vier Zerstörern gesichert, stieß Admiral Sir Thomas Phillips mit beiden Schiffen nach Norden vor, um japanische Landungsoperationen zu zerschlagen. Die britische Luftwaffe war voll für die Unterstützung der Truppen an der Landfront in Anspruch genommen und konnte keinen Jagdschutz stellen. Der Verband kam jedoch zu spät; er konnte keine feindlichen Transporter abfassen. Am 10. Dezember wurde er durch in Indochina stationierte japanische Flugzeuge angegriffen. Vom Bomben und Torpedos getroffen, kenterten und sanken *Prince of Wales* und *Repulse* – eine Lektion für Unbelehrbare, die bezweifelten, daß Großkampfschiffe auf hoher See aus der Luft vernichtet werden konnten.

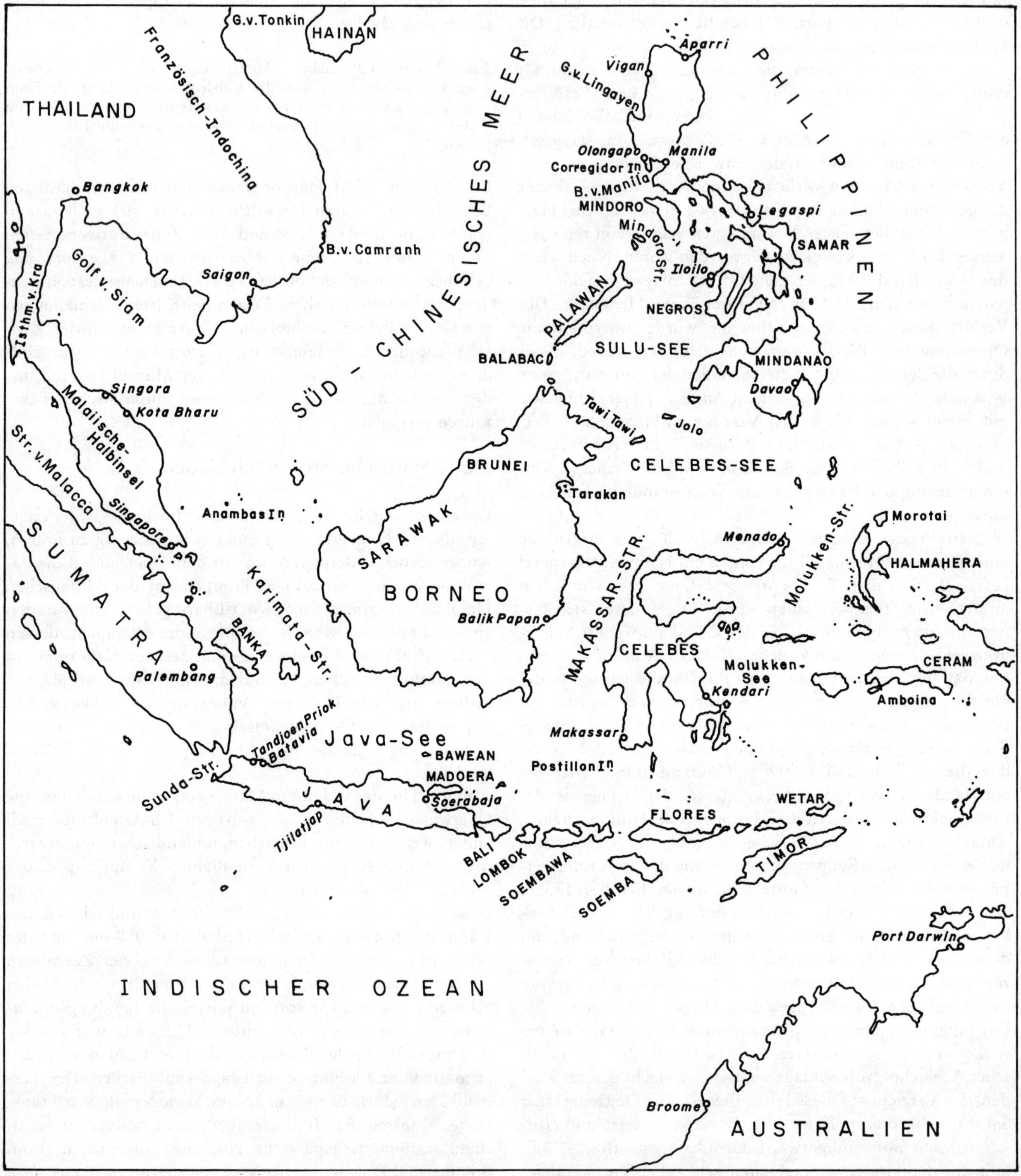

Kriegsschauplatz Niederländisch - Indien

Am selben Tag zerbombten die Japaner die Marinewerft Cavite an der Bucht von Manila und landeten erstmals auf den Philippinen bei Vingan und Aparri. Weitere Landungen bei Legaspi und Davao folgten. Nach der Hauptlandung im Golf von Lingayen erklärte General Douglas MacArthur Manila zur offenen Stadt, um ihr weitere Bombenangriffe zu ersparen. Seine philippinisch-amerikanische Armee führte er nach Norden um die Bucht von Manila herum auf die Halbinsel Bataan. Einen Tag nach der Landung im Golf von Lingayen landeten die Japaner in Hongkong, das am ersten Weihnachtsfeiertag fiel.

Die Verteidiger auf Malaya kämpften verbissen, doch konnten sie die japanische Flut nicht aufhalten, die in 54 Tagen die Spitze der Halbinsel erreichte. Am 1. Februar 1942 setzten sich die letzten Briten und Australier auf die Insel Singapore ab und sprengten den zum Festland führenden Damm. Eine Woche später landeten japanische Truppen unter dem Schutz schweren Sperrfeuers auf der Insel. Am 15. Februar ergab sich Singapore.

Aus japanischer Sicht hatten diese Operationen nur periphere Bedeutung; sie sollten die Flanken des Hauptstoßes sichern, der Mitte Dezember 1941 mit einer Landung in der Nähe von Brunei auf Borneo begann. Anfang Januar arbeiteten sich japanische Streitkräfte sprungweise von Jolo an der Ost- und Westküste Borneos über Tarakan nach Balik Papan und Makassar auf Celebes vor. Andere gingen über die Molukken-See von Menado nach Amboina vor. An jedem Landungspunkt bauten sie einen Flugplatz, der wegen der meist primitiven Verbindungswege vor einem Angriff aus dem Landesinnern relativ sicher war. Danach unternahmen sie unter dem Schutz ihrer von diesen Flugplätzen oder von Flugzeugträgern aus operierenden Luftwaffe die nächste planmäßige Landung.

Mitte Februar erreichte die Flugzeugträger-Kampfgruppe Nagumos Niederländisch-Indien. Am 19. griff sie im Zusammenwirken mit Landflugzeugen, die in Celebes stationiert waren, den Haupthafen Nordaustraliens, Port Darwin, an, zerstörte Docks und Lagerhäuser und versenkte ein Dutzend Schiffe. Dieser Angriff und eine Landung auf Timor am folgenden Tag bewirkten die Isolierung Javas, auf das sich die japanischen Zangenarme zubewegten.

Das amerikanische Oberkommando betrachtete von da an Niederländisch-Indien und die Philippinen als verloren. Nichtsdestoweniger leisteten amerikanische Truppen auf Bataan weiter Widerstand, und die amerikanischen Kriegsschiffe verblieben bei der ABDA, weniger in der Hoffnung, den japanischen Vormarsch aufhalten oder ihn auch nur verlangsamen zu können, sondern deshalb, weil sie die Kampfgefährten Amerikas im Fernen Osten nicht im Stich lassen wollten. Der holländische Konteradmiral Karel Doorman, der den operativen und taktischen Einsatz der ABDA-Seestreitkräfte leitete, verfügte einfach nicht über ausreichende militärische Mittel, um auch nur einem der japanischen Offensivstöße beiderseits Borneo wirksam begegnen zu können, vor allem angesichts der japanischen Luftüberlegenheit. Gegen Ende Februar näherten sich aus Nordwesten und Nordosten Geleitzüge: die gegen Java gerichteten Zangenarme begannen sich zu schließen. Am 27. stellte sich Doorman dem östlichen Zangenarm entgegen, obwohl zu diesem Zeitpunkt seine Kampfgruppe nur noch aus zwei Schweren und drei Leichten Kreuzern sowie einigen Zerstörern bestand. Die aus der Begegnung mit den Japanern resultierende »Schlacht in der Java-See« vollendete die Vernichtung der ABDA-Kampfgruppe. Bei der ersten Gefechtsberührung am Spätnachmittag versenkten die japanischen Sicherungseinheiten, die den Vorteil der Luftaufklärung hatten, zwei Zerstörer und setzten den britischen Schweren Kreuzer *Exeter* außer Gefecht. Daraufhin brach Doorman das Gefecht ab, schlug einen Bogen und versuchte, an die feindlichen Transporter heranzukommen. Aber in der Abenddämmerung geriet er wieder an die sichernden Kriegsschiffe, mit denen er erneut das Artilleriegefecht aufnahm. Die vier amerikanischen Zerstörer der ABDA zogen sich nach – erfolglosem – Verschuß ihrer Torpedos nach Soerabaja zurück. Sie entkamen später nach Australien. Der Rest der Kampfgruppe lief erst an der javanischen Nordküste entlang, wobei er einen Zerstörer auf einem neu ausgelegten holländischen Minenfeld verlor, und nahm dann Kurs nach Norden. Er wurde von feindlichen Flugzeugen, die Leuchtbomben warfen, ausgemacht. Als Doorman gegen Mitternacht wiederum in Gefechtsberührung mit der japanischen Geleitsicherung kam, bestand seine Streitmacht nur noch aus den holländischen Leichten Kreuzern *De Ruyter* und *Java,* dem amerikanischen Schweren Kreuzer *Houston* und dem australischen Leichten Kreuzer *Perth.*

Beide holländischen Kreuzer wurden von einem Torpedofächer getroffen und sanken. Als sein Flaggschiff *De Ruyter* unterging, befahl Doorman den noch verbliebenen beiden Kreuzern den Rückzug.

Die flüchtenden Kreuzer *Houston* und *Perth* stießen in der nächsten Nacht in der Sundastraße auf die westliche Landungsgruppe der Japaner; beide wurden versenkt. Am nächsten Tag ereilte die beschädigte *Exeter* und zwei begleitende Zerstörer das gleiche Schicksal. Auch sie wurden in der Sundastraße gestellt und von japanischen Schiffen und Flugzeugen versenkt. Die meisten Schiffe in Stützpunkten an der südjavanischen Küste konnten entkommen. Jedoch versenkte Nagumos Kampfgruppe, die den Seeraum überwachte, um flüchtige Schiffe einzufangen, mehrere Einheiten, darunter auch zwei amerikanische Zerstörer.

Die in Ost und West gelandeten japanischen Truppen suchten sich mit größter Schnelligkeit zu vereinigen. Am 9. März zwangen die Japaner Java zur bedingungslosen Kapitulation. Bis zum Monatsende war ganz Niederländisch-Indien in ihrer Hand. Japan hatte die gesteckten Ziele erreicht und das »Südliche Rohstoffgebiet« erobert. Die ergiebigen Quellen Borneos und Sumatras boten einen unerschöpflichen Vorrat an Erdöl. Außerdem gab es auf den Inseln Reis, Zinn, Rohgummi und Chinin in Fülle.

Inzwischen waren andere japanische Kräfte von Thailand durch Burma bis nach Rangoon vorgedrungen, das am Tage vor der Kapitulation Javas fiel. Um den Seeweg nach Rangoon zu sichern, besetzten die Japaner die Andamanen. Nagumos Kampfgruppe lief zu einem Angriff auf Ceylon aus, dem Stützpunkt der britischen »Eastern Fleet«. Der unter dem Befehl von Admiral Sir James Somerville stehende Verband umfaßte vier Schlachtschiffe und fünf Flugzeugträger. Vom Anmarsch der Japaner rechtzeitig unterrichtet, befanden sich Somervilles Schiffe in See, als Nagumo am 5. April Colombo an der Westküste und vier Tage später Trincomalee an der Ostküste Ceylons bombardierte. Nagumos Aufklärer orteten jedoch Teile der Flotte Somervilles; zwei Zerstörer, zwei Kreuzer und der Flugzeugträger *Hermes* wurden versenkt. Nach diesen Schlägen verlegte Somerville den Rest seiner Flotte nach Ostafrika. Nagumo kehrte im Triumph nach Japan zurück.

Zwei Tage nach der Kapitulation Javas verließ General MacArthur auf Bitte der australischen Regierung und auf ausdrücklichen Befehl des Präsidenten Roosevelt die Inselfestung Corregidor und begab sich mit einem Schnellboot auf die südlichen Philippinen. Mit den Worten: »Ich komme zurück . . .« flog er von dort nach Australien, um die Verteidigung des Kontinents zu übernehmen. Im April ergaben sich schließlich die 64000 Filippinos und 12000 Amerikaner auf Bataan; Hunger, Krankheiten und ununterbrochener Einsatz hatten die Verteidiger dezimiert. Sie traten dann den berüchtigten Todesmarsch ins Gefangenenlager an, wobei sie brutalen Mißhandlungen ausgesetzt waren. Anfang Mai sah sich der Nachfolger MacArthurs, Generalmajor Jonathan Wainwright, gezwungen, Corregidor und damit den Rest der Philippinen zu übergeben.

Der japanische Verteidigungsring

Während die Japaner weiter nach Süden vorwärtsdrangen und ihre rechte Flanke in Burma, Malaya und im Indischen Ozean sicherten, schufen sie gleichzeitig zur Deckung ihrer linken Flanke einen Verteidigungsring von Stützpunkten im Pazifischen Ozean. Bei Ende des ersten Weltkrieges war Japan das Mandat über die früheren deutschen Besitzungen im Pazifik nördlich des Äquators zugesprochen worden – die Karolinen (mit Truk, dem sogenannten »japanischen Pearl Harbor«), die Marshallinseln und die gesamten Marianen mit Ausnahme von Guam, das die Vereinigten Staaten 1899 erworben hatten. Einige Zeit vor dem Kriegsausbruch im Pazifik 1941 hatte Japan mit dem Bau von Flugplätzen und Marinestützpunkten auf einigen Mandatsinseln begonnen. Nach dem Eintreten des Kriegszustandes machte es größte Anstrengungen, Lücken im Insel-Verteidigungsring zu schließen und feindliche Positionen innerhalb des Ringes zu beseitigen.

Am 9. Dezember 1941 besetzen Japaner von den Marshallinseln aus das Atoll Makin, das zu den benachbarten britischen Gilbert-Inseln gehörte, Grund genug zu der Befürchtung, daß sie weiter über die Ellice-Inseln nach Samoa vorzustoßen beabsichtigten. Das schutzlose Guam ergab sich am 10. nach 25minütigem Kampf mit 5000 Angreifern. Am 11. erlitten die Japaner beim Angriff auf Wake ihren ersten Rückschlag. Nach dreitägigen Luftangriffen eröffnete ein Verband von drei Kreuzern und sechs Zerstörern, der vier vollbeladene Truppentransporter eskortierte, das Feuer auf Wake. Aber die 450 Mann Inselbesatzung des US-Marine-Corps wehrten mit ihren 12,7-cm-Geschützen und vier übriggebliebenen »Wildcat«-Jägern den Angriff so wirksam ab, daß sie zwei Zerstörer versenkten und dem Rest des japanischen Verbandes so viel Schaden zufügten, daß er den Rückzug antrat. Am Spätnachmittag des 22. Dezember – inzwischen war Wake eine Woche lang intensiv von japanischen Flugzeugen bombardiert worden – erschien ein wesentlich stärkerer Angriffsverband vor der Insel, unterstützt von zwei Flugzeugträgern der Kampfgruppe Nagumos, die damals nach dem Angriff auf Pearl Harbor gerade auf dem Rückweg in die Heimat war. Trotz schwerer Verluste gelang es den Japanern im Morgengrauen des 23., etwa 1500 Mann zu landen. Zu dieser Zeit stand eine amerikanische Entsatzgruppe unter Führung des Flugzeugträgers *Saratoga* nur etwas mehr als 400 sm entfernt; aber um 07.00 Uhr wurde sie vom Hauptquartier in Pearl Harbor zurückbeordert, weil man annahm, ihre Hilfe komme zu spät. Eine halbe Stunde danach beschloß der Kommandant von Wake, Fregattenkapitän Winfield S. Cunningham, sich mit der Besatzung zu ergeben, um weitere Verluste zu vermeiden.

Zu den Amerikanern auf der Insel gehörten 1146 Zivilarbeiter. Ihre Gefangennahme bewog die US-Marineleitung, den Bau von vorgeschobenen Stützpunkten in eigene Regie zu nehmen und nunmehr, wie bereits geplant, Marinepionierbataillone (»Seabees« C. B.-Construction Batallion) aufzustellen. Ihr Personal bestand aus freiwilligen Facharbeitern, die uniformiert wurden und eine Kampfausbildung erhielten. Auf Grund ihrer schlechten Erfahrungen bei Wake warteten die Japaner mit der Errichtung des südlichen Eckpfeilers ihres pazifischen Verteidigungsringes, bis Nagumo sie mit seiner Trägerkampfgruppe unterstützen konnte. Anfang Januar 1942 eröffneten auf Truk stationierte japanische Bomber ein vorbereitendes Bombardement auf den australischen Luftstützpunkt Rabaul auf Neubritannien im Bismarck-Archipel. Am 20. erschien die Kampfgruppe Nagumos auf dem Plan und führte eine Reihe von Angriffen durch mit dem Ziel, Rabaul und andere australische Stützpunkte in diesem Raum auszuschalten. Schließlich landeten am 23. japanische Truppen in Rabaul und in Kavieng auf dem nahegelegenen Neu-Irland. Sie überwältigten in kurzer Zeit die wenigen Verteidiger. Danach wurde Rabaul mit größter Schnelligkeit zu einem mächtigen Stützpunkt ausgebaut, von wo aus die Japaner durch den Archipel bis zu den nördlichen Salomonen und bis zur Nordküste von Neuguinea vordrangen.

Mit der Eroberung Niederländisch-Indiens, der Anambas-Inseln und Rangoons vervollständigten die Japaner ihren Verteidigungsgürtel. Er erstreckte sich nun von Burma über die Malaiische Barre und Neuguinea bis nach Rabaul, von dort setzte er sich über die Gilbert-Inseln und Marshall-Inseln bis nach Wake fort. Zwischen Wake und den Kurilen jedoch besaß Japan außer der winzigen Insel Marcus weder Stützpunkte noch einen Beobachtungsposten, eine Lücke, die den militärischen Planern in Japan Sorge bereitete.
Sie waren sich darüber im klaren, daß die Unterlegenheit der Amerikaner im Pazifik durch ihren Einsatz auf dem europäischen und atlantischen Kriegsschauplatz bedingt war, daß aber die USA ihre Schwäche im Pazifik vermöge ihrer unermeßlichen Hilfsquellen und Industriekapazität allmählich überwinden würden. Und doch hofften sie, mit Hilfe ihrer Flotte und ihrer Stützpunkte die amerikanische Stärke im Pazifik weiter in Schranken halten zu können, wenn es ihnen gelang, neu auf dem Kriegsschauplatz eintreffende amerikanische Kriegsschiffe sofort zu vernichten. Optimistische Mitglieder der japanischen Führungsspitze glaubten, nach 18 bis 24 Monaten eines solchen Abnutzungskrieges werde das amerikanische Volk entmutigt den Kongreß zu einem Kompromißfrieden nötigen, der Japan die Früchte seiner Eroberungen in Asien und im Süden sichere. Dies war das Minimalziel der japanischen Kriegsplaner. Jedoch verführte sie die außerordentlich schnelle, in der Hälfte der veranschlagten Zeit und mit geringen Verlusten erzielte Ausdehnung des japanischen Machtbereichs dazu, ihre militärischen Ziele weiter zu stecken und neue Angriffe einzuleiten.

Die USA halten die Stellung im Pazifik

Der Erfolg des japanischen Überfalls auf Pearl Harbor führte binnen kurzem zu einem Wechsel in der Besetzung der amerikanischen Führungsstellen. In Hawaii wurden General Short und Admiral Kimmel abgelöst. Kimmel war zur Zeit des Überfalls nicht nur Oberbefehlshaber der Pazifischen Flotte, sondern auch Oberbefehlshaber der gesamten US-Flotte gewesen – eine Stellung, die bis dahin die drei höchsten Flottenbefehlshaber in wechselndem Turnus eingenommen hatten. Nunmehr trennte der Präsident der Vereinigten Staaten das Amt des obersten Flottenchefs von dem der einzelnen Flottenoberkommandos. Admiral Ernest J. King wurde Oberbefehlshaber der US-Flotte mit Sitz in Washington, Admiral Chester W. Nimitz Oberbefehlshaber der Pazifischen Flotte (Pearl Harbor). Im März 1942 ernannte der Präsident Admiral King zugleich zum Chef der Seekriegsleitung. Admiral Stark wurde nach London versetzt als Befehlshaber der US-Seestreitkräfte in Europa. King hatte als Teilnehmer an der Flottenübung XIX im Jahre 1938 als Befehlshaber einer Trägerkampfgruppe einen simulierten Überraschungs-Angriff auf Pearl Harbor ausgeführt, fast ein Duplikat des Überfalls Nagumos von 1941. Er war ein seinem Beruf verschriebener Mann, derb und manchmal sarkastisch im Ausdruck, oft abrupt im Wesen; seine Interessen galten fast ausschließlich der Marine. Er leitete sie mit fester Hand und entwarf die entscheidenden Operationspläne mit sicherem Instinkt. Weniger tüchtige Offiziere merzte er erbarmungslos aus, befähigte brachte er schnell in Stellungen mit hoher Verantwortung.
King arbeitete mit General Marshall, dem Generalstabschef der Armee, und Generalleutnant Henry H. Arnold, dem Chef der Heeresluftwaffe, zusammen. Gemeinsam bildeten sie den Führungsstab der US-Streitkräfte (Joint Chiefs of Staff), die dem Präsidenten unmittelbar verantwortliche oberste militärische Kommandobehörde. Im Juli 1942 übernahm Admiral William D. Leahy, der persönliche Stabschef des Präsidenten, den Vorsitz. Zur Entscheidung grundsätzlicher Fragen der Gesamtkriegführung traten die »US Joint Chiefs« mit den britischen »Chiefs of Staff« zum Gremium der »Combined Chiefs of Staff« zusammen. Mit Ausnahme der Zuweisung von Personal und Material, delegierten die Combined Chiefs die operative Planung für die Kriegführung im Pazifik an die amerikanischen Joint Chiefs.
Admiral Nimitz traf Weihnachten 1941 in Pearl Harbor ein. Am 31. Dezember übernahm er die Dienstgeschäfte. Wie King war er ganz und gar seinem Soldatenberuf ergeben, besaß den gleichen Instinkt für operative Fragen und die gleiche Fähigkeit, Menschen sicher zu beurteilen. Trotzdem waren beide völlig verschiedene Naturen. Nimitz, höflich und ruhig, flößte Vertrauen ein, ließ aber nie einen Zweifel daran aufkommen, daß er zu befehlen hatte. Als vordringlichste Aufgaben sah er an: 1. die Moral seiner Untergebenen wiederherzustellen, die seit dem Fehlschlag der Hilfsaktion für Wake einen Tiefpunkt erreicht hatte; 2. die Stellung der USA im Pazifik gegen weitere Ausdehnungsversuche der Japaner zu halten; 3. die Seeverbindungen nach Hawaii, Midway und Australien zu sichern und 4. die Japaner von Niederländisch-Indien abzulenken.
Nimitz glaubte diese Ziele am ehesten durch den offensiven Einsatz der pazifischen Flotte erreichen zu können. Seine dahingehenden Pläne wurden Mitte Januar zunächst durchkreuzt, als das japanische U-Boot *I-6* die *Saratoga* torpedierte, so daß der Flugzeugträger zu längerer Instandsetzung die Marinewerft Puget Sound aufsuchen mußte. Jedoch schon am 1. Februar führten die Kampfgruppe von Vizeadmiral William F. Halsey mit *Enterprise* und die Kampfgruppe von Konteradmiral Frank Jack Fletcher mit *Yorktown* einen Schlag gegen japanische Stützpunkte auf den Gilbert- und Marshall-Inseln. Die mit der *Lexington* gebildete Kampfgruppe unter Vizeadmiral Wilson Brown, die sich von Südosten her Rabaul näherte, wurde einige Tage später von japanischen Flugzeugen angegriffen. Obwohl die Flugzeuge des Flugzeugträgers die meisten Angreifer abschossen, kehrte Brown um, da keine Überraschung des Feindes mehr möglich war. Nachdem er um Verstärkung durch die Kampfgruppe Fletcher gebeten hatte und diese ihm zugesichert war, überquerte er das Korallenmeer und setzte von der Südküste Neu-Guineas aus seine Flugzeuge über das Owen-Stanley-Gebirge

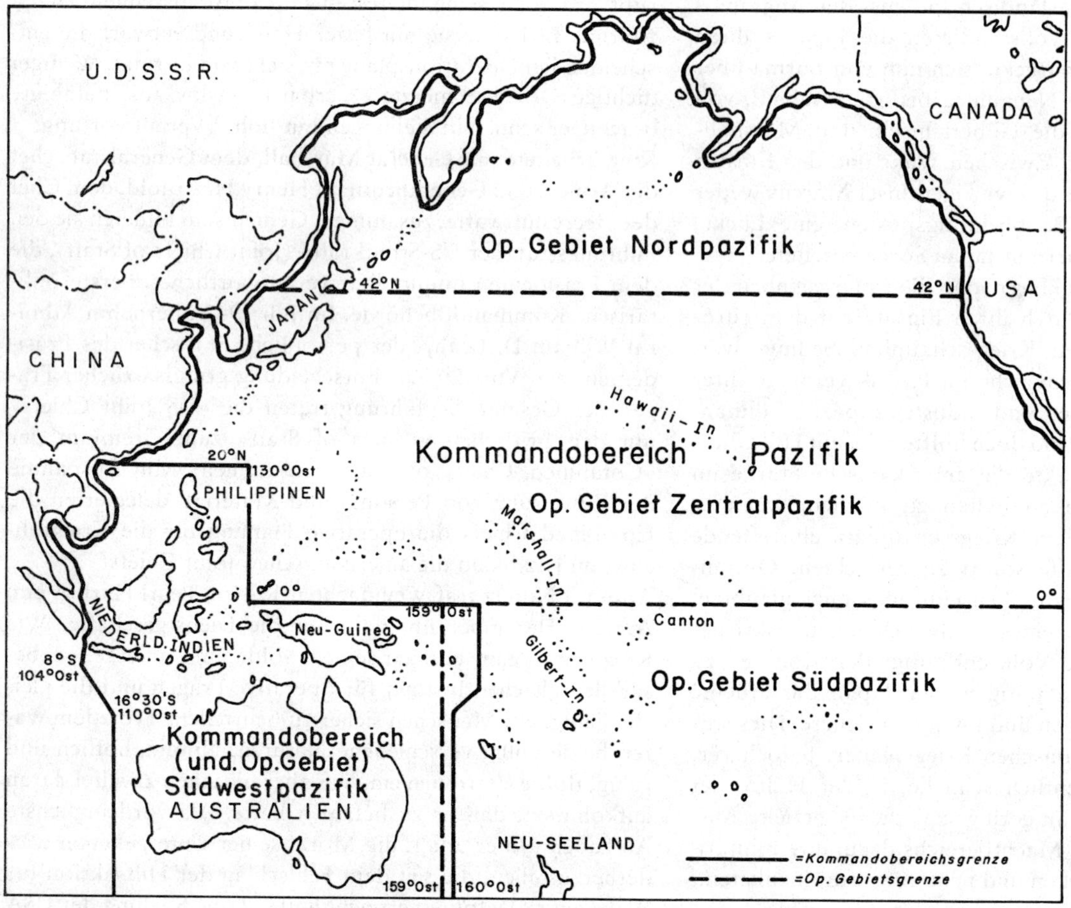

Kriegsschauplatz Pazifik
Bereichsgliederung

zu einem Überraschungsangriff auf die neu errichteten japanischen Stützpunkte Lae und Salamaua an der Nordküste an. Inzwischen hatte Halseys *Enterprise*-Kampfgruppe einen Schlag gegen Wake geführt und dann, nur 1000 sm vom japanischen Mutterland entfernt, den Inselstützpunkt Marcus angegriffen.

Am 13. April vereinigte sich die *Enterprise*-Gruppe nordwestlich von Midway mit einer Kampfgruppe, deren Kern die *Hornet* bildete. Auf ihrem Flugdeck waren 16 Fernkampfbomber des Typs *B-25* festgezurrt. Der Verband stieß dann unter dem Befehl Halseys nach Westen zu einem Angriff auf das japanische Mutterland vor. Als er am 18. April überraschend auf japanische Vorpostenboote stieß, entschloß sich Oberstleutnant James H. Doolittle zu sofortigem Start, obwohl starker Seegang herrschte und der Verband noch 150 sm vor dem beabsichtigten Absprungpunkt stand. Keiner der freiwillig startenden Piloten war zuvor vom Deck eines Flugzeugträgers aus aufgestiegen, doch gelang allen der Start mit den schweren Maschinen. Die Mehrzahl griff Tokio an, einzelne Flugzeuge warfen Brandbomben auf Nagoya und Kobe. Keine *B-25* ging über Japan verloren. Ein Pilot erreichte Vladivostok, die übrigen machten Notlandungen auf chinesischem Gebiet oder sprangen mit dem Fallschirm ab. Dabei landeten einige in japanisch besetztem Gebiet und gerieten in Gefangenschaft. Drei Gefangene wurden enthauptet.

Die von der Presse etwas hochgespielten Luftangriffe auf Japan begeisterten die amerikanische Öffentlichkeit und die US-Streitkräfte. Und obwohl die Teilnahme von Flugzeugträgern an dem Angriff auf Tokio ein streng gehütetes Geheimnis war, wurde doch der Führer des Unternehmens, der scharfzüngige, temperamentvolle Halsey, als Nationalheld gefeiert. Hohe amerikanische Offiziere waren jedoch von der militärischen Wirksamkeit der Angriffe nicht überzeugt. Ihren Nutzen sahen sie hauptsächlich in der Schulung der Piloten und der Stärkung der amerikanischen Kampfmoral. Wenn auch die Angriffe tatsächlich keinen nennenswerten Schaden anrichteten, so bereiteten sie doch dem japanischen Oberkomando ernste Sorge. Als Halsey und Fletcher die Marshall- und Gilbert-Inseln angriffen, detachierte Yamamoto sofort die zur Kampfgruppe Nagumo gehörigen Träger *Shokaku* und *Zuikaku* mit der Aufgabe, die östlichen Zufahrtswege Japans zu bewachen. Dadurch büßte Nagumo ein Drittel der Schlagkraft seines Verbandes ein, gerade als er sich zum Angriff auf Port Darwin und zur Unterstützung der Landung auf Java anschickte.

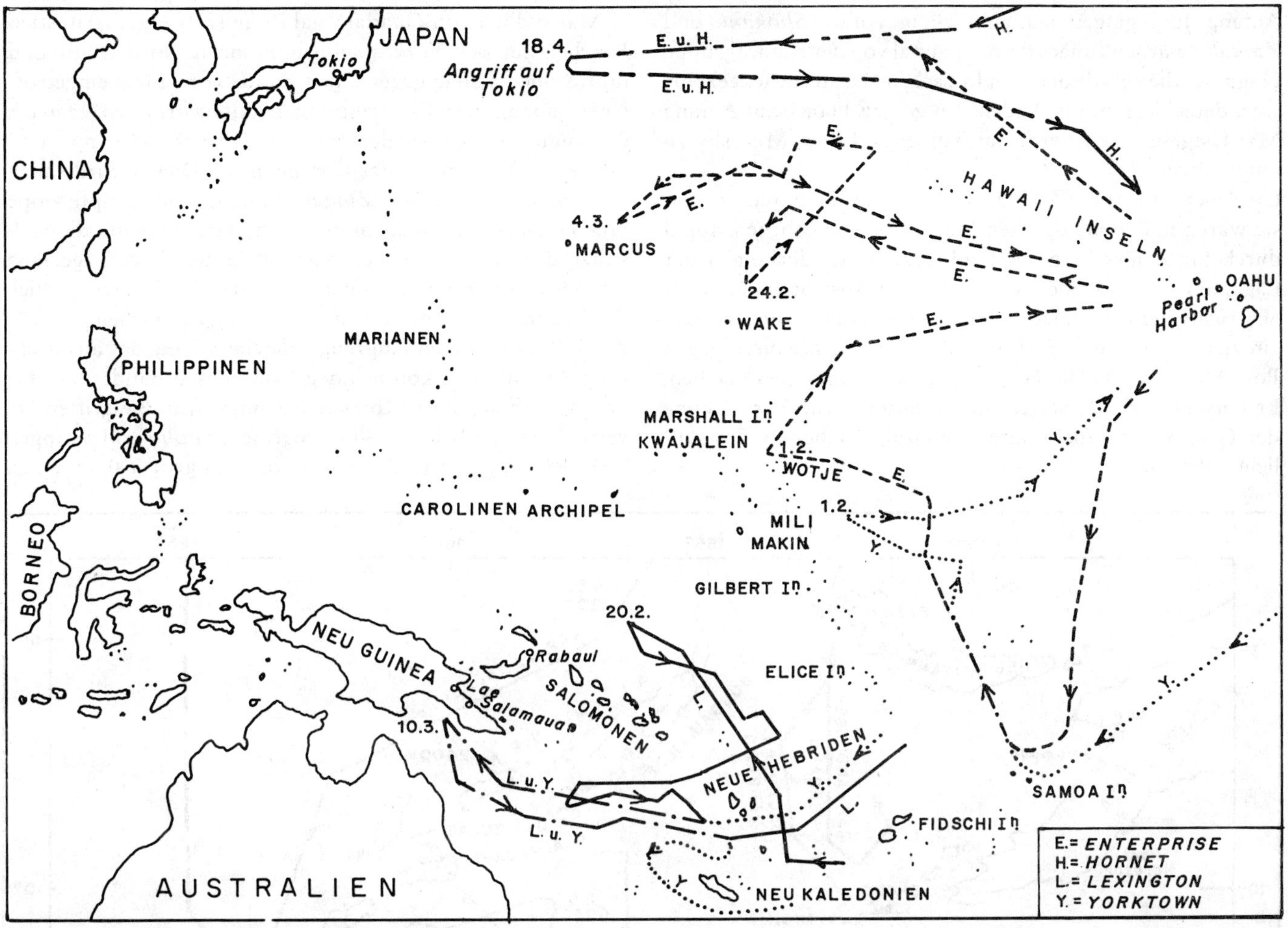

Erste Vorstösse amerikanischer Flugzeugträger im Jahre 1942

Erst Ende März hatte die moralische Wirkung der ersten Raids auf die Japaner so weit nachgelassen, daß *Shokaku* und *Zuikaku* von ihrer Sicherungsaufgabe entbunden und der Kampfgruppe Nagumo für den bevorstehenden Angriff auf Ceylon wieder zugeteilt wurden. Doch ganz verließ Yamamoto die quälende Sorge nicht, die Amerikaner könnten mit Flugzeugträgern einen Luftangriff auf Tokio machen und das Leben der geheiligten Majestät des Kaisers gefährden, das zu erhalten die erste und vornehmste Pflicht der japanischen Streitkräfte war.

Die Schlacht im Korallen-Meer

Inzwischen hatte der japanische Admiralstab einen Doppelplan für die Fortführung der Operationen entworfen: 1. Einnahme von Tulagi in den östlichen Salomonen und von Port Moresby an der Südküste Neu-Guineas zur Sicherung der Seeherrschaft im Korallen-Meer und 2. Einnahme von Neu-Kaledonien, der Fidschi-Inseln und Samoas zur Unterbrechung der Seeverbindungen zwischen den Vereinigten Staaten und Australien. Yamamoto stimmte dem Plan 1 zu; aber er bestand darauf, Plan 2 so lange zu verschieben, bis es ihm gelungen sei, das ursprüngliche Ziel des Pearl-Harbor-Überfalls zu erreichen: die Vernichtung der Flugzeugträger, in denen die Schlagkraft der amerikanischen Pazifikflotte konzentriert sei. Dann wäre nicht nur Tokio künftig vor Angriffen sicher, sondern die Vereinigte Flotte könne sich auch ungehindert im Pazifik bewegen und Truppen landen, wo immer sie wolle. Deshalb plante Yamamoto, alle Streitkräfte unter seinem Kommando zusammenzufassen und möglichst bald Midway anzugreifen. Der Besitz der Insel würde dazu beitragen, die Lücke im japanischen Verteidigungsring zu schließen; und wichtiger noch: der Angriff würde die amerikanische Pazifikflotte herauslocken und sie der Vernichtung preisgeben.

Bis Mitte April widersetzte sich die japanische Seekriegsleitung Yamamotos Plan, der ihr zu gewagt erschien. Dann aber kam der Angriff Halseys und Doolittles auf Tokio, der von der japanischen Wehrmacht als tiefe Demütigung empfunden wurde. Der Widerstand gegen Yamamoto brach plötzlich zusammen, die Vorbereitungen für den Angriff auf Midway Anfang Juni gingen nunmehr zügig voran. *Shokaku* und *Zuikaku* wurden zunächst noch einmal von der Kampfgruppe Nagumo, die gerade aus dem Indischen Ozean zurückgekehrt war, detachiert, um im Süden den gemäß Plan 1 auf Anfang Mai festgesetzten Angriff auf Tulagi und Port Moresby zu unterstützen.

Die Amerikaner besaßen jedoch einen unschätzbaren Vorteil: sie waren in den japanischen Marinecode eingebrochen und durch Entschlüsselung des Funkverkehrs wiederholt in der Lage, in entscheidenden Momenten die Absichten der Japaner richtig einzuschätzen. Mitte April konnte sich Nimitz ein ziemlich genaues Bild über die von den Japanern gegen Port Moresby–Tulagi beabsichtigten Operationen machen. Er entsandte die *Lexington*-Kampfgruppe zur Verstärkung der Gruppe *Yorktown* unter Admiral Fletcher in den südlichen Pazifik[2].

Während die *Lexington* und ihre Sicherungsfahrzeuge am 3. Mai südlich von Guadalcanal Brennstoff ergänzten, stieß Fletcher mit der *Yorktown*-Gruppe nach Norden vor und führte einen Schlag gegen einen gerade vor Tulagi eingetroffenen japanischen Geleitzug mit Landungstruppen. Danach vereinigte er sich wieder mit der *Lexington*-Gruppe und führte den Verband in das Korallenmeer. Dieses wurde auch von der aus *Shokaku* und *Zuikaku* bestehenden Kampfgruppe von Vizeadmiral Takagi angesteuert, die gerade um die Südspitze der Salomonen herumgeholt hatte. Zwei Tage lang operierten die Kampfgruppen Fletchers und Takagis südlich der Salomonen, ohne einander ausfindig zu machen.

Am 7. Mai sichteten Flugzeuge Fletchers Teile des aus Richtung Rabaul herankommenden Landungsverbandes, der für den Angriff auf Port Moresby bestimmt war. Sie griffen an, versenkten den Leichten Flugzeugträger *Shoho* und zwangen den Geleitzug zur Umkehr. Unterdessen griff Takagi einen

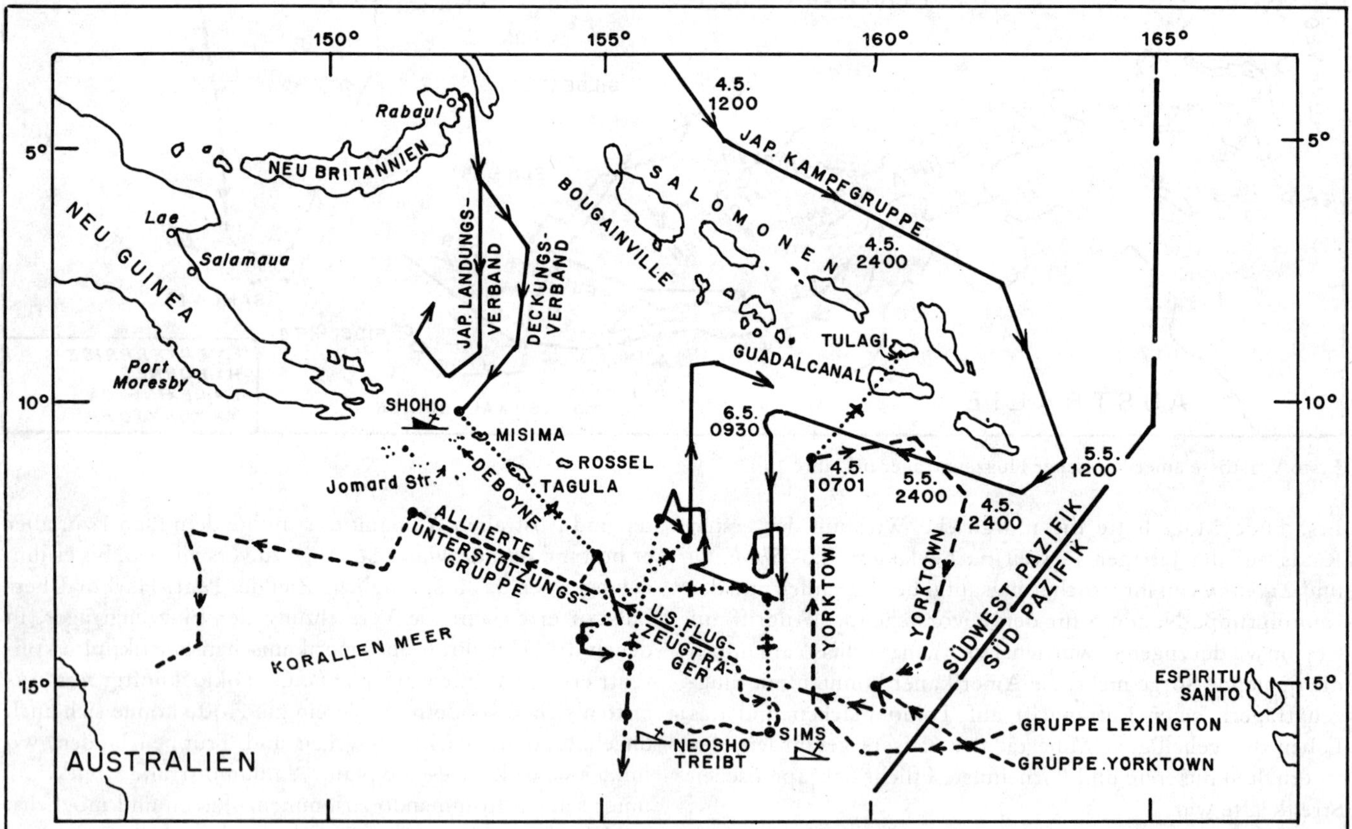

Die Schlacht im Korallen-Meer, 4.- 8. Mai 1942

2 Die *Saratoga* war noch in Reparatur. Die *Wasp* war in Begriff, Flugzeuge von Großbritannien nach Malta zu überführen. Als *Enterprise* und *Hornet* nach dem »Doolittle-Raid« auf Tokio am 25. April in Pearl Harbor eintrafen, beorderte sie Nimitz umgehend in das Korallen-Meer, jedoch mit nur geringer Hoffnung, daß sie noch rechtzeitig einträfen.

amerikanischen Tanker und einen Geleit-Zerstörer an, die seine Aufklärer ihm als »Flugzeugträgerkampfgruppe der Vereinigten Staaten« gemeldet hatten. Seine Bomber versenkten den Zerstörer, der Tanker blieb manövrierunfähig liegen – ein dürftiger Ausgleich dafür, daß ihm der Schutz

des Landungsverbandes mißlungen war.
Am 8. erreichte die Schlacht im Korallen-Meer mit der ersten Flugzeugträgerschlacht der Geschichte ihren Höhepunkt. Es war zugleich das erste Seegefecht, in dem die gegnerischen Einheiten außer Sichtweite voneinander blieben. Aufklärungsflieger beider Flugzeugträgergruppen hatten die gegnerische Position vor 09.00 Uhr ermittelt; beide ließen kurz darauf Angriffsverbände starten. An Stärke waren sich die Gegner etwa ebenbürtig, doch hatten die Japaner eine Reihe Vorteile. Die Flugzeugträger Takagis standen bereits fünf Monate lang gemeinsam im Einsatz, ihre Piloten besaßen die größere Kampferfahrung, und sie hatten bessere Torpedos. Außerdem waren die japanischen Träger teilweise in einer Schlechtwetterfront verborgen, während die Schiffe Fletchers in einem Klarwettergebiet mit einwandfreier Sicht standen.
Als die amerikanischen Maschinen zum Angriff ansetzten, verschwand die *Zuikaku* in einer Regenbö. Auf der *Shokaku* erzielten Stukas dagegen drei Treffer und setzten sie in Brand. Da ein Starten und Landen auf dem brennenden Flugzeugträger nicht mehr möglich war, nahm Takagi so viel Flugzeuge wie möglich an Bord der *Zuikaku* und entließ die *Shokaku*.
Bei dem fast gleichzeitigen Angriff der Japaner auf die US-Kampfgruppe erhielt die *Yorktown* einen Bombentreffer. Aber ihre Flugzeuge konnten weiter starten und landen. Die *Lexington* wurde von zwei Torpedos getroffen; auch sie konnte ihre zurückkehrenden Flugzeuge aufnehmen. Jedoch waren Benzinleitungen getroffen worden; gefährliche Benzindämpfe begannen sich in ihren Räumen auszubreiten. Schließlich kam es zu einer Explosion und zu zahlreichen nicht mehr zu löschenden Bränden, so daß der Träger aufgegeben werden mußte. Bei Sonnenuntergang versenkte ein Zerstörer das in Flammen gehüllte Wrack mit Torpedos.
Die Japaner hatten einen taktischen Sieg errungen; die amerikanischen Verluste waren etwas größter als die ihren. Strategisch konnte Fletcher den Sieg für sich beanspruchen, denn zum ersten Mal war ein japanischer Angriff aufgehalten worden. Von größerer, wenn nicht entscheidender Bedeutung erwies sich aber der den Streitkräften Takagis zugefügte Schaden. Die *Shokaku* war bis zum Angriff auf Midway nicht wieder kriegsbereit, und die *Zuikaku* konnte wegen ihrer empfindlichen Verluste an Piloten an der Aktion nicht teilnehmen. So war die Schlagkraft der Kampfgruppe Nagumos, die den Stoßkeil des Angriffs auf Midway bilden sollte, in einem entscheidenden Augenblick wiederum um ein Drittel vermindert.

Kapitel 39

Das Blatt wendet sich

Von F. Forstmeier übersetztes Kapitel II der amerikanischen Taschenbuchausgabe »Triumph in the Pacific«, das auf den von E. B. Potter bearbeiteten Kapiteln 36 (Midway and the Aleutians, W. B. Lewis), 37 (Guadalcanal; E. B. Potter) und 38 (The Limited Offensive; E. B. Potter) der US-Originalausgabe beruht.

Für die Unternehmung gegen Midway teilte Yamamoto die Vereinigte Flotte in nicht weniger als sieben Gruppen auf. Eine aus zwei Flugzeugträgern bestehende Kampfgruppe eröffnete den Angriff mit einem Ablenkungsschlag gegen Dutch Harbor in den östlichen Aleuten. Dieser Aktion folgte die Unternehmung zweier Landungsverbände, die die Inseln Attu und Kiska in den westlichen Aleuten besetzten. Der Angriff auf Midway wurde von der Kampfgruppe Nagumos angeführt, die sich aus nordwestlicher Richtung näherte. Ihr folgte in 300 sm Abstand die Hauptmacht, zu der drei schnelle Schlachtschiffe und ein Leichter Flugzeugträger gehörten. Yamamoto führte von dem Riesenschlachtschiff *Yamato*[1] aus. Der Landungsverband zur Eroberung von Midway, Transporter mit 5000 Mann Sturmtruppen, gesichert durch Schlachtschiffe, Kreuzer und einen Leichten Flugzeugträger, näherte sich aus Südwesten. Eine gemischte Kampfgruppe von Schlachtschiffen und Kreuzern nahm Aufstellung zwischen Midway und den Aleuten, um dort einzugreifen, wo sie am dringlichsten benötigt wurde.

Diese Zersplitterung der Angriffskräfte spiegelte getreulich die japanische Befangenheit in der Theorie der taktischen Ablenkung und Überraschung wider. Zugleich ließ sie erkennen, daß Yamamoto, obwohl gerade er sich für den Bau von Flugzeugträgern besonders eingesetzt hatte, diese doch nicht als Hauptwaffe betrachtete. Mit der amerikanischen Pazifik-Flotte glaubte er erst einige Tage nach der Einnahme von Midway rechnen zu müssen; die *Hornet* und *Enterprise* waren kürzlich im Südpazifik gesichtet worden, und *Yorktown* und *Lexington* hielt er seit der Schlacht im Korallenmeer auf Grund japanischer Meldungen für versenkt. Sobald die amerikanische Flotte bei Midway eintraf, sollten U-Boote und Flugzeugträger angreifen, die japanischen Schlachtschiffe dann dem angeschlagenen Feind den Todesstoß versetzen. Ganz offensichtlich waren sich die Japaner noch nicht schlüssig darüber, ob dem Schlachtschiff oder dem Flugzeugträger als Hauptwaffe der Vorzug zu geben sei – ein Problem, das ihr Angriff auf Pearl Harbor für die Führung der amerikanischen Marine am ersten Kriegstag gelöst hatte.

Yamamoto war angesichts der starken Überlegenheit seiner Streitkräfte eigentlich nicht genötigt, seine Bewegungen geheimzuhalten – wenn er die Vereinigte Flotte zusammengehalten hätte. Da er sie nun so aufteilte, daß seine Flugzeugträger keinen ausreichenden Flakschutz und seine schweren Einheiten keine ausreichende Unterstützung aus der Luft hatten, mußte er seinen Anmarsch absolut geheimhalten. Aber gerade dies mißlang. Nimitz hatte durch entschlüsselte Funkmeldungen eine ziemlich klare Vorstellung von den Bewegungen seines Gegners sowie dem Zeitpunkt seines Losschlagens und richtete die Aufstellung seiner Kräfte danach ein. Midway mußte er mit U-Booten, Flugzeugen und Flugzeugträgern verteidigen. Für sechs alte Schlachtschiffe, die ebenfalls zu seiner Verfügung standen, sah er keine Möglichkeit eines sinnvollen Einsatzes in dem bevorstehenden Kampf. Die Gesamtleitung der Operationen behielt er sich auf Grund seiner kürzlichen Ernennung zum Oberbefehlshaber Pazifik (zusätzlich zu seiner Stellung als Oberbefehlshaber der Pazifischen Flotte) selbst vor. Als Oberbefehlshaber im pazifischen Raum unterstanden ihm alle dort eingesetzten Land- und Seestreitkräfte mit Ausnahme der Streitkräfte im Südwestpazifik, die zum Befehlsbereich General MacArthurs gehörten.

Auf Befehl von Nimitz kehrte Admiral Halseys *Enterprise-Hornet*-Kampfgruppe am 26. Mai aus dem südlichen Pazifik nach Pearl Harbor zurück. Da Halsey infolge der übermäßigen Anspannung der letzten Monate ins Lazarett mußte, übernahm Konteradmiral Raymond A. Spruance den Befehl über die Kampfgruppe. Sie lief am 28. Mai aus Pearl Harbor nach Midway aus. Die beschädigte *Yorktown* traf am 27. Mai mit ihren Geleitfahrzeugen ein, wurde in Tag- und Nachtarbeit repariert und ging am 30. wieder in See[2]. Die beiden Trägerkampfgruppen vereinigten sich am 2. Juni um 16.00 Uhr 350 sm nordöstlich von Midway. Fletcher, als dienstältester Admiral, übernahm den taktischen Oberbefehl.

Erst am Tage darauf bezogen japanische U-Boote einen Vorpostenstreifen zwischen Pearl Harbor und Midway, um den Anmarsch amerikanischer Streitkräfte zu melden.

1 Im Dezember 1941 in Dienst gestellt. 64 000 t Wasserverdrängung. Artillerie: neun 46 cm. Das Schwesterschiff *Musashi* wurde im August 1942 in Dienst gestellt. Ein drittes Schiff derselben Klasse wurde während des Baus zum Flugzeugträger *Shinano* umgebaut.

2 Die bereits reparierte *Saratoga* befand sich in San Diego. Aber sie konnte nicht schnell genug ihre Sicherungsfahrzeuge sammeln und folglich nicht an der Schlacht teilnehmen. Die *Wasp* war vom Mittelmeer nach dem Pazifik unterwegs.

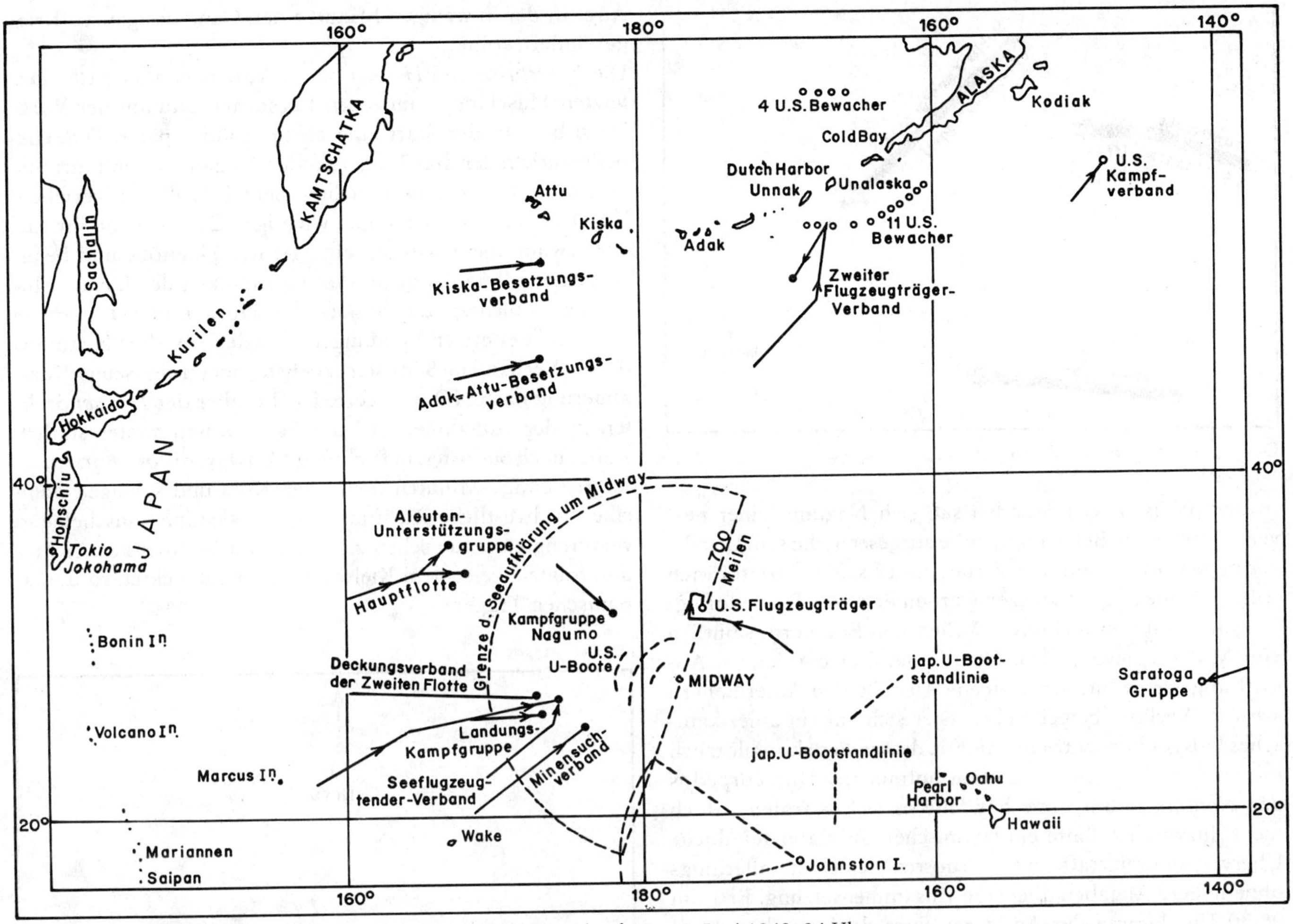

Die Schlacht bei Midway. Der Anmarsch. Stellung der Streitkräfte am 3. Juni 1942, 24 Uhr.

Die Schlacht bei Midway[3]

Am 3. Juni morgens wurden die Verteidiger Midways durch zwei Ereignisse in Alarmzustand versetzt: durch die Nachricht vom Angriff auf Dutch Harbor und durch Aufklärermeldungen über das Herannahen einer feindlichen Armada aus Südwesten in 700 sm Entfernung. Auf Midway stationierte Flugzeuge griffen am 3. und in der Nacht zum 4. die gemeldeten japanischen Kräfte ohne besonderen Erfolg an. Admiral Fletcher, der, wie sich zeigen sollte, zu Recht vermutete, daß es sich bei der südwestlichen japanischen Gruppe um die für Midway bestimmte Landungsflotte handelte, daß aber der Hauptangriff aus einer Schlechtwetterfront im Nordwesten zu erwarten sei, zog seine Kampfgruppen auf 200 sm Entfernung von Midway heran.

Nagumo, der sich im Schutze der Schlechtwetterfront näherte, setzte in der Morgendämmerung des 4. Juni 108 Flugzeuge gegen Midway an – eine gleich große Anzahl hielt er als zweite Welle zurück. Der Angriffsverband wurde auf dem Anflug auf Midway durch Radar geortet und von amerikanischen Aufklärern gesichtet. Diese entdeckten auch die Kampfgruppe Nagumos. Während die *Yorktown* ihre Aufklärungsflugzeuge an Bord nahm, erteilte Fletcher Admiral Spruance den Befehl, zum Angriff vorzugehen. Zur selben Zeit starteten sämtliche Flugzeuge von den Flugplätzen Midways: die Bomber und Torpedoflugzeuge zum Angriff auf die japanischen Flugzeugträger, die Jäger zur Abwehr der anfliegenden Bomber und Jäger Nagumos. Die amerikanischen Jäger waren den schnellen, wendigen Zekes[4] bei weitem unterlegen; sie wurden in Kürze abgeschossen. Die japanischen Bomber verursachten ausgedehnte Schäden auf Midway. Da der Führer des Verbandes beim Abflug jedoch feststellte, daß die Startbahnen auf der Insel noch intakt waren und das Abwehrfeuer der Flak kaum nachgelassen hatte, meldete er Nagumo über Funk, ein weiterer Angriff sei notwendig.

3 Vgl. auch Jürgen Rohwer (der insbesondere auch japanische Quellen für seine Darstellung auswertete), Die See-Luftschlacht bei Midway in: Entscheidungsschlachten des Zweiten Weltkrieges, Frankfurt a. M. 1960, S. 189 ff.

4 Von 1943 ab hieß dieser japanische Jäger »Zero«.

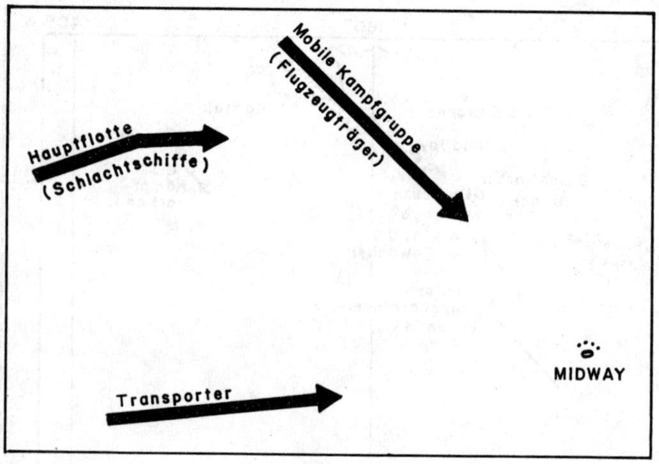

Der japanische Anmarsch auf Midway

In den nächsten vier Stunden sah sich Nagumo einer nervenaufreibenden Belastungsprobe ausgesetzt, die sein Urteilsvermögen trübte und Verwirrung unter seinen Streitkräften stiftete. Seine Flugzeugträger wurden erst von Torpedoflugzeugen, dann von mehreren Wellen von Bombern, sämtlich von Midway, angegriffen. Gerade hatte er den letzten Angriff abgewehrt und ohne eigene Ausfälle den Amerikanern schwere Verluste beigebracht, als er sich auf ein amerikanisches U-Boot konzentrieren mußte, dessen Periskop plötzlich mitten zwischen seinen Schiffen auftauchte. Die Torpedos der *Nautilus* – um diese handelte es sich – trafen jedoch nicht. Inzwischen hatte ein japanischer Aufklärer feindliche Überwasserstreitkräfte im Nordosten gemeldet, allerdings ohne nähere Angaben über ihre Zusammensetzung. Erst um 08.30 Uhr konnte der Aufklärer eines der amerikanischen Schiffe als Flugzeugträger identifizieren. Nagumo, der seiner zweiten Angriffswelle befohlen hatte, für den beabsichtigten neuen Angriff auf Midway von Torpedos auf Bomben umzurüsten, machte daraufhin den Befehl rückgängig und ordnete an, die Bomben für einen Angriff auf die gemeldeten amerikanischen Streitkräfte wieder durch Torpedos zu ersetzen. In diesem Augenblick sichtete er aber seine zurückkehrende erste Welle und entschloß sich, diese noch vor dem Start der zweiten an Bord zu nehmen. Sobald die Flugzeuge gelandet waren, lief Nagumo auf Kurs NNO zum Angriff gegen den amerikanischen Verband vor. Gleichzeitig unterrichtete er Yamamoto, der mit der Hauptflotte allerdings zu weit ab stand, um ihn unterstützen zu können. Auf dem Anmarsch wurde Nagumo von drei aufeinanderfolgenden Wellen amerikanischer Träger-Torpedostaffeln angegriffen. Keine Maschine erzielte einen Treffer, 35 von 41 wurden von Zekes oder durch Flak abgeschossen. Gegen 10.20 Uhr trat eine Kampfpause ein, und Nagumo, der sich beglückwünschen durfte, daß seine Einheiten bis zu diesem Zeitpunkt unbeschädigt davongekommen waren, traf die letzten Vorbereitungen zum Gegenangriff. Um 10.24 Uhr standen seine Maschinen startklar auf den Flugdecks. Dann aber kam der Angriff, der in wenigen Minuten den Gang des ganzen Krieges ändern sollte.

Die *Enterprise* und *Hornet* hatten kurz nach 08.00 Uhr ihre letzten Maschinen zum Angriff gestartet, und auf der *Yorktown* begann der Start eine halbe Stunde später. Die Torpedostaffeln der drei Träger fanden Nagumos Kampfgruppe und wurden, wie oben berichtet, beinahe völlig aufgerieben. Ihr Opfer erfüllte aber einen wichtigen Zweck, denn ihr Angriff zwang die Zekes auf eine geringe Flughöhe und beanspruchte voll und ganz die Aufmerksamkeit der Japaner. Inzwischen suchten die Stukas der *Hornet* und *Enterprise* aufgrund der ersten Meldungen über den Standort Nagumos dessen Verband im Südosten, stießen aber infolge seiner Kursänderung nach NO ins Leere. Die Bomber der *Hornet* drehten in der Annahme, daß der Feind schon weiter südlich stand, nach Südosten in Richtung Midway, die der *Enterprise* folgten einige Minuten dem alten Kurs und schlugen dann eine nordwestliche Richtung ein. Als sie einen anscheinend versprengten japanischen Zerstörer auf Nordostkurs sichteten, folgten sie seinem Kielwasser und entdeckten so die japanischen Träger.

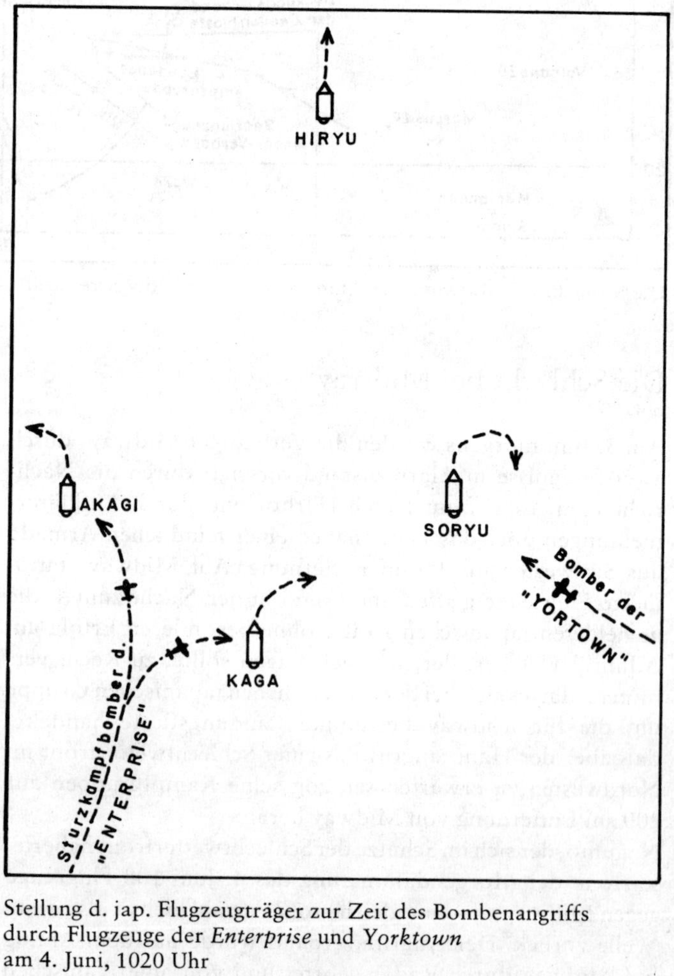

Stellung d. jap. Flugzeugträger zur Zeit des Bombenangriffs durch Flugzeuge der *Enterprise* und *Yorktown* am 4. Juni, 1020 Uhr

Durch das unerwartete Zusammentreffen verschiedener Umstände näherten sich im selben Augenblick die Stukas der *Yorktown* aus entgegengesetzter Richtung. Beide Stukagruppen, durch Jäger und Flak kaum behindert, stürzten sich fast gleichzeitig auf die ihnen am nächsten stehenden Flugträger. Diese wurden im verwundbarsten Moment überrascht: mit startbereiten Maschinen auf den Flugdecks und anderen beim Auftanken im Hallendeck. Bomben, die ins Magazin zurückgeschafft werden sollten, lagen dort verstreut umher. So lösten die Treffer auf *Soryu, Kaga* und dem Flaggschiff *Akagi* vernichtende Brände und Explosionen aus.

Nur die *Hiryu*, die beträchtlich weiter nördlich stand, entkam. Sie allein konnte den ihr von Nagumo zugewiesenen Teil des Gegenangriffs ausführen. Ihre Stukas folgten den zurückfliegenden Bombern der *Yorktown* und griffen an. Drei Treffer machten den Träger manövrierunfähig, Torpedoflugzeuge erzielten zwei weitere Treffer; die *Yorktown* zeigte schließlich so starke Schlagseite, daß der Kommandant am frühen Nachmittag »Alle Mann von Bord« befahl. Fletcher stieg auf einen Kreuzer um und übertrug Spruance die taktische Führung.

Noch vor dem japanischen Angriff waren von der *Yorktown* zehn Aufklärungsflugzeuge gestartet. Etwa um die Zeit, als der Träger aufgegeben wurde, fanden sie die *Hiryu* und meldeten Position und Kurs des Schiffes. 24 Stukas der *Enterprise* griffen den japanischen Träger um 17.00 Uhr an, gerade als er im Begriff stand, seine noch verbliebenen Maschinen zu einem Dämmerungsangriff zu starten. Vier Volltreffer verursachten Explosionen und Brände, die nicht mehr gelöscht werden konnten. Die *Hiryu* sank um 09.00 Uhr am nächsten Morgen. Um diese Zeit waren auch *Soryu, Kaga* und *Akagi* untergegangen.

Nachdem er seine Flugzeuge nach dem Angriff auf die *Hiryu* wieder an Bord genommen hatte, zog sich Spruance einige Stunden lang auf östlichem Kurs zurück. Er wurde zwar damals wegen übergroßer Vorsicht kritisiert, sein Entschluß war aber klug und richtig, denn Yamamoto hatte einen nächtlichen Gegenangriff angeordnet. Da die japanische Hauptflotte zu weit entfernt stand, um daran teilzunehmen, befahl Yamamoto dem Gros der Deckungsstreitkräfte der Landungsflotte, sich mit dem Rest der Kampfgruppe Nagumos zu vereinigen, die amerikanischen Schiffe aufzuspüren und zum Kampf zu stellen. Gleichzeitig teilte er vier Schwere Kreuzer zur Beschießung Midways ab.

Bis 02.00 Uhr war es dem japanischen Angriffsverband noch nicht gelungen, in Gefechtsberührung mit Spruance zu kommen, der gerade wieder auf westlichen Kurs zurückgegangen war. Yamamoto sah jetzt ein, daß sein Verband vermutlich eher das Opfer eines Luftangriffs in der Morgendämmerung sein würde als Sieger in einer Nachtschlacht. Schweren Herzens brach er die gesamte Operation gegen Midway ab und ordnete den allgemeinen Rückzug nach Westen an. Die Beschießungsgruppe, die sich Midway näherte, ging auf Gegenkurs. Plötzlich wurde das amerikanische U-Boot *Tambor* gesichtet. Bei Ausweichmanövern stießen die Schweren Kreuzer *Mogami* und *Mikuma* zusammen. Die beschädigten Schiffe wurden mit zwei sichernden Zerstörern zurückgelassen. Sie sollten mit der höchsten Geschwindigkeit, die sie noch laufen konnten, nachkommen.

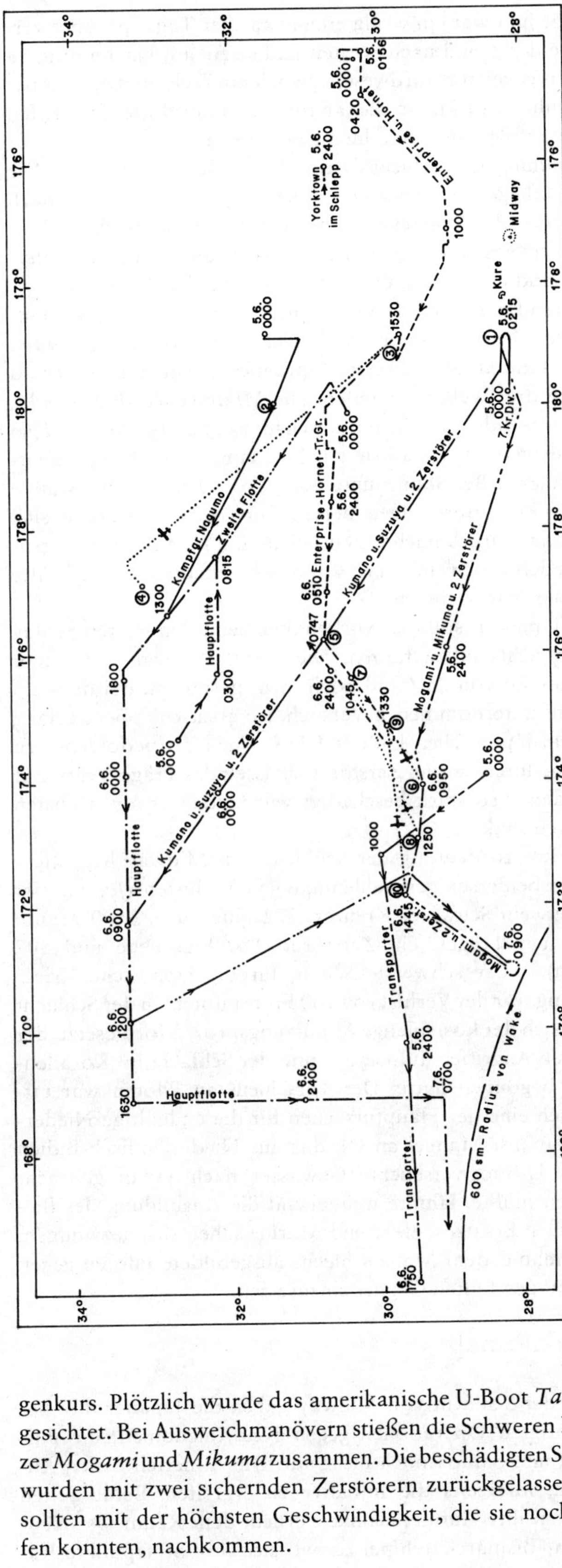

Die Schlacht bei Midway, 5. und 6. Juni 1942

Der 5. Juni war ein wenig ereignisreicher Tag. Spruance verfolgte den Feind nach Westen und setzte am Nachmittag 58 Stukas gegen im Nordwesten gemeldete Ziele an. Die Bomber verfehlten nur knapp die japanische Hauptflotte. Sie griffen ohne Erfolg einen einzelnen Zerstörer an, den Nagumo zur Erkundung des Schicksals der *Hiryu* detachiert hatte. Die zurückfliegenden Bomber erreichten ihre Träger erst nach Einbruch der Dunkelheit. Da die Piloten für Nachtlandungen nicht geschult waren, wies Spruance unbekümmert *Enterprise* und *Hornet* an, ihre Flugdecks zu beleuchten.

Während der Nacht steuerte Spruance Westkurs. Am 6. entdeckten Frühaufklärer die beschädigten Kreuzer *Mogami* und *Mikuma* im Südwesten. Spruance drehte auf sie zu und ließ in drei Wellen angreifen. Die *Mikuma* wurde versenkt, die sichernden Zerstörer beschädigt und die *Mogami* so schwer getroffen, daß sie ein Jahr lang außer Kriegsbereitschaft war. Bei Sonnenuntergang – die Brennstoffbestände seiner Zerstörer gingen bereits zur Neige – wandte sich Spruance zurück nach Osten; wiederum im richtigen Augenblick, denn noch einmal versammelte Yamamoto seine Kräfte zu einer Nachtschlacht.

Den Japanern sollte es vorbehalten sein, den letzten Schlag dieser Schlacht zu führen. Die *Yorktown* war trotz einer Schlagseite von 25 Grad noch nicht gesunken. Bei dem am 6. Juni unternommenen Versuch, sie abzuschleppen, gelang es dem japanischen U-Boot *I-168,* einen Torpedofächer zu feuern, durch den ein Zerstörer längsseit des Trägers versenkt und dieser so stark beschädigt wurde, daß er am nächsten Morgen sank.

Die Hauptbedeutung der Schlacht von Midway liegt nicht in den beiderseitigen zahlenmäßigen Verlusten (*Japan*: vier Träger, ein Schwerer Kreuzer, 322 Flugzeuge, 3500 Mann; *USA* ein Träger, ein Zerstörer, 150 Flugzeuge und 307 Mann) – der schwerste Schlag für die japanische Kriegführung war der Verlust von 100 Frontpiloten. In der Schlacht hatte sich der kostspielige Abnützungsprozeß fortgesetzt, der mit den Angriffen auf Ceylon und der Schlacht im Korallenmeer begonnen hatte. Der Verschleiß an Piloten war tatsächlich eine der Hauptursachen für die endgültige Niederlage Japans. Mangel an Öl, das aus Niederländisch-Indien durch U-Boot-verseuchte Gewässer nach Japan gebracht werden mußte, lähmte weitgehend die Ausbildung des fliegerischen Ersatzes. Heer und Marine sahen sich gezwungen, in zunehmendem Maße schlecht ausgebildete Piloten gegen den gut geschulten Gegner einzusetzen.

Guadalcanal

Nach der Schlacht von Midway gaben die Japaner ihre beabsichtigten Operationen gegen Neu-Kaledonien, die Fiji-Inseln und Samoa noch nicht auf. Die Alliierten trafen Anstalten, ihrerseits die Initiative zu ergreifen. Beide Seiten wandten ihre Aufmerksamkeit erneut dem Raum Ost-Neuguinea–Bismarckarchipel zu, wo sich ihre Stützpunkte Rabaul und Port Moresby in Bomber-Reichweite gegenüberlagen. Die Japaner wollten noch einmal versuchen, Port Moresby zu nehmen, diesmal von der Landseite her. Die Alliierten planten, Buna, an der Nordküste Neuguineas, sowie Stellungen auf oder nahe der östlichen Salomonen als Sprungbrett für einen Doppelangriff auf Rabaul zu besetzen. Die Japaner waren aber schneller: sie landeten in Buna, um über das Owen-Stanley-Gebirge auf Port Moresby vorzustoßen. Zur Sicherung ihrer Flanke begannen sie mit dem Bau eines Bomberflugplatzes auf Guadalcanal, 20 Meilen südlich ihres Seeflugzeug-Stützpunktes Tulagi. Die Verbände General MacArthurs sahen sich in die Defensive gedrängt. Gleichwohl setzte Admiral Nimitz seine Vorbereitungen zur Rückeroberung von Tulagi und Guadalcanal fort. Wem es zuerst gelang, den Flugplatz auf Guadalcanal fertigzustellen, würde sich vermutlich siegreich behaupten.

In Voraussicht der alliierten Operationen gegen Rabaul hatte Admiral King einen besonderen südpazifischen Kommandobereich geschaffen; zum Befehlshaber in diesem Operationsgebiet und der dort eingesetzten Streitkräfte ernannte er Vizeadmiral Robert L. Ghormley, der seinerseits dem Oberbefehlshaber Pazifik, Admiral Nimitz, untergeordnet war. Nach Übernahme seines neuen Kommandos begann Ghormley unverzüglich mit dem Bau eines Stützpunktes in Espiritu Santo auf den Neuen Hebriden.

Um die Führungsaufgaben zu erleichtern, wurden die Grenzen zwischen dem südpazifischen Bereich Ghormleys und dem südwestpazifischen Bereich MacArthurs nach Westen auf 159° O verschoben. Die Trennungslinie verlief jetzt gerade westlich von Guadalcanal.

Die Teile der für die Rückeroberung Guadalcanals vorgesehenen Kampfgruppe unter Admiral Fletcher – insgesamt 82 Schiffe – gingen von weit auseinander liegenden Stützpunkten, wie z. B. Wellington, Sydney, Nouméa, Pearl Harbor, in See. Sie vereinigten sich am 26. Juli 1942 in der Nähe der Fiji-Inseln. Nach einer ziemlich schlecht ausgefallenen Landungsübung marschierte der Verband nach Westen. Im Korallenmeer ging er auf Nordkurs und steuerte Guadalcanal an. Regenböen verhinderten Luftoperationen jeglicher Art, auch das Aufsteigen japanischer Aufklärer.

Unter einem allmählich aufklarenden Himmel bezogen im Morgendunkel des 7. August die *Saratoga-*, *Enterprise-* und *Wasp*-Kampfgruppen Stellung südlich von Guadalcanal. Gleichzeitig lief die amphibische Kampfgruppe unter Führung von Konteradmiral Richmond Kelly Turner die Westküste englang in den »Ironbottom Sound« ein – so genannt wegen der vielen hier in den nächsten Monaten versenkten Schiffe. Nach einem Bombardement bei Tagesanbruch landete die 1. Marinedivision unter Generalmajor Alexander A. Vandegrift. Der Widerstand war gering, und am Nachmittag des nächsten Tages hatten die Marineinfanteristen den noch nicht fertiggestellten Flugplatz, das spätere »Henderson Field« besetzt. Auf Tulagi und zwei Nachbarinseln im Nordteil des Sundes trafen sie auf starken Widerstand;

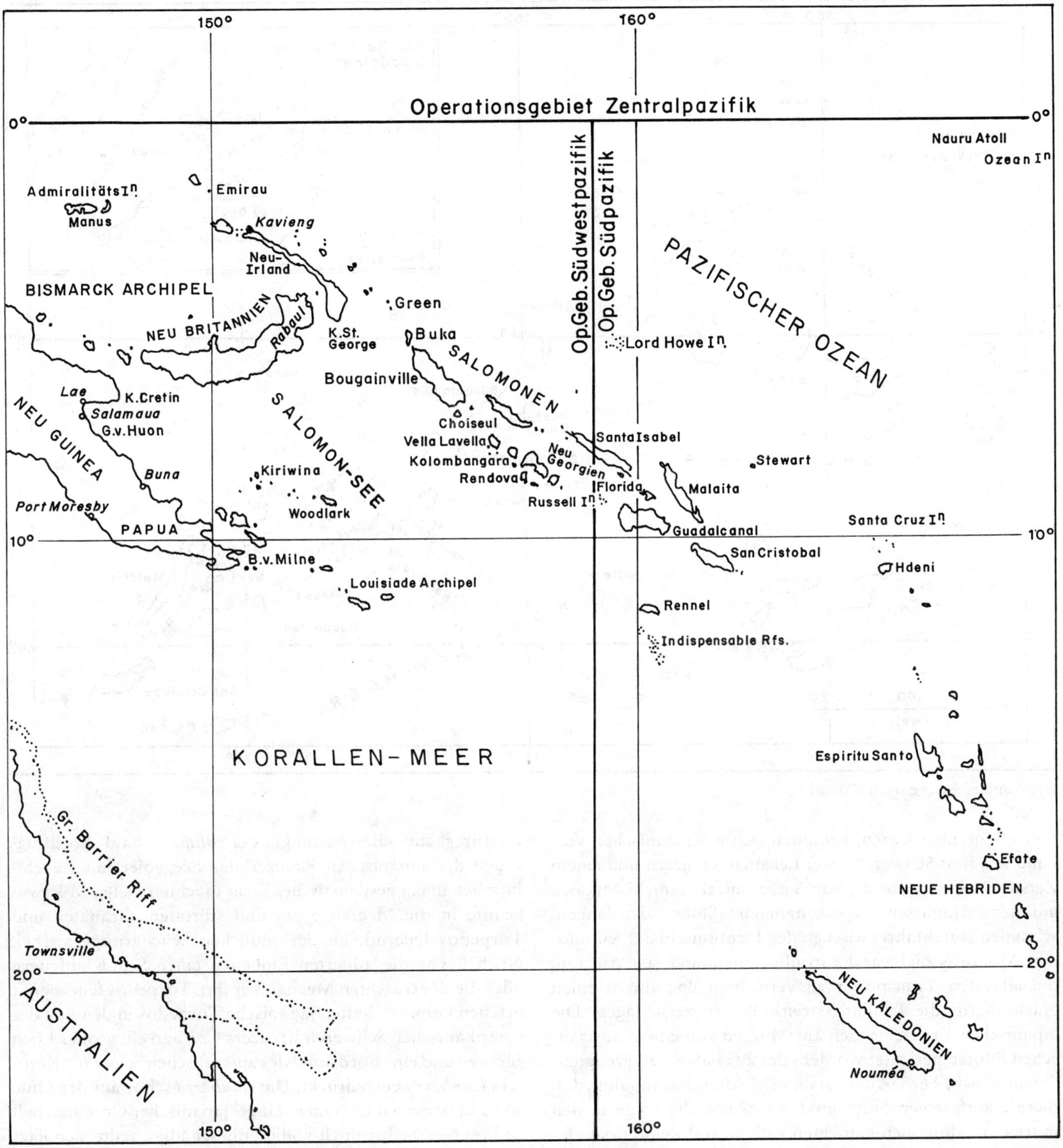

Übersichtskarte über das Gebiet der ersten Operationen im Süd- und Südwestpazifik

jedoch konnten auch diese Plätze bis zum 8. August genommen werden.

Die Japaner reagierten schnell: ihre im Gebiet Rabaul stationierten Flugzeuge griffen den Schiffsverkehr im Ironbottom Sound an. Das dichte Abwehrfeuer der Flak und der Einsatz einer starken Jagdstreife der amerikanischen Träger hinderten sie daran, ernsten Schaden anzurichten. Aber es gelang ihnen, die ohnehin unter großem Druck stehende Nachschuborganisation völlig durcheinanderzubringen. Am Spätnachmittag des 8. August, als einige Frachter erst zu einem

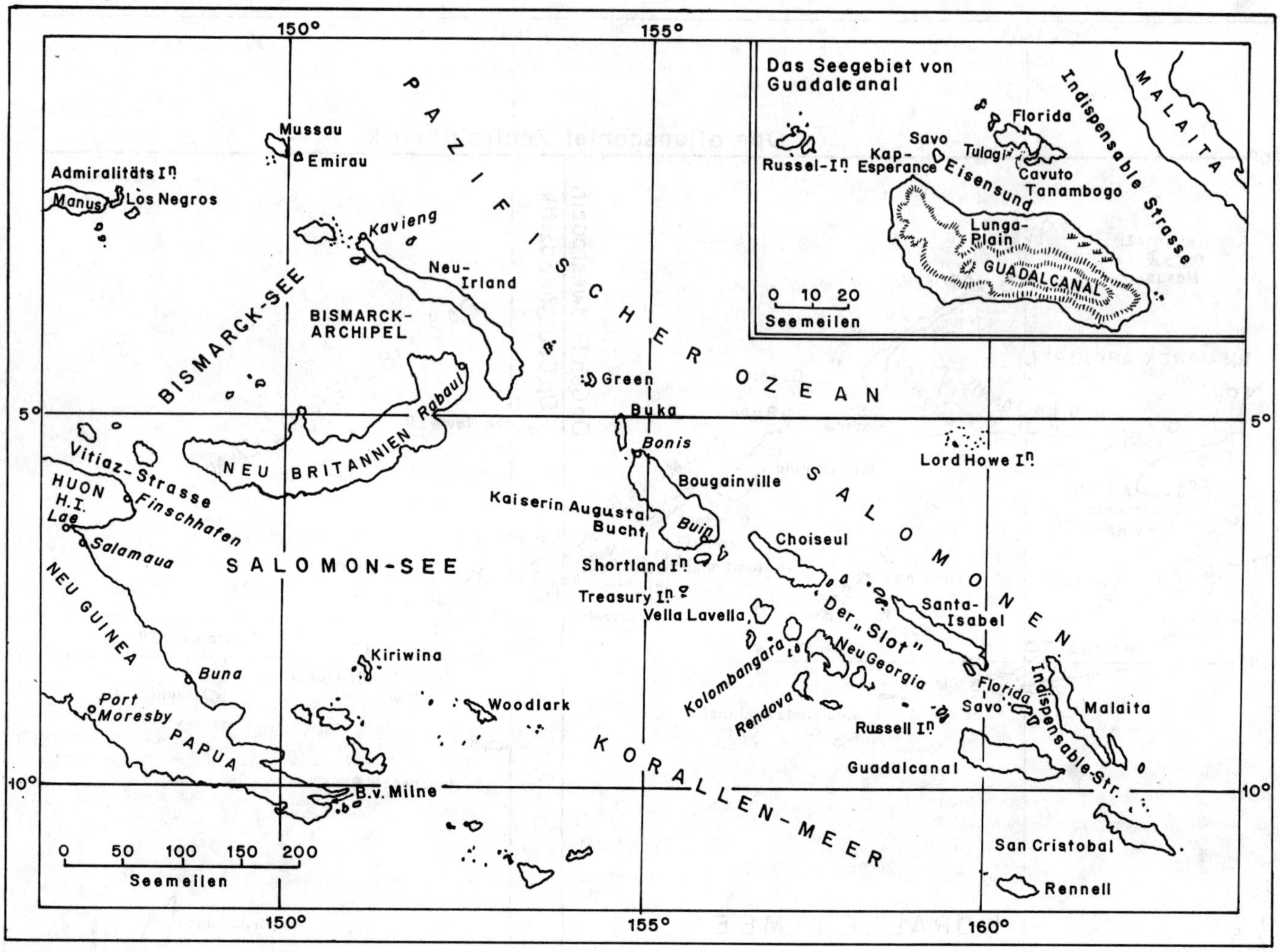

Die Anmarschwege nach Rabaul

Viertel entladen waren, befanden sich ein japanischer Verband aus fünf Schweren, zwei Leichten Kreuzern und einem Zerstörer unter Führung von Vizeadmiral Gunichi Mikawa auf dem Anmarsch im sogenannten »Slot«[5], der langen, schmalen Durchfahrt zwischen den Hauptinseln der Salomonen. Mikawas Ziel war der Ironbottom Sound, sein Auftrag, die alliierten Transporter zu vernichten und durch einen Nachtangriff die Landungsstreitkräfte zu zerschlagen. Die japanischen Kreuzer waren am Morgen von einem australischen Piloten gesichtet worden, der zwei als Seeflugzeugtender ansprach. Turner, der auf diese Meldung hin annahm, daß diese Schiffe einen Stützpunkt für Wasserflugzeuge in den mittleren Salomonen einrichten sollten, traf keine besonderen Gefechtsvorbereitungen für die Nacht. Ab Sonnenuntergang bewachten drei getrennte Sicherungsgruppen aus Kreuzern und Zerstörern bei eingeschränkter Gefechtsbereitschaft die Zugänge zum Ironbottom Sound.

Eine Stunde nach Mitternacht am 9. August lief der japanische Verband unbemerkt an dem amerikanischen Wachzerstörer *Blue* vorbei. Mikawa detachierte seinen Begleitzerstörer zur »Beschattung« der *Blue*. Sobald Bordflugzeuge der japanischen Kreuzer das Seegebiet mit Leuchtbomben in ein gespenstisches Licht tauchten, liefen Mikawas Schiffe in die Meerenge ein und stürmten, Granaten und Torpedos feuernd, an der südlichen Wachgruppe vorbei. Noch bevor die alliierten Einheiten einen Schuß abfeuern oder die überraschten Mechaniker ihre Torpedos feuerbereit machen konnten, hatten japanische Torpedos in den Bug des amerikanischen Schweren Kreuzers *Chicago* ein großes Loch gerissen und eine Bordwand des australischen Schweren Kreuzers *Canberra* eingedrückt. Die *Canberra* schor aus der Linie aus und begann unter einem Hagel japanischer Granaten hell zu brennen. Selbst noch völlig unbeschädigt, teilte sich jetzt der japanische Verband in zwei Gruppen und drehte nach Norden ein. Mit aufgeblendeten Scheinwerfern und aus allen Rohren feuernd liefen drei Kreuzer vor, vier hinter der nördlichen Bewachungsgruppe vorbei. In wenigen Minuten standen sämtliche Kreuzer dieser Gruppe, die drei amerikanischen

5 Slot = eine lange und schmale Öffnung.

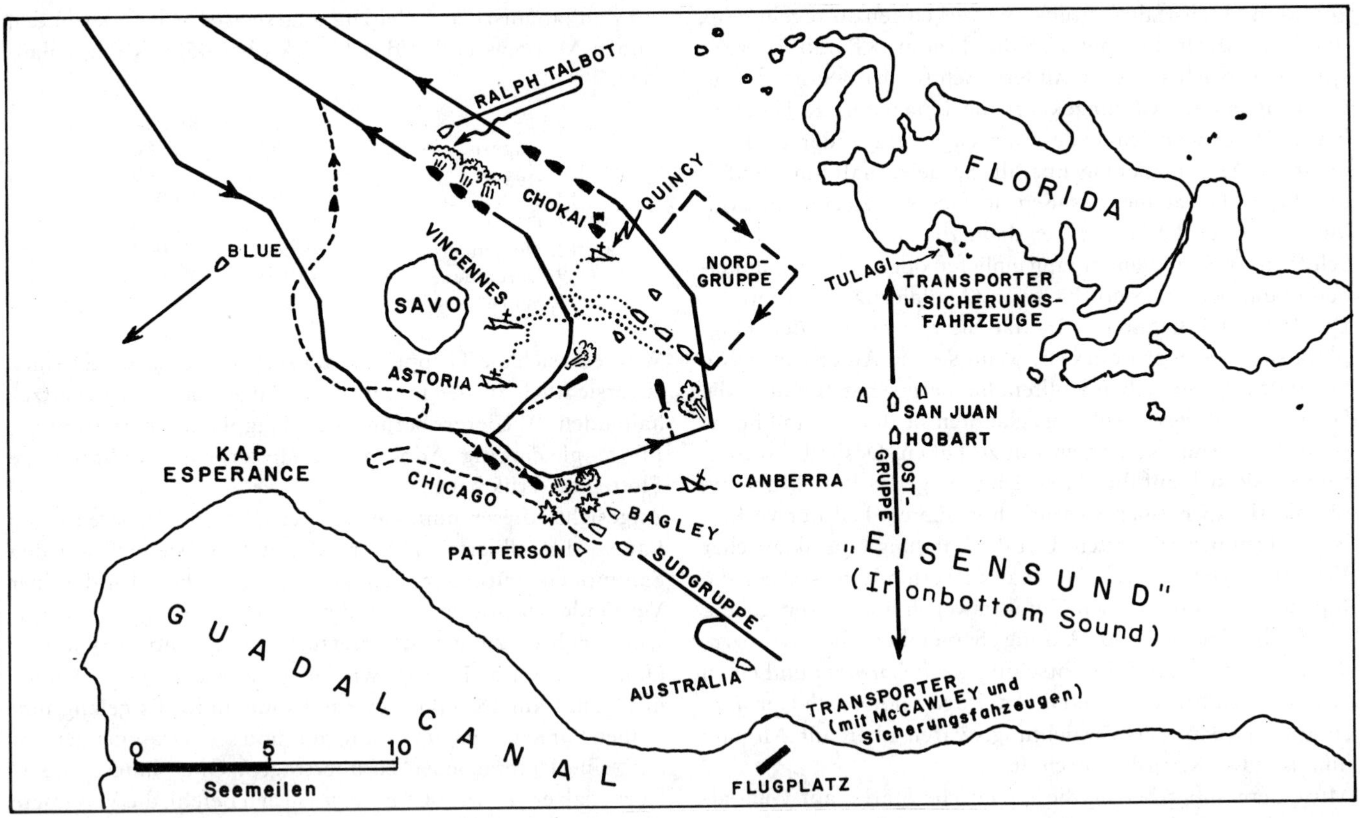

Die Schlacht bei der Insel Savo am 9. August 1942

Schweren Kreuzer *Vincennes, Astoria* und *Quincy*, in Flammen und zeigten Schlagseite. Die *Quincy* erzielte einige Treffer auf dem japanischen Flaggschiff *Chokai*, die die Gefechtszentrale zerstörten und 34 Mann töteten. Andere Treffer amerikanischer Kreuzer richteten nur geringfügige Schäden an. Um 02.20 Uhr befahl Mikawa den Rückmarsch und lief mit seinem Verband durch den »Slot« zurück.

Im klaren Bewußtsein, seinen Auftrag noch nicht erfüllt zu haben, erwog Mikawa einen Augenblick lang, erneut kehrtzumachen, um die Transporter im Sund zu vernichten. Er verwarf schließlich diesen Gedanken, weil er glaubte, Fletchers Flugzeuge seien ihm bereits auf den Fersen und würden ihn beim ersten Tageslicht angreifen. Je weiter er dann schon im Nordwesten war, desto besser standen die Chancen für Flugzeuge in Rabaul, einen erfolgreichen Gegenangriff zu machen. Aber nichts dergleichen geschah. Auf seine Meldung über schwere Verluste an Jägern und die Notwendigkeit, Brennstoff zu ergänzen, hatte Fletcher von Ghormley in Nouméa Erlaubnis erhalten, seine Trägergruppen aus dem Gebiet von Guadalcanal zurückzunehmen. Bei Tagesanbruch standen die Träger weit im Südosten. Ungestört konnte der Verband Mikawas durch den »Slot« zurücklaufen.

Quincy und *Vincennes* waren kurz nach dem Gefecht gesunken. Die zum Wrack geschossene *Canberra* wurde um 08.00 Uhr morgens von amerikanischen Zerstörern versenkt. Die *Astoria* trieb manövrierunfähig in See, bis sie gegen Mittag unterging. Das Gefecht bei der Insel Savo kostete die Alliierten vier dringend benötigte Schwere Kreuzer und 1000 Menschenleben.

Da Turner keinerlei Luftsicherung zur Verfügung stand, sah er sich am 9. gezwungen, seine amphibische Kampfgruppe zurückzuziehen. Die auf Guadalcanal zurückgelassenen, schlecht versorgten 16 000 Marineinfanteristen machten den Flugplatz Henderson-Field in Kürze betriebsklar. Die ersten Maschinen landeten am 30. August. Inzwischen waren japanische Transporter mit Verstärkungen von Truk aus in See gegangen.

Auf die Nachricht von der Stationierung amerikanischer Flugzeuge auf Guadalcanal und der Rückkehr der Träger Fletchers führte Admiral Nobutake Kondo das Gros der Vereinigten Flotte heran, die er eine Woche zuvor nach Truk verlegt hatte. In der Seeschlacht bei den östlichen Salomonen beschädigten zwar japanische Trägerflugzeuge die *Enterprise* schwer, aber amerikanische versenkten den Leichten Träger *Ryujo* und schossen 90 japanische Flugzeuge ab. Kondo mußte das Feld räumen. Am nächsten Tag zwangen Bomber von Guadalcanal und Espiritu Santo auch die Truppentransporter zur Umkehr.

Danach brachten die Japaner ihre Verstärkungen nur noch nachts heran. Sich langsam bis zum Einbruch der Dunkelheit an den »Slot« heranpirschend, legten dann Zerstörer und kleine, schnelle Transporter die Strecke bis zum Ironbottom

Sound in Höchstfahrt zurück. Sie verkehrten so regelmäßig, daß die Marineinfanteristen bald vom »Tokio-Expreß« sprachen. Nachts mieden alliierte Schiffe den »Slot« genauso gewissenhaft wie umgekehrt die Japaner nach Tagesanbruch. Unter dem Schutz der Flugzeuge auf Henderson-Field übten die Amerikaner tagsüber die Seeherrschaft um Guadalcanal aus, die Japaner besaßen sie nachts. Gefechte im Ironbottom Sound kamen immer dann zustande, wenn alliierte Schiffe nach Sonnenuntergang einliefen oder sich bei Dunkelheit in das Seegebiet nördlich von Guadalcanal vorwagten.

Die Japaner erkannten klar, daß sie erst einmal den Flugplatz zurückerobern mußten, wenn sie die Amerikaner von Guadalcanal vertreiben wollten. Sie unterschätzten aber die Schwierigkeit dieser Aufgabe, glaubten sie doch, es mit höchstens 2000 Amerikanern zu tun zu haben. Deshalb konzentrierten sie sich auf die Unternehmung gegen Port Moresby, für die sie auch einen wesentlich größeren Teil der verfügbaren Truppen einsetzten. Um die Landung amerikanischer Verstärkungen auf Guadalcanal zu verhindern, setzten die Japaner U-Boote auf den Zufahrtswegen an. Diesen gelang es, Ende August und Anfang September die *Saratoga,* die *Wasp*, das neue Schlachtschiff *North Carolina* und einen Zerstörer zu torpedieren. Die *Saratoga* und *North Carolina* entgingen zwar der Vernichtung, waren aber auf Monate hinaus außer Kriegsbereitschaft.

Mitte September betrug die japanische Stärke auf Guadalcanal dank des »Tokio-Expreß« 6000 Mann. Diese versuchten, Henderson-Field zu nehmen, wurden aber blutig abgewiesen. Ihre vernichtende Niederlage machte es Tokio drastisch klar, daß die amerikanischen Streitkräfte auf der Insel viel stärker waren als angenommen und man energischere Maßnahmen ins Auge fassen mußte, wollte man Guadalcanal nicht ganz und gar abschreiben.

Inzwischen hatten die in Buna auf Neuguinea gelandeten japanischen Truppen auf ihrem Vormarsch einen Paß genommen, waren auf dem nach Süden abfallenden Berghang vorgedrungen und trotz tapferen Widerstandes der australischen Truppen MacArthurs fast in Sichtweite von Port Moresby gelangt. Jetzt aber gab das Kaiserlich-Japanische Hauptquartier den Truppen Befehl, sich wieder nach Buna zurückzuziehen und dort in einer starken Verteidigungsstellung zunächst die Wiedereroberung Guadalcanals abzuwarten.

Die Japaner intensivierten nunmehr ihre Truppentransporte nach Guadalcanal vermittels des »Tokio-Expreß«. Anfang Oktober beschossen sie mehrere Nächte lang Henderson-Field, um das Durchbringen eines größeren Truppentransports vorzubereiten. Eine erste Beschießungsgruppe wurde im Gefecht von Cape Esperance in der Nacht vom 11./12. Oktober abgewiesen, in den folgenden Nächten aber gelang es Schlachtschiffen und Kreuzern, unterstützt durch Tagesangriffe japanischer Flugzeuge, die Landebahn von Henderson-Field unbrauchbar zu machen und die Masse der amerikanischen Flugzeuge zu zerstören. Nur einige wenige konnten auf den japanischen Geleitzug angesetzt worden, der in den frühen Morgenstunden des 15. Oktober 4500 Mann anlandete.[6]

	Amerikaner	*Japaner*
7. August	10000	2200
20. August	10000	3600
12. September	11000	6000
23. Oktober	23000	22000
12. November	29000	30000
9. Dezember	40000	25000
1. Februar	50000	12000

Während sich die Truppen der Kaiserlich-Japanischen Armee zuversichtlich zu der nun in ihren Augen nicht mehr aufzuhaltenden Wiedereroberung des Flugplatzes bereitstellten, führte gleichzeitig Admiral Kondo erneut die Vereinigte Flotte von Truk heran.

Angesichts dieser umfassenden feindlichen Vorbereitungen kamen den alliierten Führern Zweifel, ob sie sich auf den Salomonen würden halten können. Um die Moral seiner Verbände zu stärken und ihnen einen besonders energischen Führer zu geben, ersetzte Nimitz Ghormley durch Halsey. Admiral Halsey, wieder ganz sein früheres Selbst, übernahm am 18. Oktober das Kommando. Es gelang ihm binnen kurzem, seinen Optimismus und sein Draufgängertum auf seine Untergebenen zu übertragen. Ohne lang zu überlegen, gab er *Hornet* und *Enterprise* den Befehl, die Vereinigte Flotte in den Gewässern nordöstlich von Guadalcanal anzugreifen. In diesem Fall aber spielte er zu hoch – denn in der Seeschlacht bei den Santa-Cruz-Inseln am 26. Oktober wurden die *Hornet* versenkt und die *Enterprise* wiederum schwer beschädigt. Damit befand sich im ganzen Pazifik kein einsatzfähiger amerikanischer Flugzeugträger mehr. Im Verlauf des Gefechtes hatte die amerikanische Kampfgruppe auf zwei japanischen Trägern und einem Kreuzer Bombentreffer erzielt und etwa 100 Flugzeuge abgeschossen. Guadalcanal aber wurde durch amerikanische Heeres- und Marineinfanterie gerettet. Sie hielten ihre Stellungen – auch als der Angriff auf Henderson-Field seinen Höhepunkt erreichte, bis er schließlich am 26. verebbte. Der Flugplatz blieb in amerikanischer Hand. Die japanischen Verluste waren zehnmal so hoch wie die amerikanischen.

In der Überzeugung, daß sie auf Guadalcanal dicht vor dem Sieg gestanden hatten, verdoppelten die Japaner im November ihre bisherigen Anstrengungen und trieben ihre Vorbereitungen schneller voran. Der »Tokio-Expreß« wurde so intensiv eingesetzt, daß die japanische Truppenstärke auf Guadalcanal die amerikanische bald beträchtlich überwog. In der Abenddämmerung des 12. November lief ein Geleitzug von 11 Transportern und einem Dutzend Zerstörern mit 11 000 Mann Verstärkungen an Bord in den »Slot« ein. Als Vorausabteilung war von Truk eine Kampfgruppe mit den

6 Die folgende Übersicht enthält die ungefähren Truppenstärken auf Guadalcanal zu wichtigen Zeitpunkten.

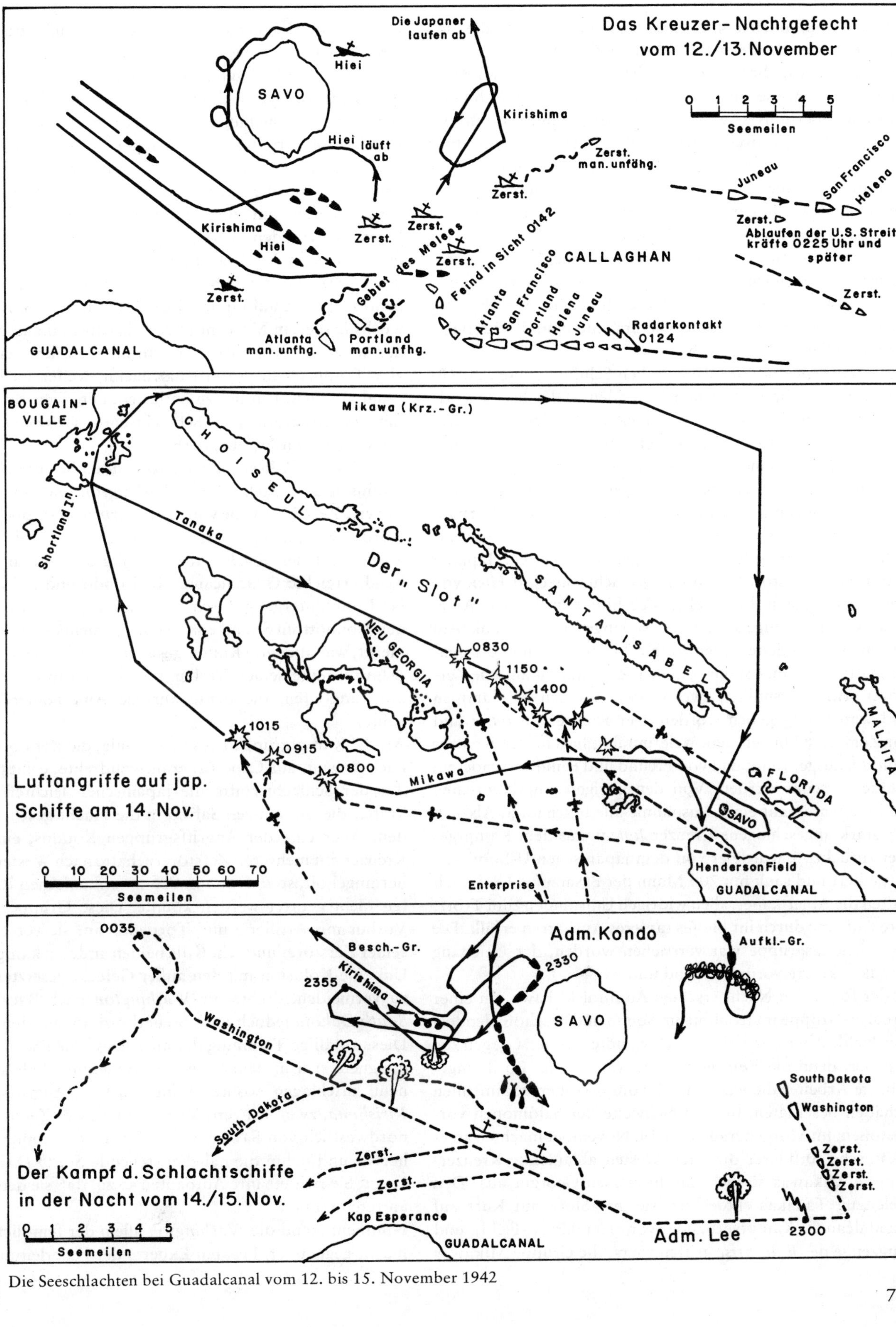

Die Seeschlachten bei Guadalcanal vom 12. bis 15. November 1942

Schlachtschiffen *Hiei* und *Kirishima* ausgelaufen, die den Auftrag hatte, Henderson-Field zu beschießen.
Am selben Tag hatte Admiral Turner eine zweite, 6000 Mann starke Welle Heeres- und Marineinfanterie nach Guadalcanal überführt. Turner ließ seinen Konvoi in südöstlicher Richtung zurücklaufen und detachierte dann fünf Kreuzer und acht Zerstörer, die unter dem Befehl von Konteradmiral Daniel J. Callaghan die drohende japanische Beschießung verhindern sollten. Diese Maßnahme bildete den Auftakt zu den dreitägigen Seeschlachten von Guadalcanal.
Unter mondlosem, aber sternklarem Himmel liefen die gegnerischen Kampfgruppen aus entgegengesetzten Richtungen in den Ironbottom Sound ein. Durch Radar nicht rechtzeitig gewarnt, daß er auf Kollisionskurs mit dem Feind liege, drehte Callaghan zu spät ab.
Die japanischen und amerikanischen Schiffe gerieten durcheinander. Für die in dem nun folgenden Mêlée herrschende Verwirrung und Kampfverbissenheit findet sich in der Geschichte des Seekriegs kaum eine Parallele. Die Schlacht entwickelte sich zu einer Serie von Einzelgefechten von Schiff zu Schiff, wobei mehrfach die eigenen Schiffe jeder Seite aufeinander feuerten. Schließlich gelang es beiden Verbänden, sich voneinander zu lösen. Die Morgendämmerung enthüllte das Ausmaß der beiderseitigen Verluste. Die Japaner hatten zwei Zerstörer verloren. Das Schlachtschiff *Hiei,* von über 50 Granaten durchsiebt, trieb hilflos in der See. Amerikanische Flugzeuge setzten ihm so lange zu, bis es sank. Auf amerikanischer Seite waren Admiral Callgahan und die meisten Offiziere seines Stabes gefallen. Zwei amerikanische Zerstörer waren gesunken, zwei weitere standen in Flammen und waren aufgegeben worden. Der Kreuzer *Portland* und ein Zerstörer blieben manövrierunfähig liegen; der Kreuzer *Atlanta*, ausgebrannt und von Freund und Feind zerschossen, mußte versenkt werden. Von den übrigen amerikanischen Schiffen waren mit einer Ausnahme alle beschädigt. Als sich der stark angeschlagene Kreuzer *Juneau* aus dem Kampfgebiet zurückzog, wurde er von dem japanischen U-Boot *I-21* torpediert und sank mit 700 Mann der Besatzung. Und doch hatten die Amerikaner, allen widrigen Umständen zum Trotz, ihre Aufgabe durch ihr bloßes tapferes Ausharren erfüllt. Die Beschießungsgruppe war vertrieben worden, der Geleitzug Tanakas kehrte vorübergehend um.
In der folgenden Nacht erschien Admiral Mikawa mit einer Kreuzer-Gruppe im Ironbottom Sound und beschoß Henderson-Field. Aber das Kriegsglück wandte sich jetzt gegen die Japaner, denn die *Enterprise* war, während an Bord eingeschiffte Arbeiter die letzten noch vom Oktober stammenden Schäden beseitigten, bis in Reichweite der Salomonen vorgestoßen. Im Morgengrauen des 14. November machten amerikanische Aufklärer die nach Westen ablaufende Kreuzergruppe Mikawas südlich der Insel Neu-Georgia aus. Den Geleitzug Tanakas entdeckten sie im »Slot« mit Kurs auf Guadalcanal. Kampfverbände von Henderson-Field, und Flugzeuge der *Enterprise* griffen zuerst die Gruppe Mikawas an; sie versenkten einen Kreuzer und beschädigten drei weitere. Danach griffen sie zusammen mit *B-17* von Espiritu Santo wiederholt den nur schwach gesicherten Geleitzug Tanakas an. Am Spätnachmittag waren sechs Transporter versenkt, einer versuchte, zum Stützpunkt zurückzulaufen.
Das komplizierte taktische Schema der Japaner erwies sich jetzt ebenso absurd wie tragisch: obwohl die Überführung frischer Truppen Kernstück der ganzen Novemberoffensive war, sicherten nur eine Handvoll Zerstörer und ein paar Jäger, die, von den oberen Salomonen und der weit im Norden stehenden Trägergruppe Kondos aus eingesetzt, fast an der Grenze ihrer Reichweite operieren mußten, die Truppentransporter auf ihrem Marsch durch den »Slot«. Tanaka wuchs in diesem Moment über sich selbst hinaus, als er trotz der schweren erlittenen Verluste mit den ihm verbliebenen vier Truppentransportern hartnäckig weiter nach Guadalcanal vorstieß. Um ihn zu entlasten, eilte jetzt Kondo selbst mit vier Kreuzern, dem Schlachtschiff *Kirishima* und neun Zerstörern von Norden herbei.
Um dieselbe Zeit erschienen von Süden her die neuen amerikanischen Schlachtschiffe *Washington* und *South Dakota* mit vier Zerstörern, die von der *Enterprise*-Gruppe detachiert worden waren, auf der Szene. Der von Konteradmiral Willis A. Lee auf der *Washington* befehligte amerikanische Verband erreichte Guadalcanal vor Kondo und lief am Abend bei Monduntergang durch die Passage nördlich von Savo in den Ironbottom Sound ein. Lee hatte nichts vom Gegner bemerkt, war aber von Kondo gesichtet worden. Der japanische Admiral teilte seinen Verband in drei Gruppen, von denen zwei angreifen, die dritte auf die Amerikaner aufpassen sollte.
Als die Kampfgruppe Lees in Kiellinie, die Zerstörer voraus, nach Westen auf Cape Esperance zudrehte, erfaßte das Radar der Schlachtschiffe die japanischen leichten Seestreitkräfte, die mit einigen Salven in die Flucht geschlagen wurden. Aber eine der Angriffsgruppen Kondos, ein Leichter Kreuzer mit mehreren Zerstörern, hatte nach Westen um Savo herumgeholt, so daß er von den amerikanischen Radargeräten nicht geortet werden konnte. Diese Gruppe griff Lees Vorhut mit Artillerie und Torpedos an; sie versenkte zwei seiner Zerstörer und schoß die beiden anderen kampfunfähig. Um eine Kollision mit den außer Gefecht gesetzten Schiffen zu vermeiden, drehte die *Washington* nach Backbord, die *South Dakota* jedoch nach Steuerbord ab, auf den Feind zu. Diese zufällige Trennung der amerikanischen Schlachtschiffe ereignete sich in dem kritischen Augenblick, als Kondo erneut zuschlagen wollte. Seine stärkste Angriffsgruppe – *Kirishima,* zwei Schwere Kreuzer und zwei Zerstörer –, die nordwestlich von Savo gewartet hatte, kam hinter der Insel hervor und nahm die nahebei stehende *South Dakota* unter Feuer. Sie richtete ihre Aufbauten so zu, daß sie den Rückzug antreten mußte.
Nunmehr stand die *Washington* allein der feindlichen Übermacht gegenüber. Lee, ein Experte der Feuerleitung mit Ra-

dar, der diesen Vorteil zu nutzen wußte, nahm die Herausforderung an und zog binnen kurzem mit den Japanern gleich. Er konzentrierte das Feuer seiner 12,7-cm- und 40,6-cm-Geschütze auf die *Kirishima.* Sieben Minuten später trieb das japanische Schlachtschiff, von 50 Granaten getroffen, hilflos im Kreise. Lee führte das Gefecht eine Zeitlang auf nordwestlichem Kurs weiter, um den Feind von seinen beschädigten Schiffen abzuziehen, und lief dann nach Süden. Kondo brach jetzt die Unternehmung ab. Er befahl die Versenkung der *Kirishima* und eines schwer beschädigten Zerstörers und verließ das Schlachtfeld. Dessenungeachtet hatte der beharrliche Tanaka, während die Seeschlacht um ihn tobte, unerschrocken seinen Weg fortgesetzt. Er erreichte Guadalcanal und landete seine Truppen. Bei Tagesanbruch zerschlugen amerikanische Flugzeuge, Küsten- und Schiffsartillerie seine Transporter, aber zuvor war es ihm gelungen, alle Truppen, die die Seeschlacht überlebt hatten, an Land zu bringen.

Nach dem Scheitern ihrer Novemberoffensive gingen die Japaner zur Defensive über. Ihre Kräfte auf Guadalcanal beließen sie lediglich, um die Amerikaner zu fesseln, während sie auf den mittleren Salomonen zwei Flugplätze bauten. Mittlerweile richtete Tanaka einen besonders schnellen »Tokio-Expreß« aus Zerstörern ein, um die japanischen Truppen auf Guadalcanal zu versorgen. Trotz des japanischen Geschicks für Nachteinsätze sollte sich dieser Plan als Fehlschlag erweisen. Die Zerstörer wurden immer häufiger in der Morgen- und Abenddämmerung von Flugzeugen und nachts von Schnellbooten angegriffen. Nachdem bei einem Schnellbootangriff am 11. Dezember Tanaka verwundet und sein Führungszerstörer vernichtet worden waren, beschloß die japanische Führung, Guadalcanal aufzugeben. Als die auf 50000 Mann Heeres- und Marineinfanterie verstärkten Amerikaner Anfang Februar 1943 den Ring um die japanischen Stellungen schlossen, mußten sie feststellen, daß ihre Beute entschlüpft war. Etwa zwanzig Zerstörer hatten in drei schneidigen, mit Höchstfahrt unternommenen Nachteinsätzen durch den »Slot« die 12000 halbverhungerten Überlebenden der japanischen Armee von der Insel geholt. So endete der Kampf um Guadalcanal – beide Seiten blickten darauf mit einer Mischung von Gefühlen der Enttäuschung und des Triumphes zurück.

Von den 60000 Man amerikanischer Kampftruppen auf Guadalcanal waren 1600 Mann gefallen, 4200 verwundet worden. Die etwas über 36000 Japaner hatten 14000 Gefallene und Vermißte; 9000 Mann starben an Krankheiten, und 1000 Mann gerieten in Gefangenschaft.

Noch während die Amerikaner ihren Druck auf Guadalcanal verstärkten, kämpften 1000 Meilen weiter westlich alliierte Truppen unter gleichen Schwierigkeiten, aber schließlich mit dem gleichen Erfolg mit den Japanern um die Halbinsel Papua. Australische Truppen verfolgten den weichenden Feind auf der über das Owen-Stanley-Gebirge führenden Hauptstraße; gleichzeitig überschritten australische und amerikanische Kräfte das Gebirge auf Umwegen oder wurden im Lufttransport auf Flugplätze in feindfreie Gebiete an der Nordküste gebracht. Schließlich stießen die alliierten Kräfte konzentrisch gegen den Raum von Buna vor. Mitte November 1942 begann die planmäßige Offensive. Obwohl MacArthur zuletzt fast 30 000 Mann einsetzte, um die etwa 12 000 Japaner aus Papua zu vertreiben, hielten sich die japanischen Truppen an der Küste bis gegen Ende Januar 1943. Dann erst brach ihre Verteidigung zusammen. Hunger und Krankheiten hatten daran ebenso großen Anteil wie der Druck der Angreifer. Bei der Rückeroberung Papuas fielen 3095 alliierte Soldaten.

Die lange und krisenreiche Zeit der Vorentscheidungen war nun vorüber. Die alliierten Streitkräfte hatten im Süd- und Südwestpazifik je einen Stützpunkt erobert, den die Japaner ursprünglich als Sprungbrett zu weiterer Ausdehnung ihres Machtbereiches hatten nutzen wollen. Jetzt standen den Alliierten zwei Wege nach Rabaul offen.

Die Wiedereroberung von Attu und Kiska

Weder Japaner noch Amerikaner konnten viel mit Attu und Kiska, den kalten, nebligen Aleuten-Inseln, anfangen. Die Japaner hatten die Besetzung hauptsächlich als Ablenkungsmanöver während der Schlacht bei Midway durchgeführt. Aber die amerikanische öffentliche Meinung fand sich nicht ohne weiteres damit ab, amerikanisches Territorium, mochte es noch so wertlos sein, in der Hand des Feindes zu lassen. Die »Combined Chiefs of Staff« wünschten außerdem die Aleuten als Etappenweg für die Überführung von Flugzeugen nach Sibirien – für den Fall, daß die Sowjetunion in den Krieg gegen Japan eintrat. Konteradmiral C. Kinkaid, der im Januar 1943 das Kommando über den Aleuten-Bereich übernahm, hielt es für seine wichtigste Aufgabe, die verlorenen Inseln wiederzugewinnen. Er drängte deshalb auf einen möglichst baldigen Angriff auf Kiska. Mit dem Bescheid, daß er auf Monate hinaus weder die erforderliche Zahl von Schiffen noch von Truppen für ein solches Unternehmen bekommen könne, erhielt er zugleich die Erlaubnis, unter Umgehung Kiskas das kleinere, schwächer besetzte Attu zu nehmen.

Eine Angriffsgruppe, die sich aus drei alten Schlachtschiffen, sechs Kreuzern und einem Geleitträger zusammensetzte, landete am 11. Mai 3000 Mann der 7. US-Infanteriedivision an der Nord- und Südküste von Attu. Die beiden Landungsgruppen sollten sich im Zentrum vereinigen und die 2600 Mann starke japanische Besatzung nach dem Ostzipfel der Insel abdrängen. Dort sollten sie durch die Einwirkung von Schiffsartillerie und Flugzeugen des Trägers zur Übergabe gezwungen werden. Aber die Japaner gruben sich in den Bergen ein und verhinderten durch den Einsatz ihrer getarnt aufgestellten Artillerie die Vereinigung der amerikanischen Kampfgruppen so lange, bis die Angreifer schließlich auf 11000 Mann Infanterie verstärkt worden waren. Als die

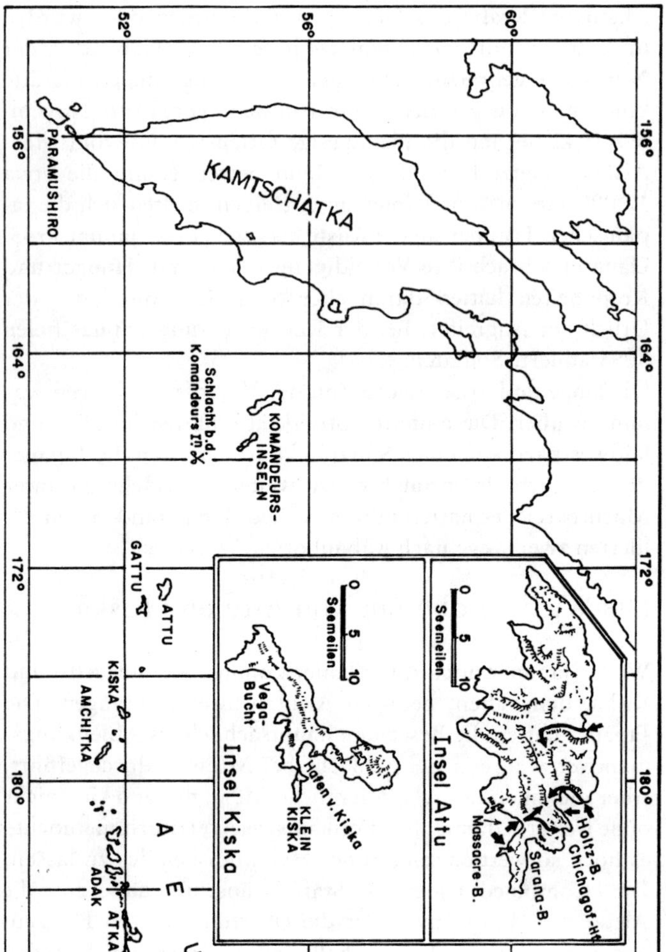

Das Operationsgebiet im Raum der Aleuten

Japaner ihre Munition verschossen hatten, kamen am 29. Mai im Morgendunkel etwa 1000 Mann lautlos von den Bergen herab und brachen bei Sonnenaufgang durch eine Lücke in die amerikanischen Stellungen ein. Sie überrannten zwei Gefechtsstände und töteten in einem Lazarett die Verwundeten und Kranken. Als sie schließlich zum Kampf gestellt wurden, begingen 500 der Angreifer Selbstmord mit Handgranaten. Die restlichen Japaner auf Attu griffen bis zum nächsten Morgen weiter an, bis schließlich die gesamte Besatzung mit Ausnahme von 28 Gefangenen gefallen war oder durch Selbstmord geendet hatte. Die amerikanischen Verluste beliefen sich auf 600 Tote und 1200 Verwundete.

Zur Vorbereitung des auf Mitte August 1943 angesetzten Angriffs auf Kiska warf die Heeresluftwaffe 1200 Tonnen Bomben auf die Insel ab, und Schlachtschiffe und Kreuzer beschossen die Hauptlager und den Hafen. Am 15. erreichten Truppentransporter mit 29000 Mann amerikanischer und 5300 Mann kanadischer Truppen, für die eine Sicherung von nahezu 100 Kriegsschiffen aufgeboten worden war, das Seegebiet von Kiska. Nach einer weiteren eindrucksvollen Beschießung landeten die Angriffsverbände – aber die Insel war völlig verlassen. Drei Wochen zuvor hatten japanische Kreuzer und Zerstörer im Schutze einer Nebelperiode die Besatzung unbemerkt evakuiert.

Nach Erfüllung seines Auftrages übernahm Kinkaid, zum Vizeadmiral befördert, unter General MacArthur das Kommando über die 7. US-Flotte im Süden.

Der Feldzug gegen die Salomonen

Nach der Eroberung von Guadalcanal und Buna bereiteten die südpazifischen Streitkräfte Halseys und die südwestpazifischen MacArthurs einen Zangenangriff auf Rabaul vor. Beide Stoßkeile sollten sprungweise vorwärts gehen und nach jedem gelungenen Sprung Flugplätze bauen, um für den nächsten Vorstoß die Deckung landgestützter Flugzeuge sicherzustellen. Im Zuge dieser Operationen würde es schließlich möglich sein, Rabaul selbst intensiv aus der Luft anzugreifen. Wenn aber erst Rabaul und seine Nebenstützpunkte schachmatt gesetzt waren, stand MacArthur der Weg nach Westen, zu den Philippinen, offen.

Im Frühjahr 1943 stellten beide Seiten ihre Kräfte zu dem bevorstehenden Kampf bereit. Auf Guadalcanal wurden neuseeländische Bomber und Jäger mit amerikanischen Maschinen von Heer, Marine und Marinekorps zum »Luftwaffenkommando der Salomonen« (»Airsols«) zusammengefaßt. Auf Neu-Guinea traten australische Staffeln zur 5. US-Luftflotte unter Generalmajor George C. Kenney.

Um den 1. April herum kam Admiral Yamamoto nach Rabaul, um persönlich eine Luft-Großoffensive zu leiten, durch die er die alliierten Pläne über den Haufen zu werfen hoffte. Er faßte 200 Trägerflugzeuge und 100 Landflugzeuge zu einer schlagkräftigen Luftkampfgruppe zusammen. Diese setzte er erst gegen den Schiffsverkehr im Ironbottom Sound

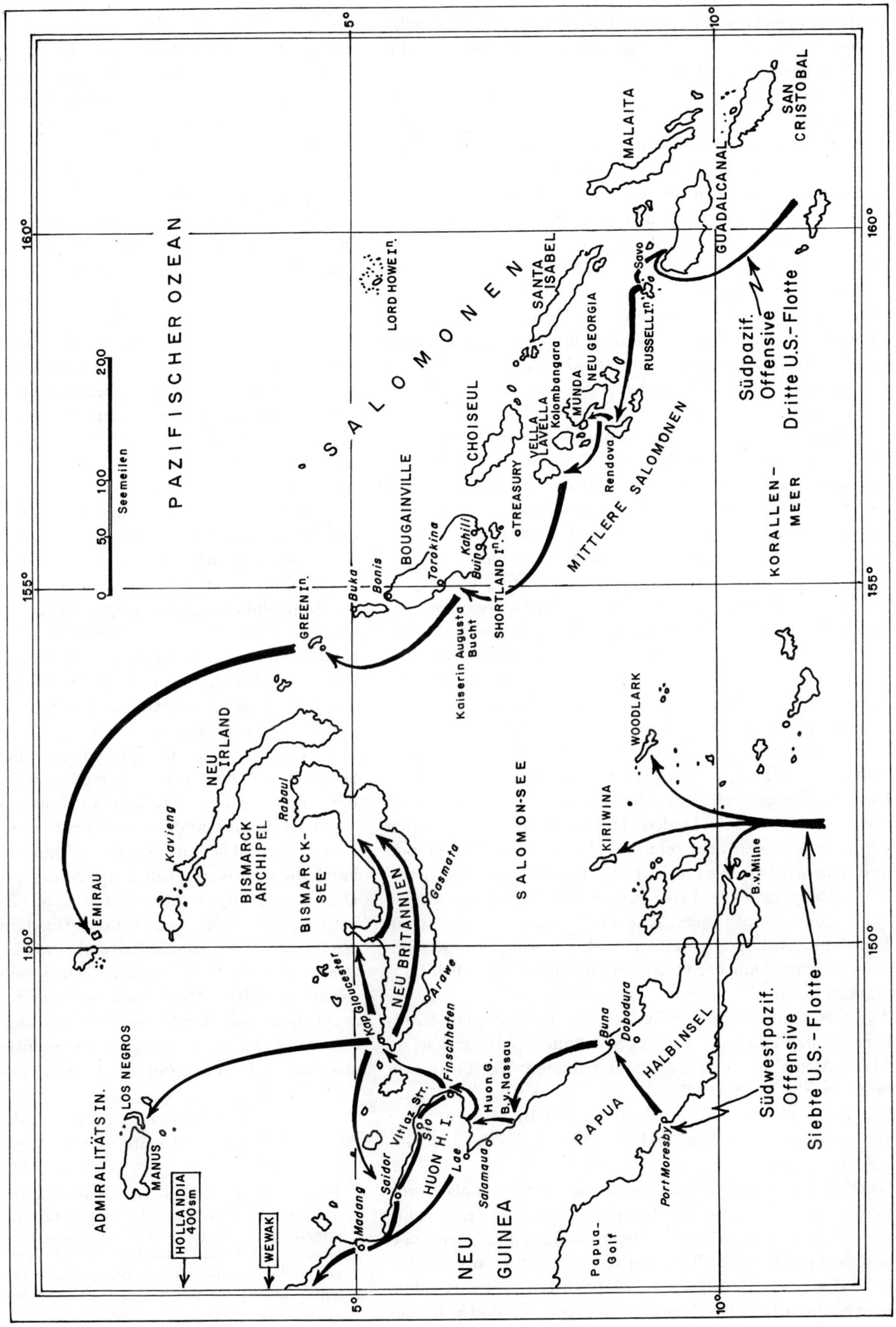

Rabaul wird ausgeschaltet und umgangen

an, dann gegen Papua. Es gelang ihm, ein paar alliierte Schiffe zu versenken und bei einem eigenen Verlust von 40 Maschinen 25 Flugzeuge zu vernichten.

Zur Vorbereitung weiterer Luftoffensiven flog Yamamoto mit seinem Stab die oberen Salomonen ab, um die militärischen Anlagen zu inspizieren. Zum Unheil für die Japaner hatten die Amerikaner Funkmeldungen abgefangen und entschlüsselt, aus denen die Uhrzeit hervorging, zu der Yamamoto auf Süd-Bougainville zu landen beabsichtigte. Auf seine bekannte Leidenschaft für Pünktlichkeit rechnend, startete eine Staffel Fernjäger vom Typ *P-38* rechtzeitig von Henderson-Field und schoß sein Flugzeug ab, als es planmäßig zur Landung ansetzte. Yamamotos Nachfolger war Admiral Mineichi Koga. Er führte zahlreiche Luftangriffe gegen Guadalcanal durch, jedoch mit ständig abnehmendem Erfolg. Die Kaiserlich-Japanische Flotte hatte längst ihre besten Piloten verausgabt.

Ende Juni 1943 drangen die südpazifischen Streitkräfte, die jetzt in den Rang einer »Dritten US-Flotte«[7] erhoben worden waren, durch MacArthurs südwestpazifischen Bereich vor. Der Stoßverband der Flotte, die »Dritte Amphibische Kampfgruppe« Admiral Turners, landete zunächst Truppen auf der schwach besetzten Insel Rendova in den mittleren Salomonen, um Artillerie als Feuerschutz für die Hauptlandung auf dem gegenüberliegenden Neu-Georgien in Stellung zu bringen. Ein Monat blutigen Kampfes im Dschungel war erforderlich, bis die Amerikaner ihr Kampfziel erreichten: die Einnahme des japanischen Flugplatzes auf Munda. Auf Grund dieser Erfahrung entwickelte Halsey ein neues Angriffsverfahren. Mitte August stieß die Dritte Amphibische Kampfgruppe, jetzt von Konteradmiral Theodore S. Wilkinson geführt, an der stark verteidigten Insel Kolombangara vorbei nach dem schwach besetzten Vella Lavella vor, wo er 6000 Mann landete. Jäger von »Airsols« sicherten den Luftraum von dem gerade eroberten Flugplatz Munda aus. Statt wie früher zu versuchen, auf der Insel einen japanischen Flugplatz zu erobern, sicherten die Landungstruppen einen Brückenkopf, in dem »Seabees« (= C.Bs. = construction battalions, Abkürzung gespr.: sea-bees, wörtlich »See-Bienen«) sofort damit begannen, im Dschungel einen Feldflugplatz zu bauen.

Am 1. November umging Wilkinson den Komplex feindlicher Stützpunkte auf und bei Süd-Bougainville und setzte 14000 Mann an der schwach verteidigten Westküste von Bougainville bei Kap Torokina in der Kaiserin-Augusta-Bucht ab. Hier wollte er einen großen Brückenkopf mit Feldflugplätzen errichten und den Angriff der Japaner abwarten.

Noch vor der endgültigen Einnahme Guadalcanals durch die Alliierten hatte der »Tokio-Expreß« wieder seine Fahrten aufgenommen; er brachte Verstärkungen und Nachschub und evakuierte später Truppen von den mittleren und oberen Salomonen. Um diese Unternehmungen zu unterbinden, überwachten Kreuzer/Zerstörer-Gruppen vor und während des Vormarsches der südpazifischen Streitkräfte in den Salomonen den »Slot«. Daraus entwickelte sich erneut eine Serie von Nachtgefechten, in denen die Amerikaner schließlich die Oberhand behielten. Tatsächlich besaßen die alliierten Seestreitkräfte niemals genug Einheiten, um die Seeherrschaft vollständig zu erringen; aber sie waren jetzt bedeutend schlagkräftiger als die schlecht vorbereiteten, oft hastig zusammengewürfelten Verbände, die im »Ironbottom Sound« gekämpft hatten. Zuverlässige Radargeräte gehörten nunmehr zur Normalausrüstung der alliierten Schiffe, und das Bedienungspersonal lernte, sie mit gutem Erfolg zu nützen. Die Bildschirme waren in einem besonderen Radar-Raum untergebracht; dort wurden die Radarkontakte aufgefaßt und ausgewertet. Allmählich wurden auch andere Nachrichten, z. B. Funkmeldungen und Ausguckbeobachtungen in diesem Raum gesammelt, und so entstand aus der Radarauswertestelle die Gefechtsmeldezentrale (Combat Information Center = CIC). Die generelle Einrichtung einer solchen Gefechtszentrale auf jedem Kriegsschiff verschaffte den Alliierten einen bedeutenden Vorsprung in der Technik der Kampfführung gegenüber den Japanern, deren Radar vergleichsweise noch in den Kinderschuhen steckte und nur auf den größten Schiffen vorhanden war. Von gleicher Bedeutung für die Verbesserung der Taktik im Nachtgefecht war die Konsolidierung der neugeschaffenen alliierten Kampfgruppen. Da sie nun regelmäßig zusammenarbeiten konnten, entwickelten Kommandanten und Besatzungen die Routine und das Selbstvertrauen, die sie befähigten, die Japaner von den Salomonen zu vertreiben und mit ihnen ihre tödliche Waffe der Long Lance-Torpedos.

Den Höhepunkt der Kämpfe um die Salomonen bildete die Seeschlacht in der Kaiserin-Augusta-Bucht in der Nacht nach der amerikanischen Landung auf Bougainville. Von Rabaul war eine japanische Kreuzer/Zerstörer-Kampfgruppe unter Konteradmiral Sentari Omori im Anmarsch, die den Auftrag hatte, die amerikanischen Truppentransporter zu vernichten. Die Kampfgruppe wurde frühzeitig von »Airsols«-Aufklärern entdeckt, die sofort genaue Standortmeldungen abgaben. Gegen 02.00 Uhr früh am 2. November näherte sich die Gruppe Omori (zwei Schwere, zwei Leichte Kreuzer und sechs Zerstörer) in tiefster Dunkelheit und durch eine Regenbö gedeckt dem Landekopf von Torokina aus Nordwesten. Um diese Zeit führte Konteradmiral Stanton A. Merrill einen aus vier Leichten Kreuzern und acht Zerstörern bestehenden Verband aus Süden heran.

Diesmal wiederholte sich nicht das Fiasko des Gefechts bei der Insel Savo 15 Monate zuvor. Merrill handelte nach

7 Im Zuge einer Reorganisation hatten die US-Flotten im Atlantik und im Mittelmeer gerade Nummern erhalten, die im Pazifik ungerade. Die Flotten gliederten sich in Task-Forces (TF), Task-Groups (TG) und Task-Units (TU): Kampfgruppen, Kampfverbände verschiedener Größe, je nach dem Umfang der Aufgabe. TU (Task Unit) 31.2.3 gehörte beispielsweise zur TG (Task Group) 31.2, diese wiederum zur TF (Task Force) 31.

einem gründlich erprobten taktischen Plan. Er setzte seine beiden Zerstörerdivisionen zu Torpedoangriffen auf die feindliche Flanke an, während seine Kreuzer die Zufahrt zur Kaiserin-Augusta-Bucht sperrten. Trotz der tiefen Dunkelheit sichteten die Japaner die unter dem Kommando von Kapitän zur See Arleigh A. Burke vorausfahrenden Zerstörer Merrills. Sie drehten ab, wichen Burkes Torpedos aus und erwiderten die Torpedosalven. Einer der »Long Lances« traf nach einer Laufstrecke von fast 10 sm das Heck eines Zerstörers der achteren Zerstörerdivision Merrills.

Merrill, von seiner Gefechtszentrale über die Kursänderung der Japaner unterrichtet, hatte unterdessen seinen Kreuzern den Befehl erteilt, das Feuer zu eröffnen. Prompt donnerten 48 Geschütze los. Zwei japanische Zerstörer stießen zusammen, als sie versuchten, sich dem konzentrierten Feuer der amerikanischen 15,2-cm-Geschütze zu entziehen. Der Leichte Kreuzer *Sendai* schor brennend, mit blockiertem Ruder aus der Linie aus. Die amerikanischen Kreuzer staffelten auf südlichem Kurs etwas näher heran und drehten dann wieder auf Gegenkurs. Die von den Amerikanern in dem nun folgenden Gefecht bewiesene taktische Führungskunst war einzigartig. Merrill, der, den Gefechtslärm übertönend, seine Befehle mit bellender Stimme über Sprechfunk gab, hatte seine Kreuzer vollkommen in der Hand. Er ließ sie zickzack fahren, bald näher heran, bald weiter abstaffeln, um sie aus der feindlichen Feuerlinie zu bringen und um Omoris Artillerie am Einschießen zu hindern. 30 Minuten lang manövrierte Merrill mit solcher Wendigkeit, daß seine Schiffe nie dort standen, wo die auf sie abgeschossenen Granaten und Torpedos ankamen. Schließlich trafen doch drei Granaten den Kreuzer *Denver,* worauf Merrill im Schutze künstlichen Nebels abdrehte. Omori gab sich der Illusion hin, er habe mehrere Schwere Kreuzer eines weit überlegenen feindlichen Verbandes versenkt. Er drehte gleichfalls ab und ordnete den Rückmarsch seiner Kräfte an. Die amerikanischen Zerstörer jagten und erledigten die angeschlagene *Sendai* sowie einen beschädigten japanischen Zerstörer.

Um die Luftverteidigung der Bismarck-Inseln zu verstärken, schwächte Admiral Koga erneut den Flugzeugbestand der Träger der Vereinigten Flotte. Er setzte 173 von Truk überführte Marineflugzeuge ein. Ein großer Teil davon fiel am 5. November einem Angriff auf Rabaul zum Opfer, den eine – durch Admiral Halsey von der 5. (zentralpazifischen) US-Flotte »geborgte« – Träger-Kampfgruppe unter Konteradmiral Frederick C. Sherman ausführte. Shermans Flugzeuge beschädigten außerdem sechs Zerstörer und zwei Kreuzer, darunter den Schweren Kreuzer *Mogami,* der nach den harten Schlägen, die er bei Midway hatte einstecken müssen, gerade frisch repariert aus der Werft gekommen war.

Am 11. November führte eine ebenfalls zur 5. US-Flotte gehörige Trägergruppe unter dem Befehl von Konteradmiral Alfred E. Montgomery einen zweiten Schlag gegen den Schiffsverkehr im Simpson-Hafen von Rabaul. Bei diesem Angriff wurden ein Zerstörer versenkt und das Heck eines Leichten Kreuzers abgerissen. Besonders schwer wurden Transporter und Frachtschiffe getroffen. Erst jetzt stellten die Japaner fest, woher die Angreifer kamen, und setzten 120 Flugzeuge auf die Trägergruppe Montgomerys an. Der Angriff kostete sie 35 Maschinen, ohne daß es ihnen gelungen wäre, auch nur einen Treffer zu erzielen. Montgomery verlor nur sieben Flugzeuge.

Der Erfolg der Flugzeugträger der 5. Flotte bei den Operationen gegen Rabaul war, obwohl sehr eindrucksvoll, doch nicht der bedeutsamste Aspekt ihrer Leistungen. Dieser ist vielmehr darin zu sehen, daß sie die Masse der Koga noch verbliebenen Trägerflugzeuge vernichteten und so die Vereinigte Flotte in einer entscheidenden Phase des Krieges lähmten. Bei seinem Stoß quer über den Pazifik, zu dem Admiral Nimitz sich gerade anschickte, brauchte er auf Monate hinaus nicht mit Aktionen der japanischen Flotte zu rechnen; Koga mußte seine Flugzeugträger nach Japan entlassen, um erst einmal fliegerischen Ersatz auszubilden.

Nach dem Abmarsch der Trägergruppen Shermans und Montgomerys mußten die Operationen auf den Salomonen mit örtlich verfügbaren Kräften weitergeführt werden. Am 25. November, zwei Stunden nach Mitternacht, zerschlugen amerikanische Zerstörer im Seegefecht bei Cape St. George den letzten aus Rabaul kommenden »Tokio-Expreß«. Drei japanische Zerstörer wurden versenkt. Damals erhielt Kapitän zur See Burke den Beinamen «31-Knoten-Burke«. Ein schon seit längerem von Burke entwickeltes taktisches Verfahren hatte es Fregattenkapitän Frederick Moosbrugger bereits im August ermöglicht, im Seegefecht vom Vella-Golf drei aus einer Gruppe von vier japanischen Zerstörern zu versenken; auch hatte Burkes Taktik das Verhalten Merrills während der Schlacht in der Kaiserin-Augusta-Bucht beeinflußt. »Das Verfahren«, so erläuterte Burke, »bestand darin, dem Feind eine schnelle Serie überraschender Schläge zu versetzen: Von zwei parallel aufgestellten Zerstörerdivisionen stieß eine im Schutz der Dunkelheit in die Seeenge vor, schoß Torpedos und machte kehrt. Sobald die Torpedos trafen und der Feind das Feuer auf die ablaufende erste Division eröffnete, griff plötzlich die zweite Division aus einer neuen Richtung unerwartet an. Wenn sich der nervös gewordene Feind dann dem neuen Angreifer zuwandte, machte die erste Division erneut kehrt, um ihn überraschend im Rücken anzugreifen.«

Die Dritte Amphibische Kampfgruppe landete inzwischen, wirksam von »Airsols« unterstützt, zahlreiche Verbände und Nachschub in dem sich vergrößernden Brückenkopf auf Bougainville. In sechswöchigen harten Kämpfen gewannen die Landungstruppen entlang der Küste und nach dem Landesinneren zu ständig an Terrain, das schließlich 22 Quadratmeilen umfaßte. Bis Jahresende 1943 hatten »Seabees« und eine neuseeländische Pionierbrigade in diesem Gebiet einen Jäger- und Bomberfeldflugplatz errichtet. Die Flugplätze waren nur 220 sm von Rabaul entfernt: Der Bismarck-Archipel lag jetzt in Reichweite der Bomber Halseys.

Die Operationen gegen Neuguinea

Während die Operationen Halseys gegen die Salomonen liefen, drang gleichzeitig General MacArthur über Neu-Guinea in Richtung Rabaul vor. Er brauchte sich nicht damit aufzuhalten, erst einmal einen mächtigen »Tokio-Expreß« zum »Entgleisen« zu bringen. Feindliche Schiffe auf dem weiten Weg von Rabaul nach den japanischen Niederlassungen im Gebiet von Lae-Salamaua mußten zum Teil am Tage das offene Meer passieren. Im März hatte ein japanischer Geleitzug versucht, nach Lae durchzukommen, aber in Papua stationierte Bomber der 5. Luftflotte hatten in der »Schlacht in der Bismarck-See« sämtliche Transporter und die Hälfte der sichernden Zerstörer versenkt. Kurz darauf ordnete das Kaiserlich-Japanische Hauptquartier an, weitere Verstärkungen nach den Stützpunkten in Neu-Guinea nur noch in U-Booten oder Leichtern zu überführen. Leichter waren jedoch eine mühelose Beute für Schnellboote.

In zeitlicher Übereinstimmung mit den Landungen der südpazifischen Streitkräfte in den Salomonen begannen Ende Juni 1943 MacArthurs südwestpazifische Streitkräfte Truppen auf den Inseln Kiriwina und Woodlark in Höhe der Papua-Halbinsel und in der Bucht von Nassau an der Nordküste Neuguineas zu landen, ohne auf Widerstand zu treffen. Die Operationen wurden von der Sturmgruppe der 7. US-Flotte, der kleinen 7. Amphibischen Kampfgruppe, unter dem Kommando von Konteradmiral Daniel E. Barbey durchgeführt. Sie führte den Beinamen »MacArthur-Flotte«. Im August stellten sich südwestpazifische Streitkräfte auf Neuguinea zu einem Ablenkungsangriff gegen Salamaua bereit. Die Japaner reagierten genau, wie es MacArthur erhofft und erwartet hatte: sie überführten prompt Truppen von dem nahe gelegenen Lae. Im Morgengrauen des 4. September landete die 7. Amphibische Kampfgruppe etwa 8000 Mann australischer Truppen östlich von Lae. Einen japanischen Gegenangriff aus der Luft wehrte die 5. Luftflotte ab. Heerestransportflugzeuge setzten am nächsten Tag 1700 amerikanische Fallschirmjäger über dem Dschungel ab, die in kurzer Zeit einen japanischen Feldflugplatz westlich von Lae in Besitz nahmen. Auf dem eroberten Flugplatz wurde eine australische Division gelandet, die in Richtung Lae antrat, um den an der Küste gelandeten Truppen die Hand zu reichen. Daraufhin gaben die Japaner Salamaua auf und setzten alle Kräfte an, um Lae zu halten. Unter dem pausenlosen Geschützfeuer amerikanischer Zerstörer war dieser Versuch bald zum Scheitern verurteilt. Als sich die vorrückenden Kampfgruppen vereinigten, gab die Kaiserliche Armee auch Lae auf. Die 7500 Mann starke Besatzung schlug sich in den Dschungel und brach zu einem monatelangen Hungermarsch nach Norden auf, der sie über die Halbinsel Huon zur Küstenstadt Sio bringen sollte. Von Lae aus transportierte Barbeys Kampfgruppe Ende September eine verstärkte australische Brigade um die Spitze der Halbinsel herum nach Finschhafen, wo die japanische Besatzung überrascht und aus der Stadt geworfen wurde. Als die vertriebenen Verteidiger sich von australischen Verbänden, die an der Küste und im Landesinnern vorstießen, überflügelt sahen, fielen sie gleichfalls auf Sio zurück.

Die Schnelligkeit und der Schwung, mit denen jetzt die Offensive der südwestpazifischen Streitkräfte vorgetragen wurde, standen in lebhaftem Gegensatz zu dem so zähflüssigen Vordringen nach Buna. Die Erfolge waren teils der Seemacht der Vereinigten Staaten zu danken, und zwar der improvisierten amphibischen Kampfgruppe Barbeys, teils wurden sie möglich, weil die Japaner sich genötigt sahen, Kräfte zu dem – vergeblichen – Versuch abzuzweigen, das Vordringen Halseys in den Salomonen aufzuhalten.

Anfang Januar 1944 setzte Barbey seine Kap-Gloucester-Kampfgruppe ein, um 7000 Mann in Saidor, einem Dorf an der Nordküste Neu-Guineas, zu landen. Die Unternehmung wurde zum Modell für die nachfolgenden Operationen im Südwestpazifik. Durch die Besetzung von Saidor wurden 12000 japanische Soldaten, die sich nach Sio geflüchtet hatten, umgangen und vom Rest der japanischen 18. Armee in Madang und Wewak abgeschnitten; zugleich wurde eine Ausgangs- und Bereitstellungsbasis für den bevorstehenden Vormarsch nach Westen gewonnen, und schließlich war die Unternehmung ein klassisches Beispiel für die Taktik, »den Feind dort zu schlagen, wo er nicht war«. Als sich die Japaner in Sio zu Land und See von jeder Versorgung abgeschnitten sahen, sich aber zu schwach fühlten, die laufend verstärkte alliierte Besatzung von Saidor anzugreifen, gaben sie die Stadt Mitte Januar auf. Sie zogen sich ins Landesinnere zurück, zu dem Versuch, im Fußmarsch durch den Dschungel Madang zu erreichen. Zweitausend starben auf dem Marsch an Hunger und Krankheit. Kaum hatten die Überlebenden ihr Ziel erreicht, als australische Truppen, aus dem Landesinneren angreifend, die japanische Garnison von Madang zwangen, sich nach Wewak zurückzuziehen.

Die Ausschaltung von Rabaul

Sobald der Jäger-Feldflugplatz von »Airsols« auf Bougainville fertiggestellt war, eröffnete Halsey eine Großoffensive, um die japanischen Stützpunkte im Bismarck-Archipel völlig zu zerschlagen. Als im Januar 1944 die größeren Flugplätze bei Torokina in Betrieb genommen wurden, flogen »Airsols«-Bomber täglich mindestens einen Angriff. Bereits einen Monat später flogen sie wöchentlich 1000 Einsätze. Eine Zeitlang überführte Admiral Koga laufend Flugzeuge nach Rabaul. Mitte Februar aber schlug die 5. US-Flotte, die mit großer Geschwindigkeit im Pazifik vordrang, auf Truk vernichtend zu. Jetzt gab Koga Rabaul als unhaltbar auf und begann seine Flugzeuggeschwader von den Stützpunkten im Bismarck-Archipel in Räume zu verlegen, wo er sie wirkungsvoller einsetzen zu können glaubte. Die Festung Rabaul war damit erledigt. Um aber sicher zu gehen, daß die Japaner nicht doch wieder ihre ausgedehnten Stützpunkte und Anlagen im Bismarck-Archipel benutzten, schlossen Halsey und MacArthur ihren stählernen Ring um den feindlichen Hauptstützpunkt.

Im Februar 1944 landete die 3. US-Flotte etwa 6000 Mann neuseeländische und amerikanische Truppen auf den Green-Inseln, 115 sm östlich von Rabaul. Nachdem die Landungstruppen die schwache japanische Besatzung überwältigt hatten, legten »Seabees« auf der Hauptinsel einen Feldflughafen für Jäger an und brachten so den ganzen Bismarck-Archipel in die Reichweite von »Airsols«-Bombern mit Jagdgeleit.

Ende Februar setzte MacArthur auf Los Negros, der am weitesten östlich gelegenen Admiralitäts-Insel, nordwestlich des Bismarck-Archipels, eine 1000 Mann starke Kampfgruppe zu einer gewaltsamen Erkundung an. Obwohl die Japaner auf den Admiralitäts-Inseln 4300 Mann Besatzung hatten, konnte die gelandete Gruppe, von Schiffsartillerie und Fliegern unterstützt, den Erkundungsvorstoß zu einem regelrechten Angriff ausweiten. Sie nahmen einen Teil des Flugplatzes und richteten sich zur Rundumverteidigung ein. Frische Truppen sowie Seabees mit Planierraupen wurden nachgeführt, der Brückenkopf erweitert und der Flugplatz betriebsbereit gemacht.

Mitte März landete die 3. US-Flotte Marineinfanterie auf Emirau, 70 sm nordwestlich von Kavieng. Die Insel war unbesetzt; in wenig Zeit waren 18000 Mann an Land, die mit der Anlage eines Schnellbootstützpunktes und eines Flugplatzes begannen.

Der Ring um Rabaul war jetzt völlig geschlossen. Gleichwohl gönnten sich die Alliierten keine Ruhepause. Noch vor dem Abschluß der Besetzung von Emirau waren Verbände MacArthurs bereits auf dem Wege nach Manus, der Hauptinsel der Admiralitäts-Gruppe. Bis Ende März verloren die Japaner auf den Admiralitäts-Inseln 3300 Mann an Gefallenen und Gefangenen, die Amerikaner 300 Gefallene. Der Bau eines Marine- und eines Luftstützpunktes, die Rabaul in Schach halten und zugleich die weiteren Operationen im Westen erleichtern sollten, war im Gange.

Die Errichtung der Stützpunkte auf den Admiralitäts-Inseln war das letzte größere Gemeinschaftsunternehmen der Kommandobehörden des Südpazifiks und Südwestpazifiks. Das »Operationsgebiet Südpazifik« lag jetzt weit hinter der Kampfzone und erhielt allmählich den Status eines Besatzungsgebietes. Die zum südpazifischen Bereich gehörigen Heeresstreitkräfte und einige Kriegsschiffe wurden jetzt MacArthur zugeteilt; die Marineinfanterie und der Großteil der Seestreitkräfte kamen an Nimitz. MacArthur hatte gehofft, Halsey als Befehlshaber seiner verstärkten 7. US-Flotte zu sich versetzt zu sehen. Admiral King jedoch entschied anders; er beorderte Halsey nach Pearl Harbor zur Übernahme eines Flottenkommandos unter dem Oberbefehl von Nimitz.

Für MacArthur bedeutete die Einnahme von Manus zwar das Ende eines Feldzugs, jedoch zugleich den Beginn einer neuen Offensive. Noch vor Abschluß der Operationen gegen die Admiralitäts-Inseln arbeitete er an dem Plan eines mächtigen, über 400 sm weiten Sprunges nach Westen, nach Hollandia. Von dort aus wollte er, von Insel zu Insel springend, zu den Philippinen vorstoßen, um sein Versprechen: »Ich komme wieder!« wahr zu machen.

Kapitel 40

Der Vormarsch im Zentralpazifik

Von F. Forstmeier übersetztes Kapitel III der amerikanischen Taschenbuchausgabe, das auf dem von E. B. Potter verfaßten Kapitel 39 der US-Originalausgabe beruht.

Die im Kapitel 38 beschriebene schnelle Ausdehnung ihres Machtbereiches war den Japanern vorwiegend deshalb gelungen, weil die Vereinigten Staaten unvorbereitet überrascht worden waren. Der Leser mag sich fragen, warum die Alliierten bei den Operationen gegen Rabaul ein Jahr nach der Schlacht bei Midway noch immer nicht über ausreichende Kräfte und Mittel verfügten. Wie kam es, daß trotz überlegener amerikanischer Kraftreserven, einer zahlreicheren Bevölkerung und größeren Werftkapazität die 3. US-Flotte »zu keiner Zeit genug Schiffe besaß, den Japanern die Seeherrschaft zu entreißen«? Die Gründe dafür liegen zum Teil in Entscheidungen, die lange zuvor an anderer Stelle gefallen waren.

Britische und amerikanische Führungsstellen hatten im Frühjahr 1941 in einem Geheimabkommen festgelegt, daß im Falle eines Kriegseintrittes der USA alle gemeinsamen Anstrengungen zunächst auf die Niederwerfung Deutschlands gerichtet sein sollten. Denn Deutschland galt wegen seiner hochentwickelten Industrie, der Leistungen seiner Wissenschaftler, seiner bedrohlichen Nähe zu England und Rußland sowie seiner bis dahin bewiesenen militärischen Erfolge als gefährlichster Kriegsgegner. Man war sich zwar klar darüber, daß bei einem Krieg gegen Japan die alliierten und amerikanischen Kräfte nicht starr in der Verteidigung beharren konnten; jedoch sollten bis zum Sieg über den europäischen Gegner im Pazifik nur begrenzte alliierte Offensiven geführt werden. War erst Deutschland besiegt, so sollten die siegreichen Streitkräfte erneut antreten und Japan schnell niederringen.

Seit Beginn der Operationen gegen Rabaul im Jahre 1942 hatte General MacArthur einen fast fertigen Operationsplan zur Besiegung Japans im Kopfe. Im Frühjahr 1943 unterbreitete er seinen Plan den »Joint Chiefs of Staff«. Er schlug vor, nach Ausschaltung von Rabaul mit Streitkräften unter seinem Kommando gegen das japanische Mutterland vorzustoßen, und zwar entlang der Achse Neuguinea–Mindanao, eine Operation, die vornehmlich als Heeresoffensive gedacht war. Seestreitkräfte sollten seine Truppen in einer Serie von Sprüngen von Küste zu Küste tragen; unter dem Schutz der Heeresluftwaffe sollten sie landen. Neben den zu erfüllenden Transport- und Geleitaufgaben sollte die amerikanische Marine die Operationen MacArthurs durch Küstenbeschießungen, Überwachung und Sicherung der rückwärtigen Verbindungen, Schutz der Flanken und durch das Niederhalten japanisch besetzter Inselbasen unterstützen. Zugunsten seines Planes machte MacArthur geltend, daß die von ihm vorgeschlagene Offensive die Benutzung der im süd- und südwestpazifischen Bereich errichteten Stützpunkte erlaube, daß sie gleichsam einen Schutzschild bilde zwischen Australien und den japanisch besetzten Inseln im Zentralpazifik, daß sie den einzig möglichen Weg nehme, auf dem die Sicherung durch landgestützte Flugzeuge gewährleistet sei und schließlich, daß die ausgedehnten Landmassen im südwestlichen und westlichen Pazifik es den alliierten Streitkräften ermöglichen würden, festungsartig ausgebaute feindliche Stützpunkte zu umgehen und an relativ schwach verteidigten Küsten zu landen.

MacArthurs Plan stieß jedoch auf Widerspruch: seine Widersacher fanden den ganzen Plan zu umständlich, einer gesunden Ökonomie der Kräfte abträglich und wegen der langen und exponierten Nachschubwege unpraktikabel. Sie behaupteten, die Offensive werde zu langwierig sein, denn jeder Sprung nach vorn finde seine Grenze an der Reichweite der Jäger und der mit Jagdschutz fliegenden Bomber. Einmal begonnen, werde sie kein Element der Überraschung mehr enthalten und ihre Absicht so offen zutage liegen, daß der Feind seine Abwehrkräfte dem Angreifer schwerpunktmäßig entgegenwerfen könne; die Truppen würden der Malaria und anderen Krankheiten des tropischen Dschungels ausgesetzt sein; die Offensive müsse ihren Weg durch nahe beieinanderliegende, sich gegenseitig deckende feindliche Stützpunkte nehmen, und die im Zuge der Offensive zu errichtenden Landeköpfe seien den Angriffen japanischer Truppen vom Landesinnern her ausgesetzt, Flanken sowie rückwärtige Verbindungen der Gesamtoffensive aber von den japanischen Inselstützpunkten im Zentralpazifik bedroht.

Die amerikanische Marine, die sich seit 1898 mit dem Problem der Verteidigung und – gegebenenfalls – der Wiedereroberung der Philippinen beschäftigt hatte, war längst zu dem Ergebnis gekommen, daß die zweckmäßigste Vorstoßrichtung quer über den Zentralpazifik führen müsse. Dort gab es statt großer Landmassen Hunderte von kleinen Inseln und Atollen, die eine reiche Auswahl möglicher Angriffsziele boten. Eine solche alliierte Offensive mußte von den Japanern als ernste Bedrohung ihres Insel-Imperiums empfunden werden und sie zwingen, ihre Kräfte über den ganzen Pazifik zu verteilen, um jede Stellung zu halten. Im Angriff auf die winzigen Eilande mußten die alliierten Streitkräfte freilich damit rechnen, bei jeder Landung zäh verteidigte und stark befestigte Strandstellungen niederkämpfen zu müssen. Ande-

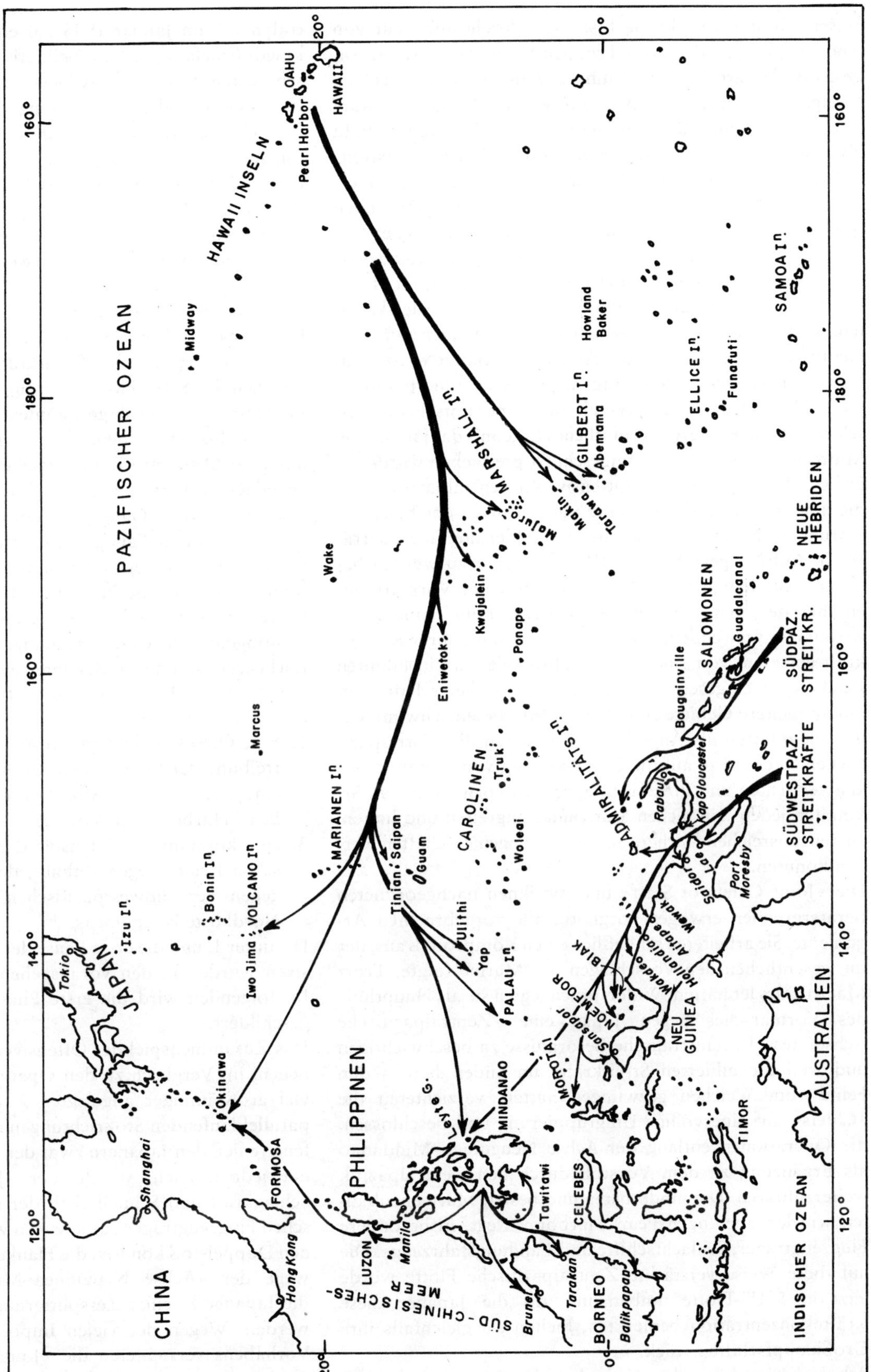

Der alliierte Vormarsch
durch den Pazifik

rerseits konnte eine kleine Insel oder Inselgruppe nur von einer begrenzten Zahl von Truppen verteidigt werden. Angesichts der großen Entfernungen zwischen den einzelnen Inselgruppen würden die Besatzungen im allgemeinen kaum in der Lage sein, sich wechselseitig zu unterstützen. Sobald aber eine Inselgruppe durch amerikanische Träger-Luftstreitkräfte, deren Zahl und Schlagkraft ständig wuchs, isoliert war, würde es den Japanern unmöglich sein, Verstärkungen heranzubringen und auszuschiffen. Kein Zweifel bestand daran, daß bei einem Vorstoß durch den Zentralpazifik, durch ein Gebiet mit gesundem Klima und kürzeren Nachschublinien, Kräfte und Schiffsraum eingespart werden konnten. Auch würden die japanischen Seeverbindungen zum Südpazifik abgeschnitten, die der Alliierten verkürzt werden. In japanische Gewässer vorgetragen, mußte die alliierte Offensive schließlich die Kaiserliche Flotte zu einer Entscheidungsschlacht zwingen, deren vermutliches Ergebnis das japanische Mutterland einem Angriff ungeschützt preisgeben würde.

Für den Eventualfall einer Offensive im Zentralpazifik hatte die amerikanische Marine kurz vor und nach der Kriegserklärung 22 Neubauten für schwere und leichte Flugzeugträger in Auftrag gegeben, die 1943 verfügbar zu werden begannen. Sie lediglich zur Unterstützung eines Vormarsches entlang der Achse Neuguinea–Mindanao im Sinne MacArthurs zu verwenden, wäre eine Vergeudung ihrer Kampfkraft gewesen; von einer bloßen Hilfsrolle befreit, konnten sie dagegen eingesetzt werden, um die Seeherrschaft über immer weitere Gebiete zu erringen. Mit diesen schwimmenden Flugplätzen als Angriffsspitze konnten die zentralpazifischen Streitkräfte auf die Unterstützung von Landflugzeugen verzichten und in riesigen Sprüngen vorwärtsgehen. Sie konnten jeden feindlichen Stützpunkt angreifen und halten, zu dem ausreichend sichere Seeverbindungen geschaffen werden konnten.

Die »Joint Chiefs of Staff« und die ihnen nachgeordneten Beratergremien erwogen sorgfältig alle vorgebrachten Argumente. Sie arbeiteten schließlich einen Kompromiß aus, der im wesentlichen den Vorschlägen der Marine folgte. Trotz MacArthurs lebhaftem Widerspruch legten sie als Hauptlinie des Vormarsches gegen Japan eine »Zentralpazifische Achse« fest. Um australische Besorgnisse zu beschwichtigen und weil die alliierten Streitkräfte im Süden bereits den Feind zum Weichen gezwungen hatten, verzichteten die »Chiefs« auf eine völlige Umgruppierung und beschlossen, die Operationen entlang der Achse Neuguinea–Mindanao als Ergänzung zu dem Vorstoß durch den Zentralpazifik weiterzuführen. Die modernsten und besten Marineneubauten wurden aber nach Pearl Harbor verlegt, insbesondere Flugzeugträger, Schlachtschiffe und Landungsfahrzeuge. Die auf diese Weise verstärkte Zentralpazifische Flotte wurde jetzt in 5. US-Flotte umbenannt. Als die Japaner diese Kräftekonzentration bemerkten, hielten sie gleichfalls ihre Großkampfschiffe zurück.

Admiral King hatte den Gedanken der Offensive im Zentralpazifik im Januar 1943 auf einer Konferenz der »Combined Chiefs of Staff« beiläufig vorgetragen. Die aufgeschreckten britischen »Chiefs of Staff« wandten ein, die Intensivierung der Anstrengungen gegen Japan würde vermutlich die Operationen auf dem Hauptkriegsschauplatz Europa beeinträchtigen, stimmten dem Plan jedoch zu, als ihnen General Marshall zusicherte, daß die Offensive im Pazifik mit den bereits dort stationierten Kräften geführt werden könne. Nunmehr entwarfen die »Joint Chiefs« einen »Operationsplan zur Niederwerfung Japans«, dem die »Combined Chiefs« im Mai 1943 auf einer Konferenz in Washington ihr Placet gaben.

Der »Operationsplan« sah eine frühzeitige Teilnahme britischer und chinesischer Streitkräfte vor, eine mit den Operationen der 5. US-Flotte koordinierte Offensive in Richtung Hongkong. Diese weitgespannten Pläne mußten jedoch drastisch reduziert werden, weil die Briten nicht genug Kräfte aus dem Mittelmeerraum abziehen konnten, um den ihnen zugedachten Part zu spielen, und weil die Japaner in China eine Offensive in Gang brachten und die Möglichkeit einer chinesischen Beteiligung eliminierten. So war es klar, daß die große Offensive gegen Japan von den Amerikanern unternommen werden mußte, mit der Unterstützung zahlenmäßig begrenzter kanadischer, neuseeländischer und australischer Kontingente. Die Gesamtplanung, nach der nunmehr verfahren wurde, sah neben der Intensivierung des Unterseebootkrieges gegen Japan drei Großoffensiven zu Land, zur See und in der Luft vor:

1. Eine Offensive der Streitkräfte des Nordpazifiks zur Vertreibung der Japaner von den Aleuten;
2. eine Offensive der Streitkräfte des Zentralpazifiks von Pearl Harbor nach Westen;
3. eine kombinierte Offensive der süd- und südwestpazifischen Kräfte gegen Rabaul; danach weiteres Vorwärtsgehen der südwestpazifischen Streitkräfte entlang der Nordküste Neuguineas.

Die unter 1. und die erste Phase der unter 3. genannten Offensiven wurden in den vorausgehenden Kapiteln dargestellt. Im folgenden wird die erste Phase der Offensive unter 2. geschildert.

Das Zusammenspiel der Offensiven 2 und 3 bedeutete einen neuen, im Vergleich zu den Operationen gegen Rabaul nur viel großräumiger angelegten Zangenangriff. Die in zwei parallel laufenden Stoßrichtungen nach Westen geführte Offensive ließ den Japanern zwar den Vorteil der inneren Linie, der jedoch nach Ansicht der »Joint Chiefs« durch die Schlagkraft und Schnelligkeit der neuen großen amerikanischen Flugzeugträger aufgewogen wurde. Weiter aber: durch den Doppelstoß konnten die Flanke und die Seeverbindungswege der »Achse Neuguinea–Mindanao« geschützt und die Japaner zu einer Zersplitterung ihrer Kräfte gezwungen werden. Wegen der vielen Imponderabilien des gesamten Vorhabens verzichteten die »Joint Chiefs« auf jede starre Festlegung von Details. Die Führung der Offensive sollte

je nach Gunst der Umstände der sich entwickelnden Lage angepaßt werden.
Da eine Doppeloffensive, soll sie ein Maximum an Wirkung erreichen, eng koordiniert werden muß, forderte eine Gruppe von Seeoffizieren, den gesamten pazifischen Kriegsschauplatz umgehend dem Oberbefehl von Admiral Nimitz zu unterstellen. Der Vorschlag leuchtete ein, denn nach den eindeutigen Weisungen der »Joint Chiefs« sollten die Operationen der südwestpazifischen Streitkräfte MacArthurs vor allem zur Unterstützung des Hauptstoßes – der Offensive im Zentralpazifik – dienen. Aus verschiedenen Gründen kam es gleichwohl nicht zur Ernennung von Nimitz; eine nicht geringe Rolle spielten dabei das Dienstalter, der militärische Ruhm und die dominierende Persönlichkeit MacArthurs, der als Verteidiger der Philippinen und durch sein Versprechen, einst als Sieger zurückzukehren, weltweite Begeisterung erweckt hatte.
Andererseits wollten die »Joint Chiefs« auch MacArthur nicht mit dem Oberbefehl betrauen, wenigstens nicht zu diesem Zeitpunkt, weil sie sich mit seinen operativen Grundsätzen und Absichten nicht anfreunden konnten. So wurden beide Offensiven – sieht man von den »Joint Chiefs« in Washington ab – ohne gemeinsamen Oberbefehl unternommen. Es stellte sich aber schnell heraus, daß vermöge der modernen Technik der Nachrichtenübermittlung dieser Nachteil fast völlig ausgeglichen wurde – auf jeden Fall so lange, bis die beiden Offensivarme sich berührten.

Die Bereitstellung der Kräfte

Die Offensive im Zentralpazifik war ein einmaliges Unternehmen in der Geschichte der Kriegführung. Kein Krieg der Vergangenheit lieferte brauchbare Hinweise dafür, wie man ganze Armeen in großen Sprüngen über einen Ozean bringen konnte, der mit feindlichen Insel-Luftstützpunkten gespickt war. Neue Methoden der Ausbildung, neue Techniken der Kampfführung und Versorgung mußten erdacht, ein Arsenal neuer Waffen erfunden werden, um diese Offensive neuen Stils durchführen zu können. Als sie schließlich im Herbst 1943 – noch nicht zwei Jahre nach dem Überfall auf Pearl Harbor – über die Japaner hereinbrach, waren alle erforderlichen Mittel zur Hand. Vorbereitung und Durchführung dieser Operation waren vielleicht die hervorragendste Leistung des zweiten Weltkrieges überhaupt.
Hauptkampfinstrument der Streitkräfte des Zentralpazifik war die 5. US-Flotte, ein gewaltiger Organismus von Soldaten, Schiffen und Flugzeugen, eigens geschaffen, militärische Macht an weit entfernte Punkte heranzutragen und wirksam einzusetzen. Mit der Ankunft des ersten neuen, 27000 t großen, 32 kn laufenden Flugzeugträgers der *Essex*-Klasse im Frühjahr 1943 begann die Flotte Gestalt anzunehmen. Der erste, gleich schnelle, 11000 t große Träger der leichten *Independence*-Klasse folgte bald nach. Im Herbst 1943 verfügte die 5. US-Flotte über sechs schwere, fünf leichte sowie acht Geleit-Flugzeugträger, fünf neue und sieben alte Schlachtschiffe, neun Schwere und fünf Leichte Kreuzer, 56 Zerstörer, 29 Truppentransporter und Frachter, außerdem über eine große Zahl von Landungsfahrzeugen. Befehlshaber dieser ständig anwachsenden Armada war Vizeadmiral Raymond A. Spruance, ein geistig weit über dem Durchschnitt stehender Offizier und strenger Vorgesetzter, der hohe Anforderungen stellte. Seine Tätigkeit im Stab der Marineakademie (Naval War College) hatte ihm den Ruf eines operativen Denkers von Rang eingetragen. In der Schlacht von Midway war er als brillanter Taktiker hervorgetreten. Als Chef des Stabes bei Admiral Nimitz hatte er maßgeblichen Anteil an der Ausarbeitung der Pläne für die Operationen, die er jetzt selbst führen sollte.
»Speerspitze« der 5. Flotte war die *Schnelle Trägerkampfgruppe* (»Fast Carrier Task Force«). Ihre Sonderaufgabe war die Unterstützung amphibischer Operationen, sei es durch Fernangriffe zur Abschirmung eines Landekopfes, vorbereitende Luftangriffe auf das Angriffsziel, taktische Unterstützung der Landungstruppen oder Abfangen gegnerischer Luft- und Seeangriffe auf die eigenen amphibischen Streitkräfte. Die Schnelle Flugzeugträgerkampfgruppe gliederte sich in der Regel in vier Unterkampfgruppen; jede hatte eine Sollstärke von zwei schweren und zwei leichten Trägern, mit ein bis zwei Schlachtschiffen, drei bis vier Kreuzern und 12–15 Zerstörern als Deckungsstreitkräften. In See bildeten die Zerstörer zur U-Boot-Abwehr einen äußeren Sicherungsring um die Trägergruppe, bei einem Luftangriff nahmen sie eine Position innerhalb des aus Schlachtschiffen und Kreuzern formierten inneren Sicherungsgürtels ein. Vermöge ihrer hohen Schnelligkeit konnten die Trägergruppen einzeln oder gemeinsam operieren, von Fall zu Fall wurden auch einzelne Schiffe zur Bildung von Spezialeinsatzgruppen detachiert. Die Schnelle Trägerkampfgruppe sollte als schwimmender Flugzeugstützpunkt den Marsch über den Pazifik zu den Küsten Japans anführen. Sie war im Jahre 1943 – damals unter dem Befehl von Konteradmiral Charles A. Pownall – nur eine Miniaturausgabe der gewaltigen See- und Luftstreitmacht, die später die japanische Luftwaffe vom Himmel fegte und die japanische Vereinigte Flotte zerschlug.
Die Landungsverbände der 5. Flotte waren in der *Fünften Amphibischen Kampfgruppe* (»Fifth Amphibious Force«) zusammengefaßt. Sie wurden von Konteradmiral Richmond Kelly Turner geführt. Ihre Aufgabe war der Einsatz der Truppentransporter, Frachter, Landungsfahrzeuge sowie der ihr zugeteilten Zerstörer, Geleitträger, Kreuzer und alten Schlachtschiffe. Die amphibische Kampfgruppe war gewöhnlich in mindestens zwei Angriffsgruppen unterteilt; häufig wurden Einheiten zu Sonderaufgaben detachiert. Einzelne mit Schnellfeuerkanonen ausgerüstete Einheiten wirkten je nach taktischer Lage mit den Trägergruppen oder den amphibischen Angriffsgruppen zusammen. Mit zunehmender Erfahrung und Spezialisierung entwickelte sich eine

zweckmäßige Aufgabenverteilung: ein aus Fahrzeugen der Amphibischen Kampfgruppe gebildeter Unterstützungsverband – Geleitträger und Artillerieträger – übernahm die taktische Unterstützung der Landungstruppen; die Schnellen Träger und die attachierten Deckungsstreitkräfte konzentrierten sich auf das Abfangen feindlicher Gegenangriffe.
Die zur 5. Amphibischen Kampfgruppe gehörigen Heeres- und Marineinfanterieverbände waren im *V. Amphibischen Korps* zusammengefaßt. Kommandierender General war Generalmajor des US-Marine-Corps Holland M. Smith, dessen temperamentvolle Reaktion auf die lasche Ausführung militärischer Befehle ihm den Spitznamen »Howling Mad Smith« eingebracht hatte. Obwohl »Howling Mad Smith« an Halsstarrigkeit und schonungsloser Äußerung seiner Meinung »Terrible Turner« in nichts nachstand, arbeiteten beide gut zusammen, denn beide waren Experten auf dem Gebiet der amphibischen Kriegführung, und jeder schätzte die Vorzüge des andern.
Schließlich verfügte die 5. US-Flotte noch über eigene landgestützte Luftstreitkräfte, deren Verbände sich aus Heeres-, Marine- und Marinekorpsstaffeln zusammensetzten. Sie wurden von Konteradmiral John H. Hoover taktisch geführt. Zunächst unterstützten Hoovers Luftverteidigungskräfte und seine Küstenluftwaffe die Flugzeugträger bei der Luftbildaufklärung und durch Angriffe im Operationszielraum. Später, als die Schnelle Trägerkampfgruppe und die 5. Amphibische Kampfgruppe stark und erfahren genug waren, Landungen ohne Unterstützung durch die Küstenluftstreitkräfte durchzuführen, wurde Hoovers Kommandobereich umbenannt in »Forward Area Central Pacific« (etwa: Frontbereich Zentralpazifik). Als Aufgaben verblieben ihm: Luftaufklärung, Ausschalten feindlicher und Verteidigung neugewonnener alliierter Stützpunkte.
Um möglichst schnell über den Pazifik vorstoßen und im gleichen Zuge die Seeherrschaft an sich reißen zu können, mußte die 5. Flotte eine in der Geschichte beispiellose Beweglichkeit und Schlagkraft besitzen. Sie durfte nicht, wie die Flotten der letzten 100 Jahre, von rückwärtigen Versorgungs- und Instandsetzungseinrichtungen abhängig sein. Die Schnelle Trägerkampfgruppe mußte ständig in See und im Frontbereich bleiben, um den Feind von Gegenangriffen auf eroberte Positionen abzuschrecken; sie mußte ihm pausenlos neue Schläge versetzen und so den Weg für neue Landungen bahnen. Der Schlüssel zu dieser dauernden Präsenz der 5. Flotte war die Errichtung – vorwiegend schwimmender – vorgeschobener Basen, und zwar in Lagunen von Atollen oder anderen geschützten Ankerplätzen. Im Laufe des Krieges wurden diese vorgeschobenen Stützpunkte in immer stärkerem Umfange ergänzt durch die Versorgung auf hoher See. Schnelle Versorgungsverbände – Tender, Werkstattschiffe, schwimmende Trockendocks – konnten die im Einsatz stehenden Einheiten versorgen und sämtliche Schäden beheben, die nicht Einrichtungen und Mittel einer voll ausgestatteten Marinewerft erforderten. Schiffe der 5. Flotte liefen in regelmäßigen Abständen die vorgeschobenen Stützpunkte an, wo sie eingedockt einige Tage überholt und dann wieder zu Wasser gelassen wurden. In der Zwischenzeit erholten sich die Besatzungen. Die Versorgungsgruppen folgten dem Vormarsch nach Westen. An einem geeigneten Ankerplatz in unmittelbarer Nähe des Operationsgebietes richteten sie einen neuen vorgeschobenen Stützpunkt ein.
Die Schnelle Trägerkampfgruppe suchte nur im unbedingt notwendigen Maße vorgeschobene Basen auf. Soweit möglich übernahmen ihre Einheiten wichtiges Material von Versorgungsbegleitschiffen auf hoher See. Gegen Kriegsende hatte sich das System so eingespielt, daß täglich eine Trägergruppe das Operationsgebiet zu einem Treff mit einer Versorgungsgruppe verließ, während die anderen die Operationen fortführten. Von den Versorgungsschiffen wurden Brennstoff, Munition, Flugzeuge, Vorräte, Personal und die Post aus der Heimat übernommen. Die Schwerverwundeten wurden auf ein Lazarettschiff überführt. Sobald die Trägergruppe neu ausgerüstet war, liefen die leeren Frachter der Versorgungsgruppe in geschlossenem Verband zum vorgeschobenen Stützpunkt zurück. Neu beladene, von dort eintreffende Schiffe traten an ihre Stelle.
Dieses gut eingespielte, nach dem System der Feuereimerkette funktionierende Verfahren war nur ein winziges Teilstück des Riesenaufwands an Planung, Schiffbau, Beschaffung, Ausbildung, Transportkapazität und Instandhaltung, Grundlage der Aufstellung jener modernen integrierten Kampfverbände, die allein die kraftvollen, schnellen Schläge führen konnten, die es möglich machten, in noch nicht 12 Monaten ein kriegsentscheidendes Potential militärischer Macht von Pearl Harbor an die Küsten der Philippinen zu werfen.

Planungen und vorbereitende Operationen

Ursprünglich sollte die Offensive im Zentralpazifik mit einem Angriff auf die Marshall-Inseln beginnen. Je eingehender aber sich die Planungsstäbe in Washington und Pearl Harbor mit den operativen und logistischen Aspekten dieser Eröffnung befaßten, desto weniger waren sie von ihrer Zweckmäßigkeit überzeugt.
Wie die meisten zentralpazifischen Inselgruppen bestehen die Marshall-Inseln aus einem Archipel von Atollen. Jedes Atoll wiederum besteht aus einem Ring flacher, von einem Riff begrenzter Koralleninseln, die eine Lagune einschließen. Insgesamt handelt es sich um 35 Atolle; die meisten weisen eine oder mehrere Inseln auf, die groß genug für die Anlage eines Flugplatzes sind. Innerhalb Flugzeugreichweite von den Marshall-Inseln befinden sich die Gilbert-Inseln, die Ost-Karolinen und die Insel Wake. Japan hatte die Marshall-Inseln nach dem ersten Weltkrieg als Mandat erhalten. Von 1935 an waren sie für Ausländer gesperrt worden. In aller Stille konnte Japan die Inseln, so weit es örtlich möglich war, zu uneinnehmbaren Festungen ausbauen. Der alliierte Nachrichtendienst ging nicht fehl mit seiner Schätzung, daß sich auf

Atollen der Marshall-Gruppe mindestens ein halbes Dutzend Fliegerhorste befanden. Aber Genaues war nicht bekannt, denn seit dem Überraschungsangriff Halseys im Frühjahr 1942 war keine alliierte Kampfgruppe wieder in das Gebiet vorgestoßen. Für eine Lufterkundung aber lagen die alliierten Flugplätze zu weit ab.

Nach dem Auswerten der verfügbaren Unterlagen und dem Abwägen aller Chancen kamen die Planungsstäbe zu der Überzeugung, daß die alliierten Streitkräfte im Zentralpazifik weder stark noch kriegserfahren genug waren, die Marshall-Inseln bereits im Jahre 1943 zu nehmen. Die Masse der im Pazifik verfügbaren Truppen war damals zur Stützpunktverteidigung, zu den Operationen gegen die Aleuten oder im Südwestpazifik gegen Rabaul eingesetzt. Obwohl die Kampfkraft der 5. Flotte ständig wuchs, fehlte noch viel an der geplanten Sollstärke. Überdies war es im Sommer 1943 eine durchaus offene Frage, wie weit sich Flugzeugräger in unmittelbarer Nähe voll ausgebauter feindlicher Stützpunkte würden behaupten können. Noch besaßen die Amerikaner keine ausreichende Erfahrung in der Durchführung amphibischer Operationen, denn bis Mitte 1943 waren alle bedeutenderen Landungen entweder an unbesetzten oder nur

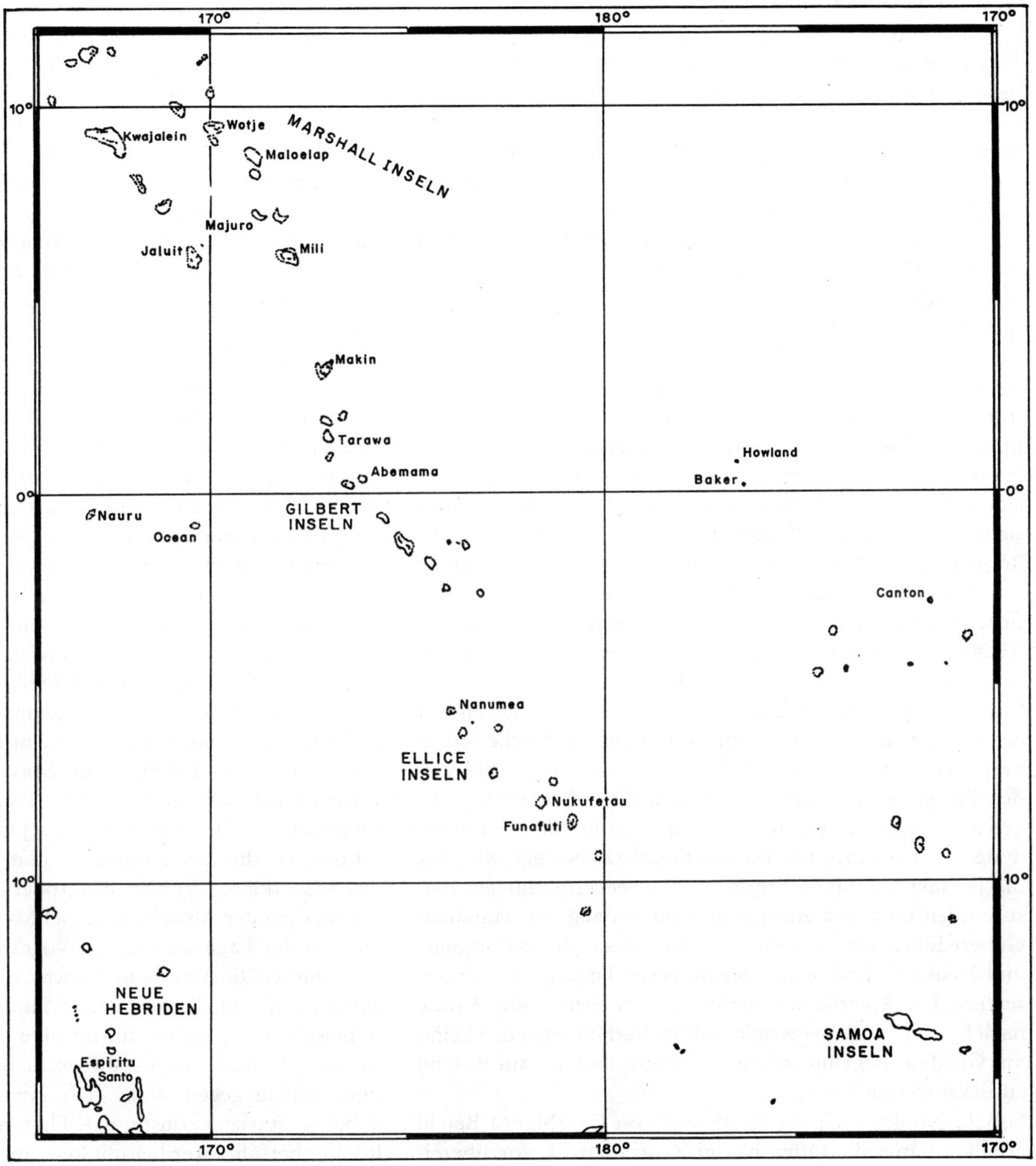

Die Kette der Marshall-, Gilbert-, Ellice- und Samoa-Inseln

schwach verteidigten Küsten vorgenommen worden. Auf Grund dieser Erwägungen beschlossen die verantwortlichen Planer in Washington und Pearl Harbor, bei der Eroberung der Marshall-Inseln – wie bei der Offensive gegen Rabaul – schrittweise vorzugehen. Während der Operationen sollten landgestützte Flugzeuge durch Luftbildaufklärung die Einsätze der Trägerluftwaffe ergänzen.

Zu den Marshall-Inseln führte – wie nach Rabaul – eine »Insel-Straße«. Wie die Inseln des Bismarck-Archipels bildet die Marshall-Gruppe das nordwestliche Ende einer Inselkette. Am südöstlichen liegen die britisch-amerikanischen Samoa-Inseln, in der Mitte die britischen Ellice- und Gilbert-Inseln. Alliierte Flugplätze befanden sich auf Samoa und auf der Insel Canton, einer unter britisch-amerikanischer Verwaltung stehenden Besitzung 800 sm nördlich von Samoa und 800 sm östlich der Gilbert-Inseln.

Diese Archipelkette, die ungefähr parallel zu den Salomonen verläuft, hatte schon früh die Aufmerksamkeit der Japaner auf sich gezogen. Bei Kriegsausbruch hatten sie sich auf den Gilbert-Inseln festgesetzt und im Atoll Makin einen Seeflugstützpunkt eingerichtet, um die südwestlich davon gelegenen Inseln überwachen zu können. Der seinerzeitige Vorstoß Halseys war von ihnen in richtiger Einschätzung der Lage lediglich als Sonderaktion gewertet worden. Dagegen sahen sie in einem späteren Kommandounternehmen eines von U-Booten auf Makin gelandeten Bataillons Marineinfanterie das Vorspiel zu einem Großangriff. Deshalb beeilten sie sich, Makin zu verstärken. Außerdem besetzten sie die Atolle Abemama und Tarawa; Tarawa bauten sie zu einer der stärksten Kleinfestungen im Pazifik aus.

Um ein Gegengewicht gegen das japanische Vorgehen auf den Gilbert-Inseln zu schaffen, waren amerikanische Streitkräfte von Samoa aus nach den nordwestlich anschließenden Ellice-Inseln vorgestoßen, hatten einen Ankerplatz ausgebaggert und auf Funafuti, einem Atoll in 700 sm Entfernung von Tarawa, einen Bomberflugplatz angelegt. Als aber die Japaner bei ihrem Angriff auf die Seeverbindungen zwischen den USA und Australien nicht entlang der Marshall-Gilbert-Ellice-Samoa-Kette, sondern über die Salomonen und Neuen Hebriden vorstießen, geriet Funafuti in Vergessenheit. Die Amerikaner warfen damals eilends ihre Kräfte nach Süden, um gemeinsam mit ihren Verbündeten den Feind auf Guadalcanal zum Stehen zu bringen und ihn auf Rabaul zurückzuwerfen.

Sobald Nimitz nach der Konferenz von Casablanca Befehl erhalten hatte, die Offensive im Zentralpazifik vorzubereiten, ließ er Funafuti wieder in Kriegsbereitschaft versetzen. Mitte Juni erteilten ihm die »Joint Chiefs of Staff« neue Weisungen für eine Unternehmung gegen die Gilbert-Inseln. Marineinfanterie und »Seabees« besetzten im Juli Nukufetau und Nanumea in den oberen Ellice-Inseln und bauten Bomberfeldflugplätze. Anfang September landete ein Luftwaffenbaubataillon auf der amerikanischen Insel Baker, 480 sm östlich der Gilbert-Inseln. Es errichtete einen Feldflugplatz für Jäger – ein Gegenstück zu dem Bomberstützpunkt Canton.

Das erste der in Neuaufstellung begriffenen »Mobilen Versorgungsgeschwader« der 5. Flotte ging nach dem Ankerplatz von Funafuti, und Admiral Hoover verlegte seine Luftverteidigungsstreitkräfte und die Küstenluftwaffe auf Funafuti, Nukufetau, Nanumea, Canton und Baker. Seine Schlagkraft beruhte in erster Linie auf 90 schweren Bombern *B 24* der 7. Heeres-Luftflotte, die von den Ellice-Inseln aus eingesetzt wurden. Die für den Angriff auf die Gilbert-Inseln vorgesehenen Truppen (die auf Neuseeland stationierte 2. Marineinfanterie-Division und die auf Hawaii stationierte 27. Infanterie-Division) wurden unterdessen in amphibischer Kriegführung ausgebildet und führten Landungsübungen durch. Die neuen schnellen Flugzeugträger *Essex, Yorktown, Lexington, Bunker Hill, Princeton, Belleau Wood, Cowpens, Monterey* und *Independence* hatten sich bereits im Pazifik mit den Veteranen *Enterprise* und *Saratoga* vereinigt. Mit ihnen waren andere Neuzugänge an Einheiten aller Typen frisch von der Werft angelangt. Neu in Dienst gestellte Kriegsschiffe wurden nach ihrem Eintreffen in Pearl Harbor zu Kampfgruppen zusammengefaßt und alsbald zu Einsätzen in See geschickt, um erste Kampferfahrungen zu sammeln.

Anfang September führte eine aus drei Trägern bestehende Gruppe einen Raid gegen die Insel Marcus durch. Sie richtete schweren Schaden an militärischen Anlagen an und zerstörte mehrere japanische Bomber. Am 18.–19. September griff eine andere Dreiergruppe zusammen mit Bombern der 7. Luftflotte von Flughäfen auf Canton und Funafuti die Gilbert-Inseln an. Das gemeinsame Unternehmen bezweckte, den feindlichen Druck auf die amerikanischen Luftbasen in den Ellice-Inseln zu mildern, die von Bombern der japanischen Luftstützpunkte Tarawa und Makin angegriffen worden waren. Gemessen an der japanischen Reaktion wurde das Einsatzziel mehr als erreicht: die Japaner zogen sofort alle Luftstreitkräfte aus Tarawa ab und beließen in Makin nur vier Seeaufklärer. Von ebensogroßer Bedeutung war, daß die Japaner bei der Abwehr sehr viel Munition verschossen und nicht in der Lage waren, ihre Vorräte zu ergänzen. Schließlich konnten die Amerikaner noch einige hervorragende Luftaufnahmen von Tarawa und Makin nach Hause bringen.

Achtzehn Tage später führte eine aus sechs Trägern bestehende Kampfgruppe – die bis dahin größte – einen wuchtigen Schlag gegen Wake. Die japanische Luftwaffe erlitt dabei so starke Verluste, daß Flugzeuge von den Marshall-Inseln überführt werden mußten, um die entstandenen Lükken aufzufüllen. Andere Träger-Kampfgruppen unter Führung der Admiräle Sherman und Montgomery unterstützten, wie bereits weiter oben berichtet, die Operationen Halseys gegen Bougainville durch Angriffe auf Rabaul.

Der beträchtliche Zuwachs an Flugzeugträgern hatte eine wichtige Entscheidung herbeigeführt: die Träger wurden nicht mehr einzeln im Rahmen eines Sonderverbandes eingesetzt, sondern mehrere Träger, von einem einfachen Ring von

Geleit- und Sicherungsfahrzeugen umgeben, zu einer Gruppe zusammengefaßt. Die taktische Führung eines solchen Verbandes war schwierig und minderte die Beweglichkeit. Jedoch wurden diese Nachteile mehr als ausgeglichen, vor allem durch die Möglichkeit, bedeutend verstärkte Luftstreifen einzusetzen, das Flakfeuer mit VT-(Annäherungs-) Zündern[2] zu massieren und so die Abwehrkraft beträchtlich zu steigern.

Durch die Angriffe der amerikanischen Flugzeugträger aufgeschreckt, führte Admiral Koga im September und erneut im Oktober die gesamte Vereinigte Flotte in das Gebiet der Marshall-Inseln. Da es ihm aber nicht gelang, mit den amerikanischen Kampfgruppen in Fühlung zu kommen, kehrte er ein jedes Mal wieder nach Truk zurück. Anfang November detachierte er die Masse seiner Trägerflugzeuge zur Verteidigung von Rabaul. Bei den Abwehrkämpfen wurden sie von »Airsols« und den Träger-Kampfgruppen Shermans und Montgomerys dezimiert: zwei Drittel der japanischen Flugzeuge und über die Hälfte der Besatzungen gingen verloren. Um dieselbe Zeit war die Mehrzahl der Kreuzer Kogas bei Rabaul und während der Schlacht in der Kaiserin-Augusta-Bucht außer Gefecht gesetzt worden. Durch die Erfolge im Kampf gegen Rabaul gelang es den Alliierten, am Vorabend ihrer großen Offensive im Zentralpazifik die Vereinigte Flotte so zu lähmen, daß sie außerstande war, dem Angriff auf die Gilbert- und danach auf die Marshall-Inseln ernsthaften Widerstand entgegenzusetzen.

Die Amerikaner ahnten nichts davon, wie es tatsächlich um den Feind bestellt war. Sie gaben sich größte Mühe, das Moment der Überraschung zu sichern, um auf den Gilbert-Inseln Fuß fassen zu können, bevor Koga zuschlagen würde. Um die Angriffsziele nicht zu verraten, wurden die planmäßigen Angriffe von Hoovers *B 24* bis auf Mitte November verschoben; so lange, bis die 5. Flotte zum Angriff ausgelaufen war.

Die Wiedereinnahme der Gilbert-Inseln

Die ersten Operationsziele der 5. Flotte, von Norden nach Süden aufgezählt, waren die Atolle Makin, Tarawa und Abemama. Auf Makin war von Pearl Harbor aus eine »Nördliche Angriffsgruppe« mit einer Regimentskampfgruppe[3] der 27. Infanterie-Division im Anmarsch. Der Rest der 5. Amphibischen Kampfgruppe Admiral Turners, die »Südliche Angriffsgruppe«, nahm in Wellington (Neuseeland) die 2. Marineinfanterie-Division an Bord, führte Landungsübungen in den Neuen Hebriden durch und stieß dann nach Tarawa vor. Das U-Boot *Nautilus,* auf dem eine Kompanie Marineinfanterie eingeschifft war, lief zur Beobachtung der schwach besetzten Insel Abemama aus. Die Insel sollte nach dem Fall von Makin und Tarawa genommen werden. Wie alle Operationen gegen Japan im Zentralpazifik fast bis Kriegsende, wurde der Angriff auf die Gilbert-Inseln ausschließlich von amerikanischen Streitkräften durchgeführt.

Die vier Untergruppen der Schnellen Trägerkampfgruppe bezogen jeweils im genau vorausberechneten Augenblick des komplizierten Gesamtmarsches die für sie vorgesehenen Unterstützungs- und Sicherungspositionen – zwei Gruppen kamen von Pearl Harbor, die beiden anderen aus dem Südpazifik, wo sie gerade ihre Angriffe gegen Rabaul beendet hatten.

Während die Trägergruppen auf die Gilbert-Inseln und nahegelegene japanische Stützpunkte einhämmerten, nahmen die Nördliche und Südliche Angriffsgruppe in See Verbindung auf und stießen auf parallelen Kursen gegen Makin und Tarawa vor. Am Morgen des 20. November landeten sie gleichzeitig Truppen.

Obwohl Tarawa als der am stärksten befestigte Stützpunkt der Gilbert-Inseln bekannt war, konzentrierten sich sowohl Admiral Turner als auch General Holland Smith auf den Angriff gegen Makin, weil das Atoll nur 190 sm vom nächsten japanischen Stützpunkt auf den Marshall-Inseln entfernt lag – 100 sm näher als Tarawa. Wegen der exponierten Lage Makins wurde die Eroberung im Laufe von nur einem Tag für wesentlich gehalten. Die Unterstützungsverbände der Flotte sollten möglichst schnell wieder zurückgezogen werden. Dementsprechend wurden 6500 Mann bereitgestellt, um das verhältnismäßig kleine, kaum befestigte Buritari, die Hauptinsel des Atolls und das Hauptquartier der Japaner, zu nehmen. Den Amerikanern standen nur etwa 800 Mann Verteidiger gegenüber, darunter 284 Mann Marineinfanterie unter Führung eines Leutnants; außerdem befand sich eine Anzahl Nichtkämpfer auf der Insel, z. B. Bodenpersonal des geräumten Seeflugzeugstützpunktes, japanische Bautruppen und koreanische Arbeiter. Der Angriffsplan des Divisions-

2 VT – (= variable time) Annäherungszünder besaßen eine radarähnliche Vorrichtung, die den Zünder betätigte, wenn die Granate dicht am Ziel vorbeiflog.

3 »Regimental Combat Team« (RCT), nach der damals gültigen Heeresdienstvorschrift wie folgt definiert: »Das Infanterie-Regiment kann mit einem leichten Artillerie-Bataillon und Einheiten anderer Waffen je nach Erfordernis zusammengefaßt werden. Taktische Verbände dieser Art heißen Kampfgruppen, ihre Zusammensetzung kann in den einschlägigen Bestimmungen festgelegt werden.« Für amphibische Operationen wurde eine Regimentskampfgruppe in (gewöhnlich drei) Bataillons-Landungsgruppen unterteilt.
Das System des »combat team« entsprach den »task forces« der Marine. Zu Verwaltungs- und Ausbildungszwecken war eine Heeres- oder Marineinfanterie-Division in Typverbände untergliedert. Eine normale Division umfaßte drei Infanterie-Regimenter zu je drei Bataillonen, ein Artillerie-Regiment, ein Pionier-Regiment und Sonder- bzw. Versorgungs-Bataillone (Panzer, Spezialwaffen, Transport, ärztliche Versorgung usw.). Für Sonderaufgaben z.B. amphibische Operationen, wurde die (gewöhnlich verstärkte) Division in Kampfgruppen untergliedert, deren Größe und Zusammensetzung sich nach dem Auftrag richtete. Die Truppen wurden kampfgruppenweise zum Einsatzraum transportiert, so daß das Versenken eines einzelnen Transporters nicht den Verlust der gesamten Artillerie, Panzer oder anderen Typ-Materials der Division zur Folge hatte.

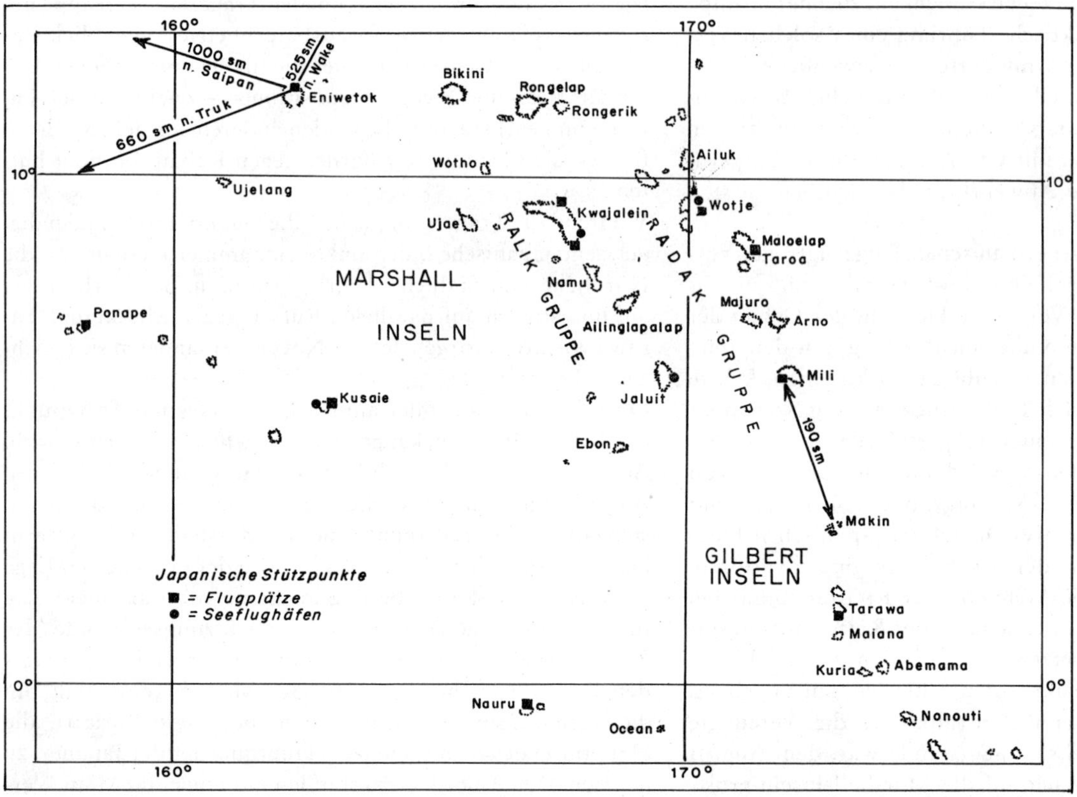

Marshall- und Gilbert- Inseln

stabes der 27. Infanterie-Division sah eine erste Landung am Kopf der hammerförmigen Insel Buritari vor. Die Japaner sollten dadurch aus ihren Hauptverteidigungsstellungen, die nach etwa einem Drittel des Weges den engen »Stiel« hinunter begannen, herausgelockt werden. Zwei Stunden später sollte ein zweiter Landungsangriff folgen, diesmal unmittelbar gegen die befestigte Zone, um den Feind zwischen zwei Feuer zu bringen. Das Unternehmen verlief nicht ganz nach Wunsch, denn die Japaner blieben im allgemeinen in ihren Stellungen und warteten das Herankommen der Amerikaner ab. Schiffsartillerie und Trägerflugzeuge leisteten so gute Arbeit, daß die Landungen gegen nur geringen Widerstand planmäßig abliefen. An Land jedoch zogen sich die Angreifer den Zorn von Holland Smith zu, als sie ohne jeden Angriffsschwung liegenblieben. Anstatt die Insel in einem Tag zu nehmen, benötigten sie allein zwei, um den Feind aus seiner Hauptstellung zu werfen, und zwei weitere, um ihn bis zum Ende des »Hammerstiels« zu treiben.

Die Verantwortung für die Verzögerung wurde schlechter Truppenführung und ungenügender Ausbildung der 27. Infanterie-Division zugeschrieben, die nach langem Garnisonaufenthalt in Hawaii zum erstenmal im Einsatz war. Überalterte Offiziere hatten die Division wirklichkeitsfremd im Stile der Taktik des ersten Weltkrieges ausgebildet: Die Truppe pflegte langsam und systematisch im Schutze eines Feuervorhanges vorzurücken und erst anzugreifen, wenn die feindliche Kampfkraft durch Artillerieeinwirkung erschüttert war. Diese Art taktischen Vorgehens war jedoch völlig verfehlt im Kampf um eine Insel, wo es auf einen schnellen Sieg ankam, um die unterstützenden Seestreitkräfte zu entlasten. Auch wenn das zu erobernde Gebiet klein und die Gefahr physischer Erschöpfung des Angreifers und des Ausbleibens von Nachschub gering war, so war Schnelligkeit gleichwohl dringend erwünscht, um den Feind in Atem zu halten und ihm keine Chance zu geben, sich einzugraben. Isolierte Widerstandsnester werden in einem solchen Fall umgangen und den nachfolgenden Verbänden zum Niederkämpfen überlassen.

Angesichts der Unerfahrenheit und ungenügenden Ausbildung der amerikanischen Infanteristen nimmt es nicht wunder, daß ganze Kompanien des angreifenden Regiments stundenlang von ein paar Scharfschützen oder ein bis zwei Maschinengewehren aufgehalten wurden und daß sie nachts durch nervöses Feuern auf jedes Geräusch ihre Stellungen verrieten. Bis zum 23. November jedoch hatten die Amerikaner vermöge ihrer schieren Übermacht die Insel erobert; das Unternehmen hatte 64 Gefallene und 152 Verwundete gekostet. Mit Ausnahme eines japanischen Infanteristen fielen alle Verteidiger im Kampf. 104 Mann Bautruppen und Arbeiter gerieten in Gefangenschaft. Gemessen an der 23 : 1-Überlegenheit der Amerikaner an Kampftruppen waren die amerikanischen Verluste auf Buritari unverhältnismäßig hoch.

Die schwersten Verluste beim Kampf um das Atoll erlitten trotz allem nicht die gelandeten Truppen, sondern die Besatzungen der Unterstützungsflotte. Während der Beschießung Makins ereignete sich in einem Turm des alten Schlachtschiffes *Mississippi* eine Explosion, die 43 Tote und 19 Verwundete forderte. Am 24., als die Flottenstreitkräfte das Seegebiet um Makin längst verlassen haben sollten, traf ein Torpedo des japanischen U-Bootes *I-179* den Geleitträger *Liscome Bay*, den eine gewaltige Explosion vernichtete, als das Bombenmagazin detonierte. Von den 900 Mann Besatzung wurden 650 durch die Explosion oder das ausfließende brennende Öl getötet. Dieses Beispiel zeigt, wie gerechtfertigt das Drängen der Marine auf größte Schnelligkeit bei amphibischen Unternehmen war.

Die verlustreiche Verteidigung Rabauls hatte die Präsenz der japanischen Luftwaffe im Zentralpazifik so geschwächt, daß die amerikanischen Flugzeugträger in der Lage waren, die für die Gilbert-Inseln bestimmten Landungsstreitkräfte vor wirksamen japanischen Luftangriffen zu sichern. Während der Kämpfe auf Makin ließ sich dort kein einziges japanisches Flugzeug blicken, zwei bescheidene Angriffe bei Tarawa blieben erfolglos. Den einzigen größeren Angriff während der ersten sechs Tage der Offensive führten 16 Torpedobomber von den Marshall-Inseln aus, die am Spätnachmittag des 20. die Südliche Trägerkampfgruppe Admiral Montgomerys 30 sm westlich von Tarawa angriffen. Elf Angreifer wurden abgeschossen. Einem gelang es, auf dem Leichten Träger *Independence* einen Torpedotreffer zu erzielen. Mit 17 Toten und 43 Verwundeten an Bord, geflutetem Magazin, Kessel- und hinterem Maschinenraum, erreichte die *Independence* Funafuti, wurde behelfsmäßig repariert und lief danach mit eigener Kraft nach Pearl Harbor. Am 25. griffen von Truk nach den Marshall-Inseln überführte Maschinen auf der Höhe von Makin die Nördliche Angriffsgruppe Admiral Turners und die Nördliche Trägerkampfgruppe Konteradmiral Radfords an. Turner vereitelte durch scharfes Manövrieren einen feindlichen Erfolg, Radfords Verband wehrte den Angriff durch Flakfeuer ab. Bei einem zweiten Angriff am Abend des folgenden Tages eröffnete die Trägergruppe Radfords ein neues Kapitel in der Geschichte des Luftkrieges: durch den Einsatz einer neu aufgestellten, aus drei mit Radar ausgerüsteten Jägern bestehenden Nachtjägerstreife wurde der angreifende japanische Verband zersprengt. Bei keinem der Angriffe vom 25. und 26. November wurde auch nur ein einziges amerikanisches Schiff getroffen.

Bei Abemama waren mittlerweile eine Kompanie Marineinfanterie und die *Nautilus* nicht müßig, ebenfalls »Geschichte zu machen«. Die Einnahme des Atolls wurde als nicht besonders schwierig betrachtet – aber daß es ohne vorbereitendes Bombardement und sogar ohne planmäßigen Angriff fallen würde, hatte niemand zu hoffen gewagt. Als ein von der *Nautilus* gelandeter Spähtrupp auf nur 25 Verteidiger stieß, bat er das U-Boot um Feuerunterstützung und nahm die Insel im Handstreich.

Das Hauptinteresse an den Operationen gegen die Gilbert-Inseln darf Tarawa beanspruchen. Hier lernten die Amerikaner um den Preis empfindlicher Verluste die Angriffstaktik und -technik, die sie in den Stand setzte, später die stark verteidigten Inselküsten im Zentralpazifik zu überwinden. Der Sturm auf Tarawa war die blutig-ernste Schule für amphibische Operationen; er vervollständigte die beim Kampf um die Salomonen, um Neuguinea und bei Vorkriegsübungen der Flotte bzw. des Marine-Landungskorps gewonnenen Erfahrungen.

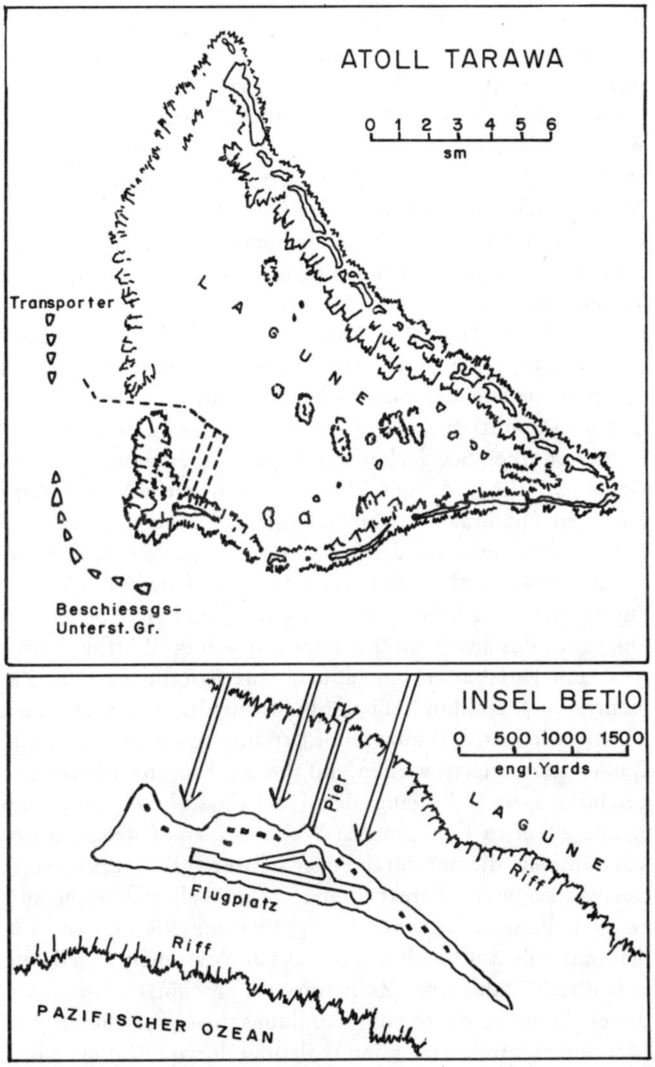

Der Angriff auf Tarawa am 21. Nov. 1943

Hauptangriffsziel der Südlichen Angriffsgruppe unter dem Befehl von Konteradmiral Harry Hill war die schmale, zwei Meilen lange Insel Betio, die einzige befestigte Insel des Tarawa-Atolls[4], zugleich Hauptstützpunkt und Verwaltungszentrum der Gilbert-Inseln. Auf Betio befanden sich

4 Ausgesprochen *Ta*rawa, *Be*tio.

2600 Mann japanische Marineinfanterie, Elitetruppen, deren Kampfwert dem der Marineinfanterie anderer Marinen entsprach. Außerdem gehörten zur Besatzung 100 Mann japanische Pioniere (den »Seabees« vergleichbar) und 1200 koreanische Arbeiter. Da einige Pionierverbände ausgebildet und bewaffnet waren, konnte die Zahl kampfkräftiger Soldaten auf der Insel mit 3000 veranschlagt werden. Die amerikanischen Landungstruppen gehörten zur 2. verstärkten Marineinfanterie-Division unter Befehl von Generalmajor Julian C. Smith – 16000 Mann, in der Mehrzahl Veteranen von Guadalcanal. Eine Regimentskampfgruppe stand in Reserve; sie sollte nach Bedarf auf Makin oder Tarawa eingesetzt werden. Die beiden anderen Kampfgruppen der Division waren für den Angriff auf Tarawa bestimmt. Eine sollte mit ihren drei Bataillonslandungsgruppen als erste Welle landen, die restlichen Bataillone der zweiten sollten als Regiments- bzw. Divisionsreserven nachgeführt werden. Da jedes Landungsbataillon nur 900 Mann Infanterie stark war, gingen die Angreifer zahlenmäßig zu schwach in den Kampf. Nach militärischer Norm sollte der Angreifer dem Verteidiger mindestens dreifach überlegen sein.

Für den bevorstehenden Angriff war die US-Marineinfanterie darauf angewiesen, sich jedweden Vorteil hinsichtlich der personellen und materiellen Unterstützung zu sichern. Der Kampfauftrag stellte sie vor Probleme, denen sich ein Angreifer über See bisher kaum gegenüber gesehen hatte. Die Abwehrkraft der Insel beruhte nicht nur auf der kämpferischen Qualität und zahlenmäßigen Stärke der Verteidiger, sondern auch auf der Schwierigkeit, an den Strand heranzukommen, und der besonderen Beschaffenheit der Verteidigungsanlagen. Betio war von einem breiten Korallenriff umgeben, das bei Niedrigwasser nur wenig überflutet war. Auf dem Riff hatten die Japaner das Korallengestein, Zement- und Metallhindernisse mit Stacheldraht so verbunden und angeordnet, daß anlaufende Landungsboote in bestimmte Gassen gezwungen wurden, auf die die Küstenartillerie eingeschossen war. Entlang der Hochwasserlinie verlief am Strand ein etwa 1,20 m hoher Wall aus starken, frischen Kokosstämmen, die nur durch Feuer schweren Kalibers zerstört werden konnten. Direkt hinter dem Wall befanden sich Feuerstellungen, die durch Laufgräben miteinander verbunden und teils mit Sandsäcken und Palmstämmen abgedeckt, teils durch Stahl- oder Zementwehre geschützt waren. Aus diesen Stellungen konnten Landungsabwehrgeschütze und Maschinengewehre über den Wall oder durch Öffnungen hindurch so feuern, daß sie den Strand und die davorliegende See beherrschten. An mehreren Punkten der Küste befanden sich Bunker mit Feldgeschützen, Flak- und Küstenartilleriestellungen mit Geschützen bis zum Kaliber 20,3 cm. Die Japaner hatten außerdem hinter dem Strandwall, besonders in der Nähe des Flugplatzes, in die Erde eingelassene bombensichere Unterstände gebaut. Sie bestanden aus Kokosstamm-Doppelwänden, die durch Winkeleisen verbunden und mit einer fast zwei Meter starken Schicht aus Kokosstämmen, Wellblech und Sand abgedeckt waren. Äußerlich erinnerte ihre Konstruktion an Iglus. Zwischen die Unterstände verteilt waren schließlich noch stahlverstärkte Zementbunker mit 1,80 Meter starken Decken und Wänden zur Aufnahme von Befehlsstellen. Der Festungskommandant, Konteradmiral Keiji Shibasaki, rühmte sich, Betio könne nicht erobert werden, auch nicht von einer Million Mann in hundert Jahren.

Tatsächlich bestand keine Möglichkeit, die Landung auf der äußerst stark befestigten und bemannten Insel so anzulegen, daß die Abwehrkraft des Gegners nicht zum Tragen kam. Die vorherige Wegnahme benachbarter Inseln, auf denen Artillerie zur Unterstützung des Angriffs hätte in Stellung gebracht werden können, wurde nicht näher erwogen, da die Seestreitkräfte das Gebiet möglichst schnell wieder verlassen sollten. So blieb nichts anderes übrig, als die Marineinfanteristen frontal anzusetzen. Nachdem dies klar feststand, suchten die verantwortlichen Planer mit größter Sorgfalt nach einem geeigneten Landeabschnitt. Die Luftbildaufklärung ließ keine schwache Stelle in den Verteidigungsanlagen von Betio erkennen; es stand nur die Wahl zwischen Stellen unterschiedlichen Schwierigkeitsgrades zur Debatte. Die leicht konkav gekrümmte Südküste ermöglichte es den Verteidigern, von den Flanken her die ganze Küste zu bestreichen. Die Westküste bot eine zu schmale Basis für das erste Anlandgehen. Beide der offenen See zugekehrten Küsten waren außerdem stärker verteidigt und mit mehr Unterwasserhindernissen versehen als die der Lagune zugewandten. Auf Grund dieser Erwägungen entschloß sich der Planungsstab für einen 1500 Meter breiten Angriffsstreifen auf der Lagunenseite.

Eine amphibische Landung setzt die genaue Kenntnis der hydrographischen Verhältnisse des Landungsgebietes voraus. Hinsichtlich der Gezeitenverhältnisse bei Betio besaßen die Angreifer jedoch nur widersprüchliche Angaben. Für den Einsatz normaler Landungsboote war eine Mindestwassertiefe von 1,20 Meter erforderlich – die geplante Angriffszeit traf aber gerade mit der Nippflut zusammen, wo bestenfalls mit 60–30 cm Wasserstand über dem Riff gerechnet werden konnte. Hohe und niedrige amerikanische Führungsstellen hegten bis zuletzt die – wenn auch ungewisse – Hoffnung, der Wasserstand werde ausreichen, die LCM- und LCVP-Landungsfahrzeuge an den Strand zu bringen. Unter den obwaltenden Umständen suchte die Marine möglichst viele der erst spärlich vorhandenen amphibischen Kettenfahrzeuge (LVT) für das Unternehmen zu beschaffen, sogenannte »Amtracks«, die sich zu Lande und zur See gleich flink bewegten. Jedoch standen am Angriffstag nur 125 Amtracks zur Verfügung, bei weitem nicht genug, um alle Angriffswellen über das Riff zu tragen.[5]

5 Die 12 m langen Sperrholz-*LCVP* (»Landing Craft, Vehicle and Personnel«) zum Transport von Fahrzeugen und Mannschaften und die 17 m langen stählernen *LCM* (»Landing Craft Mechanized«) waren *Angriffslandungsboote,* die im Regelfall an Bord von Truppentransportern mitgeführt wurden. Die *LVT*

Bei Auswertung der Luftbildaufnahmen kamen die amerikanischen Befehlshaber zu der Überzeugung, der größte Teil der Verteidigungsanlagen von Betio müsse noch vor der Landung zerstört werden, sollten unerträglich hohe Verluste und eine Lähmung des Angriffsschwunges vermieden werden. Erfahrene Offiziere veranschlagten indessen die Wirkung eines siebentägigen Bombardements mit Hoovers *B 24* oder Flugzeugen der Schnellen Trägerkampfgruppe nicht besonders hoch. Sie setzten ihre Hoffnung vorwiegend auf die der Landung unmittelbar vorausgehende Beschießung der Insel aus nächster Entfernung durch die drei alten Schlachtschiffe und fünf Kreuzer Admiral Hills.

Am 20. November um 04.00 Uhr stand die südliche Angriffsgruppe vor Betio. Hornisten bliesen das Signal: »Boote fieren!«, und eine halbe Stunde später war die Masse der an Bord der Truppentransporter herangeführten Landungsboote zu Wasser gelassen. Ein Teil sammelte sich zum Angriff, andere Boote transportierten Marineinfanteristen der ersten Welle zu den Amtracks, die von LST's herangebracht worden waren. Kurz nach 05.00 Uhr eröffneten Küstenbatterien von Betio das Feuer. Die Beschießungsgruppe Admiral Hills schoß zurück, sie zerschlug Küstengeschütze, Munitionslager und setzte Holzbaracken in Brand. In der ersten Dämmerung wurde die Beschießung unterbrochen – nach Plan sollten Flugzeuge der Südlichen Trägergruppe (Montgomery) die Insel bombardieren. Jedoch erschien keine Maschine am Himmel; aus unbekanntem Grund war Hill nicht davon unterrichtet worden, daß der Luftangriff auf Sonnenaufgang um 06.10 Uhr verschoben worden war. Eine Verbindung mit Montgomery kam nicht zustande, weil die Funkanlage auf Hills Flaggschiff, dem alten Schlachtschiff *Maryland,* durch die beim Abfeuern der ersten Salve hervorgerufene Erschütterung ausgefallen war. Während der Feuerpause zwangen dicht liegende Aufschläge der japanischen Küstenartillerie die Transporter, sich nach See zu abzusetzen. Bei Sonnenaufgang erschienen schließlich die Flugzeuge, streuten sieben Minuten lang Betio mit Bomben ab und verschwanden wieder. Um 06.20 Uhr eröffneten Hills Schlachtschiffe und Kreuzer das Landungsvorbereitungsfeuer. In zweieinhalb Stunden verfeuerten sie nach den für die damalige Zeit fortschrittlichsten artillerie-taktischen Grundsätzen fast 3000 t Geschosse. Auf Entfernungen von 15000 bis herunter zu 2000 Meter deckten sie die kleine Insel 75 Minuten lang systematisch mit Vernichtungsfeuer ein, um die japanischen Verteidigungsstellungen, Bunker, Unterstände und Beton-Blockhäuser zu zerschlagen. Anschließend nahmen die Schiffe Admiral Hills neue Positionen ein und beschossen den Landeraum mit einem 45 Minuten währenden enfilierenden Schnellfeuer, um den Feind in Deckung zu zwingen und ihn zu betäuben. Fünf Minuten vor Landung der ersten Welle sollte das Feuer ins Inselinnere verlegt werden, während Jäger den Landestrand mit Bordwaffen beschossen. Nach einer derart gründlichen »Behandlung«, so glaubten wenigstens die Angreifer, müsse Betio faktisch wehrlos sein.

Die massive Beschießung bot ein außergewöhnliches Schauspiel. Die gesamte Insel schien in Flammen zu stehen. Eine gewaltige Rauch- und Staubwolke stieg zum Himmel auf. Keine Frage, Betio war schwer getroffen, aber wie sich noch zeigen sollte, nicht schwer genug. Zahlreiche Japaner waren gefallen, einige Küsten-, Flak- und Landungsabwehrgeschütze zerstört, die meisten der über der Erde befindlichen Bauten lagen in Trümmern und – wichtigstes Ergebnis – das Telefonnetz, zur Leitung eines geordneten Abwehrkampfes unentbehrlich, war gänzlich ausgefallen. Dagegen hatten nur wenige Beton-Blockhäuser, Bunker, Unterstände und gedeckte Geschützstellungen ernste Schäden erlitten. Mit den ihnen verbliebenen intakten Waffen konnten die Verteidiger immer noch den Landekopf und seine Zugänge mit leichtem Artillerie-, Maschinengewehr- und Gewehrfeuer bestreichen. Gleichzeitig mit der Feuereröffnung der Beschießungsgruppe hatten zwei Minensuchboote begonnen, im Schutze einer Nebelwand einen Weg in die Lagune freizuräumen. Während ein Boot in der Lagune blieb, machte das zweite kehrt, um zwei Zerstörer in die Lagune zu lotsen, die den Landekopf unter Feuer nehmen sollten. Ein Zerstörer wurde von einigen Blindgängern getroffen; im übrigen erlitten die vier Schiffe, zu denen noch ein Docklandungsschiff (LSD) stieß, keine Schäden.

Jetzt liefen die Landungsboote von ihrem Versammlungsraum außerhalb der Lagune in die Lagune hinein bis an die Absprunglinie vor. Durch Wind von vorn, kabbelige See, einsetzende Ebbe und Betriebsstörungen bei den Amtracks brauchten sie aber so lange, daß Admiral Hill die X-Stunde verschieben mußte. Um 08.25 Uhr schließlich stießen die ersten drei Wellen Amtracks mit Sturmtruppen in dreiminütigem Abstand gegen den etwa 6000 Meter entfernten Strand vor. Die vierte, fünfte und sechste Welle folgten: LCM's und LCVP's mit Truppen, Panzern und leichter Artillerie. Jede Welle setzte sich aus Teilen von drei Bataillonslandungsgruppen zusammen, die jeweils einen 500 Meter breiten Strandabschnitt (von West nach Ost: »Rot 1«, »Rot 2«, »Rot 3«) zugewiesen erhalten hatten.

Sobald die ersten Wellen anliefen, stürzten sich Jagdverbände der Träger zum abschließenden, der Landung unmittelbar vorausgehenden Tiefangriff auf den Strand. Da die Funk-

(»Landing Vehicle, Tracked«) waren traktorähnliche Fahrzeuge von etwa 8 m Länge, die 20 Mann an Land oder durch Wasser tragen konnten. Die ähnlich gebauten DUKW (auch »duck« oder »amtrack« genannt) waren amphibische LKW. Die größeren *LST* (»Landing Ship, Tank«), *LCT* (»Landing Craft, Tank«) und *LCI* (»Landing Craft, Infantry«) waren Transporter, die auf den Strand aufsetzen und entladen konnten. Mit ihnen waren Bewegungen von Küste zu Küste möglich und die Überführung von Mannschaften, Fahrzeugen und Nachschub von Strand zu Strand. LCI wurden häufig auch zu Artillerie- und Raketenwerferträgern umgebaut (»Elsie Item Gunboat«) und bei amphibischen Landungen zur Nahunterstützung eingesetzt.

anlage der *Maryland* erneut ausgefallen war, hatte sie die Verschiebung des Angriffs nicht mitbekommen. Das schlechte Vorankommen der Landungsboote – die ersten Wellen brauchten für die 6000 Meter zum Strand länger als eine Dreiviertelstunde – zwangen Admiral Hill, die X-Stunde erneut zu verschieben. Um die Landungsboote nicht zu gefährden, die wegen der dichten Nebelwand nicht ausgemacht werden konnten, befahl er allen außerhalb der Lagune stehenden Schiffen um 08.45 Uhr die Feuereinstellung. Zu diesem Zeitpunkt befand sich die erste Angriffswelle immer noch 15 Minuten vom Strand entfernt.

abschnitts im Landeraum. Diese »schwachen Stellen« sollten sich für die Eroberung Betios als entscheidend erweisen. Unmittelbar nach Verlassen der Absprunglinie gerieten die Amtracks in unregelmäßiges feindliches Feuer. Wie von vielen Offizieren befürchtet, betrug der Wasserstand über dem Riff nur 60–90 cm. Aber die Raupenfahrzeuge rumpelten einfach darüber hinweg. Dann aber prasselte ein so konzentriertes MG-, Gewehr- und Landungsabwehrfeuer auf sie nieder, daß die Angriffswellen durcheinandergerieten. Am schwersten wurden die Boote des Landungsbataillons für den Strand »Rot 1« getroffen. Ihr Anlaufweg führte in eine

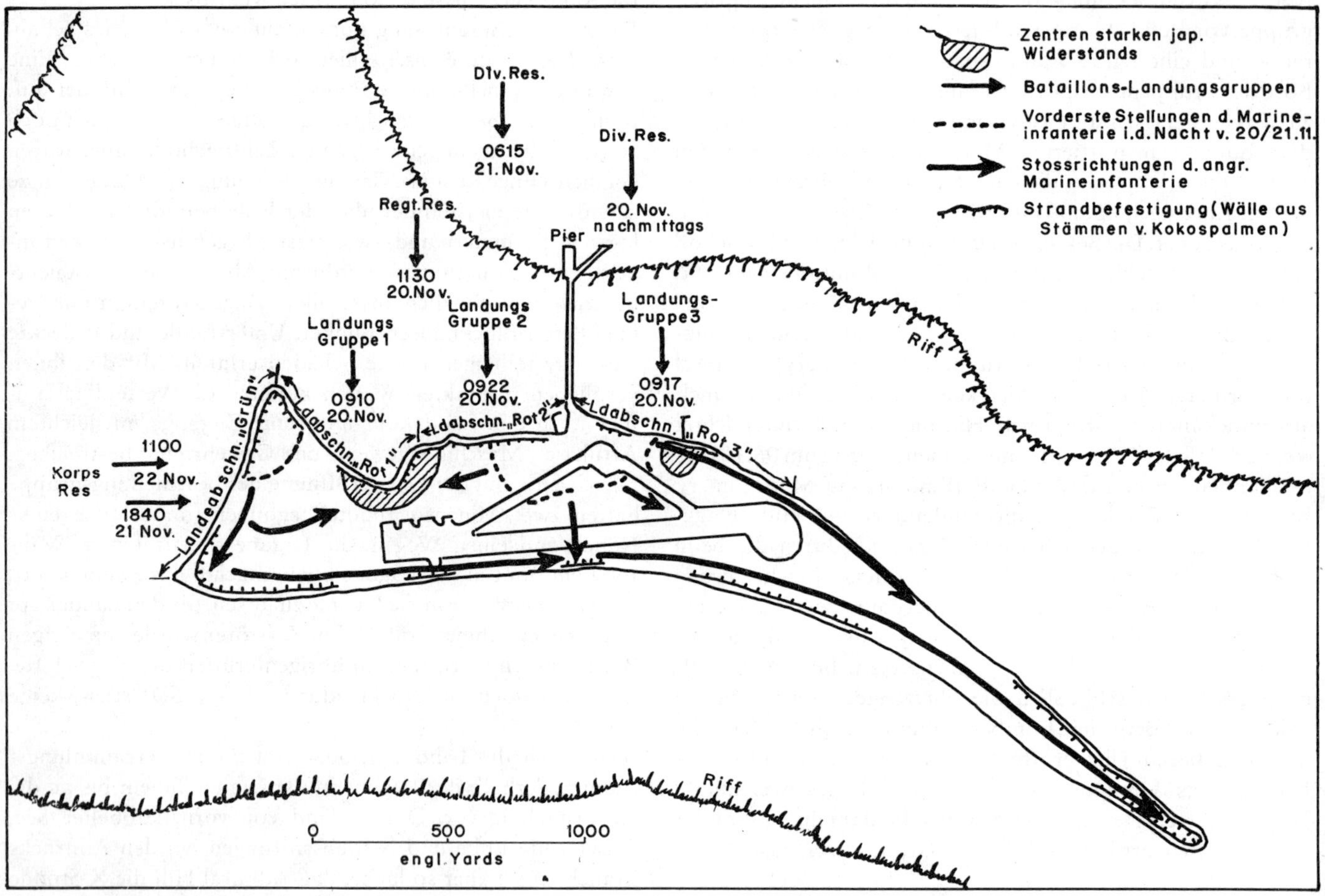

Der Kampf um Betio

Während der ihnen so vergönnten Erholungspause verließen die Japaner ihre Unterstände und Geschützstellungen an anderen Strandabschnitten und gingen an den Abschnitten des Küstenwalls in Stellung, auf die der amerikanische Angriff zukam. Die von der im Westen stehenden Beschießungsgruppe drohende Gefahr sowie die unausgesetzt von der Lagune her feuernden Zerstörer und Minensuchboote bewogen augenscheinlich die Japaner, sich in zwei Verteidigungsräumen zusammenzuballen. Dadurch minderten sie die Abwehrkraft ihres äußersten rechten Flügels und ihres linken Mittel-

Bucht, wo sie vom Feuer des westlich gelegenen japanischen Verteidigungsschwerpunktes erfaßt wurden. Viele Amtracks fielen dem feindlichen Feuer noch im Anlaufen zum Opfer; nur wenige, die den Strand erreichten, konnten zu neuer Fahrt umkehren. Aber noch weit schwerere Verluste erlitten die vierte, fünfte und sechste Welle. Ihre gewöhnlichen, nicht mit Raupenketten versehenen Landungsboote liefen am Riff auf. Einige Soldaten sprangen ins tiefe Wasser, wo sie das Gewicht ihrer Ausrüstung auf den Grund zog. Andere wurden von zurücklaufenden Amtracks der ersten Wellen übernommen und an den Strand gebracht. Die Masse watete durch seichtes Wasser unter vernichtendem MG- und Gewehrfeuer 550 Meter weit zum Strand. Einige Sherman-Panzer, von LCM's auf das Riff entladen, erreichten die Küste; dagegen blieb den LCVP's, die 3,5-cm- und 7,5-cm-Geschütze heranbringen wollten, nichts anderes übrig, als sich abzusetzen, bis der Flutstand das Passieren des Riffs erlaubte.

Das für die Landungsboote so verhängnisvolle Niedrigwasser erwies sich aber in anderer Hinsicht als Segen. Es ließ unter dem Küstenverteidigungswall einen Sandstreifen frei, in dessen relativem Schutz sich die gelandeten Marineinfanteristen zum Angriff sammeln konnten. Am äußersten rechten Flügel des Abschnittes »Rot 1« eroberten sie schnell den Nordwestzipfel der Insel. In der rechten Hälfte von »Rot 3« befand sich 200 Meter östlich einer in die Lagune hinauslaufenden Mole eine Lücke im Strandwall. Durch diese stießen zwei Amtracks mit etwa 50 Mann vor. Andere folgten und erweiterten trotz heftigen flankierenden Feuers den Einbruch nach Westen und Süden. An den stärker verteidigten Strandabschnitten, in unmittelbarer Nachbarschaft der feindlichen Hauptverteidigungszentren, waren die amerikanischen Verluste sehr hoch. Dort konnten die Gelandeten kaum mehr tun, als mit ihren Toten und Verwundeten, im dürftigen Schutz des Walles zusammengepfercht, abzuwarten. Ein bloßes Sichaufrichten hatte tödliches Feuer aus mehreren Richtungen zur Folge. Als der erste Schock überwunden war, begannen aber sogar in diesem Abschnitt Marineinfanteristen den Wall zu erstürmen und Geschützstellungen sowie Schützenlöcher mit Sprengladungen zu vernichten.

Der Führer der Landungstruppen, Oberst David M. Shoup, ordnete noch von Bord seines Landungsfahrzeuges aus den unverzüglichen Einsatz seiner Regimentsreserve an. Über seinen Divisionskommandeur, General Julian Smith an Bord der *Maryland,* bat er auf dem Funkwege um sofortige Schiffsartillerie- und Luftunterstützung. Smith sorgte nicht nur für die angeforderte Unterstützung, sondern setzte auch die Hälfte der Divisionsreserve ein, um die schwer angeschlagene linke Flanke der Landungsgruppe zu verstärken. Nach dem Eintreffen weiterer Berichte über die kritische Situation im Landeraum erbat und erhielt Julian Smith von General Holland Smith über Funk die Erlaubnis zum Einsatz der Korpsreserve.

Von 5000 Amerikanern, die es bis zum 20. November abends schafften, den Strand von Betio zu erreichen, war fast ein Drittel ausgefallen. Bei Einbruch der Nacht war die Masse der Soldaten, die in unmittelbarer Nähe der japanischen Verteidigungsschwerpunkte an Land gekommen waren, entweder gefallen oder lag am Strand fest. Aber fast die Hälfte der Westküste bis zu 130 Metern Tiefe befand sich fest in amerikanischer Hand. An der Molenwurzel war es sogar gelungen, einen 270 Meter tiefen und 450 Meter breiten Landekopf zu erkämpfen. Während der Nacht verhielten sich die Landungsgruppen außergewöhnlich diszipliniert – kaum, daß ein Schuß gefeuert wurde. Der erwartete Gegenangriff der Japaner blieb aus, höchstwahrscheinlich deshalb, weil Admiral Shibasaki mit nur einem geringen Teil seiner Verbände Verbindung aufnehmen konnte. Einzelne Japaner suchten sich während der Nacht Scharfschützenstellungen für den Kampf des kommenden Tages aus: sie versteckten sich an geeigneten Stellen der Küste oder wateten zu beschädigten Amtracks aufs Riff hinaus.

Durch besondere örtliche und zeitliche Verhältnisse blieb der Wasserstand auch bei Flut so niedrig, daß normale Landungsboote nicht über das Riff gelangten. Jedoch hatten genug Amtracks den ersten Angriffstag überstanden: sie brachten einen Teil der leichten Artillerie an den Strand. Auch schafften es einige weitere Panzer, die Küste zu erreichen. Am zweiten Angriffstag nahmen die über Funk angeforderten Angriffe der Trägerluftwaffe und die Beschießungen durch Schiffsartillerie von Einsatz zu Einsatz an Genauigkeit und Wirksamkeit zu. Am rechten Angriffsflügel leitete ein Beobachtungsflieger das Feuer amerikanischer Zerstörer auf die japanischen Stellungen so exakt, daß die vorgehenden Verbände ohne nennenswerten Widerstand die Westküste von Betio besetzen konnten. Über den Weststrand (»Strand Grün«) ging ein Bataillon der Korpsreserve an Land. Bis zum Ende dieses Tages konnten die Marineinfanteristen außerdem den an der Molenwurzel errichteten Landekopf erweitern und zur Südküste durchstoßen.

Am 22. November, dem X + 2-Tag, landete ein zweites Bataillon der Reserve über »Strand Grün«. Mit dem Abschluß der Landungsphase der amphibischen Operation übernahm General Julian Smith die Leitung des Kampfes auf Betio. Seine nächsten Ziele waren: 1. die japanischen Stellungen zwischen »Rot 1« und »Rot 2« zu nehmen; 2. nach Osten vorzustoßen. Bei beiden Angriffsunternehmen war die Hauptaufgabe, japanische Bunker und Unterstände zu vernichten. Panzer und Artillerie waren dabei als unterstützende Waffen zwar nützlich, aber im allgemeinen mußte Infanterie mit Flammenwerfern und Sprengladungen den letzten Widerstand brechen.

In der Nacht vom 22./23. November machten die Japaner, nunmehr in das sich verjüngende Ende der Insel zurückgedrängt, drei Gegenangriffe. Sie erlitten dabei so schwere Verluste, daß die Amerikaner am 23. in raschem Vorstoß den Ostzipfel der Insel erreichen konnten. Inzwischen waren auch die japanischen Stellungen zwischen »Rot 1« und »Rot 2« durch ständige Angriffe von allen Seiten, die in einem koordinierten, frontalen Infanterie-Artillerieangriff vom Strand her gipfelten, genommen werden.

Als am Spätnachmittag des 23. November General Julian Smith das Ende organisierten japanischen Widerstandes meldete, waren die Verteidiger der Insel praktisch ausgelöscht. An Gefangenen waren etwas mehr als 100 koreanische Arbeiter eingebracht worden, von den japanischen Truppen hatten sich nur ein Offizier und 16 Mann ergeben. Die Amerikaner, die für die Einnahme von Tarawa insgesamt 18 300 Mann eingesetzt hatten, verloren 3000 Mann. Davon fielen 1000

im Kampf oder starben an Verwundungen.
Die amerikanische Öffentlichkeit zeigte sich über die bei den nur wenige Tage dauernden Operationen auf den Gilbert-Inseln erlittenen Verluste betroffen. Man konnte damals noch kein Verständnis dafür erwarten, daß im Pazifik eine neue Art Kriegführung praktiziert wurde, die es ermöglichte, die Herrschaft über weite Räume zu sichern, und zwar um einen Preis an Verlusten, die nur deshalb so hoch erschienen, weil sie sich auf wenige Tage zusammendrängten. In Wahrheit war der für die schnelle Eroberung der Gilbert-Inseln entrichtete Blutzoll nicht annähernd so hoch wie beim sechsmonatigen Kampf um Guadalcanal. Und doch waren die dabei errungenen militärischen Vorteile fast ebenso groß. Jeder neu eroberte Stützpunkt sicherte bestehende oder künftige Seeverbindungen, jeder besaß Flugplätze, von wo aus das nächste Angriffsziel bombardiert und erkundet werden konnte. Die Einnahme der Gilbert-Inseln beseitigte die Bedrohung der amerikanischen Seeverbindungen zum südlichen, südwestlichen und Zentralpazifik. Zugleich brachte sie die Vereinigten Staaten in den Besitz wichtiger Luftstützpunkte für den bevorstehenden Angriff auf die Marshall-Inseln.
Von nicht minderer Bedeutung waren die — hauptsächlich beim Angriff auf Tarawa – gesammelten taktischen Erfahrungen. Sie zeigten, daß eine Beschießung und ein Bombardement von wenigen Stunden nicht ausreichten, zahlreiche stark befestigte Stellungen, wie die auf Betio, zu zerstören. Nicht nur waren ein gezielter Bombenabwurf und eine genau beobachtete Beschießung durch Schiffsartillerie erforderlich, die Beschießung mußte künftig auch wesentlich länger als bisher durchgeführt und häufig unterbrochen werden, damit der Rauch abziehen und das Ausmaß der erreichten Zerstörung festgestellt werden konnte. Vor allem war mehr Steilfeuer mit großkalibrigen Geschossen notwendig, um die Bunkerdeckungen zu durchschlagen. Der bisher übliche schnelle Zielwechsel, ursprünglich erdacht, um beim Feuern auf bewegliche Ziele Verwirrung beim Gegner zu stiften, beeinträchtigte, wie sich herausstellte, eine wirksame Feuerleitung, wenn dasselbe Verfahren auf feststehende Ziele angewandt wurde. Es hatte sich außerdem erwiesen, daß gepanzerte Amtracks unentbehrlich waren, um Sturmtruppen über Riffe zu tragen, und der Verteidiger bis zum Moment der Landung durch Nahfeuer niedergehalten werden mußte. Schließlich noch hatten die Erfahrungen von Tarawa ergeben, daß für amphibische Unternehmungen besondere Flaggschiffe benötigt wurden, daß der von dort aus führende Offizier von der Verantwortung für die artilleristische Unterstützung frei sein sollte und daß an Bord und an Land bessere Funkausrüstungen bereitgestellt werden mußten. Hätte man diese Erkenntnisse nicht beim Angriff auf Tarawa gewonnen, so hätten sie an anderer Stelle um einen gleich hohen oder gar höheren Preis an Verlusten erworben werden müssen.
Der Kampf um die Gilbert-Inseln ließ bereits deutlich erkennen, daß Trägerflugzeuge die Luftherrschaft über feindliche Atolle erringen konnten, daß die Flotte in der Lage war, Inselstützpunkte unter erträglichen Verlusten anzugreifen, und daß gut ausgebildete, entschlossen geführte Verbände, aus der Luft und von See her unterstützt, selbst unter schwierigsten Bedingungen Riffe überwinden und stark verteidigte Inseln nehmen konnten. Besonders aufschlußreich war die Erkenntnis, daß die japanische Führung offensichtlich nicht gewillt war, ihre Flotte voll zur Verteidigung auch wichtigster Positionen des japanischen Inselimperiums einzusetzen.

Der Angriff auf die Marshall-Inseln

Die Planung zur Eroberung der Marshall-Inseln war schon vor dem Angriff auf die Gilbert-Gruppe weit fortgeschritten. Der erste, Mitte Oktober 1943 von Admiral Nimitz vorgelegte Plan sah gleichzeitige Angriffe auf die Atolle Maloelap und Wotje vor (die Pearl Harbor am nächsten gelegenen japanischen Stützpunkte auf den Marshall-Inseln) sowie einen Angriff auf das Atoll Kwajalein, Hauptquartier der Japaner im Zentrum der Inselgruppe.
Auf Grund der bei Tarawa gemachten Erfahrungen empfahl General Holland Smith eine Überprüfung des Operationsplanes. Er war der Auffassung, für die gleichzeitige Eroberung dreier feindlicher Hauptstützpunkte reichten die verfügbaren Verbände und Unterstützungsgruppen nicht aus. Die Admirale Spruance und Turner schlossen sich seiner Meinung an. Sie schlugen eine zweiphasige Operation vor: 1. Wegnahme von Maloelap und Wotje und Ausbau zu amerikanischen Stützpunkten für: 2. den Angriff auf Kwajalein. Zu ihrer nicht geringen Bestürzung machte Nimitz daraufhin den Gegenvorschlag, Maloelap und Wotje zu umgehen und nur Kwajalein anzugreifen.
Spruance, Turner und Smith widersprachen energisch; sie wandten ein, Kwajalein werde nach der Eroberung Luftangriffen von den japanischen Stützpunkten Maloelap, Wotje, Mili und Jaluit ausgesetzt sein, die Japaner könnten von dort aus die Verbindungen nach Pearl Harbor und den Gilbert-Inseln unterbrechen, während umgekehrt die japanische Luftversorgungslinie über das Atoll Eniwetok intakt bleiben werde. Als jedoch Nimitz auf Umgehung der weiter östlich gelegenen Stützpunkte bestand, sicherte sich Spruance wenigstens die Erlaubnis, das von den Japanern nicht verteidigte Atoll Majuro in den östlichen Marshall-Inseln besetzen zu dürfen. Das Atoll eignete sich als Ankerplatz für Flottenstreitkräfte und konnte bis zur Einnahme von Kwajalein nützliche Dienste leisten, nicht zuletzt als Luftstützpunkt, der eine Überwachung der Seeverbindung zwischen den Gilbert-Inseln und Kwajalein ermöglichte. Der endgültig beschlossene Operationsplan sah, je nach Tempo und Erfolg des Angriffs auf Kwajalein, gegebenenfalls die Eroberung von Eniwetok vor.
Der Entschluß, unmittelbar ins Zentrum der Marshall-Inseln vorzustoßen, war für die Japaner eine ebenso große Überraschung wie für die Nimitz unterstellten Befehlshaber. Das

Kaiserlich-Japanische Hauptquartier hatte sich vornehmlich mit der Frage beschäftigt, ob der nächste amerikanische Angriff von den Gilbert-Inseln aus gegen Mili und Jaluit oder von Pearl Harbor aus gegen Wotje, möglicherweise Maloelap, unternommen werde. Dementsprechend wurden die außen, auf den Flügeln der Marshall-Gruppe liegenden Inseln personell und materiell mit Vorrang versorgt. Wie von Admiral Nimitz richtig vorausgesehen, war Kwajalein verhältnismäßig schwach befestigt – die Verteidigungsanlagen waren nichts im Vergleich zu dem, was die Marineinfanterie auf Betio erwartet hatte. Unter den mehr als 8000 Mann Besatzung von Kwajalein befanden sich nur 2200 Mann Kampftruppen. Der Rest bestand aus Technikern, Mechanikern, Arbeitskräften (viele Koreaner darunter), Piloten abgeschossener Flugzeuge, Seeleuten ohne Schiffe und dem Büro- und Verwaltungspersonal, das zu einem militärischen Hauptquartier gehört. Der Kampfwert der nicht regulären Kämpfer war schwer einzuschätzen. Vermutlich wurden an alle Japaner Waffen ausgegeben; die Wahrscheinlichkeit sprach dafür, daß die meisten einer Gefangennahme entgehen wollten und ihr Leben so teuer wie möglich verkaufen würden.

Die amerikanische Offensive wurde Anfang Januar 1944 mit Angriffen der landgestützten Luftwaffe Admiral Hoovers eingeleitet. Sie flog ihre Einsätze von den Ellice-Inseln und den neu erbauten Flugplätzen auf den Gilbert-Inseln aus. Am 29. Januar traf die von Konteradmiral Marc A. Mitscher geführte, verstärkte Schnelle Trägerkampfgruppe 58 (TF 58) vor den Marshall-Inseln ein. Damit standen weitere 750 Flugzeuge zur Intensivierung der vernichtenden Schläge aus der Luft zur Verfügung. Während Hoovers Maschinen Mili und Jaluit niederhielten, griff eine Trägergruppe der TF 58 Maloelap an, eine zweite Wotje und die beiden anderen Kwajalein, wo sie bei einem einzigen Angriff sämtliche japanischen Flugzeuge zerstörten. Nachts nahm eine Beschießungsgruppe der TF 58 Flugplätze unter Feuer, um die Japaner daran zu hindern, Flugzeuge von Eniwetok zu überführen. Eine Trägergruppe griff in der Morgendämmerung des 30. Eniwetok an und zerstörte zum Überführen bereitgestellte Maschinen. Zwei Trägergruppen bombardierten die Befestigungen von Kwajalein, die vierte flog mehrere Einsätze gegen Maloelap und Wotje. Durch diese Angriffe wurde die japanische Luftwaffe im Gebiet von Kwajalein völlig zerschlagen und die Küstenverteidigung weitgehend außer Gefecht gesetzt.

Die Landungsflotte des V. Amphibischen Korps war bereits unterwegs: nahezu 300 Schiffe mit 53 000 Mann Sturmtruppen an Bord, zur Hälfte Heeres-, zur Hälfte Marineinfanterie; außerdem 31 000 Mann Besatzungstruppen. Während sich diese Armada den Marshall-Inseln näherte, wurde eine Sondergruppe unter dem Befehl von Konteradmiral Hill zur Besetzung von Majuro detachiert. Ein Flotten-Versorgungsgeschwader verlegte in die dortige Lagune. Die zunehmende Zahl vorgeschobener Basen dieser Art machte die Flotte von der unmittelbaren Unterstützung von Pearl Harbor unabhängig und erweiterte Schritt für Schritt ihre Reichweite im Pazifik.

Am 30. Januar erreichten die »Nördliche Angriffsgruppe« (Konteradmiral Richmond L. Conolly) und die »Südliche Angriffsgruppe« (unter direktem Befehl von Admiral Turner) Kwajalein. Der koordinierte Einsatz ihrer Beschießungsgruppen und der Flugzeuge ihrer Geleitträger verstärkte noch die Wirkung der dreitägigen schweren Luftangriffe der Schnellen Trägerkampfgruppen. Jetzt machte sich die exakte Analyse der Operationen gegen Tarawa bezahlt. Die ersten Angriffsziele, Roi und Namur, ein durch einen Damm verbundenes Inselpaar am Nordende der Lagune von Kwajalein, und die 44 sm weiter südlich gelegene Insel Kwajalein wurden mit der vierfachen Menge Bomben und Granaten belegt wie seinerzeit Betio. Die Flugzeuge griffen in genauem Zielflug die ihnen bezeichneten Objekte an. Die Beschießungsgruppe schoß auf wechselnde Entfernungen Flach- und Steilfeuer; dem jeweiligen Ziel angepaßt verwandte sie hochbrisante- oder panzersprengende Munition.

Am 31. Januar besetzten einzelne Verbände kleinere Inseln bei Roi–Namur und Kwajalein, um Amphibienfahrzeugen und Einheiten zur Nahunterstützung der Hauptlandung ungehinderten Zugang in die relativ ruhige Lagune durch die engen Einfahrten zu sichern und um Artillerie in Stellung zu bringen, die die Landungsabschnitte bestreichen konnte. Im Laufe des Tages und in der Nacht zum 1. Februar erkundeten neu aufgestellte Kampfschwimmer-Sprengkommandos die Anlaufwege zu den Landungsstreifen. Sie fanden weder Minen noch Unterwasserhindernisse und meldeten, daß Riff und Brandung dem Angriff keine außergewöhnlichen Schwierigkeiten böten.

Nachts schossen Zerstörer unaufhörlich Störfeuer, um den Widerstandswillen der Verteidiger zu zermürben. Kurz nach Tagesanbruch am 1. Februar wurde das Landungs-Vorbereitungsfeuer eröffnet: Höhepunkt der vorausgehenden zweitägigen Einwirkung durch See- und Luftstreitkräfte; Schiffsartillerie deckte Roi–Namur aus naher Entfernung ein[6]; die auf den flankierenden Inseln postierte Artillerie schoß enfilierendes Feuer, und *B-24* von den Gilbert-Inseln warfen 10- und 20-Zentner-Bomben auf Kwajalein. Sobald die Schiffsgeschütze schwiegen, griffen Trägerflugzeuge im Sturzflug mit Bomben und Bordwaffen an. Dieses ganze vorbereitende Zerstörungswerk und die folgenden Phasen des Angriffs wurden von neu in Dienst gestellten »Landungsführungsschiffen« (AGC = Amphibious Force Flagship) aus geleitet, auf denen die Befehlshaber der Angriffsgruppen und die Kommandeure der Korps und Divisionen mit ihren Stäben eingeschifft waren. Den Angriff im Norden leitete Admiral Conolly an Bord der *Appalachian* vor Roi–

6 Getreu dem Beinamen von Admiral Conolly »Close-in-Conolly« (etwa: »Näher-heran-Conolly«), den der Admiral für seine aus naher Entfernung gewährte Unterstützung bei den Landungen auf Sizilien und bei Salerno erhalten hatte.

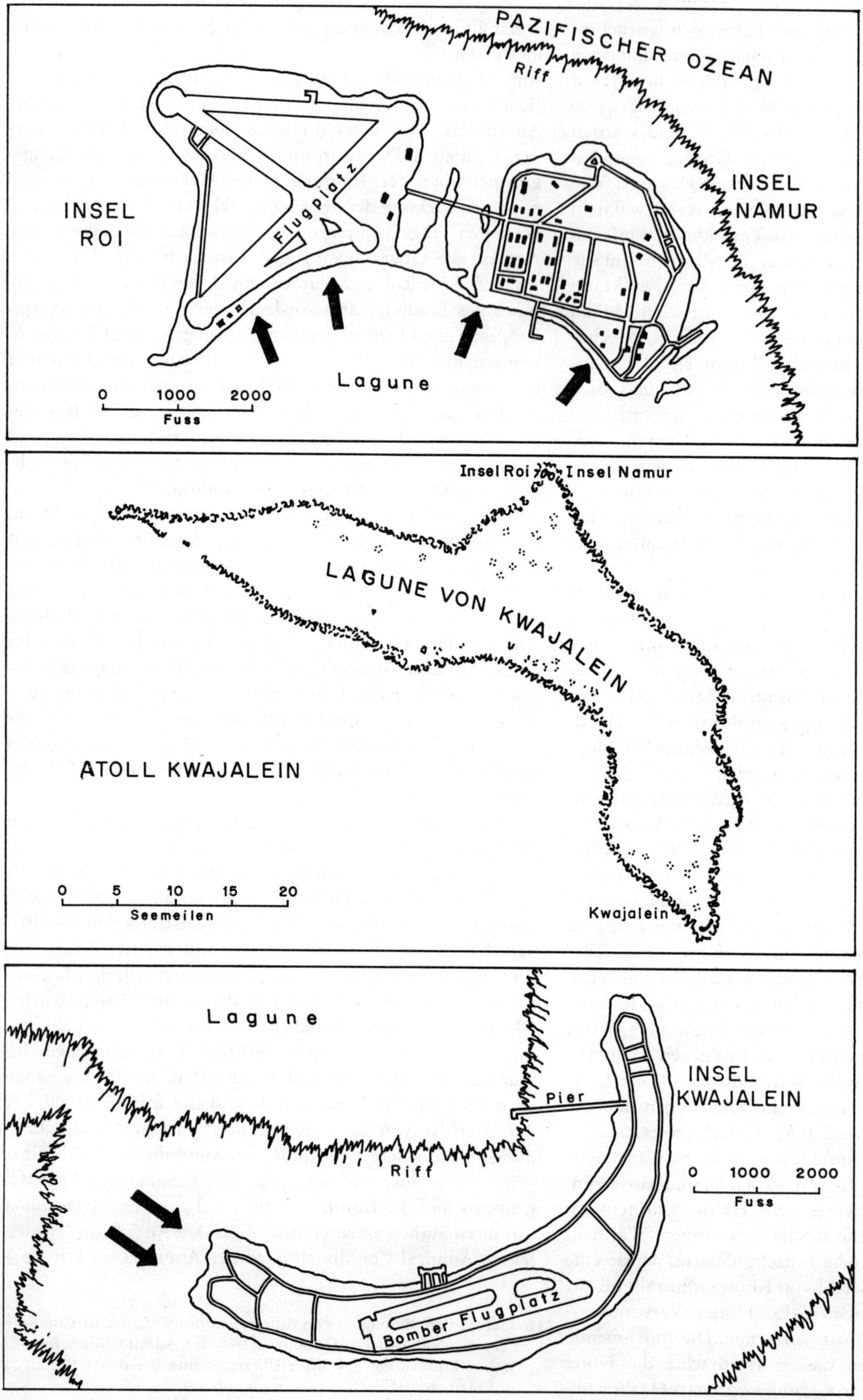

Der Angriff auf Kwajalein
am 1. Februar 1944

Namur, den im Süden vor Kwajalein befehligten Turner und Holland Smith an Bord der *Rocky Mount.*

Immer noch reichte die Zahl der Amtracks nicht aus, sämtliche Angriffswellen über die Riffe zu tragen, aber die vorhandenen Fahrzeuge waren gepanzert und mit MG bewaffnet. Bei der südlichen Angriffsgruppe wurden sie außerdem durch die von der Armee entwickelten, gleich gut beweglichen DUKW's ergänzt, die normalerweise zum Heranschaffen von Nachschub eingesetzt waren. Nach dem bis dahin entwickelten Stand des Angriffsverfahrens sollten die Amtracks von LST's zur Absprunglinie gebracht werden und dort vollbeladen mit eigener Kraft aus ihren Mutterschiffen hervorkriechen. Gepanzerte Amphibienfahrzeuge[7] und flachgehende LC's sollten die erste Angriffswelle begleiten; die LCL's waren durch Montage von Raketenwerfern, 2-cm- und 4-cm-Geschützen zu Landungs-Unterstützungsschiffen umgebaut worden. Beobachtungsflieger hatten den Auftrag, Fallschirmleuchtkugeln abzuwerfen, sobald die erste Welle auf 500 Meter an den Strand herangekommen war. Dies waren die neuen amphibischen Waffen und taktischen Prinzipien, die auf Grund der bei Tarawa gesammelten Erfahrungen entwickelt worden waren.

Trotz bester Vorbedingungen – die meisten ausgebauten Stellungen waren durch das außerordentlich gründliche Bombardement zerstört und mehr als die Hälfte der Besatzung getötet worden – gelang der Angriff auf Roi–Namur infolge mangelhafter Ordnung und ungenauer Zeitberechnung schlecht. Teilweise war daran die kabbelige See innerhalb der Lagune schuld, mit der man nicht gerechnet hatte. Aber die Hauptursache war Unerfahrenheit, denn die landende Truppe bestand aus Neulingen, die von ebensowenig erfahrenem Flottenpersonal an die Absprunglinie gebracht wurden.

Die Landungsverbände gehörten zu der neuaufgestellten 4. Marineinfanterie-Division unter Generalmajor Harry Schmidt. Sie besaß keine Kampferfahrung und war von den USA ohne ausreichende Gelegenheit zu Landeübungen direkt zum Einsatz überführt worden. Ausbildungsmängel hatten sich bereits am 31. Januar bei der Einnahme der den Hauptinseln benachbarten kleineren Inseln durch eine der drei Regimentskampfgruppen der Division gezeigt. Die an dem Unternehmen beteiligten Amtracks hatten Befehl gehabt, wieder zu ihren LST's zurückzukehren, Brennstoff zu ergänzen und dann Mannschaften der zum Angriff auf Namur bestimmten Regimentskampfgruppe an Bord zu nehmen. Bis zum 1. Februar 09.00 Uhr war es nur einigen wenigen LST's gelungen, sämtliche ihnen zugehörigen Amtracks aufzunehmen; kein einziges Landungsboot hatte den Versammlungsraum südlich der Absprunglinie erreicht. Selbst die neu eintreffenden LST's mit der für Roi bestimmten Regimentskampfgruppe kamen zu spät, und als sie schließlich den Versammlungsraum erreichten, ergaben sich unvorhergesehene Schwierigkeiten beim Zuwasserbringen der Amtracks.

Nach wiederholter Verschiebung der X-Zeit gab endlich der Leitzerstörer an der Absprunglinie der ersten Welle das Signal zum Angriff – obwohl viele Amtracks noch nicht zur Stelle waren und andere in größerer Entfernung anscheinend ziellos umherirrten. Raketenfeuernde LCI's führten den Angriff an; eine Welle gepanzerter Amphibienfahrzeuge, zwei Wellen Infanterie in Amtracks und zwei Wellen Panzer in LCM's folgten. Nachdem die außerhalb der Lagune stehenden Schlachtschiffe und Kreuzer ihr Feuer auf das Inselinnere verlegt hatten, hielten die näher postierten Zerstörer die Küste so lange unter Feuer, wie sie die anlaufenden Fahrzeuge nicht gefährdeten.

Obwohl auf der Fahrt zum Strand von Roi zahlreiche Amtracks zusammenstießen, landeten die Sturmtruppen bemerkenswerterweise doch in guter Ordnung – wie geplant mit zwei Bataillonen Seite an Seite. Die Verteidiger hatten nur ein paar ungezielte Schüsse auf die Landungsboote abgegeben. Als die ersten Angreifer den Fuß auf den Strand setzten, feuerte von links ein MG eine Salve. Gleichzeitig stürmten zwei nur mit dem Bajonett bewaffnete japanische Soldaten den Angreifern entgegen – eine tapfere, aber nutzlose Geste. Die gelandete Marineinfanterie drang schnell ins Inselinnere vor, kampfbegeistert, aber ziemlich ungeordnet und fast ohne jede Feuerdisziplin. Im blinden Eifer, einen Schuß auf die etwa 300 Japaner anzubringen, die Bombardement und Beschießung noch übrig gelassen hatten, wurden sogar eigene Leute verwundet. Da der größte Teil von Roi aus Flugplatzgelände bestand, hatten die Verteidiger kaum eine Möglichkeit, in Deckung zu gehen oder wirksamen Widerstand zu leisten. Noch vor Einbruch der Nacht war die Insel in amerikanischer Hand.

Da nur ein Bruchteil der für Namur vorgesehenen Landungstruppen an der Absprunglinie angekommen war, als die ersten Wellen das Angriffssignal erhielten, gingen die Landungen auf dieser stark verteidigten Insel nur in zersplitterten Gruppen und in chaotischer Unordnung vor sich. Zum Glück für die landende Marineinfanterie traf sie am Strand weder auf Hindernisse noch auf Widerstand. Im Innern der Insel sahen sich die Angreifer jedoch einer Wildnis aus Schutt, Unterholz und zersplitterten Palmen gegenüber, die Panzer und Infanterie aufhielt und feindlichen Scharfschützen gute Deckungsmöglichkeiten bot. Um den Angriff durch diese Zone der Zerstörung vorwärts zu tragen, mußten die Sturmtruppen zahlreiche japanische Widerstandsnester im Rücken liegenlassen. Diese mit Sprengladungen anzugehen und mit Flammenwerfern auszuräuchern, blieb Aufgabe der nachrückenden Verbände. Hochgehende japanische Munitions-

7 So von der Flotte und dem Marinekorps bezeichnet. In der Armee sprach man von »Amphibientanks«. Die amtliche Bezeichnung war LVT (A). Jedes dieser Fahrzeuge besaß einen Panzerturm mit einer 3,7-cm-Kanone und drei 7,62-mm-MG. Einige waren mit Flammenwerfern ausgerüstet. Die gepanzerten Amphibienfahrzeuge dürfen nicht mit den leichten und mittelschweren Panzern verwechselt werden, Landfahrzeugen, die von LCM an den Landungsstrand gebracht wurden.

lager verursachten schwere Verluste. Die schwerste Explosion lösten die vorgehenden Marineinfanteristen unabsichtlich selbst aus, als sie ein Blockhaus, in dem Torpedosprengköpfe lagerten, irrtümlich für einen japanischen Gefechtsstand ansahen und angriffen. Als das Blockhaus detonierte, war die Insel augenblicklich mit einer beißenden Qualmwolke bedeckt; ein minutenlanger Regen von Zement- und Eisenstücken ging auf Angreifer und Verteidiger nieder. Nach einer unruhigen Nacht, in der die Angriffsverbände abwechselnd von schießfreudigen Marineinfanteristen in ihrem Rükken und von Japanern, die in ihre Front einsickerten, aufgeschreckt wurden, stießen sie am Morgen schnell zur Nordküste der Insel durch. Am frühen Nachmittag des 2. Februar war Namur in sicherem Besitz der Amerikaner.

Die amerikanischen Verluste beim Angriff auf Roi und Namur betrugen 196 Gefallene und 550 Verwundete. Von 345 Mann japanischer Kampftruppen und 3200 Mann Besatzungspersonal bei Beginn von Bombardement und Beschießung überlebten den Kampf nur 40 gefangene koreanische Arbeiter und 51 japanische Kriegsgefangene.

Im Gebiet der Insel Kwajalein, am Südende der Lagune, griff die 7. Infanterie-Division unter Generalmajor Charles H. Corbett nach einem fast identischen Plan an: Zwei Regimentskampfgruppen gingen das Hauptobjekt, eine dritte die kleineren Nachbarinseln an. Ein grundlegender Unterschied bestand lediglich darin, daß Kwajalein an seiner Schmalseite angegriffen wurde. Ein Angriff auf der konkav gekrümmten, der Lagune zugekehrten Seite verbot sich von selbst, weil er die Angreifer flankierendem Feuer ausgesetzt hätte. Eine Landung von der Seeseite her war ebenfalls unmöglich, weil die Brandung zu hoch ging und die Verteidigung zu stark war. So blieb nur der schmale westliche Strand übrig, wo die beiden Landungsgruppen gezwungen waren, in Bataillonskolonnen statt in breiter Front nebeneinander zu landen.

Im Gegensatz zu dem Durcheinander beim Angriff auf Roi–Namur waren die Landungen auf Kwajalein von fast vollendeter Präzision. Ruhige See begünstigte die Operation, jedoch war ihr gutes Gelingen in erster Linie das Ergebnis unermüdlicher Ausbildung, vor allem der Landungsübungen, die Corbett mit seiner Division seit ihrem ersten Einsatz auf Attu im Mai 1943 durchgeführt hatte. Im Versammlungsraum westlich der Absprunglinie brachten die LST's ihre truppenbeladenen Amtracks zu Wasser, die LSD's ihre LCM's mit mittelschweren Panzern. Diese Landungsfahrzeuge kreisten, bereits nach Angriffswellen geordnet, bis Transportschiffe die LCV's abgesetzt hatten, dazu bestimmt, die den Sturmtruppen nachfolgenden Wellen zu landen. Mit der ersten Angriffswelle liefen drei LCI-Artillerieboote die Küste an; mit dem Feuer ihrer 4-cm-Kanonen und Raketensalven deckten sie die Landungsstreifen ein. Leitfahrzeuge an den Flanken der Absprunglinie gaben Punkt 09.00 Uhr das Signal zum Angriff. Die erste Welle bestand aus 16 Amtracks, 16 gepanzerten Amphibienfahrzeugen und zwei Landungsführungsbooten, deren besondere Aufgabe es war, ein Durcheinandergeraten der Landungsboote zu verhindern. Der ersten folgten in vierminütigem Abstand drei weitere Wellen. Der gesamte Verband lief dann mit 5 kn Geschwindigkeit stetig auf die Küste zu. Sobald die Landungsboote sich dem Strand weit genug genähert hatten, verlegten die weit draußen stehenden Schlachtschiffe und Kreuzer ihr Feuer binnenwärts, während die nahe vor der Küste stehenden Zerstörer bis zum letzten Moment vor dem Anlanden auf den Strand einhämmerten. Als die erste Welle auf etwa 200 Meter heran war, scherten die LCI's nach den Flanken aus – bereit, auf Anforderung weiteren Feuerschutz zu geben. Die erste Welle erreichte exakt nach Plan um 09.30 Uhr den Strand. Während die Amtracks nach Landung ihrer Insassen zurückrasten, um am Rande des Riffs Truppen von den LCVP's zu übernehmen, stießen die gepanzerten Amphibienfahrzeuge etwa 100 Meter tief landeinwärts vor, um einen Landekopf zu sichern. In 12 Minuten waren 1200 Mann gelandet, die sich zum Vorgehen bereitstellten. Obwohl die Verteidiger mit leichten Infanterie- und Handfeuerwaffen vereinzelt Widerstand leisteten, erlitten die angreifenden Bataillone keinen einzigen Verlust. Die Perfektion dieses Angriffs war einmalig.

Am 1. Februar abends befanden sich Heeresverbände in Stärke von 11000 Mann auf Kwajalein. Im Vergleich mit dem Vormarschtempo der Marineinfanteristen auf Roi und Namur kamen sie aber nur schlecht voran. Vermutlich waren dafür drei Gründe maßgebend: 1. sie mußten den Widerstand einer stärkeren Besatzung brechen, 2. sie mußten, da sie am Westrand von Kwajalein gelandet waren, sich durch die Insel in ihrer ganzen Länge hindurchkämpfen, wobei ihr Vorrücken in schmaler Front durch verhältnismäßig schwache japanische Kräfte aufgehalten werden konnte, und 3. sie fochten nach der veralteten, mehr auf eine statische Kriegführung zugeschnittenen Taktik des ersten Weltkrieges, Nach dreitägigem, charakteristisch bedachtsamen Vorgehen hinter einer Feuerwalze von Granaten und Fliegerbomben hatten die Angreifer die paar hundert überlebenden japanischen Soldaten in der Nordspitze der Insel zusammengedrängt und mit dem Ausräumen der noch vorhandenen Widerstandsnester begonnen. Am 4. Februar nachmittags war der letzte organisierte Widerstand gebrochen.

Die amerikanischen Verluste auf Kwajalein und seinen Nachbarinseln beliefen sich auf 177 Tote und 1000 Verwundete. Von der japanischen Besatzung, ursprünglich 1800 Mann Erdtruppen und etwa 3200 Mann sonstigen Personals, fielen alle Mann im Kampf mit Ausnahme von 125 gefangenen koreanischen Arbeitern und 49 japanischen Kriegsgefangenen. Während der vier Kampftage hatten Flottenstreitkräfte die Angreifer unterstützt. Von einigen unbedeutenden Treffern durch Küstenartillerie abgesehen, war kein Schiff beschädigt worden.

Admiral Spruance hatte seine 10000 Mann Korpsreserve nicht einsetzen müssen – er konnte deshalb ohne Verzug zum Angriff auf Eniwetok weiter vorstoßen. Er beabsichtigte, dort eine weitere Versorgungsbasis für den nächsten Sprung nach Westen einzurichten. Jedoch war Eniwetok, das größte Atoll der westlichen Marshall-Inseln, ein schwieriges Angriffsobjekt: es lag nicht allzu weit von den nächsten japanischen Stützpunkten entfernt: nur 1000 sm von den Marianen, weniger als 700 sm von Truk und kaum 600 sm von Ponape. Bei einer Operation gegen Eniwetok mußten diese japanischen Stützpunkte niedergehalten werden. Das war nicht leicht, und wäre vermutlich als zu riskant betrachtet worden, hätten nicht die amerikanischen Flugzeugträger ihre Aufgabe, jede japanische Hilfe für Kwajalein zu unterbinden, so glänzend gelöst. Im Vertrauen auf ihre Schlagkraft erteilte Admiral Nimitz den Angriffsbefehl und ließ die erforderlichen Vorbereitungen treffen.

Als das japanische Oberkommando zu der klaren Erkenntnis gelangt war, daß der Bismarck-Archipel sowie die Gilbert- und Marshall-Inseln nicht gehalten werden konnten, hatte Tokio den Rückzug auf einen engeren Verteidigungsgürtel befohlen. Dieser verlief nach Süden über die Marianen und Palau-Inseln nach West-Neuguinea. Die Besatzungen der Inseln östlich der neuen Verteidigungslinie erhielten Befehl, bis zum letzten Mann kämpfend das Vordringen der Amerikaner aufzuhalten und ihnen möglichst hohe Verluste zuzufügen, um Japan Zeit zu verschaffen, seine dezimierten Luftstreitkräfte zu regenerieren. Nach dem Fall von Kwajalein fühlte sich Admiral Koga in Truk so exponiert, daß er das Gros der Vereinigten Flotte in die Palau-Inseln zurückverlegte. In Truk beließ er nur zwei Leichte Kreuzer und acht Zerstörer zur Sicherung der restlichen Seestreitkräfte und der Transporter.

Mittlerweile wurde im japanischen Mutterland in größter Eile fliegerischer Ersatz ausgebildet. Sobald Besatzungen für Landflugzeuge hinreichend geübt waren, bis zu Stützpunkten des neuen inneren Verteidigungsgürtels oder zu vorgeschobenen Basen, wie z. B. Truk in den Karolinen, zu fliegen, mußten sie ihre Maschinen dorthin überführen. Auf diese Weise verstärkten die Japaner allmählich ihre Kräfte in der neuen Verteidigungslinie. Jeder Angreifer, der sich ihr näherte, sollte vernichtet werden. Mitte Februar 1944 befanden sich auf Truk 365 Flugzeuge; 200 weitere standen in Japan zum Abflug nach den Marianen bereit.

Das war die Ausgangslage vor dem Angriff auf Eniwetok, als Marc Mitscher mit der TF 58 aus Majuro und Harry Hill mit seiner Kampfgruppe aus Kwajalein ausliefen. Beide Verbände nahmen Kurs auf Eniwetok; aber während eine Untergruppe der Schnellen Flugzeugträgerkampfgruppe zur Unterstützung der Landung im Seegebiet von Eniwetok verblieb, liefen die drei übrigen nach Südwesten weiter mit Kurs auf Truk. Bomber der auf Tarawa stationierten 7. Luftflotte flogen 900 Meilen weit, um Ponape mit einer Serie wirkungsvoller Angriffe einzudecken.

Der von einem Korallenriff umgebene Archipel von Truk besitzt einen der vorzüglichsten Ankerplätze der Welt. Truk galt als uneinnehmbar und führte in der Zeit der japanischen Mandatsherrschaft Beinamen wie das »japanische Pearl Harbor« oder das »Gibraltar des Pazifiks«. Die TF 58 sollte diesen Ruhm zunichte machen; sie bewies, daß Flugzeugträger feindliche Stützpunkte ohne jede Hilfe von Landflugzeugen ausschalten konnten. Während Mitschers Trägerflugzeuge am 17. Februar Truk mehrfach angriffen, kreuzte Spruance mit den neuen 45 000-t-Schlachtschiffen *Iowa* und *New Jersey,* zwei Schweren Kreuzern und vier Zerstörern im Archipel, um Schiffe abzufangen, die vielleicht durch Rifflücken zu fliehen versuchten. Auf Ausreißer, denen es gelingen mochte, Mitschers Flugzeugen und Spruances Geschützen zu entkommen, hatte Nimitz außerdem zehn U-Boote angesetzt. In der Nacht vom 17./18. Februar bombardierten Trägerflugzeuge nach einem neuentwickelten Verfahren mit Hilfe von Radargeräten Schiffe in der Lagune von Truk. Bereits im Ablaufen begriffen, führten die Träger bei Tagesanbruch einen letzten Großangriff durch. Während ihrer zweitägigen Angriffe vernichteten sie 200 japanische Flugzeuge und beschädigten weitere 70. Sie versenkten 15 japanische Kriegsschiffe, darunter die beiden von Koga zurückgelassenen Kreuzer, und vier Zerstörer, außerdem 19 Frachtschiffe und fünf Tanker. Die Amerikaner verloren 25 Flugzeuge; der Flugzeugträger *Intrepid* wurde durch den Nachtangriff eines japanischen Torpedoflugzeuges schwer beschädigt. Es war dies der einzige Gegenangriff, zu dem Truk während der gesamten Operation fähig war.

Die »Unbesiegbarkeit« Truks hatte sich als Legende erwiesen. Tatsächlich hatte Japan seine Mittel in den 20 Mandatsjahren auf den Bau seiner Flotte verwandt und nicht, wie vielfach angenommen worden war, auf die Errichtung einer ozeanischen Maginot-Linie. Durch das Zerschlagen der japanischen Luftstreitkräfte auf Truk hatte die TF 58 sowohl Eniwetok isoliert als auch die Ausschaltung Rabauls vervollständigt. Am 18. Februar trafen die Flugzeuge von »Airsols« keine einzige japanische Maschine über dem Bismarck-Archipel an.

Nach dem erfolgreichen Schlag gegen Truk nahm Admiral Mitscher mit zwei Untergruppen der TF 58 Kurs auf die Marianen. Am 22. Februar nachmittags griffen japanische Flugzeuge an. Um die eigenen Jäger starten zu können, hätten die Träger in den Wind drehen müssen. Da sie keine Zeit verlieren wollten, verließen sich die Amerikaner auf ihre Flak-Abwehr. Wirklich lag das Feuer der radargesteuerten Flageschütze, die Granaten mit Annäherungszünder verschossen, so gut, daß kein Schiff getroffen wurde. Der Entschluß, mit größter Schnelligkeit vorzustoßen, machte sich bezahlt. Die Japaner wurden böse überrascht. Vizeadmiral Kakuji Kakuta, Befehlshaber der Fliegerverbände auf den Marianen, hatte gerade 150 frisch aus Japan überführte Torpedobomber übernommen. Die dazu gehörigen Jagdgeschwader waren noch nicht zur Stelle. Am 23. nach Sonnenaufgang schlugen die Träger der TF58 zu: sie vernichteten auf Guam, Tinian und Saipan die Bomber, bevor die Jäger heran waren. Ebenso wichtig wie dieser Erfolg waren die Luftbildaufnahmen amerikanischer Aufklärer von Flugplätzen und geeigneten Landestellen. Während Mitscher und Spruance diese weit von Eniwetok entfernten Stützpunkte in Schach hielten, eroberten die Streitkräfte Hills das Atoll. Sie wandten eine ähnliche Taktik wie bei Kwajalein an. War indessen beim Angriff auf Kwajalein das Stärkeverhältnis zwischen Angreifern und Verteidigern 6 : 1 gewesen, so betrug es bei Eniwetok nicht einmal 3 : 1. Das machte es erforderlich, die drei von japanischen Besatzungen verteidigten Inseln des Atolls einzeln zu nehmen. Die Landungstruppe bestand aus dem 22. Marineinfanterie-Regiment (eine detachierte Regimentskampfgruppe, Kern der späteren 6. Marineinfanterie-Division) und zwei Bataillonslandungsgruppen der 27. Infanterie-Division, von der Teile bereits auf Makin gekämpft hatten. Ursprünglich als Korps-Reserve abgeteilt, besaßen diese Verbände weder ausreichende Ausbildung in Landungsangriffen noch überhaupt Kampferfahrung. Das 22. Marineinfanterie-Regiment war immerhin im Laufe einer 18monatigen Verwendung als Besatzungstruppe in Samoa mit bestem Erfolg in der Taktik des Dschungelkrieges unterwiesen worden; die Heeresverbände dagegen gehörten zu der Division, die bereits beim Einsatz auf den Gilbert-Inseln durch Ausbildungsmängel aufgefallen war.

Unter diesen Umständen nimmt es nicht wunder, daß bei den Landungen auf den Eniwetok-Inseln ziemliche Verwirrung herrschte. Einmal aber an Land, gingen die Marineinfanteristen schnell und präzise wie alterfahrene Kämpfer vor: die Inseln Engebi und Parry überrannten sie in je einem Tag. Auf Eniwetok dagegen kamen die Verbände der 27. Infanterie-Division so langsam voran, daß eine der Marineinfanterie-Landungsgruppen auf die Insel geworfen werden mußte, um die Front vorwärtszureißen. Drei Tage lang wurde um Eniwetok gekämpft; zum Teil deshalb, weil die Angriffsgruppe – die zu spät entdeckte, daß die Insel von den Japanern verteidigt wurde – das vorbereitende Bombardement nicht intensiv genug durchgeführt hatte, zum Teil wegen der völlig disparaten Taktik der Heeres- und der Marineinfanterie. Einzelkämpfer beider Teilstreitkräfte gaben Beispiele großen Mutes und fester Entschlossenheit, aber die hervorragende Ausbildung des 22. Marineinfanterie-Regiments verlieh dieser Truppe eine innere Einheit und einen esprit de corps, die den Soldaten der 27. Infanterie-Division hier wie auf Makin fehlten.

Ausgehend von Roi–Namur und Kwajalein hatten die Amerikaner nunmehr den Feind aus allen Stellungen der Inselkette rund um die Lagune von Kwajalein geworfen. Nicht lange danach stießen sie auch zu den restlichen Marshall-Inseln vor und nahmen sie; übrig blieben die schwer befestigten und mit starken Besatzungen versehenen Inseln Wotje, Maloelap, Mili und Jaluit. Diese japanischen Stützpunkte wurden durch gelegentliche Luftangriffe in Schach gehalten. Von jeder Möglichkeit der Versorgung abgeschnitten – außer möglicherweise durch U-Boote – stellten sie, wenn auch im Rücken der Amerikaner liegend, keine ernstzunehmende Bedrohung mehr dar. Im Gegenteil – sie waren nützliche Übungs-Angriffsziele für frisch auf dem Kriegsschauplatz eintreffende Flugzeugbesatzungen.

Für ihre Leistungen bei der Eroberung der Marshall-Inseln und in Anbetracht ihrer zunehmenden Verantwortung in der immer noch anwachsenden Flotte wurden Mitscher, Holland Smith, Turner und Spruance zum nächsthöheren Dienstgrad befördert. In Admiral Mitscher hatte Nimitz einen Befehlshaber der Trägerstreitkräfte gefunden, der das Smith-Turner-Spruance-Team aufs glücklichste ergänzte. Marc Mitscher, ein leise sprechender, oft schweigsamer Mann, hatte kaum etwas gemeinsam mit der farbigen, eindrucksvollen Führerpersönlichkeit eines Smith oder Turner; er konnte auch nicht auf intellektuelle Fähigkeiten Anspruch erheben, wie sie Spruance auszeichneten; aber dreißig Jahre Dienst, in denen er seine ganze Kraft der Seefliegerei gewidmet hatte, befähigten ihn in einzigartiger Weise zur Führung der schwimmenden Flugzeugstützpunkte der US-Marine im zweiten Weltkrieg.

Kapitel 41

Der Doppelstoß nach den Philippinen

Von F. Forstmeier übersetztes Kapitel IV der amerikanischen Taschenbuchausgabe, das auf dem von E. B. Potter verfaßten Kapitel 40 der US-Originalausgabe beruht.

Im März 1944 bestätigten die »Joint Chiefs of Staff« den Plan einer Doppel-Offensive im Pazifik und legten die Einzelziele für jeden Offensivstoß fest. Die Streitkräfte MacArthurs im Südwestpazifik sollten an der Nordküste Neuguineas weiter nach Nordwesten vorstoßen und Mitte November auf der südphilippinischen Insel Mindanao landen. Die Streitkräfte von Admiral Nimitz im Zentralpazifik erhielten den Auftrag, ab Mitte Juni gegen die Marianen vorzugehen und die Inseln Saipan, Tinian und Guam zu erobern. Anschließend, ab Mitte September, sollten sie japanische Stützpunkte im Bereich der Palauinseln nehmen und endlich im November den Angriff MacArthurs auf Mindanao unterstützen und sichern. Auf den Philippinen sollten sich beide Offensivstöße vereinigen.

Die amerikanische Führung erhoffte sich besonders von den Operationen gegen die Marianen wichtige Ergebnisse für den weiteren Kriegsverlauf. Waren erst einige Inseln dieser Gruppe in amerikanischer Hand, so war die Haupt-Luftversorgungslinie vom japanischen Mutterland zu den Karolinen und Neuguinea durchschnitten. Außerdem würden die neugewonnenen Stützpunkte es ermöglichen, den Handelskrieg mit U-Booten auf den Schiffahrtswegen zwischen Japan und Niederländisch-Indien zu intensivieren. Schließlich sollten auf den Inseln Flugplätze angelegt werden, von wo aus die neuen Heeres-Fernkampfbomber vom Typ *B 29-Superfortress* Japan in direktem Flug angreifen konnten. Angriffsoperationen in so bedrohlicher Nähe des japanischen Mutterlandes würden höchstwahrscheinlich die japanische Flotte zwingen, sich zum Kampf zu stellen, und Gelegenheit geben, sie zu vernichten. Möglicherweise war sie bereits eliminiert, bevor MacArthur auf Mindanao landete. Während das zentralpazifische Oberkommando die Unternehmung gegen die Marianen ausarbeitete, führten die Streitkräfte MacArthurs ihre Operationen in den Admiralitätsinseln zu Ende und bereiteten den nächsten Sprung nach Westen vor: Angriffsziel war Hollandia an der Nordküste von Neuguinea. MacArthur wollte mit diesem Vorstoß den japanischen Stützpunkt Wewak umgehen, wo sich die japanische 18. Armee in Stärke von 20000 Mann und die Überlebenden des Rückzugs auf der Halbinsel Huon befanden. Jedoch konnte der 400 sm weite Sprung der 7. Amphibischen Kampfgruppe (»Seventh Amphibious Force«) nach Hollandia nicht auf der ganzen Länge durch landgestützte Flugzeuge gesichert werden; außerdem besaßen die Japaner die Möglichkeit, von West-Neuguinea und den Karolinen aus die Kampfgruppe anzugreifen. Um diese Gefahr auszuschalten, erhielten die Trägergruppen der 5. US-Flotte den Auftrag, die Karolinen durch Raids niederzuhalten, den Vorstoß nach Hollandia zu unterstützen und die Landungsschiffe der 7. Flotte zu sichern.

Die »Task Force 58« hilft MacArthur

Ende März 1944 liefen drei Gruppen der TF 58 aus Majuro aus. Sie nahmen Kurs auf die westlichen Karolinen, um – wie im Vormonat Truk – nunmehr dem neuen Stützpunkt der japanischen Vereinigten Flotte in den Palauinseln schwere Schläge zu versetzen. Die Entdeckung des Trägerverbandes durch Aufklärer spornte die Japaner zu höchster Aktivität an. Bei seinem Zurückweichen auf die Linie Marianen – Palauinseln – West-Neuguinea hatte Admiral Koga erklärt, dies werde sein letzter Rückzug sein; die neue Linie werde um jeden Preis gehalten werden. In der Annahme, die Amerikaner stünden im Begriff, die neue Verteidigungslinie anzugreifen, zog Koga alle nur verfügbaren Luftstreitkräfte einschließlich der Trägerflugzeuge zusammen. Der Schlachtflotte gab er Befehl, auszulaufen und im Seegebiet nordwestlich der Paulauinseln auf Verstärkungen und den Einsatzbefehl zu warten. Anschließend startete er mit seinem Stab in drei Flugzeugen zum Flug nach Davao auf Mindanao, wohin er sein Hauptquartier verlegen wollte. Unterwegs gerieten die Maschinen in eine Schlechtwetterfront. Zwei stürzten ab, darunter das Flugzeug von Koga. Die Vereinigte Flotte hatte erneut ihren Flottenchef verloren.

Die hektischen Vorbereitungen der Japaner erwiesen sich als nutzlos. Ende März und Anfang April schlug die TF 58 auf den Palauinseln zu. Die Masse der sich zum Kampf stellenden japanischen Flugzeuge wurde vernichtet und fast alle Schiffe, die in Palau geblieben waren, versenkt. Bevor noch die Vereinigte Flotte zu einem Gegenangriff versammelt war, hatte die TF 58 auch gegen die benachbarten Inseln Yap und Woleai Raids durchgeführt und befand sich bereits auf dem Rückmarsch nach den Marschall-Inseln. Die westlichen Karolinen waren damit vorläufig ausgeschaltet und die rechte Flanke Mac Arthurs vor Überraschungen gesichert.

Mitte April stachen die Schnellen Trägergruppen und ihre Sicherungsverbände wieder in See, um nunmehr den Sprung nach Hollandia zu unterstützen. Später, auf dem Rückmarsch, griffen die Träger noch einmal Truk an und setzten

dem Stützpunkt so schwer zu, daß ihn von da an die auf Eniwetok und den Admiralitätsinseln stationierten amerikanischen Bomber ohne Mühe niederhalten konnten. Vor der Rückkehr detachierte die TF 58 Kreuzer zur Beschießung von Satawan in den mittleren Karolinen; die in Linie formierten Schlachtschiffe von Vizeadmiral Willis A. Lee beschossen Ponape in den östlichen Karolinen.
Während dieser beiden Vorstöße in feindliches Gebiet wurde kein einziges amerikanisches Schiff beschädigt – ein Zeichen der nachlassenden Kraft der japanischen Luftstreitkräfte und zugleich der zunehmenden Wirksamkeit der amerikanischen Luftabwehr.

Nach Hollandia und weiter nach Westen

Die Landung bei Hollandia (einschließlich der Nebenlandung in dem südöstlich davon gelegenen Aitape) war das bis dahin größte amphibische Unternehmen im südwestpazifischen Kommandobereich. 84 000 Mann waren für die Operation bereitgestellt: 52 000 sollten unmittelbar landen. 113 nächst geschlossen in Richtung der Palauinseln; erst am Spätnachmittag des 21. April teilte sich der Verband, und jede Angriffsgruppe nahm Kurs auf das ihr zugewiesene Ziel. Die »Angriffsgruppe Ost« stieß mit den Geleitträgern nach Aitape, 125 sm südöstlich von Hollandia, vor und setzte ein Regiment Heeresinfanterie ab. Die schwache japanische Besatzung floh nach kaum nennenswertem Widerstand in den Dschungel. Pionierbataillone richteten eilends einen Luftversorgungsstützpunkt ein, und Kampftruppen sperrten die Küstenstraße zwischen Wewak und Hollandia, um die japanische 18. Armee am Eingreifen zu hindern. Zur Erfüllung dieser Aufgabe wurden die gelandeten Verbände auf Korpsstärke aufgefüllt – gerade noch rechtzeitig, denn kurz danach stießen die Japaner von Wewak aus zum Angriff vor. Im Dschungel spielten sich heftige Kämpfe ab, amerikanische Vorpostenboote und Luftstreitkräfte hinderten die Japaner an der Benutzung der Küstenstraße und unterbanden jeglichen Nachschub über See. Mit Hilfe australischer Artillerie-Beobachtungsflieger hielten Kreuzer und Zerstörer der 7. Flotte gleichzeitig die im Landesinnern verlaufende

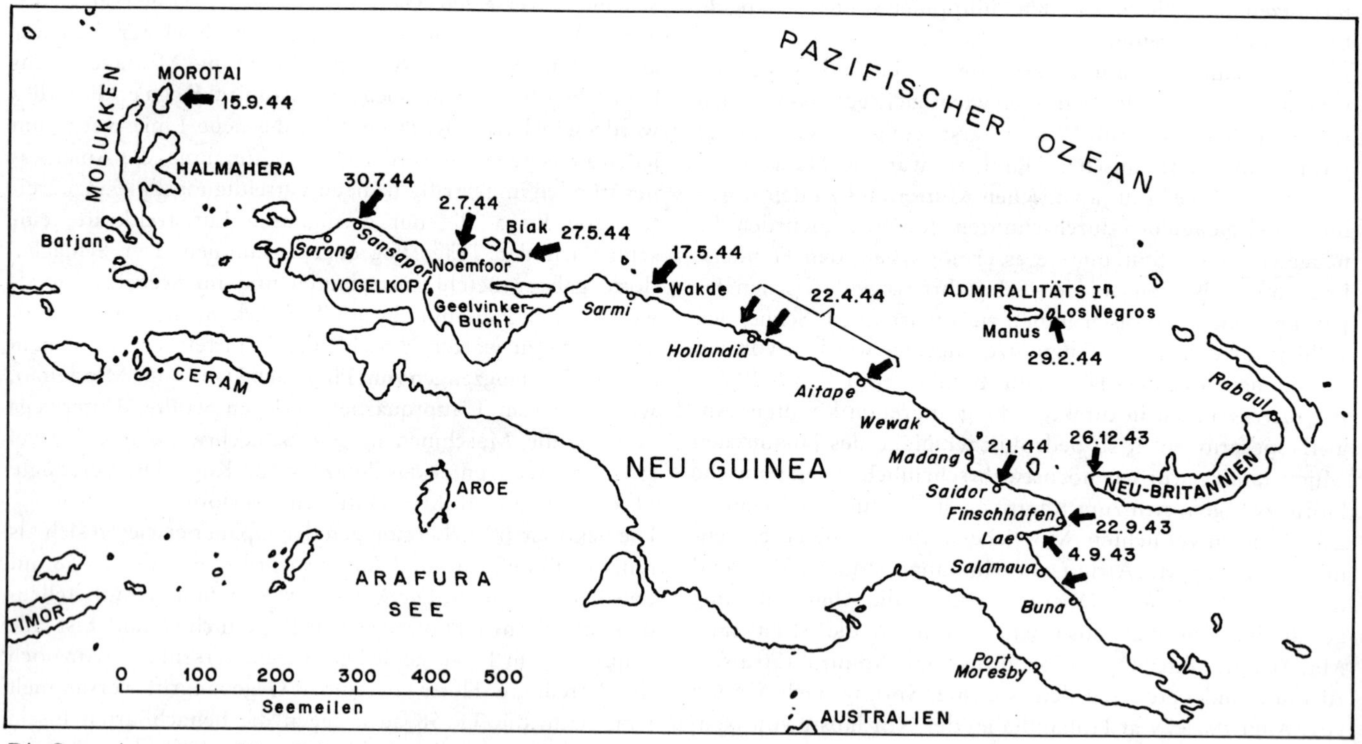

Die Operationen gegen Neu-Guinea 1943 - 1944

Schiffe brachten die Truppen an die drei ausgewählten Landestellen heran; die vereinte Schlagkraft der 5. und der 7. US-Flotten unterstützte die Landung.
Die von Admiral Barbey geführte 7. Amphibische Kampfgruppe gliederte sich in drei Angriffsgruppen. Von acht Geleitträgern der 5. Flotte gesichert, lief sie nachts aus Manus aus und marschierte, um die Japaner zu täuschen, zu-

japanische Nachschubstraße unter Beschuß. Da so weder Verpflegung noch Munition herankamen, brach der japanische Gegenangriff unter schweren Verlusten zusammen. Aber die amerikanischen (später australischen) Besatzungstruppen hatten noch bis Kriegsende vollauf damit zu tun, die Reste der 18. Armee aufzureiben. Die amerikanischen Verluste betrugen 4600 Mann, darunter 900 Gefallene.

Gleichzeitig mit dem Angriff auf Aitape landeten die »Angriffsgruppe Mitte« und die »Angriffsgruppe West« unter Admiral Barbey zwei amerikanische Infanterie-Divisionen mit 20 Meilen Abstand im Raum von Hollandia. Dank einer Reihe schwerer Luftangriffe der von General Kenney befehligten 5. Luftflotte, durch die in Hollandia fast 500 Flugzeuge vernichtet wurden, sowie der starken Unterstützung durch Beschießungsverbände der TF 58 und der 7. Flotte trafen die Landungstruppen praktisch auf keinen Widerstand. Ihr erstes Angriffsziel waren drei japanische Flugplätze südlich des an der Küste verlaufenden Cyclopgebirges. Die angreifenden Divisionen umgingen den Gebirgsstock an den Flanken und stießen aus Ost und West vor. Am 26. vereinigten sich die beiden Zangenarme, die Flugplätze wurden durch doppelten Umfassungsangriff genommen. Von den 11 000 Mann japanischer Truppen in diesem Raum gerieten 650 in Gefangenschaft. Die Masse floh in den Dschungel, wo bis auf etwa 1000 Mann, die sich bis zum nächsten japanischen Stützpunkt (Sarmi, 145 Meilen nordwestlich) durchschlagen konnten, alle durch Hunger oder Krankheit umkamen. Die Amerikaner verloren 1200 Mann, darunter 160 Gefallene.

Zug um Zug eroberte so General MacArthur Flugplätze, um sie für seinen Offensivplan nutzbar zu machen. Er wollte seine Bomber- und Begleitjägerstützpunkte soweit an Mindanao heranschieben, daß er die Landung im Schutz seiner Luftstreitkräfte durchführen konnte. Im Bestreben, den Angriffsschwung nicht erlahmen zu lassen, erteilte er den nächsten Angriffsbefehl schon fünf Tage nach der Landung bei Hollandia. Neues Ziel war die Insel Wakde, 130 sm nordwestlich von Hollandia vor der Küste von Neuguinea. Der Angriffsplan sah auch die Besetzung der Gegenküste von Wakde vor, einmal um Stellungen zur Artillerieunterstützung zu gewinnen, zum anderen, um eine spätere Beschießung Wakdes durch japanische Artillerie unmöglich zu machen. Beide Operationen, Mitte Mai von MacArthurs gut zusammenarbeitender Kampfgruppe aus Heeres-, Marine- und Luftwaffenverbänden erfolgreich durchgeführt, ließen den Unterschied zwischen dem Angriff auf eine Küste und jenem auf eine kleine Insel deutlich hervortreten. Bei der Landung an der Küste Neuguineas trafen die Angreifer nur auf geringen Widerstand; aber danach mußten sie ihre Stellungen mehrere Monate lang gegen wiederholte japanische Gegenangriffe halten, bei denen 400 Amerikaner fielen. Beim Angriff auf Wakde dagegen mußten sie sich den Weg zum Landestrand hart erkämpfen, nach zwei Tagen aber war die Insel völlig in ihrem Besitz und die 800 Mann starke japanische Besatzung um den Preis von 40 eigenen Gefallenen vernichtet.

Schon eine Woche nach der Einnahme von Wakde hatten Baupioniere den Flugplatz ausreichend erweitert, so daß schwere Bomber starten und landen konnten – gerade rechtzeitig, um den nächsten Sprung nach Westen zu unterstützen: nach Biak am Eingang der Geelvink-Bucht, 190 sm nordwestlich von Wakde. Hier hätte MacArthur infolge falscher Einschätzung der feindlichen Stärke und Absichten beinahe einen schweren Rückschlag erlitten. Man hielt Biak nur für schwach besetzt und nahm an, daß die 12 000 Mann Sturmtruppen, die am 27. Mai landeten, die Insel in kurzer Frist erobern würden. Tatsächlich aber befanden sich auf Biak 11 000 Japaner, davon ein Drittel Kampftruppen. Verhängnisvoller jedoch als die nicht erwartete Truppenstärke war die unvorhersehbare Reaktion des japanischen Oberkommandos auf den amerikanischen Angriff.

Anfang Mai war Admiral Soemu Toyoda an die Spitze der Vereinigten Flotte getreten. Der japanische Admiralstab hatte ihm die Weisung erteilt, sich nicht die passive Haltung seines Vorgängers, Admiral Koga, zum Vorbild zu nehmen, sondern eine Entscheidung zur See zu suchen. Toyoda arbeitete unverzüglich einen Angriffsplan aus: die Operation A-GO. Die Vereinigte Flotte sollte im Gebiet der westlichen Karolinen eingesetzt werden, in der Annahme, daß die Alliierten nur in einer Hauptrichtung, nämlich über Neuguinea, vorstoßen würden und daß es Aufgabe der TF 58 sei, weiterhin unmittelbar MacArthur zu unterstützen. Dementsprechend beorderte er seine kampfkräftigsten Einheiten nach dem zwischen den Philippinen und Borneo gelegenen Stützpunkt Tawitawi. Der aus diesen Schiffen gebildete Verband, dessen Kern, offensichtlich nach dem Vorbild der TF 58, Flugzeugträger waren, erhielt die Bezeichnung »Erste Mobile Flotte«. Ihr Führer war Japans bester Marineflieger, Vizeadmiral Jisaburo Ozawa. Da für die A-GO-Operation die Hilfe landgestützter Flugzeuge benötigt wurde, um die Unterlegenheit der »Mobilen Flotte auszugleichen, gewann Biak in den Augen des Kaiserlichen Hauptquartiers besondere Bedeutung. Wer Biak besaß, konnte durch von dort aus eingesetzte Bomber die Schlagkraft seiner Seestreitkräfte in dem von den Japanern für die Entscheidungsschlacht vorgesehenen Gebiet wesentlich verstärken. Im Hinblick auf ein Gelingen des A-GO-Planes war es daher äußerst wichtig, daß Biak in japanischer Hand blieb. Durch die Landung MacArthurs auf Biak sahen sich die Japaner daher zu sofortigem, entschlossenen Handeln gezwungen.

In größter Eile überführten sie Flugzeuge aus Japan, den Marianen und Karolinen nach Neu-Guinea und Halmahera und entblößten so ihre Stützpunkte im Zentralpazifik von wesentlichen Teilen ihrer Luftmacht. Die Flak der 7. US-Flotte konnte größere Erfolge der neu eingetroffenen japanischen Flugzeuge auf und bei Biak verhindern, doch wurde die Luftverteidigung der Insel dadurch erheblich geschwächt, daß es den Japanern gelang, mehr als 60 auf Wakde abgestellte alliierte Flugzeuge zu zerstören oder zu beschädigen. Vielleicht hätten die Japaner noch größere Erfolg erzielt, wären nicht die aus klimatisch gesünderen nördlichen Breiten stammenden japanischen Flieger schnell der Malaria und dem Dschungelfieber erlegen. Und jene, die es nicht dahinraffte, waren im entscheidenden Monat Juni nicht einsatzfähig.

Die japanischen Luftangriffe waren jedoch nur ein Vorspiel. Ozawa schickte von Tawitawi einige Einheiten mit Verstärkungen nach Biak, ähnlich wie seinerzeit beim Einsatz des »Tokio-Expreß« in den Salomonen. Die erste Verstärkungsgruppe kehrte vorsichtigerweise um, als sie feststellte, daß sie von einem U-Boot und Aufklärern von Wakde erkannt worden war. Eine zweite Verstärkungsgruppe wurde von einem gemischten Kreuzer/Zerstörer-Verband der 7. US-Flotte aus dem Seegebiet von Biak vertrieben. Um einem dritten Versuch, Verstärkungen auf der Insel zu landen, den nötigen Rückhalt zu geben, und in der Hoffnung, die TF 58 in das von den Japanern als günstig betrachtete Kampfgebiet zu locken, ließ Ozawa seine Großkampfschiffe *Yamato* und *Musashi* sowie mehrere Kreuzer und Zerstörer unter Führung von Vizeadmiral Matome Ugaki in See gehen. Dieser starke Verband sammelte am 11. Juni bei Batjan in den Molukken, unmittelbar westlich von Neuguinea, zu einem schnellen Vorstoß nach Biak.

Aber noch am gleichen Tage wechselte abrupt das Bild der operativen Lage, wie es sich den Japanern bisher geboten hatte. Denn gerade jetzt griff 1000 sm weiter nordöstlich die 5. US-Flotte zur Vorbereitung des Angriffs auf die Insel Saipan die Marianen an. Toyoda hob sofort den Befehl für das Unternehmen gegen Biak auf und setzte eine abgeänderte Form des A-GO-Planes in Kraft. Ozawa lief aus Tawitawi zur Schlacht aus, Ukagi beließ seine Truppentransporter in Batjan und eilte nach Nordosten, um sich mit dem Gros der Mobilen Flotte östlich der Philippinen zu vereinigen.

Ozawas Niederlage in der großen See- und Luftschlacht in der Philippinensee (am 19./20. Juni 1944) verschaffte MacArthur Luft. Ohne weitere japanische Gegenwirkung konnte er an die Eroberung Biaks gehen, das nach zweimonatigen harten Kämpfen fiel. Der Kampf kostete die Amerikaner 474 Gefallene, 2000 Verwundete und mehrere Tausend durch Krankheit dienstunfähig gewordene Soldaten. Bis allerdings der letzte Feindwiderstand auf Biak gebrochen war, befand sich die Insel schon weit hinter der Front der amerikanischen Offensive im Südwestpazifik. Anfang Juni war eine Regimentskampfgruppe auf Noemfoor, 50 sm westlich von Biak, gelandet. Die der Landung vorausgehende Beschießung erwies sich von so überwältigender Wirkung, daß die überlebenden Japaner zu betäubt waren, um organisierten Widerstand zu leisten. Ende Juli gingen südwestpazifische Streitkräfte bei Kap Sansapor, am Westzipfel von Neuguinea, an Land. Die landenden Truppen trafen auf keinen Widerstand. Später konnten sie ein paar hundert Japaner abfangen, die versucht hatten, sich nach Westen durchzuschlagen, in der Hoffnung, von ihren Landsleuten abgeholt zu werden. Wenig mehr als drei Monate hatten die Truppen MacArthurs benötigt, um von Hollandia nach Kap Sansapor – 550 sm – vorzustoßen. Auf dem Vormarsch hatten sie fünf feindliche Flugstützpunkte erobert. Von seinem Endziel Mindanao, 500 sm weiter westlich, trennten MacArthur nur noch die Molukken und die Talaud-Inseln.

Wenden wir nun den Blick zurück, um die andere Hälfte des Doppelangriffs auf die Philippinen zu verfolgen, die Offensive im Zentralpazifik.

Der Vorstoß über den Zentralpazifik

Im Juni 1944 wurde die Welt Zeuge der größten militärischen Kraftentfaltung der Geschichte. Fast gleichzeitig brachen im Pazifik amerikanische Streitkräfte in den japanischen, in Europa in der Masse ebenfalls amerikanische Streitkräfte in den deutschen inneren Verteidigungsring ein. Rein quantitativ gesehen, unter Einschluß der nachgeführten Kräfte, ist die Invasion über den Kanal ohne historische Parallele; jedoch war der neun Tage später gegen Saipan ausgelöste Angriff in seinem Aufbau nicht weniger komplex: eine gewaltige Streitmacht mußte von Pearl Harbor aus 3000 sm über See an das Angriffsziel herangetragen werden. Von Eniwetok aus, dem westlichsten amerikanischen Ankerplatz im Zentralpazifik, betrug die Entfernung immer noch 1000 sm. Dazu kam, daß der Sprung nach der Normandie zwei Jahre lang sorgfältig geplant und vorbereitet worden war, während Spruance, Turner und Holland Smith die Operation gegen die Marianen in drei Monaten vorbereiten mußten.

Am 6. Juni lief die TF 58 mit Admiral Spruance auf der *Indianapolis* und Vizeadmiral Mitscher auf der *Lexington*

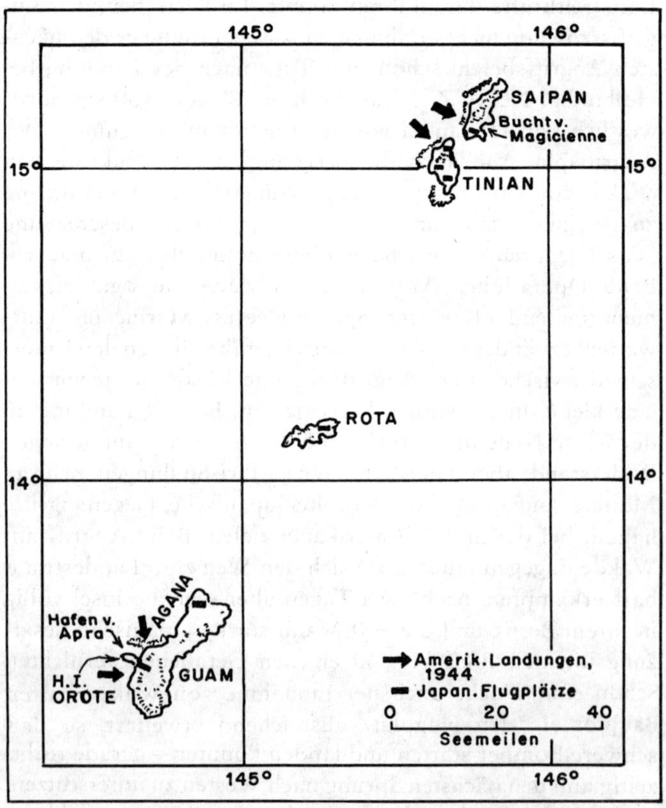

aus Majuro in den Marshallinseln aus: Kurs Nordwest. In größerem Abstand folgten die amphibischen Verbände: 535 Schiffe mit 127 000 Mann, davon zwei Drittel Marineinfanterie. Heeresflugzeuge von Stützpunkten auf den Marshall-Inseln und im südwestpazifischen Bereich führten während des Vormarsches der 5. Flotte Ablenkungsangriffe gegen japanische Basen in den Karolinen und fügten den feindlichen Luftstreitkräften weitere Verluste zu. Am 11. Juni, als die TF 58 einen Punkt 200 sm westlich von Guam erreicht hatte, setzte Mitscher seine Trägerflugzeuge gegen die südlichen Marianen an. Die japanischen Flugzeugverluste waren hoch, die Abwehr schwach, nicht zuletzt deshalb, weil ein beträchtlicher Teil der Luftstreitkräfte – wie bereits geschildert – zur Verteidigung von Biak abgezogen worden war.
Am 13. Juni detachierte Mitscher seine sieben Schlachtschiffe unter Führung von Vizeadmiral Lee zur Beschießung von Saipan und dem benachbarten Tinian. Am 14. entsandte er Konteradmiral Joseph J. Clark mit zwei Trägergruppen nach Norden mit dem Auftrag, Flugplätze auf Iwo Jima und Chichi Jima zu bombardieren, um die Luftverbindung mit Japan zu unterbrechen und so die Marianen völlig zu isolieren. Die beiden restlichen Trägergruppen der TF 58 gingen an der Westseite der Marianen auf Position, um den Angriff auf Saipan unmittelbar zu unterstützen.

Der Angriff auf Saipan

Verteidiger und Verteidigungsstellungen der gebirgigen, 14 Meilen langen Insel konnten nicht allein durch Bombardement und Beschießung bezwungen werden wie die flachen Eilande des Atolls Kwajalein. Und doch mußte die 32 000 Mann starke Besatzung Saipans schnell niedergekämpft werden, denn auf einen Angriff in so bedrohlicher Nähe Japans würde die japanische Führung vermutlich heftig reagieren. Die amerikanische Planung sah vor, einen breiten und tiefen Landekopf zu errichten, von dem aus die Angreifer den Hauptflugplatz nehmen und quer durch die Insel zur Ostküste vorstoßen sollten.
Am 14. Juni lösten die alten Schlachtschiffe und andere Beschießungseinheiten die Schlachtschiffgruppe Lee ab und begannen mit der planmäßigen Beschießung Saipans. Kampfschwimmer und Unterwassersprengkommandos erkundeten an der relativ seichten Südwestküste die Anlaufwege zum Strand und sprengten Durchgänge ins Korallenriff. In den Morgenstunden des 15. Juni trafen Truppentransporter und LSTs mit den 2. und 4. Marineinfanterie-Divisionen vor Saipan ein.
Nach einer letzten, zweistündigen Beschießung mit Schiffsartillerie, die nur durch einen 30minütigen Luftangriff unterbrochen wurde, stürmten acht in Amtracks verladene Bataillone Marineinfanterie auf einer vier sm breiten Front gegen die Küste vor. LCI-Artillerieboote führten die erste Landungswelle an, bei der sich außerdem gepanzerte Amphibienfahrzeuge befanden. Schlachtschiffe, Kreuzer und Zerstörer, die mit ihrem Feuer die feindlichen Stellungen eindeckten, standen so nahe unter der Küste, daß die Landungsboote, als sie auf den Strand zupreschten, zwischen ihnen hindurch laufen mußten.
In den ersten 20 Minuten erreichten 8000 Mann den Strand. Jedoch zeigte sich jetzt, daß Bombardement und Beschießung für eine so stark verteidigte Insel zu kurz gewesen waren. Vor allem war das Feuer zu allgemein verteilt gewesen; eine spezifische und intensive Beschießung des Landeraums war versäumt worden. In Stellungen hinter dem Strand und an den Flanken des Landekopfes waren noch zahlreiche Granatwerfer- und MG-Nester des Verteidigers intakt, die an seinen gut angelegten Artilleriestellungen in den Hügeln einen Rückhalt hatten. Bei einbrechender Nacht war das gesteckte Tagesziel nur zur Hälfte erreicht. 10 % der im Laufe des Tages insgesamt gelandeten 20 000 Mann waren gefallen oder verwundet.
Am nächsten Morgen erhielt Admiral Spruance durch U-Boote Meldung vom Anmarsch eines japanischen Flottenverbandes. Dies bewog ihn, die beabsichtigte Landung auf Guam zu verschieben. Um den Angriff auf Saipan zu verstärken, landete Admiral Turner seine Reserve (die 27. Infanterie-Division) und wies der ursprünglich für Guam bestimmten Angriffsgruppe eine Wartestellung für den Fall zu, daß noch mehr Truppen auf Saipan benötigt würden. Am 17. Juni hatten die Angriffstruppen, von zahlreichen Panzern und Artillerie unterstützt, den heftigen Widerstand der japanischen Besatzung gebrochen und stießen zügig vor. Am 18. erreichte die 4. Marineinfanterie-Division die Ostküste, die 27. (Heeres-)Infanterie-Division eroberte den Hauptflugplatz. Am 19., als weiter im Westen die Schlacht in der Philippinensee begann, schwenkten die beiden Marineinfanterie-Divisionen zum Stoß nach dem Norden der Insel ein.

Spruance deckt den Landekopf

Die Lage der 5. US-Flotte glich am 14. Juni zwar nur oberflächlich, aber doch beunruhigend genug jener der japanischen Vereinigten Flotte zwei Jahre zuvor, als diese nach Midway vorgestoßen war – mit einem für sie vernichtenden Ergebnis. Die für Saipan bestimmte amerikanische Angriffsgruppe befand sich gerade auf dem Anmarsch. Die Schwimmende Reserve und die für Guam vorgesehene Angriffsgruppe standen östlich der Marianen und warteten das Ergebnis der Landung auf Saipan ab. Eine Hälfte der TF 58 mit dem Flaggschiff Mitschers stand im Begriff, die ihr zugewiesene Sicherungsposition westlich von Saipan einzunehmen, die andere Hälfte, unter Clark, war auf dem Weg nach Norden zum Angriff auf die 500 sm entfernten japanischen Stützpunkte Iwo Jima und Chichi Jima. Die Parallele zu Midway wäre vollkommen gewesen, hätten die Japaner in – vorher erlangter – Kenntnis der amerikanischen Absichten ihre gesamte Trägerflotte vor Ankunft der Amerikaner unentdeckt versammelt gehabt. Während die 5. Flotte zur Erledi-

gung ihrer Teilaufgaben aufgesplittert war, wäre es bei einer solchen Lage den japanischen Trägern vermutlich möglich gewesen, gegen die beiden Trägergruppen der TF 58 westlich von Saipan einen Schlag zu führen, bevor die anderen Verbände der 5. Flotte hätten zu Hilfe eilen können. Vielleicht hätten dann die Japaner die beiden Gruppen genauso vernichtend treffen können wie die Amerikaner den Verband Nagumos am 4. Juni 1942.
Aber die Technik des Nachrichtenwesens war im Juni 1944 noch nicht so weit entwickelt, als daß sich dies hätte ereignen können. Der amerikanische Angriff auf die Marianen kam für die Japaner wie ein Blitz aus heiterem Himmel, und Spruance wußte sehr wohl, wo sich die japanische Flotte aufhielt – zum mindesten bis zum 15. Juni. Amerikanische U-Boote standen auf der Höhe von Tawitawi sowie in der Philippinensee und beobachteten scharf jede Bewegung der »Mobilen Flotte« auf den Zufahrtswegen nach Saipan. Das U-Boot *Redfin* meldete Ozawas Auslaufen aus Tawitawi am 13. – Guerilla-Küstenstationen unterrichteten Spruance laufend über die Position der japanischen Hauptmacht auf ihrer Fahrt durch die Philippinen. Am 15. meldete das U-Boot *Flying Fish* ihr Auslaufen aus der Straße von San Bernardino. Jetzt war sich Spruance darüber im klaren, daß es zur Schlacht kommen würde. Nach überschlägiger Berechnung der japanischen Marschgeschwindigkeit verschob er die Landung auf Guam, überstellte acht Kreuzer und 21 Zerstörer der Saipan-Angriffsgruppe zur TF 58 und wies den alten Schlachtschiffen Admiral Turners Positionen 25 sm westlich von Saipan an mit dem Auftrag, den Landekopf abzuschirmen. Clark erhielt Befehl, seine Angriffe am 16. zu beenden und mit seinen beiden Trägergruppen nach Süden zurückzumarschieren, um sich mit den beiden restlichen Gruppen der TF 58 zu vereinigen. Dann lief Spruance auf der *Indianapolis*, die vor Saipan stand, zurück in das Gebiet westlich der Marianen, um seinen Platz in der Trägerkampfgruppe wieder einzunehmen. Obwohl er nicht die taktische Führung der TF 58 selbst übernahm, ließ er Mitscher wissen, daß er »notwendigenfalls allgemeine Weisungen erlassen« werde. Von Mitschers Absichten wollte er jeweils im voraus unterrichtet werden.
Eine Stunde nach der Meldung von *Flying Fish* am 15. Juni sichtete das U-Boot *Seahorse* den Schlachtschiff- und Kreuzerverband Ukagis auf nordöstlichem Kurs in der Philippinensee. Die Meldungen der U-Boote ließen erkennen, daß die japanische Flotte mindestens in zwei, in weitem Abstand voneinander befindlichen Verbänden vorrückte. Da die Vereinigung der Flottenteile Ozawas und Ukagis am 16. nicht beobachtet wurde, blieb Spruance im Ungewissen darüber, ob der Feind seine Kräfte massiert einsetzen oder wieder die etwas problematische Taktik der Kräfteaufteilung anwenden würde, wie sie für die Mehrzahl seiner bisherigen Operationen charakteristisch gewesen war. Zwei Fühlunghaltermeldungen des U-Bootes *Cavalla* am 17. zeigten an, daß die Japaner immer noch Kurs auf die Marianen hielten. Aber da *Cavalla* nur einen Teil der »Mobilen Flotte« gesichtet hatte, argwöhnte Spruance weiterhin, daß nicht *alle* japanischen Kräfte erfaßt worden seien.
Am 18. Juni mittags stießen die beiden von Clark befehligten Trägergruppen wieder zur TF 58. Nunmehr detachierte Mitscher seine sieben schnellen Schlachtschiffe, vier Schwere Kreuzer und 14 Zerstörer, um daraus einen Schlachtschiffverband unter Führung von Admiral Lee zu formieren, den er anwies, bei günstiger Gelegenheit eine Seeschlacht gegen die japanische Flotte zu schlagen. Die so gebildeten fünf Kampfgruppen, jede in kreisförmiger Aufstellung, zogen sich auf den für Angriff und Abwehr günstigsten Abstand – 12 bis 15 sm zwischen jeder Gruppe – auseinander. Während der Zeit dieses angespannten Wartens bezog Mitscher in Übereinstimmung mit den Weisungen von Admiral Spruance eine Position in der Nähe der Marianen zur Sicherung des Landekopfes auf Saipan, indem er tagsüber nach Westen vorrückte und sich nachts wieder nach Osten zurückzog, um zu verhindern, daß ein feindlicher Verband ihn westlich der Inseln unbemerkt in der Dunkelheit passieren konnte. Am 18. steuerte die TF 58 ihren routinemäßigen westlichen Kurs in Richtung auf die zuletzt gemeldete Feindposition; Suchflugzeuge[1] klärten voraus auf, sichteten jedoch keinen Feind. Bis zum Einbruch der Nacht erhielt Mitscher keine weiteren Meldungen über die Bewegungen der japanischen Flotte. Er befahl daher der TF 58, die um diese Zeit 270 sm westsüdwestlich von Saipan stand, auf Gegenkurs zu gehen. Zwei Stunden später gab die Funkpeilstelle Pearl Harbor Meldungen durch, wonach die »Mobile Flotte« 355 sm westsüdwestlich von ihm stand.
Die Lage war nicht nach Mitschers Geschmack. Er wußte, daß die Trägerflugzeuge Ozawas die größere Reichweite hatten. Unbelastet von schwerer Panzerung und selbstabdichtenden Kraftstoffbehältern konnten sie auf über 300 sm Entfernung eingesetzt werden; die amerikanischen Flugzeuge dagegen besaßen nur eine Reichweite von höchstens 200 sm. Mitscher wollte die »Mobile Flotte« in der Frühe des nächsten Tages angreifen. Falls die Funkpeilmeldungen stimmten, konnte er nur dann auf Einsatzreichweite herankommen, wenn er während der Nacht nach Westen vorstieß. Ging er erst nach Tagesanbruch auf Westkurs, so würde es zu spät sein, denn zum Starten seiner Maschinen würden die Träger mehrmals in den Wind drehen müssen und dadurch vorübergehend vom Gegner weglaufen. Mitscher war außerdem darauf bedacht, Distanz zu den Marianen zu halten. Denn der Aufenthalt in der Nähe feindlicher Luftstützpunkte mußte gleichzeitige Angriffe japanischer Land- und Trägerflugzeuge

1 Als Tag-Suchflugzeuge wurden Jäger verwendet, die nicht mit Radar ausgerüstet waren, aber Zekes ausweichen oder sie abwehren konnten. Eine PBM (Patrol Bomber Martin, ein Aufklärungs-Flugboot) von einem Tender vor Saipan erfaßte am 19. Juni um 01.15 Uhr mit ihrem Radar die »Mobile Flotte«, konnte aber wegen atmosphärischer Störungen keine Funkmeldung durchbekommen.

herausfordern. Die japanischen Trägerflugzeuge würden außerdem eine Möglichkeit zu rollendem Einsatz im »Pendelverkehr« erhalten: sie würden starten, während die »Mobile Flotte« außerhalb der Reichweite der amerikanischen Flugzeuge war, die TF 58 angreifen, auf dem nahegelegenen Guam Brennstoff und Waffen ergänzen, die TF 58 auf dem Rückflug erneut angreifen und auf ihren Trägern landen, ohne ihren Brennstoff erschöpfen zu müssen. Mitscher zog alle diese Möglichkeiten in Betracht; er schlug Spruance durch Sprechfunk vor, »ab 01.30 Uhr auf Westkurs zu gehen und um 05.00 Uhr den Feind anzugreifen«.

Spruance erörterte diesen Vorschlag eine Stunde lang mit den Offizieren seines Stabes; er lehnte ihn kurz nach Mitternacht ab. Zwar war er genauso wie Mitscher darauf aus, feindliche Flugzeugträger zu versenken, dachte aber in erster Linie an seinen *entscheidenden* Auftrag – den einzigen, der in seinen Befehlen erwähnt war –, »Saipan, Tinian und Guam zu erobern, zu besetzen und zu halten«. Alles andere mußte diesem klaren Befehl untergeordnet werden. Unter den gegebenen Umständen fiel der TF 58 also vornehmlich die Rolle einer Deckungsstreitkraft zu, ihre Hauptaufgabe war der Schutz des Landekopfes und der Landungsstreitkräfte bei Saipan. Eingedenk dessen, daß die Japaner während der Seeschlachten im Korallenmeer, bei Midway und bei den Operationen vor Guadalcanal von den Flanken her angegriffen hatten, war Spruance darauf bedacht, eine Position zu wählen, die es feindlichen Einheiten unmöglich machte, in seinen Rücken zu gelangen und über die Landungsflotte herzufallen. Argumente wie: Aufklärer könnten einen solchen japanischen »end-run« ohne weiteres entdecken und Bomber ihn zunichte machen, verwarf er. Nach seiner Erfahrung hatten amerikanische Flugzeuge bisher beim Aufspüren des Feindes meist völlig versagt. Warum sollte er jetzt darauf bauen, daß sie morgen nicht versagen würden! Er hielt es durchaus für möglich, daß die Angaben der Funkpeilstelle auf einem von den Japanern ausgeworfenen Köder beruhten. Jedoch sollte sich die Funkortung als nahezu exakt herausstellen. Andererseits hatte Spruance durch eine verstümmelte Meldung des U-Bootes *Stingray* den Eindruck gewonnen, daß die »Mobile Flotte« viel weiter östlich stand, als es tatsächlich der Fall war. Die Nacht hindurch lief er daher weiter auf die Marianen zu und nahm bewußt das Risiko in Kauf, zwischen den dortigen Flugstützpunkten der Japaner und den japanischen Trägern zu operieren – in Reichweite des Feindes. Am 19. Juni stand die TF 58 bei Tagesanbruch 90 sm südwestlich von Saipan und 80 sm nordwestlich von Guam, immer noch ohne genaue Nachricht über den Standort der »Mobilen Flotte«.

Der Vormarsch der »Mobilen Flotte«

Als sich im Jahre 1944 das Kriegsglück immer deutlicher gegen Japan wendete, verrannte sich die japanische Führung in die fixe Idee, ihre Lage gleiche jener im russisch-japanischen Krieg im Jahre 1904/05; sie glaubte, eine neue Schlacht von Tsushima werde sie aus allen Schwierigkeiten erlösen. Der Gedanke an eine solche Entscheidungsschlacht stand bei der Operation A-GO Pate, und Admiral Toyoda sprach ihn offen aus, als er den Befehl über die Vereinigte Flotte übernahm.

Die Wahl von Tawitawi als Stützpunkt der »Mobilen Flotte« war in erster Linie von dem chronischen Brennstoffmangel diktiert: die japanischen Operationen zur See litten immer stärker unter der unaufhaltsamen Dezimierung ihrer Tankerflotte durch amerikanische U-Boote. Von Tawitawi aus war das für die A-GO-Operation ursprünglich ausersehene Kampfgebiet in den Westkarolinen in kurzer Zeit zu erreichen. Außerdem lag es in der Nähe der ergiebigen Ölquellen von Borneo, die reines, aber gefährlich leicht verdunstendes Öl lieferten, das im Notfall ohne weitere Veredelung benutzt werden konnte.

Doch sollte sich die Wahl Tawitawis schließlich als verhängnisvoll erweisen. Den Alliierten waren auf Neuguinea Dokumente in die Hand gefallen, durch die sie von der Existenz und dem Aufenthaltsort der neugeschaffenen japanischen Trägerflotte Kenntnis erhielten. Daraufhin zogen die Amerikaner im Seegebiet von Celebes und der Philippinen so viele U-Boote zusammen, daß es Ozawa nicht wagte, zu Übungen in See zu gehen. Da weder auf Tawitawi, noch in der Nähe der Insel ein geeigneter Flugplatz vorhanden war, hörte die Ausbildung des fliegenden Personals, das mit einer kärglichen Grundausbildung versehen auf die Träger gekommen war, völlig auf. Die Flugzeugbesatzungen verbummelten und büßten ihren Angriffsgeist ein.

Als Flugzeuge der TF 58 am 11. Juni die Marianen angriffen, hatte Toyoda, wie bereits berichtet, sofort das Unternehmen zur Verstärkung der japanischen Besatzung auf Biak abgebrochen und die Vereinigung der Seestreitkräfte Ozawas und Ugakis in der Philippinensee befohlen. Da der Vorrat an Normalöl für weitgesteckte Operationen nicht ausreichte, begleiteten Tanker mit Rohöl aus Borneo die Verbände der »Mobilen Flotte«. Am 16. Juni trafen Ozawa und Ugaki östlich der Philippinen zusammen und ergänzten ihre Brennstoffvorräte aus dem gefährlichen Rohöl. Am frühen Nachmittag des 17. nahmen sie den Vormarsch wieder auf. Toyodas Befehl lautete, »den Feind im Gebiet der Marianen anzugreifen und die Landungsflotte zu vernichten«.

Ozawa schätzte richtig, daß die TF 58 seiner »Mobilen Flotte«[2] an Kampfeinheiten fast zweifach überlegen war und mehr als die doppelte Zahl an Flugzeugen besaß. Er war sich auch der unzureichenden Ausbildung seiner Piloten

2 Mobile Flotte: 9 Flugzeugträger, 5 Schlachtschiffe, 13 Kreuzer, 28 Zerstörer, 430 Trägerflugzeuge, 43 Seeflugzeuge.
TF 58: 15 Träger, 7 Schlachtschiffe, 21 Kreuzer, 69 Zerstörer, 891 Trägerflugzeuge, 65 Seeflugzeuge. Die Japaner hatten an Hand erbeuteter Dokumente, durch kühne Aufklärungsflüge über den Marshallinseln und aus Verhören abgeschossener amerikanischer Flieger genaue Nachrichten über die Fünfte US-Flotte gesammelt.

bewußt. Aber er rechnete mit bestimmten Vorteilen – die jedoch nur auf Vermutungen beruhten. Zum Beispiel hatte er, wie auch Ugaki, Anmarschwege gewählt, die außerhalb der Reichweite der auf Manus stationierten amerikanischen Aufklärer lagen. Weiter verschafften die vorherrschenden Passatwinde den Japanern den Vorteil der Leestellung, so daß ihre Flugzeuge während des Vormarsches nach Osten ohne weiteres starten und landen konnten. Den Admiral Spruance hielt Ozawa seit Midway für einen Mann der Vorsicht: er täuschte sich nicht in der Annahme, daß die TF 58 eine Sicherungsstellung in der Nähe des Landekopfes auf Saipan einnehmen würde. Dies und die große Reichweite seiner Flugzeuge gaben Ozawa die Vorteile in die Hand, auf die er baute und die Mitscher bedenklich stimmten. Ozawa ging zudem von der Erwartung aus, daß die auf Rota und Guam stationierten japanischen Flugzeuge gegen die TF 58 den ersten Schlag führen und ihre Kampfkraft mindestens um ein Drittel herabsetzen würden, bevor noch die »Mobile Flotte« in Aktion trat. Von einer Position außerhalb der Reichweite der amerikanischen Träger wollte er diese im Pendelverkehr über Guam bis zu ihrer Vernichtung angreifen.

Am 18. Juni nachmittags sichteten Flugzeuge der japanischen Träger die TF 58 etwa 200 sm westlich von Saipan. Ozawa traf daraufhin Vorbereitungen für einen Angriff am nächsten Morgen. Eine Vorausabteilung von drei – jeweils einen Leichten Flugzeugträger in Kreisstellung umgebenden – Schiffsverbänden unter Befehl von Vizeadmiral Takeo Kurita rückte auf eine Position 300 sm westsüdwestlich der TF 58 vor, gerade außerhalb der maximalen Reichweite der amerikanischen Flugzeuge. In etwa 100 sm Abstand folgte die Hauptflotte unter unmittelbarer Führung von Ozawa. Sie bestand aus zwei kreisförmig aufgestellten Schiffsgruppen mit je drei Trägern im Mittelpunkt: insgesamt fünf Schwere und ein Leichter Flugzeugträger. Die Masse der schweren Einheiten befand sich bei der Vorausabteilung Kuritas. Sie sollte mit ihrer massierten Flak den ersten Schlag abfangen, falls die TF 58 zum Angriff überging. Die Maßnahmen Ozawas waren sicherlich gut durchdacht; aber wie schon in der Schlacht von Midway standen die japanischen Teilflotten für eine wechselseitige Unterstützung zu weit auseinander, und die schweren Flugzeugträger waren nur ungenügend gegen U-Boot-Angriffe gesichert.

»Das Schicksal des Reiches hängt von dieser Schlacht ab; gebe ein jeder seine letzte Kraft« – mit diesen Worten hatte sich Admiral Togo einst unmittelbar vor der Schlacht von Tsushima an die Besatzungen der japanischen Flotte gewandt. Admiral Toyoda hatte der »Mobilen Flotte« diese Mahnung Togos mit auf den Weg gegeben. Als am Morgen des 19. Juni 1944 der Tag über der Philippinensee dämmerte, machten sich mehr als 300 japanische Trägerflugzeuge startbereit, um im Angriff auf die TF 58 den glorreichen Sieg Togos von 1905 mit den Waffen der neuen Epoche zu wiederholen.

Die Schlacht in der Philippinensee am 19./20. Juni 1944

Ozawa wäre wohl weniger zuversichtlich in die Schlacht gegangen, hätte er gewußt, daß die TF 58 die auf den Marianen stationierten japanischen Luftstreitkräfte bereits bis auf 30 einsatzfähige Maschinen dezimiert, daß Clark den von Japan überführten Flugzeugersatz vernichtet hatte und daß die zur Unterstützung von Biak entsandten Piloten nicht mehr zurückkehren konnten. Von Guam aufsteigende Flugzeuge versuchten in der Frühe des 19. Juni, die TF 58 anzufliegen, aber kaum waren sie in der Luft, als sich schon

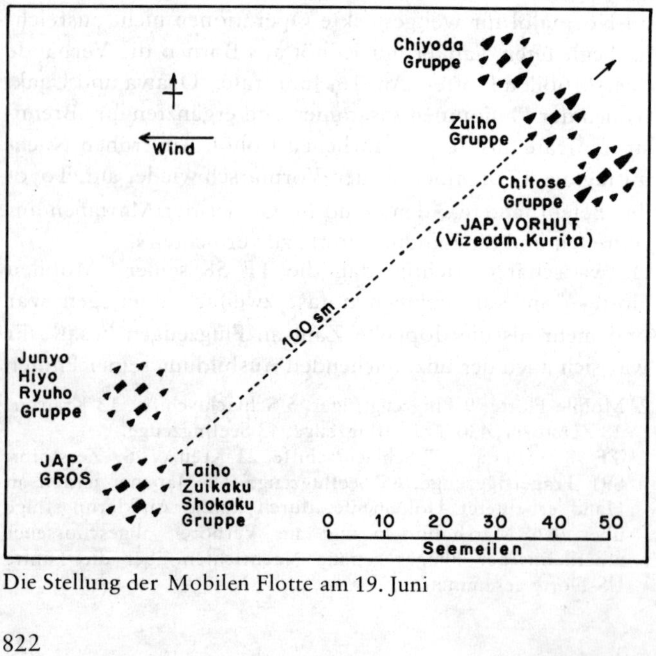

Die Stellung der Mobilen Flotte am 19. Juni

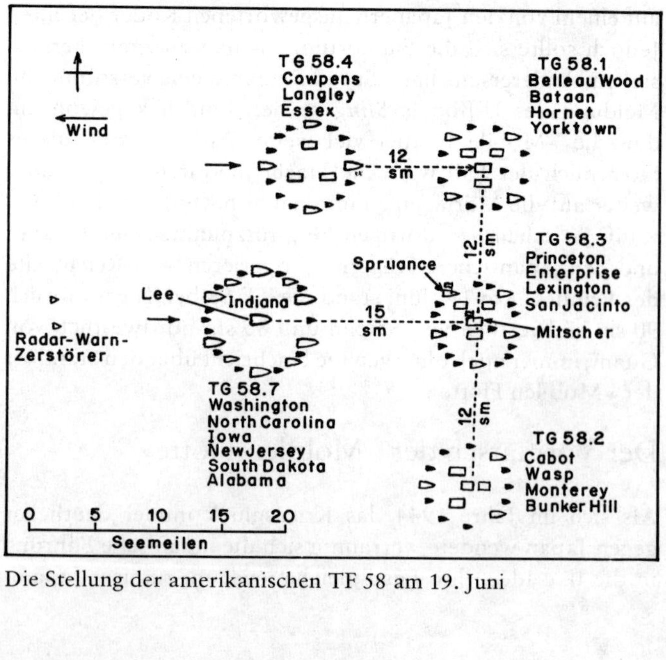

Die Stellung der amerikanischen TF 58 am 19. Juni

Hellcats auf sie stürzten, einige abschossen und sich dann 19 von Truk zur Verstärkung herankommenden Flugzeugen entgegenwarfen. Im Laufe dieser Luftgefechte schossen 33 *Hellcats* 30 japanische Jäger und fünf Bomber ab. Damit war die Teilnahme landgestützter Flugzeuge an der Schlacht in der Philippinensee eine bereits abgetane Sache.

In Erwartung des japanischen Angriffes war die TF 58 um 06.19 Uhr auf Südwestkurs gegangen. Um 10.00 Uhr orteten amerikanische Radargeräte aus Westen anfliegende Maschinen in 150 sm Entfernung. Es handelte sich dabei um die erste von insgesamt vier Angriffswellen der »Mobilen Flotte«; sie bestand aus 45 Bombern, acht Torpedoflugzeugen und 16 *Zeke*-Jägern der drei Leichten Träger von Kuritas Vorausabteilung. Die TF 58 behielt 20 Minuten lang ihren Kurs in Richtung auf den Feind bei. Dann drehte sie in den Wind und startete ihre sämtlichen Jäger, alles in allem mehr als 450 Maschinen. Anschließend befahl Mitscher den Start sämtlicher Bomben- und Torpedoflugzeuge. Während diese Maschinen in der Luft blieben, landeten die *Hellcats* zwischenzeitlich auf den Trägern, um Brennstoff und Munition zu neuem Einsatz zu ergänzen. Zahlreiche Bomber warfen, zunächst aus eigenem Entschluß, später auf Befehl von Mitscher, ihre Bomben auf die Flugplätze von Guam ab und machten sie so für etwaige »Pendler« der »Mobilen Flotte« völlig unbenutzbar. Als sich die Flugzeuge der ersten japanischen Welle 70 sm vor der TF 58 zum Angriff formierten, sammelten amerikanische Jägerleitoffiziere äußerst geschickt die *Hellcats* in großer Höhe. Von dort stießen sie auf ihre schlecht ausgebildeten Gegner herunter und schossen 25 ab. Einige japanische Flugzeuge gelangten bis an die amerikanische Schlachtschiffgruppe heran; dort empfing sie vernichtendes Flakfeuer mit Annäherungszündern. Ein Bomber verfehlte nur knapp die *Minneapolis*, ein zweiter traf die *South Dakota*. Der Treffer verursachte zahlreiche Ausfälle, minderte aber nicht die Gefechtsbereitschaft des Schiffes. Nur 27 japanische Flugzeuge kehrten zu ihren Trägern zurück. Kein amerikanisches Flugzeug ging verloren.

Die zweite japanische Angriffswelle, 128 Flugzeuge von

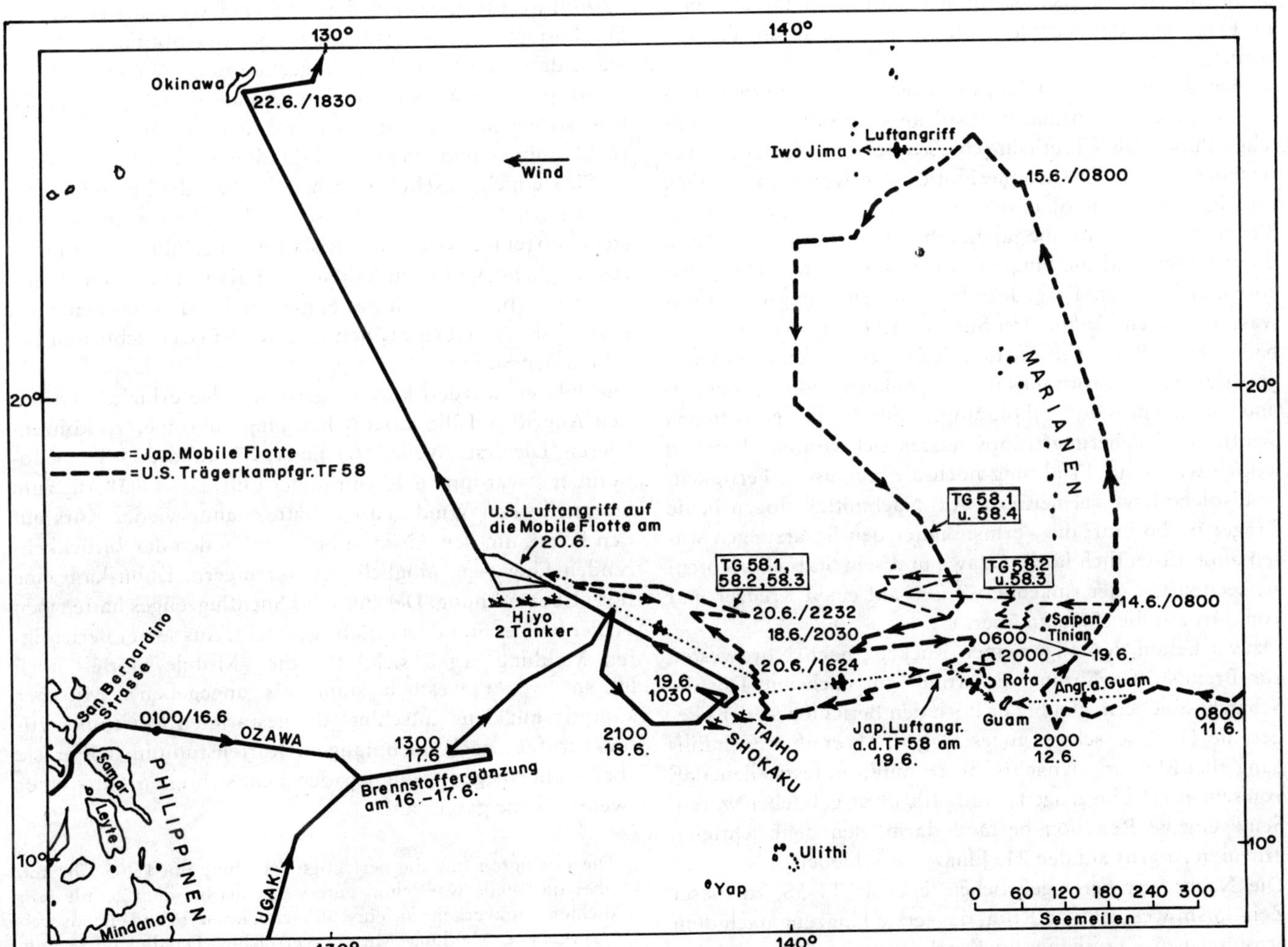

Die Schlacht in der Philippinensee 19. - 21. Juni 1944

Ozawas Hauptflotte, wurde 50 sm vor dem Angriffsziel von *Hellcats* abgefangen und zur Hälfte abgeschossen. Die restlichen Maschinen erlitten weitere Verluste über der Schlachtschiffgruppe. Eine stürzte sich in der Wasserlinie auf die *Indiana*. Einige stießen bis zu den Flugzeugträgern durch, und zwei Angreifer lösten durch Nahaufschläge Brände auf der *Bunker Hill* aus. Nur 31 Flugzeuge der Welle kehrten zur »Mobilen Flotte« zurück.

Von den 47 Flugzeugen der dritten Welle verfehlten die meisten auf dem Anflug das Ziel. Diese Welle hatte keinerlei Erfolg und verlor nur sieben Maschinen.

Die 82 Flugzeuge von Ozawas vierter und letzter Welle wurden versprengt. Eine Gruppe wurde bereits weit vor der TF 58 abgefangen und zur Hälfte abgeschossen, eine andere gelangte bis über die amerikanischen Träger und richtete durch Nahaufschläge geringfügige Schäden an — sie wurde aber fast völlig vernichtet. Eine dritte Gruppe warf ihre Bomben im Notwurf ab und nahm Kurs auf Guam. *Hellcats* stellten den Verband und schossen 30 Maschinen ab. 19 Maschinen gingen zu Bruch, als sie versuchten, auf den von Bombenkratern aufgerissenen Rollfeldern zu landen. Nur 11 Flugzeuge der letzten Welle kehrten zu ihren Trägern zurück.

Während der acht Stunden, in denen sich die Vernichtung der japanischen Luftmacht abspielte – von den amerikanischen Piloten als »Truthahnschießen bei den Marianen« bezeichnet –, war die »Mobile Flotte« von weiterem Unglück verfolgt. Zwei amerikanische U-Boote hatten den dünnen Sicherungsgürtel um die japanische Hauptflotte unbemerkt durchstoßen und die Flugzeugträger angegriffen. Die *Albacore* erzielte einen Torpedotreffer auf dem Flaggschiff Ozawas, der neuen *Taiho*. Drei Stunden später trafen drei Torpedos des U-Boots *Cavalla* den Veteranen *Shokaku*. Aus aufgerissenen Brennstofftanks und Ölbunkern strömten Benzin- und hochexplosive Rohöldämpfe durch die getroffenen Schiffe. Lecksicherungstrupps setzten sich voll ein, besaßen jedoch weder die Erfahrung noch die technische Fertigkeit, eine solche Lage zu meistern. Am Nachmittag flogen beide Träger in die Luft; die Verluste unter den Besatzungen waren außerordentlich hoch. Ozawa und sein Stab überlebten; sie setzten von der sinkenden *Taiho* auf einen Kreuzer und von dort auf die *Zuikaku* über.

Ozawa befahl den allgemeinen Rückzug nach Nordwesten zur Brennstoffergänzung. Er wollte am nächsten Tag die Schlacht erneuern, glaubte er doch den Berichten seiner Flieger, die TF 58 sei schwer angeschlagen. Als er aber nach Eingang aller Meldungen nachrechnete, mußte er feststellen, daß von seinen 430 Flugzeugen gerade 100 übrig geblieben waren. Seine einzige Reaktion bestand darin, den beabsichtigten erneuten Angriff auf den 21. Juni zu verschieben.

Die Nacht war hereingebrochen, ehe die TF 58, zu dieser Zeit 35 sm westlich von Rota, das letzte Flugzeug nach dem erfolgreichen »Truthahnschießen« wieder an Bord genommen hatte. Nachdem dem Feind jetzt »die Flügel gestutzt« waren, wollte Spruance seinerseits zum Angriff übergehen. Er ließ eine Trägergruppe zur Bewachung von Guam und Rota zurück und marschierte während der Nacht nach Südwesten vor. Der eingeschlagene Kurs war ungünstig; er beruhte auf einer Fehleinschätzung des Gegnerkurses. Obwohl die Amerikaner fünf sm schneller liefen als die Japaner, konnten sie den Abstand nur wenig verringern. Als die Suche der Aufklärer nach Westen am Vormittag des 20. ergebnislos blieb, ging Mitscher mittags auf Nordwestkurs. Da er aber zum Starten und Landen seiner Aufklärer mehrfach in den Ostwind drehen mußte, konnte er immer noch nicht näher an den Feind heranschließen.

Der Tag ging dahin, und es schien ganz so, als ob die Gelegenheit zu dem erhofften Gegenschlag ausbliebe. Nicht ein einziges amerikanisches Trägerflugzeug hatte bis jetzt die »Mobile Flotte« ausmachen können. Seit dem Angriff der *Cavalla* auf die *Shokaku* am Mittag des Vortages hatte Mitscher keine Meldung mehr über die Position Ozawas erhalten. Endlich, um 16.00 Uhr, traf die lang ersehnte Meldung ein. Der Pilot eines Suchflugzeuges hatte die »Mobile Flotte« 220 sm westnordwestlich der TF 58 auf Westkurs gesichtet. Die Entfernung lag beträchtlich über der optimalen Reichweite der amerikanischen Trägerflugzeuge. Wenn Mitscher sie so spät noch auf so große Entfernung zum Angriff starten ließ, so würden sie erst nach Einbruch der Dunkelheit zurückkommen und dann Nachtlandungen machen müssen, wofür sie nicht geschult waren. Mitscher, dem man Gefühle fast väterlicher Fürsorge für seine Flieger nachrühmte, war stets bestrebt gewesen, das Risiko ihres gefährlichen Einsatzes möglichst gering zu halten. Nun aber, da er endlich den Feind greifbar vor sich hatte, glaubte er, diesmal keine andere Wahl zu haben als den Angriff. Kurz entschlossen befahl er den Start.

Die Piloten wurden kurz eingewiesen. Sie erhielten Order, den Angriff auf die japanischen Flugzeugträger zu konzentrieren. Die erste Welle – 85 Jäger, 77 Stukas, 54 Torpedobomber – war um 16.30 Uhr in der Luft. Die TF 58, die zum Starten in den Wind gedreht hatte, nahm wieder Kurs auf den Feind, um den Abstand bis zum Landen der zurückkehrenden Flugzeuge möglichst zu verringern. Dann kam eine böse Überraschung. Der Pilot des Suchflugzeuges hatte einen Fehler bei der Standortangabe gemacht. Aus seiner berichtigten Meldung ergab sich, daß die »Mobile Flotte« noch 60 sm weiter westlich stand als angegeben[3]. Mitscher kämpfte mit dem Entschluß, die gestarteten Maschinen zurückzurufen; nach nochmaligem Kartenstudium ließ er sie aber weiterfliegen; lediglich den beabsichtigten Start einer zweiten Welle gab er auf.

3 Die *Lexington* fing die berichtigte Meldung um 16.05 Uhr auf, aber die Welle war schon unterwegs, bis bei dem gerade sehr dichten Funkverkehr die entschlüsselte, kopierte und eilends weitergegebene Meldung Mitscher erreichte. Da die TF 58 zum Starten ihrer Maschinen auf Ostkurs gehen mußte, während die »Mobile Flotte« nach Westen weiter marschierte, mußten die

Kurz vor Sonnenuntergang sichteten die Piloten der TF 58 die japanischen Öltanker. Ein paar Flugzeuge griffen an und versenkten zwei Tanker. Das Gros der Angriffswelle stürzte sich auf die feindlichen Trägergruppen, die sich fächerförmig nach Nordwesten auseinanderzogen. In einer Reihe unzusammenhängender, aber im einzelnen exakt ausgeführter Angriffe rissen die amerikanischen Bomber die Flugdecks der Träger *Chiyoda* und *Zuikaku* auf und setzten sie in Brand. Außerdem beschädigten sie ein Schlachtschiff und einen Kreuzer. Die Versenkung eines Kriegsschiffes gelang nur Torpedofliegern. Avengers, die aus einer Wolke herabstießen, konnten aus geringer Flughöhe ihre Torpedos abwerfen, von denen einer, möglicherweise zwei, den Träger *Hiyo* trafen. In Flammen gehüllt und von Explosionen im Schiffsinnern zerrissen, stellte sich die *Hiyo* langsam auf den Bug und versank.

Ozawa brachte es zuwege, 75 Flugzeuge zu starten, und diese Überlebenden des »Truthahnschießens« schlugen sich tapfer. Japanische Flak und schnell zustoßende Zekes schossen 20 amerikanische Flugzeuge ab, jedoch waren die japanischen Verluste wesentlich höher. Bei Einbruch der Nacht am 20. Juni verfügte die »Mobile Flotte« nur noch über 35 Trägerflugzeuge.

Nach Erfüllung ihres Kampfauftrages nahmen die amerikanischen Staffeln Kurs auf die TF 58. Bei einigen Bombern und Torpedoflugzeugen zeigten die Meßskalen Benzinvorräte weit unter der Halbvoll-Marke an, einige hatten ihren Brennstoff nahezu erschöpft. Beschädigte Maschinen gingen naturgemäß als erste im Meer nieder; Piloten, die die vorgesehenen Maßnahmen zur Brennstoffeinsparung nicht beachtet hatten, folgten bald nach. Andere vergeudeten Brennstoff in einem vergeblichen Versuch, durch »Gasgeben« noch vor Anbruch der Nacht zurückzukommen. Eine Gruppe von Piloten stimmte über Sprechfunk ab und beschloß, statt einzeln nach dem Ausgehen des Brennstoffs, gemeinsam im Meer zu landen.

Mitscher hatte seine drei Trägergruppen weit auseinandergezogen, um für die Landeoperationen der zurückkehrenden Maschinen möglichst große Bewegungsfreiheit zu gewährleisten. Als die Minuten ohne Nachricht über den Verbleib der Flugzeuge verstrichen, wechselte er ungeduldig zwischen Kartenhaus und Brücke hin und her. Erst kurz nach 20.00 Uhr meldete die Auswertestelle das Herankommen der ersten Rückkehrer, worauf die Kampfgruppe in den Ostwind drehte, um sie an Bord zu nehmen. Mitscher ging in die Befehlszentrale zurück, setzte sich und paffte nachdenklich eine Zigarette. Wenn er die Flugdecks beleuchtete, würde er zwar manchen verzweifelten Piloten retten, der sonst ins Wasser niedergehen mußte, aber andererseits die Kampfgruppe möglicherweise U-Boot- und Luftangriffen aussetzen. Mitscher erkannte das Gebot der Stunde – er handelte dabei nicht nur aus humanitären Gründen, er war sich auch dessen bewußt, daß Träger ohne die dazugehörigen Flugzeuge nicht viel wert waren. So gab er seinem Chef des Stabes, Kapitän zur See Arleigh Burke, den Befehl: »Flugdecks beleuchten«. Dann ging er auf die Brücke zurück. Die Positionslaternen, Fliegerwarnlampen und die Glimmlampen zur Kenntlichmachung der Flugdecks flammten auf; 12,7-cm-Geschütze der Fahrzeuge des Sicherungsgürtels feuerten Leuchtgranaten, und die Scheinwerfer waren in 90-Grad-Stellung gegen den Himmel gerichtet, um den anfliegenden Maschinen den Weg zu weisen.[4]

Landungsleitoffiziere winkten mit fluoreszierenden Stäben geschickt die paar ersten Maschinen ein; als aber Ankömmlinge in größerer Zahl zum Landen eindrehten, mußten sie mehr Flugzeuge abweisen, als sie zum Landen einwinken konnten. Zerstörer suchten die Besatzungen der Maschinen zu retten, die sich nach Verbrauch ihres Brennstoffes gezwungen sahen, im Meer zu notlanden. Des Befehls eingedenk, zu landen, wo immer sie einen Platz auf einem Flugdeck fänden, flogen einige Piloten von Träger zu Träger, um eine günstige Chance zum Einordnen zu erspähen. Ein verzweifelter Pilot mißachtete das Abwinksignal des Leitoffiziers auf der *Lexington* und prallte auf sechs gerade gelandete Maschinen auf. Zwei Mann wurden dabei getötet, sechs weitere verletzt. Zwei dicht aufeinanderfolgende Flugzeuge beachteten ebenfalls nicht die Signale und machten eine Bruchlandung auf der *Bunker Hill*, wobei zwei Mann getötet, vier verletzt wurden. Auf der *Enterprise* landeten ein Bomber und ein Jäger gleichzeitig und stießen, so unglaublich es klingt, nicht zusammen, da der Landehaken des Jägers sich im zweiten, der des Bombers im fünften Auffangkabel verfingen.

Insgesamt waren von den amerikanischen Maschinen, die an dem Angriff auf die »Mobile Flotte« teilgenommen hatten, 80 durch Wasser- oder Bruchlandungen verlorengegangen. Nach Anbordnahme der Flugzeuge nahm die TF 58 um 22.32 Uhr Kurs auf den Kampfplatz. Während der Nacht und am folgenden Tag lief sie mit 16 kn Geschwindigkeit den Rückflugweg der Flieger ab. Auf diesem Marsch konnten Zerstörer und Seenotmaschinen von den 209 Besatzungsmitgliedern der verlorengegangenen Flugzeuge bis auf 49 alle retten.

Spruance nahm an, daß die zwei Stunden Fahrt auf öst-

---

amerikanischen Flugzeuge mehr als 300 sm bis zu ihrem Angriffsziel fliegen. Die TF 58 lief nach dem Start ihrer Flugzeuge mit Höchstfahrt auf die »Mobile Flotte« zu und kürzte so den Rückweg für ihre Piloten erheblich ab.

4 Mitscher konnte sich zur Rechtfertigung seines Entschlusses auf einen Präzedenzfall berufen: auf die gewagte nächtliche Beleuchtung der Flugdecks in der Schlacht bei Midway, von Spruance befohlen zu einer Zeit, als sich die USA bestimmt nicht den Verlust eines Trägers leisten konnten.
Mitscher war damals Kommandant des Trägers *Hornet* gewesen. Arleigh »31-Knoten«-Burke, der sich bei den Kämpfen um die Salomonen im Zerstörereinsatz ausgezeichnet hatte, war kurz vor dem Angriff auf die Palauinseln zur TF 58 versetzt worden.

lichem Kurs während der Anbordnahme der zurückkehrenden Flugzeuge und der anschließende, wegen der Rettungsmaßnahmen verlangsamte Marsch nach Westen es dem fliehenden Feind ermöglicht hatten, sich so weit zurückzuziehen, daß er für einen zweiten Angriff außer Reichweite war. Seine Vermutung wurde am 21. früh bestätigt, als Fernaufklärer die »Mobile Flotte« in 360 sm Entfernung mit 20 kn Geschwindigkeit auf Nordwestkurs meldeten. Den ganzen Tag über suchten *Hellcats* den Seeraum ergebnislos nach zurückgebliebenen, beschädigten feindlichen Einheiten ab. Eine Stunde nach Sonnenuntergang ließ Spruance die Suche einstellen, und die TF 58 drehte zurück auf Ostkurs.

Da die U-Boote *Albacore* und *Cavalla* das endgültige Ergebnis ihrer Torpedotreffer vom 19. Juni nicht abgewartet hatten und da die Meldungen von Flugzeugbesatzungen der TF 58 widersprüchlich lauteten, stand für die Gefechtsauswertung mit Gewißheit lediglich fest, daß ein Schwerer japanischer Flugzeugträger versenkt und zwei bis drei Leichte Träger beschädigt worden waren. Für viele Seeoffiziere war dies Ergebnis eine große Enttäuschung, blieb es doch weit hinter dem überwältigenden Sieg zurück, den sie nach ihrer Beurteilung der Lage erwartet hatten und erwarten durften. Und obwohl sowohl Nimitz als auch King den Entschluß von Spruance lobten, vor Saipan zu verharren, bis dem Feind »die Flügel gestutzt« waren, so bedauerte doch Spruance jetzt selbst, daß die vordringlich zu erfüllende Sicherungsaufgabe ihn vor dem Landekopf festgehalten hatte. Aber wäre Mitscher am 19. Juni tatsächlich nach Westen zum Angriff auf die »Mobile Flotte« vorgegangen, so wären seine Flugzeuge in das schwere Flakfeuer der Vorhut Kuritas geraten, während die japanischen Träger noch 100 sm weiter westlich standen. Indem die TF 58 in ihrer Defensivstellung vor den Marianen verblieb, konnte sie ihre sämtlichen Jäger zum Abfangen der feindlichen Angriffe einsetzen. Von der Schlachtschiffgruppe Lee und den Trägergruppen geschickt unterstützt, schossen die Jäger die meisten japanischen Flugzeuge an der Grenze ihrer Angriffsreichweite ab und zerstörten außerdem die auf Guam stationierten Flugzeuge der Japaner. Dadurch war die TF 58 am 19. in der denkbar stärksten Lage, den Feind vernichtend zu treffen. Mochte auch die Mehrzahl der japanischen Träger noch einmal davongekommen sein – sie hatten ihre ausgebildeten Piloten und Besatzungen nahezu vollständig verloren.

Die Eroberung der südlichen Marianen

Vor der Niederlage und Ausschaltung der »Mobilen Flotte« hatte die 5. US-Flotte den Angriff auf die Marianen nicht voll unterstützen können. Saipan war, wie bereits oben erwähnt, nur zwei Tage lang einer vorbereitenden Beschießung und Luftangriffen ausgesetzt gewesen; und während der See-Luftschlacht in der Philippinensee warteten alle für das Unternehmen gegen Saipan nicht unmittelbar benötigten amphibischen Kräfte den Ausgang des Treffens außerhalb des Kampfgebietes ab. Der amerikanische Sieg änderte die Lage mit einem Schlag. Da die feindlichen Seestreitkräfte keine Drohung mehr darstellten, konnten die Trägerflugzeuge und die Beschießungsgruppen sich auf die Unterstützung der auf Saipan gelandeten Truppen konzentrieren und die Landungen auf Tinian und Guam vorbereiten.

Als die beiden Marineinfanterie-Divisionen sich zum Vorstoß in den Nordteil Saipans bereitstellten, beorderte Holland Smith die 27. Infanterie-Division ins Zentrum der Angriffsfront. Aber das schwerfällige Mitdenken und übervorsichtige taktische Verhalten, das bereits auf Makin und Eniwetok das Vorgehen dieser Division gehemmt hatte, führte diesmal fast zu einem völligen Bewegungsstillstand, so daß die inneren Flanken der an den Flügeln vorstoßenden Marineinfanterie-Divisionen immer stärker entblößt wurden. Holland Smith war schließlich am Ende seiner Geduld und löste mit Zustimmung von Spruance und Turner den Kommandeur der 27. Infanterie-Division kurzerhand ab.

Von Schiffsartillerie und Flugzeugen nachhaltig unterstützt, gingen danach die amerikanischen Divisionen in zusammenhängender Front in dem sich verengenden Nordteil der Insel vor. Die Japaner hatten sich in einem tief ausgebauten System befestigter Höhlen und unterirdischer Werke verschanzt. Am Ende der ersten Juliwoche auf einen sich ständig verengenden Raum zusammengedrängt und die Aussichtslosigkeit der Lage vor Augen, entschloß sich der Rest der japanischen Truppen, etwa 3000 Mann, zu einem selbstmörderischen Banzai-Angriff. Sie brachen durch eine Lücke in der Front der 27. Infanterie-Division und stießen über 1500 m weit vor, bevor die Masse im Kampf getötet und der Rest zurückgeworfen worden war – um den Preis von 400 amerikanischen Gefallenen. Holland Smith zog jetzt den größten Teil der Heeres-Division als Reserve aus der Front. Noch drei Tage dauerte es, bis sich die Marineinfanteristen bis zur Nordostspitze der Insel durchgekämpft hatten. Damit endete der reguläre Widerstand auf Saipan – aber noch mußten Tausende japanischer Soldaten in Höhlen und Schluchten, die die Angreifer umgangen hatten, zur Übergabe gezwungen oder vernichtet werden, bevor Admiral Spruance melden konnte, Saipan sei fest in amerikanischer Hand.

Die Eroberung Saipans kostete die Amerikaner 16 500 Mann Verluste, darunter 3400 Gefallene. Die meisten Opfer hatten die ersten Angriffstage gefordert. Die nachfolgende Inbesitznahme von Tinian und Guam ging viel unblutiger vonstatten, einmal weil die Inseln schwächer besetzt waren, aber auch, weil sie vor der Landung länger und systematischer durch Schiffsartillerie und Flugzeuge bekämpft worden waren.

Noch während der Operationen auf Saipan hatten Bomber und Kriegsschiffe das benachbarte Tinian mehrfach angegriffen. Nach der Einnahme Saipans wurde fast die gesamte dort eingesetzt gewesene Artillerie, etwa 200 Geschütze, dicht nebeneinander an der Südwestküste der Insel aufgestellt, um die Beschießung des Nordteils von Tinian zu übernehmen, während Flugzeuge und Kriegsschiffe sich den südlichen Teil vornahmen. Da die am besten zur Landung geeigneten Strandabschnitte von Tinian an der Südwest- bzw. Ostküste stark vermint und befestigt waren, entschloß sich Admiral Turner nach kurzer Beratung mit den Generälen Harry Schmidt und Holland Smith sowie den Admirälen Hill und Spruance zum Angriff an zwei sehr schmalen Strandabschnitten an der Nordwestküste. Sollte der Landungsangriff über diese engen Korridore Erfolg haben, so mußten Überraschung, Schnelligkeit und eine besondere Technik des Nachschubs sichergestellt sein.

Während am 24. Juli die 2. Marineinfanterie-Division am Südstrand Tinians einen Scheinangriff machte, um die Verteidiger irrezuführen, wurde die 4. Marineinfanterie-Division von Saipan aus in das Gebiet vor dem Nordweststrand Tinians gebracht. Aus LSTs zu Wasser gelassene Amtracks brachten die Angreifer in 15 dicht aufeinanderfolgenden Wellen an die Küste. Sie überquerten schnell den Strand und gingen fächerförmig weiter vor. Das hier angewandte Verfahren war eine Umkehrung des Verfahrens bei Saipan: was den landenden Angriffswellen an Breite fehlte, machten sie durch Stoßkraft aus der Tiefe wett. Da die Zuckerrohrfelder der überwiegend flachen Insel den Japanern wenig Deckung boten, wandte die Marineinfanterie hier ihre Taktik des rücksichtslosen Vorstoßens nicht an, sondern ging methodisch im Schutz von Feuerriegeln vor. Die Luftwaffe setzte zum ersten Male Napalmbomben ein, um feindliche Widerstandsnester zu zerstören. Schon nach einer Woche hatten die 2. und 4. Marineinfanterie-Division das Südende Tinians erreicht.

Die Eroberung von Guam nahm längere Zeit in Anspruch, weil die Insel viel größer und stärker besetzt war. Dreizehn Tage ununterbrochenen Bombardements und methodischer Beschießung demoralisierten jedoch die Verteidiger und zerschlugen die Masse ihrer Artillerie. Am 21. Juli morgens lief die Südliche Angriffsgruppe (Admiral Conolly) mit dem neu aufgestellten III. Amphibischen Korps, das von Generalmajor Roy S. Geiger befehligt wurde, die Westküste Guams an. Unter dem Feuerschutz von Schiffsartillerie gingen die 3. Marineinfanterie-Division nördlich der Halbinsel Orote und die 1. »Provisorische« Marineinfanterie-Brigade[5], der die 77. Infanterie-Division folgte, südlich von Orote an Land. Von ihren Landeköpfen aus stießen die gelandeten Truppen vor, vereinigten sich im Hügelgelände landeinwärts und schnitten so die Halbinsel Orote ab, die in kurzer Zeit von der Marineinfanterie-Brigade genommen wurde. Schon bald konnten die Amerikaner den Flugplatz von Orote und das nahegelegene Apra Harbor benutzen (siehe die Karte auf S. 818). Die 3. Marineinfanterie- und die 77. Infanterie-Division gingen nun gemeinsam nach Norden vor; Einheiten der Flotte schossen am Tage Anforderungsfeuer, nachts Störfeuer und Leuchtgranaten. Am 10. August wurde die Einnahme von Guam bekanntgegeben; wie auf Saipan und Tinian befanden sich aber noch zahlreiche versprengte japanische Truppenteile im Innern der Insel.

Die erfolgreichen Landungen in den Marianen legten Zeugnis ab von der zunehmenden Vervollkommnung der amphibischen Technik der Amerikaner. Die Eroberung Tinians war ein überzeugendes Beispiel ihrer hohen taktischen Beweglichkeit. Das von den zentralpazifischen Streitkräften entwickelte Landeverfahren war zu voller Reife gediehen. Bei Guam hatte die Unterstützung der amphibischen Operationen durch Flottenstreitkräfte einen ähnlich hohen Stand erreicht. Nicht übersehen werden darf jedoch, daß sich in diesem Fall Bombardement und Beschießung über mehrere Tage hin erstreckten. Saipan war nach zwei Tagen vorbereitenden Beschusses noch bei weitem nicht sturmreif gewesen. Andererseits war eine zwei Tage dauernde Einwirkung nur dann zweckmäßig, wenn die anzugreifende Insel oder Küstenstrecke vollständig isoliert werden konnten. Auf dem europäischen Kriegsschauplatz zum Beispiel durften Beschießungen nicht länger als ein paar Stunden durchgeführt werden, weil der Verteidiger sofort Verstärkungen an den bedrohten Küstenabschnitt warf, die auf dem guten Verkehrsnetz relativ schnell herangebracht werden konnten. Mit den im Jahre 1944 vorhandenen Waffen war es nicht möglich, stark befestigte Stellungen in kürzester Frist sturmreif zu schießen.

Die Eroberung der südlichen Marianen kostete die Amerikaner 5000, die Japaner 60000 Tote. Japan hatte jetzt seine direkte Luftversorgungslinie zu den Karolinen verloren, die Vereinigten Staaten dagegen logistische Stützpunkte für ein weiteres Vordringen nach Westen gewonnen, dazu U-Boot-Basen, von wo aus der Angriff auf die japanischen Seeverbindungen zu dem »Südlichen Rohstoffgebiet« intensiviert werden konnte, und schließlich Luftstützpunkte, die es den neuen *B-29*-Fernkampfbombern ermöglichten, die Industrieanlagen im Raume von Tokio zu zerstören. Der Verlust der Marianen bedeutete für Japan den »Anfang vom Ende«. Doch teilten die alliierten Führer nicht einhellig diese Auffassung. Die Beobachtung, daß sich die Japaner selbst bei hoffnungsloser Unterlegenheit generell nicht ergaben, die Tatsache, daß die japanische Zivilbevölkerung auf Saipan den Massenselbstmord der Gefangenschaft vorgezogen hatte, führte viele zu der erschreckenden Überzeugung, daß Japan nur durch unmittelbare Besetzung des Mutterlandes und faktisch durch Auslöschen der Streitkräfte und der Bevölkerung bezwungen werden könne.

Diese Annahme war falsch. Der Kaiser und führende japanische Staatsmänner wußten sehr wohl, daß sie bald kapitulieren mußten. Die Regierung Tojo wurde gestürzt; ihr folgte ein Kabinett, dem der Kaiser seinen Wunsch nach baldigen Friedensverhandlungen bekanntmachte. Doch war die japanische militärische Ehrauffassung so starr, das Gebot Asiens, das »Gesicht zu wahren«, so unabweisbar, daß auf ein weiteres Jahr hin keine führende Persönlichkeit Japans sich dazu hergeben wollte, Schritte zur Beendigung des Krieges ein-

5 Mit dem 4. und 22. Marineinfanterie-Regiment; ein weiterer Schritt im Aufbau der 6. Marineinfanterie-Division. S. auch S. 814.

zuleiten. Auf alliierter Seite machte es die von Roosevelt und Churchill in Casablanca fixierte Forderung nach bedingungsloser Kapitualtion unmöglich, Bedingungen anzubieten, die als Grundlage für Friedensverhandlungen akzeptabel waren.

Vorbereitung der Landung auf den Philippinen

Während das Team Spruance-Turner-Smith noch mit der Eroberung der Marianen beschäftigt war, beorderte Nimitz Admiral Halsey vom Südpazifik herauf, übertrug ihm als Nachfolger von Spruance den Oberbefehl über die Zentralpazifische Flotte und stellte ihm die Aufgabe, Pläne für die Teilnahme seiner Verbände an dem bevorstehenden Angriff auf die Philippinen auszuarbeiten. Die ersten vorbereitenden Operationen sollten am 15. September 1944 beginnen, und zwar sollte Halsey Aufmarsch- und Versorgungsbasen in den westlichen Karolinen in Besitz nehmen: die Inseln Peleliu und Angaur in der Palau-Gruppe sowie das Atoll Ulithi und die Insel Yap, die beide zwischen den Palau-Inseln und den Marianen lagen. Zusätzlich hatte Halsey den Auftrag, die südwestpazifischen Streitkräfte MacArthurs zu unterstützen: am 15. September bei der Landung auf Morotai, auf halbem Wege zwischen Neuguinea und Mindanao gelegen, am 15. Oktober auf den Talaud-Inseln (zwischen Morotai und Mindanao), am 15. November auf Mindanao, der südlichsten Philippinen-Insel, und am 20. Dezember auf Leyte in den mittleren Philippinen. Der Termin für den Angriff auf Luzon, der am weitesten nördlich gelegenen Philippinen-Insel, wurde vom Erfolg und der Schnelligkeit der vorhergehenden Operationen abhängig gemacht (s. Karte S. 795).

Das war die Planung. Aber die »Joint Chiefs of Staff«, vor allem King, hatten zu zweifeln begonnen, ob es wirklich ratsam sei, Japan auf dem Weg über die Philippinen anzugehen. Der weitere schrittweise Vormarsch würde viele Opfer kosten und das Kriegstempo verlangsamen, er würde auf ein erneutes »Inselspringen« hinauslaufen, ein operatives Vorgehen, das von den Alliierten bereits aufgegeben worden war, seitdem die 5. Flotte bewiesen hatte, daß mit tiefen Stößen über 1000 sm hinweg japanische Stellungen umgangen und isoliert werden konnten. Die »Joint Chiefs« schlugen daher vor, MacArthur solle, nachdem er auf Mindanao Fuß gefaßt habe, dort Flugplätze bauen, um die auf Luzon stationierten japanischen Luftstreitkräfte zu zermürben; danach solle er gemeinsam mit den zentralpazifischen Streitkräften von Admiral Nimitz an der Küste von Formosa und China landen. Durch diese Umgehungsoperation könnten sich die Alliierten eine Luzon ebenbürtige Ausgangsposition zur Blockade der japanischen Seeverbindungen nach Niederländisch-Indien verschaffen und zugleich einen geeigneten Aufmarschraum für einen Einfall in das japanische Mutterland. Die Japaner würden eher besiegt und die Filipinos früher befreit werden als durch einen zeitraubenden Feldzug in den Philippinen.

General MacArthur reagierte scharf auf den Vorschlag der »Joint Chiefs«. Auf einer Konferenz in Honolulu im Juli 1944 wies er Präsident Roosevelt darauf hin, daß bereits Tausende philippinischer Guerillas die japanische Besatzungsmacht durch Störaktionen in Atem hielten und daß fast die gesamte Bevölkerung der Philippinen sich den amerikanischen Befreiungstruppen anschließen werde. Ein Umgehen der Philippinen und damit ein weiteres Belassen der amerikafreundlich gesinnten Bevölkerung und der amerikanischen Kriegsgefangenen in der Hand der Japaner würde sie größten Entbehrungen und Mißhandlungen aussetzen. Ein Nichterfüllen des amerikanischen Versprechens, die Filipinos so früh wie möglich zu befreien, werde im Osten als ein erneutes Im-Stich-Lassen ausgelegt werden. Der Präsident ließ sich von diesen Argumenten überzeugen; gleichwohl war noch die Entscheidung offen, als die »Combined Chiefs of Staff« mit Roosevelt und Churchill am 11. September zur zweiten Konferenz von Quebec zusammentraten.

Spruance, Turner und Smith waren inzwischen nach Pearl Harbor zurückgekehrt, um eine Ruhepause einzulegen und sich an die Planung künftiger Operationen zu machen. In der Befehlsstruktur der Pazifischen Flotte wurden sie ersetzt durch Admiral Halsey, der die Zentralpazifische Flotte nunmehr unter der Bezeichnung »Dritte US-Flotte« führte, Vizeadmiral Theodore Wilkinson als Befehlshaber der Dritten Amphibischen Kampfgruppe, und Generalmajof Geiger, dessen III. Amphibisches Korps jetzt sämtliche Landungstruppen im zentralpazifischen Bereich eingegliedert wurden.[6] Vizeadmiral Mitscher verblieb auf eigenen Wunsch Befehlshaber der Schnellen Trägerkampfgruppe, die nunmehr die Bezeichnung TF 38 erhielt. Der Wechsel der Bezeichnungen und die damit verbundenen Versetzungen führten bei den Japanern zu der Annahme, es stünden ihnen im Zentralpazifik abwechselnd zwei mächtige Verbände, die 3. und die 5. Flotte, gegenüber.

In den Tagen, als sich in Quebec die »Combined Chiefs« zur Beratung zusammenfanden, traf Halsey auf seinem Flaggschiff *New Jersey* bei der TF 38 ein. Zur Vorbereitung der Landungen auf Morotai und Peleliu führte er Luftangriffe gegen die mittleren Philippinen durch. Die Ergebnisse waren verblüffend. Bei Verlust von acht eigenen Flugzeugen und 10 Mann Besatzung gelang es der TF 38, 200 japanische Flugzeuge zu zerstören, sowie ein Dutzend Frachter und einen Tanker zu versenken. Überzeugt, daß die mittleren Philippinen nichts weiter seien als eine »Schale ohne Kern mit schwacher Verteidigung und dürftigen Hilfsquellen«, sandte Halsey an Nimitz einen dringenden Funkspruch, worin er empfahl, die geplante Einnahme von Yap und den Palau-Inseln aufzugeben und die dafür vorgesehenen Landstreitkräfte MacArthur für eine möglichst baldige Landung auf

6 Da General Geiger durch die Operation gegen Guam so lang aufgehalten wurde, daß er nicht voll an der Planung der Operationen gegen die westlichen Karolinen teilnehmen konnte, erhielt Generalmajor Julian C. Smith, der sich auf Tarawa ausgezeichnet hatte, für die Eroberung der Palau-Inseln und von Ulithi und Yap den Oberbefehl über das amphibische Korps.

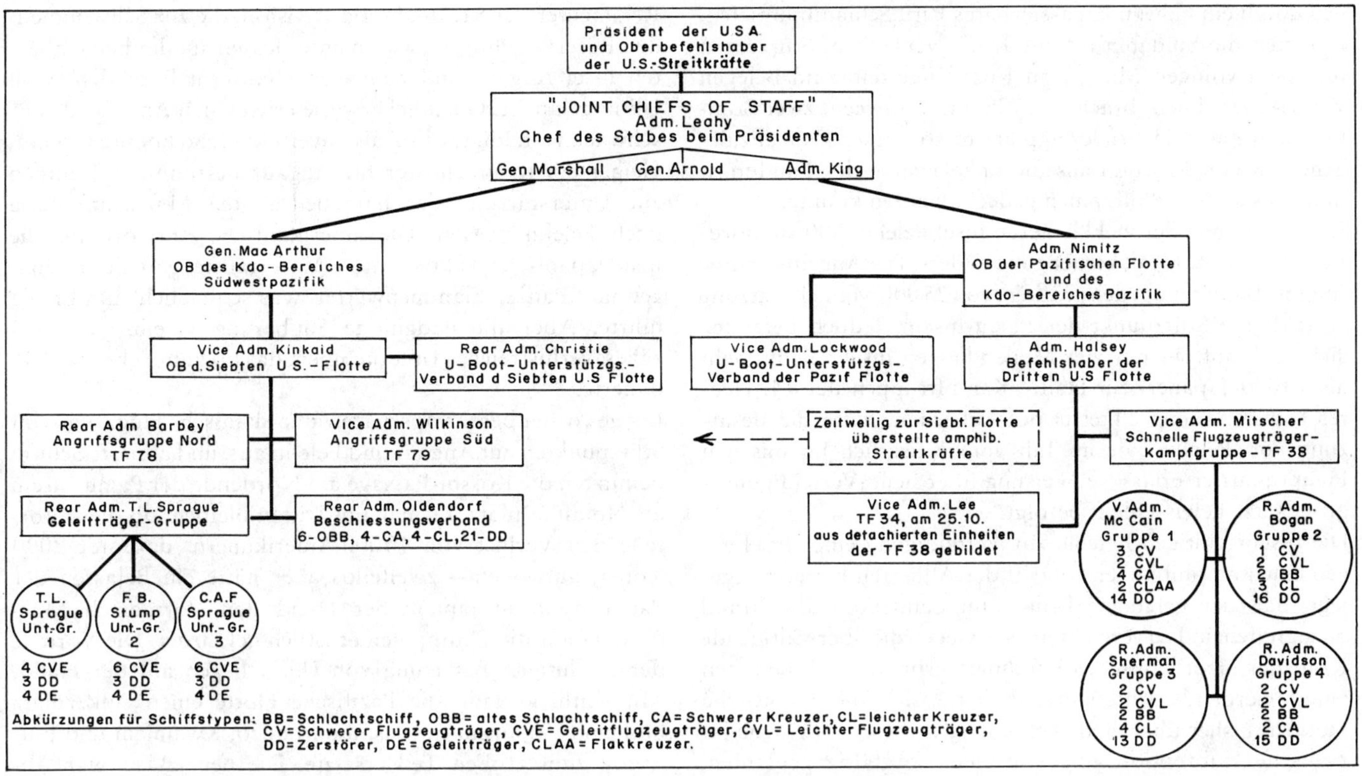

Die Befehlsgliederung für die Operation gegen Leyte und die vornehmlich beteiligten U.S.-Seestreitkräfte

Leyte zu überstellen. Nimitz, der bereit war, Yap liegen zu lassen, aber auf der Eroberung der Palau-Inseln bestand, gab den Vorschlag Halseys nach Quebec weiter. Die »Joint Chiefs« holten auf dem Funkweg die Meinung MacArthurs ein. Da dieser dem Vorschlag Halseys zustimmte, wurden die vorgesehenen Landungen auf Yap, den Talaud-Inseln und Mindanao abgesetzt. MacArthur und Nimitz erhielten Befehl, mit ihren vereinten Streitkräften am 20. Oktober 1944 auf Leyte zu landen – zwei Monate vor dem ursprünglich vorgesehenen Termin.

Nimitz erteilte der Angriffsgruppe Ost, die mit dem XXIV. Korps auf dem Marsch nach Yap war, den Befehl, Kurs auf Manus zu nehmen und sich beim Oberbefehlshaber Südwestpazifik, General MacArthur, zu melden. Diese Übertragung des Befehls über einen in See stehenden gemischten Verband vom Oberbefehlshaber eines Operationsbereiches auf den eines anderen ist ein Indiz für die elastische Planung und Zusammenarbeit der verantwortlichen militärischen Führer. Die Angriffsgruppe West setzte ihren Vormarsch in Richtung auf die Palau-Inseln fort. Die Beschießungseinheiten, Geleitträger, Truppentransporter und Geleitfahrzeuge dieser Gruppe hatten Anweisung, sich nach Abschluß der Unternehmung gegen Palau und Ulithi ebenfalls bei MacArthur zu melden. Die 3. US-Flotte bestand danach faktisch nur noch aus der TF 38. Der Rest wurde für die Offensive gegen Leyte zu den Streitkräften des südwestpazifischen Kommandos überstellt.[7] Die vier Trägergruppen der TF 38 nahmen mittlerweile ihre Ausgangsstellungen zur Unterstützung der Landungen auf Morotai und Peleliu ein. Diese Mitte September gleichzeitig unternommenen Landungsangriffe der südwest- und zentralpazifischen Streitkräfte verdienen wegen der dabei zutage getretenen Unterschiede eingehendes Studium. Die Einnahme von Morotai sollte sich – abgesehen von dem Risiko und den Schwierigkeiten bei der Überwindung natürlicher Strandhindernisse – als eine der mühelosesten des ganzen Krieges erweisen. Dagegen kostete das Niederkämpfen der unübersichtlich angelegten Verteidigungsstellungen auf Peleliu die Angreifer sehr hohe Verluste; mit fast 40 % die schwersten von allen amphibischen Unternehmungen der amerikanischen Geschichte.

Die 7. Amphibische Kampfgruppe, auf der 28 000 Mann Heerestruppen eingeschifft waren, umging das stark besetzte Halmahera und nahm Morotai im Überraschungsangriff. Trägerflugzeuge der 3. und 7. US-Flotte und auf Biak und Noemfoor stationierte Landflugzeuge der 5. Luftflotte isolierten das Angriffsziel; eine zweistündige Beschießung mit Schiffsartillerie ließ die nach wenigen Hunderten zählenden Verteidiger in den Hügeln Zuflucht suchen. Trotz Verzögerun-

7 Zu der reduzierten 3. Flotte gehörte auch die TG 30.8 (Schwimmende Logistische Einsatzgruppe der 3. Flotte) mit Tankschiffen, Geleitträgern mit Flugzeugersatz, Flottenschleppern, Munitionsschiffen und den dazugehörigen Sicherungsfahrzeugen (Zerstörer und Geleitzerstörer). Einheiten der TG 30.8 versorgten die TF 38 an bestimmten Treffpunkten.

gen durch ein nahezu unpassierbares Riff, Schlammuntiefen, in denen die Soldaten bis zur Hüfte versanken, Sturzregen und dem völligen Mangel an Korallengestein zum Belegen von Landebahnen, brachten es Pioniere zuwege, zwei Bomber- und einen Jägerfeldflugplatz in so kurzer Zeit anzulegen, daß von Morotai aus die linke Flanke des Landungsangriffes auf die Philippinen gedeckt werden konnte.

Die Eroberung der viel kleineren Insel Peleliu, 500 sm nordöstlich von Morotai, verlief ganz anders. Die Angriffsgruppe umging Babelthuap, den größten, von 25 000 Mann Besatzung verteidigten Stützpunkt der Palau-Inseln. Jedoch befanden sich auch auf der nur vier Meilen langen Insel Peleliu mehr als 10 000 Japaner, zur Hälfte Kampftruppen der 14. Heeres-Division, einer Elitetruppe. Außerdem hatte die Besatzung von Peleliu eine im Juli vom Kaiserlich-Japanischen Hauptquartier erlassene Weisung über neue Verteidigungsgrundsätze gewissenhaft befolgt.

Die bisher gültigen Befehle zur Verteidigung einer Insel gegen einen amphibischen Angriff der Alliierten hatten festgelegt, daß der gelandete Feind »im Landekopf am Strand anzugreifen und zu vernichten« sei. Gegen die überwältigende Kraft der amerikanischen Landungsverbände und die ihnen zuteil werdende Unterstützung hatte sich diese taktische Doktrin bisher überall als Fehlschlag erwiesen. Die neue japanische Konzeption ging von einer sorgfältig geplanten, tiefgestaffelten Verteidigung aus. Zur Aufopferung bestimmte Kräfte am Strand sollten lediglich den Ansturm des landenden Feindes verzögern. Die Hauptwiderstandslinie war so weit ins Inselinnere zu verlegen, daß sie der vollen Wucht der Beschießung von See her entzogen war. Als Rückhalt für diese Linie waren Befestigungen vorgesehen, die unter Ausnutzung des Geländes angelegt und mit jedem erdenklichen Mittel menschlicher Erfindungsgabe so uneinnehmbar wie nur möglich gemacht werden sollten. Bereitstehende Reserven sollten bei günstiger Gelegenheit zum Gegenstoß antreten; jedoch waren sinnlose »Banzai«-Massenangriffe untersagt. Jeder Einzelkämpfer hatte sein Leben möglichst teuer zu verkaufen. Die dreitägige Beschießung von See her fegte die am Strand und der dahinterliegenden Ebene sichtbaren Verteidigungsanlagen hinweg. Als die 1. Marineinfanterie-Division auf den Strand zulief, wurden die meisten Ausfälle an Landungsfahrzeugen durch die Artillerie der Verteidiger an den Hinterhängen der »Festungslinie« auf einem Höhenzug im Nordosten verursacht. Trotz unausgesetzten Feuers von diesen Höhen und einer Reihe von Gegenstößen aus der japanischen Hauptverteidigungslinie setzte sich die Marineinfanterie schnell in den Besitz des Strandes und nahm den Flugplatz ein. Sobald sie aber in das Berggelände im Nordosten eindrang, stieß sie auf neuen Widerstand. Hier hatten sich die Japaner in einem Labyrinth von mehr als 500 natürlichen oder künstlich angelegten Höhlen verschanzt, die zum größten Teil untereinander verbunden, zum Teil mit Stahltüren versehen und sämtlich geschickt getarnt und durch Bewuchs verborgen waren. Regimenter der 81. Infanterie-Division, die zur Schwimmenden Reserve gehörten, waren unterdessen auf der benachbarten Insel Angaur und dem weiter entfernt liegenden Atoll Ulithi gelandet. Glücklicherweise erwies sich Angaur als nur schwach verteidigt, Ulithi als unverteidigt. So konnte General Geiger ein Regiment der für Angaur bestimmten Truppen zur Unterstützung der hart bedrängten Marineinfanterie nach Peleliu werfen. Die amerikanische Antwort auf die neue japanische Taktik waren Panzerfäuste, geballte Ladungen und Panzer-Flammenwerfer, was schließlich zum Erfolg führte. Aber die endgültige Säuberung Pelelius war ein zähes, verlustreiches Unternehmen, das bis zum Februar 1945 dauerte.

Lange vorher bereits operierten amerikanische Flugzeuge von Stützpunkten auf Angaur und Peleliu aus, und alliierte Schiffe benutzten die Kossol-Passage am Nordende der Palau-Inseln als Notankerplatz. Es mag umstritten bleiben, ob diese Vorteile den Verlust von 10 000 Amerikanern, darunter 2000 Toten, aufwogen – zweifellos aber hätte ein Belassen der Palau-Inseln in japanischer Hand den Vormarsch MacArthurs auf die Philippinen ernstlich gefährdet. Die Vorteile der unblutigen Besetzung von Ulithi liegen auf der Hand. Mit Ulithi gewann die Pazifische Flotte einen Ankerplatz und eine Versorgungsbasis, die Majuro, Kwajalein und Eniwetok zum großen Teil ersetzte. Die neue Basis war Absprungpunkt für faktisch alle weiteren Operationen der zentralpazifischen Streitkräfte.

Während sich bei Manus und Hollandia Landungsverbände sammelten, führten alliierte See- und Luftstreitkräfte eine Reihe schwerer Schläge, um Leyte von jeder Hilfe von außen abzuschneiden. Flugzeuge von Stützpunkten im Süd- und im Zentralpazifik griffen japanische Basen auf den Marshallinseln und in den Karolinen an. Von Westchina aus operierten *B-29* des 20. Bomberkommandos und mittelschwere Bomber der 14. Luftflotte (Generalmajor Claire L. Chennault) gegen Formosa und die chinesische Küste. Die 5. Luftflotte unter General Kenney, die sich auf Flugplätze in Neuguinea, Biak und Morotai stützte, operierte auf der südlichen Flanke und griff wiederholt japanische Flugplätze auf Mindanao und in Niederländisch-Indien an. Die 3. US-Flotte, die den Auftrag hatte, die Nordflanke zu sichern, griff am 10. Oktober Okinawa, am 11. Flugplätze auf Luzon an; am 12. eröffnete sie eine sich auf drei Tage erstreckende Serie von Angriffen gegen japanische Stützpunkte auf Formosa. Die Trägerflugzeuge zerstörten Schiffahrts- und Flugplatzanlagen und schossen in kurzer Zeit mehr als 200 Jäger ab. Als Bomber aus dem japanischen Mutterland über die in aller Eile reparierten Flugplätze auf Okinawa in Formosa eintrafen, mußten auch sie schwere Verluste hinnehmen. Immerhin gelang ihnen die Torpedierung der Kreuzer *Canberra* und *Houston*[8], die abgeschleppt werden muß-

8 Die zweiten Kreuzer des zweiten Weltkrieges mit diesem Namen. *Canberra* war das erste amerikanische Kriegsschiff, das nach einer ausländischen Stadt benannt wurde.

ten. Über den bescheidenen Erfolg begeistert, jedoch in der Annahme, daß er in Wirklichkeit wesentlich größer sei, meldeten die Japaner in die Heimat, sie hätten 11 Flugzeugträger, zwei Schlachtschiffe und drei Kreuzer versenkt. Sie lösten mit ihrer Meldung Siegesfeiern in Japan aus, Radio Tokio verkündete den vermeintlichen Sieg den Hörern in aller Welt. Halsey beschloß, die Selbsttäuschung der Japaner auszunutzen und ihnen eine Falle zu stellen. Er zog vorübergehend das Gros der 3. Flotte aus den Gewässern um Formosa zurück und beließ dort lediglich die beschädigten beiden Kreuzer und eine einzige Kampfgruppe, um die japanische Flotte herauszulocken und eine Seeschlacht herbeizuführen.
Admiral Toyoda schluckte den Köder. Er entsandte sämtliche japanischen Trägerflugzeuggeschwader, deren Personal auf relativ gutem Ausbildungsstand war, in das Kampfgebiet, um den von den landgestützten Bombern errungenen vermeintlichen Sieg vollenden zu helfen. Seiner »Zweiten Einsatzgruppe« aus Kreuzern und Zerstörern gab er Befehl, aus ihren japanischen Stützpunkten auszulaufen, um »restliche feindliche Einheiten zu erledigen«. Schließlich aber fanden japanische Fernaufklärer, die zu einer letzten Lageüberprüfung die See absuchten, alle Verbände der 3. US-Flotte und meldeten, daß kein Schiff sichtbare Schäden aufweise. So wurde offenbar, daß Halsey eine Falle gestellt hatte; die »Zweite Einsatzgruppe« hielt es für weiser, sich nach den Riu-Kiu-Inseln zurückzuziehen. Den japanischen Fliegern indes blieb es vorbehalten, einen letzten Schlag zu landen: sie torpedierten erneut die *Houston*. Damit war der Kampf zu Ende. Die beiden beschädigten Kreuzer, durch wirksame Lecksicherungsmaßnahmen vor dem Untergang bewahrt, erreichten schließlich im Schlepp Ulithi. Die 3. Flotte vernichtete die Masse der landgestützten japanischen Luftstreitkräfte und den einsatzfähigen Teil der japanischen Trägerluftwaffe. Danach bezog sie eine neue Stellung vor Leyte, um die Landung auf den Philippinen zu unterstützen. Zwischen dem 11. und 16. Oktober hatten die Staffeln Halseys bei 89 eigenen Verlusten etwa 350 japanische Flugzeuge vernichtet.

Die Landung auf Leyte

Die Masse der für den Angriff auf Leyte bestimmten Verbände verließ zwischen dem 10. und 15. Oktober in mehreren Staffeln Manus und Hollandia. Am 17. und 18. setzten Vorauseinheiten Kommandotrupps auf den Inseln vor dem Leyte-Golf ab, die die Flanken der anlaufenden Landungsstreitkräfte sichern sollten. Am 18. begannen Minensucher und Kampfschwimmer vor den Landungsabschnitten damit, Wege für die Landungstruppen freizumachen. Beschießungseinheiten und Geleitträger liefen zu einer zweitägigen Bekämpfung der japanischen Küstenwerke in den Golf ein.
In den frühen Morgenstunden des 20. Oktober gingen die Truppentransporter auf die ihnen zugewiesenen Positionen für den Angriff: die 7. Amphibische Kampfgruppe unter Admiral Barbey auf die Höhe von Tacloban, der Hauptstadt von Leyte, die 3. Amphibische Kampfgruppe auf die Höhe von Dulag, 17 sm südlich von Tacloban. Gleichzeitig wurde eine Regimentskampfgruppe auf der vor der Südspitze von Leyte gelegenen Insel Panaon gelandet, mit dem Auftrag, einen Stützpunkt zu nehmen, von dem aus Schnellboote den Südausgang der Surigao-Straße, die von Süden her in den Leyte-Golf hineinführt, überwachen konnten. Nach einer letzten Küstenbeschießung liefen Truppen in den verschiedenartigsten Landungsfahrzeugen den sumpfigen Strand an. Amtracks, die ursprünglich für die abgesagte Landung der 3. Amphibischen Kampfgruppe auf dem riffgeschützten Yap vorgesehen waren, nahmen teil.
Ihrer neu entwickelten Taktik entsprechend, hatte sich das Gros der Japaner auf vorbereitete Stellungen im gebirgigen Innern der Insel zurückgezogen und nur Nachhuten zu hinhaltendem Gefecht zurückgelassen. Diese Nachhuten fügten den Landungstruppen einige Verluste durch Gewehr-, MG-, Granatwerfer- und Artilleriefeuer zu. Ein einzelnes Torpedoflugzeug, das spätnachmittags angriff, beschädigte den Leichten Kreuzer *Honolulu* erheblich. Im Vergleich zu den meisten bisherigen amphibischen Unternehmungen im Pazifik war die Landung auf Leyte nicht schwierig. Am Abend des 20. befanden sich mehr als 60000 Mann Sturmtruppen mit 100000 t Versorgungsgut und Gerät an Land. Die beiden errichteten Landeköpfe waren über eine Meile tief ins Inselinnere vorgetrieben, der Feldflugplatz von Tacloban war in amerikanischer Hand.
Wenige Stunden nach dem Beginn der Landung auf Leyte begab sich General MacArthur in Begleitung des Präsidenten Osmeña an Land. Über das Gerät einer Fernmeldeeinheit richtete der General eine Ansprache an die Filipinos, in der er sagte: »Hier spricht General MacArthur, die Stimme der Freiheit. Filipinos! Ich bin zurückgekommen. Dank der Gnade Gottes des Allmächtigen stehen unsere Truppen wieder auf philippinischem Boden – auf Erde, die durch das Blut unserer beiden Völker geweiht ist... Folgt mir. Laßt uns im unbezwingbaren Geist von Bataan und Corregidor weiterkämpfen. Wenn unsere vorwärtsdringende Front Euer Heimatgebiet erreicht, erhebt Euch und schlagt zu. Greift den Feind bei jeder sich bietenden Gelegenheit an. Kämpft für Heim und Herd! Kämpft für die kommenden Generationen Eurer Söhne und Töchter! Kämpft im Gedanken an Eure heiligen Toten!«

Schlußfolgerungen

Die Operationen auf dem pazifischen Kriegsschauplatz im Jahre 1944 sind unterschiedlich interpretiert worden. Einige Offiziere sahen die Landungen entlang der Küste von Neu-Guinea als Hauptvormarschlinie gegen die Philippinen und Japan an. Die erfolgreichen Operationen der zentralpazifischen Streitkräfte unter Nimitz betrachteten sie als nützliche Unternehmungen zur Sicherung der rechten Flanke des

Vorstoßes im Südwestpazifik. Aus diesem Grunde kritisierten sie den Sprung von den Marshall-Inseln auf die Marianen und das Belassen der Karolinen in der Hand der Japaner. Amtlich wurde der Vorstoß über den Zentralpazifik als Hauptangriff bezeichnet; praktisch war diese Version ohne Belang, denn hinsichtlich der Zuweisung von Truppen und Material wurden beide Offensivstöße gleichmäßig behandelt. Doch gab es auch Offiziere, die die Operationen MacArthurs als nützliche Sicherung der linken Flanke der Nimitz-Offensive im Zentralpazifik und den Schutz Australiens ansahen. Die Wahrheit liegt in der Mitte zwischen den extremen Auffassungen. Die auf die Philippinen zielende Offensive der Alliierten bestand aus zwei sich gegenseitig unterstützenden Teiloffensiven mit jeweils eigenem deutlichen Schwerpunkt. Beide konnten die Vorteile der äußeren Linie nutzen, mußten aber zugleich die damit verbundenen Risiken in Kauf nehmen.

Die Operation gegen Rabaul, durch die Japans Trägerluftwaffe empfindlich geschwächt wurde, setzte die 5. Flotte in den Stand, die Gilbert- und Marshall-Inseln ohne ernstliche Gegenwirkung einzunehmen. Der Angriff der 5. Flotte auf die Palau-Inseln vertrieb die japanische Flotte aus diesem Seeraum und machte MacArthur den Weg frei. Die Eroberung von Biak durch MacArthur bewirkte die Rücknahme japanischer landgestützter Flugzeuge aus dem Zentralpazifik, die sonst zur Abwehr des Angriffs der 5. Flotte auf Saipan zur Verfügung gestanden hätten. Durch ihre Landung auf den Marianen zog die 5. Flotte wiederum die Schlachtschiffe Ugakis auf sich und lenkte sie so von dem beabsichtigten Angriff auf die Streitkräfte MacArthurs vor Biak ab. Außerdem lockte sie die »Mobile Flotte« in die Philippinensee und dezimierte ihre Luftwaffe durch das »Truthahnschießen bei den Marianen«. Die Luftangriffe der 3. Flotte auf Okinawa, Luzon und Formosa schwächten die Schlagkraft der japanischen Luftstreitkräfte so entscheidend, daß sie dem Einfall MacArthurs in Leyte keinen nennenswerten Widerstand entgegensetzen konnten.

Die beiden Offensivgruppen der Alliierten, die quer über den Pazifik vorstießen, operierten als ein »team«. Sie unterstützten und entlasteten sich gegenseitig. Die Alliierten erreichten eine operative Konzentration ihrer Kräfte, indem sie jeweils einen Teil der feindlichen Streitmacht in einem Gebiet im Kampfe festhielten, während sie an anderer Stelle den Hauptschlag führten. Eine solche Kräftekonzentration kann auf der inneren und äußeren Linie erreicht werden. Jedoch sollte der Schwächere die gefährliche äußere Linie meiden. Angenommen Ozawa wäre stark genug gewesen, Spruance in der Schlacht in der Philippinensee zu schlagen. Dann hätte die »Mobile Flotte« den Vorteil ihrer Stellung in der inneren Linie wahrnehmen können, indem sie nach Süden durch die japanisch besetzten Karolinen nach Biak vorstieß, um dort die Kräfte MacArthurs zu zerschlagen, bevor noch die geschwächte 5. Flotte auf dem langen Weg ostwärts um die Karolinen herum hätte zu Hilfe eilen können.

Beurteiler, die den Stoß über den Zentralpazifik als wenig zweckmäßig ablehnen, weisen auf die hohen Verluste bei der Eroberung Saipans oder der Palau-Inseln hin, kostete doch jede dieser Operationen mehr Opfer als der gesamte Vormarsch MacArthurs von den Admiralitäts-Inseln zu den Philippinen.[9] Diese Kritiker geben sich jedoch einer häufig zu beobachtenden Täuschung hin. Sie nehmen an, daß die Japaner auch dann so gehandelt hätten, wie sie es taten, wenn die Alliierten anders vorgegangen wären. Aber der Marsch Ugakis von Tawitawi nach Batjan und von dort nach der Philippinensee ist ein ausreichender Beweis dafür, daß ohne eine Offensive im Zentralpazifik zur Bindung japanischer Kräfte die südwestpazifischen Streitkräfte MacArthurs im Gebiet von Neuguinea auf wesentlich stärkeren Widerstand gestoßen wären.

Das umstrittene taktische Vorgehen von Spruance während der Schlacht in der Philippinensee hat einige Kritiker zu der Feststellung veranlaßt, er habe es nicht verstanden, den bestmöglichen Gebrauch von der Beweglichkeit einer Flotte zu machen – er habe die TF 58 als eine Art Festungsflotte benutzt. Diese Kritik läßt die alte Frage wiederaufleben, ob ein militärischer Führer nach der Tradition eines Nelson oder Clausewitz die Vernichtung der feindlichen Streitkräfte als Hauptziel seiner Aktion ansehen oder aber seine taktischen Entscheidungen mit Rücksicht auf höhere, letzte Ziele der Gesamtstrategie seines Staates fällen müsse. In dem hier zur Debatte stehenden Zusammenhang ist ferner die Frage von Bedeutung, was damals und im Lichte des späteren Geschehens für die Alliierten vorteilhafter war: die Vernichtung ausgebildeter japanischer Piloten und japanischer Flugzeuge oder das Versenken von Flugzeugträgern. Beides zugleich konnte Spruance gewiß nicht erreichen, ohne das Risiko schwerer Verluste für die See- und Landungsstreitkräfte, für die er die Verantwortung trug, auf sich zu nehmen.

9 Saipan: 3426 Gefallene, 13 099 Verwundete. Palau-Inseln: 1590 Gefallene, 8515 Verwundete. Aitape, Hollandia, Wakde, Biak, Noemfoor, Sansapor, Morotai und dazugehörige Operationen: 1648 Gefallene, 8111 Verwundete; Zahlen im Text sind abgerundet.

Kapitel 42

Die Schlacht um den Leyte Golf

Von F. Forstmeier übersetztes Kapitel V der amerikanischen Taschenbuchausgabe,die auf dem von E. B. Potter verfaßten Kapitel 42 der US-Originalausgabe beruht.

Der japanische Sho-Go-Plan

Als die Amerikaner mit der Eroberung der südlichen Marianen den inneren japanischen Verteidigungsring durchbrachen, stellte das japanische Oberkommando seine Operationspläne auf eine Verteidigung »bis zum letzten Mann« um. Daß das japanische Mutterland verteidigt werden mußte, verstand sich von selbst; von fast ebenso großer Bedeutung für die Sicherheit Japans waren aber auch die Philippinen, Formosa und die Riu-Kiu-Inseln. Hinter dem schützenden Gürtel dieser vorgelagerten Inseln konnten die Reste der dahinschwindenden Tankerflotte immer noch lebenswichtige Öltransporte von Niederländisch-Indien nach Japan durchführen. Der neue japanische Verteidigungsplan Sho-Go (»Siegesplan«) wurde in vier Varianten ausgearbeitet: Sho 1 für die Philippinen, Sho 2 für Formosa, die Riu-Kiu-Inseln und Südjapan, Sho 3 für Mittel- und Sho 4 für Nordjapan. Wie der A-Go-Plan, der in der Philippinensee zunichte geworden war, sah auch die Operation Sho-Go den massierten Einsatz von See- und Luftstreitkräften dort vor, wo der nächste amerikanische Angriff zu erwarten war. Landgestützte Flugzeuge sollten dabei einen ersten Vernichtungsschlag führen.

Was auch immer die ursprünglichen Erfolgsaussichten des Sho-Go-Planes gewesen sein mögen – sie wurden schon vor der amerikanischen Landung auf den Philippinen entscheidend gemindert. Bei ihren Angriffen auf die Philippinen, die Riu-Kiu-Inseln und Formosa im September/Oktober 1944 hatte die 3. US-Flotte die japanischen Luftstreitkräfte durch Vernichtung von 1200 Flugzeugen empfindlich geschwächt. Amerikanischen U-Booten, die vornehmlich japanische Tanker aufs Korn nahmen, war es gelungen, die Ölversorgung Japans fast völlig abzudrosseln; dadurch war die »Mobile Flotte« nicht mehr imstande, von den japanischen Heimathäfen aus im geschlossenen Verband zu operieren. Diese kritische Lage ließ Admiral Toyoda keine andere Wahl, als die Flotte zu teilen. Er stellte seine Flugzeugträger zur Ausführung von Reparaturen und zur Pilotenschulung in der Heimat ab und beorderte das Gros seiner übrigen Überwasserschiffe in den Raum um Singapore, wo an Öl kein Mangel herrschte.

Am 17. Oktober, als die Rangers im Leyte-Golf landeten, war die »Mobile Flotte« an folgenden Orten verteilt: (1) ein aus Schlachtschiffen, Kreuzern und Zerstörern zusammengesetzter Verband unter Vizeadmiral Kurita befand sich auf der Reede von Lingga in der Nähe von Singapore, (2) ein Kreuzer/Zerstörer-Verband unter Vizeadmiral Kiyohide Shima lag in Amami in den Riu-Kiu-Inseln. Es war dies der Verband, der am 15. Oktober aus Japan ausgelaufen war, um die »Überbleibsel« der Dritten Flotte Halseys zu erledigen, sich dann aber schnellstens zurückgezogen hatte, als sich die übertrieben optimistisch gefärbten Berichte der japanischen Flieger als falsch erwiesen; (3) ein Trägerverband mit Sicherungsfahrzeugen unter Vizeadmiral Ozawa befand sich im Japanischen Binnenmeer zwischen Honshu und Shikoku[1].

Auf die Kunde von der Landung der amerikanischen Rangers zögerte Toyoda nicht, den Flotteneinsatz für die Operation Sho 1 auszulösen. Obwohl ihm völlig klar war, daß seine Streitkräfte zur See und in der Luft weit unterlegen waren, dachte er nicht daran, dem Kampf auszuweichen. Denn wenn die Philippinen verlorengingen, war ohnehin alles verloren. Die lebenswichtige Versorgungslinie zwischen Japan und Niederländisch-Indien würde dann zerschnitten werden, die »Mobile Flotte« für dauernd aufgespaltet bleiben und keine Möglichkeit bestehen, die Kampfgruppe Kurita mit Munition oder die Verbände von Shima und Ozawa mit Öl zu versorgen. Die Flottenteile konnten einzeln geschlagen und Japan blockiert werden.

Die Kampfgruppe unter Kurita verließ Lingga am 18. Oktober nachmittags. Sie sollte die 3. US-Flotte möglichst umgehen, falls notwendig die 7. US-Flotte angreifen und schlagen und im Leyte-Golf die amphibischen Verbände der Amerikaner unter Feuer nehmen. Am 20. Oktober, gerade als die Verbände MacArthurs auf Leyte Fuß faßten, lief Kurita in Brunei auf Borneo ein, um Brennstoff zu ergänzen. Am 22. früh verließ der größere Teil seiner Streitkräfte (die beiden Superschlachtschiffe *Yamato* und *Musashi*, drei ältere Schlachtschiffe, zehn Schwere Kreuzer, zwei Leichte Kreuzer und 15 Zerstörer) unter seiner Führung den Hafen und nahm Kurs auf die Passage von Palawan. Diese Gruppe bezeichneten die Amerikaner später als zentrale Kampf-

1 Die Japaner bezeichneten die Verbände unter Kurita, Shima und Ozawa als »Kampfgruppe 1«, »Kampfgruppe 2« und »Mobile Kampfgruppe«. Der Teil der »Mobilen Kampfgruppe«, den Ozawa auf dem Marsch aus dem japanischen Binnenmeer führte, hieß das »Gros«. Die Amerikaner, die nacheinander mit den einzelnen Verbänden in Gefechtsberührung kamen, sprachen von der zentralen, südlichen und nördlichen Kampfgruppe.

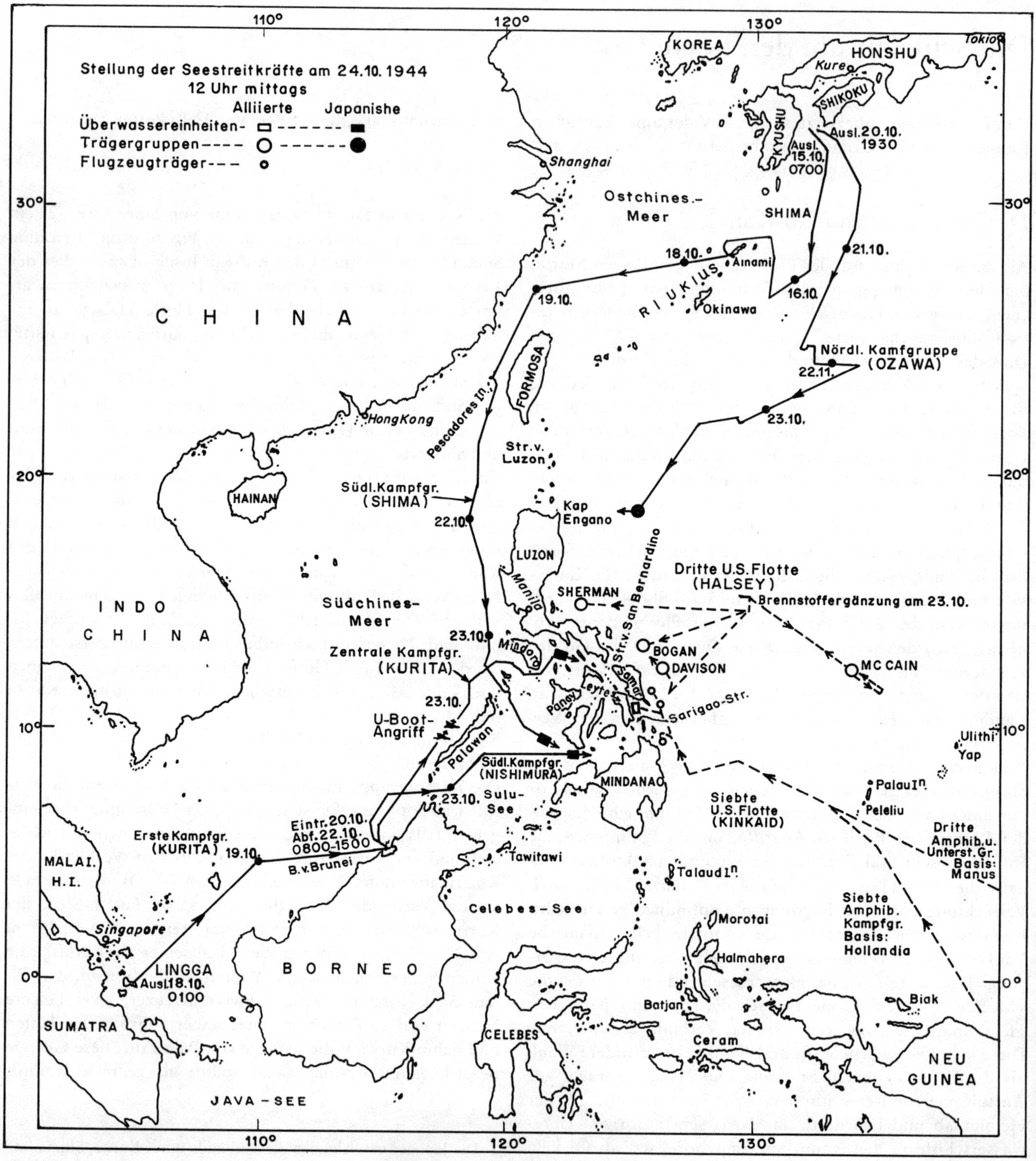

Der Anmarsch der alliierten und der japanischen Seestreitkräfte zum Leyte-Golf
(Wenn nicht anders angegeben, sind die bezeichneten Positionen die für 12 Uhr mittags)

gruppe. Kurita hatte vor, die südlich von Luzon gelegene Sibuyan-See zu überqueren, die Straße von San Bernardino zu durchfahren und in der Dämmerung des 25. von Norden her in den Leyte-Golf einzulaufen.

Vizeadmiral Shoji Nishimura verließ mit dem Restverband Kuritas (zwei alte Schlachtschiffe, der Schwere Kreuzer *Mogami* und vier Zerstörer) Brunei am 22. nachmittags. Diese Gruppe war als südlicher Arm des geplanten Zangenangriffs vorgesehen. Nishimura wandte sich zunächst nach Norden, um feindlichen U-Booten auszuweichen, dann nahm er über die Sulu- und Mindanao-See Kurs auf die Surigao-Straße, um von Süden her kommend im Leyte-Golf zuzuschlagen – den aus Norden kommenden Angriff Kuritas ergänzend.

Die Kampfgruppe Shima (zwei Schwere Kreuzer, ein Leichter Kreuzer, vier Zerstörer) ging nach Erhalt des Befehls von Toyoda, Sho 1 auszulösen, zunächst nach den Pescadoren, westlich von Formosa, und nahm von dort Kurs nach Süden mit dem Befehl, den Angriff Nishimuras zu unterstützen. Die Gruppen Nishimura und Shima wurden von den Amerikanern als südliche Kampfgruppe bezeichnet.

Wenige Stunden nach dem Auslaufen Nishimuras aus Brunei verließ Ozawa mit der nördlichen Kampfgruppe (Schwerer Flugzeugträger *Zuikaku* als Flaggschiff, die Leichten Träger *Zuiho, Chitose* und *Chiyoda*[2], die *Hyuga* und *Ise*, umgebaute, mit Flugdecks versehene Schlachtschiffe, die tatsächlich nie als Träger benutzt wurden, und eine Sicherung von drei Leichten Kreuzern und acht Zerstörern) das Japanische Binnenmeer. Von diesem Verband wurde keine Unterstützung in der bevorstehenden Schlacht erwartet, denn der Verlust an Flugzeugträgerpiloten über Formosa war so schwer gewesen und die Ausbildung des Ersatzes noch so wenig gediehen, daß in der Kaiserlich Japanischen Marine zu wenige Piloten vorhanden waren, die überhaupt auf dem Flugdeck eines Trägers landen konnten. Auftrag der nördlichen japanischen Gruppe war daher, die 3. US-Flotte vom Leyte-Golf fortzulocken, so daß die amphibische Transportflotte der Amerikaner dem Zugriff Kuritas, Nishimuras und Shimas preisgegeben sein würde. Toyoda, der seinerzeit richtig vorausgesehen hatte, daß sich Spruance nicht von Saipan fortlocken ließ, nahm von Halsey an, daß dieser eine Gelegenheit, Flugzeugträger zu versenken, nicht auslassen und darüber Leyte vergessen würde. Die Vernichtung der nur als Köder dienenden Schiffe der nördlichen Kampfgruppe hatte er in seine Berechnung eingeschlossen.

2 Ozawa nahm genug Träger als verlockende »Köder« mit sich; die Träger, die er nicht ohne weiteres zu opfern geneigt war, ließ er für späteren Einsatz in Japan zurück. Es waren dies: vier neue große Träger, die *Shinano* (64800 ts), die *Unryu* (17150 ts), *Amagi* (17460 ts) und *Katsuragi* (17260 ts) sowie die ältere *Junyo* (24140 ts) und die leichtere, umgebaute *Ryuho* (13360 ts).

Erste Kämpfe

Kuritas zentrale Kampfgruppe geriet schon bald in Schwierigkeiten. Eine Stunde nach Hellwerden am 23. Oktober wurde sie vor der Insel Palawan von *Darter* und *Dace* angegriffen, zwei amerikanischen U-Booten, die mit anderen den Auftrag hatten, die Zufahrtswege zu den Philippinen zu überwachen. Das Flaggschiff des Verbandes, der Schwere Kreuzer *Atago,* wurde von vier Torpedos der *Darter* getroffen und sank in 18 Minuten. Zwei weitere Torpedotreffer fügten dem Schweren Kreuzer *Takao* so erhebliche Schäden zu, daß er, von zwei Zerstörer geleitet, sich zurück auf den Weg nach Brunei machen mußte. Kurz nach dem Untergang der *Atago* traf ein Torpedofächer der *Dace* einen dritten Schweren Kreuzer, die *Maya;* explodierende Munitionsmagazine zerrissen das Schiff.

Kurita und sein Stab konnten von der *Atago* auf einen Zerstörer entkommen und setzten von dort auf die *Yamato* als neuem Flaggschiff über. Am 24. morgens liefen die noch verbliebenen Schiffe der zentralen Gruppe südlich an der Insel Mindoro vorbei in die Sibuyan-See ein. Noch ganz unter dem Eindruck seiner schlechten Erfahrungen vom Vortage, war sich Kurita im klaren darüber, daß seine Anwesenheit den Amerikanern bekannt war und daß er im Begriff stand, sich in den Angriffsbereich der östlich der Philippinen stehenden Träger Halseys zu begeben.

Etwa 200 sm weiter im Süden, in der Sulu-See, näherte sich Nishimura, dem in 60 sm Abstand Shima folgte, ebenfalls im Angriffsbereich der Trägerflugzeuge Halseys. Die Hauptphase der Schlacht stand unmittelbar bevor.

Die Dislozierung der alliierten Streitkräfte

Während des ersten Abschnitts der Landung auf Leyte standen alliierte, fast ausschließlich amerikanische Seestreitkräfte in verschiedenen Streifen vor dem Landekopf.

Im Golf befand sich das Gros der verstärkten 7. Flotte einschließlich der beiden aus Transportern, Frachtschiffen und Landungsfahrzeugen bestehenden amphibischen Kampfgruppen sowie eine Beschießungs- und Feuerunterstützungsgruppe (sechs alte Schlachtschiffe, ferner Kreuzer und Zerstörer unter Befehl von Konteradmiral Jesse B. Oldendorf). Der Befehlshaber der 7. Flotte, Vizeadmiral Kinkaid, war an Bord des AGC *Wasatch* (AGC = Amphibious Command Ship = Landungsführungsschiff), General MacArthur an Bord des Kreuzers *Nashville.* Weiter östlich, gerade vor dem Leyte-Golf, standen drei Träger-(Unter-)Gruppen der Sieben Flotte unter Befehl von Konteradmiral Thomas L. Sprague. Diese Verbände, denen anfangs 18 von Zerstörern und Geleitzerstörern gesicherte Geleitträger zugehörten, waren zur U-Boot-Abwehr, Luftsicherung und Unterstützung der Erdkämpfe eingesetzt.

Östlich von Luzon hatte Admiral Halsey die Großkampfschiffe seiner 3. Flotte versammelt, die – wie erinnerlich –

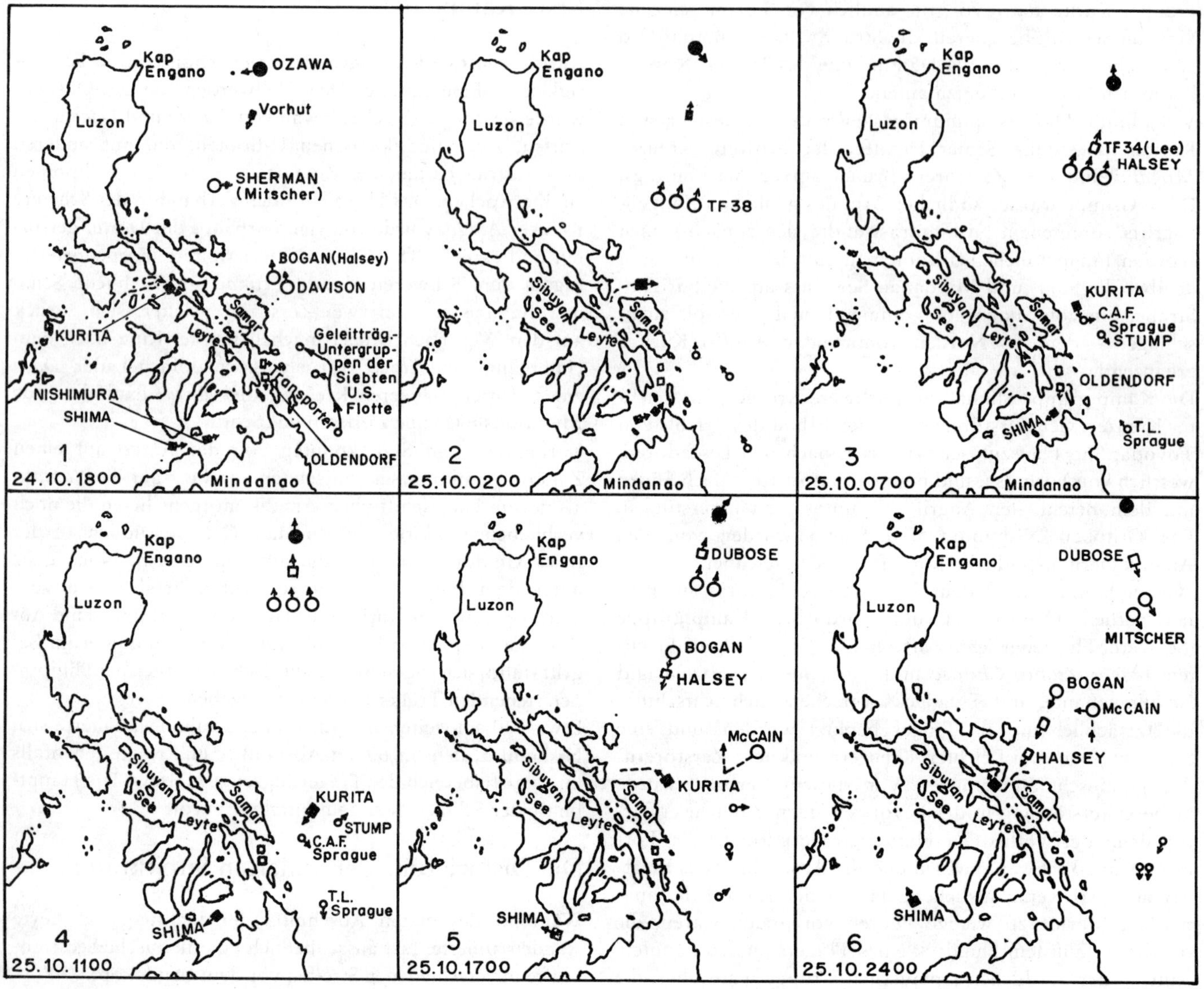

Die Schlacht um den Leyte-Golf. Flottenbewegungen.

bis auf die TF 38 vorübergehend ihre Kräfte zur Verstärkung der 7. Flotte abgegeben hatte. Die vier Träger-Kampfgruppen der TF 38 wurden jetzt von Vizeadmiral John S. McCain und den Konteradmiralen Gerald F. Bogan, Frederick C. Sherman und Ralph E. Davison befehligt. Jede Kampfgruppe setzte sich – wenn auch nicht einheitlich – aus etwa 23 Schiffen zusammen, nämlich zwei Schweren Flugzeugträgern, zwei Leichten Flugzeugträgern, zwei neuen Schlachtschiffen, drei Kreuzern und 14 Zerstörern. Halsey befand sich an Bord der *New Jersey* bei der Gruppe Bogan, Mitscher auf der *Lexington* bei Sherman. Da 3. Flotte und TF 38 zu dieser Zeit als Kampfverband identisch waren, führte Halsey auch taktisch unmittelbar.

Als die Landungen auf Leyte von der japanischen Flotte ungehindert vonstatten gingen, nahm Halsey die Gelegenheit wahr, Brennstoff und Munition zu ergänzen und seinen Besatzungen etwas Ruhe zu gönnen. Er wollte abwechselnd eine Kampfgruppe nach der anderen zur Ergänzung ihrer Vorräte detachieren. So war die McCain-Gruppe schon entlassen und auf dem Wege nach Ulithi, als Halsey die Meldung der *Darter* über den Anmarsch Kuritas aus Westen erhielt. Offensichtlich wollte die japanische Flotte endlich angreifen. Halsey ließ die Gruppe McCain ihren Marsch nach Südosten fortsetzen, für die drei restlichen Kampfgruppen erteilte er sofort Befehl, aus Tankern Brennstoff zu ergänzen und anschließend näher an die Philippinen heranzugehen. Im Laufe der Nacht liefen die Kampfgruppen fächerförmig auseinander und erreichten so bei Tagesanbruch am 24. Oktober Positionen von 125 sm gegenseitigem Abstand: Die Gruppe Sherman stand vor Luzon, die Gruppe Bogan vor der Straße von San Bernardino und jene von Davison vor dem Leyte-Golf. Noch vor 06.30 Uhr befanden sich Aufklärer aller drei Gruppen in der Luft, die im Westen, Nordwesten und Südwesten den Feind auszumachen suchten.

Die Schlacht in der Sibuyan-See

Am 24. Oktober kurz nach 09.00 Uhr sichteten Aufklärer der Gruppe Davison den Verband Nishimuras, die Vorhut der japanischen südlichen Kampfgruppe, in der Sulu-See. Sie griffen sofort an und beschädigten das alte Schlachtschiff *Fuso* sowie einen Zerstörer, ohne jedoch die Geschwindigkeit der Schiffe herabsetzen zu können. Etwas später am Vormittag sichtete ein Bomber der 5. Luftflotte den rückwärts gestaffelten Verband Shimas ebenfalls in der Sulu-See. Kinkaid, der die beiden Verbände als Teile einer zusammengehörigen Kampfgruppe auffaßte und richtig vermutete, daß sie durch die Surigao-Straße in den Leyte-Golf vorstoßen wollten, ließ zusätzliche Verteidigungsmaßnahmen durch die 7. Flotte einleiten.

Halseys Interesse an den im Süden gemeldeten kleineren Einheiten wurde durch Meldungen über wesentlich verlockendere Ziele weiter nördlich abgelenkt: um 08.10 Uhr hatte ein Pilot der Gruppe Bogan die zentrale Gruppe Kuritas beim Einlaufen in die Sibuyan-See gesichtet. Halsey beschloß, die japanischen Südstreitkräfte der Sorge Kinkaids und der 7. Flotte zu überlassen. Er befahl Davison und Sherman, mit Höchstfahrt auf die in der Mitte stehende Gruppe Bogan zuzulaufen und dann die gesamten Trägerflugzeuge gegen Kurita anzusetzen, um seinen Vormarsch zu stoppen. Gleichzeitig gab er McCain den Befehl, umzukehren, in See Brennstoff zu ergänzen und sich für alle Eventualitäten bereit zu halten.

Von den Flugdecks der Trägerkampfgruppen der 3. Flotte griffen am 24. Oktober fünf Wellen die zentrale Kampfgruppe Kuritas an, als diese, faktisch ohne jede Luftsicherung, unbeirrt über die Sibuyan-See auf die Straße von San Bernardino zulief. Kuritas Verband wurde schwer mitgenommen: wenige Stunden nach Mittag hatten vier Schlachtschiffe Treffer erhalten, der Schwere Kreuzer *Myoko* war außer Gefecht gesetzt und zog sich nach Westen zurück; das Superschlachtschiff *Musashi*, mehrfach von Torpedos und Bomben getroffen, war weit hinter dem Verband zurückgeblieben. Der letzte an diesem Tag geflogene amerikanische Angriff galt allein der *Musashi*, die nach 19 Torpedo- und 17 Bombentreffern kenterte und 1100 Mann, die Hälfte der Besatzung, mit sich in die Tiefe nahm.

Kurita beklagte sich über Funk bitter über den Mangel an Luftsicherung, der ihn schutzlos den vernichtenden Angriffen preisgegeben hatte. Er befahl seiner Kampfgruppe, auf Gegenkurs zu gehen und nach Westen zurückzulaufen.

Angriffe auf die Trägerkampfgruppe Sherman

Kurita war die Luftsicherung vorenthalten worden, weil das japanische Lufteinsatzkommando auf Luzon die Meinung vertreten hatte, die beste Unterstützung für Kurita seien Angriffe auf die amerikanischen Flugzeugträger. Man glaubte, daß die im Schnellverfahren ausgebildeten japanischen Piloten noch eher die feindlichen Schiffe treffen als die feindlichen Flugzeuge über ihren eigenen Schiffen mit Erfolg bekämpfen würden. Als daher ein Aufklärer aus Luzon am 24. Oktober frühmorgens die Kampfgruppe Sherman sichtete und ihren Standort meldete, setzten die Japaner jedes verfügbare Flugzeug ein.

Die Gruppe Sherman entdeckte den nahenden Feind gerade, als die Träger im Begriff waren, ihrerseits eine Angriffswelle gegen Kurita zu starten. Sherman verschob den Angriff, beorderte seine Bomber und Torpedoflugzeuge zurück in die Hangardecks und schickte sämtliche Jäger in die Luft, während seine Schiffe sich in den Schutz einer Regenbö zurückzogen. Wie seinerzeit beim Truthahnschießen bei den Marianen fügten die vorzüglich ausgebildeten, kampferprobten amerikanischen Piloten ihren unerfahrenen Gegnern schwerste Verluste zu. Während der Luftkämpfe konnte kein japanisches Flugzeug bis auf Angriffsnähe zu den Flugzeugträgern Shermans durchstoßen. Aber kurz nach 09.30 Uhr, als augenscheinlich alle feindlichen Flugzeuge vom Himmel gefegt waren und die Gruppe Sherman gerade aus dem Regenvorhang hervortauchte, um ihre Jäger wieder an Bord zu nehmen, kam ein einzelner japanischer Bomber aus einer Wolke im Sturzflug herunter und traf den Leichten Flugzeugträger *Princeton*. Benzin aus den Tanks getroffener Flugzeuge setzte an verschiedenen Stellen das Hangardeck in Brand. Sechs Torpedos, mit denen *Avengers* für den aufgeschobenen Angriff ausgerüstet worden waren, detonierten gleichzeitig; die Explosion zerstörte beide Aufzüge und riß einen großen Teil des Flugdecks auf.

Unter diesen Umständen setzte Sherman den Marsch zu der von Halsey befohlenen Vereinigung mit der Gruppe Bogan nicht fort. Er ließ mehrere Kreuzer und Zerstörer bei dem brennenden Flugzeugträger, mit dem Rest seiner Gruppe blieb er innerhalb einer Entfernung, aus der er sofort in das Geschehen helfend eingreifen konnte. Am späten Vormittag stiegen die Staffeln seiner drei intakten Träger zum Angriff gegen Kurita auf.

Aufklärer der Nordgruppe Ozawas, die um diese Zeit vor Kap Engaño stand, hatten jetzt gleichfalls die Gruppe Sherman ausgemacht. Um 11.45 Uhr ließ Ozawa 76 Flugzeuge zum Angriff starten, darunter befand sich der Großteil der ihm noch verbliebenen einsatzfähigen Maschinen. Eine Stunde später registrierten amerikanische Radargeräte den Anflug der Japaner, gerade als Sherman eine zweite Welle gegen die zentrale japanische Angriffsgruppe entsenden wollte. Diesmal zögerte er nicht mit dem Start der Bomber, dann sammelte er seine Jäger, um den neuen japanischen Angriff

abzuwehren. Seine *Hellcats* waren so erfolgreich, daß die Japaner bei diesem Angriff überhaupt nichts erreichen konnten. Von den angreifenden Flugzeugen flüchteten 20 nach Luzon, der Rest ging verloren.
An Bord der *Princeton* schien es inzwischen Feuerlöschtrupps zu gelingen, des Feuers Herr zu werden. Aber bis zum Nachmittag hatte sich ein hartnäckiger Brand bis zum Torpedolager durchgefressen: eine gewaltige Explosion riß fast das gesamte Heck und hintere Flugdeck ab. Der längsseit befindliche Kreuzer *Birmingham* wurde mit Trümmern und Stahlsplittern überschüttet; 200 Mann der Besatzung wurden getötet, fast die doppelte Anzahl verwundet. Der Kommandant der *Princeton* gab kurz darauf den Befehl, das Schiff zu verlassen.

Halsey läßt den Brückenkopf ungedeckt

Obwohl der Angriff auf Leyte gemeinsam von zentralpazifischen und südwestpazifischen Streitkräften geführt wurde, war keine Vorsorge für die Ernennung eines Oberbefehlshabers auf dem eigentlichen Kampfplatz getroffen worden. Als Befehlshaber der 3. Flotte war Admiral Halsey seinem Vorgesetzten, Admiral Nimitz, in Pearl Harbor verantwortlich, dieser wiederum den »Joint Chiefs of Staff« in Washington. Der Befehlshaber der 7. Flotte, Admiral Kinkaid, unterstand im Leyte-Golf General MacArthur, der seinerseits den »Joint Chiefs of Staff« unterstand. Obwohl so Halsey und Kinkaid unabhängig voneinander operativ handeln konnten, erwartete man nicht, daß sich daraus ernstliche Schwierigkeiten ergeben könnten. Beide Männer waren gereifte, erfahrene Befehlshaber, von denen angenommen werden durfte, daß sie zusammenarbeiten und ihre Einsätze aufeinander abstimmen würden. Und doch war der Keim zu gegenseitigem Verdruß gelegt, denn die beiden Admirale gingen mit ganz verschiedenen Konzeptionen ihrer jeweiligen Aufgabe in die Schlacht.
Kein Zweifel konnte daran bestehen, daß die 7. Flotte, nachdem sie die Landungsstreitkräfte auf dem Marsch nach Leyte gesichert hatte, den Angriff unmittelbar unterstützen sollte. Aber welche Flotte war nun mit der Aufgabe der Deckung des Landekopfes, der Abwehr sich nähernder feindlicher Seestreitkräfte betraut? Nach dem Operationsplan von Nimitz hatte Halsey den Auftrag, die »Streitkräfte des südpazifischen Kommandos zu sichern und zu unterstützen«. Daraus zog Kinkaid den Schluß, es sei Sache der 3. Flotte, die Landungsschiffe der 7. Flotte zu schützen. Aufgabe der 7. Flotte sei, so sagte er, «. . . Truppen zu landen und dafür zu sorgen, daß sie an Land verbleiben konnten. Deshalb waren die Schiffe nur zu einem geringen Prozentsatz mit panzerbrechender Munition ausgestattet. Die Geleitträger (CVE = Aircraft Carrier, Escort) waren mit Splitterbomben anstelle von Torpedos und schweren Bomben ausgerüstet. Auf eine Seeschlacht waren wir nicht vorbereitet.«

Aber der Plan von Nimitz enthielt auch die folgende Weisung: »Falls sich die Gelegenheit zur Vernichtung eines großen Teiles der feindlichen Flotte bietet oder herbeigeführt werden kann, ist diese das Hauptziel.« Daraus zog Halsey den Schluß, der Auftrag der 3. Flotte sei offensiver, nicht defensiver Natur. Er schrieb später: »Der Schutz der 7. Flotte gehörte nicht zu meinem Auftrag. Ich hatte anzugreifen und mit der 3. Flotte zu schlagen.« Am 24. Oktober morgens übernahm Kinkaid die Sperrung der Surigao-Straße in der Nachbarschaft des Landekopfes, um die im Anmarsch gemeldete südliche Kampfgruppe der Japaner gegebenenfalls abzuwehren. Unterdessen massierte Halsey seine sämtlichen Staffeln gegen die starke zentrale Angriffsgruppe Kuritas. Einige Stunden nach Mittag, als Kurita stetig nach Osten vorrückte, in der offenbaren Absicht, durch die San-Bernardino-Straße vorzustoßen, traf Halsey Vorbereitungen für eine Seeschlacht. Um 15.12 Uhr gab er an seine nachgeordneten Befehlshaber und Kommandanten auf dem Funkwege einen »Schlachtplan« durch. Darin hieß es, daß vier Schlachtschiffe einschließlich des Flaggschiffes *New Jersey*, drei Schwere, drei Leichte Kreuzer und 14 Zerstörer der Flugzeugträgergruppen Bogan und Davison unter Führung von Vizeadmiral Lee »zur TF 34 zusammengestellt« werden würden. »Dieser Funkspruch«, so erklärt Halsey, »der am nächsten Tage in der Schlacht eine kritische Rolle spielte, sollte die genannten Schiffe nur darauf aufmerksam machen, daß ich sie im Fall der günstigen Chance für eine Seeschlacht aus der TF 38 herauslösen und unter der Bezeichnung TF 34 als Schlachtflotte vorausschicken wollte.«
Kinkaid gehörte nicht zu den Adressaten des Funkspruchs, aber er fing ihn auf und las ihn mit großer Befriedigung. Da er keine weiteren Funksprüche auffing, die den ersten in Frage stellten, nahm er an, Halsey habe seine Absicht durchgeführt, und die San-Bernardino-Straße sei durch starke Seestreitkräfte gesichert. »Es war unvorstellbar«, sagte Kinkaid, »daß Halsey einen so ausgezeichneten Schlachtplan aufgegeben haben sollte.«
Die Vormarschrichtungen Kuritas in der Sibuyan-See und Nishimuras sowie Shimas in der Sulu-See ließen den Plan eines Zangenangriffes von Überwasserstreitkräften auf den Leyte-Golf klar erkennen. Was aber war mit den japanischen Flugzeugträgern? Ohne Zweifel würde der Gegner bei einer so groß angelegten Seeoperation seine Flugzeugträger einsetzen. Mit fast absoluter Gewißheit stand fest, daß die Träger zum Zeitpunkt der Landung auf Leyte sich in japanischen Gewässern aufhielten. Deshalb durfte angenommen werden, daß sie sich jetzt auf hoher See befanden und aus Norden anmarschierten, um mit der südlichen und zentralen Angriffsgruppe bei deren konvergierendem Stoß auf den Leyte-Golf zusammenzuwirken.
Tatsächlich stand, wie wir wissen, die Trägergruppe Ozawas im Norden. Sie gab sich größte Mühe, die Aufmerksamkeit der Amerikaner auf sich zu lenken: sie entwickelte gewaltige Rauchschwaden, brach die Funkstille auf verschiedenen

Frequenzen und sandte sogar einen Kriegsschiffverband als Vorhut aus zu dem allerdings erfolglosen Versuch, die 3. Flotte aufzuspüren und in ein Gefecht zu verwickeln. Sherman, zu dessen Aufgaben es gehörte, den nördlichen Sektor zu überwachen, hatte vormittags und am frühen Nachmittag keine Aufklärer aufsteigen lassen. Er war vollauf mit der Sicherung der brennenden *Princeton* und mit der Abwehr der japanischen Luftangriffe beschäftigt. Seine schließlich am Spätnachmittag entsandten Aufklärer stellten die japanische Trägergruppe in nur 190 sm Entfernung NNO fest. Mitscher gab die Positionsmeldung an Halsey weiter, und Sherman ließ die nicht mehr zu rettende *Princeton* von einem Kreuzer mit Torpedos versenken.

Jetzt hielt Halsey alle Teile des japanischen Puzzle-Spieles in seiner Hand. Das Bild, das sich ihm bot, schien seinen ersten Eindruck zu bestätigen: offenbar waren die südlichen Streitkräfte der Japaner auf dem Marsch zur Surigao-Straße, die zentralen liefen auf die San-Bernardino-Straße zu und die nördlichen auf einen Treffpunkt in der Nähe des Leyte-Golfs. Halsey war entschlossen, eine Konzentration der feindlichen Kräfte zu verhindern. Er hatte den Eindruck, daß er die schwache japanische Südgruppe bei seinen Operationen nicht zu beachten brauche und sie ruhig Kinkaid überlassen könne. Nach den Berichten seiner Piloten war auch die zentrale Gruppe durch schwere Beschädigungen ihrer Artillerieanlagen, Feuerlöscheinrichtungen und Nachrichtenmittel so angeschlagen, daß er auch sie der Sorge Kinkaids überlassen zu können glaubte. Außerdem deuteten die letzten Berichte darauf hin, daß die zentrale Kampfgruppe auf Gegenkurs gegangen war und nach Westen das Weite suchte. Nur die von Norden frisch und unbeschädigt herankommende Trägerkampfgruppe blieb noch übrig. Ihr Aktionsbereich übertraf den der anderen japanischen Kampfgruppen um Hunderte von Seemeilen. Infolgedessen sah Halsey die Vernichtung der japanischen Nordgruppe als seine Hauptaufgabe an.

Er konnte mit seiner ganzen Flotte die San-Bernardino-Straße blockieren, das Herankommen der Nordgruppe abwarten und dann angreifen. Diese Möglichkeit verwarf er aber, weil dabei die 3. Flotte zwischen die japanischen Träger und die japanischen Landflugplätze geraten und Angriffen von beiden Seiten sowie einem »Bombardement im Pendelverkehr« ausgesetzt gewesen wäre. Während der Schlacht in der Philippinensee hatten die Bomber Mitschers durch ständiges Niederhalten der Flugplätze auf Guam solche Angriffe unmöglich gemacht; die zahlreichen Flugplätze auf den Philippinen ließen eine Wiederholung dieser Taktik nicht zu.

Halsey besaß auch die Möglichkeit, die San-Bernardino-Straße mit der TF 34 zu bewachen und die Nordgruppe mit seinen Trägern anzugreifen. Diese Alternative verwarf er, weil er die Stärke der vereinten japanischen landgestützten und der Trägerluftwaffe überschätzte und befürchtete, daß sie einer geteilten 3. Flotte weit größeren Schaden zufügen könnte als einer in voller Stärke versammelten. Er wollte seine gesamte Schiffsflak zusammenhalten, um die Flugzeugträger zu schützen, und er wollte seine gesamten Trägerflugzeuge zusammenhalten, um seine Kriegsschiffe zu sichern.

Eine dritte Möglichkeit war, die Bewachung der San-Bernardino-Straße aufzugeben und mit der gesamten Flotte den Feind im Norden anzugreifen. Obwohl er damit den Landekopf auf Leyte ungesichert zurückließ, entschloß sich Halsey zu dieser Lösung. Er führte dazu aus: »Sie beließ mir meine Flotte ungeteilt, ließ die Initiative in meiner Hand und versprach den größten Überraschungseffekt. Selbst wenn die zentrale Angriffsgruppe inzwischen durch die San-Bernardino-Straße in Richtung des Leyte-Golfs vorstieß, so konnte sie zwar vielleicht die Landungsoperation stören, aber schon wegen der erlittenen Schäden etwa errungene Erfolge nicht ausnutzen. Ihre Devise mußte sein: zuschlagen und sofort verschwinden. Kinkaid war nach meiner Ansicht bei weitem stark genug, mit einer solchen Lage, sollte sie tatsächlich eintreten, fertig zu werden.«

Nachdem er seine Entscheidung getroffen hatte, ging Halsey ins Kartenhaus seines Flaggschiffes. Es war gerade kurz vor acht Uhr abends. Er deutete mit dem Zeigefinger auf die eingezeichnete Position der nördlichen japanischen Angriffsgruppe in 300 sm Entfernung und sagte zu seinem Chef des Stabes, Konteradmiral Robert B. Carney: »Da gehen wir hin, Mick; alle Verbände auf Nordkurs gehen lassen.« Carney setzte sofort die entsprechenden Funksprüche ab: McCain befahl er, mit Höchstfahrt auf die anderen Trägerkampfgruppen der 3. Flotte zuzulaufen; Sherman, sich mit den Gruppen Bogan und Davison um Mitternacht zu vereinigen, sobald sie ihn passierten; an Mitscher erging Befehl, zur selben Zeit den taktischen Oberbefehl über die TF 38 wieder zu übernehmen und die japanische Nordgruppe am 25. morgens anzugreifen. An Kinkaid gab er im Auftrag Halseys durch: »Ich gehe mit drei Kampfgruppen nach Norden, um die feindliche Trägerflotte in der Morgendämmerung anzugreifen.«[3]

In der Annahme, daß inzwischen die TF 34 gebildet worden sei, interpretierte Kinkaid die letzte Meldung dahingehend, daß Halsey lediglich drei Trägerkampfgruppen nach Norden beordert hätte. Kinkaid hatte den Großteil der zur artilleristischen Bekämpfung abgeteilten Einheiten der 7. Flotte bereits nach Süden entlassen, um die Surigao-Straße zu sperren und die herankommende südliche japanische Angriffsgruppe zu vernichten. Trotz der festen Annahme, daß die TF 34 die San-Bernardino-Straße blockiere, ließ er aus alter Routine sicherheitshalber nach Norden zu aufklären, wozu er am 24. nach Anbruch der Dunkelheit PBY-Nachtaufklärer und nach Tagesanbruch am 25. Flugzeuge seiner Geleitträger einsetzte. Er verzichtete darauf, eigene Aufklärer zum Aufspüren Kuritas über die Sibuan-See zu

3 Alle zitierten Funksprüche sind wörtlich den Funkkladden entnommen.

schicken, damit sie nicht in der Dunkelheit versehentlich an ihre Konkurrenz von der 3. Flotte gerieten. Wie sich später herausstellen sollte, überflog die PBY, die über der San-Bernardino-Straße aufklärte, das Gebiet etwas zu früh, um den Feind ausfindig zu machen, die Flugzeuge des Geleitträgers dagegen starteten um ein weniges zu spät.

Über seine Entscheidung zum Angriff auf den nördlichen Kampfverband der Japaner schrieb Admiral Halsey später: »Unter den gleichen Umständen und bei den gleichen Nachrichten über den Feind wie damals würde ich genau wieder so handeln.« Nach Auffassung Halseys und praktisch aller führenden Seeoffiziere in dieser Zeit waren die gegnerischen Flugzeugträger die Hauptgefahrenquelle bei jeder Seeoperation. Zwar hatten die Aufklärer Shermans nur wenige feindliche Flugzeugträger im Norden gemeldet, aber Halsey bezweifelte, daß sie die gesamte nördliche Angriffsgruppe gesichtet hatten – und selbstverständlich konnte er nicht wissen, daß die Träger Ozawas bloß zur Ablenkung als Köder nach Süden heruntergekommen waren und daß Ozawa die Masse seiner Flugzeuge schon verausgabt hatte.

Halsey hatte die Erfolgsaussichten bei Festhalten an seinem unmittelbaren Kampfauftrag abgewogen gegen die Möglichkeit, dem Fernziel der Niederwerfung Japans mit einem Schlag einen großen Schritt näher zu kommen. Er war dabei zu der Überzeugung gelangt, daß sein bester Beitrag zum Erreichen des Kriegszieles darin bestehe, die jetzige günstige Gelegenheit beim Schopfe zu fassen und das Potential der japanischen Marineluftstreitkräfte zu vernichten. Die Offiziere seines Stabes teilten ohne Ausnahme diese Ansicht. Admiral Halsey zweifelte nicht daran, daß Kinkaid in der Lage sein werde, sowohl mit der südlichen, auf die Surigao-Straße zulaufenden Kampfgruppe fertig zu werden als auch mit der angeschlagenen Gruppe Kurita im Zentrum, falls sie versuchen sollte, aus der San-Bernardino-Straße zu einem Angriff in den Leyte-Golf vorzustoßen.[4]

Gleichwohl nahm Halsey ein Risiko auf sich, darüber war er sich im klaren. Aber seine kriegerischen Erfolge bis dahin waren fast ausnahmslos dadurch zustande gekommen, daß er ein »calculated risk« in Kauf genommen hatte. Auch legte er den Teil der ihm zugegangenen Befehle, in dem die »Vernichtung des Gros der feindlichen Flotte« als eine seiner vornehmsten Aufgaben bezeichnet worden war, als Mandat für sein Handeln aus.

So sehr war Halsey davon überzeugt, das einzig Richtige zu tun, daß ihn Meldungen von Nachtaufklärern des Trägers *Independence* über das Verhalten Kuritas völlig ungerührt ließen. Sie meldeten, daß die zentrale Kampfgruppe auf Ostkurs zurückgedreht hatte und erneut die San-Bernardino-Straße ansteuerte. Sie meldeten ferner, daß die bislang gelöschte Befeuerung der Straße wieder in Betrieb sei. Ebensowenig ließ sich Halsey von Funksprüchen Bogans und Lees beeindrucken, die Zweifel an der Richtigkeit des eingeschlagenen Kurses äußerten. Mitscher schwieg; er hatte sich gegen einen Vorschlag der Offiziere seines Stabes ausgesprochen, den Schlachtschiffverband wieder auf Südkurs zurückzubeordern. »Wenn er meinen Rat braucht, wird er mich fragen«, bemerkte Mitscher. Die Kampfgruppe Sherman vereinigte sich mit den Gruppen Bogan und Davison am 24. Oktober um 23.45 Uhr. Eine Stunde später stieß hinter Halseys Rücken die zentrale japanische Kampfgruppe aus der San-Bernardino-Straße in die Philippinensee vor.

Kurita war kurz vor Sonnenuntergang auf Ostkurs zurückgegangen. Sein erneuter Vormarsch auf Leyte wurde wenig später durch einen unmißverständlichen Befehl Admiral Toyodas aus Tokio an die »Mobile Flotte« angespornt: »Im Vertrauen auf göttliche Hilfe gehen alle Streitkräfte zum Angriff vor.« Toyoda wollte zum Ausdruck bringen, daß der Angriff auf den Leyte-Golf gegen alle Widerstände und um jeden Preis durchzuführen war.

Beim Erreichen des Pazifik war Kurita voll darauf vorbereitet, in einen Hinterhalt zu geraten, fand aber seine Annahme nicht bestätigt. Die einzigen Einheiten, die ihn von den dünnwandigen amerikanischen Transportern und Versorgungsschiffen trennten, waren die kleinen Einsatzgruppen der 7. Flotte östlich des Leyte-Golfs. Sein Vorstoß in die Philippinensee war von der 3. Flotte nicht bemerkt worden, weil die Fühlunghalter der *Independence* an der zentralen japanischen Kampfgruppe zurückgerufen worden waren, um für die TF 38 die nördliche japanische Angriffsgruppe aufzuspüren.

Toyodas Ablenkungsmanöver war gelungen – aber Kurita war dies weder zu diesem noch zu einem späteren Zeitpunkt bekannt. Die in der Morgendämmerung abgegebene Funkmeldung Ozawas, er werde von Halsey verfolgt, erreichte nicht die anderen Befehlshaber der »Mobilen Flotte«.

Die Schlacht in der Surigao-Straße

Seit dem 20. Oktober hatte eine U-Boot-Bekämpfungsgruppe – sieben amerikanische Zerstörer – den Nordausgang der Surigao-Straße an ihrer Einmündung in den Leyte-Golf überwacht. Die Gruppe war in den Tagen darauf durch Schnellboote verstärkt worden, die in der Straße und vor dem Südausgang patrouillierten. Nachdem am 24. Oktober die japanische Süd-Kampfgruppe auf dem Anmarsch gesichtet worden war, wurden alle im Leyte-Golf verfügbaren Schnellboote nach Süden in Marsch gesetzt und dadurch die Gesamtstärke der sichernden Schnellboote auf 39 erhöht. In Gruppen zu je drei Booten gingen sie in gleichmäßigen Zwischenräumen auf Position, etwas unterhalb des Zerstörer-Wachgürtels beginnend bis weit hinaus in die

4 Die beiderseitigen Kampfstärken am 24. Oktober abends betrugen: Kurita, Nishimura und Shima zusammen: ein neues, fünf alte Schlachtschiffe, neun Schwere Kreuzer, drei Leichte Kreuzer, 19 Zerstörer. Kinkaid: sechs alte Schlachtschiffe, vier Schwere Kreuzer, vier Leichte Kreuzer, 21 Zerstörer, außerdem 39 Schnellboote und 16 Geleitträger, von neun Zerstörern und 12 Geleitzerstörern gesichert.

Mindanao-See. Am 24. mittags setzte Admiral Kinkaid die 7. Flotte in erhöhte Bereitschaft und ließ Vorbereitungen gegen einen etwaigen Nachtangriff japanischer Streitkräfte treffen. Drei Stunden später erteilte er Admiral Oldendorf den Befehl, den Nordausgang der Surigao-Straße durch Kriegsschiffe zu blockieren. Im Vertrauen darauf, daß die 3. Flotte Admiral Halseys den nördlichen Sektor gegen jede feindliche Annäherung sichere, setzte Kinkaid den gesamten Beschießungs- und Feuerunterstützungsverband der 7. Flotte ein: sechs alte Schlachtschiffe, vier Schwere, vier Leichte Kreuzer und 21 Zerstörer.

Angesichts seiner sehr großen Überlegenheit setzte sich Oldendorf zum Ziel, den Gegner nicht nur zurückzuschlagen, sondern zu vernichten. Aus diesem Grunde, und weil er außerdem nicht reichlich genug mit Panzersprenggranaten versehen war, strebte er ein kurzes und entscheidungbringendes Gefecht auf nahe Entfernung an. Seine Schlachtschiffe, vorwiegend Veteranen aus der Zeit des Angriffs auf Pearl Harbor, ließ er am oberen Ausgang der Straße, etwas nördlich des Zerstörer-Sicherungsgürtels kreuzen. Diese Position gab ihm reichlich Raum zum Manövrieren, während von Süden heraufkommender Feind auf die Enge der Straße beschränkt war. Auch konnte er, falls notwendig, seinen Schlachtschiffverband schnell herumwerfen, um den Osteingang des Leyte-Golfs zu decken. Mit Hilfe seiner Kreuzer verlängerte er die Flügel seiner Schlachtschifflinie, seine Zerstörer plazierte er zusätzlich auf oder vor den Flügeln, so daß sie gegen herankommenden Feind mit Höchstfahrt zum Torpedoangriff anlaufen konnten. Ein von Süden her in die Surigao-Straße einlaufender japanischer Verband mußte sich einem Torpedo-Spießrutenlaufen aussetzen: erst würden Schnellboote, dann Zerstörer angreifen, schließlich aber die in der Form des »crossing the T« aufgestellten Schlachtschiffe und Kreuzer das Feuer eröffnen.

Nishimura stürmte, die Mindanao-See querend, mit seinem Verband auf diesen Hinterhalt zu, Shima folgte mit seinen Schiffen in 40 sm Abstand. Obwohl beide japanische Verbände Weisung erhalten hatten, ihren Angriff zu koordinieren, setzten sich die Befehlshaber überhaupt nicht unmittelbar miteinander in Verbindung. Shima, der nicht bemerkt hatte, daß er von dem amerikanischen Heeresbomber ausgemacht worden war, hoffte durch Bewahren der Funkstille unentdeckt zu bleiben und für die Amerikaner unerwartet und überraschend im Leyte-Golf auftauchen zu können. Aber auch aus Dienstaltersgründen sah Shima davon ab, mit dem jüngeren Nishimura in Funkverbindung zu treten. Hätte er Nishimura von seiner Anwesenheit unterrichtet, so wäre es nach den starren Dienstaltersprinzipien der Japaner für ihn unumgänglich gewesen, die taktische Führung beider Verbände zu übernehmen. Das aber hätte nach seiner Meinung nur Verwirrung gestiftet, da er als Neuling zu dem Unternehmen hinzugetreten und in die Details des Schlachtplanes nicht eingeweiht war. Nishimura, der seine besonderen, selbständigen Vorstellungen über die Führung des Angriffes hatte, war es zufrieden, unabhängig operieren zu können. Gegen Abend erreichte Nishimura die Meldung, daß die zentrale Angriffsgruppe durch Luftangriffe in der Sibuyan-See aufgehalten worden sei und nicht zur planmäßig vorgesehenen Zeit im Leyte-Golf eintreffen könne. Daraufhin verlegte er die Ankunftszeit seines Verbandes vor, offenbar in der Absicht, im Schutze der Dunkelheit in den Golf einzulaufen. Ab 23.00 Uhr am 24. Oktober bis nach 02.00 Uhr am 25. Oktober sah er sich den unausgesetzten Angriffen amerikanischer Schnellboote gegenüber. Drei Angreifer wurden durch das Abwehrfeuer seines Verbandes getroffen, ein Schnellboot so schwer, daß es auf Strand aufsetzen mußte. Die im Torpedoschießen seit langem ungeübten Boote richteten keinerlei Schaden an. Jedoch leisteten sie Oldendorf den unschätzbaren Dienst, ihn über den Stand des Vormarsches Nishimuras in der Straße auf dem laufenden zu halten.

Die Hauptphase der Schlacht wurde um 02.30 Uhr durch das Feuer der sichernden Zerstörer eröffnet. Nach Aufforderung an die Schnellboote abzufallen, liefen sie, in zwei Divisionen aufgeteilt, mit Höchstfahrt in die Surigao-Straße ein, lancierten aus Ost und West angreifend 47 Torpedos und drehten im Schutze künstlichen Nebels ab. Trotz heftigen feindlichen Abwehrfeuers wurde dabei kein Zerstörer beschädigt. Bei diesem denkwürdigen Angriff erzielten die amerikanischen Zerstörer Treffer auf den beiden Schlachtschiffen Nishimuras, versenkten einen Zerstörer und setzten zwei weitere außer Gefecht. Das Schlachtschiff *Fuso* scherte aus der Linie aus und flog gleich darauf, in zwei brennende Hälften zerrissen, auseinander. Nishimuras Flaggschiff, das Schlachtschiff *Yamashiro*, setzte trotz des erhaltenen Torpedotreffers in Begleitung des Schweren Kreuzers *Mogami* und des Zerstörers *Shigure* den Marsch fort.

Jetzt aber schlug Oldendorf zu: er schickte kurz nacheinander seine am rechten Flügel stehenden Zerstörer und dann die am linken Flügel zum Angriff vor. Sie brachten der *Yamashiro* drei weitere Torpedotreffer bei und versenkten einen der bereits vorher kampfunfähig geschossenen Zerstörer. Um 03.51 Uhr, als der Rest der Kampfgruppe Nishimura den 20000-m-Schußbereich der amerikanischen Schlachtflotte erreicht hatte, eröffneten die Kreuzer Oldendorfs das Feuer. Alle Schlachtschiffe, die ein Ziel ausmachen konnten, fielen eine Minute später ein. In 18 Minuten schossen sie fast 300 Salven 35,6-cm- und 40,6-cm-Granaten. Unter diesem Feuerhagel war das Schicksal der *Yamashiro* besiegelt, sie begann zu sinken. Die *Mogami* brannte lichterloh und blieb mit fast gestoppten Maschinen liegen. Die *Shigure*, von einem Blindgänger getroffen und von mehreren Nahaufschlägen beschädigt, scherte nach Steuerbord aus der Linie aus. Um 04.09 Uhr, als Oldendorf die Meldung erhielt, daß seine am linken Flügel zurückgehenden Zerstörer unter Beschuß lagen, befahl er die Feuereinstellung. Der Zerstörer *Albert W. Grant*, der durch eigenen und feindlichen Beschuß 19 Treffer erhalten hatte, war au-

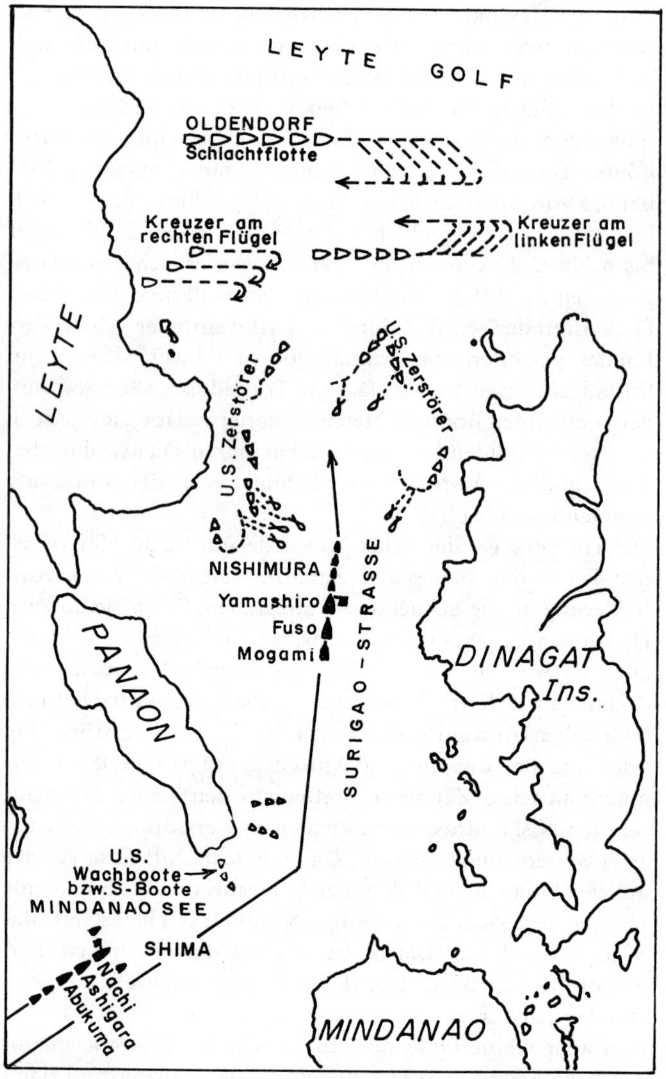

Admiral Oldendorfs Falle, die Schlacht in der Surigao-Straße.
Lage am 25. Oktober 1944, 03.30 Uhr

ßer Gefecht gesetzt. 34 Mann der Besatzung waren ausgefallen: die einzigen amerikanischen Verluste in dieser Schlacht. In der Zwischenzeit hatte sich der Verband Shimas durch die amerikanischen Schnellboote hindurchgekämpft, denen es gelungen war, den Leichten Kreuzer *Abukuma* zu torpedieren und seine Geschwindigkeit auf 10 kn herabzusetzen. Nach Norden zu lag ein dichter Rauchschleier, durch den Shima die Geschoßbahnen von Leuchtspurmunition und das Aufflammen von Abschüssen erkennen konnte. Zehn Minuten später sichtete er steuerbord voraus die brennende, bewegungsunfähige *Mogami*. Kurz darauf meldete das Radar seiner OPZ Ziele voraus. Er schickte seine Zerstörer zum Angriff vor, gleichzeitig befahl er seinen Kreuzern eine Kursänderung um 90 Grad nach Steuerbord, so daß sie eine Position zum Torpedoschuß erreichten, ohne daß sich vor dem brennenden Kreuzer ihre Silhouetten abzeichneten.
Bei diesem Manöver stieß das Flaggschiff Shimas, der Schwere Kreuzer *Nachi*, mit der *Mogami* zusammen, die trotz des gegenteiligen Anscheins mit acht kn Fahrt nach Süden zurücklief. Shima beorderte jetzt seine Zerstörer zurück und ging, von der schwer getroffenen *Shigure* und der in Flammen gehüllten *Mogami* begleitet, auf Gegenkurs. Es wurde ihm klar, daß Nishimura in eine tödliche Falle gelaufen sein mußte, und Shima sah nicht ein, warum er seinen Verband einer gleich sinnlosen Vernichtung ausliefern sollte. Die letzte von der zentralen Kampfgruppe eingegangene Meldung besagte, daß sie auf dem Rückmarsch nach Westen sei. Von der nördlichen Angriffsgruppe lagen keine Meldungen vor. Unter den obwaltenden Umständen hielt es Shima für das beste, ebenfalls umzukehren und eine günstigere Gelegenheit zum koordinierten Zangenangriff auf den Leyte-Golf abzuwarten.
Sobald Oldendorfs Radar das Ablaufen der Gruppe Shima erkannt hatte, setzte der Admiral Kreuzer und Zerstörer zur Verfolgung an. Im unsicheren Licht der Frühdämmerung sichteten die Verfolger schließlich die japanische Gruppe, in deren Kielwasser sich die *Mogami* mühsam vorwärts schleppte. Oldendorf ließ auf den Kreuzer feuern, bis dieser erneut hellauf brannte, dann drehte er vorübergehend ab, um japanischen Torpedos auszuweichen. Ein Teil seiner Kräfte stieß kurz darauf auf den letzten der schwer beschädigten Zerstörer Nishimuras und versenkte ihn. Der Rest der flüchtenden japanischen Kriegsschiffe, vier Kreuzer und fünf Zerstörer, erkämpften an den Schnellbooten vorbei ihren Weg in die Mindanao-See. Hier aber wurden sie von Flugzeugen der am weitesten südlich stehenden Geleitträgergruppe der 7. Flotte gestellt und angegriffen. Die zähe, immer noch Fahrt machende *Mogami* wurde durch weitere Treffer völlig erledigt. Die Japaner retteten die Besatzung und versenkten den Kreuzer. Von der gesamten Kampfgruppe Nishimura blieb nur der schwerbeschädigte Zerstörer *Shigure* übrig; Shima dagegen verfügte noch über alle Schiffe seines Verbandes, von denen lediglich die *Abukuma* ernstlich beschädigt war.
Noch während die Amerikaner das Kampfgebiet nach angeschlagenen feindlichen Schiffen absuchten, erreichte sie eine elektrisierende Meldung: Kuritas zentrale Angriffsgruppe hatte die San-Bernardino-Straße durchstoßen und stand im Angriff auf die am weitesten nördlich aufgestellte Geleitträgergruppe der 7. Flotte. Oldendorf brach sofort die Verfolgung ab und sammelte in größter Eile seine Verbände. Die gegen die *Mogami* eingesetzt gewesenen Flugzeuge tankten in Tacloban und stiegen zum Angriff gegen Kurita auf.

Admiral Kinkaid war in einer verzwickten Lage. Er wußte jetzt, daß sich die gesamte 3. Flotte weit im Norden befand und seinen Hilferufen erst nach Stunden würde Folge leisten können. Er wußte außerdem, daß Shima entkommen war, aber bei günstiger Gelegenheit durch die Surigao-Straße zurückkehren konnte, um die amerikanischen Schiffe vor

Leyte anzugreifen. Kinkaid traf schließlich folgende Entscheidung: er befahl Oldendorf, seinen Verband in den Leyte-Golf zurückzuführen, um den nördlichen und südlichen Zugang zu sichern, dann zwei gleich starke Gruppen zu bilden und eine davon 25 sm weiter östlich so aufzustellen, daß sie zur Unterstützung der angegriffenen Geleitträgergruppe auslaufen konnte. Das war eine Verzweiflungsmaßnahme, denn selbst wenn Oldendorf den Kampfplatz noch rechtzeitig erreichen sollte – was zweifelhaft war –, so besaßen seine Schiffe jetzt doch nicht mehr genug Panzersprenggranaten, um eine Seeschlacht durchzuschlagen.

Die Schlacht vor Kap Engaño

In den nachtdunklen ersten Stunden des 25. Oktober, als Kurita gerade aus der San-Bernardino-Straße vorstieß und Shima in die Surigao-Straße einlief, eilten Halsey und Mitscher mit den Trägergruppen Bogan, Davison und Sherman in Verfolgung Ozawas nach Norden. Kurz nach 02.00 Uhr erfaßte das Radar von Aufklärern der *Independence*, die der TF 38 vorausflogen, zwei einzeln operierende feindliche Kriegsschiffverbände. Es handelte sich dabei um die Vorhut und das Gros der nördlichen Angriffsgruppe unter Führung von Admiral Ozawa. Der japanische Führer hatte in dem schwierigen und ermüdenden Bemühen, die Aufmerksamkeit der Amerikaner auf sich zu lenken, seine Streitkräfte am Vortage in dieser Weise aufgeteilt. Beide Verbände liefen auf konvergierenden Kursen auf einen Treffpunkt zu, in dem sie sich um 06.00 Uhr vereinigen sollten. Nach Erhalt der Radarmeldung stellte Halsey nunmehr die TF 34 zusammen. Er verstärkte sie noch durch Aufnahme aller sechs Schlachtschiffe, die der 3. Flotte zugeteilt worden waren. Mit der TF 34 setzte er sich vor die Trägerkampfgruppen mit der Absicht, das bevorstehende Werk der Flugzeuge Mitschers durch Versenken beschädigter, versprengter oder sonstiger japanischer Schiffe, die er einholen konnte, zu vollenden.

Bei Tagesanbruch starteten Aufklärer von den Flugzeugträgern, eine Welle von 180 Bombern folgte. Eine Stunde später hatten die Aufklärer der TF 38 die vereinigte nördliche Kampfgruppe erfaßt. Sie bestand aus einem Schweren und drei Leichten Flugzeugträgern, zwei zu Trägern umgebauten Schlachtschiffen, drei Leichten Kreuzern und acht Zerstörern. Die schnell eingewiesenen amerikanischen Trägerkampfstaffeln sichteten die japanischen Schiffe kurz nach 08.00 Uhr. *Hellcats* schossen die meisten der etwa 12 Jäger, die sich ihnen entgegenwarfen, ab, während amerikanische Bomber und Torpedoflugzeuge durch dicht liegendes Flakfeuer ihre Ziele anflogen. Sie versenkten einen Zerstörer, erzielten Bombentreffer auf den Leichten Flugzeugträgern *Zuiho* und *Chitose* und torpedierten den Schweren Träger *Zuikaku*. Die *Chitose* hatte einen Treffer unter der Wasserlinie erhalten und sank bald. Die *Zuikaku*, die nicht mehr Kurs halten konnte, fiel zurück. Admiral Ozawa sah sich genötigt, seine Flagge auf einem Kreuzer zu setzen, um seinen Verband weiter im Gefecht führen zu können. Eine zweite amerikanische Angriffswelle, die um 10.00 Uhr eingesetzt wurde, traf die nördliche Angriffsgruppe über ein weites Gebiet verstreut an. Ein Bomberverband griff den Kreuzer *Tama* an und beschädigte ihn so, daß er nur noch 10 kn laufen konnte. Andere Bomber trafen den Leichten Träger *Chiyoda* so schwer, daß er manövrierunfähig, brennend und mit Schlagseite liegen blieb.

Jetzt führte Admiral Halsey die TF 34 in Höchstfahrt vor und suchte den Horizont nach den Masten versprengter japanischer Schiffe ab. Aber beunruhigende Nachrichten lenkten seine Aufmerksamkeit immer stärker von dem bevorstehenden Kampf mit Einheiten der japanischen Nordgruppe ab. Um 04.12 Uhr hatte ihm Admiral Kinkaid durch Funkspruch mitgeteilt, daß Kriegsschiffe der 7. Flotte in der Surigao-Straße im Gefecht mit feindlichen Seestreitkräften ständen. Um sicher zu gehen, hatte Kinkaid die Frage hinzugefügt: »Deckt die TF 34 die San-Bernardino-Straße?« Infolge der schlechten Nachrichtenverbindungen, die der amerikanischen Führung während der ganzen Operation schwer zu schaffen machten, erhielt Halsey den Spruch Kinkaids erst um 06.48 Uhr. Er gab sofort zurück: »Nein. TF 34 befindet sich bei den Trägergruppen, die gerade die feindlichen Flugzeugträger angreifen.« Die Antwort setzte Kinkaid in nicht geringe Verblüffung.

Um 08.00 Uhr erhielt Halsey die stark verspätete Meldung, daß der Feind in der Surigao-Straße abgewiesen worden war. Er schloß daraus, die 7. Flotte sei nun durchaus in der Lage, den Leyte-Golf mit ausreichenden Kräften zu sichern. 20 Minuten später aber ging ein ebenfalls verspäteter Funkspruch ein, in dem Konteradmiral Clifton A. F. Sprague, der eine der drei kleinen Geleitträgergruppen vor dem Leyte-Golf befehligte, um Unterstützung bat. Kuritas zentrale Kampfgruppe war plötzlich auf dem Plan erschienen und hatte die kleinen Flugzeugträger Spragues angegriffen, die bei der Insel Samar kreuzten. Halsey zeigte sich nicht weiter beunruhigt. »Ich konnte damit rechnen«, bemerkte er, »daß die kleinen Flugzeugträger genug Flugzeuge hatten, um sich zu wehren, bis Oldendorf mit seinen schweren Einheiten zur Stelle sein würde.«[5]

Unmittelbar nach dem Hilferuf Spragues gingen bei Halsey zahlreiche Funksprüche von Kinkaid ein, darunter auch ein offener; in allen wurde um Unterstützung durch Luftangriffe und schnelle Schlachtschiffe gebeten. Kurita, der den amerikanischen Funkverkehr mithörte, war durch den unverschlüsselten Spruch äußerst beunruhigt. Er schloß daraus, daß starke amerikanische Kräfte so nahe standen, daß sie in kurzer Zeit zur Hilfeleistung herbeigeholt werden konnten. Halsey war erbittert. »Es war nicht meine Aufgabe, die 7. Flotte zu schützen«, bemerkte er, »mein Auftrag war offensiver Natur, ich sollte mit der 3. Flotte angreifen, und

5 Zwei der ursprünglich 18 Geleitträger waren tags zuvor nach Morotai abgegangen, um Flugzeugersatz abzuholen.

nun standen wir gerade im Begriff, einen feindlichen Verband zu fassen, der nicht nur Kinkaid und mich, sondern die gesamte amerikanische Strategie im Pazifik bedrohte.« In dieser Lage faßte Halsey den ihm allein vernünftig erscheinenden Entschluß, McCain, der mit seiner Trägergruppe im Südosten bei der Brennstoffergänzung war, durch Funk den Befehl zu übermitteln, »so schnell wie möglich« Sprague zu Hilfe zu eilen. Er unterrichtete Kinkaid von dieser Maßnahme und stieß selbst mit der TF 34 und drei Trägergruppen der TF 38 weiter nach Norden vor – fort vom Leyte-Golf. In Pearl Harbor hatte Admiral Nimitz den Funkverkehr mitgehört und den Schlachtverlauf auf der Lagekarte verfolgt. Er fühlte sich jetzt zum Eingreifen gezwungen und stellte Halsey knapp und bündig die Frage: »Wo steht, ich wiederhole, wo steht TF 34?« Halsey erhielt den Spruch kurz nach 10.00 Uhr und war verärgert, denn er hörte den – beabsichtigten – Vorwurf heraus. Sein Mißvergnügen wurde noch dadurch gesteigert, daß die Admirale King und Kinkaid den Spruch nachrichtlich erhalten hatten. Vollends in Wut geriet er, als er beim Lesen des Textes die abschließenden Füllwörter las, die er als zum Text gehörig auffaßte. Denn nahm man die Füllwörter zum Text hinzu, so erhielt der Funkspruch eine beleidigende Form. Er lautete dann: »Wo steht, ich wiederhole, wo steht TF 34? Das fragt sich die ganze Welt.«[6] Je länger Halsey über den Funkspruch von Nimitz und besonders über seinen merkwürdigen letzten Satz nachdachte, desto ärgerlicher wurde er. Kurz vor 11.00 Uhr schließlich ließ er sich zu einem Schritt hinreißen, den er später bedauerte. Er warf die TF 34 um 180 Grad herum, von Nord nach Süd. »In diesem Augenblick«, bemerkte Halsey dazu, »war die nördliche japanische Kampfgruppe – mit zwei schwerbeschädigten, manövrierunfähigen Flugzeugträgern – genau 42 sm vor den Rohren meiner 40,6-cm-Geschütze... Ich drehte der Chance, von der ich seit meinen Kadettentagen geträumt hatte, den Rücken. Eine der größten Schlachten des Krieges war vorbei; es begann nun, was man seitdem die »Battle of the Bull's Run« (etwa: die Schlacht, in der der Bulle[7] davonlief) nennt. Ich benachrichtigte Kinkaid . . .« Um 11.15 Uhr hatte die TF 34 den Kurswechsel vollzogen und lief nach Süden. Als sie der nach Norden vorgehenden TF 38 begegnete, zog Halsey die Trägergruppe Bogan als Luftsicherung für seinen Verband an sich; er selbst gab vier Kreuzer und zehn Zerstörer unter Befehl von Konteradmiral Laurence T. DuBose ab als zusätzliche Unterstützung für die Mitscher verbleibenden beiden Trägergruppen.

Mitscher ging mit seinen beiden Gruppen (Sherman und Davison) und dem Verband DuBose weiter nach Norden vor, um die nördliche japanische Angriffsgruppe erneut anzugreifen. Eine dritte Angriffswelle, mehr als 200 Flugzeuge, startete kurz vor Mittag. Sie hatte Weisung, die beiden noch schwimmenden japanischen Flugzeugträger zu versenken. Die *Zuiho* wurde schwer getroffen, konnte sich aber über Wasser halten. Drei Torpedos erledigten die *Zuikaku*, den letzten der einst am Überfall auf Pearl Harbor beteiligten Flugzeugträger und Veteranen jeder Schlacht im Pazifik außer Midway. Die am Nachmittag startende vierte amerikanische Angriffswelle versenkte die zählebige *Zuiho*. Der fünfte und letzte Angriff der fast zwei Tage lang laufend im Einsatz befindlichen Flieger konzentrierte sich auf das zu einem Flugzeugträger umgebaute Schlachtschiff *Ise* – sie erzielten aber lediglich Nahaufschläge.

Um 14.00 Uhr ging Mitscher mit den Trägergruppen Sherman und Davison auf Ostkurs, da sie sich dem Feind schon stärker genähert hatten, als es aus Sicherheitsgründen geboten war. Die Kreuzer und Zerstörer der Gruppe DuBose schickte er nach Norden, um angeschlagenen feindlichen Schiffen den Rest zu geben. Das war kein beiläufiger Auftrag: Immer noch verfügte Ozawa über seine beiden umgebauten Schlachtschiffe, und Halsey hatte ja alle sechs seiner Flotte zugeteilten Schlachtschiffe mit nach Süden genommen. DuBose versenkte die auf dem Schlachtfeld zurückgebliebene *Chiyoda*, den letzten der von Ozawa als Köder verwandten Flugzeugträger. Dieser Zwischenakt verursachte eine Pause; sie ermöglichte es der nördlichen japanischen Kampfgruppe, schneller zurückzugehen, als ihr DuBose zu folgen vermochte. Nach Anbruch der Dunkelheit holte er jedoch drei japanische Zerstörer ein. Er versenkte einen davon in einem lau-

6 Der Leutnant, der in Pearl Harbor den Funkspruch verschlüsselte, folgte dem normalen Verfahren, indem er willkürlich gewählte Sätze (»Füllungen«) am Anfang und Ende hinzufügte, um dem feindlichen Entschlüsselungsdienst die Arbeit zu erschweren. Er handelte insoweit gegen die Vorschriften, als er einen Füllsatz benutzte, der als zum Text gehörig aufgefaßt werden konnte. Bei einer späteren Befragung sagte er aus, daß er seinen Fehler nicht erkannt habe. »Es war ein Satz, der mir gerade einfiel«, bekannte er.

Die Funker der *New Jersey* hatten Befehl, bei Eintreffen einer wichtigen Operationsmeldung keine Zeit damit zu verlieren, die Meldung auf das dafür vorgesehene Formular zu übertragen, sondern den Streifen mit dem entschlüsselten Text direkt aus der Maschine an Admiral Halsey oder Admiral Carney weiterzuleiten – *jedoch die Füllung zuvor abzutrennen.* Als der Spruch von Nimitz aus der Maschine kam, war genau nach Vorschrift die Füllung vom Text klar durch Doppelbuchstaben getrennt. Aber der am Ende stehende Füllsatz paßte so eindeutig zum Text, daß die Funker sich entschlossen, ihn zu belassen, da er möglicherweise doch zum Spruch gehörte. Der Halsey ausgehändigte Papierstreifen enthielt folgenden Text: »From Cincpac (Nimitz) action com third fleet (Halsey) info cominch (King), CTF seventy seven (Kinkaid) X where is rpt where is task force thirty four RR the world wonders.«

Da das Wort »Wiederhole« (rpt = repeat) von Funkern nur benutzt wurde, um wichtige Wörter zu wiederholen, die durch Verstümmelung verlorengehen konnten, aber auch von Absendern von Funksprüchen, um bestimmten Passagen Nachdruck zu verleihen, ist rpt in den meisten amtlichen Berichten gestrichen worden, die den Spruch einfach mit »Wo ist TF 34?« wiedergeben.

7 Die Presse (nicht sein vertrauter Kreis) sprach oft von »Bull« Halsey.

fenden Gefecht, das mit Artillerie und Torpedos ausgetragen wurde. Weiter nördlich wurde der lahmgeschossene Kreuzer *Tama*, der ohne Sicherung zu entkommen versuchte, durch eines der zahlreichen Unterseeboote versenkt, die Vizeadmiral Charles A. Lockwood, der Befehlshaber der U-Bootstreitkräfte der Pazifischen Flotte, auf die vermutlichen Fluchtwege der Japaner verteilt hatte.

Ozawa kehrte ohne seine als Köder geopferten Flugzeugträger, jedoch mit zehn von seinen 13 anderen Kriegsschiffen, nach Japan zurück. Sein Ablenkungsmanöver war über seine optimistischsten Erwartungen hinaus gelungen. Nicht nur hatte er die Gruppe Kurita vor der Vernichtung bewahrt, sondern auch einen beachtlichen Teil seiner zum Opfer bestimmten Kampfgruppe wieder nach Hause gebracht. Und doch erreichten die Japaner nicht das letzte Ziel, das mit dem Manöver Ozawas erreicht werden sollte. Denn Ozawa gelang es nicht, Funkverbindung mit Kurita aufzunehmen. Dieser verlor die Sicherheit zielstrebigen Handelns just in dem Augenblick, als die amphibischen Streitkräfte der Amerikaner im Leyte-Golf fast schon unter den Rohren seiner Geschütze waren.

Die Schlacht auf der Höhe von Samar

Kurz vor 01.00 Uhr am 25. Oktober erreichte die zentrale Kampfgruppe Kuritas – zu diesem Zeitpunkt noch aus vier Schlachtschiffen, sechs Schweren, zwei Leichten Kreuzern und 11 Zerstörern bestehend – den Pazifik. Kurita befahl »Klarschiff zum Gefecht!« und lief in Nachtsuchformation vorsichtig nach Osten. Um 03.00 Uhr schwenkte die Kampfgruppe nach Steuerbord; sie stieß nunmehr auf südöstlichem Kurs parallel zur Küste von Samar vor. Auf diesem Marsch erhielt Kurita den letzten Funkspruch Nishimuras, der meldete, er werde in der Surigao-Straße von feindlichen Kräften angegriffen. Eine Stunde später erreichte ihn die Nachricht Shimas, er »zöge sich vom Schlachtfeld zurück«. Diesen beiden Meldungen entnahm Kurita folgerichtig, daß die südliche Angriffsgruppe von einer Katastrophe ereilt worden sei. Von Ozawa im Norden hörte er gar nichts.

Bei Sonnenaufgang formierte Kurita seine Kampfgruppe neu: von der Suchformation in mehreren Kolonnen ging er zu einer kreisförmigen Aufstellung zur Luftabwehr über. Kaum hatte er das Signal zur Ausführung des Manövers gegeben, als ein Ausguck im Krähennest des Flaggschiffs *Yamato* das Auftauchen von Schiffsmasten am östlichen Horizont meldete. Gleich darauf kamen von der Brücke der *Yamato* aus die Masten und dann die Rümpfe von Flugzeugträgern und Begleitfahrzeugen in Sicht. Nach übereinstimmender Auffassung des Stabes von Kurita war man auf eine Trägerkampfgruppe der 3. Flotte Halseys gestoßen – bei den am Horizont undeutlich auszumachenden Schiffen mußte es sich also um schwere Flugzeugträger, Kreuzer, Zerstörer und vielleicht ein bis zwei Schlachtschiffe handeln. Tatsächlich aber stand Halsey zu dieser Zeit 300 sm weiter nördlich und war im Begriff, Ozawa anzugreifen. Was Kurita und sein Stab im Morgendunst sahen, war die aus sechs kleinen, 16 kn laufenden Geleitträgern, drei Zerstörern und vier Geleitzerstörern bestehende Kampfgruppe von Konteradmiral Clifton A. F. Sprague, eine der drei kleinen Unterkampfgruppen der 7. Flotte, die vor dem Leyte-Golf Wache hielten. Eine zweite, ähnlich zusammengesetzte Gruppe unter Konteradmiral Felix B. Stump befand sich im Südosten an der Grenze der äußersten Sichtweite, die dritte unter dem Kampfgruppenbefehlshaber, Konteradmiral Thomas L. Sprague, 130 sm weiter südlich auf der Höhe von Mindanao. Im Augenblick standen nur diese Schiffe zur Verfügung, den Vorstoß der Kampfgruppe Kurita in den Leyte-Golf und den Angriff auf die leicht verwundbare amerikanische Landungsflotte abzuwehren.

Angesichts der von ihnen vermuteten Aussicht, eine große feindliche Flugzeugträgergruppe angreifen zu können, statt Truppentransporter und Frachtschiffe zu versenken, fühlten sich einige Japaner hochgestimmt. Kurita aber dachte anders. Er wußte jetzt, daß er keinerlei Unterstützung durch japanische Flugzeuge erwarten konnte, und das Vertrauen auf seine Flakartilleristen hatte er verloren. Unter den gegebenen Umständen hätte er seine Schlachtschiffe und Schweren Kreuzer zur Linie aufmarschieren lassen und seine Zerstörer und Leichten Kreuzer zum Torpedoangriff vorausschicken sollen. Statt dessen machte er einen fatalen Fehler: Er gab den Befehl, »Flotte angreifen«, während seine Schiffe noch mitten in dem schwierigen Manöver waren, die befohlene kreisförmige Aufstellung einzunehmen. Dadurch geriet seine Kampfgruppe in völlige Verwirrung, denn jetzt drehte jede Division einzeln auf den Feind zu, wobei die schnelleren Schiffe an die Spitze vorstürmten. Um 06.58 Uhr eröffnete Kurita das Feuer.

Clifton Sprague war von diesem Zusammentreffen nicht weniger überrascht als Kurita. Als er eine Flugzeugaufklärungsmeldung erhielt und unmittelbar darauf japanische Pagodenmasten im Westen sichtete, ging er auf Ostkurs, um Abstand zu gewinnen und zum Start seiner Flugzeuge gleichzeitig weit genug in den Nordost drehen zu können. Dann ließ er seine Maschinen mit den Waffen, mit denen sie gerade ausgerüstet waren, aufsteigen. Als die Einschläge von 35,6-cm-, 40,6-cm- und 46-cm-Granaten auf seine Träger zuwanderten, befahl er sämtlichen Schiffen, künstlichen Nebel abzublasen, und suchte, nach der Flanke ablaufend, mit größter Geschwindigkeit Zuflucht in einer nahen Regenbö. Dabei rief er mit offenen Funksprüchen um Hilfe, denn es war klar, daß seine kleinen Flugzeugträger und dünnwandigen Sicherungsfahrzeuge es mit den schnellen japanischen Kampfschiffen in keiner Weise aufnehmen konnten. »Es sah nicht so aus«, sagte er später, »als ob eines unserer Schiffe das Feuer schwerster Kaliber, das uns eindeckte, weitere fünf Minuten überstehen könnte.«

Nunmehr entwickelte sich eine in der Seekriegsgeschichte einmalige Jagd auf den schwächeren Gegner, deren Höhe-

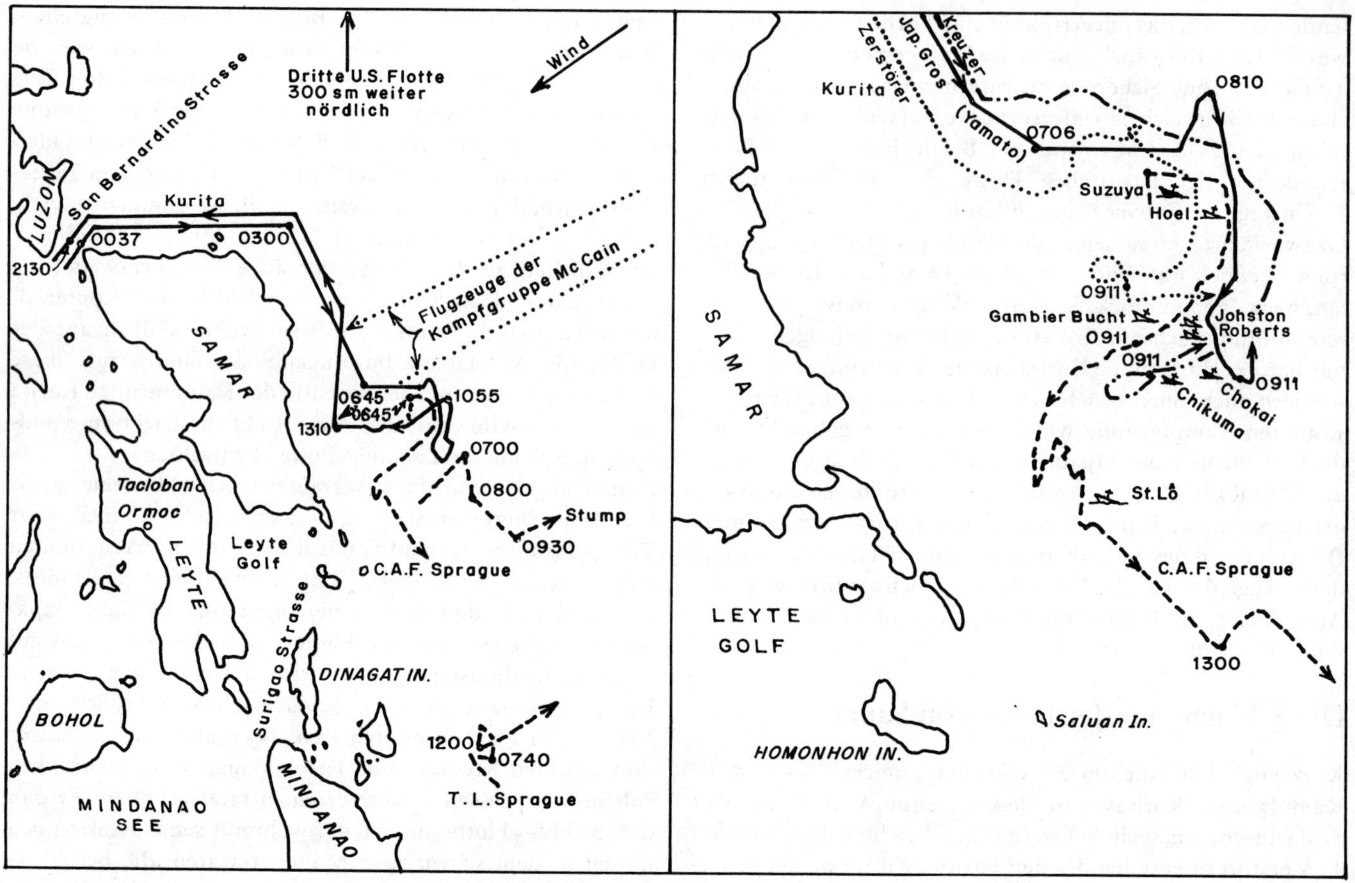

Die Schlacht bei Samar am 25. Oktober 1944

punkt und völlig überraschendes Ende zusammenfielen. Im Schutze der Regenwand schwenkte der Verband von Sprague nach Süden und nahm Kurs auf den Leyte-Golf in der Hoffnung, auf Einheiten der 7. Flotte zu stoßen, die nach Meinung des Admirals schnellstens zu seiner Unterstützung heraneilen mußten. Bald kamen die amerikanischen Schiffe aus der Regenbö heraus und wurden für die Japaner wieder sichtbar. Aber Kurita stieß nicht direkt auf seine Beute zu, sondern holte statt dessen auf östlichem Kurs weiter aus, um in das Windluv der amerikanischen Träger zu kommen, so daß diese nicht erneut in den Wind drehen und Flugzeuge starten konnten.

Gegen 08.00 Uhr begannen Schlachtschiffe und Schwere Kreuzer den Verband Spragues von achtern einzuholen, während weitere Schwere Kreuzer ihn langsam an seiner Backbordflanke überholten und allmählich auf südöstlichen Kurs zwangen. Dadurch drohte der Rückzugweg abgeschnitten zu werden. Gegen 09.00 Uhr schob sich ein Geschwader von vier Zerstörern und einem Leichten Kreuzer, die hinter den Schlachtschiffen gestanden hatten, an der Steuerbordseite Spragues vor. Offenbar schickte sich der Feind an, ihn völlig einzukreisen.

Kurz nach Beginn der Schlacht griffen die drei Zerstörer Spragues und später drei seiner Geleitzerstörer in rücksichtslosem, opferbereiten Einsatz die Verfolger mehrfach mit Granatfeuer und Torpedos an. Der Kommandant eines der Geleitzerstörer richtete an seine Besatzung eine kurze Ansprache, in der er sagte, sie gingen in den Kampf gegen eine so überwältigende Übermacht, daß keiner damit rechnen könne zurückzukommen. Im Hagel japanischen Artilleriefeuers vorstoßend, führten die kleinen Einheiten entschlossen ihre Angriffe durch. Sie feuerten ihre Salven, nebelten sich ein und verschwanden in Regenböen.

Beim ersten Angriff setzte der Zerstörer *Johnston* den Schweren Kreuzer *Kumano* mit einem einzigen Torpedo außer Gefecht. Möglicherweise torpedierten andere Geleitfahrzeuge bei diesem oder späteren Angriffen auch die Schweren Kreuzer *Chokai* und *Chikuma*. Der Schwere Kreuzer *Suzuya*, selbst bereits durch einen Bombentreffer auf 20 kn Geschwindigkeit reduziert, ging längsseit der *Kumano*, um den Divisionschef und seinen Stab zu übernehmen. Durch diesen Zeitverlust kam er nicht mehr dazu, in das laufende Gefecht einzugreifen. Wie der Fortgang der Schlacht zeigen sollte, war das wichtigste Ergebnis des Angriffs der Sicherungsfahrzeuge Spragues, daß Kuritas Flaggschiff *Yamato* und ein weiteres Schlachtschiff nach Norden abdrehten, um Torpedos auszuweichen, und dadurch weit zurückfielen. Kurita entschwanden die amerikanischen Geleitträger aus den Augen. Er verlor jede Übersicht über die taktische Lage.

Bei der Fortsetzung des Angriffes auf die japanische Kampfgruppe erhielt der amerikanische Zerstörer *Hoel* mehr als 40 Treffer. Er blieb bewegungsunfähig liegen und wurde von der Besatzung aufgegeben. Die japanischen Schiffe, in deren Schußweite der verlassene Zerstörer geriet, überschütteten ihn mit Granaten, bis er sank. Wenige Minuten später kenterte der Geleitzerstörer *Samuel B. Roberts*, dem durch 35,6-cm-Treffer die Seite aufgerissen worden war. Zu diesem Zeitpunkt beobachtete der schwer beschädigte Zerstörer *Johnston*, der seine Torpedos verschossen hatte, wie vier japanische Zerstörer und ein Leichter Kreuzer zum Angriff auf die Geleitträger eindrehten. Es waren dies die Einheiten, die den amerikanischen Verband völlig einzukreisen drohten. Die *Johnston* ging sofort zum Angriff vor und beschoß das japanische Geschwader aus naher Entfernung so heftig, daß die Japaner ihre Torpedos vorzeitig, außerhalb der wirksamen Schußweite feuerten. Danach kreisten die japanischen Schiffe die *Johnston* ein und feuerten darauf, bis sie sank. Zu diesem Zeitpunkt waren zwei der noch kampffähigen Sicherungsfahrzeuge Spragues durch Granatfeuer beschädigt. In den Annalen der Seekriegsgeschichte haben kaum Kriegsschiffe ihre Pflicht tapferer oder gegen eine größere Übermacht erfüllt als die schwachen Geleitfahrzeuge Spragues.

Die sechs amerikanischen Flugzeugträger, die von den Schweren Kreuzern Kuritas gezwungen wurden, vor dem Wind zu laufen, konnten nicht mehr länger in ausreichendem Maße durch künstlichen Nebel verdeckt werden. Sie erhielten nun Treffer, zuerst von den an ihrer Backbordseite aufdampfenden Schweren Kreuzern und dann von zwei den Kreuzern folgenden Schlachtschiffen. Daß die Träger nicht sämtlich versenkt wurden, muß der schlechten Schießkunst der Japaner zugeschrieben werden, dem leistungsfähigen amerikanischen Lecksicherungsdienst und der Tatsache, daß die Angreifer Panzersprenggranaten verschossen, die die ungepanzerten Geleitträger durchschlugen, ohne zu explodieren. Der Träger *Gambier Bay* erhielt jedoch schließlich mehr Treffer, als das Ingenieurpersonal und die Lecksicherungstrupps bewältigen konnten. Seine Maschinen fielen aus, er zeigte Schlagseite, und um 09.07 Uhr kenterte er und versank.

Der kampfentscheidende Angriff auf die zentrale japanische Kampfgruppe wurde von amerikanischen Flugzeugen ausgeführt. Torpedoflugzeuge, Bomber und bombentragende Jäger der Geleitträger-Untergruppen von Clifton Sprague und Felix Stump erhielten allmählich Verstärkung durch Verbände von Leyte und der Untergruppe von Thomas Sprague, einschließlich der Maschinen, die von dem Angriff auf die *Mogami* zurückkehrten. Die Flugzeuge griffen nahezu pausenlos an. War ihre Munition verschossen, flogen sie unscharfe Angriffe, um den Feind zu irritieren. Andere landeten auf den in der Nähe stehenden Flugzeugträgern der Gruppe Stump oder auf dem weiter entfernten Flugplatz von Tacloban, um sich neu auszurüsten. Bei diesen Angriffen erhielten die Schweren Kreuzer *Chokai*, *Chikuma* und *Suzuya* so schwere Treffer, daß sie zu sinken begannen. Der Rest der weit verstreuten zentralen Kampfgruppe, deren Schiffe nach japanischen taktischen Grundsätzen bei Luftangriffen unabhängig voneinander manövrierten, geriet immer stärker in Verwirrung. Die japanischen Kommandanten überschätzten ihre Marschgeschwindigkeit und glaubten sich in ihrer Annahme bestätigt, daß sie schnellaufende Schwere Flugzeugträger jagten.

Kurita, der sowohl die Fühlung mit den Trägern Clifton Spragues als auch mit seinem eigenen Gros verloren hatte, glaubte, daß das verfolgte Wild entkommen sei und er nunmehr Ordnung in das Chaos bringen müsse. Um 09.11 Uhr ging er mit 20 kn Fahrt auf Nordkurs und erteilte seinen Einheiten per Funk den Befehl, auf die *Yamato* zu sammeln. Darauf gingen die beiden noch in Gefecht stehenden japanischen Schweren Kreuzer auf Gegenkurs – fast in Kernschußweite von den amerikanischen Trägern. Die beiden in ihrem Kielwasser laufenden japanischen Schlachtschiffe folgten ihrem Beispiel. Das Zerstörergeschwader, das an der Schlacht teilgenommen hatte, erledigte erst noch den Zerstörer *Johnston* und zog sich dann gleichfalls zurück.

Sprague konnte sich den plötzlichen Rückzug der feindlichen Schiffe, die noch wenige Minuten zuvor jeden Vorteil auf ihrer Seite gehabt zu haben schienen, nicht erklären; er nahm erneut Kurs auf den 25 sm entfernten Leyte-Golf.

Die »Kamikaze«-Flieger greifen an

Das Abdrehen Kuritas rettete die Geleitträger der 7. Flotte durch ein schieres Wunder, wie es damals schien, vor der sicheren Vernichtung. Bis nach dem Kriege blieb das Verhalten Kuritas für die Amerikaner ein Rätsel. Noch aber waren die Gefahren des Tages keineswegs überstanden, denn am 25. Oktober setzten die Japaner die neu aufgestellte Sonderformation der »Kamikaze« (»Göttlicher Wind«) zum ersten Mal erfolgreich ein. Die Piloten des Kamikaze-Korps waren zum Opfer ihres Lebens bereit. Der Name leitete sich her vom Gedenken an Taifune, die in den Jahren 1273 und 1279 die Landungsflotten Kublai Khans zerschlagen und so Japan gerettet hatten.

Als die Meldung vom Vormarsch Kuritas zum Leyte-Golf das Hauptquartier der japanischen Luftstreitkräfte in den Philippinen erreichte, kam der Befehlshaber der Luftflotte 1, Vizeadmiral Takijiro Onishi, zu der Überzeugung, daß auch für seine Streitkräfte die Stunde gekommen sei, zu verzweifelt-entschlossenen Einsätzen überzugehen. Es war offensichtlich, daß die schlecht ausgebildeten Bomberpiloten weder gewandt genug waren, die amerikanische Luftabwehr zu durchstoßen, noch alliierte Angreifer abzuwehren. Und doch konnten diese unerfahrenen japanischen Flieger sich als wirksam erweisen, wenn sie sich mit den sehr wendigen *Zeke*-Jägern, ausgerüstet mit leichten Bomben, direkt auf die

Flugdecks der Träger stürzten. Onishi selbst unterbreitete auf dem Flugplatz Clark Field auf Luzon seinen Fliegern dieses Projekt. Sie stimmten ihm sofort begeistert zu. So improvisierten die Japaner in letzter Stunde, als es schon zu spät war, eine neue, schreckenverbreitende Waffe, um gegen die immer stärker werdende amerikanische Seeherrschaft anzukämpfen. Nach der Landung der Amerikaner auf Leyte stiegen »Kamikaze«-Piloten an vier aufeinanderfolgenden Tagen zum Einsatz auf. Jedoch fanden sie, sei es wegen schlechten Wetters oder aus reiner Unfähigkeit, kein Ziel. Der mäßige Erfolg des konventionellen Angriffs auf die Trägerkampfgruppe Sherman vor Luzon am 24. ließ die dringende Notwendigkeit hervortreten, durch verbesserte Angriffsmethoden sichere Erfolge zu erringen. Wenn die Kamikaze-Verbände ein geeignetes Mittel dazu waren, so war jetzt die Zeit ihres Einsatzes gekommen. Am folgenden Morgen starteten sie zu ihren ersten erfolgreichen Angriffen. In der Morgendämmerung des 25. Oktober stiegen sechs »Kamikaze«-Flugzeuge in Davao auf Mindanao auf. Auf ihrem Flug nach Norden entdeckten sie die Geleitträgergruppe von Thomas L. Sprague. Aus einer Wolkenbank in etwa 3000 m Höhe stürzten die *Zekes,* einige fast senkrecht, gerade in dem Augenblick auf die Geleitträger herunter, als Flugzeuge zu einem Angriff auf die zentrale Kampfgruppe Kuritas starteten, der zu diesem Zeitpunkt das Feuer auf die im Norden stehende Geleitträgergruppe Clifton Spragues eröffnete. Die *Zekes,* die sich die Geleitträger *Petrof Bay* und *Sangamon* als Ziel ausgesucht hatten, wurden durch Flakfeuer vom Kurs abgebracht, aber die beiden anderen Träger dieser Gruppe, die *Suwannee* und die *Santee,* wurden von den auf sie stürzenden »Kamikaze«-Flugzeugen getroffen, deren detonierende Bomben klaffende Löcher in die Flug- und Hangardecks rissen. Bei der danach herrschenden Verwirrung erhielt die *Santee* außerdem einen Torpedotreffer von dem unbemerkt gebliebenen japanischen U-Boot *I-56.* Trotz der erlittenen Schäden hielten die Träger ihre Stellung in der Formation. Schnell ausgeführte Notreparaturen setzten sie in den Stand, wenige Stunden später wieder Flugzeuge starten zu können.

Am Spätvormittag – Kurita hatte bereits das Gefecht abgebrochen – griffen »Kamikaze«-Piloten vom Flugplatz Clark Field die beschädigten Geleitträger Clifton Spragues an. Einem der »Selbstmord«-Flieger, der sich auf die *Kitkun Bay* stürzte, gelang es zwar nur, das Schiff zu streifen, aber seine detonierende Bombe richtete beträchtlichen Schaden an. Zwei weitere »Kamikaze«-Flugzeuge schlugen auf der *Kalinin Bay* auf, die bereits 14 Granattreffer erhalten hatte, und lösten Brände aus. Ein »Kamikaze«-Flieger durchschlug das Flugdeck der *St. Lô,* geriet in Brand und brachte Bomben und Torpedos im Hangar-Deck zur Detonation. Eine Reihe darauffolgender Explosionen riß die *St. Lô* beinahe auseinander. Sie sank kurz vor Mittag.

Clifton Sprague ließ seine Sicherungsfahrzeuge zur Rettung der Überlebenden an der Untergangsstelle der *St. Lô* und zog sich mit seinen Geleitträgern in Richtung Manus zurück. »Nachdem was wir bis dahin durchgemacht hatten«, sagte er, »spielte es für uns keine Rolle mehr, ob wir von Geleitfahrzeugen gesichert wurden oder nicht.«

Der Rückmarsch Kuritas

Nachdem Kurita die Reste seiner zentralen Kampfgruppe wieder gesammelt hatte, kreuzte er auf verschiedenen Kursen vor Samar und versuchte, sich über seine nächsten Entschlüsse klar zu werden. Trotz der erlittenen Verluste glaubte er, am Vormittag ein gutes Stück Arbeit geleistet zu haben, nahm er doch an, mit seiner Kampfgruppe drei oder vier Schwere Flugzeugträger, zwei Schwere Kreuzer und mehrere Zerstörer versenkt zu haben. Einmal nahm er noch Kurs auf den Leyte-Golf, gab aber seinen Entschluß wieder auf und drehte ab. Er sagte sich, daß die amerikanischen Truppentransporter und Frachtschiffe längst entladen sein mußten und, vor der Gefahr gewarnt, den Golf bestimmt verlassen haben würden. Andererseits ließen abgefangene Funksprüche klar darauf schließen, daß sich auf Leyte starke alliierte Luftstreitkräfte sammelten und aus allen Himmelsrichtungen Träger-Kampfgruppen der 3. Flotte auf seinen Verband zuliefen. Obwohl am Horizont kein Feind sichtbar war, fühlte er sich eingekreist. Der Leyte-Golf konnte sich eher als Falle erweisen denn als Gelegenheit zu einem großen Erfolg. Jedenfalls zog er es vor, die nächste Schlacht auf hoher See zu führen.

Kuritas Operationsanweisungen ließen ihm, ähnlich wie jene Halseys, Entscheidungsfreiheit darüber, bei günstiger Gelegenheit feindliche Flugzeugträger anzugreifen. Kurita hatte vormittags aus Manila eine Funkmeldung erhalten, wonach amerikanische Flugzeugträger nordöstlich von Samar standen. Nach angemessener Beratung hielten er und sein Stab es für ausgemacht, daß diese – tatsächlich nicht existierenden – Flugzeugträger das lohnendste Angriffsziel böten. Mit Hilfe von Flugzeugen aus Luzon mochte die zentrale Kampfgruppe die Schlacht immer noch zu ihren Gunsten entscheiden – oder im Kampf mit feindlichen Großkampfschiffen wenigstens ruhmvoll untergehen. Kurz nach 13.00 Uhr, als Flugzeuge der amerikanischen Geleitträger zu ihrem letzten Angriff anflogen, ging Kurita auf der Suche nach feindlichen Flugzeugträgern auf Nordkurs.

Bald darauf wurde seine Kampfgruppe zum ersten Mal von aus Nordosten anfliegenden Trägerflugzeugen angegriffen. Sie gehörten zur Kampfgruppe McCain, die auf Befehl Halseys mit Höchstfahrt auf Samar zulief. Die Flugzeuge McCains waren aus übergroßer Distanz gestartet; sie waren durch Zusatztanks behindert und nur mit Bomben anstelle der schwereren Torpedos ausgerüstet. Infolgedessen richteten sie wenig aus, bestärkten aber Kurita in seinem Entschluß, den Leyte-Golf zu meiden.

Auf Anforderung Kuritas fand sich jedes noch einsatzfähige Flugzeug aus Luzon am Spätnachmittag bei seiner Kampfgruppe ein, um gemeinsam mit der zentralen Kampfgruppe auf die vermutliche amerikanische Trägerkampfgruppe einen koordinierten Angriff durchzuführen. Zwei Tage lang hatte Kurita versucht, diese Unterstützung zu erhalten, aber nun, wo die Flugzeuge zu seiner Verfügung standen, war keine Spur eines feindlichen Schiffes zu finden. Zu diesem Zeitpunkt besaßen die japanischen Zerstörer nur noch wenig Brennstoff, und Kurita und sein Stab waren nach dreitägigen Angriffen durch Überwasserstreitkräfte, U-Boote und Flugzeuge aufs äußerste erschöpft. Wie die Dinge lagen, sah Kurita nunmehr den Rückzug vom Schlachtfeld als einzige Alternative an. Als die Dämmerung hereinbrach, war die zentrale Kampfgruppe auf dem Marsch nach der San-Bernardino-Straße, in die sie um 21.30 Uhr einlief. Der Zerstörer *Nowake,* der angehalten hatte, um die Besatzung der zum Untergang verurteilten *Chikuma* zu übernehmen, folgte weit hinter dem Gros.

Die starken Kräfte, die Halsey in der vorhergehenden Nacht auf der Höhe von Luzon versammelt hatte, umfaßten vier Gruppen. Die im Norden operierenden Kräfte Mitschers waren aufgeteilt: Der aus Kreuzern und Zerstörern gebildete Kampfverband DuBose marschierte vor den Trägerkampfgruppen, um lahmgeschossene und versprengte Einheiten Ozawas zu versenken. Bei dem Versuch, vor Kurita die San Bernardino-Straße zu erreichen, hatte Halsey die 3. Flotte weiter aufgeteilt, indem er von seinem auf Südkurs befindlichen Verband seine beiden schnellsten Schlachtschiffe, die *Iowa* und *New Jersey*, sowie drei Leichte Kreuzer und acht Zerstörer detachierte. Mit diesem Verband eilte er voraus, aber seine Hast war vergebens, denn als er kurz nach Mitternacht sein Ziel erreichte, war das einzige Schiff, das noch nicht die Straße passiert hatte, die *Nowake.* Halseys Kreuzer und Zerstörer versenkten den Zerstörer mit Artilleriefeuer und Torpedos. Die schnellen Schlachtschiffe der 3. Flotte waren zwischen den beiden japanischen Hauptgruppen erst 300 sm nach Norden, dann dieselbe Strecke wieder zurückgedampt, ohne mit dem Feind in Gefechtsberührung zu kommen.

Während der Nacht überquerte die zentrale Kampfgruppe so schnell wie möglich die Sibuyan-See. Am 26. nach Tagesanbruch durchlief sie die Straße von Tablas und ging westlich von Panay auf südlichen Kurs. Hier wurde sie von Flugzeugen der Trägergruppen Bogan und McCain angegriffen, die sich vor Luzon vereinigt hatten. Die Angreifer versenkten den Leichten Kreuzer *Noshiro* und fügten dem versprengten Schweren Kreuzer *Kumano* erneut Schäden zu. So endeten die vier Tage währenden Angriffe auf die schwer mitgenommene zentrale Kampfgruppe. Kurita entkam mit vier Schlachtschiffen, zwei Schweren Kreuzern, einem Leichten Kreuzer und sieben Zerstörern – gewiß keine eindrucksvolle Macht mehr für einen Offensivschlag, aber immer noch eine fleet-in-being, mit der MacArthur und Kinkaid bei ihren ferneren Operationen ernstlich würden rechnen müssen.

Schlußbetrachtung

Die hauptsächlichen Faktoren, die den Kampfverlauf in der Schlacht um den Leyte-Golf beeinflußten, waren die weit überlegene Kampfkraft der durch einige alliierte Einheiten ergänzten Flotte der Vereinigten Staaten, die überwältigende Überlegenheit der amerikanischen Luftunterstützung, die Teilung der japanischen Flotte infolge der alliierten U-Bootangriffe auf die japanische Ölversorgung, die durch die japanische Taktik der Kräfteaufsplitterung noch intensiviert wurde, und schließlich – auf beiden Seiten – die schlechten Nachrichtenverbindungen und der im allgemeinen mangelhafte Nachrichtenaustausch zwischen den Teilverbänden. Der Einsatz der amerikanischen Seestreitkräfte litt zweifellos unter dem Mangel einer einheitlichen Kommandoführung im Operationsgebiet; die japanische Flotte war aber trotz einheitlichen Oberbefehls in der Person Admiral Toyodas hinsichtlich der Koordinierung ihres Handelns und wechselseitiger Unterstützung noch weniger erfolgreich als die Amerikaner. Aus diesen Bedingungen heraus entwickelte sich die verschlungenste und räumlich am weitesten ausgedehnte Seeschlacht der Geschichte; sie bietet auf beiden Seiten bemerkenswerte Beispiele für eindrucksvolle Leistungen und für versäumte Gelegenheiten.

Die Japaner erreichten nicht das Hauptziel ihres Einsatzes: die Vernichtung der amphibischen Transportflotte im Leyte-Golf. Sie verloren 306000 t Kriegsschiffstonnage, drei Schlachtschiffe, vier Flugzeugträger, zehn Kreuzer und neun Zerstörer. Die Amerikaner bewahrten nicht nur ihre amphibische Flotte vor der Vernichtung, sondern nahmen dem Feind für immer die Möglichkeit, den Flotten-Großkampf zu erneuern. Dies kostete sie 37000 t Kriegsschiffe, einen Leichten und zwei Geleit-Flugzeugträger, zwei Zerstörer und einen Geleitzerstörer. Die Schlacht um den Leyte-Golf war ein überwältigender Sieg für die Vereinigten Staaten. Und doch hatten es die Amerikaner genau so wenig wie die Japaner verstanden, ihre Stärke zur See mit optimaler Wirkung einzusetzen.

Obwohl Admiral Kurita, wie wohl kein zweiter Flottenchef der Seekriegsgeschichte, ständigen Angriffsschlägen ausgesetzt war, erkämpfte er sich ohne Luftunterstützung seinen Weg durch die Sibuyan-See und stieß unbemerkt durch die San-Bernardino-Straße in den Pazifik vor. Dort aber verkannte er seine gute Chance oder wußte sie nicht zu nutzen. Nach seinem planlosen Angriff auf eine amerikanische Flugzeugträger-Untergruppe verlor er jede Übersicht, die Fühlung mit dem Feind und seinen eigenen Schiffen riß ab, er steckte schwerere Verluste ein, als er sie selbst dem Gegner zufügen konnte, und zog sich dann auf dem Weg zurück, den er gekommen war. Admiral Nishimura, der vor der planmäßig festgesetzten Zeit in die Surigao-Straße vorstieß, um mit Kurita im Leyte-Golf zusammenzuwirken, lief in einen Hinterhalt und opferte seine Schiffe umsonst. Admiral Shima arbeitete aus Gründen, die er als gerechtfertigt ansah, nicht mit Nishimura zusammen; aber er war klug genug, sich aus der Surigao-Straße zurückzuziehen, als er bemerkte, daß Nishimuras Kampfgruppe ein Unglück zugestoßen war. Admiral Ozawa opferte seine als Köder gegen den Feind gesandten Flugzeugträger, wie er es beabsichtigt hatte, es gelang ihm, die Dritte US-Flotte vom Leyte-Golf fortzulocken und zudem die Masse seiner Kriegsschiffe zu erhalten. Obwohl Ozawa die Gruppe Kurita vor der Vernichtung rettete, gelang es ihm nicht, seine Kameraden über seinen eigenen Erfolg und die damit Kurita eröffneten Erfolgsaussichten zu unterrichten. Ein weiterer, zwar begrenzter, doch für die Zukunft unheilkündender japanischer Erfolg wurde durch die neu aufgestellte Sonderformation der »Kamikaze«-Flieger erzielt. Ihrem am 25. Oktober geflogenen ersten Angriff gegen alliierte Schiffe sollten viele weitere folgen.

Die einzelnen Verbände der amerikanischen Seestreitkräfte kämpften hervorragend; jedoch arbeiteten die 3. und 7. Flotte, durch eine Reihe unbestätigter Annahmen zu falschen Schlußfolgerungen verleitet, nicht zusammen. Admiral Halsey konzentrierte seine Anstrengungen auf die japanische zentrale Kampfgruppe, die er durch seinen Angriff in der Sibuyan-See zu vorübergehendem Rückzug zwang; dann aber gab er dieses Angriffsziel auf und ließ die San-Bernardino-Straße und den amerikanischen Landekopf ungedeckt, in der Annahme, daß die 7. Flotte die Sicherung des nördlichen Zugangsweges zum Leyte-Golf übernehmen würde. Admiral Oldendorf überwältigte in der vermutlich letzten Seeschlacht rangierter Schlachtflotten die Japaner in der Surigao-Straße, indem er sie in einen klassischen Hinterhalt lockte und dann in einem nahezu mustergültigen Angriff besiegte. Oldendorf konnte diesen Sieg kaum verspielen, nachdem ihm Admiral Kinkaid fast seine sämtlichen Kampfschiffe zugeteilt hatte, seinerseits in der Annahme, daß die 3. Flotte den nördlichen Zugangsweg zum Leyte-Golf sichern würde. Admiral Mitscher vernichtete dank seiner bekannten Entschlußkraft und dem wirsamen Ansatz seiner Luftstreitkräfte die japanischen Flugzeugträger, doch konnten Teile der nördlichen und der zentralen japanischen Kampfgruppe entkommen, weil Halsey das Gros der amerikanischen Überwassereinheiten während der entscheidenden Stunden der Schlacht ergebnislos erst nach Norden, dann nach Süden führte und es so in zwei Kampfräumen schwächeren Teilkräften überließ, mit dem Feind fertigzuwerden. Die denkwürdigste Leistung der ganzen Schlacht war das Zusammenspiel der amerikanischen Kräfte vor Samar, die das Abdrehen der japanischen zentralen Kampfgruppe wenige Seemeilen vor dem Leyte-Golf bewirkte. Hier nutzte Admiral Clifton Sprague, von den Admiralen Stump und Thomas Sprague unterstützt, jeden nur möglichen Vorteil, den Wind, Regen, künstlicher Nebel, innere Linie, Artillerie- und Luftangriff boten, um einen weit überlegenen Feind zu verwirren und zurückzuschlagen. Die Flugzeugpiloten der Geleitträger, die für Angriffe auf Kriegsschiffe nicht ausgebildet waren, standen in diesen Stunden den Bestleistungen ihrer Kameraden auf den schnellen, großen Flugzeugträgern nicht nach. Auf See warfen sich die kleinen Sicherungsfahrzeuge Clifton Spragues kühn dem Feuer der japanischen Schlachtschiffe und Kreuzer entgegen, nutzten geschickt Regen und künstlichen Nebel, feuerten ihre Salven und kämpften, wenn sie ihre Torpedos verschossen hatten, mit 12,7-cm-Geschützen gegen 35,6- und 40,6-cm-Geschütze. Ihr Einsatz in eigentlich aussichtsloser Lage gab um Haaresbreite den Ausschlag: er ermöglichte den Erfolg des amerikanischen Luftangriffs und verschaffte dem Gros der Geleitträger die Möglichkeit zu entkommen. Die Geschichte der amerikanischen Marine kennt keine Tat, deren Ruhm diese zwei Stunden entschlossenen, opferbereiten und erfolgreichen Kampfes überträfe.

Kapitel 43

Der Seekrieg im Indischen Ozean 1941–1945

Von Jürgen Rohwer für die deutsche Ausgabe bearbeitetes Kapitel.

Während des ganzen zweiten Weltkrieges blieb der Indische Ozean ein Nebenkriegsschauplatz. Nach einem kurzen Vorstoß des Panzerschiffes *Admiral Graf Spee* im November 1939 an die Südostküste Afrikas berührten vom Juni 1940 bis Dezember 1941 nur gelegentliche, mehrwöchige Operationen der deutschen Hilfskreuzer *Atlantis, Pinguin* und *Kormoran* sowie des Panzerschiffes *Admiral Scheer* den Indischen Ozean, von denen 36 Handelsschiffe mit 227.284 BRT aufgebracht bzw. versenkt wurden; eine im Vergleich zu dem Umfang der Schiffahrt in diesen Gewässern minimale Verlustquote, die es nicht erforderlich machte, den Verkehr – von Truppentransporten abgesehen – in Konvois zusammenzufassen. Immerhin banden diese deutschen Handelsstörer zeitweise beträchtliche alliierte Seestreitkräfte.

Auch der Eintritt Italiens in den Krieg im Juni 1940, mit dem die Achsenmächte erstmalig einen Küstenstrich im Nordwesten des Indischen Ozeans als Basis hätten nutzen können, brachte keine Änderung der strategischen Situation, da die nur aus einigen älteren Zerstörern und 8 U-Booten bestehenden italienischen Seestreitkräfte in Ostafrika nicht in der Lage waren, die britische Seeherrschaft in diesem Ozean infrage zu stellen. Sie konnten nicht einmal die nach der Sperrung des Mittelmeeres auf einige Nachschubkonvois für den Nahen Osten beschränkte Schiffahrt im Roten Meer ernsthaft stören. Ihre häufigen Angriffsversuche wurden ausmanövriert oder abgewiesen.

Mit dem Vordringen der Japaner an der Ostseite des Indischen Ozeans in den ersten Monaten des Jahres 1942 schien sich ein grundlegender Wandel der strategischen Situation anzubahnen. Nach der Eroberung Niederländisch-Indiens, Malayas mit der großen britischen Marinebasis Singapore und Burmas mit dem Hafen Rangoon bis zum März 1942 hatte Japan sich die Ausgangsbasis für eine großangelegte Offensive in den Indischen Ozean geschaffen. Diese erwartete Offensive erschien um so bedrohlicher, als man gleichzeitig mit einer deutsch-italienischen Offensive in Nordafrika in Richtung auf den Suezkanal und den Nahen Osten rechnen zu müssen glaubte. Errangen die Japaner die Seeherrschaft im Indischen Ozean, so war die Unterbrechung des um Afrika herum nach dem Nahen Osten laufenden Nachschubstromes und der über den Iran nach Südrußland laufenden Nachschubroute, die sich in zügigem Ausbau befand, zu erwarten. Ein Zusammenbruch der alliierten Fronten im Nahen Osten und Südrußland zeichnete sich für die alliierten Stäbe als drohende Gefahr ab. Und doch war es herzlich wenig, was man zur Abwendung dieser Gefahr unternehmen konnte. Nach dem Zusammenbruch des für die Verteidigung Malayas, Insulindes und der Philippinen gebildeten ABDA-Kommandos mußten die USA ihre verfügbaren Kräfte darauf konzentrieren, die vorgeschobenen Basen im Pazifik zu halten und den Verbindungsweg nach Australien zu sichern, wofür die nach Peral Harbor auf wenige Träger-Kampfgruppen reduzierte US-Pazifik-Flotte gegenüber der weit überlegenen japanischen Vereinigten Flotte kaum ausreichte. Die aus dem Debakel in Malaya und Burma entkommenen britischen Heeres- und Luftwaffenverbände konnten mit Mühe versuchen, an der indisch-burmesischen Grenze eine neue Front zu bilden, doch gab es kaum Truppenverbände, die man zur Verteidigung des als japanisches Angriffsziel besonders verlockenden Ceylon bereitstellen konnte. Seine Verteidigung mußte deshalb der britischen Flotte überlassen werden, die nach dem Ausfall von 5 Schlachtschiffen im November/Dezember 1941 (*Barham, Prince of Wales, Repulse, Queen Elizabeth* und *Valiant*) und des Flugzeugträgers *Ark Royal* und wegen der durch die Verlegung der schweren deutschen Schiffe nach Norwegen erzwungenen Bindungen schwerer Schiffe bei der »Home Fleet« nur unter größten Anstrengungen Ende März 1942 eine neue »Eastern Fleet« unter Vizeadmiral Sir James Somerville bilden konnte. Sie bestand immerhin aus 5 Schlachtschiffen, 3 Flugzeugträgern, 7 Kreuzern, 16 Zerstörern und 7 U-Booten und war damit auf dem Papier der stärkste Verband der Royal Navy überhaupt. Das zeigt, welche Bedeutung man ihr in der alliierten Gesamtstrategie zumaß. Doch gab sich Admiral Somerville keiner Täuschung darüber hin, daß er nur über eine recht heterogene Kollektion zumeist überalterter Schiffe verfügte und seine kampfkräftigsten Einheiten, die beiden modernen Träger *Indomitable* und *Formidable*, mit unzulänglichen Flugzeugtypen ausgerüstet waren, er also eine ernsthafte Auseinandersetzung mit der auf der Höhe ihrer Leistungsfähigkeit stehenden japanischen Flotte nicht wagen konnte.

Es war das Glück der Alliierten, daß weder in Deutschland und Italien noch in Japan in dieser Phase die schwache Stelle der gesamten alliierten Kriegführung mit ausreichender Klarheit erkannt wurde. Zwar hat man sich im Stab der japanischen Vereinigten Flotte Ende Januar/Anfang Februar 1942 für kurze Zeit mit einem Vorschlag des Kapitäns z.S. Kuroshima beschäftigt, mit der Flotte die »British Eastern Fleet« zu stellen und zu vernichten, dann Ceylon wegzunehmen und eine Verbindung mit den europäischen Verbündeten herzustellen. Doch fanden diese weitgehenden Absichten nicht die Zustimmung des Admiralstabes und des Generalstabes, zumal auch die Verhandlungen um ein Militärabkommen zwischen Japan, Deutschland und Italien keine konkreten Ergebnisse gebracht hatten und das am 19. Januar 1942 abgeschlossene Abkommen kaum mehr als die Abgrenzung der beiderseitigen Operationsgebiete auf dem Längengrad 70° Ost festlegte. Während das japanische Heer seine Aufmerksamkeit auf die ihm am nächsten liegenden Aufgaben der Eroberung Burmas und der Unterbrechung der Burma-Straße nach China lenkte, widmete sich der Admiralstab seinen Planungen für die Unterbrechung der Nachschubroute USA–Australien, und die Vereinigte Flotte beschränkte sich darauf, zur Deckung der Burma-Operation und der Besetzung der Inselgruppen der Nikobaren und Andamanen einen Trägerraid gegen die Insel Ceylon und ihre Basen vorzusehen, um jede Bedrohung der eigenen Operationen von dort her auszuschalten, ehe man sich selbst neuen Operationen im Zentralpazifik zuwandte.

So kam es, nachdem bereits im Januar, Februar und März einzelne japanische U-Boote im Golf von Bengalen und vor Ceylon, im April auch westlich Indien operiert hatten, nur zu dem als Flankensicherungs-Operation zu verstehenden japanischen Trägerraid gegen Ceylon. Die Träger *Akagi, Hiryu, Soryu, Shokaku* und *Zuikaku* unter Vizeadmiral Nagumo, begleitet von 4 Schlachtkreuzern, 3 Kreuzern und 8 Zerstörern, führten mit ihren Flugzeugen am 5.4. einen Raid gegen den Hafen von Colombo und am 9.4. gegen Trincomalee, während Vizeadmiral Ozawa mit einem Verband von 6 Kreuzern, 1 Träger und 4 Zerstörern gegen die Schiffahrt im Golf von Bengalen vorstieß. Durch die britische Aufklärung rechtzeitig gewarnt, konnte Admiral Somerville mit seinen beiden Kampfgruppen so ausweichen, daß die japanische Luftaufklärung diese Verbände bei beiden Vorstößen knapp verfehlte und ihnen das Schicksal der Kreuzer *Cornwall* und *Dorsetshire* sowie des kleinen Trägers *Hermes* erspart blieb, die von Ceylon her Anschluß an die Kampfgruppen zu gewinnen suchten. Nagumo versäumte es, systematisch nach der »British Eastern Fleet« zu suchen. Die Japaner, denen insgesamt neben den Kriegsschiffen 23 Handelsschiffe mit 112.312 BRT zum Opfer

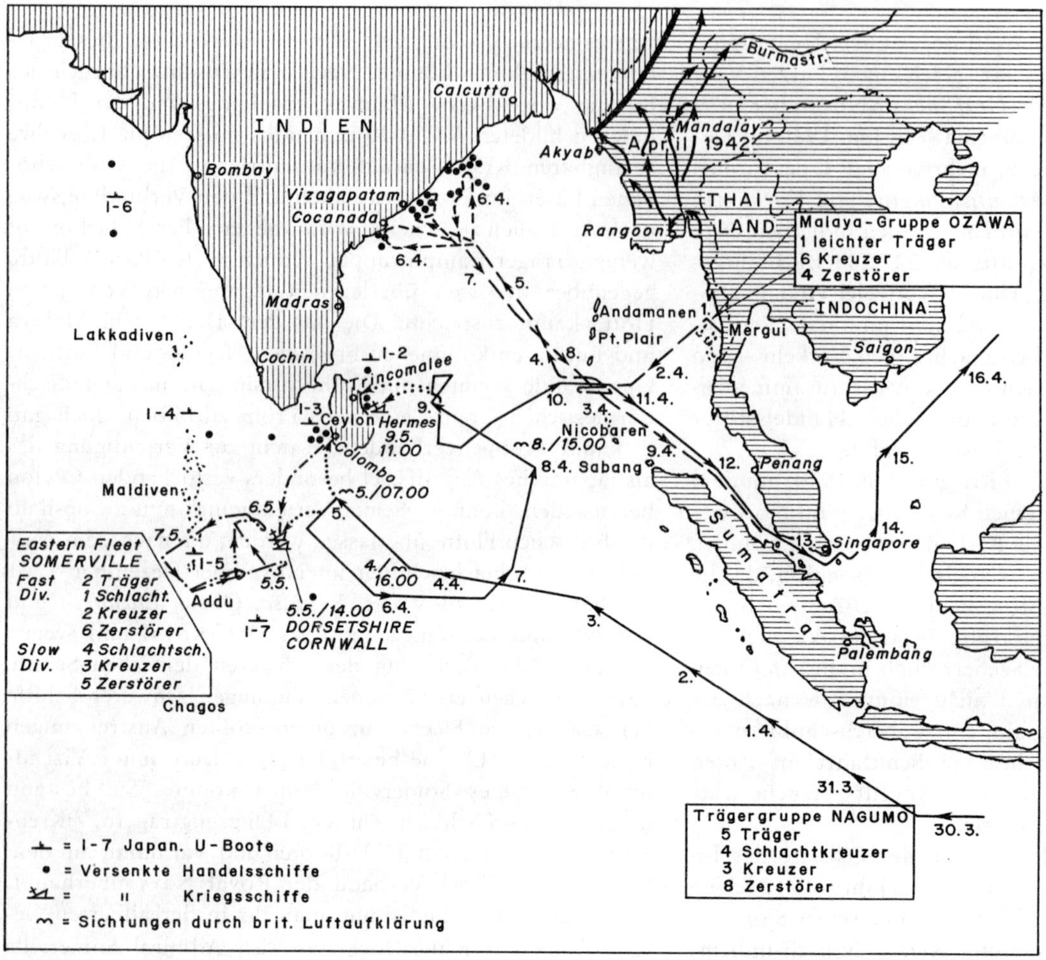

Der japanische Raid im Indischen Ozean im April 1942

gefallen waren, kehrten um. Die kaum vermeidbar scheinende Katastrophe für die Briten blieb aus.
Doch schien Ceylon als Basis für die »Eastern Fleet« unhaltbar geworden zu sein, und Admiral Somerville wich teils nach Bombay und teils nach Kilindini an der afrikanischen Ostküste aus. Von hier aus konnten seine Streitkräfte einerseits in kritischen Lagen schnell die Mittelmeerflotte in Alexandrien verstärken, wie es z.B. im Juni 1942 beim Versuch, von Osten und Westen Konvois nach Malta durchzubringen, geschah. Ebenso waren von hier aus auch am besten die Operationen gegen das vichy-französische Madagaskar zu unterstützen, die man glaubte durchführen zu müssen, um eine Festsetzung der Japaner zu verhindern, die im Rahmen von Vichy erzwungener Zugeständnisse ohne großen japanischen Aufwand möglich schien.
Die Bedeutung, welche man der möglichen Bedrohung des alliierten Nachschubweges um Afrika herum nach dem Nahen Osten beimaß, wird deutlich, wenn man sich die weltweiten Umdispositionen der alliierten Flottenverbände vor Augen hält, die notwendig waren, um den von schwachen vichy-französischen Streitkräften besetzten Hafen Diego Suarez an der Nordspitze Madagaskars, einer strategisch zentralen Position, wegzunehmen. Da die Kräfte der »Eastern Fleet« teilweise gegen weitere japanische Operationen in Bereitschaft gehalten werden mußten und nur Teile für die Operation »Ironclad« abgezweigt werden konnten, die Mittelmeer-Flotte derzeit nur über wenige Kreuzer verfügte, die man bei der italienischen Überlegenheit nicht abziehen wollte, blieben als Reservoir nur die britischen Flotten im Atlantik. Die einfachste Lösung wäre die Ablösung der britischen »Force H« in Gibraltar durch eine entsprechende amerikanische Kampfgruppe für die Dauer der Operation gewesen, doch lehnte die US Navy eine solche Lösung ab, bot dafür aber die Entsendung einer Kampfgruppe mit 1 modernen Schlachtschiff, 1 Träger, 2 Schweren Kreuzern und 8 Zerstörern zur »Home Fleet« nach Scapa Flow an, damit diese ihrerseits Schiffe zur Ablösung der »Force H« in Gibraltar freimachen könne, ohne die Deckung der Murmansk-Konvois gegen die nach Norwegen verlegten deutschen schweren Schiffe schwächen zu müssen. Zusätzlich war man sogar bereit, das zweite fertige neue Schlachtschiff und gegebenenfalls weitere einsatzfähig werdende Schiffe in Neufundland gegen eventuelle Ausbrüche schwerer deutscher Schiffe in den Atlantik zu stationieren. Das bedeutete zugleich den Verzicht auf die Verwendung der einzigen modernen und überhaupt verwendbaren Schlachtschiffe im Pazifik für ein halbes Jahr. Bei der so erreichten gewaltigen Übermacht der britischen Angriffsgruppe konnten die französischen Verteidiger nur wenige Tage Widerstand leisten. Am 8. Mai war Diego Suarez als Stützpunkt benutzbar, wenngleich auch die völlige Ausschaltung vichy-französischer Truppen auf Madagaskar sich noch bis in den September 1942 hinzog, da die vordringliche Operation »Harpoon« zur Versorgung Maltas im Juni eine Unterbrechung erzwang.

Kaum hatten sich die Engländer im Norden Madagaskars etabliert, als auch bereits eine neue japanische Operation die Berechtigung und Notwendigkeit dieser Besetzung französischen Territoriums zu zeigen schien. Schon am 20. April waren aus Penang in der Malakka-Straße zwei japanische Hilfskreuzer mit einem U-Kreuzer ausgelaufen, der mit seinem Bordflugzeug die Häfen des westlichen Indischen Ozeans aufklären sollte, um den Schlupfwinkel der britischen »Eastern Fleet« aufzuspüren. War sie lokalisiert, sollten 4 U-Kreuzer des 8. U-Bootgeschwaders, von denen drei Zwei-Mann-U-Boote an Bord hatten, diese Flotte Ende Mai überraschend angreifen, um die alliierte Führung mit diesem und einem gleichzeitigen ähnlichen Angriff gegen Sydney von der inzwischen angelaufenen Großoperation gegen Midway und die Aleuten abzulenken. Tatsächlich suchten die japanischen U-Bootflugzeuge im Mai vergeblich zwischen Aden und Simonstown nach der »Eastern Fleet«, bis sie nach Eingang der Berichte über die britische Operation gegen Madagaskar Diego Suarez anliefen. Hier torpedierten in der Nacht zum 31. Mai zwei der Klein-U-Boote das Schlachtschiff *Ramillies* und einen Flottentanker, ehe sich die vier U-Kreuzer – der fünfte war als Blockadebrecher nach Frankreich weitermarschiert – der Handelskriegführung zuwandten. In zwei Operationsabschnitten von Anfang Juni bis Mitte Juni und Ende Juni bis Mitte Juli, unterbrochen durch eine Versorgung aus den beiden Hilfskreuzern, versenkten die U-Kreuzer im Gebiet vor der Küste Südostafrikas und Madagaskars 22 Handelsschiffe mit 103.496 BRT, während den Hilfskreuzern gleichzeitig 3 Dampfer mit 21.051 BRT zum Opfer fielen.

Der Handelskrieg 1942/44

Entgegen den alliierten Erwartungen fanden die japanischen Offensivoperationen im Indischen Ozean mit dieser Unternehmung ihr Ende. In den folgenden Jahren beschränkte man sich – während die übrigen Kräfte von dem Abnutzungskrieg im Gebiet der Salomonen aufgezehrt wurden – auf wenige Handelskriegs-Unternehmungen der U-Boote des 8. Geschwaders von Penang aus. Meist waren nicht mehr als zwei U-Kreuzer an den Bündelungspunkten des Verkehrs im Arabischen Golf, vor dem Persischen Golf, im Golf von Aden oder an der ostafrikanischen Küste bis in die Moçambique-Straße, ferner gelegentlich ein oder zwei Flotten-U-Boote im Gebiet von Ceylon und ab Herbst 1943 auch einzelne kleine Boote vom Typ *Ro–100* im Golf von Bengalen tätig. Ihnen fielen bis Ende 1942 weitere 13, 1943 23 und 1944 nochmals 17 Schiffe mit zusammen 323532 BRT zum Opfer. Ein zweiter Versuch des Ansatzes von Hilfskreuzern endete am 11. November 1942, als es dem kleinen indischen Minensucher *Bengal* gelang, mit einigen glücklichen Treffern die weit überlegene *Hokoku Maru* zu vernichten und dem beschädigten niederländischen Tanker *Ondina* das Entkommen vor der *Aikoku Maru* zu ermöglichen. Ein letzter

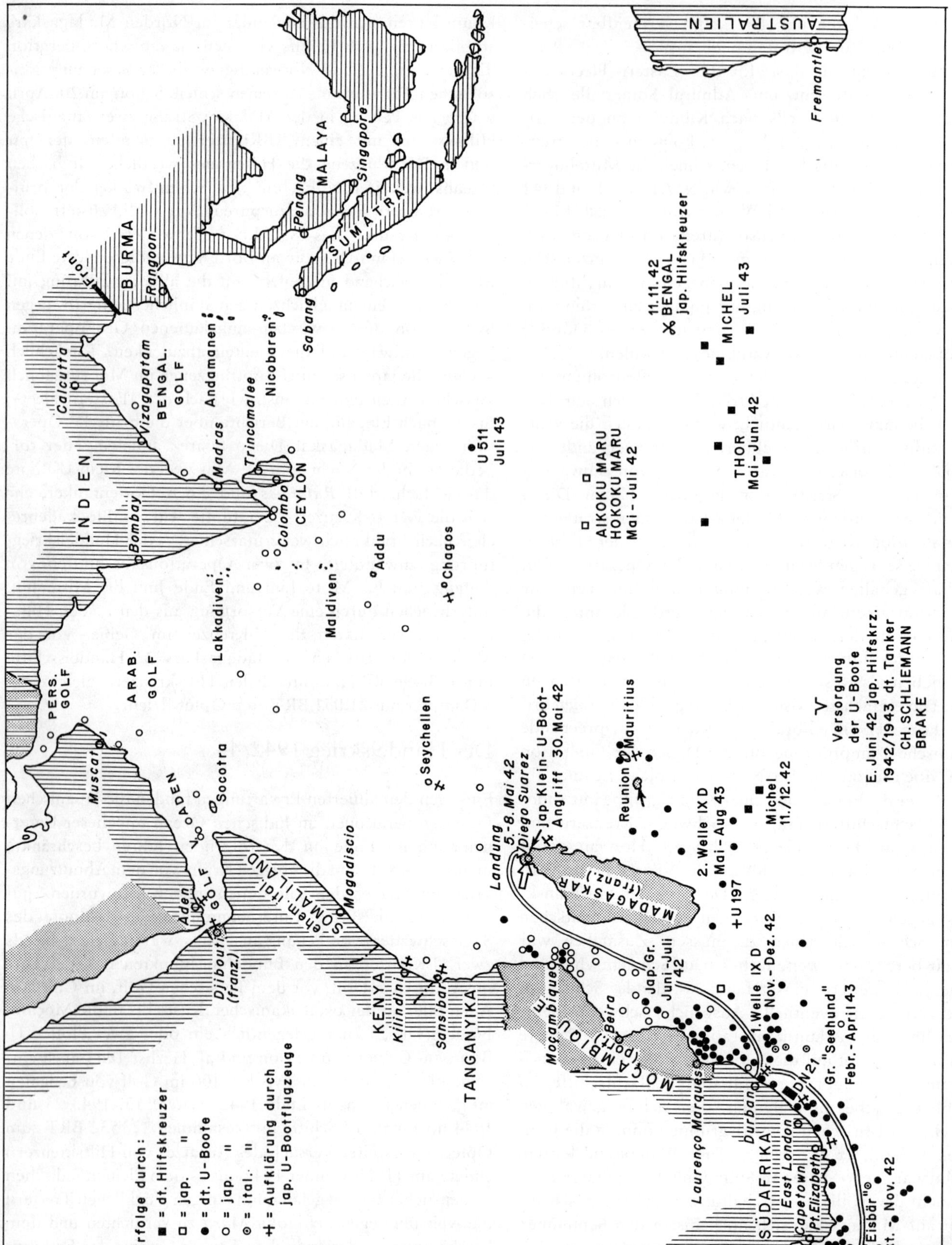

Der Handelskrieg im Indischen Ozean 1942 - August 1943

Versuch im März 1944, mit einem Verband von 3 Kreuzern im Indischen Ozean Handelskrieg zu führen, wurde nach Versenkung eines Schiffes von 6.100 BRT abgebrochen.
Auch die deutschen Versuche, den Handelskrieg mit Hilfskreuzern 1942/43 im Indischen Ozean nochmals aufzunehmen, brachten bei weitem nicht die Ergebnisse der Jahre 1940/41. 1942 fielen den Hilfskreuzern *Thor* und *Michel* sowie dem Hilfsminenleger *Doggerbank* 9 Schiffe mit 54.320 BRT zum Opfer, ohne daß Verluste eintraten, 1943 konnte die *Michel* nochmals 2 Schiffe mit 17.655 BRT versenken, ehe sie ihre Unternehmung im Pazifik fortsetzte und dort verlorenging.
Eine starke Anspannung brachte demgegenüber das Auftreten der deutschen U-Boote für die alliierte Seite.
Die ersten vier U-Boote des Typs *IX-C* der Gruppe »Eisbär«, die ihren Angriff auf die Schiffahrt vor Südafrika am 7. Oktober 1942 mit einem schlagartigen Vorstoß gegen die Reede von Capetown begannen, versenkten in wenigen Wochen 28 Schiffe mit 182.075 BRT. Ihnen folgten sogleich vier weitere Boote des größeren Typs *IX-D2*, die weiter um das Kap der Guten Hoffnung herum in die Moçambique-Straße vordrangen und bis Anfang Januar 1943 25 Schiffe mit 134730 BRT versenkten. Nach einer kurzen Pause setzten die vier *IX-C*-Boote der Gruppe »Seehund« die Operationen fort. Inzwischen waren die Alliierten aber auch hier zur vollen Einführung des Konvoiverkehrs übergegangen, so daß die Erfolge, welche die Boote bis zum April 1943 errangen, auf 18 Schiffe mit 110.838 BRT absanken. Doch war die Abwehr an den Konvois teilweise noch recht ungeübt, so daß es z.B. *U 160* unter Kptlt. Lassen am 3./4. März gelang, aus dem Konvoi DN.21 nacheinander sechs Schiffe herauszuschießen.
In der Zeit zwischen März und Juli 1943 trafen mit Abständen neun der großen Typ *IX-D*-Boote vor Südafrika ein. Durch die Ausdehnung ihrer Operationen bis ins Gebiet von Madagaskar und ostwärts davon stießen sie in größerem Umfang auf einzeln laufenden Verkehr, so daß ihnen nochmals 34 Schiffe mit 189.985 BRT zum Opfer fielen, während im April ein bis in dieses Gebiet vorgedrungenes italienisches U-Boot, die *Da Vinci*, 5 Schiffe mit 31.823 BRT auf ihr Erfolgskonto buchen konnte.
Diese günstigen Ergebnisse veranlaßten den deutschen Befehlshaber der U-Boote im Juni 1943, nachdem die alliierte Abwehr die Erfolge der U-Boote in den Operationsgebieten des Atlantik hatte zurückgehen lassen, eine Gruppe von zehn Typ *IX-C*-Booten mit einem U-Tanker in den Indischen Ozean zu entsenden. Dort sollten sie in den vom U-Bootkrieg bisher kaum berührten Gebieten des Arabischen und Bengalischen Golfs operieren und, nach einer Ergänzung und Überholung in dem japanischen Stützpunkt Penang, erneut in ihren Operationsgebieten auftreten, um dann mit wichtigen Rohstoffen beladen zurückzukehren. Von dieser ersten Gruppe »Monsun« gelangten jedoch infolge der durch die alliierte Abwehr im Atlantik verursachten Verluste nur 5 Boote in den Indischen Ozean, wo ihre Erfolge zunächst wegen der allgemeinen Einführung des Konvoiverkehrs, der durch Tropenverhältnisse verursachten Torpedoversager und teilweise der verbesserten U-Bootabwehr geringer als erwartet blieben. Zwar errangen einige der Boote auf der Rückfahrt im Golf von Aden gute Erfolge, doch konnten diese und die später eintreffenden neuen U-Boote bis zum März 1944 nur 24 Schiffe mit 141.110 BRT versenken. Unzulängliche Reparaturmöglichkeiten, vor allem aber der Mangel an Torpedos – von den ausgesandten U-Boot-Torpedotransportern traf nur einer ein – und Versorgungsprobleme erschwerten den weiteren Einsatz von Penang aus erheblich. Neben wenigen Einzelerfolgen konnten nur die im August 1944 aus Frankreich eintreffenden Typ *IX-D*-Boote nochmals größere Ergebnisse erzielen, ehe die restlichen klaren Boote um die Jahreswende 1944/45 den Befehl zur Rückkehr nach Norwegen erhielten. Von April 1944 bis Februar 1945 wurden insgesamt 21 Schiffe mit 131.834 BRT von deutschen U-Booten im Indischen Ozean versenkt, und ein weiteres Liberty-Schiff fiel *U 862*, das um Australien herum bis ins Gebiet von Sydney vorstieß, am Weihnachtstage 1944 zum Opfer. Der Kommandant, Korv. Kapt. Timm, konnte damit für sich in Anspruch nehmen, auf U-Booten während des Krieges am weitesten herumgekommen zu sein, hatte er doch im Sommer 1942 mit *U 251* in der Kara- und Westsibirischen-See gekreuzt.

Die Raids der »Eastern Fleet«

Als in der zweiten Hälfte 1942 für die alliierten Führungsstellen offenbar wurde, daß keine großen japanischen Offensiven im Indischen Ozean mehr zu erwarten waren, stellte die »Eastern Fleet« ein willkommenes Reservoir an Schiffen dar, um die an anderen Fronten angespannte Lage zu entlasten. Im Juli wurde der Träger *Indomitable* abgezogen, um an der Operation »Pedestal«, der Durchbringung eines Malta-Konvois, im August teilzunehmen. Nachdem dieser Träger bei der Operation mit schweren Schäden ausgefallen war, mußte seine Stelle in der »Force H« von der *Formidable* eingenommen werden, die am 24. August die »Eastern Fleet« verließ, so daß nur noch die *Illustrious* übrigblieb, die mit den Schlachtschiffen *Warspite* und *Valiant*, zwei bis drei Kreuzern und knapp einem halben Dutzend Zerstörern eine »schnelle Division« gegen eventuelle japanische Operationen bilden konnte. Im Januar 1943 mußte jedoch auch dieser letzte Träger wegen dringender Überholungsarbeiten in die Heimat entlassen werden, bald gefolgt von der *Valiant* und *Warspite*, so daß dem Flottenchef, Admiral Somerville, kaum ausreichend Geleitstreitkräfte blieben, um die gerade jetzt infolge der sich ausdehnenden deutschen und japanischen U-Bootoperationen notwendigen neuen Konvoirouten ausreichend sichern zu können. Dazu mußten die wenigen verbliebenen Kreuzer und Zerstörer immer wieder aus dem Geleitdienst herausgezogen werden, um tatsächliche oder vermeintliche Handelsstörer oder Blockade-

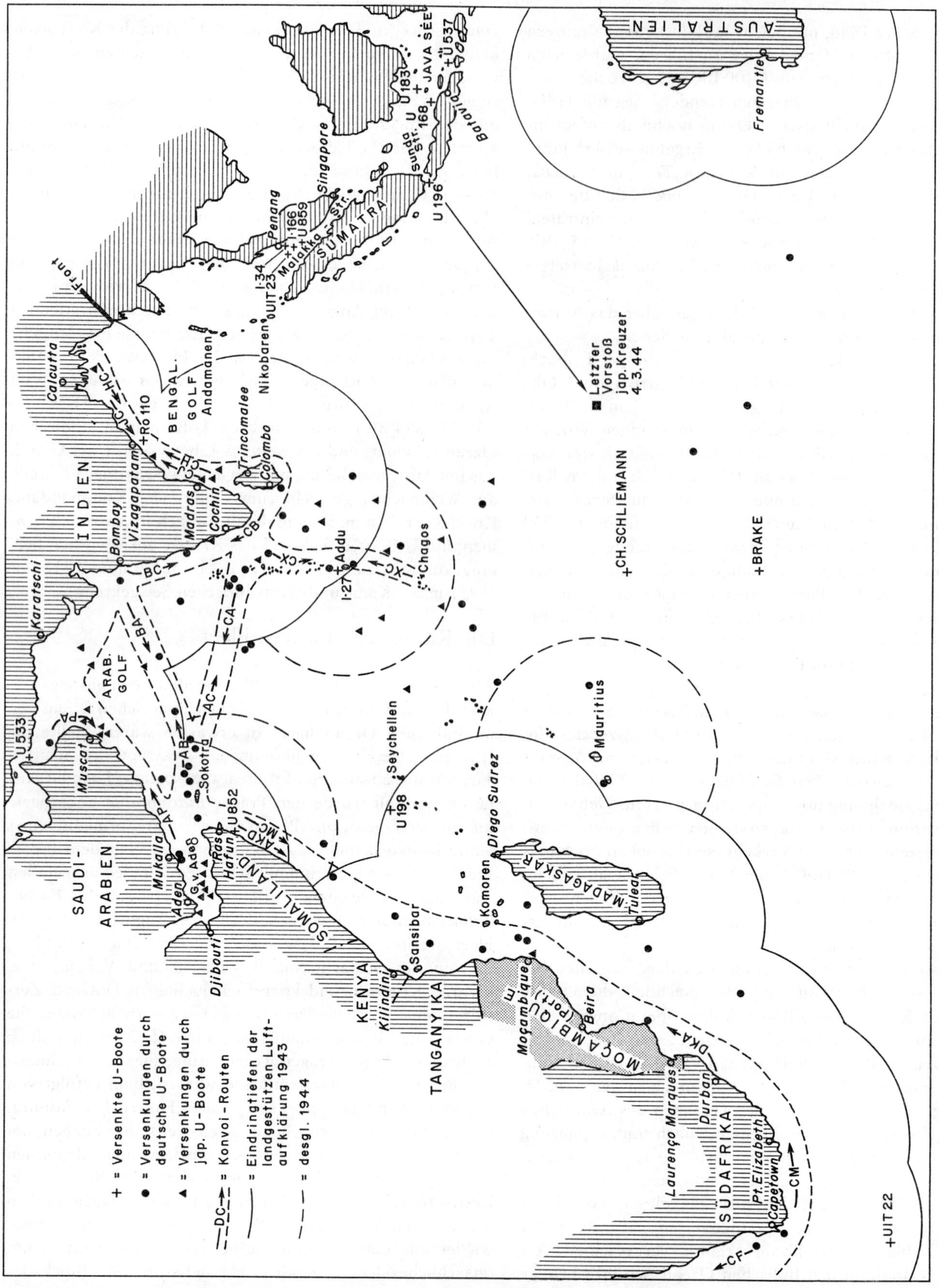

Der U-Bootkrieg im Indischen Ozean, September 1943 bis Mai 1945

brecher, vor allem aber die Versorgungstanker der deutschen U-Boote zu jagen. Nachdem auch rund um den Indischen Ozean das Netz der automatischen HF/DF-Funkpeilstationen ausgebaut worden war, gelang es im Februar und März 1944 durch geschickte Interpretation aufgefangener und eingepeilter deutscher Funksignale, die Tanker *Charlotte Schliemann* und *Brake* bei der Beölung von U-Booten auf den Versorgungsplätzen abzufangen und zu versenken.

Nach einjähriger völliger Vernachlässigung wurden im Herbst 1943 durch den Ausfall Italiens und die Öffnung des Mittelmeeres Kräfte für einen Einsatz im Indischen Ozean frei, zumal auch das Frontreifwerden der zahlreichen amerikanischen Träger-, Schlachtschiff-, Kreuzer- und Zerstörer-Neubauten genug Kräfte für die restlichen Aufgaben im Mittelmeer und Europa abgab. Dabei hatte noch im ersten Halbjahr 1943 die Royal Navy mit der Entsendung des Trägers *Victorious* in den Südpazifik aushelfen müssen, eine kritische Schwächeperiode in dieser Schiffskategorie zu überbrücken.

Als diese günstigeren Aspekte sich während der alliierten Gipfelkonferenz »Quadrant« in Quebec im August 1943 abzuzeichnen begannen, beschlossen Roosevelt und Churchill mit ihren militärischen Ratgebern, für die Gesamtleitung der alliierten Anstrengungen zwischen dem Indischen Subkontinent, der chinesischen Grenze und dem Malayischen Raum ein neues alliiertes Oberkommando unter einem britischen Oberbefehlshaber zu bilden. Zum »Supreme Allied Commander South East Asia« schlug Churchill den Captain Lord Louis Mountbatten vor, der sich als Zerstörerführer vor Kreta und Befehlshaber der britischen »Combined Operations« einen Namen gemacht hatte; ein Vorschlag, der sofort Roosevelts Beifall fand, so daß Mountbatten unter Überspringung mehrerer Dienstgrade zum »acting admiral« und Oberbefehlshaber ernannt werden konnte. Aufgrund der ersten von den Combined Chiefs am 23. Oktober erlassenen Weisung machte sich Mountbatten mit großer Tatkraft daran, Operationspläne für größere Offensivoperationen aus seinem Befehlsbereich für das Jahr 1944 zu entwerfen.

Der erste Plan »Culverin« sah eine Landung stärkerer Kräfte von Ceylon aus auf Nordsumatra vor, um hier eine Basis für weitere Vorstöße in das südasiatische Rohstoffgebiet der Japaner zu gewinnen. Auf der »Sextant«-Konferenz in Kairo im November 1943 wurde jedoch deutlich, daß eine solche aufwendige Operation wegen des im Hinblick auf die geplante Invasion Nordfrankreichs bestehenden Mangels an zusätzlich verfügbaren Landungsschiffen nicht in Frage kommen konnte.

So wandte sich Mountbatten einem Plan »Buccaneer« zu, der vorsah, im März 1944, zugleich mit einer Offensive der britisch-amerikanisch-chinesischen Heereskräfte in Burma, eine kleinere Landung im Rücken der japanischen Burma-Front in Arakan durchzuführen. Doch auch diese Operation wäre nur bei Bereitstellung von Landungsschiffen aus dem Mittelmeer denkbar gewesen, wo sie jedoch für die Landung bei Anzio gebraucht wurden. So mußte auch dieser Plan im Dezember 1943 zu den Akten gelegt werden. Die meisten der schon im Indischen Ozean befindlichen Landungsschiffe wurden, da für sie keine Verwendungsmöglichkeit bestand, ins Mittelmeer abgezogen. So blieben auf dem Sektor der amphibischen Operationen nur kleinere Störaktionen dicht hinter der japanischen Front an der burmesischen Küste, von denen man kaum mehr als taktische Wirkungen erwarten konnte.

Anfang 1944 begann sich jedoch die Verstärkung der »British Eastern Fleet« mit Kampfschiffen langsam auszuwirken. Nachdem die Flotte Ende 1943 mit dem alten Schlachtschiff *Ramillies,* einem Geleitträger, 8 Kreuzern, 11 Zerstörern, 13 Fregatten, Sloops und Korvetten sowie 6 U-Booten ihren Tiefstand erreicht hatte, trafen im Januar die modernisierten Schlachtschiffe *Queen Elizabeth* und *Valiant,* der Schlachtkreuzer *Renown,* die Träger *Illustrious* und *Unicorn,* 2 Kreuzer und weitere 6 Zerstörer ein, zu denen 9 neue U-Boote der 4. Flottille hinzukamen. Schon bei ihren ersten Einsätzen erzielten sie mit der Versenkung bzw. der Torpedierung der japanischen älteren Kreuzer *Kuma* und *Kitakami* Erfolge, welche die Japaner insbesondere in der Malakka-Straße zu größerer Vorsicht zwangen, ohne daß die intensivierte U-Bootabwehr hier zahlreiche weitere Erfolge der eingesetzten britischen und niederländischen U-Boote gegen Transportschiffe und Kriegsfahrzeuge, insbesondere auch deutsche und japanische U-Boote, die von Penang ausliefen, verhindern konnte.

Die Japaner gingen im Februar/März 1944, nachdem die Pazifik-Stützpunkte Truk und Palau wegen der Bedrohung durch amerikanische Trägerraids unbenutzbar geworden waren, dazu über, die kampfkräftigen Verbände ihrer Vereinigten Flotte nach Singapore zu verlegen. Hier waren sie näher an den Ölvorräten in Borneo und Sumatra. Eine Krise schien sich für die alliierte Führung im Indischen Ozean abzuzeichnen, zumal auch die japanische Armee in Burma eine Offensive gegen Imphal, einen wichtigen Knotenpunkt alliierter Verbindungen jenseits der burmesisch-indischen Grenze, eröffnete. Um der Gefahr von den in Singapore festgestellten japanischen 5 Schlachtschiffen, 3 Trägern, 18 Kreuzern und zahlreichen Zerstörern begegnen zu können, mußten sich die Engländer dringend um eine Verstärkung ihrer »Eastern Fleet« bemühen. Da die nach Ausschaltung der *Scharnhorst* bei der »Home Fleet« freigewordenen Einheiten zunächst überholt werden mußten, blieb keine andere Lösung, als die »US Pacific Fleet« um Hilfe zu bitten. Sie traf Ende März in Form des Flottenträgers *Saratoga* mit 3 Zerstörern ein und wurde bei der Cocos-Insel von der »Eastern Fleet« aufgenommen. Gleichzeitig kamen in Trincomalee auch 3 neue Geleitträger an. Wenig später gelangte mit der von der »Home Fleet« detachierten französischen *Richelieu* auch ein erstes modernes 35000-t-Schlachtschiff in den Indischen Ozean.

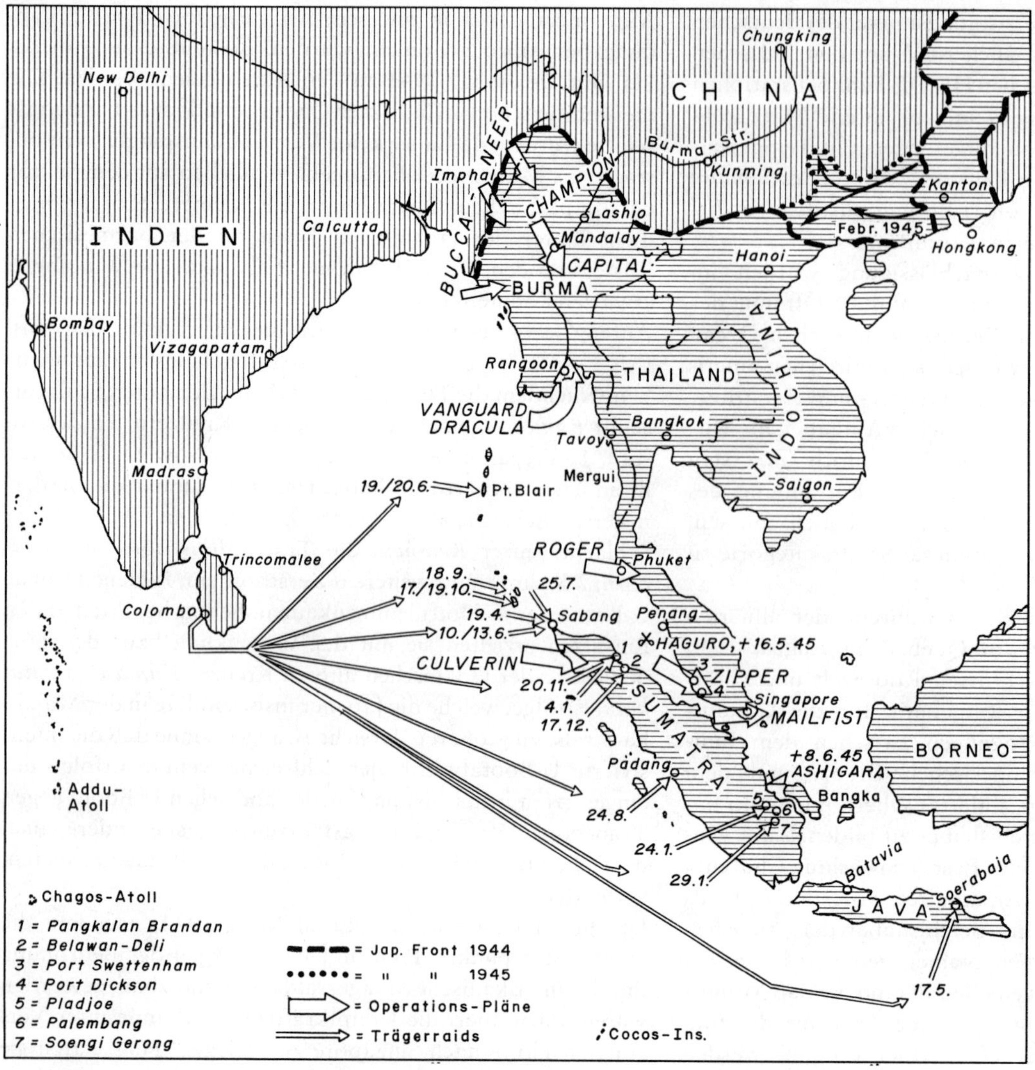

Die Pläne und Raids des »South East Asia Command« 1944 - 1945

Um seine neue Stärke auszunutzen, führte Admiral Somerville vom 16.–24. April eine erste Offensivoperation »Cockpit« durch: einen Raid mit den beiden Flottenträgern gegen den japanischen Stützpunkt Sabang an der Nordwestspitze von Sumatra. Die in zwei Gruppen operierenden 27 Schiffe waren ein wirklicher »alliierter« Verband, gehörten ihm doch Einheiten der britischen, der australischen, der US-amerikanischen, der neuseeländischen, der niederländischen und der frei-französischen Marine an. Am 19. April starteten von den Trägern 46 Bomber und 35 Jäger, denen im Hafen 1 Dampfer und auf den Flugplätzen am Boden 24 Maschinen zum Opfer fielen, während nur ein amerikanischer Jäger verlorenging, dessen Pilot jedoch von einem britischen »Lifeguard«-U-Boot gerettet wurde.

Kaum war der Verband zurückgekehrt, erhielt die *Saratoga* bereits die Weisung zur Rückkehr. Somerville wollte ihren Rückmarsch zu einem weiteren Raid ausnutzen, dieses Mal gegen die Raffinerien und Öllager von Soerabaja auf Java. In der für diese Trägeroperationen der »Eastern Fleet« typischen Gliederung in drei Gruppen lief die Flotte von Ceylon aus. Zunächst ging eine von zwei Schweren Kreuzern gesicherte Versorgungsgruppe mit 6 Flottentankern und einem Wasserschiff zu einem auf dem Anmarschkurs liegenden, vorausbestimmten Versorgungspunkt, auf dem die beiden anderen Gruppen dann in ein bis zwei Tagen ihre Vorräte auffüllten. Die Trägergruppe unter dem zweiten Admiral, Vizeadmiral Power, auf dem Schlachtkreuzer *Renown,* mit den beiden Trägern, zwei Kreuzern und sechs Zerstörern lief von der Versorgung zu dem Startpunkt südlich Java, während die Deckungsgruppe unter dem Flottenchef selbst mit den restlichen drei Schlachtschiffen, zwei Kreuzern und acht Zerstörern etwas abgesetzt kreuzte, um notfalls schnell eingreifen zu können. Bei dem Angriff der Trägerflugzeuge zeigte sich deutlich die technische Überlegenheit der amerikanischen *Avenger-* und *Dauntless*-Bomber gegenüber den schwerfälligeren britischen *Barracudas,* aber auch die größere Erfahrung der amerikanischen Piloten. Als nach der Rückkehr der Flugzeuge der begrenzte Erfolg des

Angriffes deutlich wurde, war es nicht möglich, sofort einen zweiten Angriff anzusetzen, da der Befehlshaber sich bei der Deckungsgruppe befand und die Nachrichtenverbindungen unzulänglich arbeiteten. Aufgrund dieser Erfahrung gingen auch die Engländer von der bisherigen Praktik ab, den Befehlshaber eines Trägerverbandes auf einem Schlachtschiff einzuschiffen, und ließen ihn wie die Amerikaner von einem der Träger aus führen.

Obgleich er zu dieser Zeit nur über einen Flottenträger, die *Illustrious*, verfügte, kam Admiral Somerville doch der amerikanischen Bitte nach, vor der Operation »Forager«, der Landung auf den Marianen-Inseln, einen Ablenkungsraid im Indischen Ozean zu führen, indem er vom 10.–13. Juni gegen Sabang und am 19. Juni gegen Port Blair auf den Andamanen vorstieß, ohne daß die Japaner jedoch darauf reagierten.

Anfang Juli 1944 trafen endlich zwei weitere Flottenträger, die *Victorious* und *Indomitable,* in Ceylon ein. Um den neuen Schiffen Übung und Erfahrung zu vermitteln, führte Somerville am 25. Juli einen neuen Raid mit 2 Trägern, 4 Schlachtschiffen, 7 Kreuzern und 10 Zerstörern gegen Sabang, bei dem nach dem Trägerangriff der niederländische Leichte Kreuzer *Tromp* mit drei Zerstörern auf die Reede vordrang und dort liegende Schiffe mit Torpedos und Artillerie beschoß. Es war die letzte größere Operation, die Admiral Somerville als Oberbefehlshaber der »Eastern Fleet« führte. Am 23. August löste ihn der bisherige Oberbefehlshaber der »Home Fleet«, Admiral Sir Bruce Fraser, ab.

Die Bildung der »British Pacific Fleet«

Auf der »Sextant«-Gipfelkonferenz in Kairo im November 1943 hatten sich die amerikanisch-britischen Spitzengremien darauf geeinigt, daß das Schwergewicht der Offensive gegen Japan im Pazifik liegen sollte und daß diese Offensive später – nach der Niederlage Deutschlands – auch von britischen Kräften, darunter einer größeren Flotte, unterstützt werden sollte. Doch war zu diesem Zeitpunkt noch nicht festgelegt worden, welche der amerikanischen Stoßrichtungen, die zentralpazifische unter Admiral Nimitz (die »Navy Strategy«) oder die südwestpazifische unter General MacArthur (die »Army-Strategy«), Vorrang haben sollte. Nach diesen Beschlüssen sollten sich die Engländer auf begrenzte Offensiven im nördlichen Burma für 1944 beschränken.

Damit war Churchill jedoch nicht lange zufrieden. Schon im Januar 1944 kam er, nachdem sich die Flottensituation durch den Ausfall Italiens und der Gefahr der schweren deutschen Schiffe erleichtert hatte, auf seine Idee einer Offensive britischer Kräfte vom Indischen Ozean her zurück, vor allem auf den Plan »Culverin«, die Landung in Nordwest-Sumatra zur Öffnung der Malakka-Straße. Ihm kam es darauf an, die von den Japanern besetzten Gebiete Südasiens, insbesondere die britischen Kolonialgebiete, nicht nur indirekt durch eine unmittelbare Niederringung Japans zu befreien, sondern die Einwohner dieser Regionen die Befreiung durch die britischen und alliierten Kräfte erleben zu lassen; Gedanken, wie sie ähnlich auch MacArthur bei seinen Auseinandersetzungen mit den »Navy-Strategen« wegen seiner Philippinen-Pläne vorbrachte und die den Admiralen King und Nimitz als ein unnötiger Umweg zum Ziel erschienen. Da die britische Flotte im Pazifik nach dem Stand der Dinge im Frühjahr 1944 für die Offensive gegen Japan wohl kaum vor dem Sommer 1945 benötigt wurde, wollte Churchill das sich ständig vermehrende Potential zur See im Indischen Ozean nicht brachliegen lassen. Doch die britischen »Chiefs of Staff« wiesen ihm nach, daß sein Lieblingsprojekt »Culverin« erst nach der frühestens ab Oktober 1944 zu erwartenden Niederlage Deutschlands etwa im März 1945 durchführbar sein würde. Sie schlugen deshalb im Sommer 1944 als Kompromiß eine »Mittel-Strategie« vor, die von Australien aus mit britischen und Commonwealth-Kräften über eine Achse Timor, Celebes, Borneo, in das Südchinesische Meer vorstoßen und sich hier je nach Lage nach Westen gegen Borneo, nach Norden gegen Saigon oder nach Nordosten gegen Hongkong und das chinesische Festland richten konnte. Churchill konnte sich jedoch weder für diesen Plan noch für eine aus dem Befehlsbereich MacArthurs über Neuguinea und Halmahera nach Borneo führende Variante erwärmen. Er befürchtete, daß eine britische Streitmacht hier zu einem bloßen Teil der Kräfte MacArthurs werden würde, daß »eine britische Pazifik-Flotte damit weder eine britische noch eine Pazifik-, noch eine Flotte« sei. Dieses Argument bekam für ihn um so mehr Gewicht, als im Juli 1944 Präsident Roosevelt dem kombinierten Angriff der MacArthur'schen und Nimitz'schen Stoßrichtung gegen die Philippinen zustimmte.

Solange all diese Probleme ungelöst waren, beschäftigten sich die britischen Stabschefs mit verschiedenen Versionen einer Landoffensive »Champion« in Zentralburma und einer amphibischen Landung »Vanguard« im Raum Rangoon.

Als im September 1944 die Gipfelkonferenz »Octagon« in Quebec zusammentrat, war für Churchill und die britischen Stabschefs einerseits klar, daß der Sieg über Deutschland noch auf sich warten lassen würde, so daß Landoperationen im Bereich Südostasien über die nun in »Capital« umgetaufte Operation »Champion« hinaus mit Unterstützung durch leichte Flottenkräfte an der burmesischen Küste noch nicht möglich waren. Im März 1945 sollte die nun »Dracula« genannte Landung im Rücken der japanischen Burma-Armee bei Rangoon stattfinden. Um die weit über die für solche Operationen notwendige Stärke hinauswachsenden britischen Flottenkräfte nutzbringend einzusetzen, bot Churchill am 13.7. Roosevelt eine »British Pacific Fleet« aus modernen Schiffen an, was dieser sofort annahm, sehr zum Leidwesen von Admiral King, dem amerikanischen Chef der Seekriegsleitung, der voraussah, daß diese Flotte sich kaum in der gleichen Weise wie die US Pazifik-Flotte für längere Einsätze unabhängig von Basen selbst versorgen konnte und somit die amerikanischen logistischen Probleme noch vermehren würde.

Inzwischen ging die Verstärkung der »Eastern Fleet« weiter. Anfang August traf als erstes modernes britisches Schlachtschiff die *Howe* ein, doch fiel dafür die ältere *Valiant,* die in einem zusammenbrechenden Schwimmdock in Trincomalee beschädigt wurde, aus. Weitere Kreuzer und moderne Flottenzerstörer, vor allem aber U-Boote der *T*- und *S*-Klassen, kamen in Ceylon an. Da die Zahl der U-Boote für die als Operationsgebiet von Ceylon aus in Frage kommenden Gewässer westlich der Malaya-Halbinsel und in der Malakka-Staße zu zahlreich wurden und nach zunehmenden Erfolgen immer weniger Ziele trafen, entschloß man sich, die 8. Flottille mit den Booten der *S*-Klasse nach Fremantle in Westaustralien zu verlegen und sie von hier aus zusammen mit den US-U-Booten der 7. Flotte gegen den Verkehr in der Java See anzusetzen. Zur weiteren Ausbildung und Gewöhnung der Besatzungen und Piloten führten die Träger zu zweit mit entsprechenden Deckungskräften unter dem Chef der Trägerdivision, Konteradmiral Moody, wiederholt Raids gegen Ziele im japanischen Machtbereich, so am 24. August gegen Padang in Südwest-Sumatra, am 18. September gegen die Nicobaren und vom 17.–19. Oktober zur Ablenkung der Japaner von der amerikanischen Operation gegen Leyte erstmalig mit drei Trägern gegen die verschiedenen Inseln der Nicobaren-Gruppe. Doch auch diese Operation hatte keine strategische Auswirkung, da die Japaner die anlaufende amerikanische Operation bereits erkannt hatten.

Am 22./23. November wurde dann die geplante Reorganisation der britischen Flotten durchgeführt. Die älteren Schlachtschiffe *Queen Elizabeth* und *Renown,* zu denen nach einer Werftüberholung auch wieder die *Richelieu* hinzutrat, 5 Geleitträger, 8 Kreuzer und 24 Zerstörer bildeten unter Vizeadmiral Power die »Britisch East Indies Fleet«, während die modernen Kampfschiffe, die beiden Schlachtschiffe *King George V.* und *Howe,* die Träger *Indefatigable, Illustrious, Victorious* und *Indomitable,* 7 Kreuzer sowie drei Zerstörer-Flottillen, als »British Pacific Fleet« unter Admiral Fraser zusammengefaßt wurden, der die Operationen von Sydney aus leiten sollte. In der Führung der zu bildenden Kampfgruppe sollten sich Vizeadmiral Rawlings und bei Trägeroperationen der »Trägeradmiral«, Vizeadmiral Vian, ablösen.

Ehe die Verlegung der Pazifik-Flotte, die sich wegen des Aufbaus der logistischen Organisation verzögerte, Ende Januar 1945 anlaufen konnte, führte Admiral Vian mit je zwei Trägern am 20. November gegen Pangkalan Brandan in Nordwest-Sumatra, am 17. Dezember gegen Belawan-Deli in Nord-Sumatra und am 4. Januar nochmals gegen die Ölanlagen und Flugplätze von Pangkalan Brandan Trägerraids zur weiteren Ausbildung der Besatzungen und Schulung der Piloten auf die neuen Flugzeuge, die Jäger *Seafire, Corsair* und *Hellcat* sowie die *Avenger*-Bomber, durch.

Am 16. Januar ging die Pazifik-Flotte endlich in voller Stärke von Ceylon zur Verlegung nach Sydney in See, um auf dem Weg noch eine Reihe von Raids zu führen. Wetterfronten verhinderten vom 21.–23. Januar westlich Sumatra den Start der Trägerflugzeuge, erst am 24. Januar konnten erstmalig von einer britischen Trägerkampfgruppe mit 4 Trägern mehr als 100 Flugzeuge zu einem Angriff auf die Ölanlagen von Pladjoe bei Palembang in Süd-Sumatra starten. Nach einer Versorgung ließ Admiral Vian am 29. Januar einen weiteren Angriff gegen Soengi-Gerong bei Palembang folgen. Trotz der Abwehr durch japanische Heeres-Jagdflugzeuge schlugen die Angriffe durch und stellten den erheblich gestiegenen Ausbildungsstand der britischen Piloten unter Beweis.

Nachdem die »British Pacific Fleet« Ende Januar und im Februar 1945 in Sydney eingetroffen war, trat die Frage ihrer Verwendung in den Vordergrund. Aus logistischen Gründen, die vorgeschobene Basis auf Manus (Admiralitäts-Inseln) mußte erst fertiggestellt sein, kam eine Verwendung im Frontbereich kaum vor April 1945 in Frage, wo sie nach den Plänen von Admiral Nimitz an den Operationen gegen die Riukiu-Inseln beteiligt sein sollte. Da die Notwendigkeit ihres Einsatzes bei der in den letzten Operationen des Jahres 1944 unter Beweis gestellten erdrückenden Überlegenheit der US Pazifik Flotte kaum ersichtlich war, solange man – noch vor den Erfahrungen auf Iwojima und später Okinawa – mit schwächer werdendem japanischen Widerstand rechnete, versuchte General MacArthur sich der »für seine Verhältnisse« beträchtlichen Kampfkraft der BPF für die im Gebiet der Philippinen noch laufenden und die gegen Borneo geplanten Operationen zu versichern, wo sie sofort nutzbringend verwendet werden konnte.

Doch wollten sich die Engländer nicht auf dieses Nebengleis abdrängen lassen, und nach den Erfahrungen von Iwojima war auch Nimitz sehr viel mehr an einer Verstärkung durch die britische Trägerkampfgruppe gelegen, so daß die »Combined Chiefs« am 14. März 1945 endgültig Admiral Fraser dem Zentralpazifik-Kommando unter Nimitz unterstellten.

Die Eroberung Burmas

Bei den Planungen für die Offensive in Burma während der »Octagon«-Konferenz in Quebec im September/Oktober 1944 ging man von einem Zeitplan aus, der sicherstellen sollte, daß die britischen Kräfte Singapore bis zu dem für das Frühjahr 1946 erwarteten Ende des Krieges gegen Japan wiedererobern konnten. Da man für den Vormarsch von der Landung im Malaya bis Singapore etwa 6 Monate ansetzte, mußte die Landung im Herbst 1945 erfolgen. 6 Monate hielt man vorher für die Operationen in Zentral-Burma und die Landung in Rangoon bis zum Beginn der Operationen gegen Malaya für nötig, so daß dieser Operationsabschnitt im

März 1945 beginnen sollte. Die vorausgehenden Operationen in Nordburma und an der Arakan-Küste mußten deshalb im November 1944 anlaufen.

Zunächst war es jedoch nötig, die komplizierte alliierte Befehlsstruktur für den Kampf in Burma zu verbessern. Bei der Bildung des Südostasien-Kommandos unter Admiral Mountbatten hatte man beschlossen, als dessen Stellvertreter einen Amerikaner einzusetzen. Das Amt übernahm Generalleutnant Joseph B. Stilwell, der ohnehin, neben seinem Amt als Stabschef des chinesischen Generalissimus Tschiang-kai-schek, bereits die vor allem auf die Unterstützung Chinas abgestellte regionale Kommandostelle des »China-Burma-India-Theatre« leitete und dem außerdem die in Nordost-Burma operierenden amerikanischen und chinesischen Verbände unterstellt waren. Da ein Mann alle diese Aufgaben nicht erfüllen konnte und sich zwischen Tschiang-kai-scheck und dem eigenwilligen Stilwell erhebliche Spannungen entwickelt hatten, entschlossen sich die amerikanischen »Joint Chiefs« schließlich zu einer Änderung. Während Generalleutnant A. C. Wedemeyer die Aufgaben als Stabschef Tschiang-kai-scheks übernahm, wurde Generalleutnant Daniel I. Sultan mit dem Kommando über die amerikanisch-chinesischen Kräfte in Nordost-Burma betraut und gleichzeitig dem neuen britischen Oberbefehlshaber der Landstreitkräfte in Südostasien, Generalleutnant Sir Oliver Leese, unterstellt. Stellvertreter Mountbattens als Oberster Befehlshaber wurde der amerikanische Generalleutnant R.A. Wheeler. Die alliierten Luftstreitkräfte blieben einem britischen Luftmarschall unterstellt, zunächst Sir Guy Garrod und ab Februar 1945 Sir Keith Park. Auch bei den Seestreitkräften hatten sich aus der nicht übereinstimmenden Abgrenzung der Befehlsbereiche des Oberbefehlshabers der »Eastern Fleet«, der für den gesamten Indischen Ozean zuständig war, und dem Obersten Befehlshaber immer wieder Differenzen ergeben, die nach der Ablösung Admiral Somervilles durch entsprechende klarere Weisungen an dessen Nachfolger, die Admirale Sir Bruce Fraser und Sir Arthur Power, beigelegt wurden.

Auf japanischer Seite hatte man nach dem Scheitern der Imphal-Offensive im Sommer 1944 eine neue Weisung an die Burma-Armeegruppe erlassen. Seit dem 25. September war es ihre Hauptaufgabe, Südburma als Flanke der gesamten japanischen Südexpeditions-Streitkräfte unter Feldmarschall Graf Terauchi zu halten und vor allem die Positionen zu verteidigen, welche eine alliierte Landverbindung zwischen Indien/Burma und China blockierten. Für diese Aufgabe standen dem neuen Oberbefehlshaber in Burma, Generalleutnant Heitaro Kawabe, 10 Infanterie-Divisionen, 2 selbständige Brigaden sowie 2 Divisionen der Indischen National Armee des indischen Nationalistenführers Subhas Chandra Bose zur Verfügung, die eine Front entlang des Gebirges an der indisch-burmesischen Grenze verteidigten.

Im November 1944 begannen die alliierten Kräfte ihre Offensive. Im Zentralabschnitt trat die 14. Armee mit 5 britischen und Commonwealth-Divisionen zu der lange geplanten Operation »Capital« über die Gebirge und den Chindwin-Fluß in Richtung auf den Irrawaddy-Strom an, während im Norden eine britische Division, eine starke amerikanische Brigade und 5 Divisionen der chinesischen 1. Armee von Myitkyina vorstießen, um die Verbindung von der neu gebauten Nachschubstraße aus Indien über Ledo an die alte Route der Burma-Straße herzustellen. Diese Operationen wurden durch Lufttransportverbände unterstützt. Gleichzeitig begann das XV. Korps mit 3 britisch-indischen Divisionen und mehreren Brigaden an der Küste der Provinz Arakan die Offensive in Richtung auf Akyab. Entlang der Küste wurden die vorgehenden Einheiten soweit möglich durch leichte britisch-indische Seestreitkräfte, die von einigen Zerstörern und Sloops der »East Indies Fleet« verstärkt waren, unterstützt, die mit kleinen überholenden Landungen und Küstenbeschießungen in die Kämpfe eingriffen. Am 3. Januar setzten diese Kräfte die britische 3. Kommando-Brigade an der Nordwestspitze der Akyab-Halbinsel ab, die jedoch von den Japanern bereits geräumt war, so daß die bereitgestellten Kreuzer nicht einzugreifen brauchten. Nachdem eine vom Festland übergesetzte indische Brigade die Besetzung der wichtigen Insel übernommen hatte, landete die 3. Kommando-Brigade am 12. Januar bei Myebon, 40 km südlich Akyab; am 16. Januar wurden zwei Brigaden auf der Ramree-Insel gelandet. Bis Ende Januar besetzten kleinere Kampfgruppen weitere, südlich Ramree liegende Inseln mit Unterstützung durch eine Kreuzer-Zerstörer-Gruppe (Task Force 65). Die Landungsgruppe (Task Force 64) bildeten leichte Fahrzeuge neben wenigen Transportern und je zwei bis vier Zerstörern und Sloops.

Insgesamt war dieser erste Abschnitt der Offensive gegen Burma im Mittel- und Nordabschnitt bereits 4 Wochen früher als geplant, Ende Dezember 1944, abgeschlossen, während die Operationen in Arakan bis Ende Januar 1945 zu ihrem planmäßigen Ende kamen. Für den nächsten Abschnitt, der im März 1945 mit einer Landoffensive im Mittel- und Nordabschnitt und einer Landung bei Rangoon beginnen sollte, ergaben sich jedoch Schwierigkeiten. Diese amphibische Operation »Dracula« in den Rücken der japanischen Burma-Armeegruppe erforderte 6 Divisionen, von denen nur zwei nach Abschluß der Kämpfe in Arakan bei dem XV. Korps frei wurden. Die übrigen vier sollten aus Europa kommen. Der schwere Rückschlag bei der Luftlandung in Arnheim im September, vor allem aber die Ardennen-Offensive im Dezember 1944 hatten jeden Abzug aus Europa jedoch vorerst unmöglich gemacht. Dazu kam, daß Tschiang-kai-schek auf seine von den Amerikanern ausgerüsteten und ausgebildeten Divisionen in Nordburma reflektierte, um sie gegen die japanische Armee in China einzusetzen, die im Sommer und Herbst 1944 in einer großen Offensive entlang der Bahn Peking–Kanton die hier angelegten amerikanischen Flugplätze erobert hatte und sich Anfang 1945 zu einer neuen Operation bereitzustellen

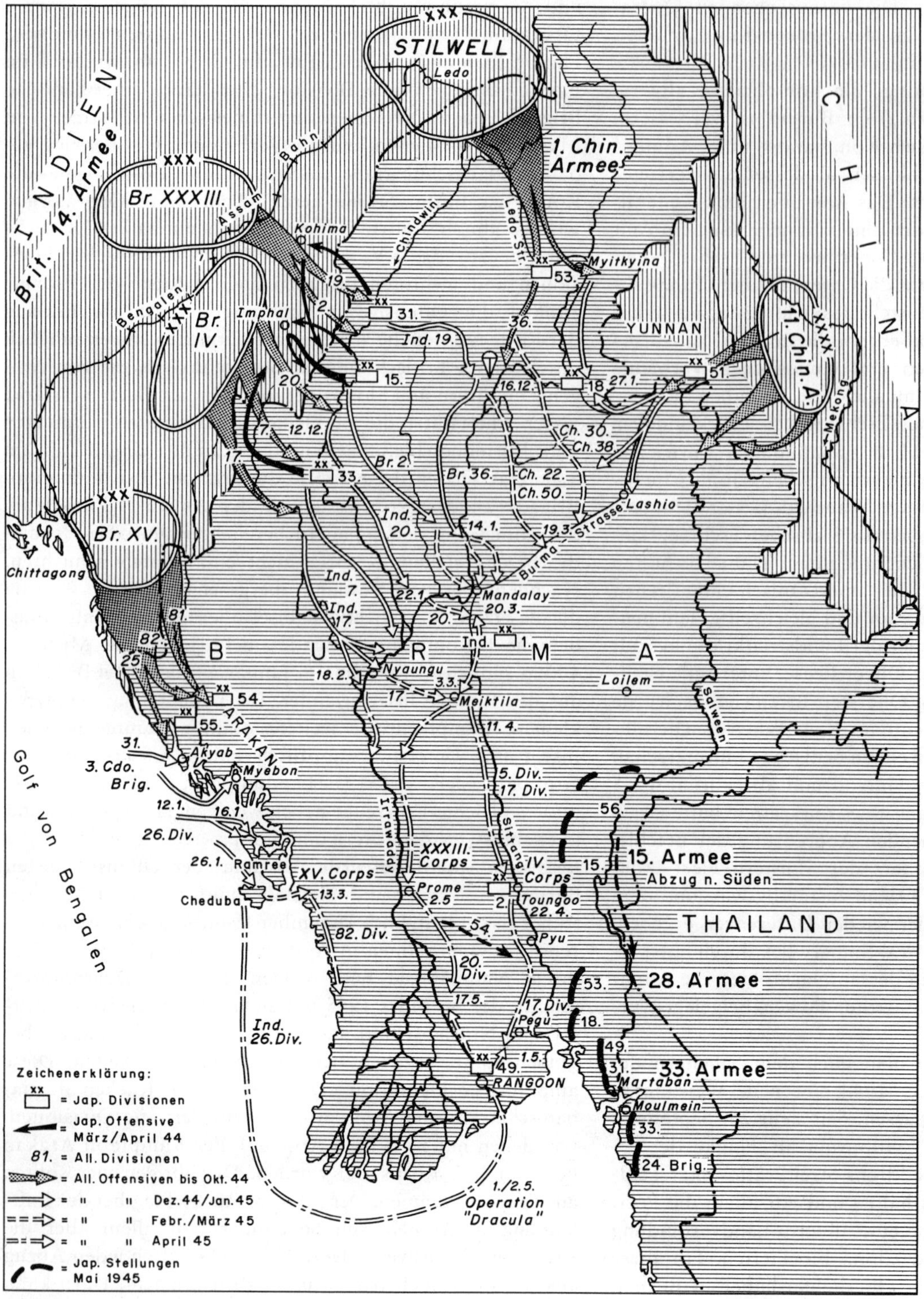

Der Kampf um Burma
1944 - 1945

schien, die sogar Chungking, die Hauptstadt Chinas bedrohen konnte. Bei dieser Lage blieb Mountbatten nichts anderes übrig, als die geplante Landungsoperation bei Rangoon zu vertagen und zu versuchen, dieses Ziel mit einer Landoffensive allein zu erreichen. Es gelang ihm jedoch, die chinesischen Kräfte wenigstens so lange auf seinem Schauplatz zu halten, bis Ende Januar 1945 die Spitzen der 1. Armee bei Namkham die von Yünnan her vorrückenden Einheiten der chinesischen 11. Armee trafen und damit wieder eine Verbindung zur alten Burma-Straße hergestellt war. Im Februar 1945 trat die 14. Armee am Irrawaddy nördlich und nordwestlich Mandalay mit 3 ihrer Divisionen zum

Angriff über den Fluß an. Die Japaner warfen von anderen Frontabschnitten Verstärkungen nach Norden, um diesen gefährlichen Angriff gegen den Angelpunkt ihrer Burma-Front zu stoppen. In einem der so entblößten Abschnitte durchbrach darauf das britische IV. Korps etwa 150 km südwestlich Mandalay die Irrawaddy-Front und stieß schnell auf das im Rücken der Japaner, südlich Mandalay liegende Meiktila, einen wichtigen Verkehrsknotenpunkt vor, der am 27. Februar erreicht wurde. Die sich abzeichnenden Erfolge ließen es General Leese möglich erscheinen, Rangoon vor dem Monsun bis zum 1. Juni auf dem Landwege zu erreichen, so daß auch eine auf zwei Divisionen reduzierte Landungsoperation »Dracula« nicht mehr nötig schien und bei einer Konferenz am 23. Februar unter Mountbatten beschlossen wurde, an Stelle dieser Operation die beiden Divisionen im Juni bei Phuket an der Westseite der Kra-Halbinsel zu landen (Operation »Roger«). Darauf sollte im Oktober die Operation »Zipper«, eine Landung mit 4 Divisionen bei Port Swettenham und Port Dickson an der Westseite Malayas, folgen und zwischen Dezember 1945 und April 1946 die Operation »Mailfist«, die Wiedereroberung von Singapore.

Doch kaum war dieser Plan beschlossen, ergaben sich neue Schwierigkeiten. In Südchina war die japanische Offensive zwar bei Kweilin zum Stehen gebracht worden, doch beabsichtigten Generalissimus Tschiang-kai-schek und sein Stabschef, General Wedemeyer, nun im Sommer 1945 eine großangelegte Gegenoffensive zu starten. Dazu benötigten sie nicht nur die chinesischen Divisionen in Burma, sondern auch die dort operierende starke amerikanische Brigade, deren Bataillone als Ausbildungskader weitere chinesische Divisionen auf einen höheren Kampfwert bringen sollten. Ihr Transport, der weitgehend auf dem Luftwege erfolgen mußte, stellte so große Anforderungen an die amerikanische Lufttransport-Kapazität, daß die Luftversorgung der in Zentral-Burma operierenden Teile der 14. Armee in Frage gestellt war. Die Japaner erhielten durch die Einstellung der Offensive in Nordburma und den Abzug alliierter Truppen die Möglichkeit, weitere Verstärkungen in den Raum Mandalay zu werfen, das nach harten Kämpfen erst am 21. März erobert werden konnte. Auch das IV. Korps blieb bis Ende März im Raum Meiktila durch heftige japanische Gegenangriffe festgenagelt. Nachdem der Versuch, die alte Burma-Straße zu sperren, endgültig gescheitert war, entschloß sich die japanische Führung, die Burma-Armeegruppe auf die Linie Rangoon, Pegu, Toungoo, Loilem zurückzunehmen und sich auf die Verteidigung des äußersten Südostens Burmas zu beschränken, das den Angelpunkt der Verteidigungslinie für die Westfront des japanischen Machtbereiches bildete.

Die eingetretenen Verzögerungen ließen es General Leese nun fraglich erscheinen, ob er mit seinen Landstreitkräften noch vor dem Monsun Rangoon erreichen könnte, zumal die Nachschubprobleme bei dem Ausfall eines Teiles der Luftversorgung immer schwieriger wurden. So schlug er Mountbatten am 26. März vor, anstelle der Operation »Roger«, deren Planung schon weit fortgeschritten war, jetzt doch mit den dafür vorgesehenen Kräften eine reduzierte Operation »Dracula« zwischen dem 1. und 5. Mai durchzuführen. Mountbatten entschloß sich, »Roger« um 6 Wochen zu verschieben und »Dracula« mit einem Luftlande-Bataillon und einer Seelandung von einer Division durchzuführen, in der Hoffnung, daß die zweite See-Division als Reserve nicht eingesetzt zu werden brauchte. In den ersten Apriltagen begann die 14. Armee mit ihrer Offensive nach Süden. Das XXXIII. Korps drang nach anfänglich hartem Widerstand beiderseits des Irrawaddy vor und erreichte bis zum 2. Mai Prome, den Endpunkt einer Bahnlinie von Rangoon. Aufgabe des IV. Korps war es vor allem, an der Bahnlinie Mandalay – Rangoon vorzustoßen und die Flugplätze bei Toungoo wegzunehmen, von denen aus die Luftwaffe den Vorstoß auf Rangoon und die Landung unterstützen konnte. Gegen die sich unter schweren Verlusten desorganisiert zurückziehenden Japaner drangen die Panzerspitzen am 25. April über Pyu hinaus auf Pegu vor. Um diesen wichtigen Weg am Nordufer des Golfs von Martaban offenzuhalten, mußten die Japaner Rangoon räumen und zogen sich über Pegu und den Sittang auf Moulmein zurück.

Als die am 27. April von Akyab ausgelaufene »Assault Force W« unter Konteradmiral B. C. S. Martin mit der 26. Indischen Division an Bord vor Rangoon eintraf, konnten die leichten Schiffe am 1. Mai in die Flußmündung einlaufen und am 2. Mai mit einer britischen Brigade Rangoon besetzen. Die Luftunterstützungsgruppe mit 4 Geleitträgern brauchte kaum einzugreifen, und Feuerunterstützung durch die Flotte wurde nicht benötigt. Wenige Stunden nach der Landung setzte der Monsun mit voller Wucht ein. Die Operationen zur Befreiung Burmas waren tatsächlich im letzten Augenblick zum Abschluß gekommen.

Die letzten Operationen der »East Indies Fleet«

Nach dem Abzug der »British Pacific Fleet« aus dem Indischen Ozean war es die Aufgabe der »British East Indies Fleet« unter Admiral Sir Arthur Power, neben der Unterstützung der Landoperationen durch überholende Landungen durch ständige Operationen mit Überwasserschiffen in der Andamanen-See und mit U-Booten in der Straße von Malakka den Japanern die Benutzung der Seewege zur Versorgung und Evakuierung ihrer Truppen in Burma und auf den Inseln unmöglich zu machen.

Zur Störung der japanischen Schiffahrt führten britische Zerstörergruppen mit 3–4 Schiffen im Februar, März und April je zwei Vorstöße von Akyab in die Andamanen-See durch, bei denen jedoch neben einigen Küstenfahrzeugen nur einmal ein für Port Blair auf den Andamanen bestimmter Konvoi mit zwei kleinen Dampfern und 2 U-Jägern gestellt und vernichtet werden konnte. In Ermangelung geeigneter Ziele wandten sich die Zerstörer der Beschießung japanischer Positionen auf den Andamanen und Nicobaren sowie an der Küste vom Golf von Martaban im Norden bis in die Einfahrt in die Malakka-Straße zu. Die gleichzeitig in der Malakka-Straße operierenden britischen U-Boote fanden ebenfalls nur sehr selten Ziele.

Eine zusätzliche Aufgabe wuchs der Flotte aus den geplanten späteren Landungsoperationen zu. Ende Februar und Anfang April hatte sie mit durch Kreuzer und Zerstörer gesicherten Geleitträgergruppen Vorstöße in die Andamanen-See zu unternehmen, um mit Trägerflugzeugen die Landungsräume für die geplanten Operationen »Roger« im Raum Phuket und »Zipper« an der Westküste Malayas genau zu fotografieren. Als bei der zweiten Operation die Wetterlage den Start verzögerte, lief Vizeadmiral Walker mit den Schlachtschiffen *Queen Elizabeth* und *Richelieu*, dem Kreuzer *London* und 3 Zerstörern am 11. April nach Süden und beschoß Sabang erneut, während Flugzeuge der beiden Geleitträger *Emperor* und *Khedive* Ziele auf den Andamanen und Sumatra angriffen.

Während der Operation »Dracula« ging die »East Indies Fleet« in mehreren Gruppen in See, um jede Bedrohung durch die in Singapore liegenden japanischen Schweren Kreuzer *Haguro* und *Ashigara* sowie die möglicherweise wieder fertige *Takao* auszuschalten. Mit zwei Schlachtschiffen, zwei Geleitträgern, 4 Kreuzern und 7 Zerstörern kreuzte Admiral Walker, einmal in See durch eine Tankergruppe versorgt, für 12 Tage in der Andamanen-See, während U-Boote in der Malakka-Straße patrouillierten und 4 weitere Zerstörer im Golf von Martaban nach japanischen Evakuierungs-Transportern von Rangoon suchten. Es wurden aber nur kleinste Fahrzeuge entdeckt und versenkt sowie erneut Küstenziele, insbesondere auf den Andamanen, beschossen.

Zu dieser Zeit hatte sich die japanische Führung entschlossen, die Garnisonen auf den Andamanen und Nicobaren zu evakuieren. In einem Zeitabschnitt, zu dem die britische Flotte die Andamanen-See verlassen hatte, um Vorräte zu ergänzen, sollte der Kreuzer *Haguro* mit dem Zerstörer *Kamikaze* mit hoher Fahrt nach Port Blair gehen und die Truppen an Bord nehmen. Kaum waren die alliierten Kampfgruppen am 9. Mai in Trincomalee auf Ceylon eingelaufen, ging die *Haguro* von Singapore in See. Sie wurde aber schon in der Malakka-Straße von den britischen U-Booten *Statesman* und *Subtle* gemeldet. Sofort lief Admiral Walker wieder mit 2 Schlachtschiffen, 4 Geleitträgern, 3 Kreuzern und 8 Zerstörern aus, um die Japaner im Elf-Grad-Kanal südlich Port Blair abzufangen. Nach einem Jägervorstoß gegen die am Südrand des Kanals liegende Insel Car Nicobar sichtete aber ein japanischer Aufklärer den Verband, und die *Haguro* kehrte um. Admiral Walker drehte mit seiner Task Force 61 ab und ging ins Gebiet nordwestlich Sumatra. Von dort detachierte er am 14. Mai einen Verband mit den 4 Geleitträgern, dem Kreuzer *Cumberland* und 5 Zerstörern zum Sechs-Grad-Kanal zwischen Nicobaren und Sumatra. Am gleichen Tage war von Nancowry auf den Nicobaren ein kleiner japanischer Transporter mit 450 Mann evakuierter Truppen nach Penang ausgelaufen, während von dort die *Haguro* mit der *Kamikaze* erneut nach Norden ging. Auf die Meldung eines »Liberator«-Bombers über den Transporter detachierte Konteradmiral Patterson auf der *Cumberland* seine fünf Zerstörer, um das Schiff zu fassen, während gleichzeitig auch 4 Trägerflugzeuge starteten. Ihr Angriff mißlang, und Admiral Power in Ceylon ließ die vier Zerstörer zurückrufen, da er durch ihre Jagd nach den kleinen Handelsschiffen das Hauptziel der Operation, das Abfangen des japanischen Kreuzers, nicht gefährden wollte. Der Flottillenchef, Captain Power auf der *Saumarez*, der sich dicht vor dem Ziel sah und annahm, sein Oberbefehlshaber kenne die neueste Lage nicht, entschloß sich weiterzulaufen. Dieser Entschluß sollte den Erfolg bringen, denn einige Stunden später sichtete ein Aufklärer der *Emperor* den japanischen Kreuzer mit seinem Zerstörer bereits auf Südostkurs. Ohne auf Befehle zu warten, ging Capt. Power auf höchste Marschfahrt, um den nun – am Mittag – 130 sm entfernten Kreuzer in der Nacht vor Penang anzugreifen. Um 22.45 Uhr erfaßte das Radar des im Norden des Aufklärungsstreifens laufenden Zerstörers *Venus* auf die zunächst unglaublich erscheinende Entfernung von 62 km die *Haguro* auf. Um 23.22 Uhr war die Entfernung auf 42,5 km gesunken und kein Zweifel mehr möglich. Capt. Power setzte seine Zerstörer zum sternförmigen Zangenangriff an. Kurz vor dem Schuß gegen 01.00 Uhr wurden die britischen Zerstörer jedoch von den Japanern bemerkt, die mit scharfen Ausweichmanövern zu entkommen suchten. Es war zu spät. In einem klassischen Mêlée auf Entfernungen von 2000 m und weniger feuerten *Saumarez, Verulam, Venus, Virago* und *Vigilant* ihre Fächer mit insgesamt 38 Torpedos, von denen 7 trafen und die *Haguro* zum Sinken brachten. Aber auch die *Saumarez* hatte drei schwere Treffer erhalten, die *Kamikaze* entkam mit leichten Schäden.

Nicht besser sollte es dem zweiten intakten japanischen Kreuzer *Ashigara* ergehen, der Anfang Juni zu Transportfahrten zwischen Singapore und Batavia eingesetzt wurde, begleitet wieder von der *Kamikaze*. Auf die Meldung eines US-U-Bootes operierend, kam am 8. Juni das britische U-Boot *Trenchant* unter Commander Hezlet in der Bangka-Straße heran und versenkte den Kreuzer mit 5 Treffern aus einem 8er-Fächer.

Mitte Mai nahmen die alliierten Verbände ihre »shipping strikes« wieder auf. Zuerst kreuzte eine Gruppe von 6 indischen Sloops mit einem Kreuzer zwischen Mergui und den Andamanen, ab Anfang Juni die britische 10. Zerstörer-Flottille, der am 12. Juni ein lange gesuchter Transporter mit einem U-Jäger zum Opfer fielen. Mitte Juni übernahmen wieder die indischen Sloops die Aufgabe.

Ab Ende Juni trat die Vorbereitung der nächsten Landungen in den Vordergrund. Vom 18. bis 20. Juni führten Flugzeuge einer Geleitträgergruppe eine neue Fotoaufklärung

über Südmalaya durch, und vom 5. Juli ab begannen britische Minensuchflottillen, gedeckt durch Kreuzer, Zerstörer und Flugzeuge der Geleitträger, minenfreie Wege in die Nordzugänge der Malakka-Straße zu räumen, um die Anmarschwege für die Operation »Zipper« freizusuchen. Bei den Operationen in diesem Gebiet und vor Phuket kam es zu den ersten Verlusten seit langer Zeit: die Minensucher *Squirrel* und *Vestal* sanken, und am 28. Juli erzielte erstmalig im Indischen Ozean ein japanisches »Kamikaze«-Flugzeug einen Treffer auf dem Geleitträger *Ameer*.
Um die letzte mögliche Bedrohung der Landungen durch Selbstmordeinsätze japanischer Überwasserschiffe zu beseitigen, setzte man Ende Juli einen Angriff mit Klein-U-Booten gegen die in Singapore liegenden, von ihren früheren Beschädigungen noch nicht wiederhergestellten Schweren Kreuzer *Takao* und *Myoko* an. Nach dem Muster der Operation »Source« gegen die deutsche *Tirpitz* schleppten die U-Boote *Stygian* und *Spark* von Labuan in Nordborneo die Klein-U-Boote *XE-1* (Lt. Smart) und *XE-3* (Lt. Fraser) auf die Reede von Singapore. Von dort drangen sie in die Innenreede vor, und es gelang ihnen, ihre Minen unter der *Takao* zu legen, die auf Grund sank, während die *Myoko* nicht zu erreichen war.
Aber ehe die Operation »Zipper«, die Landung an der Westküste Malayas bei Port Swettenham und Port Dickson, beginnen konnte, gab Japan am 10. August seine Bereitschaft zu kapitulieren bekannt, und am 15. August trat die Waffenruhe in Kraft. So konnte die als Kampflandung geplante Operation als friedliche Besetzung durchgeführt werden. Am 28. August traf Vizeadmiral Walker mit dem neuen Flaggschiff der »East Indies Fleet«, dem Schlachtschiff *Nelson*, und der Landungsflotte vor Penang ein. Der Kreuzer *London* nahm in Sabang japanische Lotsen mit Unterlagen über die Lage der Minensperren an Bord. Während die örtlichen japanischen Befehlshaber an Bord dieser Schiffe in den nächsten Tagen kapitulierten, ging Admiral Power mit dem Kreuzer *Cleopatra* hinter der 6. Minensuchflottille nach Singapore, wo er am 3. September eintraf, am nächsten Tage gefolgt von einem Konvoi mit Truppen. Nachdem am 9. September die für »Zipper« vorgesehenen Truppen zum Teil nach Plan an Land gesetzt worden waren, unterzeichneten am 12. September in Singapore in Vertretung des erkrankten japanischen Obersten Befehlshabers in Südasien, Feldmarschall Graf Terauchi, dessen Stabschef, General Itagaki, und als Marinebefehlshaber Vizeadmiral Fukudome vor Admiral Mountbatten die Kapitulation aller japanischen Streitkräfte in Südasien.
Inzwischen waren Einheiten der »East Indies Fleet« und der »British Pacific Fleet« vor Hongkong eingetroffen, um die britische Kronkolonie zu besetzen. Andere britische Schiffe der »East Indies Fleet« liefen die wichtigsten Häfen Niederländisch-Indiens und Französisch-Indochinas an, um hier die Übergabe der örtlichen japanischen Befehlshaber und ihrer Truppen entgegenzunehmen.

Zusammenfassung

In den ersten beiden Jahren des Krieges hatte der Indische Ozean weit ab vom Geschehen des Krieges in Europa gelegen. Nur mit großen Abständen waren in seinen Gewässern deutsche Handelsstörer aufgetaucht. Der Eintritt Japans in den Krieg schien in den Augen der anglo-amerikanischen Führungsstäbe die große Gefahr heraufzubeschwören, daß sich die fernöstlichen und die europäischen Achsenmächte durch koordinierte Offensiven aus dem Raum Malaya/Burma nach Ceylon und Indien sowie über Suez und das Rote Meer im Indischen Ozean treffen könnten, um die alliierte Stellung im Nahen und Mittleren Osten zum Einsturz zu bringen und die aussichtsreichste Nachschubroute über den Persischen Golf zur Sowjetunion zu unterbrechen. Doch auf Seiten der Achsenmächte waren die Horizonte viel enger, man kam nicht zu einer aufeinander abgestimmten Strategie. Jeder führte seinen eigenen Krieg ohne Rücksicht auf den Bündnispartner.
Die Strategie des »Europa zuerst« und die drängendere Not im Pazifik ließ den Indischen Ozean und die Front an der indisch-burmesischen Grenze für die Alliierten zunächst zum am Rande liegenden Nebenschauplatz werden, für den kaum die notwendigsten Streitkräfte abgezweigt werden konnten, auf die man noch dazu ständig für andere Kriegsschauplätze zurückgreifen mußte. Wenn man auch versuchte, die knappen Kräfte wenigstens durch eine gemeinsame alliierte Führung optimal auszunutzen, so blieben die oft weit ausgreifenden und kühnen Pläne des Obersten Befehlshabers Südostasien meist auf dem Papier, weil Erfordernisse anderer Kriegsschauplätze die notwendigen Kräftezuteilungen immer wieder zunichte machten. Als die Flotte im Indischen Ozean nach der Abziehung der modernen Verbände zur Bildung der »British Pacific Fleet« schließlich im Jahre 1945 durch Neuzuführungen aus Europa aufgefüllt war und am 15. August die stolze Stärke von 2 Schlachtschiffen, 16 Geleitträgern, 13 Kreuzern, 43 Zerstörern, 14 U-Booten, 66 Sloops, Fregatten und Korvetten sowie zahllosen kleineren Kampf- und Hilfsschiffen erreicht hatte und über ein größeres amphibisches Potential verfügen konnte, war der Krieg im Pazifik bereits in den japanischen Gewässern angelangt und fand mit der japanischen Kapitulation sein Ende. So konnte Mountbatten sein auch von Churchill favorisiertes Ziel, mit britischen Kräften über Malaya hinweg in das von den Japanern 1941/42 eroberte südasiatische Rohstoffgebiet einzubrechen und den Einwohnern Malayas und Insulindes die Befreiung durch britische Streitkräfte zu bringen, nicht verwirklichen.

Kapitel 44

Der U-Boot-Krieg im Pazifik 1941–1945

Von F. Forstmeier übersetztes Kapitel VI der amerikanischen Taschenbuchausgabe, die auf dem von H. H. Adams und E. M. Hall verfaßten Kapitel 42 der US-Originalausgabe beruht.

Die Tatsache, daß Admiral Nimitz am 31. Dezember 1941 den Oberbefehl über die Pazifische Flotte an Deck eines Unterseebootes – der *Grayling* – übernahm, enthielt eine unheilverkündende Symbolik. Obwohl der neue Flottenchef alter U-Bootfahrer war, hatte man nicht etwa aus Feinsinn gerade ein U-Boot als Ort der Befehlsübernahme gewählt, sondern wegen des schlichten Umstandes, daß damals die für eine solche Gelegenheit »protokollgerechten« Kampfeinheiten entweder auf dem Meeresgrund lagen oder sich auf der Fahrt zur Reparatur in Werften an der Westküste der USA befanden. So standen für die knapp und geschäftsmäßig abgewickelte Zeremonie lediglich U-Boote zur Verfügung.

Nach der Katastrophe von Pearl Harbor konnten zunächst nur U-Boote zum Angriff gegen Japan eingesetzt werden. Am 7. Dezember hatte der amerikanische Chef der Seekriegsleitung die Aufnahme des uneingeschränkten U-Bootkrieges gegen das Inselreich befohlen. Der wenig bekanntgewordene, unablässige Zermürbungskampf der sogenannten »Delphin-Marine« ließ – trotz Versagern durch Mißgeschick und fehlerhafter Ausrüstung in den ersten Monaten – schließlich die »logistischen Sehnen« Japans reißen und trieb es durch Hunger zur Unterwerfung. Die amerikanischen U-Boote standen keiner anderen Waffe in ihrem Beitrag zum Siege nach.

Bei Kriegsausbruch waren die amerikanischen U-Boote im Pazifik zwischen dem Kommando der U-Streitkräfte der Asien- und jenen der Pazifischen Flotte aufgeteilt. Die Boote der Asien-Flotte hatten ihren Stützpunkt in Cavite in der Bucht von Manila, jene der Pazifik-Flotte in Pearl Harbor. Es gab kleine, mit Zahlen benannte Boote der S-Klasse[1], die nur einen verhältnismäßig geringen Aktionsradius besaßen, und die wesentlich kriegstüchtigeren Flotten-U-Boote, die nach Fischen oder anderen Meerestieren benannt waren. Ein Flotten-U-Boot verdrängte aufgetaucht 1500 t, war 95 m lang, besaß einen Fahrbereich von 12 000 sm, nahm 24 Torpedos mit in den Einsatz und war mit zehn Rohren bestückt, sechs vorn und vier achtern. Eine 7,6 cm-Kanone und bis zu vier Maschinenwaffen vervollständigten die Bewaffnung. Dieser U-Boottyp trug den Krieg an das japanische Mutterland heran. Sobald genug Flotten-U-Boote zur Verfügung standen, wurden die Boote der *S*-Klasse aus der Front gezogen und Schulverbänden zugeteilt.

Das kleine, veraltete U-Boot der japanischen *RO-60*-Klasse war dem amerikanischen Typ *S* weit unterlegen; dagegen konnten sich die japanische *I-153*-Klasse und die U-Kreuzer im großen und ganzen mit dem US-Flottenboot messen. Bei Kriegsausbruch besaßen Amerikaner und Holländer zusammen ungefähr genau so viele U-Boote im Pazifik und im Fernen Osten wie die Japaner. Aber die Masse der amerikanischen Boote gehörte zur *S*-Klasse, die japanischen zur *I*-Klasse, so daß die Japaner an Kampfkraft im Verhältnis 2:1 überlegen waren. Außerdem arbeitete zunächst der japanische Torpedo zuverlässiger als der amerikanische; auch lief er schneller, weiter und besaß einen stärkeren Sprengkopf. Die 61-cm-»Long-Lance«-Torpedos mit Sauerstoffantrieb trugen 1000 (englische) Pfund Sprengstoff über 11 sm mit einer Geschwindigkeit von 49 kn an den Feind heran oder über eine Strecke von 22 sm mit 36 kn Geschwindigkeit. Der amerikanische 53,3-cm-Torpedo war dampfgetrieben, die ersten Modelle besaßen eine Sprengladung von 800 englischen Pfund und liefen bei 45 kn eine Strecke von drei, bei 26 5 kn siebeneinhalb sm.

Trotz dieser Unterlegenheit erzielten die amerikanischen U-Boote hervorragende Erfolge, während die Japaner im Vergleich dazu versagten. Das lag teilweise an technischen Mängeln der japanischen Boote. Erst sehr spät im Kriege wurden sie mit Radar ausgerüstet; ihre Horchausstattung war außerordentlich dürftig. Hauptursache ihres Mißerfolges aber war das in strategischer Hinsicht mit Blindheit geschlagene japanische Oberkommando. Die Kaiserlich Japanische Marine setzte ihre U-Boote niemals zum planmäßigen Handelskrieg ein; sie verkannte ganz offensichtlich die entscheidende Bedeutung der Logistik in einem modernen Krieg. Als die Deutschen auf die hohe Bedeutung des U-Bootes als Waffe gegen Handels- und Frachtschiffe hinwiesen und die Japaner drängten, ihre U-Boot-Flotte gegen die alliierten Dampfer einzusetzen, gaben die Japaner stets zur Antwort, daß sie ihre Boote nur gegen Kriegsschiffe einsetzen würden. So kam es, daß die Amerikaner durch unermüdliche Angriffe auf den japanischen Frachtschiffraum die Kampfkraft ihres Gegners immer mehr schwächten, die Japaner aber die verwundbaren Tank- und Frachtschiffe, von denen die Operationen der alliierten Flottenverbände abhingen, ungeschoren ließen und statt dessen ihre U-Boote auf die stark gesicherten Kriegsschiffe ansetzten.

1 Die Bezeichnung »Boot«, die eigentlich nur auf die frühen kleinen U-Boote zutraf, blieb während des ganzen zweiten Weltkrieges in Gebrauch. Im Zuge der Nachkriegsentwicklung, die den Bau großer, atomangetriebener Fahrzeuge bis zur Größe eines Kreuzers aus dem zweiten Weltkrieg brachte, wie z.B. *Triton II*, wurden die U-Boote amtlich als »Schiff« klassifiziert.

Der japanische Vormarsch

Die ersten amerikanischen U-Boote, die in Gefechtsberührung mit den Japanern kamen, hatten den Auftrag, beim Schutz der Philippinen vor einem Überfall mitzuwirken. Ihr Erfolg war gering, da sie ohne Luftaufklärung und ohne zuverlässige Torpedos operieren mußten. Als die alliierten Flottenstreitkräfte sich aus dem Gebiet von Manila zurückzogen, verlegte das Kommando der Unterwasserstreitkräfte der Asienflotte unter Kapitän zur See John Wilkes zunächst nach Darwin und später nach dem Stützpunkt Fremantle in Australien. Nur der Tender *Canopus* verblieb in der Bucht von Manila, um dort so lange wie möglich U-Boote zu unterstützen.

Neben ihren Überwachungs- und Aufklärungsaufgaben unternahmen die U-Boote auch Fahrten zum Abtransport von Zivilisten, militärischem Fachpersonal und wertvollen Gütern aus Bataan und Corregidor und brachten der dahinschwindenden Zahl der Verteidiger Verpflegung, Medikamente und Munition. Auf der ersten Fahrt transportierte die *Seawolf* 37 t 12,7-mm-Munition an und evakuierte 25 Heeres- und Marineflieger, ferner U-Boot-Ersatzteile und 16 von der *Canopus* übernommene Torpedos. Die *Trout,* die als Ausgleich für antransportierte 25 t Fracht ebensoviel Ballast benötigte, nahm zwei t Gold, 18 t Silber sowie 5 t Post und Wertpapiere an Bord. Auf dem Rückmarsch torpedierte die *Trout*, deren Kommandant sich trotz der wertvollen Ladung nicht von seiner eigentlichen Aufgabe ablenken lassen wollte, einen Frachter und einen U-Bootjäger.

Während der Kämpfe in der Java-See erzielten die Amerikaner keine Versenkungserfolge; doch arbeiteten sie bestimmte Überwachungszonen aus und verbesserten ihre Angriffstaktik. Die herkömmliche Kampfanleitung forderte den Tagangriff des getauchten Bootes, wobei die Sehrohrbeobachtung, um eine Entdeckung zu vermeiden, nur kurz und in längeren Abständen vorgenommen werden durfte. Die Sonarausrüstung durfte nur zum Horchen benutzt werden, damit nicht die Impulse des Schall-Echo-Entfernungsmeßgeräts die Anwesenheit des Angreifers verrieten. Da die früheren Periskope nur unzureichende Entfernungsmeßeinrichtungen hatten und da durch Gebrauch des Sonar als Horchgerät nur die Richtung zum Ziele hin ermittelt werden konnte, wählten die Kommandanten vorzugsweise einen Angriffskurs, auf dem ihre Torpedos entweder parallel oder rechtwinklig zum Gegnerkurs liefen – die Entfernung wurde dabei nicht berücksichtigt. Rechtzeitig noch erhielten die U-Boote Sehrohre mit Theodolit-E-Meßgeräten. Die Kommandanten machten auch die Erfahrung, daß ein einzelner Sonar-Impuls vom Feind meist nicht beachtet wurde. Mit genauen Entfernungen aber konnte ein U-Boot aus jeder Lage seine Torpedos mit ziemlicher Treffsicherheit feuern. Trotz der von den Deutschen erzielten Erfolge mit Überwasser-Nachtangriffen blieben Unterwasser-Tagangriffe in der amerikanischen Marine noch beträchtliche Zeit die Regel. Der tiefschwarze Farbanstrich der amerikanischen Bootsrümpfe, der eine Entdeckung des Bootes aus der Luft verhindern sollte, war nachts für ein aufgetauchtes U-Boot keine gute Tarnung, und das Fehlen eines guten Nachtperiskops schloß erfolgversprechende nächtliche Unterwasserangriffe aus. Später unternommene Versuche ergaben, daß ein hellgrauer Anstrich auf den Seiten nachts gut tarnte. Die Herstellung eines gut brauchbaren Sehrohrs mit Nachtoptik ermöglichte schließlich auch den Unterwasser-Nachtangriff. Aber bevor die amerikanischen U-Boote wirklich bei Tag und Nacht voll einsatzfähige Kampfmittel gegen die japanische Schiffahrt werden konnten, mußten sie mit einem zuverlässigen Torpedoschuß-Rechengerät, besserem Radar und vor allem besseren Torpedos ausgerüstet werden.

Je weiter das von den Japanern eroberte Gebiet sich ausdehnte, desto größer wurde die Bedrohung ihrer Schiffahrt durch U-Bootangriffe. Doch konnten sie in der Zeit zwischen dem Überfall auf Pearl Harbor und der Schlacht im Korallenmeer ihre Verluste in erträglichen Grenzen halten. Während dieses Kriegsabschnittes versenkten alliierte U-Boote nur drei Überwasser-Einheiten bis zu Zerstörergröße, zwei U-Boote und 35 Handelsschiffe. Aber allmählich lernten die amerikanischen Kommandanten die japanischen Haupthandelswege zur See kennen, und dies führte in den kommenden Monaten zu beachtlichen Ergebnissen.

Für den Einsatz japanischer U-Boote zur Unterstützung von Flottenunternehmungen bietet die Schlacht von Midway ein gutes Beispiel: U-Boote wurden einzeln oder gruppenweise in See geschickt, um die Bewegungen der amerikanischen Verbände auszukundschaften und diese abzufangen. Wie erinnerlich, erreichten die für eine Aufstellung zwischen Pearl Harbor und Midway bestimmten zwei Gruppen zu spät ihre vorgesehenen Standlinien, so daß sie die amerikanischen Flugzeugträger nicht zu Gesicht bekamen und sie nicht abfangen konnten. Das einzige japanische U-Boot, das in der Schlacht überhaupt zu einem Erfolg kam, war *I-168*, dem es gelang, die *Yorktown* und einen Zerstörer zu versenken. Amerikanische U-Boote, die auf den westlichen Zufahrtswegen nach Midway operierten, hatten sogar noch weniger Erfolg. Während der Flugzeugträgerschlacht feuerte die *Nautilus* einen harmlosen Blindgänger auf den japanischen Flugzeugträger *Kaga*; die Besatzung glaubte, sie hätte die *Soryu* versenkt. In der Nacht kollidierten die Schweren Kreuzer *Mogami* und *Mikuma*, als sie einem Angriff des U-Bootes *Tambor* auswichen. Angeschlagen und in ihrer Marschgeschwindigkeit herabgesetzt, fiel die *Mikuma* dann amerikanischen Trägerflugzeugen zum Opfer.

Zwischen der Schlacht von Midway im Juni und dem Angriff auf Guadalcanal am 7. August 1942 richteten sich die amerikanischen U-Bootoperationen hauptsächlich gegen die japanische Handelsschiffahrt. In dieser Zeit wurden 60 000 BRT versenkt. Im gleichen Zeitraum operierten japanische U-Boote vorwiegend im Indischen Ozean und versenkten Schiffe im Seeraum bis zur Straße von Moçambique zwischen Madagaskar und dem afrikanischen Festland. Andere japanische U-Boote waren im Seeraum um Australien, Neuguinea und Samoa eingesetzt. Sie versenkten insgesamt 30 alliierte Schiffe.

Der Angriff auf Makin

Anfang August 1942 waren *Nautilus* und *Argonaut,* zwei der größten amerikanischen U-Boote (über 112 m lang, Wasserverdrängung aufgetaucht: 2700 t), gemeinsam zu einem der ungewöhnlichsten Sonderaufträge des Krieges eingesetzt. In Pearl Harbor nahmen sie Oberstleutnant Evans F. Carlson mit zwei Kompanien Marineinfanterie zu einem Kommando-Unternehmen gegen die Insel Makin in der Gilbert-Gruppe an Bord. Die Japaner stürmten gerade gegen Guadalcanal an, und das Stoßtruppunternehmen war als Ablenkungsangriff gedacht. Es sollte die Japaner veranlassen, Kräfte aus dem Gebiet der Salomonen abzuziehen. Am 16. August gelangten die Marineinfanteristen, ohne auf Widerstand zu treffen, an Land. Bald aber stießen sie auf japanische Truppen, die im Fußmarsch, auf Fahrrädern oder mit Lastkraftwagen herankamen. Auf Anforderung der Marineinfanteristen eröffnete die *Nautilus* das Feuer in Richtung des Gefechtslärms. Da sie aber über keine Artilleriebeobachter verfügte, die exakte Zielangaben hätten machen können, machte sie Zielwechsel auf Schiffe in der Lagune. Sie versenkte einen Dampfer von 5000 BRT und ein japanisches Wachschiff.

Japanische Flugzeuge zwangen die Boote am Tage mehrmals unter Wasser; an zwei aufeinanderfolgenden Nächten nahmen *Nautilus* und *Argonaut* die Überlebenden des »Raids« wieder an Bord. Neun Mann fehlten; sie wurden von den Japanern gefangengenommen und in Kwajalein enthauptet. Der Kommandotrupp hatte die schwache Besatzung der Insel Butaritari vernichtet, militärische Anlagen zerstört und wertvolles Feindnachrichtenmaterial erbeutet. Obwohl das Unternehmen die Kampfmoral der Alliierten stärkte, muß es vom operativen Standpunkt aus als Fehlschlag gewertet werden. Nicht nur, daß sich die Japaner keineswegs von Guadalcanal ablenken ließen; sie begannen auch die Gilbert-Inseln, vornehmlich Tarawa, erheblich zu befestigen, was ein Jahr später vielen Amerikanern das Leben kosten sollte.

Der Kampf um die Salomonen

Als die Vereinigten Staaten Truppen auf Guadalcanal landeten und zur »offensiven Defensive« übergingen, teilte der Befehlshaber der U-Bootstreitkräfte Südwestpazifik, Konteradmiral Charles A. Lockwood, in Brisbane stationierten amerikanischen U-Booten der *S*-Klasse bestimmte Operationsräume in der unmittelbaren Umgebung der Bismarck-Inseln und Neuguineas zu, wo sie japanische Schiffe aufspüren und versenken sollten. Die Boote sollten gleichzeitig japanische Stützpunkte auf Rabaul, Kavieng, Buin, Lae und Salamaua überwachen und nach Möglichkeit blockieren, um die Japaner zu hindern, Verstärkungen nach den unteren Salomonen zu bringen. Boote aus Pearl Harbor errichteten eine enge Blockade um Truk. Außer der Vernichtung von 79 Schiffen mit 260000 BRT; versenkten amerikanische U-Boote während der Kämpfe um Guadalcanal den Leichten Kreuzer *Tenryu,* einen alten Zerstörer und ein japanisches U-Boot der großen *I*-Klasse. Auf ihrer Erfolgsliste stand auch der Schwere Kreuzer *Kako,* einer der Sieger in der Schlacht vor der Insel Savo am 8./9. August 1942. Als die *Kako* am 9. morgens mit ihren Schwesterschiffen stolz nach Rabaul einlief, wurde sie von vier Torpedos des U-Bootes *S 44,* das die Hafenzufahrt bewachte, tödlich getroffen. Dieser Erfolg entschädigte die Amerikaner ein wenig für die schwere Niederlage bei Savo. Folgenreicher war, daß die Japaner beim Einsatz ihrer Überwassereinheiten für den »Tokio-Expreß« jetzt mehr Vorsichtsmaßnahmen trafen.

Auch die Japaner setzten beim Kampf um die Salomonen ihre U-Boote ein. Entsprechend der japanischen Dokrin operierten die japanischen U-Bootgeschwader unter ihrem, auf einem Führungsboot eingeschifften Admiral in Aufklärungsstreifen zwischen den Salomonen und den amerikanischen Basen, um eigene Flottenbewegungen gegen feindliche Angriffe zu decken. Ziel ihrer Operationen waren stets die feindlichen Kriegsschiffverbände, die den eigenen Flotten- oder Nachschubbewegungen gefährlich werden konnten. So waren z.B. Mitte September das 3. Geschwader südwestlich Guadalcanal, das 1. Geschwader bei den Santa Cruz-Inseln aufgestellt, während die Minen-Boote des 6. Geschwaders vor Guadalcanal selbst standen und einige große U-Kreuzer die amerikanischen Basen mit ihren Aufklärungsflugzeugen zu erkunden suchten. Zweck der Operationen war es, zusammen mit Teilen der 2. Flotte Nachschubkonvois nach Guadalcanal zu decken. Auf amerikanischer Seite bildeten zu dieser Zeit im Gebiet südlich und südöstlich Guadalcanal operierende Trägergruppen mit den Trägern *Saratoga, Hornet* und *Wasp* die Deckungsgruppen für amerikanische Nachschubkonvois. Nachdem am 31. August *I-26* die *Saratoga* torpediert und am 6. September *I-11* knapp die *Hornet* verfehlt hatten, gerieten die Task Forces 17 und 18 am 15. September in die Aufstellung des 1. Geschwaders. *I-19* feuerte einen 6er-Fächer seiner »Long Lance«-Torpedos. Drei davon trafen die *Wasp*, die in Brand geriet und aufgegeben werden mußte, einer verfehlte den Zerstörer *Lansdowne* knapp, zwei erreichten die in 5 sm Entfernung marschierende zweite Task Force und trafen das Schlachtschiff *North Carolina* und den Zerstörer *O'Brien* schwer. Letzterer ging auf der Überführung in die Heimat verloren.

Der entscheidende und bemerkenswerte Gesichtspunkt an dieser Begegebenheit ist aber die Tatsache, daß die Japaner den Geleitzug selbst völlig in Ruhe ließen. Die japanischen

Kommandanten hielten es eines Kriegers zur See für unwürdig, auf andere Ziele als auf Kriegsschiffe zu feuern. Bis zum Ende der Kämpfe um die Salomonen versenkten die Japaner nur noch zwei amerikanische Kriegsschiffe: den Zerstörer *Porter* während der Schlacht bei den Santa Cruz-Inseln und den Leichten Kreuzer *Juneau* nach dem nächtlichen Kreuzergefecht in der Seeschlacht von Guadalcanal; der Kreuzer *Chester* wurde torpediert.

Die Teilnahme amerikanischer U-Boote an den Operationen in den Salomonen hatte die Form strategischer Unterstützung. Die U-Boote postierten sich in Nähe der Stützpunkte, von wo aus die japanischen Schiffe eingesetzt wurden: Truk, die Palau-Inseln und Rabaul. Außerdem überwachten sie die Seestraßen im und zum Bismarck-Archipel und unterstützten den Vormarsch MacArthurs auf der Halbinsel Papua auf Neuguinea. Diese Aufgaben hielten die U-Boote dem eigentlichen Kampfgebiet fern und schlossen das Risiko, daß amerikanische U-Boote von eigenen Überwasserstreitkräften versehentlich angegriffen wurden, praktisch aus.[2] Eine Ausnahme war der Einsatz der *Amberjack*, die während der Krisis auf Guadalcanal im Oktober eine Ladung Flugbenzin nach Tulagi brachte – das einzige Mal, daß ein amerikanisches U-Boot im Kriege als Tanker verwendet wurde.

Die berühmteste Begebenheit aus dieser Einsatzperiode betraf die *Growler*, die im Februar 1943 in der Nähe der Bismarck-Inseln operierte. Am 7. Februar um 01.10 Uhr sichtete sie ein feindliches Schiff und lief über Wasser zum Angriff an. Beim näheren Herankommen der *Growler* machte jedoch der Gegner, ein 2500 t großes japanisches Kanonenboot, das U-Boot aus und drehte mit Hartruder seinerseits zum Angriff auf. Der unter Deck befindliche Radarbeobachter der *Growler* bemerkte sofort den feindlichen Kurswechsel, ganz im Gegensatz zum Kommandanten, Fregattenkapitän Howard W. Gilmore, und sechs weiteren Mann auf der Brücke, denen in der Dunkelheit das feindliche Manöver entging. Der Befehl »Ruder hart Backbord« kam zu spät, um eine Kollision zu verhindern, die *Growler* fuhr mit 17 kn Fahrt auf das japanische Kanonenboot auf. Beim Aufprall stürzten alle Mann der Besatzung zu Boden. Als sich das U-Boot, das sich stark auf die Seite gelegt hatte, langsam aufrichtete, überschüttete das Kanonenboot die Brücke mit MG-Feuer. Der II. W.O. und ein Ausguckposten fielen, der Kommandant wurde schwer verwundet. Sich an die Brückenverkleidung anklammernd, gab er mit lauter Stimme den Befehl: »Brücke räumen«. Die überlebenden vier Mann drängten sich durch das Turmluk nach unten. Da er nicht in der Lage war, ihnen zu folgen, gab Gilmore seinen letzten Befehl: »Tauchen!« Für seine »hervorragende Opferbereitschaft und Tapferkeit« wurde er nachträglich mit der »Medal of Honor« ausgezeichnet.

Konteradmiral Robert English, Befehlshaber der U-Bootstreitkräfte der Pazifischen Flotte unter Admiral Nimitz, verunglückte im Januar 1943 tödlich bei einem Flugzeugabsturz. Sein Nachfolger wurde Admiral Lockwood, dessen bisherige Stelle des Befehlshabers der U-Bootstreitkräfte Südwestpazifik Konteradmiral Ralph W. Christie übertragen wurde. Lockwood ließ als erstes einen neuen U-Bootstützpunkt anlegen, der näher an den Einsatzgebieten lag als Pearl Harbor. Der aus sachlichen Gründen am ehesten in Betracht kommende vorgeschobene Stützpunkt für amerikanische U-Boote war die Insel Midway. Dort befanden sich U-Boottender und die notwendigsten Versorgungsanlagen. Der Stützpunkt ersparte jedem eingesetzten U-Boot 2400 sm Weg. Ein Hauptnachteil Midways war jedoch seine Unpopularität bei den U-Bootbesatzungen. Sie beklagten sich darüber, daß es auf Midway nichts gebe »außer Sand und verrückten Möwen«. Um die Stimmung seiner Besatzungen nicht absinken zu lassen, richtete es Lockwood so ein, daß jedes Boot in bestimmten Abständen Pearl Harbor anlief.

Nach Rückkehr vom Einsatz sollte das U-Bootpersonal ein Höchstmaß an Ruhe und Erholung genießen. Deshalb wurden Offiziere und Mannschaften in Erholungsheimen oder Hotels untergebracht. Eine Ablösung übernahm für diese Zeit das Boot. So war die Besatzung von der Verantwortung für ihr Boot bis zum nächsten Einsatz entlastet. Sogar der Kommandant wurde temporär abgelöst, damit er während der Ruhezeit auch keinerlei formale Verantwortung zu tragen hatte. U-Bootflottillenchefs, die nicht im aktiven Kampfeinsatz standen, wachten über die Durchführung dieser Erholungsmaßnahmen. Nach Beendigung der Ruhezeit übernahmen die Besatzungen wieder ihre Boote, gingen ein paar Tage zu Auffrischungsübungen in See und liefen dann zum Einsatz aus.

Torpedoversager

Die Schuld am schlechten Funktionieren der Torpedos, unter dem die amerikanische Marine im zweiten Weltkrieg litt, kann in gewissem Grade der technisch mangelhaften Konstruktion und dem hartnäckigen Glauben an die Zuverlässigkeit der Magnetzündung zugeschrieben werden. Die Konstruktionsmängel wären schneller gefunden worden, wenn genügend Geldmittel für Versuche zur Verfügung gestanden hätten. Mit den vorhandenen beschränkten Mitteln konnten im Frieden keine Erprobungen mit scharfen Torpedos durchgeführt werden. Schon der Verschuß eines einzigen scharfen Torpedos hätte einen beträchtlichen Teil des Budgets der Erprobungskommandos verschlungen. Daher wurden die Versuche mit Übungsköpfen vorgenommen und die Torpedos so eingestellt, daß sie unter dem Ziel hindurchliefen, statt es direkt zu treffen. So wurden bei diesen Versuchen

2 Diese Überlegung war wichtig, denn Flugzeug- und Kriegsschiffbesatzungen neigten dazu, erst einmal zu schießen und danach erst zu fragen. Wegen Versagens oder Mißverstehens von Erkennungssignalen wurden nicht weniger als 28 amerikanische U-Boote durch amerikanische Flugzeuge mit Bomben oder Bordwaffen angegriffen. Fünf weitere wurden durch Überwassereinheiten beschossen. Die *Dorado* und *Seawolf* wurden mit der gesamten Besatzung durch eigene Kräfte versenkt. Neun weitere Boote wurden mehr oder minder schwer beschädigt.

lediglich die Kreiselsteuerung und die Antriebsmaschine getestet. Daß der problematische Gefechtskopf funktionierte, mußte einfach geglaubt werden, ein Glaube, der sich als irrig erweisen sollte.

Der Detonator des Typs Mark 6, vor dem Kriege ein hochgeschütztes Geheimnis, enthielt einen magnetischen Impulsübermittler, der durch eine starke Änderung des erdmagnetischen Kraftfeldes, z. B. vom Stahlrumpf eines Schiffes verursacht, ausgelöst wurde. Nach der Schießvorschrift sollten Torpedos mit dem Mark 6-Zündmechanismus drei Meter unter dem feindlichen Schiff detonieren, so daß die Explosion die unteren Räume aufreißen und eventuell den Schiffskiel brechen würde. In der Kriegspraxis detonierten viele Torpedos nicht, selbst wenn sie direkt unter dem Ziel hindurchliefen. Berichte wie jener der *Sargo*, die 13 Versager bei 13 leicht anzubringenden Schüssen erlebte, veranlaßten Lockwood, eine Versuchsserie anzusetzen. Acht durch ein Fischernetz geschossene Torpedos hatten im Durchschnitt 3,3 m größere Tiefensteuerung als die eingestellte. Das »Bureau of Ordnance« (etwa: Waffenamt, Anm. d. Übers.) räumte schließlich ein, daß Torpedos mit schweren Gefechtsköpfen (800 englische Pfund TNT) tatsächlich drei Meter tiefer steuerten als vorgesehen. Als nun die Torpedos unter Berücksichtigung dieses Fehlers eingestellt wurden, tauchte ein weiteres ernstes Problem auf: der Torpedo schwang häufig auf seinem Lauf auf und ab wie auf einer Sinuskurve. Wenn er beim Passieren unter dem Ziel zufällig das obere Maximum der Kurve erreicht hatte, detonierte er, sonst aber war die magnetische Kraftfeldänderung nicht groß genug, und der Torpedo lief ohne Schaden anzurichten unter dem Ziel durch.

Bald häuften sich Fälle, daß Torpedos vorzeitig detonierten, was die U-Bootkommandanten zu der falschen Annahme verleitete, sie hätten Treffer erzielt. In der Nähe des magnetischen Äquators ist die Horizontalkomponente des magnetischen Kraftfeldes eines Schiffes oft stärker als die vertikale. Dies führte dazu, daß der Mark 6-Zündmechanismus einige 50 m vor dem Ziel ausgelöst wurde. Die Explosion, das hochgeschleuderte Wasser, die dadurch verursachte Krängung des Zieles: alles zusammen bewirkte, daß von Treffern berichtet wurde, wo es sich in Wirklichkeit nur um Frühdetonierer handelte. Angesichts dieser Erkenntnisse befahl Lockwood im Juni 1943, den Magnetzünder nicht weiter zu benutzen, sondern ausschließlich den Berührungszünder, der für den Fall des Versagens der Magnetzündung in den Mark 6 eingebaut war.

Jetzt folgte eine Fülle von Blindgängern. Auch die Berührungszündung erwies sich als mangelhaft. Ihre Schwächen waren durch den Tieflauf und die Frühzündung der Torpedos verborgen geblieben. Die Fehler des Berührungszündmechanismus wurden durch die Enttäuschung von Korvettenkapitän L. R. Daspit, dem Kommandanten der *Tinosa*, bekannt, der Ende Juli 1943 westlich von Truk einen riesigen 19000-t-Tanker vor seinen Rohren hatte. Die *Tinosa* besaß noch 16 Torpedos, von denen sie vier auf große Entfernung aus ungünstigem Winkel in achterlicher Stellung feuerte. Zwei Torpedos trafen und explodierten nahe beim Heck, der große Tanker blieb gestoppt liegen. Zwei weitere Treffer wurden auf der Backbordseite erzielt. Nunmehr manövrierte Daspit die *Tinosa* in eine ideale Feuerstellung querab vom Ziel und feuerte neun sorgfältig geschossene Torpedos, neun überlegte Einzelschüsse. Alle trafen, einer detonierte. Der aufgebrachte, aber klardenkende Daspit nahm den einen, ihm noch verbliebenen Torpedo mit zurück nach Pearl Harbor, um ihn untersuchen zu lassen.

Dieser Entschluß führte zur endgültigen Beseitigung der Mißstände. Lockwood gab Befehl zu einer gründlichen Erprobung des Mechanismus des Berührungszünders. Der Sitz des Übels wurde schließlich im Schlagbolzenapparat gefunden. Beim Auftreffen auf das Ziel wurde normalerweise der Schlagbolzen freigegeben, und eine Feder schnellte ihn seitwärts auf eine Zündkappe. Wenn nun der Torpedo im rechten Winkel auftraf, wurde der Schlagbolzen so stark gegen die Schlagbolzenführung gepreßt, daß er nicht mehr genug Schnellkraft besaß, um die Zündkappe zur Detonation zu bringen. Bei einem leichten Auftreffen aus flachem Winkel aber funktionierte der Schlagbolzen fast immer. Dieser Sachverhalt wurde durch die Erfahrung der *Tinosa* erhärtet, denn die vier Treffer stammten von Torpedos, die an der Heckrundung des Schiffskörpers aufgetroffen waren, die neun Blindgänger dagegen hatten ihr Ziel im »idealen« rechten Winkel erreicht. Das bloße Lockern des Schlagbolzens und die Verminderung seiner Reibung gegen die Schlagbolzenführung lösten das Problem. Endlich besaßen die amerikanischen Unterseeboote eine zuverlässige Waffe. Die Auswirkungen einer falschen Geheimniskrämerei und mangelhaften Erprobung vor dem Kriege waren nunmehr überwunden. Es ist interessant, daß aus ganz ähnlichen Gründen ähnliche Schwierigkeiten 1939/40 in der deutschen U-Bootwaffe eine Torpedokrise ausgelöst hatten. Bald nachdem der dampfgetriebene Torpedo zufriedenstellend entwickelt worden war, kam der elektrische Torpedo heraus. Seine geringe Geschwindigkeit (28 kn gegenüber 45 des dampfgetriebenen Torpedos) machte es ihm schwer, sich durchzusetzen. Aber schließlich erkannten die U-Bootoffiziere den Wert der Tatsache, daß er keine Spur hinterließ und daß dies seine Langsamkeit mehr als wettmachte. Bald wurden überwiegend elektrische Torpedos eingesetzt.

Die Operationen bei den Gilbert- und Marshall-Inseln

Bei der Planung der Operationen gegen die Gilbert-Inseln im November 1943 arbeiteten die Admirale Nimitz, Spruance und Lockwood als Team zusammen. Sie waren einhellig der Auffassung, daß die Gegenwirkung feindlicher Überwasserstreitkräfte von Truk ausgehen müsse, daß der Feind vermutlich nach Norden ausholen werde, um den von

Guadalcanal aus eingesetzten Aufklärern zu entgehen, und daß er in den Marshall-Inseln Brennstoff ergänzen müsse. Deshalb wurden drei U-Boote vor Truk postiert, drei weitere in das Gebiet der Marshallinseln entsandt und zwei zur Überwachung des dazwischenliegenden Seegebietes. Ein neuntes Boot nahm 300 sm westlich von Tarawa Aufstellung, um täglich Wetterberichte durchzugeben. Da keine japanischen Überwasserstreitkräfte bei den Gilbert-Inseln eingriffen, blieb den U-Booten nur die Aufgabe, Geleitzüge oder ohne Sicherung fahrende Handelsschiffe anzugreifen. Gleichwohl gingen zwei Boote verloren. Die vor Truk eingesetzte *Corvina* wurde am 16. November durch das japanische U-Boot *I-179* versenkt – wahrscheinlich das einzige amerikanische U-Boot, das während des Krieges auf diese Weise seinen Untergang fand. Die *Sculpin*, die zwischen Truk und den Marshallinseln stand, wurde am 19. entdeckt, als sie im Begriff stand, einen Geleitzug anzugreifen. Feindliche Geleitfahrzeuge griffen sie mit Wasserbomben an und beschädigten sie so, daß sie auftauchen mußte. Die Besatzung wehrte sich bis zum letzten mit ihren Bordwaffen und versenkte dann das Boot. 13 Offiziere und Mannschaften der Besatzung gingen mit der *Sculpin* unter. Zu ihnen gehörte Kapitän zur See John P. Cromwell, den Admiral Lockwood beauftragt hatte, das Kommando über ein »Wolfsrudel« zu übernehmen, falls eines gebildet werden konnte. Cromwell, der wichtiger Geheimnisträger und in die alliierte Kriegsplanung eingeweiht war, wählte den Tod, damit die Japaner ihn nicht durch Folterung oder Verabreichung eines »Wahrheits-Serums« zur Preisgabe von Kriegsgeheimnissen brächten. Für seinen Entschluß erhielt er nachträglich die »Medal of Honor«. Von den Besatzungsmitgliedern der *Sculpin* fischten die Japaner 42 aus der See. Ein Schwerverwundeter wurde über Bord wieder ins Meer zurückgestoßen, die übrigen wurden nach Truk gebracht und von dort aus auf die Flugzeugträger *Unyo* und *Chuyo*, die sie nach Japan überführen sollten.

In diesem Moment ereignete sich eine der tragischsten und zugleich ironischsten Begebenheiten des Krieges. Auf seiner zehnten Feindfahrt, der ersten unter Korvettenkapitän Robert Ward als Kommandant, näherte sich das amerikanische U-Boot *Sailfish* Japan. Die Besatzung nannte ihr Boot im Scherz oft *Squailfish*, weil es die berühmte, im Jahre 1939 auf der Höhe von Portsmouth, New Hampshire, gesunkene *Ex-Squalus* war. Damals hatte die *Sculpin* das Boot auf dem Meeresgrund geortet sowie die Rettung der Besatzung und sein späteres Heben ermöglicht. Jetzt, vier Jahre danach, war sich Ward, wie viele andere amerikanische U-Bootkommandanten, der peinlich empfundenen Tatsache bewußt, daß seit 16 Monaten kein größeres japanisches Kriegsschiff durch ein U-Boot versenkt worden war. So war er darauf aus, daß seine *Sailfish* diese Pechsträhne auffangen sollte. Das gelang ihr auch, aber vom amerikanischen Standpunkt aus lag in ihrem Erfolg eine tragische Ironie.

Am 3. Dezember – kurz vor Mitternacht – die *Sailfish* war in einer Taifun-Wetterzone – machte das Radar des U-Bootes mehrere große Ziele aus. Trotz Sturmes und äußerst schlechter Sicht erreichte Ward in Kürze eine günstige Feuerstellung und feuerte vier Torpedos. Ein Torpedo traf einen Flugzeugträger, dem es in der schweren See gelang, sich davonzumachen. Trotz Wasserbombenangriffen, die ihn zeitweise auf Tiefe zwangen, konnte Ward sein »Wild« erneut aufspüren und die Nacht hindurch Fühlung halten. In der Morgendämmerung schoß er drei weitere Torpedos und erzielte wiederum einen Treffer – dreimal blieb der Träger ohne Fahrt liegen. Um 09.40 Uhr feuerte Ward einen Fächer aus seinem achteren Rohrsatz und brachte einen dritten Treffer an. Acht Minuten später sank der Flugzeugräger, von Wards Boot unbeobachtet, da es durch die Sicherungsfahrzeuge unter Wasser gedrückt wurde. Das Opfer der *Sailfish* war der Geleitträger *Chuyo*. An Bord des Trägers befanden sich 21 Überlebende der *Sculpin* – nur einer wurde gerettet.

Die Dislozierung der U-Boote für die Operationen gegen die Gilbert-Inseln schien Admiral Spruance so zweckmäßig gewesen zu sein, daß er für die künftigen Operationen das gleiche taktische Verfahren empfahl. Statt der Aufstellung in einem Aufklärungsstreifen forderte er die Postierung der U-Boote in Seegebieten, insbesondere Seestraßen, die der Feind beim Anmarsch ins Kampfgebiet mit großer Wahrscheinlichkeit benutzen würde.[3] Ganz im Gegensatz zu den Japanern in der Schlacht von Midway brachte er seine U-Boote so früh in die vorgesehenen Positionen, daß sie ihren Auftrag erfüllen konnten. Der damalige Stand der Theorie des U-Booteinsatzes unterschied mehrere Aufgaben klar voneinander:

1. Schwerpunktmäßiger Einsatz von U-Booten zur Unterbindung des feindlichen Nachschubs in das Einsatzzielgebiet.
2. U-Booteinsatz zur Aufklärung: Fotografieren von Strandabschnitten, an denen amphibische Landungen vorgesehen waren, und von feindlichen Heeres- oder Marineanlagen, die bei künftigen Operationen eine Rolle spielen konnten.
3. Einsatz von U-Booten zum Seenotdienst während amerikanischer Luftangriffe.
4. Einsatz von U-Booten zur Aufklärung im Einsatzzielgebiet und vor feindlichen Stützpunkten, Meldung feindlicher Schiffsbewegungen, Abfangen feindlicher Streitkräfte, falls sie zum Gegenschlag gegen die angreifenden amerikanischen Verbände ausliefen.
5. Stationierung von U-Booten so, daß sie feindliche Schiffe auf der Flucht aus dem Einsatzgebiet abfangen und angreifen konnten.[4]

3 Die U-Boote blieben dem Typ-Kommandeur operativ unterstellt. Die Einsatzabsichten wurden in gemeinsamen Konferenzen Admiral Lockwoods mit den Flottenbefehlshabern aufeinander abgestimmt.

4 Theodore Roscoe, United States Submarine Operations in World War II, (Annapolis 1949), S. 361.

Zur Vorbereitung der Landungen auf den Marshall-Inseln im Januar 1944 waren vier U-Boote zur fotografischen Aufklärung eingesetzt. Drei U-Boote nahmen wiederum vor Truk Aufstellung; zwei Booten gelang es diesmal, japanische Zerstörer zu versenken. Die Dislozierung der anderen verfügbaren U-Boote wurde nach dem beim Angriff auf die Gilbert-Inseln erprobten Verfahren vorgenommen.

Für die großen Flugzeugträgerangriffe bei den Operationen gegen Truk, Saipan und die Palau-Inseln im Frühjahr 1944 änderte Spruance den taktischen Ansatz der U-Boote, da er nicht so sehr mit Gegenaktionen feindlicher Überwasserstreitkräfte als mit Angriffen der japanischen landgestützten Luftwaffe rechnete. Er nahm an, daß japanische Kriegs- und Handelsschiffe das Operationsgebiet räumen würden. Infolgedessen wies er den U-Booten Positionen an, von wo aus sie flüchtende Schiffe abfangen konnten. Die *Skate* versenkte auf der Höhe von Truk den Leichten Kreuzer *Agano,* die *Tang* vernichtete ein Frachtschiff. Bei Saipan versenkten die *Sunfish* zwei, die *Tang* vier Handelsschiffe. Vor Palau wurde die *Tullibee* das Opfer eines Kreisläufers, worauf sich die meisten japanischen Schiffe vermutlich durch die so entstandene Bewachungslücke davonmachen konnten. Doch gelang es der *Tunny,* dem Superschlachtschiff *Musashi* zwei Torpedotreffer beizubringen.

Im Gebiet der Marianen

Vor dem amerikanischen Angriff auf die Marianen im Juni 1944 setzten Admiral Lockwood (Pazifische Flotte) und Admiral Ralph Christie (7. Flotte) ihre U-Boote nach den Wünschen von Admiral Spruance ein. Drei Boote klärten im Gebiet von Tawitawi auf, als sich die japanische Flotte dort versammelte, einige Boote standen vor den Zugängen der Hauptseestraßen, durch die die Japaner auf dem Marsch nach Saipan kommen mußten. Vier weitere Boote patrouillierten in der Philippinen-See auf inneren Kreisbögen von 90 °, deren gedachter Mittelpunkt jeweils die Ecke eines großen Quadrates war. Andere Boote waren unterwegs, um im Einsatz befindliche Kameraden abzulösen. abgelöste Boote liefen zum Stützpunkt zurück. Zwei dieser unterwegs befindlichen U-Boote spielten für den Gang der Schlacht eine erhebliche Rolle. Auch ein Wolfsrudel war routinemäßig im Einsatz: die *Shark II*, *Pilotfish* und *Pintado.* Nach ihrem Geschwaderkommandeur, Fregattenkapitän L.N. Blair, nannten sie sich »Blair's Blasters« (to blast – sprengen, verderben; Anm. d. Übers.).

Am 31. Mai 1944 unterrichtete das U-Boot *Silversides* die »Blasters«, daß ein Geleitzug, offenbar von Honshu nach Saipan bestimmt, auf sie zulaufe. Bis die *Silversides* sich mit dem Wolfsrudel vereinigt hatte, waren noch zwei weitere Geleitzüge im Seegebiet aufgetaucht. In der Frühe des 1. Juni bekam die *Pintado* einen Frachter des ersten der drei Konvois zu fassen. Das Rudel jagte vier Tage und Nächte lang den dritten Geleitzug; die *Silversides* mußte nach Verschießen ihrer Torpedos aufgeben. Die *Shark* versenkte am späten Abend des 2. Juni einen Frachter, einen weiteren am 4. Juni morgens. Am Spätnachmittag des 5. vernichtete sie wiederum zwei Schiffe, darunter einen Passagierfrachter von 7000 BRT. In der Nacht vom 5./6. versenkte die *Pintado* zwei Dampfer. Infolge dieser Versenkung ertrank eine halbe Division japanischer Verstärkungen; zahlreiche Soldaten erreichten zwar die Marianen, jedoch ohne Waffen und Kampfausrüstung. Der Befehlshaber der japanischen Truppen auf Saipan mußte die Munition rationieren. So hatten Blair's Blasters die Abwehrkraft der Japaner noch vor dem Angriff der amerikanischen Sturmtruppen entscheidend geschwächt.

Zwischen dem 6. und 9. Juni erzielte das U-Boot *Harder* unter Führung von Fregattenkapitän Samuel D. Dealey in der Umgebung der Sibutu-Passage, zwischen dem Sulu-Archipel und Borneo, einmalige Erfolge. Es versenkte drei und beschädigte mindestens zwei Zerstörer. Am 10. Juni morgens beobachtete die *Harder* in der Sulu-See vor Tawitawi das Auslaufen des Schlachtschiffverbandes von Admiral Ukagi zum Einsatz vor Biak und warnte über Funk rechtzeitig die alliierten Oberbefehlshaber.

Als Admiral Toyoda das beabsichtigte Unternehmen im Raum von Biak aufgab und die Vereinigung der beiden Gruppen der »Mobilen Flotte« in der Philippinen-See anordnete, machte sich die sorgfältig überlegte Aufstellung der U-Boote Lockwoods und Christies bezahlt. Die *Redfin* beobachtete das Auslaufen der Trägerkampfgruppe Ozawas am 13. Juni aus Tawitawi und funkte eine Warnung. Am 15. nachmittags sichteten die U-Boote *Flying Fish* und *Seahorse* die beiden Gruppen der »Mobilen Flotte« mit 300 sm Abstand in der Philippinen-See. Am 17. früh nahm die *Cavalla* Fühlung mit einem Tankergeleitzug auf, und Admiral Lockwood befahl ihr, dem Geleitzug zu folgen, der sie vielleicht zu den japanischen Kriegsschiffen führen würde. Zwar verlor die *Cavalla* bald die Fühlung mit den Tankern, sichtete aber am Abend die nunmehr vereinigte »Mobile Flotte« auf dem Marsch nach den Marianen. Auf Grund der U-Boot-Sichtmeldungen verschob Admiral Spruance die Landung auf Guam und bereitete sich auf die Schlacht in der Philippinen-See vor. Admiral Lockwood verlegte nunmehr die vier von den Ecken eines Quadrats aus patrouillierenden U-Boote 100 sm weiter nach Süden. Da die ungefähre Position der japanischen Flotte bekannt war, gab Lockwood seinen U-Booten Erlaubnis, bei günstiger Gelegenheit sofort zu schießen und danach erst Fühlunghaltermeldungen abzugeben. So stand die *Albacore*, der die Südwestecke des neuen Quadrates zugewiesen war, am rechten Ort mit dem rechten Befehl, was ihr ermöglichte, den Flugzeugträger *Taiho* zu versenken. Drei Stunden später traf die allgegenwärtige *Cavalla* den Flugzeugträger *Shokaku* mit drei Torpedos und sandte ihn in die Tiefe.

Im Gegensatz zu der Präzision, mit der Lockwood und Christie ihre U-Boote aufgestellt hatten, befanden sich die japanischen sämtlich am falschen Ort. Die Landung MacArthurs auf Biak hatte sie zu der Annahme verleitet, die nächste Unternehmung der 5. US-Flotte werde sich gegen die Palau-Inseln und nicht gegen die Marianen richten, denn Spruance hatte zur Unterstützung des Angriffes MacArthurs auf Hollandia Raids gegen die Palau-Inseln durchgeführt. Im Vertrauen darauf, daß die Amerikaner dorthin zurückkommen würden, hatten die Japaner U-Boote in das Gebiet nördlich der Admiralitäts-Inseln entsandt. Sie wählten bei der Aufstellung ihres U-Bootstreifens nicht nur das falsche Gebiet, sondern zogen auch nicht in Betracht, daß inzwischen die amerikanische U-Bootabwehr Fortschritte erzielt haben konnte. Im Sommer 1943 war im Atlantik der Krieg gegen die deutschen U-Boote gewonnen worden; die Sicherungsfahrzeuge brachten die Waffen und die Erfahrungen aus der Schlacht im Atlantik mit auf den pazifischen Kriegsschauplatz. Von 25 japanischen U-Booten des *I*- und *RO*-Typs, die während der Operationen bei den Marianen eingesetzt gewesen waren, wurden 17 von amerikanischen Zerstörern, Geleitzerstörern und Flugzeugen vernichtet. Allein der Geleitzerstörer *England* buchte in den beiden letzten Maiwochen sechs Versenkungen, als er einen Vorpostenstreifen aufrollte.

Palau-Inseln und Philippinen

Vor dem Angriff auf die Palau-Inseln im September 1944 klärte die *Burrfish* durch fotografische Aufnahmen und Entsendung von Landungstrupps die Angriffsmöglichkeiten auf Peleliu und Yap. Vier Mann der auf Yap abgesetzten Gruppe kehrten nicht zum U-Boot zurück; daher wurde die ohnehin von der US Marine wenig praktizierte Aufklärung durch Kommandotrupps aufgegeben. Die Vorstellungen Admiral Halseys über den zweckmäßigsten taktischen Ansatz von U-Booten unterschieden sich in einigen Punkten von jenen, die Admiral Spruance hatte. Obwohl Halsey der Auffassung zustimmte, daß enge Gewässer überwacht werden sollten, legte er doch sehr großes Gewicht auf die Verwendung von Aufklärungsstreifen in der offenen See. Daher forderte er, daß neben der Bewachung wichtiger Seestraßen durch vier U-Boote neun weitere in einem doppelten Aufklärungsstreifen zwischen den Philippinen und den Palau-Inseln aufgestellt werden sollten. Jeweils zwei U-Boote von insgesamt drei Rudeln[5] wurden dementsprechend in einem Streifen zu sechs Booten aufgestellt, aus den dritten Booten eines jeden Rudels wurde eine zweite Linie gebildet. Da aber die Boote in dieser Aufstellung – man sprach vom »Zoo Halsey« – keine nennenswerte Feindberührung während der Operationen hatten, wurde der Aufklärungsstreifen im weiteren Kriegsverlauf nicht mehr angewandt.

Der U-Booteinsatz während der Schlacht um den Leyte-Golf ist bereits weiter oben ziemlich eingehend dargestellt worden. Wie erinnerlich, gaben die zum südwestpazifischen Kommandobereich gehörigen U-Boote *Darter* und *Dace* die ersten Meldungen über die heranmarschierende japanische zentrale Kampfgruppe ab. Unmittelbar danach versenkten sie zwei der Schweren Kreuzer Admiral Kuritas und setzten einen dritten außer Gefecht. Am gleichen Morgen fügte das U-Boot *Bream* dem Schweren Kreuzer *Aoba* vor der Bucht von Manila schwere Beschädigungen zu. Am 25. morgens, als die TF 38 die Trägerkampfgruppe Ozawas in der Schlacht bei Kap Engaño nach Norden vor sich hertrieb, beorderte Lockwood zwei U-Bootrudel, »Clarey's Crushers« und »Roach's Raiders«, in eine Abfangstellung. Die *Jallao* von »Clarey's Crushers« versenkte Ozawas beschädigten Leichten Kreuzer *Tama*.

5 Ein Rudel (»wolf pack«) bestand aus drei Booten.

Weitere Operationen gegen die japanische Marine

Bei Unternehmungen, die weniger in direktem Zusammenhang mit den Operationen der amerikanischen Überwasserstreitkräfte standen, erzielten U-Boote weitere Erfolge gegen Großkampfschiffe. Am bemerkenswertesten war die Versenkung des Schlachtschiffes *Kongo* und des Flugzeugträgers *Shinano*.

Die 32156 ts schwere *Kongo*, die im November 1944 verlorenging, war das einzige Schlachtschiff, das von einem amerikanischen U-Boot versenkt wurde. Am 21. November stieß die *Sealion II* (Fregattenkapitän Eli T. Reich) 40 sm nördlich von Formosa auf ihr Opfer. Die erste Radarerfassung zeigte eine so große Entfernung an, daß der wachhabende Offizier an die Ortung von Land glaubte. Als aber eine neue Messung ergab, daß sich das aufgefaßte Ziel näherte, unterrichtete er den Kommandanten. Mitternacht war gerade vorbei, der Himmel war bedeckt, aber die Sicht ziemlich gut. Reich stellte an Hand des Radarbildes fest, daß er mindestens zwei Schlachtschiffe, zwei Kreuzer und mehrere Zerstörer auf dem Wege nach Japan vor sich hatte. Er entschloß sich, unter Benutzung seines Radars über Wasser anzulaufen. Als er die angestrebte Angriffsposition erreicht und den Feind gesichtet hatte, nahm, vom Nachtwind angepeitscht, der Seegang zu. Um 02.56 Uhr feuerte Reich aus seinen Bugrohren sechs Torpedos auf das an der feindlichen Spitze marschierende Schlachtschiff. Die Entfernung betrug knapp 3000 m. Durch Hartruderlage Steuerbord brachte er sodann sein Heck in Feuerstellung auf das zweite Schlachtschiff, auf das er um 02.59 Uhr drei Torpedos abfeuerte. Dann drehte er mit der *Sealion* auf Parallelkurs. Zu seiner großen Enttäuschung setzte die Kampfgruppe ihren Marsch mit 18 kn Geschwindigkeit fort. Obwohl Wellen über die Brücke schlugen und ein gut Teil Wasser durch das Turmluk ins Bootsinnere drang, setzte die *Sealion* die Jagd fort. Um 04.50 Uhr verlangsamte das mit den Bugtorpedos beschossene Schlachtschiff seine Fahrt auf 12 kn und fiel hinter die Kampfgruppe zurück. Zwei Zerstörer blieben in der Nähe. Kurz darauf blieb das Schlachtschiff, die *Kongo*, ohne Fahrt liegen. Gerade als die *Sealion* auf Angriffsposition ging, erleuchtete ein Feuerblitz, der vermutlich von der Explosion der Munitionsmagazine des Schlachtschiffes herrührte, weithin das Seegebiet. Die *Kongo* sank. Die *Sealion* nahm sofort die Verfolgung des zweiten Schlachtschiffes auf, konnte es aber in der jetzt sehr groben See nicht mehr einholen. Erst nach dem Kriege wurde bekannt, daß einer der Hecktorpedos, den die *Sealion* um 02.59 Uhr auf das zweite Schlachtschiff abgefeuert hatte, sein Ziel verfehlt und dafür einen Zerstörer getroffen und versenkt hatte. Diese Leistung wurde eine Woche später von der *Archerfish* (Fregattenkapitän J. E. Enright) durch die Versenkung der *Shinano* übertroffen. Die *Shinano* verdrängte 64800 ts und war eines der größten Kriegsschiffe der Welt. Ursprünglich als Schwesterschiff der Superschlachtschiffe *Yamato* und *Musashi* begonnen, wurde sie später in einen Flugzeugträger umgebaut. Sie wurde am 18. November 1944 in Dienst gestellt, zehn Tage später war sie versenkt. Als die *Archerfish* sie 150 sm südlich von Tokio aufspürte, war sie gerade auf dem Marsch zum Japanischen Binnenmeer, wo sie, vor Luftangriffen relativ gut geschützt, kriegsmäßig ausgerüstet werden sollte. Das Radar des U-Bootes erfaßte den Flugzeugträger und seine vier Geleitfahrzeuge um 20.48 Uhr. Eine anstrengende Jagd schloß sich an, bei der die *Archerfish* unweigerlich den kürzeren gezogen hätte, wenn der Träger nicht Zickzackkurse gefahren wäre. Um 03.00 Uhr kam durch eine größere Änderung des Hauptkurses der *Shinano* das U-Boot in eine vorderliche Stellung, eine Zickzackwendung um 03.16 Uhr verschaffte ihm eine ideale Schußposition – abgesehen von einem ziemlich großen Schußwinkel. Um 03.17 Uhr, bei einer Entfernung von etwa 1300 m und aus einem Schußwinkel von etwa 70° an Steuerbord, feuerte Enright einen Sechserfächer, von dem vermutlich sämtliche, bestimmt aber vier Torpedos trafen.

Wahrscheinlich wäre die *Shinano* trotzdem nicht gesunken, wenn die Mannschaft nicht so unerfahren und das Schiff schon für den Einsatz voll ausgerüstet gewesen wäre. Schotts und Luken fehlte die Abdichtung, deshalb strömte das Wasser durch sie hindurch, genauso wie durch ebenfalls unverschlossene Rohrleitungen. Dampflenzpumpen waren noch nicht installiert, die erforderlichen Rohranlagen noch nicht fertiggestellt. Handpumpen gab es nicht genug. Als auch noch die Moral der Besatzung zusammenbrach und sie disziplinar versagte, war das Schiff verloren. Es war symbolisch, daß ein amerikanisches U-Boot den Unterseebootkrieg gegen japanische Kriegsschiffe durch Versenkung der neuen Königin der Kaiserlich Japanischen Flotte krönte, bevor das stolze Schiff überhaupt Gelegenheit hatte, in den Kampf einzugreifen. Das Ereignis ist zugleich nicht frei von Ironie, denn Japan konnte ein solches Schiff überhaupt nicht mehr sinnvoll einsetzen, hatte es doch vier der ihm verbliebenen schnellen Flugzeugträger in der Schlacht um den Leyte-Golf als Lockvögel ohne weiteres geopfert, da ausgebildete Piloten für Trägerflugzeuge in ausreichender Zahl nicht mehr zur Verfügung standen.

Die Lifeguard League (Gesellschaft zur Rettung aus Seenot)

Während die amerikanischen U-Boote die japanische Marine dezimierten, erfüllten sie gleichzeitig den wichtigen Auftrag, amerikanische Soldaten aus Seenot zu retten. Als der Angriff auf die Gilbert-Inseln im Planungsstadium war, erhielt Admiral Lockwood die Anregung, U-Boote zur Rettung abgeschossener Flieger einzusetzen. Er stimmte sofort zu, und so wurde die berühmte »Lifeguard League« geschaffen, die bis Kriegsende 504 Flieger rettete. Die U-Boote wurden an geeigneten Positionen aufgestellt und die Flieger entsprechend unterrichtet. Der Pilot eines beschädigten Flugzeuges versuchte in möglichst großer Nähe eines U-Bootes niederzugehen und dann mit seiner Besatzung an Bord zu gelangen. »Lifeguarders« retteten nicht nur Marineflieger, sie setzten sich genau so hervorragend für Heeresflieger ein, besonders für Besatzungen abgeschossener *B-29*, die von den Marianen aus Einsätze gegen das japanische Mutterland flogen. Die Rettungsaktionen waren keinesfalls immer ungefährlich. Die *Harder* zum Beispiel wagte sich in die seichte Küstenregion der Insel Woleai und setzte ein mit Freiwilligen bemanntes Schlauchboot aus, das den Piloten eines Marinejagdflugzeuges unter dem ständigen Feuer feindlicher Scharfschützen vom Strand holte. Die dramatischste Rettungsaktion wird von der *Stingray* unter dem Kommando von Korvettenkapitän S. C. Loomis berichtet. Im Juni 1944 erhielt sie die Meldung vom Abschuß eines Fliegers vor Guam. Als die *Stingray* die angegebene Position erreichte, stellte sie fest, daß der Pilot in seinem Schlauchboot einer japanischen Küstenbatterie als unfreiwilliges Ziel diente. Loomis wagte nicht aufzutauchen, fuhr jedoch beide Periskope aus, das eine zur Beobachtung, das andere, um dem Piloten eine Möglichkeit zu geben, sein Schlauchboot mit einer Leine daran zu befestigen. Zuerst schien der Pilot nicht zu verstehen; dreimal ging das Boot trotz zahlreicher Granataufschläge in seine unmittelbare Nähe, beim vierten Anlauf nahm Loomis sozusagen den Piloten direkt auf das Sehrohr, an das er sich nur anhängte. Sobald die *Stingray* ihn sicher aus der Reichweite der Küstengeschütze geschleppt hatte, tauchte sie auf und nahm den Piloten an Bord. Loomis bemerkte: »Jetzt sprechen wir schon miteinander, aber nach dem dritten erfolglosen Anlauf hätte ich ihn am liebsten zum Latrinenreiniger degradiert.«

Weitere japanische U-Bootoperationen

Wie die Amerikaner setzten auch die Japaner häufig ihre U-Boote zu Sonderaufträgen ein; einige waren für die Kaiserlich Japanische Marine charakteristisch. Dazu gehörte das Heranbringen kleinerer Angriffsmittel in den wirksamen

Angriffsbereich, zum Beispiel von Kleinst-U-Booten, Kleinstflugzeugen und Einmanntorpedos, »Kaitens« genannt, deren Pilot sich aufopferte. Kleinst-U-Boote führten bei Kriegsbeginn eine Reihe Angriffe durch, ihr größter Erfolg war die Beschädigung des britischen Schlachtschiffes *Ramillies* vor Madagaskar. Zunächst machten die Japaner keinen weiteren Gebrauch von Kleinst-U-Booten; im späteren Kriegsverlauf ersetzten sie sie durch die neu entwickelten »Kaitens«: das Äquivalent der japanischen Marine zu den Kamikazefliegern. Obwohl insgesamt 80 »Kaitens« von ihren Mutterschiffen aus in den Einsatz geschickt wurden, von Männern gesteuert, die den Opfertod auf sich nahmen, hatte nur eines Erfolg: es versenkte in der Lagune von Ulithi einen Öltanker.

Von U-Booten aus gestartete Flugzeuge führten einige erfolgreiche Foto-Aufklärungsflüge durch, und ein Flugzeug warf Brandbomben über den Wäldern Oregons ab. Die Schwierigkeiten beim Starten und Wiederanbordnehmen von Flugzeugen schlossen einen Einsatz von flugzeugtragenden U-Booten in größerem Rahmen aus. Als der Krieg sich seinem Ende näherte, begann Japan gerade mit der Indienststellung der riesigen 3530-ts-Boote des Typs *I-400*. Jedes Boot sollte drei Flugzeuge in Reichweite des Panama-Kanals bringen.

Gelegentlich nutzten die Japaner ihre U-Boote zu Störangriffen, die kaum operative Bedeutung hatten. Einige versorgten Seeflugzeuge mit Brennstoff, um ihren Angriffsradius zu vergrößern. Im Jahre 1942 verursachten japanische U-Boote Unruhe an der pazifischen Küste Nordamerikas, als sie einige Schiffe versenkten und die Insel Vancouver, Astoria und eine Ölanlage bei Santa Barbara beschossen. Einige Boote versuchten, Verbindung mit Deutschland herzustellen, aber nur dem Boot *I–8* gelang die Fahrt nach Deutschland und zurück, *I–30* und *I–29* erreichten zwar wieder Penang, gingen aber auf dem Weg nach Japan verloren. Als die Alliierten im Zuge ihrer Operationen dazu übergingen, japanische Hauptstützpunkte zu umgehen, gaben es die Japaner in ihrer Verzweiflung sogar auf, Kriegsschiffe anzugreifen. Um ihre abgeschnittenen Stützpunktbesatzungen zu versorgen, setzten sie auf das beharrliche Drängen der Armeeführung hin die U-Boote als Nachschubtransporter ein. Allmählich wurden auch ihre bestausgestatteten Boote in diesen, ihrem eigentlichen Verwendungszweck unangemessenen Versorgungsdienst gepreßt. Daraus erklärt sich die stetig sinkende Leistungskurve der japanischen U-Boote, selbst als die alliierten Streitkräfte über immer weitere Entfernungen von ihren eigenen heimischen Stützpunkten und in der Nähe der japanischen operierten. In der langen Geschichte der Kriegskunst ist selten eine Waffe erster Ordnung mit so geringem Sinn für ihre eigentlichen Möglichkeiten eingesetzt worden wie die japanische U-Bootwaffe.

Der Angriff auf den japanischen Handelsschiffsraum

Während die japanischen U-Boote immer weniger Erfolg aufzuweisen hatten, versenkten die amerikanischen, wie bereits erwähnt, in zunehmender Zahl japanische Kriegsschiffe. Noch entscheidender für den Kriegsausgang war der Einsatzerfolg der amerikanischen U-Boote gegen den japanischen Handelsschiffsraum, von dem Sein oder Nichtsein Japans abhing. Das Problem ausreichenden Schiffsraums bedrängte Japan in vielfacher Weise. Da es in seinen Rohstoffgebieten über keine Industrie verfügte und umgekehrt in seinen Industriegebieten über keine Rohstoffe, mußten diese sämtlich zur Verarbeitung ins Mutterland transportiert und die Fertigungsprodukte anschließend den Bedarfsträgern im Kriege, d.h. den Streitkräften an den Fronten, wieder zugeführt werden. Diese Sachlage bedingte die Benutzung von zwei Haupttransportwegen: a) des Weges über das Japanische oder über das Gelbe Meer zum Antransport von Eisenerz und Kohle aus der Mandschurei und b), von noch größerer Bedeutung, der Route vom eroberten südlichen Rohstoffgebiet nach den japanischen Heimatinseln, an Formosa und den Riu-Kiu-Inseln vorbei. Solange diese Wege die Haupttransportlinien waren, entstanden für Japan keine größeren Schwierigkeiten, denn sie konnten nach beiden Richtungen von beladenen Frachtern befahren werden. Als jedoch die militärischen Operationen im südlichen Rohstoffgebiet beendet waren und Nachschub in größerem Umfang dorthin entfiel, mußte Japan seine Schiffe mit Teilladungen oder gar mit Ballast in das Gebiet auslaufen lassen. Und als es schließlich seine Operationen bis in den südlichen Pazifik hinein ausdehnte, sah es sich gezwungen, Schiffe direkt aus Japan auch in diesen Raum zu entsenden. Ein Hauptweg verlief von Osaka zu den Palau-Inseln, ein zweiter von Tokio-Yokohama zu den Bonin-Inseln, Truk und Rabaul, der später bis zu den Salomonen weitergeführt wurde. Schiffe, die in diesem Zielraum entladen wurden, mußten die weite Rückreise nach Japan ohne Ladung antreten. Die Japaner richteten zu keiner Zeit ein Transportwegedreieck ein, in der Art, daß beladene Schiffe vom südlichen Rohstoffgebiet nach Japan fuhren, dort entluden, dann mit neuer Ladung in den Südpazifik gingen, um militärische Nachschubgüter zu entladen, dann von dort mit Ballast in das südliche Rohstoffgebiet liefen, um den Kreislauf erneut zu beginnen. Bei diesem System wäre jedes Schiff nur während eines Drittels des gesamten Törns unbeladen gewesen; bei dem von den Japanern angewandten Verfahren war jedes Schiff etwa während der Hälfte des Seetörns leer oder nur leicht beladen.

Als wenige Stunden nach dem japanischen Überfall auf Pearl Harbor die amerikanische Regierung den Befehl zur Aufnahme des uneingeschränkten U-Bootkrieges gab, bedeutete dies einen Bruch mit der Tradition, denn amerikanische U-Bootkommandanten waren im Geiste einer Kriegführung nach den Regeln des Völkerrechts ausgebildet wor-

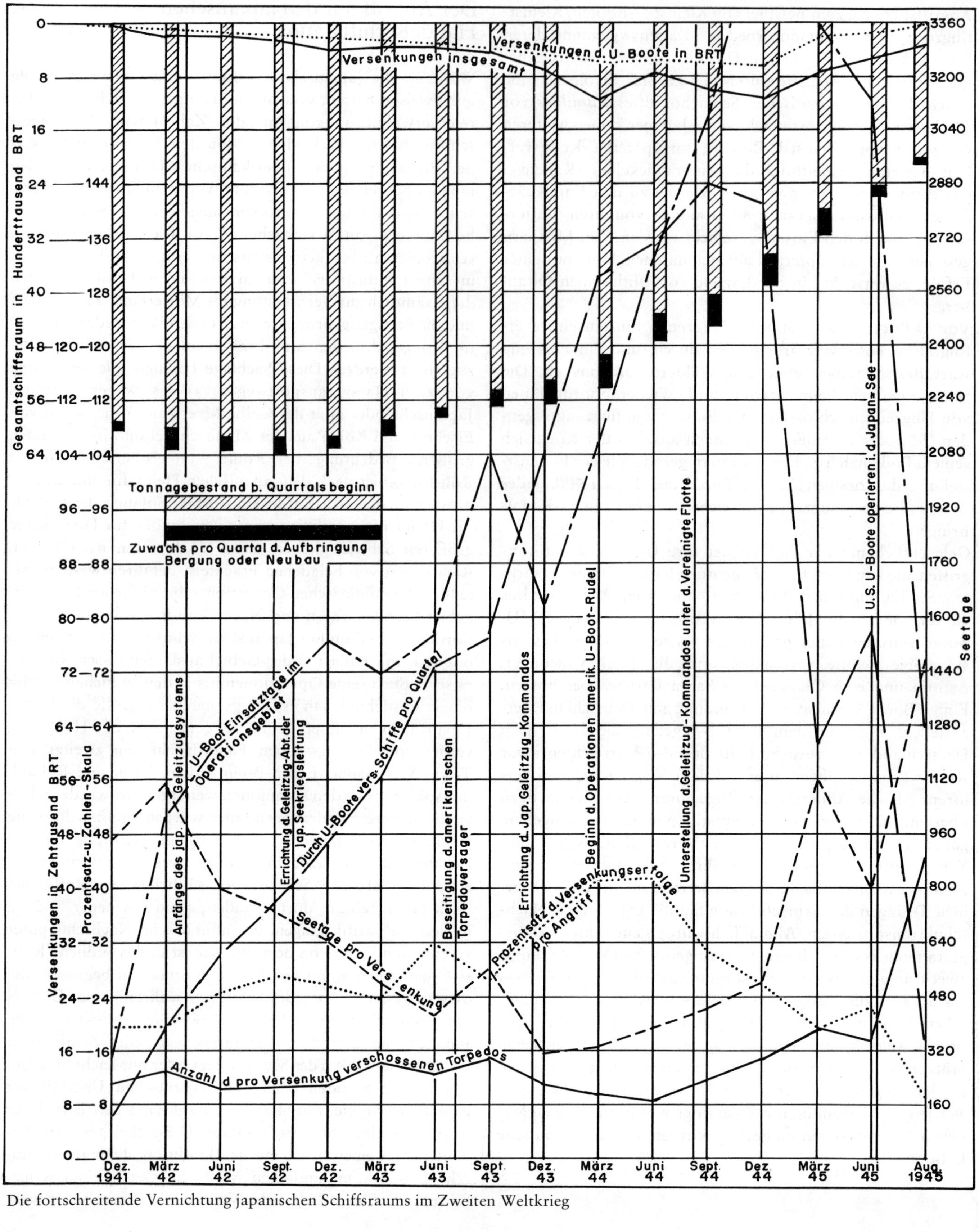

Die fortschreitende Vernichtung japanischen Schiffsraums im Zweiten Weltkrieg den. Schließlich waren die Vereinigten Staaten aus Protest gegen die deutsche uneingeschränkte U-Bootkriegführung in den ersten Weltkrieg eingetreten. Auf Grund der von Washington ausgegebenen Befehle mußten Offiziere und Mannschaften der amerikanischen U-Boote eine neue Einstellung zu ihrer Aufgabe gewinnen und lernen umzudenken. Aber die gegebenen Befehle waren realistisch. Im modernen totalen Krieg läßt sich eine eindeutige Grenzlinie zwischen kriegswichtigen und nicht kriegswichtigen Gütern nicht ziehen. Der gesamte Schiffsraum eines Staates dient der Kriegführung, und die Tanker und Frachtschiffe Japans, die es mit lebenswichtigen Gütern wie Öl, Reis, Zinn, Kautschuk, Eisen und Kohle versorgten, waren genau so gut Teil seiner Kriegsmaschine wie seine Schlachtschiffe und Flugzeugträger.

In den ersten Kriegsmonaten beschränkte sich der Einsatz amerikanischer U-Boote hauptsächlich auf den Seeraum um die Philippinen, die Gewässer östlich von Japan und die Seestraßen zwischen den Hauptinseln Japans: Bungo Suido zwischen Shikoku und Kyushu und Kii Suido zwischen Shikoku und Honshu. Einige wenige Boote griffen Schiffe auf der Route Manila–Formosa–Japan an. Briten und Holländer hatten ebenfalls eine Anzahl Boote eingesetzt und errangen in der Straße von Malakka beachtliche Erfolge gegen Schiffe, die zwischen Rangoon und Singapore verkehrten. Sie versenkten insgesamt 16 Kriegs- und 39 Handelsschiffe mit 30000 ts bzw. 110000 BRT.

Bis zum April 1942 fuhren die japanischen Schiffe einzeln ohne Geleitschutz. Die sich mehrenden Verluste veranlaßten die Japaner jedoch damals, in beschränkten Umfang Geleitzüge zusammenzustellen. Im Juli schließlich errichteten sie das Kommando der »Ersten Konvoi-Geleitflotte« mit Sitz in Formosa. Ihre Aufgabe bestand in der Bereitstellung von Sicherungsfahrzeugen für Konvois, die in das Ostchinesische Meer entsandt wurden oder zwischen Formosa und Japan verkehrten. Später indessen wurden Geleitzüge auch in das Südchinesische Meer, nach Manila, Saigon und Singapore entsandt. Im Vergleich zu den im Nordatlantik verkehrenden Geleitzügen waren die japanischen klein; sie bestanden nur aus sechs bis zehn Schiffen, die von einem einzigen alten Zerstörer oder einer kleineren Einheit geleitet wurden.

Auch als die Japaner endgültig auf das Geleitzugsystem übergingen, verzichteten sie auf die Vorteile starker, offensivkräftiger Sicherungsstreitkräfte zugunsten der Möglichkeit, so weit wie möglich die höhere Beweglichkeit einzelner oder in kleineren Gruppen fahrender Frachter zu erhalten. Ihr Kompromiß erwies sich als Fehlschlag. Weder konnten sie wirksam ihre Schiffe schützen noch angreifende U-Boote vernichten, die ohne Schwierigkeiten einem einzelnen Geleitfahrzeug ausweichen konnten. Hätten die Japaner Geleitzüge mit 50 oder 60 Schiffen zusammengestellt und von fünf oder sechs Geleitfahrzeugen sichern lassen, so wären ihre Transporter besser gesichert worden, die Frachtkapazität wäre nicht geringer und eine Erhöhung der Zahl an Geleitfahrzeugen nicht nötig gewesen. Außerdem wären die fünf bis sechs Geleitfahrzeuge angreifenden U-Booten viel gefährlicher geworden als ein einziges. Als schließlich die Japaner im November 1943 eine Kommandobehörde für Großgeleitzüge errichteten und zur Zusammenstellung größerer Konvois übergingen, antworteten die Amerikaner mit der Rudeltaktik. Mochten die Schwächen des japanischen Geleitzugsystems auch groß sein; Tatsache ist, daß die Verluste alleinfahrender Handelsschiffe zweieinhalb Mal so groß waren. Außerdem verlor die amerikanische Marine mehr U-Boote durch Sicherungsstreitkräfte von Geleitzügen als durch japanische Vorpostenboote, Minen, Flugzeuge oder andere Feindeinwirkung. Die Folgerung daraus ist eindeutig: Japan wäre durchaus in der Lage gewesen, den Erfolg der amerikanischen U-Boote drastisch zu beschneiden, wenn es früher zum Geleitzugsystem übergegangen wäre und es taktisch wirkungsvoller gehandhabt hätte.

Ende 1943 fuhren kaum noch japanische Schiffe ohne Geleitschutz. Wegen der geringen Größe der japanischen Geleitzüge beschränkten sich die amerikanischen Rudel meist auf drei U-Boote, ein Verfahren, das eine sehr enge Zusammenarbeit förderte. Die ursprüngliche Rudeltaktik sah je ein Boot auf den Flanken eines Konvois vor; ein drittes nahm Aufstellung hinter dem Konvoi, um versprengte oder beschädigte Schiffe zu fassen. Das genaue Einhalten dieser Positionen an einem heftig manövrierenden Geleitzug erwies sich jedoch als so schwierig, daß die taktische Vorschrift zugunsten eines der jeweiligen Lage angepaßten Improvisierens gelockert wurde. Die amerikanischen Kommandanten entwickelten sich zu Virtuosen des Unterseekrieges. Sie versenkten feindliche Schiffe bei Tag und Nacht, aus jeder möglichen Tiefe und schwierigsten Schußwinkeln bis zum »down the throat« und »up the kilt«[6], schwierigen Schüssen aus der Lage recht voraus und genau achtern. Die Versenkungskurve stieg steil an.

Mit den wachsenden Verlusten an Schiffsraum, insbesondere lebenswichtigen Tankern, sank in noch rascherem Tempo die Leistungsfähigkeit der japanischen Kriegsmaschine. Wie erinnerlich, war am Vorabend der Schlacht in der Philippinen-See die »Mobile Flotte« durch Ölknappheit gezwungen, sich auf Tawitawi zu stützen. Nach der Schlacht führte Admiral Ozawa die Flotte nach Japan, um Reparaturen ausführen zu lassen und Munition zu ergänzen. Was er vorfand, war ein akuter Mangel an Treiböl. Als Folge davon mußte die Flotte geteilt werden. Admiral Kurita führte die Masse der Kriegsschiffe nach dem Süden zurück, wo es Öl in Fülle gab, aber weder Reparaturmöglichkeiten noch Munitionsvorräte vorhanden waren. Als die Amerikaner auf den Philippinen landeten und damit den letzten großen Zusammenprall von Schlachtflotten in der Schlacht um den Leyte-Golf auslösten, wurde die Kaiserlich Japanische Flotte, in zwei weit

6 Wörtlich übersetzt: »Die Kehle hinunter« und »den Rock hinauf«; kilt = Schottenrock.

voneinander stehende Teile getrennt, von den Ereignissen überrascht. Selbst dann noch hätten die Japaner zu einem gewissen Erfolg kommen können, wären sie in der Lage gewesen, ihre Flugzeugträger als Kampfschiffe einzusetzen, statt sie als Köder zu opfern. Aber die Flugzeugträger waren ohne Kampfwert, weil Japan, hauptsächlich aus Mangel an Flugbenzin, niemals wieder in der Lage war, genügend fliegendes Personal als Ersatz für die schweren, seit der Schlacht von Midway erlittenen Verluste auszubilden. So brachten es die amerikanischen U-Boote, die in geduldiger Verfolgung aus Niederländisch-Indien nach Japan laufende Öltanker aufspürten und vernichteten (insgesamt 110), fertig, die feindlichen Seestreitkräfte aufzusplittern und die japanischen Luftstreitkräfte zur Ohnmacht zu verurteilen.

Unternehmen Barney– Das japanische Meer

Im Frühjahr 1945 war Japan von seinem südlichen Rohstoffgebiet nahezu vollständig abgeschnitten. Aber noch immer konnte es sich vom asiatischen Festland her, hauptsächlich aus der Mandschurei über das Japanische Meer hinweg, mit manchen Gütern versorgen. Da alle Zugänge zum Japanischen Meer stark vermint waren, hatten amerikanische U-Boote im allgemeinen in diesem Seegebiet nicht eingesetzt werden können. Die *Wahoo* war zwei Mal in wagemutigem Einsatz in das Japanische Meer vorgestoßen; aber beim ersten Einsatz versagten ihre Torpedos, vom zweiten kehrte sie nicht zurück. Solange nicht ein Verfahren gefunden werden konnte, die Minen in den Zufahrtswegen zu umgehen oder unschädlich zu machen, blieb das japanische Meer in der Sprache der U-Bootfahrer der »Hirohito-See«, und die Blockade der Inseln des japanischen Mutterlandes konnte nicht vervollständigt werden.

Die Lösung wurde schließlich mit der Entwicklung eines neuen elektronischen Sonargerätes, dem FMS, gefunden. Mit diesem Gerät wurden Gegenstände im Wasser rings um ein U-Boot optisch registriert, wobei die Unterscheidung von Minen und Schiffen möglich war. Die Kinderkrankheiten des Gerätes waren aber so groß, daß es nur langsam von den U-Bootfahrern akzeptiert wurde, schließlich aber erwies es sich als Schlüssel, mit dem die versperrten Zugänge zum Japanischen Meer aufgeschlossen werden konnten.

Mit dem neuen Gerät ausgestattet, plante Lockwood einen großangelegten U-Bootdurchbruch unter dem Decknamen »Operation Barney«. Neun U-Boote sollten daran teilnehmen, die *Sea Dog, Crevalle, Spadefish, Tinosa, Bonefish, Skate, Tunny, Flying Fish* und *Bowfin*. Die Boote sollten zwischen dem 3. und 6. Juni gruppenweise durch die Straße von Tsushima (Koreastraße) in das Japanische Meer eindringen und die Operationen gegen japanische Schiffe am 9. beginnen. Die *Sea Dog* voran, gelangten alle Boote sicher durch die Straße. Einmal im Japanischen Meer, mußten die Kommandanten an sich halten, um nicht vor der befohlenen Zeit anzugreifen. Denn die zahlreichen japanischen Schiffe, die sie sichteten, bewegten sich wie im tiefsten Frieden, ohne jeden Geleitschutz und mit gesetzten Positionslichtern.

Als es schließlich so weit war, operierten die Boote in drei Rudeln, jedoch jedes Boot mit fast völliger Handlungsfreiheit. Sie schlugen hart zu. Versenkt wurden das japanische U-Boot *I-122* und 28 Handelsschiffe mit 55000 BRT. Die *Bonefish* ging verloren, die restlichen acht Boote verließen den Seeraum ohne Zwischenfall in der Nacht vom 24. Juni durch die Straße von La Perouse nördlich von Hokkaido.[7]

Zusammenfassung

Die Geschichte des Niedergangs der japanischen Handelsmarine ist auf Seite 876 graphisch wiedergegeben. U-Boote versenkten 1113 Handelsschiffe von über 500 BRT Größe, dazu kommen 65 »wahrscheinliche« Versenkungen, d.h. insgesamt 5320094 BRT. Außerdem vernichteten sie mit Sicherheit 201 mit Wahrscheinlichkeit weitere 13 Kriegsschiffe mit insgesamt 577626 ts Wasserverdrängung. Diese Erfolge erzielten sie bei 52 eigenen Verlusten, wobei mit Ausnahme von sieben Booten alle im Einsatz gegen Japan verlorengingen. Noch vor dem Einfall in das japanische Mutterland, noch vor dem Abwurf der Atombomben, machten die durch Ausblutung und Hunger in die Knie gezwungenen Japaner Kapitulationsangebote.

Am 24. November 1945 stand Admiral Nimitz wiederum bei einer Befehlsübergabe-Zeremonie auf dem schmalen Deck eines U-Bootes, dieses Mal, um Admiral Spruance das Kommando als Befehlshaber der Pazifischen Flotte (CINCPAC = Commander in Chief of the Pacific-Fleet) und des Kommandobereiches Pazifik (CINCPOA = Commander in Chief Pacific Ocean Areas) zu übertragen, Stellungen, die Nimitz lange und ausgezeichnet ausgefüllt hatte. Mit dieser Geste gab der Befehlshaber der größten Flotte der Weltgeschichte vielleicht einer gewissen Gefühlsregung nach, denn sicherlich gab es für diese Feierlichkeit weitaus bequemere Decks als das der U.S.S. *Menhaden*. Die Angehörigen der U-Bootwaffe verstanden sehr wohl die Bedeutung der Tatsache, daß ein so bedeutender Befehlshaber seine letzte Amtshandlung an Bord eines U-Bootes vornahm. Er zeichnete sie damit alle für ihren braven Einsatz aus.

7 Der erfolgreiche Abschluß der Operation Barney war die Erfüllung eines Traumes operativen Denkens zur See. Schon die Teilnehmer am Lehrgang des Jahres 1923 der amerikanischen Seekriegsakademie (US Naval War College) in Newport auf Rhode Island waren zu dem Ergebnis gelangt, daß Japan nur zur Kapitulation gezwungen werden könne, wenn es vom asiatischen Festland vollkommen abgeschnitten sei. Dies wurde mit der Operation Barney erreicht (Anmerkung von Admiral Nimitz).

Kapitel 45

Die Niederwerfung Japans

Von F. Forstmeier übersetztes Kapitel VI der amerikanischen Taschenbuchausgabe, die auf dem von E. B. Potter verfaßten Kapitel 43 der US-Originalausgabe beruht.

Als sich der Krieg im Pazifik seinem unvermeidlichen Ende näherte, entwickelten führende Persönlichkeiten auf alliierter Seite verschiedene Theorien, Japan möglichst schnell und unter möglichst geringen eigenen Opfern zur Kapitulation zu zwingen. Viele Proponenten der U-Bootwaffe bekannten sich zu der Ansicht, der weitere Einsatz der U-Boote *allein* würde dazu ausreichen: hatten nicht U-Boote beinahe zweimal Großbritannien in die Knie gezwungen?! Wissenschaftler und Militärs, die am Manhattan-Projekt arbeiteten, waren überzeugt, daß Japan nach Fertigstellung der Atombombe nicht mehr lange durchhalten werde. Mit dem neu entwickelten Bomber vom Typ *B-29* hatte man zudem ein Flugzeug, das die A-Bomben tragen konnte, und nach der Eroberung der südlichen Marianen besaßen die USA Flugplätze, von wo aus japanische Ziele zu erreichen waren. Andere Beurteiler der Lage wiesen auf die bevorstehende Niederlage Deutschlands hin oder auf den von den Russen versprochenen Einfall in die Mandschurei als Schicksalsschläge, die Japan endgültig davon überzeugen würden, weiterer Widerstand sei sinnlos. Jede dieser Theorien hatte etwas für sich – aber die Mehrheit der führenden amerikanischen Militärs und Politiker folgten einer anderen, beziehungsweise einer Kombination von drei anderen Theorien. Zur leichteren Orientierung soll hier von der Theorie des Heeres, der Marine und der Luftwaffe gesprochen werden, unter der stillschweigenden Voraussetzung, daß keine der drei ausschließlich von einer Teilstreitkraft verfochten wurde.

Die »Heerestheorie« betrachtete den Einfall in Japan als unbedingt erforderlich, um den japanischen Widerstandswillen zu brechen. Die Kriegsgeschichte schien diese Ansicht zu bestätigen: in der Vergangenheit hatten sich Völker im allgemeinen erst ergeben, nachdem der Eroberer einen gewichtigen Teil ihres staatlichen Territoriums, in der Regel auch die Hauptstadt, in Besitz genommen hatte. Die Theorie des Heeres fand nach der Eroberung Saipans weitere Zustimmung, denn dort hatte sogar eine große Zahl japanischer Zivilpersonen den Selbstmord der Übergabe vorgezogen. Der sich darin zeigende Fanatismus überzeugte viele Heeresoffiziere davon, daß nichts außer der direkten Inbesitznahme der japanischen Heimatinseln die Japaner zum Aufgeben des Kampfes zwingen werde.

Die »Marinetheorie« war so alt wie die Seekriegsgeschichte selbst: Japan sollte durch das Mittel der Blockade in die Knie gezwungen werden. Wie England war Japan hinsichtlich seiner überseeischen Verbindungswege besonders verwundbar. Als übervölkerter Inselstaat, dem alle heimischen Hilfsquellen zur Führung eines modernen Krieges fehlten, war es auf Gedeih und Verderb von der Zufuhr abhängig. Japan hatte all seine asiatischen Gewinne aufs Spiel gesetzt, als es den Krieg mit den USA riskierte, um sich freien Zugang zu den wesentlichen Öl-, Kautschuk- und anderen Rohstoffgebieten Niederländisch-Indiens zu erkämpfen. Nach der Wiedereroberung der Philippinen durch die USA und nach der faktischen Vernichtung der japanischen See- und Luftmacht waren die alliierten Luft- und Seestreitkräfte von der Basis Luzon aus in der Lage, die Rohstoffzufuhr aus dem Süden zu unterbinden und Japan allmählich kampfunfähig zu machen.

Die »Luftwaffentheorie« hielt dafür, Japan könne durch unausgesetzte Bombenangriffe auf seine Städte und Industriezentren zermürbt werden, bis ihm schließlich der Wille und die Mittel weiterzukämpfen fehlen würden. Tokio konnte von den auf den Marianen stationierten Bombern erreicht werden, um jedoch strategische Luftangriffe mit maximaler Wirkung durchführen zu können, hätten noch näher an Japan gelegene Stützpunkte erobert werden müssen.

Entsprechend der amerikanischen Absicht, einen »unverminderten Druck« auf Japan auszuüben und die japanischen Streitkräfte nicht zu Atem kommen zu lassen, ordneten die »Joint Chiefs of Staff« den Einsatz *aller* Mittel zur Niederwerfung des Feindes an –, und mit Ausnahme der direkten Landung in Japan wurden alle eingesetzt.

Der Kampf auf Leyte

Die zahlenmäßige Überlegenheit der Amerikaner auf Leyte und ihre bessere Ausstattung mit Motorfahrzeugen wurden bald durch den Monsunregen gegenstandslos, der die Straßen in kniehohen Morast verwandelte. Auch fanden sie nur *einen* gebrauchsfähigen Flugplatz auf der Insel, bei Tacloban, vor. Die Bemühungen amerikanischer Heerespioniere, andere Flugplätze auszubessern oder neue anzulegen, erwiesen sich lange Zeit hindurch als vergeblich, nicht nur des Regens, sondern auch des ungeeigneten Untergrundes wegen. Währenddessen überführten die Japaner neue Flugzeuge auf die Philippinen, wo sie ihre Einsätze von den wetterfesten Flugplätzen Luzons aus fliegen konnten.

Wenige Tage nach der Schlacht um den Leyte-Golf erteilte General MacArthur der Heeresluftwaffe den Befehl, die von der Schlacht schwer mitgenommenen Geleitträger der Siebten Flotte abzulösen. Nach dem Abmarsch der kleinen Flugzeugträger aber zeigte sich, daß die Luftwaffe nicht imstande war, sie zu ersetzen. Der Bestand an einsatzfähigen Flugzeugen war zu gering; es fehlte an gebrauchsfähigen Flugplätzen, und außerdem waren die Piloten für die auf Leyte zu leistende besondere Kampfaufgabe nicht ausgebildet. So mußte Admiral Halsey den lange gehegten Wunsch, Tokio mit seinen Flugzeugträgern einen Schlag zu versetzen, aufgeben und mit der 3. Flotte in die Gewässer um die Philippinen zurückkehren. Um Admiral Mitscher eine dringend benötigte Erholungspause zu geben, übernahm Admiral McCain vorübergehend den Befehl über die TF 38.

Ende Oktober und im Laufe des Novembers 1944 vernichteten Flieger der 3. Flotte, die vornehmlich Flugplätze auf Luzon und den feindlichen Schiffsverkehr nach Leyte angriffen, 700 Flugzeuge. Sie versenkten drei Kreuzer, zehn Zerstörer sowie zahlreiche Transporter und Hilfsschiffe. Es gelang ihnen dabei, einen Geleitzug vollständig zu vernichten – 10000 Japaner ertranken. Zur Verstärkung seiner zu schwachen landgestützten Luftwaffenkräfte beorderte General MacArthur Verbände der Marine-Corps-Luftwaffe von den Salomonen heran, um Nahunterstützung aus der Luft für seine Kampftruppen sicherzustellen. Außerdem »lieh« er sich weitere auf Peleliu stationierte Fliegerverbände des Marine-Corps zur Bekämpfung der lästigen japanischen Nachtbomber aus.

Trotz aller Anstrengungen konnten die Amerikaner die Luftherrschaft über Leyte nicht zurückgewinnen. Kamikazeflieger griffen wiederholt die 3. und die 7. Flotte an. Sie verursachten schwere Schäden und versenkten den Zerstörer *Abner Read*. Nach einem besonders heftigen Kamikaze-Angriff am 25. November zog sich die 3. Flotte vorübergehend zurück. Sie hatte drei Monate lang fast ununterbrochen in See und im Einsatz gestanden.

Ungeachtet ihrer großen Verluste verfügten die Japaner auf Leyte Mitte November über 70 000 Mann gegenüber den 100 000 amerikanischen Angreifern, die sich damals auf der Insel befanden. Um das Anlanden weiterer japanischer Verstärkungen zu unterbinden, griffen jetzt auch Schnellboote und Zerstörer ein. In nächtlichen Einsätzen stießen sie an die Westküste von Leyte vor, meist bis zur Höhe von Ormoc, dem Haupthafen der Westküste. Sie versenkten eine Anzahl japanischer Schiffe, dabei auch einen Zerstörer und ein aufgetauchtes Klein-U-Boot. Anfang Dezember fiel dagegen der amerikanische Zerstörer *Cooper*, während er sich eines heftigen Luftangriffes vor Ormoc erwehrte, dem Torpedoangriff eines japanischen Zerstörers zum Opfer. Er sank in weniger als einer Minute.

Indessen überstiegen die Verluste der Japaner auf Leyte bei weitem ihren Ersatz durch Verstärkungen – die Zahl der amerikanischen Truppen wuchs gleichzeitig auf 183000 an. Zwei amerikanische Stoßgruppen, eine von Süden, eine von Norden her angreifend, kämpften sich gegen verbissene Abwehr auf Ormoc vor. Die unmittelbare Umgebung der Stadt war infolgedessen nur schwach verteidigt. So konnten in der Morgendämmerung des 7. Dezember zwei amerikanische Regimentskampfgruppen dort gegen nur geringen Widerstand landen. Ein energischer japanischer Gegenschlag kam erst, als die Kampfgruppen längst fest Fuß gefaßt hatten. Die Schiffe des Landungsverbandes, die noch vor der Küste lagen, wurden heftig von Kamikazefliegern angegriffen. Da diese den Nahsicherungsstaffeln der amerikanischen Heeresluftwaffe zahlenmäßig überlegen waren, konnten sie den Zerstörer *Mahan* sowie den Transport-Zerstörer *Ward* so schwer beschädigen, daß beide aufgegeben und versenkt werden mußten. Wenige Tage später griffen Kamikazeflieger den zweiten (Versorgungs-) Geleitzug vor dem Landeabschnitt an, wobei sie den Zerstörer *Reid* versenkten und den Zerstörer *Caldwell* schwer beschädigten. Die verbesserte Angriffstechnik der Kamikazepiloten erwies sich allmählich als ernsthafte Gefahr für die alliierten Operationen zur See.

Die amerikanische Landung an der Westküste von Leyte brachte die Entscheidung. Die Regimentskampfgruppen gingen zügig im Ormoc-Tal vor. Am 21. Dezember vereinigten sie sich mit der aus Norden kommenden amerikanischen Angriffsgruppe. Das Aufspüren der versprengten Japaner, deren Masse im Nordwestteil der Insel abgeschnitten war, sollte zwar noch vier Monate in Anspruch nehmen, doch konnte General MacArthur am Weihnachtstag erklären, daß der organisierte Widerstand auf Leyte zusammengebrochen sei. Etwa 1000 Japanern war es gelungen, von der Insel zu flüchten, 400 hatten sich ergeben, 68000 waren im Kampf gefallen, verhungert oder an Krankheiten gestorben. Die amerikanischen Verluste betrugen 3500 Gefallene und 12000 Verwundete.

Die Rückkehr nach Luzon

Schon lange vor der endgültigen Einnahme von Leyte hatte der Stab MacArthurs Pläne zur Rückeroberung von Manila entworfen. Zunächst einmal mußten Flugplätze in größerer Nähe von Luzon und auf der Westseite der Philippinen, außerhalb der Monsunregenzone, in Besitz genommen werden.

Nach zweiwöchiger Erholungspause in Ulithi stand ab 13. Dezember die 3. Flotte wieder an der Ostküste der Philippinen im Einsatz. Ihre Operationen richteten sich gegen Luzon in Vorbereitung einer alliierten Landung auf der Insel Mindoro, 300 sm nordwestlich von Leyte. Während des Vormarsches des Landungsverbandes und noch zwei Tage lang nach der Landung hielten Flugzeuge der 3. Flotte die japanischen Flugplätze auf Luzon in Schach: In ununterbrochenem Einsatz standen amerikanische Jäger über den Plätzen, um jeden Startversuch zu unterdrücken. Dabei wurden, vorwiegend am Boden, fast 200 japanische Flugzeuge vernichtet.

Da sich die TF 38 nicht mehr länger auf eine Seeschlacht einzustellen brauchte, konnte sie jetzt mit gesteigerter Intensität diese Art Luftunterstützung gewähren und auch gegen die gefährlichen Kamikazeflieger wirksamer eingesetzt werden. McCain hatte die Zahl der Stukas auf seinen Flugzeugträgern um mehr als die Hälfte reduziert und die Zahl der Jäger dementsprechend mehr als verdoppelt. Wenn Raids im Gange waren, standen durch Jäger gesicherte Radarzerstörer in 60 sm Abstand auf den Flanken der Trägerkampfgruppe, um vor anfliegendem Feind frühzeitig zu warnen. Amerikanische Flugzeuge, die von einem Angriff zurückkehrten, mußten um einen bestimmten Wachzerstörer eine Schleife fliegen, so daß die zu den Zerstörern gehörige Jäger-Nahsicherung sie von Kamikazefliegern unterscheiden konnte, die sich möglicherweise den Rückkehrern angehängt hatten, um sich zu den Flugzeugträgern führen zu lassen. Durch diese Maßnahme wurde sichergestellt, daß während der Operation gegen Mindoro kein einziges feindliches Flugzeug die TF 38 erreichte.

Am 17. Dezember zog sich die 3. Flotte nach Osten zur Brennstoffergänzung zurück. Eine Wetterverschlechterung zwang Halsey kurz vor Mittag, die Ölübernahme einzustellen. Am 18. morgens traf ein kleiner, aber heftiger Wirbelsturm, der der Aufmerksamkeit der Meteorologen entgangen war, den Verband mit voller Wucht. Die Kommandanten der Zerstörer *Hull, Monaghan* und *Spence,* die besonders dringend Brennstoff brauchten, zögerten zu lange damit, ihre zum Teil leeren Tanks wieder mit Seewasser-Ballast aufzufüllen. Alle drei kenterten und sanken. Sieben weitere Einheiten erlitten schwere Schäden, 186 Flugzeuge rissen sich los, gingen über Bord oder stießen zusammen und verbrannten, nahezu 800 Offiziere und Mannschaften kamen um. Der Verband war so hart angeschlagen, als ob er eine größere Schlacht durchstanden hätte.

Wegen der fortgesetzt schlechten Wetterlage, die jeden Flugbetrieb unmöglich machte, lief die 3. Flotte nach Ulithi ein. Hier fanden die Besatzungen etwas Ruhe, und die »Service Squadron« (Instandsetzungsgeschwader) 10 reparierte die Sturmschäden der Schiffe. Am 30. Dezember lief die 3. Flotte wieder aus Ulithi aus. Der neue Auftrag lautete, die bevorstehende Landung auf Luzon durch Luftangriffe gegen Formosa zu unterstützen. Halseys Flieger hatten während der amerikanischen Landung auf Mindoro die japanischen Flugzeuge niedergehalten, doch konnten weder die von Leyte aus operierende 5. Luftflotte noch sichernde Geleitträger die Landungsflotte vor Angriffen japanischer Flugzeuge, die von den mittleren Philippinen her anflogen, völlig sichern. Auf dem Anmarsch durch die Surigao-Straße und die Mindanao- und Sulu-See wurde der Landungsverband von zahlreichen Kamikaze-Fliegern angegriffen. Das Flaggschiff *Nashville* und ein Zerstörer erhielten so schwere Treffer, daß sie umkehren mußten. Nach der Landung am 15. Dezember, die auf keinerlei Widerstand gestoßen war, griffen Kamikazeflieger erneut den Landungsverband an. Sie setzten zwei *LST*'s in Brand, die versenkt werden mußten. Während der nächsten drei Wochen der amerikanischen Operationen auf Mindoro und auf der Versorgungsroute dorthin griffen japanische Flieger nur sporadisch an; einmal wurde in einem schnellen nächtlichen Überfall die Insel von See aus beschossen. Dann hörten die Angriffe plötzlich auf, denn die Japaner konzentrierten nunmehr ihre Anstrengungen auf die in Anmarsch auf Luzon befindlichen alliierten Streitkräfte. Um diese Zeit verfügten die Amerikaner auf Mindoro über drei gebrauchsfähige Flugplätze, deren Besitz sich zur Unterstützung des Einfalls auf Luzon von unschätzbarem Wert erweisen sollte.

Die Hauptlandung auf Luzon sollte nördlich von Manila im Golf von Lingayen vorgenommen werden, wo auch die Japaner drei Jahre zuvor gelandet waren. Die Landungsstreitmacht, die planmäßig am 9. Januar 1945 den Angriff durchführen sollte, setzte sich etwa aus denselben Kräften wie bei der Landung auf Leyte zusammen: 6. Armee und 7. Flotte, ergänzt durch die 3. Amphibische Kampfgruppe der Pazifischen Flotte. Die Heeresluftwaffe, gestützt auf Morotai, Leyte und Mindoro, hatte den Auftrag, die Landungskonvois zu sichern und Einsätze gegen Flugplätze auf Süd-Luzon zu fliegen. Mit weiteren Sicherungsaufgaben waren Geleitträger betraut. Die 3. Flotte Admiral Halseys, die immer noch nur über die TF 38 verfügte, sollte Flugplätze auf Formosa und Nord-Luzon ausschalten.

Die Spitze des Angriffsverbandes im Golf von Lingayen bildete eine Unterstützungsgruppe aus 164 Einheiten, zu der sechs alte Schlachtschiffe, 12 Geleitträger, zehn Transport-Zerstörer und 63 Minensuchfahrzeuge gehörten. Diese von Vizeadmiral Oldendorf befehligte Gruppe sollte im Lingayen-Golf Minen räumen, die Zufahrtswege zum Landestrand absuchen und die Küstenverteidigungsanlagen drei Tage lang beschießen, bevor die amphibischen Streitkräfte zum Angriff antraten. Wie sich später herausstellte, war der wichtigste Beitrag der Gruppe Oldendorf zu dem gesamten Unternehmen, daß sie als Lockvogel die Kamikazeflieger auf sich zog, die sich bei Angriffen auf Oldendorfs Einheiten schon vor Ankunft der Landungsschiffe fast völlig verausgabten.

Als die Gruppe Oldendorf die Sulu-See erreichte, brachen die Japaner, wie oben erwähnt, ihre Operationen gegen die amerikanischen Nachschubgeleite nach Mindoro ab und griffen die neuen, größeren Ziele an. Am 4. Januar nachmittags, als Oldendorf gerade westlich von Panay stand, stürzte sich ein zweimotoriger Bomber auf das Flugdeck der *Ommaney Bay.* Der Geleitträger stand sofort in Flammen, wurde von inneren Explosionen zerrissen und mußte aufgegeben werden. Am nächsten Tag – die Gruppe stand inzwischen auf der Höhe von Manila – gelang es 16 Kamikazefliegern, den Luftsicherungsgürtel zu durchbrechen. »Selbstmörder-Flugzeuge« zerschellten auf dem amerikanischen Schweren Kreuzer *Louisville,* dem australischen Schweren Kreuzer *Australia,* dem amerikanischen Geleitträger *Manila Bay,* auf einem Geleitzerstörer und einem *LCI*-Kanonenboot. Vier andere Schiffe wurden durch Flugzeuge, die in ihrer

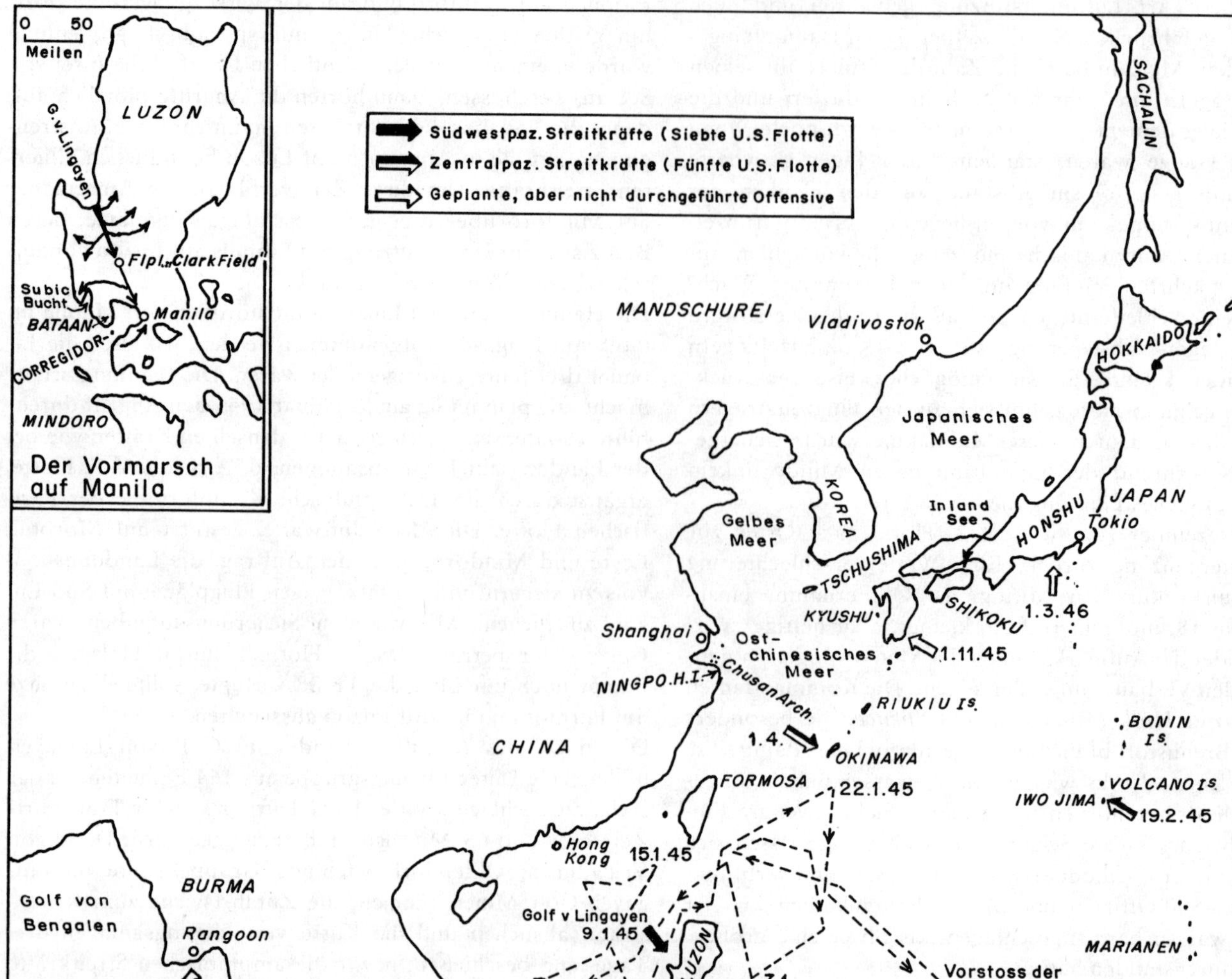

Die letzten Operationen im Kriege gegen Japan

unmittelbaren Nähe aufschlugen, beschädigt. Fast schien es, als ob das japanische »Spezial-Angriffskorps« das langgesuchte Mittel zur Abwehr alliierter Landungsangriffe gefunden habe.

Am 6. Januar, als die schweren Schiffe, voraus Minensucher, in den Golf von Lingayen einliefen, stürzten sich Kamikazeflieger in heftigen Angriffen auf den Verband. Zwischen 11.45 Uhr und Sonnenuntergang beschädigten sie 11 Schiffe und versenkten eines. Getroffen wurden die Schlachtschiffe *New Mexico* und *California*, der Kreuzer *Columbia*, drei Zerstörer, ein Transport-Zerstörer, ein Seeflugzeugtender und ein Minensuchboot. Der Minensucher, die *Long*, wurde von zwei Flugzeugen getroffen; er brach auseinander, kenterte und sank. Seit dem Auslaufen aus dem Leyte-Golf waren von Oldendorfs Verband 325 Mann getötet und 800 durch die japanischen Flieger verwundet worden. Gleichwohl wurden das Minenräumen und die Küstenbeschießung planmäßig fortgesetzt.

Die Angriffe auf die Schiffe Oldendorfs im Golf von Lingayen wären vielleicht noch folgenschwerer gewesen, hätte nicht die 3. Flotte trotz schlechten Wetters am 4. und 5. Januar Flugplätze auf Formosa bombardiert. Dadurch gelangten keine Flugzeugverstärkungen von dort nach Luzon. Die Flugplätze auf Luzon wurden von Halsey am 6. angegriffen, aber die anhaltende Schlechtwetterlage machte ein völliges Lahmlegen des japanischen Flugbetriebs unmöglich. Auf Anforderung Kinkaids griff Halsey am 7. erneut Luzon an, anstelle eines gegen Formosa geplanten Raids. Dem Zusammenwirken der Flugzeugträger der 3. Flotte, der Geleitträger der 7. Flotte und der Heeresluftwaffe gelang es diesmal, die japanische Luftwaffe auf den Flugplätzen von Luzon nahezu völlig niederzuhalten. Nur einige wenige Flugzeuge zeigten sich an diesem Tage über dem Golf von Lingayen; die meisten wurden abgeschossen. Jedoch gingen zwei weitere amerikanische Minensuchfahrzeuge verloren. Eines wurde durch Luftbomben, das andere durch einen Lufttorpedo versenkt. Die Japaner waren nunmehr zu dem Entschluß gelangt, soviel Flugzeuge wie nur möglich von den Philippinen abzuziehen. Nach dem 7. Januar hörten planmäßige Luftangriffe auf die alliierten Streitkräfte auf; einzelne Piloten griffen auf Grund persönlicher Initiative gelegentlich alliierte Schiffe an.

Die amphibischen Streitkräfte, die von verschiedenen Stützpunkten des süd- und südwestpazifischen Kommandobereiches Truppen der 6. Armee heranführten, befanden sich jetzt auf dem Marsch nach Luzon. Im Leyte-Golf stieß General MacArthur, der auf dem Leichten Kreuzer *Boise* eingeschifft war, zur 7. Amphibischen Kampfgruppe unter Admiral Barbey, die das I. Korps transportierte. Admiral Kinkaid, an Bord des Kommandoführungsschiffes *Wasatch*, begab sich zur 3. Amphibischen Kampfgruppe unter Admiral Wilkinson, die das XIV. Korps heranbrachte. Die Kampfgruppe Barbey lief an der Spitze, auf demselben Kurs wie zuvor der Angriffsverband für Mindoro und zuletzt die Unterstützungsgruppe Admiral Oldendorfs.

Als der Verband Barbeys am 7. Januar morgens nach Passieren der Mindoro-Straße in das Südchinesische Meer einlief, wurde er von japanischen Flugzeugen angegriffen. Eine Bombe verfehlte um ein geringes die *Boise*. Am Nachmittag durchstieß ein Kamikazeflieger dichtes Flakfeuer und stürzte sich auf ein *LST*. Am nächsten Morgen, als der Verband die Höhe von Luzon erreicht hatte, stürzte sich ein bombentragender japanischer Jäger auf den Geleitträger *Kadashan Bay* und setzte ihn außer Gefecht. Kurz darauf traf ein anderer Kamikazeflieger einen vollbeladenen Truppentransporter. Auch der Verband Wilkinsons wurde am 8. kurz vor Sonnenuntergang angegriffen. Dabei gelang es einem Kamikazeflieger, sich auf den Geleitträger *Kitkun Bay* zu stürzen und ihn stark zu beschädigen. Im Golf von Lingayen wurde am selben Tag die *Australia* erneut zwei Mal getroffen, lehnte aber die ihr von Admiral Oldendorf angebotene Ablösung ab.

Trotz der Luftangriffe erreichten die amphibischen Kampfgruppen zeitgerecht den Golf von Lingayen. Bei Sonnenaufgang am 9. Januar standen alle Transporter planmäßig in ihrer für die Landung zugewiesenen Ausgangsstellung. Wenige Minuten später erschienen drei Kamikazeflieger. Einer zerstörte den Mast eines Geleitzerstörers, ein zweiter prallte auf der bereits von einem früheren Treffer schwer beschädigten *Columbia* auf. Nachmittags stürzte sich ein Kamikazeflieger auf das Schlachtschiff *Mississippi* und verursachte schwere Verluste. Die vom Pech verfolgte *Australia* wurde zum fünften Mal getroffen.

Inzwischen waren die Sturmtruppen gelandet. Widerstand leisteten lediglich japanische Batterien in den Bergen an der Nordflanke des Landungsstrandes. Die schwere, langanhaltende Beschießung durch die Einheiten Oldendorfs wäre überflüssig gewesen, denn schon zog sich General Tomoyuki Yamashita mit der Masse seiner Armee nach Norden zurück, in der Absicht, in den Bergen eine Widerstandslinie zu halten. Am 9. abends waren die Angreifer drei Meilen tief in das Inselinnere eingedrungen.

Nachts, als die amerikanischen Schiffe im Golf von Lingayen unter einer Decke künstlichen Nebels lagen, um sie Angreifern aus der Luft zu verbergen, stießen etwa 70 japanische Motorboote, die mit Wasserbomben ausgerüstet waren, gegen die Landungsflotte vor. Die meisten wurden durch Gewehrfeuer abgewehrt und nahezu alle versenkt. Einigen gelang es aber, ihre Bomben an den Schiffswänden amerikanischer Einheiten zu Wasser zu bringen und zu entkommen. Ein *LCI* wurde versenkt, ein Transporter, ein *LCI* und viele *LST*'s wurden beschädigt.

In der gleichen Nacht vom 9. auf den 10. Januar führte Halsey seine 3. Flotte in kühnem Vorstoß durch die Straße von Luzon tief in das Südchinesische Meer. Während der Abwesenheit der Trägerflugzeuge McCains, die bisher die Flugplätze auf Nord-Luzon in Schach gehalten hatten, erschienen zahlreiche Kamikaze-Einzelflieger über dem Golf von Lingayen, um ankommende oder ablaufende alliierte Geleitzüge anzugreifen. Sie beschädigten am 10. Januar zwei Schiffe, am 12. neun und am 13. drei Schiffe. Danach hörten die Kamikazeangriffe auf die 7. Flotte bald auf. Seit dem 3. Januar hatten japanische Flieger, vorwiegend Kamikaze, 43 alliierte Schiffe beschädigt, darunter 13 schwer. Vier hatten sie versenkt und insgesamt 738 Mann alliiertes Personal getötet sowie fast 1400 Mann verwundet. Halsey war in das Südchinesische Meer eingelaufen, um die amerikanische Nachschublinie zwischen Mindoro und Lingayen durch einen Angriff auf einen in der Camranh-Bucht vermuteten japanischen Flottenverband zu sichern. Am 12. Januar flogen Trägerflugzeuge McCains fast 1500 Einsätze über der Küste Indochinas, ohne eine Spur des feindlichen Verbandes zu finden, der sich in kluger Voraussicht nach Süden zurückgezogen hatte. Im übrigen herrschte reger Schiffsverkehr: die Flugzeuge der TF 38 versenkten 44 Schiffe, dabei ein Dutzend Tanker und einen Leichten Kreuzer. Sie vernichteten außerdem über 100 feindliche Flugzeuge. Am 15. griffen die Flugzeugträgergruppen Takao an der Südwestküste Formosas an. Trotz niedriger Wolkendecke versenkten sie einen Zerstörer und einen Transporter, bombten einen Tanker manövrierunfähig und vernichteten 34 Flugzeuge. Am nächsten Tag griffen sie den Raum von Hongkong an. Wiederum verhinderte schlechtes Wetter einen voll wirksamen Einsatz, 22 Flugzeuge gingen im dichten feindlichen Flakfeuer verloren. Das Ergebnis des Angriffs war die Versenkung eines Frachters und eines Tankers, die schwere Beschädigung von vier weiteren Schiffen und die Vernichtung von 13 Flugzeugen. Vom 17. Januar an übernahm die TF 38 Brennstoff von einer schnellen Tankergruppe, die ihr in das Seegebiet westlich von Luzon gefolgt war. Während Radio Tokio in die Welt hinausposaunte, die 3. US-Flotte säße im Südchinesischen Meer in der Falle, lief Halsey bei bedecktem Himmel nachts in schneller Fahrt zurück in den Pazifik.

Vor dem Rückmarsch nach Ulithi, wo Halsey auf Grund des routinemäßigen Stellenwechsels den Befehl über seinen Verband Spruance übergeben wollte, griff er noch einmal Formosa an. Er versenkte fünf Tanker und fünf Frachter und zerstörte mindestens 60 Flugzeuge am Boden. Diesmal gelang es japanischen Luftstreitkräften zurückzuschlagen. Eine Bombe traf den Leichten Flugzeugträger *Langley*, Kamikazeflieger trafen den großen Flugzeugträger *Ticonderoga* und den Wachzerstörer *Maddox*. Die nur wenig beschädigte *Langley* konnte weiter an den Operationen teilnehmen, aber die von den Kamikazefliegern getroffenen Schiffe mußten unter Geleitschutz nach Ulithi zurücklaufen. Der Rest der TF 38 marschierte nach Nordosten weiter, um für die bevorstehenden amerikanischen Angriffe vermittels Luftaufnahmen aufzuklären. Am 25. Januar lief die 3. Flotte zurück in die Lagune von Ulithi, nachdem sie ihren Auftrag, den Einfall in die Philippinen zu unterstützen, erfüllt hatte. Halsey war mit den Leistungen seines Verbandes sehr zufrieden. In seiner Abschiedsbotschaft an die Besatzungen sagte er: »Ich bin so stolz auf Sie, daß keine Worte meinen Gefühlen Ausdruck verleihen können. Sie haben hervorragend gekämpft.« Mit der Rückkehr der 3. Flotte nach Ulithi trennten sich die Vormarschlinien des zentral- und des südwestpazifischen Kommandos. Das Gros der der 7. Flotte zur Verfügung gestellten Schiffe trat unter den Oberbefehl von Nimitz zurück, um an Operationen im Norden teilzunehmen, in Richtung der japanischen Heimatinseln. Gleichzeitig plante MacArthur einen Stoß in südwärtiger Richtung, um den Rest der Philippinen und Niederländisch-Indiens zurückzuerobern.

Die Befreiung der Philippinen

Während das I. Korps in den Bergen nordöstlich des Golfs von Lingayen die Truppen Yamashitas im Kampf fesselte, marschierte das XIV. Korps auf Manila vor. Am 29. Januar 1945 landete die 7. Amphibische Kampfgruppe 30000 Mann an der Westküste Luzons in der Nähe der Bucht von Subic, ohne auf Widerstand zu treffen. Diese Aktion sollte sowohl die Japaner an einem Rückzug auf die Halbinsel Bataan hindern als auch dem Stoß auf Manila von Norden her zusätzliche Wucht verleihen. Zwei Tage später landeten weitere 8000 Mann südlich der Bucht von Manila, um auch von Südwesten her einen Angriffskeil vorzuführen. Der entscheidungsuchende Angriff des XIV. Korps von Norden her wurde von zwei Fliegergruppen des Marine-Corps unterstützt und beschleunigt. Ihr Erfolg beseitigte die bis dahin bestehenden Zweifel der Heereskommandeure an der Fähigkeit dieser Fliegerverbände, die Erdtruppe unmittelbar unterstützen zu können. Am 4. Februar erreichte das XIV. Korps Manila, das von 16000 Mann Marine und 5000 Mann Heerestruppen verteidigt wurde. Ein Monat harter Kämpfe folgte, Straße um Straße, Haus um Haus mußten erobert werden, bis der letzte japanische Verteidiger gefallen oder gefangengenommen war und die Stadt in Trümmern lag.

Drei Wochen vor dem Fall Manilas waren Maßnahmen eingeleitet worden, um Bucht und Hafen in alliierten Besitz zu bringen. Am 15. Februar landete an der Spitze der Halbinsel von Bataan eine Regimentskampfgruppe, die nur auf geringfügigen Widerstand traf. Am Tage darauf griffen eine Regimentskampfgruppe Fallschirmjäger und eine Bataillonskampfgruppe Infanterie die Insel-Festung Corregidor aus der Luft und von See her an. Die Eroberung von Corregidor erwies sich als ein unerwartet kostspieliges und zeitraubendes Unternehmen, zum Teil deshalb, weil der Nachrichtendienst die japanische Besatzungsstärke mit 850 Mann angegeben hatte, während die Inselfestung tatsächlich von der sechsfachen Zahl an Truppen verteidigt wurde. Anfang März war der Felsblock schließlich erobert. Die Einnahme der anderen Inseln am Eingang der Bucht dauerte bis April. Commodore William A. Sullivan, der sich bei der Säuberung der von Sabotagetrupps verseuchten Häfen Nordafrikas und Europas ausgezeichnet hatte, leitete tatkräftig die Aufräumungsarbeiten im Hafen von Manila, wo die Japaner Hunderte von Schiffen versenkt hatten. Zu der Zeit, als der Hafen wieder regelmäßig angelaufen werden konnte, hatten bei Legaspi gelandete Verbände die südöstliche Halbinsel Luzons eingenommen. Damit erleichterten sie die Versorgung der amerikanischen Streitkräfte auf Luzon, da nunmehr die San Bernardino-Straße als alliierter Seeverbindungsweg offenstand.

Während die 6. Armee unter Generalleutnant Walter Krüger den noch 170000 Mann starken Truppen General Yamashitas in den Bergen von Luzon nachsetzte, säuberte die 7. US-Flotte Admiral Kinkaids – jetzt ohne die 3. Amphibische Kampfgruppe – zusammen mit der unter dem Befehl von Generalleutnant Robert L. Eichelberger stehenden 8. Armee den Rest der Philippinen von Japanern. Diese Operationen entsprachen nicht dem Willen der »Joint Chiefs of Staff«, die darauf gezählt hatten, daß die Filipinos ihre endgültige Befreiung selbst in die Hand nehmen würden. Aber da die Streitkräfte MacArthurs an anderer Stelle nicht dringend benötigt wurden, erhoben die »Joint Chiefs« keine Einwendungen.

Von Ende Februar bis Mitte April 1945 führte die 7. Amphibische Kampfgruppe unter Admiral Barbey nicht weniger als 38 Landungsunternehmen in den mittleren und südlichen Philippinen durch. Verglichen mit den Angriffen auf Leyte und Luzon handelte es sich dabei um kleinere Operationen. Zwar waren einige der genommenen Inseln mit starken Besatzungen versehen gewesen; aber die Verteidiger waren jeweils fast ohne jede Unterstützung aus der Luft. Auch kamen ihnen keine Seestreitkräfte zu Hilfe, denn die japanische Führung hatte die Philippinen schon abgeschrieben. In Übereinstimmung mit den bestehenden japanischen Führungsgrundsätzen leisteten überdies die Verteidiger in keinem Fall bei den Landungen energischen Widerstand. Sie hielten, so lange sie konnten, die Städte, legten sie, wenn sie zum Weichen gezwungen wurden, durch Sprengladungen in Trümmer und zogen sich dann in die Berge zurück, wo mehr Truppen durch Hunger und Krankheit umkamen als im Kampf. Gewöhnlich hielten sich kleine Trupps der ursprünglichen Besatzung bis zur allgemeinen Kapitulation bei Kriegsende.

Die ersten Landungen der neuen Serie wurden am 28. Februar gegen die Insel Palawan und am 10. März gegen Zamboanga, an der Spitze der Westzunge von Mindanao, durchgeführt. Alliierte Flugzeuge, die von dort aus operierten, konnten feindliche Seestreitkräfte abfangen, die sich den mittleren Philippinen von Celebes und dem Südchinesischen Meer aus näherten. Anschließend eroberten die Amerikaner Panay, Negros, Cebu, Bohol und eine Anzahl kleinerer Inseln der mittleren Philippinen. Gleichzeitig gingen sie südwestlich von Zamboanga vor und landeten, ohne auf Widerstand zu stoßen, auf den Inseln Basilan, Tawitawi und Jolo im Sulu-Archipel. Zusammen mit Palawan verschafften diese Inseln den Amerikanern Flugplätze, von wo aus sie den von MacArthur geplanten Angriff auf Borneo unmittelbar unterstützen konnten. Schließlich noch führten die Amerikaner eine Reihe Landungen auf der Hauptinsel Mindanao durch. Ziel hierbei war, den Befreiungskampf einer 25000 Mann starken Guerilla-Armee siegreich zu beenden, die bereits 95% des Inselterritoriums beherrschte und die 42000 Mann starke japanische Besatzung in den Städten und einigen wenigen größeren Stützpunkten faktisch gefangen hielt. Von Landeköpfen an der Nord-, West- und Südküste aus gingen die amerikanischen Angriffskolonnen vor. Ihre Stoßkeile splitterten die japanischen Kräfte auf und hinderten sie, eine geschlossene Front zu bilden. Dann trieben die Amerikaner den Feind aus den Städten hinaus aufs Land, wo die Guerilla-Verbände der Filipinos ihnen bis zum Kriegsende auf den Fersen blieben.

Die Rückeroberung von Borneo

Nach dem Sieg über die deutschen U-Boote im Atlantik und nach der alliierten Landung in Frankreich war die britische Marine im Atlantik und im Mittelmeer faktisch ohne Kampfauftrag. Die »Joint Chiefs of Staff« der USA drängten daher die Briten, ihre Seestreitkräfte gegen Borneo einzusetzen. Die Rückeroberung von Borneo bedeutete für die Japaner den Verlust ihres Hauptölversorgungsgebietes und der wichtigsten Raffinerien, für die im Fernen Osten operierenden britischen und amerikanischen Flottenverbände den Gewinn einer ihnen sehr zustattenkommenden Ölbasis. Die britischen Generalstabschefs stimmten der amerikanischen Forderung zu;als aber die Amerikaner ihre Absicht anzeigten, im Laufe des Jahres 1945 in Japan zu landen, meinte Premierminister Churchill, Großbritannien solle unbedingt an dieser Operation teilnehmen, genauso wie amerikanische Streitkräfte an den Landungen in Nordafrika, Italien und Frankreich beteiligt gewesen waren. Dementsprechend bot er den Einsatz der britischen Flotte im Pazifik unter amerikanischen Oberbefehl an, und Präsident Roosevelt akzeptierte das Angebot. So blieb die Rückeroberung Borneos der australischen Armee und der 7. US-Flotte überlassen mit General MacArthur als Gesamtbefehlshaber, während die schnellsten und stärksten Schiffe der Königlich Britischen Marine durch den Indischen Ozean in den Pazifik liefen, um sich dort mit den Flottenstreitkräften von Admiral Nimitz zu vereinigen.

MacArthur eröffnete den Feldzug gegen Borneo mit einem Angriff auf die Insel Tarakan vor der Ostküste. Sein vornehmliches Ziel dabei war, Ölfelder und Flugplätze in seinen Besitz zu bringen. Nach vorbereitender Beschießung beziehungsweise Luftangriffen begann in der Frühe des 1. Mai eine Angriffsgruppe der 7. Flotte, die von amerikanischen sowie australischen Kreuzern und Zerstörern gesichert war, mit der Landung von 18000 Mann. Die 2300 Mann starke japanische Besatzung leistete den landenden Truppen keinen Widerstand, jedoch im Inselinneren kämpften sie so hartnäckig, daß die Angreifer einen vollen Monat hindurch Artillerieunterstützung von Zerstörern anfordern mußten. Im Laufe des Juni unterstützten Einheiten der 7. Flotte australische Heeresverbände bei mehreren Landungen im Gebiet der Bucht von Brunei. Am 1. Juli wurde die Einnahme Nordborneos bekanntgegeben.

Ein Angriffsverband der 7. Flotte, zu dem drei Geleitträger gehörten, setzte am selben Tag eine verstärkte australische Division in der Nähe des reichen Ölhafens Balikpapan an der Straße von Makassar an Land. Diese Landung war in mehrfacher Hinsicht einmalig in ihrer Art: sie wurde gegen die stärkste Strandverteidigung vorgetragen, der sich südwestpazifische Streitkräfte im Verlauf des Krieges gegenübersahen; der Landung ging eine 16tägige Beschießung durch schwere Einheiten voraus, das längste für eine amphibische Landung geschossene Vorbereitungsfeuer des gesamten Krieges, und schließlich sollte es die letzte amphibische Operation des Krieges sein.

Monatelang hatten die Alliierten unbeabsichtigt selbst zur Stärkung der Verteidigung Balikpapans beigetragen, indem sie den Hafen aus der Luft mit akustischen und magnetischen Minen verseuchten, in der Absicht, den Ölstrom nach den Stützpunkten der japanischen Flotte zu unterbinden. Die Verteidiger hatten zusätzlich Minen ausgelegt, an seichten Stellen Unterwasserhindernisse gebaut und zahlreiche Geschütze in den umgebenden Berghängen postiert. Obwohl die Japaner hier auf keine Unterstützung durch Überwasserstreitkräfte und kaum auf Luftunterstützung rechnen konnten, schien es so, als würden sie jedem, der den Mut aufbrachte anzugreifen, einen hohen Preis abfordern.

Inzwischen hatten aber die amphibischen Sturmtruppen der Alliierten gelernt, mit solcher Kraft und Präzision zuzuschlagen, saß auch die beste Küstenverteidigung ihrem Zugriff nicht standzuhalten vermochte. Alliierte Luftstreitkräfte, deren Führung die Lage richtig einschätzte, griffen das Landungsgebiet einen ganzen Monat hindurch unausgesetzt an. Sie warfen 3000 t Bomben ab. Am 17 . Juni erreichte die »Bombardementsgruppe« der 7. Flotte Balikpapan und begann mit der Beschießung. Bis zum Angriffstag verfeuerten sie gegen die Verteidigungsanlagen an der Küste 38 000 Schuß Granaten, 114000 Schuß aus automatischen Waffen und 7300 Raketen. Minensucher hatten unterdessen die Anlaufwege freigesucht und Kampfschwimmertrupps Lücken in die Unterwasserhindernisse gesprengt. Minenfahrzeuge, die in so flachem Wasser räumen mußten, daß ihnen keine Feuernahunterstützung gewährt werden konnte, waren dem japanischen Abwehrfeuer am stärksten ausgesetzt. Nur drei Minensuchboote erhielten Treffer, aber drei weitere liefen beim Ausweichen vor feindlichem Artilleriefeuer auf Minen und wurden zerfetzt.

Der Angriff auf Balikpapan war so gründlich und zugleich so wirksam vorbereitet, daß die Landung von 17 Wellen Sturmtruppen am 1. Juli ohne einen einzigen Verlust durchgeführt werden konnte. In der Bergregion des Landesinnern stießen die Angreifer jedoch auch diesmal wieder auf sich versteifenden Widerstand. Eine Woche lang standen die alliierten Kreuzer zur Feuerunterstützung vor der Küste und verschossen weitere 23 000 Schuß. Zwei Wochen hin- und herwogenden Kampfes folgten, bis der letzte japanische Verteidiger gefallen oder geflohen war. Um diese Zeit waren die Angriffsspitzen etwa 50 Meilen nach Norden vorgedrungen und hatten auf dem Vormarsch Ölquellen und Raffinerien in ihren Besitz gebracht. Die australischen Verluste bei der gesamten Operation betrugen 229 Gefallene, die der 7. Flotte sieben Gefallene auf den beschädigten und gesunkenen Minensuchbooten.

Nach dem Abschluß der Operationen gegen Borneo plante General MacArthur eine Landung auf Java. Jedoch brachen die »Joint Chiefs of Staff« die Offensive im Süden ab. Alle verfügbaren alliierten Kräfte sollten für den Angriff auf das japanische Mutterland konzentriert werden. MacArthur sollte den Oberbefehl über die Landstreitkräfte führen.

Die Einnahme von Iwo Jima

An dieser Stelle müssen wir uns ein paar Monate zurückversetzen und den Blick auf die zentralpazifischen Streitkräfte unter Nimitz richten, die damals wieder unabhängig von den südwestpazifischen Streitkräften MacArthurs operierten. Ende November hatten *B-29* des 21. Bomberkommandos, die auf Saipan und Tinian stationiert waren, mit planmäßigen Luftangriffen auf den Raum von Tokio begonnen. Vom alliierten Gesichtspunkt aus waren die bisherigen Ergebnisse alles andere als befriedigend. Die schweren Bomber mußten ihre Einsätze unter sehr ungünstigen Bedingungen fliegen. Die 3000-Meilenstrecke für Hin- und Rückflug machte es notwendig, die Bombenladung, normalerweise 10 t, auf 3 t zu reduzieren. Der Mangel an geeigneten Begleitjägern zwang die Maschinen, unter entsprechendem Brennstoffverbrauch auf Höhen von 9000–10 000 m zu klettern, Höhen, aus denen ein exaktes Bombenwerfen zudem unmöglich war. Feindliche Luftstützpunkte auf den Volcano- und Bonin-Inseln, halbwegs auf der Route zwischen den südlichen Marianen und Japan, minderten ebenfalls den wirksamen Einsatz der Bomber. Tokio wurde von ihrem Anflug gewarnt und setzte Abfangjäger gegen sie an. Wenn es daher gelang, eine Insel der Volcano-Bonin-Gruppe zu erobern, so konnten dort stationierte amerikanische Flugzeuge dieser Behinderung schnell ein Ende bereiten. Und nicht nur das – es würde damit zugleich ein Stützpunkt für Jäger und Mittelstreckenbomber in Angriffsreichweite von Japan gewonnen werden, *B-29* konnten notfalls auftanken und beschädigte Bomber Zuflucht finden. Schließlich noch bot sich die Möglichkeit, eine See- und Luftnotzentrale einzurichten. Um in den Genuß dieser offensichtlichen Vorteile zu gelangen, hatten die »Joint Chiefs of Staff« in Washington, schon als seinerzeit die Entscheidung über den Angriff auf die Marianen gefallen war, mit der Ausarbeitung von Plänen zur Wegnahme von Iwo Jima in der Gruppe der Volcano-Inseln begonnen. Anfang Oktober 1944 wiesen die »Joint Chiefs« Admiral Nimitz an, die Wegnahme von Iwo-Jima und Okinawa (Riu-Kiu-Gruppe) Anfang 1945 in die Wege leiten[1], sobald seine Aufgabe, den Angriff MacArthurs auf Luzon zu unterstützen, erledigt sei.

Da die Lage auf Leyte MacArthur gezwungen hatte, seinen Angriff auf Luzon vom 20. Dezember 1944 auf den 9. Januar 1945 zu verschieben, hatte Halsey die Schnelle Flugzeugträgerkampfgruppe nicht vor Ende Januar in Ulithi übergeben können. Der Angriff auf Iwo Jima wurde infolgedessen auf Mitte Februar verschoben, der auf Okinawa sollte sechs Wochen danach folgen. Das war ein Zeitplan, der wenig Spielraum ließ. Aber ein weiterer Aufschub stand außer Frage, da die Planung für einen Großangriff auf Japan im kommenden Herbst bereits fortgeschritten war und der Erfolg dieser Operation wesentlich von nachhaltigen Luftangriffen abhing, für die der Besitz von Iwo Jima und Okinawa eine wichtige Rolle spielte.

Zur Führung der vorgesehenen Operationen verlegte Nimitz, kürzlich zum Flottenadmiral befördert, seinen Sitz von Pearl Harbor in das vorgeschobene Hauptquartier auf Guam. Die Zentralpazifische Flotte wurde wieder in 5. US-Flotte umbenannt; ihr Befehlshaber war Admiral Spruance. Vizeadmiral Marc Mitscher übernahm wiederum den Befehl über die Schnelle Flugzeugträgerkampfgruppe, die ihre alte Bezeichnung TF 58 ebenfalls wiedererhielt. Die 5. Flotte verfügte nun über zwei amphibische Großverbände, die 3. und 5. Amphibische Kampfgruppe. Sie wurden von Vizeadmiral Richmond Kelly Turner befehligt, der den Titel »Befehlshaber der amphibischen Streitkräfte der Pazifischen Flotte« führte. Den Oberbefehl über das III. und das V. amphibische Korps führte Generalleutnant Holland Smith. Er erhielt den Titel »General der Marineinfanterie der Pazifischen Flotte«.

Nach dem Angriff der 5. Flotte auf die Marianen im Sommer 1944 sahen es die Japaner als sicher an, daß die Amerikaner versuchen würden, eine der Inseln der Volcano-Bonin-Gruppe zu erobern. Sie tippten auf Iwo Jima, weil dort das Gelände sich für die Anlage von Flugplätzen am besten eignete. Deshalb verlegten sie auf den kleinen vulkanischen Aschenhaufen 14000 Mann Heeres- und 7000 Mann Marinepersonal, fast ausschließlich voll ausgebildete Kampftruppen. Der sehr tüchtige Generalleutnant Tadamichi Kuribayashi setzte als Kommandant der Inselverteidigung seinen Ehrgeiz darein, aus Iwo Jima die am stärksten verteidigten acht Quadratkilometer im Pazifik zu machen. Das Terrain begünstigte sein Vorhaben. Der breite nordöstliche Teil der Insel bestand aus einem Lava-Plateau, das größtenteils zu bizarren Hügeln und Schluchten aufgeworfen war und an seinen Rändern in steilen Wänden zum Meer abfiel. Am entgegengesetzten Südwestende erhob sich ein erloschener Vulkan, der 180 m hohe Suribachi. Die Erhebungen im Norden und Süden beherrschten flankierend die dazwischenliegenden einzigen Küstenabschnitte, wo eine Landung möglich war. Kuribayashi massierte seine Artillerie auf den Höhen, so daß sie die Küstenabschnitte und den dazwischenliegenden Bergrücken mit flankierendem Feuer belegen konnte. Er ließ mehr als 400 Bunker und fest ausgebaute Unterstände anlegen, die miteinander durch in die Lava gesprengte Tunnels verbunden waren. Weitere Bunker ließ er auf dem mittleren Bergrücken so bauen, daß von ihnen aus die Küste und ihr Vorfeld in direktem Beschuß unter Feuer genommen werden konnten.

Zur Vorbereitung des Angriffs bombardierten *B–24* der 7. Luftflotte, ebenfalls von den Marianen aus eingesetzt, Iwo Jima an 74 aufeinanderfolgenden Tagen. Im gleichen Zeitraum wurde die Insel fünf Mal mit Schiffsartillerie beschossen. Die Angriffe aus der Luft und von See her erzielten keine andere Wirkung, als daß die Verteidiger zu noch größeren Anstrengungen hinsichtlich ihres Eingrabens in die Insellava angefeuert wurden. Die Masse ihrer Artilleriestellungen war so geschickt verborgen, und ihre Unterstände waren so tief angelegt, daß am Angriffstage die Hauptverteidigungsstellungen von Iwo Jima nur durch direkten Beschuß mit großkalibrigen Schiffsgranaten oder im direkten Angriff mit Haftladungen, Flammenwerfern und gelandeter Artillerie angegangen werden konnten. Ein wirksames, totales Zerschlagen der Inselverteidigung vor der Landung war mit den damals verfügbaren Mitteln nicht möglich.

Den planenden Generalstäblern war die wirkliche Lage natürlich unbekannt: sie rechneten damit, daß eine dreitägige letzte Einwirkung von See her und aus der Luft für eine so kleine Insel ausreichen werde. In der Dämmerung des 16. Februar traf die aus Beschießungseinheiten und Geleitträgern zusammengesetzte amphibische Unterstützungsgruppe unter Befehl von Konteradmiral William H. P. Blandy vor Iwo Jima ein. Gleichzeitig erreichte die Schnelle Flugzeugträgerkampfgruppe, auf der sich Spruance und Mitscher eingeschifft hatten, die Höhe von Tokio. Es war das erste Mal nach dem Halsey-Doolittle-Raid von Anfang 1942, daß ein amerikanischer Flottenverband die japanische Hauptstadt angriff. Am 16. und 17. Februar flogen Flugzeuge der TF 58 mehrere Einsätze: sie beschädigten Flugzeugfabriken, bombardierten Flugplätze und vernichteten mehr als 500 feindliche Flugzeuge am Boden und in der Luft[2].

In der Zwischenzeit beschoß die vor Iwo Jima aufmarschierte Unterstützungsgruppe, obwohl durch Regen und Nebel

1 Um Nimitz größere Handlungsfreiheit zu geben, wählten die »Joint Chiefs of Staff« bei der Bezeichnung der Operationsziele die Formulierung »eine oder mehrere Positionen« in jeder der beiden Inselgruppen, aber es war klar, daß in erster Linie Iwo Jima und Okinawa gemeint waren.

2 Diese Zahl konnte bei der Sichtung japanischer Unterlagen nach dem Kriege weder bestätigt noch als irrig erwiesen werden.

behindert, systematisch die Insel. Jedem Schiff, insgesamt sechs alte Schlachtschiffen und fünf Kreuzern, war ein bestimmter Sektor zugewiesen. Die durch Aufklärung bekannten Ziele waren vorher auf Karten eingezeichnet worden, und ein jedes wurde nach seiner Zerstörung ausgestrichen. Andere Ziele wurden neu festgestellt und dementsprechend auf den Lagekarten markiert – die Entdeckung war vornehmlich das Verdienst besonders ausgebildeter Aufklärungspiloten des Geleitträgers *Wake Island*. Obwohl die Japaner von Anfang an das amerikanische Feuer erwidert und in der

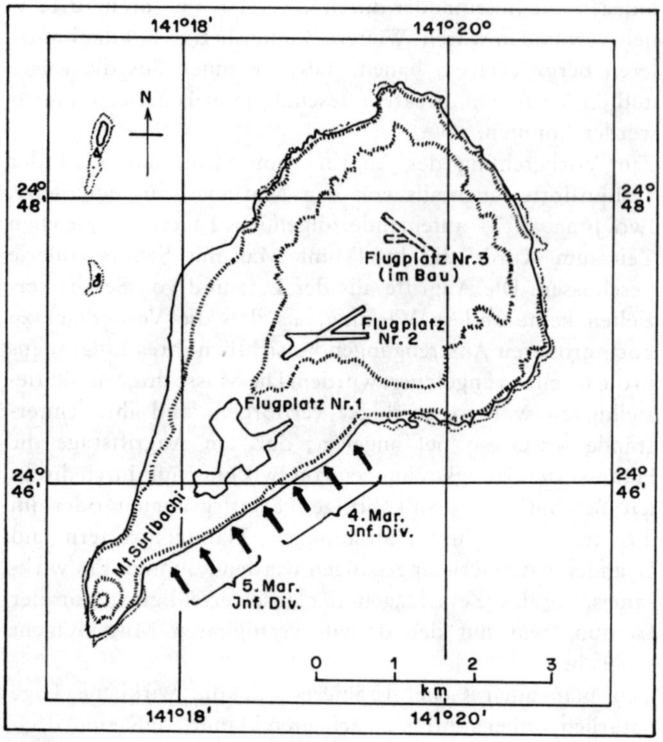

Iwo Jima

Frühe des 17. Februar den Kreuzer *Pensacola* getroffen und schwer beschädigt hatten, ließ Kuribayashi seine schwersten Batterien bis zum Tage des Angriffs schweigen, um ihre Stellung nicht zu verraten. Als aber am 17. gegen Mittag Transportzerstörer, die von *LCI*-Kanonenbooten gesichert wurden, Kampfschwimmer an die Ostküste brachten, nahmen die Verteidiger an, der eigentliche Angriff habe begonnen. Die schweren Batterien eröffneten das Feuer: sie versenkten ein Kanonenboot, die übrigen setzten sie außer Gefecht. Das alte Schlachtschiff *Nevada* deckte sofort die neuerkannten Batterien ein, die andern Beschießungsschiffe folgten ihrem Beispiel.

Nach dem Abschluß der Angriffe auf Tokio wandte sich die TF 58 zurück, um an dem Bombardement von Iwo Jima teilzunehmen. Jetzt näherte sich auch der Landungsverband unter Konteradmiral Harry Hill. Er brachte die Sturmtruppen heran, die von Generalmajor der Marineinfanterie Harry Schmidt befehligt wurden, dem Kommandierenden General des V. amphibischen Korps. Als Beobachter befanden sich bei der Landungsflotte der Marineminister James Forrestal und Generalleutnant Holland Smith, Oberbefehlshaber aller Landungs- und Besatzungstruppen.

Am Angriffstag, dem 19. Februar, übernahm Vizeadmiral Turner persönlich den Befehl über die amphibische Unterstützungsgruppe. Mit Sonnenaufgang eröffneten die Beschießungsschiffe, verstärkt durch Schlachtschiffe und Kreuzer der TF 58, das schwerste Vorbereitungsfeuer, das je einer Landung im zweiten Weltkrieg vorausging. 85 Minuten lang dauerte der sorgfältige, gezielte Beschuß. Dann brausten mehr als 100 Flugzeuge der TF 58 über die Insel, beschossen die japanischen Stellungen mit Raketen und Bordwaffen und warfen Spreng- sowie Napalmbomben ab. Anschließend eröffnete die Beschießungsgruppe ein schnelles Niederhaltungsfeuer, um die Verteidiger in ihren Unterständen festzuhalten. Kurz vor 09.00 Uhr wurde das Feuer erneut eingestellt, damit Flugzeuge die Strandabschnitte mit Bordwaffen beschießen konnten.

Um 08.30 Uhr liefen die ersten Wellen, insgesamt etwa 500 Landungsboote mit acht Bataillonen der 4. und 5. Marineinfanterie-Division, die von 68 Amphibienpanzern angeführt wurden, die Küste an. Die beschädigten *LCI* konnten nicht eingesetzt werden, aber ein Dutzend großer neuer Landungsunterstützungsboote *LCS* fuhr den Landungswellen voraus und nahm unter direktem feindlichen Beschuß Aufstellung. Als die Angriffswellen sich dem Strand näherten, verlegten die schweren Beschießungsschiffe ihr Feuer allmählich rückwärts. Detonierende Granaten bildeten vor und an den Flanken der angreifenden Bataillone eine wandernde Feuerwand. Die Wucht dieses zusammengefaßten Ansturms mußte, so durfte erwartet werden, die ersten Angriffswellen ein gutes Stück über den Strand hinweg vortragen – jedoch wurden sie an zahlreichen Stellen durch ein unvorhergesehenes Hindernis aufgehalten: dem sich steil aus dem Wasser erhebenden Küstensaum aus so weicher vulkanischer Asche, daß die Gleisketten vieler Amphibienfahrzeuge und der Amtracks mit den nächsten Angriffswellen einsanken, ohne zu greifen. Die normalen Landungsboote mit den noch später folgenden Wellen konnten überhaupt nicht auf den Strand auflaufen. Eine Anzahl schlug quer und lief voll. Neu eintreffende Boote erlitten Beschädigungen an den Schrauben oder stießen sich auf den Wracks ihrer Vorgänger die Bodenplatten ein.

Die Marineinfanteristen, denen es gelang, auf tragfähigem Grund an Land zu klettern, begannen eine Reihe von Terrassen hinaufzurobben, die sich zum Hügelkamm auf der Mitte der Insel hinaufstaffelten. Das schwere Feuer der Schiffsartillerie hielt die Japaner eine Zeitlang in ihren tiefen Unterständen fest. Nachdem sie aber die Feuerwalze überrollt hatte, kamen die Verteidiger langsam ans Tageslicht. Sie eröffneten das Feuer zunächst mit Maschinengewehren und Granatwerfern, danach mit schwereren Geschützen. Als die Marineinfanteristen die erste Terrasse erreichten, wurden sie von Bunkern auf dem Hügelkamm unter intensives Gewehr- und MG-Feuer genommen. Nichtsdestoweniger arbeiteten sie sich unter schweren Verlusten, von Granattrichter zu Granattrichter springend, verbissen auf die zweite Terrasse vor. Panzer und schwere Waffen zu ihrer Unterstützung kamen nur mit Verzögerung heran, hauptsächlich, weil zahlreiche *LST's, LSM's* und andere für den Antransport bestimmte Fahrzeuge es nicht schafften, auf den Strand zu laufen, und Anker in der weichen Vulkanasche keinen Halt fanden. Die Fahrzeuge stießen zusammen und vergrößerten den Wirrwarr am Landungsstrand.

Der rechte Flügel der Marineinfanteristen, der sich dem nordöstlichen Plateau von Iwo Jima am nächsten befand, blieb den 19. über liegen. Die Verbände im Zentrum konnten mehrere Bunker mit Hilfe von Flammenwerfern und 7,5-cm-Panzerkanonen außer Gefecht setzen und bis zum Flugplatz Nr. 1 vorstoßen. Der linke Flügel durchstieß die Insel an ihrer engsten Stelle und schnitt die japanischen Truppen auf dem Suribachi ab. Diese Erfolge erzielten die Angreifer unter ständigem, heftigen flankierenden Feuer, durch nichts gedeckt als eine kümmerliche Vegetation und einige Vertiefungen in der aufgeworfenen Lavaasche. Der Preis war hoch, von den am ersten Tag gelandeten 30000 Marineinfanteristen waren am ersten Abend 2400 tot oder verwundet.

Am 20. Februar nahmen die im Zentrum kämpfenden Marineinfanteristen den Flugplatz Nr. 1, der rechte Flügel drang in das Höhengelände im Nordosten ein, und die Regimentskampfgruppe am äußersten Ende des linken Flügels begann den Sturm auf den Suribachi. Die Einnahme des Berges erforderte drei Tage; Bunker um Bunker mußte gesprengt oder ausgeräuchert, miteinander durch Gänge verbundene unterirdische Widerstandsnester mußten mit Handgranaten, Flammenwerfern, Raketen und Sprengladungen niedergekämpft werden. Am 23. morgens war der Vulkan eingeschlossen, eine Patrouille stieß auf den Gipfel vor und hißte die amerikanische Flagge[3].

Inzwischen waren die 4. Division und zwei Regimenter der 5. Division nach rechts eingeschwenkt und hatten mit dem Sturm auf das Hochplateau begonnen. Die Bataillone, die am schwersten gelitten hatten, wurden herausgezogen und die bisher in Reserve gehaltene 3. Marineinfanterie-Division zwischen die beiden anderen Divisionen eingeschoben.

Während des Vordringens auf dem Plateau im Nordosten, ein Kampf in Felsspalten, an Abgründen, zwischen Felspfeilern und in Höhlen, vereinigte die Beschießungsgruppe ihr Feuer mit dem der angelandeten amerikanischen Feldartillerie. Im Laufe der Kampfhandlungen um Iwo Jima verschoß die Beschießungsgruppe über 250000 Schuß mit einem Gesamtgeschoßgewicht von 14650 t. Nachts schossen die Schiffe Leuchtgranaten und blendeten ihre Scheinwerfer auf, um das Einsickern japanischer Einheiten zu erschweren. Die Zusammenarbeit der verschiedenen Waffen erreichte einen neuen Höhepunkt, Ergebnis verbesserter Fernmeldeverfahren und sachgemäßer, auf Erfahrung gegründeter Ausbildung. Gleichwohl mußten die gut getarnten Stützpunkte Kuribayashis einzeln durch Infanterie mit Nahunterstützung von Panzern genommen werden.

Der längst erwartete japanische Gegenangriff kam am Spätnachmittag des 21. Etwa 20 von Jägern gesicherte Kamikazeflieger griffen die Flugzeugträger der amphibischen Unterstützungsgruppe an, bei der sich temporär für einen Nachteinsatz der große Flugzeugträger *Saratoga* befand. Die Kamikazeflieger trafen fünf Schiffe. Drei erlitten nur geringfügige Beschädigungen, aber die *Saratoga* wurde von zwei Bomben und vier bombentragenden Flugzeugen getroffen. Flammen hüllten den Flugzeugträger ein, der einen großen Teil seines Flugdecks verloren hatte. Durch den hervorragenden Einsatz ihrer Feuerlöschtrupps wurde die *Saratoga* schließlich gerettet; aber 123 Mann der Besatzung waren gefallen, 192 verwundet worden, und drei Monate lang fiel das Schiff aus, bis die ausgedehnten Schäden behoben waren. Ein Kamikazeflieger prallte auf den Geleitträger *Bismarck Sea* auf und löste Brände aus, die eine Serie von schweren Munitionsexplosionen verursachten. Das Schiff mußte aufgegeben werden, kenterte und nahm mehr als 200 Mann mit in die Tiefe.

Anstatt der geschätzten vier Tage erforderte die Eroberung Iwo Jimas fast einen Monat erbitterten Kampfes und gegenseitigen Abschlachtens. Am 16. März wurde die Einnahme der Insel bekanntgegeben, aber gegen Ende März und erneut Anfang April kamen noch einmal versprengte Gruppen japanischer Soldaten aus ihren Schlupfwinkeln zu letzten, verzweifelten Angriffen hervor. Schließlich aber war die gesamte japanische Inselbesatzung mit Ausnahme von 216 Kriegsgefangenen im Kampfe vernichtet. Diesesmal überwogen die Ausfälle der Angreifer jene der Verteidiger: auf der Insel und auf den Schiffen der Landungsflotte wurden 17200 Amerikaner verwundet, 6800 fielen im Kampf oder starben infolge einer Verwundung. »Bei den auf Iwo Jima eingesetzten Amerikanern«, sagte Admiral Nimitz, »war außergewöhnliche Tapferkeit eine gewöhnliche Tugend.«

Vom Ende der ersten Aprilwoche an begleiteten auf Iwo Jima stationierte amerikanische Jagdverbände die *B 29* bei ihren Angriffen auf Japan. Binnen kurzem zeigte sich, daß durch die Jagdunterstützung der Wirkungsgrad der schweren Bomber verdoppelt wurde. Ebenso erwies Iwo Jima seinen Wert als Zuflucht für beschädigte oder auftankbedürftige Maschinen. Bis zum Ende des Krieges flogen etwa 2400 *B 29*, das entsprach einer Besatzungsstärke von 27000 Mann, die Insel zu Notlandungen an. Daraus ergibt sich, daß durch die Eroberung von Iwo Jima, abgesehen von ihrem Wert als

3 Gegen Mittag hißten die Marineinfanteristen eine zweite und größere Flagge, die über die ganze Insel hin sichtbar war und die Amerikaner mit neuem Angriffsmut befeuerte. Der Zeitungsfotograf Joe Rosenthal machte von der zweiten Flaggenhissung eine Aufnahme – er schuf das am häufigsten kopierte und reproduzierte Kriegsfoto.

bedeutungsvoller Beitrag zum alliierten Sieg, mehr amerikanische Menschenleben gerettet als geopfert wurden.

Die Einnahme von Okinawa

Kurz nach der Eroberung Saipans hatte Admiral Spruance vorgeschlagen, Okinawa, 350 sm südwestlich von Japan, zu nehmen. Der Besitz Okinawas, so erläuterte er, würde es ermöglichen, ergänzend zu den auf den Marianen im Bau befindlichen Basen, zusätzliche Bomberflugoplätze einzurichten. Die »Joint Chiefs of Staff« lehnten damals den Vorschlag von Spruance ab, weil gerade Pläne für einen Angriff auf Formosa ausgearbeitet wurden. Schließlich aber wurde der Formosa-Plan aufgegeben, weil inzwischen die Entscheidung gefallen war, auf den Philippinen zu landen, und weil für eine gleichzeitige Durchführung beider Unternehmen nicht genug Truppen im pazifischen Bereich vorhanden waren. Luzon eignete sich als Stützpunkt ebensogut wie Formosa, die japanischen Seeverbindungen mit dem südlichen Rohstoffgebiet abzuschneiden und eine Großlandung in Japan vorzubereiten, aber als Flugstützpunkt für wirkungsvolle Angriffe auf japanische Industriezentren lag es zu weit von Japan entfernt. Deshalb kamen die »Joint Chiefs« auf den Vorschlag von Spruance zurück und äußerten sich dahingehend, daß ausreichend Truppen zur Eroberung Okinawas zur Verfügung standen. Wie bereits erwähnt, ergingen im Oktober 1944 ihre Befehle zum Angriff auf Iwo Jima und Okinawa.

Zur Unterstützung und Sicherung des amphibischen Angriffs lief die TF58 Mitte März 1945 von Ulithi aus. Spruance führte operativ, Mitscher taktisch. Spruance war sich darüber im klaren, daß die schnelle Flugzeugträgerkampfgruppe mehrere Wochen ununterbrochen in See bleiben müßte. Die Eroberung Okinawas, als der bisher größten von den Streitkräften im Pazifik angegriffenen Insel, würde einen längeren Feldzug unter Teilnahme zahlreicher Verbände erfordern. Die Sicherung des Nachschubs würde sehr problematisch sein: ein ständiger Strom von Schiffen mußte ein Gebiet anlaufen, das in leichter Reichweite japanischer Flugzeuge auf Formosa, in China, auf den Riu-Kiu-Inseln und in Japan lag. Mit Großangriffen von Kamikazefliegern mußte gerechnet werden. Natürlich würden so schnell als möglich amerikanische Flugplätze auf Okinawa eingerichtet werden, aber die dort zu stationierenden Flugzeuge würden vollauf mit der Unterstützung der kämpfenden Truppe zu tun haben und den Schutz der Nachschubfahrzeuge nicht übernehmen können. Diese Aufgabe fiel also den großen Flugzeugträgern zu, die aus diesem Grunde so lange vor Okinawa stehen mußten, bis entweder die Einnahme gelungen oder die Bedrohung aus der Luft nahezu eliminiert war.

Zur Vorbereitung des Angriffs führte die TF 58 am 18. und 19. März eine Reihe stärkster Angriffe auf die Flugplätze von Kyushu aus, der südlichsten der zum japanischen Mutterland gehörigen Inseln, sowie auf die dahinschwindenden Reste der japanischen Flotte im japanischen Binnenmeer. Die Japaner schlugen diesmal zurück und bombardierten die Flugzeugträger *Enterprise, Yorktown, Franklin* und *Wasp.* Nur die *Franklin* wurde außer Gefecht gesetzt. Zwei Bomben schlugen ins Hangardeck, während gerade Flugzeuge starteten. Brände und Explosionen kosteten 724 Mann der Besatzung das Leben. Von keinem anderen Schiff des zweiten Weltkrieges und möglicherweise der Geschichte überhaupt ist bekannt, daß es derartig schwere Beschädigungen erlitt und trotzdem noch schwamm. Gerettet durch die außergewöhnliche Tapferkeit ihrer Lecksicherungstrupps, gelang es der schwer angeschlagenen *Franklin,* mit eigener Kraft in die USA zurückzulaufen. Die vorbereitenden Luftangriffe kosteten die Amerikaner 116 Flugzeuge – aber der Einsatz erwies sich als unabdingbare Voraussetzung für den späteren Erfolg der Landung. Durch die Schläge aus der Luft wurden mehrere feindliche Schiffe beschädigt, außerdem aber so viele feindliche Flugzeuge zerstört und militärische- sowie Verkehrsanlagen auf Kyushu so zerschlagen, daß die Japaner drei Wochen lang unfähig waren, von dort aus wieder in genügender Stärke anzugreifen.

Nachdem sie Brennstoff ergänzt hatte, begann die TF 58 am 23. März mit den der Landung unmittelbar vorausgehenden Luftangriffen auf Okinawa. Am 24. eröffneten neu zur TF 58 getretene Schlachtschiffe und die unter Befehl von Konteradmiral Morton L. Deyo stehende Beschießungs- und Deckungsgruppe aus alten Schlachtschiffen, Kreuzern und Zerstörern das Vorbereitungsfeuer. Hinsichtlich seiner Unterstützungsaufgabe gehörte der Verband Deyos zur »Amphibischen Unterstützungsgruppe« von Konteradmiral Blandy. Aber Admiral Spruance, der sich vor einem Angriff japanischer Flottenstreitkräfte sichern wollte, hatte ihn organisatorisch so eingegliedert, daß er jederzeit als selbständiger Verband gegen japanische Seestreitkräfte eingesetzt werden konnte.

Während die vorbereitende Beschießung der Insel Okinawa im Gange war, führte eine aus Teilen der 77. Infanterie-Division bestehende amphibische Angriffsgruppe eine klug geplante Aktion durch. Sie landete auf den 15 sm westlich vom Südzipfel Okinawas gelegenen Kerama-Inseln. Diese Inselgruppe war schwach besetzt, da sie nach japanischer Ansicht für einen Angreifer kaum von Wert war. Tatsächlich aber war sie für die Amerikaner von größtem Wert, weil ihr Besitz ihnen einen geschützten Ankerplatz verschaffte, wo sie einen Seeflugzeugstützpunkt und eine Nachschubasis einrichten konnten. Auf der Reede von Kerama gingen am 27. März die ersten Tender, Tanker, Werkstatt-, Munitions- sowie Hilfsschiffe des Versorgungsgeschwaders 10 vor Anker, das die vor Okinawa stehenden Flottenverbände versorgte. Auf diese Weise wurde, in Ergänzung zum Versorgungsgeschwader 6, das weiter auf dem Marsch nach Südosten blieb, unmittelbar im Operationsgebiet ein schwimmender Stützpunkt geschaffen, wo Vorräte ergänzt und leichte Reparaturen ausgeführt werden konnten. Die gegen die Kerama-Inseln angesetzte amphibische Gruppe beseitigte außerdem eine ernste Drohung für die amerikanischen Schiffe, mit der man nicht gerechnet hatte: sie erbeuteten 250 mit Wasserbomben beladene Motorboote, wie sie bereits von den Japanern im Golf von Lingayen eingesetzt gewesen waren. Nach der Besetzung der Kerama-Inseln wurde Heeresartillerie auf den Keise-Inseln, in noch größerer Nähe von Okinawa, gelandet. Jetzt standen 15,5-cm-Geschütze in der japanischen Flanke. Während dieser Vorbereitungszeit flogen Flugzeuge von Trägern der TF 58 und von Geleitträgern der Amphibischen Unterstützungsgruppe Blandys im Raum von Okinawa 3000 Einsätze. Die Beschießungseinheiten verschossen 5000 t Granaten. Nachdem Minensucher 3500 Quadratmeilen Seeraum vor der Küste Okinawas abgesucht hatten, konnten die Schiffe Blandys noch näher herangehen, wodurch sich die Wirksamkeit ihres Beschusses merkbar steigerte. Kampfschwimmertrupps erkundeten die vorgesehenen Landungsabschnitte an der Westküste. Sie sprengten im Wasser etwa 2900 Holzpfähle, die von den Verteidigern als Hindernisse gegen Landungsboote eingerammt worden waren. An den letzten vorbereitenden Schlägen nahmen außer den Beschießungseinheiten, Raketenschiffen und Flugzeugen der 5. Flotte auch Bomber der amerikanischen Stützpunkte auf den Marianen, den Philippinen und in Westchina teil. Die TF 58 überwachte die Anmarsch- und Anflugwege von Japan; am anderen Flügel hatte die britische Flugzeugträgerkampfgruppe als TF 57 die Sicherung vor Angriffen von Formosa her übernommen und hielt die dazwischenliegenden japanischen Inseln durch ständige Raids auf die Flugplätze nieder. Die britische Kampfgruppe unter Befehl von Vizeadmiral Sir Bernard Rawlings, die über Sydney und Manus kommend im Operationsgebiet eingetroffen war, bestand aus vier Flugzeugträgern, zwei Schlachtschiffen, fünf Kreuzern und zehn Zerstörern – das entsprach insgesamt etwa der Stärke einer Untergruppe der TF 58. Obwohl die britischen Flugzeugträger fast diesselbe Wasserverdrängung hatten wie die der amerikanischen *Essex*-Klasse, konnten sie etwa nur die Hälfte Flugzeuge an Bord nehmen. Ihr zugehöriger Versorgungsverband war auf die Unterstützung einer Operation von längerer Dauer nicht eingerichtet[4], ihre festumbauten Hangardecks erschwerten die Handhabung der Flugzeuge und in tropischen Gewässern die Arbeit. Beim Angriff auf Okinawa jedoch erwiesen sich ihre gepanzerten Flugdecks von besonderem Vorteil. Sie machten sie für Kamikaze-Angriffe weniger verwundbar als die amerikanischen Träger mit ihren hölzernen Flug- jedoch gepanzerten Hangardecks.

In den frühen Morgenstunden des Angriffstages, dem 1. April, erreichten Transporter mit 182000 Mann Sturmtruppen das Operationsgebiet. Um 06.00 Uhr übernahm Admiral Turner den Befehl über die Landungs- und Unterstützungsverbände. Zu den Kampftruppen gehörten das III. Amphibische Korps mit der 1. und 6. Marineinfanterie-Division und das XXIV. Armeekorps mit der 7. und 96. Infanterie-Division. Beide Korps zusammen bildeten die 10. US-Armee unter Befehl von Generalleutnant Simon Bolivar Buckner, Jr. Als Reserve standen weitere drei Infanterie-Divisionen bereit, die 27. als eingeschiffte Reserve, die 81. als Gebietsreserve und die 77., nachdem sie die Kerama-Inseln sowie Ie Shima vor der Westküste von Okinawa genommen hatte.

Den Angriff auf die Insel erwarteten 100000 Mann Verteidiger, darunter 77000 Mann der regulären Kaiserlich Japanischen Armee. Der Rest bestand aus Marinepersonal und Eingezogenen aus Okinawa. Der Befehlshaber der Heerestruppen, Generalleutnant Mitsuru Ushijima, hatte die Verteidigung nach den gültigen japanischen Dienstvorschriften vorbereitet. Alle Einwohner Okinawas, deren Dienste für das Heer nicht benötigt wurden, waren nach Japan evakuiert oder in den Nordteil der Insel verbracht worden. Die Hauptverteidigungskräfte standen in einer von der Natur geschaffenen Zitadelle aus steilen Bergen und tiefen Schluchten im Südteil von Okinawa, nördöstlich von Naha. Die Abwehrkraft dieser Stellung verstärkten sie durch den Einbau sich gegenseitig Feuerschutz gewährender Geschütze, die alle Anmarschwege mit ihrem Feuer zudecken konnten, und indem sie Bunker, Höhlen, Unterstände und andere Stützpunkte durch Gräben und unterirdische Gänge miteinander verbanden. Der Hauptwiderstandslinie vorgelagert waren in konzentrischen Ringen kleinere Bastionen, die den Ansturm des Feindes aufhalten, sein Vordringen verlangsamen sollten. Auf Befehl Ushijimas schwiegen die bewegliche sowie die Küstenartillerie der Japaner während des vorbereitenden amerikanischen Bombardements, um ihre Stellungen nicht zu verraten. Gleichfalls auf seinen Befehl hin sollten keine Truppen geopfert werden, um die Amerikaner, die nach seiner (zutreffenden) Annahme an der Westküste nördlich von Naha landen würden, etwa am Strand zu zerschlagen. Ein Regiment einheimischer Soldaten sollte in den Bergen über dem Landungsstrand in Stellung gehen, aber nur mit dem Auftrag, zur Verzögerung des amerikanischen Vormarsches hinhaltend zu kämpfen, dann vor den Angreifern zurückzugehen und sich mit der Hauptmacht in den vorbereiteten Stellungen zu vereinigen. Der allgemeine Verteidigungsplan bestand darin, die Verteidigung so lange wie nur möglich durchzuhalten, um die Angriffskräfte an Land und zur See zermürbenden japanischen Angriffen, vornehmlich aus der Luft, entsprechend lange auszusetzen.

Nach längerem starken Niederhaltungsfeuer auf den Strand landete die 10. US-Armee am Morgen des 1. April. Eine Ablenkungsgruppe, deren Kern die 2. Marineinfanterie-Division bildete, führte gleichzeitig an der Südostküste eine

4 In der Zeit vom 20. April bis zum 3. Mai, auf dem Höhepunkt der Kämpfe auf Okinawa, mußte die britische Kampfgruppe in Leyte ihre Vorräte ergänzen. Geleitträger der Amphibischen Unterstützungsgruppe Blandys übernahmen während ihrer Abwesenheit die Aufgabe, die südwestlichen Zugangswege nach Okinawa zu sichern.

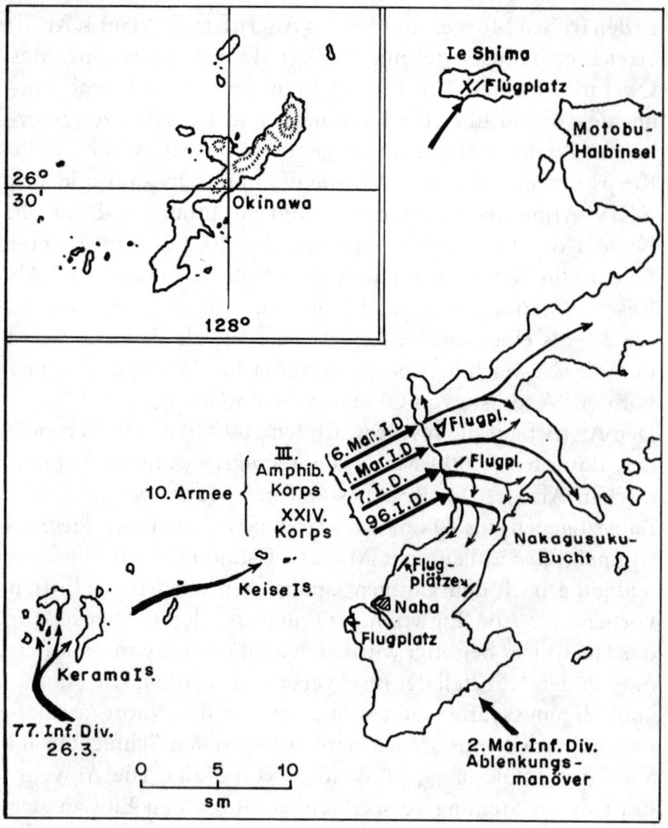

Okinawa

Scheinlandung durch in dem allerdings erfolglosen Versuch, Verteidigungskräfte vom Landungsstrand abzuziehen.

Die Soldaten der 10. Armee trafen nur auf vereinzeltes Handwaffen- und Granatwerferfeuer. Im Laufe des Tages wurden 50000 Mann Heeres- und Marineinfanterie gelandet. Vorausabteilungen brachten zwei Flugplätze in amerikanische Hand. Bis zum 2. April mittags waren die Angreifer bis zur Ostküste durchgestoßen. Die Masse des XXIV. Korps schwenkte nunmehr nach rechts ein, um nach Süden vorzustoßen, die 1. Marineinfanterie-Division nahm den Raum vor dem Landekopf in Besitz, und die 6. Marineinfanteri-Division begann den Vormarsch in den langgestreckten Nordostteil der Insel. Dabei trafen die Marineinfanteristen nur sporadisch auf Widerstand, bis sie das zerklüftete Berggelände der Halbinsel Motobu erreichten. Hier konnte sich der Feind einige Tage halten. Die Einnahme der Halbinsel verschaffte den Angreifern Höhen, von wo aus sie die 77. Infanterie-Division artilleristisch unterstützen konnten, als diese zur Eroberung eines weiteren Flugplatzes auf der nahegelegenen Insel Ie Shima landete. Am 18. April hatten die Marineinfanteristen Nord-Okinawa fest in ihrer Hand, überwachten aber weiterhin die Küsten wegen der Gefahr japanischer amphibischer Gegenangriffe.

Das durch die 27. Infanterie-Division verstärkte XXIV. Korps hatte inzwischen die äußeren japanischen Verteidigungsstellungen im Süden überwunden und sich an den Hauptverteidigungsring herangearbeitet. Am 19. April traten sie zum Sturm an, wurden aber blutig abgewiesen. Danach war einige Tage lang die Kampftätigkeit verhältnismäßig gering, während amerikanische Schiffs- und gelandete Heeresartillerie vergeblich die feindlichen Stellungen mit ihrem Feuer überschütteten. Am 1. Mai wurden die amerikanischen Angriffsverbände umgruppiert und frische Truppen in die Front eingegliedert. Die 27. Infanterie-Division löste die 6. Marineinfanterie-Division in Nord-Okinawa ab, und das III. Amphibische Korps übernahm den westlichen Angriffsflügel in Süd-Okinawa. Die 77. Infanterie-Division, die inzwischen Ie Shima erobert hatte, löste die 96. Infanterie-Division ab, die zehn Ruhetage erhielt und danach die 7. Division ablöste, um dieser eine zehntägige Ruhepause zu ermöglichen. Die Japaner, die ohne jede Ablösung und Ruhepause kämpfen mußten, machten am 4. Mai einen Gegenangriff, wurden jedoch zurückgeworfen. Gegen Ende Mai vermochten die Amerikaner, von Schiffsartillerie unmittelbar unterstützt, auf den Flanken der Angriffsfront an der Küste voranzukommen und so die feindliche Hauptstellung zu überflügeln. Um eine Einschließung zu vereiteln, zogen sich daraufhin die Verteidiger im Schutze regnerischen Wetters auf eine neue Verteidigungsstellung an der Südspitze der Insel zurück.

Da die Planung für das Unternehmen gegen Okinawa zum größten Teil abgeschlossen war, bevor die Amerikaner in den Philippinen ihre Erfahrungen mit schweren Kamikazeangriffen machten, hatten die Führer der 5. Flotte keine Kamikaze-Großangriffe in ihre Berechnungen einbezogen. Nichtsdestoweniger trafen sie jetzt die notwendigen Vorsichtsmaßnahmen. Admiral Mitscher sicherte die TF 58 mit einem Ring von Radar-Wachzerstörern. Admiral Turner umgab Okinawa mit einem doppelten Ring von Radarwachgruppen, jede bestand in der Regel aus einem Zerstörer und zwei gutbewaffneten Landungsfahrzeugen. Jägerleitteams an Bord der Zerstörer Admiral Turners leiteten den Einsatz der von den Geleitträgern gestellten Luftnahsicherung. Auf Okinawa, den Kerama-Inseln und Ie Shima wurden in größter Eile Flakbatterien aufgestellt. Von den eroberten Flugplätzen flogen nach kurzer Zeit Fliegerverbände der Marineinfanterie ihre ersten Einsätze.

Japanische Bomber und Kamikazeflieger griffen nach Beginn der Operation gegen Okinawa in einzelnen Einsätzen amerikanische Flotteneinheiten vor der Insel an. Am 21. März traf ein Kamikazeflieger das Flaggschiff von Admiral Spruance, die *Indianapolis*. Eine Bombe, die der Pilot vor seinem Aufprall ausgelöst hatte, durchschlug mehrere Decks und riß zwei große Löcher in den Schiffsrumpf. Spruance setzte seine Flagge auf dem alten Schlachtschiff *New Mexico*. Die *Indianapolis* wurde auf der Reede von Kerama notdürftig geflickt und machte sich zur Reparatur auf den Weg zur Marinewerft Mare Island. Am 2. April richtete ein auf einem Transportzerstörer explodierendes Kamikazeflugzeug so schwere Schäden an, daß der Zerstörer versenkt werden mußte. Bis zum 5. April gelang es japanischen Bombern und Kamikazefliegern, 39 Flotteneinheiten zu beschädigen, darunter zwei alte Schlachtschiffe, drei Kreuzer und einen Geleitträger. Diese Angriffe bildeten aber lediglich den Auftakt zu dem allgemeinen Gegenangriff, den das Kaiserliche Heer und die Kaiserliche Marine – zum ersten Mal in echter enger Zusammenarbeit – am 6. April führten. Am Morgen dieses Tages sichtete ein japanischer Aufklärer die TF 58 östlich von Okinawa. Kurz danach stiegen 341 normale Bomber und 355 alte, als Kamikazeflugzeuge hergerichtete Maschinen von Flugplätzen auf Kyushu auf. Ein Teil flog die TF 58 an, der andere die vor der Küste Okinawas liegenden amerikanischen Schiffe.

Die ersten und am hartnäckigsten angegriffenen Ziele der japanischen Flugzeuge waren die vorgeschobenen Wachschiffe, die zu Beginn der Operationen ihre Verteidigung vornehmlich mit ihren eigenen Waffen bestreiten mußten.

Am 6. nachmittags stürzten sich Kamikazeflieger auf den Wachzerstörer *Bush* nördlich von Okinawa und erzielten drei Treffer. Der als nächster Nachbar stationierte Zerstörer *Colhoun* eilte der beschädigten *Bush* zu Hilfe und wurde selbst von drei Kamikazefliegern getroffen. Beide Zerstörer begannen zu sinken. Eine wachsame Luftsicherung und erprobte Gegenmaßnahmen hinderten den Feind daran, an diesem Tage zur TF 58 durchzustoßen, aber 200 japanische Maschinen erreichten den Raum um Okinawa. Hier wurde die Masse der Angreifer durch amerikanische Jäger oder durch Flakfeuer abgeschossen, das so dicht war, daß der Hagel fallender Geschoßsplitter auf amerikanischer Seite 38 Ausfälle zur Folge hatte. Trotzdem beschädigten die japanischen Flugzeuge 22 Einheiten, versenkten einen Transportzerstörer sowie ein *LST* und erledigten zwei beladene Munitionsdampfer, wodurch die 10. US-Armee unter Mangel an bestimmten Granatarten litt.

Inzwischen hatte die zweite Phase des japanischen »Ausverkauf«-Großangriffes begonnen. Gespeist von den letzten 2500 t Treiböl in Japan – es reichte gerade aus, um Okinawa zu erreichen – liefen das Riesenschlachtschiff *Yamato,* der Leichte Kreuzer *Yahagi* und acht Zerstörer aus dem japanischen Binnenmeer zum Kampf mit den Amerikanern aus. Die Schiffe hatten den Auftrag, in der Morgendämmerung des 8. vor der Insel zu stehen, auf den Strand aufzulaufen und auf die amerikanischen Streitkräfte zu feuern, bis ihre Munition verschossen oder sie vernichtet waren. Zwei vor Kyushu patrouillierende amerikanische U-Boote sichteten jedoch am 6. abends den japanischen Verband und meldeten ihn. Admiral Spruance alarmierte daraufhin die Schlachtschiffgruppe Admiral Deyos. Deyo sollte die japanischen Schiffe so weit nach Süden vorrücken lassen, bis es für einen Rückzug in einen japanischen Hafen zu spät und die Unterstützung des Verbandes von Flugplätzen auf Kyushu aus zu schwierig wäre.

Die Gruppe Deyo sollte am 7. zu geeigneter Zeit vorgehen und angreifen. Aber Admiral Mitscher hatte nicht die Absicht, den feindlichen Verband der amerikanischen Schlachtschiffgruppe zu überlassen. Am 7. vor Tagesanbruch führte er die TF 58 nach Norden, um den Japanern den Todesstoß zu versetzen. Kurz nach 08.00 Uhr stellten seine Aufklärer den feindlichen Verband auf Westkurs fest, und auf Kerama stationierte *PMB* hielten Fühlung, als er auf einen südlichen Kurs eindrehte. Um 10.00 Uhr ließ Mitscher seine Verbände zum Angriff aufsteigen. Zweieinhalb Stunden später schlugen sie mit überwältigender Macht zu. Die *Yamato*, die *Yahagi* und ein Zerstörer wurden versenkt, drei Zerstörer so schwer beschädigt, daß die verbleibenden sie versenkten, bevor sie selbst kehrtmachten.

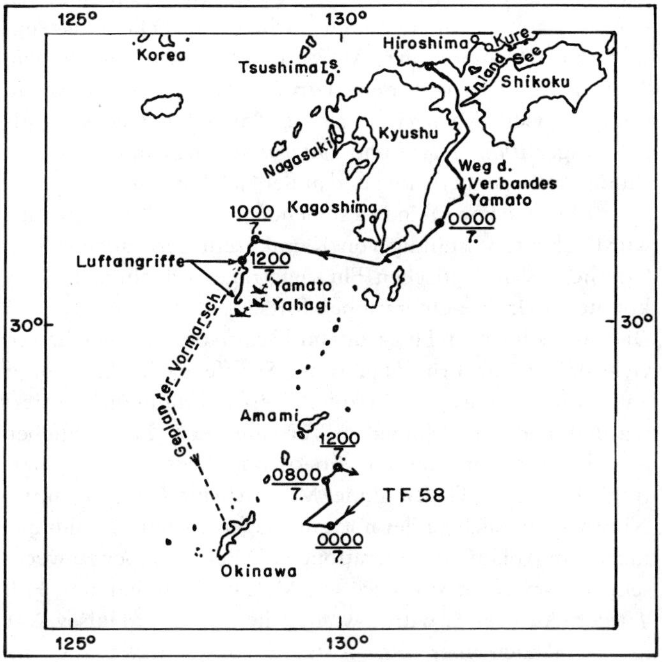

Die Todesfahrt der Kaiserlich Japanischen Flotte, 6.–7. April 1945

Am 7. April gelang es schließlich einem Kamikazeflieger, die Luftsicherung über der TF 58 zu durchbrechen und sich auf das Flugdeck der *Hancock* zu stürzen. 72 Mann der Besatzung wurden dabei getötet. Bis zum Einbruch der Nacht konnten Kamikazeflieger vier weitere Einheiten beschädigen. Der Angriff vom 6.–7. April war nur der erste von 10 allgemeinen Kamikazeangriffen, die gegen die amerikanische Flotte und den Schiffsverkehr vor Okinawa durchgeführt wurden. Kamikaze-Aktionen und konventionelle Bombenangriffe kleineren Maßstabs ereigneten sich fast täglich. Bei Angriffen am 12.–13. April und danach wurde erstmals ein neues Kamikazemittel eingesetzt, die *Oka* (Kirschblüte)[5], eine mit Flügeln versehene Bombe mit Raketenantrieb, die unter den Rumpf eines Bombers aufgehängt war, von dort ausgelöst und von einem Piloten ins Ziel gesteuert wurde.

Fast drei Monate lang verblieb die Schnelle Flugzeugträgerkampfgruppe östlich von Okinawa in einem 60 Quadratsee-

5 Die Amerikaner nannten sie »Baka«, d.h. Narrenbombe.

meilen umfassenden Gebiet. Ihre Flugzeuge unterstützten die gelandeten Kampftruppen, bekämpften feindliche Flugzeuge und überwachten das Seegebiet gegen feindliche U-Boote. Die Unterkampfgruppen verließen im Wechsel das Operationsgebiet, um Brennstoff zu ergänzen. Sechsmal stießen sie nach Norden vor, um Flugplätze auf Kyushu zu bombardieren; ein völliges Ausschalten der Flugplätze wie beim Kampf gegen Luzon war aber unmöglich. Es gab zu viele, sie lagen zu weit verstreut und waren durch Flakbatterien zu gut geschützt.

Obwohl die Kamikazeflieger weiterhin ihre Opfer vornehmlich unter den Wachzerstörern und anderen Flotteneinheiten vor Okinawa suchten, mußte auch die schnelle Flugzeugträgerkampfgruppe ihr Maß an Treffern hinnehmen. Admiral Mitscher verlor einen großen Teil seines Stabes und mußte in vier Tagen zweimal das Flaggschiff wechseln, als die Träger *Bunker Hill* und *Enterprise* nacheinander durch Kamikazeflieger getroffen und außer Gefecht gesetzt wurden. Die südöstlich von Okinawa stehende britische Kampfgruppe wurde ebenfalls ständig von Kamikazefliegern angegriffen. Sämtliche vier britischen Flugzeugträger erhielten Treffer, konnten aber ihre Operationen fortsetzen.

Die amerikanischen Flugzeug- und Schiffsbesatzungen hatten Gelegenheit zur Erholung, wenn Schiffe nach Ulithi oder andernorts zur Reparatur oder Werftüberholung beordert wurden. Die Befehlshaber im Verband der 5. Flotte blieben jedoch im Einsatz, bis ihre übermäßige Anspannung unerträglich wurde. Gegen Ende Mai entschloß sich Admiral Nimitz schließlich zu der noch nie dagewesenen Maßnahme, mitten im Ablauf der Operationen die Befehlshaber zu wechseln. Halsey löste Spruance ab, McCain Mitscher und Hill Turner. Aus der 5. wurde wieder die 3. Flotte. Halsey war nicht glücklich über seine Aufgabe vor Okinawa, die ihm zu defensiv war, aber er sah schnell ein, daß ihm keine Wahl blieb. Er setzte die von Spruance entwickelte Taktik fort, drängte aber darauf, daß die auf Okinawa zu stationierenden Luftstreitkräfte möglichst schnell aufgebaut wurden, damit die Schnelle Flugzeugträgerkampfgruppe – jetzt wieder TF 38 – von ihren Sicherungs- und Unterstützungsaufgaben entbunden werden konnte.

Zur Zeit dieses Kommandowechsels waren die Amerikaner durch ständige Verbesserung ihrer Abwehrtechnik der Kamikazebedrohung praktisch Herr geworden. Sie hatten ihre schwimmenden Radar-Wachgruppen durch Wachflugzeuge ergänzt, die Gruppen selbst durch Eingliederung zusätzlicher Zerstörer und amphibischer Fahrzeuge verstärkt und den besonders exponierten Wachgruppen eigene Luftsicherungspatrouillen zugeteilt. In Nord-Okinawa und auf kleineren, zu diesem Zweck in Besitz genommenen Inseln vor der Küste wurden Radarstationen errichtet. Kleine und gut manövrierfähige Einheiten hatten gelernt, die auf sie herabstoßenden Kamikazeflieger recht voraus zu nehmen, um das Abwehrfeuer maximal zur Geltung zu bringen, und die Geschwindigkeit so zu erhöhen, daß sie für die Kamikazepiloten ein schwer zu treffendes Ziel boten. Diese stürzten mit ihren Flugzeugen so schnell, daß der Luftdruck ihre Steuereinrichtungen blockierte.

Die Kamikazeflieger konnten ihrerseits keine Aufzeichnungen liefern, auf deren Grundlage Verbesserungen hätten entwickelt werden können, denn keiner, der den Todesflug ausführte, kehrte zurück, um über seine Erfahrungen zu berichten. Außerdem hatte sich inzwischen die personelle Zusammensetzung des Kamikaze-Sonderverbandes geändert. Die Freiwilligen, die den Ruhm des Opfertodes gesucht hatten, waren gefallen, ihre Nachfolger wurden gezwungen, Kamikazepiloten zu werden. Unter diesen unfreiwillig zur Opferung bestimmten Fliegern wuchs das Gefühl, daß ihre Aufopferung sinnlos sei, da Okinawa offensichtlich ohnehin verloren war. Plötzlich kehrten Piloten wieder zurück mit der Behauptung, sie hätten keine feindlichen Schiffe ausmachen können. Ein Pilot machte seinem Unmut, auf eine »Selbstmord«-Mission befohlen zu werden, dadurch Luft, daß er die Unterkunft seines Vorgesetzten beim Abflug mit Bordwaffen beschoß.

Um den 10. Juni herum hatten die Kamikazeangriffe stark nachgelassen; der Aufbau amerikanischer Luftstützpunkte auf Okinawa war fortgeschritten, und die Erfolge der von China und den Marianen aus gegen Kyushu operierenden *B-29* machten sich fühlbar. Infolgedessen konnte nunmehr die TF 38 von ihren Aufgaben in den Gewässern um Okinawa entbunden werden. Als die Schnelle Trägerkampfgruppe am 13. im Leyte-Golf ankam, um Vorbereitungen für Angriffe auf Japan im Juli zu treffen, hatte sie einen Seetörn von 92 Tagen hinter sich.

Beschießungseinheiten der Flotte und Geleitträger blieben so lange vor Okinawa, bis die im Süden der Insel gelegene Hauptverteidigungsstellung genommen war. Am 21. Juni wurde offiziell die Einnahme Okinawas verlautbart. Am 22. brachten General Ushijima und sein Chef des Stabes die Anerkennung ihrer Niederlage zum Ausdruck, indem sie nach japanischem Ritus Selbstmord begingen. Säuberungsaktionen auf Okinawa wurden bis zum Ende des Monats fortgesetzt. Mit Ausnahme von 11000 Kriegsgefangenen war faktisch die gesamte Inselbesatzung im Kampf gefallen. Amerikanische Schiffs- und Heeresartillerie sowie Fliegerangriffe verursachten 24000 Opfer unter dem Teil der Zivilbevölkerung, der sich unglücklicherweise in der Nachbarschaft japanischer Truppen oder militärischer Anlagen aufgehalten hatte. Auch für die Angreifer war der Blutzoll hoch. Fast 13000 Amerikaner waren gefallen, darunter 3400 Marineinfanteristen und 4900 Mann auf den schwimmenden Verbänden. Die Verluste der Flotte waren hauptsächlich auf japanische Luftangriffe, vor allem durch Kamikazeflieger, zurückzuführen. Durch Luftangriffe wurden 26 Einheiten, davon keine über Zerstörergröße, versenkt, weitere 368 wurden beschädigt, viele davon so, daß sie nicht gerettet werden konnten. Mit diesem großen Opfer hatten sich die Amerikaner eine Stellung erkauft, von wo aus sie die Industriezentren Japans massiv angreifen konnten; zugleich hatten sie jetzt die Möglichkeit, die Blockade Japans zu vervollständigen und eine Landung auf Kyushu vorzubereiten.

Die japanische Kapitulation

Am 22. Juni 1945 traf Kaiser Hirohito auf einer Sitzung des Obersten Kriegsrates eine Feststellung, zu der sich führende Persönlichkeiten des Landes aus Angst oder Unmut öffentlich nicht bequemen wollten: Japan müsse einen Weg finden, den Krieg zu beenden. Es war höchste Zeit. Riesenschwärme amerikanischer Bomber verbrannten die japanischen Städte zu Asche. Der Würgegriff der Blockade brachte die Kriegsproduktion zum Stillstand. Der Hunger bedrohte das Land. Im April hatte die Sowjetunion unheilverheißend angekündigt, daß sie den Neutralitätspakt mit Japan nicht erneuern werde. Die Kapitulation Deutschlands im Mai hatte die Hoffnung zunichte gemacht, daß von dort eine entscheidungbringende Wunderwaffe beschafft werden könne. Die Niederlage des Verbündeten setzte zugleich sämtliche alliierten Machtmittel für den Kampf gegen Japan frei. Okinawa, die letzte Außenbastion, war gefallen.

Es war nicht einfach, den Krieg zu beenden. Mächtige Gruppen in Japan und Führer der Streitkräfte in besetzten Gebieten waren für einen Kampf bis zum bitteren Ende. Weder die Regierenden noch das Volk waren bereit, einen Friedensschluß zu akzeptieren, der nicht die Erhaltung der Monarchie in sich schloß. Die notwendigen Verhandlungen mußten daher im geheimen geführt und Friedensbedingungen erlangt werden, die kurz vor der »bedingungslosen Kapitulation« haltmachten. Da von den Weltmächten Rußland hinsichtlich des Krieges im Pazifik offensichtlich neutral war, schien es angebracht, über Moskau Friedensfühler auszustrecken. Der Oberste Kriegsrat hoffte außerdem, durch das Insspielbringen Sowjetrußlands ein neues Neutralitätsversprechen im Austausch gegen Zugeständnisse in der Mandschurei zu erlangen. Als jedoch der japanische Botschafter in Moskau das sowjetische Außenministerium wegen der gewünschten Friedensverhandlungen sondierte, mußte er feststellen, daß die Russen ihn hinhalten wollten. Während der Potsdamer Konferenz im Juli 1945 sagte Stalin Truman oder Churchill zunächst nichts von dem japanischen Wunsch nach Friedensvermittlung.[6] Ganz offensichtlich wollten die Russen kein Ausscheiden Japans aus dem Krieg, bevor sie nicht selbst am Krieg gegen Japan teilgenommen hatten, um die Früchte des Sieges mitzugenießen.

Jedoch war Präsident Truman über die Friedensfühler Japans unterrichtet, denn der amerikanische Nachrichtendienst las den Funkspruchaustausch zwischen dem japanischen Außenminister in Tokio und dem japanischen Botschafter in Moskau mit. In der Potsdamer Proklamation vom 26. Juli erteilten die Regierungen der Vereinigten Staaten, Großbritanniens und Chinas Japan eine Antwort, indem sie erklärten, daß die »bedingungslose Kapitulation« im Falle Japans nur für die Streitkräfte gelten solle. In der Proklamation wurde weiter ausgeführt, daß Japan alle territorialen Gewinne und besetzten Gebiete herausgeben müsse und nur die vier Inseln des japanischen Mutterlandes behalten dürfe, ferner, daß wichtige Punkte in Japan besetzt werden würden, bis eine »friedfertige und verantwortungsbewußte Regierung« am Ruder sei, die dem Volkswillen entsprechend durch freie Wahlen zustandekommen müsse. Über das Schicksal des Kaisers und des kaiserlichen Systems war in der Erklärung nichts enthalten, weil die alliierten Regierungen in dieser Hinsicht noch zu keinem endgültigen Entschluß gelangt waren. Zwei Tage nach der Veröffentlichung der Proklamation unterrichtete Stalin seine Kollegen über die japanische Anfrage nach Friedensbedingungen. Die Potsdamer Proklamation kam für das japanische Kabinett zu früh und zu plötzlich: noch hatte es keine Schritte unternommen, um das japanische Volk auf die Kapitulation vorzubereiten, noch hatte es nicht das erhoffte Neutralitätsversprechen der Sowjetunion erhalten; auch waren die Zerwürfnisse in den eigenen Reihen über den einzuschlagenden Kurs noch nicht beseitigt. Das Haupthindernis für eine Annahme der alliierten Proklamation war jedoch, daß sie kein Wort über die Absichten hinsichtlich des japanischen Kaiserhauses enthielt.

Während die russischen Staatsmänner die Japaner weiter hinhielten und diese eine Entscheidung hinauszögerten, arbeiteten Amerikaner und Briten energisch an den Plänen für eine Landung in Kyushu im November 1945 (Operation »Olympic«). Ein Angriff auf Honshu und ein Vorstoß in die Ebene von Tokio sollten im März 1946 folgen.

Am 16. Juli 1945 fand die erste Explosion einer Atombombe in Alamogordo in Neu-Mexiko statt. Wenige Stunden später befand sich das erste Flaggschiff der Fünften Flotte, die *Indianapolis,* deren schwere vor Okinawa erlittene Schäden repariert waren, mit den ersten Atombomben auf dem Weg von San Francisco nach den Marianen. Bomber, die auf Okinawa und auf den Marianen stationiert waren, griffen zu diesem Zeitpunkt in Wellen zu 500 und mehr Maschinen japanische Städte an und legten große Bezirke in Schutt und Asche. Am 10. Juli hatte die TF 38 Flugplätze im Raum von Tokio bombardiert. Von diesem Tage an paradierte mit nur einer Unterbrechung bis zum Ende des Krieges die Flugzeugträgerkampfgruppe der 3. Flotte vor der japanischen Küste, bombardierte Städte oder beschoß Anlagen an Land ohne jeden Gegenangriff durch japanische Flugzeuge. Die Japaner horteten ihre Maschinen, um die erwartete Landung zurückzuschlagen. Am 17. Juli erhielten die 105 Flotteneinheiten Halseys den Zuzug der 28 britischen Kriegsschiffe der TF 37. Die vereinigten Verbände stellten die stärkste Kampfgruppe dar, die es je gegeben hatte. Sie griffen die japanischen Marinestützpunkte Yokosuka in der Bucht von Tokio und Kure im japanischen Binnenmeer an, versenkten den Rest

6 Vor Abschluß der Potsdamer Konferenz trat Clement Attlee an die Stelle Churchills als Premierminister.

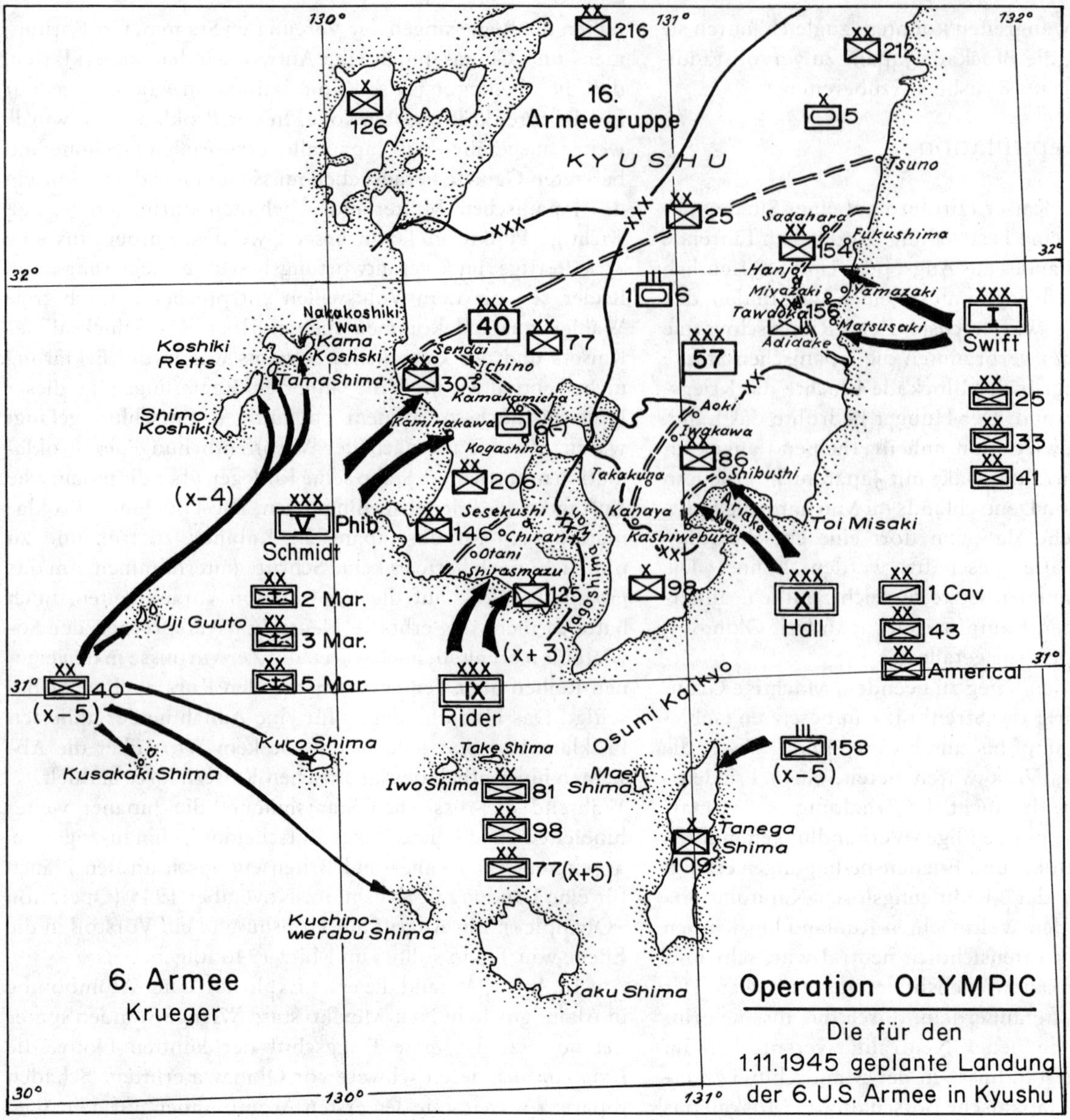

Die Operation OLYMPIC

der Schiffe der Kaiserlich Japanischen Flotte oder fügten ihnen schwere Beschädigungen zu. Am 30. Juli schloß die 3. Flotte die erste Phase ihrer intensiven Operationen gegen Japan mit einem Angriff auf Flugplätze und Fabriken in Mittelhonshu ab. Am gleichen Tage lief die *Indianapolis,* nachdem sie die Atombomben in Tinian abgeliefert hatte, Guam an. Bei der Fortsetzung ihrer Fahrt nach Leyte wurde sie in der Philippinensee von dem japanischen U-Boot *I-58* versenkt und verlor fast 900 Mann Besatzung.

Japan wartete etwas zu lange auf die russische Neutralitätsverpflichtung – die Amerikaner legten schließlich das japanische Schweigen als Ablehnung der Potsdamer Proklamation aus. Am 6. August warf eine von Tinian aufgestiegene *B-29* eine Atombombe über Japan ab, die den größten Teil der Stadt Hiroshima versengte und dem Erdboden gleichmachte. Die Russen erkannten, daß, wenn sie noch am Kriege gegen Japan teilnehmen wollten, dies umgehend geschehen müsse. Am 8. August händigte der sowjetische Außenminister dem japanischen Botschafter in Moskau die lang erwartete Antwort aus. Sie enthielt eine Kriegserklärung. Wenige Stunden später marschierte die Rote Armee in die Mandschurei ein. Am 9. August vernichtete eine zweite Atombombe, die von einem amerikanischen Bomber über Japan abgeworfen wurde, die Stadt Nagasaki. Am gleichen Tage kehrte die 3. Flotte, nachdem sie einen Taifun in See durchstanden hatte, in die Gewässer um Japan zurück und bombardierte Flugplätze in Nordhonshu und Hokkaido. Am 10. drangen russische Truppen in Korea ein.

Diese erschreckenden Ereignisse beendeten das Zögern der japanischen Regierung und lösten eines ihrer schwierigsten

Probleme. Bis dahin nämlich waren die höchsten Ratgeber des Kaisers in Verlegenheit gewesen, wie sie die harte Tatsache der Niederlage einem Volke bekanntmachen sollten, das so lange durch eine lügnerische Propaganda getäuscht worden war. Die Wahrscheinlichkeit war nicht gering, daß jeder Kapitulationsversuch Meuterei in den Streitkräften und einen Bürgerkrieg heraufbeschwören würde. Aber die gewaltige Zerstörungskraft und das Geheimnis, das die neue Bombe umgab, der drohende Vormarsch der Roten Armee und der Wiederbeginn der Angriffe der 3. Flotte überzeugten die Japaner, von ein paar Heißspornen abgesehen, daß weiterer Widerstand nutz- und sinnlos sei. Kurz nach Mitternacht in der Nacht vom 9./10. August erhob sich Kaiser Hirohito in tiefer Bewegung vor seinem Obersten Kriegsrat und sprach sich für eine sofortige Annahme der Potsdamer Proklamation aus. Das Kabinett stimmte einstimmig zu unter der Bedingung, daß die Monarchie erhalten bleibe. Diese Entscheidung wurde über die Schweiz und Schweden nach Washington, London, Moskau und Tschungking weitergeleitet. Nach Erhalt der japanischen Entscheidung faßte der amerikanische Außenminister im Namen der alliierten Regierungen eine Antwort ab, die auf die japanische Bedingung einging, sie jedoch in zwei Punkten einschränkte: (1) der Kaiser müsse sich während der Zeit der Besetzung der Autorität des alliierten Oberbefehlshabers in Japan fügen, (2) der endgültige Status des Kaiserhauses sollte durch das japanische Volk in freien Wahlen bestimmt werden.

Während die Alliierten über die von den Japanern gestellte Bedingung berieten und die Japaner die von den Alliierten verlangten Einschränkungen erörterten, griff die 3. Flotte erneut Nordhonshu und die Kurilen an. Dann lief sie nach Süden zurück und griff am 13. erneut Tokio an. Am 14. nahm das japanische Kabinett, wiederum auf den Rat des Kaisers hin, die von den Alliierten geforderten Einschränkungen an. Am 15. August, als sich gerade eine Welle Trägerflugzeuge über Tokio befand und eine weitere im Begriff war zu starten, erhielt die 3. Flotte den Befehl »Feuer einstellen«.

Am 2. September unterzeichnete der japanische Außenminister in Stellvertretung des Kaisers, der Regierung und des Kaiserlichen Hauptquartiers an Bord des Schlachtschiffes *Missouri* in der Bucht von Tokio die Kapitulationsurkunde. Die Schiffe der 3. Flotte waren ebenfalls in der Bucht versammelt. General Douglas MacArthur unterzeichnete die Urkunde als Oberster Befehlshaber für die alliierten Mächte. Als nächster setzte Admiral Chester Nimitz seinen Namen unter das Dokument als Vertreter der Vereinigten Staaten. Nun folgten die Vertreter Großbritanniens, Chinas, der Sowjetunion, Australiens, Kanadas, Frankreichs, der Niederlande und Neuseelands.

Kurz darauf richtete General MacArthur sein Hauptquartier in Tokio ein, um seine Arbeit als oberster Repräsentant der Besatzungsmacht zu beginnen.

Zusammenfassung

Gleich einer Sturmflut überschwemmte die japanische Wehrmacht von Dezember 1941 bis Ende März 1942 weite Gebiete Südostasiens. Es war das Ziel dieser großangelegten Operation, unter Ausnutzung der Schwäche der durch den Krieg in Europa gebundenen Kolonialmächte, in schnellem Zugriff die reichen Rohstoffgebiete – vor allem die Ölquellen – Südostasiens in die Hand zu bekommen, um auf diese Weise dem gefährlichen wirtschaftlichen Druck, mit dem die Vereinigten Staaten Japan eine ihren Wünschen entsprechende Politik aufzuzwingen suchten, zu entgehen und die Freiheit des Handelns zu wahren. In diesem Zusammenhang gesehen war der Angriff gegen Pearl Harbor nur der weitgehend gelungene Versuch, durch einen wagemutigen Angriff den gefährlichsten Gegner für diese Südoperation, nämlich die US-Pazifik-Flotte, bei Beginn des Krieges auszuschalten.

In dem am 5. November 1941 angenommenen Grundkriegsplan des kaiserlichen Hauptquartiers war die Eroberung von Britisch-Malaya, den Philippinen, Hongkong, Guam und Wake im ersten Schritt und von Borneo, Sumatra, Java, Celebes, den Kleinen Sunda-Inseln, von Niederländisch Timor, dem Bismarck-Archipel und Burma im zweiten Schritt vorgesehen. Nach dieser ersten Phase der Operationen, für die 11 von 51 Divisionen und 700 von 1500 Flugzeugen des Heeres sowie die Masse der Überwasserstreitkräfte der Flotte und etwa 1600 von 3300 Flugzeugen der Marineluftwaffe eingesetzt wurden, wollte man zur Defensive übergehen und in den Randgebieten der eroberten Räume eine tief gestaffelte Verteidigungszone errichten, in der jeder Gegenangriff abgefangen und zerschlagen werden konnte. Da ein solcher Angriff über See erfolgen mußte, bildete die Vereinigte Flotte, in der die schlagkräftigsten Schiffsverbände und Marine-Luftstreitkräfte zusammengefaßt waren, den Rückhalt der gesamten Verteidigung. Sie sollte entsprechend der bereits seit den zwanziger Jahren herrschenden operativ-taktischen Konzeption – jedoch aus einer wesentlich verbesserten Ausgangsstellung – eine »Seeschlacht aus der Lauer« schlagen.

Mit einer siegreich geschlagenen Seeschlacht wollte man dem Gegner die Möglichkeit zu weiterer offensiver Kriegführung nehmen und die Kampfbereitschaft Amerikas und Englands derartig lähmen, daß eine den japanischen Zielen Rechnung tragende politische Beendigung des Krieges möglich wurde.

Der im Mai 1941 mit England und Kanada getroffenen Vereinbarung entsprechend, sollte bei einem Eintritt der USA in den Krieg das Schwergewicht der alliierten Anstrengungen zunächst auf dem europäischen Kriegsschauplatz zur Geltung gebracht werden, da man Deutschland für den gefährlichsten Gegner hielt. So hatten die Vereinigten Staaten nach der Kriegserklärung an Japan und die europäischen Achsenmächte einen großen Teil ihrer Flotte im Atlantik zu halten und mußten im Pazifik weitgehend in der Defensive verbleiben, wie es dem Grundkriegsplan »Rainbow 5« entsprach.

Das Beste, was die US-Streitkräfte in dieser Situation tun konnten, war eine hinhaltende Kampfführung auf den Philippinen, um die japanische Offensive zu verlangsamen und der Versuch, durch die Zusammenfassung der in Südostasien befindlichen alliierten Seestreitkräfte weitere Vorstöße der japanischen Flotte ebenfalls zu blockieren oder wenigstens zu verlangsamen. Als Offensivoperationen blieben nur Angriffe der amerikanischen und alliierten U-Boote gegen die japanische Schiffahrt, wobei die zahlreichen Torpedo-Versager größere Erfolge verhinderten, sowie der Einsatz der von dem Angriff auf Pearl Harbor nicht betroffenen Flugzeugträger zu Raids gegen die japanischen Positionen in den Mandatsgebieten und schließlich gegen Tokio.
Die japanische Offensive schritt schneller voran als die Japaner selbst erwartet hatten.
Als sich im Januar 1942 abzuzeichnen begann, daß die erste Phase des japanischen Kriegsplanes in Kürze ihren erfolgreichen Abschluß finden würde, begannen die Planungen für die Strategie einer zweiten Phase. Während der Heeres-Generalstab überwiegend auch jetzt, als der unerwartet schnelle Erfolg im Süden erkennbar wurde, an dem Gedanken des Grundkriegsplanes festhielt, ja mit Rücksicht auf das begrenzte Potential Japans eine defensive Strategie vorsah, stellte man bei der Marine Überlegungen an, wie der Verteidigungsring Japans am besten auszudehnen sei, solange die gewonnene Überlegenheit noch anhielt.
Beim Admiralstab hielt man es für die beste Strategie, die größte Basis für einen eventuellen alliierten Gegenangriff, Australien, durch einen Vorstoß gegen die Salomonen, die Fiji-Inseln, die Samoa-Inseln und Neu-Kaledonien von der Nachschubroute aus der Kraftquelle der alliierten Koalition, den USA, abzuschneiden. Bei der »Vereinigten Flotte« wurden zunächst Überlegungen angestellt, wie man den Rest der amerikanischen Flotte, insbesondere die Flugzeugträger, zur Entscheidungsschlacht stellen könnte. Am sichersten schien das mit einem Angriff auf Hawaii erreichbar, doch ergab eine Prüfung, daß diese Operation logistisch nicht durchführbar war. So wandte man sich zunächst Plänen für eine Offensivoperation im Indischen Ozean mit dem Ziel einer Wegnahme von Ceylon und der Errichtung einer beherrschenden Flottenbasis in diesem Gebiet zu. Da sich die Armee solchen Plänen jedoch versagen mußte, kam es nur zu einem Raid in dieses Gebiet, während man gleichzeitig die Hauptaufmerksamkeit auf Drängen von Admiral Yamamoto wieder dem Pazifik zuwandte, insbesondere nachdem der amerikanische Trägerraid gegen Tokio die Gefährdung der japanischen Pazifikflanke gezeigt hatte. Man hoffte, durch die Wegnahme der Insel Midway die Lücke in der Aufklärung im Osten schließen und zugleich die amerikanische Flotte damit zur Schlacht zwingen zu können. Ehe jedoch diese Operation anlaufen konnte, setzte der Admiralstab den ersten Schritt in seiner Offensive nach Südosten ins Werk. In einer kombinierten Operation sollten Port Moresby an der Südostküste Neu Guineas weggenommen und auf der südlichen Salomoneninsel Guadalcanal ein Aufklärungsstützpunkt errichtet werden.
Der japanische Seevorstoß nach Port Moresby wurde durch amerikanische Trägergruppen in der Schlacht in der Korallensee vom 4. bis 8. Mai 1942 gestoppt. Trotz des Rückschlages ließ Admiral Yamamoto den Angriffsplan gegen Midway nach einem komplizierten Schema anlaufen, das zu einer erheblichen Zersplitterung der japanischen Kräfte führte. So konnten die durch Leistungen ihres Nachrichtendienstes rechtzeitig über die japanischen Absichten im Großen unterrichteten Amerikaner in der Schlacht bei Midway den Kern der japanischen Seemacht, 4 Flugzeugträger, vernichten und damit das japanische Übergewicht zur See beseitigen.
Nur im Norden gelang es den Japanern, auf den westlichen Aleuten-Inseln Fuß zu fassen.
Das gewandelte Kräfteverhältnis im Pazifik erlaubte den Amerikanern nun den Übergang zu einer offensiveren Kampfführung, die mit einem Gegenangriff gegen die Bedrohung der Nachschubroute von Hawaii nach Australien begann. Während amerikanisch-australische Streitkräfte unter General MacArthur auf der Südostspitze Neu Guineas Fuß faßten und die Japaner nach Norden zurückdrängten, setzte die amerikanische Marine die erste größere amphibische Operation gegen Guadalcanal an. Das halbjährige Ringen um diese Insel vom August 1942 bis Februar 1943 führte zu zahlreichen Seeoperationen, in die immer stärkere Teile beider Flotten geworfen werden mußten. Die auf beiden Seiten eintretenden schweren Ausfälle konnten jedoch von der amerikanischen Marine, deren große Neubauprogramme von 1940 sich nun auszuwirken begannen, sehr viel schneller aufgefüllt werden als von den Japanern, die sich von den Verlusten nicht mehr erholen konnten, zumal bei den folgenden Operationen bis Ende 1943 im Gebiet der zentralen Salomonen ständig neue Ausfälle eintraten.
In der zweiten Hälfte des Jahres 1943 gewann die amerikanische begrenzte Offensive bereits größeren Schwung. Im Norden griffen die Amerikaner die von den Japanern gehaltene Aleuten-Insel Attu im Mai 1943 an und warfen die Japaner bis zum August von ihren Stützpunkten in diesen Gebieten zurück. Im Süden nahm die begrenzte Offensive die Form eines Zangenangriffes gegen Rabaul über die Salomonen und die Nordküste Neu Guineas an. Der Vormarsch im Gebiet der Salomonen wurde durch die Admiral Halsey unterstellten »Südpazifischen Streitkräfte«, der Angriff auf Neu Guinea durch die General MacArthur unterstellten »Südwestpazifischen Streitkräfte« unternommen. Im März 1944 hatten die beiden Zangen Rabaul eingeschlossen und neutralisiert, so daß der weitere Vormarschweg MacArthurs an der Küste Neu Guineas entlang in der Flanke gesichert war. Ein wesentliches Ergebnis dieser Operationen war die außerordentliche Schwächung der japanischen Marineluftwaffe, die erneut die japanische Trägerluftwaffe neutralisierte, gerade als der amerikanische Großangriff im Zentralpazifik begann.
Ähnlich wie in Japan Anfang 1942 gab es nun Ende 1943

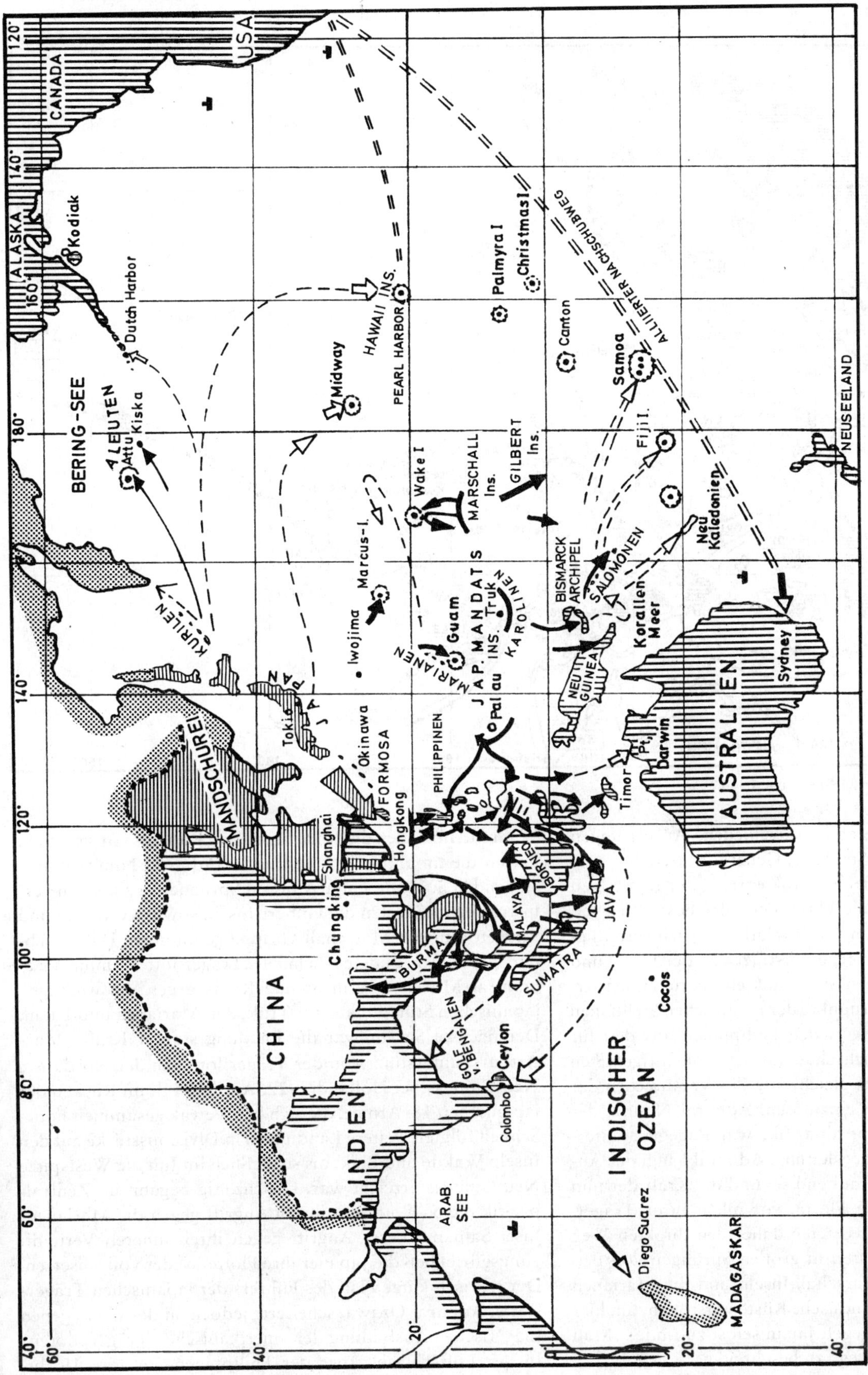

Die Zeit der japanischen Offensiven 1941–42

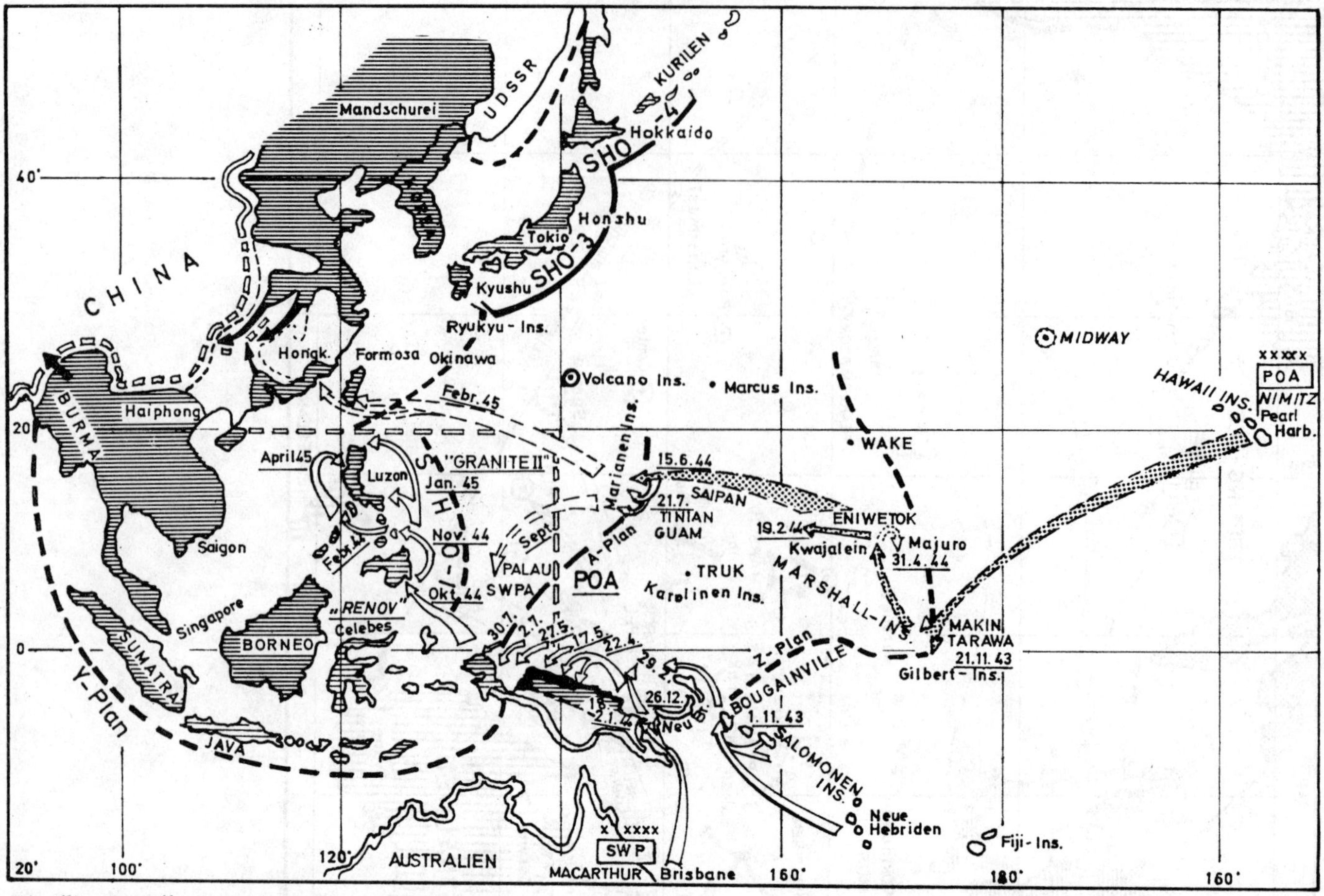

Die alliierten Offensiven Nov. 1943–Aug. 1944

auch in den Vereinigten Staaten verschiedene Auffassungen über die einzuschlagende Strategie. General MacArthur vertrat die Auffassung, daß der Vorstoß entlang der Küste Neu Guineas in Richtung auf die Philippinen der beste Weg sei. Durch überholende Landungen an relativ schwach verteidigten Punkten könnte man hier, unterstützt von der Flotte und der von vorher gewonnenen Stützpunkten operierenden Armee-Luftwaffe, die Schwerpunkte der japanischen Stellungen umgehen, um schließlich von den Philippinen aus den für Japan lebenswichtigen Nachschub aus den Rohstoffgebieten zu unterbrechen und dabei gleichzeitig das Versprechen der Befreiung der Philippinen einzulösen. Admiral Nimitz, der Oberbefehlshaber im Zentralpazifik, war dagegen, unterstützt vom Chef der Seekriegsleitung, Admiral King, der Ansicht, daß dieser Weg zeitraubend sei und die Kraft der nun schnell stärker werdenden Flotte, vor allem ihrer Träger, nicht ausnützte. Sie befürworteten daher den direkten Weg über den Pazifik und wollten in großen Sprüngen von den Gilbert-Inseln über die Marschall-Inseln und die Marianen gegen Formosa und die chinesische Küste vorstoßen, um hier die Basis für den Angriff gegen Japan selbst zu finden. Man beschloß zunächst beide Wege zu beschreiten.

Während im Süden die Neutralisierung Rabauls vor sich ging, hatten die amphibischen Kräfte der Admiral Nimitz unterstehenden 5. Flotte unter Admiral Spruance in zum Teil verlustreichen Kämpfen die Gilbert-Inseln sowie Kwajalein und Eniwetok in der Marschall-Gruppe genommen. Dabei richtete die neu gebildete »Schnelle Trägerflotte« unter Vizeadmiral Mitscher vernichtende Raids gegen die wichtigen japanischen Stützpunkte auf Truk, den Marianen und Palau. Der nächste Schritt war die Landung starker Kräfte MacArthurs, unterstützt von der Trägerflotte, an der Nordküste Neu Guineas bei Hollandia (22. April 1944), im Rücken der japanischen 18. Armee, die sich bei Wewak gesammelt hatte. Schnell folgten weitere Landungen in Divisionsstärke auf den Inseln Wakde und Biak, bis schließlich im Juli die Westspitze Neu Guineas erreicht war. Gleichzeitig begann im Zentralpazifik die 5. Flotte mit ihrem Angriff gegen die Marianen-Insel Saipan. Dieser Angriff gegen ihren inneren Verteidigungsgürtel ließ die Japaner ihre Flotte wieder voll einsetzen. Der taktisch kluge Plan des Führers der japanischen Trägerflotte, Admiral Ozawa, scheiterte jedoch an der überlegenen fliegerischen Ausbildung der amerikanischen Trägerpiloten. In der Luftschlacht über der Philippinen-See vom 19. bis

21. Juni 1944 verloren die Japaner erneut die Masse ihrer Trägerflugzeuge sowie 3 Flugzeugträger. Die Amerikaner konnten ohne Störung die Marianen-Inseln Tinian und Guam wegnehmen, wo Basen für die neuen Fernbomber vom Typ *B-29* eingerichtet wurden, mit denen der strategische Luftkrieg gegen Japan eröffnet werden sollte.

In dieser Phase kam es erneut zu einer Diskussion über die weitere Strategie. Während die Admirale King und Nimitz an ihrem Plan eines Angriffes in Richtung auf Formosa und die chinesische Küste festhielten, bei dem den Streitkräften Mac-

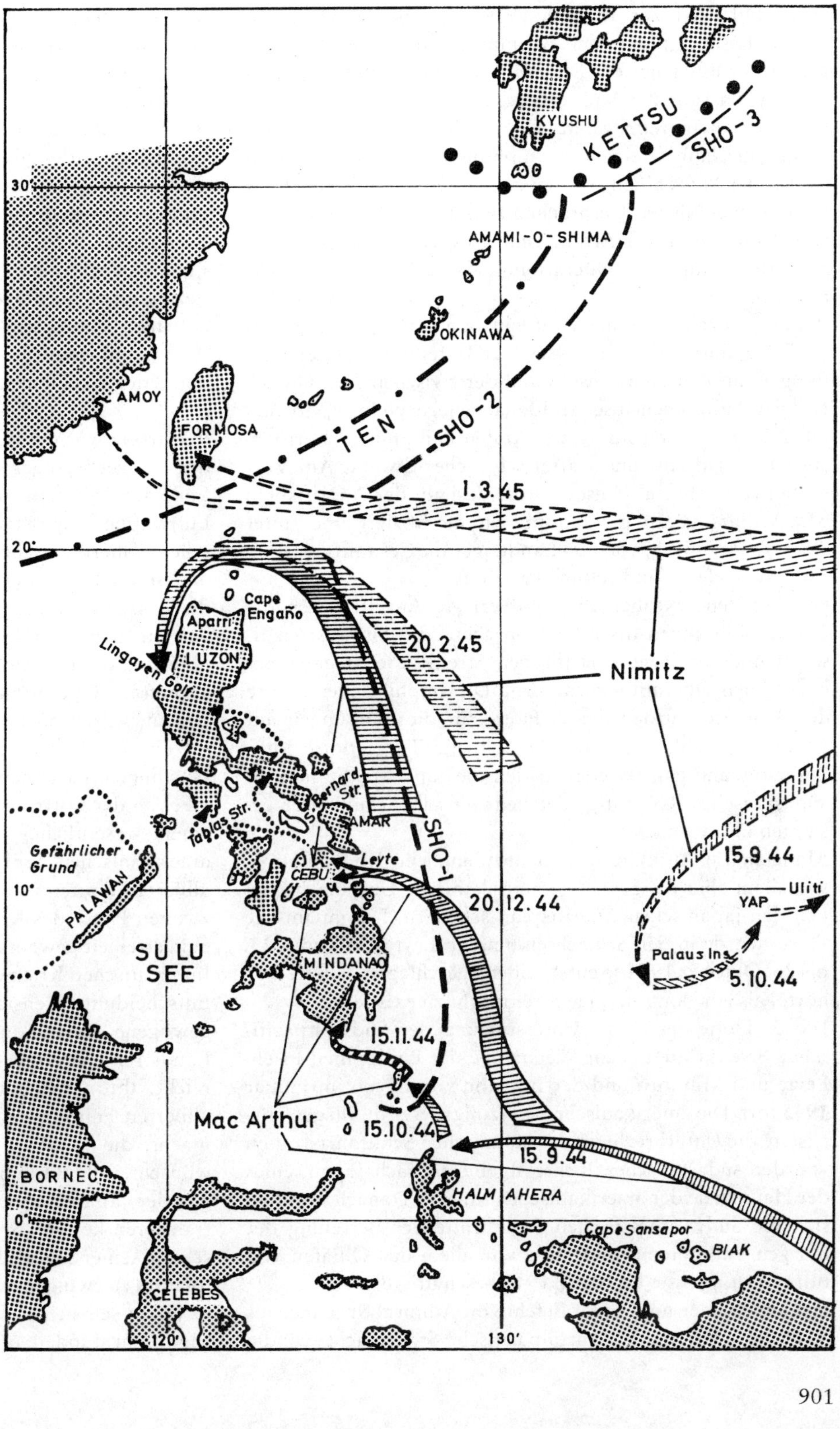

Die Operationspläne der Oberkommandos Pazifischer Ozean und Südwestpazifik im Herbst 1944

Arthurs die Nebenaufgabe einer Neutralisierung der Philippinen blieb, wies MacArthur diesen Plan als einen Verrat an dem den Philippinos gegebenen Wort von sich und betonte die nach seiner Ansicht zu großen logistischen Schwierigkeiten. Unterstützung fand seine Argumentation durch die Entwicklung in China, wo die Japaner im Mai 1944 eine große Offensive zur Wegnahme der amerikanischen Fernbomberbasen entlang der Bahnlinien von Hankow nach Kanton eröffnet hatten. Die Admirale überlegten, ob man unter Auslassung der Angriffe gegen das chinesische Festland direkt Japan angreifen sollte. General MacArthur schlug dagegen eine lange Reihe von amphibischen Operationen im Gebiet der Philippinen vor. Bei den am 26. und 27. Juli 1944 in Hawaii geführten Gesprächen zwischen Präsident Roosevelt, Nimitz und MacArthur gelang es letzterem, seine Planung der Philippinen-Operationen als nächstes Ziel durchzusetzen.

Als die zentralpazifischen Kräfte im September 1944, nun als 3. Flotte unter Admiral Halsey, zur Unterstützung der Landungen auf den Palau-Inseln und der zwischen Neu Guinea und der Philippinen-Insel Mindanao gelegenen Insel Morotai auch die Flugplätze auf den zentralen Philippinen angriffen, stieß man auf eine unerwartet schwache Abwehr. Auf Vorschlag von Admiral Halsey wurde deshalb der Angriffsplan MacArthurs gegen die Philippinen modifiziert und unter Auslassung einiger geplanter Landungen die Gesamtoperation früher eingeleitet und zeitlich verkürzt.

Der auf den Oktober 1944 vorverlegte Angriff gegen die Zentralphilippinen-Insel Leyte brachte die Südwestpazifischen und die Zentralpazifischen Streitkräfte in einer gemeinsamen Operation zusammen. Die amphibischen Kräfte der 3. Flotte wurden der 7. Flotte für die Landungen auf Leyte unterstellt, während die Schnelle Trägerflotte Luftunterstützung gab. Wieder griffen die Japaner, die nun ihr südasiatisches Rohstoffgebiet bedroht sahen, mit ihrer gesamten Flotte an.

Mangelhafte Aufklärung und unzulängliche Koordination, vor allem aber die gewaltige amerikanische Übermacht, ließen den japanischen Angriffsplan scheitern. Die japanische Flotte wurde in den Schlachten um den Leyte-Golf vom 23. bis 26. Oktober 1944 so entscheidend geschlagen, daß sie aufhörte, als eine kampffähige Streitmacht zu existieren.

Die 3. Flotte setzte die Unterstützung der Südwestpazifischen Streitkräfte bis zur Wegnahme der Philippinen-Inseln Leyte und Mindoro und der Invasion von Luzon im Januar 1945 fort. Die amerikanische Besetzung dieser Inseln gewährleistete die Unterbrechung der japanischen Schiffahrtsrouten von den südasiatischen Rohstoffgebieten nach Japan, eines der Hauptziele der amerikanischen Marine. Danach wandten sich die Südwestpazifischen Streitkräfte der Befreiung der übrigen Philippinen-Inseln und vor allem der Ölhäfen von Borneo zu, was sie bis Mitte 1945 beschäftigte.

Die nun wieder unter dem Befehl von Admiral Spruance als 5. Flotte operierende Zentralpazifische Streitmacht wandte sich nach Norden und griff im Februar 1945 Iwojima und Anfang April Okinawa an, um damit Basen für eine Verstärkung der Luftoffensive gegen Japan zu gewinnen. Die amerikanische U-Boot-Waffe, die in einem ununterbrochenen Einsatz die japanische Transportschiffahrt, insbesondere den Tankschiffraum, dezimiert hatte, drang im Juni 1945 auch in die Japanische See ein und vollendete so die Isolierung Japans von seinen überseeischen Rohstoffgebieten.

Die Niederlage Deutschlands im Mai 1945 und die Wegnahme Okinawas im Juni in Verbindung mit der zunehmenden Knappheit aller Rohstoffe und den Folgen der schweren Bombenangriffe auf die japanischen Städte durch die strategische Luftwaffe und die 3. Flotte führte schließlich in der japanischen Regierung zu Überlegungen, wie der Krieg zu beenden sei. Während das japanische Kabinett noch die in der Potsdamer Proklamation enthaltenen Forderungen diskutierte und versuchte, durch die Vermittlung der Sowjetunion zu einem Waffenstillstand zu kommen, brachten die beiden Atombombenwürfe und der Kriegseintritt der Sowjetunion den Krieg zu einem schnellen Ende.

In Europa war die Rolle der Seemacht für die Entscheidung des Krieges weniger sichtbar. Die Flotten schienen in erster Linie zur Unterstützung der Armeen und der strategischen Luftwaffen eingesetzt zu sein. Und doch hatten die britischen, amerikanischen und kanadischen Seestreitkräfte zunächst mit der Niederkämpfung der deutschen U-Boot-Waffe die Voraussetzungen für die amphibischen Operationen gegen den europäischen Kontinent geschaffen. Die Bildung und Nährung dieser Brückenköpfe, von denen die entscheidungsuchenden Operationen gegen Italien und Deutschland ausgingen, waren auch in Europa die unverzichtbare Voraussetzung für den schließlichen Sieg. Auch bei Würdigung der Leistungen der Roten Armee im Kampf gegen das deutsche Heer an der Ostfront darf nicht vergessen werden, daß es zu einem wesentlichen Teil der Transportleistung der angloamerikanischen Schiffahrt und ihrer Sicherung durch die alliierten Flotten zu danken war, daß die Rote Armee in der zweiten Phase des Krieges eine derartige strategische Bewegungsfreiheit gewann.

Im pazifischen Krieg war die Bedeutung der Seemacht für die Entscheidung offensichtlich. Der Sieg wurde durch eine ausgewogene Verwendung der verfügbaren See-, Luft- und Landstreitkräfte sowie der amerikanischen U-Boot-Waffe erreicht. Ihre Anwendung und Ausnutzung ermöglichte der alliierten Führung, nach Ausschaltung der japanischen Seemacht, die Landung starker eigener Kräfte an jedem gewünschten Punkt, wobei man vielfach die stärksten Stellungen der Japaner ohne Verluste umgehen und sie damit neutralisieren konnte. So war es möglich, das von der Beherrschung seiner Seezufuhrlinien abgeschnittene Japan zur Kapitulation zu zwingen, während noch starke japanische Armeen in Japan selbst, auf dem asiatischen Kontinent und zahlreiche Inseln standen, ohne besiegt zu sein.

Kapitel 46

Der Kalte Krieg

Von Henry A. Adams bearbeitetes Kapitel 44 der US-Ausgabe. Übersetzung Klaus-Jürgen Müller. Kleine Ergänzungen Jürgen Rohwer

Noch vor der Kapitulation Japans sahen sich in den Vereinigten Staaten »War Department« und »State Department« dem starken Druck der Öffentlichkeit ausgesetzt, die »unsere Jungens nach Hause gebracht« sehen wollte. Die öffentliche Meinung erkannte weder die Notwendigkeit, Besatzungstruppen zu unterhalten, noch war sie sich der umfangreichen Verpflichtungen, die sich aus der Nachkriegssituation heraus ergaben, bewußt. Sie zwang dem Kongreß eine schnelle Demobilisierung auf. So wurden die Kampftruppen der USA innerhalb weniger Monate nahezu auf ein Nichts reduziert. Die Marine bereitete eilig die Operation »Zauberteppich« vor und setzte alle nur zur Verfügung stehenden Schiffstypen zum Truppentransport ein.

Die sowjetische Expansion und die Vereinten Nationen

Während die USA und ihre Verbündeten abrüsteten, ergriff die Sowjetunion wieder die Initiative in ihrem Kampf gegen den Kapitalismus. Die zeitweilige Kriegsallianz mit dem Westen war nur ein taktisches Manöver gewesen. Rußlands strategische Ziele waren unverändert geblieben.

Die Vereinigten Staaten, die das Weltmonopol der Atombombe besaßen und nur wenige strategische Nachkriegsziele hatten, rechneten mit dem guten Willen der Siegermächte, die in der Atlantik-Charta verkündeten Prinzipien zu erhalten. Wie nach dem ersten Weltkrieg, so versammelten sich jetzt die siegreichen Alliierten, um eine Weltorganisation zur Behandlung und Klärung internationaler Streitigkeiten zu schaffen. Die Planung dazu war bereits seit über einem Jahr im Gange. Offiziell wurden die Vereinten Nationen am 26. Juni 1945 in San Francisco ins Leben gerufen. Ohne die Einzelheiten der UNO-Charta im Rahmen dieses Buches behandeln zu wollen, ist es doch notwendig, einige Momente hervorzuheben, die im Zusammenhang mit dem Korea-Krieg und den späteren Konflikten von Bedeutung sind. Zwei Repräsentativorgane wurden geschaffen: die Vollversammlung und der Sicherheitsrat. In der Vollversammlung besaß jeder Mitgliedstaat eine Stimme; sie war eher als ein beratendes und Richtlinien gebendes Organ, nicht aber ein als ein politisches Exekutivorgan gedacht. Die wirkliche Macht der UNO sollte dagegen bei den elf Mitgliedern des Sicherheitsrates liegen. Fünf von ihnen waren ständige Mitglieder: USA, UdSSR, Großbritannien, Frankreich und Nationalchina; die anderen Sitze wurden abwechselnd durch Wahl besetzt. Jede der fünf ständigen Mitgliedermächte besaß ein Vetorecht gegenüber den vom Sicherheitsrat vorgeschlagenen Aktionen. Diese Aktionen – ein breiter Fächer von Maßnahmen zur Erledigung internationaler Streitigkeiten – reichte von Vermittlungs- und Ausgleichsaktionen bis zu dem Extrem einer Unternehmung »zu Lande, zur See und in der Luft, die notwendig ist, um den internationalen Weltfrieden aufrechtzuerhalten oder wiederherzustellen«.

Die von den USA in die UNO gesetzten Hoffnungen beschleunigten die Demobilisierung und führten zu einschneidenden Kürzungen des Militärbudgets. Die Sowjetunion aber, die nur scheinbar abrüstete, hatte immer noch die Machtmittel, um in jene Gebiete vorzurücken, die von den USA nur mit diplomatischen Protesten oder der Drohung mit dem Einsatz der Atombombe verteidigt werden konnten. Zwischen diesen Extremen besaß sie praktisch keine Mittel, um der sowjetischen Expansion Einhalt zu gebieten oder die SU für die Verletzung der Potsdamer und Jalta-Beschlüsse zur Verantwortung zu ziehen. So zeichnete sich eine Einschränkung der amerikanischen Strategie ab, die für einige Jahre lang die Bewegungsfreiheit der USA auf dem Gebiet der internationalen Beziehungen stark behindern sollte. Um insbesondere gegen einen expansiven Staat wirkungsvolle Politik treiben zu können, muß die Diplomatie einen Rückhalt in Machtfaktoren besitzen, die es ihr erlauben, einem Rechtsverletzer ihren Willen aufzuzwingen oder wenigstens einen vernünftigen Kompromiß zustande zu bringen, was fraglos für eine aggressive Macht auch eine Teilniederlage bedeuten konnte. Im Frühjahr 1946 hatten die USA zu wenig Truppen, um ihre auswärtigen Stützpunkte zu verstärken. Sie besaßen keine Streitkräfte zur Unterstützung ihrer Diplomatie. Die öffentliche Meinung in den USA war strikt gegen einen neuen Krieg, und zwar selbst angesichts empörender sowjetischer Verletzungen von im Kriege geschlossenen Vereinbarungen. Viele Amerikaner hatten ein schlechtes Gewissen wegen des Einsatzes der Atombombe gegen Japan. Insofern war das sowjetische Kalkül, die USA würden diese furchtbare Waffe nicht gegen ihren früheren Alliierten anwenden, geschickt abgewogen. Die USA waren nahezu außerstande, irgendwelche wirksamen Maßnahmen zu ergreifen, um die UdSSR zum Einhalten der Abmachungen zu zwingen oder sie an weiteren territorialen Expansionen zu hindern.

Und die Verbündeten des Krieges in Europa, Großbritannien und Frankreich, waren mit den Problemen ihres inneren Wiederaufbaues und ihren Kolonien beschäftigt, daß sie der Sowjetunion zunächst nur geringe Aufmerksamkeit widmeten.

Rußlands strategische Vorstellungen

Ein Blick auf den Globus zeigt, daß Rußland hinsichtlich der Gebiete, um die es ging, den Vorteil der inneren Linie besaß. An beiden Küstenrändern der eurasischen Landmasse lagen Länder, über die Rußland eine Kontrolle erstrebte. Diese Länder waren, allgemein gesprochen, infolge des Weltkrieges geschwächt; eine vollständige oder teilweise Besetzung hatten die Regierungskontinuität unterbrochen und den Wirtschaftsorganismus beeinträchtigt. Deutschland, Frankreich, die Niederlande, Belgien, Finnland, Norwegen, Italien und Griechenland, auf der atlantischen Seite dieser eurasischen Landmasse hatten militärische Niederlagen und Besatzungsherrschaft erlitten. Die infolgedessen entstandene Instabilität die-

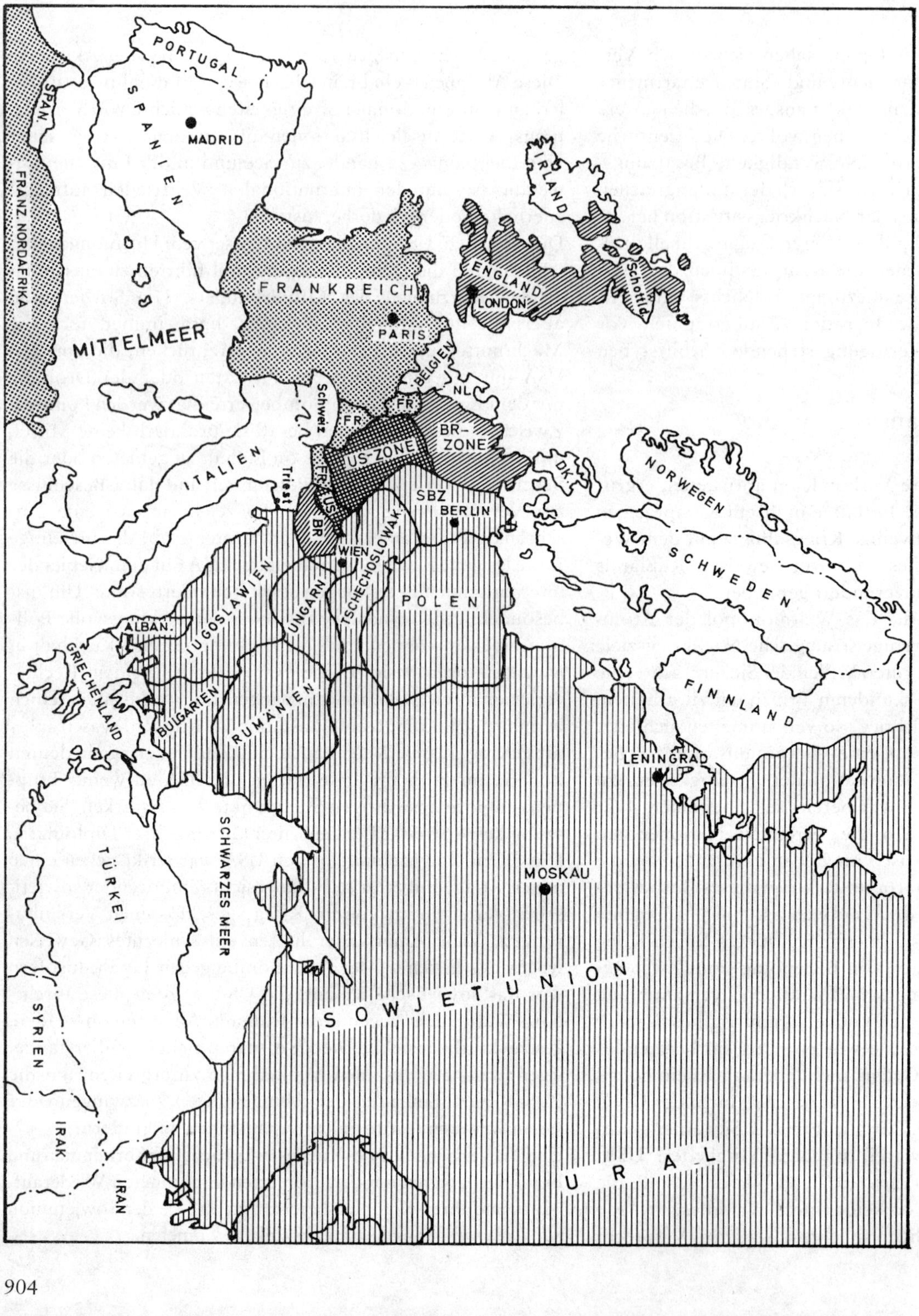

Europa aus der Sicht des Kreml 1945/48

ser Länder schien der Sowjetunion eine Reihe guter Gelegenheiten zu bieten. Am Pazifik sah der Kreml seine Stunde in China und Korea gekommen. Korea war seit langen Jahren unter japanischer Herrschaft. China war zwar nicht von den Japanern besiegt, aber große Teile des Landes waren besetzt worden. Eine kommunistische Bewegung hatte dort bereits gute Fortschritte gemacht. Die Nationalregierung unter Tschiang Kai-schek war drauf und dran, die Unterstützung der Volksmassen zu verlieren. In beide Richtungen, zum Atlantik wie zum Pazifik hin, versuchte die SU ihren Einfluß und ihre Kontrolle auszudehnen; sie war aber offensichtlich auch darauf vorbereitet, sich wieder zurückzuziehen, wenn

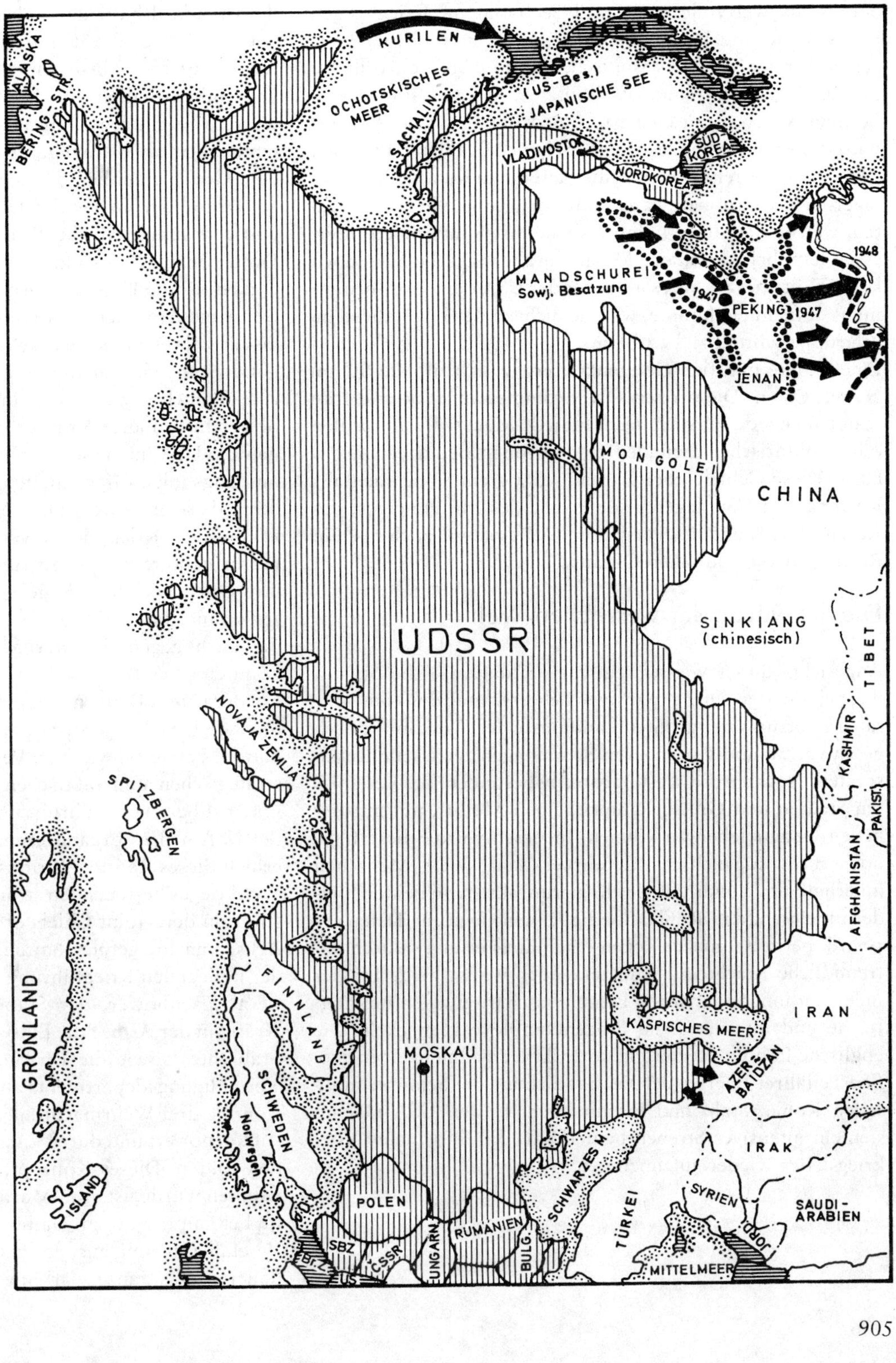

Asien aus der Sicht des Kreml 1945/48

sie auf bedeutende Widerstandskräfte und damit auf das Risiko eines weltweiten Krieges stieß.
Direkt vor der jeweiligen Küste des ungeheuren Kontinents lagen Inselmächte, die grundsätzlich der sowjetischen Expansion gegenüber feindlich eingestellt waren. Sie bildeten daher ein großes Gefahrenmoment für jede sowjetische Militäroperation in diesem Bereich. Die britischen Inseln hatten sich bereits als wertvolle Luft- und Seebasen im Krieg gegen Deutschland und Italien erwiesen. Japan, in ähnlicher Lage gegenüber der Küste des asiatischen Kontinents, kontrollierte die Zugänge zu Rußlands Pazifikhäfen. In Japan stationierte Bomber waren somit eine ernste Bedrohung für die Verbindungslinien zwischen dem europäischen Rußland und den sibirischen Küstenstädten. Beide dieser dem Kontinent vorgelagerten Inselgruppen waren unter der Kontrolle von Mächten, welche die Sowjetunion als eine ihren nationalen Interessen feindlich gesonnene Macht ansahen. Da die SU jedoch keine Flotte besaß, die es mit jener der USA oder Großbritanniens aufnehmen konnte, war sie nicht in der Lage, diese Inselgruppen direkt zu bedrohen.
Eine andere günstige Gelegenheit ergab sich für die SU im Nahen Osten. Die großen Ölvorkommen im Irak und Iran waren lockende Versuchungen für jede Macht, die aus zivilen oder militärischen Gründen einen großen Bedarf an Erdöl hatte. Diese Gebiete aber waren in gewissem Sinne ebenfalls Küstengebiete. Sie lagen in der Nähe des Mittelmeeres, des Roten Meeres und des Persischen Golfes sowie auch noch in Reichweite des Indischen Ozeans.

Die Schwäche der westlichen Welt

Angesichts dieser weltstrategischen Situation – die SU mit ihrer eindeutigen und expansiven Beherrschung des kontinentalen Zentrums der größten Landmasse der Welt, militärisch geschwächte und von inneren Spannungen zerrissene Randstaaten – suchten die Westmächte, insbesondere die Vereinigten Staaten und Großbritannien, einen Modus, um mit der neuen Gefahr leben zu können. Indessen wurde diese Lage noch nicht sogleich als Gefahr erkannt. Viele Menschen innerhalb und außerhalb der Regierungskreise in beiden Ländern meinten, daß Rußland lediglich eine legitime Defensivpolitik betrieb, um sich gegen eine »Einkreisung« durch unfreundliche Mächte zu schützen. Auch waren beide Länder mehr mit innenpolitischen Fragen beschäftigt als in umfangreiche und internationale Fragenkomplexe verwickelt. Die englische Labour-Regierung unter Attlee widmete einen großen Teil ihrer Energie der Verstaatlichung der Schlüsselindustrien Kohle, Stahl und Eisenbahnen. In den USA machte sich ein intensives Streben bemerkbar, das »normale« Vorkriegsleben wieder aufzunehmen.

Das Ringen um die Vereinheitlichung der Verteidigung in den USA

Mit der Demobilisierung ergab sich eine neue Einschätzung des Verteidigungsorganismus der Vereinigten Staaten. Viele hohe Militärs hatten seit längerem eine Vereinheitlichung befürwortet. Die Reduzierung des Militärbudgets auf den Friedensstandard hatte zur Folge, daß jeder Wehrmachtteil danach strebte, den größeren Teil für sich auf Kosten der anderen zu ergattern. Insbesondere wurde die Marine kritisiert. Das Indiensthalten von Schiffen, sogar ihre »Einmottung« wurde von einigen Kongreßmitgliedern und Teilen der Öffentlichkeit als extravaganter und nutzloser Luxus empfunden. Großbritannien, das die nächst größere Flotte besaß – ein Drittel der Größe der US-Flotte – war eine befreundete und verbündete Macht. Rußland besaß keine nennenswerte Flotte; demnach – so meinte man – bestände keine Notwendigkeit für die USA, eine große Flotte zu unterhalten.
Derartige Argumente enthüllten einen Mangel an Verständnis hinsichtlich des Zweckes und Nutzens einer Marine: dahinter stand das laienhafte Mißverständnis, daß eine Flotte vornehmlich dazu da sei, eine andere Flotte zu bekämpfen. Besser informierte Kritiker der Marine wiesen darauf hin, daß die USA nur Flottenstreitkräfte benötigten, um die Verbindungslinien offenzuhalten und einen Feind daran zu hindern, diese zu stören. Das sei alles, was die Flotte in einem zukünftigen Krieg, der unvermeidlich nur gegen eine Landmacht geführt würde, zu tun hätte. Wenn aber eine Flotte ihre Offensivkraft *nicht* gegen eine große Landmasse einsetzen könne, dann sei es besser, jene Streitkräfte zu bevorzugen, die auch gegen das Kerngebiet einer Landmacht wirken könnten.
Ein derartiges Denken, das eine hohe Einschätzung der Rolle, die die »U.S. Army Air Force« im zweiten Weltkrieg gespielt hatten, zeigte, sowie der Versuch, die Atombombe in die strategischen und taktischen Überlegungen und Planungen miteinzubeziehen, führte zu dem Wunsch, die Streitkräfte der USA neu zu organisieren. Einen besonderen Nachdruck erhielt dieses Reorganisationsstreben durch die am Ende des Weltkrieges bestehenden strategischen Vorstellungen. Die Institution der »Joint Chiefs of Staff«, die den Krieg gegen die Achsenmächte geführt hatten, wurde als eine zu extreme Art der kollegialen Kriegführung angesehen. Daher strebten General Eisenhower, der Stabschef des Heeres, und andere Kräfte in der Armee die Einsetzung eines Gesamtwehrmacht-Stabschefs sowie die Errichtung eines einzigen Nationalen Verteidigungsdepartments an, in das in nachgeordneter Position die drei Wehrmachtteile – Heer, Marine und Luftwaffe – inkorporiert und durch »Assistant Secretaries« geleitet werden sollten. Dieses Konzept, für das Präsident Truman gewonnen wurde, ist vom Marine-Staatssekretär Forrestal heftig bekämpft worden. Damit brach der große Kampf um die Vereinheitlichung aus, der bis zum Beginn des Korea-Krieges dauerte. Das ganze war eine recht unglückliche Angelegen-

heit, bei der zeitweilig der sachliche Gehalt des Problems infolge persönlicher Momente aus dem Blick zu geraten drohte.

In dem Streit wurden zwei grundlegend verschiedene, ja konträre strategische Konzeptionen entwickelt. Der Standpunkt der Armee ähnelte in vieler Beziehung dem der Vertreter der Luftstreitkräfte. Er beruhte auf den Erfahrungen der Führer des Heeres, die im Kriege in Europa die Hauptverantwortung getragen hatten. Dort hatten sie gegen eine große Landmacht gefochten, ein Kampf, in dem große Truppenverbände an ausgedehnten Fronten einander gegenüberstanden und wo der Luftwaffenbeitrag vornehmlich im strategischen Bombenkrieg bestanden hatte – also in Angriffen auf weit hinter der Front liegende industrielle Ziele, um die Kampfkapazität des Gegners zu vermindern. Viele hohe Marineoffiziere aber hatten ihre wichtigsten Erfahrungen im Pazifik gemacht, einem Bewegungskrieg über große Entfernungen gegen ein Inselreich und gegen Ziele, deren Ausdehnung und militärische Potenz im Vergleich zu denen auf dem europäischen Kriegsschauplatz relativ gering waren und in dem die taktische Luftunterstützung eine ungeheure Rolle gespielt hatte.

Damit ist nicht gesagt, daß eine jede Partei nur einen zu begrenzten Horizont gehabt hätte, um den Krieg, wie er auf der jeweils anderen Seite des Globus geführt worden war, zu verstehen. Aber intellektuelle Einsicht und innerlich überzeugte Zustimmung sind zwei verschiedene Dinge. Alle waren davon überzeugt, daß der wahrscheinlichste – und in der Tat auch einzig mögliche Gegner Rußland oder ein von Rußland angestachelter Satellitenstaat sei. Aber hinsichtlich der zur Abwehr dieser Bedrohung vorgeschlagenen Methoden gingen die Ansichten auseinander. Das Heer und die Heeresluftwaffe waren der Meinung, daß einzig eine Planung auf der Grundlage eines allumfassenden Nuklearkrieges mit Rußland realistisch sei. Die USA könnten ganz offenkundig nicht hoffen, ihrerseits die Zahl von Soldaten, die Rußland ins Feld führen würde, aufzustellen; aber der russische Vorteil an Truppenstärke könnte durch strategische Bombardierung ausgeglichen werden, denn wenn die Fabriken hinter der Front ausgeschaltet würden, könnten die gewaltigen Feldarmeen (über 200 Divisionen) nicht länger versorgt werden. Das Konzept des strategischen Bombardements beruhte weitgehend auf der Tatsache, daß die USA die Atombombe besaßen, die – wie man glaubte – sich als eine machtvolle Abschreckung erweisen würde.

Der Standpunkt der Marine, vertreten von dem Staatssekretär der Marine und dem »Chief of Naval Operations«, Admiral Chester W. Nimitz, besagte, daß man mit strategischen Bombardierungen, selbst bei Einsatz von Atombomben einen umfassenden Krieg allein nicht gewinnen könne. Über kurz oder lang müßten doch Bodentruppen eingesetzt werden, und diese würden in zweifacher Weise der Unterstützung bedürfen: einmal durch direkte, also taktische Luftunterstützung in der Schlacht, zum anderen durch logistische Unterstützung, also Schiffsraum zum Transport und eine Flotte zum Schutz dieser Transporte. Die Marine war auch der Ansicht, daß die Gefahr des Ausbruchs eines großen Krieges in absehbarer Zeit nicht so groß sei; daß die USA dagegen unfähig seien, der stückweisen Inbesitznahme von Ländern am Küstensaum des eurasischen Kontinentes zu begegnen, da sie zwischen den Extremen – bloßem Protest oder Einsatz der Atombombe – keine Mittel hätten, dieser Eventualität zu begegnen. Forrestal war gegen die Einsetzung eines einzigen Wehrmachtstabschefs, da der Offizier, der diesen Posten innehätte, immer einem Wehrmachtteil mehr Gewicht zumessen würde. Der daraus resultierende Mangel an Flexibilität aber könnte das Kriegspotential der USA beeinträchtigen oder gar lähmen.

Aus diesen Meinungsverschiedenheiten resultierten verschiedene Methoden zukünftiger Kriegsplanung.

Die Flieger waren von dem Abschreckungseffekt der Atombombe und von der Effektivität des strategischen Bombenkrieges überzeugt. Sie schickten sich an, die traditionelle Rolle der Marine – der »First Line of Defense« – zu übernehmen, obwohl nahezu ihre gesamte Planung offensiver, mindestens aber gegenoffensiver Natur war. Sie setzten ihre Hoffnung auf den *B-36*-Bomber, der ihren Aussagen nach in der Lage war, Atombomben an jeden Punkt der Erde zu tragen und in 12000 m Höhe zu operieren. Daher sollte ihrer Ansicht nach der größte Teil der Verteidigungsausgaben den Luftstreitkräften zukommen unter wesentlicher Kürzung der Anteile der anderen Wehrmachtteile.

Forrestals Standpunkt zielte auf den Aufbau von »ausgewogenen Streitkräften«. Unglücklicherweise war diese Formel sogleich Mißverständnissen ausgesetzt. Seine Kritiker zogen nämlich daraus den Schluß, jeder Wehrmachtteil sollte demnach einen gleichen Teil des Wehrbudgets erhalten. Nichts lag Forrestal ferner als das. Mit »ausgewogenen Streitkräften« meinte er vielmehr eine ausgeglichene Kapazität der einzelnen Waffengattungen in dem Sinne, daß eine jede fähig wäre, mit Erfolg zu funktionieren und mit den anderen koordiniert zu werden. Auf diese Weise hoffte er, die Flexibilität und Wirksamkeit zu erreichen, die nötig wäre, um der Bedrohung mit eigener Wahl der Mittel zu begegnen, ohne ausschließlich von den vernichtenden Zerstörungskräften eines weltweiten Atomkrieges abhängig zu sein.

Die Rivalität unter den Wehrmachtteilen aber steigerte sich. Dadurch gerieten die eigentlichen Streitpunkte zeitweilig aus dem Blick. Luftwaffenfanatiker suchten die Kontrolle über die gesamte Fliegerei zu bekommen. Ob sie nun einfach die Ansicht vertraten, daß jeder Wehrmachtteil alle Waffen und Kräfte auf dem ihm eigenen Bereich kontrollieren sollte – die Luftwaffe alle in der Luft einsetzbaren Waffen, die Marine alle Schiffe, die Armee alle Bodentruppen – oder ob sie fürchteten, die Ausgaben für Heeres- und Marineluftstreitkräfte würden zu Haushaltsrivalitäten oder nutzlosen Doppelausgaben führen – ihr Standpunkt fand im Kongreß wie in der Öffentlichkeit weitgehende Unterstützung.

Der Gedanke, sich auf die Luftwaffe zu verlassen, um den nächsten Krieg mittels des strategischen Bombenkrieges zu gewinnen, war für die Marineleitung erschreckend. Die Marine war der Ansicht, daß ein derart starrer Plan das Unglück geradezu herbeiführen müßte und daß er die Marine unfähig machte, ihre Aufgabe zu erfüllen. Die Marine forderte die Verdoppelung, aber wenigstens überhaupt die Bereitstellung von zwei Truppenarten, die – sollte sich der Standpunkt der »Air Force« durchsetzen – unter die Kontrolle anderer Wehrmachtteile kommen würden. Sie benötigte eine besonders bewegliche Truppe, die – für Land- und Seeoperationen ausgebildet – zur Eroberung, zum Schutz oder zur Besatzung von Stützpunkten, die für die Seeoperationen wichtig waren, eingesetzt werden oder den Schutz amerikanischer Interessen und Staatsbürger in Krisengebieten der Welt übernehmen könnte. Zu diesem Zweck war das Marine-Corps gebildet worden. Seine Erfolge waren Teil des nationalen Erbes der USA geworden. Weiterhin benötigte die Marine eigene Luftstreitkräfte, die zur Unterstützung von Seeoperationen eingesetzt werden konnten[1].

In der Öffentlichkeit gab es an sich keine Tendenz, das Marine-Corps völlig abzuschaffen. Aber man meinte doch, es dürfe in den USA keine zwei Arten von Landstreitkräften mit annähernd identischen Aufgaben geben. Diese Kritik ging von dem umfangreichen Einsatz des Marine-Corps im Pazifik aus, wo es sogar bei Iwo Jima und Okinawa in der Stärke eines Korps von mehreren Divisionen eingesetzt war. Heeresgenerale sahen darin eine Usurpation von eigentlichen Armeeaufgaben. Luftwaffenvertreter ihrerseits waren der Ansicht, daß die Luftstreitkräfte eben zur Luftwaffe gehörten und daß die Marine mit dem Einsatz eigener Luftstreitkräfte aus der Reihe tanzte. Die Luftwaffe meinte, daß die Marine, wenn sie schon Trägerluftstreitkräfte für Anti-U-Boot-Operationen auf hoher See benötigte, sie jedoch keinerlei landgestützte Luftstreitkräfte haben dürfe und auch keine Luftwaffe auf Trägern, die nicht ausschließlich und eindeutig gegen Seeziele eingesetzt würde.

Um den Standpunkt der Marine zu verstehen, muß man sich ihre dreifache Aufgabe vergegenwärtigen: die Verteidigung des Territoriums der USA gegen Angriffe von See aus, den Schutz der Handelsschiffahrt gegen feindliche Kriegsschiffe und den Angriff auf den Feind über See. Jede dieser Aufgaben erforderte eine teilweise Seeherrschaft; bisweilen würde diese Seeherrschaft begrenzt auf ein bestimmtes Gebiet sein, wie z. B. bei Konvoi-Operationen, bei denen die Geleitsicherung nur die Gewässer beherrscht, durch die der Konvoi gerade fährt. Bei anderen Gelegenheiten ist die Seeherrschaft ausgedehnter. Wenn jedoch aus den Weltmeeren strategische Vorteile gezogen und wenn sie als Angriffswege genutzt werden sollen, dann muß die Nation ein wesentliches Maß an Seeherrschaft ausüben.

Seit dem ersten Weltkrieg ist die Seeherrschaft eine dreidimensionale Angelegenheit geworden. Blake, St. Vincent, Decatur, Nelson und andere hatten nur die Meeresoberfläche in Rechnung zu stellen. Minen, Torpedos und besonders U-Boote haben das Problem jedoch für eine Marine stark kompliziert, die in Kriegszeiten die Seeherrschaft anstrebt, denn diese muß sich nun auch auf den Unterwasserbereich erstrecken. Gleichzeitig ist das Gesamtproblem noch durch die Fliegerei auf den Luftraum ausgedehnt worden. Luftraum und Unterwasserbereich können jetzt von einer Nation, die nicht die Seeherrschaft anstrebt, in einer »Hit-and-Run«-Taktik ausgenutzt werden. Eine Nation aber, welche die See für weitreichende Transporte strategischer Güter zu benutzen wünscht, *muß* das Meer über und unter Wasser und den Luftraum darüber so beherrschen, daß die durch Feindeinwirkung eintretenden Verluste sich innerhalb eines annehmbaren Minimums halten. Das erfordert nicht nur einen hohen Grad an Flexibilität im Einsatz der Marinewaffen, es erfordert vor allem auch den Einsatz von Waffen, die traditionell anderen Wehrmachtteilen zugehören, insbesondere von Truppen und Flugzeugen. Truppen braucht man, um die Stützpunkte zu erobern und zu halten, die man für die geplanten maritimen Operationen benötigt; und man braucht Flugzeuge, um eine feindliche Luftherrschaft zu verhindern. Außerdem ist das Flugzeug eines der besten Mittel, um U-Boote ausfindig zu machen. Zu diesem Zweck werden nicht nur Trägerflugzeuge, sondern auch landgebundene Flugzeuge benötigt. Einen Träger nahe der Küste zu halten, damit er eine Aufgabe erfüllt, die auch von landgebundenen Flugzeugen ausgeführt werden könnte, bedeutet, daß man den Hauptvorteil eines Trägers aufgibt: seine Beweglichkeit.

Aus allen diesen Gründen widersetzte sich die Marine der Gesetzesvorlage zur Vereinheitlichung der Streitkräfte, die von der Armee und der Luftwaffe befürwortet wurde. Doch gab es fraglos auch eine ganze Reihe von Gründen, die für eine Vereinheitlichung sprachen. Sogar während des zweiten Weltkrieges hatte es Schwierigkeiten gegeben, die aus dem Fehlen eines einheitlichen Oberkommandos resultierten. Voraussichtlich würde die neue Gesetzesvorlage Derartiges ausschließen. Außerdem wäre es durch die Vereinheitlichung möglich, beträchtlichen Leerlauf und Doppelarbeit unter den Wehrmatteilen zu vermeiden.

Das »National Security Act« von 1947

Nach langer und zeitweilig erbitterter Debatte wurde das »National Security Act« am 26. Juli 1947 Gesetz. Es brachte eine durchgreifende Reorganisation der Verteidigungsvorkehrungen der USA. Es sah eine umfassende politische Behörde, das »National Military Establishment« vor, das aus drei Grundsäulen gebildet wurde: den Heeres-, Marine- und Luftwaffen-Departements. Es legte die Funktionen und die

1 Die Marine hatte während des zweiten Weltkrieges darum gekämpft, als die Armee-Luftwaffe versuchte, die U-Boot-Bekämpfungs-Patrouillen, die von der Ostküste der USA aus geflogen wurden, unter ihre Kontrolle zu bringen.

Verantwortlichkeiten des Komitees der drei Vereinigten Stabschefs fest und schuf Gesamtstreitkraft-Stäbe und -behörden zur Koordinierung der Plaung.[2]
Durch das Gesetz wurde der »National Security Council« das höchste politische Gremium der Nation. Der Präsident, der Vizepräsident, der Außenminister und der Verteidigungsminister sowie einige Angehörige anderer politischer Organe waren Mitglieder dieses Rates. Seine Aufgaben waren:
1. Festlegung und Einstufung der Ziele, Verpflichtungen und Risiken der USA in bezug auf das augenblickliche militärische Potential gemäß den Interessen der nationalen Sicherheit zu dem Zweck, dem Präsidenten diesbezügliche Empfehlungen zu unterbreiten.
2. Beratung der politischen Absichten, soweit sie jene Regierungsstellen und Ämter gemeinsam betreffen, welche mit Fragen der nationalen Sicherheit befaßt sind, sowie dem Präsidenten diesbezügliche Vorschläge zu machen.
Die »Central Intelligence Agency«, CIA, die ebenfalls in dem Gesetz vorgesehen war, war die Zentralstelle, welche die gesamte strategische Aufklärung und die Nachrichtendienste auf höchster Ebene zusammenfaßte. Der »National Security Resource Board« wurde geschaffen. Er wurde bei der Reorganisation von 1953 vom »Office of Defense Mobilisation« abgelöst, das 1958 mit der »Federal Defense Civil Defense Agency« zum »Office of Civil and Defense Mobilisation« zusammengelegt wurde. Es sollte die Koordinierung der Planung für die Ausnutzung des natürlichen und industriellen Potentials der Nation in Kriegszeiten gewährleisten.
Nach diesem Gesetz stand ein »Secretary of Defense« an der Spitze des »National Military Establishment«, aus dem später das »Department of Defense« wurde. Er hatte Kabinettsrang. Den Unterabteilungen standen die »Secretaries of the Army, the Navy and the Air Force« vor. Letzterer war verantwortlich für den strategischen Luftkrieg und die operative Unterstützung der Landstreitkräfte. Die Marine behielt nicht nur ihre Trägerluftwaffe, sondern auch ihre landgestützte Aufklärungsfliegerei sowie ein Marine-Corps von begrenztem Umfang. Die traditionellen Aufgaben des Heeres blieben unverändert. Marinestaatssekreätr Forrestal wurde zum ersten »Secretary of Defense« ernannt und mit der Durchführung des Gesetzes beauftragt.

Die Große Debatte

Bis 1948 entwickelte sich alles einigermaßen harmonisch; dann aber brachen wieder heftige Zwistigkeiten aus. Die Ursachen schienen in dem vorgesehenen Verteidigungsbudget gelegen zu haben, das 16 Milliarden Dollar Verteidigungsausgaben vorsah. Vertreter der Luftwaffe beschwerten sich, daß die Marine sich heimlich in den Bereich des strategischen Luftkrieges hineinzudrängen bemühte, indem sie neue und größere Träger forderte, die zu atomarem Einsatz geeignet wären. Die Marine antwortete mit Angriffen gegen den *B-36*-Bomber, auf den die Luftwaffe ihre Strategie abgestellt hatte. Eine Artikelreihe in populären Magazinen hatte die Öffentlichkeit für den Gedanken gewonnen, man könne einen leichten Sieg durch strategischen Luftkrieg erringen. Nach Ansicht der Marine war dieser Gedanke nicht nur zu unflexibel, sondern geradezu selbstmörderisch. Die Meinungen stießen heftig aufeinander. Der *B-36* sprach man ihren Angriffswert ab. Luftwaffenverteidiger dagegen behaupteten, daß die Träger veraltet seien, da sie gegenüber U-Booten und gegen von Land ausgehende Luft-Angriffe zu verwundbar sowie von Witterungsbedingungen abhängig seien. Der Streit nahm immer heftigere Formen an. Forrestals Nachfolger, Verteidigungsminister Johnson, trat dem Standpunkt der Luftwaffe im wesentlichen bei und goß mit seiner Entscheidung Öl in die Flammen, den Bau des gerade begonnenen 60000-t-Trägers *United States* zu stoppen. Die Leidenschaften in dieser sogenannten »Great Debate« gingen so hoch, daß manche Beobachter der Meinung waren, man hätte die Kontrolle über die Entwicklung verloren. In den Augen der Öffentlichkeit wenigstens wurde dieser Streit mit der Verabschiedung des »Chief of Naval Operations«, Admiral Denfeld, beendet, der durch Admiral Forrest P. Sherman ersetzt wurde. Tatsächlich ging die Auseinandersetzung erst mit dem Ausbruch des Koreakrieges zu Ende.

Die Truman-Doktrin und der Marshall-Plan

In einem zeitlichen Rückgriff soll kurz die strategische Weltlage nachgezeichnet werden. Noch vor Ende des zweiten Weltkrieges war es klar geworden, daß alle Aussicht bestand, mit der Sowjetunion Schwierigkeiten zu bekommen, die eventuell zu einem Krieg führen könnten. Die USA mußten ohnmächtig zusehen, als die SU ihre Expansion in den baltischen Staaten und auf dem Balkan begann und den Nahen Osten bedrohte. Die erste ernsthafte Auseinandersetzung entstand über Persien. Aber das Eingreifen der UNO verhinderte schlimmere Konsequenzen. Im Frühjahr 1947 verkündete Truman eine neue Politik des Verhältnisses zwischen den USA und der SU, eine Politik der Hilfe für alle freien Völker überall auf der Welt »gegen aggressive Unternehmungen, die diesen Völkern totalitäre Regime aufzwingen wollen« und »der Unterstützung jener Völker, die Widerstand leisteten gegen den Versuch, sie mit Hilfe bewaffneter Minderheiten oder des Druckes von außen zu unterjochen«.
Obgleich die SU nicht bei Namen genannt worden war, konnte kein Zweifel bestehen, daß diese Politik gegen sie gerichtet sein sollte. Damals wurden Griechenland und die Türkei durch sowjetische Bestrebungen bedroht. Griechenland befand sich im Bürgerkrieg; die Aufständischen erhielten von Jugoslawien, sogar von der jugoslawischen Regierung selbst, erhebliche Unterstützung. Damals galt die jugoslawische Regierung als eine Marionettenregierung der SU, die nur mit

2 Durch das »Defense Reorganisation Act« von 1949 wurde es ersetzt von einem regulären Department der Exekutive, dem »Department of Defense«.

Billigung und Unterstützung des sowjetischen Politbüros handelte. Von der Türkei forderte die SU die Kontrolle über die Dardanellen. Die Truman-Doktrin gab der SU klar zu verstehen, daß die USA die Türkei und Griechenland gegen jede Aggression von seiten kommunistischer Streitkräfte unterstützen würden. Waffen, Munition und Nachschub sowie amerikanische Berater wurden der griechischen Regierung zur Verfügung gestellt. Flottenbesuche amerikanischer Schiffe wurden als Machtdemonstrationen in verstärktem Maße durchgeführt. So wurde jede ernsthaftere Verwicklung vermieden.

Anfang Juni 1947 schlug der Außenminister George C. Marshall in einer Rede an der Harvard Universität einen Plan zum Wiederaufbau der Länder Europas durch amerikanische Wirtschaftshilfe vor. Daraus entstand der sogenannte Marshall-Plan, der dann zum »European Recovery Program« ausgestaltet wurde. Dieser Plan wurde vom Kongreß zunächst begeistert begrüßt, später jedoch mit einer gewissen Feindseligkeit betrachtet. Die SU bezeichnete den Plan als eine wirtschaftliche Aggression der USA, verweigerte ihre Teilnahme und hielt alle ihre Satelliten davon ab, amerikanische Hilfe anzunehmen, obgleich z.B. die CSR-Regierung das Angebot bereits angenommen hatte.

Der Staatsstreich in der Tschechoslowakei

Seit Ende des Krieges regierte in der CSR ein Koalitionskabinett, das trotz sowjetischen Einflusses die bürgerlichen Freiheiten und Rechte respektierte. Mit einem überraschenden Staatsstreich ergriff aber 1948 die kommunistische Partei unter Premierminister Klement Gottwald die Macht. Dieser Vorgang hat vielen damals die Augen über die Entschlossenheit des kommunistischen Aggressionswillens geöffnet.

Auf Grund dieses Vorfalls und der Verschlechterung der sowjetisch-amerikanischen Beziehungen drängten Vertreter des Verteidigungsressorts auf Wiedereinführung einer allgemeinen militärischen Ausbildung und einer Auswahl-Wehrpflicht. Derartige Vorschläge riefen heftige Debatten im Kongreß hervor. Schließlich wurde im Juni 1948 das »Selective Service Act« durchgebracht, eine allgemeine militärische Ausbildung aber vereitelte der Kongreß. Später wurde das »Selective Service Act« umgeformt und zu einem Ersatz für die allgemeine militärische Ausbildung ausgebaut, in dem ein obligatorischer Dienst in den Reserveformationen zusätzlich zu den vorgeschriebenen aktiven Dienstzeiten eingeführt wurde.

Die Berliner Blockade

Die gefährlichste Lage, mit der die USA seit Kriegsende konfrontiert wurden, entstand im Juni 1948, als die Sowjets praktisch eine Blockade über Berlin verhängten, indem sie jeden Zugang auf Straße, Schiene oder Wasserstraßen absperrten. Teilweise war diese Blockade aus der Spaltung Deutschlands in vier Zonen entstanden. Berlin, von der sowjetischen Besatzungszone umschlossen, stand unter einer Viermächtekontrolle wie das besetzte Deutschland insgesamt selbst. So lagen der britische, amerikanische und französische Sektor wie eine Insel inmitten eines sowjetisch besetzten Gebietes. Das Ziel der SU war offensichtlich, die Westmächte aus Berlin herauszudrängen. Der äußere Vorwand für die Blockade war die Einführung der westdeutschen Währungsreform in den Westsektoren von Berlin, was angeblich die Währung in der sowjetischen Besatzungszone gefährdete. Die Blockade war so streng, daß auf dem Land- und Wasserweg keinerlei Verkehr zwischen Westdeutschland und den Westsektoren mehr möglich war.

Diese Lage stellte die verantwortlichen Führer der USA vor ein ernstes Problem. Rußland erstrebte offensichtlich die Suprematie über Deutschland und versuchte eine Machtdemonstration. Von der alliierten Reaktion hing daher nicht nur das Schicksal Deutschlands, sondern das der gesamten Freien Welt ab. Es war klar, daß, wenn die freien Nationen jetzt nachgäben, die Sowjets annehmen durften, sie handelten aus Furcht. Sie würden dann zu weiteren und gefährlicheren Aggressionen übergehen. Wie aber konnte der Westen auf diese Bedrohung reagieren? Forrestal umriß in seinem Tagebuch die gegebenen Alternativen folgendermaßen:

»1. Man entschließt sich jetzt, unsere Position in Berlin in Abstimmung mit den anderen Westmächten zu einer geeigneten Zeit aufzugeben, wahrscheinlich, wenn die westdeutsche verfassunggebende Versammlung am 1. September zusammengetreten ist.

2. Man faßt jetzt den Entschluß, unsere Stellung in Berlin mit allen Mitteln zu halten, einschließlich der Möglichkeit, Berlin mittels Versorgungskonvois und unter gewissem Gewalteinsatz als letztem Mittel versorgen zu müssen, nachdem alle diplomatischen und andere gewaltlose Methoden vergeblich geblieben sind; aber dabei ist die Möglichkeit eines Krieges als eventuell notwendige Folgeerscheinung einzukalkulieren.

3. Auf unserem festen, aber nicht provozierenden Willen, in Berlin zu bleiben, zu beharren und dazu zuerst nur auf die am Ort zur Verfügung stehenden Mittel zurückzugreifen, sodann durch diplomatische Mittel die Anerkennung und Zusicherung unserer Rechte zu erlangen suchen, während man solange die endgültige Entscheidung über unser Verbleiben oder den Abzug aus Berlin vertagte.«

Die zweite dieser Alternativen wurde bekanntlich gewählt; allerdings anstatt einen bewaffneten Konvoi oder einen Panzerzug auf dem Landweg zu entsenden, versuchte man es mit einer Luftbrücke. Sie wurde ein voller Erfolg. Die Sowjets versuchten nicht, die Luftbrücke ernsthaft zu behindern, wenngleich ihre Jagdflieger einige Male Scheinangriffe auf die Versorgungsflugzeuge flogen. Die amerikanischen, britischen und französischen Piloten hielten sich sorgsam an die im ursprünglichen Berlin-Abkommen von 1945 vorgeschriebenen Luftwege. Die Sowjets wünschten offensichtlich keine

Gewaltanwendung, solange die Westmächte ihrerseits dies nicht taten, was bei einem bewaffneten Konvoi der Fall gewesen wäre. An der Luftbrückenoperation nahmen Heeres- wie Marinefliegerkräfte gleichermaßen teil. Anfang Mai 1949 endete dann die Berliner Blockade mit der Übereinkunft zwischen den Westmächten und der UdSSR, den Rat der Außenminister zur erneuten Erörterung der deutschen Frage wiedereinzuberufen. In den elf Monaten der Blockade wurden über die anglo-amerikanisch-französische Luftbrücke 2343315 Tonnen Versorgungsgüter transportiert.

Die Nordatlantik-Pakt-Organisation

Als der Kalte Krieg in eine derartig gefährliche Phase, wie sie die Berliner Blockade darstellte, eintrat, erkannten die USA und einige andere westeuropäische Staaten allmählich, daß ihre nationale Sicherheit auf dem Spiele stand und eine militärische Zusammenarbeit unter den freien Nationen zur Bekämpfung der sowjetischen Bedrohung unumgänglich war. Daher kamen die USA und elf andere Staaten 1949 überein, den Nordatlantikpakt abzuschließen. Er sah vor, daß jeder Mitgliedstaat einen Angriff auf irgendein Paktmitglied als Angriff auf die Gesamtheit der Paktstaaten ansehen werde. Unterzeichner des Vertrages waren Belgien, Kanada, Dänemark, Frankreich, Island, Italien, Luxemburg, die Niederlande, Norwegen, Portugal, das Vereinigte Königreich und die USA. Ein Jahr nach Gründung der NATO traten die Türkei und Griechenland dem Pakt bei.
Die Formulierungen des Vertrages mußten sorgfältig gewählt werden, um im Rahmen der Charta der Vereinigten Nationen zu bleiben. Insbesondere war der Artikel 53 zu berücksichtigen, der eine Aktion der UNO bei einer Aggression vorsah. Als die Sowjetunion später den Vorwurf erhob, der NATO-Pakt verstoße gegen den Artikel 53, konnte Außenminister Acheson auf den Artikel 51 und 52 hinweisen, die jedem Mitgliedstaat die Vorsorgemaßnahmen zur Selbstverteidigung gestatteten, die ihm geeignet erschienen. Die Ratifikationsprozedur im US-Senat war eine weitere Hürde, die die NATO zu nehmen hatte. Einige Senatsmitglieder brachten vor, die Entscheidung über eine Kriegserklärung liege dann nicht mehr beim Kongreß, sondern bleibe irgendeinem Mitgliedstaat überlassen, der sich einbildete, angegriffen zu sein. Trotz dieser Opposition stimmte der Senat im Juli 1949 mit 82 gegen 13 Stimmen dem Vertrag zu.
Das Kernstück des Paktes ist der Artikel 5, der besagt: »Die Vertragspartner kommen überein, daß ein bewaffneter Angriff auf einen oder mehrere von ihnen als Angriff gegen sie alle angesehen wird. Dementsprechend stimmen sie überein, daß in einem solchen Fall jeder Mitgliedstaat, in Ausübung des Rechtes zur individuellen oder kollektiven Verteidigung, wie es in Artikel 51 der UNO-Charta anerkannt ist, dem angegriffenen Partner zu Hilfe kommen werde, indem er individuell oder in Abstimmung mit den anderen Mächten die Maßnahmen, einschließlich des Einsatzes bewaffneter Kräfte ergreift, die notwendig erscheinen, um die Sicherheit des nordatlantischen Bereiches zu gewährleisten oder wieder herzustellen.«
Weiterhin sah der Vertrag die Errichtung einer Kommando-Organisation für die Streitkräfte vor, die für etwaige militärische Operationen zur Verfügung zu stellen seien. Ihr Einsatz sollte von einem in Permanenz in Paris tagenden NATO-Rat geleitet werden. Er war das politische Planungsorgan und für die große strategische Leitung verantwortlich. Unter ihm stand auf der obersten militärischen Ebene der Militär-Ausschuß, dessen Exekutivorgan die »Standing Group« war. Sie setzte sich aus Vertretern der Stabschefs Frankreichs, Großbritanniens und der USA zusammen. Sie koordinierten und integrierten die von den oberen NATO-Kommandobehörden ausgearbeiteten Verteidigungspläne. Diese Kommandobehörden waren das Alliierte Kommando Europa, das Alliierte Kommando Atlantik, das Alliierte Kommando Kanal und die Kanadisch-US-Regionale Planungsgruppe.
Zur Verwirklichung dieser Planung gewährten die USA eine Beihilfe von einer Milliarde Dollar für militärische Ausrüstung und Beschaffung. Auf einer Konferenz in London im Mai 1950 beschloß man, daß zur Vermeidung von Überschneidungen und Parallelaktionen jedes Mitgliedsland sich auf einen bestimmten Teil des Verteidigungsorganismus konzentrieren sollte. Großbritannien beispielsweise sollte für taktische Düsenflugzeuge und Kriegsschiffe, Frankreich für leichte Artillerie und Infanteriewaffen, die USA für strategische Bomber und Kriegsschiffe verantwortlich sein. Im Dezember 1950 wurde General Dwight D. Eisenhower zum Alliierten Oberbefehlshaber in Europa (SACEUR) ernannt, im Januar 1952 wurde Admiral Lynde D. McCormick (USN) Alliierter Oberbefehlshaber Atlantik (SACLANT). Auf Grund nationaler Eifersüchteleien und Prestigedenkens stellten sich der Errichtung einer militärischen Streitmacht erhebliche Schwierigkeiten entgegen. Hinzu kamen auch, daß die Militärausgaben eine schwere Bürde für die Staaten darstellten, die noch unter den wirtschaftlichen Folgen des Krieges litten.

Der Ferne Osten

Am Ende des Krieges schienen die siegreichen Alliierten nichts mehr zu fürchten zu haben. Japan war zu Boden geworfen; die anderen ostasiatischen Mächte hatten sich zu diesem gemeinsamen Zweck verbündet. Fünf Jahre später jedoch lag ganz China hinter einem »Bambusvorhang« und war von der freien Welt abgeschlossen; offener Krieg herrschte in Ostasien. China ging schrittweise während des Bürgerkriegs verloren. Die Kommunisten gewannen immer weiter an Boden, so daß die Nationalchinesen sich nach Formosa absetzen mußten und dort eine »zeitweilige« Regierung errichteten. In Indochina brach 1946 ebenfalls ein Bürgerkrieg aus; und im Juni 1950 führte in Korea die künstliche Teilung des Landes am 38. Breitengrad zu offenem Krieg.

China

Die Regierung Tschiang Kai-scheks, die im Krieg gegen Japan gekämpft hatte, wurde innerhalb wie außerhalb Chinas stark kritisiert. Heftige Anklagen wegen Korruption und Unfähigkeit wurden laut. Örtliche Unruhen, die wegen ungleicher Verteilung von Versorgungsgütern entstanden waren, wurden von den Kommunisten aufgegriffen. Im Laufe der Zeit verbesserten die chinesischen Kommunisten unter Mao Tse-tungs Führung ihre Organisation, bewaffneten sich mit von den entwaffneten japanischen Armeen stammenden oder von den Nationalchinesen erbeuteten Waffen sowie auch mit amerikanischem Material, das ursprünglich Tschiang zugedacht, aber dann von korrupten Geschäftemachern, die zum Teil sogar in Tschiangs Regierung saßen, weiterverkauft worden war. Sporadische Guerillakämpfe wurden alsbald zu richtigem Bürgerkrieg zwischen Kommunisten und Nationalisten, in dem es den Anhängern Maos gelang, immer größere Teile der Bevölkerung durch geschickte Propaganda oder Terror auf ihre Seite zu zwingen und Truppenteile Tschiangs zum Überlaufen zu bringen.

In der Hoffnung, eine Verschlechterung der Lage in China zu verhindern, versorgten die USA die Nationalisten mit Geld und Material und entsandten einen Sonderbeauftragten, der sich um eine Lösung des Konfliktes bemühen sollte. General George C. Marshall wurde mit dieser Mission beauftragt und erhielt die Weisung, eine Koalition zwischen Nationalisten und der Volkspartei – wie die Kommunisten sich nannten – zustande zu bringen. Er hatte wenig Erfolg. Amerikanische Marine-Corps-Einheiten, die sich seit Kriegsende in China befanden, wurden zurückgezogen; die Kommunisten wurden mit der Zeit immer stärker. Bis Oktober 1948 hatten sie die ganze Mandschurei besetzt, 1949/50 breiteten sie sich nach den von Mao Tse-tung entwickelten Theorien des Guerilla-Krieges in weiträumigen Operationen ihre Macht über ganz China aus. Im Dezember 1949 siedelte die nationalchinesische Regierung nach Taipeh auf Formosa über.

Mao begann sogleich eine Annäherung an die UdSSR und

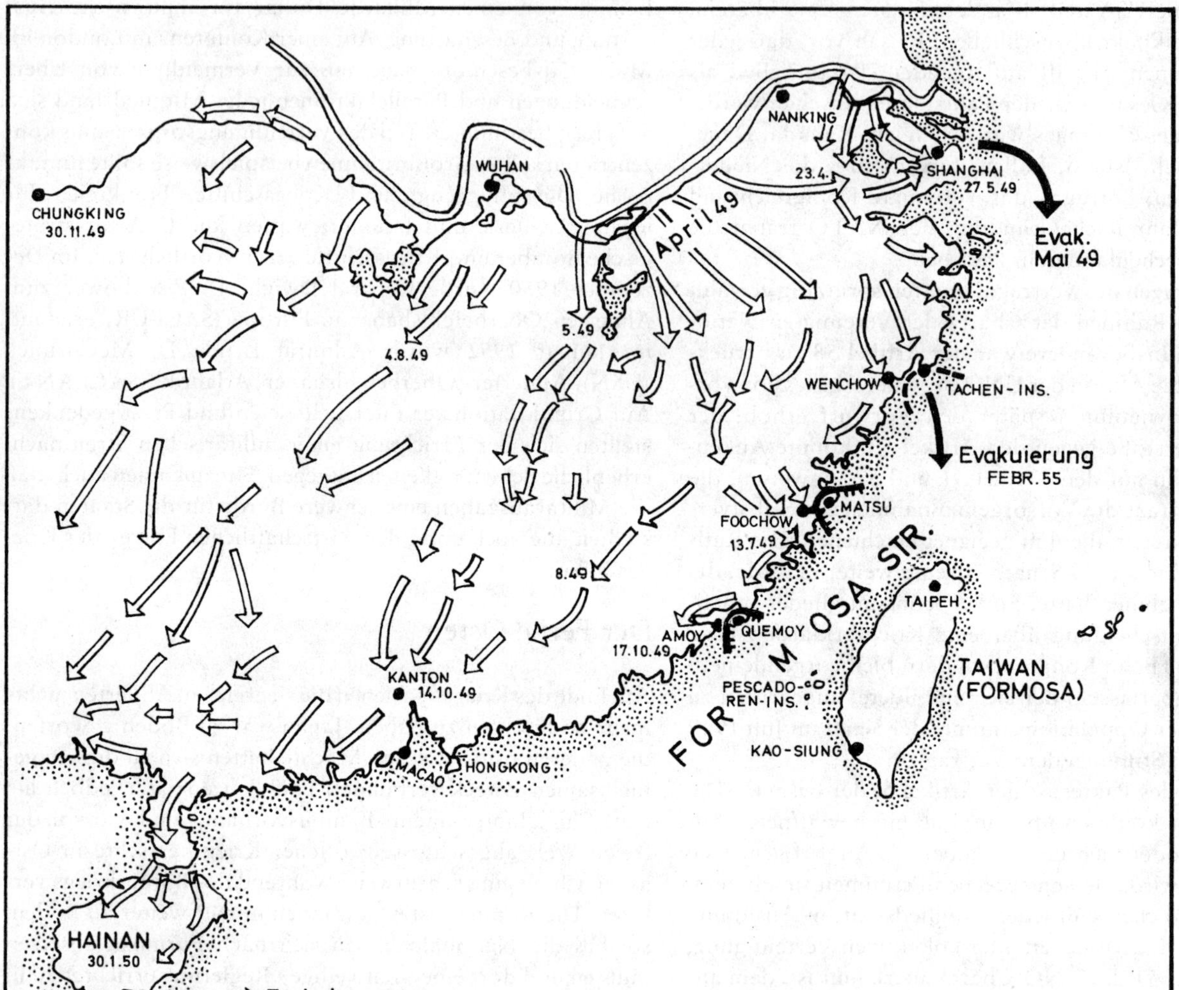

Das Ende des chinesischen Bürgerkriegs 1949 und die Krisen in der Formosa-Straße schloß am 15. Februar 1950 einen dreißigjährigen Freundschafts- und Beistandspakt. So kamen innerhalb von fünf Jahren 600 Millionen Menschen unter kommunistische Herrschaft. Ein amerikanisches »Weißbuch«, das Ende 1949 erschien, gibt eine Zusammenstellung über die amerikanischen Bemühungen zur Eindämmung dieser Entwicklung. Demnach erhielten die Nationalchinesen Rüstungslieferungen für 39 Divisionen und über zwei Milliarden Dollar. Der größte Teil der Waffen und des Geldes aber waren am Ende in die Hände der Anhänger Maos gewandert. Der Verlust von Waffen und Geld war ernst genug, aber das Verschwinden Chinas hinter einem Bambusvorhang sollte äußerst ernste Konsequenzen haben.

Korea

Auf der Konferenz von Kairo hatten 1943 zwar Roosevelt, Churchill und Tschiang Kai-schek beschlossen, daß Korea »zu gegebener Zeit frei und unabhängig« werden solle, doch über die etwas nebulöse Idee Roosevelts von einer »Treuhänderschaft für eine Übergangszeit« hinaus hatte man sich kaum Gedanken darüber gemacht, wie man Korea bei Kriegsende behandeln sollte. Als deshalb am 10. August 1945 Japan seine Kapitulationsbereitschaft zu erkennen gab und kurz darauf im Rahmen der sowjetischen Operationen gegen die Mandschurei auch der koreanische Grenzfluß Tumen überschritten wurde und an den Häfen der Nordostküste sowjetische Landungen stattfanden, mußte eine schnelle Lösung gefunden werden, um eine geordnete Kapitulation und Entwaffnung der japanischen Streitkräfte zu gewährleisten. Die Sowjets, die bei dem großen amphibischen Potential der Amerikaner mit einer baldigen Großlandung in Korea rechneten, akzeptierten den ihnen als Demarkationslinie vorgeschlagenen 38. Breitengrad, der ihnen in dieser Lage günstig erscheinen mußte. Sie begannen sofort, in dem bis Anfang September vollständig besetzten Nordkorea sozialistische und kommunistische Volkskomitees als Grundlage für eine künftige Regierungsbildung aufzustellen. Im noch nicht besetzten Südkorea bildeten sich mit Duldung durch die Japaner gleichfalls ähnliche Komitees, und eine für den 6. September nach Seoul einberufene Nationalversammlung rief eine gesamtkoreanische Volksrepublik aus. Als zwei Tage später die amerikanischen Besatzungstruppen in Inchon landeten, glaubte deren Befehlshaber in Ermangelung anderer Instruktionen, sich nicht mit dieser, seine Autorität in Frage stellenden »Regierung« identifizieren zu dürfen und verbot schließlich ihre Aktivität. Während im Norden die Gleichschaltung im kommunistischen Sinne planmäßig fortschritt, mußte sich die amerikanische Militärregierung im Süden mit dem aus dem Exil zurückgekehrten, antikommunistisch eingestellten Dr. Syngman Rhee verbünden. Versuche der Amerikaner, zu einer wirtschaftlichen Zusammenarbeit mit dem industrialisierten Norden zu kommen und den sich bildenden »Eisernen Vorhang« am 38. Breitengrad, der ja nur als technische Demarkationslinie zur Demobilisierung der Japaner gedacht war, zu überwinden, scheiterten an der sowjetischen Obstruktionspolitik, an der auch die Behandlung der Korea-Frage auf den Außenminister-Konferenzen der »Großen Vier« nichts ändern konnte. So brachten die USA die Korea-Frage schließlich im September 1947 vor die Vollversammlung der UNO. Die Sowjetunion, die bereits eine nordkoreanische Regierung und Armee errichtet hatte, schlug im September 1947 vor, das Land bis Januar 1948 von allen fremden Besatzungstruppen zu räumen. Dieser nach Lage der Dinge für Südkorea selbstmörderische Vorschlag wurde abgelehnt. Die UNO ernannte eine Kommission zur Vorbereitung der Abhaltung freier Wahlen in ganz Korea im Jahr 1948, aber ihren Mitgliedern wurde das Betreten Nordkoreas untersagt. Die Südkoreaner begründeten daraufhin in Südkorea die »Republik Korea« mit Syngman Rhee als Präsidenten und Seoul als Hauptstadt. Die Regierung wurde im Juli 1948 unter UN-Aufsicht gewählt. Am 15. August übergaben die USA der Republik die Regierungsgewalt. Die amerikanischen Besatzungstruppen wurden bis Ende Juni 1949 zurückgezogen.
Im Mai 1948 hatten die nordkoreanischen Kommunisten ihrerseits die »Volksdemokratische Republik Korea« ausgerufen, deren Hauptstadt Pjöngjang wurde. Kurz danach zogen auch die Russen ihre Truppen ab. Sie ließen jedoch eine gut ausgebildete nordkoreanische Armee zurück. Die USA dagegen hatten in Südkorea nur eine Polizeitruppe zur Aufrechterhaltung der Ordnung aufgebaut, die aber in Organisation, Ausrüstung und Ausbildung nicht in der Lage war, gegen eine reguläre Armee zu bestehen. Damit war die Lage reif für einen nordkoreanischen Angriff auf Südkorea. Er begann im Juni 1950.

Indochina

Bereits 1941 hatte sich eine nationalistische Bewegung in Französich-Indochina zu regen begonnen. Die japanische Besetzung des Landes verwandelte die Frontstellung gegen die französische Kolonialmacht in ein verwickeltes Dreiecksverhältnis, in dem jede Gruppe versuchte, mit einer anderen gegen die dritte zu agieren. Erst als die Lage für die Japaner Ende 1944/Anfang 1945 begann kritisch zu werden, waren sie bereit, den Unabhängigkeitswünschen der indochinesischen Nationalisten entgegenzukommen. Am 9. März 1945 setzten die Japaner eine einheimische Regierung unter Kaiser Bao Dai ein, nachdem sie eine Gegenwirkung französischer Streitkräfte, die im Lande verblieben waren, durch deren Entwaffnung verhindert hatten. Mit dem japanischen Zusammenbruch im August/September 1945 begann ein neuer Abschnitt in dem Ringen um die von Großbritannien und Frankreich betriebene Wiedererrichtung der französischen Kolonialherrschaft und den das zunächst entstandene Machtvakuum ausnutzenden nationalen Kräften, unter denen die kommunistisch orientierten Kräfte unter Führung von Ho Tschi-Minh bald die Oberhand gewannen. Diese Auseinandersetzung, aus der sich Großbritannien bald zurückzog und in der sich die dem Kolonialismus abholden Amerikaner neutral verhielten, weitete sich zu einem regelrechten Krieg zwischen der kommunistischen Viet-Minh-Bewegung und den französischen Kolonialstreitkräften aus, über die im Kapitel 48 ausführlich und im Zusammenhang berichtet wird.

Japan

Im Gegensatz zu Deutschland war Japan nicht von den Siegermächten in Besatzungszonen aufgeteilt worden. Die alliierten Regierungen übertrugen den USA die Aufgabe als Besatzungsmacht und ernannten General Douglas MacArthur zum Oberbefehlshaber. In der Kapitulationsurkunde hatte Japan der Errichtung einer demokratischen Regierung und der Abhaltung freier Wahlen zustimmen müssen. Unter MacArthurs Weisungen gewährte das Kabinett Shidehara den Frauen das Stimmrecht und setzte das Wahlalter von 25 auf 20 Jahre herab. Die großen Familien- und Unternehmenskonzerne, die weitgehend Japans wirtschaftliche und militärische Macht getragen hatten, wurden aufgelöst. Eine neue Verfassung trat am 3. Mai 1947 in Kraft. In ihr verzichtete Japan auf das Recht der Kriegführung, gab die Göttlichkeit des Tenno preis und schaffte die Peerskammer ab. Ein neuer Reichstag war nunmehr »das höchste Organ der staatlichen Macht und die einzige gesetzgeberische Gewalt«.

Im Rahmen der strategischen Planung der USA für den Fernen Osten war Japan eine der Schlüsselstellungen, deren Linie sich von Japan über Okinawa und Formosa bis zu den Philippinen erstreckte. Reibungen mit der Sowjetunion entstanden über die Kurilen und über Fischereirechte in den Gewässern zwischen Sibirien und Japan. Weitere Spannungen ergaben sich infolge der sowjetischen Bemühungen, eine kommunistische Partei in Japan aufzubauen. Sie war zwar klein, aber so gut organisiert und so aktiv, daß MacArthur am 6. Juni 1950 die Regierung anwies, die kommunistischen Mitglieder aus dem Rat zu verbannen »wegen Verfälschung der Wahrheit und Erregung öffentlicher Gewalttätigkeit«.

Die technische Entwicklung der westlichen Marinen

Wegen der sich ständig verschlechternden Beziehungen zwischen den Westmächten und der UdSSR wurde es für die westlichen militärischen Planungsstäbe notwendig, die Sowjetunion als den wahrscheinlichsten potentiellen Gegner in Rechnung zu stellen und allen politischen und militärischen Planungen eine derartige Annahme zugrunde zu legen. Die Ausarbeitung von Plänen und Programmen bei den verschiedenen Marineleitungen ging von den bekannten und vermuteten Kapazitäten der sowjetischen Flotten aus und suchte der als am bedrohlichsten erscheinenden Möglichkeit Rechnung zu tragen.

Es war vollkommen klar, daß keine Nation die Seemacht der USA in Frage stellen konnte, denn tonnagemäßig war ihre Flotte größer als die aller übrigen Marinen zusammen, und sie war darüber hinaus mit der nächststärkeren Flotte, der britischen, verbündet. Es erschien deshalb wahrscheinlich, daß die UdSSR die traditionelle Kampfmethode einer unterlegenen Seemacht, den weitgehend auf Handelsstörer und U-Boote abgestellten Tonnagekrieg, aufgreifen könnten, für den die Notwendigkeit einer Versorgung Westeuropas über See von Amerika aus und die ähnlichen, wenn auch quantitativ geringeren Bedürfnisse der Versorgung der vor dem asiatischen Kontinent liegenden Stützpunkte des Westens im Pazifik erfolgversprechende Ansatzpunkte zu bieten schienen.

Man mußte dabei damit rechnen, daß den Sowjets der Nachbau der ihnen als Kriegsbeute ausgelieferten deutschen schnellen Elektroboote der Typen XXI und XXIII in Großserien möglich sein würde; Typen, die die Deutschen zwar nicht mehr rechtzeitig hatten an die Front bringen können, von denen sich die Experten jedoch eine Revolutionierung des U-Boot-Krieges versprachen, da sie Unterwassergeschwindigkeiten bis zu 16 kn erreichen konnten. Noch gefährlicher erschien die Möglichkeit, daß es den Russen gelingen könnte, den für den deutschen Typ XXVI entwickelten Walter-Antrieb zur Serienreife zu entwickeln, der dem U-Boot einen vom Luftsauerstoff unabhängigen Einheitsantrieb gab, mit dem sich für begrenzte Zeiten Geschwindigkeiten von 25 kn erreichen ließen, wie die vorgefundenen deutschen Versuchsboote demonstriert hatten.

Die eingehenden Nachrichten über die Aufnahme des Serienbaues von U-Booten auf sowjetischen Werften schienen diese Annahmen zu bestätigen, und 1950 gingen die Planungen bereits von – wie wir heute wissen –, weit überschätzten Zahlen von 350 vorhandenen Hochsee-U-Booten aus, was um so bedrohlicher erschien, als Deutschland bei Beginn des zweiten Weltkrieges nur 57 U-Boote besessen hatte. Man wußte, daß die sowjetischen U-Boote ab 1944/45 mit Radar und Sonar ausgerüstet wurden und rechnete damit, daß sie auch Schnorchel erhalten hatten und Torpedos mit Magnetzündung und akustischen Zielsuchköpfen einsetzen konnten. Die Aussicht, diese Geräte und Waffen auf solchen schnellen konventionellen U-Booten zum Gegner zu haben, stellte die westlichen Planer vor ernsteste Probleme.

Mit ihnen fertig zu werden, erforderte viel Einfallsreichtum und Kühnheit, und dies in einer Zeit, in der die öffentliche Meinung der Nationen ganz auf Frieden gerichtet war. Offiziere und Mannschaften der US-Marine wurden bisweilen so rasch aus dem aktiven Dienst entlassen, daß es zeitweilig schwierig war, die Schiffe in die Häfen zu überführen, in denen sie außer Dienst gestellt werden sollten. Die erste Maßnahme, die in den USA getroffen wurde, um auf mögliche Verwicklungen vorbereitet zu sein, war die Schaffung einer starken Reserve an Schiffen und ausgebildetem Personal. Einige Schiffe, die nicht mehr rentabel waren oder deren

Unterhaltungskosten die Ausgaben für Neuanschaffungen überstiegen, wurden veräußert. Einige wurden auch verschrottet. Ein paar benutzte man als Zielschiffe bei den Atombombenversuchen von Bikini. Die meisten Schiffe, die noch zum aktiven Dienst geeignet waren, die aber wegen Geld- und Personalmangel außer Dienst gestellt werden mußten, wurden eingemottet.

Der Aufbau einer ausreichenden und gut ausgebildeten Marinereserve war von äußerster Wichtigkeit. Ausbildungseinheiten wurden daher in den einzelnen Marinedistrikten aufgestellt. Einige von ihnen verfügten sogar über eine Kapazität von 48 Ausbildungskursen im Jahr. Die Einheiten der normalen Reserve umfaßten planstellenmäßig 200 Mann und 15 Offiziere. Zusätzlich dazu gab es noch zahlreiche freiwillige Spezialeinheiten. Im Rahmen dieses Programms konnten die Reservisten in einer 14tägigen Reserveübung pro Jahr auf See oder an Land ausgebildet werden. Einige Kurse fanden auf Schiffen der Flotte statt, andere auf denen der Marinedistrikte, meist Geleitzerstörern (DE). An Bord dieser Schiffe befand sich nur geringes Rahmenpersonal. Die Reservisten ergänzten die Besatzung und halfen so mit, diese Schiffe auch auf See zu führen.

Die aktive Flotte hatte nun auch wieder die traditionelle Aufgabe, die Diplomatie des Landes zu unterstützen. Seit 1947 befand sich die 6. US-Flotte ununterbrochen im Mittelmeer, wo sie die amerikanische Flagge zeigte und zur Wahrung der westlichen Interessen beitrug. Ein großer Flugzeugträger – zuerst die *Midway*, später die *Franklin D. Roosevelt* oder *Coral Sea* –, befand sich immer dort. Ein weiterer Träger, mehrere Kreuzer und Zerstörer, vervollständigten diese »Task Force«. Zusätzlich wurden noch amphibische Transportkräfte für das Marine-Corps bereitgehalten.

Die logistische Versorgung erfolgte vornehmlich von den USA aus auf kriegsmäßiger Grundlage. Diese Streitmacht war nicht nur ein Mittel der Diplomatie, sie stand auch bereit, um in Kriegszeiten offensiv zu werden, sie sollte auch amerikanische Interessen und das Leben von amerikanischen Bürgern schützen, als Goodwill-Botschafter auftreten und alle die für die westlichen Länder lebenswichtigen Seeverbindungen kontrollieren. Mit dem Aufbau der NATO wurden gemeinsame Seeoperationen von wachsender Wichtigkeit. Einheitliche Nachrichtensignale und eine einheitliche Taktik wurden für gemeinsame Operationen von Schiffen der verschiedenen Paktstaaten entwickelt. Gemeinsame Manöver wurden bei mehreren Gelegenheiten erfolgreich abgehalten.

Die US-Marine wandte viel Zeit und Mühe auf die Ausschaltung der U-Boot-Gefahr bei künftigen Auseinandersetzungen. Sogenannte »Hunter-Killer-Groups«, Sonarbojen, Radar- und Sichtfunkpeilgeräte sowie andere Einrichtungen wurden mehr und mehr verfeinert. Ebenso wurde die Entwicklung von Marineflugzeugtypen vorangetrieben. Die alten propellergetriebenen Typen wurden durch Düsenflugzeuge ersetzt. Die Träger vom *Essex*-Typ erhielten verstärkte Flugdecks, um auch Düsenjäger und -bomber aufnehmen zu können. Eine der grundlegendsten Änderungen war die Einführung des gewinkelten Flugdecks, das die Briten zuerst entwickelt hatten und das dann auf USS *Antietam* und anderen Trägern installiert wurde. Der Landeteil des Decks war um acht Grad nach Backbord versetzt, so daß ein landendes Flugzeug nicht trotz der Sperren auf die auf dem Vorderdeck abgestellten Flugzeuge aufprallen konnte. Ebenfalls gestattete diese Decksform das gleichzeitige Landen und Starten von einem Träger aus. Landespiegel und -lichtsignale, ebenfalls britische Erfindungen, verbesserten die Einsatzmöglichkeiten der Trägerflugzeuge.

Eine Änderung der Munition war ebenfalls von großer Bedeutung. Wasserbomben und nach voraus abgeschossene U-Boot-Bekämpfungsmittel wurden verbessert, ihre Sinkgeschwindigkeit vergrößert, so daß ein feindliches U-Boot nicht in der Lage war, rechtzeitig abzudrehen. Die Kreuzer erhielten neu entwickelte automatische 15,2- und 20,3-cm-Geschütze. Automatische 7,6-cm-Geschütze ersetzten die alten 40-mm-Fla-Waffen. Auch auf dem Gebiet der Raketenwaffen führten Marine wie Luftwaffe und Heer umfassende Entwicklungsprogramme durch.

Der Hubschrauber war eines der wichtigsten Elemente des Flugzeugentwicklungsprogramms der Marine. Seine Verwendungsbreite und der geringe Raum, den er bei der Landung und beim Start benötigte, gestatteten seinen Einsatz von Kreuzern und Schlachtschiffen wie von Trägern aus. Er war gut zur Aufklärung, ersetzte aber auch die Zerstörer bei den beschwerlichen Postzulieferungsdiensten; bei Trägeroperationen konnte er zur Flugsicherung eingesetzt werden. Im Koreakrieg spielten Hubschrauber viele andere wichtige Rollen, von Leitaufgaben bei Luftangriffen bis zu Rettungsaufträgen, Versorgungs- oder Evakuierungsflügen. Das Leben vieler Verwundeter wurde durch diese von Lazarett-Landungsfahrzeugen und Lazarettschiffen aus operierenden »Wirbelvögel« gerettet; sie konnten die Verwundeten unmittelbar von den vorgeschobenen Verbandsplätzen abholen und sie direkt zu den Lazarettschiffen fliegen. Am wichtigsten aber waren die Versuche des Marine-Corps, die Hubschrauber zum Schiff-zur-Küste-Transport bei amphibischen Operationen einzusetzen.

Die Atom-Bombe

Nach dem Abwurf der ersten Atom-Bomben auf Hiroshima und Nagasaki war es für die militärischen Befehlshaber vordringlich, eine genauere Kenntnis von dieser Waffe zu bekommen. Sie mußten wissen, wie man sie im Angriff wirkungsvoll einsetzt, aber es mußte auch die Grenze ihrer Wirksamkeit bekannt sein, damit man durch Gegenmaßnahmen ihre Wirkung so gering wie möglich zu halten vermochte, falls der Feind sie seinerseits einsetzte. Aus diesem Grunde wurde die Operation »Crossroad« als Versuchsserie eines Einsatzes von Atom-Bomben gegen Kriegsschiffe konzipiert. Die Aktion wurde von den Navy und War Departments gemeinsam vorbereitet. Unter dem Kommando von Vizeadmiral William H. P. Blandy (USN) wurden verschiedene Tests beim Bikini-Atoll durchgeführt. Über 200 Schiffe, 150 Flugzeuge und 42000 Mann nahmen daran teil. 75 Schiffe wurden im Zielgebiet verankert. Das Bombenzielschiff, die *Nevada,* lag inmitten von vier anderen Schlachtschiffen, *Pennsylvania, Arkansas, New York* und der japanischen *Nagato.* Zwei Träger, *Saratoga* und *Independence,* lagen ebenfalls dort mit den Kreuzern *Pensacola, Salt Lake City,* dem deutschen Kreuzer *Prinz Eugen* und der japanischen *Sakawa.* Hinzu kamen etliche andere Kreuzer, Zerstörer, Landungsfahrzeuge, U-Boote und verschiedene kleinere Schiffe. Auf jedem Schiff waren Meßinstrumente angebracht, eine Auswahl von Ausrüstungsgegenständen und lebende Tiere, so daß man die Wirkung der Druck- und Sogwellen und der radioaktiven Verseuchung erfassen konnte. Unbemannte Flugzeuge standen bereit, um durch die Explosionswolke zu fliegen und technisch-physikalische Daten zurückzufunken. Entsprechend vorbereitete Boote sollten nach den Detonationen Wasserproben aus dem Meer entnehmen.

Der Test »Able«, ein Abwurf von einer *B-29,* fand am 1. Juli 1946 um 9.00 Uhr Ortszeit statt. Die Schadenswirkung wurde von einer von den Vereinigten Stabschefs eingesetzten Prüfungskommission erfaßt. Ein Zerstörer und zwei Transporter waren gekentert und sanken. Der japanische Kreuzer *Sakawa* sank am nächsten Tag. Die *Independence* war völlig ausgebrannt. Die Aufbauten des U-Bootes *Skate* zeigten umfangreiche Zerstörungen, die der *Nevada, Arkansas* und *Pensacola* waren schwer beschädigt. Die Verluste unter ungeschütztem Personal wären tatsächlich sehr hoch gewesen, wohingegen die überlebenden Tiere zeigten, daß gewisse Schutzmaßnahmen gegen radioaktive Strahlungen für Leute unter Deck möglich sind.

Der Versuchstest »Baker«, der am 25. Juli 1946, 8.25 Uhr, durchgeführt wurde, bestand in einer Unterwasserdetonation. Die Bombe wurde unter *LSM 50* zur Detonation gebracht. Das Schiff wurde durch den Druck völlig auseinandergerissen. Ebenso sanken die *Saratoga* und *Arkansas,* ein *LST,* ein *LSM* und ein Tanker, während der Zerstörer *Hughes* und der Transporter *Falcon* auf Grund gesetzt wurden, um sie vor dem Sinken zu bewahren. Ein getauchtes und drei an der Oberfläche befindliche U-Boote gingen ebenfalls für immer auf den Meeresboden. Drei Tage später sank auch das japanische Schlachtschiff *Nagato.* Das Wasser der Lagune war derart radioaktiv verseucht, daß es noch vier Tage darauf für das Testpersonal gefährlich war, die für ihre Tätigkeit erforderliche Zeit auf den Zielschiffen zu verbringen. Weitere Tests wurden in einem neuen Versuchsgebiet bei dem Eniwetok-Atoll durchgeführt.

Die USA erfreuten sich nicht sehr lange des Monopols des A-Bombenbesitzes. Teils durch Verräter, teils durch eigene wissenschaftliche Fortschritte, vermochten die Sowjets ihre eigene A-Bombe einige Jahre eher als westliche Experten es vermutet hatten, zu entwickeln. Sie brachten einen Prototyp im September 1949 irgendwo im Kaukasus zur Detonation. Die Entdeckung radioaktiver Teilchen in der Stratosphäre gab den Amerikanern davon Kenntnis. Kurz darauf gaben die Sowjets es auch offiziell bekannt. Die Tatsache, daß die UdSSR ebenfalls A-Waffen besaß, zwang die militärisch und politisch Verantwortlichen dazu, ihre Vorstellungen von der weltstrategischen Lage zu modifizieren. Dieser Umdenkprozeß hatte gerade erst begonnen, als eine neue Entwicklung die bisherige Kriegsannahme zu einer Realität machte: die Nordkoreaner warfen der Freien Welt den Fehdehandschuh hin; es lag nun an ihr, ihnen die entsprechende Antwort zu erteilen.

Zusammenfassung

Für die USA war es nach dem totalen Sieg über die »Friedensstörer« das Ziel, möglichst schnell zum »normalen Friedenszustand« zurückzukehren. Die Lösung noch bestehender und kommender internationaler Konflikte glaubte man, im Rahmen der UN-Charta der Organisation der Vereinten Nationen anvertrauen zu können. Die Garantie der eigenen Sicherheit schien durch die geographische Lage und den Besitz der Atombombe als eines »letzten Mittels« gegeben. Deshalb hatte man keine Bedenken gegen eine schnelle Demobilisierung und Abrüstung.

Für die Sowjetunion ging es nach dem Sieg zunächst um die Sicherung der im Kriege gewonnenen Positionen. Die UdSSR sah sich von der kommunistischen Ideologie her in einem unüberbrückbaren Gegensatz zu der westlichen »kapitalistischen und imperialistischen« Welt, der nur durch die schließliche Überwindung dieses kapitalistischen Systems aufgehoben werden konnte. Bei der materiellen Stärke des Westens und dessen – wie man annahm – unversöhnlicher Feindschaft glaubte man auch gewaltsame Auseinandersetzungen nicht ausschließen zu können und mußte sich darauf vorbereiten.

Angesichts der infolge der Demobilisierung schnell wachsenden westlichen Schwäche zu Lande konnte die sowjetische Politik nach der unter dem Schirm der gewaltigen Überlegenheit der Roten Armee durchgeführten Konsolidierung ihres Kontinentalblockes dazu übergehen, diesen Raum an Punkten westlicher Schwäche auszuweiten. Aufstandsbewegungen kommunistischer Gruppen, die sich an den Machtbereich der Roten Armee anlehnten, wurden materiell unterstützt, bis sich die Kampfhandlungen zu regelrechten Bürgerkriegen auswuchsen (Azerbaidžan, Griechenland, China). Durch militärisch-wirtschaftliche Zwangsmaßnahmen suchte man westliche Enklaven zu beseitigen (Berliner Blockade). Schließlich gestattete man Satelliten-Armeen sogar bewaffnete Aggressionen.

Das langsame Erkennen der brutalen sowjetischen Gleichschaltungsmethoden (Tschechoslowakei) und des kommunistischen Expansionsstrebens (Griechenland, Türkei) ließ in den USA die Illusion über den möglichen Frieden mit den

Kommunisten in Furcht umschlagen. Als Gegenmaßnahme begann die amerikanische diplomatische, wirtschaftlich-technische und militärische Hilfe für die bedrohten Länder (Truman-Doktrin, Marshall-Plan, Berliner Luftbrücke). Zugleich wurden die Kriegsallianzen wieder belebt und neue Verteidigungs-Bündnisse geschlossen (NATO). Parallel dazu kam es in den USA zu einer längeren Auseinandersetzung um eine zweckmäßige militärische Spitzengliederung und um die Prioritäten der strategischen Rüstungen, die zunächst zu einer Verselbständigung der Luftwaffe und einer einseitigen Betonung ihrer strategischen Rolle führte, die erst mit den Erfahrungen des Korea-Krieges eine gewisse Korrektur erfuhr.

Kapitel 47

Der Korea-Krieg 1950–1953

Unter Verwendung von Teilen (ca. ein Drittel) des von Henry H. Adams bearbeiteten Kapitels 45 der US-Ausgabe, in Übersetzung von Klaus-Jürgen Müller, für die deutsche Ausgabe ergänzt und zum Teil neu bearbeitet von Jürgen Rohwer.

Der unruhige Friede endete plötzlich am Morgen des 25. Juni 1950, als nordkoreanische Truppen den 38. Breitengrad überschritten und die Republik Korea überfielen. Das war, ganz anders als die bisherigen Grenzzwischenfälle, eine Invasion großen Ausmaßes. Nichts, so schien es, konnte das freie Korea retten.

Die kommunistischen Führer glaubten, sie hätten trefflich die richtige Gelegenheit ergriffen bei ihren Bemühungen, ihren Herrschaftsbereich in Asien zu arrondieren. Die Invasion Südkoreas war wie ein Dolchstoß, der direkt in das Herz Japans zielte, wo General MacArthur eine kommunistische Subversion verhinderte. Zugleich war sie ein Testfall für die Entschlossenheit der westlichen Welt, der kommunistischen Aggression Widerstand zu leisten. Sprecher des »US State Departments« hatten öffentlich zu verstehen gegeben, daß Korea für die strategische Verteidigung Amerikas nicht wesentlich sei. Daraus schien man nur einen Schluß ziehen zu können: die USA würden sich einer Invasion Südkoreas nicht ernsthaft entgegenstellen.

Die nordkoreanischen Truppen waren in konventioneller Infanterietaktik gut ausgebildet; sie waren hervorragend in Nachtoperationen, Infiltration und Tarnung. Selbst wenn Streitkräfte der Vereinten Nationen intervenierten, so waren doch die landschaftliche Beschaffenheit Koreas und die primitive, aber sehr effektive logistische Organisation der Nordkoreaner Faktoren, die eine hochtechnisierte Armee stärkstens behindern mußten. Bergiges Gelände und extreme Temperaturschwankungen, Schlamm und Staub, Sturm- und Regenperioden würden die Wirksamkeit einer mechanisierten Kriegführung stark einschränken. Die logistische Organisation der Nordkoreaner war für die UNO-Truppen nahezu unverwundbar. Es erwies sich später als fast unmöglich, den Nachschubstrom aus dem Norden zu unterbinden, ohne die Verbindungswege oder gar die Nachschubbasen selbst zu besetzen. Der nordkoreanische Soldat konnte praktisch aus dem Lande leben. Zwangsverpflichtete Bauern dienten als Träger für Munition, Verpflegung und andere Versorgungsgüter, die auf Seitenpfaden und Nebenstraßen herbeigeschafft wurden. Von harmlosen Flüchtlingen waren sie nicht zu unterscheiden. Die 1500 Meilen lange koreanische Küste bot eine Menge Schlupfwinkel, aber nur wenige für ein amphibisches Landungsunternehmen geeignete Stellen. Die Ostküste hatte angemessene Häfen, aber der Zugang vom Landesinnern zu diesen war begrenzt. Vor der Westküste dagegen lagen an vielen Stellen Sand- und Schlammbänke, hinzu kamen große Gezeitenunterschiede. Das Bergland bot einer Infanterie-Armee, deren Nachschub durch Träger gesichert war, günstige Möglichkeiten zur Deckung, guten Schutz gegen Luftangriffe und Gelegenheiten für Hinterhalte. Für eine mechanisierte Truppe dagegen war es ein großes Hindernis, ganz zu schweigen von den in diesem Fall viel größeren logistischen Problemen.

Der nordkoreanische Angriff

Ähnliche Gedanken werden sich wohl die Feindlage-Bearbeiter auf kommunistischer Seite gemacht haben. Sie konnten davon ausgehen, daß die 8 Divisionen der südkoreanischen Armee personell noch nicht voll aufgefüllt waren und nur über eine materielle Ausstattung verfügten, die Einsätze zur Aufrechterhaltung der inneren Ordnung ermöglichte, nicht jedoch größere Kampfoperationen defensiver oder gar offensiver Art. Diese Armee war zudem so disloziert, daß die am 38. Breitengrad stationierten vier Divisionen nur jeweils 1–2 Regimenter zur Überwachung an der Grenzlinie gegen die häufigen kommunistischen Raids stehen hatten, während die restlichen Einheiten weiter rückwärts in Reservelagern biwakierten oder gar in Partisanen-Einsätzen gebunden waren, ähnlich wie auch die im Süden befindlichen Divisionen. Hilfe konnte von außen nur durch US-Landstreitkräfte kommen. Größere Verbände, 4 personell weitgehend geschwächte Divisionen, waren als Besatzungstruppen in Japan und konnten, so meinte man, nicht von dort abgezogen werden. Sonst gab es nur je eine Regiments-Kampfgruppe (RCT) in Okinawa und Hawaii. Der Antransport von in den USA liegenden Verbänden, die erst mobilisiert werden mußten, würde Wochen dauern und konnte außer Betracht bleiben. Es schienen also gute Chancen zu bestehen, Südkorea in einem Blitzfeldzug mit der von sowjetischen Ausbildern entsprechend der sowjetischen Doktrin ausgebildeten und ausgerüsteten nordkoreanischen Armee zu überrennen. Es gelang der nordkoreanischen Volksarmee, ihren Mitte Juni 1950 beginnenden Aufmarsch so zu tarnen, daß der Angriff am frühen Morgen des 25. Juni 1950 völlig überraschend für die Südkoreaner kam. Während detachierte Kampfgruppen im Westen die isolierte Ongjin-Halbinsel angriffen und das dort stationierte 17. südkoreanische Regiment überrannten und zur Einschiffung auf einem eilig herangerufenen *LST* zwangen, brach im Abschnitt nördlich Seoul der Angriff von vier, durch drei Panzer-Regimenter verstärkten Infanterie-Divisionen los. Die 1. ROK-

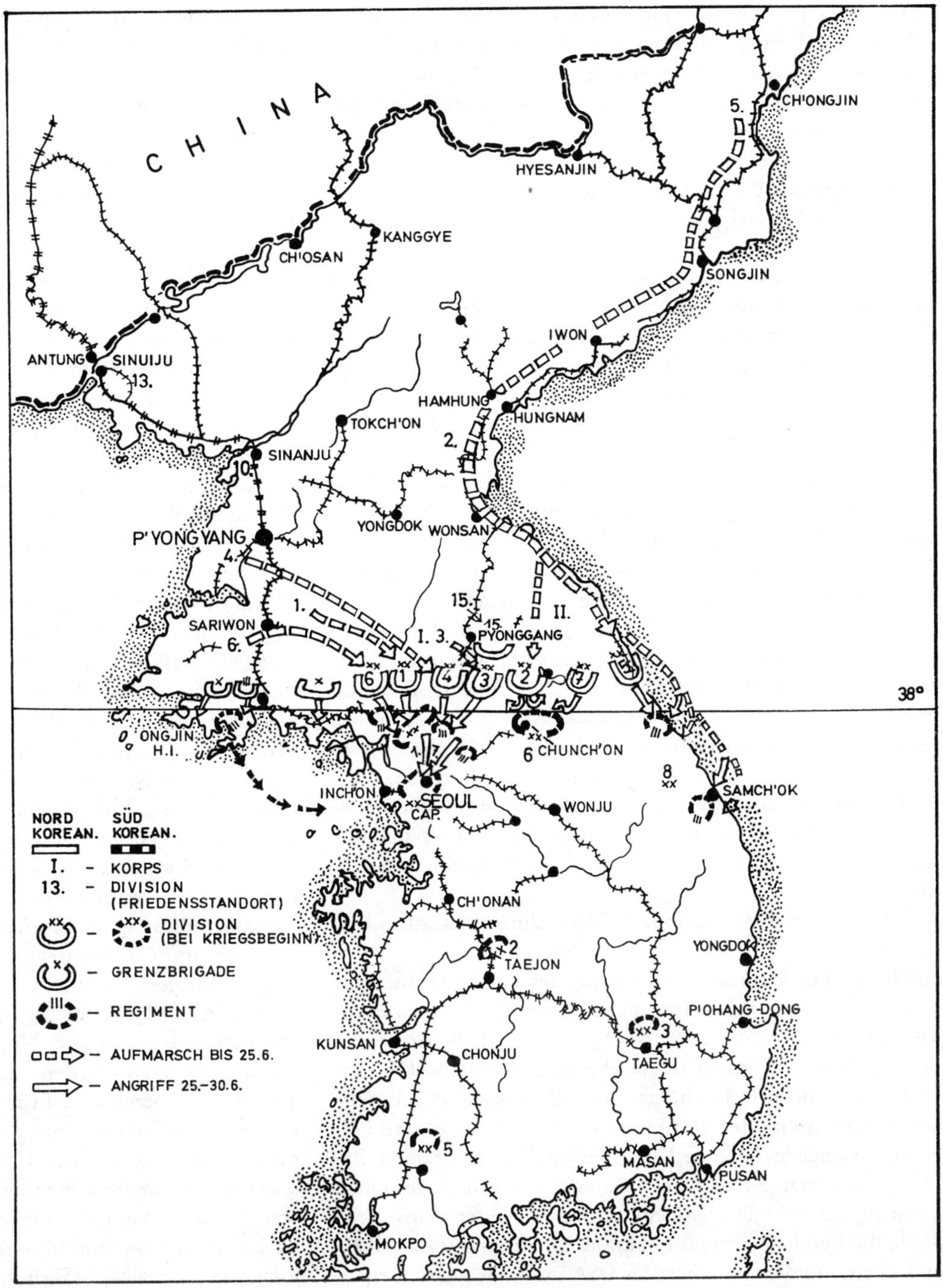

Der nordkoreanische Aufmarsch und Angriff, Juni 1950

Division konnte sich im Nordwesten zunächst am Imjin-Fluß halten, der Zusammenbruch der die Nordzugänge haltenden 7. ROK-Division vor den *T-34*-Tanks sowjetischer Bauart zwang zum überstürzten Rückzug auf Seoul, nachdem ein in der Nacht zum 26. Juni mit eilig herangeführten Reserven versuchter Gegenangriff gescheitert war. Am 28. Juni erreichten die Spitzen der nordkoreanischen Divisionen Seoul, das unter chaotischen Bedingungen geräumt wurde. Im zentralen Bergland konnte die 6. ROK-Division den Angriff von zwei NK-Divisionen tagelang aufhalten, doch zwang sie die Lage bei Seoul und an der Ostküste dann sich zurückzuziehen.

An der Ostküste gelang es den Nordkoreanern, mit Hilfe von improvisierten Fischerei- und Küstenschiffen am Morgen des 25. Juni beiderseits Kangnung und Samchok Kräfte in Stärke von etwa 2 Bataillonen zu landen, die die Küstenstraße, den einzigen Nachschubweg, blockierten und sich mit den im unzulänglichen Bergland operierenden Partisanengruppen vereinigten, so daß der hier eingesetzten 8. ROK-Division nichts übrig blieb, als sich mit ihren 2 Regimentern durch die Berge zur 6. Division durchzuschlagen.

Das Eingreifen der USA und der Vereinten Nationen

Die Nordkoreaner hatten sich die Erfahrungen anderer Aggressoren zunutze gemacht und ihren Angriff an einem Wochenende beginnen lassen. Als daher am Sonnabend, dem 24. Juni abends (Washington-Zeit = 25. Juni morgens in Korea!) die ersten Nachrichten in Washington eintrafen, befanden sich Präsident Truman und ein wesentlicher Teil der übrigen politischen und militärischen Führer im üblichen Wochenendurlaub. Ohne das Eintreffen näherer Nachrichten abzuwarten, gab der in Washington zurückgebliebene Außenminister Acheson – mit telefonischer Zustimmung des Präsidenten – dem amerikanischen Vertreter bei den UN die Anweisung, sofort eine Sondersitzung des Sicherheitsrates zu beantragen. Sie fand bereits am 25. Juni in New York statt. Es wurde beschlossen, Nordkorea zur sofortigen Zurückziehung seiner Truppen aufzufordern. Der schnelle Beschluß wurde ermöglicht, weil der sowjetische Vertreter nicht anwesend war, da die Sowjetunion seit Januar 1950 aus Protest gegen die Nichtanerkennung Rotchinas als ständigem Mitglied anstelle Nationalchinas die Sitzungen des Sicherheitsrates boykottierte. Somit fiel die Möglichkeit eines sowjetischen Vetos fort, das im anderen Falle jede Aktion der UN blockiert hätte.

Auf der am gleichen Nachmittag in Washington stattfindenden Sitzung des amerikanischen Verteidigungsrates, dem außer dem Präsidenten der Außenminister, der Verteidigungsminister mit den Sekretären der Teilstreitkräfte sowie die »Joint Chiefs of Staff« angehörten, waren sich alle Anwesenden darüber einig, daß man dieser Aggression keinesfalls untätig zusehen dürfe. Nachdem General Bradley, der Vorsitzende der »Joint Chiefs of Staff«, versichert hatte, daß keinerlei Anzeichen für eine Kriegsbereitschaft Rußlands vorlägen, kam man zu dem Schluß, daß es sich hier um einen Versuch der Sowjets handeln müsse, an einer schwachen Stelle die Bereitschaft und Reaktion Amerikas auf die Probe zu stellen, um dem Ansehen der USA im Fernen Osten einen entscheidenden Stoß zu versetzen.

Jedoch unterschätzten die militärischen Führer in Washington zunächst die Stoßkraft der nordkoreanischen Armee. Die Vertreter der Luftwaffe und Marine im Verteidigungsrat waren am 25. Juni der Meinung, daß der Einsatz der amerikanischen Fernost-Luft- und Seestreitkräfte genügen würde, um die Aggression zum Stehen zu bringen. Nur der Stabschef des Heeres hielt das für unzureichend und befürwortete die Entsendung von Bodentruppen, ohne damit jedoch durchzudringen. So erhielt der Oberbefehlshaber Fernost, General MacArthur in Tokio, zunächst nur die Anweisung, die Lage zu erkunden, für die Evakuierung der amerikanischen Staatsbürger zu sorgen, die materielle Unterstützung der Südkoreaner einzuleiten und den Einsatz von Luft- und Seestreitkräften vorzubereiten.

Als sich die militärische Lage in den beiden folgenden Tagen schnell verschlechterte, gab Präsident Truman nach einer eingehenden neuen Beratung mit dem Verteidigungsrat am 27. Juni MacArthur den Befehl, südlich des 38. Breitengrades Luft- und Seestreitkräfte zur Unterstützung der Südkoreaner einzusetzen. Um der Gefahr einer Ausweitung des Konfliktes vorzubeugen, erhielt die 7. Flotte den Befehl, in die Formosa-Straße zu gehen, um diesen Raum zu neutralisieren, d. h. sowohl rotchinesische Angriffe gegen Formosa als auch nationalchinesische Angriffe gegen das Festland zu verhindern.

Am 27. Juni trat erneut der Sicherheitsrat der UN zusammen. Nachdem Nordkorea der Aufforderung vom 25. Juni nicht nachgekommen war, erklärte man – wiederum in Abwesenheit des sowjetischen Vertreters – mit Mehrheitsbeschluß Nordkorea zum Aggressor und forderte die Mitgliedstaaten der UN auf, Südkorea durch geeignete militärische und sonstige Maßnahmen zu helfen. Damit wurde es den USA möglich, die eigenen Maßnahmen mit denen der UN zu identifizieren, ein mit Rücksicht auf die öffentliche Meinung der Welt sehr wichtiges Moment. In den nächsten Tagen erklärten zahlreiche Nationen ihre Bereitschaft, Südkorea zu unterstützen. Da es jedoch Wochen und Monate dauern mußte, bis diese Hilfsangebote praktisch wirksam werden konnten, blieb es auf absehbare Zeit ausschließlich Sache der USA, Hilfe zu bringen. In Erkenntnis dieser Sachlage und der Unmöglichkeit, die militärischen Einrichtungen der UN für die Führung der Operationen einzusetzen, da die Zugehörigkeit sowjetischer Vertreter zu diesen Gremien praktisch dem Feind Einblick in alle Maßnahmen gewähren würde, setzte der Generalsekretär der UN, der Norweger Trygve Lie, durch, daß die USA gebeten wurden, einen Oberbefehlshaber der UN-Truppen zu benennen. Präsident Truman kam diesem Ersuchen durch die Ernennung General MacArthurs am 17. Juli nach, und auch das der UN nicht angehörende Südkorea unterstellte ihm am folgenden Tage seine Streitkräfte. Damit war das amerikanische Oberkommando zwar dem Namen nach ein UN-Kommando – wieder ein unschätzbarer psychologischer Vorteil –, praktisch erhielt es seine Befehle jedoch weiterhin von seinen amerikanischen Vorgesetzten, den »Joint Chiefs of Staff« und dem Präsidenten. Der Sicherheitsrat wurde nur durch nachträgliche Berichte über den Verlauf der Operationen unterrichtet.

Inzwischen hatte MacArthur nach einem Frontbesuch gemeldet, daß sich die südkoreanischen Verbände bereits aufzulösen begännen, und daß nur ein sofortiger Einsatz amerikanischer Landstreitkräfte den Vormarsch aufhalten könne. Noch am 29. Juni wurde daher MacArthur der Einsatz amerikanischer Bodentruppen freigegeben. Das schwierigste Pro-

blem war für MacArthur in dieser Anfangsphase des Krieges die Bereitstellung ausreichend starker Truppenverbände, um einmal einen Brückenkopf auf koreanischem Boden halten und daneben einen entscheidungsuchenden Gegenangriff vorbereiten zu können. Zwar erlaubte die innenpolitische Lage in Japan den Abzug der vier dort stehenden Besatzungsdivisionen, doch waren diese personell und materiell durch frühere Einsparungsmaßnahmen sehr geschwächt und verfügten z. T. nur über 60–70% ihrer Sollstärke und kaum über schwere Waffen. Das Eintreffen von Verstärkungen aus dem pazifischen Raum und den Staaten mußte Wochen dauern, da mobile Eingreifreserven nicht vorhanden waren und bestehende Rahmenverbände erst aufgefüllt werden mußten.
In dieser Situation schien das Angebot Tschiang-Kai-scheks, sofort 33 000 Mann seiner Elitetruppen nach Korea senden zu wollen, auf den ersten Blick verlockend. Doch mußte dabei berücksichtigt werden, daß die Absichten Rotchinas, das starke Verbände in der Provinz Fukien konzentriert hatte, noch unklar waren und eine Schwächung Formosas deshalb untunlich erschien. Außerdem hätten die Truppen bei ihrem Einsatz in Korea zunächst entsprechend ausgerüstet werden müssen, und das dafür notwendige Material war nicht verfügbar. Und schließlich befürchtete die politische Führung in Washington, daß eine Beteiligung Nationalchinas am Krieg in Korea die Gefahr einer Ausweitung des Krieges durch ein Eingreifen Rotchinas mit sich bringen würde. So wurde das Angebot abgelehnt.
MacArthur erschien es notwendig, seinem alten Waffengefährten Tschiang-Kai-schek die Gründe persönlich auseinanderzusetzen und sich mit ihm über die gemeinsame Strategie gegenüber dem Kommunismus in Ostasien auszusprechen. Zu diesem Zweck begab er sich Ende Juli aus eigenem Entschluß nach Formosa. Diese Reise des selbstherrlichen alten Soldaten, der gelegentlich aus seiner Geringschätzung der jungen »Eierköpfe« in Washington kaum einen Hehl zu machen versuchte, erregte beim »State Department« starke Befürchtungen vor einer Extratour des Generals. Tatsächlich dachte MacArthur daran, möglichst bald durch eine Freigabe nationalchinesischer Angriffe auf die rotchinesischen Konzentrationen gegenüber Formosa die Insel zu sichern und die rotchinesischen Kräfte zu binden, Gedanken, denen sich die »Joint Chiefs of Staff« anfänglich nicht ganz verschlossen. Das »State Department« sah aber in solchen Überlegungen vor allem die Gefahr einer Ausweitung des Konfliktes, die mit Rücksicht auf die europäischen Verbündeten, die UN und die eigene militärische Gesamtstärke unter allen Umständen vermieden werden mußte. Dieser Auffassung schlossen sich auch der Präsident und schließlich seine militärischen Berater an. Als MacArthur seine Gedanken auf einer Pressekonferenz in die Öffentlichkeit dringen ließ, mußte ihm der Präsident befehlen, in Zukunft alle öffentlichen Äußerungen vorher in Washington vorzulegen, und versicherte erneut, daß Amerika jetzt und in Zukunft an seiner Absicht einer Neutralisierung Formosas festhalten würde.
Es ist sehr wahrscheinlich, daß dieser offene Konflikt, der in seinem Ergebnis Rotchina die Gewißheit gab, daß Amerika Tschiang-Kai-schek keine Handlungsfreiheit geben würde, es den Rotchinesen im Herbst 1950 ermöglichte, den größten Teil ihrer gegenüber Formosa konzentrierten Eliteverbände der 3. und 4. Feldarmeen nach der Mandschurei zu verlegen.

Seeoperationen

Noch am 25. Juni erhielten die amerikanischen Seestreitkräfte im Fernen Osten als ersten Auftrag die Aufgabe zugeteilt, zusammen mit dem Lufttransport-Kommando amerikanische Staatsangehörige aus Korea zu evakuieren bzw. deren Abtransport auf den zufällig verfügbaren Handelsschiffen zu decken. Zu diesem Zweck wurden von der in Japan stationierten »Task Force 96«, die aus 1 Kreuzer, 4 Zerstörern, 1 australischen Fregatte, 1 U-Boot und 10 Minensuchern bestand, die Zerstörer *Mansfield* und *De Haven* in den Raum von Inchon beordert, während die nur aus kleinen Fahrzeugen – 1 Patrouillenboot vom Typ *PC*, 15 Küstenminensuchern vom Typ *YMS*, 11 ehemaligen japanischen Hilfsminensuchern, 1 Panzerlandungsschiff vom Typ *LST*, mehreren kleineren Landungsbooten vom Typ *LCI* und einer Anzahl kleiner Wachboote – bestehende südkoreanische Marine die Sicherung von Pusan und der Häfen der Südküste übernahm.
Zu den ersten und einzigen Gefechten zwischen Schiffen während des Korea-Krieges kam es Ende Juni/Anfang Juli im Zusammenhang mit den Versuchen der Nordkoreaner, an der Ostküste mit improvisierten Landungsfahrzeugen Truppenverbände bis Bataillonsstärke zu landen, so am 25. Juni bei Kangnung und Samchok, am 26. Juni bei Ulchin, am 29. Juni nördlich Yongdok und am 28. Juni an der Westküste bei Inchon. Einer der Transporter, ein etwa 1000 BRT großes Schiff mit etwa 600 Mann an Bord, wurde am 26. Juni durch das ROK-Patrouillenboot *PC 701* nicht weit von Pusan versenkt. Nachdem am 27. Juni der Einsatz amerikanischer Seestreitkräfte zur Unterstützung der Südkoreaner freigegeben worden war, stieß der Kreuzer *Juneau* an der Ostküste nach Norden gegen die gemeldeten NK-Landungsoperationen vor. Irrtümlich wurde dabei am Morgen des 29. Juni mit Radar eine Gruppe südkoreanischer Minensucher erfaßt, die nach den vorliegenden Meldungen viel weiter südlich stehen mußte, und ein Fahrzeug versenkt. Am Abend beschoß der Kreuzer mit der nun hinzugestoßenen *De Haven* Landziele bei Samchok. Am 3. Juli versuchte die inzwischen durch den britischen Kreuzer *Jamaica* und die Fregatte *Black Swan* verstärkte *Juneau* den Vormarsch der 5. NK-Division bei Chumunjin zu stören und vernichtete mehrere kleine Nachschubschiffe, während am gleichen Tage an der Westküste der ROK-Minensucher *YMS 513* vor Chulpo 3 solche Fahrzeuge versenkte.
Nachdem am 29. Juni die Einsatzbeschränkungen gegenüber Nordkorea aufgehoben worden waren, wurde die zunächst von den Philippinen in die Formosa-Straße beorderte ameri-

kanische Trägerkampfgruppe, die »Task Force 77«, mit dem Träger *Valley Forge*, dem Kreuzer *Rochester* und 8 Zerstörern, verstärkt durch den britischen Träger *Triumph* mit dem Kreuzer *Belfast* und 2 Zerstörern, am 3./4. Juli zu einem ersten Trägerraid gegen Verkehrsziele der nordkoreanischen Hauptstadt Pyongyang angesetzt.
Die ersten Vorausabteilungen amerikanischer Bodenstreitkräfte wurden auf dem Luftwege von Japan nach Korea gebracht, die restlichen Teile der 24. US-Division vom 3.–7. Juli durch die amphibische »Task Force 90« mit ihren zunächst nur 5 Einheiten, unterstützt durch japanisch-bemannte *LSTs*, nach Pusan überführt.

Der nordkoreanische Vormarsch nach Süden

Den weitgehend zersprengten Resten der südkoreanischen Divisionen, die beim überstürzten Rückzug über den Han bei Seoul ihr Material hatten zurücklassen müssen, gelang es gegenüber dem Anfang Juli wieder einsetzenden nordkoreanischen Angriff weder die Han-Linie noch die Linie Suwon, Ichon, Yoju, Wonju, Yongwol zu verteidigen. Immer wieder wurden die noch haltenden Teile in den offenen Flanken umgangen, so daß sich ihre Aktionen mehr und mehr in Einzelkämpfe auflösten, die den Vormarsch der Nordkoreaner kaum verlangsamten. Nicht viel besser erging es den vorgeworfenen Vorausabteilungen der 24. US-Division, die ohne wirksame panzerbrechende Waffen die *T-34*-Tanks und die Angriffe aus Flanke und Rücken nicht abweisen konnten und nach Süden zurückweichen mußten. Der Kampf wurde nun zu einem Ringen um Zeitgewinn. Alles kam darauf an, den Haupthafen Pusan zu halten, bis ausreichende Truppenverbände für eine längere Verteidigung eines Brückenkopfes versammelt waren. Der Schwerpunkt des kommunistischen Stoßes lag zunächst beiderseits der Hauptverkehrsader von Seoul über Taejon, Taegu nach Pusan. Der inzwischen voll eingetroffenen 24. Division gelang es vom 8. Juli ab, durch hartnäckig geführte Rückzugsgefechte den Vormarsch der drei besten NK-Divisionen trotz Panzerunterstützung so weit zu verlangsamen, daß der wichtige Knotenpunkt Taejon erst am 20. Juli fiel, wobei der amerikanische Divisionskommandeur, Generalmajor Dean, in Gefangenschaft geriet.
Während dieser Kämpfe erhielten die südkoreanischen Einheiten auf dem rechten Flügel der 24. Division etwas Luft und konnten sich in 3 Divisionsverbänden, der »Capital«-, der 1. und 6. Division, konsolidieren, während weiter ostwärts die 8. Division das Hochland zu sperren suchte und die 3. Division die Küstenebene im Osten verteidigte. Im Westen jedoch klaffte ein Loch, durch das die 6. und 4. NK-Divisionen ihren zunächst nicht bemerkten, legendären Flankenmarsch antraten, der, am 23. Juli von Kumje und Chonju ausgehend, am 24. Juli Popsongpo an der Westküste, Kwangju und Imsil, am 25. Juli den Hafen Mokpo im Südwesten, Posong und Kurye, am 26. Juli Sunchon und Hadong und am 27. Juli Yosu erreichte.

Diese äußerst gefährliche Bedrohung Pusans zwang Generalleutnant Walton H. Walker, der am 13. Juli das Kommando der 8. Armee übernommen hatte, zu einer schnellen Umdisposition seiner Kräfte. Nachdem die 25. Division aus Japan im Seetransport bis Mitte Juli in Pusan eingetroffen und zur Unterstützung der schwer bedrängten und angeschlagenen 24. Division im Zentralabschnitt eingesetzt war, mußte man die aus Japan folgende 1. Kavallerie-Division wegen der völligen Verstopfung des einzigen Nachschubhafens Pusan an der offenen Küste 70 Meilen nördlich bei Pohang an Land setzen. Da die nordkoreanische 5. Division ihren Vormarsch an der Ostküste trotz häufiger Küstenbeschießungen durch die sich ablösenden Kreuzer *USS Juneau* und *HMS Belfast*, amerikanische Zerstörer sowie britische und australische Fregatten fortsetzte und jederzeit mit dem Zusammenbruch der südkoreanischen 3. Division bei Yongdok gerechnet werden mußte, plante man die Landung als amphibische Angriffsoperation. Sie konnte jedoch am 18. Juli noch hinter der 3. Division ohne Widerstand durchgeführt werden. Rund 10000 Mann, 2000 Fahrzeuge und 2800 t schweres Material wurden an Land gebracht und die Division sofort mit der Masse zur Ablösung der ruhebedürftigen 24. Division zur Zentralfront bei Kumchon in Marsch gesetzt. Das von Okinawa her im Antransport befindliche 29. RCT wurde am 26. Juli an der Südküste abgesetzt, um eine Sperrstellung ostwärts Hadong gegen den nun erkannten bedrohlichen Vorstoß auf Pusan zu errichten. Es wurde jedoch von den Nordkoreanern geworfen, die gleichzeitig auch weiter nördlich bei Kochang die 1. Kavallerie-Division zu umgehen und auf Taegu vorzustoßen drohten. Die gerade aus der Front gezogene 24. Division mußte unter Einsatz aller Transportmittel nach Süden geworfen werden, um dieses Loch zu stopfen und eine Aufnahmestellung für die Reste des 29. RCT vorwärts von Masan zu bilden. Unter dem Druck der 6. und 4. NK-Divisionen mußte die 24. US-Division jedoch langsam zurückweichen, und General Walker sah sich gezwungen, auf die Naktong-Linie zurückzugehen, um Kräfte zu gewinnen. So konnte er die 25. Division im Zentralabschnitt herauslösen und zu einem Gegenangriff nach Süden verschieben.
In der zweiten Juli-Hälfte bekamen die Bodentruppen eine zusätzliche, wirksame Unterstützung. Bis dahin war die Luftunterstützung der kämpfenden Truppe in Korea Aufgabe der »Fifth Air Force«, die zunächst von Basen in Kyushu nur 2 Düsenjäger-, 2 Jagdbomber- und 1 mittlere Bombergruppe für »Interdiction« und »Close Support« einsetzen konnte, während das bis Ende Juli auf 5 Gruppen schwerer Bomber vom Typ *B-29* verstärkte »Far East Bomber Command« in erster Linie strategische Einsätze gegen Verkehrs- und Industrieziele im Hinterland und in Nordkorea flog. Am 18. Juli begann nun der ständige Einsatz der Trägergruppe »Task Force 77« in Korea. Nachdem die *Valley Forge* zunächst zur Unterstützung der Pohang-Landung im Japanischen Meer gekreuzt und Raids gegen Industrieziele in Hamhung/Hungnam und Wonsan gerichtet hatte, begann am

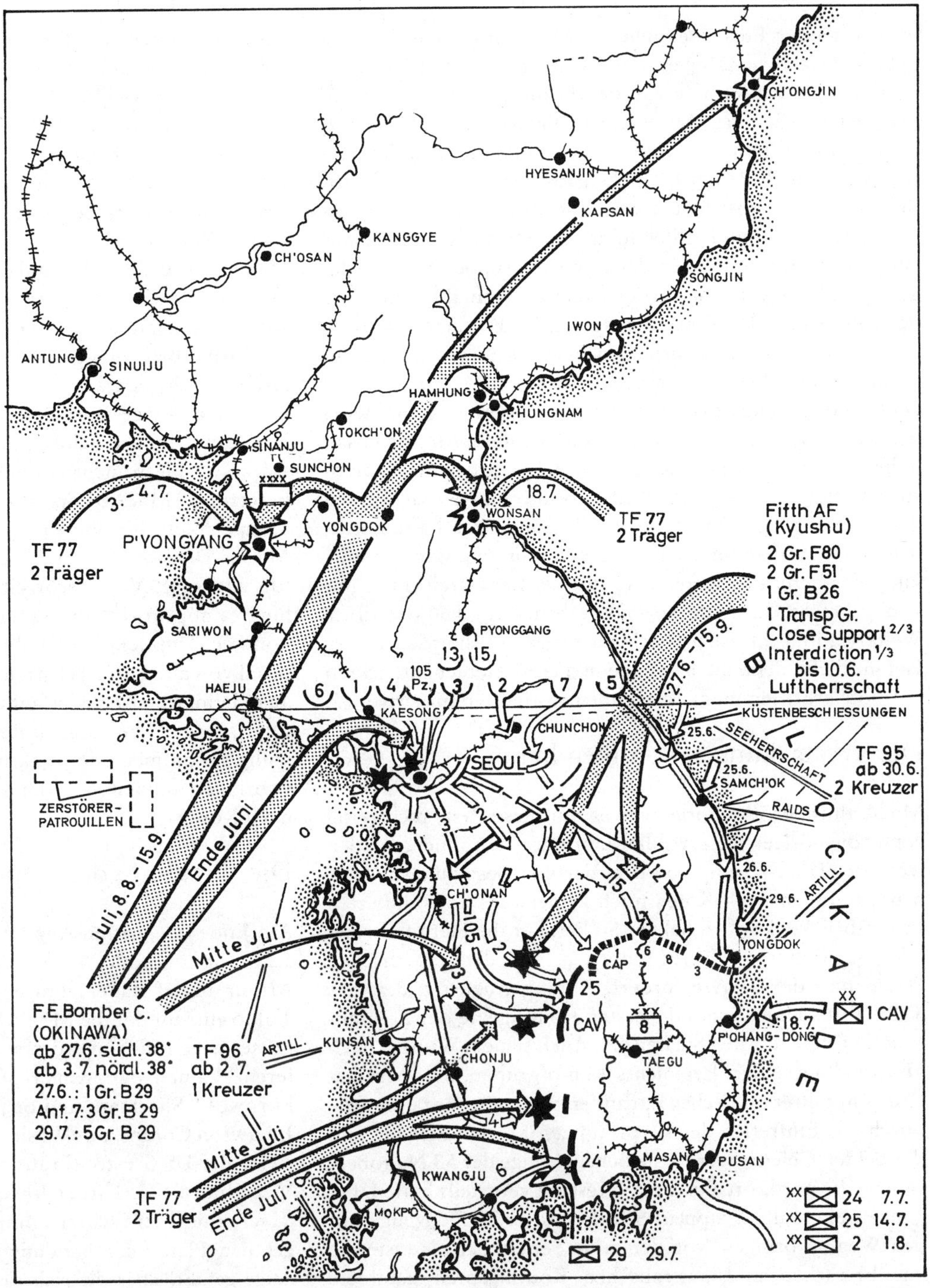

Der nordkoreanische Vormarsch 27. Juni–20. Juli 1950

22. Juli vom Gelben Meer her der Einsatz gegen die Hauptnachschubrouten und ab 25. Juli gegen die von Westen auf Pusan vorrückenden Teile der 6. und 4. nordkoreanischen Divisionen. Mit dem Eintreffen des zweiten großen Trägers, der *Philippine Sea*, am 1. August wurde die Schlagkraft der »Task Force 77« verdoppelt. Wenige Tage später wurde der »Close-Support«-Einsatz von Trägerflugzeugen durch die Marine-Corps-Staffeln der Geleitträger *Sicily* und *Badoeng Strait* verstärkt, während sich die »Task Force 77« wieder »Interdiction«-Zielen entlang der Hauptnachschubroute von Kumchon über Seoul bis Pyongyang annahm.

Bei den Lufteinsätzen zeigte sich ein erheblicher Unterschied in den Einsatzgrundsätzen zur Luftunterstützung zwischen der »US Air Force« und der »US Navy« einerseits bzw. dem »Marine-Corps« andererseits. Die Flugzeuge der beiden Träger wurden beim »Close Support« von der »Air Force« mittels fliegender Einsatzleitungen geführt, die ihnen Angriffe befahl, welche gemäß der »Battlefield-Interdiction« – Theorie in einiger Entfernung von den Frontlinien – stattfanden. Dagegen wurden die Marine-Corps-Flugzeuge der Geleitträger *Sicily* und *Badoeng Strait* bei der Unterstützung der Marine von am Boden befindlichen Einsatzleitungen geführt. Ihre Marine-Corps-Piloten waren in direkter Erdunterstützung ausgebildet und griffen feindliche Stellungen an, die nur ein paar Meter von denen der eigenen Truppen entfernt lagen. Wenn auch die Geleitträger rein zahlenmäßig nur 55 % der von den großen Trägern ausgehenden Einsätze flogen, so trugen ihre Maschinen doch ebensoviel wie diese zur Eindämmung des feindlichen Vormarsches bei.

Da Unterseeboote in koreanischen Gewässern gesichtet worden waren, wurde der Schutz der Nachschubschiffe, die Pusan anliefen, ratsam. Überlegungen hinsichtlich der in Vladivostok stationierten sowjetischen U-Boote führten zu Anfang des Krieges zu großer Besorgnis. Ihr Eingreifen hätte natürlich größte Schwierigkeiten für die Versorgung und Verstärkung der bereits in Korea befindlichen Landstreitkräfte mit sich gebracht. Es hätte vor allem bedeutet, daß der dritte Weltkrieg in Sicht wäre. Glücklicherweise realisierte sich diese Gefahr nicht, denn die bisweilen in diesem Gebiet entdeckten U-Boote ergriffen niemals irgendeine offensive Initiative.

Die Verstärkungen kommen heran

MacArthurs größte Sorge war es um diese Zeit, rechtzeitig genug die nötigen Reserven heranbringen zu können, um den trotz der Überführung von drei der vier Besatzungsdivisionen aus Japan nach Korea noch keineswegs konsolidierten Pusan-Brückenkopf zu halten. So hatte er die Heranführung aller verfügbaren Heeres-Einheiten aus dem Pazifischen Raum und den USA gefordert. Anfang August trafen das 5. RCT aus Hawaii und die ersten Kontingente der 2. Infanterie-Division aus den Staaten ein. Auch seinem Wunsch nach »Entsendung einer Regiments-Kampfgruppe des Marine-Corps mit ihrer taktischen Luftunterstützungsgruppe« wurde durch das Eintreffen der 1. vorläufigen Marine-Brigade und der beiden Geleitträger entsprochen. Einige der 53 Nationen, welche die nordkoreanische Aggression verurteilt hatten, begannen ebenfalls Truppen, Schiffe und z. T. Flugzeuge auf den Weg zu bringen, von denen im September als erste die aus britischen und australischen Kontingenten gebildete »Commonwealth Brigade« eintraf.

Auch die Seestreitkräfte erhielten außer den genannten Trägern wesentliche Verstärkungen. Die amerikanischen Schweren Kreuzer *Toledo* und *Helena* unterstützten mit ihren 20,3-cm-Geschützen zusammen mit 6 Zerstörern die durch einen Flankenmarsch der 12. NK-Division durch das Gebirge auf Pohang von ihren rückwärtigen Verbindungen abgeschnittene und in der Front durch die 5. NK-Division hart bedrängte 3. ROK-Division an der Ostküste und deckten am 17. August ihre Evakuierung mit *LSTs* nach Kuryongpo, von wo sie im Gegenangriff mit amerikanischer Unterstützung den gefährlichen Durchbruch abriegelte.

Dank ihrer Beweglichkeit war es diesen Schiffen außerdem möglich, eine Anzahl Raids mit Küstenbeschießungen an der Ostküste bis weit nach Norden durchzuführen. Gleichzeitig führten an der Westküste die britischen Kreuzer *Kenya* und *Belfast* mit 2 britischen und je 1 niederländischen und australischen Zerstörern Raids gegen die Ongjin-Halbinsel und den Hafen von Inchon. Im Süden der Front des Pusan-Brückenkopfes deckten je zwei amerikanische und kanadische Zerstörer die Flanke eines von der 25. US-Division und der 1. Marine-Brigade geführten Gegenangriffes, der die 6. NK-Division schwer traf.

Die Personallage wurde bald zu einem immer schwierigeren Problem. Manche Schiffe hatten nicht nur nicht die Kriegsstärke, sondern nicht einmal die vorgeschriebene Friedensbesetzung. MacArthurs Ruf nach einer Regimentskampfgruppe folgte die Forderung nach Entsendung einer ganzen Marine-Division. Gegen Ende Juli erhielt er sie von Washington zugesagt. Vom rechtzeitigen Eintreffen dieser Division hing es ab, ob sich die Vereinten Nationen in Korea halten konnten. Um dem Personalmangel zu begegnen, wurde Personal von allen drei Teilstreitkräften und dem Marine-Corps aus Heimatdienststellen herausgezogen und nach Korea gesandt. Ihre Plätze nahmen Reservisten ein, die entweder freiwillig gekommen oder reaktiviert worden waren. Zahlreiche von ihnen fanden sich dann plötzlich auch auf dem Wege nach Korea.

Die Planung der Operation »CHROMITE«

Am Ende der dritten Augustwoche schien der nordkoreanische Vorstoß seine Wucht verloren zu haben. General MacArthur berief daher zum 23. August eine Konferenz nach Tokio ein, auf der die Möglichkeiten eines amphibischen Angriffes gegen Inchon erörtert werden sollten. Zu dieser Konferenz kamen der »Chief of Naval Operations«, Admiral Forrest C. Sherman, und der Stabschef des Heeres, General J. Lawton Collins, aus Washington herübergeflogen. Als Vertreter der US-Seestreitkräfte im Fernen Osten erschienen die Vizeadmirale C. Turner Joy und Arthur D. Struble.

MacArthur hatte schon einmal in den ersten Tagen des Krieges den Plan einer Landung in der Gegend von Inchon ins Auge gefaßt, aber die sich rasch verschlechternde Lage hatte eine Verschiebung erzwungen. Jetzt wurde das Projekt wieder auf die Tagesordnung gesetzt. MacArthur war entschlossen, die Vorteile, die ihm die durch seine Seestreitkräfte gegebene Beweglichkeit bot, auszunutzen. Dementsprechend legte er den Konferenzteilnehmern dar, daß eine Landung aufwärts der Küste der Halbinsel Korea die Versorgungslinien der Masse der nordkoreanischen Armee, von der rund 90% in Südkorea im Kampfstand, abschneiden würde. Inchon, der Hafen von Seoul, nahezu der einzige, der für eine großangelegte amphibische Aktion in Frage kam, bot fast unüberwindliche Schwierigkeiten. Erstens führte der einzige passierbare Zugang durch den sogenannten Fliegenden-Fisch-Kanal, eine lange, enge und gewundene Straße mit unregelmäßiger Strömung von drei bis fünf Knoten. Der Zugang zum Hafen selbst wurde von den beiden Inselfestungen Wolmi-do und Sowolmi-do gedeckt. Bei dieser Lage mußten die Reserveschiffe 30 Meilen von den Angriffsformationen entfernt stehen, eine rund dreimal so große Entfernung wie die normalerweise angenommene Maximalentfernung. Mehr Schwierigkeiten noch bot das Gezeitenproblem. Der Gezeitenunterschied bei Inchon war einer der größten der Welt, er betrug durchschnittlich fast 9 m, konnte aber gelegentlich bis 11 m über Niedrigwasser ansteigen. Das schien eine Landung fast unmöglich zu machen; paradoxerweise aber begünstigte dies das Unternehmen, da tiefes Wasser erforderlich war wegen der Schlammbänke, die einen großen Teil der Küste vor Inchon bilden. Die *LSTs* benötigten 9 m Wassertiefe, um richtig manövrieren zu können. Diese Wassertiefe aber konnte nur einmal für drei Tage während eines Mondmonats garantiert werden. Daher bestimmte der Mondumlauf das Datum für die Landung. Vom 15. September an würden drei Tage die richtigen Tideverhältnisse bestehen; dann kämen sie erst Mitte Oktober wieder, und das war angesichts des koreanischen Winters zu spät. Daher wurde der 15. September als Angriffstermin festgesetzt. Man hatte also noch etwas über drei Wochen Zeit für die Planung einer Operation, die schwieriger war als die meisten ähnlicher Art während des zweiten Weltkrieges, in dem die Vorbereitungen für amphibische Landungen gewöhnlich meist monatelang dauerten. Wegen der Kürze der verbleibenden Zeit wurde unverzüglich mit den Vorbereitungen der Operation »Chromite« begonnen.

Der Oberbefehlshaber der 8. Armee, Generalleutnant Walton H. Walker, wurde sofort davon in Kenntnis gesetzt, daß die als »Feuerwehr« verwendete Marine-Brigade in nächster Zukunft aus der Gegend von Pusan wegen einer geplanten amphibischen Landung abgezogen würde. Verständlicherweise zögerte General Walker, sie abzugeben, da er mitten im Kampf stand und über keinen Ersatz verfügte. Auf persönliche Intervention MacArthurs hin mußte er sie jedoch freigeben. Sie bildete den Kern der 1. Marine-Division, die das Landungsunternehmen von Inchon anführen sollte. Walker aber erhielt keinen Ersatz für sie, denn es gab keinen. Man erkannte wohl das Risiko, das in der Schwächung der Pusan-Front lag; aber dagegen konnte man eben nichts machen. Das Risiko mußte akzeptiert werden, wenn die Inchon-Unternehmen erforderlich waren. Nur die Seeherrschaft, welche die Seestreitkräfte der UNO ausübten, machte eine derart schnelle Umgruppierung möglich und das Risiko annehmbar.

Die 1. Marine-Division bildete mit der 7. Infanterie-Division, der 187. Luftlande-Regimentskampfgruppe und einem koreanischen Marineinfanterie-Regiment das X. Korps, das den Angriff durchführen sollte. Den taktischen Befehl über die Operation hatte der Befehlshaber der »Joint Task Force 7«, Vizeadmiral Struble. Die Angriffsgruppe, »Task Force 90«, stand unter dem Befehl von Konteradmiral James H. Doyle, USN. Geleitträger sollten direkte Unterstützungsangriffe ermöglichen, während Kreuzer und Zerstörer der Deckungsstreitkräfte die artilleristische Unterstützung gewährleisteten. Angriffe zur weiterreichenden Luftunterstützung wurden von den Trägern *Philippine Sea, Valley Forge* und *Boxer* geflogen. Sie standen unter dem Befehl von Konteradmiral Edward C. Ewen, USN. Für die Logistik war Kapitän z. S. Bernhard L. Austin, USN, der Befehlshaber der »Task Force 79«, verantwortlich.

Am dringendsten wurden Informationen über die Feindlage im Landungsgebiet benötigt. Flugzeuge der Luftwaffe, des Marine-Corps und der Navy flogen zwar Photo-Aufklärung, aber genaue Informationen vor Ort waren am wichtigsten. Daher landete eine Aufklärungsgruppe unter Leutnant Eugene F. Clark, USN, in der Nähe von Inchon. Seine Meldungen, vornehmlich über die Beschaffenheit der Landungsstrandabschnitte und die Stärke der Verteidigungsanlagen von Wolmido waren für die Planung besonders wichtig.

Alle Vorbereitungsarbeit schien vergebens zu sein, als ein Taifun über Japan hinwegbrauste und den Hafen von Kobe besonders schwer mitnahm. Dort hatte sich die 1. Marine-Division drei Tage zuvor eingeschifft. Der mit über 110 Knoten Windgeschwindigkeit dahinrasende Taifun gefährdete nicht nur die Schiffe, sondern – was noch schlimmer war – er kostete 24 Stunden kostbarer Zeit, die dringend zur Beladung und Umladung benötigt wurden. Noch ein derartiger Zeitverlust, und die Unternehmung hätte auf Mitte Oktober verschoben werden müssen, dem infolge des Gezeitenwechsels nächstmöglichen Zeitpunkt. Einige Tage später stellte die Wetterbeobachtung ein weiteres Tief ungefähr 200 Meilen westlich Saipan fest. Um den 8. September herum war daraus ein neuer Taifun entstanden, dessen voraussichtlicher Weg die Route der »Task Force 7« kreuzen würde. Nicht genug damit: eine neue Gefahr drohte. Ein südkoreanisches Patrouillenboot versenkte in der Nähe von Inchon einen nordkoreanischen Minenleger. Hatte dieser schon seine Minen ausgelegt? Kein Mensch konnte darüber etwas sagen! Minen im Fliegenden-Fisch-Kanal würden jedoch die ganze Operation »Chromite« nahezu unmöglich machen. Ihre Entdeckung wäre bei dem schlammigen Wasser schwierig, aber selbst ein kleines Schiff, das dort infolge Minentreffers versank, würde den Kanal vollständig blockieren.

Am 11. September begann der Taifun langsam nordwärts zu drehen. Admiral Doyle setzte auf die unsichere Chance, daß der Taifun auch weiterhin sich nach Norden wandte, und befahl den Transportern und der Vorderen Angriffsgruppe (»Advance Attack Group«), einen Tag vor dem vorgesehenen Zeitpunkt von Kobe aus in See zu stechen. Da das rauhe Wetter die Fahrt sowieso behinderte, konnte man die gewonnene Zeit gut gebrauchen.

Die Einnahme der Hafen-Inseln

Zuerst mußten bei Inchon die beiden Inseln Wolmi-do und Sowolmi-do ausgeschaltet werden. Nach dem dann auch durchgeführten Plan sollte eine aus Kreuzern und Zerstörern bestehende Kampfgruppe das Feuer von Wolmi-do herausfordern und, nach Entdeckung der feindlichen Batterien, diese zum Schweigen bringen. Das sollte am D-minus-2- und D-minus-1-Tag erfolgen. Am Morgen des D-Tages sollten dann die Marines Wolmi-do besetzen. Die Hauptlandung bei der Stadt selbst sollte am Abend auf dem Höhepunkt der Tide stattfinden.

Die Zerstörer-Kreuzer-Gruppe von Admiral John H. Higgins erschien um 7.30 Uhr am D-minus-2-Tag am Fliegenden-Fisch-Kanal. Die Kreuzer USS *Toledo, Rochester,* HMS *Kenya* und HMS *Jamaica* scherten aus und gingen zwischen 12500 und 18500 m Entfernung vom Feind in Position. Das 9. Zerstörergeschwader *(Mansfield, De Haven, Lyman K. Swenson, Collett, Gurke* und *Henderson)* fuhr weiter in den Kanal hinein und ankerte in Linie westlich Wolmi-do; das nächste Schiff stand dabei nur 750 m von der Insel entfernt. Auf dem Wege dahin entdeckte *Mansfield* ein Minenfeld; *Henderson* wurde daraufhin zu dessen Beseitigung detachiert. Als die Zerstörer in Stellung waren, griffen Trägerflugzeuge der »Task Force 77« Wolmi-do an. Danach, um 13.00 Uhr, eröffneten die Zerstörer das Feuer; ihnen folgten die Kreuzer, nachdem die feindlichen Feuerstellungen erkannt waren. Während des einstündigen Beschusses wurden *Collett* fünfmal, *Gurke* dreimal und *Lyman K. Swenson* einmal getroffen. Um 14.00 Uhr zogen die Zerstörer sich zurück, nachdem der Tidenhub sie mit dem Bug zur offenen See hin gedreht hatte. Am nächsten Tag wurde die Beschießung 1 1/4 Stunden lang wiederholt. Am Ende der zweitägigen Beschießung durch Kreuzer und Zerstörer sowie heftiger Trägerflugzeugangriffe hielt man Wolmi-do für eine Landung am nächsten Morgen für reif.

H-Zeit für die Landung war 6.30 Uhr am Morgen des 15. September. Dieser Zeitpunkt war gewählt worden, um dem III. Bataillon des 5. Marine-Regiments zur Einnahme von Wolmi-do genügend Zeit bei Tageslicht zu geben, vor der für 17.30 Uhr vorgesehenen Hauptlandung bei Inchon. Um fahrplanmäßig vor Inchon einzutreffen, mußten die Transportschiffe und ihre Eskorte während der mondlosen Nacht der Springflut in den Inchon-Kanal hineinfahren. Glücklicherweise konnte Leutnant Clark die Leuchtbake auf Palmi-do, etwa in der Mitte des Kanals, wieder in Betrieb setzen, was für die 19 Schiffe der Angriffsgruppe eine nützliche gute Hilfe war. Die Truppen wurden in einem Landungsdockschiff (*LSD*) und in drei Transport-Zerstörern (*APD*) eingeschifft. Die Unterstützungsgruppe, jene sechs Zerstörer, die Wolmi-do beschossen hatten, fuhren nun zum drittenmal in den Kanal hinein. Hinzu kamen jetzt drei Raketen-Landungsschiffe und vier Kreuzer. Die *Mansfield* führte die Kolonne an; sie navigierte ohne Schwierigkeiten mit Radar. Um 5.00 Uhr waren alle Schiffe in der vorgesehenen Position und das Landungsdetachment wurde um 5.40 Uhr in die Boote beordert. Um 5.45 Uhr begann erneut die Beschießung, die ohne Zwischenfälle fortgesetzt wurde. Lediglich das Raketen-Landungsschiff hatte es nicht einfach, bei der 3 1/2-Knoten-Strömung seine Position zu halten. Die erste Welle überschritt die Ablauflinie um 6.27 Uhr und landete auf Abschnitt »Grün« auf der Westseite des nördlichen Ausläufers um 6.31 Uhr, eine Minute später als vorgesehen. Fünf Minuten danach landete die zweite Angriffswelle und zehn Minuten darauf die Landungsboote der *Fort Marion.* Um 7.01 Uhr wurde die Fahne auf dem höchsten Punkt der Insel aufgerichtet, Wolmi-do war genommen. An Sowolmi-do, das als nächstes Ziel auf dem Zeitplan stand, war schwerer heranzukommen, denn der lange Damm, der es mit Wolmi-do verband, konnte von einem einzigen feindlichen Maschinengewehr gesperrt werden. Auf Anforderung der Marines wurde Sowolmi-do mit 40-mm-Feuer eingedeckt. So kamen die Marines über den Damm, während die Roten vor dem Feuer Schutz suchten. Wolmi-do und Sowolmi-do wurden unter verhältnismäßig geringen Verlusten genommen; damit war das größte von Menschenhand errichtete Hindernis bei der Landung beseitigt.

Die Landung bei Inchon

Die Hauptlandung, die nun bevorstand, war ein einmaliger Fall in der Geschichte des Marine-Corps. Es hatte noch nie eine amphibische Landung mitten im Herzen einer großen Stadt[1] durchgeführt. Nirgendwo außer im Hafen der Innenstadt von Inchon konnte schweres Material – Panzer, Bulldozer, Lastwagen – gelandet werden. Man hatte zwei Landungsabschnitte ausgesucht: erstens Strand »Rot«, mit einer Ausdehnung von 300 m; er lag genau unmittelbar nördlich des Dammes, der Wolmi-do mit dem Festland verband; zweitens Strand »Blau« am südlichen Stadtrand. Über Strand »Blau« wußte niemand etwas Genaues, außer daß er schmal war und zu morastig, um für schweres Material gangbar zu sein. Von Strand »Rot« wußte man nur Ungünstiges, denn hier wurden die potentiellen Schwierigkeiten für den Eindringling noch durch zwei zusätzliche Momente erhöht. Einmal machten es die Gezeitenverhältnisse Angreifern wie Verteidigern leicht, den Zeitpunkt einer möglichen Landung auszurechnen. Sie durfte nicht später als 17.30 Uhr erfolgen, damit das Gebiet eingenommen war, ehe die *LSTs* etwa eine Stunde später in das Hochwasser gerieten. Früher aber konnte sie auch nicht erfolgen, denn die Tide war nicht hoch genug, um die Landungsfahrzeuge an Land gelangen zu lassen. Zum zweiten war das Wort »Strand« hier einfach fehl am Platze, denn bei »Rot« gab es keinen Strand, sondern nur Steindeiche, die die Flut abhalten sollten. Die Landungsfahrzeuge aber waren nicht in der Lage, über diese Deichmauern hin-

1 Inchon hatte damals (1946) 216000 Einwohner.

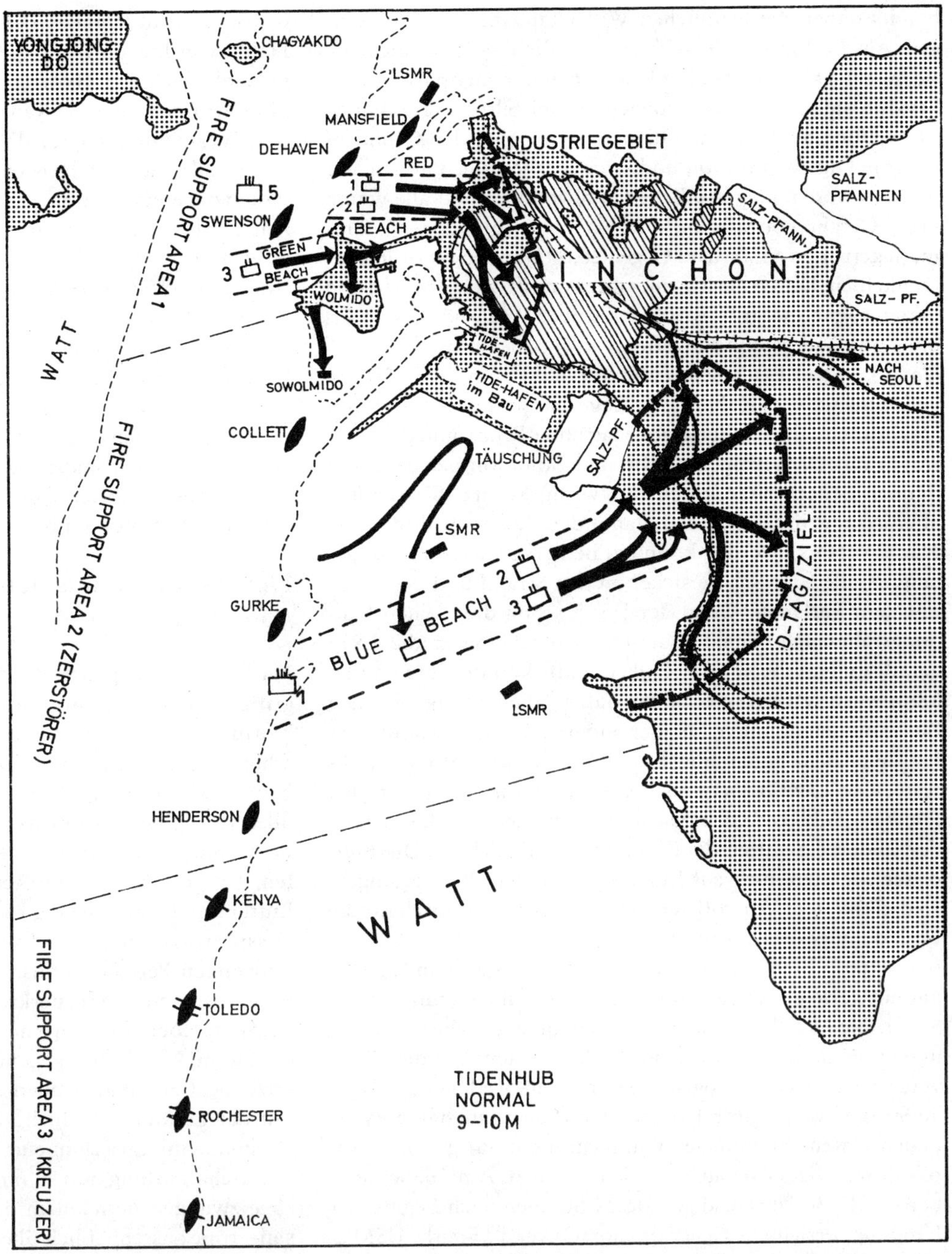

Die Landung von Inchon, 15. September 1950

wegzukommen. Sie hatten zwar Sturmleitern bei sich, aber im voraus konnte man nicht wissen, ob diese Leitern und deren Greifeinrichtungen für diese Aufgabe geeignet waren.

Die einleitende Beschießung begann um 16.45 Uhr mit der Kreuzer- und Zerstörer-Artillerie, Raketen und Trägerflugzeugangriffen. »Task Force 77«, die schnelle Träger-Kampfgruppe, flog Tiefangriffe und »Interdiction«-Einsätze. Direkte Unterstützung für die Landungsstreitkräfte kam von den auf den Geleitträgern *Sicily* und *Badoeng Strait* stationierten Marine-Corps-Fliegern. Die Beschießung war nur teilweise erfolgreich. Große Breschen wurden in die Deiche am Abschnitt »Blau« gerissen, aber der Deich wurde nicht vollständig zerstört. Der Friedhof-Hügel hinter Strand »Rot« mußte besonders beschossen werden, da die Roten dort ihre Truppen und Geschütze eingegraben hatten. Die erste Angriffswelle erreichte planmäßig um 17.20 Uhr den Strand, ihre Landung stieß, abgesehen von den Trümmern des Seedeiches, auf kein Hindernis und keinen Widerstand. Erst als die vierte Welle an Land ging, leisteten die Verteidiger ernsthaften Widerstand, aber da waren die schon an Land gesetzten Truppen

bereits dabei, die feindlichen Widerstandsnester zu beseitigen. Als die Marines versuchten, ihre Ziellinie zu erreichen – sie lag ungefähr 1000 m landeinwärts unter Aussparung vom Friedhofshügel und des Beobachtungshügels – gab es einige Verwirrung. Obwohl die Offiziere zuvor über den Grundriß und die Lage von Inchon und seine Straßenzüge unterrichtet worden waren, gingen etliche Leute verloren und alle waren in der Gefahr, von Scharfschützen oder herabfallenden Trümmern getroffen zu werden. Gegen 20.00 Uhr, bei Einbruch der Dunkelheit, hatten die Marines ihre Angriffsziele erreicht und hatten sogar Spähtrupps 500 m darüber hinaus vorgeschickt, ohne auf Widerstand zu treffen.
Um 18.30 Uhr liefen acht *LSTs* an; der 300 m breite Strand ließ keine größere Zahl zu. Die Lage war weit davon entfernt, ideal zu sein; die Landungszone lag unter Feuer, und die *LSTs* waren mit Öl, Benzin, Napalm und Munition beladen. Ihre dünnen Seitenwände boten nur wenig Schutz. Sie mußten aber herangebracht werden, damit die Marines während der Nacht versorgt werden konnten. Bemerkenswerterweise gelangten alle acht Schiffe sicher an den Strand und begannen mit dem Entladen. Wenn der Deich schon die kleinen Landungsfahrzeuge behindert hatte, so blockierte er die *LSTs* geradezu. Nur die beiden Flankenschiffe konnten ihre Landeklappen soweit herunterlassen, daß sie die Ladung über den Bug entladen konnten. Die der anderen knallten schon sechs Fuß über dem Boden mit ihren Bordwänden auf die Deichreste. Die Lage besserte sich etwas, als Bulldozer von den Flanken-*LSTs* Teile des Deiches niederrissen und damit auch den anderen Schiffen die Entladung ermöglichten. Die Bulldozer achteten auch auf Bunker und andere Befestigungen, so daß mit dem Vorstoß der Marines der Strand rasch für die Entladung gesichert wurde.
Bei Strand »Blau« gingen die »1st Marines« an Land, trafen auf nur geringen Widerstand und nahmen die Bahnlinie nach Seoul. Die *LSTs* hatten wegen des schlammigen Untergrundes in diesem Gebiet die Morgentide abzuwarten. Um diese Zeit vereinfachte sich das logistische Problem, weil weitere *LSTs* an Strand »Blau« eintrafen und man zudem sah, daß die normalen Hafeneinrichtungen von Inchon mit nur geringen Reparaturen wieder benutzt werden konnten. Am 16. September um 17.30 Uhr, also gerade 24 Stunden nach Beginn der Landung, errichtete Generalmajor Oliver P. Smith, USMC, seinen Gefechtsstand im Landekopf. Die Landungsphase der Inchon-Operation war damit abgeschlossen. Die Verluste des Marine-Corps betrugen 21 Tote und 186 Verwundete. Die Landung war ein hervorragendes Beispiel für Team-Arbeit und Anpassungsfähigkeit unter schwierigsten Bedingungen. Die amerikanischen Streitkräfte hatten die vollständige Luft- und Seeherrschaft. Unter Ausnutzung dieser Tatsache waren sie in der Lage, einen Großangriff gegen eine Großstadt zu führen, die hervorragende Möglichkeiten zur Tarnung und Verschleierung bot. Die zahlreichen Warnungen vor der bevorstehenden Landung, welche die Kommunisten erhalten hatten, machten sie sich bei der Dislozierung ihrer Truppen in der Stadt nicht zunutze. Die wenigen Minen, auf die man im Hafen von Inchon traf, lagen außerhalb der Kanal-Fahrrinnen, obgleich die Hydrographie die Schiffe der Vereinten Nationen zwang, diese Kanäle zu benutzen. Die nur sporadische Verminung zeigte, daß die Nordkoreaner nicht wirkungsvoll genug auf die Möglichkeit einer amphibischen Landung vorbereitet waren.
Am D-plus-2-Tag begannen die beiden Sturm-Regimenter ihren Vormarsch auf Seoul. Sie trafen nur auf unzusammenhängenden Widerstand. Das zeigte die Wirksamkeit der »Indiction«-Angriffe der Trägerflugzeuge. Obgleich die Roten in der Nähe des Kimpo-Flugplatzes bis zum letzten Mann kämpften, verzögerte dies den Vormarsch der Marines nicht wesentlich. Am 21. September endete die amphibische Phase des Unternehmens und der Gesamtbefehl ging von Admiral Doyle, dem Befehlshaber der »Task Force 90«, auf den Kommandierenden General des X. Armeekorps, Generalmajor Edward M. Almond, über.

Der Ausbruch aus dem Brückenkopf von Pusan

Nach einer Ruhepause ab Mitte August mit nur lokalen Angriffen, in der sie ihre Reserven heranführten, hatten die Nordkoreaner ab 16. August an der von den 5 südkoreanischen Divisionen gehaltenen Nordfront stärker zu drängen begonnen, ehe sie am 1. September an der ganzen Front mit allen verfügbaren Kampfverbänden die entscheidungsuchende Großoffensive gegen den Pusan-Brückenkopf eröffneten. Unter Einsatz aller Reserven und dank der massiven Luftunterstützung gelang es General Walker, alle Krisen zu meistern, die Durchbruchsversuche aufzufangen und unter schwersten Personalverlusten für die Angreifer abzuweisen. So stand der in ihrer Feuerkraft weit überlegenen 8. Armee am 15. September nur noch eine durch die schweren Verluste ausgebrannte NK-Armee gegenüber. Der am D-plus-1-Tag einsetzende Großangriff an der ganzen Front, in Verbindung mit der Landung bei Inchon, brachte die nordkoreanischen Verbände militärisch in eine unmögliche Lage. Die gebirgige Landschaft schlug nun zu ihren Ungunsten aus. Die Gebirgszüge zwangen sie nämlich dazu, den Nachschub für die Pusan-Front ausschließlich über die Straße Seoul–Taejon oder über die an der Ostküste verlaufenden Straßen zu transportieren. Erstere lag nach der erfolgreichen Landung bei Inchon unter Beschuß; die Benutzung der Oststraßen unterbanden alliierte Seestreitkräfte.
Abgeschnitten von ihren Nachschubquellen, angegriffen von vorn und hinten, gab es für die Nordkoreaner keinen Weg mehr zurück. Die ganze Lage war eine klare militärische Überrumpelung. Wenngleich wohl die Landung bei Inchon von den Roten hätte vorhergesehen werden können, und sie sie wahrscheinlich auch vorhergesehen haben, konnten sie doch gar nichts dagegen tun. Ihre Streitkräfte waren in einer Lage, aus der sie sich nicht selbst wieder herauswinden konn-

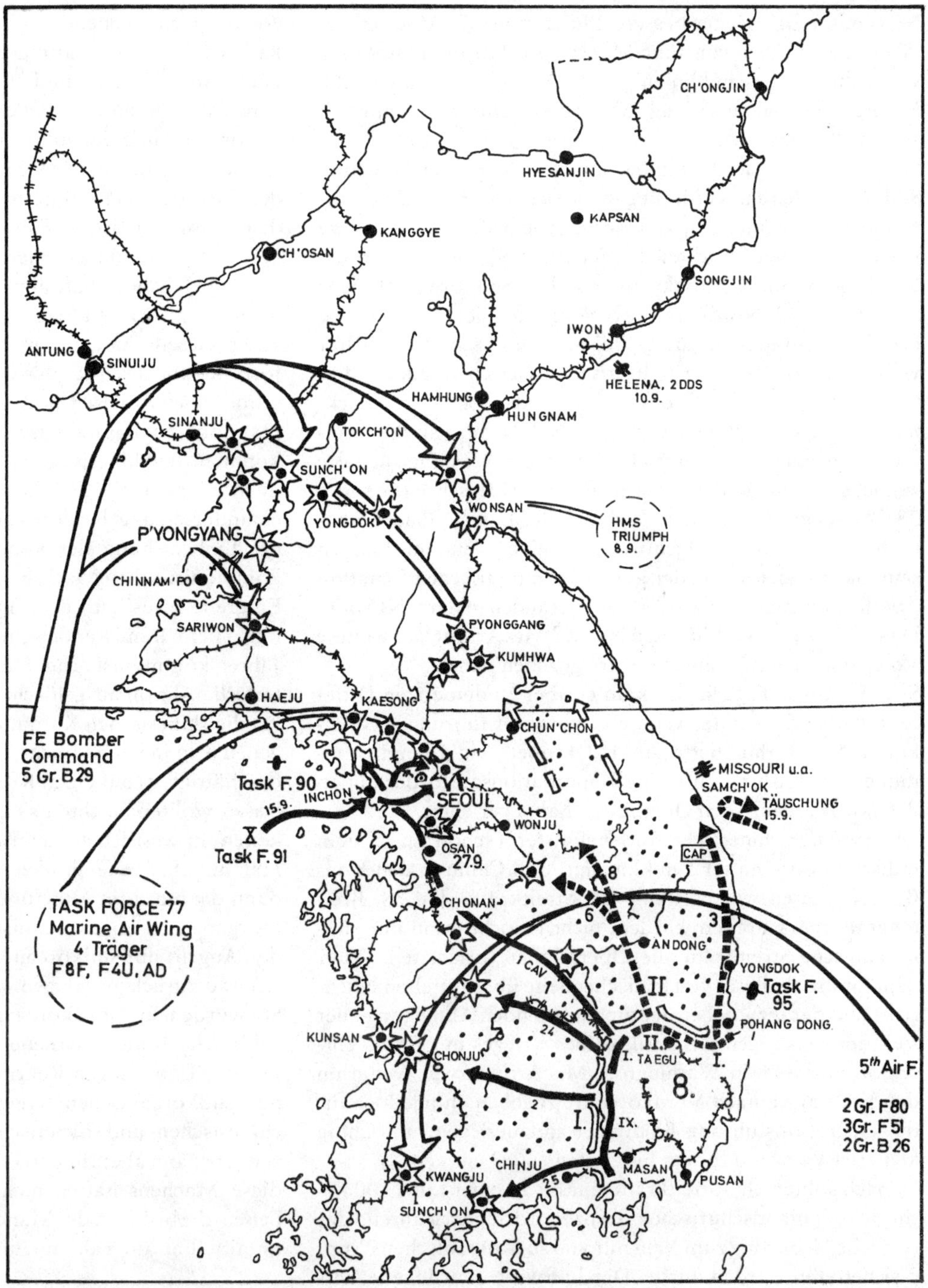

Der Gegenangriff Mac Arthur's
15.–27. September 1950

ten. Als die vorrückenden Kräfte der 8. Armee, die von Pusan herkamen, sich am 26. September mit denen des X. Armeekorps 25 Meilen südlich von Seoul vereinigten, war im Grunde der Krieg zwischen den Vereinten Nationen und Nordkorea beendet. Zwar hörten die Kämpfe noch nicht auf, aber die feindlichen Truppen waren am Ende; sie konnten nicht mehr auf den Sieg hoffen. Diejenigen Teile von ihnen, die hinter den sich vereinigenden UNO-Truppen lagen, waren abgeschnitten; die vor ihnen waren desorganisiert; es war zudem der kleinere Teil der Gesamtheit der nordkoreanischen Streitkräfte. Es bedurfte nur noch gewisser Säuberungsaktionen.[2]

2 Strategisch ähnelte die Landung bei Inchon jener von Anzio-Nettuno im Januar 1944. Ein weniger kühner Befehlshaber als es MacArthur war, wäre vor der Wiederholung eines derartigen Typs von amphibischem Endspurt zurückgeschreckt, der so offenkundig damals in Italien fehlgeschlagen war. Der unbedingte

Nirgends gibt es eine bessere Illustration für MacArthurs Wort, daß in vier von fünf Malen eine Truppe besiegt sei, wenn ihre Nachschublinien durchschnitten sind, als in der Formel, die Mahan sechzig Jahre zuvor schrieb: »communications dominate war«.

Sogar noch ehe der Erfolg der militärischen Operationen in Südkorea offenbar wurde, begannen sich schon politische Fragen drohend bemerkbar zu machen. Die bedeutsamste Frage war die nach den Absichten der Vereinten Nationen im Korea-Krieg. Sollten ihre Streitkräfte lediglich Südkorea befreien? Sollten sie nach Nordkorea vordringen, um den Aggressor zu bestrafen? Sollten sie gar Nordkorea besetzen? MacArthur wünschte eine nur von militärischen Gesichtspunkten diktierte, möglichst schnelle Besetzung Nordkoreas unter zweckmäßigstem Einsatz aller verfügbaren UN- und südkoreanischen Verbände. Die politische Führung in Washington hatte zunächst keine Bedenken gegen eine Überschreitung des 38. Breitengrades, der ja hinsichtlich der Luft- und Seeoperationen schon lange aufgehört hatte, eine Trennungslinie zu sein. Sie rechnete – bei der günstigen militärischen Situation – wohl auch nicht mit großen Widerständen in der UNO oder bei den übrigen Verbündeten, so daß MacArthur der weitere Vormarsch am 27. September freigegeben wurde.

Schon wenige Tage später kam es aber zu den ersten Differenzen über die Art der weiteren Operationsführung in Nordkorea. MacArthur hatte am 1. Oktober – in Übereinstimmung mit Washington – eine Kapitulationsaufforderung an den nordkoreanischen Oberbefehlshaber gerichtet. Kurz darauf teilte der chinesische Außenminister Tschou En-lai dem indischen Botschafter Panikkar mit, daß China in den Konflikt eingreifen würde, wenn UN-Streitkräfte den 38. Breitengrad überschreiten würden, nicht jedoch, wenn nur südkoreanische Streitkräfte die Operationen fortsetzten. Unter dem Eindruck dieser von britischer Seite übermittelten Nachricht und der inzwischen deutlich werdenden Abneigung aller Verbündeten gegen das Risiko eines Krieges mit China entschloß man sich in Washington, MacArthur zwar weiterhin den Vormarsch nach Nordkorea freizugeben, ihm jedoch für die Operationsführung Bindungen aufzuerlegen, um China keinerlei Vorwand für ein Eingreifen zu geben.

Danach sollten UN-Streitkräfte nur bis zu einer Linie 100 km südlich der mandschurischen Grenze vordringen, während das restliche Gebiet bis zum Yalu nur von südkoreanischen Truppen betreten werden durfte. Der Luftwaffe wurde jede Verletzung chinesischen Territoriums strengstens untersagt und der Einsatzraum durch eine Linie etwa 10 km südlich des Yalu begrenzt. Gleichzeitig ließ man die Weltöffentlichkeit wissen, daß man keinerlei Absichten gegen chinesisches Territorium habe und bereit sei, über die sich aus der Besetzung Nordkoreas ergebenden Fragen, wie z. B. die Benutzung der Kraftwerke, Vereinbarungen zu treffen.

Diese Anordnungen und Vorstellungen lassen deutlich werden, daß man sowohl bei der politischen Führung in Washington als auch der militärischen Führung in Tokio keinen rechten Begriff von den ganz anderen Denkkategorien und den ideologischen Hintergründen für das Reden und Handeln kommunistischer Führer besaß.

Nach der kommunistischen Lehre, an die man im Osten wie an eine Heilsbotschaft glaubt, ist es einfach undenkbar, daß die fortschrittlichen Errungenschaften einer volksdemokratischen Gesellschaft, die in dem sich zwangsläufig zu immer fortschrittlicheren Stufen entwickelnden Geschichtsablauf schon einen höheren Rang erreicht haben, wieder von dem reaktionären kapitalistischen System abgelöst werden. So konnten die chinesische Führerschicht und der Kreml zwar noch zulassen, daß die – angeblich rein innerkoreanische Auseinandersetzung, bei der es um eine »Wiedervereinigung«, d. h. die Einbeziehung des kapitalistischen Landesteiles in den kommunistischen Machtbereich ging –, nach ihrem durch das Eingreifen ausländischer Interventen bedingten Fehlschlag mit einem Remis endete, nicht jedoch, daß ein bereits seit Jahren kommunistischer Staat durch eine kapitalistische militärische Aktion ausgelöscht wurde.

Da die chinesischen Kommunisten, nach ihrem gerade errungenen Sieg in China noch mit dringenden inneren Problemen beschäftigt, es auf einen Krieg mit den USA nicht ankommen lassen wollten, suchten sie nun – geschickt auf die Uneinigkeiten im westlichen Lager abgestimmt – Amerika zu einem Halt am 38. Breitengrad zu veranlassen, weil sie hofften, daß dann die mit ihrer Hilfe und mit chinesischen »Freiwilligen« reorganisierte nordkoreanische Armee in der Lage sein würde, den Angriff nur südkoreanischer Truppen über den 38. Breitengrad zurückzuschlagen.

So wurden in Nordkorea aus den Resten der Volksarmee zahlreiche Kader für neue Divisionen gebildet, diese dann personell mit jungen Rekruten und den zahlreich vorhandenen südkoreanischen Kriegsgefangenen aufgefüllt und mit chinesischem und sowjetischem Material ausgerüstet. Gleichzeitig begann aber für den Fall, daß die Amerikaner sich durch diese Machenschaften nicht am 38. Breitengrad aufhalten ließen, die bisher in der Mandschurei stationierte 4. Feldarmee unmittelbar am Yalu aufzumarschieren.

Der Vorstoß nach Norden

Während das amerikanische X. Korps im Raum Seoul noch dabei war, seinen Brückenkopf zu erweitern und die Divisionen der 8. Armee in schnellem Vorstoß nach Nordwesten, Westen und Norden begriffen waren, gab General MacArthur am 27. September seinen neuen Operationsplan für den Angriff gegen Nordkorea heraus, mit dem er die restlichen nordkoreanischen Verbände einzukesseln und zu vernichten hoffte. Danach sollte das amphibische X. Korps mit der 1. Marine-

---

Erfolg der Inchon-Landung läßt vermuten, daß, wären die Invasoren 1944 direkt auf die Albanerberge vorgestoßen, so wie man bei Inchon geradewegs auf Seoul vorstieß, sie dann wahrscheinlich die Nachschublinien der feindlichen Hauptfront gleichfalls wirkungsvoll durchschnitten hätten.

Division und der 7. Infanterie-Division sowie zugeteilten südkoreanischen Einheiten im Raum von Seoul durch das I. Korps (1. Kavallerie-Division, 24. Infanterie-Division, 1. ROK-Division, 27. Commonwealth-Brigade) abgelöst, wieder in Inchon eingeschifft und bis zum 15. Oktober an der Ostküste bei Wonsan gelandet werden, um von hier nach Westen vorgehend einen Sperriegel bis in den Raum von Pyongyang zu bilden, gegen den die vom 38. Breitengrad vordringenden Verbände der 8. Armee die nordkoreanischen Einheiten drängen sollten. Die Fluchtwege entlang den Hauptverkehrsadern nördlich Pyongyang sollten durch Luftlandungen des 187. Luftlande-RCT abgeriegelt werden.

Die Operationen entwickelten sich jedoch ganz anders als vorgesehen. Das an der Ostküste vordringende I. ROK-Korps (3. Division, Capital-Division) kam dank der wirksamen Feuerunterstützung durch die Flotte, darunter das Schlachtschiff *Missouri,* den Kreuzer *Helena* und 6 Zerstörer, und mit Hilfe kleinerer überholender Landungen so schnell voran,

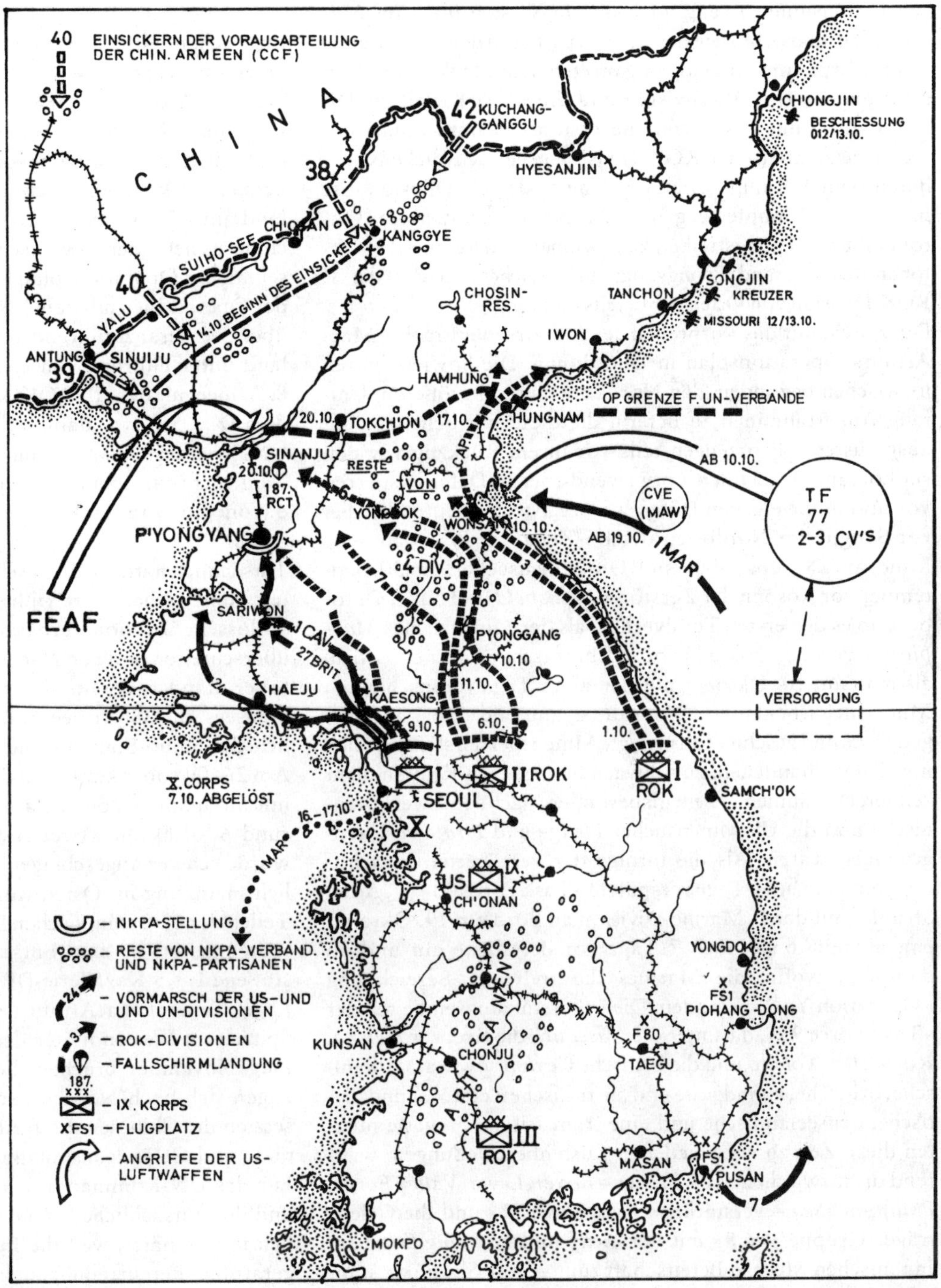

Der Vormarsch nach Nordkorea
1.–20. Oktober 1950

daß seine Spitzen am 1. Oktober – zwei Wochen früher als geplant – den 38. Breitengrad überschritten, in rasantem Vormarsch schon am 10. Oktober Wonsan erreichten und am 18. Oktober das Industriegebiet von Hamhung-Hungnam nahmen. Im zentralen Bergland erreichte die 6. ROK-Division des II. Korps (6., 7. und 8. Division) am 6. Oktober den Hwachon-Stausee dicht nördlich des 38. Breitengrades, schloß bis zum 16. Oktober in das Gebiet von Wonsan auf, drehte dann nach Westen und nahm am 17. Yangdok, am 18. Songchon und am 20. Sunchon. Das Vorgehen der südkoreanischen Divisionen zwang auch die im Westen noch im Aufschließen und Ablösen des X. Korps begriffenen Verbände des I. Korps zum vorzeitigen Antreten. Am 9. Oktober überschritten die 1. ROK-Division und die 1. US-Kavallerie-Division die Linie. Während die erstere zusammen mit der rechts benachbarten 8. ROK-Division gegen schwache Nachhuten schnell Raum gewann, gelang es der US-Division erst nach harten Kämpfen gegen die 31. NK-Division, ab 15. Oktober die Bewegungsfreiheit zu gewinnen und bis zum 19. Oktober den Südrand Pyongyangs zu erreichen, in das die 1. ROK-Division von Osten her bereits eindrang.

Doch nicht nur das Vorprellen der Südkoreaner brachte MacArthurs Operationsplan in Unordnung. Die Sowjets hatten inzwischen begonnen, den Nordkoreanern in größerem Umfang Ankertauminen zu liefern, die diese mit behelfsmäßig ausgerüsteten Fahrzeugen teils vor ihrem Rückzug vor den südkoreanischen Häfen, vorwiegend aber als Defensivsperren vor und in die eigenen Häfen warfen. Am 26. September lief vor Songjin im Nordosten der US-Zerstörer *Brush* auf eine Mine, am 28. September ein ROK-Minensucher, am 30. September vor Kosong der Zerstörer *Mansfield* und am 1. Oktober gab es den ersten Totalverlust, als der Minensucher *Magpie* vor Pohang sank. Eine böse Überraschung war es jedoch, als man am 10. Oktober mit den auf 5 Tage veranschlagten Minensucharbeiten vor Wonsan begann und dabei auf ausgedehnte und geschickt ausgelegte Minensperren stieß, die sich mit den vorhandenen, zu schwach bemessenen Kräften nicht zeitgerecht räumen ließen, insbesondere nachdem zwei koreanische und die US-Minensucher *Pledge* und *Pirate* verlorengegangen waren. Als die infolge der verzögerten Einschiffung ohnehin um 4 Tage verspätete »Task Force 90« (V. Adm. Struble) mit der 1. Marine-Division an Bord am 19. Oktober eintraf, mußte sie noch 7 Tage vor der Küste auf und ab dampfen, wofür die Marines die treffende Bezeichnung »Operation Yo-Yo« fanden. Die Unterstützungseinheiten der »Task Force 95«, darunter die *Missouri*, die Kreuzer *Helena, Rochester, Toledo* und die britische *Ceylon* sowie amerikanische, britische, kanadische und australische Zerstörer und britische, neuseeländische und eine französische Fregatte nutzten diese Zeit zu verschiedenen Küstenbeschießungen, während die inzwischen auf 4 Träger – *Boxer, Leyte, Valley Forge, Philippine Sea* – verstärkte »Task Force 77« und die Geleitträger-Gruppe »96.8« mit der *Sicily* und *Badoeng Strait* im Japanischen Meer in Bereitschaft zum »Close Support« standen. Am 26. Oktober endlich konnten die Marines an Land gehen, während das I. ROK-Korps bereits auf Songjin, fast 200 km weiter nordostwärts, vorging. Auch die im Westen in Koordinierung mit der geplanten Wonsan-Landung um 5 Tage verschobene Luftlandung bei Sunchon und Sukchon am 20. Oktober blieb wirkungslos, weil die Nordkoreaner ihre Kräfte vor der von Osten herannahenden 6. ROK-Division über den Chongchon zurückgezogen hatten.

Der neue Krieg

Inzwischen hatte sich die Lage grundlegend gewandelt. Auf amerikanischer Seite glaubte man in der ersten Oktober-Hälfte – trotz des inzwischen angelaufenen UN-Vormarsches nach Norden – weder in Tokio noch in Washington Anzeichen für ein kurz bevorstehendes Eingreifen Chinas erkennen zu können. Noch auf der Konferenz von Wake-Island am 15. Oktober beurteilte MacArthur die Gefahr eines chinesischen oder sowjetischen Eingreifens als gering. So sah sein neuer Operationsplan vom 17. Oktober die Fortsetzung der Operationen mit dem I. ROK-Korps an der Ostküste, dem über See heranzuführenden X. US-Korps im östlichen Bergland unter Führung von General Almond vor, während die 8. Armee mit dem II. ROK-Korps und dem I. US-Korps vorn, dem IX. US-Korps dahinter antreten sollte. Dabei hatten die UN-Streitkräfte eine Linie zwischen 50 und 100 km vom Yalu nicht zu überschreiten, während das Gebiet nördlich davon nur von südkoreanischen Truppen besetzt werden sollte.

Tatsächlich hatten jedoch seit dem 12. Oktober die sogenannten chinesischen »Freiwilligen«, in Wirklichkeit ganze geschlossene Divisionsverbände, bereits begonnen, den Yalu zu überschreiten und nach Nordkorea einzusickern. Am 19. Oktober standen bereits die 42. Armee nördlich des Chosin-Stausees, die 38. Armee südlich Kanggye, die 40. Armee südlich des Suiho-Stausees und die 39. Armee westlich Sinuiju. Am 26. Oktober kam es zu den ersten Zusammenstößen. Die mit ihren Spitzen bereits am Yalu bei Chosan, mit dem Gros rund 60–100 km weiter südlich stehende 6. ROK-Division wurde schwer angeschlagen und teilweise zersprengt. Nördlich Hamhung im Osten wurde das 26. ROK-Regiment von Teilen der 124. chinesischen Division angegriffen. Einige Tage später geriet die zum Entsatz der 6. ROK-Division vorgestoßene 1. US-Kavallerie-Division bei Unsan in eine kritische Lage. General MacArthur ließ daraufhin seine vorgeprellten Spitzen im Westen hinter den Chongchon zurückgehen. Anfang November brachen die Chinesen den Kampf ab und zogen sich nach Norden zurück. Die Fühlung riß ab. Doch setzten die Chinesen ihren Aufmarsch unter geschickter Tarnung und Geländeausnutzung nachts fort.

Für das UN-Kommando waren die Absichten der Chinesen und ihre tatsächliche Stärke unklar, letztere wurde beträchtlich unterschätzt, weil die Luftaufklärung die ausgezeichnet getarnten Bereitstellungen in dem unübersichtlichen Berg-

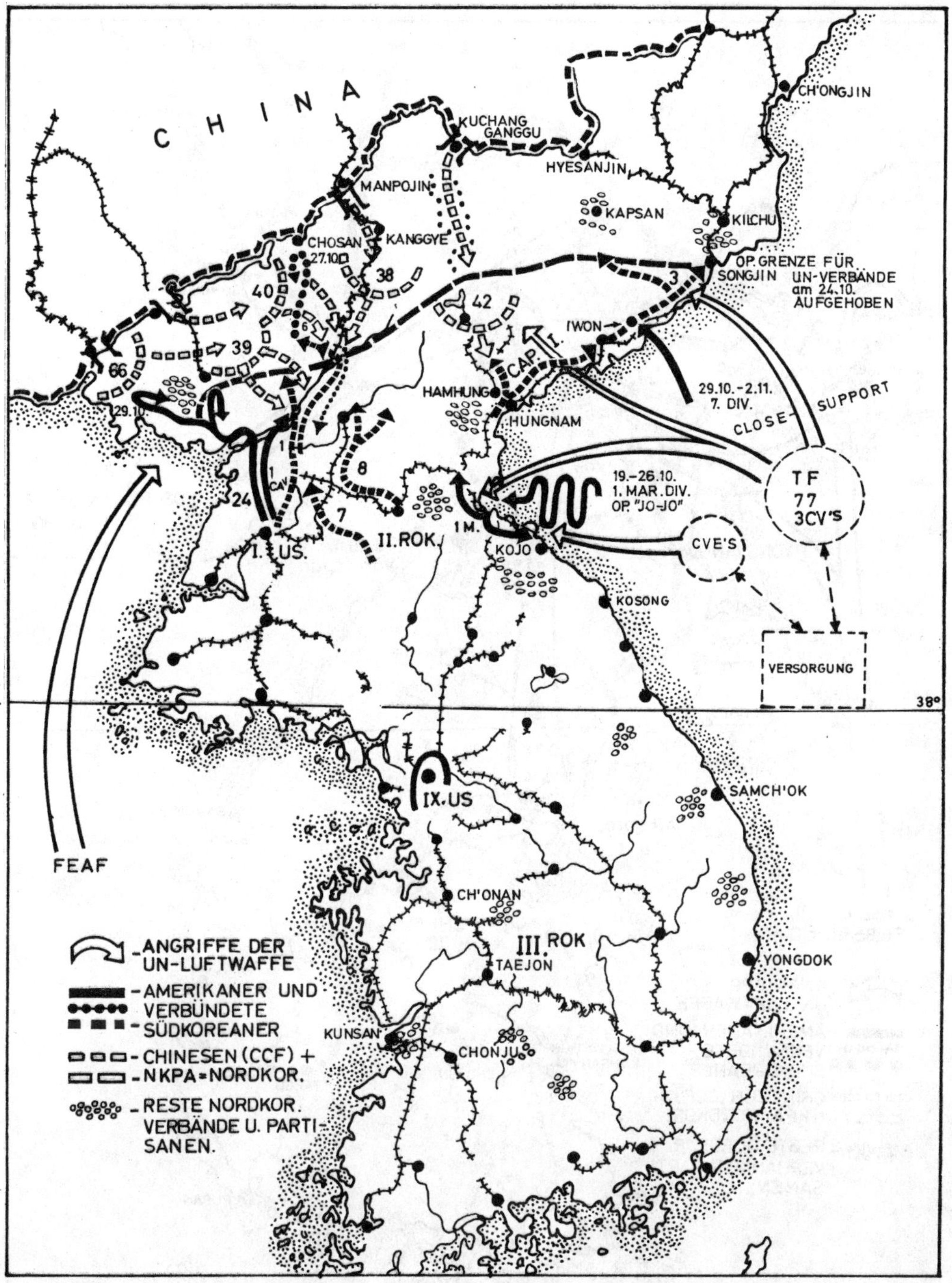

Der erste chinesische Gegenstoß, 20.–30. Oktober 1950

waldgelände nicht erkannte und die Funkaufklärung bei dem niedrigen technologischen Niveau der chinesischen Armee kaum Ansatzpunkte hatte. An manchen Stellen kam bei dem anscheinend passiven Verhalten der Chinesen der Verdacht auf, es handele sich nur um einen chinesischen Bluff, oder China verfolge nur lokale Ziele, wie z. B. den Schutz der für die Versorgung der mandschurischen Industrie wichtigen Stauseen. MacArthur hielt es in dieser Lage für die beste Lösung, nach dem Aufschließen seiner Kräfte unter Einsatz koreanischer und amerikanischer Verbände schnell weiter nach Norden vorzustoßen und alle wichtigen Übergänge über den Yalu am Südufer des Flusses zu sperren. Dazu mußten das IX. Korps herangeführt und die Ausschiffung der 7. US-Division bei Iwon (29. Oktober bis 8. November) und der 3. US-Division in Wonsan (5. bis 18. November) abgewartet werden. Im Falle eines Gegenangriffes der Chinesen hielt er es für selbstverständlich, daß die bisherigen Bindungen aufgehoben würden und er die Erlaubnis erhielt, die Yalu-Über-

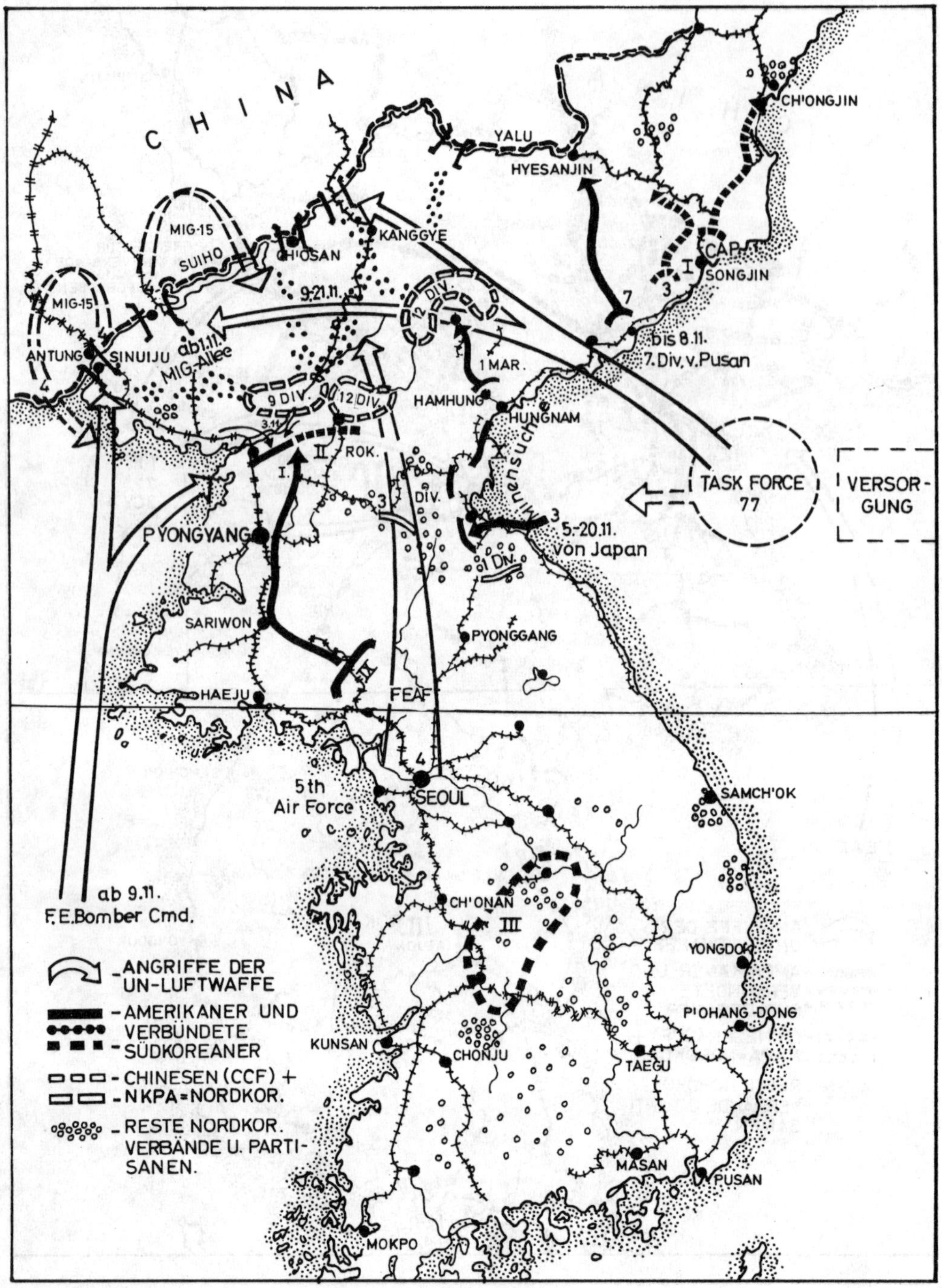

Die Ruhe vor dem Sturm,
1.–24. November 1950

gänge und die chinesischen Nachschub- und Luftbasen in der Mandschurei anzugreifen. Unter dieser Voraussetzung hielt er seine Kräfte für ausreichend, einen Gegenangriff aufzufangen und trotzdem den Yalu zu erreichen.

Als am 5. November bekannt wurde, daß starke chinesische Kräfte weiterhin den Yalu überschritten und daß chinesische Flugzeuge von Basen nördlich des Yalu in Kampfhandlungen eingegriffen hatten, sah MacArthur den Augenblick zum Handeln gekommen und gab den Befehl, die Yalu-Brücken durch Luftangriffe zu zerstören. Er erlaubte dabei auch die Verfolgung chinesischer Flugzeuge – der überraschend leistungsfähigen *MiG-15*-Düsenjäger sowjetischer Bauart – im Luftkampf über den Yalu hinaus. Bevor jedoch der Befehl ausgeführt werden konnte, wurde er von den »Joint Chiefs of Staff« aufgehoben, und MacArthur erhielt erneut den strikten Befehl, jeden Konflikt mit chinesischen Streitkräften am und nördlich des Yalu zu vermeiden. MacArthur protestierte schärfstens gegen diesen Befehl und wies warnend auf die Gefahren hin, die ein weiteres ungehindertes Einsickern der Chinesen mit sich bringen könnte. So wurde ihm schließlich am 8. November erlaubt, die jeweils südlichsten Bogen der Yalu-Brücken durch Luftangriffe zu zerstören, wobei die Flugzeuge jedoch keinesfalls chinesisches Territorium überfliegen durften. Diese Bindung brachte bei den geographischen Verhältnissen, der Yalu mäandriert stark und bildet oft Flußschlingen, in denen Brücken lagen, taktische Schwierigkeiten mit sich, die damit einen Einsatz der *B-29* des »Far East Bomber Command« ausschlossen. Sie konnten nur am Unterlauf die Brücken bei Sinanju am 8. und folgenden Tagen angreifen, während die übrigen Brücken den wendigeren Trägerflugzeugen überlassen werden mußten.

Eine Brücke ist jedoch sehr schwer zu treffen und noch schwerer zu zerstören. Ein Loch im Brückenboden kann leicht geschlossen werden. Man muß daher einen Hauptstützpfeiler, den tragenden Teil der Brücke, treffen. Wenn man wie hier nur den südlichsten Brückenbogen angreifen durfte, wurde die Aufgabe noch schwieriger, zumal wenn man als Anflugweg nur parallel zum Fluß, aber senkrecht zur Brücke fliegen mußte, um das mandschurische Territorium nicht zu verletzen, wo die feindliche Flak ungefährdet massiert aufgestellt werden konnte und die Angreifer zum Durchfliegen dichter Flak-Sperrfeuerzonen zwang. Immerhin gelang es den Fliegern der »Task Force 77«, den Piloten der *Leyte, Philippine Sea* und *Valley Forge*, in zehn Tagen von den sieben Brücken drei Straßen- und die Eisenbahnbrücke bei Manpojin zu zerstören, zwei weitere fielen unter den Bombenteppichen der *B-29*. Bei den sich entspinnenden Luftkämpfen der Begleitdüsenjäger gelang es, die ersten *MiG-15* abzuschießen. Doch blieb die langfristige Wirkung dieser Angriffe gering. Wenige Tage später setzte der Frost ein, und die Chinesen konnten den vereisten Fluß auch ohne Brücken überqueren.

Die Mitte November eingetretene Kampfruhe am Boden und die geschickte Tarnung der chinesischen militärischen Maßnahmen ließen weiterhin keine Anzeichen für offensive Absichten der Chinesen erkennbar werden. Andererseits legte man auf amerikanischer Seite großen Wert auf eine Beendigung des Krieges vor Einbruch des Winters. So entschloß man sich schließlich, General MacArthur den Landangriff zum Yalu freizugeben, ohne aber die sonstigen Bindungen und Beschränkungen aufzuheben oder ihm für den Fall eines chinesischen Gegenangriffes Handlungsfreiheit zu geben.

MacArthurs Operationsplan vom 20. November sah vor, mit den im Westteil Nordkoreas am Chongchon aufmarschierten Divisionen der 8. Armee am 24. November zum Angriff nach Norden anzutreten. Das I. Korps sollte von Sinanju mit der 24. US-Division nach Sinuiju und mit der 1. ROK-Division bei Sakchu den Yalu erreichen, das IX. Korps mit der 25. US-Division bei Changju und der 2. US-Division bei Chosan den Suiho-Stausee und das anschließende II. ROK-Korps mit der 7. ROK- und 8. ROK-Division das ostwärts davon gelegene Bergland erreichen und besetzen. Die sowohl in der operativen Führung als auch räumlich getrennten Verbände des X. Korps sollten ostwärts des Hauptgebirgskammes und an der Ostküste vorstoßen. Während die zuletzt eingetroffene 3. US-Division den Raum Wonsan–Hungnam–Hamhung–Chosin-Stausee sicherte, hatten die 1. Marine-Division vom Chosin-Stausee aus durch das unwegsame Bergland vorstoßend über Kanggye die Brücken von Manpojin, die in zwei Gruppen geteilte 7. US-Division die Brücken bei Huchanggangu und Hyesanjin zu erreichen. Das unterstellte I. ROK-Korps mit der 3. ROK-Division sollte bis Meisan, die ROK-Capital-Division an der Küste bis Chongjin vordringen.

Am 24. November traten die Verbände der 8. Armee wie geplant zum Angriff an, in der folgenden Nacht wurden sie völlig überraschend von dem Gegenangriff der Chinesen getroffen, die mit 18 Divisionen der 50., 66., 39., 40., 38. und 42. Armeen weitgehend unerkannt aufmarschiert waren. Während die am linken Flügel stehende 24. US-Division fast unbehelligt weiter vorrückte, traf die ganze Wucht des chinesischen Angriffes das II. ROK-Korps am rechten Flügel. Mit der bewährten nächtlichen Infiltrationstaktik an den Nahtstellen der Einheiten wurde der Zusammenhalt der Verbände der 7. und 8. ROK-Division aufgerissen. Am 27. November waren diese Einheiten und die als Reserven vorgeworfenen Regimenter der 6. ROK-Division zersprengt. Durch den hartnäckigen Widerstand der als Flankensicherung vorgeschobenen Türkischen Brigade und die Gegenstöße der 27. Britischen Brigade und dank ihrer durch die Motorisierung höheren Beweglichkeit gelang es den in schwierige Situationen geratenen 25. und 2. US-Divisionen, sich der drohenden Einschließung zu entziehen. In einem schnellen Rückzug löste sich die 8. Armee von ihrem langsameren Gegner und zog sich auf den 38. Breitengrad zurück, wo inzwischen neu aufgestellte südkoreanische Divisionen versuchten, eine neue Verteidigungslinie aufzubauen.

Nicht ganz so leicht war es, die weit auseinandergezogenen Teile des X. Korps im Osten aus ihrer exponierten Lage zu befreien. Bis zum 27. November hatten die Kampfgruppen ihren Vormarsch noch planmäßig fortgesetzt. Erst an diesem Tage erreichten Spitzen des 17. RCT der 7. US-Division Hyesanjin am Yalu. Am gleichen Tage traf jedoch der Angriff von Teilen von 12 Divisionen der chinesischen 9. Armeegruppe die zum weiteren Vormarsch aufbrechenden Teile der 1. Marine-Division am Chosin-Stausee. In mehrere Kampfgruppen aufgeteilt, schien ihre Vernichtung sicher. Doch konnten diese Kampfgruppen dank der hervorragenden Unterstützung durch die Trägerflugzeuge der »Task Force 77« – Träger *Philippine Sea* und *Leyte* – ihre Igelstellungen bei Yudam-ni, Hagaru-ri und Koto-ri halten, bis der Rückzug nach Süden beginnen konnte. Um Hamhung und Hungnam hatte sich bis zum 5. Dezember eine Brückenkopfstellung aus den im Landmarsch aus dem Nordosten zurückgeholten Regimentern der 7. US- und 3. ROK-Divisionen, verstärkt durch Teile der 3. US-Division vom Süden, gebildet, während man

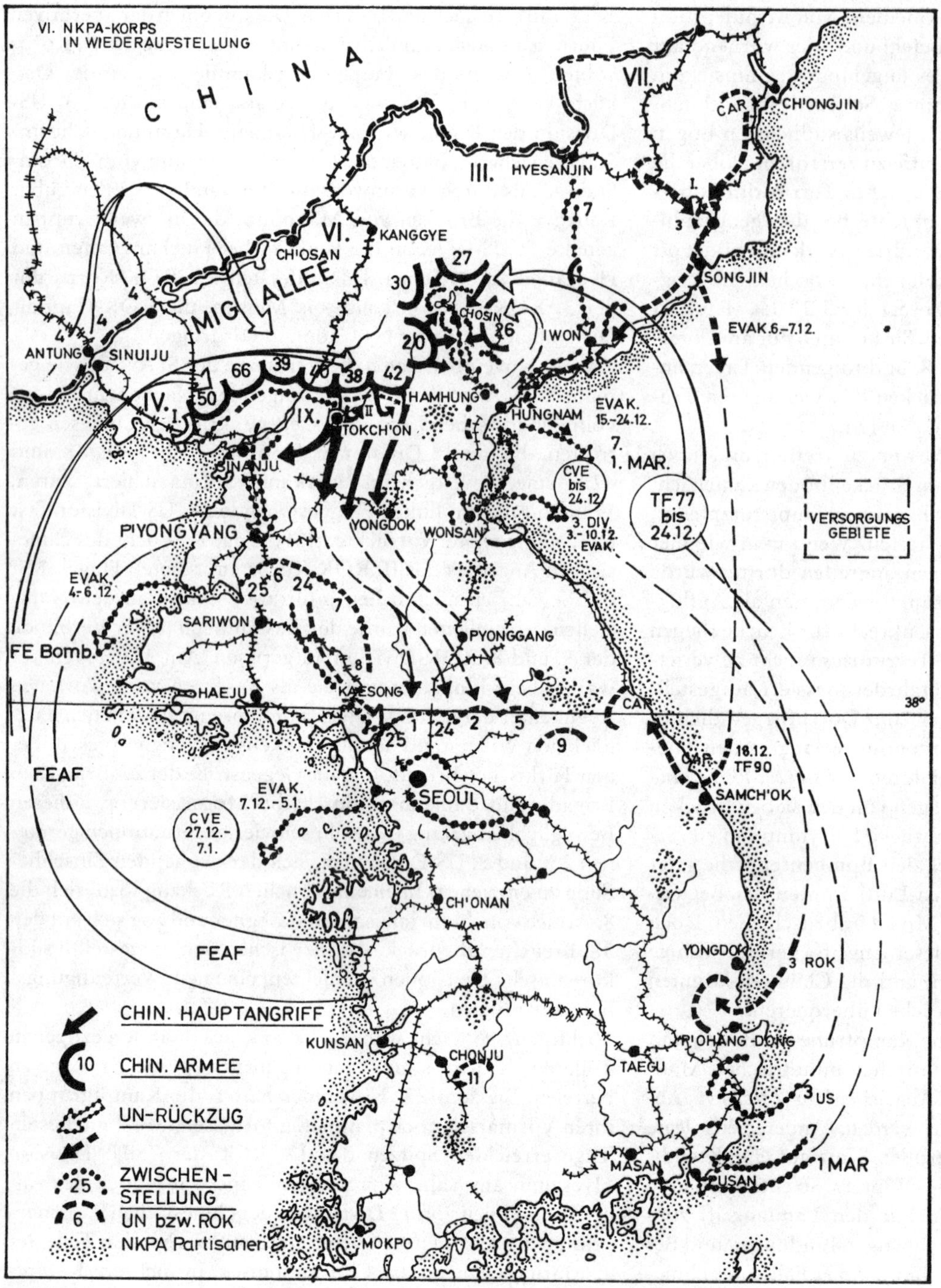

Der chinesische Großangriff 25.–28. November 1950 und der Rückzug der UN-Verbände, Dezember 1950.

die ROK-Capital-Division auf dem Seeweg von Songjin nach Samchok verschiffte, um die Stellung am 38. Breitengrad an der Ostküste zu sichern. Gleichzeitig wurden die übrigen Teile der 3. US-Division und das ROK-Marine-RCT in Wonsan vom 3.–8. Dezember eingeschifft – insgesamt 3834 Soldaten und 7009 Flüchtlinge –, wobei der Kreuzer *St. Paul,* Zerstörer und Trägerflugzeuge Feuerschutz gaben.

Am 1. Dezember begann der Ausbruch der »5th Marines« von Yudam-ni und zweier ostwärts des Chosin-Stausees abgeschnittener Heeres-Bataillone zu dem Igel am Südende des Sees bei Hagaru-ri, und von dort zusammen mit dem 7. RCT der Durchbruch nach Koto-ri und zu den von Süden vorstoßenden Entsatztruppen. Dieser Rückzug durch schwierigstes Gelände, durch Kälte und Schnee, unter beständigen Angriffen des Feindes, sollte als einer der berühmtesten Rückzüge in die Geschichte eingehen. Die Marines wurden dabei wieder

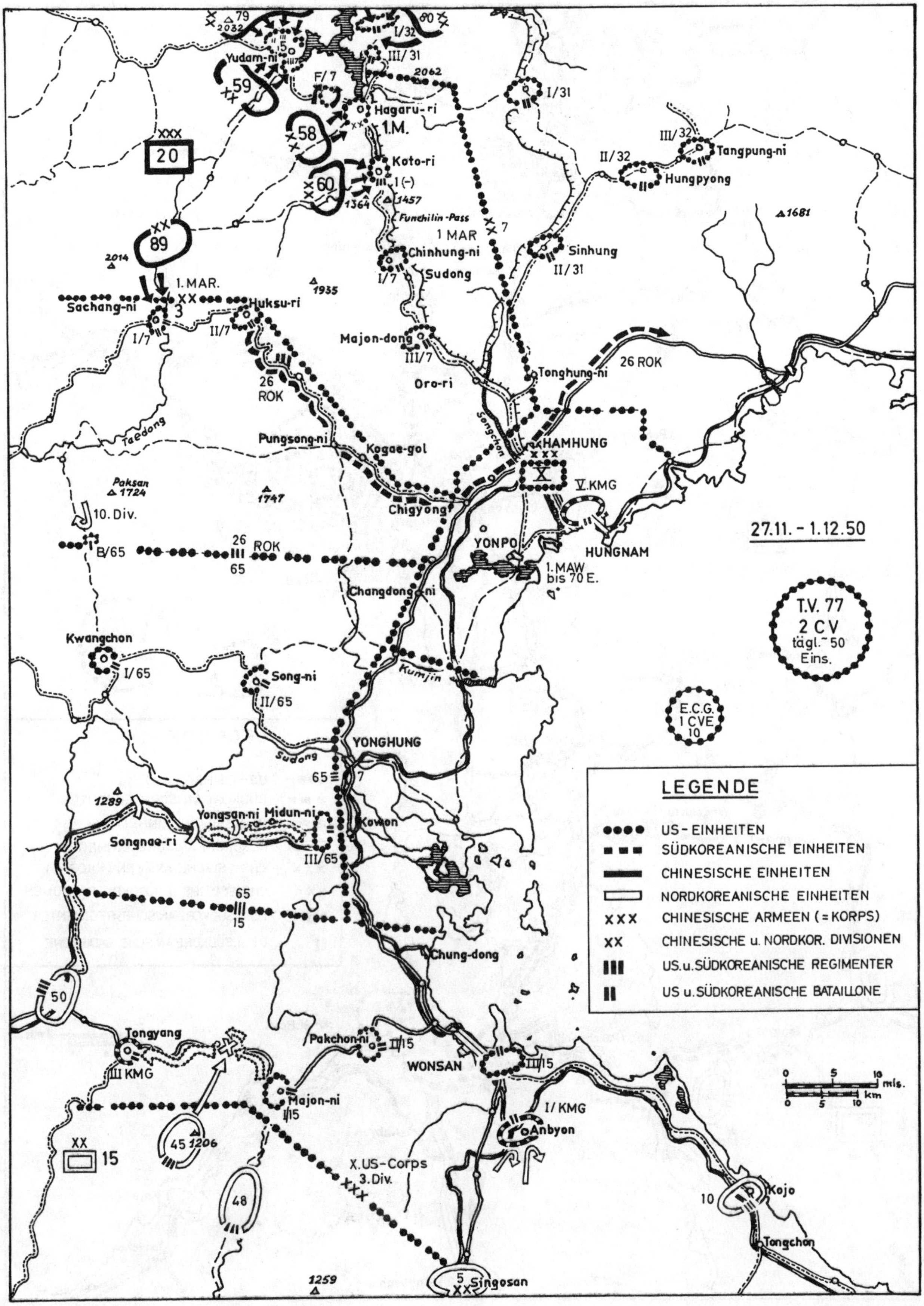

Das Operationsgebiet des X. US-Corps vom 27. 11. bis 1. 12. 1950

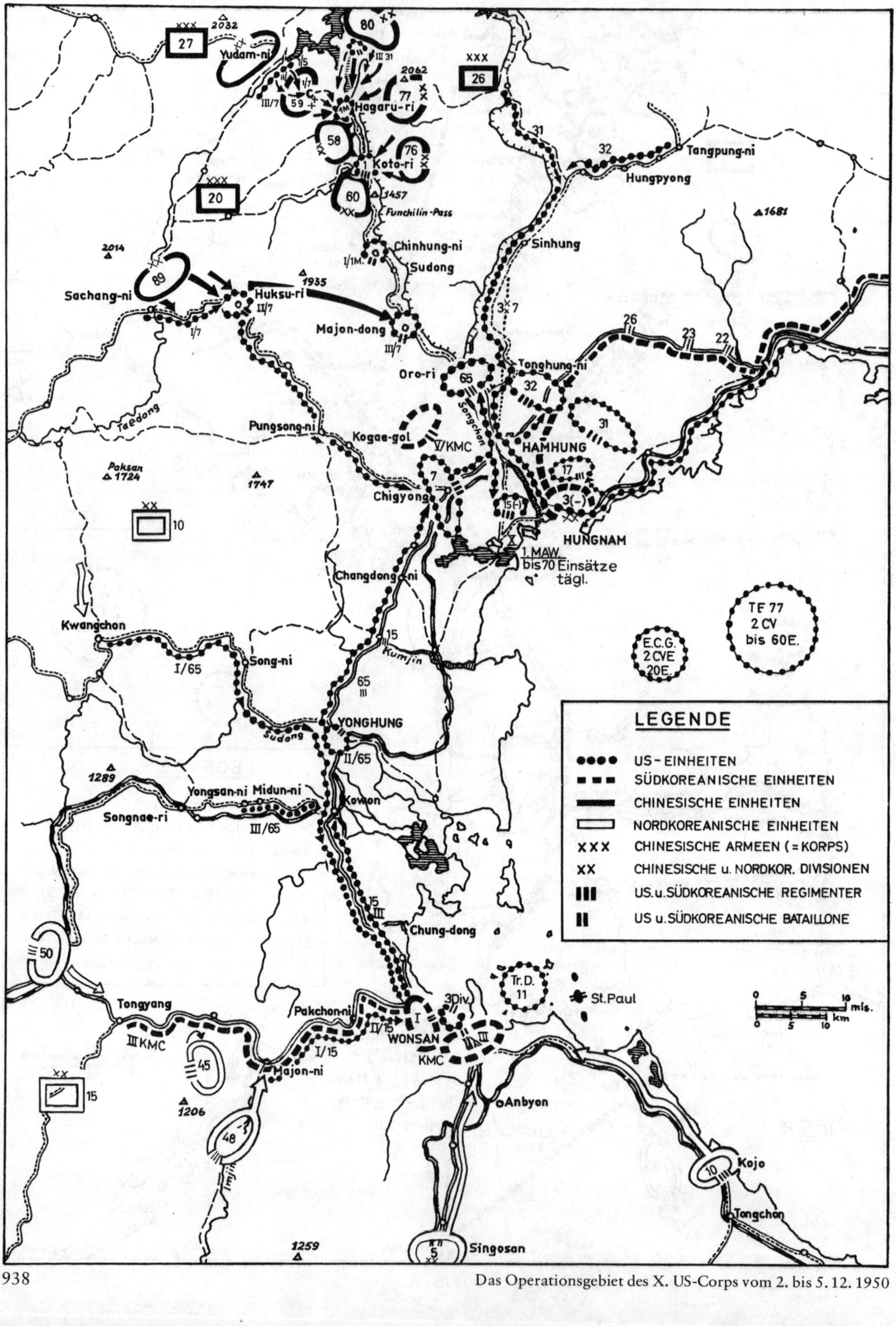

 Das Operationsgebiet des X. US-Corps vom 2. bis 5.12.1950

höchst wirkungsvoll durch ihre eigenen Flugzeuge vom Flugplatz Yonpo im Brückenkopf Hungnam und von den Geleitträgern *Badoeng Strait* und *Sicily* sowie die Flugzeuge des Leichten Trägers *Bataan* und der durch die Ankunft der *Princeton* auf 3 Träger verstärkten »Task Force 77« unterstützt. Teilweise aus der Luft versorgt, erkämpften sich die Marines ihren Weg durch 8 chinesische Divisionen und brachten den größten Teil ihrer Ausrüstung mit zurück. Am 11. Dezember, 16 Tage nach dem Beginn des chinesischen Angriffes gegen die 8. Armee und 13 Tage nach dem Stoß gegen die Stellungen des X. Korps, waren die Verbände General Almonds im Raum Hamhung–Hungnam versammelt. Bei ihrem langen Marsch hatten die Marines mehr als 7000 Mann verloren, fast die Hälfte davon durch Erfrierungen. Die Chinesen verloren aber wahrscheinlich rund 25 000 Tote und mehr als halb soviel Verwundete. Erst nach Monaten tauchten die eingesetzten Verbände nach völliger Auffrischung und Ergänzung wieder im Frontgebiet auf.

Hungnam – eine amphibische Rückzugsoperation

Ziel der Evakuierung von Hungnam war es, Menschenleben zu retten und sich aus einer unhaltbaren militärischen Lage geordnet zurückzuziehen. Anders als bei Dünkirchen war Hungnam keine wilde Flucht, denn der Rückzug wurde nahezu ohne irgendwelche Verwirrung und mit einem Minimum an Verlusten durchgeführt. Die für die Operation wieder zusammengezogene »Task Force 90« unter Konteradmiral Doyle an Bord des Führungsschiffes *Mount McKinley* umfaßte 134 Transportschiffe aller Art sowie die Feuerunterstützungsgruppe »Task Group 90.8« mit den Kreuzern *St. Paul* und *Rochester,* 8 Zerstörern und 3 *LSMRs*. Dazu kamen die Blockade-, Geleit- und Minensuchgruppe »Task Force 95« mit Fregatten und Minensuchern, die Geleitträgergruppe »Task Force 96« mit den Trägern *Badoeng Strait, Sicily* und *Bataan* und 16 Zerstörern sowie die »Task Force 77« mit den Flottenträgern *Valley Forge, Leyte, Philippine Sea* und *Princeton,* dem Schlachtschiff *Missouri* (mit dem Befehlshaber der 7. Flotte, Vizeadmiral Struble an Bord), den Kreuzern *Manchester* und *Juneau* und ihren Sicherungszerstörern, von denen die letztgenannten Schiffe auch zur Artillerieunterstützung herangezogen wurden.

Am 10. Dezember begann die Einschiffung, zwei Tage später wurde die Frontlinie des Brückenkopfes entsprechend dem Fortschritt des Abtransportes über verschiedene vorbereitete »Phase-Lines«, die von den am wenigsten mitgenommenen Regimentern der 7. und 3. US-Divisionen verteidigt wurden, schrittweise zurückgenommen. Artilleriefeuer und Trägerflugzeugangriffe hielten die chinesischen Einheiten, die durch blutige Verluste und große Frostausfälle stark zusammengeschmolzen waren, zurück und schufen zeitweilig eine Art »Niemandsland«. Die Landungs- und Transportschiffe wurden nicht nur mit Menschen beladen, sondern auch mit schwerem Material aller Art, mit Lastwagen, Panzern, Bulldozern, Munition, Artillerie und Depotvorräten. Hinzu kamen eine große Zahl ziviler Flüchtlinge. Im ganzen evakuierte die »Task Force 90« bis zum 24. Dezember rund 100 000 Mann des X. Korps, dazu rund 90 000 koreanische Flüchtlinge, 17 500 Fahrzeuge und 350 000 t Großmaterial. Die Piloten der »Task Force 77« flogen zahlreiche Angriffe gegen die Nachschublinien der Kommunisten, obgleich ihre Operationen durch die vereisten Flugdecks, das dickgewordene Schmieröl und eisige Winde erschwert wurden. Trotz aller witterungsbedingten Schwierigkeiten konnte die Einschiffung am Weihnachtstage zum erfolgreichen Abschluß gebracht werden. Nachdem Zerstörungs- und Sprengtrupps die Hafenanlagen in die Luft gesprengt hatten und die letzten Nachzügler eingeschifft worden waren, ging als letztes Schiff die *Catamount* mit den Nachhuten an Bord in See.

Politik und Kriegführung – MacArthurs Entlassung

Mit der Intervention der Chinesen wurde der Korea-Krieg – wie General MacArthur es später einmal formuliert hat – zu einem ganz neuen Krieg. Bei den sehr unterschiedlichen Vorstellungen innerhalb der amerikanischen Führungsgremien über die Führung dieses Krieges, die noch durch Bedenken der Verbündeten verstärkt wurden, mußte es zu Konflikten zwischen Politik und Kriegführung kommen.

Es ist verständlich, daß bereits in der ersten Phase des unerwarteten Rückschlages Ende November, als große Teile der amerikanischen Armee in schwerste Bedrängnis zu geraten drohten, die Frage des Einsatzes der Atombombe aufkam. Wenn auch über die Diskussionen in den amerikanischen Führungsgremien zu dieser Frage noch keine Einzelheiten bekannt geworden sind, so sind doch schon die Auswirkungen der bloßen Erwähnung der Atombombe in einer Pressekonferenz Präsident Trumans am 30. November bemerkenswert. Als ein Journalist fragte, ob die Versicherung des Präsidenten, daß alle notwendigen Maßnahmen getroffen würden, um der militärischen Situation zu begegnen, auch die Atombombe einschlössen, antwortete Truman: »Es schließt alle Waffen ein, die wir besitzen.« Diese Äußerung fand ein weltweites Echo und führte sofort zu den ernstesten Vorstellungen von seiten der Verbündeten. Der britische Premierminister Attlee nahm sie zum Anlaß, sofort nach Washington zu fliegen, um den amerikanischen Verbündeten von der – vermeintlichen – Absicht zurückzuhalten. Die amerikanische Führung mußte erkennen, gleich ob sie je ernstlich daran gedacht hat oder nicht, daß eine Atomwaffenverwendung in Korea zu einer untragbaren Belastung des Verhältnisses zur UN und den Verbündeten führen müßte und deshalb keinesfalls in Frage kommen konnte.

Welche Möglichkeiten aber gab es sonst, eine erneute Stabilisierung der Lage oder gar eine Wende herbeizuführen?

MacArthur vertrat die Auffassung, daß der Krieg militärisch

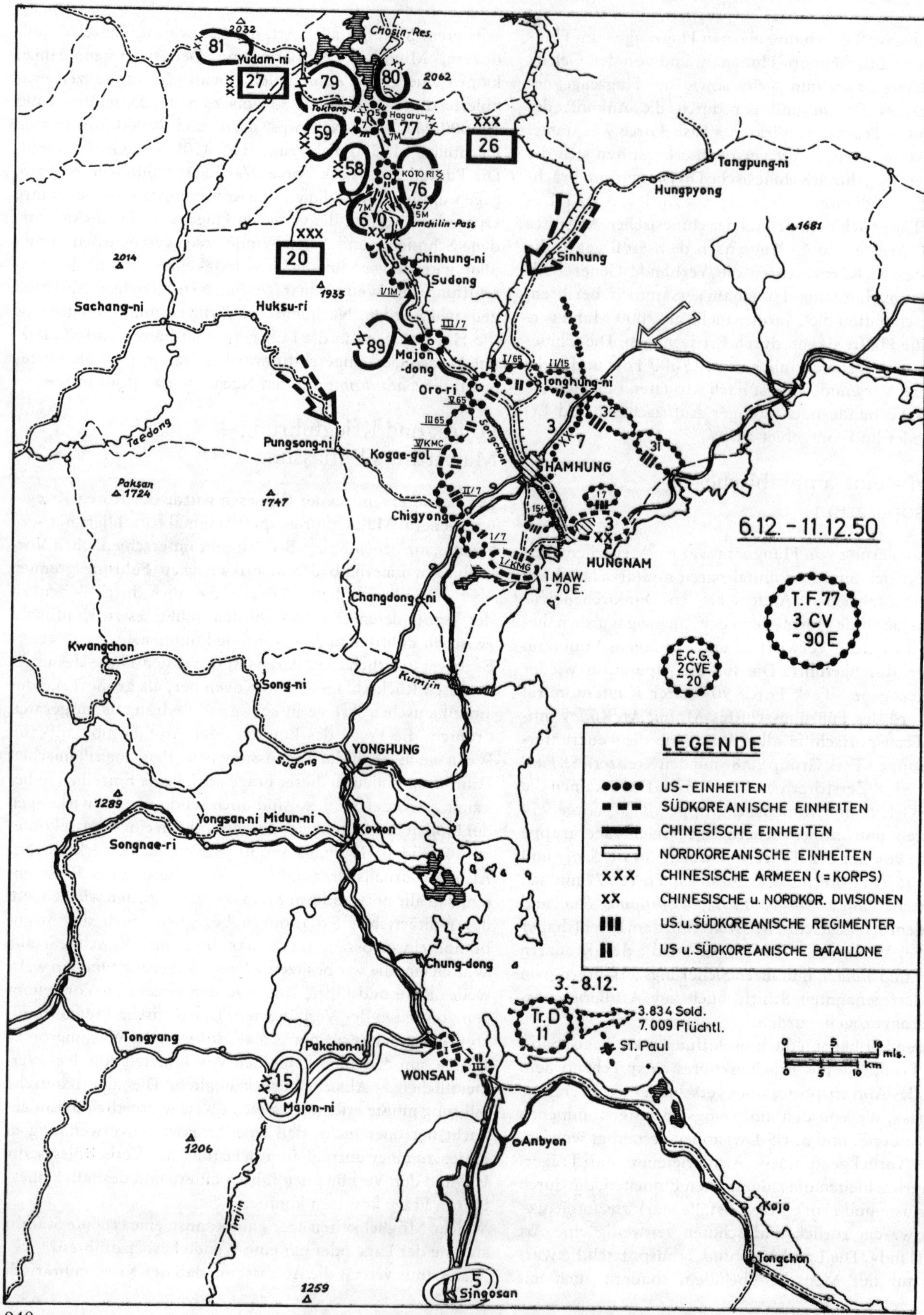

Das Operationsgebiet des X. US-Corps vom 6. bis 11. 12. 1950

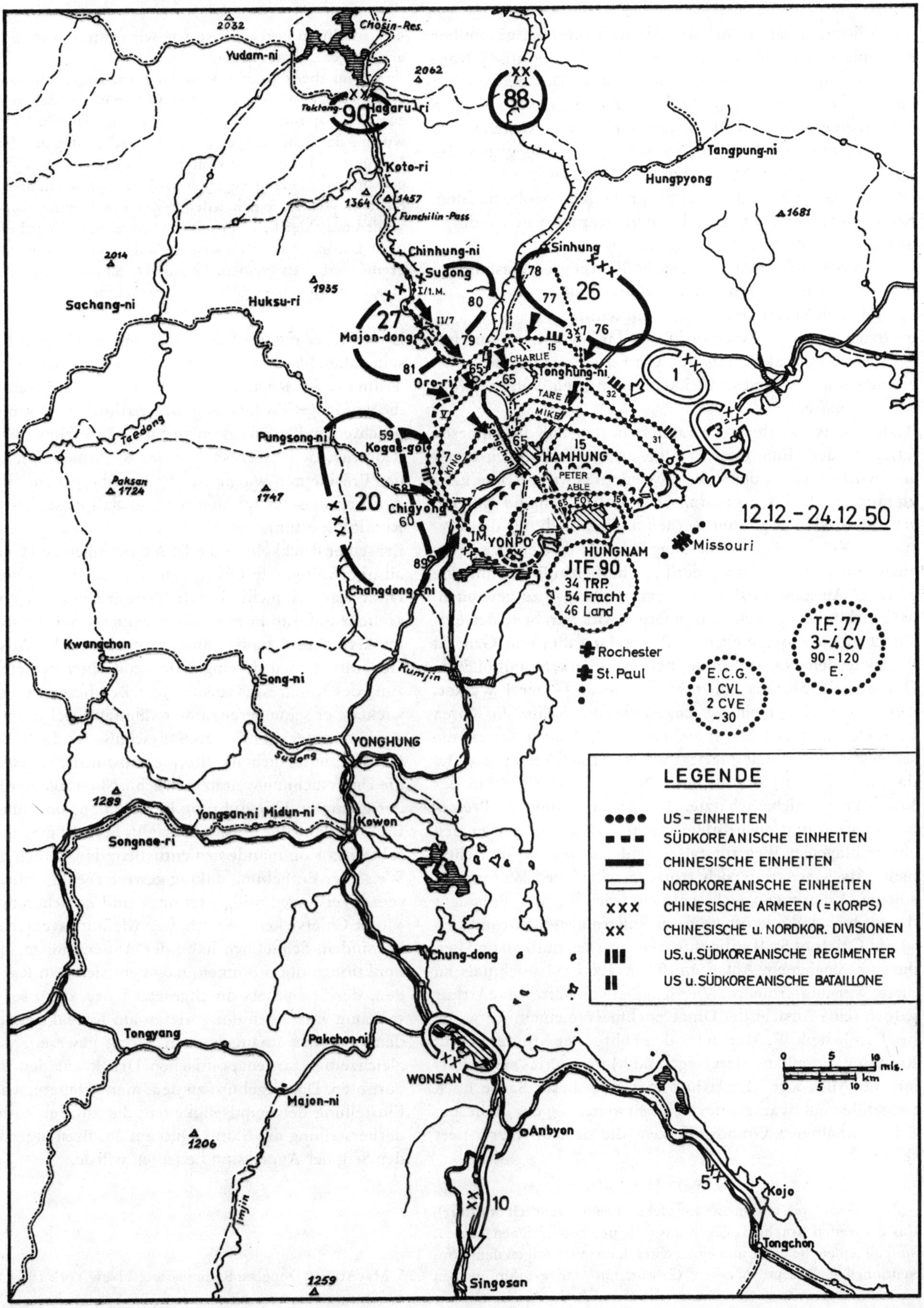

Das Operationsgebiet des X. US-Corps vom 12. bis 24. 12. 1950

sinnvoll nur unter Aufhebung der Restriktionen gegenüber Rotchina fortzuführen sei, wenn man einen politisch tragbaren Kompromiß nicht erreichen könne. Das bedeute die Freigabe von Luftangriffen auf die Basen der chinesischen Macht, eine scharfe Blockade der chinesischen Küsten sowie die Erlaubnis an Tschiang-Kai-schek, Angriffe gegen das Festland zu richten. MacArthur glaubte aus seiner fernöstlichen Sicht, daß hier und jetzt die große Kraftprobe mit dem Kommunismus bevorstehe, der man nicht ausweichen dürfe, wenn man nicht ganz Asien verlieren wolle.

Für die politische und militärische Führung in Washington war eine solche »Lösung« undenkbar, da sie

a) von allen Verbündeten abgelehnt wurde,
b) (nach Bradley) Amerika in den falschen Krieg, zur falschen Zeit und am falschen Ort verwickeln würde, und
c) mit großer Wahrscheinlichkeit zum dritten Weltkrieg führen mußte.

Andererseits war aber auch kaum zu hoffen, daß die Chinesen jetzt, auf der Höhe ihrer Erfolge, zu Verhandlungen bereit sein würden, es sei denn, die UN wären gewillt, Korea ganz zu räumen. Da das aus moralischen, politischen und militärischen Gründen abgelehnt werden mußte, blieb nur der Versuch, in Korea unter Vermeidung jedes Risikos einer Kriegsausweitung eine Wendung der Lage herbeizuführen, um eine günstige Ausgangsposition für Verhandlungen zu gewinnen. MacArthur beugte sich zwar innerlich widerstrebend den entsprechenden Anweisungen, und es gelang ihm und General Ridgway, dem Nachfolger des bei einem Verkehrsunfall Ende Dezember 1950 ums Leben gekommenen General Walker, tatsächlich wieder ein Gleichgewicht der Kräfte in Korea herzustellen, doch hörte er nicht auf, an Fesseln zu zerren, die seiner Aktionsfreiheit angelegt waren. Er ließ keinen Zweifel daran, daß er die Politik der UN gegenüber China in der Korea-Frage nicht schätzte. Private Äußerungen, Pressekonferenzen und auch Briefe machten deutlich, daß er den eingeschlagenen Weg für falsch und den seinen für richtig hielt. Als MacArthur sich trotz verschiedener Warnungen solcher Äußerungen nicht enthielt, wies ihn der Präsident darauf hin, daß alle öffentlichen Äußerungen zuvor mit den »Joint Chiefs of Staff« abgesprochen werden müßten und ließ ihn aus gegebenem Anlaß am 24. März 1951 nochmals an diese Weisung erinnern. Vier Tage zuvor hatte MacArthur jedoch seine Ansicht der Dinge nochmals in einem Antwortbrief an Joseph W. Martin jr., den Führer der Minderheit im Repräsentantenhaus, dargelegt, und Martin verlas sie im Parlament. Alles was MacArthur später zu dieser Sache noch ausgeführt hat, war nur noch eine Erweiterung der in diesem Brief enthaltenen Grundgedanken, die deshalb hier zitiert seien:

»Meine Ansichten und meine Empfehlungen hinsichtlich der durch das Eingreifen Rotchinas gegen uns in Korea geschaffenen Lage... sind allgemein bekannt und einleuchtend, denn sie folgen dem konventionellen Rezept, nämlich Gewalt mit der größtmöglichen Gegenwehr zu begegnen, so wie wir es stets auch in der Vergangenheit gehandhabt haben.
Es scheint aber seltsamerweise für einige Leute schwer zu begreifen zu sein, daß es Asien ist, welches die kommunistischen Verschwörer zum Ansatzpunkt für die Welteroberung gemacht haben, und daß wir uns der damit aufgeworfenen Entscheidung auf dem Schlachtfeld gestellt haben. Wir kämpfen hier Europas Krieg mit Waffengewalt aus, während die Diplomaten dort noch immer mit Worten fechten. Wenn wir den Krieg gegen den Kommunismus in Asien verlieren, ist der Fall Europas unausweichlich. Wird er gewonnen, wird Europa sehr wahrscheinlich den Krieg vermeiden und die Freiheit erhalten bleiben. Es ist, wie Sie es dargelegt haben, wir müssen gewinnen, es gibt keinen Ersatz für den Sieg.«[3]

Dieser Brief mußte Präsident Truman wie eine Mißachtung seiner Befehle durch den General erscheinen. Daher befahl Truman nach Rücksprache mit seinen militärischen Beratern die sofortige Entbindung MacArthurs von seinen Dienstpflichten im Fernen Osten und seine Ersetzung durch General Ridgway, den Befehlshaber der 8. Armee. Die Anweisung des Präsidenten wurde der Presse übergeben, ehe sie MacArthur zugestellt worden war, so daß er sie erst durch den Rundfunk erfuhr.

Bei seiner Rückkehr in die USA empfingen den General überall überwältigende Ovationen von seiten der Öffentlichkeit. Diese war sich nicht über die Gefahr eines sowjetischen Eingreifens aufgrund des russisch-chinesischen Beistandspaktes im klaren und teilte daher weitgehend die Ansichten des Generals. Er wurde eingeladen, auf einer gemeinsamen Sitzung des Kongresses zu sprechen. Bei dieser Gelegenheit entwickelte er seine bereits im erwähnten Brief dargelegten Gedanken weiter. Ein Kongreßausschuß, der die Entlassung des Generals untersuchen sollte, hielt ausführliche »Hearings« ab; die Untersuchung weitete sich schließlich zu einer Erörterung der gesamten Kriegführung in Korea aus und führte zu dem Ergebnis, daß der Präsident fraglos berechtigt war, den General seines Kommandos zu entheben, daß jedoch die Art und Weise der Enthebung unklug gewesen sei, da MacArthur nie seine Weisungen mißachtet hatte und zwischen ihm und den »Joint Chiefs« keine ernsthaften Meinungsverschiedenheiten bestanden. Schließlich habe der Außenminister militärische Funktionen übernommen, nachdem sich sein Rat gegenüber dem der Stabschefs durchgesetzt hatte, dazu sei die Unterstützung von seiten der anderen am Koreakrieg teilnehmenden Nationen unangemessen gering gewesen, während sie gleichzeitig starken politischen Druck auf den Präsidenten ausübten. Das Ergebnis, zu dem man gelangte, war, daß eine Einstellung der Feindseligkeiten, die auf der Basis der Wiederherstellung des Status Quo am 38. Breitengrad stattfand, den Sieg der Aggression bedeuten würde.

3 MacArthur, Douglas: Reminiscences. New York 1964, S. 386.

Offensiven und Gegenoffensiven: Januar–Juni 1951

Während die Aufmerksamkeit der Welt noch durch die dramatische Evakuierung des amerikanischen X. Korps von Hungnam absorbiert war, versuchte der in Korea als Nachfolger von General Walker eingetroffene General Ridgway im Bereich des 38. Breitengrades eine neue Verteidigungsfront aufzubauen. Dafür standen ihm im mittleren Abschnitt die hierfür neuaufgestellten südkoreanischen Divisionen zur Verfügung, während den Abschnitt an der Ostküste zugleich die über See aus dem Nordosten als erste evakuierten südkoreanischen Divisionen übernahmen. Im Westabschnitt hatte sich die 8. Armee aus der drohenden Umklammerung durch die chinesische Volksarmee dank ihrer höheren Beweglichkeit lösen und in einem geordneten Rückzug nach Süden abfließen können. Dicht südlich des 38. Breitengrades bildeten die Kräfte des amerikanischen I. und IX. Korps mit den unter-

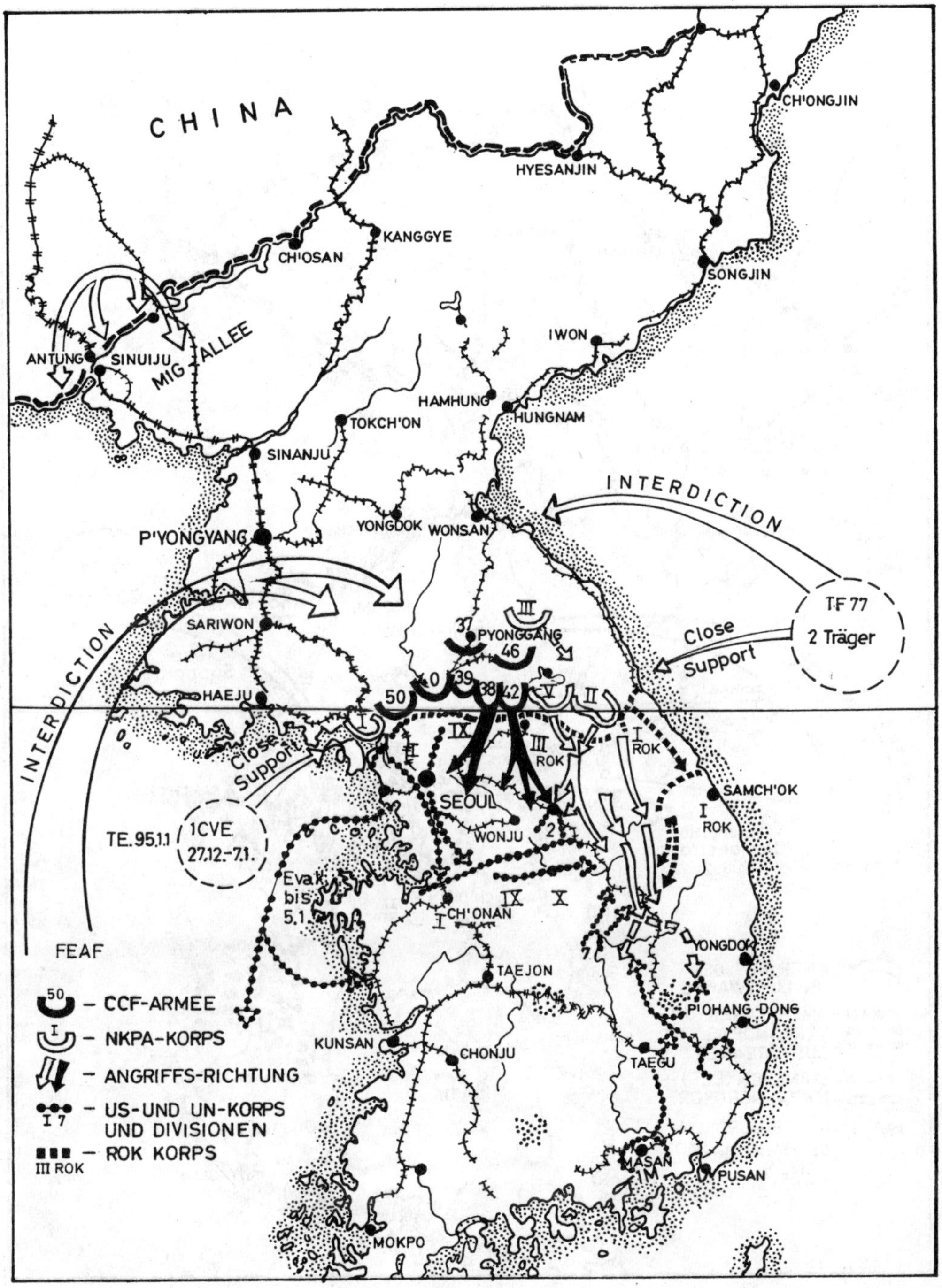

Der chinesisch-nordkoreanische Angriff, 1.–15. Januar 1950

stellten amerikanischen, südkoreanischen, türkischen und britischen Verbänden eine neue Front. Ehe sie sich jedoch über die gesamte Breite der koreanischen Halbinsel konsolidiert hatte, stießen im mittleren Abschnitt die aufgeschlossenen chinesischen Armeen und neugebildete nordkoreanische Verbände durch die von noch unerfahrenen südkoreanischen Truppen besetzten Stellungen und drangen beiderseits der Achse Chunchon/Chechon schnell nach Süden vor.

Erneut war die 8. Armee von einer Umklammerung in der rechten Flanke bedroht. General Ridgway mußte sich entschließen, die Hauptstadt Seoul aufzugeben und in eine neue Frontlinie von Pyongtaek an der Westküste bis zum sich herausbildenden Angelpunkt Wonju in Zentralkorea auszuweichen, der von der amerikanischen 2. Division gehalten wurde. Ein Teil der Truppen wurde von der amerikanischen »Task Force 90« unter Deckung durch den amerikanischen Kreuzer *Rochester,* die britischen Kreuzer *Kenya* und *Ceylon* sowie amerikanische, australische und kanadische Zerstörer von

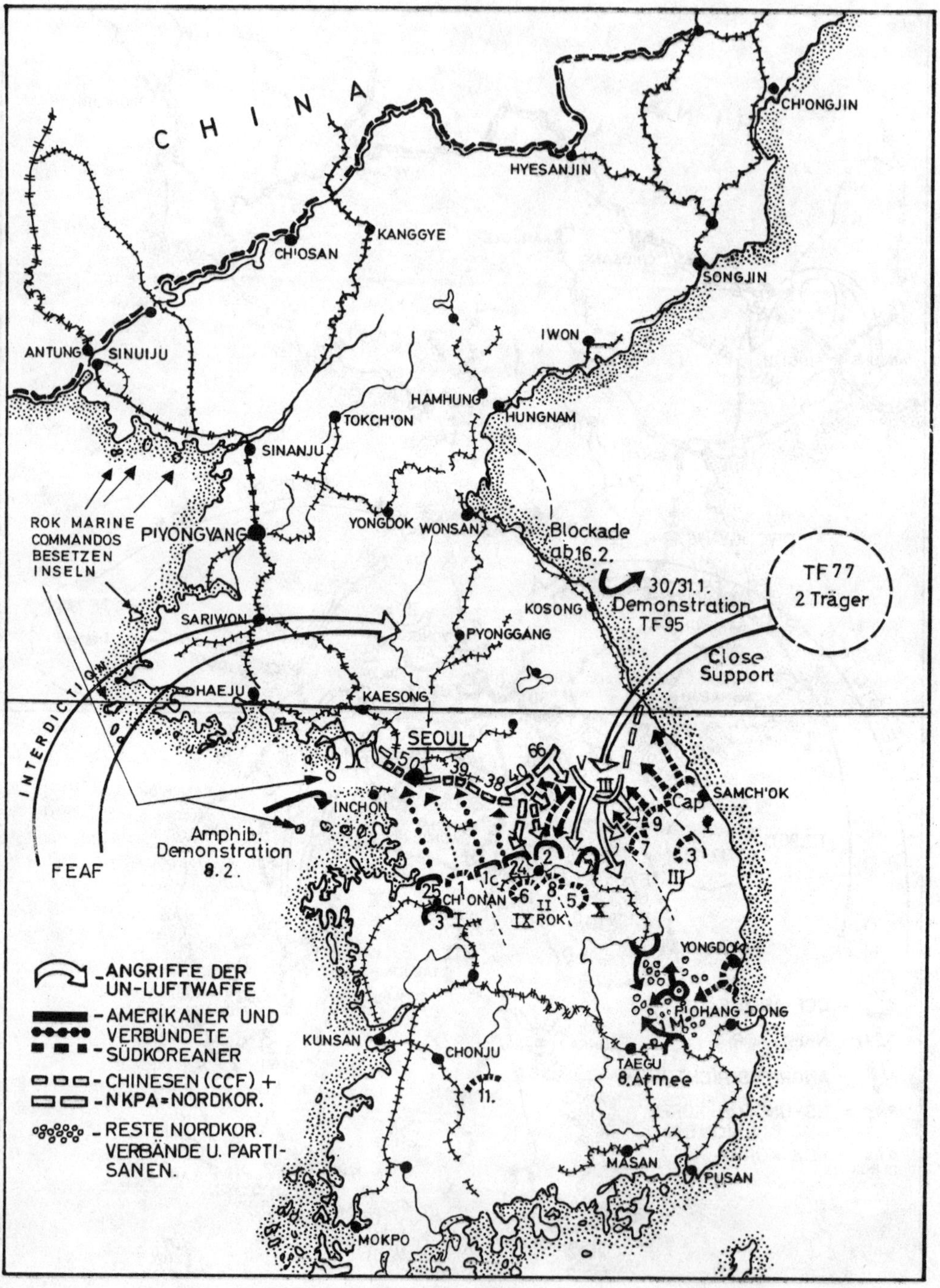

Offensiven und Gegenoffensiven 1.–19. Februar 1951

Inchon evakuiert. Die Luftsicherung für diese Operation übernahmen die Geleitträger *Sicily, Badoeng Strait* sowie die Leichten Träger *Bataan* und *Theseus*. Zur gleichen Zeit nahm an der Ostküste die schnelle Trägerkampfgruppe, die »Task Force 77« mit den Flottenträgern *Philippine Sea, Leyte* und *Valley Forge* eine Position zur Unterstützung des Erdkampfes ein. Den Trägerflugzeugen gelang es, zusammen mit den massiert eingesetzten Jagdbombern der 5. Luftflotte, den Nachschub der chinesischen und nordkoreanischen Armeen so zu treffen, daß der kommunistischen Offensive um den 15. Januar die Luft ausging. Im Gegenangriff konnten die Truppen des I. und III. ROK-Korps die Verbindung zu den amerikanischen Kräften im Westen wiederherstellen. Die durch die offene Lücke in der Front durchgebrochenen nordkoreanischen Verbände lösten sich im Rücken der UN-Front in Partisanengruppen auf, zu deren Jagd starke Teile der in Südkorea wiedergelandeten Kräfte des X. Korps, insbesondere die 1. Marine-Division, eingesetzt werden mußten.

Zwischen dem 15. und 25. Januar wurde deutlich, daß die chinesischen und nordkoreanischen Kräfte nicht an die Front der UN-Streitkräfte aufschlossen, sondern weiter im Norden Positionen bezogen, um vor Wiederaufnahme der Offensive zunächst die Nachschubprobleme zu meistern. So ließ General Ridgway am 25. Januar zunächst im Abschnitt des I. und IX. Korps gepanzerte Kampfgruppen nach Norden vorgehen. Vor diesem durch Jagdbomber und Trägerflugzeuge unterstützten Gegenangriff »Thunderbolt« zogen sich die überwiegend chinesischen Kräfte im Westteil der Front auf den Han-Fluß und die Hauptstadt Seoul zurück; die Wiedereinnahme von Inchon im Westen wurde durch den Schweren Kreuzer *St. Paul* unterstützt, während gleichzeitig im Osten das Schlachtschiff *Missouri* und der Kreuzer *Manchester* mit einer Transportgruppe am 30. und 31. Januar eine Landungsoperation nördlich des 38. Breitengrades vortäuschten, um damit kommunistische Kräfte an der Ostküste zu binden und den Vormarsch der südkoreanischen Einheiten entlang der Küste zu erleichtern.

Nachdem so im Westen und Osten die Lage wieder fest in der Hand der UN-Truppen war, begann am 5. Februar im mittleren Abschnitt, dessen Befehlsführung inzwischen das X. US-Korps übernommen hatte, die Operation »Round Up« mit drei südkoreanischen Divisionen, welche die in diesem Raum noch vermuteten kommunistischen Kräfte umfassend angreifen sollten. Diese Operation geriet jedoch unvermutet in den gerade abgeschlossenen Aufmarsch der 50. Chinesischen Armee und des I. NKVA-Korps hinein. Die südkoreanischen Divisionen wurden unter schweren Verlusten aufgerieben und nach Süden zurückgeworfen. Wieder konnte die amerikanische 2. Division die Städte Wonju und Chipyong-ni, die von einem niederländischen und von einem französischen Bataillon verteidigt wurden, halten und damit den chinesischen Ansturm wie an Wellenbrechern stoppen. Die Nordkoreaner drangen dagegen ostwärts Wonju tief vor, aber dann wurde auch hier die Wirkung der amerikanischen »Interdiction« spürbar, so daß von Westen herangeführte amerikanische Kampfgruppen die Lücke in der Front schließen und auch den nordkoreanischen Spitzen ihre Stoßkraft nehmen konnten. In der Operation »Killer« vom 21.–28. Februar wurde der verlorengegangene Raum in systematischem Vorgehen von gemischten amerikanischen und südkoreanischen Verbänden unter Führung des X. Korps wiedergewonnen.

Nachdem sich die Front der UN-Verbände konsolidiert hatte, traten von Westen nach Osten das I. US-, IX. US-, X. US-, III. ROK- und I. ROK-Korps zu einer systematischen Offensive an. In ständiger Tuchfühlung der einzelnen Verbände wurde mit starker Luftunterstützung der Vormarsch nach Norden aufgenommen und bis Ende März der Unterlauf des Imjin-Flusses und der 38. Breitengrad erreicht. Die chinesischen Armeen im Westen räumten die Hauptstadt Seoul und gingen, ebenso wie die Nordkoreaner im Osten, nur hinhaltenden Widerstand leistend, nach Norden zurück. In der ersten Aprilhälfte setzten die UN-Streitkräfte ihren Vormarsch in planmäßigem Vorgehen über den 38. Breitengrad hinaus fort; dabei wurden die Truppenverbände, insbesondere die südkoreanische Capital-Division, durch amerikanische und alliierte Seestreitkräfte unterstützt. Zugleich übte die Flotte durch eine enge Blockade des Hafens von Wonsan ab Februar 1951 sowie eine Ausweitung dieser Blockade auf die gesamte koreanische Ostküste, wobei häufige Küstenbeschießungen durchgeführt wurden, einen ständigen Druck auf die kommunistische Seite aus, die umfangreiche Truppenverschiebungen zur Verteidigung der Küste gegen drohende Landungen durchführen mußte. Die Operationen der Verbände an Land wurden durch Trägerflugzeuge ständig im »Close Support« unterstützt.

Während die kommunistischen Armeen in den Monaten März und April zunächst nur vereinzelt hinhaltenden Widerstand leisteten, stellten sie sich mit der Masse ihrer immer wieder aufgefrischten Bestände unter sorgfältiger Tarnung zu einer neuen Großoffensive bereit, deren Schwerpunkt dieses Mal im Westen der Front lag. Ziel war es wiederum, durch einen massierten Angriff gegen die vermeintlich schwachen Stellen der Front, die südkoreanischen Divisionen, tiefe Einbrüche zu erzielen und die dazwischen stehenden amerikanischen Verbände einzuschließen. Am 22. April brach der Angriff im Westen über den Imjin hinweg gegen die Nahtstelle der 1. ROK-Division und der 29. britischen Brigade los, während im mittleren Abschnitt die 6. ROK-Division überrannt wurde. Mit der sofort einsetzenden intensiven Luftunterstützung, an der sich auch die Flugzeuge der »Task Force 77« mit den Trägern *Boxer, Princeton* und *Philippine Sea* beteiligten, gelang es den amerikanischen Divisionen, ihre bedrohten Flanken zu halten, so daß sich die Verbände aus der drohenden Umklammerung durch ihre höhere Beweglichkeit herauslösen konnten. General Van Fleet, der das Kommando der 8. Armee übernommen hatte, konnte dank der massiven Luftunterstützung nördlich Seoul eine Auffangstellung bilden, an der die durchgestoßenen Spitzen der kommunistischen Kräfte

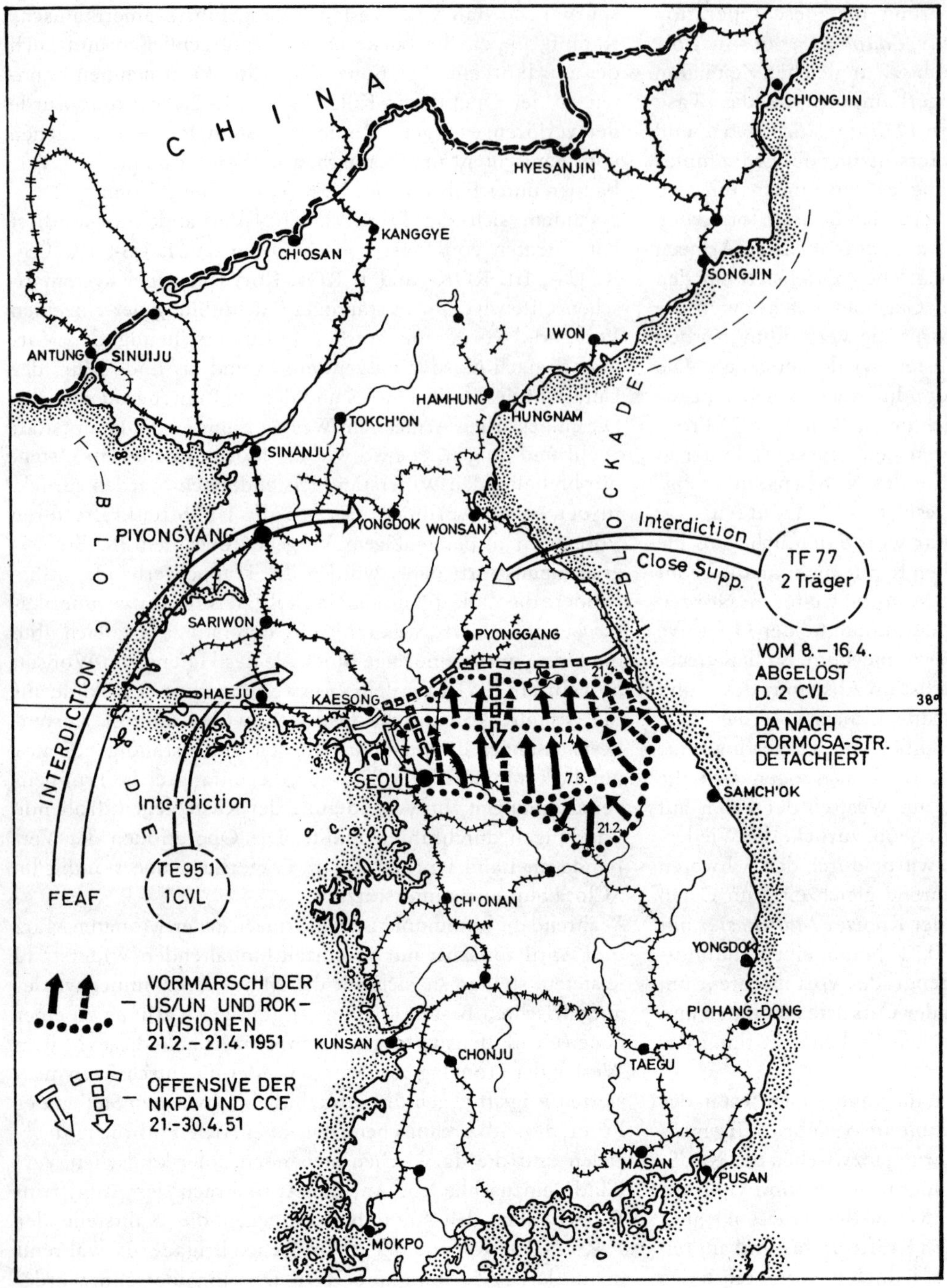

Offensiven und Gegenoffensiven
21. Februar–30. April 1951

sich festliefen. Am 30. April hatte sich die Stoßkraft der kommunistischen Offensive verbraucht und die UN-Streitkräfte begannen aus ihrer »No Name Line« den sich offenbar zur Auffrischung etwas nach Norden absetzenden kommunistischen Kräften mit Späh- und Stoßtruppunternehmen zu folgen.

Dic relative Ruhe in der ersten Maihälfte nutzte die kommunistische Führung unter geschickter Tarnung und Ausnutzung der Nacht zu einer weitgehenden Umgruppierung ihrer Kräfte aus, die den Schwerpunkt der Operationen in den östlichen Abschnitt der Front verlegte, wo sechs südkoreanische Divisionen ohne unmittelbare amerikanische Verstärkungen standen. Am 16. Mai brach der Angriff von sechs chinesischen Armeen und einem nordkoreanischen Korps gegen die südkoreanische Front los und riß die Front in einer Breite von etwa 50 km auf.

Die von der kommunistischen Seite offenbar geplante Luftunterstützung dieser Offensive scheiterte jedoch. Die US-Luftaufklärung stellte Anfang Mai eine starke Intensivierung des Flugplatzbaues in Nordkorea fest. Man erwartete, daß die etwa tausend auf der chinesischen Seite des Yalu konzentrierten Jagdflugzeuge und Jagdbomber unmittelbar vor Beginn einer Offensive auf diese Plätze verlegt werden sollten. Deshalb konzentrierten sich die 5. US-Luftwaffe und das 1. Marineflieger-Geschwader in diesen Tagen vor allem darauf, die Flugplätze betriebsunfähig zu halten. Damit wurde eine Verlegung von Flugzeugen unmöglich gemacht, die wegen der zu großen Entfernungen sonst von chinesischem Boden aus das Kampfgebiet nicht erreichen konnten. So war es den UN-Luftstreitkräften und den Trägerflugzeugen der »Task Force 77« möglich, in einem massierten »Interdiction«-Einsatz bis zum 19. Mai die Nachschubwege der chinesisch-nordkoreanischen Armeen so zu stören, daß die chinesischen Truppen ihre Offensive einstellen mußten. Erstmals liefen

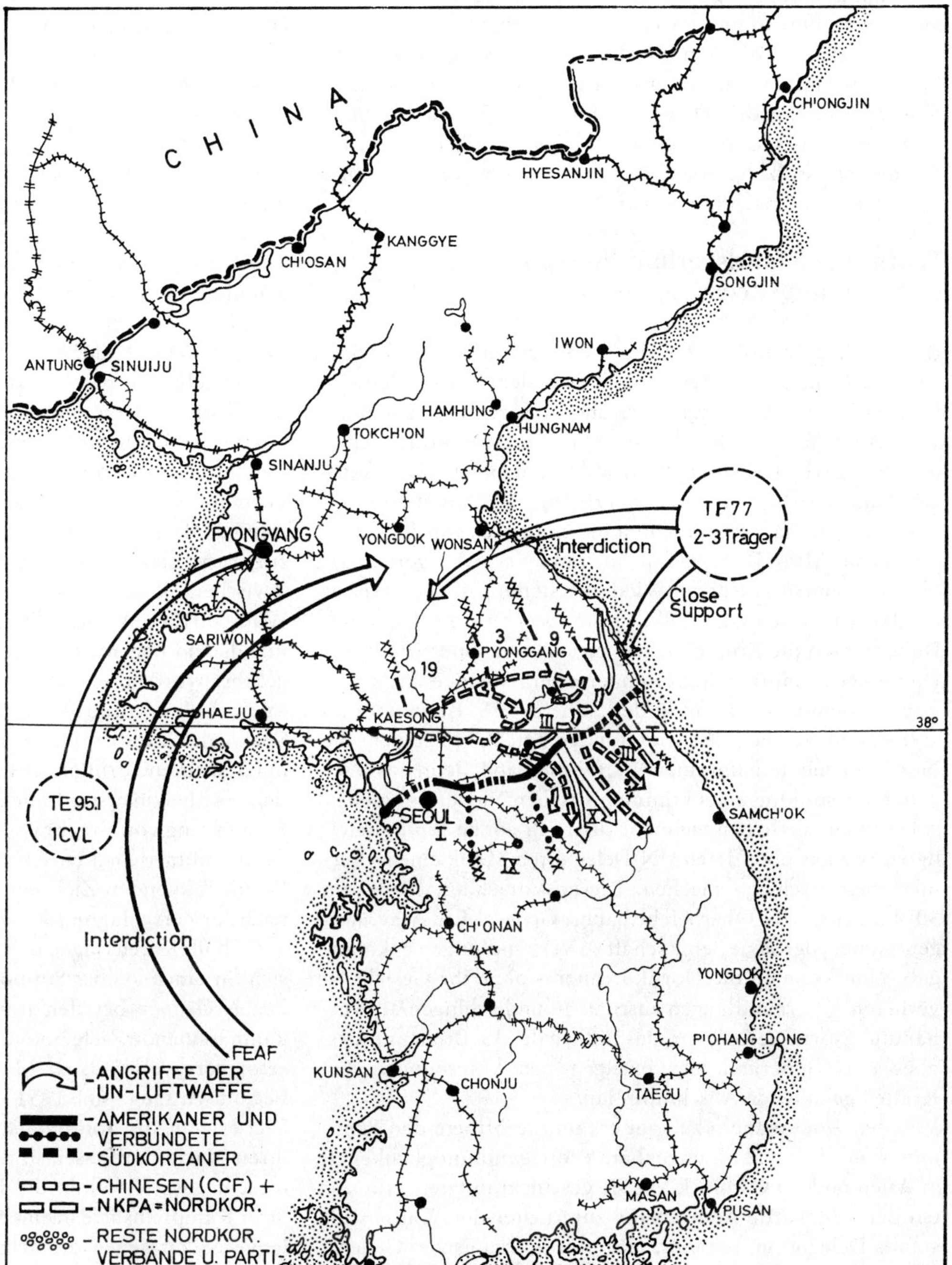

Die letzte chinesische Offensive 16.–19. Mai 1951

bei dieser Operation unter dem Eindruck der überlegenen Feuerkraft der Amerikaner auch in großem Umfang chinesische Truppen zu den Amerikanern über.
Vom 20. Mai an begannen die amerikanischen Verbände, denen sich die südkoreanischen intakt gebliebenen Einheiten anschlossen, mit Gegenangriffen, welche die Chinesen und Nordkoreaner bis Ende Mai wieder über die Stellungen von Mitte April hinaus nach Norden zurückwarfen. Nach der Herstellung einer durchlaufenden Front von der Imjin-Mündung entlang des 38. Breitengrades trat die gesamte UN-Armee am 1. Juni wiederum zu einem systematischen Angriff nach Norden an, bei dem bis Mitte Juni die kommunistische Front um rund 30 Kilometer über den 38. Breitengrad nach Norden zurückgedrängt wurde. Im Abschnitt an der Ostküste stieß das südkoreanische I. Korps dank der intensiven Flottenunterstützung sogar bis zu 70 Kilometer über den 38. Breitengrad nach Norden vor.

Waffenstillstandsverhandlungen und Stellungskrieg

Es zeigte sich deutlich, daß die Kampfmoral der kommunistischen Armeen nach den Fehlschlägen der chinesischen Offensiven im April und Mai stark angeschlagen war. Die massiven Angriffe der 5. Luftflotte und der Seestreitkräfte gegen den chinesischen Nachschub sowie der zunehmende Druck der UN-Landstreitkräfte, deren überlegene Waffenausstattung nun zur Geltung kam, brachten die chinesisch-nordkoreanische Front Mitte Juni 1951 in eine immer schwierigere Lage, ohne daß eine Aussicht auf Wiederherstellung der chinesisch-nordkoreanischen Offensivkraft für absehbare Zeit bestand. Daher waren die Kommunisten jetzt sehr an einer Unterbrechung der Kampfhandlungen interessiert, solange ihre Front noch zusammenhielt und in der Nähe des 38. Breitengrades verlief. Aus psychologischen Gründen baten jedoch nicht die Nordkoreaner nun um einen Waffenstillstand, denn das wäre dem Eingeständnis einer kommunistischen Niederlage gleichgekommen; sie ließen vielmehr die nach außen hin unbeteiligten Sowjets über deren UN-Delegierten Malik einen »Vermittlungsvorschlag« machen. Dieser Vorschlag wurde am 30. Juni vom UN-Oberbefehlshaber, General Ridgway, aufgenommen, der seine Bereitschaft zu Verhandlungen bekanntgab. Nun konnten die Nordkoreaner – ohne ihr Gesicht zu verlieren – Verhandlungen zustimmen und schlugen als Verhandlungsort Kaesong vor, das südlich des 38. Breitengrades, aber noch innerhalb des einzigen von kommunistischen Kräften gehaltenen Abschnittes lag.
Von den Amerikanern zu spät erkannt, eröffnete den Kommunisten diese Taktik ungeahnte Propagandamöglichkeiten in Asien und im Ostblock, die sie geschickt nutzten. Auf seiten der UN wurde Admiral Joy zum Leiter der Waffenstillstands-Delegation ernannt, der nordkoreanische General Nam Il führte die kommunistische Delegation. Die Kommunisten kalkulierten richtig, daß das UN-Kommando nach Aufnahme der Verhandlungen – in der Hoffnung auf einen schnellen Abschluß – keine größeren Operationen mehr führen würde. Da es ihnen selbst aber nur um eine Unterbrechung des Kampfes und eine Atempause, weniger um eine wirkliche Beilegung des Konfliktes, ging, begannen sie nun sofort die aus unzähligen Verhandlungen mit Kommunisten bekannte Verschleppungstaktik.
Zehn Sitzungen mit fast 24 Stunden Dauer waren allein nötig, um die vier Hauptverhandlungspunkte festzulegen. Um jede Einzelheit wurde stundenlang gefeilscht, jedes auch noch so geringfügige Zugeständnis wurde mit einem Wust von Anschuldigungen umgeben, immer wieder wurden Zwischenfälle provoziert, um so einen Vorwand zur Unterbrechung der Verhandlungen zu finden. Es dauerte geraume Zeit, bis sich die UN-Delegation auf eine solche Art der Verhandlungsführung eingestellt hatte und bis Methoden herangebildet waren, die sich der kommunistischen Verhandlungstaktik gewachsen zeigten.
Trotzdem zogen sich die Verhandlungen mit Unterbrechungen über zwei Jahre hin, und es waren 65 Sitzungen mit 187 Stunden nötig, um die Demarkationslinie und die demilitarisierte Zone festzulegen, 156 Sitzungen mit 240 Stunden für die Einzelheiten der Feuereinstellung und die Überwachung des Waffenstillstandes, und nicht weniger als 200 Sitzungen mit 345 Stunden zur Lösung der Fragen des Gefangenenaustausches. Dazu kamen 8 Sitzungen mit 11 Stunden für die Formulierung der schließlich erreichten Abkommen und nicht weniger als 227 Zusammenkünfte von Verbindungsoffizieren zur Festlegung von Einzelfragen und zur Beilegung von Zwischenfällen.
Während diese Verhandlungen in Panmunjom, einem im Niemandsland liegenden kleinen Dorf nördlich des Imjinflusses geführt wurden, erstarrte die Front in Korea im Stellungskrieg. Lokale Angriffe und Gegenangriffe, vor allem aber Späh- und Stoßtruppunternehmen, waren an der Tagesordnung, während größere Offensivoperationen vermieden wurden. Es blieb in erster Linie der Luftwaffe überlassen, den zur Erzwingung von Ergebnissen am Verhandlungstisch notwendigen militärischen Druck aufrecht zu erhalten.
Da die lohnenden Ziele einer strategischen Luftkriegführung nach der Zerschlagung der nordkoreanischen Industriegebiete außerhalb Koreas lagen und so nicht erreichbar waren, und da sich für einen »Close Support« gegenüber dem tief eingegrabenen Gegner bei den nur lokalen Erdkämpfen ebenfalls kaum lohnende Ziele boten, war es die »Interdiction«, die die erfolgversprechendsten Möglichkeiten zu bieten schien. So begann Anfang Juni 1951 die Operation »Strangle«, deren Ziel es war, die kommunistischen Armeen an der Front von ihren Nachschubbasen in der Mandschurei zu isolieren. Zu diesem Zweck sollten die Luftstreitkräfte etwa 70 Prozent ihrer Kampfeinsätze in einem Rund-um-die-Uhr-Einsatz über längere Zeit gegen die acht in diesem Gebiet verlaufenden Nordsüdstraßen und ihre Nebenlinien fliegen und sie durch Zerstörung aller Kunstbauten unbrauchbar zu machen.

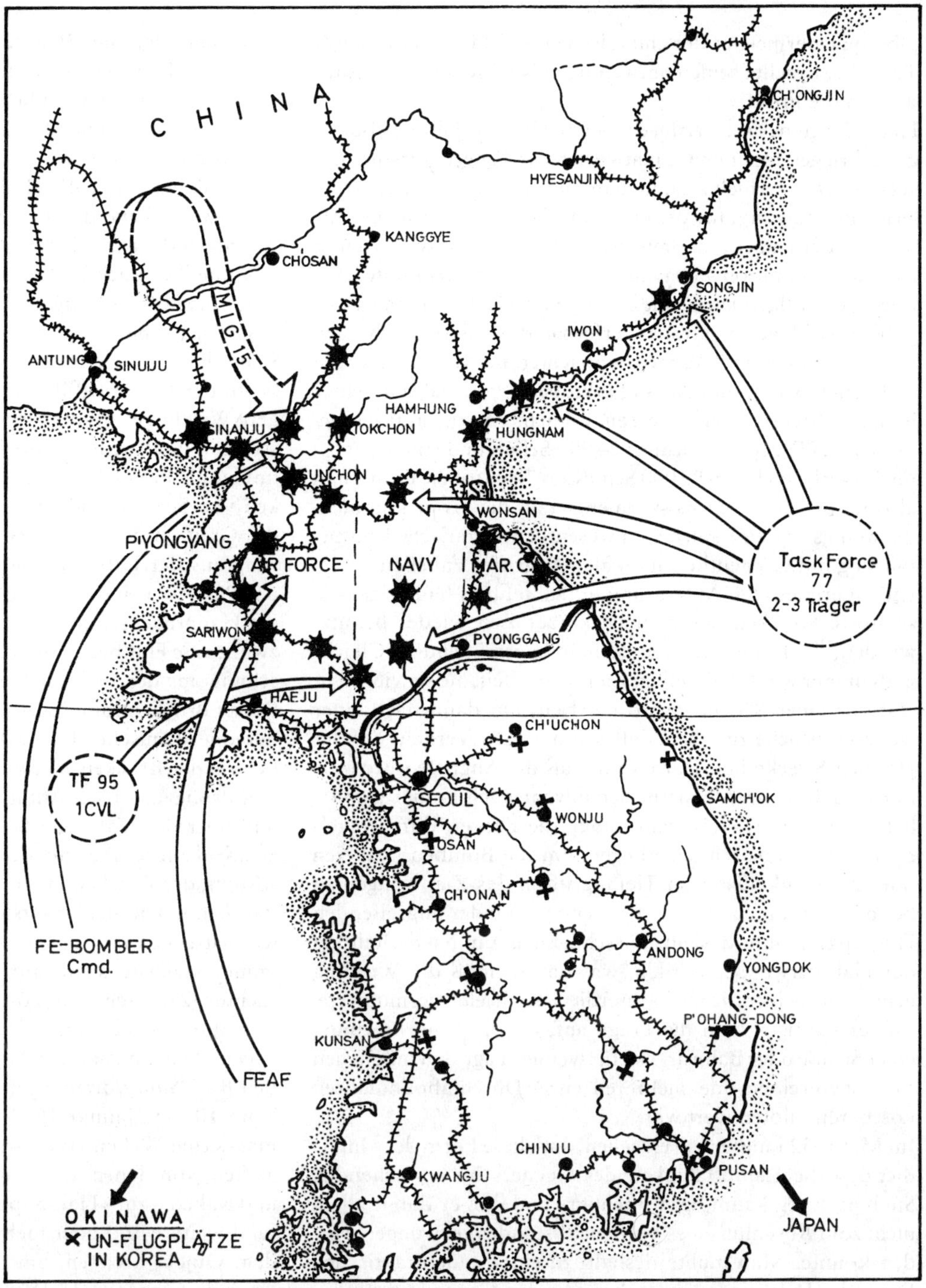

Interdiction-Einsätze in Nordkorea Juni 1951 – Mai 1952

Diese Kunstbauten waren an zahlreichen Stellen der Verkehrswege vorhanden und bildeten die neuralgischen Punkte; sie konnten wegen des außerordentlich gebirgigen Geländes und des weitmaschigen Verkehrsnetzes auch kaum umgangen werden. Die drei westlichen Straßen wurden der 5. Luftflotte, die beiden mittleren der Flotten-Luftwaffe der »Task Force 77« und die drei östlichen, deren Kapazität geringer war, dem 1. Marineflieger-Geschwader sowie der Artillerie der Flotte zugeteilt.

Nach einigen Wochen jedoch zeigte sich, daß die Konzentration der »Interdiction« auf die Straßenverbindungen nicht genügte. Offenbar benutzte der Gegner seine Eisenbahnen bis viel weiter südlich, trotz der angenommenen Zerstörung der Strecken in diesem Raum. So wurde die Operation »Strangle« auch auf das Eisenbahnnetz ausgedehnt. In 87500 Einsätzen gelang es den Luftstreitkräften nun zwar, bis zum Mai 1952 die Strecken an 19000 Stellen zu unterbrechen und die meisten Kunstbauten wenigstens einmal zu zerstören. Der

Oberquartiermeister der chinesischen 4. Feldarmee, General Tao Chu, brachte seinen notwendigen Nachschub aber trotzdem an die Front.

Hatte die chinesische Armee im ersten halben Jahr des Bewegungskrieges fast nur Granatwerfer zur Feuerunterstützung verwendet, so erhielt sie nun in immer stärkerem Maße Artillerieunterstützung, für die nicht nur der Antransport bewältigt, sondern auch eine ausreichende Munitionsversorgung trotz der Operation »Strangle« gesichert werden konnte. Das zeigen die folgenden Zahlen: im Juli 1951 hatte man etwa 8000 Einschläge von Granatwerfern und Artilleriegeschossen im Frontgebiet der 8. Armee beobachtet. Im Mai 1952 waren es 102000 Schuß und Anfang Oktober 1952, während einer lokalen Offensive der Chinesen, erreichte der Munitionsverbrauch im Tagesdurchschnitt 24000 Schuß und einen Tageshöchstverbrauch von 93000 Schuß am 7. Oktober. Es mußten also immer noch Nachschubmengen an die Front kommen, die wenigstens eine solche, im wesentlichen statische Kampfführung mit gelegentlichen lokalen Angriffen zuließen.

Die amerikanische Aufklärung erkannte, daß häufig gerade zerstörte Strecken bereits nach kurzer Zeit wieder benutzt wurden; die Flieger mußten deshalb in ermüdendem Gleichmaß immer wieder dieselben Ziele angreifen, die sie vielleicht erst vor einer Woche zerstört hatten, um dann nach einer weiteren Woche zu sehen, daß schon wieder Verkehr auf der gleichen Strecke lief. Dazu kam, daß die Angriffe durch die immer stärker werdende Bodenabwehr auch immer gefährlicher wurden. Das Terrain zwang die Flieger, durch regelrechte Flakschneisen anzufliegen, um die Bomben, Raketen oder Napalmkanister im Tiefangriff an das Ziel bringen zu können. Ein immer größer werdender Teil der angreifenden Flugzeuge mußte deshalb ausschließlich zur Niederhaltung der Flak verwendet werden, was naturgemäß die Wirkung gegen die eigentlichen »Interdiction«-Ziele verminderte. Immer häufiger kam die Frage auf, ob die Unterbrechung einer Straße oder Bahnstrecke für wenige Tage den möglichen Verlust von einem oder mehreren teuren Düsenjabos mit ihren kostbaren Piloten wert war.

Im Mai 1952 mußte man einsehen, daß diese Form der »Interdiction« die Kampffähigkeit des Gegners im herrschenden Stellungskrieg kaum beeinträchtigte und daß er damit allein nicht zum Abschluß eines Waffenstillstandes gezwungen werden konnte. Man mußte deshalb zu einer neuen taktischen Form des Luftkrieges übergehen, die den Gegner empfindlicher traf und somit mehr Wirkung auf die kommunistischen Unterhändler in Panmunjom versprach.

Die verfügbaren Luftstreitkräfte der 5. Luftflotte, des »Far East Bomber Command«, der Flottenluftwaffe und des Geschwaders des Marine-Corps wurden nun jeweils schlagartig und schwerpunktmäßig gegen ganz bestimmte Zielgruppen angesetzt, um damit nicht nur die Versorgung der Front, sondern auch die der Bevölkerung und die der Industrie und damit das gesamte Leben in Nordkorea nachhaltig zu stören. Ziele solcher Angriffe waren vor allem

- die neuralgischen Punkte des Verkehrsnetzes,
- die für die Stromversorgung wichtigen Kraftwerke,
- die erkannten Lagerplätze für den aus China und der Sowjetunion kommenden Nachschub,
- Fertigungsstätten von Waffen und Gerät, die nach der Zerschlagung der großen Industriezentren zu Beginn des Krieges weitgehend dezentralisiert und teilweise auch unter die Erde verlegt worden waren und
- schließlich auch die Staudämme und Wasserreservoire, die für die Bewässerung der Reisgebiete im Westen Koreas angelegt waren.

Sicher hatte diese, auf bestimmte Zielgruppen konzentrierte Form der Luftkriegführung auf manchem Gebiet nachhaltigere Wirkungen als die bisherige, über einen weiten Raum gestreute »Interdiction«. Doch zeigt der von der US-Luftwaffe immer als Paradebeispiel angeführte Angriff gegen die Brükken von Sinanju und Yongmidong im Januar 1953 zugleich die Grenzen auch einer solchen konzentrierten Kampfführung aus der Luft. Ziel dieser Angriffe war es, dem Gegner das Passieren eines Gebietes von etwa 4x7 Kilometer, in dem die Hauptnachschubwege von der Mandschurei nach Korea zwei große Flußbetten überqueren, durch die absolute Beherrschung aus der Luft für längere Zeit unmöglich zu machen. Dieser Brückenkomplex war schon früher wiederholt das Ziel der amerikanischen Luftwaffe gewesen. Er bestand ursprünglich aus den Brücken der zweigleisigen Haupteisenbahnstrecke von Pyongyang nach Antung über den Chonchon bei Sinanju und über den Taeryong bei Yongmidong, sowie aus je einer Straßenbrücke über die beiden Flüsse. Nach der ersten Zerstörung der Brücken im Sommer 1950 hatten die Kommunisten begonnen, beiderseits der ursprünglichen Brücken Ausweichstrecken und Behelfsbrücken zu bauen, von denen sie immer wenigstens eine durchgehend betriebsklar zu erhalten suchten. Zum Schutz des Brückenkomplexes hatten sie wenigstens 90 schwere und 45 mittlere Flakrohre zusammengezogen, da die bisherigen Angriffe meist von den hoch fliegenden *B-29 Superfortress* geflogen worden waren.

Vom 10.–15. Januar 1953 wurde der Komplex tagsüber in massierten Wellen von jeweils rund 200 Jagdbombern angegriffen, von denen allerdings rund zwei Drittel mit Napalm und Raketen zur »Flak-Suppression« eingesetzt wurden, während weitere 100 oder mehr Düsenjäger als Jagdschutz über dem Objekt kreisten, um die Bomber gegen die möglichen Angriffe von *MiG-15*-Düsenjägern von den nahe gelegenen mandschurischen Basen jenseits des Yalu zu schützen. Nachts luden kleine Staffeln von *B-26*- und *B-29*-Bombern ihre Tonnenlasten Sprengstoff ab, um dem Gegner keine Ruhe zu gönnen. Am fünften Tag war keine der Brücken mehr benutzbar, das Gelände dazwischen praktisch umgepflügt. Jedoch schon am dritten Tage nach dem Ende der Angriffe stellte die Luftaufklärung Reparaturarbeiten und den Bau einer neuen Ausweichstrecke fest. Am sechsten Tag war bereits wieder eine durchgehende Verbindung hergestellt, und es wurde durchgehender Verkehr durch das Gebiet beobachtet. Mit einem

Aufwand von 2292 Kampfeinsätzen, das entsprach 54 Prozent des gesamten Kampfeinsatzes der im Fernen Osten befindlichen Luftstreitkräfte, hatte man also die wichtigste Nachschubstrecke an ihrem neuralgischsten Punkt für elf Tage unterbrochen und den Nachschubverkehr durch die sich infolge der Unterbrechung bildenden Stauungen in erhebliche Unordnung gebracht; aber gut zwei Wochen nach Beginn der Angriffe war wieder alles beim alten.

Die Erfahrungen des Koreakrieges zeigen also, daß die »Interdiction« an sich, wie sie von manchen Vertretern einer selbständigen und unabhängigen Luftkriegführung immer wieder propagiert wird, nur eine meist schnell verpuffende Wirkung hat, wenn sich die feindliche Führung mit ihrer Reaktion auf sie einstellt. Am meisten Erfolg verspricht die »Interdiction« offenbar, wenn sie in enger Koordinierung mit einem gut auf die Erdoperationen abgestimmten »Close Support« gegen die Tiefe eines feindlichen Einbruchsraumes oder bei eigenen Offensivoperationen gegen die zum Gegenangriff

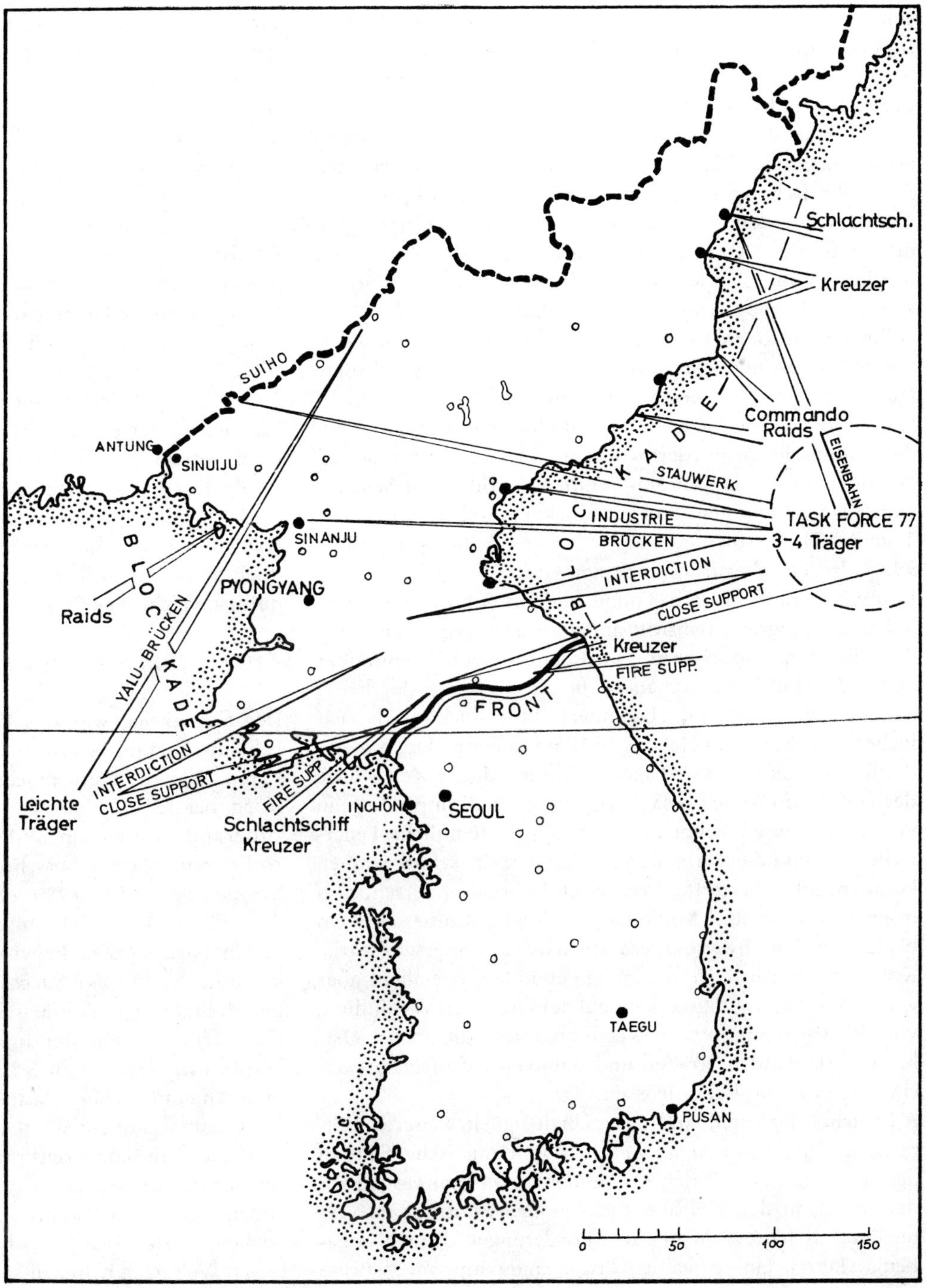

Der Einsatz der Flotte 1951–1953

aufmarschierenden Stoßkräfte des Gegners gerichtet wird. Dort wo sich die Bewegungen des Gegners unter dem Zwang laufender Operationen unter Zeitdruck und auf festliegenden Wegen abspielen müssen, hat die »Interdiction« ihre Chance; von ihr jedoch die Verhinderung eines zeitlich nicht eng gebundenen Aufmarsches oder der ausreichenden Versorgung einer statisch oder mit begrenztem Ziel operierenden Feindarmee zu erwarten, heißt ihre Möglichkeiten weit überschätzen, erst recht, wenn die geographischen Voraussetzungen weniger günstig als unter den optimalen Bedingungen Koreas sind.

Im Frühjahr 1953 wurde es für die kommunistische Führung offenbar deutlich, daß sich eine Änderung der militärischen Lage auf dem Kriegsschauplatz nicht herbeiführen ließ. Zwar konnte man durch den unermüdlichen Einsatz chinesisch-nordkoreanischer Pionier- und Bautruppen, die von örtlichen Arbeitskräften unterstützt wurden, die Nachschubprobleme trotz des amerikanischen Luftkrieges soweit bewältigen, daß die Front für Defensiv-Operationen ausreichend versorgt werden konnte. Die Kampf- und Feuerkraft der UN-Streitkräfte wuchs jedoch in ungleich größerem Maße dank der völlig unangefochtenen amerikanischen Luft- und Seeherrschaft. Insbesondere letztere ermöglichte die ungefährdete Durchführung der Seetransporte aus den Vereinigten Staaten, mit denen Menschen, Waffen und Versorgungsgüter auf die Halbinsel transportiert wurden. 86 Prozent des alliierten Personals in Korea kam mit Schiffen dorthin. Auf Schiffen wurden 54 Millionen Tonnen Stückgut und 22 Millionen Tonnen Öl, Benzin und Flugtreibstoff dorthin gebracht – 99,63 Prozent aller transportierten Güter. Für jede auf dem Luftweg herangebrachte Tonne mußten Schiffe wiederum 4 Tonnen Flugzeugtreibstoff anliefern. Demgegenüber wurden die kommunistischen Nachschub-Operationen außer durch den Luftkrieg vor allem an der Ostküste durch die alliierte Seeblockade stark behindert. Diese Blockade, die sich insbesondere auf den Hafen von Wonsan erstreckte, dauerte die Rekordzeit von 861 Tagen. Während dieser Zeit wurde der Hafen von Minen gesäubert, so daß die Kampfschiffe in Positionen laufen konnten, aus denen sie feindliche Feuerstellungen und die Verbindungslinien unter Beschuß nehmen konnten. Schlachtschiffe, Kreuzer und Zerstörer verschossen insgesamt mehr als 4 Millionen Schuß vom Kaliber 40,6 cm bis 12,7 cm. Durch diese Operationen wurden einerseits starke Kräfte in der Küstenverteidigung gebunden, vor allem aber wurde der Versorgungsverkehr auf der kürzesten Verbindung von der Sowjetunion nach Nordkorea über die an der Ostküste verlaufenden Straßen und Bahnverbindungen bis auf ein kleines Rinnsal abgedrosselt.

Angesichts der offenbaren Aussichtslosigkeit weiterer militärischer Operationen kam man auf kommunistischer Seite zu dem Entschluß, den Krieg zu beenden. Dabei kam es jedoch darauf an, in der Weltöffentlichkeit den Eindruck zu vermeiden, als hätte man sich den Forderungen der UNO gebeugt. Durch eine gewaltige Propagandakampagne suchte man das Ende des Krieges in Korea in einen kommunistischen Erfolg »umzufunktionieren«. Zu diesem Zweck starteten drei chinesische Armeen im Juni und Juli 1953 im Zentralabschnitt der Front eine Offensive gegen das hier eingesetzte II. ROK-Korps, die sich jedoch nach einigen propagandistisch aufgebauschten Anfangserfolgen schnell festlief und scheiterte. Zugleich versuchte man in der Öffentlichkeit den verheerenden Eindruck zu verschleiern, daß rund 46 Prozent der nordkoreanischen und 65 Prozent der chinesischen Kriegsgefangenen in den UN-Gefangenenlagern nicht bereit waren, in ihre kommunistischen Heimatländer zurückzukehren, sondern das Leben in der Freien Welt wählten, während auf der anderen Seite nur 0,6 Prozent der überlebenden amerikanischen und 4 Prozent der südkoreanischen Gefangenen im kommunistischen Machtbereich zu bleiben wünschten. Es ist ein interessantes Beispiel für den Erfolg kommunistischer Propaganda, daß heute noch überall in der Welt allgemein bekannt ist, daß 23 Amerikaner die Rückkehr aus der kommunistischen Gefangenschaft verweigerten, während kaum jemand sich daran erinnert, daß gleichzeitig rund 86000 kommunistische Gefangene die Rückkehr in ihre kommunistische Heimat ablehnten.

Am 27. Juli 1953 wurde schließlich der Waffenstillstand in Panmunjom abgeschlossen. Die Feindseligkeiten wurden 12 Stunden später eingestellt, und die Truppen zogen sich aus einer vereinbarten Pufferzone zurück. So endete der dritte große Krieg in der amerikanischen Geschichte mit keinem eindeutigen Sieg irgendeiner Seite, keine der beiden Parteien war vollständig mit dem Erreichten zufrieden; man war jedoch bereit, einen Konflikt zu beenden, der für beide Seiten politisch nicht mehr sinnvoll war.

Zusammenfassung

Der Koreakrieg war das Ergebnis einer kommunistischen Fehleinschätzung des westlichen Verteidigungswillens in Südkorea. Es war die erste Gelegenheit nach dem zweiten Weltkrieg, bei der die Kommunisten versuchten, ihr Expansionsprogramm durch einen direkten militärischen Angriff zu realisieren. Nach Überschreiten des 38. Breitengrades am Morgen des 25. Juni 1950 gelang es den Nordkoreanern rasch, die südkoreanische Hauptstadt Seoul zu nehmen und nach Süden vorzustoßen. Inzwischen verurteilte der UN-Sicherheitsrat, der in Lake Success zusammentrat, die Aggression und billigte eine militärische Unterstützung der Republik Korea zur Abwehr der Invasion. Die Leitung des Krieges wurde den Vereinigten Staaten übertragen. Präsident Truman ernannte General MacArthur zum Oberbefehlshaber.

Es begann damit ein Wettlauf mit der Zeit. In aller Eile wurden amerikanische Streitkräfte von Japan nach Korea geworfen, wo sie sich bemühten, den nordkoreanischen Vorstoß gen Süden aufzuhalten. Während die Verteidiger langsam zurückwichen, setzten sich von überall her die Verstärkungen der Freien Welt nach Korea in Marsch. Eine Zeitlang schien es so,

als ob die Truppen der Vereinten Nationen aus Korea vertrieben würden, aber schließlich gelang es ihnen, einen Brükkenkopf um Pusan zu errichten und zu halten.
Unter dem Einsatz ihrer gesamten Armee versuchten die Nordkoreaner Anfang September diesen Brückenkopf einzudrücken, ehe die UN-Kräfte in ausreichender Stärke zum Gegenangriff versammelt waren. Ihre Offensive scheiterte unter so schweren Verlusten, daß nun die 8. Armee im Brükkenkopf auch zahlenmäßig überlegen war.
Am 15. September begannen die Streitkräfte der UN unter Ausnutzung der einer Seemacht eigenen Beweglichkeit einen amphibischen Angriff gegen Inchon. Trotz enormer Gezeitenunterschiede und der Schwierigkeit, mitten in einer Stadt zu landen, wurde dieses Unternehmen ein großer Erfolg. Abgeschnitten von ihrer Versorgungsbasis und ausgebrannt von den Verlusten der vorhergehenden Offensiven, brachen die nordkoreanischen Divisionen zusammen. Die 8. Armee stieß von Pusan aus nach Norden vor. Bald konnte sie sich mit den in Inchon gelandeten Kräften vereinigen.
Man besaß jedoch auf seiten der UNO und der USA kein klares Konzept, wie dieser militärische Erfolg nun in einen politischen Erfolg umzumünzen war. Man hatte keine Vorstellung davon, was in einem solchen begrenzten Krieg noch ein Kriegsziel war, das ohne eine Ausweitung des Krieges erreichbar blieb. Man faßte keinen Entschluß und ließ den Soldaten »weitermachen«. MacArthur erhielt die Erlaubnis, über den 38. Breitengrad vorzustoßen.
Als sich Ende Oktober die Gefahr eines chinesischen Eingreifens immer deutlicher abzeichnete, ließ man die Entscheidung über die notwendige Reaktion wieder wochenlang in der Schwebe. Ohne Klärung dieser Frage trat MacArthur zum witterungsmäßig letztmöglichen Termin zur militärischen Lösung, der völligen Besetzung Nordkoreas, an und lief in den chinesischen Aufmarsch hinein. Mit nun politisch gebundenen Händen mußte er seine Verbände aus einer schwierigen Lage herauswinden, ohne seine ganze Schlagkraft gegen den Gegner einsetzen zu können.
In dem notwendig gewordenen Rückzug ging Nordkorea bis zum 38. Breitengrad und darüber hinaus verloren. Die durch einen militärischen Erfolg geschaffene günstige Ausgangsbasis für einen politisch ausgehandelten Erfolg war vertan. Die Meinungsverschiedenheiten zwischen Präsident Truman und General MacArthur wurden schließlich so gravierend, daß der Präsident den General durch Matthew B. Ridgway ersetzen mußte.
In einem halbjährigen hin- und hergewogenen Kampf dicht südlich des 38. Breitengrades konnten dann zwar die Stoßkraft der kommunistischen Armeen zerschlagen und die Überlegenheit der UN-Kräfte wiederhergestellt werden, doch wußte die kommunistische Führung einen neuen militärischen Erfolg der vor allem amerikanischen Land-, Luft- und Seestreitkräfte der UN zu verhindern. Als die Lage im Juni 1951, nachdem die UN den 38. Breitengrad wieder überschritten hatte, gefährlich zu werden drohte, bot man Waffenstillstandsverhandlungen an. Der kommunistischen Propagandamaschine gelang es während der zwei Jahre währenden Verhandlungen, das Bild der tatsächlichen militärischen Vorgänge in der internationalen Öffentlichkeit so weit zu vernebeln, daß weithin in Vergessenheit geriet, wer der Aggressor gewesen war und wer die Aggression mit Erfolg abgewehrt hatte.

Kapitel 48

Von der »massiven Vergeltung« zur »abgestuften Abschreckung«

Von Jürgen Rohwer für die deutsche Ausgabe unter Verwendung von Teilen (1/4) des von H. H. Adams und J. R. Fredland verfaßten Kapitels 46 der US-Ausgabe neu bearbeitet.

Das Ende des Korea-Krieges brachte der Welt noch keinen echten Frieden. In Indochina kämpften die Franzosen gegen die vordringenden roten Streitkräfte Ho Tschi Minhs. Mao Tse-tung bedrohte mit seinen Armeen Formosa. Die Russen, beständig im Nervenkrieg mit dem Westen, wechselten zwischen Beteuerungen friedlicher Absichten und rhetorischen Drohungen. Die Völker lebten inmitten lokaler Konflikte und unter der dauernden Gefahr eines globalen Vernichtungskrieges.

Rußland hatte sich offensichtlich entschlossen, den Akzent seiner Politik von Europa nach Asien zu verlegen. Die Periode vor dem Korea-Krieg war durch sowjetische Drohungen und Störmanöver in Iran und Griechenland, in der Türkei und in Deutschland gekennzeichnet. Der Ausbruch des Korea-Krieges markierte den Beginn einer erneuten Gewichtsverlagerung der Sowjets in den Fernen Osten. Dort sahen sie eine Gelegenheit, mit Hilfe bewaffneter Kräfte anderer Nationen ausgedehnte territoriale Erwerbungen für den Weltkommunismus zu machen. Der Waffenstillstand in Korea beließ die Kommunisten in einer starken Position gegenüber dem Westen. Die UNO hatte gezeigt, daß sie vor allem eine Ausweitung des Korea-Krieges bei einem Atomwaffeneinsatz fürchtete.

Etwaige Maßnahmen gegen zukünftige Aggressionen mußten im Vergleich zu Korea unter ungünstigeren Umständen erfolgen. Nach dem Korea-Krieg war die Lage der Roten nicht besser oder schlechter als zuvor; aber ihre Propaganda machte daraus einen Sieg, obgleich eher die UNO als die Kommunisten die ursprünglich gesteckten Ziele erreicht hatte.

Die kommunistische Propaganda griff das verhaßte Wort »Kolonialismus« auf und identifizierte die USA mit den übelsten Praktiken des Imperialismus des 19. Jahrhunderts. Die Kommunisten machten sich die nationalen Anliegen anderer Völker zu eigen und waren bald zu neuen Expansionen bereit. Bei all ihren gezielten subversiven Planungen ergab sich für sie jedoch bald ein guter Grund, vorsichtig zu sein: die USA zündeten eine Wasserstoffbombe. Am 1. November 1952 verursachte die »US Task Force 132« die größte Explosion, die bis dahin jemals von Menschen hervorgerufen worden war. Die Ziel-Insel im Eniwetok-Atoll verschwand vollständig. Die Explosion war rund 100 km weit sichtbar. Die Bombe hatte schätzungsweise fünf Megatonnen Sprengkraft, was etwa der von fünf Millionen Tonnen TNT bzw. der 25fachen Stärke der einstigen Hiroshima-Bombe entsprach. Zwei weitere Wasserstoffbomben wurden im März 1954 bei Eniwetok gezündet. Eine davon verseuchte einen fast 140 km entfernten japanischen Fischdampfer derart, daß die Besatzung sich für geraume Zeit in einer kritischen Situation befand. Ein Besatzungsmitglied starb an der radioaktiven Verseuchung. Eine *B-29*, die 37 km vom Bodendetonationspunkt entfernt vorbeiflog, wurde durch den Explosionsdruck über Kopf herumgeschleudert.

Aus den bei der Detonation dieser 40-Megatonnen-Bombe erhaltenen Meßwerten konnte geschlossen werden, daß die Zonen der Totalzerstörungen einen Radius von 22 km, die der beträchtlichen Zerstörungen einen von rund 74 km haben würden; die gefährlichen Strahlungen würden noch über 185 km vom Detonationspunkt vorhanden sein, der vom Wind fortgetriebene radioaktive Fallout würde sogar noch weiter reichen.

Die USA konnten sich nicht allzu lang an dem Monopol dieser furchtbaren Waffe erfreuen. Die Sowjets besaßen Informanten innerhalb der Atomenergie-Behörde selbst, sowie in England u. a. den Physiker Klaus Fuchs, die sie mit wichtigen Nachrichten versorgten. Ende August 1953 meldete die Atomenergie-Kommission dann auch, daß die Sowjets eine Wasserstoffbombe gezündet hätten.

Die neue US-Verteidigungsplanung hatte politische wie militärische Entwicklungen in Rechnung zu stellen.

Eine NATO-Konferenz in Lissabon erörterte im Februar 1952 Mittel und Wege der Entfaltung der westlichen Stärke und beschloß eine Politik der »Stärke und Wachsamkeit«, um die Sowjets von einem Aggressionskrieg abzuhalten. In Lissabon wurde als Ziel die Aufstellung von 50 Divisionen und die Beschaffung von 4000 taktischen Flugzeugen für Ende 1952 beschlossen sowie Pläne für einen weiteren Aufbau innerhalb der nächsten Jahre festgelegt. Jedes Land erhielt eine bestimmte Quote an Truppenarten und Zahlen sowie an Ausrüstung. Ebenfalls billigte die Konferenz den Einsatz westdeutscher Truppen im Rahmen einer integrierten Europäischen Armee. Diese Entscheidung aber führte zu Schwierigkeiten, insbesondere mit Frankreich, das jegliche deutsche Wiederbewaffnung fürchtete. Zwischen 1952 und 1954 bemühte man sich, eine Europäische Verteidigungs-Gemeinschaft (EVG) zu schaffen, die in Zusammenarbeit mit der NATO ausreichende Landstreitkräfte zur Verteidigung Westeuropas aufstellen sollte. Dieses Projekt scheiterte schließlich an Frankreichs mangelnder Bereitschaft, eng mit den Deutschen zusammenzuarbeiten; allerdings gaben die Franzosen dann ihre Zustimmung zu einer Aufrüstung Westdeutschlands als eines neuen NATO-Mitgliedes.

Inzwischen hatten das »State Department« und das Verteidigungsministerium nach der Wahl Eisenhowers zum Präsidenten neue Weisungen erhalten. Die »Joint Chiefs of Staff«, die im Korea-Krieg geführt hatten, standen am Ende ihrer Dienstzeit. Ihre Nachfolger betrachteten die globale strategische Lage mit anderen Augen.

Das Bündnissystem der USA

Ziel der USA war es nach wie vor, das Expansionsstreben des internationalen Kommunismus unter der Führung der Sowjetunion und Chinas mit der Strategie des »Containment« einzudämmen. Man hatte jedoch erkannt, daß die Drohung der »massiven Vergeltung« allein nicht ausreichte, die kommunistische Seite von Aktionen in den durch diese Drohung nicht glaubwürdig abgedeckten Gebieten abzuschrecken. Ausreichende konventionelle Streitkräfte in diesen Regionen mußten den Verteidigungswillen der bedrohten Länder deutlich werden lassen, um weitere Expansionsgelüste durch ein System »abgestufter Abschreckung« zu dämpfen. So kam zu dem strategischen Erfordernis, Basen für die Trägersysteme der Nuklearwaffen zu erhalten, für die Regierung Eisenhower das politische Erfordernis hinzu, die »freien Nationen« in einem weltweiten Paktsystem zur Abwehr der kommunistischen Bedrohung zusammenzuschließen, dessen Architekt der Außenminister Foster Dulles wurde.

Kern dieses Systems war die schon 1949 begründete »North-Atlantic-Treaty-Organization« (NATO), in der sich zunächst neben den Großmächten USA, Großbritannien und Frankreich Kanada, Italien, Portugal, Belgien, die Niederlande und Luxemburg, Dänemark, Norwegen und Island zusammengeschlossen hatten. Ziel des Vertrages war es, die demokratischen Freiheiten der Mitgliedstaaten durch kollektive Verteidigung sowie politische und wirtschaftliche Zusammenarbeit zu erhalten. Der Vertrag legte fest, daß »die Vertragsparteien darin übereinstimmen, daß ein bewaffneter Angriff gegen eine oder mehrere von ihnen in Europa oder Nordamerika als Angriff gegen sie alle betrachtet werde und ... daß jede von ihnen dem Angegriffenen zu Hilfe kommen werde, indem sie einzeln und in Abstimmung mit den anderen Vertragsparteien die notwendigen Aktionen, einschließlich des Einsatzes der bewaffneten Macht, unternehmen«.

1952 traten Griechenland und die Türkei, 1955, nach dem Scheitern der Verhandlungen um eine Europäische Verteidigungsgemeinschaft, auch die Bundesrepublik Deutschland bei. Wenn auch Frankreich sich nach dem Regierungsantritt Präsident de Gaulles teilweise den Verpflichtungen zur Integration seiner Streitkräfte in die NATO-Kommandostruktur entzog und 1966 die Verlegung der NATO-Hauptquartiere Europa von Paris nach Brüssel erzwang, um für eine eigenständige Politik mehr Bewegungsfreiheit zu erlangen, so blieb doch der Zusammenhalt des Bündnisses gewahrt, und auch Frankreich ließ keinen Zweifel, daß es sich in ernsten Konfliktfällen als zugehörig betrachtete.

Der ANZUS-Pakt von 1951 zwischen den USA, Australien und Neuseeland war der Kristallisationspunkt für ein entsprechendes Paktsystem in Südostasien, das 1954 zur »South East Asian Treaty Organization« (SEATO) ausgeweitet wurde, der neben den ANZUS-Staaten auch Großbritannien, Frankreich, Thailand, Pakistan und die Philippinen beitraten, um der »gemeinsamen Gefahr gemäß den für jede einzelne Nation vorgesehenen verfassungsmäßigen Möglichkeiten« zu begegnen.

Das Zwischenstück sollte der aus dem »Bagdad-Pakt« hervorgegangene CENTO-Pakt werden, dem 1955 neben Großbritannien, Pakistan, der Irak, Iran und die Türkei beitraten, der jedoch durch die politischen Entwicklungen im Nahen Osten und auf dem indischen Subkontinent nie größere Bedeutung erlangte.

Darüber hinaus hatten sich die USA im bereits 1947 zustandegekommenen Vertrag von Rio mit 20 lateinamerikanischen Staaten zur gemeinsamen Verteidigung zusammengeschlossen. Bedeutsamer noch waren eine Reihe von bilateralen Verträgen, die die USA mit Süd-Korea (1953), National-China/Taiwan (1954), Japan (1961) und Spanien abschlossen und die ihre Ergänzung in Stützpunkt-Abkommen fanden, auf die im folgenden Abschnitt eingegangen wird.

Insgesamt verpflichteten diese verschiedenartigen Abkommen mit insgesamt 45 souveränen Staaten die USA zu einer Vielfalt politischen und militärischen Engagements in den meisten Wetterzonen der internationalen Politik.

Das erheblich größere Ausmaß der militärischen Verpflichtungen der USA und die Notwendigkeit, entwickeltere militärische Machtmittel zu besitzen, um mit der Gefahr begrenzter Kriege ebenso fertig zu werden wie mit einem allgemeinen Krieg, stellten die verantwortlichen amerikanischen Planer vor schwierige Entscheidungen; denn selbst die so wohlhabenden Vereinigten Staaten waren nicht in der Lage, sich ein Entwicklungsmaximum aller Typen von Waffensystemen zu leisten. Die Verantwortlichen in den USA neigten daher Mitte der 50er Jahre wieder mehr zum Konzept der »massiven Vergeltung«.

Der Ausbau des »Strategic Air Command«

Das Instrument dieser »massiven Vergeltung« war das strategische Luftkommando (Strategic Air Command – SAC). In diesem am 21. März 1946 aufgestellten Kommando sollten die für eine strategische Luftkriegführung vorgesehenen Fliegerkräfte, Langstrecken-Bomber, -Begleitjäger- und Fernaufklärer, zusammengefaßt werden. Ende 1946 gehörten dem SAC 9 Bomber-Gruppen und 2 Fernjäger-Gruppen mit rund 600 Flugzeugen an, die noch überwiegend in den USA stationiert waren. Nur ein kleiner Teil der Bomber waren *B-29 Superfortress*, die als einzige als Trägersysteme für Atomwaffen in Frage kamen, wie sie im August 1945 mit ihren Ein-

1947 OAS
1949 NATO
KOLONIEN VON NATOSTAATEN
1951 ANZUS
+
1954 SEATO
1955 Bagdad CENTO
Zweiseitige Pakte mit USA
Kommunistischer Block
AUSTRALIEN
NEUSEELAND
INDONESIEN
PHILIPPINEN
MALAYSIA (br.)
MARIANEN
TAIWAN
JAPAN
S.VIETNAM
THAIL.
BURMA
CHINA
MONGOL.
U D S S R
INDIEN
CEYLON
PAKISTAN
AFGH.
IRAN
KOR.
HAWAII (US)
ALASKA
KANADA
USA
MEXIKO
GRÖNLAND
ISLAND
NORW.
GB
TÜRKEI
IR.
SY.
SAUDI-ARAB.
ÄGYPTEN
LIBYEN
SUDAN
ÄTHIOP.
SOMALIA
KENIA (br.)
AZOREN
PORT.
SP.
MAR.
TUN.
ALGERIEN
FRANZ. AFRIKA
NIGERIA (brit.)
KAMER.
GHANA
LIBERIA
GUINEA
KAP VERD.
BELG. KONGO
TANSANIA (br.)
PORT.
brit.
SW-AF.
SÜDAFRIKA
CUBA
GUAYANA
VENEZUELA
KOLUMBIEN
EKUAD.
PERU
BRASILIEN
BOLIVIEN
PARAG.
CHILE
ARGENTINIEN
URUG.

sätzen von der Marianen-Insel Tinian gegen Hiroshima und Nagasaki bewiesen hatten. Vom 13.–29. November 1946 wurden erstmalig 6 *B-29* von Florida über die Azoren und Spanien nach der »Rhein-Main-Air-Base« bei Frankfurt am Main verlegt, um die Einsatzmöglichkeiten auch im europäischen Raum zu demonstrieren. Ein Jahr später war die Stärke der zum SAC gehörenden 8. und 15. Luftflotten auf 16 Bomber- und 5 Fernjägergruppen mit rund 1000 Flugzeugen angewachsen. Die älteren und als Träger für Nuklearwaffen ungeeigneten Bomber der Typen *B-17* und *B-24* waren durch die *B-29* und ab 1948 auch durch die verbesserte Version *B-50*, die propellergetriebenen Jäger (*P-46* und *P-51*) durch die *F-80* und ab 1948 durch die *F-84* ersetzt. Im Oktober 1948 übernahm General Curtius Le May das SAC, unter dessen Führung nun der Ausbau zu einem glaubwürdigen nuklearen Instrument begann. 1949 wurden im Rahmen der 8. Luftflotte die ersten drei Gruppen mit dem Interkontinentalbomber *B-36* gebildet, was die Reduzierung der *B-29*/*B-50*-Gruppen auf 11 erlaubte. Dafür wurden im Rahmen der neu gebildeten 2. Luftflotte drei strategische Aufklärungsgruppen aufgestellt.

Doch waren die *B-36* gegenüber den Ende 1950 auftretenden sowjetischen Düsenabfangjägern zu schwerfällig und langsam. Man mußte die Bomberverbände auf Düsenflugzeuge umstellen. Da der Interkontinentalbomber *B-52 Stratofortress* noch in der Entwicklung stand und erst in der zweiten Hälfte der 50er Jahre in größerer Zahl zu den Frontverbänden stoßen konnte, mußte man das Gewicht zunächst auf den im Juni 1950 in die Serie gegangenen mittleren Bomber *B-47 Stratojet* legen. Dank seiner Schnelligkeit und Wendigkeit erfüllte die *B-47* alle taktischen Forderungen an einen Träger von Nuklearwaffen mit Ausnahme der Reichweite. Man hatte jedoch inzwischen das Problem der Betankung von Flugzeugen in der Luft gelöst und seine operative Anwendbarkeit durch den Flug einer *B-50* vom 26. Februar bis 2. März 1949 rund um die Welt mit Betankungen aus *B-29*-Flugzeugen, die von den Azoren, Saudi-Arabien, den Philippinen und Hawaii gestartet waren, demonstriert. Bis 1955 waren neben 375 *B-36* rund 1500 *B-47* an das SAC geliefert. Um deren Einsatzmöglichkeiten zu verbessern, war es nicht nur notwendig, vorgeschobene Basen für die Tankerflugzeuge zu schaffen, man hielt es für erforderlich, auch die *B-47*-Verbände selbst zu einem Teil in solche »Forward Bases« zu verlegen. Diese sich aus der Forderung nach einer glaubwürdigen Abschreckung mittels der »massiven Vergeltungs-Drohung« ergebende strategische Notwendigkeit war eine wesentliche Triebkraft für das intensive Bemühen der USA, insbesondere in der Eisenhower-Dulles-Ära, einen Ring von Stützpunkten in einem die Sowjetunion umspannenden Bündnissystem zu schaffen.

Im Rahmen des NATO-Bündnisses und besonderer Abmachungen mit Großbritannien wurden ab April 1953 *B-47*-Verbände nach England verlegt, wo sie schließlich auf 4 Basen verteilt die 7. Flieger-Division bildeten. Ein Stützpunktabkommen mit Marokko erlaubte die Stationierung der 5. Flieger-Division auf 5 Flugplätzen, und das im September 1953 abgeschlossene Abkommen mit Spanien brachte die Aufstellung der 16. Luftflotte, deren *B-47* auf drei großen Basen, Moron, Torrejon und Zaragoza, stationiert wurden. Im Fernen Osten lag die 3. Flieger-Division auf der in amerikanischem Besitz befindlichen Marianen-Insel Guam. Die übrigen *B-47*-Verbände und die Interkontinentalbomber waren auf die Basen der 8. Luftflotte an der US-Ostküste, in Labrador, auf Neufundland und Thule in Grönland, der 2. Luftflotte in den südlichen Staaten der USA und auf Puerto Rico sowie der 15. Luftflotte im Westen der USA und Alaska verteilt. Tankerstützpunkte waren darüber hinaus durch weitere Abkommen mit Libyen (September 1954, Wheelus-Field bei Tripolis), Saudi-Arabien (1951/57, Dharan), Formosa und Japan neben dem noch von US-Truppen besetzten Okinawa gewonnen worden. Strategische Aufklärer konnten von den Stützpunkten der NATO in Europa, der CENTO im Vorderen Orient und der SEATO in Südostasien starten. In diesem Zusammenhang begrüßten die USA nun auch die britischen Bemühungen um den Aufbau eines eigenen nuklearen Potentials. 1952 konnten die Engländer auf ihrem Versuchsgelände in Australien eine Atombombe zünden, der dann 1957 eine Wasserstoffbombe folgte. Ab 1952 begann auch die Flugerprobung der parallel entwickelten britischen mittleren Düsenbomber *Valiant*, *Vulcan* und *Victor*, die in ihren Leistungsdaten der *B-47* etwa entsprachen und die ab 1956 zu den Frontverbänden des »Bomber Command« der RAF stießen.

Die »Joint Chiefs of Staff« und die US-Regierung erlaubten nun, in Aufhebung einer früheren Entscheidung, auch der US-Navy, neue Flugzeugträger zu bauen, um einerseits der – wie es schien – ständig zunehmenden Gefahr von seiten sowjetischer U-Boote zu begegnen, vor allem aber, um andererseits die strategische Luftwaffe zu verstärken. Die Leistungen der Flugzeugträger im Korea-Krieg hatten dazu beigetragen, die Kritik an dieser Waffe zum Schweigen zu bringen. Die offenkundige Vielseitigkeit der Träger und der Vorteil, daß sie dank ihrer Beweglichkeit nur schwer ein Ziel für feindliche Raketen abgeben konnten, machte sie besonders geeignet, einen Beitrag zu der Strategie der »massiven Vergeltung« des SAC zu leisten. Die verantwortlichen Planer erkannten, daß Flugzeugträger für das SAC eher eine Ergänzung statt eine Rivalität bedeuteten. Als schwimmende Basen wurden die Träger immer wertvoller, je mehr die politische Entwicklung einen Abbau der überseeischen Stützpunkte des SAC, insbesondere in der afro-asiatischen Welt, mit sich brachte.

Die Modernisierung der NATO-Flotten

Anfang 1950 hatten sich von den vorhandenen 27 »Fleet-Carriers« nur noch sieben im aktiven Dienst befunden: die drei großen Schiffe der *Midway*-Klasse und die *Leyte*, ein

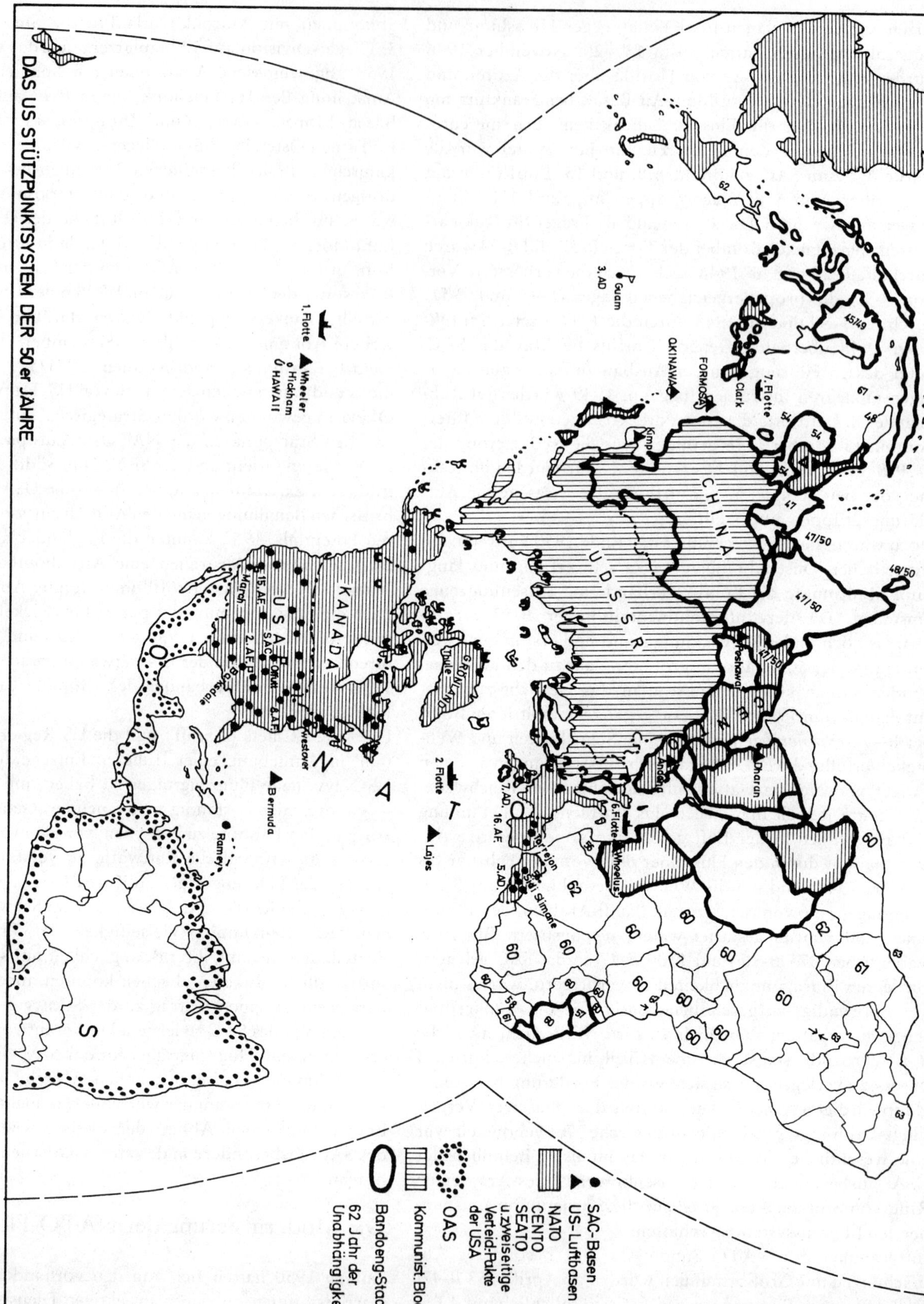
DAS US STÜTZPUNKTSYSTEM DER 50er JAHRE
SAC-Basen
US-Luftbasen
NATO
CENTO
SEATO
u.zweiseitige
Verteid.-Pkte
der USA
OAS
Kommunist. Block
Bandoeng-Staaten
62 Jahr der
Unabhängigkeit
KANADA
USA
GRÖNLAND
UDSSR
CHINA
NATO
OAS
1. Flotte
2 Flotte
6. Flotte
7. Flotte
Wheeler
Hickham
HAWAII
Guam
3. AD
OKINAWA
FORMOSA
Clark
Bermuda
Ramey
Lajes
Thule
Dharan
Peshawar
Wheelus

nicht modernisiertes Schiff der *Essex*-Klasse im Atlantik und Mittelmeer sowie drei weitere Schwesterschiffe bei der Pazifischen Flotte. Der Koreakrieg brachte das 1948 zunächst mit geringer Intensität begonnene Modernisierungsprogramm in Schwung. Für die Träger der *Essex*-Klasse wurde es ab Ende 1950 mit größtem Nachdruck durchgeführt. Bis Anfang 1956 hatten 13 der 24 Schiffe dieses Typs für den Einsatz von schweren Düsenflugzeugen verstärkte Flugdecks und Dampfkatapulte erhalten, während gleichzeitig die Inseln in ihren Abmessungen reduziert worden waren. In einem zweiten Arbeitsgang von 1954–1957 wurden 12 der Schiffe zusätzlich auch mit dem modernen Winkeldeck ausgestattet. In ähnlicher Weise wurde auch von 1957–59 das letzte Schiff der *Essex*-Klasse, die *Oriskany*, umgebaut. Gleichzeitig erhielten die großen Träger der *Midway*-Klasse nacheinander diese englischen Entwicklungen entstammenden Neuerungen. Parallel zu dem Umbauprogramm hatte man 1951 mit dem Neubau großer Träger von rund 60000 t begonnen. Bis 1957 wurde je ein Schiff jährlich in Bau gegeben, das letzte von einem wesentlich größeren und atomar angetriebenen Typ. 1955 trat der erste dieser großen Träger, die *Forrestal*, zur Flotte. Mitte 1958 standen der amerikanischen Flotte im Atlantik und Pazifik zwei bzw. ein Träger der *Forrestal*-Klasse, je ein Träger der *Midway*-Klasse und drei bzw. neun Einheiten der voll modernisierten *Essex*-Klasse als Angriffsträger zur Verfügung, die für die Durchführung ihrer strategischen Aufgaben mit Staffeln der modernen Düsenbomber *Skywarrior* ausgerüstet waren. 2–3 dieser Träger waren jeweils im aktiven Einsatz bei der 2. Flotte im Nordatlantik, bei der 6. Flotte im Mittelmeer, bei der 1. Flotte im Zentralpazifik und der 7. Flotte in Südostasien.

Um diese wertvollen Trägerkampfgruppen gegen Luftangriffe nicht nur mit den eingeschifften Düsenjagdflugzeugen schützen zu können, wurden ab 1952 Luftabwehrraketen auf umgebauten Kreuzern sowie Fregatten- und Zerstörerneubauten installiert. 1955 trat als erster umgebauter Kreuzer die *Boston* mit zwei *Terrier*-Doppelstartern wieder zur Flotte, der außer ihrem Schwesterschiff *Canberra* 1956–1960 weitere sechs umgebaute Leichte Kreuzer mit je einem *Talos*- bzw. *Terrier*-Doppelstarter folgten. Nach erfolgreich abgeschlossenen Versuchen mit dem umgebauten Zerstörer *Gyatt* begann 1955 der Neubau von Flugkörper-Fregatten und 1956 von Flugkörper-Zerstörern, die ab 1960 mit der *Farragut*- und *Charles F.-Adams*-Klasse in größeren Serien zur Flotte kamen. Damit standen für den Fall eines allgemeinen Atomkrieges schlagkräftige bewegliche Basen bereit, um das SAC zu unterstützen und zu ergänzen.

Die in der Strategie der »massiven Vergeltung« im Falle eines Krieges liegende Unausweichlichkeit hat vielleicht in den 50er und 60er Jahren zur Verhinderung eines allgemeinen Atomkrieges entscheidend beigetragen. Doch litt diese Strategie, wie sich ab etwa 1960 herausstellte, an mangelnder Flexibilität; eine Entwicklung, die der damalige Verteidigungsminister Forrestal bereits 1946 vorausgesehen hatte.

Außer auf den großen Atomkrieg hatten sich die westlichen Marinen in den 50er Jahren vor allem auf die Abwehr eines sowjetischen U-Boot-Krieges eingerichtet. Der ab etwa 1952 deutlich werdende Großserienbau moderner U-Boote in der Sowjetunion hatte bei den von überseeischen Zufuhren abhängigen europäischen NATO-Mächten, aber auch in Japan, große Sorgen ausgelöst. Zwar besaßen die großen Seemächte in ihren Reserveflotten noch in großer Zahl U-Jagdfahrzeuge aus dem zweiten Weltkrieg, doch waren diese nicht für die Bekämpfung schneller dieselelektrischer U-Boote geeignet, da ihre Geschwindigkeiten durchweg zu gering waren. So ging man überall daran, die seit 1949/50 entwickelten neuen Zerstörer- und Fregattentypen für die U-Boot-Jagd zu spezialisieren und in größeren Zahlen zu bauen. In den USA hatte man 1949 zunächst mit dem einzelnen »Hunter-Killer«-Kreuzer *Norfolk* begonnen, dem die vier Fregatten der *Mitscher*-Klasse folgten, die sämtlich 1953/54 fertig wurden. Sie waren jedoch für die vorgesehenen Aufgaben zu aufwendig, so daß man 1951 zum Bau von modernen Geleitzerstörern der *Dealey*-Klasse und 1953 zum Bau moderner »All-round«-Zerstörer der *Forrest Sherman*-Klasse überging, von denen bis 1958/59 13 bzw. 18 Einheiten abgeliefert wurden. Um die Zahl der U-Jagdfahrzeuge schnell zu vermehren, wurden darüber hinaus 34 ältere Zerstörer zu U-Jagd-Zerstörern umgebaut.

In England, wo man bis 1954 noch eine Reihe von bereits im Krieg begonnenen Zerstörer-Typen fertigbaute, ging man ab 1950 gleichfalls daran, ältere Flottenzerstörer zu speziellen U-Jagd-Fregatten umzurüsten. Bis 1956 kamen 36 Schiffe zur Flotte, von denen ein Teil an die Commonwealth-Staaten weitergeliefert wurde. Zugleich begann 1952 der Neubau verschiedener spezialisierter Fregatten für die Jägerführung, die Luftabwehr, insbesondere aber auch die U-Boot-Jagd. Wurden für die beiden ersten Verwendungszwecke je vier Schiffe gebaut, so kamen bis 1961 27 U-Jagd-Fregatten der *Blackwood*- und der *Whitby*-Klassen zur Flotte.

Die französische Marine begann 1951 mit dem Bau von »Flottenbegleit-Zerstörern« der *Surcouf*-Klasse und U-Jagd-Fregatten der *Le-Corse*-Klasse, von denen einschließlich ihrer verbesserten Versionen bis 1960 je 18 Einheiten in Dienst kamen. Die kanadische und die niederländische Marine bauten ab 1950 14 bzw. 12 U-Jagd-Fregatten bzw. -Zerstörer, und auch die italienische Marine schloß sich dieser Entwicklung ab 1952 mit einzelnen Bauten an. Die nun mit den Vereinigten Staaten und den westlichen Seemächten verbündeten Verlierer des zweiten Weltkrieges, Japan und die Bundesrepublik Deutschland, nahmen 1954 bzw. 1957 den Neubau von Zerstörern und Fregatten auf.

Als besonders wirksames Mittel für die U-Boot-Bekämpfung hatte sich im Laufe der 50er Jahre neben dem langsamen und mit vielseitigen Ortungsmitteln ausgestatteten Propellerflugzeug vor allem auch der Hubschrauber erwiesen, der von Flugzeugträgern aus eingesetzt werden konnte. Ab 1953 begann die US-Navy, einen Teil ihrer nicht umgebauten Träger der *Essex*-Klasse als U-Jagd-Träger wieder in Dienst zu stellen. 1958 waren im Atlantik und Pazifik zehn Einheiten dieses Typs aktiv. Mit der Indienststellung neuer Flugzeugträger konnten die älteren Schiffe nach und nach durch die aus der Rolle als Angriffsträger ausscheidenden modernisierten Einheiten ersetzt werden.

Doch nicht nur für die strategische Rolle und die U-Boot-Jagd waren die Flugzeugträger geeignete Kampfmittel. Sie hatten sich bereits im zweiten Weltkrieg und dann während des Korea-Krieges als hervorragendes Instrument für den »Close Support« an Land kämpfender Heeresverbände erwiesen. Während die amerikanischen Angriffsträger neben ihrer Ausrüstung für die strategische Rolle auch über mehrere Jagdbomber-Geschwader für diese Aufgabe verfügten, beschränkten sich die Flugzeugträger der Royal Navy überwiegend auf diese taktische Aufgabenstellung. Im Rahmen der begrenzteren finanziellen Mittel mußten die Engländer die Zahl ihrer verfügbaren Flottenträger drastisch reduzieren. Von 1953–1956 wurden fünf der aus dem Kriege stammenden Einheiten der *Illustrious*-Klasse gestrichen, und nur die *Victorious* kam nach einem achtjährigen Umbau, der fast einem Neubau gleichkam, Anfang 1958 wieder in Dienst. Außerdem wurden 1951 und 1955 die beiden im Kriege begonnenen großen Neubauten *Eagle* und *Ark Royal* fertiggestellt. Die Leichten Träger der *Colossus*-Klasse, die als Flottenträger zu langsam waren und auch für den Einsatz schwerer Düsenflugzeuge nicht in Frage kamen, wurden an die kanadische, australische, französische, niederländische, brasilianische, indische und argentinische Marine abgegeben. Um die damit entstehende Lücke zu schließen, nahm man den stillgelegten Bau von vier der etwas größeren Einheiten der *Centaur*-Klasse wieder auf, die 1953/54 fertig wurden. Die französische Marine begann 1955 und 1957 mit dem Bau je eines neuen, für taktische Aufgaben geeigneten Flugzeugträgers der *Clemenceau*-Klasse, nachdem man sich vorher mit von der britischen und amerikanischen Marine geliehenen Leichten Trägern geholfen hatte.

Diese für taktische Einsätze ausgerüsteten Flugzeugträger sollten in den begrenzten Konflikten der 50er und 60er Jahre eine große Rolle spielen.

Der Krieg in Indochina 1946–1954

Der folgenreichste dieser begrenzten Kriege begann bereits vor dem Korea-Krieg und erreichte ein Jahr nach dessen Ende seinen ersten Höhepunkt. Auf der Potsdamer Konferenz im Juni 1945 waren Präsident Truman und Stalin davon ausgegangen, die Kolonialherrschaft der Franzosen in Indochina nicht wiederherzustellen. Der nördliche Teil Indochinas bis zum 16. Breitengrad sollte von nationalchinesischen Truppen, das Gebiet südlich davon von britischen Einheiten besetzt werden, um die Entwaffnung der hier stehenden japanischen Truppen durchzuführen. Als der japanische Befehlshaber in Indochina am 15. August 1945 den Krieg für beendet erklärte, konnten weder die Chinesen noch die Engländer sofort in das entstandene Vakuum einrücken, da sie zunächst in ihren eigenen Gebieten vordringliche Aufgaben zu lösen hatten. So konnte am 2. September, als in der Sagami-Bucht vor Tokio die japanische Kapitulation unterzeichnet wurde, in Hanoi der Führer der kommunistisch beherrschten Viet-Minh-Bewegung, Ho Tschi Minh, die Unabhängigkeit der »Demokratischen Republik Vietnam« ausrufen; Kaiser Bao Dai, in der alten Hauptstadt Hué im März 1945 von den Japanern als Oberhaupt des »unabhängigen« Indochina eingesetzt, dankte gegenüber dem Viet-Minh ab.

Doch mit dem Eintreffen der alliierten Besatzungstruppen sollte sich die Lage ändern. Bis Mitte Oktober hatten die Nationalchinesen den nördlichen Teil Indochinas besetzt, und seit dem 3. Oktober waren britische Truppen in der südlichen Hauptstadt Saigon gelandet. Mit ihnen kamen auf zwei Truppentransportern, begleitet durch das 35000-t-Schlachtschiff *Richelieu*, die ersten französischen Truppenteile unter General Leclerc. Im Norden gelang es Ho Tschi Minh sich zu halten, indem er die mit den Chinesen zurückkehrenden nationalistischen Vietnamesen teilweise in seine Regierung aufnahm. Im Süden dagegen setzte der englische Militärbefehlshaber alle Viet-Minh-Funktionäre ab, so daß dort nach einer anfänglichen britischen Militärregierung bald französische Behörden unter dem Hochkommissar d'Argenlieu die politische Macht übernehmen konnten. Ho Tschi Minh, der von den antikommunistischen Nationalchinesen Tschiang Kai scheks wenig Unterstützung erwarten konnte, nahm Anfang 1946 Verbindung mit der französischen Volksfront-Regierung unter de Gaulle auf, in der Hoffnung, bei deren kommunistischen Glaubensgenossen mehr Unterstützung zu finden. Während sich Frankreich mit China auf eine Räumung des Landes durch die chinesischen Truppen bis zum April 1946 gegen einen Verzicht auf die alten französischen Rechte in China einigte, schloß Ho Tschi Minh mit Frankreich ein Abkommen, das seine Demokratische Republik als Teil der Französischen Union anerkannte und in dem er einer Stationierung von 15000 Mann französischer Truppen für fünf Jahre zustimmte. Als Gegenleistung sollten die französischen Truppen die Ausrüstung und Ausbildung der Viet-Minh-Armee übernehmen.

Am 6. März 1946 trafen die ersten französischen Truppen in Haiphong ein. Obgleich Ho Tschi Minh im Jahr 1946 nicht an Konflikten und Zwischenfällen mit den Franzosen interessiert war, solange es ihm noch nicht gelungen war, die innenpolitischen Gegner auszuschalten, führten radikale Extremisten, denen das Verhalten Ho Tschi Minhs wie ein »Verrat« erschien, immer wieder Zwischenfälle herbei, die zu entsprechenden Repressalien der Franzosen und damit zu zunehmenden Spannungen führten. So kam es am 11. November 1946 in Haiphong zu einem schweren Zusammenstoß zwischen Viet-Minh-Truppen und Franzosen, bei denen auf beiden Seiten Verluste eintraten. Daraufhin forderte der französische Oberbefehlshaber, General Valluy, die sofortige

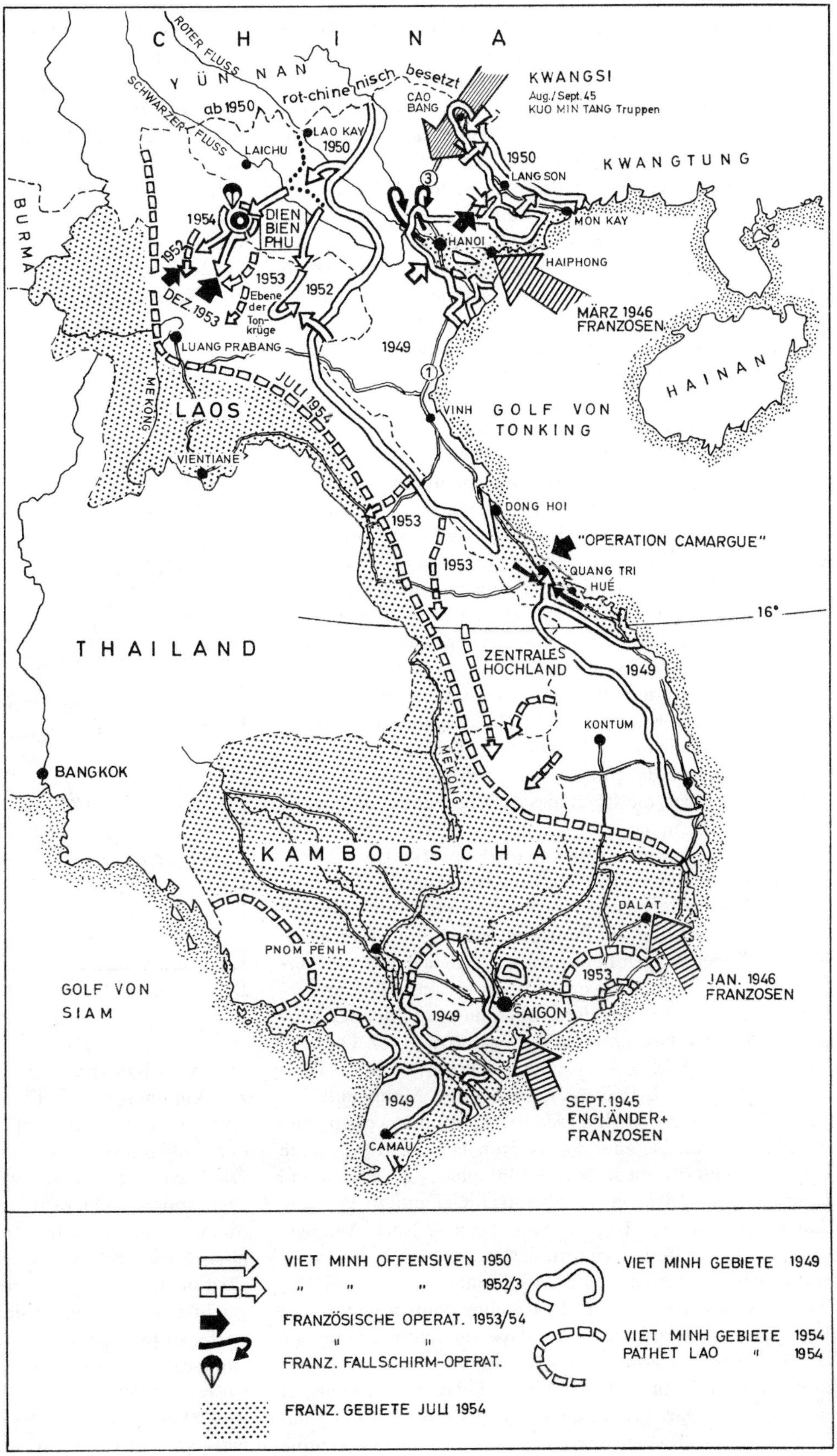

Der Krieg in Indochina 1946–1954

Räumung Haiphongs von Viet-Minh-Truppen. Als am 22. November französische Panzereinheiten gegen ein Widerstandsnest der Viet-Minh vorgingen und die Zivilbevölkerung vor dem erwarteten Kampf die Flucht zu ergreifen suchte, kam es zu einem tragischen Irrtum: in der Annahme, flüchtende Viet-Minh-Truppen vor sich zu haben, eröffnete der französische Schwere Kreuzer *Suffren* im Hafen mit seinen 20,3-cm-Türmen das Feuer. In dem angerichteten Blutbad sollen rund 6000 Menschen umgekommen sein. In der Annahme, die weiter landeinwärts gelegene Hauptstadt Hanoi im Handstreich nehmen zu können, eröffnete der Führer der Viet-Minh-Armee, General Giap, in der Nacht vom 19. Dezember den Angriff auf die französischen Positionen. Schnell herangeführte französische Verstärkungen brachten das Unternehmen jedoch zum Scheitern, und Ho Tschi Minh mußte mit seinem Stab in die Berge fliehen.

Giap erkannte, daß die Zeit für eine offene militärische Auseinandersetzung noch nicht reif war. Man überließ den Franzosen die Städte und die Straßenverbindungen und wich auf das Land aus, um hier durch Überredung oder Terror die Bevölkerung auf die eigene Seite zu ziehen und sichere Basen in unzugänglichem Gelände zu gewinnen. Häufige Überfälle auf kleinere französische Kolonnen sollten den Gegner beunruhigen, jeder offene Kampf jedoch vermieden werden.

Mit dem Sieg Mao Tse-tungs im chinesischen Bürgerkrieg änderte sich die Lage auch für die Viet-Minh grundlegend. Seit Ende 1949 saßen jenseits der chinesischen Grenze nicht mehr die nationalchinesischen Truppen Tschiang Kai scheks, sondern Einheiten der rotchinesischen Volksarmee. Im Jahre 1950 übernahmen die Rotchinesen in großem Umfange die Ausbildung vietnamesischer Truppenverbände in chinesischen Lagern. Sie wurden mit von der Kuo-Min-Tang-Armee erbeuteten amerikanischen Waffen ausgerüstet.

Um die Verbindung zwischen Nordvietnam und China zu unterbrechen, hatten die Franzosen entlang der Grenze an allen wichtigen Wegen Befestigungen errichtet, die von verschieden starken Truppenverbänden, insgesamt 14 Infanterie-Bataillonen und drei Artillerie-Abteilungen, verteidigt wurden. Gegen diese Grenzforts richtete sich vom 1.–17. Oktober 1950 der erste Schlag der neuaufgestellten Viet-Minh-Divisionen, bei der die Franzosen rund 6000 Mann und viel Material verloren. Durch diesen Erfolg ermutigt, plante General Giap nun, bis zum Tet-Fest im Februar 1951 durch einen Großangriff mit seinen fünf Infanterie-Divisionen und einer Artillerie-Division die Hauptstadt Hanoi zu erobern. Am 13. Januar 1951 begann die Offensive. Nach Anfangserfolgen wurde sie jedoch von den französischen Kolonialtruppen unter der persönlichen Führung des Oberbefehlshabers, General De Lattre de Tassigny, zum Scheitern gebracht; entscheidend wirkte sich dabei die Luftunterstützung der französischen Truppen mit Napalmbomben aus. Wieder mußte Giap erkennen, daß es für die Entscheidungsschlacht noch zu früh war. Erneut ging er zur Taktik des Guerillakrieges über und suchte durch eine Ausdehnung der Kämpfe auf das ganze Land bis nach Südvietnam und Laos die französischen Streitkräfte zu zersplittern und ihnen Verluste beizubringen, ohne sich jedoch zum offenen Kampf zu stellen.

Im Frühjahr 1953 war es dem vom Bergland her eingesickerten 95. Viet-Minh-Regiment gelungen, die Hauptverbindung zwischen Nord- und Südvietnam, die Kolonialstraße 1 nördlich von Hué, von einem nahegelegenen Sumpfgebiet aus zu unterbrechen. In einer großangelegten Operation »Camargue« machten die Franzosen hier wie an anderen Stellen am 28. Juli 1953 den Versuch, eine größere Viet-Minh-Einheit zum Kampf zu stellen und zu vernichten. Mit drei Panzerregimentern, zehn Infanterie-Bataillonen, zwei Luftlande-Bataillonen sowie amphibisch eingesetzten Kräften und Luftunterstützung wurden die Viet-Minh-Verbände eingekreist. Während eine Kompanie des Viet-Minh-Regimentes sich in einem

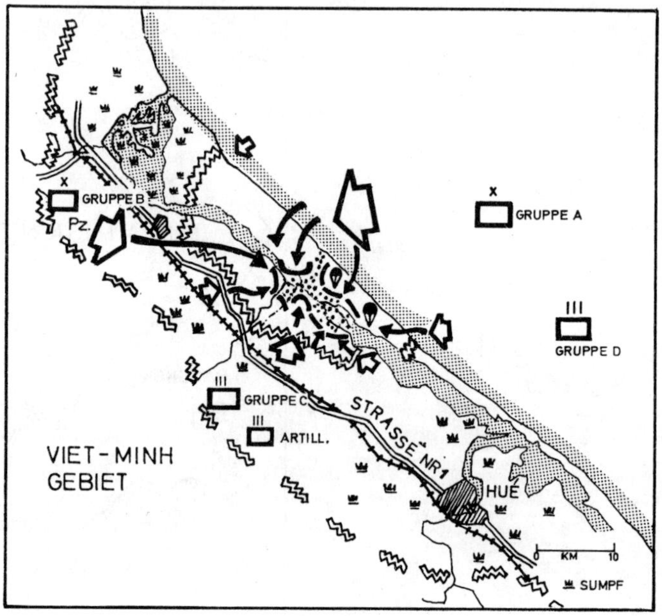

Die Operation »Camargue«, 28. Juli – 10. August 1953

Dorf verschanzte und die Feuerkraft der Franzosen auf sich zog, konnten etwa drei Viertel des Viet-Minh sich unter Ausnutzung des unübersichtlichen Geländes und der Dunkelheit der Umklammerung entziehen.

Obgleich die Franzosen, wie in diesem Beispiel, so in zahlreichen anderen Operationen der Jahre 1951–53 den Kampf dreidimensional zu führen versuchten, konnten sie nur vorübergehende Erfolge erringen. Die Viet-Minh-Divisionen und -Regimenter wichen immer wieder vor den Angriffen der gepanzerten und motorisierten Regimentskampfgruppen, die an die Straßen gebunden waren, den als bewegliche Infanterie eingesetzten Fallschirmjäger-Bataillonen und den an der Küste und den weitverzweigten Flußsystemen im Delta des Roten Flusses und des Mekong eingesetzten amphibischen und Flußkampftruppen (»Dinassaut«) aus. Die letztgenannten

Kampfgruppen waren mit für ihre neuen Aufgaben umgebauten amerikanischen Landungsfahrzeugen gebildet und bestanden aus gepanzerten LSSLs als Führerbooten, LCMs als gepanzerten Monitoren und Granatwerferbatterien sowie weiteren Fahrzeugen mit kompaniestarken Marine-Kommando-Truppen an Bord. Für die Luftunterstützung verfügten die französischen Luftstreitkräfte selten über mehr als 275 Flugzeuge, von denen etwa 100 Transportmaschinen, 100 Jagdbomber und der Rest Bomber und Verbindungsflugzeuge waren. Es handelte sich ausschließlich um veraltete Propellermaschinen. Gelegentlich fanden sie Verstärkung durch die vor Indochina operierenden französischen Flugzeugträger *Arromanches* und *La Fayette*.

Immer wieder nutzten die Viet-Minh-Sreitkräfte die Bindung französischer Kampftruppen zu weiträumigen Vorstößen und Angriffen in ungedeckte Regionen. Von solchen Vorstößen war vor allem auch Laos bedroht, wo sich im Nordosten des Landes kommunistische Pathet-Lao-Rebellen festgesetzt hatten und im Frühjahr 1953 gemeinsam mit Viet-Minh-Einheiten die Ebene der Tonkrüge und die Verwaltungshauptstadt Luang Prabang bedrohten. Der französische Oberbefehlshaber, General Navarre, der Laos räumen wollte, um seine Truppen für entscheidende Offensiven gegen die Viet-Minh zu konzentrieren, erhielt im Oktober 1953 die Weisung, Nord-Laos zu verteidigen, nachdem ein Verteidigungsabkommen zwischen Frankreich und Laos abgeschlossen worden war. General Navarre glaubte, das am ehesten durch die Errichtung von festungsartigen Positionen erreichen zu können, von denen die Nachschubwege des Viet-Minh von Tonking nach Nord-Laos blockiert werden konnten. So sprangen am 19. November die beiden ersten Fallschirmjäger-Bataillone über Dien Bien Phu ab. General Giap nützte diese Festlegung der Franzosen im Norden zu einer neuen Offensive im Gebiet von Zentral- und Süd-Laos aus, die bis in die nördlichen Teile von Kambodscha und in das zentrale Bergland Süd-Vietnams reichte und hier wesentliche Gebiete besetzte, die im späteren Vietnam-Krieg als Nachschubwege und -basen (Ho-Tschi-Minh-Pfad) größte Bedeutung gewinnen sollten.

Als die Berliner Außenminister-Konferenz der Großmächte im Februar 1954 erfolglos auseinanderging, wurde beschlossen, die Korea- und Indochina-Frage im April auf einer Konferenz in Genf mit Vertretern der vietnamesischen Volksrepublik und Chinas wieder aufzunehmen. Um diese Konferenz mit einem klaren militärischen Erfolg beginnen zu können, entschloß sich die Viet-Minh-Führung zum Angriff auf Dien Bien Phu. Am 13. März begannen die 304., 308., 312. und 316. Viet-Minh-Division, unterstützt von der 351. Artillerie-Division, mit fast 50000 Mann den Angriff gegen die von rund 9000 Mann französischer und vietnamesischer Fallschirmjäger, Fremdenlegionäre und Kolonialtruppen unter Oberst de Castriès verteidigte Festung. Am 15., 16. und 17. März gingen nach schweren Kämpfen die nördlichen Außenposten verloren. Unter Einsatz aller verfügbaren Flugzeuge versuchten die Franzosen, Verstärkungen einzufliegen. Am 25. März jedoch geriet die Landepiste in der Festung unter feindlichen Artilleriebeschuß, so daß danach nur noch Fallschirmjäger als Verstärkung und mit Fallschirmen abgeworfene Munition und Nachschubgüter in die Festung kamen. Bei den oft tief hängenden Wolken geriet ein Teil des abgeworfenen Nachschubes immer in die Hand des Viet-Minh. Immerhin wurden mehr als 6000 Mann in die Festung eingeflogen. Am 30./31. März gingen Stellungen im Nordosten, am 1. und 2. April weitere Befestigungen im Nordwesten verloren, doch hielten die häufig durch Jagdbomber aus der Luft unterstützten Verteidiger den massierten Angriffen der Viet-Minh-Truppen und dem schweren kommunistischen Artilleriefeuer immer noch stand, als am 26. April in Genf die Außenminister-Konferenz zusammentrat.

Zur gleichen Zeit erreichte in den USA die Diskussion um ein Eingreifen in den Indochinakrieg ihren Höhepunkt: die USA hatten in geringem Umfange, verstärkt dann aber nach dem Ende des Korea-Krieges 1953, damit begonnen, die französischen Truppen in Indochina mit Kriegsmaterial zu unterstützen. Im März 1954 traf der französische Generalstabschef, General Ely, in Washington ein, um die Vereinigten Staaten zu einer Intervention in den sich einer Krise nähernden Indochina-Krieg zu veranlassen. Zahlreiche amerikanische Militärs waren wie er der Meinung, daß ein Fall Indochinas den Verlust ganz Südostasiens bedingen könnte. Auch Präsident Eisenhower neigte zeitweise dieser, vor allem von seinem Außenminister Dulles geteilten Auffassung zu. Als sich die Krise um Dien Bien Phu Anfang April ihrem Höhepunkt näherte, baten die Franzosen um Luftunterstützung durch amerikanische Trägerflugzeuge; ein Gedanke, der von dem Vorsitzenden der »Joint Chiefs of Staff«, Admiral Radford, befürwortet wurde. Von den bereits im Golf von Tonking befindlichen Trägern, der *Essex* und *Boxer*, sowie mit Luftwaffen-Flugzeugen von Okinawa und der Clark-Luftbasis auf Luzon, wollte man einen massierten Schlag gegen die Viet-Minh-Kräfte um Dien Bien Phu führen. Der Stabschef des Heeres, General Ridgway, sprach sich aufgrund seiner Korea-Erfahrungen jedoch scharf gegen diesen Gedanken aus, der die Gefahr eines Eingreifens Chinas und eventuell auch der Sowjetunion in sich barg. Präsident Eisenhower schloß sich schließlich am 4. April dieser Auffassung an und untersagte die Intervention.

Inzwischen berannten die Viet-Minh-Kräfte weiterhin Dien Bien Phu, dessen Verteidiger schließlich am 7. Mai kapitulieren mußten. Einen Tag später begannen in Genf die Beratungen zwischen den Delegationen Frankreichs, der USA, Englands, der Sowjetunion, Rotchinas sowie beider Teile Vietnams, von Laos und Kambodscha über die Indochina-Frage. Während sich die Verhandlungen in zähen Auseinandersetzungen hinzogen, verschlechterte sich die militärische Lage sowohl der französischen Streitkräfte im Delta des Roten Flusses von Tonking als auch im Zentralen Hochland, wo eine stärkere bewegliche Kampfgruppe in einen Hinterhalt geriet und aufgerieben wurde. Die Rückschläge auf dem

Kriegsschauplatz hatten in Frankreich zu einer Regierungskrise geführt, aus der am 17. Juni der Radikalsozialist Mendès-France als neuer Ministerpräsident hervorging. Er setzte sich zum Ziel, innerhalb von vier Wochen den Krieg zu beenden.

Entgegen einer heute weitverbreiteten Ansicht kam es am 21. Juli 1954 jedoch nicht zum Abschluß eines Abkommens aller beteiligten Verhandlungsdelegationen, sondern nur zur Unterzeichnung von Schluß-Protokollen zwischen den Regierungen Frankreichs und Nord-Vietnams sowie Laos und Kambodschas. Die USA weigerten sich ebenso wie Süd-Vietnam, dieses Protokoll zu unterzeichnen und gaben eigene Erklärungen heraus. Zwischen Frankreich und Nord-Vietnam wurde ein Waffenstillstand vereinbart, der eine Demarkationslinie in Vietnam entlang des 17. Breitengrades vorsah, die Nord-Vietnamesen sollten innerhalb von dreihundert Tagen ihre Truppen aus dem südlichen Teil, die Franzosen aus dem nördlichen Teil zurückziehen. Im Jahre 1956 sollte eine Volksabstimmung über das weitere Schicksal Vietnams entscheiden. Die Abkommen mit Laos und Kambodscha sahen eine Neutralisierung dieser Staaten vor, die ebenso wie das Abkommen mit Nord-Vietnam durch eine internationale Kontrollkommission unter Vorsitz Indiens und Beteiligung Polens und Kanadas überwacht werden sollte. Aus den beiden neutralisierten Staaten sollten sich die kommunistischen Pathet-Lao- und die roten Khmer-Truppen nach Nord-Vietnam zurückziehen.

Die USA verzichteten in ihrer Erklärung auf eine bewaffnete Intervention. Die Regierung des am 3. Juni von den Franzosen wiedereingesetzten Kaisers Bao Dai, der am 15. Juni Ngo Dinh Diem zum Premierminister einsetzte, weigerte sich, das Abkommen anzuerkennen.

Damit war der Krieg in Vietnam zunächst zwar beendet, doch waren die Wurzeln des nächsten Konfliktes bereits erkennbar.

Neue Formosa-Krise

Offensichtlich durch den Erfolg in Indochina ermutigt, begannen die chinesischen Kommunisten weitere Zeichen von Kampfeslust zu zeigen; ihre Führer drohten offen mit einer Invasion Formosas, das unter dem Schutz der US-7. Flotte stand. Die Beschießung von Inseln direkt vor der chinesischen Küste, die noch von den National-Chinesen besetzt waren, führte fast zu einer Krise der amerikanischen Militärpolitik. Man stand vor der Frage, ob die USA auch verpflichtet seien, für den Schutz von Plätzen wie Quemoy in den Kampf zu ziehen. Wieder entschied man sich für Inaktivität, aber die Verpflichtung, Formosa und die Pescadores zu schützen, wurde in einem im November 1954 mit Tschiang Kai schek geschlossenen Abkommen bekräftigt. Die Rot-Chinesen antworteten auf dieses Abkommen mit der erneuten Erklärung, Formosa sei ein Teil Chinas; sie warnten die USA vor den Konsequenzen, falls sie den »legitimen« Bemühungen Rot-Chinas, die Insel einzunehmen, Widerstand entgegensetzten.

Angesichts der augenscheinlichen amerikanischen Politik, im Pazifik nur mit Worten und diplomatischen Noten Krieg zu führen, begannen die Kommunisten neue Schwierigkeiten in Thailand, Indonesien, Malaya und anderen Gegenden zu machen. Druck von außen und innere Unruhen waren ihre Methoden; ihr Ziel war es, diese Gebiete dem kommunistischen Herrschaftsbereich einzuverleiben. In Korea forderten die Kommunisten den Westen ganz offen heraus; sie verletzten den koreanischen Waffenstillstandsvertrag, indem sie zusätzliche Kampfflugzeuge einschließlich Besatzungen nach Nordkorea brachten, die Arbeit der UN-Kontrollgruppen behinderten und trotz vertraglicher Abmachungen alliierte Kriegsgefangene nicht zurückführten. Sie waren offensichtlich der Ansicht, daß die UNO, insbesondere die Vereinigten Staaten, den Krieg wegen derartiger Vertragsverletzungen nicht erneut beginnen würden.

Eine neue Herausforderung für die Vereinigten Staaten stellte die Erklärung Rot-Chinas dar, es würde 13 amerikanische Flieger, die zum Teil in Korea in Kriegsgefangenschaft geraten, zum Teil bei Routine-Patrouillenflügen über See abgeschossen worden waren, als Spione in Gewahrsam behalten. Eine lautstarke Gruppe im Kongreß, angeführt von dem Führer der Republikanischen Mehrheit, Senator William F. Knowland, schlug vor, die USA sollten über Rot-China die Blockade verhängen. Die Mehrzahl der »Joint Chiefs of Staff« befürwortete ebenfalls eine Blockade; Präsident Eisenhower aber lehnte diesen Vorschlag ab. Er war nicht geneigt, das damit gegebene Kriegsrisiko einzugehen. Stattdessen wurde es der Vollversammlung der Vereinten Nationen überlassen, über die Freilassung der amerikanischen Flieger zu verhandeln.

Um diese Zeit begann die UdSSR offensichtlich eine neue Phase ihrer internationalen Diplomatie. Weniger kriegerisch seit Stalins Tod trat sie jetzt für eine Politik der »friedlichen Koexistenz« ein. Manche Beobachter interpretierten dies als eine Phase in Rußlands Drei-Schritte-vor-und-zwei-Schritte-zurück-Strategie.[1] In Europa zeigte sich die freundlichere Seite der Entwicklung, in Asien aber dauerten die Spannungen fort.

Mitte Januar 1955 hatten die Rot-Chinesen einen erfolgreichen amphibischen Angriff gegen die winzige Insel Yikiangshen, rund 215 Meilen nordwestlich von Formosa, etwa 20 Meilen vor der chinesischen Küste, unternommen. Die Eroberung wurde begleitet von Drohungen gegen die nahegelegenen Tachen-Inseln und erneuten Versicherungen der Rot-Chinesen, sie würden Formosa erobern trotz des Schutzschirmes der 7. Flotte. Präsident Eisenhower, der die Bedrohung des Friedens begriff, erbat in einer Botschaft an den Kongreß die Genehmigung, amerikanische Streitkräfte gegebenenfalls zur Verteidigung von Formosa, der Pescadores und anderer Gebiete, die für Formosas Sicherheit für not-

1 Vgl. dazu Kap. 50.

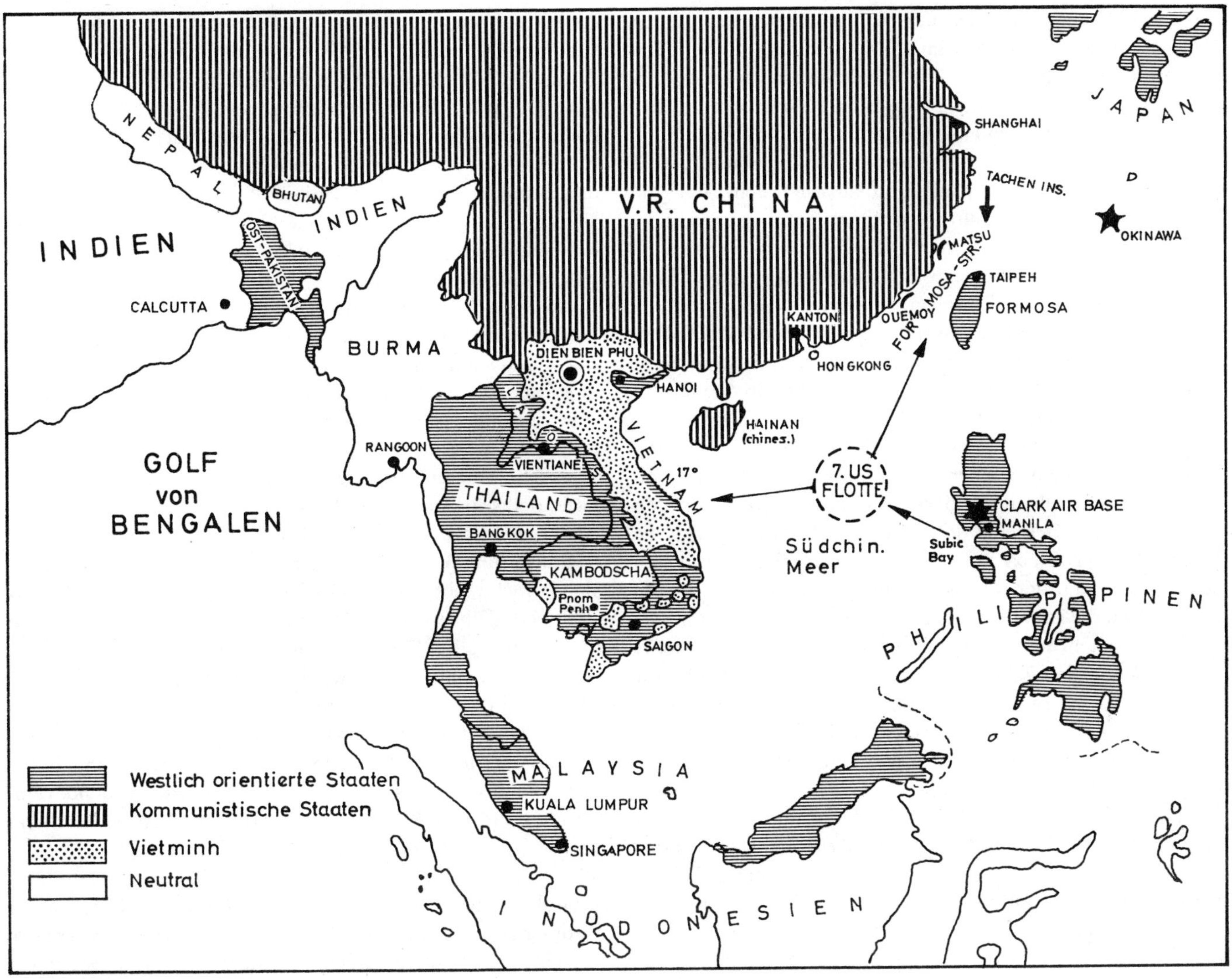

Die Lage in Südostasien im Sommer 1954

wendig gehalten wurden, einzusetzen. Nach kurzer Debatte erteilte der Kongreß die Genehmigung.
Akute Sorge bereitete die Evakuierung der Tachen-Inseln, und wieder stellte sich die größere Frage, ob Inseln wie Matsu und Quemoy von den amerikanischen Streitkräften verteidigt werden sollten. Während der Operationen um die Tachen-Inseln ereigneten sich einige Scharmützel zwischen Schiffen und Flugzeugen von National- und Rot-Chinesen. Bei dem Versuch, diesen Zusammenstößen ein Ende zu setzen, schlugen die Vereinigten Staaten ein Feuer-Einstellungs-Abkommen vor, aber Premierminister Tschu En-lai wies diesen Gedanken kalt zurück und wiederholte die Herausforderung an die USA durch die Versicherung, man werde Formosa »befreien«. Unter derart unheilvollen Bedingungen evakuierte die 7. Flotte die Tachen-Inseln.

Die Suez-Krise und der Aufstand in Ungarn 1956

Der Nahe Osten war seit 1945 ein Spannungszentrum der Weltpolitik. Der Abzug der britischen und französischen Besatzungstruppen aus dem nahöstlichen Gebiet in den Jahren nach dem zweiten Weltkrieg hatte hier ein Machtvakuum entstehen lassen, das die jungen arabischen Staaten kaum ausfüllen konnten; sie waren durch Rivalitäten ihrer Führungsgruppen untereinander, im Inneren aber auch durch den Konflikt der alten Oberschichten mit neuen sozialrevolutionären Bewegungen geschwächt. Ein gemeinsames Ziel fanden sie nur in ihrer Feindschaft gegen Israel. Dieser Konflikt im Nahen Osten wurde überlagert durch das zunächst wirtschaftliche (Öl) und politische, später auch ideologische Ringen um Machtpositionen in diesem Raum zwischen den großen Machtblöcken.
Am 29. November 1947 hatte die UN-Vollversammlung die

Teilung Palästinas in einen jüdischen und einen arabischen Teil beschlossen. Am 14. Mai 1948 verkündete David Ben Gurion die Unabhängigkeit des neuen Staates Israel, in den schon am folgenden Tage bewaffnete Kräfte Syriens, des Libanon, Iraks, Jordaniens und Ägyptens einfielen. Nach wechselvollen Kämpfen gelang es dem UN-Vermittler, Graf Bernadotte, einen Waffenstillstand auszuhandeln, den die Israelis ausnutzten, um ihre unzulängliche Bewaffnung zu verbessern. Vor allem aus der Tschechoslowakei trafen im Laufe des Monats Juni neue Waffen ein. Die Sowjetunion glaubte in den sozialistischen Gruppen, die damals in Israel herrschten, bessere Ansatzpunkte für ihre Politik als in den noch von alten, feudalen Oberschichten regierten arabischen Ländern zu finden und unterstützte deshalb den jungen Staat Israel durch die sofortige Anerkennung und materielle Hilfe. Am 9. Juli kam es zu neuen Kämpfen, bei denen die Israelis, über die vorgesehenen Teilungsgrenzen hinaus, weitere arabische Gebiete erobern konnten. Aus den nun von Israel besetzten Gebieten flohen rund 600000 Araber in die Nachbarländer. Nach zehn Tagen kam es zu einem neuen Waffenstillstand, der für zwei Monate anhielt. Am 14. Oktober traten die israelischen Truppen, inzwischen weiter verstärkt, zu einem neuen Angriff an. Es gelang ihnen, in der Wüste Negev eine ägyptische Division am 22. Oktober zur Kapitulation zu zwingen. Anfang 1949 kam es zu einem neuen Waffenstillstand, der Israel zunächst die inzwischen besetzten Gebiete beließ, jedoch den Keim für künftige Konflikte in sich barg.

Die Niederlage gegen Israel stachelte das arabische Nationalgefühl an. Am 17. Juni 1950 kam es zum Abschluß eines militärischen Vertrages zwischen Ägypten, dem Libanon, Syrien, Saudi-Arabien und dem Jemen, dem sich später der Irak und Jordanien anschlossen. Neuen Schwung erhielt die nationalistische Welle in den arabischen Staaten, als am 23. Juli 1952 unzufriedene Offiziere die korrupte Regierung des ägyptischen Königs Faruk gestürzt hatten und eine Militärjunta unter General Nagib an die Macht gekommen war. Nachdem am 18. April 1954 die treibende Kraft dieses Staatsstreiches, Oberst Nasser, General Nagib abgesetzt und selbst die Führung übernommen hatte, kam es am 19. Oktober 1954 zu einem Abkommen mit England, in dem die Zurückziehung der noch am Suezkanal stehenden britischen Truppen innerhalb von zwanzig Monaten vorgesehen wurde.

In ihrem Bestreben, den Expansionsdrang des Kommunismus durch ein möglichst alle Nachbarstaaten des kommunistischen Blocks umfassendes Paktsystem einzudämmen, waren die Vereinigten Staaten bestrebt, auch eine mohammedanische Front in Südwestasien als Anschluß an die Südflanke der NATO zu bilden. Als Ansatzpunkte boten sich dafür die zur NATO gehörende Türkei und das gegen seinen Gegner auf dem Halbkontinent, Indien, Anlehnung suchende Pakistan an. Sie hatten am 4. April 1954 einen Freundschaftspakt abgeschlossen. Ein Abkommen zwischen den USA und Pakistan vom 19. Mai 1954 sah daraufhin amerikanische Kriegsmateriallieferungen an Pakistan vor. Pakistan bildete gleichzeitig für die am 8. September 1954 als fernöstliches Gegenstück zur NATO gebildete SEATO den westlichen Pfeiler, dem sich nach Osten Thailand, die Philippinen, Australien und Neuseeland anschlossen, während die Großmächte USA, Großbritannien und Frankreich den Rückhalt des Systems bildeten. Seine Ergänzung fand dieses System durch zweiseitige Verträge der Vereinigten Staaten mit Süd-Vietnam, National-China (Formosa), Süd-Korea und Japan. Anfang 1955 galt es nun für den amerikanischen Außenminister Dulles, die Lücke zwischen der Türkei und Pakistan zu schließen. Zu diesem Zweck wurde zunächst am 24. Februar 1955 zwischen der Türkei und dem Irak der Bagdad-Pakt abgeschlossen, dem am 30. März Großbritannien, am 23. September Pakistan und am 16. Oktober 1955 der Iran beitraten. Ziel der Politik der westlichen Mächte war es, diesen Pakt auf weitere arabische Staaten auszudehnen, darunter vor allem auf die potentiell stärkste Macht Ägypten.

Ägyptens Ministerpräsident Nasser, der im Inneren mit einer Sozialisierung und Industrialisierung begonnen hatte, wollte sich jedoch nicht einseitig festlegen lassen. Ihm schwebte als Ziel eine Führerrolle einer panarabischen Bewegung und innerhalb des sich unter Führung von Indiens Ministerpräsident Nehru und Jugoslawiens Staatschef, Marschall Tito, bildenden Blocks der bündnisfreien Staaten Asiens und Afrikas an. Diese Blockbildung hatte ihren Ausdruck in der ersten Bandoeng-Konferenz vom 18.–24. April 1952 gefunden, die auf Veranlassung des indonesischen Ministerpräsidenten einberufen und von 29 Staaten aus Afrika und Asien beschickt wurde.

Während die Blockbildung nach der Aufnahme der Bundesrepublik Deutschland in die NATO (Oktober 1954) mit der Bildung des Warschauer Paktes am 14. Mai 1955 einen neuen Höhepunkt erreichte, schien die vom 18.–23. Juli 1955 stattfindende Genfer Gipfelkonferenz zwischen Präsident Eisenhower, Premierminister Eden und Ministerpräsident Faure auf westlicher sowie Ministerpräsident Bulganin und Parteichef Chruschtschow auf sowjetischer Seite eine gewisse Entspannung zu signalisieren.

Doch sollte sich die Entwicklung im Nahen Osten trotz dieser Entspannung zwischen den großen Mächten bald zuspitzen. Nasser hatte zunächst zwei Nahziele: einerseits wollte er die völlig unzulängliche und veraltete Ausrüstung seiner Streitkräfte durch Importe von Kriegsmaterial für die bevorstehende Auseinandersetzung mit Israel verbessern, andererseits plante er zur Lösung der Bewässerungs- und Energieprobleme den Bau eines großen Nilstaudammes bei Assuan, der jedoch nur mit erheblicher finanzieller und technischer ausländischer Hilfe zu verwirklichen war. Die ägyptischen Bemühungen, Waffen und Kriegsmaterial im Westen einzukaufen, hatten nur in England und Frankreich recht begrenzten Erfolg, während die Vereinigten Staaten nur zu Lieferungen bereit waren, wenn Ägypten entweder ein gegenseitiges Beistandsabkommen abschloß und amerikanische Ausbildungshilfe annahm – oder aber die Lieferungen in bar bezahlte. Während sich die Verhandlungen mit den USA hinzogen, nahm Nasser am 15. Mai 1955 Verbindungen mit der Sowjetunion auf, die schließlich am 24. September zum Abschluß eines Waffenlieferungsabkommens führten, das Lieferungen im Wert von 120 Millionen $ vorgesehen haben soll. Die Abwicklung dieser Lieferungen erfolgte, soweit es die Armee und Luftwaffe betraf, über die Tschechoslowakei, für die Marine über Polen. Tatsächlich geliefert wurden für die Armee rund 150 Tanks der sowjetischen Typen *T-34, T-34/85* und *JS-3* sowie Selbstfahrlafetten des Typs *SU-100;* ferner Geschütze, Maschinenwaffen und Luftabwehrkanonen. Für die Luftwaffe sah das Abkommen die Lieferung von 86 Düsenjägern vom Typ *MiG-15,* 39 Düsenbombern vom Typ *IL-28* sowie von 20 Transportflugzeugen *IL-14* und 25 Schulflugzeugen *Yak-11* vor. Die ersten Flugzeuglieferungen trafen Ende 1955 mit dem Frachter *Stalingrad* in Ägypten ein. Die Lieferungen für die Marine sahen zwei Zerstörer vom Typ *Skory** vor, die am 11. Juni 1956 eintrafen, vier Minensucher vom Typ *T-43*, die im Frühjahr 1956 geliefert wurden, sowie 12 Torpedo-Schnellboote des sowjetischen Typs *P-6*, die am 19. April 1956 eintrafen. Zum Zusammenbau der gelieferten Waffen und Flugzeuge sowie zur Ausbildung der ägyptischen Besatzungen trafen in größerer Zahl sowjetische und tschechische sowie andere Ostblockexperten in Ägypten ein.

Um im Sinne seiner Politik der Blockfreiheit ein gewisses Gegengewicht gegen diese sowjetischen Lieferungen zu erhalten, drängte Nasser nun darauf, von den USA entsprechende Zusagen zur Finanzierung des Assuan-Damm-Projektes zu bekommen. Am 16. Dezember 1955 erklärten sich die USA gemeinsam mit Großbritannien und der Weltbank bereit, die Finanzierung dieses Projektes zu übernehmen.

Inzwischen wurden die sowjetischen Waffenlieferungen an Ägypten immer offenkundiger; als man Chruschtschow bei seinem Besuch in London im April 1956 darauf ansprach, schlug er ein UN-Abkommen gegen den Waffenexport vor. Nasser sah darin eine Gefahr für die Ausrüstung seiner Armee und suchte durch die Anerkennung Rot-Chinas am 16. Mai 1956 einen potentiellen Waffenlieferanten außerhalb der UNO zu gewinnen. Anläßlich eines längeren Besuches des neuen sowjetischen Außenministers Schepilow in Kairo im Juli 1956 schloß Ägypten mit der Sowjetunion ein Abkommen über friedliche Verwendung der Atomenergie und dazu ein zunächst nicht bekanntgewordenes Geheimabkommen über weitere Waffenlieferungen, das u. a. auch modernere Düsenjäger vom Typ *MiG-17* und zwei U-Boote der *W**-Klasse umfaßte.

Der amerikanische Außenminister Dulles erblickte in diesem Schritt eine Brüskierung der USA und entschloß sich, dem innenpolitischen Druck (Zionisten- und Baumwollindustrie-Lobby) gegen das Assuan-Projekt nachzugeben. Am 19. Juli 1956 zogen die USA die Zusage einer Finanzierungshilfe für das Projekt zurück, am nächsten Tage darin von Großbritannien und der Weltbank gefolgt. Präsident Nasser antwortete auf diesen Schlag am 26. Juli mit der Verstaatlichung der Suez-Kanal-Gesellschaft, um künftig mit deren Einnahmen das Assuan-Projekt zu finanzieren.

Briten und Franzosen waren die Hauptaktionäre der Suez-Kanal-Gesellschaft. Ihr Wirtschaftsleben hing von Öllieferungen aus dem Nahen Osten ab, die weitgehend durch den Suezkanal erfolgten. So erwogen sie sogleich ein militärisches Eingreifen zur Sicherung ihrer Rechte. Als sie am 29. Juli den Vereinigten Staaten eine gemeinsame Aktion der drei Mächte gegen Ägypten vorschlugen, wurde das jedoch von den USA abgelehnt, die eine diplomatische Lösung des Konfliktes anstrebten. Unter amerikanischem Druck erklärten sich England und Frankreich bereit, an einer Konferenz der am Suezkanal interessierten Staaten teilzunehmen, die am 16. August in London zusammentrat. Ägypten lehnte jedoch die Einladung zu dieser Konferenz ab. Nach langen Debatten nahmen 18 der 22 Staaten den von Amerika unterbreiteten Vorschlag an, den eine Kommission von fünf Teilnehmern unter Führung des australischen Ministerpräsidenten Menzies Nasser übermitteln sollte. Die Sowjetunion, Ceylon und Indonesien stimmten einem die ägyptische Position berücksichtigenden indischen Vorschlag zu.

Inzwischen waren jedoch auch die militärischen Vorbereitungen angelaufen. Erste informative Gespräche Ende Juli beschäftigten sich mit Überlegungen für eine militärische Besetzung des Suez-Kanal-Gebietes, doch gingen die Ziele der beiden Regierungschefs weiter: der britische Premierminister Eden sah in Nasser einen Diktator, dessen Versicherungen man nicht trauen könne und der, wie seinerzeit Hitler und Mussolini, seine Forderungen immer höher schrauben würde; der französische Ministerpräsident Mollet sah in Nasser den entscheidenden Hintermann, welcher den seit November 1954 in Algerien gegen die französische Herrschaft ausgebrochenen Aufstand mit seiner Propaganda und materieller Unterstützung schürte. Beide Politiker waren sich darin einig, daß das Hauptziel einer Aktion die Ausschaltung Nassers sein müsse.

So befaßte sich der seit dem 3. August in London gebildete, gemeinsame britisch-französische Planungsstab unter dem britischen Generalleutnant Stockwell mit der Ausarbeitung von Plänen für eine große amphibische Operation gegen Alexandria, da nur von diesem großen Hafen aus ein schneller Vorstoß stärkerer Kräfte auf die ägyptische Hauptstadt Kairo möglich schien. Am 14. September war der Plan für diese Operation »Hamilcar« fertiggestellt. Bereits am 11. August hatten sich die britische und französische Regierung darauf geeinigt, die Operation unter dem Oberbefehl des britischen Generals Keightley und britischen Befehlshabern der kombinierten Teilstreitkräfte durchzuführen, denen jeweils französische Stellvertreter unter dem Vizeadmiral Barjot beigegeben wurden. Die Planung sah vor, am 13. September mit britischen und französischen Bombern von Malta und Zypern

* NATO-Typenbezeichnungen sowjetischer Schiffsklassen.

sowie Trägerflugzeugen Luftangriffe gegen die Basen der ägyptischen Luftwaffe zu starten, um diese auszuschalten, und dann am 15. September eine gemeinsame Luft- und Seelandung im Raum Alexandrien durchzuführen. Dabei sollten von britischer Seite die auf Zypern stationierte 16. Fallschirm-Brigade und die 3. Commando-Brigade, die in Libyen liegende 10. Panzer-Division und die aus England kommende 3. Infanterie-Division sowie von französischer Seite die von Algerien kommende 10. Luftlande- und 7. schnelle mechanisierte Division eingesetzt werden. Am 24. August wurde der Termin für die Landung zunächst um zwei, am 2. September nochmals um acht Tage verschoben, um zuvor das Ergebnis der Menzies-Mission abzuwarten. Zugleich war Eden während dieser Zeit bestrebt, das Einverständnis Präsident Eisenhowers zu erlangen. Dieser lehnte jedoch eine militärische Aktion weiterhin ab, insbesondere soweit sie einen Sturz Nassers zum Ziel hatte. Für ihn und Außenminister Dulles ging es ausschließlich um eine friedliche Regelung des Suez-Kanal-Problems. So mußte Eden unter dem amerikanischen Druck einen neuen Verhandlungsplan ausarbeiten lassen, der die Bildung einer genossenschaftlichen Vereinigung der Suez-Kanal-Benutzer vorsah und der auf einer neuen Konferenz erörtert werden sollte. Achtzehn Staaten nahmen an dieser vom 19.–21. September laufenden Konferenz teil, die jedoch von Ägypten erneut abgelehnt wurde. Man konnte nicht mehr erreichen, als für den 1. Oktober eine neue Zusammenkunft der nunmehr auf 15 Staaten zusammengeschmolzenen Konferenz zu vereinbaren, bei der die näheren Einzelheiten und die Konstituierung einer Suez-Kanal-Benutzer-Vereinigung nach dem Vorschlag von Außenminister Dulles erörtert werden sollten.
Inzwischen war es zu Kontakten zwischen Frankreich und Israel gekommen. Der israelische Ministerpräsident Ben Gurion hatte bereits seit Ende 1955 Überlegungen anstellen lassen, wie der Aufrüstung Ägyptens durch die Sowjetunion mit einem Präventivangriff zu begegnen sei. Zahlreiche Überfälle arabischer Todeskommandos »Fedajin« aus dem Gebiet des Gazastreifens und von Jordanien her hatten zu israelischen Vergeltungsangriffen und militärischen Plänen zur Ausschaltung der Basen dieser Terroristen auf ägyptischem und jordanischem Boden geführt. Um ein Gegengewicht gegen die ägyptischen Düsenjäger zu gewinnen, hatte Israel im Oktober und November 1955 in Frankreich 30 Jagdbomber vom Typ *Ouragan* und 24 Jäger vom Typ *Mystère IV* bestellt und zugleich in Kanada 24 *Sabre*-Düsenjäger geordert. Da diese nach dem Aufflammen der Spannungen einem kanadischen Embargo unterlagen, bemühte sich der israelische Verteidigungsminister Peres bei einem Besuch in Paris am 7. August um einen Ersatz dieser Flugzeuge durch französische Lieferungen. Tatsächlich wurden ihm 45 weitere Jagdbomber vom Typ *Ouragan,* 8 Transportflugzeuge *Noratlas* und 36 weitere *Mystère*-Jäger zugesagt.
In den folgenden Wochen kam es zu verschiedenen französisch-israelischen Kontakten, bei denen sich beide Seiten über die laufenden militärischen Planungen unterrichteten. Das führte zu einem Drängen der französischen Planer, die Landungsoperation statt gegen Alexandria nunmehr gegen Port Said als Ausgangspunkt für eine Wegnahme des Suezkanals zu legen. Am 10. September wurde die Änderung dieses Planes, der nun »Musketeer« genannt wurde, genehmigt. Doch hatten die Änderungen weitere Verzögerungen zur Folge, so daß der Angriffstermin erneut auf den 8. Oktober verschoben werden mußte. Während die französische Seite auf eine baldige Aktion drängte, blieb Eden unentschlossen, da er unter dem Eindruck von Warnungen Präsident Eisenhowers, Außenminister Dulles' und des sowjetischen Ministerpräsidenten Bulganin zunächst den Ausgang der für Anfang Oktober vorgesehenen dritten Suez-Konferenz und der Sitzungen des Sicherheitsrates der UN abwarten wollte. So wurde auch der Termin 8. Oktober abgesagt und auf den 21. Oktober verschoben, als sich bei einem Treffen der Außenminister Frankreichs, Großbritanniens und Ägyptens anläßlich der Sitzung des Sicherheitsrates in New York ein gewisses ägyptisches Entgegenkommen abzuzeichnen schien. Die Abstimmung des Sicherheitsrates am folgenden Tage ergab eine Mehrheit von 9:2 für den amerikanischen Plan einer Benutzer-Genossenschaft, doch scheiterte die Abstimmung schließlich am sowjetischen Veto. Die Krise erreichte ihren Höhepunkt.
Am 10. Oktober hatte sich Israel zu einem Präventivschlag gegen die ägyptischen Streitkräfte auf der Sinai-Halbinsel bereiterklärt, wenn Frankreich die Luftsicherung dieser Operation und die Deckung der israelischen Küste gegen Luft- und Seeangriffe übernehmen würde. Frankreichs Aufgabe sollte es sein, Großbritannien zur Beteiligung bei der Zerschlagung der ägyptischen Luftwaffe zu gewinnen. Ein am gleichen Tage geführter israelischer Vergeltungsangriff gegen das jordanische Terroristennest Qalqilya sollte dieses Projekt fast zum Scheitern bringen. Der jordanische König Hussein wandte sich angesichts dieses schweren Angriffes an seinen Bundesgenossen Großbritannien mit der Bitte um Luftunterstützung. Da Eden sich nicht auf der falschen Seite in den Kampf ziehen lassen konnte, bat er den irakischen Ministerpräsidenten um die Entsendung irakischer Truppen nach Jordanien. Dies mußte naturgemäß israelische Befürchtungen auslösen. Nur mit Mühe gelang es, diese Schwierigkeiten auszuräumen. Am 14. Oktober wurde Premierminister Eden erstmalig von dem Stabschef der französischen Luftwaffe, General Challe, voll in die israelisch-französischen Abmachungen eingeweiht. Bei einem Treffen der Ministerpräsidenten und Außenminister am 16. Oktober in Paris wurde der endgültige Entschluß zur Auslösung der gemeinsamen Operationen gefaßt.
Mit Hochdruck ging man daran, die weit auseinandergezogenen britisch-französischen Truppenverbände, welche für die Operationen vorgesehen waren, in ihre Ausgangsbasen Zypern und Malta zu verlegen und die notwendigen Luftwaffen- und Flottenverbände im Mittelmeerraum zu versammeln. Am 26. Oktober früh begann insgeheim die israelische Mobilmachung und am folgenden Tage ergingen die

Vorbereitungsbefehle für die Auslösung der Operation »Musketeer«.

Der Zeitpunkt für eine Aktion schien günstig gewählt, die Aufmerksamkeit der beiden Supermächte war durch den ins Endstadium tretenden Präsidentschaftswahlkampf in den USA und die am 20. Oktober in Polen und 23. Oktober in Ungarn ausbrechenden Unruhen beansprucht.

Naturgemäß war der anglo-französische Aufmarsch auch der ägyptischen Seite nicht völlig verborgen geblieben. Nasser hatte sich deshalb entschlossen, die den Mittelteil der Sinai-Front deckende 2. Infanterie-Division in das Gebiet des Suezkanals zurückzuziehen, wo bereits je eine Panzer-Brigade bei El Kantara und Ismailia sowie eine motorisierte Brigade bei Suez stationiert waren. Der israelische Raid vom 10. Oktober schien darüber hinaus zunächst auf Absichten gegen Jordanien hinzudeuten, das bei dem Ausbleiben englischer Hilfe am 25. Oktober dem gemeinsamen ägyptisch-syrischen Oberkommando unter dem ägyptischen General Amer beitrat. Diesen Eindruck verstärkten die Israelis durch einen Täsuchungsmarsch der Brigade Sharon am 26. Oktober zur jordanischen Grenze.

So traf der Beginn der israelischen Operation »Kadesh« am 29. Oktober um 16 Uhr die Ägypter überraschend. Die Brigade Sharon überschritt aus der südlichen Negev-Wüste die ägyptische Grenze und überrollte die ägyptische Grenzposition Kuntilla. Eine Stunde später sprang ein israelisches Fallschirmjäger-Bataillon dicht ostwärts des Mitla-Passes ab, um diesen schmalen Durchgang, der die Pilgerstraße von Suez her sperrte, in die Hand zu bekommen. Am Morgen erreichte die Brigade Sharon den Ort El Thamed auf der Pilgerstraße und stieß von dort nach Nordwesten vor, um das Fallschirmjäger-Bataillon zu entsetzen, das sich inzwischen dem Mitla-Paß näherte. Noch in der gleichen Nacht stießen aus dem Gebiet nördlich Kuntilla die israelischen Panzerbrigaden Ben Avi und die Infanterie-Brigade Harpaz nach Norden auf die Hauptstellung der ägyptischen 3. Division bei Abu Aweigila vor. Gegen Morgen setzte sich auch die motorisierte Brigade Yoffe von Eilat zu ihrem Wüstenmarsch entlang der Küste des Golfs von Akaba nach Sharm el Sheikh in Marsch.

Da ein britisch-französischer Angriff ausblieb, entschloß sich Nasser zum Gegenangriff. Die ägyptische Luftwaffe begann mit *Vampire*- und *MiG-15*-Düsenjägern die israelischen Angriffsspitzen anzugreifen und brachte insbesondere das noch isoliert kämpfende Fallschirm-Bataillon am Mitla-Paß in eine schwierige Lage. Von El Kantara und Ismailia setzten sich die beiden Panzerbrigaden auf der Küstenstraße und der Türkenstraße nach Osten in Bewegung, um die noch kaum in den Kampf gekommenen Einheiten der 3. und 8. Division zu unterstützen, während die Suez-Brigade in Richtung auf den Mitla-Paß vorstieß.

Am Nachmittag des 30. Oktober richteten England und Frankreich ein gemeinsames, auf 12 Stunden befristetes Ultimatum an Ägypten und Israel, in dem sie die Einstellung der Feindseligkeiten und den Rückzug der beiderseitigen Truppenverbände auf eine Entfernung von zehn englischen Meilen beiderseits vom Suezkanal forderten. Ägypten wurde ersucht, einer Landung englischer und französischer Truppen zum Schutz des Suezkanals keinen Widerstand entgegenzusetzen. Wie erwartet, lehnte Ägypten das Ultimatum ab, während Israel planmäßig annahm. Inzwischen hatten die Franzosen bereits ohne Wissen der Engländer mit der Unterstützung der Israelis begonnen, indem sie noch in der Nacht zum 30. das beim Mitla-Paß abgesprungene Fallschirmjäger-Bataillon mit sechs Transportflugzeugen, die Versorgungsgüter abwarfen, unterstützten. Zugleich begannen die von der anglo-französischen Flottenstreitmacht abgezweigten Zerstörer *Surcouf, Bouvet* und *Kersaint* vor der israelischen Küste zu patrouillieren, um Seeangriffe der ägyptischen Marine abzufangen.

Am Abend des 30. Oktober hatte der einzige voll einsatzbereite Zerstörer der ägyptischen Marine, die *Ibrahim El Awal* (Typ britisch *Hunt-I)* den Befehl erhalten, den israelischen Hafen Haifa zu beschießen. Nachdem sie aus zu großer Entfernung einige kurzliegende Salven abgegeben hatte, drehte sie ab. Kurz darauf wurde sie von der *Kersaint* in der Dunkelheit unter Feuer genommen, die das Gefecht jedoch nicht durchschlug, da man nicht wußte, ob es sich bei dem beschossenen Schiff um einen der beiden neuen, von der Sowjetunion gelieferten ägyptischen Zerstörer oder gar um ein Schiff der amerikanischen 6. Flotte handelte. So entkam die *Ibrahim El Awal* zunächst, wurde jedoch bei Hellwerden von der israelischen Aufklärung erfaßt. Außer zwei *Mystère*-Jagdbombern führten sie auch die beiden Zerstörer *Yaffo* und *Elath* sowie später zwei weitere Fregatten und vier Motortorpedoboote heran, denen sich der ägyptische Zerstörer nach längerem Gefecht ergab. Er wurde im Triumph nach Haifa eingeschleppt und erhielt den Namen dieser Stadt.

Gegen die befürchteten Angriffe der an Ägypten gelieferten *IL-28*-Bomber hatten die Franzosen insgesamt 45 *Mystère-IV*-Jagdflugzeuge auf die israelischen Flugplätze verlegt; es kam jedoch nur zu vereinzelten *IL-28*-Einflügen während der Nacht ohne gezielte Bombenwürfe. Tatsächlich war von den insgesamt bisher gelieferten 39 Flugzeugen dieses Typs erst eine Staffel mit 15 Maschinen einsatzbereit, von den 86 *MiG-15* erst etwa dreißig.

Das Auftreten von Schiffen der amerikanischen 6. Flotte, die den Befehl erhalten hatte, sich zur Deckung der Evakuierung amerikanischer Staatsangehöriger aus Ägypten und Israel ins östliche Mittelmeer zu begeben, brachte manche Probleme für die sich zur Operation »Musketeer« versammelnden britisch-französischen Flottenverbände mit sich. Die für die amerikanische Aktion »Cover« fliegenden Trägerflugzeuge irritierten mit ihren Manövern die alliierten Schiffe. Mehrfach wurden die zur Beobachtung eingeteilten amerikanischen U-Boote *Cutlass* und *Hardhead* von britischen und französischen Zerstörern geortet und mußten auftauchen. Noch größere Probleme ergaben sich jedoch aus der inzwischen von der US-Luftwaffe eingeleiteten Evakuierungsaktion selbst.

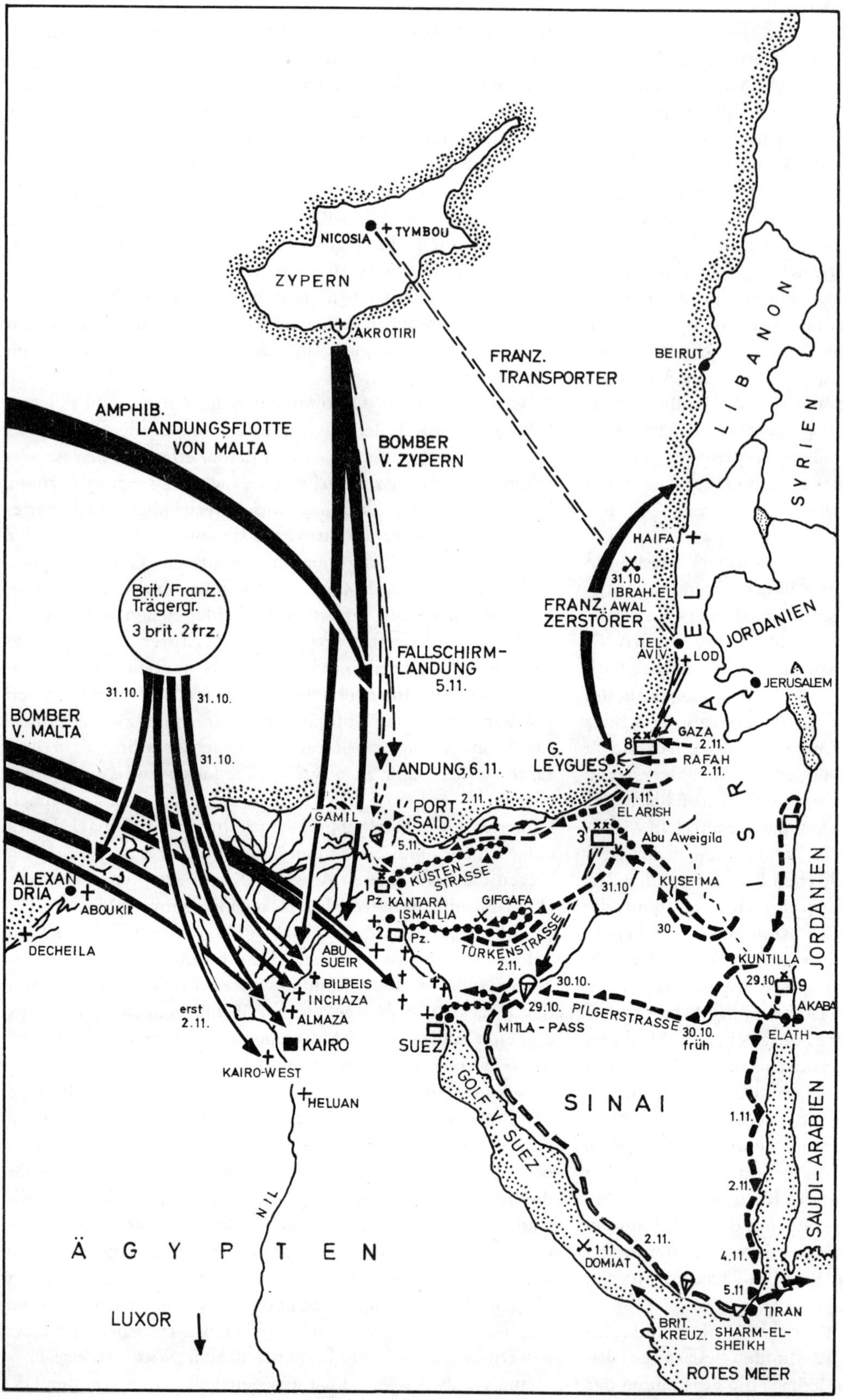

Der Sinai-Feldzug und die Suez-Landung 1956

Nach der alliierten Operationsplanung sollten die britisch-französischen Luftoperationen mit massierten Bombenangriffen auf die ägyptischen Flugplätze vor Beginn der Dämmerung am 31. Oktober um 4.45 Uhr beginnen. Man hoffte damit, die ägyptische Luftwaffe noch am Boden zerschlagen zu können. Auf Weisung von London mußte General Keightley seine bereits gestarteten Flugzeuge aber wieder zurückrufen, um bei der ohnehin prekären Lage gegenüber den USA nicht noch Schäden an den auf dem Flugplatz Kairo-West bereits gelandeten amerikanischen Transportflugzeugen oder gar Verluste unter den sich hier sammelnden US-Staatsangehörigen zu verursachen.

Damit entstand für die israelische Armee, die mit der Ausschaltung der ägyptischen Luftwaffe am Morgen des 31. Oktober gerechnet hatte, eine schwierige Situation. Die 202. Fallschirm-Brigade, die zu ihrem vor dem Mitla-Paß luftgelandeten und von französischen Transportflugzeugen versorgten Bataillon am Morgen aufgeschlossen hatte, geriet erneut unter Jagdbomber-Angriffe, während sie auf den Befehl zum weiteren Vorstoß durch den Paß nach Westen wartete. Er sollte erst gegeben werden, wenn die Luftbedrohung ausgeschaltet war. So gewann die ägyptische Suez-Brigade Zeit, mit zwei Bataillonen die Paßhöhe zu besetzen. Im mittleren Abschnitt vor Abu Aweigila, wo die 7. Panzer-Brigade entgegen dem Befehl, sich getarnt für einen Vorstoß nach Westen bereitzuhalten, gegen die ägyptischen Stellungen vorgeprellt war, kam es den ganzen Tag über zu heftigen Kämpfen. Weder die hier eingesetzten 4. und 10. Infanterie- noch die 37. Panzer-Brigaden konnten den Widerstand der ihre Stellungen hartnäckig verteidigenden Kräfte der 3. ägyptischen Division, die Unterstützung durch zwei von El Arish kommende »Sherman«-Panzerabteilungen erhielt, brechen. Zugleich rückten die wieder über den Suezkanal gegangenen ägyptischen 1. und 2. Panzer-Brigaden auf der Küstenstraße in Richtung El Arish und auf der Türkenstraße auf Bir Gifgafa vor, um die bedrängte 3. Division zu unterstützen.

Am Nachmittag des 31. Oktober wurde bekannt, daß Jugoslawien für den nächsten Tag eine Sondersitzung der Vollversammlung der UNO verlangt hatte, nachdem am Vortage eine amerikanische Resolution im Sicherheitsrat, die Israel zur Räumung des besetzten Gebietes aufforderte, am englisch-französischen Veto gescheitert war. Sollte die ganze Aktion nicht fehlschlagen, mußte jetzt etwas geschehen.

So erhielt Luftmarschall Barnett um 15 Uhr von London den Befehl, mit den Luftangriffen zu beginnen. Kurz nach Dunkelwerden griffen die vier von Malta gestarteten Staffeln britischer *Valiant*-Bomber und 14 von Malta und Zypern gestartete Staffeln *Canberra*-Bomber die wichtigsten ägyptischen Flughäfen Almaza und Inchaza bei Kairo und Abu Sueir und Kabrit in der Kanalzone an, um durch Bombenwürfe die Startbahnen unbenutzbar zu machen. Im Morgengrauen am 1. November starteten von den nördlich des Nildeltas kreuzenden britischen Trägern *Eagle, Albion* und *Bulwark* die *Seahawk*- und *Sea-Venom*-Staffeln und von den beiden französischen Schiffen *Arromanches* und *La Fayette* die *Corsair*- und *Avenger*-Bomber zu Tiefangriffen auf die auf den Flugplätzen abgestellten ägyptischen Flugzeuge. Bei diesen Angriffen, in die auch vier weitere Flugplätze im Gebiet des Nildeltas und bei Kairo einbezogen wurden, erhielten die Trägerflugzeuge Unterstützung durch britische *Venom*-Jagdbomber-Staffeln von Zypern und französische *F-84*-Jagdbomber, die von Zypern und dem Flugplatz Lod in Israel starteten. Bis zum Abend waren ca. 55 ägyptische Flugzeuge zerstört und weitere 40 mehr oder weniger schwer beschädigt. Die ägyptische Aktivität in der Luft hörte praktisch auf. Durch die Aussparung des Flugplatzes Kairo-West konnten die dort stationierten ägyptischen *IL-28*-Bomber jedoch nach Süden auf den Flugplatz Luxor ausweichen, von wo aus die Masse der noch nicht einsatzbereiten Maschinen nach Saudi-Arabien überführt wurde.

In der Nacht zum 1. November drang der britische Kreuzer *Newfoundland* mit dem Zerstörer *Diana* vom Roten Meer her in den Golf von Suez ein und stieß dabei auf die ägyptische Fregatte *Domiat,* die nach einem kurzen Gefecht versenkt wurde.

In der gleichen Nacht trat im Norden auch eine weitere israelische Kampfgruppe unter den Obersten Givli und Bar Lev mit der 1. und 11. Infanterie- und der 27. Panzer-Brigade zum Angriff in Richtung auf Rafah an, um die im Gazastreifen stehenden Einheiten der ägyptischen 8. Division – meistens Palästinenser – abzuschneiden. Der Vorstoß wurde von See her mit einer schweren Beschießung der Stadt durch den französischen Kreuzer *Georges Leygues* unterstützt. Nach der Eroberung von Rafah stießen die israelischen Panzergruppen unter Führung des Panzergenerals Laskov auf der Küstenstraße nach Westen vor, während gleichzeitig bei Abu Aweigila die israelischen Verbände nun unter persönlicher Führung des Generalstabschefs, General Moshe Dayan, die ägyptischen Verteidigungsstellen niederkämpften.

Nasser erkannte den Ernst der Situation und setzte eine Weisung an die auf der Sinai-Halbinsel befindlichen ägyptischen Verbände zur Lösung vom Gegner und zum Rückzug über den Suezkanal durch, um eine Vernichtung der Einheiten ostwärts des Kanals zu verhindern.

Während die anglo-französischen Luftangriffe in der Nacht zum 2. November und am darauffolgenden Tag weitergingen, nahmen die israelischen schnellen Verbände die Verfolgung der auf den Suezkanal ausweichenden ägyptischen Verbände auf, deren Rückmarsch alliierte Trägerflugzeuge und israelische Jagdbomber aufzuhalten versuchten. Dabei kam es am Mittag des 2. November im Gebiet von Bir Gifgafa zu einer Panzerschlacht, in der sich die größere Beweglichkeit der israelischen Panzer zeigte. Die Israelis schlossen, nachdem die Masse der ägyptischen Einheiten über den Suezkanal abgeflossen war, bis auf die von den Engländern vorgesehene Linie 15 Kilometer ostwärts des Suezkanals auf. Im Süden stieß die 9. Brigade durch das unwegsame Berggelände am Golf von Akaba nach Süden in Richtung auf

Sharm el-Sheik vor, während an der Ostküste des Golfs von Suez die Fallschirm-Brigade ihren Vormarsch auf der Roten-Meer-Straße nach Süden aufnahm.
Gleichzeitig wurde die Situation für die geplante anglo-französische Landung immer ungünstiger. Präsident Nasser hatte den Befehl gegeben, den Suezkanal durch die Versenkung vorbereiteter Block-Schiffe und im Kanal befindlicher Handelsschiffe zu sperren. Zugleich wurde die Brücke bei Ismailia gesprengt. Andererseits hatte die Vollversammlung der Vereinten Nationen am Nachmittag des 2. November mit den Stimmen der Sowjetunion eine amerikanische Resolution angenommen, in der die israelische Verletzung des Waffenstillstandes und die anglo-französischen Operationen gegen Ägypten verurteilt wurden und beschlossen wurde, eine sofortige Feuereinstellung und ein Anhalten der militärischen Bewegungen zu verlangen.
Offenbar hatte die von britischen Luftwaffen-Offizieren propagierte Strategie einer »aero-psychologischen« Kampfführung, die sich an die ersten Luftangriffe gegen die ägyptische Luftwaffe anschließen und nach etwa acht Tagen zum Zusammenbruch Ägyptens führen sollte, keine entsprechende Wirkung. Die Landungen, die ursprünglich für den 6. November vorgesehen waren, konnten jedoch kaum beschleunigt werden, da sich die amphibischen Transportflotten in See befanden und nicht vor dem 5. November vor Port Said eintreffen konnten. Während die Israelis ihren Feldzug am 3. November mit der Einnahme von Sharm el-Sheik und am folgenden Tage mit der Besetzung der dem Golf von Akaba vorgelagerten Tiran-Inseln zum Abschluß brachten, waren die Franzosen fieberhaft bemüht, die Engländer zu einer schnelleren Aktion zu bringen und ohne Rücksicht auf die kaum zu beschleunigende amphibische Landung die entscheidenden Punkte des Suezkanals durch Luft- und Fallschirmlandungen in die Hand zu bekommen. Die Engländer waren jedoch nicht bereit, von ihrer systematischen Operationsplanung weit abzuweichen, die sich aufgrund der Entfernungen, welche die amphibischen Verbände zurückzulegen hatten, kaum beschleunigen ließ. Der politische Druck auf die britische Regierung führte darüber hinaus zu einer immer weitergehenden Einschränkung der Operationsziele. Wollte man zunächst den gesamten Suezkanal in die Hand bekommen, so beschränkte man den Plan dann auf einen Vorstoß von Port Said über Kantara bis Ismailia, bis man sich schließlich weitgehend mit einer Besetzung von Port Said (Plan »Omelette«) begnügte, das als Faustpfand in der Hand behalten werden sollte, bis die von der UN-Vollversammlung am 4. November beschlossene UN-Truppe zur Sicherung eines Waffenstillstandes im Gebiet des Suezkanals eintreffen konnte.
In der Nacht zum 5. November konnte schließlich die geplante Operation anlaufen. Um 5.15 Uhr sprang das britische 3. Fallschirm-Bataillon über dem Flugplatz Gamil westlich von Port Said, ein französisches Fallschirm-Regiment unter General Massu über dem inneren Hafenbecken von Port Said ab, um die landeinwärts führenden Brücken intakt in die Hand zu bekommen. Am Mittag konnte ein weiteres gelandetes französisches Fallschirm-Bataillon der 10. Luftlande-Division den Ostteil, Port Fuad, wegnehmen. Die zur Unterstützung der Luft- und Seelandungen vorgesehene massive Feuerunterstützung durch die Artillerie des französischen Schlachtschiffes *Jean Bart* und der britischen Kreuzer *Ceylon* und *Jamaica* sowie der französischen *Georges Leygues* mußte ausfallen, da man unnötige Verluste in den bewohnten Gebieten von Port Said und bei den gelandeten Fallschirmjägern in der Stadt vermeiden wollte. So durften nur die zwölf anwesenden britisch-französischen Zerstörer mit ihren 11,4-cm- bzw. 12,7-cm-Geschützen auf Anforderung in die Kämpfe eingreifen.
Am Morgen des 6. November begann nach Eintreffen der Landungsflotte die amphibische Landung der britischen 3. Commando-Brigade westlich des Kanaleinganges in Port Said, während ostwärts des Kanaleinganges bei Port Fuad am Strand Teile der französischen 7. mechanisierten Division gelandet wurden. Bei diesen Operationen kam es erstmalig zum Einsatz von Hubschrauber-Trägern. Die beiden britischen Leichten Träger *Theseus* und *Ocean* setzten mit ihren *Whirlwind*-Hubschraubern im Laufe des Tages rund fünfhundert Mann Marine-Infanterie an Land. Die Gegenwehr gegen die britisch-französischen Landungen blieb gering und beschränkte sich weitgehend auf Guerilla-Aktionen, bis es schließlich durch Vermittlung des italienischen Konsuls am 6. November zu einem lokalen Waffenstillstand kam. Ein Versuch der beiden neuen, von der Sowjetunion gelieferten ägyptischen Zerstörer, die Landung zu behindern, wurde frühzeitig durch Angriffe von französischen Trägerflugzeugen verhindert, die einen der Zerstörer schwer beschädigten.
Inzwischen war es auf politischer Ebene zu einer dramatischen Entwicklung gekommen. In der Nacht vom 5. zum 6. November hatte der sowjetische Ministerpräsident Bulganin, während gleichzeitig sowjetische Truppen in Ungarn einmarschierten, an England, Frankreich und Israel drohende Warnungen ergehen lassen, in denen er den Einsatz von Raketenwaffen gegen England und Frankreich androhte. Zugleich war die Sowjetunion bemüht, zu einem gemeinsamen Vorgehen mit den USA gegen England und Frankreich zu kommen. Wenn Präsident Eisenhower, der am gleichen Tage wiedergewählt wurde, auch ein solches Vorgehen ablehnte, so drängte er doch gleichzeitig Eden, die von der UN-Vollversammlung verabschiedete US-Resolution anzunehmen. Eden gab diesem Druck schließlich nach und versuchte, den französischen Ministerpräsidenten Mollet zu einer Feuereinstellung am Nachmittag um 17 Uhr zu überreden. Auf dessen Drängen stimmte er schließlich einer Verlängerung der Zeit auf 24 Uhr zu, so daß die Spitzen der gelandeten Kräfte noch bis El Kantara vordringen konnten. Zugleich erklärte man sich bereit, nach Eintreffen der UN-Verbände die Gebiete am Suezkanal zu räumen und bei der Hebung der Wracks im Suezkanal tatkräftig mitzuwirken.
Die Bedingungen, unter denen die Engländer und Franzosen

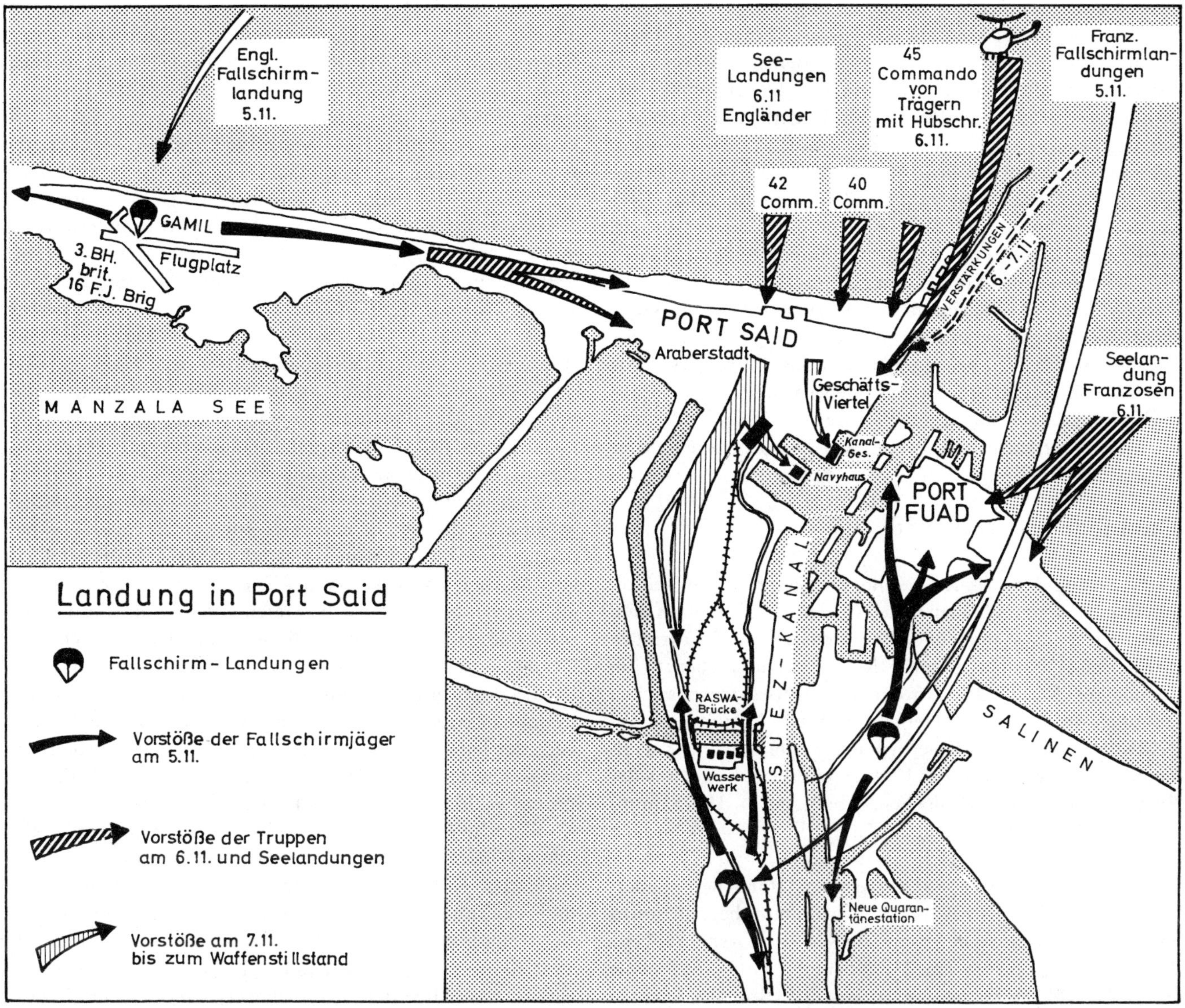

Die Landung in Port Said, 5.–6. November 1956

schließlich abziehen mußten, bedeuteten im Grunde für Nasser einen Sieg, da sie ihm die Kontrolle über den Suezkanal überließen. Die Stellung der Sowjetunion war gestärkt, und sie konnte sogleich daran gehen, Ägypten erneut mit modernem Kriegsmaterial auszurüsten. Der scheinbare Erfolg der UN bei der Sicherung des Friedens beruhte in Wirklichkeit auf der Tatsache, daß die Amerikaner und Russen in diesem Falle gemeinsam gegen die anglo-französische Aktion und den isralischen Angriff Stellung nahmen. Tatsächlich ergab sich keine befriedigende Lösung. Die getroffene Regelung hielt den Keim für den neuen Krieg von 1967 in sich.

Die Suez-Krise ereignete sich unglücklicherweise aber gerade rechtzeitig, um die Aufmerksamkeit der Welt von Mitteleuropa abzulenken. Im Verlauf der gesamten krisengeschüttelten Nachkriegsperiode gab es wohl kein qualvolleres Ereignis als den unglückseligen ungarischen Aufstand. Inspiriert durch Nachrichten über bedeutende Konzessionen der Sowjets gegenüber dem polnischen Nationalismus rotteten sich Arbeiter und Studenten in Budapest und anderen ungarischen Städten am 23. Oktober 1956 zusammen. Die sowjetische Satellitenregierung zerbrach; Imre Nagy, der nationalkommunistische Führer, wurde zurückgerufen und zum Ministerpräsidenten ernannt, die Armee ging weitgehend zu der neugebildeten Regierung der »Nationalen Front«, die auch prominente Nichtkommunisten umfaßte, über. Die Einheiten der ungarischen Geheimpolizei fielen der Verfolgung durch die unterdrückte ungarische Bevölkerung zum Opfer. Die sowjetischen Streitkräfte zogen sich am 24. Oktober zunächst aus Budapest zurück.

Die sowjetische Führung konnte naturgemäß entsprechend

ihrer Ideologie einen Erfolg dieser ungarischen Nationalbewegung nicht zulassen, da das weitere Unruhen in ihrem gesamten Satellitenbereich nach sich ziehen mußte. Nach einem schnell durchgeführten Aufmarsch ließ sie am 4. November starke Panzerverbände nach Ungarn eindringen, die mit der blutigen Niederwerfung des Aufstandes begannen, während die Weltöffentlichkeit noch durch die Vorgänge um Suez gefesselt war. Obwohl die Vollversammlung der UNO die sowjetische Aktion verurteilte, mußten die westlichen Regierungen einsehen, daß außer humanitären Bemühungen nichts getan werden konnte, um den ungarischen Nationalisten zu helfen, es sei denn, man riskierte einen dritten Weltkrieg. Wenngleich die brutale Unterdrückung Ungarns mehr als alles andere dazu beitrug, der Welt das wahre Wesen des russischen Bolschewismus zu enthüllen, so wurde dieser moralische Effekt doch durch die gleichzeitig stattfindenden Ereignisse in Ägypten stark beeinträchtigt und geriet bald in Vergessenheit.

Die Libanon-Krise 1958

Der Ausgang der Suez-Krise sollte die USA zu einem stärkeren Engagement im Nahen Osten bringen, um hier nach dem Ausscheiden Englands und Frankreichs dem Vordringen sowjetischen Einflusses einen Riegel vorzuschieben. Vom Januar bis März 1957 wurden die britisch-französischen Truppen im Suez-Kanal-Gebiet durch UN-Kontingente abgelöst. Nachdem auch Israel sich unter dem Druck der Weltmeinung und vor allem der USA bereiterklärt hatte, aus der Sinai-Halbinsel zurückzugehen, übernahmen UN-Kontingente die Überwachung einer Waffenstillstandslinie entlang der alten Grenze.
Die Stellung Nassers war trotz seiner militärischen Niederlage bald stärker als zuvor. Die Sowjetunion begann sofort mit der Lieferung von Ersatz für das verlorengegangene Kriegsmaterial. Schon am 21. November 1956 trafen die ersten *MiG-15*-Düsenjäger mit russischen Piloten in Ägypten ein. Im März 1957 folgten große Lieferungen von Flugzeugen in zerlegter Form an Bord rumänischer Schiffe. Bis zum April hatte sich der Vorkriegsbestand der sowjetischen Flugzeugmuster bereits verdoppelt. Es waren die ersten fünfzig Maschinen des verbesserten Musters *MiG-17* eingetroffen. Außerdem erhielt die sowjetische Marine im Januar 1957 die beiden ersten modernen U-Boote der *W**-Klasse, denen im Laufe des Jahres weitere folgten. Ebenso trafen für die Armee neue Panzer und Geschütze als Ersatz für die verlorengegangenen Geräte ein. Auch auf politischem Gebiet hatte Nasser zunächst Erfolg; noch unter dem Eindruck der Suez-Krise schlossen sich am 15. November 1956 die arabischen Staaten in einem kollektiven Sicherheitspakt zusammen. Selbst das bisher stark zum Westen tendierende Jordanien erreichte am 14. Februar 1957 in einem Vertrag mit Großbritannien den Abzug der bisher hier stationierten britischen Einheiten innerhalb von sechs Monaten. In Syrien verstärkte sich der ägyptische und sowjetische Einfluß, letzterer vor allem genährt durch die Lieferung von Luftwaffen- und Heeresgerät, von dem die ersten *MiG-17*-Düsenjäger im Januar 1957 eintrafen.
Unter dem Eindruck dieser Entwicklung entwarf die amerikanische Regierung die im März 1957 vom Kongreß verabschiedete »Eisenhower-Doktrin«, die einerseits eine umfassende Entwicklungshilfe, vor allem aber auch die militärische Unterstützung gegen jede Art gelenkter, von außern kommender Angriffe gegen die arabischen Staaten anbot. Dabei hoffte man, sich vor allem auf den durch den Bagdad-Pakt mit dem Westen verbundenen Irak, das durch Ölinteressen mit dem Westen liierte Saudi-Arabien, Jordanien und den zum Westen tendierenden Libanon zu stützen. Als es im Frühjahr 1957 in den labilsten dieser Staaten, Libanon und Jordanien, zu Unruhen kam, marschierte die amerikanische 6. Flotte im östlichen Mittelmeer auf und trug durch ihre Demonstration zur Beruhigung der Krise bei.
In Syrien kam aber im September 1957 ein pro-sowjetisches Regime an die Macht und löste ein kurzes, mehr westlich orientiertes Zwischenspiel ab. Schon im Oktober lief ein sowjetischer Flottenverband mit dem Kreuzer *Ždanov* zu einem Besuch den syrischen Hafen Latakia an. Um die Jahreswende 1957/58 begann Nasser, die panarabische Bewegung unter seiner Führung stark zu forcieren. Am 1. Februar konnte er mit der Bildung der »Vereinigten Arabischen Republik« zwischen Ägypten und Syrien, der sich am 8. März auch der Jemen anschloß, einen ersten Erfolg verbuchen. Um sich gegen die drohende ägyptische Übermacht zur Wehr zu setzen, schlossen sich am 14. Februar die drei arabischen Königreiche Jordanien, Irak und Saudi-Arabien zur »Arabischen Föderation« zusammen. Sogleich begannen die panarabischen Kräfte in diesen Staaten und dem Libanon gegen die Regierungen Unruhen zu schüren, die im Libanon zum Ausbruch bürgerkriegsähnlicher Zustände im Mai und Juni 1958 führten. In Jordanien konnte König Hussein Aufstandsversuche mit Hilfe der ihm ergebenen Armee niederschlagen. Völlig unerwartet kam es am 15. Juli im Irak zu einem Putsch der Armee, bei dem die westlich eingestellte Regierung des alten Politikers Nuri hinweggefegt, der König, Feisal II., ermordet und eine Militärregierung unter General Kassem eingesetzt wurde. Schon am Vortage hatte sich die Situation im Libanon angesichts der bevorstehenden Präsidentschaftswahl so zugespitzt, daß Präsident Chamoun die amerikanische Regierung unter Berufung auf die Eisenhower-Doktrin um ein Eingreifen ersuchte, indem er behauptete, daß die »Revolutionäre« im Libanon vor allem aus syrischen Unruhestiftern bestünden.
Anders als England und Frankreich während der Suez-Krise zeigten sich die Vereinigten Staaten einer solchen Situation schneller gewachsen. Von den eingeschifften Bataillonskampfgruppen des Marine-Corps bei der 6. Flotte befanden sich je eine südostwärts Zypern, vor Athen und im Gebiet von Malta. Trotzdem erhielt die 6. Flotte den Befehl, schnellst-

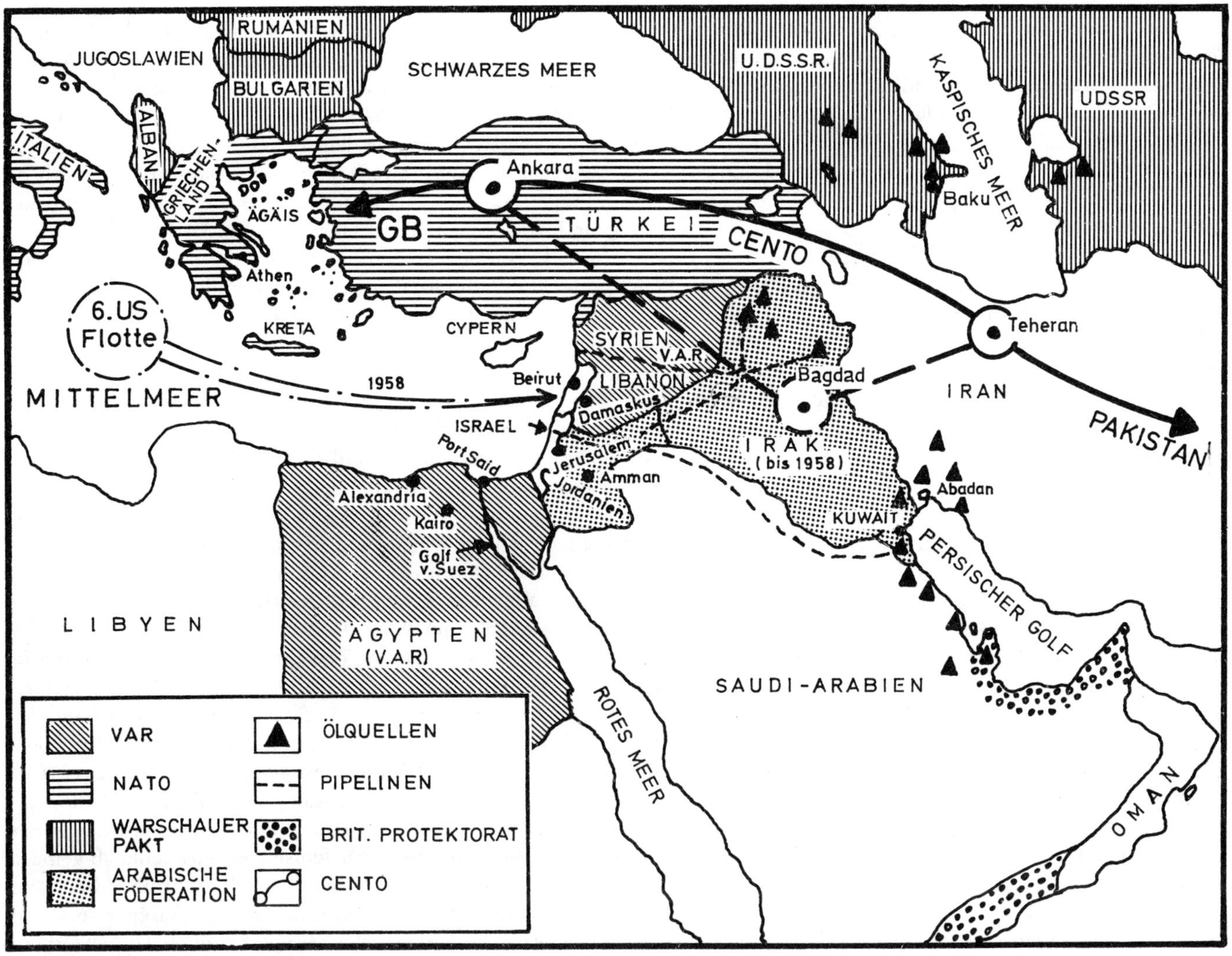

Der Nahe Osten 1958

möglich mit den verfügbaren Kräften im Libanon zu landen. Bereits 27 Stunden nach dem Hilfsersuchen ging am 15. Juli um 17 Uhr im Rahmen der Operation »Bluebat« die erste Bataillonskampfgruppe 8 Kilometer südlich von Beirut an Land und besetzte innerhalb einer Stunde den internationalen Flughafen von Beirut, während *Skyraider-* und *Skyhawk-*Jagdbomber sowie *Crusader-*Düsenjäger der Flugzeugträger *Saratoga* und *Wasp* den Landungsraum abschirmten und Zerstörer für Feuerunterstützung vor der Küste bereitstanden. Am folgenden Morgen traf die zweite Bataillonskampfgruppe ein, übernahm die Sicherung des Flughafens, so daß die erste Kampfgruppe auf die Hauptstadt Beirut vorrücken konnte, die am nächsten Tage besetzt wurde, nachdem das 3. Bataillonslandungsteam auf dem Luftwege eingetroffen war. Am dritten Tage landeten, auf dem Luftwege aus Deutschland herangebracht, 1790 Mann der 24. Luftlande-Brigade mit großen Transportflugzeugen in Beirut, so daß schließlich nach einer Woche 8000 Mann Heeressoldaten und 6000 Mann Marine-Infanterie in einem 20 Kilometer breiten und 16 Kilometer tiefen Brückenkopf um Beirut standen. Zugleich hatte die US-Luftwaffe in dem türkischen Stützpunkt Adana eine gemischte taktische Kampfgruppe von rund 150 Flugzeugen, darunter Düsen-Bombern vom Typ *B-57* und *B-66*, Jagdbomber vom Typ *F-100*, Abfangjäger vom Typ *F-101* sowie Luftbetankungs-Flugzeuge bereitgestellt, die neben den Flugzeugen der Träger der 6. Flotte über ein beträchtliches konventionelles, aber auch nukleares Potential verfügten.

Am gleichen 15. Juli wurde auch ein neuer bevorstehender Umsturzversuch in Jordanien bekannt, so daß auf die am 16. Juli geäußerte Bitte König Husseins am 17. Juli von Zypern aus 2000 Mann der britischen 16. Fallschirm-Brigade in Amman landeten, während auch hier, nach Genehmigung des Überfluges israelischen Territoriums, Flugzeuge der 6. Flotte die Luftsicherung übernahmen. Wenn durch diese Machtdemonstration auch die Situation im Irak nicht mehr geändert werden konnte, so gelang es doch durch das rasche und entschlossene Handeln, die explosive Lage in den beiden anderen Staaten zu entschärfen. Im Libanon konnten die Wahlen ruhig durchgeführt werden und im September eine neue Regierung ihre Amtspreriode ordnungsgemäß beginnen. Auch in Jordanien wurde die Ruhe wiederhergestellt, so daß bis zum Oktober die amerikanisch-britischen Streitkräfte aus den beiden Staaten wieder abgezogen werden konnten.

Die Quemoy-Krise 1958

Zur selben Zeit indessen entstand am anderen Ende der Welt eine potentiell sogar noch gefährlichere Lage. Rot-China hatte erneut unheilverkündende Vorbereitungen getroffen, die einen amphibischen Angriff auf Quemoy voraussehen ließen. Neue Militärflugplätze bei Amoy und ein Ring schwerer Belagerungsartillerie auf dem Festland gegenüber der Insel schienen die Lage trotz der 60000 Mann starken nationalchinesischen Garnison auf Quemoy gefährlich zu machen. Auf der weiter nördlich gelegenen Insel Matsu, die ebenfalls gefährdet erschien, standen nochmals 25000 Mann.

Die USA waren zwar vertraglich verpflichtet, Formosa zu verteidigen; aber es gab keine ausdrückliche Erklärung über die offizielle amerikanische Politik hinsichtlich jener dem Festland vorgelagerten Inseln. Dem »Chief of Naval Operations«, Admiral Arleigh A. Burke, schien es naheliegend zu sein, daß Rotchina den Moment, in dem die 6. Flotte im östlichen Mittelmeer gebunden war, zu einem Test bezüglich der amerikanischen Absichten im Fernen Osten ausnutzen könnte. Daher befahl er sofort für die Pazifik-Flotte – sie bestand aus der 7. Flotte im Fernen Osten und der 1. Flotte an der amerikanischen Westküste – eine vierstündige Alarmbereitschaft; er stellte sich auf größere Seeoperationen vor der chinesischen Küste ein.

In Übereinstimmung mit dem »General Emergency Operations Plan« (GEOP), der Operationsplanung für unerwartete, überraschende Fälle, die ein erneutes Pearl Harbor verhindern sollten, liefen die schweren Einheiten aus und bezogen planmäßig und ohne Zwischenfälle die vorgesehenen, strategisch besonders günstigen Positionen. Von ihnen aus konnte die Flotte Formosa im Falle eines Angriffes – das war der wahrscheinlichste Fall – zu Hilfe eilen, konnte durch den Indischen Ozean auch, wenn nötig, die 6. Flotte verstärken, oder aber zu sofortiger Offensive übergehen, falls Rußland wegen der Intervention im Libanon einen allgemeinen Krieg beginnen sollte.

Wahrscheinlich schreckte das prompte und erfolgreiche Eingreifen im Libanon die Chinesen von unmittelbaren Aktionen im Fernen Osten ab. Jedenfalls entspannte sich die Lage im Mittelmeerraum und – wenigstens zeitweilig – auch im Fernen Osten. Ende Juli wurde für die Flotte die GEOP-Bereitschaft aufgehoben. Die US-Marine hatte ihre Fähigkeit zu voller Kampfbereitschaft für einen gleichzeitigen Kriegseinsatz in beiden Hemisphären unter Beweis gestellt.

Für den Fernen Osten war das nur die erste Runde. Nach einzelnen Luftkämpfen Anfang August bei Formosa eröffneten die Rot-Chinesen am 23. August ein ungeheures Trommelfeuer gegen Quemoy, augenscheinlich das Vorspiel zu einer Invasion. Wenngleich es keine offizielle Erklärung darüber gab, ob die US-Marine aktiv zum Schutz von Quemoy und der anderen Inseln vor dem Festland eingreifen würden, so wurden die Angriffsverbände der 7. Flotte rasch durch die Träger *Hancock* aus Hongkong, *Shangri La* von Yokosuka und *Midway* aus Pearl Harbor verstärkt. Der Träger *Essex* wurde von der 6. Flotte aus dem Mittelmeer entstandt und eilte über 8000 Meilen weit herbei. Ende September standen sechs Angriffsträger und eine Flotte von 150 Schiffen in den Gewässern um Formosa in Kriegsbereitschaft. Drei Geschwader mit Allwetter-Flugzeugen der Marine-Corps-Luftwaffe und mehrere Geschwader der US-Luftwaffe von den Philippinen und Japan befanden sich auf den Flugplätzen Formosas. Die offensichtliche Kampfkraft von Tschiang Kai scheks gut ausgebildeter Luftwaffe und seiner kleinen Marine fielen durchaus ins Gewicht. Wahrscheinlich aber war doch die rasche Zusammenziehung der amerikanischen Pazifik-Seemacht der Faktor gewesen, der am meisten zur Verhinderung eines allgemeinen Krieges beigetragen hat. Die *Sidewinder*-Luft-Raketen, mit denen die Amerikaner die National-Chinesen ausgerüstet hatten, bewährten sich bei den Kämpfen glänzend und waren ein wichtiges Moment bei der Herstellung des Gleichgewichtes. Die sehr schnellen amerikanischen Düsenjäger, die *F-8- Crusader* und *F-4 Phantom* der Träger und die Lockheed *F-104 Starfighter* der Luftwaffe patrouillierten, wenngleich nie im Kampfeinsatz, über den dortigen Gewässern, und zwar in Höhen und mit Geschwindigkeiten, welche die chinesischen Befehlshaber nachdenklich gemacht haben müssen, da ihre Abbilder wie der Blitz über die Radarschirme sausten. Die US-Marine stellte auch Experten, die die kleine nationalchinesische Marine für die wichtige Aufgabe ausbildete, die belagerte Inselgarnison unter feindlichem Feuer über den Strand zu versorgen. Sie stellte ebenfalls einen Deckungsschleier von Kampfeinheiten vor Quemoy zur Verfügung, während diese Aufgabe erfolgreich durchgeführt wurde. Die Gefahr eines Kampfes nahm allmählich ab; die Stellungen der nationalchinesischen Truppen auf den Inseln wurden stärker denn je. Quemoy war fortan mit sicher eingebauten Batterien von 20,3-cm-Haubitzen bestückt, die jedem rotchinesischen Angriff ein achtungsgebietendes Vergeltungsfeuer entgegenzusetzen vermochten.

Die eindrucksvoll bewiesene Kampfbereitschaft der US-Marine bei der Unterstützung der fernöstlichen Alliierten Amerikas brachten den USA in jenem Gebiet neues Prestige, dem eine Minderung des Ansehens Rot-Chinas entsprach. Demgemäß verbesserte sich auch die Verhandlungsposition der USA gegenüber Verbündeten und Neutralen.

Die neue Konzeption: »Abgestufte Abschreckung«

Die Erfahrungen der 50er Jahre führten in den Vereinigten Staaten zu einer langsamen Abkehr von der eingleisigen Strategie der »massiven Vergeltung« zu einer differenzierteren Betrachtungsweise. Die Abschreckungskraft des überlegenen amerikanischen nuklearen Potentials hatte zwar bisher den Ausbruch eines dritten Weltkrieges verhindert, doch hatte sich das Hauptinstrument dieser Strategie, das strategische Bomberkommando, als unfähig erwiesen, den Ausbruch von bewaffneten Konflikten in Zonen, in denen sich die großen Mächte nicht unmittelbar gegenüberstanden, zu verhindern. Die Krise um Berlin, der Korea-Krieg, der Krieg in Indochina, die Formosa-Krisen, die Suez- und Ungarn-Krise sowie schließlich die Libanon-Aktion hatten gezeigt, daß es eines sehr viel differenzierteren Instrumentariums bedurfte, um den Versuchen des Kommunismus, seinen Machtbereich in den Randzonen der Kontinente auszuweiten, zu begegnen. So entwickelten in dieser Zeit amerikanische Theoretiker und Militärs neue Konzeptionen. Von Henry A. Kissinger, der 1957 den Einfluß der nuklearen Waffen auf die Außenpolitik untersuchte, führte der Weg über General Maxwell D. Taylor, der aus der Unsicherheit der »massiven Vergeltung« zur Forderung einer »abgestuften Abschreckung« kam, bis zu Herman Kahn, der das ganze Spektrum denkbarer politischer Konflikte und bewaffneter Auseinandersetzungen in ein System von 84 Eskalationsstufen zu bringen suchte[1]. Im Rahmen der neuen Strategie der »abgestuften Abschreckung« hatte die amerikanische Marine vor allem auf drei großen Gebieten ihren Beitrag zu leisten:

1. Anteil an der strategischen nuklearen Abschreckung.
2. Ausbau einer schnell verfügbaren Kampfstreitmacht, mit den notwendigen Unterstützungsmitteln für das Eingreifen in lokale Konflikte.
3. Sicherstellung des ozeanischen Seenachschubes nach Europa und Asien durch eine ständige Verbesserung der U-Abwehrmethoden und die Bereitstellung ausreichender U-Jagd- und Sicherungsstreitkräfte.

Die für diese drei Aufgaben notwendigen umfangreichen Neubauprogramme erforderten erhebliche Geldmittel, deren Verteilung noch dadurch erschwert wurde, daß gleichzeitig ein umfangreiches Modernisierungsprogramm durchgeführt werden mußte. Der größte Teil der um 1960 noch vorhandenen und im aktiven Dienst befindlichen Schiffe stammte aus der Zeit des zweiten Weltkrieges, nur ein Fünftel war seither neu gebaut worden. Schließlich war ein umfassendes Ausbildungsprogramm für Offiziere, aktive Soldaten und Reservisten sowie zivile Experten durchzuführen, um die schnelle Mobilmachungsbereitschaft im Konfliktfall zu gewährleisten.

Im Bereich der strategischen Abschreckungswaffen begann für die Marine Ende der 50er Jahre eine umfassende Verlagerung des Schwerpunktes des Marineanteils von den bisher dafür verwendeten großen Flugzeugträgern auf die raketentragenden Atom-U-Schiffe.

Die US-Marine hatte sich zunächst mit der bei Kriegsende absehbaren Entwicklung von Kernenergie-Anlagen zum Antrieb von Schiffen nur sehr zurückhaltend beschäftigt; es war ihr Glück, daß einer der ersten zur Ausbildung auf diesem neuen Gebiet abkommandierten Marineoffiziere der Kapitän zur See Hyman G. Rickover war. Er hatte sich bei seiner Arbeit an der Einmottung der Weltkrieg-II-Flotte den Ruf erworben, schwierigste Aufgaben in kürzester Zeit dank seiner hohen Intelligenz und seiner eisernen Willenskraft lösen zu können. Nachdem er sich in die neue Technologie eingearbeitet hatte, gelang es ihm, gegen viele anfängliche Widerstände das Gewicht der amerikanischen Entwicklung auf die Konstruktion eines atomgetriebenen U-Bootes zu richten. Um realistische Versuche durchführen zu können, ließ Rickover Prototypen für die zwei sich abzeichnenden Lösungsmöglichkeiten von Kernreaktoren, einen Druckwasser-Reaktor und einen Natriumgraphit-Reaktor, in einem modellartig aufgebauten U-Boot-Druckkörper installieren. Nachdem die entsprechenden Erprobungen durchgeführt waren, begann 1952 der Bau des ersten Atom-U-Schiffes *Nautilus* mit einem Druckwasser-Reaktor und zwei Jahre später eines zweiten U-Schiffes *Seawolf* mit dem Natriumgraphit-Reaktor. Am 17. Januar 1955 ging die *Nautilus* zum erstenmal mit Kernenergie-Antrieb in See. Während die Fertigstellung der *Seawolf* durch technische Probleme verzögert wurde, absolvierte die *Nautilus* ein sehr zufriedenstellendes Erprobungsprogramm und demonstrierte im Sommer 1958 unter Commander William R. Anderson ihre hervorragenden Eigenschaften in dramatischer Weise, als das Boot unter dem Polareis den Nordpol passierte und aus dem Pazifik England erreichte. Obgleich die *Seawolf* 1958 dreißig und sechzig Tage lange Tauchfahrten durchführte, entschied man sich für die folgenden Atom-U-Schiffserien für den Druckwasser-Reaktor.

Die nächste, etwas kleinere Serie von 4 U-Schiffen stellte bei ihren arktischen Expeditionen unter dem Polareis von 1958 bis 1962 ihre Betriebssicherheit und Leistungsfähigkeit unter Beweis. Dabei tauchte am 12. August 1958 die *Skate* erstmalig durch das Polareis hindurch am Nordpol auf, ein Manöver, das für die amerikanischen Atom-U-Schiffe bald zum Routine-Manöver wurde und das die Sowjets mit ihrem ersten Atom-U-Schiff *Leninskij Komsomol* im Juli 1962 wiederholten. Im Frühjahr 1960 umfuhr das bis dahin größte Atom-U-Schiff, die *Triton*, unter Kapitän z. S. Edward L. Beach mit einer Durchschnittsgeschwindigkeit von 18 Kn getaucht den Erdball.

Nachdem man 1952/53 mit einem tropfenförmig gebauten Versuchs-U-Boot *Albacore* mit Elektro-Motorenantrieb bis zu 33 Kn erreicht hatte, ging man mit der *Skipjack*-Klasse

1 Henry A. Kissinger: Nuclear Weapons and Foreign Policy. New York 1951.
Maxwell D. Taylor: The Uncertain Trumpet. New York 1959.
Herman Kahn: On Escalation. New York 1965.

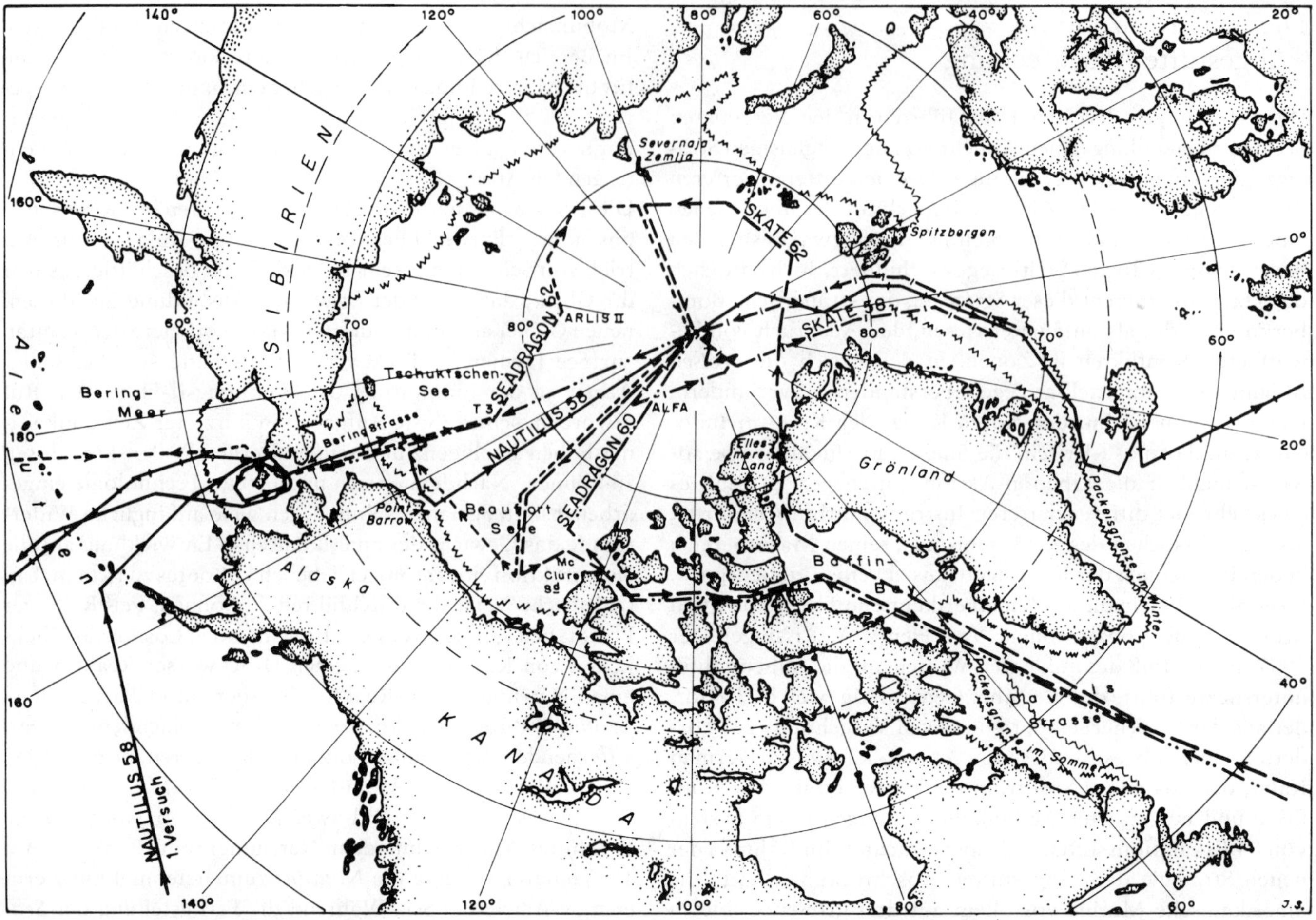

Die Nordpol-Expeditionen der US Atom-U-Schiffe

daran, die dabei ermittelte optimale hydrodynamische Rumpfform mit dem nuklearen Antrieb zu koppeln.

Es war nun das nächste Ziel, dieses betriebssichere Atom-U-Schiff zum Träger eines strategischen Waffensystems zu machen. In den Jahren 1952/53 hatte man an Bord der konventionellen und behelfsmäßig ausgerüsteten U-Boote *Tunny* und 1955 auch der *Barbero* Versuche mit dem aus der deutschen *V-1* über die *Loon* entwickelten, aerodynamischen Flugkörper *Regulus* gemacht. Nach dem Erfolg dieser Versuche ließ man 1956 zwei noch konventionell angetriebene U-Boot-Neubauten *Grayback* und *Growler* zu FK-U-Booten umkonstruieren und gab ein ähnliches, aber nuklear angetriebenes U-Schiff, die *Halibut*, in Auftrag. Obgleich die Erprobungen dieser U-Boote auch mit der verbesserten Überschallversion des Flugkörpers, der *Regulus-II*, sehr erfolgreich verliefen, kam dieses Programm schon 1959 zur Einstellung, da sich eine sehr viel bessere Lösung abzeichnete.

Im September 1955 war die bis dahin von den amerikanischen Streitkräften nur zögernd betriebene Entwicklung ballistischer Raketen durch eine Entscheidung Präsident Eisenhowers stark forciert worden. Danach sollte die Luftwaffe die Interkontinental-Rakete (ICBM) *Atlas* und ihr Nachfolgemuster *Titan*, die Armee die von dem Team Wernher von Brauns über die *Redstone* entwickelte Mittelstrecken-Rakete (IRBM) *Jupiter* und die Marine ein »Fleet Ballistic Missile« (FBM) zur Einsatzreife bringen. Da die Marine keine geeigneten eigenen Projekte besaß, entschied Verteidigungsminister Wilson im November 1955, daß sich die Marine der *Jupiter*-Entwicklung anschließen sollte. Konteradmiral Raborn erhielt den Auftrag, dieses System bis 1965 frontreif zu machen. Aber es warf für die Marine schwerwiegende Probleme auf. Die *Jupiter*-Rakete wog 55 Tonnen und war so hoch wie ein achtstöckiges Haus. Ihr flüssiger Treibstoff stellte in einem getauchten U-Schiff eine höchst gefährliche Risikoquelle dar. Trotzdem mußte es versucht werden. Anfang 1956 begann man in Huntsville, dem Raketenzentrum der Armee, mit der Navalisierung der *Jupiter*, die um 3 m verkürzt werden mußte, um sie in dem auf rund 8000 ts angewachsenen U-Schiff unterbringen zu können. Der Start mußte wegen des Risikos im halbgetauchten Zustand erfolgen, ein unter Umständen schwerwiegender Nachteil, unter dem die entsprechenden sowjetischen Entwicklungen anfangs leiden sollten. 1956 gelang jedoch den Firmen Aerojet und Lockheed die Entwicklung eines ausreichend starken Feststofftriebwerkes, das Raborn im Dezember 1956 das Umschalten auf diese ganz neue Technologie erlaubte. Obgleich man jetzt wieder ganz von vorn anfing, machte die sowjetische Raketendrohung während der Suez- und Ungarn-Krise im Oktober 1956 nun die Vorziehung des Fertigstellungstermines für das gesamte System von 1965 auf 1963 notwendig. Dabei mußte man ein Atom-U-Schiff mit den entsprechenden Navigations- und Feuerleitanlagen um eine Rakete herumkonstruieren, die noch gar nicht existierte. Und schließlich zwang der russische *Sputnik*-Start am 4. Oktober 1957 nochmals zu einer Vorziehung des Termins von Ende 1963 auf Ende 1960. Um bis zur Einsatzreife notwendige praktische Erprobungen durchführen zu können, mußte also das Atom-U-Schiff schon Ende 1959 fertig werden. Das war nur durch den Rückgriff auf das bereits begonnene Schwesterschiff der *Skipjack* möglich, die *Scorpion,* die auseinandergeschnitten wurde und in der Mitte eine Sektion mit 16 Starttuben für die *Polaris*-Raketen erhielt.

Mit einer gewaltigen Anstrengung in durchgehenden Sieben-Tage-Wochen und 12–16-Stunden-Tagen gelang es den Wissenschaftlern, Ingenieuren, Offizieren und Arbeitern der unzähligen Firmen und Dienststellen – ständig angetrieben von dem rastlosen Admiral Raborn, der jedes Rädchen in diesem Riesenwerk überwachte und steuerte –, das *Polaris*-Waffensystem in der unglaublich kurzen Zeit von 4 Jahren termingerecht einsatzbereit zu machen. Am 15. November 1960 ging die *George Washington* zu ihrer ersten Einsatzfahrt in See.

Mit Hilfe ihres Sternenfolge-Periskopes und ihrer drei Trägheits-Navigationssysteme konnte sie so genau ihre jeweilige Position bestimmen, daß eine Rakete über 2200 km ihr Ziel sicher und genau treffen konnte. Um das mit diesen Atom-U-Schiffen und ihren *Polaris*-Raketen gewonnene Potential optimal auszunutzen, erhielten alle Schiffe zwei Besatzungen, die die Schiffe in überschlagendem Einsatz bemannten. So konnten die Schiffe nach einer 60tägigen Einsatzfahrt mit der »blauen« Besatzung und einer kurzen Überholungspause bereits zur nächsten 60-Tage-Fahrt mit der »Gold«-Besatzung wieder auslaufen.

Mit Hochdruck wurde der Bau der auf 41 Einheiten geplanten *Polaris*-Flotte in Angriff genommen. Nach den ersten 5 Einheiten der *George-Washington*-Klasse, die 1958 in Auftrag gegeben und bis zum Frühjahr 1961 in Dienst kamen, folgten 1960/61 mit der *Ethan-Allen*-Klasse 5 Schiffe einer verbesserten zweiten Generation, die 1962/63 fertig wurden. Sie konnten die *Polaris-A-2* mit einer vergrößerten Reichweite von 2800 km einsetzen. 1961/62 wurden dann 9 bzw. 10 Schiffe der endgültigen Version, der *Lafayette*-Klasse, in Auftrag gegeben, 1963/64 nochmals je 6, so daß damit die endgültige Zahl von 41 Atom-U-Schiffen erreicht war. Die letzten 23 dieser Schiffe konnten sofort mit einer nochmals wesentlich verbesserten *Polaris A-3* ausgerüstet werden, die eine Reichweite von 4630 km besaß. Auf diese Version wurden die älteren Schiffe der *George-Washington*-Klasse ab Mitte der 60er Jahre umgerüstet. Damit konnten die Raketen-Atom-U-Schiffe nun den ganzen eurasiatischen Kontinent überdecken und trotzdem Startpositionen einnehmen, die weitgehend im Bereich eigener Seeherrschaft lagen. Anfang 1967 war das Bauprogramm abgeschlossen. Nun konnte man darangehen, das in der Zwischenzeit zurückgestellte Bauprogramm von Atom-U-Schiffen für die U-Jagd fortzusetzen, das durch das Auftreten sowjetischer Raketen-U-Schiffe mit nuklearem Antrieb notwendig geworden war.

Nach der Auswertung der Erfahrungen mit einem speziell für die U-Jagd gebauten, möglichst kleinen, wendigen und geräuscharmen Atom-U-Schiff *Tullibee,* das 1960 an die Front kam, kombinierte man dieses Konzept mit dem der hydrodynamisch günstigeren *Skipjack* in der neuen *Thresher*-Klasse. Dieser Typ war im Rumpfbug mit umfangreichen Sonar-Anlagen ausgestattet, so daß man die Torpedorohre, die auch zum Abschuß der neuen *Subroc* eingerichtet waren, seitlich anordnen mußte, ähnlich wie auf dem 1944/45 entworfenen deutschen Typ *XXVI*-Walter-U-Boot. Diese *Subroc* war eine U-Jagd-Waffe, die nach dem Abschuß aus dem Torpedorohr mit einem Raketentreibsatz aus dem Wasser tauchte, mit großer Geschwindigkeit eine größere Strecke über Wasser zurücklegte und nach dem Brennschluß und Abwerfen der Raketenstufe wieder eintauchte, um das mit aktiven Ortungsgeräten erfaßte Ziel wie ein Zielsuchtorpedo anzusteuern. Nachdem das Typschiff *Thresher* bei einem Tieftauchversuch am 10. April 1963 infolge einer Panne verlorenging, nutzte man die durch die zeitliche Streckung des Programms infolge der vordringlichen Abwicklung des *Polaris*-Programms gewonnene Zeit zu einer intensiven Verbesserung des Typs und seines Waffensystems aus. Als die Schiffe dann ab Mitte der 60er Jahre in größerer Zahl zur Front traten, bis Ende 1971 kamen ebenfalls 41 Einheiten in Dienst, besaß die US-Navy ein Jagd-Atom-U-Schiff, das für die bei höheren Geschwindigkeiten sehr lauten sowjetischen Raketen-U-Schiffe ein äußerst gefährlicher Gegner war.

Die enormen Kosten dieser Rüstungen auf dem Gebiet der strategischen Waffensysteme und ihrer Abwehr engten den Marine-Etat der USA, der von 1955 bis 1964 von rund 10 Milliarden Dollar auf 15 Milliarden Dollar gewachsen war, so ein, daß für die beiden anderen Aufgaben relativ begrenzte Mittel übrig blieben. Man mußte sich mit Improvisationen und zahlenmäßigen Beschränkungen abfinden.

Im Hinblick darauf, daß die großen Angriffsflugzeugträger aus ihrer strategischen Rolle weitgehend herausgelöst wurden und man ihnen als Ziel ihrer enormen – auch nuklearen – Schlagkraft wieder mehr die operativ-taktischen Aufgaben der »Interdiction« und des »Close Support«, vor allem in den vorwiegend zu erwartenden begrenzten Konflikten, zuwies, gab man anstatt des bisher jährlich einen Neubaus in den Jahren 1958–1965 nur zwei Schiffe in Bau. Dabei verzichtete man auch zunächst auf den ursprünglich, wie bei der 1958 begonnenen *Enterprise,* vorgesehenen nuklearen Antrieb.

Schon zu Beginn des Korea-Krieges hatte sich das Fehlen

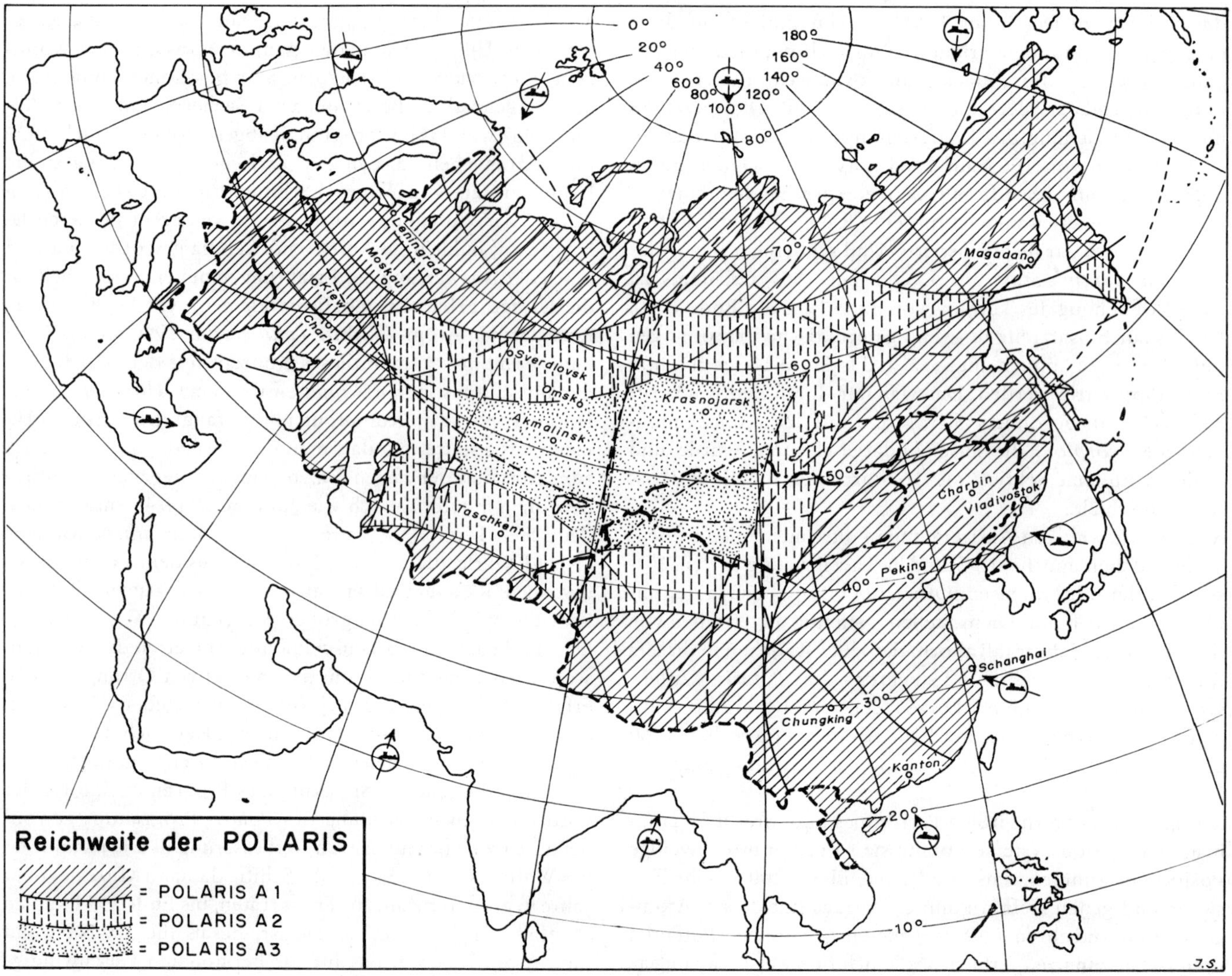

moderner amphibischer Einheiten als ein schweres Handicap erwiesen. So hatte man 1951 mit der Inbaugabe neuer Typen, die aus bewährtem Material des zweiten Weltkrieges weiterentwickelt waren, begonnen. Auf der Grundlage von Frachterentwürfen der US Maritime Commission entstanden die schnellen Angriffs-Transporter der *Paul-Revere-* und die Angriffs-Frachter der *Tulare*-Klassen, die je eine Bataillons-Kampfgruppe (BLT) und ihr schweres Material befördern konnten. Für die Landung schwerer Panzer am Strand konstruierte man die gegenüber ihren Vorläufern sehr viel seefähigeren LSTs der *Terrebone Parish-* und der *County*-Klassen. Die Landungsdockschiffe (LSD) der *Thomaston*-Klasse erlaubten mit ihren im Dock zu beladenden und dann schnell aussetzbaren Landungsbooten eine wesentliche Beschleunigung in der Anlandung des eingeschifften BLTs. Zur unmittelbaren Feuerunterstützung vor dem Strand baute man das »Inshore Fire Support Ship« (IFS) *Carronade*.

Doch hatten die Erfahrungen der Suez-Krise und des Libanon-Unternehmens deutlich gemacht, daß die bisherigen Verfahren des Seetransports und der Seelandung bei plötzlich auftretenden Krisen zu große zeitliche Verzögerungen mit sich brachten. Die günstigen Ergebnisse der britischen Versuche mit den »Hubschrauber«-Trägern *Ocean* und *Theseus* vor Suez zeigten hier einen neuen, erfolgversprechenden Weg auf, den auch die US-Navy und das US-Marine-Corps, das schon seit Korea mit Hubschrauber-Transporten kleiner Kampfgruppen experimentierte, sofort aufnahmen. So wurde zuerst ein aus dem Kriege stammender Geleitträger, die *Thetis Bay,* zum Versuchsschiff umgebaut. Aufgrund der gewonnenen Erfahrungen begann man 1957 mit dem Bau der *Iwojima,* eines speziell als amphibischer Hubschrauber-Träger konzipierten Schiffes, das ein an Bord befindliches BLT des Marine-Corps mittels seiner rund 30–40 Transporthubschrauber in kürzester Zeit auch über größere Entfernungen in »vertikaler Umfassung« an Land werfen konnte. Da der Bau der zunächst geplanten 7 Schiffe, mit 17000 ts recht gro-

ßer Objekte, sich bei der Haushaltslage bis Ende der 60er Jahre hinziehen mußte, schloß man 1959 die Lücke durch die mit geringem Aufwand mögliche Umrüstung von 3 bisher als U-Jagd-Trägern verwendeten Schiffen der *Essex*-Klasse, der *Boxer, Princeton* und *Valley Forge*.
Um beim amphibischen Landungsvorgang eine Zeitersparnis und größere Sicherheit auch bei ungünstigem Wetter zu erzielen, entschloß man sich zum Abgehen vom bisherigen Konzept des »Angriffs-Transporters« und entwickelte das Landungsdockschiff zum »amphibischen Transportdockschiff« weiter. Die 1958 begonnene *Raleigh* und ihre verbesserte Version *Austin* konnten jeweils ein BLT mit der Masse des Materials an Bord nehmen. Die Truppen, leichte Panzer und Raketenwerfer konnten einerseits mit den im Transportdock untergebrachten Landungsbooten über den Strand gelandet oder von dem das Transportdock überspannenden Hubschrauber-Deck vertikal abgesetzt werden.
Durch diese neuen Transport- und Landemittel erhielt das Marine-Corps eine gegenüber der bisherigen amphibischen Doktrin wesentlich erhöhte Flexibilität. Es war nun in der Lage, die bei der Bedrohung durch taktische Atomwaffen gefährliche Massierung von Schiffen, Truppen und Material, wie sie bisher bei Landungen üblich war, zu vermeiden und statt dessen schon beim ersten Sprung eine so enge Verzahnung mit dem Gegner zu erreichen, daß ein Einsatz von Atomwaffen unmöglich wurde.
Auf dem dritten Gebiet, der Sicherung der überseeischen Nachschubwege gegen einen vorwiegend mit U-Booten geführten Tonnagekrieg, wurde das Gewicht vor allem auf die Erforschung ozeanographischer und hydrographischer Bedingungen und die darauf aufbauende Entwicklung neuer Ortungsmethoden sowie neuer Waffensysteme gelegt, die es erlauben sollten, angreifende U-Boote in möglichst großer Entfernung bereits aufzufassen und zu bekämpfen. Die Reichweiten der Sonar-Geräte wurden bedeutend gesteigert, und neben diesem Ultraschall- auch Ortungsgeräte auf magnetischer und Infrarot-Basis entwickelt. Die Reichweite der U-Jagdwaffen wurde durch Raketentreibsätze wie bei der *Weapon Alpha* oder der U-Jagd-Rakete *Asroc* vergrößert und spezielle U-Jagd-Torpedos mit Zielsuchköpfen eingeführt. Diese Geräte und Waffen ließen sich nicht nur auf den in begrenztem Umfang möglichen Neubauten, sondern auch auf den in großer Zahl vorhandenen Zerstörern aus den letzten Jahren des zweiten Weltkrieges einbauen. In einem umfangreichen Programm »Fleet Rehabilitation and Modernization (FRAM)« wurden diese Schiffe umgerüstet und erhielten unter Reduzierung ihrer bisherigen Bewaffnung neue Ortungsgeräte, darunter das die Wasserschichtungen durchdringende »Variable depth sonar (VDS)«, ein an einem Kabel auf größere Tiefe absenkbares Sonar-Sende- und -Empfangsgerät, sowie ein Landedeck für einen U-Jagd-Hubschrauber oder eine »U-Jagd-Drone«.
Das ständige Auftreten sowjetischer U-Boote in den Operationsgebieten amerikanischer Flottenverbände gab diesen sehr realistische Erprobungs- und Übungsmöglichkeiten. Der hohe Bereitschaftsgrad, in dem die aktiven amerikanischen Flottenverbände angesichts der anhaltenden internationalen Spannungen gehalten wurden, gab ihnen einen Ausbildungsstand, der in früheren Zeiten undenkbar gewesen wäre. Die ständig in ihren Einsatzgebieten kreuzenden Kampfgruppen der 6. Flotte im Mittelmeer, der 7. Flotte im Fernen Osten, der 1. Flotte im Zentralpazifik und der 2. Flotte im Atlantik, die durch aus den USA kommende Versorgungsgruppen in See versorgt wurden, standen mit ihren »Strike Forces«, den Angriffsträgergruppen, ihren »Amphibious Forces«, den eingeschifften BLTs der Marine-Corps, und ihren »Anti/Submarine Forces« der politischen Führung dauernd abrufbereit zur Verfügung.
Die Marinen der kleineren westlichen Seemächte folgten mit ihren Schiffbauprogrammen weitgehend dieser von den USA vorgezeichneten technischen Entwicklung und suchten sie ihren besonderen geographischen und militärischen Bedürfnissen anzupassen. Um ihren Anspruch, zu den »Großen Vier« zu gehören, zu unterstreichen, bauten England und Frankreich je 4 Atom-U-Schiffe mit ballistischen Raketen, wobei die britische *Resolution* mit amerikanischen *Polaris*-Raketen, die französische *La Redoutable* mit Eigenkonstruktionen ausgerüstet wurden. Allein England ging daneben an den Bau von Jagd-U-Booten mit Atom-Antrieb heran. Als erstes Schiff kam 1963 eine neue *Dreadnought* in Dienst. Frankreich begnügte sich in dieser Kategorie mit dem mittelgroßen konventionellen Typ *Daphné*, der auch an andere Marinen geliefert wurde. Die Bundesrepublik entwickelte ein speziell für die Ostsee geeignetes kleines U-Boot von nur 370 ts, das doch über 8 Bug-Torpedorohre verfügte. Nach anfänglichen Schwierigkeiten wurden die deutschen Boote unter Verzicht auf sehr große Tauchtiefen wegen der großen Minengefahr in der flachen Ostsee amagnetisch gebaut. Auch Norwegen und Dänemark übernahmen diesen Typ. Daneben wurden von fast allen NATO-Marinen in begrenzter Stückzahl Zerstörer und Fregatten, zum Teil mit Flugkörper-Bewaffnung, sowie Torpedoschnellboote und Patrouillenboote, ferner Küstenminensucher und Binnenminensucher in großer Zahl gebaut.

Zusammenfassung

Die 1949 sehr viel früher als erwartet erfolgende Zündung einer sowjetischen Atombombe, der 1953 die erste Wasserstoffbombe folgte, hatte das amerikanische Atomwaffen-Monopol aufgehoben, auf das man seine Verteidigung weitgehend gestützt hatte. Der Korea-Krieg hatte die ganze Fragwürdigkeit dieser einseitigen Auslegung der Rüstungen deutlich werden lassen, der Krieg in Indochina und die Drohungen gegen Formosa unterstrichen sie noch. So konzentrierten die USA in den Fünfziger Jahren ihre Anstrengungen einerseits darauf, ihrer »nuklearen Abschreckung« Glaubwürdigkeit zu geben, indem sie das SAC von den unzulänglichen propellergetriebenen Bombern der letzten Phase des

zweiten Weltkrieges auf moderne, düstengetriebene Flugzeuge umrüsteten. Dabei mußten sie bis zur Bereitstellung des echten Interkontinental-Düsenbombers *B-52* auf eine Zwischenlösung mit dem mittleren Düsenbomber *B-47* zurückgreifen, der ein umfangreiches Stützpunktsystem rund um den kommunistischen Kontinentalblock erforderte, um seine eventuellen Ziele in der UdSSR erreichen zu können.
Im Rahmen dieser Zwischenlösung gewannen auch die britischen Anstrengungen zum Aufbau eines eigenen nuklearstrategischen Potentials Gewicht, vor allem aber erhielten die durch die Korea-Erfahrungen als besonders geeignetes Instrument für die operative (»Interdiction«) und taktische (»Close Support«)-Luftkriegführung bestätigten Flugzeugträger nun auch als bewegliche Basen nuklear-strategischer Flugzeuge erhöhte Bedeutung.
Die nuklearen »Schwert«-Streitkräfte der USA mit ihrer britischen Ergänzung mußten jedoch im Rahmen der neuen Strategie der »abgestuften Abschreckung« ihr Gegenstück in ausreichend starken, konventionellen »Schild«-Streitkräften finden, die dem kommunistischen Expansionsstreben gegenüber auch unterhalb der nuklearen Schwelle eine glaubwürdige Abwehrbereitschaft demonstrieren konnten. Diese »Schild«-Streitkräfte sollten nun im Verein mit amerikanischen Kadern die in dem weltumspannenden amerikanisch-westlichen Bündnissystem zusammengeschlossenen Länder nach dem Grad ihrer Bedrohung und Leistungsfähigkeit stellen. Da diese Länder jenseits des Atlantischen und Pazifischen Ozeans auf die wirtschaftliche Kraft ihres großen Partners in Amerika angewiesen blieben, kam dem Ausbau der für die Sicherung der Seeverbindungslinien notwendigen See- und Seeluftstreitkräfte erhöhte Bedeutung zu. Schnell bewegliche und kampfkräftige Eingreifverbände mußten bereitgestellt werden, um in Krisensituationen auf dem See- oder Luftwege zur Stabilisierung einer Situation eingesetzt werden zu können.
Wie das Auftreten der 7. Flotte während der Krisen in der Formosa-Straße und die Landung amphibischer Kräfte durch die 6. Flotte in der Libanon-Krise 1958 zeigten, gelang es den USA, für solche begrenzte Aufgaben geeignete Kräfte bereitzustellen, während der Verlauf des Suez-Unternehmens 1956 die Mängel in dieser Hinsicht bei den britisch-französischen Streitkräften und in ihrer Koordinierung mit der politischen Führung deutlich werden ließen.
Hier und an manchen Krisen der 60er Jahre sollte sich zeigen, daß auch die NATO-Staaten trotz ihrer großen Wirtschaftskraft kaum in der Lage waren, ihren Verteidigungs-Erfordernissen ohne massive US-Hilfe gerecht zu werden. In noch viel größerem Umfang traf das für die außereuropäischen Verbündeten der USA zu. Die USA wurden damit in aller Welt zu einem militärischen Engagement gezwungen, das schließlich in einer Zeit wachsender sozialer Aufgaben im Innern und der infolge der technologischen Entwicklung rasant steigenden Kosten auf allen Gebieten auch die Möglichkeiten des »Landes der unbegrenzten Möglichkeiten« zu übersteigen begann.
Die zur Aufrechterhaltung des militärischen Gleichgewichts notwendigen großen Anstrengungen, die Erfordernisse des Wettstreits in der Raumfahrt, vor allem aber auch die Konflikte und begrenzten Kriege der 60er Jahre machten es auch der Sowjet-Union angesichts eines sich auflockernden weltpolitischen Blocksystems immer schwerer, allen Anforderungen gerecht zu werden.
So mußten die beiden sich gegenüberstehenden Weltmächte immer mehr zu Regelungen, Verfahren und Praktiken übergehen, die ihre unmittelbaren Konflikte in Grenzen hielten und verhinderten, daß sie sich gegenseitig in ausweglose Situationen hineinmanövrierten. Es kam so langsam zu einer »Komplizenschaft der Weltmächte«.

Kapitel 49

Die Konflikte der Sechziger Jahre

Von Jürgen Rohwer für die deutsche Ausgabe neu bearbeitet.

Die Kuba-Krise 1962

In den Jahren seit 1962 ist viel darüber gerätselt worden, warum Chruschtschow das kubanische Abenteuer unternahm. Da es für die Sowjets so offenbar mit einem Fehlschlag endete, ist es kaum verwunderlich, daß ihre heutige Darstellung der Vorgänge wenig überzeugend wirkt. Danach soll der plötzliche militärische Aufbau erfolgt sein, um Kuba auf dessen Wunsch gegen eine unmittelbar drohende amerikanische Invasion zu schützen. Als die USA sich dann bereit zeigten, eine Garantie abzugeben, Kuba nicht angreifen zu wollen, sei dieser Aufbau nicht mehr nötig gewesen und deshalb rückgängig gemacht worden. Sehr viel größere Wahrscheinlichkeit hat dagegen die Version, daß die Kuba-Krise des Jahres 1962 mit der Entwicklung des strategischen Raketenpotentials der beiden Supermächte zusammenhing.

Gegen Ende der 50er Jahre war bei der sowjetischen Führung mit der erfolgreichen Erprobung von ballistischen Mittelstrecken-, Zwischenstrecken- und Interkontinentalraketen der Eindruck eines wesentlichen technischen Vorsprunges der Sowjetunion auf diesem Gebiet entstanden. Dieses Gefühl einer Überlegenheit wurde noch durch die zahlreichen Ersterfolge in der unbemannten und bemannten Weltraumfahrt, vom *Sputnik* im Oktober 1957 bis zum Flug Jurij Gagarins im April 1961, verstärkt.

1962 aber begann man zu erkennen, daß die USA nicht nur dabei waren, den technischen Vorsprung aufzuholen, sondern daß sie sich anschickten, die so mühsam errungene Raketenüberlegenheit in Frage zu stellen. Ihre Zwischenstrecken- und Interkontinentalraketen waren zur Frontreife entwickelt. Noch gefährlicher war es jedoch, daß sie diese Waffensysteme in einem Tempo in Serie bauten, mit dem die Sowjetunion, insbesondere bei den Großraketen, nicht Schritt halten konnte. Noch wurde diese Entwicklung teilweise durch die sowjetischen Weltraumerfolge verdeckt. Westliche Experten sprachen weiterhin von der »Raketenlücke«. Doch schon hatte in den USA die Erprobung der nächsten Raketengeneration – der »*Polaris*« und der »*Minuteman*« begonnen, für die man in der Sowjetunion vorerst keine gleichwertigen Gegenstücke besaß. Es galt also, die im Bewußtsein der Weltöffentlichkeit noch bestehende Überlegenheit zu nutzen, um die Entwicklung in Amerika mit einem möglichst wenig aufwendigen Schachzug zu unterlaufen.

Eine Möglichkeit dazu schien sich in Kuba zu bieten. Nach einem dreijährigen Bürgerkrieg hatte um die Jahreswende 1958/59 Fidel Castro den Diktator Batista vertrieben und die Macht übernommen. Hatte man den Kampf der Guerillas in den Bergen gegen das brutale Batista-Regime in der Öffentlichkeit der Vereinigten Staaten zunächst mit Wohlwollen verfolgt und die neue Regierung auch sogleich anerkannt; die Rachejustiz der Revolutionäre, Enteignungen, vor allem aber die zunehmend feindliche Haltung der Castro-Regierung gegenüber dem »Dollar-Imperialismus«, der sich besonders gegen die amerikanischen Zuckerfirmen richtete, ließ die Stimmung in den USA umschlagen. Während die extremen sozialistischen Tendenzen des »Fidelismus« starke Anklänge an den Kommunismus aufwiesen und Castro erste politische Kontakte zum Ostblock knüpfte, glaubte die US-Regierung, durch wirtschaftliche Sanktionen das mit seiner Zucker-Monokultur wirtschaftlich von den USA abhängige Kuba zum Einlenken bringen zu können. Castro reagierte jedoch mit schärferen Enteignungsmaßnahmen gegen amerikanische Firmen und unterstützte nun offen die Sowjetunion in ihrer Propaganda des Kalten Krieges. Am 2. Januar 1961 forderte er die drastische Reduzierung des amerikanischen Botschaftspersonals in Havanna, was Präsident Eisenhower mit dem Abbruch der diplomatischen Beziehungen beantwortete.

Die »kommunistische Gefahr« hatten die kubanischen Flüchtlinge in den USA geschickt ausgenutzt, um für ihre Pläne amerikanische Unterstützung zu erhalten. Schon im März 1960 hatte der amerikanische Geheimdienst CIA (Central Intelligence Agency) begonnen, getarnt in abgelegenen Gebieten Guatemalas ein Ausbildungszentrum für Castro-Gegner einzurichten. Zunächst hatte man beabsichtigt, diese Freiwilligen in kleinen Gruppen nach Kuba einzuschleusen und sie in unwegsamen Gebieten einen Guerilla-Krieg nach dem Vorbild Castros beginnen zu lassen. Um die Jahreswende 1960/61 jedoch wurden diese Pläne geändert. Die inzwischen auf rund 1400 Mann angewachsene Brigade 2506 in Guatemala hatte einen Ausbildungsstand erreicht, daß an eine regelrechte Invasion an der unwegsamen Südküste Kubas gedacht werden konnte, wo man einen Brückenkopf bilden wollte, aus dem eine Gegenregierung das kubanische Volk zum Abfall von Castro aufrufen sollte. Voraussetzung für ein solches Unternehmen war die Ausschaltung der noch schwachen kubanischen Luftwaffe, die mit einigen von den USA den Exilkubanern überlassenen *B-26*-Bombern in überraschenden Nachtangriffen auf die Flugplätze erreicht werden sollte.

Bald nach seinem Amtsantritt wurde der neue amerikanische Präsident John F. Kennedy im März 1961 mit diesen CIA-Plänen konfrontiert. Wenn er auch wie sein Vorgänger Eisenhower das Abgleiten Kubas in das kommunistische Lager verhindern wollte, so glaubte er unter keinen Umständen einer direkten amerikanischen Beteiligung an dem Unternehmen zustimmen zu können. Er zögerte die Entscheidung hinaus. Als ihm jedoch im Laufe der nächsten Wochen die Nachrichten über umfangreiche sowjetische Waffenlieferungen an Kuba, die auch schwere Panzer, Selbstfahr-Geschütze, Raketenwerfer, Luftabwehrgeschütze und automatische Infanteriewaffen sowie Düsenjäger umfaßten, erhielt, mußte er sich entscheiden, die Operation entweder jetzt durchzuführen, solange die kubanischen Streitkräfte in der Handhabung dieser Waffen noch unerfahren waren, oder aber das Unternehmen abzublasen. Am 4. April fiel die Entscheidung für die Landung in der Schweinebucht, jedoch unter der Bedingung, daß keine Beteiligung amerikanischer Streitkräfte in Frage komme.

Inzwischen waren die 5 Bataillone der Brigade 2506 auf dem Luftwege mit den 6 von den USA bereitgestellten *C-46-* und *C-54*-Transportmaschinen nach Puerta Cabezas in Nikaragua verlegt worden, wo sie sich auf 5 der kubanischen Garcia-Linie gehörenden Frachtern einschifften, die nach Dunkelwerden am 15. April ausliefen. In der gleichen Nacht führten die 16 *B-26*-Bomber ihren ersten Angriff gegen die kubanischen Flugplätze, bei denen aber nur etwa 40 % der Luftwaffe Castros zerstört wurden. Eine der Maschinen, vorher entsprechend präpariert, landete in Miami in Florida, um den Eindruck zu erwecken, es handele sich um eine Meuterei der kubanischen Luftwaffe. Als jedoch in der Presse Zweifel an dem Bericht des exilkubanischen Piloten auftauchten, untersagte Präsident Kennedy den zweiten Angriff in der folgenden Nacht, mit für das Unternehmen verheerenden Folgen.

In der Nacht vom 16. zum 17. April trafen die fünf Schiffe vor der Schweinebucht ein und begannen mit der Ausschiffung. Sie stieß angesichts der nicht bekannten Korallenriffe und des Widerstandes kleinerer kubanischer Milizposten auf unerwartete Hindernisse und verzögerte sich. So war vor allem das schwere Material noch nicht ausgeladen, als am Morgen einige der übriggebliebenen kubanischen *B-26*-Bomber, der propellergetriebenen *Sea-Fury*-Jäger und die restlichen 3–4 *T-33*-Düsenschulmaschinen die Schiffe und die gelandeten Einheiten angriffen. Zwei der Dampfer wurden versenkt, die drei anderen liefen ab. Als später am Tage die von Nikaragua kommenden exilkubanischen *B-26*-Bomber eintrafen, um die gelandeten Truppen zu unterstützen, wurden vier von ihnen durch die paar kubanischen Jäger abgeschossen. Die zur Sperrung von Zugangsstraßen und -wegen abgesprungenen exilkubanischen Fallschirmjäger fanden ihre Ziele teilweise nicht und mußten sich vor den ab Mittag des 17. April eintreffenden kubanischen Truppen zurückziehen. Ohne die Luftherrschaft und ohne Nachschub über See konnten sich die Reste der Brigade 2506, von den sich schnell verstärkenden kubanischen Verbänden unter persönlicher Führung Castros auf immer engerem Raum zusammengedrängt, noch bis zum 19. April halten. Dann mußten sie kapitulieren, nachdem ihnen klar geworden war, daß die von ihnen erwartete amerikanische Hilfe nicht kam.

Das dilettantisch vorbereitete Unternehmen endete mit einem Fiasko, ohne daß Kennedy seine Absicht, die amerikanische Beteiligung an der Vorbereitung zu verschleiern, durchführen konnte. Bei dem Treffen in Wien zwischen dem sowjetischen Ministerpräsidenten und Parteichef Chruschtschow und Kennedy im Juli 1961 übernahm dieser freimütig die Verantwortung für das mißglückte Unternehmen, ein Verhalten, das Chruschtschow offenbar als Unerfahrenheit oder Schwäche des jungen Präsidenten deutete. Die Sowjetunion versprach Kuba nicht nur wirtschaftliche Hilfe, sondern auch militärische Unterstützung gegen die von den kubanischen Führern in den schwärzesten Farben gemalte Bedrohung aus dem Norden.

Vielleicht fand sich Chruschtschow in seiner Ansicht von der Unentschlossenheit der Kennedy-Regierung bestätigt, als auf die ersten sowjetischen Waffenlieferungen Anfang 1961 und um die Jahreswende 1961/62, darunter Flugkörperschnellboote vom Typ *»Komar«**, sowie auf das Eintreffen zahlreicher sowjetischer Ausbilder keine Reaktion erfolgte. So glaubte er, diese Situation zu einem Erpressungsmanöver ausnutzen zu können. Mit auf Kuba stationierten sowjetischen Mittel- und Zwischenstreckenraketen ließ sich der größte Teil der USA in den Bereich der sowjetischen Raketendrohung bringen. Dieser – im Vergleich zu den sonst notwendigen zahlreichen Interkontinental- oder U-Boot-Raketen – viel billigere Weg bot zudem den Vorteil, die bisherige amerikanische Radarkette und Abwehr in Grönland, Alaska, Kanada und im Norden der USA durch die Bedrohung aus dem völlig ungeschützten Süden zu umgehen. Wurde der Aufbau dieser Raketenposition möglichst geheim, vor allem aber schnell durchgeführt, so bestand in den Augen Chruschtschows die Aussicht, mit diesem militärischen Trumpf ein für den Westen äußerst kostspieliges Druckmittel in die Hand zu bekommen, mit dem sich weitreichende politische Ziele in anderen Teilen der Welt, z. B. in Deutschland und Berlin oder in Südostasien, erreichen ließen.

Wahrscheinlich wurden die entsprechenden Abmachungen im Juli 1962 bei einem Besuch Raoul Castros, des Bruders des kubanischen Diktators, getroffen, denn in der zweiten Juli-Hälfte begannen die amerikanischen Aufklärer über dem Atlantik eine auffallende Zunahme des Schiffsverkehrs der Ostblockstaaten nach Kuba festzustellen. Vom 26. Juli bis 8. August trafen 8 Schiffe in dem Hafen Mariel an der Nordküste ein, dessen Hafenviertel evakuiert worden war und seither unter russischer Bewachung stand. Es wurden Lastwagen, mobile Generatoren, elektronisches Gerät,

* NATO-Typenbezeichnungen sowjetischer Schiffsklassen.

Baumaterial und schließlich auch Boden-Luft(SAM)-Raketen, wie sie bereits an Indonesien und den Irak geliefert worden waren, ausgeladen. Die Zahl der russischen Militärs und Techniker nahm schnell auf rund 4000–5000 zu.

Am 29. August stellte einer der *U-2*-Aufklärer, die bisher zweimal monatlich in sehr großer Höhe Kuba überflogen hatten, im Westen der Insel zwei SAM-Raketenstellungen fest. Sechs weitere schienen im Bau zu sein.

Ein Kommuniqué zum Besuch des kubanischen Industrieministers Che Guevara und des Armeechefs Navarro in Moskau am 2. September sprach von der kubanischen Bitte um Militär- und Ausbildungshilfe gegen die amerikanische Bedrohung. Der sowjetische Botschafter in Washington, Dobrynin, suchte am 4. September bei einem Treffen mit Robert Kennedy den Bruder des Präsidenten und Justizminister davon zu überzeugen, daß die Sowjetunion Kuba nur defensiv unterstütze und dem Präsidenten keinesfalls vor den Kongreßwahlen im November irgendwelche Schwierigkeiten bereiten wolle.

Doch Präsident Kennedy war keineswegs beruhigt. Er ordnete zusätzliche *U-2*-Flüge an und erbat vom Kongreß die Zustimmung zur Einberufung von 150000 Reservisten, um damit der Sowjetunion ein Zeichen zu geben, daß man nicht gewillt sei, weiteren Pressionen in und um Berlin oder Kuba nachzugeben. Die weiteren *U-2*-Flüge am 5., 17., 26. und 29. September brachten zwar außer weiteren SAM-Stellungen und *MiG*-Jägern auf den kubanischen Flugplätzen keine neuen Erkenntnisse, doch kam den amerikanischen Militärs diese Akzentsetzung auf eine modernste Luftverteidigung nur im Hinblick auf eine Bedrohung von See her merkwürdig vor. Es schien noch etwas anderes dahinterzustecken.

Am 8. und 15. September hatten amerikanische Aufklärer im Atlantik die sowjetischen Frachter *Omsk* und *Poltava* auf dem Weg nach Kuba erfaßt. Es waren moderne Holzfrachter mit ungewöhnlich breiten Ladeluken. Die Schiffe fuhren als Deckladung Lkw's, hatten jedoch für ihre zu erwartende Massengutfracht einen erstaunlich geringen Tiefgang. Wenn auch die amerikanischen Auswerter erst später zu diesem Schluß kamen, es waren tatsächlich die Schiffe, welche die ersten sowjetischen Mittelstreckenraketen nach Kuba brachten. Am 21. September gingen beim CIA die ersten Agentenmeldungen über größere Raketen als die bisher beobachteten SAM-Raketen ein, aber die Militärs legten diesen Meldungen noch kein übertriebenes Gewicht bei. Erst als sie am 2. Oktober durch weitere Berichte unterstrichen wurden, drang man auf neue *U-2*-Flüge über Westkuba, die man seit dem 5. September in diesem Gebiet unterbrochen hatte, nachdem am 9. September ein nationalchinesischer *U-2*-Aufklärer von Formosa über Festlandchina von SAM-Raketen abgeschossen worden war.

Trotz der Genehmigung durch den Präsidenten zog sich der tatsächliche Start einer *U-2* bis zum 14. Oktober hin, da man die Flugzeuge wegen der erhöhten Gefährdung durch die SAM-Raketen nicht mehr unter CIA-Regie, sondern mit »Air Force«-Piloten fliegen lassen wollte. Das Flugzeug brachte Aufnahmen mit, die klar im Bau befindliche Raketenstellungen im Gebiet von San Cristobal zeigten. Ein weiterer *U-2*-Flug am 17. Oktober bestätigte den raschen Fortschritt der Arbeiten. Nicht weniger als 28 Rampen in verschiedenen Baustadien waren zu identifizieren. Erstmals wurden auch Raketenteile fotografiert. Es handelte sich offenbar um zwei Typen: Mittelstreckenraketen mit mobilen Rampen vom Typ *Shyster* oder *Sandal* mit 1200 bis 1750 km Reichweite und Zwischenstreckenraketen mit festen Rampen und einer Reichweite von wenigstens 2200 km. Mit ihnen konnte man von Kuba aus Nordamerika bis zur Hudson-Bay einschließlich der wichtigsten Gebiete der USA und Kanadas, ganz Mittelamerika mit dem Panamakanal und Südamerika bis zur Breite von Lima überdecken. Die *U-2* hatte auch die im Bau befindlichen Gebäude entdeckt, die man aus der Sowjetunion als Lagerbunker für nukleare Sprengköpfe bei den Raketenstellungen kannte.

Auf diese sehr bedrohlich klingenden Nachrichten hin bildete Präsident Kennedy aus seinen nächsten Beratern einen »Exekutivausschuß des nationalen Sicherheitsrates«, der in den folgenden Tagen in kurzen Abständen tagte, um die möglichen amerikanischen Gegenmaßnahmen zu erörtern. Es wurde einhellig als unabdingbare Forderung angesehen, daß die sowjetischen Offensivwaffen auf Kuba entfernt oder ausgeschaltet werden mußten, ehe sie einsatzbereit wurden, was nur noch eine Frage von wenigen Tagen zu sein schien.

In den Diskussionen traten die zuerst erörterten politisch-diplomatischen Lösungsmöglichkeiten bald in den Hintergrund. Weder das für den 18. Oktober vorgesehene Treffen Kennedys mit dem sowjetischen Außenminister Gromyko, noch die Entsendung eines Sonderbotschafters nach Moskau oder gar eine Anklage der Sowjetunion oder Kubas vor dem Weltsicherheitsrat, konnten den notwendigen schnellen Erfolg gewährleisten.

So traten die militärischen Möglichkeiten in den Vordergrund der Betrachtung. Eine Zerstörung der Abschußrampen durch einen überraschenden Luftangriff barg die Gefahr in sich, daß sowjetische Soldaten oder Techniker getötet werden könnten und damit die sowjetische Seite zu einer scharfen Reaktion gezwungen wurde. Das Gleiche galt für eine Invasion Kubas. Beide Lösungen würden außerdem in weiten Teilen der Welt als Aggression mißverstanden werden. Ein dritter Weg war die Blockade Kubas. Sie konnte mit einer klaren Begrenzung auf die von der Sowjetunion gelieferten Offensivwaffen erklärt werden. Bei der geographischen Lage und der Abwesenheit sowjetischer Überwasser-Flotteneinheiten waren die Waffentransportschiffe dem Zugriff der hier absolut überlegenen amerikanischen Flotte schutzlos ausgesetzt. War die Sowjetunion nicht entschlossen, es auf eine militärische Konfrontation mit den USA ankommen zu lassen, konnte sie die auf dem Anmarsch befindlichen Schiffe mit Funkbefehl ohne allzugroßen Gesichtsverlust anhalten oder umkehren lassen. Zu militärischen Aktionen brauchte es nur zu kommen, wenn die Schiffe auf Befehl aus Moskau die Blockade zu brechen versuchten. Dann bestand immer noch die Möglichkeit, auf die sowjetische Eskalation mit einer Verschärfung der Blockade, schließlich auch mit harten Maßnahmen wie einem Luftangriff und der Invasion zu antworten.

Am 18. Oktober liefen die ersten vorbereitenden Maßnahmen auf amerikanischer Seite an. Luftwaffenverbände und Truppen wurden in die Südoststaaten verlegt. Vor allem wurde die Luftaufklärung weiter intensiviert. Sie stellte am gleichen Tage die erste anscheinend einsatzbereite Rakete fest. Am 19. Oktober brachten Aufklärer Fotos von den Raketenstützpunkten San Cristobal, Remedios, Guanajay und Sagua la Grande. Abends wurde für die Atlantik-Flotte und den Bereich der Golfküste und der Karibik Alarmbereitschaft angeordnet. Während die Arbeiten an den Raketenstartanlagen am 20. und 21. Oktober weitergingen, liefen die amerikanischen Vorbereitungen auf hohen Touren.

Präsident Kennedy trat am 22. Oktober um 19.00 Uhr mit einer Fernsehrede vor die Öffentlichkeit, in der er die Entwicklung der letzten Tage erläuterte und deutlich werden ließ, in welcher Weise ihn noch am 18. Oktober Außenminister Gromyko über die sowjetischen Absichten in Kuba zu täuschen versuchte. Schließlich kündigte er in dieser Rede eine auf Offensivwaffen beschränkte Quarantäne Kubas vom 24. Oktober 10.00 Uhr an. Nachdem die amerikanische Regierung in einer zeitlich genau abgestimmten Aktion ihre Verbündeten und die panamerikanische Organisation sowie den sowjetischen Botschafter kurz vor der Rede Kennedys unterrichtet hatte, wurde auch die Einberufung des Sicherheitsrates beantragt.

Mit großer Spannung wartete man am 23. Oktober auf die sowjetische Reaktion, die lange auf sich warten ließ. Erst nach 13 Stunden veröffentlichte das Nachrichtenbüro TASS eine gewundene Erklärung, ein Zeichen dafür, daß die amerikanischen Maßnahmen für die sowjetische Seite offenbar überraschend gekommen waren. Währenddessen gingen auf Kuba die Arbeiten an den Raketenstellungen fieberhaft weiter, und die Aufklärer im Atlantik meldeten, daß alle 25 auf dem Weg gesichteten Ostblockschiffe ihren Kurs beibehielten.

Am Morgen des 24. Oktober hatten die von der 2. Flotte abgeteilten Einheiten der »Task Force 136« ihre Blockadepositionen eingenommen. 13 Fregatten und Zerstörer bildeten in jeweils 800 sm Entfernung von Havanna und Kap Myasi, der Ostspitze Kubas, einen Ring, hinter dem das Flaggschiff, der Schwere Kreuzer *Newport News* mit dem Befehlshaber, Vizeadmiral Alfred G. Ward, und der Fla-Raketenkreuzer *Canberra* mit je 2 Zerstörern sowie eine U-Jagdgruppe mit dem Träger *Essex* standen. Sie waren am 22. Oktober in See gegangen. Seit diesem Tage stand auch das strategische Luftkommando unter General Power in Alarmbereitschaft. Die *B-47*-Bomber waren gegen einen eventuellen Überraschungsschlag auf 40 zivile Flugplätze verteilt, und die *B-52*-Interkontinentalbomber befanden sich mit ihren Kernwaffenladungen in überschlagendem Einsatz in der Luft. Taktische Fliegerverbände standen startklar für notwendig werdende Luftangriffe auf die Raketenbasen. Zu ihrer Unterstützung versammelte sich eine Trägerkampfgruppe, die »Task Force 135«, unter Konteradmiral John T. Hayward mit den großen Trägern *Enterprise* und *Independence*. Für eine eventuelle Invasion standen im Süden die 1. Panzer-Division, die 5. Infanterie-Division sowie eine Marine-Division und weitere starke Verbände mit insgesamt rund 100000 Mann bereit.

Die Spannung stieg. Im Laufe des Tages mußte einer der vermutlichen Raketentransporter, die *Poltava*, die Blockadelinie erreichen. Die Krise näherte sich dem Höhepunkt. Würden die Schiffe durchhalten, wie es der sowjetische Militärattaché in Washington bei einer Party am 23. versichert hatte? Würden die sechs erfaßten sowjetischen U-Boote amerikanische Schiffe angreifen? Würden die bis dahin festgestellten 30 Raketen und 20 *IL-28-Beagle*-Bomber – soweit sie schon einsatzbereit waren – Startbefehl erhalten? Da kam um 17.15 Uhr die Meldung von den Aufklärern, die im Atlantik an den 25 Frachtern Fühlung hielten, daß einige von ihnen Kurs geändert hatten, die anderen aber Kurs beibehielten. War das ein erstes Zeichen des Einlenkens? Die amerikanischen Schiffe erhielten nochmals den Befehl, es nicht zu einer Schießerei kommen zu lassen. Es kam jetzt alles darauf an, einerseits keinen Zweifel an der amerikanischen Entschlossenheit aufkommen zu lassen, andererseits aber jede Eskalation, die zu unabsehbaren Folgen führen konnte, zu vermeiden.

Am Morgen des 25. Oktober um 08.00 Uhr wurde der bereits vorher beschattete sowjetische Tanker *Bukarest* auf der Höhe der Blockadelinie von dem amerikanischen Zerstörer *Gearing* gestoppt. Auf seine Erklärung, er habe nur Öl an Bord, durfte er die Fahrt fortsetzen, ebenso wie das 35 Minuten später angehaltene ostdeutsche Passagierschiff *Völkerfreundschaft*. Aufklärer bestätigten bald darauf, daß von den 25 Schiffen 12 kehrt gemacht hätten. Doch immer noch kam keine positive Äußerung von sowjetischer Seite. Die seit dem 22. Oktober eingegangenen Fernschreiben Chruschtschows enthielten nur die alten – wie man wußte falschen – Versicherungen. Der Bau der Raketenanlagen ging mit Hochdruck weiter. Auch als der amerikanische Chefdelegierte Stevenson auf der Sitzung des UN-Sicherheitsrates seinen sowjetischen Kollegen Sorin mit den Vergrößerungen der Aufklärerfotos der Raketenstellungen konfrontierte, antwortete dieser hinhaltend. Wollten die Sowjets Zeit gewinnen, um die Raketen doch noch startbereit zu machen?

Ein weiterer Schritt war notwendig, um die Sowjets von der Entschlossenheit der USA zu überzeugen. Da es bei der Enterung und Durchsuchung eines sowjetischen Schiffes zu

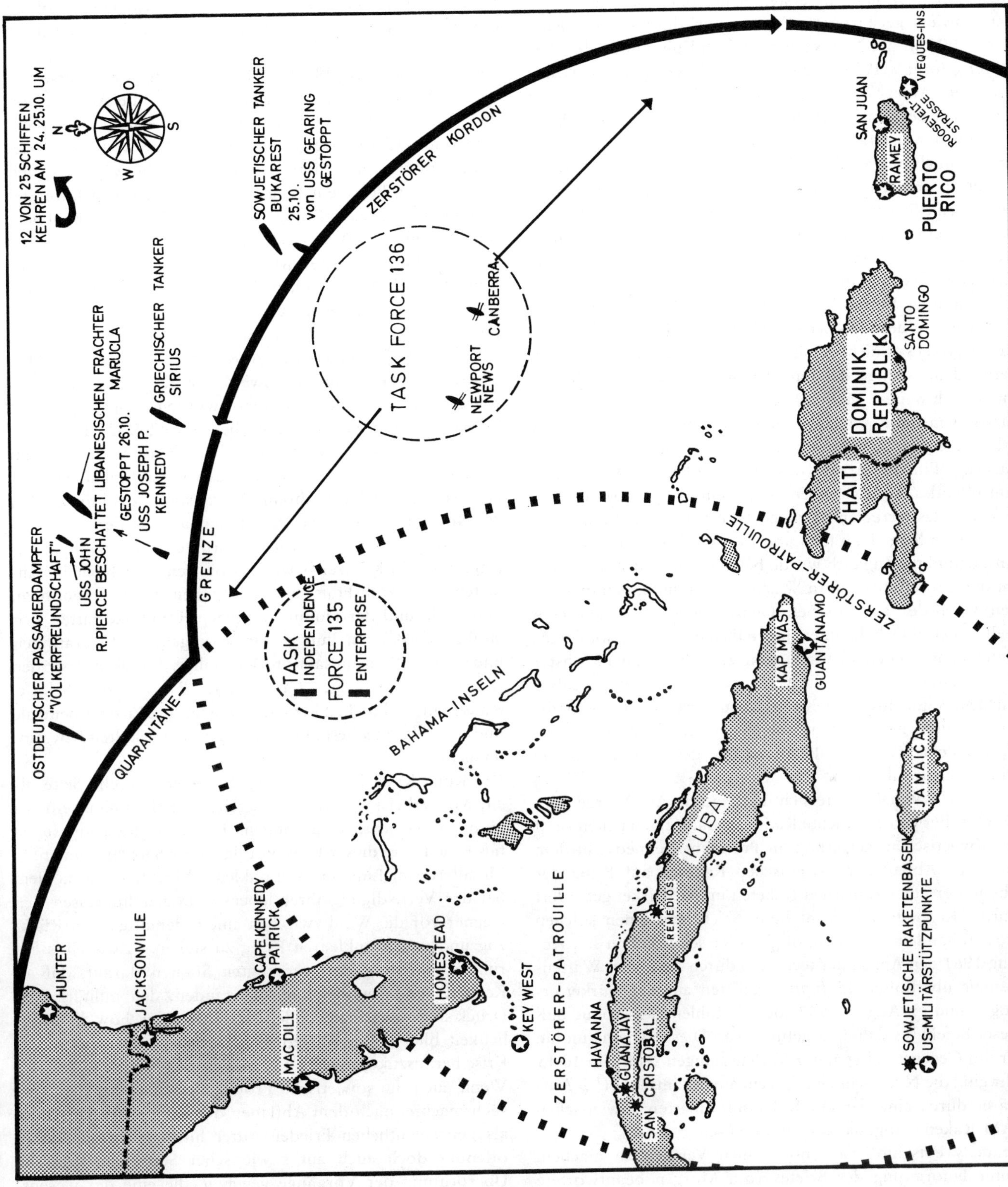

Die Kuba-Krise 1962

Zwischenfällen mit unabsehbaren Folgen kommen konnte, entschloß man sich, als erstes Schiff einen neutralen, von den Sowjets gecharterten Frachter, zu durchsuchen. Kurz vor 08.00 Uhr am 26. Oktober ging ein Kommando des Zerstörers *Joseph P. Kennedy* an Bord des panamesischen Frachters *Marucla*, den der Zerstörer *John R. Pierce* seit der Nacht beschattete. Er hatte keine Konterbande an Bord und durfte weiterfahren.

Immer noch gingen die Arbeiten an den Rampen in Kuba weiter. In wenigen Stunden konnten die ersten Raketen startbereit sein. Erneut kam die Frage auf, ob man ein längeres Warten verantworten könne, oder ob man den Sowjets nicht jetzt doch mit einem Luftangriff zuvorkommen müsse. Kennedy verschob die Entscheidung zunächst und befahl, alle 2 Stunden Luftaufklärung zu fliegen. Auf einen Vermittlungsversuch des UN-Generalsekretärs U Thant antwortete Kennedy, daß es nicht genüge, auf See eine Konfrontation zu vermeiden, solange der Bau der Stellungen weitergehe. Er müsse sich weitere Maßnahmen vorbehalten.

Inzwischen hatte jedoch – wie es scheint – Chruschtschow erkannt, daß er zu hoch gespielt hatte und suchte nach einem Ausweg. Ein am Abend des 26. Oktober in Washington eintreffendes Fernschreiben, das deutlich die persönliche Diktion des erregten Parteichefs erkennen ließ, enthielt erstmals in langen Tiraden und Rechtfertigungen versteckte Ansatzpunkte. Zugleich wurde bekannt, daß ein Botschaftsrat der Sowjetbotschaft in Washington, Fomin, den man für den Chef des sowjetischen Geheimdienstes in den USA hielt, einen ihm bekannten Journalisten zu einer sofortigen Unterredung gebeten hatte, um ihn zu ersuchen, bei höchster Stelle zu sondieren, ob die USA eine Zusicherung abgeben würden, keine Invasion Kubas zu unternehmen, wenn die Sowjetunion ihre Raketen abbauen würde und versichere, Castro keine Offensivraketen zu übergeben. Eine Lösung schien sich anzubahnen.

Aber noch einmal spitzte sich die Lage zu. Am Morgen des 27. Oktober veröffentlichte Radio Moskau einen neuen Brief der sowjetischen Regierung an Präsident Kennedy, in dem für einen Abbau der sowjetischen Raketen auf Kuba der Abbau der amerikanischen Raketen in der Türkei gefordert wurde. Kennedy war nicht bereit, sich jetzt einen solchen Preis abhandeln zu lassen, obgleich er selbst schon seit Anfang 1961 den Abzug der technisch durch die neuen Waffensysteme überholten 15 *Jupiter*-Raketen aus der Türkei erwogen und im August 1962 sogar befohlen hatte, ohne daß dieser Befehl bis dahin ausgeführt war. Dieses Thema mußte für ihn Gegenstand späterer Verhandlungen sein. Um 10.15 Uhr ging die Nachricht ein, daß ein amerikanischer *U-2*-Aufklärer durch eine der auf Kuba stationierten sowjetischen SAM-Raketen abgeschossen worden sei.

Kennedy entschloß sich, noch einen Versuch zu machen. Unter Ignorierung des Briefes vom Morgen beantwortete er Chruschtschows Brief vom Vorabend mit dem Angebot, die Quarantäne aufzuheben und der Zusicherung, keine Invasion Kubas vorzunehmen, wenn die Sowjetunion die Arbeiten an den Raketenstellungen sofort einstelle und sobald die Offensivwaffen unter UN-Kontrolle zurücktransportiert seien.

Am Morgen des 28. Oktober stimmte Chruschtschow diesem Vorschlag zu. Tatsächlich wurden die Arbeiten am 28. Oktober eingestellt und mit dem Abbau begonnen. Aber Fidel Castro weigerte sich, offenbar weil die sowjetische Entscheidung über seinen Kopf hinweg getroffen war, der von Präsident Kennedy geforderten Inspektion des Abbaus und der Zerstörung der Anlagen durch UN-Beobachter zuzustimmen. Weder U Thant noch der gewandte sowjetische Industrieminister Mikojan, den Chruschtschow als Emissär nach Kuba schickte, konnten Castro umstimmen. Man mußte sich auf eine Luft-Inspektion in See beschränken, bei der allerdings die Sowjets zur Kooperation bereit waren. Alle 42 in Kuba eingetroffenen Raketen, von denen 24 Mittelstreckenraketen und 12 Zwischenstreckenraketen bereits weitgehend installiert waren, wurden abtransportiert. Schwierigkeiten gab es jedoch bei den 42 *IL-28*-Bombern, die die Sowjets den Kubanern übergeben hatten. Erst am 19. November konnte Mikojan Castro zum Einlenken bringen, so daß er auch ihrem Abtransport zustimmte. Am 20. November wurde die Quarantäne aufgehoben.

Nicht weniger als 183 Schiffe, darunter allein 8 Flugzeugträger und 90 Kreuzer bzw. Zerstörer einschließlich 17 Einheiten der Pazifik-Flotte und je 2 Einheiten von Argentinien, Venezuela und der Dominikanischen Republik, hatten sich an ihr, den Bereitstellungen für weitergehende Operationen und den Aufklärungsaktionen beteiligt. Insgesamt wurden während der 27tägigen Quarantäne 19 sowjetische Schiffe, 6 aus dem Ostblock, 23 von den Sowjets gecharterte neutrale und 7 Schiffe aus befreundeten Staaten angehalten bzw. untersucht.

Die Kuba-Krise ist seither für die amerikanische Seite als ein Musterbeispiel eines erfolgreichen Krisenmanagements in die Geschichte eingegangen. Präsident Kennedy selbst faßte die Lehre dieser Krise in folgendem Satz zusammen: »In allererster Linie müssen nukleare Mächte es vermeiden, bei der Verteidigung ihrer lebenswichtigen Interessen den Gegner vor die Wahl zwischen einem demütigenden Rückzug und einem nuklearen Krieg zu stellen.« Zweifellos beruhte der Erfolg der Vereinigten Staaten darauf, daß es Kennedy und seine Berater verstanden, den militärischen Druck so dosiert anzuwenden, daß Chruschtschow die Möglichkeit blieb, ohne allzugroßen Gesichtsverlust aus dieser Krise herauszukommen.

Wenn auch die sowjetische Propaganda zunächst den Versuch machte, nach dem Abflauen der Krise Chruschtschow als den eigentlichen Friedensstifter hinzustellen, so hat es offenbar doch auch auf sowjetischer Seite eine kritische Überprüfung der Vorgänge gegeben, die eine der wesentlichen Anlässe für die Ausschaltung Chruschtschows selbst war. Für die sowjetische Führung wiederholte sich die bittere

Erfahrung, die man bereits während des spanischen Bürgerkrieges hatte machen müssen: Ohne eine entsprechende, überall einsatzfähige Seemacht lassen sich Groß- und Weltmachtansprüche an den von Seemächten beherrschten Punkten der Welt nicht untermauern oder durchsetzen.

Die Intervention der USA in der Dominikanischen Republik

Für die amerikanische Regierung war Kuba nicht das einzige Land Lateinamerikas, das für ein Abgleiten in den Kommunismus anfällig schien. Fast der ganze Kontinent war wie ein großes Pulverfaß. In den meisten Ländern lebte die sich unheimlich schnell vermehrende Masse der Bevölkerung in großer Armut, beherrscht und ausgebeutet von einer schmalen oligarchischen Schicht, deren Führer sich untereinander bekämpften, um selbst die einträglichen Positionen in Regierung und Verwaltung einnehmen zu können. Militärputsche und Staatsstreiche waren an der Tagesordnung, ohne jedoch an den Wurzeln des Übels und den sozialen Problemen irgendetwas zu ändern. Die sich ihrer Lage zunehmend bewußt werdenden Massen boten für kommunistische Propaganda und die Abgesandten Castros einen fruchtbaren Boden. Präsident Kennedy hatte diese hier drohenden Gefahren erkannt und wollte ihnen mit seiner »Allianz für den Fortschritt« begegnen. Eine großzügige Wirtschaftshilfe zur Beseitigung der sozialen Mißstände und eine Unterstützung demokratischer Kräfte in den Ländern sollten kommunistischer Unterwanderung den Boden entziehen.
Zu einem Schaufenster dieser Allianz sollte die Dominikanische Republik werden. Am 30. Mai 1961 war der Diktator Rafael L. Trujillo von persönlichen Feinden ermordet worden. Zwar versuchten Angehörige seiner Familie sich an den Schalthebeln der Macht zu halten, doch mußten sie im Oktober 1961 der immer stärker werdenden Opposition und dem Druck einer amerikanischen Demonstration mit 8 Kriegsschiffen und 1800 eingeschifften Marineinfanteristen weichen. Ein dreiköpfiger Staatsrat sollte nun freie Wahlen vorbereiten. Es bildeten sich zahlreiche Gruppierungen verschiedenster politischer Richtungen, von Konservativen über Gemäßigte zu Sozialreformern, Sozialrevolutionären, Kommunisten Moskauer und Pekinger Prägung und Anhängern Castros. Daneben stand das Militär als eigentlicher Machtfaktor. Nach einer erbitterten Wahlkampagne konnte bei der Wahl am 20. Dezember 1962 der Kandidat der »Sozialrevolutionäre«, Juan Bosch, fast 60 % der Stimmen auf sich vereinigen. Es gelang dem neuen idealistischen Präsidenten jedoch nicht, sich gegen die Opposition von rechts und links und gegenüber dem Militär durchzusetzen. Durch einen Staatsstreich wurde er am 25. September 1963 gestürzt, weil konservativ eingestellte Offiziere, geführt von dem zum General beförderten Panzerkommandeur Elias Wessin y Wessin, befürchteten, Bosch liefere das Land dem Kommunismus aus. Ein neues Triumvirat konservativer Zivilisten wurde eingesetzt, das durch ein betont antikubanisches Auftreten einen positiven Eindruck in den USA zu erwecken suchte. Präsident Kennedy war aber nicht bereit, ein Regime, das mit Gewalt die gewählte Regierung beseitigt hatte, anzuerkennen. Nur gegen eine Erweiterung der zivilen Basis der Regierung und die Zusage der Vorbereitung freier Wahlen war man zu Zugeständnissen bereit, um »ein zweites Kuba zu verhindern«.
Nach der Ermordung Präsident Kennedys am 22. November 1963 führte der neue Präsident Lyndon B. Johnson diese Politik weiter und erkannte schließlich die in ihrer Zusammensetzung veränderte Junta an. Doch gärte es im Innern weiter. Am 24. April 1965 brach in der Hauptstadt Santo Domingo ein Aufstand von Anhängern Juan Boschs aus, dem sich auch Teile der Armee, vor allem aber die verschiedenen kommunistischen »fidelistischen« Gruppierungen anschlossen. Es kam zu heftigen Kämpfen zwischen den Aufständischen, die sich in der Altstadt verschanzten und die den Zugang zur Stadt bildende Duarte-Brücke über den Ozama-Fluß verteidigten, und den von Osten her vordringenden Truppen Wessins. Als dessen von der Luftwaffe unterstützte Spitzen über die umkämpfte Brücke in die Altstadt eindrangen, schien die Sache der Rebellen verloren und ihre Führer wandten sich am 27. April an den amerikanischen Botschafter Bennett um Vermittlung. Dieser, unter dem Eindruck der starken kommunistischen Unterwanderung der Rebellen, versagte sich deren Anträgen und forderte sie zur Kapitulation auf. Nun riß der energische Oberst Francisco Caamaño die Führung der Rebellen an sich und warf die Truppen der Junta über die Brücke zurück. In den zweitägigen Kämpfen hatte es schon mehr als 900 Tote gegeben. Es schien keine Aussicht auf ein Ende zu bestehen, ja, es war nicht ausgeschlossen, daß Caamaño nun doch gegen die abgekämpften Junta-Truppen die Oberhand gewann.
Schon am 26. April hatte Washington vorsorglich die in Puerto Rico befindliche »Caribbean Ready Amphibious Squadron« mit ihren eingeschifften Marine-Corps-Einheiten und eine Brigade der 82. Luftlande-Division in Bereitschaft versetzt. Am Morgen des 27. April kam die »Task Group 44.9« mit dem Hubschrauber-Träger *Boxer*, dem Transportdockschiff *Raleigh*, dem Landungsdockschiff *Fort Snelling*, dem Tanklandungsschiff *Wood County*, dem Schnellen Transporter *Ruchamkin* und dem Landungsfrachter *Rankin* mit einem BLT von 1702 Mann an Bord vor der Küste an. Auf Anforderung des Botschafters begannen die Hubschrauber der *Boxer* im Laufe des 28. April mit der Evakuierung amerikanischer Zivilisten, von denen bis zum Abend 1178 ausgeflogen waren. In den ersten Tagen evakuierten diese Schiffe insgesamt 4300 Zivilpersonen, meist Frauen und Kinder, darunter 2694 US-Bürger.
Als sich die militärische Situation im Laufe des Nachmittags des 28. April zuspitzte, erbat der amerikanische Botschafter in Washington die Landung der »Marines«. Nachdem man noch ein entsprechendes Gesuch der Junta eingeholt hatte,

gab Präsident Johnson um 18 Uhr die Landung von 500 Mann zum Schutz der Botschaft und der Evakuierung frei. Bereits eine Stunde später hatten die Hubschrauber zwei Kompanien mit 536 Mann gelandet. Washington ordnete ferner die Bereitstellung einer weiteren Brigade und in der Nacht zum 29. April auch die der dritten Brigade der 82. Luftlande-Division an.
Im Laufe des 29. April kamen weitere Berichte, welche die Kampfkraft der Junta-Truppen in Zweifel zogen und demgegenüber eine wachsende Einflußnahme kommunistischer Kräfte auf Seiten der Rebellen feststellten. Präsident Johnson schien nun die Gefahr des Abgleitens der Dominikanischen Republik in das kommunistische Lager so groß, daß er um 14 Uhr die Landung amerikanischer Kräfte anordnete. Um 17.30 Uhr begannen die restlichen Einheiten der »Amphibious Ready Squadron« in der Nähe von Haina von See her und mit Hubschraubern zu landen. Um 15.14 Uhr erhielt die 3. Brigade der 82. Luftlande-Division den Einsatzbefehl, um 20 Uhr war sie in 33 *C-130 Hercules*-Transportern auf dem Weg, ab 02.00 Uhr am 30. April begannen sie in schneller Folge auf dem San Isidro-Flugplatz zu landen. Ziel der Intervention sollte es zunächst sein, die kämpfenden Parteien durch einen »Kordon« voneinander zu trennen, um so Zeit für eine durch die OAS (Organisation amerikanischer Staaten) auszuarbeitende politische Lösung zu gewinnen. Die US-Truppen hatten die Weisung, das Feuer nur unter Beschuß zu erwidern.
Am 1. Mai gelang es dem nach Santo Domingo entsandten früheren US-Botschafter Martin, zusammen mit seinem Kollegen Bennett und dem päpstlichen Nuntius in zähen und erbitterten Verhandlungen mit beiden Parteien einen vorläufigen Waffenstillstand auszuhandeln. Er wurde möglich, nachdem Präsident Johnson über private Mittelsmänner Kontakte zu Juan Bosch hergestellt hatte und dieser Caamaño entsprechende Anweisungen gab. Wenn es in den folgenden Tagen auch noch zu manchen Schießereien und Krisen kam, so konnten die bis zum 11. Mai nach der Landung von zwei weiteren BLT's des Marine-Corps vom Hubschrauberträger *Okinawa* auf 8000 Mann verstärkte 4. Marine-Expeditionary Brigade und die rund 12000 Mann der 82. Luftlande-Division unter dem Kommando von Generalleutnant Palmer die kämpfenden Parteien mit Erfolg voneinander trennen. Sie bildeten die von der OAS empfohlene »Internationale Sicherheits Zone« zwischen den Rebellen und den Junta-Truppen. Die Bemühungen, die beiden Bürgerkriegsparteien an den Verhandlungstisch zu bringen, zogen sich jedoch hin. Inzwischen hatte der Rat der OAS mit 14:5 Stimmen beschlossen, eine interamerikanische Streitmacht aus Kontingenten von Brasilien, Honduras, Costa Rica, Nikaragua, Paraguay und den USA unter Führung eines brasilianischen Generals zu bilden. Ab Anfang Juni wurden die US-Truppen bis auf das verbleibende Kontingent von diesen Truppen abgelöst. Nach langen internen Auseinandersetzungen und manchen Schießereien kam im September 1965 endlich eine Einigung zustande, mit der die beiderseitigen Führer der Bürgerkriegsparteien auf ihre Rolle verzichteten zugunsten des früheren Landwirtschaftsministers der Regierung Bosch, Garciá-Godoy, unter dessen Interimsregierung die Wahlen vom 1. Juni 1966 vorbereitet wurden. Sie brachten jedoch nicht Bosch, sondern dem alten »Marionetten«-Präsidenten der Zeit Trujillos, Balaguer, der inzwischen eine Partei aufgebaut hatte, den Sieg.
So hatte Präsident Johnson zwar »ein zweites Kuba« verhindert, aber von Kennedys Ziel, die Dominikanische Republik zum Schaufenster der Demokratie und seiner »Allianz für den Fortschritt« zu machen, war man so weit entfernt wie je.

Die Raumfahrt

Die von der sowjetischen Seite schon bald nach dem zweiten Weltkrieg, vor allem aber unter Chruschtschow stark forcierte Raketen-Entwicklung brachte der UdSSR in einer Zeit, in der sie sich auf anderen militärischen und technischen Gebieten den USA noch unterlegen fühlen mußte, auf einem im Mittelpunkt des Interesses der Weltöffentlichkeit stehenden Gebiet große propagandistische Erfolge, die sie geschickt zur Hebung ihres Ansehens vor allem in der »Dritten Welt« zu nutzen verstand.
Am 4. Oktober 1957 hatte sie ihren ersten künstlichen Satelliten *Sputnik* gestartet, dessen piepsende Signale aller Welt hörbar den sowjetischen Vorsprung in der Raketen- und Weltraumtechnik dokumentierten. Ehe man sich in den USA von dem Schock erholt hatte, starteten die Sowjets am 3. November ihren *Sputnik 2* mit der Hündin Laika an Bord.
Zwar bereiteten auch die USA in Regie der Marine im Rahmen des geophysikalischen Jahres den Start eines künstlichen Satelliten *Vanguard* vor, aber es hatte mehrere Verzögerungen des komplizierten Systems gegeben. So erhielt der nach dem zweiten Weltkrieg in die USA gegangene deutsche Raketen-Forscher Wernher von Braun, der dort für die US-Armee Projekte betrieb, die Chance, seine *Jupiter*-Rakete in einem »Crash«-Programm für den Start eines amerikanischen Satelliten vorzubereiten. Am 31. Januar 1958 glückte ihm im ersten Anlauf der Start des *Explorer 1*, der als bedeutendes wissenschaftliches Ergebnis die Entdeckung des Van-Allen-Strahlungsgürtels um die Erde meldete. Am 17. März gelang auch der Start der *Vanguard 1*. Besonders eindrucksvoll war jedoch die große Schubkraft der sowjetischen Trägerraketen, wog schon der erste *Sputnik* 184 Pfund, so brachte *Sputnik 2* bereits fast 1 Tonne auf eine Umlaufbahn, während der erste amerikanische Satellit nur 18 Pfund wog.
Bald weitete sich das Wettrennen im Weltraum auf weitere Projekte aus. Am 2. Januar 1959 hatte die UdSSR bereits einen ersten Satelliten *Luna 1* gestartet, der das Schwerefeld der Erde verließ und am 4. Januar den Mond in nur etwa

5000 km Entfernung passierte. Die USA folgten am 3. März mit ihrer Sonde *Pioneer 4*. Am 13. September gelang den Russen mit ihrer *Luna 2* der erste »Treffer« auf dem Mond, und *Luna 3* funkte am 4. Oktober erstmalig Fernsehbilder von der der Erde abgewandten Seite des Mondes zur Erde. Gegenüber diesen spektakulären Erfolgen wurde die Tatsache kaum beachtet, daß bis zum Ende des Jahres die USA bereits 15 Erd-Satelliten und 4 Raumsonden, die UdSSR dagegen nur je drei gestartet hatten.

Während die Sowjets auch in den folgenden Jahren besonderen Wert auf solche »Ersterfolge« legten, die sich propagandistisch nutzen ließen, verfolgten die USA ein breit angelegtes Weltraum-Programm, das möglichst umfassenden wissenschaftlichen, wirtschaftlichen und auch militärischen Nutzen bringen sollte. Am 1. April 1960 wurde der erste Wetterbeobachtungs-Satellit *Tiros 1*, am 12. August der passive Ballon-Satellit *Echo 1* für die Nachrichtenübermittlung und am 13. April der Navigations-Satellit *Transit 1 B* gestartet.

Das Jahr 1961 sollte neue aufsehenerregende sowjetische »Ersterfolge« bringen. Am 12. Februar startete die erste Sonde *Venus 1*, die den Nachbarplaneten nach einigen Wochen in 40000 km Abstand passierte. Dann aber startete am 12. April Jurij Gagarin mit dem Raumschiff *Vostok 1* zur ersten bemannten Umrundung der Erde. Wiederum konnten die USA dem nur mit einem neuen »Crash«-Programm am 5. Mai den »Raumsprung« einer *Mercury*-Kapsel mit Alan B. Shepard in einer ballistischen Flugbahn folgen lassen. Präsident Kennedy entschloß sich, die USA zu einer größeren Anstrengung in der Raketen- und Weltraumtechnik zu bringen und unterbreitete dem Kongreß am 25. Mai das Projekt, bis zum Ende des Jahrzehnts einen Menschen auf dem Mond landen zu lassen.

1962 zogen die USA mit der dreimaligen Erdumrundung durch John Glenn in einer *Mercury*-Kapsel am 20. Februar und der am 23. April auf dem Mond aufgeschlagenen *Ranger*-Sonde nach. Von großer wirtschaftlicher Bedeutung war der Start des ersten aktiven Fernsehsatelliten *Telstar* am 10. Juni. In der interplanetarischen Forschung gelang den Amerikanern mit *Mariner-2* ein Erfolg, die nach 16 Wochen Flugzeit die Venus in 34550 km passierte, während die Russen eine Sonde zum Mars starteten.

Das Jahr 1963 brachte nach 6 Versuchen in den USA den Abschluß des *Mercury*-Programmes mit einem 34stündigen Flug Gordon Coopers, während die Sowjets mit *Vostok 6* erstmalig eine Frau, Valentina Tereškova, in eine Umlaufbahn schossen. Das amerikanische *Ranger*-Programm erbrachte 1964 hervorragende Nahaufnahmen des Mondes. Die Sowjets starteten am 1. November erstmalig ein mit drei Mann besetztes Raumschiff *Voschod 1* mit den Kosmonauten Komarov, Egorov und Feoktistov. Ende des Monats nahmen auch die USA die Mars-Forschung mit *Mariner 4* auf, der im Juli 1965 Aufnahmen aus 10000 km Entfernung sendete. Am 23. März 1965 begannen die USA das *Gemini*-Programm mit Zwei-Mann-Kapseln zu erproben, bei denen auch gesteuerte Bahnänderungen vorgenommen wurden. Nachdem der sowjetische Kosmonaut Leonov sich erstmalig für 10 Minuten frei im Weltraum aufgehalten hatte, folgte ihm am 3. Juni der Amerikaner Edward White mit einem »Weltraumspaziergang«.

Am 1. März 1966 ging die sowjetische Sonde *Venus 3*, die am 16. November 1965 gestartet war, hart auf dem Planeten nieder. Von größter Bedeutung für die Vorbereitung bemannter Flüge jenseits des Schwerefeldes der Erde waren die Rendezvous-Manöver, die im Dezember 1965 von den amerikanischen Kapseln *Gemini VI* und *VII* ausgeführt wurden, denen am 16. März 1966 ein von *Gemini VIII* unter Armstrong und Scott ausgeführtes Koppelungsmanöver mit einer Trägerrakete folgte. Inzwischen hatte die Sowjetunion mit der ersten weichen Landung von *Luna 9* auf einem anderen Himmelskörper einen neuen spektakulären Erfolg errungen, deren scharfe Bilder von der Mondoberfläche großes Aufsehen erregten. Am 2. Juni folgten ihnen die Amerikaner mit *Surveyor 1*, die in der Folge 11000 Fernsehaufnahmen der Mondoberfläche übermittelte und damit ebenso wie die folgenden 4 Sonden die russischen Ergebnisse in den Schatten stellte und wichtige Voraussetzungen für die bemannte Mondfahrt schuf. Auch auf dem Gebiet der Mond-Satelliten konnten die Russen mit *Luna 10* am 31. März dem amerikanischen *Luna Orbiter 1* am 10. August knapp zuvorkommen, deren Nachfolger Hunderte von Mondaufnahmen aus verschiedenen Höhen lieferten, die für die späteren bemannten Landungen geeignete Plätze erkennen ließen.

Das Jahr 1967 begann für beide Seiten mit schweren Unfällen, die einige der laufenden Programme zurückwarfen. Am 29. Januar kamen bei einem Bodentest in einer *Apollo*-Kapsel infolge einer Sauerstoff-Explosion die amerikanischen Astronauten Grissom, White und Chaffee um, und am 24. April stürzte der Russe Komarov nach einem Weltraumflug mit dem neuen Raumschiff *Sojuz 1* infolge einer Fallschirmpanne der Landekapsel tödlich ab. Im Herbst kam es zu einem neuen Wettstreit von Venus-Projekten. Während die amerikanische Sonde *Mariner 5* im Vorbeiflug in 4000 km Entfernung wichtige wissenschaftliche Daten übermittelte, landete mit *Venus 3* am 18. Oktober erstmalig eine sowjetische Sonde weich auf einem anderen Planeten.

Nun begann jedoch das amerikanische *Apollo*-Mondlande-Programm die Aufmerksamkeit immer mehr zu fesseln. Am 9. November 1967 startete erstmalig eine der mächtigen, von Wernher von Braun und seinem Team entwickelten *Saturn V*-Raketen mit einer unbemannten *Apollo*-Kapsel. Am 11. Oktober 1968 folgte der Start zum ersten bemannten *Apollo*-Flug auf einer Erdumlaufbahn, der 10 Tage dauerte und das präzise Arbeiten aller Systeme unter Beweis stellte. So konnte vom 21. bis 26. Dezember 1968 der Flug von *Apollo 8* mit Borman, Lovell und Anders um den Mond folgen, der mit seinen laufenden Live-Fernseh-Übertragungen die Aufmerksamkeit der ganzen Welt während der Weihnachtstage fesselte. Nach weiteren Experimenten mit der Landefähre in Erd- und Mondumlaufbahnen in den im Frühjahr 1969 abgewickelten Flügen *Apollo 9* und *10* kam am 16. Juni 1969 der Augenblick des Starts für *Apollo 11*. Genau nach Plan gelang der Start aus der Erdumlaufbahn und das Einschwenken in die Mondumlaufbahn am 20. Juli. Wieder konnte die ganze Welt in einer kaum unterbrochenen Fernseh-Übertragung die dramatischen Augenblicke des Abstiegs aus der Mondumlaufbahn und des Aufsetzens auf dem Erdtrabanten, dann aber vor allem den Ausflug der ersten Menschen auf dem Mond, Neill Armstrong und Michael Aldrin, miterleben. Nach planmäßigem Rückstart und geglücktem Koppelmanöver mit dem weiter den Mond umkreisenden Raumschiff, das Edwin Collins steuerte, erreichte *Apollo 11* am 24. Juni wieder die Erde und landete in nur 15 km Entfernung von dem Flaggschiff der Bergungsflotte, dem Träger *Hornet,* auf dem Präsident Nixon die Rückkehr der Mondfahrer beobachtete.

Während die Sowjets bei ihren Weltraumflügen Landungen der Kapseln auf festem Land bevorzugten, insbesondere bei bemannten Flügen, hatten die Amerikaner von Anfang an, vom *Mercury-* über das *Gemini-* bis zum *Apollo*-Projekt, die Technik der Wasserlandung gewählt und zu großer Vollkommenheit entwickelt. In den infrage kommenden Landegebieten standen jeweils Verbände der US-Flotte mit einem Hubschrauber-Träger zur Bergung der niedergegangenen Kapseln und ihrer Besatzungen bereit. Sie konnten alle ihre Bergungsaufträge ohne Unfälle abwickeln.

Nach diesem ersten Erfolg waren die folgenden amerikanischen Mondlandungen mit *Apollo 12, 13* und *14* beinahe Routine-Unternehmungen. Doch auch die Sowjetunion erzielte mit ihren Programmen weitere Fortschritte. Nach gelungenen Rendezvous- und Koppelungs-Manövern 1967/68 beschränkten sie sich aber in der bemannten Weltraumfahrt auf Flüge in der Erdumlaufbahn und überließen die Erforschung des Mondes, der Venus und des Mars automatischen Stationen. Dabei konnten sie auf dem Mond 1970 eine Kapsel mit einem automatischen Fahrzeug landen, das von der Erde ferngesteuerte Fahrten während mehrerer »Mondtage« ausführte, während es »nachts« geparkt wurde. Auch der Rückstart und die Bergung einer automatischen Mondsonde glückte. In der Planeten-Forschung beschäftigten sich die Russen in den Jahren ab 1969 stärker mit der Venus, die Amerikaner mit dem Mars, der 1971 zwei künstliche Satelliten erhielt, die eine große Zahl detaillierter Photos zur Erde übermittelten.

Die ungeheuren Kosten dieser Weltraum-Programme führten schließlich dazu, daß in Verhandlungen 1971/72 Möglichkeiten einer Zusammenarbeit zwischen den USA und der Sowjetunion erörtert und durch einen beim Besuch Präsident Nixons in Moskau im April 1972 unterzeichneten Vertrag festgelegt wurden.

Der Sechstage-Krieg 1967

In den Waffenstillstandsverträgen von 1956 war vorgesehen worden, nach dem Abzug der britisch-französischen Truppen aus dem Suez-Kanalgebiet und der israelischen Truppen aus der Sinai-Halbinsel UN-Truppen im Gaza-Streifen und in Sharm-el-Sheik am Eingang des Golfes von Akaba zu stationieren. Die Waffenstillstandslinie dazwischen sollte durch UN-Kommandos überwacht werden. Da diese Einheiten auf ägyptischem Boden stationiert werden sollten, erhielt Ägypten das Recht, über die Zusammensetzung und den Zeitpunkt des Abzuges der Truppen zu bestimmen.

Tatsächlich konnte man durch diese Regelung die militärische Situation an der israelisch-ägyptischen Grenze entspannen und größere Zwischenfälle vermeiden. Dabei spielte allerdings auch eine Rolle, daß das angeschlagene Ägypten zunächst seine Armee reorganisieren und mit von der Sowjetunion freizügig gelieferten Waffen neu ausrüsten mußte. Aber auch innere Probleme waren vordringlich. Im Jahre 1961 zerbrach die »Vereinigte Arabische Republik« mit Syrien, dessen nationalistische und sich immer linksextremer gebärdende Regierung sich dem Herrschaftsanspruch des ägyptischen Präsidenten Nasser nicht beugen wollte. Im Herbst 1962 griff dieser in den im südarabischen Staat Yemen ausgebrochenen Bürgerkrieg ein. Hier hatte ein linksgerichteter Militärputsch des Obersten Sallal die Regierung des Imam verjagt und die Republik ausgerufen. Der nach Saudi-Arabien entkommene Imam begann jedoch mit Hilfe der ihm ergebenen oder mit saudischem Geld gekauften Bergstämme die republikanische Regierung in einem blutigen und grausamen Bürgerkrieg zu bekämpfen. Schließlich mußte Nasser rund 60000 Mann seiner besten Truppen in den Yemen entsenden, ohne daß sie dort gegen die rund 350000 Bergkrieger, die von Saudi-Arabien unterstützt wurden, viel erreichen konnten. Dieser Krieg wurde zu einem ständigen Aderlaß für Nasser.

Währenddessen fanden die palästinensischen Terroristen, die in den arabischen Flüchtlingslagern einen günstigen Nährboden gefunden hatten, vor allem in Syrien Unterstützung. Die hier 1966 gebildete Koalition zwischen der Baath-Partei und Kommunisten neigte immer stärker den revolutionären Ideen Mao Tse-tungs und Ho Tschi Minhs sowie des kubanischen Revolutionärs Che Guevara zu und propagierte einen von der palästinensischen Terrororganisation El Fatah geführten Guerilla-Krieg gegen Isarel, der aus Palästina ein zweites Vietnam machen sollte. Auch im Irak fanden solche Ideen Zustimmung und Verbreitung. In Jordanien lehnte König Hussein zwar solche Methoden ab, doch war er mit Rücksicht auf die ihm teilweise wenig wohlgesonnenen arabischen Nachbarstaaten und die große Zahl der in seinem Land lebenden palästinensischen Flüchtlinge nicht in der Lage, den von jordanischem Territorium ausgehenden Aktionen der El Fatah und anderer Terroristengruppen gegen Israel Einhalt zu gebieten.

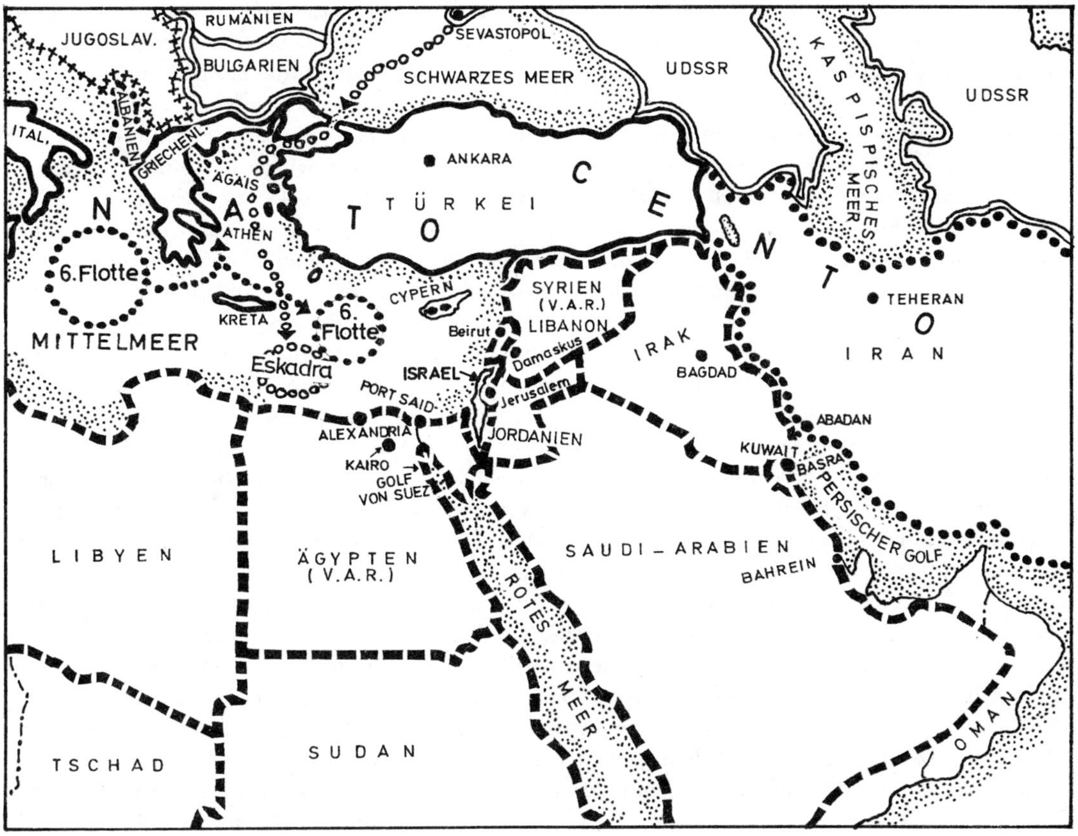

Der Nahe Osten 1967

Israel sah sich in zunehmendem Maße gezwungen, auf die Überfälle gegen Dörfer an der Grenze und andere Zwischenfälle mit harten Vergeltungsschlägen zu antworten. Bei einem solchen Vergeltungsangriff gegen das jordanische Dorf Samua am 13. November 1966 gab es Hunderte von Toten, und der UN-Sicherheitsrat verurteilte Israel wegen dieser »Aggression«. Aber da die UN-Beobachter nicht verhindern konnten, daß es ständig zu weiteren Zwischenfällen an den Grenzen zu Jordanien und Syrien kam, behielt sich Israel das Recht zu entsprechenden Gegenaktionen weiter vor. Als es am 5. April 1967 im Gebiet von Kuneitra zu einem stundenlangen Artillerieduell mit syrischen Batterien auf den Golan-Höhen gekommen war, griff Israel diese Stellungen am folgenden Tage mit seiner Luftwaffe nachhaltig an. In den dabei sich entwickelnden Luftkämpfen schossen die israelischen Düsenjäger ohne eigene Verluste 6 *MiG*-Jäger der Syrer ab.

Unter dem Eindruck dieser Schlappe wandte sich die mit Ägypten durch ein Militärbündnis verbundene syrische Regierung an Nasser mit der Bitte um Unterstützung. Nasser, auf sein Prestige als Führer der arabischen Welt bedacht, konnte sich einer solchen Bitte nicht versagen und begann Anfang Mai 1967, Truppen nach der Sinai-Halbinsel zu verlegen. Bis dahin hatten in diesem Gebiet nur die als 20. Division bezeichnete »Palästinensische Befreiungsarmee« Schukeiris und die ägyptische 2. Division gelegen. Nun wurden in kurzer Zeit drei weitere Infanterie- und 2 Panzer-Divisionen über den Suez-Kanal nach Osten in Richtung auf die israelische Grenze vorgeschoben. Um seine Entschlossenheit zu demonstrieren und zugleich den Vorwürfen, er verschanze sich hinter den UN-Truppen, den Boden zu entziehen, ließ Nasser am Abend des 16. Mai den Befehlshaber der UN-Truppen, den indischen General Rikhye, auffordern, die UN-Truppen von der Sinai-Grenze zurückzuziehen. Sein Ziel war es, durch seine laut zur Schau getragene Kampfbereitschaft die Israelis von einem Angriff abzuschrekken.

Der sofort nach Kairo eilende UN-Generalsekretär U Thant war nicht bereit, nur einen Teil der UN-Truppen räumlich und zeitlich begrenzt abziehen zu lassen, um nicht einer Aggression Vorschub zu leisten. Während die ägyptischen Truppen schon am Morgen des 17. Mai die Stellungen der sofort in den Gaza-Streifen abziehenden jugoslawischen und indischen Truppen übernahmen, entschloß sich Nasser unter diesen Umständen, am 18. Mai den Abzug der gesamten UN-Truppen von ägyptischem Territorium zu fordern. U Thant kam der Aufforderung sofort nach und ordnete den vollständigen Abzug an, darunter auch des 35 Mann starken schwedischen Detachements in Sharm-el-Sheik, das bisher die freie Durchfahrt israelischer Schiffe durch die

Enge von Tiran nach dem israelischen Hafen Eilath garantiert hatte. Überall gingen die ägyptischen Streitkräfte an die Waffenstillstandlinie vor.

Angesichts der steigenden Spannung machte Ägypten am 20. Mai die Armee-Reserven mobil. In Israel begannen die Einberufungen der Reservisten. Am 22. Mai tat Nasser den entscheidenden Schritt, welcher schließlich den Krieg auslösen sollte. Er erklärte die Sperrung der Straße von Tiran für israelische Schiffe. Am 24. Mai erklärten die USA und Großbritannien, daß sie eine Sperrung der internationalen Wasserstraße nicht zulassen könnten. Die amerikanische 6. Flotte erhielt den Befehl, aus dem westlichen ins östliche Mittelmeer zu gehen. Der gerade auf dem Heimweg aus dem Fernen Osten durch den Suez-Kanal ins Mittelmeer gekommene britische Flugzeugträger *Victorious* wurde in Malta zurückgehalten. Man beschloß, nachdem der israelische Außenminister Abba Eban in Washington Präsident Johnson um Unterstützung in der für Israel lebenswichtigen Frage der Wiederöffnung des Hafens Eilath gebeten hatte, auch vor dem Roten Meer eine internationale Kampfgruppe zu bilden, mit der man notfalls die Öffnung der Straße von Tiran erzwingen wollte. Anfang Juni standen hier der amerikanische Träger *Intrepid*, der gerade auf dem Wege nach Vietnam den Suez-Kanal passiert hatte, sowie der britische Träger *Hermes* mit zwei Fregatten und dem großen FK-Zerstörer *Kent* bereit. In Malta traf aus England der Commando-Träger *Albion* ein.

Um ihren Schützling Ägypten angesichts dieses Flottenaufmarsches moralisch zu stärken und eine neutralisierende Wirkung auf die westlichen Verbände auszuüben, entsandten auch die Russen aus dem Schwarzen Meer zusätzliche Kriegsschiffe zu ihren bereits im östlichen Mittelmeer stationierten Schiffen, so daß sie Anfang Juni über den FK-Kreuzer *Dzeržinskij*, den Kreuzer *Oktjabrskaja revoljucija*, je zwei *Krypny**- und *Kashin**-Zerstörer, 4-6 weitere Zerstörer, Fregatten, rund ein Dutzend U-Boote und eine entsprechende Zahl von Hilfsschiffen verfügten. Sie gingen zum Teil in die ägyptischen und syrischen Häfen.

Frankreich, dessen Verhältnis zu Israel unter Präsident de Gaulle sehr abgekühlt war und das sich stärker an die arabische Seite angenähert hatte, verhielt sich abwartend und entsandte keine Streitkräfte in das Krisengebiet.

Aber obgleich Ägypten nun am 24. Mai die Blockade von Eilath auch für Schiffe dritter Länder, die für Israel wichtige Güter an Bord hatten, erklärte, zögerten die westlichen Mächte, da die anfänglich erwartete Unterstützung einer Aktion durch zahlreiche UN-Mitgliedstaaten immer mehr abbröckelte und man sich nicht allein einem neuen Konflikt aussetzen wollte.

Auf arabischer Seite begann man, von den vermeintlich errungenen Erfolgen fortgerissen, die Situation weiter zuzuspitzen. Saudi-Arabien erklärte sich zur Entsendung von 20000 Mann seiner Truppen nach Jordanien und zur Mitwirkung an der Sperrung des Golfes von Akaba bereit. Der Irak, dessen linksextreme Regierung kurz vorher noch König Hussein als »Lakaien der Imperialisten« beschimpft hatte, begann am 29. Mai auf dem Luftwege Truppen nach Jordanien zu verlegen. Und schließlich traf am 30. Mai Hussein selbst in Kairo ein, um dort mit Nasser, der ihn als seinen Hauptwidersacher im arabischen Lager betrachtete, einen Militärpakt zu schließen, der die jordanischen Truppen ägyptischem Oberbefehl unterstellte.

Für Israel, das zwar mit dem Wohlwollen Amerikas und teilweise Großbritanniens, aber kaum mit aktiver Unterstützung rechnen konnte, wurde die Lage von Tag zu Tag bedrohlicher, so daß die »Falken«, die dafür plädierten, das Land durch einen Präventiv-Angriff aus dieser unerträglichen Lage herauszuführen, langsam die Oberhand in der Regierung gewannen. Am 2. Juni wurde Moshe Dayan, der Generalstabchef des Sinai-Krieges, der seit Jahren in der Opposition zum Regierungschef Eshkol stand, zum Verteidigungsminister berufen. Damit waren die Würfel gefallen.

Der israelische Generalstab unter General Ishzak Rabin hatte, aufbauend auf den vom Nachrichtendienst präzise erkundeten Feindlagebild, einen minutiös durchdachten Plan ausgearbeitet, der trotz der insgesamt gegenüber den arabischen Staaten bestehenden materiellen Unterlegenheit Erfolg versprach. Den rund 340000 Mann der arabischen Heere mit mehr als 40 Verbänden in Brigadestärke und rund 2200 Panzern, überwiegend sowjetischer Produktion, konnte Israel ein aktives Heer von 60000 Mann entgegenstellen, das aber dank der durch das Milizsystem ermöglichten schnellen Mobilisierung innerhalb von 24–72 Stunden durch 204000 Reservisten auf 23 Infanterie-, Panzer-, mechanisierte und Luftlandebrigaden verstärkt werden konnte. Die Unterlegenheit in der Zahl der Panzer mußte durch die bessere Ausstattung der 800 Fahrzeuge mit Zielgeräten und überlegene Fahr- und Schießausbildung ausgeglichen werden. Besondere Probleme bot aber die Luftlage. Während die israelischen Flieger unter ihren 350 Maschinen nur 72 der modernen *Mirage*-III-Überschalljäger besaßen, konnten die arabischen Luftwaffen allein über rund 180 der neuen sowjetischen *MiG 21* und rund 380 weitere *MiG-19, -17* und *-15* verfügen, dazu 35 der modernen sowjetischen Düsenbomber *Tu-16*. Rund 1000 Flugzeuge insgesamt standen der 350 Maschinen starken israelischen Luftwaffe gegenüber. Ihrer Ausschaltung kam deshalb die entscheidende Bedeutung zu, sollten erfolgreiche Landoperationen überhaupt möglich werden.

Um die notwendige Überraschung des Gegners zu erreichen, schickten die Israelis, nachdem am 3. Juni der Entschluß zum Angriff gefaßt worden war, über das Wochenende vom 3./4. Juni ostentativ einen Teil der Truppen in Wochenendurlaub. Diese und andere Täuschungsaktionen ließen die Aufmerksamkeit auf arabischer Seite absinken. Immerhin ließen die Ägypter auch am Morgen des 5. Juni während der Dämmerungszeit, in der man vor allem mit einem Angriffsbeginn rechnen zu müssen glaubte, einen wesentlichen Teil

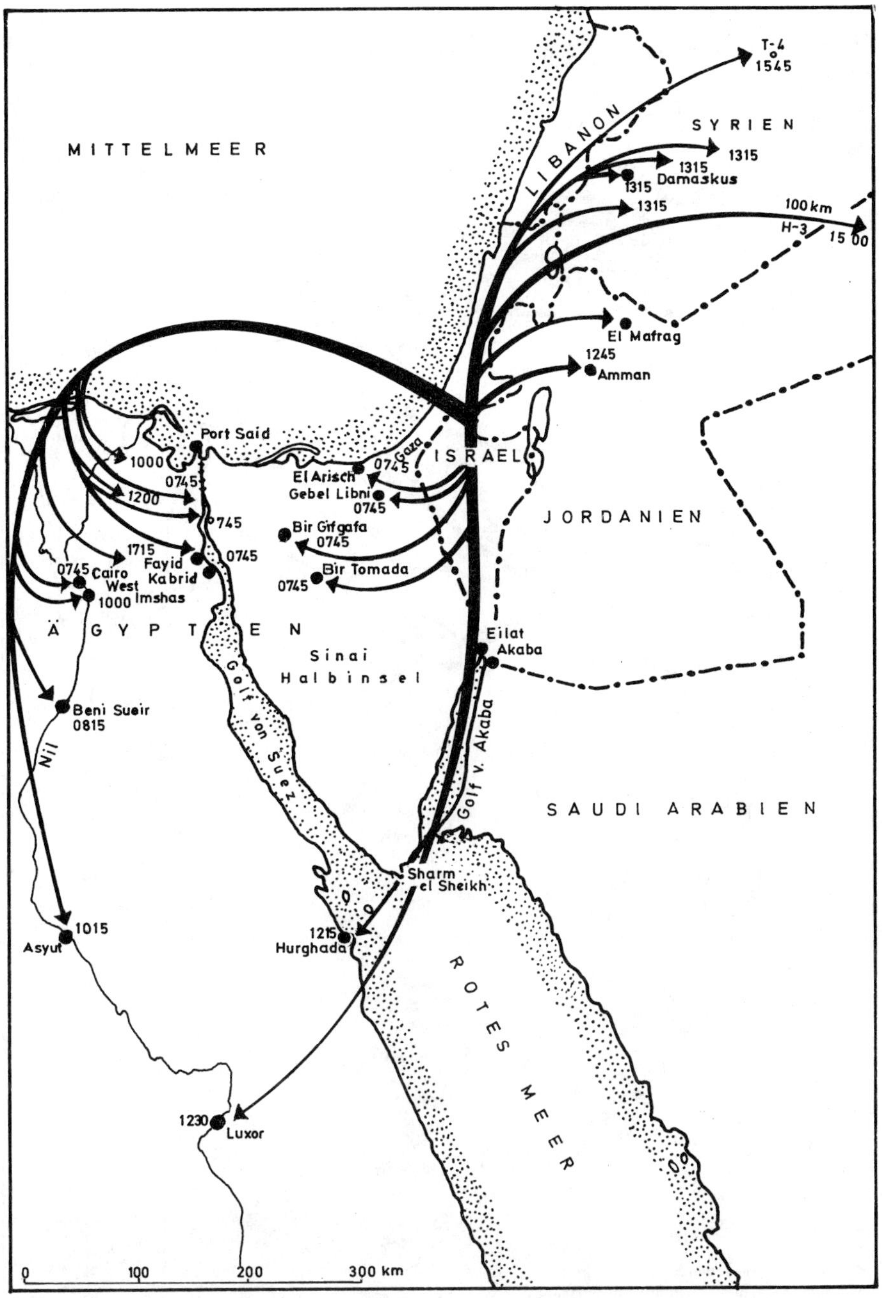

Der israelische Lufteinsatz am 5. Juni 1967

der Flugzeuge starten und die übrigen mit vorgewärmten Triebwerken startbereit an den Pisten stehen, um nicht durch einen Überraschungsschlag überrumpelt zu werden.
Aber gerade damit hatte der Befehlshaber der israelischen Luftwaffe, General Mordechai Hod, gerechnet. Um 07.30 Uhr mußten die während der Bereitschaftszeit gestarteten ägyptischen Flugzeuge wieder gelandet sein. Um 07.45 Uhr waren deshalb die Piloten weitgehend in den Kasinos, während die Mannschaften des Bodenpersonals die Flugzeuge wieder startklar machten. In diesem Augenblick griffen die nach einem ausgeklügelten Zeitplan gestarteten israelischen Düsenjäger die ägyptischen Flughäfen auf der Sinai-Halbinsel, am Suez-Kanal und im Raum Kairo-Alexandria schlagartig an. Um die ägyptische Radarüberwachung zu umgehen, waren sie zum großen Teil zunächst weit auf das Mittelmeer hinaus geflogen und griffen nun von Nordwesten her an. Da die nach den ersten Einsätzen gelandeten israelischen Maschinen schon innerhalb von 7-10 Minuten neu betankt und munitioniert zum nächsten Angriff starteten, kam die ägyptische Seite angesichts der pausenlos die Flughäfen und die dort abgestellten Maschinen zerschlagenden Luftangriffe zu der Überzeugung, bei einem Teil der An-

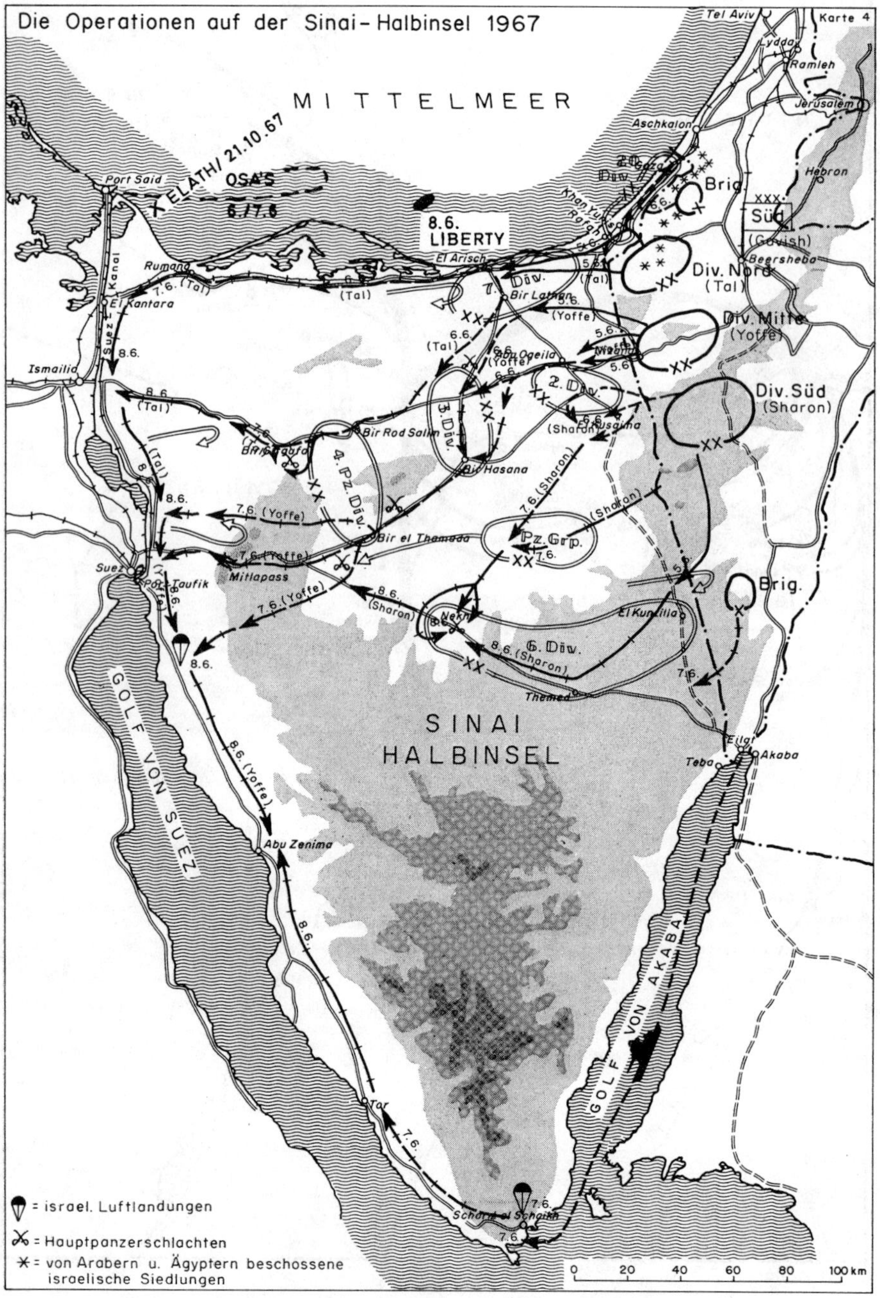

Die Operationen auf der Sinai-Halbinsel, Juni 1967

greifer handele es sich um Flugzeuge der amerikanischen 6. Flotte. Dank der Beobachtung der amerikanischen »Task Groups« durch sowjetische Schiffe konnte dieser Irrtum, der leicht folgenschwere Konsequenzen hätte haben können, bald aufgeklärt werden.

Durch eine außerordentliche organisatorische und technische Leistung, die es den israelischen Flugzeugen erlaubte, innerhalb von knapp einer Stunde bereits zum zweiten Mal auf ihre Ziele herabzustoßen, war die ägyptische Luftwaffe um etwa 10.30 Uhr als Kampffaktor praktisch ausgeschaltet. Nicht besser erging es den kleineren Luftwaffen Jordaniens und Syriens, die am Nachmittag gleichfalls vernichtet waren. Inzwischen waren im Norden und in der Mitte der Sinai-Front die Israelis in 3 Divisions-Verbänden zum Angriff angetreten. Der Panzerkeil der mittleren Division Yoffe griff in Richtung Abu Aweigila, der der südlichen Division Sharon auf Kuseima an. Die ägyptische 2. Division wurde an beiden Seiten umfaßt und aus den die wichtigen Ausgangspunkte der Wüstenpisten deckenden Stellungen geworfen. Im Norden unterbrach die Division Tal die Verbindung zur

20. Division der »Palästinensischen Befreiungsarmee« im Gaza-Streifen, die in den folgenden beiden Tagen aufgerieben wurde, und stieß gegen das von der ägyptischen 7. Division gehaltene El Arish vor. In einer Panzerschlacht erwiesen sich die mit besseren Zieloptiken ausgerüsteten und wendig geführten israelischen *Patton*-Panzer den *T-54*, *T-34* und *JS-3* der Ägypter überlegen. Am 6. Juni waren alle Stellungen der Ägypter durchbrochen und die israelischen Panzerkeile rollten, unterstützt von Düsen-Jagdbombern auf der Küstenstraße und der Türkenstraße auf den Suez-Kanal vor.
Am Morgen des 7. Juni standen die israelischen Panzerspitzen an der Küste bei Rumana nur noch 30 km von El Kantara am Kanal entfernt. Im mittleren Abschnitt hatten sie nach heftigen Panzergefechten mit Teilen der ägyptischen 3. Infanterie- und 4. Panzer-Division Bir Gifgafa erreicht. Weiter südlich erreichte eine leichte Panzer-Brigade der Division Yoffe den Mitla-Paß, wo ein Gegenangriff von rund 100 ägyptischen *T-54*-Panzern in kurzen, harten Gefechten zerschlagen wurde. Die südliche Division Sharon hatte inzwischen die am Südteil der Front aufmarschierte ägyptische Panzer-Gruppe und die 6. Division angegriffen und zersprengt, deren Rückweg über den Mitla-Paß durch die Division Yoffe gesperrt war. Am 8. Juni erreichten die israelischen Spitzen überall von El Kantara bis Port Taufik den Suez-Kanal. Die eingetroffenen algerischen Flugzeuge und Truppenteile konnten die Lage nicht mehr wenden.
Am 7. Juni waren von Eilath aus sieben über Land dorthin transportierte israelische Motortorpedoboote mit Truppen an Bord ausgelaufen und hatten sie noch am gleichen Tage, unterstützt von einer luftgelandeten Fallschirmjäger-Einheit, bei Sharm el Sheik abgesetzt. Damit war die Straße von Tiran wieder geöffnet.
Als der Sieg in der Sinai-Wüste sich abzeichnete, begannen die Israelis bereits, einen Teil ihrer Kräfte an die Fronten im Osten und Norden des Landes zu verlegen. In Unkenntnis der tatsächlichen Lageentwicklung an der Sinai-Front – der ägyptische Oberbefehlshaber, Marschall Amer, hatte am Nachmittag des 5. Juni von einer weitgehenden Vernichtung der israelischen Luftwaffe durch die ägyptische Abwehr und erfolgreichem Vordringen ägyptischer Panzertruppen gesprochen – setzte der ägyptische Befehlshaber der Jordan-Front, General Riad, am Nachmittag des gleichen Tages die beiden jordanischen Panzerbrigaden in Westjordanien in Marsch, um den israelischen Kräften in den Rücken zu fallen. Auf den Straßen vorrollend wurden sie von den als Jagdbombern eingesetzten Düsen-Schulmaschinen *Fouga-Magister* angegriffen und erlitten durch Bordwaffen und Napalm-Bomben schwere Verluste. Gleichzeitig begannen drei israelische Brigaden den Angriff auf Jerusalem, das am 7. Juni eingenommen war. Israelische Panzer-Brigaden durchstießen die jordanische Front im Norden bei Jenin sowie nördlich Jerusalem und stießen schnell auf die Jordan-Brücken vor. König Hussein, der seine Truppen persönlich zu führen versuchte, mußte den Kampf aufgeben und entschloß sich, der inzwischen ergangenen Aufforderung des Sicherheitsrates entsprechend, am Abend Waffenruhe eintreten zu lassen. Auch der ägyptische Befehlshaber im Gaza-Streifen kapitulierte.
Mit den frei gewordenen Verbänden eröffneten die Israelis am Morgen des 9. Juni den Angriff an der syrischen Front. Nachdem am Abend des 8. Juni auch an der ägyptischen Front Waffenruhe eingetreten war, hatte sich zwar auch Syrien am Morgen des 9. Juni zur Einstellung der Kampfhandlungen bereit erklärt, doch wollten die Israelis die Gunst der Stunde nutzen, um die Golan-Höhen, von denen arabische Terroristen-Gruppen, aber auch reguläre syrische Einheiten seit Jahren immer wieder israelische Dörfer im Norden des Sees Genezareth angegriffen und beschossen hatten, in ihre Hand zu bringen. Mit massiver Luftunterstützung konnten die Israelis bis zum Mittag des 10. Juni das Bergland bis auf die Linie Massada – Kuneitra – Botamia in Besitz nehmen und den syrischen Verbänden schwere Verluste zufügen.
Neben den spektakulären Erfolgen der israelischen Luftwaffe und der Landstreitkräfte fanden die der Marine kaum Beachtung. Waren sie auch für den Kriegsverlauf von keiner entscheidenden Bedeutung, so zeigten sie doch, daß auch die israelische Marine ihren großen Schwester-Teilstreitkräften an Initiative und Kampfgeist nicht nachstand. Die nominelle Überlegenheit Ägyptens auf See war fast noch erdrückender als in der Luft und an Land. Außer den älteren, aus britischen Beständen stammenden Fahrzeugen – 2 Zerstörern, 5 Fregatten und Korvetten, 6 Minensuchern und kleineren Fahrzeugen – standen Ägypten die von der Sowjetunion gelieferten vier modernen Zerstörer der *Skory**-Klasse, etwa 12 moderne U-Boote der *W**- und *R**-Klassen, 8 *SO-I*-U-Jäger sowie etwa 20 FK-Schnellboote der Typen *Komar** und *Osa** und mindestens 20 Motortorpedoboote zur Verfügung. Demgegenüber besaß Israel nur 2 Zerstörer, 1 Fregatte, 2 U-Boote sowie einige Hilfsfahrzeuge aus britischen Beständen des zweiten Weltkrieges, dazu aber auch einige moderne Motortorpedoboote.
Theoretisch konnten die Ägypter zusammen mit den verbündeten Syrern, die ebenfalls 12 sowjetische FK-Schnellboote vom Typ *Komar** erhalten hatten, die israelischen Häfen Haifa und Ashdod mit ihren überlegenen Marinen blockieren und damit die für Israel lebensnotwendigen Zufuhren über See, für die es keinen anderen Zugangsweg gab, abschneiden. Die schon am ersten Tage gewonnene israelische Luftherrschaft brachte aber solche Pläne, wenn sie überhaupt bestanden haben sollten, zum Scheitern. Die ägyptische Flotte blieb in den sechs Tagen des Krieges völlig inaktiv. Etwa 1/3 der Schiffe und mindestens zwei U-Boote befanden sich in Häfen des Roten Meeres, der Rest war über den Suez-Kanal und die ägyptischen Mittelmeer-Häfen verteilt. Nur 3–4 U-Boote patrouillierten vor der israelischen Küste. So war es das Ziel der Israelis, die ägyptische Flotte in

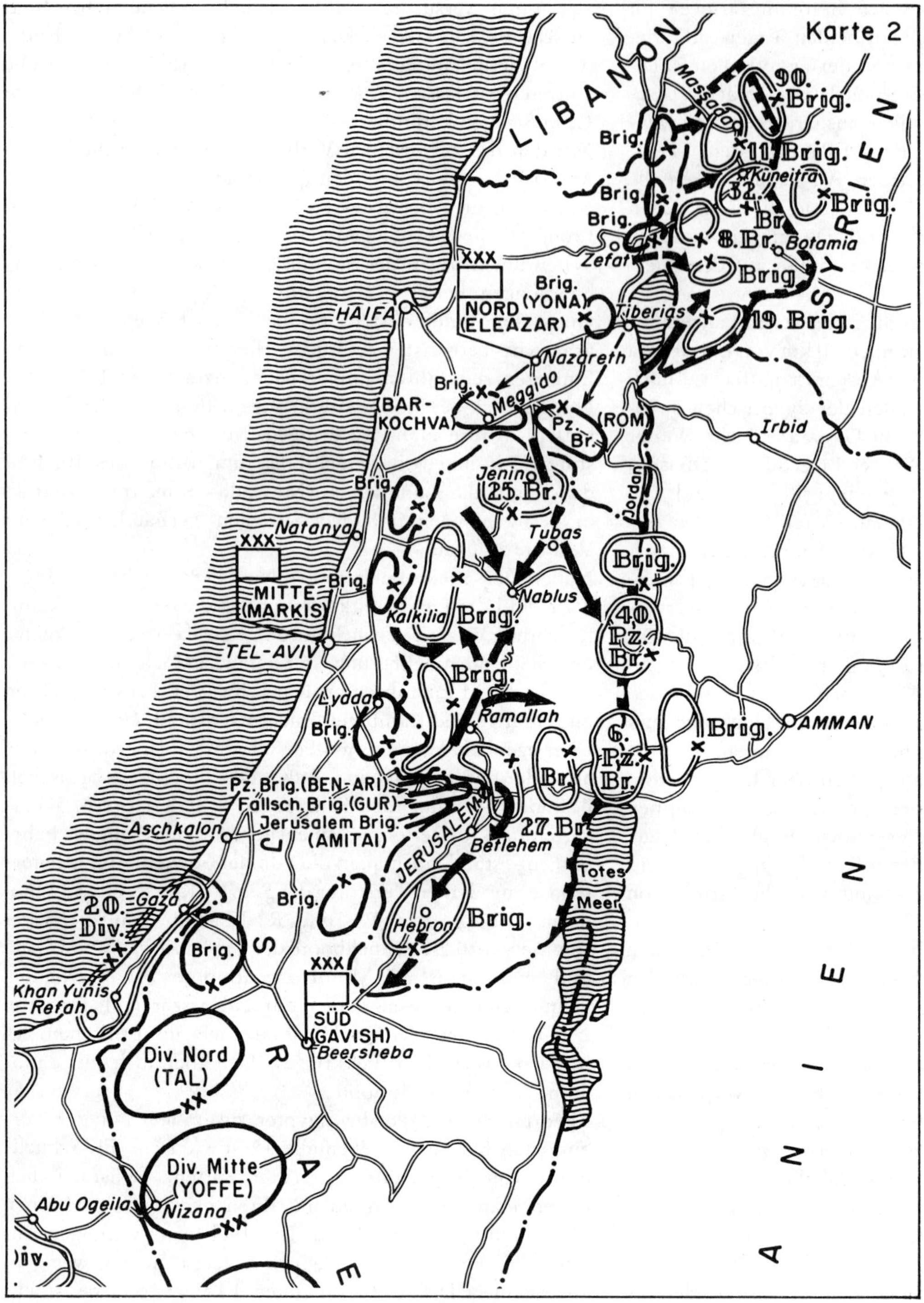

Die Operationen an der Nordfront 6.–10. Juni 1967

den Häfen lahm zu legen. Schon in der Nacht vom 5. zum 6. Juni griffen israelische U-Boote und von Überwasserschiffen abgesetzte Kampfschwimmer-Gruppen die in Alexandrien und Port Said liegenden Schiffe an, wobei mindestens ein Zerstörer und drei FK-Schnellboote beschädigt, ein weiteres versenkt wurden. Vor Port Said kam es zu einem Gefecht, als ein israelischer Verband sich der Küste näherte und drei israelische Motortorpedoboote dabei zwei *Osa**-Schnellboote abfangen und eines davon versenken konnten.

Am 6. Juni bekämpften die beiden israelischen Zerstörer *Elath* und *Yaffo* mit einem U-Jäger drei geortete U-Boote, die sich aber mit ihrer hohen Unterwassergeschwindigkeit anscheinend der Verfolgung mit einigen Schäden entziehen konnten. Ein nächtlicher Versuch ägyptischer *Osa**-Boote, den bedrängten Truppen bei El Arish zu Hilfe zu kommen, wurde von diesen Schiffen abgedrängt. Am 8. Juni konnte die Fregatte *Haifa* vor dem Hafen Haifa ein U-Boot wahrscheinlich versenken.

Am gleichen Tage kam es zu einem schweren Zwischenfall in der Nähe von El Arish. Die Israelis hatten vorher mehrfach versucht, durch Täuschungsfunksprüche die Ägypter zu verleiten, Schiffe in dieses Gebiet zu entsenden, um angeblich im Rücken der Israelis gelandeten »Feddayin«-Kämpfern Unterstützung zu bringen. Im gleichen Gebiet hielt sich, ohne daß die Israelis dies wußten, das amerikanische elektronische Aufklärungsschiff *Liberty* auf, das den Auftrag hatte, den Funkverkehr der Kriegführenden und vor allem wohl auch den der in Port Said und Alexandria liegenden sowjetischen Schiffe zu beobachten. Das Schiff wurde, als es sich nicht rechtzeitig identifizierte, von den Israelis irrtümlich als ägyptischer Truppentransporter *El Quseir* angesprochen und am Vormittag viermal von Düsen-Jagdbombern und auch von Motortorpedobooten angegriffen und schwer beschädigt. Mit 31 Toten und 75 Verletzten erreichte das Schiff aber noch Malta. Israel entschuldigte sich für den Zwischenfall und versprach materielle Wiedergutmachung, obgleich der Angriff bei dem Verhalten des Schiffes und der Lage der Dinge kaum vermeidbar war. Damit war die Angelegenheit, die zu einer schweren Belastung des für Israel lebenswichtigen guten Verhältnisses zu den USA hätte führen können, beigelegt.

Im Roten Meer kam es zu keinen Kampfhandlungen zur See, da sich die ursprünglich in Sharm el Sheik zur Blockierung der Straße von Tiran stationierten ägyptischen Schiffe nach der Vernichtung der zu ihrem Schutz vorgesehenen Flugzeuge sofort nach Suez zurückzogen und damit den Israelis den Weg zur Wegnahme von Sharm el Sheik über See öffneten.

Dank ihrer präzisen Planung, ihrer wendigeren Führung und ihrer technologischen Überlegenheit hatten die Israelis in rasant geführten Feldzügen innerhalb von 6 Tagen ihre militärischen Ziele bei einem Verlust von 679 Toten, 2563 Verwundeten, 61 Panzern und 31 Flugzeugen erreicht. Durch die Besetzung der Sinai-Halbinsel, West-Jordaniens und der Golan-Höhen waren die Territorien, von denen aus Israel immer wieder bedroht worden war, in eigener Hand und stellten ein wertvolles Faustpfand dar, das man nun nicht wieder preisgeben wollte, ohne in allseitig anerkannten Verträgen die notwendige Sicherheit eingehandelt zu haben.

Deshalb lehnte Israel die Befolgung der UN-Resolution, welche die Räumung der besetzten Gebiete verlangte, ab und forderte direkte Verhandlungen mit den arabischen Staaten. Gestützt auf diese Resolution und die sowjetische Zusage, die verlorengegangenen Waffen schnellstens wieder zu ersetzen, weigerten sich die Araber, insbesondere Ägypten, ebenso hartnäckig, solchen Verhandlungen zuzustimmen, wobei sie sicher auch darauf rechneten, daß die großen seefahrenden Nationen Druck auf Israel ausüben würden, um eine Wiederöffnung des Suez-Kanals zu erreichen.

Doch sollten diese Rechnungen nicht aufgehen. Die internationale Schiffahrt stellte sich überraschend schnell auf die Sperrung des Kanals ein und verlegte ihren Verkehr auf die Kap-Route. Dabei spielte die seit den 50er Jahren zu beobachtende Entwicklung zu einer erheblichen Größensteigerung insbesondere der Tanker eine wesentliche Rolle. Waren bisher Schiffe wie die amerikanischen *T-2*-Tanker des zweiten Weltkrieges mit rund 12000 tdw das Normale gewesen, so stiegen die Größen über 20000 tdw Einheiten, über die in den Fünfziger Jahren gebaute 45000 tdw *Ibrahim el Awal* bald auf 100000 tdw und mehr, bis um die Wende zu den 70er Jahren schon Schiffe mit 250000 tdw keine Seltenheit mehr waren und in den Konstruktionsbüros bereits Pläne für 500000 tdw- und 1000000 tdw-Tanker entstanden. Diese Schiffe konnten ohnehin den Suez-Kanal nicht mehr passieren. Trotz der größeren Strecke war der Öltransport auf diesen Schiffen noch wesentlich billiger als der mit kleineren Tankern durch den Suez-Kanal.

Auch die sowjetische Karte, auf die Nasser setzte, stach nicht. Wohl begannen die Sowjets wie 1956 sofort mit den Ersatzlieferungen für das verlorengegangene Material. Auch gab sich der Befehlshaber der in ägyptischen Häfen liegenden sowjetischen Kriegsschiffe, K. Adm. Molochov, dem noch im Juni 14 Einheiten als Verstärkung zugeführt worden waren, sehr aggressiv, jedoch nur mit Worten. Als die Ägypter am 11. Juni mit zwei MTBs zu einem Kommando-Unternehmen nach El Arish ausliefen und dort in ein Gefecht mit dem israelischen Zerstörer *Elath* und zwei MTBs verwickelt wurden, blieb eine sowjetische Unterstützung aus. Auch bei verschiedenen Feuerwechseln im Juli am Suez-Kanal und Anfang September am Südausgang des Kanals bei Suez und Port Taufik, bei denen die Israelis jeweils mit sehr massiven Vergeltungsschlägen reagierten, denen mehrere ägyptische Schiffe zum Opfer fielen, blieben die Sowjets inaktiv. Die daraus resultierende Gefährdung des Ansehens der sowjetischen »Freunde« in den Augen der Ägypter wurde wettgemacht, als es am 21. Oktober 1967 FK-Schnellbooten, die von der Sowjetunion geliefert worden waren, gelang, aus dem Hafen von Port Said heraus den etwa 13,2 sm vor der Küste patrouillierenden israelischen Zerstörer *Elath* mit einem *Styx**-Flugkörper zu treffen und lahm zu schießen. Zwei weitere Flugkörper vollendeten die Vernichtung des Schiffes, ein Erfolg, der weltweites Aufsehen erregte und in dramatischer Weise das Potential der modernen sowjetischen Waffen unter Beweis stellte, mochte das versenkte Schiff auch technisch veraltet gewesen sein.

Ein israelischer Gegenschlag auf Port Said wurde durch die sofort einlaufenden 6 sowjetischen Kriegsschiffe unmöglich gemacht. Tatsächlich hat die sowjetische Flotte während des Sechstagekrieges und des unruhigen Waffenstillstandes danach zweifellos eine neutralisierende Wirkung ausgeübt. Andererseits hinderte aber die Anwesenheit der 6. Flotte auch die sowjetische »Eskadra« daran, zugunsten ihrer arabischen Bundesgenossen aktiv zu werden.

Der Pueblo-Fall

In einer Zeit der Konfrontation waren die großen Seemächte, zu denen in zunehmendem Maße auch die Sowjetunion zu rechnen war, darauf angewiesen, sich über ihren Gegner möglichst unmittelbare Informationen zu verschaffen. Neben der klassischen Spionage, die im Zeitalter des Kalten Krieges eine nicht hoch genug einzuschätzende Rolle spielte – es sei nur an Namen wie Alger Hiss, Klaus Fuchs oder Oleg Penkovskij erinnert –, war eines der besten Mittel dazu die laufende genaue Beobachtung der taktischen Manöver der Gegenseite. Mochte dabei Anfang der Fünfziger Jahre noch die optische Beobachtung eine vorrangige Rolle spielen, das zunehmende Gewicht, welches die Elektronik in der Krieg- insbesondere aber in der Seekriegführung erlangte, ließ diesem Gebiet auch in der Aufklärung eine wachsende Bedeutung zukommen. Sie erstreckte sich sowohl auf die Beobachtung der elektronischen Vorgänge auf dem Sektor der Nachrichten-Übermittlung als auch auf dem Sektor der Ortung. Ihr Ziel war es, die vom Gegner benutzten Frequenzen, Funk- und Schlüsselverfahren sowie die für die Ortung und deren Störung benutzten Methoden im Zusammenhang mit taktischen Vorgängen zu erfassen und zu analysieren.
So konnte schon in den Fünfziger Jahren kein westliches Flottenmanöver ohne ungebetene sowjetische Beobachter stattfinden. Dabei beschränkte sich deren Interesse durchaus nicht nur auf die amerikanische oder britische Marine. Schon die ersten, noch recht primitiven Übungen der neuen deutschen Bundesmarine »Seewolf« im Juni 1956 und »Wallenstein« im August 1958 wurden ununterbrochen von sowjetischen Schiffen beobachtet, die sich dabei auch nicht scheuten, in seemännisch gefährlichen Manövern mitten durch übende Verbände hindurchzufahren. Diese Praktiken wiederholten sich seither regelmäßig bei allen NATO-Übungen und -Manövern im Atlantik, in der Nordsee oder im Mittelmeer.
Neben den Kriegsschiffen, die anfangs vorwiegend für solche Aufgaben verwendet wurden, traten bald auch andere Fahrzeuge, meist umgebaute Fischereifahrzeuge, mit auffallenden elektronischen Einrichtungen, Antennen zur Erfassung und Aufnahme fremder Frequenzen, in allen für die Ostblock-Marinen interessanten Gebieten auf. Dabei nahmen diese als Handels- oder »Forschungs«-Schiffe aufgemachten Fahrzeuge oft keine Rücksicht auf die Hoheitsgewässer, z. B. wurde es zu einer regelmäßigen Praktik solcher sowjetischer ELINT-Trawler und »Forschungsschiffe«, vor den Holtenauer Schleusen in der Kieler Bucht, oft in der Einflugschneise des Marine-Fliegerhorstes Holtenau, vor Anker zu gehen.
Naturgemäß begannen sich auch die westlichen Seemächte mit dem Auftreten sowjetischer Kriegsschiffe außerhalb des östlichen Bereichs zunehmend für deren Verhalten und Ausrüstung, insbesondere auf dem elektronischen Gebiet zu interessieren. Auch der Aufbau elektronischer Ortungsanlagen an den Küsten der Ostblockländer forderte die Aufmerksamkeit heraus, so daß man in den USA und bei ihren Verbündeten ebenfalls an die Umrüstung einiger älterer Hilfskriegsschiffe zu elektronischen Aufklärungsschiffen heranging. Sie begannen bald wie ihre wesentlich zahlreicheren sowjetischen und sonstigen östlichen Schwesterschiffe ihre Aufklärungsaufträge vor den Küsten der »potentiellen Gegner« auszuführen, wobei sie allerdings die von den Ostblockstaaten beanspruchte 12 sm Zone meist mehr beachteten, als deren Schiffe die allgemein übliche 3 sm Zone der Hoheitsgewässer. Da die Zahl der Aufklärungsschiffe nicht ausreichte, mußte die US-Navy vielfach auch richtige Kriegsschiffe für solche Aufgaben einsetzen. Das geschah insbesondere in Krisengebieten und führte z.B. im August 1964 zu dem folgenreichen Tonking-Zwischenfall.
Da allgemein aber alle Mächte an den Ergebnissen dieser Aufklärung und nicht an einer Störung der Arbeiten und sich daraus ergebenden Repressalien interessiert waren, hatte sich im Laufe der Sechziger Jahre allgemein eine Praxis des gegenseitigen Gewährenlassens – bei gelegentlichen geringfügigen Belästigungen – herausgebildet. Offenbar rechneten weder die unbewaffneten sowjetischen ELINT-Trawler, wenn sie amerikanische Basen wie Guam, amerikanische Trägergruppen vor Vietnam oder die amerikanischen Raketenstartanlagen vor Kap Kennedy und die Basen der amerikanischen *Polaris*-Atom-U-Schiffe beobachteten, noch die vor den Küsten kommunistischer Länder in Ostasien kreuzenden amerikanischen Schiffe mit ernsten Gegenmaßnahmen des beobachteten Gegners.
So war das am 11. Januar 1968 von Japan zu einem elektronischen Aufklärungseinsatz ausgelaufene US-Schiff *Pueblo* unter Commander Bucher zwar für seinen Auftrag technisch gut ausgerüstet, jedoch auf eine ernste Auseinandersetzung weder materiell noch hinsichtlich der Einstellung der Besatzung vorbereitet. Ihr Schwesterschiff *Banner* hatte bereits zahlreiche ähnliche Einsätze gefahren, ohne daß etwas Gefährliches geschehen war. So begann die *Pueblo* am 16. Januar ihre Aufgabe auf der Höhe von Chongjin im Nordteil der koreanischen Ostküste, an der sie unter Beachtung der 12 sm-Grenze nach Süden fuhr und ihre Beobachtungen machte. Erstmals am 21. Januar wurde sie auf geringe Entfernung von einem nach Wonsan laufenden nordkoreanischen U-Jäger des sowjetischen Typs *SO-I* passiert. Am nächsten Mittag umkreisten zwei marinegrau gemalte Fischerei-Fahrzeuge die *Pueblo*. Doch wurde in der verantwortlichen Führungsstelle, beim Marinebefehlshaber Japan, diese Situation noch nicht für ungewöhnlich gehalten, nachdem der entsprechende Funkspruch erst nach 14 Stunden in Japan eingetroffen war.

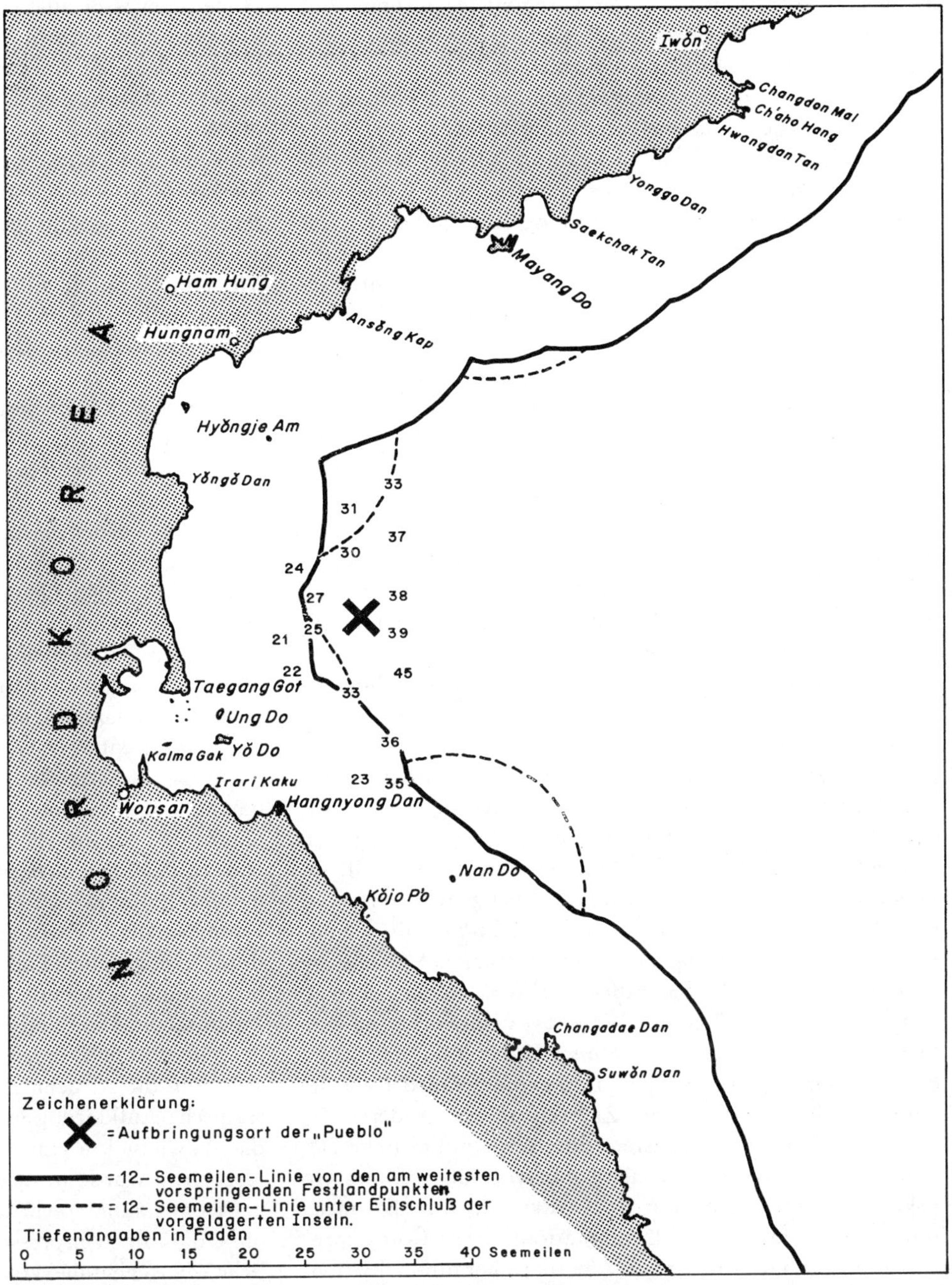

Die Aufbringung der Pueblo

Am Mittag des 23. Januar, die *Pueblo* befand sich nach eigener Radar-Messung 15–16 sm von dem nächsten Küstenpunkt entfernt, kam ein nordkoreanischer *SO-I*-U-Jäger schnell näher und umkreiste das Schiff mit klaren Waffen, auch das noch kein ungewöhnlicher Vorgang. Nachdem die *Pueblo* die Frage nach der Identität mit dem Hissen des Sternenbanners beantwortet hatte, wurde sie von dem U-Jäger aufgefordert beizudrehen, andernfalls er das Feuer eröffnen würde. Während Bucher durch ein Signal darauf hinwies, daß er sich in internationalen Gewässern befände und beabsichtige abzulaufen, wurde der U-Jäger durch drei Motortorpedoboote und 2 *MiG*-Düsenjäger, bald darauf durch einen weiteren U-Jäger und ein MTB verstärkt. Bucher beschloß, seine beiden unter einer Plane festgezurrten Maschinenkanonen nicht gefechtsbereit zu machen, um keine Provokation angesichts der Übermacht zu begehen. Zugleich suchte er Zeit zu gewinnen und Tokio über seine Lage zu informieren.
Plötzlich eröffnete zuerst der U-Jäger mit seiner 5,7-cm-Kanone, dann auch andere Boote mit ihren Maschinenwaffen

das Feuer. Es gab an Bord vier Verwundete, darunter Bucher, der sofort die Vernichtung der Geheimsachen anordnete. Infolge der unzulänglichen Ausstattung des Schiffes mit geeigneten Öfen konnte aber nur ein kleiner Teil des Materials verbrannt werden, und auch eine schnelle Selbstversenkung des Schiffes erwies sich als nicht durchführbar. Die Nordkoreanter forderten die *Pueblo* auf, in Richtung Wonsan zu folgen. Bucher ließ das Schiff mit langsamer Fahrt der Anweisung folgen und stoppte bald erneut, um die Zeit für die Vernichtung der Geheimsachen zu gewinnen. Das wurde jedoch sofort mit neuen Feuerstößen beantwortet, die neue Verluste, darunter einen Toten verursachten.

In Japan stellte sich inzwischen heraus, daß eine direkte Unterstützung der *Pueblo* nicht möglich war. Kriegsschiffe standen nicht in erreichbarer Nähe, die Luftwaffe brauchte Stunden, um bei der gegebenen Kräfteverteilung einige Düsenmaschinen entsenden zu können, zu lange, um noch rechtzeitig einzugreifen.

Am Nachmittag, zweieinhalb Stunden nach dem Eintreffen des ersten U-Jägers, enterten die Nordkoreaner die *Pueblo*. Nach dem Einlaufen in Wonsan wurde die Besatzung ins Gefängnis von Wonsan eingeliefert und dort unter Anwendung von Foltern zum Unterschreiben eines »Geständnisses« gezwungen, in nordkoreanischen Gewässern Spionage getrieben zu haben.

In Washington wurden nach Eingang der Nachrichten am 23., 24. und 25. Januar Überlegungen angestellt, mit welchen Maßnahmen die USA auf diesen Übergriff reagieren sollten. Wenn auch zunächst erörtert wurde, das Schiff im Hafen von Wonsan durch einen Bombenangriff zu zerstören oder bei einer negativen Antwort Nordkoreas auf der sofort einberufenen Sitzung der Waffenstillstands-Kommission in Panmunjom mit Luftangriffen auf Wonsan oder Pyongyang oder mit einer Blockade Wonsans zu antworten, so kam man doch schnell zu der Erkenntnis, das damit nur das Leben der 82 Besatzungsangehörigen der *Pueblo* gefährdet würde, deren Befreiung das primäre Ziel sein müsse. Andererseits glaubte man jedoch, wenigstens durch eine militärische Demonstration deutlich machen zu müssen, daß eine weitere Eskalation des Falles durch Nordkorea, für die mehrere Zwischenfälle an der Demarkationslinie in Korea sprachen, eine scharfe Reaktion Amerikas heraufbeschwören würde. Auch schien eine solche Demonstration im Hinblick auf die öffentliche Meinung in den verbündeten Ländern Asiens notwendig. So wurden einerseits eine Reserve-Staffel der Luftwaffe mobilisiert und Verbände aus Hawaii, Japan und Okinawa nach Südkorea verlegt. Außerdem bildete man in der Japanischen See eine »Task Force 71«.

Sie bestand zunächst aus dem atomgetriebenen Träger *Enterprise* mit der ebenfalls atomgetriebenen Fregatte *Truxtun*, die gerade von Japan kommend in südkoreanischen Gewässern standen, wo ihnen der sowjetische ELINT-Trawler *Gidrolog* folgte. Der kurzfristig aufgekommene Gedanke, dieses »Schwesterschiff« der *Pueblo* in südkoreanische Hoheitsgewässer zu locken und dort von südkoreanischen Kriegsschiffen aufbringen zu lassen, wurde bald verworfen. In den folgenden Wochen stießen zu dieser »Task Force 71« die in Yokosuka liegenden Fregatten und Zerstörer sowie der Kreuzer *Canberra*, von der »Task Force 77« vor Vietnam der Träger *Ranger*, das Flaggschiff der 7. Flotte, der Kreuzer *Providence*, und der Raketen-Kreuzer *Chicago*, ferner die U-Jagdträger *Yorktown* und *Kearsarge* und schließlich zusammen 18 Fregatten und Zerstörer. Die vor Vietnam benötigte *Enterprise* wurde durch die dort abgelösten und auf dem Heimmarsch befindlichen *Coral Sea* und *Ticonderoga* in der letzten Phase abgelöst. Sehr bald wurden die »Task Groups« dieser Flottenkonzentration von sowjetischen *Kotlin*- und *Kashin*-Zerstörern sowie ELINT-Trawlern begleitet, und sowjetische *Badger*-Düsenbomber benutzten die Träger als Anflugziele für ihre Aufklärungseinsätze. Obgleich sie regelmäßig von den Interzeptoren abgefangen wurden, setzten sie ihre Anflüge oft bis zu Überfliegungen der Schiffe in weniger als 50 m Höhe fort. Aber bald klang die akute Spannung ab, und die Amerikaner zogen ihre »Task Force 71« aus der Japanischen See ab. Die Auseinandersetzungen verlagerten sich wieder an den Konferenztisch von Panmunjom, wo sich die Amerikaner nach monatelangem, ergebnislosem Verlesen der beiderseitigen unvereinbaren Standpunkte schließlich zu Weihnachten 1968 bereitfanden, die von den Nordkoreanern verlangte Eingeständnis- und Entschuldigungserklärung zu unterzeichnen, um die Besatzungsangehörigen zu befreien, während sie sie gleichzeitig mündlich als »erpreßt« und deshalb als null und nichtig bezeichneten.

Kaum war dieser Zwischenfall beigelegt, als sich die Spannung durch einen neuen Fall im gleichen Gebiet wieder gefährlich auflud. Während der Fahrten der »Task Force 71« im Japanischen Meer hatte man anfangs das Schwesterschiff der *Pueblo*, die *Banner*, vor der koreanischen Küste eingesetzt, um die Absicht der USA zu demonstrieren, ihre elektronische Aufklärung in gleicher Weise fortzusetzen, wie es die Sowjetunion tat. Einer ihrer ELINT-Trawler, die *Kegostrov* wurde in dieser Zeit in brasilianischen Hoheitsgewässern aufgebracht und 20 Tage in Santos festgehalten, ohne daß die Weltpresse groß darüber berichtete. Um ähnliche Zwischenfälle vor Nordkorea zu vermeiden, gingen die USA dann aber dazu über, statt der Aufklärungsschiffe entsprechend ausgerüstete Flugzeuge vom Typ *EC-121 Constellation* für die elektronische Aufklärung einzusetzen, die Weisung erhielten, nicht näher als 50 sm an die Küste heranzugehen.

Am 15. April 1969 wurde eines dieser Flugzeuge, das vom Atsugi-Airfield bei Tokio gestartet war, »durch die nordkoreanische 896. Luftwaffen-Einheit mit einem Schuß abgeschossen, nachdem sie in den nordkoreanischen Luftraum eingedrungen« sein sollte. Der Kontakt mit der Maschine war 95 sm südostwärts Chongjin abgerissen. Deshalb bat man die sowjetische Pazifik-Flotte auf diplomatischem Weg,

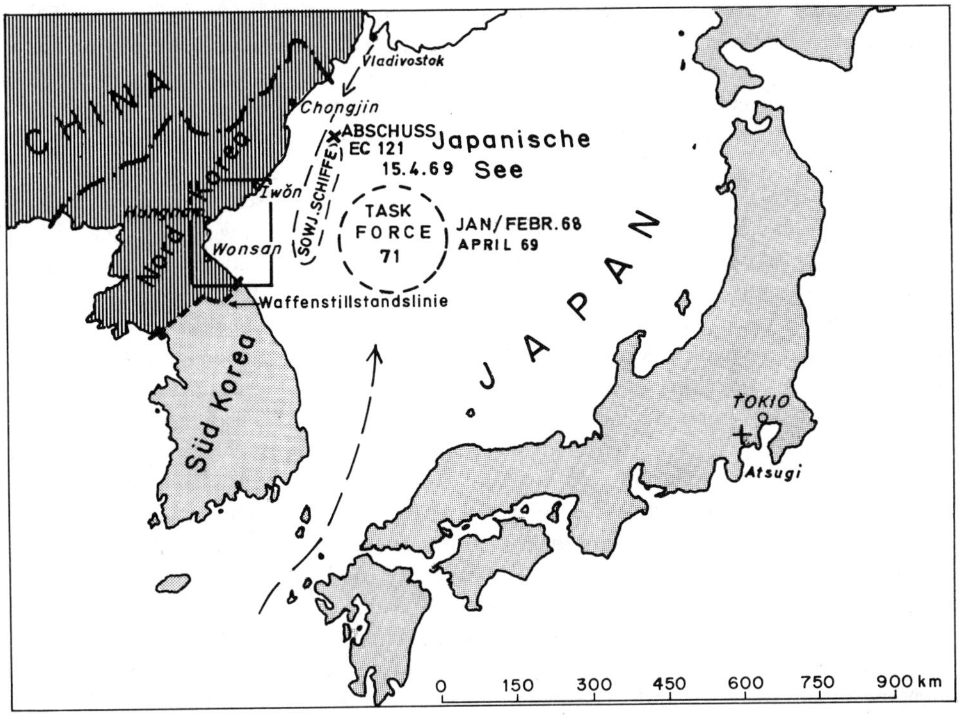

Die Krisen im Japanischen Meer
1965–68

Schiffe zur Suche in das Gebiet zu entsenden und führte am folgenden Tage, nachdem amerikanische Aufklärer 120 sm von der nordkoreanischen Küste entfernt Wrackteile gesichtet hatten, über von russisch sprechenden Dolmetschern an Bord der Flugzeuge mit den sowjetischen Schiffen aufgenommenen Funksprechkontakt zwei sowjetische Zerstörer an die Wrackteile heran, die dann von dem Zerstörer *Vdochnovennyj* geborgen und an die inzwischen im Gebiet eingetroffenen US-Zerstörer *Henry W. Tucker* und die Fregatte *Dale* übergeben wurden. Am 17. April trafen vier weitere amerikanische Fregatten und Zerstörer ein.

Präsident Richard M. Nixon, der sein Amt im Januar übernommen hatte, reagierte vorsichtig und zurückhaltend, wollte aber gleichzeitig nochmals die Absicht der USA, ihre Aufklärungseinsätze in oder über internationalen Gewässern fortzusetzen, dokumentieren. So gab er den nächsten Aufklärern Begleitschutz mit, ließ Fliegerverbände in Japan und auf Okinawa in Bereitschaft verlegen und erneut eine »Task Force 71« bilden. Am 21. April traf K. Adm. Cagle mit den Angriffs-Trägern *Enterprise, Ranger* und *Ticonderoga,* dem U-Jagdträger *Hornet,* drei Kreuzern sowie 16 Fregatten und Zerstörern in der Japanischen See ein. Weitere je 3 Fregatten und Zerstörer stießen am 24. April hinzu. Schneller als zur Zeit des *Pueblo*-Falles ließ die Spannung wieder nach. Das auf dem Rückmarsch von Vietnam nach den USA befindliche Schlachtschiff *New Jersey,* das auch Kurs auf die Tsushima-Straße genommen hatte, ging wieder auf Ostkurs. Am 27. April verlegte die »Task Force 71« ihre Operation ins Gelbe Meer und wurde bald darauf wieder aufgelöst. Vorausgegangen war offenbar eine Verabredung mit der Sowjetunion über den »Heißen Draht«, denn wie als Gegenleistung drehten die sowjetischen Schiffe, die im Mittelmeer die 6. Flotte beschattet hatten, gleichzeitig ab.

Was auf kommunistischer Seite diese Zwischenfälle verursacht haben mag, ist bisher nicht zu übersehen. Mögen sie nun von der Sowjetunion selbst angeregt oder von dem Satelliten Nordkorea aus eigenem Antrieb inszeniert worden sein, auf jeden Fall gaben sie der östlichen Propaganda eine willkommene Möglichkeit, der Weltöffentlichkeit – ohnehin durch die Vietnam-Propaganda beeinflußt – den Eindruck zu suggerieren, die USA machten sich mit ihren »Spionage«-Schiffen und -Flugzeugen allein ständig solcher »Verletzungen des Völkerrechts« oder gar »hinterhältiger Aggressionen gegen friedliebende Staaten« schuldig. Das wurde ihr noch erleichtert, weil man diesen Eindruck durch militärische Demonstrationen verstärkte, ohne gleichzeitig die Welt über die viel umfangreichere sowjetische elektronische Aufklärung vor den eigenen Küsten mit einer entsprechenden Kampagne aufzuklären.

So setzten beide Seiten ihre bisherige Praxis fort. Elektronische Aufklärungsschiffe beobachteten Küsten und Stützpunkte, militärische und Raumfahrt-Experimente, und Kriegsschiffe beschatteten Schiffe und Verbände des Gegners und deren Übungen. Dabei war es eigentlich verwunderlich, daß es nicht häufiger zu größeren Zwischenfällen infolge der dabei teilweise erst im letzten Moment eingeleiteten Ausweichmanöver kam.

Am 9. Mai 1967 hatte der sowjetische Zerstörer *Besslednyj*

in der Japanischen See ein Versorgungsmanöver des amerikanischen U-Jagdträgers *Hornet* mit dem Tanker *Taluga* beobachtet, bei dem es am folgenden Morgen bei einer Kursänderung zu einer leichten Kollision des sowjetischen Zerstörers mit dem begleitenden amerikanischen Zerstörer *Walker* kam.

Am 3. August 1970 wurde eine Kollision des amerikanischen Versuchsschiffes *Observation Island* mit dem sowjetischen ELINT-Trawler *Laptev* nur knapp vermieden, der versuchte, den ersten Abschuß einer *Poseidon*-Rakete durch das getauchte Atom-U-Schiff *James Madison* vor Cape Kennedy zu beobachten. Schließlich kam es am 10. November 1970 im östlichen Mittelmeer bei einer NATO-Übung »Lime Bug« zu einer folgenschwereren Kollision, als der *Kotlin* Zerstörer *365* dem britischen Träger *Ark Royal* während Flugoperationen bei einer Kursänderung vor den Bug schoß. Wenngleich auch sofort ausgesetzte Boote der *Ark Royal* und der begleitenden Fregatte *Yarmouth* über Bord gegangene sowjetische Seeleute retten konnten, gab es an Bord des mittschiffs eingedrückten russischen Schiffes zwei Tote.

Um solche und viele ähnliche Situationen, die nur knapp an Zusammenstößen vorbeigeführt hatten, in Zukunft zu vermeiden, kamen die USA und die Sowjetunion nach langen, geheim geführten Verhandlungen schließlich zu Vereinbarungen, die während des Besuches Präsident Nixons in Moskau im April 1972 unterzeichnet wurden und künftige Zwischenfälle vermeiden helfen sollten.

Der Einmarsch in die Tschechoslowakei

Die Unruhen und Aufstände in Polen und Ungarn 1956 hatten in diesen Ländern zu einer gewissen Lockerung des strengen, stalinistischen Regimes im Innern geführt, ohne daß jedoch der absolute Herrschaftsanspruch der kommunistischen Partei und die enge Bindung an den von der Sowjetunion straff geführten militärischen und wirtschaftlichen Block gelockert worden wäre. Etwas größere Freiheiten hatte sich die neue rumänische KP-Führung unter Ceausescu gesichert, wobei sie jedoch unter Ausnutzung des zwischen Moskau und Peking ausgebrochenen Schismas geschickt so operierte, daß keine für die Sowjetunion bedrohlichen militärpolitischen oder ideologischen Konflikte aufbrachen.

In der DDR und in der ČSSR dagegen waren zunächst die alten Machthaber aus der Stalin-Zeit in den Spitzenpositionen geblieben. Die zunehmenden wirtschaftlichen Schwierigkeiten in der ČSSR einerseits, aber auch das in der Verfassung ungleich geregelte Verhältnis der Tschechen und Slowaken andererseits führten gegen Ende 1967 zu Spannungen, die Anfang 1968 zu grundlegenden Wandlungen Anlaß gaben. Der alte Partei- und Staatschef, Novotny, mußte unter dem Druck übermächtig werdender reformerischer Kräfte am 5. Januar 1968 zurücktreten. Sein Nachfolger als Parteichef wurde der Slowake Dubček, während das Amt des Staatspräsidenten der populäre alte General Svoboda übernahm. Schritt für Schritt gingen Dubček, der neue Ministerpräsident Černik und ihre Mitarbeiter daran, nicht nur weitgehende wirtschaftliche Reformen in Gang zu setzen, die zum Ziele hatten, an die Stelle der alten, starren Planwirtschaft eine zwar sozialistische aber dynamischere und an Marktbedürfnissen orientierte Wirtschaftspolitik zu setzen. Zugleich begannen die Reformer des »Prager Frühlings« auch, den bisher herrschenden Meinungsterror abzubauen, indem sie die bestehende Zensur des Rundfunks und der Presse lockerten und schließlich am 25. Juni ganz aufhoben, um einen Demokratisierungs-Prozeß des öffentlichen Lebens einzuleiten. Den Bürgern des Landes wurden ohne Einschränkung Pässe ausgegeben, mit denen sie auch ins westliche Ausland reisen konnten.

Der sowjetischen Führung schien dies eine gefährliche Entwicklung zu sein, die schwerwiegende Rückwirkungen auf den ganzen Ostblock haben mußte. Im Unterschied zu Jugoslawien und Rumänien, denen man einen gewissen »National-Kommunismus« zugestand, da die politische und ideologische Führungsrolle der kommunistischen Partei nicht angetastet wurde, konnte der »Demokratisierungs-Prozeß« in Prag diese Rolle der KP im Zuge der weiteren Entwicklung möglicherweise infrage stellen. Entwicklungen wie in Ungarn 1956, ja ein Ausbrechen der ČSSR aus dem Gefüge des Ostblocks schienen nicht mehr auszuschließen, so sehr auch die tschechoslowakischen Führer auf den zahlreichen Konferenzen der beiderseitigen Regierungs- und Parteispitzen dies immer wieder entschieden in Abrede stellten und die »unverbrüchliche Freundschaft zur UdSSR« betonten.

Als alle Versuche der sowjetischen Führer, die Prager Politiker zum Abgehen von ihrem Reformkurs zu bringen, keinen Erfolg hatten, entschlossen sie sich, auch eine gewaltsame Lösung des Problems ins Auge zu fassen. Als am 20. Juni seit langem geplante Stabsmanöver des »Warschauer Paktes«, die vor allem der elektronischen Führungstechnik gewidmet sein sollten, auf dem Territorium der ČSSR begannen, entsandten die sowjetischen Befehlshaber des »Warschauer Paktes« wesentlich stärkere sowjetische und verbündete Truppenverbände in die ČSSR, als sie zur Markierung und Zieldarstellung in dieser Übung notwendig gewesen wären. Auch nach dem Ende der Übung am 2. Juli zögerten sie den Abzug der Truppen hinaus, bis schließlich in dem Spitzentreffen der Prager und Moskauer Führung in Cierna an der sowjetisch-slowakischen Grenze ein Übereinkommen getroffen wurde, das den Abzug bis zum 3. August regelte. Aber neue »logistische« Manöver im Bereich der westlichen UdSSR und Polens schlossen sich sofort an, so daß die Militärs einen plausiblen Vorwand besaßen, für alle Fälle notwendige Aufmarschbewegungen fortzusetzen.

Mit demonstrativen Besuchen in Prag versuchten der jugoslawische Staatschef Tito und der rumänische Partei- und Staatschef Ceausescu den ČSSR-Führern Mitte August den Rücken zu stärken. Doch waren die Würfel bereits gefallen.

Am 19. August beschloß das Zentralkomitee in Moskau endgültig den Einmarsch in die ČSSR unter Beteiligung sowjetischer, polnischer, DDR-, ungarischer und bulgarischer Truppen.

Um dem in der Nacht zum 21. August beginnenden Einmarsch einen Vorwand der Legalität zu geben, mußte ein bestelltes Telegramm herhalten, in dem keinesweges autorisierte ZK-Mitglieder angeblich um sowjetische Hilfe gegen einen konterrevolutionären Umsturzversuch nachgesucht haben sollten.

Nachdem die Sowjets mit einer Überrumpelungsaktion den Prager Zivilflughafen in ihre Hand gebracht hatten, landeten sie in schneller Folge mit Transportmaschinen Truppen, während gleichzeitig über die Grenzen 16 sowjetische, 5 polnische, 2 DDR-, 2 ungarische Divisionen sowie symbolisch 1 bulgarisches Regiment mit über 250000 Mann und rund 4200 Panzern vorrückten, denen später nochmals rund 250000 Mann folgten.

Nach der Verhaftung Černiks und Dubčeks durch sowjetische Truppen versuchten Anhänger der Sowjets Präsident Svoboda zur Anerkennung einer »Revolutions-Regierung« zu bringen, die dieser jedoch standhaft ablehnte. Während die Regierung die Bevölkerung aufforderte, keinen Widerstand zu leisten und Ruhe zu bewahren, wurden über schnell improvisierte Geheimsender, die der sowjetischen Suche immer wieder auswichen, Anweisungen der legalen Organe verbreitet. Obgleich es an vielen Stellen zu passivem Widerstand kam, verhinderte das disziplinierte und besonnene Verhalten der von dem sowjetischen Vorgehen zutiefst betroffenen Menschen ein Blutbad.

Die sowjetische Führung mußte sich schließlich am 23. August der unbeirrt vorgebrachten Forderung des Präsidenten Svoboda beugen, zu Verhandlungen in Moskau auch die inzwischen verhafteten Mitglieder der Regierungs- und Parteispitzen zuzulassen, da es bei der geschlossenen Haltung der Bevölkerung nicht möglich war, eine Gegenregierung zu bilden und man eine Militär-Regierung unbedingt vermeiden wollte.

Obgleich fast in der gesamten Welt, nicht nur bei den westlichen Staaten, sondern auch in der »Dritten Welt« und bei einem großen Teil der kommunistischen Parteien im Westen die Aktion der »Warschauer Pakt-Mächte« als eine flagrante Verletzung des Völkerrechts verurteilt wurde und auch der Sicherheitsrat der UN gegen die Stimmen der UdSSR und Ungarns, aber mit denen sonstiger Parteigänger eine eindeutige Resolution gegen die UdSSR faßte, bestand keine reale Möglichkeit einer Hilfe für die ČSSR. Ohnmächtig mußte die Welt der Unterdrückung eines tapferen Volkes zusehen, das in den folgenden Tagen und Wochen mit unübertroffener Disziplin in Aktionen eines gewaltlosen Widerstandes seine Einstellung zu dem Vorgehen der »Brudervölker« demonstrierte.

In einer Rede auf dem V. Parteitag der polnischen KP am 12. November 1968 verkündete der Generalsekretär der KPdSU, Leonid Breznev, zur Legitimation des sowjetischen Einmarsches in die Tschechoslowakei die sog. »Breznev-Doktrin«. Nach ihr setzen sich die sozialistischen Staaten für die strikte Beachtung der Souveränität aller Länder ein und wenden sich nachdrücklich gegen die Einmischung in die inneren Angelegenheiten anderer Staaten. Für Kommunisten sei dabei der Schutz der Souveränität der Staaten von besonders großer Bedeutung, die den Weg des sozialistischen Aufbaus beschritten hätten. Allen Anschlägern des Imperialismus und der Reaktion, die das Recht der breiten Massen der Werktätigen auf die Fortsetzung dieses sozialistischen Aufbaus gefährdeten, habe das sozialistische Lager gemeinsam Paroli zu bieten. Nach sowjetischer Ansicht galt also das Wort von der Achtung der Souveränität und der Nichteinmischung in innere Angelegenheiten anderer Länder nur für die außerhalb des kommunistischen Blocks befindlichen Staaten, für die sozialistischen Staaten hatten diese Begriffe dagegen eine andere Qualität. Die Sowjetunion war gewillt, ihren ideologischen Herrschaftsanspruch in ihrem Machtbereich auch mit Gewalt durchzusetzen, wie es 1953 in Mitteldeutschland, 1956 in Ungarn und nun 1968 in der Tschechoslowakei geschehen war. Albanien, das 1960/61 aus dem Schlepptau Moskaus ausschor und ins chinesische Lager überwechselte, entging diesem Schicksal vermutlich nur, weil die Sowjetunion ihre Macht dem kleinen Partner gegenüber nicht zur Geltung bringen konnte, da die Landzugänge durch Jugoslawien führten, das einer solchen Operation nicht zustimmte, und ein Zugriff von See her aus Mangel an Mitteln nicht möglich war.

Der indisch-pakistanische Konflikt

Seit Großbritannien 1947 den indischen Subkontinent in die Unabhängigkeit entließ, war das Verhältnis der beiden Nachfolgestaaten, der Indischen Union und Pakistans, sehr gespannt. Einer der Hauptkonfliktstoffe war das Kaschmir-Problem. Bei der Teilung war vorgesehen, daß die hinduistischen Landesteile sich Indien, die islamischen Teile im Nordwesten und in Bengalen sich Pakistan anschließen sollten. Ein besonderes Problem bildeten die halbsouveränen indischen Fürstenstaaten, da hier teilweise islamische Maharadjas über hinduistische und hinduistische Fürsten über moslimische Bevölkerungen herrschten. Zwar konnte Indien das Problem innerhalb seines geschlossenen Territoriums meist durch Verträge und sanften Druck in seinem Sinne lösen und mußte nur in einigen Fällen, so in Haiderabad, Gewalt anwenden. In dem von Moslems bewohnten Kaschmir, dessen wenig beliebter Raja ein Hindu war, lag die Sache schwieriger, da das Land sowohl an Indien als auch an Pakistan angrenzte. Während der Raja zunächst mit einer Schaukelpolitik versuchte, seine Unabhängigkeit zu erlangen, drangen von Nordwesten her moslimische Bergstämme und von Pakistan unterstützte Anhänger der »Azad Kaschmir«-Bewegung nach Kaschmir ein und bedrohten die Hauptstadt Srinagar. Als Indien Ende 1947 Truppen nach Kaschmir entstandte, um die Rebellen zu vertreiben, fühlte sich Pakistan von dem schnell anwachsenden indischen Engagement bedroht und begann Anfang 1948 seinerseits die Aufständischen direkt zu unterstützen. Nach Gefechten in Ladakh im Mai 1948 kam es in der zweiten Hälfte 1948 zu immer häufigeren und heftigeren Zusammenstößen, bis zum 31. Dezember 1948 ein Waffenstillstand den Auseinandersetzungen ein Ende bereitete, indem er eine Waffenstillstandslinie festlegte, die das Land in einen indisch-besetzten Ost-und einen pakistanisch besetzten West-Teil trennte.

Große Schwierigkeiten für die jungen Staaten bereiteten die großen Massen der rund 16 Millionen Flüchtlinge, die nach der Teilung 1947 ihre Heimat verließen, um religiösen Verfolgungen der Hindus in Indien und der Moslems in Pakistan zu entgehen. Dabei kam es zu brutalen Austreibungen, bei denen auf beiden Seiten zwischen 200 000 und 1 Million Menschen umkamen. Die Teilung brachte jedoch auch viele wirtschaftliche Probleme mit sich, da die neuen indisch-pakistanischen Grenzen häufig bisherige wirtschaftliche Zusammenhänge durchschnitten. Zwischenfälle, von häufig aufflackernden religiösen Verfolgungen der Minderheiten angefacht, schürten das beiderseitige Mißtrauen, so daß die beiden Regierungen sich bald als die primären potentiellen Gegner betrachteten.

Doch hatte sich im Laufe der Fünfziger Jahre durch die Einbeziehung des indischen Subkontinents in das Gefüge der Weltpolitik ein militärisches Gleichgewicht herausgebildet, das größere Zusammenstöße verhinderte und auch den Weg für eine schrittweise Beilegung der Konflikte zu bieten schien. Indiens Ministerpräsident Nehru war entschlossen, das Gewicht des volkreichen Indiens unabhängig von den beiden großen Machtblöcken in Ost und West in Verbindung mit anderen afro-asiatischen Staaten als »Dritte Kraft« zu einem wichtigen Faktor des internationalen Kräftespiels zu machen. Pakistan hatte sich jedoch, um einen Rückhalt gegenüber dem übermächtigen Indien zu gewinnen, dem vor allem von dem amerikanischen Außenminister Dulles inspirierten amerikanischen Paktsystem angeschlossen, dessen Ziel es war, der Ausbreitung des Kommunismus einen Riegel vorzuschieben und den eurasiatischen kommunistischen Block mit einem Ring verbündeter Staaten und amerikanischer Stützpunkte zu umgeben. Indien suchte dem bei Aufrechterhaltung seiner unabhängigen Politik der »Dritten Kraft« durch ein betont freundliches Verhältnis zur Sowjetunion und China zu begegnen, ohne aber dabei ganz auf amerikanische wirtschaftliche Hilfe zu verzichten.

Mit dem Aufflammen des sowjetisch-chinesischen Konfliktes Anfang der Sechziger Jahre geriet auch das Gleichgewicht auf dem indischen Subkontinent aus den Angeln. China erhob nach der Besetzung Tibets Ansprüche auf indische Gebiete an der Himalaya-Grenze und suchte ihnen, als Indien zu keinem Entgegenkommen bereit war und mehrjährige Verhandlungen kein Ergebnis brachten, durch bewaffnete Vorstöße Nachdruck zu verleihen, bei denen die Inder mehrfach Schlappen erlitten.

Doch belasteten Nehru nicht nur die Probleme im Norden. Von den Nationalisten im Kongreß gedrängt, wollte er auch das noch auf indischem Boden bestehende Relikt aus den Zeiten der Kolonialherrschaft, die portugiesischen Enklaven, beseitigen. Portugal hatte sich seit der Verkündung der indischen Unabhängigkeit 1948 geweigert, Verhandlungen wegen einer Aufgabe seiner kleinen Besitzungen Goa, Damao und Diu zu führen und sie 1951 sogar zu Teilen des Mutterlandes erklärt. Auch entsprechende Vorschläge aus Kreisen der UNO, die sich allerdings nicht nur auf die indischen Besitzungen, sondern vor allem die großen Kolonien in Afrika bezogen, fanden in Lissabon kein positives Echo. Im Laufe des Jahres 1961 begann Nehru nun mit einem Nervenkrieg gegen Portugal, indem er unbedeutende oder gar erfundene Zwischenfälle aufbauschte und schließlich zum Vorwand für seinen Einmarschbefehl nahm. Am 18. Dezember drangen zweieinhalb indische Divisionen mit rund 30 000 Mann in die von 3500 Portugiesen verteidigten Territorien von Goa, Damao und Diu ein, die innerhalb von 48 Stunden kapitulieren mußten. Dabei kam es vor dem Hafen Mormugoa am 18. Dezember zu einem zweistündigen Gefecht zwischen der portugiesischen Fregatte *Afonso de Albuquerque* und einem indischen Kreuzer mit zwei Zerstörern, bei dem sich das portugiesische Schiff schließlich kampfunfähig auf Strand setzen mußte.

Obgleich die Weltöffentlichkeit sich weitgehend gegen den indischen Gewaltakt wandte, der Nehru's Nimbus als Wahrer des Erbes Gandhis, des Apostels der Gewaltlosigkeit, infrage stellte, kam es zu keinem Einschreiten der UNO, da Nehru sich bei dem gerade in Bombay anwesenden, damaligen sowjetischen Staatspräsidenten Brežnev der sowjetischen Zustimmung zu seiner Aktion versichert hatte und deren Vertreter im Sicherheitsrat durch sein Veto eine Resolution blockierte, die Indien zum Rückzug aufforderte. Im Innern trug dieser »Erfolg« jedoch zur Hebung des durch die Mißerfolge gegenüber China angeschlagenen Ansehens des Ministerpräsidenten bei.

Doch konnte er sich dessen nicht lange erfreuen. Im Jahre 1962 kam es immer häufiger zu Grenzzwischenfällen in den umstrittenen Gebieten von Ladakh an der Ostgrenze Kaschmirs und im Nefa-Gebiet zwischen Bhutan und der burmesischen Grenze, im Norden der indischen Provinz Assam. Als Nehru am 12. Oktober die Weisung gab, die über die als Grenze angesehene MacMahon-Linie vorgedrungenen kleineren chinesischen Gruppen mit indischen Truppen zurückzuwerfen, traten am 21. und 22. Oktober stärkere chinesische Verbände in Ladakh und im Nefa-Gebiet zu planmäßigen Angriffen an, trieben die Inder zurück und hatten bis zum 26. November die wesentlichen von China beanspruchten Territorien besetzt.

In dieser Lage suchte nun Indien, dessen Truppen auf eine ernstere Auseinandersetzung schlecht vorbereitet waren, ausländische Hilfe. Die USA sahen bei ihrer Gegnerschaft zum kommunistischen China eine günstige Gelegenheit, Indien auf ihre Seite zu ziehen und gewährten Indien zusammen mit Großbritannien schnelle materielle Hilfe. Doch kam sie nicht mehr rechtzeitig, um einem zweiten chinesischen Vorstoß am 15. November damit begegnen zu können, der die indischen Truppen vollends zersprengte und aus den umstrittenen Gebieten warf. Obgleich es den Chinesen ein Leichtes gewesen wäre, ihren Vormarsch fortzusetzen und die indischen Truppen von dem schmalen Zugang zur Provinz Assam zwischen dem pakistanischen Ost-Bengalen und Bhutan abzuschneiden, stoppten sie plötzlich ihre Operationen, erklärten am 21. November einseitig eine Waffenruhe und zogen sich auf rückwärtige Stellungen zurück.

Inzwischen hatten mehrere afro-asiatische Staaten unter Leitung Ceylons einen Vermittlungs-Vorschlag ausgearbeitet, der den Rückzug der chinesischen Truppen hinter die alte Grenze, die Entmilitarisierung des umstrittenen Gebietes und eine geteilte, zivile Verwaltung vorsah. Beide Seiten gaben sich mit diesem Kompromiß zufrieden.

Indien ging nun mit Intensität daran, seine vernachlässigte militärische Rüstung mit amerikanischer und britischer, aber auch sowjetischer Hilfe zu verbessern. In dieser Lage fühlte sich Pakistan von seinem Bundesgenossen USA verlassen und versuchte sich an China anzunähern. Damit kühlte sich auch von amerikanischer Seite das Verhältnis zu Pakistan ab, das für die USA nicht mehr so wichtig erschien. Pakistanische Basen waren nun, mit der Einführung der Interkontinental-Raketen und des *Polaris*-Waffensystems weniger bedeutsam, zumal man auch dank der Entwicklung der Satelliten-Technik und ihrer Aufklärungs-Möglichkeiten nicht mehr auf die von pakistanischen Basen ausgehenden *U-2*-Aufklärungsflüge über die Sowjetunion angewiesen war, die mit dem Abschuß einer solchen Maschine bei Sverdlovsk durch eine sowjetische SAM-Rakete am 1. Mai 1960 zu einer schweren internationalen Krise geführt hatten. Die Sowjetunion suchte diese Entwicklung auszunutzen, indem sie ebenfalls versuchte, ein besseres Verhältnis zu Pakistan zu gewinnen, einerseits als Gegengewicht gegen dessen Bindungen zu China, andererseits um es aus dem amerikanischen Bündnissystem herauszubrechen. Dabei mußte sie aber auf die Erhaltung des guten Verhältnisses zu Indien Rücksicht nehmen.

Inzwischen steigerten sich die indischen Schwierigkeiten in dem von ihm verwalteten Teil Kaschmirs, wo sich immer stärkere sezessionistische Strömungen geltend machten, die teils auch von pakistanischer Seite unterstützt wurden. Parallel dazu kam es auch in einem anderen strittigen Gebiet, dem Rann of Kutch nördlich Bombay, zu indisch-pakistanischen Zwischenfällen. Im Laufe des Jahres 1965 steigerten sich die Kämpfe vor allem in Kaschmir durch die von Pakistan unterstützte Infiltration von Kämpfern der »Azad Kaschmir«-Bewegung in den indischen Landesteil, wo sie einen Guerilla-Krieg zu entfesseln suchten. Bei den Gegenaktionen der indischen Armee kam es wiederholt zu Verletzungen pakistanischen Territoriums, die wiederum pakistanische Reaktionen auslösten.

Als am 27. August indische Truppen beim Versuch, 1600 Guerillas in Kaschmir abzuschneiden, mehrere Positionen auf pakistanischen Boden besetzten, entschlossen sich die Pakistanis zu einem stärkeren Gegenschlag. Am 1. September griffen sie mit 70 *Patton*-Panzern und unterstützt von *F-86*-Düsenbombern und *F-104*-Jägern über die Waffenstillstandslinie hinweg von Gujrat aus in Richtung Akhnur an, womit sie die einzige indische Straße nach der Hauptstadt Kaschmirs, Srinagar, bedrohten. Als zwei Aufforderungen des UN-Sicherheitsrates zur Feuereinstellung nicht befolgt wurden, griffen am 6. September nunmehr stärkere indische Verbände mit einer Panzer-Brigade und zwei Infanterie-Divisionen aus dem Gebiet von Amritsar im Punjab in Richtung auf die pakistanische Großstadt Lahore an, gefolgt von einem Angriff zwei Tage später mit 1 Panzer- und 2 Infanterie-Divisionen aus dem Gebiet von Jammu gegen die Straße Lahore-Gujrat. Die Pakistanis mußten ihren Angriff abbrechen, um ihre Panzerkräfte den indischen Vorstößen entgegenzuwerfen. Es kam zu heftigen Panzergefechten, in die auch die Luftwaffen eingriffen. Doch beherrschten beide Armeen die ihnen zur Verfügung stehende moderne Technik zu wenig und waren nicht in der Lage, die zur Nährung der Angriffe notwendigen logistischen Probleme zu meistern. So zerflatterten die Kämpfe ab 9. September zu einer Kette mehr oder weniger zusammenhangloser Gefechte, in der keine Seite eine deutliche Überlegenheit gewinnen konnte. Schließlich ging beiden Seiten die Luft aus.

Aber auch die Entwicklung der politischen Lage zwang sie zum Kompromiß. Die USA und Großbritannien drohten Indien mit der Einstellung ihrer Hilfe, die für den weiteren wirtschaftlichen Aufbau des Landes unerläßlich war. China suchte seinen neuen Bundesgenossen Pakistan mit Angriffsdrohungen gegen Indien zu unterstützen, während Washington deutlich werden ließ, daß es einen solchen Angriff Chinas gegen Indien nicht hinnehmen würde. Schließlich kam es am 22. September zu einem Waffenstillstand. Die anscheinend weniger beteiligte Sowjetunion bot sich als Vermittler an und lud den indischen Premier Shastri und den pakistanischen Präsidenten Ayub Khan zum Januar 1966 nach Taškent ein, wo Ministerpräsident Kossygin ein Abkommen zustande brachte, das den Konflikt fürs erste beilegte, aber nicht löste. Pakistan gab jedoch in der Folge seine Versuche auf, das Kaschmir-Problem gewaltsam zu lösen.

Die nach dem plötzlichen Tode Shastris an die Regierung gekommene Tochter Nehrus, Indira Gandhi, konnte in den folgenden Jahren mit Unterstützung sowohl des Westens als auch der Sowjetunion in der wirtschaftlichen Entwicklung des Landes, aber auch in der inneren Konsolidierung deutliche Fortschritte erreichen. Dabei wurde auch der durch die Niederlage gegen China und die wenig überzeugende Leistung im Krieg mit Pakistan deutlich gewordenen Unzulänglichkeit der indischen Streitkräfte stärkere Aufmerksamkeit gewidmet. Neben Rüstungslieferungen aus Großbritannien kamen in größerem Umfange Material und industrielle Hilfen aus der Sowjetunion. Es wurden moderne Düsenjäger vom Typ *MiG 21* geliefert und in Indien eine Lizenzproduktion begonnen, auch 4 moderne U-Boote der *F**-Klasse, die bisher noch an keine andere Macht abgegeben worden waren, und moderne Fregatten der *Petya**-Klasse trafen in Indien ein.

Pakistan geriet demgegenüber wirtschaftlich durch die geringen ausländischen Hilfen, aber auch innenpolitisch in eine immer schwierigere Situation. Sie ergab sich vor allem aus dem Mißverhältnis der Repräsentation des volkreicheren östlichen Landesteiles Bengalen in der Verwaltung des von den West-Pakistanern beherrschten Staates und der Armee. Aufgrund der Verfassung waren die 70 Millionen Ost-Pakistaner auch im Parlament nur ebenso stark wie die 55 Millionen West-Pakistaner vertreten. Dazu ergab sich im Westen eine zunehmende Opposition, welche die Aufhebung der seit 1965 in Kraft befindlichen Ausnahmegesetze verlangte. Studenten-Unruhen, Streiks und immer weiter gehende Forderungen der verschiedenen oppositionellen Gruppen führten schließlich im März 1969 zum Rücktritt Ayub Khans und der erneuten Machtübernahme des Militärs unter General Yahya Khan, der über das ganze Land das Kriegsrecht verhängte. Er wollte zunächst Ruhe und Ordnung wiederherstellen, um die Voraussetzungen für die Wahl einer neuen Nationalversammlung zu schaffen, die eine neue Verfassung ausarbeiten sollte.

Diese Wahlen fanden nach einer Verschiebung um 9 Wochen am 7. Dezember 1970 statt, nachdem am 12./13. November eine schwere Flutkatastrophe Bengalen heimgesucht hatte. Sie brachten der ostpakistanischen Awami-Liga Scheich Mujibur Rahmans die absolute Mehrheit im Gesamt-Parlament. Yahya Khan und seine Berater-Clique wollten dieses Ergebnis, das in ihren Augen die Einheit des pakistanischen Staates gefährdete, nicht anerkennen und verschoben den Termin für das Zusammentreten der neuen Nationalversammlung mehrfach. Als sie am 1. März 1971 erneut eine Verschiebung vom 3. auf den 26. März ankündigten, rief die Awami-Liga in Ost-Pakistan den Generalstreik aus. Das öffentliche Leben brach zusammen, und es kam zu Unruhen und blutigen Exzessen gegen nicht-bengalische Minderheiten, die eine erste Fluchtwelle nach Indien auslösten. Als Präsident Yahya Khan bei seinem Besuch vom 15. bis 25. März in der ostpakistanischen Hauptstadt Dacca kein Übereinkommen mit Mujibur Rahman erzielen konnte, gab er dem kurz zuvor ernannten neuen Gouverneur, Generalleutnant Tikka Khan, den Befehl zur militärischen Niederschlagung des Aufstandes. Die Aktion begann in der Nacht zum 26. März mit der Verhaftung Mujibs, worauf die bengalischen Truppenteile meuterten und in Chittagong die Republik Bangla Desh ausriefen. Überall bildeten sich aus diesen Einheiten und Bengalis, besonders Studenten, Freischärlergruppen. Während diese als »Mukti Bahinis« unter der Führung von Oberst Osmany, einem bengalischen Offizier, die Herrschaft über weite Gebiete mit Waffengewalt an sich zu reißen versuchten, ging nun die ausschließlich aus West-Pakistanis bestehende Armee, deren einzige 14. Division von 12000 Mann Anfang April auf dem Luftwege über Ceylon mit Flugzeugen der »Pakistan International Airlines« durch die 9. und 16. Division verstärkt worden war, zur planmäßigen und systematischen Niederschlagung der Rebellion über. Sie wurde mit großer Härte durchgeführt und brachte auf beiden Seiten schwere blutige Verluste, ehe das Territorium Ost-Pakistans gegen Ende Mai bis auf kleine Exklaven wieder unter der Kontrolle der westpakistanischen Militärbehörden stand.

Nach Indien ergoß sich ein immer mehr anschwellender Flüchtlingsstrom. Zunächst waren es nicht-bengalische Minderheiten wie die Biharis, die der Verfolgung durch die »Mukti Bahinis« entgehen wollten, dann in noch viel größerem Maßstab Bengalis, die vor der weite Publizität findenden Brutalität der pakistanischen Armee Sicherheit jenseits der Grenzen suchten. Diese das indische West-Bengalen überschwemmenden Flüchtlingsmassen, nach indischen Angaben schließlich fast 10 Millionen, nach pakistanischen wenigstens 2,8 Millionen, wurden zu einem für Indien allein unlösbaren Problem. Die von der UN und anderen Organisationen und Staaten initiierte humanitäre Hilfe kam nur langsam in Gang. So sah sich Indien zu einem immer aktiveren Vorgehen bei der Lösung des Problems gezwungen. Dabei spielte es sicher eine nicht unwesentliche Rolle, daß eine Loslösung Ost-Bengalens von Pakistan den Hauptgegner auf dem indischen Subkontinent so schwächen mußte, daß Indiens strategische Lage erheblich verbessert werden konnte. So erkannte Indien die auf indisches Territorium ausgewichene Exilregierung von Bangla Desh an und verlangte mit Nachdruck die Freilassung des nach West-Pakistan gebrachten und dort auf einen Hochverrats-Prozeß wartenden Mujibur Rahman. Zugleich gewährte Indien den teilweise über die Grenze ausweichenden oder in den Grenzgebieten sich haltenden »Mukti Bahinis« materielle und Ausbildungshilfe. Sie machte sich ab Juli 1971 in einer deutlichen Zunahme von Sabotage-Akten und Überfällen bemerkbar, die wesentlich geschickter angesetzt waren als vorher. Im August begannen in Indien ausgebildete Froschmänner, in ostpakistanischen Häfen liegende Schiffe ohne Rücksicht auf deren Nationalität mit Haftminen anzugreifen. Allein vom 18. bis 22. September wurden in Chalna fünf Hochsee-Frachter und Tanker sowie 3 Flußfahrzeuge versenkt oder schwer beschädigt. An den Grenzen fanden die »Mukti Bahinis« immer häufiger Unterstützung durch indische Grenztruppen. Zugleich begann Indien seit dem Frühjahr 1971 mit der Verlegung von aktiven Truppenverbänden an die ost-pakistanischen Grenzen.

In dieser hochgespannten Atmosphäre fruchteten alle Versuche Yahya Khans, die auf Zeitgewinn und eine gewisse Manipulation der Ergebnisse von Nachwahlen in Ost-Bengalen hinzielten, ebensowenig, wie die Ablösung des von der gegnerischen Propaganda als »Schlächter von Bengalen« qualifizierten Gouverneurs, General Tikka Khan, durch den gemäßigten Bengali Dr. Malik.

Während Indiens Ministerpräsidentin Gandhi im September und im Oktober/November 1971 auf Reisen in die Sowjetunion und in die sechs wichtigsten westeuropäischen Staaten für den indischen Standpunkt um Verständnis und Unterstützung warb, reiste eine pakistanische Delegation unter dem früheren Außenminister Bhutto nach Peking. Andererseits versuchten nun auch die USA wieder, durch stärkere wirtschaftliche Unterstützung Pakistans das Abgleiten des Landes in ein völliges Chaos zu verhindern. Doch hatte Pakistan sich durch sein Vorgehen in Ost-Bengalen weitgehend um alle Sympathien in der Welt gebracht und stand, von rhetorischer Unterstützung durch China und sehr begrenzten Hilfen der USA abgesehen, allein dem immer übermächtiger werdenden Druck Indiens gegenüber, das ganz offen den Guerilla-Krieg der »Mukti Bahini«-Kämpfer gegen die »west-pakistanische Besatzungsarmee« unterstützte, wobei schließlich auch reguläre indische Truppen in Gefechte in der Nähe der Grenze eingriffen.

Anfang November hatte die indische Armee ihren Aufmarsch für eine militärische Lösung des Problems abgeschlossen. Während schwächere Kräfte an der Nordgrenze Assams die Sicherung gegenüber China übernahmen, wurden in West-Bengalen das II. Korps mit 2 Infanterie-Divisionen und 2 Panzer-Regimentern, in Bihar und Assam das XXXIII. Korps mit 1 Gebirgs-Division und 3 Brigaden sowie einem Panzer-Regiment und in Tripura das IV. Korps mit 3 Gebirgs-Divisionen bereitgestellt, dazu auf den ostindischen Flugplätzen die notwendigen Kampf- und Transportverbände versammelt. Im Golf von Bengalen kreuzte eine indische Kampfgruppe mit dem Flugzeugträger *Vikrant,* um jede Seezufuhr nach Ost-Bengalen abzuschneiden. Eine wesentliche Verstärkung erfuhren die indischen Verbände durch die »Mukti Bahinis«, die bereits Gebiete im Grenzraum besetzt hielten.

Demgegenüber konnten die Pakistanis in Ost-Bengalen nur drei weit verteilte Divisionen, dazu eine in der Aufstellung befindliche vierte, aufbieten und verfügten nur über schwache Fliegerverbände. Allerdings begünstigte das von vielen wasserreichen Strömen und Flüssen durchzogene und oft sumpfige Land eine Verteidigung. Der pakistanische Befehlshaber, Generalleutnant Niazi, hoffte deshalb, mit seinen Kräften hinhaltend Widerstand leisten und die zentrale Region um die Hauptstadt Dacca solange halten zu können, bis entweder die von West-Pakistan ausgehende Entlastungs-Offensive Erfolg hatte, oder eine von den Großmächten oktroyierte Feuereinstellung Raum für eine politische Lösung schuf. Bis dahin galt es für ihn, seiner Regierung ein gewichtiges Faustpfand zu erhalten.

Der indische Oberbefehlshaber im Osten, General Aurora, wollte diesem Konzept mit einem Blitzfeldzug begegnen, indem er die starken pakistanischen Positionen umging und mit Hilfe der von der Sowjetunion gelieferten Amphibien-Panzer *PT-76* sowie seiner Hubschrauber die Flußbarrieren überwand. So hoffte er, von der Luftwaffe unterstützt, schneller in dem Reduit um Dacca zu sein, als sein Gegenspieler seine Kräfte dort konzentrieren konnte.

Nachdem die Zahl der Grenzzwischenfälle schon im Oktober und Anfang November stark zugenommen hatte und die »Mukti Bahinis« aus den von ihnen besetzten Grenzabschnitten immer häufigere Vorstöße unternahmen, griffen vom 21. November ab auch reguläre indische Truppenverbände an nicht weniger als 23 Punkten in Gefechte in der Nähe der Grenze ein und drangen dabei teilweise mehrere Kilometer tief auf pakistanisches Territorium vor. Diese Aktionen verleiteten General Niazi überall zu Gegenaktionen, aus denen sich zahlreiche Infanterie- und Panzergefechte und auch Luftkämpfe entwickelten, welche die ohnehin zu schwachen pakistanischen Verbände weitgehend in der Nähe der Grenzen fesselten und das Landesinnere entblößten. Damit machte Niazi allerdings die Durchführung seines militärischen Planes selbst unmöglich und spielte der Strategie seines Gegenspielers Aurora direkt in die Hände.

Trotz dieser Zuspitzung der Entwicklung im Osten sollte der eigentliche Krieg im Westen beginnen. Auch hier waren beide Seiten mit der Masse ihrer Verbände aufmarschiert, wobei der Schwerpunkt im Süden Kaschmirs und im Punjab lag. Die pakistanische Absicht war es, durch einen nächtlichen Überraschungsangriff mit der Luftwaffe auf die in der unmittelbaren Reichweite liegenden indischen Luftbasen die Luftüberlegenheit zu gewinnen, dann mit zwei durch Panzerbrigaden verstärkten Infanterie-Divisionen in den indischen Teil Kaschmirs bei Punch und im Chamb einzudringen sowie mit dem I. Korps und IV. Korps aus dem Bogen von Sialkot und Lahore lokale Angriffe zur Bindung indischer Verbände zu führen, ehe das I. (Reserve)-Korps unter General Tikka Khan aus dem Raum südlich davon mit seinen je zwei Panzer- und Infanterie-Divisionen tief in den Punjab vorstieß, um die indischen Nachschubrouten zu unterbrechen. Indien hatte demgegenüber unter dem »Western Command« des Generalleutnant K. P. Candeth das XV. Korps im Süden Kaschmirs und das I. und XI. Korps beiderseits des Gebietes von Sialkot und Lahore mit 5 Infanterie-Divisionen und 4 Panzerbrigaden aufgestellt, um seinerseits die pakistanischen Verbände in dem vorspringenden Landzipfel abschneiden zu können. Zugleich hatte man, durch übergelaufene bengalische Offiziere der pakistanischen Luftwaffe gewarnt, die indischen Fliegerverbände von den grenznahen Flugplätzen zurückgezogen und getarnt auf zurückliegenden Plätzen dezentralisiert. Während im Süden auf pakistanischer Seite die 18. Division einen weiten Raum gegenüber dem indischen Rajastan zu decken hatte, war hier das indische »Southern Command« mit 2 Divisionen und 4 teilweise gepanzerten Regimentern aufmarschiert.

Nachdem die pakistanische Regierung lange gezögert hatte,

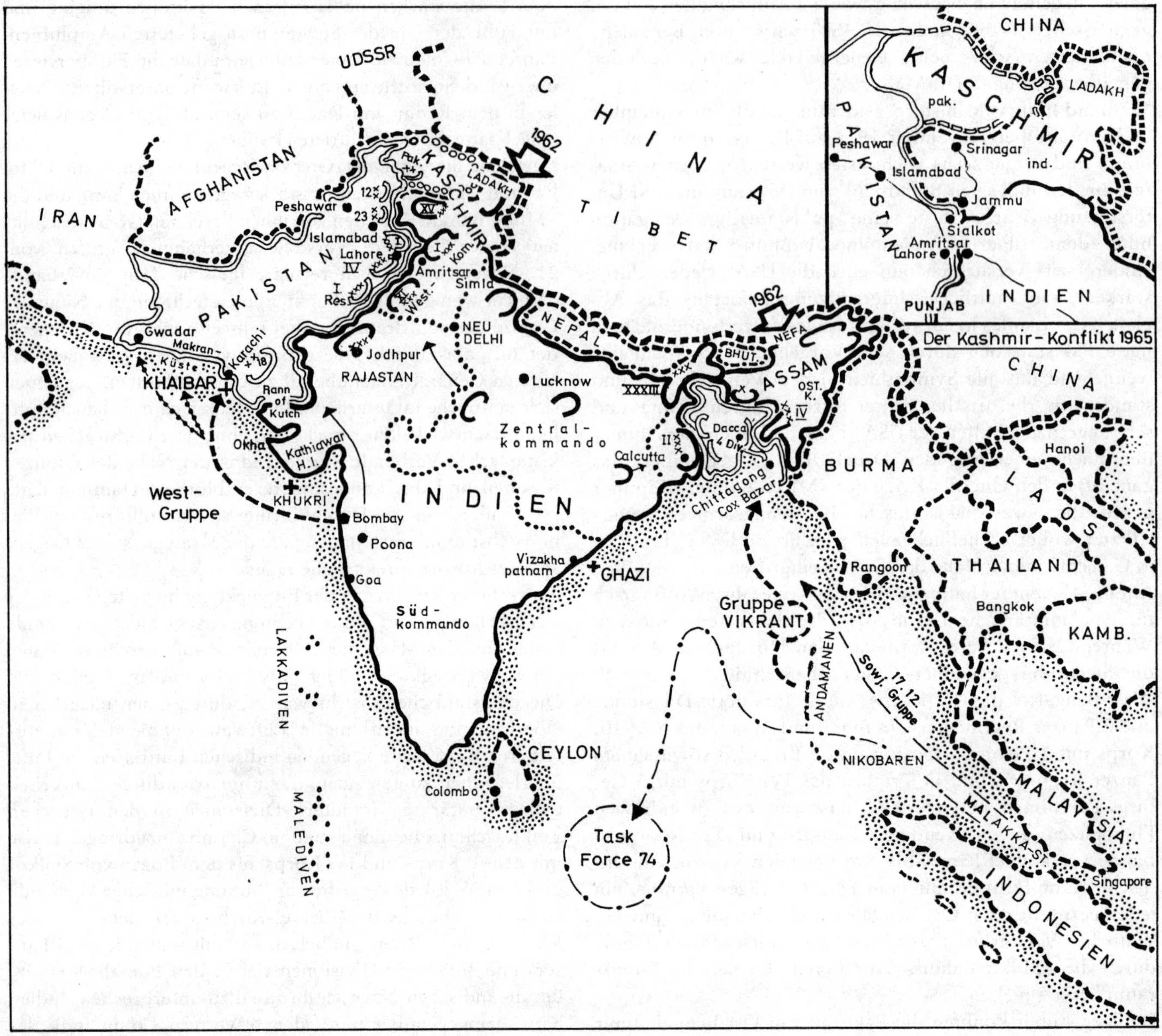

Der indisch-pakistanische Krieg, Dezember 1971

obgleich die Nachrichten aus Ost-Pakistan immer bedrohlicher klangen, entschloß sie sich auf Drängen jüngerer Offiziere am 30. November, den Beginn der Operationen auf den 3. Dezember anzusetzen. Der in der Nacht zum 3. Dezember geführte pakistanische Luftangriff mißlang dank der geschickten Dezentralisation und Tarnung der indischen Verbände völlig, ebenso wie ein zweiter Versuch in der folgenden Nacht. Dagegen gelang es der indischen Luftwaffe im Gegenschlag, in den folgenden 24 Stunden die Luftherrschaft über dem Kampfgebiet zu erringen. Die pakistanischen Landangriffe liefen sich nach geringen Anfangserfolgen bald fest, und die indische Armee gewann insbesondere im Abschnitt Sialkot die Initiative. Hier und auch im Süden gerieten die pakistanischen Einheiten in schwierige Lagen, welche die Zuführung von Reserven erforderlich machten. Damit wurde auch der geplante Angriff mit dem I. Korps hinfällig.

Der pakistanische Angriff im Westen gab nun Ministerpräsidentin Gandhi den Vorwand, den indischen Armeen im Osten, die sprungbereit in ihren Ausgangsstellungen lagen, den Angriffsbefehl für den 4. Dezember zu geben. Wie vorgesehen, konnten sie mit Hilfe der »Mukti Bahinis« die pakistanischen Grenzfestungen, welche die Straßen-Zugänge zum Landesinnern blockieren sollten, einschließen und mit der Masse ihrer beweglichen Verbände an die Flußhindernisse durchstoßen. Sie wurden mit Fallschirmjägern und Hubschraubern überwunden, deren abgesetzte Truppen Brückenköpfe bil-

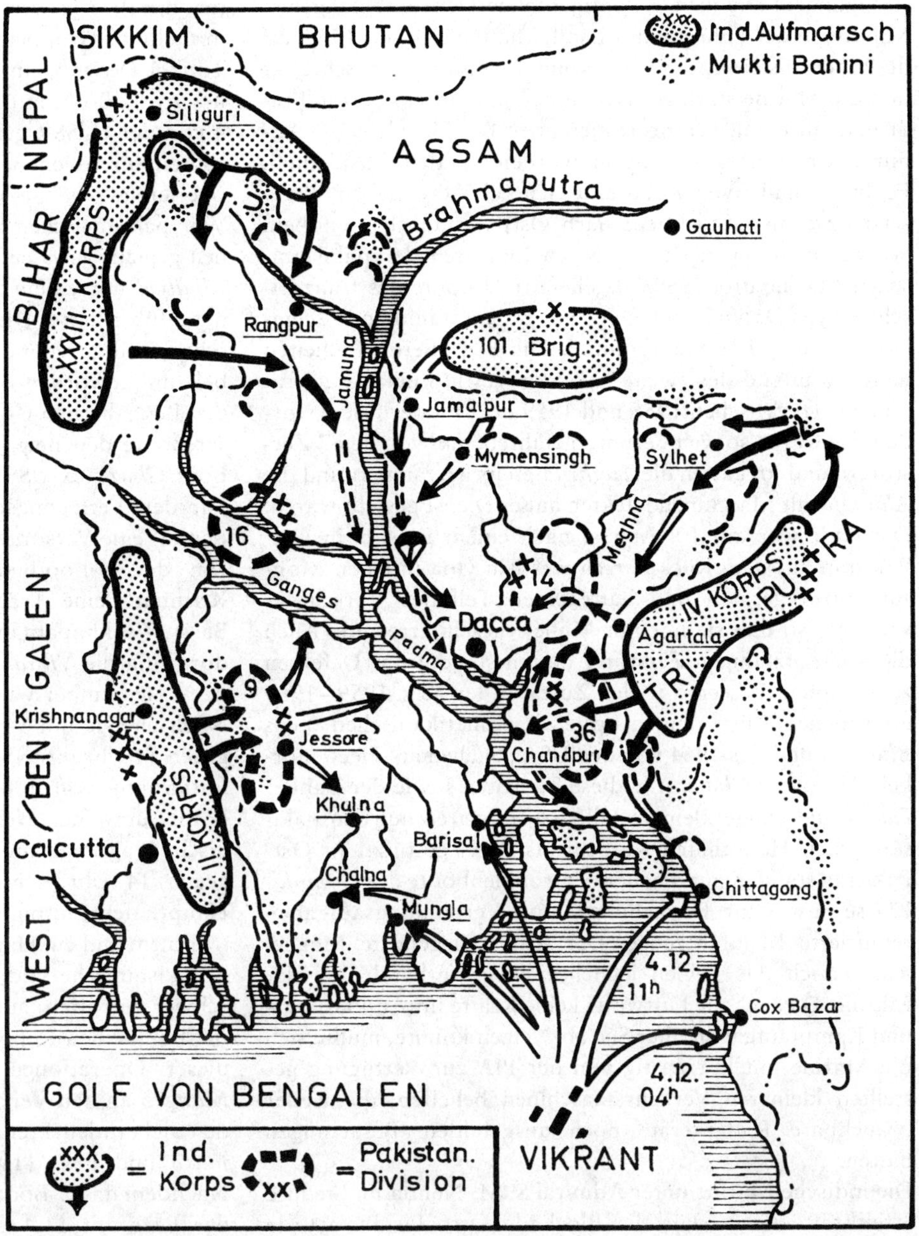

Der indische Feldzug in Ost-Pakistan, 4.–17.12.1971

deten, die die Schwimmpanzer *PT 76*, mit denen die eingesetzten Panzerverbände weitgehend ausgerüstet waren, verstärkten. Dabei spielte es eine große Rolle, daß die indische Luftwaffe nach der Vernichtung der 16 pakistanischen *Sabres*, die in Ostpakistan stationiert waren, die absolute Luftherrschaft ausübte. So drangen die indischen Spitzen am 14. Dezember von mehreren Seiten in die Hauptstadt Dacca ein und zwangen am 16. Dezember General Niazi zur Kapitulation.

Während es bei den früheren Auseinandersetzungen zwischen Indien und Pakistan zu kaum einem Einsatz von Seestreitkräften gekommen war, spielten im Dezember 1971 auch die Flottenoperationen eine Rolle. Für die indische Marine war es die Hauptaufgabe, jede Verbindung zwischen Westpakistan und Ostpakistan zu verhindern und Pakistan von jeder Unterstützung über See abzuschneiden. Die pakistanische Flotte nahm sich zwar auf dem Papier mit ihrem Bestand von 1 Kreuzer, 7 Zerstörern und Fregatten, 4 U-Booten, 8 Minensuchern sowie kleineren Einheiten ganz stattlich aus, doch täuschte dieses Bild. Während man auf indischer Seite aus den Unzulänglichkeiten, die sich im Krieg von 1965 herausgestellt hatten, gelernt und die Marine modernisiert und in die Gesamtstreitkräfte sinnvoll integriert hatte, blieb die pakistanische Marine das Stiefkind der militärischen Anstrengungen. Die in rein kontinentalem Denken befangenen Militärs in der Führung des Landes hatten sich seit 1965 auf die Modernisierung des Heeres und der Luftwaffe beschränkt und die Marine stark vernachlässigt, ja in ihrem Bestand reduziert. Ihre dagegen protestierenden Befehlshaber, die Admirale Chaudhary und Ahsan, wurden von den Präsidenten, Feldmarschall Ayub Khan und General Yahya Khan, abgesetzt bzw. als Gouverneur nach Ostpakistan abgeschoben. So waren die einzigen modernen Einheiten der pakistanischen Marine drei 1969/70 gelieferte U-Boote des französischen Typs *Daphné* und einige aus Italien stammende Klein-U-Boote und Kleinkampfmittel. Die 8 größeren Einheiten waren während des zweiten Weltkrieges in England gebaut und zuletzt zwischen 1956 und 1959 dort modernisiert worden. Sie waren so weit heruntergefahren, daß von den 7 Zerstörern und Fregatten die *Tughril* bereits ausrangiert und die *Alamgir* mit Maschinendefekten außer Dienst gestellt waren. Die *Badr* war am 10. August nach einem Einsatz in Ost-Pakistan auf dem Rückmarsch westlich Goa in einen Monsun-Sturm geraten und hatte einen Teil des Vorschiffes verloren, so daß sie nur mit Mühe Karachi erreichte. Auch die 4 einsatzfähigen Zerstörer hatten ständig mit Defekten zu kämpfen. Besser war der Zustand der acht 1959–1963 erworbenen Küstenminensucher des amerikanischen Typs *Bluebird* und des 1964 von den USA geliehenen »Fleet-snorkel«-U-Bootes *Ghazi*. Alle diese Einheiten sowie der Tanker *Dacca* und einige kleinere Hilfsschiffe waren auf den pakistanischen Haupthafen Karachi als Basis gestützt. In Ost-Pakistan standen nur 4 neuere Patrouillenboote der *Comilla*-Klasse sowie für Bewachungs- und Verbindungsaufgaben requirierte Kleinfahrzeuge. Der schwerwiegendste Mangel war jedoch das Fehlen jeglicher Fliegerverbände bei der Marine. Da auch die Luftwaffe keine Kräfte für Aufklärungs- und Kampfaufgaben über See abzweigen konnte, mußte sich die Marine mit kurzfristig von der PIA zur Verfügung gestellten kleineren Verkehrsmaschinen behelfen, die weder brauchbare Radargeräte noch ausgebildete Besatzungen hatten.

Die indische Marine unter Admiral S. M. Nanda mußte ihre Streitkräfte teilen. Für die Blockade Ostpakistans wurde unter Vizeadmiral N. Krishnan als Befehlshaber des »Eastern Naval Command« eine Kampfgruppe mit dem Leichten Träger *Vikrant*, einem Zerstörer und 3 Fregatten gebildet, deren Trägerflugzeuge auch südlich des 21. Breitengrades in die Operationen an Land eingreifen sollten. Ihre Basis war der Hafen Visakhapatnam. Die übrigen einsatzbereiten Überwasserschiffe wurden dem Befehlshaber des »Western Naval Command« in Bombay, Vizeadmiral S. N. Kohli, unterstellt. Er bildete daraus eine »Western Task Force« mit dem Kreuzer *Mysore*, den in England gebauten Fregatten *Trishul*, *Talwar* (Typ *Whitby*), *Khuri*, *Kuthar*, *Kirpan* (Typ *Blackwood*) und *Betwa* (Typ *Leopard*) sowie den kürzlich von der UdSSR erworbenen *Petya**-Fregatten *Kadmatt*, *Katchall*, *Kiltan* sowie den 8 *Osa**-Flugkörper-Schnellboote, die 1971 geliefert worden waren. Zur Versorgung dieser in mehrere Gruppen eingeteilten »Task Force« standen der Tanker *Deepak*, ein Ziviltanker und das von der UdSSR gelieferte U-Bootmutterschiff *Amba* (Typ Ugra*) bereit. Die 4 von der UdSSR gelieferten großen U-Boote der *F**-Klasse sollten im freien Seeraum gegen die Nachschubschiffahrt operieren.

Von pakistanischer Seite scheinen keine Offensiv-Operationen geplant gewesen zu sein, wie sie z.B. 1965 der Zerstörer *Khaibar* mit einem »hit and run«-Vorstoß gegen Dwarka ausgeführt hatte. Die drei neuen U-Boote sollten im Arabischen Golf gegen indische Kriegsschiffe operieren. Nachdem bekannt geworden war, daß Indien seinen Flugzeugträger in den Bengalischen Golf entsandt hatte, erhielt auch eines dieser Boote den Befehl, dorthin zu gehen, wo bereits das U-Boot *Ghazi* (ex USS *Diablo*) vor Visakhapatnam operierte. Für den Verlegungsmarsch hatte man südlich Ceylon (Sri Lanka) eine Versorgungsmöglichkeit geschaffen.

Um der U-Bootbedrohung zu entgehen, hatte Admiral Krishnan seine Trägergruppe bereits vorsorglich aus der Basis Visakhapatnam nach den Andamanen verlegt. Von dort ging die *Vikrant* am 2. Dezember in See. Am Morgen des 4. Dezember wurde die Blockade Ostpakistans erklärt. Noch ehe sie um 14 Uhr in Kraft trat, startete die *Vikrant* gegen 11 Uhr ihre »Seahawk«-Flugzeuge aus der maximalen Entfernung von 200 sm gegen den südlichen Hafen Cox Bazar, um einer eventuellen Gegenwirkung durch pakistanische Flugzeuge aus dem Wege zu gehen. Der zweite Angriff gegen 14 Uhr richtete sich gegen den ostpakistanischen Haupthafen Chittagong. Auf dem Flugplatz wurde der Kontrollturm und ein Hangar zerstört, vor und im Hafen wurden 6 pakistanische und neutrale Handelsschiffe versenkt oder schwer getroffen, auch eines der vier in Ostpakistan stationierten kleinen Kanonenboote, die *Comilla*, sank. Während dieser Operationen versuchte das pakistanische U-Boot *Mangro* an den Verband heranzukommen, wurde aber von den sichernden Fregatten *Kamorta* (Typ *Petya**), *Brahmaputra* und *Beas* (Typ *Leopard*) geortet und angegriffen. Nachdem das U-Boot mit seinem Turm herausbrach und von der *Beas* mit 11,4 cm-Granaten getroffen wurde, riß der Kontakt ab, doch kehrte das Boot entgegen indischen Angaben nach Karachi zurück. Inzwischen hatte in der Nacht vom 3./4. Dezember vor Visakhapatnam ebenfalls eine Aktion stattgefunden. Der zur Trägergruppe auslaufende Zerstörer *Rajput* hatte kurz nach 21 Uhr vor dem Hafen auf einen unsicheren Kontakt eine Wasserbombe geworfen, aber keine Meldung abgegeben. Um Mitternacht gab es einige schwere Detonationen vor dem Hafen, und die spätere Nachsuche mit Tauchern führte zur Auffindung des im Vorschiff zerstörten Wracks des pakistanischen U-Bootes *Ghazi*. Möglicherweise hatte sich beim Versuch, Minen zu legen oder Kleinkampfmittel zum Angriff gegen den Hafen auszusetzen, ein Unfall ereignet.

Die *Vikrant* setzte in den folgenden Tagen ihre Operationen gegen die Hafen- und Schiffahrtsziele in Ostpakistan fort, wobei neben weiteren Angriffen gegen Chittagong auch die kleineren Häfen Chalna, Mungla und Barisal getroffen wurden.

Damit wurden Versuche der, durch den indischen Vorstoß über Jessore an den Ganges und Padma, westlich Dacca abgeschnittenen pakistanischen Gruppen, über die Flußwege des Ganges-Brahmaputra-Deltas zu entkommen, unterbunden. Um auch den Fluchtweg an der Ostküste, die bereits vor dem Kriegsbeginn zum großen Teil von »Mukti-Bahinis« besetzt worden war, zu unterbrechen, wollte General Aurora ein aus der Front herausgezogenes Bataillon in der Nähe von Cox Bazar landen. Da die beiden vorhandenen Landungsschiffe vom Typ *Polnocny** gerade in See waren, wurde das BLT am 9. Dezember auf das Handelsschiff *Vishwavijaya* von rund 6000 BRT, das zufällig in einem Flußarm ankerte, verladen und dann in der Nähe von Cox Bazar auf ein Landungsschiff umgeladen. Da der in Aussicht genommene Landungsstrand jedoch ungeeignet war, kam das BLT erst kurz nach dem Ende des Kampfes am 16. Dezember in Cox Bazar an Land.

Bei den Blockadeoperationen im Golf von Bengalen wurden insgesamt 8 fremde Handelsschiffe aufgebracht und meist, wie der amerikanische Frachter *Expositor*, nach Madras eingebracht. Im Gebiet der ostbengalischen Küste, insbesondere des Hafens von Chittagong, wurden 21 Wracks von pakistanischen und fremden Handelsschiffen sowie 2 selbstversenkte Kanonenboote vorgefunden. Die Blockade scheint tatsächlich effektiv gewesen zu sein. So weit bekannt, ist nur eines der kleinen Kanonenboote, die *Rajshahi*, entkommen und am 21. Dezember nach Penang (Malaysia) eingelaufen.

Im Arabischen Golf war es die Aufgabe der »Western Task Force«, die kampfkräftigen Schiffe der pakistanischen Marine auszuschalten, die Hafenanlagen von Karachi zu zerstören und den Nachschub über See auch in die kleineren Häfen an der Makran-Küste und nach Gwadar im Westen zu unterbinden. Um die erste Aufgabe zu erfüllen, griff man auf die neu gelieferten Flugkörper-Schnellboote der *Osa**-Klasse zurück. Sie konnten normalerweise von Schiffsradargeräten, wie sie die pakistanische Marine besaß, auf etwa 12 sm aufgefaßt werden, während ihre eigenen Geräte Zerstörer bis auf etwa 20 sm orten konnten und ihre »Styx«-Flugkörper eine Reichweite von maximal 25 sm besaßen. Damit bot sich die Chance für einen unbemerkten Angriff. Auf pakistanischer Seite sah man in den *Osa**-FK-Booten die größte Gefahr und suchte ihr dadurch zu begegnen, daß man die fahrbereiten Schiffe am 30. November in See gehen ließ. Durch regelmäßig morgens und abends angesetzte Aufklärungsflüge mit zwei PIA-Fokker-»Friendship«-Maschinen in Richtung auf die Kathiawar-Küste und die hier aufgestellten U-Boote suchte man sich gegen Überraschungen zu sichern. Tatsächlich sichtete und meldete ein Flugzeug am Nachmittag des 3. Dezember den Kern der indischen »Western Task Force« mit 1 Kreuzer, 6 Zerstörern/Fregatten und 1 Tanker in der Nähe der vorgeschobenen Basis Okha an der Nordwestspitze der Kathiawar-Halbinsel. Eines der U-Boote war schon am Tage vorher von diesem Verband überlaufen worden. Da die in Karachi weit ab von der Hauptstadt Islamabad sitzende Marine erst am 3. Dezember von dem Angriffstermin unterrichtet wurde, konnte sie nichts mehr tun, als die Luftwaffe vergeblich um einen Angriff auf den indischen Verband zu bitten, während sie eine Zerstörer-Patrouille 70 sm von Karachi, eine weitere 40 sm von der Küste mit Minensuchern einrichtete.

Der erste indische Angriff wurde mit einer kleinen Kampfgruppe mit den *Petya**-Fregatten *Kiltan* und *Katchall* sowie den *Osa**-FK-Schnellbooten *Nirghat, Nipat* und *Veer* in der Nacht vom 4./5. Dezember ausgeführt. Er war mit laufenden Störangriffen der indischen Luftwaffe gegen Karachi koordiniert, um die Abwehr von der See abzulenken. Das schwierige Problem der Unterscheidung feindlicher Kriegs- und neutraler Handelsschiffe im Ortungsbild bei einer nächtlichen Annäherung wurde dadurch erleichtert, daß Pakistan inzwischen fremden Schiffen die Annäherung an Karachi über eine Entfernung von 75 sm verboten hatte. Der in der Dunkelheit sich nähernde indische Verband erfaßte insgesamt 4 Ortungsziele, von denen zwei deutlich schneller als die anderen waren, und setzte die FK-Schnellboote zum Angriff an. Obgleich ein pakistanisches Zivil-Radargerät um 21.00 Uhr in 40 sm Entfernung von der Küste einen verdächtigen Kontakt meldete, blieb die Aufmerksamkeit auf die ständigen Luftangriffe gerichtet, und die in See stehenden Schiffe erhielten offenbar keine Nachricht, denn um 23.30 Uhr meldete der 70 sm südlich Karachi kreuzende Zerstörer *Khaibar*, er habe einen Bombentreffer erhalten. Danach riß die Verbindung ab. Kurz darauf meldete die Küstenwachstation Manora an der Einfahrt zum Hafen von Karachi einen starken Lichtblitz am südlichen Horizont. Ein sofort entsandtes Patrouillenboot fand in 40 sm Entfernung das brennende Wrack des Minensuchers *Muhafiz* und erfuhr von den Überlebenden, daß das Boot durch einen Flugkörper getroffen worden war. Die am nächsten Tage nach 18 Stunden geretteten 70 Überlebenden der *Khaibar* berichteten, daß ihr Schiff nach zwei Treffern von Flugkörpern gesunken sei. Nach indischen Angaben feuerten die Schnellboote anschließend aus 20 sm Entfernung auch Flugkörper auf Landziele, doch soll nach pakistanischen Angaben ein Öltank bei Keamari schon früher durch Flugzeug-Raketen in Brand geraten sein.

Der Versuch von Admiral Hasan, die pakistanische Luftwaffe zu einem Angriff auf den ablaufenden indischen Verband zu veranlassen, blieb ergebnislos. Er wäre vermutlich auch ins Leere gestoßen, da die Inder nicht direkt nach Südosten in Richtung auf Okha abliefen, sondern sich weiter südwestlich mit anderen Gruppen vereinigten, die versucht hatten, den westlichsten pakistanischen Hafen Gwadar anzugreifen, wo sie anscheinend keine Schiffe fanden, jedoch am 5. Dezember durch ein Zivilflugzeug gesichtet wurden. Die pakistanische »Flottille« mit dem Kreuzer *Babur* und zwei Zerstörern kreuzte tatsächlich vor der Makran-Küste. Ein indisches U-Boot, das vermutlich den Verband angreifen wollte, wurde an seinem Sehrohr vom Kreuzer aus erkannt, der sofort das Feuer eröffnete, während die Zerstörer »*Squid*«-Wasserbombensalven feuerten, die eine Ölspur verursachten. Im Verlauf dieser Operationen wurde durch andere Einheiten der indischen »Western Task Force« der pakistanische Dampfer *Pasni* aufgebracht. Am 5. Dezember orteten die indischen Fregatten *Kadmatt* und *Trishul* vor der Kathiawar-Küste eines der beiden pakistanischen U-Boote, *Shushuk* oder *Hangor*, und griffen es mit Wasserbomben an. Am folgenden Tage wurde das andere Boot vor Bombay durch die Fregatte *Khukri* bekämpft.

Nach den Verlusten bei dem ersten FK-Schnellbootangriff sah Admiral Hasan angesichts des Fehlens jeglicher Luftunterstützung keine andere Möglichkeit, als seine restlichen Schiffe einlaufen zu lassen. Alle Einheiten trafen bis zum 8. Dezember in Karachi ein und wurden im Hafen als zusätzlicher Flakschutz gegen die indischen Luftangriffe verteilt. Der Tanker *Dacca* wurde zusammen mit den Handelsschiffen auf die Reede verlegt. In der Nacht vom 8./9. Dezember führte die indische Luftwaffe von 21.00 bis 02.00 Uhr laufende Störangriffe, bei denen der Schiffsflak 4 Flugzeuge zum Opfer fielen. Mit diesen Angriffen war ein neuer Angriff der FK-Schnellboote koordiniert, der allerdings nicht, wie indische Quellen angeben, von einem einzelnen *Osa**-Boot gefahren worden sein kann. Um 23.00 Uhr wurde in kurzer Folge auf der Reede der panamesische Frachter *Gulf Star* getroffen und sank, der amerikanische Frachter *Venus Challenger* flog in die Luft, der britische Frachter *Harmattan* erhielt schwere Treffer, die *Dacca* und drei andere Handelsschiffe wurden leichter beschädigt. Ein *Styx**-Flugkörper flog über die Manora-Wachstation hinweg und traf einen Öltank in Keamari, wo schwere Brände ausbrachen.

Zwei weitere indische Gruppen stießen gleichzeitig gegen die Makran-Küste und Gwadar vor, ohne jedoch Ziele zu finden. Andere Einheiten brachten im Arabischen Meer zwei weitere pakistanische Handelsschiffe, die *Hudhumati* und *Baqir*, auf. Am 9. Dezember konnte das pakistanische U-Boot *Hangor* südwestlich Diu aus einer U-Jagdgruppe mit den Fregatten *Kuthar* und *Khukri* die letztere mit drei von neun akustisch zielsuchenden Torpedos versenken.

Während ihrer Blockadeoperationen haben die indischen Seestreitkräfte außer den genannten drei pakistanischen Schiffen 112 fremde Handelsschiffe angehalten und untersucht. Andererseits konnten die indischen Streitkräfte den eigenen Seeverkehr erfolgreich schützen. Während der 14 Tage des Krieges liefen 130 Schiffe ohne Verluste in indische Häfen ein. An einem einzelnen Tage waren allein 44 indische Handelsschiffe im Arabischen Golf und im Golf von Bengalen in See. Andererseits hatten aber alle vier pakistanischen U-Boote wenigstens je eine Feindberührung, wenn auch nur die *Hangor* zu einem erfolgreichen Angriff auf einen Kriegsschiffsverband kam.

Da die indischen Operationen auch die amerikanische Schiffahrt betrafen, es waren US-Frachter vor Chittagong angegriffen und andere in indische Häfen eingebracht worden, entschloß sich die US-Regierung zu einer Demonstration im Golf von Bengalgen. Von der 7. Flotte vor Vietnam wurde am 10. Dezember die »Task Force 74« mit dem atomgetriebenen Träger *Enterprise*, 7 FK-Fregatten und -Zerstörern sowie dem Hubschrauber-Träger *Tripoli* mit 800 Marines an Bord detachiert, um durch die Malakka-Straße ins Krisengebiet zu gehen und gegebenenfalls für eine Evakuierung amerikanischer Staatsbürger aus Ostpakistan bereitzustehen. Als sie am 14. Dezember eintraf, war jedoch der Kampf schon praktisch vorüber, so daß ihr Erscheinen, das in Indien schon Befürchtungen vor einer amerikanischen Intervention ausgelöst hatte, praktisch keine Auswirkungen mehr hatte. So blieb die »Task Force 74« bis zum 16. Januar im Gebiet südlich Ceylon und verließ anschließend wieder den Indischen Ozean.

Der amerikanischen Kampfgruppe folgte am 17. Dezember ein sowjetischer Verband mit je einem FK-Schiff der *Kresta**- und *Kynda**-Klasse sowie 4 weiteren Überwasserschiffen und bald darauf ein Atom-U-Schiff und zwei konventionelle U-Boote. Zugleich bot die sowjetische Regierung der neugebildeten Regierung des befreiten Bangla Desh sowjetische Hilfe bei der Minenräumung und der Hebung der Wracks in Chittagong an. Bis zum 19. April 1972 trafen 20 sowjetische Minensucher, Versorger, Werkstatt- und Bergungsschiffe ein und nahmen ihre Arbeiten auf.

Am 17. Dezember stellte Indien auch im Westen einseitig die Kampfhandlungen ein, darin von Pakistan gefolgt, das seine völlige militärische Niederlage erkennen mußte, die zum Sturz Präsident Yahya Kahns führte und seinen innenpolitischen Gegner Bhutto an die Macht brachte.

Mit der Kapitulation der pakistanischen Truppen in Bengalen und der Besetzung des Landes durch die indische Armee hatte Indien sein Ziel, der pakistanischen Ostprovinz als Bangla Desh zur Unabhängigkeit zu verhelfen, erreicht und damit die Voraussetzung für die sofort eingeleitete schnelle Rückführung der Flüchtlinge geschaffen, welche die wirtschaftliche Kraft des Landes so sehr belastet hatten.

Zusammenfassung

Die Konflikte der Sechziger Jahre ließen die Möglichkeiten und Grenzen des Einsatzes bewaffneter Macht zur Erreichung politischer Ziele deutlicher hervortreten. Im Zeichen des zunehmenden »atomaren Patt« konnten die beiden Supermächte, welche die unmittelbare bewaffnete Auseinandersetzung, die zum Atomkrieg und damit zum Selbstmord führen mußte, vermeiden wollten, ihre Streitkräfte jeweils nur dann einsetzen, wenn das an einem Punkt geschah, an dem der Gegenspieler nur geringe Interessen besaß, oder wenn er an dieser Stelle keine eigenen Streitkräfte zur Neutralisierung der Aktion konzentrieren konnte oder wollte, oder wenn er gar an einer Fesselung des Agierenden zur Entlastung der eigenen Front an anderer Stelle interessiert war. Aktionen der kleineren Mächte, ja selbst der zu den »Großen« zählenden Staaten wie Großbritannien, Frankreich und China, blieben nur in dem Rahmen möglich, den ihnen die sich in diesen Auseinandersetzungen oft gegenseitig neutralisierenden Supermächte ließen.

Die aktive Demonstration der Einsatzbereitschaft der 7. US-Flotte in der Quemoy-Krise 1958 verhinderte den rotchinesischen Angriff und weiterreichende Pläne gegenüber Formosa, weil die rotchinesische Seite und ihr damaliger Verbündeter, die Sowjetunion, kein Mittel besaßen, diese Flotte zu neutralisieren.

In der Libanon-Krise des gleichen Jahres konnte vor allem die 6. US-Flotte das Abgleiten dieses westlich orientierten Landes in eine antiwestliche Revolution verhindern, weil der einzige potentielle Bundesgenosse der arabischen Aufständischen, die Sowjetunion, dagegen machtlos war.

Ebenso war es amerikanischen Marine- und Luftlandetruppen 1965 in der Dominikanischen Republik möglich, einen blutigen Bürgerkrieg zu stoppen und das befürchtete Übergehen dieses Landes in das Lager Castros zu verhindern.

Im Jahre 1962 konnte Präsident Kennedy das in klug abgewogener Dosierung angewandte Instrumentarium der Seemacht benutzen, um die Kuba-Krise in seinem Sinne zu lösen, weil Chruschtschow es in seinem Vabanque-Spiel unterlassen hatte, seine Raketentransporter mit Kriegsschiffen zu eskortieren, sei es weil er Kennedys Standfestigkeit unterschätzte oder weil er das Spiel nicht überreizen wollte.

Auf der anderen Seite konnte die Sowjetunion sowohl 1956 in Ungarn als auch 1968 in der Tschechoslowakei durch den Einsatz ihrer und verbündeter Armeen der Geschlossenheit ihres Bündnissystems möglicherweise gefährlich werdende Entwicklungen unterdrücken, weil sie davon ausgehen durfte, daß die USA ein solches Vorgehen im sowjetischen Machtbereich tolerieren würden. In der sich zuspitzenden ideologischen Auseinandersetzung mit China wäre ein bewaffnetes Einschreiten ohne einen regelrechten und verlustreichen Krieg, der sich zum Zweitfrontenkrieg ausweiten konnte, nicht denkbar gewesen und mußte so unterbleiben. Als Albanien 1961 aus dem sowjetischen in das chinesische Lager überging, konnte die UdSSR dieses kleine Land weder von Land noch von See her militärisch anpacken. In den von der Sowjetunion hochgespielten Berlin-Krisen mußten sie jeweils zurückstecken, weil die USA hier klar zu erkennen gaben, daß sie einseitige Veränderungen des status quo nicht hinnehmen würden.

Doch auch außerhalb des Bereiches der unmittelbaren Konfrontation der Supermächte in Europa kam es zu solchen gegenseitigen Neutralisierungen. Während des israelisch-arabischen 6-Tage-Krieges 1967 kamen beide Supermächte überein, sich aus dem Konflikt herauszuhalten. Weder waren die USA vor Ausbruch des Konflikts angesichts der sowjetischen Präsenz in der Lage, durch Aktionen ihrer 6. Flotte einen Ausbruch des Kampfes zu verhindern, noch konnten die Sowjets ihrerseits angesichts dieser 6. Flotte etwas unternehmen, um die militärische Niederlage ihrer Bundesgenossen zu verhindern.

In den dem *Pueblo*-Fall folgenden Wochen kam es zu einer ähnlichen Neutralisierung, als Schiffe der sowjetischen Pazifik-Flotte sich zwischen die aufmarschierende amerikanische »Task Force 71« und die nordkoreanische Küste schoben und damit jede amerikanische Repressalie mit der Gefahr des unmittelbaren Konfliktes mit der anderen Supermacht belasteten.

Auch die Aktionen kleinerer Mächte blieben von der Haltung der Großen abhängig. Selbst die Operationen der »Großmächte« Großbritannien und Frankreich während der Suez-Krise 1956 fanden an der diese Aktion ablehnenden US-Regierung und der von ihr veranlaßten Dislozierung von Einheiten der 6. Flotte ihre Grenze. Als sich Präsident Kennedy dem Einsatz amerikanischer Schiffe und Trägerflugzeuge während der Schweinebucht-Affäre 1961 versagte, konnten einige wenige kubanische Düsenjäger das Blatt wenden und die Landung in einem Fiasko enden lassen.

Und im indisch-pakistanischen Krieg von 1972 neutralisierten sich die in das Krisengebiet entsandten amerikanischen und sowjetischen Verbände wiederum, so daß die überlegenen indischen Seestreitkräfte ihren Gegner vom Seenachschub abschneiden konnten.

Konnte man auch in der ganzen Zeit davon ausgehen, daß die USA in einem großen Krieg in jedem für wichtig gehaltenen Seegebiet ihre überlegene Seemacht sehr bald zur Geltung bringen und ihre Gegner von den Meeren hinwegfegen würden, so zeigten diese Konflikte unterhalb der Schwelle des Atomkrieges der Großen, daß die Möglichkeiten der Seemacht nun differenzierter zu betrachten waren. Im Kapitel 52 werden deshalb die grundsätzlichen Unterschiede der Anwendung von Seemacht in Krieg und »Nichtkrieg« genauer analysiert.

Kapitel 50

Die Sowjetunion wird eine Seemacht

Für die deutsche Ausgabe neu bearbeitet von Jürgen Rohwer

Der deutsche Überfall im Juni 1941 hatte die sowjetische Marine mitten in ihrem großen Ausbau im Rahmen des dritten Fünfjahresplanes getroffen. Zu den aus der zaristischen Marine übernommenen größeren Einheiten (3 Schlachtschiffen, 4 Kreuzern, 17 Zerstörern, 7 U-Booten, 9 Wachschiffen und 19 Minensuchern) waren bis zum 22. Juni 1941 an Neubauten 4 Kreuzer, 37 Flottillenführer und Zerstörer, 206 U-Boote, 18 Wachschiffe, 38 Minensucher, 1 Minenleger und 8 Flußmonitore gebaut und in Dienst gestellt worden. Begonnen, jedoch noch nicht fertiggestellt waren 3 große Schlachtschiffe, 2 Schlachtkreuzer, 10 Kreuzer, 45 Zerstörer, 91 U-Boote, 24 Wachschiffe und 46 Minensucher. Einschließlich der bei Kriegsbeginn noch im Probefahrtsverhältnis befindlichen Schiffe, wurden von diesen bis 1945 2 Kreuzer, 19 Zerstörer, 66 U-Boote, 4 Wachschiffe und 30 Minensucher in Dienst gestellt. Hinzu kamen aus Leih- und Pachtlieferungen 1 Schlachtschiff, 1 Kreuzer, 9 Zerstörer, 4 U-Boote, 28 Wachschiffe und Fregatten, sowie 92 Minensucher. Von den Verlusten (1 Schlachtschiff, 2 Kreuzer, 32 Zerstörer, 110 U-Boote, 6 Wachschiffe und 32 Minensucher) abgesehen, waren jedoch auch die bei Kriegsende 1945 noch vorhandenen 3 Schlachtschiffe, 9 Kreuzer, 48 Zerstörer, 173 U-Boote, 59 Wachschiffe und Fregatten sowie 147 Minensucher nur zu einem kleinen Teil für die Nachkriegsflotte verwendbar. Einerseits mußten die aus der zaristischen Flotte noch übriggebliebenen Schiffe wegen völliger Überalterung ausgeschieden werden. Das gleiche galt für die von den Verlusten nur in geringerem Umfange betroffenen Leih- und Pachtschiffe, die bis zum Jahre 1949/50 entweder zurückgegeben oder unter Aufsicht der Vereinigten Staaten bzw. Großbritanniens zerstört werden mußten. Auch von den eigenen, vor dem Kriege und während des Krieges fertiggestellten Schiffen war ein wesentlicher Teil durch die starke Beanspruchung oder Kriegsschäden nur noch begrenzt für eine Nachkriegsverwendung brauchbar. Die aus der Kriegsbeute von 1946 bis 1950 übernommenen rumänischen (1944), deutschen, italienischen und japanischen Schiffe (1 Schlachtschiff, 2 Kreuzer, 14 Zerstörer, 12 U-Boote, 28 Fregatten und Korvetten, 49 Minensucher) konnten die Lücken kaum schließen, da es sich auch bei ihnen zu einem sehr großen Teil um heruntergefahrene und verbrauchte Einheiten handelte, die zu kaum mehr als Schulzwecken verwendbar waren.

So kamen für einen Einsatz in der Nachkriegsflotte nur die 6 Kreuzer der *Kirov*-Klasse, 4 Flottillenführer der *Leningrad*-Klasse, 18 Zerstörer der *Gnevnyj*-Klasse, 10 Zerstörer der *Storozevoj*-Klasse, 24 kleine U-Boote der Typen *M-XII* und *M-XV*, 18 mittlere Boote der Typen *ŠČ-VII* und *ŠC-X* sowie 20 des Typs *S-XIV*, 9 Minen-U-Boote der Typen *L-XI* und *L-XIII* sowie 7 große U-Boote des Typs *K-IX* in Frage. Da diese Einheiten jedoch auf 4 verschiedene und weit voneinander entfernte Flotten aufgeteilt werden mußten, waren deren Stärken selbst gegenüber denen der kleineren Nachbarmächte doch recht bescheiden.

Die Baltische Flotte konnte über 2 Kreuzer, 12 Zerstörer und 17 U-Boote, die Nord-Flotte über 6 Zerstörer und 20 U-Boote, die Schwarzmeer-Flotte über 2 Kreuzer, 4 Zerstörer und 19 meist kleine U-Boote, die Pazifische Flotte über 2 Kreuzer, 11 Zerstörer und 21 U-Boote verfügen. Diese Situation war auch durch die Fertigstellung der noch im Bau befindlichen und brauchbaren Schiffe kaum zu bessern. Von den 3 Kreuzern der *Čapaev*-Klasse in der Ostsee, die bis 1950 fertiggestellt wurden, gingen 2 ins Nordmeer, 2 weitere Schiffe dieses Typs verstärkten die Schwarzmeer-Flotte. Von den Zerstörern der *Ognevoj*-Klasse, deren Typschiff kurz vor Kriegsende im Schwarzen Meer fertiggestellt worden war, kamen 3 Neubauten zur Baltischen Flotte, 2 zur Nord-Flotte, 2 weitere zur Schwarzmeer-Flotte und 3 zur Pazifischen Flotte. Dazu traten einige Wachschiffe der *Ptiši*-Klasse und wenige U-Boote, 9 der *M-XV*-, 4 der *ŠČ-X*-Klasse und 2 der *S*-Klasse.

Während die Rote Armee zu dieser Zeit nach dem gewonnenen Krieg auf dem Höhepunkt ihrer Machtentfaltung stand, und unter ihrem Schutz die Gleichschaltung der besetzten osteuropäischen Gebiete vorangetrieben werden konnte, sah sich die Rote Flotte vergleichsweise wieder auf das Niveau der Zeit vor Beginn des Wiederaufbaus um 1930 zurückgeworfen. Während die Rote Armee im Bewußtsein der sowjetischen Öffentlichkeit und Führung auf eine große Reihe von entscheidenden Siegen zurückblicken konnte und an allen Fronten die Entscheidung herbeigeführt hatte, war die Rote Flotte während des Krieges fast ausschließlich in einer Hilfsfunktion für die Armee tätig gewesen und stand deutlich in ihrem Schatten. Diese Situation kam u. a. auch darin zum Ausdruck, daß das Volkskommissariat für die Marine im Februar 1946 als selbständige Behörde aufgelöst und in das Volkskommissariat der Verteidigung eingegliedert wurde. Sicher war der tatkräftige und energische bisherige Volkskommissar, Flottenadmiral N. G. Kuznecov, mit dieser Herabstufung seiner Person und damit der Bedeutung der

Marine gegenüber dem Heer nicht einverstanden. Wenn er zu dieser Zeit wieder versuchte, an seine Planungen vor dem zweiten Weltkrieg anzuknüpfen, die auf den Bau einer großen Hochseeflotte hinzielten, konnte es nicht ausbleiben, daß sich daraus Konflikte ergaben. Hatte Stalin die Flottenpläne vor dem zweiten Weltkrieg sehr gefördert, so mußte er nun neben den Ansprüchen der Armee dem vordringlichen Wiederaufbau der Industrie Vorrang einräumen und konnte sich nicht den weit über das realisierbare Maß hinausgehenden Plänen des Admirals Kuznecov zuwenden, so daß dieser zunehmend in Ungnade fiel und am 17. Januar 1947 durch den bisherigen Befehlshaber der Pazifischen Flotte, Admiral Jumašev, abgelöst wurde.

Das Wiederaufbauprogramm 1946 - 1952

Bei der Aufstellung des Neubauprogramms mußte man von der nach dem Ende des zweiten Weltkrieges anzustellenden Lagebeurteilung ausgehen. Während die Rote Armee in ihrer gewaltigen zahlenmäßigen Stärke die Landgrenzen des kommunistischen Blocks zuverlässig schützen konnte, schien in den ersten Jahren nach 1945 die Hauptgefahr einer militärischen Bedrohung der Sowjetunion in der im zweiten Weltkrieg unter Beweis gestellten enormen Kapazität der anglo-amerikanischen Mächte zu weiträumigen amphibischen Operationen zu liegen. Sie hatten sowohl in Europa als auch im Pazifik gezeigt, daß sie in der Lage waren, nicht nur Regimenter und Divisionen, sondern ganze Armeen und Heeresgruppen über Tausende von Kilometern auf dem Seewege heranzutransportieren, sie mit überwältigender Feuerunterstützung durch Schiffsartillerie und Trägerflugzeuge auch an stark verteidigten Küsten an Land zu setzen und diese Verbände dann über See so zu versorgen, daß sie zu weit ausholenden Landoperationen befähigt waren. Für solche amphibischen Operationen boten sich sowohl in der Ostsee und im Schwarzen Meer als auch im Fernen Osten, in geringerem Umfange jedoch auch im Nordmeer Möglichkeiten. Bei der Bewertung dieser, auf sowjetischer Seite für möglich gehaltenen amphibischen Bedrohung durch die Angloamerikaner muß man stets im Gedächtnis behalten, daß die damals führenden Männer der sowjetischen Marine fast alle noch die anglo-amerikanischen überseeischen Interventionen während des Bürgerkrieges 1918-1922 in der Ostsee, im Nordmeer, im Pazifik und im Schwarzen Meer miterlebt hatten.

Die Hauptaufgabe einer neuen sowjetischen Flotte mußte deshalb zunächst die Abwehr amphibischer Operationen sein. So begann man auch von der Konzeption her wieder da, wo man in den zwanziger Jahren mit dem Aufbau begonnen hatte. Da man keine Möglichkeit sah, mit anglo-amerikanischen Flottenrüstungen in absehbarer Zeit gleichzuziehen, schien als Lösung nur eine Art neue »Jeune Ecole« übrigzubleiben.

Die erste Verteidigungslinie hatten wieder die U-Boote zu übernehmen. Jedoch wurde nun das Schwergewicht nicht auf sehr kleine Boote zur Verwendung unmittelbar unter der Küste gelegt, sondern man sah einen mittleren Typ vor, der sowohl in den Binnenmeeren Ostsee und Schwarzes Meer, als auch weiter abgesetzt von den eigenen Küsten im europäischen Nordmeer und vor der pazifischen Küste sowie im Japanischen Meer operieren konnte. Dieser Typ, die *W**-Klasse, dessen Konstruktion im Jahre 1944 begonnen hatte, mußte jedoch nun aufgrund der mit der Kriegsbeute zugänglich gewordenen deutschen Erfahrungen und Entwicklungen (Typ *XXI*) umkonstruiert werden, um ihn zu einem echten Unterseeboot mit konventionellem Antrieb, Schnorchel und hoher Unterwassergeschwindigkeit (15 kn) zu machen. So konnte der Serienbau der über 900 Boote dieser *W**-Klasse und ihrer verbesserten Version, der *R**-Klasse, erst um 1950 anlaufen. Um die Lücke bis dahin zuschließen, gab man inzwischen noch 50 Boote des Typs *M-XV*, der letzten Vorkriegsentwicklung, in Bau, die bis 1952 fertiggestellt wurden.

Für die Binnenmeere Ostsee und Schwarzes Meer hielt man darüber hinaus ein etwas kleineres Boot als Fortsetzung des *ŠČ*-Typs für nötig, bei dem man plante, neben der konventionellen Antriebsanlage auch eine Walter-Anlage als luftsauerstoffunabhängigen Antrieb einzubauen. Die Entwicklung des Prototyps dieser *Q**-Klasse, die auf rund 100 Boote geplant war, zog sich jedoch wegen der Schwierigkeiten mit der Anlage in die Länge, so daß der Serienbau erst 1954 beginnen konnte.

Für Aufklärungszwecke weit von den eigenen Gebieten entfernt, im Atlantik und Pazifik, benötigte man darüber hinaus auch einen großen U-Boot-Typ mit großem Aktionsradius, der nebenbei auch geeignet sein sollte, den Nachschub von Amerika über die Ozeane hinweg anzugreifen. 180 Boote einer *Z**-Klasse und ihres verbesserten Nachfolgemusters, der *F**-Klasse, wurden in dem Plan vorgesehen, der sich somit nach Fertigstellung auf einen Bestand von rund 1200 modernen U-Booten belief.

Auf anglo-amerikanischer Seite wurde der als erstes sichtbar werdende Großserienbau von U-Booten aufgrund der eigenen Kriegserfahrungen naturgemäß dahin interpretiert, daß die Sowjetunion mit diesen U-Booten beabsichtige, das in zwei Weltkriegen von deutscher und im Pazifik von amerikanischer Seite praktizierte Prinzip des Tonnagekrieges gegen die für die westlichen Staaten lebenswichtigen überseeischen Zufuhren aufzunehmen. Die Fragwürdigkeit dieser damaligen Annahmen wird durch die inzwischen bekanntgewordenen Eigenschaften der sowjetischen U-Boote unterstrichen. Die Verdrängung von 1030 ts und eine Reichweite von 13 000 sm für die *W**-Klasse wäre, bei den weiten Anmarschwegen von Murmansk bzw. Vladivostok und Petropavlovsk in die Operationsgebiete, für ein Handelskriegs-U-Boot zu knapp bemessen gewesen. Lag im

* NATO-Typenbezeichnungen sowjetischer Schiffsklassen.

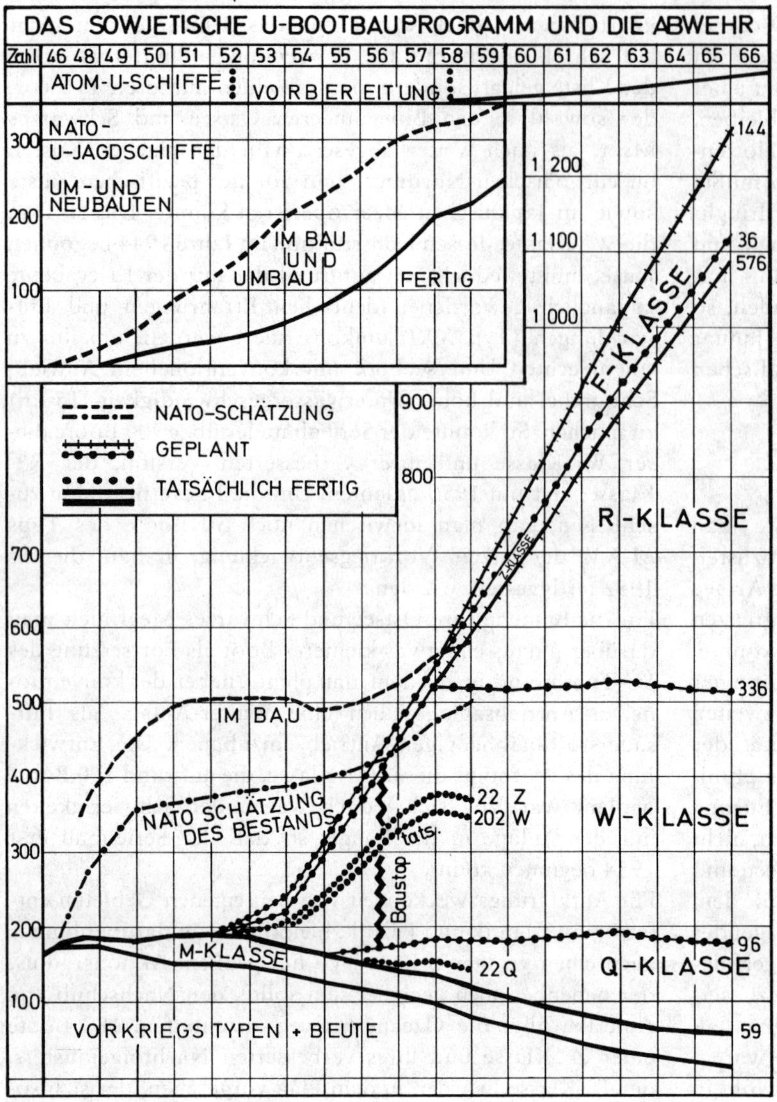

Die geplante Stärke und typenmäßige Zusammensetzung der sowjetischen U-Bootwaffe nach dem »Anti-Amphibik«-Programm bis 1956 im Vergleich zu den tatsächlich erreichten Fertigungszahlen und den Schätzungen der NATO.
Einsatz: Im Neu- bzw. Umbau befindliche und fertige moderne Hochsee-U-Jagdfahrzeuge der NATO-Mächte.

Handelskrieg das primäre Ziel des sowjetischen U-Boot-Baus, hätte man zahlenmäßig das Gewicht zweifellos sehr viel stärker auf die größere Z*-Klasse mit 1950 ts und 20000 sm Reichweite sowie einer stärkeren Torpedoarmierung von 6 Bug- und 4 Heckrohren mit insgesamt 24 Torpedos gelegt.

Wie in der Konzeption der zwanziger Jahre sollte die zweite Verteidigungslinie in einer intensiven Auslegung von Minensperren durch zahlreiche Kampfgruppen mit leichten Fahrzeugen, Zerstörern und Kreuzern bestehen, die diese Sperren dann auch zu decken hatten. Für diese Aufgaben hielt man einen Bestand von etwa 40 Kreuzern und 210 Zerstörern für notwendig. Neben den vorhandenen und den noch fertigzustellenden 11 Kreuzern war deshalb der Neubau von 24 Einheiten der *Sverdlov*-Klasse vorgesehen, einer Weiterentwicklung der *Čapaev*-Klasse, bei der man die eigenen technischen Entwicklungen sowie die durch die Leih- und Pachtlieferungen und die aus der Kriegsbeute gewonnenen Erkenntnisse verwertete. Daran mußte sich der Ersatz der älteren Schiffe und die Vervollständigung des Bestandes durch einen neuen Typ anschließen. Besonders dringlich erschien die Ergänzung des stark zusammengeschmolzenen Zerstörerbestandes, von dem dazu ein Teil der vorläufig weiterverwendeten Schiffe bereits sehr verbraucht war. So wurden in das Programm zunächst 80 Zerstörer der *Skory**-Klasse aufgenommen, die ebenfalls eine Weiterentwicklung des letzten Vorkriegsentwurfes *Ognevoj* unter Berücksichtigung einiger technischer Entwicklungen der Kriegszeit darstellten. Nach Abschluß dieses Programms sollte dann zum Bau von zwei neu entworfenen, größeren Zerstörertypen übergegangen werden, bei denen alle neuen Erkenntnisse zu verwerten waren. Sie sollten voll stabilisierte Waffen und Leitanlagen, modernste elektronische Geräte sowie verbesserte Antriebsanlagen erhalten und die ersten voll geschweißten größeren Schiffe der Sowjetflotte werden. 36 Einheiten des Serientyps *Kotlin** sowie 12 des größeren, als Führerboot anzusehenden Typs *Tallin** waren vorgesehen. Auch hier sollten ab 1958 dann Ersatzbauten für die alten Schiffe anlaufen.

Neben den Aufgaben der Kampfgruppen zur Deckung der Defensivminenfelder und Bekämpfung von durchgebrochenen Landungsverbänden war auch die Verstärkung der für Geleitaufgaben zur Sicherung der eigenen Schiffahrt verwendbaren Einheiten notwendig. Da aus dem Kriege nur wenige kleinere Schiffe, insbesondere die U-Jäger der *Artillerist*-Klasse sowie die fertiggestellten Wachschiffe der *Ptiši*-Klasse übriggeblieben waren, wurden in dem Bauprogramm für diese Typen neue Entwürfe vorgesehen. Bei den Fregatten waren es zunächst 24 Einheiten der *Kola**-Klasse, bei der man durch einen Knickspant und die Verlängerung des Oberdecks bis zum Achterschiff die Seefähigkeit vor allem für die Verwendung in arktischen Gewässern verbesserte. Ihr sollten 60 Einheiten der *Riga**-Klasse in einer etwas weniger aufwendigen Form folgen, bei der man die für das Küstenvorfeld notwendige Seefähigkeit durch eine starke Hochziehung des Bugs wie bei den meisten sowjetischen Neubauten der zweiten Bauphase vorsah. Als Weiterentwicklung der U-Jäger der *Artillerist*-Klasse kamen etwa 150 U-Jäger der *Kronstadt**-Klasse und als Nachfolger nochmals rund 100 Boote der *SO-I**-Klasse in Bau.

Inzwischen hatte sich auch Stalins Einschätzung der Bedeutung der Flotte wieder gewandelt, und im Februar 1950 wurde die Marine erneut unter einem eigenen, selbständigen Marineministerium aus dem Verteidigungsministerium ausgegliedert. Am 20. Juli 1951 berief Stalin erneut Flottenadmiral Kuznecov zum Marineminister, der sogleich daranging, mit gewohnter Energie sowohl die aufgestellten Baupläne zu realisieren, als auch die alten Vorkriegskonzepte des Baus einer Hochseeflotte wieder aufzunehmen. Seine Pläne sahen den Bau von 4 Flugzeugträgern, von Schweren Kreuzern und weiter verbesserten, größeren Zerstörern vor. 1951/52 wurde der Bau der ersten echten Neukonstruktionen aufgenommen. 1957/58 sollte dieser Abschnitt des Wiederaufbaus mit der Fertigstellung von rund 24 Kreuzern, über 120 Zerstörern, 90 Fregatten und über 400 U-Booten abgeschlossen werden, ehe man dann in der Zeit bis 1965 zur dritten Phase, dem Bau modernster Einheiten überging.

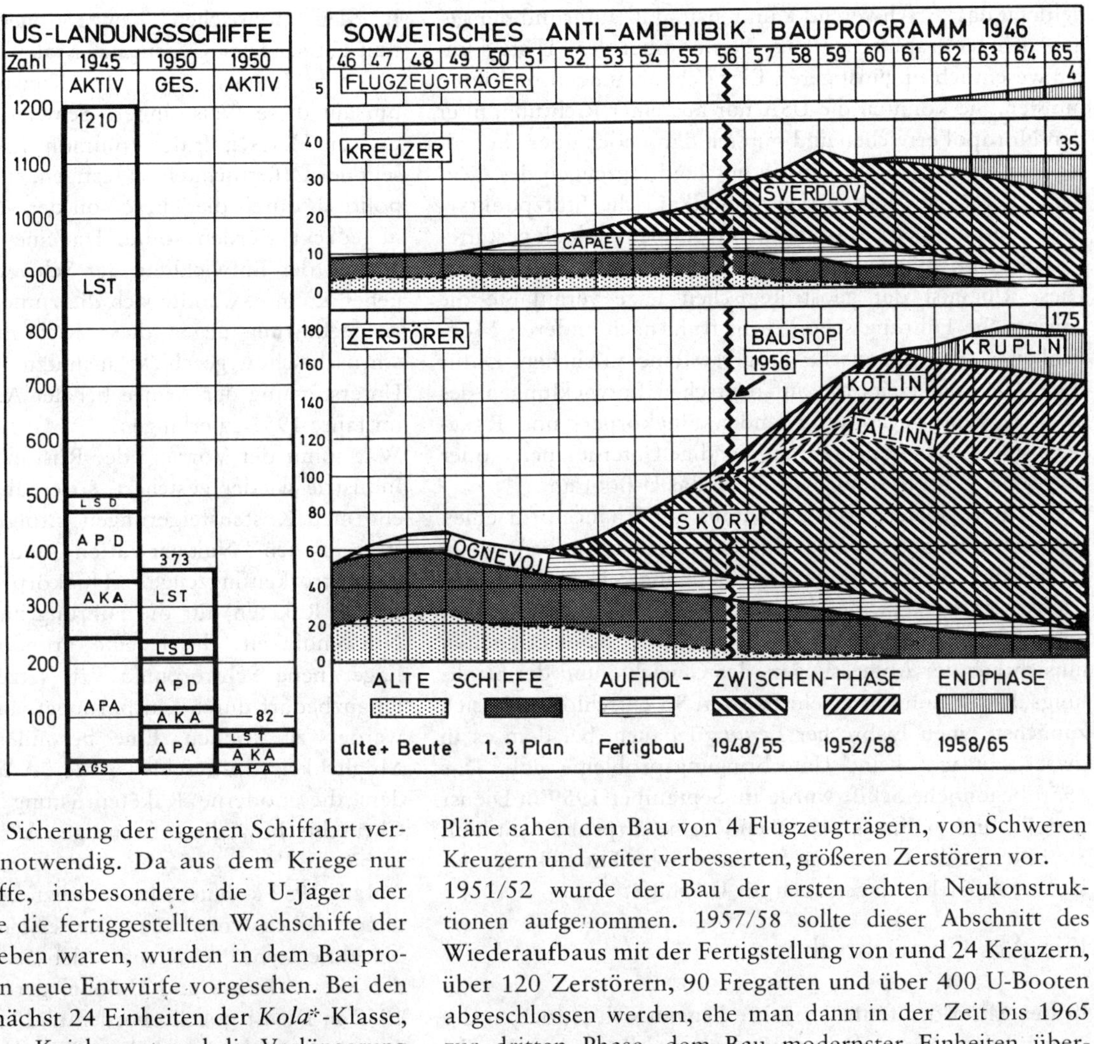

Links: Der Bestand an hochseefähigen Landungsschiffen in der U.S. Navy.

Rechts: Geplante Stärke und Zusammensetzung der hochseefähigen sowjetischen Überwasserflotte im »Anti-Amphibik«-Programm.

Doch nicht nur die Marinerüstung erforderte große finanzielle und materielle Anstrengungen. Ganz besondere Bedeutung maß man in sowjetischer Sicht der Entwicklung von Nuklearwaffen zu, um das amerikanische Monopol zu brechen. Am 26. August 1949 war die Sowjetunion diesem Ziel mit dem ersten Atomwaffenversuch einen großen Schritt näher gekommen. Das nächste große Problem war nun die Entwicklung eines für diese Waffen geeigneten Trägersystems.

Die USA konnten sich dafür auf eine lange Entwicklungsreihe schwerer Bombertypen stützen, die mit der *B-36* interkontinentale Reichweiten zu überbrücken vermochten. Für die Sowjetunion, die die Entwicklung von Langstreckenflugzeugen seit Mitte der dreißiger Jahre vernachlässigt hatte und nun zunächst auf amerikanische »Beute«-Maschinen aus dem zweiten Weltkrieg als Ausgangsbasis zurückgreifen mußte, so die aus der *B-29* abgeleitete *Tu-4-Bull**, stellte der Bau von Fernbombern mit Düsenantrieb und interkontinentalen Reichweiten ein ungeheuer aufwendiges Unternehmen dar. Erschwerend kam hinzu, daß aufgrund der gegebenen geographischen Lage Fernbomber der SU stets unter wesentlich ungünstigeren Einsatzbedingungen operieren mußten. Sie konnten die USA nur aus einer Richtung, über den Nordpol erreichen und mußten dann noch über ein weites Vorfeld fliegen, in dem sie mit Jagdflugzeugen des Gegners zu rechnen hatten. Das amerikanische Stützpunktsystem rund um den eurasiatischen Kontinentalblock gestattete dagegen Anflüge aus fast allen Richtungen.

Diese Ungunst der geostrategischen Lage veranlaßte die sowjetische Führung schon recht früh, nach anderen Möglichkeiten für strategische Trägersysteme zu suchen. Dafür boten sich einerseits die auf deutschen Entwicklungen des zweiten Weltkrieges aufbauenden Flugkörper- und Raketensysteme – ebenfalls sehr aufwendige Unternehmen – oder maritime Trägersysteme, vor allem das U-Boot an.

Das U-Boot schien jedoch ebenfalls nur Chancen für einen unbemerkten Start seiner Nuklearwaffen zu haben, wenn es gelang, einen luftsauerstoffunabhängigen Nuklear-Antrieb zu entwickeln. Bei der etwa 1953 einsetzenden Arbeit an solchen Anlagen ergaben sich jedoch Schwierigkeiten hinsichtlich der Abmessungen, der Gewichte und der Strahlungsabschirmung in einem U-Boot. So entschloß man sich zunächst, einen Eisbrecher *Lenin* zu bauen, bei dem es in dieser Hinsicht keine Unterbringungsprobleme gab. Das 1956 begonnene Schiff wurde im September 1959 in Dienst gestellt und nahm anschließend seine Erprobungen auf. Sie bildeten die Grundlage für die weitere Entwicklung nuklearer Antriebsanlagen auch für U-Schiffe.

Die Ära Chruschtschow

In der Mitte der fünfziger Jahre begann sich jedoch in der sowjetischen Marinebaupolitik ein grundlegender Wandel abzuzeichnen. Er wird in der neueren Literatur meist mit dem Übergang der Macht von Stalin auf Chruschtschow, vor allem aber mit dem Amtsantritt des neuen Oberbefehlshabers der sowjetischen Flotte, Admiral Sergej N. Gorškov, 1956 in Verbindung gebracht. Eine genauere Analyse zeigt, daß dieser Wandel bereits früher einsetzte.

Am 5. März 1953 starb Stalin, der bisher alle Fäden der politischen und militärischen Führung der Sowjetunion in seiner Person vereinigte. Der Tod des allmächtigen Diktators stürzte die Sowjetunion in eine Führungskrise. Nachdem zunächst die »Troika« Malenkov (Ministerpräsident), Chruschtschow (Parteisekretär) und Berija (Geheimdienst) die Führung übernahm, gelang es Chruschtschow noch im Frühjahr 1953, mit Hilfe der Roten Armee unter Führung von Marschall Žukov den Geheimdienstchef Berija auszuschalten. Die damit gewonnene Machtstellung nutzten die Marschälle der Roten Armee u. a. auch dazu aus, die selbständig gewordene Marine wieder in ein völlig unter Führung der Armee stehendes Verteidigungsministerium einund unterzuordnen.

In den politischen Konzeptionen ergab sich jedoch nun ein scharfer Gegensatz. Malenkov wollte das Gewicht auf eine Intensivierung der Konsumgüterindustrie legen, um auf diese Weise innere Schwierigkeiten zu überwinden und die Herrschaft der kommunistischen Partei im Bewußtsein der Öffentlichkeit zu festigen, ein Vorhaben, das außenpolitisch durch die These von der »friedlichen Koexistenz« abgedeckt werden sollte. Da eine solche Politik nur auf Kosten der Entwicklung der Schwerindustrie und Rüstung gehen konnte, wandte sich die zu neuer Macht gekommene Armeeführung gegen diese Richtung, was der Parteichef Chruschtschow geschickt ausnutzte, um auf diese Weise die Unterstützung der Armee bei der Ausschaltung Malenkovs im Jahre 1955 zu erlangen.

War somit der Vorrang der Rüstung gegenüber der zivilen Industrie wieder gesichert, so ergab sich jedoch durch die enormen Kostensteigerungen infolge der Entwicklung der strategischen Nuklearwaffen und ihrer Trägersysteme (Langstreckenflugzeuge, Flugkörpersysteme und ballistische Raketen) für die Führung unter Chruschtschow die Notwendigkeit, durch eine gründliche Überprüfung der Lage neue Schwerpunkte zu setzen, um dem erhöhten Finanzbedarf durch Einsparungen an anderer Stelle gerecht werden zu können. Eine besonders erfolgversprechende Möglichkeit dazu schienen der Armeeführung, aber auch dem die moderne Raketenrüstung besonders fördernden Chruschtschow, die aufwendigen Anstrengungen der Marine zu bieten.

Anfang 1953 konnte Admiral Kuznecov die ersten Ergebnisse seiner Arbeit vorweisen. Die ersten Einheiten der neuen Nachkriegstypen – Kreuzer der *Sverdlov*-Klasse, Zerstörer der *Skory**-Klasse und U-Boote der *W**-Klasse – waren ab 1952 in Dienst gestellt worden und erregten bei ihrem ersten Auftreten in der westlichen Welt beträchtliches Aufsehen. Doch konnte diese Auswirkung nicht darüber hinwegtäuschen, daß die Schiffe und ihre zahlreichen im Bau befindlichen Schwesterschiffe und -boote im Grunde gegen eine nicht mehr existente Gefahr – die amphibische Bedrohung – gebaut worden waren. Die Anglo-Amerikaner hatten das ihnen bei Kriegsende zur Verfügung stehende, außerordentlich große amphibische Potential in den Jahren bis zum Koreakrieg so radikal abgebaut, daß es 1950 nur unter großen Anstrengungen möglich gewesen war, nach drei Monaten wenigstens ein schwaches Korps bei Inchon zu landen. Aber auch während des Korea-Krieges und nach seiner

Liquidierung im Sommer 1953 unternahmen die Westmächte kaum Anstrengungen, dieses Potential in größerem Umfange wieder aufzubauen. Demgegenüber zeichneten sich jedoch sehr deutlich andere von See her drohende Gefahren für die Sowjetunion ab.

Trotz anfänglicher Rückschläge hatte sich die amerikanische Marine nicht damit zufriedengegeben, das atomare Potential der Vereinigten Staaten der US-Luftwaffe allein zu überlassen. Schon 1947/49 hatte die US-Marine von sowjetischer Seite argwöhnisch beobachtete Versuche unternommen, von ihren großen Flugzeugträgern der *Midway*-Klasse zweimotorige Langstreckenflugzeuge vom Typ *Neptune,* starten zu lassen, die in der Lage waren, Atombomben an Bord zu nehmen. Waren diese Versuche zweifellos auch Behelfslösungen, so bot das Ende 1949 zur Auslieferung kommende und seit 1951 auf den Trägern der Atlantikflotte und der im Mittelmeer operierenden 6. Flotte eingesetzte schwere Trägerangriffsflugzeuge *Savage*, das auch wieder an Bord landen konnte, bereits weiterreichende Möglichkeiten. Ende 1952/Anfang 1953 wurden nun einerseits ein neues, düsengetriebenes schweres Trägerangriffsflugzeug *Skywarrior* und andererseits ein aerodynamischer Flugkörper *Regulus* erprobt, die beide als Atomwaffenträger in Frage kamen und von Trägern aus eingesetzt werden konnten. Bei ihrer beträchtlichen Eindringtiefe konnten sie aus dem europäischen Nordmeer und dem östlichen Mittelmeer weite Teile der europäischen Sowjetunion von Flugzeugträgern aus überdecken. Durch ihre nur wenig unter der Schallgrenze liegende Geschwindigkeit stellten sie zudem für die damaligen sowjetischen Jagdflugzeuge nicht unerhebliche Probleme dar. Die Wiederaufnahme des Baus von Flugzeugträgern durch die USA mit der *Forrestal*-Klasse (ab 1950), der Einsatz der amerikanischen Flugzeuträger während des Korea-Krieges und ihre Dislozierung sowohl im Atlantik und Mittelmeer als auch im Fernen Osten zeigte der sowjetischen Führung, daß die amerikanische Marine auf diese Form der Kampfführung einen besonderen Akzent zu legen beabsichtigte.

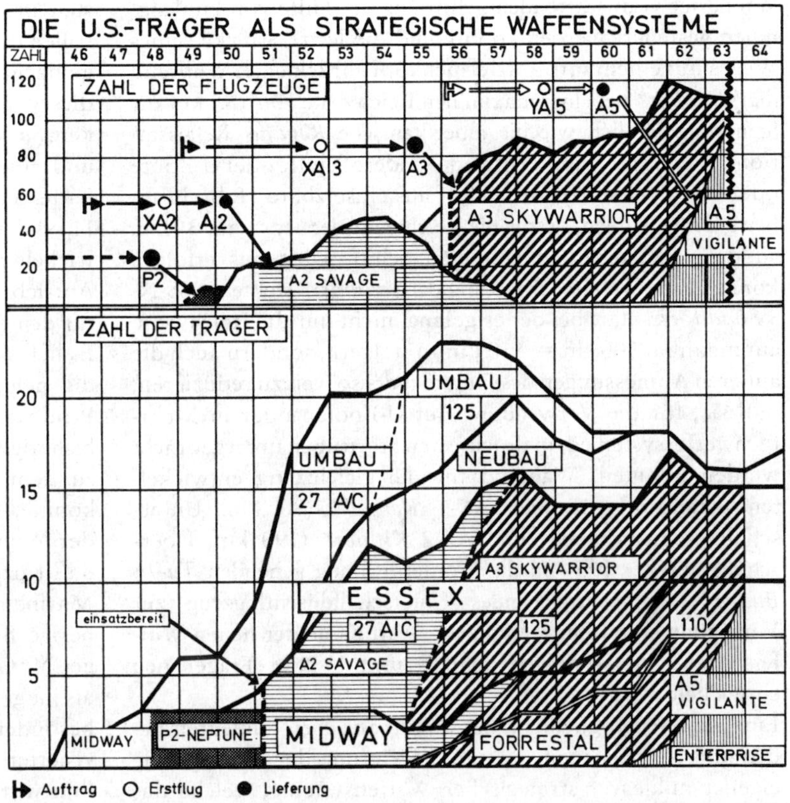

Die zahlenmäßige Stärke und typmäßige Zusammensetzung der für die strategische Luftkriegführung einsatzbereiten Flugzeuge und Flugzeugträger der U.S. Navy.

Gegen diese neue, ganz andersartige Bedrohung konnten die im Bau befindlichen sowjetischen Schiffstypen nur wenig ausrichten. Der von Chruschtschow überlieferte Ausspruch, daß die Marine mit ihrem Bauprogramm ein Eisen- und Stahlfresser sei, und auch seine zahlreichen abfälligen Äußerungen über die im Westen derzeit so viel beachteten Kreuzer sind aus dieser Erkenntnis her zu verstehen.

Die Abwehr der nuklearen strategischen Bedrohung mußte auch für die Marine in den Vordergrund treten. Da bei der überlegenen Kampfkraft der Trägergruppen und ihrer höheren Geschwindigkeit weder mit den im Bau befindlichen Überwasserschiffen, noch mit den dieselgetriebenen U-Booten an sie heranzukommen war und auch die landgestützte Marineluftwaffe kaum hoffen konnte, sich gegen die kampfkräftige Luftsicherung der Trägergruppen durchsetzen zu können, mußte man Wege finden, die eigenen Waffen, vor allem auch nukleare Sprengköpfe, von einem Gebiet außerhalb der unmittelbaren Waffenwirkung der Trägerflotte an diese heranzubringen. Für diese Aufgabe bot sich die Navalisierung der aus dem deutschen aerodynamischen Flugkörper *V-1* in der Weiterentwicklung befindlichen Systeme an, von denen zwei Mitte der fünfziger Jahre in der Sowjetunion in der Entwicklung waren: SS-N-1 *Scrubber** für den Einsatz von Zerstörern und größeren Schiffen sowie SS-N-2 *Styx** für kleinere Überwasserschiffe. Bei beiden handelte es sich um einen strahlgetriebenen Flugkörper mit Starthilfsraketen, der vom startenden Schiff aus mit Hilfe von Funksignalen gesteuert werden konnte und die letzte Strecke seines Weges mit einem Infrarotzielsuchkopf zurücklegte. Während die *Scrubber** bei einer maximalen Reichweite von 185 km zur Steuerung ähnlich wie die amerikanische *Regulus* Relaisstationen benötigte, für die entweder andere Schiffe oder U-Boote oder von dem startenden Schiff aus einsetzbare Hubschrauber in Frage kamen, betrug die Reichweite der *Styx** nur 30 km, so daß die Steuerung von dem Schiff selbst aus erfolgen konnte. Eine Weiterentwicklung der *Scrubber** stellte die SS-N-3 *Shaddock** dar, bei der es gelang, nicht nur die Reichweite auf maximal 300 sm = 550 km zu steigern, sondern auch die äußeren Abmessungen des Flugkörpers so weit zu reduzieren, daß sie, für die Verwendung auf U-Booten oder in Mehrfachwerfersystemen, in druckfesten Starttuben untergebracht werden konnten. Während für die gleichzeitig entwickelten »stand-off«-Bomben AS-1 *Kennel** (90 km, Unterschallgeschwindigkeit) und AS-2 *Kipper** (190 km, Überschall) mit der 1954 in die Fronterprobung gehenden *Tu-16 Badger** ein weitreichendes Unterschalldüsenflugzeug zur Verfügung stand, mußten die zur Aufnahme der neuen Waffensysteme notwendigen Schiffs- und U-Boot-Träger neu entwickelt werden.

Eine weitere Möglichkeit, der amerikanischen nuklearen Bedrohung zu begegnen, war die Forcierung der Entwicklung eigener nuklearer strategischer Waffensysteme, welche das Potential des Gegners neutralisieren konnten.

Aufbauend auf den Erfahrungen mit dem deutschen Staustrahlflugkörper *V-1* und der ballistischen Rakete *A-4* (*V-2*) hatte man in der Sowjetunion schon Ende der vierziger Jahre mit Versuchen begonnen, solche Systeme für die Verwendung von U-Booten zu aptieren. Mit dem aus der *V-1* abgeleiteten Flugkörper *J-1**, der bei Unterschallgeschwindigkeit eine maximale Reichweite von 550 km besaß, sollen bereits 1949 Versuche gemacht worden sein, denen dann 1954 Experimente mit einer transsonischen Version *J-2** folgten. Diese Arbeiten kann man mit den gleichzeitigen amerikanischen Experimenten mit der *Loon* und *Regulus* vergleichen. Parallel dazu griff man auch die deutschen Pläne von 1944 auf, bei denen man aus einer vom U-Boot geschleppten, aufrichtbaren Starttube eine *A-4* Rakete abschießen wollte. Mit wesentlich verbesserten Versionen dieses Systems sollen die Sowjets (unter der Bezeichnung *Golem-I**?) 1953 Versuche gemacht haben, die eine Reichweite von 400 km zum Ziel hatten. 1956 folgten dann als *Golem-II**(?) Verbesserungen mit wesentlich größeren Reichweiten. Alle diese Systeme waren jedoch sehr kompliziert und verlangten vom U-Boot ein langwieriges Startklarmachen über Wasser, das in relativer Nähe zur feindlichen Küste im Bereich der gegnerischen Luftüberwachung erfolgen mußte. Erfolgversprechender schienen deshalb Bemühungen, ballistische Raketen zu navalisieren und auf U-Booten unterzubringen – Gedankengänge wie sie ebenfalls gleichzeitig in den USA verfolgt wurden. Die ersten praktischen Startversuche mit Raketen von U-Booten sollen die Sowjets 1955 mit einer Flüssigkeitsrakete *Scud-A** gemacht haben, die eine Reichweite von 150 km besaß. Aus dieser Versuchsausführung wurde dann die Zweistufen-Rakete *Sark** entwickelt, die bei einem Durchmesser von 180 cm und einer Länge von 10,7 m eine Reichweite von 600 km hatte. Sie wurde 1959 erprobt.

Für diese Rakete mußte jedoch ein geeigneter U-Boottyp entwickelt werden, wobei man als Ziel zweifellos den atomaren Antrieb anstrebte, doch zur Sicherheit parallel dazu auch für den Anfang konventionelle Boote vorsah.

Es ließ sich absehen, daß die Entwicklung dieser für notwendig gehaltenen neuen maritimen Waffensysteme und ihre Produktion in größeren Serien nur möglich war, wenn das bisherige Bauprogramm abgebrochen wurde, ein Einschnitt, zu dem sich Admiral Kuznecov nur schwer entschließen konnte. Das führte zweifellos zu neuen Kontroversen mit der Armeeführung, insbesondere aber Chruschtschow, so daß Kuznecov am 5. Januar 1956 als Oberbefehlshaber der Marine abgelöst wurde. Seine Nachfolge übernahm der bisherige Befehlshaber der Schwarzmeer-Flotte, Admiral Sergej N. Gorškov, der sich während des zweiten Weltkrieges als junger Befehlshaber der Azov- und Donau-Flottillen einen besonderen Namen mit der glücklichen Durchführung improvisierter amphibischer Unternehmungen geschaffen hatte. Ihm wurde die Aufgabe übertragen, die bereits eingeleitete gründliche Umstellung des sowjetischen Bauprogramms durchzuführen.

Der Flottenbau unter Admiral Gorškov

Der in den Jahren 1954 bis 1956 entwickelte neue sowjetische Flottenbauplan sah wiederum die Einführung der neuen Waffensysteme in drei Stufen vor, die sich teilweise etwas überlappten. In einer Improvisationsphase ging man zunächst als erste Stufe daran, auf vorhandenen oder im Bau weit fortgeschrittenen Schiffstypen versuchsweise Anlagen für den Einsatz der neuen Waffensysteme in ihrer ersten Entwicklungsstufe einzubauen, um frühzeitig praktische Erfahrungen sammeln zu können. In der zweiten Stufe, die etwa von 1958 bis 1961 dauerte, wurden dann diese Waffensysteme in bereits entworfene, jedoch noch nicht begonnene Schiffstypen nachträglich eingebaut, so daß eine fortgeschrittene Zwischenlösung entstand. Den Abschluß der Entwicklung bildete dann die in eine vorläufige und eine Endphase geteilte dritte Stufe ab 1962, bei der von Grund auf neu konstruierte Schiffe um die verbesserten Versionen der Waffensysteme herumgebaut werden sollten. Gegenüber den bisher gebauten Schiffen erforderten diese neuen Schiffe einen ungleich höheren technischen Aufwand mit entsprechend wesentlich höheren Kosten für das einzelne Schiff.

Um das neue Bauprogramm durchführen zu können, war es notwendig, das noch auf hohen Touren laufende alte Programm rigoros zu stoppen. Von den vorgesehenen 24 Kreuzern der _Sverdlov_-Klasse waren bis Ende 1956 9 fertiggestellt, 8 weitere waren vom Stapel gelaufen oder standen unmittelbar davor, während 3 sich noch auf denn Hellingen in früheren Baustadien befanden. Zwar sah man zunächst die Fertigstellung der 14 am weitesten fortgeschrittenen Schiffe vor, tatsächlich wurden jedoch nur 11 Einheiten in Dienst gestellt. Von den 80 Zerstörern der _Skory_*-Klasse waren 75 begonnen worden, doch kamen von ihnen nur rund 50 tatsächlich in Dienst. Der Bau der 12 großen Zerstörer der _Tallin_-Klasse mußte nach Fertigstellung nur eines als Versuchsboot verwendeten Schiffes aufgegeben werden, um die Hellinge auf der Nordmeerwerft von Severodvinsk für den Bau großer U-Boote freizumachen. Von den vorgesehenen 36 neuen Zerstörern der _Kotlin_*-Klasse waren etwa 30 begonnen worden und von den von Stapel gelaufenen Einheiten wurden bis 1958 rund 23 fertiggestellt. Von den über 900 geplanten mittleren U-Booten der _W_*-Klasse und ihrer Nachfolgemuster sollen 236 tatsächlich begonnen worden sein, doch wurden nur rund 200 in der ursprünglichen Form, zum Teil auch mit einigen Verbesserungen, fertiggestellt. Der Bau der 36 großen U-Boote der _Z_*-Klasse war schon relativ weit fortgeschritten, da bereits ab 1958 die Ablösung dieses Typs durch die neue _F_*-Klasse beginnen sollte. So waren nur noch etwa 6–7 Boote in der Ausrüstung begriffen. Durch die Schwierigkeiten mit der ursprünglich vorgesehenen Walter-Anlage hatte sich der Bau der Q-Klasse ohnehin um 3 Jahre verzögert und war erst im Jahre 1954 angelaufen. Von den 96 geplanten Booten waren nur etwa 25 begonnen worden und kaum mehr als 15–22 von ihnen wurden tatsächlich fertiggestellt.

Als erste Versuchsträger für das Schiff-Schiff-Flugkörper-System SS-N-1 _Scrubber_* wählte man 4 unfertige Rümpfe von _Kotlin_*-Zerstörern aus. Diese nun als _Kildin_*-Klasse bezeichneten Schiffe erhielten statt ihres 13 cm Mehrzweck-Doppelturmes auf dem Achterdeck einen schwenkbaren Starter sowie ein Magazin für 6 Flugkörper, während auf dem Vorschiff und an den Seiten mittschiffs 4 Vierlingsla-

Tabelle 4

DIE DURCHFÜHRUNG DES „ANTI-AMPHIBIK“-PROGRAMMES

Typ KLASSE	Gesamtplan bis 1958	vermutlich begonnen	fertig bis ca. 1957	verkauft von 1956–1964	Fertigbau Umbau z. FK-Trägern	Bemerkungen
Kreuzer SVERDLOV	24	17	11	1	2	Umbau fertiger Schiffe
Zerstörer SKORY	80	ca. 75	51	13	–	teilw. modernisiert
TALLIN	12	?	1	–	–	wahrsch. früh sistiert
KOTLIN	36	31	23	–	4 SSM/F. 1 SAM/Umb	KILDIN KOTLIN-SAM
U-Boote W	336	236	202	18	12 SSM/F 5 Radar	weit. Spez. Umbauten
Z	36	30?	22	–	6 SSB	
Q	96	ca. 25	ca. 15–22	–	–	Rest gestrichen
Fregatten KOLA	24?	?	8–12	–	–	
RIGA	72?	?	ca. 60	14	–	Nachbau in China

Die Angaben über die tatsächlich fertiggestellten und vorhandenen Einheiten der einzelnen Klassen schwanken in den westlichen Veröffentlichungen. Es sind hier die nach dem gegenwärtigen Stand wahrscheinlichsten Zahlen angeführt.

fetten der neuen 5,7 cm Flak Aufstellung fanden. Eine U-Jagdausrüstung mit 2 U-Jagdtorpedo-Drillingsrohrsätzen auf den Seitendecks sowie zwei zwölfläufigen U-Jagdraketenwerfern auf dem Vorschiff vervollständigten die Ausrüstung dieses ab 1958 zur Erprobung bereitstehenden Typs. Das geplante, konventionell bewaffnete, vergrößerte Nachfolgemuster der *Kotlin**, die *Kruplin**-Klasse, wurde vor der Inbaugabe auf die *Scrubber** umgerüstet und erhielt sowohl auf dem Vor- als auch auf dem Achterschiff je einen schwenkbaren Starter mit einem Magazin für je 8 Flugkörper. Während die sonstige Bewaffnung dem Vorgänger *Kildin** entsprach, stattete man diese neuen *FK*-Zerstörer der *Krupny**-Klasse auf dem Achterdeck mit einem Hubschrauber-Start- und Landeplatz aus. Dieser Hubschrauber war notwendig, um den Flugkörper *Scrubber** außerhalb der Reichweite des startenden Schiffes mit Funksignalen an das Ziel heranführen zu können. Im Juni 1961 erregte das erste fertiggewordene Schiff bei seiner Fahrt aus dem Schwarzen Meer durch das Mittelmeer und den Englischen Kanal in die Ostsee erhebliches Aufsehen. Insgesamt 8 Einheiten dieses Typs wurden bis 1961/3 gebaut. Außerdem rüstete man von 1959 bis 1962 im Schwarzen Meer angeblich auch den *Sverdlov*-Kreuzer *Admiral Nachimov* nach Ausbau der beiden achteren Geschütztürme mit einer *Scrubber**-Anlage aus.

Die *Scrubber** mit ihren aufwendigen und komplizierten Starteinrichtungen und ihren infolge der starren Tragflächen sperrigen Abmessungen konnte für einen Einsatz auf einem U-Boot kaum in Frage kommen. Mit besonderem Nachdruck betrieb man deshalb die Entwicklung eines in seinen Leistungen (Verdoppelung der Reichweite und der Geschwindigkeit), vor allem aber auch in seinen Abmessungen (beiklappbare Tragflächen) verbesserten Flugkörpers SS-N-3 *Shaddock**, der aus einem zylindrischen, etwa 12 m langen Behälter von 2,5 m Durchmesser gestartet werden konnte. Dieser auch als Boden-Boden-Waffe bei den Landstreitkräften und in der Küstenverteidigung vorgesehene Flugkörper sollte als Schiff-Schiff-Waffe sowohl auf den U-Booten der endgültigen Form dieses Programms, als auch auf den größeren Überwasserschiffen zum Einbau kommen.

Da der Einbau dieses Waffensystems auf den U-Booten die größten Probleme aufwarf, begann man hier nach dem üblichen Dreistufenplan, während man bei den Überwasserschiffen glaubte, auf der Grundlage der U-Boot- und der an Land verwendeten Anlagen sofort an den Einbau der endgültigen Systeme an Bord gehen zu können. Noch im Jahre 1956 wurde ein erstes Versuchs-U-Boot aus einem Boot der *W**-Klasse hergerichtet, indem man auf dem Oberdeck hinter dem Turm des U-Bootes einen Startbehälter anbrachte, der um etwa 14 Grad aufgerichtet werden konnte. Die Fertigstellung des Flugkörpers verzögerte sich. So konnten die praktischen Erprobungen nach der Fertigstellung des Bootes 1957 noch nicht sofort beginnen, doch wurden bereits wertvolle Erfahrungen hinsichtlich der Druckfestigkeit des Behälters und der Tiefensteuereigenschaften des U-Bootes gewonnen. Auf dieser Grundlage begann 1958 der Umbau von 5 bis 6 weiteren Booten der *W**-Klasse, denen man nunmehr auf dem Oberdeck hinter dem Turm zwei seitlich angeordnete, aufrichtbare Startbehälter gab. Mit diesen bis 1960 fertiggestellten Booten konnten dann die praktische Erprobung der Behälter und die ersten Versuchsstarts durchgeführt werden. Es zeigte sich, daß die Tiefensteuereigenschaften der U-Boote, wie erwartet, durch die auf dem Oberdeck liegenden Behälter sehr ungünstig beeinflußt wurden. So sah man für die neu geplanten U-Boote die Anordnung der Starttuben für die Flugkörper zwar außerhalb des Druckkörpers, jedoch innerhalb der hydrodynamischen Verkleidung des Oberdecks vor.

Da Mitte der fünfziger Jahre noch nicht klar zu übersehen war, ob die Entwicklung eines atomaren Antriebes für U-Boote zeitgerecht zum Abschluß gebracht werden konnte, sah der neue Bauplan zunächst die Entwicklung eines konventionell und anschließend als 3. Generation ab etwa 1968 die eines atomar angetriebenen U-Bootes für die *Shaddock**-Flugkörper vor. Während die dieselelektrisch angetriebene *J**-Klasse bei 1800 ts Verdrängung und einer Unterwassergeschwindigkeit von 15 kn je zwei aufrichtbare Starter auf dem Vor- und Achterschiff bekam, erhielt die atomar angetriebene *E**-Klasse in ihrer ersten Version bei einer Verdrängung von 4600 ts und einer Unterwassergeschwindigkeit von 20–22 kn ein zusätzliches Starterpaar auf dem Achterschiff. Eine auf 5000 ts vergrößerte Version II erhielt sogar insgesamt 8 *Shaddock**-Starttuben, und stellte die endgültige Version dieses Typs dar. Die erhöhte Gefährdung durch atomgetriebene US-Flugzeugträger veranlaßte die sowjetische Führung dann aber, den Baubeginn der atomgetriebenen *E**-Klasse vorzuziehen und die dadurch bedingte Verzögerung beim Bau strategischer Raketen-Atom-U-Schiffe in Kauf zu nehmen. Offenbar ergaben sich während des 1960 begonnenen Baus der *J**- und *E**-Klassen Verzögerungen, die es der sowjetischen Führung geraten erscheinen ließen, unter Verwendung von erprobten Bauelementen durch den Umbau von etwa 6 U-Booten der *W**-Klasse schnell zu einigen frontverwendungsfähigen *FK*-U-Booten zu kommen, indem man die Bootskörper in der Mitte auseinanderschnitt und durch eine eingesetzte Zentralsektion verlängerte, die zwei in einem Winkel von 14 Grad nach oben voraus fest eingebaute Starter beiderseits des Turms und der Brücke erhielt. Diese von 1961–1963 ausgeführten Umbauten mit ihrem massiven, strömungsgünstig verkleideten Aufbau, konnten jedoch sicher auch nur Behelfslösungen darstellen, da die Stabilität der U-Boote zweifellos sehr nachteilig beeinflußt wurde. 1961/2 kamen jedoch auch die ersten Einheiten der *J**- und *E-I**-Klasse in Dienst und zugleich wurde das Gewicht beim Bau dieser U-Boote auf die *E-II**-Klasse verlegt, von der bis etwa 1967 rund 25 Boote fertiggestellt wurden.

Die seit 1960 mit Intensität durchgeführten Erprobungen des *Shaddock**-Systems machten es möglich, die vom gleichen Jahr ab gebauten Raketenkreuzer der *Kynda**-Klasse

Tabelle 5

DAS „ANTI-TRÄGER"-BAUPROGRAMM

FK-				Improvisations-Phase						Vorläufige Phase					End-Phase	
Typ	Schiffstyp	56	57	58	59	60	61	62	63	64	65	66	67	68	69	Ges.
Seeziel-FK-Schiffe																
SS-N-1	KILDIN	1	2	1	–	–	–	–	–	–	–	–	–	–	–	4
SS-N-1	KRUPNY	–	–	1	3	3	3	–	–	–	–	–	–	–	–	10
SS-N-1	ADM. NACHIMOV	–	–	–	–	–	–	1?	–	–	–	–	–	–	–	1
SS-N-3	KYNDA	–	–	–	–	–	–	3	3	3	3	–	–	–	–	12
SS-N-3	KRESTA	–	–	–	–	–	–	–	–	–	–	3	3	3	3	12
Luftziel-FK-Schiffe																
SA-N-1	DZERŽINSKIJ	–	–	–	–	–	–	1	–	–	–	–	–	–	–	1
SA-N-2	KOTLIN-SAM	–	–	–	–	–	1	–	–	–	–	–	–	–	–	1
SA-N-2	KASHIN	–	–	–	–	–	–	2	2	2	2	2	2	2	2	16
Seeziel-FK-U-Boote																
SS-N-3	W-1-Tube	–	1	–	–	–	–	–	–	–	–	–	–	–	–	1
SS-N-3	W-2-Tube	–	–	1	2	2	–	–	–	–	–	–	–	–	–	5
SS-N-3	W-Long Bin	–	–	–	–	–	2	2	2	größere Zahlen?						
SS-N-3	J	–	–	–	–	–	–	12	12	12	12	12	12	–	–	72
SS-N-?	3. Generation (Atomantrieb)				–	–	–	–	–	–	–	–	–	?	?	?
Torpedo-U-Boote																
	Q	Programm läuft aus					–	–	–	–	–	–	–	–	Ges.:	22
	R	–	–	5	5	5	5	4	–	–	–	–	–	–	–	24
	F	–	–	6	6	6	6	6	6	6	6	–	–	–	–	48
	N (Atomantrieb)		–	2	2	3	3	3	–	–	–	–	–	–	–	13
	2. Generation (Atomantrieb)				–	–	–	–	3	3	3	3	3	–	–	15
	3. Generation (Atomantrieb)				–	–	–	–	–	–	–	–	–	?	?	?
Raketen-U-Boote																
SS-N-4	Z-V	2	2	2	–	–	–	–	–	–	–	–	–	–	–	6
SS-N-4	G-I	–	–	6	6	6	6	6	–	–	–	–	–	–	–	30
SS-N-4	H-I (Atomantrieb)		–	2	3	3	3	3	–	–	–	–	–	–	–	14
SS-N-5	G-II	–	–	–	–	–	–	–	6	6	6	6	6	–	–	30
SS-N-5	H-II	–	–	–	–	–	–	–	3	3	3	3	3	–	–	15
SS-N-?	3. Generation (Atomantrieb)				–	–	–	–	–	–	–	–	–	?	?	?
Seeziel-FK-Schnellboote																
SS-N-2	KOMAR	–	–	–	24?	24?	–	–	–	–	–	–	–	–	–	48
SS-N-2	OSA	–	–	–	–	–	24	24	24	24	24	?	?	?	?	120

Die Tabelle beruht weitgehend auf Berechnungen und Schätzungen von M. MccGwire, die auf Analysen der früheren Programme und der Werftkapazitäten beruhen. Bei dem Fehlen sowjetischer Veröffentlichungen können sie keinen Anspruch auf absolute Richtigkeit erheben, sie dürften aber den z. Z. bestmöglichen Anhalt geben.

mit zwei schwenk- und aufrichtbaren Vierlingsstartern für dieses System auf dem Vor- bzw. Achterschiff auszurüsten. Für die Sowjetunion spielte aufgrund der geographischen Gegebenheiten naturgemäß auch der Einsatz in begrenzten Gewässern wie der Ostsee und dem Schwarzen Meer, aber auch im Küstenvorfeld des Nordmeeres und des Fernen Ostens eine große Rolle, in denen ein Einsatz kleinerer Einheiten als Flugkörperträger zweckmäßiger erschien. Nachdem der taktische Schiff-Schiff-Flugkörper SS-N-2 *Styx** 1959 zur Frontreife entwickelt worden war, ging man im gleichen Jahr daran, Rümpfe des vorhandenen Torpedoschnellboot-Typs *P-6** anstelle der Torpedorohre mit zwei schräg aufwärts starr auf dem Seitendeck eingebauten Starttuben für die *Styx** auszurüsten. 1960/61 kamen 42 Boote dieses Typs in Dienst. Bereits 1960 begann man darüber hinaus mit dem Bau einer wesentlich vergrößerten Version, der *Osa**-Klasse, die über je zwei hintereinander auf den Seitendecks angeordnete Starttuben verfügte. Von 1961 ab kamen rund 110 Boote dieses Typs zur Flotte. In größerem Umfange wurden die Fahrzeuge dieser beiden

Typen auch an die Satellitenmarinen abgegeben.
Großes Aufsehen erregte im Oktober 1967 die Versenkung des israelischen Zerstörers *Elath* durch einen *Styx**-Flugkörper, der von einem der an Ägypten abgegebenen Boote gestartet worden war.
Der Einsatz der mit einer »stand-off«-capability ausgerüsteten Flugkörpersysteme von Flugzeugen, U-Booten und Schiffen aus gegen die feindlichen Flugzeugträgergruppen sollte nach folgendem Schema vor sich gehen. Zunächst hatten die aus den seit 1955 im Einsatz stehenden strategischen Bombern *Tu 95 Bear** und *MyA-4 Bison** abgeleiteten Seefernaufklärer an den anmarschierenden Trägergruppen Fühlung zu gewinnen und zu halten. In einer »Drei-Wellen-Taktik« waren dann die Kampfkräfte einzusetzen, zunächst bis zu einer Reichweite von rund 3600 sm die Düsenbomber *Tu 16 Badger** mit ihren zwei *AS-1 Kennel**- oder einer *AS-2 Kipper**, von denen letztere Überschallversion ab 1961 zur Verfügung stand. Eine zweite Welle bildeten die mit Flugkörpern ausgerüsteten U-Boote, von denen die atomgetriebenen Einheiten auch in größerer Entfernung, evtl. vor den gegnerischen Stützpunkten, eingesetzt werden sollten. Die vorhandenen konventionellen U-Boote bildeten mit ihrer Torpedobewaffnung in tiefgestaffelten Aufstellungen eine zusätzliche Komponente. Die dritte Welle schließlich stellten die mit Flugkörpersystemen ausgerüsteten Überwasserschiffe, deren Einsatz jedoch vor allem im Gebiet eigener landgestützter Luftsicherung durch Düsenjäger erfolgen sollte. Dabei konnte man zunächst davon ausgehen, daß die Trägergruppen bei der begrenzten Reichweite ihrer Flugzeuge recht weit in das tiefgestaffelte »Drei-Wellen-Verteidigungssystem« eindringen mußten.
Die in der zweiten Hälfte der fünfziger Jahre stark fortschreitende Steigerung der Reichweiten und Eindringtiefen der amerikanischen Trägerflugzeuge brachte nun jedoch die Gefahr für die sowjetische Seite mit sich, daß die Trägerflugzeuge für ihre strategischen Nuklearangriffe so weit von der sowjetischen Küste abgesetzt starten konnten, daß die flugkörpertragenden Überwasserschiffe ihre Flugkörper nicht mehr aus dem Bereich eigener Luftsicherung einsetzen konnten. Sollten diese Schiffe nicht für die ihnen zugedachte Aufgabe unbrauchbar werden, mußten sie in die Lage versetzt werden, sich auch außerhalb der landgestützten Luftsicherung gegen Angriffe von Trägerflugzeugen mit einiger Aussicht auf Erfolg verteidigen zu können. Die Möglichkeit dazu eröffnete sich mit dem Frontreifwerden von Boden-Luft-Raketensystemen, die, zunächst für die landgebundene Luftverteidigung entwickelt, im Laufe der fünfziger Jahre auch in navalisierten Versionen zur Verfügung standen. Das erste System war die *SA-N-1 Guideline**, das in den Jahren 1958/59 frontreif wurde. Es war jedoch mit seinen 25 sm Reichweite ein recht schweres und großes Gerät, so daß sein Einbau nur auf großen Schiffen in Frage kommen konnte. Von 1961–1962 wurde im Schwarzen Meer der Kreuzer *Dzeržinskij* anstelle des achteren überhöhten 15 cm Turmes mit einem Zwillingsstarter für dieses System ausgerüstet. Für die neuen im Bau befindlichen »Raketenkreuzer« von 4000–7000 ts war dieses Gerät jedoch zu groß, so daß eine kleinere Version *SA-N-2 Goa** mit etwa 15 sm Reichweite entwickelt wurde, die 1961/62 fertiggestellt war. Um mit diesem System sogleich Erprobungen vornehmen zu können, wurde 1961 zunächst einer der nicht fertiggestellten *Kotlin**-Rümpfe auf dem Achterschiff mit einem Zwillingsstarter und FK-Magazinen ausgerüstet. Außerdem erhielten die im Bau befindlichen Schiffe der *Kynda**-Klasse, neben ihren beiden stabilisierten 7,6 cm Flakdoppeltürmen auf dem Achterschiff, auf der Back gleichfalls einen *Goa**-Zwillingsstarter. Um die Luftabwehrkapazität der abgesetzt von der eigenen Küste operierenden größeren Schiffe zu erhöhen, wurde jedoch gleichzeitig ein weiterer FK-Zerstörertyp entwickelt, die *Kashin**-Klasse, die auf dem Vor- und Achterschiff je einen Zwillingsstarter *Goa** und einen stabilisierten 7,6 cm Flak-Doppelturm erhielt. Das hervorstechendste Merkmal dieses Schiffes war die erstmalige Verwendung des Gasturbinenantriebes für größere Schiffe in der sowjetischen Marine. Von 1962–1969 traten insgesamt 19–20 Einheiten dieses Typs zur Flotte.

Die Entwicklung der strategischen Waffensysteme

Während die sowjetische Marine noch dabei war, Waffensysteme gegen die strategische Bedrohung durch die amerikanischen Flugzeugträgergruppen zu entwickeln, hatten sich auf dem Gebiet der strategischen Waffen seit 1956/57 grundlegende Wandlungen vollzogen. Bis zu dieser Zeit hatten die Vereinigten Staaten einen erheblichen Vorsprung in der Technologie der Nuklear- und Thermonuklearwaffen. Sie besaßen auch wesentlich größere Zahlen einsatzbereiter Waffen als die Sowjetunion und konnten diese mit einer wesentlich größeren Zahl technisch ausgereifter Flugzeugtypen in jedes gewünschte Ziel in der Sowjetunion bringen. Stützte sich die nukleare Kapazität zunächst auf den seit 1948 einsatzbereiten Interkontinentalbomber *B-36*, so war dieses zwar leistungsfähige, jedoch gegenüber den neu eingeführten sowjetischen Düsenabfangjägern zu langsame Flugzeug ab 1952/53 durch den mittleren Düsenbomber *B-47* ersetzt worden. Von Basen in England, Spanien und Marokko konnte dieses Flugzeug mit Luftauftankung ebenfalls jedes gewünschte Ziel mit nahezu Schallgeschwindigkeit erreichen. Die ältere *B-36* wurde ab Mitte der 50er Jahre durch den Interkontinental-Düsenbomber *B-52* ersetzt. Die Sowjetunion hatte klar erkannt, daß sie zwar den technischen Vorsprung der USA langsam aufholen konnte, wie ihre Mitte der 50er Jahre fertigwerdenden Mittelstrecken-Düsenbomber *Badger** und die Langstreckenflugzeuge *Bison** und *Bear** zeigten. Sie konnte jedoch nicht den geographischen Nachteil ändern, der darin bestand, daß der Anflug gegen die Vereinigten Staaten nur aus einer

Richtung über den Pol erfolgen konnte, so daß eine Konzentration der amerikanischen Abwehr über ein weites Vorfeld möglich blieb. Vor allem aber reichte die Kapazität der sowjetischen Flugzeugindustrie, die schon durch den zur Abwehr der amerikanischen Interkontinentalbomber notwendigen Bau der Abfangjäger stark beansprucht war, nicht aus, gleichzeitig noch ein großes Bomber-Programm durchzuführen. Der technischen Neuerungen gegenüber sehr aufgeschlossene Chruschtschow, dem die auf allen Gebieten rasant steigenden Rüstungslasten große Probleme aufgaben, verlagerte in dieser Situation das Schwergewicht der Rüstung einseitig auf die Entwicklung von land- und U-Bootgestützten Raketen und Flugkörpern, mit denen er alle Probleme mit einem – wie er meinte – genialen Streich zu meistern hoffte. Diese, von den Marschällen und Generalen der Armee für gefährlich gehaltene Einseitigkeit brachte ihn in der Folge in zunehmende Konflikte mit der militärischen Führung und trug schließlich wesentlich zu seinem Sturz bei.

Zunächst setzte Chruschtschow sich jedoch mit seiner Konzeption durch. Die Phase des Bombers als Trägersystem für Nuklearwaffen wurde übersprungen und sofort zur forcierten Entwicklung von ballistischen Mittelstrecken- und Interkontinental-Raketen übergegangen. Die Voraussetzungen dafür schienen günstig: Neben drei taktischen Systemen war schon seit 1954 die aus der deutschen *V-2* abgeleitete Mittelstrecken-Rakete *SS-2/Scunner** mit einer Reichweite von 800 km frontreif, der bald eine verbesserte Version *Sibling** mit etwa 1000 km Reichweite folgte. Die dritte Version SS-3/*Shyster** mit etwa 1200 km Reichweite stand in erfolgversprechender Erprobung und sollte 1957 fertig werden. Daneben wurden die aus einer zunächst als *T-1** bezeichneten Typenreihe entstandenen Zwischenstrecken-Raketen *SS-5** mit Reichweiten von über 2000 km erprobt und erste Interkontinental-Raketen entwickelt.

Um diese Verlagerung des Schwergewichtes auf die Raketen gegenüber dem Westen zu verschleiern, wurden bei den Flugtagen von Tušino 1954/55 aus der Vorführung der ersten Prototypen der neuen Fernbombertypen *Badger**, *Bison** und *Bear** demonstrative Shows inszeniert, die den anwesenden westlichen Militärattachés und der Weltöffentlichkeit

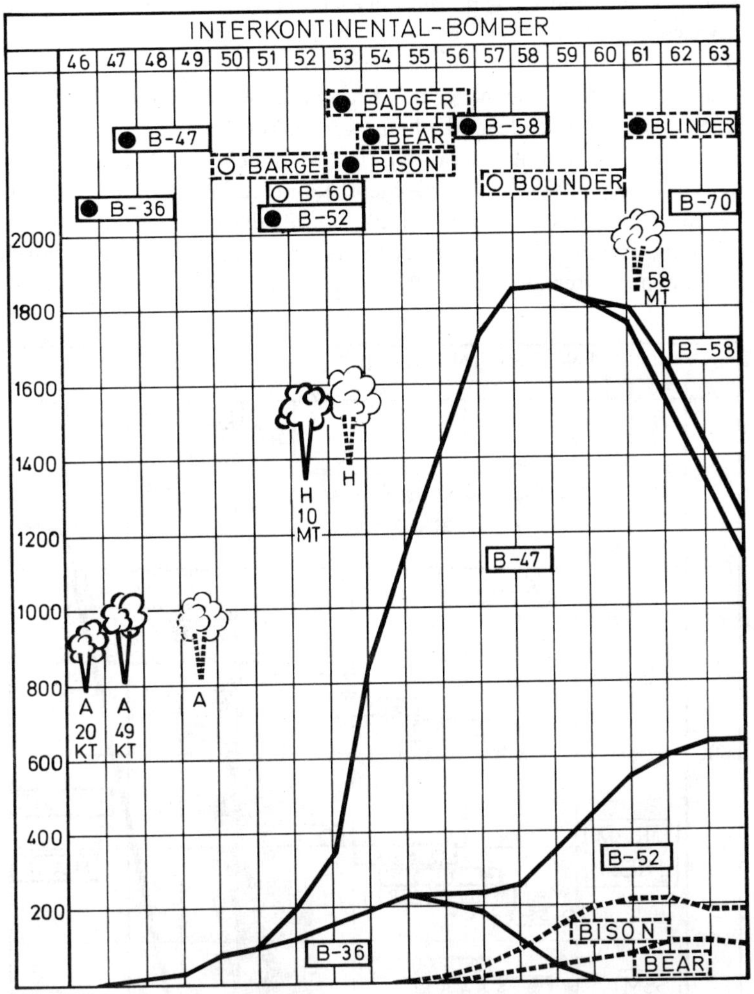

Die Entwicklungszeiten der für interkontinentale Einsätze verwendbaren amerikanischen und sowjetischen Bombertypen und die zahlen- und typmäßige Zusammensetzung der Interkontinental-Bomberflotten.

eine bereits weit fortgeschrittene sowjetische Bomberrüstung vorgaukeln sollten. Als man im Westen daraufhin von einer »Bomberlücke« zu sprechen begann, setzte man diese Taktik von sowjetischer Seite fort, indem man z.B. noch 1959 den Prototyp des Interkontinental-Überschallbombers *103-M/Bounder**, dessen Entwicklung längst abgebrochen war, noch publizistisch groß herausgestellte Rekordflüge unternehmen ließ.

Aber nicht nur auf dem Gebiet der Bomber suchte Chruschtschow zu bluffen. Ehe die Entwicklung der Mittel- und Zwischenstrecken- und gar der Interkontinental-Raketen abgeschlossen und sie in ausreichender Zahl den Einsatzverbänden zugeteilt waren, griff Chruschtschow im Oktober 1956 mit seiner Raketendrohung gegenüber England und Frankreich in den Suez-Konflikt ein. Der scheinbare Erfolg dieser für den Westen überraschend kommenden Drohung bestärkte ihn in seiner Bluff-Taktik, mit für die Sowjetunion verhängnisvollen Folgen. Nach den ersten erfolgreichen Versuchen mit Interkontinental-Raketen im Juli/August 1957, die von Abschußbasen in der südlichen Sowjetunion über 10000 km bis in den Pazifik flogen, startete man am 4. Oktober 1957 den ersten Erdsatelliten *Sputnik* mit einer für diesen Zweck aptierten Interkontinentalrakete. Seine »Piep«-Signale lösten in den USA einen tiefen Schock aus, der sich mit dem Start des wesentlich schwereren *Sputnik-2* mit seiner Hündin »Laika« an Bord noch vertiefte. Der über diesen Erfolg triumphierende Chruschtschow sah sich erneut bestätigt. Der sich dieser Bluff-Strategie widersetzende Verteidigungsminister, Marschall Žukov, mußte am 26. Oktober 1957 gehen.

Durch die Forcierung von weiteren »Ersterfolgen« im Weltraum – 1959 mit *Lunik* der erste Schuß zum Mond, 1961 mit Jurij Gagarin in der *Vostok*-Kapsel der erste bemannte Raumflug – entstand, angeheizt durch die geschickte publizistische Ausschlachtung der Erfolge, der Eindruck einer »Raketenlücke« im Westen und eines gewaltigen technologischen Vorsprunges der Sowjetunion.

Chruschtschow veranlaßten diese Erfolge zu einer weiteren

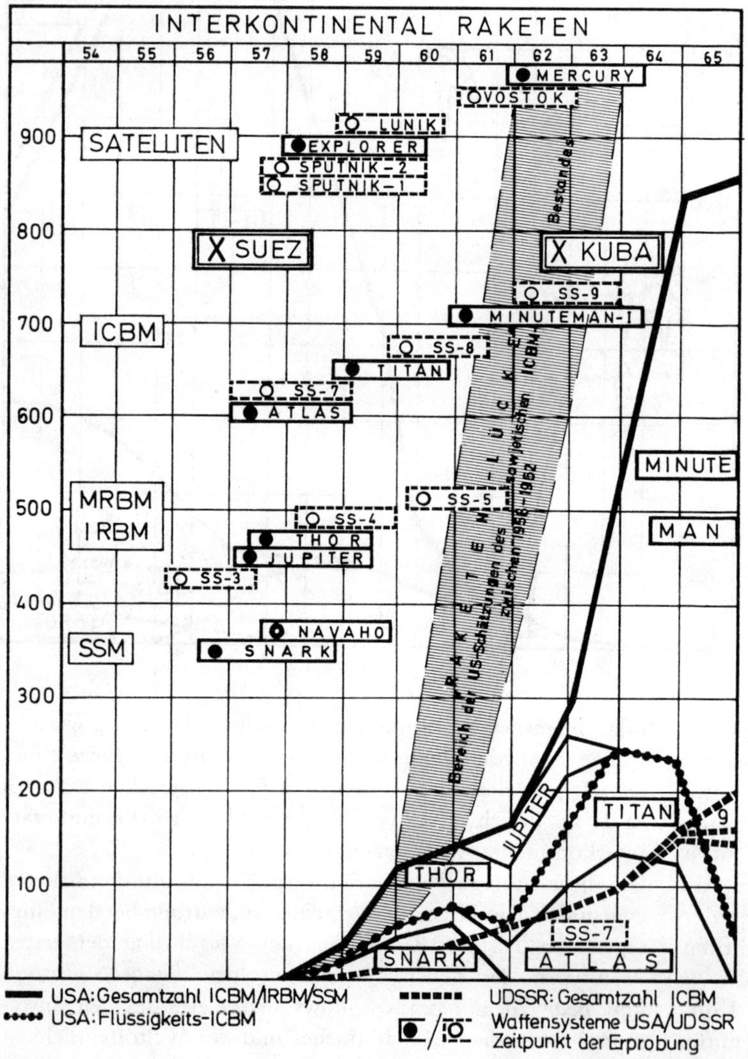

Die Entwicklungszeiten der amerikanischen und sowjetischen strategischen Flugkörper- und Raketensysteme, die tatsächliche zahlen- und typmäßige Zusammensetzung der einsatzfähigen Systeme und die falschen Schätzungen des sowjetischen Bestandes zwischen 1956 und 1962 (»Raketen-Lücke«).

Forcierung dieser Entwicklung. Einerseits faßte er 1960 die strategischen Raketenstreitkräfte in einer neben den bisherigen Teilstreitkräften stehenden selbständigen Teilstreitkraft zusammen. Obgleich die Marschälle, die die Schwäche der tatsächlich vorhandenen Kräfte kannten, davor warnten, sich allein auf die abschreckende Wirkung dieser »Strategischen Raketentruppen« zu verlassen, verfügte Chruschtschow eine drastische Kürzung des Personalbestandes der Armee. Der Oberbefehlshaber der Warschauer Paktstreitkräfte, Marschall Konev, und der Generalstabschef, Marschall Sokolovskij, wurden abgelöst, als sie sich dagegen wandten.

Mit der an anderer Stelle geschilderten Kuba-Krise erreichte diese Entwicklung 1962 ihren Höhepunkt: Chruschtschows Bluff- und Drohpolitik scheiterte.

In den Vereinigten Staaten, wo man nach dem Kriege ebenfalls mit erbeuteten deutschen *V-2*-Raketen experimentierte, war die Raketenentwicklung zunächst nur sehr zögernd betrieben und durch die Rivalitäten der drei Teilstreitkräfte behindert worden. Erst die Nachrichten über die Erfolge der Sowjets in der Raketenentwicklung führten 1955 zu einer Forcierung des Raketenbaus. Sowohl die Luftwaffe als auch die Armee gaben die Entwicklung von Mittelstrecken- und Interkontinentalraketen in Auftrag. Aus der für taktische Zwecke aus der deutschen *V-2* von Wernher v. Braun entwickelten *Redstone*-Rakete wurde die *Jupiter* als Zwischenstreckenrakete mit einer Reichweite von etwa 2400 km entwickelt. Im Sommer 1957 absolvierte sie ihre Teststarts. Parallel dazu schuf die Luftwaffe ihre *Thor*-Rakete, die bei etwa gleichen Leistungen im Herbst 1957 erprobt wurde. Ab 1958 wurden 4 Staffeln mit je 15 *Thor*-Raketen nach England sowie 2 Staffeln mit je 15 *Jupiter*-Raketen nach Italien, eine weitere nach der Türkei verlegt. 1957 begann die Erprobung der ersten Interkontinentalrakete *Atlas*, die bei einer Reichweite von rund 10000 km ab Herbst 1959 frontreif wurde.

Am 20. Mai 1960 wurde eine *Atlas*-Rakete in Cape Canaveral in Florida gestartet, deren Gefechtskopf weniger als eine Stunde später ein vorherbestimmtes Ziel im Indischen Ozean, 1000 Meilen südostwärts des Kaps der guten Hoffnung, traf. Dieser 14500 km-Flug übertraf die weiteste Raketenflugentfernung, welche die Russen für sich in Anspruch nahmen, um ca. 2600 km. Die neue *Atlas*-Rakete konnte von den USA aus jeden Punkt in der Sowjetunion erreichen. Die verbesserte *Titan*-Interkontinental-Rakete folgte in ihrer Erprobung und Indienststellung von 1959-1961.

Bei der Überlegenheit der amerikanischen industriellen Kapazität schmolz die sowjetische »Raketen-Überlegenheit« schnell dahin, als die Amerikaner erst an die Serienproduktion ihrer Interkontinental-Raketen herangingen. Unter dem Gesichtspunkt, möglichst schnell zu einem Raketensystem zu kommen, mit dem man billiger die USA erreichen konnte, gewannen deshalb nun die schon seit 1949 bzw. 1953 laufenden Versuche, strategische, nukleare Waffensysteme für die Verwendung von U-Booten zu entwickeln, eine erhöhte Bedeutung in der sowjetischen Planung. Auch ihre Einführung sollte in drei Stufen vorsichgehen. Schon 1955 hatte man mit der Versuchsrakete *Scud-A** Experimente über maximal 150 km gemacht. Um möglichst früh Erfahrungen mit der ersten echten ballistischen Mittelstreckenrakete *SS-N-4 Sark** sammeln zu können, griff man ab 1956 auf die letzten der im Bau befindlichen, großen konventionellen U-Boote der Z*-Klasse zurück, die bei ihrem Umbau einen wesentlich vergrößerten Turm erhielten, in dem achtern zwei senkrecht stehende Starttuben untergebracht waren. 1958/59 wurden die ersten 6–7 Boote fertig, so daß mit der Erprobung der Rakete, die nur im aufgetauchten Zustand gestartet werden konnte, 1959 begonnen wurde.

In der Zwischenstufe mußte man, da die Realisierung des atomaren Antriebs für U-Boote noch nicht endgültig abzusehen war, zwei Parallelentwicklungen für ein konventionelles und ein atomar getriebenes U-Boot anlaufen lassen. Die konventionelle Version der *G**-Klasse, deren Bau 1958 begann, sollte eine Unterwassergeschwindigkeit von 17 kn bei einer Reichweite von 22700 sm erhalten, während die nuklear angetriebene *H**-Klasse eine Unterwassergeschwindigkeit von maximal rund 25 kn erhielt. Beide waren in dem verlängerten, großen Turm mit je 3 senkrechten Starttuben für die *Sark** ausgerüstet. Ursprünglich hatte man vorgesehen, einer in fünf Jahren zu bauenden Serie von rund 30 *G**- und halb so vielen *H**-Booten ab 1962 eine weitere Serie gleicher Zahl mit einer neuen Raketen-Generation, der *SS-N-5/Serb** folgen zu lassen. Mit ihr sollte neben einer erheblichen Reichweitensteigerung vor allem der für ein wirksames System unerläßliche Unterwasserabschuß realisiert werden. Doch mußten diese Pläne bald geändert werden. Einerseits verzögerte sich die Fertigstellung der ersten Serien, die *G**-Klasse kam erst ab 1960 zur Front, die Fertigstellung der *H*-Klasse verzögerte sich gar bis etwa 1963. Zudem machte die erhöhte Gefährdung durch atomar getriebene amerikanische Flugzeugträger mit Überschallflugzeugen die Bereitstellung atomgetriebener Flugkörper-U-Schiffe zu deren Bekämpfung nötig, so daß man die für die zweite Generation sowjetischer Atom-U-Schiffe vorgesehenen Antriebsanlagen statt für Raketen- oder Jagd-U-Schiffe einer verbesserten *H**- oder *N**-Klasse für die Flugkörper-U-Schiffe der *E**-Klasse verwendete. Die Lücke im Bau von Raketen-U-Schiffen nutzte man zur Umrüstung der inzwischen gebauten Einheiten der *H**-Klasse auf die *Serb**-Raketen aus, an die sich ab 1967 auch die Umrüstung der konventionellen *G**-Klasse anschloß.

So gewann die US-Navy, die ab 1959 das Gewicht ihres Atom-U-Schiffbaues auf »Fleet Ballistic Missile Submarines« legte, einen gewaltigen Vorsprung.

1957 war den amerikanischen Technikern die Lösung des Problems des Feststoffantriebes für Großraketen gelungen. Bei den Feststoffraketen entfiel beim Startklarmachen die umständliche und bei U-Boot-Raketen recht risikoreiche Betankung mit den hochexplosiven flüssigen Treibstoffen.

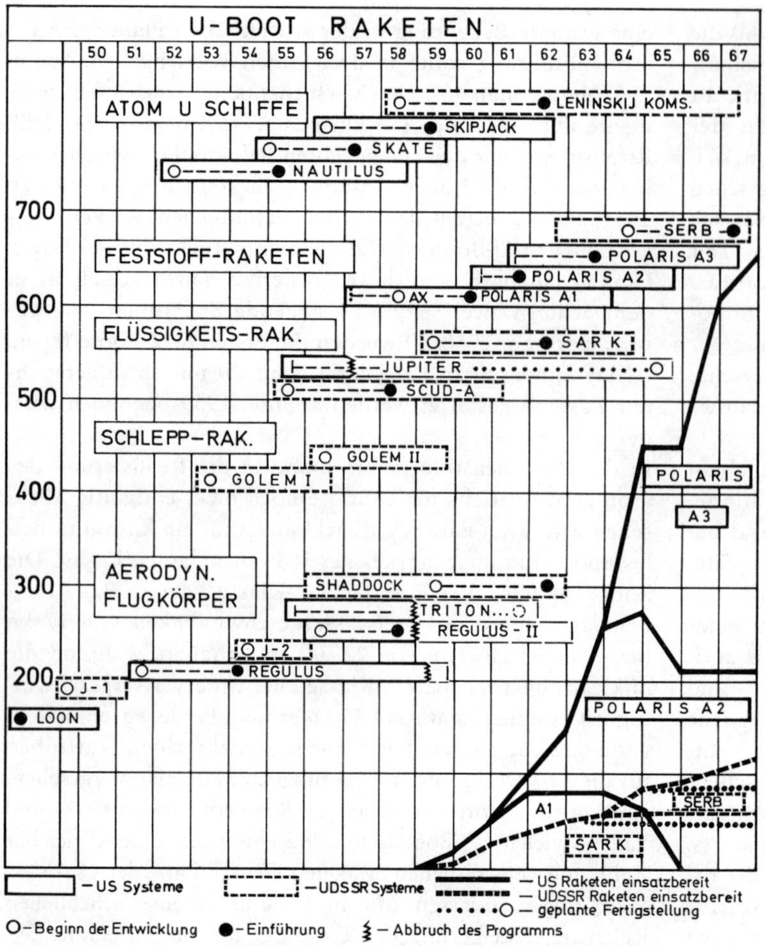

Die Entwicklungszeiten der Atom-U-Schiff-Prototypen sowie der U-Boot-gestützten strategischen Flugkörper- und Raketensysteme mit dem tatsächlichen einsatzfähigen Bestand an U-Boot-Raketen.

Damit wurde die Unterbringung von Interkontinental-Raketen in verbunkerten Startrampen wesentlich erleichtert, die Abmessungen der Raketen konnten reduziert werden, und die Raketen besaßen eine wesentlich verkürzte Startbereitschaft. Die Luftwaffe ging deshalb 1958 von den Flüssigkeits-Raketen *Atlas* und *Titan* auf die Entwicklung der Feststoff-Rakete *Minuteman* über. Bei den ersten Versuchsstarts 1961 erreichte sie bereits 6900 km. Bald übertraf die Schußweite die 10000 km Grenze. Ab Mitte 1962 traten die ersten fertigen *Minuteman* in verbunkerten Stellungen zum »Strategic Air Command«.

Noch gravierender war jedoch diese Entwicklung für die Marine. Schon 1957 entschloß sich die US-Navy, sowohl das einsatzbereit entwickelte System *Regulus* als auch das Projekt *Jupiter-N* zugunsten des neuen *Polaris*-Systems aufzugeben. Nach den 1952/53 durchgeführten Versuchen mit dem Unterschall-Flugkörper *Regulus-I* an Bord konventioneller U-Boote hatte man 1956 mit der Erprobung der Überschall-Version *Regulus-II* auf neuen U-Booten begonnen. Die ersten vier Atom-U-Schiffe der *Halibut*-Klasse für dieses System waren im Bau oder in Auftrag gegeben. Das fertige Gerät wurde jetzt nur noch als Übergangslösung aufgebraucht, die weitere Arbeit jedoch abgebrochen, ebenso wie das den sowjetischen Raketen-U-Schiffen ähnelnde Atom-U-Schiffsprojekt für die navalisierte Flüssigkeits-Rakete der Armee *Jupiter*, das 1965 einsatzbereit werden sollte. In einer enormen technologischen Anstrengung gelang es der amerikanischen Marine und Industrie, nicht nur das Atom-U-Schiff bis Ende 1959 fertigzustellen, sondern auch die Erprobung der Feststoff-Rakete *Polaris* im Sommer 1960 zum Abschluß zu bringen. Tatsächlich lief die *George Washington* Ende Dezember 1960 zu ihrer ersten Einsatzfahrt aus.

Eine neue Abwehr-Strategie

1956 hatte die Sowjetunion ihre Seestrategie und ihr Schiffbauprogramm zum ersten Mal nach dem zweiten Weltkrieg völlig veränderten Bedingungen anpassen müssen. 1961/62 kamen die als Antwort auf die strategische Bedrohung durch die amerikanischen Flugzeugträgergruppen gedachten neuen Waffensysteme an die Front. Wieder stand die sowjetische Führung nun vor dem Problem, daß sich der aufwendigste Teil der Flottenrüstungen gegen eine in der ursprünglich angenommenen Form nicht mehr existente Gefahr richtete. Die Gewichte der strategischen Bedrohung der Sowjetunion von See her hatten sich mit der Fertigstellung des amerikanischen *Polaris*-Waffensystems entscheidend verschoben. Hatten die amerikanischen Trägerflotten mit ihren Atombombern im Rahmen des amerikanischen Konzepts der »massiven Vergeltung« nur eine gegenüber dem »Strategic Air Command« bescheidenere Rolle gespielt, so verlagerte sich nun das Gewicht des Abschreckungspotentials der USA in viel größerem Maße auf die Marine mit ihren *Polaris*-Atom-U-Schiffen. Sie bildeten im Rahmen der Konzeption der »abgestuften Abschreckung« einen wesentlichen Teil des nuklearen Schirms, während die aus dieser Rolle herausgelösten Träger im Rahmen der »Schwertstreitkräfte« besonders machtvolle und bewegliche Elemente auf der taktisch-operativen Ebene wurden, wobei das von ihnen aus einzusetzende Spektrum der Waffen von den konventionellen bis zu nuklearen Sprengkörpern reichte.

Für die sowjetische Marine war diese Entwicklung sehr bedrohlich, denn mit den bisher gebauten Schiffen konnte man der neuen Gefahr kaum begegnen. Die U-Boot-Abwehr hatte bis dahin für die sowjetische Marine eine geringe Bedeutung gehabt. Bei der kontinentalen Struktur des sowjetischen Machtblockes spielte der Seeverkehr nur eine untergeordnete Rolle im logistischen System. Ein U-Boot-Krieg gegen die Sowjetunion und ihren Seeverkehr konnte keine entscheidenden Wirkungen haben. Jetzt war hier ein besonders großer technischer Rückstand aufzuholen, was u. a. in dem krampfhaften Bemühen dieser Jahre abzulesen ist, wenigstens in der Literatur »nachzuweisen«, daß die sowjetische U-Boot-Jagd schon seit jeher »führend« war und auch während des zweiten Weltkrieges z.B. im Nordmeer Leistungen vollbrachte, die denen der Angloamerikaner durchaus ebenbürtig waren.

In den westlichen Marinen gehörten weiterreichende U-Jagd-Waffen, so die Wasserbombenmörser mit Pulverkartuschen wie die englische *Squid* (1944) oder *Limbo* (1955), die italienische *Menon* (1956) mit Reichweiten bis zu 1500 m, U-Abwehrraketenwerfer wie die amerikanische *Weapon Alpha* (1949) oder die vierläufigen *Bofors*-Werfer (1955 und 1957) mit Reichweiten bis zu 2200 m sowie zielsuchende U-Jagd-Torpedos amerikanischer, britischer oder französischer Bauart Ende der fünfziger Jahre zur Standardausrüstung aller für die U-Jagd in Frage kommenden Schiffe. Für den Einsatz von Flugzeugen standen gleichfalls zielsuchende Torpedos wie die amerikanische *Petrel* zur Verfügung. Dagegen hatte sich die sowjetische Marine lange Zeit auf die klassischen Wasserbomben und Wasserbombenwerfer verlassen. Ab 1955 wurde der Einbau von Wasserbombenmörsern auf den Zerstörern der *Kotlin**-Klasse, den Fregatten der *Riga**-Klasse und Minensuchern der *T-43**-Klasse beobachtet. Erst ab 1960 begann man an Bord des Versuchszerstörers vom Typ *Tallin** mit der Erprobung mehrläufiger U-Jagd-Raketenwerfer mit Reichweiten von annähernd 2000 m. Ab Mitte der sechziger Jahre wurden die sowjetischen U-Jagd-Fahrzeuge allgemein mit meist zwei dieser mit bis zu 12 oder 16 Rohren versehenen Werfern in schwenkbaren Drehgestellen ausgerüstet. Auch die Entwicklung spezieller U-Jagd-Torpedos kam sehr viel später als im Westen in Gang. Erst auf den ab 1964 zur Front kommenden Zerstörern der *Kashin**-Klasse wurden fünfläufige Torpedorohrsätze für U-Jagdtorpedos beobachtet, die in den folgenden Jahren auch auf den nachträglich umgebauten älteren Zerstörern der *Skory**- und *Kotlin**-Klasse einen der beiden klassischen Rohrsätze ersetzten.

Eine erfolgversprechende Waffe für die U-Boot-Jagd schienen auch U-Boote selbst zu sein. Bereits 1949 hatte die amerikanische Marine mit der Konstruktion eines kleinen Jagd-U-Boot-Types *Barracuda* begonnen und von 1950–1952 eine Anzahl älterer U-Boote für diesen Zweck umgebaut. Frankreich war 1955 diesem Vorgehen mit der *Aréthuse*-Klasse gefolgt. Ab 1957 begannen die Amerikaner ihre Versuche, atomgetriebene U-Boote für diesen Zweck einzusetzen mit dem Spezialboot *Tullibee*, das 1960 in Dienst kam. Die hervorstechendste Eigenschaft dieser Boote mußte eine relativ hohe Unterwassergeschwindigkeit und Wendigkeit, vor allem aber die Ausrüstung mit weitreichenden Unterwasserortungsanlagen und Zielsuch- bzw. Lenktorpedos sein. Die sowjetische Flotte begann 1958/59 mit entsprechenden Versuchen, indem sie Boote des Nachfolgetyps der mittleren *W**-Klasse für diesen Zweck ausrüstete, doch kamen offenbar nur höchstens 24 Boote dieser ab 1961 beobachteten *R**-Klasse in Dienst. Der im folgenden Jahr erstmalig mit der *Leninskij Komsomol* beobachtete Prototyp eines sowjetischen Atom-U-Schiffs der *N**-Klasse, der ebenso wie die übrigen konventionellen U-Boote der *F**-Klasse und andere Typen mit einer Sonar-Anlage im Bug ausgerüstet wurde, was auf die beabsichtigte Verwendung in der U-Boot-Jagd hindeutete, erwiesen sich wegen ihrer gegenüber den amerikanischen *Polaris*-Atom-U-Schiffen unterlegenen Geschwindigkeit, vor allem aber ihrer außerordentlich starken Geräuschentwicklung noch als unzulänglich.

Neben einer Weiterentwicklung der U-Jagd-U-Schiffe schien auch ein anderes im Westen entwickeltes U-Jagd-System für die spezielle Aufgabe der Bekämpfung der *Polaris*-Atom-U-Schiffe erfolgversprechend. In den fünfziger Jahren hatten die USA in größerem Umfange ältere Flugzeugträger zu U-Jagdträgern umgebaut und ihnen für diese Aufgabe neben speziellen U-Jagd-Flugzeugen auch U-Jagd-Hubschrauber an Bord gegeben. In zunehmendem Maße wurden in der zweiten Hälfte der fünfziger Jahre auch kleinere Überwasserschiffe bis zur Zerstörergröße mit solchen U-Jagd-Hubschraubern ausgerüstet. Der Hubschrauber bot dank seiner die Geschwindigkeit des U-Bootes erheblich übertreffenden Beweglichkeit, andererseits aber durch seine Fähigkeit, auf der Stelle über einem festgestellten U-Boot stehen zu bleiben, besonders günstige Möglichkeiten für den

Einsatz von zielsuchenden U-Jagdwaffen.
Da die amerikanischen *Polaris*-Atom-U-Schiffe zunächst, wollten sie mit ihren Raketen die europäische Sowjetunion überdecken, Startpositionen in der Barents-See oder im Schwarzen Meer, zumindest aber im östlichen Mittelmeer aufsuchen mußten, Gebieten also, die wenigstens teilweise im Bereich sowjetischer See- und Luftherrschaft lagen, konnte man die unzulängliche Eindringtiefe der Hubschrauber durch ihre Stationierung auf Hubschrauberträgern erweitern. So begannen die Sowjets im Jahre 1964 mit dem Bau der Hubschrauberträger der *Moskva*-Klasse, 14500 ts großen und 30 kn schnellen Schiffen, deren Achterschiff von einem Flugdeck und einer darunterliegenden Halle für 20 U-Jagd-Hubschrauber *Kamov-KA 25* eingenommen war, während auf dem Vorschiff, neben verschiedenartigen U-Jagd-Raketenwerfern, auch zwei Zwillingsstarter für Luftabwehrraketen vom Typ *SA-N-3 Goblet** installiert waren. Gegenüber den im Westen beim ersten Auftreten dieser Schiffe 1968 hinsichtlich ihres Einsatzzweckes angestellten verschiedenartigen Überlegungen, unterstrich die sowjetische Presse die Bedeutung, welche man der U-Boot-Jagd zumaß, nicht nur durch die Bezeichnung dieser Schiffe als »U-Jagd-Kreuzer«, sondern auch durch die nunmehr offizielle Bezeichnung der *Kashin**-FK-Zerstörer und später sogar der *Kresta**- und *Kara**-Raketen-Kreuzer als »Große U-Jagdschiffe«.

Auch bei den kleineren für die U-Boot-Jagd und Geleitaufgaben geeigneten Fahrzeugen traten Anfang der sechziger Jahre neue Typen auf, die über die bisherigen konventionellen Fahrzeuge der *Kola**- und *Riga**-Klasse in der Größenordnung der Fregatten und die *Kronstadt**- und *SO-I** in der Klasse der U-Jäger hinausführten. Die Fahrzeuge zeichneten sich vor allem durch die Einführung eines kombinierten Dieselmotoren- und Gasturbinenantriebes aus, womit ihnen einerseits eine für ihre Größe beträchtliche Reichweite, andererseits die Möglichkeit der schnellen Erreichung der höchsten Fahrstufen gegeben wurde, Eigenschaften, die im Hinblick auf die hohen Unterwassergeschwindigkeiten moderner U-Boote, vor allem der Atom-U-Schiffe notwendig waren. Besonders auffallend war an den Einheiten ihre ausgewogene Bewaffnung. Bei der von 1960-1964 in etwa 45 Einheiten gebauten *Petya**-Klasse von 1000 ts und der nachfolgenden *Mirka**-Klasse von geringfügig höheren Abmessungen waren je zwei stabilisierte 7,6 cm Flaktürme, zwei zwölfläufige U-Jagdraketenwerfer sowie ein Fünflingsrohrsatz für U-Jagdtorpedos vorgesehen, eine Ausstattung, die bei den letzten Einheiten der *Mirka**-Klasse sogar auf zwei Fünflingsrohrsätze verstärkt wurde. Im übrigen unterschieden sich die beiden Klassen vor allem durch die Verlegung der Abgasaustritte ins Achterschiff bei der *Mirka**-Klasse, wo sie offenbar die Ortungsanlagen der Waffen weniger behinderten. Beide Typen stellten auch im erweiterten Küstenvorfeld durchaus beachtliche Gegner für die amerikanische U-Boot-Waffe dar, während die rund 70 kleineren Einheiten der *Poti**-Klasse mit 350 ts auf das unmittelbarere Küstenvorfeld beschränkt blieben.

Da neben der in den Vordergrund rückenden Bedrohung durch die amerikanischen *Polaris*-Atom-U-Boote jedoch auch die Bedrohung durch die nuklear ausgestatteten Flugzeugträger nicht ganz aus dem Auge verloren werden durfte, wurde auch die Entwicklung der Flugkörperschiffe in dieser Phase des weiteren Ausbaus der sowjetischen Flotte fortgesetzt. Dabei stützte man sich vor allem auf einen aus der Kombination der *Kynda**-»Raketenkreuzer« und der *Kashin**-FK-Zerstörer hervorgegangenen neuen »Raketenkreuzer«-Typ *Kresta I**, indem man bei einem gegenüber der *Kynda**-Klasse mäßig vergrößerten Schiff ein ausgewogeneres Verhältnis der verschiedenen Waffensysteme herstellte. Statt der beiden drehbaren Vierlingsstarter für die *Shaddock**-Flugkörper brachte man seitlich der Brücke zwei nur aufrichtbare Zwillingsstarter für diesen Flugkörper unter. Der auf dem Vor- und Achterschiff gewonnene Raum wurde für zwei Zwillingsstarter des Schiff-Luft-FK-Systems *Goa** sowie für die Unterbringung eines Hubschrauberhangars mit einem Startdeck am Heck ausgenutzt. Bei den Fla-Rohrwaffen beschränkte man sich auf zwei Doppellafetten des Kalibers 5,7 cm auf den Seitendecks, doch wurde dafür die U-Jagd-Kapazität wesentlich gegenüber der *Kynda**-Klasse verstärkt, indem die Schiffe auf dem Vorschiff zwei Zwölffach-U-Jagd-Raketenwerfer, seitlich von dem achteren Hangar zwei Sechsfach-U-Jagd-Raketenwerfer und auf den Seitendecks zwei der neuen Fünflings-U-Jagd-Torpedorohrsätze erhielten, so daß sie in ihrer U-Jagd-Kapazität auch die »U-Jagdschiffe« der *Kashin**-Klasse übertreffen.

Die Bedeutung, welche man auf sowjetischer Seite der U-Boot-Abwehr beimaß, kam auch in den ab Anfang der 60er Jahre erstmals außerhalb des eigenen Machtbereiches abgehaltenen Flottenmanövern zum Ausdruck. Bis 1960 waren sowjetische Kriegsschiffe im Bereich westlicher Seemacht vor allem bei Verlegungs- und Überführungsmärschen aufgetreten. Im Juli 1961 fand erstmals im Nordmeer im Gebiet zwischen den Lofoten und Island eine U-Boot-Jagd-Übung mit 8 Überwasserschiffen und Versorgungseinheiten sowie mindestens 4 U-Booten statt. Die Zahl der in den folgenden Jahren an solchen U-Jagd-Übungen im europäischen Nordmeer beteiligten Schiffe wuchs ständig. So waren es im Sommer 1965 allein 30 Überwassereinheiten und eine größere Zahl von U-Booten. Auch die Aufgabenstellung wurde offenbar differenzierter, und die Dauer der Übungen dehnte sich teilweise vom Frühjahr mit Unterbrechungen bis in den Herbst aus.

Das Herausgehen der Sowjets mit ihren »Großen U-Jagdschiffen« aus dem Küstenvorfeld auf die Ozeane war vor allem dadurch bedingt, daß die amerikanischen *Polaris*-Atom-U-Schiffe mit der Steigerung der Reichweiten von der *Polaris-A1* über die *A2* und *A3* zur *Poseidon* in die Lage versetzt wurden, ihre Raketen aus viel größerer Entfernung, aus dem

Tabelle 9

DAS „ANTI-POLARIS"-BAUPROGRAMM IN SEINER DURCHFÜHRUNG 1960–1973

Typ Klasse	vor 60	60	61	62	63	64	65	66	67	68	69	70	71	72	73	Ges.
U-Jagdkreuzer (Hubschrauberträger)																
MOSKVA	–	–	–	–	–	–	–	–	1	–	1	–	–	–	–	2
KIEV (Träger für Senkrechtstarter)			–	–	–	–	–	–	–	–	–	–	–	–	1	2
Seeziel-FK-Schiffe																
KRUPNY	2	3	3	(weiteres Programm abgebrochen/Umbau z. KANIN)								–	–	–	–	8
KYNDA	–	–	–	1	2	1	(weiteres Programm abgebrochen)						–	–	–	4
Große U-Jagdschiffe mit Seeziel FK																
KRESTA-I	–	–	–	–	–	–	–	–	2	2	–	–	–	–	–	4
KRESTA-II	–	–	–	–	–	–	–	–	–	–	2	1	1	2	?	6
KARA	–	–	–	–	–	–	–	–	–	–	–	–	–	–	1	3
Große U-Jagdschiffe mit SAM-FK																
KOTLIN-SAM (Umbauten)		–	–	1	–	–	–	1	2	2	1	2	–	–	–	9
KANIN (Umbauten aus KRUPNY)			–	–	–	–	–	–	1	2	1	2	?	–	–	6
KASHIN	–	–	–	1	2	3	4	3	2	1	2	1	1	–	–	20
KRIVAK	–	–	–	–	–	–	–	–	–	–	–	1	2	2	?	?
U-Jagdschiffe (Fregatten)																
PETYA	–	–	6	8	8	8	7	7	4	–	–	–	–	–	–	48
MIRKA	–	–	–	–	–	–	–	–	3	7	7	7	7	–	–	24
GRISHA	–	–	–	–	–	–	–	–	–	–	–	–	–	4	4	8
Seeziel-FK-U-Schiffe																
W-Umbauten	6	2	2	2	(evtl. weiteres Programm abgebrochen)						–	–	–	–	–	12
J	–	–	–	4	3	2	2	2	1	(Progr. reduziert)			–	–	–	16
E1 (Atomantr.)	–	–	2	2	1	–	–	–	–	–	–	–	–	–	–	5
E2 (Atomantr.)	–	–	–	–	5	5	6	5	4	–	–	–	–	–	–	25
C (Atomantr.)	–	–	–	–	–	–	–	–	–	1	2	2	2	2	?	9
Jagd-U-Schiffe																
R	10	5	5	4	–	–	–	–	–	–	–	–	–	–	–	24
F	12	6	6	6	6	6	6	2	2	2	2	2	2	–	–	60
B	–	–	–	–	–	–	–	–	–	–	4	–	–	–	?	4
N (Atomantr.)	6	2	2	3	–	–	–	–	–	–	–	–	–	–	–	13
N-2 (Gener.)	–	–	–	–	(Umbau zu E2-Klasse)				–	–	–	–	–	–	–	–
V	–	–	–	–	–	–	–	–	1	4	4	3	5?	4?	?	ca. 16?
A	–	–	–	–	–	–	–	–	–	–	–	1	–	–	–	1?
Strategische Raketen-U-Schiffe																
G1	12	6	4	–	–	–	–	–	–	–	–	–	–	–	–	22
G2 (Umbau aus G1/Neubau gestrichen)				–	–	–	–	–	–	2	2	2	2	2	?	10
H1	5	3	2	(4 Umbau zu E1)			–	–	–	–	–	–	–	–	–	10
H2 (2. Generation Umbau z. E2-Klasse/																
H2 (Umbau aus H1)	–	–	–	–	2	2	2	2	2	–	–	–	–	–	–	10
Y1	–	–	–	–	–	–	–	–	1	4	5	7	8	8	–	33
Y2/D	–	–	–	–	–	–	–	–	–	–	–	–	–	2	10?	29

Die Tabelle wurde vom Verf. nach Angaben in den Flottenhandbüchern und in verschiedenen Veröffentlichungen von M. MccGwire, S. Breyer u. a. sowie in „The Military Balance" des IISS (1970/71, 1971/72, 1972/73) und den SIPRI-Jahrbüchern angefertigt.

Beim Fehlen sowjetischer Veröffentlichungen kann sie keinen Anspruch auf Genauigkeit erheben, sie kann jedoch einen Anhalt bieten.

Atlantik, dem Pazifik oder dem Indischen Ozean, zu starten. Zu ihrer Bekämpfung vorgesehene sowjetische Überwasser-U-Jagdschiffe mußten deshalb neben einer vergrößerten Seeausdauer eine verbesserte Überlebenschance gegenüber der angloamerikanischen Seeluftmacht in diesen Gebieten erhalten. So wurden alle neuen U-Jagdschiffe mit modernen Luftabwehr-Raketensystemen, meist zwei Zwillingsstartern für die *SA-N-3 Goblet** wie bei der *Moskva*, der *Kresta-II**- und der *Kara**-Klasse oder einem solchen Doppelstarter wie bei den zu U-Jagdschiffen der *Kanin**-Klasse umgerüsteten Flugkörper-Zerstörern der *Krupny**-Klasse ausgestattet. Neben automatisierter Rohrflak erhielten die neueren Schiffe gegen feindliche Flugkörper auch Nahbereichs-Luftabwehr-Raketensysteme *SA-N-4**, so auf den Zerstörern der *Krivak**-Klasse und den Kreuzern der *Kara**-Klasse sowie den umgebauten Führungsschiffen der *Sverdlov*-Klasse und die auf fast allen neuen und umgebauten Überwasserschiffen jeder Größe für diesen Zweck eingebauten 3-cm Flakautomaten. Die Nachrichten über die 1973 in Nikolaev im Bau befindlichen »Flugzeugträger« der *Kiev*-Klasse deuten darauf hin, daß es sich hier nicht um Angriffsträger, sondern um Weiterentwicklungen der »U-Jagdkreuzer« der *Moskva*-Klasse handelt, bei denen man durch den Einbau eines über 2/3 der Schiffslänge reichenden Winkeldecks die Voraussetzungen für den Einsatz von Kurz- oder Senkrechtstartern für den Luftschutz der Kampfgruppe schaffen will.

Doch blieben die Ambitionen der sowjetischen Marine nicht auf diese neue Akzentsetzung der U-Bootjagd beschränkt. Wenn auch die amerikanischen Trägergruppen aus ihrer strategischen Rolle herausgelöst waren, so stellten sie doch mit ihrem taktisch-operativ einsetzbaren nuklearen Potential weiterhin eine ernste Gefahr für die sowjetische Seite dar. Die Indienststellung nuklear angetriebener Überwasserschiffe, wie des Trägers *Enterprise*, des Kreuzers *Long Beach* und der Fregatte *Bainbridge* 1961/62, deutete eine zunehmende Beweglichkeit der amerikanischen Trägergruppen an. Diese Entwicklung ließ die bisher auf sowjetischer Seite verfolgte Taktik fragwürdig erscheinen, an solchen Trägergruppen mit weitreichenden Luftaufklärungskräften Fühlung zu halten und Kampfgruppen mit Seeziel-Flugkörper tragenden Schiffen wie der *Krupny**- und *Kynda**-Klasse und der Fla-Raketen tragenden *Kashin**-Klasse bis zu einem geeigneten Startpunkt für die *Scrubber**- oder *Shaddock**-Flugkörper an die Träger heranzuführen. So entschloß man sich auf sowjetischer Seite zu einem neuen Verfahren, indem man die flugkörpertragenden Schiffe selbst oder ihre Relaisstationen unmittelbar an den amerikanischen Trägergruppen ständig Fühlung halten ließ. Dabei war es wohl die Hoffnung der sowjetischen Führung, daß die Schiffe bei Ausbruch eines großen Krieges vor ihrer eigenen Vernichtung noch in der Lage sein würden, mit Hilfe ihrer gestarteten Flugkörper wenigstens einen Teil der amerikanischen Flugzeugträger rechtzeitig auszuschalten.

Diese neue Taktik der sowjetischen Marine wurde zuerst 1964 im Mittelmeer deutlich. Erstmalig wurden sowjetische Schiffe aus dem Schwarzen Meer nicht nur zu Verlegungsmärschen und Besuchen durch die türkischen Meerengen ins Mittelmeer geschickt, sie blieben vielmehr für längere Perioden in diesem Gebiet und wurden auf bestimmten Plätzen auch in See versorgt. Zunächst beschränkte sich diese Aktivität bis 1965 weitgehend auf das östliche Mittelmeer. Immer häufiger jedoch beobachteten sowjetische Schiffe für längere Zeitabschnitte die Bewegungen westlicher Flottenverbände und insbesondere amerikanischer oder britischer Trägergruppen, indem sie in optischer Reichweite dieser Verbände mitliefen. Mit der Indienststellung weiterer neuer Schiffe wurde diese Praktik in den Jahren 1966/67 vor allem im Mittelmeer zu einer ständigen Übung.

Es zeigte sich jedoch nun, daß die Seezielflugkörpersysteme, die bisher entwickelt waren, für die neue Taktik nicht die optimalen Eigenschaften besaßen. Die Reichweiten dieser Flugkörper waren so konzipiert, daß sie über größere Entfernungen außerhalb der unmittelbaren Waffenwirkung der Trägergruppen eingesetzt werden konnten. Derartig große Reichweiten, die naturgemäß für den einzelnen Flugkörper viel Raum und Gewicht beanspruchten, waren bei der neuen Taktik des unmittelbaren Fühlunghaltens nicht nötig. So erhielten die Schiffe der *Kresta**-Klasse, die in der ersten Version noch mit je zwei Doppelstartern für die *Shaddock** ausgerüstet waren, in der ab 1970 auftretenden zweiten Version statt dessen zwei Vierlingsstarttuben für die wesentlich kleineren Seezielflugkörper *SS-N-10** ebenso die folgende *Kara**-Klasse; und die 1971 zuerst beobachtete *Krivak**-Klasse, die den Eindruck eines wohl ausgewogenen, aber für die Serienproduktion entwickelten, preiswerten Typs macht, bekam auf dem Vorschiff einen schwenk- und aufrichtbaren Vierlingsstarter dieses Systems *SS-N-10**. Die wirksame Reichweite dieses Systems dürfte zwischen 15 und 40 sm liegen, wenn auch die höchste Flugweite größer ist. Mit dem ähnlichen Waffensystem *SS-N-9** sind auch die neuen, 1971 beobachteten Raketenkorvetten der *Nanouchka**-Klasse ausgestattet. Daß diese relativ kleinen und wendigen Schiffe nicht wie die anderen sowjetischen Einheiten mit Gasturbinenantrieb sondern mit Dieselmotoren ausgerüstet wurden, scheint darauf hinzudeuten, daß man auch ihnen einen möglichst großen Aktionsradius geben wollte, um sie in größerer Entfernung von der Küste in größerer Zahl einsetzen zu können.

Die erweiterte Konzeption der sowjetischen Schiffbaupolitik mit einem breiteren Aufgabenkatalog wird auch an den seit 1969/70 beobachteten neuen U-Boot-Typen deutlich. Mit der atomar angetriebenen *V**-Klasse wird die Entwicklung eines Jagd-U-Bootes fortgesetzt, das die *N**-Klasse ablöst. Die großen atomaren U-Schiffe der *E-2**-Klasse finden nun ihre Fortsetzung in der hydrodynamisch besser gestalteten *C**-Klasse, die das neue Seezielflugkörpersystem *SS-N-7** in 8 Tuben im Vorschiff erhalten hat, das angeblich auch unter Wasser einsetzbar sein soll. Diese U-Schiffe scheinen vor allem für die Bekämpfung von Schiffszielen wie Flugzeugträgern gedacht zu sein. Doch sind die Programme dieser, insbesondere der atomar angetriebenen U-Schiffe, zunächst zahlenmäßig begrenzt. Ähnlich wie in den Vereinigten Staaten in der ersten Hälfte der 60er Jahre, als man das Bauprogramm für die Jagd-U-Boote der *Thresher*-Klasse zugunsten der *Polaris*-Atom-U-Schiffe verzögern mußte, haben die Sowjets auch das Hauptgewicht ihres U-Boot-Baues seit 1967/68 auf die *Y**-Klasse gelegt, bei der es sich um einen den amerikanischen *Polaris*-Atom-U-Schiffen sehr weitgehend ähnelnden Typ handelt. Wie diese hat die *Y**-Klasse bei einer Größe von etwa 7300 ts hinter dem Turm eine Sektion mit 16 Starttuben für die seit 1967 fertige *SS-N-6-Sawfly**-Rakete. Nach einer entsprechenden Vergrößerung der Kapazität der U-Bootwerften in Severodvinsk am Nordmeer und Komsomolsk am Amur wurde die Baurate dieser *Y**-Klasse auf 8 Einheiten jährlich gesteigert. Nach der Indienststellung von 33 dieser Atom-U-Schiffe ging man 1972 zu einer verbesserten Version, der *D**-Klasse, die vermutlich 12 Tuben für die neue *SS-N-8**-Rakete mit einer etwa der amerikanischen *Poseidon* entsprechenden Reichweite erhält. Ende 1972 sollen im Pazifik mit einem entsprechend umgerüsteten U-Boot der *G**- oder *H**-Klasse Schießversuche mit Reichweiten über 8000 km durchgeführt worden sein. Ob diese strategischen Raketen-Atom-U-Schiffe mit der bisherigen Baurate weiter gebaut werden oder ob man sich auf die im SALT-Abkommen vorgesehene Zahl (s. unten) beschränkt, wird abzuwarten sein. Möglicherweise geht man in diesem Fall auf den Bau neuer Generationen von konventionellen und atomaren U-Booten über, für die die bisher nur in einzelnen Exemplaren aufgetretenen Boote der *B**-, *A**- und *P**-Klassen Prototypen sein könnten.

Die Sowjet-Flotte als ein Instrument offensiver Politik

Die bedeutendste Auswirkung des sowjetischen Flottenbaus sollte sich jedoch in den Jahren von 1954 bis 1970 auf dem politischen Gebiet entwickeln. Im Rahmen der »Koexistenz«-Phase begannen die sowjetischen Flotten im Jahre 1954 mit systematischen Besuchen außerhalb ihres unmittelbaren Satellitenbereiches. Nach der Beilegung des Konfliktes mit Jugoslawien lief im Mai 1954 der Kreuzer *Admiral Nachimov,* mit 2 Zerstörern aus dem Schwarzen Meer kommend, jugoslawische und albanische Häfen an. Andere moderne Kreuzer besuchten im Juli 1954 Helsinki und Stockholm, im Oktober 1955 Portsmouth, im April 1956 London im Zusammenhang mit dem Besuch Chruschtschows in der britischen Hauptstadt. Im Mai und Juni 1956 folgten weitere Besuche in Jugoslawien und Albanien, und zur gleichen Zeit begannen auch im Fernen Osten sowjetische Verbände über ihren unmittelbaren Küstenbereich hinaus Besuche in Schanghai abzuwickeln. Im Sommer 1956 folgten weitere Besuche in Rotterdam, Göteborg, Oslo und Kopenhagen; im Jahr 1957 in London, Durazzo (Albanien), Jugoslawien und Syrien, 1958 erneut in Finnland und Schweden sowie 1959 erstmalig in Indonesien. Offiziell handelte es sich bei diesen Besuchen um international übliche Freundschaftsbesuche. Sicher sollten sie, besonders in den NATO-Ländern, auch dazu dienen, durch das gute Erscheinungsbild der Schiffe und Besatzungen für die derzeit propagierte »Koexistenz These« zu werben. Mit den Besuchen in Ländern der dritten Welt verband sich aber auch ein weiter reichendes Ziel.

Bis Mitte der 50er Jahre hatte die Sowjetunion ihre Waffenlieferungen ausschließlich auf den Bereich der eigenen Satelliten-Staaten in Europa und Asien beschränkt. Dabei hatten die Abgaben von Kriegsschiffen überwiegend alte Einheiten betroffen, die an Bulgarien, Rumänien, China, Nordkorea, Polen und Albanien gingen. Schon im Falle Albanien verband sich mit dieser Lieferung das Bestreben, im Bereich des Mittelmeeres zu eigenen Stützpunkten zu kommen. Auch nach der Aussöhnung mit Chruschtschow war der jugoslawische Staatschef Tito nicht bereit, den Sowjets entsprechende Zusagen zu machen. In Albanien hatte man anfangs mehr Erfolg. 1955 wurden die ersten 12 Schnellboote geliefert, und man begann mit dem Ausbau des Hafens von Durazzo. Im Jahre 1957 wurde dorthin auch ein Schwimmdock verlegt. Bald darauf trafen 12 moderne U-Boote der *W**-Klasse mit Hilfsschiffen, 8 Minensucher und 4 U-Jäger ein, die von hier unter sowjetischer Flagge operierten. Der Bruch zwischen Albanien und der Sowjetunion im Zuge der sowjetisch-chinesischen Auseinandersetzungen im Sommer 1961 zwang die Sowjets dann jedoch, diese Basis wieder zu räumen. 8 der U-Boote und ein Mutterschiff kehrten in die Ostsee zurück, die restlichen Einheiten gerieten in albanische Hand.

1956 begannen die Sowjets aber auch, über ihren engeren Machtbereich hinaus mit umfangreichen Waffenlieferungen in die dritte Welt, wobei es ihnen darum ging, in den vom Westen im Zuge der Entkolonialisierung geräumten Positionen Fuß zu fassen. Besonders erfolgversprechend schienen die Aussichten in der arabischen Welt. Umfangreichen Lieferungen von modernem Gerät für die ägyptische Luftwaffe und Armee zu günstigen Bedingungen ließ man im April/Juni 1956 zwölf Schnellboote, 4 Minensucher und sogar zwei Zerstörer der *Skory**-Klasse folgen. Die Lieferungen hatten einen sehr großen Einfluß auf die Suez-Krise vom Oktober 1956. Nach den schweren Verlusten durch die israelischen und englisch/französischen Angriffe gingen die Sowjets 1957 daran, die Ausfälle an Flugzeugen und Panzern zu ersetzen. Aber auch die Aufrüstung der von diesen Ausfällen weniger betroffenen Marine ging mit der Überführung von 6 modernen U-Booten und Minensuchern weiter. Bis 1967 lieferten die Sowjets insgesamt 4 Zerstörer, 8 U-Boote (diese 1966 durch modernere ersetzt!), 12 Minensucher, 18 FK-Schnellboote, 21 Torpedo-Schnellboote, 12 U-Jäger sowie Landungsfahrzeuge. Als eine der Gegenleistungen erhielt die sowjetische Flotte, insbesondere nach dem Krieg im Juni 1967, die Erlaubnis, ägyptische Häfen regelmäßig zu benutzen und in Marsa Matruh eine größere Basis anzulegen. Ägyptische Luftstützpunkte wurden u. a. auch der sowjetischen Seeaufklärung über dem Mittelmeer zur Verfügung gestellt, wobei die Flugzeuge mit meist sowjetischen Besatzungen, aber ägyptischen Hoheitsabzeichen flogen. Aber auch in Ägypten ergaben sich 1972 Schwierigkeiten, als Präsident Sadat plötzlich die sowjetischen Militärberater ausweisen ließ.

Ein weiterer, vielversprechender Ansatzpunkt schien sich ab 1958 in Indonesien zu bieten. In diesem aus dem früheren Niederländisch-Indien entstandenen Inselreich war es zu zahlreichen Unruhen und Autonomiebestrebungen gekommen, deren der Präsident Sukarno durch eine zentralistische Regierung und ein System der »gelenkten Demokratie«, schließlich durch eine Diktatur der Armee beizukommen suchte. Durch eine Forcierung nationalistischer Ziele, der »Befreiung« des noch niederländischer Kolonialverwaltung unterstehenden West-Neuguinea (Irian) und die Drohung mit der Zerschlagung des Malaysischen Staatenbundes, suchte Sukarno die inneren Schwierigkeiten zu überwinden. Da er für seine gegen Holland und indirekt England gerichteten Ziele keine westliche Unterstützung erwarten konnte, nutzten die Sowjets ihre Chance. Von 1958 bis 1965 lieferten sie neben anderem Kriegsmaterial an Schiffen den *Sverdlov*-Kreuzer *Ordžonikidze*, 7 *Skory**-Zerstörer, 7 *Riga**-Fregatten, 14 U-Boote der *W**-Klasse, 6 Minensucher, 12 FK-Schnellboote, 14 Torpedo-Schnellboote und Hilfsfahrzeuge. Doch sollte sich diese Investition als Fehler erweisen. Als Sukarno 1964/65 immer stärker in die Abhängigkeit von der unter chinesischem Einfluß stehenden kommunistischen Partei zu geraten drohte, kam es zu einem von blutigen Verfolgungen begleiteten Militärputsch, der sowohl den chinesischen als auch den sowjetischen Einfluß radikal beseitigte.

Von nachhaltigerer Wirkung sollte das unter Chruschtschow begonnene sowjetische Engagement in Kuba sein, das bereits geschildert wurde. Die Sowjetunion mußte in der Kuba-Krise erkennen, daß sie mit den ihr 1962 zur Verfügung stehenden Mitteln nicht in der Lage war, militärische Machtpolitik in Gebieten zu betreiben, die ihr weltpolitischer Gegenspieler, die USA, für ihre Sicherheit und Verteidigung für wesentlich hielten und zu denen die Sowjetunion keinen gesicherten Zugang besaß. Diese Erkenntnis führte auf sowjetischer Seite zu zwei Konsequenzen.

Ähnlich wie nach dem spanischen Bürgerkrieg wurde man sich darüber klar, daß eine über den unmittelbaren eigenen kontinentalen Machtbereich hinausgehende Weltpolitik der Untermauerung durch eine weltweit einzusetzende Seemacht bedurfte. So wie Stalin damals Admiral Kuznecov den Auftrag gab, eine große »Hochseeflotte« zu bauen, so wandte man sich nun von der bisherigen Baupolitik des Reagierens auf die potentielle amerikanische Bedrohung ab und einer vielseitigeren Konzeption eigenen Agierens auf den Weltmeeren zu. Ausdruck dieser neuen Strategie waren unter anderem die seit der zweiten Hälfte der 60er Jahre weit über den eigenen Bereich der europäischen oder fernöstlichen Randmeere auf die Ozeane hinausreichenden Fahrten sowjetischer Verbände, so die Umrundung der Erde durch eine Gruppe sowjetischer Atom-U-Schiffe unter K. Adm. Sorokin 1966, vor allem aber die großen Manöver »Sever« in der Ostsee, im Nordmeer und Nordatlantik 1968 und schließlich das auf allen Weltmeeren durch Teile der vier Flotten durchgeführte Manöver »Okean« im April und Mai 1970. Die zur gleichen Zeit neu auftretenden Kriegsschiff-Typen der Sowjetunion von den kleinen Einheiten für das Küstenvorfeld über die neuen konventionellen U-Boote und verschiedenen Atom-U-Schiffe bis zu den großen Einheiten zeigten mit ihren ausgewogenen Arsenalen spezieller Waffensysteme die gesteigerten Fähigkeiten und Ambitionen an.

Zugleich war man sich sehr wohl bewußt, daß man trotz dieser gewaltigen Anstrengung der Flottenrüstung die Kampfkraft der amerikanischen Marine noch bei weitem nicht erreicht hatte und daß man es deshalb nicht auf eine Konfrontation mit ihr in echten Konflikten, wie z. B. in Vietnam, ankommen lassen durfte. Nur dort, wo sich keine entsprechende westliche Seemacht ständig zeigte, konnten vorläufig weiterreichende Wirkungen erzielt werden. So wandte sich die Sowjetunion besonders dem von Großbritannien weitgehend geräumten Indischen Ozean zu. Die in der arabischen Welt, insbesondere in Ägypten gewonnene Stellung, das mit dem Suez-Kanal einen günstigen Zugang aus dem Mittelmeer in der Hand hatte, bot hier gute Aussichten, deren erste Vorboten Besuche sowjetischer FK-Zerstörer in dem äthiopischen Hafen Massaua 1965 und 1967 waren. Doch sollte die neue Eskalation des arabisch-israelischen Konflikts im Mai/Juni 1967 hier zunächst eine Unterbrechung bringen.

Da der Suez-Kanal gesperrt blieb, konnte die Sowjetunion nicht mit Einheiten der Mittelmeer-Eskadra durch das Rote Meer in den Indischen Ozean gelangen. Ihre Aktivität mußte sich auf die Pazifische Flotte im fernen Vladivostok abstützen. Ihr von Zerstörern begleitetes Flaggschiff, der *Sverdlov*-Kreuzer *Dmitrij Požarskij*, unternahm im Frühjahr 1968 eine erste Rundreise nach Indien, das im gleichen Jahr moderne U-Boote und U-Jäger erhielt, nach Somalia, dem Irak, Pakistan, dem Iran, der jungen Volksrepublik Süd-Yemen und Ceylon. Im Winter 1968/69 folgte eine weitere Reise des moderneren FK-Kreuzers *Admiral Fokin*, der außer den genannten Staaten auch Tanganyika, Sansibar, den Yemen, Kenya und die Insel Mauritius besuchte. Seither sind solche Reisen der größeren Einheiten der Pazifik-Flotte zur ständigen Routine geworden. Im September 1971 trat ein sowjetischer Verband sogar vor Hawaii, einem für die USA seit Pearl Harbor besonders neuralgischen Punkt, auf.

Ebenso demonstrierte die Rote Flotte auch im mittleren

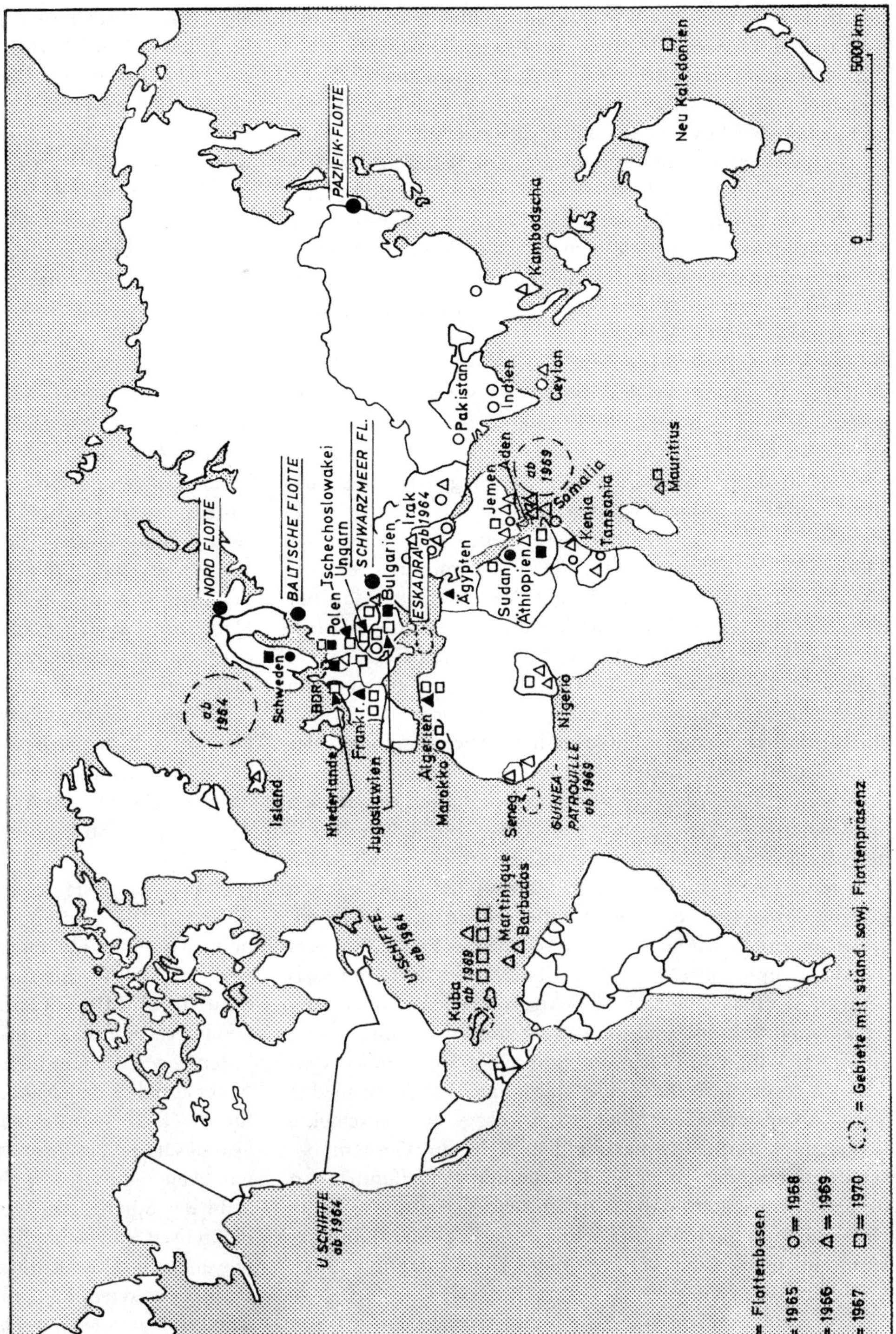

Die sowjetischen Flottenbesuche seit 1965

Atlantik durch häufige Besuche in Marokko, Senegal, Guinea, vor allem aber in Nigeria auf der Ostseite und Kuba auf der Westseite ihre Anwesenheit, ebenfalls in einem Gebiet, das von den westlichen Marinen weniger stark beachtet worden ist, so daß die Besuche für die sowjetische Politik günstige Auswirkungen hatten.

Bei der insgesamt noch recht begrenzten Zahl größerer Hochseeschiffe in der Sowjet-Flotte und ihren deshalb noch begrenzten Möglichkeiten in Übersee in einem ernsten Konflikt mit den USA legte Moskau den Akzent bewußt mehr auf ihre geschickte Nutzung als politisches Instrument. Diese Handhabung von »Maritimer Macht« im Frieden, die die Seemächte den Sowjets seit Ende des zweiten Weltkrieges vorexerziert hatten, konnte aber nur diese Wirkung erzielen, weil die Sowjets ihre Schiffe – ebenso wie die Amerikaner – durch ein möglichst basen-unabhängiges Versorgungssystem zu versorgen und damit besser zu nutzen suchten. Auch dabei haben sie amerikanische Techniken kopiert. Führten sie ihre In-See-Versorgungen zunächst meist vor Anker in ruhigen Buchten oder Gewässern aus und beölten teils in dem älteren Kiellinien-Schleppverfahren, so gingen sie nach genauer Beobachtung der Praktiken der US-Navy inzwischen auch zu dem wirksameren und vor allem schnelleren Parallel-Versorgen über und bauten den amerikanischen Einheiten nachempfundene Kampfgruppen-Versorgungsschiffe wie die *Boris Čilikin*- und *Manyč*-Klassen.

Für die Sowjetunion war bei dieser neuen Konzeption der »Vorwärts-Dislokation« nicht allein die militärische Zielsetzung der entscheidende Antrieb. Man war sich darüber klar, daß die Kampfkraft auch der modernen sowjetischen Überwasserschiffe sich in den weit abgesetzten Gebieten im Falle eines Konfliktes mit den USA kaum lange gegen deren überlegene Seemacht behaupten konnte. Doch war ein solcher Konflikt wenig wahrscheinlich. Die Ereignisse des Sechs-Tage-Krieges hatten deutlich werden lassen, daß in dem heutigen Zustand des »Nichtkrieges« auch der an sich Schwächere durch seine »maritime Präsenz« die Überlegenheit des Stärkeren, der das Schießen vermeiden will, neutralisieren kann. Die sowjetische Führung hat es inzwischen gelernt, ihre hochseefähigen Schiffe als ein politisches Instrument zur Gewinnung von Ansehen und Einfluß zu verwenden. Gerade ihre modernen Überwasserschiffe mit vielseitigen Waffensystemen und elektronischen Antennen stellen ein eindrucksvoll und wendig einzusetzendes Instrument zur Darstellung von Macht und Stärke der Sowjetunion dar, das um so erfolgreicher seine politischen Aufgaben in den Entwicklungsländern erfüllen kann, als es eine geschickte Propaganda verstand, die mit dem Krieg in Vietnam beschäftigte US-Navy in weiten Kreisen der Weltöffentlichkeit derart zu verteufeln, daß amerikanische Kriegsschiffe heute viele Häfen in aller Welt, ja selbst in verbündeten Ländern, kaum noch anlaufen können, ohne Demonstrationen befürchten zu müssen.

Der Weg zum Gleichgewicht

Im Laufe des Jahres 1967 hatten die Vereinigten Staaten den für notwendig gehaltenen Bestand von 1000 Interkontinental-Feststoffraketen vom Typ *Minuteman,* ergänzt durch 54 Flüssigkeitsraketen vom Typ *Titan II,* erreicht. Zur gleichen Zeit waren auch alle 41 *Polaris*-Atom-U-Schiffe mit insgesamt 656 Raketenstartern fertiggestellt. Eine quantitative Erweiterung dieses Potentials erschien zunächst angesichts der amerikanischen Überlegenheit in interkontinentalen Trägersystemen, zu denen auch noch rund 600 *B-52*-Bomber gerechnet werden mußten, nicht notwendig. Angesichts der steigenden Kosten des amerikanischen Engagements in Vietnam war es eine sehr begrüßenswerte Entlastung des Etats, daß man sich nun auf die Verbesserung der bestehenden Systeme beschränken konnte, ohne neue Startanlagen oder Trägersysteme bauen zu müssen.

Bereits 1966/67 hatte man die zunächst produzierten 800 *Minuteman-I* durch 200 der verbesserten Version *Minuteman-II* ergänzt und begann von 1968 ab, mit einer Rate von 150 Stück pro Jahr die erste Version durch die zweite zu ersetzen. 1971 lief dann mit einer Rate von 100 Stück pro Jahr der Ersatz der beiden ersten Serien durch die wesentlich verbesserte *Minuteman-III* an, die eine Reichweite von 12 900 km besaß. Bei den *Polaris*-Atom-U-Schiffen war bereits 1965 die Umrüstung der ersten Generation, der fünf Einheiten der *George Washington*-Klasse, auf die Version *A-3* abgeschlossen, bei der die Reichweite auf 4600 km gesteigert war. Nach der Fertigstellung des 41. Atom-U-Schiffes begann dann die Umrüstung der zuerst gebauten Einheiten der zweiten Generation auf die *Polaris A-3* und im Jahre 1970 auf die nochmals verbesserte Version *Poseidon*, die bis zum Jahr 1977 zum Abschluß gebracht werden soll.

Die wesentliche Verbesserung der amerikanischen Raketen lag jedoch nicht nur in der Erhöhung der Reichweiten, sondern vor allem in der Ausrüstung der Raketen mit Mehrfachsprengköpfen. So konnte die *Polaris A-3* wahlweise mit einem Sprengkopf von 1 MT oder drei Sprengköpfen à 200 KT (MRV) ausgerüstet werden. Bei der *Minuteman-III* waren die drei 200 KT Sprengköpfe darüber hinaus nach der Trennung voneinander unabhängig in verschiedene Ziele zu steuern (MIRV). Bei der *Poseidon* konnte der Kopf bis zu zehn 50 KT-MIRV Köpfe aufnehmen, wobei einzelne Köpfe wahlweise mit elektronischen oder sonstigen Durchbruchshilfen gegen die feindliche Abwehr zu versehen waren.

Nicht nur bei den Raketen, sondern auch bei den Bomben für die *B-52* konnte man die Megatonnage des einzelnen Sprengsatzes dank der ständigen Verbesserung der Zielgenauigkeit reduzieren, während sich auf der anderen Seite die Zahl der Sprengsätze wesentlich erhöhte. Konnte man 1962 theoretisch mit 630 Bombern, 174 Interkontinental-Raketen und 144 U-Boot-Raketen 2838 Ziele mit 32 675 MT belegen, so waren es 1972 rund 11 000 Ziele mit 5 459 MT.

Von 1967 ab stieg jedoch das sowjetische Potential an Interkontinental-Raketen ähnlich steil an wie vier Jahre zuvor das der Vereinigten Staaten. Bereits im Frühjahr 1970 überholte die Sowjetunion die Vereinigten Staaten in der Zahl ihrer einsatzfähigen Interkontinental-Raketen. Der größte Anteil an der bis Ende 1971 zu beobachtenden schnellen Steigerung der Interkontinental-Raketenzahl auf über 1500 entfiel auf die der *Minuteman-I* vergleichbare *SS-11** mit einer Reichweite von 10 450 km und einem Sprengsatz von etwa 2 MT.

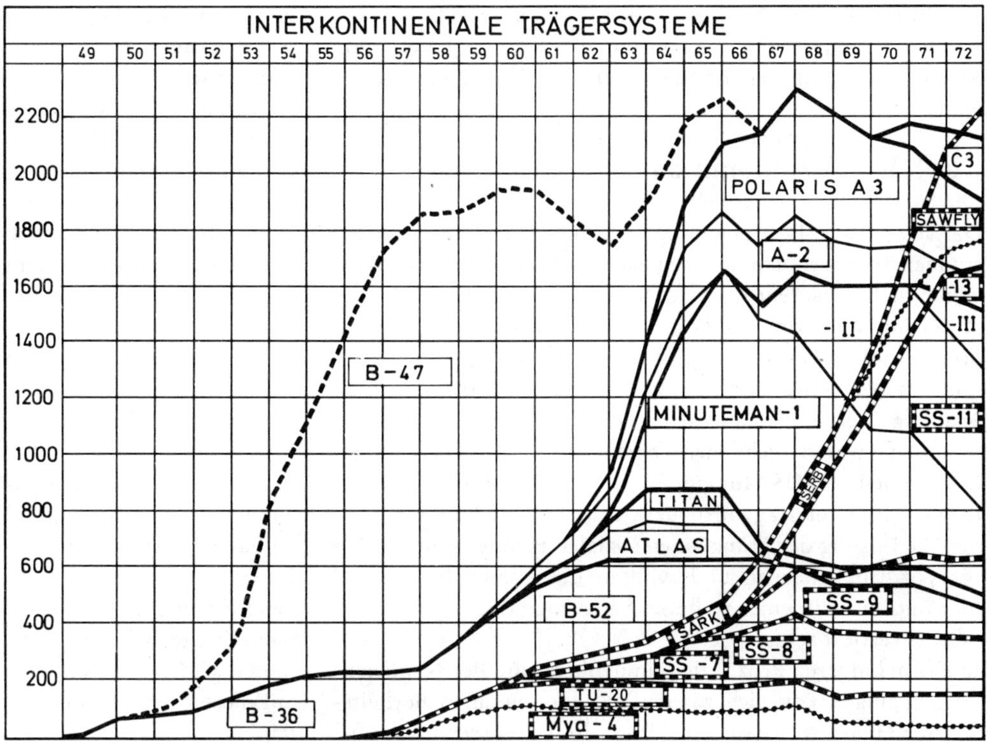

Der Gesamtbestand an amerikanischen und sowjetischen Interkontinental-Trägersystemen (Interkontinental-Bomber, landgestützte Interkontinental-Raketen und U-Boot-gestützte strategische Raketen).

Ein ähnliches Bild zeichnete sich mit der Indienststellung und dem Frontreifwerden der Atom-U-Schiffe der Y*-Klasse ab 1968 ab, so daß auch auf diesem Gebiet die Sowjetunion 1973 mit einem sechsjährigen Abstand den amerikanischen Bestand einholen dürfte.

Nachdem die Sowjets bereits Ende der fünfziger Jahre angesichts der amerikanischen Raketenrüstung mit der Entwicklung von Anti-Raketen begannen und 1964 ihre *Galosh** auf einer Parade vorführten, hatten sich die Amerikaner zunächst darauf beschränkt, ihre Flugzeugabwehrrakete *Nike* zu einer begrenzt verwendungsfähigen Anti-Rakete weiter zu entwickeln. Sie konnte jedoch der neuen Bedrohung durch den forcierten sowjetischen Interkontinental-Raketenbau nicht mehr gerecht werden. Deshalb wurde in der zweiten Hälfte der sechziger Jahre mit der Entwicklung verbesserter Anti-Raketen begonnen. So konnte 1965 die superschnelle Kurzstrecken-Anti-Rakete *Sprint* ihren ersten erfolgreichen Start durchführen, und die im gleichen Jahr begonnene Langstrecken-Anti-Rakete *Spartan* wurde 1968 erprobt. Das Hauptproblem für diese Abwehrsysteme war die Entwicklung weitreichender Radar-Überwachungsanlagen, die den Start gegnerischer Interkontinental-Raketen so frühzeitig melden konnten, daß genügend Zeit für den Einsatz der Abwehrraketen blieb. Wenn auch die Erprobung der Gesamtsysteme 1970/71 mit Erfolg durchgeführt werden konnte, so zeigte sich jedoch bald, daß die enormen Kosten den Aufbau des zunächst vorgesehenen *Sentinel*-Systems zum Schutz der großen Bevölkerungszentren und der Interkontinental-Raketenstellungen nicht erlaubten. Auch das *Sabmis*-Projekt von seegestützten Anti-Raketensystemen auf Überwasserschiffen mußte wegen der Kosten gestoppt werden. Man mußte sich ab 1969 darauf beschränken, im Rahmen des *Safeguard*-Systems schrittweise die wichtigen Interkontinental-Raketenbasen mit *Spartan*- und *Sprint*-Anti-Raketenstellungen zu sichern.

Besondere Probleme warf die Verteidigung gegen die Bedrohung mit den U-Boot-gestützten Raketen auf; vor allem, nachdem man auch auf sowjetischer Seite mit MRV- und MIRV-Köpfen rechnen mußte, Gefahren, gegen die man die Entwicklung der *Hartsite*- und *Upstage*-Projekte aufnahm.

Auch in der Sowjetunion schien nach einer Pause im Anschluß an die Fertigstellung eines Anti-Raketenringes um Moskau mit 64 Stellungen um 1968 ein weiterer Ausbau der Anti-Raketensysteme zu beginnen.

Die forcierte sowjetische Raketenrüstung brachte für die USA nicht nur die Notwendigkeit des Aufbaus eines Anti-Raketensystems mit seinen ungeheuren Kosten mit sich. Die Gefahr, auch technologisch überholt zu werden, zwang zu neuen Anstrengungen in der Entwicklung »unangreifbarer« Trägersysteme. Die erfolgversprechendste Möglichkeit schien die Stationierung von Interkontinental-Raketen unter Wasser in Atom-U-Schiffen zu sein, so daß die Raketen aus dem eigenen Küstenvorfeld eingesetzt werden konnten. Doch war auch dieses Projekt so kostspielig, daß man es erst ernsthaft unter dem Namen *Trident* in Gang setzte, als 1972 Nachrichten über die Erprobung einer neuen sowjetischen

U-Schiff-Rakete *SS-N-8** mit Reichweiten über 8000 km bekannt wurden, die offenbar für die ab 1972 fertig werdende zweite Generation der *Y**-Klasse, die *D**-Klasse, vorgesehen waren.

Das SALT-I-Abkommen

Das sowjetische Bestreben, die USA in den strategischen Rüstungen zu überholen und zugleich die Seerüstungen zu forcieren, ließ Präsident Richard Nixon keine andere Wahl, als die Grundlagen der bisherigen amerikanischen Politik und Strategie zu revidieren. Die immer weitergehende Verstrikkung in den Krieg in Vietnam hatte zu einer tiefgreifenden Spaltung der amerikanischen Öffentlichkeit geführt. Die »Tauben« waren nicht mehr bereit, ein derart übermäßiges Engagement der USA für eine Sache, deren moralische Rechtfertigung immer fragwürdiger wurde, hinzunehmen. Sie sahen die Lösung der drängenden sozialen Probleme im Innern für vordringlicher an und wollten die finanziellen Mittel hier und nicht in einer weiteren Steigerung der Militärhaushalte investiert sehen.
In einem längeren Prozeß des Umdenkens und der Neuorientierung ging Nixon, sicher beeinflußt von seinem Sicherheitsberater Henry A. Kissinger, daran, die Voraussetzungen für eine Begrenzung der Rüstungen und damit der Militärbudgets zu schaffen. Um eine gewisse Beweglichkeit zurückzuerlangen, mußten die USA sich aus dem Vietnam-Krieg lösen, ohne in der Welt den Eindruck des »im Stich lassens des Verbündeten« und eines Sieges der Kommunisten entstehen zu lassen. Um die Sowjetunion verhandlungsbereit zu machen, mußte eine neue Konstellation geschaffen werden, wozu der sowjetisch-chinesische Gegensatz und der Verzicht auf die weitere politische Isolierung des kommunistischen Chinas die Grundlagen bildeten. Durch die Einbeziehung der wirtschaftlichen Großmächte Europa und Japan war die Konfrontation der Supermächte in ein neues weltpolitisches Gleichgewicht zu überführen, das den Ausgleich von Konflikten erleichtern konnte.
Diese Politik Nixons stellte auch die sowjetische Führung 1969/71 vor schwere Entscheidungen. Entweder mußte man nun, nachdem sich die USA der finanziellen Fessel des Vietnam-Krieges entledigt hatten, das Risiko eines neuen, sehr teuren Wettrüstens in den strategischen Offensiv- und Defensiv-Waffensystemen auf sich nehmen, ein angesichts der mehrfach bewiesenen amerikanischen Industriekapazität, aber auch der zunehmenden Belastungen der Konfrontation gegenüber China gewagtes Unterfangen mit ungewissem Ausgang. Oder man konnte auf den Vorschlag Nixons, ein ausbalanciertes Mächte-Gleichgewicht herzustellen und vertraglich abzusichern, eingehen.
Die Entscheidung ist der sowjetischen Führung sicher nicht leicht geworden. Zu groß war das Mißtrauen, das sich schon seit dem russischen Bürgerkrieg und besonders seit dem zweiten Weltkrieg gegenüber der westlichen Welt angesammelt hatte, und das die ideologischen Klischees ständig nährten. So ist es kaum verwunderlich, daß die Sowjetunion erst bereit war, ernste Verhandlungen im November 1969 aufzunehmen, als sich absehen ließ, daß das bisher bestehende Ungleichgewicht auf dem Gebiet der strategischen Waffen sich in absehbarer Zeit ausgleichen würde. Es ist sicher kein Zufall, daß sich die SALT-Verhandlungen in Helsinki und Wien dann tatsächlich bis zum Frühjahr 1972 hinzogen, als einerseits das Ende des Vietnam-Krieges in greifbare Nähe rückte und die Ankündigung des Besuches Nixons in Peking im April 1972 ein ganz neues Verhältnis der USA zu diesem schärfsten ideologischen Gegner der Sowjetunion signalisierte, andererseits aber der zahlenmäßige Gleichstand der interkontinentalen Trägersysteme erreicht war.
Es war zweifellos ein sehr kluges Entgegenkommen Nixons, der UdSSR ein gewisses quantitatives Übergewicht bei den Trägersystemen zuzugestehen, und damit einen Beitrag zum Abbau des Mißtrauens zu leisten. Der noch bestehende qualitative Vorsprung und die inzwischen betriebenen Forschungen für neue Technologien sowie die mit dem Ende des Vietnam-Krieges wieder frei werdende Kapazität schienen dabei die Gewähr zu bieten, nicht mit dieser Vorleistung plötzlich auf diesem entscheidenden Gebiet ins Hintertreffen zu geraten.
Es spielte wohl auch eine wesentliche Rolle, daß man sich bei den ersten Teilabkommen vom 26. Mai 1972 auf Gebiete der strategischen Rüstungen beschränkte, die für beide Seiten mittels der modernen Methoden der Satelliten-Aufklärung nachprüfbar waren, so daß damit der bewußten Täuschung des Partners durch Bluff oder geheime Rüstungen mit ihren großen Gefahren der Boden entzogen war.
In dem Vertrag zur Begrenzung der Anti-Raketen-Systeme (ABM) wurde beiden Seiten erlaubt, je eine Stellung mit je 100 Startern und Raketen zum Schutz der Hauptstadt und eines Interkontinental-Raketen(ICBM)-Startkomplexes zu errichten. Der hier theoretisch erreichten Gleichheit stand allerdings ein anderes praktisches Verhältnis gegenüber. Die Sowjets besaßen eine mit 64 *Galosh**-Raketen einsatzbereite Stellung um Moskau. Die USA rechneten für Ende 1974 mit der Fertigstellung ihrer ersten *Safeguard*-Stellung um die ICBM-Basis Grand Forks in North Dakota. Beide Seiten scheinen vorerst keine große Neigung zum Ausbau weiterer Stellungen um eine sowjetische ICBM-Basis oder Washington zu haben.
In dem vorläufigen – auf fünf Jahre befristeten – Übereinkommen zur Begrenzung der strategischen Offensiv-Raketen und dem dazugehörigen Protokoll über dessen Auswirkungen auf die U-Boot-gestützten Raketen (SLBM) wurden die Rüstungen praktisch auf dem Stand vom 26. Mai 1972 für die SLBM und vom 1. Juli 1972 für die ICBM eingefroren. Die Modernisierung und der Ersatz älterer ICBM und älterer SLBM-U-Schiffe innerhalb der gesetzten Grenzen blieb erlaubt. Eine Ausnahme bildeten nur die schweren ICBM wie die sowjetischen *SS-9**. Vor 1964 errichtete ICBM-Anlagen

konnten auch durch neue SLBM ersetzt werden.
Daraus ergab sich folgende Gegenüberstellung des beiderseitigen Potentials an strategischen Offensiv-Raketen (nach dem Stand vom 26.5. bzw. 1.7.1972):

USA	
54	ICBM TITAN-II
300	ICBM MINUTEMAN-I
500	ICBM MINUTEMAN-II
200	ICBM MINUTEMAN-III
1054	ICBM einsatzbereit
-	ICBM im Bau
1054	ICBM gestattet
-	SLBM auf Diesel-U-Booten
128	SLBM POLARIS A-2 (Atom-U-Schiffe)
256	SLBM POLARIS A-3
272	SLBM POSEIDON C-3
656	SLBM einsatzbereit
-	SLBM im Bau
656	SLBM gestattet
1710	Offensiv-Raketen gestattet

UdSSR	
210	ICBM SS-7 SADDLER* SS-8 SASIN*
290	ICBM SS-9 SCARP* (z. T. FOBS)
970	ICBM SS-11*
60	ICBM SS-13 SAVAGE*
1530	ICBM einsatzbereit
88	ICBM im Bau
1618	ICBM gestattet
36	SLBM SS-N-4 SARK* auf G1*-Klasse
30	SLBM SS-N-5 SERB* auf G2*-Klasse
30	SLBM SS-N-5 SERB* auf H2*-Klasse
464	SLBM SS-N-6 SAWFLY a. Y1*-Klasse
560	SLBM einsatzbereit
64	SLBM SS-N-6 SAWFLY a. Y1* im Bau
116	SLBM SS-N-8* auf D*-Klasse mögl.1)
740	SLBM gestattet
2358	Offensiv-Raketen gestattet

1) Die sowj. Atom-U-Schiffe der D*-Klasse sollen 12 Starttuben für die SS-N-8* besitzen, es können im Rahmen dieser Rechnung also 9 Schiffe mit 108 Starttuben gebaut werden, wenn keine alten Einheiten ersetzt werden.

Für die USA ergab sich daraus, daß die alten *Titan-II* Flüssigkeitsraketen durch 54 neue SLBM vom Typ *Trident* ersetzt werden können. Die weitere Erneuerung der verbleibenden 1000 *Minuteman*-Raketen blieb erlaubt, so daß die 300 *Minuteman-I* mit einer Rate von 100 pro Jahr durch die *Minuteman-III* ersetzt werden können. Der Ersatz der älteren *Polaris*-Atom-U-Schiffe durch das neue *Trident*-System blieb im Rahmen der insgesamt 710 SLBM auf maximal 44 Atom-U-Schiffen gestattet. So müßten bei Durchführung des auf zunächst 10 Einheiten mit je 24 Raketen geplanten *Trident*-Systems die 12 ältesten *Polaris*-Atom-U-Schiffe außer Dienst gestellt werden.
Der Sowjetunion wurde es gestattet, ihre 210 alten ICBM der Typen *SS-7** und *SS-8** durch neue SLBM zu ersetzen, deren Zahl sich damit auf maximal 950 erhöhte, die aber auf nicht mehr als 62 atomgetriebenen U-Schiffen unterzubringen wären. Da man sicher beabsichtigte, die älteren *SS-N-4** und *SS-N-5**-Raketen auf den dieselgetriebenen U-Booten der *G**-Klasse und den Atom-U-Schiffen der älteren *H**-Klasse zu ersetzen, ergaben sich gewisse Probleme, diese Zahlen zu erreichen. Die mit 33 Einheiten anzusetzende *Y-1**-Klasse mit je 16 *SS-N-6** ergab 528 Raketen, da das Nachfolgemuster *D 2** nur 12 Tuben für die *SS-N-8** zu besitzen scheint, käme man aber selbst bei voller Ausschöpfung der U-Schiffzahl mit 29 auf 348 Raketen, also insgesamt nur 876. Um die volle Zahl von 950 zu erreichen, müßte man also entweder auf eine neue U-Schiff-Generation übergehen, oder den Fehlbestand durch eine entsprechende ICBM-Zahl über die verbleibenden 1408 ersetzen.
Ob SALT-I tatsächlich der erste Schritt zu einer Ausbalancierung des Gleichgewichtes der strategischen Waffensysteme und damit der Anfang einer echten Rüstungsbegrenzung oder gar Abrüstung sein wird, dürfte ganz entscheidend davon abhängen, ob es in den heute laufenden Verhandlungen in Helsinki, Wien und Genf gelingt, der noch relativ einfachen quantitativen Begrenzung auch eine wesentlich schwieriger zu realisierende qualitative Begrenzung folgen zu lassen, bei der die notwendige Kontrolle wohl nur durch eine Inspektion am Ort möglich wäre.

Zusammenfassung

Die Analyse der sowjetischen Seemacht-Bestrebungen seit 1945 hat lange Zeit darunter gelitten, daß man die Äußerungen sowjetischer Politiker oder Militärs zu dieser Frage entweder nicht beachtete oder aber als Propaganda abtat. Neu auftretende Schiffstypen wurden dagegen immer wieder als Sensation gewertet. Man interpretierte in diese Schiffe Absichten hinein, die nur an dem eigenen gegenwärtigen Bild sowjetischer Politik orientiert waren und kaum berücksichtigten, daß die dem Bau dieser Schiffstypen zugrunde liegenden Konzeptionen bereits etwa 8–10 Jahre alt waren. Ebenso wie im Westen muß man auch im Osten einen solchen Zeitraum für die Entwicklung eines modernen neuen Waffensystems bis zur Frontreife ansetzen. Versucht man sich die zum Zeitpunkt ihrer Konzipierung anzunehmende Lagebeurteilung einer sowjetischen Führung zu rekonstruieren und vergleicht damit die tatsächlich festzustellenden Vorgänge im sowjetischen Kriegsschiffbau und in der allgemeinen militärpolitischen und technischen Entwicklung, ergibt sich ein sehr viel differenzierteres Bild der Entwicklung, das tatsächlich aus einem verwirrenden Wechselspiel von Aktion und Reaktion in einem Wettlauf der beiden Supermächte um eine militärische Überlegenheit zusammengesetzt ist. Mag auch jeder Gliederungsversuch da und dort etwas Gewaltsames haben und mögen sich die Entwicklungslinien teilweise überschneiden, so lassen sich für die Jahre seit 1945 doch fünf Perioden dieses Wettlaufs voneinander abgrenzen:

1. Die Zeit von *1945 bis 1950* war gekennzeichnet durch eine sehr weitgehende amerikanische Abrüstung im Vertrauen auf das bestehende Atomwaffen-Monopol, das jedoch für die Sowjets angesichts des Fehlens eines ausreichenden Trägersystems keine glaubwürdige Abschreckung vor einer, an die überlegene Stärke der Roten Armee angelehnte, gewaltsame Expansion des Kommunismus durch Aufstände, Bürgerkriege, Blockaden und Stellvertreter-Kriege bot. Auch zur See rüsteten die USA ab, während die Sowjetunion gegen die vermeintliche amphibische Bedrohung ein großes »Anti-Amphibik«-Flottenbauprogramm in Gang setzte.

2. In der Zeit von *1950 bis 1956* begannen die USA, durch den Schock des Korea-Krieges endlich ernüchtert, ihr Konzept der »massiven Vergeltung« durch den Bau einer gewaltigen Düsenbomber-Flotte und eines weltweiten Stützpunktnetzes im Rahmen eines die Sowjetunion einschließenden Bündnissystems glaubwürdig zu machen. Zur Ergänzung dieses Systems wurden auf den Eurasien umgebenden Meeren Flugzeugträger-Kampfgruppen mit einem nuklear-strategischen Potential gebildet. Die Sowjetunion, durch eine Führungskrise behindert, geriet mit ihrer noch ungenügenden industriellen Kapazität hoffnungslos ins Hintertreffen. Durch den sofortigen Übergang zur Raketenrüstung suchte sie sich einen technologischen Vorsprung zu sichern. Das aufwendige und gegen die nicht mehr existente amphibische Bedrohung gerichtete Flottenbauprogramm mußte eingestellt und durch ein gegen die neue Gefahr gerichtetes »Anti-Träger«-Programm ersetzt werden.

3. Die Periode von *1956 bis 1962* wurde von den Versuchen Chruschtschows charakterisiert, durch die propagandistische Herausstellung technologischer Ersterfolge den Eindruck einer überlegenen sowjetischen Raketen-Rüstung zu erwecken und über deren tatsächliche Schwäche hinwegzutäuschen. Der Sputnik-Schock führte jedoch in den USA zu einer starken Forcierung der Raketen-Rüstung, die bald die sowjetischen Anstrengungen weit hinter sich zu lassen drohte. Die neuen amerikanischen *Polaris*-Atom-U-Boote zwangen die Sowjets, zu ihrem »Anti-Träger«-Programm ein weiteres »Anti-*Polaris*«-Programm hinzuzufügen. Chruschtschows Versuch, diese Entwicklung noch einmal mit einem Bluff, dem Kuba-Abenteuer, zu unterlaufen, scheiterte an der amerikanischen Seemacht.

4. In den Jahren von *1962 bis 1967* gewannen die USA, dank ihrer großen industriellen Kapazität und ihrer modernen Management-Methoden, schnell eine gewaltige Überlegenheit nun auch auf den Gebieten der Interkontinental- und U-Boot-Raketen. Der Sowjetunion brachte das Fiasko der Kuba-Krise die Erkenntnis, daß sich durch Bluff allein eine weit über den eurasiatischen Kontinentalblock hinausgreifende Weltpolitik nicht untermauern ließ. Angesichts heutiger Aufklärungstechniken mit Satelliten, die jeden größeren Täuschungsversuch bald entlarven konnten, blieb kein anderer Weg als der Versuch, einerseits die USA auf dem Gebiet der strategischen Offensiv-Raketen einzuholen, und andererseits Amerikas Seemacht durch den Bau einer modernen Hochseeflotte wenigstens für den heute im Vordergrund stehenden Zustand des »Nicht-Krieges« zu neutralisieren.

5. In der Zeit von *1967 bis 1972* realisierte die Sowjetunion zunächst das erste Ziel, wobei ihr die Fesselung der USA durch den Vietnam-Krieg sehr zustatten kam. Die Aufwendungen für diesen Krieg und die in seinem Gefolge aufgebrochenen inneren Probleme zwangen die USA zu einer quantitativen Begrenzung ihrer interkontinentalen Trägersysteme auf den Stand von 1967 und zur Beschränkung auf qualitative Verbesserungen. Dadurch konnte die Sowjetunion die USA tatsächlich im Jahre 1972 in der Zahl der einsatzfähigen Trägersysteme für Interkontinental-Waffen einholen. Aber Präsident Nixons Politik der Herauslösung der USA aus Vietnam und der Entwicklung eines mehrpoligen Gleichgewichts-Systems vor allem durch die Ausnutzung des sowjetisch-chinesischen Gegensatzes zwang die UdSSR angesichts eines drohenden und ihre Möglichkeiten übersteigenden neuen Wettrüstens zum Eingehen auf den Vorschlag einer Rüstungsbegrenzung.

Ist nun auch durch SALT-I ein Anfang mit der Ausbalancierung eines Gleichgewichtes der strategischen Waffensysteme getan, auf den Gebieten der konventionellen Rüstungen zu Lande und der Seerüstungen sind wir von einem solchen Gleichgewicht, der Voraussetzung für eine Rüstungsbegrenzung und schließliche Abrüstung, noch weit entfernt. Es wird das Problem der neuen Verhandlungen sein, wie man zu einem für beide Seiten akzeptablen Ausgleich der östlichen Überlegenheit zu Land und der westlichen zur See kommen kann, ehe neue Rüstungen, durch technologische Entwicklungen angefacht, die Gewichte so sehr verschieben, daß beiderseitige ausgewogene Reduktionen unmöglich werden.

Angesichts der Abhängigkeit des westlich orientierten Staatensystems von der Sicherheit der Seeverbindungen mit den USA wird seine Existenz entscheidend davon abhängen, ob es Amerika und seinen Verbündeten gelingt, in einem Konflikt die Seeherrschaft in den Gebieten aufrecht zu erhalten, in denen dieser Verkehr im Atlantik und Pazifik sowie dessen Randmeeren läuft, oder ob die gegenwärtigen sowjetischen Seerüstungen sie gefährden.

Gemessen an den von E. Wegener in Kapitel 52 dargelegten Kriterien kann es bei einer Betrachtung der möglichen Rolle der Seemacht im kriegerischen Konflikt der Supermächte noch auf absehbare Zeit keine Frage sein, daß die USA mit ihren Angriffs-Flugzeugträgern, die durch moderne Luftabwehr- und U-Jagdschiffe begleitet sind, in jedem für sie lebenswichtigen Seegebiet die Seeherrschaft erringen und ausüben können. Ihre U-Jagdgruppen mit Landflugzeugen, U-Jagd-Hubschrauber-Trägern und Geleitfahrzeugen können gegnerische U-Boote in diesen Gebieten freizügig jagen und bekämpfen. Ihre modernen amphibischen Kampfgruppen können unter dem Schirm der Trägerluftwaffe für begrenzte Aufgaben erforderliche Kräfte über weite Entfernungen hinweg landen. Und ihre weltweite logistische Organisation kann alle diese Verbände über Monate hinweg unabhängig von Häfen in der Nähe im Operationsgebiet kampfkräftig unterhalten. Weder die sowjetischen Überwasserschiffe noch die U-Boote sind von ihrer Konzeption her primär für den Kampf um Seeherrschaft auf den Ozeanen oder den Kreuzerkrieg ausgelegt, ihre Aufgabe ist – neben dem Beitrag zur nuklearen Abschreckung – im Rahmen der »Anti«-Programme vielmehr die Abwehr von See her drohender Gefahren für das Gebiet der UdSSR. Dabei ist es das Bestreben der Sowjetflotte, den Abwehrriegel durch die »Vorwärts-Dislokation« von der eigenen Küste weg möglichst weit auf den Gegner vorzuschieben, also das eigener see- und landgestützter Luftherrschaft unterliegende Küstenvorfeld auszudehnen. In diesem Bereich denkt man sicher auch an eine begrenzte seestrategische Offensive durch die Verbesserung der eigenen Positionen mittels amphibisch oder nur an Land vorgetragener Offensiven, für die im Nordmeer, in der Ostsee und im Schwarzen Meer den Anliegerstaaten weit überlegene, moderne Kräfte aufgebaut wurden.

Doch ist heute ein Konflikt der Supermächte angesichts des atomaren Patt recht unwahrscheinlich geworden, während sich unterhalb dieser Schwelle vor allem im Bereich der Dritten Welt mannigfache Konflikt-Möglichkeiten abzeichnen, welche die Interessen der Großen berühren.

Die Sowjets haben offenbar, nachdem ihnen das die Amerikaner rund zwanzig Jahre vorexerziert hatten, erkannt, welche Möglichkeiten Seestreitkräften als »maritimer Macht« auch im Frieden oder Nichtkrieg innewohnen. Heute kann die US-Navy ihr Gewicht nur noch voll in die Waagschale werfen, wenn sie »allein präsent« ist, sei es, weil ihr Gegenspieler in dem Gebiet keine Seestreitkräfte unterhält (Vietnam) oder weil er an dem Konflikt desinteressiert ist. Gelingt es den Sowjets jedoch, ihre maritime Präsenz in Krisengebieten aufrecht zu erhalten, so können sie auch mit unterlegenen Streitkräften die überlegene Seemacht der USA neutralisieren, solange diese nicht schießen will (Sechs-Tage-Krieg 1967). Andererseits kann die Sowjetunion aber auch dort, wo sie heute »allein präsent« ist, wie z.B. vor Westafrika oder im Arabischen Golf, ihrerseits »maritime Macht« zur Geltung bringen und damit Entwicklungen in den dortigen Küstenstaaten in ihrem Sinne beeinflussen.

Das für seestrategisch defensive Aufgaben entwickelte sowjetische Potential an modernsten Überwasserschiffen mit Seeziel- und Luftabwehr-Flugkörpern sowie U-Jagdsystemen stellt heute ein für solche politischen Aufgaben im Rahmen einer offensiven maritimen Strategie hervorragend geeignetes Instrument dar. Diese modernen sowjetischen Schiffe, die gerade in der Dritten Welt als Beweise für die militärische Stärke und das technologische Niveau der Vormacht des sozialistischen Lagers angesehen werden, können um so eher zu einer »maritimen Macht« werden, als es den Sowjets zunehmend gelingen wird, ihre Verbände durch die Übernahme amerikanischer Versorgungstechniken und die Gewinnung von Hafen- und Stützpunktrechten in für sie interessanten Gebieten über längere Zeit oder ständig in See zu unterhalten.

Wir werden aufmerksam darüber zu wachen haben, ob die forcierten sowjetischen Seerüstungen auch in Zukunft vor allem unter dem Gesichtspunkt des Wettlaufes strategischer Waffensysteme und ihrer Abwehr zu sehen sind, oder ob ihre neuen Schiffe, wie z.B. die im Bau befindlichen Flugzeugträger der *Kiev*-Klasse, den sowjetischen »Griff zur Seeherrschaft« signalisieren.

Kapitel 51

Der Vietnam-Krieg

Für die deutsche Ausgabe neu bearbeitet von Jürgen Rohwer

Die Genfer Indochina-Konferenz von 1954 konnte zwar die militärische Auseinandersetzung zwischen den französischen Kolonialtruppen und den kommunistischen Viet-Minh beenden, doch fand sie keine dauerhaften Lösungen für die politischen Probleme dieses Raumes. In den Waffenstillstands-Verträgen, die Frankreich mit den Viet-Minh (21. Juli), mit Laos (6. August) und Kambodscha (7. August) schloß, wurde vereinbart, daß sich die beiderseitigen Streitkräfte in Vietnam innerhalb 300 Tagen über eine Demarkationslinie am 17. Breitengrad zurückziehen, daß die Zivilbevölkerung ein Optionsrecht für den kommunistischen Nord- und den nichtkommunistischen Südteil Vietnams erhalten und daß im Juli 1956 Wahlen in beiden Zonen mit dem Ziel der Bildung einer gemeinsamen Regierung stattfinden sollten. Laos und Kambodscha, die selbständige Staaten bildeten, sollten von französischen und Viet-Minh-Truppen geräumt werden. Zugleich gaben die Franzosen ihre Absicht bekannt, auch aus Südvietnam innerhalb eines Jahres abzuziehen. In ihrer Schlußerklärung sicherten England, Frankreich, China und die indochinesischen Staaten Nordvietnam, Laos und Kambodscha sich die Achtung ihrer Souveränität und Integrität sowie die Enthaltung von jeder Einmischung in innere Angelegenheiten zu. Südvietnam weigerte sich, diese Erklärung, die die Teilung Vietnams besiegelte, zu unterschreiben. Die USA wollten ihr ohne Südvietnam nicht zustimmen und veröffentlichten eine eigene Erklärung, in der sie die Waffenstillstandsabkommen zur Kenntnis nahmen und verkündeten, sie würden jede erneute Aggression als eine »ernste Bedrohung des internationalen Friedens« betrachten.

Mit dem Abzug der Franzosen aus Indochina stand die amerikanische Regierung unter Präsident Eisenhower vor der Frage, ob man einer weiteren Ausdehnung des Kommunismus in Südasien zusehen wollte, oder ob man dem im Rahmen der Strategie des »Containment« ähnlich wie in Europa einen Riegel vorschieben müsse. Man befürchtete, daß der Fall eines weiteren Staates wie der eines Domino-Steines das ganze Gefüge Südostasiens zum Einsturz bringen würde (»Domino-Theorie«) und entschloß sich, an die Stelle Frankreichs als Bollwerk gegen die Ausbreitung des Kommunismus zu treten.

Als ersten Schritt suchte Außenminister Dulles im südostasiatischen Raum ein der NATO ähnliches Paktsystem aufzubauen. Seinen Ansatzpunkt konnte der ANZUS-Pakt zwischen den USA, Australien und Neuseeland von 1951 bilden. Dulles wünschte ihn vor allem mit der »Colombo«-Staatengruppe (Indien, Indonesien, Pakistan, Burma, Ceylon) in Verbindung zu bringen, doch erklärte sich nur Pakistan zu einem Beitritt bereit. Ebenso konnten Thailand, das sich durch China in seinen Nordprovinzen bedroht fühlte, und die Philippinen gewonnen werden. Die von den USA gewünschte Teilnahme der Tschiang Kai-schek-Regierung auf Formosa scheiterte am britischen Widerstand, ebenso wie auch eine Einbeziehung Südkoreas meist abgelehnt wurde. So kam es schließlich am 8. September 1954 zum Abschluß des SEATO-Paktes, an dem sich außer den genannten Staaten auch Großbritannien und Frankreich beteiligten. Sein Ziel sollte es sein, jede Aggression gegen eines der Paktmitglieder und die indochinesischen Staaten Laos, Kambodscha und Südvietnam zu verhindern.

Zu gleicher Zeit entschlossen sich die USA, den Staaten Südvietnam und Laos wirtschaftliche Hilfe zukommen zu lassen und ihnen beim Aufbau nationaler Streitkräfte durch Materiallieferungen und Entsendung von Ausbildern Unterstützung zu gewähren.

Während in Nordvietnam Ho Tschi-Minh, gestützt auf seine disziplinierte Viet-Minh-Armee und die Partei-Kader, begann, nach bewährtem Vorbild alle Einrichtungen »gleichzuschalten« und den Staat zu konsolidieren, schien im Süden ein Chaos sich abzuzeichnen. Zwar gingen die kommunistischen Gruppen, soweit sie nicht als Truppenverbände abgezogen waren, in den Untergrund, doch besaßen der meist im Ausland residierende Kaiser Bao Dai und sein neu eingesetzter Ministerpräsident Ngo Dinh Diem keinen festen Rückhalt. Große Teile des Landes standen unter der Herrschaft der Privatarmeen verschiedener Sekten und Gangster-Organisationen. Die rund 860000 meist katholischen Flüchtlinge aus dem Norden boten zusätzliche Probleme. So glaubten die Kommunisten in Ruhe den Wahltermin abwarten zu können, der ihnen den Sieg in ganz Vietnam bringen würde.

Aber unerwarteterweise gelang es dem entschlossenen und rücksichtslosen Diem, unterstützt von skrupellosen Verwandten und Beratern, nacheinander den Kaiser Bao Dai abzusetzen und sich selbst zum Diktator zu machen, dann die Sekten und Privatarmeen gegeneinander auszuspielen und weitgehend zu zerschlagen sowie mit harten Verfolgungen einen großen Teil seiner politischen Gegner und auch der kommunistischen Kader auszuschalten. Den Amerikanern, denen die Methoden Diems wenig zusagten, blieb beim Fehlen einer echten Alternative zunächst keine Wahl, als diesen

»starken Mann« zu unterstützen. Ihm glückte es aber weder, seine begrenzten sozialreformerischen Ideen gegen die verbreitete Korruption im Lande durchzusetzen, noch sich einen eigenen, zuverlässigen Beamtenstab zu schaffen.
Nachdem Diem die für Juli 1956 vorgesehene Volksabstimmung über eine Wiedervereinigung Vietnams verhindert hatte, begannen die in Südvietnam gebliebenen Kader der Viet-Minh systematisch, ihre Positionen wieder auszubauen, indem sie durch selektiven Terror gegen die Vertreter der Saigoner Regierung auf dem flachen Land die Bevölkerung einschüchterten und mit ihrer Propaganda beeinflußten. Durch Überfälle und Anschläge auf die von Amerika finanzierten Reformansätze Diems, z. B. Schulen und Krankenhäuser, Verkehrsbauten und landwirtschaftliche Einrichtungen, unterminierten sie die ohnehin schwierigen Arbeiten an ihren neuralgischen Punkten. Von April 1957 bis April 1958 wuchs die Zahl der Opfer des Terrors auf über 4000 an. Immer weitere Teile des flachen Landes gerieten unter die Kontrolle der sich nun Viet-Cong nennenden kommunistischen Bewegung, sie wurden zu dem »Wasser«, in dem sich die Guerillas des Viet-Cong wie »Fische« bewegen und untertauchen konnten.
Um die Guerilla-»Fische« von ihrem »Wasser« zu trennen, ging Diem nach dem Vorbild der Briten in Malaya daran, die Bevölkerung in »Wehrdörfern« zusammenzufassen, von denen er bis 1963 7000 errichten lassen wollte. Aber die Einwohner-Milizen konnten diese Dörfer nicht gegen die nächtlichen Überfälle der Viet-Cong schützen, deren Anhänger teilweise in die Dörfer selbst infiltriert waren. Die südvietnamesische Armee war auf eine solche Kampfführung nicht vorbereitet. Ihre amerikanischen Berater gingen bei ihrem Aufbau von den eigenen Korea-Erfahrungen aus und planten kampfkräftige, große Divisionen mit guter materieller Ausstattung, mit denen man eine Invasion über den 17. Breitengrad abwehren konnte. Diese Verbände waren jedoch zu schwerfällig, um die hochbeweglichen, kleinen Partisanengruppen, die jedem Kampf mit überlegenem Gegner auswichen, zu stellen. So gingen die meisten der Operationen ins Leere, während sich die Guerilla-Gruppen im Bambus-Dschungel verloren, nur um sofort nach dem Abzug der Regierungstruppen wieder aufzutauchen und erneut Terror und Schrecken zu verbreiten. Anstatt sich den inneren Reformen zuzuwenden, griff auch Diem immer stärker zum Mittel des Terrors, bis schließlich im November 1963 auch die Amerikaner sich einem von Teilen der südvietnamesischen Armee inszenierten Staatsstreich nicht widersetzten, bei dem Diem ermordet wurde. Damit war jedoch nun auch die bisher wenigstens erhaltene Stabilität der Regierung dahin, Putsche der rivalisierenden Militär-Cliquen lösten einander ab, und die Situation verschlechterte sich rapide.
Der Viet-Cong dehnte seine inselartigen Herrschaftsgebiete vor allem in den verkehrsmäßig kaum erschlossenen, dschungelbedeckten Hochländern und im von schlammigen Flüssen netzartig durchzogenen Mekong-Delta aus (s. Karte S. 1046).

Bürgerkrieg in Laos

Während es dem kambodschanischen Staatschef, Prinz Sihanouk, gelang, einen neutralistischen Kurs zwischen den Blöcken zu steuern, spitzte sich die Lage auch in Laos immer mehr zu. Hier standen sich drei Gruppen gegenüber: die von Nordvietnam unterstützte Pathet-Lao-Bewegung, die den Nordosten des Landes besetzt hielt, eine neutralistische Gruppe unter dem nominellen Ministerpräsidenten, Prinz Souvanna Phouma, und eine westlich orientierte Gruppe um General Nosavan. Nachdem Souvanna Phouma Ende 1957 zu einem Übereinkommen mit den Pathet Lao gekommen war, das deren Beteiligung an der Regierung vorsah, sperrten die Amerikaner der Regierung ihre Wirtschafts- und Militärhilfe, während sie zugleich Nosavan unterstützten. Durch einen Staatsstreich kam eine auf Amerika orientierte Regierung an die Macht, was die Pathet Lao am 21. Mai 1959 zu einem Angriff gegen die Regierungstruppen in der Ebene der Tonkrüge veranlaßte. Wenn auch im Herbst eine UN-Kommission eine trügerische Waffenruhe herstellen konnte, so brachte 1960 ein neuer Staatsstreich wieder Souvanna Phouma an die Spitze, was nun wiederum General Nosavan zu einem Gegenschlag veranlaßte. Er konnte zwar die Hauptstadt Vientiane erobern, geriet aber dann durch den Angriff der Pathet Lao in eine schwierige Lage, so daß der am Ende seiner Amtszeit stehende Präsident Eisenhower sogar im November 1960 ein Eingreifen mit der im Golf von Tonking aufmarschierten 7. US-Flotte erwog. Doch kam es noch einmal zu einem von England und der Sowjetunion vermittelten Waffenstillstand, nachem alle Parteien einer neuen Genfer Laos-Konferenz zugestimmt hatten. Sie tagte vom Mai bis Juli 1962 und brachte schließlich ein Abkommen über die Neutralisierung von Laos. Es änderte jedoch an den realen Verhältnissen kaum etwas. Tatsächlich waren die Pathet Lao stärker als je zuvor und beherrschten den ganzen Nord- und Ostteil des Landes und die Grenze zu Vietnam, das Gebiet in dem die kommunistischen Kräfte nun daran gingen, den berühmten »Ho-Tschi-Minh-Pfad« zur Versorgung des Guerilla-Krieges in Südvietnam auszubauen.

Amerikas Engagement in Südvietnam

Inzwischen hatten sich die USA unter der neuen Regierung von Präsident Kennedy zu einem stärkeren Engagement in Südvietnam entschlossen, um die sich dort immer mehr zuspitzende Lage zu bereinigen. In einem am 16. Juni 1961 noch mit Diem abgeschlossenen Militärhilfe-Abkommen wurde vereinbart, die bisher 685 Mann starke Militärberater-Gruppe zu verstärken und vor allem in der Partisanenbekämpfung ausgebildete »Special Forces« nach Südvietnam zu verlegen sowie das für eine Verstärkung der Regierungs-Streitkräfte auf bis 170000 Mann notwendige Material bereitzustellen.

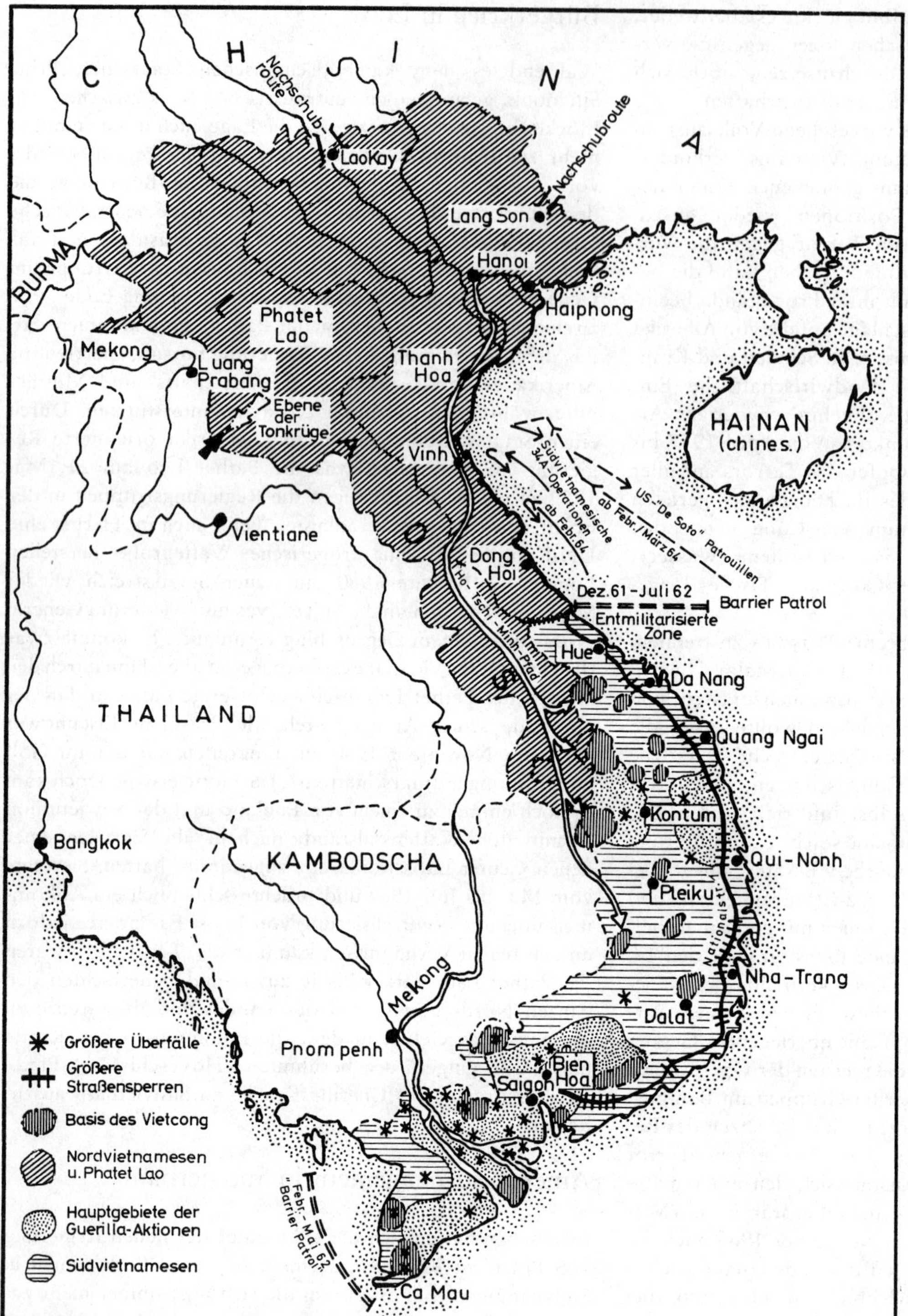

Der Tonking-Golf-Zwischenfall

Dieses verstärkte militärische Engagement der USA führte zu einer erhöhten Zahl von Viet-Cong Aktionen, bei denen auch amerikanische Soldaten in Mitleidenschaft gezogen wurden. Schon 1955 und 1957 waren bei Anschlägen amerikanische Soldaten verletzt und 1959/60 sogar getötet worden. Zum Schutz der amerikanischen Beratungs-Teams und Ausbilder-Gruppen wurden zusätzliche Truppen benötigt, so daß die Zahl der amerikanischen Soldaten in Südvietnam von 2646 Anfang Januar 1962 bis auf 16732 Mann im Oktober 1963 anwuchs. Amerikanische Hubschrauber wurden zum Transport südvietnamesischer Kampftruppen zum Einsatz, gelegentlich auch zur Feuerunterstützung dieser Truppen herangezogen. Amerikanische Flugzeuge flogen Überwachungs- und Aufklärungseinsätze, und leichte Einheiten der 7. Flotte unterstützten südvietnamesische Einheiten bei der Überwachung der langgestreckten Küsten gegen Infiltrationsversuche von See.

Dem zunehmenden amerikanischen Engagement stand auf der anderen Seite eine Zunahme der logistischen Unterstützung des Viet-Cong durch Nordvietnam und ab 1961 auch eine deutliche Zunahme der Infiltration von Partisanen, schließlich von regulären nordvietnamesischen Truppenverbänden gegenüber. Bei einer Stärke der harten Kerne der Viet-Cong-Verbände von rund 10000 Mann Anfang 1962, zu denen noch etwa doppelt so viele »Irreguläre« kamen, betrug die Infiltration 1961 etwa 3700, 1962 rund 5800, 1963 etwa 4200 Mann.

Nach dem Sturz Diems im November 1963 erfuhr der Guerilla-Krieg eine deutliche Intensivierung von kommunistischer Seite, weil man offenbar glaubte, die sich abzeichnende Schwäche des Saigoner Regimes ausnutzen zu müssen. 1964 wuchs die Zahl der Viet-Cong Kader auf etwa 34000, der »Irregulären« auf rund 60000 und die der Infiltranten betrug etwa 7400. Diesen Kräften gelang es im Laufe des Jahres, die größten Teile des wegen seines Überschusses in der Reisproduktion für Vietnam lebenswichtigen Mekong-Deltas und weite Gebiete des zentralen Hochlandes unter kommunistische Kontrolle zu bringen. Diese Erfolge riefen auf kommunistischer Seite die Hoffnung wach, im Jahre 1965 zur dritten Phase des »Befreiungs-Kampfes«, in der die Regierungstruppen in offener Feldschlacht besiegt werden sollten, übergehen zu können.

Präsident Lyndon B. Johnson, der Nachfolger des am 22. November 1963 ermordeten John F. Kennedy, der selbst Südvietnam als Vizepräsident besucht hatte und sich durch die häufige Entsendung vertrauter Berater nach Saigon ein Bild der Entwicklung zu machen suchte, glaubte der sich immer mehr abzeichnenden Katastrophe durch eine massivere Beteiligung der USA an der Bekämpfung des Viet-Cong begegnen zu müssen. Durch eine abgestufte Eskalation hofften er und seine Berater vor allem die äußere Unterstützung des Viet-Cong unterbinden und schließlich zu einer politischen Lösung des Problems kommen zu können.

Auch die amerikanische Marine war an dem zunehmenden Engagement der USA in Südvietnam beteiligt. Schon 1954 hatte die US-Navy 5 APA's, 2 AKA's, 2 LSD's, 2 APD's und 4 LST's unter dem Befehlshaber der »amphibischen Gruppe Westpazifik«, K. Adm. Sabin, zur Unterstützung der Franzosen bei der Operation »Passage to Freedom« eingesetzt. Bis zum Mai 1955 transportierten sie 310000 Personen, 8000 Fahrzeuge und 69000 t Ladung in dem Austausch zwischen Nord- und Südvietnam, in dem insgesamt rund 860000 Menschen nach dem Süden kamen, aber nur weniger als 100000 in den Norden gingen.

In einer Übergangsphase bis 1957 hatten die Amerikaner in geringem Umfang zusammen mit den Franzosen als Berater der im Aufbau befindlichen kleinen südvietnamesischen Marine gewirkt. Sie war weitgehend aus den französischen »Division Naval d'Assaut« hervorgegangen und wuchs von 1957-1960 von rund 1900 Mann auf 3500 Mann an. Die Zahl der amerikanischen Berater belief sich nach Abzug der Franzosen zwischen 1957 und 1960 auf 60 Mann. 1960 bestand die südvietnamesische Marine aus 6 »River Assault Groups« mit etwa 100 übernommenen französischen oder von den USA gelieferten kleinen Landungsfahrzeugen. Dazu kam ab April 1960 eine von paramilitärischen Verbänden bemannte »Dschunken-Flotte« zur Küstenüberwachung. Bei dem mangelnden Verständnis der südvietnamesischen Militärs für die Möglichkeiten einer amphibischen Kampfführung gegen die zunehmende Guerilla-Tätigkeit wurden diese Einheiten aber überwiegend zur logistischen Versorgung, kaum jedoch für Kampfeinsätze verwendet.

Da die »Dschunken-Flotte«, obgleich sie von rund 80 Einheiten 1960 auf über 600 Einheiten 1962 mit 400 Offizieren und 3700 Mann Zivilpersonal angewachsen war, kaum einen Einfluß auf die zunehmenden Erfolge der Viet-Cong Partisanen hatte, entschloß sich die US-Navy im Dezember 1961 zu einer aktiveren Beteiligung an der Bekämpfung der vermuteten Infiltration über See. Hochsee-Minensucher der US-Navy patrouillierten im Golf von Tonking auf der Höhe des 17. Breitengrades als »Barrier Patrol«, um mit ihren Radar-Geräten den nächtlich laufenden Verkehr zu erfassen und südvietnamesische Schiffe an geortete Ziele heranzuführen. Im Februar 1962 wurde im Golf von Siam zwischen der Phu Quoc-Insel und der Ca Mau-Halbinsel mit Radar-Geleitzerstörern eine ähnliche Patrouille eingerichtet. Doch auch mit dieser Unterstützung blieben die Ergebnisse äußerst minimal. Obgleich Tausende von Küstenfahrzeugen untersucht wurden, fand man nur sehr selten Viet-Cong-Verdächtige. So wurden die Patrouillen im Golf von Siam am 26. Mai 1962, im Golf von Tonking am 1. August 1962 wieder eingestellt.

Nach dem Besuch des militärischen Beraters von Präsident Kennedy, General Maxwell D. Taylor, in Südvietnam im Oktober 1962 wurde die amerikanische Aktivität zur Unterstützung der südvietnamesischen Streitkräfte auch auf dem Gebiet der Marine intensiviert, um deren Ausbildung und damit ihre Leistungsfähigkeit zu verbessern. Bis Ende 1963 wuchs die Zahl der Navy-Berater auf 742 Mann bei einer Personalstärke der südvietnamesischen Marine von 6200 Mann an. Aber obgleich auf weniger als 9 Vietnamesen ein Amerikaner kam, waren von den vorhandenen rund 50 Patrouillen- und 208 Landungs- und Flußfahrzeugen kaum mehr als 50% einsatzfähig. Im Januar 1964 gelangte eine neue Untersuchung der Verhältnisse zu dem Ergebnis, daß nur eine aktive Beteiligung der US-Navy an der Überwachung zu wirklichen Erfolgen führen würde.

Die damit sich abzeichnende Eskalation stand im Zusammenhang mit der als Folge weiterer Besuche hoher amerikanischer Politiker und Militärs in Saigon, darunter Verteidigungsminister McNamara im Dezember 1963, beschlossenen Aufnahme der sog. »34A-Operationen« gegen Nordvietnam als der Quelle und Basis des zunehmend kritischer werdenden Guerilla-Krieges im Süden. Diese 34A-Operationen sahen Aufklärungsflüge, Sabotage-Unternehmen, Entführungen und »Commando-Raids« von See gegen Küstenverkehrswege und Inselstützpunkte nördlich des 17. Breitengrades vor. Diese am 1. Februar beginnenden Einsätze waren zwar ausschließlich von südvietnamesischen Einheiten auszuführen, doch stellten die Amerikaner das Material, und die Operationen waren mit dem Chef des »US Military Assistance Command«, Gen. Maj. Harkins, abgestimmt. Zugleich wurden auch von Laos aus mit *T-28* Propeller-Flugzeugen unter laotischen Kennzeichen und mit teilweise thailändischen Piloten Lufteinsätze im nordvietnamesisch-laotischen Grenzbereich gegen die hier vermuteten Nachschubwege des Viet-Cong geflogen.

Die 7. Flotte erhielt von Washington den Befehl, die elektronische Aufklärung der nordvietnamesischen Küste zu beginnen. Im Februar/März 1964 führte der Zerstörer *John C. Craig* ohne Zwischenfälle die erste dieser »De Soto-Patrols« im Tonking-Golf durch. Aus dem Zusammentreffen der an sich operativ voneinander unabhängig angesetzten und geführten »34A-Operationen« und der »De Soto-Patrouillen« sollte sich der folgenschwere Tonking-Golf-Zwischenfall entwickeln.

Der Tonking-Golf Zwischenfall

In der Nacht vom 30./31. Juli 1964 führten südvietnamesische Kriegsschiffe eine »34A-Operation« durch, in der sie die beiden kleinen nordvietnamesischen Inseln Hon Me und Hon Ngu beschossen. Zur gleichen Zeit begann der am 24. Juli aus Japan ausgelaufene Zerstörer *Maddox* auf der Höhe des 17. Breitengrades, 130 sm von dem Ort der Beschießung entfernt, seine »De Soto-Patrol«, bei der er nordvietnamesische Schiffsbewegungen feststellen und vor allem die Frequenzen der Küsten-Radarstationen auskundschaften sollte. Dabei hatte er die Weisung, sich der Küste nicht weiter als 8 sm, den vorgelagerten Inseln nicht mehr als 4 sm zu nähern. Damit blieb er zwar außerhalb der bisher gültigen und von den USA nur anerkannten 3 sm Zone, kam jedoch in die von Nordvietnam wie den übrigen kommunistischen Staaten beanspruchte 12 sm Zone hinein.

Nachdem die *Maddox* am 1. August bei Tageslicht die Küste von der Insel Hon Mat bis Hon Ngu abgelaufen war, setzte sie sich während der Dunkelheit nach See zu ab und steuerte bei Tageslicht am 2. August das Gebiet nördlich Hon Me an. Bei klarer Sicht und Sonnenschein war sie am Vormittag 23 sm von der Küste entfernt, als mit Radar 3 sich mit 40 Kn nähernde Ziele erfaßt wurden. Obgleich die *Maddox* abdrehte und die Fahrt erhöhte, kamen die Fahrzeuge schnell auf und wurden auch optisch als 3 Motortorpedoboote des sowjetischen Typs *P-4*, wie er an die nordvietnamesische Marine geliefert worden war, ausgemacht. Als auf drei vom an Bord befindlichen Divisions-Chef, Capt. Herrick, befohlene Warnschüsse keine Reaktion erfolgte, eröffnete der Zerstörer Wirkungsfeuer und traf 2 der Boote. Das dritte machte seine beiden Torpedos los, die aber ausmanövriert wurden und feuerte mit seinem MG. Eine Garbe traf die *Maddox*. Etwa eine halbe Stunde später griffen 4 *Crusader*-Jäger des Trägers *Ticonderoga*, die zur Unterstützung heranbeordert worden waren, die MTB's mit *Zuni*-Raketen und Bordwaffen an. Eines der drei Boote wurde schwer getroffen und blieb liegen.

Präsident Johnson ordnete sofort die Verstärkung der *Maddox* durch einen weiteren Zerstörer, die *Turner Joy*, und ihre erneute Entsendung in den Tonking-Golf an, gab jedoch Weisung, nicht näher als 11 sm an die Küste heranzugehen und das Feuer nur in Selbstverteidigung zu eröffnen. Zugleich wurde der zu Besuch in Hongkong liegende zweite Träger *Constellation* angewiesen, beschleunigt zur *Ticonderoga* zu stoßen. Am Tage des 3. August patrouillierten die beiden Zerstörer ohne Zwischenfälle ostwärts Hon Me und setzten sich nachts wieder ab, um einer neuen »34A-Operation« auszuweichen. Als sie sich nach ebenfalls ereignisloser Patrouille am Abend des 4. August nach See zu absetzten, ortete die *Maddox* um 19.40 Uhr auf 36 sm Entfernung wieder 5 Radarziele, die sich langsam näherten, obgleich die Zerstörer um 21.00 Uhr nach Süden abdrehten. Während die Zerstörer in 60 sm Entfernung von der Küste nach Süden liefen, kamen die als Motortorpedoboote angesprochenen Ziele bis auf 6000 m heran, so daß Capt. Herrick den Befehl zur Feuereröffnung gab. Mit Sonar wurden mehrere Torpedolaufbahnen beobachtet, und die Zerstörer fuhren Ausweichmanöver. Durch das Feuer der *Turner Joy* wurde vermutlich eines der MTB's vernichtet. Zwei *Skyraider*-Bomber der *Ticonderoga* warfen Leuchtbomben und beobachteten die ablaufenden MTB's.

Bei Eingang der Meldung über diesen neuen Angriff beantragte der Oberbefehlshaber Pazifik in Hawaii, Admiral Sharp, beim Präsidenten die Genehmigung von Vergeltungs-Luftangriffen gegen die nordvietnamesischen Torpedoboot-Basen, die zweieinhalb Stunden nach dem Angriff erteilt wurde. Gegen Mittag am 5. August starteten von der *Ticonderoga* und der inzwischen mit der FK-Fregatte *Gridley* und den Zerstörern *Preston* und *Fechteler* herangekommenen *Constellation* insgesamt 64 *Skyraiders, Skyhawks, Crusaders* und *Phantoms* zu ihren Angriffen gegen die MTB-Basen in Phuc Loi, Loc Chao, Hon Cray, Vinh und Quang Khe, bei denen 8 Fahrzeuge zerstört, 21 beschädigt und die Landanlagen schwer getroffen wurden, während 2 Flugzeuge verloren gingen. Zur gleichen Zeit gab Präsident Johnson in einer Fernsehansprache diesen begrenzten Vergeltungsschlag bekannt. 6 Tage später verabschiedete der Kongreß die »Tonking-Golf Resolution«,

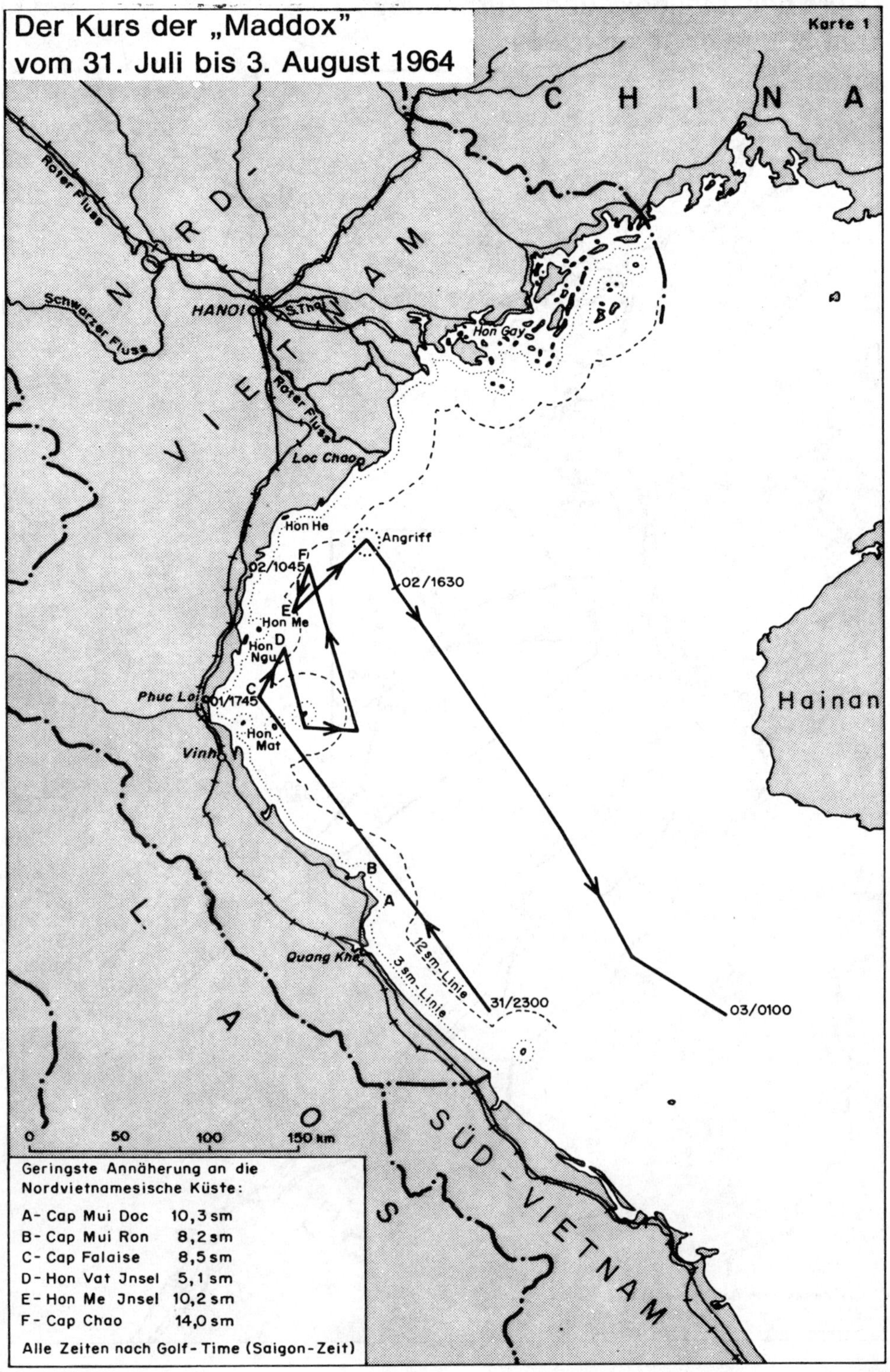

Der Tonking-Golf-Zwischenfall. Die »DeSoto«-Patrouille der *Maddox* vom 31. Juli bis 3. August 1964 und der erste MTB-Angriff.

die Präsident Johnson die Basis für das weitere Eingreifen in den Vietnam-Konflikt gab.

Entsprechende Vorbereitungen liefen an. Zur Verstärkung der »Task Force 77« wurde ein weiterer Träger der 1. Flotte in die Südchina-See in Marsch gesetzt. Jagdflugzeuge und Jagdbomber wurden nach Thailand und Südvietnam, mittlere Düsenbomber nach den Philippinen verlegt, eine U-Bootjagd-Trägergruppe stieß zur 7. Flotte, und Truppen

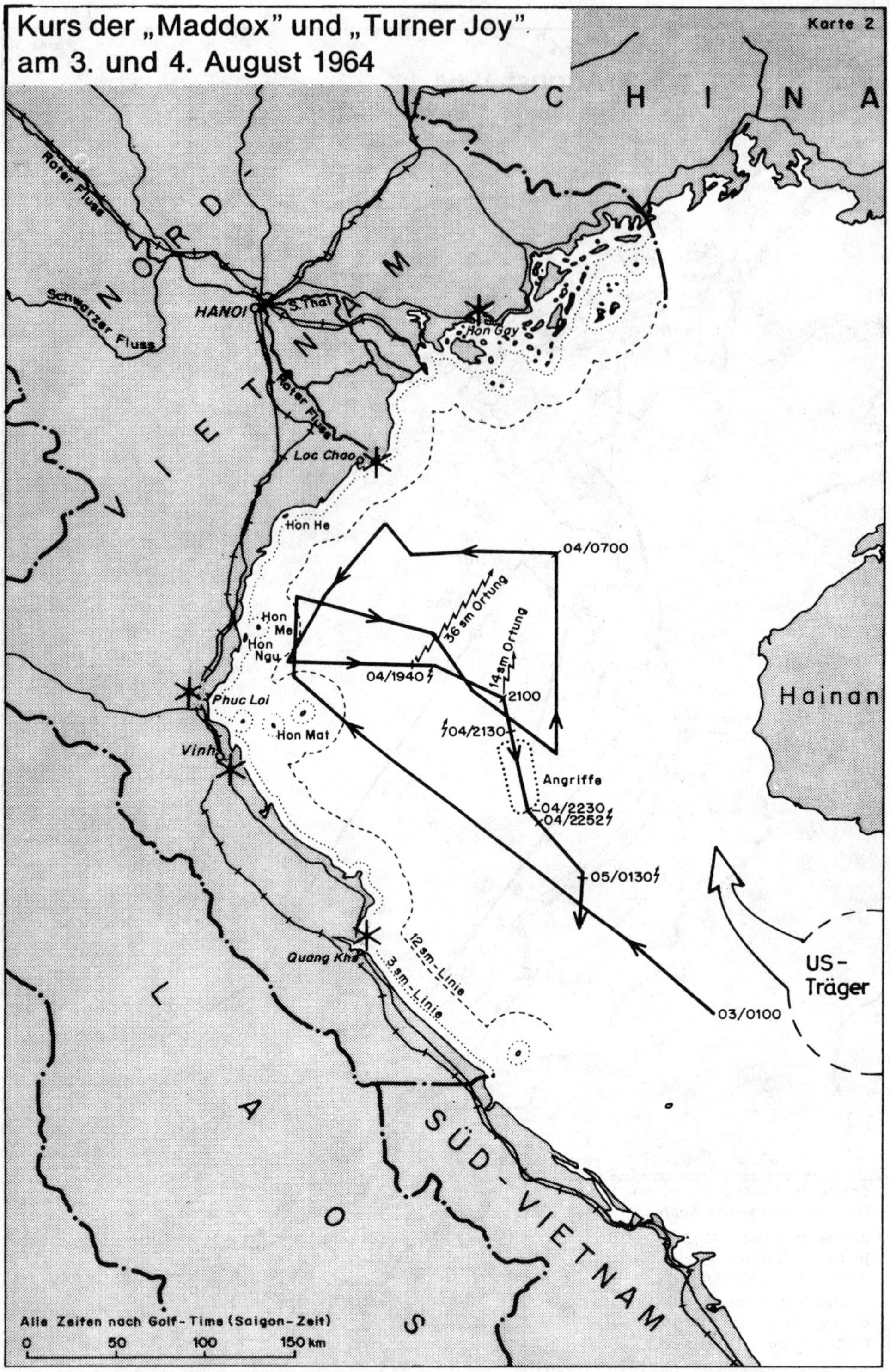

Der Tonking-Golf-Zwischenfall. Die zweite Patrouille der *Maddox* mit der *Turner Joy* am 3. und 4. August 1964, der zweite MTB-Angriff und der US-Trägerraid am 5. 8. 1964

des Heeres und des Marine-Corps wurden für eine Verlegung nach Südostasien in Bereitschaft gelegt. In den Stäben begann die Ausarbeitung von Zielplänen für eine Luftkriegführung gegen Nordvietnam.

Trotz dieser vorbereitenden Planungen zögerte man auf amerikanischer Seite aber noch mit einer aktiveren Beteiligung am Kampf in Vietnam. Die militärische Lage Südvietnams verschlechterte sich dabei ab Herbst 1964, im Winter 1964/65 und in den ersten Monaten 1965 rapide. Während die südvietnamesische Armee trotz der materiellen Hilfe der USA weitgehend ineffektiv blieb, da sich ihre Befehlshaber in den inneren Machtkämpfen verzettelten und sich zur Schonung ihrer Verbände nicht in größere Kampfhandlungen einließen, verstärkte sich der Gegner zunehmend. Anfang 1965 hatte die Zahl der regulären Viet-Cong-Einheiten und Milizen etwa 120000 Mann erreicht. Dazu kamen etwa 20000 Mann politischer Kader zum Aufbau einer eigenen Verwaltung in den »befreiten Gebieten«, die zu diesem Zeitpunkt bereits rund 3/4 des flachen Landes umfaßten. Besondere Aufmerksamkeit fand auf amerikanischer Seite in dieser Phase die zunehmende Infiltration aus dem Norden. Die Nachrichtendienste schätzten die Zahl der Infiltranten auf wenigstens 19000, bald aber schon auf bis zu 34000. Anfangs waren es überwiegend Südvietnamesen, die 1954 nach dem Norden gegangen und dort zu Guerilla-Kämpfern ausgebildet worden waren. Im Januar 1965 stellte man im zentralen Hochland auch erstmalig Teile der aktiven nordvietnamesischen 325. Division mit mittelschwerem Gerät, darunter 7,5-cm-Geschützen, fest. Die Zahl der regulären nordvietnamesischen Truppen wuchs bald auf rund 20000 an. Es schien so, als bereite man sich von Nordvietnam aus auf den Übergang zur dritten Phase des Guerilla-Krieges, des Kampfes mit regulären Verbänden gegen die angeschlagenen Reste des Gegners vor.

Das zeigte, daß die bisherigen amerikanischen Maßnahmen zur Unterbindung des Nachschubes und der Infiltration aus dem Norden unwirksam geblieben waren. Mit Rücksicht auf die Anfang November 1964 bevorstehenden Präsidentschaftswahlen hatte Präsident Johnson Aktionen, die die Aufmerksamkeit der Öffentlichkeit erregen mußten, vermieden. Zwar hatte man am 14. Oktober die Wiederaufnahme von Angriffen mit *T-28*-Propeller-Maschinen von Thailand aus gegen den Ho-Tschi-Minh-Pfad in Laos südlich des 19. Breitengrades gestattet und Düsenjäger der US Air Force und der »Task Force 77« für diese Einsätze Jagdschutz fliegen lassen, doch wurden bis Dezember nur 77 »missions« geflogen, zu wenig, um irgendeine Wirkung zu zeigen. Am 1. November beschossen die Viet-Cong die amerikanische Luftbasis Bien Hoa bei Saigon mit Granatwerfern und zerstörten fünf *B-57*-Bomber und beschädigten weitere 8. Vier Amerikaner wurden getötet. Aber Präsident Johnson versagte sich der Forderung der Militärs nach Vergeltungsangriffen. Erst am 14. Dezember gab er – nach der Wiederwahl – den Einsatz amerikanischer Düsenjagdbomber gegen den Ho-Tschi-Minh-Pfad frei, nachdem die laotische Regierung Prinz Suvanna Phoumas ihre Zustimmung erteilt hatte. Doch durften nur zweimal je vier Flugzeuge pro Woche eingesetzt werden.

Amerikas Eingreifen in den Krieg

Als eine Wirkung dieser amerikanischen Aktionen ausblieb, erkannte man, daß schärfere Reaktionen notwendig waren, um die sich offenbar vor dem militärischen Sieg wähnenden Viet-Congs und Nordvietnamesen zum Einhalten und zur Wiederherstellung der früheren Verhältnisse zu bringen. Man glaubte, die Unterstützung des Viet-Cong für Nordvietnam zu einer so schmerzhaften und kostspieligen Unternehmung machen zu müssen, daß man sie entweder stillschweigend aufgab oder sich zu Verhandlungen bereitfand.

Der unmittelbare Anlaß für die entscheidende Eskalation des Krieges, die zum vollen Eingreifen der USA führte, sollte ein Angriff des Viet-Cong am 5. Februar auf das amerikanische Lager beim Flugplatz Pleiku werden, bei dem 9 Amerikaner getötet und 109 verwundet wurden.

Präsident Johnson ordnete sofort die Durchführung eines »angemessenen Vergeltungsschlages« aus der Luft nach dem vorbereiteten Plan »Flaming Dart« an.

Am 7. Februar mittags starteten die Träger *Coral Sea* und *Hancock* der »Task Force 77« im Tonking-Golf 20 bzw. 29 *Skyhawk*- und *Crusader*-Düsenbomber gegen nordvietnamesische Kasernen bei Dong Hoi dicht nördlich der entmilitarisierten Zone. Die von der *Ranger* gestarteten 34 Flugzeuge, die Kasernen bei Vit Thu Lu, 28 km landeinwärts und 10 km nördlich der Zone, angreifen sollten, mußten wegen der tief hängenden Wolkendecke umkehren, ebenso wie von Südvietnam und Thailand anfliegende Maschinen der US Air Force, die ihre Angriffe am 9. Februar nachholten. Dieser Schlag konnte den Viet-Cong jedoch nicht von neuen Aktionen abschrecken. Am 10. Februar sprengten Spezialeinheiten ein amerikanisches Lager bei Quin Hon, wobei 23 Amerikaner getötet und 21 verwundet wurden. Auf Befehl Johnsons führte die »Task Force 77« am 11. Februar mit ihren drei Trägern einen neuen, stärkeren Vergeltungsschlag »Flaming Dart II« mit 99 Maschinen gegen die Kasernen bei Chanh Hoa. Bei beiden Angriffsoperationen gingen 4 Trägerflugzeuge durch das Flakfeuer der Nordvietnamesen verloren.

Mit diesen Angriffen hatte die nordvietnamesische Regierung nun den Vorwand zur Hand, um ihrerseits den Abzug der Kontrollposten der internationalen Kommission zur Überwachung des Waffenstillstandes von 1954 zu fordern, die bisher die Grenzen nach Laos und China auf Waffenlieferungen zu prüfen hatten. Damit konnten umfangreiche Hilfslieferungen Chinas und der Sowjetunion ungehindert nach Nordvietnam gelangen. Als Voraussetzung für Verhandlungen stellten beide Seiten für den Gegner unannehmbare Forderungen. Nordvietnam verlangte den Abzug der Amerikaner und die Einstellung der Luftangriffe, die USA den Abzug der nordvietnamesischen Truppen aus Südvietnam. Da diese Forderungen abgelehnt wurden, mußte es zum nächsten Schritt auf der Eskalations-Leiter kommen.

Zunächst erschien es notwendig, die amerikanischen Lager und die Basen der »Support Forces« durch eigene Bodentruppen gegen Angriffe der Viet-Congs zu schützen. Neben dem Raum von Saigon war das wichtigste amerikanische Nachschubzentrum der Hafen von Da Nang im Norden Südvietnams. Die »Task Group 76.7« unter K. Adm. Don

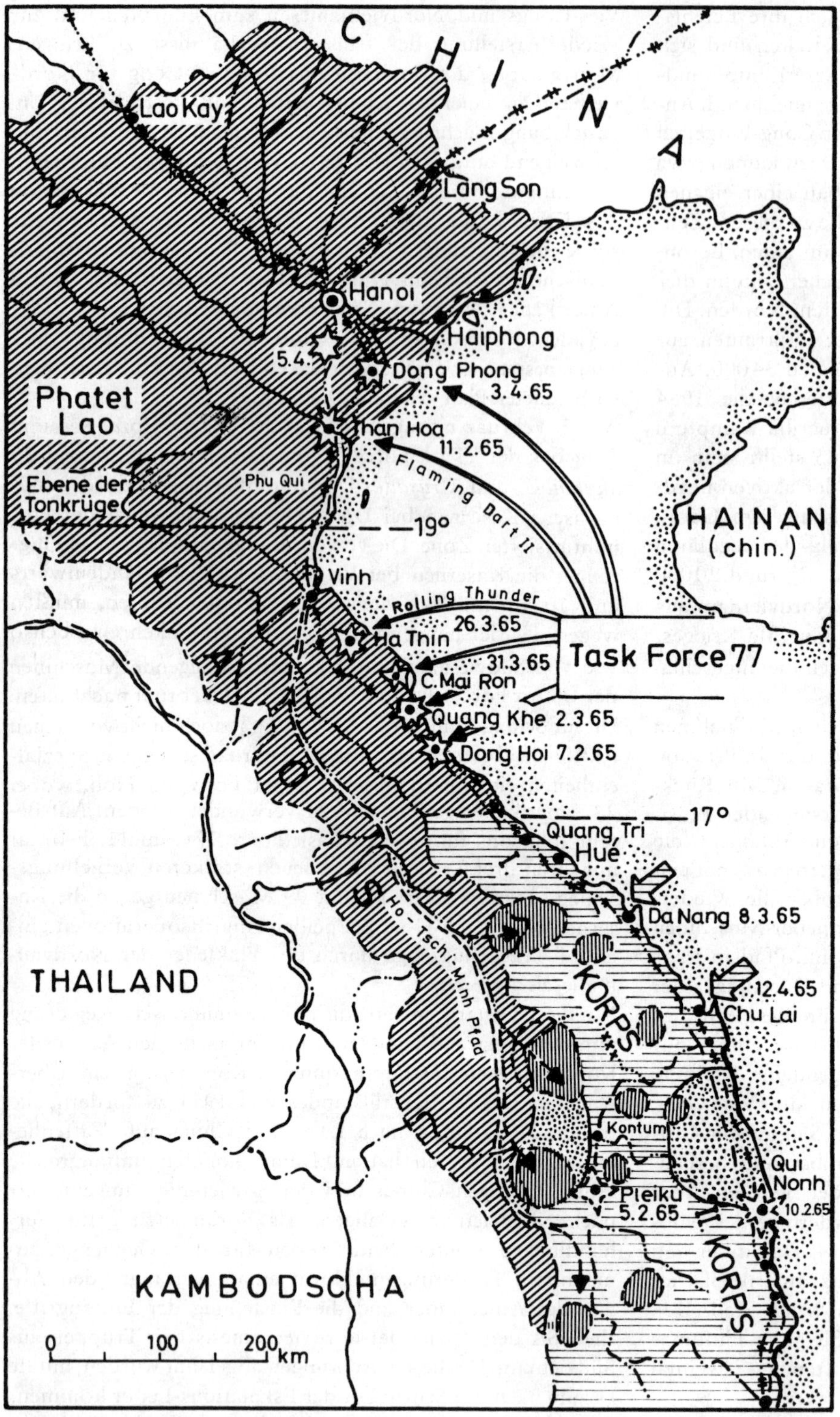

Das Eingreifen der 7. Flotte.
Die Vergeltungsschläge »Flaming Dart« und »Rolling Thunder« (Februar und März 1965) und die ersten Truppenlandungen (März und April 1965)

W. Wulzen mit dem Führungsschiff *Mount McKinley*, dem Hubschrauber-Träger *Princeton*, dem Transport-Dockschiff *Vancouver*, dem Angriffstransporter *Henrico*, dem Angriffsfrachter *Union* und mehreren Panzerlandungsschiffen setzte am 8. März bei Da Nang das 3. Bataillon der »9th Marine Expeditionary Brigade« ab, um hier eine Basis für den Einsatz des Marine-Corps zu bilden. Ein weiteres Bataillon wurde am 10. März im Luft- und Seetransport nachgeführt. Der Auftrag dieser Bataillone war rein defensiv auf den Schutz der amerikanischen Anlagen beschränkt.

Noch bevor diese Verlegung von Bodentruppen begann, hatte sich Präsident Johnson zu einer Verschärfung des Luftkrieges entschlossen, um stärkeren Druck auf Nordvietnam auszuüben. Die Angriffe sollten nun nicht mehr nur als Vergeltungsaktionen gegen bestimmte Überfälle des Viet-Cong gelten. Nach der Weisung vom 13. Februar sollten im Rahmen der Operation »Rolling Thunder« ab 20. Februar gemeinsam mit der südvietnamesischen Luftwaffe ein- bis zweimal wöchentlich genau umschriebene und begrenzte Angriffe gegen zwei bis drei Ziele südlich des 19. Breitengrades geflogen werden. Infolge des Staatsstreiches vom 27. Januar in Saigon, mit dem die Zivil-Regierung durch General Khanh gestürzt worden war, mußte der Beginn der Angriffe jedoch verschoben werden. Die südvietnamesische Luftwaffe war nicht einsatzfähig, da ihr Befehlshaber, General Ky, in den Machtkampf der Militärcliquen verwickelt war. Nach zwei weiteren abgeblasenen Aktionen mußte die für den 26. Februar vorgesehene vierte Operation wegen der Monsun-Wetterlage abgesagt werden. Erst am 2. März konnten die *F-100 Super Sabres* und *F-105 Thunderchiefs* der US Air Force zusammen mit 19 *Skyraiders* der Südvietnamesen starten und Munitionslager nördlich des 17. Breitengrades bei Xom Bang und die Marine-Basis Quang Khe angreifen.

Parallel zu dieser Operation liefen diplomatische Bemühungen, die Verbündeten von der Notwendigkeit dieser Eskalation zu überzeugen, zugleich aber auch den Gegner über das »begrenzte Ziel« klar zu informieren. Über die bestehenden Kontakte in Warschau wurden China, durch einen kanadischen Emissär auch Hanoi, davon in Kenntnis gesetzt, daß die USA entschlossen seien, alle Maßnahmen zur Erhaltung Südvietnams zu ergreifen, daß sie aber keine Absichten gegen das Territorium Nordvietnams hegten und nicht beabsichtigten, dieses Land zu zerstören. Bei einem Aufhören der aktiven Unterstützung des Viet-Cong könnten sofort Verhandlungen beginnen.

Da keine positive Reaktion erfolgte, wurden am 14./15. März die nächsten »Rolling Thunder«-Angriffe angesetzt, bei denen erstmalig auch der Einsatz von Napalm-Bomben freigegeben war. Insgesamt 100 Flugzeuge der US Air Force und der Träger *Hancock* und *Ranger* sowie 24 südvietnamesische Maschinen griffen die Marine-Basis Tiger-Island und Munitionslager bei Phu Qui an. Am 18. März bombardierten erneut Flugzeuge der Träger *Coral Sea* und *Hancock* Nachschublager bei Phu Van und Vinh Son.

Die militärischen Befehlshaber waren mit der aus politischen Gründen angesetzten, schleppenden und eingeschränkten Kampfführung unzufrieden, da nach ihrer Ansicht nur anhaltender, massiver und gezielter Druck zu Ergebnissen führen konnte. Der OB Pazifik, Admiral Sharp, forderte deshalb am 21. März eine gezielte Aktion zur Zerstörung der nordvietnamesischen Radaranlagen und die Aufnahme eines massierten Angriffszyklus gegen die »Interdiction«-Ziele, die neuralgischen Punkte der Nachschubsysteme des Gegners. Der Chef des Stabes der Luftwaffe, General McDonell, schlug dagegen einen 28tägigen rollenden Einsatz aller verfügbaren Kräfte, einschließlich der schweren strategischen *B-52* Bomber von Guam, vom 17. Breitengrad nach Norden vor, der mit seinem Heranrücken an Hanoi Ergebnisse erzwingen würde.

Doch Washington entschloß sich nur, den ersten Punkt des Vorschlages von Admiral Sharp aufzugreifen. Am 26., 29. und 31. März griffen 40, 42 bzw. 80 *Skyhawk-* und *Crusader-*Jagdbomber unter dem Schutz von *Phantom*-Jägern die Radarstellungen auf der Back Long Vi-Insel, bei Vinh Son, Ha Tinh und Cap Mui Ron sowie die dazugehörigen Flakstellungen an. 6 Maschinen gingen verloren.

Der Sprengstoffanschlag des Viet-Cong auf die amerikanische Botschaft in Saigon am 29. März sollte wieder eine neue Eskalation auslösen: Am 1. April gab Präsident Johnson den Einsatz der gelandeten Marine-Corps Bataillone auch für begrenzte Angriffsaktionen im Umkreis von 50 km von Da Nang frei. Es wurde die Entsendung von zwei weiteren Marine-Bataillons-Kampfgruppen und die Verstärkung der »Support Forces« der Armee um 18-20000 Mann beschlossen. Vom 12.-14. April landete eine amphibische Gruppe mit dem Hubschrauber-Träger *Iwojima* die beiden Bataillone bei Da Nang und Chu Lai. Am 14. April ordneten die »Joint Chiefs of Staff« auch die Entsendung der 173. Luftlandebrigade der Armee nach Vietnam an, wo sie die Sicherung von Bien Hoa übernehmen sollte. Ende des Monats wurde beschlossen, die Stärke der US-Truppen auf 48000 Mann zu erhöhen und zusätzlich 5250 Mann verbündeter Nationen, z. B. Australiens und Südkoreas, heranzuziehen.

Auch der Luftkrieg erfuhr im April eine Ausweitung. Am 3. April zerstörten *Skyraider-* und *Skyhawk*-Bomber der Träger *Coral Sea* und *Hancock* die Dong Phoug Straßen-Brücke etwa 65 km südlich Hanoi. Am 5. April beobachteten Trägerflugzeuge bei Aufklärungsflügen etwa 28 km südlich Hanoi erstmals den Ausbau von SAM-Raketen-Stellungen. Auf den Flugplätzen Nord-Vietnams wurden einige *IL-28* Düsenbomber und zahlreiche *MiG-17* Düsenjäger ausgemacht. Die von der Marine geforderte Freigabe von Angriffen auf diese Ziele wurde jedoch zurückgehalten, da man unter allen Umständen vermeiden wollte, daß bei solchen Angriffen sowjetische Techniker in Mitleidenschaft gezogen würden. Am 9. April kam es erstmalig südlich der Insel Hainan zu Luftkämpfen von 4 *Phantom*-Jägern mit *MiG-17*. Am 16. April setzten Flugzeuge des neu eingetroffenen Trägers *Midway* erstmalig bei Angriffen gegen zwei Brückenziele in Nordvietnam *Bullpup*-Luft-Boden-Raketen ein.

Nach dieser zweimonatigen verschärften Luftkriegführung legte die US-Regierung vom 8. bis 13. Mai eine Bombardierungspause ein, um Hanoi vor einer weiteren Eskalation eine Gelegenheit zum Einlenken zu geben. Doch blieb eine Reaktion wieder aus.

Im Mai gingen die Viet-Congs und die Nordvietnamesen von Operationen bis maximal Bataillons-Ebene zu Angriffen mit Regiments-Stärke und mehr über, bei denen verschiedentlich südvietnamesische Einheiten zersprengt wurden. Mitte Juni war die Sommer-Offensive der Kommunisten mit Guerilla- und regulären Verbänden des Viet-Cong, aber auch der nordvietnamesischen Armee im Gange. Der amerikanische Befehlshaber in Saigon, General Westmoreland, sah keine andere Möglichkeit mehr, die Lage zu meistern, als schnell amerikanische Kampftruppen zuzuführen und sie zur offensiven Bekämpfung des Gegners einzusetzen. Am 17. Juni stimmte Washington der Verstärkung der US-Einheiten auf 34 Kampf-Bataillone, Ende des Monats auf 44 Bataillone mit 193887 Mann zu. General Westmoreland wollte mit die-

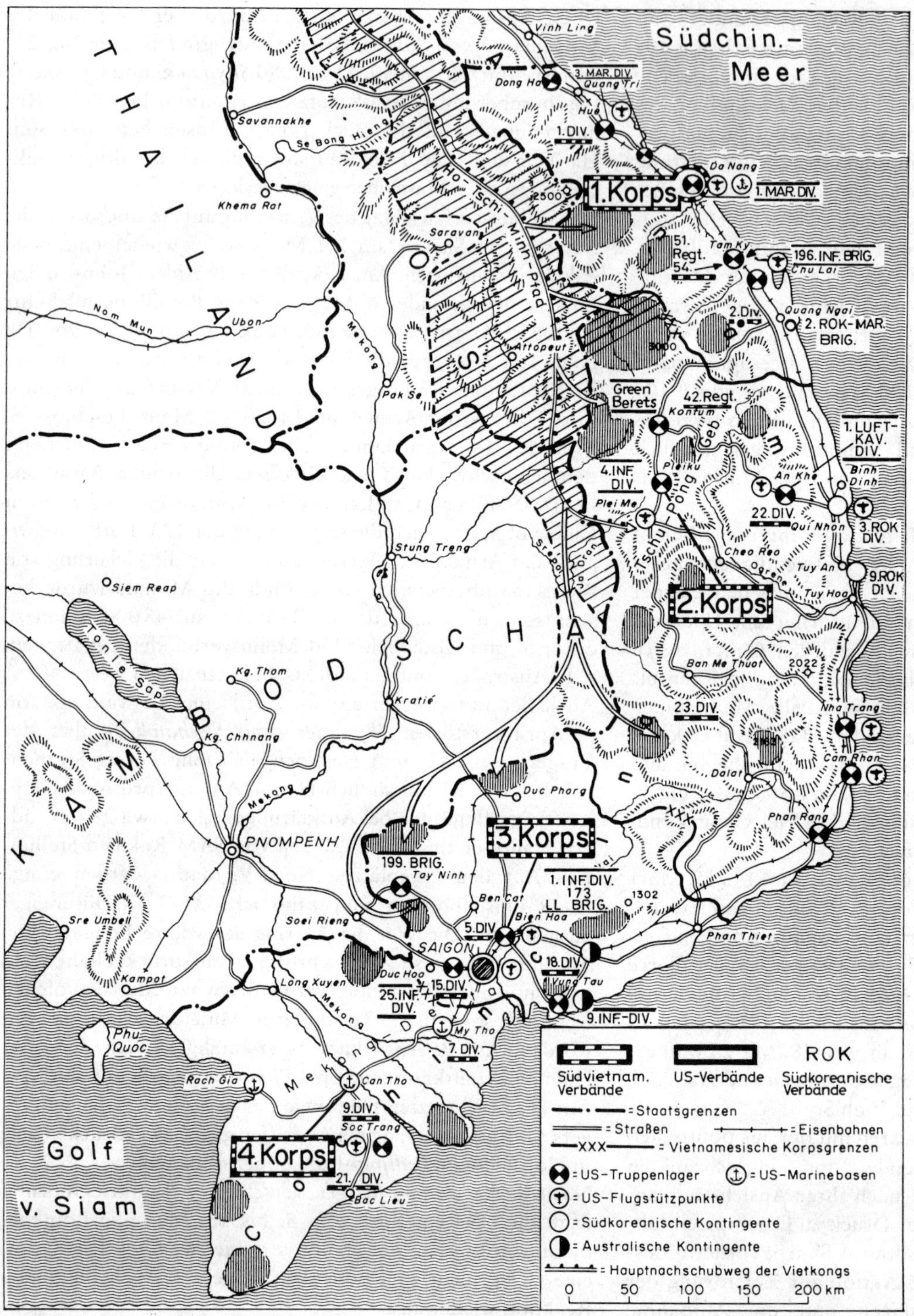

Die Dislokation der Verbündeten in Südvietnam 1965/66

sen Kräften bis Ende des Jahres 1965 in einer Phase I die Lage in Südvietnam stabilisieren. Mit einer Verstärkung um weitere 100000 Mann, die er im Juli forderte (im November 1965 erhöhte sich die Zahl auf 154000) wollte er dann in einer Phase II im Jahre 1966 in den für die Ernährung und Wirtschaft wichtigen Gebieten die feindlichen Kräfte »suchen und vernichten« und ein landwirtschaftliches Wiederaufbauprogramm einleiten. In einer Phase III von 1-1½ Jahren sollten anschließend die restlichen feindlichen Kräfte aufgerieben und ihre Gebiete wiedergewonnen werden. Sobald die südvietnamesische Armee in der Lage sei, die innere Sicherheit zu gewährleisten, könne der US-Abzug beginnen. Mit dieser Entscheidung von Mitte Juni 1965 war der Weg für einen massiven Kampfeinsatz amerikanischer Bodentruppen in Vietnam frei. Ihre Verstärkung ging sehr schnell vor sich. Bis Ende November 1965 stieg die Zahl der Soldaten des Heeres auf über 100000, am 26. Juni 1966 erreichte sie 164000, Ende September 1966 193000 Mann. Sie gehörten zu den nacheinander zugeführten Großverbänden: der 1. (luftmobilen) Kavallerie-Division, der 1. Infanterie-Division, der 25. Infanterie-Division, der 196. Infanterie-Brigade, der 173. Luftlande-Brigade, der 1. Fallschirm-Brigade, der 101. Luftlande-Division und weiteren Heerestruppen. Das Marine-Corps wuchs zur gleichen Zeit auf 39100 Mann, 54000 Mann und 56000 Mann an, die vor allem der 3. Marine-Division in Da Nang und der 1. Marine-Division in Chu Lai angehörten. Die Stärke der Luftwaffe bezifferte sich zu den gleichen Terminen auf 17150, 38000 und 46000 Mann, während die Navy außer den Kräften der 7. Flotte im Bereich Südvietnams 8450, 17000 bzw. 21400 Mann bereitstellte. Dazu kamen bis September 1966 rund 44000 Südkoreaner der 3. und 9. Division und der 2. Marine-Brigade, rund 4000 Australier, rund 2000 Philippinos sowie kleinere Gruppen von Neuseeländern und Thailändern. Die südvietnamesische Armee wuchs inzwischen auf 10 Infanterie- und 1 Luftlandedivisionen, mehrere selbständige Regimenter und Bataillone, darunter 6 Marine-Infanterie-Bataillone, und andere Spezialeinheiten mit zusammen mehr als 300000 Mann an.

Die bis Ende 1965 eingetroffenen US-Verbände und die als erste im November 1965 gelandete 3. südkoreanische Division konnten dank ihrer überlegenen Feuerkraft und ihrer intensiven Luftunterstützung tatsächlich den Zerfall der südvietnamesischen Armee und den Sieg des Viet-Cong und der Nordvietnamesen verhindern. Von ihren Basen aus gewannen sie langsam die Kontrolle über die wichtigsten Verkehrswege zurück. Aber es gelang ihnen nicht, die Verbände des Gegners, die sich nun wieder jedem ernsten Gefecht entzogen, um ihre Kräfte zu konservieren, zum Kampf zu stellen. Trotz ihrer gewaltigen technologischen Überlegenheit, die es den Amerikanern dank ihrer Motorisierung, ihres amphibischen Potentials und vor allem der mit Hubschraubern erreichten »Luftbeweglichkeit« erlaubte, an fast jeder Stelle Südvietnams in kurzer Zeit eine erhebliche Kräftekonzentration herbeizuführen, entkamen die größten Teile vermeintlich gestellter Viet-Cong-Einheiten immer wieder im Dschungel. Das Ergebnis der zwischen 30-50, manchmal bis zu 100 größeren, und bis zu 250 kleineren Operationen pro Woche blieb meist enttäuschend gering. Nur selten glückte einmal ein größerer Schlag. So stieg bei allen durch die immense Feuerkraft der Amerikaner verursachten Verlusten auch die Zahl der Kämpfer des Gegners laufend weiter an. Hatte man den harten Kern des Viet-Cong im Juli 1965 auf 48500 Mann geschätzt, so waren es im November 1965 rund 63500 und im September 1966 rund 80000. Die nordvietnamesischen Einheiten vermehrten sich auf 8 Regimenter im November 1965 und rund 45000 Mann im September 1966. Dazu kamen noch mehr als 100000 Mann örtlicher Viet-Cong-Milizen und 57000 Mann politischer Kader und sonstigen Hilfspersonals.

Damit waren die Amerikaner und Südvietnamesen, von denen ohnehin nur ein Teil der Elite-Verbände der Armee, die Fallschirmjäger und die Marine-Infanteristen voll zählen konnten, weit von der von den Guerillakrieg-Experten für eine erfolgreiche Bekämpfung von Partisanen für notwendig gehaltenen Überlegenheit von 5:1 entfernt. Aber General Westmoreland hoffte, die mangelnde Zahl durch Materialeinsatz ausgleichen zu können.

Ein Mittel dazu war die Intensivierung des Lufteinsatzes über Südvietnam zur Unterstützung der Bodentruppen. Ähnlich wie in Korea zeigte sich auch hier, daß die »US Air Force« auf einen solchen »Close Support«-Einsatz zunächst nicht gut vorbereitet war, weder was die Flugzeuge noch was deren technische Ausrüstung dafür betraf. Wie damals mußte die Trägerluftwaffe aushelfen. Am 15. April flogen Bomber der Träger *Coral Sea* und *Midway* aus dem Tonking-Golf die ersten »Close Support«-Einsätze gegen Viet-Cong Positionen im Süden. Die guten Ergebnisse führten zur Forderung, ständig einen der Träger der 7. Flotte für solche Einsätze bereitzuhalten. Die Flotte kam dem mit der Einrichtung der »Dixie«-Station etwa 100 sm südostwärts der Cam-Ranh-Bucht nach, die in der Folge ständig mit wenigstens einem Träger besetzt war, während die beiden anderen meist auf der »Yankee«-Station weiter im Norden kreuzten und die Angriffe gegen Nordvietnam flogen. Diese Anspannung der Kräfte ließ sich jedoch nur durch die Verstärkung der »Task Force 77« auf 5 Angriffsträger über längere Zeit aufrechterhalten. Ende Mai trafen deshalb die *Oriskany* und *Bon Homme Richard* ein, so daß nun immer ein Schiff zur Pause und Überholung nach der Subic-Bay auf den Philippinen gehen, eines in See versorgen und die drei anderen einsatzbereit ihre Positionen einnehmen konnten.

Um die vorhandenen Luftstreitkräfte der Luftwaffe, der Flotte, des Marine-Corps und der Verbündeten besser auszunutzen, wurde dem Kommando der 7. US-Luftflotte in der Luftbasis Tan Son Nhut bei Saigon die Koordinierung aller Operationen übertragen. Außer den Trägerflugzeugen

und den rund 100 Maschinen des »1st Marine Air Wing« in Da Nang sowie etwa 40 *B-52* Bombern des »Strategic Air Command«, die von Guam oder Utapao in Thailand starteten, standen der Führung vor allem die auf thailändischen Flugplätzen stationierten taktischen Jagdbomber-Geschwader 355 und 388 mit *F-105 Thunderchiefs* und 555 mit *F-4 Phantoms* für Bombenangriffe zur Verfügung, dazu die entsprechende Zahl von Aufklärern, Nacht-Bombern, Tankern, ECM(Electronic-Counter-Measures)-Flugzeugen, Verbindungsmaschinen und Transportern. Insgesamt konnte man Ende 1965 mit mehr als 1500 Kampfflugzeugen rechnen. Ihre Aktivität konzentrierte sich in der zweiten Hälfte 1965 zunehmend auf die »Interdiction«-Ziele: Verkehrswege, Brücken, Nachschublager und Fahrzeuge. Dabei trat jedoch eine Schwierigkeit im Vergleich zu Korea immer deutlicher zutage. Dort war der Nachschubstrom an ein weitmaschiges und über zahllose Kunstbauten führendes Verkehrsnetz gebunden, hier führte ein Netz von Wegen und Pisten durch den Dschungel, das sehr viel schwerer an neuralgischen Punkten oder »Trichtern« zu fassen war. Zudem lag ein ganz wesentlicher Teil der Wege außerhalb des Territoriums Vietnams und war nur, z. B. in Laos, unter bestimmten Bedingungen anzupacken, die mit der laotischen Regierung ausgehandelt werden mußten, oder blieb im Bereich Kambodschas sogar lange ganz unangreifbar. Auch erforderte der Guerilla-Krieg, dessen Träger sich weitgehend aus dem Lande ernährten, weniger Nachschub, der zudem kaum an bestimmte Termine gebunden war. (Vgl. Karte S. 1060)
Schließlich verstärkte der Gegner vor allem in Nordvietnam, aber auch am Ho-Tschi-Minh-Pfad in Laos und in Südvietnam seine Luftabwehr beträchtlich. Überall dort, wo ein Ausweichen auf andere Routen oder unter die Erde nicht möglich war, mußten die amerikanischen Flieger immer dichtere Flakschneisen durchfliegen, in denen sie mit radargeleitetem Feuer empfangen wurden. Noch gefährlicher erschienen anfänglich die von den Sowjets gelieferten SAM-Raketen und die nun auch häufiger in der Luft beobachteten *MiG*-Jäger. Je mehr die Angriffe nach Norden an die Hauptstadt Hanoi und die Hafenstadt Haiphong heranrückten, um so stärker wurde die Abwehr. Am 17. Juni konnten 2 *Phantoms* des Trägers *Midway* knapp 100 km südlich Nanoi im Luftkampf mit neuen »Luft-Luft«-Raketen die beiden ersten *MiG-17* abschießen. In der Luft bewährte sich zunehmend die bessere Ausbildung und das überlegene fliegerische Können der amerikanischen Piloten. Doch die Ausfälle durch das Flakfeuer vom Boden stiegen an. Am 24. Juli wurde erstmals eine *Phantom* der Luftwaffe durch eine SAM-2-Rakete abgeschossen. Jetzt erlaubte man der Luftwaffe den Angriff auf zwei erkannte SAM-Stellungen, der am 27. Juli geflogen wurde. Am 12. August begann die Luftwaffe, gegen die SAM-Stellungen in der Operation »Iron Hand« die neuen »Shrike«-Luft-Boden-Raketen mit Infrarot-Zielsuchköpfen einzusetzen. Aber immer wieder zeigte sich, daß die mobilen Abschußrampen inzwischen aus den erkannten Stellungen abgezogen und getarnt worden waren. Am 24. August ging auch das erste Trägerflugzeug durch eine SAM-2-Rakete verloren. Das zwang die Piloten zunächst, tiefer zu fliegen, womit sie in den Bereich der radargesteuerten leichten Fla-Maschinenwaffen gerieten, die ohnehin die größten Ausfälle verursachten.
Aber bald fanden die Piloten zu Techniken, mit denen man den gestarteten Raketen ausweichen konnte. Am 17. Oktober erzielten die mit dem Träger *Independence* eingetroffenen neuen Tiefangriffs-Flugzeuge *A-6 Intruder* mit Bomben und »Shrike«-Raketen die ersten Erfolge gegen feuerbereite SAM-Stellungen. Am 31. Oktober konnten amerikanische Trägerflugzeuge an einem Tage nicht weniger als 27 gestarteten SAM-Raketen ohne Verluste ausweichen.
Die US-Regierung beschloß im Herbst 1965, nach einer fast halbjährigen Periode sich ständig verstärkenden Luftkrieges gegen Nordvietnam wieder eine Pause, dieses Mal von etwas längerer Dauer einzulegen, um zu Verhandlungen zu kommen. Aber obgleich die Bombenangriffe vom 24. Dezember für 37 Tage bis zum 31. Januar 1966 unterbrochen wurden, zeigte Nordvietnam keine Bereitschaft zum Einlenken. So begann der Kreislauf der Eskalation von neuem.

Die 7. Flotte vor Vietnam

Neben den laufend verstärkten Verbänden der US-Armee, der US-Luftwaffe, der südvietnamesischen Armee und den Streitkräften der Verbündeten kamen der US-Flotte und dem Marine-Corps für die Führung des Krieges in Vietnam eine wachsende Bedeutung zu. Die Beteiligung der Marine spielte sich in zwei voneinander getrennten Befehlsbereichen ab: Der für die Operationen auf und von der See zuständigen 7. Flotte und den für die Kriegführung im Fluß- und Küstenbereich Südvietnams dem Befehlshaber des »Naval Advisory Command Vietnam« unterstehenden Verbänden.
Die 7. Flotte setzte sich aus verschiedenen »Task Forces« zusammen. Die bedeutendste war die »Carrier Strike Force«, die bereits erwähnte »Task Force 77«. Ihren Kern bildeten die Angriffsträger. Da die Bestände der Pazifik-Flotte zeitweise nicht ausreichten, um die ab Mitte 1965 notwendigen 5 Angriffsträger im Westpazifik bereitzustellen, mußte die Atlantik-Flotte mehrfach durch die Abstellung eines Trägers aushelfen. Die »Task Force 77« bildete ihrerseits bis zu 5 »Task Groups«, die sich um jeweils einen Träger gruppierten und denen nach Bedarf einige der jeweils 3–5 Kreuzer und 30–40 Fregatten und Zerstörer der 7. Flotte zugeteilt wurden, um mit ihren FK-Batterien die Luftsicherung zu verstärken und U-Bootsicherung zu fahren. Ein Teil dieser Einheiten wurde auch zu selbständigen Einsätzen gruppenweise oder einzeln detachiert, insbesondere bei der Beschießung von Küstenzielen und der Überwachung des Seeverkehrs.
Die 70 bis 114 Flugzeuge eines Trägers bildeten jeweils einen »Carrier Air Wing«, der sich aus mehreren »Attack Squadrons« mit dem leichten Düsenbomber *A-4 Skyhawk* und anfangs

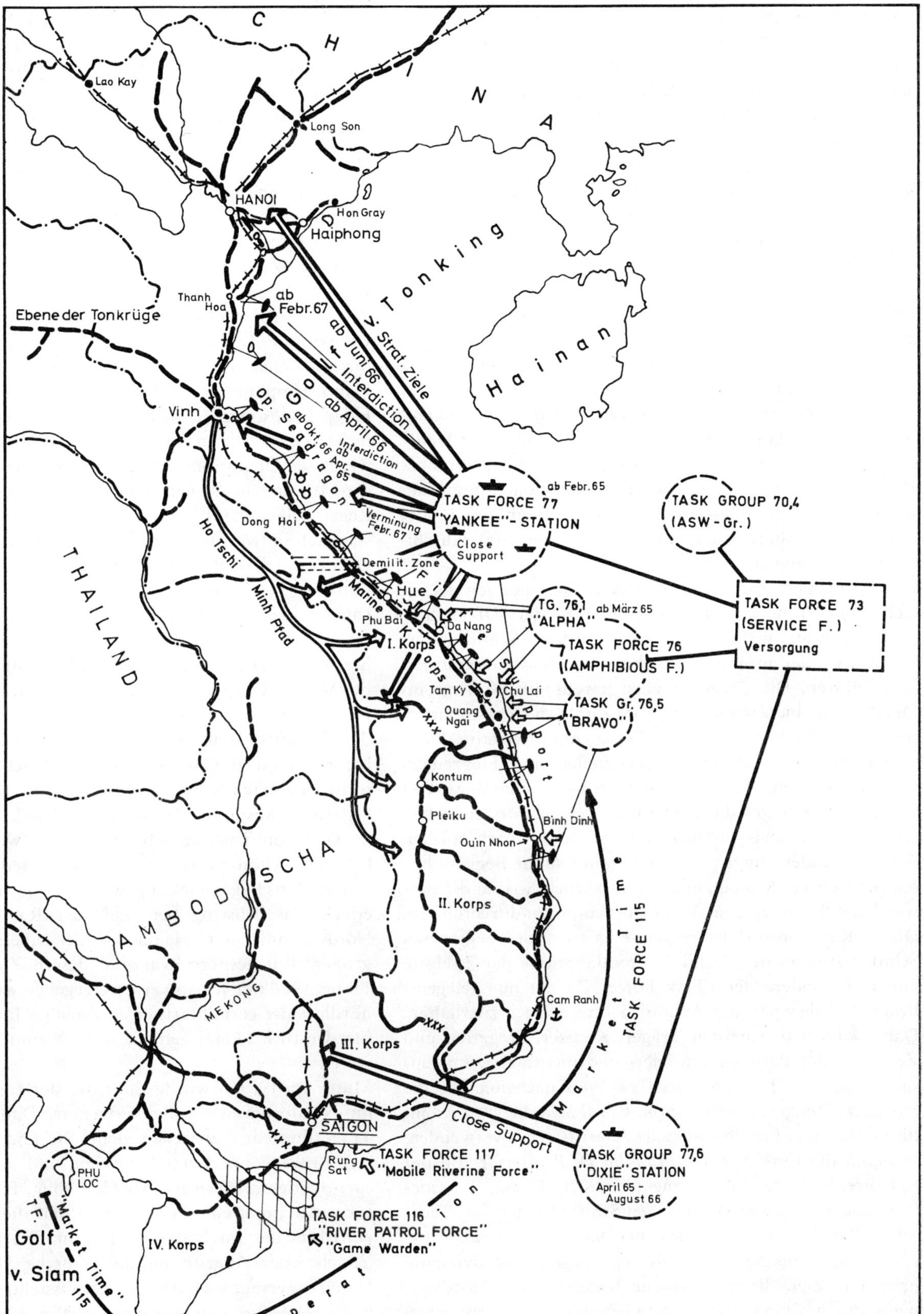

Die US-Flotte vor Vietnam 1965-1968/72

auch noch der propellergetriebenen *A-1 Skyraider* zusammensetzte. Dazu kamen »Fighter Squadrons« mit dem auch als Jagdbomber verwendeten Abfangjäger *F-8 Crusader* und der vielseitigen Allwetter-Mach 2-Maschine *F-4 Phantom*. Weiter hatten die Angriffsträger meist einige der schweren *A-3 Skywarrior*-Düsenbomber an Bord, die aber meist als Tanker für die leichteren Flugzeuge umgerüstet worden waren. Neben Hubschraubern für Verbindungs- und »Air-Sea-Rescue«-Zwecke besaßen die großen Träger auch einige der schweren Überschall-Aufklärer *RA-5 Vigilante* und Radar-Frühwarnflugzeuge wie die *E-2 Hawkeye*. Die neuen, speziell für die »Close Support«-Rolle ausgelegten *A-6 Intruder* und *A-7 Corsair* kamen ab Juli 1966 bzw. Ende 1967 zum Einsatz.

Bis zum Ende des Jahres 1965 waren am Vietnam-Einsatz insgesamt 10 Träger beteiligt, die *Ranger, Hancock, Coral Sea, Midway, Oriskany, Bon Homme Richard, Independence* (von der Atlantikflotte), *Ticonderoga* und *Kitty Hawk* sowie die am 2. Dezember erstmalig eingetroffene, atomgetriebene *Enterprise*. Bis zur Bombenpause flogen ihre Flugzeuge 30 993 Kampfeinsätze über Nordvietnam und 25 895 Einsätze über Südvietnam, wobei etwas über 100 Maschinen verlorengingen.

Im allgemeinen waren zwei der Angriffsträger jeweils im Gebiet der »Yankee«-Station und einer auf der »Dixie«-Station im Einsatz, während die beiden anderen Schiffe in der Subic-Bay oder in Japan Überholungen und Reparaturen durchführten. Die Träger blieben jeweils 40–60 Tage im Operationsgebiet, wobei sie in See durch die Versorgungsschiffe und Tanker der »Service Force« mit Brennstoff, Flugbenzin, Bomben, Munition, Ersatzteilen und Flugzeugen versorgt wurden. Während einer Fronteinsatzperiode von 6–7 Monaten waren die Träger mit zwei mehrwöchigen Unterbrechungen meist dreimal auf »Station«. Nach solchen Einsatzperioden gingen die Träger mit ihren Begleitschiffen für mehrere Monate in die USA zurück, wo sie die notwendigen Werftliegezeiten und Überholungen durchführten. Dieses Rotationssystem gestattete es trotz des begrenzten Schiffsbestandes der Pazifik-Flotte, die Stärke der 7. Flotte und insbesondere der »Task Force 77« mit nur gelegentlichen Anleihen bei der Atlantik-Flotte aufrechtzuerhalten. Dabei kamen die meisten Träger, Kreuzer, Fregatten und Zerstörer der Pazifik-Flotte vier- und mehrmals zum Einsatz. Von den Trägern waren es 1966 nacheinander die *Hancock, Ranger, Constellation, Coral Sea,* die vom Atlantik kommende, behelfsmäßig als Angriffsträger verwendete *Intrepid*, die *Oriskany*, die *Franklin D. Roosevelt* von der 6. Flotte, Ende des Jahres erneut die *Kitty Hawk, Ticonderoga* und *Enterprise*. Die gleichen Schiffe folgten im Wechsel 1967 und 1968, wobei die neue *America* hinzutrat.

Die amerikanische Kriegführung gegen Nordvietnam hatte das Ziel, die ausländische Unterstützung Nordvietnams durch China und die Sowjetunion zu unterbrechen, den daraus genährten Nachschub von Nordvietnam nach Laos und Südvietnam zu den dortigen Rebellen zu unterbinden und deren Hilfsquellen im Norden selbst zu zerstören. Für einen Luftkrieg ergaben sich daraus in Nordvietnam als Zielgruppen militärische Anlagen, die Luftverteidigung, die Kriegsindustrie, das Transportsystem, die Treibstoff-Versorgung und die Energie-Versorgung. Angriffe auf diese Zielgruppen konnten jedoch nicht nach der aus rein militärischen Erwägungen getroffenen Entscheidung der Befehlshaber in Südostasien geflogen werden, vielmehr behielt sich Washington aus politischen Gründen die Freigabe sowohl der Zielgruppen als auch der einzelnen Ziele jeweils vor.

Bei der Wiederaufnahme des Bombenkrieges gegen Nordvietnam am 1. Februar 1966 standen zunächst die »Interdiction«-Ziele im Vordergrund, doch waren der Raum Hanoi/Haiphong und das Industriegebiet im Nordosten, Flugplätze sowie Kraftwerke und Treibstofflager vorerst nicht freigegeben. In den beiden Monaten Februar und März waren die Operationen durch den noch herrschenden Nordost-Monsun mit seinen über Nordvietnam tief hängenden Regenwolken sehr behindert. Mit dem Umspringen des Monsuns auf Südwest im April besserte sich das Wetter bis zum Oktober. Diese Periode sollte zu einer Intensivierung des Luftkrieges genutzt werden.

Um zu einer besseren Relation Aufwand/Wirkung zu kommen, wurde das bisherige Einsatz-Prinzip geändert. Bisher hatte man die Flugzeuge der Luftwaffe, der Träger und des Marine-Corps sowie der Verbündeten nach der Washington vorbehaltenen Zielauswahl mit einem vom Kommando der 7. Luftflotte festgelegten Zeitplan in den gleichen Gebieten eingesetzt. Das hatte häufig zu Überschneidungen und wetterbedingten Schwierigkeiten bei den weit auseinanderliegenden Absprungplätzen in Thailand, Südvietnam und im Golf von Tonking geführt. Deshalb wurden nun – ähnlich wie schon in Korea 1951/52 – jeder Teilstreitkraft eigene Einsatzgebiete zugewiesen. Die Flotten-Luftwaffe erhielt das Küstengebiet und den Raum im Nordosten Nordvietnams mit Haiphong, der allerdings noch zum großen Teil gesperrt war und dessen Ziele im Laufe des Jahres 1966 nur schrittweise freigegeben wurden. Den Raum nördlich der entmilitarisierten Zone im Innern und das Gebiet westlich Hanoi gehörte danach zum Bereich der Luftwaffe.

Mitte April 1966 wurde die Liste der freigegebenen Ziele im Nordosten wesentlich erweitert. Danach konnten die Trägerflugzeuge zwischen dem 13. und 19. April mehrere Brücken im Raum Haiphong und am 18. April auch ein wichtiges Kraftwerk bei Haiphong, Eisenbahn-Reparaturwerkstätten, eine Pumpstation und die Kohlen-Verladeeinrichtungen im Hafen von Cam Pha angreifen, wobei jedoch jeder Angriff auf ausländische Handelsschiffe im Hafen untersagt war. Als sich herausstellte, daß eine Bombe nur etwa 100 m von einem polnischen Schiff detoniert war, wurde dieses Ziel sofort wieder gesperrt. Diese Restriktion führte zu einem Ansteigen der Schiffszahlen z. B. in Haiphong, wo im April 19, im Mai und Juni aber 25 bzw. 28 beobachtet wurden. Als am 2. Juni Geschoßsplitter eines irrtümlichen Angriffes von *F-105*-Jagdbombern der Luftwaffe den sowjetischen Frachter *Turkestan* trafen, wurden die Einschränkungen erheblich verschärft. Auf der anderen Seite mußten die Flieger über See die einlaufenden Schiffe mit den als Decksladung gefahrenen LKW's und Raketen-Kisten beobachten.

Der aus politischen Gründen nicht angreifbare Nachschub über See und auf dem Landwege aus China steigerte die Abwehrkraft Nordvietnams erheblich. Ende Mai gab es rund 100 SAM-Raketen-Stellungen, die zusammen mit der massierten Flak den Raum Hanoi/Haiphong zur am stärksten verteidigten Luftabwehrzone der Welt machten. Auch die ersten *MiG-21*-Überschall-Abfangjäger wurden auf den Flugplätzen, die ebenfalls noch gesperrt waren, beobachtet. So stiegen auch die Verluste der Amerikaner an, waren im Februar und März 10 bzw. 11 Trägerflugzeuge verlorengegangen, so lag die Zahl im April bei 21.

Da die Auswirkung der »Interdiction«-Angriffe trotz der Zerstörung zahlreicher Kunstbauten an der Intensität der Kämpfe im Süden kaum erkennbar war, entschloß man sich im Juni, die bisher trotz des wiederholten Drängens der Militärs immer wieder ausgesparte Treibstoffversorgung Nordvietnams anzugreifen. Unter Beachtung strenger Abgrenzungen griffen am 29. und 30. Juni sowie 1. Juli Trägerflugzeuge der *Ranger, Constellation* und *Hancock* die Tanklager von Haiphong und Hanoi an. Bei den am 7., 9., 12. und 23. Juli folgenden Angriffen wurden auch andere erkannte Lager in die Bombardierungen einbezogen. Wegen der Zerstörung des oberirdischen Lagersystems konnten die sowjetischen Tanker ihr Öl nicht löschen und mußten in chinesische Häfen umgeleitet werden, um ihre Ladung hier in Tankleichter abzugeben, die in nächtlichen Fahrten ihre Ziele zu erreichen suchten. Die Allwetter-Maschinen *A-6 Intruder* versenkten in mehreren Einsätzen die festgestellten Leichter. So blieb als Lösung nur die ab Ende August auf ankommenden Schiffen festgestellte Verladung in Fässern, die dann auf dem Land- oder Schienenweg weiterbefördert werden konnten. Aber trotzdem blieb auch die Wirkung dieser Operation begrenzt, sicher zum Teil eine Auswirkung des langen Zögerns in der Freigabe der Ziele. Sie gab den Nordvietnamesen Zeit, ihr Lagersystem rechtzeitig teilweise aufzulockern und unter die Erde zu verlegen.

Parallel zu dieser Aktion erhielten die Träger auf der »Yankee«-Station ab 1. Juli auch den Auftrag, die Basen der nordvietnamesischen Marine anzugreifen. Deren Stärke schätzte man damals auf 3 Patrouillenboote vom Typ sowjetisch *SO-1*, 3 Minensucher, 4 schnelle Wachboote, 22 Motorkanonenboote, 7 Motortorpedoboote vom sowjetischen Typ *P-4* sowie mehrere Hilfsschiffe. Trotz der durch diese Angriffe verursachten Ausfälle wurde der Bestand bald durch neue Lieferungen der Sowjetunion und Chinas wieder aufgefüllt, so daß sie ein Jahr später rund 80 schnelle leichte Einheiten mit einer Personalstärke von rund 3500 Mann umfaßte.

Einerseits beanspruchte die Freigabe von Zielen in Nordost-Vietnam die Kapazität der 3 Träger der »Yankee«-Station immer mehr. Andererseits war die Stärke der Jagdbomberstaffeln der Luftwaffe und der südvietnamesischen Luftwaffe im Süden jetzt soweit angewachsen und ihre taktische Einsatzfähigkeit im »Close Support« so verbessert worden, daß man ab 2. August den Träger auf der »Dixie«-Station entlassen und ebenfalls der »Yankee«-Station zuteilen konnte. Damit wurde vor dem Einsetzen des Nordost-Monsuns im November nochmals ein intensivierter »Interdiction«-Ansatz möglich, der sich im September vor allem gegen die Eisenbahnlinien nach Süden richtete, die zwar mehrfach unterbrochen, aber immer wieder repariert worden waren. Man konzentrierte sich jetzt darauf, bestimmte Brücken zu zerstören, dann mit Allwetter-Aufklärern festzustellen, ob sich vor den zerstörten Abschnitten Stauungen bildeten und schließlich hinter dieser Stauung weitere Streckenabschnitte zu unterbrechen, so daß das rollende Material massierten Angriffen am folgenden Tage ausgesetzt werden konnte. Als die Nordvietnamesen versuchten, das Material der zerstörten Züge auf LKW's umzuladen, wurden auch diese nach entsprechender Methode angegriffen. Nicht weniger als 872 Waggons und 729 LKW's wurden so zerstört, – aber immer noch kam Nachschub nach dem Süden.

Die Nordvietnamesen gingen dazu über, einen wesentlichen Teil des Nachschubes nachts entlang der Küste in kleinen Fahrzeugen nach Süden zu verschiffen, die Boote tagsüber an den vielen Inseln und Wasserarmen zu tarnen und schließlich in die Mündungen der kleinen Flüsse einzulaufen. Gegen diesen Verkehr wurde schließlich am 23. Februar 1967 die Verminung von fünf Küstenabschnitten freigegeben, mit der Flugzeuge der *Enterprise* am 26. Februar begannen. Doch mußten die von ausländischen Schiffen angelaufenen Häfen Haiphong, über den 85% des Nachschubes nach Nordvietnam kam, Cam Pha, Hon Gai und Chi Ha ausgespart werden.

In der Zeit des Nordost-Monsuns von November bis März waren in vielen Wochen wegen der Wetterlage die meisten Angriffe ausgefallen. Auch hatten mehrfach Taifune die »Task Force 77« zu Ausweichmanövern gezwungen. Mit aller Macht suchte man deshalb die kurzen Aufheiterungs-Perioden von meist nur 3–4 Tagen oder höchstens einer Woche auszunutzen. So flogen die 3 Träger der »Yankee«-Station vom 19.–23. Januar 1967 insgesamt 800 Einsätze, in der zweiten Märzwoche sogar über 1000. Einen gewissen Ausgleich bot die durch eine neue Bombe gesteigerte Zielgenauigkeit. Am 11. März warf zum ersten Mal eine *Intruder* eine mit einem vorprogrammierbaren Fernsehauge ausgestattete »Walleye«-Bombe, die es erlaubte, präzise Einzelangriffe auf Punktziele wie Kasernen, Brücken, Werksanlagen usw. zu fliegen. Nach der Freigabe von Angriffen auf

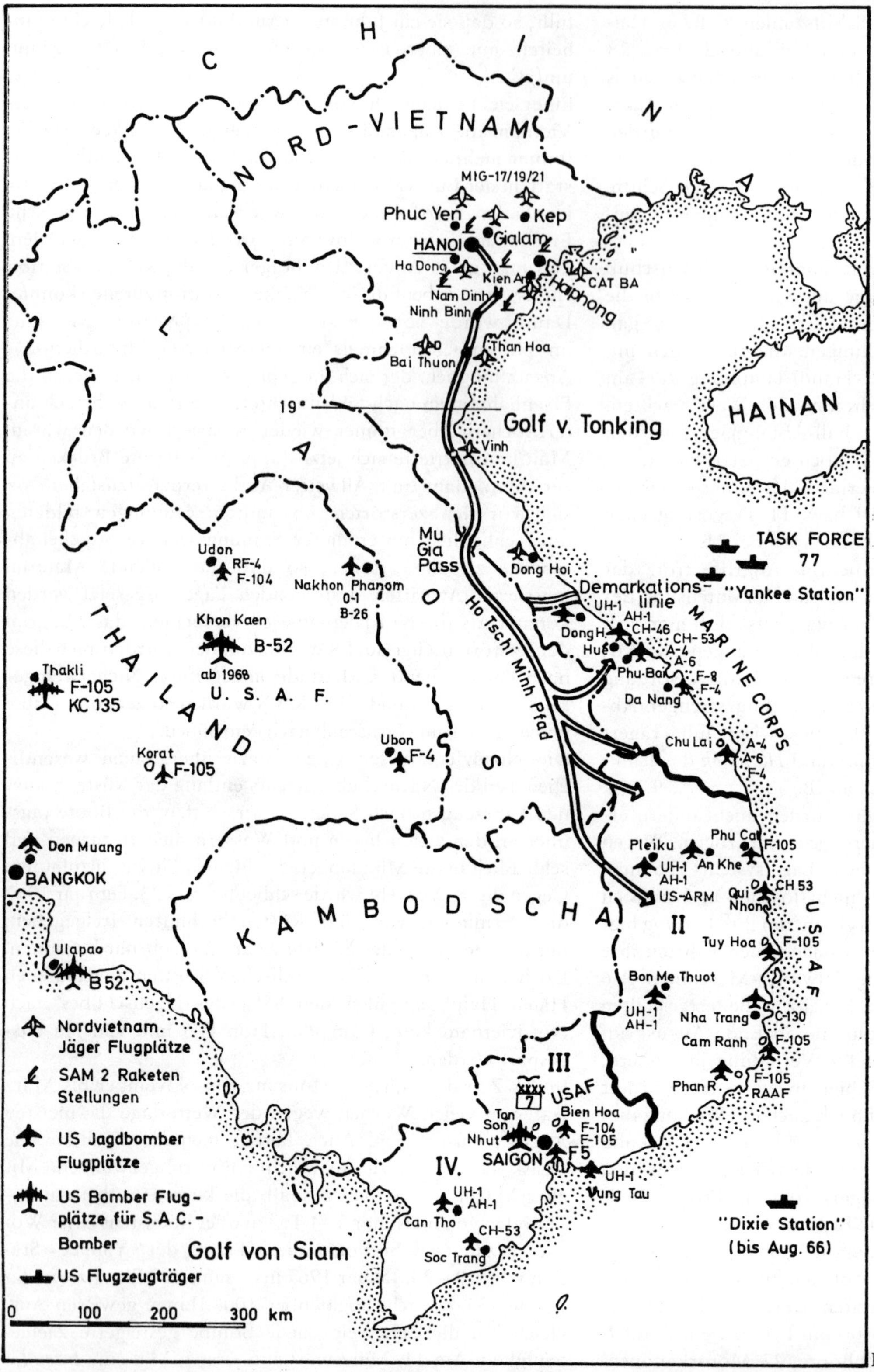

Der Luftkrieg in Vietnam 1965-1968

Kraftwerke im März wurde mit einer solchen Bombe am 19. Mai auch erstmalig ein Kraftwerk in Hanoi durch ein einzelnes Flugzeug zerstört, ohne daß die Abwehr mit SAM-Raketen und Flak die Maschine fassen konnte. Die Piloten hatten sich zunehmend an die SAM-2 gewöhnt. Obgleich im Juli 1967 233 und im August sogar 249 Abschüsse von SAM-Raketen beobachtet wurden, gingen nur 19 bzw. 16 Maschinen der Träger verloren, davon jeweils 2/3 durch Flak. Auch die Relation von Einsatzflügen und Verlusten blieb in Grenzen. Bei 30 000 Einsätzen über Nordvietnam und 20 000 über Südvietnam 1966 gingen insgesamt 120 Trägermaschinen verloren, 1967 waren es 133 Flugzeuge. Auf der anderen Seite erhöhten sich die von den Trägerflugzeugen abgeworfenen Bombenlasten erheblich. Das war vor allem auf das Ausscheiden des bewährten Propeller-Flugzeuges *A-1 Skyraider*, das zum letzten Mal mit der *Coral Sea* Ende 1967 eingesetzt wurde, und die Einführung des neuen Träger-Bombers *A-7 Corsair* zuerst an Bord der *Ranger* zur gleichen Zeit zurückzuführen. Bei durchschnittlich 10000–12000 Einsätzen eines Trägers pro ca. 7monatiger Einsatzperiode steigerte sich die Last der abgeworfenen Bomben z.B. bei der *Kitty Hawk* von 10731 tons 1965/66 auf 11903 tons 1967 und 16022 tons 1968. Dabei legte der Träger während einer 61tägigen ununterbrochenen Einsatzperiode im Frühjahr 1968 20970 sm zurück und wurde 49mal in See mit Brennstoff und Munition versorgt. In dieser Zeit wurden 5546 Einsätze geflogen.

Von großer Bedeutung für die Moral der Flieger bei ihren anstrengenden und nervenbelastenden Flügen in immer die gleichen Zielgebiete war das zu hoher Vollkommenheit entwickelte Rettungs-System. Gelang es einem beschädigten Flugzeug bis über das Meer zu kommen, wo der Pilot sich mit dem Schleudersitz aus der Maschine katapultieren konnte, so wurde er fast sicher von einem der »Air-Sea-Rescue«-Hubschrauber oder -Zerstörer aufgefischt. Aber auch bei Abschüssen über Land, sogar tief in Nordvietnam flogen die Rettungshubschrauber ihre Einsätze, sobald der Fallschirmabsprung beobachtet und gemeldet war und eine geringe Aussicht auf Bergung der Besatzung bestand. So wurden etwa 1/3 aller Besatzungen abgestürzter Flugzeuge gerettet.

Bei der sehr ausgedehnten Einsatzzeit der einzelnen Flugzeugträger war auch die Zahl der schwerwiegenden Unfälle an Bord außerordentlich gering. So hatte z. B. die *Intrepid* 1967 während einer 4monatigen Periode bei rund 20000 Start- und Landevorgängen keinen einzigen Unfall. Durch Gasgemische und Munition entstandene Brände und Explosionen auf den Trägern *Kitty Hawk* (7. 12. 65) und *Franklin D. Roosevelt* (4. 11. 66) konnten bald unter Kontrolle gebracht werden, so daß die Schiffe ihre Einsätze fortführen konnten. Ein Brand auf der *Oriskany* am 26. 10. 1966 hatte bei 44 Toten schwerwiegendere Folgen. Der schwerste Unfall ereignete sich am 29. 7. 1967, als sich auf dem von der Atlantik-Flotte kommenden und erst 4 Tage im Einsatz stehenden Träger *Forrestal* während der Betankung und Munitionierung auf dem achteren Teil des Flugdecks aus einem Bomber eine *Zuni*-Rakete löste und explodierte. In kurzer Zeit war das Achterdeck ein Flammenmeer. In den Explosionen kamen 134 Mann um. Wenngleich das Feuer auch nach mehreren Stunden unter Kontrolle gebracht war, mußte der Träger doch seinen Einsatz abbrechen und in die Werft gehen.

Nachdem der Einsatz während der Nordost-Monsun-Periode von November 1967 ab wieder den witterungsbedingten Einschränkungen unterlegen hatte, konnte er mit Einsetzen des Südwest-Monsuns im April nicht im bisherigen Umfang wieder aufgenommen werden, da Präsident Johnson inzwischen am 1. März den 20. Breitengrad als nördliche Grenze für Bombenangriffe bestimmt hatte.

Gemeinsam mit der »Task Force 77« operierte im südchinesischen Meer regelmäßig eine schnelle U-Jagdgruppe, die »Task Group 70.4«, mit einem U-Jagdträger und 4–8 Zerstörern bzw. Geleitzerstörern. Als U-Jagdträger lösten sich in überschlagendem Einsatz die *Yorktown, Hornet, Kearsarge* und *Bennington* ab. Außer dieser Gruppe waren in der U-Bootsuche auch die landgestützten Langstrecken-Flugzeuge der »Fleet Air Wings 6 und 1« mit ihren *Neptunes* und *Marlins* sowie konventionell oder atomar angetriebene U-Boote eingesetzt, von denen letztere bei den häufig durchgeführten Übungen auch zur Zieldarstellung verwendet wurden.

Im Zusammenhang mit der im Spätsommer 1966 beobachteten Zunahme des Nachschubverkehrs mit kleinen Fahrzeugen unter der nordvietnamesischen Küste erhielt die »Task Force 77« im Oktober 1966 eine weitere Nebenaufgabe übertragen. Im Rahmen der »Operation Sea Dragon« sollte sie außer mit Trägerflugzeugen auch mit Überwasserschiffen den Küstenverkehr unterbinden und den größten Teil der Küsten Nordvietnams blockieren. Für diese Aufgabe wurden normalerweise eine oder zwei Rotten von je 2 Zerstörern eingesetzt, denen einer der Kreuzer der »Task Force 77« als Rückhalt diente. Bei einer solchen Operation kam es am 25. Oktober 1966 erstmalig zu einem Gefecht mit nordvietnamesischen Küstenbatterien in der Höhe von Dong Hoi, die das Feuer auf den Zerstörer *Mansfield* eröffneten. Während die Zerstörer zunächst das Feuer nur als Antwort auf nordvietnamesische Feuerüberfälle erwiderten, begannen am 18. November 1966 zuerst Zerstörer von sich aus nordvietnamesische Radarstellungen zu beschießen. Am 26. Februar 1967 eröffneten erstmalig der Kreuzer *Canberra* und die Zerstörer *Joseph Strauss* und *Benner* das Feuer auf Verteidigungsanlagen im Gebiet von Thanh Hoa in Nordvietnam, ohne vorher beschossen worden zu sein. 1967 und 1968 wurden zu solchen Einsätzen vor allem die einzigen noch in aktivem Dienst befindlichen Schweren Kreuzer mit vollen 20,3-cm-Batterien, die *St. Paul* und *Newport News*, mit Zerstörern herangezogen. Im Oktober 1968, vor dem Bombardierungsstop des 1. November, beteiligte sich auch das für den Vietnam-Einsatz wieder in Dienst gestellte Schlachtschiff *New Jersey* an diesen Beschießungen.

Mehrfach gelang es den im Rahmen der »Operation Sea Dragon« eingesetzten Zerstörern, Küstenfahrzeuge durch Artilleriebeschuß zu versenken, auf Strand zu treiben oder zu beschädigen. Gelegentlich wurden auch ganze Konvois erfaßt und angegriffen, so am 23. November 1966, wobei von 60 Sampans 47 versenkt wurden. Bis zum Frühjahr 1968 sollen bei diesen Operationen rund 1100 Fahrzeuge zerstört und weitere 1200 beschädigt worden sein. Mit dem Bombenstop mußten zum 1. November 1968 auch diese Operationen eingestellt werden.

Die Operationen der »Task Force 77« und der U-Jagdverbände wären ohne die »Service Force 73« nicht denkbar gewesen. Sie hatte die Aufgabe, die Kampfschiffe bei ihren mindestens mehrwöchigen, ununterbrochenen Seetörns in See mit Brennstoff, Munition und allen sonstigen Nachschubgütern zu versorgen. Sie wurde von jeweils einem Commodore geführt und bestand aus Kampfgruppen-Versorgungsschiffen, Flottentankern, Munitions- und Materialtransportern sowie zum Flugzeugtransport eingesetzten älteren Geleitträgern, von denen aus die im Einsatz stehenden Flottenträger ihre Ausfälle an Flugzeugen ergänzen konnten. Die »Service Force« operierte ebenfalls in verschiedenen Gruppen. Ihr waren auch die im Pazifik eingesetzten Reparatur- und Werkstatteinrichtungen sowie die Sanitätseinrichtungen mit den Lazarettschiffen unterstellt.

Amphibische Operationen in Vietnam

Es war nur natürlich, daß in einem Krieg in einem Land mit einer derart langgestreckten Küste wie Vietnam das den USA zur Verfügung stehende amphibische Potential nicht ungenutzt bleiben konnte, das man nach den Erfahrungen des Korea-Krieges und der späteren Krisen im Nahen Osten begrenzt wiederaufgebaut und modernisiert hatte.

Im Frühjahr 1965 stand der 7. Flotte zunächst eine »Amphibious Group« mit den zur Einschiffung und Landung eines Marine-Bataillons notwendigen Einheiten zur Verfügung. Im Laufe des Jahres 1965 wurde sie durch Abstellungen von weiteren, zur Pazifik-Flotte gehörenden amphibischen Schiffen zur »Amphibious Force 76« mit zunächst 40, später rund 60 Einheiten ausgebaut. Ihren Kern bildeten 2 »Amphibious Ready Groups«, die jeweils aus einem Führungsschiff, einem Hubschrauber-Träger, einem Landungs-Transportdockschiff, zwei Landungsdockschiffen, ein bis zwei Truppentransportern, ein bis zwei Materialtransportern sowie zwei bis vier Tanklandungsschiffen bestanden. Diese ständig vor der Küste Vietnams in Bereitschaft liegenden Gruppen hatten je ein einsatzbereites Bataillons-Landungsteam (BLT) des Marine-Corps an Bord. Bei Bedarf konnten diesen Gruppen weitere Einheiten der »Fleet Marine Force« oder der an Land eingesetzten, vorübergehend herausgezogenen Marine-Divisionen 1 oder 3 für amphibische Operationen zugeteilt werden.

Zur Versorgung und Sicherung des Nachschubes für diese amphibischen Einsätze diente die zur »Task Force 76« gehörende »Amphibious Logistic Support Force«. Die in Vietnam durchgeführten amphibischen Operationen dauerten meist mehrere Tage und bis zu zwei Wochen. Nach Abschluß der Operation, die mit der Vernichtung der gesuchten Viet-Cong- oder nordvietnamesischen Einheiten endete, oft jedoch auch infolge der geschickten Ausweichbewegungen des Gegners ins Leere stieß, wurden die gelandeten Verbände wieder an Bord genommen und in ihre Ausgangsbasen verlegt, wo sie für neue Einsätze bereitstanden.

Nach der Anlandung der ersten Einheiten des Marine-Corps im März 1965 begannen im Juli 1965 größere amphibische Operationen mit der Landung von 2 Bataillonen des 7. Marine-Regimentes bei Qui Nhon im Gebiet des II. Korps. Die größte Operation des Jahres 1965 war die Operation »Starlite« bei der am 18. August durch die »Task Force 76« vier BLT's südostwärts der Van Thuong Halbinsel abgesetzt wurden, denen es gelang, das 1. Viet-Cong-Regiment weitgehend aufzureiben. Bei dieser Operation wurden von den zwei Hubschrauberträgern allein 1631 Hubschrauber-Einsätze gezählt. Flugzeuge des Marine-Corps flogen von Da Nang aus 1000 »Close Support«-Einsätze. Der Kreuzer *Galveston* und zwei Zerstörer gaben den gelandeten Truppen auf Anforderung Artillerie-Unterstützung.

Am 12. September brachte der Hubschrauber-Träger *Boxer* die ersten 240 Hubschrauber der 1. Luftkavallerie-Division nach Quin Hon.

Am 10. November 1965 wurde erstmalig durch die »Task Group 76.3« eine gemeinsame amphibische Operation mit dem 3. Bataillon der vietnamesischen Marine-Brigade und dem 2. BLT des 7. Marine-Regiments bei Tam Ky durchgeführt. Am 28. Januar 1966 folgte die Operation »Double Eagle«, bei der die »Task Group Delta« bei Quang Ngai zwei BLT's an Land setzte, um die nordvietnamesische 325. Division im Zusammenwirken mit von Land aus angesetzten Kräften zu fassen. Am 26. März 1966 begann die erste Operation in den Flußläufen und Gewässern der Rung Sat Sümpfe südostwärts Saigon, wobei eine »Amphibious Ready Group« mit dem Hubschrauber-Träger *Princeton* ein BLT zur Säuberung dieses Gebietes landete. Luftunterstützung gaben die Angriffsträger *Hancock* und *Kitty Hawk*. Während des restlichen Jahres 1966 und bis zum Februar 1967 wurden von je einer »Amphibious Ready Group« 6 Operationen im BLT-Rahmen unter der Bezeichnung »Deckhouse I–VI« durchgeführt, wobei sich die Operation »Deckhouse V« am 6. Januar 1967 erstmalig auch gegen das Gebiet des Mekong-Deltas richtete. Im Jahre 1967 führten die beiden »Amphibious Ready Groups« 26 amphibische Operationen durch, wobei die Gruppe »Alpha« abwechselnd mit dem Hubschrauber-Träger *Princeton* und der von der Atlantik-Flotte ausgeliehenen *Okinawa,* die Gruppe »Bravo« mit den Trägern *Valley Forge* und *Tripoli* operierten. Bis zum März 1968 war die Zahl der insgesamt durchgeführten amphibischen Operationen schon auf mehr als 50 angewachsen.

In diesem Zusammenhang muß darauf hingewiesen werden, daß die US-Streitkräfte die Begriffe der amphibischen

Kriegführung streng von dem der Flußkriegführung trennen, obwohl beide gewisse Ähnlichkeiten gerade in Vietnam aufwiesen. Unter der amphibischen Operation wird nur der Angriff von See aus – vorgetragen von Schiffen und Landungstruppen des Marine-Corps – mit nachfolgender Landung an der feindlichen Küste verstanden. Bei den Flußoperationen werden zwei von der Armee festgelegte Kategorien unterschieden. Die eine betrifft den Transport und die Landung von Bodenkampftruppen, um an Land stattfindende Gefechte zu unterstützen, die andere vom Fluß her vorgetragene blitzschnelle Landungen mit einem Rückzug über das Wasser nach dem Abschluß der Aktion.

Im Zusammenhang mit den häufigen Operationen gegen Viet-Cong- oder nordvietnamesische Verbände in der Nähe der Küsten Südvietnams spielten die Schiffe der 7. Flotte für eine dritte Aufgabe eine wichtige Rolle: bei der Feuerunterstützung von Bodentruppen von See her. Schon am 20. Mai 1965 hatten Zerstörer der »Task Force 77« mit Küstenbeschießungen zur Unterstützung von Landoperationen begonnen. Bald wurden daraus regelmäßige Operationen, für die meist ein oder zwei Zerstörer-Rotten von je zwei Fahrzeugen in Bereitschaft gehalten wurden. Bei Bedarf konnten zusätzlich auch Kreuzer der 7. Flotte herangezogen werden. So beschoß am 2. Juni 1965 erstmalig der Kreuzer *Canberra* Viet-Cong-Ziele mit seinen 20,3-cm-Geschützen. Im Juli 1965 feuerten Einheiten der 7. Flotte bereits 12088 Schuß vom Kaliber 20,3, 15,2 und 12,7 cm gegen 340 verschiedene Ziele.

Nachteilig machte sich bei diesen Operationen bemerkbar, daß ein Großteil der modernsten Kreuzer und Fregatten der amerikanischen Flotte, die bei der »Task Force 77« eingesetzt waren, vollständig auf Schiff-Luft-Raketen und U-Jagdwaffen umgerüstet worden war und keine leistungsfähige Seezielartillerie mehr besaß. Es wurden deshalb einerseits Maßnahmen getroffen, um auch diese Schiffe, wie z. B. den neuen, atomgetriebenen Kreuzer *Long Beach* oder die zu FK-Kreuzern umgebauten Schweren Kreuzer der *Albany*-Klasse wieder wenigstens mit 2-12,7-cm-Geschützen auszurüsten. Andererseits mußte man häufig bei solchen notwendig werdenden Einsätzen wertvolle halb umgerüstete Schiffe, die noch über einen Teil ihrer Seezielartillerie verfügten, heranziehen, so auch die sich gegenseitig ablösenden Flagg-Kreuzer der 7. Flotte, die *Oklahoma City* und *Providence*, die außer ihrer Schiff-Luft-Raketen-Bewaffnung noch je einen ihrer 15,2-cm-Drillingstürme behalten hatten.

Die Beweglichkeit der Schiffe erlaubte es andererseits, in einem relativ kurzen Zeitraum sehr weit voneinander entfernte Ziele unter wirksames Feuer zu nehmen. So verfeuerte die *Canberra* im Januar/Februar 1967 in 32 Tagen 10700 Schuß 20,3 und 12,7 cm gegen Ziele im Bereich des I., II. und IV. Korps, während im Januar 1968 die *Providence* im Gebiet Da Nang während 9 Tagen gegen 200 verschiedene Ziele 4400 Schuß 15,2 und 12,7 cm abgab. Die mit drei vollautomatischen 20,3-cm-Drillingstürmen ausgerüstete *Newport News* gar feuerte während einer Einsatzperiode von 6 1/2 Monaten Anfang 1968 rund 20 000 Schuß 20,3 cm und 38 000 Schuß 12,7 cm.

Eine wesentliche Bereicherung der Feuerkraft stellten auch die leichten Feuerunterstützungsschiffe dar. Am 22. Mai 1966 traf das »Inshore Fire Support Ship« *Carronade* vor Vietnam ein, das gemeinsam mit den aus Landungsfahrzeugen umgebauten Raketen-Feuerunterstützungsschiffen *White River, Clarion River* und *St. Francis River* in den flacheren Gewässern Vietnams eingesetzt werden konnte. Diese Schiffe waren außer mit einer 12,7 cm und mehreren 4-cm-Kanonen mit je 8 12,7-cm-Raketenwerfer-Batterien ausgerüstet und verfügten damit über eine Feuerkraft, die der von mehreren Zerstörern gleichkam. Von Januar 1966 bis Januar 1968 feuerte allein die *White River* 50000 Raketen, 2600 Schuß 12,7 cm und 14000 Schuß 4 cm.

Wenn sich auch bei einer sehr großen Zahl der koordinierten Operationen mit dem Heer und der Marine-Infanterie die Wirksamkeit der Feuerunterstützung durch die Schiffsartillerie erwies, zeigten sich jedoch bei diesen Aktionen auch Schwächen, die gelegentlich dazu führten, daß lieber auf die Unterstützung der Schiffe verzichtet wurde. Um die Genauigkeit des Feuers zu verbessern, wurden deshalb spezielle Leittrupps für das Schiffsartilleriefeuer gebildet, die jeder taktischen Zone der vier Korps-Bereiche zugeteilt wurden. Damit konnten Feueranforderungen mit genauen Angaben über die geographischen Koordinaten innerhalb von Minuten an das nächststehende Schiff weitergeleitet werden. Der mit Hubschraubern in das entsprechende Gebiet geflogene Trupp konnte dann bei Eintreffen des Schiffes das Feuer genauestens einweisen.

Da bei dem oft auf 12,7 cm begrenzten Kaliber der Schiffsgeschütze der Erfolg nicht immer dem Aufwand entsprach, kam der Gedanke auf, Schlachtschiffe wieder in Dienst zu stellen und nach Vietnam zu entsenden, um eine wirkungsvollere Unterstützung der Bodenstreitkräfte zu erreichen. Bis Ende 1967 wurde mit einem Kostenaufwand von 21,5 Mill. Dollar das Schlachtschiff *New Jersey* überholt und ging am 5. September 1968 mit 1250 Mann – meist von der Atlantik-Flotte entnommenem Personal – auf die Reise nach dem Fernen Osten. Die großen Erwartungen in das Feuer ihrer 40,6-cm-Geschütze sollten nicht trügen. Bei seinem ersten Einsatz am 30. September feuerte das Schlachtschiff 20 Schuß über eine Entfernung von 45 km auf Ziele dicht an der entmilitarisierten Zone bei Con Thien. Geleitet von einem Beobachtungsflugzeug wurde schon mit dem ersten Schuß ein Volltreffer in einer Stellung erzielt. Die weiteren Einsätze in den folgenden 4 Wochen im Süden Nordvietnams und danach zur Unterstützung der Bodentruppen im Süden brachten gute Ergebnisse, doch erschien der Aufwand im Zuge der sich gegen Ende 1968 immer deutlicher abzeichnenden De-Eskalation zu groß, so daß weder ein weiteres Schlachtschiff wieder hergerichtet und nach

Vietnam entsandt, noch die *New Jersey* nach ihrem ersten Einsatz für eine zweite Einsatzperiode ausgerüstet wurde. Mit ihrer erneuten Außerdienststellung 1969 hatte die Periode der Schlachtschiffe wohl endgültig ihr Ende gefunden.

Das US Naval Command Vietnam

Neben diesen, dem Befehlshaber der 7. Flotte unterstellten Verbänden gab es in Vietnam einen weiteren Befehlsstrang der Marine, dem neben der 7. Flotte für den Krieg in Vietnam wichtige Einheiten und Kampfverbände unterstellt waren.

In Saigon war ursprünglich zur Beratung der südvietnamesischen Marine eine »US Naval Advisory Group Vietnam« gebildet worden. Sie hatte für die Ausbildung der mit ehemaligen französischen Kleinkampfschiffen und von der US-Navy gelieferten kleinen Einheiten ausgestatteten südvietnamesischen Seestreitkräfte und der Marine-Infanterie zu sorgen. Diese südvietnamesische Marine wuchs bis 1968 auf 6 Geleitfahrzeuge, 2 Patrouillenbooten, 26 Motorkanonenboote, 3 Küstenminensucher, 10 Landungsschiffe, 19 größere Landungsboote sowie zahlreiche Flußfahrzeuge, darunter 10 kleine Monitore, 53 Landungsboote sowie die große Dschunken-Flotte und einen Personalbestand von 16000 Mann an.

Mit dem Eingreifen der USA in den Krieg verlagerte sich aber auch die Hauptaufgabe des amerikanischen Kommandos, das mit der operativen Führung der im unmittelbaren Küstenvorfeld Südvietnams und aller in den Flußgebieten eingesetzten amerikanischen See- und Flußstreitkräfte nach den Weisungen des amerikanischen Befehlshabers in Südvietnam, General Westmoreland, betraut wurde. Ihm wurden für seine operativen Aufgaben nach und nach mehrere Kampfverbände unterstellt, die »Task Forces 115, 116 und 117«.

Die Vorgeschichte der »Task Force 115« reicht bis zum 16. Februar 1965 zurück. An diesem Tage sichtete ein Hubschrauber in der Vung Ro-Bucht ein getarntes Schiff. Durch angeforderte Luftangriffe wurde das Schiff, ein Trawler, der mit Nachschubgut für den Viet-Cong beladen war, versenkt. Um das Wrack zu untersuchen und die gelandeten Vorräte sicherzustellen, wurde mit südvietnamesischen Einheiten eine kleine Landungs-Unternehmung durchgeführt, die Gewißheit über die Ladung brachte, obgleich sie höchst ungeschickt angesetzt und durchgeführt wurde. Um den nun offenbar doch stärker angelaufenen Nachschub über See, wie ihn die ausgehobenen Lager andeuteten, zu unterbinden, forderte General Westmoreland eine gemeinsame amerikanisch-südvietnamesische Anstrengung. Es sollte der gesamte Küstenschiffsverkehr, der von rund 50000 registrierten vietnamesischen Kleinschiffen abgewickelt wurde, kontrolliert werden, insbesondere soweit er mit den beweglichen Trawlern durchgeführt wurde. Zu diesem Zweck erteilte die südvietnamesische Regierung der US-Navy am 16. März die Erlaubnis, vietnamesische Schiffe bis zu 40 sm von der Küste abzufangen und zu begleiten. Sie sollten die als Infiltranten-Schiffe verdächtigen Fahrzeuge dann beschatten, bis sie innerhalb der 12-sm-Zone vor der Küste durch südvietnamesische Kriegsschiffe angehalten und untersucht werden konnten.

Am 24. März nahmen die Zerstörer *Highbee* und *Black* die erste »Market Time«-Patrouille auf der Höhe des 17. Breitengrades auf. Dabei wurden sie von Aufklärungs-Flugbooten unterstützt. Es standen jedoch zunächst nur 9 amerikanische Zerstörer, Geleitzerstörer und Hochseeminensucher sowie von der südvietnamesischen Marine 7 Patrouillenboote, 12 Motorkanonenboote, 3 Minensucher und 8 mittlere Landungsfahrzeuge für die unmittelbare Untersuchung zur Verfügung, die zusammen die »Task Force 71« als »Vietnamese Patrol Force« bildeten und der 7. Flotte unterstellt waren. Zusätzlich wurden aus südvietnamesischen Mitteln 28 Küstenüberwachungsgruppen gebildet, die aus 9–24 Motordschunken bestanden. Bis Ende Mai wurden von dieser »Task Force 71«, als deren Flaggschiff zeitweise der Kreuzer *Canberra* verwendet wurde, rund 20000 kleine Fahrzeuge festgestellt und teilweise untersucht. Dabei fing der Zerstörer *Buck* im Mai das erste tatsächliche Infiltrationsschiff in See ab.

Es erwies sich jedoch bald als unzweckmäßig, diese Operationen unmittelbar vor der Küste von dem Flaggschiff der 7. Flotte in See zu leiten, da deren Aufgaben zu vielfältig waren. So übertrug man die operative Leitung dieser »Market Time«-Patrouillen am 30. April der »Naval Advisory Group« in Saigon. Bei dem Umfang des Küstenverkehrs vor Vietnam reichte die Zahl der verfügbaren Fahrzeuge zur Untersuchung der verdächtigen Dschunken und Sampans nicht aus, zumal sich die vietnamesischen Einheiten als wenig effektiv herausstellten. So entschloß man sich, eine entsprechende Anzahl schneller Fahrzeuge der »US Coast Guard« nach Vietnam zu verlegen und erwirkte am 11. Mai die Erlaubnis der südvietnamesischen Regierung, daß auch amerikanische Schiffe sich innerhalb der 12-sm-Zone an der Untersuchung und Aufbringung verdächtiger Schiffe beteiligen konnten.

Ende Juli 1965 trafen die ersten 17 der kleinen, schnellen »*Swift*«-Boote der »Coast Guard« ein. Es waren Fahrzeuge von 70 ts, 25 m lang, die bei einem Tiefgang von 2 m eine Geschwindigkeit von 17 Kn liefen. Sie waren mit einem 8-cm-Granatwerfer und 5 MG's ausgerüstet und hatten 11 Mann Besatzung. Aus 9 bzw. 8 dieser Boote bildete man die »Coast Guard Divisions 11 und 12« in An Thoi an der Westspitze Vietnams und in Da Nang. Als im Herbst weitere 9 dieser »Swift«-Boote eintrafen, bildeten sie die »Coast Guard Division 13«. Insgesamt wurde eine Erhöhung der Zahl dieser Boote auf 54 vorgesehen. Um die Effektivität der südvietnamesischen Dschunken-Patrouillen zu erhöhen, wurden sie der Marine voll unterstellt.

Am 1. August 1965 bestand die nun General Westmoreland

und dem Marine-Kommando in Saigon unterstehende »Coastal Surveillance Force« oder »Task Force 115« aus 7 Radar-Geleitzerstörern (DER), 2 Hochseeminensuchern, 2 Landungsschiffen und 17 *Swift*-Booten, ferner *Neptune*-Fernaufklärern und *Marlin*-Flugbooten sowie den unterstellten südvietnamesischen Einheiten.
Am 31. Oktober trafen die beiden ersten der neuen schnellen Motorboote vom Typ *PCF* ein. Bei 22 ts und einer Länge von 15 m hatten sie einen Tiefgang von nur 1,4 m und liefen 22 Kn. Sie waren ebenfalls mit einem 8-cm-Granatwerfer und 3 MG's bewaffnet und hatten 6 Mann Besatzung. Je 7 dieser Boote bildeten eine Division mit den Nummern 101 ff. Die Zahl dieser Boote wurde auf rund 80 erhöht. Damit war es möglich, die Zahl der untersuchten Fahrzeuge wesentlich zu steigern. Bis Ende November 1965 wurden von 73000 erfaßten Fahrzeugen 15000 aus der Nähe beobachtet und 16000 von einem Prisenkommando untersucht.
Im Mai 1966 trafen auch die ersten drei Luftkissen-Fahrzeuge vom Typ *SK-5* ein. Sie konnten noch bei Wellengang bis zu 2 m Höhe eingesetzt werden. Neben der Küstenüberwachung wurden sie auch für Seenot-Rettungsaufgaben, Verwundetentransporte und Nachschubzwecke, gelegentlich auch zur Verfolgung des Gegners an Land und besonders im Gebiet der Rung Sat Sümpfe verwendet.
Durch die Zuteilung dieser leichten Fahrzeuge war die Überwachung der flachen Küstengewässer wesentlich verbessert worden. Doch es fehlte an hochseefähigen Einheiten, welche die von der Luftaufklärung erfaßten Fahrzeuge auf hoher See verfolgen konnten. Deshalb wurden im Mai 1967 fünf »Coast Guard Cutter« der *Barnegat*-Klasse nach Vietnam verlegt. Es handelte sich um die *Bering Strait, Barataria, Gresham, Yukatat* und *Half Moon,* früheren Flugzeugtendern, die nach dem zweiten Weltkrieg zu »Coast Gurad Cutters« umgebaut worden waren. Diese erste Gruppe wurde um die Jahreswende 1967/68 durch fünf andere »Cutter« abgelöst, die *Duane, Campbell, Androscoggin, Winona* und *Minnetonka,* von denen die beiden ersteren bereits eine beachtliche Rolle in der Schlacht im Atlantik gespielt hatten.
Zugleich wurde die südvietnamesische Dschunkenflotte wesentlich verbessert. 1967 gab es schon rund 500 moderne Motordschunken, die mit MG's bewaffnet und mit leichten Panzerplatten geschützt waren.
Für die Leitung des Einsatzes dieser leichten Küstenfahrzeuge wurden entlang der 1000 sm langen Küste fünf »Coastal Surveillance Centers (CSC)« eingerichtet. Sie standen in laufender Verbindung mit den amerikanischen Patrouillenflugzeugen und »Coast Guard«-Einheiten. Gaben diese eine Positionsmeldung über ein nicht identifiziertes oder verdächtiges Fahrzeug, konnte das CSC sofort das nächststehende Fahrzeug der eigenen Einsatzzone zur Untersuchung und gegebenenfalls Vernichtung des feindlichen Objektes abteilen. Beim Durchsuchen verdächtiger Fahrzeuge kam dem »Ordnance Locator«, einem Detektor zur Aufspürung von Metallgegenständen, große Bedeutung zu.
Zur Überwachung des Delta-Gebietes des Mekong wurde am 18. Dezember 1965 die »US River Patrol Force« gebildet. Sie bestand zunächst aus vier kleinen Landungsbooten und Flußpatrouillenbooten vom Typ *PBR*, deren Zahl ständig vermehrt wurde. Bei den letzteren handelte es sich um speziell für den Einsatz in Vietnam konstruierte Kunststoffboote von 7 ts, die mit Turbinenantrieb eine Geschwindigkeit von 25 Kn erreichten und mit 3 MG's bewaffnet waren. Insgesamt wurden 241 dieser Boote gebaut. Seit Mai 1966 wurden sie zusammen mit vietnamesischen Dschunken und anderen kleinen Fahrzeugen im Rahmen der »Game Warden-Patrol« eingesetzt, um den Schiffsverkehr in den südvietnamesischen Flußgebieten zu kontrollieren und zu überwachen sowie den Viet-Congs die Benutzung der Wasserwege zur Verschiebung ihrer Truppenverbände unmöglich zu machen.
Eine weitere wichtige Aufgabe dieser »Task Force 116« war die Durchführung von Minensucharbeiten auf den vietnamesischen Flüssen. Die Viet-Cong versuchten wiederholt, diese Wasserläufe zunächst mit selbstgebauten, elektrisch zündenden Minen und später auch mit Kontaktminen sowjetischer Bauart zu verseuchen. Ziel war es, mit diesen Minen größere Schiffe, welche die Wege benutzten, zum Sinken zu bringen und damit die Flußläufe zu blockieren. Für die Räumaufgaben wurden kleine Flußräumboote vom Typ *MSB* eingesetzt. Sie waren 30 ts groß, liefen 14 Kn und waren mit 1 MG und entsprechenden Minensuchgeräten ausgerüstet. Seit dem 1. Juli 1966 operierte das »Detachment Alpha« des Minengeschwaders 11 auf dem Long Tau-Fluß, dem Hauptzufahrtweg nach Saigon. Am 31. Dezember 1966 wurden von *MSB 52* hier die ersten sowjetischen Kontaktminen geräumt. Durch den ständigen Einsatz der amerikanischen und südvietnamesischen Minensuchfahrzeuge gelang es, die wichtigen Flußwege auch für die Fahrten von Hochseeschiffen offen zu halten.
Im Oktober 1966 wurde zur Durchführung militärischer Operationen im Gebiet der Flußmündungen und Sumpfgebiete die »River Assault Flottila 1« aufgestellt, um die in diesem Gebiet eingesetzte 2. Brigade der 9. Infanterie-Division zu unterstützen. Beide zusammen bildeten die »Mobile Riverine Force«, die am 16. Februar 1967 mit ihren gemeinsamen Operationen in der Rung Sat Sumpfzone begann. Zusammen mit südvietnamesischen »River Assault Groups« kontrollierten diese Kräfte im Raum Nha Be ein Gebiet von 7500 qkm von Flüssen, Kanälen, Bächen und Mangrovensümpfen. Diese »Task Force 117« verfügte auch über mobile logistische Einheiten, um die Beweglichkeit der kombinierten Verbände zu erhöhen. Dazu gehörten vor allem die Truppenunterkunftsschiffe *Benewah* und *Colleton,* sowie seit August 1968 auch die Schwesterschiffe *Nueces* und *Mercer,* die je 1200 Mann an Bord nehmen konnten. Außer einem Wohnleichter für 800 Mann kamen noch eine Anzahl von Landungsschiffen (LST) und Werkstatteinrichtungen dazu. Die

Kampfverbände waren in zwei »Assault Squadrons« zusammengefaßt, die über je 26 gepanzerte Landungsboote (LCAT), 5 Monitore (LCM) und eine Anzahl von Kommandobooten (CCB) verfügten.
Die gepanzerten Landungsboote hatten eine Besatzung von 7 Mann, sie waren 17,6 m lang, 5,2 m breit und wurden durch 2 Dieselmotoren angetrieben, die ihnen eine Geschwindigkeit von 8 Kn gaben. Bewaffnet mit einer 2-cm-Kanone, 6 MG's und Gewehrgranatwerfern besaßen sie eine gute Feuerkraft und konnten einen Schützenzug oder eine 10,5-cm-Haubitze oder einen M-113-Schützenpanzer aufnehmen.
Der Monitor hatte die gleichen Abmessungen und den gleichen Antrieb. Er war mit einer 4-cm-Kanone, einer 2 cm, einem 8-cm-Granatwerfer, 6 MG's und 2 Gewehrgranatwerfern bewaffnet, die eine Besatzung von 11 Mann bedienten. Er war das »Schlachtschiff« der Flußstreitkräfte.
Das Kommandoboot war mit elektronischen Geräten ausgestattet und konnte jeweils mehrere Schiffe oder gelandete Infanterie-Einheiten funkmäßig führen. Es konnte auch jederzeit über entsprechende Frequenzen Luftunterstützung anfordern. Die Bewaffnung lag zwischen dem LCAT und dem LCM.
Bei den Operationen im Delta-Gebiet erwies sich bald die Artillerie-Unterstützung für die gelandeten Kräfte als unzureichend. Um diesem Mangel abzuhelfen, wurden »River Gunfire Support Ships« aus Landungsfahrzeugen improvisiert, wie die bereits erwähnte *St. Francis River* und auch das IFS *Carronade* herangezogen, deren Tiefgang auch einen Einsatz in flachen Gewässern erlaubte.

Der Partisanenkrieg 1966/67

Gleichzeitig mit der Verlegung amerikanischer Truppen nach Südvietnam hatten auch die nordvietnamesischen Streitkräfte begonnen, in der zweiten Hälfte 1965 stärkere reguläre Verbände nach dem Süden vorzuschieben. Durch die Bildung eines Schwerpunktes im Gebiet des Zentralen Hochlandes wollten sie sich offenbar eine Basis für einen Angriff zum Meer verschaffen, der Südvietnam in zwei Hälften teilen sollte. Der im Oktober 1965 einsetzende Vorstoß wurde jedoch von der amerikanischen 1. Luft-Kavallerie-Division aufgefangen und zurückgewiesen. Dabei bewährte sich die neue Einsatzmethode der Amerikaner gut. Die Viet-Congs und Nordvietnamesen verfuhren nach dem Schema, daß sie mit schwächeren Kräften einen gegnerischen Stützpunkt angriffen und dann ihre Hauptkräfte in einem Hinterhalt versammelten, um die herankommenden feindlichen Entsatzkräfte überfallen und vernichten zu können. Da die 1. Luft-Kavallerie-Division ihre Entsatz-Verbände jedoch aus der Luft mit Hubschraubern einflog, schlug diese Taktik nun fehl, ja, die Amerikaner konnten mehrfach festgestellte Hinterhalte ihrerseits mit Hubschrauber-beweglichen Verbänden aus der Luft direkt angreifen.

Auf alliierter Seite wurde zunächst der Schwerpunkt darauf gelegt, das Küstengebiet und vor allem die parallel zur Küste verlaufende Hauptverkehrsader, die National-Straße No. 1, freizukämpfen und das Gebiet zu halten und zu befrieden. Anfang 1966 begannen rund 20000 Mann amerikanischer, südvietnamesischer und südkoreanischer Truppen die Operation »White Wings« im Gebiet von Qui Nhon und Chu Lai, um dieses Ziel »Clear and Hold« erstmalig in einem bisher vom Viet-Cong gehaltenen Gebiet zu verwirklichen.
Die Kommunisten verlegten daraufhin den Schwerpunkt ihrer Aktionen nach Norden ins Gebiet der entmilitarisierten Zone und in den Raum des III. Korps, insbesondere zwischen Saigon und der kambodschanischen Grenze, wo sie sich auf die auf kambodschanischem Territorium angelegten Lager an den Endpunkten des Ho-Tschi-Minh-Pfades stützen konnten. Weitere Aktionszentren bildeten sich im Gebiet der Rung Sat Sümpfe südlich Saigons und im Gebiet des Mekong-Deltas heraus. Durch häufigen Wechsel versuchten die Kommunisten immer wieder mit Erfolg, die Amerikaner zur Aufteilung und Zersplitterung ihrer Verbände zu zwingen, während sie gleichzeitig jedem größeren Kampf mit den von den Amerikanern angesetzten Kampfgruppen auszuweichen trachteten.
In der zweiten Hälfte 1966 wurde deutlich, daß mit der »Clear and Hold«-Taktik dem Gegner nicht beizukommen war, zumal auch die Ergebnisse der Luftkriegführung gegen die Nachschubrouten nicht den erwarteten Erfolg gegen die Fähigkeit des Viet-Cong, Angriffe und Überfälle auszuführen, erbrachten. Tatsächlich verstärkte sich der Gegner ständig weiter. Mit der Zuführung neuer Verbände aus den USA, insbesondere den 4. und 9. Infanterie-Divisionen, des Restes der 101. Luftlande-Division, den 11. und 199. Leichten Infanterie-Brigaden sowie weiterer Unterstützungs-Einheiten, ging deshalb General Westmoreland zunehmend zu einer neuen Kampftaktik des »Search and Destroy« über, bei der gegen erkannte Konzentrationen von Viet-Cong oder nordvietnamesischen Einheiten nach vorausgehenden Luft-Bombardements schlagartig und konzentrisch Kampfgruppen der US-Armee oder des Marine-Corps, oft zusammen mit südvietnamesischen Verbänden oder Einheiten der Verbündeten angesetzt wurden. Teilweise brachten diese – im Bereich der Küsten auch mit amphibischer Unterstützung durchgeführten Operationen zufriedenstellende Ergebnisse, ebenso oft aber konnte sich der Gegner dem Angriff noch rechtzeitig entziehen, so daß der Schlag mehr oder weniger ins Leere ging. Das wurde ihm durch die geographischen Gegebenheiten, den dichten Dschungel, gegen den auch die ab Februar 1967 eingeführte »Entlaubung« mit aus der Luft abgesprühten Chemikalien nur wenig ausrichtete, oder die weiten Sumpfgebiete und Reisfelder erleichtert, an die sich die Viet-Cong mit primitiven Techniken sehr geschickt angepaßt hatten. Vielfach tauchten die Viet-Cong-Kämpfer auch einfach in der Bevölkerung unter. Da als Gradmesser für den Erfolg einer Operation nun vor allem die »Kill rate«,

die Zahl der aufgefundenen »Viet-Cong-Toten«, Gewicht bekam, blieb es nicht aus, daß die durch die Kampfhandlungen immer mehr in Mitleidenschaft gezogene Zivilbevölkerung immer höhere Opfer zu beklagen hatte. Die mit dieser Entwicklung verbundene Brutalisierung des Krieges führte schließlich auch zu Aktionen wie dem Massaker von My Lai, die das Selbstbewußtsein der amerikanischen Öffentlichkeit schwer erschütterten.
Dazu trug auch die Tatsache bei, daß bei der Intensivierung des amerikanischen Luftkrieges, mochte er von der Planung noch so vorsichtig auf militärische Ziele angesetzt sein, es nicht ausbleiben konnte, daß auch zivile Ziele getroffen wurden, die in der Nähe der militärischen Anlagen lagen. Dabei entstanden ebenfalls zunehmende Verluste unter der nordvietnamesischen Zivilbevölkerung, ein Umstand, den sich die kommunistische Propaganda in aller Welt mit großem Erfolg zunutze machte. Es gelang ihr auf diese Weise nicht nur in ihrem Bereich, sondern auch in der »Dritten Welt«, bei den Verbündeten der USA, ja in der Öffentlichkeit Amerikas selbst Zweifel an der Berechtigung der amerikanischen Kriegführung zu wecken, die sich schließlich in einem Protest insbesondere der akademischen Jugend in aller Welt äußerte.
Doch bereits ehe sich diese Entwicklung in größeren Protestdemonstrationen Luft machte, begannen in der amerikanischen Regierung selbst Zweifel an der Richtigkeit der eingeschlagenen Strategie aufzukommen. Als sich im Sommer 1966 zunehmend das Ausbleiben eines meßbaren Erfolges des Luftkrieges sowohl auf die Verhandlungsbereitschaft der Nordvietnamesen als auch auf die Kampfhandlungen im Süden abzeichnete, begann insbesondere ein Kreis um den Verteidigungsminister McNamara nach einer anderen Lösung des Problems zu suchen. Während General Westmoreland, von den »Joint Chiefs of Staff« unterstützt, weitere Truppenverstärkungen anforderte, stellte McNamara die Frage, ob eine Weiterführung des Krieges in der bisherigen Form selbst bei Bewilligung der Verstärkungen in absehbarer Zeit eine Lösung im Sinne eines militärischen Sieges bringen konnte. Ihm, dem von der Relation der »Cost-effectiveness« geleiteten Manager, schien der Aufwand in keinem rechten Verhältnis zu dem erreichbaren Ziel zu stehen, so daß er auf Wege für eine De-Eskalation sann. Sein Gedanke war es, von einem Techniker-Team angeregt, der zunehmenden Infiltration mit einer technischen Innovation zu begegnen, einem »elektronischen Zaun« quer durch den vietnamesischen Dschungel entlang des 17. Breitengrades und der laotischen Grenze im Norden. Dieser »Zaun« war durch ausreichend starke und in befestigten Stellungen stationierte Truppen zu sichern. Zugleich sollte die Truppenstärke und die Zahl der monatlichen Luftangriffe gegen Nordvietnam eingefroren und letztere auf den Raum südlich des 20. Breitengrades gegen die Infiltrationswege konzentriert werden, um mit diesem Entgegenkommen vielleicht eine Bereitschaft des Gegners zu Verhandlungen einzuhandeln. Zugleich sollte im Süden das Pazifizierungs-Programm verstärkt fortgesetzt und mit echten Reformen begonnen werden, um die Stellung der südvietnamesischen Regierung im Lande selbst zu stärken.
Doch sollten diese Gedanken in Washington nur langsam an Boden gewinnen. Dabei spielte der Fehlschlag eines neuen Verhandlungsversuchs Präsident Johnsons eine Rolle, der über die Vermittlung des britischen Premiers Wilson und des sowjetischen Ministerpräsidenten Kossygin anläßlich von dessen Besuch in England im Februar 1967 lief. Als auf das Angebot, bei Einstellung der Infiltration nach dem Süden und der Unterstützung des Viet-Cong auch die Luftangriffe einzustellen und dann über die Bildung einer Regierung in Südvietnam eventuell auch unter Einschluß von Vertretern des Viet-Cong zu verhandeln, keine positive Reaktion Hanois einging, kam es ab 22. Februar 1967 zunächst nochmals zu einer Verschärfung insbesondere des Luftkrieges auch im Raum Hanoi/Haiphong. Die Zahl der Einsätze der großen strategischen Bomber *B-52* wurde von monatlich 60 auf 800 gesteigert. Die Verminung von weiteren Teilen der nordvietnamesischen Küste – allerdings außerhalb der Übersee-Häfen – wurde freigegeben und die Angriffe der »Sea Dragon«-Flotteneinheiten verstärkt. Die Liste der für Angriffe aus der Luft genehmigten Ziele wurde drastisch erhöht. Die Armee begann im Gebiet zwischen Saigon und der kambodschanischen Grenze die bisher größte »Search and Destroy«-Operation mit mehr als 45 000 Mann amerikanischer und südvietnamesischer Truppen.
Aber alle diese und ähnliche Operationen in den folgenden Monaten änderten weder die Haltung der Regierung in Hanoi, noch die Lage in Südvietnam im Ganzen. Die Forderung auf die Entsendung von weiteren 200 000 Mann Bodentruppen durch General Westmoreland brachte schließlich auch den zögernd zwischen den »Falken« und den »Tauben« stehenden Präsidenten Johnson immer mehr zur Überzeugung, daß ein Ausweg aus dem Krieg gesucht werden mußte.

Die Tet-Offensive

Auf der anderen Seite erkannten jedoch auch die Führer in Hanoi, daß es den Amerikanern trotz ungeheuren Materialeinsatzes nicht gelang, den Guerilla-Krieg im Süden zu unterdrücken und der eigenen Seite die Möglichkeit zur Weiterführung der Operationen zu nehmen, während es gleichzeitig den Anschein hatte, das gewänne Hanoi in der Weltöffentlichkeit zunehmend mehr Sympathien. Es schien sogar bei weiterer materieller Unterstützung durch die Sowjetunion und China, die beide Staaten aus übergeordneten eigenen Interessen bei allen internen Gegensätzen weiterführen mußten, möglich, nach den Lehren Mao Tse-tungs den »Befreiungskampf« im Süden schließlich auch zum militärischen Erfolg zu führen.
Im Januar und Februar 1968 suchte man dieses Ziel erneut in einer großen, sich über ganz Südvietnam erstreckenden

und gut koordinierten Offensive zu erreichen. Als die Kämpfe am Boden in den letzten Monaten des Jahres 1967 abflauten, führten die Militärs der Alliierten das vor allem auf die Wirkung ihrer »Search and Destroy«-Kampfführung und die dabei eingetretenen großen Verluste der Viet-Cong und nordvietnamesischen Verbände zurück. Tatsächlich hatten sich diese jedoch nur vorübergehend abgesetzt, um für die große Offensive personell aufgefrischt und materiell aufgefüllt zu werden. Zugleich begann unter äußerst geschickter Tarnung der Aufmarsch. Überall sickerten Viet-Cong-Kommandos in die Städte und größeren Orte ein und warteten hier im Untergrund auf das Signal. An den Schwerpunkten versammelten sich die regulären Verbände in getarnten Bereitstellungen, um nach dem Losschlagen in den Städten und dem damit ausgelösten Volksaufstand an besonders wichtigen Punkten gegen Teile der amerikanischen Kräfte durchschlagende »ordinäre« Siege nach Art von Dien Bien Phu zu erringen, die den militärischen Sieg über den »Aggressor« in den Augen der Welt dokumentieren sollten.
Am 19. Januar 1968 begannen die regulären nordvietnamesischen 324. und 325. Divisionen über die entmilitarisierte Zone hinweg die im Aufbau befindliche, und von Teilen der amerikanischen 3. Marine-Division verteidigte McNamara-Linie beiderseits Con Thun anzugreifen, um diese Verbände zu fesseln. Inzwischen waren die 320. und 304. Division mit weiteren Verbänden über den laotischen Ho-Tschi-Minh-Pfad um den Eckpfeiler der amerikanischen Front, das von dem 26. Marine-Regiment verteidigte Khe San herum, in den Rücken der amerikanischen Front eingesickert. Unter heftigem Beschuß der amerikanischen Stellungen mit Artillerie, Raketen und Granatwerfern arbeiteten sich die Nordvietnamesen immer näher an die Stellungen der Festung Khe San heran.
Am 30. Januar begannen die Viet-Cong zunächst im Zentralen Hochland und im Bereich der Ostküste mit Angriffen gegen alle wichtigeren Orte und suchten die zum Entsatz

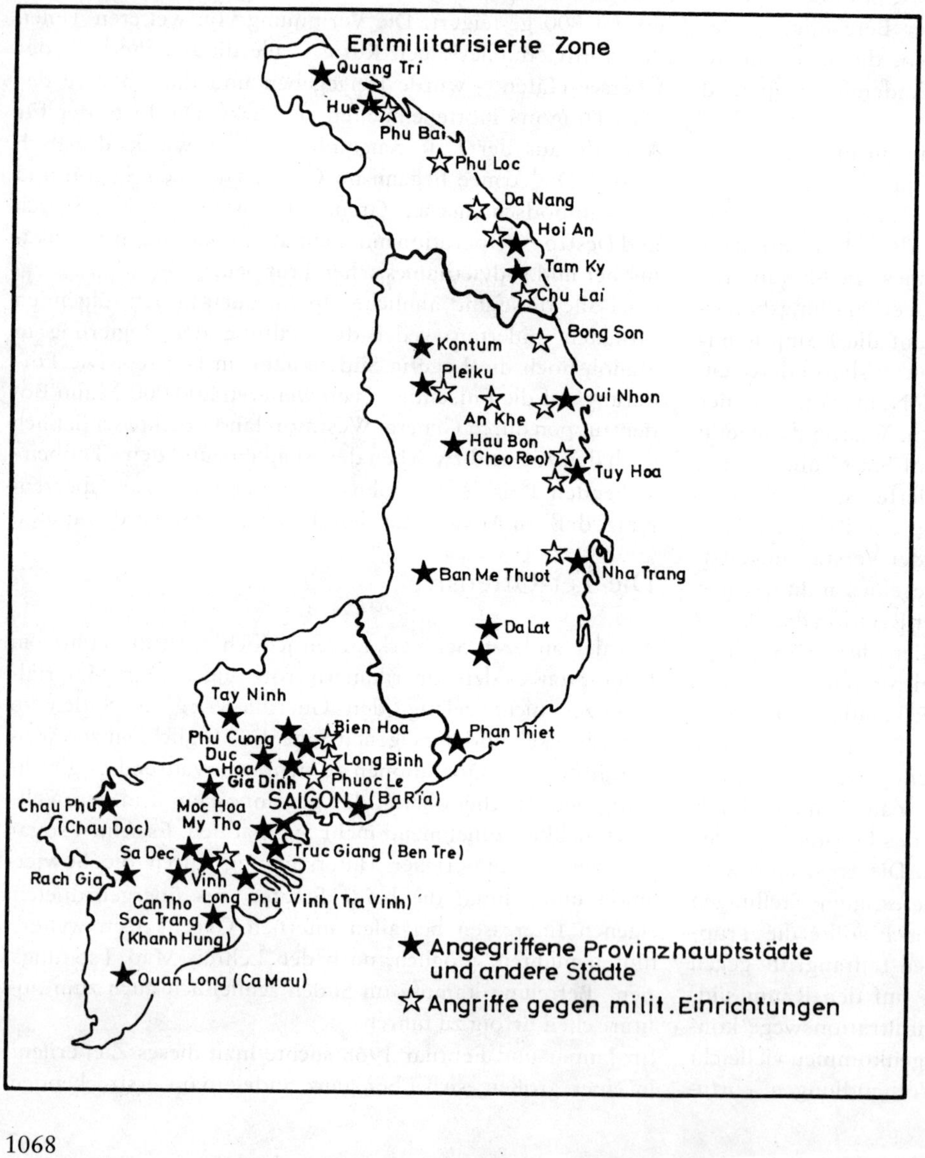

Die Tet-Offensive Januar-Februar 1968

heranrückenden amerikanischen Kräfte in von den in dieses Gebiet eingesickerten nordvietnamesischen 1., 2., 3. und 5. Divisionen gelegte Hinterhalte zu locken. In der Nacht zum 31. Januar erreichten die Angriffe mit schlagartigen Überfällen auf 25 Provinz-Hauptstädte, 9 Flugplätze und andere Einrichtungen ihren Höhepunkt. Die Tet-Offensive hatte begonnen. Die spektakulärsten Aktionen ereigneten sich in Saigon selbst, in das Viet-Cong-Kommandos in Stärke von mehreren Tausend Mann eingesickert waren. Einem »Todeskommando« gelang es sogar, im Handstreich die amerikanische Botschaft zu besetzen, aus der sie erst nach 24 Stunden vollständig vertrieben werden konnten. Wochenlang zogen sich die Kämpfe mit Viet-Cong-Gruppen in der Hauptstadt, besonders im Chinesen-Viertel Cholon hin.

Ein anderer Schwerpunkt der Kämpfe war die alte Kaiserstadt Hué im Norden. Überfallartig konnten zwei nordvietnamesische Regimenter und vier selbständige Bataillone, unterstützt von Viet-Cong-Kräften die Zitadelle und die Stadt besetzen. Bis zum 24. Februar tobten um die Zitadelle die heftigsten Kämpfe, nachdem herangeführte amerikanische und südvietnamesische Marine-Infanteristen und Fallschirmjäger mit ihren systematischen Gegenangriffen begonnen hatten, die von dem Artilleriefeuer der Kreuzer *Newport News* und *Providence*, des australischen FK-Zerstörers *Perth* und amerikanischer Zerstörer und Fregatten unterstützt wurden. Die beiden Hubschrauberträger *Valley Forge* und *Iwojima* führten Verstärkungen heran, und das Landungsdockschiff *Camstock* landete allein 12000 ts Munition.

Während so die südvietnamesischen und amerikanischen Verbände über ganz Südvietnam hinweg in der Bekämpfung und Zerschlagung der Viet-Cong und der nordvietnamesischen Einheiten gebunden waren, berannten die vier aktiven nordvietnamesischen Divisionen unablässig das mit Transportflugzeugen und Hubschraubern verstärkte und versorgte Khe San. Dank der massiven Luftunterstützung, in die selbst die *B-52*-Bomber, vor allem aber die Trägerflugzeuge der *Coral Sea, Kitty Hawk, Ticonderoga* und *Enterprise* eingriffen, konnten sich die rund 6000 Marine-Infanteristen trotz des schweren Artilleriefeuers in dem immer enger werdenden Ring halten, bis schließlich am 3. April die durch ein Marine-Regiment verstärkte 1. Luft-Kavallerie-Division zu einer Entsatz-Offensive »Pegasus« antrat, bei der 300 Kampf- und Transport-Hubschrauber eingesetzt wurden, um die Kampfverbände in der Nähe des Durchbruchspunktes zur eingeschlossenen Festung abzusetzen. Südvietnamesische Fallschirmjäger nahmen das Flugfeld von Khe San. Den ausbrechenden Marine-Infanteristen kamen am 7. April die Entsatzverbände entgegen. Doch wieder setzten sich die Nordvietnamesen vor dieser überlegenen Offensive gerade rechtzeitig ab.

Im Laufe des Monats Februar und März hatten die amerikanischen und südvietnamesischen Truppen überall die Initiative wiedergewonnen. Die Tet-Offensive war militärisch gescheitert. Die Kommunisten hatten rund 40 000 Mann an Toten, 3000 Gefangene und rund 5000 Verwundete verloren. Aber auch die beabsichtigte Initialzündung für einen Volksaufstand war ausgeblieben, was eine Stärkung der Saigoner Regierung zur Folge hatte. Trotzdem hatte die Offensive eine in keinem Verhältnis zum tatsächlichen Ergebnis stehende psychologische Wirkung in der Weltöffentlichkeit, hatte sie doch den trotz des amerikanischen Bombenkrieges und Materialeinsatzes ungebrochenen Kampfwillen des Viet-Cong und Nordvietnams eindrucksvoll unter Beweis gestellt. Mußten die Kommunisten nun auch wieder zurückstecken und zur früheren Guerilla-Kriegführung mit kleineren Verbänden übergehen, die mißlungene Offensive sollte weitreichende politische Folgen haben.

Die Reduzierung des Luftkrieges und die Verhandlungen in Paris

Wenige Tage vor der Tet-Offensive war McNamara wegen der zunehmenden Meinungsverschiedenheiten über die Führung des Krieges in Vietnam aus seinem Amt als Verteidigungsminister ausgeschieden. Präsident Johnson, der zunächst auf die Nachricht von der Tet-Offensive hin geneigt war, hart zu reagieren, erkannte in den folgenden Wochen, daß eine Weiterführung des Krieges in der bisherigen Form sowohl bei den Verbündeten als auch in der amerikanischen Öffentlichkeit auf zunehmenden Widerstand stieß, ohne daß sich ein Erfolg absehen ließ. Vielleicht konnte man nach dem militärischen Erfolg der Abwehr der Tet-Offensive durch ein Entgegenkommen gegenüber Hanoi den Weg für eine politische Lösung freimachen. Das schien Johnson auch im Hinblick auf die im November 1968 bevorstehenden Präsidentschaftswahlen notwendig, wollte man die inneren Auseinandersetzungen in den USA nicht auf die Spitze treiben und die Demokratische Partei aller Chancen berauben. So berief Johnson am 22. März zunächst den Oberbefehlshaber in Vietnam, General Westmoreland, als neuen Stabschef des Heeres nach Washington und ersetzte ihn durch seinen bisherigen Stellvertreter, General Abrams. Drei Tage später faßte er auch den Entschluß, selbst nicht mehr für die Präsidentschaft zu kandidieren und gab zum 31. März die Einstellung aller Bombenangriffe nördlich des 20. Breitengrades bekannt. Damit verband er die Hoffnung, daß sich die Regierung in Hanoi nach dieser amerikanischen Vorleistung zu ernsten Verhandlungen über einen Waffenstillstand und eine Regelung des Vietnam-Problems bereitfinden würde. Nach den schweren Verlusten der Tet-Offensive schien es offenbar auch für Hanoi vorteilhaft zu sein, durch die Aufnahme von Verhandlungen eine Atempause zu gewinnen, um die angeschlagenen Verbände wieder auffrischen und neu ausrüsten zu können. Schon am 3. April erklärte sich Hanoi zu direkten Kontakten mit den USA bereit. Am 13. Mai wurden die Verhandlungen in Paris aufgenommen.

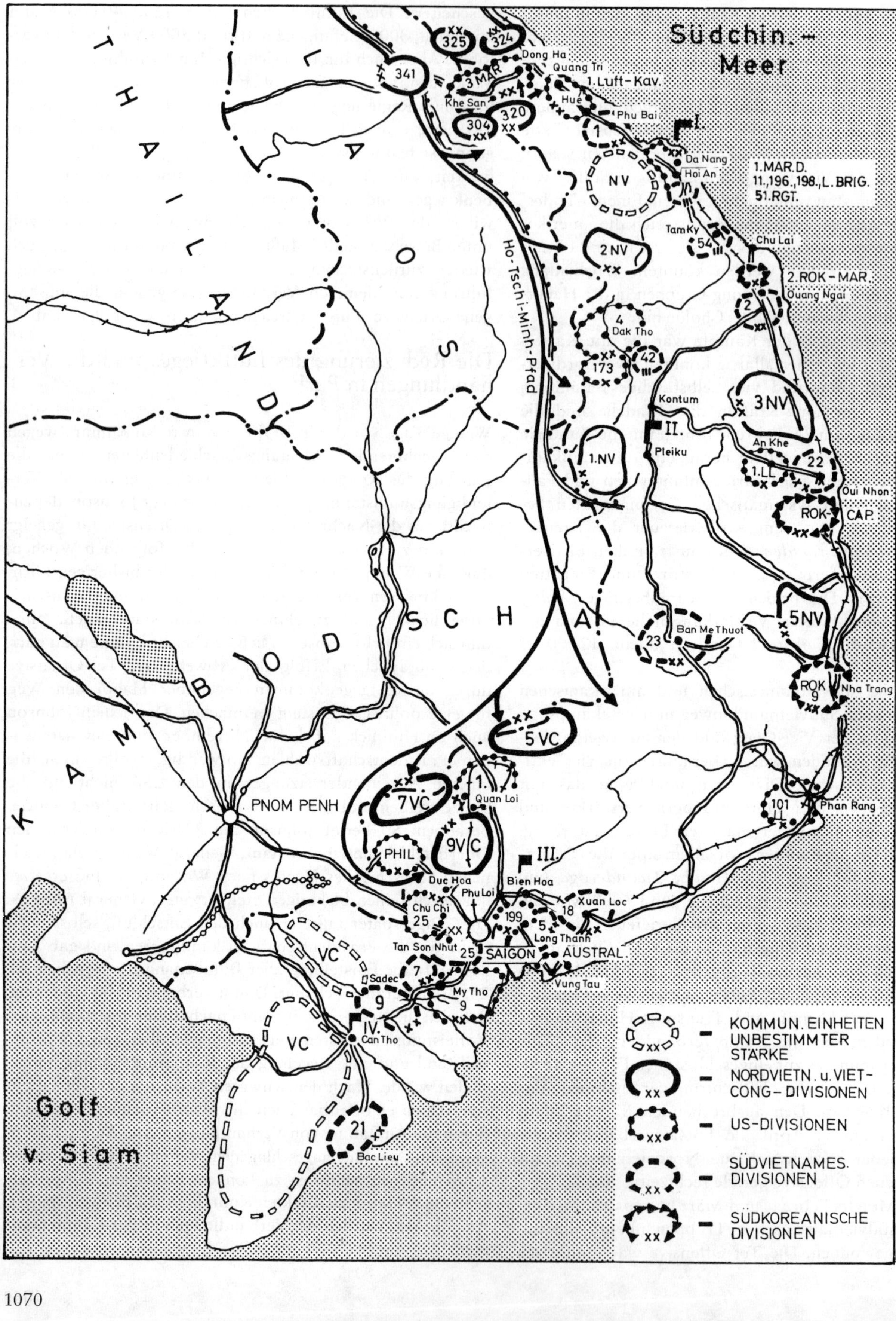

Die Dislokation der Großverbände Anfang 1969

Um ihre Verhandlungsposition zu verbessern und ihre harte Haltung zu untermauern, hatten die Kommunisten inzwischen am 5. Mai in Südvietnam eine neue Offensive begonnen. In den ersten Mai-Tagen waren erneut stärkere Kräfte des Viet-Cong, aber auch ein Regiment der 9. nordvietnamesischen Division in die Hauptstadt Saigon eingesickert. In harten Kämpfen, bei denen auch Panzer eingesetzt wurden, konnten die Alliierten mit Artillerie- und Luftunterstützung bis zum 13. Mai den Gegner aus der Stadt hinausdrängen, doch gingen die Kämpfe am Stadtrand bis zum Ende des Monats weiter. Auch an zahlreichen anderen Punkten, so im Zentralen Hochland bei Pleiku und im Norden bei Hué und Da Nang kam es zu heftigen Gefechten mit nordvietnamesischen Einheiten. Zugleich waren die Nordvietnamesen nach dem Ende der Luftangriffe auf das Gebiet nördlich des 20. Breitengrades dazu übergegangen, ihre Abwehr nach dem Süden in das Gebiet nördlich der entmilitarisierten Zone zu verschieben und auch im Bereich des Ho-Tschi-Minh-Pfades starke Luftverteidigungskräfte auf laotischem und kambodschanischem Territorium zusammenzuziehen. Die Luftangriffe konzentrierten sich deshalb nun vor allem auf die SAM-Raketenstellungen in diesem Raum, wobei im Mai neben Flugzeugen der Träger *Ranger* und *Ticonderoga* von der Luftwaffe erstmalig die neuen Allwetter-Kampfflugzeuge vom Typ *F-111* eingesetzt wurden. Andere Luftangriffe richteten sich gegen die Nachschubwege, die im Rahmen der Operation »Sea Dragon« auch von See her durch den Kreuzer *St. Paul* und Zerstörer im Raum Dong Hoi beschossen wurden.

Im Monat Juni gingen die Kämpfe im Raum Saigon sowie im Norden weiter, wobei die Amerikaner die erneut durch nordvietnamesische Einheiten bedrängte Festung Khe San nun am 27. Juni räumten, »um der Taktik des Gegners mit einer beweglicheren Kampfführung zu begegnen«.

Bei den Kämpfen dieser Wochen und Monate erwiesen sich die schweren Bomber des Typs *B-52* auch im taktischen Einsatz als ein äußerst wirksames Kampfmittel. Mit ihrer großen Zuladung von 108 250-kg-Bomben konnten z. B. sechs Maschinen dieses Typs in Sekunden auf einem begrenzten Gebiet mit großer Präzision eine Feuerkraft zur Wirkung bringen, die der von 188 Kanonen 15,5 cm entsprach. Die moralische Wirkung dieser Angriffe auf die betroffenen Truppen war sehr groß, so daß in dieser Periode auch die Zahl der kommunistischen Überläufer erstmalig zunahm.

Insgesamt ließ die Kampftätigkeit am Boden in der zweiten Hälfte 1968 zwar etwas nach, aber immer noch kam es in allen Teilen Südvietnams zu Überfällen und Gefechten, welche die ungebrochene Kampfkraft des Viet-Cong und der Nordvietnamesen unter Beweis stellen sollten.

So sah die nordvietnamesische Delegation in Paris auch keinen Grund, die Verhandlungen mit den Amerikanern zu einem schnellen Abschluß zu bringen. In 28 Sitzungen hielt man sich gegenseitig in mehr oder weniger beleidigender Form die unvereinbaren Standpunkte vor, obgleich es zunächst noch um nicht mehr als Verfahrensfragen wie z. B. die Gestaltung des Verhandlungstisches bei der geplanten Teilnahme von Delegationen Südvietnams und des Viet-Cong ging.

Um vor der Wahl noch einen Versuch zu unternehmen, die Verhandlungen über den toten Punkt zu bringen, befahl Präsident Johnson am 1. November die Einstellung aller Bombenangriffe auf Nordvietnam. Wenngleich er damit auch eine der Hauptforderungen Hanois erfüllte, war man dort zu keinerlei Gegenleistung bereit. Man hoffte von dem neuen Präsidenten Richard M. Nixon, der am 6. November gewählt wurde und der seinen Wahlkampf vor allem mit der Versicherung, den Vietnam-Krieg unter ehrenvollen Bedingungen beenden und die amerikanischen Soldaten nach Hause bringen zu wollen, geführt hatte, mehr erreichen zu können.

Als am 25. Januar 1969 die Delegationen der vier Parteien in Paris zusammentraten, war es das Ziel des amerikanischen Chef-Delegierten, auf der Grundlage eines gleichzeitigen, kontrollierten Abzuges der amerikanischen und nordvietnamesischen Truppen aus Südvietnam zu einer Lösung zu kommen, die dann die Bildung einer aus freien Wahlen hervorgegangenen Regierung in Südvietnam ermöglichen würde. Für die kommunistische Seite war es jedoch klar, daß Nixon unter dem Zwang stand, der zunehmenden Ablehnung des Vietnam-Krieges in der amerikanischen Öffentlichkeit Rechnung zu tragen und sein Wahlversprechen einzulösen. Sie konnte also auch ohne Gegenleistung mit einem amerikanischen Truppenabzug rechnen.

Präsident Nixon wollte sein Ziel auf dem Wege über eine »Vietnamisierung« des Krieges erreichen. Nach einer entsprechenden Verbesserung des Ausbildungsstandes und der materiellen Ausrüstung der südvietnamesischen Armee sollten deren Verbände zunehmend amerikanische Einheiten ablösen und ersetzen, damit sie in die USA zurückgeführt werden konnten.

Am 8. Juni 1969 gab Nixon den Abzug der ersten 15400 Mann bis Ende August bekannt, eine Zahl, die bald um weitere 25000 Mann bis Mitte September erhöht wurde. Neben zahlreichen Reserve-Formationen wurden im Rahmen dieser beiden ersten Phasen die 9. Infanterie-Division und die 3. Marine-Division, ferner eine Brigade der 82. Luftlande-Division und die fliegenden Verbände der Nationalgarde abgezogen. Mitte September 1969 lief die dritte Phase der Rückführung von rund 75000 Mann an, die bis Mitte April 1970 abgeschlossen sein und die 1. Infanterie-Division, die 1. Marine-Division, zwei weitere Brigaden, kleinere Einheiten und 3 taktische Geschwader der Luftwaffe umfassen sollte. Bis Mitte Mai 1971 sollten weitere 150000 Mann zurückgeführt und bis Frühjahr 1972 die Zahl der Amerikaner in Vietnam auf 200000 reduziert sein.

Da die amerikanische Seite diese Verdünnung unabhängig von Gegenleistungen durchzuführen beabsichtigte und dabei auch mit einer Reduzierung des amerikanischen Engagements im Kampf gegen die Viet-Cong- und nordvietnamesischen Einheiten zu rechnen war, blieb die kommunistische Seite bei den Verhandlungen in Paris unnachgiebig bei ihrer Forderung, vor einem Abzug der amerikanischen Truppen und damit einer Beendigung der »amerikanischen Aggression« sowie der Bildung einer Koalitions-Regierung in Saigon unter Einschluß des Viet-Cong könnten überhaupt keine Sach-Verhandlungen geführt werden. Sie lehnten die amerikanische Verhandlungs-Position, zuerst sofortige und bedingungslose Feuereinstellung, sofortige Freilassung aller Kriegsgefangenen und Einberufung einer neuen Indochina-Konferenz, rundweg ab. In der Gefangenen-Frage stellten sie sich auf den Standpunkt, es gäbe keine nordvietnamesischen Truppenverbände in Südvietnam und folglich auch keine nordvietnamesischen Kriegsgefangenen. Tatsächlich befanden sich trotz zahlreicher einseitiger Gefangenen-Freilassungen im Juli 1970 in südvietnamesischen Kriegsgefangenen-Lagern 35 000 Gefangene, darunter 7780 Nordvietnamesen. Unter diesen Umständen wurden von den Delegationen in Paris keinerlei Fortschritte erzielt und nur Reden »zum Fenster hinaus« gehalten. Während auf amerikanischer Seite der Abzug der Truppen planmäßig voranschritt – Anfang Mai 1970 waren noch 428 000 Amerikaner in Vietnam – nutzten die Nordvietnamesen die Zeit, um ihre Verbände aufzufrischen und vor allem entlang der laotischen und kambodschanischen Grenze Nachschublager anzulegen, um künftige Operationen innerhalb Südvietnams auch bei einer Verschärfung der anhaltenden amerikanischen Luftkriegführung gegen die Nachschubwege des Ho-Tschi-Minh-Pfades nähren zu können.

Die Kämpfe in Kambodscha und Laos 1970/71

Die innenpolitische Lage in Kambodscha und Laos nahm in den ersten Monaten des Jahres 1970 eine Entwicklung, die in Verbindung mit der zunehmenden Aktivität der nordvietnamesischen Armee in den östlichen Grenzgebieten dieser Länder in amerikanischen Augen eine Gefährdung des Disengagement-Programms heraufzubeschwören schien.
Nachdem im September 1969 laotische Regierungsstreitkräfte die lange von den kommunistischen Pathet-Lao-Kräften beherrschte Ebene der Tonkrüge wieder besetzt hatten, wurden sie vom 14.–21. Februar 1970 trotz amerikanischer Luftunterstützung durch eine Gegenoffensive der Pathet-Lao-Truppen wieder vertrieben.
In Kambodscha hatte der neutralistische Staatschef Prinz Sihanouk es jahrelang verstanden, zwischen den Fronten zu jonglieren. Er hatte weite Teile der an Südvietnam angrenzenden Zonen seines Landes praktisch dem Viet-Cong und den Nordvietnamesen überlassen müssen, die hier Nachschubwege und Versorgungsbasen einrichteten, in die sie sich auch bei überlegenem Druck des Gegners zurückziehen konnten. Sihanouk hatte aber auch kaum auf die sich aus dieser Situation häufig ergebenden Grenzverletzungen reagiert, wenn südvietnamesische oder amerikanische Kräfte bei der Verfolgung des ausweichenden Gegners auf kambodschanisches Territorium gerieten. Im Innern hatten die »roten Khmer-Truppen« nur in einigen Gebieten Refugien aufbauen können, während die Regierungstruppen den überwiegenden Teil des restlichen Gebietes in der Hand hatten. Um die Jahreswende 1969/70 verstärkte sich nun nicht nur die Aktivität des Viet-Cong und der Nordvietnamesen in den Grenzgebieten, auch die »roten Khmer« begannen ihre Machtbereiche auszuweiten. Während Prinz Sihanouk dieser Entwicklung in bewährter Manier mit seiner Schaukelpolitik beikommen wollte, für die er sich durch Besuche auch in Moskau und Peking Rückendeckung zu verschaffen suchte, befürchtete der antikommunistische Regierungschef, General Lon Nol, ein Abgleiten des Landes in den kommunistischen Bereich und setzte am 13. März mit einem Staatsstreich den abwesenden Sihanouk ab. Die Reaktion war ein starkes Aufflammen von Unruhen, die den »roten Khmer« großen Zulauf brachten, zumal der im Pekinger Exil residierende Sihanouk seine große Popularität im Lande ausnutzte, um die Kräfte seiner Gegner zu stärken.
Für Nixon zeichnete sich die Gefahr ab, daß nach einem amerikanischen Abzug Südvietnam sich nicht nur im Innern mit der Viet-Cong-Bewegung auseinandersetzen mußte, sondern auch einem kommunistisch gewordenen Kambodscha und Laos gegenüberstünde. Noch unmittelbarer war aber die Gefahr, daß der zunehmende Aufmarsch der Nordvietnamesen in Kambodscha das ganze Projekt der »Vietnamisierung« infrage stellen konnte, wenn diese Kräfte in der letzten Phase des Abzuges mit einer großen Offensive beginnen würden. So beschloß Nixon, dieser Entwicklung mit einem präventiven Schlag zuvorzukommen. Die im eigenen Land bedrängte Regierung Lon Nol erklärte sich am 14. April mit »jeder Unterstützung gegen eine kommunistische Invasion, woher sie auch komme« einverstanden. Als daher kommunistische Truppen sich Ende April der Hauptstadt Kambodschas, Phnom Penh, näherten, gab Präsident Nixon, nach vorheriger Benachrichtigung der sowjetischen Regierung über den »heißen Draht«, zum 29. April den Einmarschbefehl.
Am gleichen Tage drangen südvietnamesische Truppen entlang der von Saigon nach Phnom Penh führenden Nationalstraße 1 in den weit nach Vietnam hineinragenden »Papageienschnabel« vor, eines der Nachschubzentren des Gegners. Am 1. Mai eröffneten US-Verbände die Offensive gegen den »Angelhaken«, ein ähnliches vorspringendes Gebiet, in dem man das Hauptquartier des Viet-Cong vermutete, jedoch nicht fand. Am 5., 6. und 14. Mai wurden weitere Vorstöße in die übrigen Grenzgebiete Kambodschas vom Zentralen Hochland bis zur Küste begonnen. Außer im Gebiet der Nationalstraße 1 wichen die Nordvietnamesen und Viet-Congs vor dem Angriff nach Westen aus, warfen dabei die ihnen gegenüberstehenden kambodschanischen Regierungstruppen, die unzulänglich ausgerüstet waren und geringen

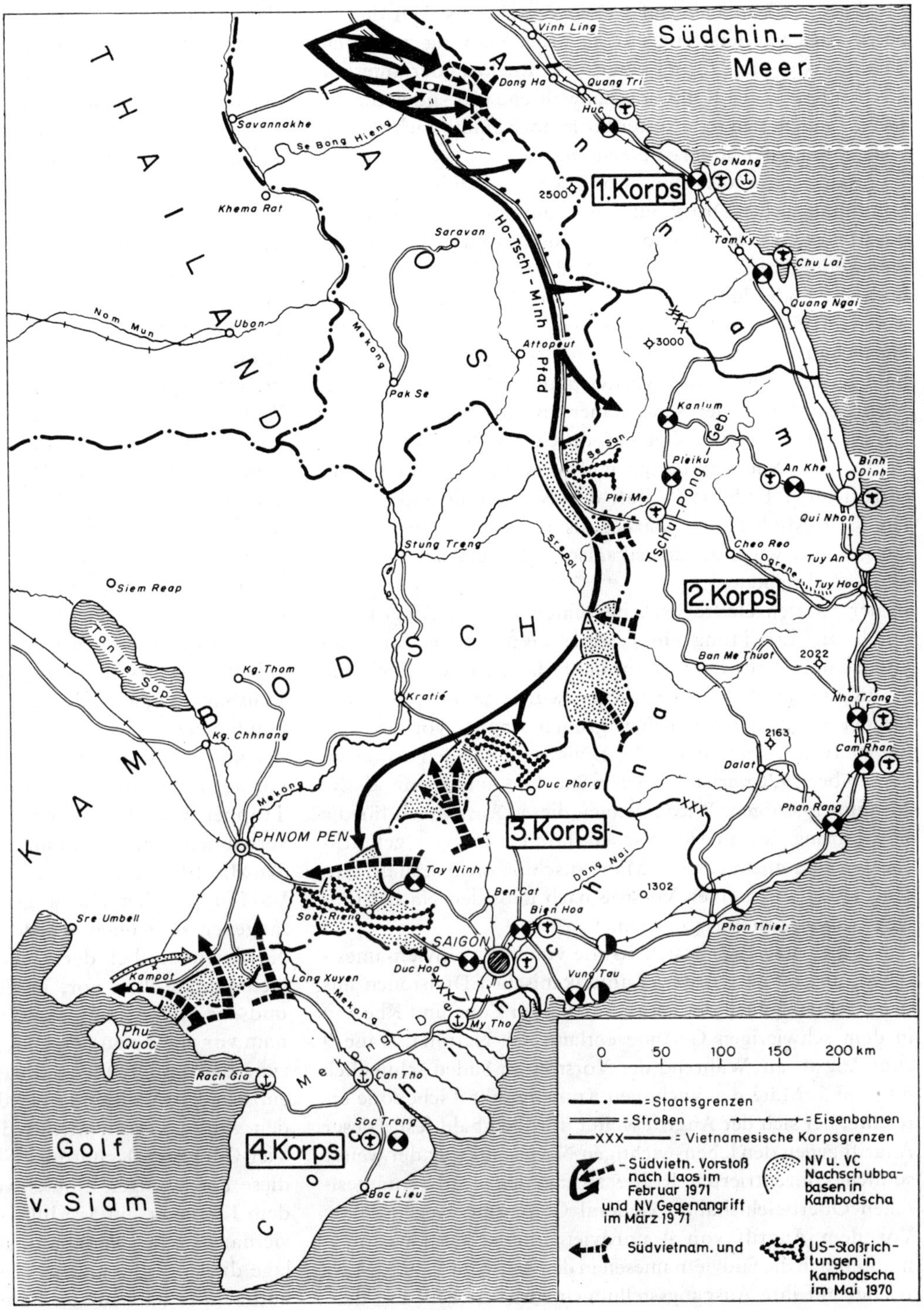

Die Offensiven in Kambodscha 1970 und Laos 1971

Kampfwillen besaßen, zurück, so daß sie bald das ganze Gebiet bis zum Mekong beherrschten. Am 11. Mai brach eine südvietnamesische Flußflottille auf dem Mekong in die Hauptstadt Phnom Penh durch, um die dort lebenden 200 000 Vietnamesen zu versorgen oder zu evakuieren.

Zwar gelang es den Amerikanern und Südvietnamesen, einige große Vorrats- und Waffenlager des Gegners zu finden und auszuheben, die militärischen Erfolge gegen die kommunistischen Truppen blieben jedoch begrenzt, während diese ihrerseits erhebliche Teile Kambodschas unter ihre Kontrolle bringen konnten. Andererseits stießen die Amerikaner mit ihrer Aktion nicht nur in der Dritten Welt, sondern auch

bei ihren Verbündeten auf wenig Verständnis. Um der inneren Auseinandersetzung keine neue Nahrung zu geben, befahl Nixon am 22. Juni bereits den Rückzug der amerikanischen Kräfte aus Kambodscha, während nur südvietnamesische Einheiten in reduzierter Form noch einige wichtige Gebiete entlang der Grenze besetzt hielten.
Insgesamt hatte die Operation zwar für einige Zeit den kommunistischen Druck auf den Raum nördlich Saigon und das Mekong-Delta vermindert, so daß die »Vietnamisierung« hier weitergehen konnte. Aber dafür war die Lage in Kambodscha Ende Juni 1970 schlimmer als je zuvor. Immer weitere Teile des Landes gerieten unter kommunistische Herrschaft.
Bald jedoch gingen die Nordvietnamesen und Viet-Congs nach dem Abzug der Amerikaner und der Räumung eines Teiles der besetzten Gebiete durch die Südvietnamesen daran, ihre Nachschubwege und Versorgungslager wieder einzurichten. Ende 1970 floß der Nachschub entlang des Ho-Tschi-Minh-Pfades stärker als je zuvor, obgleich sich das ganze Gewicht des amerikanischen Lufteinsatzes nun auf dieses Ziel richtete.
In der zweiten Hälfte 1970 bemühten sich die Amerikaner durch die Errichtung eines Stützpunktnetzes entlang der Grenze nach Laos die Infiltration in das Zentrale Hochland einzudämmen. Immer deutlicher wurde jedoch, daß der Gegner sich auf einen neuen großen Angriff vorbereitete. Bis zu 10 nordvietnamesische Divisionen wurden schon im September 1970 nach und nach in Süd-Laos und Kambodscha zusammengezogen. Wieder schien dieser Aufmarsch für die Fortführung des amerikanischen Truppenabzuges gefährliche Formen anzunehmen. Man entschloß sich deshalb Anfang 1971, durch einen Vorstoß nach Laos den Nachschubweg zeitweise zu unterbrechen.
Am 8. Februar 1971 traten Kräfte von zwei südvietnamesischen, unterstützt von zwei amerikanischen Divisionen aus dem Gebiet südlich der entmilitarisierten Zone und Khe San in dem schwierigen Gelände entlang der Nationalstraße 9 zum Angriff an. Während der Vorstoß im Süden schließlich bis zum 5. März den wichtigen Knotenpunkt Tschepone erreichte, lief sich der Angriff weiter nördlich bald fest. Dieser Angriff gegen den lebenswichtigen Nachschubweg der weiter südlich konzentrierten Kräfte zwang den nordvietnamesischen Oberbefehlshaber, General Giap, zum Gegenschlag. Vor dem Angriff von 4 nordvietnamesischen Divisionen mußten sich die Südvietnamesen in der Zeit vom 5.–25. März wieder auf ihre Ausgangsstellungen zurückziehen. Ein dauernder Erfolg blieb den Alliierten versagt, bald war es wieder Sache der Luftwaffe allein, den Nachschubstrom zu stören.

Das Ringen um den Waffenstillstand

Inzwischen hatte in Nordvietnam nach dem Tode Ho Tschi-Minhs am 3. September 1969 der neue Parteichef Le Duan das Gewicht auf den nach dem amerikanischen Bombenstop möglich gewordenen wirtschaftlichen Wiederaufbau gelegt, der 1970/71 beachtliche Ergebnisse verzeichnen konnte. Wenngleich man auch die Erhöhung der Kampfkraft der Armee mit Nachdruck betrieb, schien es zunächst sinnvoll, auf größere Schlachten zu verzichten, um im richtigen Moment für einen Entscheidungskampf gerüstet zu sein. Daher reduzierte man die Aktivität auf dem Kriegsschauplatz in Südvietnam auf ein Maß, das den Gegner zwar ständig in Atem hielt, jedoch keine eigenen größeren Anstrengungen erforderte.
Um den schrittweisen Wiederaufbau der Schlagkraft der Armee in den an Südvietnam angrenzenden Gebieten zu ermöglichen, wurden die offiziellen Verhandlungen um einen Waffenstillstand in Paris nur mit großen Unterbrechungen bei erheblichem Propagandaaufwand weitergeführt. Obgleich die Amerikaner ihre Truppen von 549000 Mann am 20. Januar 1969 auf 69000 Mann Anfang März 1972 reduzierten, waren die Nordvietnamesen zu keinen Konzessionen bereit. Nicht nur bei den Sitzungen der offiziellen Verhandlungen gab es kein ernsthaftes Eingehen auf amerikanische Vorschläge; auch bei den seit dem 4. August 1969 zwischen dem Sonderbeauftragten des amerikanischen Präsidenten Henry Kissinger und dem nordvietnamesischen Politbüromitglied Le Duc Tho geführten zwölf Geheimverhandlungen ließen sich keine Anzeichen für ein Einlenken der kommunistischen Seite erkennen. Sie beharrte nach wie vor auf ihrer Forderung des vollständigen Abzuges der US-Truppen und ihrer Verbündeten, ehe über weitere Fragen verhandelt werden könnte. Der Vorschlag der USA vom 31. Mai 1971, einen verbindlichen Termin für den Abzug der US-Truppen bei einem gleichzeitigen Austausch der Gefangenen zu nennen, wurde abgelehnt. Demgegenüber legte Nordvietnam bei der Geheimsitzung am 26. Juni einen Neunpunkte-Plan vor, in dem neben dem Truppenabzug und der Freilassung der politischen Gefangenen in Südvietnam vor allem von den USA gefordert wurde, die Unterstützung der amtierenden südvietnamesischen Regierung Thieu einzustellen. Während über diese neun Punkte noch verhandelt wurde, veröffentlichte die provisorische Regierung des Viet-Cong am 1. Juli einen Siebenpunkte-Plan, in dem sie diese Forderungen in noch verschärfter Form stellte. Nachdem Kissinger am 12. Juli festgestellt hatte, daß der nordvietnamesische Neunpunkte-Plan als Verhandlungsgrundlage dienen sollte und am 26. Juli ein Angebot auf Wiederaufbauhilfe unterbreitet hatte, dem am 16. August das Angebot folgte, neun Monate nach einer Einigung über eine Gesamtregelung den Gesamtabzug aller US- und Verbündetenstreitkräfte durchzuführen, wurden diese Angebote am 13. September von Le Duc Tho erneut abgelehnt und zugleich gefordert, daß zunächst die amtierende südvietnamesische Regierung abgesetzt werden müsse. Zugleich lief die öffentliche Propaganda gegen das Verhalten der USA bei den offiziellen Verhandlungen auf hohen Touren.

Die USA entschlossen sich deshalb zu einer neuen Verhandlungsstrategie, nachdem sie das Einverständnis ihres südvietnamesischen Verbündeten Thieu eingeholt hatten. Man wollte zunächst die rein militärischen Probleme des Truppenabzuges und des Gefangenenaustausches lösen, um dann innerhalb von sechs Monaten eine politische Lösung für Vietnam auszuarbeiten. Das für den 1. November vorgeschlagene nächste Geheimtreffen wurde auf Bitten Nordvietnams zunächst auf den 20. November verschoben, mußte dann aber auf Verlangen Nordvietnams ausgesetzt werden, da Le Duc Tho erkrankt war. Als die USA ihre Bereitschaft erklärten, auch mit einem anderen autorisierten Vertreter zu verhandeln, blieb eine Antwort aus, während gleichzeitig die Nachrichtendienste eine verstärkte Infiltration nordvietnamesischer Truppen in Laos und Kambodscha meldeten.

Wie sein Vorgänger Johnson stand Präsident Nixon Anfang 1972 angesichts der bevorstehenden Wahlen vor dem Zwang, durch schnelle praktische Erfolge seine Politik des »Disengagement« zu einem Wahlschlager zu machen. Doch waren die weltpolitischen Voraussetzungen für ihn inzwischen sehr viel günstiger geworden.

Die Volksrepublik China hatte sich nach dem Ende der Kulturrevolution und einer inneren Konsolidierungsphase wieder verstärkt der Außenpolitik zugewandt und meldete ihren Anspruch als Weltmacht mit zunehmendem Nachdruck an, wobei ihr die erfolgreiche Zündung eigener Atom- und Wasserstoffbomben zustatten kam. Die Sowjetunion mußte sich angesichts des ideologischen Konfliktes, der in einer heftig geführten beiderseitigen Propagandakampagne und schweren Grenzzwischenfällen seinen Ausdruck fand, immer stärker auch China als einem potentiellen Gegner widmen.

Diese Situation konnten Präsident Nixon und sein Berater Kissinger nun ausnutzen. Um den Ausgleich mit China herbeizuführen, waren die Vereinigten Staaten bereit, ihren seit 1950 gegen eine Zulassung des Reiches Mao Tse-tungs in die UNO hartnäckig geleisteten Widerstand aufzugeben. Als ein äußeres Zeichen der gewandelten Einstellung stellte die amerikanische 7. Flotte im November 1969 ihre bis dahin regelmäßig geführten Patrouillenfahrten in der Formosa-Straße ein. Nach Zusammentreffen mit Präsident Nixon benutzten der pakistanische Präsident Yahya Khan und der rumänische Partei- und Staatschef Ceausescu ihre Besuche in Peking Ende 1970 dazu, der chinesischen Führung die gewandelte amerikanische Einstellung deutlich zu machen. Über die Phase der »Ping-pong«-Diplomatie kam es im Juli 1971 zum ersten Besuch Kissingers in China, bei dem die Einzelheiten eines Besuches des amerikanischen Präsidenten in Peking im Februar 1972 vereinbart wurden. Im Oktober 1971 beschloß die Vollversammlung der UNO, die Volksrepublik anstelle von Taiwan als Vertretung Chinas in die Weltorganisation aufzunehmen.

Diese Entwicklung ließ auch die Sowjetunion zunehmendes Interesse an einer Entspannung ihres Verhältnisses zu den Vereinigten Staaten gewinnen. Sie zeigte sich bereit, in Europa eine »Normalisierung« des Verhältnisses zwischen den Staaten des Warschauer Paktes und der NATO und insbesondere zwischen den beiden deutschen Staaten zuzulassen, wenn dafür eine Entlastung der europäischen Front durch ein auf einer »Sicherheitskonferenz« zu erzielendes Abkommen und eine Truppenreduzierung zu erreichen war, das der Kremlführung im Osten mehr Bewegungsfreiheit gewähren würde. Ebenso zeigte sich die Sowjetunion auch bei den Verhandlungen um eine Begrenzung der strategischen Rüstungen zu größerem Entgegenkommen bereit.

Die Großmachtinteressen der Sowjetunion und Chinas führten so dazu, daß beide die Herstellung eines guten Verhältnisses zu den USA als Gegengewicht gegen den »feindlichen Bruder« für wichtiger als die weitere Bindung der USA an den Vietnam-Konflikt hielten. Konnten sie auch aus »sozialistischer Solidarität« und um ihren Einfluß in Hanoi nicht an den Konkurrenten zu verlieren die materielle Unterstützung Nordvietnams kaum vermindern, so versuchten sie in der Folge doch politisch mäßigend einzuwirken.

Vor dem Hintergrund dieser Situation legte Präsident Nixon am 25. Januar 1972, nachdem er die Öffentlichkeit über die bis dahin geheimgehaltenen Verhandlungen zwischen Kissinger und Le Duc Tho unterrichtet hatte, ein neues Achtpunkte-Programm, das mit Südvietnam abgestimmt war, vor. Es sah den Abzug aller amerikanischen und verbündeten Streitkräfte aus Südvietnam innerhalb von sechs Monaten nach Abschluß eines Abkommens und einen gleichzeitigen Gefangenenaustausch vor. Für Südvietnam sollte das Prinzip der Selbstbestimmung ohne Einmischung von außen gelten; einen Monat vor Wahlen unter internationaler Überwachung sollten der derzeitige Präsident und seine Regierung zurücktreten. Die Genfer Abkommen von 1954 und das Laos-Abkommen von 1962 sollten wieder in Kraft gesetzt werden und alle Probleme Indochinas von den Betroffenen bei Achtung der gegenseitigen Souveränität und Integrität gelöst werden. Keine Truppen sollten mehr außerhalb der eigenen nationalen Grenzen verwendet werden. Für ganz Indochina sollte eine allgemeine Waffenruhe gelten und keine Infiltration von außen mehr zugelassen werden. Die militärischen Abkommen sollten durch eine internationale Kommission überwacht werden und das Gesamtabkommen international garantiert sein. Dieses Programm, das eine Reihe von Vorschlägen des nordvietnamesichen Programmes vom Vorjahr aufnahm, wurde jedoch am 27. Januar bei der 142. offiziellen Sitzung in Paris durch den nordvietnamesischen Vertreter Xuan Thuy abgelehnt. Auch China und die UdSSR schlossen sich dieser Ablehnung an. Als auch die folgenden Sitzungen keinerlei Fortschritte brachten, ließ Präsident Nixon am 23. März durch den amerikanischen Chefdelegierten William Porter die Unterbrechung der Pariser Verhandlungen ankündigen und erklärte in einer Fernsehansprache am folgenden Tage, daß

gegenüber einem ständig bedrohlicher werdenden Aufmarsch der kommunistischen Kräfte in Laos und Kambodscha keinerlei Verhandlungsbereitschaft Hanois zu erkennen sei.
Möglicherweise war es die Furcht der Führer Nordvietnams, von den beiden Großen in deren Streben nach einer Verbesserung ihres Verhältnisses zu den USA schließlich als machtpolitisch weniger wichtiger Faktor im Stich gelassen zu werden, die sie zu ihrem rational so schwer zu verstehenden Losschlagen Ostern 1972 brachte. Sie glaubten offenbar, nicht warten zu können, bis die restlichen 69000 noch in Südvietnam befindlichen Amerikaner abgezogen waren, weil sie nach Nixons Besuch in Peking vom 21. bis 28. Februar und vor dessen Reise nach Moskau am 22. Mai damit rechneten, daß die Großmächte ihnen eine unerwünschte Regelung aufzwingen würden.
General Giap sah jetzt – die vielleicht letzte – Gelegenheit gekommen, den Amerikanern »ihr Dien Bien Phu« zu bereiten und damit seine These zu beweisen, daß »der nationale Befreiungskampf eines kleinen Volkes auch die Aggression einer Weltmacht wie der USA besiegen könne«.
In der Nacht vom 30. zum 31. März 1972 traten drei nordvietnamesische Divisionen im Norden zum Angriff an. Eine Division führte über die entmilitarisierte Zone hinweg einen Vorstoß nach Süden, eine zweite Division stieß von Tschepone her auf der Route 9 nach Osten vor, die dritte Division führte ihren Angriff weiter südlich in Richtung auf Hué. Die Operationen wurden erstmalig in Form des klassischen Bewegungskrieges mit starker Artillerie, Raketen- und Granatwerferunterstützung sowie starken Panzerverbänden vorgetragen, während gleichzeitig dicht nördlich der entmilitarisierten Zone stationierte SAM-Raketen die Operation gegen amerikanische Luftangriffe absichern sollten. Die

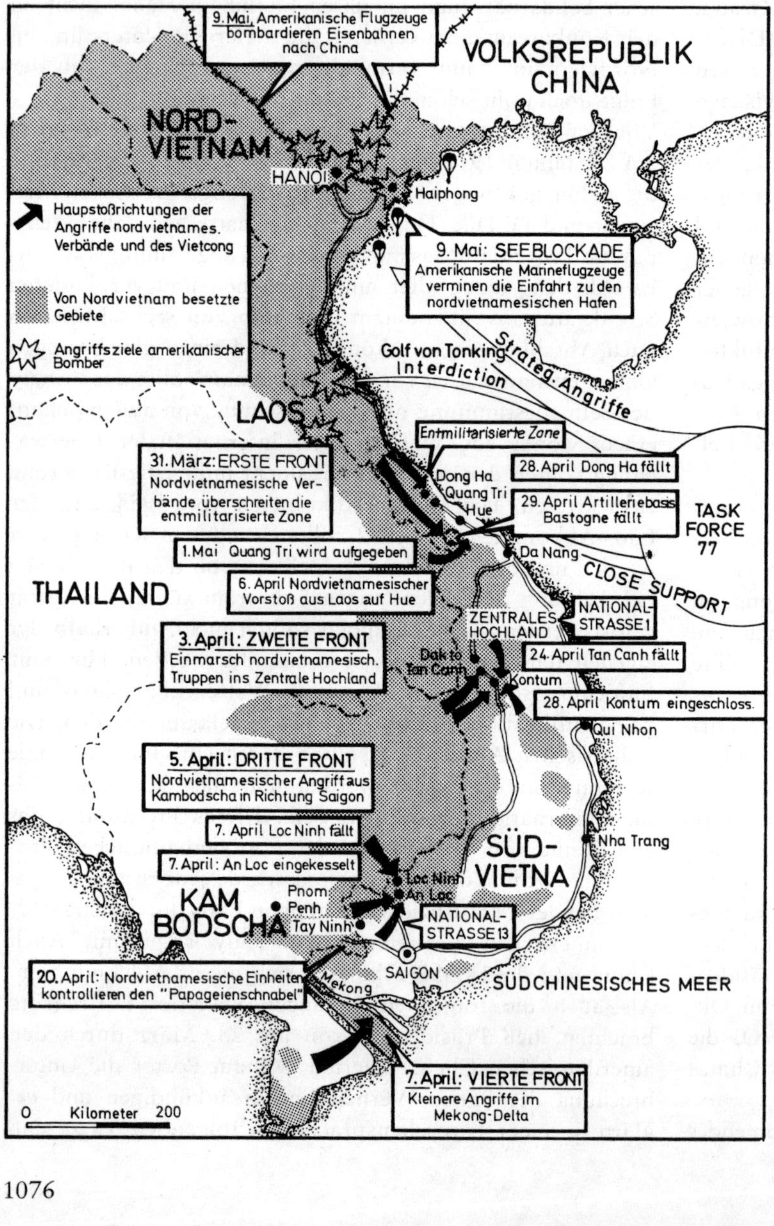

Die letzte Groß-Offensive der Nordvietnamesen im April 1972 und die amerikanische Reaktion im April/Mai 1972.

nach dem Abzug der amerikanischen Marinedivisionen in diesem Raum eingesetzte, unerfahrene 3. südvietnamesische Division wurde von den massiven Angriffen schnell überwältigt. Doch konnten die beiden von Süden herangeführten südvietnamesischen Marinebrigaden 147 und 258 zunächst ihre Stellungen im Gebiet von Dong Ha halten. Durch eine weitere Marinebrigade und eine Luftlandebrigade sowie andere Eliteeinheiten verstärkt, klammerte sich die südvietnamesische Marinedivision im Raum Dong Ha, Quang Tri, Hué verbissen an ihre Stellungen.

Am 3. April eröffneten zunächst zwei weitere nordvietnamesische Divisionen, die bald darauf durch eine dritte verstärkt wurden, mit einem Vorstoß aus Laos gegen das Zentrale Hochland eine zweite Front, die sich gegen zähen Widerstand in Richtung auf Kontum vorschob. Am 5. April begann der Angriff aus dem kambodschanischen »Angelhakengebiet« gegen den Raum nördlich Saigon entlang der Nationalstraße 13. Am 7. April fiel die Stadt Loc Ninh, und An Loc wurde von den Nordvietnamesen eingeschlossen. Am 7. und 8. April begannen auch im Gebiet des Mekong-Deltas Angriffe des Viet-Cong und nordvietnamesischer Truppen.

Nach dem Beginn der ersten Offensive im Norden hatte Präsident Nixon am 1. April die Wiederaufnahme der Verhandlungen in Paris zum 13. April vorgeschlagen. Als am 6. April die zustimmende Antwort Hanois einging, war jedoch inzwischen das ganze Ausmaß der nordvietnamesischen Operationen deutlich geworden, und die USA erklärten, daß sie nur bereit seien, die Verhandlungen wiederaufzunehmen, wenn Nordvietnam ernsthafte Verhandlungsziele angebe und seine Streitkräfte zurückgezogen hätte. Auf der anderen Seite ordnete Präsident Nixon auf die Nachricht von der als neue Aggression betrachteten Offensive hin sofort den Einsatz der verfügbaren amerikanischen Luft- und Seestreitkräfte zur Unterstützung der in schweren Abwehrkämpfen stehenden südvietnamesischen Truppen an. Er untersagte jedoch den Einsatz der noch in Vietnam befindlichen rund 6000 Mann amerikanischer Kampftruppen, außer zur Selbstverteidigung. Am 6. April wurden auch Luftangriffe auf Nordvietnam wieder freigegeben. Erstmalig seit 1968 griffen wieder hunderte von Flugzeugen der Luftwaffe aus Thailand sowie von den Flugzeugträgern *Hancock, Constellation, Coral Sea* und *Kitty Hawk* Ziele nördlich der entmilitarisierten Zone an. Es wurde die Verstärkung der noch rund 700 in Südvietnam, Thailand und auf Guam sowie auf den Trägern stationierten Kampfflugzeuge auf rund 1000 befohlen. Zu diesem Zweck erhielten der Angriffsträger *Saratoga* und der U-Jagdträger *Ticonderoga* den Befehl, zur 7. Flotte zu stoßen, und die Gesamtzahl der Schiffe der »Task Force 77« wurde von rund 30 auf 55 erhöht.

Vor allem in der nördlichen Provinz Quang Tri, im Hochland bei Kontum und bei An Loc nördlich Saigon kam es zu erbitterten Kämpfen, nachdem sich die südvietnamesischen Truppen vom ersten Schock erholt hatten, die unerfahrenen Kräfte durch Eliteeinheiten abgelöst waren und sich die amerikanische Luftunterstützung einspielte. Der massive »Interdiction«-Einsatz, der von der amerikanischen und südvietnamesischen Luftwaffe sowie den Trägerflugzeugen gegen die Nachschublinien der angreifenden nordvietnamesischen Divisionen geführt wurde, fand in der Nähe der Küsten seine Ergänzung durch neue »Sea Dragon«-Operationen und Küstenbeschießungen durch amerikanische Kreuzer, Fregatten und Zerstörer. Bei den Artillerieduellen mit nordvietnamesischen Küstenbatterien erhielten der Kreuzer *Oklahoma City* und die Zerstörer *Lloyd Thomas, John R. Craig, Rowan* und *Buchanan* leichte Treffer. Am 19. April wurden erstmalig auch 4 *MiG*-Düsenjäger zusammen mit Torpedoschnellbooten gegen amerikanische Schiffe eingesetzt. Während die Jäger den Zerstörer *Highbee* beschädigten, versenkte die Fregatte *Sterett* zwei der angreifenden nordvietnamesischen Motortorpedoboote.

Als sich Mitte April immer noch kein Einlenken Nordvietnams abzuzeichnen schien, ordnete Präsident Nixon am 15. April die Einbeziehung von Zielen im Raum Hanoi und Haiphong in das Luftbombardement an, das durch die Verwendung von laser-gesteuerten Bomben eine bisher nicht gekannte Zielgenauigkeit erreichte.

Vom 20. bis 24. April besuchte Sonderberater Kissinger Moskau, um einerseits den Besuch Präsident Nixons im Mai vorzubereiten, andererseits aber auch, um Moskau über die amerikanischen Absichten aufzuklären und die Kremlführung zu einem gewissen Druck auf Hanoi zu veranlassen. Die USA erklärten sich bereit, zur 148. Sitzung der Pariser Verhandlungen am 27. April zu erscheinen, um festzustellen, ob Hanoi Verhandlungsabsichten habe. In einer Fernsehansprache am 26. April stellte Präsident Nixon fest, daß inzwischen von dreizehn regulären nordvietnamesischen Divisionen zwölf mit über 120000 Mann auf dem Boden Südvietnams in geschlosssenen Verbänden kämpften. Trotzdem wolle er den angekündigten Truppenabzug fortsetzen und habe die Reduzierung der amerikanischen Kräfte um weitere 20000 Mann auf 49000 Mann bis zum 1. Juli angeordnet. Doch brachten weder die Sitzung vom 27. April noch ein weiteres Geheimgespräch zwischen Kissinger und Le Duc Tho am 2. Mai Ergebnisse. Deshalb legte die US-Delegation auf der 149. Sitzung am 4. Mai der nordvietnamesischen Delegation acht konkrete Fragen vor. Nordvietnam und die Delegation des Viet-Cong lehnten jedoch eine Diskussion dieser Fragen ab.

Inzwischen hatten die nordvietnamesischen Verbände ihre Bestände wieder aufgefüllt und nahmen ihre Offensiven mit verstärkter Kraft wieder auf. Am 28. April mußten die südvietnamesischen Marine-Infanterie-Verbände im Norden Dong Ha und am nächsten Tage die Artilleriestellung Bastogne aufgeben. Unter panikartigen Verhältnissen ging am 1. Mai auch die Provinzhauptstadt Quang Tri verloren. Kontum, das am 28. April eingeschlossen wurde, sowie das schon seit dem 7. April umzingelte An Loc konnten sich dank der starken amerikanischen Luftunterstützung, in die auch die großen *B-52*-Bomber eingriffen, noch halten. Am 4. Mai war die gesamte Provinz Quang Tri verloren und die Reste der dritten südvietnamesischen Division flohen in Auflösung nach Hué, während die Marinetruppen im Norden der alten Kaiserstadt eine neue Verteidigungslinie aufzubauen suchten.

Präsident Nixon entschloß sich, dieser gefährlichen Entwicklung durch eine Verschärfung der amerikanischen Maßnahmen zu begegnen. Am 8. Mai kündigte er die Verminung sämtlicher Einfahrten nordvietnamesischer Häfen, die Unterbindung des Seenachschubes innerhalb nordvietnamesischer Territorialgewässer und aller Binnengewässer sowie die Unterbrechung der Schienen- und Verbindungswege im Norden neben der Fortsetzung der Luft- und Seeangriffe an. Die in nordvietnamesischen Gewässern liegenden Schiffe sollten bis zum Scharfwerden der Minen am 11. Mai um 18.00 Uhr drei Tageslichtperioden zum ungehinderten Auslaufen erhalten. Am Morgen des 9. Mai begannen Flugzeuge der Träger *Kitty Hawk, Constellation, Coral Sea* und der *Midway,* welche inzwischen die *Hancock* abgelöst hatte, vor den Häfen Haiphong, Hong Gai, Cam Pha, Quang Khe, Vinh, Than Hoa und Dong Hoi Minen mit kombinierten magnetischen, akustischen und Druckzündungen auszulegen. Zugleich wurde angekündigt, daß man Räumversuche mit Gewalt verhindern werde, und daß die Blockade bis zum Abschluß eines Waffenstillstandes und der Freilassung der Kriegsgefangenen aufrechterhalten werde.

Von den in Haiphong liegenden 36 Schiffen, darunter 16 russischen, liefen noch 4 sowjetische Schiffe rechtzeitig aus. Die anderen Einheiten blieben blockiert. Die 20 bis 25 auf dem Wege nach Nordvietnam befindlichen Handelsschiffe drehten sämtlich ab und liefen außerhalb der Blockadezone liegende Häfen an. Am 9. Mai begannen die Flugzeuge der Träger, zu denen am 18. Mai auch die *Saratoga* hinzustieß, mit der Bombardierung der Schienen- und Straßenwege zwischen der chinesischen Grenze und Hanoi und Haiphong. Dieser massive Interdiction-Einsatz gegen die konventionell geführte Offensive der Nordvietnamesen begann erstmalig im Vietnamkrieg baldige Wirkungen zu zeigen. Der Angriffsschwung der nordvietnamesischen Divisionen verlangsamte sich. Zwar konnten sie am 12. Mai noch, trotz der bisher schwersten Luftangriffe des Vietnamkrieges, bei denen über 2000 Tonnen Bomben auf die nordvietnamesischen Stellungen abgeworfen wurden, die Stadt An Loc zum größten Teil einnehmen und im Laufe des Monats auch in Kontum eindringen, der Angriff gegen Hué scheiterte jedoch am Widerstand der südvietnamesischen verstärkten Marinedivision, die am 24. Mai ihrerseits zum begrenzten Gegenangriff überging, bei der eine Brigade mit amerikanischer Feuerunterstützung von See her 16 km von Quang Tri entfernt im Rücken des Gegners gelandet wurde. Bis Ende des Monats eroberten die südvietnamesischen Truppen gegen hartnäckigen Widerstand den größten Teil der weitgehend zerstörten Städte Kontum, An Loc und Quang Tri zurück. Nur in der Zitadelle von Quang Tri hielten sich die Nordvietnamesen noch bis zum September, ehe es zwei Marinebrigaden mit kräftiger Feuerunterstützung durch Schiffe der 7. Flotte und Flugzeuge des US-Marine-Corps gelang, die Festung freizukämpfen.

Das Scheitern der nordvietnamesischen Offensive und der Erfolg der südvietnamesischen Gegenangriffe war entscheidend von den zunehmenden Nachschubschwierigkeiten der nordvietnamesischen Verbände infolge der amerikanischen Blockade abhängig. Die nordvietnamesischen Häfen konnten von Seeschiffen nicht mehr angelaufen werden. In den internationalen Gewässern zwischen Nordvietnam und Hainan kreuzten amerikanische schnelle Kanonenboote der *Asheville*-Klasse und Geleitzerstörer und warnten alle Fahrzeuge vor dem Befahren der nordvietnamesischen Hoheitsgewässer. Tatsächlich soll es nur am 28. August einem chinesischen Minensucher der *Woosung*-Klasse gelungen sein, nach Haiphong einzulaufen. Die Seeschiffe mußten dagegen in chinesische Häfen umgeleitet werden, von wo die Nachschubgüter wegen der Zerstörung der Straßen und Bahnlinien nur noch in kleinen Küstenfahrzeugen an ihre Bestimmungsorte gebracht werden konnten. Gegen diesen Verkehr richteten sich ständige Lufteinsätze der Träger, bei denen unter anderem die *Coral Sea* an einem einzigen Tage die Versenkung oder Beschädigung von 69 Fahrzeugen meldete. Am 1. Juli hatte die *Oriskany* die *Constellation* und am 17. Juli die *America* die *Coral Sea* abgelöst. Am 12. September wurde auch das Auslaufen der *Enterprise* nach Vietnam bekanntgegeben, womit sich die Zahl der Angriffsträger auf sechs erhöhte. Die Angriffe der Trägerflugzeuge richteten sich unter anderem auch gegen die Werften, die zum Bau von kleinen Fahrzeugen und Leichtern geeignet waren, und immer wieder beschossen die amerikanischen Schiffe Küsten- und Hafenanlagen in Nordvietnam. Bei einem solchen Einsatz geriet der Zerstörer *Warrington* auf eine amerikanische Minensperre und wurde schwer beschädigt. Am 27. August beschossen die Kreuzer *Newport News* und *Providence* mit den Zerstörern *Rowan* und *Robison* sogar den Hafen von Haiphong und wehrten den Angriff nordvietnamesischer Motortorpedoboote ab, wobei die *Newport News* ein Boot versenkte und die *Rowan* eines in Brand schoß, das am nächsten Morgen durch ein Trägerflugzeug versenkt wurde. Ein Zeichen für die zunehmenden nordvietnamesischen Schwierigkeiten war auch das starke Nachlassen der Luftabwehr, was offenbar auf Munitionsmangel zurückzuführen war. Gegenüber 317 SAM-Raketenabschüssen in einer Woche im April wurden im gleichen Zeitraum im Juni nur noch 39 beobachtet. Der von den Trägern und Basen in Thailand geführte Bombenkrieg gegen den wirtschaftlichen und industriellen Kern Nordvietnams verursachte so schwere Schäden, daß die Erfolge des Wiederaufbaus seit 1968 weitgehend zunichte gemacht wurden.

In dieser Zeit mußte die nordvietnamesische Regierung er-

Die Lage im Herbst 1972

kennen, daß der Krieg nicht mit einem militärischen Sieg zu beenden war. Zunächst hatten die nach einer Ankündigung Präsident Nixons vom 29. Juni wieder aufgenommenen Verhandlungen in Paris weder bei den am 13. August beginnenden offiziellen Sitzungen noch bei den am 19. August wieder aufgenommenen Geheimtreffen erkennbare Fortschritte gebracht. Dabei mochte Hanois Hoffnung, nach einem Wahlsieg des demokratischen Präsidentschaftskandidaten McGovern günstigere Bedingungen erlangen zu können, eine Rolle gespielt haben. Je näher der Wahltermin rückte und je deutlicher die Meinungsumfragen einen Sieg Nixons erwarten ließen, um so dringlicher wurde es für Hanoi jedoch, noch vor der Wahl zu einem Abschluß zu kommen, ehe ein wiedergewählter Nixon nun seinerseits ohne Zeitdruck verhandeln konnte. Deshalb übergab Le Duc Tho bei dem nächsten Geheimtreffen am 8. Oktober in Paris Kissinger einen in neun Punkte gefaßten Vertragsentwurf, der erstmalig gewisse Konzessionen enthielt. So ging man auf die amerikanische Forderung einer Trennung der rein militärischen von den politischen Fragen ein und akzeptierte einen sofortigen Waffenstillstand mit einem anschließenden Abzug der amerikanischen Truppen und gleichzeitigen Austausch der amerikanischen Gefangenen innerhalb von 60 Tagen. Weiter verzichtete man auf den sofortigen Rücktritt des südvietnamesischen Präsidenten Thieu. Le Duc Tho schlug weiter vor, dieses Abkommen, nach der Einstellung der amerikanischen Luftangriffe am 18. Oktober, am 19. Oktober in Hanoi zu paraphieren und am 26. Oktober in Paris zu unterzeichnen. In viertägigen intensiven Verhandlungen gelang es den beiden Delegationen, bis zum 12. Oktober einen englischen Vertragstext zu formulieren, der auch für die amerikanische Seite weitgehend akzeptabel war. Doch machte Kissinger klar, daß dieser Text sowohl in Washington als auch vor allem in Saigon geprüft werden müsse, da die USA nicht bereit seien, ohne Zustimmung Saigons ein solches Abkommen abzuschließen. Um diese Zustimmung herbeizuführen, sei eine Verschiebung des Zeitplanes um fünf Tage nötig, was von Hanoi auch akzeptiert wurde. Die Prüfung in Washington vom 13. bis 16. Oktober ergab, daß vor allem noch die Probleme der sofortigen internationalen Überwachung eines Waffenstillstandes einer Präzisierung bedurften, um zu verhindern, daß eine der beiden Seiten versuchte, mit dem Waffenstillstand noch in einer größeren Anstrengung zusätzliches Territorium zu gewinnen. Weiter schien es notwendig, einen engeren Zusammenhang zwischen der Waffenruhe in Vietnam und den Verhältnissen in Laos und Kambodscha herzustellen.

Bei seinem Besuch in Saigon vom 18. bis 23. Oktober gelang es Kissinger jedoch nicht, die Zustimmung Thieus zu dem Abkommen zu erlangen. Thieu verlangte den vollständigen Abzug aller nordvietnamesischen Streitkräfte aus Südvietnam, wie er im Genfer Abkommen von 1954 vorgesehen war; er verlangte die in Genf vorgesehene Anerkennung von vier Staaten in Indochina; er wollte keine Koalitionsregierung mit den Kommunisten vorsehen und die politische Lösung für Südvietnam durch direkte Verhandlungen zwischen seiner Regierung und der Regierung des Viet-Cong aushandeln. Die Frage einer späteren Wiedervereinigung Vietnams müsse in Verhandlungen zwischen Süd- und Nordvietnam vorbereitet werden.

Hanoi suchte diesen Querschuß aus Saigon am 25. Oktober durch die Veröffentlichung des Vertragstextes und die Behauptung, Amerika habe die Unterzeichnung am 31. Oktober zugesagt, zu parieren. In einer Fernsehansprache am 26. Oktober war Kissinger bemüht, diesem Vorstoß durch eine Erläuterung der Probleme entgegenzuwirken und schlug eine weitere Verhandlungsrunde zur Beilegung der Schwierigkeiten vor. Hanoi stimmte dem zu, doch wollte Nixon diese Runde nicht mehr vor der Wahl durchführen. Sie wurde deshalb auf den 20. November verschoben.

An diesem Tage legte Kissinger in Paris seinem nordvietnamesischen Verhandlungspartner eine Reihe von Protokollen vor, mit denen die Modalitäten der Waffenruhe und vor allem der sofortigen internationalen Überwachung geregelt werden sollten. In den ersten drei Tagen der Verhandlungen gelang es, eine Anzahl von sprachlichen Problemen zu klären, die sich daraus ergeben hatten, daß die Verhandlungen zunächst über die englische Fassung geführt worden waren und sich dann herausgestellt hatte, daß die vereinbarten Änderungen in der vietnamesischen Fassung nicht enthalten waren. Auch gelang es, eine Formel zu finden, welche die entmilitarisierte Zone als eine vorläufige politische Trennungslinie definierte und damit den südvietnamesischen Bedenken hinsichtlich der Drei- oder Vierstaatentheorie Rechnung trug. Schwierigkeiten ergaben sich jedoch bei der Erörterung der Protokolle, so daß die Verhandlungen am 25. November für acht Tage unterbrochen wurden.

Am 4. Dezember kehrte Kissinger nach Paris zurück in der Hoffnung, die noch ausstehenden zwei bis drei Probleme in ebensoviel Tagen lösen zu können. Sein Vertreter, General Haig, hielt sich bereit, um sofort nach Saigon fliegen zu können und die Zustimmung Thieus einzuholen. Jedoch brachte nunmehr Hanoi ständig neue sprachliche Änderungswünsche zu den bereits abgeschlossenen Teilen des Abkommens vor, die in neuntägigen zähen Verhandlungen nur zum Teil geklärt werden konnten. Erst am 12. Dezember, einen Tag vor dem geplanten Abflug Kissingers, legte die nordvietnamesische Delegation ihrerseits die Protokolle für die Modalitäten der Waffenruhe vor. Dabei ergaben sich gravierende Widersprüche zu den amerikanischen Vorschlägen. Insbesondere sahen die Nordvietnamesen für die internationale Kommission zur Überwachung des Waffenstillstandes nur 250 Personen vor, während die USA eine Zahl von wenigstens 5000 Personen für erforderlich hielten, um die komplizierten und unübersichtlichen Abgrenzungen der beiderseitigen Herrschaftsgebiete überwachen zu können. Die in dem Abkommen geregelte bedingungslose Freilassung der amerikanischen Gefangenen zugleich mit dem amerikanischen Truppenabzug suchten die Nordvietnamesen nun wieder mit der Freilassung ziviler Gefangener in Südvietnam zu koppeln und trafen damit Präsident Nixon an seinem empfindlichsten Nerv. Er rief Kissinger zurück und unterbrach die Verhandlungen. Am 14. Dezember schickte er Hanoi ein Ultimatum, in dem er die Aufnahme ernsthafter Verhandlungen innerhalb von 72 Stunden verlangte.

Als Nordvietnam darauf nicht reagierte, ordnete Präsident Nixon die Aufhebung des am 26. Oktober verkündeten Bombenstops nördlich des 20. Breitengrades an und befahl die Wiederaufnahme massiver Luftangriffe auf das gesamte Teritorium Nordvietnams einschließlich Hanois und Haiphongs. Am 18. Dezember starteten die schweren *B-52*-Bomber von Basen in Thailand und auf Guam, Jagdbomber der Luftwaffe von thailändischen Basen, und Trägerflugzeuge aus dem Tonking Golf verstärkten die Angriffe dieser schweren Flugzeuge. Innerhalb der ersten Woche flogen die *B-52* rund 400 Einsätze, bei denen sie über 10000 t Bomben warfen. Von Jagdbombern und Trägerflugzeugen kamen weitere rund 1000 Einsätze hinzu, die schwere Schäden an militärischen Zielen, Verkehrs- und Versorgungsanlagen, aber auch im Stadtgebiet der Hauptstadt Hanoi und der Hafenstadt Haiphong hervorriefen, bei denen erhebliche Verluste unter der Zivilbevölkerung eintraten. Nachdem die Sowjetunion während der Bombenpause das Arsenal der nordvietnamesischen Luftabwehr wieder aufgefüllt hatte, stießen die amerikanischen Angriffe vor allem im Gebiet Hanoi – Haiphong auf eine massierte Luftabwehr durch sowjetische SAM-Raketen, von denen innerhalb der ersten zehn Tage etwa 600 abgefeuert worden sein sollen, und Flak. Gegenüber dieser Abwehr erwiesen sich auch die bisher kaum gefährdeten *B-52* als verwundbar. Die elektronischen Abwehrmaßnahmen der in Dreierpulks fliegenden Bomber genügten nicht, um die Konzentration der Abwehr zu neutralisieren. Bis Ende des Jahres gingen 16 der *B-52*-Bomber durch die Abwehr verloren, während weitere nur schwer beschädigt ihre Startplätze erreichten. Der Prozentsatz der Verluste bei den Jagdbombern war geringer, da diese im Tiefflug anfliegenden Maschinen von der Abwehr schwerer zu fassen waren und auch leichter Ausweichbewegungen ausführen konnten. Obgleich der amerikanische Bombenkrieg sowohl in der Öffentlichkeit der USA als auch der Welt teilweise scharf verurteilt wurde, ließ Nixon die Angriffe mit einer kurzen Weihnachtspause bis zum Ende des Jahres fortsetzen. Während Nordvietnam offiziell noch am 27. Dezember eine Wiederaufnahme der Verhandlungen – solange der Bombenkrieg andauere – ablehnte, scheint es doch insgeheim einer Wiederaufnahme der Kontakte zugestimmt haben. Am 30. Dezember ordnete Nixon erneut die Einstellung der Angriffe nördlich des 20. Breitengrades an, und am 2. Januar 1973 begannen die ersten neuen Kontakte in Paris, denen ab 8. Januar volle Verhandlungen der beiderseitigen Delegationen folgten, die parallel zwischen den Sonderbeauftragten Kissinger und Le Duc Tho geführt wurden, welche die Grundsatzfragen klärten, und Expertengruppen beider Seiten, welche die Einzelprobleme und Protokolle aufeinander abzustimmen hatten. Als sich in den folgenden Tagen eine Einigung abzuzeichnen schien, ließ Präsident Nixon die Einstellung aller weiteren Angriffe auf Nordvietnam sowie der Beschießung der Küsten Nordvietnams und der Verminung der nordvietnamesischen Gewässer bekanntgeben. Präsident Thieu, mit der Gefahr einer Streichung jeder weiteren amerikanischen Hilfe durch den Kongreß im Falle neuer Schwierigkeiten konfrontiert, stimmte der von Kissinger ausgehandelten neuen Form des Vertrages zu, und General Haig informierte vom 18. Januar ab die Regierungen im Kambodscha, Laos und Thailand über das geplante Abkommen. Innerhalb von vier Stunden konnten danach am 23. Januar Kissinger und Le Duc Tho die restlichen Formulierungsfragen klären und das Abkommen über einen Waffenstillstand paraphieren, der am 27. Januar 1973 im internationalen Konferenzgebäude in Paris unterzeichnet werden sollte. Da sich die südvietnamesische Regierung und die Viet-Cong-

Regierung weigerten, das gleiche Papier zu unterzeichnen, da sie bisher ihre jeweilige Existenz ignorierten, fand man die Lösung, die Unterschriften der kommunistischen und der nichtkommunistischen Seiten auf zwei verschiedenen Blättern Papier zu leisten und im Text des von allen vier Parteien zu unterzeichnenden Abkommens die Nennung aller Vertragsparteien zu umgehen. Um keine Schwierigkeiten entstehen zu lassen, wurde der gleichlautende Vertrag unter Nennung aller Namen nur von Nordvietnam und den USA am Nachmittag des 27. unterzeichnet.

Der Vertrag enthielt neun Kapitel mit 23 Artikeln.

Danach trat der Waffenstillstand in Vietnam, nicht jedoch in Kambodscha und Laos, am 27. Januar um 24.00 Uhr in Kraft, wobei alle Streitkräfte an den von ihnen eingenommenen Plätzen verbleiben sollten. Alle Streitpunkte über die jeweilige Kontrolle sollten durch eine Zweier-Militärkommission aus südvietnamesischen und Viet-Cong-Mitgliedern geklärt werden. Alle US- und Verbündeten-Truppen waren innerhalb von 60 Tagen zu repatriieren und die entsprechenden Stützpunkte aufzulösen. Keine Seite sollte weitere militärische Kräfte nach Südvietnam bringen oder die militärischen Ausrüstungen dort verstärken. Alle militärischen Gefangenen sollten innerhalb von 60 Tagen freigelassen werden. Das Recht des südvietnamesischen Volkes, seine eigene politische Zukunft zu bestimmen, wurde festgelegt und die Bildung eines »Nationalen Rates für Versöhnung und Zusammenarbeit« aus den beiden südvietnamesischen Parteien sowie einer dritten Gruppe neutralistisch gesonnener Südvietnamesen vorgesehen. Seine Entscheidungen sollten einstimmig gefaßt werden. Die Aufgabe dieses Nationalrates sollte die Vorbereitung international überwachter Wahlen sein. Die entmilitarisierte Zone sollte von Nord- und Südvietnam als eine vorläufige militärische Demarkationslinie respektiert und nicht verletzt werden. Auf diese Weise sollte die gegenwärtige selbständige Existenz Südvietnams anerkannt werden. Im Kapitel 6 wurden die verschiedenen militärischen und zivilen Kommissionen zur Überwachung des Waffenstillstandes beschrieben. Es sollte eine aus den zwei südvietnamesischen Parteien gebildete gemeinsame Militärkommission, eine aus den vier kämpfenden Parteien gebildete Militärkommission sowie eine internationale Kontroll- und Überwachungskommission mit Mitgliedern aus Kanada, Ungarn, Indonesien und Polen gebildet werden. Schließlich hatte 30 Tage nach dem Waffenstillstand eine internationale Vietnam-Konferenz zusammenzutreten, an der China, Frankreich, die UdSSR, Großbritannien, die vier Länder der internationalen Kontroll- und Überwachungskommission, der Generalsekretär der Vereinten Nationen sowie die vier kämpfenden Parteien beteiligt sein sollten. Ferner wurden in dem Kapitel 7 das Recht auf Selbstbestimmung und Neutralität für Kambodscha und Laos sowie das Verbot für ausländische Staaten, Truppen und Militärbasen in diesen Gebieten zu stationieren, festgelegt und im Kapitel 8 die zukünftigen Beziehungen der USA zu Nordvietnam und die von den USA zu leistende Wiederaufbauhilfe definiert. Zu diesem Vertrag kamen ein Protokoll mit sieben Artikeln über die Fragen der Minenräumung, ein Protokoll mit sechzehn Artikeln über die Einzelheiten der Feuereinstellung und der militärischen Abgrenzung der Herrschaftsgebiete, ein Protokoll mit fünfzehn Artikeln über die Durchführung der Kontrollen und der Zusammensetzung der internationalen

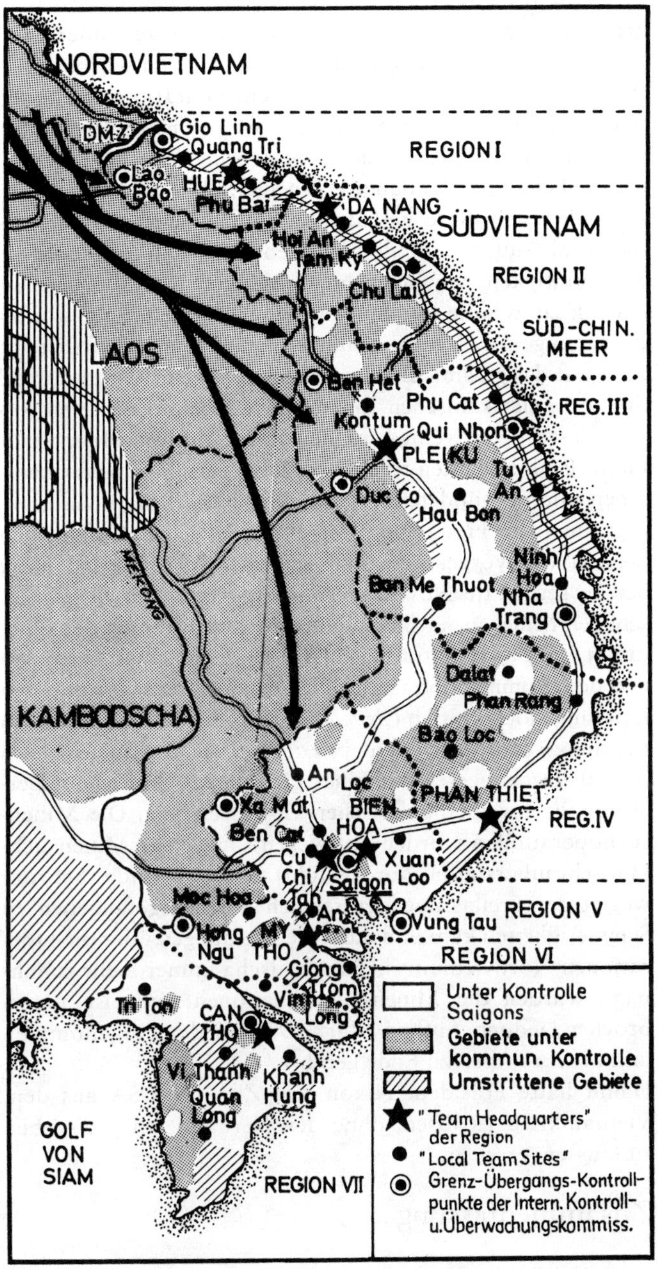

Der Waffenstillstand in Vietnam im Januar 1973

Mit Saigon als Basis errichten die Vierer-Militärkommission und die Internationale Kontroll- und Überwachungskommission regionale „Team Headquarters" in den Regionen I-VII sowie lokale „Team Sites" in 26 Plätzen Südvietnams.

Kommission sowie ein Protokoll mit 13 Artikeln über die Probleme des Austausches der militärischen und zivilen Gefangenen.

Nach dem Inkrafttreten des Waffenstillstandes in der Nacht zum 28. Januar flauten die Kämpfe in Südvietnam zunächst nur langsam ab, da jede Seite noch versuchte, ihre Positionen in umstrittenen Gebieten zu festigen. Es zeigte sich dabei, daß die internationale Kontroll- und Überwachungskommission bei weitem nicht ausreichte, die notwendigen Aufgaben zu erfüllen, obgleich die Zahl der Mitglieder auf amerikanisches Verlangen auf insgesamt 1160 festgesetzt worden war. Auch die Arbeit der Zweier- und Vierermilitärkommissionen wurde häufig unmöglich gemacht, weil sich die jeweils betroffene Seite weigerte, sich an entsprechenden Untersuchungen zu beteiligen. Es dauerte Wochen, bis sich die Lage allmählich stabilisierte und die Kämpfe bis auf kleinere Gefechte abflauten. Auf der anderen Seite nahm jedoch die Kampftätigkeit, vor allem im Gebiet von Kambodscha, erheblich zu, wo die kommunistischen Truppen unter starker Beteiligung der Nordvietnamesen ihren Herrschaftsbereich über fast das gesamte Land auszudehnen versuchten, während die von amerikanischen Luftstreitkräften unterstützten Regierungstruppen wenigstens den Raum um die Hauptstadt Pnom Penh zu halten trachteten. Der Abzug der amerikanischen und verbündeten Truppen lief jedoch planmäßig ab, und auch die Freilassung der amerikanischen Gefangenen begann wie vorgesehen. Die amerikanische Marine hatte bereits seit Mitte November Vorbereitungen für die vorgesehenen Minensucharbeiten getroffen. Im Rahmen der Operation »End Sweep« traf im Januar 1973 die »Task Force 78« mit den Kommandoträgern *Inchon* und *New Orleans,* den Landungsdockschiffen *Cleveland, Duluth* und *Ogden,* einem Landungsschiff, drei Schleppern und acht Minensuchern und als Deckungsschiffen einer FK-Fregatte und einem Zerstörer, in nordvietnamesischen Gewässern ein. Die Minensuchoperationen wurden vorwiegend mit einer Minensuch-Hubschrauberstaffel durchgeführt. Als es Ende Februar wegen der Freilassung der restlichen Kriegsgefangenen zu Schwierigkeiten kam und dazu die Meldungen über die Operationen Nordvietnams in Kambodscha immer mehr zunahmen, wurden die Minensuchoperationen zeitweise unterbrochen, jedoch Anfang März 1973 wieder aufgenommen und bis zum April zu Ende geführt.

Damit hatte Präsident Nixon sein Ziel, die USA aus dem Vietnamkrieg zu lösen, ohne den Verbündeten preisgeben zu müssen, erreicht.

Zusammenfassung

Der Abzug der Franzosen aus Indochina 1954 hatte in diesem Gebiet ein gefährliches politisches Vakuum entstehen lassen. Die labile Situation in den neutralisierten Staaten Laos und Kambodscha sowie in dem vor schwierigen inneren Problemen stehenden Südvietnam eröffnete der Ausweitung des kommunistischen Machtbereiches durch Infiltration und Terror weite Möglichkeiten. Die USA, in der Zeit der Eisenhower-Regierung der Strategie der Eindämmung des Kommunismus verschrieben, suchten dieser Entwicklung durch die Einbeziehung von Laos, Kambodscha und Südvietnam in den Schutzbereich des SEATO-Paktes und die zunehmende materielle Unterstützung Südvietnams entgegenzuwirken. Sie konnten damit jedoch nicht die Ausbreitung der kommunistischen Viet-Cong-Bewegung verhindern, die durch Infiltration aus Nordvietnam ständig verstärkt wurde. Um diese Infiltration und die Versorgung der Viet-Cong-Kader im Süden auf dem See- und Landwege zu stören, begannen die Südvietnamesen im Februar 1964 mit raidartigen Operationen entlang der südlichen Küste Nordvietnams und gegen den Ho-Tschi-Minh-Pfad auf laotischem Territorium, für die die amerikanische Seite die materiellen Voraussetzungen schuf. Zugleich begannen die Amerikaner, im Gebiet vor der nordvietnamesischen Küste elektronische Aufklärung mit Schiffen durchzuführen, wie das auch in anderen Seegebieten auf beiden Seiten seit Jahren praktiziert wurde.

Aus dem zeitlichen Zusammentreffen einer solchen südvietnamesischen Kommandounternehmung und einem amerikanischen Aufklärungseinsatz entwickelte sich in den ersten Augusttagen 1964 der Tonking-Zwischenfall, der Präsident Johnson zu einer scharfen Reaktion in Form von Trägerluftangriffen gegen nordvietnamesische Marinebasen veranlaßte. Zugleich verstärkten die USA ihre Beraterstäbe zur Ausbildung der südvietnamesischen Streitkräfte in der Partisanenbekämpfung.

Als im Februar 1965 Viet-Cong-Kräfte Überfälle auf Lager solcher amerikanischer Ausbildungsteams in Südvietnam durchführten, ordnete Präsident Johnson sofort erneute Vergeltungsangriffe gegen Ziele unmittelbar nördlich der demilitarisierten Zone an. Eine Lösung der Probleme auf dem Verhandlungswege wurde dadurch blockiert, daß Nordvietnam leugnete, Truppen auf südvietnamesischem Boden stationiert zu haben, deren Abzug die USA als Voraussetzung für die Einstellung von weiteren Luftangriffen forderten. Im März begannen die USA, die ersten Marine-Infanterieeinheiten zu landen, um den Schutz der amerikanischen Ausbildungsbasen zu übernehmen. Durften sie zunächst nur zu reinen Defensivaufgaben im Gebiet der Stützpunkte verwendet werden, so führten weitere Angriffsaktionen des Viet-Cong, insbesondere der Überfall auf die amerikanische Botschaft in Saigon am 29. März, zur Freigabe von amerikanischen begrenzten Angriffsaktionen in der Nähe der Basen. Weitere Verstärkungen wurden nach Vietnam gebracht, und der Luftkrieg erfuhr ständige Ausweitungen. Die schnelle Verstärkung der amerikanischen Kräfte und ihr immer weiter gehender Einsatz verhinderte Ende 1965 den Zusammenbruch der südvietnamesischen Armee und den militärischen Sieg des Viet-Cong. Sie konnten die wichtigsten Verkehrswege wieder freikämpfen, doch gelang es ihnen nicht, entscheidende Erfolge gegen stärkere Gruppen des Viet-

Cong und der Nordvietnamesen zu erzielen, deren Kräfte sich ebenfalls ständig weiter verstärkten.
Da die kommunistische Seite den Krieg ab Anfang 1966 als reinen Guerilla-Krieg führte, erwies sich der Versuch, dieser Kampfführung mit einer »Interdiction«-Kampagne aus der Luft zu begegnen, als aussichtslos. Immer wieder wichen die kommunistischen Verbände den Versuchen der amerikanischen und südvietnamesischen Einheiten, Gebiete freizukämpfen und zu halten, aus und infiltrierten sie nach dem Abflauen der Kämpfe erneut. Immer mehr Truppen mußten nach Vietnam entsandt werden. Auf der anderen Seite brachten die ausbleibenden Ergebnisse der Kriegführung, vor allem aber die geschickte propagandistische Ausnutzung der Auswirkungen des Luftkrieges, eine starke Anti-Vietnam-Bewegung in den USA selbst auf die Beine, die ihre Parallelen in vielen Ländern der westlichen Welt fand und der moralischen Position der USA schweren Abbruch tat. Diese Situation schien der nordvietnamesischen Führung 1968 die Gelegenheit zu bieten, in einer neuen, groß angelegten und über ganz Südvietnam koordinierten Offensive zum vietnamesischen Neujahrsfest (»Tet«) die militärische Lage grundlegend zu wenden. Nach Überwindung der ersten Überraschung konnten die Amerikaner jedoch bis in das Zentrum von Saigon vorgetragenen Angriffe abwehren und die »Tet«-Offensive unter schweren Verlusten für die kommunistische Seite abschlagen.
Auf der anderen Seite mußte Präsident Johnson erkennen, daß eine Weiterführung des Krieges in der bisherigen Form auf Widerstand in der Weltöffentlichkeit und in den USA stieß, ohne daß sichere Erfolgschancen zu erkennen waren. So suchte er nach einem Weg, den Krieg langsam zu reduzieren und zu Verhandlungen mit Hanoi zu kommen. Doch gelang es ihm trotz einer Reduzierung und schließlich der Einstellung des Luftkrieges gegen Nordvietnam nicht, die Verhandlungen bei den unvereinbaren beiderseitigen Auffassungen über den toten Punkt hinweg zu bringen.
Sein Nachfolger Nixon führte diese Politik entschlossener weiter, indem er mit amerikanischer Hilfe die Schlagkraft der südvietnamesischen Armee soweit verbesserte, daß der Krieg »vietnamisiert« werden konnte und der Abzug der amerikanischen Streitkräfte auch ohne kommunistische Gegenleistung möglich wurde. Diese Politik wurde Nixon durch die grundlegende Wandlung der weltpolitischen Bedingungen, insbesondere das sich herausbildende Dreiecksverhältnis zwischen Washington, Moskau und Peking, ermöglicht. Das zunehmende Interesse der beiden kommunistischen Großmächte an einer Entspannung ihres Verhältnisses zur westlichen Supermacht USA brachte Nordvietnam in die ungünstige Position, diese Entwicklung durch sein Beharren auf seinen »Alles-oder-Nichts«-Zielen zu stören. Nachdem ein letzter Versuch Nordvietnams, durch eine militärische Kraftanstrengung den bereits weitgehend abgezogenen Amerikanern doch noch eine militärische Niederlage beizubringen, und damit den Krieg in seinem Sinne zu entscheiden, fehlgeschlagen war, gelang es Präsident Nixon, durch die Reduzierung der amerikanischen Forderungen auf ein gerade noch akzeptables Mindestmaß und militärischen Druck die nordvietnamesische Führung schließlich zur Annahme und zum Abschluß eines Abkommens zu bringen. Dieses Abkommen ermöglichte Amerika den ehrenvollen völligen Abzug aus Südvietnam; ob es allerdings den militärischen Auseinandersetzungen in den indochinesischen Staaten ein Ende bereiten und eine politische Lösung vorbereiten kann, steht noch dahin.
Die amerikanische Seemacht konnte in dem Krieg um Vietnam bei der völlig fehlenden Gegenwehr zur See ihr Potential mit voller Wucht zur Geltung bringen. Über sieben Jahre hinweg konnte die US-Navy in den Gewässern vor Vietnam ihre Trägerkampfverbände und die amphibischen Kampfgruppen ohne Unterbrechung einsatzfähig halten, und auf den Binnengewässern Südvietnams aufbauen. Dabei konnte ihre Führung und ihr Personal Kriegs- und Einsatz- und auf den Binnengewässern Südvietnams aufbauen. Dabei konnten ihre Führung und ihr Personal Kriegs- und Einsatzerfahrungen sammeln, wie sie heute keine andere Marine besitzt. Man wird jedoch bei der Bewertung ihrer Erfahrungen berücksichtigen müssen, daß in künftigen Auseinandersetzungen in der Dritten Welt kaum noch damit zu rechnen ist, daß die USA, wie in Korea und Vietnam, allein auf dem Schauplatz auftreten können.

Kapitel 52

Die Rolle der Seemacht in unserer Zeit

Von E. Wegener für die deutsche Ausgabe neu bearbeitet.[1]

I. Ist die traditionelle Seekriegslehre tot?

Der zweite Weltkrieg hat den großen »Einfluß der Seemacht auf die Geschichte« erneut und instruktiv unter Beweis gestellt. Es war die Seemacht, mit der die USA Japan besiegten. Und auch Hitler scheiterte letztlich nicht an den sowjetischen Heeren, sondern an seiner Unfähigkeit, die angelsächsischen Seemächte zu schlagen. Mochte das Schlachtschiff dem Flugzeugträger gewichen sein, an den Seekriegslehren, wie Mahan sie zur Zeit der Jahrhundertwende formuliert hatte, änderten die Ereignisse und Erfahrungen des zweiten Weltkrieges nichts. Sie bestätigten sie.

Trotzdem setzen schon bald nach dem Kriege Zweifel darüber ein, ob der Einfluß von Seemacht im klassischen, im Mahanschen Sinne[2], im Zeitalter der Atomwaffen nicht vorbei sei. Jetzt haben die Atomstrategen das Wort. In den Kriegsbildern der Zukunft, die sie entwerfen, bleibt wenig Raum für Seemacht. Was soll Seemacht in einem Atomkrieg, der ohnehin den Untergang der beteiligten Staaten bedeutet? Weder die Strategie der massiven Vergeltung, noch die der abgestuften Abschreckung sehen genügend lange Zeiträume vor, wie »Seeherrschaft« sie braucht, um wirken zu können. Erst recht zweifelhaft erscheint der Wert von Seemacht in einem Zustand der Atombalance. Wozu Seemacht, wenn bei Atombalance Kriege großen Stils nicht mehr denkbar sind?

Die Auseinandersetzung über den Wert von Seemacht im Atomzeitalter ist seither – unter immer neuen Vorzeichen und durch immer wieder andere Tatbestände angeregt – im Gange. In den USA ergab sich in den 50er Jahren das Schauspiel einer heftigen Kontroverse zwischen Luftwaffe und Marine. Die Lehre Douhets von der allein kriegsentscheidenden Luftwaffe feierte – trotz ihres Fehlschlagens im zweiten Weltkrieg – im Zeichen der Atombombe Auferstehung. Mit den Heeren sollten auch die Flotten endgültig und für immer überflüssig geworden sein. Auf dem seestrategischen Felde manifestierte sich die durch die Atomwaffen hervorgerufene Problematik vornehmlich in der unterschiedlichen Bewertung der Flugzeugträger. Die Seestrategen fordern solche Schiffe zum Zwecke der Weltmeerbeherrschung, in der sie nach wie vor ein wirkungsvolles und unentbehrliches Machtinstrument erblicken. Und sie führten hierfür überzeugende Argumente ins Feld. Das maritime Interesse der Atomstrategen und Politiker richtet sich demgegenüber auf unverwundbare Atomwaffenträger zur See. Die sowjetische Führung verkündet das Ende der Überwasserflotten, beginnt dann aber selbst eine gewaltige Seerüstung, mit der die Sowjetunion heute im Begriffe steht, die Seerüstung der USA einzuholen oder gar zu überholen. Sie verschaffte sich dadurch das Instrument für ihr spektakuläres Vordringen im Frieden im Mittelmeer und im Indischen Ozean. Auch durch diese in dieser Form neuartige Aktivität stellt sich die Frage nach der Rolle von Seemacht neu. Um was geht es bei dem sowjetischen Vordringen in Friedenszeiten hier und auf den anderen Weltmeeren? Beinhaltet es eine seestrategische Offensive, wie vielfach behauptet wird? Was deckt der Begriff seestrategische Offensive überhaupt? Und was hat es mit dem Einsatz von Seemacht außerhalb formellen Krieges, wie er z. B. in der Kuba-Krise in Erscheinung trat, auf sich? Kurzum, über den Wert von Seemacht besteht heute eine außergewöhnliche Unsicherheit.

Die Fachliteratur der letzten Jahre spiegelt diese Unsicherheit wider. Die britischen Autoren, Vizeadmiral Sir Peter Gretton und Professor L. W. Martin vom angesehenen Institute for Strategic Studies – um nur diese Beispiele zu nennen – lassen für den allgemeinen Krieg nur noch Atomwaffenträger zur See gelten.[3] Für Seeherrschaftsausübung sehen sie keine Gegebenheiten mehr. Damit ist die Mahan-Corbett'sche Seekriegslehre für sie überholt und tot. Den einst die See beherrschenden Flotten verbleibt nur noch Mitwirkung bei begrenztem Krieg in Übersee und eine bescheidene Rolle in Situationen des »Nicht-Krieges«.

1 Der folgende Beitrag stellt eine überarbeitete und erweiterte Fassung eines Artikels dar, den der Autor in der MARINERUNDSCHAU 4/68 unter dem Titel »Die seestrategische Theorie im Atomzeitalter« veröffentlicht hat. Einige ergänzende Abschnitte sind seinem Buch »Moskaus Offensive zur See«, Bad Godesberg 1972, entnommen.

2 Die vom amerikanischen Seekriegslehrer Mahan in den 90er Jahren des vorigen Jh. erarbeitete Seekriegslehre – vornehmlich in seinem zweibändigen Werk »The Influence of Seapower upon History« niedergelegt – wurde in den Jahren vor dem ersten Weltkrieg durch den englischen Schriftsteller Julian S. Corbett in Mahanschem Geist fortgeschrieben und ergänzt. Die Arbeiten Corbetts fanden in Deutschland zunächst nicht die Beachtung, die sie verdienten. Sein Hauptwerk »Some Principles of Maritime Strategy« erschien in deutscher Übersetzung erst nach dem ersten Weltkrieg unter dem Titel »Die Seekriegführung Großbritanniens«.

3 Viceadm. Sie Peter Gretton: »Maritime Strategy, A Studie of British Defence Problems«. London: Cassell, 1965.
L. W. Martin: »The Sea in Modern Strategy«. London: Chatto Windus, 1967.

Anders sieht es die amerikanische Marine. Sie glaubt weiterhin daran, daß eine erstklassige Flotte für die Sicherheit der Vereinigten Staaten und für ihre Weltstellung unerläßlich ist. Ebenso scheinen die Sowjets den Wert von Seemacht heute einzuschätzen. Anders wäre ihre enorme Rüstung zur See nicht zu verstehen. Auch die britische Führung scheint im Gegensatz zu den beiden erwähnten Autoren und entgegen manchen britischen Erklärungen in NATO und Öffentlichkeit weiterhin mit einer Kriegsmöglichkeit zu rechnen, durch die die Zufuhrwege zu den britischen Inseln bedroht werden könnten. Wozu sonst konzentriert sich die Admiralität neben dem Bau von *Polaris*-U-Schiffen auf Bau und Unterhaltung einer Flotte moderner Geleitfregatten? Diese sollen, darüber gibt es keinen Disput, der Sicherung der Seewege nach England dienen. Also muß auch die englische Marineführung einen Krieg längerer Dauer zwischen West und Ost als eine reale Möglichkeit in Rechnung stellen.

So sieht sich die traditionelle Seekriegslehre einer Herausforderung gegenüber, für die sie noch keine eindeutigen Antworten bereit hält. Sie muß sich den neuen Fragen stellen. Aber heißt das, daß alles, was in der Vergangenheit an Lehren und Grundsätzen erarbeitet wurde, überholt ist? Muß die bisherige Seekriegslehre einer ganz neuen Theorie Platz machen?

Oder läßt sich an die alten Lehren anknüpfen? Geben sie weiterhin das Leitseil ab, an dem man sich durch die neuen Probleme hindurch lotsen kann?

Im Folgenden soll der Versuch unternommen werden, diese Problematik von der traditionellen Seekriegstheorie ausgehend in den Griff zu bekommen. Dazu gilt es zunächst, das für die Fragestellung Wesentliche aus der klassischen Seekriegslehre in gebotener Kürze darzustellen. Daran soll dann einmal der Wert von Seeherrschaft im Kriege im Zeitalter der Atombalance gemessen werden. Zum andern aber sollen daraus für die neuen Formen des Einsatzes maritimer Macht im Nicht-Krieg Maßstäbe entwickelt werden.

II. Seeherrschaft

Für Mahan ist das Ziel der Seekriegführung die Kontrolle der Seewege. Er bezeichnet den Machtzustand, bei dem eine Kriegspartei diese Kontrolle auszuüben vermag als »commend of the sea«, ein Ausdruck, für den wir im Deutschen das Wort Seeherrschaft verwenden. Objekt der Seeherrschaft sind die auf den Seestraßen im kommerziellen[4] oder im militärischen Auftrag fahrenden Schiffe. Seeherrschaft schützt eigenen, unterbindet feindlichen Seeverkehr im beherrschten Meer. Insoweit sie auf den kommerziellen Seeverkehr gerichtet ist, ermöglicht sie Wirtschaftskrieg, im Extremfall bis zur wirtschaftlichen Erdrosselung des Gegners. Seeherrschaft zum Zwecke des Wirtschaftskrieges bedarf der Dauer, um wirksam zu werden. Die mit ihrer Volkswirtschaft vom Seeverkehr abhängigen Staaten – und das sind heute fast alle Länder der Erde – geraten im Kriege in wirtschaftliche und damit in politische Abhängigkeit vom Seeherrschaft-Ausübenden. Er kann alle menschlichen und alle materiellen Kräfte dieser Länder – gleichgültig ob diese verbündet oder neutral sind oder ob sie zur Gegenseite gehören – seinen Kriegsinteressen dienstbar machen. Im Frieden stellt überlegene Seemacht latente Seeherrschaft dar. Das führt dazu, daß sich die im Kriege von Seeherrschaft ausgehende Wirkung schon im Frieden politisch auswirkt.

Ferner erlaubt Seeherrschaft es, militärische Macht über die beherrschte See hinweg, an allen über See erreichbaren Küsten zum Tragen zu bringen, hauptsächlich in der Form von Anlandungen von Truppen und deren logistischer Versorgung. Für Aufgaben dieser Art verfügen die Flotten insbesondere der großen Mächte über amphibische Verbände. Deren Rolle hat, wie schon ihr Name sagt, zwei Gesichter. Die sichere Heranführung amphibischer Verbände an den anzugreifenden Strand ist eine echte Seekriegsaufgabe. Der Seeweg, den diese Verbände nehmen, um ihr Ziel zu erreichen, muß durch eigene Seeherrschaft gesichert sein. Daraus ergibt sich, daß amphibische Operationen, zumal solche über größere Seestrecken hinweg, den Besitz von Seeherrschaft voraussetzen. Mit der Ausschiffung der Truppe aber endet die Seekriegsaufgabe. Der zweite Teil der amphibischen Operation ist nicht mehr Sache der Seekriegführung. Hier übernimmt der Landbefehlshaber die Führung.

Selbstverständlich können Kriegsschiffe von See aus auch direkt in den Landkampf eingreifen. Dazu eignen sich vornehmlich trägergestützte Flugzeuge. Diese Teilnahme am Landkrieg spielt heute eine größere Rolle als früher. Das gilt sowohl für den Krieg – das markanteste Beispiel ist der pazifische Krieg – als auch für militärische Auseinandersetzungen, die sich unterhalb der Kriegsschwelle abspielen. Die Aktivität der amerikanischen Marine im Korea- und Vietnam-Krieg hat sich besonders stark in das Bewußtsein der Öffentlichkeit eingeprägt. Die Unterstützung des Kampfes zu Lande gehört in seinen Einzelheiten allerdings nicht in den Bereich der Seekriegführung. Ähnlich wie bei amphi-

4 Im modernen Seekrieg geht es beim Seeverkehr nicht mehr um den Seehandel und den daraus entspringenden machtbegründenden Reichtum, wie in den Kriegen, die Mahan beschreibt. In unserer Zeit steht der Transport kriegswichtiger Güter – Nahrungsmittel, Rohstoffe, militärische Ausrüstung und Investitionsgüter für die Kriegswirtschaft im Vordergrund. Im Krieg handelt es sich also – auch bei den westlichen Ländern – weitgehend um staatlichen oder staatlich dirigierten Güterverkehr. Deshalb sind Bezeichnungen wie Handelsschiffahrt, ziviler oder kommerzieller Seeverkehr in der Seekriegslehre eigentlich nicht angebracht. Da ein treffender Ausdruck zur Abgrenzung zum »militärischen Seetransport« fehlt, sei der Ausdruck »kommerzieller Seeverkehr« weiterhin verwendet, ebenso wie auch am Begriff »Handelsschiff« für alles, was nicht Kriegsschiff oder militärisches Hilfsschiff ist festzuhalten ist.

bischen Operationen sind bei der Unterstützung des Landkrieges von See aus zwei Dinge zu unterscheiden: einmal die Sicherung des Seeweges bis zum Einsatzraum und der Aufenthalt dort – das ist eine Seekriegsaufgabe und bedingt Seeherrschaft –, zum andern der Landkampf selbst. Für diesen erhalten die Schiffskommandanten ihre Befehle vom Landbefehlshaber. Insoweit führen sie nicht See-, sondern Landkrieg. Eingreifen von See aus in den Landkampf kann für den Ausgang eines Krieges oder einer Aktion unterhalb der Kriegsschwelle sehr bedeutend sein. Derartige Aktionen gehören auch durchaus zu den Aufgaben einer Marine. In unserer Untersuchung geht es indessen nicht um die Aufgaben der Teilstreitkraft Marine, sondern um deren Rolle im Seekrieg.

III. Seemacht

Zur Erkämpfung oder zur Erhaltung von Seeherrschaft braucht man Seemacht. Wie ist dieser Begriff zu definieren? Natürlich ist das Kernstück von Seemacht eine *Flotte*. Bei dem Begriff Flotte handelt es sich heute nicht mehr um geschlossen fahrende und kämpfende Verbände aus Schlachtschiffen oder Flugzeugträgern. Sie sind überlebt. Trotzdem ist an dem Begriff Flotte festzuhalten. Zur Flotte gehören alle Kriegsschiffs-Kategorien – einschließlich der U-Boote – sowie bord- und landbasierte Marineflieger-Verbände, die geeignet sind, die feindliche Streitmacht zur See mit der Aussicht auf schließliche Ausschaltung zu bekämpfen. Um dazu fähig zu sein, muß eine Flotte »adäquat« sein.

Eine Flotte allein stellt – das gilt es hervorzuheben – noch keine Seemacht dar. Um Seemacht zu sein, muß der Flotte eine *seestrategisch-geographische Position* zur Verfügung stehen, von der sie den Seeraum, um dessen Beherrschung es geht, jederzeit fähig zum Kampf erreichen und mit deren Hilfe sie sich dort aufhalten kann. Nur eine Flotte, die auf einer solchen Position basiert ist, kann Seeherrschaft erkämpfen oder – falls sie diese besitzt – verteidigen. Eine Flotte ohne seestrategische Position am umstrittenen Meer kann den dort laufenden Seeverkehr weder langfristig unterbinden noch schützen. Für diesen Seeverkehr ist sie so gut wie nicht existent. *Die Flotte wird also erst in Konjunktion mit einer seestrategischen Position zur Seemacht. Dabei bilden Flotte und Position ein Produkt. Ist ein Faktor null, fehlt etwa die Position, dann ist auch das Produkt – selbst bei starker Flotte – »null«. Ist eine gute Position vorhanden, fehlt aber eine adäquate Flotte, dann ist selbst die beste Position wertlos. Das Produkt Seemacht ist dann ebenfalls »null«.*

Nicht jeder Stützpunkt ist eine seestrategische Position. Voraussetzung ist, daß die Flotte von hier aus auf Dauer wirken kann. Hierzu muß eine seestrategische Position über alle die Einrichtungen verfügen, die zur Unterhaltung, Versorgung und Reparatur einer modernen Flotte erforderlich sind. Sie muß gegen Fortnahme von der Landseite her und gegen Vernichtung aus der Luft gesichert sein. Sie muß mit der heimatlichen Kraftquelle unstörbar verbunden sein. Liegt die Position über See, dann muß die See zwischen ihr und der Heimat unter sicherer eigener Seeherrschaft stehen.

Immer größere Fahrstrecken sowie ein System schwimmender Versorgung können Seekriegsoperationen heute über weitere Entfernungen als früher ermöglichen, wobei anzumerken ist, daß schwimmende Versorgung im Zeitalter lückenloser Luftüberwachung der See nur noch im Bereich eigener Seeherrschaft eingesetzt werden kann. Das erlaubt das System eigener seestrategischer Positionen weitmaschiger zu machen oder von weitentfernten Positionen aus Seeherrschaft auszuüben. Dadurch wird die seestrategische Position aber nicht entbehrlich. Eine Flotte ohne eine jederzeit sicher erreichbare vollwertige Basis ist gerade in unserem hochtechnischen Zeitalter zur Auszehrung verurteilt. Sie kann nur befristet wirken. Je näher vor der eigenen seestrategischen Position operiert wird, um so stärker, je weiter von ihr entfernt, um so schwächer wirkt sich der Faktor Position auf das Produkt Seemacht aus. Weite Reisestrecken zur Basis vermindern die Flottenstärke. Im Küstenvorfeld liegt die Position so nahe, daß schon mit einem kleinen Faktor Flotte ein starkes Produkt entsteht. Landgebundene Kampfmittel – insbesondere landgestützte Flugzeuge – verstärken den Faktor Flotte. Zugleich ermöglicht das landbasierte Flugzeug eine beträchtliche Erweiterung des Küstenvorfeldes, der Zone also, in der auch schon eine schwache Flotte die Seewege beherrscht. Der engere oder weitere Bereich einer seestrategischen Position wird vom gegnerischen Seeverkehr gemieden. Die Flotte braucht nicht ständig in See zu stehen. Die Möglichkeit ihres jederzeitigen Erscheinens reicht aus, den gegnerischen Seeverkehr zum Erliegen zu bringen. Die Position bildet eine Art Kraftfeld aus. Sind mehrere Positionen vorhanden, auf denen die Flotte jederzeit erscheinen kann, so entstehen mehrere Kraftfelder. Die Flotte vervielfacht ihre Wirkung.

In der Seekriegslehre der Vergangenheit ist die seestrategische Position, in der Bestimmung des Begriffs, wie sie hier gegeben wurde, vernachlässigt worden. Das hat seine Ursache darin, daß in allen Seekriegen, von denen die Geschichte berichtet, beide Kriegsparteien stets – wenn oft auch in unterschiedlichen Gunstgraden – über Positionen am umstrittenen Meer verfügt haben. Deshalb setzten die See-Geschichtsschreiber – so auch Mahan – ihr Vorhandensein stillschweigend voraus. Das hat dazu geführt, daß man dem Irrtum verfiel, Flottenmacht sei mit Seemacht identisch. Mahans Lehre folgend haben im Anfang dieses Jahrhunderts, dem Zeitalter des sog. Navalismus, die europäischen Kontinental-Großmächte Rußland, Österreich-Ungarn und vor allem das kaiserliche Deutschland, sich starke Flotten gebaut, von denen im ersten Weltkrieg keine einen wesentlichen Beitrag zur Kriegführung zu leisten vermochte. Besonders gilt das für die deutsche Flotte. Die Deutschen hatten bei ihrem Flottenbau offensichtlich geglaubt, Schlachtschiffgeschwader seien Attribute einer modernen Großmacht, sie seien – ähnlich wie Armeekorps – Macht an sich. Diese Gleichsetzung von Flotte mit Seemacht war ein Irrtum. Trotz ihrer Größe und glänzenden Schulung konnte die deutsche Hochseeflotte im Kampf gegen England keine entscheidende Rolle spielen. Die Ursache hierfür blieb den Deutschen lange ein Rätsel. Erst später wurde erkannt, daß die Untätigkeit der Flotte, das Ausbleiben der entscheidenden Seeschlacht, darauf zurückzuführen war, daß der Flotte die seestrategische Position am entscheidenden Meer, dem Atlantischen Ozean, fehlte. In bezug auf dieses Meer war der Faktorwert der deutschen geographischen Position, die Nordseeküste, gleich null. Infolgedessen war das Seemachtprodukt ebenfalls null, d. h. der atlantischen Seemacht England gegenüber war die deutsche Flotte nicht Seemacht. Folglich gab es für die Engländer keinen Grund, sich der deutschen Flotte in der Nordsee zum Kampf zu stellen.

Diese Erkenntnisse zwingen dazu, die seestrategische Position bei seestrategischen Überlegungen mehr als bisher in den Vordergrund zu rücken. Das ist nicht nur bei seekriegsgeschichtlichen Studien wichtig, es ist mit Blick auf die Ost-West-Konfrontation zur See in der heutigen Zeit von aktuellster Bedeutung. Denn die Küsten der Sowjetunion, der einen der beiden Welt-Supermächte, liegen ähnlich wie die Deutschlands in den beiden Weltkriegen, von den entscheidenden Ozeanen geographisch weit zurückgeschoben. Dies ist ein wesentlicher Gesichtspunkt, wenn man die heutige Machtlage zur See seestrategisch bewerten will.

IV. Kreuzerkrieg

Aus der Seekriegsgeschichte wissen wir – wir Deutschen vornehmlich aus der Erfahrung der beiden Weltkriege –, daß auch eine Kriegspartei, die im entscheidenden Seeraum keine Seemacht einsetzen kann, dennoch nicht völlig zur Untätigkeit verurteilt ist. Denn wer außerstande oder nicht willens ist – sei es mangels ausreichender Flottenstärke, sei es wegen Fehlens einer seestrategischen Position – zum Kampf um Seeherrschaft anzutreten, der kann unter Anerkennung der gegnerischen Seeherrschaft, direkt nach dem Objekt des Seekriegs, dem Transportschiff greifen. Diese Art der Seekriegführung bezeichnet man als *Kreuzerkrieg*.[5] Kreuzerkrieg in einem Seeraum kann mit Seeherrschaft in einem anderen einhergehen. Typisch für den Kreuzer ist, daß er über *eine ausgeprägte* Eigenschaft verfügen muß, die es ihm ermöglicht, ins Seeherrschaftsgebiet des Gegners einzudringen, an sein Objekt heranzugelangen und sich der den Seeverkehr schützenden Seeherrschaft zu entziehen. Beim Überwasserkreuzer ist es hohe Geschwindigkeit oder Tarnung, beim U-Boot das Tauchvermögen, die dies erlauben. Im Zeitalter lückenloser Seeraumüberwachung hat der Überwasserkreuzer keine Chancen mehr. An seine Stelle ist das U-Boot getreten. U-Bootkrieg ist nun keineswegs – darauf sei hingewiesen – etwa mit Kreuzerkrieg identisch. U-Boote können sehr wohl auch zum Kampf um Seeherrschaft eingesetzt werden. Auch zur Defensive – etwa zur Absicherung eines Seeherrschaftsraums – kann man sie verwenden. In diesen Fällen sind ihre Ziele die Seestreitkräfte des Gegners. »Kreuzer« sind sie dann, wenn sie bevorzugt die gegnerische Transport-Tonnage angreifen sollen. Wenn man entscheiden will, welcher Strategie ein U-Booteinsatz jeweils zuzurechnen ist, so muß man nach dem Auftrag fragen, wobei die Aufgaben-Abgrenzung selbstverständlich nicht so reinlich zu sein braucht, wie hier angenommen.

Natürlich braucht auch der Kreuzer einen Hafen, von dem er ausläuft und in den er nach vollführter Operation zurückkehren kann. Als Kreuzerstützpunkt braucht der Hafen jedoch nicht den Kriterien einer seestrategischen Position zu genügen. Für ihn sind notfalls auch zurückgeschobene Stützpunkte brauchbar. Es genügt, wenn der Kreuzer – und sei es unter Schwierigkeiten oder erst nach langem Anmarsch – das Seeherrschaftsgebiet des Gegners überhaupt erreichen kann.

Kreuzerkrieg mag zu großen Beute- oder Versenkungserfolgen führen. Wer sich dem Kreuzerkrieg verschreibt, muß aber wissen, daß er auf eigenen Seeverkehr, auf Nutzung der Kraftquellen über See, auf Ansatz militärischer Macht jenseits der für ihn zu Lande erreichbaren Räume und schließlich natürlich auch auf die mit Seeherrschaft verbundene politische Macht verzichtet. Mahan lehnt den Kreuzerkrieg als eine gleichwertige Alternative zur Seeherrschaft ab. Er weist nach, daß der Kreuzerkrieg die schwächere Form des Seekrieges ist. In der Geschichte erlag er ohne Ausnahme der Seeherrschaft. Diese Feststellung Mahans hat sich in beiden Weltkriegen in bezug auf den deutschen Kreuzerkrieg mit U-Booten de facto bestätigt, ist jedoch theoretisch nicht zwingend. Ob z. B. ein Kreuzerkrieg mit atomgetriebenen U-Booten gegnerische Seeherrschaft auszuhöhlen vermag, ist durchaus offen. So könnte z.B. die sowjetische U-Bootflotte, sobald sie überwiegend aus atomangetriebenen U-Booten besteht, die westlichen Seewege in so hohem Grade bedrohen, daß es zu einem Erliegen dieses Verkehrs kommen könnte. So steht Kreuzerkrieg – mehr als früher – als eine eigenständige Form des Seekrieges neben der Seeherrschaft. Eines aber bleibt dabei gültig und muß unverrückt im Auge behalten werden: Kreuzerkrieg ist die schwächere Form

5 Beim Ausdruck Kreuzerkrieg handelt es sich um einen durch langen Gebrauch eingebürgerten terminus technicus, an dem auch heute, wo das U-Boot der Hauptträger dieser Kriegführung ist, festgehalten wird. Das ist um so berechtigter, als bisher kein anderer Ausdruck sich als das Wesentliche treffend erwiesen hat: »U-Bootblockade« ist ungeeignet, weil mit diesem Begriff der eines Sperrgebietes verknüpft ist, was keineswegs stets der Fall zu sein braucht. Außerdem muß Blockade im völkerrechtlichen Sinne »effektiv« sein. Diese Voraussetzung ist mit U-Booten nicht zu erfüllen. »Handelskrieg mit U-Booten« ist deshalb nicht zutreffend, als es heute im Seekrieg nicht mehr um Seehandel geht. »Tonnagekrieg« mag für den deutschen U-Bootkrieg in den beiden Weltkriegen treffend gewesen sein. Es ist aber auch Kreuzerkrieg mit U-Booten denkbar, bei dem es nicht um die Tonnage, sondern um die Unterbindung bestimmter Transporte – z. B. zu einem Invasionsgebiet – geht.

des Seekrieges. Für eigenen Seeverkehr kann er die Seewege nicht öffnen.

V. Seestrategische Offensive und Defensive

Das Wesentliche der seestrategischen Theorie wird besonders deutlich, wenn man die Begriffe »seestrategische Offensive und Defensive« in die Betrachtung miteinbezieht. – Wie zu Lande, unterscheidet man auch zur See taktische, operative und strategische Offensive bzw. Defensive.[6] Es ist klar, daß die taktische Handlung eines Einzelschiffs oder eines Verbandes, sei sie offensiv, sei sie defensiv, nichts über den Charakter der von einem Lande verfolgten Seestrategie aussagt. Selbst eine offensive Operation zur See ist noch nicht ohne weiteres Ausdruck seestrategischer Offensive. Auch zu Lande gibt es offensive Operationen im Rahmen einer defensiven Strategie und umgekehrt. Bei der Beurteilung der Frage, ob Seekriegs-Operationen oder sonstige Seekriegsakte einer offensiven oder defensiven Seestrategie zuzuordnen sind, kommt es auf das Ziel an.

Wie wir sahen, ist das Ziel der Seekriegführung die Erringung oder die Behauptung von Seeherrschaft. Daraus folgt: Gelten die Seekriegsakte dem Erringen von Seeherrschaft, dann ist die Seestrategie offensiv. Dienen sie nicht diesem Ziel oder gelten sie der Behauptung vorhandener Seeherrschaft, dann ist die Seestrategie defensiv. Wenn man diese an der Seeherrschaft orientierten Thesen für richtig hält, dann ergeben sich einige Folgerungen, die für unsere Untersuchung von Interesse sind.

Wie dargestellt, besteht Seemacht aus den Faktoren »Flotte« und »Position«. Offensive Seestrategie muß also in dem Versuch gipfeln, einen der beiden Seemachtfaktoren der Gegenseite zu null zu machen: Entweder muß man die Feindflotte vernichten oder man muß dem Feind die Position nehmen.[7]

6 Im Englischen hat das Wort »operations« einen anderen, allgemeineren Sinn als im Deutschen. In unserem Zusammenhang kennt man im Englischen nur »strategy« und »tactics«, wobei man nach Corbett (»The Seven Years War«. Chapter 1) höhere (higher or major) und niedere (minor) Strategie unterscheidet. »Minor strategy« entspricht ziemlich genau unserm Begriff Operationen, so daß es praktisch auch im Englischen eine dreiteilige Begriffsskala gibt. Das englische Wort »strategy« – daran sollte man, um Mißverständnissen zu entgehen, denken – wird also in einem breiteren Sinne als bei uns das Wort »Strategie« gebraucht.

7 Als ein Beispiel für seestrategische Offensive durch Fortnahme der Position sei der deutsche Feldzug in Nordafrika im zweiten Weltkrieg angeführt. Als Feldmarschall Rommel den Suezkanal ernsthaft bedrohte, verließ die britische Flotte das Mittelmeer. Wäre es ihm gelungen, den Kanal zu erreichen, dann hätte er – bei gleichzeitiger Okkupation Maltas – den Engländern die seestrategische Position im Ostmittelmeer genommen. An die Stelle englischer Seeherrschaft wäre – auch schon mit schwachen Seestreitkräften – Seeherrschaft der Achsenmächte getreten.

Eine offensive Seestrategie kann sich auch in der Verbesserung, d. h. im Vorschieben einer bislang unzureichenden seestrategischen Position ausdrücken. Wenn man der eigenen Flotte ein Fundament schafft, von dem aus sie um Seeherrschaft kämpfen und Seeherrschaft ausüben kann, dann ist man seestrategisch offensiv. Man meldet seinen Anspruch auf Seeherrschaft an. Man fordert die Gegenseite heraus.

Vorschieben der Position kann bereits im Frieden mit Hilfe der Außenpolitik erfolgen. In diesem Falle betreibt die Politik die seestrategische Offensive. Wenn einem Staat, der zur Führung eines Seekrieges gezwungen ist, die seestrategische Position fehlt, dann muß er sie im Kriege mit militärischen Mitteln erwerben. Das ist dann nicht Sache der Marine allein, sondern der Gesamtstrategie. In ihrem Rahmen kann auch das Heer seestrategische Offensive betreiben. Sache der Marine ist jedoch der zweite Akt der Seemachtbildung, das Schaffen einer adäquaten Flotte und bei deren Vorhandensein ihre Postierung auf der Position. Damit ist Seemacht gebildet. Im Kriege kann man dann im engeren oder weiteren Raum vor der neuen Position nach Maßgabe der relativen militärischen Stärken oder der militärischen Kampfentscheidung Seeherrschaft ausüben.

Bei ebenbürtigen Positionen beider Parteien am umstrittenen Meer – der Mahanschen Situation – ist die Seeherrschaft umstritten. Beide Seiten streben nach Vernichtung der Feindflotte, beide sind offensiv. Die Schlacht entscheidet.

Wer nicht darauf aus ist, den bestehenden Seemachtzustand zu ändern, ist seestrategisch defensiv. Dafür gibt es zwei Motive. E n t w e d e r, man ist mit dem Bestehenden zufrieden. Die Position bedarf keiner Verbesserung. Man beharrt in ihr und übt von ihr Seeherrschaft aus. Man verteidigt sie gegen feindliche Offensive oder gegen feindliche Kreuzerkriegführung. Oder man verzichtet auf Seeherrschaft, sei es wegen fehlender Flotte, sei es wegen unzureichender Position. Wenn man die Seeherrschaft des Gegners nicht angreift und sich mit ihr abfindet, dann ist man seestrategisch defensiv. In diesem Sinne sind Handlungen im Rahmen des Kreuzerkrieges – und seien diese taktisch noch so offensiv – keine seestrategische Offensive, sondern, da sie die gegnerische Seeherrschaft hinnehmen und damit anerkennen, Ausdruck einer defensiven Seestrategie.

Mit diesen vereinfachenden Ausführungen kann der Abschnitt über seestrategische Offensive und Defensive – für unser Thema ausreichend – abgeschlossen werden. Das Gesagte läßt sich in folgendem Schema zusammenfassen:

a) Seestrategische Offensive = Wille zur Erringung von Seeherrschaft, gekennzeichnet durch:
   - Angriff auf die Feindflotte, bei ebenbürtiger Position
   - Fortnahme der Feindposition
   - Vorschieben der eigenen Position bei vorhandener Flotte
   - Vorschieben der Flotte in vorhandene oder in neuerworbene Position

b) Seestrategische Defensive aus Stärke = Behauptung von Seeherrschaft, gekennzeichnet durch:
   - Beharren in ausreichender Position
   - Verteidigung der Seeherrschaft gegen offensive Akte der Gegenseite gem. a) und
   - gegen feindlichen Kreuzerkrieg
c) Seestrategische Defensive aus Schwäche = Verzicht auf Seeherrschaft, gekennzeichnet durch:
   - Fehlen einer adäquaten Flotte
   - Beharren in unzureichender Position
   - Beschränkung auf Kreuzerkrieg.

VI. Träger strategischer Atomwaffen zur See

Ehe die traditionelle Seekriegslehre auf ihre Gültigkeit im Atomzeitalter überprüft wird, muß ein Gegenstand abgehandelt werden, welcher – der vor-atomaren Zeit unbekannt – innerhalb dieser Lehre nicht vorkommen konnte: Der Träger strategischer Atomwaffen zur See. Ihm kommt fraglos überragende Bedeutung zu. Was aber ist seine Rolle in bezug auf die Seekriegstheorie? Verändert er diese? Oder stößt er sie gar um?

Träger strategischer Atomwaffen bilden heute einen der wichtigsten, wenn nicht den wichtigsten Teil der Marinen der Atommächte – ausgenommen China, das über solche Waffensysteme noch nicht verfügt. Nachdem die Technik die Kombination Atom-U-Schiff/strategische Atomrakete ermöglicht hat, sind die Flugzeugträger weitgehend aus der Strike-Rolle entlassen und durch derartige U-Schiffe ersetzt worden. Diese Schiffe werden von den Atommächten innerhalb ihrer Marine-Bauprogramme hoch eingestuft.

Frankreich bewertet diese Waffenträger so hoch, daß es bereit ist, seine konventionelle Marineausrüstung zugunsten des Baues solcher U-Schiffe zu vernachlässigen.

Der Rang dieser Rüstung im Rahmen der von den Atommächten verfolgten Atomstrategie ist also unbestritten. Dieser Vorrangigkeit wegen hört man vielfach, atomstrategische U-Schiffe seien die Schlachtschiffe der Zukunft. Mit ihrer ungeheueren Feuerkraft übertreffen sie die Schlachtschiffe der Vergangenheit beträchtlich.

Wenn man von der Mahanschen Prämisse ausgeht, daß das Ziel der Seekriegführung die Seeherrschaft ist – und das ist der Leitfaden dieser Untersuchung –, dann ergibt sich: Für strategische Atomwaffenträger zur See ist in der Seekriegstheorie kein Platz. Sie haben mit Seestrategie fundamental nichts zu tun. Denn der Auftrag dieser Kampfmittel ist ein anderer als der, den Seestreitkräfte haben, die Seekrieg führen. Beim Seekrieg geht es um die Seeherrschaft, geht es um den Seeverkehr, geht es um die Güter und Menschen transportierenden Schiffe. Atomwaffenträger zur See können zur Seeherrschaft nichts Direktes beitragen. Ihre Ziele sind weder Transportschiffe noch feindliche Flotteneinheiten. Sie liegen an Land. Ob strategische Atomwaffen von Land-Flugplätzen bzw. Land-Raketenbasen oder ob sie von Plattformen auf See gestartet werden, ist für den Erfolg am Ziel gleichgültig. Bei dem Verlegen der Abschußbasis auf die See geht es um geringere Verwundbarkeit und um Beweglichkeit.

Natürlich können die strategischen Kampfmittel zur See im Rahmen des strategischen Atomkrieges auch zum Nutzen des Seekrieges eingesetzt werden, z. B. indem sie feindliche Seekriegsbasen ausschalten. Aber das ist nicht ihr typisches Geschäft. Ebenso könnten dies auch landgestützte Atomwaffen tun. Wer es im einzelnen besorgt – land-, luft- oder schiffgestützte Waffensysteme – ist eine Frage der Reichweite oder der Ökonomie der Kräfte im Rahmen des strategischen Gesamtpotentials.

Daß ein Schiff mit strategischen Fernwaffen einen anderen Auftrag hat als Flottenstreitkräfte, die Seekrieg führen, wird auch dadurch deutlich, daß der Kommandant eines solchen Schiffes keine Kommandogewalt über die strategischen Waffen besitzt, die er an Bord hat. Im Gegensatz zu Kommandanten, die Seekrieg führen und deren vornehmste Aufgabe der Waffengebrauch im Gefecht ist, befehligt der Kommandant eines Atomwaffenträgers zur See nur die Plattform. Der Befehl zum Einsatz der Waffen kommt von außerhalb. Der Kommandant hat nicht den geringsten Einfluß auf Zielwahl oder Zeit des Einsatzes. Abgesehen von einigen Torpedos zum Eigenschutz sind die Waffen eines atomstrategischen U-Schiffes – die ballistischen Raketen – zum Einsatz gegen Seeziele gar nicht verwendbar.

Flugzeugträger mit Atomwaffen an Bord konnten noch eine doppelte Rolle spielen. Sie konnten am Strike teilnehmen, womit sie zum eigentlichen Seekrieg nicht beitrugen. Zugleich oder danach aber waren sie auch Flotte zum Zwecke der Seekriegführung. Hier lag eine Verzahnung von atomstrategischer Kriegführung und Seekriegführung vor. An dem Getrenntsein der beiden Kriegsarten, an der Unterschiedlichkeit der beiden Aufträge änderte sich dadurch nichts. Seit man Atomwaffenträger ausschließlich für den strategischen Auftrag baut, ist die Grenze zwischen Seestrategie und Atomstrategie klar und sichtbar gezogen. Atomstrategische U-Schiffe haben mit den einstigen Schlachtschiffen nicht das mindeste gemein. Daß sie von Seeleuten bemannt sind, daß sie in die Marine ihres Landes eingegliedert sind, liegt in der Natur der Sache. Bei ihrem operativen Einsatz in See müssen sie vom zuständigen Seebereichsbefehlshaber geführt werden. Ja, sie können die Seekriegsoperationen nicht nur beeinflussen, sondern der Schutz eigener oder die Bekämpfung gegnerischer atomstrategischer U-Schiffe kann wegen deren Bedeutung zu einem vorrangigen Auftrag einer Marine werden, u. U. sogar Bauprogramme und Waffenentwicklung bestimmen.

Aber das liegt keineswegs außerhalb der hergebrachten Seekriegslehre. Schutz eigener und Vernichtung feindlicher Benutzer der See – das war und ist in der Tat das Kernstück der Seeherrschaft. Hier tritt sie voll in ihre Rechte. Obwohl für den Einsatz von U-Schiffen mit strategischen Raketen nicht einmal der Besitz von Seeherrschaft erforderlich ist – auch die Sowjetunion kann ihre Raketen-U-Schiffe in den Atlantik bis vor die Küste der USA entsenden – bemühen sich die Atommächte darum, ihre atomstrategischen U-Schiffe mit möglichst weitreichenden strategischen Raketen auszustatten, damit deren Stationierung nicht in Bereichen zu erfolgen braucht, in denen die Gegenseite mit U-Jagd-Streitkräften auftreten kann. In diesem Wettstreit um die Unverwundbarkeit der atomstrategischen U-Schiffe ist der Westen dem Osten kraft seiner ozeanischen Seeherrschaft nach wie vor überlegen.

Das in dieser Weise begründete Aussondern der Atomwaffenträger zur See aus dem Bereich der Seestrategie beseitigt viele Unklarheiten. Es weist ihnen ihren eigenen, den ihrer überragenden Bedeutung gemäßen Platz an. Bei der Überprüfung der traditionellen Seekriegstheorie auf Gültigkeit im Atomzeitalter können sie beiseite gelassen werden. Das erleichtert diese Untersuchung.

VII. Seemacht im Atomzeitalter

Nach dieser Standortbestimmung für die Atomwaffenträger zur See gilt es nun, die Rolle der Seemacht unter den veränderten strategischen Verhältnissen des Atomzeitalters zu untersuchen. Dabei ist es nicht die Erfindung der Atomwaffen schlechthin, mit der sich die Seestrategie fundamental verändert hat. Es ist die atomare Balance zwischen Ost und West, aus der sich die Problematik erst eigentlich ergibt. Die ungeheuere atomare Zerstörungskraft, über die nunmehr beide Weltmächte verfügen, hat sie bei ihrem globalen Ringen um die Weltvormachtstellung gezwungen, offenen Krieg gegeneinander zu vermeiden. Diese friedenserhaltende Wirkung der Atombalance ist unbestritten. Die Geister scheiden sich bei der Frage, wie stark diese Wirkung ist. Schließt sie Krieg völlig aus oder verengt sie nur die Möglichkeit, zur Durchsetzung politischer Ziele zum Krieg Zuflucht zu nehmen. Zunächst beobachten wir, daß die Weltmächte ihre Rivalität in neuen Formen ohne Krieg – short of war – auszutragen suchen. Auch in dieser Zone der short of war-Aktionen spielt die See, wie schon angedeutet, eine bedeutende Rolle.

Bei einer Untersuchung der Frage, welche Rolle Seemacht heute spielt, sollte man deshalb vor allem unterscheiden, ob es sich bei einer Auseinandersetzung um formellen Krieg oder um eine Lage handelt, welche durch den völkerrechtlichen Begriff »Krieg« nicht gedeckt sind. Dies scheint der wesentliche Gesichtspunkt für eine Stoffeinteilung zu sein. Vom Nicht-Krieg wird später zu reden sein. Zunächst gilt die Untersuchung der Frage, welche Bedeutung der Seeherrschaft im Kriege im Atomzeitalter zuzumessen ist.

Unbestritten ist, daß es in einem allgemeinen Krieg zwischen den beiden Atom-Weltmächten, sobald es zum vollen Einsatz strategischer Atomwaffen kommt, klassischen Seekrieg, wie ihn die Vergangenheit kannte, nicht geben kann. Für solche Einsätze sind drei Formen denkbar:

- massierter Atomschlag bei Kriegseröffnung,
- strategischer Atom-Waffeneinsatz als Endstufe sich aufschaukelnder Anwendung taktischer Atomwaffen (Atomspirale) oder
- Einsatz der strategischen Atomwaffen als ultima ratio in aussichtsloser Lage nach vorangegangener konventioneller Kriegsphase mit oder ohne Gebrauch taktisch-atomarer Waffen.

In allen drei Fällen kann die eigentliche strategische Atom-Kriegsphase nur kurz sein. Innerhalb dieser Phase ist kein Raum für Seeherrschaft, zu deren Wirksamkeit nun einmal Dauer gehört. Das heißt jedoch nicht, daß es Krieg ohne den Einsatz von strategischen Waffen überhaupt nicht mehr geben könne. Der letztgenannte Fall geht ja von der Annahme eines solchen Krieges aus.

Bei dem auf beiden Seiten heute vorhandenen, zum Zurückschlagen fähigen Zerstörungspotential würde Einsatz strategischer Atomwaffen automatisch auch die eigene Zerstörung bedeuten. Dieses Faktum macht im technologischen Wettrennen für beide Seiten die Erhaltung der Balance unabdingbar. Gleichzeitig aber neutralisiert solche Balance die strategischen Waffen auch. Wenn jeder weiß, daß die andere Seite nicht zu den strategischen Atomwaffen greifen kann, weil ihr die selbstzerstörerische Folge bewußt ist, dann sind unter der Glocke einer derartigen Balance Situationen denkbar, in denen Krieg – auch zwischen den Großen – nicht ausgeschlossen werden kann. Der Selbsterhaltungsdrang wäre – auch im erbittertsten Kampf – stärker als der Wunsch, letzte Ziele zu erreichen. Selbst die unterliegende Kriegspartei würde einen ungünstigen Frieden der absoluten Selbstzerstörung vorziehen. Die friedenserhaltende Funktion der Atombalance könnte sich so in ein den Krieg mäßigendes Element verwandeln. Er kehrte vom Vernichtungskrieg mit der Forderung nach bedingungsloser Übergabe in eine Form zurück, in der die Existenz der Gegenseite nicht in Frage gestellt wird.

Damit würde Krieg wieder zu einer Möglichkeit. Er wäre ein konventioneller Krieg oder ein solcher, in dem auch taktische Atomwaffen eingesetzt werden. Als solcher wäre er ein Krieg von längerer Dauer, ein Krieg also, in dem Seemacht ihre traditionelle Rolle spielen würde. Diese Rolle wäre dann noch gewichtiger als früher, weil die Welt heute seeabhängiger ist als je zuvor. Krieg in Europa könnte seitens der NATO überhaupt nur bei intakter Verbindung über den Atlantik hinweg geführt werden. Aber auch die Seeabhängigkeit der Sowjetunion wächst zusehends. Je mehr sie sich in den Ländern der Dritten Welt politische Positionen aufbaut, je größer ihre Handelsflotte wird und je enger ihre wirtschaftlichen Verflechtungen mit der überseeischen Welt werden, um so verwundbarer wird auch sie durch Seekrieg.

In einem offenen Kriege zwischen den Atom-Großmächten stehen beide Seiten beständig unter dem Risiko, daß der Krieg zum atomstrategischen Fegefeuer ausarten könnte. Sie werden deshalb beide alles zu vermeiden suchen, was die

Atomspirale in Gang setzen könnte. Bei einem Kriege zu Lande ist es – sobald taktische Atomwaffen verwendet werden – schwierig, diese Forderung einzuhalten. Es gibt keine scharfe Grenze zwischen taktischen und strategischen Waffen. Da das im Seekampf anders ist – hier gibt es nur taktische Atom-Waffen – halten manche Strategen einen Krieg für möglich, der ganz auf die See beschränkt ist. Von einem derart »beschränkten Krieg« könne eine atomare Eskalation nicht ausgehen. Sehr überzeugend ist diese Theorie nicht. Dazu ist die Seeabhängigkeit zwischen West und Ost immer noch zu unterschiedlich.

Auch wenn man davon ausgeht, daß ein Krieg ohne Einsatz strategischer Atomwaffen stattfinden könnte, so darf die Frage, wie die Lage wäre, wenn es dennoch zum großen atomaren Schlagabtausch kommen sollte, nicht ausgeklammert werden. Hier käme vor allem die dritte der oben aufgezählten Varianten für atomstrategischen Einsatz in Frage, der Griff zu den strategischen Waffen als ultima ratio für eine im vorangegangenen konventionellen Kriege geschlagene Kriegspartei. Kann es Seekrieg *nach* einem strategischen Atomschlag geben? Was würde Seemacht dann bedeuten?

Heute kann kein Mensch mit einiger Sicherheit vorhersehen, welche Situation sich nach einem vollfunktionierenden und mit aller Wucht geführten atomaren Schlagabtausch ergibt. Wegen dieser Ungewißheit spielt die nachatomare Phase, die sog. »Restitutionsphase« in der allgemeinstrategischen Diskussion eine besondere Rolle. Die einen halten Überlegungen für die Zeit nach einem strategischen Atomschlagwechsel für unreal. Sie gehen davon aus, daß die Länder beider Kriegsparteien einschließlich derjenigen ihrer Verbündeten und Satelliten total zerstört werden. Sie leugnen, daß organisierte Kriegführung dann noch denkbar ist. Andere sehen gerade in dieser Restitutionsphase die entscheidende Periode in einem Kriege im Atomzeitalter. Wer sich am ehesten aus dem Chaos der atomaren Zerstörungen wieder zu erheben vermag, dem werde der Sieg zufallen. Von dieser Einschätzung der Lage ging die Kriegstheorie der Sowjets längere Zeit aus. Sie hielten die Restitutionsphase nicht nur für eine Realität, sondern sie bereiteten sich in jeder Hinsicht darauf vor, in ihr die Kriegsentscheidung zu ihren Gunsten zu erzwingen. Ob und wieweit sie sich von dieser Vorstellung heute entfernt haben, ist offen.

Es ist hier nicht der Ort, die schicksalsschwere Frage zu entscheiden, ob es eine Restitutionsphase geben kann oder nicht. Solange diese Frage nicht eindeutig negativ beantwortet werden kann, solange bleibt die Restitutionsphase eine Möglichkeit, und dann allerdings eine von allergrößter Bedeutung. Deshalb muß sie in die Betrachtung mit einbezogen werden. Wie also ist die Lage, geht der Krieg nach einem strategischen Atomschlag weiter? Auf beiden Seiten kommt es auf den Wiederaufbau organisierten Lebens, der Wirtschaft und vor allem des militärischen Instruments an. Zwar ist die Zeit, in der man davon ausgehen konnte, ein atomzerstörtes Europa könne mit amerikanischer Hilfe relativ rasch wieder kampffähig gemacht werden, vorbei. Die daraus abgeleitete Forderung gesicherten Seeverkehrs speziell zwischen den USA und Europa, gerade in dieser Phase, verliert ihren Sinn, wenn die USA nicht minder hart betroffen sind als Europa.

Um so wichtiger ist für den Weitergang des Krieges das Kräftepotential der unzerstörten Länder. Da die Schiffstonnage, die sich während des Atomschlags in See oder in überseeischen Häfen befand, unversehrt bleibt, kann Seeverkehr nach und nach wieder in Gang gebracht werden. Die Hilfsquellen der überseeischen Welt stehen aber nur demjenigen zur Verfügung, der die Seewege beherrscht. Die Gegenseite ist von diesem Kräftereservoir ausgeschlossen. Für die Restitution kann Seeherrschaft – insbesondere die ozeanische – somit entscheidend sein.

Aber auch rein militärisch ist derjenige, der die Seeherrschaft besitzt, in der nachatomaren Phase im Vorteil. Es kann davon ausgegangen werden, daß die Kriegsflotten der beiden Gegner, soweit sie beim Atomschlag in See waren, überleben. Sie stellen möglicherweise das einzige sofort einsatzfähige militärische Instrument dar. Wenn die landbasierten Luftwaffenverbände, einschließlich derjenigen der Marine, infolge Zerstörung ihrer Flugplätze ausgeschaltet sein sollten, dann gewönne besonders die trägergestützte Seeluftmacht einen überragenden Wert. Sie wäre möglicherweise das einzige Luftkriegspotential, das überhaupt noch vorhanden wäre. Das gäbe den Trägerflugzeugen der USA eine Monopolstellung in der Luft schlechthin, über See sowohl wie über Land – soweit dieses von See aus abgedeckt werden kann. Wenn die atomstrategischen Fernwaffen auf beiden Seiten verbraucht sind, dann wird die Monopolstellung in der Luft zugleich zum strategischen Atommonopol. Was das für die Restitution auf der sowjetischen Seite und für den Fall wiederauflebenden Kampfes zu Lande und was das vor allem politisch bedeuten würde, bedarf keiner Beschreibung im Detail. Auch zur See wäre natürlich die Lage für die nunmehr im Alleinbesitz von Seeluftmacht befindliche Partei erheblich verbessert, wenngleich auch weiterhin mit taktischen Atomwaffen von seiten sowjetischer Raketen-Zerstörer und U-Schiffe zu rechnen wäre. Aus diesen wenigen Überlegungen ergibt sich, in welchem Ausmaß Seeherrschaft mit dem Schwerpunkt bei seegestützter Seeluftmacht die nachatomare Phase bestimmen könnte. Überlegener westlicher Seeluftmacht wächst dadurch ein zusätzlicher Abschreckungseffekt zu. Zugleich machen sie deutlich, welches Handicap es für die Sowjetunion bedeuten würde, über kein seegestütztes Luftpotential zu verfügen[8].

Aus diesen wenigen Tatsachen ergibt sich, in welchem Ausmaß der Einfluß von Seemacht die Restitutionsphase be-

8 Der Entschluß der Sowjets, jetzt auch ihrerseits Flugzeugträger zu bauen, wird nicht zuletzt durch die überragende Bedeutung trägerbasierter Seeluftmacht in der Restitutionsphase mitbestimmt sein.

stimmt. Die traditionelle Seekriegslehre findet sich hier klarer als irgendwo sonst bestätigt.
So lautet die Schlußfolgerung: Solange ein konventioneller Krieg, ein Krieg mit Gebrauch nur taktischer Atomwaffen, und eine Restitutionsphase Möglichkeiten bleiben, bleibt auch Ausüben von Seeherrschaft möglich. In solchem Krieg bleibt die traditionelle Seekriegslehre ohne wesentliche Änderungen in Kraft. Seemacht behält ihren militärischen Wert, unter Umständen sogar in gesteigertem Grade. Die von Seemacht abgeleitete politische Auswirkung besteht fort.
Das rechtfertigt nicht nur, sondern erfordert zwingend die Beibehaltung von Überwasserflotten und – was den Westen anlangt – besonders die Beibehaltung einer starken Flugzeugträgerflotte der US-Marine. Dies ist unverändert das erklärte seestrategische Konzept der amerikanischen Marine-Führung. Nicht der Beitrag, den amerikanische Flugzeugträger zum Landkrieg leisten können, begründet vorrangig deren Wert. Für die freie Welt liegt der Wert dieser Schiffe trotz der Atombalance und der damit geminderten Wahrscheinlichkeit eines Ost-West-Krieges unverändert in ihrer Rolle als Träger weltweiter Seeherrschaft. Man braucht sich nur vorzustellen, es gäbe die amerikanischen Flugzeugträger nicht, um das zu erkennen. Die sowjetischen Raketenschiffe würden an ihre Stelle treten. Die Machtlage auf den Ozeanen und damit in der Welt wäre fundamental verschoben.
Wenn man sich unsere Überlegungen noch einmal im Ganzen vor Augen hält, dann kann man zum Abschnitt »Seemacht im Atomzeitalter« abschließend feststellen: Seemacht hat auch im Zeitalter der Atombalance ihre Rolle im Kriege behalten. Sie hat an Bedeutung noch gewonnen. Aber das Feld, auf welchem offener Krieg als rationales Mittel zur Durchsetzung politischer Ziele denkbar bleibt, hat sich verengt.

VIII. Maritime Macht im Nicht-Krieg

Hiermit seien die Überlegungen zum Einsatz von Seemacht im Kriege abgeschlossen. Wir wenden uns nun der Frage zu, ob und wie Seemacht auch im Frieden eingesetzt werden kann. Durch die Einengung des Spielraums für offenen Krieg hat die Ausnutzung des formellen Friedenszustandes für die Austragung von Machtkonflikten eine neue, in diesem Grade bisher nicht bekannte Dimension angenommen. In diesem Sinne fällt besonders die zunehmende Anwesenheit sowjetischer Seestreitkräfte in Seegebieten ins Auge, in denen die sowjetische Flagge früher nicht anzutreffen war.
Wir sahen, daß Seemacht bei der großen Machtauseinandersetzung zwischen Ost und West auch im Atomzeitalter ein Machtfaktor geblieben ist. Das Objekt von Seemacht, der Seeverkehr, existiert auch im Frieden. Seine zahlenmäßige und wirtschaftliche Bedeutung ist in ständigem Wachsen begriffen. Die wirtschaftliche Existenz sowohl der Industriestaaten als auch der Rohstoffländer hängt heute mehr noch als früher von seinem Funktionieren ab. Der Seeverkehr ist demzufolge gegen jede Art von Eingriff höchst empfindlich. Solchen Eingriffen käme nicht nur wirtschaftliche, sondern vor allem politische Bedeutung zu. Das gilt natürlich nicht nur für kommerziellen Seetransport, sondern erst recht für militärischen. Bei diesen Tatbeständen stellt der Besitz disponibler Seestreitkräfte eine Versuchung dar, diese auch in Friedenszeiten zur Förderung eigener politischer Ziele zu nutzen. Vor allem in Krisen-Situationen liegt es nahe, Zuflucht zum Einsatz von Seestreitkräften zu nehmen, sei es, um eine politisch oder strategisch aggressive Handlung der Gegenseite abzuwehren, sei es, um Druck auf sie auszuüben.
Solche Situationen sind formal Friedenszustand. De facto sind es Zustände hochgradiger Spannung, oder gar Zustände, in denen man verdeckt gegeneinander kämpft. Diese Zustände sind mit dem Wort Frieden nicht treffend gekennzeichnet. Sie sollen hier trotz großer Variationsbreite dieses Begriffs zusammenfassend als Nicht-Krieg bezeichnet werden.
Was bedeutet Gebrauch von Seemacht im Nicht-Krieg? Jeder Einsatz von Seemacht ist mit Anwendung militärischer Gewalt verbunden. Gegen Kriegsschiffe eines anderen Staates kann man militärisch nur im Kriege, im Nicht-Krieg nur unter sehr hohem politischem Risiko, äußerstenfalls unter Inkaufnahme der Gefahr, einen Krieg zu entfesseln, vorgehen. Handelsschiffe auf hoher See sind im Frieden gegen militärische Gewalt durch das geltende Völkerrecht geschützt. Der Zugriff auf feindliche Handelsschiffe ist an eine formelle Kriegserklärung, auf Handelsschiffe anderer Staaten an bestimmte, an den Krieg gebundene Völkerrechtsregeln geknüpft. Völkerrechtlich korrekt gibt es also keinen Raum für Ansatz von Seemacht im Nicht-Krieg. Ausüben von Seeherrschaft ist an den Kriegsbegriff gekettet.
Der Gebrauch von Seemachtmitteln im Frieden ist demzufolge mit dem Odium des Rechtsbruchs behaftet, ein Grund, weshalb diejenigen, die maritime Macht im Frieden einsetzen, möglichst versuchen, sich Deckung durch eine UNO-Resolution zu verschaffen. Es ist eine politische Enscheidung, ob und wieweit man es sich erlauben kann, im akuten Fall das Völkerrecht außer acht zu lassen.
Der eklatanteste Fall von Einsatz maritimer Macht im Nicht-Krieg ist die Kuba-Krise. Mit der Kuba-Quarantäne setzte sich Präsident Kennedy über das Seevölkerrecht hinweg. Der Erfolg der Blockade beruhte darauf, daß die USA mit ihren Seestreitkräften allein präsent waren. Hätten die Sowjets Kennedys Reaktion vorausgesehen und rechtzeitig Zerstörer in die Karibik entsandt, dann hätten sie ihre Raketen-Transportschiffe eskortieren können. Der amerikanische Präsident hätte sich dann fraglos zu einer anderen Antwort auf die sowjetische Herausforderung entschließen müssen.
In einem anderen Fall haben wir erlebt, wie Präsident Johnson davor zurückschreckte, die amerikanische Allein-Anwesenheit im Golf von Tonking zu einer Seeblockade auszunutzen. Unter den Augen der amerikanischen Flotte durften un-

gezählte Ostblockschiffe Jahre hindurch Monat für Monat die Nordvietnamesen mit Kriegsmaterial versorgen. Johnson schritt zu massiven Bombardierungen Nordvietnams, eine Maßnahme, die völkerrechtlich ebensowenig gedeckt ist wie eine Seeblockade im Frieden. Schließlich ließ er selbst die Anlagen in den nordvietnamesischen Häfen angreifen. Aber die Schiffe ließ er unangetastet. Nicht einmal die von der US-Navy vorgeschlagene Minenblockade der Häfen mochte er befehlen. Er hielt sich an das Seevölkerrecht. Auch das war natürlich eine politisch motivierte Entscheidung. Erst Präsident Nixon vollzog – nachdem er eine veränderte außenpolitische Lage herbeigeführt hatte – diesen Schritt[9].

Ein weiteres Beispiel für den Einsatz von Seemacht im Nicht-Krieg ist die Blockade des Golfes von Akaba durch Ägypten. Schon die Blockadeankündigung genügte, um den Seeverkehr lahmzulegen. Die militärischen M htmittel Ägyptens, die hinter der Blockade standen, waren schwach – zwei veraltete Zerstörer und eine Küstenbatterie. Die verkündete Minensperre war Bluff. Trotzdem konnten die Ägypter die Blockade wochenlang aufrechterhalten. Die Gründe hierfür sind im Sinne unseres Themas typisch. Trotz ihrer Schwäche genügten die Seemachtmittel der Ägypter, weil sie militärisch allein präsent waren. Niemand war in der Lage, militärisch schnell zu reagieren. Die Straße von Tiran ist, sobald die Ägypter den Suezkanal für zum Blockadebruch bestimmte Seestreitkräfte sperren, ein sehr »entferntes Seegebiet«. Ehe Seestreitkräfte anderer Mächte – von der UNO legitimiert – zur Wiederherstellung der Freiheit der Meere an den Schauplatz des Geschehens herangeführt werden konnten – in der Tat unter Umgehung des Suezkanals – vergingen Wochen. Solange blieben die Ägypter mit ihren militärischen Machtmitteln allein präsent und konnten blockieren. Durch den israelisch-arabischen Krieg fiel die Blockade in sich zusammen, bevor die UNO-Seestreitkräfte zum Einsatz gelangten. Es ist jedoch kein Zweifel, daß die Blockade durch Eskortierung des Handelsschiffsverkehrs durch die UNO-Seestreitkräfte ohne weiteres gegenstandslos geworden wäre.

IX. Maritime Präsenz

Die Praxis des Weltgeschehens bestätigt also unsere Überlegungen, daß Seemacht auch im Nicht-Krieg zum Einsatz gebracht werden kann. Obwohl das Erfahrungsmaterial dieser wenigen Beispiele knapp ist, so lassen sich doch auch schon daraus die Charakteristiken für Einsatz maritimer Mittel im Nicht-Krieg – in Analogie zur Seekriegslehre – ableiten.

Die Seekriegslehre befaßt sich – wie ihr Name sagt – mit dem erklärten oder dem de facto bestehenden Krieg. Die Ausschaltung der feindlichen Seemacht mit militärischer Gewalt verschafft Seeherrschaft, in deren Besitz man – im Rahmen des die Seeherrschaft begünstigenden Kriegs-Völkerrechts – auf dem beherrschten Meer gegenüber dem Seeverkehr frei Gewalt anwenden kann.

Im Nicht-Krieg unter den Bedingungen der Atombalance ist das anders. Wenn eine der Weltmächte sich zur Gewaltanwendung gegen den Seeverkehr entschließt, dann nur in einem solchen Grade, daß daraus möglichst keine Eskalation entsteht, die zum Kriege führen könnte. Man wird deshalb, soweit es irgend geht, vermeiden, Kriegsschiffe der Gegenseite anzutasten. Zivile Transportschiffe der Gegenseite, einschließlich solcher, für die diese Seite einsteht, oder auch generell den internationalen Seeverkehr, kann man also nur dort anpacken, wo man mit unbewaffneten Handelsschiffen allein auf weiter See ist. Sobald ein Kriegsschiff der Gegenseite auf den Plan tritt und das Transportschiff eskortiert, wird das Transportschiff keiner Aufforderung eines fremden Kriegsschiffes mehr Folge leisten. Gewaltanwendung ist dann nur unter dem Risiko des ersten Schusses möglich. Durchsetzen von Maßnahmen mit Gewalt führt zum Schußwechsel mit dem Eskorteur und damit zur Eskalation. Eskorte schaltet zwar Gewaltanwendung nicht absolut aus. Gewaltanwendung gegen einen Eskorteuer aber führt über den Bereich des Nicht-Krieges, in dem man zu bleiben wünscht, gefährlich hinaus.

Aus diesen Überlegungen ergibt sich: Im Nicht-Krieg gibt es keine Seeherrschaft. Die Kriegsschiffe der Gegenseite können nicht ausgeschaltet werden, wie dies im Kriege mit dem Ziel geschieht, den Seeverkehr dem eigenen Willen zu unterwerfen. Das Erscheinen von gegnerischen Eskorteuren paralysiert Machtanwendung im Nicht-Krieg. Nur dort, wo die Gegenseite nicht oder zeitweise nicht erscheinen kann, gibt es einen Zustand, der dem der Seeherrschaft ähnelt, bei dem man den Seeverkehr anpacken kann. Das heißt, Zugriff ist nur im Zustand der Alleinpräsenz möglich.

Der Allein-Präsenz der Gegenseite kann man durch Entsendung eigener Präsenzkräfte entgegenwirken. Gegenpräsenz in hinreichender Stärke, um schnell und in jedem Fall Eskorte zu stellen, neutralisiert gegnerische Präsenz. Es tritt ein Balance-Zustand ein, in dem keiner Seite Zugriff möglich ist.

Bei beiderseitiger Präsenz spielen die relativen Stärken der Seestreitkräfte nicht die gleiche Rolle wie im Kriege. Es wird ja nicht gekämpft. Jedes Kriegsschiff, das fähig ist, auf einen ersten Schuß derart zu reagieren, daß dadurch die Gefahrenspirale in Gang gesetzt wird, genügt zur Abwehr eines Zugriffs. Selbstverständlich ist Präsenz je nach Größe des in Frage stehenden Seegebiets erst bei einer größeren Zahl von Schiffen gewährleistet, will man sich nicht mit der Eskorte eines Einzelschiffs oder Konvois begnügen.

Mit dem Begriff der Präsenz könnte man eine Parallele zur

9 Auch für die Minen-Blockade war amerikanische Allein-Präsenz im Golf von Tonking Voraussetzung. Wären die Sowjets dort ebenfalls präsent gewesen, dann hätten sie zwar die amerikanische Minenblockade des Roten Flusses im Norden nicht verhindern können, diese wahrscheinlich aber mit einer Minen-Blockade des Mekong-Flusses im Süden beantwortet.

seestrategischen Theorie suchen. Die Rolle, die im Kriege die Seeherrschaft spielt, könnte man im Nicht-Krieg der Präsenz zumessen. Beide haben einen ähnlichen Auftrag: Schutz des eigenen und Zugriff auf den gegnerischen Seeverkehr. Seeherrschaft und maritime Präsenz im Frieden sind beide nur effektiv bei Dauer. Kurzfristiger Aufenthalt oder gar gelegentliche Flottenbesuche sind keine Präsenz. Man kann zwar in akuter Situation ad hoc Eskorte stellen. Das aber ist keine Präsenz, die einen neuen Zustand schafft.

Präsenz in diesem Sinne ist also nur wirksam bei Dauer. Daueraufenthalt in Gewässern, die von der heimatlichen Basis entfernt liegen, bedingt Stützpunkte, je weiter von der Heimat entfernt, um so dringlicher. Diese Stützpunkte brauchen nicht den Bedingungen zu genügen, die an eine »seestrategische Position« für den Krieg zu stellen sind. Möglichkeiten zum regelmäßigen Anlaufen und Liegen in Häfen innerhalb des Präsenzraumes genügen. Solche Stützpunkte seien als »maritime Position« bezeichnet. So wie sich Seemacht im Kriege als Produkt von Flottenstärke und seestrategischer Position darstellt, so stellt sich das Produkt aus Präsenzkräften und maritimer Position als »maritime Macht« dar. Je besser die Position, um so länger können Präsenzkräfte auf Station sein, um so dichter ist bei gegebener Schiffszahl die Präsenz. So steht neben der auf den Krieg zugeschnittenen »Seemacht« »maritime Macht« für den Nicht-Krieg, neben der auf den Krieg gerichteten »Seestrategie« »maritime Strategie« im Frieden.

Zugriff auf den Seeverkehr kann für die Weltmächte gegeneinander nur in seltenen, extremen Krisensituationen in Frage kommen. Als Völkerrechtsbruch ohnehin mit Gesichtsverlust vor der Weltöffentlichkeit belastet, beinhaltet er anstelle der Waffenspirale die Gefahr einer politischen Eskalation. Zugleich und daneben besteht auch die Gefahr einer Repressalien-Spirale. Zugriff in einer Weltgegend, wo eine der Weltmächte alleinpräsent ist, kann zum Zugriff in einer anderen Weltgegend führen, wo die Gegenseite alleinpräsent ist. Mit Ausweitung ihrer maritimen Präsenz auf immer weitere Seeräume vermehren die Sowjets ihre Chance für derartige Repressalien. Mit Wachsen der sowjetischen Handelsflotte werden sie aber auch verwundbarer für westlichen Zugriff.

Alleinpräsenz zum Zwecke des Zugriffs kann zwar von weltpolitischer Bedeutung sein. Die Kuba-Blockade beweist dies. Ob das Streben der Sowjets nach maritimer Präsenz aber vorrangig und bewußt durch den »Zugriff«, bzw. die »Verhinderung von Zugriff« motiviert ist, ist zu bezweifeln. Dazu sind die Fälle, in denen Zugriff eine bedeutende Rolle spielt, zu selten.

Deshalb ist zu fragen, ob und welche militärischen Nutzungsmöglichkeiten maritimer Präsenz es neben dem »Zugriff« gibt. Unter unserer Prämisse, daß Waffengebrauch der Weltmächte im Friedenszustand gegeneinander entfällt, ist festzustellen, daß man weder mit Präsenz noch mit Gegenpräsenz etwas daran zu ändern vermag, daß die Gegenseite die See im Frieden für militärische Zwecke nutzt. Jede Seite kann ihre Parteigänger durch Waffen- und Personaltransporte und durch Eingreifen in Landkämpfe von See aus unterstützen. Nicht einmal reguläre amphibische Landungen der Gegenseite kann man unterbinden. Solange man nicht zur Waffe greifen kann, ist man selbst bei starker eigener militärischer Überlegenheit auf das Beobachten beschränkt.

Wie steht es bei den Sowjets mit dem Eingreifen in Landkämpfe von See aus, wie es die 7. US-Flotte im Korea- und im Vietnam-Krieg praktiziert hat? Das wirksamste Mittel zu solchem Eingriff, bordgestützte Luftmacht, fehlt – wie erwähnt – bei der sowjetischen Marine vorerst. Die Einwirkungsmöglichkeiten durch Artillerie sind auf einen relativ engen Küstenbereich beschränkt. Zudem verfügen die Sowjets über keine Schiffe mit schweren Kalibern. Die modernen sowjetischen Raketen-Zerstörer und -Kreuzer besitzen nicht einmal mehr Geschütze mittleren Kalibers. Ein Eingreifen mit Raketen mit konventionellen Köpfen – man kann bei Landbeschuß kein Zielfeuer abgeben – ist wenig sinnvoll. Für die sowjetischen Schiffe besteht also – im Gegensatz zu den Amerikanern – kaum eine Möglichkeit, wirksam von See aus in Landkämpfe einzugreifen.

Eine andere Art der militärischen Einflußnahme oder Machtausübung könnte in der Anlandung von Soldaten bestehen. Militärische Intervention ist heutzutage selbst in unterentwickelten Ländern nur mit relativ großen und modern ausgestatteten Verbänden möglich. Mit Landungskorps aus Kriegsschiffmatrosen, die noch zu Anfang des Jahrhunderts eine Rolle spielten, kann man heute wegen deren unzulänglicher Ausrüstung und Ausbildung militärisch nirgends mehr etwas ausrichten.

Ein Heranführen von Truppen ad hoc aus dem heimatlichen Bereich hat mit Präsenz nichts zu tun. Maritime Präsenz kann in dieser Hinsicht nur dann genutzt werden, wenn zu den Präsenzkräften amphibische Verbände mit ständig eingeschifften Truppen gehören. Solcher Dauereinschiffung sind enge Grenzen gezogen. Der sowjetischen Mittelmeer-Eskadra sind in der Regel nur wenige amphibische Fahrzeuge zugeteilt. Auf ihnen sind nur gelegentlich Truppen an Bord. Auch bei der 6. US-Flotte im Mittelmeer besteht das ständig eingeschiffte Marineinfanterie-Kontingent aus nicht mehr als einem kriegsstarken Bataillon (1200 Mann). Wesentlich höhere Zahlen aber werden auch bei den Sowjets kaum dauernd in einem bestimmten Seegebiet eingeschifft sein. Bei ihnen kommt erschwerend hinzu, daß ihre amphibischen Einheiten wegen geringer Fahrstrecken nicht für den Einsatz in weit entfernten Seeräumen konstruiert sind. Eine Ausnahme macht hier nur ein besonders großer Typ, der aber nur in wenigen Stückzahlen vorhanden ist.

Die Untersuchung führt also zu dem Ergebnis, daß die bloße Präsenz sowjetischer Seestreitkräfte im Frieden oder in Krisensituationen nur geringe militärische Nutzungsmöglichkeiten in sich birgt. Größere militärische Unternehmungen über See – etwa eine Invasion in einem nur über See erreichbaren Land – müßten aus dem sowjetischen Machtblock heraus vorgetragen werden. Sie wären zudem auf relativ heimatnahe Seeräume beschränkt. Im Sinne effektiver militärischer Aktion bleibt Alleinpräsenz und Gegenpräsenz für die Sowjets im wesentlichen auf den »Zugriff«, bzw. die »Verhinderung von Zugriff« beschränkt. Die Wirkung der ständigen Anwesenheit sowjetischer Kriegsschiffe in den Seeräumen jenseits der sowjetischen Küstengewässer liegt also nicht primär in militärischer Nutzungsmöglichkeit im Frieden. Mit ihr ist nennenswerte militärische Machtausübung in den Landgebieten rund um den Präsenzraum nicht verbunden.

X. Seemacht und maritime Macht

Wenn die Möglichkeit für militärischen Einsatz von Präsenzkräften für die Sowjets so relativ gering ist und wenn auch Zugriff und Abwehr von Zugriff die aufwendige sowjetische Friedenspräsenz kaum rechtfertigen, dann stellt sich die Frage, wo die ihr zugemessene Bedeutung denn überhaupt liegt. Stellt sie seestrategische Offensive dar, wie die Publizisten meinen? Obwohl wir uns mit diesem Begriff bereits auseinandergesetzt haben, läßt sich diese Frage nicht pauschal beantworten. Um hier zu einem differenzierenden Urteil zu gelangen, müssen wir etwas weiter ausholen.
Seeherrschaft und maritime Präsenz, Seemacht und maritime Macht stehen nicht isoliert nebeneinander. Zwischen ihnen bestehen enge Beziehungen. Das wird schon dadurch deutlich, daß Seestreitkräfte in Seeräumen, in denen sie Seemacht darstellen, ja auch im Frieden präsent sind. Als solche üben sie die Funktion von Friedenspräsenz natürlich automatisch mit aus. Solange der Zustand des Nicht-Krieges besteht, ist es im Hinblick auf mögliche Aktivitäten im Frieden – äußerlich betrachtet – gleichgültig, ob die Präsenz auf Seemacht oder lediglich auf maritimer Macht fußt. In beiden Fällen kann man nicht mehr tun, als präsent sein. Der Unterschied zeigt sich in dem Augenblick, in dem Nicht-Krieg in Krieg umschlägt. Sobald – im Gegensatz zum Nicht-Krieg – gekämpft wird, zählt nur noch Seemacht. Maritime Macht, die nur auf unterlegenen Präsenzkräften und/oder auf maritimer Position beruht, wird von der Seemacht ausgeschaltet, sofern die Präsenzkräfte es nicht überhaupt vorziehen, ihr Präsenzgebiet rechtzeitig zu räumen. Die Friedenspräsenz hört auf, die Seeherrschaft tritt in ihre Rechte.
Nun sind Seemacht und maritime Macht keine absoluten Werte. Maritime Macht könnte sich in Seemacht verwandeln. Dazu müßten zwei Bedingungen erfüllt sein: Die Präsenzkräfte müßten bis zur Adäquanz zur Flotte der Gegenseite oder gar bis zur Überlegenheit verstärkt werden und die maritime Position müßte in eine solche verwandelt werden, die den Kriterien einer seestrategischen Position genügt. Nur auf diese Weise würde maritime Macht zur Seemacht, wäre die Grundlage für Kampf um Seeherrschaft im Präsenzraum geschaffen.
Die Möglichkeit oder Unmöglichkeit für Umwandlung maritimer Macht in Seemacht gibt den Maßstab für die Beurteilung von Friedenspräsenz ab. Nehmen wir einmal an, es gelänge den Sowjets, ihre Präsenzkräfte in einem bestimmten Seeraum bis zur Überlegenheit über die USA zu verstärken. Das könnte entweder durch massierte Entsendung zusätzlicher sowjetischer Kräfte in diesen Raum geschehen oder auch dadurch, daß die Sowjetunion die USA auf breiter Front quantitativ und qualitativ in der Seerüstung überrundet – etwa durch den Bau von Flugzeugträgern oder durch Umstellung der sowjetischen U-Bootflotte auf moderne superschnelle und leise Atom-U-Schiffe. Das könnte dazu führen, daß sich das Kräfteverhältnis zwischen den Flotten der USA und den sowjetischen Präsenzkräften in einem oder mehreren Präsenzräumen umkehren würde. Damit hätten die sowjetischen Seestreitkräfte Aussicht, die amerikanischen in dem betreffenden Seeraum im Kriege zu vernichten oder – zumindest zeitweise – zu vertreiben.
Damit allein würde allerdings noch keine sowjetische Seemacht entstehen, die an die Stelle der amerikanischen träte. Das wäre erst dann der Fall, wenn sich zugleich die sowjetische Position von einer maritimen in eine seestrategische verwandelte. Nun ist das wesentliche Merkmal einer seestrategischen Position gesicherte Verbindung zur heimatlichen Macht- und Versorgungsquelle, das Merkmal einer maritimen Position das Fehlen dieser Verbindung im Kriege. Ohne diese Verbindung ist eine maritime Position zum »Ausdörren« verurteilt. Die auf ihr basierten See- und Seeluftstreitkräfte würden im Kriege nur zeitbegrenzt einsatzfähig bleiben. Schwere Gefechtsschäden könnten nicht repariert, Schiffsverluste nicht ersetzt werden, bei Luftangriffen zerstörtes logistisches Potential nicht wieder hergestellt werden. Ein anfängliches Übergewicht der Präsenzkräfte ginge schnell verloren. Die Gegenseite würde – u.U. mit verstärkten Kräften zurückkehrend – mit den Präsenzkräften aufräumen.
Bei der Umwandlung einer überseeischen maritimen Position in eine seestrategische kommt es also auf die Herstellung der gesicherten Verbindung zwischen ihr und der heimatlichen Macht- und Versorgungsquelle an. Sofern das nicht über Land möglich ist, muß man die Kontrolle über den gesamten Seeraum, der zwischen Position und Heimat liegt, gewinnen. Nur wenn das gelingt, kann sich maritime Macht in Seemacht verwandeln.
Wo die Sowjets das – der geographischen Gegebenheiten wegen – gar nicht erst versuchen können oder wo es ihnen mißlingt, wo die Seeherrschaft auf dem Wege zur Heimat also in der Hand der Amerikaner verbleibt, verlieren die maritimen Positionen der Sowjets im Kriege für die Seekriegführung jeden Wert. Das gilt vor allem dann, wenn die Position sich auf dem Territorium eines souveränen, überseeischen Staates befindet. Das Gastland wird – wirtschaftlich

jetzt ganz von den seebeherrschenden USA abhängig – seine Häfen für die sowjetischen Seestreitkräfte sperren. Sollte es dies nicht tun, so würde das Teilnahme am Kriege bedeuten. Die USA würden militärische Mittel einsetzen, um die Versorgung feindlicher Seestreitkräfte unmöglich zu machen, und alles erdenkliche tun, das Gastland zu veranlassen, weitere Unterstützung zu unterlassen.

Anhand dieser Überlegungen läßt sich jetzt die Frage beantworten, ob und inwieweit Aufbau von maritimer Macht seestrategische Offensive darstellt oder nicht. In Seeräumen, in denen die geographischen Gegebenheiten für Umwandlung maritimer Positionen in seestrategische und damit für Umwandlung maritimer Macht in Seemacht vorliegen, könnte Friedenspräsenz ein »Vorläufer« für Seemacht sein. Wo diese Gegebenheiten nicht vorliegen, wo Herstellung einer sicheren Land- oder Seeverbindung im Kriege zwischen maritimer Position und Heimat – auch bei überlegenen Seestreitkräften – ausgeschlossen ist, da handelt es sich um bloße maritime Präsenz ohne Bezug zum Krieg. Bei der maritimen Expansion der Sowjets haben wir es also mit zwei verschiedenen Arten von Friedenspräsenz zu tun.

Zu diesen beiden Arten von Präsenz gesellt sich noch eine dritte, nämlich der Aufenthalt von Seestreitkräften in Seeräumen, in denen es für die Sowjets überhaupt keine Möglichkeit gibt, maritime Positionen zu gewinnen. Solchem Kriegsschiffsaufenthalt gebührt nach unserer Definition die Bezeichnung »maritime Präsenz« nicht. Denn hier ist der Faktor »maritime Position« von vornherein null. Es kann sich also nicht um maritime Macht handeln. Solcher Präsenz fehlt Dauer.

Solange maritime Macht keine Seemacht darstellt, ist in deren Aufbau keine seestrategische Offensive zu erblicken. Trotzdem stellt der Aufbau von maritimer Macht, vor allem solcher mit »Umwandlungs-Möglichkeit«, demjenigen gegenüber, der in dem betreffenden Raum seemächtig ist, eine Offensive dar. Von der seestrategischen sei solche Offensive durch den Begriff »maritime Offensive« abgegrenzt. Auch maritimer Macht ohne Vorläufer-Eigenschaft wohnt, vornehmlich dort, wo Präsenz sich als Gegenpräsenz darstellt, ein offensives Element inne. Mit ihr wird ja die bisherige Allein-Präsenz der Gegenseite neutralisiert.

So deckt der Begriff »maritime Offensive« Präsenzen unterschiedlichen Grades ab. Diese Unterschiedlichkeit und Verschiedenwertigkeit der Präsenz-Typen gilt es im Auge zu behalten. Nur Präsenz mit »Vorläufermöglichkeit« reicht bis an die Grenze des Begriffs »seestrategische Offensive« heran. Überschritten wird diese Grenze erst, wenn die Umwandlung der Position in eine seestrategische gelingt.

XI. Die politische Wirkung maritimer Präsenz

Abschließend können wir uns jetzt den politischen Auswirkungen zuwenden, die vom Einsatz maritimer Friedenspräsenz ausgehen. Es steht außer Frage, daß das überragende Motiv für die Sowjetunion für den überseeischen Friedenseinsatz ihrer Seestreitkräfte politischer Natur ist. Dabei überschneiden sich die die Außenpolitik unterstützenden mit strategisch-politischen und psychologisch-propagandistischen Wirkungen. Um diese komplexen Wechselbeziehungen in den Griff zu bekommen, sei zunächst mit einer prinzipiellen Analyse der politischen Wirkung von maritimer Präsenz begonnen.

Daß von Seemacht schon im Frieden politische Wirkung ausgeht, ist darin begründet, daß die Regierungen seeabhängiger Staaten sich über die Folgen klar sind, die aus Seeherrschaft einer fremden Macht in einem Kriege resultieren. Das politische Gewicht von Seemacht ist gleichsam der Kredit, den man der latent vorhandenen Seeherrschaft schon im Frieden einräumt. Maritimer Präsenz dürfte analog nur soviel politischer Kredit eingeräumt werden, als maritime Macht Aussicht hat, im Kriege in Seemacht umgewandelt zu werden. Wo und insoweit dies der Fall ist oder für die Zukunft angenommen werden könnte – und das ist in einigen Seeräumen durchaus denkbar –, ist politischer Kredit gerechtfertigt. In anderen Weltgegenden ist solcher Wandel nicht zu erwarten. Hier ist also, seestrategisch gesehen, politischer Kredit nicht gerechtfertigt. Nun ist aber die Wahrscheinlichkeit eines Krieges nicht abzuschätzen. Viele Regierungen – besonders in der Dritten Welt – sind außerstande, sich darüber Rechenschaft zu geben, wo die Chance für eine »Umwandlung« gegeben ist und wo nicht. Deshalb wächst der sowjetischen Präsenz auch dort politisches Gewicht zu, wo dies seestrategisch nicht gerechtfertigt ist, wo also die sowjetischen Präsenzkräfte im Kriegsfall sang- und klanglos verschwinden würden.

Die unterentwickelten Länder halten sich statt an diese seestrategischen Fakten an das, was sie sehen. Und sie sehen, daß dort, wo bisher nur Engländer und Amerikaner präsent waren, mit einem Male auch sowjetische Kriegsschiffe erscheinen, ja daß die Sowjets, wie z. B. im Indischen Ozean, plötzlich an die Stelle englischer Schiffe treten und damit alleinpräsent sind.

Nun kann man von Land aus auf hoher See kreuzende Kriegsschiffe nicht sehen. Der volle Präsenz-Effekt tritt erst ein, wenn die Präsenzkräfte wirklich gesehen und dann möglichst auch von den Massen-Medien gemeldet werden. Hier liegt ein zusätzliches, vielleicht sogar ein Hauptmotiv, sich zahlreiche Hafenrechte in einem möglichst ausgedehnten Raum zu verschaffen, diese Häfen häufig anzulaufen und in ihnen langfristig zu liegen.

Hier geht die strategisch begründete politische Wirkung in die psychologisch-propagandistische über. Es gilt die überseeische Welt von der Macht der Sowjets auch zur See zu überzeugen. Zur Politik der Sowjets gehört nun einmal die Wegbereitung durch Propaganda und psychologische Beeinflussung. Deshalb ist ein Teil des Auftrages der sowjetischen Schiffe in Übersee, die Sowjetmacht möglichst eindrucksvoll als zur See allgegenwärtig und überlegen zur Darstellung zu bringen. Dabei kommt es gar nicht so sehr auf die Kampfkraft der in Erscheinung tretenden Kriegsschiffe an. Natürlich ist ein moderner Raketenzerstörer, mit der Fülle seiner für den Außenstehenden gleicherweise rätselhaften wie imponierenden Waffen und Geräte, eindrucksvoller als etwa ein ozeanographisches Forschungsschiff. Dennoch erfüllt auch dieses – wenn auch graduell weniger nachhaltig – die Mission, die bis in die fernen Gegenden reichende Sowjetmacht zu demonstrieren.

In Ländern, in denen man im Sozialismus und in der Sowjetunion Heilsbringer, Mitstreiter im Kampf gegen Kolonialismus und Imperialismus sieht, ist der psychologische Eindruck sowjetischer Friedenspräsenz besonders groß. Die ideologische Affinität für die Sowjetunion verstärkt die politische Wirkung demonstrativer Präsenz. Der politischen Wirkung von maritimer Präsenz sind jedoch auch bei ideologischer Affinität Grenzen gezogen. Wo der Sowjet-Imperialismus allzu deutlich wird, z.B. bei zu hartnäckigem Streben nach Hafenrechten, wo die anfänglich von den Sowjets bekundete Selbstlosigkeit als Tarnung imperialistischen Expansionsstrebens durchschaut wird, da kann es zum Bruch kommen. Eine souveräne Gastland-Regierung kann den Sowjets jederzeit die Tür weisen. Ihr Land – durch die See vom Sowjetblock getrennt – braucht den Zorn der Sowjets oder ein Debakel, wie es der Tschechoslowakei widerfuhr, nicht zu fürchten.

Außerdem gibt es für solche Regierung ja Alternativen. Sie kann sich zu den USA hin orientieren oder sich an die VR-China anlehnen, an eine Macht also, die keine maritime Friedenspräsenz unterhält. Ein Beispielfall für solche Umorientierung ist Albanien, das die Sowjets zwang, ihre U-Bootbasis in Valona zu räumen. Diese Tatbestände stellen unter Beweis, daß die politische Wirkung von Friedenspräsenz allein nicht ausreicht, eine einmal geschaffene maritime Position in einem überseeischen Land auch zu halten. Auch auf noch so starke Wirtschafts- und Militärhilfe und auf ideologischen Konsensus gegründete maritime Position kann verlorengehen. Hier ist ein schwacher Punkt sowjetischer Friedenspräsenz, solange sich diese allein auf maritime Position in souveränen Übersee-Ländern stützt.

Ungeachtet dieser Einschränkung waren und sind die Sowjets mit ihrer Friedenspräsenz in Übersee erfolgreich. Die Welt ist von der sowjetischen Aktivität auf den Meeren beeindruckt. Mit ihr melden die Sowjets – gerade weil sie früher als Kontinentalmacht auf den Meeren nicht vertreten waren – den Anspruch auf Gleichberechtigung gegenüber den seebeherrschenden USA an. Hier geht es zwar vorerst noch um Prestige. Aber die Sowjets leiten daraus politische Forderungen ab. Aufgrund ihrer Mittelmeer-Präsenz verlangen sie – obwohl dort nicht Anlieger – als Mittelmeermacht anerkannt zu werden. Daraus resultiert die Forderung nach Revision des Meerengen-Statuts von Montreux, selbstverständlich zum Nachteil der Türkei. Im Norden haben sie die alte Forderung Peter des Großen wieder aufgenommen, die Ostsee, wie sie es nennen, zu einem »Meer des Friedens« zu machen, d. h. zu einem Meer, das den Kriegsschiffen von Nicht-Anliegerstaaten – auch im Frieden – verschlossen sein soll. Solche Forderungen können zwar mit Dauerpräsenz im Frieden völkerrechtlich wirksam nicht begründet werden. Aber die Sowjets schaffen mit ihrer Präsenz und der sie begleitenden Propaganda für sich eine verbesserte Position für etwaige Verhandlungen. Wieweit sie dabei Erfolg haben, bleibt letztlich eine Frage der großen Politik und damit eine Frage der Standfestigkeit des Westens. Aber die Tatsache der Präsenz kann nicht einfach beiseite geschoben werden.

Fassen wir zusammen: Die maritime Offensive der Sowjets stellt dort, wo sie in seestrategische Offensive übergehen könnte, eine zusätzliche Bedrohung des Westens dar. Neben der seestrategisch-maritimen und der politischen Wirkung von Präsenz steht die demonstrativ-psychologische Wirkung von Friedenspräsenz, deren Wert zwar schwer zu quantifizieren ist, die aber in unserer Zeit weltweiter Kommunikation hoch zu veranschlagen ist. Die politische Wirkung von Seemacht und von Präsenz beruht aber – um es zu wiederholen – letztlich immer auf dem Kredit, den man ihnen für den Krieg einräumt. So wirkungsvoll Machtdemonstration, Propaganda und Ideologie auch sein mögen, auf lange Sicht kommt es doch auf die Macht an. Nur von ihr geht auf Dauer echte politische Wirkung aus. Denn der alte Satz bleibt zutreffend: Militärische Rüstung ist politisch so viel wert, wie sie im Kriege wert ist.

Damit schließt sich der Kreis unserer Betrachtung. Was den Westen real – nun allerdings in hohem Grade – bedroht, ist nicht die sowjetische Friedenspräsenz als solche, sondern die rasant wachsende Seerüstung der Sowjetunion. Es ist die sowjetische Seemacht an den NATO-Flanken, es ist die Bedrohung der westlichen Seewege auf den Ozeanen durch sowjetische U-Boote, es ist die Gefahr, die der westlichen Seeherrschaft im Ostmittelmeer droht, die den Westen aufrütteln sollten. Nur in diesem Rahmen hat die sowjetische Friedenspräsenz Relevanz. Sie ist nur bedeutsam, wenn durch sie ein Vorschieben der seestrategischen Position der Sowjets in Seeräume möglich würde, in denen es bisher sowjetische Seemacht nicht gab.

Bibliographie

bearbeitet von Anita Molnar und Jürgen Rohwer, Bibliothek für Zeitgeschichte, Stuttgart

Diese Bibliographie soll einen Überblick über die wichtigste internationale Literatur zu Fragen der Seemacht und zur Seekriegsgeschichte von der Antike bis zur Gegenwart geben. Bei der Größe des Themas und der Fülle der insgesamt vorliegenden Literatur war jedoch eine Vollständigkeit nicht zu erreichen, sie hätte sich auch vom zur Verfügung stehenden Raum ausgeschlossen.

Ausgangspunkt der Titelsammlung war die Bibliographie der amerikanischen Originalausgabe. Da sie jedoch im wesentlichen nur englischsprachige Werke enthält, und darüber hinaus bereits Ende 1959 abgeschlossen war, konnte sie allein für die auch inhaltlich z. T. erheblich erweiterte deutsche Ausgabe nicht genügen. Für alle Kapitel, auch die neu hinzugefügten und ergänzten, wurden deshalb die vorliegenden Titel insbesondere durch die relevanten deutschen Arbeiten, aber auch die wesentlichen anderen west- und osteuropäischen und japanischen Veröffentlichungen vervollständigt sowie die Publikationen bis einschließlich 1973 erfaßt.

Die Anordnung des Titelmaterials erfolgte systematisch in möglichster Anlehnung an die Kapitel des Werkes. Zur besseren Übersichtlichkeit wurden – sofern sinnvoll – innerhalb der Kapitel Unterteilungen vorgenommen, die sich weitgehend an Zwischen-Überschriften in den Kapiteln anlehnen. Werke mit einem die Kapitel übergreifenden Inhalt wurden für größere Zeiträume zusammengefaßt und den entsprechenden Kapitelgruppen, ebenfalls untergliedert, vorangestellt. Allgemeine Nachschlagewerke und Gesamtdarstellungen sind an den Anfang gesetzt. Innerhalb der Untergliederungen sind die Titel alphabetisch nach den durch Kursivdruck hervorgehobenen Verfasser-Namen oder Ordnungsworten bei den Sachtiteln angeordnet. Es sind nach Möglichkeit die Neuausgaben bzw. -auflagen vermerkt, sofern sie ein vergriffenes Werk wieder zugänglich machten oder sachlich erweiterten. Übersetzungen sind im allgemeinen nur bei Übertragungen aus fremden Sprachen ins Deutsche berücksichtigt.

Die Auswahl der Titel besorgte J. Rohwer, die bibliographische Bearbeitung A. Molnar.

Wir hoffen mit dieser Auswahlbibliographie unseren Lesern und der weiteren Forschung zu Problemen der Seemacht und Seekriegsgeschichte ein brauchbares Hilfsmittel an die Hand zu geben. Für alle Verbesserungen und Ergänzungsvorschläge sind wir unseren Benutzern stets dankbar. Diesbezügliche Schreiben bitten wir zu richten an:

Bibliothek für Zeitgeschichte
Stichwort: Seemacht – Bibliographie
7 Stuttgart-1
Postfach 769

Allgemeine Literatur

Zeitschriften

Journal of the Royal United Services Institution. 1, 1857 ff. London.

Marine News. Journal of the World Ship Society. Vol. 1, 1946–Vol. 26, 1972.

Marine-Rundschau. Jg. 1, 1890 ff. [Seit 1956] hrsg. v. Arbeitskreis f. Wehrforschung. Berlin, Frankfurt a. M.: Mittler. [Seit 1974]: München: Lehmanns.

The Mariner's Mirror. 1, 1910 ff. Greenwich: Society for Nautical Research, National Maritime Museum.

Marinewesen. Zeitschrift f. militärwissenschaftliche Fragen. Hrsg. v. Kommando d. Volksmarine. 1, 1962 ff. Berlin (Ost): Deutscher Militärverlag.

Militärgeschichtliche Mitteilungen. Bd 1, 1967 ff. [Hrsg. v.:] Militärgeschichtlichen Forschungsamt. Karlsruhe: G. Braun.

Mittheilungen aus dem Gebiete des Seewesens. Bd 1, 1873 ff. Hrsg.: Kuk. Hydrograph. Amt, Marine-Bibl. Pola: Gerold.

MOV-Nachrichten. Nachrichtenblatt der Marine-Offizier-Vereinigung. Jg. 1, 1919–26, 1944; Jg. 27, 1952 ff. Bonn-Bad Godesberg: Marine-Offizier-Vereinigung. [Ab 1974]: *Marine-Forum.*

Our Navy. The Navyman's Magazine. 1, 1906 ff. Brooklyn.

Proceedings. United States Naval Institute. 1, 1875 ff. Annapolis/Md.: U.S. Naval Inst.

Revista General de Marina. 1, 1856 ff. Madrid.

Revista de Marina. Publicación bimestral de la Armada de Chile. 1, 1885 ff. Santiago de Chile: Ministero de Defensa Nacional.

Revista de marinha. 1, 1945 ff. Lisboa.

Revue maritime. 1, 1861 ff. N. S., Nr. 1, 1920–236, 1939. N. S. [= Sér. 3.], Nr. 1, 1946 ff. Paris: Ed. Ozanne.

Rivista marittima. 1, 1867 ff. Roma: Off. poligraf. ital.

Morskoj Sbornik. Žurnal voenno-morskogo flota SSSR. 1, 1848–70, 1917. [N. S.] 1 = 71, 1918 ff. Petrograd 1848–1917; Moskva: Izd. Krasnaja Zvezda.

Ships of the world. [Japan. Text.] 1958 ff. Tokyo: Kaijiusha.

Tidskrift i Sjöväsendet. 1, 1836 ff. Stockholm.

Tidskrift for Sjøvesen. 1, 1883 ff. Kristiania/Oslo.

Tidsskrift for Søvaesen. 1826 ff. København.

Warship international. The Journal of the Naval Records Club. 1, 1964 ff. Ipswich: The Naval Records Club.

Bibliographien

Albion, Robert Greenhalgh: Maritime and naval History: An annotated Bibliography. Rev. ed. Mystic/Conn.: Marine Historical Ass. 1955. 3. rev. ed. 1963. – 4. rev. and exp. ed.: Naval and maritime History . . . Newton Abbot: David & Charles 1973.

Anderson, Frank J.: Submarines – submariners – submarining. (Bibliographie). Hamden/Conn.: The Shoe String Pr. 1963.

Norsk militaerhistorisk *Bibliografi.* Red.: Arne Odd Johnsen [u. a.]. Oslo: Gyldendal Norsk Forlag 1969.

Bibliography of submarine warfare. (World War I, II). London: Imperial War Museum 1953.

Bücherverzeichnis der Hauptbibliothek des Reichs-Marine-Amts. Berlin: Mittler 1902.

United States Naval *History.* A bibliography. 5. ed. Washington: U.S. Government Printing Office 1969.

Katalog der Haupt-Bibliothek der Kaiserlichen Marine-Akademie und Schule. Kiel: Handorff 1907.

Manwaring, George Ernest: A Bibliography of British naval history. London: Conway Maritime Pr. 1970.

Paine, T. O.: Submarining: Three Thousand Books and Articles. Santa Barbara (Cal.): General Electric Co – TEMPO Center for Advanced Studies 1971.

Wörterbücher, Lexika

Bardesono di Rigras, Conte Carlo: Vocabolario marinaresco. Edita dalla Lega Navale Italiana. Roma: Stab. tipo-litogr. d. Genio civile 1932.

Bataille, Louis u. Marcel *Brunet:* Vom Kiel zum Flaggenknopf. Marinetechnisches Wörterbuch in 5 Sprachen (Deutsch, Franz., Engl., Span., Ital.). Neubearb. von . . . (5. Aufl.). (Paris: Soc. d'Ed. géogr., marit. et coloniales.); Hamburg: Eckardt & Messtorff 1937. Getr. Pag.

Dietel, Werner: Seefahrts-Wörterbuch. Dictionary of nautical terms. Deutsch-Englisch, Englisch-Deutsch . . . 2. Aufl. München: Lehmanns 1964.

Dluhy, Robert: Schiffstechnisches Wörterbuch. Schiffbau, Schiffahrt und Schiffsmaschinenbau. Technical Dictionary. T. 1. 2. Bremen, Hannover: Industrie- u. Handelsverl. Dorn 1956.
T. 1. Deutsch-Englisch.
T. 2. Englisch-Deutsch.

Falconer, William: An universal Dictionary of the marine. London: Cadell 1769.

– Falconer's Marine Dictionary. (1780). A Repr. [Faks.] (Newton Abbot/Devon:) David & Charles Repr. (1970).

Heinl, Robert Debs: Dictionary of military and naval quotations. Collected and ed. by . . . Annapolis: U.S. Naval Inst. 1966.

Marinewörterbuch. Fünfsprachig: Deutsch, Englisch, Französisch, Spanisch, Italienisch. Hrsg. vom Oberkommando der Kriegsmarine. Berlin: Bernard & Graefe 1940.

Naval *Phraseology* in English, French, Spanish, Italian, German, Portugese. Annapolis: U.S. Naval Inst. 1957.

Roeding, Johann Hinrich: Allgemeines Wörterbuch der Marine. Bd 1–4. Hamburg: Nemnich [usw.] [1793–98]. (Monumenta nautica historica selecta. No 1). – [Nachdr.]: (Amsterdam: Uitg. Graphic Publ. 1969).

Morskoj *Slovar.* (Red. V. G. Fadeev) T. 1. 2. Moskva: Voenizdat 1959.

Smith, John: The sea-man's Grammar and dictionary. London 1692.

Stenzel, Alfred: Deutsches seemännisches Wörterbuch. Berlin: Mittler 1904.

Wedertz, Bill: Dictionary of naval abbreviations (DICNAVAB). Compiled and ed. by . . . Annapolis: U.S. Naval Inst. 1970.

Westphal, Gerhard: Lexikon der Seefahrt. Hamburg-Flottbek: Verl. Lexikon d. Seefahrt 1967.

Atlanten

Československý vojenský *Atlas.* (Hrsg.) Ministerstvo Národní Obrany. Praha: Naše Vojsko 1965–1966.

Morskoj *Atlas.* Ministerstvo Oborony SSSR. Red.: G. I. Levčenko (u. a.). T. 3: Voenno-istoričeskij. Č. 1. Moskva: Izd. Glavn. Štaba Voenno-Morskogo Flota 1958.

Boyd, Andrew: An Atlas of world affairs. 6. ed. London: Methuen 1970.

Fechter, Helmut u. G. *Schomaekers:* Der Seekrieg 1939/45 in Karten. Bd I: Nordsee–Atlantik. Preetz: Gerdes 1967.

Fechter, Helmut u. Gerhard *Hümmelchen:* Seekriegsatlas: Mittelmeer–Schwarzes Meer. 1940–1943. München: Lehmanns 1972.

Gilbert, Martin u. Arthur *Banks:* First World War Atlas. London: Weidenfeld & Nicolson 1970.

Mantey, Eberhard von: Seeschlachten-Atlas. Berlin: Mittler 1928.

The *Mercantile Marine Atlas.* Ed. by George Goodall. 14. ed. London: G. Philip 1952.

The *Westpoint Atlas* of American wars. Ed. by Vincent J. Esposito. Vol. 1. 2. New York: Praeger 1959.

Chronologien

Civil War Naval *Chronology* 1861–1865. P. 1–4. (Ed. by) Naval Historical Division, Navy Department. Washington: Gov. Pr. Off. 1961–64.

Cooney, David M.: A Chronology of the U.S. Navy 1775–1965. New York: Watts 1965.

Schomberg, Isaac: Naval Chronology; or An historical Summary of naval and maritime events, from the time of the Romans to the treaty of peace 1802. Vol. 1–5. London: Egerton 1802.

Jahrbücher

Adda, Lorenzo d': Le Marine da guerra del mondo al 1897. Milano: Hoepli 1897.

Aide-mémoire de l'officier de marine. Ed.: Edouard Durassier et Charles Valentino. 1, 1888 ff. Paris: Ch. Lavauzell.

Almanacco navale. 1937–43. N. F. 1962–63 ff. Milano: Rivista Marittima.

Almanach für die k. und k. Kriegsmarine. Jg. 1, 1862 – N. F. Jg. 38, 1918. [Titeländerungen: Almanach der österreichischen Kriegsmarine: Jg. 1, 1862–8, 1869; Jahrbuch der kais. kön. Kriegsmarine: 1871–75; Notiz-Kalender für S. M. Kriegs-Marine: Jg. 1, 1873–3, 1875; Almanach für Sr. Maj(estät) Kriegs-Marine: Jg. 1, 1876–2, 1877.]. Pola, Wien: Gerold in Komm. [u. a.].

Brassey's *Annual.* The Armed Forces Year-Book. 1, 1886 ff. [Titeländerungen: The Naval Annual: 1886–1919; Brassey's Naval and Shipping Annual: 1920–35; Brassey's Naval Annual: 1936–49]. New York: Macmillan.

Busk, Hans: The Navies of the world. Their present State and future capabilities. Repr. of the 1859 ed. Richmond: The Richmond Publ. Co. 1972.

Carnet de l'officier de marine. 1879–. Paris: Berger-Levrault 1879–.

Fahey, James Charles: Ships and Aircraft of the U.S. Fleet. Comp. by . . . New York: Herald-Nathan Pr. 1939.

– –: Two-Ocean Fleet Ed. 2. ed. New York: Ships and aircraft 1941.

– –: War Ed. 3. ed. 1942.

– –: Second War Ed. 1944.

– –: Victory Ed. 1945.

– –: 6. ed. 1950.

– –: 7. ed. 1958.

– –: 8. ed. Annapolis: U.S. Naval Inst. 1965.

– –: 9. ed. 1972. Comp. by John S. Rowe and Samuel L. Morison.

The *Fleet Annual* and Naval Year Book. 1, 1906 ff. Comp. by L. Yexley. London.

Weyers *Flottentaschenbuch.* Jg. 1, 1900 ff. Hrsg. v. Bruno Weyer (1900–1944); Alexander Bredt (1953–1968); Gerhard Albrecht (seit 1969). [Titeländerungen: Taschenbuch der deutschen Kriegsflotte: Jg. 1, 1900; Taschenbuch der deutschen und fremden Kriegsflotten: Jg. 2, 1901–3, 1902; Taschenbuch der Kriegsflotten: Jg. 4, 1903–27, 1933; Weyers Taschenbuch der Kriegsflotten: Jg. 28, 1934–36, 1943/44; Weyers Flottentaschenbuch: Jg. 37, 1953 ff. Jg. 49, 1968 ff. dt. u. engl. Ausg. im Wechsel. Engl. Ausg. u. d. T.: Weyer's Warships of the world.] München: Lehmanns; Annapolis: U.S. Naval Inst. ... 1971 ff.

Les *Flottes* de combat. 1897 ff. [Hrsg.:] Testu de Balincourt (1897–1917 [u. a.]), Henri Le Masson (seit 1944/45). [Titeländerungen: Les Flottes de combat étrangères: 1897–1903]. Paris: Ed. maritimes et d'outre-mer [u. a.].

Die *Heere* und Flotten der Gegenwart. Hrsg. v. J. v. Pflugk-Harttung [u. a.] Bd 1–7. Berlin: Schall 1896–1902.

Jahrbuch des Deutschen Flottenvereins. 1900 ff. Hrsg. v. Sekretariat d. Deutschen Flotten-Vereins. Schriftleitung Richard Zimmermann. Berlin: Mittler.

Jahrbuch der deutschen Marine ... 1, 1966 ff. [Hrsg.:] Egbert Thomer [u.] Jürgen Rhades. Bremen: Schünemann.

Kafka, Roger u. Roy L. *Pepperburg:* Warships of the world. New York: Cornell Maritime Pr. 1944.

– –: Victory ed. 1946.

Deutscher *Marinekalender.* 1, 1965 ff. Hrsg. von Fred Richter ... Berlin: Deutscher Militärverlag.

Marinkalender. Utg. av Sveriges Flotta. Årg. 1, 1938 ff. Uppsala: Almqvist & Wiksell.

Nauticus. Jahrbuch für Seefahrt und Weltwirtschaft. Hrsg. A. Schulze-Hinrichs. Jg. 1, 1899–27, 1944; 1952–62. [Titeländerungen: Jahrbuch für Deutschlands Seeinteressen. Hrsg. v. Nauticus: 1, 1899–16, 1914; Nauticus. Jahrbuch für Deutschlands Seeinteressen.: 17, 1923–27, 1944.] Berlin, Darmstadt, [jetzt:] Frankfurt a. M.: Mittler.

Nauticus. A Journal of shipping, insurance, investments and engineering. Vol. 1, 1918 ff. New York: The Nauticus Co.

The *Navy League Annual.* 1, 1907 ff. London: Murray.

The *Naval Pocket-Book.* Founded by Sir W. Laird Clowes. Ed. by Rollo Laird Clowes. 1, 1896 ff. London: Thacker.

Lloyd's *Register* of shipping. Founded 1760. Re-constituted 1834 ff. London: Lloyd's Register.

The Naval *Review.* 1, 1913–19, 1931. Produced by the Naval Society for private circulation. London: Naval Society.

Naval *Review.* (Year) ... 1962/63 ff. Annapolis: U.S. Naval Inst.

Jane's Fighting *Ships.* Year 1, 1897 ff. Ed. by Fred T. Jane (1897–1917 [u. a.]), Raymond V. B. Blackman (seit 1949/50). [Titeländerungen: All the world's fighting Ships: 1, 1897–6, 1904; Fighting Ships: 1905/06.] London: Sampson, Low, Marston & Co.

Steensen, R. Steen: Alverdens Kriegsskibe. København: Schønberg 1942.

– –: ny udg. 1953.

Gesamtdarstellungen (Vgl. auch Abschnitte)

Kriegführung allgemein

Baker, Newton Diehl: War in the modern world. Boston [usw.]: Mifflin 1935.

Clausewitz, Carl von: Vom Kriege. 4. Aufl. Berlin: Dümmler 1880.

– –: 18. Aufl. 1973.

Earle, Edward Mead [Ed.]: Makers of modern strategy. Military Thought from Machiavelli to Hitler. Princeton/N. J.: Univ. Pr. 1944.

Fuller, John Frederick Charles: War and Western civilization, 1832–1932. A Study of war as a political instrument and as an expression of mass democracy. London: Duckworth 1932.

– A military History of the Western world. Vol. 1–3. New York: Funk & Wagnalls 1954–56.

Heichen, Walter: Die Entscheidungsschlachten der Weltgeschichte von Marathon bis Tsushima. Altenburg: Geibel 1915.

Herzfeld, Hans: Die moderne Welt. 1789–1945. 4. Aufl. Braunschweig: Westermann 1964.

Istorija voennogo iskusstva. T. 1. 2. [Geschichte der Kriegskunst.] Red.: Pavel Alekseevič Rotmistrov. Moskva: Voennoe Izdat 1963.

Mahan, Alfred Thayer: Armaments and arbitration or The place of force in the international relations of states. New York [usw.]: Harper 1912.

Montross, Lynn: War through the ages. New York: Harper 1946.

– –: 3. rev. ed. 1960.

Ropp, Theodore: War in the modern world. Durham/N. C.: Duke Univ. Pr. 1959.

– –: New rev. ed. New York: Collier 1962.

Seekriegführung

Brodie, Bernard: Sea Power in the machine age. Princeton: Princeton Univ. Pr. 1941.

Coletta, Paolo E. u. Gerald E. *Wheeler*: An Outline of world naval history since the sixteenth century. Annapolis: U. S. Naval Inst. 1956.

Colomb, Philip Howard: Naval Warfare: Its ruling principles and practice historically treated. London: W. H. Allen 1891.

Corbett, Sir Julian S.: Some Principles of maritime strategy. London: Longmans, Green & Co. 1911.

Cranwell, John Philips: The Destiny of sea power. And its influence on land power and air power. New York: Norton 1941; London: Allen & Unwin 1942.

Creswell, John: Naval Warfare. An introductory Study. 2. ed. Brooklyn: Chemical Publ. Co. 1942.

Custance, Sir Reginald Neville: War at Sea: Modern Theory and ancient practice. Edinburgh [usw.]: Blackwood 1919.

Divine, David [d. i. Arthur Durham Divine]: The Story of sea warfare. London: Hamilton [1957].

Domville-Fife, Charles William [ed.]: Evolution of sea power: Studies of modern naval warfare and the effect of evolution on the basis and employment of sea power. London: Rich & Cowan 1939.

Dreyer, Sir Frederic C.: The Sea Heritage. A Study of maritime warfare. London: Museum Pr. 1955.

Fiennes, Gerard Yorke Twisleton-Wykeham: Sea Power and freedom: A historical Study. New York [usw.]: Putnam 1918.

Garofalo, Franco : Storia navale. Vol. 1. 2. Livorno: R. Acad. Navale 1942–47.

Gavotti, G.: La Fattica nelle Grande Battaglie navali. Roma: Fossani 1898.

Giamberardino, Oscar di: L'Arte della guerra in mare. Roma: Min. della Difesa; Marina 1958.

– (dt. Übers.): Kriegskunst in unserer Zeit. Darmstadt: Wehr und Wissen 1961.

Ginocchietti, Angelo: La Guerra sul mare. Roma: Libr. del Mittorio 1930.

Grenfell, Russell: The Art of the Admiral. London: Faber & Faber 1937.

Haushofer, Karl: Weltmeere und Weltmächte. Berlin: „Zeitgeschichte" Verl. 1937.

Henning, Richard: Abhandlungen zur Geschichte der Seefahrt. Jena: G. Fischer 1928.

Jane, Fred T.: Ketzereien über Seemacht. Leipzig: Engelmann 1911.

Barzun, Jacques [u. a.]: *Introduction* to naval history: an Outline with diagrams and glossary. Chicago [usw.]: Lippincott 1944.

Istorija voenno-morskogo iskusstva. Učebnik dlja vysšich voenno-morskich učilišč. Red.: S. E. Zacharov. [Geschichte der Seekriegskunst.] Moskva: Voenizdat 1969.

Laughton, John Knox: Studies in naval history. Biographies. Annapolis: U.S. Naval Inst. 1887.
– –: Reissue 1970.
Levert, Lee J.: Fundamentals of naval warfare. New York: Macmillan 1947.
Livezey, William Edmund: Mahan on sea power. Norman: Univ. of Oklahoma Pr. 1947.
Mahan, Alfred Thayer: The Interest of America in sea power, present and future. (Essays). Boston: Little, Brown & Co. 1897.
– Naval Strategy, compared and contrasted with the principles of military operations on land. London: Sampson, Low, Marston & Co. 1911.
– Mahan on naval warfare. Ed. by Allan Westcott. Boston: Little, Brown & Co. 1941.
Maltzahn, Kurt Frhr. von: Naval Warfare. Its historical development from the age of geographical discoveries to the present time. New York [usw.]: Longmans, Green & Co. 1908.
Mayer, Anton: 1000 Jahre Seefahrt. Helden, Reisen, Schiffe. Berlin: Franke 1934.
Meurer, Alexander: Seekriegsgeschichte in Umrissen. (1. Aufl. 1925.) 5. Aufl. Leipzig: v. Hase u. Koehler 1943.
– u. Gustav Adolf *Wolter*: Die See. Schicksal der Völker. Eine Geschichte d. Seefahrt u. d. Seemacht als Einführung in d. Weltgeschichte. 6., überarb. u. erg. Aufl. Herford: Koehler (1970).
Mordal, Jacques [d. i. Hervé Cras]: 25 Siècles de guerre sur mer. Paris: Laffont 1959.
– [dt. Übers.]: *25 Jahrhunderte Seekrieg*. München: Rütten & Loening 1963.
Mordvinov, Rostislav Nikolaevič: Sovetskoe voenno-morskoe Iskusstvo. Sbornik statej. Moskva: Voenmorizdat 1951.
Pflugk-Harttung, Julius von: Der Kampf um die Herrschaft zur See. In: Pflugk-Harttung: Splitter und Späne. N. F. Berlin 1909. S. 81–161.
La *Puissance* navale dans l'histoire. Publ. sous la direction de André Reussner. T. 1–3. Paris: Ed. maritimes et coloniales 1958–63.
Randaccio, Carlo: Storia navale antica e moderna. Vol. 1. 2. Roma: Forzani 1891.
Reinhard, Kay: Kortfattet Haandbog i almindelig søkrigshistorie. København: Kadetskolen 1906.
Reuper, Julius: Helden zur See. Seefahrten u. Abenteuer v. d. Wikingern bis auf die neueste Zeit. 20. Aufl. Stuttgart, Berlin, Leipzig: Union Dt. Verlagsges. o. J. [um 1930].
Richmond, Sir Herbert William: Sea Power in the modern world. New York: Reynal & Hitchcock 1934.
– Statesman and sea power. Oxford: The Clarendon Pr. 1946.
– War at sea today. London [usw.]: Oxford Univ. Pr. 1942. (Oxford Pamphlets on world affairs. No 60.)
Rittmeyer, Rud.: Seekriege und Seekriegswesen in ihrer weltgeschichtlichen Entwicklung. Bd 1. 2. Berlin: Mittler 1907–11.
Robinson, S. S. u. Mary L. *Robinson*: A History of naval tactics from 1530 to 1930. Annapolis: U.S. Naval Inst. 1942.
Roskill, Stephen Wentworth: The Strategy of sea power. London: Collins 1962.
Savant, Jean: Histoire mondiale de la marine. Paris: Hachette 1961.
Schaffalitzky de Muckadell, Cai: Haandbog i Nordens søkrigshistorie. København: Kadetskolen 1911.
Schubert, Paul: Sea Power in conflict. New York: Coward-McCann 1942.
American *Sea Power* since 1775. By members of the Dept. of English history and government, U.S. Naval Academy: J. Roger Fredland [u. a.]. Ed.: Allan Ferguson Westcott. Philadelphia: Lippincott [usw.] 1952.
Silburn, Percy Arthur Baxter: The Evolution of sea power. London [usw.]: Longmans, Green & Co. 1912.
Sprout, Harold u. Margaret *Sprout*: Toward a new order of sea power. 1776–1918. Princeton/N. J.: Univ. Pr. 1940.
– –: 2. ed. 1943.
Stenzel, Alfred: Seekriegsgeschichte in ihren wichtigsten Abschnitten mit Berücksichtigung der Seetaktik. (T. 2 ff. bearb. v. Hermann Kirchhoff.) T. 1–6 [nebst] Erg.-Bd. Hannover, Leipzig: Hahn'sche Buchh. 1907–21. T. 1: bis 400 v. Chr., T. 2: 400 v. Chr.–1600 n. Chr., T. 3: 1600–1720, T. 4: 1720–1850, T. 5: 1850–1910, T. 6: 1910–1920. Erg.-Bd: Kriegsführung zur See. Lehre vom Seekriege. Bearb. v. H. Kirchhoff. 1913.
Stevens, W. O. u. Allan F. *Westcott*: A History of sea power. New York: Doran 1920.
– –: New York: Doubleday, Doran & Co. 1942.
Stirling, Yates: Why Sea Power will win the war. New York: Fell 1944.
Thursfield, James Richard: Naval Warfare. London: Cambridge Univ. Pr. 1913.
Trotha, Adolf von: Seegeltung – Weltgeltung. Berlin: Mittler 1940.
Tunstall, William Cuthbert Brian: Ocean Power wins. London: Secker & Warburg 1944.
– The Realities of naval history. London: Allen & Unwin 1936.
The *United States* and world sea power. E. B. Potter [u. a.]. Englewood Cliffs: Prentice-Hall 1955.
Völker und Meere. Hrsg.: Egmont Zechlin. Leipzig: Harrassowitz 1944.
Warner, Oliver: Große Seeschlachten. Oldenburg, Hamburg: Stalling 1963.
Welch, John: Famous Sea Battles. London: Barker 1964.
Wolgast, Ernst: Seemacht und Seegeltung. Berlin: Heymann 1944.

Seetransport

Albion, Robert Greenhalgh u. Jennie Barnes *Pope:* Sea Lanes in wartime. The American experience. 1775–1942. New York: Norton 1942.
Angell, Norman: The world's Highway. Some Notes on America's relation to sea power and non-military sanctions for the law of nations. New York: Doran 1915.
Berglund, Abraham: Ocean Transportation. New York [usw.]: Longmans, Green & Co. 1931.

See-Völkerrecht

Böckermann, B.: Wenden Prisengerichte Völkerrecht an? Hamburg: Forschungsstelle f. Völkerrecht u. ausländ. öffentl. Recht d. Univ. Hamburg 1970. (Das geltende Seekriegsrecht in Einzeldarstellungen. Bd 6.)
Helm, Heinz-Gerd: Das Operationsgebiet im Seekriegsrecht. o. O. 1951. [Masch.-Schr.] München, Jur. Fak., Diss. v. 30. 5. 1952.
Higgins, Alexander Pearce u. Constantine John *Colombos*: The International Law of the Sea. London: Longmans, Green & Co. 1943. – –: 5. Aufl. 1962.
– – [dt. Übers.:] Internationales Seerecht. München, Berlin: Beck 1963.
Smith, Herbert Arthur: The Law and custom of the sea. 3. ed. London: Stevens [usw.] 1959.
Sohler, Herbert: U-Bootkrieg und Völkerrecht. Frankfurt/M.: Mittler 1956. (Marine-Rundschau. 1956. Beih. 1.)
Steinicke, Dietrich: Kriegsbedingte Risiken der neutralen Seeschifffahrt. Die Annahme eines Navicerts als feindselige Unterstützung ... Hamburg: Forschungsstelle f. Völkerrecht; Frankfurt/M.: Metzner in Komm. 1968. (Werkhefte. H. 5.)
– Wirtschaftskrieg und Seekrieg. Die allg. völkerrechtl. Anerkennung d. anglo-amerikan. Kriegsbegriffs u. ihre Rechtsfolgen. Hamburg, Frankfurt a. M., Berlin: Metzner [in Komm.] 1970. (Das geltende Seekriegsrecht in Einzeldarstellungen. Bd 1.)

Geographie, Hydrographie, Meteorologie

Bowen, Frank C.: The Sea, its history and romance. Vol. 1–4 (to 1875). London: Halton & Truscott Smith o. J. [um 1925].
Gagel, Ernst: Die sieben Meere. Ihre Erforschung und Erschließung. Braunschweig [usw.]: Westermann 1955.
Gillespie, James Edward: A History of geographical discovery. 1400–1800. New York: Holt 1933.
Hardy, Alfred Cecil: Seaways and sea trade: Being a maritime geography of routes, ports, rivers, canals and cargoes. New York: Van Nostrand 1928.
Hargreaves, Reginald: The narrow Seas. A History of the English Channel, its approaches and its immediate shores. London: Sidgwick & Jackson 1959.
Hassinger, Hugo: Geographische Grundlagen der Geschichte. Freiburg: Herder 1931.
Kapp, Ernst: Philosophische oder vergleichende allgemeine Erdkunde als wissenschaftliche Darstellung der Erdverhältnisse und des Menschenlebens nach ihrem inneren Zusammenhang. Braunschweig: Westermann 1845.
Ocean Science: Ed. by E. John Long. Annapolis: U.S. Naval Inst. 1964.
Outhwaite, Leonard: Unrolling the map. The Story of exploration. New York: Reynal & Hitchcock 1935.
– –: New York 1938.
Ports of the world. Ed. by Archibald Hurd. 8. ed. London: Shipping World 1954.
Ratzel, Friedrich: Das Meer als Quelle der Völkergröße. Leipzig, München: Oldenbourg 1900.
Schonfield, Hugh J.: The Suez Canal in peace and war, 1869–1969. Coral Gables/Fla.: Miami Pr. 1969. Ersch. in Großbrit. u. d. T.: The Suez Canal in world affairs. 1952.
Tavernier, Bruno: Great maritime Routes. An illustrated History. Annapolis: U.S. Naval Inst. 1972.
Die *Weltmeere*. Mit den wichtigsten Tatsachen aus Meteorologie u. Nautik. 3. Aufl. Gotha: Haack 1962.
Williams, Jerome, John J. *Higginson* u. John D. *Rohrbough*: Sea and air. The naval Environment. Annapolis: U.S. Naval Inst. 1968.
Wolter, Gustav Adolf: See und Seefahrt. Herford: Koehler 1968.

Geschichte des Schiffbaus

(s. auch einzelne Marinen, S. 1106 – 1109)

Browne, Douglas G.: The floating Bulwark. The Story of the fighting ship, 1514–1942. London: Cassell 1963.
Charnock, John: A History of marine architecture. Vol. 1–3. London: Faulder 1800–1802.
Cowburn, Philip: The Warship in History. London [usw.]: Macmillan 1966.
Deane, A.: Doctrine of naval architecture. London 1670.
Dowling, Robert [ed.]: All about ships and shipping. Newly ed. London: Moring 1905.
– –: 3. ed. 1909. 4.–11. Aufl. hrsg. v. Edwin Percy Harnack.
Evers, F. J. H.: Oorlogschepen. Amsterdam: Stemler 1902.
Evers, Heinrich: Kriegsschiffbau. 2., verb. Aufl. Berlin: Springer 1943.
Fincham, John: A History of naval architecture. London: Whittaker 1851.
Fletcher, R. A.: Warships and their story. London [usw.]: Cassell 1911.
Foß, M.: Marine-Kunde. 6. Aufl. Stuttgart: Union Dt. Verl.-Ges. 1890.
Furttenbach, Joseph: Architectura navalis. Ulm: Saur 1629.
Gillmer, Thomas C.: Modern Ship Design. Annapolis: U.S. Naval Inst. 1970.
Grégr, René: Vládcové oceánů. Válečné lodě 20. stoleti [Beherrscher des Ozeans. Kriegsschiffe d. 20. Jahrhunderts.] Praha: Naše Vojsko 1968.
Hadeler, Wilhelm: Kriegsschiffbau. T. A., B. Darmstadt: Wehr & Wissen 1968.
Hagedorn, Bernhard: Die Entwicklung der wichtigsten Schiffstypen bis ins 19. Jahrhundert. Berlin: Curtius 1914. (Veröffentlichungen des Vereins für hamburgische Geschichte. Bd 1.)
Harnack, Edwin Percy (ed.): All about ships and shipping. 4. ed. rev. London: Moring 1930.
– –: 5. ed. rev. Philadelphia: McKay 1934.
– –: 6. ed. rev. London: Faber & Faber 1935.
– –: New York [usw.]: Appleton-Century Co. 1938.
– –: 8. ed. rev. London: Faber & Faber 1949.
– –: 9. ed. rev. 1952.
– –: 10. ed. rev. 1959.
– –: 11. ed. 1964.
King, J. W.: The War-ships of Europe. Rev. and corr. Portsmouth Griffin [usw.] 1878.
– The War-Ships and navies of the world. 2. ed. Boston Williams [usw.] 1881.
Kronenfels, J. F. von: Das schwimmende Flottenmaterial der Seemächte. Eine kurzgef. Beschreibung d. wichtigsten ... Kriegsschiffe ... Wien, Leipzig: Hartleben 1881.
Krünitz, Johann Georg: Ökonomisch-technologische Encyklopädie. Berlin: Pauli 1773–1832.
Landström, Björn: The Ship. A survey of the history of the ship ... in words and pictures. [London:] Allen & Unwin (1961).
– [dt. Übers.:] Das Schiff. Gütersloh: Bertelsmann 1961.
Macintyre, Donald u. Basil W. *Bathe*: Kriegsschiffe in 5000 Jahren. Bielefeld, Berlin: Delius, Klasing 1968.
Miltoun, Francis [d. i. Milburg Francisco Mansfield] (ed.): Ships and shipping. London: Moring 1903. 2. u. 3. Aufl. u. d. T.: All about ships and shipping. Ed. by Robert Dowling.
Münching, L. L. von: Moderne Oorlogschepen. 1. 2. Alkmaar: De Alk 1962.
Newton, R. N.: Practical Construction of warships. 2. ed. London [usw.]: Longmans, Green & Co. 1955.
Rees, Abraham: Rees's naval Architecture 1819–1820. Annapolis: U.S. Naval Inst. 1970.
Rossell, Henry Eastin: Types of naval ships. London 1945.
Šeršov, A. P.: Istorija voennogo korablestroenija s drevnejšich vremen i do našich dnej. [Geschichte d. Kriegsschiffbaus vom Altertum bis zu unseren Tagen.] Moskva [usw.]: Voenizdat 1940.
Ships and the sea. Comp. and ed. by E. C. Talbot-Booth. 4. ed. London: Low, Marston 1938.
Stalkartt, Marmaduke: Naval Architecture. Vol. 1–3. London 1781.
Vocino, Michele: La Nave nel tempo. 2. ed. inter. rifatta. Milano: Alfieri 1942.

Ruderschiffe

Akerlund, Harald: Nydamskeppen. Göteborg: Elanders Boktryckeri Aktiebolag 1963.
Anderson, Roger Charles: Oared fighting Ships. From classical Times to the coming of steam. London: Marshall 1962.
Brøgger, Anton Wilhelm u. Haakon *Shetelig*: The Viking Ships. Oslo: Dreyer 1951.
– –: Oslo Dreyer [usw.] 1953.
Engelhardt, Konrad: Nydamfundet. København 1865.
Hufnagel, Friedrich: Nordischer Schiffbau in vor- und frühgeschichtlicher Zeit. Teildr.: Der nordische Schiffbau der Bronzezeit und Gesamtergebnisse. Berlin 1936: Pfau. [Diss.].
Marstrand, Vilhelm: Arsenalet i Piraeus og oldtidens byggeregler. København: Aschehoug 1922.
Shetelig, H. u. F. *Johannessen*: Das Nydamschiff. Aus: Acta Archäologica. Vol. 1. 1930.

Segelschiffe

Anderson, Romola u. Roger Charles *Anderson*: The Sailing-Ship. 6000 Years of history. London [usw.]: Harrap 1927.
– –: New York: McBride 1947.
Arenhold, L.: Die allmähliche Entwicklung des Segelschiffes von der Römerzeit bis zur Zeit der Dampfer. In: Jahrbuch der Schiffbautechnischen Gesellschaft. Bd 7, 1906. S. 621–674.
Baker, William Avery: The Development of wooden ship construction. Quincy/Mass.: Soc. of Naval Architects and Marine Engineers 1955.
Chapman, Fredrik Henrik af: Architectura navalis mercatoria. [Neudr. d. Ausg.] Stockholm 1768. 2. Aufl. Magdeburg: R. Loef 1957 [Faks.].
Cipolla, Carlo M.: Guns and sails in the early phase of European expansion, 1400–1700. London: Collins 1965.
Clowes, Geoffrey Swinford Laird: Sailing Ships. London: H.M.S.O. 1930.
Heinsius, Elisabeth: Die Segel der nordgermanischen Wikingerboote. In: Vorzeit. Jg. 13, 1964. H. 3/4. S. 12 ff.
Heinsius, Paul: Das Schiff der hansischen Frühzeit. Weimar: Böhlau 1956. (Quellen und Darstellungen zur hansischen Geschichte. N.F. Bd 12.)
Korvetten, Fregatten und andere Kriegsschiffe vergangener Zeiten. Von (D.S.W.) In: Marine-Rundschau. Jg. 48, 1943. H. 10. S. 717–719.
Kvarning, Lars-Åke: Wasa. Stockholm 1968.
Lane, Frederic Chapin: Venetian Ships and shipbuilders of the renaissance. Baltimore: Johns Hopkins Pr. 1934.
Lienau, Otto: Das große Kraweel: Der Peter von Danzig 1462–1475. Ein Beitr. zur Gesch. deutscher Seegeltung. Danzig: Rosenberg 1943. (Danzig in Geschichte und Gegenwart. H. 6.)
– Danziger Schiffahrt und Schiffbau in der zweiten Hälfte des 15. Jahrhunderts. In: Zeitschrift des Westpreußischen Geschichtsvereins. H. 70, 1930. S. 69–84.
Longridge, Charles Nepean: The Anatomy of Nelson's ships. London: Marshall 1955.
Lubbock, Alfred Basil: The Blackwall Frigates. Glasgow: Brown 1922.
– –: 2. ed. 1924.
Moore, Sir Alan Hilary: Sailing Ships of war. 1800–1860. Including the transition to steam. London Halton & T. Smith [usw.] 1926.
Reinhardt, K.: Modellrekonstruktion des »Adlers von Lübeck«. In: Zeitschrift des Vereins für Lübeckische Geschichte. Bd 29, 1938. H. 2. S. 293–332.
– Rekonstruktion der Karacke »Jesus von Lübeck«. Berlin: Mittler 1941. (Veröffentlichungen des Instituts für Meereskunde an der Univ. Berlin. N.F. R.B. H. 16.)
Stevens, J. R.: Old time Ships. Toronto 1949.
Timm, Werner: Kleine Schiffskunde. Segelschiffsdarst. aus 10 Jahrhunderten. Dresden: Verl. d. Kunst 1968.
Winter, Heinrich: Das Hanseschiff im ausgehenden 15. Jahrhundert. Bielefeld, Berlin: Delius & Klasing 1968.
– Die Kolumbusschiffe von 1492. Bielefeld, Berlin: Delius & Klasing 1968.

Dampfschiffe

Dolby, James: The Steel Navy. A History in silhouette. 1860–1963. London: Macdonald 1965.
Grégr, René: Vládcové oceánů. Válečné lodě 20. stoleti. Praha: Naše Vojsko 1968.
Hough, Richard: Fighting Ships. (London: Joseph 1969.)
Hovgaard, William: Modern History of warships. Comprising a discussion of present standpoint and recent war experiences. Greenwich: Conway Maritime Pr. 1971. (Repr. d. Ausg. London 1920.)
Preble, George Henry u. L. R. *Hammersley*: A chronological History of the origin and development of steam navigation. Philadelphia: Hammersley 1883.
Whitehouse, Arch: Fighting Ships. [A popular chronicle of modern warships.] Garden City, N. Y.: Doubleday 1967.

Linienschiffe / Großkampfschiffe

Breyer, Siegfried: Schlachtschiffe und Schlachtkreuzer 1905–1970. München: Lehmanns 1970.
Dislère, Paul: La Guerre d'escadre et la guerre de côtes (les nouveaux navires de combat). Paris: Gauthier-Villars 1876.
– Die Panzerschiffe. (Übers.) Wien: Gerold's Sohn 1874.
– Die Panzerschiffe der neuesten Zeit. (Übers.) Pola, Wien: Gerold's Sohn 1877.
Giorgerini, Giorgio: Le Navi battaglia della Seconda Guerra mondiale. Parma: Albertelli 1972.
Hough, Richard: Dreadnought. A History of the modern battleship. New York: Macmillan 1964.
Le Fleming, H. M.: Battleships (British and German . . .) (Rev. ed.) London: Ian Allan 1961. (Warships of World War I. 1.)
Scurrell, Charles E.: Battleships of other nations. London: Ian Allan 1963. (Warships of World War I. 6.)
Wilson, H. W.: Ironclads in action. Vol. 1. 2. Boston: Little, Brown & Co. 1896, 1926.

Flugzeugträger

Brown, J. D.: The Royal Navy. London: Allan 1968. (Carrier Operations in World War II. Vol. 1.)
Hadeler, Wilhelm: Der Flugzeugträger. Sein Wesen und sein Werden von 1911 bis zur Gegenwart. München: Lehmanns 1968. (Wehrwissenschaftliche Berichte. 5.)
Johnston, Stanley: Queen of the flat-tops. New York: Dutton 1942.
MacDonald, Scot.: Evolution of aircraft carriers. Washington: Gov. Pr. Off. 1964.
Münching, L. L. von: Vliegkampschepen. Alkmaar: De Alk 1965.
Polmar, Norman: Aircraft Carriers. A graphic History of carrier aviation and its influence on world events. New York: Doubleday 1969.
Steensen, R. Steen: Hangarskibe. København: Schønberg 1944.

Kreuzer / Aufklärungsschiffe

Dislère, Paul: Les Croiseurs. La Guerre de course. Paris 1874: Impr. de Dupont.
– Die Kreuzungsschiffe und der Kaperkrieg. Pola; Wien: Gerold's Sohn 1876.
Le Fleming, H. M.: Cruisers. (British and German.) London: Ian Allan 1961. (Warships of World War I. 2.)

Torpedoträger

Le Fleming, H. M.: Destroyers. (British and German.) London: Ian Allan 1961. (Warships of World War I. 3.)
Fock, Harald: Schnellboote. Bd. 1–4. Herford: Koehler 1973 ff. Bd 1: Von den Anfängen bis zum Ausbruch des Zweiten Weltkrieges.
Lepotier: Les derniers Torpilleurs. Paris: Ed. France-Empire 1969.
Thomer, Egbert: Torpedoboote und Zerstörer. Eine Bildchronik aus zwei Weltkriegen. Oldenburg/Hamburg: Stalling 1964.

Unterseeboote

Antier, Jean-Jacques: Histoire mondiale du sous-marin. Paris: Laffont 1968.

The complete *Book* of submarines. New York: World Publ. Co. 1958.
Bravetta, Ettore: Sottomarini, sommergibili e torpedini. Milano: Treves 1915.
Chambard, Claude: Les Sous-Marins. Paris: Ed. France-Empire 1968.
Cross, Wilbur: Challengers of the deep. The Story of submarines. New York: Sloane 1959.
Dönitz, Karl: Die U-Bootswaffe. Berlin: Mittler 1939.
Gabler, Ulrich: Unterseebootsbau. Darmstadt: Wehr & Wissen 1964.
Herzog, Bodo u. Günter *Schomaekers*: Ritter der Tiefe – graue Wölfe. Die erfolgreichsten U-Boot-Kommandanten der Welt des ersten und zweiten Weltkrieges. Wels/München: Welsermühl 1965.
Hezlet, Sir Arthur Richard: The Submarine and seapower. London: P. Davies 1967.
Hori, Motoyoshi: Sensuikan-sono kaiko to tenbo. (Die U-Boote. Ihre Vergangenheit, Gegenwart und Zukunft). Tokyo: Shyutsuppankyodo-sha 1959.
Hovgaard, G. W.: Submarine Boats. London [usw.]: Spon 1887.
Jameson, William: The most formidable Thing. The Story of the submarine ... to the end of World War I. London: Hart-Davis 1965.
Lake, Simon: The Submarine in war and peace. Its developments and its possibilities. Philadelphia [usw.]: Lippincott 1918.
Laubeuf, Alfred Maxime: Sous-marins et submersibles. Leur développement, leur rôle dans la guerre, leur rôle dans l'avenir, les sous-marins allemands. Paris: Delgrave 1915.
Le Fleming, H. M.: Submarines. (British and German.) London: Ian Allan 1961. (Warships of World War I. 5.)
Lipscomb, Frank Woodgate: Historic Submarines. Ill. by Malcolm McGregor. New York [usw.]: Praeger (1970).
Pesce, G.-L.: La Navigation sous-marine. Paris 1906.
Stafford, Edward Peary: The Far and the deep. History of the development of the submarine throughout the world. 1906–1967. London: Barker 1968.
Sueter, Murray F.: The Evolution of the submarine boat, mine and torpedo. Portsmouth: Griffin 1907.
Techel, Hans: Der Bau von Unterseebooten auf der Germaniawerft. 3. Aufl. München: Lehmanns 1968.
Das *U-Boot* als Kriegs- und Handelsschiff. Die technische Entwicklung u. Anwendung d. Tauchboote, deren Motoren, Bewaffnung und Abwehr. Red.: Jul[ius] Küster. 3. Aufl. Berlin: Klasing 1917.
Whitehouse, Arch: Subs and submariners. London: Muller 1963.
Zim, Herbert Spencer: Submarines. The Story of undersea boats. New York: Harcourt, Brace & Co. 1942.

Kleinkampfmittel

Bekker, Cajus: Einzelkämpfer auf See. Die deutschen Torpedoreiter, Froschmänner u. Sprengbootpiloten im Zweiten Weltkrieg. Oldenburg, Hamburg: Stalling 1968.
Fell, W. R.: The Sea our shield. The Story of the human torpedo (Chariot) and the midget submarine in World War II. London: Cassell 1966.
Fock, Harald: Marinekleinkampfmittel. München: Lehmanns 1968. (Wehrwissenschaftliche Berichte. 3.)
Spigai, Virgilio: Cento Uomini contro due flotte. Livorno: Coc. ed. Tirrena 1954.

Antriebsanlagen

Baker, William A.: The engine-powered Vessel; from paddlewheeler to nuclear ship. New York: Grosset & Dunlap 1965.
–: and. Ausg. u. d. T.: From paddle-steamer to nuclear ship: A History of the engine-powered vessel. London: Watts 1966.
Pocock, Rowland F.: Nuclear Ship Propulsion. London: Allan 1970.
Smith, Edgar Charles: A short History of naval and marine engineering. Cambridge: Univ. Pr. 1938.

Die Handelsflotten

Armstrong, Warren [d. i. Bennett, William Edward]: Battle of the Oceans. The Story of the British Merchant Marine. New York: Liveright 1944.
Gröner, Erich: Taschenbuch der Handelsflotten 1940. – Die Handelsflotten der Welt 1941. – Die Handelsflotten der Welt 1942. – Die Handelsflotten der Welt 1945. (Bd 1945 nicht mehr erschienen, 1 Ex. erhalten in BfZ.) München: Lehmanns 1940–1942.
Herbert, Karl: Kriegsfahrten deutscher Handelsschiffe. Hamburg: Broschek 1934.
Hornell, James: Water Transport. Origins and early evolution. Cambridge: Harvard Univ. Pr. 1946.
Lane, Frederick C.: Ships for victory: A history of the shipbuilding under the U.S. Maritime Commission in World War II. Washington: U.S. Gov. Pr. Off. 1951.
Mattox, W. C.: Building the Emergency Fleet: A historical narrative of the problems and achievements of the United States Shipping Board Emergency Fleet Corporation. Washington: U.S. Gov. Pr. Off. 1920. Reprint 1970.
Riesenberg, Felix: Sea War. The Story of the U.S. Merchant Marine in World War II. New York: Rinehart 1956.
Ships for victory. A History of shipbuilding unter the U.S.Maritime Commission in World War II. Frederic C. Lane [u. a.] Baltimore: Hopkins Pr. 1951.
Steinweg, Günther: Die deutsche Handelsflotte im zweiten Weltkrieg. Göttingen: Schwartz 1954.
Wetterhahn, Armin: Das U.S. Standard-Schiffbauprogramm im Zweiten Weltkrieg. In: Marine-Rundschau. Jg. 55, 1958. N. 3. S. 101–118.

Geschichte der Waffentechnik

Fuller, John Frederick Charles: Armament and history: A Study of the influence of armament on history from the dawn of classical warfare to the Second World War. New York: Scribner 1945.
Robertson, Frederick Leslie: The Evolution of naval armament. London: Constable 1921.
Steensen, Steen: Søkrigsvaaben. København: Skandinarisk Bogforlag 1946.

Schiffsartillerie

Dahlgren, J. A.: Shells and shell guns. Philadelphia: King & Baird 1856.
Douglas, Sir Howard: A Treatise on naval gunnery. London: Murray 1820.
– –: 5. ed. rev. 1860.
Harnier, Wilhelm von: Artillerie im Küstenkampf. München: Lehmanns 1969. (Wehrwiss. Berichte. 7.)
Huning, Emil O.: Die Entwicklung der Schiffs- und Küstenartillerie bis zur Gegenwart. Leipzig: Göschen 1912.
Michaelis (Vizeadmiral): Die Schiffsartillerie im Wandel der Zeiten. In: Marine-Rundschau. Jg. 37, 1932. H. 11. S. 500–512; H. 12. S. 538–552.
Schmalenbach, Paul: Die Geschichte der deutschen Schiffsartillerie. Herford: Koehler 1968.
Schneider, Rud.: Die Artillerie des Mittelalters. Berlin: Weidmann 1910.
Solovev, Dmitrij Ivanovič: Artillerija boevogo korablja. Moskva: Voenizdat 1957.

Tennent, Sir J. u. *Emerson*: The Story of the guns. London: Longmans, Green & Co. 1864.

Sperrwaffe

Cowie, J. S.: Mines, minelayers and minelaying. London: Oxford Univ. Pr. 1949.

Ruge, Friedrich: Torpedo- und Minenkrieg. München: Lehmanns 1940.

Torpedowaffe

Jane, Frederick Thomas: The Torpedo in peace and war. London Thacker [usw.] 1898.

– –: 2. ed. 1904.

Laubeuf, Alfred Maxime u. Henri *Stroh*: Sous-marins, torpilles et mines. Paris: Baillière 1923.

Noalhat, Henri: Les Torpilles et les mines sous-marines. Paris [usw.]: Berger-Levrault 1905.

Nachrichtentechnik

Bonatz, Heinz: Die deutsche Marine-Funkaufklärung 1914–1945. Darmstadt: Wehr & Wissen 1970. (Beiträge zur Wehrforschung. 20/21.)

Dunlap, Orrin Elmer: Marconi – The Man and his wireless. New York: Macmillan 1937.

Giessler, Helmuth: Der Marine-Nachrichten- und Ortungsdienst. Technische Entwicklung und Kriegserfahrungen. München: Lehmanns 1971. (Wehrwissenschaftliche Berichte. 10.)

– Die Revolutionierung des Seekrieges durch Funkmeß. Eine Analyse über Einsatz u. Anwendung auf deutscher Seite. In: Marine-Rundschau. Jg. 65, 1968. H. 3. S. 181–191.

Howeth, Linwood S.: History of communications-electronics in the United States Navy. Washington: Gov. Pr. Off. 1963.

Kahn, David: The Codebreakers. The Story of secret writing. London: Weidenfeld & Nicolson 1967.

McLachlan. Donald: Room 39. Naval Intelligence in action 1939–45. London: Weidenfeld & Nicolson 1968.

Reuter, Frank: Funkmeß. Die Entwicklung u. d. Einsatz d. RADAR-Verfahrens in Deutschland bis zum Ende d. Zweiten Weltkrieges. Opladen: Westdeutscher Verl. 1971.

Siegel, R.: Die Flagge. Berlin: Reimer 1912.

Tully, Andrew: The Super Spies. London: Baker 1970.

Yardley, Herbert Osborn: The American Black Chamber. London: Faber & Faber 1931.

Zacharias, Ellis M.: Secret Missions. New York: Putnam 1946.

Fliegerei

Francillon, R. J.: Japanese Aircraft of the Pacific War. London: Putnam 1970.

Green, William u. John *Fricker*: The Air Forces of the world. Their History, development and present strength. London: Macdonald 1958.

Green, William: Famous Fighters of the Second World War. Vol. 1. 2. Garden City: Doubleday 1957–1962.

– The World Guide to combat planes. Vol. 1. 2. Garden City: Doubleday 1967.

Hezlet, Sir Arthur: Aircraft and sea power. London: P. Davies 1970.

Jane's All the World's Aircraft. London: Macmillan 1, 1909 ff.

Kens, Karlheinz u. Heinz J. *Nowarra*: Die deutschen Flugzeuge. 1933–1945. Deutschlands Luftfahrt-Entwicklungen bis zum Ende d. Zweiten Weltkrieges. 4., verb. u. erw. Aufl. München: Lehmanns 1972.

Killen, John: A History of marine aviation. 1911–68. London: Muller 1969.

Roskill, Stephen Wentworth: Documents relating to the Naval Air Service. Ed. by ... Vol. 1 – [London]: Navy Records Society 1969 – Vol. 1. 1908–1918.

Wilson, Eugene E.: Air Power for peace. New York: McGraw-Hill 1945.

– Kitty Hawk to Sputnik to Polaris. Barre/Mass.: Barre Publ. Co. 1960.

– Slipstream. New York: McGraw-Hill 1950.

Geschichte der Marinen

Diez de Rivera y Casares, Pascual: Historia de las organizaciones navales. Vol. 2.: España y Francia. Madrid: Ed. Alhambra 1945.

Britische Marine

Allen, Joseph: Battles of the British Navy. Vol. 1. 2. London: Bohn 1852–1892.

Archibald, Edward H. H.: The wooden fighting Ship in the Royal Navy AD 897–1860. London: Blandford 1968.

–: The metal fighting Ship in the Royal Navy 1860–1970. London: Blandford 1971.

Brassey, Sir Thomas: The British Navy. Vol. 1–5. London: Longmans, Green & Co. 1882–83.

Callender, Sir Geoffrey, Arthur Romaine u. F. H. *Hinsley*: The naval Side of British history, 1485–1945. London: Christophers 1952.

Chatfield, A. E. M.: The Navy and defence. London: Heinemann 1942.

Clowes, William Laird: The Royal Navy. A History from the earliest times to the present day. Vol. 1–7. London: Low, Marston & Co. 1897–1903.

Colledge, J. J.: Ships of the Royal Navy: an historical index. Vol. 1. 2. Newton Abbot: David & Charles 1969–70.

Derrick, Charles: Memoirs of the rise and progress of the Royal Navy. London 1806.

Fortescue, Sir John: A History of the British army. Vol. 1–13. London: Macmillan 1899–1920.

Gardiner, Leslie: The British Admiralty. Annapolis: U.S. Naval Inst. 1968.

Hakluyt, Richard: The principal Voyages, traffiques and discoveries of the English nation. Vol. 1–12. New York: Macmillan 1903.

James, William: Abstracts of the Royal Navy; showing how it stood, in ships, toms and classification at the commencement of every year, from 1793 inclusive. London 1820.

– The naval History of Great Britain. From the Declaration of war by France, ... 1793, to the accession of George IV. ... 1820. Vol. 1–5. London: Bentley 1822–24.

– –: 1859.

James, Sir William M.: The British Navy in adversity. London: Longmans, Green & Co. 1926.

– The influence of sea power on the history of the British people. Cambridge: Harvard Univ. Pr. 1948.

Jane, Frederick Thomas: The British Battle Fleet. Its Inception and growth throughout the centuries. London: Partridge 1912.

Kemp, Peter K.: H. M. Submarines. London: Jenkins 1953.

– History of the Royal Navy. London: Barker 1969.

Lewis, Michael Arthur: The History of the British Navy. A connected Story of the first and often the last line of British defense. Harmondsworth: Penguin Books 1957.

– The Navy of Britain. A historical Portrait. London: Allen & Unwin 1948.

Lipscomb, Frank Woodgate: The British Submarine. London: Black [usw.] 1954.

Manning, Thomas Davys: The British Destroyer. London: Putnam 1961.

March, Edgar J.: British Destroyers. A History of development 1892–1953. London: Seeley 1966.
Marshall, John: Royal naval Biography. Vol. 1–12. London: Longman, Rees, Orme, Brown & Green 1823–25.
The Royal *Navy*. A History from the earliest times to the present. Sir W. L. Clowes [u. a.] Vol. 1–7. London: Low, Marston & Co. 1897–1903.
Parkes, Oscar: British Battleships. »Warrior« 1860 to »Vanguard« 1950. A History of design, construction and armament. London: Seeley 1956.
– Ships of the Royal Navy. London: Sampson Low o. J. [um 1923].
Richmond, Sir Herbert William: Amphibious Warfare in British history. Exeter Wheaton 1941.
Watts, Anthony J.: Pictorial History of the Royal Navy. Vol. 1. 2. Vol. 1. 1816–1880. Vol. 2. 1880–1914. London: Ian Allan 1970–71.
Wiswall, F. L.: The Development of admiralty jurisdiction and practice since 1800. An English study with American comparisons. (London:) Cambridge Univ. Pr. 1970.
Woodrooffe, Thomas: Vantage at sea. England's Emergence as an Oceanic power. New York: St. Martins 1958.

Deutsche Marine

Bidlingmaier, Gerhard: Seegeltung in der deutschen Geschichte. Darmstadt: Wehr & Wissen 1967. (Handbuch d. Seeoffiziers. Bd 5.)
Brommy, Rudolf: Die Marine. Berlin: Duncker 1848.
Busch, Fritz Otto u. Gerhard *Ramlow*: Deutsche Seekriegsgeschichte. Fahrten und Taten in zwei Jahrtausenden. Gütersloh: Bertelsmann 1940.
Demeter, Karl: Das deutsche Offizierskorps in Gesellschaft und Staat, 1650–1945. 4., überarb. u. erw. Aufl. Frankfurt/Main: Bernard & Graefe 1965.
Drascher, Warhold: Zur Soziologie des deutschen Seeoffizierskorps. In: Wehrwissenschaftliche Rundschau. 12, 1962. S. 555–569.
Gemzell, Carl-Axel: Organization, conflict, and innovation. A study of German naval strategic planning, 1888–1940. Lund: Esselte Studium 1973.
Gröner, Erich: Die deutschen Kriegsschiffe 1815–1945. Bd. 1–2. München: Lehmanns 1966–1968.
Herzog, Bodo: 60 Jahre deutsche U-Boote. 1906–1966. München: Lehmanns 1968.
Höver, Otto: Deutsche Seegeschichte. Potsdam: Rütten & Loening 1942.
Hubatsch, Walther: Der Admiralstab und die obersten Marinebehörden in Deutschland. 1848–1945. Frankfurt/M.: Bernard & Graefe 1958.
Kroschel, Günter u. August-Ludwig *Evers*: Die deutsche Flotte 1848–1945. Gesch. d. dt. Kriegsschiffbaus in 437 Bildern. Hrsg. von ... Mit e. Einf. v. Friedrich Ruge. Wilhelmshaven: Lohse-Eissing (1962).
– –: 2., verb. Aufl. 1963.
Krüger, Manfred: Die Grundzüge der imperialistischen deutschen Marineideologie. Rostock 1963. [Masch.-schr.] Rostock, Phil. Fak., Hab. Schr. v. 9. 7. 1963.
Laverrenz, Viktor: Deutschlands Kriegsflotte. Eine Darstellg. d. Entwicklg. u. d. gegenwärt. Bestandes d. gesamten Reichsmarine, ihrer Organisation u. ihres Materials. Mit e. Flottentab. ... Erfurt, Leipzig: Kirchner 1906.
Leutz, Heinrich: Die deutsche Kriegs- und Handelsflotte. Karlsruhe: Scherer 1901.
Mantey, Eberhard von: Deutsche Marinegeschichte. Charlottenburg: Verl. Offene Worte 1926.
Neudeck, Georg u. Heinrich *Schröder*: Das kleine Buch von der Marine. Ein Handbuch alles Wissenswerten über die dt. Flotte nebst vergl. Darst. d. Seestreitkräfte d. Auslandes. Kiel, Leipzig: Lipsius & Tischer 1899–1914.
Röhr, Albert: Handbuch der deutschen Marinegeschichte. Oldenburg, Hamburg: Stalling 1963.
Schramm, Percy Ernst: Deutschland und Übersee. Braunschweig: Westermann 1950.
Simsa, Paul: Marine intern. Entwicklung und Fehlentwicklung der deutschen Marine 1888–1939. Stuttgart: Motorbuchverl. 1972.
Vogel, Walther: Die Deutschen als Seefahrer. Hamburg: Hoffmann & Campe 1949.
– Geschichte der deutschen Seeschiffahrt. 3 Bde. Bd 1. Berlin: Vereinigung wiss. Verleger 1915.
Werner, Reinhold: Erinnerungen und Bilder aus dem Seeleben. 3. Aufl. Berlin: Hofmann 1881.
Wislicenius, Georg: Deutschlands Seemacht einst und jetzt. Nebst e. Überblick über d. Gesch. d. Seefahrt aller Völker. Leipzig: Grunow 1896.
– –: 2., neubearb. u. stark erw. Aufl. 1901.
Zienert, Josef: Unsere Marineuniform. Ihre geschichtl. Entstehung ... und Weiterentwicklung von 1816 bis 1969. Hamburg: H. G. Schulz 1970.

Französische Marine

Auphan, Gabriel Adrien Joseph Paul: La Marine dans l'histoire de France. Paris: Plon 1955.
Bamford, P. W.: Forests and French seapower, 1660–1789. Diss. Columbia Univ. 1956.
Bourel de la Roncière, Charles Germain u. Georges *Clerc*-Rampal: Histoire de la marine française. Paris: Larousse 1934.
Farrère, Claude [d. i. Frédéric Charles Pierre Edouard Bargone]: Histoire de la marine française. Nouv. éd. Paris: Flammarion 1956.
Toudouze, Georges G. [u. a.]: *Histoire* de la Marine. Paris: L'Illustration 1939.
Jouan, René: Histoire de la marine française. T. 1. 2. Paris: Payot 1932.
– –: Neuaufl. 1950.
Le Masson, Henri: Du «Nautilus» (1800) au «Redoutable». Histoire critique du sous-marin dans la marine française. Paris: Presses de la Cité 1969.
– Histoire du torpilleur en France. Paris: Académie de Marine 1965.
Loir, Maurice: La Marine française. Paris: Hachette 1893.
Mordal, Jacques [d. i. Hervé Cras]: Histoires de la flotte française de combat. Casablanca: Publedit 1959.
Randier, Jean: La Royale. Paris: Éditions de la Cité. 1972–73. T. 1: L'Éperon et la cuirassé. L'histoire illustrée de la Marine Nationale Française des débuts de la vapeur à la fin de la Première Guerre Mondiale. T. 2: La Torpille et la bombe. L'histoire illustrée de la Marine Nationale Française du lendemain de la Grande Guerre à nos jours.
Salaun, Henri: La Marine française. 1871–1932. Paris: Éd. de France 1934.
Tramond, J.: Manuel d'histoire maritime de la France. Paris: Challamel 1916.
Troude, O.: Batailles navales de la France. T. 1–4. Paris: Levot 1867–68.

Italienische Marine

Bagnasco, Erminio: I MAS e le motosiluranti italiane. 1906–1966. Roma: Uff. Storico Marina Militare 1967.
Bargoni, Franco: Esploratori, fregate, corvette ed avvisi italiani. 1861–1968. Roma: Uff. Storico Marina Militare 1969.

I *Cacciatorpediniere* italiani. 1900–1966. Comp.: Giuseppe Fioravanzo [u. a.]. Roma: Uff. Storico Marina Militare 1966.
Colliva, Giuliano: Uomini e navi nella storia della Marina Militare Italiana. Milano: Bramante 1972.
Fraccaroli, Aldo: Italian Warship of World War 1. London: Ian Allan 1970.
Giorgerini, Georgio u. Augusto *Nani*: Gli Incrociatori italiani. 1861–1964. Roma: Uff. Storico Marina Militare 1964.
– Le Navi di linea italiane. 1861–1961. Roma: Uff. Storico Marina Militare 1962.
Maldini, Galeazzo: I Bilanci delle Marina d'Italia. Vol. 1. 2. Roma: Forzani 1884–86.
Pollina, Paolo M.: I Sommergibili italiani. 1895–1962. Roma: Uff. Storico Marina Militare 1963.
– Le Torpediniere italiane. 1881–1964. Roma: Uff. Storico Marina Militare 1964.
Randaccio, Carlo: Storia delle marine militari italiane dal 1750 al 1860 e della marina militare italiana dal 1860 al 1870. Vol. 1. 2. Roma: Forzani 1886.
Romiti, Sante: Le Marine militari italiane nel Risorgimento. 1748–1861. Roma: Italgraf 1950.
Vecchi, Augusto Vittorio: Storia generale della marina militare. 2. ed., riv. cor. ed. acc. Livorno: Giusti 1895.

Japanische Marine

Kaigun Seido *Enkaku*. [Die Entwicklung des Marinewesens 1868–1936.] Kaigunshō hen [Hrsg.: Marineministerium. Nachdr. d. Ausg. 1937–41.] Bd 1–18. Tōkyō: Hara-shobō 1971–72.
Furuta, Ryoichi u. Yoshikazu *Hirai*: A short History of Japanese merchant shipping. Tokyo: Tokyo News Service 1967.
Jane, F. T.: The Imperial Japanese Navy. London: Thacker 1899.
Jentschura, Hansgeorg, Dieter *Jung* u. Peter *Mickel*: Die japanischen Kriegsschiffe. 1869–1945. München: Lehmanns 1970.
Nakashima, G.: The Japanese Navy in the war. In: Brassey's Naval Annual. 1919. S. 62–68.
Watts, Anthony John u. Brian Glynn *Gordon*: The Imperial Japanese Navy. London: Macdonald 1971.

Österreichisch-ungarische Marine

Bayer von Bayersburg, Heinrich: Unter der k. u. k. Kriegsflagge. 1914–1918. Wien: Bergland Verl. (1959).
– Österreichs Admirale und bedeutende Persönlichkeiten der k. u. k. Kriegsmarine 1867–1918. Wien: Bergland Verl. 1962.
Benko von Boinik, Jerolim: Geschichte der k. k. Kriegsmarine während der Jahre 1848 und 1849. Wien: K. K. Reichskriegsmin., Marinesektion 1884. (Geschichte der k. u. k. Kriegsmarine. T. 3, 1.)
Gogg, Karl: Österreichs Kriegsmarine 1440–1848. Salzburg [usw.], Stuttgart: Verl. Das Bergland Buch 1972.
– Österreichs Kriegsmarine 1848–1918. Salzburg, Stuttgart: Verl. Das Bergland Buch 1967.
Khuepach, Arthur von u. Heinrich *Bayer* von Bayersburg: Geschichte der k. k. Kriegsmarine während der Jahre 1814–1847. Die österreichisch-venezianische Kriegsmarine. Graz, Köln: Böhlau 1966. (Geschichte der k. u. k. Kriegsmarine. T. 2, 3.)
Koudelka, Alfred von: Unsere Kriegsflotte 1556–1908. Laibach: Kleinmayr & Bamberg 1908.
Rechberger von Rechkron, Josef von: Österreichs Seewesen in dem Zeitraume von 1500–1797. Wien: Gerold 1882. (Geschichte der k. k. Kriegsmarine. T. 1.)
Sokol, Anthony E.: The Imperial and Royal Austro-Hungarian Navy. Annapolis: U.S. Naval Inst. 1968.
– [deutsche Ausg.]: Seemacht Österreich. Die Kaiserliche und Königliche Kriegsmarine 1382–1918. Wien: Molden 1972.

Russische und Sowjetische Marine

Arens', E. I.: Morskaja Sila i istorija. S.-Petersburg: Tip. Glavn. Upr. Ud. 1912.
Russkij *Flot'*. Izd. Velikogo Knjazja Aleksandra Michajloviča. S.-Petersburg: Štaller & Pattinot 1892.
Jane, F. T.: The Imperial Russian Navy. London: Thacker 1899.
Kornienko, Daniil Iosifovič: Flot našej rodiny. Moskva: Voenizdat 1957.
Mitchell, Mairin: The maritime History of Russia. London: Sedgwick & Jackson 1949.
Monasterev, Nestor u. *Tereschenko*: Histoire de la Marine russe. Paris: Payot 1932.
Ogorodnikov, S. Th.: Istoričeskij Obzor' razvitija i dejatel'nosti Morskogo Ministerstva, za sto lat' ego suščestvovanija (1802–1902 gg). S. Petersburg: Morsk. Minist. 1902.
Talon, Vicente: Los Rusos en el Mediterraneo. Madrid: San Martin 1970.
Tomitch, V. M.: Warships of the Imperial Russian Navy. Vol. 1. San Francisco/Calif.: BT Publ. 1968.
Trusov, G. M.: Podvodnye lodki v Russkom i Sovetskom Flote. [Die U-Boote der russischen und sowjetischen Flotte.] Izd. 2. Leningrad: Gosudizdat 1963.

Spanische Marine

Aguilera, Alfredo: Buques de la Armada española. Cronicas y datos del 1885 al presente. Madrid: Ed. Naval 1967.
Duro, Cesario Fernandez: La Armada española. Vol. 1–9. Madrid: Sucesores de Rivadeneyra. 1895–1903.

U.S. amerikanische Marine

Abbot, Willis J.: A naval History of the United States. Vol. 1–2. New York: Collier 1896.
Alden, Carroll Storrs u. Ralph *Earle*: Makers of naval tradition. New York [usw.]: Ginn 1926.
Aviation in the United States Navy. Washington: Naval History Division 1961.
Bathe, Greville: Ship of destiny. A Record of the U.S. steam frigate Merrimac, 1855–1862. St. Augustine/Fla.: Selbstverl. 1951.
Bauer, Karl Jack: Ships of the Navy. 1775–1969. Vol. I: Combat Vessels. Troy [usw.]: Rensselaer Polytechnic Inst. 1969.
Bennett, Frank M.: The Monitor and the navy under steam. Boston: Mifflin 1900.
– The Steam Navy of the United States. Pittsburgh: Warren 1896.
Bryant, Samuel W.: The Sea and the States: a maritime History of the American people. New York: Crowell 1947.
Chapelle, Howard Irving: The History of the American sailing navy. New York: Norton 1949.
– History of American sailing ships. New York: Norton 1935.
Denison, Archibald Campbell: America's maritime History: Its Background development tradition. New York: Putnam 1944.
Destroyers in the United States Navy ... 1902–1962. Washington: Naval History Division 1962.
Dictionary of American naval fighting ships. Vol. 1–. Bisher 5 Bde. (A–Q). 1959–70. Washington: U.S. Gov. Print. Off. 1959 ff.
Donovan, James A. jr.: The United States Marine Corps. New York [usw.]: Praeger 1967.
Elser, Gerhard: Fleet Marine Forces. Ein Beitr. über d. Entwicklung d. USMC. In: Marine-Rundschau. Jg. 59, 1962. H. 5. S. 269–288.
Evans, Stephen H.: The United States Coast Guard. 1790–1915. A definitive history. (With a postscript: 1915–1950). Annapolis, Md.: U.S. Naval Inst. 1949.
Hailey, Foster u. Milton *Lancelot*: The photographic Story of modern naval combat. 1898–1964. Clear for Action. New York: Duell, Sloan & Pearce 1964.

Hannay, David: The Navy and sea power. New York [usw.]: Holt o. J. [um 1915].
Heinl, Robert Debs: Soldiers of the Sea. The U.S. Marine Corps. 1775–1962. Annapolis: U.S. Naval Inst. 1962
Knox, Dudley Wright: A History of the United States navy. New York: Putnam 1948.
Krafft, Herman Frederick: Sea Power in American history. The Influence of the navy and the merchant marine upon American development. New York: The Century Co. 1920.
Lewis, Emanuel Raymond: Seacoast Fortifications of the United States. An introductory history. Washington: Smithsonian Institution Press 1970.
Mitchell, Donald William: History of the modern American navy. 1883 through Pearl Harbor. New York: Knopf 1946.
Pater, Alan F. (ed.): United States Battleships. Beverly Hills/Calif.: Monitor Book Co. 1968.
Perkins, D.: America and two wars. Boston: Little, Brown & Co. 1944.
Silverstone, Paul H.: U. S. Warship of World War I. London: Ian Allan 1970.
Sprout, Harold Hance u. Margaret *Sprout*: The Rise of American naval power. 1776–1918. Princeton/N. J.: Univ. Pr. 1939. Neudr. 1944.
The *Submarine* in the United States Navy. 3. ed. Washington: Naval History Division 1969.
Turnbull, Archibald D. u. Clifford L. *Lord*: History of United States naval aviation. New Haven: Yale Univ. Pr. 1949.
Wells, W. S. (ed.): The original U.S. Warship Monitor. New Haven: C. S. Bushnell Memorial Ass. 1899.

Kleine Marinen

Bosch, Felipe: Historia naval argentina. Buenos Aires: Ed. Alborada 1962.
Destéfani, Laurio H.: Manual de historia naval argentina. o. O. 1970.
Eidem, Ole Thorenius u. O. *Lütken*: Vor Sømagts Historie. P. 1–3. Kristiania [usw.]: Det Nordiske Forlag [1904–06].
Elias, Johan Engelbert: Schetsen uit de geschiedenis van ons zeewezen. 's Gravenhage: Nijhoff 1916–1930.
Garde, Hans Georg: Efterretninger om den danske og norske sømagt. T. 1–4. København: Selbstverl. 1832–1835.
Svenska Flottans *Historia*. Vol. 1–3. Malmö: Allhems Förlag 1942–1945.
Jonge, Johannes Cornelius de: Geschiedenis van het Nederlandsche zeewezen. 3. uitg. Vol. 1–5. Zwolle: Van Hoogstraten & Gorter 1869.
Mollema, Jarig Cornelis: Geschiedenis van Nederland ter zee. Vol. 1–4. Amsterdam: »Joost van den Vondel« 1939.
The Royal Swedish *Navy*. Ed.: Nils Skaar, Hans Blenner, Bengt Ohrelius. Stockholm: Hörsta Förlag 1957.
Steensen, Robert Steen: Vore Panserskibe, 1863–1943. København: Strube 1968.
– Vore Torpedobaade gennem 75 aar. København: Munksgaard 1953. (Marinehistorisk selskabs skrifter. 2.)
– Vore Undervandsbåde gennem 50 år, 1909–1959. Klampenborg: Marine historisk selskab; Munksgaard [in Komm.] 1960. (Marinehistorisk selskabs skrifter. 5.)

Geschichte der Navigation

Branch, William James Vivian u. E. Brook. *Williams*: Short History of navigation. Annapolis: Weems System of Navigation 1942.
Hewson, J. B.: A History of the practice of navigation. Glasgow: Brown, Son and Ferguson 1951.
Krypton, Constantine [d. i. Constantine Molodetsky]: The Northern Sea Route and the economy of the Soviet North. New York: Praeger 1956.
MacDonald, Edwin A.: Polar Operations. Annapolis: U.S. Naval Inst. 1969.
Stevers, Martin D. u. Jonas *Pendlebury*: Sea Lanes. Man's Conquest of the Ocean. New York: Minton, Balch & Co. 1935.
Vogel, Walther: Die Einführung des Kompasses in der nordwesteuropäischen Nautik. In: Hansische Geschichtsblätter. Bd 17, 1911. S. 1–33.

Seetaktik

Attlmayr, Ferdinand von: Studien über Seetaktik und den Seekrieg mit den Kriegsmitteln der Neuzeit. T. 1, 1: Über Seetaktik. Pola; Wien: Gerold in Komm. 1875.
– Über maritime Kriegführung. Wien: Gerold 1884.
Bacon, Sir Reginald Hugh Spencer u. Francis E. *McMurtrie*: Modern naval Strategy. London: F. Muller 1940.
Baldwin, Hanson Weightman: Sea Fights and shipwrecks. Garden City/N. Y.: Hanover House 1955.
Low, Charles Rathbone: Famous Frigate Actions. London: Virtue 1898.
– –: Repr. London: Conway Maritime Pr. 1970.

Antike und Mittelalter

Oman, Sir Charles W. C.: The Art of war in the Middle Ages. Ithaca: Cornell Univ. Pr. 1953.
Zechlin, Egmont: Maritime Weltgeschichte. Hamburg: Hoffmann & Campe 1947.

1 Die Rolle der Seemacht in der Antike

Breusing, A.: Die Nautik der Alten. Bremen: Schünemann 1886.
Casson, Lionel: The ancient Mariners. New York: Macmillan 1959.
– Ships and seamanship in the ancient world. Princeton/N. J.: Univ. Pr. 1971.
Köster, August: Das antike Seewesen. Berlin: Schoetz & Parrhysius 1923.
Luebeck, E.: Das Seewesen der Griechen und Römer. Hamburg: Herold 1890.
Macarthur, Walter: Sea Routes of commerce. An Outline of maritime history in ancient and medieval times. Vol. 1. 2. Boston: The Stratford Co. 1925.
Rodgers, William Ledyard: Greek and Roman naval Warfare. A Study of strategy, tactics and ship design from Salamis (480 B.C.) to Actium (31 B.C.). Annapolis: U.S. Naval Inst. 1937.
– –: Reissue 1964.
– Naval Warfare under oars, 4th to 16th centuries. Annapolis: U.S. Naval Inst. 1939.
– –: Reissue 1967.
Rose, John Holland: The Mediterranean in the ancient world. Cambridge: The Univ. Pr. 1933.
Shepard, Arthur MacCartney: Sea Power in ancient history. The Story of the navies of classic Greece and Rome. Boston: Little, Brown & Co. 1924.
Torr, Cecil: Ancient Ships. Cambridge: Cambridge Univ. Pr. 1894.

Die griechische Zeit

Busch, Hans-Eberhard: Themistokles – Staatsmann, Stratege und Admiral. In: Marine-Rundschau. Jg. 66, 1969. H. 4. S. 258–268.

Grundy, George B.: The great Persian War. New York: Ch. Scribner's Sons 1901.
Jachmann, Günther: Der homerische Schiffskatalog und die Ilias. Köln, Opladen: Westdt. Verl. 1958.
Tarn, William W.: Hellenistic military and naval Developments. Cambridge: Cambridge Univ. Pr. 1930.

Die römische Zeit

Balmer, Hans: Die Romfahrt des Apostels Paulus und die Seefahrtskunde im römischen Kaiserzeitalter. Bern: Selbstverl. 1905.
Nelson, Andrew G.: Phormio. The first naval Tactician. In: U.S. Naval Institute Proceedings. 1963. No. 722. S. 88–97.
Starr, Chester G.: The Roman Imperial Navy, 31 B.C.–A.D. 324. Ithaca: Cornell Univ. Pr. 1941.
Thiel, J. H.: A History of Roman sea-power before the Second Punic War. Amsterdam: North-Holland Publ. 1954.
– Studies on the history of Roman sea-power in republican times. Amsterdam: North-Holland Publ. 1946.

2 Die Seefahrt in Nordeuropa bis zum Ende der Hansezeit

Brandt, Ahasver von: Der Einfluß der Seemacht auf die ältere deutsche Geschichte. In: Zeitschrift des Vereins für Lübeckische Geschichte und Altertumskunde. 29, 1938. S. 65 ff.
Höver, Otto: Die älteste Seeschiffahrt und ihre kulturelle Umwelt. Hamburg: Wede 1948.
Hubatsch, Walther: Im Bannkreis der Ostsee. Marburg: Elwert-Gräfe & Unzer 1948.
Oman, Sir Charles W. C.: The Art of war in the Middle Ages. Ithaca: Cornell Univ. Pr. 1953.
Reuter, Christian: Handelswege im Ostseegebiet in alter und neuer Zeit. Berlin: Mittler 1913. (Meereskunde. Jg. 7. H. 2.)
Rörig, Fritz: Mittelalterliche Weltwirtschaft. Jena: Fischer 1933. (Kieler Vorträge. 40.)
– Wirtschaftskräfte im Mittelalter. 2., überarb. u. erw. Aufl. Köln: Böhlau 1968.
Vogel, Walther: Zur nord- und westeuropäischen Seeschiffahrt im früheren Mittelalter. In: Hansische Geschichtsblätter. Bd 13, 1907. S. 153 ff.

Die Völkerwanderung

Gautier, E. F.: Geiserich. König der Wandalen. Frankfurt a. M.: Societätsverl. 1934.
Genzmer, Felix: Germanische Seefahrt und Seegeltung. München o. J.
Kohlrausch, Robert: Deutsches Schicksal im Süden. Wanderungen auf d. Spuren d. Goten, Langobarden u. Hohenstaufen. Stuttgart: Hohenstaufen-Verl. 1943.
Lindqvist, Sune: Gotlands Bildsteine. 1. 2. Stockholm: Wahlström & Widstrand 1941–42.
Müller, Konrad: Altgermanische Meeresherrschaft. Gotha: Perthes 1914.

Die Wikinger und Normannen

Brøgger, Anton Wilhelm u. Haakon *Shetelig*: Vikingeskipene. Oslo: Dreyer 1950.
Heinsius, Elisabeth: Der Bildteppich von Bayeux als Quelle für die Seemannschaft der Wikingerzeit. In: Vorzeit. Jg. 15, 1966. H. 1–4. S. 19 ff.
Jankuhn, Herbert: Haithabu. Eine germanische Stadt der Frühzeit. Neumünster: Wachholtz 1937.
– Haithabu. Ein Handelsplatz der Wikingerzeit. 3., völlig neubearb. Aufl. Neumünster: Wachholtz 1956.
Rohwer, Barbara: Der friesische Handel im frühen Mittelalter. Borna-Leipzig 1937: Noske [Diss.].
Seeger, Hans Joachim: Westfalens Handel und Gewerbe vom 9. bis 14. Jahrhundert. Berlin: Curtius 1926. (Studien zur Geschichte der Wirtschaft und Geisteskultur. Bd 1.)
Smail, Raymond Charles: Crusading Warfare (1097–1193). (Repr.) Cambridge: Univ. Pr. 1967.
Stenton, F.: The Bayeaux Tapestry. London 1937.
Strasser, Karl Theodor: Wikinger und Normannen. Hamburg: Hanseat. Verl.-Anst. 1928.
Vogel, Walther: Ein seefahrender Kaufmann um 1100. In: Hansische Geschichtsblätter. Bd 18, 1912. S. 246.
– Die Normannen und das fränkische Reich bis zur Gründung der Normandie (799–911). Heidelberg: Winter 1906. (Heidelberger Abhandlungen zur mittleren und neueren Geschichte. H. 14.)
Winter, Heinrich: Die Nautik der Wikinger und ihre Bedeutung für die Entwicklung der europäischen Seefahrt. In: Hansische Geschichtsblätter. Jg. 62, 1937. S. 173–184.

Die Hanse

Agats, Arthur: Der hansische Baienhandel. Heidelberg: Winter 1904. (Heidelberger Abhandlungen zur mittleren und neueren Geschichte. H. 5.)
Bächthold, H.: Der norddeutsche Handel im 12. und beginnenden 13. Jahrhundert. Berlin, Leipzig: Rothschild 1910. (Abhandlungen zur mittleren und neueren Geschichte. H. 21.)
Benninghoven, Friedrich: Die Gotlandzüge des Deutschen Ordens 1398–1400. In: Zeitschrift für Ostforschung. 1964. H. 3. S. 421–477.
– Der Orden der Schwertbrüder Fratres milicie Christi de Livonia. Köln, Graz: Böhlau 1965.
Bruns, Friedrich u. Hugo *Weczerka*: Hansische Handelsstraßen. T. 1. Köln, Graz: Böhlau 1962. (Quellen und Darstellungen zur hansischen Geschichte. N.F. Bd 13.)
Daenell, E. R.: Geschichte der deutschen Hanse in der zweiten Hälfte des 14. Jahrhunderts. Leipzig: Teubner 1897.
Dollinger, Philippe: La Hanse. (XIIe–XVIIe siècle.) Paris: Montaigne 1964.
Fink, Georg: Die Hanse. Leipzig: Bibliogr. Inst. 1939. (Meyers bunte Bändchen. 43.)
Friccius, Werner: Wirtschaftskrieg als Mittel hansischer Politik im 14. und 15. Jahrhundert. In: Hansische Geschichtsblätter. Jg. 57, 1932. S. 38–77; Jg. 58, 1933. S. 52–121.
Hansische *Geschichtsblätter*. Jg. 1 ff. Leipzig: Duncker & Humblot 1871 ff. (Zahlreiche Einzelaufs. zur Schiffahrtsgeschichte dieses Zeitraumes.)
Goetz, Leopold Karl: Deutsch-russische Handelsverträge des Mittelalters. Hamburg: Friederichsen 1916. (Abhandlungen des Hamburgischen Kolonialinstituts. Bd 37.)
Häpke, Rud.: Brügges Entwicklung zum mittelalterlichen Weltmarkt. Berlin: Curtius 1908. (Abhandlungen zur Verkehrs- und Seegeschichte. 1.)
Heinsius, Paul: Zur Entwicklung der Seetaktik und des Seekriegswesens im Ostseeraum während des 13. Jahrhunderts. In: Festschrift für Hermann Aubin zum 80. Geburtstag. Bd 1. Wiesbaden 1965.
Hobbing: Die Expedition der Hansestädte gegen die ostfriesische Küste 1400. In: Emdener Jahrbuch. Bd 4, 1881. H. 2. S. 20–44.
Kellenbenz, Hermann: Rheinische Verkehrswege der Hanse zwischen Ostsee und Mittelmeer. In: Die deutsche Hanse als Mittler zwischen Ost und West. Köln 1963. S. 103–118.
Keutgen, Friedrich: Ursprung und Wesen der deutschen Hanse. Hamburg 1935.
Keyser, Erich: Das Ordensland und die deutsche Hanse. In: Deutsche Staatenbildung und deutsche Kultur im Preußenlande. Königsberg 1931. S. 89–104.

Kinau, Jakob: Der Kampf um die Seeherrschaft von der Hanse bis zum Weltkrieg. München: Lehmanns 1938.
Kirchhoff, Hermann: Seemacht in der Ostsee. Bd 1. 2. Kiel: Cordes 1907–08.
Kloth: Lübecks Seekriegswesen im nordischen Siebenjährigen Krieg. In: Zeitschrift des Vereins für Lübeckische Geschichte und Altertumskunde. 21, 1921; 22, 1925.
Der *Königsspiegel*. Halle: Niemeyer 1944.
Koppmann, Karl: Das Seebuch. Mit e. nautischen Einl. von Arthur Breusing. Bremen: Kühtmann 1876.
Kunze, K.: Hanseakten aus England 1275–1412. Halle: Buchh. d. Waisenhauses 1891. (Hansische Geschichtsquellen. Bd 6.)
Lappenberg, Johann Martin: Urkundliche Geschichte des hansischen Stahlhofes zu London. Hamburg 1851.
Lehe, Erich von, Heinrich *Reincke* u. Karl *Schellenberg*: Hamburg und die deutsche Hanse. Ausstellung. Hamburg: de Gruyter 1939. (Archiv der Hansestadt Hamburg. Bunte Reihe. 1.)
Mews, Siegfried: Gotlands Handel und Verkehr bis zum Auftreten der Hansen. (12. Jahrhundert.) Berlin: Ebering 1937. (Veröffentlichungen des Seminars für Staatenkunde und historische Geographie an der Friedrich-Wilhelm-Univ. zu Berlin. Nr 4.)
Nash, E. Gee: The Hansa. Its History and romance. New York: Dodd, Mead & Co. [usw.] 1929.
Nirrnheim, Hans: Das Hamburger Pfund- und Werkzollbuch von 1399–1400. Hamburg: Lütcke & Wulff 1930. (Veröffentlichungen aus dem Staatsarchiv der Freien und Hansestadt Hamburg. 2.)
Acht Jahrhunderte Deutscher *Orden* in Einzeldarstellungen. Hrsg.: Klemens Wieser. Bad Godesberg: Verl. Wiss. Archiv 1967.
Pagel, Karl: Die Hanse. 3., neubearb. Aufl. Braunschweig: Westermann 1963.
Die *Rezesse* und andere Akten der Hansetage. 1256–1430. Bd 1–8. Leipzig: Duncker & Humblot 1870–97.
Rörig, Fritz: Vom Werden und Wesen der Hanse. Leipzig: Koehler & Amelang 1940.
Ropp, Goswin Frhr. von der: Zur deutsch-skandinavischen Geschichte des 15. Jahrhunderts. Leipzig: Duncker & Humblot 1876.
– Kaufmannsleben zur Zeit der Hanse. Leipzig: Duncker & Humblot 1907. (Pfingstblätter des Hansischen Geschichtsvereins. Bl. 3.)
Rundstedt, Hans Gerd von: Die Hanse und der Deutsche Orden in Preußen bis zur Schlacht bei Tannenberg. Weimar: Böhlau 1937.
Sattler, K.: Die Hanse und der Deutsche Orden bis zu dessen Verfall. In: Hansische Geschichtsblätter. 4, 1882.
Schäfer, Dietrich: Das Buch des Lübeckischen Vogts auf Schonen. 2., verb. Aufl. Lübeck: Hansischer Geschichtsverein 1927. (Hansische Geschichtsquellen. Bd 4.)
– Die deutsche Hanse. 4. Aufl. Bielefeld, Leipzig: Velhagen & Klasing 1943.
– Die Hansestädte und König Waldemar von Dänemark. Jena: Fischer 1897.
Schulz, Friedrich: Die Hanse und England von Eduards III. bis auf Heinrichs VIII. Zeit. Berlin: Curtius 1911. (Abhandlungen zur Verkehrs- u. Seegeschichte. 5.)
Stein, Walther: Über die ältesten Privilegien der deutschen Hanse in Flandern und die ältere Handelspolitik Lübecks. In: Hansische Geschichtsblätter. Jg. 1895.
– Beiträge zur Geschichte der deutschen Hanse bis um die Mitte des 15. Jahrhunderts. Gießen: Ricke 1900.
– Die Hanse und England. Ein hansisch-engl. Seekrieg im 15. Jahrhundert. Leipzig: Duncker & Humblot 1905. (Pfingstblätter des Hansischen Geschichtsvereins. 1.)
Stieda, Wilhelm: Hansisch-venetianische Handelsbeziehungen im 15. Jahrhundert. Festschrift d. Landesuniv. Rostock zur 2. Säkularfeier d. Univ. Halle a. S. Rostock 1894.
Hansisches *Urkundenbuch*. Bearb. v. Konst. Höhlbaum. Halle: Buchh. d. Waisenhauses 1876 ff.
Veckinchusen, Hildebrand: Briefwechsel eines deutschen Kaufmanns im 15. Jahrhundert. Hrsg. u. eingel. v. Wilhelm Stieda. Leipzig: Hirzel 1921.
Vogel, Walther: Deutsche Seestrategie in hansischer Zeit. In: Hansische Geschichtsblätter. Bd 35, 1930. S. 34 ff.
Vollbehr, Friedel: Die Holländer und die deutsche Hanse. Lübeck: Hansischer Geschichtsverein 1930. (Pfingstblätter des Hansischen Geschichtsvereins. Bl. 21.)
Weinreich, Caspar: Caspar Weinreichs Danziger Chronik. Hrsg. u. erl. v. Th. Hirsch u. F. A. Vossberg. Berlin: Stargardt 1855.

3 Das Zeitalter der Entdeckungen

Baker, J. N. L.: History of geographical discovery and exploration. London: Harrap 1931.
Brendon, J. A.: Great Navigators and discoverers. London: Harrap 1929.
Browne, Douglas Gordon: The floating Bulwark. The Story of the fighting ship 1514–1942. London: Cassell 1963.
Günther, Siegmund: Die Beteiligung der Deutschen am Zeitalter der Entdeckungen. Berlin: Mittler 1908. (Meereskunde. Jg. 11. H. 11.)
Hümmerich, Franz: Die erste deutsche Handelsfahrt nach Indien. 1505/1506. München: Oldenbourg 1922.
Kötzschke, Rudolf: Allgemeine Wirtschaftsgeschichte des Mittelalters. Jena: G. Fischer 1924.
Lechler, Jörg: Die Entdecker Amerikas vor Columbus. Leipzig: Kabitzsch 1939.
Schönemann, Friedrich: Geschichte Amerikas außer Kanada. Geschichte der Vereinigten Staaten von Nordamerika. Leipzig: Bibliogr. Inst. 1942. (Die große Weltgeschichte. Bd 15.)
Simon, Kurt: Spanien und Portugal als See- und Kolonialmächte. Hamburg: Hermes 1913. (Spanien. Bd 1.)
Synge, Margaret Bertha: A Book of discovery. The History of the world's exploration, from the earliest times to the finding of the South Pole. London [usw.]: Jack 1925.
Zechlin, Egmont: Das europäische Weltbild und die Entdeckung Amerikas. In: Völker und Meere. Leipzig 1944. S. 188–202.

Portugal

Beazley, C. Raymond: Prince Henry the Navigator. New York: Putnam 1895.
Ravenstein, Ernst Georg: Martin Behaim, his life and his globe. London: Philip 1908.

Spanien

Aiton, A. S.: Antonio de Mendoza, First Viceroy of New Spain. New York: Russell & Russell 1967.
Artiñano y de Galdácano, Gervasio de: La Arquitectura naval española, en madera. T. 1. 2. Madrid 1920.
Federmann, Arnold: Deutsche Konquistadoren in Südamerika. Berlin: Hobbing 1938.
Häbler, Konrad: Die überseeischen Besitzungen der Welser und ihrer Gesellschafter. Leipzig: Hirschfeld 1903.
Mecham, John Lloyd: Francisco de Ibarra and Nueva Vizcaya. Durham/N.C.: Duke Univ. Pr. 1927.
Morison, Samuel Eliot: Admiral of the Ocean Sea. A Life of Christopher Columbus. Boston: Little, Brown & Co. 1942.
Panhorst, Karl Heinrich: Deutschland und Amerika. Ein Rückblick auf d. Zeitalter d. Entdeckungen u. d. ersten deutsch-amerikan. Verbindungen unter bes. Berücksichtigung d. Fugger u. Welser. München: Reinhardt 1928.
Quelle, Otto: Geschichte von Iberoamerika. In: Schönemann, Friedrich: Geschichte Amerikas außer Kanada. Leipzig 1942.

Vogel, Walther: Ein unbekannter Bericht von Magalhães' Weltumsegelung. In: Marine-Rundschau. Jg. 22, 1911. H. 4. S. 452–460; H. 5. S. 583–596.

Lepanto 1571

Cerezo Martínez, Ricardo: Años cruciales en la historia del Mediterráneo. (1570–1574.) Madrid: Junta ejecutiva del 4. centenario de la batalla de Lepanto 1971.
Eickhoff, Ekkehard: Seekrieg und Seepolitik zwischen Islam und Abendland. Berlin: de Gruyter 1966.
Grager, Kurt: Vor 400 Jahren: Die Seeschlacht von Lepanto. In: Marine-Rundschau. Jg. 68, 1971. H. 10. S. 605–618.
Heyck, Eduard: Genua und seine Marine im Zeitalter der Kreuzzüge. Innsbruck: Wagner 1886.
La Gravière, Edmond Jurien de: La Guerre de Chypre et la bataille de Lepante. T. 1. 2. Paris: Plon, Nourrit & Cie. 1888.
Lewis, Archibald R.: Naval Power and trade in the Mediterranean, A. D. 500–1100. Princeton: Princeton Univ. Pr. 1951.
Normann-Friedenfels, Eduard von: Don Juan d'Austria als Admiral der Heiligen Liga und die Schlacht bei Lepanto. Pola, Wien: Gerold 1902.
Olesa Muñido, Francisco-Felipe: La Galera en la navegacion y el combate. 1. 2. Madrid: Junta ejecutiva del 4. centenario de la batalla de Lepanto 1971. 1. El Buque suelto. 2. Formaciones y dispositivos.
Rosell, Cayetano: Historia del combate naval de Lepanto. Madrid 1853: Impr. de la Real Acad. de la historia.
Sokol, Anthony E.: Die Schlacht von Lepanto 1571. In: Marine-Rundschau. Jg. 60, 1963. H. 6. S. 325–332.
Stieder, Jakob: Levantinische Handelsfahrten deutscher Kaufleute des 16. Jahrhunderts. Berlin: Mittler 1919. (Meereskunde. Jg. 13. H. 5.)
Wiel, Alethea Jane: The Navy of Venice. London: Murray 1910.

16.–18. Jahrhundert

Mahan, Alfred T.: The Influence of sea power upon history, 1660 – 1783. Boston: Little, Brown & Co. 1890, 1918, 1935.

4 Der Aufstieg Englands zur Seemacht

Englische Flotten

Albion, Robert G.: Forests and sea power: The Timber Problem of the Royal Navy, 1652–1862. Cambridge: Harvard Univ. Pr. 1926.
Beadon, Roger: Robert Blake. London: Arnold 1935.
Corbett, Sir Julian S.: Drake and the Tudor navy. With a History of the rise of England as a maritime power. Vol. 1. 2. New York: Longmans, Green & Co. 1898.
– England in the Mediterranean. A Study of the rise and influence of British sea power within the straits, 1603–1713. Vol. 1. 2. London: Longmans, Green & Co. 1904.
Fighting Instructions, 1530–1816. Ed.: Sir Julian S. Corbett. London: Navy Records Society 1905.
Glatzel: Die Entwicklung der Seetaktik in der Zeit Rodneys und Howes. In: Marine-Rundschau. Jg. 20, 1909. H. 4. S. 420–427.
Oppenheim, Michael: A History of the administration of the Royal Navy and of merchant shipping in relation to the navy. Vol. 1: 1509–1660. London: Lane 1896.
Owen, John H.: War at sea under Queen Anne, 1702–1708. Cambridge: Cambridge Univ. Pr. 1938.
Penn, C. D.: The Navy under the early Stuarts and its influence on English history. London: Hogg 1920.
Raleigh, Sir Walter: Judicious and select essays and observations by that renowned and learned knight, Sir Walter Raleigh, upon the first invention of shipping, the misery of invasive warre, the Navy Royall and sea-service . . . London: Moseley 1650.
Rentzsch: Die Stellung von Cromwells Heer und Flotte zum englischen Volke. In: Marine-Rundschau. Jg. 37, 1932. H. 12. S. 529 – 531.
Richmond, Sir Herbert W.: The Navy as an instrument of policy, 1558–1727. Cambridge: Cambridge Univ. Pr. 1953.
Ruge, Friedrich: Admiral Anson. In: Marine-Rundschau. Jg. 43, 1938. H. 5. S. 328–338.
Signals and instructions, 1776–1794. Ed.: Sir Julian S. Corbett. London: Navy Records Society 1908.
System of naval tactics, combining the established theory with general practice and particularly with the present practice of the British navy. London 1797.
Tedder, Arthur W.: The Navy of the Restoration. Cambridge: Cambridge Univ. Pr. 1916.
Waters, David Watkin: The Art of navigation in England in Elizabethan and early Stuart times. London: Hollis & Carter 1958.
Williamson, James A.: The Age of Drake. London: Black 1938.
– Maritime Enterprise, 1485–1558. Oxford: Oxford Univ. Pr. 1913.
– Sir John Hawkins. The Time and the man. Oxford: Clarendon Pr. 1927.

Die Armada

Fernández Duro, Césareo: Armada española desde la unión de los reinos de Castilla y de León. Madrid 1895–1903: Est. tipogr. »Sucesores de Rivadeneyra«.
Laughton, Sir John Knox (ed.): State Papers relating to the defeat of the Spanish Armada. Vol. 1. 2. London: Navy Records Society 1894.
Lewis, Michael Arthur: The Spanish Armada. London: Batsford 1960.
Mattingly, Garrett: The Defeat of the Spanish Armada. London: Cape 1959.
– The Armada. Boston: Mifflin 1959.
The *Navy* during the Spanish War, 1585–1587. London: Navy Records Society 1894.

Der Kampf mit den Niederlanden

Blok, P. J.: Michiel Adriaanszoon de Ruyter. 's Gravenhage: Nijhoff 1928.
Chambon, Albert: Tromp. Matroos Vandersteng vertelt van het marineleven door alle tijden. Den Helder o. J. [um 1939]: C. de Boer.
Clark, G. N.: The Dutch Alliance and the war against French trade, 1688–1697. Oxford: Oxford Univ. Pr. 1934.
Graefe, F.: Zur Strategie des 1. englisch-niederländischen Krieges. In: Marine-Rundschau. Jg. 41, 1936. H. 9. S. 421–429.
Richmond, Sir Herbert W.: The Navy in the war of 1739–1748. Vol. 1–3. Cambridge: Cambridge Univ. Pr. 1916.

Schiffe und Waffen

Cipolla, Carlo Maria: Guns and sails in the early phase of European expansion. 1400–1700. London: Collins 1966.

5 Deutsche Flotten im 17. und 18. Jahrhundert

Anderson, Roger Charles: Naval Wars in the Baltic. 1522–1850. (1. pr. 1910.) London: Edwards 1969.

Franz, Alexander: Deutsche Reichsflottenpläne aus der Zeit der Gegenreformation. In: Marine-Rundschau. Jg. 18, 1907. H. 8/9. S. 1029–1050.

Jordan, A.: Geschichte der brandenburgisch-preußischen Kriegsmarine. Berlin: Heinicke 1851.

Kilnitz, Ernst: Zeittafel zur deutschen Kolonialgeschichte. München: Fichte 1941.

Kirchhoff, Hermann: Seemacht in der Ostsee. B 1. 2. Kiel: Cordes 1907–1908.

Mattiesen, Otto Heinz: Die Kolonial- und Überseepolitik der kurländischen Herzöge im 17. und 18. Jahrhundert. Stuttgart: Kohlhammer 1940.

Pölnitz, Götz Frhr. von: Die Fugger. Frankfurt a. M.: Scheffler 1960.

– Anton Fugger. Bd 1. Tübingen: Mohr 1958. (Studien zur Fuggergeschichte. 13.) (Veröffentl. d. Schwäb. Forschungsgemeinschaft bei d. Komm. f. bayer. Landesgesch. R. 4, 6.)

– Fugger und Hanse. Tübingen: Mohr 1953. (Studien zur Fuggergeschichte. 11.)

– Jakob Fugger. Tübingen: Mohr 1949.

Schmoller, Gustav: Ein Projekt von 1658, den Großen Kurfürsten zum deutschen Reichsadmiral zu erheben. In: Märkische Forschungen. Bd 20, 1887. S. 131 ff.

Marinstaben. Sveriges *Sjökrig* 1611–1632. (Stockholm 1937.) Aus: »Sveriges Krig 1611–1632«. [Inh.: Krigen mot Danmark och Ryssland 1611–1617. Polska Kriget 1617–1629. Tyska Kriget 1628–1632.]

Tarle, Evgenij Viktorovič: Severnaja Vojna i švedskoe našestvie na Rossiju (1700–21). Moskva: Izd. Soc. ëkonom. Lit. 1958.

6 Der Siebenjährige Krieg

England

Corbett, Sir Julian S.: England in the Seven Years' War. A Study in combined strategy. Vol. 1. 2. London: Longmans, Green & Co. 1918.

Laughton, Sir John Knox: From Howard to Nelson. 12 Sailors. London: Lawrence & Bullen 1899.

Maltzahn, Frhr. v.: Die Gefechtsinstruktionen der englischen Flotte und die Seeschlachten des 18. Jahrhunderts. In: Marine-Rundschau. Jg. 17, 1906. H. 5. S. 531.

Pitt, William First Earl of Chatham: Correspondence. Ed.: G. S. Kimball. Vol. 1. 2. New York: Macmillan 1906.

Richmond, Sir Herbert W.: The Navy in India, 1763–1783. London: Benn 1931.

Sherrard, O. A.: Pitt and the Seven Year's War. London: Head 1955.

Stacey, C. P.: Quebec, 1759 – The Siege and the battle. New York: Macmillan 1960.

Taegert, Karl: Das Kriegsgerichtsverfahren gegen Admiral Byng und seine Vorgeschichte. In: Marine-Rundschau. Jg. 38, 1933. H. 2. S. 68–73.

Tunstall, Brian: Admiral Byng and the loss of Minorca. London: Ph. Allen 1928.

Willson, Beckles: Life and letters of James Wolfe. London: Heinemann 1909.

Frankreich

Gembruch, Werner: Gedanken Vaubans über den Seekrieg. In: Marine-Rundschau. Jg. 56, 1959. H. 2. S. 78–82.

Kurth: Die französische Marine zur Zeit Colberts. In: Marine-Rundschau. Jg. 21, 1910. H. 8. S. 1139–1152.

Lacour-Gayet, Georges: La Marine militaire de la France sous le règne de Louis XV. 2. éd., rev. et augm. Paris: Champion 1910.

– La Marine militaire de la France sous le règne de Louis XVI. Paris: Champion 1905.

Taillemite, Etienne: La Guerre des convois dans l'Atlantique au XVIIIe siècle. In: Revue historique de l'Armée. A. 19, 1963. No. 1. S. 50–64.

Preußen

Friedrich II.: Histoire de mon temps. [Red. v. 1746.] In: Publicationen aus den königlich preußischen Staatsarchiven. 4, 1879. S. 143–499.

Graefe, F.: Eine Äußerung Friedrichs des Großen über das Zusammenwirken von Heer und Flotte. In: Marine-Rundschau. Jg. 23, 1912. H. 2. S. 264–265.

Hermann, Ernst: Die Rolle der Seemächte in der Ostsee während des Siebenjährigen Krieges. 1756–63. In: Marine-Rundschau. Jg. 45, 1940. H. 5. S. 257.

Kugler, Fr.: Geschichte Friedrichs des Großen. Leipzig: Weber 1841.

7 Der amerikanische Revolutionskrieg

Quellen

Barnes, John S. (ed.): Logs of Serapis-Alliance-Ariel under the command of John Paul Jones 1779–80. New York: Naval History Society 1911.

Chadwick, French E. (ed.): The Graves Papers and other documents relating to the naval operations of the Yorktown campaign, July to October 1781. New York: Naval History Society 1916.

Naval *Documents* of the American Revolution. (Ed. by) William Bell Clark. Vol. 1–4. Washington: Gov. Pr. Off. 1964–

Facsimiles of manuscripts in European archives relating to America 1773–1783. Vol. 1–25. London 1889–98.

Log of the Bon Homme Richard. Mystic/Conn.: Marine Historical Ass. of Mystic 1936.

The naval *Miscellany*. Vol. 1. London: Navy Records Society 1902.

Neeser, Robert W. (ed.): Letters and papers relating to the cruisis of Gustavus Conyngham, a Captain of the continental navy 1777–1779. New York: Naval History Society 1915.

Operations of the French fleet under the Count de Grasse in 1781–2, as described in two contemporaneous journals. New York: The Bedford Club 1864.

Paullin, Charles O. (ed.): Out-Letters of the Continental Marine Committee and Board of Admiralty, August 1776 – September 1780. Vol. 1. 2. New York: Naval History Society 1914.

Ralfe, J.: The naval Biography of Great Britain, consisting of historical memoirs of those officers of the British navy who distinguished themselves during the reign of His Majesty George III. Vol. 1–4. London: Whitmore & Fenn. 1828.

Rodney, George Lord: Letter-Books and order-book of George Lord Rodney, Admiral of the White Squadron 1780–1782. Ed.: Dorothy C. Barck. Vol. 1. 2. New York: Naval History Society 1932.

Schuldham, Molyneux: The Despatches of Molyneux Schuldham, Vice-Admiral of the Blue, Commander-in-Chief of British ships in North America January–July 1776. New York: Naval History Society 1913.

Sparks, Jared (ed.): Correspondence of the American Revolution, being letters of eminent men to George Washington, from the time of his taking command of the army to the end of his presidency. Vol. 1–4. Boston: Little, Brown & Co. 1853.

Stevens, Benjamin Franklin: The Campaign in Virginia 1781. The Clinton-Cornwallis controversy. Vol. 1. 2. London: Selbstverl. 1888.

Tornquist, Karl Gustaf: The naval Campaigns of Count de Grasse during the American Revolution 1781–1783. Transl. and ed.: Amandus Johnson. Philadelphia: Swedish Colonial Society 1942.

Washington, George (General) u. François Joseph Paul de *Grasse*:

Correspondence of General Washington and Comte de Grasse, 1781 August 17 – November 4. Washington: USGPO 1931. (Senate Document. No 211. Congress 71, Sess. 2 1931.)

Tagebücher, Memoiren, Biographien

Barham, Charles Lord: Letters and papers of Charles Lord Barham, Admiral of the Red Squadron, 1758–1813. Ed.: Sir John Knox Laughton. Vol. 1–3. London: Navy Records Society 1907 – 11.

Thiéry, Maurice: *Bougainville*, soldier and sailor. London: Grayson & Grayson 1932.

Burgoyne, John (Lieutenant General): A State of the expedition from Canada as laid before the House of Commons by Lieutenant General ... London 1780.

Cornwallis-West, G.: The Life and letters of Admiral Cornwallis. London: Holden 1927.

Calmon-Maison, Jean Joseph Robert: L'Amiral *d'Estaing*. Paris: Calmann-Lévy 1910.

Fanning, Nathaniel: Fanning's Narrative, being the memoirs of Nathaniel Fanning, an officer of the revolutionary navy, 1778–1783. Ed.: John S. Barnes. New York: The Naval History Society 1912.

Lewis, Charles L.: Admiral de *Grasse* and American independence. Annapolis: U.S. Naval Inst. 1945.

Hood, Sir Samuel (Viscount Hood): Letters written by Sir Samuel Hood ... in 1781–2–3. Ed.: David Hannay. London: Navy Records Society 1895.

Anderson, Troyer S.: The Command of the *Howe* brothers during the American Revolution. New York [usw.]: Oxford Univ. Pr. 1936.

Barrow, Sir John: The Life of Richard Earl *Howe*, K. G., Admiral of the Fleet and General of the Marines. London: Murray 1838.

Koven, Reginald de: The Life and letters of John Paul *Jones*. Vol. 1. 2. New York: Ch. Scribner's Sons 1913.

Lorenz, Lincoln: John Paul *Jones*, fighter for freedom and glory. Annapolis: U.S. Naval Inst. 1943.

Morison, Samuel E.: John Paul *Jones*, a sailor's biography. Boston: Little, Brown & Co. 1959.

Keppel, Thomas (Rev.): The Life of Augustus, Viscount Keppel, Admiral of the White and First Lord of the Admiralty in 1782–3. Vol. 1. 2. London: Colburn 1842.

Martin, Sir Thomas Byam: Letters and papers of Admiral of the Fleet Sir Thom. Byam Martin. Ed.: Sir R. V. Hamilton. Vol. 1–3. London: Navy Records Society 1898–1902.

Long, David F.: Nothing too daring. A Biography of Commodore David *Porter*, 1780–1843. Annapolis: U.S. Naval Inst. 1970.

West, R. S. jr.: The Second Admiral: A Life of David Dixon *Porter*. New York: Coward-McCann 1937.

Riedesel (Major-General): Memoirs and letters and journals of Major-General Riedesel during his residence in America. Transl. from the orig. German of Max von Eelking. By William L. Stone. Vol. 1. 2. Albany: Munsell 1868.

Weelen, Jean Edmond: *Rochambeau*, father and son. A Life of the Maréchal de Rochambeau by ... and the journal of the Vicomte de Rochambeau. New York: Holt 1936.

Hannay, David: *Rodney*. London [usw.]: MacMillan 1891.

Mundy, Godfrey B.: The Life and correspondence of the late Admiral Lord *Rodney*. Vol. 1. 2. London: Murray 1830.

Spinney, David: *Rodney*. Annapolis: U.S. Naval Inst. 1969.

Sandwich, John Earl of: The private Papers of John Earl of Sandwich, First Lord of the Admiralty 1771–82. Ed.: G. R. Barnes and J. H. Owen. London: Navy Records Society 1932–38.

Cunat, Charles: Histoire du Bailli de *Suffren*. Rennes: Marteville & Lefas 1852.

Hennequin, T. F. G.: Essai historique sur la vie et les compagnes du Bailli de *Suffren*. Paris: Libr. de Paytieux 1824.

Washington, George: Writings of George Washington. Ed.: John C. Fitzpatrick. Vol. 1–39. Washington: USGPO 1931–44.

Fitzpatrick, John C. (ed.): The Diaries of George *Washington* 1748 –1799. Vol. 1–4. Boston [usw.]: Mifflin 1925.

Freeman, Douglas Southall: George *Washington*. A Biography. Vol. 1–7. New York: Ch. Scribner's Sons 1948–57.

Darstellungen

Allen, Gardner W.: A naval History of the American Revolution. Vol. 1. 2. Boston [usw.]: Mifflin 1913.

Antier, Jean-Jacques: L'Amiral de Grasse. Héros de l'independance américaine (1722–1788). Paris: Plon 1965.

Bernardo, C. Joseph u. Eugene H. *Bacon*: American military Policy: Its Development since 1775. Harrisburg: Military Service Publ. Co. 1955.

Chevalier, E.: Histoire de la marine française pendant la Guerre de l'independance américaine. Paris: Hachette 1877.

Naval *Documents* of the American Revolution. Vol. 1–4. [Ed. by] William Bell Clark. Washington: U.S. Gov. Pr. Off. 1964–69.

Doniol, Henri: Histoire de la participation de la France à l'établissement des Etats-Unis d'Amérique. Correspondance diplomatique et doc. T. 1–5 et suppl. Paris 1886–1892: Impr. Nationale.

Graham, Gerald S.: Empire of the North Atlantic. The maritime Struggle for North America. Toronto: Univ. of Toronto Pr. 1950.

Knox, Dudley W. (Commodore): The naval Genius of George Washington. Boston: Mifflin 1932.

Lacour-Gayet, G.: La Marine militaire de la France sous le règne de Louis XVI. Paris: Libr. spéciale pour l'histoire de la France 1905.

Landers, H. L.: The Virginia Campaign and the blockade and siege of Yorktown 1781. Including a brief Narrative of the French participation in the revolution prior to the Southern campaign. Washington: USGPO 1931. (Senate Document. No 273, Congress 71, Sess. 3.)

Mackesy, Piers: The War for America. 1775–1783. London: Longmans 1964.

Maclay, Edgar S.: A History of American privateers. New York: Appleton 1899.

Mahan, Alfred T.: The major Operations of the navies in the war of American Independence. London: Sampson, Low, Marston & Co. 1913.

Middlebrook, Louis F.: History of maritime Connecticut during the American Revolution, 1775–1783. Vol. 1. 2. Salem: Essex Inst. 1925.

Paine, Ralph D.: Ships and sailors of Old Salem. New York: Outing Publ. 1909.

Paullin, Charles O.: The Navy of the American Revolution, its administration, its policy and its achievements. Cleveland: Burrow 1906.

Perkins, James B.: France in the American Revolution. Boston [usw.]: Mifflin 1911.

Rogers, Ernest D. (ed.): Connecticut's Naval Office at New London. Vol. 1. 2. New London: New London Country Hist. Ass. 1933.

Scott, James B.: De Grasse à Yorktown. Paris: Ed. internationale 1931.

Stewart, Robert A.: The History of Virginia's navy of the revolution. Richmond/Va.: Mitchell & Hotchkiss 1934.

White, Thomas: Naval Researches or A candid Inquiry into the conduct of Admirals Byron, Graves, Hood and Rodney in the actions off Grenada, Chesapeak, St. Christopher's and of the ninth and twelfth of April 1782, being a refutation of the plans and statements of Mr. Clerk, Rear Admiral Ekins and others. Founded on authentic doc. or actual observation. London: Whitaker, Treacher & Arnett 1830.

Die napoleonischen Kriege

8 Die französischen Revolutionskriege

Tagebücher, Memoiren, Biographien

Mahan, Alfred T.: Types of naval officers. Boston: Little, Brown & Co. 1901.

Pellew, George (ed.): Life and correspondence of Right Hon. Henry *Addington*, First Viscount Sidmouth. Vol. 1–3. London: Murray 1847.

Rose, J. Holland: Lord *Hood* and the defence of Toulon. Cambridge: Cambridge Univ. Pr. 1922.

Jackson, T. S.: Logs of the great sea fights. Vol. 1. 2. London: Navy Records Society 1899–1900.

James, Sir William (Admiral): Old Oak: The Life of John *Jervis*. London: Longmans, Green & Co. 1950.

Smith, D. B.: The St. Vincent Papers. [d. i. John *Jervis*.] Vol. 1. 2. London: Navy Records Society 1921, 1926.

Burne, Alfred H.: The noble Duke of *York*. London: Staples Pr. 1949.

Darstellungen

Bryant, Arthur: The Years of endurance. London: Collins 1942.

– The Years of peril. London: Collins 1944.

Closmadeuc, G. Thomas de: Quiberon, 1795. Paris: Plon 1899.

Debrière, Edouard: 1793–1805. Projets et tentatives de débarquement aux Îles britanniques. Vol. 1–4. Paris: Chapelot 1900–02.

James, Sir William (Admiral): The naval History of Great Britain from the declaration of war by France in 1793 to the accession of George IV. Vol. 1–6. London: Bentley 1837.

La Gravière, Edmond Jurien de: Guerres maritimes sous la République et l'Empire. T. 1. 2. Paris: Plon 1853.

Mahan, Alfred T.: The Influence of sea power on the wars of the French Revolution and Empire. Vol. 1. 2. Boston: Little, Brown & Co. 1901.

Parkinson, Cyril Northcote: War in the Eastern Seas, 1793–1815. London: Allen & Unwin 1954.

Rodger, Alexander Bankier: The War of the Second Coalition, 1798–1801, a strategic commentary. Oxford: Clarendon Pr. 1964.

Tonnèle, Jean: L'Angleterre en Méditérranée. Paris: Charles-Lavauzelle 1952.

9 Nelson und Bonaparte

Tagebücher, Memoiren, Biographien

Garcot, Maurice: *Kléber*. Paris: Berger-Levrault 1936.

Moore, Sir John: The Diary of Sir John Moore. Ed.: Sir J. F. Maurice. Vol. 1. 2. London: Longmans, Green & Co. 1904.

Napoléon I: Correspondence. Vol. 1–28. Paris: Plon avec Dumain 1857–59.

Thomazi, André: *Napoléon* et ses marins. Paris: Berger-Levrault 1950.

Nelson, Horatio Lord Viscount: Dispatches and letters of Lord Viscount Nelson. Ed.: Sir Harris Nicholas. Vol. 1–7. London: Colburn 1846.

James, Sir William M. (Admiral): The durable Monument: Horatio *Nelson*. London: Longmans, Green & Co. 1948.

Warner, Oliver: Victory: The Life of Lord *Nelson*. Boston: Little, Brown & Co. 1958.

Barrow, John: Life and correspondence of Admiral Sir William Sydney *Smith*. Vol. 1. 2. London: Bentley 1848.

Corbett, J. S. u. H. W. *Richmond* (ed.): The *Spencer* Papers. Vol. 1–4. London: Navy Records Society 1913–14, 1923–24.

Darstellungen

Anderson, R. C.: Naval Wars in the Baltic during the sailing ship epoch. London: Wood 1910.

– Naval Wars in the Levant, 1559–1853. Princeton: Princeton Univ. Pr. 1952.

Bruun, Geoffrey: Europe and the French Imperium, 1799–1814. New York: Harper 1938.

Bunbury, Sir Henry: Narratives of some passages in the Great War with France. Ed.: Sir John Fortescue. London: Davies 1927.

Carlan, J. M.: Navios en secuestro: La Escuadra española del Oceano en Brest (1799–1802). Madrid: Inst. Historico de Marina 1951.

Histoire de l'expédition française en Egypte. Vol. 1–10. Paris: Denain 1830–36.

Hoskins, H. L.: British Routes to India. New York: Longmans, Green & Co. 1928.

Masson, Philippe u. José *Muracciole:* Napoléon et la marine. Paris: Peyronnet 1968.

Puryear, V. J.: Napoleon and the Dardanelles. Berkeley: Univ. of California Pr. 1951.

Weller, Jac: Wellington in the Peninsula, 1808–1814. London: Vane 1962.

10 Trafalgar

Bugler, Arthur: H. M. S. Victory. London: H. M. S. O. 1966.

Corbett, J. S.: The Campaign of Trafalgar. London: Longmans, Green & Co. 1910.

Désbrière, Edouard: Trafalgar. Paris: Chapelot 1907.

Leyland, John (ed.): The Blockade of Brest, 1803–1805. Vol. 1. 2. London: Navy Records Society 1898, 1901.

Mahan, Alfred T.: The Life of Nelson. Vol. 1. 2. Boston: Little, Brown & Co. 1907.

Marliani, Manuel de: Combate de Trafalgar. Madrid 1850: Impr. de orden superior.

British Admiralty Bluebook. The *Tactics* of Trafalgar. London: H. M. Stationery's Office 1913.

Thomazi, A.: Trafalgar. Paris: Payot 1932.

11 Frankreichs Niedergang

Army of de Rochambeau on land and naval exploits of de Ternay, des Touches, de Barras and de Grasse in American waters. 1780 –1781. Ed.: B. Randolph de Keim. Washington: USGPO 1907. (Senate Document. No 537. Congr. 59, Sess. 1. 1907.)

Creswell, John: Generals and Admirals. London: Longmans, Green & Co. 1952.

Glover, Michael: Wellington's peninsular victories: Busaco, Salamanca, Victoria, Nivelle. London: Batsford 1963.

Mackesy, Piers: The War in the Mediterranean. 1803–1810. London [usw.]: Longmans, Green & Co. 1957.

Napier, W. F. P.: History of the war in the Peninsula, 1807–1814. Philadelphia: Carey & Hart 1842.

Parkinson, C. N.: War in the Eastern Seas, 1793–1815. London: Allen & Unwin 1954.

Ross, John: Admiral Lord de Saumarez. Vol. 1. 2. London: Bentley 1838.

12 Der Krieg von 1812

Adams, Henry: The War of 1812. Washington: Infantry Journal 1944.

Backenridge, H. M.: History of the late war, between the United States and Great Britain. Baltimore: Cushing & Jewett 1818.

Davies, Godfrey: Wellington and his army. London: Blackwell 1954.

Ferguson, Eugene S.: Truxtun of the constellation. Baltimore: Johns Hopkins Pr. 1916.

James, William: Naval Occurrences of the late war between Great Britain and the United States of America. London: Egerton 1817.

Knox, Dudley Wright (Commodore): A History of the United States navy. New York: Putnam's Sons 1948.
– ed.: Naval Documents related to the quasi-war between the United States and France. Vol. 1–7. Washington: USGPO 1935–38.
– ed.: Naval Documents related to the United States wars with the barbary powers. Vol. 1–7. Washington: USGPO 1939–45.
Mahan, Alfred Thayer (Captain): Sea Power in its relation to the war of 1812. Boston: Little, Brown & Co. Vol. 1–2, 1905.
Morris, Charles: The Autobiography of Charles Morris. Annapolis: U.S. Naval Inst. 1880.
Paullin, Charles Oscar: American Voyages to the Orient. 1690–1865. Annapolis: U.S. Naval Inst. 1971.
Roosevelt, Theodore: The naval War of 1812. New York: Putnam's Sons 1903.
Smelser, Marshall: The Congress founds the navy, 1787–1798. South Bend: Univ. of Notre Dame Pr. 1959.
Smith, W. H.: Life and services of Captain Philip Beaver. London: Murray 1829.
Wandel, Carl Frederik: Søkrigen i de dansk-norske Farvande 1807–1814 fra tabet af flaaden til freden i Kiel. København: Lund 1915.

Das 19. Jahrhundert

13 Marinen in der Wandlung 1815–1860

Bartlett, Christopher John: Great Britain and sea power. 1815–1853. Oxford: Clarendon Pr. 1963.
Baxter, James Phinney: Introduction to the ironclad warship. Cambridge: Harvard Univ. Pr. 1933.
Bushnell, David: Letter to Thomas Jefferson. In: Transactions of the American Philosophical Society. 4 (Old Ser.). S. 303–312.
Busk, Hans: The Navies of the world; their present state, and future capabilities. London: Routledge, Warnes, and Routledge 1859. Reprint 1971.
Waley, Arthur: The Opium War through Chinese eyes: London: Allen & Unwin 1958.

Der Krieg mit Mexiko

Bancroft, Hubert Howe: History of the Pacific states. 22. San Francisco: The History Co. 1886.
Bauer, Karl Jack: Surfboats and Horse Marines. U.S. Naval Operations in the Mexican War, 1846–1848. Annapolis: U.S. Naval Inst. 1969.
Bayard, S. J.: A Sketch of the life of Commodore Robert F. Stockton. New York: Derby & Jackson 1856.
Conner, Philip Syng Physick: The Home Squadron under Commodore Conner in the war with Mexico. Philadelphia 1896.
Report of the Secretary of the Navy, 1846. Washington: USGPO 1847.
Smith, Justin A.: The War with Mexico. Vol. 1. 2. New York: Macmillan 1919.

Der Krim-Krieg

Bazancourt, Baron C. de: The Crimean Expedition to the capture of Sebastopol. Vol. 1. 2. London: Low 1856.
Daly, Robert W.: Nakhimov: Black Sea Admiral. In: Marine Corps Gazette. April 1953. S. 54–61.
Dubrovin, Nikolaj Feodorovič: Istorija Krymskoj vojny i oborony Sevastopolja. Tom. 1–3. S.-Petersburg: Obščestv. Pol'za 1900.
Furse, George Armand: Military Expeditions beyond the seas. Vol. 1. 2. London: Clowes 1897.
Heath, Sir Leopold George: Letters from the Black Sea during the Crimean War, 1854–1855. London: Bentley 1897.
Kinglake, William: The Invasion of the Crimea. Vol. 1–8. Edinburgh: Blackwood 1863–87.
Lewis, Michael Arthur: The Navy in transition. 1814–1864. A social History. London: Hodder & Stoughton 1965.
Russell, William Howard: General Todleben's History of the defence of Sebastopol. A Review. New York: Van Nostrand 1865.
– The War. Vol. 1. 2. London: Routledge 1856.
Tarle, Evgenij Viktorovič: Krymskaja Vojna. 2. izd. Moskva: Izd. Nauk SSSR 1950.
Treue, Wilhelm: Der Krimkrieg und die Entstehung der modernen Flotten (1854/56). Göttingen: Musterschmidt 1954. (Göttinger Bausteine. 18.)
Warner, Philip: The Crimean War. London: Barker 1972.

14/15 Der amerikanische Bürgerkrieg I/II

Tagebücher, Memoiren, Biographien

Lewis, Charles L.: Admiral Franklin *Buchanan*. Baltimore: The Norman, Remington Co. 1929.
Butler, B. F.: Autobiography and personal reminiscences. Boston: Thayer 1892.
Farragut, L.: The Life of David Glasgow Farragut. New York: Appleton 1879.
Lewis, Charles L.: David Glasgow *Farragut*, our First Admiral. Annapolis: U.S. Naval Inst. 1943.
Mahan, Alfred Thayer: Admiral *Farragut*. New York: Appleton 1892.
Fox, G. V.: Confidential Correspondence of G. V. Fox. Ed.: R. M. Thompson and R. Wainwright. Vol. 1–3. New York: Naval History Society 1918–19.
Semmes, R.: Memoirs of service afloat. New York: P. J. Kennedy 1869.
Welles, Gideon: The Diary of Gideon Welles. Vol. 1–3. Boston: Mifflin 1911.
West, R. S. jr.: Gideon *Welles*: Lincoln's Navy Department. Indianapolis: Bobbs-Merrill 1943.
Ellicott, J. M.: The Life of John Ancrum *Winslow*. New York: Putnam's Sons 1902.

Darstellungen

Anderson, Bern. By Sea and by river: The naval history of the Civil War. New York: Knopf 1962.
Campaigns of the Civil War (1861–1865). Repr. Vol. 1–8. New York: Yoseloff 1963. Vol. 7: The Navy in the Civil War. 1: Soley, James Russell: The Blockade and the cruisers. 2: Ammen, Daniel: The Atlantic Coast. Vol. 8: The Navy in the Civil War. 3: Mahan, Alfred Th.: The Gulf and inland waters.
Hayes, John D.: Sea Power in the Civil War. In: U.S. Nav. Inst. Proceedings. Vol. 87, 1961. No. 11. S. 60–69.
Johnson, R. U. u. C. C. *Buel* (ed.): Battles and leaders of the Civil War. Vol. 1–4. New York: The Century Co. 1887–89.
Jones, Virgil Carrington: The Civil War at sea. 1861–1865. Vol. 1–3. New York: Holt, Rinehart & Winston 1960–62. Vol. 1: The Blockaders. 1861–1862. Vol. 2: The River War. 1862–1863. Vol. 3: The final Front. 1863–1865.
MacBride, Robert: Civil War Ironclads. The Dawn of naval armor. Philadelphia: Chilton 1962.
Moore, F. (ed.): The Rebellion Record. Vol. 1–11. New York: Putnam's Sons 1861–64; New York: Van Nostrand 1864–68.

Morrill, James M.: The Revel Shore. The Story of Union Sea Power in the Civil War. Boston 1957.
Owsley, F. L.: King Cotton Diplomacy. Chicago: Univ. of Chicago Pr. 1931.
Porter, David D.: The naval History of the Civil War. (1861–65). New York: Sherman 1886.
Official *Records* of the Union and Confederate armies in the war of the rebellion. Vol. 1–128. Washington: USGPO 1880–1902.
Official *Records* of the Union and Confederate navies in the war of the rebellion. Vol. 1–128. Washington: USGPO 1894–1922.
Report of Joint Committee on the conduct of the war. Vol. 1–9. Washington: USGPO 1863–66.
Scharf, J. T.: History of the Confederate States navy. New York: Rogers & Sherwood 1887.
Schwab, J. D.: The Confederate States of America, 1861–1865. A financial and industrial History. New York: Scribner's Sons 1901.
Walke, H.: Naval Scenes and reminiscences of the Civil War. New York: Reed 1887.
West, R. S. jr.: Mr. Lincoln's Navy. New York: Longmans, Green & Co. 1957.

Hampton Roads

Daly, Robert W.: How the Merrimac won. New York: Crowell 1957.
The *Monitor* and the Merrimac. J. L. Worden [u. a.]. New York: Harper 1912.

Blockade und Blockadebrecher

Bradlee, F.: Blockade running during the Civil War and the effect of land and water transportation on the Confederacy. Salem: Essex Inst. 1925.
Bulloch, J. D.: The Secret Service of the Confederate States in Europe. Vol. 1. 2. New York: Putnam's Sons 1883.
Richter, Hans: Der Nordamerikanische Sezessionskrieg (Civil War) 1861–1865. Unter bes. Berücksichtigung v. Blockade u. Blockadebruch. In: Marine-Rundschau. Jg. 58, 1961. H. 5. S. 253–265.
Soley, J. R.: The Blockade and the cruisers. New York: Scribner's Sons 1883.
– –: Repr. New York: Yoseloff 1963.
Watson, William: The Adventures of a blockade runner. London: T. Fisher Unwin 1892.

Kreuzerkrieg

Robinson, W. M.: The Confederate Privateers. New Haven: Yale Univ. Pr. 1928.

Flußkrieg

Browne, Henry R. u. E. *Browne*: From the Fresh-Water Navy. The Letters of Acting Masters Mate Henry R. Browne and Acting Ensign Symmes E. Browne. Ed. by John D. Milligan. Annapolis: U.S. Naval Inst. 1970.
Fiske, John: The Mississippi Valley in the Civil War. Boston: Mifflin 1900.
King, J. E.: The first Fort Fisher Campaign. 1864–65. In: U.S. Naval Institute Proceedings. Vol. 77. 1951. S. 843–855.
Mahan, Alfred Thayer: The Gulf and inland waters. New York: Scribner's Sons 1883.
Milligan, John D.: Gunboats down the Mississippi. Annapolis, Md.: U.S. Naval Inst. 1965.

16 Die Entwicklung der Marinen im späten 19. Jahrhundert

Lissa

Attlmayr, Ferdinand von: Der Krieg Österreichs in der Adria im Jahre 1866. Pola; Wien: Gerold 1896.
Fleischer, Josef: Geschichte der k. k. Kriegsmarine während des Krieges im Jahre 1866. Wien: Verl. d. k. u. k. Reichskriegsmin. 1906. (Geschichte der k. u. k. Kriegsmarine. Bd 3, 3.)
Gabriele, Mariano: La Campagna navale del 1866. In: Rivista Marittima. 99, 1966. No. 9. S. 35–40.
– La Politica navale italiana dall'unità alla vigilia di Lissa. Milano: Giuffré 1958.
Gonni, Giuseppe: Cavour, ministro della Marina. Bologna: Zanichelli 1926.
Guerrini, Domenico: Lissa. (1866.) Vol. 1. 2. Torino: Casanova 1907–08.
Handel-Mazetti, Peter: Die Seeschlacht von Lissa. In: Marine-Rundschau. Jg. 63, 1966. H. 4. S. 215–227.
Iachino, Angelo: La Campagna navale di Lissa 1866. Milano: Il Saggiatore 1966.
– La Tattica navale a Lissa. In: Rivista Marittima. 99, 1966. No. 7–8. S. 17–34.

Kriegsschiffbau

Barnaby, Sir Nathaniel: Naval Development in the century. Toronto: Linscott 1904. (The Nineteenth Century Series. 19.)
Bethge, Hans-Georg: Der »Brandtaucher«. Ein Tauchboot – von d. Idee zur Wirklichkeit. [1850.] Bielefeld, Berlin: Delius, Klasing & Co. 1968.
Church, W. C.: The Life of John Ericsson. Vol. 1. 2. New York: Scribner's Sons 1891.
Gelder, M. J. de: Elementair overzicht van den bouw der hedendaagsche oorlogschepen. Amsterdam 1897.
Hammar, Hugo: John Ericssons Monitor och drabbningen på Hampton roads. Stockholm: Geber 1937.
Mahan, Alfred Thayer: From Sail to steam. New York: Harper 1907.
Moore, Alan Hilary: Sailing Ships of war. 1800–1860. London Halton & T. Smith [usw.] 1926.
Reed, Edward James: Our Ironclad Ships. Their Qualities, performances and cost. London: Murray 1869.
– Shipbuilding in iron and steel. A practical Treatise giving full details of construction. London 1869.

Strategie und Taktik

Bueb, Volkmar: Die »Junge Schule« der französischen Marine. Strategie u. Politik 1875–1900. Boppard a. Rhein: Boldt 1971. (Wehrwiss. Forschungen. Abt. Militärgesch. Studien. 12.)
Chasseloup-Laubat, Armand Eugène Prosper Louis Napoléon Marquis de: Les Marines de guerre modernes. Paris: Dunod 1903.
Darrieus, Gabriel: War on the sea. Strategy and tactics. Annapolis: U.S. Naval Inst. 1908.
Daveluy, René: Studie über die Seeschlacht. [Übers.] Berlin: Boll & Pickardt 1904.
– L'Esprit de la guerre navale. T. 1–3. 1.: La stratégie. 1909. 2.: La tactique. 1915. 3.: L'organisation des forces. 1916. Paris: Berger-Levrault 1909–1916.
– [engl. Ausg.]: The Genius of naval warfare. Vol. 1. 2. Annapolis: U.S. Naval Inst. 1910–11.
– Etude sur la stratégie navale. Paris: Berger-Levrault 1905.
Duboc, Emile Charles Eutrope: Le Droit de visite et la guerre de course. Paris: Berger-Levrault 1902.
Gibson, Charles: The Clash of fleets. London 1862.

Montéchant, H. [d. i. Mathieu Jean Henry Vignot]: Essai de stratégie navale. Paris: Berger-Levrault 1893.

Operationen

Illjustrirovannaja *Chronika* vojny (1877/78). Prilozenie k »Vsemirnoj Illjustracii« No. 1–104. S.-Petersburg: Goppe 1877–1878.
Hough, Richard: Admirals in collision. New York: Ballantine Books 1959.
Lubojatzky, Franz: Illustrierte Kriegs-Chronik des russisch-türkischen Feldzuges 1877. T. 1–3. Dresden: Wolf 1878.
Lütken, O.: Søkrigsbegivenhedene i 1864. København: Gyldendal 1896.
Meister, Jürg: Die Flußoperationen der Triple-Allianz gegen Paraguay. 1864–1870. 1. 2. In: Marine-Rundschau. Jg. 69, 1972. H. 10. S. 594–616; H. 11. S. 660–675.
Pietruski, M. von: Über die Aufgaben der türkischen Flotte im gegenwärtigen Kriege. In: Mittheilungen aus dem Gebiete des Seewesens. 5, 1877. S. 305–331.
– Das Seegefecht vor Iquique und die späteren Operationen des »Huascar«. In: Mittheilungen aus dem Gebiete des Seewesens. 7, 1879. S. 432–438.
Preston, Anthony u. John *Major*: Send a gunboat. A Study of the gunboat and its role in British policy 1859–1904. London: Longmans 1967.
Schmalenbach, Paul: Die Marine im Kriege gegen Frankreich (1870/71). In: Köhlers Flottenkalender 1970. Herford 1970. S. 107–110.
Sokol, Anthony E.: Vor hundert Jahren: Das Seegefecht von Helgoland. In: Marine-Rundschau. 61, 1964. S. 77–85.
Springer, Anton: Der russisch-türkische Krieg 1877–1878 in Europa. 1.–7. Operationsperiode. Bd 1–7. Wien: Konegen 1891–1893.
Stojanović, Mihailo D.: The great Powers and the Balkans 1875–1878. London: Cambridge Univ. Pr. 1939.
– –: Repr. 1968.
Die *Torpedos* im russisch-türkischen Kriege. In: Mittheilungen aus dem Gebiete des Seewesens. 5, 1877. S. 356, 406, 508, 579.

Die Marinen

Abeille, Léonce: Marine française et marines étrangères. Paris: Colin 1906.
Brin, Benedetto: La nostra Marina militare. 2. ed. Roma: Fratelli Boccae 1881.
Eardley-Wilmot, Sydney Marow: The Development of navies during the last half century. New York: Scribner 1892.
– – u. d. T.: Our Fleet today and its development during the last half century. Rev. ed. London: Seeley 1900.
Jane, Fred T.: The Imperial Japanese Navy. London: Thacker 1904.
– The Imperial Russian Navy. London: Thacker 1898.
– –: 2. ed. 1904.
Jensen, Gustav: Seemacht Japan. Berlin: Siegismund 1943.
Le Masson, Henri: La Politique navale française de 1870 à 1914. In: Propos Maritimes. Paris 1970. S. 181–239.
– The French Navy, 1870–1890. In: U.S. Naval Institute Proceedings. Vol. 96, 1970. No. 12. S. 58–69.
Long, John D.: The new American Navy. Vol. 1. 2. New York: The Outlook Co. 1903.
La *Marine* française de nous jours. Cuirassés – croiseurs – transports – torpilleurs. Pari: Challamel 1890.
Schoenberg, Angela von: Um den Two-Power Standard. Englische Flottenpolitik 1880–1895. Stuttgart: Kohlhammer 1933.
Very, Edward Wilson: Navies of the world. New York: Wiley 1880.

Die preußisch-deutsche Marine

Batsch, Karl Ferdinand: Admiral Prinz Adalbert von Preußen. Ein Lebensbild. Berlin: Brachvogel 1890.
Coler, Christfried: 1: Der Konflikt Bismarck-Stosch, März/April 1877. 2: Palastrevolte in der Marine 1878/79. 3: Der Sturz Albrecht von Stoschs März 1883. 4: Bismarck und die See. In: Wehrwissenschaftliche Rundschau. 17, 1967. S. 578–593, 638–656, 692–704; 19, 1969. 584–594, 640–654.
Dinter, Elmar: Albrecht Graf von Roon. Seine Stellung u. sein Wirken als Marineminister in Preußen, im Norddeutschen Bund u. im Deutschen Reich. In: Marine-Rundschau. Jg. 68, 1971. H. 8. S. 467–478.
Foerster, Raimund: Politische Geschichte der preußischen und deutschen Flotte bis zum ersten Flottengesetz von 1899. Dresden 1928: Limpert. Leipzig, Phil. Fak., Diss. v. 28. 12. 1928 [1929].
Graser, Bernhard: Norddeutschlands Seemacht. Ihre Organis., ihre Schiffe, ihre Häfen u. ihre Bemannung. Leipzig: Grunow 1870.
Hubatsch, Walther: Schiffbauplanung, technischer Rüstungsstand und politische Zielsetzung beim Aufbau der deutschen Marine 1848 bis 1955. In: Marine-Rundschau. Jg. 60, 1963. H. 2. S. 65–79.
Reventlow: Die deutsche Flotte. Zweibrücken: Lehmann; Kiel: Cordes 1901.
Rust, F.: Unsere Marine in der elften Stunde. Berlin 1891.
Schröder, Ernst: Albrecht von Stosch, der General-Admiral Kaiser Wilhelms I. Berlin: Ebering 1939. (Historische Studien. H. 353.)
Stosch, Albrecht von: Denkwürdigkeiten. Stuttgart: Dt. Verl.-Anst. 1904.
Tesdorpf, A.: Geschichte der kaiserlich deutschen Kriegsmarine in Denkwürdigkeiten von allgemeinem Interesse. Kiel, Leipzig: Lipsius & Tischer 1889.
Verchau, Ekkehard: Von Jachmann über Stosch und Caprivi zu den Anfängen der Ära Tirpitz. In: Marine und Marinepolitik 1871–1914. Düsseldorf 1972. S. 54–72.
Werner, R.: Das Buch von der deutschen Flotte. 5., verm. Aufl. Bielefeld: Velhagen & Klasing 1889.

17 Der Aufstieg der japanischen Seemacht

Ballard, R. N.: The Influence of the sea on the political history of Japan. New York: Dutton 1921.
Brown, D.: The Impact of firearms on Japanese warfare, 1543–1598. In: Far Eastern Quarterly. May 1948.
Chang, Chung-fu: The Anglo-Japanese Alliance. Baltimore: Johns Hopkins Pr. 1931.
Cole, A. B. (ed.): With Perry in Japan. Princeton: Princeton Univ. Pr. 1942.
Dennett, T.: Americans in Eastern Asia. New York: Barnes & Noble 1941.
Dennis, Alfred Lewis Pinneo: The Anglo-Japanese Alliance. Berkeley/Cal.: Univ. of California Pr. 1923. (Univ. of California Publ. Bureau of internat. relations. Vol. 1, 1.)
Dulles, F. R.: China and America. Princeton: Princeton Univ. Pr. 1946.
Eldridge, F. B.: The Background of Eastern sea power. Melbourne: Georgian House 1945.
Falk, E. A.: Togo and the rise of Japanese sea power. New York: Longmans, Green & Co. 1936.
Franke, Otto: Die Großmächte in Ostasien von 1894 bis 1914. Braunschweig, Hamburg: Westermann 1923.
Hansard, A. C.: Early Days in Japan. In: U.S. Naval Institute Proceedings. 37, 1911. No 3. S. 141.
Marder, A. J.: From Jimmu Tenno to Perry: Sea Power in early Japanese history. In: American Historical Review. 51, 1945. Oct. S. 1.
Narrative of the expedition of an American squadron to the China seas and Japan. Washington: USGPO 1856.
Paullin, C. O.: Early naval Voyages to the Orient. In: U.S. Naval Institute Proceedings. 37, 1911. No 3. S. 239, 255; No 6. S. 387.

Porter, R. P.: Japan. The Rise of a modern power. London: Oxford Univ. Pr. 1914.
Sadler, A. L.: The naval Campaign in the Korean War of Hideyoshi, 1592–1598. In: Asiatic Society of Japan transactions. Ser. 2, Vol. 14, 1937. S. 177–208.
Underwood, H. H.: Korean Boats and ships. Seoul: Chosen Christian College 1934.
Walworth, A.: Black Ships off Japan. The Story of Commodore Perry's expedition. New York: Knopf 1946.

Der chinesisch-japanische Krieg

Die kriegsmaritimen *Ereignisse* in Ostasien bis einschließlich der Seeschlacht in der Yalu-Mündung. In: Mittheilungen aus dem Gebiete des Seewesens. 23, 1895. S. 17–51, 389–410, 593–616, 952–980, 1049–1090.
History of the War between Japan and China. Compiled by the Imperial General Staff. Tokyo 1904.
Inouye, Jukichi: Der japanisch-chinesische Krieg. Dresden: Reissner 1895.
McGiffin, P. N.: The Battle of the Yalu. In: Century Magazine. 50, 1895. Aug. S. 585.
Marble, F.: The Battle of the Yalu. In: U.S. Naval Institute Proceedings. 21, 1895. No 3. S. 479.
Müller, Alfred von: Der Krieg zwischen China und Japan 1894/95. Berlin: Liebel 1895.
Nisshin Sen-shi. (Hrsg. vom Großen Generalstab Japans. Geschichte des japanisch-chinesischen Krieges 1894–1895.) T. 1–8. Tokyo: Insatsu 1904–1907.
Tariel, Victor-Esther: La Campagne de Chine (1900–1901). Paris: Berger-Levrault 1902.
Vladimir (Pseud. für Volpicelli, C.): The China-Japan War. London: Low, Marston & Co. 1896.
Wallach, R.: The War in the East. In: U.S. Naval Institute Proceedings. 21, 1895. No 21. S. 691.
Wilson, H. W.: Battleships in action. Vol. 1. 2. New York: Little, Brown & Co. 1928.

Der russisch-japanische Krieg

Beklemišev, Nikolaj Nikolaevič: O russko-japonskoj Vojne na more. S.-Petersburg: Impr. Russ. Techn. O-vo 1907.
Blond, Georges: L'Amiral Togo: Samourai de la mer. Paris: Fayard 1958.
Cotten, L. A.: The naval Strategy of the Russo-Japanese War. In: U.S. Naval Institute Proceedings. 36, 1910. No 3. S. 41.
Hubatsch, Walther: Die russische Marine im deutschen Urteil 1890 bis 1914. In: Marine-Rundschau. 1962. Beih. 7/8. S. 19–38.
Jane, Fred T.: Heresies of sea power. London: Longmans, Green & Co. 1906.
Lacroix, E.: The Imperial Japanese Navy. 5. Period: The Russo-Japanese War 1904–05. In: The Belgian Shiplover. Vol. 19–21, 1968–70. No 121–135.
Mahan, A. T.: Retrospect upon the war between Japan and Russia. In: Mahan: Naval Administration and warfare. Boston 1908.
Maltzahn, Kurt Frhr. von: Der Seekrieg zwischen Rußland und Japan 1904–1905. Bd 1–3. Berlin: Mittler 1912–1914.
Tereschenko: La guerre navale Russo-Japonaise. Paris: Payot.

Amtliche Werke

Great Britain, Committee of Imperial Defence, Historical Sect. Official *History* of the Russo-Japanese War. Vol. 1–3. London: H. M. Stationery Office 1910–20.
Der *Krieg* zwischen Rußland und Japan. 1904–1905. Bearb. im Admiralstab d. Marine. T. 1–3. [Nebst] Ktn-Anh. Berlin: Mittler 1906–09.
Der russisch-japanische *Krieg* (1904). Berlin: Mittler 1904. (Marine-Rundschau. 1904. Beih. 1.)
[Großer Japanischer Generalstab.] *Nichiro* Senso-shi. 1–10. [Nebst] 10 Ktn-Bdn. [Geschichte des russisch-japanischen Krieges 1904–1905.] Tokio: Tokio-Kaiko-sha 1912–14.
Der japanisch-russische *Seekrieg* 1904/05. Dt. Übers. d. amtlichen Darstellung d. japanischen Admiralstabswerkes. Bd 1–3. Berlin: Mittler 1911.
Russko-Japonskaja *Vojna*. 1904–1905 gg. [Der russisch-japanische Krieg. 1904–1905.] T. 1–9. S.-Petersburg 1910: Suvorin [u. a.].
The Russo-Japanese *War*: naval. By permission of the Naval Department. Tokyo: Ogawa 1904.

Biographien

Löpelmann, Jobst: Heihachiro *Togo*. In: Marine-Rundschau. Jg. 63, 1966. H. 3. S. 140–151.
Lloyd, A.: Admiral *Togo*. Tokyo: Kinkodo 1905.
Ogasawara, N.: Life of Admiral *Togo*. Tokyo: Saito Shoin 1934.

Port Arthur

Naval *Attacks* upon Port Arthur. In: Journal of the U.S. Artillery. 27, 1907. Jan.–Febr. S. 54 ff.
The *Battle* of the Yellow Sea. Official Version of the Japanese General Staff. In: U.S. Naval Institute Proceedings. 40, 1914. Sept.–Oct. S. 153 ff.
Bulgakov, F. I.: Port-Artur. Japonskaja osada i russkaja oborona ego s morja i suši. T. 1–2. S.-Petersburg: Suvorin 1906.
Hargreaves, Reginald: Red Sun rising: The Siege of Port Arthur. London: Weidenfeld & Nicolson 1962.
Hess, Sigurd: Die Rolle der russischen Flotte und ihr Zusammenwirken mit dem Heer im russisch-japanischen Krieg. In: Marine-Rundschau. 1962. Beih. 7/8. S. 39–48.
Nojine, E. K.: The Truth about Port Arthur. London: Murray 1908.
Semenov, Vladimir: Rasplata. Kriegstagebuch über die Blockade von Port Arthur und die Ausreise der Flotte unter Rojestwenski (1904–1905). (Dt. Übers.) Berlin: Mittler 1908.
– – (engl. Übers.): Rasplata. London: Murray 1909.
Stepanov, Aleksandr Nikolaevič: Port Arthur 1904. A historical Narrative. Moscow: Foreign Language Publ. H. 1947.

Tsushima

Battle of the Sea of Japan. In: Journal of the U.S. Artillery. 24, 1905. July–Aug. S. 72 ff.
Fuller, J. F. C.: Decisive Battles. Their Influence on civilization and history. Kap.24.: Tsushima. New York: Scribner's Sons 1940.
Hough, Richard: The Fleet that had to die. London: Hamilton 1958.
Klado, Nikolaj Lavrent'evič: Poslë Uchoda vtoroj ëskadry Tichago Okeana. S.-Petersburg: Suvorin 1905.
– – (engl. Übers.): The Russian Navy in the Russo-Japanese War. London: Hurst & Blackett 1905.
– – (dt. Übers.): Die Kämpfe zur See im russisch-japanischen Kriege. Berlin: Siegismund 1907.
Mizuno, H.: This one Battle. Tokyo: Daitoa Shuppan Kabushiki Kaisha 1944.
Nebogatoff: Battle of Tsushima. In: Journal of the Royal United Service Institution. 50, 1906. Oct. S. 1262 ff.
Novikov-Priboy: Tsushima. London: Allen & Unwin 1936.
Semenov, Vladimir I.: Boj pri Cusime. 6. Izd. S.-Petersburg [usw.]: Vol'f 1913.
– – (dt. Übers.): Die Schlacht bei Tsuschima. Berlin: Mittler 1907.
– – (engl. Übers.): The Battle of Tsushima. London: Murray 1906.
Thiess, Frank: Tsushima. Der Roman d. Seekrieges. Berlin, Wien, Leipzig: Zsolnay 1936.

Westwood, John Norton: Witnesses of Tsushima. Tokyo: Sophia Univ. Pr. 1970.

White, R. D.: With the Baltic fleet at Tsushima. In: U.S. Naval Institute Proceedings. 32, 1906. June. S. 597 ff.

Whitton, F. E.: The decisive Battles of modern times. London: Constable 1923.

18 Die Vereinigten Staaten werden eine Seemacht

Davis, G. T.: A Navy second to none. New York: Harcourt, Brace & Co. 1910.

Dewey, George: Autobiography of George Dewey. New York: Scribner's Sons 1913.

Evans, Robley D.: A sailor's Log. Recollections of 40 years of naval life. New York: Appleton-Century Co. 1901.

Fiske, Bradley A.: From Midshipman to Rear-Admiral. New York: The Century Co. 1919.

Harris, Brayton: The Age of the battleship. 1890–1922. New York: Watts 1965.

Kennedy, P.: The Partition of the Samoan Islands. 1898–1899. Oxford, Phil. Fak., Diss. v. 1970.

Mayo, Lawrence S. (ed.): America of yesterday, as reflected in the journal of John Davis Long. Boston: Little, Brown & Co. 1923.

Mitchell, Donald W.: History of the modern American Navy. From 1883 through Pearl Harbour. London: Murray 1947.

O'Gara, G. C.: Theodore Roosevelt and the rise of the modern navy. Princeton: Princeton Univ. Pr. 1943.

Puleston, William Dilworth: Mahan; the life and work of Captain Alfred Thayer Mahan. New Haven Yale UP [usw.] 1939.

Schley, Winfield S.: Forty-five Years under the flag. New York: Appleton 1904.

West, Richard S.: Admirals of American empire. Indianapolis: Bobbs-Merrill 1948.

Der spanisch-amerikanische Krieg

Quellen

U.S. Naval Intelligence Office. *Information* from abroad: Notes on the Spanish-American War. Washington: USGPO 1898–1900.

Record of proceedings of a Court of Inquiry in the case of Rear-Admiral Winfield S. Schley, U.S. Navy. Washington: USGPO 1902.

Annual *Report* of the Secretary of the Navy, 1898. Washington: USGPO 1898.

Annual *Report* of the Secretary of War, 1898. Washington: USGPO 1898.

Report of the chief of the Bureau of Navigation, 1898. App. Washington: USGPO 1898.

Allgemeine Darstellungen

Alger, Russell A.: The Spanish-American War. New York: Harper 1901.

Cervera y Topete, Pascual: Guerra Hispano-Americana. Colección de documentos referentes a le escuadra de operaciones de las Antillas. El Ferrol: Correo Gallego 1900.

Chadwick, French E.: The Relations of the United States and Spain. The Spanish-American War. New York: Scribner's Sons 1911.

Clark, Charles E.: My fifty Years in the navy. Boston: Little, Brown & Co. 1917.

Freidel, Frank: The splendid little War. Boston [usw.]: Little, Brown & Co. 1958.

Gómez Núñez, Servero: La Guerra Hispano-Americana. Madrid: Cuerpo de Artillería 1899.

Mahan, A. T.: Lessons of the war with Spain and other articles. Boston: Little, Brown & Co. 1899.

Normann-Friedenfels, E. Edler von: Der spanisch-amerikanische Krieg mit besonderer Berücksichtigung der kriegsmaritimen Operationen. In: Mittheilungen aus dem Gebiete des Seewesens. 26, 1898. S. 537–565, 694–712, 793–802, 903–932, 1018–1024.

Plüddemann, M.: Der spanisch-nordamerikanische Krieg (1898). In: Marine-Rundschau. 9, 1898. S. 904–914, 1078–1094, 1225–1252, 1627–1639.

Wilson, Herbert W.: The Downfall of Spain. London: Low, Marston & Co. 1900.

Cuba/Santiago

Goode, William A. M.: With Sampson through the war. New York: Doubleday & McClure 1899.

Graham, George Edward: Schley and Santiago. A historical Account of the blockade and final destruction of the Spanish Fleet . . ., July 3, 1898. With a personal Narrative of the fight by Rear Admiral Winfield Scott Schley. Chicago: Conkey 1902.

Sigsbee, Charles: The »Maine«. An Account of her destruction in Havana Harbor. New York: Appleton-Century Co. 1899.

Skizzen vom spanisch-nordamerikanischen Krieg. Kriegsschauplatz Cuba – Portorico. In: Marine-Rundschau. 9, 1898. S. 1407–1418, 1639–1651, 1778–1791; 10, 1899. 69–92, 171–181.

Philippinen

Diederichs, Otto von: Darstellung der Vorgänge vor Manila von Mai bis August 1898. Eine persönliche Bemerkung zur Autobiography of George Dewey, Admiral of the Navy. In: Marine-Rundschau. 25, 1914. H. 3. S. 253–279.

Sargent, Nathan: Admiral Dewey and the Manila campaign. Washington: Naval Hist. Foundation 1947.

19 Die technische Entwicklung in den Marinen der Welt 1889–1900

Für dieses Kapitel sei insbesondere auf die Jahrgänge der weiter oben unter – Jahrbücher – aufgeführten Flotten-Jahrbücher sowie auf die entsprechenden Jahrgänge der Zeitschriften hingewiesen.

Forstmeier, Friedrich: Deutsche Großkampfschiffe 1915–1918. Die Entwicklung der Typenfrage im 1. Weltkrieg. München: Lehmanns 1970.

Fraccaroli, Aldo: Italian Warships of World War I. London: Ian Allan 1970.

Harris, Brayton: The Age of the battleship. 1890–1922. New York: Watts 1965.

Le Fleming, Hugh Morton: Warships of World War I. London: Ian Allan 1959–.

Moll, Hermann: Das deutsche Marine- und Seeflugzeug von 1909 bis 1918. In: Marine-Rundschau. Jg. 55, 1958. H. 4. S. 168–180.

Silverstone, Paul H.: U.S. Warships of World War I. London: Ian Allan 1970.

20 Politik und Flottenbau 1898–1914

Der Boxeraufstand 1900

Die *Beteiligung* der Deutschen Marine an den Kämpfen in China Sommer 1900. Berlin: Mittler 1901.

Fleming, Peter: The Siege at Peking. London: Hart-Davis 1959.

– – (dt. Übers.): Die Belagerung zu Peking. Zur Geschichte des Boxer-Aufstandes. Stuttgart: Koehler 1961.

Die Kaiserliche *Marine* während der Wirren in China 1900–1901. [Hrsg.:] Admiralstab. Berlin: Mittler 1903.

Müller, Alfred von: Unsere Marine in China. Eingehende Darstellung der Tätigkeit unserer Marine und der Seebataillone im ersten Abschnitt der »China-Wirren«. Berlin: Liebel 1902.

– Die Wirren in China und die Kämpfe der verbündeten Truppen. T. 1–3. Berlin: Liebel 1900–1901.

Noecker, Wolfgang: Kampf um die Taku-Forts vor 70 Jahren. Eine marine-historisch-politische Betrachtung. In: Marine-Rundschau. Jg. 67, 1970. H. 6. S. 349–361.

Purcell, Victor William Williams Saunders: The Boxer Uprising, a background study. New York: Cambridge Univ. Pr. 1963.

Tan, Chester C.: The Boxer Catastrophe (1900). Repr. New York: Octagon Books 1967.

Winterhalder, Theodor Ritter von: Kämpfe in China. Eine Darst. d. Wirren u. d. Beteiligung v. Österr.-Ungarns Seemacht an ihrer Niederwerfung in d. Jahren 1900–1901. Wien [usw.]: Hartleben 1902.

Die Tirpitz'schen Flottengesetze

Beard, Charles Austin: The economic Basis of politics. New York: Vintage Books 1957. (Darin: The Rise of the German Navy, S. 121–128.)

Benzino, Wolfgang: Wie stand Tirpitz zu einer Zusammenarbeit mit der Armee? In: Die Entwicklung des Flottenkommandos. Darmstadt 1964. S. 49–54.

Berghahn, Volker R.: Zu den Zielen des deutschen Flottenbaus unter Wilhelm II. In: Historische Zeitschrift. 210, 1970. S. 34–100.

– Der Tirpitz-Plan. Genesis u. Verfall e. innenpolit. Krisenstrategie unter Wilhelm II. Düsseldorf: Droste Verl. 1971.

– Der Tirpitz-Plan und die Krisis des preußisch-deutschen Herrschaftssystems. In: Marine und Marinepolitik 1871–1914. Düsseldorf 1972. S. 89–115.

– u. Wilhelm *Deist*: Kaiserliche Marine und Kriegsausbruch 1914. Neue Dokumente zur Juli-Krise. In: Militärgeschichtl. Mitteilungen. 1970. H. 1. S. 37–58.

Deist, Wilhelm: Reichsmarine und Flottenverein 1903–1906. In: Marine und Marinepolitik 1871–1914. Düsseldorf 1972. S. 116 –145.

Englert, Winfried Philipp: Das Flottenproblem im Lichte der Sozialpolitik. 2., verm. Aufl. Paderborn: Schöningh 1900.

Erdmann, Gustav Adolf: Zwei Grundfragen der deutschen Flottenpolitik. Oldenburg: Stalling 1909.

Fernis, Hansgeorg: Die Flottennovellen im Reichstag, 1906–1912. Stuttgart: Kohlhammer 1934.

Flatau, Ludwig: Weltmachtpolitik und Flottenpläne. Berlin: Simion 1904.

Forstmeier, Friedrich: Der Tirpitzsche Flottenbau im Urteil der Historiker. In: Marine und Marinepolitik. 1871–1914. Düsseldorf 1972. S. 34–53.

Galster, Karl Paul Hans: Welche Seekriegsrüstung braucht Deutschland? Berlin: Boll & Pickardt 1907.

Grimm, H. G.: German naval Legislation. 1898–1914. Columbus, Ohio State Univ., Phil. Diss. 1948.

Hallmann, Hans: Der Weg zum deutschen Schlachtflottenbau. Stuttgart: Kohlhammer 1933.

– Vor dreißig Jahren: Die Anfänge des deutschen Dreadnoughtbaus 1905–1908. In: Marine-Rundschau. 12, 1938. S. 911–920.

Hassell, Ulrich von: (Alfred) v. Tirpitz. Sein Leben u. Wirken mit Berücksichtigung seiner Beziehungen zu Albrecht von Stosch. Stuttgart: Belser 1920.

Helbing, Gunther: Die deutsche Marinepolitik 1908–1912 im Spiegel der österreichisch-ungarischen Diplomatie. Frankfurt: Mittler 1961.

Herwig, Holger H.: Soziale Herkunft und wissenschaftliche Vorbildung des Seeoffiziers der kaiserlichen Marine vor 1914. In: Militärgeschichtliche Mitteilungen. 2, 1971. S. 92 ff.

– Zur Soziologie des kaiserlichen Seeoffizierkorps vor 1914. In: Marine und Marinepolitik 1871–1914. Düsseldorf 1972. S. 73–88.

– The German naval Officer Corps. A social and political History, 1890–1918. London: Oxford Univ. Pr. 1973.

Herzfeld, Hans: Die deutsche Rüstungspolitik vor dem Weltkriege. Bonn: Schroeder 1923.

– Der deutsche Flottenbau und die englische Politik. In: Archiv für Politik und Geschichte. 6, 1926. S. 98 ff.

Howe, Günter: Gedanken zur deutschen Wehrpolitik zwischen 1871 und 1914. In: Weltmachtstreben und Flottenbau. Witten 1956. S. 35–144.

Hubatsch, Walther: Der Kulminationspunkt der deutschen Marinepolitik im Jahre 1912. In: Historische Zeitschrift. 176, 1953. S. 291 ff.

– Die Ära Tirpitz. Göttingen: Musterschmidt 1955.

– Ziele und Wirkungen der deutschen Flottenpolitik um 1900. In: Marine-Rundschau. Jg. 57, 1960. H. 5. S. 254–263.

Hurd, Archibald Spicer u. Henry *Castle*: German Sea-Power. Its Rise, progress and economic basis. New York: Scribner 1914.

Jank, Hans Helmut: Die Flottennovelle 1911/12. o. O. [1945.] [Masch.-schr.]. Bonn, Phil. Fak., Diss. v. 15. Juli 1947.

Junghänel, Heinz: Marinehaushalt und Marineausgabenpolitik in Deutschland (1868–1930). Leipzig: Akad. Verl.-Anst. 1932. Zugl. Diss. Leipzig 1932. (Beiträge zur Finanzkunde. 8.)

Kamberger, Klaus: Flottenpropaganda unter Tirpitz. Öffentliche Meinung u. Schlachtflottenbau (1897–1900). Wien 1966. [Masch.-schr.] Wien, Phil. Fak., Diss. v. 9. Nov. 1966.

Kehr, Eckart: Schlachtflottenbau und Parteipolitik, 1894–1901. Versuch e. Querschnittes durch d. innenpolitischen, sozialen u. ideologischen Voraussetzungen d. deutschen Imperialismus. Berlin: Ebering 1930. (Historische Studien. 197.)

Kelly, J. P.: The naval Policy of Imperial Germany, 1900–1914. Washington, Georgetown Univ., Diss. 1970.

Kennedy, Paul M.: Tirpitz, England and the Second Navy Law of 1900. A strategical Critique. In: Militärgeschichtliche Mitteilungen. 2, 1970. S. 53 ff.

Marienfeld, Wolfgang: Wissenschaft und Schlachtflottenbau in Deutschland 1897–1906. Frankfurt/M.: Mittler 1957. (Marine-Rundschau. 1957. Beih. 2.)

Marine und Marinepolitik. 1871–1914. Hrsg. v. Militärgeschichtlichen Forschungsamt durch Herbert Schottelius u. Wilhelm Deist. Düsseldorf: Droste-Verl. 1972. 368 S.

Metz, Ilse: Die deutsche Flotte in der englischen Presse, der Navy-Scare vom Winter 1904/05. Berlin: Ebering 1936.

Meyer, Jürg: Die Propaganda der deutschen Flottenbewegung, 1897–1900. Bern, Phil. Fak., Diss. v. 1967.

Michalik, Bernhard: Probleme des deutschen Flottenbaus. Breslau: Marcus 1931.

O'Bryon, Leonard: Die Beurteilung der deutschen Flottenpolitik in amerikanischen Zeugnissen der Vorkriegszeit. Berlin: Ebering 1934.

– –: Repr. Vaduz: Kraus Repr. 1965.

Persius, Lothar: Die Tirpitz-Legende. Berlin: Engelmann 1918.

Reinhardt, Horst Dieter: Tirpitz und der deutsche Flottengedanke in den Jahren 1892–1898. Marburg, Phil. Fak., Diss. v. 1964.

Stadelmann, Rudolf: Die Epoche der deutsch-englischen Flottenrivalität. In: Stadelmann: Deutschland und Westeuropa. Laupheim 1948. S. 85–146.

Stahl, Friedrich-Christian: Armee und Marine im kaiserlichen Deutschland. In: Die Entwicklung des Flottenkommandos. Darmstadt 1964. S. 31–48.

Steinberg, Jonathan: Tirpitz and the birth of the German battle fleet. Yesterday's Deterrent. [2. ed.] London: Macmillan 1968.

– The Novelle of 1908. Necesseties and choices in the Anglo-German naval race. In: Transactions of the Royal Historical Society. Ser. 5. Vol. 21, 1971. S. 25 ff.

Sutton, James E.: The Imperial German Navy. 1910–1914. Indiana/Pa., Indiana Univ., Phil. Fak., Diss. v. 1953.

Thalheimer, S.: Das deutsche Flottengesetz von 1898. Düsseldorf 1926.
Tirpitz, Alfred von: Erinnerungen. Neue, durchges. Aufl. Leipzig: Koehler 1920.
– Politische Dokumente. 1.: Der Aufbau der deutschen Weltmacht. Stuttgart, Hamburg: Hanseat. Verl.-Anst. 1924.
– Über den strategisch-taktischen Ursprung des Flottengesetzes. In: Nauticus. 1926. S. 126 ff.
Trotha, Adolf von: Großadmiral von Tirpitz. Flottenbau und Reichsgedanke. Breslau: Korn 1933.
Wegener, Edward: Die Tirpitzsche Seestrategie. In: Marine und Marinepolitik 1871–1914. Düsseldorf 1972. S. 236–262.
Witt, Peter-Christian: Reichsfinanzen und Rüstungspolitik 1898 –1914. In: Marine und Marinepolitik 1871–1914. Düsseldorf 1972. S. 146–177.
Ziebert, Alexander: England und der Bau der deutschen Schlachtflotte in der Ära Bülow. Endingen 1927: Wild. Freiburg, Phil. Fak., Diss. v. 17. 8. 1927.

Seemächte, Bündnissysteme und militärische Pläne

Allgemein

Hallgarten, Georg Wolfgang Felix: Das Schicksal des Imperialismus im 20. Jahrhundert. 3 Abhandlungen. Frankfurt/M.: Europ. Verl.-Anst. 1969.
Imperialismus. Hrsg.: Hans-Ulrich Wehler. Köln: Kiepenheuer & Witsch 1970.
Kjelleén, Rudolf: Die Großmächte der Gegenwart. Leipzig: Teubner 1914.
Langer, William Leonard: The Diplomacy of imperialism. 1890–1902. 2. ed. New York: Knopf 1950.
Rohwer, Jürgen: Kriegsschiffbau und Flottengesetze um die Jahrhundertwende. In: Marine und Marinepolitik 1871–1914. Düsseldorf 1972. S. 211–235.

Deutschland

Böhme, Helmut: Deutschlands Weg zur Großmacht. Köln, Berlin: Kiepenheuer & Witsch 1966.
Bülow, Bernhard Heinrich Martin Karl Fürst von: Denkwürdigkeiten. Bd 1–4. Berlin: Ullstein 1930.
Dehio, Ludwig: Deutschland und die Weltpolitik im 20. Jahrhundert. München: Oldenbourg 1955.
Fischer, Fritz: Griff nach der Weltmacht. Die Kriegspolitik des kaiserlichen Deutschlands. Düsseldorf: Droste-Verl. 1961.
– –: 3. Aufl. 1964.
Hillgruber, Andreas: Deutschlands Rolle in der Vorgeschichte der beiden Weltkriege. Göttingen: Vandenhoeck & Ruprecht 1967. (Die deutsche Frage in der Welt. Bd 7.)
– Kontinuität und Diskontinuität in der deutschen Außenpolitik von Bismarck bis Hitler. Düsseldorf: Droste-Verl. 1969.
Ritter, Gerhard: Staatskunst und Kriegshandwerk. Das Problem d. »Militarismus« in Deutschland. Bd 1–3. München: Oldenbourg 1955–1965.
Schüssler, Wilhelm: Deutsche Weltpolitik 1890 bis 1914. In: Weltmachtstreben und Flottenbau. Witten 1956. S. 11–34.
Weltmachtstreben und Flottenbau. Hrsg. von Wilhelm Schüssler. Witten/Ruhr: Luther 1956.

Deutschland – England

Clark, Joseph James: Anglo-German naval Negotiations 1898 to 1914 and 1933 to 1938. A Study in arms control. In: Journal of the Royal United Services Institution. 108, 1963. S. 349–353.
Duden, Wilhelm: Die Wurzeln des deutsch-englischen Gegensatzes. Ein Beitr. zur Vorgeschichte d. Weltkrieges. Hamburg 1933: Niemann & Moschinski. Hamburg, Phil. Fak., Diss. v. 8. 2. 1934.
Ebeler, Ilse: Stellung der öffentlichen Meinung in Deutschland zu den deutsch-englischen Problemen. 1898–1904. Kiel 1950 [Maschinenschr.]. Kiel, Phil. Fak., Diss. v. 13. 2. 1951.
Hauser, Oswald: Deutschland und der englisch-russische Gegensatz. 1900–1914. Göttingen: Musterschmidt 1958. (Göttinger Bausteine zur Geschichtswissenschaft. Bd. 30.)
Kennedy, Paul M.: Maritime Strategieprobleme der deutsch-englischen Flottenrivalität. In: Marine und Marinepolitik 1871–1914. Düsseldorf 1972. S. 178–210.
Meinicke, Friedrich: Die Geschichte des deutsch-englischen Bündnisproblems 1890–1901. München: Oldenbourg 1927.
Robertz, Heinrich Hubert: Die deutsch-englischen Flottenbesprechungen im Sommer 1908 mit bes. Berücks. d. Vorstoßes von Lloyd George u. d. Stellungnahme Kaiser Wilhelms II. Bonn, Berlin: Dümmler 1939. (Das Reich und Mitteleuropa. 4.)
Steinberg, Jonathan: Diplomatie als Wille und Vorstellung: Die Berliner Mission Lord Haldanes im Februar 1912. In: Marine und Marinepolitik 1871–1914. Düsseldorf 1972. S. 263–295.
Widenmann, Wilhelm: Marine-Attaché in London 1907–1912. Göttingen: Musterschmidt 1952.
Woodward, Ernest Llewellyn: Great Britain and the German Navy. (1898–1914.) Oxford: Clarendon Pr. 1935.
– –: New. impr.: London: Cassell 1964.

Deutschland – USA

Baecker, Thomas: Blau gegen schwarz. Der amerikanische Kriegsplan von 1913 für einen deutsch-amerikanischen Krieg. In: Marine-Rundschau. Jg. 69, 1972. H. 6. S. 347–360.
Forstmeier, Friedrich: Deutsche Invasionspläne gegen die USA um 1900. In: Marine-Rundschau. Jg. 68, 1971. H. 6. S. 344–351.
Herwig, Holger H.: Prelude to Weltblitzkrieg: Germany's naval Policy toward the United States of America 1939–41. In: Journal of Modern History. 43, 1971. No 4. S. 649–668.
– u. David F. *Trask*: Naval Operations Plans between Germany and the United States of America 1898–1913. In: Militärgeschichtliche Mitteilungen. 2, 1970. S. 5–32.

England

Lowe, James Cedric u. M. L. *Dockrill*: The Mirage of power. British foreign Policy, 1902–1922. Vol. 1–3. London [usw.]: Routledge & Kegan Paul 1972.
Marder, Arthur Jacob: Anatomy of British sea power. A History of British naval policy in the pre-Dreadnought era, 1880–1905. New York: Knopf 1940.
– From the Dreadnought to Scapa Flow. Vol. 1–5. London: Oxford Univ. Pr. 1961–70.
Vol. 1: The Road to war 1904–1914. 1961.
Vol. 2: The War Years: to the eve of Jutland 1914–16. 1965.
Vol. 3: Jutland and after: May 1916–December 1916. 1966.
Vol. 4: 1917: Year of crisis. 1969.
Vol. 5: Victory and aftermath (Jan. 1918–Jun. 1919.) 1970.
Monger, George W.: The End of isolation. British foreign Policy, 1900–1907. London [usw.]: Nelson 1963.
Schmidt, Gustav: Rationalismus und Irrationalismus in der englischen Flottenpolitik. In: Marine und Marinepolitik 1871–1914. Düsseldorf 1972. S. 283–295.
Schönberg, Angela von: Um den Two Power Standard: Englische Flottenpolitik, 1880–1895. Stuttgart: Kohlhammer 1933.
Schüddekopf, Otto Ernst: Die britische Marinepolitik. 1880–1918. Hamburg: Hanseatische Verl.-Anst. 1938.
Sommer, Dudley: Haldane of Cloan: his life and times, 1856–1928. London: Allen & Unwin 1960.
Steiner, Zara S.: The Foreign Office and foreign policy. 1898–1914. London: Cambridge U. P. 1969.

Summerton, N. W.: The Development of British military planning for a war against Germany. 1904–1914. Vol. 1. 2. Diss. London 1970.

Uplegger, Fritz: Die englische Flottenpolitik vor dem Weltkrieg 1904–1909. Stuttgart: Kohlhammer 1930. (Beitr. zur Gesch. d. nachbismarckischen Zeit. 8.)

England – Frankreich

Andrew, Christopher: Théophile Delcassé and the making of the Entente Cordiale. London Macmillan [usw.] 1968.

Williamson, Samuel Ruthven: The Politics of grand strategy: Britain and France prepare for war, 1904–1914. Cambridge/Mass.: Harvard U. P. 1969.

England – Japan

Nish, Ian Hill: The Anglo-Japanese Alliance: the diplomacy of two island empires, 1894–1907. London: Athlone Press 1966.

– Alliance in decline. A Study in Anglo-Japanese relations 1908–1923. London: Athlone Press 1972.

Rußland

Adams, Charles E.: Der Wiederaufstieg der russischen Kriegsmarine in den Jahren 1905–1914. In: Marine-Rundschau. Jg. 61, 1964. H. 1. S. 12–21.

Ereignisse

Anderson, Eugene Newton: The first Moroccan Crisis, 1904–1906. Chicago/Ill.: Univ. of Chicago Pr. o. J. [um 1930.]

Hallmann, Hans: Krügerdepesche und Flottenfrage: Stuttgart: Kohlhammer 1927.

Hough, Richard Alexander: The Potemkin Mutiny. London: Hamilton 1960.

Klein, Walter: Der Vertrag von Bjoerkoe. Berlin: Universitas [in Komm.] 1931.

Rüstungswettlauf im Mittelmeer

Gabriele, Mariano: Le Convenzioni navali della Triplice. Roma: Ufficio storico della marina militare 1969.

Halpern, Paul G.: The Mediterranean naval Situation. 1908–1914. Cambridge/Mass.: Harvard Univ. Pr. 1971. (Harvard historical Studies. Vol. 86.)

Hough, Richard: The big Battleship or The curious Career of H. M. S. Agincourt. London: Joseph 1966.

Der italienisch-türkische Krieg

L'*Attività* della R. Marina dalla guerra libica a quella italo-austriaca. Publicazione riservata agli ufficiali. Roma: Uff. Storico della Marina 1931.

Guerra italo-turca. 1911–1912. Ufficio Storico della Marina. Vol. 1. 2. Milano Hoepli [u. a.] 1918–26.
Vol. 1: Roncagli, G.: Dalle origini al decreto di sovranità sulla Libia. Milano 1918.
Vol. 2.: Manfroni, C.: Dal decreto di sovranità sulla Libia alla conclusione della pace. Roma 1926.

Manfroni, Camillo: Guerra italo-turca (1911–1912). Cronistoria delle operazioni navali. Roma: Stab. poligraf. ed romano 1926.

Die *Rolle* der Marinen im Tripolis- und Balkankriege. In: Nauticus. 15, 1913. S. 247–268.

Saracoglu, Cemaleddin: Aperçu succint des opérations maritimes de la guerre italo-turque 1911–1912. In: The Belgian Shiplover. 14, 1963. No. 5–6. S. 184–189.

Die Balkankriege

Alexandrēs, K. A.: [Griech.] K. A. Alexandrē. O kata thalassan Polemos 1912–13 ... [Der Seekrieg 1912–13. Wie ihn ein Seekadett erlebte.] [Athēnai:] Ekdosis Gen. Epiteleiou Nautikou ... [1962].

Jorberg, Friedrich u. Albert *Röhr*: Der Einsatz der Kaiserlichen Marine während der beiden Balkankriege und die internationale Skutari-Unternehmung 1912–1914. In: Marine-Rundschau. Jg. 63, 1966. H. 6. S. 337–347.

Meyer, Alfred: Der Balkankrieg 1912/13. T. 1–5. Berlin: Voss 1913 –1914.

Der erste Weltkrieg

Allgemeine Literatur

Quellen

Rehder, Jacob: Die Verluste der Kriegsflotten 1914–1918. Erw. v. H. Sander. München: Lehmanns 1969.

Tagebücher, Memoiren, Biographien

Asquith, Herbert Henry, Earl of Oxford and Asquith: Memories and reflections. Vol. 1. 2. Boston: Little, Brown & Co. 1928.

Bauer, Hermann: Als Führer der U-Boote im Weltkriege. Der Eintritt d. U-Boot-Waffe in d. Seekriegführung. Leipzig: Koehler & Amelang 1942.

– –: 2. Aufl. o. J. [um 1942].

Chalmers, W. S.: The Life and letters of David Earl *Beatty*. London: Hodder & Stoughton 1951.

Rawson, G.: Earl *Beatty*, Admiral of the Fleet. London: Jarrolds 1930.

Behncke, Paul: Unsere Marine im Weltkriege und ihr Zusammenbruch. Berlin: Curtius 1919.

Churchill, W. S.: The World Crisis. Supra. Vol. 1–4. New York: Scribner's Sons 1923–27. (Auch als verkürzte, einbändige Ausgabe erhältlich.)

Fisher, John A.: Memories and records. Vol. 1. 2. New York: Doran 1920.

Bacon, R. H.: The Life of Lord *Fisher* of Kilverstone. Vol. 1. 2. New York: Doubleday 1929.

Hough, Richard: First Sea Lord. An authorized biography of Admiral Lord *Fisher* (1841–1920). London: Allen & Unwin 1969.

Marder, Arthur J.: Fear God and dread nought. The Correspondence of Admiral of the Fleet Lord *Fisher* of Kilverstone. Vol. 1. 2. Cambridge: Harvard Univ. Pr. 1952.

Harper, John Ernest Troyte: The Harper Papers. In: Jellicoe, Sir John: The Jellicoe Papers. Vol. 2. London 1968. S. 458–490.

Waldeyer-Hartz, H.: Admiral von *Hipper*. London: Rich & Cowan 1933.

Hopmann, Albert: Das Kriegstagebuch eines deutschen Seeoffiziers. Berlin: Scherl 1925.

Jellicoe, Sir John R.: The Jellicoe Papers. Ed. by A. Temple Patterson. Vol. 1. 2. London: Navy Records Society 1966–68. (Publications of the Navy Records Society. Vol. 108. 111.)

– The Grand Fleet. 1914–1916. New York: Doran 1919.

– The Crisis of the naval war. London: Cassell 1920.

– The Submarine Peril. London: Cassell 1934.

Bacon, R. H.: The Life of John Rushworth, Earl *Jellicoe*. London: Cassell 1936.

Keyes, Roger: The naval Memoirs of Admiral of the Fleet Sir Roger Keyes. New York Dutton [usw.] 1934.

Aspinall-Oglander, Cecil: Roger *Keyes*. London: Hogarth Pr. 1951.
Liman von Sanders, Otto: Five Years in Turkey. Annapolis: U.S. Naval Inst. 1927.
Michelsen, Andreas: Der U-Bootskrieg, 1914–1918. Leipzig: Koehler 1925.
Müller, Georg Alexander von: Regierte der Kaiser? Kriegstagebücher, Aufzeichn. u. Briefe. Hrsg. v. Walter Görlitz. (2., durchges. Aufl.) Göttingen, Berlin, Frankfurt: Musterschmidt-Verl. 1959.
Marder, Arthur J.: Portrait of an Admiral: The Life and papers of Sir Herbert *Richmond*. London: Cape 1950.
Scheer, Reinhard: Vom Segelschiff zum U-Boot. Leipzig: Quelle & Meyer [1936].
– Deutschlands Hochseeflotte im Weltkrieg. Berlin: Scherl 1919.
Forstmeier, Friedrich: Zum Bild der Persönlichkeit des Admirals Reinhard *Scheer* (1863–1928). In: Marine-Rundschau. Jg. 58, 1961. H. 2. S. 73–93.
Schoultz, G. von: With the British Battle Fleet. War Recollections of a Russian Naval Officer. London: Hutchinson 1925.
– – [dt. Übers.]: Mit der Grand Fleet im Weltkrieg. Leipzig: Koehler 1925.
Scott, Percy: Fifty Years in the Royal Navy. London: Doran 1919.
Sims, William S. u. Burton J. Hendrick: The Victory at sea. New York: Doubleday, Page & Co. 1920.
– –: London: Murray 1921.
Morison, Elting E.: Admiral *Sims* and the modern American navy. Boston: Houghton & Mifflin 1942.
Po, Guido: Il grande ammiraglio Paolo *Thaon di Revel*. Torino: Lattes 1936.

Amtliche Darstellungen

Australien

The official *History* of Australia in the war of 1914–1918. Sydney: Angus & Robertson.
1. Bean, C. E. W.: The Story of Anzac. 1. 1921.
2. Bean, C. E. W.: The Story of Anzac. 2. 1924.
3. Bean, C. E. W.: The A. I. F. in France 1916. 1939.
4. Bean, C. E. W.: The A. I. F in France 1917. 13. ed. 1943.
5. Bean, C. E. W.: The Australian Imperial Force in France during the German offensive 1918. 1937.
6. Bean, C. E. W.: The Australian Imperial Force in France during the Allied offensive 1918. 1942.
7. Gullett, H. S.: The Australian Imperial Force in Sinai and Palestine 1914–1918. 1923.
8. Cutlack, F. M.: The Australian Flying Corps . . . 11. ed. 1941.
9. Jose, A. W.: The Royal Australian Navy 1914–1918. 11. ed. 1943.
10. Mackenzie, S. S.: The Australians at Rabaul. 1927.
11. Scott, E.: Australia during the war. 1936.
12. Bean, C. E. W. u. H. S. Gullett: Photographic Record of the war. 1923.

Deutschland

Der *Krieg* zur See. 1914–1918. Hrsg. v. Marine-Archiv. Berlin: Mittler.
Abt. 1: Groos, O. u. W. Gladisch: Der Krieg in der Nordsee. Bd 1–7. 1922–37.
1. Von Kriegsbeginn bis Anfang September 1914. 1922.
2. Von Anfang September bis November 1914. 1922.
3. Von Ende November 1914 bis Anfang Februar 1915. 1923.
4. Von Anfang Februar bis Ende Dezember 1915. 1924.
5. Von Januar bis Juni 1916. 1925. Kartenbd. [1925.]
6. Von Juni 1916 bis Frühjahr 1917. 1937.
7. Vom Sommer 1917 bis zum Kriegsende 1918. 1965.
Abt. 2: Firle, R. u. H. Rollmann: Der Krieg in der Ostsee. Bd 1–3. 1921–64.
1. Von Kriegsbeginn bis Mitte März 1915. 1921.
2. Das Kriegsjahr 1915. 1929.
3. Von Anfang 1916 bis zum Kriegsende. 1964.
Abt. 3: Spindler, A.: Der Handelskrieg mit U-Booten. Bd 1–5. 1932–66.
1. Vorgeschichte. 1932.
2. Februar bis September 1915. 1933.
3. Oktober 1915 bis Januar 1917. 1934.
4. Februar bis Dezember 1917. 1941. [Nachdr. 1964.]
5. Januar bis November 1918. 1966.
Abt. 4: Raeder, E. u. E. Mantey: Der Kreuzerkrieg in den ausländischen Gewässern. Bd 1–3. 1922–37.
1. Das Kreuzergeschwader. 1922.
2. Die Tätigkeit der kleinen Kreuzer »Emden«, »Königsberg« und »Karlsruhe«. 1923.
3. Die deutschen Hilfskreuzer. 1937.
Abt. 5: Lorey, H.: Der Krieg in den türkischen Gewässern. Bd 1. 2. 1928–1938.
1. Die Mittelmeer-Division. 1928.
2. Der Kampf um die Meerengen. 1938.
Abt. 6: Die Kämpfe der Kaiserlichen Marine in den deutschen Kolonien. T. 1./2. 1935.
1./2. Tsingtau. Deutsch-Ostafrika. 1935.
Abt. 7: Koeppen, P.: Die Überwasserstreitkräfte und ihre Technik. 1930.

Frankreich

Thomazi, Auguste Antoine: La Marine française dans la Grande Guerre 1914–1918. T. 1–5. Paris: Payot 1925–33.
1. La Guerre navale dans la zone des armées du Nord. 1925.
2. La Guerre navale dans l'Adriatique. 1925.
3. La Guerre navale aux Dardanelles. 1926.
4. La Guerre navale dans la Méditerranée. 1929.
5. Les Marins à terre. 1933.
(Collection de mémoires, études et documents pour servir à l'histoire de la Guerre mondiale. [22, 24, 30, 50, 75.])

Italien

Ufficio storico della R. Marina. La *Marina* italiana nella grande guerra. Vol. 1–8. Firenze: Vallecchi 1935–42.
1. Almagia, G. u. A. Zoli: Vigilia d'armi sul mare. 1935.
2. Leva, F.: L'Intervento dell'Italia a fianco dell'Intesa e la lotta in Adriatico. 1936.
3. Castagna, L.: Sviluppi della guerra Adriatica dal salvataggio dell'esercito ser bo sino alla fine dell'anno 1916. 1938.
4. Castagna, L.: La Guerra al traffico marittimo. 1938.
5. Salza, S.: La Lotta contro il sommergibile. Maggio–ottobre 1917. 1939.
6. Salza, S.: La Lotta contro il sommergibile. Dall'ottobre 1917 al gennaio 1918. 1939.
7. Salza, S.: Verso la vittoria contro il sommergibile. 1940.
8. Salza, S.: La Vittoria mutilata in Adriatico. 1942.

Japan

[Großer Japanischer Generalstab.] *Nichidoku* Senso-shi. 1. 2. [Nebst] Kt.-Bd. [Geschichte des deutsch-japanischen Krieges 1914.] Tokio: Tokio-Kaiko-sha 1916.

Neuseeland

Official *History* of New Zealand's effort in the Great War. Vol. 1–4. Auckland [usw.]: Whitcombe & Tombs 1919–23.
1. Waite, F.: The New Zealanders at Gallipoli. 1919.
2. Stewart, H.: The New Zealand Division 1916–1919. 1921.

3. Powles, C. G.: The New Zealanders in Sinai and Palestine. 1922.
4. The War Effort of New Zealand. Ed. by H. T. B. Drew. 1923.

Österreich-Ungarn

Sokol, Hans Hugo: Österreich-Ungarns Seekrieg 1914–1918. Hrsg. v. Kriegsarchiv (Marinearchiv). Kartenentw. v. Theodor Braun. (Unveränd. Abdr. d. Ausg. v. 1933.) T. 1. 2. [Nebst] Beil. (Ktn.) Graz: Akad. Dr.- u. Verl.-Anst. 1967.

United Kingdom

History of the Great War based on official documents. London: Longmans, Green & Co.
Abt. 1.: Corbett, J. S. u. H. Newbolt: Naval Operations. Vol. 1–5 [nebst] Ktn [zu Vol.] 1. 3–5. 1920–31.
Abt. 2.: Hurd, A.: The Merchant Navy. Vol. 1–3. 1921–29.
Abt. 3.: Fayle, C. E.: Seaborne Trade. Vol. 1–3. [Nebst] Ktn. Vol. 1. 1920–24.
1. The Cruiser Period.
2. From the opening of the submarine campaign to the appointment of the shipping controller.
3. The Period of unrestricted submarine warfare.
Abt. 4.: Raleigh, W. u. H. A. Jones: The War in the air. Vol. 1–6 [nebst] Ktn [zu] Vol. 3. [u.] App. 1922–37.
Abt. 5.: Edmonds, J. E.: Military Operations. France and Belgium. 1914–1918. 1922–37.
Abt. 6.: Moberly, F. J.: The Campaign in Mesopotamia, 1914–1918. Vol. 1–4. 1923–27.
Abt. 7.: Macmunn, G. u. C. Falls: Egypt and Palestine. Vol. 1. 2. [Nebst] Ktn. 1928–30.
Abt. 8.: Aspinall-Oglander, C. F.: Gallipoli. Vol. 1. 2. [Nebst] Ktn. Vol. 1. 2. 1929–32.
Abt. 9.: Moberly, F. J.: Togoland and the Cameroons, 1914–1916. 1931.
Abt. 10.: Falls, C.: Macedonia. Vol. 1. 2. Ktn: 1. 2. 1933–35.
Abt. 11.: Becke, A. F.: Order of battle of divisions. Vol. 1. 2. A. 1935–36.
Abt. 13.: Henniker, A. M.: Transportation on the Western front, 1914–1918. [Nebst] Ktn. 1937.

U.S.A.

Annual *Report* of the Secretary of the Navy, 1914–1919. Washington: USGPO 1914–19.

Russell, James C. u. William E. *Moore*: The United States Navy in the World War. Official pictures ... Washington: Pictorial Bureau 1921.

Gesamtdarstellungen

Bennett, Geoffrey: Naval Battles of the First World War. London: Batsford 1968.

Bernotti, Romeo: Il Potere marittimo nella grande guerra. Livorno: Giusti 1920.

Bravetta, Ettore: La grande Guerra sul mare. Milano: Mondadori 1925.

Chack, Paul u. Jean-Jacques *Antier*: Histoire maritime de la Première Guerre Mondiale. T. 1–3. Paris: Ed. France-Empire (1969–71).
1: 1914–1915 Nord. 1969.
2: Méditerranée (1914–1915). 1970.
3: 1916–1918. Ensemble des théatres d'opérations. 1971.

Corbett, Julian S.: Some Principles of maritime strategy. London: Conway Maritime Pr. 1911.
– –: 2. ed. 1919.
– –: reissue 1972.

Cruttwell, C. R. M. F.: A History of the Great War, 1914–1918. London: Oxford Univ. Pr. 1936.

Dreyer, Frederick C.: The Sea Heritage. A Study of maritime warfare. London: Museum Pr. 1957.

Frothingham, Thomas G.: The naval History of the World War 1914–1918. Vol. 1–3. Cambridge: Harvard Univ. Pr. 1924–26.

Groos, Otto: Seekriegslehren im Lichte des Weltkrieges. Berlin: Mittler 1929.

Kittredge, Tracy B.: Naval Lessons of the Great War. New York: Doubleday, Page & Co. 1921.

Krebs, Holger Klingberg: Lærebog i verdenskrigens søkrigshistorie. T. 1–3. København Tryde [u. a.] 1927–42.

Laurens, Adolphe: Précis d'histoire de la guerre navale 1914–1918. Paris: Payot 1929.

Liddell Hart, B.: A History of the World War, 1914–1918. New York: Little, Brown & Co. 1935.

May, Ernest R.: The World War and American isolation, 1914–1917. Cambridge: Harvard Univ. Pr. 1959.

Newbolt, Sir Henry John: A naval History of the war 1914–1918. London: Hodder & Stoughton 1920.

Persius, Lothar: Der Seekrieg. Charlottenburg: Verl. d. Weltbühne 1919.

Po, Guido: La Guerra sui mari (sec. XIX–XX). Bologna: Zanichelli 1940.

Reventlow, Ernst Graf zu: Der Einfluß der Seemacht im Großen Kriege. Berlin: Mittler 1918.

Richmond, Sir Hubert W.: National Policy and naval strength. And other Essays. London: Longmans, Green & Co. 1928.

Tirpitz, Alfred von: Deutsche Ohnmachtspolitik im Weltkriege. Hamburg, Berlin: Hanseat. Verl. Anst. 1926.

Wegener, Wolfgang: Die Seestrategie des Weltkrieges. Berlin: Mittler 1929.
– –: 2., erw. Aufl. 1941.

Deutsche Marine

Alboldt, Emil: Die Tragödie der alten deutschen Marine: Amtliches Gutachten erstattet vor dem Untersuchungsausschuß des Deutschen Reichstages. Berlin: Dt. Verl.-Ges. f. Politik u. Geschichte 1928.

Assmann, Kurt: Deutsche Seestrategie in zwei Weltkriegen. Heidelberg: Vowinckel 1957.

Deist, Wilhelm: Die Politik der Seekriegsleitung und die Rebellion der Flotte Ende Oktober 1918. In: Vierteljahrshefte für Zeitgeschichte. 14, 1966. H. 4. S. 341–368.
– Die Unruhen in der Marine. 1917/18. In: Marine-Rundschau. Jg. 68, 1971. H. 6. S. 325–343.

Forstmeier, Friedrich: Aus der Geschichte des Deutschen Flottenkommandos. In: Die Entwicklung des Flottenkommandos. Darmstadt 1964. S. 9–30.

Forstner, Georg Günther Frhr. von: Das Kampfschicksal der deutschen Flotte im Weltkrieg. Was wir vom Seekrieg nicht wissen. Leipzig: Seemann 1937.

Horn, Daniel: The German naval Mutinies of World War I. New Brunswick/N. J.: Rutgers Univ. Pr. 1969.

Legahn, Ernst: Meuterei in der Kaiserlichen Marine. 1917/1918. Ursachen u. Folgen. Herford: Koehler 1970. (Koehlers kleine Seebücherei. 3.)

Robinson, Douglas H.: The Zeppelin in combat. London: Foulis 1962.

Stegemann, Bernd: Die deutsche Marinepolitik 1916–1918. Berlin: Duncker & Humblot 1970. (Historische Forschungen. Bd 4.)

Britische Marine

Dittmar, F. J. u. J. J. *Colledge*: British Warships 1914–1919. London: Ian Allen 1972.

Everitt, Don: The K-Boats. A dramatic first Report on the Navy's most calamitous submarines. London: Harrap 1963.

Französische Marine

Clerc-Rampal, Georges: La Marine française pendant la grande guerre. 1914–1918. Paris: Larousse 1919.

Laurens, Adolphe: Le Commandement naval en Méditerranée 1914 –1918. Paris: Payot 1931.

Italienische Marine

Hurd, Archibald Spicer: Italian Sea Power and the Great War. London: Constable 1918.

Manfroni, Camillo: Storia della marina italiana durante la Guerra mondiale 1914–1918. Bologna: Zanichelli [1923].

– u. Vittorio *Giglio*: Marina e aviazione italiane nelle Guerra mondiale. Milano: Vallardi 1937.

Po, Guido: La Guerra marittima dell'Italia. Milano: Corbaccio 1934.

I nostri *Sommergibili* durante la guerra 1915–1918. Roma: Tip. Uff. del Capo di Stato Maggiore 1933.

Österreichisch-ungarische Marine

Bayer von Bayersburg, Heinrich: Die Marinewaffen im Einsatz. 1914–1918. Wien: Bergland Verl. 1968.

Greger, René: Die k. u. k. U-Bootwaffe im Ersten Weltkrieg. In: Marine-Rundschau. 63, 1966. S. 348–352.

Martiny, Nikolaus von: Bilddokumente aus Österreich-Ungarns Seekrieg 1914–1918. Bd 1. 2. Graz: NS-Gauverl. u. -dr. Steiermark 1939.

Sokol, Anthony E.: Naval Strategy in the Adriatic during the World War. Annapolis: U.S. Nav. Inst. 1937.

Russische Marine

Graf, Garald: The Russian Navy in war and revolution. 1914–1918. Munich: Oldenbourg 1923.

Greger, René: Die russische Flotte im Ersten Weltkrieg 1914–1917. München: Lehmanns 1970.

Monasterev, Nestor: Vom Untergang der Zarenflotte. Berlin: Mittler 1930.

Petrov, M.: Podgotovka Rossii k pervoj mirovoj vojne na more. Moskva: Voenizdat 1926.

U.S. amerikanische Marine

Alden, John D.: Flush Decks and four pipes. Annapolis: U.S. Naval Inst. 1965.

– American Steel Navy. A photographic History of the U.S. Navy from the introduction of the Steel Hull in 1883 to the cruise of the Great White Fleet, 1907–1909. Annapolis: U.S. Naval Inst. 1972.

Sweetman, Jack: The Landing at Veracruz: 1914. Annapolis: U.S. Naval Inst. 1968.

21 Die Operationen zu Beginn des Krieges

Nordsee 1914/1915

Busch, Fritz Otto: Das Gefecht bei Helgoland am 24. August 1914. Berlin: Schneider 1936.

Levetzow, Magnus von: Die Seeschlacht an der Doggerbank. Leipzig: Koehler 1926.

Pochhammer, Hans: Before Jutland. London: Jarrolds 1931.

Sethe, Paul: Die ausgebliebene Seeschlacht. Eine Betrachtung d. englischen Flottenführung 1911–1915. Berlin: Mittler 1933.

Young, Filson. With the Battle Cruisers. London: Cassell 1921.

Das Kreuzer-Geschwader

Bennett, Geoffrey: Coronel and the Falklands. London: Batsford 1962.

Bidlingmaier, Gerhard: Zum 50. Jahrestag der Falklandschlacht. In: Marine-Rundschau. Jg. 61, 1964. H. 6. S. 317–331.

Bingham, Barry: Falklands, Jutland and the bight. London: Murray 1919.

Hirst, Lloyd: Coronel and after. London: Davies 1934.

Hough, Richard: The Pursuit of Admiral von Spee. London: Allen & Unwin 1969.

Pitt, Barrie: Coronel and Falkland. London: Cassell 1960.

Pochhammer, Hans: Graf Spees letzte Fahrt. Erinnerungen an d. Kreuzergeschwader. Berlin: Verl. d. Täglichen Rundschau 1918.

– –: 12. Aufl.: Leipzig: v. Hase & Koehler 1940.

Verner, Rudolf: The Battle Cruisers at the action of the Falkland Islands. London: Bale, Sons & Danielsson 1920.

Der Kreuzerkrieg

Chack, Paul: La Guerre des croiseurs. Du 4 août 1914 à la bataille des Falkland. T. 1. 2. Paris: Challamel 1922–1923.

Hoyt, Edwin Palmer: The last Cruise of the »Emden«. New York: Macmillan 1966.

Langmaid, Kenneth: The Sea Raiders. (World War I and II.) London: Jarrolds 1963.

Langsdorff, Werner von: Kaperkrieg im Atlantik. Taten deutscher Hilfskreuzer u. Hilfsschiffe. 4. Aufl. Gütersloh: Bertelsmann 1942.

Poggi, Marco [d. i. G. G. Angiolillo]: Le Navi fantasma. Gli ultimi Corsari. La Guerra di corsa degli incrociatori tedeschi 1914–1918. 2. ed. Napoli [usw.]: Bianco 1960.

Waldeyer-Hartz, Hugo von: Der Kreuzerkrieg 1914–1918. Das Kreuzergeschwader, Emden, Königsberg, Karlsruhe, die Hilfskeuzer. Oldenburg: Stalling 1931.

Mittelmeer-Operationen

Bienaimé, Amédée Pierre Léonard: La Guerre navale 1914–1915. Paris: Tallandier 1920.

Milne, A. Berkeley: The Flight of the ‚Goeben' and the ‚Breslau'. London: Nash 1921.

22 Der Kampf um Konstantinopel

Dardanellen

Ansel, Walter C.: Naval Gunfire in support of landings. In: U.S. Naval Institute Proceedings. 58, 1932. No 353. S. 1001 ff.

DiBona, C. J.: The Asiatic Road System to Gallipoli in 1915. Annapolis/Md. 1956. [Masch. schr. Ex. in U.S. Naval Acad. Libr.]

Guépratte, Paul Emile: L'Expédition des Dardanelles. 1914–1915. Paris: Payot 1935.

Hamilton, Ian: Gallipoli Diary. Vol. 1. 2. New York: Doran 1920.

James, Robert Rhodes: Gallipoli. London: Batsford 1965.

Isakov, I. S.: Dardanellskaja Operacija. Moskva: Voenmorizdat 1941.

Keyes, Roger: The Fight for Gallipoli. London: Eyre & Spottiswoode 1941.

Mason, A. T.: An Introduction to the Gallipoli campaign. In: Marine Corps Gazette. 20, 1936. Febr.–May.

Moorehead, Alan: Gallipoli. London: Hamilton 1956.

Dardanelles Commission. First *Report*. London: H. M. Stationery Office 1917.

Wester-Wemyss, Rosslyn: The Navy in the Dardanelles. London: Hodder 1924.

Adria

Chatterton, Edward Keble: Seas of adventures. The Story of naval operations in the Mediterranean, Adriatic and Aegean. London: Hurst & Blanckett 1936.

Manfroni, Camillo: I nostri Alleati navali. Ricordi della guerra Adriatica 1915–1918. Milano: Mondadori 1927.

Usborne, Cecil Vivian: Smoke on the horizon. Mediterranean Fighting 1914–1918. London: Hodder & Stoughton 1933.

23 Die Skagerrak-Schlacht

Battle of Jutland, 30th May to 1st June 1916. Official despatches with appendices. London: H. M. S. O. 1920.

– –: Neudr. 1927.

Bellairs, Carlyon Wilfroy: The Battle of Jutland. The sowing and the reaping. London: Hodder & Stoughton 1919.

Bennett, Geoffrey: The Battle of Jutland. London: Batsford 1964.

– –: Neudr. 1972.

Bywater, H. C.: Gunnery in the battle of Jutland. In: U.S. Naval Institute Proceedings. 51, 1925. No 271. S. 1780.

Fawcett, H. W. u. G. W. W. *Hooper* (ed.): The Fighting at Jutland. London: Hutchinson 1920.

The *Fighting* at Jutland. The personal Experiences of 60 officers and men of the British Fleet. Glasgow o. J. [um 1920]: Maclure, Macdonald & Co.

Frost, Holloway H.: The Battle of Jutland. Annapolis: U.S. Naval Inst. 1936.

– –: Reissue 1964.

– – (dt. Übers.): Grand Fleet und Hochseeflotte im Weltkrieg. Berlin: Schlegel 1938.

Gibson, L. u. J. E. T. Harper: The Riddle of Jutland. New York: Coward-McCann 1934.

Gill, C. C.: What happened at Jutland: The Tactics of the battle. New York: Doran 1921.

Gladisch, Walter: Die Schlacht am Skagerrak am 31. Mai 1916. Berlin: Mittler 1936.

Hase, G. O. I. von: Kiel and Jutland. London: Skeffington 1921.

Irving, John: The Smoke Screen of Jutland. London: Kimber 1966.

Macintyre, Donald: Jutland. New York: Norton 1958.

Pastfield, J. L. R.: New Light on Jutland. London: Heinemann 1933.

24 Der Seekrieg in der Ostsee und im Schwarzen Meer

Flot v Pervoj Mirovoj Vojne. T. 1. 2. Moskva: Voenizdat 1964.
1. Dejstvija russkogo Flota.
2. Belli, V. A.: Dejstvija Flotov na severnom sredizemnomorskom i okeanskich teatrach.
[Die Flotte im Ersten Weltkrieg.]

Ostsee

Danilov, N.: Smešannaja Operacija v Rižskom zalive v ijune – auguste 1916 g. Leningrad: VMA RKKA 1928.

Izmajlov, Nikolaj Fedorovič u. Aleksej Semenovič *Puchov*: Centrobalt. [Centr. Komitet Baltijskogo Flota.] (Izd. 2, per. i dop.) Kaliningrad: Kaliningradskoe Kn. Izd. 1967.

Kosinskij, A.: Moonzundskaja Operacija Baltijskogo flota v 1917 g. Leningrad: VMA RKKA 1928.

Krovjakov, Nikolaj Sergeevič: »Ledovyj Pochod« Baltijskogo flota v 1918 godu. [Der »Eismarsch« der Baltischen Flotte.] Moskva: Voenizdat 1955.

Tomaševič, A.: Podvodnye lodki v operacijach russkogo flota na Baltijskom more v 1914–1915 gg. Moskva: Voenmorizdat 1939.

Tschischwitz, Erich von: Armee und Marine bei der Eroberung der Baltischen Inseln im Oktober 1917. Berlin: Eisenschmidt 1931.

Schwarzes Meer

Jung, Dieter: SMS Goeben und die Ereignisse im Schwarzen Meer 1918. In: Marine-Rundschau. Jg. 68, 1971. H. 2. S. 98–112.

Novikov, N.: Operacii na Černom More i sovmestnye dejstvija armii i flota na poberežе Lazistana. Leningrad: VMA RKKA 1927.

Russischer Bürgerkrieg und Intervention

Agar, Augustus W. A.: Baltic Episode. A Classic of Secret Service in Russian waters. London: Hodder & Stoughton 1963.

Aguirre, José Fernando: La Gran Guerra y la Revolución Rusa. Barcelona: Argos 1966.

Bennett, Geoffrey: Cowan's War. The Story of British naval operations in the Baltic, 1918–1920. London: Collins 1964.

Bradley, John: Allied Intervention in Russia (1917–1920). London: Weidenfeld & Nicolson 1968.

Bunyan, James: Intervention, Civil War, and communism in Russia. April–December 1918. Documents and materials. Baltimore: Johns Hopkins Pr. 1936.

Cooper, Leonard: Many Roads to Moscow. 3 historic Invasions. New York: Coward-McCann 1968.

Gukovskij, A. I.: Francuzskaja Intervencija na juge Russii 1918–1919 gg. Moskva: Gos. Izdat 1928.

Kuzmin, G. V.: Graždanskaja Vojna i voennaja intervencija v SSSR. Voenno-polit. Očerk. Moskva: Voenizdat 1958.

Lipatov, Nikolaj Platonovič: 1920 god na Černom More. Voenno-morskie sily v razgrome Vrangelja. Moskva: Voenizdat 1958.

Mordvinov, Rostislav Nikolaevič: Kursom »Avrory«. Formirovanie sovetskogo voennomorskogo flota i načalo ego boevoj dejatel'nosti (nojabr 1917–mart 1919). Moskva: Voenizdat 1962.

Schmiedel, Karl u. Helmut *Schnitter*: Bürgerkrieg und Intervention 1918–1922. Militärhistor. Abriß d. Bürgerkrieges u. d. ausländischen Intervention in Sowjetrußland. Berlin (Ost): Dt. Militärverl. 1970.

Silverlight, John: The victor's Dilemma. New York: Weybright & Talley 1970.

Strakhovsky, L. I.: Intervention at Archangel. Princeton: Princeton Univ. Pr. 1944.

Ullman, Richard H.: Britain and the Russian Civil War. Princeton/N. J.: Univ. Pr. 1968.

25 Der Handelskrieg

Blockade

The Northern *Barrage*. Mine Force, United States Atlantic Fleet. The North Sea 1918. Ed. by All Hands. Annapolis: U.S. Naval Inst. 1919.

Belknap, Reginald R.: The Yankee Mining Squadron. Annapolis: U.S. Naval Inst. 1920.

Chatterton, Edward Keble: The big Blockade. London: Hutchinson o. J. [um 1930].

Guichard, Louis: The naval Blockade, 1914–1918. New York: Appleton 1930.

Laurens, Adolphe: Le Blocus et la guerre sous-marine 1914–1918. Paris: Colin 1924.

Parmelee, Maurice Farr: Blockade and sea power: The blockade, 1914–1919, and its significance for a world state. New York: Crowell 1924.

Siney, Marion C.: The allied Blockade of Germany, 1914–1916. Ann Arbor: Univ. of Michigan Pr. 1957.

Tupper, Reginald G. O.: The Blockade of Germany by the Tenth Cruiser Squadron. In: Journal of the Royal United Service Institution. 67, 1923. Febr. S. 1 ff.

U-Bootkrieg und Politik

Bauer, Hermann: Reichsleitung und U-Booteinsatz 1914 bis 1918. Zusammenarbeit zwischen politischer und militärischer Führung im Kriege. Lippoldsberg: Klosterhaus 1956.

Birnbaum, Karl E.: Peace Moves and U-boat warfare. A Study of Imperial Germany's policy toward the United States 1916–1917. Stockholm: Almqvist & Wiksell 1958.
Lundeberg, Philip K.: The German naval Critique of the U-boat-campaign. In: Military Affairs. 27, 1963. S. 105–118.
Spindler, Arno: Der Meinungsstreit in der Marine über den U-Bootskrieg 1914–1918. In: Marine-Rundschau. Jg. 55, 1958. H. 5. S. 235–245.
Stegemann, Bernd: Zur Problematik des uneingeschränkten U-Boot-Krieges 1917. In: Marine-Rundschau. Jg. 65, 1968. H. 3. S. 157–166.
– Der U-Boot-Krieg im Jahre 1918. In: Marine-Rundschau. Jg. 65, 1958. H. 5. S. 333–345.
Thomas, Lowell: Raider of the deep. London: Heinemann 1929.
– –: (dt. Übers.): Ritter der Tiefe. 8. Aufl. Gütersloh: Bertelsmann 1942.

U-Bootkrieg

Castex, Raoul: Synthèse de la guerre sous-marine. De Pontchartrain à Tirpitz. Paris: Challamel 1920.
Fuß, Richard: Der U-Bootskrieg des Jahres 1915. Ein Kapitel auswärtiger Politik im Weltkriege. Stuttgart: Kohlhammer 1936. (Beiträge zur Geschichte der nachbismarckischen Zeit. 33.)
Gayer, Albert: Die deutschen U-Boote in ihrer Kriegführung 1914–1918. H. 1–4. Berlin: Mittler 1920–21, 1930.
Gibson, Richard Henry u. Maurice *Prendergast*: The German Submarine War, 1914–1918. New York R. R. Smith [usw.] 1931.
Gray, Edwyn: The Underwater War. New York: Scribners 1971.
Herzog, Bodo: Die deutschen U-Boote, 1906–1945. München: Lehmanns 1959.
Jeschke, Hubert: U-Boottaktik. Zur deutschen U-Boottaktik 1900 – 1945. Freiburg: Rombach 1972.
Krueger, Wolfgang: Der Entschluß zum uneingeschränkten U-Bootkrieg im Jahre 1917 und seine völkerrechtliche Rechtfertigung. Frankfurt/M.: Mittler 1959. (Marine-Rundschau. 1959. Beih. 5.)
Laurens, Adolphe: Histoire de la guerre sous-marine allemande 1914–1918. Paris: Soc. d'éd. géogr., marit. et colon. 1930.
Masters, David: The Submarine War. New York: Holt 1935.
Michelsen, Andreas: Der U-Bootkrieg 1914–1918. 3. Aufl. Leipzig: Koehler 1925.
Spindler, Arno: The Value of the submarine in naval warfare. In: U.S. Naval Institute Proceedings. 52, 1926. No 279. S. 835 ff.
Stal', Aleksandr Viktorovič: Razvitie metodov operacii podvodnych lodok v vojnu 1914–1918 gg. na osnovnych morskich teatrach. Moskva: Voenizdat 1936.

U-Bootabwehr

Campbell, Gordon: My Mystery Ships. London: Hodder & Stoughton [1928].
Dorling, Henry Taprell: Endless Story. Being an account of the work of the destroyers, flotilla-leaders, torpedo-boats and patrol boats in the Great War. London: Hodder & Stoughton 1932.
Gleaves, Albert: A History of the transport service. New York: Doran 1921.
Grant, Robert M.: U-Boats destroyed. The Effect of anti-submarine warfare 1914–1918. London: Putnam 1964.
– U-Boat Intelligence 1914–1918. [The part played by the Intelligence Division of the Admiralty.] London: Putnam 1969. [S. 182–190: Revised List of U-boats sunk.]
Jellicoe, John Rushworth, Earl of Scapa: The Submarine Peril. The Admiralty Policy in 1917. London: Cassell 1934.
Lundeberg, Philip K.: Undersea Warfare and allied strategy in World War I. Washington: Smithon. Inst. 1966.
Rehder, Jacob: U-Bootsfallen. München: Lehmanns 1935.

Dover – Zeebrügge – Ostende

Bacon, Sir Reginald Hugh Spencer: The Dover Patrol. 1915–1917. Vol. 1. 2. London: Hutchinson 1919.
– – (dt. Übers.): England sperrt den Kanal. Berlin: Mittler 1939.
Keyes, Sir Roger: Ostend and Zeebrugge. April 23, May 10, 1918. London: Oxford Univ. Pr. 1919.
Pitt, Barrie: Zeebrugge. St. George's Day. 1918. London: Cassell 1958.

Die Zwischenkriegszeit

26 Die Abrüstung 1918–1934

Waffenstillstand / Scapa Flow

Bowman, Gerald: The Man who bought a navy. The Story of the world's greatest salvage achievement at Scapa Flow. London: Harrap 1964.
Cousins, Geoffrey: The Story of Scapa Flow. London: F. Muller 1965.
Foot, Michael: Armistice 1918–1939. New York: Harrap 1940.
Halliday, Ernest Milton: The ignorant Armies (1918–1919). New York: Harper 1960.
Reuter, Ludwig von: Scapa Flow. Das Grab d. deutschen Flotte. 2. Aufl. Leipzig: v. Hase & Koehler 1921.
– –: 4. Aufl. 1924.
Ruge, Friedrich: Scapa Flow 1919. Das Ende d. deutschen Flotte. Oldenburg, Hamburg: Stalling 1969.
Salewski, Michael: Entwaffnung und Militärkontrolle in Deutschland. 1919–1927. München: Oldenbourg 1966.

Die Marinen zwischen den Weltkriegen

Bywater, Hector Charles: Navies and nations. Boston: Mifflin 1927.
Edwards, Kenneth: The grey Diplomatists. London: Rich & Cowan 1938.
Espagnac du Ravay: Vingt Ans de politique navale. (1919–1939.) Paris: Arthaud 1941.
Ivanov, Lev Nikolaevič: Morskaja Politika i diplomatija imperialističeskich deržav (Mezdu pervoj i vtoroj mirov. vojnami.) [Die Marinepolitik und die Diplomatie der imperialistischen Mächte zwischen den beiden Weltkriegen.] Moskva: Izdat. Nauka 1964.

Griechisch-türkischer Krieg 1919–1922

Genikon Epiteleion Stratou. E *Ekstrateia* eis tēn Mikran Asian (1919–1922). T. 1–7. Athēnai: Ekdosis Dieuthynseōs Istorias 1957–1963.

Deutsche Reichsmarine

Bird, K. W.: Officers and Republic. The German Navy in politics. Durham, Duke Univ., Diss. v. 1971.
Burchartz, Max: Matrosen, Soldaten, Kameraden. Ein Bildbuch von der Reichsmarine. Hamburg: Hanseatische Verlagsanst. (1933).
– –: [Neue Ausg.] Hamburg (1933).
Carr, Edward Hallett: German-Soviet Relations between the two World Wars, 1919–1939. Baltimore: Johns Hopkins Pr. 1951.
Dülffer, Jost: Weimar, Hitler und die Marine. Reichspolitik u. Flottenbau 1920 bis 1939. Düsseldorf: Droste-Verl. 1972.

Freund, Michael: Von Versailles zur Wehrfreiheit. Essen: Essener Verl.-Anst. 1936.
Güth, Rolf: Die Marine des Deutschen Reiches. 1919–1939. Frankfurt/M.: Bernard & Graefe 1972.
Der *Kampf* der Marine gegen Versailles 1919–1935. Bearb. v. Kapitän z. See Schüssler. Berlin: Oberkommando d. Kriegsmarine 1937. (Dienstschrift. 15.)
Salewski, Michael: Selbstverständnis und historisches Bewußtsein der deutschen Kriegsmarine. In: Marine-Rundschau. Jg. 67, 1970. H. 2. S. 65–88.
– Die Verteidigung der Ostsee 1918–1939. – Politische u. strategische Konzeptionen. – In: Marine-Rundschau. Jg. 69, 1972. H. 7. S. 385–401.
Sorge, Siegfried: Die Reichsmarine. o. O. Selbstverl. 1972.
Stöckel, Kurt: Die Entwicklung der Reichsmarine nach dem ersten Weltkriege (1919–1935). Äußerer Aufbau u. innere Struktur. Göttingen 1954. [Masch.-schr.] Göttingen, Phil. Fak., Diss. v. 15. 2. 1955.

Royal Navy

Chatfield, Alfred Ernle Montacute Baron: The Navy and defence. Vol. 1. 2. London: Heinemann 1942–47. Vol. 2.: It might happen again.
Collier, Basil: Barren Victories. Versailles to Suez 1918–1956. London: Cassell 1964.
Roskill, Stephen Wentworth: Naval Policy between the wars. London: Collins 1968. 1: The Period of Anglo-American antagonism 1919–1929.

Sowjet-Flotte

Osten, Hans Joachim von der: Die sowjetische Marine im deutschen Urteil 1917–1940. In: Marine-Rundschau. Beih. 7/8. S. 63–84.

U.S. Navy

Braisted, William Reynolds: The United States Navy in the Pacific. 1909–1922. Austin [usw.]: Univ. of Texas Pr. 1971.
Bywater, Hector Charles: Sea-Power in the Pacific: A Study of the American-Japanese naval problem. New York [usw.]: Mifflin 1921.
– –: New ed. London: Constable 1934.
Knox, Dudley Wright: The Eclipse of American sea power. New York: American Army & Navy Journal 1922.

Marine-Luftwaffen

Caldwell, Cyril Cassidy: Air Power and total war. New York: Coward-McCann 1943.
Douhet, Giulio: Il Dominio dell'aria. Roma: L'Amministrazione della guerra 1921.
– – [engl. Übers.]: The Command of the air. London: Faber & Faber 1943.
– – –: Neudr. London: Weidenfeld & Nicolson 1959.
Jońca, Adam: Lotnictwo morkie. (Marinefliegerei.) Warszawa: Wydawn. Minist. Obrony Narod. 1969.
Mitchell, William L.: Winged Defense. The Development and possibilities of modern air power, economic and military. New York: Putnam 1925.
– Skyways. A Book on modern aeronautics. London [usw.]: Lippincott 1930.
Seversky, Alexander Procofieff de: Victory through air power. Garden City/N. Y.: Garden City Publ. Co. [1943].
Wheeler, Gerald E.: General Mitchell, Admiral Moffett und die amerikanische Luftmacht. In: Wehrwissenschaftliche Rundschau. 9, 1959. S. 86–96.

Deutschland

Moll, Hermann: Das deutsche Marineflugzeug von 1918 bis 1944. In: Marine-Rundschau. Jg. 54, 1957. H. 2. S. 48–59; H. 3. S. 109 –116.

Großbritannien

Killen, John: A History of marine aviation, 1911–1968. London: Muller 1969.
Naish, George P. B.: Flying in the Royal Navy, 1914–1964. London: H. M. S. O. 1964.
Thetford, Owen: British naval Aircraft since 1912. London: Putnam 1962.

U.S.A.

Apree, Edward: From Frigates to flattops. (Biographie Adm. William A. Moffett, USN.) Lake Forest/Ill.: Selbstverl. 1953.
United States naval *Aviation* 1910–1970. Prep. at the direction of the Deputy Chief of Naval Operations (Air) and the Commander, Naval Air Systems Command. Washington: Gov. Pr. Off. 1970.
Deurs, George van: Wings for the fleet. A Narrative of naval aviation's early development, 1910–1916. Annapolis: U.S. Naval Inst. 1966.
Morrow Aircraft Board. *Hearings* before the President's Aircraft Board. Vol. 1–4. Washington: USGPO 1925.
Larkins, William T.: U.S. Marine Corps Aircraft 1914–1959. Concord: Aviation History Publ. 1959.
– U.S. Navy Aircraft 1921–1941. Concord: Aviation History Publ. 1961.
Levine, Isaac Don: Mitchell, pioneer of air power. New York: Duell, Sloan & Pearce 1943.
– –: Rev. ed. 1958.
Miller, Harold B.: Navy Wings. New York: Dodd, Mead & Co. 1937.
Paine, Ralph D.: The first Yale Unit. Vol. 1. 2. Cambridge: Riverside Pr. 1925.
Smith, Richard K.: First across. The U.S. Navy's Transatlantic Flight of 1919. Annapolis: U.S. Naval Inst. 1972.
Swanborough, Gordon u. Peter M. *Bowers:* United States Navy Aircraft since 1911. London: Putnam 1968.
Taylor, W. R.: Combat Aircraft of the world. An authoritative Guide to every combat aircraft in the world from 1909 to the present. New York: Putnam 1969.
Turnbull, Archibald D. Douglas u. Clifford L. *Lord*: History of United States naval aviation. New Haven: Yale University Pr. 1949.
Wilson, Eugene E.: The Navy's first Carrier Task Force. In: U.S. Nav. Inst. Proceedings. Febr. 1950. S. 158–169.

Die Konferenz von Washington 1922

Archimbaud, Léon: La Conférence de Washington (12 novembre 1921–6 février 1922). Paris: Payot 1923.
Breyer, Siegfried: Die Superschlachtschiffe von 1916 bis 1922 und der Washington-Vertrag. In: Marine-Rundschau. Jg. 56, 1959. H. 2. S. 83–92.
Buckley, Thomas H.: The United States and the Washington Conference. 1921–1922. Knoxville: Univ. of Tennessee 1970.
Buell, Raymond Leslie: The Washington Conference. New York [usw.]: Appleton 1922.
Conference on the limitation of armament. Washington: Gov. Pr. Off. 1922. (Senate Document. 67. Congress.)
Ichihashi, Yamato: The Washington Conference and after. A historical survey. Stanford/Cal.: Univ. Pr. 1928.
Vašingtonskaja *Konferencija* po organiceniju vooruženij i Tichookeanskim i Dal'nevostočnym Voprosam 1921–1922 g. [Die

Washingtoner Konferenz für Abrüstung u. Probleme des Pazifik u. des Fernen Ostens 1921/22]. Moskva: Izd. Litizdata NKID 1924.
Latimer, Hugh: Naval Disarmament. A brief Record from the Washington Conference to date (1921–1929). London: Royal Inst. of Intern. Affairs 1930.
Stange, Klaus: Die Flottenverträge von 1922 bis 1935 und ihre politischen Hintergründe. In: Marine-Rundschau. Jg. 65, 1968. H. 3. S. 192–204.
Vinson, John Chalmers: The Parchment Peace. The United States Senate and the Washington Conference, 1921–1922. Athens/Ga.: Univ. of Georgia Pr. 1955.
Wall, Rachel F.: Die Washingtoner Konferenz [1921/22]. Ursachen und Folgen im Pazifischen Raum. In: Die Folgen von Versailles 1919–1924. Göttingen 1969. S. 29–63.

Die Konferenz von London 1930

Bickel, Wolf Heinrich: Die anglo-amerikanischen Beziehungen 1927–1930 im Licht der Flottenfrage. Zürich 1970: aku-Fotodr. [Diss.]
Bouy, Raymond: Le Désarmement naval. La Conférence de Londres. Paris: Presses univ. de France 1930.
Engely, G.: The Politics of naval disarmament. London: Williams & Norgate 1932.
Harris, Henry Wilson: Naval Disarmament. London: Allen & Unwin 1930.
Hoffmann, Karl: Flottenabrüstung, Kriegsächtung und Revision. Berlin: Arbeitsausschuß Dt. Verbände 1932.
O'Connor, Raymond G.: Perilous Equilibrium. The United States and the London Naval Conference of 1930. Lawrence: Univ. of Kansas Pr. 1962.
Rivault, Jean: Les Conventions de Londres de 1929 et de 1930 sur la sécurité en mer. Paris: Libr. gén. de droit et de jurispr. 1936.
Williams, Benjamin Harrison: The United States and disarmament. New York: McGraw-Hill [usw.] 1931.

27 Die Wiederaufrüstung 1935–1939

Politik und Strategie

Dulles, John Foster: War, peace, and change. New York [usw.]: Harper 1939.
Grenfell, Russell: Sea Power in the next war. London: Bles 1938.
Sprout, H. u. M. *Sprout*: Toward a new order of sea power. Princeton: Princeton Univ. Pr. 1940.
War in our time. Hans Speier u. Alfred Kähler [ed.]. New York: Norton 1939.

Völkerbund/internationale Konferenzen

Davis, H. I. (ed.): Pioneers in world order. An American Appraisal of the League of Nations. New York: Columbia Univ. Pr. 1944.
Hankey, Maurice Pascal Alers Hankey Baron: Diplomacy by conference. London: Benn 1946.
Wheeler-Bennett, John: The Disarmament Deadlock. London: Routledge 1934.

Deutschland

Friedländer, Saul: Auftakt zum Untergang. Hitler und die Vereinigten Staaten von Amerika 1939–1941. Stuttgart: Kohlhammer 1965.
Gemzell, Carl-Axel: Raeder, Hitler und Skandinavien. Lund: Gleerup 1965.
Kautz, Georg: Der Flottenaufbau und die strategischen Pläne der Marineleitung/Seekriegsleitung für den Einsatz der deutschen Flotte (1919–1939). In: Marinewesen. 5, 1966. S. 218–234.
Salewski, Michael: Marineleitung und politische Führung. 1931–1935. In: Militärgeschichtliche Mitteilungen. 2, 1971. S. 113–158.
Steigleder, H. u. E. *Hensel*: Gedanken zum Einsatz schwerer deutscher Kriegsmarineeinheiten im zweiten Weltkrieg. In: Zeitschrift für Militärgeschichte. 4, 1965. S. 657–671.
Wunderlich, Werner: Das seestrategische Denken im imperialistischen Deutschland in Vorbereitung des zweiten Weltkrieges. Bd 1. 2. Leipzig 1966. [Masch.-schr.] Leipzig, Phil. Fak., Diss. v. 5. 2. 1966.

Großbritannien

Hearnshaw, Fossey John Cobb: Sea Power and empire. London [usw.]: Harrap 1940.
Liddell-Hart, Basil Henry: The Defence of Great Britain. London: Faber 1939.
Medlicott, William Norden: British foreign Policy since Versailles. London: Methuen 1940.

U.S.A.

Atwater, E.: American Regulation of arms exports. New York: Columbia Univ. Pr. 1941.
Bemis, Samuel Flagg: The Latin American Policy of the United States. New York: Harcourt, Brace 1943.
Davis, F.: The Atlantic System. The Story of Anglo-American control of the seas. New York: Reynal & Hitchcock 1941.
Rippy, J. F.: The Caribbean Danger Zone. New York: Putnam's Sons 1940.
Tuleja, Thaddeus V.: Statesmen and Admirals. Quest for a Far Eastern naval policy (1922–1941). New York: Norton 1963.
Wheeler, Gerald E.: Prelude to Pearl Harbor. The United States Navy and the Far East, 1921–1931. Columbia/Mo.: Missouri Univ. Pr. 1963.

Der spanische Bürgerkrieg

Broué, Pierre u. Emile *Témine*: La Révolution et la guerre d'Espagne. Paris: Ed. de Minuit 1961.
–– (dt. Übers.): Revolution und Krieg in Spanien. Frankfurt/Main: Suhrkamp 1968.
Cervera, Valderrama Juan: Memorias de guerra. Madrid: Ed. Nacional 1968.
Dahms, Hellmuth Günther: Der spanische Bürgerkrieg 1936–1939. Tübingen: Wunderlich 1962.
González-Echegary, Rafael: Spanish Civil War, 1936–1939. Shiplist. In: The Belgian Shiplover. 14, 1963. No. 9–10. S. 382–393.
Jackson, Gabriel: The Spanish Republic and the Civil War 1931–1939. Princeton/N. J.: Univ. Pr. 1965.
Kuznecov, Nikolaj G.: Ispanskij Flot v borbe za respublika. In: Voenno-istoričeskij Žurnal. 4, 1962. No. 3. S. 53–72.
Moreno, Francisco, Fernando *Moreno* de Reyna u. Salvador *Moreno* de Reyna: La Guerra en el mar. Barcelona: Ed. AHR 1959.
Padelford, Norman J.: International Law and diplomacy in the Spanish civil strife. New York: Macmillan 1939.
Puzzo, Dante Anthony: Spain and the great powers, 1936–1941. New York: Columbia U. P. 1962.
Rahn, Werner: Ibiza und Almeria. Eine Dokumentation d. Ereignisse vom 29. bis 31. Mai 1937. In: Marine-Rundschau. Jg. 68, 1971. H. 7. S. 389–406.
Santamaria, Aldo: Operazione Spagna. Roma: Volpe 1965.
Thomas, Hugh: The Spanish Civil War (1936–1939). London: Eyre & Spottiswoode 1961.
–– (dt. Übers.): Der spanische Bürgerkrieg. Berlin, Frankfurt/M.: Ullstein 1962.
–––: 2. Aufl. 1968.

Die Konferenz von London 1936

Armamenti navali e conferenza di Londra 1935. Milano: Ist. per gli Studi di politica intern. 1936.

Documents of the London Naval Conference 1935. Dec. 1935–March, 1936. London: H. M. S. O. 1936.

Das deutsch-englische Flottenabkommen 1935/37

Belote, James H.: The Development of German naval Policy, 1933–1939. Berkeley, Univ. of Calif., Diss. v. 1954.

Bensel, Rolf: Die deutsche Flottenpolitik von 1933–1939. Berlin, Frankfurt/Main: Mittler 1958. (Marine-Rundschau. Beih. 3.)

Bernhardt, W.: Die deutsche Aufrüstung 1934–1939. Militärische u. politische Konzeption u. ihre Einschätzung durch d. Alliierten. Frankfurt/Main: Bernard & Graefe 1969.

Bloch, Charles: La Grande-Bretagne face au réarmement allemand et l'accord naval de 1935. In: Revue d'histoire de la Deuxième Guerre Mondiale. 16, 1966. S. 41–68.

Dülffer, Jost: Das deutsch-englische Flottenabkommen vom 18. Juni 1935. In: Marine-Rundschau. Jg. 69, 1972. H. 11. S. 641–659.

Gladisch, Walter: Geschichtliche und militärpolitische Betrachtungen zum deutsch-englischen Flottenabkommen von 1935. In: Wissen und Wehr. 1935. H. 10. S. 671–697.

Ingrim, Robert: Hitlers glücklichster Tag. London: am 18. Juni 1935. Stuttgart: Seewald 1962.

Malanowski, Wolfgang: Das deutsch-englische Flottenabkommen vom 18. Juni 1935 als Ausgangspunkt für Hitlers doktrinäre Bündnispolitik. In: Wehrwissenschaftliche Rundschau. 5, 1955. S. 408–420.

Meyer, Karl: Das deutsch-englische Flottenabkommen von 1935. Entstehung und zeitgenössische Würdigung. Stuttgart: Kohlhammer 1940. (Beitr. z. Gesch. d. nachbismarckischen Zeit. 45.)

Papp, Nicholas Gabriel: The Anglo-German naval Agreement of 1935. Phil. Diss. Univ. of Connecticut 1969.

Watt, D. C.: The Anglo-German naval Agreement of 1935. An interim Judgment. In: Journal of Modern History. 28, 1956. S. 155–175.

– Anglo-German naval Negotiations on the eve of the Second World War. In: Journal of the Royal United Services Institution. 103, 1958. S. 201–207, 384–391.

Flottenbau bis 1939

Le Masson, Henri: La Marine moderne de guerre et son évolution. T. 2. Paris: Horizons de France 1951. 2. Porte-avions, sous-marins, escorteurs. (Coll. Visages de la marine. 10.)

Rohwer, Jürgen: Baudaten der von 1921 bis zum 31. 8. 1939 für die deutsche Reichs- und Kriegsmarine in Auftrag gegebenen Kriegsschiffe. In: Dülffer: Weimar, Hitler und die Marine. Düsseldorf 1972. S. 570–587.

Steigleder, H.: Zur Entwicklung der U-Bootflotten nach dem ersten Weltkrieg. In: Marinewesen. 5, 1966. S. 1241–1249.

Deutschland

Conrady, Heinz Dietrich von: Die deutschen Motor-Torpedo-Schnellboote. Geschichte, Technik u. Taktik bis zum Zweiten Weltkrieg. 1. In: Marine-Rundschau. Jg. 59, 1962. H. 6. S. 356–372.

Meinck, Gerhard: Hitler und die deutsche Aufrüstung 1933–1937. Wiesbaden: Steiner 1959.

Richter, D.: Oktober 1928 – Das Volksbegehren gegen den Panzerkreuzerbau. In: Marinewesen. 7, 1968. S. 1256–1266.

Rößler, Eberhard: Das Projekt »Liliput«. (Die Entwicklung d. U-Boottyps II d. Kriegsmarine.) In: Marine-Rundschau. Jg. 69, 1972. H. 3. S. 129–145.

– Die Entwicklung des U-Boottypes VII C. In: Marine-Rundschau. Jg. 67, 1970. H. 11. S. 665–676; H. 12. S. 705–722.

– Die deutsche U-Bootausbildung und ihre Vorbereitung. 1925–1945. In: Marine-Rundschau. Jg. 68, 1971. H. 8. S. 453–466.

Sandhofer, G.: Das Panzerschiff »A« und die Vorentwürfe von 1920 bis 1928. In: Militärgeschichtliche Mitteilungen. 1, 1968. S. 35–62.

Saville, Allison Winthrop: The Development of the German U-boat arm. Diss. University of Washington 1963.

Wacker, Wolfgang: Der Bau des Panzerschiffs »A« und der Reichstag. Tübingen: Mohr 1959. (Tübinger Studien zur Geschichte und Politik. 11.)

Großbritannien

Tennyson d'Eyncourt, Sir Eustace Henry William: A Shipbuilder's Yarn. The Record of a naval constructor. London [usw.]: Hutchinson 1948.

Italien

Jablonsky, Walter: Der italienische U-Bootbau bis zum Zweiten Weltkrieg. 1. 2. In: Marine-Rundschau. Jg. 68, 1971. H. 10. S. 581–589; H. 11. S. 656–662.

Sowjet-Union

Watt, D. C.: Stalin's first Bid for sea power. In: U.S. Nav. Inst. Proceedings. 90, 1964. June. S. 88–96.

U.S.A.

Davis, George T.: A Navy Second to none. The Development of modern American naval policy. New York: Harcourt Brace 1940.

Der zweite Weltkrieg

Allgemeine Literatur

Quellen

Naval Staff (Trade Division) Admiralty. *B. R.* 1337. British and foreign Merchant Vessels lost or damaged by enemy action during Second World War. From 3. September, 1939, to 2. September, 1945. London: Admiralty 1945.

Fuehrer Conferences on naval affairs 1939–1945. In: Brassey's Naval Annual. 1948. S. 27–496.

U.S. Office of Naval Intelligence. *Fuehrer Conferences* on matters dealing with the German navy. Vol. 1–3. Washington: USGPO 1946.

Klepsch, Peter: Die fremden Flotten im 2. Weltkrieg und ihr Schicksal. (Mit Zeichnungen von Siegfried Breyer.) München: Lehmanns 1968.

Lagevorträge des Oberbefehlshabers der Kriegsmarine vor Hitler 1939–1945. Hrsg.: Gerhard Wagner. München: Lehmanns 1972.

Rohwer, Jürgen: Die U-Booterfolge der Achsenmächte 1939–1945. München: Lehmanns 1968. (Dokumentationen der Bibliothek für Zeitgeschichte. 1.)

U.S. Joint Army-Navy Assessment Committee. Japanese naval and merchant *Shipping Losses* during World War II by all causes. Washington: Gov. Pr. Off. 1947.

Tagebücher, Memoiren, Biographien

Bryant, Arthur: The Turn of the tide. 1939–1943. A Study based on the diaries and autobiographical notes of Field Marshal The Viscount *Alanbrooke*. London Collins [usw.] 1957.

– – [dt. Übers.]: Kriegswende. 1939–1943. Aus d. Kriegstagebü-

chern d. Feldmarschalls Lord *Alanbrooke*, Chef d. Empire Generalstabes. Düsseldorf: Droste-Verl. 1957.
– Triumph in the West. 1943–1946. Based on the diaries and autobiographical notes of Field Marshal The Viscount *Alanbrooke*. London: Collins 1959.
– – [dt. Übers.]: Sieg im Westen. 1943–1946. Aus d. Tagebüchern d. Feldmarschalls Lord *Alanbrooke*, Chef d. Empire Generalstabes. Düsseldorf: Droste-Verl. 1960.
Arnold, H. H.: Global Mission. By the chief of the U.S. Army Air Forces 1938–1946. New York: Harper 1949.
Bradley, Omar N.: A soldier's Story. New York: Holt 1951.
Cavallero, Ugo: Comando supremo. Diario 1940–43 del Capo di S. M. G. Bologna: Capelli 1948.
Churchill, Winston Spencer: The Second World War. Vol. 1–6. London Cassell [usw.] 1948–53.
– – [dt. Übers.]: Der Zweite Weltkrieg. Bd 1–6. Hamburg: Toth; Stuttgart: Parnass 1950–54.
Gretton, Peter: Former naval Person. Winston *Churchill* and the Royal Navy. London: Cassell 1968.
Clark, J. J. u. Clark G. Reynolds: Carrier Admiral. (Admiral J. J. Clark.) New York: McKay 1967.
Clark, Mark Wayne: Calculated Risk. New York: Harper 1950.
– – (dt. Übers.): Mein Weg von Algier nach Wien. Wien 1954.
Cunningham, Viscount Andrew Browne: A sailor's Odyssey. Autobiography. London: Hutchinson 1952.
– –: New York: Dutton 1951.
Warner, Oliver: *Cunningham* of Hyndhope, Admiral of the Fleet. [1883–1963.] London: Murray 1967.
Dönitz, Karl: Zehn Jahre und zwanzig Tage. Bonn: Athenäum 1958.
– Deutsche Strategie zur See im Zweiten Weltkrieg. Die Antworten d. Großadmirals auf 40 Fragen. Frankfurt a. M.: Bernard & Graefe 1970.
Eichelberger, Robert L.: Our Jungle Road to Tokyo. New York: Viking Pr. 1950.
Eisenhower, Dwight D.: Crusade in Europe. Garden City: Doubleday 1948.
– –: 2. ed. 1951.
– – [dt. Übers.]: Kreuzzug in Europa. Amsterdam: Bermann-Fischer 1948.
The *Forrestal* Diaries. Ed.: Walter Millis. New York: Viking Pr. 1951.
Golovko, A. G.: Vmeste s flotom. (Voennye Memuary.) [Zusammen mit der Flotte.] Moskva: Voenizdat 1960.
– – [engl. Übers.]: With the Red Fleet. The War Memoirs of the late Admiral ... London: Putnam 1965.
Halsey, William F. u. Joseph Bryan: Admiral Halsey's Story. New York: McGraw Hill 1947.
Harris, Sir Arthur: Bomber Offensive. London: Collins 1947.
Bullock, Alan: *Hitler*. A study in tyranny. Compl. rev. ed. Long Acre, London: Odhams Books 1964.
– – [dt. Übers.]: *Hitler*. Eine Studie über Tyrannei. Vollst. überarb. Neuausg. Düsseldorf: Droste-Verl. 1967.
Martienssen, Anthony T.: *Hitler* and his Admirals. New York: Dutton 1949.
Puttkamer, Karl Jesko von: Die unheimliche See. *Hitler* u. d. Kriegsmarine. Wien, München: Kühne 1952.
Chalmers, William S.: Max *Horton* and the Western approaches. London: Hodder & Stoughton 1954.
Iachino, Angelo: Tramonto di una grande Marina. Milano: Mondadori 1959.
Joubert de la Ferté, Sir Philip B.: The Third Service. The Story behind the Royal Air Force. London: Thames & Hudson 1955.
Isakov, I. S.: The Red Fleet in the Second World War. London: Hutchinson 1944.
– – [russ. Ausg.]: Voenno-morskoj Flot SSSR v Velikoj Otečestvennoj Vojne. Moskva: Voenizdat 1946.
Kenney, George C.: General Kenney Reports. New York: Duell, Sloan & Pearce 1949.
Kesselring, Albert: Soldat bis zum letzten Tag. Bonn: Athenäum 1953.
King, Ernest J.: The United States Navy at war 1941–1945. Official Reports to the Secretary of the Navy. Washington: Gov. Pr. Off.
– u. Walter Muir Whitehill: Fleet Admiral *King*. A naval Record. New York: Norton 1952.
Krueger, Walter: From down under to Nippon. Washington: Combat Forces Pr. 1953.
Kusaka, Ryunosuke: Rengo-Kantai (Kusaka moto Sanchobo no Kaisou). [Die japanische Flotte – Erinnerungen des Admiralstabschefs Kusaka.] Tokyo: Mainichi-Shimbun 1952.
Kuznecov, Nikolaj Gerasimovič: Nakanune. [Am Vorabend]. Moskva: Voenizdat 1969. (Voennye Memuary.)
– Na flotach boevaja Trevoga. [Gefechtsalarm bei den Flotten.] Moskva: Voennoe Izdat ... 1971.
Lattre de Tassigny, Jean de: Histoire de la première armée française. Rhin et Danube. Paris: Plon 1949.
Leahy, William D.: I was there. The personal Story of the Chief of Staff to Presidents Roosevelt and Truman. New York: McGraw Hill 1950.
Lockwood, Charles A.: Sink 'em all! New York: Dutton 1951.
– – (dt. Übers.: G. Schomaekers): Sie jagten Nippons Flotte. Die amerikanischen U-Boote im Pazifik 1941–1945. Krefeld: Rühl 1964.
MacArthur, Douglas: Reports of General MacArthur. Vol. 1. 2. [nebst] Suppl. [zu Vol. 1]. Washington: Gov. Pr. Off. 1966.
Vol. 1: The Campaigns of MacArthur in the Pacific.
Vol. 1, suppl.: MacArthur in Japan. The Occupation Military Phase.
Vol. 2: Japanese Operations against MacArthur's forces.
MacArthur, Douglas: Reminiscences. New York McGraw-Hill [usw.] 1964.
Willoughby, Charles A. u. John Chamberlain: *MacArthur*, 1941–1951. New York: McGraw-Hill 1954.
Marshall, Katherine Tupper: Together. Annals of an army wife. [Biogr. of General *Marshall* 1938–45.] New York: Tupper & Love 1946.
Payne, Robert: The Marshall Story. A Biography of General George C. *Marshall*. New York: Prentice Hall 1951.
Pogue, Forrest C.: George C. *Marshall*. [A biography in 3 vol.] Vol. 1–. New York: Viking Press 1963–.
Wilson, Rose Page: General *Marshall* remembered. New York: Prentice-Hall 1968.
Taylor, Theodore: The magnificent *Mitscher*. New York: Norton 1954.
Montgomery (of Alamein), Viscount Bernard Law: El Alamein to the river Sangro. London: Hutchinson 1948.
– – [dt. Übers.]: Von El Alamein zum Sangro. Von der Normandie zur Ostsee. Hamburg: Toth 1949.
– The Memoirs of Field Marshal Montgomery. Cleveland: World Publ. Co. 1958.
– – [dt. Übers.]: Memoiren. München: List 1958.
Morgan, Sir Frederick: Overture to Overlord. Garden City/N. Y.: Doubleday 1950.
Chalmers, W. S.: Full Cycle. The Biography of Admiral Sir Bertram Home *Ramsay*. London: Hodder & Stoughton 1959.
Raeder, Erich: Mein Leben. Bd 1. 2. Tübingen: Schlichtenmayer 1956–57.
Rommel, Erwin: The Rommel Papers. Ed.: B. H. Liddell Hart. New York: Harcourt, Brace & Co. 1953.

MacGregor Burns, James: *Roosevelt*. The Soldier of freedom. New York: Harcourt, Brace 1970.
Sherwood, Robert E.: *Roosevelt* and Hopkins. New York: Harper 1948.
-- [dt. Übers.]: *Roosevelt* und Hopkins. Hamburg: Krüger 1950.
Sherman, Frederick C.: Combat Command. The American Aircraft Carriers in the Pacific War. New York: Dutton 1950.
Shigemitsu, Mamoru: Japan and her destiny. London: Hutchinson 1958.
-- [dt. Übers.]: Die Schicksalsjahre Japans. Vom 1. bis zum Ende des 2. Weltkrieges 1920–1945. Frankfurt a. M.: Metzner 1959.
Slessor, Sir John: The Central Blue. Recollections and reflections. London: Cassell 1956.
--: New York: Praeger 1957.
Slim, Sir William: Defeat into Victory (1942–1945). London: Landsborough 1958.
Smith, Holland M. u. Percy Finch: Coral and brass. New York: Scribner's Sons 1949.
Forrestel, E. P.: Admiral Raymond A. *Spruance*, USN. A Study in command. Washington: G. P. O. 1966.
Stilwell, Joseph W.: The Stilwell Papers. Ed. by Theodore H. White. New York: Sloane 1948.
Stimson, Henry L. u. McGeorge Bundy: On active Service in peace and war. New York: Harper 1947.
Tedder, Arthur William Baron: Air Power in war. London: Hodder & Stoughton 1948.
Togo, Shigenori: The Cause of Japan. New York: Simon & Schuster 1956.
-- [dt. Übers.]: Japan im Zweiten Weltkrieg. Erinnerungen des japan. Außenministers 1941–1942 u. 1945. Bonn: Athenäum-Verl. 1958.
Truscott, L. K.: Command Missions. New York 1954.
Vian, Sir Philip: Action this day. London: F. Muller 1960.
Potter, John Deane: Admiral of the Pacific. The Life of *Yamamoto*. London: Heinemann 1965.
Sorimachi, Eiichi: Ningen *Yamamoto* Isoroku. Tokyo: Kawada.

Chronologien

United States naval *Chronology*, World War II. Prep. in the Hist. Div., Office of the Chief of Naval Operations, Navy Department. Washington: U.S. Gov. Pr. Off. 1955.
Chronology of the Second World War. London: Royal Inst. of Internat. Affairs 1947.
Hillgruber, Andreas u. Gerhard *Hümmelchen*: Chronik des Zweiten Weltkrieges. Frankfurt/M.: Bernard & Graefe 1966.
Jacobsen, Hans-Adolf: 1939–1945. Der Zweite Weltkrieg in Chronik und Dokumenten. 3. Aufl. Darmstadt: Wehr & Wissen 1959.
Rohwer, Jürgen u. Gerhard *Hümmelchen*: Chronik des Seekrieges 1939–1945. Oldenburg (usw.): Stalling 1968.
-- (erw. engl. Übers.): Chronology of the war at sea 1939–1945. London: Ian Allan 1972–74.
Vol. 1: 1939–1942.
Vol. 2: 1943–1945.
SSSR v Velikoj Otečestvennoj Vojne 1941–1945 gg. Kratkaja chronika. – Otvetstvennyj red. S. V. Roginskij. Moskva: Voenizdat 1964. [Die UdSSR im Großen Vaterländischen Krieg 1941–1945. Kurze Chronik.]
Trogoff, J.: Les grandes Dates de la guerre sur mer 1939–1945. Rennes: Ed. »Ouest-France« 1953.

Amtliche Darstellungen

Australien

Australia in the War of 1939–1945. Canberra: Australian War Memorial. Ser. 1–5.
Ser. 1: Army
1. Long, G.: To Benghazi. 1952.
2. Long, G.: Greece, Crete and Syria. 1953.
3. Maughan, B.: Tobruk and El Alamein. 1966.
4. Wigmore, L.: The Japanese Thrust. 1957.
5. McCarthy, D.: South-West Pacific Area. First Year. 1959.
6. Dexter, D.: The New Guinea Offensives. 1961.
7. Long, G.: The Final Campaigns. 1963.
Ser. 2: Navy
1. Gill, G. H.: Royal Australian Navy, 1939–1942. 1957.
2. Gill, G. H.: Royal Australian Navy, 1942–1945. 1968.
Ser. 3: Air
1. Gillison, D.: Royal Australian Air Force 1939–1942. 1962.
2. Odgers, G.: Air War against Japan 1943–1945. 1957.
3. Herington, J.: Air War against Germany and Italy, 1939–1943. 1954.
4. Herington, J.: Air Power over Europe. 1944–1945. 1963.
Ser. 4: Civil. Vol. 1–3, 5. 1952–70.
Ser. 5: Medical. Vol. 1–4. 1953–61.

Brasilien

Duarte, Paulo de Queiroz: Dias de guerra no Atlantico sul. Rio de Janeiro: Biblioteca do Exército 1968.

Canada

Official *History* of the Canadian Army in the Second World War. 1–3. Ottawa: Cloutier 1955–.
1. Stacey, C. P.: Six Years of war. 1955.
2. Nicholson, G. W. L.: The Canadians in Italy, 1943–1945. 1957.
3. Stacey, C. P.: The Victory Campaign. The Operations in North-West Europe 1944–1945. 1960.
Schull, Joseph: The far distant Ships. An official Account of Canadian naval operations in the Second World War. Ottawa: Cloutier 1952.
Tucker, Gilbert Norman: The naval Service of Canada. Its official History. Vol. 1. 2. Ottawa: Cloutier 1952.

China

History of the Sino-Japanese War. (1937–1945.) Comp. by Hsu Long-hsuen and Chang Ming-kai. Taipei: Chung Wu Publ. House 1971.

Frankreich

Caroff: La Campagne de Norvège 1940. Paris: Marine Nationale, Service Historique 1955.

Griechenland

Fokās, Dēmētrios G.: Ekthesis epi tēs draseōs tu b. nautiku kata ton polemon 1940–1944. T. 1. 2. Athenai: Ekdōsis Istorikēs Ypēresias 1953–1954.

Deutschland

Kriegstagebuch des Oberkommandos der Wehrmacht (Wehrmachtführungsstab). 1940–1945. Geführt v. Helmuth Greiner u. Percy Ernst Schramm. Im Auftr. d. Arbeitskreises f. Wehrforschung hrsg. v. Percy Ernst Schramm. Bd 1–4. [Nebst] Nachtr. zu Bd 4. Frankfurt/M.: Bernard & Graefe 1961–69.
1. 1. August 1940–31. Dezember 1941. Zsgest. u. erl. v. Hans-Adolf Jacobsen. 1965.
2. 1. Januar–31. Dezember 1942. Zsgest. u. erl. v. Andreas Hillgruber. 1. 2. 1963.
3. 1. Januar–31 Dezember 1943. Bearb. v. Walther Hubatsch. 1. 2. 1963.
4. 1. Januar 1944–22. Mai 1945. Bearb. v. Percy Ernst Schramm. 1. 2. 1961.

Nachtr. zu Bd 4, 1: B.: Hillgruber, A.: Der Krieg in Finnland, Norwegen und Dänemark. 1. Jan.–31. März 1944. 1969.

Indien

Collins, D. J. E.: The Royal Indian Navy 1939–1945. (Official History of the Indian Armed Forces in the 2nd World War 1939 –1945.) Calcutta [usw.]: Orient Longmans 1964.

Official *History* of the Indian Armed Forces in the Second World War 1939–1945 [Vol.] 1–3. 6. 9.–10. 14. 16. Calcutta: Orient Longmans 1956–.
1. The Reconquest of Burma. Vol. 1. 2. 1958–59.
2. Bharucha, P. C.: The North African Campaign 1940–1943. 1956.
3. Pal, Dharm: Campaign in Western Asia. 1957.
6. Prasad, B.: The Retreat from Burma. 1941–1942. 1959.
9. Bhargava, K. D.: Campaigns in South East Asia 1941–1942. 1960.
10. Pal, Dharm: The Campaign in Italy, 1943–1945. 1960.
14. The East African Campaign 1940–1941. 1963.
16. Prasad, Bisheshwar: The Royal Indian Navy 1939–1945. 1964.

Italien

La *Marina* italiana nella Seconda Guerra mondiale. 1–19. Roma: Ufficio Storico della Marina Militare 1950–.
1. Dati statistici. 1950.
2. Navi perdute. T. 1. Navi militari. 1951.
3. Navi perdute. T. 2. Navi mercantili. 1952.
4. Le Azioni navali (in Mediterraneo). T. 1. Dal 10 giugno 1940 al 31 marzo 1941. Comp.: G. Fioravanzo. 1959.
5. Le Azioni navali (in Mediterraneo). T. 2. Dal 1° aprile 1941 all' 8 settembre 1943. Comp.: G. Fioravanzo. 1960.
6. La Difesa del traffico con l'Africa settentrionale. T. 1. Dal 10 giugno 1940 al 30 settembre 1941. Comp.: A. Cocchia. 1958.
7. La Difesa del traffico con l'Africa settentrionale. Dal 1° ottobre 1941 al 30 settembre 1942. Comp.: A. Cocchia. 1962.
8. La Difesa del traffico con l'Africa settentrionale. Dal ottobre 1942 alla caduta della Tunisia. Comp.: G. Fioravanzo. 1964.
9. La Difesa del traffico con l'Albania, la Grecia e l'Egeo. Comp.: P. F. Lupinacci. 1965.
10. Le Operazioni in Africa orientale. Comp.: P. F. Lupinacci. 1961.
11. Attivitá della Marina in Mar Nero e sul Lago Ladoga. Comp.: P. F. Lupinacci. 1962.
12. I Sommergibili negli Oceani. Comp.: U. Mori Ubaldini. 1963.
13. I Sommergibili in Mediterraneo. Comp.: M. Bertini. T. 1. 2. 1967–68.
14. I Mezzi d'assalto. Comp.: C. de Risio. 1964.
15. La Marina dall' 8 settembre 1943 alla fine del conflitto. Comp.: G. Fioravanzo. 1962.
16. Attività dopo l'armistizio. Avvenimenti in Egeo (dopo l'armistizio). Comp.: A. Levi. 1957.
17. I Violatori de blocco. Comp.: C. de Risio. 1963.
18. La Guerra di mine. Comp.: P. F. Lupinacci. 1966.
19. Il Dragaggio. Comp.: M. Franti. 1969.

Santoro, Giuseppe: L'Aeronautica italiana nella Seconda Guerra Mondiale. T. 1. 2. Milano, Roma: Ed. Esse 1957.

Japan

Sensō-sōsho. (Kriegsgeschichtsserie.) Hrsg.: Inst. f. Kriegsgesch. d. Verteid. Min. 1–2. 5–7. 10–15. 17. 19. 21–26. 28–29. 31–32. 34. 36–41. 44–49. 51. 1966–71. (Hier nur Marine relevante Bde.!)
1. Fuwa, Hiroshi: Mare-shinko Sakusen. (Angriffsoperationen in Malaya.) 1966.
2. Shimanuki, Takeji u. Minoru Takayama: Hitō-kōryaku Sakusen. (Angriffsoperationen auf den Philippinen.) 1966.
5. Fuwa, Hiroshi: Biruma Kōryaku-Sakusen. (Feldzug in Burma.) 1967.
6. Fukushige, H.: Chū-Taiheiyo Rikugun-Sakusen. 1. Maiano Gyokusai made. (Heeresoperationen im Zentralpazifik. 1. Bis zum Verlust der Marianen-Inseln.) 1967.
7. Matsuda, M.: Tōbu Nyūginia-homen Rikugun Kōku-Sakusen. (Einsatz der Heeresflieger in Ost-Neuguinea.) 1967.
10. Tsunoda, Hitoshi: Hawai Sakusen. (Angriffsoperationen auf Hawaii.) 1967.
11. Ito, Isuneo: Okinawa-homen Rikugun-Sakusen. (Heeresoperationen um Okinawa.) 1968.
12. Sakamoto, Kanemi: Mariana-oki-Kaisen. (Seeschlacht vor den Marianen.) 1968.
13. Fukushige, Hiroshi u. Koreichi Hayashi: Chubu-Taiheiyō Rikugun-Sakusen. 2. Periryu, Angauru, Iōtō. (Heeresoperationen im Zentralpazifik. 2. Peleliu, Angaur und Iwojima.) 1968.
14. Kondo, Shinji: Minami-Taiheiyō Rikugun-Sakusen. 1. Poto Moresbi Ga-to shoki-sakusen. (Heeresoperationen im Südpazifik. 1. Port Moresby und einleitende Kämpfe auf der Insel Guadalcanal.) 1968.
15. Fuwa, Hiroshi: Inparu-Sakusen. Biruma no Boei. (Imphal Operation. Verteidigung von Burma.) 1968.
17. Kawahara, Tishihisa: Okinawa hōmen Kaigun-Sakusen. (Marineoperationen um Okinawa.) 1968.
19. Tsuji, Kurita: Hondo Bōkū-Sakusen. (Luftverteidigung des japanischen Festlandes.) 1968.
21. Sachimara, Kenichiro: Hokutō-hōmen Rikugun-Sakusen. 1. Attsu no Gyokusai. (Heeresoperationen im Nordosten. 1. Verlust der Insel Attu.) 1968.
22. Matsuda, Masao: Seibu-Nyūginia-hōmen Rikugun Kōkū-Sakusen. (Einsatz der Heeresflieger in West-Neuguinea.) 1969.
23. Matsumoto, Hidemitsu: Gōhoku-hōmen Rikugun-Sakusen. (Heeresoperationen in Gebieten nördlich Australien.) 1969.
24. Nagoya, Ariyuk u. Hitoshi Tsunoda: Hitō-Marē-hōmen Kaigun Shinko-Sakusen. (Offensiven der japanischen Marine in den philippinischen und malayischen Gewässern.) 1969.
25. Fuwa, Hiroshi: Irawaji Kaisen-Birma Bōei no Hatan. (Irrawaddy-Schlacht. Das Scheitern der Verteidigung Burmas.) 1969.
26. Sasaki, Masao: Rannin, Bengaru-wan Homen Kaigun Shinko Sakusen. (Offensiven der japanischen Marine in den niederländisch-indischen Gewässern und dem Bengalischen Golf.) 1969.
28. Kondo, Shinji: Minami Taiheiyō Rikugun Sakusen. 2. Gadarukanaru. Buna Sakusen. (Heeresoperationen im Südpazifik. 2. Guadalcanal, Buna-Operation.) 1969.
29. Sakamoto, Kanemi: Hokutō-hōmen Kaigun-Sakusen. (Marine-Operationen im Nordostpazifik.) 1969.
31. Suekuni, M. u. K. Nishimura: Kaigun Gunsenbi. 1. Shōwa 16 nen 11 gatsu made. (Rüstungsvorbereitungen der Marine. 1. Bis Dezember 1941.) 1969.
32. Fuwa, Hiroshi u. M. Kurita: Shittan Meigō-Sakusen Birma Sensen no Hokai to Tai, Futsuin no Bōei. (Sittang-Meigo-Operation. Der Zusammenbruch der burmesischen Front.) 1970.
34. Okamoto, T. u. T. Horikawa: Nanpō Shinkō Rikugun Kōkū-Sakusen. (Operationen der Heeresflieger im Süden.) 1970.
36. Miura, Masaharu: Okinawa Taiwan Iō-Tō hōmen Rikugun Kōkū-Sakusen. (Einsatz der Heeresflieger um Okinawa, Formosa und Iwojima.) 1970.
37. Yoshimatsu, Masahiro: Kaigun Shōgō-Sakusen. 1. Taiwan-oki Kōkū-Sakusen made. (Marineoperationen »Shō-Go«. 1. Bis zur Luftschlacht vor Formosa.) 1970.
38. Satō, Hyakutarō: Chūbu-taiheiyō hōmen Kaigun-Sakusen. 1. Shōwa 17 nen 5 gatsu made. (Marineoperationen im Mittelpazifik. 1. Bis Mai 1942.) 1970.
39. Yoshimatsu, Yoshihiko: Daihonei kaigun-bu Rengō-kantai.

4. Dai Sandan sakusen zanki. (Die Marine-Abteilung des Kaiserlichen Hauptquartiers und die Vereinigte Flotte. 4. Der erste Teil der Operationen der dritten Stufe.) 1970.
40. Kondō, Shinji: Minami-teiheiyō Rikugun-Sakusen. 3. Munda. Saramoa. (Heeresoperationen im Südpazifik. 3. Munda. Salomonen.) 1970.
41. Matsuki, Hidemitsu: Shōgō Rikugun-Sakusen. 1. Reite kessen. (Heeresoperationen »Shō-Go«. 1. Der entscheidende Kampf auf Leyte.) 1970.
44. Kawada, Kyūshirō: Hokutō hōmen Rikugun-Sakusen. 2. Chishima Karahuto Hokkaido no Bōei. (Heeresoperationen im Nordosten. 2. Die Verteidigung der Kurilen, von Sachalin und Hokkaido.) 1971.
45. Nomura, Minoru: Daihonei Kaigun-bu Rengō-Kantai. 6. Dai Sandan Sakusen Kōki. (Die Marineabteilung des Kaiserlichen Hauptquartiers und die Vereinigte Flotte. 6. Der letzte Teil der Operationen der dritten Stufe.) 1971.
46. Kishino, Hiromitsu: Kaijō goeisen. (Die Verteidigung zur See.) 1971.
47. Akasaka, Yukiharu: Honkon Chōsa Sakusen. (Die Operationen in Hongkong und Chosa.) 1971.
48. Harunari, Kanemasa: Hitō Shōgō Rikugun Kōkū-Sakusen. (Die Operationen der Heeresflieger bei der »Shō-Go«-Operation.) 1971.
49. Takeshita, Takami: Nanto hōmen Kaigun Sakusen. 1. Gadarikanaru-tō dakkaisen kaishi made. (Marineoperationen im Südostpazifik. 1. Bis zum Beginn der Kämpfe um die Wiedergewinnung von Guadalcanal.) 1971.
51. Itō, Tsuneo: Hondo kessen junbi. 1. Kantō no Bōei. (Vorbereitungen auf die entscheidenden Kämpfe auf dem japanischen Mutterland. 1. Die Verteidigung der Kanto-Ebene.) 1971.

Neuseeland

Official *History* of New Zealand in the Second World War 1939–1945. [Vol.] 1. 3–5. 11. 20–24. Wellington: War History Branch, Dep. of Internal Affairs 1952–67.
1. Gillespie, O. A.: The Pacific. 1952.
3. Davin, D. M.: Crete, 1953.
4. Waters, S. D.: The Royal New Zealand Navy. 1956.
5. Phillips, N. C.: Italy. Vol. 1. 1957.
11. Scoullar, J. L.: Battle for Egypt. 1942. 1955.
20. Kay, R.: Italy. Vol. 2. 1967.
21. MacClymont, W. G.: To Greece. 1959.
22. Murphy, W. E.: The Relief of Tobruk. 1961.
23. Stevens, W. G.: Bardia to Enfidaville. 1962.
24. Walker, R.: Alam Halfa and Alamein. 1967.

Niederlande

Nederlands-Indië contra Japan. Samengesteld door de Krijgsgeschiedkundige Sectie van het Hoofdkwartier van de Generale Staf. D. 1–7. s'Gravenhage 1949–1961.

Norwegen

Steen, Erik Anker: Norges Sjøkrig 1940–1945. (Utg. ved d. Krigshistoriske Avdeling.) Bd 1–7. Oslo: Gyldendal Norsk Forl. 1954–69.
1. Sjøforsvarets nøytralitetsvern 1939–1940. Tysklands og Vestmaktenes planer og forberedelser for en Norgesaksjon. 1954.
2. Det tyske angrep i Oslofjorden og på Norges sørkyst. 1954.
3. Sjøforsvarets kamper og virke på Vestlandet og i Trøndelag i 1940. 1956.
4. Sjøforsvarets kamper og virke i Nord-Norge i 1940. 1958.
5. Sjøforsvarets organisasjon, oppbyggning og vekst i Storbritannia. Handelsflåtens selvforsvar. 1959.
6, 1. Marines operasjoner fra baser i Storbritannia m. v. fra juli 1940 til desember 1943. 1963.
6, 2. desgl. Fra Januar 1944 til juni 1945. 1969.
7. Marinens aperasjoner i arktiske farvann og Island på Grønland, Jan Mayen og Svalbard. 1960.

Polen

Rzepniewski, Andrzej: Obrona wybrzeża w 1939 r. ([Hrsg.] Wojskowy Instytut Historyczny.) Warszawa: Wydawn. Minist. Obrony Narod. 1964.

Südafrika

Agar-Hamilton, J. A. I. u. L. C. F. *Turner*: Crisis in the desert, May–July 1942. London [usw.]: Oxford Univ. Pr. 1952.
– The Sidi Rezeg Battles 1941. Capetown [usw.]: Oxford Univ. Pr. 1957.
Turner, Leonard Charles Frederick, H. R. *Gordon*-Cumming u. J. E. *Betzler*: War in the Southern Oceans 1939–1945. Cape Town: Oxford Univ. Pr. 1961.

UdSSR

Istorija Velikoj Otečestvennoj Vojny Sovetskogo Sojuza 1941–1945. Red. komis.: P. N. Pospelov (pred.) i. dr. T. 1–6. Moskva: Voenizdat 1960–1965.
– –: 2. Aufl. 1963.
T. 1. Podgotovka i razvjazyvanie vojny imperialističeskami deržavami. 1960. 2. Aufl. 1963. Deutsche Übers.: Die Vorbereitung und Entfesselung des Zweiten Weltkrieges durch die imperialistischen Mächte. Berlin: Militärverlag 1962.
T. 2. Otraženie sovetskim narodom verolomnogo napadeniaja fašistskoj Germanii na SSSR. Sozdanie uslovij dlja korenno pereloma v vojne (ijun' 1941 g.-nojabr. 1942 g.) 1961. 2. Aufl. 1963. Deutsche Übers.: Die Abwehr des wortbrüchigen Überfalls des faschistischen Deutschlands auf die Sowjetunion. Die Schaffung der Voraussetzungen für den grundlegenden Umschwung im Kriege. Berlin: Militärverl. 1963.
T. 3. Korennoj perelom v chode Velikoj Otečestvennoj Vojny (nojabr 1942 g.-des. 1943 g.) 1961. 2. Aufl. 1964. Deutsche Übers.: Der grundlegende Umschwung des Großen Vaterländischen Krieges. Berlin: Militärverl. 1964.
T. 4. Izgnanie vraga iz predelov Sovetskogo Sojuza i načalo osvoboždenija narodov Evropy ot fašistskogo ila (1944 g.) 1962. Deutsche Übers.: Die Vertreibung des Gegners vom Territorium der Sowjetunion und der Beginn der Befreiung Europas vom faschistischen Joch. Berlin: Militärverl. 1965.
T. 5. Pobedonocnoe okončanie vojny s fašistskoj Germaniej. Poraženie imperialističestkoj Japonii (1945 g.) 1963. Deutsche Übers.: Die siegreiche Beendigung des Krieges mit dem faschistischen Deutschland. Die Niederlage des imperialistischen Japans. Berlin: Militärverl. 1967.
T. 6. Itogi Velikoj Otečestvennoj Vojny. 1965. Deutsche Übers.: Die Ergebnisse des Großen Vaterländischen Krieges. Berlin: Militärverl. 1968.

United Kingdom

History of the Second World War. 1, 2–3. 5–6; 2; 3. London: H. M. Stationery Off. 1949–69.
United Kingdom Military Series:
1. Grand Strategy.
Vol. 2.: Butler, J. R. M.: Sept. 1939–June 1941. 1957.
Vol. 3.: Gwyer, J. M. A. u. J. R. M. Butler: June 1941–Aug. 1942. P. 1. 2. 1964.
Vol. 5.: Ehrman, J.: Aug. 1943–Sept. 1944. 1956.
Vol. 6.: Ehrman, J.: Oct. 1944–Aug. 1945. 1956.

2. Civil Affairs and military government. Vol. 1–4. 1956–1966.
3. Campaigns.
Derry, T. K.: The Campaign in Norway. 1952.
Ellis, L. F.: The War in France and Flanders 1939–1940. 1953.
Playfair, J. S. O. [u. a.]: The Mediterranean and Middle East. Vol. 1–4. 1954–1966.
Webster, Ch. u. N. Frankland: The strategic Air Offensive against Germany 1939–45. Vol. 1–4. 1961.
Roskill, S. W.: The War at sea 1939–1945.
Vol. 1: The Defensive. 1954.
Vol. 2: The Period of balance. 1956.
Vol. 3: The Offensive 1943–1945. Part. 1. 2. 1960–61.
Kirby, S. W. [u. a.]: The War against Japan.
Vol. 1: The Loss of Singapore. 1957.
Vol. 2: India's most dangerous Hour. 1958.
Vol. 3: The decisive Battles. 1962.
Vol. 4: The Reconquest of Burma. 1965.
Vol. 5: The Surrender of Japan. 1969.
Ellis, L. F.: Victory in the West.
Vol. 1: The Battle of Normandy. 1962.
Vol. 2: The Defeat of Germany. 1968.
Collier, B.: The Defence of the United Kingdom. 1957.
History of the Second World War. London: H. M. Stationery Office 1950–. United Kingdom Civil Series: [Darin u. a.]:
Medlicott, W. N.: The economic Blockade. Vol. 1. 2. 1952–1959.
Postan, M. M.: British War Production. 1952.
Hall, H. D. u. C. C. Wringly: Studies of Overseas supply. 1956.
Behrens, C. B. A.: Merchant Shipping and the demands of war. 1955.
Hall, H. D.: North American Supply. 1955.
Richards, Dennis u. Hilary St. George *Saunders*: Royal Air Force, 1939–1945. Vol. 1–3. London: H. M. Stationery Office 1953–54.

U.S.A.

The *Army Air Forces* in World War II. Ed.: Wesley Frank Craven, James Lea Cate. Vol. 1–7. Chicago: Univ. of Chicago Pr. 1947–58.
1. Plans and early operations. Jan. 39–Aug. 42. 1947.
2. Europe: Torch to Pointbank. Aug. 42–Dec. 43. 1949.
3. Europe: Argument to VE-Day. Jan. 44–May 45. 1950.
4. The Pacific: Guadalcanal to Saipan. Aug. 42–July 44. 1950.
5. The Pacific: Matterhorn to Nagasaki. June 44–Aug. 45. 1953.
6. Men and planes. 1955.
7. Services around the world. 1958.
Greenfield, Kent Roberts (ed.): Command Decisions. New York: Harcourt, Brace & Co. 1959.
History of the U.S. Marine Corps operations in World War II. Vol. 1–3. [5 Bde vorgesehen.] Washington: U.S. Marine Corps, Hist. Branch G-3 Div. 1958–.
1. Hough, F. O., V. E. Ludwig u. H. J. Shaw: Pearl Harbor to Guadalcanal. 1958.
2. Shaw, H. J. u. D. T. Kane: Isolation of Rabaul. 1963.
3. Shaw, H. J., B. C. Nalty u. E. T. Turnbladh: Central Pacific Drive. 1966.
Marine Corps Monographs. 1–14. Washington: U.S. Marine Corps, Hist. Branch G-3 Div. 1947–.
1. The Defence of Wake. 1947.
2. Stockman, J. R.: The Battle of Tarawa. 1947.
3. The Marines at Midway. 1948.
4. Rentz, J. N.: Bougainville and Northern Solomons. 1948.
5. Zimmermann, J. L.: The Guadalcanal Campaign. 1949.
6. The Assault on Peleliu. 1949.
7. Hoffman, C. W.: Saipan. The Beginning of the end. 1950.
8. The Saga of Tinian. 1950.
9. Boggs, Ch. W.: Marine Aviation in the Philippines. 1951.
10. Hough, F. O. u. J. A. Crown: The Campaign on New Britain. 1952.
11. Rentz, J. N.: Marines in the Central Solomons. 1952.
12. Lodge, O. R.: The Recapture of Guam. 1954.
13. Bartley, W. S.: Iwo Jima. Amphibious Epic. 1954.
14. Heinl, R. D. u. H. E. Shaw: Okinawa. Victory in the Pacific. 1955.
Morison, Samuel Eliot: History of United States naval operations in World War II. Vol. 1–15. Boston: Little, Brown & Co. 1947–62.
1. The Battle of the Atlantic, September 1939–May 1943. 1948 [1947].
2. Operations in North African waters, October 1942–June 1943. 1947.
3. The rising Sun in the Pacific, 1931–April 1942. 1948.
4. Coral Sea, Midway and submarine actions, May 1942–August 1942. 1949.
5. The Struggle for Guadalcanal, August 1942–February 1943. 1949.
6. Breaking the Bismarcks barrier, 22 July 1942–1 May 1944. 1950 [1951].
7. Aleutians, Gilberts and Marshalls, June 1942–April 1944. 1955.
8. New Guinea and the Marianas, March 1944–August 1944. 1953.
9. Sicily – Salerno – Anzio, January 1943–June 1944. 1954.
10. The Atlantic Battle won, May 1943–May 1945. 1956.
11. The Invasion of France and Germany, 1944–1945. 1957.
12. Leyte, June 1944–January 1945. 1958.
13. The Liberation of the Philippines: Luzon, Mindanao, the Visayas, 1944–1945. 1959.
14. Victory in the Pacific, 1945. 1960.
15. Supplement and general index. 1962.
United States Army in World War II. 1–13. Washington: Off. of the Chief of Military History 1948–.
I. The War Department. Vol. 1–8. 1950–58.
1. Watson, M. S.: Chief of Staff. Prewar plans. 1950.
2. Cline, R. S.: Washington Command Post. The Operations Division. 1951.
3. Matloff, M. u. E. M. Snell: Strategic Planning for coalition warfare 1941–1942. 1953.
4. Leighton, R. M. u. R. W. Coakley: Global Logistics and strategy 1940–1943. 1955.
6. Matloff, M.: Strategic Planning for coalition warfare 1943–1944. 1959.
8. Coakley, R. W.: Global Logistics and strategy 1943–1945. 1968.
II. The War in the Pacific. Vol. 1–11. 1948–63.
1. Appleman, R. S.: Okinawa: The last battle. 1948.
2. Miller, J.: Guadalcanal: First offensive. 1949.
3. Smith, R. R. The approach to the Philippines. 1953.
4. Morton, L.: The Fall of the Philippines. 1953.
5. Cannon, M. H.: Leyte: Return to the Philippines. 1954.
6. Crowl, Ph. A.: Seizure of the Gilberts and Marshalls. 1955.
7. Milner, S.: Victory in Papua. 1957.
8. Miller, J.: Cartwheel. The Reduction of Rabaul. 1959.
9. Crowl, Ph. A.: Campaign in the Marianas. 1960.
10. Morton, L.: Strategy and command: The first two years. 1962.
11. Smith, R. R.: Triumph in the Philippines. 1963.
III. China-Burma-India Theater. Vol. 1–3. 1953–59.
1. Romanus, Ch. F. u. R. Sunderland: Stillwell's Mission to China. 1953.
2. Romanus, Ch. F.: Stillwell's Command Problems. 1956.
3. Romanus, Ch. F.: Time runs out in CBI. 1959.
IV. European Theater of operations. Vol. 1–8. 1950–65.
2. Harrison, G. A.: Cross-Channel Attack. 1951.
4. Pogue, F. C.: The Supreme Command. 1954.
6. Blumenson, M.: Breakout and pursuit. 1961.

V. The Army Service Forces. Vol. 1. 1954.
VI. The Technical Services. Vol. 1–20. 1951–68.
VII. The Army Ground Forces. Vol. 1–2. 1947–48.
VIII. Pictorial Record. Vol. 1–3. 1951–52.
IX. Special Studies. Vol. 1–8. 1952–66.
4. Williams, M. H.: Chronology 1941–45. 1960.
X. Master Index. Vol. 1–2. 1955–60.
XI. The Mediterranean Theater of operations. Vol. 1–2. 1957–65.
1. Howe, G. F.: North West Africa. Seizing the initiative in the West. 1957.
2. Garland, A. N.: Sicily and the surrender of Italy. 1965.
XII. The History of the Middle East Theater. 1952.
1. Motter, T. H. Vail: The Persian Corridor and aid to Russia. 1952.
XIII. The Western Hemisphere. Vol. 1–2. 1960–64.
1. Conn, St. u. B. Fairchild: The Framework of hemisphere defense. 1960.
2. Conn, St.: Guarding the United States and its outposts. 1964.

Gesamtdarstellungen

Bagreev, A. D.: Voennoe Iskusstvo kapitalističeskich gosudarstv 1939–1945 gg. Moskva: Voenizdat 1960.
Basov, A., V. *Dmitriev* u. Ju. *Cernov*: K voprosu o dejstvitel'nych poterjach Germanskogo Flota v gody Velikoj Otečestvennoj vojny. [Über die wirklichen Verluste der deutschen Flotte während des Großen Vaterländischen Krieges.] In: Derevjanko, P. M. u. A. A. Gurov: Protiv falsifikatorov istorii Vtoroj Mirovoj Vojny. Moskva 1959. S. 232–260.
Bernotti, Romeo: La Guerra sui mari nel conflitto mondiale. 1939 –1945. T. 1–3. Livorno: Soc. ed. Tirrena 1950–54.
Collier, Basil: A short History of the Second World War. London: Collins 1967.
Command Decisions: Ed. by Kent Roberts Greenfield. Washington: Off. of the Chief of Military History, Dep. of the Army 1960.
Creswell, John (Captain): Sea Warfare, 1939–1945. New York: Longmans, Green & Co. 1950.
Delage, Edmond: Six Ans de guerre navale 1939–1945. Paris: Berger-Levrault 1950.
Greenfield, Kent Roberts: American Strategy in World War II. A Reconsideration. Baltimore: Johns Hopkins Pr. 1963.
Hillgruber, Andreas (Hrsg.): Probleme des zweiten Weltkrieges. Köln, Berlin: Kiepenheuer & Witsch 1967. (Neue Wissenschaftliche Bibliothek. 20.)
Kemp, P. H.: Victory at sea. London: Muller 1957.
Lipinski: Druga Wojna swiatowa na morzu. Gdynia 1962.
Morison, Samuel Eliot: Strategy and compromise. Boston: Little, Brown & Co. 1958.
Morton, Louis: Germany first. The basic Concept of allied strategy in World War II. In: Command Decisions. Washington 1960. S. 11–48.
Pertek, Jerzy u. Witold *Supiński*: Wojna morska 1939–1945. Poznań: Wydawn. Poznańskie 1959.
Puleston, William Dilworth: The Influence of sea power in World War II. New Haven: Yale U. P. 1947.
Ruge, Friedrich: Der Seekrieg 1939–1945. Stuttgart: Koehler 1954.
– (amerikan. Übers.): Der Seekrieg. The German navy's Story. 1939–1945. Annapolis: U.S. Naval Inst. 1957.
Scott, William Evans: Alliance against Hitler. Durham: Duke Univ. Pr. 1962.
Starck, Magnus: Allmän sjökrigshistoria. 1930–1945. D. 1. Stockholm: Bonniers 1971. (Marinlitteraturföreningen. Nr 58.)
Strabolgi, Joseph Montague Kenworthy Baron: Sea Power in the Second World War. London [usw.]: Hutchinson [1943].
Tel'puchovskij, B. S.: Velikaja Otečestvennaja Vojna Sovetskogo Sojuza 1941–1942. Moskva: Voenizdat 1959.
– Die sowjetische Geschichte des Großen Vaterländischen Krieges 1941–1945. Hrsg. u. kritisch erl. v. A. Hillgruber u. H. A. Jacobsen. Frankfurt/M.: Bernard & Graefe 1961.
Velikaja Otečestvennaja *Vojna* Sovetskogo Sojuza (1941–1945 gg.). Rekomendatel'nyi ukazatel' literatury. [Der Große Vaterländische Krieg der Sowjetunion 1941–1945. – Seekrieg bes. die Seiten 79–86.] Moskva: Izdat-vo Kniga 1965.
Velikaja Otečestvennaja *Vojna* Sovetskogo Sojuza 1941–1945. Kratkaja istorija. [Der Große Vaterländische Krieg der Sowjetunion 1941–1945. Kurze Geschichte.] Moskva: Voenizdat 1965.
Vtoraja Mirovaja *Vojna*. 1939–1945 gg. Voenno-istoričeskij očerk. Otv. red. S. P. Plantonov. Moskva: Voenizdat 1958.
– (dt. Übers.): Geschichte des Zweiten Weltkrieges 1939–1945. Militärhistorischer Abriß. Teil I, II. Karten-Album. Berlin: Deutscher Militärverlag 1961.
Winton, John (ed.): The War at sea 1939–1945. An anthology of personal experience. London: Hutchinson 1967.

Britische Marine

Brice, Martin H.: The Tribals. Biography of a destroyer class. London: Ian Allan 1971.
Brookes, Ewart: Glory passed them by. The minesweeping-trawlers in World War II. London: Jarrolds 1958.
Cameron, Ian: Wings of the morning. The Story of the Fleet Air Arm in the Second World War. New York: Morrow 1963.
– –: London: Hodder & Stoughton 1962.
Gardiner, Leslie: The Royal Oak Courts Martial. Annapolis: U.S. Naval Inst. 1965.
Goodhart, Philip: Fifty Ships that saved the world. The Foundation of the Anglo-American alliance. London: Heinemann 1965.
Hodges, Peter: Battle Class Destroyers. London: Almark 1971.
James, Sir William R. (Admiral): The British Navies in the Second World War. New York: Longmans, Green & Co. 1947.
Jameson, William: Ark Royal. London: Hart-Davis 1957.
Kemp, Peter K.: Key to victory. The Triumph of British sea power in World War II. Boston: Little, Brown & Co. 1957.
– –: Engl. Ausg. u. d. T.: Kemp: Victory at sea. 1939–1945. London: Muller 1957.
Lenton, H. T.: Warships of the British and Commonwealth navies. (3. ed.) London: I. Allan 1971.
– British Fleet and escort destroyers. Vol. 1. 2. London: Macdonald 1970. (Navies of the Second World War.)
– British Battleships and aircraft carriers. London: Macdonald 1972. (Navies of the Second World War.)
– British Submarines. London: Macdonald 1972. (Navies of the Second World War.)
– u. J. J. *Colledge*: Warships of World War II. London: Ian Allan 1963–64.
Mars, Alastair: British Submarines at war. 1939–1945. London: Kimber 1971.
Poolman, Kenneth: Illustrious. London: Kimber 1955.
– Ark Royal. London: Kimber 1956.
– The Catafighters and merchant aircraft carriers. London: Kimber 1970.
– Escort Carrier. 1941–1945. An Account of British escort carriers in trade protection. London: Allan 1972.
Roskill, Stephen Wentworth: The white Ensign. The British Navy at war, 1939–1945. Annapolis: U.S. Naval Inst. 1966.
– Royal Navy. [Dt.] Oldenburg, Hamburg: Stalling 1961.
Smith, Peter C.: Destroyer leader. The story of H. M. S. »Faulknor«. London: Kimber 1968.
Thomas, David A.: Submarine Victory. The Story of British Submarines in World War II. London: Kimber 1961.
Whitehouse, Arch.: Subs and submariners. London: F. Muller 1963.

Deutsche Marine

Alafuzov, V. A.: Doktrini germanskogo flota. Moskva: Voenizdat 1956.

Bekker, Cajus [d. i. H. D. Berenbrok]: Kampf und Untergang der Kriegsmarine. Hannover: Sponholtz 1953.

– ... und liebten doch das Leben. Hannover: Sponholtz 1956.

– Einzelkämpfer auf See. Die deutschen Torpedoreiter, Froschmänner und Sprengbootpiloten im Zweiten Weltkrieg. Oldenburg, Hamburg: Stalling 1968.

– Angriffshöhe 4000. Oldenburg, Hamburg: Stalling 1964.

– Verdammte See. Ein Kriegstagebuch d. deutschen Marine. Oldenburg, Hamburg: Stalling 1971.

Gaul, Walther: Marinefliegerverbände und operative Luftwaffe im Einsatz über See 1939–1945. In: Marine-Rundschau. 1953. S. 24–27, 39–43, 65–76, 106–114.

Groener, Erich: Die Schiffe der deutschen Kriegsmarine und Luftwaffe 1939–45 und ihr Verbleib. Bearb. v. Dieter Jung u. Martin Maass. 7., erw. Aufl. München: Lehmanns 1972.

Hadeler, Wilhelm: Projektskizzen von Flugzeugschiffen der Kriegsmarine aus dem Zweiten Weltkriege. In: Marine-Rundschau. Jg. 69, 1972. H. 1/2. S. 1–40.

Herzog, Bodo: Die deutsche Kriegsmarine im Kampf 1939–1945. Dürheim: Podzun 1969.

Hinsley, Francis H.: Hitler's Strategy. The naval Evidence. Cambridge: Harvard Univ. Pr. 1951.

Lenton, H. T.: German Submarines. 1. 2. London: Macdonald 1965. (Navies of the Second World War.)

– German Surface Vessels. Vol. 1. 2. London: Macdonald 1966. (Navies of the Second World War.)

Lohmann, Walter u. Hans H. *Hildebrand*: Die deutsche Kriegsmarine 1939–1945. Gliederung – Einsatz – Stellenbesetzung. Bd 1–3. Bad Nauheim: Podzun 1956–64.

Mordal, Jacques [d. i. Hervé Cras] u. Albert *Vulliez*: La tragique Destinée du Scharnhorst. Paris.

Porten, Edward P. von der: The German Navy in World War II. New York: Crowell 1969.

Rößler, Eberhard: Die Bauvorbereitungen für den Walter-U-Boottyp XXVI 1944/45. In: Marine-Rundschau. Jg. 69, 1972. H. 9. S. 529–543.

Salewski, Michael: Die deutsche Seekriegsleitung 1935–1945. Frankfurt/M.: Bernard & Graefe 1970.
Bd 1: 1935–1941.

– Das Ende der deutschen Schlachtschiffe im Zweiten Weltkrieg. In: Militärgeschichtliche Mitteilungen. 2, 1972. S. 53–73.

Taylor, John Charles: German Warships of World War II. London: Ian Allan 1966.

Tuleja, Thaddeus V.: Eclipse of the German navy. Twilight of the Sea gods. London: Dent 1958.

– – (dt. Übers.): Die einsamen Schiffe. Kampf u. Ende der deutschen Flotte 1939–1945. Tübingen: Schlichtenmayer 1958.

Hitlers *Weisungen* für die Kriegführung 1939–1945. Dokumente d. OKW. Hrsg. v. Walther Hubatsch. Frankfurt/M.: Bernard & Graefe 1962.

Französische Marine

Auphan, Gabriel Adrien Joseph Paul u. Jacques *Mordal*: La Marine française pendant la Seconde Guerre Mondiale. Paris: Hachette 1958.

– –: 2. éd. Paris: France Empire 1967.

– – (dt. Übers.): Unter der Trikolore. Kampf und Untergang der französischen Marine im zweiten Weltkrieg. Oldenburg: Stalling 1964.

Couhat, Jean Labayle: French Warships of World War II. London: Allan 1971.

Heckstall-Smith, Anthony: The Fleet that faced both ways. (The French Navy in World War II.) London: Blond 1963.

Kammerer, Albert: La Passion de la flotte française. Paris: Fayard 1951.

La *Marine* française depuis l'armistice [1940]. (Ed. par les soins de l'Amirauté française.) Lyon [um 1941]: Lescuyer.

Le Masson, Henri: The French Navy. Vol. 1. 2. London: Macdonald 1969. (Navies of the Second World War.)

Mordal, Jacques (d. i. Hervé Cras): Die französische Marine im Zweiten Weltkrieg. In: Marine-Rundschau. Jg. 54, 1957. H. 6. S. 235–251.

Noli, Jean: Le Choix. Souffrance et gloire de la Marine française pendant la Seconde Guerre mondiale. Paris: Fayard 1972.

Thomazi, Auguste Antoine: Sous-marins et croiseurs français. Paris: Plon 1947.

Varillon, Pierre: Marins au combat (1939–1942). Paris: Perrin 1963.

Italienische Marine

Aichner, Martino u. Giorgio *Evangelisti*: Storia degli aerosiluranti italiani e del gruppo Buscaglia. Milano: Longanesi 1969.

Bragadin, Marc'Antonio: Che ha fatto la marina? (1940–1945.) Milano: Garzanti 1951.

– –: 3. ed., riv. 1955.

– –: 4. ed., riv. 1959.

– – (amerikan. Übers.): The Italian Navy in World War II. Annapolis: U.S. Naval Inst. 1957.

– Il Dramma della Marina italiana, 1940–1945. Milano: Mondadori 1968.

Borghese, J. Valerio: Decima Flottiglia MAS. Dalle origine all'armistizio. Milano: Garzanti 1954.

– – (dt. Übers.): Teufel der Tiefe. Boppard: Boldt 1961.

Iachino, Angelo: Tramonto di una grande marina. 2. ed. Milano: Mondadori 1960.

Nelli, R. B.: Eroismo italiano sotto i mari. 1940–1943. Milano: De Vecchi 1968.

Pegolotti, Beppe: Uomini contro navi. 2. ed. Firenze: Vallecchi 1960.

Santoro, Giuseppe: L'Aeronautica italiana nella Seconda Guerra Mondiale. T. 1. 2. Milano 1957–1958.

Japanische Marine

Japanese *Aircraft Carriers* and destroyers. London: Macdonald 1963. (Pocket Pictorial. Vol. 2.)

Andrieu d'Albas, Emmanuel Marie Auguste: Marine impériale (1941–1945). Les Flottes du Mikado dans la IIe Guerre mondiale, d'après des documents japonais inédits. Paris: Amiot-Dumont 1954.

– – (engl. Übers.): Death of a navy. Japanese naval Action in World War II. New York: Devin-Adair 1957.

Japanese *Battleships* and cruisers. London: Macdonald 1963. (Pocket Pictorial. Vol. 1.)

U.S. strategic *Bombing Survey* (Pacific). Naval Analysis Division. Interrogation of Japanese officials. Vol. 1–2. Washington: Gov. Pr. Off. 1946.

Fukaya, Hajime: Japan's Wartime Carrier Construction. In: U.S. Nav. Inst. Proceedings. Sept. 1955. S. 1030–1043.

Fukui, Shizuo: Shusen to Teikokukantei. (Japanese Naval Vessels survived – their postwar activities and final disposition.) Tokyo: Shuppan Kyodo Publ. 1961.

– Japanese naval Vessels at the end of the war. April 25, 1947. (Corrected Jan. 1958.) (Administrative Division, 2. Demobilization Bureau.) Tokyo 1958.

– –: Old Greenwich/Conn.: WE Inc. o. J. [um 1970.]

– Eichii *Aoki* u. Ishiwatari *Koji*: Rengo-Kantai – shashin-shu.

[Die japanische Flotte im Bild.] Tokyo: Shuppan-Kyodo-sha 1960.
– –: 2., erw. Aufl.
– –: [Neuaufl.] Tokyo: KK Best Sellers 1970.
Hashimoto, Mochitsura: Sunk. The Story of the Japanese submarine fleet. 1942–1945. London: Cassell 1954.
Hayashi, Saburo: Taiheiyo-senso Rikusen Gaishi. [13. Aufl.] [Allgemeine Geschichte des Landkrieges in Ostasien und im Pazifik. 1941–45.] Tokyo: Iwanami-shoten 1962. (Iwanami-shinsho. 59.)
– u. Alvin D. *Coox*: Kogun. The Japanese Army in the Pacific War. [Übers. aus d. Japan.] Quantico: The Marine Corps Ass. 1959.
Hori, Motomi: Nippon-Kantai (shashin-shu). [Bilderbuch der japan. Flotte.] Tokyo: Shuppan-Kyodo-sha 1960.
Ito, Masanori: Daikaigun o omou. (Erinnerungen an die Kriegsmarine.) [15. Aufl.] Tokyo: Bungei-shunju-shinsha 1962.
– – u. Roger *Pineau* (engl. Übers.): The End of the Imperial Japanese Navy. New York: Norton 1962.
– – u. Roger *Pineau* (ital. Übers.: La Marina Imperiale Giapponese. Milano: Longanesi 1970. (Il Mondo nuovo. Vol. 93.)
Kimura, Hachiro: Nippon Kaigun. (Die japanische Kriegsmarine, 1941–1945. [Bd] 1–3. Tokyo: Kawade-shobo-shinsha 1962.
Matsumoto, Kitaro: Senkan Yamato, Musashi. Sekkai to kenzo. (Design and construction of the Yamato and Musashi.) Tokyo: Haga-shoten 1961.
The Japanese *Navy* in World War II. An Anthology. Ed. by Raymond A. O'Connor. Annapolis: U.S. Naval Inst. 1969.
Seth, Ronald: Secret Servants. A History of Japanese Espionage. New York Farrar, Strauss & Cudahy [usw.] 1957.
Shibuyo, Tatsiwaka: Outline of submarine operations in first phase operation. Japan. Monograph. 102. Submarine Operations in Second phase operation. P. 1. 2. Japan. Monogr. 110, 111. Submarine Operations in third phase operation. P. 1–5. Japan. Monogr. 163, 171, 184 (3 p.). Tokyo: Japanese Research Div., Military Hist. Sect., General Headquarters, Far East Command 1954.
Tosu, Ken-nosuke: Ningen Gyorai. [Bemannte Torpedos.] Tokyo: Shincho-sha 1960.
Watts, Anthony J.: Japanese Warships of World War II. London: Ian Allan 1966.

Sowjetische Marine

Ačkasov, V.: Voenno-morskoj Flot v chode Velikoj Otečestvennoj Vojny. [Die Kriegsflotte im Verlauf des Großen Vaterländischen Krieges.] In: Voenno-istoričeskij Žurnal. 5, 1965. No. 7. S. 24–34.
Dejstvija voenno-morskogo flota v Velikoj Otečestvennoj Vojne. [Die Operationen der Kriegsflotte im Großen Vaterländischen Krieg.] Moskva: Voenizdat 1956.
Dmitriev, V. I.: Atakujut podvodniki. [U-Boot-Fahrer greifen an.] Moskva: Voenizdat 1964.
Edlinskij, S. F.: Kaspijskij transportnyj Flot v Velikoj Otečestvennoj Vojne 1941–1945 gg. [Die Kaspische Transportflotte im Großen Vaterländischen Krieg.] Moskva: Voenizdat 1962.
Tichookeanskij *Flot*. Voenno-istoričeskij očerk. Red. S. E. Zacharov. [Die Pazifikflotte. Kriegsgeschichtlicher Überblick.] Moskva: Voenizdat 1966.
Huan, Claude: L'Enigme des sous-marins soviétiques. Paris: Ed. France-Empire 1959.
Kuznecov, Nikolaj Gerasimovič: Na flotach boevaja Trevoga. [Gefechtsalarm bei den Flotten.] Moskva: Voenizdat 1971.
Lifšic, A. I.: Eskadrennyj minonoscy. [Zerstörer.] Moskva: Voenizdat 1960.
Loktionov, I. I.: Pinskaja i Dneprovskaja Flotilii v Velikoj Otečestvennoj Vojne [Die Pina- und Dnjeprflottillen im Großen Vaterländischen Krieg.] Moskva: Voenizdat 1958.
Makovskij, A. A. u. B. M. *Radčenko*: Kaspijskaja Krasnoznamennaja [Flotilija]. [Die Kaspische Rotbannerflottille.] Moskva: Voenizdat 1961.
Meister, Jürg: The Soviet Navy. Vol. 1. 2. London: Macdonald 1972. (Navies of the Second World War.)
Pigarev, D. T.: Na torpednych Katerach. [Über die Torpedokutter-Einsätze im Nordmeer, der Ostsee und im Schwarzen Meer.] Moskva: Voenizdat 1963.
Boevoj *Put'* Sovetskogo voenno-morskogo flota. Otvetstvennyj red. N. A. Piterskij. [Der Kampfweg der sowjetischen Kriegsflotte.] Moskva: Voenizdat 1964.
– –: 2. izd. 1967.
– – (dt. Übers.): Die Sowjetflotte im Zweiten Weltkrieg. Hrsg. Jürgen Rohwer (100 S. Kommentar). Oldenburg, Hamburg: Stalling 1966.
Rohwer, Jürgen: Die sowjetische Flotte im zweiten Weltkrieg im Spiegel der sowjetischen Nachkriegsliteratur. In: Das deutsche Bild der russischen und sowjetischen Marine. Sept. 1962. S. 139 –174. (Marine-Rundschau. Beih. 7/8.)
– Die Organisation der sowjetischen Seekriegführung im Zweiten Weltkrieg. In: Die Entwicklung des Flottenkommandos. Darmstadt 1964. S. 135–175.
– Esperienze tecniche e tattiche dell'arma subacquea sovietica nel secondo conflitto mondiale. In: Rivista Marittima. 7/8, 1967. S. 39–83.
Ščekotov, I. E.: Ochotniki za podvodnymi lodkami. [Unterseebootjäger.] Moskva: Voenizdat 1960.
V'junenko, N. P. u. R. N. *Mordvinov*: Voennye Flotilii v Velikoj Otečestvennoj Vojne. [Die Kriegsflottillen im Großen Vaterländischen Krieg.] Moskva: Voenizdat 1957.

U.S. Marine

U.S. Naval War College. Strategical and tactical *Analyses*. (Confidential.) Washington: Bureau of Naval Personnel 1947.
The *Army Almanac*. A Book of facts concerning the United States Army. 2. ed. Harrisburg: Stackpole 1959.
Ballantine, Duncan Smith: U.S. naval Logistics in the Second World War. Princeton/N. J.: Univ. Pr. 1947.
Battle Report. Walter Karig [u. a.]. Vol. 1–5. New York: Rinehart 1944–49.
Blond, Georges: Le Survivant du Pacifique. L'Odyssée de l'»Enterprise«. Paris: Fayard 1949.
– – (dt. Übers.): Königin im Pazifik. Flugzeugträger »Enterprise« von Pearl Harbor bis Okinawa. Oldenburg: Stalling o. J.
Bulkley, Robert J.: At close Quarters. PT Boats in the United States Navy. Washington: Gov. Pr. Off. 1962.
Connery, Robert H.: The Navy and the industrial mobilization in World War II. Princeton: Princeton Univ. Pr. 1951.
Furer, Julius Augustus: Administration of the Navy Department in World War II. Washington: Gov. Pr. Off. 1959.
Keating, Bern: The Mosquito Fleet. The United States PT boats in World War II. New York: Putnam 1963.
Lenton, H. T.: American Fleet and escort destroyers. Vol. 1. 2. London: Macdonald 1971. (Navies of the Second World War.)
Roscoe, Theodore: United States Destroyer Operations in World War II. Annapolis: U.S. Naval Inst. 1953.
Silverstone, Paul H.: U.S. Warships of World War II. London: Ian Allan 1965.
Stafford, Edward B.: The Big E. New York: Random House 1962.
United States Submarine Losses in World War II. Ed. by Naval History Division, Office of the Chief of Naval Operations 1963. Washington: Gov. Pr. Off. 1963.
Wetterhahn, Armin: Flotten-Revue 1948. Bd 1. 2. Stuttgart: Selbstverl. 1948–49.
1: USA.
2: USA-Hilfsschiffe.

Whitehouse, Arch.: Squadrons of the sea. Naval Aircraft Carriers in World War II. Garden City: Doubleday 1962.
Willoughby, Malcolm F.: The U.S. Coast Guard in World War II. Annapolis: U.S. Naval Inst. 1957.

Kleine Marinen

Brasilien

Haupt, Werner: Brasilien im Zweiten Weltkrieg. In: Marine-Rundschau. Jg. 54, 1957. H. 4. S. 137–151.

Griechenland

Alexandrēs, K. A.: To nautikon mas kata tēn polemikēn periodon 1941–1945. Athēnai: Aetos A. E. 1952.
Phocas, Demetrios G.: Ekthesis epi tes draseos tou b. nautikou kata ton polemon 1940–1944. T. A. B. Athēnai: Ekdosis istorikos yperesis 1953.

Niederlande

Bezemer, K. W. L.: Zij vochten op de zeven Zeen. Verrichtingen en avonturen der Koninklijke Marine in de tweede wereldoorlog. Utrecht: De Haan 1954.
Lenton, H. T.: Royal Netherlands Navy. London: Macdonald 1968. (Navies of the Second World War.)
Wegduiken ...! De Nederlandse Onderzeedienst 1906–1966. Den Haag: Zuid-Hollandsche Uitgevers Ms. 1966.

Polen

Marczak, Jan: Współczesne Okręty wojenne. Warszawa: Wyd. Min. Obrony Narodowej 1969.
Pertek, Jerzy: Wielkie dni małej floty. 3. Aufl. Poznań: Wydawnictwo Poznańkie 1958.
– –: 6. Aufl. 1967.
Supiński, Witold: 100 [Sto] Lat okrętów wojennych. Warszawa: Wyd. Minist. Obrony Narod. 1965.

Schweden

Flottans *Neutralitetsvakt* 1939–1945. 2. uppl. o. O. 1969.

Technologie

Bauermeister, Hermann: Die Entwicklung der Magnetminen bis zum Beginn des Zweiten Weltkrieges. In: Marine-Rundschau. Jg. 55, 1958. H. 1. S. 25–31.
Baxter, James Phinney: Scientists against time. Boston: Little, Brown & Co. 1948.
Bush, Vannevar: Modern Arms and free men. New York: Simon & Schuster 1949.

See-Luftkrieg allgemein

Barjot, Pierre: Histoire de la guerre aéronavale. Paris: Flammarion 1961.
Belot, Raymond de: La Guerre aéronavale dans l'Atlantique. 1939 –1945. Paris: Payot 1950.
– La Guerre aéronavale en Méditerranée. 1939–1945. Paris: Payot 1949.
Buchanan, Albert R. (ed.): The Navy's Air War. A Mission completed by the Aviation History Unit, OP-519 B, DCNO (air). New York: Harper 1946.
Kemp, Peter K.: Fleet Air Arm. London: Jenkins 1954.
Macintyre, Donald: Wings of Neptune. New York: Norton 1964.
Okumiya, Masatake u. Jiro *Horikoshi*: Zero! New York: Dutton 1956.
Reynolds, Clark G.: The fast Carriers. New York: McGraw Hill 1968.
Sherrod, Robert: History of Marine-Corps aviation in World War II. Washington: Combat Forces Pr. 1952.

U-Bootkrieg allgemein

Eremeev, L. M. u. A. P. *Šergin:* Podvodnye lodki inostrannych flotov vo Vtoroj Mirovoj Vojne. Moskva: Voenizdat 1962.
Isakov, I. S. u. L. M. *Eremeev*: Transportnaja dejatel'nost podvodnych lodok. [Die Transporttätigkeit von U-Booten.] Moskva: Voenizdat 1959.
Peillard, Léonce: Histoire générale de la guerre sous-marine 1939 –1945. Paris: Laffont 1970.
– – (dt. Übers.): Geschichte des U-Bootkrieges 1939–1945. Wien, Berlin: Paul Neff 1970.
Warren, Charles Esme Thornton u. James *Benson*: Above us the waves; the story of midget submarines and human torpedos. London: Harrap 1953.
– – (dt. Übers.): Und über uns die Wogen. Jugenheim: Koehler 1962.

Amphibische Kampfführung

Anderson, Bern: Die Landungsunternehmen der Amerikaner im Zweiten Weltkrieg. In: Marine-Rundschau. Jg. 58, 1961. H. 3. S. 133–150.
Dyer, George Carroll: The Amphibians came to conquer. (Biographie Adm. Richmond K. Turner.) Washington: Gov. Pr. Off. 1972.
Ferguson, Bernard: The watery Maze. The Story of combined operations. (World War II.) London: Collins 1961.
Isely, Jeter A. u. Philip A. *Crowl*: The U.S. Marines and amphibious war. Princeton: Princeton Univ. Pr. 1951.
Keyes, Sir Roger John Brownlow: Amphibious Warfare and combined operations. Cambridge: Univ. Pr. 1943.
Kugler, Randolf: Amphibik in Deutschland. In: Marine-Rundschau. Jg. 69, 1972. H. 10. S. 577–593.
Leckie, Robert: Strong Men armed. The United States Marines against Japan. New York: Random House 1962.
Maund, Loben Edward Harold: Assault from the Sea. London: Methuen 1949.
Russell, W. H.: The Genesis of FMF doctrine: 1879–1899. In: Marine Corps Gazette. 1951. March–July.
Saunders, Hilary Aidan St. George: Combined Operations. The official Story of the commandos. New York: Macmillan 1943.
Smith, Holland M.: Amphibious Tactics. In: Marine Corps Gazette. June 1946–March 1947.
Vagts, Alfred: Landing Operations: strategy, psychology, tactics, politics from antiquity to 1945. Vol. 1–4. Harrisburg [usw.]: Military Serv. Publ. Co. 1946.
Zaddach, Frank-Helmut: Britische Kommandotruppen und Kommando-Unternehmen im zweiten Weltkrieg. Darmstadt: Wehr & Wissen 1963. (Beiträge zur Wehrforschung. 1.)

Logistik

Ballentine, Duncan S.: U.S. naval Logistics in the Second World War. Princeton: Princeton Univ. Pr. 1949.
Carter, Worrall Reed: Beans, bullets, and black oil. The story of fleet logistics afloat in the Pacific during World War II. Washington: G. P. O. 1953.
Eccles, Henry Effingham: Logistics in the national defense. Harrisburg: Stackpole [1959].
Redmayne, Paul (ed.): Transport by sea. London: Murray 1950.

Der zweite Weltkieg – Europa

28 Die Überwasseroperationen im Atlantik 1939–1943

Überwasser-Handelskrieg

Belli, V. A. u. K. V. *Penzin*: Boevye dejstvija v Atlantike i na Sredizemnom more. 1939–1945 gg. Moskva: Voenizdat 1967.

Bidlingmaier, Gerhard: Einsatz der schweren Kriegsmarineeinheiten im ozeanischen Zufuhrkrieg. Strategische Konzeption u. Führungsweise d. Seekriegsleitung, September 1939–Februar 1942. Neckargemünd: Vowinckel 1963.

– Die strategischen und operativen Überlegungen der Marine 1932–1942. In: Wehrwissenschaftliche Rundschau. 13, 1963. S. 312–331.

– Die Grundlagen für die Zusammenarbeit Luftwaffe/Kriegsmarine und ihre Erprobung in den ersten Kriegsmonaten. In: Die Entwicklung des Flottenkommandos. Darmstadt 1964. S. 73–112.

Graf Spee–La Plata

Bennett, Geoffrey: Battle of the River Plate. London: Ian Allan 1972. (Sea Battles in Close-up. 4.)

Hough, Richard: The Pursuit of Admiral von Spee. London: Allen & Unwin 1969.

Millington-Drake, Sir Eugen: The Drama of Graf Spee and the battle of the Plate. London: Davies 1964.

Pope, Dudley: The Battle of the River Plate. London: Kimber 1956.

Rasenack, F. W.: Panzerschiff „Admiral Graf Spee". Kampf, Sieg und Untergang. Biberach: Koehlers 1957.

Bismarck

Bidlingmaier, Gerhard: Erfolg und Ende des Schlachtschiffes Bismarck. In: Wehrwissenschaftliche Rundschau. 9, 1959. S. 261–281.

Brennecke, Jochen: Schlachtschiff Bismarck. Jugenheim: Koehlers 1960.

Grenfell, Russell (Captain): The Bismarck Episode. New York: Macmillan 1949.

– – [dt. Übers.]: Jagd auf die Bismarck. Tübingen: Schlichtenmayer 1953.

Schellmann, Holm: Die Luftwaffe und das Bismarck-Unternehmen im Mai 1941. Frankfurt/M.: Mittler 1962. (Marine-Rundschau 1962. Beih. 9.)

Schofield, B. B.: Loss of the Bismarck. London: Ian Allan 1972. (Sea Battles in Close-up. 3.)

Hilfskreuzer

Brennecke, Jochen: Das große Abenteuer. Deutsche Hilfskreuzer 1939–1945. Biberach: Koehlers 1958.

Ehrlich, Hans Jürgen u. Kurt *Weyher*: Vagabunden auf See. Die Kriegsfahrt d. Hilfskreuzers Orion. 1940/41. Tübingen: Katzmann 1953.

Hümmelchen, Gerhard: Handelsstörer. Handelskrieg deutscher Überwasserstreitkräfte im zweiten Weltkrieg. 2. Aufl. München: Lehmanns 1967.

Woodward, David: The secret Raiders. The Story of the operations of the German Armed Merchant Raiders in the Second World War. London: Kimber 1955.

Blockadebrecher

Brennecke, Jochen: Schwarze Schiffe – weite See. Die geheimnisvollen Fahrten deutscher Blockadebrecher. Oldenburg: Stalling 1958.

Dinklage, Ludwig u. Hans-Jürgen *Witthöft*: Die deutsche Handelsflotte 1939–1945. Unter bes. Berücksichtigung der Blockadebrecher. Bd 1. 2. Göttingen: Musterschmidt 1971. (Studien und Dokumente zur Geschichte des Zweiten Weltkrieges. 5.)

Michaux, Theo: Rohstoffe aus Ostasien. Die Fahrten d. Blockadebrecher. In: Wehrwissenschaftliche Rundschau. 5, 1955. S. 485–507.

„Weserübung"

Andenaes, Johs., O. *Riste* u. M. *Skodvin*: Norway and the Second World War. Oslo: Tanum 1966.

Brookes, Ewart: Prologue to a war. London: Jarrolds 1966.

Hubatsch, Walther: „Weserübung". Die deutsche Besetzung von Dänemark u. Norwegen 1940. 2. Aufl. Göttingen: Musterschmidt 1960. (Studien und Dokumente zur Geschichte des zweiten Weltkrieges. 7.)

Knackstedt, Heinz: Der Altmark-Zwischenfall. In: Wehrwissenschaftliche Rundschau. 9, 1959. S. 391–411, 466–486.

Macintyre, Donald: Narvik. London: Evans 1959.

– –: New York: Norton 1960.

Mordal, Jacques [d. i. Hervé Cras]: La Campagne de Norvège. Paris: Ed. Self 1949.

– Narvik. Paris: Presses de la Cité 1960.

Omang, Reidar: Altmark Saken 1940. Oslo: Gyldendal 1953.

Torris, M. J.: Narvik 1940. Paris: Fayard 1963.

Ziemke, Earl F.: The German Decision to invade Norway and Denmark. In: Command Decisions. Washington 1960. S. 49–72.

Dünkirchen

Armengaud, J.: Le Drame de Dunkerque. Paris: Plon 1948.

Beaux, Jean: Dunkerque 1940. Paris: Presses de la Cité 1967.

Carse, Robert: Dunkirk 1940. Englewood Cliffs: Prentice Hall 1970.

Collier, Richard: The Sands of Dunkirk. New York: Dutton 1961.

– – (dt. Übers.): Dünkirchen 1940. Konstanz, Zürich: Diana 1962.

Divine, A. D.: Dunkirk. New York: Dutton 1948.

– The nine Days of Dunkirk. London: Faber & Faber 1959.

Jacobsen, Hans-Adolf: Dünkirchen. (Unter Mitarb. v. K. J. Müller.) Neckargemünd: Vowinckel 1958. (Wehrmacht im Kampf. Bd 19.)

– u. Jürgen *Rohwer*: Planungen und Operationen der deutschen Kriegsmarine im Zusammenhang mit dem Fall „Gelb". In: Marine-Rundschau. Jg. 57, 1960. H. 2. S. 65–78.

Mordal, Jacques [d. i. Hervé Cras]: Dunkerque. Paris: Ed. France-Empire 1960.

„Seelöwe"

Fleming, Peter: Operation Sea Lion. London Hart-Davis [usw.] 1957.

Grinnell-Milne, Duncan: The silent Victory. September 1940. London: The Bodley Head 1958.

Klee, Karl: Das Unternehmen „Seelöwe". Die geplante deutsche Landung in England 1940. Göttingen: Musterschmidt 1958. (Studien und Dokumente zur Geschichte des Zweiten Weltkrieges. 4a.)

– Dokumente zum Unternehmen „Seelöwe". Göttingen: Musterschmidt 1959. (Studien und Dokumente zur Geschichte des Zweiten Weltkrieges. 4b.)

Taylor, Telford: The breaking Wave. The German Defeat in the summer of 1940. London: Weidenfeld & Nicolson 1967.

Wheatley, Ronald: Operation Sea Lion. German Plans for the invasion of England, 1939–1942. Oxford: Clarendon Pr. 1958.

– – (dt. Übers.): Operation Seelöwe. Minden: Köhler 1958.

Frankreich/Spanien 1940/41

Burdick, Charles B.: Germany's military Strategy and Spain in World War II. Syracuse/N.Y.: Univ. Pr. 1968.

Detwiler, Donald S.: Hitler, Franco und Gibraltar. Die Frage d. spanischen Eintritts in d. Zweiten Weltkrieg. Wiesbaden: Steiner 1962.
Hillgruber, Andreas: Hitlers Strategie. Politik und Kriegführung 1940–1941. Frankfurt/M.: Bernard & Graefe 1965.
Mordal, Jacques [d. i. Hervé Cras]: La Bataille de Dakar. Paris: Ozanne 1956.
Müller, Klaus-Jürgen: Französisch-Nordafrika und der deutsch-französische Waffenstillstand von 1940. In: Wehrwissenschaftliche Rundschau. 7, 1957. S. 687–699.
Watson, John A.: Echec à Dakar. Paris: Laffont 1968.

29 Der U-Bootkrieg – Die Schlacht im Atlantik 1939–1945

Allgemeine Darstellungen

Andreev, Vasilij Ivanovič: Borba na okeanskich kommunikacijach. Moskva: Voenizdat 1961.
Assmann, Kurt: Why U-Boat warfare failed. In: Foreign Affairs. 1950. No 4. S. 659 ff.
The *Battle* of the Atlantic. London: H. M. Stationery Office 1946.
Bogolepov, V. P.: Blokada i kontrblokada. Borba na okeanskomorskich soobščenijach vo vtoroj mirovoj vojne. Moskva: Voenizdat 1966.
Dönitz, Karl (Grand Admiral): Essay on the conduct of the war at sea. Washington: Office of Naval Intelligence 1946.
– Die Schlacht im Atlantik in der deutschen Strategie des Zweiten Weltkrieges. In: Marine-Rundschau. Jg. 61, 1964. H. 2. S. 63–76.
Rohwer, Jürgen: Der U-Bootkrieg und sein Zusammenbruch 1943. In: Entscheidungsschlachten des zweiten Weltkrieges. Frankfurt/M. 1960. S. 327–394.
– Die Funkführung der deutschen U-Boote im zweiten Weltkrieg. Ein Beitrag zum Thema Technik und militärische Führung. In: Wehrtechnik. 1969. H. 9. S. 324–328, H. 10. S. 360–364.
– La Radiotélégraphie auxiliaire du commandement dans la guerre sous-marine. In: Revue d'Histoire de la Deuxième Guerre Mondiale. 1966. S. 42–66.
German, Italian and Japanese *U-Boat Casualties* during the war. London: H. M. Stationery Office 1946.

U-Booteinsatz

Brennecke, Jochen: Jäger – Gejagte! Deutsche U-Boote 1939–45. 2., erw. Aufl. Biberach: Koehler 1956.
– – (engl. Übers.): The Hunters and the hunted. New York: Norton 1957.
Busch, Harald: So war der U-Bootkrieg. Bielefeld: Dt. Heimat Verl. 1952.
– –: 2. Aufl. 1954.
Frank, Wolfgang: Die Wölfe und der Admiral. Der Roman der U-Boote. Oldenburg, Hamburg: Stalling 1953.
Freyer, Paul Herbert: Der Tod auf allen Meeren. Ein Tatsachenbericht zur Geschichte des faschistischen U-Bootkrieges. Berlin (Ost): Dt. Militärverl. 1970.
Herlin, Hans: Verdammter Atlantik. Schicksale deutscher U-Boot-Fahrer. Hamburg: Nannen 1959.
Herzog, Bodo: U-Boote im Einsatz. 1939–1945. Dorheim: Podzun-Verl. 1970. Text dt. u. engl.
Noli, Jean: Les Loups de l'Admiral. Les sous-marins allemands sans la bataille de l'Atlantique. Paris: Fayard 1970.
U-Boote. Eine Chronik in Bildern. Hrsg. von Jürgen Rohwer. Oldenburg, Hamburg: Stalling 1962.

U-Bootabwehr

Creighton, Kenelm: Convoy Commodore. London: Kimber 1956.
Farago, Ladislas: The Tenth Fleet. 3. ed. New York: Obolensky 1962.
Gallery, Daniel V.: Twenty million Tons under the sea. Chicago: Regnery 1956.
Gretton, Sir Peter: Convoy Escort Commander. London: Cassell 1964.
Macintyre, Donald: U-Boat Killer. London: Weidenfeld & Nicolson 1956.
Morsier, Pierre de: Les Corvettes de la France libre. Paris: Ed. France-Empire 1972.
Robertson, Terence: Walker R. N. The Story of Captain Frederic John Walker. London: Evans 1956.
– – (dt. Übers.): Jagd auf die Wölfe. Oldenburg, Hamburg: Stalling 1960.

Konvoi-Verkehr

Harris, Murray George: Lifelines of victory. New York: Putnam 1942.
Land, Emory Scott: Winning the war with ships: land, sea and air-mostly land. New York: McBride 1958.
Leighton, Richard M.: U.S. Merchant Shipping and the British import crisis. In: Command Decisions. Washington 1960. S. 199–224.
Medlicott, William Norden: The economic Blockade. Vol. 1. 2. London: H.M.S.O. 1952–59. (History of the Second World War. U.K.Civil Series. 3.)
Schofield, Brian Betham u. L. F. *Martyn*: The Rescue Ships. Edinburgh: Blackwood 1968.
Schofield, William G.: Eastward the convoys. Chicago: Rand McNally 1965.

Scapa Flow

Korganoff, Alexandre: Le Mystère de Scapa Flow. Paris: Arthaud 1969. (Coll. „En direct avec l'histoire. 1.)

Island

Fairchild, Byron: Decisions to Land United States Forces in Iceland, 1941. In: Command Decisions. Washington 1960. S. 73–98.
The *U.S. Marines* in Iceland. 1941–1942. Washington: Gov. Pr. Off. 1970.

Laconia-Fall

Brennecke, Jochen: Der Fall 'Laconia'. Ein hohes Lied der U-Boot-Waffe. Biberach: Koehler 1959.
Maurer, Maurer u. Lawrence J. *Paszek*: Die U.S. Army Air Force und der „Laconia-Fall". In: Marine-Rundschau. Jg. 61, 1964. H. 4. S. 185–200.
Peillard, Léonce: L'Affaire du „Laconia". Paris: Laffont 1961.

Geleitzugschlachten 1939/45

Anrys, Henri: L'Attaque du convoi TM 1. In: Revue Maritime. 1967. No. 248. S. 1281–1297.
– Bataille pour le SC 122. In: Revue Maritime. 1969. No. 462. S. 452–465.
Hasselwander, Gerard E.: Der US-Zerstörer „Greer" und „U 652" am 4. September 1941. In: Marine-Rundschau. Jg. 59, 1962. H. 3. S. 148–160.
Rohwer, Jürgen: Die größte Geleitzugschlacht des Krieges: HX. 229/SC. 122 (März 1943). In: Wehrwissenschaftliche Rundschau. 18, 1968. S. 146–158.
– Die zweite Geleitzugschlacht im November 1939. In: Köhlers Flotten-Kalender. 1971. S. 128–131.
– Der Kearny-Zwischenfall am 17. Oktober 1941. In: Marine-Rundschau. Jg. 56, 1959. H. 5. S. 288–301.
Seth, Ronald: The fiercest Battle. The Story of North Atlantic Convoy ONS 5, 22 April–7 May 1943. London: Hutchinson 1961.

Waters, John M.: Bloody Winter. Princeton: Van Nostrand 1967.
– – (dt. Übers.): Blutiger Winter. Höhepunkt und Ende der großen Geleitzugschlachten im Atlantik, Winter 1942/43. Wels, München: Welsermühl 1969.

30 Der Kampf im Küstenvorfeld 1939–1944

Ostsee 1939

Bachmann, Hans R.: Die deutsche Seekriegführung in der Ostsee nach Ausschaltung der polnischen Marine im Herbst 1939. 1–3.4. In: Marine-Rundschau. Jg. 68, 1971. H. 4. S. 197–224, H. 5. S. 273–282, H. 6. S. 352–362, H. 7. S. 407–413.
– Die polnische U-Boot-Division im September 1939. In: Marine-Rundschau. Jg. 67, 1970. H. 1. S. 17–35.
Israel, Ulrich: Der Einsatz der Kriegsmarine beim Überfall Hitler-Deutschlands auf Polen im Herbst 1939. In: Marinewesen. 1960. S. 108–165.
Ordon, Stanisław: Kampania wrześniowa 1939 r. na morzu w świetle prawa międzynarodowego. Gdynia: Wydawnictwo Morskie 1963.
Rzepniewski, Andrzej: Obrona wybrzeża w 1939 r. 1. [Die Verteidigung d. polnischen Küste.] Warszawa: Wydawn. Ministerstwa Obrony Narodowej 1970.

Coastal Forces

Armstrong, Warren [d. i. Bennett, William Edward]: H. M. Small Ships. (H. M. Coastal Forces in World War II.) London: Muller 1958.
Cooper, Bryan: The Battle of the torpedo boats. London: Macdonald 1970.
Granville, Wilfred u. Robin Arthur *Kelly*: Inshore Heroes. The Story of H. M. motor launches in two world wars. London: Allen 1961.
Scott, Peter: The Battle of the narrow seas. A History of the light coastal forces in the Channel and North Sea, 1939–1945. New York: Scribner's 1946.

Kanaldurchbruch

Bidlingmaier, Gerhard: Vor 20 Jahren: Unternehmen „Cerberus" – Der Kanaldurchbruch. In: Marine-Rundschau. Jg. 59, 1962. H. 1. S. 19–40.
Potter, John Deane: Fiasco. The Breakout of the German Battleships. London: Heinemann 1970.
– – (dt. Übers.): Durchbruch. Die Heimkehr der Schlachtschiffe „Scharnhorst" und „Gneisenau". Wien, Hamburg: Zsolnay 1970.
Robertson, Terence: Channel Dash. The fantastic Story of the German battle fleet's escape through the English Channel in broad daylight. New York: Dutton 1958.
– – (dt. Übers.): Sie wagten das Äußerste. Bern, Stuttgart, Wien: Scherz 1958.

St. Nazaire

Phillips, C. E. Lucas: The greatest Raid of all. London: Heinemann 1958.

Dieppe

Abautrot, René: Dieppe, le sacrifice des Canadiens. 19 août 1942. Paris: Laffont 1969.
Couture, Claude-Paul: Opération „Jubilee". Dieppe 19 août 1942. Paris: Ed. France-Empire 1969.
Fischer, Walther: Eine deutsche Vorpostenflottille im Zweiten Weltkrieg. In: Marine-Rundschau. Jg. 60, 1963. H. 5. S. 263–284.
Krancke, Theodor: Invasionsabwehrmaßnahmen der Kriegsmarine im Kanalgebiet 1944. In: Marine-Rundschau. Jg. 66, 1969. H. 3. S. 170–187.
Lorenz, Hermann: Operation „Jubilee". 1–3. In: Marine-Rundschau. Jg. 64, 1967. H. 4. S. 228–237; H. 5. S. 300–303. H. 6. S. 352–363.
Maguire, Eric: Dieppe. August 19, 1942. London: Cape 1963.
Mordal, Jacques [d. i. Hervé Cras]: Les Canadiens à Dieppe. Paris: Presses de la Cité 1962.
Robertson, Terence: Dieppe. The shame and the glory. London: Hutchinson 1963.

31 Der Kampf um das Mittelmeer 1940–1942

Ansel, Walter: Hitler and the Middle Sea. Annapolis: U.S. Naval Inst. 1972.
Bélot, Raymond de: La Guerre aéronavale en Méditerranée. Paris: Payot 1949.
– – (engl. Übers.): The Struggle for the Mediterranean 1939–1945. Princeton: U.P. 1951.
Bernotti, Romeo: Storia della guerra nel Mediterraneo. 2. ed. Roma: Bianco 1960.
Faldella, Emilio: L'Italia e la Seconda Guerra mondiale. Revisione di giudizi. 3. ed. riv. Bologna: Cappelli 1967.
Harding, Lord John: Mediterranean Strategy 1939–1945. Cambridge: U.P. 1960.
Howard, Michael: The Mediterranean Strategy in the Second World War. London: Weidenfeld & Nicolson 1968.
Langmaid, Rowland: The Med. The Royal Navy in the Mediterranean 1939–1945. London: Batchworth Press 1948.
Macintyre, Donald: Battle for the Mediterranean. London: Batsford 1964.
Roberti, Vero: Con la pelle appesa a un chiodo. La guerra sul mare: 1940–1943. 7. ed. Milano: Mursia 1968.
Warlimont, Walter: Entscheidung im Mittelmeer 1942. In: Entscheidungsschlachten des zweiten Weltkrieges. Frankfurt/M. 1960. S. 233–268.

Vichy – Frankreich

Godfroy: L'Aventure de la Force X. Escadre française de la Méditerranée orientale à Alexandrie (1940–1943). Paris: Plon 1953.
Kammerer, Albert: La Tragédie de Mers-el-Kébir. L'Angleterre et la flotte française. Paris: Ed. Medicis 1945.
Mers el Kebir (3. 7. 1940). In: Neptunus. 1971. No. 1. S. 16–35.
Müller, Klaus-Jürgen: Die britischen Aktionen gegen die französische Flotte vom Juli 1940 im Rahmen der britischen Frankreichpolitik. In: Marine-Rundschau. Jg. 53, 1956. H. 5. S. 144–155.
Varillon, Pierre: Mers-el-Kébir. In: Marins au combat. Paris 1963. S. 131–255.
Vulliez, Albert: Mers el Kébir. La rade au destin tourmenté. Paris: Ed. France-Empire 1964.

Seeschlachten

Tarent

Newton, Don u. Cecil *Hampshire*: Taranto. London: Kimber 1959.

Kap Matapan

Iachino, Angelo: Gaudo e Matapan. Storia di un'operazione della guerra navale nel Mediterraneo. Milano: Mondadori 1946.
– 2. ed. u. d. T.: La Sorpesa di Matapan. 1962.
– 3. ed. u. d. T.: Il Punto su Matapan. 1969.
Pack, Stanley Walter Croucher: The Battle of Matapan. London Batsford [usw.] 1961.

– Night Action of Cape Matapan. London: Ian Allan 1972. (Sea Battles in close-up. 2.)
Seth, Ronald: Two Fleets surprised. The Story of the battle of Cape Matapan. London: Bles 1960.

Sirte

Iachino, Angelo: Le due Sirti. Guerra ai covogli in Mediterraneo. Milano: Mondadori 1953.

Kreta

Buckley, Christopher: Greece and Crete, 1941. London: H.M.S.O. 1952.
Clark, Alan: The Fall of Crete. New York: Morrow 1962.
Gundelach, Karl: Der Kampf um Kreta 1941. In: Entscheidungsschlachten des zweiten Weltkrieges. Frankfurt/M. 1960. S. 95–134.
Kurowski, Franz: Der Kampf um Kreta. Herford: Maximilian 1965.
Mühleisen, Hans-Otto: Kreta 1941. Das Unternehmen „Merkur". 20. Mai bis 1. Juni 1941. Freiburg: Rombach 1968. (Einzelschriften zur militär. Geschichte des 2. Weltkrieges. 3.)
Spencer, John Hall: Battle for Crete. London: Heinemann 1962.
Stewart, I. McD. G.: The Struggle for Crete, 20 May–1 June 1941. A story of lost opportunities. London: Oxford U.P. 1966.

Malta-Konvois

Cameron, Ian: Red Duster, White Ensign. The Story of the Malta Convoys. 2. ed. London: Muller 1959.
Shankland, Peter u. Anthony *Hunter*: Malta Convoy (1942). New York: Washburn 1961.
– – (dt. Übers.): Durchbruch nach Malta. München: Lehmanns 1963.
Weber, Theo: Die Luftschlacht um Malta. Ein Beitrag zum Problem der Interdependenz von Luft-, Land- und Seekriegführung. In: Flugwehr und Technik. 18, 1956. Heft 4–9.

Juni 1942

Iachino, Angelo: Operazione Mezzo Giugno. Episodi dell'ultima guerra sul mare. Milano: Mondadori 1955.

„Pedestal", August 1942

Smith, Peter C.: Pedestal. The Malta Convoy of August 1942. London: Kimber 1970.

Nordafrika

Burdick, Charles B.: Unternehmen Sonnenblume. Der Entschluß zum Afrika-Feldzug. Neckargemünd: Vowinckel 1972. (Die Wehrmacht im Kampf. Bd 48.)
Turner, John Frayn: Periscope Patrol. The Saga of Malta Submarines. London: Harrap 1957.

Naher Osten

Buckley, Christopher: Five Ventures. Iraq, Syria, Persia, Madagascar, Dodecanese. London: H.M.S.O. 1954.

32 Der Seekrieg in der Ostsee 1941–1945

Ačkasov, V. u. B. *Vajner*: Krasnoznamennyj Baltijskij Flot v Velikoj Otečestvennoj Vojne. [Die baltische Rotbannerflotte im Großen Vaterländischen Krieg.] Moskva: Voenizdat 1957.
– – (dt. Übers.): [v. Peer Lange] mit Anm. [v. J. Rohwer]. In: Marine-Rundschau. 60, 1963. No. 2. S. 80–107.
Edlinskij, S. F.: Baltijskij Transportnyj Flot v Velikoj Otečestvennoj Vojne 1941–1945 gg. Istoričeskij očerk. [Die baltische Transportflotte im Großen Vaterländischen Krieg.] Moskva: Izdat. Morskoj Transport 1957.
Ekman, Per Olof: Finlands sjökrig 1941–1944. In: Tidskrift i sjöväsendet. 123, 1960. S. 847–889.
Erfurth, Waldemar: Der finnische Krieg 1941–1944. Wiesbaden: Limes 1950.
Grečanjuk, N., V. I. *Dmitriev* u. F. *Krinicyj*: Baltijskij Flot. [Die Baltische Flotte.] Moskva: Voenizdat 1960.
Meister, Jürg: Der Seekrieg in den osteuropäischen Gewässern 1941–1945. München: Lehmanns 1958.
Peltier, Marius Adolphe: La Finlande dans la tourmente. Paris: Éd. France-Empire 1966.
Pukkila, Eino: Taisteluhälytys. Suomen laivasto jatkosodassa. [Gefechtsalarm. Die finnische Flotte im Fortsetzungskriege 1941–1944.] Porvoo, Helsinki: Söderström 1961.
Tribuc, Vladimir Filippovič: Baltijcy nastupajut. [Die Balten greifen an.] Kaliningrad: Kaliningradskoe Kn. Izd. 1968.

Winterkrieg

Borgman, F. W.: Der finnisch-sowjetische See- und Küstenkrieg im Ostseeraume 1939–1940. In: Marine-Rundschau. 46, 1941. S. 14–22, 87–96.
Ekman, Per Olof: Det finsk-ryska sjökriget 1939–1940. In: Tidskrift i Sjöväsendet. 123, 1960. S. 191–221.
Mäkelä, Matti E.: Miehiä merellä. Vapaussodan valmisteluista talvisodan loppuun. Helsinki: Kustannusosakeyhtiö Otava 1960.
Meister, Jürg: Der Seekrieg im finnisch-russischen Winterkrieg 1939/40. In: Marine-Rundschau. 55, 1958. S. 66–73.

1941

Ačkasov, V. I.: Die Durchbruchs-Operation der baltischen Rotbanner-Flotte von Reval auf Kronstadt. In: Marine-Rundschau. Jg. 64, 1967. H. 1. S. 26–45.
Barbašin, I. P., [u. a.] *Bitva* za Leningrad. 1941–1944. [Die Schlacht um Leningrad 1941–1944.] Moskva: Voenizdat 1964.
Kuznecov, N. G.: Osaždennyj Leningrad i Baltijskij flot. [Das belagerte Leningrad und die baltische Flotte.] In: Voprosy istorii. 40, 1965. Nr. 8. S. 108–120.
Matveev, P. u. A. *Seljaničev*: Krasnoznamennyj Baltijskij Flot v načale Velikoj Otečestvennoj Vojny. [Die baltische Rotbannerflotte zu Beginn des Großen Vaterländischen Krieges.] In: Voenno-istoričeskij Žurnal. 4, 1962. No. 4. S. 33–51.
Panteleev, Ju. A.: Morskoj front. [Seefront.] Moskva: Voenizdat 1965. (Voennye Memuary).
Rohwer, Jürgen: Der Minenkrieg im Finnischen Meerbusen. 1.: Juni–August 1941. 2.: September–November 1941. In: Marine-Rundschau. Jg. 64, 1967. H. 1. S. 16–25, H. 2. S. 94–102.
Smirnov, N. K.: Matrosy zaščiščajut rodinu. [Matrosen verteidigen das Vaterland.] Moskva: Gosudizdat 1962.
Tribuc, V. F.: Krasnoznamennyj Baltijskij Flot letom 1941 g. [Die baltische Rotbannerflotte im Sommer 1941.] In: Voprosi Istorii. 1969. H. 3. S. 119–134.
– Oborona Moonzunda. [Die Verteidigung des Moonsundes 1941.] In: Voprosy Istorii. 1971. H. 6. S. 129–145.
– Die Räumung der Garnison von Hangö. 1. 2. In: Marine-Rundschau. Jg. 64, 1967. H. 2. S. 103–110, H. 3. S. 158–174.

1942

Ačkasov, V. I.: Sryv planov nemecko-fašistskogo komandovanija po yničtoženiju Krasnoznamennogo Baltijskogo flota. [Die Vereitelung des Planes des deutsch-faschistischen Oberkommandos zur Vernichtung der baltischen Rotbannerflotte. – Betrifft insbes. die deutsche Operation „Eisstoß" im April 1942.] In: Voenno-istoričeskij Žurnal. 6, 1964. No. 1. S. 36–46.

Hümmelchen, Gerhard: Unternehmen „Eisstoß". Der Angriff d. Luftflotte 1 gegen d. russische Ostseeflotte im April 1942. In: Marine-Rundschau. Jg. 56, 1959. H. 4. S. 226–232.

Kručenych, A.: Tuloksinskaja desantnaja operacija. [Die Landungsoperation bei Tuloksi – Ladoga-See.] In: Voenno-istoričeskij Žurnal. 6, 1964. No. 11. S. 22–30.

Tribuc, V. F.: Podvodniki Baltiki atakujut. [Baltische U-Boot-Fahrer greifen an.] Leningrad: Lenizdat 1963. (Voennye Memuary.)

–: Podvodniki krasnoznamennogo Baltijskogo flota v 1942 gody. [Die U-Boot-Fahrer der baltischen Rotbannerflotte im Jahre 1942.] In: Voenno-istoričeskij Žurnal. 4, 1962. No. 11. S. 10–26.

– – (dt. Übers.): [v. Peer Lange] mit Anm. [v. J. Rohwer]. In: Marine-Rundschau. 60, 1963. No. 2. S. 80–107.

1943 / Sommer 1944

Operationsgebiet östliche *Ostsee* und der finnisch-baltische Raum 1944. Stuttgart: Deutsche Verl. Anst. 1961. (Beitr. zur Militär- und Kriegsgesch. 2.)

Vorobév, P.: Iz opyta perevozki Baltijskim flotom vojsk vtoroj udarnoj armii na Oranienbaumskij placdarm, Nojabr 1942–Janverj 1944 goda. [Aus den Erfahrungen des Transports der 2. Stoßarmee durch die baltische Flotte zum Brückenkopf Oranienbaum.] In: Voenno-istoričeskij Žurnal. 2, 1960. No. 7. S. 51–59.

Herbst 1944/45

Bekker, Cajus: Ostsee. Deutsches Schicksal 1944/45. Oldenburg, Hamburg: Stalling 1959.

– –: 2. Aufl. u. d. T.: Flucht übers Meer. 1964.

Bidlingmaier, Ingrid: Entstehung und Räumung der Ostseebrükkenköpfe 1945. Neckargemünd: Vowinckel 1962.

Brustat-Naval, Fritz: Unternehmen Rettung. Letztes Schiff nach Westen. Herford: Koehler 1970.

Fredmann, Ernst: Sie kamen übers Meer. Die größte Rettungsaktion d. Gesch. Köln: Staats- u. Wirtschaftspol. Ges. 1971.

Kabath, Rudolf: Der Endkampf um den Seebrückenkopf Pillau, 25. Januar bis 26. April 1945. In: Wehrwissenschaftliche Rundschau. 13, 1963. S. 472–483.

Tribuc, V. F.: Krasnoznamennyj Baltijskij flot na zaveršajuščem ëtape Velikoj Otečestvennoj vojny. [Die baltische Rotbannerflotte in der letzten Etappe des Großen Vaterländischen Krieges.] In: Voenno-istoričeskij Žurnal. 7, 1965. No. 3. S. 25–35.

33 Der Seekrieg im Schwarzen Meer 1941–1944

P. Bolgari [u. a.]. Černomorskij *Flot*. Istoričeskij očerk. [Die Schwarzmeerflotte.] Moskva: Voenizdat 1967.

Godlevskij, G. F., N. M. *Grečanjuk* u. V. M. *Kononenko*: Pochody boevye. Eskadra Černomorskogo flota v Velikoj Otečestvennoj Vojne. [Kriegsfahrten. Das Geschwader der Schwarzmeerflotte im Großen Vaterländischen Krieg.] Moskva: Voenizdat 1966.

Guščin, A. M.: Kurs, proložennyj ognem. [Auf Beschießungskurs.] Moskva: Voenizdat 1964. (Voennye Memuary.)

Loktionov, Ivan Il'ič: Dunajsaka Flotilija v Velikoj Otečestvennoj vojne. (1941–1945 gg.) Moskva: Voenizdat 1962.

Rohwer, Jürgen: Die Versenkung der jüdischen Flüchtlingstransporter Struma und Mefkure im Schwarzen Meer. (Febr. 1942, Aug. 1944.) Frankfurt/M.: Bernard & Graefe 1965. (Schriften der BfZ. 4.)

Savateev, P. N.: Udary iz morskich glubin. [Schläge aus den Meerestiefen. Berichte über Fahrten der U-Boote ...) Moskva: Voenizdat 1961.

V'junenko, N. P.: Černomorskij Flot v Velikoj Otečestvennoj Vojne. [Die Schwarzmeerflotte im Großen Vaterländischen Krieg.] Moskva: Voenizdat 1957.

1941: Odessa

Azarov, I. I.: Osaždennaja Odessa. [Das belagerte Odessa.] Moskva: Voenizdat 1962.

Chrenov, A. u. A. *Aganičev*: Evakuacija vojsk c primorskogo placdarm. Po opytu evakuaciji Odessy v okt. 1941 g. In: Voenno-istoričeskij Žurnal. 6, 1964. No. 3. S. 17–31.

Forstmeier, Friedrich: Odessa 1941. Der Kampf um Stadt und Hafen und die Räumung der Seefestung, 15. August bis 16. Oktober 1941. Freiburg: Rombach 1967. (Einzelschriften zur militärischen Geschichte des Zweiten Weltkrieges. 1.)

– Die Räumung von Odessa im Oktober 1941. In: Marine-Rundschau. Jg. 62, 1965. H. 1. S. 8–33.

Penzin, Konstantin Vasilévič: Černomorskij Flot v oborone Odessy (1941 god). Moskva: 1956.

1941/42: Krim

Huan, Claude: Die sowjetischen Landungs-Operationen auf der Krim 1941–42. In: Marine-Rundschau. Jg. 59, 1962. H. 6. S. 337–355.

Maksimov, S. N.: Oborona Sevastopolja. 1941–1942. [Die Verteidigung von Sewastopol 1941–1942.] Moskva: Voenizdat 1959.

Židilov, E. I.: My otstaivali Sevastopol'. [Wir verteidigen Sewastopol.] Moskva: Voenizdat 1960. (Voennye Memuary.)

1942/43: Kaukasus

Forstmeier, Friedrich: Die sowjetische Landung im Hafen von Noworossisk und der Kampf um Stadt und Hafen vom 10.–15. 9. 1943. In: Marine-Rundschau. Jg. 57, 1960. H. 6. S. 321–344.

– Die Räumung des Kuban-Brückenkopfes im Herbst 1943. Darmstadt: Wehr & Wissen 1964. (Beiträge zur Wehrforschung. 2/3.)

– Die Versenkung des sowjetischen Flottillenführers „Charkov" und der Zerstörer „Sposobnyj" und „Bespoščadnyj" vor der Südküste der Krim am 6. Oktober 1943. In: Marine-Rundschau. Jg. 63, 1966. H. 6. S. 325–336.

– Der sowjetische Zerstörervorstoß gegen die Südküste der Krim am 6. Oktober 1943. In: Marine-Rundschau. Jg. 59, 1962. H. 5. S. 289–300.

Kirin, I. D.: Černomorskij Flot v bitve za Kavkaz. [Die Schwarzmeerflotte im Kampf um den Kaukasus.] Moskva: Voenizdat 1958.

Smirnov-Necvickij, A.: Ledovaja pereprava čerez Kerčenskij proliv. [Übersetzverkehr im Eis über die Straße von Kertsch. – Winter 1941–1942.] In: Voenno-istoričeskij Žurnal. 4, 1962. No. 1. S. 57–64.

Sverdlov, A. V.: Na more Azovskoj. [Auf dem Asowschen Meer.] Moskva: Voenizdat 1966.

1943/44: Krim

Hillgruber, Andreas: Die Räumung der Krim 1944. Eine Studie zur Entstehung deutscher Führungsentschlüsse. Frankfurt/M.: Mittler 1959. (Wehrwissenschaftliche Rundschau. Beih. 9.)

Jakovlev, V.: Černomorskij Flot v borbe za osvoboždenie Kryma. [Die Schwarzmeerflotte im Kampf um die Befreiung der Krim.] In: Voenno-istoričeskij Žurnal. 6, 1964. No. 5. S. 3–16.

Kislyj, G.: Pobeda na juge. Boevye dejstvija Sovetskich morjakov v avgustesentjabre 1944 g. [Der Sieg im Süden. Kampfaktionen sowjetischer Matrosen im Monat August/September 1944.] Moskva: Voenizdat 1955.

34 Der Seekrieg im Nordmeer 1941–1945

Kozlov, I. A. u. V. S. Slomin: Severnyj Flot. [Die Nordflotte.] Moskva: Voenizdat 1966.

Liversidge, Douglas: The Third Front. The strange Story of the secret war in the Arctic. London: Souvenir Press 1960.
Nikolaev, B. D. u. P. A. *Petruchin*: My s „Gremjaščego". [Wir von der *Gremjaščij*. – Zerstörer der Nordflotte.] Moskva: Voenizdat 1961. (Voennye Memuary.)
Vajner, B. A.: Severnyj Flot v Velikoj Otečestvennoj Vojne. [Die Nordflotte im Großen Vaterländischen Krieg.] Moskva: Voenizdat 1964.
Ziemke, Earl F.: The German Northern Theater of operations 1940–1945. Washington: Gov. Pr. Off. 1960.

1941

Hess, Wilhelm: Eismeerfront 1941. Aufmarsch und Kämpfe des Gebirgskorps Norwegen in den Tundren vor Murmansk. Heidelberg: Vowinckel 1956. (Die Wehrmacht im Kampf. 9.)
Ruef, Hans: Gebirgsjäger vor Murmansk. Der Kampf des Gebirgskorps Norwegen an der Eismeerfront 1941/42. Innsbruck: Wagner 1957.

Murmansk-Konvois

Blond, Georges: Convois vers l'U.R.S.S. Paris: Fayard 1950.
Campbell, Ian u. Donald *Macintyre*: The Kola Run. A Record of Arctic convoys 1941–1945. London: F. Muller 1958.
Schofield, Brian Betham: The Russian Convoys. London: Batsford 1964.

PQ. 17

Irving, David: The Destruction of Convoy PQ. 17. (July, 1942.) London: Cassell 1968.
Karweina, Günter: Geleitzug PQ 17. Hamburg: Mosaik 1964.
Lund, Paul u. Harry *Ludlam*: PQ 17 – convoy to hell. The survivors' story. [July, 1942.] London [usw.]: Foulsham 1968.
Müller-Meinhard, F. W.: Der Einfluß der Feindlagebeurteilung auf Operationsplanung, Entschlußfassung und Operationsführung. (Unternehmen „Rösselsprung".) In: Marine-Rundschau. Jg. 67, 1970. H. 9. S. 513–530; H. 10. S. 589–603.

JW. 51 B/Regenbogen

Huan, C.: Der Vorstoß der deutschen Kreuzer am 31. Dezember 1942. In: Marine-Rundschau. Jg. 55, 1958. H. 6. S. 285–300.

Jw. 55 B/Ostfront

Ogden, Michael: The Battle of North Cape. London: Kimber 1962.
Peter, Karl: Schlachtkreuzer „Scharnhorst". Kampf u. Untergang. Berlin: Mittler 1951.
Pope, Dudley: 73 North. London: Weidenfeld & Nicolson 1958.
Watts, Anthony J.: Loss of the Scharnhorst. London: Ian Allan 1970. (Sea Battles in Close-up. 1.)

JW. 59

Rohwer, Jürgen: Geleitzugschlacht im Eismeer. Die Operation gegen den Convoy JW. 59 vom 20.–24. 8. 1944. In: Marine-Rundschau. 51, 1954. S. 183–199.

Sibir. Seeweg

Belov, M. I.: Severnyj morskoj Put'. [Der nördliche Seeweg.] Leningrad: Izd. Morskoj transport 1957.
Edlinskij, S. F.: Severnyj transportnyj Flot v Velikoj Otečestvennoj vojne Sovetskogo Sojuza 1941–1945 gg. [Die nördliche Transportflotte im Großen Vaterländischen Krieg der Sowjetunion 1941–1945.] Moskva: Izd. Morskoj transport 1963.
Rohwer, Jürgen: Deutsche U-Boote auf dem sibirischen Seeweg. Die Operationen der Gruppe „Greif" im Sommer 1944. In: Köhlers Flottenkalender. 60, 1972. S. 34–44.

U-Boote

Kolyškin, I. A.: V glubinach poljarnych morej. [In den Tiefen der Polarmeere.] Moskva: Voenizdat 1964. (Voennye Memuary.)

Landung 1944

Cerez *Fjordy*. (Hrsg. V. G. Korsunov.) Moskva: Voenizdat 1964.
Rumjancev, N. M.: Raz'grom vraga v Zapoljaré (1941–1944 gg.). Voennoistoričeskij očerk. [Die Zerschlagung des Feindes im Polargebiet. 1941–1945.] Moskva: Voenizdat 1963.

35 Die alliierte Offensive gegen Nordafrika 1942

Barjot, Pierre: Le Débarquement du 8 novembre 1942 en Afrique du Nord. Paris: de Gigord 1959.
Kammerer, Albert: La Passion de la flotte française. De Mers el-Kébir à Toulon. Paris: Fayard 1951.
Mordal, Jacques [d. i. Hervé Cras]: La Bataille de Casablanca. Paris: Plon 1952.
– Die französische Marine und die alliierten Landungen in Nordafrika. Ein Beitr. zum Problem d. militärischen Gehorsams. In: Wehrwissenschaftliche Rundschau. 7, 1957. S. 398–411.
Meyer, Leo J.: The Decision to invade North Africa (Torch). In: Command Decisions. Washington 1960. S. 173–198.
Robichon, Jacques: Jour J en Afrique. (8 novembre 1942.) Paris: Laffont 1964.

36 Die Operationen gegen Sizilien und Italien 1943–1944

Castellano, Giuseppe: La Guerra continua. La Storia dell' 8 settembre 1943 con documenti inediti. Milano: Rizzoli 1963.
Palermo, Ivan: Storia di un armistizio. Milano: Mondadori 1967.
Schröder, Josef: Italiens Kriegsaustritt 1943. Die deutschen Gegenmaßnahmen im italienischen Raum: Fall „Alarich" und „Achse". Göttingen: Musterschmidt 1969. (Studien und Dokumente zur Geschichte des zweiten Weltkrieges. 10.)

Sizilien

Faldella, Emilio: Lo Sbarco e la difesa della Sicilia. Roma: L'Aniene 1956.
Pond, Hugh: Sicily. (July 1943.) London: Kimber 1962.
Zingali, Gaetano: L'Invasione della Sicilia. Avvenimenti militari e responsabilità politiche. Catania: Crisafulli 1962.

Salerno

Pond, Hugh: Salerno: London: Kimber 1961.

Anzio

Blumenson, Martin: Anzio. The Gamble that failed. London: Weidenfeld & Nicolson 1963.
Dabović, Andrija: Odjeci sa pučine. Beograd: Narodna Armija 1961.
Lemonnier: Croiseurs en action. Paris: Ed. France-Empire 1959.
Pope, Dudley: Flag 4. The Battle of Coastal Forces in the Mediterranean. London: Kimber 1954.
Sheehan, Fred: Anzio. Epic of bravery. Norman: Univ. of Oklahoma Pr. 1964.
Staiger, Jörg: Anzio-Nettuno (1944). Eine Schlacht der Führungsfehler. Neckargemünd: Vowinckel 1962. (Wehrmacht im Kampf. 32.)
Trevelyan, Raleigh: The Fortress. A Diary of Anzio and after. London: Collins 1956.
– – (dt. Übers.): Die Festung. Der Brückenkopf von Anzio. München: Winkler 1958.

Vasiljević, Jovan: Obracun na Jadranu. (1942–1945.) Zagreb: Lykos 1962.
Vaughan-Thomas, Wynford: Anzio (1944). London: Longmans 1961.

37 Von der Normandie zur Elbe 1944–1945

Leighton, Richard M.: Overlord versus the Mediterranean at the Cairo–Teheran Conferences. In: Command Decisions. Washington 1960. S. 255–286.

„Neptune"

Blond, Georges: Le Débarquement, 6 juin 1944. Paris: Fayard 1951.
Bradley, Omar Nelson: D-Day, Normandy. In: Young, Peter: Decisive Battles of the Second World War. London 1967. S. 343–368.
Hayn, Friedrich: Die Invasion. Vom Cotentin bis Falaise. (Juni–August 1944.) Heidelberg: Vowinckel 1954. (Die Wehrmacht im Kampf. Bd 2.)
Howarth, David: Dawn of D-Day. London: Collins 1959.
-- (dt. Übers.): Invasion. Die entscheidenden 24 Stunden. Bern, Stuttgart, Wien: Scherz 1959.
Lemonnier: Les cent Jours de Normandie. Paris: Ed. France-Empire 1961.
Norman, Albert: Operation Overlord. Design and reality. The allied Invasion of Western Europe. Harrisburg: Military Service Publ. 1952.
-: Die Invasion in der Normandie 1944. In: Entscheidungsschlachten des zweiten Weltkrieges. Frankfurt/M. 1960. S. 395–439.
Rohwer, Jürgen: La Guerre 1939–1945. Les Sous-marins allemands contre les tentatives alliées en Manche 1944. In: Revue Maritime. 1961. No. 181. S. 1220–1233.
Ruge, Friedrich: Rommel und die Invasion. Erinnerungen. Stuttgart: Koehler 1959.
Ryan, Cornelius: The longest Day, June 6, 1944. New York: Simon & Schuster 1959.
-- (dt. Übers.): Der längste Tag. Normandie: 6. Juni 1944. Gütersloh: Mohn 1959.
Stanford, Alfred: Force Mulberry. The artificial Harbor of U.S. Normandy Beaches in World War II. New York: Morrow 1951.

„Anvil"

Lemonnier: Cap sur la Provence. Paris: Ed. France-Empire 1954.
Matloff, Maurice: The Anvil Decision: Crossroads of strategy. In: Command Decisions. Washington 1960. S. 383–400.
Robichon, Jacques: Le Débarquement de Provence (15 août 1944). Paris: Laffont 1962.
-- (dt. Übers.): Invasion Provence. Wien, Berlin, Stuttgart: Neff 1963.

Endkampf

Lüdde-Neurath, Walter: Regierung Dönitz. Die letzten Tage des Dritten Reiches. 3. Aufl. Göttingen: Musterschmidt 1964.
Mordal, Jacques [d. i. Hervé Cras]: La Bataille de France 1944–1945. Paris: Arthaud 1964.
- Das deutsche „Dünkirchen" an der Schelde. In: Marine-Rundschau. Jg. 61, 1964. H. 3. S. 121–130.
- Les Poches de l'Atlantique. Paris: Presses de la cité 1965.
Stacey, C. P.: The Victory Campaign. The Operations in North-West Europe 1944–1945. Ottawa 1960: The Queen's Printer. (Official History of the Canadian Army in the Second World War.)
Wilmot, Chester: The Struggle for Europe. London: Collins 1952.
-- (dt. Übers.): Der Kampf um Europa. Frankfurt/M.: Metzner 1954.

Der zweite Weltkrieg – Pazifik

Gesamtdarstellungen

Vorgeschichte

Beard, Charles A.: President Roosevelt and the coming of the war. New Haven/Conn.: Yale Univ. Pr. 1948.
Butow, Robert Joseph Charles: Tojo and the coming of the war. Princeton/N. J.: Univ. Pr. 1961.
Japan's *Decision* for war. Records of the 1941 policy conferences. Transl., ed. and with introd. by Nobutaka Ike. Stanford: U.P. 1967.
Feis, Herbert: The Road to Pearl Harbor. The Coming of the war between the United States and Japan. Princeton: U.P. 1950.
Grew, J. C.: Report from Tokyo. A Message to the American people. New York: Simon & Schuster 1944.
Johnstone, W. C.: The United States and Japan's new order. London: Oxford Univ. Pr. 1941.
Hsu Long-hsuen and Chang Ming-kai (compil.): History of the Sino-Japanese War (1937–1945). Taipei: Chung Wu Publ. Co. 1971.
Ishikawa, Shingo: Shinju-wan Made no Ikisatsu. [Der Weg nach Pearl Harbor. Warum hat man den Krieg begonnen?] Tokyo: Jiji-tsushin 1961.
Langer, William L. u. S. Everett *Gleason*: The undeclared War, 1940–1941. New York: Harper 1953.
Libal, Michael: Japans Weg in den Krieg. Die Außenpolitik der Kabinette Konoye 1940/41. Düsseldorf: Droste-Verl. 1971.
Morton, Louis: Japan's Decision for war. In: Command Decisions. Washington 1960. S. 99–124.
Ohmae, Toshikazu: Die strategischen Konzeptionen der japanischen Marine im Zweiten Weltkrieg. In: Marine-Rundschau. 54, 1957. S. 179–203.
Otaka, Masajiro: Dainijitaisen – sekininron. [Das Problem der Verantwortung für den zweiten Weltkrieg in Ostasien.] Tokyo: Jijishinpo-sha 1959.
Perry, Hamilton Derby: The Panay Incident. Toronto: Macmillan 1969.
Sommer, Theo: Deutschland und Japan zwischen den Mächten, 1935–40. Tübingen: Mohr 1962.
Taiheiyō-sensō e no michi. Kaisengaikoshi. Nihon Kokisaiseiji-Gakkai. Taiheiyosensō-Geninkenkyūbu. [Der Weg zum Pazifischen Krieg. Diplomatische Geschichte bis zum Kriegsausbruch. Hrsg. Japan. Gesellsch. f. intern. Politik. Abt. zur Erforschung d. Pazif. Krieges.] [Bd] 1–7. Tokyo: Asahi Shinbou-sha 1962–63.
Tsou, Tang: America's Failure in China 1941–1950. Chicago: Univ. of Chicago Pr. 1953.

Der Krieg

Bateson, Charles: The War with Japan. A concise history. London: Barrie & Rockliff 1968.
Bélot, Raymond de: La Guerre aéronavale du Pacifique. Paris: Payot 1948.
U.S. strategic *Bombing Survey* (Pacific). Naval Analysis Division. The Campaigns of the Pacific War. Interrogations of Japanese naval officials. Vol. 1. 2. Washington: Gov. Pr. Off. 1946.
Bryan, Joseph u. Philip *Reid*: Mission beyond darkness. New York: Duell, Sloan & Pearce 1945.

Collier, Basil: The War in the Far East 1941–1945. A military History. London: Heinemann 1969.
Daihonei Kaigun Hodobu. [Presseabt. d. Kaiserl. Hauptquartiers.] Daitōwa-sensō Kaigun-sakusen Shashinkiroku. [Bilddokumente der japanischen Marine-Operationen im Pazifischen Krieg.] T. 1. 2. Tōkyō: Asahi-shinbun-sha 1942–43.
Daitōa Senshi. [Kriegsgeschichte des Groß-ostasiatischen Krieges.] Hrsg. Yu Ikeda. Bd 1–10. Tokyo: Fuji Shoen 1968–70.
Denlinger, Sutherland u. Charles B. *Gray*: War in the Pacific. A Study in navies, peoples and battle problems. New York: McBride 1936.
Giugliaris, Marcel: Le Japon perd la guerre du Pacifique. De Pearl Harbour à Hiroshima. Paris: Fayard 1958.
Hattori, Takushiro: Taiheiyo senso zenshi. [Gesamtdarstellung der Geschichte des Großostasien-Krieges.] [Bd] 1–4. Tokyo: Masu-shobo 1952–54.
– –: 2. Aufl. [Bd] 1–8. 1956.
Istorija vojny na Tichom Okeane. Rerevod s japonskogo. Pod. red. B. V. Pospelova. T. 1–5. Moskva: Izdat. Inostr. Lit. 1958.
Itō, Masanori: Teikokurikugun no saigo. [Die kaiserlich japanische Armee bis zum Kriegsende 1945.] Bd 1–5. Tokyo: Bungeishunju-sha 1960–61.
– Seijun *Inada* u. Sadatoshi *Tomioka*: Jitsuroku Taiheiyo-senso. [Geschichte des Pazifischen Krieges.] Bd 1–7. Tokyo: Chuo-Koron-sha 1960–62.
Macintyre, Donald: The Battle for the Pacific. London: Batsford 1966.
Millot, Bernard: La Guerre du Pacifique. 1941–1945. Vol. 1. 2. Paris: Laffont 1968.
Ruge, Friedrich: Entscheidung im Pazifik. Die Ereignisse im Stillen Ozean 1941–1945. Hamburg: Dulk 1951.
– –: 2., erg. Aufl.
Takagi, Sokichi: Taiheiyokaisenshi. [Die Geschichte der Seeschlachten im Pazifik 1941–1945.] Tokyo: Iwanami-shoten 1959.

38 Der japanische Vormarsch 1941–1942

Hattori, Takushiro: Japans Operationsplan für den Beginn des Pazifischen Krieges. In: Wehrwissenschaftliche Rundschau. 7, 1957. S. 247–274.
Toland, John: But not in shame. The 6 Months after Pearl Harbor. New York: Random House 1961.

Pearl Harbor

Allen, Gwenfread: Hawaii's War Years. 1941–1945. Honolulu: Univ. of Hawaii Pr. 1950.
Farago, Ladislas: The broken Seal. The Story of „Operation Magic" and the Pearl Harbor disaster. New York: Random House 1967.
– – (dt. Übers.): Codebrecher am Werk. Berlin: Ullstein 1967.
Fukudome, Shigeru: Hawaii Operation. In: U.S. Nav. Inst. Proceedings. Dez. 1955. S. 1314–1331.
– Shikan Shinju-wan Kogeki. [Der Angriff auf Pearl Harbor.] Tokyo: Jiyu-Ajia-sha 1955.
Jakovlev, Nikolaj Nikolaevič: Zagadka Pirl-Charbora. [Das Rätsel von Pearl Harbor Dez. 1941.] Izd. 2., dop. Moskva: Izd. „Nauka" 1968.
U.S. Congress: 79. Congr., 2. Sess. 1945. *Investigation* of the Pearl Harbor Attack. Report of the Joint Committee on the ... Hearings of the Joint Committee on the ... P. 1–39. (davon P. 1–11 Hearings, P. 12–21 Exhibits, P. 22–39 earlier Inquiries). Washington: Gov. Pr. Off. 1946.
Kimmel, Husband E.: Admiral Kimmel's Story. Chicago: Regnery 1955.
Kittredge, Tracy B. (Captain): The Muddle before Pearl Harbor. In: U.S. News and world report. 1954. Dec.
Lord, Walter: Day of infamy. Pearl Harbor, Dec. 7, 1941. London: Longmans, Green & Co. 1957.
Millis, Walter: This is Pearl! The United States and Japan 1941. New York: Morrow 1947.
Morgenstern, George: Pearl Harbor. The Story of the secret war. New York: Devin-Adair 1947.
Rohwer, Jürgen: Wußte Roosevelt davon? Zur Vorgeschichte d. japanischen Angriffs auf Pearl Harbor. In: Wehrwissenschaftliche Rundschau. 4, 1954. S. 459–475.
– Zum 15. Jahrestag von Pearl Harbor. Entstehung und Durchführung des japanischen Operationsplanes. In: Wehrkunde. 5, 1956. S. 626–634.
– Der Kriegsbeginn im Pazifik 1941. Das Funkbild als Grundlage der amerikanischen Lagebeurteilung. In: Marine-Rundschau. Jg. 53, 1956. H. 6. S. 194–208.
– Die Pearl Harbor-Frage in der historischen Forschung. In: Europa und Übersee. Hamburg 1961. S. 241–261.
Narrative *Statement* of evidence at navy Pearl Harbor investigation. Vol. 1–3. Washington: Navy Department 1945.
Theobald, Robert A.: The final Secret of Pearl Harbor. New York: Devin-Adair 1954.
Thuerk, Harry: Pearl Harbor. Die Geschichte eines Überfalls. Berlin (Ost): Dt. Militärverl. 1965.
Trefousse, Hans Louis: What happened at Pearl Harbor? Documents pertaining to the Japanese attack of Dec. 7, 1941, and its background. New York: Twayne 1958.
Wagner, Fritz: Pearl Harbor im Kreuzfeuer der Forschung. In: Historische Zeitschrift. Bd 183, 1957. S. 303–326.
Wallin, Homer N.: Pearl Harbor: Why, how, fleet salvage and final appraisal. Washington: G.P.O. 1968.
Wohlstetter, Roberta: Pearl Harbor. Warning and decision. Stanford: Univ. Pr. 1962.
– – (dt. Übers.): Pearl Harbor. Signale und Entscheidungen. Zürich, Stuttgart: Rentsch 1966.

Die Südoperation

Malaya

Attiwill, Kenneth: The Singapore Story. London: Muller 1959.
Grenfell, Russell (Captain): Main Fleet to Singapore. New York: Macmillan 1952.
Hough, Richard: The Hunting of Force Z. The brief Life of the modern battleship, and its tragic close with the destruction of the „Prince of Wales" and „Repulse" (1941). London: Collins 1963.
Leaser, James: Singapore. The Battle that changed the World. London: Hodder & Stoughton 1968.
Owen, Frank: The Fall of Singapore. London: Joseph 1960.
Simson, Ivan: Singapore: Too little, too late. Some Aspects of the Malayan disaster in 1942. London: Cooper 1970.
Thuerk, Harry: Singapore, Fall einer Bastion. Berlin (Ost): Dt. Militärverl. 1970.
Tsuji, Masanobu: Singapore, the Japanese version. Sydney: Ure Smith 1960.

Philippinen

Hartendorp, A. V. H.: The Japanese Occupation of the Philippines. Vol. 1. 2. Manila: Bookmark 1967.
Morton, Louis: The Decision to withdraw to Bataan. In: Command Decisions. Washington 1960. S. 151–172.
Underbrink, Robert L.: Destination Corregidor. Annapolis: U.S. Naval Inst. 1971.

Niederl. Indien

Kuepfer, C. C.: Onze Vliegers in Indie. De geschiedenis der Indische Militaire Luchtvaart van haar aanvang tot de capitulatie van Bandoeng in 1942. Haarlem: Boom-Ruygrok 1946.

Lockwood, Douglas: Australia's Pearl Harbour – Darwin 1942. Rev. ed. Melbourne [usw.]: Cassell 1967.

McKie, Ronald: The Survivors. HMAS Perth and USS Houston. Indianapolis [usw.]: Bobbs-Merrill 1953.

Burma

Sivaram, M.: The Road to Delhi. Tokyo: Tuttle 1967.

Trägerraids

Devereux, James Patrick Sinnott: The Story of Wake Island. London: Panther Books 1959.

Glines, Carroll V.: Doolittle's Tokyo Raiders. Princeton: Van Nostrand 1964.

Johnston, Stanley: Queen of the flattops. The U.S.S. Lexington and the Coral sea battle. New York: Dutton 1942.

Midway

Fuchida, Mitsuo, Masatake *Okumija* u. Roger *Pineau*: Midway. The Battle that doomed Japan. [Übers. aus d. Japan.] Annapolis: U.S. Naval Inst. 1955.

-- (dt. Übers.): Midway: Die entscheidendste Seeschlacht der Weltgeschichte. Oldenburg: Stalling 1956.

Lord, Walter: Incredible Victory. New York: Harper & Row 1967.

-- (dt. Übers.): Schickt sie auf den Grund des Meeres. (Midway, Juni 1942.) Bern [usw.]: Scherz 1968.

Rohwer, Jürgen: Die See-Luftschlacht bei Midway 1942. In: Entscheidungsschlachten des zweiten Weltkrieges. Frankfurt/M. 1960. S. 189–227.

The Japanese *Story* of the battle of Midway. A Transl. Office of Naval Intelligence, U.S. Navy. Washington: U.S. Gov. Pr. Off. 1947.

Tuleja, Thaddeus V.: Climax at Midway. New York: Norton 1960.

39 Das Blatt wendet sich 1942–1943

Handleman, Howard: Bridge to victory. The Story of the reconquest of the Aleutians. New York: Random House 1943.

Guadalcanal

Coggins, Jack: The Campaign for Guadalcanal. Garden City: Doubleday 1972.

Cook, Charles: The Battle of Cape Esperance. New York: Crowell 1968.

Leckie, Robert: Challenge for the Pacific. Guadalcanal – the turning point of the war. London: Hodder & Stoughton 1966.

Merillat, Herbert L.: The Island. A History of the 1. Marine Division on Guadalcanal. Boston: Mifflin 1944.

Newcomb, Richard F.: Savo. The incredible naval Debacle of Guadalcanal. New York: Holt, Rinehart & Winston 1961.

Tanaka, Raizo: Japan's losing Struggle for Guadalcanal. In: U.S. Nav. Inst. Proceedings. 82, 1956. S. 687–699, 815–831.

Salomonen

Jones, Ken: Destroyer Squadron 23. Combat Exploits of Arleigh Burke's gallant force. Philadelphia: Chilton 1959.

40 Der alliierte Vormarsch im Zentralpazifik 1943–1944

Gilbert- und Marshall-Ins.

Marshall, Samuel Lyman Atwood: Island Victory. The Battle of Kwajalein Atoll. Washington: The Infantry Journal 1945.

Sherrod, Robert: Tarawa. The Story of a battle. New York: Duell, Sloan & Pearce 1944.

41 Der Doppelstoß nach den Philippinen 1944

Barbey, Daniel E.: MacArthur's amphibious Navy. 7. Amphibious Force Operations 1943–1945. Annapolis: U.S. Naval Inst. 1969.

Miller, John: MacArthur and the admiralties. In: Command Decisions. Washington 1960. S. 287–302.

Smith, Robert Ross: Luzon versus Formosa. In: Command Decisions. Washington 1960. S. 461–478.

Marianen

Forstmeier, Friedrich: Die Eroberung Saipans und die Schlacht in der Philippinensee im Juni 1944. In: Marine-Rundschau. Jg. 56, 1959. H. 4. S. 201–225.

42 Die Schlacht um den Leyte-Golf 1944

Leyte

Anderson, Bern: Die Schlacht um Leyte 1944. In: Entscheidungsschlachten des zweiten Weltkrieges. Frankfurt/M. 1960. S. 483–521.

Field, James A.: The Japanese at Leyte-Gulf. Princeton: Univ. Pr. 1947.

Fukudome, Shigeru: Strategic Aspects of the battle of Formosa. In: U.S. Nav. Inst. Proceedings. Dec. 1952. S. 1285–1295.

Hoyt, Edwin P.: The Battle of Leyte Gulf. The Death Knell to the Japanese fleet. New York: Weybright & Talley 1972.

Koyanagi, Tomiji: Kurita-Kantai. [Kuritas Flotte.] Tokyo: Shioshobo 1956.

Woodward, Comer Vann: The Battle for Leyte Gulf. New York: Macmillan 1947.

Philippinen

Inoguchi, Rikihei, Tadashi *Nakajima* u. Roger *Pineau*: The divine Wind. Japan's Kamikaze Force in World War II. Annapolis: U.S. Naval Inst. 1958.

Shimada, Koichi: Japanese naval Air Operations in the Philippine invasion. In: U.S. Nav. Inst. Proceedings. Jan. 1955. S. 1–17.

43 Der Seekrieg im Indischen Ozean 1941–1945

Brennecke, Jochen: Haie im Paradies. Der deutsche U-Bootkrieg in Asiens Gewässern 1943–45. Preetz: Gerdes 1961.

--: 2. Aufl. Herford: Koehler 1972.

Coakley, Robert W.: The Persian Corridor as a route for aid to the USSR. In: Command Decisions. Washington 1960. S. 225–254.

Gunton, Dennis: The Penang Submarines. Penang and submarine operations 1942–1945. Penang: City Council of George Town 1970.

Ohmae, Toshikazu: Die japanischen Operationen im Bereich des Indischen Ozeans. In: Marine-Rundschau. Jg. 55, 1958. H. 2. S. 49–54.

Smith, Peter C.: Task Force 57. The British Pacific Fleet. 1944–1945. London: Kimber 1969.

Winton, John: The forgotten Fleet. [The British Pacific Fleet. WK II.] London: Joseph 1969.

Burma

Mountbatten, Louis Earl of Burma: Report to the Combined Chiefs of Staff. London: H.M.S.O. 1949.

44 Der U-Bootkrieg im Pazifik 1941–1945

Beach, Edward L.: Submarine. New York: Holt 1952.
– –: London: Heinemann 1953.
Casey, Robert J.: Battle below. The War of the submarines. Indianapolis [usw.]: Bobbs-Merrill 1945.
Hashimoto, Mochitsura: Sunk. The Story of the Japanese submarine fleet, 1942–1945. London: Cassell 1954.
Holmes, W. J.: Undersea Victory. The Influence of submarine operations on the war in the Pacific. New York: Doubleday 1966.
Lockwood, Charles A. u. Hans Christian *Adamson*: Hellcats from the sea. Operation Barney in the Sea of Japan, June 1945, and other submarine operations. New York [usw.]: Chilton 1955.
Oi, Atushi: Why Japan's anti-submarine warfare failed. In: U.S. Nav. Inst. Proceedings. Jun. 1952. S. 587–601.
Pratt, Fletcher: The Torpedos that failed. In: The Atlantic Monthly. Juli 1950.
Roscoe, Theodore: United States Submarine Operations in World War II. Annapolis: U.S. Naval Inst. 1949.

Minenkrieg

Lott, Arnold S.: Most dangerous Sea. Annapolis: U.S. Naval Inst. 1959.

45 Die Niederwerfung Japans 1945

Iwojima

Gallant, Thomas Grady: The friendly Dead. The U.S. Marines in the battle of Iwo Jima, 1945. Garden City: Doubleday 1964.
Newcomb, Richard Fairchild: Iwo Jima. New York: Holt, Rinehart & Winston 1965.

Japan 1945

Adamson, Hans Christian u. George Francis *Kosco*: Halsey's Typhoons ... How 2 typhoons dealt death and destruction to Admiral Halsey's Third Fleet (Dec. 1944, June 1945). New York: Crown Publ. 1967.
Bauer, K. Jack: Die amerikanischen Pläne für eine Landung in Japan. In: Marine-Rundschau. Jg. 59, 1962. H. 3. S. 140–147.
U.S. strategic *Bombing Survey*. The offensive Mine Laying Campaign against Japan. Washington: Gov. Pr. Off. 1946.
– –: Repr. 1969.
Brooks, Lester: Behind Japan's Surrender. The secret Struggle that ended an empire. New York: McGraw-Hill 1968.
Butow, Robert Joseph Charles: Japan's Decision to surrender. Stanford: Univ. Pr. 1954. (The Hoover Library on war, revolution and peace. Publ. No. 24.)
Craig, William: The Fall of Japan. New York: Dial Pr. 1967.
– – (dt. Übers.): Als Japans Sonne unterging. Das Ende des Krieges im Pazifik. Wien [usw.]: Molden 1970.
Feis, Herbert: The atomic Bomb and the end of World War II. 2., rev. ed. Princeton: U.P. 1966.
Giovannitti, Len u. Fred *Freed*: The Decision to drop the bomb. New York: Coward-McCann 1965.
– – (dt. Übers.): Sie warfen die Bombe. Berlin: Propyläen 1967.
Ito, Masanori u. Roger *Pineau*: The End of the Imperial Japanese Navy. London: Weidenfeld & Nicolson 1963.
Kase, Toshikazu: Journey to the Missouri. New Haven: Yale Univ. Pr. 1950.
– – Engl. Ausg. u. d. T.: Kase: Eclipse of the rising sun. London: Cape 1951.
Newcomb, Richard F.: Abandon Ship! Death of U.S.S. Indianapolis. New York: Holt, Rinehart & Winston 1958.
– – New York: Permabooks 1959.
Toland, John: The rising Sun. The Decline and fall of the Japanese Empire. 1936–1945. New York: Random House 1970.
Operation *Victory*. Winning the Pacific War. By the editors of The Navy Times. New York: Putnam 1968.

Sowjet. Operationen

Bagrov, V. N.: Južno-Sachalinskaja i Kuril'skaja Operacii (Avgust 1945 goda). [Die Süd-Sachalin- und Kurilen-Operationen, August 1945.] Moskva: Voenizdat 1959.
Tichookeanskij *Flot*. Voenno-istoričeskij očerk. [Die Pazifikflotte. Kriegsgeschichtlicher Überblick.] Moskva: Voenizdat 1966.
Gel'fond, G. M.: Sovetskij Flot v vojne s Japonej. [Die sowjetische Flotte im Kriege mit Japan.] Moskva: Voenizdat 1958.
Istorija Dal'nevostočnogo parochodstva. Očerki. – Otvetstvennyj red. B. M. Dvornjak. [Geschichte der fernöstlichen Dampfschiffahrt.] Moskva: Izd. Morskoj transport 1962.
Meister, Jürg: Der sowjetisch-japanische Seekrieg. In: Marine-Rundschau. Jg. 57, 1960. H. 1. S. 3–18.

Die Nachkriegszeit

Allgemeine Literatur

Tagebücher, Memoiren, Biographien

Acheson, Dean: Present at the creation. New York: Norton 1969.
Khrushchev [*Chruščev*], Nikita Sergeevič: Khrushchev remembers. With an introd. by Edward Crankshaw. London Deutsch [usw.] 1971.
– – (dt. Übers.): Chruschtschow erinnert sich. Hrsg. von Strobe Talbott. Eingel. von Edward Crankshaw. Reinbek b. Hamburg: Rowohlt 1971.
Clark, Mark Wayne: From the Danube to the Yalu. New York: Harper 1954.
Collins, J. Lawton: War in peacetime. The History and lessons of Korea. Boston: Mifflin 1969.
Eden, Sir Anthony: Full Circle. Memoirs. London: Cassell 1960.
– – (dt. Übers.): Memoiren. Köln 1960.
Eisenhower, Dwight David: The White House Years. Vol. 1. 2. London: Heinemann 1963–66. 1. Mandate for change. 1953–56. 1963. 2. Waging Peace. 1956–1961. 1966.
– – (dt. Übers.): 1. Die Jahre im Weißen Haus. 2. Wagnis für den Frieden. Düsseldorf: Econ 1964–66.
Johnson, Lyndon Baines: The Vantage Point. Perspectives of the presidency 1963–1969. New York: Holt, Rinehart & Winston 1971.
– – (dt. Übers.): Meine Jahre im Weißen Haus. München: Ed. Praeger 1971.
Lie, Trygve Halfdan: In the Cause of peace. 7 Years with the United Nations. New York: Macmillan 1954.
Ridgway, Matthew B.: Soldier. The Memoirs of Matthew B. Ridgway. New York: Harper 1956.
Truman, Harry S.: Memoirs. Vol. 1. 2. New York: Doubleday 1955.

-- (dt. Übers.): Memoiren. Bd 1. 2. Stuttgart: Scherz & Goverts; (2: Bern: Scherz) 1955–56.
1. Das Jahr der Entscheidungen (1945). 1955.
2. Jahre der Bewährung und des Hoffens (1946–1953). 1956.
Wilson, Harold: The Labour Government. 1964–1970. A personal Record. London: Weidenfeld & Nicolson [usw.] 1971.

Chronologien

Naval and maritime *Chronology* 1960–1970. Annapolis: US Naval Inst. 1973.

Gesamtdarstellungen

Acheson, Dean: Power and diplomacy. Cambridge/Mass.: Harvard Univ. Pr. 1958.
-- (dt. Übers.): Macht und Diplomatie. Köln: Verl. f. Politik & Wirtsch. 1958.
Aguirre, José Fernando: Las Guerras de la postguerra. Barcelona: Argos 1964.
Appadorai, Angadipuram: The Use of force in international relations. Bombay: Asia Publ. House 1958.
Aron, Raymond: The Century of total war. Garden City/N. Y.: Doubleday 1954.
- On War. Garden City/N. Y.: Doubleday 1959.
Cable, James: Gunboat Diplomacy. Political Applications of limited naval force. London: Chatto & Windus 1971. (Studies in international security. 16.)
Calvocoressi, Peter: World Politics since 1945. London: Longmans 1968.
Hayes, John D.: The Influence of modern sea power 1945–1970. In: Naval Review. 9, 1971. S. 274–284.
Holborn, Hajo: The political Collapse of Europe. New York: Knopf 1960.
Huntington, Samuel P.: The Soldier and the State. Theory and politics of civil-military relations. Cambridge: Harvard Univ. Pr. 1957.
Kamman, William: A Search for stability. Notre Dame/Ind.: Univ. of Notre Dame Pr. 1968.
Zentner, Christian: Die Kriege der Nachkriegszeit. Eine illustrierte Geschichte militärischer Konflikte seit 1945. München: Südwest Verlag 1969.

Strategische Doktrinen im Atom-Zeitalter

Abshire, David M. u. Richard V. *Allen* (ed.): National Security. Political, military and economic strategies in the decade ahead. New York [usw.]: Praeger 1963.
Beaufre, André: Totale Kriegskunst im Frieden. Berlin: Propyläen 1964.
Blackett, Patrick Maynard Stuart: Atomic Weapons and East-West relations. Cambridge: Harvard Univ. Pr. 1956.
- Fear, war, and the bomb: Military and political consequences of atomic energy. New York: Whittlesey House 1949.
Boulding, Kenneth Ewart: Conflict and defense. A general Theory. New York: Harper 1962.
Brodie, Bernard (ed.): The absolute Weapon: Atomic Power and world order. New Haven/Conn.: Yale Inst. of Internat. Studies 1946.
- Strategy in the missile age. Princeton/N. J.: Univ. Pr. 1959.
Brown, Neville: Strategic Mobility. London: Chatto & Windus 1963. (Studies in International Security. 7.)
Collins, John M.: Grand Strategy. Principles and Practices. Annapolis: US Naval Institute 1973.
Protracted *Conflict*. Ed. by Robert Strausz-Hupé [u. a.] New York: Harper 1959.
American civil-military *Decisions*; a book of case studies. Ed. by Harold Stein. Tuscaloosa/Ala.: Univ. of Alabama Pr. 1963.
Finletter, Thomas Knight: Power and policy: U.S. foreign Policy and military power in the hydrogen age. New York: Harcourt 1954.
Furniss, Edgar Stephenson: American military Policy. New York: Rinehart 1957.
Gavin, James Maurice: War and peace in the space age. New York: Harper 1958.
Kahn, Herman: On Escalation. New York: Praeger 1965.
-- (dt. Übers.): Eskalation. Die Politik der Vernichtungsspirale. Berlin: Propyläen 1966.
-: Thinking about the unthinkable. The thermonuclear War. Princeton: Univ. Pr. 1961.
Kaufmann, William W. (ed.): Military Policy and national security. Princeton/N. Y.: Univ. Pr. 1956.
Kieffer, John Elmer: Strategy for survival. New York: McKay 1953.
King-Hall, Sir Stephen: Defence in the nuclear age. 3. ed. London: Gollancz 1958.
Kissinger, Henry Alfred: Nuclear Weapons and foreign policy. New York: Harper 1957.
-- (dt. Übers.): Kernwaffen und auswärtige Politik. München: Oldenbourg 1959.
- American Foreign Policy. New York: Harper 1969.
-- (dt. Übers.): Amerikanische Außenpolitik. Düsseldorf: Econ 1969.
Knorr, Klaus: Passive Defense for atomic war. Princeton/N. J.: Center of Internat. Studies, Princeton Univ. 1954.
-: The War Potential of nations. Princeton/N. J.: Univ. Pr. 1956.
-: On the Uses of military power in the nuclear age. Princeton/N. J.: Univ. Pr. 1966.
Liddell-Hart, Basil Henry: Strategy. London 1955.
--: New York: Praeger 1957.
-- (dt. Übers.): Strategie. Wiesbaden: Rhein. Verl. Anst. 1955.
- Deterrent or defence. A fresh Look at the West's military position. London: Stevens 1960.
-- (dt. Übers.): Abschreckung oder Abwehr. Gedanken zur Verteidigung des Westens. Wiesbaden: Rheinische Verl. Anst. 1960.
Martin, Laurence: Arms and strategy. London: Weidenfeld & Nicolson 1973.
Miksche, Ferdinand Otto: The Failure of atomic strategy and a new proposal for the defense of the West. New York: Praeger [1958].
- Atomic Weapons and armies. New York: Praeger [1958].
- u. E. *Combaux*: War between continents. London: Faber & Faber 1948.
Pierre, Andrew J.: Nuclear Politics. The British experience with an independent strategic force 1939–1970. London: Oxford Univ. Pr. 1972.
Reinhardt, George Cooper: American Strategy in the atomic age. Norman: Univ. of Oklahoma Pr. 1955.
Schmidt, Helmut: Strategie des Gleichgewichts. 5. Aufl. Stuttgart: Seewald 1970.
Slessor, John Cotesworth: Strategy for the West. New York: Morrow 1954.
Smith, Dale O.: U.S. military Doctrine. A Study and appraisal. New York: Duell, Sloan & Pearce 1955.
Sokolovskij, V. D.: Voennaja Strategija. Moskva: Voenizdat 1963.
-- (dt. Übers.): Militär-Strategie. Köln: Markus 1965.
Strategic *Survey*. 1, 1966 ff. London: Inst. for Strategic Studies 1966 ff.
Tate, Merze: The United States and armaments. Cambridge/Mass.: Harvard Univ. Pr. 1948.
Taylor, Maxwell D.: The uncertain Trumpet. New York: Harper 1959.
-- (dt. Übers.): Und so die Posaune ... Gütersloh: Mohn 1962.

Teller, Edward u. Albert L. *Latter*: Our nuclear Future. Facts, dangers and opportunities. New York: Criterion Books 1958.

Turner, Gordon Brinkerhoff u. Richard D. *Challener* (ed.): National Security in the nuclear age. New York: Praeger 1960.

Die U.N.O.

Boyd, James M.: United Nations peace-keeping Operations: A military and political Appraisal. New York: Praeger 1971.

Higgins, Rosalyn: United Nations Peace-Keeping. 1946–1967.. Vol. 1–3. London: R.I.A.A., O.U.P. 1969–70.

Ruge, Friedrich: Bündnisse. Unter bes. Berücksichtigung von UNO, NATO, EWG u. Warschauer Pakt in Vergangenheit u. Gegenwart. Frankfurt/M.: Bernard & Graefe 1971.

Die NATO

Buchan, Alastair: NATO in the 1960s. Rev. ed. London: Chatto & Windus 1963. (Studies in International Security. 1.)

Ismay, Lord Hastings Lionel: NATO. The first five Years. 1949–1954. Utrecht 1955.

Kautz, Georg: Schiffe der NATO im Ostseeraum. Berlin (Ost): Dt. Militärverl. 1965.

Knorr, Klaus Eugen: NATO and American security. Princeton/N. J.: Univ. Pr. 1959.

NATO. Tatsachen und Dokumente. Hrsg. von der Nato-Informationsabteilung. Brüssel 1971.

Nuechterlein, Donald Edwin: Iceland, reluctant ally. Ithaca/N. Y.: Cornell Univ. Pr. 1961.

Osgood, Robert Endicott: NATO, the entangling alliance. Chicago: Univ. of Chicago Pr. 1962.

Vali, Ferenc A.: The Turkish Straits and NATO. Stanford: Hoover Inst. 1972.

Verteidigung. Idee – Gesellschaft – Weltstrategie – Bundeswehr. Hrsg.: Emil Obermann. Stuttgart: Stgt. Verlagskontor 1970.

Yeager, Frederick J.: The U.S.S.R. and NATO. A Study in the implementation of Soviet foreign policy. Princeton, Phil. Fak., Diss. v. 1959.

Der Warschauer Pakt

Remington, Robin Alison: The Warsaw Pact. Case Studies in communist conflict resolution. Cambridge/Mass. [usw.]: The MIT Pr. 1971.

Unsere *Volksmarine*. Berlin (Ost): Dt. Militärverl. 1961.

China

Hsieh, Alice L.: Communist China's Strategy in the nuclear age. Englewood Cliffs: Prentice Hall 1962.

Luftmacht

Andreas, Marshall: Disaster through air power. New York 1950.

Dickens, Sir Gerald Charles: Bombing and strategy: The Fallacy of total war. London: Low, Marston & Co. 1947.

Emme, Eugene Morlock (ed.): The Impact of air power. National Security and world politics. Princeton/N. J.: Van Nostrand 1959.

Hubler, Richard Gibson: SAC. The strategic Air Command. New York: Duell, Sloan & Pearce 1958.

Lee, Asher: Air Power. New York: Praeger 1955.

Possony, Stefan Thomas: Strategic Air Power, the pattern of dynamic security. Washington: Infantry Journal Pr. 1949.

Seversky, Alexander Procofieff de: Air Power: Key to survival. New York: Simon & Schuster 1950.

Slessor, John Cotesworth: The great Deterrent: a coll. of lectures, articles, and broadcasts on the development of strategic policy in the nuclear age. New York: Praeger 1958.

Die Flotten

Giorgerini, Giorgio u. Augusto *Nani*: Le Marine militari nel mondo. Milano: Tip.J.D.O.S. 1960.

Terzibaschitsch, Stefan: Maritime Rüstung im Spiegel neuer Flottenhandbücher. 1. 2. In: Marine-Rundschau. Jg. 66, 1969. H. 1. S. 51–57, H. 2. S. 121–128.

Belgien

The Belgian *Navy*. 25 years. In: Neptunus. 1971. No 3. S. 45–60; No. 4. S. 16–34.

Bundesrepublik

Bess, H. H.: Die Marine der Bundesrepublik Deutschland. The Federal German Navy. A complete picture-story. Herford: Koehlers Verl. 1971.

Ruge, Friedrich: Västtyska Flottans uppbyggnad. In: Aktuellt och historisk. 19, 1972. S. 5–34.

Canada

Kealy, J. D. F.: Die Entwicklung der kanadischen Marine. 1945–1967. In: Marine-Rundschau. Jg. 65, 1968. H. 5. S. 313–332.

DDR

Friese, Jürgen: Die Seestreitkräfte im sowjetisch besetzten Teil Deutschlands. 1950–1968. 1–3. In: Marine-Rundschau. Jg. 66, 1969. H. 1. S. 16–33, H. 2. S. 107–120, H. 4. S. 275–280.

Frankreich

Barjot, Pierre: Vers la Marine de l'âge atomique. Paris: Amiot-Dumont 1955.

Huet, C. V.: Die Entwicklung der französischen Marine 1947–1967. Unter bes. Berücksichtigung ihres organisatorischen Aufbaus. In: Marine-Rundschau. Jg. 65, 1968. H. 1. S. 6–31.

Italien

Bertini, Marcello: Die italienische Marine im Jahre 1967. In: Marine-Rundschau. Jg. 64, 1967. H. 6. S. 325–340.

Fraccaroli, Aldo: Marina militare italiana 1946. Milano: Hoepli 1946.

Japan

Nishimura, Tomoharu: Die Auflösung der Kaiserlich-Japanischen Marine und der Wiederaufbau der Seeselbstverteidigungskräfte nach dem Kriege: In: Marine-Rundschau. Jg. 64, 1967. H. 5. S. 285–299.

Niederlande

Oosten, F. C. van: Die Königlich-Niederländische Marine. 1945–1966. In: Marine-Rundschau. Jg. 64, 1967. H. 2. S. 69–85.

Norwegen

Hegland, Jon Rustung: Die Königlich Norwegische Marine. 1945–1968. In: Marine-Rundschau. Jg. 65, 1968. H. 2. S. 93–106.

Schweden

Westerlund, K. E.: Die schwedische Marine des letzten Vierteljahrhunderts. In: Marine-Rundschau. Jg. 69, 1972. H. 6. S. 328–346.

U.S.A.

Carrison, David J.: The United States Navy. New York: Praeger 1968.

Terzibaschitsch, Stefan: Schiffe und Flugzeuge der US Flotte. München: Lehmanns 1966.

Die Schiffstypen

Marczak, Jan: Współczesne Okręty wojenne. (Warszawa:) Wydawn. Min. Obrony Narod. (1970).

Flugzeugträger

Brown, Eric M.: The Phantom Carrier. In: U.S. Nav. Inst. Proceedings. Feb. 1967, S. 138–142.
Skiera, Joseph A.: Aircraft Carriers in peace and war. New York: Watts 1965.

Große FK-Träger

Belavin, N. I.: Korabli raketonoscy. Moskva: Voenizdat 1967.

Atom-U-Schiffe

Anderson, William R.: Nautilus-90-North. Cleveland: World Publ. Co. 1959.
Bychovskij, I. A.: Atomnye podvodnye lodki. Moskva: Voenizdat 1958.
-- (dt. Übers.): Atom-U-Boote. Berlin (Ost): Verl. d. Minist. f. Nationale Verteid. 1959.
Kuenne, Robert E.: The Attack submarine. A study in strategy. New Haven [usw.]: Yale Univ. Pr. 1965.
Kurzak, K. H. u. E. *Rößler*: Unterseeboote und Torpedos mit Kreislaufantrieb. Kiel: Selbstverl. 1969.
Lewis, David D.: The Fight for the sea. The Past, present and future of submarine warfare in the Atlantic. New York: World Publ. Co. 1961.
Polmar, Norman: Atomic Submarines. Princeton: Van Nostrand 1963.
Rohwer, Jürgen: 66 Tage unter Wasser. Atom-U-Schiffe und Raketen. Oldenburg: Stalling [1965].
Sotnikov, Ivan Michajlovič u. Nikolaj Aleksandrovič *Brusencev:* Aviacija protiv podvodnych lodok. Moskva: Voenizdat 1970.
Stambler, Irwin: The Battle for inner space. Undersea warfare and weapons. New York: St. Martin's Pr. 1962.

FK-Schnellboote

Barthel, Friedrich: Tragflügelschiffe – Kleinkampfschiffe der Zukunft? In: Jahrbuch der Wehrtechnik. F. 5, 1970. S. 144–150.
Breyer, Siegfried: Torpedo- und FK-Schnellboote in West und Ost. In: Jahrbuch der Wehrtechnik. F. 5, 1970. S. 189–193.
Forndran, Hans-Georg: Flugkörper-Schnellboote. In: Jahrbuch der Wehrtechnik. F. 5, 1970. S. 152–159.

Die Waffensysteme

The Military *Balance*. 1, 1969/70 ff. London: The International Inst. for Strategic Studies 1970 ff.
Baldwin, Hanson Weightman: The great Arms Race: a Comparison of U.S. and Soviet power today. New York: Praeger 1958.
Barghoorn, Fritz u. Helmut *Klormann*: Die speziellen Marinewaffen: Torpedos, Seeminen, Minenjagd. In: Jahrbuch der Wehrtechnik. F. 5, 1970. S. 160–167.
Eyermann, Karl-Heinz: Raketen – Schild und Schwert. Berlin (Ost): Dt. Militärverl. 1967.
Holmquist, C. O.: Developments and problems in carrier-based attack aircraft. (U.S. Navy.) In: Naval Review. 1969. S. 195–215.
Jane's Weapon Systems. Ed. by R. T. Pretty and D. H. R. Archer. London: Jane's Yearbooks 1, 1969/70.
Larisch, Günter: Moderne Waffen im Seekrieg. Berlin (Ost): Dt. Militärverlag 1963.
Manson, Frank A.: Gehört die direkte Luftunterstützung der kämpfenden Truppe der Vergangenheit an? Amerikanische Erfahrungen mit d. „Close Air Support". In: Marine-Rundschau. Jg. 56, 1959. H. 1. S. 10–31.
Paolucci, Dominic A.: The Development of navy strategic offensive and defensive systems. In: U.S. Naval Institute Proceedings. Vol. 96, 1970. No. 5. S. 204–223.
Sanguinetti, T.: Atome et batailles sur mer. Paris: Hachette 1965.
World Armaments and disarmament, SIPRI Yearbook .1, 1968/69; 2, 1969/70; 3, 1972; 4, 1973. Stockholm: Almqvist & Wiksell.

Flotten und Außenpolitik

Cable, James: Gunboat Diplomacy. Political applications of limited naval force. London: Chatto & Windus 1971. (Studies in International Security. 16.)
Parker, William Henry: The Super Powers. The United States and Soviet Union compared. London: Macmillan 1972.

Rüstungsbegrenzung und Abrüstung

Brennan, Donald G. (ed.): Arms Control, disarmament, and national security. New York: Braziller 1961.
-- (dt. Übers.): Strategie der Abrüstung. 28 Problemanalysen. Gütersloh: Bertelsmann 1962.
Bull, Hedley: The Control of the arms race. London: Chatto & Windus 1961. (Studies in International Security. 2.)
Deutsch, Karl Wolfgang: Arms Control and the Atlantic Alliance. Europe faces coming policy decisions. New York [usw.]: Wiley 1967.
Buzzard, Sir Anthony Wass [u. a.] On *Limiting* Atomic War. London: Royal Inst. of Internat. Affairs 1956.
Noel-Baker, Philip John: The Arms Race. A Programme for world disarmament. New York: Oceana Publ. 1958.
Russell, Bertrand: Common Sense and nuclear warfare. New York Simon & Schuster [usw.] 1959.
SIPRI Yearbook of world armaments and disarmament. [Stockholm International Peace Research Institute.] 1968/69 ff. Stockholm: Almqvist & Wiksell 1969 ff.
Strachey, John: On the Prevention of war. London: Macmillan [usw.] 1962.

46 Der Kalte Krieg

Jackson, J. H.: The World in the postwar decade, 1945–55. New York: Mifflin 1957.
Wolfers, Arnold (ed.): Alliance Policy in the Cold War. Baltimore: Johns Hopkins Pr. 1959.

Der griechische Bürgerkrieg

Bloomfield, Lincoln P.: The Greek Insurgency. 1944–1949. In: Bloomfield: Controlling Small Wars. New York 1969. S. 144–184.
Chandler, Geoffrey: The divided Land. An Anglo-Greek Tragedy (1944–1949). London: Macmillan 1959.
Fraser, Janet: The Greek Insurgency, 1944–1949. In: The Control of local Conflict. Vol. 3. Washington 1967. S. 727–776.
O'Ballance, Edgar: The Greek Civil War. 1944–49. London: Faber & Faber 1966.

Die große Debatte in den USA

Albion, Robert Greenhalgh u. Robert Howe *Connery*: Forrestal and the Navy. New York: Columbia Univ. Pr. 1962.
Althaus, Peter: Die Entwicklung der amerikanischen Militärdoktrin nach 1945. In: Wehrwissenschaftliche Rundschau. 19, 1969. S. 1–22.

U.S. Joint Task Force One. Operation *Crossroads*. New York: Wise 1946.
Davis, Vincent: Postwar Defense Policy and the U.S. Navy, 1943–1946. Chapel Hill: Univ. of North Carolina Pr. 1966.
Müller-Meinhard, F. W.: Die Auseinandersetzung der 50er Jahre über die Bedeutung von Seeluftstreitkräften in einem großen Krieg und in einem begrenzten Konflikt. In: Marine-Rundschau. Jg. 65, 1968. H. 1. S. 32–45.

Europa

Davison, Walter Phillips: The Berlin Blockade. A Study in Cold War politics. Princeton/N. J.: Univ. Pr. 1958.
Richardson, R. P.: An Analysis of recent conflicts. 1946–1964. Arlington/Va.: Center for Naval Analyses 1970.
Schick, Jack M.: The Berlin Crisis. 1958–1962. Philadelphia: Univ. of Pennsylv. Pr. 1971.

Der Ferne Osten

Beloff, Max: Soviet foreign Policy in the Far East 1944–1951. London: Oxford Univ. Pr. 1953.
Chassin, Lionel Max: The communist Conquest of China. A History of the Civil War 1945–1949. Cambridge/Mass.: Harvard Univ. Pr. 1965.
Hu Pu-yu: A brief History of the Chinese National Revolutionary Forces. Taipei: Chung Wu Publ. House 1972.
Liu, F. F.: A military History of modern China 1924–1949. Princeton Univ. Press 1956.
Whitson, William W.: The Chinese High Command. A History of communist military politics, 1927–1971. New York: Praeger 1973.

47 Der Korea-Krieg 1950–1953

Berger, Carl: The Korea Knot. A military-political History. Rev. ed. Philadelphia: Univ. of Pennsylv. Pr. 1964.
Blanchard, Carroll H.: Korean War Bibliography and maps of Korea. Albany: Korean Conflict Research Foundation 1964.
Cagle, Malcolm W. u. Frank A. *Manson*: The Sea War in Korea. Annapolis: U.S. Naval Inst. 1957.
Fehrenbach, T. R.: This Kind of war. A Study in unpreparedness. New York: Macmillan 1963.
Field, James A.: History of United States naval operations Korea. Washington: Gov. Pr. Off. 1962.
Geer, Andrew Clare: The new Breed. The Story of the U.S. Marines in Korea. New York: Harper 1952.
Higgins, Trumbull: Korea and the fall of MacArthur. A Précis in limited war. New York: Oxford U.P. 1960.
History of the Just Fatherland Liberation War of the Korean People. Pyongyang: Foreign Languages Publ. H. 1961.
Karig, Walter, Malcolm W. *Cagle* u. Frank A. *Manson*: The War in Korea. New York: Rinehart 1952. (Battle Report. 6.)
Kim, Youn-Soo: General MacArthur und der Korea-Krieg. In: Wehrkunde. Jg. 20, 1971. H. 8. S. 427–431.
U.S. Army Department. Hist. Div. *Korea* – 1950. Washington: USGPO 1952.
Förster, G. (u. a.): Der Vaterländische *Krieg* des koreanischen Volkes. In: Militärwesen. 1960. H. 6. S. 842–862.
Leckie, Robert: Conflict. The History of the Korean War, 1950–1953. New York: Putnam 1962.
Marshall, Samuel Lyman Atwood: The River and the Gauntlet. New York: Morrow 1953.
– – (dt. Übers.): Der Überfall am Chongchon. Frauenfeld: Huber 1955.
Middleton, Harry J.: The compact History of the Korean War. New York: Hawthorn Books (1966).
Miller, John, Owen J. *Carroll* u. Margaret E. *Tackley*: Korea 1951–1953. Washington: Off. of the Chief of Military History 1956.
Rees, David: Korea. The limited War. London: Macmillan 1964.
Rohwer, Jürgen: Die kommunistische Geschichtsschreibung und der Ausbruch des Korea-Krieges 1950. In: Wehrwissenschaftliche Rundschau. 15, 1965. S. 375–400.
– Vor zehn Jahren. (Chronik des Korea-Krieges). In: Wehrwissenschaftliche Rundschau. 10–11, 1960–61. monatl.
– –: Vor zehn Jahren (Chronik des Seekrieges in Korea). In: Marine-Rundschau. 57–58, 1960–61. alle Hefte.
Sawyer, Robert K.: Military Advisors in Korea. KMAG in peace and war. Ed. by Walter G. Hermes. Washington: Off. of the Chief of Military History, G.P.O. 1962.
Spanier, John W.: The Truman-MacArthur Controversy and the Korean War. Cambridge: Harvard U.P. 1959.
Thomas, R. C. W.: The War in Korea, 1950–1953. Aldershot: Gale & Polden 1954.
Thorgrimsson, Thor u. E. C. *Russell*: Canadian naval Operations in Korean waters, 1950–1955. Ottawa: Naval Historical Section, Canad. Forces H. Q., 1965.
Montross, Lynn [u. a.]: *U.S. Marine Corps Operations* in Korea 1950–1953. Vol. 1–4. Washington: Gov. Pr. Off. 1954–1962.
Whiting, Allen S.: China crosses the Yalu. The Decision to enter the Korean War. New York: Macmillan 1960.

48 Von der massiven Vergeltung zur abgestuften Abschreckung

Ben-David, Eli: Ha-Kommando Ha-Yami. (The Marine Commandos.) Tel-Aviv: Hozatt Ran 1969. [In hebr. Spr.]
Furniss, E. S.: American military Policy. New York: Rinehart 1957.
Halperin, Morton H.: Limited War in the nuclear age. London 1953.
Kissinger, Henry Alfred: The Necessity for choice. New York: Harper 1961.
Miksche, F. O.: Failure of atomic strategy. New York: Praeger 1959.
Osgood, Robert Endicott: Limited War. The Challenge to American strategy. Chicago: Univ. of Chicago Pr. 1957.
Peeters, Paul: Massive Retaliation; the policy and its critics. Chicago: Regnery 1959.
Ropp, Theodore: War in the modern world. Durham: Duke Univ. Pr. 1960.
Vagts, Alfred: Defense and diplomacy. New York: Columbia Univ. Pr. 1956.

Der Indochina-Krieg

Bodard, Lucien: La Guerre d'Indochine. T. 1–3. Paris: Gallimard 1963–67.
Chaffard, Georges: Les deux Guerres du Vietnam. De Valluy à Westmoreland. Paris: Ed. Table ronde de combat 1969.
Ely, Paul: L'Indochine dans la tourmente (1954–1955). Paris: Plon 1964.
Fall, Bernard B.: Dschungelkrieg. Revolutionskämpfe in Südostasien: Indochina, Laos, Vietnam. Neckargemünd: Vowinckel 1965.
– Hell in a very small place. The Siege of Dien Bien Phu. London: The Pall Mall Pr. 1967.
– Street without joy. Indochina at war, 1946–1954. Harrisburg: Stackpole 1961.
– Street without joy. The two Indochina Wars 1946–54 and 1957–64. Rev. ed. London: Pall Mall Press 1964.
– The two Viet-nams. A political and military Analysis. Rev. ed. New York: Praeger 1966.

Giap, Vo Nguyen: Dien Bien Phu. Rev. ed. Hanoi: Foreign Languages Publ. H. 1964.
– Guerre du peuple – armée du peuple. Paris: Maspero 1967.
Haas, Gottfried: Französisch-Indochina zwischen den Mächten 1940–1945. Die internationalen Aspekte der französischen Politik in Indochina während des zweiten Weltkrieges. Bamberg: Schmacht 1970.
Hammer, Ellen J.: The Struggle for Indochina 1940–1955. Stanford: U. P. 1966.
Kilian, Robert: Les Fusiliers marins en Indochine. Paris: Berger-Levrault 1951.
Mordal, Jacques [d. i. Hervé Cras]: Marine Indochine. (1940–1953.) Paris: Amiot-Dumont 1953.
Navarre, Henri: Agonie de l'Indochine (1953–1954). Paris: Plon 1956.
Pedrazzani, Jean-Michel: La France en Indochine de Catroux à Sainteny. Paris: Arthaud 1972.
Randle, Robert F.: Geneva 1954. The Settlement of the Indochinese War. Princeton: Univ. Pr. 1969.
Rocolle, Pierre: Pourquoi Dien Bien Phu? Paris: Flammarion 1968.
Roy, Jules: La Bataille de Dien Bien Phu. Paris: Julliard 1963.
– – (engl. Übers.): The Battle of Dienbienphu. New York: Harper & Row 1965.
Sainteny, Jean: Histoire d'une paix manquée. Indochine 1945–1947. 2. ed. Paris: Fayard 1967.

Die Formosa-Krisen

Riggs, F. W.: Formosa under Chinese nationalist rule. New York: Macmillan 1952.

Die Suez-Krise

Assima, Georges: La Crise de Suez, 1956. Lausanne: L'Age d'homme 1970.
Bloomfield, Lincoln P.: Conflict in the Middle East, 1956–1967. In: Bloomfield: Controlling small wars. New York 1969. S. 243–347.
Boutros-Ghali, B. u. Youssef *Chlala*: Le Canal de Suez 1854–1957. Chronologie, documents. Alexandrie: Bassir 1958.
Browne, Harry: Suez and Sinai. London: Longmans 1971.
Connell, John: The most important Country. The true Story of the Suez-Crisis. London: Cassell 1957.
Finer, Herman: Dulles over Suez. The Theory and practice of his diplomacy. Chicago: Quadrangle Books 1964.
Goldberg, Jakob: Der Nahost-Konflikt. Frankfurt/M.: Verl. Marxistische Blätter 1972.
Jakušev, Ju. u. I. *Rjabinov*: Agressija protiv Egipta v 1956 godu. In: Voenno-istoričeskij Žurnal. 1961. No. 10. S. 40–59.
Love, Kennett: Suez. The twice-fought War. A History. New York: McGraw-Hill 1969.
Palestine: Crisis and liberation. Havana: M. Reguera Gómez 1970.
Raup, Philip M.: The Suez-Sinai conflicts. 1956. In: The Control of local conflict. Vol. 3. Washington 1967. S. 633–726.

Unabhängigkeitskrieg 1948/49

Kimche, Ion u. David *Kimche*: A Clash of destinies. The Arab-Jewish War and the founding of the State of Israel. New York: Praeger 1960.
Kurzman, Dan: Genesis 1948. The First Arab-Israeli War. New York: The World Publ. Co. 1970.
Lorch, Netanel: The Edge of the sword. Israel's War of Independence 1947–1949. 2. rev. ed. Jerusalem: Massada 1968.

Sinai-Feldzug

Barker, Arthur J.: Suez: The Seven Day War. London: Faber & Faber 1964.
Bell, J. Bowyer: The long War. Israel and the Arabs since 1946. Englewood Cliffs: Prentice Hall 1969.
Burns, E. L. M.: Between Arab and Israeli. London: Harrap 1962.
Dayan, Moshe: Diary of the Sinai Campaign. London: Weidenfeld & Nicolson 1966.
Fall, Bernard B.: Blitzkrieg im Sinai. In: Wehrwissenschaftliche Rundschau. 7, 1957. S. 310–334.
Giniewski, Paul: Le Bouclier de David. Paris: Berger-Levrault 1960.
Katz, S. u. M. *Shamir*: Beikvoth Lohame Sinai 1956. (In den Fußtapfen des Sinai-Kriegers 1956.) Tel-Aviv: Def. Min. 1966.
Marshall, Samuel Lyman Atwood: Sinai Victory. Command Decisions in history's shortest war. New York: Morrow 1958.
O'Ballance, Edgar: The Sinai Campaign 1956. London: Faber & Faber 1959.

Suez-Landung

Azeau, Henri: La Piège de Suez (5 novembre 1956). La Crise – la guerre. Paris: Laffont 1964.
Barjot, Pierre: Les Opérations de Suez en 1956 et la marine. In: Revue Maritime. No. 151, 1959. S. 34–60.
Beaufre, André: L'Expédition de Suez. Paris: Grasset 1967.
– – (dt. Übers.): Die Suez-Expedition. Analyse eines verlorenen Sieges. Berlin: Propyläen 1969.
Eayrs, James: The Commonwealth and Suez. A documentary Survey. London: Oxford U.P. 1964.
Elser, Gerhard: „Operation Bluebat". Betrachtungen über d. amerikanischen Libanon-Einsatz 1958. In: Marine-Rundschau. Jg. 58, 1961. H. 6. S. 313–326.
Ely, Paul: Suez ... le 13 mai 1956. Paris: Plon 1969. (Dres. Mémoires. 2.)
Falls, Cyril: Operation Musketeer. In: Brassey's Annual. 68, 1957. S. 74–83.
Nutting, Anthony: No End of a lesson. The Story of Suez. New York: Potter 1967.
– – (dt. Übers.): Die Suezverschwörung 1956. Wien: Molden 1967.
Robertson, Terence: Crisis. The inside Story of the Suez conspiracy. New York: Atheneum 1965.
Schonfield, Hugh J.: The Suez War. In: Schonfield: The Suez Canal in peace and war, 1869–1969. Coral Gables 1969. S. 149–160.
Stewart, James: The Suez Operation. In: U.S. Nav. Inst. Proceedings. Apr. 1964. S. 37–47.
Thomas, Hugh: The Suez Affair. London: Weidenfeld & Nicolson 1966.
– –: New York: Harper 1967.

Die Libanon-Krise 1958

Chamoun, Camille: Crise au Moyen Orient. Paris: Gallimard 1963.
Marines in Lebanon 1958. Washington: Gov. Pr. Off. 1966.

49 Die Konflikte der sechziger Jahre

Die Raketentechnik und die Raumfahrt

Abel, Elie: The Missiles of October. New York: MacGibbon & Kee 1966.
Aviacija voenno-morskogo flota. [Flugwesen und Raumfahrt der USSR.] In: Aviacija i kosmonavtika SSSR. Moskva 1968. S. 259–304.
Parry, Albert: Russia's Rockets and missiles. Garden City/N. Y.: Doubleday [usw.] 1960.
Parsons, Nels A. Jr.: Guided Missiles in war and peace. Cambridge: Harvard Univ. Pr. 1956.
– Missiles and the revolution in warfare. Cambridge/Mass.: Harvard Univ. Pr. 1962.

The *United States Air Force Report* on the ballistic missile. Ed.: Kenneth Franklin Gantz. Garden City/N. Y.: Doubleday 1958.

Die Kuba-Krise

Divine, Robert A.: The Cuban Missile Crisis. Ed. with commentary by . . . Chicago: Quadrangle Books 1971.
Horelick, Arnold L.: The Cuban Missile Crisis. An Analysis of Soviet calculations and behavior. Santa Monica: Rand 1963.
Johnson, Haynes Bonner: The Bay of Pigs. The leader's Story of Brigade 2506. New York: Norton 1964.
Szulc, Tad u. Karl Ernest *Meyer*: The Cuban Invasion. The Chronicle of a disaster. New York: Praeger 1962.

Der Sechstage-Krieg

Arbel, Naftali: The Six-Day War. La Guerre des six jours. Tel Aviv: Mizrahi Publ. 1967.
Ben Elissar, Eliahu u. Zeev *Schiff*: La Guerre israélo-arabe, 5–10 juin 1967. Paris: Julliard 1967.
Byford-Jones, W.: The Lightning War. London: Hale 1967.
Churchill, Randolph S. u. Winston S. *Churchill*: The Six Day War. London: Heinemann 1967.
-- (dt. Übers.): . . . und sie siegten am siebenten Tag. Bern, München, Wien: Scherz 1967.
Colvin, Robert D.: Aftermath the „Elath". In: U.S. Nav. Inst. Proceedings. 5, 1969. No. 10. S. 60–67.
The Arab-Israeli *Confrontation* of June 1967. An Arab Perspective. Ed. by Ibrahim Abu-Lughod. Evanston: Northwestern Univ. Pr. 1970.
Cuau, Yves: Israel attaque. Paris: Laffont 1968.
Däniker, Gustav: Israels Dreifrontenkrieg. Tatsachen und Lehren. Frauenfeld: Huber 1967.
Dayan, David: Strike first! A Battle History of Israel's Six-Day War. New York [usw.]: Pitman 1968.
Gilbo'a, Moshe A.: Six Years – six days. Origins and history of the Six-Day-War. Tel Aviv: Am Oved Publ. 1969.
Har'el, Jehuda: Ha-K'rav al Ha-Yam [The Battle on the sea. The Battles of the Israel Navy 1947–1970.] Tel-Aviv: Madim 1970.
Hashavia, Arye: A History of the Six-Day-War. Tel-Aviv: Ledory Publ. H. 1968.
Kimche, David u. Dan *Bawly*: The Sandstorm. The Arab-Israeli War of June 1967. Prelude and aftermath. London: Secker & Warburg 1968.
Der *Konflikt* im Nahen Osten. In: Marine-Rundschau. Jg. 64, 1967. H. 6. S. 364–370.
Lall, Arthur: The UN and the Middle East Crisis, 1967. New York: Columbia U.P. 1968.
Marshall, Samuel Lyman Atwood: Swift Sword. The historical Record of Israel's victory. June, 1967. New York: American Heritage Publ. 1967.
Middle East Record 1967. *Dishon*, Daniel (ed.). Jerusalem: Israel Univ. Pr. 1971.
O'*Ballance*, Edgar: The third Arab-Israeli War. London: Faber & Faber 1972.
Orlov, A.: Agressija Israilja na Bližnem Vostoke. In: Voenno-istoričeskij Žurnal. 10, 1968. No. 6. S. 37–45.
Die *Seeoperationen* im arabisch-israelischen 7-Tage-Krieg (Juni 1967). In: Marine-Rundschau. Jg. 64, 1967. H. 5. S. 264–279.
The *Six Day's War*. (June 1967.) Jerusalem: Israel Min. of Defence Publ. H. 1967.
Sokol, Hans Hugo: Der ägyptisch-israelische Seekrieg 1967. In: Revue Militaire Générale. 1968. No. 6. S. 86–107.
Vance, Vick u. Pierre *Lauer*: Hussein de Jordanie: Ma „Guerre" avec Israel. Paris: Michel 1968.
-- (dt. Übers.): Mein Krieg mit Israel. Wien, München, Zürich: Molden 1969.

Der Pueblo-Fall

Armbrister, Trevor: A Matter of accountability. The true Story of the Pueblo affair. New York: Coward-McCann 1970.
Brandt, Ed.: The last Voyage of USS Pueblo. New York: Norton (1969). 248 S.
Gallery, Daniel V.: The Pueblo Incident. Garden City [usw.]: Doubleday 1970.
Peter, Karl: Der Fall des amerikanischen Aufklärungsschiffes „Pueblo". In: Marine-Rundschau. Jg. 67, 1970. H. 4. S. 193–217.

Der indisch-pakistanische Konflikt

The Sino-Indian *Boundary-Question*. 2. ed. Peking: Foreign Languages Pr. 1962.
Brines, Russell: The Indo-Pakistani-Conflict. (1965). London: Pall Mall Pr. 1968.
China invades India (1962). The Story of invasion against the background of Chinese history and Sino-Indian relations. Ed. by V. B. Karnik. Bombay [usw.]: Allied Publ. 1963.
Fischer, R. Lucas: The India-China Border Conflict. 1954–1962. In: The Control of local conflict. Vol. 3. Washington 1967. S. 347–390.
Heginbotham, Stanley J.: The Kashmir Conflict. 1947–1965. In: The Control of local conflict. Vol. 3. Washington 1967. S. 205–346.
Invasão e ocupação de Goa pela União Indiana. (Dec. 1961.) In: Boletim general do ultramar. 37, 1961. No. 436–438, S. 281–306.
Kaul, Ravi: The Indo-Pakistani War and the changing balance of power in the Indian Ocean. In: USNI Proceedings. May 1973 (Naval Review Edition), S. 172–195.
A *Marinha* de guerra na campanha de Goa. In: Revista de marinha. 25, 1961. No. 465. S, 5–8, 44.
Maxwell, Neville: India's China War. London: Cape 1970.
Muqeem Khan, Fazal: Pakistan's Crisis in leadership. Islamabad: National Book Foundation. 1973.
Palit, Dharitri Kumar: The Lightning Campaign. The Indo-Pakistan War 1971. New Delhi: Thomson Pr. 1972.
Sawhny, Rathy: Die strategische Lage im Indischen Ozean mit indischen Augen gesehen. In: Marine-Rundschau. Jg. 68, 1971. H. 11. S. 645–655.

50 Die Sowjet-Union wird eine Seemacht

Politik

Beloff, Max: The foreign Policy of Soviet Russia. London: Oxford Univ. Pr. 1949.
Butler, William E.: The Law of Soviet territorial waters. New York: Praeger 1967.
– The Soviet Union and the law of the sea. Baltimore [usw.]: Johns Hopkins Pr. 1971.
Cox, David R.: Sea Power and Soviet foreign policy. In: U.S. Nav. Inst. Proceedings. June 1969.
Dallin, Alexander: Soviet Conduct in world affairs. [Comp. by . . .] New York: Columbia Univ. Pr. 1960.
Dallin, David J.: Soviet foreign Policy after Stalin. Philadelphia: Lippincott 1961.
Kennan, George Frost: Russia, the atom and the West. New York: Harper 1958.
Laqueur, Walter Ze'ev: The Soviet Union and the Middle East. New York: Praeger 1959.
Mackintosh, J. M.: Strategy and tactics of Soviet foreign policy. London [usw.]: Oxford Univ. Pr. 1962.
-- (dt. Übers.): Strategie und Taktik der sowjetischen Außenpolitik. Stuttgart: Kohlhammer 1963.
Salisbury, Harrison E.: The coming War between Russia and China. New York: Secker & Warburg 1969.

U.S. Department of State. Soviet *World Outlook*. Washington 1959. (State Department Publ. No. 6836.)

Strategie

The Soviet *Army*. Ed. by Basil Henry Liddell Hart. London: Weidenfeld & Nicolson 1956.
– – (dt. Übers.): Die Rote Armee. Bonn: Verlag WEU 1956.
Crane, Robert Dickson (ed.): Soviet nuclear Strategy. A critical Appraisal. Washington: Center for Strategic Studies, Georgetown Univ. 1963.
Dinerstein, Herbert Samuel: War and the Soviet Union: Nuclear Weapons and the revolution in Soviet military and political thinking. New York: Praeger 1959.
Erickson, John: Soviet military Power. London: R.U.S.I. 1972.
Garthoff, Raymond L.: Soviet military Doctrine. Glencoe/Ill.: The Free Pr. 1953.
– – (dt. Übers.): Die Sowjet-Armee – Wesen und Lehre. Köln: Markus 1955.
– The Soviet Image of future war. Washington: Public Affairs Pr. 1959.
– Soviet Strategy in the nuclear age. New York: Praeger 1958.
– –: 2. ed. 1962.
– – (dt. Übers.): Sowjetische Strategie im nuklearen Zeitalter. Düsseldorf 1959.
Green, Murray: Soviet military Strategy brought up to date. Washington: Dep. of the Air Force 1963.
Horelick, Arnold L. u. Myron *Rush*: Strategic Power and Soviet foreign policy. Chicago: Univ. of Chicago Pr. 1965.
Kilmarx, Robert A.: A History of Soviet air power. New York: Praeger 1962.
Lee, Asher: The Soviet Air Force. New York: Day 1962.
– (ed.): The Soviet Air and Rocket Forces. New York: Praeger 1959.
Onecewicz, Wlodzimierz u. Robert D. *Crane* (ed.): Soviet Material on military strategy. Inventory and analysis for 1963. Washington: Georgetown Univ. Pr. 1964.
Salomon, Michel: Méditerranée rouge. Un nouvel Empire soviétique? Paris: Laffont (1970).
Stockwell, Richard E.: Soviet Air Power. New York: Paglant Pr. 1956.
Wolfe, Thomas W.: Soviet Strategy at the crossroads. Cambridge/Mass.: Harvard Univ. Pr. 1964.
– – (dt. Übers.): Sowjetische Militärstrategie. Köln, Opladen: Westdeutscher Verl. 1967.

Flotte

Armstrong, Terence E.: The Russians in the Arctic: Aspects of Soviet exploration and exploitation of the Far North, 1937–57. Fair Lawn/N. J.: Essential Books 1958.
Baltzer, Uwe: Die Entwicklung der sowjetischen Marine 1945–1968. In: Marine-Rundschau. Jg. 65, 1968. H. 4. S. 256–281.
Breyer, Siegfried: Sowjetische Auslandsflottenbesuche. 1953–1969. In: Marine-Rundschau. Jg. 66, 1969. H. 5. S. 339–345.
– Sowjetische Kriegsschiffe. 1969. In: Marine-Rundschau. Jg. 66, 1969. H. 5. S. 353–359.
– Neue Kriegsschifftypen und Waffensysteme der Sowjetmarine. In: Marine-Rundschau. Jg. 69, 1972. H. 5. S. 258–278.
– Über die neuere Kriegsschifftypen-Entwicklung d. sowjet. Kriegsmarine. In: Marine-Rundschau. Jg. 66, 1969. H. 4. S. 250–257, H. 5. S. 346–352.
– Guide to the Soviet Navy. Annapolis: U.S. Naval Inst. 1970.
– Der sowjetische Kriegsschiffbau 1958–1969. In: Soldat und Technik. Jg. 12, 1969. H. 6. S. 314–320; H. 7. S. 368–387.
– Die Seerüstung der Sowjet-Union. München: Lehmanns 1964.
Eller, Ernest McNeill: The Soviet Sea Challenge. Chicago [usw.]: Cowles Book Co. 1971.
Fairhall, David: Russia looks to the sea. A Study of the expansion of Soviet maritime power. London: Deutsch 1971.
Hellner, Maurice H.: Sea Power and Soviet designs for expansion. In: U.S. Naval Inst. Proceedings, 3, 1960. S. 23–32.
Herrick, Robert Waring: Soviet naval Strategy. Annapolis/Md.: U.S. Naval Inst. 1968.
MccGwire, Michael K.: Die gegenwärtigen Aufgaben und Fähigkeiten der Sowjetflotte. In: Marine-Rundschau. Jg. 66, 1969. H. 6. S. 381–393.
– The Background to Russian naval policy. In: Brassey's Annual. 1968. S. 141–158.
– Der Hintergrund der sowjetischen Marinepolitik. In: Marine-Rundschau. Jg. 66, 1969. H. 5. S. 307–324.
– (ed.): Soviet naval Developments. Capability and context. A Coll. of papers relating to Russia's maritime interests. Halifax/N. S.: Centre for Foreign Policy Studies; Dep. of Polit. Science; Dalhousie Univ. 1973.
The Soviet *Navy*. Ed. by Malcolm George Saunders. New York: Praeger [usw.] 1958.
– – (dt. Übers.): Die Rote Flotte. Oldenburg: Stalling 1959.
Special *Report* on Soviet sea power. Washington: Georgetown Univ., Center for Strategic and Internat. Studies 1969.
Soviet *Sea Power*. Washington: Center for Strategic and Internat. Studies 1969. (Special Report Series. 10.)
Wegener, Edward: Moskaus Offensive zur See. Eine Untersuchung der seestrategischen Rolle der sowjetischen Marinestreitkräfte im Ost-West-Konflikt. Bonn-Bad Godesberg: MOV-Verlag 1972.
Woodward, David: The Russians at sea. London: Kimber 1965.

51 Der Vietnam-Krieg

Allgemein

Däniker, Gustav: Warum sie nicht siegten. Der Vietnamkrieg 1965–1969. Frauenfeld: Huber 1969.
Hoopes, Townsend: The Limits of intervention. An Inside Account of how the Johnson policy of escalation in Vietnam was revised. New York: MacKay 1969.
Langer, Paul F. u. Joseph J. *Zasloff*: North Vietnam and the Pathet Lao. Partners in the struggle for Laos. Cambridge: Harvard U.P. 1970.
Legler, Anton u. Frieda *Bauer*: Der Krieg in Vietnam. Bericht und Bibliographie. T. 1–3. Frankfurt/M.: Bernard & Graefe 1969–73. (Schriften der BfZ 8. 11. 13.)
1: Bis 30. 9. 1968. 2: 1. 10. 1969–30. 9. 1970. 3: 1. 10 1970–30. 9. 1971.
O'Neill, Robert J.: The Strategy of General Giap since 1964. Canberra: Australian National Univ. Press. 1969.
The *Pentagon Papers*. As published by the New York Times. Ed. by Gerald Gold [u. a.]: Pr. 5. New York: Bantam Books 1971.
– – (dt. Übers.): Die Pentagon-Papiere. Die geheime Geschichte des Vietnamkrieges. München, Zürich: Droemer 1971.
Taylor, Maxwell D.: Responsibility and response. New York: Harper & Row 1967.
– – (dt. Übers.): Testfall Vietnam. Frauenfeld: Huber 1967.

Tonking-Golf

Goulden, Joseph C.: Truth is the first casualty: The Gulf of Tonkin Affair – illusion and reality. Chicago: Rand McNally 1969.
The *Gulf* of Tonkin, the 1964 incidents. Hearing before the Committee on Foreign Relations United States Senate. 19. congr., 2. session ... on Febr. 20, 1968. Washington: U.S. Gov. Pr. Off. 1968.
Weber, Hermann: Der Zwischenfall im Golf von Tongking. 1. 2. In: Marine-Rundschau. Jg. 67, 1970. H. 1. S. 1–16, H. 2. S. 89–103.

Windchy, Eugene G.: Tonkin Gulf. Garden City [usw.]: Doubleday 1971.

See-Operationen

Harrigan, Anthony: Die U.S. Siebente Flotte. In: Marine-Rundschau. Jg. 62, 1965. H. 5. S. 237–248.
Moeser, Robert D.: U.S. Navy: Vietnam. Photographed by ... Annapolis: U.S. Naval Inst. 1969.
U.S. Naval *Operations* against North Vietnam, Aug. 1964–Nov. 1968. In: Naval Review. 1969. S. 359–363.
Schreadley, R. L.: The naval War in Vietnam. 1950–1970. In: Naval Review. 9, 1971. S. 180–209.
Schwartztrauber, S. A.: River Patrol relearned. In: Naval Review. 8, 1970. S. 120–157.
Simmons, Edwin H.: Marine Corps Operations in Vietnam. In: Naval Review. 7, 1969. S. 290–320. 8, 1970. S. 113–141.
Riverine *Warfare*. The U.S. Navy's operations on inland waters. Washington: U.S. Gov. Print. Office 1968.
Wells, W. C.: The Riverine Force in action, 1966–1967. In: Naval Review. 7, 1969. S. 46–83.

52 Die Rolle der Seemacht in unserer Zeit

Belot, Raymond de: La Mer dans un conflict futur. Evolution de la stratégie navale. Paris: Payot 1958.
Brodie, Bernard: A Guide to naval strategy. Princeton/N. J.: Univ. Pr. 1941.
– –: 2. ed. 1958.
Clark, Joseph James u. Dwight H. *Barnes*: Sea Power and its meaning. New York: F. Watts 1966.
Garbutt, Paul E.: Naval Challenge. 1945–1961. London: Macdonald 1961.
Gretton, Sir Peter: Maritime Strategy. A Study of defense problems. London Cassell [usw.] 1965.
Hayes, John D.: The Influence of modern sea power 1945–1970. In: Naval Review. 9, 1971. S. 274–284.
Hezlet, Sir Arthur: Aircraft and sea power. London: Davies 1970.
Martin, Laurence W.: The Sea in modern strategy. London: Chatto & Windus 1967. (Studies in International Security. 11.)
Moulton, J. L.: British maritime Strategy in the 1970s. London: Royal United Service Inst. 1969.
Panikkar, Kavalan Madhava: India and the Indian Ocean; an Essay of the influence of sea power on Indian history. London: Allen & Unwin 1945.
Rohwer, Jürgen: Die Rolle der Seemacht in unserer Zeit. In: Marine-Rundschau. Jg. 55, 1958. H. 1. S. 3–16.
Ruge, Friedrich: Seemacht und Sicherheit. 3., erw. Aufl. Frankfurt/M.: Bernard & Graefe 1968.
Schmalenbach, Paul: Kurze Geschichte der k.u.k. Marine. Mit Ausnahme d. Tätigkeit auf d. Donau u. d. oberital. Seen. Herford: Koehler 1970. (Koehlers kleine Seebücherei. 4.)
Schofield, Brian Betham: British Sea power. Naval Policy in the 20. century. London: Batsford 1967.
Seemacht heute. Hrsg.: Jürgen Rohwer. Oldenburg, Hamburg: Stalling 1957.
Sokol, Anthony E.: Seapower in the nuclear age. Washington: Public Affairs Pr. 1961.
– Land-, See- und Luftmacht. In: Marine-Rundschau. Jg. 63, 1966. H. 1. S. 1–9.
Stewart, James: East of Suez. In: U.S. Nav. Inst. Proceedings. March 1966. S. 40–51.
Thomson, George G.: Problems of strategy in the Pacific and Indian Oceans. New York: National Strategy Information Center 1970. (Strategy Papers. 5.)
Wegener, Edward: Die seestrategische Theorie im Atomzeitalter. In: Marine-Rundschau. Jg. 65, 1968. H. 4. S. 237–255.

Verzeichnisse

Personenverzeichnis

Die Namen werden in der Reihenfolge: Zu- oder Familienname, Vorname, Nationalität, letzter Rang oder letzte Stellung angegeben. Auf Jahreszahlen wurde verzichtet. Die folgenden Zahlen beziehen sich auf die Seiten des Buches.

Schiffsverzeichnis

Die Schiffe sind in der Reihenfolge: Schiffsname, Nationalität, Schiffstyp (Jahr des Baubeginns bzw. der Nennung) aufgeführt. Bei gleichen Namen sind die Schiffe nach den Jahreszahlen angeordnet.